Mesopotâmia, Oriente Médio

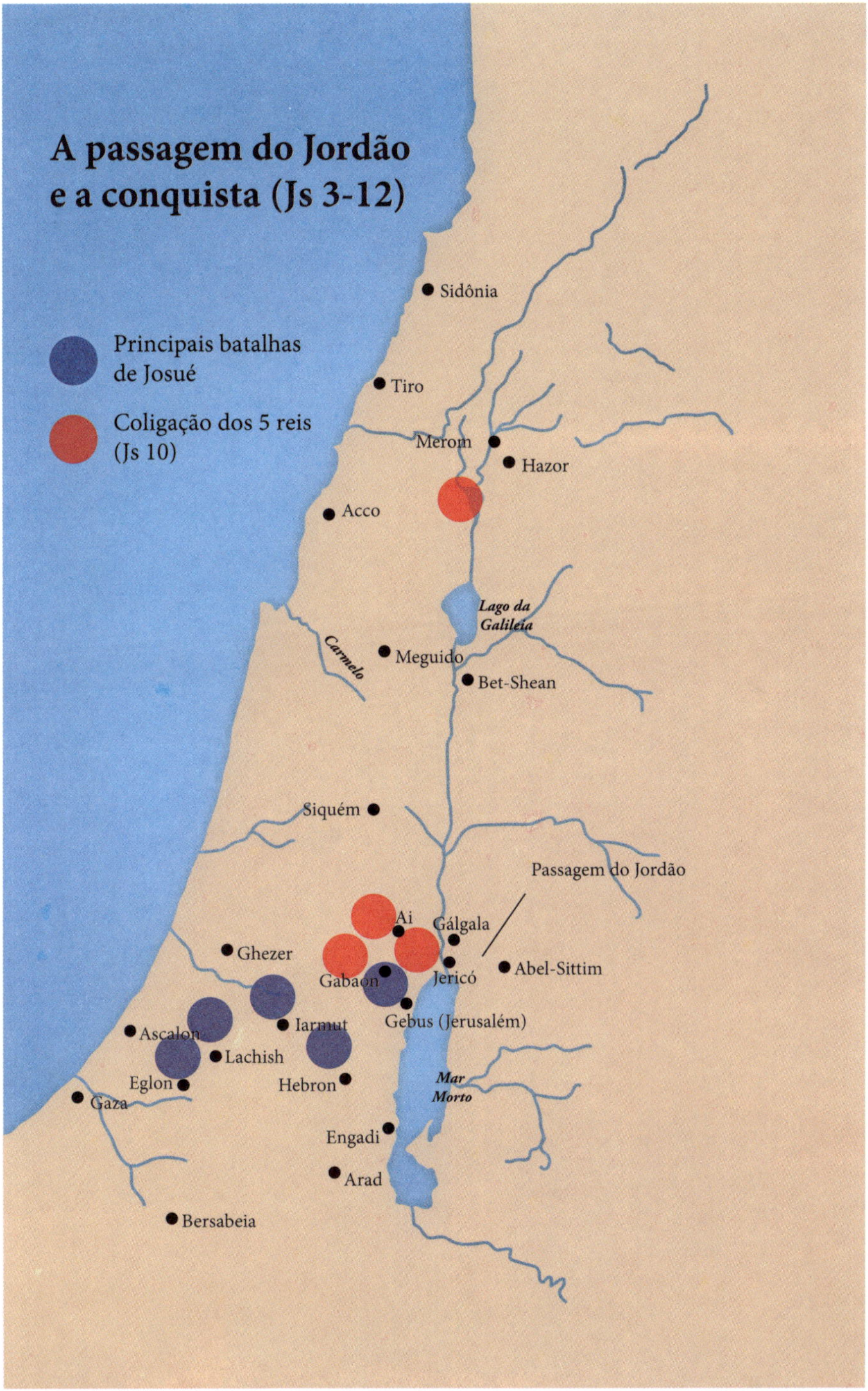
A passagem do Jordão
e a conquista (Js 3-12)
Principais batalhas
de Josué
Coligação dos 5 reis
(Js 10)
Sidônia
Tiro
Merom
Hazor
Acco
Lago da
Galileia
Carmelo
Meguido
Bet-Shean
Siquém
Passagem do Jordão
Ai
Gálgala
Ghezer
Gabaon
Jericó
Abel-Sittim
Gebus (Jerusalém)
Iarmut
Ascalon
Lachish
Eglon
Hebron
Gaza
Mar
Morto
Engadi
Arad
Bersabeia

O território das doze tribos

Seja muito bem-vindo à casa de

Nossa Senhora Aparecida!

"Aqui pulsa o coração católico do Brasil"

Esta frase foi dita por São João Paulo II para uma multidão de devotos, no ano de 1980, quando o pontífice visitou Aparecida. Todos os anos o Santuário Nacional é visitado por milhões de peregrinos, que chegam de todas as partes do Brasil e do mundo, para pedir e agradecer à Mãe de Jesus as muitas graças recebidas.

A beleza do Santuário e todo o trabalho evangelizador nele realizado estão relacionados ao seu lema "Acolher bem também é evangelizar".

Esta edição especial da Bíblia de Aparecida oferece a você a oportunidade de conhecer melhor o significado da mensagem presente na história e devoção à Mãe Aparecida, bem como o sentido de tudo aquilo que os peregrinos podem contemplar no Santuário Nacional. Que a Palavra de Deus inspire sempre seus caminhos!

Missionários Redentoristas

Uma história de fé e devoção

Em 1717, os pescadores, João Alves, Domingos Garcia e Felipe Pedroso, foram encarregados de conseguir peixe para o banquete que a Vila de Santo Antônio de Guaratinguetá iria oferecer a Dom Pedro de Almeida e Portugal, o Conde de Assumar, que estava passando pela região. Após várias tentativas de pesca, os três pescadores retiraram das águas escuras do rio Paraíba do Sul uma Imagem de Nossa Senhora, que veio nas redes em dois pedaços: primeiro o corpo e, em seguida, a cabeça. A partir deste momento, os pescadores, que antes não tinham conseguido pescar nada, encheram suas redes com uma quantidade abundante de peixes. Após a pesca, entregaram os pedaços da estátua a Silvana da Rocha Alves, que reuniu as duas partes com cera, e a colocou em um pequeno altar na casa da família, agradecendo a Nossa Senhora "Aparecida" das águas o milagre dos peixes. Nascia ali uma devoção que hoje já possui mais de 300 anos de história.

Em virtude da expansão da devoção a Nossa Senhora "Aparecida" e ao número sempre maior de peregrinos, ao longo dos anos, foi preciso reformar e aumentar o espaço da pequena capela, originalmente construída. Até que, em 1955, deu-se início à construção da atual Catedral Basílica de Nossa Senhora da Conceição Aparecida, também chamada de "Basílica Nova", conforme projeto do arquiteto Benedito Calixto. A Basílica dedicada a Nossa Senhora Aparecida é repleta de significado expresso nos pisos e nas paredes. As artes presentes em grandes painéis coloridos, nos azulejos e mosaicos, e em diversos outros elementos, foram criadas pelo artista sacro Cláudio Pastro, falecido em 2016. Pastro transformou o Santuário em um grande espaço catequético.

Aparecida já foi visitada por três Papas: São João Paulo II (1980), Bento XVI (2007) e Francisco (2013). Hoje, o Santuário é um grande centro evangelizador do Brasil, confiado ao zelo apostólico dos Missionários Redentoristas, que, desde 1894, são responsáveis pela pastoral e administração, no atendimento aos romeiros e peregrinos que chegam de todas as partes do país e do exterior.

A espiritualidade presente na imagem

A Imagem de Nossa Senhora Aparecida comunica a gravidez da Virgem Maria, uma iconografia comum do século XVIII: Nossa Senhora da Conceição. Na palavra *conceição* estão subentendidas a Encarnação do Verbo e a firme convicção de fé sobre a condição privilegiada e única da geração imaculada de Nossa Senhora. A veneração à Imagem da Mãe Aparecida proclama as bem-aventuranças do Evangelho!

Os primeiros tocados pela "mística" do achado daquela pequena imagem foram os três piedosos pescadores: João Alves, Felipe Pedroso e Domingos Garcia. Depois, seus familiares, vizinhos e, por meio deles, os que vieram conhecê-la atraídos por notícias veiculadas sobre as graças alcançadas. Não houve aparições nem falas ligadas ao encontro da imagem, mas houve e há desde então a boa notícia: Deus re-visitou o seu povo!

Do rio de águas turvas ela veio e fez-se brotar um rio de graças, bênçãos, favores divinos. Meditando a história, o significado, a repercussão do achado e da veneração prestada a Maria, em sua imagem de Aparecida, não há como não rezar a frase bíblica da Visitação: "Tu és bendita entre as mulheres e bendito é o fruto de teu ventre!" (Lc 1,42).

É a mãe que deseja congregar e encaminhar todos para o Filho Jesus. Na imensidão arquitetônica do Santuário Nacional, a imagenzinha é apenas um ponto pequenino emoldurado pelo nicho artisticamente desenhado. Para ela convergem todos os olhares. Em sua presença param pessoas imersas em silenciosa contemplação espiritual. Outras emocionadas até às lágrimas pedem e/ou agradecem as graças. Lá do seu nicho, cravado na parede sul do Santuário, a veneranda e histórica imagem da Mãe Aparecida derrama a luz do seu olhar sobre os fiéis em prece, ali perto ou mais longe.

Com delicado sorriso recebe seus visitantes e parece apontar o altar central encimado pela grande cruz de ferro. É a mãe que deseja congregar e encaminhar todos para o Filho Jesus. Todos ali se sentem acolhidos por Deus diante de um símbolo tão frágil de sua misericórdia. Chamada para nos dar o Cristo, Maria é a intercessora do povo brasileiro.

Pe. Antonio Clayton Sant'Anna, C.Ss.R.

A mensagem de Aparecida

Não há visões nem palavras da Virgem de Aparecida. Mas há uma mensagem bem clara, que brota da própria imagem e do contexto histórico em que ela apareceu no rio Paraíba do Sul.

1 **Maria Aparecida nos traz Jesus:** a imagem pequenina é uma escultura da Imaculada Conceição. Ela está grávida, porque a missão de Maria é oferecer-nos Jesus, fruto bendito do seu ventre.

2 **Maria Aparecida nos reúne:** a cabeça vem separada do corpo. Como Maria é sinal e tipo da Igreja, tal separação representa simbolicamente o Povo de Deus, como corpo, e o próprio Cristo, como Cabeça de uma nova humanidade. É preciso unir a cabeça para que o povo se torne Corpo místico de Cristo.

3 **Maria Aparecida nos convida a ser Igreja:** foi pescada e colocada dentro de uma barca. A barca é o símbolo evangélico da Igreja de Jesus. Ela nos convida a viver dentro da Igreja, como participantes fiéis e ativos.

4 **Maria Aparecida nos convida à oração:** tem as mãos postas em oração, revelando seu papel de intercessora junto a Deus por nós e convidando-nos a nos unir a ela em oração.

5 **Maria Aparecida nos ensina a ser humildes:** a imagem pequenina, de apenas 36 cm, quase que se esconde dentro da imensa Basílica. É preciso ser humilde para que o Senhor possa fazer grandes coisas em nossas vidas.

6 **Maria Aparecida brota das águas:** a água é elemento de vida e de purificação. Ela nos lembra a importância do nosso nascimento e da confissão, como purificação e perdão.

7 **Maria Aparecida é solidária com os pobres e aflitos:** faz-se pescar

por 3 pescadores pobres e trabalhadores. A pescaria milagrosa os liberta da ameaça dos poderosos. E as casas desses pescadores tornam-se o primeiro templo de Nossa Senhora Aparecida.

8 **Maria Aparecida é solidária com os negros:** a cor negra da imagem traduz a solidariedade de Maria com a raça negra, tão injustamente escravizada. Sua cor denuncia o pecado do preconceito racial e anuncia a esperança de libertação.

9 **Maria Aparecida é esperança de unidade:** partida em mais de 200 pedaços, seu corpo foi restaurado por mãos carinhosas e sua unidade foi refeita. Ela nos mostra que sempre é possível reconstruir a unidade dentro e fora de nós, por meio do carinho, da reconciliação e da paciência.

10 **Maria Aparecida é o sorriso de Deus para nós:** os lábios da Imagem estão entreabertos num doce sorriso. É um sorriso de bondade maternal, que alimenta nossa confiança na misericórdia de Deus para conosco.

Pe. José Ulysses da Silva, C.Ss.R.

A catequese pela arte

Em 2019, o Santuário Nacional iniciou o projeto Jornada Bíblica, que tem como objetivo aproximar ainda mais da Palavra de Deus os devotos e visitantes. Para isso, as quatro fachadas do Santuário serão revestidas por mosaicos com cenas bíblicas. O responsável pelo projeto é o padre jesuíta Marko Ivan Rupnik. Nascido na Eslovênia, é teólogo, artista e escritor. Desde 1991, vive e trabalha em Roma (Itália), no Centro de Arte Espiritual Aletti. Padre Rupnik é um dos mais importantes autores e pensadores da arte sacra na atualidade.

Durante 4 meses, ele e uma equipe, composta por 26 artistas de 10 nacionalidades diferentes, revestiram 4 mil m^2 da Fachada Norte com arte litúrgica, um prolongamento da liturgia celebrada no interior da Basílica e, por isso, tão rica em significado.

A obra

O revestimento começou pela Fachada Norte, pois esta foi a primeira a ser construída, em 1955.

Composto por 24 cenas, o mosaico traz as principais passagens do Livro do Êxodo, desde a história de José, o Nascimento e a Vocação de Moisés, as Situações de Escravidão do Egito, a Ação de Deus em favor do Povo, a Páscoa Hebraica, a Libertação, a Travessia do Mar Vermelho e os Eventos do Deserto.

Santuário Nacional,

uma experiência bíblico-catequética

O Santuário Nacional é constituído por quatro naves (que formam uma cruz) e no centro há uma cúpula bem acima do altar. No espaço interno da Basílica também estão inseridas seis capelas: Capela do Santíssimo, Capela de São José, Capela dos Santos Apóstolos, Capela das Velas, Capela do Batismo e Capela da Ressurreição.

Coube ao artista sacro Cláudio Pastro a missão de cuidar da arte da maior parte do acabamento interno da Basílica. Em diversos lugares nas paredes do Santuário encontramos imensos painéis coloridos feitos em azulejos. Neles o artista Cláudio Pastro quis representar a História da Salvação. Na Nave Sul, o nicho da Imagem é ladeado por doze mulheres do Antigo Testamento que prefiguram Maria, a escolhida por Deus, são elas: Eva, Sara, Rebeca, Lia, Raquel, Miriam, Débora, Rute, Ana, Abigail, Judite e Ester. Outros painéis, próximos ao nicho, retratam os primeiros milagres atribuídos a Nossa Senhora Aparecida. Nas paredes da Nave Sul, estão os painéis que retratam a infância de Jesus.

Acima das portas da Nave Norte encontramos ao centro o Pantocrator, Cristo Senhor e Mestre, acompanhado pelas santas mulheres da Igreja. Entre elas está a Irmã Dorothy Stang, mártir assassinada na Amazônia. Os painéis nas paredes desta nave retratam a vida pública de Jesus.

Acima das portas da Nave Oeste encontramos, ao centro, a Mãe de Deus, acompanhada pelos homens leigos, sacerdotes e bispos que colaboraram com a evangelização do Brasil. Os painéis nas paredes desta nave retratam os últimos momentos da vida de Jesus antes da sua morte.

Acima das portas da Nave Leste encontramos, no centro, o Cordeiro Pascal e o cavalo branco do amado em sua segunda vinda, acompanhado pelos Patriarcas, Profetas e Apóstolos. Os painéis nas paredes desta nave retratam a ressurreição do Senhor. Por fim, na cúpula é retratada a árvore da vida e, ao seu redor, pássaros da fauna brasileira, que se dirigem ao centro da árvore para ali se abrigarem. Nas colunas do baldaquino, está a imagem da rica biodiversidade brasileira, evidenciando a grande criação que se manifesta para adorar o Senhor, no Altar da Eucaristia.

MÃE DE DEUS E NOSSA SENHORA APARECIDA PADROEIRA DO BRASIL

A Rainha e seu trono

"Um grande sinal apareceu no céu: uma Mulher vestida com o sol, tendo a lua sob os pés e uma coroa de doze estrelas na cabeça. Estava grávida e gritava de dor, angustiada para dar à luz" (Ap 12,1-2).

Dentre as muitas obras do artista Cláudio Pastro, está o Nicho de Nossa Senhora Aparecida, local que abriga a imagem original encontrada no rio Paraíba do Sul, em 1717.

O retábulo de Nossa Senhora Aparecida foi inspirado na passagem do Livro do Apocalipse, que se refere a uma "Mulher vestida de Sol" (Ap 12,1-2). Tem 45 metros de altura e todo feito em porcelana ouro branco. Os três arcanjos, Rafael, Miguel e Gabriel, correspondem à "Escada de Jacó" (Gn 28,12), local onde Deus se manifesta. Também recordam a súplicas dos fiéis sendo levadas ao céu. O nicho, feito em metal ouro com 2x2 metros e envolto pelo sol, guarda a imagem da Senhora Aparecida. O nicho inclui a representação do sol, da lua e de 12 estrelas com a frase "O Espírito e a esposa dizem: Amém, vem Senhor Jesus" (Ap 22,17). As figuras de peixes recordam o milagre da pesca. No grande painel (Retábulo) estão retratadas as 12 principais mulheres do Antigo Testamento que prefiguravam a Virgem, Mãe de Cristo.

A árvore da vida

Altar central e Cruz

Para os cristãos o Altar é o próprio Jesus, por isso sua centralidade dentro do espaço sagrado. Ele é o centro do Universo, o umbigo do mundo, o coração do corpo místico de Cristo. O Altar do Santuário é uma mesa de pedra-granito maciço. Sobre ele encontramos a Cruz, o maior sinal cristão. O próprio Santuário foi construído em forma de Cruz, conforme projeto do arquiteto Benedito Calixto Neto. A Cruz que está sobre o Altar é feita em aço com 8 metros de altura, pesa quase 800 quilos e tem a figura vazada de Cristo, que lembra a entrega de Jesus por nós. Instalada no meio do Santuário, a Cruz recorda que Cristo é o centro da vida de todo cristão, sendo Ele, o grande tronco da Árvore da Vida. Por essa razão a peça possui o desenho de 12 sementes, número que simboliza a perfeição absoluta. A Cúpula Central e as Colunas do Baldaquino.

O tema da Cúpula faz alusão à parábola do grão de mostarda, que se torna a grande árvore na qual os pássaros se aninham. As espécies de pássaros brasileiros ali representados recordam os peregrinos que neste lugar chegam de todas as partes para se aninhar e refazer suas forças. No Alto, no centro da Cúpula, temos o sol (luz), primeiro elemento da criação, e o pássaro que corresponde ao Espírito de Deus, que anima a criação e a vida do universo.

A Cúpula Central está sustentada por quatro pilares no qual encontramos representados os diversos animais e plantas brasileiros e as etapas da vida humana. Nesse conjunto artístico, o peregrino contempla o Paraíso que Deus criou para a humanidade habitar, local de tranquilidade e paz, e recorda que em Cristo toda a criação foi restaurada. O Baldaquino possui mais de 40 metros de altura. Cada um dos quatro paredões dele representa uma das estações do ano, por meio dos Ipês que são símbolos do Brasil. Os anjos branco, negro, caboclo e índio representam a formação do povo brasileiro: eles indicam que o Altar, a Eucaristia, é o centro dos quatro cantos da Terra. Acima dos Anjos, no capitel, vê-se a saudação do Arcanjo Gabriel à Virgem, que corresponde à primeira parte da oração da Ave-Maria.

Capelas no interior do Santuário

Capela do Santíssimo

Localizada à direita do Altar Central, a Capela do Santíssimo nos remete ao Mistério Eucarístico. Possui uma cúpula revestida de pastilhas de porcelana banhadas a ouro, indicando a presença do divino naquele lugar. O retábulo da Capela do Santíssimo é composto por cinco mosaicos italianos, com os quatro evangelistas e o cordeiro pascal; são presentes de São João Paulo II. Logo na entrada, num portal de ferro, tem-se a

representação da videira, sinal de comunhão, com pássaros que bicam as uvas, lembrando os cristãos que vivem deste mistério.

A frase em latim "Panis Angelorum Cibus Viatorum", que significa "Pão dos anjos, alimento dos viajantes", remete a Jesus presente em espécie no pão e no vinho.

Capela de São José

Localizada à esquerda do Altar Central, a Capela de São José é uma homenagem ao guardião da Sagrada Família. Cada detalhe da capela possui um significado especial, desde o piso até a cúpula. O piso contém desenhos de lírios que se abrem, simbolizando a pureza e a sabedoria. Uma grade em ferro batido representa a entrada do jardim, com lírios em ouro e a frase "Dominus Domum Joseph Concredidit" (O Senhor confiou a José a Sua casa). Atrás do Altar, um painel de azulejos representa a passagem bíblica na qual São José é avisado pelo anjo de que Nossa Senhora concebeu por obra do Espírito Santo (Mt 1,20). Os dois painéis laterais recordam duas cenas da vida de Jesus.

Capela dos Santos Apóstolos

A Capela dos Apóstolos do Santuário Nacional está localizada atrás da Imagem original de Nossa Senhora Aparecida, que fica exposta no Nicho para visitação dos fiéis. Seu altar foi sagrado pelo Papa São João Paulo II, durante sua visita ao Santuário Nacional, no ano de 1980. Nas paredes da capela estão doze nichos, com as figuras dos Apóstolos, de autoria do artista sacro Cláudio Pastro.

Capela das Velas

Localizada à esquerda da Porta Santa, é local onde muitos peregrinos costumam acender suas velas. O piso remete à passagem bíblica da Sarça Ardente, momento em que o Senhor aparece a Moisés em forma de fogo, recordando que Deus está presente naquele lugar. A Capela possui uma cruz de 4 metros em aço.

Capela do Batismo

Localiza-se na área externa do Santuário, na extremidade direita da colunata dos Apóstolos. Na porta da Capela do Batismo está a árvore da vida, com a inscrição "O Cristo, novo Adão, abre-nos as Portas do Paraíso". O piso forma um sol e contém a palavra "Pax", saudação do Ressuscitado. A Cúpula simboliza o céu que faz o batizado ser luz do mundo. No barrado está a procissão de cordeiros. No Centro do batistério, em mármore branco, está a fonte batismal. No meio, uma cruz e, abaixo de uma pomba, a figura do Cristo, que corresponde ao batizado. Na frente, a frase "Tu és meu filho, eu hoje te gerei", referente ao batismo de Jesus.

Capela da Ressurreição

Localiza-se na área externa do Santuário, na extremidade esquerda da colunata dos Apóstolos. Abriga os restos mortais dos Bispos e Arcebispos de Aparecida, além do Memorial dos Devotos, um memorial virtual que relembra todos os colaboradores da Campanha dos Devotos falecidos. No piso encontramos a primeira estrofe do funeral cristão, "In Paradisum", e uma coroa de louros como coroa da vitória. O Bom Pastor, com 4 metros de altura, recorda o Ressuscitado que nos conduz nesta vida e para outra margem do rio da vida. Nas paredes, sete figuras da via-sacra recordam-nos o sofrimento de Cristo.

Detalhes que revelam o mistério

Os Vitrais

Os vitrais são elaborados com centenas de pedaços de vidros coloridos com o objetivo de filtrar a luz. Esta arte é encontrada com frequência em vários templos católicos. No Santuário, os vitrais localizados nas extremidades das quatro naves possuem estilo moderno, diferenciando-se dos antigos vitrais sacros. Destacam-se os diversos tons de azul, misturados com efeito de um imenso caleidoscópio. Nas partes centrais, variações de Rosáceas possuem uma intenção simbólica. Na Nave Norte Rosácea na cor vermelha, na Nave Sul Rosácea de na cor azul, na Nave Leste Rosácea na cor turquesa e na Nave Oeste Rosácea na cor lilás. As cores remetem aos temas dos painéis das paredes. Diversos outros vitrais com temas variados também são encontrados no Santuário.

Os pisos do Santuário

Os pisos do Santuário são todos em granito brasileiro. Em muitas partes eles estão dispostos em forma de água em movimento, fazendo referência ao sacramento do Batismo, momento em que somos mergulhados em Cristo, e ao rio Paraíba do Sul, onde foi encontrada a Imagem da Virgem. A partir do Altar central, linhas em zigue-zague representam o movimento das águas: o símbolo remete ao profeta Ezequiel, que falava da água que corre do altar para fecundar toda a terra (Ez 47,1-12).

Porta Santa

Na tradição cristã, a Porta Santa é o próprio Cristo, que disse: "Eu sou a porta; quem entra por mim será salvo. Entrará e sairá, e encontrará pastagem" (Jo 10,9). Passar pela Porta Santa significa que se tem o objetivo de renovar-se. A Porta Santa do Santuário Nacional foi inaugurada por ocasião do Ano Santo da Misericórdia, em dezembro de 2015. Ela foi feita em bronze com detalhes em ouro. No lado externo está representada a anunciação do Anjo Gabriel à Virgem Maria. Nas mãos de Maria encontramos sua resposta, FIAT (faça-se). Ao alto, as letras alfa e ômega representam o Cristo-Porta do Paraíso. No lado interno, está a figura do Bom Pastor (à direita) e a figura do Pai Misericordioso acolhendo o Filho pródigo (à esquerda). Ao alto, o Sol e a Lua recordam a presença diária de Deus em nossa vida.

Espaços de oração e de gratidão

Sala das Promessas

Os devotos de Nossa Senhora Aparecida vêm ao Santuário Nacional para pedir e agradecer as graças recebidas, e uma das formas de homenagem é trazer ex-votos (palavra que deriva da expressão "ex-voto suscepto", que significa "por um voto alcançado", em latim). A Sala das Promessas foi feita para receber todos esses ex-votos, que são objetos, fotos, cartas e testemunhos de fé dos devotos, que são formas de homenagear e demonstrar a devoção à Mãe Aparecida. A Sala das Promessas, também conhecida como "Sala dos Milagres", está localizada no subsolo da Basílica e é o segundo lugar mais visitado da Casa da Mãe Aparecida.

Capelas das Confissões

Um dos locais mais procurados no Santuário de Aparecida é o espaço das confissões. Os confessionários ficam no subsolo da Basílica, onde os peregrinos são recebidos pelos sacerdotes em uma capela, para que possam ter orientações antes de receber o sacramento.

Grande como coração de mãe

Torre Brasília

A Torre Brasília, localizada no complexo do Santuário Nacional, domina a visão daqueles que acorrem à Casa da Mãe diariamente. Sua estrutura foi doada pelo presidente Juscelino Kubitschek. Com seu porte majestoso, a imensa torre de 100 metros de altura possui 16 andares, com 440 degraus, e abriga os dois andares do Museu Nossa Senhora Aparecida, o Mirante e, agora, a Fachada Norte, que podem ser visitados pelos romeiros. A obra foi inaugurada no ano de 1961. No ano de 2007, a Torre ganhou um relógio de 4 toneladas, construído em Madrid. No piso térreo, encontra-se o painel afresco intitulado "Os Peregrinos", obra de Cláudio Pastro.

Passarela da Fé

A Passarela da Fé foi inaugurada em 1971. A estrutura da Passarela foi construída para oferecer acesso entre a então chamada Basílica Velha e a Basílica Nova. Seu formato foi projetado em forma de um "S", em homenagem à Senhora da Conceição Aparecida. A Passarela da Fé possui 392,2 metros de comprimento, e sua parte mais alta está a 35,52 metros do chão, de onde descortina-se uma bela visão panorâmica da cidade de Aparecida. O local também costuma ser utilizado pelos peregrinos para pagar suas promessas, caminhando a pé ou de joelhos de um ponto ao outro da Passarela.

Monumentos externos

Colunatas dos Apóstolos

No complexo da Esplanada São João Paulo II, local onde o pontífice celebrou a missa campal em 1980, encontram-se as estátuas dos 12 apóstolos, pilares da Igreja. São obras do artista plástico Alexandre Morais, feitas em cimento com decoupagem em cobre; pesam cerca de 4 toneladas e medem 4 metros de altura cada uma. O projeto é inspirado na estrutura da Basílica de São Pedro, em Roma, com dois braços que representam os braços da Mãe Igreja.

Presépio permanente

O Morro do Presépio está localizado no pátio do Santuário Nacional e possui mais de 70 esculturas que representam o nascimento de Jesus, o encontro da Imagem de Nossa Senhora Aparecida no rio Paraíba do Sul e atrações como gruta, cascatas, lago e mirante. Todas as peças têm tamanho natural e foram feitas em cimento.

Campanário

Localizado no Jardim Norte, conta com 13 sinos, sendo 12 dedicados a cada um dos apóstolos, e o maior de todos dedicado à Virgem de Aparecida e a São José.

Monumento dos 300 anos

Localizado no Jardim Noroeste do Santuário, a obra é uma réplica do monumento inaugurado nos Jardins do Vaticano, na ocasião do Jubileu dos 300 anos. O monumento retrata uma canoa na base, os três pescadores e uma rede que recorda o momento do encontro da Imagem nas águas do rio Paraíba do Sul, em 1717.

Monumento de Fátima

O Monumento de Fátima foi inaugurado por iniciativa conjunta dos jubileus comemorativos de 300 anos de Aparecida (Brasil) e 100 anos de Fátima (Portugal), em 2017. O monumento fica no Jardim Norte, próximo à Torre Brasília.

Memorial dos Construtores

Localizado na rampa norte de acesso ao Santuário Nacional, possui 96 placas de bronze, com 2.356 nomes de pessoas que participaram da Construção da Basílica Nova. Traz também registrado as capitais dos Estados brasileiros, simbolizando que é nesse lugar santo que está a Padroeira do Brasil, além, da distância de Aparecida para alguns Santuários Marianos do mundo. No local há ainda uma imagem de Nossa Senhora da Assunção, oferecida ao Santuário pelos congregados e Filhas de Maria da Arquidiocese de São Paulo, em 1955. A obra é do escultor siciliano Francisco Bussacca e foi confeccionada em bronze, medindo 2,50 metros de altura.

Basílica Histórica

Construída no Morro dos Coqueiros, colina onde está localizado o centro histórico de Aparecida (SP), com obras iniciadas em 1845, a Basílica Histórica foi inaugurada em 1888. De estilo barroco, foi tombada como monumento de interesse histórico, religioso e arquitetônico, em 1982, pelo Conselho de Defesa do Patrimônio Histórico, Arqueológico, Artístico e Turístico do Estado de São Paulo (Condephaat). Além de retratar a fé do povo, a Basílica Histórica está vinculada à história cultural e religiosa do Brasil, abrigando um acervo de obras históricas e artísticas. Recebeu do Vaticano, em 1908, o título de Basílica Menor. Nela permaneceu até 1982 a imagem original encontrada pelos pescadores. Aqui a Princesa Isabel visitou Nossa Senhora Aparecida, em companhia de seu esposo, em 1868. Veio suplicar a graça de um herdeiro para o trono. Voltou novamente, em 1884, para agradecer a graça alcançada.

FOTOS: THIAGO LEON E FABIO COLOMBINI

BÍBLIA DE APARECIDA

EDITORA
SANTUÁRIO

Nihil obstat

† Walmor Oliveira de Azevedo
Arcebispo de Belo Horizonte, MG
Presidente da Comissão Episcopal Pastoral para a Doutrina da Fé, da CNBB

Imprimatur

Brasília, 25 de abril de 2006

Cardeal Geraldo Majella Agnelo
Arcebispo de São Salvador, BA
Presidente da CNBB

Tradução dos textos originais, notas de rodapé, notas paralelas,
pelo exegeta e missionário redentorista
Pe. José Raimundo Vidigal, C.Ss.R.

Diretores Editoriais: Pe. Marcelo C. Araújo, C.Ss.R.
Pe. Carlos da Silva, C.Ss.R.

Preparação e Revisão dos textos: Otilo Edgar Orth
Elizabeth dos Santos Reis
Clodoaldo Montoro

Diagramação: José Antonio dos Santos Júnior

Ilustração: Cláudio Pastro

30ª impressão
Tiragem total até a 30ª impressão: 925.400 exemplares

Rua Pe. Claro Monteiro, 342 – 12570-045 – Aparecida-SP
Tel.: 12 3104-2000 – Televendas: 0800 016 00 04
www.editorasantuario.com.br
vendas@editorasantuario.com.br

ÍNDICE GERAL

Introdução à Bíblia 4

O ANTIGO TESTAMENTO

Introdução ao Antigo Testamento 5

Pentateuco
Gênesis (Gn) 7
Êxodo (Êx) 61
Levítico (Lv) 106
Números (Nm) 138
Deuteronômio (Dt) 183

Livros Históricos
Josué (Js) 223
Juízes (Jz) 249
Rute (Rt) 276
Primeiro Samuel (1Sm) 281
Segundo Samuel (2Sm) 315
Primeiro Reis (1Rs) 344
Segundo Reis (2Rs) 378
Primeiro Crônicas (1Cr) 410
Segundo Crônicas (2Cr) 440
Esdras (Esd) 477
Neemias (Ne) 489
Tobias (Tb) 506
Judite (Jt) 521
Ester (Est) 538
Primeiro Macabeus (1Mc) 551
Segundo Macabeus (2Mc) 585

Livros Poéticos e Sapienciais
Jó (Jó) 611
Salmos (Sl) 646
Provérbios (Pr) 731
Eclesiastes (Ecl) 765
Cântico dos Cânticos (Ct) 776
Sabedoria (Sb) 783
Eclesiástico (Eclo) 807

Livros Proféticos
Isaías (Is) 871
Jeremias (Jr) 941
Lamentações (Lm) 1011
Baruc (Br) 1019
Ezequiel (Ez) 1028
Daniel (Dn) 1083
Oseias (Os) 1107
Joel (Jl) 1118
Amós (Am) 1123
Abdias (Ab) 1132
Jonas (Jn) 1134
Miqueias (Mq) 1137
Naum (Na) 1144
Habacuc (Hab) 1147
Sofonias (Sf) 1151
Ageu (Ag) 1155
Zacarias (Zc) 1158
Malaquias (Ml) 1169

O NOVO TESTAMENTO

Introdução ao Novo Testamento 1173
Introdução aos Evangelhos 1174
São Mateus (Mt) 1175
São Marcos (Mc) 1214
São Lucas (Lc) 1239
São João (Jo) 1280
Atos dos Apóstolos (At) 1312
Introdução às Cartas de São Paulo ..1352
Romanos (Rm) 1352
Primeira Coríntios (1Cor) 1370
Segunda Coríntios (2Cor) 1387
Gálatas (Gl) 1399
Efésios (Ef) 1406
Filipenses (Fl) 1413
Colossenses (Cl) 1418
Primeira Tessalonicenses (1Ts) 1423
Segunda Tessalonicenses (2Ts) 1428
Primeira a Timóteo (1Tm) 1431
Segunda a Timóteo (2Tm) 1437
Tito (Tt) 1441
Filêmon (Fm) 1444
Hebreus (Hb) 1446

Epístolas Católicas
São Tiago (Tg) 1460
Primeira de São Pedro (1Pd) 1465
Segunda de São Pedro (2Pd) 1470
Primeira de São João (1Jo) 1474
Segunda de São João (2Jo) 1479
Terceira de São João (3Jo) 1480
São Judas (Jd) 1481
Apocalipse (Ap) 1483

INTRODUÇÃO À BÍBLIA

A Igreja tem seu livro, o livro por excelência, o mais difundido e estudado, traduzido em 1.800 línguas, impresso em milhões de exemplares e lido em todo o mundo, uma espécie de best-seller permanente da humanidade: a Bíblia, livro de Deus. Por meio dela Deus instrui as gerações que se sucedem na terra, ele as ilumina e alegra com sua luz. É um livro inspirado, que tem Deus como autor principal. Por isso, "ensina com certeza, fielmente e sem erro a verdade que Deus, em vista da nossa salvação, quis fosse consignada nas Sagradas Escrituras" (Vat. II).

Nossa fé nos diz, porém, que a Bíblia é palavra de Deus em linguagem humana. Foi escrita por pessoas como nós, das quais o Espírito Santo fez seus instrumentos vivos e racionais, que não receberam simplesmente um ditado para copiar, mas trabalharam livremente com seus próprios talentos, deixando nos escritos a marca de sua pessoa, de seu tempo e de sua cultura. Daí a grande variedade nas obras que compõem a Bíblia e em seus estilos literários. É como se Deus fosse um músico a tocar os mais diversos instrumentos, cada qual produzindo seu timbre específico.

A palavra "Bíblia" vem de um substantivo plural grego, que significa "livros". Com efeito, não é apenas um livro, mas uma biblioteca inteira, um conjunto de livros, escritos no espaço de 10 séculos e em diversos ambientes, adotando, por isso, os mais variados modos de falar, que chamamos de gêneros literários: são narrativas, poesias, oráculos proféticos, cânticos de amor, códigos de leis, coleções de provérbios, apocalipses, genealogias, discursos, salmos, evangelhos e cartas, em que se refletem, em toda a riqueza de seus matizes, a sabedoria divina e a psicologia humana.

Com tamanha variedade, o que faz a Bíblia ser um conjunto harmonioso é seu único Autor, Deus, que fala em todas as suas páginas, e seu tema principal, a história da salvação. A Bíblia é a história do amor de Deus pela humanidade, a aventura de um povo escolhido, com todas as suas qualidades e defeitos, com suas alegrias e tristezas e sua trajetória de quase dois mil anos, povo que devia preparar a chegada do Salvador. É do Salvador que falam todas as Escrituras (Lc 24,27), todas nele se realizam, por isso "ignorar as Escrituras é ignorar Jesus Cristo" (São Jerônimo).

As duas grandes partes da Bíblia são o Antigo Testamento, que contém os 46 livros do tempo anterior a Cristo, e o Novo Testamento, formado pelos 27 livros que falam de Cristo. Nessas expressões, a palavra "testamento" significa propriamente "aliança": a antiga, a mosaica, e a nova, com Cristo.

A Bíblia foi redigida em três línguas: os livros mais antigos, em hebraico, mais ou menos 3/4 do total; os mais recentes, em grego, 1/4 aproximadamente; e poucas páginas em aramaico. O hebraico, língua do povo eleito, era a língua sagrada por excelência. O aramaico, língua diplomática e bastante próxima do hebraico, estava em uso na comunidade judaica desde o retorno do exílio babilônico até o tempo de Jesus. O grego passou a ser conhecido e falado na Palestina a partir de Alexandre Magno e seus sucessores.

Em todas as edições, os livros bíblicos aparecem divididos em capítulos, e cada capítulo em versículos. A divisão em capítulos data do ano 1214 e foi feita na Universidade de Paris, pelo professor, mais tarde cardeal, Estevão Langton. No séc. XVI os capítulos foram divididos em versículos: Sante Pagnini numerou o Antigo Testamento em 1528 e Roberto Estevão, em 1550, numerou o Novo.

A Bíblia, livro de fé, foi escrita na Igreja e para a Igreja, comunidade de fé. A ela Deus confiou os livros santos, dando-lhe três obrigações: fixar o catálogo oficial dos livros, chamado "cânon", divulgar os livros bíblicos, conservando-os em sua integridade e orientar os fiéis em sua reta interpretação. A Bíblia só é lida com verdadeiro proveito num contexto de fé e de oração.

O cristão lê a Bíblia como um livro de espiritualidade, vendo nela um lugar do encontro com Deus. Dela escreveu São Paulo a seu colaborador Timóteo: "Toda a Escritura é inspirada por Deus e é útil para ensinar, convencer, corrigir e educar para a justiça, para que o homem de Deus seja perfeito, equipado para toda boa obra" (2Tm 3,16s).

INTRODUÇÃO AO ANTIGO TESTAMENTO

A primeira parte da Bíblia, o Antigo Testamento, reúne os livros sagrados do período anterior a Jesus Cristo. Os hebreus os agrupavam em três categorias: Lei, Profetas e Escritos. A Lei é o conjunto dos cinco livros atribuídos a Moisés, ou seja, o Pentateuco; a parte chamada "Profetas" inclui os Profetas anteriores, que nós situamos entre os livros históricos (de Josué até 2º Reis) e os Profetas posteriores, que são os Profetas propriamente ditos; os Escritos ou hagiógrafos compreendem o restante dos livros hebraicos. Os cristãos adotam uma divisão em três classes de livros: históricos, sapienciais (ou poéticos, didáticos) e proféticos.

Depois de narrar a criação do mundo e a pré-história bíblica, o Antigo Testamento apresenta em grandes linhas a história do povo de Israel, que começa com Abraão e os outros patriarcas; o êxodo e a ocupação da terra prometida; e os principais fatos que ocorreram no tempo dos Juízes, dos Reis e após o retorno do exílio. No livro dos Salmos toda essa história se transforma em oração. Na voz dos Profetas ressoam as advertências de Deus que guia seu povo. E pelo ensinamento dos Sábios, Israel aprende a buscar a verdadeira felicidade e a sabedoria que está no temor de Deus e na observância de sua lei.

Entre os temas principais, que atravessam essa narrativa da trajetória de Israel, podemos enumerar: a eleição, a promessa, a terra, a aliança, a fidelidade, os mandamentos, o serviço de Deus, a salvação, o messianismo.

Muita gente se pergunta por que a Igreja conserva e utiliza o Antigo Testamento, que é evidentemente imperfeito se comparado ao Novo. Por que ficar com o passado, se conhecemos a realidade definitiva, o Cristo?

Responde o Vaticano II: "Os livros do Antigo Testamento, em conformidade com a condição do gênero humano dos tempos anteriores à salvação realizada por Cristo, manifestam a todos o conhecimento de Deus e do homem e os modos pelos quais o justo e misterioso Deus trata com os homens. Esses livros, embora contenham também coisas imperfeitas e transitórias, manifestam contudo a verdadeira pedagogia divina. Por isso devem ser recebidos devotamente pelos cristãos esses livros que exprimem um vivo senso de Deus e contêm sublimes ensinamentos acerca de Deus e uma salutar sabedoria concernente à vida do homem e admiráveis tesouros de preces, nos quais enfim está latente o mistério de nossa salvação".

O Antigo Testamento nos convida a entender a pedagogia divina, que não revela tudo de uma vez, mas se adapta à capacidade de compreensão de seu povo. Em várias questões como a responsabilidade individual, a vida futura, o universalismo, a fraternidade observa-se um nítido progresso já dentro do próprio Antigo Testamento. E de um Testamento ao outro o passo é muito maior. São Paulo diz que a Lei era o pedagogo que nos conduzia a Cristo (Gl 3,24), entendendo por pedagogo aquele escravo de confiança que levava o jovem até seu mestre. O Antigo Testamento é a raiz, o fundamento, os alicerces do Novo. Uma obra como o Apocalipse de João, por exemplo, tecida de inúmeras reminiscências bíblicas, fica bastante obscura para quem não conhece o êxodo e as profecias de Ezequiel, Daniel e Zacarias.

O Antigo Testamento foi o único texto sagrado para Jesus e a Igreja primitiva. Os apóstolos encontraram nele o ponto de partida para anunciar o Cristo. Nele descobriram prefigurações e anúncios que se cumpriram no Messias Jesus. Para *falar dele recorreram aos personagens Adão, Moisés, Davi, o Servo sofredor, o Emanuel e o Filho do homem. Muitos fatos da história antiga como o dilúvio, o êxodo com vários de seus episódios foram interpretados como símbolos das realidades do novo tempo. Jesus mesmo afirmou que não veio abolir a Lei e os Profetas, mas dar-lhes cumprimento (Mt 5,17).*

A primeira e mais célebre tradução do Antigo Testamento foi a tradução grega dos Setenta, feita no Egito, para as comunidades judaicas da diáspora, nas primeiras décadas do séc. III a.C. Essa foi a Bíblia que os apóstolos usaram quando pregaram o Evangelho no mundo mediterrâneo, onde o grego era a língua universal. Essa Bíblia contém todos os 39 livros sagrados dos hebreus e mais 7, escritos nos últimos séculos a.C., e não aceitos pelos hebreus por acreditarem que com Esdras (séc. V a.C.) a inspiração profética havia terminado. A Igreja católica reconhece, pois, no Antigo Testamento, 46 livros inspirados, ao passo que as Igrejas protestantes, que seguem a opinião dos hebreus, aceitam apenas 39. Aqueles 7 livros são denominados pelos católicos "livros deuterocanônicos" e pelos protestantes "livros apócrifos", denominação esta que para nós indica os livros que a Igreja deixou de fora do catálogo dos livros inspirados.

PENTATEUCO

Os hebreus dividem sua Bíblia em "Lei, Profetas e outros Escritos". Nessa divisão, como também muitas vezes nas palavras de Jesus, "Lei" designa os cinco primeiros livros da Bíblia, porque constituem a base histórica, religiosa e jurídica de Israel. Em hebraico, "Lei" se diz "Torá", que tem um sentido mais amplo, significando instrução, ensinamento. A esse conjunto damos o nome de "Pentateuco", expressão grega que surgiu no séc. I, entre os hebreus de Alexandria, e significa "cinco livros", ou melhor, "cinco rolos", pois os livros antigos tinham a forma de rolos. Trata-se do Gênesis, Êxodo, Levítico, Números e Deuteronômio. A história que contam começa com a criação do mundo e termina na morte de Moisés. Com exceção do primeiro livro, toda a obra tem como protagonista Moisés. Dele se narram a prodigiosa salvação das águas, a educação na corte do faraó, a vocação e a missão de exigir do faraó a liberdade do povo, a função de instrumento nas mãos de Deus para realizar seus prodígios, para guiar o povo na caminhada do deserto e para conceder ao povo a lei e a aliança.

Além de protagonista, Moisés teria sido também o autor desses livros? Assim pensou a tradição hebraica, referida no Novo Testamento, e por isso os cinco livros são chamados "os livros de Moisés". Mas a partir de observações feitas já no séc. XVIII, essa opinião começou a ser abandonada. Notou-se, por exemplo, a existência de repetições: a criação do mundo e do ser humano, como também a vocação de Moisés, são narradas duas vezes. Há elementos recolhidos muito depois da morte de Moisés, e leis que não eram observadas em seu tempo e nem sequer existiam então, não podendo, portanto, ter sido codificadas por ele. Formulou-se a teoria dos quatro documentos – javista, eloísta, deuteronomista e sacerdotal – cujos elementos teriam sido combinados para formar o conjunto da obra. Hoje prefere-se falar de tradições orais, passadas através das gerações, e que receberam uma forma literária em diversas épocas, chegando à redação definitiva no tempo do exílio. Porque a maioria dessas tradições remontam à época de Moisés e porque ele teve sobre elas uma profunda influência como autor e legislador, pode-se dizer que o Pentateuco é de origem mosaica. Descobriram-se também paralelos interessantes com textos extrabíblicos, por exemplo, para a história do dilúvio e a de Moisés salvo das águas.

A leitura do Pentateuco nos faz reviver os primeiros lances da maravilhosa história do amor divino que é a história da salvação. A aliança mosaica prefigura e prepara a nova aliança, à qual aderimos pelo batismo. As promessas de Javé aos patriarcas e ao povo nos lembram que em Cristo todas as promessas de Deus tiveram seu "sim" (2Cor 1,20).

GÊNESIS

O nome Gênesis é muito apropriado para o primeiro livro da Bíblia, que conta as origens do mundo, da humanidade em geral, e do povo de Israel em especial. Os capítulos 1-11, que narram a pré-história bíblica, contêm dois relatos da criação do mundo e da criação do ser humano e falam do primeiro pecado, do fratricídio de Caim, do dilúvio e da torre de Babel. Depois do pecado de Adão e Eva, Deus promete a salvação, a qual, no entanto, parece sempre mais distante com a expansão do mal no mundo, que prejudica a realização do plano divino, sem no entanto impedir que ele se realize.

O texto se exprime segundo os conhecimentos da época, descrevendo observações sobre o mundo e o ser humano, e mostrando não o que eles foram no passado, mas qual é sua essência imutável através dos tempos.

Do capítulo 12 em diante, o desígnio salvífico de Deus se manifesta na eleição de Abraão e nas promessas a ele feitas e renovadas a Isaac e a Jacó. É contada a vocação de Abraão e sua vida em Canaã, como também a destruição de Sodoma e Gomorra, o nascimento e o sacrifício de Isaac, o ciclo de Jacó-Israel e de José, o hebreu que prosperou no Egito. A migração de Abraão até Canaã deve ter ocorrido pelo ano 1850 a.C. Ao serem transmitidos através das gerações, os relatos sobre os Patriarcas foram revistos e ampliados, não sendo possível reconstruir os fatos conforme ocorreram. Alguns documentos extrabíblicos dessa época mostram que esses relatos concordam com os costumes do Oriente antigo.

Gênesis é o livro das promessas, que quase sempre tardam a se cumprir, pondo à prova a fé dos Patriarcas e de seus familiares.

Ler o livro do Gênesis é penetrar nas raízes das verdades fundamentais de nossa fé, tais como a existência de um Deus único, onipotente, criador e senhor do universo; a grandeza e a miséria do ser humano; a dignidade do amor humano e da família; a salvação que só Deus pode conceder e que chega à humanidade por meio dos instrumentos que ele elege entre os próprios seres humanos.

I. ORIGENS DA HUMANIDADE (1–11)

1 **A Criação do céu e da terra.** 1No
princípio Deus criou o céu e a ter-
ra.* 2A terra estava sem forma e vazia;
as trevas cobriam o abismo e o espíri-
to de Deus se movia sobre a superfície
das águas.
3Deus disse: "Faça-se a luz!" E a luz
foi feita. 4Deus viu que a luz era boa e
separou a luz das trevas. 5Deus chamou
à luz "dia" e às trevas "noite". E houve
tarde e houve manhã: primeiro dia†.
6Deus disse: "Faça-se um firmamen-
to no meio das águas para separar as
águas das águas". 7Deus fez o firma-
mento e separou as águas que estão
debaixo do firmamento, das águas que
estão acima do firmamento. E assim
aconteceu. 8Deus chamou ao firma-
mento "céu". E houve tarde e houve
manhã: segundo dia.
9Deus disse: "As águas que estão de-
baixo do céu se reúnam num só lugar e
apareça a parte seca". E assim aconteceu.
10Deus chamou à parte seca "terra" e à
massa das águas, "mar". E Deus viu que
isto era bom. 11E Deus disse: "A terra pro-
duza vegetação: plantas que deem se-
mentes e árvores frutíferas que deem so-
bre a terra fruto com a própria semente,
cada qual segundo sua espécie". E assim
aconteceu. 12A terra produziu vegetação:
plantas que produzem semente, cada
qual segundo a própria espécie, e árvo-
res que dão fruto cada qual com sua se-
mente, segundo a própria espécie. Deus
viu que isto era bom. 13E houve tarde e
houve manhã: terceiro dia.
14Deus disse: "Haja luzes no firma-
mento do céu, para distinguir o dia da

---

* **1**,1. Jó 38-39; Sl 8; 104; Pr 8,22-31 | 14. Br 3,33-35; Jr 31,35; Is 40,26; Sl 136,7

† **1**,5. Esta primeira narrativa da criação (Gn 1,1-2,4a) agrupa em seis dias todos os seres criados, enumerados em ordem de dignidade crescente. Deus cria livremente, não por necessidade, mas por amor, com sua Palavra onipotente, o universo que é, todo ele, bom e o confia ao governo do ser humano.

noite;* sirvam de sinais para as festas, para os dias e para os anos 15e sirvam de luzes no firmamento do céu para iluminar a terra". E assim aconteceu: 16Deus fez as duas grandes luzes, a luz maior para regular o dia e a luz menor para regular a noite†, e as estrelas. 17Deus as pôs no firmamento do céu para iluminar a terra, 18para governar o dia e a noite e para separar a luz das trevas. E Deus viu que isto era bom. 19E houve tarde e houve manhã: quarto dia.

20Deus disse: "Encham-se as águas de multidões de seres vivos,* e pássaros voem sobre a terra, no firmamento do céu". 21Deus criou os grandes animais aquáticos e todos os seres vivos que nadam e que enchem as águas, segundo sua espécie, e toda ave alada, segundo sua espécie. E Deus viu que isto era bom. 22Deus os abençoou†, dizendo: "Sede fecundos e multiplicai-vos e enchei as águas dos mares; e os pássaros se multipliquem sobre a terra". 23E houve tarde e houve manhã: quinto dia.

24Deus disse: "A terra produza seres vivos segundo sua espécie: animais domésticos, répteis e animais selvagens segundo sua espécie". E assim aconteceu: 25Deus fez os animais selvagens segundo sua espécie, os animais domésticos segundo sua espécie e todos os répteis da terra segundo sua espécie. E Deus viu que isto era bom.

Criação do ser humano. 26Deus disse: "Façamos o ser humano* a nossa imagem, como nossa semelhança; domine sobre os peixes do mar e sobre as aves do céu, sobre os animais domésticos, sobre todos os animais selvagens e sobre todos os répteis que rastejam pelo chão".†

27E Deus criou o ser humano a sua imagem;
à imagem de Deus o criou:
homem e mulher os criou;*
28Deus os abençoou e disse:*
"Sede fecundos e multiplicai-vos,
enchei a terra e submetei-a;*
dominai sobre os peixes do mar,
sobre as aves do céu
e sobre todo ser vivo
que rasteja pelo chão".†

29E Deus disse-lhes: "Dou-vos toda planta que dá semente e que está em toda a terra, e toda árvore em que há fruto, que produz semente: serão vosso alimento. 30A todos os animais selvagens,* a todas as aves do céu e a todos os seres que rastejam pelo chão e nos quais há um sopro de vida, eu dou como comida toda vegetação". E assim aconteceu. 31Deus viu tudo que havia feito: era muito bom.* E houve tarde e houve manhã: sexto dia.

2 **Deus santifica o sábado.** 1Assim foram terminados o céu e a terra com todos os seus elementos. 2No sétimo dia, Deus concluiu a obra que havia feito; e descansou de todo o seu trabalho* no sétimo dia. 3Deus abençoou o sétimo dia e o consagrou, porque nele descansou de todo o trabalho que havia feito na criação†. 4Estas são as origens do céu e da terra, quando foram criados.

Segundo relato da criação†. Quando Javé Deus fez a terra e o céu, 5não havia sobre a terra nenhum arbusto do campo, e nenhuma planta do campo tinha brotado; porque Javé Deus não tinha feito chover sobre a terra e não havia homem para cultivar o solo. 6Mas

* **1**,20. Jó 12,7-12 | 26. 5,1.3; 9,6; Sl 8,5s; Eclo 17,3s | 27. Mt 19,4 | 28. 8,17; 9,1 / Sl 8,6-9; Eclo 17,2ss; Sb 9,2; 10,2 | 30. Sl 104,14s | 31. Sl 104,24 | **2**,2. Êx 20,8; Hb 4,4 | 6. Ecl 3,20s; 12,7; Sl 104,29s; Jó 34,14s; 33,4

† **1**,16. O sol e a lua não são mencionados com seus nomes, porque eram adorados como divindades pelos povos vizinhos, Dt 17,3. | 22. Abençoar é uma ação propriamente divina que dá a vida, cuja fonte é Deus. | 26. A solenidade da expressão indica um ato todo especial do Criador. Criado à imagem de Deus, que é amor, o ser humano tem por vocação o amor, e possui inteligência e vontade. Mas não é igual a Deus, é seu semelhante. | 28. Deus une em matrimônio o primeiro casal, para que transmita a seus descendentes a vida humana, cooperando assim de uma forma única em sua obra criadora. | **2**,3. O repouso de Deus no sétimo dia será proposto aos hebreus como modelo a imitar, em louvor ao Criador (Êx 20,11; 31,17). | 4. Narrativa de estilo colorido e popular, proveniente de uma outra fonte. O homem é criado primeiro, e para ele Deus cria um jardim, os animais e a mulher, criatura igual a ele.

um vapor subia da terra* e regava toda a superfície do solo.7Então Javé Deus formou o homem com o pó da terra e soprou em suas narinas o sopro da vida, e o homem tornou-se um ser vivente†.

8Depois Javé Deus plantou um jardim em Éden, a oriente, e nele colocou o homem que havia formado. 9Javé Deus fez germinar do solo* toda espécie de árvore de aspecto atraente e de fruto saboroso, a árvore da vida no meio do jardim e a árvore do conhecimento do bem e do mal†. 10Um rio saía de Éden para regar o jardim; e dali se dividia em quatro braços. 11O nome do primeiro é Fison: é o que rodeia todo o país de Hévila, onde há ouro; 12e o ouro daquela terra é fino; lá há também bdélio e a pedra de ônix. 13O segundo se chama Geon: este é o que rodeia todo o país da Etiópia. 14O terceiro se chama Tigre: ele corre a leste de Assur. O quarto rio é o Eufrates.

15Javé Deus tomou o homem e o colocou no jardim de Éden, para o cultivar e o guardar.

16Javé Deus deu esta ordem ao homem: "Poderás comer de todas as árvores do jardim, 17mas da árvore do conhecimento do bem e do mal não deves comer, porque no dia em que dela comeres certamente morrerás".*

Criação da mulher. 18Javé Deus disse: "Não é bom que o homem esteja só: quero fazer-lhe um auxílio† que lhe corresponda". 19Então Javé Deus formou da terra toda espécie de animais do campo e todas as aves do céu e os conduziu ao homem, para ver como os chamaria: cada ser vivo ficaria com o nome que o homem lhe desse. 20Assim o homem deu nome a todos os animais domésticos, a todas as aves do céu e a todos os animais selvagens†, mas o homem não encontrou um auxílio que lhe correspondesse. 21Então Javé Deus fez descer sobre o homem um sono profundo, e ele adormeceu; tirou-lhe uma das costelas e fechou a carne em seu lugar. 22Com a costela que havia tirado do homem, Javé Deus formou a mulher e a conduziu ao homem. 23Então o homem disse:

"Desta vez
esta é carne de minha carne
e osso de meus ossos.
Será chamada mulher
porque do homem foi tirada".†

24Por isso o homem deixa seu pai e sua mãe* para se unir a sua mulher, tornando-se os dois uma só carne. 25Os dois, o homem e a mulher, estavam nus, mas não sentiam vergonha.

3 **A Tentação e o pecado.** 1A serpente era o mais astuto de todos os animais do campo feitos por Javé Deus.* Ela disse à mulher: "É verdade que Deus disse: 'Não deveis comer de nenhuma árvore do jardim'?" 2Respondeu a mulher à serpente: "Dos frutos das árvores do jardim podemos comer, 3mas do fruto da árvore que está no meio do jardim, Deus disse: 'Dele não deveis comer e não deveis tocá-lo, senão morrereis'". 4Mas a serpente disse à mulher: "Não morrereis de modo algum! 5Antes, Deus sabe que, no dia em que dele comerdes, vossos olhos

* **2**,9. Pr 3,18; Ap 2,7; 22,1s | 17. Rm 6,23 | 24. Mt 19,5; Ef 5,31; 1Cor 6,16 | **3**,1. Sb 2,24; Rm 5,12-21

† **2**,7. A pessoa humana é um ser ao mesmo tempo corporal e espiritual. Isto se exprime nos símbolos do pó e do sopro. | 9. A árvore da vida representa a imortalidade à qual o ser humano era chamado. A árvore do conhecimento do bem e do mal significa o poder de decidir o que é bom e mau, ser sua própria lei, coisa que não compete à criatura, que recebe do Criador sua lei. | 18. O hebraico usa aqui a palavra "ezer", que só se aplica a pessoas, inclusive a Deus (Êx 18,4; Sl 121,2), por isso não exprime inferioridade nem instrumentalização, mas uma ajuda vital. | 20. Dar um nome é exercer um domínio. O homem inicia sua missão de governar as criaturas. | 23. O homem descobre a mulher como um outro "eu", como seu próprio rosto. Deus os criou um para o outro, numa comunhão de pessoas, sendo iguais enquanto pessoas e complementares enquanto masculino e feminino. O hebraico tem duas palavras muito semelhantes para dizer "mulher" e "homem", "ichah" e "ich", o que permite fazer um jogo de palavras intraduzível em português; uma tradução aproximativa seria "esposa" e "esposo". | **3**,5. O pecado do homem foi provocado por uma mentira do tentador que o fez duvidar da palavra de Deus, de sua benevolência e de sua fidelidade.

se abrirão e sereis como Deus, conhe-
cendo o bem e o mal".† [6]Então a mu-
lher viu que o fruto da árvore era bom
para comer, atraente para os olhos e
desejável para adquirir conhecimento;
apanhou o fruto e o comeu; depois deu
dele também ao marido, que estava
com ela, e ele comeu†. [7]Então os olhos
de ambos se abriram e, percebendo
que estavam nus, juntaram folhas de
figueira e fizeram tangas para si.

[8]Ouvindo o rumor de Javé Deus que
passeava no jardim à brisa do dia, o ho-
mem e sua mulher se esconderam de
Javé Deus no meio das árvores do jar-
dim. [9]Mas Javé Deus chamou o homem
e lhe disse: "Onde estás?" [10]Respondeu:
"Ouvi vosso rumor no jardim e tive
medo, porque estou nu, e me escondi".

[11]Deus lhe perguntou: "Quem te dis-
se que estavas nu? Então comeste da
árvore da qual te ordenei que não co-
messes?"

[12]O homem respondeu: "A mulher
que me destes por companheira me
deu da árvore, e eu comi". [13]Javé disse
à mulher: "Que fizeste?" Respondeu a
mulher: "A serpente me enganou, e eu
comi".*

Castigo e promessa. [14]Então Javé
Deus disse à serpente:
"Porque fizeste isto,
maldita sejas entre todos os animais
do campo
e entre todos os animais selvagens;
sobre teu ventre caminharás
e pó da terra comerás
todos os dias de tua vida.
[15]Porei inimizade entre ti e a mulher,
entre tua descendência e a descen-
dência dela:
esta te ferirá a cabeça*
e tu lhe ferirás o calcanhar".†
[16]E à mulher ele disse:
"Multiplicarei
os sofrimentos de teu parto;
entre dores darás à luz os filhos.*
Para teu marido será teu desejo,
mas ele te dominará."
[17]E ao homem ele disse:
"Porque ouviste a voz de tua mulher
e comeste da árvore, da qual eu te
ordenei:
'Não deves comer dela',
maldito seja o solo por tua causa!*
Com sofrimento tirarás dele o sus-
tento
todos os dias de tua vida.
[18]Espinhos e cardos produzirá para ti
e comerás a relva dos campos.
[19]Com o suor de teu rosto comerás
o pão,*
até que voltes à terra,
porque dela foste tirado:
tu és pó e ao pó voltarás!"†

[20]O homem deu a sua mulher o
nome de Eva, porque ela seria a mãe
de todos os viventes†.

[21]Javé Deus fez para o homem e para
a mulher roupas de peles e os vestiu.
[22]Então disse Javé Deus: "O homem
tornou-se como um de nós, conhece-
dor do bem e do mal. Agora, não acon-
teça que ele estenda a mão e apanhe
também da árvore da vida e dela coma
e viva para sempre!" [23]Javé Deus o ex-
pulsou do jardim de Éden, para que
trabalhasse a terra da qual tinha sido
tirado. [24]Expulsou o homem* e pôs a
oriente do jardim de Éden os querubins
com a espada flamejante a cintilar, para
guardar o caminho da árvore da vida.

---

* **3**,13. 2Cor 11,3 | 15. Ap 12,17 | 16. Ap 12,2 | 17. Rm 8,20 | 19. Jó 34,15; Sl 90,3; 104,29; Ecl 3,20; 12,7 | 24. Ap 22,1s.14

† **3**,6. O homem estava destinado a ser plenamente divinizado por Deus na glória. Pela sedução do diabo, quis ser como Deus, mas sem Deus e antes de Deus e não segundo Deus (S. Máximo confessor). | 15. Esta promessa de Deus é chamada "protoevangelho", primeiro anúncio da salvação. A revelação irá se tornando mais clara e verá na "descendência" da mulher o Messias salvador e, na própria mulher, sua mãe, Maria, imaculada, vencedora do pecado, por privilégio divino. – Por que Deus não impediu o primeiro homem de pecar? S. Leão Magno responde: A graça inefável de Cristo deu-nos bens melhores do que aqueles que a inveja do demônio nos havia subtraído. Por isso, a Igreja canta na Páscoa: Ó feliz culpa, que mereceu tal e tão grande Redentor! | 19. Depois de pecarem contra Deus, o homem e a mulher começam a desentender-se. Surgem entre eles acusações recíprocas, dominação e cobiça. As penas pelo pecado atingem a mulher como mãe e esposa, e o homem como trabalhador. | 20. Eva deriva de "hayah", que significa "viver".

4

Caim e Abel. 1Adão uniu-se a
Eva†, sua mulher, a qual concebeu
e deu à luz Caim, e disse: "Adquiri um
homem com a ajuda de Javé". 2Depois
deu à luz ainda a seu irmão Abel. Abel
era pastor de rebanhos e Caim lavrador
da terra.

3Passado o tempo, Caim ofereceu
frutos da terra em oblação a Javé;
4Abel, por sua vez, ofereceu primogê-
nitos de seu rebanho* e sua gordura.
Javé olhou com agrado para Abel e
sua oferta, 5mas não olhou com agra-
do para Caim e sua oferta. Caim ficou
muito irritado com isso e com o rosto
abatido. 6Javé disse então a Caim: "Por
que estás irritado e com o rosto abati-
do? 7Se fizeres o bem, não andarás de
cabeça erguida? Mas se não fizeres o
bem, o pecado está à espreita diante
de tua porta; ele se esforça para con-
quistar-te, mas tu deves dominá-lo".
8Caim disse a seu irmão Abel:* "Va-
mos ao campo!" Enquanto estavam no
campo, Caim atirou-se sobre seu irmão
Abel e o matou†.

9Então Javé disse a Caim: "Onde está
Abel, teu irmão?" Ele respondeu: "Não
sei. Sou eu o guarda de meu irmão?"
10Javé disse: "Que fizeste? A voz do
sangue de teu irmão clama por mim da
terra! 11Agora maldito sejas tu, longe
da terra que por obra tua bebeu o san-
gue de teu irmão. 12Quando cultivares
a terra, ela não te dará mais seus fru-
tos: serás um fugitivo, vagando sobre
a terra". 13Disse Caim a Javé: "Grande
demais é meu castigo, para que eu
possa suportá-lo! 14Vós me expulsais
hoje desta terra e terei de esconder-
-me longe de vós; serei fugitivo, vagan-
do sobre a terra; e todo aquele que me
encontrar poderá me matar." 15Javé lhe
disse: "Quem matar Caim será punido
sete vezes!" Javé pôs em Caim um sinal,
para que não fosse morto por quem o
encontrasse. 16Caim se retirou da pre-
sença de Javé e foi morar na região de
Nod, a leste de Éden.

A descendência de Caim. 17Caim
uniu-se a sua mulher, que concebeu
e deu à luz Henoc; depois tornou-se
construtor de uma cidade, à qual deu
o nome de seu filho Henoc. 18A He-
noc nasceu Irad, e Irad gerou Maviael,
e Maviael gerou Matusael, e Matusael
gerou Lamec. 19Lamec tomou para si
duas mulheres: o nome da primeira
era Ada e o nome da segunda, Sela.
20Ada deu à luz Jabel: ele foi o pai dos
que moram em tendas e possuem re-
banhos. 21O nome de seu irmão era
Jubal: ele foi o pai de todos os que to-
cam cítara e flauta. 22Sela, por sua vez,
deu à luz Tubalcaim, forjador de todo
utensílio de cobre e de ferro; a irmã de
Tubalcaim era Noema.

23Lamec disse a suas mulheres:
"Ada e Sela, escutai minha voz;
mulheres de Lamec, prestai ouvido
ao que vou dizer:
Matei um homem por causa de uma
ferida
e um rapaz por causa de uma con-
tusão.
24Sete vezes será vingado Caim, mas
Lamec setenta e sete".

A Descendência de Set. 25Adão uniu-
-se de novo à sua mulher,* que deu à
luz um filho e o chamou Set. "Porque
– disse – Deus me deu outro descen-
dente em lugar de Abel, porque Caim
o matou."

26Também a Set nasceu um filho, que
ele chamou Enós. Então se começou a
invocar o nome de Javé.*

5

Patriarcas anteriores ao dilúvio.
1Esta é a lista dos descendentes
de Adão. *Quando Deus criou o ser hu-
mano, ele o fez à semelhança de Deus;
2homem e mulher os criou, abençoou-

* **4**,4. Hb 11,4 | 8. Sb 10,3 | 25. 1Cr 1,1-4 | 26. Êx 3,14 | **5**,1. 1,26

† **4**,1. O hebraico diz "conheceu", verbo que em muitos casos significa as relações sexuais. "Caim" deriva de "qanah", adquirir. | 8. O pecado começa a crescer e a propagar-se no mundo. Rompida a harmonia com Deus, entram nas relações humanas a inveja, a competição, o ódio, a violência, a maldade. Gn 4-11 mostra uma série desses pecados, sendo o primeiro um homicídio, que é também um fratricídio, como todo homicídio também o será, pois somos todos irmãos.

-os e os chamou de "ser humano"
quando foram criados. 3Adão tinha
cento e trinta anos quando gerou um
filho a sua semelhança, a sua imagem,
e o chamou Set. 4Depois de ter gerado
Set, Adão viveu ainda oitocentos anos
e gerou filhos e filhas. 5O total dos dias
de Adão foi de novecentos e trinta
anos†; depois morreu.

6Set tinha cento e cinco anos quan-
do gerou Enós; 7depois de ter gerado
Enós, Set viveu ainda oitocentos e sete
anos e gerou filhos e filhas. 8O total dos
dias de Set foi de novecentos e doze
anos; depois morreu.

9Enós tinha noventa anos quando
gerou Cainã; 10depois de ter gerado
Cainã, Enós viveu ainda oitocentos e
quinze anos e gerou filhos e filhas. 11O
total dos dias de Enós foi de novecen-
tos e cinco anos; depois morreu.

12Cainã tinha setenta anos quando
gerou Malaleel; 13depois de ter gerado
Malaleel, Cainã viveu ainda oitocentos
e quarenta anos e gerou filhos e filhas.
14O total dos dias de Cainã foi de nove-
centos e dez anos; depois morreu.

15Malaleel tinha sessenta e cinco
anos quando gerou Jared; 16depois de
ter gerado Jared, Malaleel viveu ainda
oitocentos e trinta anos e gerou filhos
e filhas. 17O total dos dias de Malaleel
foi de oitocentos e noventa e cinco
anos; depois morreu.

18Jared tinha cento e sessenta e dois
anos quando gerou Henoc; 19depois
de ter gerado Henoc, Jared viveu ainda
oitocentos anos e gerou filhos e filhas.
20O total dos dias de Jared foi de nove-
centos e sessenta e dois anos; depois
morreu.

21Henoc tinha sessenta e cinco anos*
quando gerou Matusalém. 22Henoc
andou com Deus; depois de ter gera-
do Matusalém, viveu ainda trezentos
anos e gerou filhos e filhas. 23O total
dos dias de Henoc foi de trezentos e
sessenta e cinco anos.* 24Henoc cami-
nhou com Deus† e desapareceu, por-
que Deus o levou†.

25Matusalém tinha cento e oitenta e
sete anos quando gerou Lamec; 26de-
pois de ter gerado Lamec, Matusalém
viveu ainda setecentos e oitenta e dois
anos e gerou filhos e filhas. 27O total
dos dias de Matusalém foi de nove-
centos e sessenta e nove anos; depois
morreu.

28Lamec tinha cento e oitenta e dois
anos quando gerou um filho 29e o cha-
mou Noé, dizendo: "Este nos consolará
de nosso trabalho e do cansaço de nos-
sas mãos, por causa do solo que Javé
amaldiçoou". 30Depois de ter gerado
Noé, Lamec viveu ainda quinhentos e
noventa e cinco anos e gerou filhos e
filhas. 31O total dos dias de Lamec foi
de setecentos e setenta e sete anos;
depois morreu.

32Noé tinha quinhentos anos quando
gerou Sem, Cam e Jafé.

6 **A Corrupção da humanidade.**
1Quando os homens começaram
a se multiplicar sobre a terra e lhes nas-
ceram filhas, 2os filhos de Deus viram
que as filhas dos homens eram belas e
tomaram como esposas todas as que
escolheram. 3Javé disse: "Não ficará
sempre no homem meu espírito, pois
ele é carne; a duração de sua vida não
será mais que cento e vinte anos".

4Naquele tempo havia sobre a terra
os gigantes, e também depois, quando
os filhos de Deus se uniam às filhas dos
homens e estas lhes geravam filhos:
são esses os famosos heróis da Anti-
guidade.*

5Javé viu que a maldade dos ho-
mens se multiplicava sobre a terra* e

---

* **5**,21. Eclo 44,16; 49,14 | 23. Hb 11,5; Sb 4,10s | **6**,4. Dt 2,10 | 5. Eclo 16,7-8; Br 3,26s; Sb 14,6s; 1Pd 3,20s

† **5**,5. Aos patriarcas é atribuída uma idade fabulosa, porque uma vida longa era considerada uma bênção de Deus: Pr 10,27; Is 65,20. A vida se tornará breve com a difusão do mal: Gn 6,3. | 24. Caminhar com Deus é ter Deus presente em tudo o que fazemos e dizemos, é estar sempre unidos com ele (S. Geraldo Majela). | 24. Henoc, que desaparece misteriosamente como Elias, 2Rs 2,11, tornou-se na tradição israelita um exemplo de piedade, Eclo 44,16; Hb 11,5, e confidente dos segredos divinos. Um livro apócrifo lhe é atribuído.

que todos os projetos de seu coração
tendiam continuamente para o mal. 6E
Javé se arrependeu de ter feito o ser
humano sobre a terra† e seu coração
se entristeceu. 7Javé disse: "Extermina-
rei da face da terra o ser humano que
criei; e com ele também os animais, os
répteis e as aves do céu, porque estou
arrependido de os ter feito". 8Mas Noé
encontrou graça aos olhos de Javé.*
9Esta é a história de Noé.*

Noé era um homem justo e íntegro
entre seus contemporâneos, e anda-
va com Deus. 10Noé gerou três filhos:
Sem, Cam e Jafé. 11Mas a terra corrom-
peu-se diante de Deus e estava cheia
de violência.

12Deus olhou para a terra e viu que
estava corrompida, porque todo ser
humano tinha pervertido sua conduta
sobre a terra.

**Intervenção de Deus para salvar o
homem.** 13Então Deus disse a Noé:
"Decidi que é chegado o fim de todo
ser criado, porque a terra, por sua cau-
sa, está cheia de violência. Vou exter-
miná-los junto com a terra. 14Faze para
ti uma arca de madeira resinosa; divi-
de a arca em compartimentos e cala-
feta-a com betume por dentro e por
fora. 15Deves fazê-la assim: a arca terá
trezentos côvados de comprimento,
cinquenta de largura e trinta de al-
tura†. 16Farás na arca um teto e, a um
côvado mais acima, a terminarás. De
um lado porás a entrada da arca. Tu
a farás com andares: inferior, segundo
e terceiro.

17Eu mandarei o dilúvio†, isto é, as
águas sobre a terra,* para destruir de-
baixo do céu todo ser com sopro de
vida; tudo o que está sobre a terra pe-
recerá. 18Mas contigo eu farei minha
aliança. Entrarás na arca com teus fi-
lhos, tua mulher e as mulheres de teus
filhos. 19De tudo o que vive, de todo ser
vivo, introduzirás na arca dois de cada
espécie, macho e fêmea, para conser-
vá-los em vida contigo. 20De cada es-
pécie de ave, de cada espécie de ani-
mais e de cada espécie de todos os
répteis da terra, virá contigo um casal,
para os conservares em vida. 21Quan-
to a ti, ajunta todo tipo de alimento e
guarda-o junto de ti, para que sirva de
comida para ti e para eles". 22Noé fez
tudo como Deus lhe tinha mandado.

7 **O Dilúvio.** 1Javé disse a Noé: "En-
tra na arca com toda a tua famí-
lia,* porque vi que és justo diante de
mim nesta geração. 2De cada animal
puro† toma contigo sete casais, o ma-
cho com a fêmea; dos animais impuros
um casal, o macho com a fêmea. 3Tam-
bém das aves do céu, sete casais, ma-
cho e fêmea, para perpetuar sua raça
sobre toda a terra. 4Porque daqui a sete
dias farei chover sobre a terra durante
quarenta dias e quarenta noites; exter-
minarei da face da terra todo ser vivo
que fiz". 5Noé fez tudo o que Javé lhe
tinha ordenado.

6Noé tinha seiscentos anos quando o
dilúvio das águas inundou a terra. 7Noé
entrou na arca com seus filhos, sua mu-
lher e as mulheres de seus filhos, para
escapar das águas do dilúvio. 8Dos ani-
mais puros e dos impuros, das aves e
de todos os seres que rastejam pelo
chão 9entraram dois a dois com Noé na
arca, macho e fêmea, como Deus lhe
havia ordenado.

10Passados sete dias, as águas do
dilúvio vieram sobre a terra. 11No ano
seiscentos da vida de Noé, no segundo
mês, no dia dezessete do mês, justa-
mente nesse dia, irromperam todas as
fontes do grande abismo e as catara-
tas do céu se abriram. 12Caiu a chuva
sobre a terra durante quarenta dias e
quarenta noites. 13Nesse mesmo dia
Noé entrou na arca com os filhos Sem,
Cam e Jafé, sua mulher e as três mulhe-

---

* **6**,8. Hb 11,7 | 9. Eclo 44,17 | 17. 2Pd 2,5 | **7**,1. Sb 10,4; 2Pd 2,5

† **6**,6. Modo humano de falar sobre Deus, para mostrar o quanto ele detesta o pecado. Na realidade, Deus conhece tudo de antemão e não muda seu pensamento e sua vontade. | 15. O côvado media aproximadamente 50 cm; portanto a arca tinha 150 m de comprimento, 25 de largura e 15 de altura. | 17. No NT, o dilúvio será figura do juízo final, Mt 24,37-29, e do batismo, 1Pd 3,20-21 | **7**,2. Puro é o animal permitido na mesa dos israelitas. Ver a lista em Lv 11.

res de seus filhos; 14e com eles todas
as espécies dos animais selvagens, dos
animais domésticos, dos seres que ras-
tejam pelo chão, das aves e de todos os
seres alados. 15Vieram, pois, para junto
de Noé na arca, dois a dois, de todo
ser vivo em que há sopro de vida. 16Os
que vinham, macho e fêmea de todo
ser vivo, entraram como Deus lhe havia
ordenado; depois Javé fechou a porta
atrás dele.

17O dilúvio caiu sobre a terra durante
quarenta dias: as águas subiram e le-
vantaram a arca, que se elevou sobre a
terra. 18As águas aumentaram e cresce-
ram muito sobre a terra e a arca flutua-
va na superfície das águas. 19As águas
subiram cada vez mais sobre a terra e
cobriram todas as montanhas mais al-
tas que há debaixo de todo o céu. 20As
águas elevaram-se quinze côvados aci-
ma das montanhas que elas cobriram.

21Pereceu todo ser vivo que se movia
sobre a terra: aves, animais domésticos
e selvagens, todos os seres que fer-
vilham sobre a terra e todos os seres
humanos. 22Morreu todo ser que tinha
um sopro de vida nas narinas, isto é,
tudo o que estava sobre a terra seca.

23Assim foram exterminados todos
os seres que estavam sobre a terra:
desde os seres humanos até os ani-
mais, os répteis e as aves do céu; eles
foram extintos da terra e ficaram so-
mente Noé e os que estavam com ele
na arca.

24As águas permaneceram altas so-
bre a terra durante cento e cinquenta
dias.

8 **Fim do dilúvio.** 1Então Deus se
lembrou de Noé e de todos os
animais selvagens e domésticos que
estavam com ele na arca. Fez soprar
um vento sobre a terra, e as águas
baixaram. 2As fontes do abismo e as
comportas do céu foram fechadas e a
chuva parou de cair. 3Pouco a pouco as
águas foram se retirando e, passados
cento e cinquenta dias, começaram a
diminuir. 4No dia dezessete do sétimo
mês, a arca pousou sobre os montes
de Ararat. 5As águas continuaram a di-
minuir até o décimo mês; e no primei-
ro dia do décimo mês apareceram os
cumes das montanhas.

6Transcorridos mais quarenta dias,
Noé abriu a janela que havia feito na
arca 7e deixou sair um corvo, que saiu,
indo e voltando, até que secaram as
águas sobre a terra. 8Soltou também
uma pomba, para ver se as águas já se
haviam retirado do solo. 9Mas a pom-
ba, não encontrando onde pousar,
voltou para junto dele na arca, porque
as águas ainda cobriam toda a face da
terra. Ele estendeu a mão, apanhou-a e
recolheu-a na arca. 10Esperou mais sete
dias e de novo soltou a pomba fora da
arca. 11E a pomba voltou a ele ao entar-
decer, trazendo no bico uma folha ver-
de de oliveira. Então Noé compreen-
deu que as águas se haviam retirado
da terra. 12Esperou outros sete dias e
soltou a pomba, que não mais voltou.

Noé sai da arca. 13Foi no ano seiscen-
tos e um da vida de Noé, no primeiro
dia do primeiro mês, que as águas se-
caram sobre a terra; Noé retirou a co-
bertura da arca e viu que a superfície
do solo estava seca. 14Foi no vigésimo
sétimo dia do segundo mês que a terra
ficou enxuta.

15Deus ordenou a Noé: 16"Sai da arca
com tua mulher, teus filhos e as mulhe-
res de teus filhos. 17Faze sair também
contigo todas as espécies de animais*
que estão contigo: aves, animais do-
mésticos e os répteis que rastejam pelo
chão, para que se propaguem sobre
a terra, sejam fecundos e se multipli-
quem sobre ela".

Noé agradece a Deus. 18Noé saiu com
seus filhos, sua mulher e as mulheres de
seus filhos. 19Saíram também da arca
todos os animais selvagens e domés-
ticos, todas as aves e todos os répteis
que rastejam pelo chão, todos segun-
do sua espécie. 20Então Noé construiu
um altar a Javé; tomou animais puros e
aves puras de toda espécie e ofereceu
holocaustos sobre o altar. 21Javé aspi-

* **8**,17. 1,22

rou aquele suave perfume e disse con-
sigo mesmo: "Não amaldiçoarei nunca
mais o solo por causa do ser humano,
porque o coração† humano está incli-
nado para o mal desde a adolescência;
nem castigarei mais nenhum ser vivo
como acabei de fazer.

[22]Enquanto durar a terra,
plantio e colheita,
frio e calor,
verão e inverno,
dia e noite
jamais cessarão".

9 **Humanidade renovada.** [1]Deus
abençoou Noé e seus filhos, di-
zendo-lhes: "Sede fecundos, multipli-
cai-vos e enchei a terra. [2]Sereis causa
de medo e de pavor para todos os ani-
mais da terra e para todas as aves do
céu, para tudo o que rasteja pelo chão
e para todos os peixes do mar: eu os
ponho em vosso poder. [3]Tudo o que
se move* e tem vida vos servirá de ali-
mento: dou-vos tudo isto, como já vos
dei as plantas. [4]Mas não comereis a
carne com sua vida, isto é, seu sangue†.
[5]De vosso sangue, ou seja, de vossa
vida,* eu pedirei contas; pedirei contas
dele a todo animal; ao homem pedirei
contas da vida do homem: a cada um,
de seu irmão.

[6]Quem derrama o sangue do ho-
mem,
pelo homem terá seu sangue derra-
mado.
Porque à imagem de Deus*
foi feito o homem.
[7]Quanto a vós, sede fecundos e mul-
tiplicai-vos,
propagai-vos sobre a terra e domi-
nai-a".

Aliança de Deus com Noé. [8]Deus dis-
se a Noé* e a seus filhos: [9]"Estabeleço
minha aliança convosco e com vossos
descendentes depois de vós; [10]com
todo ser vivo que está convosco: aves,
animais domésticos e selvagens, com
todos os animais da terra que saíram
da arca. [11]Estabeleço* minha aliança
convosco: não será mais exterminado
nenhum ser vivo pelas águas do dilú-
vio, nem haverá mais dilúvio para de-
vastar a terra".

[12]Deus disse:
"Este é o sinal da aliança†
que estabeleço entre mim e vós
e todos os seres vivos que estão con-
vosco,
para todas as gerações futuras.
[13]Ponho meu arco nas nuvens
e este será o sinal da aliança
entre mim e a terra.
[14]Quando eu reunir as nuvens sobre
a terra
e aparecer o arco nas nuvens†,
[15]eu me lembrarei de minha aliança
que há entre mim e vós
e todos os seres de toda espécie;
e não haverá mais as águas do dilú-
vio
para destruir todo ser vivo.
[16]O arco estará nas nuvens,
e eu o verei e me lembrarei da alian-
ça eterna
entre Deus e todos os seres de toda
espécie que há sobre a terra".

[17]Disse Deus a Noé: "Este é o sinal
da aliança que estabeleço entre mim e
todos os seres vivos que estão sobre a
terra".

Maldição de Canaã. [18]Os filhos de
Noé,* que saíram da arca, foram Sem,
Cam e Jafé; Cam é o pai de Canaã. [19]Es-
tes três são os filhos de Noé, e a partir
deles foi povoada toda a terra.

[20]Noé, que cultivava a terra, plantou
uma vinha. [21]Tendo bebido vinho, em-

---

* **9**,3. 1,29 | 5. Lv 1,5; Êx 20,13 | 6. 1,26 | 8. 6,18 | 11. Eclo 44,18 | 18. 10,6

† **8**,21. O coração é o íntimo da pessoa, que só o Espírito de Deus pode sondar ou conhecer. É a sede das decisões, onde se escolhe a vida ou a morte. | **9**,4. O sangue era considerado a sede da vida, a qual pertence unicamente a Deus. Daí a proibição de comer sangue ou carne de animais sufocados, da qual não foi extraído o sangue. | 12. À semelhança dos acordos feitos entre soberanos, Deus também faz alianças para proteger e salvar seu povo: primeiro com Noé, depois com Abraão, mais tarde com o povo de Israel no Sinai. Jeremias anuncia uma nova aliança (31,31-34), que Jesus realiza com seu sangue redentor (Lc 22,20). | 14. Como um guerreiro que depõe as armas em sinal de paz, Deus depõe seu arco (suas flechas são os raios). O arco-íris significa o fim da ira divina.

briagou-se e ficou despido no interior da tenda. [22]Cam, pai de Canaã, viu o pai despido e foi contar aos dois irmãos que estavam fora. [23]Então Sem e Jafé tomaram o manto, puseram-no sobre os ombros e, caminhando de costas, cobriram a nudez do pai; seus rostos estavam voltados para trás, e não viram o pai despido.

[24]Quando Noé despertou da embriaguez, ficou sabendo o que lhe tinha feito o filho mais novo; [25]então disse:

"Maldito seja Canaã!
Será para seus irmãos
o último dos escravos!"

[26]E acrescentou:

"Bendito seja Javé, Deus de Sem,
e que Canaã seja seu escravo!
[27]Deus engrandeça Jafé,
que ele more nas tendas de Sem
e que Canaã seja seu escravo!"

[28]Noé viveu, depois do dilúvio, trezentos e cinquenta anos. [29]O total dos dias de Noé foi de novecentos e cinquenta anos; depois morreu.

10 Descendência dos filhos de Noé.

[1]São estes os descendentes* dos filhos de Noé† – Sem, Cam e Jafé – aos quais nasceram filhos depois do dilúvio:

[2]Filhos de Jafé: Gomer, Magog, Madai, Javã, Tubal, Mosoc e Tiras.

[3]Filhos de Gomer: Asquenez, Rifat e Togorma.

[4]Filhos de Javã: Elisa, Társis, Cetim e Rodanim.

[5]Deles derivaram os povos espalhados pelas ilhas das nações, em seus diversos países, cada um segundo a própria língua, segundo suas famílias, em suas nações.

[6]Filhos de Cam: Cuch, Mesraim, Fut e Canaã.

[7]Filhos de Cuch: Saba, Hévila, Sabata, Regma e Sabataca.

Filhos de Regma: Sabá e Dadã.*

[8]Cuch gerou Nemrod, que foi o primeiro homem poderoso sobre a terra. [9]Foi um valente caçador diante de Javé, e é por isso que se diz: "Caçador valente diante de Javé como Nemrod". [10]As capitais de seu reino foram Babel, Arac, Acad e Calane, cidades que estão todas na terra de Senaar. [11]Dali saiu para Assur e construiu Nínive, Reobot-Ir, Cale [12]e Resen, a grande cidade entre Nínive e Cale.

[13]Mesraim gerou os de Lud, de Anam, de Laab, de Naftu, [14]de Patros, de Caslu e de Cáftor, dos quais se originaram os filisteus.

[15]Canaã gerou Sidon, seu primogênito, depois Het, [16]e os jebuseus, os amorreus, os gergeseus, [17]os heveus, os araceus, os sineus, [18]os arádios, os samareus e os emateus. Em seguida dispersaram-se as famílias dos cananeus. [19]A fronteira dos cananeus ia de Sidônia, na direção de Gerara, até Gaza; e na direção de Sodoma, Gomorra, Adama e Seboim, até Lesa.

[20]Esses foram os filhos de Cam, segundo suas famílias e línguas, territórios e nações.

[21]Nasceram também filhos a Sem, pai de todos os filhos de Héber e irmão mais velho de Jafé.

[22]Filhos de Sem: Elam, Assur, Arfaxad, Lud e Aram.

[23]Filhos de Aram: Hus, Hul, Geter e Mes.

[24]Arfaxad gerou Salé, e Salé gerou Héber. [25]Héber teve dois filhos: o primeiro chamava-se Faleg, porque em seu tempo a terra foi dividida; e seu irmão chamava-se Jectã.

[26]Jectã gerou Elmodad, Salef, Asarmot, Jaré, [27]Aduram, Uzal, Decla, [28]Ebal, Abimael, Sabá, [29]Ofir, Hévila e Jobab: todos esses são filhos de Jectã. [30]Eles habitavam a região desde Mesa até Sefar, a montanha do oriente.

[31]Esses foram os filhos de Sem, segundo suas famílias e línguas, territórios e nações.

[32]Essas foram as famílias* dos descendentes de Noé, segundo suas des-

* **10**,1. 1Cr 1,5-23 | 7. 1Rs 10,1 | 32. 9,1

† **10**,1. Essa "tábua das nações" apresenta os povos espalhados pelo mundo conhecido na época do autor (séc. VI a.C.), salientando a unidade do gênero humano, renascido depois do dilúvio, e dividido em três ramos.

cendências e segundo suas nações. Foi a partir deles que os povos se espalharam pela terra depois do dilúvio.

11 **A Torre de Babel.** [1]Toda a terra tinha uma só língua* e usava as mesmas palavras. [2]Emigrando do Oriente, os homens encontraram uma planície no país de Senaar e ali se estabeleceram. [3]Disseram uns aos outros: "Vamos fazer tijolos e cozê-los ao fogo". Usaram tijolos, em vez de pedras, e betume, em vez de argamassa. [4]Depois disseram: "Vamos construir para nós uma cidade e uma torre cujo topo atinja o céu. Tornemos célebre nosso nome, para não sermos dispersos sobre toda a terra".

[5]Mas Javé desceu para ver a cidade e a torre que os homens estavam construindo. [6]E disse: "Eles são um só povo e falam todos a mesma língua. Isto é o início de seus empreendimentos e agora nada os impedirá de realizar seus intentos. [7]Desçamos, pois, e confundamos a língua deles, para que não mais se entendam uns aos outros". [8]E Javé os dispersou de lá por toda a face da terra, e eles cessaram de construir a cidade. [9]Por isto a cidade foi chamada Babel, porque lá Javé confundiu a língua de toda a terra e de lá Javé os dispersou pela terra inteira†.

Antepassados de Abrão. [10]Esta é a descendência de Sem:* Sem tinha cem anos quando gerou Arfaxad, dois anos depois do dilúvio; [11]depois de ter gerado Arfaxad, Sem viveu quinhentos anos e gerou filhos e filhas.

[12]Arfaxad tinha trinta e cinco anos quando gerou Salé; [13]depois de ter gerado Salé, Arfaxad viveu quatrocentos e três anos e gerou filhos e filhas.

[14]Salé tinha trinta anos quando gerou Héber; [15]depois de ter gerado Héber, Salé viveu quatrocentos e três anos e gerou filhos e filhas.

[16]Héber tinha trinta e quatro anos quando gerou Faleg; [17]depois de ter gerado Faleg, Héber viveu quatrocentos e trinta anos e gerou filhos e filhas.

[18]Faleg tinha trinta anos quando gerou Reu; [19]depois de ter gerado Reu, Faleg viveu duzentos e nove anos e gerou filhos e filhas.

[20]Reu tinha trinta e dois anos quando gerou Sarug; [21]depois de ter gerado Sarug, Reu viveu duzentos e sete anos e gerou filhos e filhas.

[22]Sarug tinha trinta anos quando gerou Nacor; [23]depois de ter gerado Nacor, Sarug viveu duzentos anos e gerou filhos e filhas.

[24]Nacor tinha vinte e nove anos quando gerou Taré; [25]depois de ter gerado Taré, Nacor viveu cento e dezenove anos e gerou filhos e filhas.

[26]Taré tinha setenta anos quando gerou Abrão, Nacor e Arã.

[27]Esta é a descendência de Taré: Taré gerou Abrão, Nacor e Arã. Arã gerou Ló. [28]Arã morreu na presença de seu pai Taré em sua terra natal, Ur dos caldeus. [29]Abrão e Nacor se casaram; a mulher de Abrão chamava-se Sarai e a mulher de Nacor, Melca, que era filha de Arã, pai de Melca e pai de Jesca. [30]Sarai era estéril e não tinha filhos.

[31]Taré tomou consigo Abrão, seu filho, e Ló, seu neto, filho de Arã, e a nora Sarai, mulher de seu filho Abrão, e partiu com eles de Ur dos caldeus para ir à terra de Canaã. Mas quando chegaram a Harã, aí se estabeleceram.

[32]O total dos dias de Taré foi de duzentos e cinco anos; Taré morreu em Harã.

II. O PATRIARCA ABRAÃO (12,1–25,18)

12 **Vocação de Abrão.** [1]Javé disse a Abrão:*

"Sai de tua terra,
de tua família
e da casa de teu pai,

* **11**,1. Sb 10,5; At 2,5-12; Ap 7,9s | 10. 1Cr 1,17-27 | **12**,1. Sb 10,5; At 7,2s; Hb 11,8s

† **11**,9. Nesta narrativa, a dispersão do gênero humano é fruto, não de uma bênção divina como no cap. 10, mas de um pecado de soberba. Em Pentecostes, Deus falará aos povos dispersos em sua própria língua, At 2,5-11.

e vai para a terra que te mostrarei.
[2]Farei de ti uma grande nação
e te abençoarei;
engrandecerei teu nome
e tu serás uma bênção.
[3]Abençoarei os que te abençoarem*
e amaldiçoarei os que te amaldiçoa-
rem.
Em ti serão abençoadas
todas as famílias da terra".
[4]Abrão partiu†, como Javé lhe disse,
e Ló foi com ele. Abrão tinha seten-
ta e cinco anos quando deixou Harã.
[5]Abrão tomou consigo sua mulher
Sarai e Ló, filho de seu irmão, e todos
os bens que haviam acumulado, além
dos escravos que haviam adquirido em
Harã, e partiram para a terra de Canaã.
Ali chegando, [6]Abrão atravessou o país
até o santuário de Siquém, até o carva-
lho de Moré. Nesse tempo os cananeus
moravam nessa terra.

[7]Javé apareceu a Abrão* e lhe disse:
"Darei esta terra a tua descendência".
Abrão construiu ali um altar a Javé que
lhe tinha aparecido. [8]De lá foi para a
montanha que está ao oriente de Be-
tel e ali armou sua tenda, entre Betel a
ocidente e Hai a oriente. Ali ergueu um
altar a Javé e invocou o nome de Javé.
[9]Depois, de etapa em etapa, Abrão foi
para o Negueb.

Abrão no Egito. [10]Sobreveio uma
fome ao país* e Abrão desceu ao Egito
para aí ficar, porque a fome assolava o
país.

[11]Quando estava para entrar no Egi-
to, disse a sua mulher Sarai: "Eu sei que
és uma mulher muito bela. [12]Quando
os egípcios te virem, pensarão: 'Esta é
a mulher dele', e me matarão, conser-
vando-te viva. [13]Dize, por favor, que és
minha irmã, para que me tratem bem
por tua causa e me conservem a vida
em atenção a ti".

[14]Quando Abrão chegou ao Egito,
os egípcios viram que sua mulher era
muito bela. [15]Ao vê-la, os oficiais do fa-
raó a elogiaram diante dele; e a mulher
foi conduzida à casa do faraó. [16]Este,
em atenção a ela, tratou bem Abrão,
dando-lhe ovelhas, bois, jumentos, es-
cravos e servas, mulas e camelos. [17]Mas
Javé feriu o faraó e sua casa com gran-
des pragas, por causa de Sarai, mulher
de Abrão. [18]Então o faraó convocou
Abrão e lhe disse: "Que me fizeste? Por
que não me declaraste que era tua mu-
lher? [19]Por que disseste: 'É minha irmã',
levando-me a tomá-la por esposa? E
agora, eis tua mulher: toma-a e parte!"
[20]O faraó o confiou a alguns homens
que o acompanharam até a fronteira
junto com a mulher e todas as suas
posses.

13 **Retorno de Abrão à Palesti-
na.** [1]Do Egito Abrão voltou ao
Negueb com sua mulher e todos os
seus bens; Ló estava com ele. [2]Abrão
era muito rico em rebanhos, prata e
ouro. [3]Depois, de acampamento em
acampamento, ele se dirigiu do Ne-
gueb até Betel, até o lugar onde tinha
acampado antes, entre Betel e Hai, [4]e
onde antes tinha construído um altar:*
ali Abrão invocou o nome de Javé.

[5]Mas também Ló, que ia com Abrão,
tinha ovelhas, bois e tendas. [6]A terra
não era suficiente para que morassem
juntos,* pois suas posses eram mui-
tas, e não podiam morar num mesmo
lugar. [7]Surgiu uma contenda entre os
pastores dos rebanhos de Abrão e os
dos rebanhos de Ló. Nesse tempo os
cananeus e os ferezeus moravam no
país. [8]Abrão disse a Ló: "Não haja dis-
córdia entre mim e ti, entre meus pas-
tores e os teus, porque somos irmãos.
[9]Eis aí toda a terra diante de ti. Separa-
-te de mim. Se fores para a esquerda,
irei para a direita; se fores para a direi-
ta, irei para a esquerda".

Abrão se separa de Ló. [10]Então Ló
ergueu os olhos e viu todo o vale do
Jordão, que era todo irrigado; isso foi

---

* **12**,3. Eclo 44,21; At 3,25; Gl 3,8 | 7. 13,15; 15,18; 17,8; 26,4; At 7,5; Gl 3,16; Gn 23 | 10. 20; 26,1-11 | **13**,4. 12,8 | 6. 36,7

† **12**,4. Firme em sua fé exemplar, Abrão obedece a Deus que o chama, deixa a terra e os parentes, e vai para um país desconhecido. Cristãos, hebreus e muçulmanos o reconhecem como seu pai na fé.

antes que Javé destruísse Sodoma e Gomorra. Era como o jardim de Javé, como a terra do Egito, até Segor. 11Ló escolheu para si todo o vale do Jordão e dirigiu-se para o oriente. Assim os dois se separaram um do outro. 12Abrão permaneceu na terra de Canaã e Ló se estabeleceu nas cidades do vale e armou suas tendas até Sodoma. 13Ora, os habitantes de Sodoma eram perversos e pecavam gravemente contra Javé.

14Javé disse a Abrão, depois que Ló se separou dele: "Ergue os olhos e do lugar onde estás lança o olhar para o norte e o sul, para o oriente e o ocidente. 15Toda essa terra que vês eu a darei a ti* e a tua descendência para sempre. 16Multiplicarei tua descendência como o pó da terra: se alguém puder contar os grãos de poeira do chão, poderá contar também teus descendentes. 17Levanta-te e percorre a terra em todas as direções, porque a darei a ti". 18Abrão desarmou suas tendas e foi morar junto ao carvalho de Mambré, que está em Hebron, e lá construiu um altar a Javé†.

14 **Invasão dos reis do oriente.** 1No tempo de Amrafel, rei de Senaar, de Arioc, rei de Elasar, de Codorlaomor, rei de Elam, e de Tadal, rei dos goim, 2estes fizeram guerra contra Bara, rei de Sodoma, Bersa, rei de Gomorra, Senaab, rei de Adama, Semeber, rei de Seboim, e o rei de Bela, isto é, Segor. 3Todos esses se concentraram no vale de Sidim, isto é, o mar do Sal. 4Por doze anos eles tinham estado sujeitos a Codorlaomor, mas no décimo terceiro ano se rebelaram. 5No décimo quarto ano veio Codorlaomor com os reis que se aliaram a ele e derrotaram os rafaim em Astarot-Carnaim, os zuzim em Ham, os emim na planície de Cariataim, 6os horitas nas montanhas de Seir até El-Farã,* junto ao deserto. 7Voltando, eles foram para a Fonte do Julgamento, isto é, Cades, e devastaram todo o território dos amalecitas e o dos amorreus* que moravam em Asasontamar.

8Então o rei de Sodoma, o rei de Adama, o rei de Seboim e o rei de Bela, isto é, Segor, saíram-lhes ao encontro e se dispuseram em linha de batalha no vale de Sidim contra eles, 9isto é, contra Codorlaomor, rei de Elam, Tadal, rei dos goim, Amrafel, rei de Senaar, e Arioc, rei de Elasar: quatro reis contra cinco. 10O vale de Sidim era cheio de poços de betume. O rei de Sodoma e o rei de Gomorra, fugindo, caíram neles, e os outros se refugiaram nas montanhas. 11Os vencedores tomaram todos os bens de Sodoma e Gomorra e todos os seus víveres e partiram. 12Capturaram também Ló, sobrinho de Abrão, que morava em Sodoma, com todos os seus bens.

Abrão persegue e vence os reis do Oriente. 13Mas um fugitivo veio avisar Abrão,* o hebreu, que habitava junto ao carvalho de Mambré, o amorreu, irmão de Escol e de Aner, que eram aliados de Abrão. 14Quando Abrão soube que seu parente tinha sido sequestrado, recrutou os homens treinados, servos nascidos em sua casa, em número de trezentos e dezoito, e partiu a seu encalço até Dã. 15Dividindo sua tropa, caiu sobre eles de noite, ele com seus servos; derrotou-os e prosseguiu a perseguição até Hoba, ao norte de Damasco.16Recuperou assim todos os bens e também Ló seu parente, com todos os bens, as mulheres e sua gente.

Melquisedec abençoa Abrão. 17Quando Abrão voltou, depois de derrotar Codorlaomor e os reis que estavam com ele, o rei de Sodoma saiu-lhe ao encontro no vale de Save, que é o vale do Rei. 18Então Melquisedec, rei de Sa-

---

* **13**,15. 12,7 | **14**,6. Dt 2,10 | 7. Êx 17,8; Dt 7,1 | 13. 13,18

† **13**,18. Abrão não reza a Deus com palavras, apenas constrói, a cada etapa, um altar ao Senhor. Esses lugares se tornarão depois santuários e metas de romarias: Siquém, Betel, Mambré, Bersabeia, Silo. **14**,18. O nome Melquisedec significa "rei de justiça"; Salém, abreviação de Jerusalém, significa "paz". O Sl 110 apresenta-o como figura do Messias, rei e sacerdote; a Carta aos Hebreus traça o paralelo entre o sacerdócio dele e o de Cristo. O pão e o vinho oferecidos por Melquisedec prefiguram a Eucaristia.

lém,* trouxe pão e vinho†: era sacer-
dote do Deus altíssimo, 19e abençoou
Abrão, dizendo:

"Bendito seja Abrão pelo Deus altíssimo,
Criador do céu e da terra,
20e bendito seja o Deus altíssimo,
que entregou em tuas mãos teus inimigos".

Abrão lhe deu o dízimo de tudo.
21O rei de Sodoma disse a Abrão:
"Dá-me as pessoas e fica com os bens".
22Mas Abrão respondeu ao rei de So-
doma: "Levanto a mão diante de Javé,
o Deus altíssimo, Criador do céu e da
terra: 23nem um fio, nem uma correia
de sandália, nada tomarei do que é
teu; para que não digas: eu enriqueci
Abrão. 24Para mim, nada, a não ser o
que os servos comeram e a parte devida aos homens que vieram comigo:
Aner, Escol e Mambré; que eles próprios tomem sua parte".

15 Promessa e aliança.

1Depois desses fatos, foi dirigida
a Abrão,* numa visão, esta palavra de
Javé: "Não temas, Abrão. Eu sou teu
protetor; tua recompensa será muito
grande". 2Respondeu Abrão: "Meu Se-
nhor Javé, que me dareis?* Continuo
sem filhos e o herdeiro de minha casa
é Eliezer de Damasco". 3Acrescentou
Abrão: "Não me destes descendência e
é um escravo nascido em minha casa
que será meu herdeiro". 4Então foi-lhe
dirigida esta palavra de Javé: "Não será
este teu herdeiro, mas alguém nascido
de ti é que será teu herdeiro". 5E con-
duzindo-o para fora,* disse-lhe: "Olha
para o céu e conta as estrelas, se fores
capaz"; e acrescentou: "Assim será tua
descendência". 6Abrão creu em Javé,*
o qual lhe creditou isto como justiça†.
7E disse-lhe: "Eu sou Javé que te fez
sair de Ur dos caldeus* para te dar esta
terra como propriedade". 8Respon-
deu: "Meu Senhor Javé, como posso
saber que vou possuí-la?" 9Disse-
-lhe ele: "Traze-me uma novilha de
três anos, uma cabra de três anos,
um carneiro de três anos, uma rola
e um pombinho". 10Ele lhe trouxe to-
dos esses animais, cortou-os pelo
meio e colocou cada metade uma
diante da outra; não partiu, porém, as
aves. 11Desciam as aves de rapina so-
bre aqueles cadáveres, mas Abrão as
expulsava. 12Quando o sol ia se pôr,
um sono profundo caiu sobre Abrão,
e terror e trevas o assaltaram. 13Então
Javé disse a Abrão: "Fica sabendo que
teus descendentes serão estrangeiros
num país que não será o seu; lá eles
serão escravizados e oprimidos por
quatrocentos anos.* 14Mas a nação à
qual tiverem servido, eu a julgarei;* e
em seguida eles sairão com grandes ri-
quezas. 15Quanto a ti, irás em paz para
junto de teus pais; serás sepultado
após uma ditosa velhice. 16É na quarta
geração que voltarão para cá, porque
a iniquidade dos amorreus ainda não
está completa".
17Quando o sol se pôs e escureceu,
um braseiro fumegante e uma tocha
acesa passaram no meio dos animais
cortados†. 18Naquele dia Javé fez alian-
ça com Abrão, dizendo:

"A tua descendência*
eu dou esta terra,
desde o rio do Egito
até o grande rio, o Eufrates;
19a terra dos quenitas, dos cenezeus,
dos cadmoneus,* 20dos heteus, dos ferezeus, dos rafaim, 21dos amorreus, dos cananeus, dos gergeseus e dos jebuseus".

16 Agar e Ismael.

1Sarai, mulher
de Abrão, não lhe tinha dado
filhos. Tendo, porém, uma escrava

---

* **14**,18. Sl 110,4; Hb 5-7 | **15**,1. 17; 12,2.7; 13,14-17 | 2. At 7,5 | 5. Hb 11,12 | 6. Rm 4; Gl 3,6s; Tg 2,23; | 7. 11,31 | **15**,13. At 7,6s | 14. Êx 12,40; Jt 5,9; Gl 3,17 | 18. 12,7 | 19. Nm 24,21; Dt 7,1

† **15**,6. Deus é a própria Verdade; por isso suas promessas sempre se realizam. Abrão acredita nisso, entrega-se todo a Deus, o qual reconhece o mérito desta confiança total e lhe comunica sua santidade, tornando-o justo. | **15**,17. O fogo representa Javé, que executa aqui um ritual de aliança: passar entre as partes divididas de um animal, invocando sobre si a mesma sorte daquele animal, no caso de infidelidade à aliança.

egípcia, chamada Agar, 2Sarai disse a
Abrão: "Javé me impediu de conceber;
une-te a minha escrava; talvez por ela
eu possa ter filhos". Abrão atendeu ao
pedido de Sarai. 3Assim, passados dez
anos desde quando Abrão habitava no
país de Canaã, Sarai, mulher de Abrão,
tomou Agar, a egípcia, sua escrava, e
deu-a por mulher a Abrão, seu marido.
4Ele se uniu a Agar, que ficou grávida.
Mas, quando viu que estava grávida,
começou a tratar sua senhora com
desprezo. 5Então Sarai disse a Abrão:*
"Recaia sobre ti a ofensa feita a mim!
Coloquei minha escrava em teus braços,
mas, desde quando se viu grávida,
me trata com desprezo. Javé seja juiz
entre mim e ti!" 6Abrão disse a Sarai:
"Tua escrava está em teu poder; faze-lhe
o que te aprouver". Sarai então a
maltratou tanto, que ela fugiu.

7O anjo de Javé a encontrou* junto
a uma fonte no deserto, a fonte no
caminho de Sur, 8e lhe disse: "Agar,
escrava de Sarai, de onde vens e para
onde vais?" Respondeu: "Estou fugindo
de minha senhora Sarai". 9Disse-lhe o
anjo de Javé: "Volta para tua senhora
e obedece a suas ordens". 10Disse-lhe
ainda o anjo de Javé: "Multiplicarei tua
descendência de tal forma que não se
poderá contá-la por causa de seu grande
número". 11Acrescentou depois o
anjo de Javé:

"Estás grávida; darás à luz um filho
e o chamarás Ismael,
porque Javé ouviu tua aflição†.
12Será como um jumento selvagem
este homem;
sua mão será contra todos,
e a mão de todos contra ele;
e habitará defronte de todos os seus
irmãos".*

13Agar chamou a Javé que lhe tinha
falado: "Vós sois Deus que me vê",
porque dizia: "Realmente, eu vi aqui
Aquele que olha para mim". 14Por isso
o poço se chamou poço de Laai-Roí; é
aquele que se encontra entre Cades e
Barad.

15Agar deu à luz um filho a Abrão, o
qual pôs o nome de Ismael* ao filho
que Agar lhe deu. 16Abrão tinha oitenta
e seis anos quando Agar lhe deu à luz
Ismael.

17 Aliança entre Deus e Abrão.

1Quando Abrão tinha noventa
e nove anos, Javé lhe apareceu e lhe
disse:

"Eu sou o Senhor onipotente:
anda em minha presença e sê perfeito.
2Porei minha aliança entre mim e ti
e te tornarei extremamente numeroso".

3Abrão prostrou-se com o rosto em
terra e Deus lhe disse:*

4"Esta é minha aliança contigo:
serás pai de uma multidão de nações.
5Não mais te chamarás Abrão
mas teu nome será Abraão†,
porque te farei pai de uma multidão
de nações*.

6Eu te tornarei extremamente fecundo;
de ti farei nações e de ti nascerão
reis. 7Estabelecerei minha aliança entre
mim e ti e tua descendência depois de
ti, de geração em geração, uma aliança
perene, para ser teu Deus e o de tua
descendência depois de ti. 8Darei a ti e
a tua descendência depois de ti* a terra
onde moras como estrangeiro, toda a
terra de Canaã, como possessão perpétua.
Eu serei o Deus deles".

A circuncisão. 9Deus disse a Abraão:
"De tua parte,* deves observar minha
aliança, tu e tua descendência depois
de ti, de geração em geração. 10Esta
é minha aliança que deveis observar,*
aliança entre mim e vós e tua descendência
depois de ti: seja circuncidado
entre vós todo varão. 11Devereis circuncidar
a carne* de vosso prepúcio†:

---

* **16**,5. 21,10-19 | 7. Êx 15,22 | 12. 25,12-18 | 15. Gl 4,22 | **17**,3. Rm 4,17 | 5. Ne 9,7 | 8. 12,7 | 9. Rm 4,11s | 10. At 7,8 | 11. Lv 12,3

† **16**,11. Ismael significa "Deus ouviu". Ismael será o pai do povo árabe. | **17**,5. Abrão significa "pai grande" e Abraão, "pai de uma multidão". Mudar o nome é dar uma nova orientação à vida. | 11. A circuncisão, já praticada entre povos antigos, assume para Israel um significado religioso: faz Deus lembrar-se da aliança feita, e para o povo é um sinal de sua eleição. Como rito de iniciação à fé hebraica, prefigura nosso batismo.

esse será o sinal da aliança entre mim e vós. 12Quando tiver oito dias, será circuncidado entre vós todo menino, de geração em geração, tanto o nascido em casa como aquele comprado de qualquer estrangeiro e que não for de tua estirpe.13Deve ser circuncidado o escravo nascido em casa e o que é comprado por dinheiro; assim minha aliança estará em vossa carne como uma aliança perene. 14Mas o incircunciso, isto é, aquele ao qual não foi circuncidada a carne do prepúcio, seja eliminado do povo, porque violou minha aliança." 15Deus disse ainda* a Abraão: "Quanto a Sarai, tua mulher, não a chamarás mais Sarai, mas Sara†. 16Eu a abençoarei e também dela te darei um filho; vou abençoá-la e ela será mãe de nações; e reis de povos nascerão dela".

Deus renova a promessa de um filho. 17Então Abraão prostrou-se* com o rosto em terra e começou a rir, pensando: "A alguém de cem anos pode nascer um filho? E Sara na idade de noventa anos poderá dar à luz?" 18Abraão disse a Deus: "Se ao menos Ismael pudesse viver diante de ti!" 19Mas Deus respondeu: "Não, é Sara, tua mulher, que te dará à luz um filho e o chamarás Isaac. Eu estabelecerei minha aliança com ele como aliança perpétua para sua descendência depois dele. 20Também com relação a Ismael eu te ouvi: eu o abençoarei e o tornarei fecundo e extremamente numeroso. Será pai de doze príncipes* e dele farei uma grande nação. 21Mas minha aliança eu a farei com Isaac, que Sara te dará à luz nesta época,* no ano que vem". 22Tendo acabado de falar com Abraão, Deus subiu e o deixou.

23Então Abraão tomou seu filho Ismael e todos os nascidos em sua casa e todos os que tinha comprado por dinheiro, todos os varões de sua casa, e circuncidou-lhes a carne do prepúcio naquele mesmo dia, como Deus lhe tinha dito. 24Abraão tinha noventa e nove anos, quando foi circuncidada a carne de seu prepúcio. 25Ismael, seu filho, tinha treze anos quando lhe foi circuncidada a carne do prepúcio. 26Naquele mesmo dia foram circuncidados Abraão e Ismael, seu filho. 27E todos os varões de sua casa, os nascidos em casa e os comprados dos estrangeiros por dinheiro, foram circuncidados com ele.

18 **Javé aparece a Abraão.** 1Depois Javé apareceu a Abraão junto ao carvalho de Mambré, quando ele estava sentado na entrada da tenda, na hora mais quente do dia. 2Ele ergueu os olhos e viu três homens de pé junto dele.* Logo que os viu, correu da entrada da tenda ao encontro deles e prostrou-se até o chão, 3dizendo: "Meu Senhor, se encontrei favor a teus olhos, não passes adiante sem parar junto de teu servo. 4Mandarei trazer um pouco d'água para lavardes os pés e descansareis debaixo da árvore. 5Vou buscar um bocado de pão e assim restaurareis vossas forças para continuardes a viagem, porque é para isto mesmo que passastes junto de vosso servo". Eles disseram: "Faze como disseste".

6Então Abraão foi logo à tenda, junto a Sara, e disse: "Toma depressa três medidas de flor de farinha, amassa-as e faze pães". 7Depois, Abraão correu ao rebanho, tomou um novilho tenro e bom e deu-o a um servo, que se apressou em prepará-lo. 8Tomou também coalhada, leite, o novilho que tinha preparado e serviu tudo para eles. E ficou de pé junto deles, debaixo da árvore, enquanto comiam.

9Depois lhe perguntaram: "Onde está Sara,* tua mulher?" Respondeu: "Está na tenda". 10Um deles disse: "Voltarei a ti dentro de um ano, nesta época, e então Sara, tua mulher,* terá um filho". Sara estava escutando na entrada da tenda, atrás dele. 11Abraão e Sara eram idosos, de idade avançada; e Sara não tinha mais o que acontece regularmente às mulheres. 12Então Sara riu em

---

* **17**,15. 18,9-15 | 17. 18,12; 21,6.9 | 20. 25,13-16 | 21. 18,14 | **18**,2. Hb 13,2 | 9. 15,2ss; 17,15-21 | 10. Rm 9,9

† **17**,15. Sarai e Sara significam igualmente "princesa".

seu íntimo e disse: "Envelhecida como
estou, terei ainda esse prazer, sendo
meu marido idoso!" 13Mas Javé disse a
Abraão: "Por que Sara riu dizendo: 'Po-
derei realmente dar à luz, sendo velha?'
14Existe alguma coisa impossível* para
Javé? No tempo marcado voltarei a ti,
daqui a um ano, e Sara terá um filho".
15Então Sara negou que tivesse rido,
porque tinha medo; mas ele confirmou:
"Sim, tu riste".

16Os homens se levantaram e olha-
ram para Sodoma, e Abraão ia com eles.
17Javé dizia: "Poderei ocultar a Abraão*
o que estou para fazer, 18já que Abraão
deverá tornar-se uma nação grande
e poderosa e nele serão abençoadas
todas as nações da terra? 19De fato eu
o escolhi, para que ele ensine seus fi-
lhos e sua casa depois dele a guardar
o caminho de Javé e a agir com justi-
ça e retidão, para que Javé realize para
Abraão o que lhe prometeu". 20Disse
então Javé: "O clamor contra Sodoma e
Gomorra é grande demais e seu peca-
do é muito grave. 21Vou descer para ver
se fizeram ou não todo o mal cujo cla-
mor chegou até mim. Quero sabê-lo!"
Abraão intercede por Sodoma. 22Os
homens partiram, pois, e se dirigiram a
Sodoma, enquanto Abraão ficou ali na
presença de Javé. 23Abraão se aproxi-
mou e lhe disse: "Exterminareis o justo
com o pecador? 24Talvez haja cinquen-
ta justos na cidade: quereis realmente
exterminá-los? E não perdoaríeis aque-
le lugar, em atenção aos cinquenta jus-
tos que lá se encontram? 25Longe de
vós agir assim, fazendo morrer o justo
com o ímpio, de modo que o justo seja
tratado como o pecador; longe de vós!
O juiz de toda a terra não fará justiça?"
26Respondeu Javé: "Se em Sodoma eu
encontrar cinquenta justos na cidade,
em atenção a eles perdoarei toda a ci-
dade".

27Abraão prosseguiu: "Vê como ouso
falar a meu Senhor, eu que sou pó e
cinza... 28Talvez aos cinquenta justos
faltem cinco; por causa desses cinco
destruireis toda a cidade?" Respondeu-
-lhe Javé: "Não a destruirei, se lá encon-
trar quarenta e cinco justos". 29Abraão
retomou ainda a palavra e disse: "Tal-
vez lá se encontrem apenas quarenta".
E ele respondeu: "Não o farei, em aten-
ção àqueles quarenta". 30Abraão insis-
tiu: "Não se irrite meu Senhor, se falo
ainda; talvez lá se encontrem somen-
te trinta". Ele respondeu: "Não o farei,
se encontrar ali trinta". 31Abraão con-
tinuou: "Eu me atrevo a falar ao meu
Senhor. Talvez lá se encontrem vinte".
Ele respondeu: "Não a destruirei, em
atenção àqueles vinte". 32Abraão re-
plicou: "Não se irrite meu Senhor se
falo ainda uma vez só; talvez lá se en-
contrem dez". E ele respondeu: "Não
a destruirei, por causa desses dez".†
33Javé retirou-se, tendo terminado de
falar com Abraão, e este retornou a sua
habitação.

19 **Perversidade dos sodomi-
tas.** 1Os dois anjos chegaram
a Sodoma ao anoitecer, enquanto Ló
estava sentado à porta da cidade.
Logo que os viu, Ló se levantou, foi-
-lhes ao encontro, prostrou-se com o
rosto em terra 2e disse: "Meus senho-
res, vinde à casa de vosso servo para
lá passardes a noite; lavareis os pés
e amanhã cedo continuareis vosso
caminho". Eles responderam: "Não,
passaremos a noite na praça". 3Mas
ele insistiu tanto, que foram para sua
casa e entraram. Ele preparou-lhes
um jantar, mandou cozer pães ázimos
e eles comeram.

4Não se tinham ainda deitado,*
quando os homens da cidade, os ha-
bitantes de Sodoma, se juntaram ao
redor da casa, jovens e velhos, todo
o povo ao completo. 5Chamaram Ló e
lhe disseram: "Onde estão os homens
que vieram para tua casa* esta noite?

* **18**,14. Lc 1,37 | 17. 12,2 | **19**,4. Jz 19,22ss | 5. Lv 20,13

† **18**,32. Deus acolhe a intercessão de Abraão pelas cidades pecadoras, como acolhe na comunhão dos santos as orações que uns fazem pelos outros, sintonizando seu coração com a misericórdia de Deus. "Passarei meu céu fazendo o bem sobre a terra" (Santa Teresinha).

Traze-os até nós, para que abusemos
deles".
6Ló saiu à porta e, fechando-a atrás
de si, 7disse: "Não, meus irmãos, não
façais este mal! 8Escutai, eu tenho duas
filhas ainda virgens; eu vo-las trarei e
fazei delas o que vos aprouver, contan-
to que não façais nada a estes homens,
porque entraram sob a sombra de meu
teto". 9Mas eles responderam: "Sai fora!
Este indivíduo veio aqui como estran-
geiro e quer ser juiz! Pois bem, faremos
a ti pior do que a eles!" E avançando
violentamente contra Ló, chegaram
para arrombar a porta.10Então aqueles
homens estenderam as mãos, puxa-
ram Ló para dentro e fecharam a porta.
11Quanto aos que estavam à porta da
casa, eles os feriram de cegueira, desde
o menor até o maior, de modo que não
conseguiram achar a porta.

**Destruição de Sodoma e libertação
de Ló.** 12Os dois homens disseram
então a Ló: "Ainda tens alguém aqui?
Genros, filhos, ou filhas, todos os que
tens na cidade, faze-os sair deste lugar.
13Porque vamos destruir este lugar,
pois é grande o clamor que se elevou
contra seus habitantes diante de Javé, e
Javé nos mandou para destruí-lo". 14Ló
saiu para falar a seus genros, que de-
viam casar-se com suas filhas, e disse:
"Levantai- -vos, saí deste lugar, porque
Javé está para destruir a cidade!" Mas
seus genros acharam que ele estava
gracejando.
15Quando raiou a aurora, os anjos
insistiram com Ló, dizendo: "Levanta-
-te, toma tua mulher e tuas duas filhas
que tens aqui e sai, para que não pe-
reças no castigo da cidade". 16Como
ele demorasse, os homens o tomaram
pela mão, bem como sua mulher e suas
duas filhas, porque Javé teve piedade
dele; fizeram-no sair e o levaram para
fora da cidade.
17Depois de tê-los levado para fora,
um deles disse: "Foge, salva tua vida.*
Não olhes para trás nem pares em
parte alguma da planície; foge para a
montanha, para não morreres!" 18Mas
Ló lhe disse: "Não, meu Senhor, eu te
peço! 19Teu servo encontrou favor a
teus olhos e mostraste uma grande
misericórdia para comigo, conservan-
do-me a vida. Mas eu não conseguirei
fugir para o monte, sem que o desas-
tre me atinja e eu morra. 20Eis aí uma
cidade perto, na qual posso refugiar-
-me; não é pequena? Deixa que eu
fuja para lá – ela é pequena – e assim
minha vida será salva". 21Ele respon-
deu-lhe: "Eu te favoreci também nisto:
não destruirei a cidade de que falaste.
22Depressa, foge para lá, porque não
posso fazer nada, enquanto não tive-
res chegado lá". Por isso aquela cidade
se chamou Segor.
23O sol estava nascendo sobre a terra
quando Ló entrou em Segor. 24Então
Javé fez chover do céu sobre Sodoma
e Gomorra enxofre e fogo provenien-
tes de Javé. 25Destruiu essas cidades* e
toda a planície com todos os habitan-
tes das cidades e a vegetação do solo.
26Ora, a mulher de Ló, tendo olhado
para trás, transformou-se numa está-
tua de sal.
27Abraão levantou-se bem cedo e
foi ao lugar onde tinha estado* com
Javé. 28Olhou na direção de Sodoma e
Gomorra e de toda a extensão da pla-
nície,* e viu que uma fumaça subia da
terra, como a fumaça de uma fornalha.
29Assim Deus, quando destruiu as
cidades da planície, recordou-se de
Abraão e fez Ló escapar da catástrofe,
enquanto destruía as cidades nas quais
Ló morava.

**Origem dos moabitas e dos amoni-
tas.** 30Depois Ló partiu de Segor e foi
morar na montanha, junto com as duas
filhas, porque tinha medo de ficar em
Segor; e se estabeleceu numa caverna
com as duas filhas. 31A mais velha dis-
se à mais nova: "Nosso pai está velho
e não há homens nesse território para
se casarem conosco, como faz todo
mundo. 32Vem, façamos nosso pai be-
ber vinho e depois deitemo-nos com
ele, para suscitar uma descendência
a nosso pai". 33Naquela noite fizeram

---

* **19,**17. Mt 24,15s | 25. Sb 10,7; Lc 17,32 | 27. 18,16-33 | 28. Is 34,9s; Ap 14,10s

seu pai beber vinho e a mais velha
foi deitar-se com o pai; mas ele não
percebeu, nem quando ela se deitou,
nem quando se levantou. 34No dia se-
guinte, a mais velha disse à mais nova:
"Dormi a noite passada com meu pai;
façamo-lo beber vinho esta noite tam-
bém e dormirás com ele; assim sus-
citaremos uma descendência a nosso
pai". 35Também naquela noite fizeram
seu pai beber vinho e a mais nova foi
dormir com ele; mas ele não percebeu,
nem quando ela se deitou, nem quan-
do se levantou. 36Assim as duas filhas
de Ló conceberam de seu pai. 37A mais
velha deu à luz um filho e o chamou
Moab: este é o pai dos moabitas, que
existem até hoje. 38Também a mais
nova deu à luz um filho e o chamou
"Ben-Ami". Este é o pai dos amonitas,
que existem até hoje†.

20 **Abraão em Gerara.** 1Abraão
partiu dali, dirigindo-se para o
Negueb,* e se estabeleceu entre Cades
e Sur; depois viveu como estrangeiro
em Gerara. 2Abraão dizia de Sara, sua
mulher: "É minha irmã". Então Abi-
melec, rei de Gerara, mandou que lhe
trouxessem Sara. 3Mas Deus apareceu
a Abimelec de noite, em sonho, e lhe
disse: "Vais morrer por causa da mu-
lher que tomaste, pois ela tem mari-
do". 4Abimelec, que ainda não se tinha
aproximado dela, disse: "Senhor, que-
reis fazer perecer um povo inocente?
5Não me disse ele: 'É minha irmã'? E
não me disse ela também: 'É meu ir-
mão'? Foi com reta consciência e mãos
inocentes que fiz isto". 6Respondeu-lhe
Deus no sonho: "Sei que fizeste isto
com reta consciência e te preservei de
pecar contra mim; por isso não permiti
que a tocasses. 7Agora restitui a mulher
deste homem, que é um profeta; ele
rogará por ti para que conserves a vida.
Mas se não a restituíres, fica sabendo
que certamente morrerás, tu com to-
dos os teus".
8Abimelec levantou-se de manhã
cedo e chamou todos os seus servos,
aos quais referiu todas essas coisas, e
aqueles homens tiveram grande medo.
9Depois Abimelec chamou Abraão e
lhe disse: "Que nos fizeste? E que culpa
cometi contra ti, para que tenhas ex-
posto a mim e meu reino a um pecado
tão grande? Fizeste comigo o que não
se deve fazer". 10Depois Abimelec disse
a Abraão: "Que pretendias, agindo des-
te modo?". 11Respondeu Abraão: "Pen-
sei comigo: certamente não há temor
de Deus neste lugar e me matarão por
causa de minha mulher. 12Aliás, ela é
realmente minha irmã, filha de meu pai,
mas não de minha mãe, e se tornou mi-
nha mulher. 13Desde que Deus me fez
vagar longe da casa de meu pai, eu lhe
disse: Este é o favor que me farás: em
todo lugar aonde chegarmos, dirás de
mim: 'É meu irmão'".
14Então Abimelec tomou ovelhas
e bois, escravos e escravas, deu-os a
Abraão e lhe restituiu Sara, sua mulher.
15Disse ainda Abimelec: "Eis a tua dis-
posição meu território; podes morar
onde quiseres!" 16E a Sara disse: "Dei
mil siclos† de prata a teu irmão; será
para ti como uma reparação diante de
todos os que estão contigo: assim es-
tás reabilitada". 17Abraão rogou a Deus,
e Deus curou Abimelec, sua mulher e
suas servas, de modo que pudessem
de novo ter filhos. 18Porque Javé tinha
tornado estéreis todas as mulheres na
casa de Abimelec, por causa de Sara,
mulher de Abraão.

21 **Nascimento do filho prome-
tido.** 1Javé interveio em favor
de Sara†, como tinha dito, e fez por ela
o que tinha prometido. 2Sara concebeu
e deu à luz um filho a Abraão, já ve-
lho, no tempo que Deus tinha fixado.

---

* **20**,1. 12,10-20; 26 | **21**,3. At 7,8

† **19**,38. Para zombar dos moabitas e dos amonitas, parentes mas inimigos de Israel, o autor ridiculariza sua origem. Moab quer dizer "nascido do pai" e Ben-Ami, "filho de meu povo". | **20**,16. Um siclo equivale a 11,4 gramas. | **21**,1. Literalmente "visitou", aqui no sentido de abençoar, Lc 1,68.78. Existe também a visita punitiva, Jr 6,15.

3Ao filho que lhe nasceu,* que Sara
lhe deu à luz, Abraão pôs o nome de
Isaac. 4Abraão circuncidou seu filho
Isaac, quando este completou oito
dias, como Deus lhe havia ordenado.
5Abraão tinha cem anos,* quando nas-
ceu seu filho Isaac. 6Então Sara disse:*
"Deus me deu motivo para rir; e todos
os que o souberem vão rir comigo!"†
7Depois disse: "Quem jamais teria dito
a Abraão que Sara iria amamentar fi-
lhos! No entanto lhe dei um filho em
sua velhice!"

Abraão despede Agar e Ismael. 8O
menino crescia e foi desmamado.
Abraão fez um grande banquete no
dia em que Isaac foi desmamado. 9Mas
Sara viu que o filho de Agar, a egípcia,
aquele que ela havia dado a Abraão,*
brincava com seu filho Isaac. 10Disse
então a Abraão: "Expulsa esta escrava
e seu filho, porque o filho desta escra-
va não deve ser herdeiro com meu fi-
lho Isaac".† 11Isso desagradou muito a
Abraão* por causa de seu filho. 12Mas
Deus disse a Abraão: "Não fiques con-
trariado por causa do menino e de tua
escrava; faze tudo o que Sara te pedir,
escuta sua voz, porque é de Isaac que
nascerá a posteridade que terá teu
nome. 13Mas do filho da escrava farei
também uma nação, porque é tua es-
tirpe".

14Abraão levantou-se bem cedo, to-
mou pão e um odre de água e os deu
a Agar, colocando-os sobre seus om-
bros; entregou-lhe o menino e a man-
dou embora. Ela partiu e andou errante
pelo deserto de Bersabeia. 15Quando
acabou a água do odre, ela deixou o
menino debaixo de uma moita 16e foi
sentar-se defronte, à distância de um
tiro de flecha, porque dizia: "Não que-
ro ver o menino morrer!" Quando se
sentou defronte, ela se pôs a gritar e
a chorar.

17Mas Deus ouviu o choro do meni-
no, e um anjo de Deus chamou Agar
lá do céu e lhe disse: "Que tens, Agar?
Não temas, porque Deus ouviu o choro
do menino do lugar onde está. 18Le-
vanta-te, toma o menino e segura-o
pela mão, porque farei dele uma gran-
de nação". 19Deus abriu-lhe os olhos e
ela viu um poço de água. Então foi en-
cher o odre e deu de beber ao menino.

20Deus esteve com o menino, que
cresceu e morou no deserto e se tor-
nou um arqueiro. 21Morou no deserto
de Farã, e sua mãe escolheu para ele
uma mulher egípcia.

Aliança com Abimelec. 22Naquele
tempo Abimelec* veio com Ficol, chefe
de seu exército, dizer a Abraão: "Deus
está contigo em tudo o que fazes.
23Pois bem, jura-me aqui por Deus, que
não me enganarás,s nem a mim, nem a
meus filhos, nem a meus descendentes,
mas que agirás comigo e com o país no
qual és forasteiro com a mesma leal-
dade que te demonstrei". 24Respondeu
Abraão: "Eu juro".

25Mas Abraão queixou-se a Abimelec
por causa de um poço de água que os
servos de Abimelec tinham usurpado.
26Abimelec respondeu: "Eu não sei
quem fez isto, nem tu me informaste,
nem eu ouvi falar disto senão hoje".
27Então Abraão tomou ovelhas e bois
e deu-os a Abimelec, e assim fizeram
uma aliança entre si. 28Depois Abraão
separou sete ovelhas do rebanho.
29Abimelec perguntou a Abraão: "Que
significam aquelas sete ovelhas que
puseste à parte?" 30Ele respondeu: "Tu
aceitarás estas sete ovelhas de minha
mão, para que isto me sirva de teste-
munho de que fui eu que cavei este
poço". 31Por isso aquele lugar se cha-
mou Bersabeia, porque ali os dois fize-
ram juramento.

32E depois que concluíram a aliança
em Bersabeia, Abimelec levantou-se
com Ficol, chefe de seu exército, e vol-
tou para o país dos filisteus. 33Abraão
plantou uma tamargueira em Bersa-

---

* **21**,5. 17,12 | 6. 17,17 | 9. Gl 4,22-31 | 11. Rm 9,7; Hb 11,18 | 22. 26,15-25

† **21**,6. Isaac significa "ele ri", ou mais exatamente "que Deus lhe sorria, lhe seja favorável". | 10. Paulo vê em Sara e Agar uma alegoria da Igreja e da sinagoga: Isaac representa os cristãos e Ismael os hebreus, Gl 4,22-30.

beia e invocou ali o nome de Javé, Deus eterno. [34]E foi peregrino muito tempo no país dos filisteus.

22 Sacrifício de Isaac.

22 **Sacrifício de Isaac.** [1]Depois disso, Deus pôs Abraão à prova,* dizendo-lhe: "Abraão, Abraão!" Respondeu ele: "Eis-me aqui!" [2]E Deus disse: "Toma teu filho, teu único filho que tanto amas, Isaac, e vai à terra de Moriá e oferece-o em holocausto sobre um monte que te indicarei".

[3]Abraão levantou-se de manhã cedo, selou o jumento, tomou consigo dois servos e seu filho Isaac. Rachou lenha para o holocausto e pôs-se a caminho para o lugar que Deus lhe havia indicado. [4]No terceiro dia, erguendo os olhos, Abraão viu de longe o lugar. [5]Então Abraão disse a seus servos: "Ficai aqui com o jumento; eu e o menino iremos até lá, adoraremos e depois voltaremos a vós".

[6]Abraão tomou a lenha para o holocausto e colocou-a sobre seu filho Isaac; tomou nas mãos o fogo e a faca, e continuaram os dois juntos a caminhada. [7]Isaac dirigiu-se a seu pai Abraão, dizendo-lhe: "Meu pai!" Respondeu ele: "Sim, meu filho". O menino replicou: "Temos aqui o fogo e a lenha, mas onde está o cordeiro para o holocausto?" [8]Abraão respondeu: "Deus mesmo providenciará o cordeiro para o holocausto, meu filho!"

Continuaram os dois a caminhar juntos. [9]Assim que chegaram ao lugar que Deus lhe havia indicado, Abraão construiu um altar, colocou nele a lenha, amarrou seu filho Isaac e o colocou sobre o altar,* em cima da lenha. [10]Depois Abraão estendeu a mão e tomou a faca para imolar seu filho. [11]Mas o anjo de Javé o chamou do céu e lhe disse: "Abraão, Abraão!" Respondeu ele: "Eis-me aqui!" [12]O anjo disse: "Não estendas a mão contra o menino e não lhe faças mal algum! Agora sei que temes a Deus†, pois não me recusaste teu filho,* teu único filho". [13]Então Abraão ergueu os olhos e viu um carneiro preso pelos chifres num arbusto. Abraão pegou o carneiro e o ofereceu em holocausto em lugar de seu filho. [14]Abraão chamou aquele lugar: "Javé providenciará", por isso se diz até hoje: "Sobre o monte Javé providenciará".

[15]O anjo de Javé chamou do céu Abraão pela segunda vez [16]e lhe disse: "Juro por mim mesmo – oráculo de Javé –: porque fizeste isto e não me recusaste teu filho, teu único filho, [17]eu te abençoarei com toda bênção* e tornarei tão numerosa tua descendência como as estrelas do céu e como a areia na praia do mar.* Tua descendência conquistará as cidades dos inimigos.[18]Serão benditas* por tua descendência todas as nações da terra, porque obedeceste a minha voz".†

[19]Abraão voltou a seus servos e juntos se puseram a caminho para Bersabeia, onde Abraão passou a morar.

A família de Rebeca. [20]Depois disso, foi levada a Abraão esta notícia: "Melca também deu à luz filhos a Nacor, teu irmão": [21]Hus, o primogênito, e seus irmãos Buz e Camuel, pai de Aram, [22]Cased, Azau, Feldas, Jedlaf e Batuel; [23]Batuel gerou Rebeca.* Esses oito filhos Melca deu à luz a Nacor, irmão de Abraão. [24]Também sua concubina, chamada Roma, teve filhos: Tabé, Gaam, Taás e Maaca.

23 Morte de Sara.

23 **Morte de Sara.** [1]Sara viveu cento e vinte e sete anos: esta foi a duração de sua vida. [2]Ela morreu

---

* **22**,1. Sb 10,5; Eclo 44,20; Hb 11,17s; Tg 2,21s; 31,11; 46,2 | 9. Tg 2,21 | 12. Hb 11,17; Rm 8,32 | 17. 12,2; 15,5; 16,10; 32,13 / 24,60 | 18. 12,3 | 23. 24,15; 25,20; 28,2

† **22**,12. Não se trata do temor servil, ou medo do castigo, mas do temor filial, que é respeito e reverência diante do sagrado, submissão religiosa à vontade divina, cuidado para não ofender a Deus. | 18. Abraão, pronto a sacrificar seu filho único, esperança da grande descendência prometida por Deus, dá a prova suprema de sua fé obediente e é figura do Pai que não poupou seu Filho único, mas o entregou por todos nós, Rm 8,32. O monte Moriá é o local onde será erguido o templo de Jerusalém, 2Cr 3,1.

em Cariat Arbe, isto é, Hebron, na terra
de Canaã, e Abraão veio fazer luto por
Sara e chorá-la.
Abraão compra um terreno. 3Depois
Abraão retirou-se de junto da falecida*
e disse aos heteus: 4"Sou estrangeiro e
peregrino no meio de vós. Cedei-me a
propriedade de uma sepultura no meio
de vós, para que eu possa trazer minha
falecida e sepultá-la". 5Então os heteus
responderam: 6"Ouve-nos, senhor! Tu
és um príncipe de Deus no meio de
nós: sepulta tua falecida no melhor de
nossos sepulcros. Nenhum de nós te
negará seu sepulcro para sepultar tua
falecida".
7Abraão se levantou, prostrou-se
diante dos homens do país, os heteus,
8e disse-lhes: "Se permitis que eu traga
minha falecida e a sepulte, atendei-me
e intercedei por mim junto a Efron, filho
de Seor, 9para que me ceda a caverna
de Macpela, que lhe pertence e está
na extremidade de seu campo. Que a
ceda a mim por seu justo valor, como
propriedade funerária no meio de vós".
10Ora Efron estava sentado no meio
dos heteus. Efron, o heteu, respondeu
a Abraão, na presença dos heteus e
de todos os que entravam pela porta
da cidade: 11"Escuta-me, meu senhor!
Eu te dou o campo com a caverna que
nele se encontra; dou-te na presença
dos filhos de meu povo: sepulta tua
falecida".
12Então Abraão prostrou-se de novo
diante do povo do país 13e disse a
Efron, na presença do povo do país:
"Se concordas, escuta-me, eu te peço:
eu te darei o preço do campo, aceita-
-o de mim; assim ali sepultarei minha
falecida". 14Efron respondeu a Abraão:
15"Escuta-me, meu senhor: um terreno
no valor de quatrocentos siclos de pra-
ta, o que é isto entre mim e ti? Sepulta,
pois, tua falecida". 16Abraão aceitou as
condições de Efron e pesou-lhe dian-
te dos heteus o dinheiro que ele tinha
pedido, isto é, quatrocentos siclos de
prata, na moeda corrente no mercado.
17Assim o campo de Efron que se en-
contrava em Macpela, diante de Mam-
bré, o campo e a caverna que nele se
achava com todas as árvores que es-
tavam dentro do campo e no interior
de seus limites 18passaram a ser pro-
priedade de Abraão, na presença dos
heteus, de todos os que entravam pela
porta da cidade. 19Depois, Abraão se-
pultou Sara, sua mulher, na caverna
do campo de Mac - pela defronte de
Mambré, isto é, Hebron, na terra de Ca-
naã. 20O campo e a caverna que nele
se achava passaram dos heteus para
Abraão, como propriedade funerária.

24

Uma esposa para Isaac.
1Abraão já estava idoso,*
avançado em anos, e Javé o havia
abençoado em tudo. 2Então Abraão
disse ao servo mais antigo de sua casa,
que administrava todos os seus bens:
"Põe a mão sob minha coxa† 3e te farei
jurar por Javé, Deus do céu e da terra,
que não escolherás para meu filho uma
mulher dentre as filhas dos cananeus,
no meio dos quais habito, 4mas que
irás a minha terra,* para escolher entre
meus parentes uma mulher para meu
filho Isaac". 5O servo respondeu: "E se a
mulher não quiser vir comigo para cá,
deverei reconduzir teu filho à terra da
qual saíste?" 6Respondeu-lhe Abraão:
"Guarda-te de reconduzir para lá meu
filho! 7Javé, Deus do céu e da terra,
que me tirou da casa de meu pai e de
minha terra natal, que me falou* e me
jurou: 'A tua descendência darei esta
terra', ele mesmo mandará seu anjo
diante de ti, para que possas trazer de
lá uma mulher para meu filho. 8Mas se
a mulher não quiser te acompanhar,
então estarás livre do juramento feito a
mim; mas não deves levar para lá meu
filho". 9Então o servo pôs a mão sob a

---

* **23**,3. 33,19; 2Sm 24,18s; Hb 11,13; 1Pd 2,11 | **24**,1. 12,2s | 4. 28,1s | 7. 12,7 | 10. 29,2s; Êx 2,16s

† **24**,2. Gesto de juramento solene, pelo contato com as partes vitais; mencionado de novo em Gn 47,29. | 10. Mesopotâmia significa "entre rios", porque está situada entre o Tigre e o Eufrates, no Iraque atual. É a terra de origem de Abraão.

coxa de Abraão, seu senhor, e prestou-lhe juramento a respeito disso.

10O servo tomou dez camelos de seu senhor e partiu, levando toda espécie de coisas preciosas de seu senhor,* e foi para a Mesopotâmia†, para a cidade de Nacor. 11Fez os camelos descansar fora da cidade, junto a um poço de água, à tarde, quando as mulheres saem para buscar água. 12E disse: "Javé, Deus de meu senhor Abraão, concedei-me hoje um feliz encontro e usai de benevolência para com meu senhor Abraão! 13Vou ficar aqui, junto à fonte, enquanto as moças da cidade saem para buscar água. 14Pois bem, a jovem à qual eu disser: 'Inclina o cântaro, por favor, e deixa-me beber', e que me responder: 'Bebe, que também a teus camelos darei de beber', seja aquela que destinastes ao vosso servo Isaac; e nisto reconhecerei que usastes de benevolência para com meu senhor".

Encontro com Rebeca. 15Não tinha ainda terminado de falar, quando chegou, com o cântaro ao ombro, Rebeca, filha de Batuel, filho de Melca, mulher de Nacor, irmão de Abraão. 16A jovem era muito bela, virgem, e nenhum homem a havia tocado. Ela desceu à fonte, encheu seu cântaro e subiu de volta. 17O servo então correu-lhe ao encontro e disse: "Deixa-me beber um pouco de água de teu cântaro". 18Respondeu ela: "Bebe, meu senhor". Depressa desceu o cântaro e lhe deu de beber. 19Quando terminou de dar-lhe de beber, disse: "Também para teus camelos tirarei água, para que bebam à vontade". 20Esvaziou depressa o cântaro no bebedouro, correu de novo a buscar água no poço e tirou água para todos os seus camelos. 21Entretanto o homem a contemplava em silêncio, perguntando a si mesmo se Javé tinha ou não concedido bom êxito a sua viagem.

22Quando os camelos acabaram de beber, ele tirou um anel de ouro pesando meio siclo e duas pulseiras de ouro pesando dez siclos, para suas mãos, 23e perguntou à moça: "Dize-me, por favor, de quem és filha? Há lugar na casa de teu pai, para passarmos a noite?" 24Ela respondeu-lhe: "Sou filha de Batuel, o filho que Melca deu à luz a Nacor". 25E acrescentou: "Há palha e forragem em quantidade em nossa casa e também lugar para passar a noite".

26O homem se ajoelhou e adorou Javé 27e disse: "Bendito seja Javé, Deus de meu senhor Abraão, que não deixou de mostrar benevolência e fidelidade para com meu senhor. Javé me guiou pelo caminho até a casa dos irmãos de meu senhor". 28A jovem correu para contar aos da casa de sua mãe todas essas coisas. 29Rebeca tinha um irmão chamado Labão, o qual correu para fora ao encontro do homem junto ao poço. 30Ele tinha visto o anel e as pulseiras nas mãos da irmã e ouvido estas palavras de sua irmã Rebeca: "Assim me falou aquele homem". Encontrou o homem de pé com os camelos junto ao poço. 31Disse-lhe: "Vem, bendito de Javé! Por que permaneces aí fora? Já preparei a casa e um lugar para os camelos". 32Então o homem entrou na casa, e Labão descarregou os camelos e deu-lhes palha e forragem; ao homem e a seus companheiros deu água para lavar os pés. 33Depois lhe serviram comida, mas ele disse: "Não comerei, enquanto não tiver falado o que devo dizer". Labão respondeu: "Fala".

34Ele disse: "Eu sou um servo de Abraão. 35Javé abençoou muito meu senhor, que se tornou poderoso: concedeu-lhe ovelhas e bois, prata e ouro, escravos e escravas, camelos e jumentos. 36Sara, mulher de meu senhor, apesar de idosa, deu-lhe à luz um filho, ao qual ele deu todos os seus bens. 37E meu senhor me fez jurar, dizendo: 'Não escolhas para meu filho uma mulher dentre as filhas dos cananeus, no meio dos quais habito, 38mas irás à casa de meu pai, a minha família, e escolherás uma mulher para meu filho'. 39Eu disse a meu senhor: 'E se a mulher não quiser me acompanhar?' 40Ele me respondeu: 'Javé, em cuja presença eu ando, mandará contigo seu anjo e dará feliz êxito a tua viagem, de modo que possas escolher para meu filho uma mulher de minha família e da casa de meu pai. 41Ficarás livre do juramento quando chegares a minha família: se eles te recusarem a mulher, estarás livre do juramento'. 42Hoje, ao chegar à fonte, eu disse: 'Javé, Deus de meu senhor Abraão, mostrai se vos dignais realmente levar a bom termo a viagem que estou fazendo; 43ficarei junto a esta fonte de água. A jovem que vier para buscar água, e a quem eu disser: Dá-me de beber um pouco d'água de teu cântaro, 44e que me responder: Bebe, e também tirarei água para teus camelos, será a mulher que Javé destinou ao filho de meu senhor'. 45Eu não tinha ainda terminado de falar comigo mesmo, quando veio Rebeca com seu cântaro ao ombro, e desceu à fonte para buscar água. Eu lhe disse então: 'Dá-me de beber, por favor'. 46E ela desceu prontamente o cântaro do ombro e disse-me: 'Bebe, e também darei de beber a teus camelos'. Eu bebi e ela deu de beber também a meus camelos. 47Depois perguntei-lhe: 'De quem és filha?' Ela respondeu-me: 'Sou filha de Batuel, o filho que Melca deu a Nacor'. Então coloquei-lhe o anel no nariz e as pulseiras nas mãos. 48Ajoelhei-me para adorar Javé, e louvei Javé, Deus de Abraão, que me tinha guiado por um caminho certo, a fim de escolher a sobrinha de meu senhor para seu filho. 49Agora, pois, se quereis usar de benevolência e lealdade para com meu senhor, dizei-mo. Se não, dizei-mo também, e eu me voltarei para a direita ou para a esquerda".

50Labão e Batuel responderam: "É de Javé que vem tudo isto; nós não podemos dizer nem sim nem não. 51Eis Rebeca a tua disposição; leva-a contigo, pois, e seja esposa do filho de teu senhor, conforme a palavra de Javé".

52Ao ouvir essas palavras, o servo de Abraão prostrou-se em terra diante de Javé. 53Tomando em seguida objetos de ouro e de prata e vestidos, presenteou Rebeca; ofereceu também ricos presentes ao irmão e à mãe dela. 54Então comeram e beberam, ele e seus companheiros, e foram dormir. De manhã, quando se levantaram, disse o servo: "Deixai-me voltar para junto de meu senhor". 55O irmão e a mãe de Rebeca responderam: "Que a moça fique conosco ainda uns dez dias e depois partirá". 56Ele respondeu: "Não retardeis meu regresso, uma vez que Javé deu feliz êxito a minha viagem. Deixai-me partir, para que volte a meu senhor". 57Responderam eles: "Vamos chamar a jovem e perguntar o que ela deseja". 58Chamaram, portanto, Rebeca e perguntaram-lhe: "Queres partir com este homem?" "Sim", respondeu ela. 59Então deixaram partir sua irmã Rebeca, juntamente com sua ama-de-leite, o servo de Abraão e sua comitiva. 60E abençoaram Rebeca, dizendo-lhe:

"És nossa irmã:
cresce em milhares de miríades,
e tua descendência conquiste*
as portas de seus inimigos!"

61Levantou-se, pois, Rebeca com suas criadas e, montadas em camelos, acompanharam o homem; e ele partiu, levando consigo Rebeca.

62Entretanto Isaac tinha voltado do poço de Laai-Roí* e morava na região do Negueb. 63Uma tarde, quando saíra para meditar no campo, ergueu os olhos e viu camelos chegando. 64Também Rebeca levantou os olhos e, vendo Isaac, desceu do camelo. 65Ela perguntou ao servo: "Quem é aquele homem que vem pelo campo a nosso encontro?" O servo respondeu: "É meu senhor". Então ela puxou o véu e se cobriu. 66O servo contou a Isaac tudo o que ele tinha feito; 67e Isaac introduziu Rebeca na tenda de Sara, sua mãe, e recebeu Rebeca por esposa e a amou. Assim se consolou da morte de sua mãe.

---

* **24**,60. 22,17 | 62. 16,13s

25 **Últimos anos de Abraão.**
1Abraão ainda tomou outra
mulher,* chamada Cetura, 2a qual lhe
deu à luz Zamrã, Jecsã, Madã, Madiã,
Jesboc e Sué. 3Jecsã gerou Sabá e Dadã.
Os filhos de Dadã foram os assureus,
os latuseus e os leumeus. 4Os filhos de
Madiã foram Efa, Ofer, Henoc, Abida e
Eldaá. Todos esses são filhos de Cetura.
5Abraão deu a Isaac tudo o que pos-
suía, 6e aos filhos das concubinas fez
doações. Mas, ainda em vida, separou-
-os de seu filho Isaac, mandando-os
para o leste, para as terras do oriente.
7Os anos da vida de Abraão foram cen-
to e setenta e cinco. 8Abraão expirou
e morreu numa velhice feliz, idoso e
cheio de dias, e foi unir-se a seus pa-
rentes. 9Seus filhos Isaac e Ismael o
sepultaram na caverna de Macpela, no
campo de Efron, filho de Seor, o heteu,
defronte de Mambré. 10É o campo que
Abraão tinha comprado dos heteus. Lá
foram sepultados ele e Sara, sua mu-
lher. 11Depois da morte de Abraão,
Deus abençoou Isaac, seu filho, o qual
ficou morando junto ao poço de Laai-
-Roí.*

Os descendentes de Ismael. 12Estes
são os descendentes de Ismael, filho
de Abraão, que nascera de Agar, a
egípcia, escrava de Sara. 13Eis os no-
mes dos filhos de Ismael,* em ordem
de nascimento: Nabaiot, primogêni-
to de Ismael; depois Cedar, Abdeel,
Mabsam, 14Masma, Duma, Massa,
15Hadad, Tema, Jetur, Nafis e Ced-
ma. 16Esses são os filhos de Ismael, e
esses são seus nomes, segundo seus
acampamentos e suas aldeias: doze
chefes de clãs. 17E estes são os anos
que viveu Ismael: cento e trinta e sete
anos. Depois ele expirou; morreu e foi
reunir-se a seus parentes. 18Habitou
desde Hévila até Sur,* que está de-
fronte do Egito, na direção da Assíria;
estabeleceu-se em frente de todos os
seus irmãos.

III. ISAAC, ESAÚ E JACÓ (25,19–36,43)

Os dois filhos de Isaac. 19Esta é a his-
tória de Isaac, filho de Abraão. Abraão
gerou Isaac, 20o qual tinha quarenta
anos quando se casou com Rebeca, fi-
lha de Batuel, o arameu, de Padã-Aram,
e irmã de Labão. 21Isaac rogou a Javé
por sua mulher, que era estéril. Javé o
ouviu, e Rebeca, sua esposa, concebeu.
22Mas as crianças lutavam em seu seio,
e ela exclamou: "Se é assim, para que
viver?" E foi consultar Javé, 23o qual lhe
respondeu:
"Duas nações estão em teu seio,
e dois povos, nascidos de ti, se se-
pararão;
um será mais forte do que o outro*
e o mais velho servirá ao mais novo".
24Chegado o tempo de ela dar à luz,
estavam dois gêmeos em seu ventre.
25Saiu o primeiro: era ruivo e peludo
como um manto de pelos; foi chamado
Esaú. 26Saiu depois seu irmão,* segu-
rando com a mão o calcanhar de Esaú,
e foi chamado Jacó†. Isaac tinha ses-
senta anos quando eles nasceram.

Esaú vende a primogenitura. 27Os me-
ninos cresceram. Esaú tornou-se um há-
bil caçador, um homem do campo; Jacó,
ao contrário, era homem pacífico, que
morava na tenda. 28Isaac gostava mais
de Esaú, porque apreciava a caça; mas
Rebeca preferia Jacó. 29Um dia, Jacó pre-
parou uma sopa. Esaú chegou do campo
muito cansado 30e disse a Jacó: "Por fa-
vor, deixa-me comer dessa comida ver-
melha, pois estou exausto!" Foi por isso
que Esaú recebeu o apelido de Edom.
31Jacó respondeu: "Cede-me primeiro
teu direito de primogenitura". 32Esaú
disse: "Estou a ponto de morrer; de que
me serve a primogenitura?" 33Jacó in-
sistiu: "Jura-me primeiro". Esaú jurou e
assim vendeu a Jacó sua primogenitura.
34Este, então, deu-lhe pão e a sopa de
lentilhas. Esaú comeu e bebeu, depois se

---

* **25**,1. 1Cr 1,32s | **25**,11. 24,62 | 13. 1Cr 1,29-31 | 18. 16,12 | 23. Ml 1,2-5; Rm 9,12 | 26. Os 12,4

† **25**,26. Jacó deriva da palavra calcanhar, e é associado a "suplantar" em Gn 27,36. De Esaú não é dada explicação, mas Edom, outro nome seu, significa ruivo e designa tanto o povo descendente de Esaú, como a região onde habitava. Seir, derivado de peludo, é sinônimo de Edom.

levantou e partiu. Assim desprezou Esaú
seu direito de primogenitura.

26 **Isaac na Filisteia.** 1Houve na-
quela região uma fome, além
da primeira,* que ocorreu nos tempos
de Abraão. Isaac retirou-se para junto
de Abimelec, rei dos filisteus, em Gera-
ra. 2Ali apareceu-lhe Javé, que lhe dis-
se: "Não desças ao Egito, mas continua
a habitar nesta terra, no lugar que te
indicarei. 3Fica como forasteiro nesta
terra, que eu estarei contigo e te aben-
çoarei; porque darei todas estas terras
a ti e a tua descendência, cumprindo
o juramento que fiz a Abraão, teu pai.
4Multiplicarei tua descendência* como
as estrelas do céu, e lhe darei todas es-
tas terras, e em tua descendência serão
abençoadas todas as nações da terra,
5porque Abraão obedeceu a minha
voz, observou meus mandamentos,
meus preceitos, minhas ordens e mi-
nhas leis". 6Isaac ficou, pois, em Gerara.
7Quando os homens do lugar lhe
perguntavam sobre sua mulher, ele res-
pondia: "É minha irmã", pois temia di-
zer que era sua esposa, pensando que
os homens do lugar poderiam matá-lo
por causa de Rebeca, que era muito
bela. 8Ora, aconteceu que, prolongan-
do-se sua permanência ali, Abimelec,
rei dos filisteus, olhou da janela e viu
Isaac acariciando Rebeca, sua mulher.
9Então Abimelec chamou Isaac e disse-
-lhe: "É evidente que ela é tua mulher.
Por que dizias que é tua irmã?" Ao que
Isaac respondeu: "Eu pensava que seria
morto por causa dela". 10Abimelec re-
plicou: "Por que nos fizeste isso? Faltou
pouco para que alguém do povo dor-
misse com tua mulher, e assim tu terias
atraído sobre nós uma culpa". 11E Abi-
melec deu a todo o povo esta ordem:
"Aquele que tocar este homem, ou sua
mulher, será condenado à morte".
12Isaac semeou naquela terra, e na-
quele ano colheu o cêntuplo, tanto o
abençoou Javé. 13Ele prosperou e foi-
-se engrandecendo sempre mais, até
tornar-se extremamente rico. 14Possuía
rebanhos de ovelhas, manadas de bois
e muitos servos, de modo que os filis-
teus ficaram com inveja dele. 15Por isso,
todos os poços abertos pelos servos de
seu pai, quando Abraão era vivo, os fi-
listeus os entupiram, enchendo-os de
terra. 16Abimelec disse a Isaac: "Vai-te
embora daqui, porque te tornaste mui-
to mais poderoso do que nós". 17Isaac
partiu e armou suas tendas no vale de
Gerara, e habitou aí.18Reabriu os poços
cavados nos tempos de Abraão, seu
pai, e depois entupidos pelos filisteus,
após a morte de Abraão, e deu-lhes
os mesmos nomes impostos por seu
pai. 19Os servos de Isaac cavaram no
vale e encontraram um poço de água
viva. 20Mas os pastores de Gerara co-
meçaram a disputar com os de Isaac,
dizendo: "Esta água é nossa". Ele cha-
mou àquele poço "Contenda", por-
que haviam discutido por causa dele.
21Cavaram seus servos outro poço,
que também causou discussão. Ele o
chamou "Hostilidade". 22Partindo dali,
cavou mais um poço, pelo qual não lhe
fizeram oposição; então ele o chamou
"Largueza" e disse: "Agora Javé deu-
-nos o campo livre e podemos prospe-
rar nesta terra".
23De lá subiu a Bersabeia. 24Javé apa-
receu-lhe naquela noite e disse:

"Eu sou o Deus de Abraão, teu pai;
nada temas, porque estou contigo.
Eu te abençoarei e multiplicarei tua descendência
em consideração a meu servo Abraão".

25Isaac ergueu um altar nesse lugar
e invocou o nome de Javé; estabeleceu
ali suas tendas, e seus servos cavaram
ali um poço.
Aliança com Abimelec. 26Abimelec,
rei de Gerara, veio visitá-lo,* junta-
mente com Ocozat, seu amigo, e Fi-
col, chefe de seu exército. Isaac disse-
-lhes: 27"Por que me procurais, vós que
me odiais e me expulsastes de vosso
meio?" 28Responderam eles: "Porque
vimos claramente que Javé está con-
tigo e achamos que se deva fazer um

* **26**,1. 12,10-20; 20 | 4. 22,17s; 12,3.7 | 26. 21,22-33

juramento entre nós e ti. Queremos
fazer aliança contigo. 29Jura que não
nos farás nenhum mal, como nós não
te maltratamos e não te fizemos senão
o bem, e te despedimos em paz. Agora
és abençoado por Javé". 30Isaac pre-
parou-lhes um banquete e eles come-
ram e beberam. 31Na manhã seguinte,
levantando-se bem cedo, fizeram um
juramento mútuo. Isaac os despediu e
eles partiram em paz.

32Naquele mesmo dia vieram os ser-
vos de Isaac informá-lo a respeito do
poço que estavam cavando, e lhe dis-
seram: "Encontramos água". 33Isaac
deu ao poço o nome de "Juramento".
Por isso ainda hoje a cidade se chama
Bersabeia†.

34Ora, Esaú, na idade de quarenta
anos,* tomou por mulheres Judite, filha
de Beeri, o heteu, e Basemat, filha de
Elon, o heteu; 35e elas foram motivo de
aborrecimentos para Isaac e Rebeca.*

27 **Bênção de Isaac a Jacó.** 1Isaac
envelhecera e seus olhos se
enfraqueceram a ponto de não poder
mais enxergar. Chamou Esaú, seu filho
primogênito, e lhe disse: "Meu filho!"
Respondeu-lhe ele: "Eis-me aqui!" 2Dis-
se-lhe Isaac: "Como vês, já estou velho,
e não sei quando será o dia de minha
morte. 3Agora, pois, pega tuas armas,
tua aljava e teu arco, e vai ao campo,
e apanha para mim alguma caça. 4Pre-
para-me com ela um prato saboroso,
como eu gosto, e traze-o para que eu
coma e te dê a bênção antes que mor-
ra".

5Rebeca ouviu o que Isaac disse a seu
filho Esaú e, logo que este saiu para o
campo à procura de caça para o pai,
6ela disse a seu filho Jacó: "Ouvi teu pai
falar com Esaú, teu irmão,* e dizer-lhe:
7'Traze-me uma caça e prepara-me
com ela um prato saboroso para que
eu coma e te abençoe diante de Javé,
antes de morrer'. 8Agora, meu filho,
obedece-me e faze o que te mando.
9Vai ao rebanho e traze-me dois belos
cabritos. Com eles farei para teu pai um
prato saboroso a seu gosto, 10e tu lhe
levarás, para que coma dele, e te aben-
çoe antes de morrer".

11Jacó respondeu a Rebeca, sua mãe:
"Mas Esaú, meu irmão, é peludo* e eu
tenho a pele lisa. 12Se meu pai me to-
car, vai me considerar um impostor, e
atrairei sobre mim a maldição em vez
da bênção". 13Disse-lhe sua mãe: "Caia
sobre mim esta maldição, meu filho!
Obedece-me, vai e traze-me o que te
pedi". 14Jacó foi, pegou os cabritos e
trouxe-os a sua mãe, que preparou um
prato saboroso ao gosto do pai dele.
15Rebeca escolheu as melhores ves-
tes que o filho mais velho, Esaú, tinha
consigo em casa, e com elas vestiu seu
filho mais novo, Jacó. 16Com as peles
dos cabritos cobriu-lhe as mãos e a
parte lisa do pescoço. 17A seguir, pôs
nas mãos de Jacó, seu filho, o prato e o
pão que havia preparado.

18Jacó foi para junto de seu pai e
disse-lhe: "Meu pai!" Respondeu ele:
"Eis-me aqui! Quem és tu, meu filho?"
19Jacó disse a seu pai: "Eu sou Esaú,
teu primogênito. Fiz o que me pediste.
Levanta-te, senta-te e come de minha
caça, para me abençoares. 20Isaac per-
guntou ao filho: "Como conseguiste
achar a caça tão depressa, meu filho?"
Respondeu ele: "Porque Javé, teu Deus,
a mandou a meu encontro". 21Isaac
disse a Jacó: "Aproxima-te, então, para
que eu te apalpe e saiba se és ou não
meu filho Esaú".

22Jacó aproximou-se de Isaac, seu
pai, o qual o apalpou e disse: "A voz é a
de Jacó, mas as mãos são as de Esaú!"
23E não o reconheceu, porque suas
mãos estavam peludas como as de
Esaú, seu irmão. E o abençoou. 24Per-
guntou-lhe ainda: "Tu és Esaú, meu fi-
lho?" Respondeu ele: "Sim". 25Disse-lhe
pois: "Serve-me de tua caça, para que
eu coma e te abençoe, meu filho". Jacó
serviu-lhe, Isaac comeu; e trouxe-lhe
também vinho e ele bebeu. 26Então
disse-lhe Isaac, seu pai: "Aproxima-te e

---

* **26**,34. 36,1-5 | 35. 24,3s; 28,1s* | **27**,6. 25,28 | 11. 25,25 | 27. 22,17s; Hb 11,20

† **26**,33. Bersabeia fica no Negueb, ao sul; seu nome significa "Poço do Juramento".

beija-me, meu filho". 27Jacó se aproxi-
mou e o beijou. Quando sentiu o cheiro
de suas roupas, o abençoou, dizendo:
"O odor de meu filho*
é como o odor de um campo
abençoado por Javé.
28Que Deus te dê o orvalho do céu,
a fertilidade da terra
e a abundância de trigo e de vinho.
29Sirvam-te os povos*
e diante de ti se inclinem as nações;
sê o senhor de teus irmãos,
e curvem-se diante de ti os filhos de
tua mãe.
Maldito seja quem te amaldiçoar
e bendito quem te abençoar!"
30Apenas Isaac tinha terminado de
abençoar Jacó, e este saíra de junto de
Isaac, seu pai, chegou Esaú, seu irmão,
que voltava da caçada. 31Também ele
fez um prato saboroso e o levou a seu
pai, dizendo: "Que meu pai se levan-
te e coma da caça de seu filho, para
que me abençoe." 32Isaac, seu pai, lhe
perguntou: "Quem és tu?" Ele respon-
deu: "Eu sou teu filho, teu primogênito,
Esaú". 33Então Isaac estremeceu, toma-
do de uma violenta comoção, e excla-
mou: "Quem é, então, aquele que me
trouxe a caça que apanhou? Eu comi
de tudo antes que viesses e o aben-
çoei, e ficará abençoado".† 34Ao ouvir
as palavras do pai, Esaú pôs-se a gri-
tar e a chorar amargamente. Depois
disse a seu pai: "Abençoa-me também
a mim,* meu pai". 35Respondeu Isaac:
"Teu irmão veio com astúcia e levou tua
bênção". 36Disse-lhe Esaú: "Com razão
foi chamado Jacó, pois já duas vezes
me suplantou! Tirou-me a primogeni-
tura e agora apoderou-se também de
minha bênção". E ajuntou: "Não re-
servaste nenhuma bênção para mim?"
37Respondeu Isaac e disse a Esaú: "Eu
o constituí teu senhor e dei-lhe todos
os seus irmãos por servos, e de trigo
e de vinho o provi; que posso ainda
fazer por ti, meu filho?" 38E disse Esaú
a seu pai: "Então só tens uma bênção,
meu pai? Abençoa-me também a mim,
meu pai!" E chorou em alta voz. 39Então
Isaac, seu pai, disse a Esaú:
"Longe das terras férteis será tua mo-
rada
e longe do orvalho que cai do céu.
40Viverás de tua espada,
e servirás a teu irmão.
Mas quando te revoltares,
sacudirás o jugo de teu pescoço".
41Esaú passou a odiar Jacó,* por cau-
sa da bênção que lhe dera seu pai; e
disse consigo mesmo: "Não estão lon-
ge os dias do luto por meu pai; então,
matarei meu irmão Jacó". 42Rebeca fi-
cou sabendo desses propósitos de seu
filho primogênito, Esaú; por isso, man-
dou chamar Jacó, seu filho mais novo, e
disse-lhe: "Teu irmão Esaú quer vingar-
-se de ti,* matando-te. 43Atende-me,
portanto, meu filho: parte, foge para
junto de Labão, meu irmão, em Harã,
44e fica com ele algum tempo, até que
se acalme a ira de teu irmão. 45Quando
tiver passado a ira de teu irmão e ele
tiver esquecido o que lhe fizeste, man-
darei buscar-te e trazer-te de lá. Por
que eu haveria de perder-vos a ambos
num só dia?"
Jacó vai para a Mesopotâmia. 46Re-
beca disse a Isaac:* "Estou aborrecida
da vida por causa das mulheres heteias.
Se Jacó se casar com uma das heteias,
como estas, uma das moças desta ter-
ra, para que me serve a vida?"

28 1Isaac chamou Jacó, aben-
çoou-o e lhe deu esta ordem:
"Não tomes por mulher uma cananeia;
2mas levanta-te, vai a Padã-Aram, à
casa de Batuel, pai de tua mãe, e es-
colhe lá uma mulher entre as filhas de
Labão, irmão de tua mãe. 3Que o Deus
todo-poderoso te abençoe,* te faça
fecundo e te multiplique, para te tor-

* **27**,29. 25,23 | 34. 25,26.29-34; Os 12,4 | 41. 27,46; 28,5 | 42. 24,29; Sb 10,10 | 46. 27,41-45; 24,3s; 26,35
28,3. 17,1.4s

† **27**,33. A bênção dada não podia ser retirada; o mesmo vale da maldição, Nm 22,6. A simulação e a astúcia de Rebeca e Jacó não parecem pesar na consciência deles, porque Esaú já havia vendido seu direito de primogenitura, Gn 25,29-33. Deus sabe servir-se até do pecado para executar suas livres decisões. Com efeito, misterioso em seus desígnios, havia escolhido Jacó, Ml 1,2-3.

nares uma multidão de povos; [4]e te dê a bênção de Abraão, a ti e a tua descendência contigo, para que possuas a terra onde moras como estrangeiro, e que Deus deu a Abraão". [5]Isaac despediu Jacó, e este partiu para Padã-Aram, para a casa de Labão, filho de Batuel, o arameu, e irmão de Rebeca, mãe de Jacó e de Esaú.

[6]Esaú viu que Isaac tinha abençoado Jacó e o tinha mandado a Padã-Aram, para escolher ali uma mulher, e que, ao abençoá-lo, lhe tinha ordenado que não se casasse com alguma das mulheres cananeias. [7]Viu também que Jacó, obedecendo a seu pai e a sua mãe, tinha partido para Padã-Aram. [8]Compreendeu então que seu pai Isaac não gostava das mulheres cananeias; [9]por isso foi à casa de Ismael e tomou por mulher, além daquelas que já tinha, Maelet,* filha de Ismael, filho de Abraão, e irmã de Nabaiot.

Sonho de Jacó em Betel. [10]Partindo de Bersabeia,* Jacó dirigiu-se para Harã. [11]Chegou a um lugar, e ali passou a noite, pois o sol já se havia posto; tomou uma das pedras do lugar para servir-lhe de travesseiro e dormiu ali. [12]Teve um sonho: viu uma escada* que se apoiava na terra e cujo topo atingia o céu; e por ela subiam e desciam anjos de Deus. [13]No alto da escada estava Javé, que lhe disse: "Eu sou Javé, Deus de Abraão, teu pai, e Deus de Isaac. Darei a ti e a tua descendência a terra em que te encontras.* [14]Tua posteridade será tão numerosa como a poeira da terra, e tu te estenderás para o ocidente e para o oriente, para o norte e para o sul. Em ti e em tua descendência serão abençoadas todas as famílias da terra.* [15]Eu estou contigo e te guardarei em todo lugar aonde fores, e te reconduzirei a esta terra. Não te abandonarei sem ter cumprido o que te prometi".

[16]Despertando do sono, Jacó exclamou: "Na verdade Javé está neste lugar, e eu não o sabia". [17]Cheio de medo, acrescentou: "Este lugar é terrível! É nada menos que a casa de Deus e a porta do céu". [18]Levantando-se cedo, Jacó tomou a pedra que usara como travesseiro, erigiu-a em monumento, e derramou óleo sobre ela. [19]Deu o nome de Betel àquele lugar†, que antes se chamava Luza.* [20]Jacó fez também este voto: "Se Deus estiver comigo e me proteger nesta viagem que estou fazendo, se me der pão para comer e roupa para vestir, [21]e se eu voltar são e salvo à casa paterna, então Javé será meu Deus, [22]e esta pedra que ergui em monumento será uma casa de Deus; e de tudo o que me concederdes vos darei fielmente o dízimo".*

29 Jacó na casa de Labão.

[1]Jacó prosseguiu sua viagem* e dirigiu-se à terra dos orientais. [2]Olhando, viu no campo um poço* junto do qual repousavam três rebanhos de ovelhas. Dele se costumava dar de beber aos rebanhos; mas era grande a pedra que cobria a boca do poço. [3]Somente a removiam depois de estarem reunidos todos os rebanhos. Davam de beber aos rebanhos e recolocavam a pedra sobre a boca do poço.

[4]Jacó perguntou aos pastores: "Irmãos, de onde sois?" Responderam: "Somos de Harã". [5]Disse-lhes Jacó: "Conheceis Labão, filho de Nacor?" Responderam: "Conhecemos". [6]Disse-lhes então: "Ele está bem?" E eles replicaram: "Sim, está bem; olha, aí vem Raquel, sua filha, com as ovelhas". [7]Então lhes disse: "Ainda é pleno dia; não chegou a hora de recolher os animais; dai de beber às ovelhas e continuai a apascentá-las". [8]Responderam eles: "Não o podemos fazer, enquanto não se reunirem todos os rebanhos; só

---

* **28**,9. 25,12s | 10. Sb 10,10 | 12. Jo 1,51 | 13. 12,3; 13,14s; 15,5s; 18,18; 22,17s; 26,4 | 14. 12,3 | 19. 35,6; 48,3; Jz 1,23 | 22. Am 4,4 | **29**,1. 24,11s | 2. 24,11s; Êx 2,16s

† **28**,19. Betel quer dizer "casa de Deus". Javé renova a Jacó as promessas feitas a Abraão e a Isaac. A escada de Jacó exprime o intercâmbio entre o céu e a terra, as bênçãos que descem e as orações que sobem. Prefigura também a Encarnação do Filho de Deus, Jo 1,51.

então removerão a pedra da boca do
poço e daremos de beber às ovelhas".
9Ainda estava falando com eles, quan-
do chegou Raquel com as ovelhas de
seu pai, pois era pastora. 10Logo que
Jacó viu Raquel, filha de Labão, seu tio,
com as ovelhas de Labão, seu tio, apro-
ximou-se, tirou a pedra da boca do
poço e deu de beber às ovelhas de La-
bão, seu tio. 11Depois beijou Raquel e
chorou em alta voz. 12Contou a Raquel
que era parente de seu pai, sendo filho
de Rebeca. Ela foi correndo anunciar
isto a seu pai. 13Logo que Labão ouviu
a notícia referente a Jacó, filho de sua
irmã, correu-lhe ao encontro, abraçou-
-o, beijou-o e o levou para casa. Jacó
contou a Labão tudo que tinha acon-
tecido. 14Labão disse-lhe: "Na verdade
tu és meu osso e minha carne". E Jacó
permaneceu com ele um mês inteiro.
**Casamento de Jacó com Lia e Ra-
quel.** 15Depois Labão disse a Jacó: "Por
seres meu irmão, hás de me servir de
graça? Dize-me qual deve ser teu sa-
lário". 16Ora, Labão tinha duas filhas:
a mais velha chamava-se Lia e a mais
nova, Raquel. 17Lia tinha um olhar mei-
go, mas Raquel tinha um belo porte e
um rosto bonito. 18Jacó amava Raquel,
por isso disse: "Eu te servirei sete anos
por Raquel, tua filha mais nova". 19La-
bão respondeu: "Melhor dá-la a ti que
a outro homem; fica comigo". 20Assim,
Jacó serviu por Raquel sete anos, que
lhe pareceram poucos dias, tão grande
era o amor que lhe tinha. 21Depois Jacó
disse a Labão: "Completou-se meu
tempo; dá-me minha mulher para que
eu viva com ela".

22Labão convidou toda a gente do
lugar e deu um banquete. 23Mas à
noite tomou sua filha Lia e a levou a
Jacó, que se uniu a ela. 24Labão deu por
serva a sua filha Lia sua própria serva
Zelfa. 25De manhã Jacó percebeu que
tinha ficado com Lia e disse a Labão:
"Que fizeste comigo? Não foi por Ra-
quel que te servi? Por que me enga-
naste?" 26Labão respondeu: "Em nossa
terra não se costuma casar a mais nova
antes da mais velha. 27Acaba a sema-
na com esta, e depois te darei também
a outra pelo serviço que me prestarás
durante outros sete anos". 28E assim fez
Jacó. Terminada a semana, Labão deu-
-lhe por mulher sua filha Raquel; 29e a
esta, deu por serva a sua própria serva
Bala. 30Jacó uniu-se também a Raquel,
e amou mais Raquel do que Lia. Serviu
a Labão durante mais sete anos.
Primeiros filhos de Jacó. 31Javé, po-
rém, vendo que Lia não era amada, tor-
nou-a fecunda, enquanto que Raquel
permanecia estéril. 32Lia concebeu e
deu à luz um filho, ao qual chamou Rú-
ben, pois disse: "Javé viu minha aflição;
agora meu marido me amará". 33Con-
cebeu novamente, deu à luz outro filho
e disse: "Javé viu que eu não era amada
e me deu mais este". E deu-lhe o nome
de Simeão. 34Concebeu outra vez, deu
à luz mais um filho e disse: "Agora sim;
desta vez meu marido se afeiçoará a
mim, porque lhe dei à luz três filhos".
Por isso lhe pôs o nome de Levi. 35Con-
cebeu ainda, deu à luz um filho e disse:
"Desta vez louvarei Javé"; e chamou-o
Judá. E cessou de dar à luz.

30 **Outros filhos de Jacó.** 1Ven-
do que não conseguia dar fi-
lhos a Jacó, Raquel teve inveja de sua
irmã e disse a Jacó: "Dá-me filhos, se-
não morrerei". 2Jacó se irritou contra
Raquel e respondeu: "Por acaso estou
eu no lugar de Deus, que te recusou a
maternidade?" 3Raquel respondeu: "Eis
minha serva Bala; une-te a ela, para
que dê à luz sobre meus joelhos e eu
possa ter filhos por meio dela". 4E deu-
-lhe por mulher sua serva Bala, à qual
Jacó se uniu. 5Bala concebeu e deu à
luz um filho a Jacó. 6E Raquel disse: "O
Senhor me fez justiça e também ou-
viu minha voz, dando-me um filho".
Por isso o chamou Dã. 7Bala, serva de
Raquel, concebeu de novo e deu à luz
um segundo filho a Jacó. 8Raquel disse:
"Lutei enormemente com minha irmã e
venci". Assim, pois, o chamou Neftali.
9Lia, vendo que tinha cessado de dar à
luz, tomou sua serva Zelfa e a deu por
mulher a Jacó. 10Zelfa, serva de Lia, deu
à luz um filho a Jacó. 11Lia disse: "Boa
sorte!" e lhe deu o nome de Gad. 12Zel-

fa, serva de Lia, deu à luz outro filho a Jacó. [13]Lia disse: "Sou feliz, pois as mulheres me felicitarão!" e o chamou Aser.

[14]Certo dia, no tempo da ceifa do trigo, Rúben saiu pelo campo; encontrou umas mandrágoras e as levou a Lia, sua mãe. Raquel então disse a Lia: "Dá-me, por favor, das mandrágoras de teu filho". [15]Lia respondeu: "Não basta que me tenhas tomado o marido? Queres também tomar-me as mandrágoras de meu filho?" Disse-lhe Raquel: "Pois bem, que Jacó durma contigo esta noite em troca das mandrágoras de teu filho". [16]À tarde, quando Jacó voltava do campo, Lia saiu-lhe ao encontro e disse-lhe: "Vem comigo, porque te contratei pelo preço das mandrágoras de meu filho". Ele dormiu com ela naquela noite. [17]Deus ouviu Lia, a qual concebeu e deu à luz um quinto filho a Jacó. [18]Lia disse: "Deus recompensou-me por ter dado minha serva a meu marido". E lhe pôs o nome de Issacar. [19]Lia concebeu novamente e deu a Jacó um sexto filho. [20]Lia disse então: "Deus me fez um belo presente; agora meu marido me honrará, pois lhe dei seis filhos". E deu ao filho o nome de Zabulon. [21]Depois deu à luz uma filha, que ela chamou Dina.

[22]Então Deus se lembrou de Raquel, ouviu-a e tornou-a fecunda. [23]Ela concebeu, deu à luz um filho e disse: "Deus me livrou da desonra". [24]E o chamou José, dizendo: "Que Javé me conceda outro filho".†

Contrato entre Jacó e Labão. [25]Depois que Raquel deu à luz José, Jacó disse a Labão: "Deixa-me partir para meu lugar, minha terra. [26]Dá-me minhas mulheres pelas quais te servi e meus filhos, e eu partirei; pois bem conheces o serviço que te prestei". [27]Labão disse: "Se encontrei favor junto de ti...! Fiquei sabendo por adivinhação que Javé me abençoou por tua causa". [28]E acrescentou: "Determina o salário que te devo dar". [29]Disse-lhe Jacó: "Tu sabes como te servi e como se desenvolveu teu rebanho em minhas mãos. [30]Era pouco o que possuías antes de mim e tudo aumentou depois, porque Javé te abençoou com minha chegada. Quando é que poderei fazer alguma coisa para minha família?" [31]Replicou Labão: "Que devo dar-te?" Respondeu Jacó: "Não tens de me dar nada; continuarei a apascentar e a guardar teu rebanho, se fizeres para mim isto: [32]vou passar hoje pelo meio de todo o rebanho e separar todo animal escuro entre os cordeiros e todo animal malhado ou salpicado entre as cabras; isto será meu salário. [33]Minha honestidade dará testemunho de mim diante de ti futuramente, quando chegar o dia de me pagares: todo animal em meu poder, que não for malhado ou salpicado entre as cabras e escuro entre os cordeiros, será tido como roubado". [34]Labão disse: "Está bem; seja como disseste".

[35]Naquele mesmo dia Labão separou os bodes listrados e malhados, e todas as cabras salpicadas e malhadas, todos os que tinham algo de branco, e todos os de cor escura entre os cordeiros, e os entregou a seus filhos. [36]E pôs uma distância de três dias entre eles e Jacó, o qual apascentava o resto do rebanho de Labão.

[37]Jacó tomou então varas verdes de álamo, amendoeira e plátano, e removeu-lhes tiras da casca, deixando a descoberto a brancura das varas. [38]Colocou as varas assim descascadas nos tanques e bebedouros, onde os animais vinham beber; e os animais se acasalavam quando vinham beber. [39]Assim, as fêmeas que eram cobertas à vista das varas davam crias listradas, salpicadas e malhadas. [40]Jacó separou os cordeiros e virou o rebanho em direção aos animais listrados e a todos os que eram escuros no rebanho de Labão; assim formou um rebanho separado, que não se misturava com o de Labão. [41]E toda vez que se acasalavam as ovelhas fortes, Jacó punha as varas à vista dos rebanhos, nos bebedouros, para que se acasalassem à vista das varas; [42]mas diante das fracas não as punha, e as-

† **30**,24. José significa "que Deus acrescente".

sim as crias fracas ficavam para Labão e
as fortes para Jacó. 43Com isso Jacó se
tornou extremamente rico e chegou a
possuir numerosos rebanhos, servos e
servas, camelos e jumentos.

31 Discórdias entre Jacó e Labão.

1Jacó ouviu os filhos de
Labão dizerem: "Jacó se apoderou de
tudo o que pertencia a nosso pai; com
os bens de nosso pai acumulou toda
esta riqueza". 2Jacó notou, pela fisio-
nomia de Labão, que este já não tinha
para com ele os mesmos sentimentos
de antes. 3Javé disse a Jacó: "Volta para
a terra de teus pais, para junto de teus
parentes, que eu estarei contigo". 4En-
tão Jacó mandou chamar Raquel e Lia*
ao campo, onde ele estava com seu re-
banho, 5e disse-lhes: "Eu noto no sem-
blante de vosso pai que ele não é mais
para mim o mesmo que antes; mas o
Deus de meu pai está comigo. 6Sabeis
que servi a vosso pai com todas as mi-
nhas forças. 7Ele, porém, me enganou,
mudando dez vezes meu salário. Mas
Deus não lhe permitiu que me preju-
dicasse. 8Quando ele me dizia: 'As crias
malhadas serão tua paga', todas as ove-
lhas pariam crias malhadas. Quando, ao
contrário, me dizia: 'As crias listradas
serão tua paga', todas as ovelhas pa-
riam crias listradas. 9Assim, pois, Deus
tomou os animais de vosso pai e os deu
a mim. 10No tempo em que as ovelhas
se acasalavam, levantei os olhos e vi em
sonhos que os carneiros que cobriam
as fêmeas eram listrados, malhados e
salpicados. 11E o anjo de Deus disse-me
em sonho: 'Jacó!' Respondi-lhe: 'Eis-me
aqui!' 12Continuou ele: 'Levanta os olhos
e vê como os carneiros que cobrem as
fêmeas são todos listrados, malhados e
salpicados; porque vi tudo o que Labão
faz contigo†. 13Eu sou o Deus de Betel,
onde ungiste um monumento e me fi-
zeste um voto.* Agora levanta-te, sai
deste país e retorna a tua terra natal'".
14Raquel e Lia responderam: "Te-
mos nós ainda parte ou herança na
casa de nosso pai? 15Não nos tratou
ele como estrangeiras, vendendo-nos
e consumindo nosso dinheiro? 16Sim,
toda a riqueza que Deus tirou de nos-
so pai é nossa e de nossos filhos. Faze,
pois, tudo o que Deus te disse". 17Jacó
levantou-se e fez montar nos camelos
as mulheres e os filhos. 18Levou consi-
go todo o seu rebanho, com todos os
bens que tinha acumulado, o rebanho
que lhe pertencia e que ele adquiriu em
Padã-Aram, e partiu para junto de seu
pai Isaac, na terra de Canaã.

Jacó foge da Mesopotâmia. 19Labão
tinha ido tosquiar o rebanho, e Raquel
furtou os ídolos de seu pai. 20Jacó ilu-
diu Labão,* o arameu, não lhe comuni-
cando a fuga. 21Fugiu, pois, com tudo o
que possuía, atravessou o rio† e dirigiu-
-se à montanha de Galaad.
22Três dias depois informaram a Labão
que Jacó havia fugido. 23Então tomou
consigo seus parentes e foi atrás dele
durante sete dias, e o alcançou na mon-
tanha de Galaad. 24Mas Deus apareceu
num sonho noturno ao arameu Labão
e disse-lhe: "Guarda-te de dizer a Jacó o
que quer que seja". 25Quando Labão al-
cançou Jacó, este tinha armado sua ten-
da na montanha; e Labão com seus pa-
rentes acampou na montanha de Galaad.
26Então Labão disse a Jacó: "Que fizeste,
enganando-me e levando minhas filhas
como prisioneiras de guerra? 27Por que
fugiste secretamente e me enganaste,
em vez de avisar-me, para te fazer uma
despedida com cantos alegres ao som
dos tímpanos e da cítara? 28Nem sequer
me deixaste beijar meus filhos e minhas
filhas! Procedeste como um insensato!
29Eu poderia agora fazer-te mal, mas o
Deus de teu pai disse-me na noite passa-
da: 'Guarda-te de dizer a Jacó o que quer
que seja'. 30Se foi por saudade da casa
paterna que resolveste partir, por que
roubaste meus deuses?"

---

* **31**,4. 26,3; 28,15 | 13. 28,18-22 | 20. Os 3,4

† **31**,12. Jt 8,26 interpreta como provação enviada por Deus para sondar seu coração o que aconteceu a Jacó na casa do tio. | 21. Na Bíblia, "o rio", sem mais, é o Eufrates, de 2.780 km, o maior rio da Ásia ocidental.

31Jacó respondeu a Labão: "Tive
medo ao pensar que talvez me toma-
rias tuas filhas. 32Quanto a teus deuses,
não fique com vida aquele em cujo
poder os encontrares! Na presença de
nossos parentes, verifica o que te per-
tence e está comigo e leva-o". Jacó não
sabia que Raquel os tinha roubado.
33Labão entrou, pois, na tenda de Jacó,
na de Lia e nas das duas servas, mas
nada encontrou; e saindo da tenda de
Lia, entrou na de Raquel.* 34Mas Raquel
tinha tomado os ídolos e, escondendo-
-os na sela do camelo, sentara-se em
cima. Labão revistou toda a tenda e
não os encontrou. 35Raquel disse a seu
pai: "Não se ofenda meu senhor por
não me levantar em sua presença, por-
que me encontro com a indisposição a
que estão sujeitas as mulheres". Deste
modo ele procurou, mas não encon-
trou os ídolos.

Tratado de paz entre Jacó e Labão.
36Então Jacó irritou-se e discutiu com
Labão, dizendo-lhe: "Qual é meu cri-
me ou qual é minha culpa, para me
perseguires com tanta raiva? 37Revis-
taste toda a minha bagagem; o que
encontraste aqui de todos os objetos
de tua casa? Apresenta-o aqui diante
de meus parentes e dos teus, e sejam
eles juízes entre nós dois. 38Nesses
vinte anos que estive contigo, tuas
ovelhas e tuas cabras jamais aborta-
ram; nem comi carneiros de teus re-
banhos. 39Não te mostrei animais di-
lacerados pelas feras;* eu mesmo te
indenizava; de mim reclamavas o que
roubavam de dia e o que roubavam
de noite. 40Durante o dia o calor me
consumia, e de noite o frio, e o sono
fugia de meus olhos. 41Passei vinte
anos em tua casa; quatorze anos te
servi por tuas duas filhas, e seis por
teu rebanho, e tu mudaste dez vezes
meu salário. 42Se o Deus de meu pai,
o Deus de Abraão, o Deus Terrível de
Isaac não estivesse comigo, decerto
agora me despedirias de mãos vazias;
mas Deus viu minha aflição* e o tra-
balho de minhas mãos e esta noite
fez-me justiça".
43Labão respondeu a Jacó: "As mu-
lheres são minhas filhas e as crianças
são meus filhos, o rebanho é meu reba-
nho; tudo quanto vês é meu. Que pos-
so fazer hoje por estas minhas filhas,
ou pelos filhos que elas deram à luz?
44Vamos, façamos aliança eu e tu, para
que fique como testemunho entre mim
e ti". 45Então Jacó tomou uma pedra e
a erigiu em monumento. 46Disse a seus
parentes: "Recolhei pedras". Eles reco-
lheram pedras e fizeram um monte, so-
bre o qual comeram. 47Labão o chamou
"Jegar-Saaduta"; e Jacó denominou-o
"Galed". 48Labão disse: "Este monte é
hoje testemunha entre mim e ti". Por
isso foi chamado "Galed", 49e também
"Masfa", porque Labão acrescentou:
"Que Javé seja vigia entre mim e ti
quando estivermos longe um do ou-
tro. 50Se maltratares minhas filhas, ou
tomares outras mulheres além delas,
embora ninguém esteja conosco, Deus
será testemunha entre mim e ti". 51Dis-
se ainda Labão a Jacó: "Vê este monte
e este monumento que erigi entre mim
e ti. 52Este monte e este monumento
são testemunhas de que nem eu ja-
mais ultrapassarei este monte para teu
lado, nem tu ultrapassarás este monte
e este monumento para meu lado, com
más intenções. 53O Deus de Abraão e o
Deus de Nacor sejam juízes entre nós".
Jacó jurou pelo Deus Terrível de seu
pai Isaac. 54Depois ofereceu um sacrifí-
cio sobre a montanha e convidou seus
parentes para comer. Eles comeram e
passaram a noite na montanha.

32 **Jacó volta para a Palesti-
na.** 1Labão levantou-se muito
cedo, beijou seus filhos e suas filhas
e os abençoou; e partiu de volta para
seu país. 2Jacó prosseguiu sua viagem
e encontrou-se com alguns anjos de
Deus. 3Ao vê-los, exclamou: "Este é o
acampamento de Deus". E deu àquele
lugar o nome de Maanaim.

---

* **31**,33. 31,19; Lv 15,19s | 39. Êx 22,12 | 42. 31,24.29

4Enviou mensageiros diante de si
a seu irmão Esaú, na terra de Seir, no
campo de Edom. 5E deu-lhes esta or-
dem: "Assim direis a meu senhor Esaú:
Isto diz teu servo Jacó: Morei na casa
de Labão, onde estive até o dia de hoje.
6Adquiri bois e jumentos, ovelhas, ser-
vos e servas; mando comunicar a notí-
cia a meu senhor para encontrar favor a
seus olhos". 7Os mensageiros voltaram
a Jacó, dizendo: "Estivemos com teu ir-
mão Esaú. Ele mesmo vem a teu encon-
tro com quatrocentos homens". 8Jacó
teve grande medo e se angustiou. Divi-
diu em dois grupos os homens que es-
tavam com ele, bem como as ovelhas,
os bois e os camelos, 9pensando: "Se
Esaú atacar o primeiro grupo e o des-
truir, o outro grupo se salvará". 10De-
pois disse: "Deus de meu pai Abraão,
Deus de meu pai Isaac, Javé, que me
dissestes: 'Volta para tua terra e para
tua parentela, e eu te farei prosperar';
11eu não sou digno de todos os favo-
res e da grande fidelidade que teste-
munhastes a vosso servo; porque eu
só tinha meu bastão quando atravessei
este Jordão, e agora tenho dois acam-
pamentos. 12Salvai-me, vo-lo peço, das
mãos de meu irmão Esaú, pois temo
que ele me ataque, não poupando
nem as mães nem os filhos. 13Mas vós
dissestes: 'Eu te serei favorável,* e tor-
narei tua descendência como a areia
do mar, tão numerosa que não se pode
contar'."

14Jacó passou ali aquela noite. De-
pois separou do que tinha um pre-
sente para Esaú, seu irmão: 15duzentas
cabras e vinte bodes, duzentas ove-
lhas e vinte carneiros, 16trinta came-
las de leite com suas crias, quarenta
vacas e dez touros, vinte jumentas e
dez jumentinhos.17Entregou-os a seus
servos, cada rebanho separadamen-
te, e lhes disse: "Ide a minha frente e
deixai um espaço entre os rebanhos".
18Ordenou ao primeiro: "Quando meu
irmão Esaú te encontrar e te perguntar:
'De quem és? para onde vais? a quem
pertence o rebanho que vai a tua fren-
te?', 19tu lhe dirás: 'Pertence a teu servo
Jacó; é um presente que ele está man-
dando a meu senhor Esaú; ele mesmo
vem atrás de nós'". 20O mesmo orde-
nou ao segundo, ao terceiro e a todos
os que conduziam os rebanhos, di-
zendo: "Desse modo falareis a Esaú ao
encontrá-lo 21e acrescentareis: 'Tam-
bém teu servo Jacó está vindo atrás de
nós'". Ele pensava: "Eu o aplacarei com
os presentes que me precedem e de-
pois me apresentarei a ele; talvez assim
me receba bem". 22Assim o presente foi
à frente dele, e ele passou aquela noite
no acampamento.

Jacó luta com o anjo. 23Naquela mes-
ma noite, ele se levantou,* tomou as
duas esposas, as duas servas e os onze
filhos e passou o vau do Jaboc. 24Ele
os tomou e os fez atravessar a torren-
te com tudo o que possuía. 25Jacó fi-
cou sozinho, e alguém esteve lutando
com ele até o romper do dia.† 26Vendo
que não podia vencê-lo, atingiu-o na
articulação da coxa, e esta deslocou-
-se, enquanto lutava com ele. 27Então
disse: "Deixa-me ir, pois rompeu o dia".
Respondeu Jacó: "Não te deixarei en-
quanto não me tiveres abençoado".
28O outro perguntou-lhe: "Como te
chamas?" – "Jacó", respondeu ele. 29E
ele disse: "Teu nome não será mais
Jacó, e sim Israel, porque lutaste com
Deus e venceste". 30Jacó o interrogou:
"Dize-me, por favor, teu nome". Res-
pondeu ele: "Por que me perguntas por
meu nome?" E ali mesmo o abençoou.
31Jacó então deu àquele lugar o nome
de "Fanuel", porque disse: "Vi Deus face
a face* e conservei a vida".† 32O sol se
levantava quando Jacó ultrapassou Fa-
nuel, e estava mancando de uma per-
na. 33Por isso, os israeiltas ainda hoje

* **32**,13. 22,16s; 28,14 | **32**,23. Os 12,4-6; Sb 10,12 | 31. Êx 33,20

† **32**,25. Esse alguém é um anjo em forma humana, representando Deus, que abençoa Jacó. A Tradição da Igreja viu neste episódio o símbolo da vitória da perseverança na oração, que é um combate da fé contra o tentador que insinua mil razões para não rezar. O nome Israel quer dizer "aquele que luta contra Deus". | 31. Fanuel significa "face de Deus". Era convicção que não se podia ver a Deus, santíssimo e transcendente, e permanecer vivo: Êx 33,20.

não comem o nervo ciático que está
na articulação da coxa, porque Jacó foi
atingido na articulação da coxa, no ner-
vo ciático.

33 Encontro de Jacó com Esaú.
1Erguendo os olhos, Jacó viu
Esaú aproximar-se com quatrocentos
homens. Repartiu então os filhos entre
Lia e Raquel e as duas servas; 2pôs na
frente as duas servas com seus filhos,
em seguida Lia com os seus, e por úl-
timo Raquel com José. 3Passou adiante
de todos, prostrou-se sete vezes até o
chão, até chegar perto do irmão. 4Esaú
correu-lhe ao encontro, abraçou-o,
lançou-se-lhe ao pescoço e beijou-o;
e ambos se puseram a chorar. 5De-
pois, levantando os olhos, Esaú viu as
mulheres e as crianças, e perguntou:
"Quem são esses contigo?" Respondeu
Jacó: "São os filhos que Deus concedeu
a teu servo". 6Então se aproximaram as
servas com seus filhos e se prostraram.
7Depois chegou também Lia com seus
filhos e se prostraram. Por último veio
José com Raquel e se prostraram.

8Disse Esaú: "Que significa toda essa
caravana que encontrei?" Respondeu
ele: "É para encontrar favor diante de
meu senhor". 9Respondeu Esaú: "Pos-
suo muitos bens, meu irmão; guarda
para ti o que é teu". 10Disse Jacó: "Oh,
não, por favor; se encontrei favor a teus
olhos, aceita este presente de minha
mão; porque vim a tua presença como
se vem à presença de Deus, e tu me re-
cebeste bem.11Aceita, eu te peço, meu
dom que te apresentei, já que Deus me
favoreceu, e tenho de tudo". E tanto in-
sistiu que Esaú aceitou. 12Depois Esaú
disse: "Vamos partir e caminhemos; eu
irei a tua frente". 13Mas Jacó disse-lhe:
"Meu senhor sabe que as crianças ain-
da são fracas e tenho comigo ovelhas
e vacas com crias; se os fizer caminhar
depressa, ainda que um só dia, todo o
rebanho morrerá. 14Passe meu senhor
adiante de seu servo; eu seguirei de-
vagar, ao passo dos animais que vão à
frente e ao passo das crianças, até al-
cançar meu senhor em Seir". 15Respon-
deu Esaú: "Permite-me que deixe con-
tigo uma parte de meus homens". Mas
Jacó respondeu: "Para que isso? Basta-
-me ter encontrado favor aos olhos de
meu senhor!" 16No mesmo dia Esaú re-
tomou o caminho de Seir. 17Jacó partiu
para Sucot, onde construiu uma casa
para si, e fez cabanas para seu rebanho;
por isso chamou-se Sucot aquele lugar.
Jacó em Siquém. 18Voltando de Padã-
-Aram, Jacó chegou são e salvo* à ci-
dade de Siquém, na terra de Canaã, e
acampou defronte da cidade. 19Com-
prou dos filhos de Hemor,* pai de Si-
quém, por cem moedas de prata, a
parte do terreno onde havia levantado
suas tendas; 20ergueu ali um altar e o
chamou "El, Deus de Israel".

34 Dina é desonrada.
1Dina, a
filha que Lia havia dado à luz
a Jacó, saiu para ver as moças daque-
la terra. 2Siquém, filho do heveu He-
mor, soberano daquela região, viu-a,
raptou-a e a estuprou, deitando-se
com ela. 3Seu coração se apaixonou
por Dina, filha de Jacó; amou a moça
e falou-lhe ao coração. 4Disse, então,
a seu pai, Hemor: "Obtém-me essa jo-
vem por mulher". 5Jacó ficou sabendo
que Siquém tinha desonrado Dina, sua
filha; como, porém, seus filhos estavam
no campo com o rebanho, não disse
nada até a volta deles. 6Hemor, pai
de Siquém, veio conversar com Jacó.
7Quando os filhos de Jacó chegaram
do campo e souberam do acontecido,
sentiram-se ultrajados e se irritaram
violentamente, porque Siquém havia
cometido uma infâmia em Israel, estu-
prando a filha de Jacó, coisa que não
se faz.

8Mas Hemor falou-lhes, dizendo:
"Meu filho Siquém está enamorado de
vossa filha; dai-lha por mulher, eu vo-
-lo peço. 9Contraí parentesco conosco,
dando-nos vossas filhas e tomando as
nossas. 10Habitareis conosco e a terra
estará a vossa disposição; morai nela,
negociai e adquiri propriedades". 11Si-

---

* **33**,18. 12,6 | 19. Js 24,32

quém disse ao pai e aos irmãos de Dina:
"Que eu encontre favor a vossos olhos
e vos darei o que me pedirdes. 12Seja
qual for o valor do dote e das dádivas,
eu os darei como pedirdes; mas dai-me
a moça por esposa".

Pacto com os siquemitas. 13Os filhos
de Jacó responderam a Siquém e a
seu pai, Hemor, com palavras enga-
nadoras, porque Siquém havia deson-
rado Dina, sua irmã. 14Disseram-lhes,
pois: "Não podemos fazer uma coisa
dessas: dar nossa irmã por esposa a
um incircunciso, porque seria para
nós uma desonra. 15Só com esta con-
dição poderemos atender a vossos
desejos: se vos tornardes como nós,
circuncidando-se todos os vossos
homens; 16então, sim, vos daremos
nossas filhas, tomaremos as vossas,
moraremos juntos e formaremos um
só povo. 17Mas se não nos ouvirdes e
não vos deixardes circuncidar, toma-
remos nossa filha e nos retiraremos".
18A proposta agradou a Hemor e a seu
filho Siquém. 19Sem demora o jovem
executou o que se lhe pedia, porque
estava enamorado da filha de Jacó. Ele
era o homem mais respeitado em toda
a casa de seu pai.

Vingança de Simeão e de Levi. 20He-
mor e Siquém foram à porta da cidade
e falaram assim a seus concidadãos:
21"Esses homens estão em paz conos-
co. Deixemos que se estabeleçam no
país e circulem livremente; ele é muito
extenso e amplo para eles. Poderemos
receber suas filhas por esposas e dar-
-lhes nossas filhas.

22Mas eles só consentem em morar
conosco, para formarmos um só povo,
com uma condição: que todos os nos-
sos homens sejam circuncidados como
eles próprios o são. 23Seus rebanhos,
seus bens e todos os seus animais,
tudo será nosso. Consintamos, pois, a
fim de que se estabeleçam entre nós".
24Todos os que passavam pela porta
da cidade deixaram-se convencer por
Hemor e Siquém, seu filho, e todos os
homens foram circuncidados.

25No terceiro dia, quando eles con-
valesciam, os dois filhos de Jacó, Si-
meão e Levi, irmãos de Dina, tomaram
cada qual sua espada, penetraram na
cidade sem encontrar oposição e ma-
taram todos os homens. 26Passaram a
fio de espada Hemor e Siquém, seu fi-
lho; tiraram Dina da casa de Siquém e
partiram. 27Os outros filhos de Jacó in-
vestiram sobre os mortos e saquearam
a cidade, porque haviam desonrado
sua irmã. 28Tomaram suas ovelhas, seus
bois, seus jumentos e tudo o que ha-
via na cidade e no campo 29e todos os
seus bens; levaram cativos seus filhos e
suas mulheres e saquearam tudo o que
se encontrava em suas casas.

30Jacó disse a Simeão e a Levi: "Vós
me arruinastes e me tornastes odioso
aos habitantes desta terra, aos cana-
neus e aos ferezeus.* Tenho poucos
homens; eles se reunirão contra mim
e me atacarão e serei destruído eu e
minha casa". 31Eles responderam: "De-
veríamos permitir que tratassem nossa
irmã como uma prostituta?"

35 **Volta de Jacó a Betel.** 1Deus
disse a Jacó: "Levanta-te, sobe
a Betel e fica ali. Ergue um altar nes-
se lugar ao Deus que te apareceu,*
quando fugias diante de teu irmão
Esaú". 2Jacó disse a sua família e a sua
gente: "Tirai do meio de vós os deuses
estrangeiros, purificai-vos e mudai vos-
sas roupas. 3Vamos subir a Betel, onde
levantarei um altar ao Deus que me
ouviu no dia de minha aflição e que es-
teve comigo em minha viagem". 4Eles
entregaram a Jacó todos os deuses es-
trangeiros que tinham, assim como os
brincos que traziam nas orelhas, e Jacó
enterrou tudo debaixo de um carvalho
perto de Siquém.* 5Quando partiram
dali, um terror divino se espalhou pelas
cidades ao redor,* de modo que não
perseguiram os filhos de Jacó. 6Assim,
com toda a sua gente, Jacó chegou a
Luza, que é Betel, na terra de Canaã.
7Lá ele construiu um altar e deu a esse
lugar o nome de El-Betel, porque foi aí

* **34**,30. 13,7 | **35**,1. 28,10-22 | 4. 12,6 | 5. 34,30; 28,19

que Deus lhe aparecera, quando fugia
de seu irmão. 8Foi então que morreu
Débora, ama de Rebeca. Ela foi sepul-
tada ali, ao pé de Betel, debaixo de um
carvalho, que foi chamado Carvalho
dos Prantos.
9Depois que Jacó voltou de Padã-
-Aram, Deus apareceu-lhe novamente
e o abençoou, dizendo:* 10"Teu nome
é Jacó. Tu não te chamarás mais as-
sim, mas Israel". E chamou-o Israel.
11Deus lhe disse: "Eu sou o Deus to-
do-poderoso.* Sê fecundo e multipli-
ca-te. De ti nascerá uma nação, uma
comunidade de nações; e de tuas en-
tranhas sairão reis. 12A terra que dei
a Abraão e a Isaac,* eu a darei a ti e
a tua descendência". 13Depois, Deus
retirou-se de junto dele. 14No mesmo
lugar onde Deus lhe falou, Jacó eri-
giu um monumento, sobre o qual fez
uma libação e derramou óleo. 15Deu
o nome de Betel ao lugar onde Deus
lhe tinha falado.

Nascimento de Benjamim. Morte de Raquel. 16Eles partiram de Betel.
Quando faltava pouco para chega-
rem a Éfrata, Raquel deu à luz, e seu
parto foi penoso. 17Durante as dores
do parto, a parteira disse-lhe: "Não
temas, porque ainda terás este filho".
18Estando prestes a morrer, porque
estava já agonizante, ela deu ao filho o
nome de Benoni; mas seu pai chamou-
-o Benjamim†. 19Raquel morreu e foi
sepultada no caminho de Éfrata,* que
é Belém. 20Jacó erigiu um monumen-
to sobre seu túmulo: é o monumento
do túmulo de Raquel, que ainda hoje
existe.
21Israel partiu e armou sua tenda
além de Magdol-Eder. 22Foi durante
sua permanência nessa região que Rú-
ben foi dormir com Bala,* concubina
de seu pai, e Israel o soube.
23Os filhos de Jacó foram em núme-
ro de doze.* Filhos de Lia: Rúben, pri-
mogênito de Jacó, Simeão, Levi, Judá,
Issacar e Zabulon. 24Filhos de Raquel:
José e Benjamim. 25Filhos de Bala, es-
crava de Raquel: Dã e Neftali. 26Filhos
de Zelfa, escrava de Lia: Gad e Aser.
Esses são os filhos nascidos a Jacó em
Padã-Aram.
27Jacó foi para junto de seu pai Isaac
em Mambré, em Cariat-Arbe, que é He-
bron, onde tinham habitado Abraão e
Isaac.
28Isaac viveu ao todo cento e oitenta
anos 29e faleceu. Morreu e foi reunir-
-se a seus parentes, idoso e saciado de
dias. Seus filhos Esaú e Jacó o sepul-
taram.

36 **Descendência de Esaú.** 1Eis
a descendência de Esaú, tam-
bém chamado Edom: 2Esaú casou-se
com duas mulheres entre as filhas de
Canaã: Ada, filha de Elon, o heteu,* Oo-
libama, filha de Ana, filho de Sebeon,
o horreu, 3e com Basemat, filha de Is-
mael e irmã de Nabaiot. 4Ada gerou
para Esaú Elifaz, Basemat gerou Rauel,
5Oolibama gerou Jeús, Jalam e Coré.
Esses são os filhos de Esaú que lhe
nasceram na terra de Canaã. 6Esaú to-
mou suas mulheres,* seus filhos e suas
filhas, todas as pessoas de sua casa, o
gado, todos os animais e todos os bens
que tinha adquirido na terra de Canaã,
e foi para Seir, longe de seu irmão Jacó;
7porque seus bens eram numerosos
demais para estarem juntos,* e a terra
onde moravam não bastava para seus
rebanhos. 8Esaú, pois, estabeleceu-se
na montanha de Seir. Esaú é o mesmo
que Edom.
9Esta é a descendência de Esaú, pai
de Edom,* na montanha de Seir.
10Eis os nomes dos filhos de Esaú:
Elifaz, filho de Ada, mulher de Esaú,
e Rauel, filho de Basemat, mulher de
Esaú.
11Os filhos de Elifaz foram:* Temã,
Omar, Sefo, Gatam e Cenez. 12Elifaz, fi-
lho de Esaú, teve por concubina Tamna,
e ela gerou-lhe Amalec. Esses são os
filhos de Ada, mulher de Esaú.

* **35**,9. 32,29 | 11. 17,1 | 12. 12,7 | 19. Mq 5,1 | 22. 49,3s | 23. 29,31-30,24 | **36**,2. 26,34; 28,9 | 6. 27,2 | 7. 32,4 | 9. 36,15-18 | 11. 1Cr 1,35s

† **35**,18. Benjamim é "filho de minha direita" e Benoni, "filho de minha dor".

13Eis os filhos de Rauel: Naat, Zara,
Sama e Meza. Esses são os filhos de
Basemat, mulher de Esaú.
14Eis os filhos de Oolibama, filha de
Ana, filho de Sebeon, mulher de Esaú:
ela gerou-lhe Jeús, Jalam e Coré.
Os chefes de Edom. 15Eis os chefes
dos filhos de Esaú.*
Filhos de Elifaz, primogênito de Esaú:
o chefe Temã, o chefe Omar, o chefe
Sefo, o chefe Cenez, o chefe Coré, 16o
chefe Gatam e o chefe Amalec. Esses
são os chefes de Elifaz na terra de
Edom; eles são os filhos de Ada.
17E eis os filhos de Rauel, filho de
Esaú: o chefe Naat, o chefe Zara, o
chefe Sama e o chefe Meza. Esses são
os chefes de Rauel na terra de Edom,
esses são os filhos de Basemat, mulher
de Esaú.
18E eis os filhos de Oolibama, mulher
de Esaú: o chefe Jeús, o chefe Jalam e o
chefe Coré. Esses são os filhos de Ooli-
bama, filha de Ana, mulher de Esaú.
19Esses são os filhos de Esaú, e esses
são seus chefes. Ele é Edom.
Descendência de Seir, o horreu.
20Eis os filhos de Seir, o horreu, que
habitavam naquela terra: Lotã, Sobal,
Sebeon, Ana, 21Dison, Eser e Disã. Es-
ses são os chefes dos horreus, des-
cendentes de Seir na terra de Edom.
22Os filhos de Lotã foram Hori e
Hemã, e a irmã de Lotã era Tamna.
23Eis os filhos de Sobal: Alvã, Manaat,
Ebal, Sefo e Onam. 24Eis os filhos de
Sebeon: Aia e Ana. Foi este Ana que
encontrou as águas quentes no de-
serto, quando pastoreava os jumen-
tos de seu pai Sebeon. 25Eis os filhos
de Ana: Dison e Oolibama, filha de
Ana. 26Eis os filhos de Dison: Hamdã,
Esebã, Jetrã e Carã. 27Eis os filhos de
Eser: Balaã, Zavã e Acã. 28Eis os filhos
de Disã: Hus e Aran.
29Estes são os chefes dos horreus: o
chefe Lotã, o chefe Sobal, o chefe Se-
beon, o chefe Ana, 30o chefe Dison, o
chefe Eser e o chefe Disã. Esses são os
chefes dos horreus, segundo seus clãs,
na terra de Seir.

Os reis de Edom. 31Estes são os reis
que reinaram na terra de Edom,* antes
que reinasse um rei sobre os filhos de
Israel. 32Em Edom reinou Bela, filho de
Beor, e sua cidade se chamava Danaba.
33Bela morreu e em seu lugar reinou
Jobab, filho de Zara, de Bosra. 34Jobab
morreu e em seu lugar reinou Husam,
da terra dos temanitas. 35Husam mor-
reu e em seu lugar reinou Adad, filho
de Badad, que derrotou os madianitas
no campo de Moab, e sua cidade cha-
mava-se Avit. 36Adad morreu e em seu
lugar reinou Semla, de Masreca. 37Sem-
la morreu e em seu lugar reinou Saul,
de Reobot Naar. 38Saul morreu e em
seu lugar reinou Baalanã, filho de Aco-
bor. 39Baalanã, filho de Acobor, morreu
e em seu lugar reinou Adad; o nome
de sua cidade era Fau e sua mulher se
chamava Meetabel, filha de Matred, de
Mezaab.
Ainda os chefes de Edom. 40Estes são
os nomes dos chefes de Esaú,* segun-
do seus clãs, seus lugares e seus no-
mes: o chefe Tamna, o chefe Alva, o
chefe Jetet, 41o chefe Oolibama, o che-
fe Ela, o chefe Finon, 42o chefe Cenez, o
chefe Temã, o chefe Mabsar, 43o chefe
Magdiel e o chefe Iram. Esses são os
chefes de Edom, segundo suas residên-
cias na terra que possuíam. Esaú é o pai
de Edom.

IV. JOSÉ E SEUS IRMÃOS (37–50)

37 1Mas Jacó permaneceu na
terra em que seu pai tinha
morado, na terra de Canaã.
José e seus irmãos. 2Esta é a história
dos descendentes de Jacó. Na idade
de dezessete anos, José pastoreava o
rebanho com seus irmãos; o rapaz es-
tava com os filhos de Bala e os filhos
de Zelfa, mulheres de seu pai. Ora, José
contou ao pai o mal que deles se dizia.
3Israel amava José mais do que a todos
os outros filhos, porque lhe nascera na
velhice, e tinha mandado fazer para ele
uma túnica de várias cores. 4Seus ir-

* **36**,15. 36,9-14 | 31. 1Cr 1,43-50; Nm 20,14 | 40. 1Cr 1,51-54

mãos, vendo que seu pai o amava mais que a todos eles, odiavam-no e não podiam mais falar-lhe amigavelmente.

[5]Ora, José teve um sonho e, quando o contou a seus irmãos, estes o odiaram ainda mais. [6]Disse ele: "Ouvi o sonho que tive. [7]Estávamos atando feixes no campo, e meu feixe se levantou e ficou de pé, enquanto os vossos o rodeavam e se inclinavam diante dele". [8]Disseram-lhe seus irmãos: "Pretendes ser nosso rei ou nosso senhor?" E seu ódio para com ele aumentou por causa de seus sonhos e de suas palavras. [9]José teve ainda outro sonho, que narrou assim a seus irmãos: "Tive outro sonho: vi o sol, a lua e onze estrelas que se inclinavam diante de mim". [10]Ele contou isso a seu pai como o contara a seus irmãos, e seu pai o repreendeu, dizendo: "Que significa esse sonho que tiveste? Acaso eu, tua mãe e teus irmãos vamos nos inclinar diante de ti até o chão?" [11]Seus irmãos o invejavam; seu pai, porém, refletia sobre isso.

José é vendido por seus irmãos. [12]Os irmãos de José foram apascentar o rebanho* de seu pai em Siquém. [13]Israel disse a José: "Teus irmãos estão pastoreando em Siquém; vem, que eu quero enviar-te a eles". Respondeu ele: "Eis-me às ordens". [14]Disse-lhe então: "Vai, pois, e vê se estão bem teus irmãos e o rebanho e traze-me notícias". Ele o enviou do vale de Hebron, e José chegou a Siquém. [15]Um homem encontrou-o vagando pelo campo e perguntou-lhe: "A quem procuras?" [16]Respondeu ele: "Procuro meus irmãos; dize-me, por favor, onde estão apascentando". [17]O homem respondeu: "Partiram daqui, e eu os ouvi dizer: Vamos a Dotain". José foi em busca de seus irmãos e os encontrou em Dotain.

[18]Eles o viram de longe e, antes que se aproximasse deles, tramaram tirar-lhe a vida. [19]Disseram, pois, uns aos outros: "Aí vem o sonhador. [20]Vamos matá-lo e lançá-lo numa cisterna; depois diremos que um animal feroz o devorou. Veremos assim de que lhe servem seus sonhos". [21]Rúben, porém, ouvindo isso, quis salvá-lo das mãos deles e disse: "Não lhe tiremos a vida". [22]E acrescentou: "Não derrameis sangue; lançai-o naquela cisterna, no deserto, mas não levanteis as mãos contra ele". Ele pensava em salvá-lo de suas mãos e restituí-lo a seu pai. [23]Quando José chegou junto dos irmãos, estes o despojaram da túnica, aquela túnica colorida que vestia, [24]agarraram-no e o jogaram na cisterna. A cisterna estava vazia, sem água.

[25]Depois sentaram-se para comer. Levantando os olhos, viram uma caravana de ismaelitas que vinha de Galaad. Seus camelos vinham carregados de especiarias, bálsamo e resina, que levavam para o Egito. [26]Disse então Judá a seus irmãos: "Que nos aproveita matar nosso irmão e ocultar nosso crime? [27]Vamos vendê-lo aos ismaelitas e não levantemos contra ele nossas mãos, pois ele é nosso irmão, nossa carne". Seus irmãos concordaram. [28]Quando passaram os comerciantes madianitas, os irmãos tiraram José da cisterna e o venderam por vinte moedas de prata aos ismaelitas, que o levaram para o Egito.

[29]Rúben voltou à cisterna e, vendo que José não estava ali, rasgou suas vestes; [30]voltou para junto de seus irmãos e exclamou: "O menino desapareceu! E eu, para onde irei agora?" [31]Então os irmãos tomaram a túnica colorida de José, degolaram um cabrito e mergulharam a túnica no sangue. [32]Depois mandaram levar a túnica colorida a seu pai, com este recado: "Encontramos isto; verifica se é ou não a túnica de teu filho". [33]Jacó reconheceu-a e exclamou: "É a túnica de meu filho! Um animal feroz o devorou! Certamente José foi dilacerado!" [34]Rasgou suas vestes, vestiu-se de luto e chorou a morte do filho por muito tempo. [35]Todos os seus filhos e filhas vieram consolá-lo, mas ele não queria conforto e dizia: "Chorando descerei até meu filho na região dos mortos". E seu

* **37**,12. Sb 10,13; At 7,9

pai o chorou. [36]No Egito os madianitas venderam José a Putifar, oficial do faraó, chefe de sua guarda.

38 **Filhos de Judá.** [1]Por aquele tempo aconteceu que Judá se separou de seus irmãos, desceu e armou sua tenda perto de um homem de Odolam, que se chamava Hira. [2]Judá viu ali a filha de um cananeu chamado Sué, tomou-a por mulher e uniu-se a ela. [3]Ela concebeu, deu à luz um filho, a quem chamou Her. [4]Ela concebeu novamente e deu à luz outro filho e lhe pôs o nome de Onã. [5]Tornou a dar à luz um filho e o chamou Sela; Judá estava em Casib quando lhe nasceu este filho.

[6]Judá escolheu para esposa de seu filho Her uma mulher de nome Tamar. [7]Mas Her, primogênito de Judá, desagradou a Javé, que lhe tirou a vida. [8]Disse então Judá a Onã: "Une-te à mulher de teu irmão, cumpre com ela teu dever de cunhado† e suscita uma descendência a teu irmão".* [9]Mas Onã, sabendo que o filho não seria seu, quando se unia à mulher de seu irmão deixava cair o sêmen no chão, para não dar descendência a seu irmão. [10]Seu comportamento desagradou a Javé, que tirou a vida também a ele. [11]Então disse Judá a sua nora: "Conserva-te viúva na casa de teu pai até que meu filho Sela se torne adulto". Ele pensava: "Não aconteça que morra também ele como seus irmãos". Assim Tamar retirou-se e ficou na casa de seu pai.

Judá e Tamar. [12]Muito tempo depois, morreu a filha de Sué, a mulher de Judá. Passado o luto, Judá subiu a Tamna a fim de tosquiar as ovelhas, junto com seu amigo Hira, de Odolam. [13]Comunicaram-no a Tamar, dizendo: "Teu sogro sobe a Tamna para tosquiar as ovelhas". [14]Então ela tirou suas vestes de viúva, cobriu-se com um véu e, assim disfarçada, sentou-se à entrada de Enaim, que está no caminho de Tamna; pois havia observado que Sela já era adulto e ela não lhe fora dada como mulher. [15]Judá a viu e julgou tratar-se de uma prostituta, porque tinha o rosto coberto. [16]Dirigindo-se a ela, disse-lhe: "Deixa-me ir contigo". Ele não sabia que era sua nora. Ela perguntou: "Que me darás para te unires comigo?" [17]Respondeu ele: "Vou mandar-te um cabrito do rebanho". Ela replicou: "Está bem; mas dá-me um penhor até que o mandes". [18]Respondeu Judá: "Que penhor te darei?" Respondeu ela: "Teu selo, teu cordão e o cajado que tens na mão". Judá lhos entregou e uniu-se com ela, a qual concebeu. [19]Depois ela se levantou, retirou-se, depôs o véu e retomou as vestes de viúva.

[20]Judá mandou o cabrito por intermédio de seu amigo de Odolam, para resgatar o penhor que estava com a mulher, mas ele não a encontrou. [21]Perguntou aos homens do lugar: "Onde está aquela prostituta que ficava à beira do caminho de Enaim?" Responderam eles: "Aqui não esteve nenhuma prostituta". [22]Hira voltou a Judá e disse-lhe: "Não a encontrei; e os moradores do lugar dizem que ali não esteve nenhuma prostituta". [23]Judá respondeu: "Que ela fique com tudo; não nos tornemos ridículos. Eu lhe mandei o cabrito e tu não a encontraste".

[24]Passados uns três meses, vieram dizer a Judá: "Tamar, tua nora, prostituiu-se e, em consequência, está grávida". Judá ordenou: "Trazei-a para fora para ser queimada". [25]Mas quando era levada para fora, ela mandou dizer a seu sogro: "Concebi do homem a quem pertencem estes objetos". E acrescentou: "Examina bem de quem são este selo, o cordão e o cajado". [26]Judá reconheceu-os e exclamou: "Ela é mais justa do que eu, porque não a dei a meu filho Sela". E não se uniu mais a ela.

[27]Quando chegou o tempo de dar à luz, dois gêmeos estavam em seu seio.

---

* **38**,8. Dt 25,5; Rt 1,11-13; Mt 22,24 | 29. Rt 4,12; Mt 1,3; Lc 3,33

† **38**,8. Segundo a lei do levirato, quando um homem casado morria sem filhos, seu irmão devia casar-se com a viúva e seria herdeiro do morto o primogênito deste segundo casamento, Dt 25,5-10; Rt 4,5; Mt 22,24. | 29. Tamar e Farés entraram na genealogia de Jesus, Mt 1,3.

[28]Na hora do parto, um pôs a mão para fora, e a parteira tomou-a e atou-lhe um fio vermelho, dizendo: "Este saiu primeiro". [29]Mas ele recolheu a mão e saiu seu irmão. Então ela disse: "Que brecha te abriste!"* E foi chamado Farés†. [30]Depois saiu seu irmão, em cuja mão estava o fio vermelho, e recebeu o nome de Zara.

39 **José no Egito.** [1]José foi levado para o Egito. Putifar, um egípcio, oficial do faraó e chefe da guarda, comprou-o dos ismaelitas, que o haviam levado para lá. [2]Javé estava com José, e ele era bem-sucedido em tudo; permaneceu na casa de seu senhor egípcio. [3]Seu patrão percebeu que Javé estava com ele, e que Javé fazia prosperar em sua mão tudo o que fazia. [4]José conquistou a simpatia de Putifar, que o pôs a seu serviço e o estabeleceu administrador de sua casa, confiando-lhe todos os seus bens. [5]E desde que seu patrão o estabeleceu administrador de sua casa e lhe confiou tudo o que possuía, Javé abençoou a casa do egípcio por causa de José, e a bênção de Javé se derramou sobre todos os seus bens, tanto em casa como no campo. [6]O patrão confiou a José tudo o que possuía, sem mais se ocupar com coisa alguma, senão com o pão que comia.

José era belo de porte e de semblante.

José e a mulher de Putifar. [7]Aconteceu, depois disso, que a mulher de seu patrão lançou os olhos sobre José e lhe disse: "Dorme comigo". [8]Mas ele recusou, dizendo à esposa de seu patrão: "Estando eu aqui, meu patrão não se preocupa com nada na casa, e tudo o que lhe pertence confiou-o a mim. [9]Não há ninguém mais importante do que eu nesta casa, e ele não me proibiu senão a ti, porque és sua esposa. Como posso, pois, fazer tão grande mal e pecar contra Deus?" [10]Embora ela insistisse com José todos os dias, ele jamais consentiu em dormir a seu lado e unir-se a ela. [11]Um dia, José entrou na casa para cuidar de seus deveres, e não havia nenhum doméstico em casa. [12]Ela, então, agarrou-o pelo manto, dizendo: "Dorme comigo". Mas ele largou-lhe o manto na mão e fugiu, saindo para fora. [13]Vendo que ele fugira e lhe deixara o manto na mão, [14]ela chamou os domésticos e lhes disse: "Vede: meu marido nos trouxe este hebreu para abusar de nós! Veio me procurar, pretendendo dormir comigo; mas eu gritei em alta voz; [15]e ele, vendo-me levantar a voz e gritar, deixou o manto comigo e, fugindo, saiu para fora". [16]Ela guardou consigo o manto de José, até o marido voltar para casa. [17]Então contou-lhe a mesma história, dizendo: "O servo hebreu que trouxeste para nós veio procurar-me para abusar de mim. [18]Mas, quando levantei a voz e gritei, ele deixou comigo o manto e fugiu para fora".

José na prisão. [19]Ao ouvir a mulher contar-lhe: "Assim me tratou teu servo", ele se enfureceu, [20]mandou prender José* e o lançou na prisão, onde estavam os prisioneiros do rei. E ele ficou ali na prisão. [21]Mas Javé estava com José e lhe mostrou sua bondade, fazendo-o encontrar favor aos olhos do carcereiro. [22]Este confiou a José todos os presos* que se achavam na prisão, e ele mesmo ordenava tudo o que ali se fazia. [23]O carcereiro não precisava preocupar-se com nada daquilo que estava nas mãos de José, porque Javé estava com ele e fazia prosperar tudo o que empreendia.

40 **José interpreta sonhos.** [1]Depois desses fatos, aconteceu que o copeiro e o padeiro do rei do Egito ofenderam seu senhor, o rei do Egito. [2]O faraó indignou-se contra os dois oficiais, o copeiro-mor e o padeiro-mor, [3]e os encarcerou na casa do chefe da guarda, na prisão em que se achava detido José. [4]O chefe da guarda confiou-os aos cuidados de José, para

* **39**,20. At 7,9 | 22. Sl 105,18s

os servir. Ficaram algum tempo na pri-
são.
5Ambos os prisioneiros, o copei-
ro e o padeiro do rei do Egito, que
estavam encerrados na prisão, tive-
ram um sonho, numa mesma noite,
cada um o seu, com seu sentido par-
ticular. 6Quando pela manhã José os
encontrou, viu que estavam tristes.
7Perguntou então aos oficiais do faraó
que estavam presos com ele na casa de
seu senhor: "Por que estais hoje com o
rosto tão abatido?" 8Eles responderam:
"Tivemos um sonho e não há ninguém
para os interpretar". Disse-lhes José:
"Porventura não pertencem a Deus as
interpretações?* Contai-me os sonhos,
por favor".
9O copeiro-mor contou seu sonho a
José: "Em meu sonho, vi diante de mim
uma videira, 10e na videira havia três ra-
mos; ao brotar a videira, havia flores, e
seus cachos deram uvas maduras. 11Eu
tinha na mão a taça do faraó; apanhan-
do daquelas uvas, espremia-as na taça
do faraó e a apresentava a ele". 12Dis-
se-lhe José: "Eis a interpretação: os três
ramos simbolizam três dias. 13Passados
três dias, o faraó te levantará a cabe-
ça e te reabilitará em tuas funções. Tu
apresentarás a taça ao faraó, como
fazias antes, quando eras seu copeiro.
14Lembra-te de mim quando para ti
chegar a felicidade; peço-te que uses
de compaixão para comigo e que fales
de mim ao faraó, para que me tire des-
ta prisão; 15porque fui arrebatado da
terra dos hebreus, e aqui também eu
nada fiz para merecer a prisão".
16Quando o padeiro-mor viu que
José tinha dado uma interpretação fa-
vorável, disse-lhe: "Eu também tive um
sonho: eu estava levando sobre a ca-
beça três cestos de pão branco. 17No
de cima havia toda sorte de manjares
para o faraó, mas aves os comiam do
cesto que estava sobre minha cabeça".
18Respondeu José, dizendo: "Esta é a
interpretação: os três cestos são três
dias, 19passados os quais o faraó te le-
vantará a cabeça de cima do pescoço
e te suspenderá numa árvore, para as
aves comerem tuas carnes".
20Realmente, no terceiro dia, data
do aniversário do faraó, ele deu um
banquete a todos os seus servidores,
e entre eles levantou a cabeça do co-
peiro-mor e a do padeiro-mor; 21isto é,
reabilitou o copeiro-mor em seu cargo
de apresentar a taça ao faraó 22e man-
dou enforcar o padeiro-mor, como lhes
interpretara José. 23Mas o copeiro-mor
não se lembrou de José, e sim esque-
ceu-o.

41 **Os Sonhos do faraó.** 1Pas-
sados dois anos completos,
o faraó teve um sonho: ele estava à
beira do rio Nilo; 2saíram do rio sete
vacas belas e gordas que se puseram
a pastar entre os juncos. 3Atrás delas,
saíram do Nilo outras sete vacas feias
e magras que se puseram ao lado das
primeiras à beira do rio. 4As vacas feias
e magras devoraram as sete vacas be-
las e gordas. Nisso o faraó despertou.
5Voltando a dormir, teve outro sonho:
sete espigas grossas e belas saíam da
mesma haste. 6E sete espigas chochas
e queimadas pelo vento oriental brota-
vam depois daquelas. 7As espigas cho-
chas devoraram as sete espigas grossas
e cheias. Então o faraó despertou; aqui-
lo não passava de um sonho.
8De manhã, porém, seu espírito es-
tava atormentado. Mandou, pois, cha-
mar todos os magos e sábios do Egito
e contou-lhes seus sonhos. Mas nin-
guém sabia interpretá-los para o faraó.
9Então o copeiro-mor falou ao faraó,
dizendo:* "Recordo hoje meu erro. 10O
faraó irritara-se contra seus servos e
me pusera na prisão na casa do capitão
da guarda, a mim e ao padeiro-mor.
11Numa mesma noite, eu e ele tivemos
um sonho, cada um com um significa-
do diferente. 12Havia ali conosco um
jovem hebreu, servo do chefe da guar-
da. Contamos a ele os sonhos, e ele os
interpretou, dando a cada um a inter-
pretação de seu sonho. 13E da forma
como ele interpretou, assim sucedeu;

* **40**,8. 41,16 | **41**,9. Êx 7,11.22; 8,1-3

eu fui readmitido em meu posto e o outro foi enforcado".

[14]O faraó mandou chamar José. Tirado rapidamente da prisão, ele fez a barba, trocou de roupa e apresentou-se ao faraó. [15]Disse o faraó a José: "Tive um sonho e não há ninguém que saiba interpretá-lo. Mas de ti ouvi dizer que, quando ouves um sonho, tu o interpretas".

José interpreta os sonhos do faraó. [16]Respondeu José ao faraó:* "Não sou eu, mas será Deus quem dará uma resposta favorável ao faraó". [17]Então o faraó disse a José: "Em meu sonho, eu estava à beira do Nilo. [18]Saíram do rio sete vacas gordas e belas que se puseram a pastar entre os juncos. [19]Atrás delas, saíram do rio outras sete vacas, magras, feias e disformes, tão feias como jamais vi em todo o Egito. [20]Essas vacas magras e feias devoraram as primeiras sete, as gordas. [21]Depois de as terem engolido, não parecia que as tinham devorado, pois seu aspecto continuava tão feio como antes. Então despertei. [22]Depois vi em meu sonho nascerem de uma só haste sete espigas cheias e belas. [23]Depois delas brotaram sete espigas mirradas, chochas e queimadas pelo vento oriental. [24]As sete espigas chochas devoraram as sete espigas belas. Contei esse sonho aos magos, mas ninguém pôde dar-me a explicação".

[25]José disse então ao faraó: "O sonho do faraó é um só, e Deus manifestou ao faraó o que ele está para fazer. [26]As sete vacas gordas são sete anos e as sete espigas belas são também sete anos: o sonho é um só. [27]As sete vacas magras e feias, que saíram depois daquelas, representam sete anos, como também as sete espigas mirradas e queimadas pelo vento oriental são também sete anos: haverá sete anos de fome. [28]É isto que eu dizia ao faraó: Deus lhe mostra o que está para fazer. [29]Virão sete anos de grande fartura em toda a terra do Egito [30]e depois deles haverá sete anos de fome, que farão esquecer toda a fartura no Egito, pois a fome devastará o país. [31]Essa fartura será esquecida no país por causa da fome que se seguirá, a qual será terrível. [32]A repetição do sonho do faraó por duas vezes significa que a coisa está firmemente decidida da parte de Deus, e ele não tardará em executá-la. [33]Agora, pois, escolha o faraó um homem prudente e sábio e o ponha à frente do Egito. [34]Nomeie o faraó comissários para todo o país e recolha a quinta parte das colheitas do Egito durante os sete anos de fartura. [35]Que eles ajuntem todos os produtos nestes próximos anos de prosperidade, armazenem o trigo sob a autoridade do faraó, coloquem o trigo nas cidades e o conservem. [36]Esses mantimentos serão uma reserva para o país durante os sete anos de fome que virão sobre o Egito; e assim o país não será arruinado pela fome".

José, vice-rei do Egito. [37]A proposta agradou ao faraó e a seus ministros. [38]O faraó disse a seus ministros: "Poderíamos encontrar um homem como este,* no qual está o espírito de Deus?" [39]Então o faraó disse a José: "Já que Deus te revelou tudo isso, não há homem tão prudente e tão sábio como tu. [40]Tu serás o administrador de meu palácio* e a tuas ordens todo o povo obedecerá; somente no trono eu te precederei". [41]Disse ainda o faraó a José: "Eu te constituo chefe de todo o Egito". [42]Tirando o anel da mão, colocou-o na mão de José; mandou vesti-lo com vestes de linho fino e lhe pôs ao pescoço um colar de ouro. [43]A seguir o fez subir ao segundo carro que tinha e mandou proclamar diante dele: "De joelhos!" Assim ele foi posto à frente de todo o Egito. [44]Disse também o faraó a José: "Eu sou o faraó, mas sem tua permissão ninguém levantará a mão ou o pé em todo o Egito". [45]Impôs-lhe o nome de Safenat-Fanec† e lhe deu como mulher Asenet, filha de Putifar,

---

* **41**,16. 40,8 | 38. Dn 13,45 | 40. At 7,10; Sl 105,21s

† **41**,45. Safenat-Fanec significa "Deus diz: Ele vive".

sacerdote de On. José percorreu todo
o Egito. 46José tinha trinta anos quan-
do se apresentou ao faraó, rei do Egi-
to. Saindo da presença do faraó, viajou
por toda a terra do Egito.
47A terra produziu copiosamente
durante os sete anos de fartura. 48José
ajuntou todo o produto dos sete anos
que durou a fartura no Egito e o guar-
dou nas cidades, depositando em cada
cidade a produção dos campos vizi-
nhos. 49Assim José chegou a acumular
muitíssimo trigo, como a areia do mar,
em tão grande quantidade até perder
a conta, porque ia além das medidas.
50Entretanto, antes que chegasse o
tempo da fome, nasceram a José dois
filhos, que lhe deu Asenet, filha de
Putifar, sacerdote de On. 51José deu a
seu primogênito o nome de Manassés,
"porque – disse ele – Deus me fez es-
quecer todas as minhas penas e até a
família de meu pai". 52Ao segundo deu
o nome de Efraim, "porque – disse ele
– Deus me tornou fecundo na terra de
minha aflição".†
53Terminados os sete anos de fartu-
ra* que houve no Egito, 54começaram
os sete anos de fome, como José tinha
predito. Havia fome em todos os paí-
ses, mas em toda a terra do Egito ainda
havia pão. 55Mas depois houve fome
também em todo o Egito, e o povo
clamou ao faraó, pedindo pão. Então
o faraó disse a todos os egípcios: "Ide
a José* e fazei o que ele vos disser".
56Quando a fome se estendeu a todo
o país, José abriu todos os celeiros e
pôs-se a vender o trigo aos egípcios,
pois a fome se agravava também no
Egito. 57De todos os países vinham
ao Egito para comprar o trigo com
José, porque a fome era grande em
toda a terra.

42 **Filhos de Jacó vão ao Egito.**
1Jacó ficou sabendo que havia
trigo no Egito.* Disse a seus filhos: "Por
que ficais olhando uns para os outros?
2Ouvi dizer que no Egito há cereais; ide
lá e comprai para nós, para que possa-
mos viver e não tenhamos de morrer".
3Os irmãos de José, em número de dez,
desceram ao Egito para comprar trigo.
4Mas Jacó não deixou que Benjamim,
irmão de José, fosse com eles, porque
pensava: "Poderia acontecer-lhe algu-
ma desgraça". 5Os filhos de Israel che-
garam para comprar trigo junto com
outros que também vieram, pois havia
fome em toda a terra de Canaã. 6José
governava o país e era ele que vendia o
trigo a todo o povo. Chegaram, portan-
to, os irmãos de José e se prostraram
diante dele com o rosto em terra. 7Ao
vê-los, José os reconheceu, mas fingiu
ser um estranho, tratou-os com dureza
e perguntou-lhes: "De onde vindes?"
Responderam eles: "Do país de Canaã,
para comprar trigo".

José põe à prova seus irmãos.
8José, portanto, reconheceu seus ir-
mãos, mas estes não o reconheceram.
9José lembrou-se dos sonhos que tive-
ra a respeito deles* e disse-lhes: "Vós
sois espiões; viestes para ver os pontos
fracos do país". 10Responderam eles:
"Não, meu senhor, teus servos vieram
comprar víveres. 11Somos todos filhos
do mesmo pai, somos gente honesta;
teus servos não são espiões". 12Mas
José lhes replicou: "Não é verdade;
viestes para observar os pontos fracos
do país". 13Responderam eles: "Teus
servos são doze irmãos, filhos do mes-
mo pai, na terra de Canaã; o mais jovem
está agora com nosso pai e o outro já
não existe". 14José insistiu: "É como eu
vos disse: sois espiões. 15Vou pôr-vos
à prova. Pela vida do faraó, não saireis
daqui enquanto não chegar vosso ir-
mão mais novo. 16Mandai um de vós
buscá-lo; enquanto isso ficareis presos.
Assim vossas palavras serão provadas,

---

* **41**,53. At 7,11 | 55. Sl 105,16 | **42**,1. At 7,12 | 9. 37,5-11

† **41**,52. Manassés quer dizer "fez-me esquecer" e Efraim, "tornou-me fecundo". | **42**,19. José finge tratar com dureza seus irmãos e os põe à prova por duas vezes, cc. 42 e 44, colocando-os na eventualidade de poder trair novamente um dos irmãos. Mas eles superam a prova, pois reconhecem seu erro e se prontificam a qualquer sacrifício para cumprir as ordens recebidas.

e veremos se dissestes a verdade; se não, pela vida do faraó, sois espiões". [17]E os encerrou a todos na prisão durante três dias.

[18]Ao terceiro dia, disse-lhes José: "Fazei isto, se quiserdes permanecer com vida, pois eu temo a Deus. [19]Se sois gente honesta, um de vós fique na prisão† e os outros partam levando a vossas famílias o trigo para matarem a fome. [20]Depois trazei-me vosso irmão mais novo; assim serão comprovadas vossas palavras e não morrereis". Foi o que fizeram. [21]Disseram-se então os irmãos uns aos outros: "Verdadeiramente, somos culpados contra nosso irmão,* porque, vendo sua angústia quando nos suplicava, não quisemos ouvi-lo; por isso veio sobre nós esta desgraça". [22]Rúben lhes disse: "Não vos adverti para que não pecásseis contra o menino?* Não quisestes ouvir-me, e agora nos pedem contas de seu sangue". [23]Eles não sabiam que José estava entendendo tudo, pois entre eles havia um intérprete. [24]José, então, afastou-se deles e chorou.* Em seguida voltou e falou com eles; escolheu dentre eles Simeão e mandou amarrá-lo na presença dos irmãos.

[25]A seguir ordenou que se enchessem de trigo as suas sacas e pusessem o dinheiro na saca de cada um, e lhes dessem provisões para a viagem. E assim foi feito. [26]Eles carregaram o trigo sobre os jumentos e partiram. [27]Na estalagem, ao abrir um deles sua saca para dar de comer a seu jumento, viu que seu dinheiro estava na boca da saca [28]e disse a seus irmãos: "Devolveram meu dinheiro; está aqui em minha saca". Então seu coração ficou sobressaltado; entreolharam-se tremendo e disseram: "Que é isto que Deus fez conosco?"

Dor de Jacó. [29]Chegando junto ao pai Jacó, na terra de Canaã, narraram tudo o que tinha acontecido, dizendo-lhe: [30]"Aquele homem, senhor do país, tratou-nos duramente e nos tomou por espiões do país. [31]Nós lhe dissemos: "Somos gente honesta; não somos espiões. [32]Somos doze irmãos, filhos do mesmo pai; um já não existe e o mais novo está no momento com nosso pai, na terra de Canaã". [33]Disse-nos aquele homem, senhor do país: "Nisto conhecerei se sois gente honesta: deixai comigo um de vossos irmãos, levai o necessário para matar a fome de vossas famílias e parti. [34]Depois trazei-me vosso irmão mais novo; assim saberei que não sois espiões, mas gente honesta. Então vos devolverei vosso irmão e podereis circular pelo país". [35]Quando esvaziaram suas sacas, cada um encontrou em sua saca a bolsa com o dinheiro. À vista daquelas bolsas de dinheiro, eles e seu pai encheram-se de medo. [36]Então Jacó, seu pai, disse-lhes: "Vós me deixais sem filhos. José desapareceu, Simeão já não está aqui e quereis levar Benjamim também; sobre mim recaíram todas essas desgraças!" [37]Rúben disse ao pai: "Tira a vida a meus dois filhos, se eu não te devolver Benjamim. Confia-o a mim, que eu o restituirei a ti". [38]Mas Jacó replicou: "Meu filho não irá convosco, pois seu irmão morreu e ele ficou só. Se lhe acontecesse alguma desgraça na viagem* que ides fazer, então, por vossa causa, cheio de dores, eu desceria com meus cabelos brancos à morada dos mortos".

43 **Benjamim vai com os irmãos ao Egito.** [1]Ora, a fome devastava a terra. [2]Quando acabaram de consumir as provisões trazidas do Egito, disse Jacó a seus filhos: "Voltai e comprai-nos um pouco de alimento". [3]Judá respondeu-lhe: "Aquele homem nos advertiu expressamente: 'Não sereis admitidos a minha presença sem que vosso irmão esteja convosco'. [4]Se deixares vir conosco nosso irmão, desceremos lá e te compraremos alimentos. [5]Se, porém, não o deixares vir, não partiremos, porque aquele homem nos advertiu: 'Não sereis admitidos a minha presença se vosso irmão não estiver convosco'". [6]Israel respondeu: "Por que

* **42**,21. 37,18-27 | 22. 37,22 | 24. 43,30 | 38. 42,4; 37,35

me fizestes este mal, dizendo àquele homem que tínheis outro irmão?" 7Responderam eles: "Ele nos perguntou expressamente por nós e por nossa família, dizendo: 'Vosso pai vive ainda? Tendes outro irmão?' E nós lhe respondemos segundo suas perguntas. Podíamos prever que nos diria: 'Trazei-me aqui vosso irmão'?"

8Judá disse a seu pai Israel:* "Deixa vir comigo o menino, e nos levantaremos e iremos, para que possamos viver e não morrer nós, tu e nossos pequeninos. 9Eu serei responsável por ele e poderás exigi-lo de mim. Se não o trouxer de volta e não o puser em tua presença, serei réu de culpa para contigo para sempre. 10Se não tivéssemos demorado tanto, a esta altura já estaríamos de volta pela segunda vez." 11Respondeu-lhes Jacó, seu pai: "Se tem de ser assim, fazei isto: Colocai em vossas bagagens dos melhores frutos desta terra e levai-os àquele homem: um pouco de bálsamo, um pouco de mel, especiarias, resina, pistácias e amêndoas. 12Levai também convosco o dinheiro em dobro* para restituir o dinheiro devolvido na boca das sacas; pois talvez tenha sido um engano. 13Tomai vosso irmão e parti, retornai para junto daquele homem. 14Que o Deus todo-poderoso* vos faça encontrar as boas graças daquele homem, de modo que vos devolva livre o outro irmão e Benjamim. Quanto a mim, se hei de ficar sem filhos, que fique sem eles".*

15Eles tomaram os presentes, o dinheiro em dobro e Benjamim e, pondo-se a caminho, desceram ao Egito e apresentaram-se a José. 16Quando José viu Benjamim com eles, disse ao mordomo: "Leva esses homens para a casa, mata um animal e prepara-o, pois comerão comigo ao meio-dia". 17O homem fez como lhe ordenara José e introduziu os homens na casa de José. 18Ao serem introduzidos na casa de José, tiveram grande medo e disseram entre si: "É por causa do dinheiro, que nos foi devolvido em nossas sacas da primeira vez, que nos trazem aqui. Vão nos agarrar, cair sobre nós, escravizar-nos e apoderar-se dos nossos jumentos".

19Aproximaram-se do mordomo da casa de José e lhe falaram à porta da casa, 20dizendo: "Perdão, meu senhor, nós já estivemos aqui uma vez para comprar trigo. 21Quando chegamos à estalagem* e abrimos nossas sacas, vimos que o dinheiro de cada um estava na boca da saca; exatamente nosso dinheiro. Mas o trouxemos outra vez pessoalmente; 22e trouxemos conosco outra quantia para pagar os víveres. Não sabemos quem foi que pôs nosso dinheiro em nossas sacas". 23Respondeu ele: "Ficai tranquilos, não temais. Foi vosso Deus, o Deus de vosso pai que colocou um tesouro em vossas sacas; eu recebi vosso dinheiro". E, libertando Simeão, trouxe-o para junto deles.

Banquete de José com seus irmãos.

24Depois de introduzi-los na casa de José, deu-lhes água para lavarem os pés e ração para os jumentos. 25Eles prepararam os presentes para o momento em que chegasse José, ao meio-dia, pois haviam compreendido que comeriam ali. 26Quando José chegou em casa, ofereceram-lhe os presentes que tinham trazido e prostraram-se diante dele até o chão. 27Ele lhes perguntou como estavam e disse-lhes: "Está bem vosso idoso pai de quem me falastes? Ainda vive?" 28Responderam-lhe eles: "Teu servo, nosso pai, está passando bem; ainda vive". E se inclinaram fazendo-lhe reverência. 29Então, erguendo os olhos, viu Benjamim, seu irmão, filho de sua mãe, e disse-lhes: "É este vosso irmão mais novo de quem me falastes?" E acrescentou: "Deus te seja propício, meu filho". 30José apressou-se em sair,* porque suas entranhas se comoveram à vista de seu irmão e estava a ponto de chorar. Retirou-se para seus aposentos, onde chorou. 31Depois lavou o rosto, saiu e, fazendo esforços para dominar-se, disse: "Servi

* **43**,8. 42,37 | 12. 37,25 | 14. 17,1 / 42,24 | 21. 42,27s | 30. 42,24

a refeição!" [32]Serviram separadamente
a José, aos irmãos e aos egípcios seus
comensais; porque aos egípcios não é
permitido comer com os hebreus, por
ser isso coisa abominável para eles.
[33]Sentaram-se à frente dele por ordem
de idade, desde o primogênito até o
mais novo; eles olhavam uns para os
outros admirados. [34]José mandou le-
var-lhes porções de sua mesa; a porção
de Benjamim era cinco vezes maior que
a de todos os demais. Eles beberam,
alegrando-se com ele.

44 **Segunda prova para os ir-
mãos de José.** [1]Depois José
ordenou ao mordomo de sua casa:
"Enche de provisões as sacas destes
homens, o quanto couber, e põe o di-
nheiro de cada um na boca de sua saca.
[2]Coloca também minha taça de prata
na boca da saca do mais jovem, junta-
mente com o dinheiro do trigo". E ele
fez como José tinha mandado.

[3]Ao amanhecer, foram despedidos
com seus jumentos. [4]Quando estavam
já fora da cidade, mas ainda não se ti-
nham distanciado muito, José disse ao
mordomo de sua casa: "Levanta-te e
corre atrás desses homens e, quando
os alcançares, dize-lhes: 'Por que pa-
gastes o bem com o mal? [5]Não é esta
taça que meu senhor usa para beber e
também para as adivinhações? Fizestes
mal em agir assim'".

[6]Ele os alcançou e lhes falou daque-
le modo. [7]Mas eles lhe responderam:
"Por que fala assim meu senhor? Longe
de teus servos fazer semelhante coisa!
[8]Trouxemos de volta da terra de Canaã
o dinheiro que encontramos na boca
de nossas sacas; como, pois, iríamos
roubar prata ou ouro da casa de teu
senhor? [9]Morra aquele de teus servos
em cujo poder for encontrada a taça, e
nós seremos escravos de teu senhor".
[10]Respondeu ele: "Está bem, seja como
dizeis; será meu escravo só aquele com
quem for encontrada a taça; e vós ou-
tros ireis livres". [11]Cada um depôs ime-
diatamente sua saca no chão e a abriu.
[12]O mordomo revistou-as, começando
pelo mais velho e terminando pelo úl-
timo: a taça foi encontrada na saca de
Benjamim. [13]Eles então rasgaram suas
vestes, carregaram cada qual seu ju-
mento e voltaram à cidade.

[14]Judá e seus irmãos chegaram à
casa de José, que se encontrava ain-
da lá, e prostraram-se por terra diante
dele. [15]Disse-lhes José: "Que é isto que
fizestes? Não sabíeis que um homem
como eu sabe muito bem adivinhar?"
[16]Respondeu Judá: "Que podemos
responder a meu senhor? Que dizer e
como nos justificar? Deus descobriu a
culpa de teus servos. Tanto nós como
aquele com quem foi encontrada a
taça somos escravos de meu senhor".
[17]Respondeu José: "Longe de mim fa-
zer tal coisa! Aquele com que foi en-
contrada a taça, esse será meu escravo;
e vós outros retornai em paz para junto
de vosso pai".

**Judá se oferece em troca de Benja-
mim.** [18]Então Judá se aproximou e dis-
se: "Eu te peço, meu senhor, permite
que teu servo diga uma palavra aos ou-
vidos de meu senhor, e não se acenda
tua cólera contra teu servo, porque tu
és igual ao faraó. [19]Meu senhor havia
perguntado a seus servos: 'Tendes ain-
da pai ou outro irmão?' [20]E nós respon-
demos a meu senhor: 'Temos um pai,
já idoso, e um irmão pequeno, que lhe
nasceu na velhice. Tinha este um irmão
que já morreu, e ele ficou sendo o úni-
co filho de sua mãe; e seu pai o ama
muito'. [21]E tu disseste a teus servos:
'Trazei-o a mim, para que eu possa vê-
-lo'. [22]Respondemos então a meu se-
nhor: 'O jovem não poderá deixar seu
pai, pois se o deixasse ele morreria'.
[23]Replicaste então a teus servos: 'Se
não vier convosco vosso irmão mais
jovem, não sereis admitidos a minha
presença'. [24]Quando voltamos a teu
servo, meu pai, contamos-lhe o que
meu senhor tinha dito. [25]E mais tarde,
quando nosso pai disse: 'Voltai para
comprar-nos um pouco de víveres',
respondemos-lhe: [26]'Não podemos ir;
mas se nosso irmão menor for conosco
iremos, pois não podemos comparecer
diante daquele homem se este nosso
irmão menor não estiver conosco'. [27]E

teu servo, meu pai, nos disse: 'Vós sa-
beis que minha esposa só me deu à luz
dois filhos. [28]Um deles saiu de minha
casa e eu disse:* Certamente foi dila-
cerado! E até agora não mais o vi. [29]Se
me levais também este, e lhe acontecer
alguma desgraça, então me faríeis des-
cer cheio de dores, com meus cabelos
brancos, à morada dos mortos'. [30]Ago-
ra, pois, se eu chegar a teu servo, meu
pai, sem que esteja conosco o jovem
a quem está intimamente afeiçoado,
[31]ele, ao notar que falta o jovem, mor-
rerá e, então, por causa de teus servos,
cheio de dores, teu servo, nosso pai,
desceria com seus cabelos brancos à
morada dos mortos. [32]Teu servo se fez
responsável pelo jovem para com meu
pai, dizendo: 'Se eu não o trouxer de
volta, serei réu de culpa contra meu pai
por toda a vida'. [33]Agora, pois, fique
teu servo em lugar deste jovem como
escravo de meu senhor, e ele volte com
seus irmãos; [34]porque como posso re-
tornar a meu pai sem que ele esteja co-
migo? Não quero ver a desgraça que
oprimiria meu pai!"

45 **José dá-se a conhecer a seus
irmãos.** [1]Então José, não po-
dendo mais se conter diante de to-
dos os que o rodeavam, gritou: "Fazei
sair todos de minha presença". Desse
modo, ninguém ficou com ele quando
se deu a conhecer a seus irmãos.* [2]Pôs-
-se a chorar tão alto que o ouviram os
egípcios e até mesmo a corte do faraó.
[3]Disse José a seus irmãos: "Eu sou José;
vive ainda meu pai?" Mas seus irmãos
não conseguiam responder-lhe, por-
que estavam amedrontados por sua
presença. [4]José disse a seus irmãos:*
"Aproximai-vos de mim!" E tendo-se
aproximado, disse-lhes: "Eu sou José,
vosso irmão, que vendestes para o Egi-
to. [5]Não vos aflijais por isso, nem vos
atormenteis por me terem vendido
para cá; pois foi Deus que me enviou
adiante de vós,* para preservar-vos
a vida. [6]Porque já faz dois anos que a
fome assola o país, e por mais cinco
anos não haverá semeadura nem co-
lheita. [7]Deus me mandou a vossa fren-
te para ser conservado para vós um
resto sobre a terra e para salvar-vos a
vida com uma grande libertação. [8]Não
fostes vós, portanto, que me mandas-
tes para cá, mas Deus mesmo; e ele
me estabeleceu como pai para o faraó,
chefe de toda a sua casa e soberano de
todo o Egito†. [9]Voltai depressa a meu
pai e dizei-lhe: Assim fala teu filho José:
'Deus me constituiu administrador de
todo o Egito; vem para junto de mim
sem demora. [10]Habitarás na terra de
Gessen* e viverás perto de mim tu,
teus filhos, teus netos, com tuas ove-
lhas, teus bois e tudo o que possuis.
[11]Lá eu te sustentarei, pois a fome deve
durar ainda cinco anos, para que não
te empobreças tu e tua casa e tudo o
que tens'. [12]Agora vós vedes com vos-
sos próprios olhos, e meu irmão Ben-
jamim também, que sou eu mesmo
que vos falo. [13]Contai a meu pai todo o
prestígio que tenho no Egito e tudo o
que tendes visto. Apressai-vos a trazer
para cá meu pai". [14]Então, lançou-se
ao pescoço de Benjamim, chorando, e
chorou também Benjamim abraçado a
ele. [15]Em seguida beijou todos os seus
irmãos e, abraçando-os, chorou. De-
pois disso, seus irmãos se puseram a
conversar com ele.

[16]Na corte do faraó correu a notí-
cia de que tinham vindo os irmãos de
José. Alegraram-se com isso o faraó e
seus ministros. [17]O faraó disse a José:
"Dize a teus irmãos: 'Fazei o seguinte:
carregai vossos animais, voltai ao país
de Canaã. [18]Trazei vosso pai e vossas
famílias e voltai a mim. Eu vos darei as
melhores terras egípcias, e comereis da
fartura da terra'. [19]Quanto a ti, dá-lhes

---

* **44**,28. 37,33 | **45**,1. At 7,13 | 4. 50,15 | 5. 50,20; Sl 105,17 | 10. 46,28s; 47,1-6; Êx 8,18; 9,26

† **45**,8. José proclama aos irmãos os insondáveis caminhos da Providência divina, que fez resultar em salvação e glória uma história de traição, abandono e sofrimento. Vendido pelos irmãos e humilhado no cárcere, mas depois exaltado como vice-rei, José prefigura a paixão e o triunfo de Jesus na ressurreição, para a salvação da humanidade.

esta ordem: 'Fazei assim: levai do Egito
carros para vossos filhinhos e para vos-
sas mulheres, trazei vosso pai e vinde.
20Não tenhais nenhum pesar pelo que
tereis de deixar, porque o que há de
melhor em todo o Egito será vosso'".
21Assim fizeram os filhos de Israel. José
deu-lhes carros, como mandou o faraó,
e provisões para a viagem. 22Deu a cada
um uma muda de roupa, e a Benjamim
deu trezentas moedas de prata e cin-
co mudas de roupa. 23Enviou a seu pai
dez jumentos carregados dos melho-
res produtos do Egito,* dez jumentas
carregadas de trigo, pão e provisões
para a viagem. 24Assim despediu seus
irmãos e, enquanto partiam, disse-lhes:
"Não disputeis pelo caminho".
Retorno a Canaã. 25Partiram, pois, do
Egito e chegaram ao país de Canaã, à
casa de Jacó, seu pai. 26Deram-lhe a
boa-nova, dizendo: "José ainda vive, e
é ele que governa toda a terra do Egi-
to". Mas o coração dele ficou insensí-
vel, pois não acreditou neles. 27Então
lhe transmitiram todas as palavras que
José lhes tinha dito. Quando viu os car-
ros mandados por José para transpor-
tá-lo, o espírito de Jacó, seu pai, se rea-
nimou. 28Então Israel exclamou: "Basta!
José, meu filho, está vivo! Irei vê-lo an-
tes de morrer".

46 **Jacó vai para o Egito com
toda a família.** 1Israel partiu,
levando tudo o que possuía. Chegan-
do a Bersabeia,* ofereceu sacrifícios ao
Deus de seu pai Isaac. 2Deus disse a Is-
rael numa visão noturna: "Jacó! Jacó!"
"Eis-me aqui", respondeu ele. 3Conti-
nuou Deus: "Eu sou Deus, o Deus de
teu pai.* Não temas descer ao Egito,
porque lá farei de ti uma grande nação.
4Descerei contigo ao Egito e eu mesmo
certamente te farei subir de lá; e a mão
de José te fechará os olhos".†
5Jacó partiu de Bersabeia. Os filhos
de Israel levaram Jacó, seu pai, os pró-
prios filhinhos e as mulheres nos carros
que o faraó enviara para transportá-
-los. 6Levaram também consigo os re-
banhos e os bens que adquiriram na
terra de Canaã; foram para o Egito Jacó
e todos os seus descendentes com ele:
7seus filhos e netos, suas filhas e netas,
e toda a sua descendência.
8Estes são os nomes dos israelitas*
que foram para o Egito: Jacó e seus
filhos; o primogênito de Jacó, Rúben.
9Os filhos de Rúben: Henoc, Falu, Hes-
ron e Carmi. 10Os filhos de Simeão: Ja-
muel, Jamin, Aod, Jaquin, Soar e Saul,
filho da cananeia. 11Os filhos de Levi:
Gérson, Caat e Merari. 12Os filhos de
Judá: Her, Onã, Sela, Farés e Zara. Her
e Onã,* porém, morreram na terra de
Canaã; e os filhos de Farés: Hesron
e Hamul. 13Os filhos de Issacar: Tola,
Fua, Jasub e Semron. 14Os filhos de
Zabulon: Sared, Elon e Jaelel; 15esses
são os filhos que Lia deu a Jacó em
Padã-Aram, além de sua filha Dina; ao
todo, entre filhos e filhas, trinta e três
pessoas.
16Os filhos de Gad: Safon, Hagi, Suni,
Esebon, Eri, Arodi e Areli. 17Os filhos de
Aser: Jamne, Jesua, Jessui, Beria e Sera,
irmã deles. Os filhos de Beria: Héber e
Melquiel. 18Esses são os filhos de Zelfa,
que Labão deu a sua filha Lia; e esses
ela deu à luz a Jacó, dezesseis pessoas.
19Os filhos de Raquel, mulher de
Jacó: José e Benjamim. 20Nasceram a
José no Egito Manassés e Efraim, que
lhe deu à luz Asenet, filha de Putifar,*
sacerdote de On. 21Os filhos de Benja-
mim: Bela, Bocor, Asbel, Gera, Naamã,
Equi, Ros, Mofim, Ofim e Ared. 22Es-
ses são os filhos de Raquel, nascidos a
Jacó; ao todo quatorze. 23Os filhos de
Dã: Husim. 24Os filhos de Neftali: Jasiel,
Guni Jeser e Salém.
25Esses são os filhos de Bala, que La-
bão deu a sua filha Raquel, e esses ela
deu à luz a Jacó; ao todo, sete pessoas.
26Os que foram com Jacó para o Egi-
to, descendentes seus, sem contar suas
noras, eram ao todo sessenta e seis.

* **45**,23. 43,11 | **46**,1. 31,24 | 3. 26,23ss | 8. Nm 26,5s | 12. 38,3-10 | 20. 41,45

† **46**,4. Esta aparição põe fim às manifestações de Deus aos patriarcas. Deus promete a Jacó ser seu guia na ida para o Egito, como depois será o condutor dos que de lá retornarem rumo à terra prometida.

27 Os filhos de José, nascidos no Egito,
eram dois. Ao todo, as pessoas da fa-
mília de Israel, que foram para o Egito,
eram setenta.*
Encontro de Jacó com José. 28 Jacó
enviou Judá na frente a José, para
que viesse a seu encontro em Gessen.
Quando chegaram à região de Gessen,
29 José preparou seu carro e foi se en-
contrar com Israel, seu pai, em Gessen.
Logo que o viu, lançou-se-lhe ao pes-
coço e, assim abraçado, chorou lon-
gamente. 30 Israel disse a José: "Agora
posso morrer, porque ainda estás vivo
e eu vi teu rosto".

31 Então José disse a seus irmãos* e
à família de seu pai: "Vou avisar o fa-
raó, dizendo: Meus irmãos e a famí-
lia de meu pai, que estavam na terra
de Canaã, vieram para junto de mim.
32 São pastores, possuem animais, e
trouxeram consigo suas ovelhas, seus
bois e tudo o que possuíam. 33 E assim,
quando o faraó vos chamar e vos per-
guntar: 'Qual é vossa profissão?' 34 res-
pondereis: 'Teus servos sempre foram
criadores de animais desde a juventude
até agora, tanto nós como nossos pais'.
Assim podereis morar na região de
Gessen, porque os egípcios detestam
todos os pastores de ovelhas".

47 **Jacó e os filhos diante do fa-
raó.** 1 José foi comunicar ao fa-
raó: "Meu pai e meus irmãos chegaram
da terra de Canaã com suas ovelhas,
seus bois e todos os seus bens; estão
agora na região de Gessen". 2 Tomou
então cinco dentre seus irmãos e os
apresentou ao faraó. 3 Este lhes pergun-
tou: "Qual é vossa profissão?" Respon-
deram: "Nós, teus servos, somos pasto-
res de ovelhas, tanto nós, como nossos
pais". 4 E acrescentaram: "Viemos morar
neste país, porque não há mais pasta-
gens para os rebanhos de teus servos,
e a fome é grande na terra de Canaã.
Permite, pois, que teus servos habitem
na região de Gessen". 5 O faraó disse a
José: "Teu pai e teus irmãos vieram para
junto de ti. 6 A terra do Egito está a tua
disposição; instala teu pai e teus irmãos
na melhor parte do país: que habitem
na região de Gessen. E, se souberes que
há entre eles homens capazes, coloca-
-os à frente de meus rebanhos".
Na terra de Gessen. 7 José mandou vir
seu pai e o apresentou ao faraó. Jacó
abençoou o faraó. 8 Este lhe perguntou:
"Que idade tens?"* 9 Respondeu-lhe
Jacó: "Os anos de minha peregrinação
sobre a terra somam cento e trinta.
Breves e infelizes têm sido os anos de
minha vida, e não chegaram a igualar
os anos de vida de meus pais, no tem-
po de sua peregrinação". 10 Jacó aben-
çoou de novo o faraó e retirou-se de
sua presença. 11 José instalou seu pai e
seus irmãos, dando-lhes uma proprie-
dade na terra do Egito, na melhor parte
do país,* na região de Ramsés, como
o faraó lhe havia mandado. 12 José pro-
videnciou alimentos para seu pai, seus
irmãos e para toda a família de seu pai,
segundo o número de seus filhos.
José distribui o trigo estocado. 13 Fal-
tou pão em todo o país, pois a fome
se agravava, e o Egito e Canaã estavam
exauridos pela fome. 14 José recolheu
todo o dinheiro existente no Egito e
em Canaã, em troca do trigo que eles
compravam, e depositou o dinheiro no
tesouro do faraó. 15 Esgotado o dinhei-
ro do Egito e de Canaã, todos os egíp-
cios foram a José, dizendo-lhe: "Dá-nos
pão! Por que havemos de morrer de-
baixo de teus olhos por falta de dinhei-
ro?" 16 Respondeu José: "Dai-me vossos
rebanhos, e em troca deles vos darei
pão, se vos falta o dinheiro". 17 Então
trouxeram seus animais a José, o qual
lhes deu pão em troca de cavalos, ove-
lhas, bois e jumentos. Assim naquele
ano forneceu-lhes pão em troca de
todos os seus animais. 18 Mas, passado
aquele ano, voltaram a ele no ano se-
guinte e lhe disseram: "Não podemos
ocultar a meu senhor que o dinheiro se
acabou e que os animais que tínhamos
já pertencem a meu senhor. Não res-
tam à disposição de meu senhor senão
nossos corpos e nossas terras. 19 Por

* **46**,27. Êx 1,5; Dt 10,22; At 7,14; | 31. 45,15s | **47**,8. 25,7; 35,28; 47,28 | 11. Êx 1,11; 12,37

que teremos de perecer sob teus olhos
nós e nossa terra? Compra-nos junto
com nossa terra em troca de pão. Nós e
nossa terra seremos escravos do faraó;
mas dá-nos sementes, para que pos-
samos viver e não morramos, e nossa
terra não fique desolada". 20Assim José
comprou para o faraó todas as terras
do Egito, porque os egípcios, forçados
pela fome, venderam a ele cada qual
seu campo; e toda a terra tornou-se
propriedade do faraó. 21Ele submeteu
todo o povo à servidão, dum extremo
ao outro do Egito. 22Só não comprou
as terras dos sacerdotes, porque eles
recebiam do faraó uma contribuição e
viviam daquilo que o faraó lhes dava;
por isso não se viram obrigados a ven-
der suas terras. 23José disse ao povo:
"Hoje vos adquiri para o faraó, junto
com vossas terras. Aqui tendes semen-
tes: semeai o campo; 24no tempo da
colheita dareis ao faraó a quinta par-
te; as outras quatro partes serão vos-
sas, para semear os campos e para o
sustento vosso, de vossas famílias e de
vossos filhos". 25Eles responderam: "Tu
nos salvaste a vida! Possamos encon-
trar graça aos olhos de meu senhor e
seremos servos do faraó". 26José fez
disso uma regra, em vigor até hoje,
para todas as terras do Egito: a quinta
parte* pertence ao faraó. Somente as
terras dos sacerdotes não passaram
para o faraó.

Últimos dias de Jacó. 27Israel estabe-
leceu-se no Egito, na terra de Gessen.
Ali adquiriram propriedades, foram
fecundos e multiplicaram-se muito.
28Jacó viveu no Egito dezessete anos,*
e a duração de sua vida foi de cento e
quarenta e sete anos. 29Aproximando-
-se para Israel o tempo de morrer, ele
chamou a si seu filho José e disse-lhe:
"Se encontrei favor a teus olhos, põe
tua mão debaixo de minha coxa* e pro-
mete tratar-me com benevolência e fi-
delidade: por favor, não me sepultes no
Egito. 30Quando eu tiver adormecido
com meus pais, tu me levarás do Egito
e me sepultarás no túmulo deles". Ele
respondeu: "Farei como dizes". 31Disse-
-lhe Jacó: "Jura-me".* E ele jurou. Então
Israel se inclinou sobre a cabeceira do
leito.

48 **Jacó adota e abençoa os fi-
lhos de José.** 1Depois desses
acontecimentos, vieram dizer a José:
"Teu pai está doente". Então ele tomou
consigo seus dois filhos, Manassés e
Efraim. 2Disseram a Jacó: "Teu filho José
vem te visitar". Então Israel, fazendo es-
forço, sentou-se no leito. 3Depois Jacó
disse a José:* "O Deus todo-poderoso
me apareceu em Luza, na terra de Ca-
naã, e me abençoou, 4dizendo-me: 'Eu
te tornarei fecundo e te multiplicarei e
farei de ti uma comunidade de povos
e darei esta terra a teus descendentes
depois de ti como propriedade perpé-
tua'. 5Agora, pois, teus dois filhos que
te nasceram no Egito, antes que eu
viesse para junto de ti no Egito, são
meus; Efraim e Manassés serão meus
como Rúben e Simeão. 6Mas, os filhos
que tiveste depois deles são teus e
em nome de seus irmãos receberão a
herança. 7Quando eu voltava de Padã,
morreu pelo caminho, a meu lado, Ra-
quel, tua mãe, na terra de Canaã, a cer-
ta distância de Éfrata,* e ali a sepultei,
no caminho de Éfrata, isto é, Belém".

8Israel viu os dois filhos de José e
perguntou: "Quem são estes?" 9Res-
pondeu José a seu pai: "São meus fi-
lhos, que Deus me deu aqui". Disse
Jacó: "Aproxima-os de mim, para que
os abençoe". 10Israel, devido à velhice,
tinha a vista cansada e não enxergava
mais. José aproximou-os e ele os bei-
jou e abraçou. 11Disse depois Israel a
José: "Eu não esperava tornar a ver teu
rosto, e Deus me concedeu ver tam-
bém tua descendência!" 12Então José
os retirou dos joelhos de Jacó e pros-
trou-se com o rosto em terra. 13Depois
tomou os dois pela mão, Efraim com
sua direita, para que ficasse à esquerda
de Israel, e Manassés com sua esquer-
da, para que ficasse à direita de Israel, e
os aproximou dele. 14Israel, estendendo

* **47**,26. 41,34 | 28. 49,29-32; 50,6 | 29. 24,2 | 31. Hb 11,21 | **48**,3. 17,1; 36,6.11s | 7. 35,16-20

a mão direita, colocou-a sobre a cabe-
ça de Efraim, que era o mais novo, e a
esquerda sobre a cabeça de Manassés,
cruzando as mãos, embora fosse Ma-
nassés o primogênito. 15E abençoou
José, dizendo:

"O Deus em cuja presença caminha-
ram meus pais Abraão e Isaac;
o Deus que tem sido meu pastor por
toda a minha vida até hoje;*
16o Anjo que me libertou de todo o
mal abençoe estes meninos,*
e neles sobrevivam meu nome e o
nome de meus pais Abraão e Isaac,
e se multipliquem grandemente no
meio da terra".

17José notou que seu pai tinha posto
a mão direita sobre a cabeça de Efraim,
e isto lhe desagradou. Pegou na mão
do pai, para tirá-la da cabeça de Efraim
para a de Manassés, 18e disse a seu pai:
"Assim não, meu pai, pois o mais ve-
lho é este; põe tua mão direita sobre a
cabeça dele". 19Mas o pai recusou-se e
disse: "Eu sei, meu filho, eu sei. Também
ele chegará a ser um povo, ele também
será grande; mas seu irmão mais novo*
será maior do que ele† e sua descen-
dência se tornará uma multidão de
nações". 20Naquele dia os abençoou,
dizendo: "Por vós Israel abençoará
com estas palavras: 'Que Deus te faça
semelhante a Efraim e a Manassés'".
E colocou Efraim antes de Manassés.
21Depois disse Israel a José: "Eu vou
morrer; mas Deus estará convosco e
vos reconduzirá à terra de vossos pais.
22Eu te dou uma parte a mais que a
teus irmãos, Siquém, que conquistei
dos amorreus com minha espada e
com meu arco".

49 **Profético adeus de Jacó a seus filhos.** 1Depois Jacó cha-
mou seus filhos e disse: "Reuni-vos,
para que vos anuncie* o que vos acon-
tecerá nos tempos vindouros†.

2Reuni-vos e ouvi, filhos de Jacó;
escutai Israel, vosso pai.
3Rúben, tu és meu primogênito;*
minha força e as primícias de meu
vigor,
primeiro em dignidade e primeiro
em poder.
4Impetuoso como a água, não terás
a primazia,
porque subiste ao leito de teu pai;*
profanaste meu leito, subindo nele.
5Simeão e Levi são irmãos,
suas espadas são instrumentos de
violência.
6Em seu conselho não entre minha
alma,
a sua assembleia não se una minha
honra;
porque em seu furor mataram ho-
mens
e em sua arrogância mutilaram tou-
ros.
7Maldito seu furor, por sua violência
e sua cólera, por sua crueldade.
Eu os dividirei em Jacó
e os dispersarei em Israel.
8Judá, teus irmãos te louvarão,*
tua mão pesará sobre a nuca de teus
inimigos.
Diante de ti se prostrarão os filhos de
teu pai.*
9Judá é um leãozinho;
voltaste, meu filho, da pilhagem.
Ele se agacha e se estende como um
leão,
e como uma leoa; quem o despertará?
10O cetro não se afastará de Judá*
nem o bastão de comando dentre
seus pés
até que venha Aquele ao qual per-
tence,
a quem devem os povos a obediên-
cia.

* **48**,15. 49,24; Sl 23,1; 80,2s | 16. 16,7 | 19. Dt 33,17; 12,3 | **49**,1. Jz 5; Dt 33 | 3. 29,32 | 4. 35,22 | 8. 27,29 / 37,7-9 | 10. Nm 24,17; Mq 5,1-3; Is 9,5s; 11,1s; Zc 9,9; 2Sm 7,1

† **48**,19. Esta narrativa explica por que José é representado por duas entre as 12 tribos e por que a tribo de Efraim era mais forte que a de Manassés. O irmão mais novo preferido ao mais velho é um tema frequente na Bíblia: Abel-Caim, Isaac-Ismael, Jacó-Esaú, Davi e seus irmãos, etc. Mostra como Deus é livre e misterioso em seus desígnios, passando por cima das convenções humanas e preferindo os humildes. **49**,1. Jacó se despede dos filhos, anunciando o futuro de cada tribo. Prediz o nascimento de um rei nascido de Judá, que dominará sobre os povos, v. 10. A profecia refere-se a Davi como figura do Messias.

11 Ele ata à videira seu jumentinho
e à cepa mais excelente o filho de sua jumenta;
lava no vinho sua veste,
e no sangue da uva seu manto.
12 Seus olhos são mais escuros que o vinho,
e seus dentes, mais brancos que o leite.
13 Zabulon habita à beira do mar,
e serve de porto aos navios;
suas fronteiras se estendem até Sidônia.
14 Issacar é um jumento robusto,
deitado entre os currais.
15 Vendo que o repouso era bom,
e ameno o país,
curvou o dorso à carga
e sujeitou-se à servidão.
16 Dã julgará seu povo,
como uma das tribos de Israel.
17 Dã é uma serpente no caminho,
uma víbora no atalho,
que morde os calcanhares do cavalo,
para que caia de costas o cavaleiro.
18 Javé, espero tua salvação!*
19 Gad, assaltado por assaltantes,
também assalta ele sua retaguarda.
20 Aser tem um pão saboroso,*
que fará as delícias dos reis.
21 Neftali é uma gazela solta,
que dá crias bonitas.
22 José é o ramo de uma árvore frutífera,*
ramo de uma árvore frutífera junto a uma fonte;
seus ramos crescem acima do muro.
23 Provocaram-no os arqueiros,
atacaram-no os atiradores de flechas.
24 Mas seu arco permanece firme,
e seus braços e suas mãos se fortaleceram,
em virtude das mãos do Poderoso de Jacó,
pelo nome do Pastor e Rocha de Israel.
25 Graças ao Deus de teu pai, que te ajuda,
graças ao Todo-Poderoso, que te abençoa*
com bênçãos que descem do alto céu,
bênçãos que sobem do abismo embaixo,
bênçãos das mamas e do seio.
26 As bênçãos de teu pai superam
as bênçãos das montanhas antigas
e as delícias das colinas eternas.
Que elas desçam sobre a cabeça de José
e sobre a fronte do consagrado entre seus irmãos.
27 Benjamim é um lobo voraz:
de manhã devora a presa
e à noite reparte os despojos".

Morte de Jacó. 28 São essas as doze tri-
bos de Israel, e foi isso o que lhes disse
seu pai ao abençoá-los, dando a cada
qual uma bênção particular. 29 Depois
deu-lhes suas ordens, dizendo: "Eu vou
reunir-me a meus parentes; sepultai-
-me junto de meus pais, 30 na caverna
que fica no campo de Macpela, de-
fronte de Mambré, na terra de Canaã, e
que Abraão comprou de Efron, o heteu,
junto com o campo, como proprieda-
de funerária. 31 Ali sepultaram Abraão e
Sara, sua mulher; ali sepultaram Isaac
e Rebeca, sua mulher, e ali eu sepultei
Lia. 32 O campo e a gruta que nele está
foram comprados aos filhos de Het".
33 Quando Jacó terminou de dar essas
ordens a seus filhos,* recolheu os pés
sobre o leito e expirou, e foi reunido
aos seus.

50

Jacó é sepultado em Hebron.
1 Então José lançou-se sobre o
rosto do pai e chorou, inclinado sobre
ele,* e o beijou. 2 Ordenou aos médicos
que estavam a seu serviço que embal-
samassem seu pai; e os médicos em-
balsamaram Israel. 3 Gastaram nisso
quarenta dias, que é o tempo que se
requer para embalsamar. Os egípcios
o choraram durante setenta dias. 4 Ter-
minados os dias do luto, José disse à
corte do faraó: "Se encontrei graça a
vossos olhos, falai de minha parte ao
faraó, dizendo-lhe: 5 'Meu pai me fez
jurar, dizendo-me: Eu vou morrer; no

* **49**,18. Is 25,9 | 20. Dt 33,24 | 22. Dt 33,13-17 | 25. 17,1 | 33. 48,2 | **50**,1. 46,4

sepulcro que cavei para mim na ter-
ra de Canaã ali me sepultarás'. Agora,
pois, por favor, permite-me ir sepultar
meu pai; depois voltarei". [6]Respondeu
o faraó: "Vai, sepulta teu pai, como te
fez jurar".

[7]José subiu para sepultar seu pai.
Com ele subiram todos os servos do
faraó, todos os anciãos de sua corte,
todos os anciãos do Egito, [8]toda a fa-
mília de José, seus irmãos e a família de
seu pai. Na terra de Gessen deixaram
somente as crianças, as ovelhas e os
bois. [9]Com ele subiram também carros
e cavaleiros, de modo que o cortejo era
numeroso. [10]Quando chegaram à eira
de Atad, além do Jordão, fizeram uma
lamentação muito grande e solene; e
José fez um luto de sete dias por seu
pai. [11]Quando os habitantes do país, os
cananeus, viram aquele luto na eira de
Atad, disseram: "Esse é um grande luto
para os egípcios". Por isso foi chamado
Abel Misraim esse lugar, que fica além
do Jordão. [12]Os filhos de Jacó fizeram
com o corpo do pai tudo o que ele lhes
havia ordenado. [13]Levaram-no para a
terra de Canaã e o sepultaram na gru-
ta do campo de Macpela,* defronte de
Mambré, que Abraão tinha comprado
de Efron, o heteu, para propriedade
funerária. [14]Depois de terem sepultado
seu pai, José voltou ao Egito com seus
irmãos e todos os que tinham ido com
ele para sepultar seu pai.

Generosidade de José com seus ir-
mãos. [15]Os irmãos de José começaram
a ter medo, porque seu pai estava mor-
to, e diziam: "Quem sabe José vai nos
tratar como inimigos e se vingar de
todo o mal que lhe fizemos?" [16]Man-
daram, pois, dizer a José: "Teu pai nos
ordenou antes de morrer: [17]'Assim direis
a José: Perdoa, eu te peço, o crime e o
pecado de teus irmãos, e todo o mal
que te fizeram'. Agora, pois, perdoa
este crime dos servos do Deus de teu
pai". José chorou quando ouviu isto.*
[18]Depois seus próprios irmãos vieram
e se prostraram diante dele e exclama-
ram: "Somos teus escravos!" [19]Mas José
disse-lhes:* "Não temais; por acaso es-
tou no lugar de Deus? [20]É verdade que
vossa intenção era me fazer mal, mas
Deus o transformou em bem, cumprin-
do o que hoje sucede: salvar a vida de
um povo numeroso. [21]Não temais, por-
tanto; continuarei a sustentar-vos junto
com vossos filhos". E assim os confortou
e tocou-lhes o coração.

Últimos anos de José. [22]José habitou
no Egito, como também a família de
seu pai. Viveu cento e dez anos. [23]José
viu os filhos de Efraim até a terceira
geração. Também os filhos de Maquir,
filho de Manassés,* nasceram sobre os
joelhos de José. [24]Enfim José disse a
seus irmãos: "Eu vou morrer; mas Deus
certamente intervirá em vosso favor*
e vos fará subir deste país para a ter-
ra que prometeu a Abraão, a Isaac e
a Jacó". [25]José fez os filhos de Israel
jurar, dizendo-lhes: "Deus certamen-
te vos visitará, e então levareis daqui
meus ossos".* [26]José morreu com a
idade de cento e dez anos; embalsa-
maram-no e o puseram num sarcófa-
go, no Egito.

---

* **50**,13. At 7,16 | 17. 37,7-11 | 19. 45,5; Rm 12,19 | 23. 48,12 | 24. Êx 12,41 | 25. Hb 11,22

ÊXODO

"Êxodo", saída, é um nome que só corresponde em parte ao conteúdo deste livro, que narra a libertação dos hebreus da opressão egípcia, a caminhada até o monte Sinai e a aliança que Deus fez com o povo que libertou. A metade final do livro é dedicada a enumerar as leis morais, jurídicas e cultuais, que o povo se obriga a cumprir, e a descrever os lugares e objetos do culto. Os fatos narrados situam-se em torno do ano 1250 a.C. e têm como principal protagonista Moisés, ao qual Deus revela seu nome próprio, Javé, e que será seu instrumento na libertação e na aliança.

Israel, que no Egito era apenas uma multidão escravizada pelo faraó, nasce agora como povo de Deus, livre e organizado. É provável que não corresponda à história a imagem que Êx 12,37 apresenta das 12 tribos saindo juntas do Egito, num total de 2 a 3 milhões de pessoas; parece que foram vários os grupos expulsos ou fugitivos, entre os quais o de Moisés.

A importância religiosa do êxodo será fundamental na história do povo eleito. Muitos textos do Antigo Testamento recordam a epopeia da saída do Egito e seu significado libertador. Cada ano, na celebração da Páscoa, os hebreus revivem os acontecimentos que seus pais testemunharam. A aliança do Sinai prefigura a nova e eterna aliança da Páscoa redentora de Cristo. O Decálogo, dado por Deus a Moisés, permanece a norma de vida, não só do judaísmo mas também dos cristãos. A passagem do mar Vermelho e o maná tornaram-se símbolos respectivamente do batismo e da eucaristia. O cordeiro, a nuvem, a água e o templo são outros tantos temas que o Novo Testamento, e sobretudo o quarto evangelho e o Apocalipse, herdaram do êxodo.

A libertação do Egito é o modelo de todas as futuras intervenções salvíficas de Deus, que daí em diante se chamará "aquele que te tirou da escravidão do Egito".

Quem lê hoje o livro do Êxodo deve recordar o que disse São Paulo em Gl 5,1: "Foi para ficarmos livres que Cristo nos libertou. Continuai, portanto, firmes e não vos deixeis prender de novo ao jugo da escravidão". A lei que nos comprometemos a observar na nova aliança em Cristo é a lei perfeita da liberdade (Tg 1,25). O êxodo nos leva a valorizar essa liberdade, para que, libertos por Cristo, lutemos pela libertação de nossos irmãos.

I. DA ESCRAVIDÃO À LIBERDADE (1,1–12,36)

1 **Israel no Egito.** 1São estes os no-
mes dos israelitas* que entraram
com Jacó no Egito, cada um com sua
família: 2Rúben, Simeão, Levi e Judá;
3Issacar, Zabulon e Benjamim; 4Dã e
Neftali; Gad e Aser. 5Os descendentes
de Jacó eram ao todo setenta;* José
já estava no Egito. 6Morreram, de-
pois, José, todos os seus irmãos e toda
aquela geração. 7Os israelitas foram fe-
cundos e se multiplicaram; tornaram-se
tão numerosos e tão fortes que aquela
região ficou repleta deles.*

Os egípcios oprimem os israelitas.
8Ora, no Egito surgiu um novo rei, que
não conhecera José.* 9Disse ele a seu
povo: "Vede: a população israelita tor-
nou-se mais numerosa e mais forte do
que nós. 10Vamos tomar sábias medi-
das* contra eles, para que não se multi-
pliquem e não aconteça que, surgindo
uma guerra, se associem a nossos inimi-
gos, combatam contra nós e saiam do
país".† 11Por isso lhes impuseram fei-
tores no trabalho forçado, para opri-
mi-los com trabalhos penosos. Eles
construíram para o faraó as cidades-
-armazéns de Pitom e de Ramsés.*
12Mas, quanto maior a opressão, tanto
mais cresciam e se multiplicavam; pelo
que os egípcios começaram a odiar os
israelitas. 13Os egípcios submeteram
os israelitas a um trabalho massacran-
te, 14amargurando-lhes a vida com o
trabalho penoso* da preparação da

---

* **1**,1. Gn 46,1-27; At 7,14-17 | 5. Gn 46,27 | 7. Sl 105,24 | 8. At 7,16-19 | 10. Sl 105,25 | 11. Gn 47,11 | 14. Dt 11,10

† **1**,10. Os descendentes de Jacó multiplicaram-se a tal ponto que se tornaram uma ameaça para a nação egípcia. O faraó toma uma série de medidas para refrear esse crescimento.

argila e da fabricação de tijolos, com toda sorte de trabalhos do campo e toda espécie de trabalhos aos quais os obrigavam brutalmente.

[15]O rei do Egito disse às parteiras hebreias, uma das quais se chamava Séfora e a outra Fua: [16]"Quando assistirdes aos partos das mulheres hebreias e chegar a hora do parto, se for menino, matai-o, se for menina, deixai-a viver". [17]Mas as parteiras, que temiam a Deus, não fizeram como lhes ordenara o rei do Egito e pouparam a vida dos meninos. [18]Então o rei do Egito chamou as parteiras e lhes disse: "Por que fizestes isso e deixastes com vida os meninos?" [19]As parteiras responderam ao faraó: "As mulheres hebreias não são como as egípcias; elas são fortes e, antes que a parteira chegue, já dão à luz". [20]Deus recompensou as parteiras; e o povo continuou a aumentar e se fortaleceu muito. [21]Porque as parteiras temeram a Deus, ele lhes deu uma posteridade. [22]Então o faraó ordenou a todo o seu povo: "Jogai no rio todo menino que nascer, mas deixai viver as meninas".

2

Nascimento de Moisés. [1]Um homem da casa de Levi casou-se com a filha de um levita, [2]a qual concebeu e deu à luz um filho. Vendo que era belo,* conservou-o escondido durante três meses. [3]Mas, não podendo escondê-lo por mais tempo, tomou um cesto de junco, calafetou-o com betume e piche, colocou nele o menino e o pôs entre os juncos à margem do rio. [4]A irmã do menino ficou observando de longe, para ver o que lhe aconteceria.

[5]A filha do faraó desceu ao rio para tomar banho, enquanto suas criadas passeavam na margem. Ela descobriu o cesto no meio dos juncos e mandou que uma criada o apanhasse. [6]Abriu-o e viu a criança que chorava; compadeceu-se dela e disse: "É um filho dos hebreus". [7]A irmã dele disse à filha do faraó: "Queres que eu vá procurar entre as mulheres hebreias uma ama-de-leite para o menino?" [8]"Sim", respondeu a filha do faraó. A menina foi chamar a mãe do menino. [9]A filha do faraó disse à mulher: "Toma este menino e amamenta-o, e eu te darei teu salário". A mulher tomou o menino e o criou. [10]Quando o menino já estava crescido,* levou-o à filha do faraó, que o adotou como filho e lhe deu o nome de Moisés: "Porque – disse – das águas o tirei".†

Moisés foge para Madiã. [11]Certo dia, sendo Moisés já adulto, saiu para ver seus irmãos;* notou as opressões a que eram submetidos e viu um egípcio maltratar um de seus irmãos hebreus. [12]Olhou em torno de si e, não vendo ninguém, matou o egípcio e o enterrou na areia. [13]No dia seguinte, saiu de novo e viu dois hebreus brigando, e disse ao agressor: "Por que bates em teu companheiro?" [14]Mas ele respondeu: "Quem te constituiu chefe e juiz sobre nós?* Queres, talvez, matar-me como mataste o egípcio?" Moisés ficou com medo e pensou: "Certamente o fato se tornou conhecido". [15]Também o faraó teve conhecimento do ocorrido e, por isso, procurou matar Moisés. Este, porém, fugiu da presença do faraó* e foi parar na terra de Madiã. Ali sentou-se à beira de um poço.

[16]Ora, o sacerdote de Madiã tinha sete filhas, as quais vieram tirar água* e encheram os bebedouros para dar de beber ao rebanho de seu pai. [17]Mas chegaram uns pastores e as expulsaram. Então Moisés levantou-se e as defendeu e deu de beber a seu rebanho. [18]Quando voltaram para junto de Raguel†, seu pai, este lhes perguntou: "Como é que voltastes hoje tão cedo?" [19]Elas responderam: "Um egípcio nos livrou dos pastores e, até mesmo, tirou

---

* **2**,2. At 7,20s; Hb 11,23 | 10. At 7,21 | 11. Hb 11,24-26 | 14. At 7,35 | 15. At 7,29 | 16. Gn 24,11s; 29,2s

† **2**,10. O futuro salvador do povo precisa primeiro receber a salvação. Conforme a etimologia popular, Moisés deriva do hebraico "machah", tirar. Mas com certeza é um nome egípcio, que significa filho. | 18. O futuro sogro de Moisés é chamado Jetro em 3,1. Raguel pode ser um apelido seu, ou o nome de seu pai, avô das moças.

água para nós e deu de beber ao reba-
nho". [20]Raguel perguntou às filhas: "E
onde ele está? Por que deixastes lá esse
homem? Chamai-o para que coma al-
guma coisa". [21]Moisés sentiu-se feliz
em morar com aquele homem; e ele
deu a Moisés sua filha Séfora. [22]Ela deu
à luz um filho, ao qual Moisés chamou
Gérson: "Porque – disse – sou imigran-
te em terra estrangeira".
Vocação e missão de Moisés. [23]Muito
tempo depois, morreu o rei do Egito.
Os israelitas, gemendo sob o peso da
escravidão, clamaram; e seu clamor,
suscitado pela escravidão, subiu até
Deus. [24]Deus ouviu seu gemido e lem-
brou-se de sua aliança com Abraão,
Isaac e Jacó. [25]Deus olhou para os is-
raelitas e pensou neles.

3 [1]Moisés era pastor do rebanho
de Jetro, seu sogro, sacerdote de
Madiã.* Um dia, levou o rebanho de-
serto adentro e chegou ao Horeb†, a
montanha de Deus. [2]Ali apareceu-lhe
o anjo de Javé† numa chama de fogo,
do meio de uma sarça. Ele olhava: a
sarça ardia* sem se consumir. [3]Moisés
pensou: "Vou dar uma volta para ver
este grande espetáculo: como é que
a sarça não se consome". [4]Vendo Javé
que Moisés se voltava para observar,
chamou-o do meio da sarça, dizendo:
"Moisés, Moisés!" Respondeu ele: "Eis-
-me aqui". [5]Deus lhe disse: "Não te
aproximes daqui!* Tira as sandálias dos
pés†, porque o lugar onde estás é uma
terra santa".* E acrescentou: [6]"Eu sou o
Deus de teu pai: o Deus de Abraão, o
Deus de Isaac e o Deus de Jacó". Moi-
sés cobriu o rosto, temendo olhar para
Deus. [7]Javé disse ainda: "Eu vi, eu vi a
miséria de meu povo no Egito e ouvi o
clamor que lhe arrancam seus opresso-
res; sim, conheço suas aflições. [8]Desci
para libertá-lo das mãos dos egípcios
e levá-lo daquela terra para uma terra
boa e espaçosa,* terra onde corre leite
e mel, para o lugar onde habitam o ca-
naneu, o heteu, o amorreu, o ferezeu,
o heveu e o jebuseu. [9]O clamor dos is-
raelitas chegou até mim; e vi também a
opressão com que os egípcios os opri-
mem. [10]Agora, pois, vai! Eu te envio ao
faraó para que tires do Egito meu povo,
os israelitas". [11]Moisés disse a Deus:
"Quem sou eu para ir ao faraó e tirar
do Egito os israelitas?" [12]Deus lhe disse:
"Eu estarei contigo; e este será para ti o
sinal de que sou eu que te envio: quan-
do tiverdes tirado o povo do Egito,
adorareis† a Deus nesta montanha".*
Deus revela seu nome. [13]Moisés dis-
se a Deus: "Quando eu me apresentar
aos israelitas e lhes disser: 'O Deus de
vossos pais enviou-me a vós', e eles me
perguntarem: 'Como ele se chama?', o
que responderei?" [14]Deus disse a Moi-
sés: "Eu sou Aquele que sou".* E acres-
centou: "Assim dirás aos israelitas: 'Eu
Sou' mandou-me a vós".† [15]Deus disse
ainda a Moisés: "Assim falarás aos is-
raelitas: 'Javé, o Deus de vossos pais, o
Deus de Abraão, o Deus de Isaac e o
Deus de Jacó, enviou-me a vós'. Este é
meu nome para sempre, e com ele se-
rei lembrado de geração em geração".
Instruções a Moisés. [16]"Vai, reúne os
anciãos de Israel e dize-lhes: 'Javé, o
Deus de vossos pais, o Deus de Abraão,
de Isaac e de Jacó me apareceu, dizen-
do: Certamente vos visitei† e vi tudo o
que vos fazem no Egito. [17]Decidi liber-
tar-vos da aflição do Egito e levar-vos
para o país dos cananeus, dos heteus,
dos amorreus, dos ferezeus, dos he-

---

* **3**,1. 6,2-13; 6,28-7,7; At 7,30-35; 13,17 | 2. Dt 33,16 | 5. Js 5,15s; Gn 28,16s / Lv 17,1; Mt 22,32; Êx 33,20 | 8. Dt 7,1 | 12. At 7,7 | 14. Jo 17,6-26; 8,24 | 17. Dt 7,1

† **3**,1. Horeb é um outro nome para o Sinai. | 2. O anjo de Javé é o próprio Javé, em suas manifestações aos homens. | 5. Gesto de respeito a um lugar sagrado, em uso ainda nas mesquitas. | 12. Adorar alguém é reconhecê-lo como Deus, como Criador e Salvador, Senhor e dono de tudo o que existe, como o amor infinito e misericordioso. É reconhecer o nada da criatura, que não existe a não ser por Deus. | 14. Javé significa "ele é". Não é como os deuses, que simplesmente não existem. É transcendente e misterioso, mas está presente junto a seu povo para salvá-lo, como o exprime o nome Emanuel, Deus-conosco. | 16. A visita de Deus é uma intervenção especial dele na história humana, que pode ser de salvação, como neste caso, ou de castigo, Sb 14,11; Jr 6,15.

veus e dos jebuseus:* terra onde corre
leite e mel'. 18Eles ouvirão tua voz e,
junto com os anciãos de Israel, irás ao
rei do Egito e lhe dirás: 'Javé, o Deus
dos hebreus, veio até nós. Deixa-nos,
pois, caminhar três dias deserto aden-
tro, a fim de oferecermos sacrifícios a
Javé, nosso Deus!' 19Sei perfeitamente
que o rei do Egito não vos deixará ir, se
não for obrigado por mão forte. 20Mas
estenderei minha mão e ferirei o Egito
com todos os meus prodígios, que fa-
rei no meio deles; depois disso ele vos
deixará ir. 21Farei que esse povo ganhe
as boas graças dos egípcios,* de modo
que, ao sairdes, não ireis com as mãos
vazias, 22mas cada mulher pedirá a sua
vizinha e à que vive em sua casa obje-
tos de prata, objetos de ouro e vestes,
que poreis sobre vossos filhos e vossas
filhas; e assim despojareis os egípcios".

4 **A vara prodigiosa.** 1Moisés res-
pondeu: "Eles não acreditarão
nem ouvirão minha voz; porque vão
dizer: 'Javé não te apareceu'". 2Javé lhe
disse: "Que tens na mão?" Respondeu:
"Uma vara".* 3E ele disse: "Joga-a no
chão". Ele a jogou no chão, e a vara se
transformou numa serpente; e Moisés
fugiu dela. 4Mas Javé disse a Moisés:
"Estende tua mão e pega-a pela cau-
da". Ele estendeu a mão, pegou-a, e
a serpente voltou a ser uma vara em
sua mão. 5"É para que acreditem que
te apareceu Javé, o Deus de seus pais,
o Deus de Abraão, de Isaac e de Jacó".
6Javé lhe disse ainda: "Põe tua mão no
peito". Ele pôs a mão no peito e, quan-
do a retirou, estava leprosa, da cor da
neve. 7Javé lhe disse: "Põe novamente
a mão no peito".* Ele tornou a pôr a
mão no peito e, quando a retirou, es-
tava como o resto de seu corpo. 8"Se
não acreditarem em ti nem atenderem
à evidência do primeiro sinal, crerão na
evidência do segundo. 9E se não acre-
ditarem nem mesmo nesses dois sinais,
nem te ouvirem, apanharás água do rio
e a derramarás na terra seca; e a água
tirada do rio se transformará em san-
gue na terra seca".

Aarão, porta-voz de Moisés. 10Moi-
sés, porém, disse a Javé: "Perdão, Se-
nhor, eu não tenho o dom da palavra,
e isto nem no passado, nem desde
quando falastes a vosso servo;* tenho
a boca e a língua pesadas". 11Disse-lhe
então Javé: "Quem deu a boca ao ser
humano? E quem faz o mudo e o sur-
do, ou aquele que vê e o cego? Não
sou eu, Javé? 12Vai, pois; eu estarei com
tua boca* e te ensinarei o que deverás
dizer". 13Moisés replicou: "Ah! Senhor,
mandai aquele que haveis de mandar!"
14Acendeu-se, então, a ira de Javé con-
tra Moisés e ele disse: "Não tens teu ir-
mão Aarão, o levita? Eu sei que ele fala
bem. Ele está vindo a teu encontro e,
ao ver-te, seu coração se alegrará. 15Tu
lhe falarás e porás as palavras em sua
boca, e eu estarei com tua boca e com
a dele, ensinando-vos o que deveis fa-
zer. 16Ele falará por ti ao povo* e será
tua boca; e tu serás um deus para ele.
17Agora toma em tua mão esta vara
com a qual farás os prodígios".

Moisés volta ao Egito. 18Moisés partiu
e voltou para junto de Jetro, seu sogro,
e lhe disse: "Deixa-me ir e voltar a meus
irmãos no Egito, para ver se ainda es-
tão vivos". Jetro disse a Moisés: "Vai em
paz".

19Javé disse a Moisés em Madiã: "Vai,
retorna ao Egito, pois morreram todos
os que queriam tirar-te a vida". 20Moi-
sés tomou consigo sua mulher e seus
filhos, fê-los montar num jumento e
voltou ao Egito, levando na mão a vara
de Deus.

21Javé disse a Moisés: "De volta ao
Egito,* cuida de fazer diante de faraó
todos os prodígios que eu pus em teu
poder. Mas eu endurecerei seu cora-

* **3**,21. 11,2s; 12,35s; Sb 10,17 | **4**,2. 7,8-12 | 7. Lv 13,1 | 10. Jr 1,6-10 | 12. Dt 18,18; Mt 10,19s | 16. 7,1s | 21. 4,17

† **4**,21. A obstinação do faraó é um ato livre da vontade dele e não depende de Deus, é apenas permitido por ele, e servirá a seus desígnios de operar os prodígios. Os hebreus costumavam referir a Deus, causa primeira, as ações humanas.

ção† e ele não deixará o povo sair. 22Tu
dirás ao faraó: 'Assim fala Javé: Israel é
meu filho, meu primogênito.* 23Por isso
eu te ordeno: Deixa meu filho partir, a
fim de que me sirva; se recusares deixá-
-lo partir, eu matarei teu filho, teu pri-
mogênito'".

24Pelo caminho, numa pousada, Javé
saiu-lhe ao encontro* e ameaçava fa-
zê-lo morrer. 25Então Séfora, tomando
uma faca de pedra, cortou o prepúcio
de seu filho e tocou com ele o sexo de
Moisés, dizendo: "Tu és para mim um
esposo de sangue". 26E Javé o deixou,
ao dizer ela "esposo de sangue", por
causa da circuncisão.*

Moisés e Aarão diante do faraó.
27Javé disse a Aarão:* "Vai ao encon-
tro de Moisés no deserto". Ele partiu,
encontrou-se com seu irmão na mon-
tanha de Deus e o beijou. 28Moisés
comunicou a Aarão todas as palavras
de Javé, que o havia enviado, e todos
os prodígios que lhe havia mandado
fazer. 29Moisés e Aarão prosseguiram
seu caminho* e reuniram todos os an-
ciãos dos israelitas. 30Aarão narrou-lhes
todas as palavras que Javé dissera a
Moisés,* e este fez os prodígios à vista
do povo. 31O povo acreditou e, ao ou-
vir que Javé tinha visitado os israelitas
e tinha visto sua aflição, prostraram-se
em adoração.*

5 **Primeiras audiências com o fa-
raó.** 1Depois, Moisés e Aarão se
apresentaram ao faraó e lhe disseram:
"Eis o que disse Javé, Deus de Israel:
'Deixa meu povo partir, para que me
celebre uma festa no deserto'". 2O fa-
raó, porém, respondeu: "E quem é Javé,
para que eu lhe deva obedecer, dei-
xando Israel partir? Não conheço Javé
e não deixarei Israel partir". 3Eles lhe
disseram: "O Deus dos hebreus veio a
nosso encontro. Deixa-nos ir deserto
adentro três dias de caminho, para que
ofereçamos sacrifícios a Javé, nosso
Deus, senão ele nos ferirá com a pes-
te ou com a espada". 4O rei do Egito
disse-lhes: "Por que vós, Moisés e Aa-
rão, distraís o povo de seus trabalhos?
Ide para vossas tarefas!" 5E o faraó
acrescentou: "Vosso povo é agora nu-
meroso; e vós quereis interromper suas
tarefas!" 6Naquele mesmo dia o faraó
ordenou aos exatores e aos inspeto-
res do povo, dizendo: 7"Não deis mais
a palha ao povo para fabricar tijolos,
como antes; eles mesmos que a procu-
rem. 8Exigireis deles, porém, a mesma
quantidade de tijolos que antes, sem
nada diminuir, pois são preguiçosos
e por isso clamam: Deixa-nos ir, para
que sacrifiquemos a nosso Deus! 9So-
brecarregai esses homens de trabalho,
a fim de que estejam ocupados e não
deem ouvidos a palavras mentirosas".

Agravamento da opressão. 10Saíram
pois os exatores e os inspetores e dis-
seram ao povo: "Assim diz o faraó: Não
vos darei mais a palha. 11Ide e recolhei-
-a vós mesmos onde puderdes encon-
trá-la. Mas nada será diminuído de vos-
sa tarefa". 12Então o povo se espalhou
por toda a terra do Egito à procura de
restolhos que lhes servissem de palha.
13Os exatores os pressionavam, dizen-
do: "Acabai a tarefa imposta para cada
dia, como quando havia palha". 14Os
inspetores dos israelitas, constituídos
sobre eles pelos exatores do faraó, fo-
ram castigados e lhes foi dito: "Por que
nem ontem e nem hoje completastes
vossa tarefa de tijolos como antes?"
15Os inspetores dos israelitas foram
queixar-se ao faraó, dizendo: "Por que
tratas assim teus servos? 16Não se for-
nece a palha a teus servos e nos dizem:
'Fazei tijolos!' Nós, teus servos, somos
açoitados, mas a culpa é de teu povo".
17O faraó respondeu: "Vós sois uns pre-
guiçosos, sim, uns preguiçosos; e por
isso dizeis: 'Queremos ir oferecer sacri-
fícios a Javé'. 18Ide ao trabalho; não vos
será dada a palha e devereis fabricar a
mesma quantidade de tijolos".

19Os inspetores dos israelitas se vi-
ram em aperto ao ouvir as palavras:
"Nada diminuireis de vossa quantidade
diária de tijolos". 20Ao saírem da pre-
sença do faraó, encontraram-se com

* **4**,22. Dt 1,31; 7,6 | 24. Gn 32,25-33; Js 5,2s | 26. Gn 17,10 | 27. 3,1 | 29. 3,16 | 30. 4,2-9 | 31. 14,31

Moisés e Aarão, que os esperavam.
[21]E disseram-lhes: "Que Javé vos veja e
vos julgue, pois nos tornastes odiosos
diante do faraó e de seus servidores e
pusestes a espada em suas mãos para
nos matar". [22]Moisés então dirigiu-
-se a Javé, dizendo: "Senhor, por que
afligis esse povo? Por que me enviastes?
[23]Pois desde que estive com o fa-
raó para lhe falar em vosso nome, ele
maltrata esse povo, e vós nada fizestes
para libertá-lo".

6

[1]Javé disse a Moisés: "Logo verás
o que farei ao faraó: forçado por
mão poderosa, ele os deixará partir;
forçado por mão poderosa, ele mesmo
os expulsará do país".

Deus promete a libertação. [2]Deus
disse a Moisés: "Eu sou Javé. [3]Apare-
ci a Abraão, a Isaac e a Jacó, como o
Deus todo-poderoso;* mas com meu
nome 'Javé' não me dei a conhecer a
eles. [4]Com eles celebrei também mi-
nha aliança,* para dar-lhes a terra de
Canaã, a terra em que peregrinavam
como estrangeiros. [5]Ouvi também o
gemido dos israelitas, oprimidos pelos
egípcios, e lembrei-me de minha alian-
ça. [6]Dize, portanto, aos israelitas: 'Eu
sou Javé. Vou libertar-vos do jugo dos
egípcios e livrar-vos de sua escravidão.
Eu vos resgatarei com braço estendido
e com grandes julgamentos. [7]Eu vos
tomarei por meu povo e serei vosso
Deus†, e sabereis que eu sou Javé, vos-
so Deus, que vos liberto do jugo dos
egípcios. [8]Eu vos introduzirei na terra
que, com mão levantada,* jurei dar a
Abraão, a Isaac e a Jacó, e vo-la darei
como herança, eu, Javé'".

[9]Moisés repetiu essas palavras aos
israelitas; eles, porém, não lhe deram
ouvidos, por causa do desânimo e da
dura escravidão.

[10]Javé disse a Moisés: [11]"Vai, fala ao
faraó, rei do Egito, para que deixe os
israelitas sair de sua terra". [12]Moisés,
porém, respondeu a Javé: "Se os israe-
litas não me dão ouvidos,* como ouvirá
o faraó a mim que não tenho o dom da
palavra?"

[13]Javé falou a Moisés e a Aarão e
deu-lhes ordens para os israelitas e
para o faraó, rei do Egito, para que pu-
dessem conduzir os israelitas para fora
do Egito.

Genealogia de Moisés e de Aarão.
[14]São estes os chefes de suas famílias.*
Filhos de Rúben, primogênito de Israel:
Henoc, Falu, Hesron e Carmi. Essas são
as famílias de Rúben. [15]Filhos de Si-
meão: Jamuel, Jamin, Aod, Jaquin, Soar
e Saul, filho da canania. Essas são as fa-
mílias de Simeão. [16]Estes são os nomes
dos filhos de Levi,* de acordo com suas
gerações: Gérson, Caat e Merari. Levi
viveu cento e trinta e sete anos. [17]Filhos
de Gérson: Lobni e Semei, com suas fa-
mílias. [18]Filhos de Caat: Amram, Isaar,
Hebron e Oziel. Caat viveu cento e trin-
ta e três anos. [19]Filhos de Merari: Mooli
e Musi. São essas as famílias dos levitas
segundo suas gerações. [20]Amram to-
mou por mulher Jocabed,* sua tia, que
lhe deu à luz Aarão e Moisés. Amram
viveu cento e trinta e sete anos. [21]Filhos
de Isaar: Coré, Nefeg e Zecri. [22]Filhos
de Oziel: Misael, Elisafã e Setri.

[23]Aarão desposou Isabel, filha de
Aminadab, irmã de Naasson, a qual lhe
deu à luz Nadab, Abiú, Eleazar e Itamar.

[24]Filhos de Coré: Asir, Elcana e Abia-
saf. Essas são as famílias dos coreítas.
[25]Eleazar, filho de Aarão, tomou por es-
posa uma das filhas de Futiel,* a qual lhe
deu à luz Fineias. Esses são os chefes das
famílias dos levitas, segundo seus clãs.

[26]São esses Aarão e Moisés, a quem
Javé disse: "Tirai do Egito os israelitas,
segundo suas fileiras". [27]São eles que fa-
laram ao faraó, rei do Egito, para tirar do
Egito os israelitas: são Moisés e Aarão.

Moisés no Egito. [28]Quando Javé falou
a Moisés na terra do Egito,* [29]assim lhe
falou: "Eu sou Javé. Dize ao faraó, rei

---

* **6**,3. Gn 17,1 | 4. Gn 17,7s | 8. Gn 15; 24,7 | 12. 4,10 | 14. Nm 26,5-14 | 16. Gn 46,11; Nm 3,17s | 20. Nm 26,59 | 25. Nm 25,6-13 | 28. 6,2-13

† **6**,7. Deus fala da eleição de Israel e de sua aliança com ele: entre tantos povos, um só ele escolheu. E entre tantos deuses, só Javé Israel adorará.

do Egito, tudo o que te digo". 30Moisés
respondeu a Javé: "Não tenho o dom
da palavra; como é que o faraó me dará
ouvidos?"

7 1Disse Javé a Moisés: "Vê: fiz de
ti como um deus para o faraó,* e
Aarão, teu irmão, será teu profeta. 2Di-
rás tudo o que eu te mandar, e Aarão,
teu irmão, falará ao faraó, para que dei-
xe sair de sua terra os israelitas. 3Mas eu
endurecerei o coração do faraó* e multi-
plicarei meus sinais e meus prodígios na
terra do Egito. 4O faraó não vos ouvirá,
e eu porei minha mão sobre o Egito, e
tirarei da terra do Egito meus exércitos,
meu povo, os israelitas, com grandes jul-
gamentos. 5E os egípcios saberão que eu
sou Javé, quando estender minha mão
contra o Egito, para tirar os israelitas do
meio deles". 6Moisés e Aarão fizeram o
que Javé lhes tinha ordenado. 7Moisés
tinha oitenta anos e Aarão oitenta e três,
quando falaram ao faraó.

8Javé disse a Moisés e a Aarão:
9"Quando o faraó vos disser: 'Fazei um
prodígio',* tu dirás a Aarão: 'Toma tua
vara e atira-a diante do faraó, e ela se
tornará uma serpente'". 10Moisés e Aa-
rão foram à presença do faraó e fize-
ram o que Javé lhes havia ordenado.
Aarão atirou sua vara diante do faraó e
de seus servidores, e ela se tornou uma
serpente. 11Mas o faraó chamou os sá-
bios e encantadores, e também eles,
os magos do Egito, fizeram o mesmo
com seus sortilégios. 12Cada um atirou
a própria vara e elas se transformaram
em serpentes; mas a vara de Aarão de-
vorou as varas deles. 13Mas o coração
do faraó se endureceu e não deu ou-
vidos a Moisés e a Aarão, como Javé
tinha falado.

A água transformada em sangue.
14Javé disse a Moisés: "O coração do
faraó se endureceu* e ele recusa dei-
xar sair o povo. 15Vai ao faraó amanhã
cedo, quando ele sair para ir às águas;
ficarás à espera dele na beira do rio,
levando na mão a vara que se conver-
teu em serpente. 16Tu lhe dirás: 'Javé,
o Deus dos hebreus, mandou-me a ti
para dizer-te: Deixa meu povo partir
para que me preste culto no deserto:
até agora, porém, não me deste ouvi-
dos. 17Assim diz Javé: Nisto conhecerás
que eu sou Javé: vou ferir as águas do
rio com a vara que tenho na mão, e
elas se transformarão em sangue. 18Os
peixes existentes no rio morrerão, o rio
ficará poluído, e os egípcios terão nojo
de beber a água do rio'".†

19Javé disse a Moisés: "Dize a Aarão:
'Toma tua vara e estende tua mão sobre
as águas do Egito: sobre seus rios, seus
canais, suas lagoas e todos os seus re-
servatórios de águas. Elas se converterão
em sangue, e haverá sangue em todo
o Egito, tanto nas vasilhas de madeira
como nas de pedra'". 20Moisés e Aarão
fizeram o que Javé lhes tinha mandado.
Aarão levantou a vara* e feriu as águas
do rio à vista do faraó e de seus servido-
res, e toda a água do rio transformou-
-se em sangue. 21Os peixes que havia
no rio morreram, o rio ficou poluído, e
os egípcios não podiam beber da água
do rio. Houve sangue por toda a terra
do Egito. 22Os magos do Egito, porém,
fizeram a mesma coisa com seus sorti-
légios, e o coração do faraó se endure-
ceu e não deu ouvidos a Moisés e a Aa-
rão, como Javé tinha predito. 23O faraó
voltou-se e entrou em seu palácio, não
fazendo caso disso. 24Todos os egípcios
abriram poços perto do rio para conse-
guirem água potável, pois não podiam
beber da água do rio. 25Assim se passa-
ram sete dias, desde que Javé feriu o rio.

As rãs. 26Javé falou a Moisés: "Vai ao
faraó e dize-lhe: 'Assim fala Javé: Deixa
meu povo partir, para que me preste cul-

* **7**,1. 4,16 | 3. 4,21; Sl 135,9 | 9. Sl 78; 105; Sb 11, 14-20; 16-18 | 14. Sb 11,6-8 | 20. Sl 78,44; 105,29; Ap 8,8.11

† **7**,18. Começa a série das dez calamidades, chamadas "pragas do Egito". As nove primeiras estão ligadas a fenômenos naturais, típicos do país, mas tudo manifesta um duelo entre o poder de Deus e o maior poder do mundo da época. Deus submete as forças da natureza às ordens de seu enviado, Moisés, para a derrota do inimigo e a salvação do povo.

to. [27]Se recusas deixá-lo ir, infestarei de
rãs toda a tua terra. [28]O rio fervilhará
de rãs, as quais subirão e entrarão
em teu palácio, em teus aposentos, so-
bre teu leito, nas casas de todos os teus
servidores, no meio de teu povo, nos
teus fornos e em tuas amassadeiras.
[29]As rãs virão sobre ti, sobre teu povo e
sobre todos os teus servos'".

8 [1]Disse Javé a Moisés: "Dize a Aa-
rão: Estende a mão com tua vara
sobre os rios, os canais e as lagoas e
faze subir as rãs sobre a terra do Egito".
[2]Aarão estendeu a mão sobre as águas
do Egito, e as rãs subiram e cobriram a
terra do Egito.* [3]Mas os magos fizeram
o mesmo com seus sortilégios, fazendo
subir as rãs sobre a terra do Egito.

[4]O faraó chamou Moisés e Aarão e
disse-lhes: "Suplicai a Javé que afaste
de mim e de meu povo as rãs, e deixa-
rei ir o povo para que ofereça sacrifícios
a Javé". [5]Moisés disse ao faraó: "Digna-
-te dizer-me quando deverei orar por
ti, por teus servidores e por teu povo,
para que Javé afaste as rãs de ti e de
tuas casas e fiquem somente no rio".
[6]"Amanhã", disse ele. Moisés replicou:
"Será como dizes! Para que saibas que
não há outro como Javé, nosso Deus.
[7]As rãs se afastarão de ti, de tuas ca-
sas, de teus servidores e de teu povo e
ficarão somente no rio". [8]Moisés e Aa-
rão saíram da casa do faraó, e Moisés
suplicou a Javé a respeito das rãs que
tinha mandado contra o faraó. [9]Javé
fez como Moisés lhe pedia. Morreram
as rãs e desapareceram das casas, dos
pátios e dos campos. [10]Reuniram-nas
em montões, e o país ficou poluído.
[11]Mas o faraó, vendo que havia alívio,
endureceu o coração e não deu ouvi-
dos a Moisés e Aarão, como Javé tinha
predito.

Os mosquitos. [12]Javé disse a Moisés:
"Dize a Aarão: Estende tua vara e bate
o pó da terra, para que se converta em
mosquitos em toda a terra do Egito".
[13]Assim fizeram. Aarão estendeu a mão
com a vara, bateu o pó da terra e vie-
ram mosquitos sobre os homens e os
animais. Todo o pó da terra se mudou
em mosquitos* em todo o país do Egi-
to. [14]Os magos tentaram fazer o mesmo
com seus sortilégios, mas não o conse-
guiram. Os mosquitos atacavam os ho-
mens e os animais. [15]Disseram os magos
ao faraó: "Isto é o dedo de Deus".* O co-
ração do faraó, porém, endureceu-se e,
como Javé tinha dito, não deu ouvidos.

As moscas. [16]Javé disse a Moisés: "Le-
vanta-te cedo amanhã, apresenta-te
ao faraó, quando sair para as águas, e
dize-lhe: 'Assim fala Javé: Deixa ir meu
povo, para me prestar culto. [17]Porque
se não deixares ir meu povo, mandarei
moscas contra ti, contra teus servido-
res,* contra teu povo, contra tuas casas;
ficarão cheias delas as casas dos egíp-
cios e a terra em que moram. [18]Mas fa-
rei uma exceção neste dia para a terra
de Gessen,* onde habita meu povo; ali
não haverá moscas, para que saibas
que eu, Javé, estou no meio da terra.
[19]Farei distinção entre meu povo e o
teu. Amanhã terá lugar este sinal'".

[20]E assim fez Javé. Veio uma multidão
de moscas, que entraram na casa do fa-
raó, nas de seus servidores e em todo o
Egito; e a terra foi devastada por causa
das moscas. [21]O faraó chamou Moisés
e Aarão e disse-lhes: "Ide, sacrificai a
vosso Deus no país". [22]Moisés, porém,
respondeu: "Não convém fazer assim,
pois os sacrifícios que devemos ofere-
cer a Javé, nosso Deus, são abominados
pelos egípcios. Se oferecermos, à vista
deles, sacrifícios que eles abominam,
não nos apedrejariam? [23]Temos de ca-
minhar três dias deserto adentro para
sacrificar a Javé, nosso Deus, conforme
ele nos disse". [24]O faraó respondeu: "Eu
vos permitirei sacrificar a vosso Deus no
deserto, mas não deveis ir muito longe;
rogai por mim". [25]Respondeu Moisés:
"Logo que eu sair de tua casa, rogarei
por ti a Javé, e amanhã as moscas se
afastarão do faraó, de seus servidores e
de seu povo; que o faraó, porém, não
nos engane mais uma vez, não deixan-
do o povo ir sacrificar a Javé". [26]Moisés

* **8**,2. Sl 78,45; 105,30; Ap 16,13 | 13. Sl 105,31 | 15. Lc 11,20 | 17. Sl 78,45 | 18. Gn 47,1s

saiu da casa do faraó e rezou a Javé.
[27]Javé fez o que lhe pedia Moisés, e as
moscas se afastaram do faraó, de seus
servidores e de seu povo, sem ficar uma
sequer. [28]O faraó, porém, endureceu
seu coração também dessa vez e não
deixou o povo sair.

9 **A Peste.** [1]Javé disse a Moisés: "Vai
ao faraó e dize-lhe: 'Assim fala Javé,
o Deus dos hebreus: Deixa meu povo
partir para me prestar culto. [2]Porque se
recusares deixá-lo ir e ainda o retiveres,
[3]a mão de Javé vai pesar sobre os ani-
mais* que estão nos campos, sobre os
cavalos, os jumentos, os camelos, os bois
e as ovelhas: haverá uma peste gravís-
sima. [4]Mas Javé fará distinção entre os
animais dos israelitas e os dos egípcios:
nada perecerá de tudo o que pertence
aos israelitas'". [5]E Javé fixou o tempo, di-
zendo: "Amanhã Javé fará isso no país".
[6]No dia seguinte Javé assim fez. Todos
os animais dos egípcios pereceram, mas
dos animais dos israelitas não morreu
um sequer. [7]O faraó mandou verificar,
e de fato nenhum animal dos israelitas
havia morrido. Mas o coração do faraó
se endureceu e não deixou o povo sair.
As úlceras. [8]Javé disse a Moisés e a Aa-
rão: "Apanhai mãos cheias de fuligem
de forno, e Moisés a espalhe pelo ar, à
vista do faraó, [9]para que se transforme
num pó fino sobre toda a terra do Egi-
to; e produza úlceras que formem pús-
tulas em todos os homens e animais
por toda a terra do Egito". [10]Apanha-
ram a fuligem de forno e apresenta-
ram-se ao faraó. Moisés a atirou ao ar,
e produziram-se úlceras que formavam
pústulas nos homens* e nos animais.
[11]Os magos não puderam permanecer
na presença de Moisés por causa das
úlceras, porque se produziram úlceras
também neles como em todos os egíp-
cios. [12]Javé endureceu o coração do fa-
raó, o qual não deu ouvidos a Moisés e
Aarão, como Javé havia dito a Moisés.
O granizo. [13]Javé disse a Moisés: "Ama-
nhã levanta-te cedo, apresenta-te ao fa-
raó e dize-lhe: 'Assim fala Javé, o Deus
dos hebreus: Deixa meu povo partir para
que me preste culto. [14]Pois desta vez vou
descarregar todos os meus flagelos so-
bre ti, sobre teus servidores e sobre teu
povo, a fim de que saibas que não existe
outro como eu em toda a terra. [15]De fato,
se eu tivesse estendido minha mão e te
tivesse ferido de peste, a ti e a teu povo, já
terias desaparecido da terra; [16]mas se
te conservei com vida, foi para te mos-
trar meu poder e para que meu nome
seja celebrado em toda a terra. [17]E tu te
opões ainda a meu povo, para não o dei-
xares partir? [18]Pois saibas que amanhã
a esta hora farei chover um granizo tão
violento como jamais houve outro se-
melhante no Egito, desde sua origem até
hoje. [19]Ordena, pois, que recolham teus
animais e tudo que tens no campo; por-
que toda pessoa e todo animal que se
encontrar no campo, e que não se reco-
lher, serão atingidos pelo granizo e mor-
rerão'". [20]Aqueles dentre os servidores
do faraó que temeram a palavra de Javé
mandaram recolher os servos e os ani-
mais às casas; [21]aqueles, porém, que não
fizeram caso da palavra de Javé deixaram
seus servos e seus animais no campo.

[22]Javé disse a Moisés: "Estende a mão
para o céu, para que caia o granizo em
toda a terra do Egito sobre os homens,
os animais e sobre toda a vegetação
do campo". [23]Moisés estendeu sua vara
para o céu,* e Javé mandou trovões e
granizo, e desceu fogo sobre a terra; e
Javé fez chover granizo sobre a terra do
Egito. [24]Foi um granizo violentíssimo e
fogo misturado com o granizo, como
jamais houve igual em todo o Egi-
to desde que se constituiu em nação.
[25]O granizo abateu, em todo o Egito,
tudo o que se encontrava no campo,
homens e animais; destruiu também
toda a vegetação do campo e devastou
todas as árvores do campo. [26]Somente
na terra de Gessen,* onde habitavam
os israelitas, não caiu granizo.

[27]O faraó mandou chamar Moisés
e Aarão e lhes disse: "Desta vez, sim,
pequei. Javé é justo, eu e meu povo
somos culpados. [28]Rogai a Javé para

---

* **9**,3. Sl 78,48 | 10. Ap 16,2 | 23. Sl 78,47s; 105,32; Ap 16,20; 8,7 | 26. Gn 47,1s

que cessem esses terríveis trovões e o granizo, e vos deixarei ir, e não ficareis mais aqui". 29Respondeu-lhe Moisés: "Quando eu tiver saído da cidade, estenderei minhas mãos a Javé; então cessarão os trovões e deixará de cair granizo, para que saibas que a terra pertence a Javé". 30Mas eu sei que nem tu, nem teus servidores temeis ainda Javé Deus".*

31O linho e a cevada foram destruídos, pois a cevada estava espigando e o linho estava em flor. 32Mas o trigo e o centeio não foram atingidos, porque são tardios.

33Moisés saiu da presença do faraó e da cidade; estendeu as mãos para Javé, e cessaram os trovões e o granizo, e parou de chover sobre a terra. 34Vendo o faraó que haviam cessado a chuva, o granizo e os trovões, tornou a pecar, endurecendo seu coração, ele e seus servidores. 35O coração do faraó se endureceu e não deixou sair os israelitas, como Javé tinha predito por meio de Moisés.

10

Os gafanhotos. 1Javé disse a Moisés: "Vai ao faraó, pois endureci seu coração e o de seus servidores, para realizar esses meus sinais no meio deles, 2e para que narres a teu filho e a teu neto* como zombei dos egípcios, e meus sinais que realizei no meio deles; para que saibais que eu sou Javé". 3Moisés e Aarão foram ao faraó e lhe disseram: "Assim fala Javé, o Deus dos hebreus: 'Até quando recusarás humilhar-te diante de mim? Deixa meu povo partir para que me preste culto. 4Pois se ainda recusas deixar meu povo partir, amanhã farei vir sobre teu território gafanhotos,* 5que cobrirão a superfície do solo de tal forma que não se poderá ver o chão. Devorarão o que sobrou, o que escapou ao granizo, e comerão todas as vossas árvores que crescem nos campos. 6Encherão tuas casas, as casas de teus servidores e as de todos os egípcios, como nem teus pais viram, nem teus avós, desde que vieram ao mundo até o dia de hoje". Moisés voltou-se e saiu da casa do faraó.

7Os servidores do faraó disseram: "Até quando esse homem será para nós um tropeço? Deixa sair esses homens, para que sirvam a Javé, seu Deus; ainda não percebeste que o Egito está arruinado? 8Moisés e Aarão foram de novo chamados à presença do faraó, o qual lhes disse: "Ide prestar culto a Javé, vosso Deus. Mas, quem são os que devem ir?" 9Moisés respondeu: "Iremos com nossos jovens e nossos velhos, com nossos filhos e nossas filhas, com nossas ovelhas e nossos bois, porque é para nós uma festa de Javé". 10Respondeu-lhes o faraó: "Javé esteja convosco, assim como vos deixarei ir, vós e vossos filhos. Vede como estais mal-intencionados. 11Assim, não; ide somente os homens e sacrificai a Javé; pois é isto que desejais". E foram expulsos da presença do faraó.

12Javé disse a Moisés: "Estende a mão sobre a terra do Egito,* para que venham sobre ela os gafanhotos; invadam a terra do Egito e devorem toda a vegetação que o granizo poupou". 13Moisés estendeu a vara sobre a terra do Egito, e Javé fez soprar sobre a terra um vento do oriente durante todo o dia e toda a noite. Pela manhã,* o vento do oriente tinha trazido os gafanhotos. 14Invadiram todo o país do Egito, pousando em todo o território do Egito, em tão grande quantidade como jamais houve antes nem haverá igual. 15Cobriram toda a face da terra, de modo que ela escureceu. Devoraram toda a vegetação da terra, todos os frutos das árvores, que o granizo tinha poupado, e nada de verde restou nem nas árvores, nem na vegetação do campo, em toda a terra do Egito.

16Então o faraó chamou às pressas Moisés e Aarão e disse-lhes: "Pequei contra Javé, vosso Deus, e contra vós. 17Perdoai ainda esta vez meu pecado e rogai a Javé, vosso Deus, para que ao menos afaste de mim este flagelo mor-

* **9**,30. Dt 10,14 Sl 24,1 | **10**,2. 12,26; 13,8; Dt 4,9; 6,7.20-25 | 4. Jl 2 | 12. Sl 78,46; 105,34 | 13. Ap 9,3s

tal". 18Moisés saiu da presença do faraó
e suplicou a Javé. 19Então Javé fez so-
prar um fortíssimo vento ocidental, que
arrastou os gafanhotos e os lançou no
mar Vermelho. Não ficou um só gafa-
nhoto na terra do Egito. 20Javé, porém,
endureceu o coração do faraó, o qual
não deixou os israelitas sair.

As trevas. 21Javé disse a Moisés: "Es-
tende a mão para o céu,* para que haja
sobre a terra do Egito trevas tão den-
sas que se possam apalpar!" 22Moisés
estendeu a mão para o céu, e densas
trevas cobriram todo o Egito por três
dias. 23Durante esses dias, não se viam
uns aos outros, e ninguém se moveu
de seu lugar. Mas os israelitas tinham
luz nos lugares onde moravam. 24O
faraó chamou Moisés e Aarão e lhes
disse: "Ide prestar culto a Javé, mas
fiquem aqui vossas ovelhas e vossos
bois; também vossos filhos podem ir
convosco". 25Moisés respondeu: "És tu
que porás em nossas mãos sacrifícios
e holocaustos para oferecermos a Javé,
nosso Deus? 26Também irá conosco
nosso gado, nem uma unha ficará, pois
é deles que devemos tomar para servir
a Javé, nosso Deus. Nem mesmo nós
sabemos, enquanto não chegarmos
lá, o que teremos de oferecer a Javé".
27Javé, porém, endureceu o coração do
faraó, que não consentiu em deixá-los
partir.

28Disse o faraó a Moisés: "Retira-te
de minha presença; cuida de não ve-
res mais minha face, porque, no dia em
que tornares a ver minha face, morre-
rás". 29Disse Moisés: "Falaste bem; nun-
ca mais verei tua face".

11 **Anúncio da décima praga.**
1Javé disse a Moisés: "Vou enviar
ainda uma praga* sobre o faraó e sobre
o Egito, depois da qual ele vos deixará
sair; não só vos deixará sair, mas vos
expulsará daqui definitivamente. 2Or-
dena ao povo que cada homem peça a
seu vizinho e cada mulher a sua vizinha
objetos de prata e de ouro". 3Javé fez
com que o povo encontrasse graça aos
olhos dos egípcios; também o próprio
Moisés era muito estimado na terra do
Egito* pelos servidores do faraó e pelo
povo.

4Então Moisés disse: "Assim fala Javé:
'Pela meia-noite passarei através do
Egito, 5e morrerá todo primogênito da
terra do Egito, desde o primogênito do
faraó, o herdeiro do trono, até o pri-
mogênito da escrava, que está junto à
mó, e todo o primogênito dos animais.
6Então haverá em toda a terra do Egito
um forte clamor, como jamais houve
nem haverá igual. 7Mas contra os is-
raelitas, nem sequer um cão moverá
sua língua, nem contra as pessoas nem
contra os animais; assim sabereis que
Javé faz distinção entre o Egito e Israel.
8Então todos esses teus servidores vi-
rão procurar-me e se prostrarão diante
de mim, dizendo: Sai tu e todo o povo
que te segue. Depois disso partirei'".
Moisés, cheio de ira, saiu da presença
do faraó.

9Javé disse a Moisés: "O faraó não
vos ouvirá, para que se multipliquem
meus prodígios na terra do Egito".
10Moisés e Aarão haviam feito todos
esses prodígios diante do faraó; Javé,
porém, endureceu o coração do faraó,
e ele não permitiu que os israelitas
saíssem de sua terra.

12 **Instituição da Páscoa.** 1Disse
Javé a Moisés e a Aarão na ter-
ra do Egito:* 2"Este mês será para vós
o princípio dos meses: será para vós
o primeiro dos meses do ano. 3Falai a
toda a comunidade dos israelitas, di-
zendo-lhes: 'No décimo dia deste mês,
cada um tome um cordeiro por famí-
lia; um cordeiro para cada casa. 4Se a
família for pequena para um cordeiro,
tome-o então juntamente com o vizi-
nho mais próximo da casa, segundo o
número das pessoas. Escolhereis o ani-
mal calculando-se o que cada um pode
comer. 5O cordeiro seja sem defeito,
macho,* de um ano: podeis tomar um

---

* **10**,21. Sb 17,1; 18,4 | **11**,1. 13,11 | 3. At 7,22 | **12**,1. 34,18; Lv 23,5-8; Nm 28,16-25; Dt 16,1-8; Ez 45,21-25; Mt 26,17s; Lc 22,15s; 1Cor 5,7 | 5. Lv 22,19s

cordeiro ou um cabrito. 6E o guardareis até o dia quatorze deste mês; então, ao cair da tarde, toda a comunidade de Israel o imolará. 7Tomarão de seu sangue e o passarão sobre os dois marcos e sobre a travessa da porta das casas onde o comerem. 8Nessa mesma noite comerão a carne, assada ao fogo, com pães ázimos e ervas amargas. 9Dele não comereis nada que seja cru nem cozido em água, mas todo ele será assado ao fogo, junto com a cabeça, as pernas e as vísceras. 10Não deixareis nada para a manhã seguinte; se algo sobrar, será queimado. 11Assim o comereis: com os rins cingidos, os pés calçados e o cajado na mão. Comereis às pressas, pois é a Páscoa de Javé†.

12Nessa noite eu passarei pela terra do Egito e matarei todos os primogênitos da terra do Egito, tanto das pessoas como dos animais, e executarei minha sentença contra todos os deuses do Egito: eu, Javé. 13O sangue vos servirá de sinal nas casas onde estiverdes. Eu verei o sangue e passarei adiante, e não haverá para vós o flagelo mortal quando eu ferir a terra do Egito. 14Esse dia será para vós um memorial e o celebrareis como uma festa em honra de Javé, de geração em geração, como instituição perpétua'".

A festa dos Ázimos. 15"Durante sete dias* comereis pães ázimos†; já no primeiro dia tirareis de vossas casas o fermento, pois quem, desde o primeiro dia até o último, comer pão fermentado será eliminado de Israel. 16No primeiro dia, como também no sétimo, tereis uma santa assembleia; não fareis nesses dias trabalho algum, exceto o preparo da comida de cada um: só isso podeis fazer. 17Guardai, pois, a festa dos Ázimos, porque nesse mesmo dia eu tirei vossas fileiras da terra do Egito; guardai esse dia, de geração em geração, como instituição perpétua. 18No primeiro mês comereis pão sem fermento, desde a tarde do dia quatorze até a tarde do dia vinte e um. 19Durante sete dias não haverá fermento em vossas casas, e quem comer alguma coisa fermentada será eliminado da comunidade de Israel, seja estrangeiro ou natural do país. 20Não comereis coisa alguma fermentada: em todas as vossas casas comereis pães ázimos".

21Moisés convocou todos os anciãos de Israel e disse-lhes: "Ide e tomai um animal do rebanho, segundo vossas famílias, e imolai a Páscoa. 22Depois tomai um ramalhete de hissopo, molhai-o no sangue que estiver na bacia e com ele marcai a travessa e os dois marcos da porta. Ninguém saia da porta de sua casa até pela manhã. 23Quando Javé passar para ferir os egípcios, ao ver o sangue nos dois marcos e na travessa, passará adiante daquela porta, e não permitirá ao exterminador† entrar em vossas casas* para ferir. 24Guardareis este costume como um decreto perpétuo para vós e vossos filhos. 25E quando tiverdes entrado na terra que Javé vos dará, conforme prometeu, observareis este rito. 26Quando vossos filhos vos perguntarem: 'Que significa este rito?'* 27respondereis: 'É o sacrifício da Páscoa de Javé,* que passou adiante das casas dos israelitas, no Egito, quando feriu os egípcios, mas livrou nossas casas'". O povo se ajoelhou e adorou. 28Os israelitas foram e assim fizeram; como Javé havia ordenado a Moisés e Aarão, assim eles fizeram.

Morte dos primogênitos. 29Aconteceu que à meia-noite Javé feriu todos os primogênitos na terra do Egito,* desde o primogênito do faraó, herdei-

* **12**,15. 13,3-10; 23,15; 1Cor 5,7 | 23. Hb 11,28 | 26. Dt 6,20-25 | 27. Êx 10,2 | 29. Sb 18,6-9; Sl 78,51; 105,36; 135,8; 136,10

† **12**,11. Páscoa significa passagem, de Deus que castiga o Egito, e dos hebreus que atravessam o mar Vermelho. Na primavera, no mês de abib ou das espigas, depois chamado nisã, e que corresponde a nosso março-abril, os pastores nômades celebravam uma festa e os agricultores festejavam os Ázimos. As duas festas se uniram na Páscoa, a maior festa dos hebreus, memorial de sua libertação. A imolação redentora de Cristo coincidiu com a Páscoa hebraica e é perpetuada na Páscoa cristã, sendo Jesus o cordeiro imolado, nossa Páscoa. | 15. Isto é, sem fermento, considerado como princípio de corrupção, 1Cor 5,8. | 23. O anjo encarregado de executar a sentença da morte dos primogênitos egípcios.

ro de seu trono, até o primogênito do escravo que estava no cárcere, e todos os primogênitos dos animais. [30]De noite levantou-se o faraó, todos os seus servidores e todos os egípcios, e houve grandes lamentos em todo o Egito, pois não havia casa onde não houvesse um morto. [31]O faraó mandou chamar Moisés e Aarão, ainda de noite, e disse: "Ide! Saí do meio de meu povo, tanto vós como os israelitas; ide e prestai culto a Javé, como dissestes.[32]Levai convosco vossas ovelhas e vossos bois, como dissestes, e parti. Abençoai-me também a mim". [33]Os egípcios pressionavam o povo, para que saísse o quanto antes do país, porque diziam: "Morreremos todos". [34]O povo levou sua massa, antes que fosse fermentada, carregando aos ombros as amassadeiras envoltas nos mantos.

[35]Os israelitas fizeram de acordo com a ordem de Moisés,* pedindo aos egípcios objetos de ouro e de prata e roupas. [36]Javé fez o povo ganhar as boas graças dos egípcios, que atenderam a seus pedidos. Deste modo despojaram os egípcios.

II. A CAMINHO DO SINAI (12,37–18,27)

Os israelitas saem do Egito. [37]Partiram, pois, os israelitas* de Ramsés para Sucot. Eram cerca de seiscentos mil adultos a pé, sem contar as crianças. [38]Com eles partiram também muitas outras pessoas, bem como ovelhas e bois, uma grande quantidade de animais.* [39]Assaram pães ázimos com a massa levada consigo do Egito, pois ela não tinha fermentado, já que foram expulsos do Egito e não puderam esperar, nem fazer provisões.

[40]A permanência dos israelitas no Egito* foi de quatrocentos e trinta anos. [41]No dia em que se completaram esses quatrocentos e trinta anos, saíram todas as fileiras de Javé da terra do Egito†. [42]Aquela foi uma noite de vigília para Javé, quando os fez sair da terra do Egito; essa deve ser uma noite de vigília em honra de Javé para todos os israelitas em suas gerações.

Lei da Páscoa. [43]Javé disse a Moisés e Aarão: "Esta é a norma da Páscoa: Nenhum estrangeiro pode comer dela. [44]O servo comprado por dinheiro,* seja antes circuncidado, e então poderá comê-la. [45]O hóspede e o mercenário não a comerão. [46]O cordeiro será consumido numa mesma casa;* nada de sua carne levareis para fora de casa, nem lhe quebrareis osso algum. [47]Toda a comunidade de Israel celebrará a Páscoa. [48]Se algum estrangeiro que mora contigo quiser celebrar a Páscoa de Javé, todos os varões de sua casa deverão ser circuncidados, e então se aproxime para celebrá-la, da mesma forma que o nativo. Mas nenhum incircunciso comerá dela. [49]Haverá uma mesma lei para o nativo e para o estrangeiro residente entre vós". [50]Todos os israelitas fizeram assim; como Javé havia ordenado a Moisés e Aarão, eles fizeram. [51]E naquele mesmo dia Javé tirou da terra do Egito os israelitas segundo suas fileiras.

13 **Oferta dos primogênitos.** [1]Javé disse a Moisés: [2]"Consagra-me todo primogênito; as primícias de todo seio entre os israelitas, tanto dos homens como dos animais†, são minhas". [3]Moisés disse ao povo:* "Lembrai-vos deste dia em que saístes do Egito, da casa da servidão, pois Javé vos tirou dela com mão forte; nada se comerá de fermentado. [4]Saís hoje, no mês de abib. [5]Quando Javé te houver introduzido* na terra do cananeu, do heteu, do amorreu, do heveu e do jebuseu, que ele jurou a seus pais que te

* **12**,35. 3,21s; 11,2; Sb 10,17 | 37. 33,1-6; Nm 33,3-5; 1,46 | 38. Nm 11,4; Lv 24,10-14 | 40. Gn 15,13; Gl 3,17; At 7,6 | 44. Gn 17,10 | 46. Nm 9,12; Jo19,36 | **13**,3. 12,1 | 5. Dt 7,1

† **12**,41. Historiadores modernos situam o êxodo em torno do ano 1250 a.C., no tempo do faraó Ramsés II. | **13**,2. Deus, senhor e doador da vida, reserva para si os primeiros filhos dos israelitas e dos animais, e os primeiros frutos da terra, ou primícias. As crianças serão resgatadas e os animais, imolados.

haveria de dar, terra onde corre leite e mel, observarás este rito neste mesmo mês. [6]Durante sete dias comerás pães sem fermento, e no sétimo dia haverá uma festa em honra de Javé. [7]Comerás pães sem fermento durante sete dias;* e não se verá contigo nenhuma coisa fermentada, nem fermento algum em todo o teu território. [8]Naquele dia explicarás a teu filho,* dizendo: 'Isto é pelo que Javé fez por mim quando saí do Egito'†. [9]E isto será como um sinal em tua mão e como uma lembrança entre teus olhos, para que a lei de Javé esteja em tua boca; porque com mão forte Javé te fez sair do Egito. [10]Observarás esta norma cada ano, no tempo marcado.

[11]Quando Javé te houver introduzido* na terra dos cananeus, como jurou a ti e a teus pais, e a tiver dado a ti, [12]reservarás para Javé todo primogênito e toda primeira cria dos animais que tiveres: se for macho, será para Javé. [13]Mas resgatarás com um cordeiro toda primeira cria das jumentas, e se não a quiseres resgatar, tu lhe quebrarás o pescoço. Resgatarás também todo primogênito* entre teus filhos. [14]E quando amanhã teu filho te perguntar: 'Que significa isto?', tu lhe dirás: 'É que Javé com mão forte nos tirou do Egito, da casa da servidão. [15]Como o faraó teimasse em não nos deixar sair, Javé matou todos os primogênitos no país do Egito, tanto os primogênitos dos homens como os primogênitos dos animais. Por isso sacrifico a Javé todo primogênito macho dos animais e resgato todo primogênito* de meus filhos'. [16]Isto será como sinal em tua mão e como frontal entre teus olhos; pois com mão poderosa Javé nos tirou do Egito".

Rumo ao mar Vermelho. [17]Quando o faraó deixou o povo partir, Deus não o conduziu pelo caminho do país dos filisteus, que é o mais próximo, porque Deus disse: "Não aconteça que o povo se arrependa diante dos combates e volte para o Egito". [18]Assim, pois, Deus fez o povo dar uma volta pelo caminho do deserto do mar Vermelho.* E os israelitas partiram da terra do Egito bem armados†. [19]Moisés levou consigo os restos mortais de José, pois este havia feito os israelitas jurar solenemente, dizendo: "Quando Deus vos visitar, levareis daqui convosco meus ossos". [20]Partiram de Sucot e acamparam em Etam, no limite do deserto. [21]Javé ia à frente deles, de dia numa coluna de nuvem,* para guiá-los pelo caminho, e de noite numa coluna de fogo, para iluminá-los, a fim de que pudessem caminhar de dia e de noite. [22]A coluna de nuvem não se afastava da frente do povo durante o dia, nem a coluna de fogo durante a noite.

14 [1]Javé disse a Moisés: [2]"Dize aos israelitas que voltem e acampem diante de Piairot, entre Magdol e o mar, diante de Baal Sefon; acampai diante deste lugar junto ao mar. [3]O faraó pensará que os israelitas estão desorientados na região e presos no deserto. [4]Eu endurecerei o coração do faraó, que vos perseguirá; e eu mostrarei minha glória contra o faraó e todo o seu exército, e os egípcios saberão que eu sou Javé". E assim fizeram.

A passagem do mar Vermelho. [5]Quando foi anunciado ao rei do Egito que o povo havia fugido, o faraó e seus servidores mudaram de ideia a respeito do povo e disseram: "Que fizemos, deixando partir Israel e perdendo seus serviços?" [6]O faraó mandou preparar seu carro e tomou consigo sua gente. [7]Reuniu seiscentos carros escolhidos e todos os carros do

---

* **13**,7. 34,18 | 8. 12,26; 10,2 | 11. Lc 2,22-24; Gn 22,1 | 13. Nm 18,15 | 15. Dt 6,8; 11,18 | 18. Gn 50,25; Js 24,32 | **13**,21. Ne 9,19; Sb 10,17s; 18,3 | **14**,11. 16,2s; 17,3; 15,24; Nm 11,1.4; 14,2; 20,2; 21,4s; Sl 78,40; 5,21; 6,9

† **13**,8. Vós todos que renunciastes ao mundo do mal, realizastes também vosso êxodo (S. Agostinho). | 18. Começa o êxodo, a longa caminhada de 40 anos, da escravidão do Egito para a liberdade da terra prometida, tempo feliz do idílio e do noivado entre Deus e seu povo, Jr 2,2; Os 2,16, e modelo de toda libertação futura, Jr 16,14-15. Recordando ao povo seus feitos, Deus se apresentará como "aquele que te tirou do Egito", Êx 20,1.

Egito, cada um com seus oficiais. [8]Javé endureceu o coração do faraó, rei do Egito, o qual perseguiu os israelitas que partiam afoitamente. [9]Os egípcios os perseguiram com todos os cavalos, os carros do faraó, seus cavaleiros e seu exército e os alcançaram quando estavam acampados em Piairot, diante de Baal Sefon. [10]O faraó já estava próximo, quando os israelitas ergueram os olhos e viram os egípcios que vinham em sua perseguição. Então os israelitas foram tomados de grande pavor e clamaram a Javé. [11]E disseram a Moisés: "Faltavam, talvez, sepulturas no Egito para nos trazeres a morrer no deserto?* Que nos fizeste, tirando-nos do Egito! [12]Não foi isto que te falamos no Egito, dizendo: 'Deixa-nos servir aos egípcios'? Era melhor servir aos egípcios do que morrer no deserto".† [13]E Moisés disse ao povo: "Não temais. Permanecei firmes e vereis a libertação que Javé realizará hoje em vosso favor; pois os egípcios que hoje vistes, nunca mais tornareis a ver. [14]Javé combaterá por vós, sem que vos preocupeis".

[15]Javé disse a Moisés: "Por que clamas por mim? Ordena aos israelitas* que se ponham a caminho. [16]E tu, levanta tua vara, estende a mão sobre o mar e divide-o, para que os israelitas possam atravessá-lo a pé enxuto. [17]Vou endurecer o coração dos egípcios, que entrarão atrás deles, e eu mostrarei minha glória contra o faraó e todo o seu exército, seus carros e seus cavaleiros. [18]Assim saberão os egípcios que eu sou Javé, quando eu mostrar minha glória contra o faraó, seus carros e seus cavaleiros". [19]Então o anjo de Deus que caminhava à frente do exército de Israel mudou de lugar e passou para trás dele, e também a coluna de nuvem se deslocou da frente para trás dele. [20]Colocou-se, assim, entre o acampamento dos egípcios e o acampamento de Israel. A nuvem era obscura para aqueles e iluminava a noite para estes. Por toda a noite uns não puderam se aproximar dos outros. [21]Moisés estendeu a mão sobre o mar, e Javé o fez retirar-se mediante um forte vento oriental que soprou a noite toda, deixando-o seco e as águas se dividiram. [22]Então os israelitas entraram no meio do mar a pé enxuto, enquanto as águas formavam uma muralha a sua direita e a sua esquerda. [23]Os egípcios os perseguiram, e toda a cavalaria do faraó, seus carros e cavaleiros entraram no mar atrás deles. [24]Na vigília da manhã,* Javé, do alto da coluna de fogo e da nuvem, olhou para o acampamento dos egípcios e lançou a confusão no meio deles. [25]Emperrou as rodas de seus carros, de sorte que só podiam avançar com dificuldade. Então os egípcios disseram: "Fujamos dos israelitas, porque Javé combate por eles contra os egípcios".

[26]Javé disse a Moisés: "Estende a mão sobre o mar, e as águas se voltarão contra os egípcios, seus carros e seus cavaleiros". [27]Moisés estendeu a mão sobre o mar e, ao amanhecer, o mar voltou a seu lugar, enquanto os egípcios, fugindo, iam a seu encontro. Assim Javé precipitou os egípcios no meio do mar. [28]As águas voltaram,* cobrindo os carros, os cavaleiros e todo o exército do faraó que havia entrado no mar atrás dos israelitas; nenhum deles escapou. [29]Mas os israelitas caminharam a pé enxuto no meio do mar, enquanto as águas formavam uma muralha a sua direita e a sua esquerda. [30]Foi assim que Javé salvou naquele dia os israelitas das mãos dos egípcios, e Israel viu os egípcios mortos na praia do mar†. [31]Israel viu o grande poder que Javé tinha mostrado contra os egípcios e temeu a Javé, acreditou nele e em seu servo Moisés.*

---

* **14**,15. Sl 78; 105; 106; 114; Sb 10,18s; 1Cor 10,1s | 24. Sl 77,17-19 | 28. Dt 11,4 | 31. 4,31

† **14**,12. Primeira de uma série de murmurações do povo contra Moisés, devido à sede, à fome, aos perigos das guerras. O povo exprime sua revolta, sua falta de confiança em Deus, e Moisés o exorta à fé, à fidelidade. | **14**,30. "Concedestes aos filhos de Abraão atravessar o mar Vermelho a pé enxuto, para que livres da escravidão, prefigurassem o povo nascido na água do Batismo" (Liturgia da Páscoa).

15 **Cântico de triunfo.** 1Então
Moisés e os israelitas cantaram
a Javé este cântico:
"Cantarei a Javé, por seu triunfo glo-
rioso;
precipitou no mar cavalo e cavaleiro.
2Minha força e meu canto é Javé;*
ele foi minha salvação.
Ele é meu Deus: eu o louvarei;
o Deus de meu pai: eu o exaltarei.
3Javé é um guerreiro;
seu nome é Javé.*
4Lançou no mar os carros do faraó e
seus exércitos;
seus melhores guerreiros foram tra-
gados pelo mar Vermelho.
5O abismo os recobriu;
desceram como pedras ao fundo do
mar.
6A vossa direita, Javé, é admirável por
sua força;
a vossa direita, Javé, esmaga o inimi-
go.
7Com a grandeza de vosso poder
abateis vossos adversários;
desencadeais vosso furor, que os de-
vora como palha.*
8Ao sopro de vossas narinas amon-
toaram-se as águas;
as ondas se ergueram como diques;
congelaram-se as vagas no seio do
mar.
9Disse o inimigo: 'Perseguirei, alcan-
çarei;
repartirei os despojos, saciarei minha
alma;
arrancarei minha espada, minha mão
os destruirá'.
10Vosso vento soprou: o mar os en-
goliu;
mergulharam como chumbo nas
águas impetuosas.
11Quem é como vós entre os deuses,
Javé?
Quem é igual a vós, glorioso em san-
tidade,
formidável nas façanhas, fazedor de
prodígios?
12Estendestes vossa mão direita, e a
terra os engoliu.
13Guiastes em vossa bondade o povo
que redimistes.
Com vosso poder o conduzistes a
vossa santa morada.
14Ouvindo isto, os povos estremece-
ram;
a angústia se apoderou dos habitan-
tes da Filisteia.
15Tiveram medo os chefes de Edom,*
o temor se apoderou dos príncipes
de Moab;
esmoreceram todos os habitantes de
Canaã.
16Medo e terror caíram sobre eles;
o poder de vosso braço os petrificou;
até que passasse o vosso povo, Javé,
até que passasse o povo que adqui-
ristes.
17Vós o conduzis e o plantais no
monte de vossa herança,*
no lugar que preparastes para vossa
morada, Javé,
no santuário que vossas mãos funda-
ram, Senhor.
18Reina Javé por todo o sempre!"
19Porque quando os cavalos do fa-
raó, com seus carros e cavaleiros, en-
traram no mar, Javé fez voltar sobre
eles as águas do mar, enquanto os is-
raelitas tinham caminhado no meio do
mar a pé enxuto.
20Então Maria, a profetisa, irmã de
Aarão,* tomou um tamborim; e todas
as mulheres saíram atrás dela com
tamborins e dançando. 21E Maria lhes
respondia:
"Cantai a Javé, por seu triunfo glo-
rioso;
precipitou no mar cavalo e cavaleiro".
As águas amargas. 22Moisés man-
dou que os israelitas partissem do mar
Vermelho;* e saíram para o deserto de
Sur. Caminharam três dias pelo deser-
to* sem encontrar água. 23Chegaram a
Mara,* mas não puderam beber de sua
água, por ser amarga; por isso aque-
le lugar foi chamado Mara. 24Então o
povo murmurou contra Moisés, di-
zendo: "Que vamos beber?"* 25Moisés
clamou a Javé, e Javé lhe mostrou uma

---

* **15**,2. Is 12,2 | 3. 3,14 | 7. Is 5,24s; Ab 18; Na 1,10 | 15. Nm 20,21; 21,4-13; Dt 2,1-9.18 | 17. Sl 74,2 | 20. Nm 26,59 | 22. 1Cor 10,3-5 / Gn 16,7 | 23. Nm 33,8 | 24. 14,11 | 25. Js 24,25

planta, que ele lançou à água, e a água
se tornou doce. Foi ali que Javé lhes
deu um estatuto e um direito,* e ali os
pôs à prova. [26]Ele disse: "Se ouvirdes
atentamente a voz de Javé, vosso Deus,
e fizerdes o que é reto a seus olhos,* se
prestardes ouvidos a seus mandamen-
tos, e observardes todas as suas leis,
não vos infligirei nenhuma das enfer-
midades que infligi aos egípcios, por-
que eu sou Javé que vos cura".* [27]A se-
guir chegaram a Elim, onde havia doze
fontes de água e setenta palmeiras; e
ali acamparam, junto às águas.

16 **A fome do povo.** [1]Partindo
de Elim, toda a comunidade
dos israelitas* chegou ao deserto de
Sin, situado entre Elim e o Sinai, no
dia quinze do segundo mês depois de
sua saída da terra do Egito. [2]No deser-
to, toda a comunidade dos israelitas
murmurou contra Moisés e Aarão. [3]Os
israelitas lhes disseram: "Oxalá tivés-
semos morrido* pela mão de Javé no
país do Egito, quando nos sentávamos
junto às panelas de carne e comíamos
pão com fartura! Pois nos trouxestes a
este deserto para matar de fome toda
esta multidão".

[4]Javé disse a Moisés: "Farei chover
pão do céu para vós. Cada dia o povo
sairá para recolher sua ração diária.
Desse modo eu o porei à prova, para
ver se anda ou não em minha lei.* [5]No
sexto dia, porém, quando prepararem
o que tiverem trazido, terão o dobro do
que recolhem cada dia".

[6]Moisés e Aarão disseram aos israe-
litas: "Esta tarde sabereis que foi Javé
quem vos tirou da terra do Egito, [7]e
amanhã cedo* vereis a glória de Javé,
pois ele ouviu vossas murmurações
contra Javé; pois quem somos nós para
que murmureis contra nós?" [8]E Moisés
acrescentou: "Isto acontecerá quan-
do Javé vos der, esta tarde, carne para
comer, e pela manhã pão com fartura,
pois ele ouviu vossas murmurações
que fizestes contra ele; porque nós,
quem somos? Vossas queixas não são
contra nós, mas contra Javé".

O maná. [9]Moisés disse a Aarão: "Dize
a toda a comunidade dos israelitas:
'Aproximai-vos de Javé, porque ele ou-
viu vossas murmurações'". [10]Enquanto
Aarão falava a toda a comunidade dos
israelitas, eles olharam para o deserto e
viram a glória de Javé aparecer na nu-
vem. [11]Javé disse a Moisés: [12]"Ouvi as
murmurações dos israelitas. Fala-lhes
assim: 'Ao entardecer comereis carne
e pela manhã vos saciareis de pão, e
sabereis que eu sou Javé, vosso Deus'".

[13]De fato, à tarde surgiram codor-
nizes que cobriram o acampamento;
e pela manhã havia uma camada de
orvalho em torno do acampamento.
[14]Quando se evaporou o orvalho, apa-
receu na superfície do deserto uma
coisa miúda, em forma de grãos,* fina
como a geada sobre a terra. [15]Vendo
isto, os israelitas perguntaram uns aos
outros: "Que é isto?", pois não sabiam
o que era. Moisés lhes disse:* "É o pão
que Javé vos dá para comer. [16]Isto é
o que Javé vos ordena: Recolha cada
um o necessário para comer: um go-
mor por pessoa. Cada um tomará de
acordo com o número de pessoas que
houver em sua tenda". [17]E assim fize-
ram os israelitas: uns recolheram mais,
outros menos. [18]Quando se media com
o gomor,* não sobrava a quem tinha
ajuntado muito, nem faltava a quem
tinha ajuntado pouco. Cada qual havia
recolhido conforme havia de comer.

[19]Moisés disse: "Ninguém guarde
dele para a manhã seguinte". [20]Mas
não obedeceram a Moisés, e alguns
guardaram para o dia seguinte; ele
criou vermes e apodreceu; e Moisés se
irritou contra eles. [21]Toda manhã cada
um recolhia segundo o quanto podia
comer; e quando o sol esquentava,
derretia-se. [22]No sexto dia recolheram
uma dupla porção, dois gomores para
cada um, e todos os chefes da comu-
nidade de Israel foram comunicá-lo a
Moisés. [23]Ele respondeu: "É isto o que

* **15**,26. Dt 7,15 / Sl 103,3 | **16**,1. Nm 11; Dt 8,3.16; Sl 78,32s; 105,40; 106,13-15; Sb 16,20-29; Jo 6,26-58 | 3. 14,11 | 4. Dt 8,2 | 7. Sl 81,11 | 14. Nm 11,7-9 | 15. 1Cor 10,3 | 18. 2Cor 8,15

Javé ordenou. Amanhã é dia de repou-
so, o sábado consagrado a Javé; o que
tendes para cozer no forno, cozei-o, e o
que tendes para ferver, fervei-o; e tudo
o que sobrar, guardai-o para a manhã
seguinte". 24Guardaram-no, portanto,
até a manhã seguinte, conforme a or-
dem de Moisés, e não apodreceu nem
criou vermes. 25Moisés disse: "Comei-
-o hoje, pois hoje é descanso consa-
grado a Javé; hoje não o encontrareis
no campo. 26Durante seis dias o ajun-
tareis, mas no sétimo dia é repouso, e
neste dia não haverá". 27No sétimo dia
alguns do povo saíram para colhê-lo,
mas nada encontraram. 28Então Javé
disse a Moisés: "Até quando recusareis
observar meus mandamentos e minhas
leis? 29Considerai que Javé vos deu o
sábado; por isso, no sexto dia ele vos
dá pão para dois dias. Cada um fique
em seu lugar, ninguém saia do próprio
lugar no sétimo dia". 30E o povo repou-
sou no sétimo dia.

31A casa de Israel lhe deu o nome
de "maná";* era como a semente de
coentro, de cor branca, e seu sabor
era como bolo de mel†. 32Moisés dis-
se: "Eis o que Javé ordena: enchei com
ele um gomor, a fim de guardá-lo para
vossos descendentes, para que vejam
o pão com que vos alimentei no deser-
to, quando vos tirei da terra do Egito".
33Então Moisés disse a Aarão: "Toma
um vaso e põe nele um gomor cheio
de maná e coloca-o diante de Javé, a
fim de o conservar para vossos des-
cendentes". 34Como Javé ordenara a
Moisés, Aarão* depositou-o diante do
testemunho para ser conservado.

35Os israelitas comeram maná du-
rante quarenta anos,* até entrarem em
terra habitada: comeram maná até che-
garem aos confins da terra de Canaã.
36O gomor é a décima parte do efá.

17 **Água da rocha.** 1Toda a co-
munidade dos israelitas* par-
tiu do deserto de Sin, fazendo suas
etapas segundo as ordens de Javé.
Acamparam em Rafidim* e lá não havia
água para o povo beber. 2Então o povo
se pôs a discutir com Moisés, dizendo:
"Dá-nos água para beber".* E Moisés
lhes disse: "Por que discutis comigo?
Por que tentais Javé?" 3Mas o povo, se-
dento de água, murmurou contra Moi-
sés, dizendo: "Por que nos tiraste do
Egito? Foi para nos matar de sede junto
com nossos filhos e nossos animais?"
4Então Moisés clamou a Javé, dizendo:
"Que farei a este povo? Por pouco não
me apedrejam". 5Javé disse a Moisés:*
"Passa adiante do povo e toma conti-
go alguns dos anciãos de Israel. Toma
também em tua mão tua vara, com que
golpeaste o rio Nilo, e vai. 6Eu estarei
diante de ti, lá sobre a rocha* de Horeb;
golpearás a rocha e dela jorrará água
para o povo beber".† Moisés fez assim
na presença dos anciãos de Israel. 7E
deu àquele lugar o nome de Massa e
Meriba,* por causa da discussão dos is-
raelitas e porque tinham tentado Javé,
dizendo: "Javé está ou não entre nós?"†
Vitória sobre os amalecitas. 8Vieram
os amalecitas combater contra Israel
em Rafidim. 9Moisés disse a Josué: "Es-
colhe homens e vai combater contra os
amalecitas. Amanhã estarei no alto da
colina, com a vara de Deus na mão".
10Josué fez como Moisés lhe ordenara
e foi combater contra os amalecitas,
enquanto Moisés, Aarão e Hur subiram
para o alto da colina. 11Aconteceu que,
enquanto Moisés conservava a mão
levantada, Israel vencia, mas quando
a abaixava, Amalec vencia. 12Como as
mãos de Moisés estivessem pesadas,
tomaram uma pedra, puseram-na de-
baixo dele e ele se sentou; Aarão e Hur

* **16**,31. Nm 11,7 | 34. Hb 9,4 | 35. Nm 21,5; Js 5,10-12 | **17**,1. Nm 20,1-13 / Nm 33,12-14 | 2. 15,24; Dt 6,16 | **17**,5. Nm 14,10 | 6. 1Cor 10,4; Jo 7,38; 19,34 | 7. Nm 20,24; Dt 6,16; 9,22; 32,51; 33,8; Sl 78,15s; 95,8s; 105,41; 106,32; Sb 11,4; Is 43,20

† **16**,31. Maná vem de "man hu", "o que é isto?". Alimento do povo de Deus na caminhada, prefigura a Eucaristia, Jo 6,32. Sb 16,20 chama-o de alimento dos anjos, que contém todo sabor. | **17**,6. O milagre da água se repetirá em Nm 20,11. Uma tradição rabínica dizia que a rocha acompanhava os israelitas através do deserto. São Paulo cita essa tradição e diz que a rocha era Cristo, 1Cor 10,4. | 7. Massa quer dizer prova e Meriba contenda.

lhe sustentavam as mãos, um de cada lado. Assim suas mãos se conservaram firmes até o pôr do sol. 13Josué derrotou Amalec e seu povo ao fio da espada†.

14Javé disse a Moisés: "Escreve isso para recordação* num livro e comunica a Josué que eu exterminarei por completo a memória de Amalec de debaixo do céu. 15Em seguida Moisés construiu um altar e pôs-lhe o nome de "Javé-Nissi", 16porque ele disse: "Já que levantou a mão contra o trono de Javé, Javé estará em guerra com Amalec, de geração em geração".

18 **Visita de Jetro a Moisés.** 1Jetro, sacerdote de Madiã, sogro de Moisés, ficou sabendo de tudo o que Deus tinha feito em favor de Moisés e de Israel, seu povo: como Javé havia feito sair Israel do Egito. 2Jetro, sogro de Moisés, levou Séfora, esposa de Moisés, depois que ele a havia despedido, 3com os dois filhos dela, um dos quais se chamava Gersam,* porque Moisés havia dito: "Sou imigrante em terra estrangeira", 4e o outro se chamava Eliezer, porque "o Deus de meu pai veio em meu auxílio e me salvou da espada do faraó". 5Assim, pois, Jetro, sogro de Moisés, veio com os filhos e a mulher deste ao deserto, onde estava acampado junto ao monte de Deus. 6Mandou dizer a Moisés: "Eu, Jetro, teu sogro,* venho a ti com tua esposa, acompanhada de teus dois filhos". 7Moisés então saiu ao encontro do sogro e, prostrando-se, o beijou; e depois das mútuas saudações, entraram na tenda. 8Moisés contou ao sogro tudo o que Javé tinha feito ao faraó e aos egípcios por causa de Israel, todas as adversidades enfrentadas pelo caminho e como Javé os livrara. 9Jetro alegrou-se por todo o bem que Javé tinha feito a Israel, libertando-o da mão dos egípcios, 10e exclamou: "Bendito seja Javé que vos salvou da mão dos egípcios e da mão do faraó! 11Agora sei que Javé é maior que todos os deuses e libertou este povo do poder dos egípcios, quando agiram com arrogância contra eles". 12Depois Jetro, sogro de Moisés, ofereceu a Deus um holocausto e sacrifícios. Aarão e todos os anciãos de Israel vieram comer com o sogro de Moisés diante de Deus.

Moisés institui os juízes. 13No dia seguinte Moisés se sentou para julgar* as questões do povo, o qual permaneceu de pé, junto a Moisés, desde a manhã até a tarde. 14O sogro de Moisés, vendo tudo o que este fazia pelo povo, disse: "Que é isto que fazes com o povo? Por que te sentas sozinho, enquanto toda a gente permanece de pé junto a ti desde a manhã até a tarde?" 15Respondeu Moisés ao sogro: "Porque o povo vem a mim para consultar a Deus. 16Quando têm alguma questão* vêm procurar-me para que eu julgue entre um e outro e lhes dê a conhecer os decretos e as leis de Deus". 17Mas o sogro de Moisés lhe disse: "Não está certo o que fazes. 18Acabarás esgotado tu e este povo que está contigo, pois a tarefa é muito pesada para ti; sozinho* não és capaz de executá-la. 19Escuta-me, pois vou te dar um conselho e que Deus esteja contigo. Sê tu o representante do povo diante de Deus e leva suas causas a Deus. 20Ensina-lhes os decretos e as leis e dá-lhes a conhecer o caminho a seguir* e o que devem fazer. 21Mas escolhe dentre todo o povo homens capazes, tementes a Deus, dignos de confiança, incorruptíveis, e estabelece-os à frente do povo como chefes de mil, de cem, de cinquenta e de dez. 22Eles julgarão o povo em qualquer ocorrência. Levarão a tua presença somente as questões mais importantes; mas resolverão por si mesmos as menos importantes. Assim será mais fácil para ti, e eles levarão o fardo contigo.

---

* **17**,14. Dt 25,17-19; Nm 24,20; 1Sm 15,3s | **18**,3. 2,22 | 6. 19,1 | 13. Dt 1,9-19 | 16. 33,7 | 18. Nm 11,14 | 20. Nm 11,16s

† **17**,13. A vara de Deus e as mãos erguidas mostram que a vitória vem de Deus através da oração.

[23]Se fizeres isso, e assim Deus te orde-
nar, poderás resistir, e todo este povo
chegará em paz a sua meta".
[24]Moisés seguiu o conselho de seu
sogro e fez tudo o que ele disse. [25]Es-
colheu em todo Israel homens capazes
e os constituiu à frente do povo como
chefes de mil, de cem, de cinquenta
e de dez. [26]Eles julgavam o povo em
toda ocorrência; os assuntos graves
levavam-nos a Moisés e resolviam eles
mesmos os de menor importância.
[27]Depois Moisés despediu seu sogro,
o qual voltou para sua terra.*

III. NO SINAI (19–40)

19 **Chegada ao Sinai.** [1]No tercei-
ro mês após a saída dos israeli-
tas da terra do Egito, nesse mesmo dia,
chegaram ao deserto do Sinai. [2]Tendo
partido de Rafidim, alcançaram o de-
serto do Sinai* onde acamparam; ali
acampou Israel diante da montanha†.
[3]Moisés subiu até Deus, e da mon-
tanha Javé o chamou, dizendo: "Assim
falarás à casa de Jacó e anunciarás
aos israelitas: [4]'Vós vistes o que fiz aos
egípcios* e como vos levei sobre asas
de águia e vos trouxe a mim. [5]Pois bem,
se ouvirdes atentamente minha voz e
guardardes minha aliança, sereis entre
todos os povos meu tesouro particu-
lar,* porque toda a terra é minha, [6]e
vós sereis para mim um reino de sacer-
dotes e uma nação santa. São essas as
palavras que dirás aos israelitas'".
[7]Veio, pois, Moisés e chamou os an-
ciãos do povo e lhes expôs todas essas
palavras que Javé lhe havia ordenado.
[8]Todo o povo respondeu a uma voz:
"Faremos tudo o que Javé disse".* Moi-
sés referiu a Javé as palavras do povo.
[9]E Javé disse a Moisés: "Virei a ti numa
nuvem escura, a fim de que o povo
ouça quando eu falar contigo e tam-
bém creia em ti sempre". Moisés referiu
a Javé as palavras do povo.*
[10]Então Javé disse a Moisés: "Vai ao
povo e santifica-o* hoje e amanhã. La-
vem suas vestes [11]e estejam prepara-
dos para o terceiro dia, pois no terceiro
dia Javé descerá sobre o monte Sinai
à vista de todo o povo. [12]Fixarás ao
redor um limite para o povo, dizendo:
'Guardai-vos de subir a montanha* e
de tocar-lhe a base; quem tocar a mon-
tanha* será morto'. [13]Mão nenhuma
tocará o culpado, pois será apedrejado
ou flechado; seja animal, seja homem,
não viverá. Quando soar a trombeta
longamente, subirão a montanha".
[14]Moisés desceu da montanha para
junto do povo; santificou-os, e eles la-
varam suas vestes. [15]Depois disse ao
povo: "Estai preparados para o terceiro
dia; ninguém se aproxime de mulher".
Aparição divina. [16]No terceiro dia, ao
amanhecer, houve trovões,* relâmpa-
gos e uma nuvem densa sobre a mon-
tanha, ouvindo-se também um som
fortíssimo de trombeta; todo o povo
que estava no acampamento se pôs
a tremer. [17]Moisés levou o povo para
fora do acampamento ao encontro de
Deus, e pararam ao pé da montanha.
[18]Toda a montanha do Sinai fumegava,
porque Javé tinha descido sobre ela no
meio de fogo; a fumaça subia como a
fumaça de uma fornalha e toda a mon-
tanha tremia violentamente. [19]O som
da trombeta soava cada vez mais for-
te. Moisés falava, e Deus lhe respondia
com o trovão†. [20]Javé desceu sobre o
cume do monte* Sinai e convidou Moi-
sés para que subisse ao cume do mon-
te, e Moisés subiu. [21]Depois Javé disse a
Moisés: "Desce e avisa o povo para que
não ultrapasse os limites em direção a
Javé para vê-lo, e não venham a mor-

* **18**,27. Nm 10,30 | **19**,2. Nm 33,15 | 3. Dt 4,34; 29,2; 32,11 | 5. Dt 10,14s | 8. Js 24,16-24; Dt 5,27 | 9. Eclo 45,4; 14,31 | 10. Gn 35,2; Lv 11,25.28.40 | 12. Hb 12,20 | 16. Dt 5,2-5.25-31; 4,10-12 | 20. 19,12; 33,20

† **19**,2. Lá onde havia revelado seu nome e seu projeto libertador, Êx 3,14, Deus vai fazer por meio de Moisés uma outra aliança, agora com todo o povo, um contrato bilateral, pois ao povo será dado o dom dos mandamentos, que é dom do próprio Deus, de sua santa vontade, e revelação de sua pessoa. | 19. Fenômenos como vulcão, terremoto, tempestade acompanham a teofania, expressando a santidade e a transcendência, a majestade e a glória de Deus, e o terror que inspiram. A Carta aos Hebreus compara esse contexto terrível com o conjunto de bens da nova aliança em Jesus Cristo, Hb 12,18-24.

rer muitos deles. [22]E que também os
sacerdotes que se aproximam de Javé
se santifiquem, para Javé não os ferir".
[23]Moisés disse a Javé: "O povo não po-
derá subir ao monte Sinai, porque vós
mesmo nos ordenastes, dizendo: 'Deli-
mita a montanha e declara-a sagrada'".
[24]Mas Javé disse a Moisés: "Vai, desce
e depois subirás novamente, trazendo
Aarão contigo; mas os sacerdotes e o
povo não ultrapassem os limites a fim
de subir em direção a Javé, para que
Javé não se volte contra eles". [25]Moisés
desceu ao povo e lhes falou.

20 **Os dez mandamentos.** [1]Então
Deus falou, pronunciando* to-
das estas palavras†: [2]"Eu, Javé, sou teu
Deus, que te tirou da terra do Egito,
da casa da servidão. [3]Não terás outros
deuses diante de mim. [4]Não farás para
ti imagem esculpida†, nem figura algu-
ma* daquilo que existe no alto, no céu,
ou aqui embaixo, na terra, ou nas águas
debaixo da terra. [5]Não te prostrarás
diante delas, nem as servirás; pois eu
sou Javé, teu Deus,* um Deus apai-
xonado, que castigo a iniquidade dos
pais nos filhos até a terceira e a quarta
geração dos que me odeiam; [6]mas uso
de misericórdia até a milésima geração
com aqueles que me amam e obser-
vam meus mandamentos.
[7]Não pronunciarás o nome de Javé*
em vão; pois Javé não deixará impune
quem pronunciar seu nome em vão†.
[8]Lembra-te do dia de sábado, para
santificá-lo.* [9]Trabalharás durante seis
dias e farás todas as tuas tarefas; [10]mas
o sétimo dia é dia de repouso consa-
grado a Javé, teu Deus; não farás ne-
nhum trabalho, nem tu, nem teu filho,
nem tua filha, nem teu servo, nem tua
serva, nem teu animal, nem o estran-
geiro que mora em tua cidade. [11]Pois
Javé fez em seis dias* o céu e a terra,
o mar e tudo o que existe neles, mas
no sétimo dia descansou. Por isso Javé
abençoou o dia de sábado e o santifi-
cou†.
[12]Honra teu pai e tua mãe,* para que
se prolonguem teus dias sobre a terra
que Javé, teu Deus, te dá.
[13]Não matarás.*
[14]Não cometerás adultério.
[15]Não furtarás.*
[16]Não darás falso testemunho contra
teu próximo.*
[17]Não cobiçarás a casa de teu pró-
ximo;* não desejarás a mulher de teu
próximo, nem seu servo, nem sua ser-
va, nem seu boi ou seu jumento, nem
coisa alguma que lhe pertença".
[18]Todo o povo percebia os trovões,*
os relâmpagos e o som da trombeta e
a montanha fumegando; e vendo isto,
tremia e se mantinha distante. [19]Dis-
seram a Moisés:* "Fala tu conosco e te
ouviremos; mas não nos fale Deus, para
que não morramos". [20]Moisés disse
ao povo: "Não temais, pois Deus veio
para vos provar* e para que seu temor
permaneça em vós, a fim de que não
pequeis". [21]O povo ficou ao longe, en-
quanto Moisés se aproximou da nuvem
em que Deus estava.

---

* **20**,1. Dt 5,6-22; Êx 34.10-27; Mt 19,16-22; 5; Dt 6,4 | 4. Lv 19,4; Dt 4,15-20 | 5. Dt 4,24; 34,7 | 7. Lv 19,12 | 8. 23,12; 31,12-17; 34,21; 35,1-3; Lv 19,3; 23,3; Nm 15,32-36 Dt 5,12-15; Lc 13,14 | 11. Gn 2,2s | 12. Lv 19,3; Ef 6,2s | 13. Rm 13,9 | 15. Lv 19,11 | 16. Lv 19,12 | 17. Mq 2,2 | 18. Dt 5,23-31 | 19. Êx 33,20 | 20. Dt 8,2

† **20**,1. O Decálogo, ou "as dez palavras", baseia-se na lei natural e foi dado por Deus como síntese dos deveres do povo na aliança. "Deus escreveu nas tábuas da lei aquilo que os homens não conseguiam ler em seus corações" (S. Agostinho). Reaparece com poucas modificações em Dt 5,6-21 e Cristo não o ab-roga mas o aperfeiçoa, Mt 5,17-48. A tradição católica considera como um só mandamento os vv. 3-6 e divide o v. 17 em dois mandamentos. | 4. Proíbe a idolatria, a adoração de imagens como se fossem deuses. A honra que a Igreja Católica presta às imagens dirige-se às pessoas nelas representadas. É uma veneração respeitosa, não uma adoração, que só compete a Deus. | 7. No Pai-Nosso Jesus ensinará a dizer "santificado seja vosso nome", que o nome de Deus seja reconhecido e tratado como santo, e não desrespeitado pela magia e a blasfêmia. Porque o nome é a pessoa. Por respeito, os hebreus até hoje nem sequer pronunciam o nome divino, Javé, mas quando ele ocorre no texto sagrado, leem "Adonai", o Senhor. | 11. Após a ressurreição de Cristo, ocorrida num domingo, Mt 28,1, o sábado, que representava o termo da primeira criação, será substituído pelo domingo, que lembra a criação nova, inaugurada na ressurreição, At 20,7. "Domingo" quer dizer justamente "dia do Senhor".

O altar. 22Disse Javé a Moisés†: "Assim
falarás aos israelitas: Vós vistes como
vos falei do céu. 23Não fareis deuses de
prata para pôr a meu lado, nem deu-
ses de ouro fareis para vós. 24Tu me
levantarás um altar de terra sobre o
qual oferecerás teus holocaustos e teus
sacrifícios de comunhão, tuas ovelhas e
teus bois. Em todo o lugar onde eu qui-
ser que seja recordado meu nome, virei
a ti e te abençoarei. 25Se me construí-
res um altar de pedra, não o farás com
pedras lavradas, pois ao manejares
teu cinzel sobre elas, tu as profanarias.
26Não subirás a meu altar por meio de
degraus, para que ali não se descubra
tua nudez".

21

Os escravos. 1"Estas são as leis
que lhes proporás:* 2Quando
comprares um escravo hebreu†, ele te
servirá durante seis anos; no sétimo
sairá livre, sem pagar nada. 3Se veio so-
zinho, sozinho sairá; se estava casado,
sua mulher sairá com ele. 4Se foi seu
senhor que lhe deu a esposa, e esta lhe
tiver dado à luz filhos ou filhas, a mu-
lher e os filhos serão de seu senhor, e
ele sairá sozinho. 5Se o escravo disser:
'Eu amo meu senhor, minha mulher e
meus filhos; não quero sair livre'; 6en-
tão seu senhor o levará diante de Deus,
e o fará aproximar-se da porta ou do
umbral da porta, e lhe furará a orelha
com uma sovela, e será seu escravo
para sempre.

7Se alguém vender sua filha como
escrava, ela não sairá como saem
os escravos. 8Se ela não agradar a seu
senhor, que a havia destinado para si,
ele a fará resgatar, mas não poderá
vendê-la a estranhos, por havê-la tra-
tado com engano. 9Se a destinar a seu
filho, deve tratá-la conforme o direito
das filhas. 10Se ele tomar outra mulher,
não diminuirá à primeira o alimento,
nem a roupa, nem o direito conjugal.
11Se ele não lhe garantir essas três coi-
sas, ela poderá partir gratuitamente,
sem pagar nada".

Homicídio. 12"Quem ferir mortalmente
um homem* será morto. 13Se, porém,
não lhe armou cilada, mas Deus permitiu
que caísse em suas mãos, eu te indicarei
um lugar onde possa refugiar-se†. 14Mas
se alguém tramar contra seu próximo
para matá-lo à traição,* até de meu altar
deverás arrancá-lo para que morra".

Lesões corporais. 15"Quem ferir seu
pai ou sua mãe será morto. 16Quem
sequestrar uma pessoa,* quer a tenha
vendido, quer se ache em seu poder,
será morto. 17Quem amaldiçoar seu pai
ou sua mãe será morto.*

18Quando dois homens estiverem
brigando, e um ferir o outro com uma
pedra ou com o punho, e este não mor-
rer, mas tiver de ficar acamado, 19se o
ferido se levantar e puder caminhar
para fora apoiado em sua bengala, o
agressor será absolvido, mas o inde-
nizará pelo tempo que perdeu e pelos
gastos do tratamento.

20Se alguém ferir seu escravo ou sua
escrava com um bastão, e ele ou ela
morrer sob suas mãos, seja punido;
21mas se o escravo sobreviver um ou
dois dias, não seja punido, porque é
propriedade sua.

22Se alguns homens brigarem e feri-
rem uma mulher grávida, de sorte que
sobrevenha o aborto, mas sem outros
danos, devem ser multados conforme
o que lhe impuser o marido da mulher
e julgarem os juízes.

23Mas se houver um dano maior,*
darás vida por vida, 24olho por olho,
dente por dente, mão por mão, pé por
pé, 25queimadura por queimadura, feri-
da por ferida, contusão por contusão†.

---

* **21**,1. Lv 25,35-46; Dt 15,12-18 | 12. Lv 24,17; Nm 35,16-34 | 14. 1Rs 1,50; 2,28-34 | 16. Dt 24,7 | 17. Lv 20,9; Dt 27,16; Eclo 3,18; Mt 15,4 | 23. Lv 24,19s; Dt 19,21; Mt 5,38-42

† **20**,22. Esta nova seção, chamada Código da Aliança, Êx 20,22-23,19, é uma aplicação do Decálogo e supõe um povo já instalado na terra. As prescrições pertencem a três categorias: direito civil e penal, regras para o culto e moral social. | **21**,2. Um hebreu tornava-se escravo de um outro hebreu para pagar uma dívida, Mt 18,25. | 13. As cidades de refúgio, Nm 35,9-34; Dt 19,1-13; Js 20. | 25. Esta é a "lei do talião", observada entre muitos povos antigos, que visava pôr um limite à vingança. Cristo a mudará pela lei do perdão, Mt 5,38-39.

26Se alguém ferir o olho de seu es-
cravo ou de sua escrava, inutilizando-o,
ponha-o em liberdade em compensa-
ção por seu olho. 27E, se quebrar um
dente de seu escravo ou de sua escra-
va, deverá dar-lhe a liberdade em com-
pensação por seu dente".

Danos dos animais. 28"Se um boi
matar a chifradas um homem ou uma
mulher, o boi seja apedrejado e não se
comerá sua carne, mas o dono do boi
será absolvido. 29Mas se o boi costu-
mava dar chifradas, e seu dono, tendo
sido avisado, não o prendeu, e se esse
boi matar um homem ou uma mulher,
o boi será apedrejado e o dono tam-
bém será morto. 30Mas se lhe foi im-
posto um resgate, então dará por res-
gate de sua vida tudo quanto lhe for
imposto. 31Se o boi ferir um menino ou
uma menina, a mesma lei será aplicada.
32Se o boi chifrar um escravo ou uma
escrava, seu dono pagará ao senhor do
escravo trinta siclos de prata, e o boi
será apedrejado.

33Se alguém deixar aberta uma cis-
terna, ou então, depois de a cavar, não
a cobrir, e um boi ou um jumento cair
nela, 34o dono da cisterna indenizará
o prejuízo, pagando em dinheiro ao
dono do boi ou do jumento, e o animal
morto será seu.

35Se o boi de alguém matar a chifra-
das o boi de um outro, venderão o boi
vivo e repartirão seu valor, e dividirão
entre si o boi morto. 36Mas se era no-
tório que aquele boi costumava chifrar,
e seu dono não o prendeu, pagará boi
por boi e o animal morto será seu.

37Se alguém roubar um boi ou uma
ovelha e os matar ou vender, pagará
cinco bois pelo boi e quatro ovelhas
pela ovelha".

22 **Furtos e danos.** 1"Se um ladrão
for surpreendido arrombando
uma casa e for ferido mortalmente, não
há delito de sangue; 2mas se naquele
momento já se tinha levantado o sol,
quem o feriu será culpado de sangue.
O ladrão fará restituição total; e se não
tiver como restituir, será vendido por
seu furto. 3Se aquilo que roubou – boi,
jumento ou ovelha – estiver ainda vivo
em suas mãos, pagará em dobro. 4Se
alguém deixar seu animal pastar num
campo ou numa vinha e o soltar para
comer no campo de um outro, pagará
com o melhor de seu campo e o me-
lhor de sua vinha.

5Se irromper um incêndio e se alas-
trar pelos espinheiros e destruir o tri-
go enfeixado, a plantação ou o campo,
deverá ressarcir o dano quem ateou o
fogo".

Depósitos e empréstimos. 6"Se alguém
tiver confiado a outro* dinheiro ou ob-
jetos para guardar, e forem roubados
da casa dessa pessoa, o ladrão, uma vez
descoberto, restituirá em dobro. 7Não
se descobrindo o ladrão, o dono da
casa comparecerá diante de Deus, a fim
de testemunhar que não pôs a mão nos
bens de seu próximo. 8Em todo caso
de má-fé, quer se trate de um boi, um
jumento, uma ovelha, uma veste, ou de
qualquer coisa perdida, de que alguém
disser: 'É esta', a causa de ambas as par-
tes será levada diante de Deus; e aquele
que Deus declarar culpado pagará em
dobro ao outro.

9Se alguém confiar à guarda de outro
um jumento, boi ou ovelha, ou qual-
quer outro animal, e o animal morrer
ou ficar aleijado ou for roubado, sem
que haja testemunha, 10haverá um ju-
ramento de Javé entre ambas as partes
de que este não pôs a mão na proprie-
dade do outro; o dono aceitará o jura-
mento e o outro nada pagará. 11Mas se
o animal lhe foi roubado, deverá inde-
nizar o dono. 12Se o animal foi dilace-
rado por uma fera, apresente-o como
prova e não terá de pagar pelo animal
dilacerado.

13Se alguém tomar emprestado de
outro um animal, e este ficar aleijado
ou morrer na ausência do dono, está
obrigado a indenizar. 14Mas se seu
dono estava presente, nada pagará. Se
o animal tiver sido alugado, o preço do
aluguel será o pagamento".

* **22**,6. Lv 5,21-26

Prescrições várias. 15"Se alguém ti-
ver seduzido uma virgem* que não é
noiva e dormir com ela, pagará seu
dote e se casará com ela. 16Se, porém,
o pai não quiser dar-lhe a moça, pa-
gará em dinheiro o valor do dote das
virgens.
17Não deixarás viver nenhuma feiti-
ceira.*
18Quem tiver relações com um ani-
mal será morto.
19Quem oferecer sacrifícios a outros
deuses e não unicamente a Javé será
votado ao extermínio.
20Não afligirás nem oprimirás o es-
trangeiro,* porque também vós fostes
estrangeiros na terra do Egito. 21Não
maltratarás a viúva nem o órfão. 22Se
de algum modo os afligires, e clama-
rem a mim, eu ouvirei seu clamor; 23mi-
nha ira se inflamará e vos matarei à es-
pada. Vossas esposas ficarão viúvas, e
órfãos vossos filhos.
24Se emprestardes dinheiro a al-
guém de meu povo,* a um vizinho po-
bre, não o tratarás como credor, não
exigirás dele juros. 25Se tomas como
penhor o manto de teu próximo, de-
volve-o antes do pôr do sol, 26porque
é sua única coberta, a veste de seu
corpo; com que dormiria ele?* Se ele
clamar a mim, eu o ouvirei, porque sou
misericordioso.
27Não blasfemarás contra Deus, nem
amaldiçoarás o príncipe de teu povo.
28Não tardarás a oferecer-me o me-
lhor de tua colheita e de tuas vinhas.*
Tu me darás o primogênito de teus fi-
lhos. 29Farás o mesmo com a primeira
cria de tuas vacas e de tuas ovelhas:
ficará sete dias com sua mãe,* e no oi-
tavo dia o entregarás a mim. 30Sereis
pessoas a mim consagradas;* não co-
mereis carne de animal dilacerado nos
campos, mas lançai-a aos cães".

23 **Retidão nos julgamentos.**
1"Não espalharás boatos fal-
sos;* não apoiarás quem não tem ra-
zão, dando um falso testemunho. 2Não
seguirás a maioria para praticar o mal,
nem testemunharás em processo in-
clinando-te para a maioria, com o fim
de perverter a justiça; 3nem tampouco
favorecerás o pobre em seu processo.*
4Se encontrares extraviados o boi ou o
jumento* de teu inimigo, tu os recon-
duzirás a ele. 5Se vires cair debaixo da
carga o jumento de teu inimigo, não o
desampares, mas o ajudes a levantá-lo.
6Não falsearás o direito de teu pobre
em seu processo. 7Afasta-te de toda
causa mentirosa; e não faças perecer
um inocente ou um justo, pois eu não
absolverei o culpado. 8Não aceitarás
presentes,* porque o presente cega os
mais clarividentes e perverte as pala-
vras dos justos.
9Não oprimirás o estrangeiro, pois
conheceis o estado de alma do estran-
geiro, já que fostes estrangeiros na ter-
ra do Egito".*
O ano sabático. 10"Durante seis anos
semearás tua terra* e recolherás seus
frutos. 11Mas no sétimo ano a deixarás
descansar e não a cultivarás, para que
se alimentem os pobres de teu povo,
e os animais selvagens comam o resto.
Assim farás com tua vinha e com teu
olival. 12Durante seis dias farás teus
trabalhos, mas no sétimo dia descan-
sarás, para que descansem teu boi e
teu jumento, e tomem alento o filho de
tua escrava e o estrangeiro. 13Observai
tudo o que vos disse. Não pronuncieis
o nome de outros deuses; não se ouça
em tua boca".*
As festas. 14"Três vezes por ano cele-
brarás* uma festa em minha honra†.
15Guardarás a festa dos Ázimos. Co-
merás pães ázimos durante sete dias,

* **22**,15. Dt 22,23-29 | 17. Lv 20,6-27; Dt 18,9-12 | 20. Lv 18,23; Dt 27,21; Nm 25,1-5; Lv 19,33s; Dt 10,18s; 24,17s; 27,19; Sl 146,9; Is 1,17 | 24. Lv 25,35-37; Dt 23,20s | 26. Dt 24,10-13.17 | 28. Dt 26,1 | 29. Dt 15,19 | 30. Lv 11,14; Dt 14,21 | **23**,1. Lv 5,22; 17,13-16; 19,16; Dt 16,18-20 | 3. Lv 19,15 | 4. Dt 22,1-4 | 8. Dt 16,19; 27,25 | 9. 22,20 | 10. Lv 25,1.2.7; Dt 24,19; 26,12s | 13. Js 23,7 | 14. Êx 34,18-23; Dt 16,1-16; Lv 23

† **23**,14. As três grandes festas, Páscoa e Ázimos, a festa das Semanas ou Pentecostes, e a Festa das Tendas, estão explicadas em Êx 34,18-23; Dt 16,1-16; Lv 23 e Nm 28-29. Mais tarde foram acrescentadas: o Ano Novo, Lv 23,24, o Dia das Expiações, Lv 16, Purim, Est 9,24, a Dedicação, 1Mc 4,59; Jo 10,22, e o Dia de Nicanor, 1Mc 7,49.

como te ordenei, no tempo indicado
no mês de abib, pois foi nesse mês
que saíste do Egito. Ninguém compa-
reça a minha presença de mãos vazias.
16Guardarás também a festa da Ceifa,
das primícias de teus trabalhos, do que
semeaste no campo; e a festa da Co-
lheita, no fim do ano, quando recolhe-
res do campo o fruto de teus trabalhos.
17Três vezes ao ano todos os homens
comparecerão diante do Senhor Javé.
18Não oferecerás o sangue de meu sa-
crifício com pão fermentado. A gordura
de minha festa não permanecerá desde
a noite até a manhã seguinte. 19Levarás
as primícias* dos frutos de tua terra à
casa de Javé, teu Deus. Não cozerás o
cabrito no leite de sua mãe".*

O anjo da guarda. 20"Vou enviar um
anjo a tua frente,* para te proteger na
viagem e te conduzir ao lugar que te
preparei. 21Respeita sua presença e se-
gue sua voz; não lhe sejas rebelde, por-
que não perdoará vossas más obras,
pois nele está meu nome. 22Pelo con-
trário, se ouvires atentamente sua voz
e fizeres tudo o que eu te disser, serei
inimigo de teus inimigos e adversário
de teus adversários. 23Porque meu anjo
irá a tua frente e te conduzirá até os
amorreus,* os heteus, os ferezeus, os
cananeus, os heveus e os jebuseus, que
eu exterminarei.

24Não te prostrarás diante de seus
deuses* nem os servirás, nem imitarás
suas ações, mas destruirás seus deuses
e quebrarás suas colunas sagradas".

**Recomendações para a ocupação
da Palestina.** 25"Servireis a Javé, vos-
so Deus, e ele abençoará vosso pão e
vossa água; e eu afastarei a doença do
meio de ti. 26Não haverá em tua terra
mulher que aborte ou que seja estéril;*
completarei o número de teus dias.
27Enviarei diante de ti meu terror, con-
fundindo todo povo por onde entrares,
e farei que todos os teus inimigos te
voltem as costas. 28Enviarei a tua fren-
te vespas,* para que expulsem de tua
presença os heveus, os cananeus e os
heteus.

29Não os expulsarei de tua frente
num só ano, para que a terra não fi-
que deserta e as feras não se multipli-
quem contra ti. 30Aos poucos* é que
os expulsarei de tua frente, até que te
tenhas multiplicado e possuas a terra
por herança. 31Estenderei teu domínio*
desde o mar Vermelho até o mar dos
filisteus, desde o deserto até o rio Eu-
frates, pois entregarei em vossas mãos
os habitantes da terra, e tu os expulsa-
rás de tua frente. 32Não farás aliança al-
guma com eles nem com seus deuses.
33Não habitarão em tua terra, para que
não te façam pecar contra mim; pois tu
servirias a seus deuses, e isso seria uma
cilada para ti".

24

Aliança entre Deus e Israel.
1Depois disse a Moisés: "Sobe
a Javé tu, Aarão, Nadab, Abiú* e seten-
ta dos anciãos de Israel, e adorai de
longe. 2Somente Moisés se aproximará
de Javé, mas os outros não se aproxi-
marão, nem o povo subirá com ele".

3Moisés veio e referiu ao povo todas
as palavras de Javé e todas as suas leis.
E o povo inteiro, a uma voz, respon-
deu: "Faremos tudo o que Javé disse".*
4Moisés escreveu todas as palavras de
Javé.* No dia seguinte, levantando-se
cedo, ergueu um altar ao pé da mon-
tanha e doze colunas sagradas, con-
forme as doze tribos de Israel. 5Man-
dou alguns jovens dentre os israelitas
oferecer holocaustos* e imolar a Javé
novilhos como sacrifícios pacíficos.
6Então Moisés tomou metade do san-
gue, colocou-o em bacias e derramou
a outra metade sobre o altar. 7Tomou o
livro da aliança e o leu ao povo, o qual
exclamou: "Tudo o que Javé falou nós o
faremos e obedeceremos". 8Então Moi-

* **23**,19. Dt 26,1 / Êx 34,26; Dt 14,21 | 20. 14,19; 33,2; Ml 3,1; Is 63,9 | 23. Dt 7,1 | 24. Lv 18,3; 34,13; Dt 7,5; 12,3; Nm 33,52 | 26. Dt 7,14; 28; 30,9; Lv 26,9 | 28. Dt 7,20; Js 24,12; Sb 12,8 | 30. Dt 7,22; Jz 2,6 | 31. Jz 20,1; Dt 11,24 | **24**,1. 19,20; 28,1; Nm 11,16 | 3. Js 24,16-24 | 4. 34,27s | 5. Js 24,26s | 8. Hb 9,18s; Mt 26,28

† **24**,8. A aspersão do sangue conclui a aliança e faz a união do povo com Deus, representado no altar. Também a nova aliança será feita com sangue, o sangue de Cristo, Lc 22,20; Hb 9,18-21.

sés tomou do sangue, aspergiu com
ele o povo e disse: "Este é o sangue
da aliança* que Javé fez convosco por
meio de todas essas palavras".†
9A seguir Moisés subiu com Aarão,
Nadab, Abiú e setenta dos anciãos de
Israel. 10Eles viram o Deus de Israel:
debaixo de seus pés havia como um
pavimento de safira,* límpida como o
próprio céu. 11Ele não estendeu a mão
contra aqueles privilegiados de entre
os israelitas; eles viram a Deus e depois
comeram e beberam.
**Moisés na montanha; as duas tá-
buas de pedra.** 12Javé disse a Moisés:
"Sobe até mim lá na montanha* e fica
lá, pois eu te darei as tábuas de pedra
com a lei e os mandamentos que es-
crevi para instrução deles". 13Moisés
levantou-se com Josué, seu ajudante,
e Moisés subiu à montanha de Deus.
14Falou aos anciãos: "Permanecei aqui
até que voltemos a vós. Aarão e Hur
ficam convosco; quem tiver alguma
questão recorra a eles". 15Subiu, pois,
Moisés à montanha,* e a nuvem cobriu
a montanha.* 16A glória de Javé pou-
sou sobre o monte Sinai, e a nuvem co-
briu-o durante seis dias; no sétimo dia
ele chamou Moisés do meio da nuvem.
17O aspecto da glória de Javé era aos
olhos dos israelitas* como um fogo de-
vorador no alto da montanha. 18Moisés
penetrou no meio da nuvem, subiu ao
monte e lá permaneceu durante qua-
renta dias e quarenta noites.

25 **Ofertas para a construção
do santuário.** 1Javé falou a
Moisés: 2"Ordena aos israelitas que me
tragam* uma oferta. Recebereis a ofer-
ta de toda pessoa que doar generosa-
mente. 3Estas são as coisas que aceita-
reis: ouro, prata e bronze; 4tecidos de
púrpura violeta, escarlate, carmesim,
linho fino, pelos de cabra; 5peles de
carneiro tingidas de vermelho, couro
fino e madeira de acácia; 6azeite para
as lâmpadas, aromas para o óleo da
unção e para o incenso perfumado;
7pedras de ônix e pedras de engaste
para o efod e o peitoral. 8Eles me fa-
rão um santuário, para que eu habite
no meio deles†. 9Farás tudo conforme o
modelo do tabernáculo* e o modelo de
sua mobília que vou te mostrar".
A arca. 10"Farás uma arca de madeira
de acácia,* com dois côvados e meio
de comprimento, um côvado e meio de
altura e um côvado e meio de largu-
ra†. 11Tu a revestirás de ouro puro, por
dentro e por fora, e por cima, em volta,
farás uma moldura de ouro. 12Fundirás
para ela quatro argolas de ouro, que
prenderás em seus quatro cantos, duas
de cada lado. 13Farás varais de madeira
de acácia,* que recobrirás de ouro, 14e
os introduzirás nas argolas presas aos
lados da arca, para se poder transpor-
tá-la. 15Os varais da arca ficarão sempre
nas argolas e nunca serão removidos
delas.* 16Na arca porás o testemunho
que te darei".
O propiciatório. 17"Farás um propicia-
tório* de ouro puro†. Seu comprimento
será de dois côvados e meio, sua lar-
gura um côvado e meio.* 18Farás dois
querubins de ouro, trabalhados a mar-
telo, nas duas extremidades do pro-
piciatório. 19Farás, pois, um querubim
numa extremidade e o outro querubim
na outra extremidade. Fareis os queru-
bins de uma só peça com o propiciató-
rio, nas duas extremidades. 20Os que-
rubins terão as asas estendidas para o
alto, cobrindo com elas o propiciatório;
estarão olhando um para o outro com
os rostos voltados para o propiciatório.

* **24**,10. Ez 1,26; Ap 4,2s | 12. 31,18; 32,15s;34,1.4.28s; Dt 4,13; 5,22; 9,9.15; 10,1-5 | 15. 19,3 / 19,9 | 17. Dt 4,36; Dt 9,9; Êx 34,28 | **25**,2. 35,4-29 | 9. 25,40; 26,30; 27,8; Nm 8,4 | 10. 37,1-9 | 13. 2Sm 6,7 | 15. 24,12; Dt 10,1s | 17. Lv 16,12-15; Rm 3,25 / 26,34 | 21. 26,34

† **25**,8. Esse santuário provisório é a tenda, na qual Deus se fazia peregrino para acompanhar seu povo em marcha pelo deserto. Quando o povo habitar em casas, também Deus terá a sua, o templo de Jerusalém. | 10. A arca era um cofre que media 1,25m x 0,75m, com a altura de 0,75m, e na qual se guardavam as tábuas da lei, as cláusulas da aliança, por isso era chamada arca da aliança ou do testemunho. Era o sinal da presença de Deus. | 17. O propiciatório era a tampa da arca; era assim chamado porque de lá Deus ouvia propício as súplicas do povo.

21Porás o propiciatório* em cima da
arca, e dentro dela guardarás o teste-
munho que eu te darei. 22Aí me encon-
trarei contigo,* e de cima do propicia-
tório, do meio dos dois querubins que
estão sobre a arca do testemunho, eu
te comunicarei tudo o que te ordenarei
a respeito dos filhos de Israel".
A mesa. 23"Farás também uma mesa de
madeira* de acácia, com dois côvados
de comprimento, um côvado de largu-
ra e um côvado e meio de altura. 24Tu
a revestirás de ouro puro e lhe farás
uma moldura de ouro em redor. 25A
sua volta farás um friso de um palmo e
lavrarás uma moldura de ouro em tor-
no do friso. 26Farás quatro argolas de
ouro que prenderás aos quatro cantos
da mesa, formados pelos quatro pés.
27As argolas estarão na altura do friso
e receberão os varais para o transporte
da mesa. 28Farás os varais de madeira*
de acácia e os cobrirás de ouro; servi-
rão para carregar a mesa. 29Farás de
ouro os pratos, as colheres, os jarros e
as taças para as libações. 30Porás sobre
a mesa* o pão da apresentação†, em
minha presença constantemente".
O candelabro. 31"Farás um candela-
bro de ouro puro.* Farás, trabalhados
a martelo, de uma só peça: a haste, o
pedestal, os braços, os cálices, os bo-
tões e as flores. 32Seis braços sairão
de seus lados: três de um lado e três
do outro. 33Em cada braço haverá três
cálices em forma de flor de amendoei-
ra, com botões e flores. Assim serão
formados os seis braços que sairão da
haste. 34O candelabro terá quatro cáli-
ces em forma de flor de amendoeira,
com seus botões e suas flores; 35um
botão debaixo dos dois primeiros bra-
ços, saindo do candelabro; outro de-
baixo dos dois braços seguintes e um
terceiro debaixo dos últimos; assim se
fará com os seis braços que saem do
candelabro. 36Os botões e os braços
formarão uma só peça com o candela-
bro; tudo isso será feito de ouro puro,
lavrado a martelo. 37Também lhe farás
sete lâmpadas, dispondo-as de forma
a projetarem a luz para a frente. 38Suas
espevitadeiras e seus cinzeiros serão
feitos de ouro puro. 39Para a fabricação
do candelabro e de todos os seus aces-
sórios empregarás um talento de ouro
puro. 40Cuida de os fazer conforme o
modelo que te foi mostrado sobre a
montanha".*

26 **O tabernáculo e sua tenda.**
1"Farás o tabernáculo com
dez cortinas* de linho fino retorcido,
de púrpura violeta, púrpura escarlate
e carmesim e nelas bordarás queru-
bins. 2O comprimento de cada cortina
será de vinte e oito côvados e a largu-
ra, de quatro côvados; todas as corti-
nas terão o mesmo tamanho. 3Cinco
cortinas serão unidas uma à outra, e
as outras cinco também serão unidas
uma à outra. 4Farás umas presilhas de
púrpura violeta na orla da cortina que
está na extremidade do primeiro gru-
po; o mesmo farás na orla da cortina
que ocupa a extremidade do segun-
do grupo. 5Farás cinquenta presilhas
na primeira cortina e outras cinquenta
na orla da cortina que ocupa a extremi-
dade do segundo grupo, de modo que
as presilhas se correspondam entre si.
6Farás também cinquenta colchetes de
ouro, com os quais unirás as cortinas
uma à outra, de sorte que o tabernácu-
lo forme um só todo.
7Farás cortinas de pelos de cabra,
para cobrirem com elas o tabernáculo, à
maneira de tenda; dessas cortinas farás
onze. 8O comprimento de cada cortina
será de trinta côvados e a largura, de
quatro côvados. Todas as cortinas terão
as mesmas medidas. 9Juntarás cinco des-
sas cortinas à parte, e as outras seis cor-
tinas também à parte, e dobrarás a sexta
cortina sobre a fachada da tenda. 10Farás
cinquenta presilhas na borda da primeira

* **25**,22. 29,42; 33,7-11; Lv 1,1; 16,2 | 23. 37,10-16 | 28. Nm 4,7 | 30. Lv 24,5-9; 1Sm 21,4-6 | 31. 37,17-24; Lv 24,2-4 | 40. Hb 8,5 | **26**,1. 33,7-11; 36,8-19; Hb 9,11.24

† **25**,30. Eram doze pães, um para cada tribo, que lá ficavam uma semana. No sábado, os sacerdotes os consumiam e os substituíam por outros.

cortina, na extremidade do primeiro grupo, e outras cinquenta na borda da cortina do segundo grupo. 11 Farás cinquenta colchetes de bronze que introduzirás nas presilhas, unindo assim a tenda para que forme um só todo. 12 Quanto à parte que sobra das cortinas da tenda, a metade excedente da cortina cobrirá os fundos do tabernáculo, 13 e o côvado restante, de cada lado, ao longo das cortinas da tenda, penderá dos dois lados do tabernáculo para o cobrir. 14 Além disso, farás para a tenda uma cobertura de peles de carneiro tingidas de vermelho e, por cima desta, outra de couro fino".

As tábuas para o tabernáculo. 15 "Farás também as tábuas para o tabernáculo,* de madeira de acácia, que serão colocadas verticalmente. 16 O comprimento de cada tábua será de dez côvados e a largura, de um côvado e meio. 17 Cada tábua terá dois encaixes, unidos um ao outro; assim farás todas as tábuas do tabernáculo. 18 Farás deste modo as tábuas do tabernáculo: vinte tábuas para o lado meridional, à direita. 19 Farás também quarenta bases de prata para serem colocadas debaixo das vinte tábuas: duas bases para cada tábua firmada nelas por meio dos dois encaixes. 20 Para o outro lado do tabernáculo, ao norte, farás outras vinte tábuas 21 com suas quarenta bases de prata: duas debaixo de cada tábua. 22 Para o fundo do tabernáculo, ao ocidente, farás seis tábuas. 23 Farás também duas tábuas para os cantos do fundo do tabernáculo, 24 as quais serão unidas entre si por baixo, até a altura da primeira argola. Assim se fará com as duas tábuas que deverão ser postas nos ângulos. 25 Serão, portanto, oito tábuas com suas dezesseis bases de prata: duas bases para cada tábua.

26 Farás ainda vigas de madeira de acácia: cinco para as tábuas de um lado do tabernáculo, 27 outras cinco para as do outro lado do tabernáculo e igualmente cinco para as tábuas do fundo do tabernáculo, no lado ocidental. 28 A viga central estará a meia altura das tábuas, passando de uma extremidade à outra. 29 Cobrirás de ouro essas tábuas, e de ouro farás suas argolas pelas quais passarão as vigas,* que também cobrirás de ouro. 30 Armarás o tabernáculo conforme o modelo que te foi mostrado na montanha".

Cortina e tapete. 31 "Farás também um véu de púrpura violeta* e escarlate, carmesim e linho fino retorcido, com bordados representando querubins. 32 Suspenderás o véu em quatro colunas de madeira de acácia, revestidas de ouro, munidas de ganchos de ouro e firmadas sobre quatro bases de prata. 33 Pendurarás o véu debaixo dos colchetes. Por detrás dele colocarás a arca do testemunho; por meio do véu será separado o lugar santo do santíssimo†. 34 Sobre a arca do testemunho* colocarás o propiciatório, dentro do santíssimo. 35 A mesa porás fora do véu, e o candelabro, defronte da mesa, ao lado do tabernáculo, para o sul; e a mesa porás para o lado norte. 36 Para a entrada da tenda farás uma cortina de púrpura violeta, púrpura escarlate, carmesim e linho fino retorcido, trabalho de bordado. 37 Para essa cortina farás cinco colunas de madeira de acácia, recobertas de ouro, munidas de colchetes de ouro, e fundirás para elas cinco bases de bronze".

27 **O altar dos holocaustos.** 1 "Farás o altar de madeira de acácia,* com cinco côvados de comprimento e cinco de largura; quadrado, portanto; terá três côvados de altura. 2 Em seus quatro cantos porás chifres†,

---

* **26**,15. 36,20-34 | 29. 25,40 | 31. 36,35-38; L 16; Hb 6,19; 9,1-10.24; 10,19s | 34. 25,21 | **27**,1. 38,1-7; 1Rs 8,64; Ez 43,13-17

† **26**,33. Literalmente, "o santo dos santos", superlativo hebraico. Morada de Deus, ninguém entrava lá, a não ser o sumo sacerdote, uma vez ao ano, no dia das Expiações, Lv 16; Hb 9,6-14. | **27**,2. Os quatro chifres serviam com frequência para decorar móveis. Aqui representam a força e a majestade divinas. Sempre em contato com o sangue das vítimas, tinham um caráter sagrado, e o culpado que se agarrasse a eles gozava do direito de asilo, Êx 21,14; 1Rs 2,28. Na Bíblia, "chifre" simboliza força, poder.

que formarão uma só peça com o altar,
e o revestirás de bronze. 3Farás os reci-
pientes para recolher as cinzas, as pás,
as bacias, os garfos e os braseiros; farás
de cobre todos esses utensílios. 4Farás
também para ele uma grelha de bronze
em forma de rede, com quatro argolas
de bronze em seus quatro cantos, 5e
as porás sob a beirada do altar. A rede
chegará até a metade do altar. 6Farás
para o altar varais de madeira de acácia
e os cobrirás de bronze; 7esses varais
serão introduzidos nas argolas; estarão
de um e de outro lado do altar, servin-
do para seu transporte. 8O altar será
oco e de tábuas; como te foi mostrado
na montanha, assim o farás".

O átrio. 9"Farás a seguir o átrio do ta-
bernáculo.* Pelo lado meridional ha-
verá cortinas de linho fino retorcido,
numa extensão de cem côvados em
cada lado. 10Suas colunas serão vinte,
com vinte bases de bronze; os ganchos
das colunas e as vergas serão de prata.
11No lado setentrional do átrio haverá
igualmente cortinas numa extensão
de cem côvados, com vinte colunas e
vinte bases de bronze; os ganchos das
colunas e as vergas serão de prata.
12Na largura do átrio, do lado ociden-
tal, haverá cortinas numa extensão de
cinquenta côvados, e serão dez colunas
com dez bases. 13A largura do átrio do
lado oriental será de cinquenta côva-
dos. 14Num lado da entrada haverá
quinze côvados de cortinas, com suas
três colunas e suas três bases. 15No ou-
tro lado também haverá quinze côva-
dos de cortinas, com suas três colunas
e suas três bases. 16Na entrada do átrio
haverá um cortinado de vinte côvados,
de púrpura violeta, púrpura escarlate,
carmesim e linho fino retorcido, traba-
lho de bordado, com quatro colunas e
quatro bases. 17Todas as colunas em
volta do átrio terão vergas, ganchos de
prata e bases de bronze. 18O compri-
mento do átrio será de cem côvados, a
largura de cinquenta côvados e a altu-
ra de cinco côvados. As cortinas serão
de linho fino retorcido e as bases das
colunas, de bronze. 19Serão de bronze
todos os utensílios para o serviço do
tabernáculo, todas as suas estacas e as
estacas do átrio".

Óleo para as lâmpadas. 20"Ordena aos
israelitas que te tragam para o cande-
labro óleo puro de olivas esmagadas,
a fim de manter a lâmpada sempre
acesa. 21Na tenda da reunião,* fora da
cortina que está diante do testemunho,
Aarão e seus filhos o prepararão, para
que arda desde a tarde até pela manhã
na presença de Javé. Esta será norma
perpétua para os israelitas, por todas
as gerações".

28

Paramentos sacerdotais.
1"Manda vir para junto de ti,
dentre os israelitas,* Aarão, teu irmão,
e seus filhos, para que sejam meus sa-
cerdotes: Aarão, Nadab, Abiú, Eleazar
e Itamar, filhos de Aarão. 2Farás para
Aarão, teu irmão, vestes sagradas, para
honra e ornamento. 3Falarás a todos os
homens hábeis a quem dotei de espíri-
to de sabedoria, a fim de que façam as
vestes de Aarão, para que seja consa-
grado para o exercício de meu sacer-
dócio. 4Estas são as vestes que deverão
fazer: o peitoral, o efod, o manto, a tú-
nica bordada, o turbante e o cinto. Fa-
rão essas vestes sagradas para Aarão,
teu irmão, e para seus filhos, a fim de
que me sirvam como sacerdotes. 5Em-
pregarão ouro, púrpura violeta, púrpu-
ra escarlate, carmesim e linho fino.

6Farão o efod de ouro,* púrpura
violeta, púrpura escarlate, carmesim e
linho fino retorcido, trabalho de borda-
do. 7Terá duas ombreiras, que se unem
a suas duas pontas, segurando-se as-
sim. 8O cinto que está por cima dele,
para segurá-lo, será do mesmo traba-
lho, formando uma só peça com ele;
será de ouro, púrpura violeta, púrpura
escarlate, carmesim e linho fino retorci-
do. 9Tomarás duas pedras de ônix, nas
quais gravarás os nomes dos israelitas.
10Seis nomes numa pedra e seis na ou-
tra, por ordem de nascimento. 11Grava-
rás nessas duas pedras os nomes dos

---

* **27**,9. 39,9-20; Ez 40,17-49 | 21. Lv 24,2-4; 30,7s; 1Sm 3,3 | **28**,1. Lv 8-10 | 6. 39,2-7

israelitas, como faz o lapidador ao gra-
var um selo, e as montarás em engas-
tes de ouro. 12Colocarás as duas pedras
sobre as ombreiras, como memorial
para os israelitas; e Aarão levará seus
nomes sobre os ombros à presença de
Javé, para recordação. 13Farás engastes
de ouro 14e duas correntinhas* de ouro
puro, trançadas como cordões, e as fi-
xarás aos engastes.

15Farás o peitoral do julgamento,*
trabalho de artista, do mesmo modo
que o efod, de ouro, púrpura violeta,
púrpura escarlate, carmesim e linho
fino retorcido. 16Será quadrado e du-
plo; terá um palmo de comprimento e
um de largura. 17Colocarás nele engas-
tes de pedras,* com quatro fileiras de
pedras: na primeira um sárdio, um to-
pázio e uma esmeralda; 18na segunda,
um rubi, uma safira e um berilo; 19na
terceira, um jacinto, uma ágata e uma
ametista; 20na quarta, um crisólito, um
ônix e um jaspe. Serão engastadas em
ouro e assim colocadas. 21As pedras
corresponderão aos nomes dos israe-
litas: doze segundo seus nomes; serão
esculpidas como selos, cada pedra com
seu nome, para as doze tribos. 22Farás
para o peitoral correntinhas de ouro
puro, trançadas à maneira de cordões,
23e duas argolas de ouro, que porás
nas duas extremidades do peitoral.
24Introduzirás as duas correntinhas de
ouro nas argolas, que estão nas extre-
midades do peitoral, 25e prenderás as
duas pontas das correntinhas aos dois
engastes e as porás nas ombreiras do
efod, na frente dele. 26Farás duas ar-
golas de ouro que colocarás nas ex-
tremidades do peitoral, que estão na
borda inferior, junto ao efod. 27Farás
mais duas argolas de ouro, que porás
nas duas ombreiras do efod, abaixo, na
frente dele, perto de sua juntura, por
cima do cinto do efod. 28O peitoral
será ligado com suas argolas às argo-
las do efod por um cordão de púrpura
violeta, para que esteja sobre o cinto
do efod, e não possa desprender-se o
peitoral do efod. 29Desse modo Aarão,
ao entrar no santuário, levará os nomes
dos israelitas gravados no peitoral do
julgamento, sobre seu peito, para me-
mória diante de Javé continuamente.
30No peitoral do julgamento* porás os
Urim e os Tumim†, para que estejam
sobre o peito de Aarão quando ele se
apresentar diante de Javé. Assim Aarão
levará sobre o peito o julgamento dos
israelitas na presença de Javé continua-
mente".

O manto, ou seja, a veste do efod.

31"Farás o manto do efod* todo de
púrpura violeta. 32Terá no meio uma
abertura para a cabeça; essa abertura
será debruada como a abertura de uma
couraça, para que não se rompa. 33Em
volta de toda a sua orla inferior aplica-
rás romãs de púrpura violeta, púrpura
escarlate e carmesim, entremeadas de
campainhas de ouro; 34uma campa-
inha* de ouro e uma romã; outra cam-
painha de ouro e outra romã ao redor
de toda a orla inferior do manto. 35Aa-
rão o vestirá em suas funções para que
se ouça o som das campainhas, quan-
do ele entrar no santuário à presença
de Javé e quando sair, e assim ele não
morra.

36Farás uma lâmina de ouro puro,*
na qual gravarás à maneira de selo:
'Consagrado a Javé'. 37Prenderás a lâ-
mina na frente do turbante com uma
fita de púrpura violeta. 38Ela estará so-
bre a fronte de Aarão, para que Aarão
leve a iniquidade concernente às coisas
santas, que os israelitas consagrarem
ao oferecer qualquer de suas santas
oferendas. Estará, pois, continuamente
sobre sua fronte, para que eles encon-
trem benevolência diante de Javé.

39Tecerás a túnica com linho fino, e
de linho fino farás também um tur-
bante e um cinto, obra de bordador.

---

* **28**,14. 30,16; Nm 31,54 | 16. 39,8-21 | 17. 39,10-13; Ez 28,13; Ap 21,19s | 30. 1Sm 14,41 | 31. 39,22-27 | 34. Eclo 45,9 | 36. 39,27-31; Zc 14,20

† **28**,30. Estes termos significam "luzes" e "perfeições". Designam objetos, pedrinhas talvez, que se usavam para tirar a sorte, obtendo de Deus um oráculo pelo qual ele respondia sim ou não, Nm 27,21; 1Sm 14,41.

[40]Para os filhos de Aarão farás túnicas,
cintos e turbantes, para honra e orna-
mento. [41]Com essas vestimentas reves-
tirás Aarão, teu irmão, e seus filhos, e
os ungirás, dando-lhes a investidura e
consagrando-os para que me sirvam
como sacerdotes.* [42]Faze-lhes calções
de linho para cobrirem sua nudez; irão
da cintura até as coxas. [43]Aarão e seus
filhos os vestirão quando entrarem na
tenda da reunião ou quando se aproxi-
marem do altar para ministrar no san-
tuário, para que não incorram em culpa
e não morram. Isso será uma lei per-
pétua para ele e para sua posteridade
depois dele".

29 **Consagração de Aarão e de seus filhos.**
[1]"Isto é o que fa-
rás com eles para consagrá-los como
meus sacerdotes: tomarás um novilho
e dois carneiros sem defeito, [2]pães
ázimos, tortas ázimas amassadas com
azeite, bolachas sem fermento, unta-
das com azeite: tudo isso preparado
com flor de farinha. [3]Porás tudo num
cesto e no cesto os trarás, juntamente
com o novilho e os carneiros. [4]Manda-
rás aproximar-se Aarão e seus filhos da
entrada da tenda da reunião e os lava-
rás com água. [5]Tomarás as vestimentas
e porás em Aarão a túnica, o manto,
o efod e o peitoral, e o cingirás com
o cinto do efod. [6]Porás o turbante em
sua cabeça,* e sobre o turbante porás
o diadema sagrado. [7]Tomarás o óleo da
unção e o derramarás sobre sua cabe-
ça, ungindo-o. [8]Depois mandarás apro-
ximar-se seus filhos e os revestirás com
as túnicas, [9]tu os cingirás com o cinto
e lhes porás os turbantes. O sacerdócio
lhes pertencerá por lei perpétua. Desse
modo farás a investidura de Aarão e de
seus filhos.

[10]Depois mandarás trazer o novilho
diante da tenda da reunião, e Aarão e
seus filhos imporão as mãos sobre a
cabeça do novilho. [11]Imolarás o novi-
lho na presença de Javé, à entrada da
tenda da reunião. [12]Tomarás do sangue
do novilho* e o passarás, com o dedo,
sobre os chifres do altar, derramando
todo o resto do sangue ao pé do altar.
[13]Tomarás toda a gordura que cobre as
entranhas e o redenho do fígado, os
rins com a gordura que os envolve e le-
varás tudo para queimar sobre o altar.
[14]Mas a carne do novilho, o couro e os
excrementos queimarás fora do acam-
pamento: é um sacrifício pelo pecado.*

[15]Tomarás depois um dos carneiros,
sobre cuja cabeça Aarão e seus filhos
imporão as mãos. [16]Imolarás o carnei-
ro* e recolherás seu sangue para der-
ramá-lo sobre o altar, em todo o redor.
[17]Cortarás o carneiro em pedaços, lava-
rás as vísceras e as pernas, colocando-
-as depois sobre os pedaços e sobre a
cabeça. [18]Assim queimarás o carneiro
todo sobre o altar: é um holocausto
para Javé, de aroma agradável†, oferta
queimada para Javé.*

[19]Tomarás em seguida o outro car-
neiro, sobre cuja cabeça Aarão e seus
filhos imporão as mãos. [20]Imolarás o
carneiro e, tomando de seu sangue, o
passarás sobre o lóbulo da orelha di-
reita de Aarão e de seus filhos, sobre os
polegares de suas mãos direitas e so-
bre os polegares de seus pés direitos,
derramando o resto do sangue sobre
o altar, a seu redor. [21]Tomarás depois
do sangue que está sobre o altar e do
óleo da unção e aspergirás Aarão e
suas vestes, e igualmente seus filhos e
suas vestes. Assim será ele consagrado
e suas vestes, bem como seus filhos e
suas vestes com ele.

[22]Tomarás a gordura do carneiro, isto
é, a cauda, a gordura que cobre as vís-
ceras, o redenho do fígado e os rins,
com a gordura que os envolve, e a coxa
direita, porque é o carneiro da inves-
tidura. [23]Tomarás um pão,* uma torta

---

* **28**,41. 20,26 | **29**,6. 28,36s; 39,30; 30,22-33 | 12. Lv 1,5; Lv 4,7 | 14. Lv 4,1s | 16. 24,6 | 18. Lv 1,1.9 | 23. 29,2s

† **29**,18. Antropomorfismo, ou modo humano de falar sobre Deus, indicando que a oferta lhe agrada, Gn 8,21. | 24. Literalmente "agitarás", quer elevando e abaixando, quer movendo para a frente e para trás, ou de um lado para o outro.

untada no azeite e uma bolacha, do cesto de pães ázimos, que está na presença de Javé, [24]e porás tudo isso nas palmas das mãos de Aarão e de seus filhos, e farás o gesto de apresentação diante de Javé†. [25]Receberás, depois, tudo de suas mãos e o queimarás sobre o holocausto, em suave odor diante de Javé: é uma oferta consumada pelo fogo para Javé.

[26]Tomarás ainda o peito do carneiro* da investidura de Aarão e farás com ele o gesto de apresentação diante de Javé; e essa será tua porção. [27]Consagrarás o peito que foi apresentado e a coxa oferecida, isto é, o que foi tirado do carneiro da investidura de Aarão e de seus filhos. [28]Isso será um direito perpétuo devido a Aarão e a seus filhos pelos israelitas, porque é uma contribuição; essa será a contribuição por parte dos israelitas, tomada de seus sacrifícios de comunhão; será uma contribuição para Javé.

[29]Os ornamentos sagrados de Aarão servirão para seus filhos depois dele, que os vestirão quando receberem a unção e a investidura. [30]Durante sete dias deverá usá-los aquele dentre seus filhos que lhe suceder no cargo de sacerdote, quando entrar na tenda da reunião para servir no santuário.

[31]Tomarás o carneiro de consagração* e farás cozinhar sua carne num lugar sagrado. [32]Aarão e seus filhos comerão da carne do carneiro e do pão que está no cesto à entrada da tenda da reunião. [33]Comerão aquilo com que foi feita a expiação, quando de sua investidura e consagração. Nenhum estranho comerá delas, pois são coisas santas. [34]Se sobrar carne ou pão para o dia seguinte, deverás queimá-los; não se comerá, porque é coisa santa.

[35]Assim, pois, farás a respeito de Aarão e de seus filhos* conforme tudo o que te ordenei: sete dias durará o rito de sua investidura. [36]Oferecerás diariamente um novilho em expiação pelo pecado. Purificarás o altar, fazendo por ele expiação* e o ungirás para consagrá-lo. [37]Durante sete dias farás expiação pelo altar, santificando-o, de sorte que se torne santíssimo, e tudo que tocar o altar será santificado".

Sacrifício quotidiano. [38]"Eis o que oferecerás sobre o altar: dois cordeiros de um ano, cada dia, perpetuamente. [39]Oferecerás um desses cordeiros pela manhã e o outro ao entardecer. [40]Com o primeiro cordeiro oferecerás a décima parte de um efá de flor de farinha amassada com um quarto de hin de óleo de olivas amassadas, e como libação um quarto de hin de vinho. [41]Ao entardecer oferecerás o segundo cordeiro, com uma oblação e uma libação semelhantes às da manhã, como agradável perfume, oferta queimada a Javé. [42]Será um holocausto perpétuo por todas as vossas gerações, à entrada da tenda da reunião, diante de Javé, onde vos encontrarei,* para falar contigo. [43]Eu me encontrarei com os israelitas nesse lugar,* que será consagrado por minha glória. [44]Santificarei a tenda da reunião e o altar, e santificarei também Aarão e seus filhos para que me sirvam como sacerdotes. [45]Habitarei entre os israelitas* e serei seu Deus. [46]E eles saberão que eu, Javé, sou seu Deus, que os tirou da terra do Egito, para habitar entre eles: eu, Javé, seu Deus".

30 **O altar do incenso.** [1]"Farás também de madeira de acácia um altar* para queimar o incenso. [2]Seu comprimento será de um côvado e de um côvado também sua largura, será quadrado, e terá dois côvados de altura; seus chifres formarão um só corpo com ele. [3]Cobrirás de ouro puro tanto sua parte superior como seus lados ao redor e seus chifres; e lhe farás uma moldura de ouro em volta. [4]Farás para ele duas argolas de ouro por baixo da moldura nos dois lados; fixarás essas argolas nos dois flancos, para receberem os varais, destinados a transportá-lo. [5]Farás os varais de madeira

* **29**,26. Lv 7,30s | 31. Lv 8,31 | 35. Lv 8,33s | 36. Ez 43,18-27; Lv 16,20; Nm 4,15.20; 2Sm 6,6s; Lv 6,2-6; Nm 28,3-8; Ez 46,13-15 | 42. 25,22 | 43. 24,16; 40,34 | 45. 25,8 | **30**,1. 37,25-28; Nm 4,11; 1Rs 6,20; Ap 8,3-5

de acácia e os cobrirás de ouro. 6Colocarás o altar diante da cortina* que oculta a arca do testemunho, em frente do propiciatório, que está em cima do testemunho, lugar onde me comunicarei contigo. 7Aarão queimará sobre ele incenso aromático; cada manhã, ao preparar as lâmpadas, ele o queimará; 8também ao entardecer, quando Aarão acender as lâmpadas, o queimará também. Será um perfume perpétuo diante de Javé para vossas gerações. 9Não oferecereis sobre ele perfume profano, nem holocausto, nem oblação; nem derramareis sobre ele libações. 10Uma vez por ano Aarão fará a expiação sobre os chifres do altar com o sangue da vítima de expiação pelo pecado; sobre ele fará a expiação uma vez por ano, por todas as vossas gerações. Esse altar será uma coisa santíssima, consagrada a Javé".

Imposto para o culto. 11Javé falou a Moisés, dizendo:* 12"Quando fizeres a contagem dos israelitas pelo recenseamento, cada um dará a Javé o resgate da própria pessoa quando os contares, para que não venha sobre eles algum flagelo ao serem recenseados. 13Cada um dos que forem recenseados dará meio siclo, conforme o siclo do santuário; esse siclo é de vinte geras. Esse meio siclo é a contribuição devida a Javé. 14Toda pessoa recenseada, de vinte anos para cima, dará essa contribuição a Javé. 15O rico não dará mais, nem o pobre dará menos de meio siclo, ao entregarem a contribuição a Javé em resgate de vossas pessoas. 16Receberás esse dinheiro do resgate dos israelitas e o empregarás no serviço da tenda da reunião; ele servirá aos israelitas de lembrança diante de Javé, para o resgate de vossas pessoas".

A bacia de bronze. 17Javé disse a Moisés:* 18"Farás uma bacia de bronze para as abluções, com um pedestal de bronze, e a colocarás entre a tenda da reunião e o altar, e a encherás de água. 19Aarão e seus filhos lavarão nela mãos e pés. 20Quando entrarem na tenda da reunião deverão lavar-se com essa água, para que não morram; e também ao se aproximarem do altar para oficiar, para queimar vítimas fumegantes a Javé. 21Lavarão as mãos e os pés e não morrerão. Isso será para eles uma lei perpétua: para Aarão e sua descendência por todas as gerações".

Óleo para a unção. O incenso. 22Javé disse a Moisés: 23"Recolhe aromas* de primeira qualidade: quinhentos siclos de mirra virgem; a metade, ou seja, duzentos e cinquenta siclos, de cinamomo perfumado; duzentos e cinquenta siclos de cana aromática; 24quinhentos siclos de cássia, segundo o siclo do santuário; um hin de azeite de oliveira. 25Com tudo isso farás o óleo* para a unção sagrada, um unguento elaborado com arte de perfumista; será o óleo para a sagrada unção. 26Com ele ungirás a tenda da reunião e a arca do testemunho, 27a mesa e todos os seus utensílios, o candelabro e seus acessórios, o altar do incenso; 28o altar dos holocaustos e todos os seus acessórios, a bacia e seu pedestal. 29Depois de consagrados,* esses objetos se tornarão santíssimos, e tudo o que os tocar ficará santificado. 30Ungirás também Aarão* e seus filhos, e os consagrarás para que me sirvam como sacerdotes. 31E assim falarás aos israelitas: Este será para vós e para vossas gerações o óleo da unção sagrada. 32Não será derramado sobre o corpo de nenhum homem, nem fareis outro de semelhante composição; ele é coisa sagrada, e sagrado será para vós. 33Quem fizer um outro semelhante e o derramar sobre pessoa profana será exterminado do meio de seu povo".

34Javé disse ainda a Moisés:* "Toma as seguintes especiarias: estoraque, craveiro, gálbano e incenso puro, em igual proporção. 35Com elas farás um perfume, uma composição aromática, obra de perfumista, temperada com sal puro e santo. 36Parte dele reduzirás a

---

* **30**,6. 40,5 | 11. 38,25-28; Nm 1 | 17. 38,8; 1Rs 7,23-38 | 23. Lv 8,10s | 25. 37,29 | 29. 29,37 | 30. 28,41;40,15 | **30**,34. 37,29 | 36. 25,22

pó* e porás diante do testemunho, na
tenda da reunião, onde me comunicarei
contigo. Será para vós coisa santíssima.
37Não fareis para vós outro perfume
de composição semelhante a este que
deverás fazer. Ele será para vós coisa
santa, consagrada a Javé. 38Quem fizer
outro semelhante para aspirá-lo será
exterminado do meio de seu povo".

31 **Os artesãos do santuário.** 1Javé
falou a Moisés, dizendo: 2"Chamei
especialmente Beseleel, filho de
Uri, filho de Hur,* da tribo de Judá, 3e
o enchi de um espírito divino, de sabedoria,
entendimento e habilidade para
toda sorte de trabalho; 4para fazer desenhos,
para lavrar ouro, prata e bronze;
5para lapidar pedras de engaste,
para entalhar madeira, para executar
toda classe de obras. 6Dei-lhe como
companheiro Ooliab, filho de Aquisamec,
da tribo de Dã; e infundi talento
no coração de todo artista hábil, para
que executem todas as coisas que te
ordenei: 7a tenda da reunião, a arca do
testemunho, o propiciatório sobre ela,
e todos os utensílios da tenda; 8a mesa
e seus acessórios, o candelabro de
ouro puro e todos os seus acessórios, o
altar do incenso, 9o altar do holocausto
e todos os seus utensílios, a bacia com
seu pedestal, 10as vestes litúrgicas e as
vestes sagradas do sacerdote Aarão e
as vestes de seus filhos, usadas para
oficiarem como sacerdotes; 11o óleo
para a unção e o incenso aromático
para o santuário. Farão tudo conforme
te ordenei".
Observância do sábado. 12Javé disse
a Moisés:13"Fala assim aos israelitas:
Guardai cuidadosamente* meus sábados,
porque isso é um sinal entre mim
e vós, em vossas gerações, para que
saibais que eu sou Javé, que vos santifico.
14Guardai, pois, o sábado, porque
é santo para vós; quem o profanar será
morto inexoravelmente, pois qualquer
pessoa que nesse dia trabalhar*
será eliminada do meio de seu povo.
15Durante seis dias se trabalhará, mas
no sétimo dia será repouso absoluto,
consagrado a Javé; todo aquele que
trabalhar em dia de sábado morrerá
inexoravelmente. 16Observem, pois,
os israelitas o sábado, celebrando-o
de geração em geração como aliança
perpétua. 17Ele será um sinal perpétuo*
entre mim e os israelitas, pois em seis
dias Javé fez o céu e a terra, e no sétimo
descansou e tomou alento".
18Tendo Javé acabado de falar com
Moisés no monte Sinai,* entregou-lhe
as duas tábuas do testemunho, tábuas
de pedra, escritas com o dedo de Deus.

32 **O bezerro de ouro.** 1Vendo
que Moisés demorava a descer
da montanha, o povo se reuniu em
torno de Aarão e lhe disse: "Vamos!
Faze-nos deuses que caminhem a nossa
frente, porque não sabemos o que
aconteceu a esse Moisés,* a esse homem
que nos tirou da terra do Egito".
2Respondeu Aarão: "Tirai os brincos de
ouro das orelhas de vossas mulheres,
de vossos filhos e de vossas filhas e
trazei-os a mim". 3Todo o povo tirou
das orelhas* os brincos de ouro e os
levou a Aarão. 4Ele os recebeu de suas
mãos, preparou um molde com o cinzel
e fez um bezerro de metal fundido†.
Eles exclamaram: "São estes, ó Israel,
teus deuses, que te tiraram da terra do
Egito". 5Vendo isto, Aarão construiu um
altar diante do bezerro e proclamou:
"Amanhã haverá festa em honra de
Javé". 6No dia seguinte levantaram-se
cedo, ofereceram holocaustos e apresentaram
sacrifícios de comunhão; em
seguida, o povo sentou-se para comer
e beber,* e depois se levantou para
divertir-se.
Moisés intercede pelo povo. 7Então
Javé disse a Moisés: "Vai, desce, porque
teu povo, que tiraste da terra do Egito,

---

* **31**,2. 35,30-35 | 13. 20,8-11 | 14. Nm 15,32-36 | 17. 20,11; Gn 2,2s | 18. 24,12 | **32**,1. At 7,40s | 3. Ne 9,18; Sl 106,19s | 6. 1Cor 10,7

† **32**,4. Os egípcios adoravam o boi Ápis, mas esse bezerro, assim denominado por zombaria, não era uma divindade, mas uma representação de Javé.

se corrompeu. [8]Depressa se desviaram
do caminho que eu lhes prescrevera; fi-
zeram para si um bezerro de metal fun-
dido e o adoraram, ofereceram-lhe sa-
crifícios e disseram: 'São estes, ó Israel,
teus deuses que te tiraram da terra do
Egito'". [9]Javé disse ainda a Moisés: "Te-
nho observado este povo:* é um povo
de cabeça dura. [10]Deixa, portanto, que
se acenda minha ira contra eles e os
consuma. De ti, porém, farei uma gran-
de nação".* [11]Moisés então suplicou a
Javé, seu Deus,* e lhe disse: "Por que,
Javé, se acenderia vossa ira contra vos-
so povo que tirastes da terra do Egito
com grande poder e mão forte? [12]Por
que os egípcios haveriam de dizer:* Foi
com má intenção que os levou, para os
matar nas montanhas e exterminá-los
da face da terra? Aplaque-se o furor de
vossa ira e renunciai ao mal com que
ameaçastes vosso povo†. [13]Lembrai-
-vos de Abraão, Isaac e Israel, vossos
servos, aos quais jurastes por vós mes-
mo e dissestes: 'Multiplicarei vossa des-
cendência* como as estrelas do céu, e
darei a vossa descendência, como pos-
se para sempre, toda esta terra de que
vos falei'". [14]Javé desistiu do mal que
pensara fazer a seu povo.

Moisés quebra as tábuas da lei. [15]Moi-
sés voltou-se e desceu da montanha,*
levando nas mãos as duas tábuas do
testemunho, tábuas escritas de ambos
os lados, sobre uma e outra face. [16]Elas
eram obra de Deus, e a escrita era escri-
ta divina, gravada nelas.* [17]Josué ouviu
o tumulto do povo que gritava e disse a
Moisés: [18]"Há gritos de guerra no acam-
pamento!" Respondeu Moisés:

"Não são gritos de vitória,
nem gritos de derrota:
o que ouço são cantos alternados".

[19]Aproximando-se do acampamen-
to, viu o bezerro e as danças; então a
ira de Moisés se acendeu; ele arremes-
sou por terra as tábuas e as quebrou
ao pé da montanha. [20]Pegou o bezerro
que tinham feito, queimou-o e o tritu-
rou até reduzi-lo a pó, que lançou na
água e obrigou os israelitas a bebê-la.
[21]Moisés disse a Aarão: "Que te fez este
povo para atraíres sobre ele um pecado
tão enorme?" [22]Aarão respondeu: "Não
se acenda a ira de meu senhor; tu sa-
bes quanto este povo é inclinado para
o mal. [23]Eles me disseram: 'Faze-nos
deuses que caminhem a nossa frente,
porque não sabemos o que aconteceu
a esse Moisés, a esse homem que nos
tirou da terra do Egito'. [24]Eu lhes disse:
'Os que tiverem ouro, tirem-no de si'; e
eles o entregaram a mim. Eu o lancei ao
fogo e saiu este bezerro".

Punição dos idólatras. [25]Então Moi-
sés, vendo o povo desenfreado, porque
Aarão lhe soltara as rédeas, expondo-o
assim à zombaria dos inimigos, [26]pos-
tou-se à entrada do acampamento e
exclamou: "Quem é por Javé* venha a
mim!" Juntaram-se ao redor dele todos
os filhos de Levi. [27]Disse-lhes então:
"Assim fala Javé, Deus de Israel: 'Colo-
que cada um a espada na cintura, pas-
sai e tornai a passar pelo acampamen-
to, de porta em porta, e cada um mate
inclusive seu próprio irmão, seu amigo
e seu parente'". [28]Os filhos de Levi fize-
ram o que Moisés lhes tinha ordenado,
e naquele dia caíram cerca de três mil
homens do povo. [29]Moisés disse: "Hoje
vos consagrastes a Javé,* cada um às
custas do próprio filho ou do próprio
irmão, a fim de que vos conceda hoje
uma bênção".

[30]No dia seguinte, Moisés disse ao
povo: "Cometestes um enorme peca-
do, mas agora vou subir a Javé para
tratar de expiar vosso pecado". [31]Vol-
tou, pois, Moisés a Javé e disse: "Este
povo cometeu um grande pecado ao
fabricar para si deuses de ouro. [32]Não

---

* **32**,9. 33,3; 34,9; Dt 9,13 | 10. Gn 12,2; Nm 14,12 | 11. Sl 106,23; Dt 9,26-29 | 12. Nm 14,13-16; Dt 9,28; 32,27; Ez 20,9.44 | 13. Gn 15,5; 22,16s; 35,11s | 15. 24,12 | 16. 31,18 | 26. Dt 33,9 | 29. Dt 33,8-11; Nm 25,7-13

† **32**,12. Deus não pode contradizer suas promessas, deve lembrar-se dos prodígios que fez pelo povo; sua glória está em jogo, não pode abandonar o povo que escolheu. | 32. É o livro da vida, onde Deus inscreve os eleitos, Sl 69,29; Ap 3,5. Moisés argumenta: Perdoai o povo, ou então castigai-me junto com ele.

obstante, perdoai-lhes seu pecado! Se não, riscai-me do livro que escrevestes!"† 33Javé disse a Moisés:* "Aquele que pecou contra mim, esse sim riscarei de meu livro. 34Agora vai e leva o povo para o lugar que te indiquei. Meu anjo irá adiante de ti. Mas no dia de minha visita, eu os punirei por seu pecado". 35Javé castigou o povo pelo que havia feito com o bezerro fabricado por Aarão.

33

A ordem de partir; luto do povo. 1Javé disse a Moisés: "Vai, sobe daqui* tu e o povo que tiraste da terra do Egito, para a terra que prometi com juramento a Abraão, Isaac e Jacó, dizendo: 'A tua posteridade a darei'. 2Enviarei diante de ti um anjo e expulsarei o cananeu, o amorreu, o heteu, o ferezeu, o heveu e o jebuseu. 3Sobe para essa terra onde corre leite e mel. Mas eu não subirei no meio de ti, porque és um povo de cabeça dura; do contrário, eu te exterminaria no caminho". 4Quando o povo ouviu essas duras palavras, vestiu-se de luto e ninguém mais usava enfeites. 5Então Javé disse a Moisés: "Dize aos israelitas: Vós sois um povo de cabeça dura; se por um só momento eu subisse no meio de ti, eu te exterminaria. Agora, pois, retira teus ornamentos, e saberei como devo tratar-te". 6Então, desde o monte Horeb os israelitas se despojaram de seus ornamentos.

A tenda sagrada fora do acampamento. 7Moisés tomou a tenda e armou-a para ele fora,* longe do acampamento, e a chamou tenda da reunião. Todo aquele que quisesse consultar Javé ia para a tenda da reunião, fora do acampamento. 8Quando Moisés se dirigia para a tenda, todo o povo se levantava e permanecia de pé, cada um à entrada da própria tenda, e seguia Moisés com o olhar, até ele entrar na tenda. 9Acontecia que, ao entrar Moisés na tenda, a coluna de nuvem baixava, parava à entrada da tenda, e Javé falava com Moisés. 10Quando todo o povo via a coluna de nuvem* parada à entrada da tenda, todos se levantavam, e cada um se prostrava à entrada da própria tenda. 11Javé falava com Moisés face a face,* como um homem fala com seu amigo; depois voltava ao acampamento; mas seu ajudante, o jovem Josué, filho de Nun, não se afastava do interior da tenda.

Moisés deseja ver a glória de Deus. 12Moisés disse a Javé: "Vós me dizeis: Conduze este povo, mas não me revelastes quem enviareis comigo; no entanto, me dissestes: 'Conheço-te pelo nome* e encontraste graça a meus olhos'. 13Pois bem, se encontrei graça a vossos olhos, dai-me a conhecer vossos caminhos, para que eu vos conheça e encontre graça a vossos olhos. Considerai que esta nação é vosso povo". 14Javé respondeu: "Eu mesmo virei e te darei descanso".* 15Replicou Moisés: "Se não vierdes pessoalmente, não nos mandeis sair daqui; 16pois como se saberá que encontramos graça a vossos olhos eu e vosso povo, senão pelo fato de irdes conosco? Assim nos distinguiremos, eu e vosso povo, de todos os povos que existem sobre a face da terra". 17Javé disse a Moisés: "Farei também isso que pediste, pois encontraste graça a meus olhos e te conheço pelo nome". 18Então disse Moisés: "Por favor, mostrai-me vossa glória".* 19Javé respondeu: "Farei passar diante de ti toda a minha bondade e proclamarei diante de ti o nome de Javé. Terei misericórdia de quem eu quiser ter misericórdia e me compadecerei de quem eu quiser compadecer-me". 20E acrescentou: "Mas minha face não poderás vê-la, pois ninguém pode ver-me e permanecer vivo". 21Disse ainda Javé: "Eis aqui um lugar perto de mim; tu ficarás sobre a rocha. 22E ao passar minha glória, eu te porei na fenda da rocha e te cobrirei com a mão, até que eu tenha passado. 23Retirarei depois a mão, e me verás pelas costas; minha face, porém, não se pode ver".

---

* **32**,33. Dn 12,1 | **33**,1. Nm 10,11-13 | **33**,7. 25,22 | 10. 34,34 | 11. 33,20; Nm 12,8; Dt 34,10; Jo 15,15 | 12. 33,11 | 14. Hb 4,1 | 18. 33,11; 1Rs 19,9-18; Jo 1,14-18; 34,6s; 3,14

34 **As novas tábuas da lei.** 1Javé
disse a Moisés: "Talha duas tá-
buas de pedra iguais às primeiras, e eu
escreverei sobre elas as palavras que
estavam nas primeiras, que tu que-
braste. 2Prepara-te para amanhã su-
bir o monte Sinai, e lá apresenta-te a
mim, no alto do monte. 3Ninguém suba
contigo, nem se veja alguém em parte
alguma do monte; não haja nem mes-
mo ovelhas ou bois pastando diante do
monte". 4Moisés talhou duas tábuas de
pedra, iguais às primeiras; no dia se-
guinte levantou-se bem cedo, subiu o
monte Sinai, como Javé lhe havia orde-
nado, levando consigo as duas tábuas
de pedra.

5Javé desceu na nuvem* e ali este-
ve junto dele e proclamou o nome de
Javé.* 6Passou, pois, Javé diante dele
exclamando:

"Javé, Javé,
Deus compassivo e misericordioso,*
lento para a cólera
e rico em bondade e em fidelidade,
7que conserva a misericórdia por mil
gerações,
que perdoa a iniquidade, a trans-
gressão e o pecado,
mas que também não inocenta o cul-
pado;
que pune a iniquidade dos pais nos
filhos e nos netos
até a terceira e a quarta geração".

8Imediatamente Moisés se inclinou
até o chão* e adorou. 9Depois disse:
"Senhor, se encontrei graça aos vossos
olhos, que meu Senhor se digne cami-
nhar no meio de nós. Certamente é um
povo de cabeça dura, mas perdoai nos-
sas culpas e nossos pecados e aceitai-
-nos como vossa herança".

A aliança renovada. 10Javé respondeu:
"Vou fazer uma aliança:* diante de todo
o povo farei maravilhas como jamais
foram feitas em terra alguma, nem em
nenhuma nação, de modo que todo o
povo no meio do qual te encontras veja
a obra de Javé, pois será uma coisa tre-
menda o que estou para fazer contigo.
11Observa bem o que hoje te ordeno.
Expulsarei de tua presença o amorreu,*
o cananeu, o heteu, o ferezeu, o he-
veu e o jebuseu. 12Guarda-te de fazer
aliança com os habitantes da terra para
onde vais, para que não sejam uma ar-
madilha* no meio de ti. 13Pelo contrá-
rio, derrubareis seus altares, quebrareis
suas colunas sagradas e cortareis seus
troncos idolátricos.

14Não adorarás nenhum outro deus;
porque Apaixonado é o nome de Javé:
ele é um Deus apaixonado. 15Cuida de
não fazer aliança com os moradores da
terra; não suceda que, ao se prostituí-
rem a seus deuses† e lhes oferecerem
sacrifícios, alguém te convide e comas
de seus sacrifícios 16e tomes mulheres
dentre suas filhas para teus filhos, de
sorte que, prostituindo-se essas mu-
lheres a seus deuses, façam que tam-
bém teus filhos se prostituam a seus
deuses.

17Não farás para ti deuses de metal
fundido.*

18Guardarás a festa dos Ázimos.* Du-
rante sete dias comerás pães ázimos,
como te ordenei, no tempo marcado
no mês de abib; pois foi no mês de
abib que saíste do Egito.

19Todo primogênito será meu; tam-
bém todo primogênito macho de teus
rebanhos, tanto das vacas como das
ovelhas. 20Mas o primogênito do ju-
mento, tu o resgatarás com um cordei-
ro e, se não o quiseres resgatar, tu lhe
quebrarás o pescoço. Resgatarás todo
primogênito de teus filhos. Ninguém
virá a minha presença de mãos vazias.

21Trabalharás seis dias, mas no séti-
mo descansarás,* tanto na época do
plantio como na da colheita.

22Celebrarás a festa das Semanas,
isto é, das primícias da colheita do tri-

---

* **34**,5. 33,18-23 | 6. 3,14 / 20,5s; Nm 14,18; Sl 86,15; Jr 32,18; Na 1,3; Jl 2,13; Jo 1,14 | 8. 32,11-14 | 10. Êx 20,1 | 11. Dt 7,1 | 12. 23,32-33; Nm 33,52; Dt 4,24 | 17. 20,4 | 18. 23,14; 12,1 | 21. 20,8

† **34**,15. A idolatria era equiparada ao adultério, à prostituição, porque a aliança de Deus com Israel se expressava em termos de um matrimônio. No NT, é Cristo o esposo do novo povo, Mc 2,19; 2Cor 11,2; Ef 5,32.

go, e a festa da Colheita no fim do ano.
23Três vezes por ano comparecerá todo
homem de teu meio diante do Senhor
Javé, Deus de Israel. 24Eu expulsarei as
nações de tua frente e alargarei tuas
fronteiras; por isso ninguém cobiçará
tua terra, enquanto subires, três vezes
por ano, para comparecer na presença
de Javé, teu Deus. 25Não oferecerás o
sangue de meu sacrifício* com pão fer-
mentado nem guardarás até a manhã
seguinte a vítima da festa da Páscoa.
26Levarás à casa de Javé, teu Deus, o
melhor das primícias* dos frutos de tua
terra.

Não cozinharás o cabrito no leite de
sua mãe".*
27Disse ainda Javé a Moisés: "Escreve
estas palavras, porque segundo o teor
delas fiz aliança contigo e com Israel".*
28Moisés permaneceu ali com Javé
quarenta dias e quarenta noites,* sem
comer pão nem beber água; e escreveu
nas tábuas as palavras da aliança,* as
dez palavras.
Moisés resplandecente. 29Quando
Moisés desceu do monte Sinai,* tra-
zendo nas mãos as duas tábuas do
testemunho, sim, quando desceu do
monte, ele não sabia que a pele de seu
rosto resplandecia, depois que Deus
falou com ele. 30Olhando Aarão e todos
os israelitas para Moisés, notaram que
a pele de seu rosto resplandecia e tive-
ram medo de se aproximar dele.† 31En-
tão Moisés os chamou, e Aarão e to-
dos os chefes da comunidade voltaram
para junto dele, e ele lhes falou. 32De-
pois se aproximaram todos os israeli-
tas, e ele lhes ordenou tudo o que Javé
lhe havia dito no monte Sinai. 33Tendo
acabado de falar-lhes, Moisés pôs um
véu sobre o rosto. 34Quando Moisés se
apresentava a Javé para falar com ele,
retirava o véu até o momento de sair;
depois saía e comunicava aos israelitas
o que lhe havia sido ordenado. 35Os
israelitas viam que a pele do rosto de
Moisés resplandecia; em seguida Moi-
sés colocava o véu sobre o rosto até
entrar para falar com ele.

35 **A observância do sábado.**
1Moisés convocou toda a co-
munidade dos israelitas* e lhes disse:
"Estas são as coisas que Javé mandou
fazer: 2Durante seis dias se trabalhará,
mas o sétimo dia será sagrado para
vós, um dia de repouso completo, con-
sagrado a Javé. Quem nesse dia fizer
qualquer trabalho* será morto. 3Não
acendereis fogo em nenhuma de vos-
sas moradas no dia de sábado".
Donativos para o santuário. 4Moisés
disse a toda a comunidade dos israeli-
tas:* "Eis o que ordenou Javé†: 5Trazei,
do que tendes, uma oferta para Javé.
Toda pessoa de coração generoso tra-
rá como oferta para Javé: ouro, prata
e bronze; 6púrpura violeta e escarlate,
carmesim, linho fino e pelos de cabra;
7peles de carneiro tingidas de verme-
lho, couro fino e madeira de acácia,
8azeite para as lâmpadas, aromas para
o óleo da unção e para o incenso aro-
mático; 9pedras de ônix e pedras de
engaste para o efod e o peitoral. 10Ve-
nham todas as pessoas habilidosas
dentre vós, e façam tudo quanto Javé
ordenou: 11o tabernáculo, sua tenda e
sua cobertura, seus colchetes e suas tá-
buas; seus varais, suas colunas e suas
bases; 12a arca e seus varais; o propicia-
tório e a cortina do véu; 13a mesa com
seus varais e todos os seus acessórios,
e o pão da apresentação; 14o candela-
bro para a iluminação com seus uten-
sílios e suas lâmpadas; e o óleo para a
iluminação; 15o altar do incenso e seus
varais; o óleo da unção e o incenso aro-
mático, e a cortina da porta para a en-
trada do tabernáculo; 16o altar dos ho-
locaustos e sua grelha de bronze, com
seus varais e todos os seus acessórios;

---

* **34**,25. 12,15-20; 12,10 | 26. Dt 26,1 / 23,19 | 27. 34,10 | 28. 24,18 / 20,1 | 29. 2Cor 3,7-4,6 | **35**,1. 20,8 | 2. Nm 15,32s | 4. 25,2-7

† **34**,30. Moisés traz no rosto um pouco da luz de Deus, com o qual esteve quarenta dias. Partindo desse texto, São Paulo ensina a superioridade dos ministros do Novo Testamento, 2Cor 3,7-18. | **35**,4. Os cc. 35-39 vão mostrar como foram realizadas as ordens dadas por Deus nos cc. 25-31.

a bacia com seu pedestal; [17]as cortinas
do átrio, suas colunas e suas bases, e a
cortina da porta do átrio; [18]as estacas
do tabernáculo e as estacas do átrio
com suas cordas; [19]as vestes litúrgi-
cas, para oficiar no santuário, as vestes
sagradas para o sacerdote Aarão, e as
vestes de seus filhos, para exercerem o
sacerdócio".
[20]Toda a comunidade dos israelitas
retirou-se da presença de Moisés. [21]En-
tão vieram todos aqueles cujo coração
os movia, e todos aqueles cujo espírito
os tornava generosos, e trouxeram sua
oferenda para Javé, para os trabalhos
da tenda da reunião e para todo o seu
culto e para os ornamentos sagrados.
[22]Vieram homens e mulheres, todos
os de coração generoso, e trouxeram
broches, brincos, anéis, adereços e toda
a sorte de joias de ouro; todos os que
queriam fazer uma oferta em ouro, em
honra de Javé. [23]Todos os que possuíam
púrpura violeta, púrpura escarlate, car-
mesim, linho fino, pelos de cabra, peles
de carneiro tingidas de vermelho ou
couro fino, os trouxeram. [24]E todo aque-
le que podia fazer uma oferta de prata
e de bronze, a trouxe como oferenda
para Javé; e quem possuía madeira de
acácia, para qualquer obra da constru-
ção, a trouxe. [25]Todas as mulheres habi-
lidosas fiaram com suas próprias mãos e
trouxeram o que fiaram: púrpura violeta
e escarlate, carmesim e linho fino. [26]To-
das as mulheres, cujo coração as mo-
veu a trabalhar com habilidade, fiaram
os pelos de cabra. [27]Os chefes do povo
trouxeram pedras de ônix e pedras de
engaste para o efod e o peitoral, [28]os
aromas e o azeite para a iluminação,
para o óleo da unção e para o incen-
so aromático. [29]Os israelitas trouxeram
oferta voluntária a Javé, a saber, todo
homem e mulher, cujo coração os mo-
vera a contribuir generosamente para
toda a obra que Javé, por intermédio de
Moisés, tinha mandado executar.

**Artesãos para a construção do san-
tuário.** [30]Moisés disse aos israelitas:*
"Vede, Javé chamou especialmente Be-
seleel, filho de Uri, filho de Hur, da tribo
de Judá, [31]e o encheu de espírito divino,
de sabedoria, entendimento e habilida-
de para toda sorte de trabalho: [32]para
fazer desenhos, para lavrar o ouro, a pra-
ta e o bronze, [33]para lapidar pedras de
engaste, para entalhar a madeira, para
executar toda classe de obra. [34]Também
lhe comunicou o dom de ensinar, tan-
to a ele como a Ooliab, filho de Aqui-
samec, da tribo de Dã. [35]Encheu-lhes
o coração de talento para executarem
todo o trabalho de escultura e de arte,
para recamar a púrpura violeta, púrpura
e escarlate, o carmesim e o linho fino, e
para tecer; capacitados para toda obra e
desenhistas de projetos".

36 **Construção do santuário.**
[1]"Beseleel, Ooliab e todos os
homens sábios de coração, a quem
Javé tinha dado habilidade e inteligên-
cia para saberem executar todos os
trabalhos da obra do santuário, farão
tudo conforme Javé ordenou".
[2]Moisés chamou Beseleel, Ooliab
e todo homem hábil, em cuja mente
Javé tinha infundido sabedoria, todos
os que se sentiam levados a tomar
parte na execução da obra. [3]Eles re-
ceberam de Moisés as oferendas que
os israelitas haviam trazido para a obra
do serviço do santuário. Entretanto, o
povo continuava a trazer cada manhã
ofertas espontâneas, [4]de modo que
todos os artesãos que executavam as
diversas obras do santuário, interrom-
pendo cada qual o trabalho que estava
fazendo, vieram [5]e disseram a Moisés:
"O povo está trazendo muito mais do
que é necessário para a obra que Javé
mandou fazer!" [6]Então Moisés mandou
proclamar no acampamento: "Nenhum
homem ou mulher faça mais nada para
a oferta do santuário". Assim o povo foi
proibido de trazer mais, [7]pois o mate-
rial já era suficiente para tudo o que se
devia fazer, e ainda sobrava.

As cortinas do tabernáculo. [8]Os ar-
tesãos mais hábeis dentre todos os
que trabalhavam na obra* fizeram o

* **35**,30. 31,2-6 | **36**,8. 26,1-11.14

tabernáculo com dez cortinas de linho
fino retorcido, púrpura violeta, púrpu-
ra escarlate e carmesim, com figuras
de querubins, artisticamente borda-
das. 9O comprimento de cada cortina
era de vinte e oito côvados e a largura,
de quatro côvados; e a medida era a
mesma para todas. 10Uniram cinco cor-
tinas uma com a outra; e as outras cin-
co também uniram uma com a outra.
11Fizeram também presilhas de púrpu-
ra violeta na orla da cortina que estava
na extremidade do primeiro grupo, e o
mesmo fizeram na orla da cortina que
ocupava a extremidade do segundo
grupo. 12Fizeram cinquenta presilhas
na primeira cortina e outras cinquenta
na extremidade da cortina do segundo
grupo, de modo que as presilhas cor-
respondessem entre si. 13Fizeram tam-
bém cinquenta colchetes de ouro, com
os quais uniram as cortinas uma à ou-
tra, de sorte que o tabernáculo formou
um só todo.

14Fizeram também cortinas de pelos
de cabra, para formar uma tenda sobre
o tabernáculo, em número de onze.
15O comprimento de cada cortina era
de trinta côvados e sua largura, de qua-
tro côvados; e todas tinham as mesmas
medidas. 16Juntaram cinco dessas cor-
tinas de um lado e seis do outro. 17Co-
locaram também cinquenta presilhas
na borda da cortina que ocupava a
extremidade do primeiro grupo, e cin-
quenta na orla da cortina do segundo
grupo. 18E fizeram cinquenta colchetes
de bronze para unir a tenda, de sorte
a formar um só todo. 19Fizeram para a
tenda uma cobertura de peles de car-
neiro, tingidas de vermelho, e por cima
outra coberta de peles de couro fino.

As tábuas do tabernáculo. 20Fizeram
também para o tabernáculo* tábuas
de madeira de acácia, colocadas ver-
ticalmente. 21O comprimento de cada
tábua era de dez côvados e a largura,
de um côvado e meio. 22Cada tábua
tinha dois encaixes unidos um ao ou-
tro; e o mesmo foi feito com todas as
tábuas do tabernáculo. 23Fabricaram
as tábuas para o tabernáculo: vinte tá-
buas para o lado meridional, à direita;
24e fizeram quarenta bases de prata
debaixo das vinte tábuas, duas bases
debaixo de cada tábua, para seus dois
encaixes. 25Para o outro lado do taber-
náculo, ao norte, fizeram outras vinte
tábuas 26com suas quarenta bases de
prata: duas bases debaixo de cada tá-
bua. 27E para o fundo do tabernáculo,
ao ocidente, fizeram seis tábuas. 28Para
os cantos do fundo do tabernáculo
fizeram duas tábuas, 29que eram uni-
das entre si por baixo até a altura da
primeira argola. Assim fizeram com as
duas tábuas nos dois cantos. 30Eram,
pois, oito tábuas com suas dezesseis
bases de prata: duas para cada tábua.
31Fizeram também vigas de madeira de
acácia: cinco para as tábuas de um lado
do tabernáculo, 32outras cinco para as
tábuas do outro lado do tabernáculo e
igualmente cinco vigas para as tábuas
do fundo do tabernáculo, ao ocidente.
33Fizeram a viga central para passar a
meia altura das tábuas, de uma extre-
midade à outra. 34Recobriram de ouro
as tábuas, e de ouro fizeram as argo-
las pelas quais passavam as vigas, que
também recobriram de ouro.

A cortina. 35Fizeram também a corti-
na* de púrpura violeta, púrpura escar-
late, carmesim e linho fino retorcido,
com bordados representando queru-
bins. 36Fizeram para ela quatro colunas
de madeira de acácia, recobertas de
ouro; seus ganchos eram também de
ouro. E fundiram para elas quatro ba-
ses de prata. 37Fizeram também para a
entrada da tenda uma cortina de púr-
pura violeta, púrpura escarlate, carme-
sim e linho fino retorcido, trabalho de
bordado, 38com suas cinco colunas e
seus colchetes; seus capitéis e suas ver-
gas foram cobertos de ouro; e as cinco
bases eram de bronze.

37

A arca da aliança. 1Beseleel
fez a arca de madeira* de acá-
cia: seu comprimento era de dois côva-
dos e meio; sua largura, de um côvado

---

* **36**,20. 26,15-29 | 35. 26,31s. 36s | **37**,1. 25,10-14. 17-20

e meio, e sua altura, de um côvado e meio. 2 Revestiu-a de ouro puro por dentro e por fora e fez-lhe uma moldura de ouro em redor. 3 Fundiu para ela quatro argolas de ouro, que fixou em seus quatro cantos: duas argolas de um lado e duas do outro. 4 Fez varais de madeira de acácia, que recobriu de ouro, 5 e os introduziu nas argolas colocadas nos lados da arca, para poder ser transportada. 6 Fez o propiciatório de ouro puro, cujo comprimento era de dois côvados e meio e cuja largura, de um côvado e meio. 7 Fez dois querubins de ouro batido, nas duas extremidades do propiciatório; 8 um querubim numa extremidade e outro na outra; ele os fez de sorte a formar uma só peça com o propiciatório em suas duas extremidades. 9 Os querubins tinham as asas estendidas para o alto, cobrindo com elas o propiciatório; suas faces, voltadas uma para a outra, olhavam para o propiciatório.

A mesa. 10 Fez também uma mesa de madeira* de acácia, cujo comprimento era de dois côvados, a largura, de um côvado e a altura, de um côvado e meio. 11 Recobriu-a de ouro puro e fez-lhe uma moldura ao redor. 12 Cercou-a com um friso de um palmo, em torno do qual fez uma moldura de ouro. 13 Fundiu para a mesa quatro argolas de ouro, que prendeu em seus quatro cantos, correspondendo aos quatro pés. 14 As argolas estavam fixadas rente ao friso; nelas introduziam-se os varais para o transporte da mesa. 15 Fez os varais de madeira de acácia e os recobriu de ouro, para servirem ao transporte da mesa. 16 Fez de ouro puro os utensílios que deviam estar sobre a mesa: os pratos, as colheres, os jarros e as taças para as libações.

O candelabro. 17 Fez de ouro puro o candelabro.* Fez, trabalhados a martelo, formando com ele uma só peça, o pedestal, a haste, os braços, os cálices, os botões e as flores. 18 Seis braços saíam de seus lados: três de um lado e três do outro. 19 Em cada braço havia três cálices em forma de flor de amendoeira, com botão e flor, e outros três cálices em forma de flor de amendoeira, com botão e flor no outro braço; assim eram os seis braços que saíam do candelabro. 20 No candelabro havia quatro cálices em forma de flor de amendoeira, com seus botões e suas flores: 21 um botão debaixo dos dois primeiros, outro debaixo dos outros dois e outro debaixo dos dois últimos que saíam do candelabro. 22 Esses botões e braços formavam uma só peça com ele. Tudo isso era de ouro puro, lavrado a martelo. 23 Fez também suas sete lâmpadas, com suas espevitadeiras e seus cinzeiros de ouro puro. 24 Empregou para ele e seus acessórios um talento de ouro puro.

O altar do incenso. 25 Fez também o altar do incenso* de madeira de acácia. Seu comprimento era de um côvado e sua largura, de um côvado, quer dizer, era quadrado, e tinha dois côvados de altura; seus chifres formavam um só corpo com ele. 26 De ouro puro o recobriu: sua parte superior, suas paredes laterais e seus chifres, e fez-lhe uma moldura de ouro ao redor. 27 Fez-lhe também duas argolas de ouro debaixo de sua moldura, dos dois lados, para introduzir os varais destinados a transportá-lo. 28 Fez os varais de madeira de acácia e os recobriu de ouro.

29 Preparou também o óleo para a unção sagrada* e o incenso aromático, puro, obra de perfumista.

38

O altar dos holocaustos. 1 Fez o altar dos holocaustos* de madeira de acácia, com cinco côvados de comprimento e cinco de largura – era quadrado – e com três côvados de altura. 2 Nos quatro ângulos fez chifres que formavam uma só peça com ele, e o recobriu de bronze. 3 Fez também todos os utensílios para o altar: os recipientes para recolher as cinzas, as pás, as bacias, os garfos e os braseiros; fez tudo isso de bronze. 4 Fez para o altar uma grelha de bronze, em forma de

* **37**,10. 25,23-29 | 17. 25,31-39 | 25. 30,1-5 | 29. 30,22-25, 34s | **38**,1. 27,1-8

rede, que colocou debaixo da beirada do altar, desde a parte inferior até a metade do altar. 5Fundiu quatro argolas para os quatro ângulos da grelha de bronze, para servirem de inserção dos varais. 6Fez os varais de madeira de acácia e os recobriu de bronze. 7Introduziu os varais nas argolas dos lados do altar, para se poder transportá-lo. Fez o altar oco e de tábuas.

8Com os espelhos das mulheres que prestavam serviço à entrada da tenda da reunião, ele fez a bacia de bronze,* com seu pedestal também de bronze.

O átrio. 9Depois fez o átrio.* Do lado meridional, fez as cortinas do átrio de linho fino retorcido, numa extensão de cem côvados. 10Suas vinte colunas e suas bases eram de bronze; os ganchos das colunas e suas vergas eram de prata. 11Do lado setentrional as cortinas mediam cem côvados; suas vinte colunas e suas vinte bases eram de bronze; os ganchos das colunas e suas vergas eram de prata. 12Do lado ocidental havia cortinas numa extensão de cinquenta côvados; suas colunas eram dez, com suas dez bases; os ganchos das colunas e suas vergas eram de prata. 13Do lado do oriente havia cinquenta côvados: 14quinze côvados de cortinas com três colunas e três bases num lado da porta; 15e assim também do outro lado. De um lado e do outro da entrada do átrio, quinze côvados de cortinas, com suas três colunas e três bases. 16Todas as cortinas em torno do átrio eram de linho fino retorcido. 17As bases das colunas eram de bronze, e os ganchos das colunas e suas vergas, de prata; e de prata eram também recobertos seus capitéis. Todas as colunas do átrio tinham vergas de prata. 18A cortina da entrada do átrio era bordada de púrpura violeta, púrpura escarlate, carmesim e linho fino retorcido; de vinte côvados de comprimento, cinco de altura – isto é, de largura – segundo a medida das cortinas do átrio. 19Suas quatro colunas e suas quatro bases eram de bronze, e seus ganchos eram de prata. O revestimento dos capitéis e as vergas eram de prata. 20Todas as estacas do tabernáculo e do recinto do átrio eram de bronze.

Despesas da construção. 21Esta é a lista das despesas do tabernáculo, o tabernáculo do testemunho, cálculo feito por ordem de Moisés, por obra dos levitas, sob a direção de Itamar, filho do sacerdote Aarão. 22Beseleel, filho de Uri, filho de Hur,* da tribo de Judá, executou tudo o que Javé havia ordenado a Moisés. 23Com ele estava Ooliab, filho de Aquisamec, da tribo de Dã, hábil escultor, desenhista e bordador em púrpura violeta e escarlate, carmesim e linho fino.

24O total do ouro empregado na obra, nos diversos trabalhos do santuário, o ouro proveniente das ofertas, foi de vinte e nove talentos e setecentos e trinta siclos, segundo o siclo do santuário. 25E a prata recolhida* dos recenseados da comunidade foi um total de cem talentos e mil setecentos e setenta e cinco siclos, segundo o siclo do santuário: 26um beqa por pessoa, isto é, meio siclo, segundo o siclo do santuário, para cada um dos recenseados maiores de vinte anos,* ou seja, de seiscentos e três mil, quinhentos e cinquenta homens. 27Os cem talentos de prata foram utilizados para fundir as bases do santuário e as bases do véu: cem talentos para cem bases, um talento por base. 28E com os mil setecentos e setenta e cinco siclos ele fabricou ganchos para as colunas, recobriu-lhes os capitéis e as guarneceu de vergas. 29O bronze das ofertas foi de setenta talentos e dois mil e quatrocentos siclos; 30com ele fez as bases da entrada da tenda da reunião, o altar de bronze com sua grelha e todos os utensílios do altar, 31as bases do recinto do átrio, as bases da porta do átrio, todas as estacas do tabernáculo e todas as estacas do recinto do átrio.

39 **Os paramentos sacerdotais.** 1Com a púrpura violeta e escarlate, o carmesim e o linho fino

* **38**,8. 30,18 | 9. 27,9-19 | 22. 35,30-35 | 25. Nm 1 | 26. Nm 1,45s

fizeram as vestes litúrgicas para o mi-
nistério no santuário e os ornamentos
sagrados para Aarão, como Javé havia
ordenado a Moisés. 2Fizeram o efod de
ouro,* de púrpura violeta e escarlate,
carmesim e linho fino retorcido. 3La-
minaram o ouro e o cortaram em fios
para entrelaçá-lo com a púrpura violeta
e escarlate, o carmesim e o linho fino,
num trabalho de artista. 4Fizeram para
o efod ombreiras que se juntavam a
suas duas pontas, e assim se uniam. 5O
cinto, que passava por cima para aper-
tá-lo, formava com ele uma só peça e
era de obra igual: de ouro, de púrpura
violeta, púrpura escarlate, carmesim e
linho fino retorcido, como Javé havia
ordenado a Moisés. 6Lapidaram as pe-
dras de ônix,* embutidas em engastes
de ouro, gravadas como se gravam
os selos, com os nomes dos israelitas.
7Colocaram-nas sobre as ombreiras do
efod, a fim de serem um memorial para
os israelitas, como Javé havia ordenado
a Moisés.

O peitoral. 8Fizeram também o pei-
toral,* trabalho artístico como o efod:
de ouro, púrpura violeta, púrpura es-
carlate, carmesim e linho fino retorci-
do. 9Era quadrado e dobrado em dois;
seu comprimento era de um palmo,
e de um palmo também sua largura;
e era duplo. 10Colocaram nele qua-
tro fileiras de pedras: na primeira, um
sárdio, um topázio e uma esmeral-
da; 11na segunda, um rubi, uma safira
e um berilo; 12na terceira, um jacinto,
uma ágata e uma ametista; 13na quar-
ta, um crisólito, um ônix e um jaspe;
todas elas montadas em engastes de
ouro. 14As pedras correspondiam aos
nomes dos israelitas: doze, conforme
os nomes deles. Estavam gravadas à
maneira de selos, cada uma com seu
nome, segundo as doze tribos. 15Fi-
zeram para o peitoral umas correnti-
nhas de ouro puro, trançadas à manei-
ra de cordões. 16Fizeram dois engas-
tes de ouro e duas argolas também
de ouro, e prenderam as duas argo-
las às duas extremidades do peitoral.
17Passaram os dois cordões de ouro
pelas argolas nas extremidades do
peitoral. 18E prenderam as duas pon-
tas dos dois cordões aos dois engas-
tes, presos às ombreiras do efod em
sua parte dianteira. 19Fizeram ainda
duas argolas de ouro, que puseram nas
duas pontas do peitoral, em sua orla
que estava junto ao efod por dentro.
20Fizeram outras duas argolas de ouro,
que prenderam nas duas ombreiras do
efod, por baixo, em sua parte dianteira,
perto de sua juntura, por cima do cinto
do efod. 21Ataram depois o peitoral por
suas argolas às argolas do efod com
um cordão de púrpura violeta, para
que ficasse o peitoral por cima do cinto
do efod e assim não se desprendesse
do efod, como Javé havia ordenado a
Moisés.

O manto do efod. 22Fizeram também
o manto do efod,* trabalho de tecelão,
todo de púrpura violeta, 23tendo no
centro uma abertura como a de uma
couraça; a abertura era protegida ao
redor com uma orla de tecido para que
não se rasgasse. 24Aplicaram na orla
inferior do manto romãs de púrpura
violeta e escarlate, de carmesim e de
fio retorcido. 25Fizeram também cam-
painhas de ouro puro, colocando-as
entre as romãs em toda a orla inferior
do manto, alternadas com as romãs:
26uma campainha e uma romã, ou-
tra campainha e outra romã, em toda
a orla inferior do manto que se usava
para oficiar, como Javé havia ordenado
a Moisés.

27Fizeram também para Aarão e seus
filhos* as túnicas de linho fino, trabalho
de tecelão; 28o turbante de linho fino
e os ornamentos dos barretes de linho
fino, os calções de linho fino retorcido;
29e o cinto de linho fino retorcido, de
púrpura violeta e escarlate e de car-
mesim, trabalho de tecelão, como Javé
havia ordenado a Moisés.

30Fizeram também de ouro puro a
lâmina do diadema sagrado,* sobre a
qual gravaram como um selo as pala-
vras "Consagrado a Javé". 31Puseram-

* **39**,2. 28,6-8 | 6. 28,9-12 | 8. 28,15-28 | **39**,22. 28,31-35 | 27. 28,39-40.42 | 30. 28,36s

-lhe um cordão de púrpura violeta para
prendê-la ao turbante, no alto, como
Javé havia ordenado a Moisés.
**A obra concluída é apresentada a
Moisés.** 32 Ficou assim concluída toda
a obra do tabernáculo, da tenda da
reunião, havendo os israelitas executa-
do tudo o que Javé tinha ordenado a
Moisés.
33 Apresentaram a Moisés o taberná-
culo, a tenda e todo o seu mobiliário:
suas argolas, suas tábuas, suas traves-
sas, suas colunas e suas bases; 34 a co-
bertura de peles de carneiro tingidas de
vermelho, a cobertura de couro fino e
o véu protetor; 35 a arca do testemunho
com seus varais e o propiciatório; 36 a
mesa com todos os seus utensílios, e
o pão da apresentação; 37 o candelabro
de ouro puro com suas lâmpadas, as
lâmpadas dispostas em ordem e todos
os seus acessórios, bem como o óleo
para a iluminação; 38 o altar de ouro, o
óleo da unção, o incenso aromático e
a cortina da entrada da tenda; 39 o al-
tar de bronze e sua grelha de bronze,
seus varais e todos os seus utensílios;
a bacia e seu pedestal; 40 as cortinas do
átrio, as colunas e suas bases; a cortina
para a entrada do átrio, suas cordas e
suas estacas e todos os utensílios do
serviço do tabernáculo para a tenda
da reunião; 41 as vestes litúrgicas para
oficiar no santuário, os ornamentos
sagrados para o sacerdote Aarão e as
vestes de seus filhos para exercerem
o sacerdócio. 42 Conforme tudo o que
Javé ordenara a Moisés, assim fizeram
os israelitas todos os trabalhos. 43 Moi-
sés examinou toda a obra e reconhe-
ceu que a haviam realizado exatamente
como Javé ordenara. E Moisés os aben-
çoou.

40

Moisés arma o tabernáculo.
1 Javé falou a Moisés, dizendo:
2 "No primeiro dia do primeiro mês le-
vantarás o tabernáculo, a tenda da re-
união. 3 Colocarás nele a arca do teste-
munho e a cobrirás com o véu. 4 Trarás
também a mesa e nela disporás tudo o
que deve estar sobre ela. Trarás o can-
delabro e sobre ele porás as lâmpadas.
5 Colocarás o altar de ouro para o incen-
so diante da arca do testemunho e po-
rás a cortina na entrada do tabernáculo.
6 Colocarás o altar dos holocaustos dian-
te da entrada do tabernáculo, da tenda
da reunião. 7 Porás a bacia entre a tenda
da reunião e o altar e nela porás água.
8 Disporás o átrio ao redor e colocarás a
cortina na entrada do átrio. 9 Tomarás o
óleo da unção* e ungirás o tabernáculo
e tudo o que ele contém, e o consagra-
rás com todo o seu mobiliário, e será
coisa santa. 10 Ungirás o altar dos holo-
caustos e todos os seus utensílios; con-
sagrarás o altar, e ele se tornará santíssi-
mo. 11 Ungirás igualmente a bacia e seu
pedestal e a consagrarás. 12 Depois farás
aproximar-se Aarão e seus filhos até a
entrada da tenda da reunião e os lava-
rás com água. 13 Revestirás Aarão com
os ornamentos sagrados; tu o ungirás e
o consagrarás para que me sirva como
sacerdote. 14 Depois farás aproximar-se
seus filhos e os revestirás com as túni-
cas. 15 Tu os ungirás como ungiste seu
pai, para que me sirvam como sacerdo-
tes. Sua unção lhes conferirá um sacer-
dócio perpétuo para todas as gerações".
16 Moisés executou tudo exatamente
como Javé lhe havia ordenado.
17 Assim, no dia primeiro do primei-
ro mês do segundo ano† foi erigido o
tabernáculo. 18 Moisés erigiu o taber-
náculo, pôs suas bases, suas tábuas,
ajustou-lhe as vigas e levantou suas
colunas. 19 Estendeu a tenda sobre o
tabernáculo, colocou por cima a cober-
tura da tenda, como Javé havia ordena-
do a Moisés. 20 Tomou o testemunho e
colocou-o na arca; introduziu nesta os
varais e pôs o propiciatório em cima da
arca. 21 Introduziu a arca no interior do
tabernáculo e colocou o véu de prote-
ção, ocultando a arca do testemunho,
como Javé tinha ordenado a Moisés.

---

* **40**,9. Lv 8,10

† **40**,17. Nove meses depois que chegaram ao Sinai, e um ano após terem saído do Egito.

22Instalou a mesa na tenda da reunião, ao lado do tabernáculo, para o norte, fora do véu; 23e dispôs sobre ela o pão, na presença de Javé, como Javé havia ordenado a Moisés. 24Colocou o candelabro na tenda da reunião, em frente da mesa, ao lado do tabernáculo ao sul 25e acendeu as lâmpadas diante de Javé, como este havia ordenado a Moisés. 26Colocou também o altar de ouro na tenda da reunião, diante do véu, 27e sobre ele queimou o incenso aromático, como Javé tinha ordenado a Moisés. 28Pendurou a cortina à entrada do tabernáculo. 29Instalou o altar dos holocaustos à entrada do tabernáculo, da tenda da reunião e ofereceu sobre ele o holocausto e a oblação, como Javé havia ordenado a Moisés. 30Instalou também a bacia entre a tenda da reunião e o altar; pôs nela água para as abluções, 31com a qual Moisés, Aarão e seus filhos lavavam as mãos e os pés. 32Lavavam-se quando entravam na tenda da reunião e ao se aproximarem do altar, como Javé tinha ordenado a Moisés. 33Finalmente, erigiu o átrio ao redor do tabernáculo e do altar, e colocou a cortina à entrada do átrio. Assim concluiu Moisés a obra.

A glória de Javé cobre o tabernáculo. 34Então a nuvem cobriu a tenda da reunião, e a glória de Javé* encheu o tabernáculo†. 35Moisés não podia entrar na tenda da reunião, porque a nuvem pairava sobre ela, e a glória de Javé enchia o tabernáculo. 36Em todas as etapas de sua caminhada, quando a nuvem* se erguia de cima do tabernáculo, os israelitas partiam; 37mas se a nuvem não se levantava, não caminhavam até o dia em que ela se levantasse. 38De fato, a nuvem de Javé permanecia sobre o tabernáculo durante o dia, e de noite havia nela um fogo à vista de toda a casa de Israel, em todas as suas etapas.

---

* **40**,34. 25,8; 1Rs 8,10-11; Ez 43,1-5; 24,16; Ap 15,8 | 36. Nm 9,15-23; Êx 13,21s; Sl 78,14; 105,39

† **40**,34. Javé toma posse de sua habitação. Ele guia o povo em todas as etapas do êxodo. A nuvem é o sinal de sua presença.

LEVÍTICO

Era da tribo de Levi que provinham os sacerdotes e os levitas; por isso este livro, que trata dos deveres dessas categorias de pessoas, é com razão chamado Levítico. Ele vem a ser um ritual, um conjunto de normas que disciplinam a vida litúrgica dos israelitas. Fala principalmente dos sacrifícios de diversos tipos, das leis de pureza e santidade, das festas do calendário, do grande Dia das Expiações e termina com bênçãos e maldições. Inclui também leis de caráter tipicamente moral, sobre justiça e caridade, como aquela citada por Jesus em Mt 22,39: "Amarás teu próximo como a ti mesmo" (Lv 19,18). Continua interrompida a narração dos fatos relativos à caminhada do povo pelo deserto, que o livro anterior havia contado, até o episódio do bezerro de ouro (Êx 32). As normas cultuais são apresentadas como dadas por Deus a Moisés no contexto da aliança do Sinai, mas, na realidade, ao lado de leis antigas, a maioria das disposições são muito posteriores, pois só receberam sua forma atual após o retorno do exílio em 538 a.C., época da redação definitiva do livro. O Levítico reafirma a cada passo a santidade de Deus, que se estende às pessoas, lugares e objetos que entram em contato com ele. O refrão, várias vezes repetido, é: "Sede santos porque eu sou santo" (Lv 11,44), que no Novo Testamento se exprimirá no "Sede perfeitos como vosso Pai celeste é perfeito" (Mt 5,48). O livro pretende levar o povo a participar dessa santidade, porque a presença de Deus no meio do povo exige que ele seja santo.

Trata-se de um testemunho valioso sobre uma mentalidade religiosa que, apesar de suas limitações, tem muito a ensinar ao mundo de hoje no tocante ao cultivo do senso do sagrado. Recordando a palavra de Os 6,6: "Prefiro a misericórdia ao sacrifício", Jesus mostra que a religião não consiste em belas cerimônias cumpridas na perfeita fidelidade a um ritual, mas em amar a Deus e fazer sua vontade (Mt 9,13). Todos aqueles sacrifícios do Antigo Testamento eram ainda figura e preparação do único sacrifício plenamente agradável a Deus, o de seu Filho Jesus, que se ofereceu por nós uma vez por todas (Hb 7,27).

I. RITUAL PARA O CULTO (1–10)

1 **Os Holocaustos.** 1Javé chamou Moisés e, da tenda da reunião,* lhe disse: 2"Fala aos israelitas e dize-lhes: Quando alguém de vós fizer uma oferta de animais a Javé, poderá trazer como oferta um animal grande ou pequeno. 3Se sua oferta for um holocausto† de animal grande,* oferecerá um macho sem defeito, que apresentará à entrada da tenda da reunião, para que seja aceito por Javé. 4Imporá a mão sobre a cabeça da vítima, que será aceita a favor dele, para sua expiação. 5Depois imolará o novilho diante de Javé, e os filhos de Aarão, isto é, os sacerdotes, oferecerão o sangue, aspergindo-o ao redor sobre o altar que se acha à entrada da tenda da reunião. 6Tirará a pele da vítima e a cortará em pedaços, 7e os filhos de Aarão, os sacerdotes, porão fogo sobre o altar e ajeitarão a lenha no fogo. 8Depois, os sacerdotes, filhos de Aarão, colocarão em ordem os pedaços, juntamente com a cabeça e a gordura, em cima da lenha posta no fogo, sobre o altar. 9As entranhas e as patas* serão lavadas com água, e o sacerdote queimará tudo sobre o altar; é um holocausto, oferta queimada, de aroma agradável a Javé.

10Se sua oferta em holocausto for de um animal pequeno, isto é, de carneiro ou cabrito, oferecerá um macho sem defeito. 11Imolará o animal no lado norte do altar, na presença de Javé; e os sacerdotes, filhos de Aarão, aspergirão seu sangue sobre o altar, em redor. 12O animal será cortado segundo suas partes, e o sacerdote as disporá, juntamente com a cabeça e a gordura, em cima da lenha colocada no fogo, sobre o altar. 13As entranhas e as patas serão lavadas com água, e o sacerdote oferecerá tudo e o queimará sobre o altar; é um holocausto, oferta queimada, de aroma agradável a Javé.

14Se sua oferta a Javé for um holocausto de aves, apresentará sua ofer-

---

* **1**,1. Êx 25,22 | 3. 22,18-20; Êx 12,5 | 9. Êx 29,18

† **1**,3. Holocausto era o sacrifício em que o animal era totalmente consumido pelo fogo.

ta de rolas ou pombinhos. [15]O sacerdote oferecerá a vítima sobre o altar e, depois de destroncar-lhe a cabeça, a queimará sobre o altar e espremerá seu sangue sobre a parede do altar. [16]Tirará o papo com as penas e os lançará perto do altar, do lado do oriente,* no lugar das cinzas. [17]Quebrará a ave segurando-a pelas asas, sem, todavia, as separar, e o sacerdote a queimará no altar, sobre a lenha posta no fogo; é um holocausto, oferta queimada, de aroma agradável a Javé".

2 **As oblações.** [1]"Quando alguém fizer oferta* de uma oblação† a Javé, sua oferta será de flor de farinha, sobre a qual derramará azeite e colocará incenso. [2]Ele a levará aos sacerdotes, filhos de Aarão, e o sacerdote, tirando dela um punhado de farinha e de seu azeite e todo o incenso, os queimará sobre o altar como memorial, oferta queimada, de aroma agradável a Javé. [3]O resto da oblação pertence a Aarão e a seus filhos, qual porção santíssima das ofertas queimadas em honra de Javé.

[4]Quando ofereceres uma oblação cozida no forno, será de bolos ázimos de flor de farinha, amassados com azeite, e de bolachas ázimas untadas com azeite. [5]Se tua oferta for uma oblação preparada na assadeira, será de flor de farinha sem fermento, amassada com azeite. [6]Tu a cortarás em pedaços e lhe derramarás azeite por cima: é uma oblação.

[7]Se tua oferta for uma oblação preparada na panela, será de flor de farinha com azeite. [8]Levarás, pois, a Javé a oblação assim preparada e a apresentarás ao sacerdote, que a aproximará do altar. [9]O sacerdote tirará da oblação o memorial e o queimará no altar como oferenda queimada, de aroma agradável a Javé. [10]O resto da oblação pertencerá a Aarão e a seus filhos, qual oblação santíssima das ofertas queimadas em honra de Javé.

[11]Toda oblação que oferecerdes a Javé será preparada sem fermento, porque jamais queimareis fermento ou mel* em honra de Javé. [12]Podeis oferecê-los a Javé como oblação de primícias, mas não subirão ao altar como suave odor. [13]Toda oblação que ofereceres será temperada com sal, e não deixarás faltar em tua oblação o sal da aliança de teu Deus; oferecerás sal† em todas as tuas ofertas.* [14]Se ofereceres a Javé uma oblação de primícias, oferecerás espigas verdes tostadas ao fogo, isto é, os grãos esmagados das espigas verdes, como oblação de tuas primícias. [15]Sobre ela derramarás azeite e porás incenso: é uma oblação. [16]O sacerdote queimará como memorial uma parte dos grãos esmagados e do azeite, com todo o incenso, como oferta queimada em honra de Javé".

3 **Os sacrifícios de comunhão.** [1]"Quando alguém oferecer um sacrifício de comunhão†, se quiser oferecer um animal grande, apresentará a Javé um animal sem defeito, macho ou fêmea. [2]Imporá a mão sobre a cabeça de sua vítima* e a imolará à entrada da tenda da reunião; depois os sacerdotes, filhos de Aarão, aspergirão o sangue sobre o altar, ao redor. [3]Deste sacrifício de comunhão oferecerá, como oferta queimada a Javé, a gordura que envolve as entranhas e toda a gordura aderente a elas, [4]e os dois rins com a gordura que os cobre na região lombar; mas retirará a massa gordurosa do fígado acima dos rins. [5]Os filhos de Aarão queimarão tudo isso em cima do altar, sobre o holocausto colocado na lenha que está no fogo: é uma oferta queimada, de aroma agradável a Javé.

---

* **1**,16. 4,12 | **2**,1. 6,7-11; 7,9s; Nm 15,1-16 | 11. 6,9 | 13. Nm 18,19 | **3**,2. 9,18-21

† **2**,1. A oblação, oferta de produtos da terra, muitas vezes acompanhava um outro tipo de sacrifício, Lv 9,4; 23,12-13. | **2**,13. O sal purifica, preserva da corrupção, é símbolo de fidelidade e estabilidade, sendo por isso usado nos rituais de aliança, Nm 18,19. | **3**,1. Nos sacrifícios de comunhão a vítima era repartida entre Deus, ao qual se ofertava a parte queimada, o sacerdote e o oferente com seus familiares ou convidados. Visava cumprir uma promessa e/ou demonstrar a união entre o fiel e Deus.

6Se alguém oferecer a Javé um ani-
mal menor, em sacrifício de comunhão,
oferecerá um animal sem defeito, ma-
cho ou fêmea. 7Se oferecer um cordei-
ro, ele o apresentará diante de Javé.
8Imporá a mão sobre a cabeça da víti-
ma e a imolará à entrada da tenda da
reunião, e os filhos de Aarão aspergirão
o sangue sobre o altar, ao redor. 9Des-
te sacrifício de comunhão oferecerá,
como oferta queimada a Javé, a gordu-
ra, a cauda inteira, cortando-a rente à
espinha dorsal, a gordura que envolve
as entranhas e toda a gordura aderente
a elas; 10os dois rins com a gordura que
os cobre na região lombar e a camada
gordurosa que destacará do fígado e
dos rins. 11O sacerdote queimará tudo
isso em cima do altar: é um alimento
consumido pelo fogo para Javé.

12Se sua oferta for de uma cabra, ele
a apresentará diante de Javé. 13Imporá
a mão na cabeça da vítima e a imolará
diante da tenda da reunião, e os filhos
de Aarão aspergirão o sangue sobre o
altar, ao redor. 14Dela oferecerá, como
oferenda sua para ser queimada a Javé,
a gordura que cobre as entranhas e
toda a gordura aderente a elas; 15os
dois rins com a gordura que os cobre
na região lombar e a camada gorduro-
sa que destacará do fígado e dos rins.
16O sacerdote queimará tudo isso so-
bre o altar: é um alimento consumido
pelo fogo, de aroma agradável. Toda
a gordura é para Javé.17Esta é uma lei
perpétua para vossas gerações, onde
quer que habitardes: não comereis
gordura nem sangue".

4 **Sacrifícios pelo pecado dos sa-
cerdotes.** 1Javé falou a Moisés,
dizendo: 2"Dize aos israelitas:* Se al-
guém pecar por inadvertência contra
qualquer dos mandamentos de Javé,
fazendo alguma coisa que é proibido
fazer†, 3se quem pecou for o sacerdo-
te ungido, tornando assim culpado o
povo, oferecerá a Javé, pelo pecado
cometido, um novilho sem defeito, em
expiação do pecado. 4Levará o novi-
lho até a entrada da tenda da reunião,
diante de Javé, imporá a mão na cabe-
ça dele e o imolará diante de Javé. 5O
sacerdote ungido tomará do sangue
do novilho e o levará à tenda da reu-
nião. 6Molhando o dedo no sangue,*
fará sete aspersões diante de Javé, em
frente do véu do santuário. 7Tingirá
com ele os chifres do altar do incenso
aromático, que está diante de Javé na
tenda da reunião, e derramará todo o
resto do sangue do novilho ao pé do
altar dos holocaustos, que está à en-
trada da tenda da reunião. 8Tirará do
novilho sacrificado em expiação toda a
gordura, isto é, a gordura que envolve
as entranhas e a que adere a elas; 9os
dois rins com a gordura que os envolve
na região lombar e a camada gorduro-
sa que destacará do fígado e dos rins;
10da mesma maneira como se tira do
novilho do sacrifício de comunhão; e
o sacerdote queimará tudo isso sobre
o altar dos holocaustos. 11Mas o couro
do novilho e toda a sua carne, com a
cabeça, as patas, as entranhas e os ex-
crementos, 12em suma, o novilho todo,
será levado para fora do acampamen-
to, a um lugar puro, onde se jogam as
cinzas, e será queimado sobre a lenha.
Será queimado no lugar onde se jogam
as cinzas.

Pelo pecado da comunidade. 13Se a
comunidade inteira de Israel pecar por
inadvertência, e isto ficar oculto aos
olhos da comunidade, embora tenham
transgredido uma das normas de Javé,
fazendo algo proibido e tornando-se
assim culpados, 14logo que o pecado
cometido se tornar conhecido, a co-
munidade oferecerá em sacrifício pelo
pecado um novilho, que será levado
diante da tenda da reunião. 15Os an-
ciãos da comunidade imporão as mãos
na cabeça do novilho, diante de Javé,
e o novilho será imolado na presença
de Javé. 16O sacerdote ungido levará

* **4**,2. Êx 30,22 | 6. Êx 26,33; 27,2; 30,1-10

† **4**,2. O sacrifício pelo pecado baseia-se no conceito de expiação. Trata-se de culpas cometidas por ignorância, desatenção ou involuntariamente, consideradas como violação objetiva da lei divina.

parte do sangue do novilho à tenda da reunião, 17molhará nele o dedo e fará sete aspersões diante de Javé, em frente do véu; 18e tingirá com o sangue os chifres do altar que está diante de Javé na tenda da reunião. Derramará todo o resto do sangue aos pés do altar dos holocaustos, que está à entrada da tenda da reunião. 19Tirará toda a gordura do novilho e a queimará sobre o altar. 20Fará com esse novilho como fez com o novilho do sacrifício pelo pecado; assim lhe fará, e o sacerdote oferecerá expiação pela comunidade, e lhe será perdoado. 21O novilho será levado para fora do acampamento e será queimado do mesmo modo que foi queimado o primeiro. Este é o sacrifício pelo pecado da comunidade.

Pelo pecado dos chefes. 22Se quem pecou foi um chefe, e praticou inadvertidamente alguma coisa proibida por Javé, seu Deus, e assim se tornou culpado, 23logo que tiver tomado consciência de seu pecado, levará como sua oferta um bode sem defeito. 24Imporá a mão na cabeça do bode* e o imolará no lugar onde se imola o holocausto, diante de Javé; é um sacrifício pelo pecado. 25O sacerdote molhará o dedo no sangue da vítima, tingirá com ele os chifres do altar dos holocaustos e derramará o sangue aos pés do altar dos holocaustos. 26Queimará toda a gordura sobre o altar, como a gordura do sacrifício de comunhão. O sacerdote fará assim expiação pelo pecado do chefe, e lhe será perdoado.

Pelo pecado de um cidadão. 27Se quem pecou por inadvertência foi um simples cidadão, fazendo alguma das coisas proibidas pela lei de Deus, tornando-se assim culpado, 28logo que tomar consciência do pecado cometido, trará como sua oferta uma cabra sem defeito, pelo pecado cometido. 29Imporá a mão sobre a cabeça da vítima e a imolará no lugar do holocausto. 30O sacerdote molhará o dedo no sangue da vítima, tingirá com ele os chifres do altar dos holocaustos e derramará todo o resto do sangue aos pés do altar. 31Tirará toda a gordura, como se tira a gordura de um sacrifício de comunhão, e o sacerdote a queimará sobre o altar como aroma agradável a Javé. Assim o sacerdote fará a expiação por essa pessoa, e lhe será perdoado.

32Se trouxer uma ovelha como sua oferta pelo pecado, será fêmea e sem defeito. 33Imporá a mão sobre a cabeça da vítima e a imolará em sacrifício pelo pecado, no lugar onde se imolam os holocaustos. 34O sacerdote mergulhará o dedo no sangue da vítima, tingirá com ele os chifres do altar dos holocaustos e derramará todo o resto do sangue aos pés do altar. 35Tirará toda a gordura, como se tira do cordeiro do sacrifício de comunhão, e o sacerdote a queimará sobre o altar, sobre as vítimas queimadas a Javé. Assim o sacerdote fará sobre essa pessoa o rito de expiação pelo pecado cometido, e lhe será perdoado.

5 **Casos particulares.** 1Se uma pessoa pecar porque,* tendo ouvido a advertência do juramento e sendo testemunha ocular ou de conhecimento, não denunciar, será considerada culpada. 2Se alguém tocar, por inadvertência, alguma coisa impura, como seja o cadáver de uma fera* impura, ou de um animal doméstico impuro, ou de um réptil impuro, ele se tornará impuro e culpado. 3Se alguém tocar, por inadvertência, qualquer espécie de imundície humana, que torne impura a pessoa, quando se tornar ciente incorrerá em falta. 4Quando alguém jurar com os lábios, sem refletir, fazer mal ou fazer bem, proferindo com leviandade um daqueles juramentos que as pessoas costumam pronunciar, quando vier a sabê-lo, será culpado de suas ações. 5Aquele, pois, que for culpado de uma dessas coisas, confesse o pecado que cometeu, 6e como sua oferta pela culpa, pelo pecado que cometeu, apresente a Javé, do gado miúdo, uma ovelha ou uma cabra como oferta pelo

---

* **4**,24. 1,11 | **5**,1. Pr 29,24; Dt 19,15-20 | 2. 11-16

pecado; e o sacerdote fará por ele a expiação de seu pecado. 7Se suas posses não são suficientes para oferecer uma ovelha, apresente a Javé, para expiação do pecado que cometeu, duas rolas ou dois pombinhos, um em sacrifício pelo pecado e o outro em holocausto. 8Ele os levará ao sacerdote, que oferecerá primeiro a vítima pelo pecado. O sacerdote lhe destroncará a cabeça perto da nuca, sem a separar por completo; 9aspergirá com o sangue da vítima a parede do altar e espremerá o resto do sangue ao pé do altar; é um sacrifício pelo pecado. 10Com a outra ave fará um holocausto, segundo o ritual. Assim, o sacerdote fará por ele a expiação pelo pecado que cometeu, e lhe será perdoado.

11Mas se suas posses não são suficientes para oferecer duas rolas ou dois pombinhos, apresentará como oferenda pelo pecado cometido um décimo de efá de flor de farinha, sem derramar-lhe azeite por cima e sem pôr incenso, pois é um sacrifício pelo pecado. 12Ele a levará ao sacerdote, o qual tomará um punhado dela como memorial a ser queimado sobre o altar, sobre as ofertas queimadas a Javé; é um sacrifício pelo pecado. 13O sacerdote fará assim a expiação por ele, pelo pecado que cometeu em alguma dessas coisas, e lhe será perdoado. O restante será do sacerdote, como na oblação".

Sacrifícios de reparação. 14Javé disse a Moisés: 15"Se alguém cometer uma fraude e pecar, por inadvertência, subtraindo alguma das coisas sagradas de Javé, oferecerá a Javé, em sacrifício de reparação, um carneiro do rebanho, sem defeito, conforme tua avaliação em siclos de prata, segundo o siclo do santuário; 16restituirá o que defraudou das coisas sagradas, acrescentando-lhe um quinto. Entregará tudo ao sacerdote, o qual fará por ele a expiação com o carneiro oferecido em reparação, e lhe será perdoado. 17Se alguém pecar fazendo, sem o saber, alguma coisa proibida pela lei de Javé, será culpado e levará o peso de sua falta. 18Apresentará ao sacerdote, como sacrifício de reparação, um carneiro do rebanho, sem defeito, segundo tua avaliação; e o sacerdote fará por ele o rito da expiação, pela falta cometida por inadvertência, sem o saber, e lhe será perdoada. 19É um sacrifício de reparação, pois certamente ele era culpado diante de Javé".

20Javé disse a Moisés: 21"Se alguém pecar e cometer uma infidelidade* contra Javé, negando a seu próximo um depósito, um objeto penhorado, ou uma coisa roubada ou extorquida a seu próximo; 22ou encontrando uma coisa perdida* e mentindo a respeito dela, ou jurando falso em alguma das coisas em que o homem costuma pecar; 23então, se pecar e se tornar culpado, restituirá o que roubou ou extorquiu, ou o depósito que lhe foi confiado, ou o objeto perdido que encontrou, 24e tudo aquilo sobre o que jurou falso; fará a restituição integral e acrescentará mais um quinto, entregando-o a seu proprietário no dia de seu sacrifício pelo pecado. 25Como sacrifício de reparação, apresentará a Javé um carneiro* do rebanho, sem defeito, de acordo com tua avaliação. 26E o sacerdote fará por ele o rito de expiação diante de Javé, e lhe será perdoado, seja qual for a falta com a qual se tornou culpado".†

6

Holocausto quotidiano. 1Javé disse a Moisés: 2"Ordena a Aarão e a seus filhos: Esta é a lei do holocausto†. O holocausto ficará ardendo sobre o braseiro, em cima do altar, toda a noite até pela manhã, e o fogo do altar permanecerá aceso. 3O sacerdote vestirá a túnica de linho e os calções de linho sobre seu corpo, e quando o fogo tiver consumido o holocausto, retirará a cinza de cima do altar e a depositará ao lado deste. 4De-

---

* **5**,21. Êx 22,6-14 | 22. Êx 23,1s | 25. 5,16

† **5**,26. Trata-se de culpas que causaram dano a alguém; o dano precisa ser reparado antes de se fazer o sacrifício. | **6**,2. Ritual perpétuo e comunitário, de que fala Êx 29,38-42; não se refere mais a sacrifícios ocasionais de indivíduos.

pois se despojará daquelas vestes e vestirá outras, e levará as cinzas para fora do acampamento, a um lugar puro. 5O fogo se manterá* aceso sobre o altar, sem jamais se apagar, e cada manhã o sacerdote porá nele lenha, sobre a qual disporá o holocausto e nele queimará a gordura dos sacrifícios de comunhão. 6Um fogo contínuo arderá sobre o altar, sem jamais se apagar".

Direitos dos sacerdotes na oblação. 7"Esta é a lei da oblação. Os filhos de Aarão a oferecerão perante Javé diante do altar. 8Um deles tirará dela um punhado de flor de farinha com seu azeite e todo o incenso que está sobre a oblação, e queimará tudo isso no altar como perfume agradável, como um memorial para Javé. 9Aarão e seus filhos comerão o restante da oblação; comerão sem fermento, em um lugar sagrado, no átrio da tenda da reunião. 10Não será cozido com fermento; é a parte que eu lhes dei de minhas oferendas queimadas. É coisa santíssima, como o sacrifício pelo pecado e o sacrifício de reparação. 11Poderá comer dele todo varão dentre os filhos de Aarão; é uma lei perpétua para vossas gerações, referente à oferta queimada em honra de Javé. Tudo o que as tocar ficará consagrado".

Consagração dos sacerdotes. 12Javé disse a Moisés: 13"Esta será a oblação* que Aarão e seus filhos oferecerão a Javé no dia de sua consagração: um décimo de efá de flor de farinha como oblação quotidiana, metade de manhã e metade à tarde. 14Será preparada na frigideira, com azeite; tu a trarás bem misturada e oferecerás os pedaços cozidos da oblação como perfume agradável a Javé. 15E o sacerdote que, entre seus filhos, for ungido para lhe suceder, fará o mesmo. É uma lei perpétua; será queimada inteiramente para Javé. 16Toda a oferta do sacerdote será inteiramente queimada; dela não se comerá".

Sacrifício pelo pecado. 17Disse ainda Javé a Moisés: 18"Fala a Aarão e a seus filhos: Esta é a lei do sacrifício pelo pecado: no lugar onde se imola o holocausto, será imolada diante de Javé a vítima do sacrifício pelo pecado; é coisa santíssima. 19O sacerdote que a oferecer pelo pecado a comerá; ele a comerá num lugar sagrado, no átrio da tenda da reunião. 20Tudo o que tocar essa carne ficará consagrado; se o sangue dela respingar uma veste, lavarás em lugar santo o que foi respingado. 21O vaso de argila em que foi cozida será quebrado; porém, se for cozida num vaso de bronze, será esfregado e lavado com água. 22Poderá comê-la todo varão dentre os sacerdotes; é coisa santíssima. 23Mas não se poderá comer* nenhuma vítima do sacrifício pelo pecado, cujo sangue tenha sido levado para a tenda da reunião, para se fazer a expiação no santuário; será queimada no fogo.

7 **Sacrifícios de reparação.** 1Esta é a lei do sacrifício de reparação; é coisa santíssima. 2A vítima será imolada onde se imola o holocausto, e seu sangue será aspergido sobre o altar, ao redor. 3Dela se oferecerá toda a gordura: a cauda, a gordura que cobre as entranhas, 4os dois rins com a gordura que os cobre na região lombar e a massa gordurosa que se destacará do fígado e dos rins. 5O sacerdote queimará tudo isso sobre o altar em oferta queimada a Javé; é um sacrifício de reparação. 6Poderá comê-la todo varão dentre os sacerdotes. Será comida num lugar sagrado; é coisa santíssima. 7A lei será a mesma para o sacrifício pelo pecado e para o sacrifício de reparação. A vítima pertencerá ao sacerdote que com ela tiver feito o rito da expiação. 8Ao sacerdote que tiver oferecido o holocausto por alguém caberá o couro da vítima. 9Toda oblação cozida no forno,* ou preparada em panela ou assadeira, pertencerá ao sacerdote que a ofereceu. 10Mas toda oblação amassada com azeite, ou seca, será de todos os filhos de Aarão indistintamente.*

---

* **6**,5. 2Mc 1,18-36 | 13. 8-9 | 23. 4,5.16 | **7**,9. 1; 2,4-7 | 10. 5,11-13; Nm 5,15; Ez 44,29

Sacrifícios de comunhão. 11Esta é a lei do sacrifício de comunhão† que se oferecerá a Javé. 12Quem oferecer em ação de graças oferecerá com o sacrifício de ação de graças bolos ázimos amassados com azeite, bolachas sem fermento untadas com azeite e flor de farinha bem amassada em forma de tortas untadas com azeite. 13A esses bolos acrescentará como oferta pão fermentado, com seu sacrifício de comunhão em ação de graças. 14De cada uma dessas coisas apresentará uma porção a Javé como tributo; ela pertencerá ao sacerdote que aspergiu o sangue do sacrifício de comunhão. 15A carne da vítima de ação de graças será comida no mesmo dia em que for oferecida; não se deixará nada para o dia seguinte.

16Mas se a vítima é oferecida como promessa ou oferta espontânea, será comida no mesmo dia em que for oferecida, e o que sobrar poderá ser comido no dia seguinte; 17porém, o que ainda restar da carne do sacrifício no terceiro dia será queimado no fogo. 18Se alguém comer da carne do sacrifício de comunhão no terceiro dia,* quem a ofereceu não será aceito, não lhe será atribuído o sacrifício; é uma abominação. E quem dela tiver comido, levará o peso de sua falta. 19A carne que tiver tocado alguma coisa impura, não se comerá; será jogada ao fogo. Quanto à carne do sacrifício, toda pessoa pura poderá comê-la. 20Mas quem estiver em estado de impureza e comer da carne de um sacrifício de comunhão* oferecido a Javé será exterminado do meio de seu povo. 21Se alguém tocar uma imundície qualquer, de homem ou de animal, ou qualquer coisa imunda, e comer da carne do sacrifício de comunhão pertencente a Javé será exterminado do meio do seu povo".

Partes da vítima que não devem ser comidas. 22Javé falou a Moisés: 23"Dize aos israelitas: Não comereis gordura de boi, de ovelha ou de cabra. 24A gordura de animal morto naturalmente ou dilacerado por fera pode servir para qualquer uso, mas de maneira alguma a comereis. 25Porque todo aquele que comer gordura de animal oferecido a Javé em sacrifício consumido pelo fogo será exterminado do meio de seu povo. 26Nenhum sangue comereis, nem de quadrúpedes nem de aves, onde quer que habitardes. 27Toda pessoa que comer qualquer sangue será exterminada do meio de seu povo".

Direitos dos sacerdotes nos sacrifícios de comunhão. 28Javé disse a Moisés: 29"Dize aos israelitas: Quem oferecer a Javé um sacrifício de comunhão trará uma parte de seu sacrifício de comunhão como oferta a Javé. 30Com suas próprias mãos apresentará as partes que devem ser queimadas a Javé; apresentará a gordura juntamente com o peito,* para fazer com o peito o gesto de apresentação diante de Javé. 31O sacerdote queimará a gordura sobre o altar, e o peito será para Aarão e seus filhos. 32Como tributo de vossos sacrifícios de comunhão, dareis ao sacerdote a coxa direita; 33ela caberá àquele que dentre os filhos de Aarão tiver oferecido o sangue e a gordura do sacrifício de comunhão. 34Porque dos sacrifícios de comunhão dos israelitas eu tomo o peito do rito da apresentação e a coxa do tributo, e os dou ao sacerdote Aarão e a seus filhos, como lei eterna para os israelitas. 35Essa é a porção reservada a Aarão e a seus filhos, nas ofertas queimadas a Javé, no dia em que foram apresentados para servirem a Javé como sacerdotes. 36Foi isso que Javé mandou dar-lhes no dia em que os consagrou* entre os israelitas: lei perpétua para todas as vossas gerações".

37Esta é a lei do holocausto, da oblação, do sacrifício pelo pecado, do sacrifício de reparação, da consagração e do sacrifício de comunhão, 38que Javé ordenou a Moisés no monte Sinai, no

---

* **7**,18. 19,7 | 20. 11-16 | 30. Êx 29,24 | 36. Êx 30,22

† **7**,11. Volta a falar dos sacrifícios de comunhão, ver c. 3, distinguindo três tipos, conforme a finalidade for de ação de graças, de cumprimento de promessa ou de pura devoção.

dia em que mandou aos israelitas que apresentassem suas ofertas a Javé no deserto do Sinai.

8 Rito da consagração dos sacerdotes. 1Javé disse a Moisés: 2"Toma Aarão,* seus filhos, as vestes, o óleo da unção, o novilho para o sacrifício pelo pecado, os dois carneiros, o cesto de pães ázimos, 3e convoca toda a comunidade à entrada da tenda da reunião". 4Moisés fez como Javé lhe havia ordenado, e a comunidade se reuniu à entrada da tenda da reunião. 5Disse Moisés à comunidade: "Isto é o que Javé mandou fazer". 6Moisés mandou que se aproximasse Aarão com seus filhos e os lavou com água. 7Colocou em Aarão a túnica, cingiu-o com o cinto; revestiu-o com o manto, sobre o qual adaptou o efod; cingiu-o com a faixa tecida do efod, atando-o. 8Depois colocou-lhe o peitoral,* no qual pôs os Urim e os Tumim. 9Pôs-lhe na cabeça o turbante, diante do qual colocou a lâmina de ouro, o diadema sagrado, como Javé tinha ordenado* a Moisés. 10Em seguida Moisés tomou o óleo da unção e ungiu o tabernáculo e todas as coisas que nele havia, consagrando-as. 11Com o óleo aspergiu sete vezes o altar e ungiu o altar e todos os seus utensílios, a bacia e seu pedestal, para os consagrar. 12Derramou um pouco do óleo da unção sobre a cabeça de Aarão e o ungiu, para o consagrar. 13A seguir, Moisés ordenou que se aproximassem os filhos de Aarão, revestiu-os com as túnicas, cingiu-os com os cintos e atou-lhes os barretes, como Javé havia ordenado a Moisés.

14Então mandou trazer o novilho para o sacrifício pelo pecado, e Aarão e seus filhos impuseram as mãos sobre a cabeça do novilho. 15Moisés o imolou, tomou de seu sangue, aplicou-o com o dedo aos chifres do altar, em todo o redor, para purificá-lo; derramou o sangue aos pés do altar e o consagrou, para fazer expiação por ele. 16Depois tomou toda a gordura que envolve as entranhas, a massa de gordura que sai do fígado e os dois rins com sua gordura e os queimou sobre o altar. 17Mas o novilho com seu couro, sua carne e seus excrementos queimou-os fora do acampamento, como Javé havia ordenado a Moisés. 18Mandou vir também o carneiro do holocausto, e Aarão e seus filhos impuseram as mãos sobre a cabeça do carneiro. 19Moisés o imolou e aspergiu o sangue sobre o altar, ao redor. 20Partiu o carneiro em pedaços e queimou-lhe a cabeça, os pedaços e a gordura. 21Depois de lavar com água os intestinos e as patas, Moisés queimou todo o carneiro no altar, como holocausto de aroma agradável, oferenda queimada em honra de Javé, como ele havia ordenado a Moisés.

22A seguir mandou trazer o segundo carneiro, o carneiro da investidura. Aarão e seus filhos impuseram as mãos sobre a cabeça do carneiro; 23Moisés o imolou, tomou do sangue e o aplicou sobre o lóbulo da orelha direita de Aarão, sobre os polegares de sua mão direita e de seu pé direito. 24Mandou que se aproximassem os filhos de Aarão, aplicou sangue sobre os lóbulos de suas orelhas direitas e sobre os polegares de suas mãos direitas e de seus pés direitos, e Moisés aspergiu o resto do sangue ao redor do altar. 25Depois tomou as partes gordas, isto é, a cauda e toda a gordura que envolve as entranhas, a massa gordurosa que sai do fígado, os dois rins com sua gordura e a coxa direita. 26Tirou do cesto de pães ázimos, que estava na presença de Javé, um bolo ázimo, uma torta de pão azeitado e uma bolacha e os colocou sobre as gorduras e a coxa direita. 27Pôs tudo nas mãos de Aarão e de seus filhos* e ordenou que fizessem o gesto de apresentação diante de Javé. 28Depois Moisés tomou-os das mãos deles e queimou-os no altar, em cima do holocausto; foi o sacrifício da investidura, de aroma agradável, oferenda queimada a Javé. 29Moisés tomou também o peito do carneiro e fez o gesto

---

* **8**,2. Êx 28,1-29, 35; 39,1-32; 40,12-15 | 8. Êx 28,6; Dt 33,8 | 9. Ez 21,31; Êx 30,22 | 27. Êx 28,41

de apresentação diante de Javé; era a porção que lhe cabia do carneiro da investidura, como Javé havia ordenado a Moisés. [30]Depois Moisés tomou do óleo da unção e do sangue que estava sobre o altar e aspergiu com ele Aarão e suas vestes, e igualmente seus filhos e suas vestes, e assim consagrou Aarão e suas vestes, como também seus filhos e suas vestes com ele.

[31]Depois Moisés disse a Aarão e a seus filhos: "Cozinhai a carne à entrada da tenda da reunião e comei-a ali com o pão que está no cesto do sacrifício da investidura, conforme ordenei, dizendo: 'Aarão e seus filhos a comerão'. [32]O que sobrar da carne e dos pães o queimareis ao fogo. [33]Não vos afasteis da entrada da tenda da reunião durante sete dias, até que se completem os dias de vossa investidura, pois são necessários sete dias para vossa investidura. [34]Como se fez hoje, Javé ordenou que assim se repita, para oferecer por vós o rito de expiação. [35]Ficareis, pois, à entrada da tenda da reunião dia e noite durante sete dias, guardando a norma de Javé, para que não morrais, pois assim me foi ordenado". [36]Aarão e seus filhos fizeram tudo o que Javé havia ordenado por meio de Moisés.

9 **Investidura de Aarão e de seus filhos.** [1]No oitavo dia, Moisés chamou Aarão, seus filhos e os anciãos de Israel, [2]e disse a Aarão: "Toma um novilho para o sacrifício pelo pecado, e um carneiro para o holocausto, ambos sem defeito, e oferece-os a Javé. [3]E dirás aos israelitas: Tomai um bode para o sacrifício pelo pecado, um novilho e um cordeiro, ambos de um ano e sem defeito, para o holocausto; [4]um boi e um carneiro para o sacrifício de comunhão, para serem imolados diante de Javé, e uma oblação amassada com azeite, porque hoje Javé vos aparecerá". [5]Eles trouxeram à entrada da tenda da reunião tudo o que Moisés havia ordenado, e toda a comunidade se aproximou e ficou de pé diante de Javé. [6]Então disse Moisés: "É isto que Javé ordenou que fizésseis, para que a glória de Javé se manifeste a vós". [7]Moisés disse a Aarão: "Aproxima-te do altar e oferece teu sacrifício pelo pecado e teu holocausto; faze expiação por ti e por tua família; apresenta a oferta do povo e faze expiação por ele,* como Javé ordenou". [8]Aarão aproximou-se do altar e imolou o novilho do sacrifício por seu próprio pecado. [9]Os filhos de Aarão apresentaram-lhe o sangue;* molhou nele o dedo, aplicou-o aos chifres do altar e derramou o restante do sangue aos pés do altar. [10]Queimou sobre o altar a gordura, os rins e a massa de gordura que sai do fígado extraídos da oferta pelo pecado, como Deus tinha ordenado a Moisés; [11]a carne e o couro, porém, queimou-os fora do acampamento.

[12]Imolou também o holocausto; seus filhos apresentaram-lhe o sangue, que ele derramou sobre o altar, ao redor. [13]Depois trouxeram-lhe a vítima dividida em pedaços, junto com a cabeça, e ele os queimou sobre o altar. [14]Lavou os intestinos e as patas e os queimou sobre o holocausto, no altar. [15]Em seguida apresentou a oferenda do povo: tomou o bode do sacrifício pelo pecado do povo, imolou-o e ofereceu-o em sacrifício pelo pecado, como o primeiro. [16]Depois apresentou o holocausto e o ofereceu conforme o ritual. [17]Apresentou a oblação, tirou dela um punhado que queimou sobre o altar, além do holocausto da manhã. [18]Enfim imolou o boi e o carneiro em sacrifício de comunhão do povo; os filhos de Aarão lhe apresentaram o sangue, que ele derramou sobre o altar, ao redor. [19]As gorduras do boi e do carneiro, a cauda, a gordura que envolve as entranhas, os rins e a massa de gordura que sai do fígado, [20]eles os colocaram sobre os peitos, e ele os queimou sobre o altar. [21]Com os peitos e a coxa direita Aarão fez o gesto de apresentação diante de Javé, conforme as ordens de Moisés.

---

* **9**,7. Êx 24,16 | 9. Hb 5,1-4; 7,27; 9,17s

[22]Aarão ergueu suas mãos sobre o povo e o abençoou; tendo terminado o sacrifício pelo pecado, o holocausto e o sacrifício de comunhão, desceu. [23]Moisés e Aarão entraram na tenda da reunião e, quando saíram, abençoaram o povo. A glória de Javé apareceu a todo o povo. [24]Saiu fogo da frente de Deus e consumiu o holocausto e as gorduras que estavam sobre o altar. À vista disso, todo o povo gritou de alegria e se prostrou com o rosto em terra.

10 **Castigo da usurpação de Nadab e Abiú.** [1]Nadab e Abiú, filhos de Aarão,* tomaram cada qual seu turíbulo, puseram nele fogo e incenso e ofereceram a Javé um fogo irregular, que ele não tinha ordenado†. [2]Saiu fogo da presença de Javé,* que os devorou, e morreram diante de Javé. [3]Então Moisés disse a Aarão: "É isso que Javé tinha anunciado ao dizer:

'Mostrar-me-ei santo naqueles que se aproximam de mim,
e serei glorificado diante de todo o povo'".

Aarão ficou calado. [4]Moisés chamou Misael e Elisafã, filhos de Oziel, tio de Aarão, e disse-lhes: "Aproximai-vos, levai vossos irmãos de diante do santuário para fora do acampamento". [5]Eles se aproximaram e os levaram em suas vestes para fora do acampamento, como Moisés tinha dito. [6]Então Moisés disse a Aarão e a seus filhos Eleazar e Itamar: "Não desgrenheis os cabelos de vossas cabeças, nem rasgueis vossas vestes, para que não morrais e para que não se irrite Javé contra toda a comunidade; mas vossos irmãos, toda a casa de Israel, chorem sobre as vítimas do fogo de Javé. [7]Não vos afasteis da entrada da tenda da reunião, para que não morrais, porque está sobre vós o óleo da unção de Javé". Eles fizeram como Moisés havia mandado.

Deveres dos sacerdotes. [8]Javé disse a Aarão:* [9]"Quando vierdes à tenda da reunião tu e teus filhos, não bebereis vinho nem bebida inebriante, para que não morrais; é uma lei perpétua para vossas gerações, [10]a fim de que saibais distinguir o sagrado do profano, o puro do impuro, [11]e ensinar aos israelitas todos os preceitos que Javé lhes deu por meio de Moisés".

[12]Moisés disse a Aarão e a seus filhos sobreviventes, Eleazar e Itamar: "Tomai a oblação que resta das oferendas queimadas a Javé e comei-a sem fermento junto ao altar, pois é coisa santíssima. [13]Vós a comereis* no lugar sagrado: é a parte que cabe a ti e a teus filhos nas oferendas queimadas a Javé, pois assim me foi ordenado. [14]Também o peito que foi ofertado* e a coxa do tributo comereis em lugar puro tu, teus filhos e tuas filhas contigo, pois são a parte que cabe a ti e a teus filhos dos sacrifícios de comunhão dos israelitas. [15]Além da gordura a ser queimada, serão trazidos a coxa do tributo e o peito ofertado, para que sejam oferecidos diante de Javé; isto pertencerá a ti e a teus filhos contigo por estatuto perpétuo, conforme ordenou Javé".

[16]Moisés procurou diligentemente* o bode do sacrifício pelo pecado e soube que havia sido queimado. Então irritou-se contra Eleazar e Itamar, os filhos sobreviventes de Aarão, dizendo: [17]"Por que não comestes no lugar sagrado a oferta pelo pecado, posto que é coisa santíssima? Ela vos foi dada para removerdes a culpa da comunidade, fazendo sobre ela o rito de expiação diante de Javé. [18]Seu sangue não foi levado para o interior do santuário; devíeis, pois, ter comido a oferta no lugar sagrado, conforme ordenei". [19]Então Aarão disse a Moisés: "Eles ofereceram hoje seu sacrifício pelo pecado e seu holocausto diante de Javé, e tais coisas me aconteceram; se eu tivesse comido hoje a vítima pelo pecado, teria agradado a Javé?" [20]Moisés ouviu isto e deu-se por satisfeito.

* **10**,1. Nm 16,1-17,5 | 2. Nm 16,35; 2Rs 1,10s | 8. Ez 44,21 | 13. 6,9s | 14. 7,34 | 16. 9,15

† **10**,1. O fogo não foi retirado do altar como era prescrito. A punição divina adverte que as normas devem ser observadas rigorosamente.

II. LEIS SOBRE A PUREZA (11–16)

11 **Animais puros e impuros.** [1]Javé disse a Moisés e a Aarão:* [2]"Dizei aos israelitas: São estes os animais† que podeis comer dentre todos os que existem na terra. [3]Podeis comer todo animal que tem o casco fendido, partido em duas unhas, e que rumina. [4]Mas, entre os que ruminam, ou têm o casco fendido, não comereis: o camelo, que rumina, mas não tem o casco fendido, será impuro para vós; [5]o coelho, que rumina, mas não tem o casco fendido, será impuro para vós; [6]a lebre, que rumina, mas não tem o casco fendido, será impura para vós; [7]o porco, que tem o casco fendido, partido em duas unhas, mas não rumina, será impuro para vós. [8]Não comereis suas carnes nem tocareis seus cadáveres; vós os tereis como impuros.

[9]Dos animais aquáticos, são estes os que podeis comer: todos os que têm barbatanas e escamas e vivem nas águas, nos mares ou nos rios. [10]Serão para vós abominação todos os que não têm barbatanas nem escamas nos mares ou nos rios, todos os que se movem na água e todos os que vivem na água; [11]serão para vós abominação, não comereis suas carnes e abominareis seus cadáveres. [12]Tudo o que nas águas não tem barbatanas nem escamas será abominação para vós.

[13]Entre as aves serão para vós abomináveis as seguintes, que não devereis comer, porque são abomináveis: a águia, a ossifraga, o abutre; [14]o milhafre e as diversas espécies de falcões; [15]toda espécie de corvos; [16]o avestruz, a coruja, a gaivota e toda espécie de gaviões; [17]o mocho, o alcatraz e o íbis; [18]o cisne, o pelicano e o abutre egípcio; [19]a cegonha, as diversas espécies de garça, a poupa e o morcego.

[20]Todo inseto alado que anda sobre quatro patas será abominação para vós. [21]Mas entre todos os insetos que andam sobre quatro patas podeis comer os que, além das patas, têm pernas com que saltam sobre a terra. [22]Deles podeis comer os seguintes: a locusta, o gafanhoto, o acrídio e o grilo, em suas várias espécies. [23]Todo outro inseto alado de quatro patas será abominação para vós.

[24]Esses animais vos tornarão impuros; todo aquele que tocar seu cadáver ficará impuro até a tarde, [25]e todo aquele que transportar seu cadáver terá de lavar suas vestes e ficará impuro até a tarde. [26]Todo animal que tem casco, mas não fendido, e que não rumina, será impuro para vós; todo aquele que os tocar ficará impuro. [27]Entre os quadrúpedes, todo animal que anda sobre as plantas dos pés será impuro para vós; todo aquele que tocar seu cadáver ficará impuro até a tarde; [28]e quem transportar seu cadáver deverá lavar suas vestes e ficará impuro até a tarde. Esses animais serão impuros para vós.

[29]Entre os animais que rastejam pela terra tereis por impuros os seguintes: a toupeira, o rato e as diversas espécies de lagarto; [30]o geco, o crocodilo da terra, a lagartixa, o lagarto da areia e o camaleão. [31]Esses, entre todos os répteis, são impuros para vós; quem os tocar, quando mortos, ficará impuro até a tarde. [32]Todo o objeto sobre o qual cair o cadáver de algum deles ficará impuro: utensílio de madeira, pano, couro ou saco, ou qualquer objeto com que se faz alguma coisa; deverá ser mergulhado em água e será considerado impuro até a tarde; depois ficará puro. [33]Se cair algum deles num vaso de argila, todo o seu conteúdo se tornará impuro, e quebrareis o vaso. [34]Todo alimento comestível sobre o qual cair a água desse vaso será impuro; e todo líquido potável que estiver em qualquer desses utensílios será impuro. [35]Aquilo sobre

* **11**,1. 20,25s; Dt 14,3-21; Gn 7,2

† **11**,2. Os critérios usados para esses tabus alimentares parecem ser a higiene, a aversão natural, e o uso de alguns animais nos cultos pagãos, como é o caso do porco. A classificação dos animais não é científica, mas popular. Jesus ensinará a pureza interior, declarando puros todos os alimentos, Mc 7,19.

o que cair algum desses cadáveres será
impuro; se for um forno ou um fogão,
serão destruídos; são impuros e como
impuros devereis considerá-los. [36]Mas
as fontes, cisternas e depósitos de água
permanecerão puros; mas quem tocar
seus cadáveres ficará impuro. [37]Se cair
algum de seus cadáveres sobre uma
semente que vai ser semeada, perma-
necerá pura; [38]mas se a semente estiver
molhada com água e lhe cair em cima
algum desses cadáveres, vós a tereis
por impura. [39]Se morrer um animal
do qual vos é lícito comer, quem tocar
seu cadáver ficará impuro até a tarde;
[40]quem comer de suas carnes terá de
lavar suas vestes e ficará impuro até a
tarde; quem transportar seu cadáver
deverá lavar suas vestes e ficará impu-
ro até a tarde.

[41]Todo réptil que rasteja sobre a terra
é coisa abominável; não se deve comê-
-lo. [42]Tudo o que se arrasta sobre o
ventre, tudo o que anda sobre quatro
ou mais patas, enfim, tudo o que raste-
ja pela terra não o comereis, porque é
abominação. [43]Não vos torneis abomi-
náveis com algum desses animais que
rastejam, nem vos contamineis com
eles, pois ficaríeis também impuros.
[44]Pois sou eu, Javé, o vosso Deus;* de-
veis santificar-vos para serdes santos,
porque eu sou santo; não deveis con-
taminar-vos com nenhum réptil que
rasteja pela terra. [45]Sim, eu sou Javé,
que vos tirei da terra do Egito,* para
ser vosso Deus. Sede santos, porque eu
sou santo.

[46]Esta é a lei referente aos quadrúpe-
des, às aves, a todo o ser vivente que se
move na água ou rasteja sobre a terra;
[47]para se fazer a distinção entre o puro
e o impuro, entre os animais que se
podem comer e os que não se podem
comer".

12 Lei sobre a mulher que deu à luz.

[1]Javé disse a Moisés†:
[2]"Fala aos israelitas: Se uma mulher
conceber e der à luz um menino, fica-
rá impura durante sete dias, como nos
dias de sua menstruação. [3]No oitavo
dia,* o menino será circuncidado, [4]e
ela ficará ainda trinta e três dias puri-
ficando-se de seu sangue; não tocará
nenhum objeto sagrado e não irá ao
santuário, até se completarem os dias
de sua purificação. [5]Se der à luz uma
menina, ficará impura durante duas
semanas, como no período da mens-
truação, e ficará mais sessenta e seis
dias purificando-se de seu sangue.
[6]Completados os dias de sua purifica-
ção,* seja por um filho, seja por uma
filha, levará ao sacerdote, à entrada da
tenda da reunião, um cordeiro de um
ano, para holocausto, e um pombinho
ou uma rola, em sacrifício pelo pecado.
[7]O sacerdote os oferecerá a Javé e fará
a expiação por ela, e então ficará puri-
ficada de seu fluxo de sangue. Esta é a
lei sobre a mulher que dá à luz um me-
nino ou uma menina. [8]Mas se ela não
tiver meios suficientes para oferecer
um cordeiro, tome duas rolas ou dois
pombinhos,* um para o holocausto e
outro para o sacrifício pelo pecado. O
sacerdote fará a expiação por ela, e as-
sim ficará purificada".

13 Lei sobre a lepra.

[1]Javé disse
a Moisés e a Aarão:* [2]"Quando
alguém tiver na pele um tumor, dartro
ou mancha, que se torna em sua pele
um sintoma de chaga de lepra†, será
levado ao sacerdote Aarão, ou a algum
dos sacerdotes, seus filhos. [3]O sacerdo-
te examinará a chaga na pele e, se o
cabelo naquele lugar se tornou branco
e a chaga se apresentar mais funda que
o resto da pele, a chaga é de lepra. Ao

* **11**,44. 17,1 | 45. 22,33; 19,2; 17,1 | **12**,3. 15,19; Gn 17,10; Lc 1,59; 2,21 | 6. Lc 2,22-38 | 8. 5,7-13

† **12**,1. Os cc. 12 e 15 falam de certas situações ligadas ao sexo e à transmissão da vida, que determinavam um estado de impureza, afastando a pessoa dos atos de culto, por falta de uma perfeita integridade física. Essa impureza não era considerada como culpa moral, mas como uma situação existencial do momento, incompatível com a santidade de Deus. | **13**,2. Os cc. 13 e 14 incluem sob o nome de lepra uma série de doenças da pele, e até mesmo o mofo das vestes, do couro e das paredes. O sacerdote era o árbitro que prescrevia a exclusão da comunidade e readmitia a ela.

constatar isso, o sacerdote o declarará
impuro. 4Se, porém, a mancha sobre
a pele for branca, mas não aparecer
mais funda que a pele, e o cabelo não
se tornou branco, o sacerdote isolará
o enfermo durante sete dias. 5No sé-
timo dia o sacerdote o examinará e, se
constatar que a chaga permaneceu es-
tacionária, sem se alastrar sobre a pele,
ele o isolará durante mais sete dias 6e
o examinará novamente no sétimo dia.
Se constatar que a chaga se atenuou e
não se alastrou pela pele, o sacerdote
o declarará puro, pois trata-se de dar-
tro; ele lavará suas vestes e ficará puro.
7Mas se o dartro se alastrou na pele,
mesmo depois que o sacerdote o tiver
examinado e declarado puro, ele se
apresentará novamente ao sacerdote,
o qual, tendo examinado o dartro 8e
vendo-o estendido sobre a pele, o de-
clarará impuro. É lepra.

9Quando alguém tiver uma doen-
ça do gênero da lepra, será levado ao
sacerdote 10que o examinará. Se cons-
tatar sobre a pele um tumor branco,
onde os cabelos se tornaram brancos e
aparecer carne viva no tumor, 11é lepra
inveterada na pele. O sacerdote o de-
clarará impuro, mas sem isolá-lo, por-
que é impuro. 12Mas se a lepra se alas-
trar sobre a pele e cobrir toda a pele do
enfermo, da cabeça aos pés, até onde
o sacerdote puder ver, 13este examina-
rá o enfermo e, verificando que a lepra
cobriu toda a pessoa, declarará puro o
enfermo; sendo que ficou todo branco,
está puro.14Mas se aparecer nele car-
ne viva, ficará impuro; 15e o sacerdote,
vendo a carne viva, o declarará impu-
ro, pois a carne viva é impura, é lepra.
16Mas se a carne viva mudar novamen-
te e voltar a ser branca, apresente-se
ao sacerdote, 17o qual o examinará e,
constatando que a chaga voltou a ser
branca, declarará puro o enfermo; ele
é puro.

18Se alguém teve na pele uma úlce-
ra que sarou, 19mas no lugar da úlce-
ra aparecer um tumor branco, ou uma
mancha branco-avermelhada, apresen-
te-se ao sacerdote, 20o qual o examina-
rá. Se constatar que a mancha se mos-
tra mais funda que a pele e seu cabelo
embranqueceu, ele o declarará impuro;
é chaga de lepra que se formou na úl-
cera. 21Se, porém, o sacerdote examina
a chaga e vê que não há nela cabelo
branco nem depressão na pele, mas vê
que está descorada, o sacerdote isole-
-o durante sete dias. 22Se a mancha se
alastrar pela pele, declare-o impuro;
trata-se de lepra. 23Mas se a mancha
permanecer estacionária, sem se alas-
trar, é a cicatriz da úlcera; o sacerdote o
declarará puro.

24Se alguém tiver sofrido queimadu-
ra na pele e, ao cicatrizar-se a queima-
dura, se formar uma mancha branco-
-avermelhada ou somente branca, 25o
sacerdote examine-a. Se constatar
que o cabelo se tornou branco e que
apareceu depressão na pele, trata-se
de lepra que se formou na queima-
dura. O sacerdote o declarará impuro;
é uma chaga de lepra. 26Mas se, ao
examiná-la, o sacerdote não encon-
tra cabelo branco nem depressão na
pele, mas verifica que está descorada,
isole-o durante sete dias. 27No sétimo
dia examine-o e, se a mancha se tiver
propagado pela pele, ele o declarará
impuro; é um caso de lepra. 28Se, po-
rém, a mancha permaneceu localizada,
sem se alastrar, e se tornou descorada,
é crosta de queimadura. O sacerdote o
declarará puro, pois trata-se de cicatriz
de queimadura.

29Quando um homem ou uma mu-
lher tiverem uma chaga na cabeça ou
no queixo, 30o sacerdote examinará
a chaga e, se constatar que está mais
funda que a pele e o cabelo nela é
amarelado e ralo, o sacerdote o de-
clarará impuro; é micose, isto é, lepra
da cabeça ou do queixo. 31Mas se, ao
examinar a chaga da micose, o sa-
cerdote comprova que não está mais
funda que o restante da pele, nem se
encontram nela cabelos pretos, isola-
rá o paciente durante sete dias. 32No
sétimo, o sacerdote a examinará e, se

* **13**,1. Dt 24,8s; Nm 12,10-15

verificar que a micose não se alastrou, e que não se formaram nela cabelos amarelados, nem está mais funda que a pele, [33]o enfermo cortará a barba, exceto na parte afetada pela micose, e o sacerdote o isolará durante outros sete dias. [34]No sétimo dia o sacerdote examinará a micose e, se comprovar que não se alastrou sobre a pele e não se apresenta mais funda que a pele, ele o declarará puro. Ele lavará suas vestes e ficará puro. [35]Se, porém, depois de ter sido declarado puro, a micose se alastrar pela pele, [36]o sacerdote o examinará e, se vir que a micose se alastrou pela pele, o sacerdote não precisará observar se o cabelo amarelou; é impuro. [37]Mas se a micose permaneceu estacionária e nela cresceu cabelo preto, então a micose está curada; é puro, o sacerdote o declarará puro.

[38]Se aparecerem manchas na pele de um homem ou de uma mulher, e essas manchas forem brancas, [39]o sacerdote as examinará. Se essas manchas na pele de seu corpo forem descoradas, trata-se de exantema que apareceu na pele; a pessoa é pura.

[40]Quando um homem perde os cabelos da cabeça, é calvo, é puro.[41]Se lhe caírem os cabelos da parte da frente, é calvície dianteira; é puro. [42]Mas se na calvície posterior ou dianteira houver uma chaga branco-avermelhada, é lepra que se formou em seu crânio ou em sua fronte. [43]O sacerdote o examinará e, se verificar que a crosta da chaga é branco-avermelhada na zona calva, com aspecto semelhante ao da lepra da pele do corpo, [44]o homem é leproso, é impuro, e o sacerdote o declarará impuro. Está com lepra na cabeça.

[45]O enfermo atacado de lepra andará com roupas rasgadas e com os cabelos desgrenhados; cobrirá a barba e gritará: "Impuro! Impuro!" [46]Será impuro enquanto durar seu mal e, sendo impuro, habitará sozinho e fora do acampamento.

Lepra das vestes. [47]Quando aparecer mancha de lepra numa veste, seja ela de lã ou de linho, [48]num tecido ou pano de linho ou de lã, numa pele, ou em qualquer objeto de couro, [49]se a mancha na veste, ou no couro, ou no tecido, ou no pano, ou em qualquer objeto de couro é esverdeada ou avermelhada, trata-se de lepra e deve ser mostrada ao sacerdote. [50]O sacerdote examinará a mancha e isolará o objeto durante sete dias. [51]No sétimo dia examinará a mancha; se ela se estendeu pela veste, pelo tecido, pelo pano, pelo couro ou pelo objeto feito de couro, a mancha é lepra contagiosa; o objeto é impuro. [52]Deve-se queimar a veste, o tecido, o pano, seja de lã ou de linho, ou o objeto de couro onde se encontre a mancha, porque é lepra contagiosa; deve ser entregue às chamas.

[53]Mas se, ao examiná-la, o sacerdote constatar que a mancha não se alastrou na veste, nem no tecido, nem no pano, nem no objeto de couro, [54]ordenará que se lave o objeto atingido e o isolará de novo durante sete dias. [55]Depois de lavado, o sacerdote examinará a mancha; se verificar que não mudou de aspecto nem se dilatou, é impuro. Seja entregue às chamas, porque está corroído no avesso e no direito. [56]Mas se o sacerdote, ao examiná-la, constatar que a parte infectada ficou descorada depois de lavada, ele a arrancará da veste, do couro, do tecido ou do pano. [57]Mas se a mancha reaparecer na veste, no tecido, no pano, ou em qualquer outro objeto de couro, é um mal que se difunde; o objeto infectado será queimado. [58]Mas a veste, o tecido, o pano ou qualquer objeto de couro, do qual tiver desaparecido a mancha com a lavagem, lavar-se-á de novo e ficará puro. [59]Esta é a lei sobre a mancha de lepra da veste de lã ou de linho, do tecido ou do pano, e de todo objeto de couro, para declará-lo puro ou impuro".

14 **Purificação do leproso.** [1]Javé disse a Moisés:* [2]"Esta será a lei para o leproso no dia de sua purificação. Será levado ao sacerdote,

* **14**,1. Mt 8,4; Lc 17,14

[3]o qual sairá a seu encontro fora do
acampamento e o examinará. Se a cha-
ga da lepra do leproso estiver curada,
[4]ordenará que se tomem, para quem
deve ser purificado, duas aves vivas e
puras, madeira de cedro, lã escarlate
e hissopo. [5]O sacerdote ordenará que
uma das aves seja imolada sobre um
vaso de argila contendo água da fon-
te. [6]Tomando a ave viva, juntamente
com a madeira de cedro, a lã escarlate
e o hissopo, ele os molhará com a ave
viva no sangue da ave imolada sobre
a água da fonte [7]e aspergirá sete ve-
zes quem deve ser purificado da lepra.
Então o declarará purificado* e soltará
a ave viva no campo aberto. [8]O purifi-
cado lavará suas vestes, rapará todo o
seu cabelo, se lavará com água e ficará
puro, podendo reingressar no acampa-
mento, mas ficará sete dias fora de sua
tenda. [9]No sétimo dia, rapará de novo
os cabelos da cabeça, da barba, das
sobrancelhas, todos os cabelos; lavará
suas vestes, lavará seu corpo na água e
será puro. [10]No oitavo dia tomará dois
cordeiros sem defeito e uma ovelha
de um ano, sem defeito, e três déci-
mos de flor de farinha amassada com
azeite, como oblação, e um quartilho†
de azeite. [11]O sacerdote que faz a pu-
rificação apresentará a Javé quem deve
ser purificado, juntamente com essas
coisas, à entrada da tenda da reunião.
[12]Em seguida tomará um dos cordeiros
para oferecê-lo em sacrifício de repa-
ração, junto com o quartilho de azeite,
e fará com eles o gesto de apresenta-
ção diante de Javé. [13]Imolará o cordei-
ro no lugar onde se costuma imolar
a vítima pelo pecado e o holocausto,
no lugar sagrado; porque, como o
sacrifício pelo pecado, o sacrifício de
reparação pertence ao sacerdote; é
coisa santíssima. [14]Então o sacerdote
tomará do sangue do sacrifício de re-
paração e o aplicará sobre o lóbulo da
orelha direita de quem se purifica,
sobre o polegar de sua mão direita
e sobre o polegar de seu pé direito.
[15]Depois, o sacerdote derramará azei-
te do quartilho na palma de sua mão
esquerda, [16]molhará o dedo direito no
azeite que está em sua mão esquerda
e com ele fará sete aspersões de azei-
te diante de Javé. [17]Do restante do
azeite que ficar em sua mão, o sacer-
dote aplicará uma parte sobre o lóbulo
da orelha direita de quem se purifica,
sobre o polegar de sua mão direita
e sobre o polegar de seu pé direito,
por cima do sangue do sacrifício de re-
paração. [18]O azeite que restar em sua
mão, o sacerdote o derramará sobre a
cabeça daquele que se purifica; assim o
sacerdote fará por ele a expiação dian-
te de Javé.

[19]A seguir, o sacerdote oferecerá o
sacrifício pelo pecado e fará a expia-
ção por aquele que tem de purificar-se
de sua impureza; finalmente, imolará o
holocausto. [20]Oferecerá no altar o ho-
locausto e a oblação; fará a expiação
por ele, e será puro. [21]Mas se é pobre*
e suas posses não lhe permitirem fazer
tanto, tome um só cordeiro, o do sacri-
fício de reparação, para fazer o gesto
de apresentação e realizar pelo enfer-
mo o rito de expiação. Tome um déci-
mo de flor de farinha amassada com
azeite para a oblação, um quartilho de
azeite [22]e duas rolas ou dois pombi-
nhos, segundo suas possibilidades, um
dos quais será para o sacrifício pelo pe-
cado e o outro para o holocausto. [23]No
oitavo dia, ele os trará ao sacerdote
para sua purificação, à entrada da ten-
da de reunião, diante de Javé. [24]O sa-
cerdote tomará o cordeiro do sacrifício
de reparação e o quartilho de azeite e
fará com eles o gesto de apresentação
diante de Javé. [25]Imolará o cordeiro do
sacrifício de reparação, tomará de seu
sangue e o aplicará sobre o lóbulo da
orelha direita daquele que se purifica,
sobre o polegar de sua mão direita
e sobre o polegar de seu pé direito.
[26]O sacerdote derramará do azeite na
palma de sua mão esquerda, [27]e com
o dedo da mão direita fará aspersões

* **14**,7. Nm 19,6.18; Sl 51,9 | 21. 5,7-13; 12,8

† **14**,10. Três décimos de um efá equivalem a uns 13 litros. Um quartilho equivale a 0,60l.

sete vezes, diante de Javé, com o azei-
te que está em sua mão esquerda. 28A
seguir, o sacerdote aplicará parte do
azeite que está em sua mão sobre o
lóbulo da orelha direita, sobre o pole-
gar da mão direita e sobre o polegar
do pé direito de quem se purifica, por
cima do sangue do sacrifício da repa-
ração. 29O resto do óleo que tiver na
mão, o sacerdote o derramará sobre a
cabeça de quem se purifica, para ofe-
recer a expiação por ele diante de Javé.
30Depois, quem se purifica oferecerá
uma das rolas ou um dos pombinhos,
segundo suas posses, 31um em sacrifí-
cio pelo pecado e o outro para o holo-
causto, unido à oblação. Assim o sacer-
dote fará a expiação diante de Javé por
aquele que deve ser purificado. 32Tal é
a lei para o doente de lepra que não
tem meios de conseguir o necessário
para sua purificação".

Lepra das casas. 33Javé disse a Moisés
e a Aarão: 34"Quando tiverdes entrado
na terra de Canaã que vos darei em
propriedade, se eu ferir de lepra algu-
ma casa da terra que possuireis, 35o
dono dessa casa avisará o sacerdote,
dizendo-lhe: Uma espécie de praga
apareceu em minha casa. 36O sacerdote
ordenará que desocupem a casa, antes
de ir examinar a enfermidade, a fim de
que não se contamine o que está den-
tro da casa. Depois disso, o sacerdote
entrará para examinar a casa. 37Exami-
nará a mancha e, se constatar nas pa-
redes da casa manchas esverdeadas ou
avermelhadas parecendo mais fundas
que a parede, 38o sacerdote sairá da
casa até a soleira da porta e a fechará
durante sete dias. 39No sétimo dia vol-
tará e a examinará; se constatar que a
praga se estendeu nas paredes da casa,
40mandará arrancar as pedras atingidas
pela enfermidade e atirá-las fora da ci-
dade, em lugar impuro. 41Mandará ras-
par todo o interior da casa, e lançarão
o pó da raspagem fora da cidade, em
lugar impuro. 42Depois tomarão outras
pedras e as colocarão no lugar das pri-
meiras, e com nova argamassa será re-
bocada a casa. 43Mas, se a mancha rea-
parecer e se difundir na casa depois de
tiradas as pedras, e depois que a casa
foi raspada e rebocada de novo, 44o sa-
cerdote irá examiná-la; se verificar que
a enfermidade se alastrou pela casa, é
lepra corrosiva naquela casa; é impura.
45Então mandará demolir a casa e le-
var para fora da cidade, para um lugar
impuro, as pedras, a madeira e todo o
reboco. 46Quem tiver entrado na casa
durante todo o tempo que ela perma-
neceu fechada ficará impuro até a tar-
de. 47Quem tiver dormido nela lavará
suas vestes; e quem tiver comido nela
lavará suas vestes. 48Mas se o sacerdo-
te, quando vier examinar o mal, verifica
que ele não se alastrou na casa, depois
que foi rebocada, declare-a pura, por-
que o mal está curado.

49Para purificar a casa, tome duas
aves, madeira de cedro, lã escarlate e
hissopo. 50Imolará uma das aves sobre
um vaso de argila contendo água da
fonte. 51Tomará a madeira de cedro, o
hissopo, a lã escarlate e a ave viva e os
mergulhará no sangue da ave imolada
e na água da fonte. Fará sete aspersões
sobre a casa. 52Tendo-a assim purifica-
do, 53solte a ave viva fora da cidade,
no campo. Feita assim a expiação pela
casa, ela ficará pura.

54Esta é a lei referente a toda sorte de
lepra ou de micose, 55lepra das vestes
e das casas, 56tumores, dartros e man-
chas, 57para ensinar quando uma coisa
ou pessoa é impura e quando é pura.
Esta é a lei sobre a lepra".

15 **Pureza sexual.** 1Javé disse a
Moisés e a Aarão: 2"Dizei aos
israelitas: Todo homem que tiver um flu-
xo que sai de seu corpo será impuro por
causa desse fluxo. 3Nisto consiste sua
impureza: enquanto durar o fluxo, quer
seu corpo o deixe sair, quer o retenha,
ele será impuro. 4Todo leito em que se
deitar aquele que tem o fluxo será im-
puro e todo móvel em que se sentar será
impuro. 5Quem tocar seu leito lavará suas
vestes, se banhará em água e ficará im-
puro até a tarde. 6Quem se sentar sobre
um móvel onde esse homem se sentou
lavará suas vestes, se banhará em água e
ficará impuro até a tarde. 7Quem tocar o

corpo do homem que tem o fluxo lavará suas vestes, se banhará em água e ficará impuro até a tarde. 8Se quem tem o fluxo cuspir sobre uma pessoa pura, esta deverá lavar suas vestes, banhar-se em água e ficará impura até a tarde. 9Toda a sela sobre a qual cavalgar o que tem o fluxo ficará impura. 10Quem tocar alguma coisa que tenha estado debaixo dele ficará impuro até a tarde; e quem carregar tais coisas deverá lavar suas vestes, banhar-se em água e ficará impuro até a tarde. 11Todo aquele em quem tocar aquele que tem o fluxo, sem este ter lavado as mãos, deverá lavar suas vestes, banhar-se em água e ficará impuro até a tarde. 12O vaso de barro tocado pelo que tem o fluxo deve ser quebrado e todo recipiente de madeira será lavado com água.

13Quando estiver curado de seu fluxo, contará sete dias para sua purificação. Deverá lavar suas vestes, banhar-se em água corrente e então ficará puro. 14No oitavo dia, tome consigo duas rolas ou dois pombinhos, venha diante de Javé, à entrada da tenda da reunião, e os entregue ao sacerdote, 15o qual os oferecerá, um em sacrifício pelo pecado e o outro em holocausto. Assim o sacerdote fará por ele, diante de Javé, a expiação de seu fluxo.

16Quando um homem tiver uma emissão seminal, banhará em água todo o corpo e ficará impuro até a tarde. 17Toda roupa e todo couro sobre os quais houver sêmen sejam lavados com água e ficarão impuros até a tarde.

18Quando um homem se une a uma mulher e tem emissão de sêmen, deverão ambos lavar-se com água e ficarão impuros até a tarde.

19Quando a mulher tem um fluxo em seu corpo, e se trata de fluxo de sangue, sua impureza durará sete dias. Quem a tocar ficará impuro até a tarde. 20Tudo aquilo sobre o que ela se deitar durante sua impureza ficará impuro; e tudo aquilo sobre o que ela se sentar será impuro. 21Quem tocar seu leito deverá lavar suas vestes, banhar-se em água e ficará impuro até a tarde; 22e quem tocar qualquer móvel sobre o qual ela se sentou deverá lavar suas vestes, banhar-se em água e ficará impuro até a tarde. 23Quem tocar alguma coisa que estiver sobre seu leito ou sobre aquilo em que ela se sentou ficará impuro até a tarde. 24Se um homem se unir a ela, a impureza dela passará para ele e ficará impuro durante sete dias; e todo o leito sobre o qual ele se deitar ficará impuro.

25Se uma mulher tiver um fluxo de sangue durante vários dias, fora do tempo costumado, ou se seu fluxo se prolongar além do tempo de sua impureza, durante todo o tempo desse fluxo ficará impura, como no período de sua impureza. 26Todo o leito sobre o qual se deitar durante o tempo do fluxo será para ela como o leito em que dorme durante sua impureza; e todo o móvel sobre o qual se sentar ficará impuro como no período de sua impureza. 27Quem os tocar deverá lavar suas vestes, banhar-se em água e ficará impuro até a tarde. 28Quando estiver curada de seu fluxo, contará sete dias e depois ficará pura. 29No oitavo dia tomará consigo duas rolas ou dois pombinhos e os levará ao sacerdote, à entrada da tenda da reunião. 30O sacerdote oferecerá um deles em sacrifício pelo pecado e o outro em holocausto e fará por ela, diante de Javé, o rito de expiação de seu fluxo que a tornava impura.

31Ensinai os israelitas a purificar-se de suas impurezas, para que não morram por causa delas, contaminando meu tabernáculo que está no meio deles. 32Esta é a lei a respeito do homem que tem um fluxo e daquele que tem emissão de sêmen, contraindo impurezas; 33a respeito da mulher no tempo da impureza de suas regras; a respeito do homem ou da mulher que têm um fluxo e a respeito daquele que se une a uma mulher impura".

16 **O dia das expiações.** 1Javé falou a Moisés* depois da morte dos dois filhos de Aarão, mortos ao se

*

16,1: 23,26-32; Nm 29,7-11; Hb 9,6-14

apresentarem diante de Javé. 2Disse Javé a Moisés†: "Dize a teu irmão Aarão que não entre* a qualquer hora no santuário, além do véu, diante do propiciatório que está sobre a arca, para que não morra; porque eu aparecerei na nuvem sobre o propiciatório. 3Assim entrará Aarão no santuário: com um novilho para o sacrifício pelo pecado e um carneiro para o holocausto. 4Vestirá a túnica sagrada de linho e calções de linho sobre seu corpo; ele se cingirá com um cinto de linho e com um turbante de linho envolverá a cabeça. São essas as vestes sagradas que vestirá, depois de se ter banhado em água.

5Receberá da comunidade dos israelitas dois bodes para o sacrifício pelo pecado e um carneiro para o holocausto. 6Aarão oferecerá o novilho do sacrifício pelo pecado e fará a expiação por si e por sua casa. 7Tomará os dois bodes e os colocará diante de Javé, à entrada da tenda da reunião. 8Lançará a sorte sobre eles: uma para Javé e outra para Azazel. 9Oferecerá o bode que tocou em sorte a Javé* e fará com ele um sacrifício pelo pecado. 10O bode, porém, que tocou em sorte a Azazel será apresentado vivo diante de Javé, para se fazer com ele o rito de expiação, a fim de ser enviado a Azazel no deserto.

11Aarão oferecerá o novilho do sacrifício por seu pecado, fará a expiação por si e por sua casa e imolará o novilho. 12Tomará um turíbulo cheio de brasas ardentes tiradas do altar, diante de Javé, e dois punhados de incenso aromático pulverizado e levará tudo para detrás do véu. 13Porá o incenso no fogo, diante de Javé, a fim de que a nuvem de incenso* envolva o propiciatório que está sobre a arca, e ele não morra. 14Tomará do sangue do novilho* e aspergirá com o dedo o lado oriental do propiciatório; diante do propiciatório fará sete aspersões com o sangue, servindo-se do dedo. 15Imolará o bode destinado ao sacrifício pelo pecado do povo e levará o sangue para detrás do véu. Fará com ele o mesmo que fez com o sangue do novilho, aspergindo-o sobre o propiciatório e diante dele. 16Assim fará a expiação pelo santuário,* purificando-o das impurezas dos israelitas, de suas transgressões e de todos os seus pecados. O mesmo fará pela tenda da reunião que se encontra entre eles, no meio de suas impurezas. 17Ninguém deve estar na tenda da reunião,* quando ele entrar para fazer a expiação no santuário, até ele sair, após haver feito a expiação por si, por sua família e por toda a comunidade de Israel. 18Então sairá em direção ao altar que está diante de Javé e fará a expiação pelo altar, tomando do sangue do novilho e do sangue do bode e aplicando-o sobre os chifres do altar ao redor. 19Servindo-se do dedo, fará com o mesmo sangue sete aspersões sobre o altar. Desta maneira o purificará das impurezas dos israelitas e o santificará.

20Quando acabar de fazer a expiação pelo santuário, pela tenda da reunião e pelo altar, Aarão mandará trazer o bode vivo. 21Porá ambas as mãos* sobre a cabeça dele†, confessará sobre ele todas as iniquidades, todas as transgressões e todos os pecados dos israelitas e, carregando-os sobre a cabeça do bode, ele o enviará para o deserto por meio de um homem designado para isso. 22O bode levará sobre si todas as iniquidades deles para uma região desolada, e o homem soltará o bode no deserto.

23Depois, Aarão entrará na tenda da reunião e tirará as vestes de linho, que havia posto para entrar no santuário, e as deixará ali mesmo. 24Lavará seu corpo com água no lugar sagrado, porá de novo suas vestes e, saindo, oferece-

* **16,**2. Êx 19,12; 25,17 | 9. 16,22 | 13. Êx 25,17 | 14. Êx 33,20 | 16. Ez 45,18-20; Rm 3,25 | 17. Dt 4,7; Is 6,5 | 21. Tb 8,3

† **16,**2. Esse rito solene do dia das expiações, o Yom Kipur, cancelava todos os pecados e irregularidades do povo, restituindo-lhe seu caráter de povo santo e assegurando-lhe de novo as bênçãos prometidas. | **16,**21. Essa imposição das mãos transferia simbolicamente para o animal todas as culpas do povo.

rá seu holocausto e o do povo e fará o rito de expiação por si e pelo povo. 25Queimará sobre o altar a gordura do sacrifício pelo pecado.

26O homem que levou o bode a Azazel lavará suas vestes, banhará seu corpo com água e depois poderá entrar no acampamento. 27O novilho e o bode imolados em sacrifício pelo pecado, cujo sangue foi levado ao santuário para fazer o rito de expiação, serão levados para fora do acampamento e serão queimados com fogo seu couro, sua carne e seus excrementos. 28Aquele que os queimar lavará suas vestes, banhará o corpo com água e depois poderá entrar no acampamento. 29Isto será para vós lei perpétua:* no décimo dia do sétimo mês jejuareis e não fareis trabalho algum, tanto o cidadão como o estrangeiro que habita no meio de vós. 30Porque nesse dia se fará a expiação por vós, para vos purificar; e sereis purificados de todos os vossos pecados diante de Javé. 31É para vós um sábado de repouso solene e deveis jejuar; é uma lei perpétua. 32O sacerdote que recebeu a unção e a investidura para exercer o sacerdócio em lugar de seu pai fará o rito da expiação. Vestirá as vestes sagradas de linho 33e fará a expiação pelo santuário, pela tenda da reunião e pelo altar; fará o rito da expiação pelos sacerdotes e por todo o povo da comunidade. 34Isto será para vós uma lei perpétua, para fazer o rito de expiação pelos israelitas por todos os seus pecados, uma vez por ano". E foi feito como Javé havia ordenado a Moisés.

III. CÓDIGO DE SANTIDADE (17–26)

17 **Normas para o abate dos animais.** 1Javé disse a Moisés†: 2"Fala a Aarão*, a seus filhos e a todos os israelitas e dize-lhes: É isto que ordena Javé: 3Todo israelita que imolar um boi, uma ovelha, ou uma cabra, dentro ou fora do acampamento, 4sem o apresentar à entrada da tenda da reunião, para o oferecer a Javé diante de seu tabernáculo, será culpado pelo sangue derramado;* derramou sangue e será eliminado do meio de seu povo. 5Assim os israelitas deverão trazer ao sacerdote, à entrada da tenda da reunião, para Javé, os animais que desejariam oferecer no campo e os oferecerão a Javé como sacrifícios de comunhão. 6O sacerdote aspergirá o sangue sobre o altar de Javé, à entrada da tenda da reunião, e queimará a gordura em aroma agradável a Javé. 7Não mais imolarão vítimas aos demônios* com os quais se prostituem. Isto será uma lei perpétua para eles e seus descendentes.

8Dize-lhes ainda: Todo israelita ou estrangeiro que habita no meio de vós, que deseja oferecer um holocausto ou um sacrifício, 9sem apresentá-lo à entrada da tenda da reunião, para oferecê-lo a Javé, será exterminado do meio de seu povo. 10Todo israelita ou estrangeiro,* residente entre vós, que comer qualquer sangue, voltarei minha face contra esse que comeu sangue e o exterminarei do meio de seu povo. 11Porque a vida do ser vivo está no sangue, e eu vos dou o sangue* sobre o altar, para fazer o rito de expiação por vossas vidas; pois o sangue, enquanto vida, expia. 12Por isso eu disse aos israelitas: 'Ninguém dentre vós comerá sangue, nem mesmo o estrangeiro que habita entre vós o comerá'.

13Todo israelita ou estrangeiro, residente entre vós, que caçar algum animal ou ave que é permitido comer, derramará seu sangue e o cobrirá com terra. 14Porque a vida de todo ser vivo é o sangue;* em seu sangue está a vida. Por isso, eu disse aos israelitas: 'Não comereis o sangue de nenhuma criatu-

---

* **16**,29. 23,27-32 | **17**,2. Êx 20,24; Dt 12,4-28 | 4. 1,5 | 7. 16,8; Is 13,21; 34,12-14 | 10. 1,5 | 11. Hb 9,7.21s **17**,14. Dt 12,15 / Êx 22,30; Dt 14,21; Ez 4,14

† **17**,1. Estes capítulos insistem na santidade que se requer de tudo que entra em relação com o Deus santo e transcendente: pessoas, lugares, tempos e objetos. Além da pureza legal e da separação do que é profano, ensinam também a retidão moral, o amor ao próximo, a prática da justiça.

ra', pois a vida de toda criatura é seu
sangue;* e quem o comer será extermi-
nado. 15Todo nativo ou estrangeiro que
comer um animal morto ou dilacerado
deverá lavar suas vestes e banhar-se
em água; ficará impuro até a tarde, de-
pois será puro. 16Mas, se não lavar as
vestes e não se banhar, levará o peso
de sua falta".

18 **Honestidade no matrimônio.**
1Javé disse a Moisés:* 2"Dize
aos israelitas: Eu sou Javé, vosso Deus.
3Não procedereis conforme os costu-
mes do Egito, onde habitastes, nem
fareis como fazem na terra de Canaã,
para onde vos conduzo; e não segui-
reis suas leis. 4Mas praticareis meus
preceitos, observareis minhas leis e
por elas vos conduzireis. Eu sou Javé,
vosso Deus. 5Guardareis, pois, meus es-
tatutos* e meus decretos, mediante os
quais quem os pratica encontra a vida.
Eu sou Javé.

6Ninguém de vós se aproximará de
uma parenta próxima para unir-se† a
ela. Eu sou Javé. 7Não desonrarás teu
pai,* unindo-te a tua mãe; ela é tua
mãe: não te unirás a ela. 8Não te unirás
a tua madrasta: porque seria desonrar
teu pai. 9Não te unirás a tua irmã,* filha
de teu pai ou de tua mãe, nascida na
casa ou fora dela; não te unirás a ela.
10Não te unirás à filha de teu filho ou
à filha de tua filha, porque seria de-
sonrar-te a ti mesmo. 11Não te unirás
à filha de tua madrasta, nascida de teu
pai: ela é tua irmã. 12Não te unirás à
irmã de teu pai, pois é da mesma car-
ne que teu pai. 13Não te unirás à irmã
de tua mãe, porque é da mesma carne
que tua mãe. 14Não desonrarás o irmão
de teu pai, unindo-te a sua mulher: ela
é tua tia. 15Não te unirás a tua nora: é
a mulher de teu filho; não te unirás a
ela. 16Não te unirás a tua cunhada: seria
desonrar teu irmão. 17Não te unirás a
uma mulher e a sua filha,* nem te uni-
rás à filha de seu filho, nem à filha de
sua filha; são tuas parentas próximas:
seria uma infâmia. 18Não tomarás por
esposa a irmã de tua mulher, para fazer
dela uma rival, e unir-te a ela enquanto
viver a primeira.

19Não te aproximarás de uma mu-
lher durante sua impureza menstrual,
para te unires a ela. 20Não dormirás
com a mulher de teu próximo,* conta-
minando-te com ela. 21Não darás ne-
nhum descendente teu para ser pas-
sado pelo fogo em honra de Moloc†;
não profanarás o nome de teu Deus.
Eu sou Javé. 22Não te deitarás com um
homem como se faz com mulher: é
coisa abominável. 23Não terás relações
com animal,* contaminando-te com
ele. A mulher não se ponha diante de
um animal para unir-se com ele: é uma
perversão.

24Não vos contaminareis com nenhu-
ma dessas coisas, porque com todas
elas se contaminaram os povos que
vou expulsar de vossa frente. 25O país
se contaminou e eu decidi punir sua
maldade, de sorte que o país vomitou
seus habitantes. 26Vós, porém, observa-
reis minhas leis e meus preceitos e não
cometereis nenhuma dessas abomina-
ções, nem o nativo e nem o estrangei-
ro residente entre vós. 27Porque todas
essas abominações cometeram os que
habitavam neste país antes de vós, e o
país ficou contaminado. 28Não acon-
teça que o país vos vomite por havê-
-lo contaminado, como vomitou os
povos que o habitaram antes de vós.
29Porque todo aquele que cometer
alguma dessas abominações será eli-
minado do meio de seu povo. 30Ob-
servai minhas ordens e não pratiqueis
nenhum desses costumes abomináveis
que se praticaram antes de vós, e não
vos contaminareis com eles. Eu sou
Javé, vosso Deus".

---

* **18**,1. 20,8-21; Ez 20,7s; Êx 23,23s | 5. Dt 4,1; 5,30; 6,24; 8,1; Ez 20,11 | 7. Dt 23,1; 27,20.23 | 9. Dt 27,22 | 17. 20,14 | 20. Êx 20,14 | 23. Gn 19,5

† **18**,6. A expressão hebraica que traduzimos por "unir-se a" é "descobrir a nudez de". | 21. O sacrifício de crianças, com o qual os cananeus prestavam culto ao deus Moloc, acontecia também entre os israelitas, Lv 20,2-5; 2Rs 16,3; Jr 7,31; Ez 16,21.

19 **Prescrições religiosas e morais.** [1]Javé falou a Moisés, dizendo: [2]"Fala a toda a comunidade dos israelitas e dize-lhes: Sede santos,* porque eu, Javé, vosso Deus, sou santo. [3]Cada um de vós respeite seu pai e sua mãe* e guarde meus sábados. Eu sou Javé, vosso Deus. [4]Não deveis recorrer aos ídolos* nem fabricar para vós deuses de metal fundido. Eu sou Javé, vosso Deus.

[5]Quando oferecerdes a Javé um sacrifício de comunhão,* oferecei-o de tal modo que sejais aceitos. [6]Comereis dele no mesmo dia do sacrifício ou no dia seguinte; o que restar no terceiro dia será queimado ao fogo. [7]Se alguém comer dele no terceiro dia, é coisa abominável, não será aceito. [8]Quem dele comer levará o peso de sua iniquidade, porque profanou uma coisa consagrada a Javé; será exterminado do meio de seu povo.

[9]Quando fizerdes a colheita de vossa terra, não ceifareis até os limites do terreno nem recolhereis as espigas que ficaram. [10]Em tua vinha não colherás os cachos que ficaram nem apanharás os frutos caídos; tu os deixarás para o pobre e o estrangeiro. Eu sou Javé, vosso Deus.

[11]Não furtareis, nem usareis de fraude,* nem de mentiras uns com os outros. [12]Não jurareis falso por meu nome,* profanando assim o nome de vosso Deus. Eu sou Javé. [13]Não oprimirás nem roubarás teu próximo;* o salário do trabalhador não ficará contigo até a manhã seguinte. [14]Não insultarás o surdo nem porás tropeço diante do cego, mas temerás teu Deus. Eu sou Javé. [15]Não sereis injustos em vossos julgamentos; não favorecerás o pobre nem terás preferência pelo poderoso, mas julgarás teu próximo com justiça. [16]Não andes espalhando maledicências entre teu povo nem tomes posição contra a vida de teu próximo. Eu sou Javé. [17]Não tenhas ódio de teu irmão em teu coração;* corrige lealmente teu próximo para não incorreres em pecado por causa dele. [18]Não tomarás vingança nem guardarás rancor contra teus compatriotas. Amarás teu próximo† como a ti mesmo. Eu sou Javé.

[19]Guardarás meus estatutos.* Não cruzarás animais de espécies diferentes; nem semearás em teu campo duas espécies diferentes de sementes; nem usarás vestes tecidas com dois tipos de material. [20]Se um homem se deitar com uma mulher escrava, comprometida com outro homem, mas não resgatada nem posta em liberdade, deverá pagar uma indenização, mas eles não serão mortos, porque ela não era livre. [21]O homem trará a Javé, à entrada da tenda da reunião, um carneiro como sacrifício de reparação. [22]O sacerdote fará por ele, diante de Javé, o rito de expiação com o carneiro de reparação pelo pecado cometido. E lhe será perdoado seu pecado.

[23]Quando tiverdes entrado na terra e tiverdes plantado toda sorte de árvores frutíferas, considerareis seus frutos como impuros; durante três anos serão para vós impuros e não os comereis. [24]No quarto ano, todos os seus frutos serão consagrados como oferta de louvor a Javé. [25]No quinto ano comereis seus frutos, para que vos faça crescer sua produção. Eu sou Javé, vosso Deus.

[26]Não comereis coisa alguma com sangue.* Não praticareis adivinhações nem magia. [27]Não cortareis o cabelo arredondando os cantos nem rapareis a barba nos lados. [28]Não fareis incisões no corpo por um morto nem fareis tatuagem no corpo. Eu sou Javé. [29]Não

---

* **19**,2. 11,44s; 17,1 | 3. Êx 20,12; 19,30; 26,2; Êx 20,8 | 4. Êx 20,4s | 5. Dt 24,19-22 | 11. Êx 20,15; Dt 24,7; 25,13 | 12. Êx 20,16; Dt 19,16-21 | 13. Dt 24,14s | 17. Ez 33,1-9; Mt 18,15; Eclo 10,6; Rm 12,19; Mt 22,39; 5,43 | 19. Dt 22,9-11 | 26. 17,10-14; 19,31; Dt 18,10-12

† **19**,18. Próximo e compatriota eram sinônimos. Jesus estende a noção a toda a humanidade: Mt 5,43-44; Lc 10,25-37 e propõe como modelo seu amor, Jo 13,34, dando assim um novo mandamento. | 29. A prostituição sagrada, a prática do sexo para honrar um deus, era frequente entre certos povos antigos e uma tentação para os israelitas em contato com eles, Gn 38,21; Dt 23,18-19; Os 4,14.

desonres tua filha prostituindo-a, a fim
de que o país não se entregue à pros-
tituição† e não se encha de maldade.
[30]Guardareis meus sábados* e venera-
reis meu santuário. Eu sou Javé. [31]Não
recorrereis aos que evocam os espíri-
tos* nem consultareis adivinhos, con-
taminando-vos com eles. Eu sou Javé,
vosso Deus. [32]Levanta-te diante de
uma cabeça branca e dá honra à pes-
soa idosa. Teme teu Deus. Eu sou Javé.
[33]Se um estrangeiro vier residir con-
vosco* em vossa terra, não o maltra-
teis. [34]Tratai o estrangeiro residente em
vosso meio como um concidadão. Tu o
amarás como a ti mesmo, porque tam-
bém vós fostes estrangeiros na terra do
Egito. Eu sou Javé, vosso Deus. [35]Não
cometereis injustiça* nos julgamentos,
nem na vara, nem no peso, nem na
medida. [36]Usareis balança justa, peso
justo, efá justo, quartilho justo. Eu sou
Javé, vosso Deus, que vos tirei da terra
do Egito. [37]Observareis, pois, todas as
minhas leis e todos os meus preceitos.
Eu sou Javé".

20 **Penas para os transgressores.**
[1]Javé falou a Moisés: [2]"Dirás
aos israelitas: Todo israelita ou estran-
geiro residente em Israel, que sacrificar
um de seus filhos a Moloc,* certamente
morrerá; o povo da terra o apedrejará.
[3]Voltarei contra ele meu rosto e o ex-
tirparei do meio de seu povo, porque
contaminou meu santuário e profa-
nou meu santo nome, sacrificando um
de seus filhos a Moloc. [4]Se, porém, o
povo da terra fechar os olhos diante
desse homem que tiver sacrificado um
de seus filhos a Moloc e não o matar,
[5]eu voltarei meu rosto contra ele e sua
família e o extirparei do meio de seu
povo com todos os que o seguiram na
prostituição,* prostituindo-se a Moloc.
[6]Se alguém recorrer aos que evocam
os espíritos* e aos adivinhos, prosti-
tuindo-se com eles, voltarei minha face
contra essa pessoa e a exterminarei
do meio de seu povo. [7]Santificai-vos e
sede santos, porque eu sou Javé, vosso
Deus. [8]Guardai meus preceitos e cum-
pri-os. Eu sou Javé, que vos santifica.
[9]Quem amaldiçoar seu pai ou sua
mãe certamente morrerá. Amaldiçoou
o pai ou a mãe: será responsável por
sua própria morte. [10]Se alguém comete
adultério com uma mulher casada, com
a mulher de seu próximo, certamente
morrerão o adúltero e a adúltera. [11]Se
um homem dormir com sua madrasta,
desonrando assim seu pai, certamente
morrerão ambos os culpados; serão
responsáveis por sua própria morte.
[12]Se um homem dormir com sua nora,
certamente morrerão todos os dois;
cometeram uma depravação, são res-
ponsáveis por sua própria morte. [13]Se
um homem se deitar com outro ho-
mem como se fosse mulher, ambos
cometeram uma abominação; certa-
mente morrerão e serão responsáveis
por sua própria morte. [14]Se um homem
tomar por esposas uma mulher e a mãe
dela, cometeu uma infâmia; serão en-
tregues às chamas ele e as duas, para
que não exista essa infâmia no meio de
vós. [15]O homem que tiver relação com
animal certamente morrerá, e matareis
também o animal. [16]Se uma mulher
se aproxima de um animal para unir-
-se com ele, a mulher e o animal serão
mortos; certamente morrerão; sobre
eles caia seu sangue. [17]Se um homem
desposar sua irmã por parte de pai ou
de mãe e tiver relações sexuais com
ela, é uma ignomínia; serão extermi-
nados à vista de seus concidadãos. Ele
desonrou a própria irmã: levará o peso
de sua falta. [18]Se um homem dormir
com uma mulher durante o tempo de
sua menstruação e tiver relações com
ela, descobrindo seu fluxo e ela mes-
ma descobrindo a fonte de seu sangue,
ambos serão exterminados do meio de
seu povo. [19]Tampouco te unirás à irmã
de teu pai ou à irmã de tua mãe, por-
que seria desonrar sua própria carne;
os dois levarão o peso de sua falta. [20]O
homem que se unir com a mulher de

---

* **19**,30. Êx 20,8 | 31. 19,26; 20,6.27; Dt 18,11 | 33. Êx 22,20 | 35. Dt 25,13-16; Am 8,5; Is 10,1s | **20**,2. 18,21 |
5. 1Rs 11,7 | 6. 19,26.31; 11,44s; 17,1

seu tio desonra seu tio; levarão o peso de sua falta; morrerão sem filhos. [21]O homem que desposar a mulher de seu irmão comete uma torpeza; desonrou seu irmão. Ficarão sem filhos.

Exortação geral. [22]Guardai todos os meus estatutos e todos os meus decretos e praticai-os, para que não vos vomite a terra para a qual vos estou conduzindo, para habitardes nela. [23]Não sigais os costumes dos povos que vou expulsar de vossa frente, porque praticaram todas essas coisas e me causaram aversão. [24]A vós, porém, eu digo: Tomareis posse da terra deles, eu vo-la darei como herança, terra onde corre leite e mel. Eu sou Javé, vosso Deus, que vos separei dos outros povos. [25]Fareis distinção entre animais puros e impuros, entre aves puras e impuras. Não vos contaminareis com nenhum animal, ou ave, ou réptil que rasteja pela terra, seres que vos indiquei como impuros. [26]Sereis, pois, santos para mim,* porque eu, Javé, sou santo, e vos separei dos outros povos, para serdes meus. [27]O homem ou a mulher* que entre vós evocarem espíritos ou praticarem adivinhações certamente morrerão; serão apedrejados. Serão responsáveis pela própria morte".

21 **A santidade dos sacerdotes.** [1]Javé disse a Moisés: "Fala aos sacerdotes, filhos de Aarão, e dize-lhes: O sacerdote não se contamine por causa de um morto entre seu povo, [2]exceto quando se tratar de parente próximo como sua mãe, seu pai, seu filho, sua filha, seu irmão, [3]ou por uma irmã ainda virgem, que vive com ele e não se casou; por ela poderá contaminar-se. [4]Sendo um chefe no meio de seu povo, não se contaminará, profanando-se a si mesmo. [5]Os sacerdotes não usarão tonsura na cabeça* nem raparão as extremidades da barba, nem farão incisões no corpo. [6]Serão santos para seu Deus e não profanarão o nome de seu Deus, pois são eles que oferecem a Javé os sacrifícios consumidos pelo fogo, o pão de seu Deus; por isso serão santos. [7]Não tomarão por esposa uma mulher prostituta, desonrada ou repudiada por seu marido, porque o sacerdote é santo para seu Deus, [8]e como santo o considerarás, pois oferece o pão de teu Deus; será santo para ti, porque eu, Javé, que vos santifico, sou santo.* [9]Se a filha de um sacerdote se desonra, prostituindo-se, desonra seu pai; será entregue às chamas.

O sumo sacerdote. [10]Mas aquele que é sumo sacerdote* entre seus irmãos, sobre cuja cabeça foi derramado o óleo da unção, e que foi consagrado para vestir as vestes sagradas, não desgrenhará os cabelos, nem rasgará suas roupas, [11]nem se aproximará de morto algum, nem mesmo por seu pai ou por sua mãe se contaminará. [12]Não sairá do santuário nem profanará o santuário de seu Deus, porque leva sobre si a consagração do óleo de seu Deus. Eu sou Javé. [13]Tomará por esposa uma mulher virgem. [14]Não se casará com uma viúva, nem com uma repudiada, nem com uma desonrada pela prostituição, mas tomará por esposa uma virgem de seu povo. [15]Desse modo não profanará sua descendência no meio de seu povo, porque eu sou Javé, que o santifico".

Impedimentos. [16]Javé disse ainda a Moisés: [17]"Fala a Aarão e dize-lhe: Nenhum de teus descendentes, em suas diversas gerações, que tenha algum defeito corporal, se aproximará para oferecer o pão de seu Deus. [18]Porque não se aproximará nenhum homem que tiver algum defeito: cego, coxo, mutilado, deformado, [19]ou que tenha o pé ou a mão fraturados, [20]ou seja corcunda, ou anão, ou que tenha doença nos olhos, sarna, eczema, ou seja eunuco. [21]Nenhum homem da descendência do sacerdote Aarão, que seja portador de algum defeito, se aproximará para oferecer as oferendas queimadas a Javé; possui um defeito e por isso não se aproximará para oferecer o pão de seu Deus. [22]Poderá comer do pão de seu Deus, das coisas santíssimas e

* **20**,26. 11,44s; 17,1 | 27. 19,26,31; 20,6 | **21**,5. 19,27s | 8. 11,44s; 17,1 | 10. 8,7-12

das santas. [23]Mas não ultrapassará o véu nem se aproximará do altar, porque tem defeito, para que não profane meus lugares santos, pois eu sou Javé, que os santifico". [24]Assim falou Moisés a Aarão, a seus filhos e a todos os israelitas.

22 **Pureza de quem vive do altar.** [1]Javé falou a Moisés: [2]"Dize a Aarão e a seus filhos que tratem com veneração as oferendas santas a mim consagradas pelos israelitas, para que não profanem meu santo nome. [3]Dize-lhes: Em todas as vossas gerações sucessivas, todo homem de vossa descendência que se aproximar em estado de impureza das coisas santas, consagradas a Javé pelos israelitas, esse homem será eliminado de minha presença. Eu sou Javé. [4]Ninguém da descendência de Aarão, que for leproso ou tiver fluxo,* comerá das oferendas sagradas, até que seja purificado. Aquele que tocar alguma coisa que um cadáver tornou impura, aquele que teve emissão seminal [5]e aquele que tiver tocado qualquer tipo de réptil, e assim se tornou impuro, ou tiver tocado uma pessoa que lhe comunicou uma impureza de qualquer espécie; [6]aquele, enfim, que teve tais contatos será impuro até a tarde e não poderá comer das coisas sagradas, sem antes ter-se banhado em água. [7]Depois do pôr do sol será novamente puro e poderá comer das coisas santas, porque são seu alimento. [8]Não comerá de um animal morto naturalmente ou dilacerado por fera,* pois se contaminaria com ele. Eu sou Javé. [9]Os sacerdotes observarão minhas prescrições; senão, incorreriam em pecado e morreriam por as terem profanado. Eu sou Javé, que os santifico.

[10]Nenhum estranho poderá comer das coisas sagradas; tampouco o hóspede do sacerdote ou seu empregado poderá comer das coisas sagradas. [11]Se um sacerdote, porém, adquire alguém com seu dinheiro, este pode comer, como também aquele que nasceu em sua casa; com efeito, comem de seu pão. [12]A filha de um sacerdote, que se casar com um leigo, não comerá das ofertas das coisas sagradas. [13]Mas se a filha de um sacerdote ficar viúva, ou for repudiada sem ter filhos, e voltar à casa de seu pai, como no tempo de sua juventude, poderá comer do pão de seu pai; mas nenhum estranho comerá dele. [14]Quem por inadvertência tiver comido uma coisa sagrada deve restituí-la ao sacerdote, acrescentando um quinto. [15]Os sacerdotes não profanarão as coisas sagradas que os israelitas oferecem a Javé. [16]E não os farão levar* a pena do pecado de que seriam culpados, comendo de suas ofertas sagradas. Pois eu sou Javé, que as santifico".

Integridade das vítimas. [17]Javé disse a Moisés: [18]"Fala a Aarão, a seus filhos e a todos os israelitas: Quando um israelita ou um estrangeiro residente em Israel trouxer sua oferenda para cumprir uma promessa qualquer, ou como oferenda voluntária para oferecer a Javé em holocausto, [19]oferecerá, para ser aceito, um macho sem defeito, novilho, carneiro ou cabrito. [20]Não oferecereis nenhum que tenha defeito, porque não seria aceito em vosso favor. [21]Quando alguém oferecer* a Javé em sacrifício de comunhão um animal maior ou menor, para cumprir uma promessa ou como oferta voluntária, para que seja aceito, o animal deverá ser perfeito, sem defeito algum. [22]Não oferecereis a Javé animal cego,* aleijado, mutilado, ulceroso, ou que tenha sarna ou dartro.* Não fareis deles uma oferta queimada a Javé sobre o altar. [23]De um boi ou de uma ovelha com membros atrofiados ou deformados poderás fazer uma oferta espontânea, mas não seriam aceitos para cumprimento de uma promessa. [24]Não oferecereis a Javé um animal com os testículos machucados, esmagados, arrancados ou cortados; não fareis isto em vossa terra. [25]Não aceitareis tais vítimas das mãos de um estrangeiro para oferecê-las

---

* **22**,4. 13; 15 | 8. 17,15 | 16. 5,14-16 | 21. 3,1 | 22. 1,3; 3,1 / 21,18-21; Ml 1,8

como alimento a vosso Deus, pois são
deformadas e defeituosas; não seriam
aceitas em vosso favor".
[26]Javé disse ainda a Moisés: [27]"Quan-
do nascer um bezerro, cordeiro ou ca-
brito, ficará sete dias com a mãe. Do
oitavo dia em diante será aceito como
oferta queimada a Javé. [28]Não imola-
reis no mesmo dia uma vaca* ou uma
ovelha com sua cria. [29]Quando ofere-
cerdes a Javé um sacrifício de louvor,
fazei-o de maneira que seja aceito em
vosso favor. [30]Será comido no mesmo
dia, e não deixareis nada para o dia se-
guinte. Eu sou Javé.
[31]Guardareis meus mandamentos* e
os cumprireis. Eu sou Javé. [32]Não pro-
fanareis meu santo nome,* a fim de
que eu seja santificado no meio dos is-
raelitas. Eu sou Javé, que vos santifico,
[33]que vos tirei da terra do Egito, para
ser vosso Deus. Eu sou Javé".

23

Os dias festivos. [1]Javé disse a
Moisés: [2]"Fala aos israelitas* e
dize-lhes: São estas as festas de Javé,
que vós proclamareis como santas
convocações. As festas são estas. [3]Tra-
balhareis durante seis dias,* mas o sé-
timo dia será um sábado de repouso
e de santa assembleia; não fareis ne-
nhum trabalho; é um sábado para Javé,
onde quer que habiteis.

A Páscoa e os Ázimos. [4]São estas as
festas de Javé, as assembleias santas
que convoxcareis no devido tempo.
[5]No dia quatorze do primeiro mês, ao
entardecer, é a Páscoa de Javé. [6]No dia
quinze desse mês é a festa dos Ázimos
em honra de Javé; durante sete dias
comereis pães sem fermento. [7]No pri-
meiro dia, tereis uma santa assembleia;
não fareis nenhum trabalho servil. [8]Du-
rante sete dias apresentareis a Javé
uma oferenda queimada; no sétimo dia
haverá uma assembleia santa; não fa-
reis nenhum trabalho servil".

As primícias. [9]Javé disse a Moisés:
[10]"Fala aos israelitas* e dize-lhes:
Quando tiverdes entrado na terra que
vos dou e fizerdes a colheita, levareis
ao sacerdote um feixe de espigas como
primícias de vossa colheita. [11]Ele o ofe-
recerá diante de Javé, para que seja
aceito em vosso favor; fará o ofereci-
mento no dia seguinte ao sábado. [12]No
dia em que for oferecido vosso feixe,
oferecereis um cordeiro de um ano,
sem defeito, como holocausto a Javé,
[13]juntamente com a oblação* de dois
décimos de flor de farinha amassada
com azeite, oferenda queimada de per-
fume agradável para Javé, e a libação
de um quarto de hin de vinho. [14]Não
comereis pão, nem grãos tostados,
nem espigas frescas antes deste dia
em que apresentareis a oferta a vosso
Deus. É uma lei perpétua para todas as
vossas gerações, onde quer que habi-
teis.

Pentecostes. [15]A partir do dia seguinte
ao sábado, desde o dia em que tiver-
des trazido o feixe para ser ofertado,
contareis sete semanas completas.
[16]Contareis cinquenta dias até o dia se-
guinte ao sétimo sábado, e apresenta-
reis a Javé uma nova oblação. [17]Trareis
de vossas casas, para serem ofertados
como primícias a Javé, dois pães feitos
com dois décimos de um efá de flor de
farinha e preparados com fermento.
[18]Com os pães oferecereis sete cordei-
ros de um ano, sem defeito, um novilho
e dois carneiros como holocausto para
Javé, acompanhados de sua oblação e
de suas libações, oferendas queimadas
de aroma agradável a Javé. [19]Oferece-
reis também um bode, como sacrifício
pelo pecado, e dois cordeiros de um
ano, como sacrifício de comunhão. [20]O
sacerdote os oferecerá diante de Javé
com o gesto de apresentação, jun-
to com o pão das primícias e os dois
cordeiros; serão coisas consagradas a
Javé, e pertencerão ao sacerdote.
[21]Nesse mesmo dia convocareis uma
santa assembleia e não fareis nenhum
trabalho servil; é lei perpétua para vos-
sos descendentes, onde quer que ha-
biteis. [22]E quando fizerdes a colheita

---

* **22**,28. Êx 23,19; 7,12 | 31. 11,44s; 17,1 | 32. 11,45; 25,38.55; 26,13.45 | **23**,2. Êx 23,14 | 3. Êx 20,8 | 10. Dt 26,1 | 13. Nm 15,4

de vossa terra, não ceifarás até o limite extremo do terreno, nem apanharás as espigas caídas no chão, mas as deixarás para o pobre e o estrangeiro. Eu sou Javé, vosso Deus".

O primeiro dia do sétimo mês. [23]Javé falou a Moisés: [24]"Dize aos israelitas* o seguinte: No primeiro dia do sétimo mês† tereis um dia de repouso, comemoração com som de trombeta e santa assembleia. [25]Não fareis nenhum trabalho servil e apresentareis oferendas queimadas a Javé".

O dia das Expiações. [26]Javé disse a Moisés: [27]"O dia dez desse sétimo mês* é o dia das Expiações; tereis uma santa assembleia, fareis jejum e apresentareis uma oferta queimada a Javé. [28]Nenhum trabalho fareis nesse dia, porque é o dia das Expiações, para fazer expiação por vós diante de Javé, vosso Deus. [29]Porque todo aquele que não jejuar nesse dia será exterminado do meio de seu povo; [30]e toda pessoa que fizer algum trabalho neste dia, eu a exterminarei do meio de seu povo. [31]Não fareis nenhum trabalho: é lei perpétua para vossos descendentes, onde quer que habiteis. [32]Será para vós um sábado de repouso e fareis jejum; desde a tarde do dia nove do mês até a tarde seguinte guardareis o repouso do sábado".

Festa das Tendas. [33]Javé falou a Moisés: [34]"Dize aos israelitas* o seguinte: No dia quinze desse sétimo mês haverá a festa das Tendas†, que durará sete dias, em honra de Javé. [35]No primeiro dia haverá uma santa assembleia, e não fareis nenhum trabalho servil. [36]Durante sete dias apresentareis oferenda queimada a Javé. No oitavo dia tereis uma santa assembleia e apresentareis oferenda queimada a Javé; é dia de assembleia solene, não fareis nenhum trabalho servil.

[37]São estas as solenidades de Javé, nas quais convocareis uma santa assembleia, para apresentar oferta queimada a Javé, holocaustos, oblações, sacrifícios e libações, cada coisa em seu dia, [38]além dos sábados de Javé, de vossos dons, de todas as vossas promessas e de todas as vossas oferendas espontâneas que costumais fazer a Javé.

[39]No dia quinze do sétimo mês, quando tiverdes colhido os frutos da terra, festejareis a solenidade de Javé durante sete dias; o primeiro e o oitavo dia serão de repouso. [40]No primeiro dia tomareis frutos de árvores formosas, folhas de palmeiras, ramos de árvores frondosas e de salgueiros da torrente e vos alegrareis diante de Javé, vosso Deus, durante sete dias. [41]Cada ano celebrareis esta festa durante sete dias em honra de Javé; é lei perpétua para vossos descendentes; no sétimo mês a celebrareis. [42]Durante sete dias habitareis em tendas; todos os nascidos em Israel morarão em tendas, [43]para que saibam vossos descendentes que em tendas eu fiz habitar os israelitas quando os tirei do Egito. Eu sou Javé, vosso Deus".

[44]Assim Moisés anunciou aos israelitas as festas de Javé.

24

Lâmpadas e pães da apresentação. [1]Javé falou a Moisés: [2]"Ordena aos israelitas* que tragam azeite puro de olivas esmagadas para o candelabro, para manter as lâmpadas sempre acesas. [3]Aarão deverá prepará-las, fora do véu do testemunho, na tenda da reunião, para que fiquem diante de Javé, desde a tarde até pela manhã, continuamente; é uma lei perpétua para vossos descendentes. [4]Ele disporá as lâmpadas sobre o candelabro de ouro puro, para que estejam sempre diante de Javé†.

[5]Tomarás flor de farinha* e farás com ela doze pães, cada um de dois dé-

---

* **22**,24. Nm 10,10 | 27. Nm 29,7-11 | **23**,34. Êx 23,14 | **24**,2. Êx 25,31-40; Lv 6,5s; Êx 27,20s | 5. Êx 25,23

† **23**,24. Esta festa tornou-se mais tarde o início do ano civil. O sétimo mês corresponde a setembro/outubro. O ano religioso começa no mês de nisã, março/abril. | 34. Festa de agradecimento a Deus pelo término das colheitas, durante a qual o povo morava em tendas, recordando os quarenta anos passados no deserto. | **24**,4. O candelabro de luzes sempre acesas, como a lâmpada do Santíssimo em nossas igrejas e as velas que acendemos, representam o desejo de estar sempre em adoração diante de Deus.

cimos de um efá, 6e os colocarás em
duas fileiras, de seis pães cada uma,
sobre a mesa de ouro puro, diante de
Javé. 7Sobre cada fileira porás incenso
puro, que será sobre o pão como um
memorial, uma oferta queimada a Javé.
8Cada sábado ele disporá os pães diante de Javé, continuamente; serão fornecidos pelos israelitas como aliança perpétua.
9Pertencerão a Aarão e a seus
filhos, que os comerão no lugar santo,
porque serão coisa santíssima para ele
entre as oferendas queimadas a Javé. É
uma lei perpétua".

Punição do blasfemador. Lei do talião.
10O filho de uma israelita* e de
um egípcio saiu entre os israelitas e
teve uma briga no acampamento com
um homem israelita.
11Ora, o filho da
mulher israelita blasfemou o nome de
Javé e o amaldiçoou. Levaram-no então a Moisés. A mãe dele se chamava
Salomit, filha de Dabri, da tribo de Dã.
12Puseram-no sob custódia, até que
lhes fosse indicada a vontade de Javé.
13Javé falou a Moisés:
14"Leva o blasfemador para fora do acampamento; os
que o ouviram ponham as mãos sobre
a cabeça dele, e toda a comunidade o
apedrejará.
15Depois dirás aos israelitas: 'Todo o homem que amaldiçoar
seu Deus levará a pena de seu pecado;
16quem blasfemar o nome de Javé certamente morrerá; toda a comunidade
o apedrejará; tanto o estrangeiro como
o nativo, se blasfemar o nome de Javé,
morrerá'.
17Quem tirar a vida a um ser humano* certamente morrerá;
18e quem
matar um animal o pagará: animal por
animal.*
19Se alguém ferir seu próximo,
como ele fez assim lhe será feito:
20fratura por fratura, olho por olho, dente
por dente; a lesão que tiver provocado
lhe será feita também.
21Quem matar
um animal o pagará; mas quem matar uma pessoa morrerá.
22Tereis uma
mesma norma, tanto para o estrangeiro como para o nativo; porque eu sou
Javé, vosso Deus".
23Assim falou Moisés aos israelitas. Eles levaram o blasfemador para fora do acampamento
e o apedrejaram. Os israelitas fizeram
como Javé tinha ordenado a Moisés.

25 **O ano sabático.**
1Javé falou
a Moisés* no monte Sinai, dizendo:
2"Fala aos israelitas e dize-lhes:
Quando tiverdes entrado na terra que
vos dou, a terra observará um sábado
de repouso em honra de Javé.
3Durante
seis anos semearás teu campo, durante
seis anos podarás tua vinha e recolherás seus frutos,
4mas o sétimo ano será
um sábado de repouso para a terra, um
sábado em honra de Javé†: não semearás teu campo nem podarás tua vinha.
5Não colherás o que nascer dos grãos
caídos de tua ceifa nem vindimarás as
uvas produzidas pela vinha não podada; será ano de completo repouso para
o solo.
6O que a terra produzir durante
seu repouso vos servirá de alimento a
ti, a teu servo, a tua serva, ao trabalhador e ao estrangeiro que mora contigo,
7bem como a teu gado e aos animais
que vivem no país; tudo o que produzir
servirá de alimento.

O ano do jubileu.
8Contarás sete semanas de anos, isto é, sete vezes sete
anos, de sorte que essas sete semanas
de anos serão para ti quarenta e nove
anos.
9No dia dez do sétimo mês mandarás tocar a trombeta. No dia das Expiações fareis soar a trombeta por todo
o vosso país.
10Santificareis o quinquagésimo ano* e proclamareis no país a
liberdade para todos os seus habitantes. Será para vós um jubileu, em que
cada um voltará a suas possessões e
a sua família.
11O quinquagésimo ano
será para vós um jubileu: não semeareis, nem ceifareis o que a terra produzir espontaneamente, nem vindimareis
a vinha não podada,
12porque é o jubileu, tempo santo para vós; comereis

* **24**,10. Êx 22,27 | 17. Êx 21,12-20 | 18. Êx 21,25 | **25**,1. Êx 23,10s; Dt 15,1-11 | 10. Êx 21,2-11; Dt 15,12-18; Jr 34,8-22; Is 61,1-3

† **25**,4. A terra repousa no sétimo ano, como o israelita repousa no sétimo dia em honra do Criador. Deus, verdadeiro proprietário das terras, Lv 25,23, garantia que mesmo assim não faltariam alimentos.

o produto do campo. 13Neste ano de jubileu, cada um de vós voltará a sua possessão.

14Se venderes alguma coisa a teu próximo ou dele a comprares, não vos prejudiqueis um ao outro. 15Comprarás de teu próximo tendo em vista o número de anos passados desde o jubileu, e ele venderá a ti tendo em conta os anos de colheitas. 16Quanto maior for o número desses anos, tanto mais aumentarás o preço, e quanto menor for, tanto mais o abaixarás, pois ele te vende certo número de colheitas. 17Não vos prejudiqueis mutuamente, mas temei vosso Deus, porque eu sou Javé, vosso Deus. 18Observai minhas leis, guardai meus preceitos e praticai-os, a fim de habitardes em segurança no país. 19A terra vos dará seus frutos, comereis até vos saciar e habitareis nela em segurança. 20Se perguntardes: 'Que comeremos no sétimo ano, visto que não semearemos nem faremos nossa colheita?', 21eu vos enviarei minha bênção no sexto ano, que produzirá frutos para três anos. 22Assim no oitavo ano semeareis e comereis da colheita antiga até o nono ano; comereis da antiga colheita até que venha a nova.

Proteção à propriedade. 23A terra não poderá ser vendida para sempre, porque a terra é minha, e vós sois para mim como estrangeiros e peregrinos. 24Em todo o terreno de vossa propriedade concedereis o direito de resgatar a terra. 25Por isso, se um irmão teu empobrecer* e vender uma parte de sua propriedade, aquele que tem o direito de resgate, seu parente mais próximo, virá resgatar o que seu irmão vendeu. 26Se alguém não tiver quem faça o resgate, mas conseguir ajuntar a soma necessária para seu resgate, 27contará os anos passados desde a venda, restituirá ao comprador o equivalente aos anos que ainda restam e retomará a posse de sua propriedade. 28Se, porém, não conseguir meios suficientes para recuperá-la, a propriedade ficará em poder de quem a comprou até o ano jubilar. No jubileu sairá, e o outro retomará sua posse.

Propriedade e benefícios. 29Quando alguém vender uma casa de moradia numa cidade murada, terá direito de resgate dentro de um ano a partir da venda; durará um ano seu direito de resgate. 30Não sendo resgatada antes de completar o ano, essa casa, situada em cidade murada, pertencerá para sempre ao comprador e a seus descendentes; não será liberada no jubileu. 31Mas as casas das aldeias não cercadas de muros serão consideradas como as propriedades rurais; podem ser resgatadas, e no ano jubilar serão liberadas. 32Quanto às cidades dos levitas,* eles têm um direito permanente de resgate em se tratando das casas que aí possuírem. 33Se uma casa é vendida por um levita numa cidade que pertence aos levitas, e não é resgatada, será liberada no jubileu; porque as casas das cidades levíticas são seus bens imóveis entre os israelitas. 34Mas não poderá ser vendido o terreno que rodeia suas cidades, porque é sua possessão perpétua. 35Se teu irmão empobrecer e não tiver com que te pagar, tu o sustentarás como a um estrangeiro ou hóspede, para que viva contigo. 36Não receberás dele nem juros, nem lucro, mas temerás teu Deus, para que teu irmão viva contigo. 37Não lhe emprestarás teu dinheiro a juros nem lhe darás alimento visando lucro. 38Eu sou Javé, vosso Deus,* que vos tirei do Egito, para vos dar a terra de Canaã e para ser vosso Deus.

Escravidão e resgate. 39Se teu irmão empobrecer estando contigo* e se vender a ti, não lhe imporás trabalho de escravo. 40Viverá em tua casa como empregado ou como hóspede e estará a teu serviço até o ano jubilar. 41Então sairá livre de tua casa, ele e seus filhos, e voltará para sua família e para a propriedade de seus pais. 42Porque são meus servos, que eu tirei do Egito; não podem ser vendidos como se vende um escravo. 43Não o dominarás

* **25**,25. Rt 4,1-12 | 32. Nm 35,1-8; Js 21; Ez 48,13 | 38. 22,33 | 39. Êx 21,2-11; Dt 15,12-18; Jr 34,8-22

com dureza, mas temerás teu Deus.
44Os escravos e as escravas que tiveres
virão das nações ao vosso redor; delas
podeis adquirir escravos e escravas.
45Podereis também comprá-los dentre
os filhos dos estrangeiros, que habi-
tarem em vosso meio, e dentre suas
famílias que vivem convosco e que
nasceram em vossa terra; serão vos-
sa propriedade. 46Podereis também
deixá-los em herança a vossos filhos
depois de vós; podeis servir-vos deles
como escravos para sempre. Mas, tra-
tando-se de vossos irmãos, os israeli-
tas, ninguém dominará sobre o outro
com aspereza.

47Se um estrangeiro ou um forasteiro
que vive contigo se enriquecer, e teu
irmão, vizinho dele, empobrecer e se
vender ao estrangeiro, ao forasteiro ou
a um descendente de sua família, 48de-
pois de se ter vendido,* terá direito
de resgate; um de seus irmãos pode-
rá resgatá-lo, 49bem como um tio, um
primo, ou qualquer membro de sua fa-
mília; se ele conseguir os recursos, ele
mesmo poderá resgatar-se. 50Calculará
com seu comprador o tempo a partir
do ano em que se vendeu a ele até o
ano jubilar, e o preço a pagar depen-
derá do número dos anos, calculando
seus dias de trabalho como os de um
operário. 51Se faltarem ainda muitos
anos, pagará seu resgate conforme
o número desses anos e conforme o
preço pelo qual foi vendido; 52se fal-
tarem poucos anos até o jubileu, fará
a conta com ele e pagará seu resga-
te na proporção desses anos. 53Estará
na casa do comprador como operário
contratado ano por ano; e o compra-
dor não o tratará com dureza diante de
teus olhos. 54Se não for resgatado de
nenhuma dessas formas, no ano jubi-
lar ficará livre ele e seus filhos com ele.
55Porque os israelitas são meus servos;
são servos meus, que tirei da terra do
Egito. Eu sou Javé, vosso Deus.

26 **Promessas aos que observa-
rem a lei.** 1Não fareis para vós
falsos deuses,* nem levantareis ídolos
ou colunas sagradas, nem colocareis
em vossa terra alguma pedra traba-
lhada para a adorardes, porque eu sou
Javé, vosso Deus.* 2Guardai meus sá-
bados e venerai meu santuário. Eu sou
Javé.

3Se caminhardes segundo minhas
leis* e guardardes meus mandamen-
tos e os puserdes em prática†, 4eu vos
mandarei as chuvas em seu devido
tempo, e a terra dará seus produtos,
e as árvores do campo darão seus fru-
tos. 5A debulha do trigo* se prolongará
para vós até a vindima, e a vindima se
estenderá até a semeadura; comereis
vosso pão com fartura* e habitareis em
vosso país em segurança. 6Darei a paz
a vossa terra; dormireis sem que nin-
guém vos perturbe. Afastarei do país
os animais nocivos, e por ele a espada
não passará. 7Perseguireis vossos ini-
migos,* e eles cairão ao fio da espada
diante de vós. 8Cinco de vós persegui-
rão cem, e cem dos vossos porão em
fuga dez mil, e vossos inimigos tomba-
rão diante de vós ao fio da espada. 9Eu
me voltarei para vós, vos farei crescer,
vou multiplicar-vos e confirmarei mi-
nha aliança convosco. 10Comereis da
colheita antiga,* que durará tanto que
devereis jogá-la fora para dar lugar à
nova. 11Porei minha habitação no meio
de vós e não vos rejeitarei.* 12Caminha-
rei no meio de vós e serei vosso Deus,
e vós sereis meu povo. 13Eu sou Javé,
vosso Deus, que vos tirei da terra do
Egito, para vos livrar da escravidão;
quebrei as cadeias de vosso jugo e vos
fiz andar de cabeça erguida.

Ameaças aos transgressores. 14Mas
se não me ouvirdes* e não puserdes
em prática todos esses mandamentos,
15se desprezardes minhas leis e rejei-
tardes meus preceitos, não cumprindo
meus mandamentos, rompendo assim

---

* **25**,48. Ne 5,8 | **26**,1. Ez 8,12 / Lv 17,1; 19,30; Jr 17,19-27; Ez 20,12s | 3. Dt 28,1-14; 11,13s | 5. Ez 34,26s / Am 9,13 | 7. Dt 28,7 | 10. 25,21s | 11. Dt 4,7; Ez 48,35; 36,28; 37,27 | 14. Dt 28,15-68; Am 4,6-12

† **26**,3. O Código de Santidade termina com bênçãos para os que observarem as leis, e maldições para os que as violarem, como era costume nos tratados entre os povos antigos, ver Dt 28.

minha aliança, 16então eu vos farei isto:
enviarei contra vós o terror, a tísica e
a febre, que consomem os olhos e es-
gotam a vida. Em vão semeareis vos-
sa semente, porque vossos inimigos a
colherão. 17Voltarei contra vós minha
face e sereis derrotados por vossos
inimigos. Vossos adversários vos domi-
narão, e fugireis sem que ninguém vos
persiga.

18Se apesar disso não me ouvirdes,
eu vos castigarei sete vezes mais por
causa de vossos pecados. 19Quebra-
rei vosso poder orgulhoso,* tornarei
como ferro vosso céu e como bronze
vossa terra. 20Em vão gastareis vossas
energias, porque a terra não dará seu
produto e as árvores do campo não
produzirão seus frutos.*

21Se vos opuserdes a mim e não qui-
serdes obedecer-me, agravarei sete
vezes mais vosso castigo por causa
de vossos pecados. 22Enviarei contra
vós as feras do campo* que devorarão
vossos filhos, matarão vossos animais
e vos dizimarão, de sorte que vossos
caminhos fiquem desertos.*

23Se apesar disso não vos quiserdes
corrigir e vos obstinardes em resistir-
-me, 24também eu vos serei hostil e
vos ferirei sete vezes mais por causa de
vossos pecados.* 25Farei cair sobre vós
a espada vingadora da aliança. Quando
vos reunirdes em vossas cidades, en-
viarei a peste no meio de vós, e caireis
nas mãos de vossos inimigos.* 26Quan-
do eu vos tiver tirado o sustento do
pão, dez mulheres hão de assar o pão
num só forno e vos distribuirão esse
pão racionado; comereis e não ficareis
saciados.

27Se apesar disso não me obede-
cerdes* e continuardes opondo-vos
a mim, 28também eu me oporei a vós
com furor e vos castigarei sete vezes
mais por causa de vossos pecados.
29Comereis as carnes de vossos filhos
e de vossas filhas. 30Destruirei vossos
lugares altos, derrubarei vossos altares
de incenso, atirarei vossos cadáveres
sobre os cadáveres de vossos ídolos e
vos rejeitarei. 31Reduzirei vossas cida-
des a um deserto* e vossos santuários
a ruínas e não aspirarei o aroma agra-
dável de vossos perfumes. 32Assolarei
vosso país, e pasmarão vossos inimigos
que o tiverem ocupado.

33Eu vos dispersarei entre as nações
e desembainharei a espada contra vós;
vossa terra ficará desolada e vossas ci-
dades, reduzidas a escombros. 34Então
a terra gozará de seus sábados durante
todo o tempo em que ficar desolada e
vós estiverdes no país de vossos inimi-
gos; então a terra repousará e gozará
de seus sábados. 35Durante todo o
tempo de sua desolação terá o repou-
so que não teve quando a habitáveis.

36Quanto àqueles que de vós sobre-
viverem,* infundirei tal covardia em
seus corações na terra de seus inimi-
gos, que o simples ruído de uma folha
agitada os porá em fuga; fugirão como
se foge da espada e cairão sem serem
perseguidos. 37Tropeçarão uns nos ou-
tros como à vista de uma espada, sem
que ninguém os persiga. Não podereis
resistir diante de vossos inimigos. 38Pe-
recereis entre as nações, e a terra de
vossos inimigos vos devorará.

39Os que sobreviverem dentre vós*
serão aniquilados nas terras de vossos
inimigos por causa de suas iniquidades,
e perecerão também por causa das ini-
quidades de seus pais. 40Confessarão
sua iniquidade e a iniquidade de seus
pais, nas transgressões que cometeram
contra mim, e porque se comportaram
como meus inimigos.* 41Eu também
me oporei a eles e os levarei para a ter-
ra de seus inimigos. Se então seu co-
ração incircunciso se humilhar e expia-
rem seus pecados, 42eu me lembrarei
de minha aliança com Jacó, e de minha
aliança com Isaac, e de minha aliança
com Abraão; e me lembrarei também
da terra. 43A terra será abandonada
por eles; gozará de seus sábados en-
quanto ficar desolada, sem a presença
deles. Assim eles expiarão seu pecado,

* **26**,19. Jr 14,1-9; 23; 5,24s | 20. Dt 11,17 | 22. Ez 14,15 / Lm 1,4 | 24. Ez 21 | 25. Sl 105,16; Ez 4,16 | 27. Lm 2,20; 4,10 | 31. Jr 22,5; Lm 2,5 | 36. Ez 21,12 | 39. Ez 4,17 | 40. Ez 16,60s; 20,9.13.16.24; Jr 4,4; Ez 20,23

porque desprezaram meus preceitos e detestaram minhas leis.

44Apesar disso,* quando estiverem na terra de seus inimigos, não os rejeitarei nem os desprezarei a ponto de destruí-los e romper meu pacto com eles,* porque eu sou Javé, seu Deus. 45Eu me recordarei, em favor deles, da aliança com seus antepassados, os quais tirei do Egito,* à vista das nações, para ser seu Deus. Eu sou Javé".

46Estes são os decretos, os costumes e as leis que Javé estabeleceu entre ele e os israelitas, no monte Sinai, por intermédio de Moisés.

IV. APÊNDICE (27)

27 Cumprimento de promessas. 1Javé disse a Moisés: 2"Fala aos israelitas e dize-lhes: Quando alguém cumpre uma promessa feita a Javé, baseando-se no valor de uma pessoa, 3um homem entre vinte e sessenta anos será avaliado em cinquenta siclos de prata, segundo o siclo do santuário; 4se for mulher, será avaliada em trinta siclos. 5Entre cinco e vinte anos, o homem será avaliado em vinte siclos e a mulher, em dez. 6Entre um mês e cinco anos, o homem será avaliado em cinco siclos de prata e a mulher, em três. 7Dos sessenta anos para cima, o homem será avaliado em quinze siclos e a mulher, em dez. 8Mas se for pobre aquele que fez a promessa e não puder pagar tal quantia, ele apresentará a pessoa ao sacerdote, e este a avaliará segundo os recursos de quem fez a promessa.

9Em se tratando de um animal que pode ser oferecido a Javé, todo animal oferecido a Javé será sagrado. 10Não pode ser trocado nem permutado, substituindo-se um bom por um ruim, ou um ruim por um bom. Mas se alguém trocar um animal por outro, tanto um como o outro serão sagrados. 11Tratando-se de um animal impuro, que não pode ser oferecido a Javé, o animal seja apresentado ao sacerdote, 12que o avaliará como bom ou como mau; e a avaliação do sacerdote deverá ser aceita. 13Mas se o que fez a promessa desejar resgatá-lo, acrescente um quinto à avaliação.

14Se alguém consagrar sua casa a Javé, o sacerdote fará a avaliação, se é de muito ou pouco valor; e o valor que lhe atribuir o sacerdote será aceito. 15Mas, se aquele que a consagrou quiser resgatar sua casa, acrescente um quinto ao valor estimado, e a casa será sua.

16Se alguém consagrar a Javé um terreno de sua propriedade, seja avaliado em proporção da quantidade que nele se pode semear, a saber: cinquenta siclos de prata para cada homer de cevada. 17Se ele consagrar seu terreno desde o ano do jubileu, o preço será o de tua avaliação. 18Mas se for consagrado depois do jubileu, o sacerdote calcule seu valor em proporção dos anos que faltam para o jubileu, fazendo um abatimento em tua avaliação. 19Mas, se aquele que consagrou o terreno quiser resgatá-lo, acrescente um quinto ao preço da avaliação, e o terreno ficará seu. 20Se não o resgatar e vender o campo a um terceiro, não poderá mais resgatá-lo; 21mas quando for liberado, no jubileu, será consagrado a Javé, como se fosse votado ao anátema†, e passará a ser propriedade do sacerdote. 22Se alguém consagrar* a Javé um terreno comprado e não pertencente aos bens de herança, 23o sacerdote calculará o preço em proporção dos anos que faltam para o jubileu, e essa pessoa pagará naquele mesmo dia o preço determinado, como coisa consagrada a Javé. 24No ano jubilar, o campo voltará ao proprietário do qual foi comprado e a cujo patrimônio pertencia. 25Toda avaliação tua seja feita segundo o siclo do santuário. Cada siclo vale vinte geras.

---

* **26**,44. Dt 4,29-31 / Lm 3,21s.31s; 5,21s | 45. 22,23 | **27**,22. 27,28 | 26. Êx 13,11

† **27**,21. Anátema é um termo usado no contexto da guerra santa, para indicar o que é separado, posto de lado, consagrado a Deus, senhor absoluto da vida. Os povos conquistados eram exterminados, a fim de não serem para Israel ocasião de apostasia, Dt 20,16-18.

NÚMEROS

O nome deste livro deriva dos recenseamentos que são o tema de uns poucos capítulos iniciais. Em seguida, no meio de normas referentes ao culto e de fragmentos poéticos, dos quais os mais importantes são os oráculos de Balaão, prossegue o relato da peregrinação de Israel no deserto, a partir dos últimos dias passados no Sinai. Depois de uma permanência de quarenta anos em Cades, o povo retoma sua caminhada até o limite da terra prometida. Deus continua a mostrar-se um poderoso e solícito protetor, livrando o povo dos perigos, dando-lhe a vitória nos combates e água para sua sede. Essa marcha é também uma sucessão de murmurações e de revoltas do povo, que chega a violar a aliança com práticas de flagrante idolatria. Diante disso, é necessário que Deus o castigue, para purificá-lo e fazê-lo voltar à observância de seus solenes compromissos. São punições numerosas e tremendas, que custaram a vida a toda a geração que saiu do Egito. A severidade com que intervém o Deus justo e santo não anula sua misericordiosa bondade, e tampouco a desobediência do povo consegue impedir que vá adiante o plano da salvação.

O livro apresenta um povo sempre a caminho e isolado dos outros povos, que deve construir sua identidade somente a partir da experiência da presença de Deus, não podendo contar ainda com a mediação de uma terra.

O leitor de Números vê na comunidade do deserto a imagem da Igreja, povo santo e ao mesmo tempo sempre necessitado de conversão, porque ainda sujeito ao pecado; povo de peregrinos, a caminho da pátria futura (Hb 13,14); que está no mundo, mas não é do mundo (Jo 17,16), pois sua pátria está no céu (Fl 3,20); povo conduzido pelo novo Moisés, Cristo, que é, ele próprio, o Caminho (Jo 14,6) que liga a terra ao céu; por isso São Paulo dirá: "Caminhai no Senhor Jesus" (Cl 2,6). É Cristo o libertador desse novo povo de Deus, livre da lei do pecado e da morte (Rm 8,2), que abandonou os ídolos para servir ao Deus vivo e verdadeiro (1Ts 1,9).

I. NO SINAI (1–10,10)

1 **Recenseamento dos israelitas.** 1Javé falou a Moisés no deserto do Sinai,* na tenda da reunião, no primeiro dia do segundo mês, no segundo ano da saída do Egito, dizendo: 2"Fazei o recenseamento de toda a assembleia dos israelitas por famílias e por casas patriarcais, contando um por um os nomes de todos os indivíduos do sexo masculino. 3Serão registrados por ti e por Aarão, segundo seus esquadrões, todos os que são aptos para a guerra, da idade de vinte anos para cima. 4Estará convosco um homem de cada tribo, um que seja chefe da casa de seus pais. 5São estes os nomes dos homens* que vos assistirão: De Rúben, Elisur, filho de Sedeur. 6De Simeão, Salamiel, filho de Surisadai. 7De Judá, Naasson,* filho de Aminadab. 8De Issacar, Natanael, filho de Suar. 9De Zabulon, Eliab, filho de Helon. 10Dos filhos de José: de Efraim, Elisama, filho de Amiud; de Manassés, Gamaliel, filho de Fadassur. 11De Benjamim, Abidã, filho de Gedeão. 12De Dã, Aiezer, filho de Amisadai. 13De Aser, Fegiel, filho de Ocrã. 14De Gad, Eliasaf, filho de Deuel. 15De Neftali, Aíra, filho de Enã".

16Estes foram os homens escolhidos* dentre a comunidade; eram chefes de suas tribos paternas e comandantes de milhares em Israel.

17Moisés e Aarão tomaram estes homens, que haviam sido designados nominalmente, 18e no primeiro dia do segundo mês convocaram toda a comunidade e determinaram sua descendência por famílias e por casas patriarcais, alistando um por um os nomes dos homens de mais de vinte anos. 19Como Javé havia ordenado a Moisés, assim ele os contou no deserto do Sinai.

20Dos filhos de Rúben, primogênito de Israel, seus descendentes segundo suas famílias e suas casas patriarcais,

---

* **1**,1. 26,1-51 | 5. 10,13-28 | 7. 2,10; 7,30; 10,18; 2,3; Rt 4,20; Mt 1,4; Lc 3,32s | 16. 2,14; 7,42; Ap 7,4-8

[26]Ninguém poderá consagrar* o primogênito de um animal, porque, enquanto primogênito, já pertence a Javé; seja boi, seja ovelha, pertence a Javé. [27]Se o animal é impuro, pode ser resgatado pelo preço de avaliação, acrescido de um quinto. Se não for resgatado, seja vendido pelo preço de avaliação.

[28]Mas nada daquilo que alguém consagra a Javé como anátema pode ser vendido ou resgatado; nada do que ele possui, quer se trate de homens, animais ou terreno de sua propriedade. Todo anátema é uma coisa santíssima para Javé. [29]Nenhuma pessoa votada ao anátema pode ser resgatada; mas certamente morrerá.

Dízimos. [30]Todos os dízimos da terra,* tanto dos produtos do solo como dos frutos das árvores, pertencem a Javé, são coisa consagrada a Javé. [31]Quem quiser resgatar uma parte de seus dízimos ajuntará um quinto de seu valor. [32]Em todo dízimo do gado, seja graúdo ou miúdo, será coisa consagrada a Javé o décimo de tudo o que passa sob o cajado do pastor. [33]Não se deve observar se o animal é bom ou ruim, e não se pode trocar. Se alguém trocar um animal por outro, ambos serão coisas santas e não poderão ser resgatados".

[34]São estes os mandamentos que Javé deu a Moisés, para os israelitas no monte Sinai.

* **27**,30. Dt 14,22

contando um por um os nomes de todos os homens de vinte anos para cima, aptos para a guerra, 21foram recenseados quarenta e seis mil e quinhentos.

22Dos filhos de Simeão, seus descendentes segundo suas famílias e suas casas patriarcais, contando um por um os nomes de todos os homens de vinte anos para cima, aptos para a guerra, 23foram recenseados cinquenta e nove mil e trezentos.

24Dos filhos de Gad, seus descendentes segundo suas famílias e suas casas patriarcais, contando os nomes de todos os homens de vinte anos para cima, aptos para a guerra, 25foram recenseados quarenta e cinco mil e seiscentos e cinquenta.

26Dos filhos de Judá, seus descendentes segundo suas famílias e suas casas patriarcais, contando os nomes de todos os homens de vinte anos para cima, aptos para a guerra, 27foram recenseados setenta e quatro mil e seiscentos.

28Dos filhos de Issacar, seus descendentes segundo suas famílias e suas casas patriarcais, contando os nomes de todos os homens de vinte anos para cima, aptos para a guerra, 29foram recenseados cinquenta e quatro mil e quatrocentos.

30Dos filhos de Zabulon, seus descendentes segundo suas famílias e suas casas patriarcais, contando os nomes de todos os homens de vinte anos para cima, aptos para a guerra, 31foram recenseados cinquenta e sete mil e quatrocentos.

32Entre os filhos de José, dos filhos de Efraim, seus descendentes segundo suas famílias e suas casas patriarcais, contando os nomes de todos os homens de vinte anos para cima, aptos para a guerra, 33foram recenseados quarenta mil e quinhentos.

34Entre os filhos de José, dos filhos de Manassés, seus descendentes segundo suas famílias e suas casas patriarcais, contando os nomes de todos os homens de vinte anos para cima, aptos para a guerra, 35foram recenseados trinta e dois mil e duzentos.

36Dos filhos de Benjamim, seus descendentes segundo suas famílias e suas casas patriarcais, contando os nomes de todos os homens de vinte anos para cima, aptos para a guerra, 37foram recenseados trinta e cinco mil e quatrocentos.

38Dos filhos de Dã, seus descendentes segundo suas famílias e suas casas patriarcais, contando os nomes de todos os homens de vinte anos para cima, aptos para a guerra, 39foram recenseados sessenta e dois mil e setecentos.

40Dos filhos de Aser, seus descendentes segundo suas famílias e suas casas patriarcais, contando os nomes de todos os homens de vinte anos para cima, aptos para a guerra, 41foram recenseados quarenta e um mil e quinhentos.

42Dos filhos de Neftali, seus descendentes segundo suas famílias e suas casas patriarcais, contando os nomes de todos os homens de vinte anos para cima, aptos para a guerra, 43foram recenseados cinquenta e três mil e quatrocentos.

44São esses os alistados por Moisés, Aarão e os doze chefes, cada um representando sua casa patriarcal. 45Assim todos os israelitas que foram recenseados segundo as casas patriarcais, da idade de vinte anos para cima, todos os que eram aptos para a guerra, 46foram ao todo seiscentos e três mil e quinhentos e cinquenta recenseados.

Ofício dos levitas. 47Os levitas, porém, não foram contados entre eles,* segundo as casas patriarcais de sua tribo, 48pois Javé falou a Moisés,* dizendo-lhe: 49"Somente a tribo de Levi não será recenseada nem contada com os outros israelitas, 50mas confiarás a eles o cuidado do tabernáculo do testemunho, de todos os seus utensílios e de todos os seus pertences. Eles transportarão o tabernáculo e todos os seus utensílios; exercerão nele seu ministério

---

* **1**,47. 2,32; 11,21; 26,51; Êx 12,37; 38,26 **|** 48. 2,33; Êx 25-28; 3,6-8; Ez 48,8-14

e acamparão ao redor do tabernáculo.
51Quando o tabernáculo* tiver de ser
transportado, eles o desarmarão; quan-
do o tabernáculo tiver de parar, os levi-
tas o armarão, e qualquer estranho que
se aproximar será morto. 52Os israelitas
acamparão* cada um no próprio acam-
pamento, junto a sua bandeira, segundo
suas fileiras. 53Mas os levitas acamparão
em torno do tabernáculo do testemu-
nho, para que minha ira não caia sobre
a comunidade dos israelitas. Os levitas
terão por tarefa guardar o tabernáculo".
54Assim fizeram os israelitas; conforme
tudo o que Javé havia ordenado a Moi-
sés, assim o fizeram.

2 **A ordem do acampamento.**
1Javé falou a Moisés e a Aarão,*
dizendo: 2"Os israelitas acamparão
cada qual junto a sua bandeira, sob
os estandartes de suas casas patriar-
cais; acamparão ao redor da tenda da
reunião, a certa distância†. 3Ao orien-
te, do lado do sol nascente, acampa-
rão os da bandeira do acampamento
de Judá conforme suas fileiras, e seu
comandante será Naasson, filho de
Aminadab; 4e seu exército, segundo
o censo, é de setenta e quatro mil e
seiscentos homens. 5Junto deles fica-
rão acampados os da tribo de Issacar,
e seu comandante será Natanael, fi-
lho de Suar; 6e seu exército, segundo
o censo, é de cinquenta e quatro mil
e quatrocentos homens. 7Em seguida,
a tribo de Zabulon, e seu comandante
será Eliab, filho de Helon; 8seu exército,
segundo o censo, é de cinquenta e sete
mil e quatrocentos homens. 9O total
dos recenseados do acampamento de
Judá é de cento e oitenta e seis mil e
quatrocentos homens, segundo seus
esquadrões; serão os primeiros a se
porem em marcha.
10Ao sul estarão os da bandeira do
acampamento de Rúben conforme
suas fileiras; e seu comandante será
Elisur, filho de Sedeur; 11e seu exérci-
to, segundo o censo, é de quarenta e
seis mil e quinhentos homens. 12Junto
acampará a tribo de Simeão, com seu
comandante Salamiel, filho de Surisa-
dai; 13e seu exército, segundo o censo,
é de cinquenta e nove mil e trezentos
homens. 14Em seguida a tribo de Gad,
com seu comandante Eliasaf, filho de
Deuel; 15suas fileiras, segundo o censo,
contam quarenta e cinco mil e seiscen-
tos e cinquenta homens 16O total dos
recenseados do acampamento de Rú-
ben é de cento e cinquenta e um mil e
quatrocentos e cinquenta homens, se-
gundo seus esquadrões; eles se porão
em marcha em segundo lugar.
17Depois se porá em marcha o taber-
náculo com o acampamento dos levi-
tas, no meio dos acampamentos; assim
como acamparam, assim seguirão em
marcha, cada um em seu lugar e sob
sua bandeira.
18Ao ocidente estará a bandeira do
acampamento de Efraim segundo suas
fileiras, e seu comandante será Elisama,
filho de Amiud; 19suas fileiras, segundo
o censo, contam quarenta mil e qui-
nhentos homens. 20Junto deles virá a
tribo de Manassés com seu comandan-
te Gamaliel, filho de Fadassur; 21suas
fileiras, segundo o censo, contam trin-
ta e dois mil e duzentos homens. 22Em
seguida, a tribo de Benjamim com seu
comandante Abidã, filho de Gedeão;
23suas fileiras, segundo o censo, con-
tam trinta e cinco mil e quatrocentos
homens. 24O total dos recenseados do
acampamento de Efraim é de cento e
oito mil e cem homens, segundo seus
esquadrões; entrarão em marcha em
terceiro lugar.
25Ao norte estará a bandeira do
acampamento de Dã, e seu comandan-
te será Aiezer, filho de Amisadai; 26suas
fileiras, segundo o censo, contam ses-

* **1**,51. Êx 40,36-38; 9,15-23 | 52. Êx 19,12; 3,10.38 | **2**,1. 10,11-28

† **2**,2. O acampamento tinha a forma de um quadrado, em cujo centro ficava a tenda de Deus, com a tribo de Levi a seu redor. Cada um dos quatro lados era ocupado por três tribos, tendo no meio a principal das três. Ao caminharem, iam à frente seis tribos, lideradas pela de Judá, depois a tenda com os levitas e as outras seis tribos atrás.

senta e dois mil e setecentos homens.
27Junto deles acampará a tribo de Aser
com seu comandante Fegiel, filho de
Ocrã; 28suas fileiras, segundo o censo,
contam quarenta e um mil e quinhen-
tos homens. 29Em seguida, a tribo de
Neftali com seu comandante Aíra, fi-
lho de Enã; 30suas fileiras, segundo o
censo, contam cinquenta e três mil e
quatrocentos homens. 31O total dos
recenseados do acampamento de Dã é
de cento e cinquenta e sete mil e seis-
centos homens, e entrarão em marcha
por último, junto suas bandeiras".
32São esses os que foram contados
dos israelitas,* segundo suas casas pa-
triarcais; o total dos recenseados dos
acampamentos, segundo suas fileiras,
é de seiscentos e três mil e quinhentos
e cinquenta homens. 33Mas os levitas
não foram contados com os outros is-
raelitas, conforme Javé havia ordenado
a Moisés. 34Os israelitas fizeram tudo
como Javé havia ordenado a Moisés;
assim acampavam junto suas bandeiras
e assim se punham em marcha, cada
qual conforme sua família e conforme
a casa de seus pais.

3 **Os descendentes de Aarão.** 1São
estes os descendentes de Aarão e
de Moisés,* no tempo em que Javé fa-
lou a Moisés no monte Sinai. 2São estes
os nomes* dos filhos de Aarão: Nadab,
o primogênito, Abiú, Eleazar e Itamar.*
3São estes os nomes dos filhos de Aa-
rão, sacerdotes ungidos e consagrados
para exercerem o sacerdócio. 4Nadab
e Abiú morreram na presença de Javé,
enquanto lhe ofereciam um fogo irre-
gular no deserto do Sinai,* e não tive-
ram filhos. Eleazar e Itamar exerceram
o sacerdócio na presença de seu pai
Aarão.
Ofício dos levitas. 5Javé falou a Moi-
sés: 6"Convoca a tribo de Levi e apre-
senta-a ao sacerdote Aarão para que
o sirva. 7Cuidarão de tudo o que é
confiado a ele e a toda a comunidade
junto à tenda da reunião, fazendo as-
sim o serviço do tabernáculo. 8Tomarão
conta de todos os utensílios da tenda
da reunião e estarão a serviço dos is-
raelitas, ministrando no tabernáculo.
9Oferecerás os levitas* a Aarão e a seus
filhos como oblatos†, isto é, oferecidos
a eles dentre os israelitas. 10Estabele-
cerás Aarão e seus filhos em seu car-
go, para que exerçam o sacerdócio; e
todo o estranho que se aproximar será
morto".* 11Javé disse a Moisés: 12"To-
mei dentre os israelitas os levitas em
lugar de todo primogênito, de todo
israelita nascido do primeiro parto; os
levitas serão meus†. 13Porque todo pri-
mogênito* é meu; desde o dia em que
feri de morte os primogênitos na terra
do Egito, consagrei para mim todos os
primogênitos em Israel, tanto dos ho-
mens como dos animais; eles me per-
tencem. Eu sou Javé".
Recenseamento dos levitas. 14Javé
disse a Moisés* no deserto do Sinai:
15"Faze o recenseamento dos filhos de
Levi segundo suas casas patriarcais e
suas famílias, contando todos os ho-
mens da idade de um mês para cima".
16Segundo a ordem de Javé, Moisés
contou-os conforme lhe fora mandado.
17São estes os filhos de Levi,* com seus
nomes: Gérson, Caat e Merari. 18São
estes os nomes dos filhos de Gérson,
segundo suas famílias: Lobni e Semei.
19Filhos de Caat, segundo suas famílias:
Amram, Isaar, Hebron e Oziel. 20Filhos
de Merari, segundo suas famílias: Moo-
li e Musi. São essas as famílias de Levi,
segundo suas casas patriarcais.
21De Gérson descendem a família
lobnita e a família semeíta. São essas as
famílias dos gersonitas. 22O número to-
tal dos homens recenseados, da idade
de um mês para cima, foi de sete mil e
quinhentos. 23As famílias dos gersoni-

* **2**,32. 1,46 | **3**,1. 26,59-61 | 2. Êx 6,23 / Êx 29; Lv 8-9; Êx 30,22 | 4. Lv 10,1-7 | 9. 8,14-19; Esd 2,43 | 10. 1,51 | 13. Êx 13,11 | 14. 26,57-62 | 17. Gn 46,11; Êx 6,16-19 | 25. Êx 26-27

† **3**,9. Esse nome se aplicará depois do Exílio a uma categoria inferior de ministros do templo, Esd 2,43; Ne 11,3. | 12. Deus toma a seu serviço os homens da tribo de Levi em troca dos primogênitos, que lhe pertenciam e deviam ser resgatados, Êx 13,11-16.

tas acampavam atrás do tabernáculo, ao ocidente. 24O chefe da casa patriarcal dos gersonitas era Eliasaf, filho de Lael. 25O encargo dos gersonitas na tenda da reunião* era cuidar do tabernáculo e da tenda, de sua cobertura e do véu da entrada da tenda da reunião, 26das cortinas do átrio e do véu da entrada do átrio, que está em volta do tabernáculo e do altar, e das cordas necessárias para todo o seu serviço.

27De Caat descendem as famílias dos amramitas, dos isaaritas, dos hebronitas e dos ozielitas. São essas as famílias dos caatitas. 28Contando todos os homens da idade de um mês para cima, somaram oito mil e seiscentos encarregados do serviço do santuário. 29As famílias dos caatitas acampavam do lado sul do tabernáculo. 30O chefe da casa patriarcal* dos caatitas era Elisafã, filho de Oziel. 31Seu encargo era o cuidado da arca, da mesa, do candelabro, dos altares e utensílios sagrados que servem para o culto, do véu e de tudo o que se refere a seu serviço. 32O chefe supremo dos levitas era Eleazar, filho do sacerdote Aarão, cabendo-lhe a supervisão dos encarregados do santuário.

33De Merari descendem a família dos moolitas e a família dos musitas. Essas são as famílias dos meraritas. 34Todos os homens que delas foram recenseados, com mais de um mês de idade, somaram seis mil e duzentos homens. 35O chefe da casa patriarcal de Merari era Suriel, filho de Abiail. Acampavam do lado norte do tabernáculo. 36O encargo dos filhos de Merari* era cuidar das tábuas do tabernáculo, das vigas, das colunas e de suas bases, de todos os utensílios e de tudo o que se refere a seu serviço, 37das colunas que rodeiam o átrio, com suas bases, das estacas e das cordas. 38Diante do tabernáculo, ao oriente, em frente à tenda da reunião, do lado do sol nascente, acampavam Moisés, Aarão e seus filhos, que tinham o cuidado do santuário, por incumbência dos israelitas; e todo estranho* que se aproximasse devia ser punido com a morte. 39O total dos levitas recenseados por Moisés e Aarão conforme a ordem de Javé, contados segundo suas famílias, todos os homens com mais de um mês de idade, foi de vinte e dois mil.

Recenseamento dos primogênitos. 40Javé disse a Moisés: "Faze o recenseamento dos primogênitos israelitas do sexo masculino com mais de um mês de idade e soma seus nomes. 41Tomarás para mim* os levitas – eu sou Javé – em lugar de todos os primogênitos dos israelitas, e os animais dos levitas, em troca de todos os primogênitos dos animais dos israelitas". 42Moisés recenseou, como Javé lhe havia mandado, todos os primogênitos dos israelitas. 43O total dos primogênitos homens, contados nominalmente, que foram recenseados a partir de um mês de idade, foi de vinte e dois mil e duzentos e setenta e três.

Os levitas substituem os primogênitos. 44Javé falou a Moisés: 45"Toma os levitas em troca de todos os primogênitos dos israelitas e os animais dos levitas em troca dos animais deles; os levitas serão meus: eu sou Javé. 46Como resgate pelos duzentos e setenta e três primogênitos que excedem o número dos levitas, 47tomarás cinco siclos por pessoa; e os tomarás segundo o siclo do santuário, o qual é de vinte geras. 48Darás o dinheiro a Aarão e a seus filhos como resgate por aqueles que excedem o número". 49Moisés tomou o dinheiro do resgate por aqueles que excediam o número dos resgatados pelos levitas. 50Dos primogênitos dos israelitas recebeu em dinheiro mil e trezentos e sessenta e cinco siclos, conforme o siclo do santuário. 51E conforme a ordem de Javé, Moisés entregou a Aarão e a seus filhos o dinheiro daqueles que haviam sido resgatados, como Javé havia ordenado a Moisés.

---

* **3**,30. Êx 25,10-40; 30,1-10 | 36. Êx 26,15-30; 27,9-19 | 38. 1,51 | 41. 3,12s; Êx 13,11 | 46. Êx 13,11 | 47. Lv 5,15

4 Descendentes dos levitas – Os filhos de Caat. [1]Javé falou a Moisés: [2]"Dentre os filhos de Levi, faze a contagem dos filhos de Caat, segundo suas famílias e suas casas patriarcais, [3]dos que têm entre trinta e cinquenta anos, todos os que se alistariam no exército, para prestar serviço na tenda da reunião. [4]O encargo dos filhos de Caat na tenda da reunião será cuidar das coisas mais sagradas. [5]Quando se levantar o acampamento, Aarão e seus filhos virão tirar o véu de separação e com ele cobrirão a arca do testemunho. [6]Colocarão em cima dela uma cobertura de couro fino,* sobre a qual estenderão um pano de púrpura violeta, e colocarão os varais na arca. [7]Estenderão uma toalha de púrpura violeta sobre a mesa da apresentação e lhe colocarão em cima os pratos, as colheres, as taças e os copos para a libação; e também o pão perene estará sobre ela. [8]Sobre esses objetos* estenderão um pano escarlate envolto numa cobertura de couro fino e colocarão na mesa os varais. [9]Tomarão um pano de púrpura e envolverão o candelabro da luz, as lâmpadas, as espevitadeiras, os cinzeiros e todos os recipientes de óleo que são usados em seu serviço, [10]e o colocarão com todos os seus utensílios num estojo de pele fina para pô-lo em cima da padiola. [11]Sobre o altar de ouro† estenderão um pano* de púrpura violeta e o cobrirão com uma cobertura de couro fino, e lhe colocarão os varais. [12]Tomarão todos os utensílios usados no serviço do santuário e os envolverão num pano de púrpura violeta, cobrindo-os com uma cobertura de couro fino, e os colocarão na padiola. [13]Tirarão do altar as cinzas e estenderão sobre ele um pano de púrpura escarlate. [14]Em cima colocarão todos os utensílios empregados no serviço, isto é: braseiros, garfos, pás, bacias e todos os outros acessórios do altar, estenderão em cima uma cobertura de couro fino e lhe colocarão os varais. [15]Quando Aarão e seus filhos tiverem acabado de cobrir os objetos do santuário e todos os utensílios sagrados, ao levantarem o acampamento, virão os filhos de Caat* para transportá-los, mas sem tocar nas coisas sagradas, para que não morram. Esse é o encargo dos filhos de Caat na tenda da reunião. [16]Eleazar, filho do sacerdote Aarão, ficará encarregado do óleo para a iluminação, do incenso aromático, da oblação perpétua e do óleo para a unção, como também da vigilância de todo o tabernáculo e de tudo o que ele contém, do santuário e de seus utensílios".*

[17]Javé disse a Moisés e a Aarão: [18]"Não permitais que seja eliminada dentre os levitas a tribo das famílias dos caatitas. [19]Mas fazei assim com eles para conservarem a vida e não morrerem ao se aproximarem das coisas mais sagradas: entrem Aarão e seus filhos e indiquem a cada um seu serviço e seu encargo; [20]mas não entrem eles para ver, nem por um instante, as coisas sagradas, pois morreriam".

Os filhos de Gérson. [21]Javé falou a Moisés: [22]"Faze o recenseamento também dos filhos de Gérson, segundo suas casas patriarcais e suas famílias. [23]Recensearás todos os homens que têm entre trinta e cinquenta anos e que se alistariam no exército, para prestar serviço na tenda da reunião. [24]Este será o encargo das famílias dos gersonitas, o que devem fazer e o que devem transportar: [25]levarão as cortinas do tabernáculo, a tenda da reunião, a cobertura de couro fino, que a recobre, e o véu da entrada da tenda da reunião, [26]as cortinas do átrio, o véu da entrada da porta do átrio que rodeia o tabernáculo e o altar, as cordas e todos os utensílios para seu serviço; farão todo o serviço que se refere a essas coisas. [27]Todo o serviço dos gersonitas, tudo o que devem transportar e fazer será conforme as ordens de Aarão e de seus

* **4**,6. Êx 26,31-37; 35,12; 39,34; 2Sm 6,7 | 8. Êx 25,23 | 11. Êx 30,1-6 | 15. 2Sm 6,7; Lv 17,1 | 16. Êx 27,20; 30,22-33.34-38

† **4**,11. O altar dos perfumes, Êx 30,1-10; no v. 13 fala do altar dos holocaustos, Êx 27,1-8.

filhos; e lhes indicareis tudo que devem transportar. [28]Esse é o encargo das famílias dos gersonitas na tenda da reunião; e seu serviço estará sob a direção de Itamar, filho do sacerdote Aarão.

Os filhos de Merari. [29]Contarás também os filhos de Merari segundo suas famílias e suas casas patriarcais. [30]Recenseárás todos os homens que têm entre trinta e cinquenta anos e que se alistariam no exército, para prestar serviço na tenda da reunião. [31]São estes os objetos confiados a eles para transportar, conforme todo o seu serviço na tenda da reunião: as tábuas, as vigas, as colunas e as bases do tabernáculo, [32]as colunas que rodeiam o átrio e suas bases, as estacas e as cordas com todos os seus acessórios para o serviço; e indicareis a cada um nominalmente os utensílios que devem transportar. [33]Esse é o ofício das famílias de Merari, de acordo com todo o seu serviço na tenda da reunião, sob a chefia de Itamar, filho do sacerdote Aarão".

Recenseamento dos levitas. [34]Moisés, Aarão e os chefes da comunidade fizeram o censo dos filhos de Caat, segundo suas famílias e suas casas patriarcais, [35]de todos os homens que tinham entre trinta e cinquenta anos e que se alistariam no exército, para prestar serviço na tenda da reunião. [36]Foram contados, segundo suas famílias, dois mil e setecentos e cinquenta. [37]São estes os recenseados das famílias dos caatitas, todos os que prestavam serviço na tenda da reunião, que Moisés e Aarão contaram, cumprindo a ordem de Javé dada a Moisés.

[38]Foi feito o recenseamento dos filhos de Gérson, segundo suas famílias e suas casas patriarcais, [39]de todos os homens que tinham entre trinta e cinquenta anos e que se alistariam no exército, para prestar serviço na tenda da reunião; [40]estes recenseados segundo suas famílias e suas casas patriarcais foram dois mil e seiscentos e trinta. [41]São estes os recenseados dentre as famílias de Gérson, todos os que serviam na tenda da reunião e que Moisés e Aarão recensearam em cumprimento da ordem de Javé.

[42]Foi feito o recenseamento dos filhos de Merari, segundo suas famílias e suas casas patriarcais, [43]de todos os homens que tinham entre trinta anos e cinquenta anos e que se alistariam no exército, para prestar serviço na tenda da reunião; [44]estes recenseados segundo suas famílias foram três mil e duzentos. [45]São estes os recenseados das famílias de Merari, cujo censo fizeram Moisés e Aarão por ordem de Javé a Moisés.

[46]O número total dos levitas que Moisés, Aarão e os chefes de Israel recensearam segundo suas famílias e suas casas patriarcais, [47]todos os homens de trinta anos até cinquenta anos, que eram aptos para servir no culto e no transporte da tenda da reunião, [48]foi de oito mil e quinhentos e oitenta. [49]Conforme a ordem de Javé transmitida por Moisés, eles foram recenseados, designando-se para cada um o que devia fazer e o que devia transportar; assim foram recenseados como Javé havia ordenado a Moisés.

5 **Exclusão dos impuros.** [1]Javé disse a Moisés: [2]"Ordena aos israelitas* que excluam do acampamento todos os leprosos, todos os que têm um corrimento e todos os que estão impuros por contato com um morto. [3]Afastai tanto os homens como as mulheres, pondo-os fora do acampamento, para não contaminarem seu acampamento no meio do qual eu habito". [4]Os israelitas fizeram assim, e os puseram para fora do acampamento; como Javé ordenou a Moisés, assim fizeram os israelitas.

Reparação pelo furto. [5]Javé disse a Moisés: [6]"Dize aos israelitas:* Quando um homem ou uma mulher se torna infiel a Javé por ter cometido um dos pecados que o ser humano comete, essa pessoa é culpada. [7]Confessará a

---

* **5**,2. Dt 23,10-15; Lv 13,45s; 15; 19,11-16 | 6. Lv 5,15-26

culpa que cometeu e fará plena resti-
tuição do dano feito, com o acréscimo
de um quinto, e o entregará ao que foi
prejudicado. 8Mas se tal pessoa não
tem nenhum parente a quem se possa
fazer a restituição, a indenização será
feita a Javé, isto é, ao sacerdote, além
do carneiro de expiação que se ofere-
cerá pelo culpado. 9Toda oferenda de
qualquer coisa sagrada, que os israe-
litas oferecerem ao sacerdote, perten-
cerá a este. 10As oferendas sagradas
de cada um serão para ele; aquilo que
alguém oferece ao sacerdote caberá a
este".

Sacrifício pelo ciúme. 11Javé falou a
Moisés†: 12"Dize aos israelitas: Se a es-
posa de alguém se desviar e for infiel
a ele, 13dormindo com outro homem,
e isso ficar oculto aos olhos do mari-
do, e ela se tiver contaminado sem ser
descoberta, e não se tiver encontrado
nenhuma testemunha contra ela, por-
que não foi surpreendida no ato; 14se
nele sobrevier o espírito de ciúme e se
tornar ciumento de sua mulher, que
se contaminou, ou se nele sobrevier o
espírito de ciúme e se tornar ciumen-
to de sua mulher, que de fato não se
contaminou, 15esse homem levará sua
mulher ao sacerdote e fará por ela uma
oferenda de um décimo de efá de fa-
rinha de cevada;* não derramará óleo
sobre a oferta nem lhe porá incenso,
porque é uma oblação de ciúme, uma
oferenda comemorativa que recorda
uma culpa.

16O sacerdote a fará aproximar-se
e a colocará diante de Javé. 17Depois
tomará água santa num vaso de barro,
um pouco de pó do chão do taberná-
culo, que porá dentro da água. 18O sa-
cerdote apresentará a mulher diante de
Javé, soltará os cabelos dela e colocará
em suas mãos a oblação comemora-
tiva, isto é, a oblação por ciúme, e na
mão do sacerdote estará a água amar-
ga, portadora de maldição.
19O sacerdote fará a mulher jurar e
lhe dirá: 'Se nenhum homem dormiu
contigo e não te desviaste de teu mari-
do, contaminando-te, esta água amar-
ga, portadora de maldição, não te fará
mal algum. 20Mas se te desviaste de teu
marido e te contaminaste dormindo
com outro que não o teu marido 21–
então o sacerdote fará a mulher pro-
nunciar um juramento de imprecação,
dizendo –: Que Javé te faça objeto de
maldição e de imprecação no meio de
teu povo, fazendo murchar teu sexo e
inchar teu ventre. 22E que esta água,
portadora de maldição, penetre em
tuas entranhas para fazer inchar teu
ventre e murchar teu sexo'. A mulher
responderá: 'Amém, amém'. 23Depois
o sacerdote escreverá essas maldições
numa folha e as apagará na água amar-
ga. 24Fará que a mulher beba a água
amarga, portadora da maldição. Essa
água de maldição penetrará nela para
lhe ser amarga.

25Em seguida, o sacerdote toma-
rá das mãos da mulher a oblação por
ciúme* e, apresentando-a diante de
Javé, a levará para o altar. 26O sacer-
dote tomará uma porção da oferenda
e a queimará sobre o altar como me-
morial; depois fará a mulher beber a
água. 27Havendo-lhe dado de beber
a água, acontecerá que, se ela se con-
taminou e foi infiel ao marido, entrará
nela a água portadora de maldição e
lhe será amarga, seu ventre inchará e
seu sexo murchará; e essa mulher se
tornará motivo de imprecação entre
seu povo. 28Mas se não se contaminou
e estiver pura, ficará ilesa e será fecun-
da.

29Esta é a lei do ciúme, no caso em
que uma mulher se tenha desviado
de seu marido e se tenha contamina-
do, 30ou no caso em que, sobrevindo
ao marido o espírito de ciúme, se te-
nha tornado ciumento de sua mulher;
então apresentará a mulher diante de

* **5**,15. Lv 5,11 | 25. Lv 5,12

† **5**,11. Rito para invocar o juízo de Deus na falta de provas. Esse tipo de juízo ou ordália, que perdurou até a Idade Média, é próprio de uma sociedade machista, que permite ao marido submeter a esposa a uma prática humilhante.

Javé, e o sacerdote aplicará a ela toda esta lei. 31O marido estará isento de culpa, e a mulher carregará a pena de sua iniquidade".

6 Os nazireus.

1Javé disse a Moisés: 2"Fala aos israelitas e dize-lhes: Quando um homem ou mulher fizer uma promessa especial, a promessa de nazireato†, consagrando-se a Javé, 3deverá abster-se de vinho* e de bebidas alcoólicas, não tomará vinagre de vinho nem de outras bebidas fortes, não tomará suco de uva e não comerá uvas frescas* nem secas. 4Durante todo o tempo de seu nazireato não tomará nada que seja produzido pela vinha, desde as sementes até as cascas.

5Por todo o tempo de seu nazireato,* a navalha não passará sobre sua cabeça, até que se cumpra o tempo pelo qual se consagrou a Javé; será consagrado e deixará crescer os cabelos de sua cabeça.

6Enquanto durar o tempo de sua consagração a Javé, não se aproximará de um morto; 7nem quando se tratar do pai ou da mãe, do irmão ou da irmã ele se contaminará, porque traz sobre a cabeça o sinal da consagração a Javé. 8Por todo o tempo de seu nazireato* ficará consagrado a Javé.

9Se alguém morrer repentinamente perto dele, tornando impura sua cabeça consagrada, ele rapará a cabeça no dia de sua purificação; no sétimo dia rapará a cabeça. 10E no oitavo dia levará ao sacerdote, à entrada da tenda da reunião, duas rolas ou dois pombinhos. 11O sacerdote oferecerá um em sacrifício pelo pecado e o outro em holocausto e fará por ele o rito de expiação por se ter contaminado por causa do morto; e ele consagrará no mesmo dia sua cabeça. 12Consagrará de novo a Javé o tempo de seu nazireato e levará um cordeiro de um ano* como sacrifício de reparação; os dias precedentes não serão contados, por ter sido violado seu nazireato.

13Esta é a lei do nazireu: "No dia em que terminar a duração de seu nazireato, será conduzido à entrada da tenda da reunião 14e apresentará sua oferenda a Javé: um cordeiro de um ano, sem defeito, em holocausto, uma ovelha de um ano, sem defeito, em sacrifício pelo pecado, um carneiro sem defeito, como sacrifício de comunhão, 15um cesto de pães ázimos de flor de farinha amassada com óleo, e tortas sem fermento, untadas com azeite, junto com suas oblações e libações. 16O sacerdote apresentará essas coisas diante de Javé e oferecerá seu sacrifício pelo pecado e seu holocausto. 17Com o carneiro, oferecerá a Javé o sacrifício de comunhão, junto com o cesto de pães ázimos, e o sacerdote fará a oblação e a libação que o acompanham. 18Depois o nazireu, à entrada da tenda da reunião, rapará sua cabeça de consagrado, tomará os cabelos de sua cabeça de consagrado e os colocará no fogo que arde debaixo do sacrifício de comunhão. 19Em seguida o sacerdote tomará a espádua do carneiro, já cozida, um pão ázimo do cesto e uma torta sem fermento e colocará tudo na mão do nazireu, quando ele tiver terminado de rapar sua cabeça de consagrado. 20O sacerdote fará com eles o gesto de oferenda* diante de Javé; é a parte sagrada, devida ao sacerdote, além do peito, que também será oferecido, e a coxa que lhe é reservada; depois disso, o nazireu poderá beber vinho.

21Esta é a lei sobre o nazireu que fez uma promessa e sua oferenda a Javé por seu nazireato, além daquilo que suas posses lhe permitirem acrescentar; ele se comportará segundo os termos da promessa que fez, conforme a lei de sua consagração".

---

* **6**,3 Lc 1,15 / Jz 13,5; 16,17 | 5. Am 2,12 | 8. Lv 21,12; At 21,23-26 | 12. Lv 14,21-34 | 20. Lv 7,34; 10,14
24. Sl 121,7s; Êx 23,20; Jo 17,11s; Sl 4,7; 31,17

† **6**,2. Como sinal de sua especial consagração a Deus, o nazireu prometia, para sempre ou por certo tempo, não tomar bebida forte, deixar crescer os cabelos e não tocar nenhum morto, Jz 13,5-7, 1Sm 1,11, Am 2,11-12.

A bênção litúrgica. [22]Javé disse a Moi-
sés: [23]"Fala a Aarão e a seus filhos: As-
sim abençoareis os israelitas; dizei-lhes:
[24]'Javé te abençoe e te guarde!*
[25]Javé faça brilhar sobre ti sua face e
te conceda sua graça!
[26]Javé volte para ti sua face e te dê
a paz!' *
[27]Assim invocarão meu nome sobre
os israelitas, e eu os abençoarei".

7 Oferendas dos chefes das tribos.
[1]No dia em que Moisés* acabou
de levantar o tabernáculo, ele o ungiu e
o consagrou com todos os seus utensí-
lios; ungiu e consagrou também o altar
com todos os seus pertences. [2]Então
apresentaram sua oferenda os chefes
de Israel que estavam à frente de suas
casas patriarcais, que eram chefes das
tribos e presidiram ao recenseamento.
[3]Levaram sua oferenda diante de Javé:
seis carros cobertos e doze bois, um
carro para cada dois príncipes e um
boi para cada um, e os apresentaram
diante do tabernáculo. [4]Javé falou a
Moisés, dizendo: [5]"Recebe-os deles e
sejam destinados ao serviço da tenda
da reunião; darás tudo aos levitas, con-
forme o serviço especial de cada um".
[6]Moisés recebeu os carros e os bois e
os entregou aos levitas. [7]Deu aos filhos
de Gérson* dois carros e quatro bois,
em razão de suas funções; [8]aos filhos
de Merari,* quatro carros e oito bois,
em virtude da função que haviam de
exercer sob a direção de Itamar, filho
do sacerdote Aarão. [9]Mas aos filhos de
Caat* não deu nenhum, porque tinham
o encargo das coisas sagradas que de-
viam transportar nos ombros.
Ofertas para a dedicação do altar. [10]Os
chefes fizeram sua oferenda* para a de-
dicação do altar, no dia em que foi un-
gido; apresentaram sua oferenda diante
do altar. [11]Javé disse a Moisés: "Os chefes
apresentarão, cada um em seu dia, sua
oferenda para a dedicação do altar".
[12]No primeiro dia apresentou sua
oferenda Naasson, filho de Aminadab,*
da tribo de Judá. [13]Sua oferenda foi:
uma bandeja de prata pesando cento e
trinta siclos; uma bacineta de prata de
setenta siclos, conforme o peso do san-
tuário, ambas cheias de flor de farinha
com azeite para a oblação; [14]um vaso
de ouro de dez siclos, cheio de per-
fume; [15]um novilho, um carneiro, um
cordeiro de um ano para o holocausto;
[16]um bode para o sacrifício pelo peca-
do; [17]e dois bois, cinco carneiros, cin-
co bodes e cinco cordeiros de um ano
para o sacrifício de comunhão. Essa foi
a oferenda de Naasson, filho de Ami-
nadab.
[18]No segundo dia apresentou sua
oferenda Natanael, filho de Suar, che-
fe de Issacar.* [19]Ofereceu uma bandeja
de prata pesando cento e trinta siclos;
uma bacineta de prata de setenta si-
clos, conforme o peso do santuário,
ambas cheias de flor de farinha com
azeite para a oblação; [20]um vaso de
ouro de dez siclos, cheio de perfume;
[21]um novilho, um carneiro, um cordei-
ro de um ano para o holocausto; [22]um
bode para o sacrifício pelo pecado; [23]e
dois bois, cinco carneiros, cinco bodes
e cinco cordeiros de um ano para o sa-
crifício de comunhão. Essa foi a oferen-
da de Natanael, filho de Suar.
[24]No terceiro dia, Eliab,* filho de
Helon, chefe dos filhos de Zabulon,
[25]apresentou como sua oferta uma
bandeja de prata pesando cento e
trinta siclos; uma bacineta de prata de
setenta siclos, conforme o peso do san-
tuário, ambas cheias de flor de farinha
com azeite para a oblação; [26]um vaso
de ouro de dez siclos, cheio de per-
fume; [27]um novilho, um carneiro, um
cordeiro de um ano para o holocausto;
[28]um bode para o sacrifício pelo peca-
do; [29]e dois bois, cinco carneiros, cin-
co bodes e cinco cordeiros de um ano
para o sacrifício de comunhão. Essa foi
a oferenda de Eliab, filho de Helon.
[30]No quarto dia, Elisur,* filho de
Sedeur, chefe dos filhos de Rúben,
[31]apresentou como sua oferenda uma

---

* **6**,26. Sl 122,6s; Dt 28,10; Eclo 50,22 | **7**,1. Êx 40,17-33 | 7. 4,24-28 | 8. 4,31-33 | 9. 4,4-15 | 10. Ez 43,18-26 | 12. 2,3 | 18. 2,5 | 24. 2,7 | 30. 2,10

bandeja de prata, do peso de cento e trinta siclos; uma bacineta de prata de setenta siclos, conforme o peso do santuário, ambas cheias de flor de farinha com azeite para a oblação; 32um vaso de ouro de dez siclos, cheio de perfume; 33um novilho, um carneiro, um cordeiro de um ano para o holocausto; 34um bode para o sacrifício pelo pecado; 35e dois bois, cinco carneiros, cinco bodes e cinco cordeiros de um ano para o sacrifício de comunhão. Essa foi a oferenda de Elisur, filho de Sedeur.

36No quinto dia, Salamiel,* filho de Surisadai, chefe dos filhos de Simeão, 37apresentou sua oferenda, que consistiu numa bandeja de prata pesando cento e trinta siclos; uma bacineta de prata de setenta siclos, conforme o peso do santuário, ambas cheias de flor de farinha com azeite para a oblação; 38um vaso de ouro de dez siclos, cheio de perfume; 39um novilho, um carneiro, um cordeiro de um ano para o holocausto; 40um bode para o sacrifício pelo pecado; 41e dois bois, cinco carneiros, cinco bodes e cinco cordeiros de um ano para o sacrifício de comunhão. Essa foi a oferenda de Salamiel, filho de Surisadai.

42No sexto dia, Eliasaf,* filho de Deuel, chefe dos filhos de Gad, 43apresentou como sua oferenda uma bandeja de prata pesando cento e trinta siclos; uma bacineta de prata de setenta siclos, conforme o peso do santuário, ambas cheias de flor de farinha com azeite para a oblação; 44um vaso de ouro de dez siclos, cheio de perfume; 45um novilho, um carneiro, um cordeiro de um ano para o holocausto; 46um bode para o sacrifício pelo pecado; 47e dois bois, cinco carneiros, cinco bodes e cinco cordeiros de um ano para o sacrifício de comunhão. Essa foi a oferenda de Eliasaf, filho de Deuel.

48No sétimo dia, Elisama,* filho de Amiud, chefe dos filhos de Efraim, 49apresentou sua oferenda, que consistiu numa bandeja de prata pesando cento e trinta siclos; uma bacineta de prata de setenta siclos, conforme o peso do santuário, ambas cheias de flor de farinha com azeite para a oblação; 50um vaso de ouro de dez siclos, cheio de perfume; 51um novilho, um carneiro, um cordeiro de um ano para o holocausto; 52um bode para o sacrifício pelo pecado; 53e dois bois, cinco carneiros, cinco bodes e cinco cordeiros de um ano para o sacrifício de comunhão. Essa foi a oferenda de Elisama, filho de Amiud.

54No oitavo dia, Gamaliel,* filho de Fadassur, chefe dos filhos de Manassés, 55apresentou sua oferenda: uma bandeja de prata pesando cento e trinta siclos; uma bacineta de prata de setenta siclos, conforme o peso do santuário, ambas cheias de flor de farinha com azeite para a oblação; 56um vaso de ouro de dez siclos, cheio de perfume; 57um novilho, um carneiro, um cordeiro de um ano para o holocausto; 58um bode para o sacrifício pelo pecado; 59e dois bois, cinco carneiros, cinco bodes e cinco cordeiros de um ano para o sacrifício de comunhão. Essa foi a oferenda de Gamaliel, filho de Fadassur.

60No nono dia, Abidã,* filho de Gedeão, chefe dos filhos de Benjamim, 61apresentou sua oferenda: uma bandeja de prata pesando cento e trinta siclos; uma bacineta de prata de setenta siclos, conforme o peso do santuário, ambas cheias de flor de farinha com azeite para a oblação; 62um vaso de ouro de dez siclos, cheio de perfume; 63um novilho, um carneiro, um cordeiro de um ano para o holocausto; 64um bode para o sacrifício pelo pecado; 65e dois bois, cinco carneiros, cinco bodes e cinco cordeiros de um ano para o sacrifício de comunhão. Essa foi a oferenda de Abidã, filho de Gedeão.

66No décimo dia, Aiezer,* filho de Amisadai, chefe dos filhos de Dã, 67apresentou sua oferenda: uma bandeja de prata pesando cento e trinta siclos; uma bacineta de prata de setenta siclos, conforme o peso do santuário, ambas cheias de flor de farinha com

---

* **7**,36. 2,12 | 42. 2,14 | 48. 2,18 | 54. 2,20 | **7**,60. 2,22 | 66. 2,25

azeite para a oblação; [68]um vaso de
ouro de dez siclos, cheio de perfume;
[69]um novilho, um carneiro, um cordei-
ro de um ano para o holocausto; [70]um
bode para o sacrifício pelo pecado; [71]e
dois bois, cinco carneiros, cinco bodes
e cinco cordeiros de um ano para o sa-
crifício de comunhão. Essa foi a oferen-
da de Aiezer, filho de Amisadai.

[72]No décimo primeiro dia, Fegiel,* fi-
lho de Ocrã, chefe dos filhos de Aser,
[73]apresentou sua oferenda: uma ban-
deja de prata pesando cento e trinta si-
clos; uma bacineta de prata de setenta
siclos, conforme o peso do santuário,
ambas cheias de flor de farinha com
azeite para a oblação; [74]um vaso de
ouro de dez siclos, cheio de perfume;
[75]um novilho, um carneiro, um cordei-
ro de um ano para o holocausto; [76]um
bode para o sacrifício pelo pecado; [77]e
dois bois, cinco carneiros, cinco bodes
e cinco cordeiros de um ano para o sa-
crifício de comunhão. Essa foi a oferen-
da de Fegiel, filho de Ocrã.

[78]No décimo segundo dia, Aíra,* fi-
lho de Enã, chefe dos filhos de Neftali,
[79]apresentou sua oferenda: uma ban-
deja de prata pesando cento e trinta si-
clos; uma bacineta de prata de setenta
siclos, conforme o peso do santuário,
ambas cheias de flor de farinha com
azeite para a oblação; [80]um vaso de
ouro de dez siclos, cheio de perfume;
[81]um novilho, um carneiro, um cordei-
ro de um ano para o holocausto; [82]um
bode para o sacrifício pelo pecado; [83]e
dois bois, cinco carneiros, cinco bodes
e cinco cordeiros de um ano para o sa-
crifício de comunhão. Essa foi a oferta
de Aíra, filho de Enã.

[84]Estas foram as oferendas feitas pe-
los chefes de Israel para a dedicação
do altar, no dia em que foi ungido:
doze bandejas de prata, doze baci-
netas de prata e doze vasos de ouro.
[85]Cada bandeja de prata pesava cento
e trinta siclos, cada bacineta setenta,
de modo que o total da prata de to-
dos esses vasos foi de dois mil e qua-
trocentos siclos de prata, conforme o
peso do santuário. [86]Os doze vasos
de ouro, cheios de perfume, pesavam
cada um dez siclos, conforme o siclo
do santuário; o total do ouro foi de
cento e vinte siclos. [87]O total dos ani-
mais para o holocausto foi: doze novi-
lhos, doze carneiros, doze cordeiros de
um ano com sua oblação e doze bo-
des para o sacrifício pelo pecado. [88]O
total dos animais para o sacrifício de
comunhão foi: vinte e quatro novilhos,
sessenta carneiros, sessenta bodes
e sessenta cordeiros de um ano. Essas
foram as oferendas para a dedicação
do altar, quando foi ungido.

[89]Quando Moisés entrava na tenda
da reunião* para falar com Javé, ouvia
a voz que lhe falava do alto do propi-
ciatório, que está por cima da arca do
testemunho entre os dois querubins; e
assim lhe falava.

8 **O candelabro.** [1]Javé disse a Moi-
sés: [2]"Fala a Aarão* e dize-lhe:
Quando acenderes as lâmpadas, faze
de tal maneira que as sete lâmpadas
projetem a luz para a parte da frente
do candelabro". [3]E assim fez Aarão: co-
locou as lâmpadas de modo que ilumi-
nassem a parte da frente do candela-
bro, como Javé havia ordenado a Moi-
sés. [4]O candelabro era feito de ouro
batido; desde sua base até as flores
era de ouro batido. Foi feito segundo
o modelo que Javé lhe havia mostrado.
Consagração dos levitas. [5]Javé disse
a Moisés:* [6]"Toma à parte os levitas do
meio dos israelitas e purifica-os. [7]Assim
farás para purificá-los: farás sobre eles
uma aspersão com água lustral, e eles
passarão a navalha por todo o corpo,
lavarão suas vestes e ficarão puros.
[8]Depois tomarão um novilho junto com
sua oblação de flor de farinha amassa-
da com óleo, e tu tomarás um outro
novilho para o sacrifício pelo pecado.
[9]Farás os levitas se aproximarem dian-
te da tenda da reunião e reunirás toda
a comunidade dos israelitas. [10]Depois

---

* **7**,72. 2,27 | 78. 2,29 | 89. Êx 33,9-11; Êx 25,17 | **8**,2. Êx 25,31s; Lv 24,2-4 | 5. Lv 8; 19,1-10; Lv 14,8s; Ez 36,25

que tiveres feito os levitas aproximar-
-se diante de Javé, os israelitas imporão
as mãos sobre eles. [11]Aarão apresenta-
rá os levitas como uma oferta apresen-
tada a Javé pelos israelitas; assim serão
destinados ao serviço de Javé. [12]Os le-
vitas imporão as mãos sobre a cabeça
dos novilhos; com um deles oferecerás
um sacrifício pelo pecado e com o ou-
tro, um holocausto a Javé para fazer a
expiação pelos levitas. [13]Depois colo-
carás os levitas diante de Aarão* e de
seus filhos e os oferecerás a Javé com
o gesto de apresentação. [14]Separarás
assim os levitas do meio dos israelitas,
a fim de que me pertençam. [15]Depois
disso entrarão para fazer o serviço da
tenda da reunião. Tu os purificarás,
portanto, e os oferecerás com o gesto
de apresentação, [16]porque são doados,
são reservados a mim entre os israeli-
tas;* eu os tomei para mim em lugar
de todos os que nascem de primeiro
parto, de todos os primogênitos dos
israelitas. [17]Porque meu é todo o pri-
mogênito dos israelitas, tanto dos ho-
mens como dos animais; desde o dia
em que feri todos os primogênitos na
terra do Egito, eu os consagrei a mim
[18]e tomei os levitas em substituição a
todos os primogênitos dos israelitas.
[19]Dou os levitas a Aarão e a seus filhos;
os levitas lhes são doados do meio dos
israelitas, para assegurar o culto dos
israelitas na tenda da reunião e para
fazer pelos israelitas o rito de expiação,
de modo que não caia flagelo sobre os
israelitas por se terem aproximado do
santuário".

[20]Assim fizeram Moisés, Aarão e toda
a comunidade dos israelitas a respeito
dos levitas; os israelitas fizeram com os
levitas tudo o que Javé havia ordenado
a Moisés a respeito deles. [21]Os levitas
se purificaram, lavaram suas vestes,
e Aarão os ofereceu com o gesto de
apresentação diante de Javé, e fez por
eles a expiação, a fim de purificá-los.
[22]Depois disso os levitas vieram para
prestar o serviço na tenda da reunião,
na presença de Aarão e de seus filhos.
Como Javé havia ordenado a Moisés
em relação aos levitas, assim fizeram
com eles.

[23]Javé falou a Moisés: [24]"Esta é a lei
relativa aos levitas: de vinte e cinco
anos para cima começarão a prestar
serviço na tenda da reunião; [25]mas a
partir dos cinquenta anos de idade dei-
xarão o serviço e não mais trabalharão.
[26]Poderão ajudar seus irmãos a cumprir
suas obrigações na tenda da reunião,
mas não farão trabalhos. Assim farás
com os levitas quanto a seu ministério".

9 **A Páscoa no Sinai.** [1]Javé falou a
Moisés no deserto do Sinai,* no
segundo ano depois da saída do Egito,
no primeiro mês, e disse: [2]"Os israelitas
celebrarão a Páscoa na data marcada.
[3]Deveis celebrá-la* no tempo esta-
belecido, no dia quatorze deste mês,
ao entardecer, segundo todas as leis
e os costumes que a ela se referem".
[4]Moisés ordenou aos israelitas que ce-
lebrassem a Páscoa. [5]Eles a celebraram
no dia quatorze do primeiro mês, ao
entardecer, no deserto do Sinai. Con-
forme tudo o que Javé havia ordenado
a Moisés, assim fizeram os israelitas.

[6]Mas havia alguns* que estavam im-
puros por causa de um morto e não
puderam celebrar a Páscoa naquele dia.
Apresentando-se naquele mesmo dia
a Moisés e Aarão, [7]disseram-lhes aque-
les homens: "Estamos impuros por cau-
sa de um morto. Por que haveríamos
de ser excluídos de oferecer o sacrifício
a Javé no tempo marcado no meio dos
israelitas?" [8]Moisés respondeu-lhes:
"Aguardai, para que eu saiba o que
Javé ordenará a vosso respeito". [9]Javé
disse a Moisés: [10]"Fala aos israelitas:
Se alguém de vós ou de vossos des-
cendentes estiver impuro por ter toca-
do um morto ou se acha distante em
viagem, poderá celebrar a Páscoa em
honra de Javé, [11]mas celebre-a no dia
quatorze do segundo mês, ao entar-
decer, comendo-a com pães ázimos e
ervas amargas. [12]Não deixará nada dela
para a manhã seguinte nem lhe que-

---

* **8**,13. Êx 29,24 | 16. 3,12s; Êx 13,11 | **9**,1. Êx 12,1 | 3. Êx 12,6 | 6. 5,2; 19,11

brará osso algum; celebrará a Páscoa
observando todo o seu ritual. 13Aquele,
porém, que estiver puro, não se encon-
trar em viagem e deixar de celebrar a
Páscoa será exterminado do meio de
seu povo, porque não apresentou a
oferta a Javé no tempo marcado; este
carregará a pena de seu pecado. 14Se
um estrangeiro* residente entre vós
celebrar a Páscoa de Javé, observará o
ritual e os costumes da Páscoa; tereis
uma única lei, para o estrangeiro e para
o nativo da terra".

A nuvem sobre o tabernáculo. 15No
dia em que foi erigido* o tabernáculo,
uma nuvem cobriu o tabernáculo, isto
é, a tenda do testemunho; desde a tar-
de até pela manhã ela ficava sobre o
tabernáculo com a aparência de fogo.
16Assim acontecia constantemente: du-
rante o dia a nuvem o cobria e duran-
te a noite tomava o aspecto de fogo.
17Toda vez que a nuvem se elevava de
sobre a tenda, os israelitas se punham
em marcha e onde a nuvem parava, ali
acampavam os israelitas. 18Por ordem
de Javé partiam os israelitas e por or-
dem de Javé acampavam; durante
todo o tempo em que a nuvem ficava
parada sobre o tabernáculo permane-
ciam acampados. 19Quando a nuvem
se detinha por muito tempo sobre o
tabernáculo, os israelitas cumpriam a
ordem de Javé e não se moviam. 20Se,
ao contrário, a nuvem se detinha pou-
cos dias sobre o tabernáculo, à ordem
de Javé acampavam e à ordem de Javé
se punham em marcha. 21Outras vezes
a nuvem se detinha somente desde a
tarde até a manhã: quando se levan-
tava pela manhã, eles se punham em
marcha. Ou então ela permanecia um
dia e uma noite: quando ela se elevava,
partiam. 22Se a nuvem permanecia so-
bre o tabernáculo dois dias, um mês ou
um ano, enquanto a nuvem pairava so-
bre o tabernáculo, os israelitas perma-
neciam acampados e não partiam; mas
quando ela se levantava, punham-se
em marcha. 23Conforme a ordem de
Javé acampavam e conforme a ordem
de Javé partiam, observando as prescri-
ções de Javé como ele havia ordenado
por intermédio de Moisés.

10 **As trombetas.*** 1Javé disse a
Moisés: 2"Faze para ti* duas
trombetas de prata; tu as farás modela-
das a martelo; elas te servirão para con-
vocar a assembleia e para dar o sinal
de levantar o acampamento. 3Quando
tocarem ambas, toda a comunidade se
reunirá junto de ti à entrada da tenda
da reunião; 4quando tocar uma só, se-
rão os chefes, os comandantes de mi-
lhares de Israel, que se reunirão junto
de ti. 5Ao toque de alarme, partirão os
acampados ao oriente. 6Ao segundo
toque de alarme, partirão os acampa-
dos do lado sul. Deve-se tocar o alarme
para que se ponham a caminho. 7Toca-
reis também para reunir a comunidade,
mas sem toque de alarme. 8Os filhos de
Aarão, os sacerdotes, tocarão as trom-
betas; isto será uma norma perpétua
para as vossas gerações.

9Quando no vosso país sairdes para
combater contra um adversário que
vos oprime, tocareis o alarme com as
trombetas; assim sereis lembrados
diante de Javé, vosso Deus, e sereis li-
bertados de vossos inimigos. 10Em vos-
sos dias alegres, em vossas festas e no
primeiro dia de cada mês, tocareis as
trombetas durante vossos holocaustos
e vossos sacrifícios de comunhão; isto
servirá para vos trazer à lembrança de
vosso Deus. Eu sou Javé, vosso Deus".*

II. EM CADES (10,11–21,3)

Partida do Sinai. 11Aconteceu que
no segundo ano, no dia vinte e um do
segundo mês, a nuvem levantou-se de
cima do tabernáculo do testemunho
12e os israelitas partiram do deserto
do Sinai, por etapas, e a nuvem parou
no deserto de Farã. 13Assim puseram-
-se a caminho* pela primeira vez por
ordem de Javé, transmitida por Moi-
sés. 14Partiu primeiro a bandeira do

* **9**,14. Êx 12,48 | 15. Êx 13,22; 40,34-38 | **10**,1. Jl 2,1.15s; 1Ts 4,16s; 1Cor 15,52 | 10. Lv 17,1 | **10**,13. 2,1-34

acampamento de Judá com seus es-
quadrões. O chefe deles era Naasson,
filho de Aminadab; [15]o chefe da tribo
dos filhos de Issacar era Natanael, filho
de Suar; [16]o chefe da tribo dos filhos
de Zabulon era Eliab, filho de Helon.
[17]O tabernáculo foi desmontado, e os
filhos de Gérson e os filhos de Merari
puseram-se a caminho, carregando o
tabernáculo.

[18]Depois partiu a bandeira do acam-
pamento de Rúben com seus esqua-
drões; era seu comandante Elisur, filho
de Sedeur; [19]o chefe da tribo dos filhos
de Simeão era Salamiel, filho de Suri-
sadai; [20]e o chefe da tribo dos filhos de
Gad era Eliasaf, filho de Deuel. [21]Logo
puseram-se a caminho os caatitas, le-
vando o santuário; o tabernáculo foi
montado antes que eles chegassem.

[22]Partiu depois a bandeira do acam-
pamento dos filhos de Efraim, segun-
do seus esquadrões; seu comandante
era Elisama, filho de Amiud; [23]o chefe
da tribo de Manassés era Gamaliel, fi-
lho de Fadassur; [24]o chefe da tribo dos
filhos de Benjamim era Abidã, filho de
Gedeão.

[25]Depois pôs-se a caminho, na reta-
guarda de todos os acampamentos, a
bandeira do acampamento dos filhos
de Dã com seus esquadrões. Chefiava-
-os Aiezer, filho de Amisadai; [26]o che-
fe da tribo de Aser era Fegiel, filho de
Ocrã; [27]o chefe da tribo de Neftali era
Aíra, filho de Enã. [28]Foi nesta ordem
que se puseram a caminho os israelitas
com seus esquadrões quando partiram.

[29]Moisés disse a Hobab,* filho de Ra-
guel, madianita, seu sogro: "Nós par-
timos para aquele lugar do qual Javé
disse: Eu o darei a vós. Vem conosco* e
te faremos bem, pois Javé prometeu o
bem a Israel". [30]Mas ele disse: "Eu não
irei convosco, mas voltarei para minha
terra e para junto de meus parentes".
[31]Moisés insistiu: "Não nos abandones,
pois tu conheces os lugares onde de-
vemos acampar no deserto e assim nos
servirás de guia. [32]Se vieres conosco,
faremos a ti o bem que Javé nos fizer".
[33]Assim partiram da montanha de Javé
e caminharam três dias; a arca da alian-
ça de Javé ia à frente deles durante os
três dias de caminho, para procurar-
-lhes um lugar de repouso. [34]A nuvem
de Javé* estava por cima deles durante
o dia quando partiam do acampamen-
to.

[35]Quando a arca se punha a caminho,
Moisés dizia: "Levantai-vos, Javé,* e se-
jam dispersos vossos inimigos; fujam
diante de vós vossos adversários". [36]E
quando parava, dizia: "Voltai, Javé, para
as multidões de milhares de Israel".

11 **A murmuração do povo.** [1]O
povo começou a queixar-se, e
isto desagradou aos ouvidos de Javé.
Ao ouvi-lo, Javé encheu-se de cólera; o
fogo de Javé irrompeu entre eles e de-
vorou a extremidade do acampamen-
to. [2]O povo então clamou* a Moisés, o
qual implorou a Javé, e o fogo se extin-
guiu. [3]Deram àquele lugar o nome de
"Tabera", porque aí o fogo de Javé se
acendera entre eles.

[4]Certa gentinha* que se encontra-
va no meio deles foi tomada de um
desejo incontrolável, e também os is-
raelitas recomeçaram a chorar, dizen-
do: "Quem dera que tivéssemos carne
para comer! [5]Lembramo-nos do peixe
que comíamos de graça no Egito; das
melancias, dos melões, da verdura, das
cebolas e dos alhos; [6]agora, porém, es-
tamos enfraquecidos; não vemos nada
senão este maná".

[7]O maná era parecido* com a semen-
te de coentro, e seu aspecto era como
o da resina. [8]O povo se dispersava para
colhê-lo e o moía num moinho ou o
socava num pilão, para depois cozinhá-
-lo na panela e fazer bolos; tinha gosto
de pão amassado com óleo. [9]Quando
à noite caía o orvalho sobre o acam-
pamento, caía por cima dele o maná.*
Intercessão de Moisés. [10]Moisés ou-
viu o povo chorar agrupado por famí-
lias, cada qual à porta da própria tenda;

* **10**,29. Êx 2,15-22 / Gn 12,2 | 34. 9,15-23; Êx 40,34-38 | 35. Sl 68,2; Is 33,3 | **11**,2. Êx 32,11 | 4. Êx 16 | 7. Êx 16,14 | 9. Êx 32,11

Javé ficou imensamente irado e Moisés
sentiu grande desgosto. 11Então Moi-
sés disse a Javé: "Por que tratastes tão
mal* vosso servo? E por que não en-
contrei graça diante de vós, a ponto de
me impordes o cuidado de todo este
povo? 12Acaso fui eu que concebi todo
este povo? E fui eu que o dei à luz para
vós me dizerdes: 'Leva-o em teu colo,
como a ama carrega o bebê, até a ter-
ra que jurei dar a seus pais'? 13Onde
encontrarei carne para dar a todo este
povo, que chora junto de mim, dizen-
do: 'Dá-nos carne para comer'? 14Eu
não posso levar sozinho* o fardo deste
povo, pois é pesado demais para mim.
15Se quereis tratar-me assim, dai-me
antes a morte, eu vos peço, se encon-
trei graça a vossos olhos, para que eu
não veja mais minha desventura".

Resposta de Javé. 16Javé disse a Moi-
sés: "Reúne para mim setenta homens
dentre os anciãos de Israel, que tu sai-
bas serem pessoas maduras e de con-
fiança; leva-os à tenda da reunião e
fiquem junto de ti. 17Eu descerei e ali
falarei contigo; tomarei do espírito que
há em ti e o porei neles, para que levem
contigo o fardo do povo e não o leves
sozinho.

18Dirás ao povo: Santificai-vos para
amanhã* e comereis carne, pois haveis
chorado aos ouvidos de Javé, dizendo:
'Quem dera que tivéssemos carne para
comer! Estávamos tão bem no Egito!'
Por isso Javé vos dará carne e comereis.
19Não comereis um dia só, nem cinco,
nem dez, nem vinte dias; 20mas por um
mês inteiro, até que vos saia pelas na-
rinas e vos cause náuseas, já que rejei-
tastes Javé que está no meio de vós e
chorastes, dizendo: Por que saímos do
Egito?"

21Moisés respondeu:* "Este povo, no
meio do qual estou, conta seiscentos
mil homens a pé, e vós dizeis: 'Eu lhes
darei carne e comerão durante um mês
inteiro?' 22Seria suficiente para eles
abater as ovelhas e os bois? Juntando
para eles todos os peixes do mar, bas-
tariam para saciá-los?" 23Javé replicou
a Moisés:* "Acaso se encurtou o braço
de Javé? Verás agora se minha palavra
se cumpre ou não".

24Moisés saiu então e referiu ao povo
as palavras de Javé; escolheu setenta
homens dentre os anciãos do povo e
os colocou ao redor da tenda. 25Então
Javé desceu na nuvem* e lhe falou; to-
mou do espírito que estava nele e o
pôs nos setenta anciãos; e logo que o
espírito pousou sobre eles, puseram-se
a profetizar, mas depois nunca mais.

Carisma profético. 26Haviam ficado
no acampamento dois homens, um
chamado Eldad e o outro Medad. O es-
pírito pousou também sobre eles, pois
estavam na lista, mas não tinham ido à
tenda; e profetizaram no acampamen-
to. 27Um jovem correu e levou a notí-
cia a Moisés, dizendo: "Eldad e Medad
estão profetizando no acampamento".
28Então Josué,* filho de Nun†, minis-
tro de Moisés desde jovem, tomou a
palavra e disse: "Moisés, meu senhor,
proíbe-os". 29Moisés replicou: "És tu
ciumento por minha causa? Quem dera
que todos do povo de Javé profetizas-
sem,* e Javé infundisse neles seu espí-
rito!"† 30A seguir Moisés voltou para o
acampamento junto com os anciãos de
Israel.

As codornizes. 31Então, por ordem de
Javé, levantou-se um vento* que trou-
xe do mar codornizes e as fez cair so-
bre os acampamentos, numa extensão
de um dia de caminho, de um lado e
do outro em volta do acampamento,
até a altura de dois côvados do chão.
32O povo esteve de pé todo aquele
dia, toda aquela noite e todo o dia se-
guinte recolhendo codornizes; quem

---

* **11**,11. Êx 3,11; 4,1: 5,22 | 14. Êx 18,18 | 18. Êx 19,10 | 21. 1,46 | 23. Is 50,2; 59,1; Jr 32,17; Ez 12,25; 24,14 | 25. 1Sm 10,9-13; 19,20-24; 2Rs 2,9 | 28. Js 1,1 | 29. Jl 3,1s; At 2 | 31. Êx 16,12s | 34. Dt 9,22

† **11**,28. Seu nome era Oseias, Nm 13,16, e Moisés mudou-o para Josué, que é o mesmo nome de Jesus, "Javé salva". | 29. Moisés deseja que todos, e não apenas certas categorias de pessoas, recebam os dons do Espírito, o que Joel anuncia para os tempos messiânicos, Jl 3,1-2, e se realiza em Pentecostes, At 2,16-21, e hoje pelos sacramentos da Igreja.

recolheu menos recolheu dez almudes;
e as estenderam para si ao redor do
acampamento. 33Tinham ainda a carne
entre os dentes e não tinham acabado
de mastigá-la, quando a cólera de Javé
se acendeu contra seu povo e o feriu
com um terrível flagelo. 34Deram àque-
le lugar o nome* de "Cibrot-Ataava" †,
porque ali foi sepultado o povo que
se deixou dominar pela cobiça. 35De
Cibrot-Ataava o povo partiu para Ha-
serot e aí acampou.

12 **Castigo de Maria.** 1Maria e
Aarão criticaram Moisés* por
causa de sua esposa etíope, pois Moi-
sés havia se casado com uma etíope†.
2Disseram: "Será que Javé falou apenas
com Moisés? Não falou também co-
nosco?" Javé ouviu isto. 3Ora, Moisés
era muito humilde,* mais que qualquer
pessoa deste mundo. 4De repente, Javé
disse a Moisés, a Aarão e a Maria: "Saí
todos os três e ide à tenda da reunião".
Saíram os três. 5Javé desceu na coluna
de nuvem e se pôs à entrada da ten-
da; chamou Aarão e Maria, e eles se
apresentaram. 6Ele disse: "Escutai com
atenção o que vou dizer: Se entre vós
há um profeta, eu, Javé, me manifes-
to a ele em visão, e em sonhos eu lhe
falo. 7Mas não é assim com meu servo
Moisés,* que é o homem de confian-
ça em toda a minha casa. 8Com ele eu
falo face a face,* claramente e não por
enigmas; e ele contempla a forma de
Javé. Como, pois, vos atrevestes a criti-
car Moisés, meu servo?" 9A ira de Javé
se acendeu contra eles; e ele se retirou.
10Quando a nuvem se afastou de
cima do tabernáculo, Maria ficou lepro-
sa,* branca como a neve; Aarão voltou-
-se para Maria e viu que estava leprosa.
11Então Aarão disse a Moisés:* "Eu te
peço, meu senhor, não nos faças carre-
gar a culpa do pecado, porque agimos
como loucos e pecamos! 12Que ela não
seja como um natimorto, que sai do
seio materno com a metade da carne
já consumida". 13Moisés clamou a Javé,
dizendo: "Ó Deus, eu vos peço, curai-a!"
14Javé respondeu a Moisés: "Se seu pai
lhe tivesse cuspido no rosto, não ficaria
ela coberta de vergonha* durante sete
dias? Que ela fique, pois, excluída por
sete dias do acampamento e depois
será readmitida". 15Maria ficou durante
sete dias excluída do acampamento, e
o povo não se pôs a caminho enquanto
Maria não foi readmitida. 16Depois dis-
so o povo partiu de Haserot e acampou
no deserto de Farã.

13 **Envio de exploradores a
Canaã.** 1Javé disse a Moisés:
2"Envia homens* para explorar a terra
de Canaã, que vou dar aos israelitas;
enviareis um de cada tribo patriarcal,
e que sejam todos chefes entre eles".
3Moisés mandou-os do deserto de
Farã, conforme a ordem de Javé; todos
eram chefes dos israelitas.
4São estes seus nomes:
Da tribo de Rúben, Samua, filho de
Zacur;
5da tribo de Simeão, Safat, filho de
Huri;
6da tribo de Judá, Caleb, filho de Je-
foné;
7da tribo de Issacar, Igal, filho de
José;
8da tribo de Efraim, Oseias, filho de
Nun;
9da tribo de Benjamim, Falti, filho de
Rafu;
10da tribo de Zabulon, Gediel, filho
de Sodi;
11da tribo de José, isto é, da tribo de
Manassés, Gadi, filho de Susi;
12da tribo de Dã, Amiel, filho de Ge-
mali;
13da tribo de Aser, Setur, filho de Mi-
guel;
14da tribo de Neftali, Naabi, filho de
Vapsi;
15da tribo de Gad, Guel, filho de Maqui.

---

* **12**,1. Êx 15,20; 20,1 | 3. Êx 3,11; 4,10s; Eclo 45,4 | 7. Hb 3,2-5 | 8. Êx 33,11; 1Cor 13,12; Êx 33,20 | 10. Dt 24,9 | 11. Êx 32,11 | 14. Lv 13,4-6 | **13**,2. Dt 1,20-29

† **11**,34. Este nome significa "sepulcros da cobiça". | **12**,1. Maria é irmã de Moisés, Nm 26,59, e a mulher etíope é a madianita Séfora, Êx 2,21.

[16]São esses os nomes dos enviados por Moisés para observar a terra. Moisés deu a Oseias, filho de Nun, o nome de Josué.

[17]Moisés enviou-os para espiar a terra de Canaã e disse-lhes: "Subi daqui ao Negueb e depois escalai as montanhas; [18]vede como é a terra e o povo que a habita, se ele é forte ou fraco, se são poucos ou muitos; [19]como é a terra por ele habitada, se é boa ou ruim; como são as cidades onde mora, se são abertas ou fortificadas; [20]como é o terreno, se é fértil ou pobre e se existem árvores ou não. Sede corajosos e trazei dos produtos da terra". Era então o tempo das primeiras uvas.

[21]Subiram, pois, e exploraram a terra desde o deserto de Sin até Roob, à entrada de Emat. [22]Tendo subido pelo Negueb, chegaram até Hebron, onde se achavam Aimã, Sesai e Tolmai, os descendentes de Enac. Hebron fora construída sete anos antes de Tânis, cidade do Egito. [23]Chegaram ao vale de Escol, onde cortaram um ramo com um cacho de uvas, e dois homens o carregaram numa vara; levaram também romãs e figos. [24]Aquele lugar foi chamado vale de Escol†, por causa do cacho que os israelitas haviam cortado ali.

Relato dos exploradores. [25]Quarenta dias depois,* voltaram da exploração da terra. [26]Ao chegar, apresentaram-se a Moisés, a Aarão e a toda a comunidade dos israelitas no deserto de Farã, em Cades; deram informações a eles e a toda a comunidade e mostraram os frutos da terra. [27]Disseram assim a Moisés: "Fomos à terra à qual nos enviaste; nela de fato corre leite e mel,* e são estes seus produtos. [28]Mas o povo que a habita é forte, as cidades são fortificadas e muito grandes; vimos ali também os descendentes de Enac. [29]Os amalecitas moram na região do Negueb; os heteus, os jebuseus e os amorreus, nas montanhas; os cananeus moram à beira-mar e ao longo do Jordão". [30]Então Caleb fez o povo calar diante de Moisés, dizendo: "Subamos para conquistar a terra! Somos capazes, não há dúvida!"

[31]Mas os outros que haviam ido com ele diziam: "Não podemos atacar esse povo, porque é mais forte do que nós". [32]E falavam mal da terra que haviam explorado, dizendo aos israelitas: "A terra que fomos observar é um país que devora seus habitantes, e todas as pessoas que nela vimos são de grande estatura. [33]Vimos ali desses gigantes, isto é, os descendentes de Enac,* da raça dos gigantes; tínhamos a impressão de ser gafanhotos, e assim devíamos parecer aos olhos deles".

14 **Rebelião do povo.** [1]Então toda a comunidade* prorrompeu em altos brados e o povo passou a noite chorando. [2]Todos os israelitas murmuraram* contra Moisés e Aarão e toda a comunidade lhes disse: "Quem dera que tivéssemos morrido na terra do Egito, ou perecido neste deserto! [3]Por que Javé nos conduz a essa terra? Para morrermos pela espada e serem nossas mulheres e nossas crianças presa do inimigo? Não seria melhor voltarmos para o Egito?" [4]E disseram uns aos outros: "Escolhamos um chefe e voltemos para o Egito".

[5]Então Moisés e Aarão prostraram-se com o rosto em terra diante de toda a comunidade reunida dos israelitas. [6]Josué, filho de Nun, e Caleb, filho de Jefoné, dois dos exploradores da terra, rasgaram suas vestes [7]e disseram a toda a comunidade dos israelitas: "A terra que percorremos para explorar é uma terra extremamente boa. [8]Se Javé nos for favorável, ele nos introduzirá nela e no-la entregará; é uma terra onde corre leite e mel. [9]Mas não vos revolteis contra Javé, nem tenhais medo do povo daquela terra, pois podemos devorá-los como pão. Seus deuses protetores os abandonaram, enquanto que Javé está conosco; não os temais".

---

* **13**,25. Dt 1,25 | 27. Êx 3,8 | 33. Dt 2,10 | **14**,1. Dt 1,26-32 | 2. Êx 14,11 | 10. Êx 32,7-14 | 11. Êx 32,10 | 12. Gn 12,2

† **13**,24. Escol quer dizer cacho. Esse vale fica perto de Hebron, a 30 km ao sul de Jerusalém.

10Toda a comunidade* estava a ponto de apedrejá-los, quando a glória de Javé apareceu na tenda da reunião a todos os israelitas. 11Javé disse a Moisés: "Até quando este povo me desprezará? Até quando se negará a crer em mim, apesar de todos os sinais* que realizei no meio deles? 12Eu o ferirei com a peste e o aniquilarei; mas farei de ti uma nação maior* e mais forte do que eles".

Intercessão de Moisés. 13Moisés respondeu a Javé: "Os egípcios ficarão sabendo, pois com vossa força fizestes sair este povo do meio deles, 14e o dirão aos habitantes desta terra. Eles ouviram que vós, Javé, estais no meio deste povo, que vos mostrais a eles face a face,* que vossa nuvem está sobre eles e que caminhais à frente deles numa coluna de nuvem de dia e numa coluna de fogo de noite. 15Ora, se destruirdes este povo* como se fosse um só homem, as nações que antes ouviram vossa fama dirão: 16Javé não foi capaz de levar este povo à terra que lhe havia prometido com juramento, por isso os destruiu no deserto. 17Agora, pois, que o grande poder de Javé se manifeste, conforme dissestes: 18Javé é paciente* e cheio de misericórdia, perdoa a iniquidade, mas não deixa impune o culpado, castigando a iniquidade dos pais nos filhos, até a terceira e a quarta geração. 19Perdoai, pois, a culpa deste povo, conforme a grandeza de vossa bondade, como perdoastes a este povo desde o Egito até aqui". 20Javé respondeu: "Perdoo* conforme teu pedido. 21Mas, por minha vida e pela glória de Javé* que enche toda a terra, 22todos os que viram minha glória e os sinais que realizei no Egito e no deserto, que já me puseram à prova dez vezes e não obedeceram a minha voz, 23não verão a terra que eu prometi com juramento a seus pais; nenhum dos que me desprezaram a verá! 24Mas meu servo Caleb, porque foi animado de um outro espírito e me obedeceu plenamente, eu o introduzirei naquela terra onde entrou, e sua descendência a possuirá. 25Já que os amalecitas e os cananeus habitam no vale, voltai amanhã para trás e parti para o deserto pelo caminho do mar Vermelho".

Castigo. 26Javé falou a Moisés e a Aarão, dizendo: 27"Até quando essa comunidade perversa vai murmurar contra mim? Tenho ouvido as queixas que os israelitas fazem contra mim. 28Dize-lhes: Por minha vida, diz Javé, eu vos tratarei conforme vossas palavras que eu ouvi†. 29Cairão neste deserto vossos cadáveres, vós todos que fostes recenseados, desde a idade de vinte anos para cima, vós que murmurastes contra mim. 30Juro que não entrareis na terra na qual jurei estabelecer-vos, exceto Caleb, filho de Jefoné, e Josué, filho de Nun! 31Vossos filhos, dos quais dissestes que seriam presa do inimigo, eu os farei entrar; eles hão de conhecer a terra que vós desprezastes; 32mas, quanto a vós, vossos cadáveres cairão neste deserto. 33Vossos filhos andarão errantes no deserto durante quarenta anos, levando o peso de vossas infidelidades, até que vossos cadáveres sejam consumidos no deserto. 34Conforme o número de dias empregados para explorar a terra, que foi de quarenta, contando um ano para cada dia, carregareis o castigo de vossas culpas por quarenta anos e tereis a experiência de meu desagrado. 35Eu, Javé, o disse. Assim tratarei esta comunidade perversa, que se rebelou contra mim: neste deserto será consumida e nele morrerá".

36Os homens que Moisés havia mandado explorar a terra e que, voltando, haviam levado toda a comunidade a murmurar contra ele, falando mal da terra, 37esses homens que haviam difamado a terra foram feridos de morte

* **14**,14. Êx 33,14; 34,9s | 15. 9,15-23; Êx 13,21; Êx 33,12 | 18. Êx 34,6s | 20. Dt 1,34-40 | 21. Is 6,3; 11,9; Hab 3,3; Sl 57,6; 72,19; Êx 24,16

† **14**,28. Javé castiga as murmurações dos israelitas, prometendo que acontecerá o que eles próprios disseram, cf. v. 2.

diante de Javé; 38só Caleb, filho de Je-
foné, e Josué, filho de Nun, sobrevive-
ram dentre os que tinham ido explorar
a terra.
Derrota. 39Moisés transmitiu* essas
palavras a todos os israelitas, e o povo
ficou muito amargurado. 40Na manhã
seguinte, bem cedo, puseram-se a ca-
minho para a região das montanhas, di-
zendo: "Estamos dispostos a subir para
o lugar do qual Javé falou, pois peca-
mos". 41Moisés disse: "Por que quereis
transgredir a ordem de Javé? Não sereis
bem-sucedidos. 42Não subais, porque
Javé não está no meio de vós; não sejais
derrotados por vossos inimigos. 43Os
amalecitas e os cananeus estão lá, dian-
te de vós, e caireis pela espada; porque
deixastes de seguir Javé, ele não estará
convosco". 44Mas eles teimaram em su-
bir para a região das montanhas, quan-
do nem a arca de Javé,* nem Moisés se
moveram do acampamento. 45Então os
amalecitas* e os cananeus, que habita-
vam na região das montanhas, desce-
ram e os derrotaram, perseguindo-os
até Horma.

15

Oblações e sacrifícios. 1Javé
disse a Moisés: 2"Fala aos israe-
litas* o seguinte: Quando tiverdes en-
trado na terra em que ides morar e que
eu vos dou, 3e fizerdes a Javé uma ofe-
renda queimada, holocausto ou sacrifí-
cio, em cumprimento de uma promes-
sa ou como oferta espontânea, ou por
ocasião de vossas festas, para oferecer
a Javé um perfume agradável, com bois
ou ovelhas, 4aquele que fizer sua oferta
a Javé oferecerá como oblação um dé-
cimo de efá de flor de farinha, amassada
com um quarto de hin de azeite. 5Farás
uma libação de um quarto de hin de
vinho com o holocausto ou o sacrifício,
para cada cordeiro. 6Para um carneiro,
oferecerás como oblação dois décimos
de um efá de flor de farinha, amassa-
da com um terço de hin de azeite, 7e
para a libação apresentarás um terço de
hin de vinho, como perfume agradável
a Javé. 8Se ofereceres a Javé um novi-
lho como holocausto ou sacrifício, para
cumprir uma promessa ou como sacri-
fício de comunhão, 9apresentarás com
o novilho, como oblação, três décimos
de flor de farinha amassada com meio
hin de azeite, 10e para a libação ofere-
cerás meio hin de vinho como oferenda
queimada, de perfume agradável a Javé.
11Assim se fará para cada boi, carneiro,
cordeiro ou cabrito. 12Conforme o nú-
mero de animais que oferecerdes, fareis
assim para cada sacrifício. 13Todo nativo
procederá desse modo ao oferecer ví-
timas para queimar em perfume agra-
dável a Javé. 14Se um estrangeiro que
reside convosco, ou qualquer outro que
se encontrar em vosso meio nas gera-
ções futuras, quiser fazer uma oferenda
queimada em perfume agradável a Javé,
fará como vós fazeis. 15Haverá uma só
norma* para toda a assembleia, para
vós e para o estrangeiro que reside con-
vosco; será uma norma perpétua para
todas as vossas gerações; como sois
vós, assim será o estrangeiro diante de
Javé. 16Haverá uma só lei e uma só regra
para vós e para o estrangeiro que habita
convosco.*
Primícias e expiações. 17Javé disse a
Moisés: 18"Fala aos israelitas: Quando ti-
verdes entrado na terra para a qual vos
conduzo, 19então, ao comerdes o pão
da terra, separareis um tributo para Javé.
20Como primícias de vossa massa, sepa-
rareis um bolo, como se separa o tributo
da eira. 21Das primícias de vossa massa
dareis a Javé uma parte como tributo,
em todas as vossas gerações. 22E, se por
inadvertência faltardes* e não puserdes
em prática todos estes mandamentos
que Javé deu a Moisés, 23ou seja, tudo
o que Javé vos ordenou através de Moi-
sés, desde o dia em que Javé vos deu
suas ordens e daí em diante, por todas
as vossas gerações, 24então, se o peca-
do foi cometido por inadvertência, sem
que a comunidade o notasse, toda ela
oferecerá um novilho em holocausto
de odor agradável a Javé, junto com a

---

* **14**,39. 20,12; Dt 1,41-45 | 44 10,35 | 45. Êx 17,8 | **15**,2. Êx 29,40s; Lv 23,18; 2,1-10 | **15**,15. Êx 12,48 | 16. Lv 17,15; 24,22; 9,14; 15,29s | 22. Lv 4

oblação e a libação, e um bode em sa-
crifício pelo pecado. 25O sacerdote fará
a expiação por toda a comunidade dos
israelitas, e lhes será perdoado, porque
foi uma inadvertência, e eles apresenta-
ram diante de Javé sua oferenda para ser
queimada e seu sacrifício pelo pecado
diante de Javé por sua inadvertência. 26E
será perdoado a toda a comunidade dos
israelitas e ao estrangeiro que mora no
meio deles, porque o povo inteiro agiu
por inadvertência. 27Mas se quem pecou
por inadvertência for uma só pessoa,
oferecerá uma cabra de um ano como
sacrifício pelo pecado. 28O sacerdote fará
a expiação diante de Javé pela pessoa
que pecou por inadvertência, quando o
fez sem o devido conhecimento; o sa-
cerdote fará o rito de expiação por ela,
e lhe será perdoado. 29Tereis uma mes-
ma lei para aquele que pecar por inad-
vertência, quer seja um nativo dentre os
israelitas, quer seja um estrangeiro que
habite entre vós. 30Mas quem pecar de-
liberadamente, quer seja nativo do país,
quer seja estrangeiro, ultraja Javé; deverá
ser exterminado do meio de seu povo.
31Por ter desprezado a palavra de Javé e
violado seu mandamento, ele será exter-
minado; será responsável por sua culpa".
O violador do sábado. 32Enquanto os
israelitas estavam no deserto,* surpreen-
deram um homem apanhando lenha em
dia de sábado; 33os que o encontraram
apanhando lenha o apresentaram a Moi-
sés, a Aarão e a toda a comunidade 34e
o puseram sob custódia, porque ainda
não estava definido o que se devia fazer
com ele. 35Javé disse a Moisés: "Este ho-
mem seja morto;* toda a comunidade o
apedreje fora do acampamento". 36Toda
a comunidade o levou para fora do alo-
jamento e o apedrejou; e ele morreu,
como Javé havia ordenado a Moisés.
As franjas das vestes. 37Javé falou a
Moisés, dizendo: 38"Fala aos israelitas*
e dize-lhes que, por todas as gerações,
façam franjas nos cantos de suas ves-
tes e prendam as franjas de cada can-
to com um cordão de púrpura violeta.
39As franjas vos servirão para que, ven-
do-as, vos lembreis de todos os man-
damentos de Javé, para os praticardes,
e não vos deixeis levar por vosso co-
ração nem por vossos olhos atrás dos
quais vos costumais prostituir; 40por-
que assim vos lembrareis de meus pre-
ceitos e os poreis em prática, e sereis
santos diante de vosso Deus. 41Eu sou
Javé, vosso Deus, que vos tirei da terra
do Egito para ser vosso Deus. Eu sou
Javé, vosso Deus".

16 **A revolta de Coré.** 1Coré,* fi-
lho de Isaar, filho de Caat, filho
de Levi, Datã e Abiram, filhos de Eliab, e
On, filho de Felet – Eliab e Felet eram fi-
lhos de Rúben – 2revoltaram-se contra
Moisés, junto com duzentos e cinquen-
ta israelitas, dentre os principais da co-
munidade, membros do conselho e ho-
mens de renome. 3Reuniram-se contra
Moisés e Aarão e lhes disseram: "Basta!
Toda a comunidade é santa, todos são
santos e no meio deles está Javé. Com
que direito vos colocais acima da co-
munidade de Javé?"†
4Ouvindo isto, Moisés prostrou-se
com o rosto em terra. 5Depois falou a
Coré e a todo o seu grupo, dizendo:
"Amanhã de manhã Javé dará a conhe-
cer quem lhe pertence e quem é santo
e o fará aproximar-se dele; fará aproxi-
mar-se dele seu eleito. 6Fazei, pois, isto:
tomai turíbulos, tu, Coré, e todo o teu
grupo; 7amanhã ponde fogo neles e
incenso sobre o fogo, diante de Javé;
o homem que Javé tiver escolhido será
o santo. Isso vos baste, filhos de Levi!".
8Depois, disse a Coré: "Ouvi-me, ó filhos
de Levi. 9É pouco para vós que o Deus
de Israel vos tenha separado da comu-
nidade* de Israel e vos tenha aproxima-
do dele, para o servirdes no taberná-
culo de Javé e para estardes diante da
comunidade como seus ministros? 10Ele

---

* **15**,32. Êx 20,8; 31,12-17; 35,1-3 | 35. Lv 24,12 | 38. Dt 22,12; Mt 9,20; 23,5 | **16**,1. Sl 106,16-18; Eclo 45,18-20; Jd 11 | 9. 3,45; 8,14-19

† **16**,3. Revoltam-se por não aceitarem uma hierarquia dentro da comunidade, com funções próprias para cada categoria: leigos, levitas, sacerdotes.

vos chamou para junto dele, a ti e a to-
dos os teus irmãos, filhos de Levi; agora
ambicionais também o sacerdócio? 11É
contra Javé que vos reunistes, tu e teus
partidários. Quem é Aarão, para que
murmureis contra ele?"
12Moisés mandou chamar Datã e Abi-
ram, filhos de Eliab, mas eles responde-
ram: "Não vamos. 13Não basta ter-nos
tirado* de uma terra onde corre leite e
mel, para nos fazer morrer neste deser-
to? Queres também dominar sobre nós?
14Não é a uma terra onde corre leite e
mel que nos conduziste, nem nos deste
em posse terrenos e vinhas. Pensas ar-
rancar os olhos desta gente? Não, não
vamos". 15Moisés, tomado de violenta
ira, disse a Javé: "Não olheis para sua
oblação; não tomei deles um jumento
sequer e a nenhum deles fiz mal".
Castigo. 16Então Moisés disse a Coré:
"Tu e todo o teu grupo, apresentai-
-vos amanhã diante de Javé; tu, eles e
também Aarão. 17Cada um de vós tome
seu turíbulo, ponha nele incenso e leve
cada um seu turíbulo diante de Javé:
duzentos e cinquenta turíbulos. Tam-
bém tu e Aarão, levareis cada um seu
turíbulo". 18Tomaram, pois, cada um
seu turíbulo, puseram-lhe fogo, colo-
caram incenso por cima e se puseram
à entrada da tenda da reunião com
Moisés e Aarão. 19Coré reuniu diante
deles toda a comunidade à entrada
da tenda da reunião. Então a glória de
Javé manifestou-se a toda a comuni-
dade. 20Javé falou a Moisés e a Aarão,
dizendo-lhes: 21"Separai-vos dessa co-
munidade, porque eu a destruirei num
instante". 22Eles então se prostraram
com o rosto em terra e disseram: "Ó
Deus, Deus que destes a vida a todas
as criaturas,* por causa de um só que
pecou, vos irritais contra toda a comu-
nidade?" 23Então Javé falou a Moisés e
lhe disse: 24"Fala à multidão e dize-lhe:
Saí de perto das tendas de Coré, Datã
e Abiram". 25Moisés levantou-se e foi
para onde estavam Datã e Abiram, se-
guido dos anciãos de Israel. 26E falou à
comunidade, dizendo: "Afastai-vos das
tendas desses homens ímpios e não to-
queis em nenhuma de suas coisas, para
não serdes consumidos em seus peca-
dos". 27Eles saíram de perto das tendas
de Coré, Datã e Abiram. Datã e Abiram
saíram para fora e se puseram de pé
à entrada de suas tendas, com suas
mulheres, seus filhos e suas crianças.
28Então Moisés disse:* "Nisto conhece-
reis que foi Javé que me mandou fazer
tudo o que fiz, e não agi por iniciativa
própria. 29Se estes morrerem de morte
natural e se a sorte deles for a de todos
os mortais, não foi Javé que me enviou.
30Mas se Javé fizer uma coisa inaudi-
ta, se a terra abrir sua boca e os tragar
com tudo o que lhes pertence, se des-
cerem vivos ao abismo, então sabereis
que estes homens rejeitaram Javé".
31Mal acabara de pronunciar essas pa-
lavras, fendeu-se o chão debaixo deles,
32a terra abriu-se e os tragou com suas
famílias, com todo o grupo de Coré e
com todos os seus bens. 33Eles, junto
com tudo o que possuíam, desceram
vivos à morada dos mortos†, a terra
fechou-se por cima deles e assim pere-
ceram no meio da comunidade. 34Ou-
vindo seus gritos, todos os israelitas
que se achavam em torno deles fugi-
ram, pois diziam: "Que a terra não nos
engula a nós também!" 35Um fogo saiu
de Javé* e devorou os duzentos e cin-
quenta homens que ofereciam incenso.

17 **Remoção dos turíbulos.** 1Javé
falou a Moisés, dizendo: 2"Or-
dena a Eleazar, filho do sacerdote Aa-
rão, que tire os turíbulos do meio das
chamas,* porque são objetos consa-
grados, e jogue fora o fogo. 3Os turí-
bulos desses homens que pecaram e
pagaram com a vida sejam reduzidos
a lâminas batidas para revestir o altar,
porque foram apresentados a Javé e

---

* **16**,13. Êx 3,8 | 22. 27,16; Jó 12,10; Ap 22,6; Gn 18,16-33 | 28. Êx 3,12; 4,30s; Jo 2,11 | 35. Lv 10,1-3 | **17**,2. Lv 10,1-3

† **16**,33. A expressão designa a morte repentina. Os antigos hebreus pensavam que todos os mortos iam para um mesmo lugar, subterrâneo, onde levavam uma vida semelhante ao sono.

portanto são sagrados; servirão de sinal para os israelitas". 4O sacerdote Eleazar tomou os turíbulos de bronze, apresentados pelos homens que foram devorados pelo fogo, e os mandou reduzir a lâminas para revestir o altar, 5como memorial para os israelitas, a fim de que não se aproxime nenhum estranho, não pertencente à descendência de Aarão, ofereça incenso diante de Javé e lhe aconteça como a Coré e a seus partidários, como Javé havia dito por meio de Moisés.

Tumulto acalmado. 6No dia seguinte, toda a multidão dos israelitas começou a reclamar contra Moisés e Aarão, dizendo: "Vós matastes o povo de Javé". 7Enquanto a comunidade se reunia contra Moisés e Aarão, estes se voltaram para a tenda da reunião; a nuvem a cobriu e apareceu a glória de Javé. 8Moisés e Aarão foram até diante da tenda da reunião, 9e Javé falou a Moisés, dizendo: 10"Saí do meio desta comunidade,* que eu a exterminarei num instante". Eles então se prostraram com o rosto em terra, 11e Moisés disse a Aarão: "Toma o turíbulo, põe nele fogo do altar e por cima incenso, vai depressa à comunidade e oferece expiação por ela, porque a ira de Javé se acendeu e já começou o flagelo". 12Aarão tomou o turíbulo, como Moisés havia ordenado, e correu para o meio da comunidade; o flagelo já havia começado entre o povo. Mas ele pôs o incenso e fez a expiação pelo povo, 13colocou-se entre os mortos e os vivos, e cessou a calamidade. 14Contudo pereceram naquela calamidade quatorze mil e setecentos, sem contar os que haviam morrido por causa de Coré. 15Aarão voltou para junto de Moisés à entrada da tenda da reunião, depois que cessou a calamidade.

A vara de Aarão. 16Javé disse a Moisés: 17"Fala aos israelitas que te deem uma vara para cada casa patriarcal, de cada um de seus chefes segundo suas casas patriarcais, isto é, doze varas. Escreverás o nome de cada um deles em sua vara; 18na vara de Levi escreverás o nome de Aarão, porque haverá uma vara para cada chefe de sua casa patriarcal. 19Tu as colocarás na tenda da reunião,* diante do testemunho, no lugar onde me encontro contigo. 20Aquele cuja vara florescer, será o que eu escolhi, e assim farei cessar diante de mim as reclamações dos israelitas contra vós". 21Falou, pois, Moisés aos israelitas, e todos os seus chefes lhe entregaram uma vara, uma vara para cada chefe, conforme suas casas patriarcais, isto é, doze varas; a vara de Aarão achava-se entre elas. 22Moisés colocou as varas diante de Javé na tenda do testemunho. 23No dia seguinte, Moisés entrou na tenda do testemunho, e a vara de Aarão, correspondente à tribo de Levi, havia florescido: havia brotado, tinham desabrochado flores e amadurecido as amêndoas. 24Então Moisés tirou todas as varas da presença de Javé e as levou a todos os israelitas; eles as viram e retomou cada qual sua vara. 25Javé disse a Moisés: "Torna a pôr a vara de Aarão diante do testemunho, para que seja conservada como sinal contra esses rebeldes; e farás cessar as reclamações deles contra mim, para que não morram". 26Assim fez Moisés; como Javé lhe havia ordenado, assim fez.

27Os israelitas disseram a Moisés: "Vê, estamos para morrer, estamos perdidos, todos perdidos! 28Todo aquele que se aproximar do tabernáculo de Javé morrerá; então morreremos todos?"

18 **Deveres e direitos dos levitas.** 1Javé disse a Aarão:* "Tu e teus filhos, e contigo a casa de teu pai, levareis o peso das iniquidades cometidas com relação ao santuário; tu e teus filhos contigo levareis o peso das iniquidades cometidas no exercício de vosso sacerdócio. 2Admite também teus irmãos, os da tribo de Levi, da linhagem de teu pai, para que sejam teus auxiliares e te sirvam quando tu e teus filhos contigo estiverdes diante da tenda do testemunho. 3Cumprirão

* **17**,10. 16,21; Sb 18,20-25 | 19. Êx 25,21s | **18**,1. Hb 7,25-28

tuas ordens e estarão a serviço de toda a tenda, mas não deverão aproximar-se dos utensílios sagrados nem do altar, para que não morram nem eles, nem vós. [4]Serão teus auxiliares e cuidarão da tenda da reunião em todos os serviços da tenda; e nenhum estranho se aproximará de vós. [5]Fareis o serviço do santuário e do altar, e assim não haverá mais cólera contra os israelitas. [6]Eu escolhi os levitas,* vossos irmãos, do meio dos israelitas; são um dom para vós, "doados" a Javé para o serviço da tenda da reunião. [7]Tu, porém, e teus filhos contigo, exercereis vosso sacerdócio em tudo o que se refere ao altar* e ao que está além do véu; e prestareis vosso serviço. Eu vos dou vosso sacerdócio como um dom para o serviço; e o estranho que se aproximar será morto".

Parte reservada aos sacerdotes. [8]Javé disse a Aarão: "Eu te entrego* o cuidado de meus tributos. Eu te dou todas as coisas consagradas pelos israelitas, como a parte que é destinada a ti e a teus filhos por direito perpétuo por causa de vossa unção. [9]Isto caberá a ti dentre as coisas santíssimas não consumidas pelo fogo: todas as suas oferendas, isto é, qualquer oblação, todo sacrifício pelo pecado, todo sacrifício de reparação; são coisas santíssimas que pertencem a ti e a teus filhos. [10]Tu as comerás no lugar mais sagrado, e delas comerão todos os homens; será coisa sagrada para ti. [11]Também isto será para ti: um tributo sobre as ofertas dos israelitas e o que eles oferecerão com o gesto de apresentação. Dou-os a ti, a teus filhos e a tuas filhas, como estatuto perpétuo;* poderá comê-los todo aquele de tua casa que estiver puro. [12]O melhor do azeite, do vinho e do trigo, as primícias que eles oferecem a Javé, dou-os a ti. [13]Serão tuas as primícias de todos os produtos da terra, que eles levarão a Javé; todo aquele de tua casa que estiver puro poderá comê-las. [14]Tudo o que em Israel for votado ao interdito será para ti. [15]Todo primogênito de qualquer ser vivo,* oferecido a Javé, tanto de homens como de animais, será teu; mas cuidarás que sejam resgatados os primogênitos dos homens e do mesmo modo farás resgatar os primogênitos dos animais impuros. [16]Resgatarás os que devem ser resgatados quando completarem um mês, segundo tua avaliação, por cinco siclos de prata, conforme o siclo do santuário, que é de vinte geras. [17]Não farás resgatar, porém, os primogênitos de vaca, de ovelha ou de cabra, porque são sagrados. Aspergirás seu sangue sobre o altar e queimarás sua gordura como oferenda queimada de perfume agradável a Javé. [18]A carne deles será tua, bem como o peito oferecido com o gesto ritual e a coxa direita. [19]Dou a ti, a teus filhos e a tuas filhas contigo, por estatuto perpétuo,* todo o tributo das coisas sagradas que os israelitas oferecem a Javé. É um pacto inviolável e eterno diante de Javé para ti e para tua descendência contigo".

[20]Javé disse a Aarão: "Não possuirás nenhuma herança em sua terra, e no meio deles nenhuma porção terás; eu sou tua porção e tua herança no meio dos israelitas. [21]Entreguei aos filhos de Levi* todos os dízimos dos israelitas pelo serviço que prestam, o serviço da tenda* da reunião; [22]assim os israelitas não mais se aproximarão da tenda da reunião, para que não levem sobre si um pecado e morram. [23]São os levitas que prestarão serviço na tenda da reunião; e eles responderão por suas faltas. É uma lei perpétua para vossas gerações; e não terão herança no meio dos israelitas. [24]Porque aos levitas dei por herança os dízimos que os israelitas separam em tributo a Javé; por isso eu lhes disse que não terão nenhuma herança no meio dos israelitas".

[25]Javé disse a Moisés: [26]"Falarás* aos levitas e lhes dirás: Quando receberdes dos israelitas o dízimo que vos dou como vossa herança da parte deles, tirareis dele um tributo para Javé,

---

* **18**,6. Esd 2,43 | 7. Êx 26,33 | 8. Lv 6-7; Ez 44,28-30 | 11. Dt 26,1 | 15. Êx 13,11 | 19. Lv 2,13 | 21. Dt 14,22 / Êx 19,12 | 26. Dt 14,22

isto é, o dízimo dos dízimos; 27será contado como tributo vosso, como se fosse o trigo da eira ou o vinho do lagar. 28Assim também vós retirareis o tributo de Javé de todos os dízimos que receberdes dos israelitas, e esse tributo separado para Javé o dareis ao sacerdote Aarão. 29De qualquer coisa que vos seja oferecida, separareis todo tributo para Javé; é do melhor de todas as coisas que retirareis a parte a ser consagrada. 30Tu dirás aos levitas: Uma vez separado o melhor, o restante será contado para vós, levitas, como o fruto da eira ou como o produto do lagar. 31Podereis comê-lo em qualquer lugar, vós e vossa família, porque é vossa recompensa pelo serviço que prestais na tenda da reunião. 32Assim não sereis culpados de nenhum pecado, porque oferecestes o melhor como tributo; e não profanareis as oferendas sagradas dos israelitas e não morrereis".

19 **Água da purificação.** 1Javé disse a Moisés* e a Aarão: 2"Esta é uma norma da lei que Javé prescreve: "Ordena aos israelitas que te tragam* uma novilha vermelha†, perfeita, sem defeito, que ainda não tenha sido submetida ao jugo". 3Vós a entregareis ao sacerdote Eleazar, o qual a levará para fora do acampamento e mandará que seja degolada em sua presença. 4O sacerdote Eleazar* molhará o dedo no sangue dela e aspergirá sete vezes* em direção da entrada da tenda da reunião. 5Depois fará queimar a novilha em sua presença; serão queimados o couro, a carne, o sangue e os excrementos. 6O sacerdote tomará* madeira de cedro, hissopo e escarlate e os lançará no fogo que queima a novilha. 7Então o sacerdote lavará suas vestes e seu corpo com água e voltará ao acampamento,* mas será impuro até a tarde. 8Também aquele que tiver queimado a novilha lavará suas vestes e seu corpo com água e será impuro até a tarde. 9Um homem puro recolherá as cinzas da novilha e as depositará fora do acampamento, em lugar puro, onde serão guardadas* para a comunidade dos israelitas, para a água purificadora. É um sacrifício pelo pecado. 10Aquele que tiver recolhido as cinzas da novilha lavará suas vestes e será impuro até a tarde. Isto será uma norma perpétua para os israelitas e para o estrangeiro que mora entre eles.

11Quem tocar o cadáver de qualquer pessoa* torna-se impuro por sete dias; 12ele se purificará com aquela água no terceiro e no sétimo dia e ficará puro; mas se não se purificar no terceiro e no sétimo dia, não ficará puro. 13Aquele que tocar o cadáver de uma pessoa e não se purificar contamina o tabernáculo de Javé e será exterminado de Israel; porque a água lustral não foi aspergida sobre ele, está impuro, e sua impureza permanece nele.

14Esta é a lei para o caso de uma pessoa que morre numa tenda: todos os que nela entrarem e tudo o que nela se encontrar serão impuros por sete dias. 15Todo vaso aberto, não fechado por tampa ou atadura, será impuro. 16Todo aquele que em campo aberto tiver tocado em alguém que morreu pela espada ou de morte natural, ou em ossos humanos, ou num sepulcro, será impuro por sete dias. 17Para o impuro se tomará dentro de um vaso cinza* da vítima queimada em sacrifício pelo pecado, e sobre ela se derramará água corrente. 18Um homem puro tomará hissopo e o molhará na água; aspergirá a tenda e todos os objetos, as pessoas que ali estiverem, aquele que tocou nos ossos, ou em alguém que foi morto ou morreu de morte natural, ou num sepulcro. 19O puro aspergirá o impuro no terceiro e no sétimo dia; quando o tiver purificado no sétimo dia, o impuro

* **19**,1. 31,23; Hb 9,13 | 2. Dt 21,3 | 4. Lv 4,12; Hb 13,11s / Lv 4,5s | 6. Lv 14,4-6 | 7. Lv 11,25.40 | 9. Lv 4,11s | 11. Lv 21,2; Ag 2,13 | 17. Lv 14,4s; Dt 21,1-9

† **19**,2. Este ritual, que parece de origem pagã, visava obter a cinza usada na água lustral. A cor vermelha lembra o sangue, fonte da vida, e a terra.

lavará as vestes e se banhará em água e
à tarde ficará puro. 20Mas o impuro que
não se purificar será exterminado do
meio da comunidade, porque contami-
na o santuário de Javé; não tendo sido
aspergida sobre ele a água da purifi-
cação, permanece impuro. 21Será uma
norma perpétua para eles; aquele que
tiver feito a aspersão com a água da
purificação lavará suas vestes, e quem
tiver tocado a água da purificação será
impuro até a tarde; 22todas as coisas
que o impuro tocar ficarão impuras; e a
pessoa que o tiver tocado ficará impura
até a tarde".

20 **Águas de Meriba.** 1Os israeli-
tas, toda a comunidade,* che-
garam ao deserto de Sin no primeiro
mês, e o povo acampou em Cades. Foi
ali que morreu Maria e ali mesmo foi
sepultada. 2Como faltasse água* para
a comunidade, amotinaram-se contra
Moisés e Aarão. 3O povo discutia com
Moisés e dizia: "Quem dera que tivés-
semos morrido quando morreram*
nossos irmãos diante de Javé! 4Por que
trouxestes a comunidade de Javé a este
deserto? para morrermos aqui nós e
nossos rebanhos? 5Por que nos fizestes
sair da terra do Egito? para trazer-nos
a este lugar miserável, que não serve
para semear, que não tem figueiras,
nem videiras, nem romãs e nem sequer
água para beber?"
6Moisés e Aarão deixaram a comuni-
dade, foram à entrada da tenda da re-
união e se prostraram com o rosto em
terra; então apareceu-lhes a glória de
Javé. 7E Javé falou a Moisés,* dizendo:
8"Toma a vara e reúne a comunidade,
tu e Aarão, teu irmão; na presença de-
les falai à rocha, e ela dará suas águas;
farás assim brotar água da rocha e da-
rás de beber à comunidade e a seus
animais". 9Moisés tomou a vara que es-
tava diante de Javé, conforme lhe fora
ordenado. 10Moisés e Aarão reuniram
a comunidade diante da rocha, e dis-
se Moisés: "Ouvi, ó rebeldes! Podere-
mos fazer brotar água desta rocha para
vós?" 11Moisés levantou a mão* e bateu
duas vezes na rocha com a vara; jorrou
água em abundância, e a comunidade
e seus animais beberam. 12Javé disse a
Moisés e Aarão:* "Visto que não crestes
em mim†, de modo a manifestar minha
santidade aos olhos dos israelitas, vós
não introduzireis esta comunidade na
terra que lhe dou". 13Estas são as águas
de Meriba,* onde os israelitas discu-
tiram com Javé, e ele manifestou sua
santidade entre eles.
Partida de Cades. 14De Cades, Moisés
enviou embaixadores* ao rei de Edom,
para lhe dizerem: "Israel, teu irmão,†
manda dizer-te: Tu conheces todas as
tribulações por que passamos; 15como
nossos pais desceram ao Egito e ali ha-
bitamos por longo tempo, e os egíp-
cios nos maltrataram a nós e a nossos
pais; 16como nós clamamos a Javé, que
ele ouviu nossa voz* e enviou um anjo
que nos tirou do Egito. Agora estamos
em Cades†, cidade situada no limite de
teu território. 17Deixa-nos passar por
tua terra; não atravessaremos campos
nem vinhas, nem beberemos água dos
poços; seguiremos a estrada real, sem
nos desviar para a direita nem para a
esquerda, até que tenhamos atraves-
sado teu território". 18Mas Edom res-
pondeu-lhe: "Tu não passarás por meu
território; do contrário, sairei armado a
teu encontro". 19Os israelitas lhe disse-
ram: "Subiremos pela estrada batida; se
nós ou nosso gado bebermos de tuas
águas, pagaremos seu preço; deixa-nos
simplesmente atravessar a pé". 20Mas
ele disse: "Não passarás". E Edom saiu a
seu encontro com um exército grande
e forte. 21Assim Edom recusou deixar

---

* **20**,1. Êx 17,1-7 | 2. Êx 14,11 | 3. 16,34; 17,28 | 7. 17,25 | 11. 1Cor 10,4; Jo 7,38; 19,34 | 12. Dt 1,37; 3,26s; 32,51; 33,8; Sl 106,32s | 13. 27,14; Êx 17,7 | 14. Dt 2,4-7; Jz 11,17; Am 1,11; Is 34; 63,1-6 | 16. Êx 23,20; 21,22 | 22. 33,38s; Dt 10,6

† **20**,12. O pecado de Moisés pode estar em suas palavras, v. 10, ou no gesto de bater duas vezes na rocha, ou ainda no fato de não ter empreendido logo a conquista de Canaã, Nm 14,20-25; Dt 4,21. | 14. Edom designa os descendentes de Esaú, filho de Isaac e irmão de Jacó-Israel. | 16. Os israelitas viveram em Cades trinta e oito anos, como se deduz de Nm 33,38.

Israel passar por seu território, e Israel
desviou-se dele.
Morte de Aarão. [22]Então os israelitas,
toda a comunidade, partiram de Cades*
e chegaram ao monte Hor. [23]Javé fa-
lou a Moisés e a Aarão no monte Hor,
nos confins da terra de Edom, dizendo:
[24]"Aarão vai ser reunido a sua gente,
pois não deve entrar na terra que dou
aos israelitas, porque fostes rebeldes
a minha ordem nas águas de Meriba.
[25]Toma Aarão e seu filho Eleazar e faze-
-os subir ao monte Hor; [26]despoja Aa-
rão de seus paramentos, reveste com
eles seu filho Eleazar; Aarão será reuni-
do aos seus e ali morrerá". [27]Moisés fez
como Javé havia ordenado, e subiram
ao monte Hor à vista de toda a comu-
nidade. [28]Moisés tirou os paramentos
de Aarão e com eles revestiu Eleazar,
seu filho; e Aarão morreu ali, no alto do
monte. Moisés e Eleazar desceram do
monte. [29]Toda a multidão compreendeu
que Aarão tinha morrido* e toda a casa
de Israel o chorou durante trinta dias.

21 **Derrota do rei de Arad.**
[1]Quando o rei cananeu de
Arad, que morava no Negueb, soube
que Israel vinha pela estrada de Atarim,
combateu contra ele e fez prisioneiros.
[2]Então Israel fez a Javé esta promessa:
"Se entregardes este povo em minhas
mãos, votarei suas cidades ao interdi-
to". [3]Javé atendeu ao pedido de Israel
e entregou os cananeus em suas mãos;
Israel os votou ao interdito junto com
suas cidades, e aquele lugar recebeu o
nome de Horma†.

III. NAS ESTEPES DE MOAB (21,4–36,13)

A serpente de bronze. [4]Os israelitas
partiram do monte Hor na direção do
mar Vermelho, para rodearem o país
de Edom. Durante a viagem* o povo
perdeu a coragem [5]e reclamava con-
tra Javé e contra Moisés, dizendo: "Por
que nos fizestes subir do Egito? Para
morrermos no deserto? Não há pão,
não há água e estamos enjoados des-
te alimento fraco". [6]Então Javé enviou
contra o povo* serpentes venenosas,
que os mordiam, e morreu muita gente
de Israel. [7]O povo dirigiu-se a Moisés,
dizendo: "Pecamos, reclamando contra
Javé e contra ti; pede a Javé que afaste
de nós as serpentes". E Moisés rezou
pelo povo. [8]Javé disse-lhe:* "Faze para
ti uma serpente venenosa e suspende-
-a numa haste. Todo aquele que for
mordido e olhar para ela ficará com
vida". [9]Então Moisés fez uma serpente
de bronze* e suspendeu-a numa haste;
quando alguém era mordido por ser-
pente, olhava para a serpente de bron-
ze e ficava com vida†.
A caminho da Transjordânia. [10]Depois
os israelitas partiram e acamparam em
Obot. [11]Partindo de Obot, acamparam
em Jeabarim, no deserto que está dian-
te de Moab, ao oriente. [12]Partiram dali
e acamparam junto à torrente de Zared.
[13]Partindo dali, acamparam do outro
lado do Arnon, que corre no deserto e
nasce no território dos amorreus; pois
o Arnon é a fronteira de Moab, entre
Moab e os amorreus. [14]Por isso se diz
no Livro das Guerras de Javé†:
"Vaeb, junto de Sufa, e a torrente do
Arnon
[15]e o declive dos vales que se inclina
para a sede de Ar e se apoia à fronteira
de Moab".
[16]Daí foram a Beer, que é o poço
ao qual se referia Javé quando disse a
Moisés:* "Reúne o povo e eu lhe darei
água". [17]Então Israel cantou este cân-
tico:

---

* **20**,29. Dt 34,8 | **21**,4. Êx 22,27; 14,11 | 6. Dt 8,15; 1Cor 10,9 | 8. Êx 32,11 | 9. 2Rs 18,4; Sb 16,4s; Jo 3,14s; 19,37 | **21**,16. Jo 4,1

† **21**,3. Horma significa anátema, extermínio, interdito. Consagram-se a Javé os despojos da guerra, destruindo-os. | 9. A cura provinha daquele que é o Salvador de todos, diz Sb 16,7. Jesus faz dessa serpente o prenúncio de sua morte redentora, Jo 3,14-15. O rei Ezequias destruirá a serpente, porque se tornara objeto de idolatria, 2Rs 18,4. | 14. Livro perdido, citado somente aqui, que devia conter hinos de guerra. As guerras de Javé são as de seu povo.

"Jorra, ó poço; entoai-lhe cânticos;
[18]poço cavado pelos príncipes,
aberto pelos chefes do povo
com o cetro, com seus bastões".
Do deserto foram a Matana, [19]de
Matana para Naaliel, de Naaliel para
Bamot [20]e de Bamot ao vale que se
abre nos campos de Moab, em direção
às alturas do Fasga, que fica diante do
deserto e o domina.

Vitória sobre Seon, rei dos amorreus.
[21]Então Israel mandou mensageiros* a
Seon, rei dos amorreus, para dizer-lhe:
[22]"Deixa-me passar pela tua terra. Não
nos desviaremos pelos campos nem
pelas vinhas e não beberemos água
de teus poços; mas iremos pela estra-
da real até que tenhamos ultrapassa-
do tuas fronteiras". [23]Mas Seon não
deixou Israel atravessar seu território;
reuniu toda a sua gente e marchou
contra Israel no deserto; chegou a Jasa
e combateu contra Israel. [24]Israel der-
rotou-o, passando-o ao fio da espada,
e conquistou seu país desde o Arnon
até o Jaboc, até os confins dos amoni-
tas, pois Jazer estava na fronteira dos
amonitas. [25]Israel tomou todas aquelas
cidades e estabeleceu-se em todas as
cidades dos amorreus, em Hesebon
e em todas as suas aldeias. [26]Porque
Hesebon era a cidade de Seon, rei dos
amorreus, o qual tinha feito guerra ao
precedente rei de Moab, e lhe havia to-
mado toda a terra até o Arnon. [27]Por
isso dizem os poetas:

"Vinde a Hesebon; que seja reconstruída
e restaurada a cidade de Seon;
[28]porque um fogo saiu de Hesebon,*
uma chama da cidade de Seon,
e devorou Ar Moab
e consumiu as alturas do Arnon.
[29]Ai de ti, Moab!
estás perdido, povo de Camos!†
Fez de seus filhos fugitivos
e de suas filhas, escravas
de Seon, rei dos amorreus.
[30]Nós os crivamos de flechas;
desde Hesebon até Dibon tudo está em ruínas,
devastamos tudo até Nofe,
que está junto de Medaba.

[31]Assim Israel se estabeleceu na terra
dos amorreus. [32]A seguir, Moisés man-
dou explorar Jazer; os israelitas a toma-
ram junto com suas aldeias e expulsa-
ram os amorreus que ali habitavam.

Vitória sobre Og, rei de Basã. [33]De-
pois, mudando de direção,* subiram a
caminho de Basã. Og, rei de Basã, saiu-
-lhes ao encontro com toda a sua gen-
te para combatê-los em Edrai. [34]Javé
disse a Moisés: "Não o temas, pois o
entreguei em tuas mãos com todo o
seu povo e sua terra; tu o tratarás como
trataste Seon, rei dos amorreus, que
habitava em Hesebon". [35]Eles o derro-
taram junto com seus filhos e todo o
seu povo, até não restar nenhum so-
brevivente; e apoderaram-se de seu
país.

22

Balac, rei de Moab. [1]Os is-
raelitas partiram e acamparam
nas estepes de Moab, na outra margem
do Jordão, em frente de Jericó. [2]Balac,
filho de Sefor,* ficou sabendo de tudo
o que Israel tinha feito aos amorreus.
[3]Moab teve grande medo desse povo,
porque era numeroso, e ficou aterrori-
zado diante dos israelitas. [4]Moab dis-
se aos anciãos de Madiã: "Agora esta
multidão vai devorar tudo o que está
ao redor de nós, como o boi devora o
capim do campo".
Balac, filho de Sefor, que era o rei de
Moab naquele tempo, [5]enviou men-
sageiros a Balaão†, filho de Beor, em
Petor, que está à margem do rio, na
terra dos filhos de Amaú, para que o
chamassem, dizendo-lhe: "Saiu do Egi-
to um povo que cobre a face da terra
e está morando a minha frente. [6]Vem,

---

* **21**,21. Dt 2,26-36; Jz 11,19s; 20,14-21 | 28. Jr 48,45s | 33. Dt 3,1-17 | **22**,2. 2Pd 2,15s; Jd 11; Ap 2,14

† **21**,29. Deus dos moabitas, descendentes de Ló, Gn 19,30-38. | **22**,5. Adivinho chamado para amaldiçoar Israel. Obediente a Javé, Nm 22,13.38, Balaão não se deixa corromper, Nm 24,13, e abençoa Israel; Js 24,10 diz que Javé o forçou a abençoar. Nm 31,16 culpa Balãao pela idolatria de Israel em Petor, Nm 25,1-13, e Nm 31,8 narra como foi morto. Cf. também 2Pd 2,15-16; Jd 11.

pois, e amaldiçoa por mim este povo,
porque é mais poderoso do que eu, a
fim de que eu possa derrotá-lo e ex-
pulsá-lo do país, pois eu sei que aquele
que tu abençoas é abençoado, e aque-
le que amaldiçoas é maldito".
7Os anciãos de Moab e os anciãos
de Madiã, levando consigo o preço
do malefício, foram até Balaão e lhe
transmitiram as palavras de Balac. 8Ele
respondeu-lhes: "Ficai aqui esta noite,
e eu vos responderei conforme o que
Javé me disser". Os chefes de Moab
pernoitaram na casa de Balaão.
9Deus veio a Balaão e lhe perguntou:
"Quem são estes homens que estão
contigo?" 10Balaão respondeu a Deus:
"Balac, filho de Sefor, rei de Moab, en-
viou-os a mim para me dizerem: 11'Saiu
do Egito um povo que cobre a face
da terra; vem, pois, e amaldiçoa-o por
mim, para que eu possa derrotá-lo e
expulsá-lo'". 12Mas Deus disse a Balaão:
"Não vás com eles, nem amaldiçoes
este povo, porque ele é abençoado".
13Levantando-se de manhã, Balaão
disse aos chefes de Balac: "Voltai para
vosso país, porque Javé não me deixou
ir convosco". 14Ouvindo isso, os che-
fes de Moab levantaram-se e voltaram
para junto de Balac e lhe disseram: "Ba-
laão não quis vir conosco".
15Balac, porém, enviou de novo ou-
tros chefes, mais numerosos e mais
importantes que os primeiros. 16Foram
até Balaão e lhe disseram: "Balac, filho
de Sefor, manda dizer-te: 'Não recuses
vir ter comigo, 17porque te cumularei
de honras e farei tudo o que me or-
denares! Vem, pois, e amaldiçoa para
mim este povo'". 18Balaão respondeu
aos servos de Balac: "Ainda que Ba-
lac me desse sua casa cheia de prata
e de ouro, eu não poderia transgredir
a ordem de Javé, meu Deus, em coisa
alguma, pequena ou grande. 19Ficai
também vós aqui esta noite, para que
eu saiba o que Javé tem ainda para me
falar".
20Durante a noite Deus veio a Balaão
e lhe disse: "Já que estes homens vie-
ram chamar-te, levanta-te e vai com
eles, mas farás apenas o que eu te or-
denar". 21Balaão levantou-se de ma-
nhã, arreou a jumenta e partiu com os
chefes de Moab.
A jumenta de Balaão. 22Mas Deus fi-
cou irritado por causa de sua ida, e o
anjo de Javé colocou-se no caminho
para barrar-lhe a passagem. Balaão ia
montado em sua jumenta e tinha con-
sigo dois de seus servos. 23A jumenta
viu o anjo de Javé parado no caminho
com sua espada desembainhada na
mão e desviou-se do caminho, indo
pelo campo. Balaão espancou a jumen-
ta para fazê-la voltar ao caminho. 24En-
tão o anjo de Javé se pôs numa passa-
gem estreita, entre as vinhas, com um
muro de ambos os lados. 25A jumen-
ta, vendo o anjo de Javé, encostou-se
ao muro apertando contra ele o pé
de Balaão, e ele a espancou de novo.
26Então o anjo de Javé os ultrapassou
novamente e se colocou numa passa-
gem tão estreita que não havia como
se desviar nem para a direita, nem para
a esquerda. 27A jumenta, vendo o anjo
parado, deitou-se debaixo de Balaão,
o qual, enfurecido, a espancava com o
bastão.* 28Então Javé abriu a boca da
jumenta, e ela disse a Balaão: "Que te
fiz eu para me espancares três vezes?"
29Balaão respondeu à jumenta: "Por-
que estás zombando de mim. Se tives-
se uma espada na mão, eu te mataria
agora mesmo!" 30A jumenta replicou
a Balaão: "Não sou eu tua jumenta, a
qual sempre montaste até hoje? Cos-
tumo comportar-me assim contigo?"
Respondeu Balaão: "Não". 31Então Javé
abriu os olhos de Balaão, e ele viu o anjo
de Javé que estava no caminho, tendo
na mão sua espada desembainhada; e
Balaão inclinou-se e se prostrou com o
rosto em terra. 32O anjo de Javé disse
a Balaão: "Por que espancaste tua ju-
menta essas três vezes? Eu vim para me
opor a ti, porque teu caminho é perver-
so diante de mim. 33A jumenta me viu
e se desviou de mim por três vezes. Se
ela não se tivesse desviado, a esta hora

* **22**,27. 2Pd 2,16

eu já te teria matado, deixando-a com vida". 34Então Balaão disse ao anjo de Javé: "Pequei, porque não sabia que tu estavas postado contra mim no caminho; agora, pois, se não agrada a teus olhos o que estou fazendo, voltarei para trás". 35Mas o anjo de Javé disse a Balaão: "Podes ir com esses homens, mas dirás somente o que eu te falar". E Balaão seguiu com os chefes de Balac.

36Quando Balac ouviu dizer que Balaão estava chegando, saiu-lhe ao encontro até Ar Moab, na fronteira do Arnon, na extremidade do território. 37Balac disse a Balaão: "Não mandei mensageiros para te chamar? Por que não vieste logo? Não estou em condições de tratar-te com a devida honra?" 38Balaão respondeu a Balac:* "Eu vim até tua presença; mas poderei eu dizer qualquer coisa? Aquilo que Deus me puser na boca é o que direi". 39Balaão partiu com Balac e chegaram a Cariat-Husot. 40Balac imolou bois e ovelhas e mandou uma parte a Balaão e aos chefes que o acompanhavam.

41Na manhã seguinte, Balac tomou Balaão e o fez subir a Bamot-Baal, de onde pôde ver a extremidade do acampamento de Israel.

23 **Balaão abençoa Israel.** 1Balaão disse a Balac: "Edifica-me aqui sete altares e prepara-me sete novilhos e sete carneiros". 2Balac fez conforme Balaão lhe pediu; e Balac e Balaão ofereceram um novilho e um carneiro sobre cada altar. 3Depois Balaão disse a Balac: "Fica junto de teu holocausto, enquanto eu me retiro; talvez Javé venha a meu encontro, e qualquer coisa que me revele eu te informarei". E subiu a um monte escalvado. 4Deus veio ao encontro de Balaão, o qual lhe disse: "Preparei sete altares e ofereci um novilho e um carneiro sobre cada altar". 5Javé pôs uma mensagem na boca de Balaão e disse: "Volta para Balac e dize-lhe isto".

6Tendo voltado, encontrou-o de pé junto de seu holocausto, com todos os chefes de Moab. 7Então pronunciou seu poema, dizendo:

"De Aram mandou-me vir Balac,
dos montes do oriente, o rei de Moab:
Vem e amaldiçoa Jacó;
vem, impreca contra Israel.
8Como amaldiçoarei aquele que Deus não amaldiçoou?
Como incriminarei, se Javé não incrimina?
9Das alturas dos rochedos o contemplo,
das colinas eu o vejo.
É um povo que mora à parte,
e entre as nações não será contado.
10Quem pode contar o pó de Jacó
e enumerar a areia de Israel?
Possa eu morrer a morte dos justos,
e seja meu fim semelhante ao deles!"

11Balac disse a Balaão: "Que me fizeste? Eu te chamei para amaldiçoar meus inimigos, e tu os abençoas!" 12Respondeu Balaão: "Não devo eu cuidar de só dizer aquilo que Javé põe em minha boca?"

13Disse Balac: "Vem comigo a outro lugar, donde tu possas vê-lo. Verás apenas a extremidade dele e não o verás todo; amaldiçoa-o por mim de lá". 14Levou-o ao campo das Sentinelas, no cume do Fasga. Construiu ali sete altares e ofereceu um novilho e um carneiro sobre cada altar. 15Balaão disse a Balac: "Fica aqui junto a teu holocausto, enquanto vou encontrar-me com Javé". 16Javé foi ao encontro de Balaão, pôs uma mensagem em sua boca e disse: "Volta a Balac e dize-lhe isto".

17Tendo voltado, encontrou-o de pé junto de seu holocausto, e os chefes dos moabitas com ele. Balac perguntou-lhe: "Que te disse Javé?" 18Balaão pronunciou seu poema, dizendo:

"Levanta-te, Balac, e escuta;
inclina-me teu ouvido, filho de Sefor.
19Deus não é um homem, que possa mentir,*
nem um filho de homem, para se retratar.
Acaso ele diz e não faz?

* **22**,38. Jr 1,9 | **23**,19. 1Sm 15,29; Ml 3,6; Jó 9,32; Tt 1,2; Hb 6,18; Tg 1,17

ou promete e não cumpre?
20Pois bem: recebi a ordem de abençoar;
ele abençoou, eu não posso revogar.
21Ele não viu iniquidade em Jacó,
não notou maldade em Israel.
Javé, seu Deus, está com ele,
é aclamado rei no meio dele.
22Deus o tirou do Egito;*
é para ele como a força de um búfalo.
23Contra Jacó não vale magia,
nem sortilégio contra Israel;
a seu tempo se dirá a Jacó
e a Israel o que Deus realiza.
24É um povo que se levanta como uma leoa
e que se ergue como um leão;*
não se deita antes de ter devorado a presa
e bebido o sangue das vítimas".
25Balac disse a Balaão: "Se não o
amaldiçoas, ao menos não o abençoes!"
26Balaão respondeu a Balac: "Eu não te
disse que faria tudo o que Javé me disser?" 27Balac disse a Balaão: "Vem, que
te levarei a um outro lugar, e talvez seja
do agrado de Deus que de lá o amaldiçoes por mim!" 28Balac levou Balaão
ao cimo do monte Fegor, que domina
o deserto. 29Balaão disse a Balac: "Constrói-me aqui sete altares e prepara-me
sete novilhos e sete carneiros". 30Balac
fez como disse Balaão e ofereceu um
novilho e um carneiro sobre cada altar.

24 **A profecia de Balaão.** 1Balaão viu que Javé se comprazia
em abençoar Israel e por isso não foi,
como outras vezes, em busca de presságios, mas voltou-se para o deserto.
2Levantando os olhos, viu Israel acampado segundo suas tribos, e o espírito
de Deus veio sobre ele. 3Então pronunciou seu poema, dizendo:
"Oráculo de Balaão, filho de Beor,
oráculo do homem do olhar penetrante;
4oráculo daquele que ouve as palavras de Deus,
que contempla a visão do Onipotente,*
que cai em êxtase e seus olhos se abrem.
5Como são belas tuas tendas, ó Jacó,*
e tuas moradas, ó Israel!
6Elas se estendem como vales,
como jardins à beira de um rio,
como aloés que Javé plantou,
como cedros junto às águas.
7De sua descendência surgirá um homem*
que governará muitas nações;
seu rei será maior que Agag,
e seu reino será engrandecido.
8Aquele Deus que o tirou do Egito*
é para ele como a força do búfalo.
Devorará as nações que lhe são inimigas*
e lhes quebrará os ossos,
e os crivará com suas flechas.
9Ele se abaixa e se deita como o leão*
e como a leoa; quem o fará levantar-se?
Bendito seja quem te abençoar,*
maldito seja quem te amaldiçoar".
10Encolerizado contra Balaão, Balac
sacudiu as mãos e lhe disse: "Foi para
amaldiçoar meus inimigos que te chamei, e já é a terceira vez que os cobriste
de bênçãos! 11Pois bem, foge para tua
terra. Pensei em cumular-te de honras,
mas Javé te impediu de recebê-las".
12Balaão respondeu a Balac: "Não falei aos mensageiros que me enviaste:
13Ainda que Balac me desse sua casa
cheia de prata e de ouro, eu não poderia transgredir a ordem de Javé, fazendo por minha conta bem ou mal; o
que Javé disser, isto eu direi? 14E agora
que volto para meu povo, vem, que te
comunicarei o que este povo fará a teu
povo no futuro". 15E pronunciou seu
poema, dizendo:
"Oráculo de Balaão, filho de Beor,
oráculo do homem do olhar penetrante;
16oráculo daquele que ouve as palavras de Deus
e conhece a ciência do Altíssimo;

---

* **23**,22. 24,8s | 24. Gn 49,9 | **24**,4. Gn 17,1 | 5. Sl 84,2; Is 54,2s | 7. 24,17; Gn 49,10; Is 9,5s; 11,1s | 8. 23,22-24 / Dt 33,17 | 9. Gn 49,9 / Gn 12,3: 27,29

que vê as visões do Onipotente,
que cai em êxtase e seus olhos se abrem.
17Eu o vejo, mas não agora;*
eu o contemplo, mas não de perto.
Surgirá uma estrela de Jacó
e se levantará um cetro de Israel
que esmagará os chefes de Moab
e abaterá todos os filhos de Set.†
18Edom será sua possessão*
e Seir, seu inimigo, será sua propriedade,
e Israel fará coisas prodigiosas.
19De Jacó virá um dominador
que exterminará os sobreviventes das cidades".
20Ao ver Amalec, pronunciou seu poema, dizendo:*
"Primícias das nações é Amalec,
mas seu fim será a ruína perpétua".
21Depois viu os quenitas e pronunciou seu poema, dizendo:*
"Tua morada é segura:
puseste teu ninho no rochedo;
22mesmo assim o quenita será devastado,
até que Assur te leve prisioneiro".
23E retomando seu poema, disse:
"Ai! Quem viverá quando Deus fizer estas coisas?
24Virão navios das costas de Setim*
e oprimirão Assur e oprimirão Héber,
e também ele acabará sendo destruído".
25Depois Balaão partiu e voltou para sua terra, e Balac também seguiu seu caminho.*

25 Idolatria de Israel e castigo.

1Enquanto Israel estava acampado em Setim, o povo começou a prostituir-se* com as filhas de Moab.
2Elas o convidavam para os sacrifícios a seus deuses, e o povo comia e se prostrava diante de seus deuses. 3Israel
aderiu a Baal-Fegor†, e a ira de Javé acendeu-se contra ele. 4Javé disse a
Moisés:* "Prende todos os príncipes do povo e enforca-os diante de Javé, à luz do dia, para que se afaste de Israel a ira ardente de Javé". 5Moisés disse aos
juízes de Israel: "Mate cada um aquele de seus que aderiram a Baal-Fegor".
6Chegou então um dos israelitas trazendo para junto de seus irmãos uma madianita, à vista de Moisés e de toda a comunidade dos israelitas que choravam à entrada da tenda da reunião.
7Vendo isto, Fineias, filho de Eleazar, filho do sacerdote Aarão, levantou-se do meio da assembleia, tomou na mão* uma lança, 8seguiu o israelita
até o interior da alcova e transpassou ambos, homem e mulher,* no ventre; e cessou o flagelo entre os israelitas.
9Nesse flagelo morreram vinte e quatro mil pessoas. 10Javé disse a Moisés:
11"Fineias, filho de Eleazar, filho do sacerdote Aarão, afastou dos israelitas minha ira, porque entre eles foi animado do mesmo zelo que eu, de sorte que, em meu zelo, não exterminei todo
o povo* de Israel. 12Por isso tu lhe dirás:
Dou a ele minha aliança de paz, 13que
será para ele e para sua descendência depois dele: a aliança de um sacerdócio eterno, porque teve zelo por seu Deus e fez expiação pelos israelitas".
14O israelita que foi morto com a madianita chamava-se Zambri; era filho de Salu e chefe de uma casa patriarcal dos simeonitas. 15A madianita que
foi morta chamava-se Cozbi; era filha de Sur, chefe de uma família, isto é, de uma casa patriarcal de Madiã. 16Javé
falou a Moisés, dizendo:* 17"Atacai os
madianitas e exterminai-os, 18porque
vos provocaram com seus artifícios, seduzindo-vos no caso de Fegor e de Cozbi, filha de um príncipe de Madiã,

---

* **24**,17. Ap 2,28; 22,16; Gn 49,10 | 18. Gn 25,23; 27,39 | 20. Êx 17,8.14; 1Sm 15,3 | 21. 1Sm 15,6 | 24. Dn 11,30 | 25. 31,8 | **25**,1. 31,16; Dt 3,29; 4,3; Sl 106,28-31; Ap 2,14 | 4. Êx 18,25s | 7. Êx 6,25 | 8. 1Cor 10,8 | 11. Dt 4,24; Êx 32,25-29; Lv 1-7; Dt 33,8-11; Ez 44,15; Sl 106,30s; Eclo 45,23-26 | 16. 31,3-12

* **24**,17. Promessa de um rei guerreiro e vencedor, realizada em Davi, e, no sentido espiritual, no Messias. Esta profecia inspirou a mais antiga representação de Nossa Senhora, que é uma pintura da Mãe com o Filho, tendo ao lado um homem que indica uma estrela: está em Roma, na catacumba de Priscila. **25**,3. Mulheres moabitas seduzem homens de Israel à prostituição em honra do deus local, o Baal (=senhor) de Fegor.

irmã deles, que foi morta no dia do flagelo por causa de Fegor".

26 **Novo recenseamento.** 1Após esse flagelo, Javé disse a Moisés e a Eleazar, filho do sacerdote Aarão: 2"Fazei o recenseamento† de toda a comunidade dos israelitas, dos vinte anos para cima, segundo suas casas patriarcais, contando todos os que são aptos para pegar em armas em Israel". 3E Moisés e Eleazar, sacerdote, falaram com eles nas estepes de Moab, junto ao Jordão, defronte de Jericó, dizendo: 4"Serão recenseados os que tiverem a idade de vinte anos para cima, como Javé havia ordenado a Moisés".

São estes os israelitas que saíram da terra do Egito:

5Rúben, primogênito de Israel.* Filhos de Rúben: de Henoc, o clã henoquita; de Falu, o clã faluíta; 6de Hesron, o clã hesronita; de Carmi, o clã carmita. 7São estes os clãs rubenitas. Seus recenseados foram ao todo quarenta e três mil e setecentos e trinta.

8Filho de Falu: Eliab. 9Filhos de Eliab:* Namuel, Datã e Abiram. Estes, Datã e Abiram, homens respeitados na comunidade, foram os que se rebelaram contra Moisés e Aarão em companhia de Coré, rebelando-se contra Javé, 10e foram tragados, junto com Coré, pela terra que abriu sua boca, enquanto morriam os de seu grupo, devorando o fogo duzentos e cinquenta homens, para servir de advertência. 11Mas os filhos de Coré não pereceram.

12Filhos de Simeão,* segundo seus clãs: de Namuel, o clã namuelita; de Jamin, o clã jaminita; de Jaquin, o clã jaquinita; 13de Zara, o clã zaraíta; de Saul, o clã saulita. 14São estes os clãs simeonitas. Seus recenseados foram ao todo vinte e dois mil e duzentos.

15Filhos de Gad,* segundo seus clãs: de Sefon, o clã sefonita; de Agi, o clã agita; de Suni, o clã sunita; 16de Ozni, o clã oznita; de Heri, o clã herita; 17de Arod, o clã arodita; de Areli, o clã arelita. 18São estes os clãs dos filhos de Gad. Seus recenseados foram ao todo quarenta mil e quinhentos.

19Filhos de Judá:* Her e Onã. Her e Onã morreram na terra de Canaã. 20Dos filhos de Judá, saíram os clãs: de Sela, o clã selaíta; de Farés, o clã faresita; de Zaré, o clã zareíta. 21Os filhos de Farés foram: de Hesron, o clã hesronita; de Hamul, o clã hamulita. 22Estes foram os clãs de Judá. Seus recenseados foram ao todo setenta e seis mil e quinhentos.

23Filhos de Issacar,* segundo seus clãs: de Tola, o clã tolaíta; de Fua, o clã fuaíta; 24de Jasub, o clã jasubita; de Semron, o clã semronita. 25São estes os clãs de Issacar. Seus recenseados foram ao todo sessenta e quatro mil e trezentos.

26Filhos de Zabulon,* segundo seus clãs: de Sared, o clã saredita; de Elon, o clã elonita; de Jalel, o clã jalelita. 27São estes os clãs de Zabulon. Seus recenseados foram ao todo sessenta mil e quinhentos.

28Filhos de José,* segundo seus clãs: Manassés e Efraim.

29Filhos de Manassés: de Maquir, o clã maquirita; e Maquir gerou Galaad; de Galaad, o clã galaadita. 30Estes são os filhos de Galaad: de Jezer, o clã jezerita; de Helec, o clã helequita; 31de Asriel, o clã asrielita; de Siquém, o clã siquemita; 32de Semida, o clã semidaíta; de Héfer, o clã heferita. 33Salfaad, filho de Héfer, não teve filhos, mas apenas filhas; são estes os nomes das filhas de Salafaad: Maala, Noa, Hegla, Melca e Tersa. 34São estes os clãs de Manassés. Seus recenseados foram ao todo cinquenta e dois mil e setecentos.

35São estes os filhos de Efraim, segundo seus clãs: de Sutala, o clã sutalaíta; de Bequer, o clã bequerita; de Teen, o clã teenita. 36São estes os filhos

---

* **26**,5. Gn 46,8s | 9. 16,1-17,15 | 12. Gn 46,10 | 15. Gn 46,16 | 19. Gn 46,12 | 23. Gn 46,13; Jz 10,1s | 26. Gn 46,14; Jz 12,11s | 28. Gn 46,20; Js 17,1; Jz 5,14; 1Cr 7,14-19

† **26**,2. Esse recenseamento acontece trinta e oito anos depois do primeiro, Nm 1, e prepara a partilha da terra.

de Sutala: de Herã, o clã heranita. 37São
estes os clãs de Efraim. Formavam o
total de trinta e dois mil e quinhentos
recenseados.

São estes os filhos de José, segundo
seus clãs.

38Filhos de Benjamim,* segundo seus
clãs: de Bela, o clã belaíta; de Asbel, o
clã asbelita; de Airam, o clã airamita;
39de Sufam, o clã sufamita; de Hufam, o
clã hufamita. 40Bela teve os filhos Ared
e Naamã: de Ared, o clã aredita; de
Naamã, o clã naamanita. 41São estes os
filhos de Benjamim, segundo seus clãs.
Seus recenseados foram ao todo quarenta e cinco mil e seiscentos.

42São estes os filhos de Dã,* segundo
seus clãs: de Suam, o clã suamita. Estes
são os filhos de Dã, segundo seus clãs.
43Os recenseados de todos os clãs suamitas foram ao todo sessenta e quatro
mil e quatrocentos.

44Filhos de Aser,* segundo seus clãs:
de Jemna, o clã jemnaíta; de Jessui,
o clã jessuíta; de Beria, o clã beriaíta.
45Dos filhos de Beria: de Héber, o clã
heberita; de Melquiel, o clã melquielita.
46Aser tinha uma filha chamada Sara.
47São estes os clãs dos filhos de Aser.
Seus recenseados foram ao todo cinquenta e três mil e quatrocentos.

48Filhos de Neftali,* segundo seus
clãs: de Jasiel, o clã jasielita; de Guni,
o clã gunita; 49de Jeser, o clã jeserita;
de Selém, o clã selemita. 50São estes
os clãs de Neftali, repartidos segundo
seus clãs. Seus recenseados foram ao todo quarenta e cinco mil e quatrocentos.

51O total dos israelitas recenseados
foi, portanto,* de seiscentos e um mil e
setecentos e trinta.

52Javé falou a Moisés: 53"A esses
repartirás a terra em herança na proporção do número das pessoas. 54Aos
que são em maior número* darás uma
propriedade maior e aos que são em
número menor darás uma propriedade
menor; a cada um será dada a propriedade em proporção do número dos recenseados. 55Mas a terra será repartida
por sorteio; tomarão posse conforme
os nomes de suas tribos paternas. 56Por
sorteio será repartida a herança deles,
entre o mais numeroso e o de menor
número.

Recenseamento dos levitas. 57São estes os levitas recenseados,* segundo
seus clãs: de Gérson, o clã gersonita;
de Caat, o clã caatita; de Merari, o clã
merarita.

58São estes os clãs levitas: o clã lobnita, o clã hebronita, o clã moolita, o
clã musita, o clã coreíta. Caat* gerou
Amram. 59A mulher de Amram chamava-se Jocabed, filha de Levi, que
lhe nasceu no Egito. Ela gerou para
Amram: Aarão, Moisés e Maria, irmã
deles. 60Aarão gerou Nadab e Abiú,
Eleazar e Itamar. 61Nadab e Abiú morreram* ao oferecerem um fogo irregular diante de Javé.

62Dos levitas foram recenseados vinte e três mil homens com idade superior a um mês. Não foram contados*
com os outros israelitas, porque a eles
não foi dada nenhuma herança entre
os israelitas.

63Foram esses que Moisés* e o sacerdote Eleazar recensearam quando
fizeram o recenseamento dos israelitas
nas estepes de Moab, junto ao Jordão,
defronte de Jericó. 64Entre eles não
havia mais ninguém dos que tinham
sido recenseados por Moisés e Aarão
no recenseamento feito no deserto do
Sinai, 65porque Javé dissera* a respeito
deles que morreriam no deserto; e de
fato não restou nenhum deles, exceto
Caleb, filho de Jefoné, e Josué, filho de
Nun.

27 **Herança das mulheres.** 1Vieram então as filhas de Salfaad,* filho de Héfer, filho de Galaad, filho de Maquir, filho de Manassés, filho
de José; seus nomes eram: Maala, Noa,
Hegla, Melca e Tersa. 2Apresentaram-se

* **26**,38. Gn 46,21 | 42. Gn 46,23 | 44. Gn 46,17 | 48. Gn 46,24 | 51. 2,32; 11,21; 1,46 | 54. 33,54 | 57. Gn 46,11; Êx 6,16-23; 1Cr 6,1-15 | 58. Êx 6,20 | 61. Lv 10,1-3; 3,4 | 62. 3,14-39 | 63. 18,20-24 | 65. 14,20-38
27,1. 26,33; Js 17,3s

diante de Moisés, diante do sacerdote
Eleazar, diante dos chefes e de toda a
comunidade à entrada da tenda da re-
união e disseram: 3"Nosso pai morreu
no deserto; não estava entre os que se
amotinaram contra Javé no grupo de
Coré, mas morreu por causa de seu pe-
cado e não deixou filhos. 4Por que de-
veria desaparecer o nome de nosso pai
no meio de sua família? Só porque não
teve filhos? Dai-nos uma propriedade
entre os irmãos de nosso pai".
5Moisés levou o caso delas à presen-
ça de Javé. 6E Javé disse a Moisés: 7"É
justo o que dizem as filhas de Salfaad;
dá-lhes uma propriedade entre os ir-
mãos de seu pai e passa-lhes a herança
de seu pai. 8E assim dirás aos israelitas:
Morrendo alguém sem deixar filhos
homens, fareis passar sua herança a
sua filha. 9Se não tiver filhas, dareis sua
herança a seus irmãos. 10Se não tiver ir-
mãos, dareis sua herança aos irmãos de
seu pai. 11E se seu pai não tiver irmãos,
dareis sua herança ao parente mais
próximo em sua família, e dela ficará
dono. Esta será para os israelitas uma
norma de direito, como ordenou Javé
a Moisés".
Josué, sucessor de Moisés. 12Dis-
se ainda Javé a Moisés:* "Sobe a este
monte Abarim e contempla a terra que
dou aos israelitas. 13Depois de a teres
contemplado, também tu serás reu-
nido aos teus, como se reuniu teu ir-
mão* Aarão; 14porque fostes rebeldes
a minha ordem no deserto de Sin, na
revolta da comunidade, e não mani-
festastes minha santidade mediante as
águas, diante de seus olhos". São es-
sas as águas de Meriba, de Cades, no
deserto de Sin. 15Moisés falou a Javé,
dizendo-lhe: 16"Javé, Deus que deu a
vida* a todas as criaturas, estabelecei
como chefe desta comunidade um ho-
mem 17que saia e que entre à frente
deles, que os faça sair e entrar, para
que a comunidade de Javé não fique
como rebanho sem pastor". 18Javé
disse* a Moisés: "Toma Josué, filho de
Nun, homem no qual reside o espírito,
e impõe tua mão sobre ele. 19Depois
apresenta-o ao sacerdote Eleazar e a
toda a comunidade; dá-lhe tuas ordens
diante deles 20e comunica-lhe parte de
tua autoridade†, a fim de que toda a
comunidade dos israelitas lhe obede-
ça. 21Ele se apresentará ao sacerdote
Eleazar, o qual consultará* para ele o
juízo dos Urim diante de Javé; a uma
ordem sua sairão e a uma ordem sua
entrarão ele e todos os israelitas com
ele e toda a comunidade". 22Moisés
fez* como Javé havia ordenado. Tomou
Josué e o fez comparecer perante o sa-
cerdote Eleazar e toda a comunidade.
23Impôs-lhe as mãos* e deu-lhe suas
ordens, conforme Javé havia ordenado
por meio de Moisés.

28 **Sacrifício cotidiano.** 1Javé
disse a Moisés: 2"Ordena aos
israelitas* e dize-lhes: Tereis o cuidado
de me apresentar no tempo prescrito
minha oferenda, meu alimento para
minhas ofertas queimadas de perfume
agradável. 3Tu lhes dirás:* É esta a ofer-
ta queimada que oferecereis a Javé:
cada dia dois cordeiros de um ano,
sem defeito, em holocausto perpétuo.
4Oferecerás um dos cordeiros pela ma-
nhã e o outro ao entardecer; 5e para a
oblação, um décimo de efá de flor de
farinha amassada com um quarto de
hin de óleo de olivas esmagadas. 6É o
holocausto perpétuo* que foi ofereci-
do no monte Sinai, oferenda queima-
da de perfume agradável a Javé. 7Sua
libação será de um quarto de hin para
cada cordeiro, e a libação de bebida
inebriante a Javé será feita no lugar sa-
grado. 8O outro cordeiro será ofereci-
do ao entardecer, com uma oblação e
uma libação semelhantes às da manhã:
é uma oferenda queimada de perfume
agradável a Javé.

* **27**,12. Dt 31,1-8.23; 34,9 | 13. 20,12 | 16. 16,22 | 18. Ez 34,5 | 21. Dt 33,8 | 22. Êx 28,30 | 23. Dt 34,9
28,2. Lv 23; Êx 23,14 | 3. Êx 29,38-46; Lv 6,2; Ez 46,13-15 | 6. 15,4; Lv 23,13

† **27**,20. Josué não será profeta como Moisés, o primeiro e maior deles; mas receberá os oráculos divinos por meio do sumo sacerdote.

Sacrifício do sábado. 9No dia de sábado oferecereis* dois cordeiros de um ano, sem defeito, e, como oblação, dois décimos de flor de farinha amassada com óleo, com sua libação. 10Este é o holocausto do sábado, de cada sábado, além do holocausto perpétuo e de sua libação.

Sacrifício do início do mês. 11No primeiro dia* de cada mês† oferecereis em holocausto a Javé dois novilhos, um carneiro e sete cordeiros de um ano, sem defeito, 12e três décimos de flor de farinha amassada com óleo, como oblação para cada novilho, e dois décimos de flor de farinha amassada com óleo, como oblação pelo carneiro, 13e um décimo de flor de farinha amassada com óleo, como oblação para cada cordeiro: é um holocausto de perfume agradável, oferenda queimada em honra de Javé. 14Suas libações serão de meio hin de vinho para cada novilho, um terço de hin pelo carneiro e um quarto de hin de vinho para cada cordeiro. Este é o holocausto de cada mês, para todos os meses do ano. 15Além do holocausto perpétuo, será oferecido a Javé um bode em sacrifício pelo pecado, com sua oblação.

A Páscoa. 16No dia quatorze do primeiro mês* será a Páscoa de Javé. 17No dia quinze desse mês é dia de festa; durante sete dias se comerão pães ázimos. 18No primeiro dia haverá uma santa assembleia; não fareis nenhum trabalho servil. 19Oferecereis em holocausto, a ser queimado em honra de Javé, dois novilhos, um carneiro e sete cordeiros de um ano, sem defeito; 20a respectiva oblação de flor de farinha amassada com óleo, de três décimos para cada novilho, dois décimos pelo carneiro 21e um décimo para cada um dos sete cordeiros; 22e um bode em sacrifício pelo pecado, para fazer expiação por vós. 23Oferecereis tudo isto, além do holocausto da manhã, que é holocausto perpétuo. 24Assim oferecereis em cada um dos sete dias o alimento da oferta queimada em perfume agradável a Javé, além do holocausto perpétuo e da libação correspondente. 25No sétimo dia haverá uma santa assembleia e não fareis nenhum trabalho servil.

Pentecostes. 26No dia das primícias,* quando apresentardes a Javé a oblação de frutos novos, na festa das Semanas, haverá uma santa assembleia e não fareis nenhum trabalho servil. 27Oferecereis em holocausto de perfume agradável a Javé dois novilhos, um carneiro e sete cordeiros de um ano; 28sua oblação de flor de farinha amassada com óleo será de três décimos para cada novilho, dois décimos pelo carneiro 29e um décimo para cada um dos sete cordeiros; 30um bode em sacrifício pelo pecado para fazer expiação por vós. 31Fareis isto, além do holocausto perpétuo e da respectiva oblação e as libações correspondentes. Os animais devem ser sem defeito.

29

Festas das aclamações. 1No primeiro dia do sétimo* mês tereis uma santa assembleia e não fareis nenhum trabalho servil; será para vós o dia de tocar as trombetas. 2Oferecereis em holocausto de perfume agradável a Javé um novilho, um carneiro e sete cordeiros de um ano, sem defeito, 3e a oblação correspondente de flor de farinha amassada com óleo, de três décimos pelo novilho, dois décimos pelo carneiro 4e um décimo para cada um dos sete cordeiros, 5e um bode em sacrifício pelo pecado, para oferecer expiação por vós, 6além do holocausto mensal com a oblação correspondente, do holocausto perpétuo com a respectiva oblação e de suas libações prescritas, para serem queimadas em perfume agradável a Javé.

O dia das Expiações. 7No dia dez desse sétimo mês* haverá uma santa as-

* **28**,9. Ez 46,4s | 11. Am 8,5; Is 1,13; Ez 46,6s | 16. Êx 12; Lv 23,5-8; Dt 16,1-8; Ez 45,21-24 | 26. Êx 23,14; Lv 23,15-21; Dt 16,9-12 | **29**,1. Lv 23,24; 10,5s | 7. Lv 16; Ez 45,18-20

† **28**,11. O mês começava com a lua nova, e o primeiro dia era marcado por cerimônias religiosas, inclusive sacrifícios, 1Sm 20,5; Os 2,13; Am 8,5.

sembleia; jejuareis e não fareis nenhum trabalho servil. [8]Oferecereis em holocausto de perfume agradável a Javé um novilho, um carneiro e sete cordeiros de um ano, que devem ser sem defeito, [9]com sua oblação de flor de farinha amassada com óleo: três décimos pelo novilho, dois décimos pelo carneiro, [10]um décimo para cada um dos sete cordeiros [11]e um bode em sacrifício pelo pecado. Isto, além do sacrifício expiatório próprio do rito da expiação e do holocausto perpétuo, com a oblação e das libações correspondentes.

Festa das Tendas. [12]No dia quinze do sétimo mês* haverá uma santa assembleia; não fareis nenhum trabalho servil e fareis festa em honra de Javé durante sete dias. [13]Oferecereis em holocausto, a ser queimado em perfume agradável em honra de Javé, treze novilhos, dois carneiros, quatorze cordeiros de um ano, sem defeito, [14]e sua oblação de flor de farinha amassada com óleo: três décimos para cada um dos treze novilhos, dois décimos para cada um dos dois carneiros, [15]um décimo para cada um dos quatorze cordeiros [16]e um bode em sacrifício pelo pecado, além do holocausto perpétuo, sua oblação e sua libação.

[17]No segundo dia oferecereis doze novilhos, dois carneiros e quatorze cordeiros de um ano, sem defeito, [18]bem como a oblação e as libações de costume, conforme o número dos novilhos, dos carneiros e dos cordeiros, [19]e um bode pelo pecado, além do holocausto perpétuo, sua oblação e suas libações.

[20]No terceiro dia oferecereis onze novilhos, dois carneiros e quatorze cordeiros de um ano, sem defeito, [21]com a oblação e as libações de costume, conforme o número dos novilhos, dos carneiros e dos cordeiros, [22]e um bode pelo pecado, além do holocausto perpétuo, sua oblação e libação.

[23]No quarto dia oferecereis dez novilhos, dois carneiros e quatorze cordeiros de um ano, sem defeito, [24]com a oblação e as libações de costume, conforme o número dos novilhos, dos carneiros e dos cordeiros, [25]e um bode pelo pecado, além do holocausto perpétuo, sua oblação e libação.

[26]No quinto dia oferecereis nove novilhos, dois carneiros e quatorze cordeiros de um ano, sem defeito, [27]com a oblação e as libações de costume, conforme o número dos novilhos, dos carneiros e dos cordeiros, [28]e um bode pelo pecado, além do holocausto perpétuo, sua oblação e libação.

[29]No sexto dia oferecereis oito novilhos, dois carneiros e quatorze cordeiros de um ano, sem defeito, [30]com a oblação e as libações de costume, conforme o número dos novilhos, dos carneiros e dos cordeiros, [31]e um bode pelo pecado, além do holocausto perpétuo, sua oblação e libação.

[32]No sétimo dia oferecereis sete novilhos, dois carneiros e quatorze cordeiros de um ano, sem defeito, [33]com a oblação e libações de costume,* conforme o número dos novilhos, dos carneiros e dos cordeiros, [34]e um bode pelo pecado, além do holocausto perpétuo, sua oblação e libação.

[35]No oitavo dia tereis uma santa assembleia; não fareis nenhum trabalho servil. [36]Oferecereis como holocausto a ser queimado em perfume agradável em honra de Javé, um novilho, um carneiro e sete cordeiros de um ano, sem defeito, [37]com a oblação e as libações de costume, conforme o número dos novilhos, dos carneiros e dos cordeiros, [38]e um bode pelo pecado, além do holocausto perpétuo, sua oblação e libação. [39]São estes os sacrifícios que oferecereis a Javé em vossas solenidades, além de vossas promessas e ofertas espontâneas, dos holocaustos, oblações, libações e sacrifícios de comunhão".

30 **Leis sobre as promessas.** [1]Moisés comunicou aos israelitas* tudo o que Javé lhe havia ordenado. [2]Moisés falou também aos chefes

* **29**,12. Êx 23,14; Lv 23,33-43; Dt 16,13-15; Ez 45,25; Jo 7,2 | 33. Jo 7,37 | **30**,1. Lv 27,1 | 3. Dt 23,21-23; Ecl 5,3-4; Sl 50,14; 56,13; 76,12; Jz 11,30-40

das tribos dos israelitas, dizendo-lhes:
"Isto é o que Javé ordenou: [3]Quando
alguém fizer uma promessa a Javé* ou assumir uma obrigação sob juramento, não faltará a sua palavra, mas fará tudo conforme prometeu.

[4]Se uma mulher fizer uma promessa a Javé ou se impuser uma obrigação, enquanto é ainda solteira na casa paterna, [5]e seu pai, ciente de sua promessa e da obrigação que ela se impôs, não lhe disser nada, todas as suas promessas e todas as obrigações que
ela assumiu serão válidas. [6]Porém, se
o pai, logo que ficou ciente das promessas ou das obrigações que ela se impôs, a desaprovar, não serão válidas, e Javé lhe perdoará, porque seu pai a desaprova.

[7]E se ela se casar,* estando sujeita a suas promessas ou a alguma obrigação
assumida sem reflexão, [8]e seu marido,
ao tomar conhecimento, nada lhe diz, suas promessas e as obrigações assumidas serão válidas. [9]Mas se o marido,
no dia em que ficar ciente, a desaprovar, invalida a promessa e a obrigação assumida sem reflexão, e Javé a perdoará.

[10]A promessa de uma viúva ou de uma mulher repudiada, qualquer que seja a obrigação que assumiram, será válida.

[11]Se uma mulher, vivendo na casa do marido, fizer uma promessa e assumir com juramento alguma obrigação,
[12]e o marido, ao saber disso, não lhe disser nada nem a desaprovar, todas as suas promessas e obrigações terão
valor. [13]Mas se o marido, ao saber disso, anular tudo o que ela pronunciou, será nula toda promessa ou obrigação assumida, porque foram anuladas pelo marido; e Javé lhe perdoará.

[14]O marido pode confirmar ou anular qualquer promessa ou juramento pelo qual ela se obrigou a abster-se de al-
guma coisa. [15]Mas se o marido não lhe disser nada até o dia seguinte, confirma todas as suas promessas e toda obrigação que tiver assumido; ele as confirma, porque guardou silêncio no dia em
que foi informado. [16]E se as anular mais tarde, responderá pelo pecado dela".
[17]São estas as leis que Javé prescreveu a Moisés sobre marido e mulher e sobre o pai e a filha adolescente, enquanto ela viver na casa do pai.

31 Guerra contra os madianitas.

[1]Javé disse a Moisés: [2]"Vinga
os israelitas* do mal que lhes fizeram os madianitas; depois serás reunido aos
teus". [3]Então Moisés falou ao povo:
"Que alguns de vossos homens se armem para a guerra e marchem contra os madianitas, para executar a vingan-
ça* de Javé contra Madiã. [4]Mandareis
para o combate mil homens de cada
tribo de Israel". [5]Assim foram recrutados dentre as fileiras de Israel mil de cada tribo, isto é, doze mil homens
armados para a guerra. [6]Moisés os enviou ao combate, mil homens por tribo, e com eles mandou Fineias,* filho do sacerdote Eleazar, o qual levou consigo os objetos sagrados e as trombetas
para a aclamação. [7]Combateram contra Madiã, como Javé havia ordenado a Moisés, e mataram todos os homens.
[8]Além disso, mataram os reis madianitas Evi, Recém, Sur, Hur* e Rebe, cinco reis de Madiã; também mataram à
espada Balaão, filho de Beor. [9]Os is-
raelitas levaram como prisioneiras as mulheres madianitas e suas crianças, e lhes tomaram todo o seu gado, todos os seus rebanhos e todos os seus bens.
[10]Incendiaram todas as cidades que eles habitavam e todos os seus acam-
pamentos. [11]Tomaram todos os despojos, tudo o que haviam capturado, as
pessoas e os animais, [12]e trouxeram
os prisioneiros, os despojos e a presa a Moisés, ao sacerdote Eleazar e à comunidade dos israelitas, acampados nas estepes de Moab, junto ao Jordão, defronte de Jericó.

[13]Moisés, o sacerdote Eleazar e todos os chefes da comunidade saíram ao encontro deles fora do acampamento.
[14]Moisés indignou-se contra os chefes

* **30**,7. Lv 5,4 | **31**,1. Dt 20,1-21,14 | 3. 25,17s | 6. 25,6-13; 10,9 | 8. Js 13,21s

do exército, chefes de mil e chefes de cem, que voltavam do combate, [15]e lhes disse: "Poupastes a vida a todas as mulheres! [16]Mas foram justamente elas que por instigação de Balaão levaram os israelitas a ser infiéis a Javé no caso de Fegor, motivo do flagelo que sobreveio à comunidade de Javé! [17]Matai, portanto, todos os meninos e toda mulher que tenha tido relações com homem; [18]mas conservai com vida, para vós, toda moça que não tenha tido relações com homem. [19]Quanto a vós, acampai fora do acampamento durante sete dias, e qualquer um que tiver matado* alguém ou tocado um morto purifique-se no terceiro e no sétimo dia; isto vale tanto para vós como para vossos prisioneiros. [20]Purificareis também todas as roupas e todos os objetos de couro, todos os tecidos de pelo de cabra e todo utensílio de madeira".

[21]O sacerdote Eleazar disse aos soldados que tinham ido à guerra: "Esta é uma prescrição da lei que Javé ordenou a Moisés: [22]O ouro, a prata, o cobre, o ferro, o estanho e o chumbo, [23]tudo que resiste ao fogo fareis passar pelo fogo e será puro; mas será purificado também com a água da purificação;* e tudo aquilo que não resiste ao fogo fareis passar pela água. [24]No sétimo dia lavareis vossas vestes e sereis puros; depois podereis entrar no acampamento".

Divisão dos despojos. [25]Javé falou a Moisés, dizendo-lhe: [26]"Tu, o sacerdote Eleazar e os chefes das casas patriarcais da comunidade fazei o inventário de tudo o que foi capturado, tanto em pessoas como em animais. [27]Dividirás a presa entre os combatentes que foram à guerra e toda a comunidade. [28]Da parte que cabe aos combatentes que foram à guerra reservarás,* como tributo para Javé, um de cada quinhentos, tanto em pessoas como em bois, jumentos e ovelhas. [29]Tu o tomarás da metade que lhes corresponde e o entregarás ao sacerdote Eleazar como oferta a Javé. [30]E da metade que toca aos israelitas tomarás um de cada cinquenta, tanto das pessoas como dos bois, jumentos e ovelhas e de todos os outros animais, entregando-os aos levitas, que têm o encargo do tabernáculo de Javé".

[31]Moisés e o sacerdote Eleazar fizeram como Javé havia ordenado a Moisés. [32]O que foi capturado, o que restou dos despojos tomados pelas tropas combatentes era ao todo seiscentos e setenta e cinco mil ovelhas, [33]setenta e dois mil bois, [34]sessenta e um mil jumentos, [35]e trinta e duas mil pessoas, isto é, mulheres que não tiveram relações com homem. [36]A metade atribuída àqueles que tinham ido à guerra foi de trezentas e trinta e sete mil e quinhentas ovelhas, [37]das quais seiscentas e setenta e cinco para o tributo a Javé; [38]trinta e seis mil bois, dos quais setenta e dois como tributo a Javé; [39]trinta mil e quinhentos jumentos, e como tributo a Javé sessenta e um; [40]dezesseis mil pessoas, e como tributo a Javé trinta e duas. [41]Moisés entregou ao sacerdote Eleazar, conforme Javé lhe havia ordenado, o tributo separado para Javé.

[42]Quanto à metade correspondente aos israelitas, que Moisés tinha separado da dos combatentes, [43]esta metade pertencente à comunidade foi de trezentas e trinta e sete mil e quinhentas ovelhas, [44]trinta e seis mil bois, [45]trinta mil e quinhentos jumentos, [46]e dezesseis mil pessoas. [47]Dessa metade que pertencia aos israelitas Moisés tomou um em cada cinquenta, tanto das pessoas como dos animais, e os entregou aos levitas, que têm o encargo do tabernáculo de Javé, como Javé havia ordenado a Moisés.*

As oferendas. [48]Então os comandantes das fileiras do exército, chefes de mil e chefes de cem, aproximaram-se de Moisés [49]e lhe disseram: "Teus servos fizeram a conta dos guerreiros que estavam sob nosso comando e não falta nenhum. [50]Portanto, cada um de nós está trazendo, como oferenda a Javé,

* **31**,19. 19,11s | 23. 19,1-10 | 28. 1Sm 30,24 | 47. 18,26-32

os objetos de ouro que achou: brace-
letes, pulseiras, anéis, brincos, colares,
correntes, para fazer expiação por nós
diante de Javé". 51Moisés e o sacerdote
Eleazar receberam deles aquele ouro:
todo tipo de objetos feitos com arte.
52Todo o ouro da oferta* que eles apre-
sentaram a Javé, da parte dos chefes de
mil e dos chefes de cem, foi de dezes-
seis mil e setecentos e cinquenta siclos.
53Os guerreiros ficaram com aquilo que
cada um havia saqueado. 54Moisés e o
sacerdote Eleazar receberam o ouro
dos chefes de mil e de cem e o levaram
à tenda da reunião, como memorial
para os israelitas diante de Javé.

32 **Divisão da Transjordânia.** 1Os
filhos de Rúben* e os filhos de
Gad possuíam rebanhos em enorme
quantidade. Vendo que a terra de Ja-
zer e a terra de Galaad eram lugares
adequados para rebanhos, 2vieram
dizer a Moisés, ao sacerdote Eleazar e
aos chefes da comunidade: 3"Atarot,
Dibon, Jazer, Nemra, Hesebon, Eleale,
Sebam, Nebo e Meon, 4terras que Javé
submeteu à comunidade de Israel, é
uma região boa para rebanhos, e nós,
teus servos, possuímos rebanhos". 5E
acrescentaram: "Se temos encontrado
graça diante de teus olhos, que esse
território seja entregue em possessão
a teus servos; não nos faças atravessar
o Jordão".†

6Moisés respondeu aos filhos de Gad
e aos filhos de Rúben: "Irão vossos ir-
mãos combater e vós ficareis aqui?
7Por que quereis desanimar os israeli-
tas para que não passem à terra que
Javé lhes dá? 8Assim fizeram vossos
pais quando os enviei de Cades Barne
para explorar a terra. 9Subiram até o
vale de Escol, observaram a terra e de-
sencorajaram os israelitas para que não
entrassem na terra que Javé lhes dava.
10Naquele dia acendeu-se a ira de Javé,
o qual jurou dizendo: 11Jamais verão a
terra que eu prometi com juramento a
Abraão, a Isaac e a Jacó os homens que
saíram do Egito com mais de vinte anos
de idade, porque não me seguiram fiel-
mente, 12exceto Caleb, filho de Jefoné,
o cenezeu, e Josué, filho de Nun, que
seguiram Javé fielmente. 13Assim, a ira
de Javé se acendeu contra Israel, e ele o
fez errar pelo deserto durante quaren-
ta anos, até que desaparecesse aque-
la geração que havia feito o mal aos
olhos de Javé. 14E vós, raça de homens
pecadores, tomais o lugar de vossos
pais, para aumentar ainda mais a indig-
nação de Javé contra Israel! 15Se deixais
de segui-lo, ele prolongará ainda a es-
tadia no deserto e causareis a ruína de
todo este povo".

16Então se aproximaram de Moisés
e lhe disseram: "Construiremos aqui
currais para nossos rebanhos e cida-
des para nossos filhos. 17Mas estamos
prontos para marchar armados à frente
dos israelitas, até que os tenhamos in-
troduzido em seu lugar; nossos filhos
ficarão nas cidades fortificadas, ao
abrigo dos habitantes do país. 18Não
regressaremos a nossas casas enquan-
to cada um dos israelitas não tiver to-
mado posse de sua herança. 19Porque
nada herdaremos com eles do outro
lado do Jordão, nem mais adiante, por-
que já teremos nossa herança deste
lado do Jordão, ao oriente".

20Moisés respondeu-lhes: "Se fizer-
des isto, se vos armardes para comba-
ter diante de Javé, 21e todo guerreiro
entre vós passar o Jordão diante de
Javé, até que ele expulse seus inimi-
gos de sua presença, 22e só voltardes
depois que o país estiver submetido a
Javé, então estareis quites com Javé e
com Israel, e este território será vos-
sa propriedade diante de Javé. 23Mas
se assim não fizerdes, pecareis contra
Javé, e sabei que a pena de vosso pe-
cado vos alcançará. 24Construí, portan-
to, cidades para vossos filhos e currais

* **31**,52. Êx 30,11-16 | **32**,1. Dt 3,12-20; 33,6.20s; Js 1,12-18; 13,8-32; 21,24s.31s

† **32**,5. Moisés permite que as tribos de Gad, Rúben e a metade da tribo de Manassés repartam entre si as terras já conquistadas, contanto que participem na conquista das terras do outro lado do Jordão. Começa a cumprir-se a promessa de Deus de dar a seu povo uma terra em Canaã.

para vossos rebanhos e cumpri a promessa que fizestes".

25Os filhos de Gad e os filhos de Rúben responderam a Moisés: "Teus servos farão como meu senhor mandou. 26Nossos filhos, nossas mulheres, nossos rebanhos e todo o nosso gado ficarão lá, nas cidades de Galaad, 27mas teus servos, todos os que estão armados para a guerra, marcharão diante de Javé e combaterão como ordena meu senhor".

28Então Moisés deu ordens a respeito deles ao sacerdote Eleazar, a Josué, filho de Nun, e aos chefes de famílias das tribos de Israel, dizendo-lhes: 29"Se os filhos de Gad e os filhos de Rúben atravessarem convosco o Jordão, todos armados para combater diante de Javé, quando o país for por vós conquistado, dareis a eles a terra de Galaad em possessão. 30Mas se não passarem armados convosco, receberão sua propriedade no meio de vós na terra de Canaã".

31Responderam os filhos de Gad e os filhos de Rúben: "Como Javé falou a teus servos, assim faremos. 32Passaremos armados diante de Javé à terra de Canaã, mas a propriedade de nossa herança ficará do lado de cá do Jordão". 33Então Moisés deu aos filhos de Gad e aos filhos de Rúben, e à metade da tribo de Manassés, filho de José, o reino de Seon, rei dos amorreus, e o reino de Og, rei de Basã: o país com suas cidades e territórios, e as cidades do país a seu redor.

34Os filhos de Gad reedificaram Dibon, Atarot e Aroer, 35Atrot-Sofã, Jazer, Jegbaá, 36Bet-Nemra, Bet-Arã, cidades fortificadas e currais para os animais.

37Os filhos de Rúben reedificaram Hesebon, Eleale, Cariataim, 38Nebo, Baal Meon, mudando-lhes os nomes, e Sabama. Deram outros nomes às cidades que edificaram.

39Os filhos de Maquir, filho de Manassés, partiram para Galaad e dele se apossaram, expulsando os amorreus que lá habitavam. 40Moisés deu Galaad a Maquir, filho de Manassés, que aí se estabeleceu. 41Jair, filho de Manassés,* foi também e conquistou suas aldeias e as chamou aldeias de Jair. 42Nobe foi para Canat, apoderou-se dela e de suas vizinhanças e chamou-a Nobe, conforme seu nome.

33

As etapas de toda a viagem. 1São estas as etapas dos israelitas†, que saíram da terra do Egito, segundo suas fileiras, sob o comando de Moisés e Aarão. 2Moisés anotou seus pontos de partida, em suas diversas etapas, por ordem de Javé; e são estas suas etapas, segundo seus pontos de partida.

3Partiram de Ramsés no dia quinze do primeiro mês. No dia seguinte à Páscoa, os israelitas saíram corajosamente, à vista de todos os egípcios, 4enquanto estes sepultavam* os que dentre eles Javé havia ferido de morte, todos os seus primogênitos; também contra seus deuses Javé tinha feito justiça.

5Os israelitas partiram* de Ramsés e acamparam em Sucot. 6Partiram de Sucot e acamparam em Etam,* que está nos limites do deserto. 7Partiram de Etam e voltaram em direção de Piairot, que está defronte de Baal-Sefon, e acamparam diante de Magdol. 8Partiram de Piairot e atravessaram pelo meio do mar em direção ao deserto, fizeram três dias de caminhada pelo deserto de Etam e acamparam em Mara. 9Partiram de Mara* e chegaram a Elim, onde havia doze fontes e setenta palmeiras, e aí acamparam. 10Partiram de Elim e acamparam junto ao mar Vermelho. 11Partiram do mar Vermelho e acamparam no deserto de Sin. 12Partiram do deserto de Sin* e acamparam em Dafca. 13Partiram de Dafca e acamparam em Alus. 14Partiram de Alus* e acamparam em Rafidim, onde o povo

---

* **32**,41. Dt 3,14; Jz 10,4 | **33**,4. Êx 14,8 | 5. Êx 12,37 | 6. Êx 13,20; 14,1-4 | 9. Êx 15,23.27 | 12. Êx 16,1 | 14. Êx 17,1-7 | 15. Êx 19,1

† **33**,1. Os vv. 3-49 mencionam quarenta etapas do êxodo, desde o Egito até à beira do Jordão. É difícil, ou até impossível, localizar a maioria desses lugares.

não encontrou água para beber. 15Par-
tiram de Rafidim* e acamparam no de-
serto do Sinai.
16Partiram do deserto do Sinai* e
acamparam em Cibrot-Ataava. 17Par-
tiram de Cibrot-Ataava e acamparam
em Haserot. 18Partiram de Haserot* e
acamparam em Retma. 19Partiram de
Retma e acamparam em Remon-Farés.
20Partiram de Remon-Farés e acam-
param em Lebna. 21Partiram de Leb-
na e acamparam em Ressa. 22Partiram
de Ressa e acamparam em Ceelata.
23Partiram de Ceelata e acamparam no
monte Séfer. 24Partiram do monte Séfer
e acamparam em Harada. 25Partiram
de Harada e acamparam em Macelot.
26Partiram de Macelot e acamparam
em Taat. 27Partiram de Taat e acam-
param em Taré. 28Partiram de Taré e
acamparam em Matca. 29Partiram de
Matca e acamparam em Hesmona.
30Partiram de Hesmona* e acamparam
em Moserot. 31Partiram de Moserot e
acamparam em Benê-Jacã. 32Partiram
de Benê-Jacã e acamparam em Hor-
-Gadgad. 33Partiram de Hor-Gadgad
e acamparam em Jetebata. 34Partiram
de Jetebata e acamparam em Ebrona.
35Partiram de Ebrona e acamparam em
Asiongaber.
36Partiram de Asiongaber* e acam-
param no deserto de Sin, que é Cades.
37Partiram de Cades* e acamparam no
monte Hor, nos confins da terra de
Edom. 38Por ordem de Javé, o sacer-
dote Aarão subiu ao monte Hor, e ali
morreu no quadragésimo ano depois
da saída dos israelitas do Egito, no
primeiro dia do quinto mês. 39Aarão
tinha cento e vinte e três anos quando
morreu no monte Hor. 40O rei de Arad,
cananeu,* que habitava no Negueb, na
terra de Canaã, ficou sabendo da che-
gada dos israelitas.
41Partiram do monte Hor* e acam-
param em Salmona. 42Partiram de Sal-
mona e acamparam em Finon. 43Parti-
ram de Finon e acamparam em Obot.
44Partiram de Obot* e acamparam em
Jeabarim, na fronteira de Moab. 45Par-
tiram de Jeabarim e acamparam em
Dibon-Gad. 46Partiram de Dibon-Gad
e acamparam em Elmon-Diblataim.
47Partiram de Elmon-Diblataim* e
acamparam nos montes Abarim, de-
fronte do Nebo. 48Partiram dos montes
Abarim e acamparam nas estepes de
Moab, às margens do Jordão, defron-
te de Jericó; 49acamparam às margens
do Jordão, desde Bet-Jesimot até Abel-
-Setim, nas estepes de Moab.
Divisão da terra prometida. 50Javé
falou a Moisés nas estepes de Moab,*
às margens do Jordão, defronte de Je-
ricó, dizendo-lhe: 51"Fala aos israelitas e
dize-lhes: Quando tiverdes atravessado
o Jordão e entrado na terra de Canaã,
52expulsareis de vossa frente todos os
habitantes do país, destruireis todos os
seus ídolos* esculpidos, quebrareis to-
das as suas estátuas de metal fundido e
devastareis todos os seus lugares altos.
53Tomareis posse da terra e nela habi-
tareis, porque vos dou essa terra como
propriedade. 54Dividireis a terra por
sorteio,* entre vossas famílias: a uma
numerosa dareis uma parte maior, a
uma pequena uma parte menor. Cada
um terá aquilo que lhe couber por sor-
te. A partilha será feita segundo vossas
tribos patriarcais. 55Mas se não expul-
sardes os habitantes do país de vossa
frente, os que ficarem serão como es-
pinhos em vossos olhos e aguilhões em
vossos flancos e vos afligirão na terra
em que habitardes. 56E aquilo que eu
tinha pensado fazer a eles, eu o farei
a vós".

34

As fronteiras. 1Javé disse a
Moisés: 2"Ordena aos israeli-
tas* e dize-lhes: Quando entrardes no
país de Canaã, esta será a terra que vos
caberá como herança: a terra de Canaã
com estas fronteiras.
3Vosso limite meridional começará
no deserto de Sin, que confina com

---

* **33**,16. 11,34s | 18. 12,16 | 30. Dt 10,6s | 36. Dt 2,1-8 | 37. 20,22-29; Dt 10,6; 32,50 | 40. 21,1.10-20 | 41. 21,4 | 44. 21,10s | 47. 22,1 | 50. Lv 26; Dt 7,1-6.16; 12,2s | 52. Lv 26,1 | 54. 26,54-56 | **34**,2. Jz 20,1; Js 14-19; Ez 47,13-21

Edom. O limite meridional se estenderá da extremidade do mar Salgado para o oriente, 4depois se voltará para o sul, em direção à subida dos Escorpiões, passará por Sin e chegará ao sul de Cades Barne, donde irá em direção de Hasar-Adar, passando por Asemona; 5de Asemona dobrará para a torrente do Egito e terminará no mar. 6Vosso limite ocidental será o mar Grande, que será para vós o limite ao ocidente. 7Vosso limite setentrional será este: do mar Grande traçareis a fronteira até o monte Hor; 8do monte Hor seguireis em frente até a entrada de Emat, e o limite terminará em Sedada; 9depois sairá em direção de Zefrona para terminar em Hasar-Enon. Este será vosso limite setentrional. 10Para o limite oriental traçareis uma linha de Hasar-Enon até Sefama; 11o limite descerá de Sefama a Harbel, ao oriente de Ain, e continuará descendo até tocar a margem oriental do mar de Quineret. 12Depois o limite descerá ao longo do Jordão para terminar no mar Salgado. Esta será vossa terra com suas fronteiras por todos os lados".

13Moisés ordenou aos israelitas o seguinte: "Este é o território que herdareis por sorteio e que Javé mandou dar às nove tribos e à meia tribo, 14porque a tribo dos filhos de Rúben e a tribo dos filhos de Gad, segundo suas famílias, e a meia tribo de Manassés, receberam sua herança. 15Essas duas tribos e a meia tribo já receberam sua herança do lado de lá do Jordão, na altura de Jericó, ao oriente, do lado do sol nascente".

16Javé disse a Moisés: 17"São estes os nomes dos homens que dividirão entre vós o país: o sacerdote Eleazar e Josué, filho de Nun. 18Chamareis também um chefe de cada tribo para repartir a terra. 19São estes os nomes desses homens: para a tribo de Judá, Caleb, filho de Jefoné; 20para a tribo dos filhos de Simeão, Samuel, filho de Amiud; 21para a tribo de Benjamim, Elidad, filho de Caselon; 22para a tribo dos filhos de Dã, o chefe Boci, filho de Jogli; 23para os filhos de José, para a tribo dos filhos de Manassés, o chefe Haniel, filho de Efod; 24para a tribo dos filhos de Efraim, o chefe Camuel, filho de Seftã; 25para a tribo dos filhos de Zabulon, o chefe Elisafã, filho de Farnac; 26para a tribo dos filhos de Issacar, o chefe Faltiel, filho de Ozã; 27para a tribo dos filhos de Aser, o chefe Aiud, filho de Salomi; 28para a tribo dos filhos de Neftali, o chefe Fedael, filho de Amiud". 29Foi a esses que Javé ordenou que dividissem a herança para os israelitas na terra de Canaã.

35 **As cidades dos levitas.** 1Javé falou a Moisés nas estepes de Moab,* às margens do Jordão, defronte de Jericó, dizendo-lhe: 2"Ordena aos israelitas que, da herança que possuem, deem aos levitas cidades onde possam habitar e também pastagens ao redor das cidades. 3As cidades lhes servirão de habitação, e as pastagens para seu gado, seus bens e para todos os seus animais. 4As pastagens das cidades que dareis aos levitas se estenderão por mil côvados a partir dos muros da cidade, em todo o seu redor. 5Do lado de fora da cidade, medireis dois mil côvados do lado oriental, dois mil côvados do lado meridional, dois mil côvados do lado ocidental, dois mil côvados do lado setentrional, ficando a cidade no meio; e estas serão para eles as pastagens das cidades. 6As cidades que dareis* aos levitas serão as seis cidades de refúgio, destinadas por vós para que nelas possa refugiar-se o homicida, e mais outras quarenta e duas; 7ao todo serão quarenta e oito as cidades que dareis aos levitas, com suas pastagens. 8As cidades que dareis serão tomadas da propriedade dos israelitas: tomareis mais de uma tribo maior e menos de uma tribo menor;* cada tribo cederá para os levitas algumas de suas cidades, em proporção da herança que tiver recebido".

Cidades de refúgio. 9Javé disse a Moisés: 10"Fala aos israelitas* o seguinte: Quando atravessardes o Jordão para

* **35**,1. 18,20-24; Js 20-21; Ez 48,13 | 6. Dt 4,41-43 | 8. 26,54 | 10. Êx 21,13; Dt 19,1-13

entrardes na terra de Canaã, 11escolhe-
reis cidades que vos sirvam de cidades
de refúgio, onde possa refugiar-se o
homicida que matou alguém involun-
tariamente. 12Essas cidades vos servi-
rão de refúgio contra o vingador do
sangue†, para que o assassino não seja
morto antes de comparecer em juízo
diante da comunidade. 13As cidades
que indicareis serão vossas seis cida-
des de refúgio. 14Indicareis três cida-
des* do outro lado do Jordão e outras
três na terra de Canaã: serão cidades
de refúgio.15Para os israelitas, para o
estrangeiro e para aquele que mora no
meio de vós, essas seis cidades servirão
de refúgio, para que nelas se refugie
todo aquele que matar alguém invo-
luntariamente.

16Mas se alguém feriu um outro com
um instrumento de ferro e disso resul-
tou a morte, é um homicida; o homici-
da deverá ser morto. 17Se o feriu usan-
do uma pedra que tinha na mão, capaz
de causar a morte, e a vítima morreu,
é um homicida; o homicida deverá ser
morto. 18Se o feriu com um instrumen-
to de madeira, capaz de causar a mor-
te, e a vítima morreu, é um homicida;
o homicida deverá ser morto. 19É o
vingador do sangue que matará o ho-
micida; quando o encontrar, ele o ma-
tará. 20Se alguém empurrar um outro
por ódio, ou lhe atirar alguma coisa de
propósito, causando-lhe a morte, 21ou
então, se por hostilidade lhe bater com
as mãos e ele morrer, quem lhe bateu
será morto; cometeu um homicídio, e o
vingador de sangue o matará quando
o encontrar.

22Mas se o empurrar acidentalmente
ou atirar alguma coisa sobre ele sem
maldade, 23ou se, não o vendo, deixar
cair sobre ele uma pedra que possa
causar a morte, e a vítima morrer, não
sendo ele inimigo da vítima, nem pro-
curando fazer-lhe mal, 24a comunidade
julgará entre o que matou e o vingador
do sangue, conforme essas leis. 25A co-
munidade livrará o homicida das mãos
do vingador do sangue e o fará voltar
à cidade de refúgio onde se havia refu-
giado. Ficará ali até a morte do sumo
sacerdote, que foi ungido com o óleo
santo. 26Mas, se o homicida em qual-
quer momento sair dos limites de sua
cidade de refúgio onde se havia refu-
giado, 27e o vingador do sangue o en-
contrar fora dos limites de sua cidade
de refúgio e o matar, não será culpado
do sangue derramado, 28porque o ho-
micida deve permanecer em sua cidade
de refúgio até a morte do sumo sacer-
dote, e só depois da morte desse po-
derá voltar à terra de sua propriedade.

29Estas serão normas de direito para
vós e para vossas gerações, onde quer
que habiteis. 30Todo aquele que matar
uma pessoa, conforme o depoimento
das testemunhas, será condenado à
morte; mas ninguém será condenado
à morte por depoimento de uma só
testemunha. 31Não aceitareis resgate
pela vida de um homicida condenado
à morte, pois deve ser morto. 32Tam-
pouco aceitareis resgate por quem se
tenha refugiado em sua cidade de re-
fúgio, para que volte a habitar em sua
terra antes da morte do sumo sacerdo-
te. 33Não contaminareis* o país em que
viveis, porque o sangue contamina a
terra, e não se pode fazer expiação pela
terra, por causa do sangue nela derra-
mado, senão com o sangue de quem
o derramou. 34Não profaneis a terra
em que habitais, e no meio da qual eu
também habito, pois eu sou Javé, que
habito entre os israelitas".*

36 **Herança das mulheres.** 1Os
chefes das casas patriarcais da
família dos filhos de Galaad, filho de
Maquir, filho de Manassés, um dos clãs
dos filhos de José, tomaram a palavra

---

* **35**,14. Dt 4,41-43 | 33. Gn 9,5s | 34. Êx 29,45

† **35**,12. Na sociedade primitiva da época em que vigorava a lei do talião, Êx 21,24, o parente mais próximo da vítima exercia o direito de vingança. Essa pessoa, chamada "goel", redentor, era quem protegia a família, impedindo também a alienação dos bens, Lv 25,25. Deus é chamado o Redentor de Israel, Is 41,14; Jr 50,34; Sl 19,15.

diante de Moisés e dos principais chefes das casas patriarcais dos israelitas e disseram: 2"Javé ordenou a meu senhor que repartisse por sorteio a terra a ser dada em herança aos israelitas; e meu senhor recebeu ordem, da parte de Javé, de dar a herança de Salfaad, nosso irmão, a suas filhas. 3Ora, se elas se casarem* com homens de uma outra tribo de Israel, sua herança será retirada da parte de nossos pais: aumentará a parte da tribo na qual forem recebidas e diminuirá a parte que tocou por sorte a nós. 4Quando chegar o jubileu para os israelitas, a herança delas* será acrescida à herança das tribos às quais pertencerão e será subtraída da herança da tribo de nossos pais".

5Então Moisés comunicou aos israelitas esta ordem recebida de Javé: "Tem razão a tribo de José. 6Isto é o que Javé ordena a respeito das filhas de Salfaad: Casem-se com quem quiserem, contanto que seja com alguém de uma família da tribo de seu pai. 7A herança dos israelitas não passará de uma tribo para outra, porque cada um dos israelitas estará ligado à herança da tribo de seus pais. 8Toda moça que possuir uma herança numa das tribos dos israelitas deverá casar-se com alguém de uma família de sua tribo paterna, para que cada israelita conserve a posse da herança de seus pais. 9Desse modo nenhuma herança passará de uma tribo a outra, mas cada uma das tribos dos israelitas ficará ligada à própria herança".

10Conforme Javé havia ordenado a Moisés, assim fizeram as filhas de Salfaad, 11e Maala, Tersa, Hegla, Melca e Noa, filhas de Salfaad, casaram-se com os filhos de seus tios paternos. 12Casaram-se dentro das famílias dos filhos de Manassés, filho de José; e assim sua herança permaneceu dentro da tribo da família de seu pai.

13São estes os mandamentos e as leis que Javé deu aos israelitas por meio de Moisés nas estepes de Moab, às margens do Jordão, defronte de Jericó.

* **36**,3. 27,1-11 | 4. Lv 25,1

DEUTERONÔMIO

O título do livro é a transcrição de duas palavras gregas que significam "segunda lei" e têm sua origem em Dt 17,18, onde se prescreve que o rei tenha para seu uso "uma cópia desta lei". Bem diferente dos outros livros do Pentateuco, este se apresenta como uma coleção de três discursos de Moisés, o qual, logo antes de morrer, no limiar da terra prometida, relata ao povo os acontecimentos do êxodo, testemunhos da predileção de Deus por Israel, e lhe recorda a promulgação da lei no Sinai e outras normas complementares, para exortá-lo a permanecer fiel à aliança. O livro da Lei achado no templo em 622 a.C., na época de Josias (2Rs 22,8), é a primeira edição do Deuteronômio. Este fato suscitou uma grande reforma religiosa que aboliu todos os lugares de culto fora de Jerusalém, unificando o santuário.

O livro do Deuteronômio formou a escola chamada deuteronomista, que tinha sua própria teologia e vocabulário. Essa escola, que floresceu nos anos anteriores e sucessivos à queda de Jerusalém, foi responsável pela redação dos livros chamados na Bíblia Hebraica de "Profetas Anteriores", a saber, Josué, Juízes, e os livros de Samuel e dos Reis. A teologia que eles exprimem pode ser assim resumida: a aliança é um compromisso recíproco, que vale enquanto Israel respeita as leis. Porque ela foi rompida por culpa de Israel, cabe a Javé aplicar as penas previstas nesta aliança, e o povo tem de passar pelo castigo. Mas a esperança não fica perdida, porque é definitiva a escolha que Javé fez de Israel como seu povo.

Se é verdade que o Deuteronômio é antes de tudo um livro de leis, é preciso salientar também o forte influxo que os profetas exerceram na formulação dessas leis. Israel é um povo escolhido por amor e não por seu valor ou merecimento (7,7-9). O modo de corresponder a esse amor demonstrado por Deus é amá-lo de todo o coração, obedecendo a suas normas, não apenas às do culto, mas também às morais e sociais. No Antigo Testamento, é o Deuteronômio o livro que mais fala do amor divino.

I. MOISÉS RELEMBRA A HISTÓRIA (1,1–4,40)

1 **Introdução ao discurso: o lugar
e o tempo.** 1São estas as palavras
que Moisés falou a todo o Israel do
outro lado do Jordão, no deserto, na
Arabá, diante de Suf, entre Farã e Tofel,
Labã, Haserot e Dizaab. 2São onze dias
de caminho desde o Horeb até Cades-
-Barne, pelo caminho do monte Seir.
3No quadragésimo ano, no dia primei-
ro do décimo primeiro mês, Moisés
falou aos israelitas conforme tudo o
que Javé lhe havia mandado dizer-lhes.
4Depois de ter derrotado Seon,* rei dos
amorreus, que habitava em Hesebon, e
Og, rei de Basã, que residia em Astarot
e em Edrai, 5do outro lado do Jordão,
na terra de Moab, Moisés começou a
explicar esta lei, dizendo†:
Retrospectiva. 6"Javé, nosso Deus,
disse-nos no Horeb: Já morastes nes-
ta montanha o bastante. 7Voltai-vos
e parti; ide à região montanhosa dos
amorreus e a todas as vizinhanças, à
planície, à montanha, à baixada, ao Ne-
gueb, à costa marítima, à terra dos ca-
naneus e ao Líbano, até o grande rio, o
Eufrates. 8Coloco a terra diante de vós;
entrai e tomai posse da terra* que Javé,
vosso Deus, jurou dar a vossos pais, a
Abraão, a Isaac, a Jacó e sua descen-
dência depois deles.
9Eu vos disse naquele tempo:* 'Não
posso encarregar-me de vós sozinho;
10Javé, vosso Deus, vos multiplicou de
tal modo que hoje sois tão numerosos
como as estrelas do céu. 11Javé, Deus
de vossos pais,* vos multiplique mil
vezes mais e vos abençoe, como vos
prometeu. 12Como poderia eu supor-
tar sozinho vosso peso, vossa carga e
vossas contendas? 13Escolhei dentre
vossas tribos* homens sábios e dota-
dos de discernimento e de experiência,

---

* **1**,4. Nm 21,21-35 | **1**,8. Gn 12,7.15; 26,2-5; 28,13-15 | 9. Êx 18,13-26; Nm 11,14 | 11. Gn 15,5; 22,17 | 13. Nm 11,16s

† **1**,5. Este discurso de Moisés, 1,6–4,40, tem duas partes: na primeira, 1,6–3,29, relembra os principais acontecimentos do êxodo; na segunda, 4,1-40, exorta à fidelidade à lei de Deus.

e eu os constituirei vossos chefes'. [14]E vós me respondestes: 'É bom fazermos o que disseste'. [15]Então tomei os chefes de vossas tribos, homens sábios e dotados de experiência, e os constituí vossos chefes, chefes de mil, de cem, de cinquenta, de dez, e oficiais para vossas tribos. [16]Na mesma ocasião* prescrevi a vossos juízes: 'Escutai as contendas entre vossos irmãos e julgai com equidade entre cada um deles e seu irmão, ou um estrangeiro que mora junto dele. [17]Não façais acepção* de pessoa em juízo; ouvi tanto o pequeno como o grande; não tenhais medo de ninguém, porque o juízo pertence a Deus. Se alguma questão for difícil demais para vós, apresentai-a a mim, e eu a ouvirei'. [18]Naquela ocasião vos prescrevi tudo o que devíeis fazer".

Em Cades Barne. [19]"Partindo do Horeb,* percorremos todo aquele vasto e terrível deserto que vistes, em direção à região montanhosa dos amorreus, como Javé, nosso Deus, nos tinha ordenado, e chegamos a Cades Barne. [20]Então eu vos disse: 'Chegastes à região montanhosa dos amorreus, que Javé, nosso Deus, nos dá. [21]Javé, vosso Deus, colocou a terra diante de vós: subi, tomai posse dela,* como vos falou Javé, Deus de vossos pais; não temais nem desanimeis'. [22]Então viestes todos a mim, dizendo: 'Mandemos alguns homens à nossa frente para que explorem por nós o país e nos informem sobre o caminho pelo qual devemos subir e as cidades nas quais devemos entrar'. [23]A proposta me agradou e escolhi dentre vós doze homens, um de cada tribo. [24]Eles partiram e, subindo à região montanhosa, chegaram até o vale de Escol e o exploraram. [25]Tomando consigo frutos do lugar, eles os trouxeram para nós e nos informaram, dizendo: 'É boa a terra que Javé, nosso Deus, nos dá'. [26]Vós, porém, não quisestes subir e fostes rebeldes à ordem de Javé, vosso Deus; [27]reclamastes em vossas tendas, dizendo: 'Javé nos odeia, por isso tirou-nos do Egito para nos entregar ao poder dos amorreus e nos exterminar. [28]Para onde subiremos? Nossos irmãos nos fizeram perder a coragem, dizendo: É um povo maior e mais alto do que nós; as cidades são grandes e fortificadas até o céu; também vimos ali os descendentes de Enac'.

[29]Então eu vos disse: 'Não vos assusteis* nem tenhais medo deles. [30]Javé, vosso Deus, que vai à vossa frente, combaterá por vós ele mesmo, conforme tudo o que fez por vós no Egito, a vossos olhos, [31]e no deserto, onde vistes Javé, vosso Deus,* vos levar como um homem leva seu filhinho, por todo o caminho que percorrestes, até chegardes a este lugar'. [32]Não obstante tudo isso, não confiastes em Javé, vosso Deus, [33]o qual vos precedia no caminho, em busca de um lugar onde pudésseis acampar, com o fogo de noite,* para vos mostrar o caminho que devíeis seguir, e de dia com a nuvem.

[34]Ouvindo o som de vossas vozes, Javé se enfureceu e jurou, dizendo: [35]'Nenhum dos homens* dessa geração perversa verá aquela boa terra, que jurei dar a seus pais, [36]exceto Caleb, filho de Jefoné;* esse há de vê-la, e a ele e a seus filhos darei a terra que pisou, porque seguiu fielmente a Javé'. [37]Também contra mim se irritou Javé,* por vossa causa, e disse: 'Nem tu entrarás lá. [38]Mas teu servo Josué, filho de Nun, entrará; encoraja-o, pois é ele que fará Israel herdar a terra. [39]E vossos meninos, dos quais dissestes que seriam escravizados, vossos filhos que não sabem ainda distinguir entre o bem e o mal, eles entrarão; a eles darei a terra, e a possuirão. [40]Quanto a vós, voltai para trás e ide para o deserto pelo caminho do mar Vermelho'.

[41]Então me respondestes:* 'Pecamos contra Javé; vamos subir e combater, conforme tudo o que Javé, nosso Deus, nos ordenou'. E cada um de vós tomou

---

* **1**,16. 17,8-13 | 17. Lv 19,15 | 19. Nm 13,1-14,10 | 21. Js 1,6.9 | 29. 2,10; At 13,18 | 31. 7,6; 14,1; 32,6; Êx 4,22; Os 11,1; Is 63,16; Jr 31,9 | 33. Êx 13,21s | 35. Nm 14,21-35 | 36. Nm 13,30; 14,6.9 | 37. Nm 20,12; Dt 3,26; 4,21; 34,4 | 41. Nm 14,39-45

suas armas e vos preparastes para su-
bir às montanhas. [42]Mas Javé me disse:
'Dize a eles: Não subais nem luteis, por-
que eu não estou convosco; para não
serdes derrotados diante de vossos ini-
migos'. [43]Eu vos falei, mas não me ou-
vistes; fostes rebeldes à ordem de Javé
e, cheios de arrogância, subistes às
montanhas. [44]Então os amorreus, que
habitam naquelas montanhas, saíram
contra vós e vos perseguiram como fa-
zem as abelhas* e vos derrotaram des-
de Sin até Horma. [45]Voltando, choras-
tes diante de Javé, mas Javé não ouviu
vossa voz nem vos deu atenção. [46]É por
isso que tivestes de ficar em Cades esse
tempo todo que lá permanecestes".

2 **Através do deserto.** [1]"Voltamos
então e fomos para o deserto,
pelo caminho do mar Vermelho, con-
forme Javé me havia falado, contor-
nando a montanha de Seir durante
muito tempo. [2]Depois Javé me disse:
[3]'Já andastes bastante ao redor desta
montanha; dirigi-vos para o norte. [4]Dá
ao povo esta ordem: Ides atravessar o
território de vossos irmãos, os filhos de
Esaú, que habitam em Seir.* Eles terão
medo de vós; mas tende cuidado: [5]não
os ataqueis, pois nada vos darei da ter-
ra deles, nem sequer o comprimento
de um pé; porque dei a Esaú a posse da
região* montanhosa de Seir. [6]Compra-
reis deles, por dinheiro, o alimento que
comereis; e também a água comprareis
deles por dinheiro. [7]Pois Javé, vosso
Deus, vos abençoou* em toda obra
de vossas mãos; ele vela sobre vossa
caminhada por este vasto deserto; há
quarenta anos Javé, vosso Deus, vos
acompanha, e nada vos faltou. [8]Passa-
mos, pois, ao largo de nossos irmãos,*
os filhos de Esaú, que habitam em Seir,
pela estrada da Arabá, por Elat e Asion-
gaber e, virando, tomamos o caminho
do deserto de Moab.

[9]Então Javé me disse: 'Não ataques
os moabitas* nem lhes dês combate,
porque nada te darei da terra deles;
pois dei Ar como propriedade aos fi-
lhos de Ló. [10]Antes habitavam ali os
emim, povo grande, numeroso e de
alta estatura como os enacim; [11]eram
considerados como rafaim, assim
como os enacim; os moabitas, porém,
os chamavam de emim. [12]Em Seir ha-
bitavam antes os horreus; mas os filhos
de Esaú os expulsaram e exterminaram,
estabelecendo-se em seu lugar, como
fez Israel com a terra de sua proprieda-
de, que Javé lhe deu.

[13]Agora levantai-vos e atravessai a
torrente de Zared'. E atravessamos
a torrente de Zared. [14]A duração de
nossa caminhada desde Cades Barne
até a passagem da torrente de Zared
foi de trinta e oito anos, até que toda
a geração dos guerreiros tivesse desa-
parecido do meio do acampamento,
como Javé lhes havia jurado. [15]Esteve
contra eles a mão de Javé, para os ex-
terminar do meio do acampamento até
seu desaparecimento.

[16]Depois que a morte fez desapare-
cer todos os guerreiros dentre o povo,
[17]Javé me falou, dizendo: [18]'Hoje estás
para atravessar os limites de Moab,
em Ar, [19]e chegarás diante dos filhos
de Amon. Não os ataques nem lhes
dês combate†, porque nada te darei
da terra dos filhos de Amon; pois dei-
-a aos filhos de Ló como propriedade.
[20]Também ela foi considerada terra dos
rafaim: eles, de fato, nela habitaram
anteriormente, e eram chamados de
zomzomim pelos amonitas; [21]era um
povo grande e numeroso, de alta es-
tatura como os enacim; Javé, porém, os
exterminou diante dos amonitas, que
os expulsaram e se estabeleceram em
seu lugar; [22]exatamente como tinha
feito em favor dos filhos de Esaú, que
habitavam em Seir, quando exterminou

* 1,44. Sl 118,12 | 2,4. Nm 20,14-21 | 5. Gn 36,8 | 7. Êx 33,14.16; 34,9s; Dt 8,2s; 29,5; Ne 9,20s | 8. Nm 20,21
9. Nm 21,10-20

† 2,19. Javé impede que ataquem os idumeus, v. 5, os moabitas, v. 9, e os amonitas, v. 19, povos aparentados com Israel. Foi Javé mesmo que lhes dera aquelas terras. | 23. Ilha citada em Jr 47,4 e Am 9,7; provavelmente é Creta, e os caftorim são os filisteus, os "povos do mar".

os horreus diante deles, de modo que os expulsaram e habitaram no lugar deles até hoje. 23 Também os aveus, que moravam nas aldeias até Gaza, foram exterminados pelos caftorim, emigrados de Caftor†, que se estabeleceram em seu lugar. 24 Levantai-vos, ponde-vos a caminho e atravessai a torrente do Arnon. Entrego em vossas mãos Seon, rei de Hesebon, o amorreu, com sua terra; começai a tomar posse dela, fazei-lhe guerra. 25 Hoje começarei a espalhar o terror e o medo de vós entre os povos, onde quer que habitem: quando ouvirem falar de vós, tremerão e se angustiarão diante de vós'".

Conquista do reino de Seon. 26 "Do deserto de Cademot* mandei mensageiros a Seon, rei de Hesebon, com palavras de paz, para dizer-lhe: 27 'Deixa-me atravessar teu país; caminharei unicamente pela estrada, sem me desviar nem para a direita, nem para a esquerda. 28 Tu me venderás por dinheiro* o alimento para comer, e por dinheiro me darás água para beber; permite apenas que eu passe a pé, 29 como fizeram comigo os filhos de Esaú, que habitam em Seir, e os moabitas, que habitam em Ar, até que eu passe o Jordão, para entrar na terra que Javé, nosso Deus, nos dá'. 30 Mas Seon, rei de Hesebon, não quis deixar-nos passar por seu território; porque Javé, vosso Deus, cegou seu espírito e endureceu-lhe o coração para entregá-lo a vossa mão, como é hoje. 31 Disse-me então Javé: 'Comecei a entregar-te Seon e seu país; começa a conquista para te apoderar de seu país'. 32 Seon saiu a nosso encontro com toda a sua gente até Jasa, para combater contra nós. 33 Mas Javé o entregou a nosso poder, e nós o vencemos, com seus filhos e toda a sua gente. 34 Então tomamos todas as suas cidades e votamos ao interdito homens, mulheres e crianças, sem deixar um sobrevivente; 35 apenas tomamos como presa para nós o gado e os despojos das cidades que conquistamos. 36 Desde Aroer, que está à margem do vale do Arnon, e desde a cidade situada nesse vale, até Galaad, não houve cidade que fosse forte demais para nós: Javé, nosso Deus, entregou-as todas a nosso poder. 37 Somente não invadistes o país dos amonitas, isto é, toda a região da torrente do Jaboc e as cidades da montanha e todos os lugares que Javé, nosso Deus, nos havia proibido".

3 **Conquista do reino de Og.** 1 "Voltando, subimos pelo caminho de Basã;* e Og, rei de Basã, veio a nosso encontro em Edrai, com toda a sua gente, para combater contra nós. 2 E Javé me disse: 'Não o temas, porque eu o entreguei em tuas mãos com toda a sua gente e seu país; farás com ele como fizeste com Seon, rei dos amorreus, que morava em Hesebon'. 3 Assim Javé, nosso Deus, entregou em nossas mãos também Og, rei de Basã, com toda a sua gente, e nós o derrotamos, a ponto de não lhe deixar nenhum sobrevivente. 4 Nessa ocasião lhe tomamos todas as cidades; não houve cidade que não lhes tomássemos: sessenta cidades, toda a região de Argob, o reino de Og em Basã. 5 Todas essas cidades eram fortificadas com altos muros, portas e ferrolhos; sem contar o grande número de cidades sem muros. 6 E nós as votamos ao interdito, como tínhamos feito com Seon, rei de Hesebon; votamos ao interdito cada cidade: homens, mulheres e crianças, 7 mas reservamos como nossa presa todo o gado e os despojos das cidades. 8 Tomamos, assim, naquela ocasião, dos dois reis amorreus, o território do outro lado do Jordão, desde a torrente do Arnon até o monte Hermon, 9 chamado Sarion pelos sidônios e Sanir pelos amorreus; 10 todas as cidades do planalto, todo o Galaad e todo o Basã, até Selca e Edrai, cidades do reino de Og, em Basã. 11 Porque Og, rei de Basã, era o último sobrevivente dos rafaim; seu leito, um leito de ferro, é o que está em Rabá

* **2**,26. Nm 21,21-25; Jz 11,19-22 | 28. Nm 20,18.21 | **3**,1. Nm 21,33-35

dos amonitas; mede nove côvados de
comprimento e quatro de largura, em
côvados comuns".

Divisão dos territórios conquistados.
12"Foi então que tomamos pos-
se daquela terra.* Dei aos rubenitas e
aos gaditas o território desde Aroer,
à margem da torrente do Arnon, e a
metade da região montanhosa de Ga-
laad com suas cidades. 13À meia tribo
de Manassés dei o restante de Galaad
e todo o Basã, o reino de Og. Toda a
região de Argob com todo o Basã se
chamava terra dos rafaim. 14Jair, filho
de Manassés,* tomou toda a região
de Argob até a divisa com os gessu-
ritas e os maacatitas e deu seu nome
às aldeias de Basã, que ainda hoje se
chamam aldeias de Jair. 15A Maquir dei
Galaad. 16Aos rubenitas e aos gaditas
dei o território de Galaad até a torrente
do Arnon, com a metade do vale que
serve de limite, e até a torrente do Ja-
boc, fronteira dos amonitas; 17e ainda
a planície* com o Jordão como limite,
desde Quineret até o mar da planície,
o mar Salgado, ao pé das encostas do
Fasga, ao oriente.

18Naquele tempo vos dei esta ordem:
'Javé, vosso Deus, vos deu como pro-
priedade esta terra: vós todos, homens
valentes, marchareis armados à frente
dos israelitas, vossos irmãos. 19Somen-
te vossas mulheres, vossas crianças
e vosso gado – sei que tendes muito
gado – ficarão nas cidades que vos dei,
20até que Javé tenha dado descanso a
vossos irmãos, como a vós, e que tam-
bém eles tenham tomado posse da
terra que Javé, vosso Deus, lhes dá do
outro lado do Jordão; então voltareis
cada qual para a propriedade que vos
dei'. 21Na mesma ocasião, dei a Josué
esta ordem:* 'Teus olhos viram tudo o
que Javé, vosso Deus, fez a esses dois
reis: assim fará Javé a todos os reinos
que vais atravessar. 22Não tenhas medo
deles, porque Javé, vosso Deus, com-
bate por vós'".

Moisés excluído da terra prometida.
23"Naquele tempo supliquei a Javé, di-
zendo: 24'Senhor Javé, vós começastes*
a mostrar a vosso servo vossa gran-
deza e vossa mão poderosa: qual é
o deus, no céu ou na terra, que pode
fazer obras e portentos como os vos-
sos? 25Eu vos peço: deixai-me atraves-
sar, para ver a boa terra que está além
do Jordão, essas belas montanhas e o
Líbano!' 26Mas Javé* se irritou contra
mim, por vossa causa, e não me aten-
deu. Javé me disse: 'Basta, não me fales
mais nisto. 27Sobe ao cume do Fasga,*
ergue teu olhar para o ocidente e o
norte, para o sul e o oriente; contem-
pla com teus olhos, porque não passa-
rás esse Jordão. 28Entrega o comando
a Josué, anima-o e encoraja-o; pois
ele passará à frente desse povo e o
fará possuir a terra que verás'. 29Assim
permanecemos no vale, diante de Bet-
-Fegor".*

4 Exortação à observância das leis.
1"Agora, Israel, ouvi as leis*
e os costumes que vos ensino. Ponde-
-os em prática, para que vivais e entreis
para tomar posse da terra que vos dá
Javé, Deus de vossos pais. 2Nada acres-
centareis ao que vos mando e nada
lhes tirareis, mas observareis os man-
damentos de Javé, vosso Deus, que
vos prescrevo. 3Vossos olhos* viram o
que Javé fez em Baal-Fegor: Javé, vos-
so Deus, exterminou de vosso meio to-
dos os que seguiram o Baal de Fegor;
4mas vós, que permanecestes fiéis a
Javé, vosso Deus, estais hoje todos vi-
vos. 5Vede! Ensinei-vos leis e costumes
como Javé, meu Deus, me ordenou,
para que os pratiqueis na terra em que
entrareis para possuí-la. 6Observai-os
e cumpri-os, pois serão eles vossa sa-
bedoria* e vossa inteligência aos olhos
dos povos, os quais, ao ouvirem falar
de todas essas leis, dirão: 'Essa grande
nação é o único povo sábio e sensa-
to!' 7De fato, que grande nação* existe,

* **3**,12. Nm 32 | 14. Nm 32,41; Jz 10,3-5 | 17. Nm 34,11s | 21. Js 1,1 | 24. 5.24; 11,2s; Êx 15,6s; Sl 86,8 | 26. Nm 20,12 | 27. 32,48-52 | 29. Nm 25,1-18 | **4**,1. 5,1; 6,1; 8,1; 11,8s | 3. Nm 25,1-18 | 6. Jó 28,28; Sl 19,8; Eclo 1,16-18; Pr 1,7; 9,10 | 7. 4,32-34; Sl 145,18; 147,19s; 148,14

da qual a divindade tanto se aproxima,
como está perto de nós Javé, nosso
Deus, toda vez que o invocamos? [8]Que
grande nação possui leis e costumes
como toda esta Lei que hoje vos pro-
ponho?† [9]Somente tomai cuidado* e
ficai atentos para não esquecerdes as
coisas que vossos olhos viram e para
que não se afastem de vosso coração
em todos os dias de vossa vida, mas
contai-as a vossos filhos e netos.

[10]Lembrai-vos do dia em que com-
parecestes perante Javé, vosso Deus,
no Horeb,* quando Javé me disse:
'Convoca-me o povo, e eu os farei ouvir
minhas palavras, para que aprendam a
temer-me todo o tempo que viverem
sobre a terra, e ensinem o mesmo a
seus filhos'. [11]Então vos aproximastes
e permanecestes ao pé da montanha,
a qual ardia em chamas até o meio do
céu, entre trevas, nuvens e escuridão.
[12]E Javé vos falou do meio do fogo;
ouvistes o som das palavras, mas não
vistes nenhuma figura, era só uma voz.
[13]Ele vos revelou sua aliança, que vos
mandou cumprir, os dez mandamen-
tos* que escreveu sobre duas tábuas
de pedra. [14]Quanto a mim, Javé man-
dou-me, naquela ocasião, ensinar-vos
leis e costumes, que deveríeis praticar
na terra na qual entrareis para dela to-
mar posse".

Proibição da idolatria. [15]"Tende mui-
to cuidado! Já que não vistes nenhu-
ma figura no dia em que Javé vos fa-
lou no Horeb, do meio do fogo, [16]não
aconteça que vos corrompais e vos
fabriqueis alguma imagem esculpida†,
na forma de alguma figura, como a
representação de homem ou de mu-
lher, [17]de qualquer animal* terrestre,
de qualquer pássaro que voa pelo céu,
[18]de qualquer réptil que se arrasta pelo
chão,* de qualquer peixe que há nas
águas sob a terra. [19]Não suceda que,
levantando os olhos ao céu e vendo o
sol, a lua, as estrelas* e todo o exército
celeste, vos deixeis levar a prestar-lhes
adoração e culto. Javé, vosso Deus, deu
estas coisas em herança a todos os
povos que há debaixo do céu. [20]A vós,
porém, Javé escolheu e vos tirou da
fornalha de ferro do Egito,* para serdes
seu povo, sua herança, como hoje sois.
[21]Javé irritou-se contra mim,* por vos-
sa causa, e jurou que eu não passaria o
Jordão e não entraria na boa terra que
Javé, vosso Deus, está para vos dar em
herança. [22]De fato, eu morrerei neste
país e não passarei o Jordão; vós, sim,
o passareis e tomareis posse daquela
boa terra. [23]Guardai-vos de esquecer a
aliança que Javé, vosso Deus, fez con-
vosco e não façais para vós nenhuma
imagem esculpida, representando al-
guma coisa que Javé, vosso Deus, vos
proibiu; [24]porque Javé, vosso Deus, é
um fogo devorador,* é um Deus apai-
xonado".

Ameaças e promessas. [25]"Quando ti-
verdes gerado filhos e netos e tiverdes
envelhecido na terra, se vos corromper-
des fazendo imagens esculpidas na for-
ma de uma coisa qualquer e praticando
o que desagrada a Javé, vosso Deus, de
modo a provocar sua ira, [26]invoco hoje
como testemunhas contra vós o céu e
a terra, que logo desaparecereis total-
mente da superfície da terra, da qual
ides tomar posse atravessando o Jor-
dão.* Não vivereis nela muito tempo,
mas sereis inteiramente exterminados.
[27]Javé vos dispersará entre os povos, e
de vós não restará senão um pequeno
número† entre as nações, aonde Javé

* **4**,9. 32,7; Sl 44,2; 78,3; Jl 1,3 | 10. Êx 19,16-20 | 13. Êx 20,1 | 17. Êx 20,4s | 18. Rm 1,23 | 19. 17,3; Sb 13,2 | 20. Jr 4,20 | 21. 1Rs 8,51; Nm 20,21 | 24. Êx 20,5; 13,22; Is 33,14; Sf 1,18; Hb 12,29 | 26. Js 23,16; Lv 26,14-19

† **4**,8. A lei é obra da sabedoria divina. É uma pedagogia, uma "torá" ou instrução paterna. É firme em seus preceitos e amorosa em suas promessas. | 16. Antigamente Deus, que não tem corpo nem aparência, não podia ser representado por uma imagem. Mas depois que se mostrou na carne e viveu entre os homens, posso fazer uma imagem daquilo que vi de Deus (S. João Damasceno). A encarnação do Filho de Deus inaugurou uma nova lei das imagens. | **4**,27. O povo será dizimado por causa de suas culpas e sofrerá o exílio, tempo de purificação. Um resto fiel a Deus será semente de um novo povo, Is 43; Sf 3,13.

vos levará. 28Ali servireis* a deuses que
são obra de mãos humanas, de madei-
ra e pedra, incapazes de ver, ouvir, co-
mer e cheirar. 29De lá buscareis Javé,*
vosso Deus, e o encontrareis, contanto
que o busqueis de todo o vosso cora-
ção e de toda a vossa alma. 30Quando
estiverdes na angústia e vos tiverem
alcançado todos esses males, nos últi-
mos tempos, voltareis para Javé, vosso
Deus, e ouvireis sua voz. 31Porque Javé,
vosso Deus, é um Deus misericordioso;
ele não vos abandonará, nem vos des-
truirá, nem se esquecerá da aliança que
jurou a vossos pais".*

**Predileção de Deus para com Is-
rael.** 32"Interrogai os tempos passados
que vos precederam, desde o dia em que
Deus criou o ser humano sobre a ter-
ra: de um extremo ao outro do céu
jamais aconteceu coisa tão grande
como esta? Ouviu-se algo semelhan-
te? 33Existe acaso um povo que ouviu a
voz de Deus falando do meio do fogo,*
como vós ouvistes, e tenha continuado
a viver? 34Houve jamais um deus* que
tentou vir escolher uma nação do meio
de outra, com provas, sinais, prodígios*
e batalhas, com mão poderosa, com
braço estendido e com grandes ter-
rores, como Javé, vosso Deus, fez por
vós, a vossos olhos no Egito? 35Isto vos
foi mostrado* para que reconhecêsseis
que Javé é Deus, e não há outro fora
dele. 36Do céu vos fez ouvir sua voz
para vos instruir; na terra vos mostrou
seu grande fogo, do meio do qual o
ouvistes falar. 37E porque amou vossos
pais, escolheu sua descendência de-
pois deles, e vos fez sair do Egito com
sua presença e sua grande força, 38para
expulsar* de vossa frente nações maio-
res e mais poderosas do que vós, para
vos introduzir na terra delas, dando-a
a vós como herança, como hoje acon-
tece. 39Reconhecei, pois hoje,* e gravai
em vosso coração que Javé é Deus,
lá em cima no céu e aqui embaixo na
terra, e não há outro. 40Observai suas
leis e seus mandamentos, que hoje vos
prescrevo, para que sejais felizes* vós
e vossos filhos depois de vós, e vivais
longos anos na terra que Javé, vosso
Deus, vos dá para sempre".

II. MOISÉS EXPÕE A LEI (4,41–26,19)

**Cidades de refúgio além do Jor-
dão.** 41Então Moisés separou três cida-
des do outro lado do Jordão, a oriente,
42para que nelas* se pudesse refugiar
o homicida que houvesse matado seu
próximo involuntariamente e sem o ter
odiado antes, de modo que, refugian-
do-se numa dessas cidades, pudesse
salvar a própria vida: 43Bosor, no deser-
to,* no planalto, para os rubenitas; Ra-
mot em Galaad, para os gaditas; e Golã,
em Basã, para os manassitas.

Tempo e lugar do discurso. 44Esta é
a Lei que Moisés propôs aos israelitas.
45São estes os preceitos, os estatutos e
os decretos que Moisés comunicou aos
israelitas, quando saíram do Egito, 46do
outro lado do Jordão, no vale diante
de Bet-Fegor, no país de Seon, rei dos
amorreus, que habitava em Hesebon, e
que Moisés e os israelitas derrotaram
quando saíram do Egito. 47Eles se apo-
deraram* de seu país e do de Og, rei
de Basã, os dois reis dos amorreus, que
estavam do outro lado do Jordão, ao
oriente, 48desde Aroer, situada à mar-
gem da torrente do Arnon, até o mon-
te Sião, isto é, o Hermon, 49com toda
a planície do outro lado do Jordão, ao
oriente, até o mar da planície, ao pé do
monte Fasga.

5 **Os dez mandamentos.** 1Moisés
convocou todos* os israelitas, e
lhes disse:

"Ouve, Israel, as leis e os costumes
que hoje proclamo a vossos ouvidos;
aprendei-os e guardai-os a fim de ob-

---

* **4**,28. 2Rs 17,6; 25,8s / Is 4,3; Sl 105,12s | 29. 30,1-5; Os 5,15; Is 55,6; Jr 29,13; 2Cr 15,2.4.7s.15; Sl 27,8; 105,3s | 31. Mt 7,7s; Êx 34,6s 33. Êx 33,20 | 34. 7,6 / Jr 33,21; Sl 40,6 | 35. Êx 20,3; Dt 32,39; Is 43,10-13; Mc 12,32 | 38. 7,1; 9,1; 11,23 | 39. 1Rs 8,23; 2Cr 20,6; Sl 83,19 | 40. Is 65,20; Zc 8,4 | 42. Êx 21,13 | 43. Js 20,8 | 47. 2,26-3,17 | **5**,1. 4,1

servá-los. 2Javé, nosso Deus, fez conosco uma aliança* no Horeb; 3não com nossos pais fez Javé esta aliança, e sim conosco, nós, todos os que hoje aqui estamos vivos. 4Face a face Javé falou convosco na montanha, do meio do fogo. 5Eu estava então entre Javé e vós, para vos transmitir a palavra de Javé, porque tivestes medo do fogo e não subistes à montanha. Ele disse:

6'Eu sou Javé, teu Deus,* que te tirei da terra do Egito, da casa da escravidão. 7Não terás outros deuses diante de mim. 8Não farás para ti nenhuma escultura,* ou qualquer representação das coisas que estão lá em cima nos céus ou aqui embaixo na terra, ou nas águas sob a terra. 9Não as adorarás† nem as servirás, porque eu, Javé, teu Deus, sou um Deus apaixonado,* que puno a iniquidade dos pais nos filhos até a terceira e a quarta geração daqueles que me odeiam; 10mas uso de misericórdia até a milésima geração para com aqueles que me amam e observam meus preceitos.

11Não pronunciarás em vão o nome de Javé, teu Deus, porque Javé não deixará impune aquele que pronunciar seu nome em vão.

12Guardarás o dia de sábado, santificando-o, como te ordenou Javé, teu Deus. 13Seis dias trabalharás e farás toda a tua obra, 14mas o sétimo dia é o sábado de Javé, teu Deus; não farás nenhum trabalho nem tu, nem teu filho, nem tua filha, nem teu servo, nem tua serva, nem teu boi, nem teu jumento, nem qualquer de teus animais, nem o estrangeiro* que mora dentro de tuas cidades, para que teu servo e tua serva repousem como tu. 15Lembra-te que foste escravo na terra do Egito, de onde Javé, teu Deus, te tirou com mão poderosa e braço estendido; e é por isso que Javé, teu Deus, te ordenou guardar o dia de sábado†.

16Honrarás teu pai e tua mãe, como te ordenou Javé,* teu Deus, para que vivas muitos anos e sejas feliz na terra que Javé, teu Deus, te dá.

17Não matarás.

18Não cometerás adultério.

19Não furtarás.

20Não darás falso testemunho contra o próximo.

21Não desejarás a mulher do próximo. Não cobiçarás a casa de teu próximo, nem seu campo, nem seu servo, nem sua serva, nem seu boi, nem seu jumento, nem coisa alguma de teu próximo'.

22São essas as palavras* que Javé dirigiu a toda a vossa assembleia no monte, do meio do fogo, das nuvens e da escuridão, com voz forte, sem nada acrescentar. Escreveu-as sobre duas tábuas de pedra e as entregou a mim.

23Quando ouvistes a voz do meio das trevas,* enquanto o monte estava em chamas, vós, os chefes de vossas tribos e vossos anciãos vos aproximastes de mim e dissestes: 24'Javé, nosso Deus, mostrou-nos sua glória e sua grandeza, e ouvimos sua voz do meio do fogo.* Hoje vimos que Deus pode falar com o homem, e este permanecer vivo. 25Por que, então, nos expor a morrer? Esse grande fogo vai devorar-nos! Se continuarmos a ouvir a voz de Javé, nosso Deus, morreremos. 26De fato, quem dentre todos os mortais ouviu, como nós, a voz do Deus vivo,* falando do meio do fogo, e continuou com vida? 27Aproxima-te e ouve tudo o que dirá Javé, nosso Deus; depois nos transmitirás tudo o que Javé, nosso Deus, te tiver dito, e nós o ouviremos e cumpriremos'.

28Javé ouviu vossas palavras,* enquanto me faláveis, e me disse: 'Ouvi as palavras que este povo te dirigiu; está bem tudo o que falaram. 29Quem

---

* **5**,2. 4,10-13 | 6. Êx 20,2-17 | 8. 4,15-20 | 9. 4,24; 7,9s | 14. Êx 12,48 | 16. Eclo 3,1-16 | 22. Êx 24,8; Dt 4,12s | 23. Êx 20,18-21 | 24. Êx 19,16 / Êx 33,20 | 26. Is 6,5 | 28. Êx 19,8; 24,3

† **5**,8. No II Concílio de Niceia, VII Concílio Ecumênico, do ano 787, a Igreja Católica reconheceu oficialmente como legítimo o culto às imagens, porque esse culto é prestado ao santo representado e não à imagem como tal. | **5**,15. Aqui o sábado comemora a libertação da escravidão do Egito e não o repouso do Criador, como em Êx 20,11.

dera que o coração deles fosse sempre assim, decidido a me temer e a observar todos os meus mandamentos, para serem felizes eles e seus filhos para sempre! 30Vai e ordena-lhes que voltem para suas tendas. 31Tu, porém, fica aqui junto de mim, pois quero te comunicar todos os mandamentos, leis e costumes que lhes deves ensinar, para que os pratiquem na terra que lhes dou como herança'.

32Cuidai, pois, de agir como Javé, vosso Deus, vos mandou, sem vos desviardes nem para a direita, nem para a esquerda. 33Segui em tudo* o caminho que Javé, vosso Deus, vos prescreveu, para que tenhais vida, sejais felizes e prolongueis vossos dias na terra da qual tomareis posse".

6 **O amor de Deus na observância da lei.** 1"São estes os mandamentos, as leis e os costumes que Javé, teu Deus, ordenou que te ensinasse, para que os pratiques na terra na qual entrarás para dela tomar posse. 2Assim, se por toda a tua vida temeres a Javé,* teu Deus, e observares todas as suas leis e seus mandamentos que te prescrevo, terás vida longa tu, teu filho e teu neto. 3Ouve, pois, Israel, e esforça-te por praticá-los, para que sejas feliz e te multipliques muito na terra onde corre leite e mel, conforme te prometeu Javé, Deus de teus pais.

4Ouve, Israel: Javé, nosso Deus,* Javé é unico. 5Amarás Javé, teu Deus, de todo o teu coração, de toda a tua alma e com todas as tuas forças†. 6Estas palavras, que hoje te ordeno, estejam em teu coração. 7Tu as ensinarás a teus filhos e delas falarás sentado em casa, andando pelo caminho, ao deitar-te e ao levantar-te; 8tu as prenderás* a tua mão como um sinal, e serão como um frontal entre teus olhos; 9tu as escreverás nas portas de tua casa e nas entradas de tua cidade. 10Quando Javé, teu Deus, te tiver introduzido na terra que a teus pais, Abraão, Isaac e Jacó, prometeu com juramento que te daria: cidades grandes e belas* que não edificaste, 11com casas cheias de toda espécie de bens que não acumulaste, cisternas que não cavaste, vinhas e oliveiras que não plantaste; quando comeres e te saciares, 12então toma cuidado para não esqueceres* Javé, teu Deus, que te tirou do Egito, da casa da escravidão. 13Temerás Javé, teu Deus, a ele servirás e por seu nome hás de jurar. 14Não seguirás outros deuses,* nenhum dos deuses dos povos que houver a teu redor, 15pois Javé, teu Deus, que mora no meio de ti, é um Deus apaixonado; não aconteça que a ira de Javé, teu Deus, se inflame contra ti e te faça desaparecer da face da terra.

16Não tentarás Javé, teu Deus,* como o tentaste em Massa. 17Observa fielmente os mandamentos de Javé, teu Deus, suas instruções e suas leis que ele te prescreveu. 18Faze o que é justo e bom aos olhos de Javé, para que sejas feliz e entres na posse da boa terra que Javé prometeu com juramento a teus pais, 19depois de haver expulsado todos os teus inimigos de tua frente, como Javé prometeu.

20E amanhã, quando teu filho te perguntar:* 'Que significam estas instruções, estas leis e estes costumes que Javé, nosso Deus, vos prescreveu?' 21Responderás a teu filho†: 'Éramos escravos do faraó no Egito, mas Javé nos tirou do Egito com mão poderosa. 22Javé realizou, diante de nossos olhos, sinais e prodígios grandes e terríveis para o Egito, para o faraó e toda a sua casa. 23Tirou-nos de lá para nos conduzir e nos dar a terra que havia jurado a nossos pais. 24Javé nos mandou prati-

---

* **5**,33. 17,11.20; Js 1,7 | **6**,2. Êx 15,26 | 4. 4,35; 10,12; Mt 22,37; Jr 31,33; 11,18-21 | 8. Êx 13,9.16 | 10. Js 24,13 | 12. 8,10-18; 32,13-18 | 14. Êx 23,32s; Dt 4,24 | 16. Êx 17,1-7; Nm 20,2-13 | **6**,20. Êx 12,26s; 13,8

† **6**,5. Este é o mandamento identificado por Jesus como o maior, Mt 22,38. É amar o Deus único, com amor intenso e exclusivo, e por amor observar os mandamentos. | **6**,21. A Bíblia mostra a importância da catequese familiar, Êx 10,2; 13,8.14; Dt 11,19. É pelo testemunho dos pais que os filhos devem começar a aprender os ensinamentos da fé.

car todas estas leis e temer a Javé, nos-
so Deus, para sermos sempre felizes e
para ele nos conservar em vida, como
fez até agora. 25Esta será nossa justiça:
observar e praticar todos estes precei-
tos diante de Javé, nosso Deus, como
ele nos prescreveu'".

7 **Atitude para com os cananeus.**
1"Quando Javé, teu Deus,* te hou-
ver introduzido na terra, na qual entra-
rás para dela tomar posse, e tiver expul-
sado de tua frente muitas nações – os
heteus, os gergeseus, os amorreus, os
cananeus, os ferezeus, os heveus e os
jebuseus – sete nações maiores e mais
poderosas do que tu; 2quando Javé, teu
Deus,* as entregar a ti, e tu as derro-
tares, tu as votarás ao interdito. Não
farás aliança com elas nem delas terás
piedade. 3Não contrairás matrimônio*
com elas; não darás tuas filhas a seus fi-
lhos nem tomarás suas filhas para teus
filhos, 4porque seduziriam* teus filhos
para não me seguirem e para servirem
outros deuses, de modo que a cólera
de Javé se acenderia contra ti e sem
demora te exterminaria. 5Pelo contrá-
rio, assim agirás com elas: destruirás
seus altares,* despedaçarás suas co-
lunas sagradas, abaterás seus troncos
idolátricos e queimarás no fogo seus
ídolos. 6Porque tu és um povo consa-
grado* a Javé, teu Deus; Javé, teu Deus,
te escolheu para seres seu povo parti-
cular entre todos os povos que estão
sobre a face da terra".
Israel, povo predileto. 7"Não porque
fosses mais numeroso que todos os
outros povos Javé se afeiçoou a ti e te
escolheu; pelo contrário, és o menor
entre todos os povos; 8mas porque
Javé te ama† e quer cumprir o juramen-
to feito a teus pais, com mão poderosa
te tirou e te resgatou da casa da escra-
vidão, do poder do faraó, rei do Egito.
9Reconhece, pois, que Javé, teu Deus,
ele sim é Deus; o Deus fiel,* que guar-
da a aliança e a bondade até a milé-
sima geração para com aqueles que o
amam e observam seus mandamentos;
10e que também retribui pessoalmente
aos que o odeiam, fazendo-os perecer;
não tardará, mas retribuirá prontamen-
te a quem o odeia. 11Guarda os man-
damentos,* leis e costumes que hoje
te mando pôr em prática. 12E por te-
res obedecido* a esses costumes e os
teres guardado e cumprido,* Javé, teu
Deus, guardará contigo a aliança e a
bondade que jurou a teus pais. 13Ele te
amará, te abençoará e te multiplicará;
abençoará o fruto de teu seio e o fruto
de tua terra – teu trigo, teu vinho e teu
óleo – as crias de tuas vacas e as de
tuas ovelhas, na terra que a teus pais
jurou dar-te. 14Serás bendito mais que
todos os povos; não haverá no meio de
ti homem ou mulher estéril, nem ani-
mal estéril em teu gado. 15Javé afastará
de ti* toda enfermidade; e todas as epi-
demias funestas do Egito, que bem co-
nheces, não as mandará sobre ti, mas
sobre todos aqueles que te odeiam".
Javé estará com seu povo. 16"Extermi-
narás, pois,* todos os povos que Javé,
teu Deus, está para te entregar. Não te-
rás piedade deles, e assim não servirás
a seus deuses, porque isto seria um laço
para ti. 17Talvez penses* contigo mes-
mo: 'Estas nações são mais numerosas
do que eu; como poderei expulsá-
-las?' 18Não as temas: lembra-te bem
do que Javé, teu Deus, fez ao faraó e a
todo o Egito, 19das grandes provas que
viste com teus olhos, dos sinais e pro-
dígios, e da mão poderosa e do braço
estendido,* com que Javé, teu Deus, te
fez sair. Assim fará Javé, teu Deus, com
todos os povos dos quais tens medo.
20Além disso, Javé, teu Deus, mandará
vespas contra eles, até que pereçam os
que ficarem e os que se tiverem escon-
dido de ti. 21Não tremas diante deles,*

---

* **7**,1. Êx 34,11-17; Sl 106,34-39 / At 13,19 | 2. 2,34 | 3. Êx 23,32s; 34,12-16 | 4. Esd 9,1s | 5. 12,3 | 6. Êx 19,6; Dt 14,2; Is 62,3; Am 3,2 | 9. 4,35; 5,9s; Êx 34,6s | 11. Ez 14,12 | 12. Êx 23,22s / Jo 14,21-23; Lc 1,72 | 15. Êx 15,26 | 16. Êx 23,24-33 | 17. 9,1-6 | 19. Êx 23,28; Js 24,12; Sb 12,8 | 21. Êx 34,9s

† **7**,8. A escolha de Javé é livre e não depende dos merecimentos do povo. O mesmo acontece com o povo cristão, 1Jo 4,10.

porque Javé, teu Deus, o Deus grande
e terrível, está no meio de ti. 22Javé, teu
Deus, vai expulsar* pouco a pouco de
tua frente estas nações; não poderás
destruí-las rapidamente, para que não
se multipliquem para teu dano os ani-
mais ferozes. 23Mas Javé, teu Deus, as
entregará a ti e lançará sobre elas um
grande pânico, até que sejam extermi-
nadas. 24Entregará em tuas mãos seus
reis, e tu farás desaparecer seus nomes
de debaixo do céu; ninguém te poderá
resistir, até que os tenhas extermina-
do. 25Lançareis no fogo as imagens de
seus deuses; não cobiçarás a prata nem
o ouro que os recobrem, retendo-os
para ti, para não seres preso no laço
por eles; pois isto é uma abominação
para Javé, teu Deus. 26Não introduzirás
em tua casa uma abominação, porque
te tornarias anátema igual a ela; deves
detestá-la e abominá-la com horror,
porque é votada ao extermínio".

8 **Provações no deserto.** 1"Cuida
de pôr em prática todos os man-
damentos que hoje te prescrevo, para
que possas viver e multiplicar-te, entrar
e possuir a terra que Javé jurou a teus
pais. 2Lembra-te de todo o caminho*
que Javé, teu Deus, te fez percorrer no
deserto nestes quarenta anos, a fim de
te humilhar e te provar, para saber o
que tinhas no coração e se observa-
rias ou não seus mandamentos. 3Ele te
humilhou,* te fez passar fome, depois
te alimentou com o maná, que nem tu
nem teus pais conhecíeis, para te ensi-
nar que não só de pão vive o homem,*
mas de toda palavra que sai da boca de
Javé vive o homem†. 4Tuas roupas não
se gastaram nem inchou teu pé nesses
quarenta anos. 5Reconhece, pois, em
teu coração que, assim como um ho-
mem corrige seu filho,* assim Javé, teu
Deus, te corrigia.

6Guarda os mandamentos de Javé,
teu Deus,* andando por seus caminhos
e temendo-o. 7Porque Javé, teu Deus,
te fará entrar numa terra excelente; ter-
ra de riachos, de fontes e de nascentes,
que brotam nos vales e nas montanhas;
8terra de trigo e de cevada, de vinhas,
figueiras e romãzeiras, terra de olivei-
ras, de azeite e de mel; 9terra onde não
comerás pão racionado, onde nada te
faltará; terra onde as pedras são de fer-
ro e de cujas montanhas poderás ex-
trair o cobre. 10Comerás e te saciarás, e
bendirás Javé, teu Deus, pela boa terra
que te deu. 11Toma cuidado para não
esqueceres Javé, teu Deus, deixando
de observar os mandamentos, os cos-
tumes e as leis que hoje te prescrevo;
12não aconteça que, depois que come-
res à saciedade, construíres belas ca-
sas e nelas morares, 13e depois que se
multiplicarem teus bois e tuas ovelhas,
e aumentarem teu ouro e tua prata e
todos os teus bens, 14teu coração se
encha de orgulho* e te esqueças de
Javé, teu Deus, que te tirou da terra do
Egito, da casa da escravidão, 15que te
conduziu por aquele grande e terrível
deserto, lugar de serpentes veneno-
sas e de escorpiões,* terra árida e sem
água; que para ti fez brotar água da
rocha duríssima;* 16que no deserto te
alimentou com o maná, desconhecido
de teus pais, a fim de te humilhar e te
pôr à prova, para teres um futuro feliz.

17Não penses contigo mesmo: 'Foi
minha força e o vigor de minha mão
que me proporcionaram estas rique-
zas'. 18Lembra-te de Javé, teu Deus,*
porque é ele quem te dá força para
adquirir riquezas, confirmando a alian-
ça que jurou a teus pais, como hoje se
vê. 19Mas, se esqueceres Javé, teu Deus,
seguindo outros deuses, prestando-
-lhes culto e adoração, eu te declaro
solenemente hoje que perecerás com
certeza. 20Como as nações que Javé faz
desaparecer diante de ti, assim tam-
bém perecerás, por não teres atendido
à voz de Javé, teu Deus".

---

* **7**,22. Êx 23,29; Jz 2,6 | **8**,2. 29,4s; Êx 15,25 | 3. Sb 11,9s; Êx 16 / Mt 4,4 | 5. Pr 3,11s; 1Cor 11,31s | 6. 11,10-12 | 14. Eclo 10,14; Jr 26 | 15. Nm 21,6 / Êx 17,7; Nm 20,1-13; Êx 16; Nm 11,7-9 | 18. 9,4; 32,17; Jz 7,2; Is 10,13-15; Am 6,13; 1Cor 1,26-31; Ef 2,8s; Jo 15,5

† **8**,3. A lei de Deus, palavra sua, é vida para o homem, v. 1; Lv 18,5.

9

Fidelidade de Deus às promessas. 1“Ouve, Israel: hoje vais passar o Jordão* para entrar e despojar nações maiores e mais poderosas do que tu, cidades grandes e fortificadas até o céu 2e um povo numeroso e de alta estatura, os enacim, que conheces e dos quais ouviste dizer: ‘Quem pode resistir* aos enacim?’ 3Pois bem, fica sabendo hoje que é Javé, teu Deus, que marchará diante de ti,* como um fogo devorador; ele os exterminará e os subjugará a ti; tu os expulsarás e os destruirás rapidamente, como Javé te prometeu. 4Quando Javé, teu Deus, os tiver expulsado de tua frente,* não penses contigo mesmo: ‘É por causa de minha justiça que Javé me fez entrar nesta terra e possuí-la’; porque é por causa da perversidade dessas nações que Javé as expulsa de tua frente. 5Não é por tua justiça, nem pela retidão de teu coração que entrarás na posse de seu país, mas é por causa da perversidade dessas nações que Javé, teu Deus, as expulsa de tua frente; e para cumprir a palavra que Javé jurou a teus pais, Abraão, Isaac e Jacó. 6Fica sabendo, pois, que não é por tua justiça* que Javé, teu Deus, te dá esta boa terra como possessão; pois tu és um povo de cabeça dura.

Recordação da infidelidade de Israel. 7Lembra-te, não te esqueças,* que no deserto provocaste a ira de Javé, teu Deus. Desde o dia em que saíste da terra do Egito, até tua chegada a este lugar, estás sendo rebelde a Javé. 8Também no Horeb provocaste a ira de Javé, que se indignou contra ti a ponto de querer exterminar-te. 9Quando subi ao monte para receber as tábuas de pedra, as tábuas da aliança que Javé estabelecia contigo, fiquei no monte quarenta dias e quarenta noites sem comer pão nem beber água. 10Javé entregou-me as duas tábuas de pedra, escritas pelo dedo de Deus, nas quais estavam todas aquelas palavras que Javé te dirigiu no monte†, do meio do fogo, no dia da assembleia. 11Ao fim de quarenta dias* e de quarenta noites, Javé me deu as tábuas de pedra, as tábuas da aliança. 12Javé disse-me: ‘Levanta-te, desce depressa daqui, pois teu povo, que tiraste do Egito, se corrompeu; depressa se afastaram do caminho que os mandei seguir: fizeram para si um ídolo de metal fundido’. Disse-me ainda Javé: 13‘Eu vi este povo:* é um povo de cabeça dura. 14Deixa-me destruí-lo e cancelar seu nome de debaixo do céu; mas de ti farei uma nação mais forte* e mais numerosa do que esta’.

15Então voltei-me e desci do monte que estava todo em chamas, trazendo em minhas mãos as duas tábuas da aliança. 16Olhei e vi que tinhas pecado contra Javé, teu Deus: tinhas feito para ti um bezerro de metal fundido. Depressa te havias afastado do caminho que Javé te havia prescrito. 17Então agarrei as duas tábuas e as atirei de minhas mãos, quebrando-as ante teus olhos. 18Depois disso prostrei-me diante de Javé, como da primeira vez, durante quarenta dias e quarenta noites, sem comer pão nem beber água, por causa de todos os pecados que havias cometido, praticando que desagrada a Javé e provocando sua ira. 19Pois tive medo* da cólera e do furor de Javé, irritado contra ti a ponto de querer exterminar-te. Mas também desta vez Javé me ouviu. 20Javé se enfureceu fortemente também contra Aarão, até querer aniquilá-lo; mas naquela ocasião intercedi também em favor de Aarão. 21Quanto ao objeto do pecado, o bezerro por ti fabricado, eu o agarrei e o queimei ao fogo, esmigalhei-o, moendo-o até que ficasse reduzido a pó finíssimo,* e atirei o pó na torrente que desce da montanha.

22Também em Tabera, em Massa,* em Cibrot-Ataava, provocaste a cólera de Javé. 23E quando Javé queria que par-

---

* **9**,1. 4,38 | 2. 2,10 | 3. 7,22 | 4. 8,17; 18,12 | 6. Ef 2,6-8; Tt 3,5 | 7. Êx 32 | 11. 5,3-22 | 13. 9,6; 31,27; Êx 32,9 | 14. Jr 7,26; 17,23; 19,15; Br 2,30 | 19. Hb 12,21 | 21. Êx 32,20; Nm 11,1-3 | 22. Êx 17,1-7; Nm 20,1-13; 11,4-34; 13,25-14,38; Dt 1,25-40

† **9**,10. Na nova aliança, a nova lei será escrita não na pedra, mas no coração das pessoas, Jr 31,33.

tisses de Cades Barne, dizendo: 'Sobe e
toma posse da terra que te dou'; resis-
tiste à ordem de Javé, teu Deus, não lhe
deste crédito e não obedeceste a sua
voz. 24Tens sido rebelde a Javé desde o
dia em que te conheci.
25Eu me lancei à terra* diante de Javé e
fiquei prostrado quarenta dias e quaren-
ta noites, porque Javé falava em te exter-
minar. 26Intercedi junto a Javé, dizendo:
'Senhor Javé, não destruais vosso povo e
vossa herança que resgatastes com vos-
sa grandeza e que tirastes do Egito com
mão poderosa. 27Lembrai-vos de vossos
servos, Abraão, Isaac e Jacó; não consi-
dereis a dureza deste povo, sua malda-
de, seu pecado, 28para que não digam os
habitantes da terra de onde nos tirastes:
Javé não era capaz de os introduzir na
terra que lhes prometera e, porque os
odiava, ele os tirou de lá para fazê-los
morrer no deserto. 29Não obstante, são
eles vosso povo e vossa herança, que ti-
rastes de lá com vosso grande poder e
com vosso braço estendido'".

10 **As novas tábuas da lei.** 1"Na-
quele tempo, Javé me disse:*
'Corta duas tábuas de pedra, como as
primeiras, e sobe até mim na monta-
nha; faze também uma arca de madei-
ra. 2Escreverei sobre as tábuas as pa-
lavras que estavam nas primeiras, que
quebraste,* e tu as colocarás na arca'.
3Fiz, pois, uma arca de madeira de acá-
cia, cortei duas tábuas de pedra como
as primeiras e subi ao monte com as
duas tábuas na mão. 4Então Javé es-
creveu sobre as tábuas, como tinha
escrito a primeira vez, as dez palavras
que ele vos havia falado no monte, do
meio do fogo, no dia da assembleia, e
as entregou a mim. 5Voltei-me e desci
do monte e coloquei as tábuas na arca
que eu tinha feito, e lá elas permane-
cem, como Javé me ordenou.
6Os israelitas partiram dos poços dos
filhos de Jacã para Mosera; aí morreu
Aarão,* e foi sepultado, e em seu lugar
exerceu o sacerdócio seu filho Eleazar.
7De lá partiram para Gadgad e de Gad-
gad para Jetebata, lugar rico em água
corrente.
8Foi nesse tempo que Javé destacou
a tribo de Levi* para transportar a arca
da aliança de Javé, para estar em sua
presença, servi-lo e abençoar em seu
nome, como faz até hoje. 9Por isso Levi
não tem parte nem herança com seus
irmãos; Javé é sua herança,* como Javé,
teu Deus, lhe havia dito.
10Fiquei, pois, sobre o monte, como
a primeira vez, quarenta dias e quaren-
ta noites; e Javé me atendeu também
desta vez, renunciando a te destruir.
11Javé me disse: 'Levanta-te! Põe-te a
caminho à frente do povo, para que
entrem e tomem posse da terra que ju-
rei a seus pais que lhes daria'".
Exigências de Javé. 12"E agora, Israel, o
que te pede Javé, teu Deus, senão que
temas Javé, teu Deus, que andes em
todos os seus caminhos, que o ames*
e que sirvas a Javé, teu Deus, com todo
o teu coração e com toda a tua alma,
13guardando os mandamentos de Javé
e suas leis, que hoje te prescrevo, para
teu bem? 14Vê: a Javé, teu Deus, perten-
cem os céus* e o mais alto dos céus†,
a terra e tudo o que nela existe. 15No
entanto, somente a teus pais* Javé se
afeiçoou e os amou; e depois deles
escolheu, dentre todos os povos, sua
descendência, que és tu, como aconte-
ce no dia de hoje. 16Circuncida,* pois,
teu coração† e não endureças mais tua
nuca. 17Porque Javé, teu Deus, é o Deus
dos deuses, o Senhor dos senhores,* o
Deus grande, forte e terrível, que não
faz acepção de pessoas nem aceita
suborno; 18ele faz justiça ao órfão e à
viúva e ama o estrangeiro, dando-lhe

---

* **9**,25. Êx 32,11-14 | **10**,1. Êx 34,1s.27 | 2. Êx 25,10 | 6. Nm 33,31-38 | 8. Nm 1,48-53; 3,1-10; 4,1-33 | 9. Nm 18,20 | 12. 6,5 | 14. Sl 24,1s; Is 66,1s; Êx 19,5 | 15. 7,6 | 16. 30,6; Jr 4,4; Dt 9,13 | 17. 1Tm 6,15; Ap 17,14; 19,16 | 18. Jó 34,9; Sb 6,7

† **10**,14. Literalmente, "os céus dos céus", superlativo hebraico. Mesmo tipo de superlativo no v. 17, "o Deus supremo". | 16. A circuncisão do coração é a que tira tudo o que impede de compreender e praticar a vontade de Deus, é a que faz nascer a nova criatura, Gl 6,15.

pão e roupa.* 19Tu, também, ama o
estrangeiro, porque foste estrangeiro
na terra do Egito. 20Temerás Javé, teu
Deus; a ele servirás, a ele estarás unido
e por seu nome jurarás. 21É a ele que
deves louvar: ele é o teu Deus, que fez
por ti essas coisas grandiosas e tre-
mendas que teus olhos viram. 22Quan-
do teus pais desceram para o Egito*
eram setenta pessoas, mas agora Javé,
teu Deus, te fez tão numeroso como as
estrelas do céu".

11 **Motivos para ser fiel a Javé.**
1"Amareis a Javé, vosso Deus,
e observareis sempre suas prescrições,
suas leis, costumes e mandamentos.
2Vossos filhos não conheceram nem vi-
ram as lições que deu Javé, vosso Deus;
mas vós, hoje, conheceis sua grande-
za, sua mão poderosa* e seu braço es-
tendido; 3seus sinais e seus feitos que
realizou no Egito contra o faraó, rei do
Egito, e todo o seu país; 4o que fez com
o exército egípcio, com seus cavalos
e seus carros, arrojando sobre eles as
águas do mar Vermelho, quando vos
perseguiam, e destruindo-os até o dia
de hoje; 5o que fez por vós no deser-
to até que chegásseis a este lugar; 6e
o que fez a Datã e a Abiram,* filhos de
Eliab, filho de Rúben, quando a terra se
abriu e os engoliu com suas famílias,
suas tendas e todos os seus adeptos,
no meio de todo o Israel. 7Vossos olhos
viram todos esses grandes feitos que
Javé realizou".
Promessas e advertências. 8"Guar-
dai todos os mandamentos que hoje
vos prescrevo, para que sejais fortes
e entreis e tomeis posse da terra para
a qual ides passar, a fim de possuí-la,
9e para que tenhais vida longa na ter-
ra que Javé jurou dar a vossos pais e
a sua descendência, terra onde corre
leite e mel.* 10Porque a terra para onde
ides, a fim de possuí-la, não é como a
terra do Egito, de onde saístes, na qual
lançáveis vossa semente* e a regáveis
com o pé, como se rega uma horta. 11A
terra da qual ides tomar posse é uma
terra de montanhas e vales, que absor-
ve a água da chuva que vem do céu;
12é uma terra da qual Javé, vosso Deus,
cuida, tendo sempre os olhos sobre ela,
do começo ao fim do ano.
13Se realmente obedecerdes* a meus
mandamentos, que hoje vos pres-
crevo, amando Javé, vosso Deus, e
servindo-o de todo o vosso coração e
de toda a vossa alma, 14farei cair a seu
tempo a chuva* de que necessita vossa
terra, a chuva do outono e da prima-
vera†, para que possais recolher vosso
trigo, vosso vinho novo e vosso azeite;
15farei crescer o capim em vosso cam-
po para vosso gado e tereis alimento
até a saciedade. 16Tende cuidado para
que vosso coração não se deixe seduzir
e vos desvieis para servir a outros deu-
ses e prostrar-vos diante deles; 17por-
que então Javé, tomado de ira contra
vós, fecharia os céus e não cairia a chu-
va, a terra não daria seus produtos, e
depressa iríeis desaparecer da boa ter-
ra que Javé vos dá".
A felicidade nas mãos do povo.
18"Gravai estas minhas palavras em
vosso coração e em vossa alma, pren-
dei-as como um sinal a vossa mão e
sejam como um frontal entre vossos
olhos. 19Ensinai-as a vossos filhos, fa-
lando delas sentados em vossa casa
e quando caminhais pela estrada, ao
deitar-vos e ao levantar-vos; 20escre-
vei-as nas portas de vossa casa e nas
entradas de vossa cidade, 21para que
vossos dias* e os de vossos filhos, na
terra que Javé jurou dar a vossos pais,
sejam tão numerosos como os dias do
céu* sobre a terra. 22Pois se observar-
des, de fato, todos estes mandamen-
tos que vos mando praticar, amando
Javé vosso Deus, andando em todos
os seus caminhos e estando unidos a
ele, 23Javé expulsará de vossa frente

* **10**,22. Gn 46,27; Êx 1,5 | **11**,2. Êx 7-15 | 6. Nm 16 | 9. 28,3-5 | 10. 8,7-10; Ne 9,25 | **11**,13. Lv 26,3-13 | 14. Jr 5,24; Jl 2,19.23s | 21. Pr 3,2; Ne 9,29 / Jr 33,25

† **11**,14. Na Palestina, as primeiras chuvas caem em outubro/novembro (outono), e as últimas em março/abril (primavera).

todas essas nações, de sorte que despojareis nações maiores* e mais poderosas do que vós. [24]Será vosso todo lugar* que a sola de vosso pé tiver pisado; vosso território se estenderá desde o deserto até o Líbano, desde o grande rio, o Eufrates, até o mar ocidental. [25]Ninguém vos poderá resistir. Javé espalhará o terror e o medo de vós por toda a terra em que pisardes, como vos prometeu.

[26]Vede! Hoje ponho diante de vós* a bênção e a maldição: [27]a bênção, se obedecerdes aos mandamentos de Javé, vosso Deus, que hoje vos prescrevo; [28]a maldição, se não obedecerdes aos mandamentos de Javé, vosso Deus, e vos afastardes do caminho que hoje vos prescrevo, para ir atrás de outros deuses, que não conhecestes. [29]Quando pois Javé, vosso Deus, vos houver introduzido* na terra, na qual ides entrar para dela tomar posse, colocareis a bênção sobre o monte Garizim e a maldição sobre o monte Ebal. [30]Esses montes ficam além do Jordão, no caminho do ocidente, na terra dos cananeus, que habitam na planície, defronte de Guilgal, junto aos carvalhos de Moré. [31]De fato, ides atravessar o Jordão para vos apoderardes da terra que Javé, vosso Deus, vos dá; tomareis posse dela e nela habitareis; [32]e cuidareis de cumprir todas as leis e costumes que hoje vos exponho".

12 **Santuário único.** [1]"São estas as leis e os costumes† que cuidareis de praticar na terra que Javé, Deus de vossos pais, vos deu como propriedade por todo o tempo que viverdes na terra. [2]Destruireis inteiramente* todos os lugares onde as nações, que ides conquistar, prestaram culto a seus deuses sobre as altas montanhas, sobre as colinas e debaixo de toda árvore frondosa. [3]Demolireis seus altares, quebrareis suas colunas sagradas, queimareis no fogo seus troncos idolátricos, abatereis as estátuas esculpidas de seus deuses,* fazendo desaparecer seus nomes daquele lugar.

[4]Não fareis assim com Javé, vosso Deus; [5]mas o procurareis no lugar que Javé, vosso Deus, tiver escolhido entre todas as vossas tribos,* para pôr ali seu nome†. Lá deveis ir, [6]e para lá levareis vossos holocaustos,* vossos sacrifícios, vossos dízimos, vossas contribuições, vossas promessas, vossas ofertas espontâneas e os primogênitos de vosso gado e de vosso rebanho. [7]Lá comereis diante de Javé, vosso Deus, e vos alegrareis vós e vossas famílias† por todo empreendimento de vossa mão, no qual Javé, vosso Deus, vos tiver abençoado. [8]Não fareis como nós fazemos aqui agora: cada qual faz tudo o que lhe parece bom; [9]porque até agora não entrastes* ainda no repouso e na herança que Javé, vosso Deus, vos concede. [10]Mas quando, atravessado o Jordão, habitardes na terra que Javé, vosso Deus, vos dá como herança, ele vos dará descanso de todos os vossos inimigos ao redor e habitareis em segurança. [11]Então levareis para o lugar que Javé, vosso Deus, tiver escolhido, para fazer habitar nele seu nome, tudo o que vos ordeno: vossos holocaustos, vossos sacrifícios, vossos dízimos, vossas contribuições e todas as ofertas escolhidas que tiverdes prometido a Javé, vosso Deus; [12]e vos alegrareis diante de Javé, vosso Deus, vós, vossos filhos, vossas filhas, vossos servos, vossas servas e o levita que mora em vossas cidades, porque ele não tem parte nem herança convosco".

* **11**,23. 4,38 | 24. Js 1,3-5 | 26. 27-28; 30,15-20 | 29. 27,4; Jo 4,20s | **12**,2. 1Rs 14,23; 2Rs 16,4; 17,10; Is 57,5; Ez 6,13 | 3. Êx 23,24; 34,13 | 5. Êx 20,24 | 6. Lv 1-3; Dt 14,22 | 9. Jz 17,6; 21,25

† **12**,1. Começa aqui o Código deuteronomista, cap. 12–26, conjunto de leis religiosas e sociais. Parece ter sido este código a "lei" encontrada no templo no reinado de Josias, 2Rs 22,8, ponto de partida de sua reforma. | 5. Esta lei do santuário único, o de Jerusalém, só vigorou a partir de Josias, 2Rs 23,8. Até então adoravam a Deus em muitos lugares sagrados. A lei visava evitar a contaminação pelos cultos cananeus. | 7. Ir a um santuário é viver um dia de alegria diante de Deus. O autor o repete muitas vezes: ver v. 12; 14,26; 16,11.14; 27,7.

Normas sobre os sacrifícios. 13"Guarda-te de oferecer teus holocaustos em qualquer lugar que vires; 14mas é no lugar que Javé escolher numa de tuas tribos que oferecerás teus holocaustos e ali farás tudo o que te ordeno. 15No entanto, toda vez que o desejares, poderás matar animais e comer sua carne em todas as tuas cidades, conforme a bênção que Javé, teu Deus, te houver concedido; quem é impuro e quem é puro poderão comer igualmente, como se faz com a gazela* e com o cervo; 16somente não comerás o sangue, mas o derramarás no chão como água. 17Não poderás comer em tua cidade o dízimo de teu trigo, de teu vinho novo e de teu azeite, os primogênitos de teu gado* e de teu rebanho, nem qualquer coisa que tiveres oferecido como promessa, nem tuas oferendas voluntárias e nem tuas contribuições; 18mas o comerás diante de Javé, teu Deus, no lugar que Javé, teu Deus, tiver escolhido, tu, teu filho, tua filha, teu servo, tua serva e o levita que mora em tuas cidades; e te alegrarás diante de Javé, teu Deus, por toda obra a de tuas mãos. 19Guarda-te de desamparar o levita enquanto viveres em tua terra.

20Quando Javé, teu Deus, tiver alargado teu território, como te prometeu, e tu disseres: 'Eu queria comer carne', e porque é teu desejo comê-la, poderás comer carne à vontade. 21Se for longe de ti o lugar que Javé, teu Deus, tiver escolhido para nele fazer morar seu nome, matarás de teu gado ou de teu rebanho que Javé te houver dado, conforme te ordenei, e poderás comer em tuas cidades o quanto quiseres. 22Mas comerás como se come carne de gazela e de cervo; o impuro e o puro poderão igualmente comer. 23Cuida, porém, de não comer o sangue,* pois o sangue é a vida; não comerás, portanto, a vida junto com a carne. 24Não o comas, mas derrama-o no chão como água. 25Não o comas, para que sejas feliz tu e teus filhos depois de ti, por teres feito aquilo que agrada a Javé. 26Mas as coisas santas que tens para oferecer e aquelas das quais fizeste uma promessa, tu as tomarás contigo e irás ao lugar que Javé tiver escolhido, 27e oferecerás teus holocaustos, a carne e o sangue sobre o altar de Javé, teu Deus; o sangue de teus sacrifícios será derramado sobre o altar de Javé, teu Deus, e a carne a comerás. 28Observa e pratica todas estas ordens que te dou, a fim de que sejas feliz tu e teus filhos depois de ti, para sempre, por teres feito o que é bom e justo aos olhos de Javé, teu Deus".

Contra os ritos cananeus. 29"Quando Javé, teu Deus, tiver exterminado* diante de ti as nações, em cuja terra entrarás para desalojá-las, e quando as tiveres conquistado e habitares em sua terra, 30cuida de não seres seduzido para seguir seu exemplo, depois que forem aniquiladas diante de ti. Não faças indagações sobre seus deuses, como, por exemplo: 'Como é que estas nações serviam a seus deuses? Eu também farei o mesmo'. 31Não farás assim com Javé, teu Deus, porque elas praticavam para seus deuses tudo o que há de abominável e de odioso aos olhos de Javé; chegaram a queimar no fogo,* para seus deuses, seus filhos e suas filhas!"

13

Contra a idolatria. 1"Cuidarás de pôr em prática todas as coisas que te ordeno, sem nada acrescentar e sem nada tirar.

2Se surgir em teu meio um profeta, ou um sonhador, que te anuncia um sinal ou um prodígio, 3e se esse sinal ou prodígio anunciado acontecer, e ele te disser: 'Vamos seguir outros deuses,* que não conheceste, e sirvamo-los', 4não darás atenção às palavras desse profeta, ou sonhador, porque é Javé, teu Deus, que assim te porá à prova, para saber se amas Javé, teu Deus, de todo o teu coração e de toda a tua alma. 5Seguirás Javé, teu Deus, a ele temerás, guardarás seus mandamentos e obedecerás a sua voz,* a ele servirás e a ele estarás unido. 6Esse profeta, ou

* **12**,15. 12,23; Lv 1,5 | 17. Dt 14,22 | 23. Lv 1,5 | 29. 7,1-6 | 31. Lv 18,21 | **13**,3. Jr 23,11-14 | 5. 6,13 | 6. 18,21

esse sonhador, será morto por ter pre-
gado a rebelião* contra Javé, teu Deus,
que te tirou da terra do Egito e te res-
gatou da casa da escravidão, para te
desviar do caminho que Javé, teu Deus,
te mandou seguir; extirparás assim o
mal de teu meio.

[7]Se teu irmão, filho de teu pai ou de
tua mãe, ou teu filho, ou tua filha, ou
esposa que repousa em teu seio,
ou teu amigo que é como tu mesmo,
tentar seduzir-te em segredo, dizen-
do: 'Vamos servir a outros deuses',
deuses que não conheceste, nem tu,
nem teus pais, [8]entre os deuses dos
povos que te rodeiam, próximos ou
distantes, de um extremo a outro da
terra, [9]não concordarás com ele nem
o ouvirás; teu olho não terá piedade
dele, não o pouparás nem encobrirás
seu erro. [10]Ao contrário, tens o im-
preterível dever de matá-lo: tua mão
será a primeira a levantar-se contra ele
para fazê-lo morrer, e depois a mão de
todo o povo. [11]Tu o apedrejarás até
que morra, porque procurou afastar-
-te de Javé, teu Deus, que te tirou da
terra do Egito, da casa da escravidão.
[12]E todo Israel, ouvindo isto, temerá
e não tornará a cometer tal crime em
teu meio.

[13]Se em alguma de tuas cidades que
Javé, teu Deus, te dá para ali habitar,
ouvires dizer [14]que homens perver-
sos saíram do meio de ti e seduziram
os habitantes de sua cidade, dizendo:
'Vamos servir a outros deuses', [15]deu-
ses que não conheces, deverás indagar,
examinar e interrogar cuidadosamen-
te. Se for verdade comprovada que
tal abominação foi cometida em teu
meio, [16]deverás sem falta passar a fio
de espada os habitantes dessa cidade,
votando-a ao interdito com tudo o que
nela existir; inclusive seu gado passarás
a fio de espada. [17]Juntarás no meio da
praça todos os seus despojos, e quei-
marás totalmente a cidade e seus des-
pojos, oferecendo-a toda a Javé, teu
Deus. Ela se tornará uma ruína eterna e
não será reconstruída. [18]Não fique em
tua mão nenhuma das coisas interdita-
das, para que Javé aplaque o furor de
sua ira, te faça misericórdia e tenha pie-
dade de ti, e te multiplique como jurou
a teus pais, [19]caso tenhas ouvido a voz
de Javé, teu Deus, observando todos os
seus mandamentos que hoje te pres-
crevo e fazendo o que agrada a Javé,
teu Deus".

14 **Animais puros e impuros.**

[1]"Vós sois filhos de Javé, vosso
Deus.* Não vos fareis incisões no corpo
nem vos raspareis os cabelos entre os
olhos por causa de um morto; [2]sois um
povo consagrado a Javé, vosso Deus, e
Javé vos escolheu para que sejais seu
povo particular entre todos os povos
que existem sobre a face da terra.

[3]Não comereis coisa alguma abo-
minável. [4]São estes os animais* que
podereis comer: boi, ovelha, cabra,
[5]cervo, gazela, corça, cabrito montês,
antílope, ovelha montês e gamo. [6]Po-
dereis comer todo animal que tenha o
casco fendido, partido em duas unhas,
e que rumina. [7]Todavia, entre os rumi-
nantes e os que têm o casco fendido
em duas unhas, não comereis os se-
guintes: o camelo, a lebre e o coelho,
porque, embora ruminantes, não têm
o casco fendido: para vós serão impu-
ros. [8]Também o porco, porque, embo-
ra tenha a unha fendida, não rumina:
será impuro para vós. Não comereis
da carne deles nem tocareis seus ca-
dáveres.

[9]Entre todos os animais aquáticos,
são estes os que podereis comer: todos
os que têm barbatanas e escamas po-
dereis comer, [10]mas não comereis ne-
nhum que não tenha barbatanas nem
escamas: será coisa impura para vós.

[11]Podereis comer de todas as aves
puras. [12]Estas, porém, não podereis
comer: a águia, a ossifraga, o abutre;
[13]o milhafre e as diversas espécies de
falcões; [14]toda espécie de corvos; [15]o
avestruz, a coruja, a gaivota e toda es-
pécie de gaviões; [16]o mocho, o íbis, o
cisne; [17]o pelicano, o abutre egípcio e

---

* **14**,1. Lv 19,27s; Êx 19,6; Dt 7,6 | 4. Lv 11

o alcatraz; [18]a cegonha, as diversas es-
pécies de garça, a poupa e o morce-
go. [19]Tereis como impuro todo inseto
alado; não comereis deles. [20]Podereis
comer toda ave pura.
[21]Não comereis de nenhum animal*
achado morto. Podereis dá-lo para co-
mer ao forasteiro que mora em vossas
cidades, ou vendê-lo a um estranho;
porque sois um povo consagrado a
Javé, vosso Deus. Não cozinhareis um
cabrito no leite de sua mãe".*
Dízimos. [22]"Sem falta separarás cada
ano o dízimo† de todo o fruto de tua
semeadura, de tudo o que teu campo
tiver produzido, [23]e comerás diante de
Javé, teu Deus, no lugar que ele tiver
escolhido para nele fazer habitar seu
nome, o dízimo de teu trigo, de teu
vinho novo e de teu azeite, além dos
primogênitos de teu gado e de teu
rebanho, para que aprendas a temer
sempre Javé, teu Deus.
[24]Se, porém, o caminho for longo
demais para ti, e não possas levar o
dízimo, porque fica muito distante o
lugar que Javé, teu Deus, tiver escolhi-
do para estabelecer seu nome, quan-
do Javé, teu Deus, te houver abençoa-
do, [25]trocarás o dízimo por dinheiro
e, levando contigo o dinheiro, irás ao
lugar escolhido por Javé, teu Deus.
[26]Lá empregarás o dinheiro na compra
de qualquer coisa que desejares: bois,
ovelhas, vinho, bebidas fermentadas,
tudo o que desejares, e o comerás ali,
diante de Javé, teu Deus, e te alegra-
rás com tua família. [27]Não deixarás de-
samparado o levita que habita em tuas
cidades, pois ele não tem parte nem
herança contigo.
[28]No fim de cada três anos* separa-
rás o dízimo de todos os teus produtos
do terceiro ano e o guardarás em tuas
cidades. [29]Virá então o levita, que não
tem parte nem herança contigo, o es-
trangeiro, o órfão e a viúva, que mo-
ram em tuas cidades, e comerão até se
fartarem; para que Javé, teu Deus, te
abençoe em todas as obras que tuas
mãos fizerem".

15

O ano sabático. [1]"Ao fim de
cada sete anos* farás remissão.
[2]Esta será a forma da remissão: Todo
credor que emprestou alguma coisa a
seu próximo perdoará o empréstimo
feito; não exigirá nada de seu próximo
nem de seu irmão, porque foi procla-
mada a remissão em honra de Javé.
[3]Poderás exigi-lo do estrangeiro, mas a
teu irmão perdoarás o que de teu esti-
ver com ele, [4]para que não haja pobres
no meio de ti; porque Javé te aben-
çoará com certeza na terra que Javé,
teu Deus, te dá como herança para a
possuíres, [5]contanto que em verdade
obedeças à voz de Javé, teu Deus, cui-
dando de pôr em prática todos estes
mandamentos que hoje te prescrevo.
[6]Javé, teu Deus,* te abençoará como te
prometeu, de sorte que emprestarás a
muitas nações, mas não tomarás em-
préstimo; dominarás muitas nações, e
elas não te dominarão.
[7]Se houver em teu meio algum pobre
entre teus irmãos, em alguma de tuas
cidades, na terra que Javé, teu Deus, te
dá, não endurecerás teu coração nem
fecharás tua mão diante de teu irmão
pobre, [8]mas tu lhe abrirás com largue-
za tua mão e lhe emprestarás genero-
samente o que precisar para atender a
sua necessidade. [9]Cuida que não surja
em teu coração este pensamento mes-
quinho: 'Está próximo o sétimo ano, o
ano da remissão'; e, portanto, olhando
com maus olhos teu irmão pobre, nada
lhe dês; ele clamaria a Javé contra ti, e
isto seria um pecado teu. [10]Sem falta
lhe darás, e lhe darás de bom grado;
assim Javé, teu Deus, te abençoará em
toda obra tua e em todo empreendi-
mento teu. [11]Porque jamais deixará de
haver pobres* nesta terra†; por isso eu
te ordeno: abre tua mão com largue-

---

* **14**,21. Lv 17,15 / Êx 23,19; 34,26 | 28. 26,12 | **15**,1. Lv 25,1-7 | 6. 23,20s | 11. Mt 26,11

† **14**,22. Esse dízimo devia lembrar ao povo que Deus era o dono da terra, Lv 25,23, e de seus frutos. **15**,11. O fato de haver gente pobre, vivendo na miséria, é contra o plano de Deus e é devido aos pecados da sociedade. Na Igreja primitiva, onde reinava a fraternidade, não havia pobres, At 4,34.

za a teu irmão, a teu necessitado, a teu pobre em tua terra.

12Se um irmão se vender a ti,* hebreu ou hebreia, ele te servirá por seis anos, e no sétimo o deixarás sair livremente. 13E quando o libertares, não o despedirás de mãos vazias, 14mas lhe darás com fartura alguma coisa de teu rebanho, de tua eira, de teu lagar; daquilo com que Javé, teu Deus, te houver abençoado lhe darás. 15Lembra-te que foste escravo na terra do Egito e que Javé, teu Deus, te resgatou; é por isso que te ordeno* isto hoje. 16Mas se ele te disser: 'Não quero deixar-te', porque gosta de ti e de tua família e se sente bem em tua casa, 17então tomarás uma sovela e lhe furarás a orelha contra a porta, e assim será teu escravo para sempre; o mesmo farás com tua escrava. 18Não sintas pesar ao deixá-lo sair livremente, pois te prestou durante seis anos um serviço que vale o dobro do salário de um diarista; e assim Javé, teu Deus, te abençoará em tudo o que fizeres".

Primogênitos. 19"Todo primogênito macho que nascer* de teu gado e de teu rebanho tu o consagrarás a Javé, teu Deus. Não trabalharás com o primogênito de tuas vacas nem tosquiarás o primogênito de tuas ovelhas; 20cada ano o comerás com tua família, diante de Javé, teu Deus, no lugar que Javé tiver escolhido. 21Se ele tiver algum defeito, se for coxo ou cego ou tiver qualquer outro defeito grave, não o sacrificarás a Javé, teu Deus; 22poderás comê-lo em tua cidade; o impuro e o puro podem comê-lo igualmente como se come a gazela ou o cervo. 23Seu sangue, porém, não o comerás, mas o derramarás no chão como água".

16 **Festas: A Páscoa.** 1"Guarda o mês de abib* e celebra a Páscoa em honra de Javé, teu Deus, porque foi no mês de abib que Javé, teu Deus, te fez sair do Egito, de noite. 2Imolarás a Javé, teu Deus, o sacrifício pascal, tomando de teu gado e de teu rebanho, no lugar que Javé, teu Deus, tiver escolhido para nele fazer habitar seu nome. 3Com ele não comerás nada fermentado; durante sete dias comerás ázimos, pão de aflição, porque saíste do Egito a toda pressa, a fim de recordares por toda a vida o dia de tua saída da terra do Egito. 4Durante sete dias não se verá contigo fermento em todo o teu território; e da carne que tiveres imolado na tarde do primeiro dia, nada restará até a manhã seguinte. 5Não poderás imolar a vítima pascal em qualquer uma das cidades que Javé, teu Deus, te dá, 6mas sim no lugar que Javé, teu Deus, tiver escolhido para nele fazer habitar seu nome† é que imolarás a vítima pascal, pela tarde, ao pôr do sol, hora de tua saída do Egito. 7Cozinharás e comerás a vítima no lugar escolhido por Javé, teu Deus. Na manhã seguinte poderás voltar e ir para tuas tendas. 8Durante seis dias comerás pães ázimos, e no sétimo dia haverá uma assembleia em honra de Javé, teu Deus; não farás trabalho algum".

Pentecostes. 9"Contarás sete semanas;* a partir do dia em que iniciarem a ceifar a messe, começarás a contar sete semanas. 10Então celebrarás a festa das Semanas em honra de Javé, teu Deus, trazendo ofertas voluntárias de tua mão, na medida em que Javé, teu Deus, te houver abençoado. 11E te alegrarás na presença de Javé, teu Deus, com teu filho, tua filha, teu servo, tua serva, com o levita que vive em tuas cidades, com o estrangeiro, o órfão e a viúva que moram em teu meio, no lugar escolhido por Javé, teu Deus, para nele fazer habitar seu nome. 12Lembra-te de que foste escravo no Egito; observa e pratica estas leis".

Festa das Tendas. 13"Celebrarás a festa das Tendas* durante sete dias, depois

* **15**,12. Êx 21,2-4; Lv 25,8s; Jr 34,14 | 15. Êx 21,5s | 19. Êx 13,2.11 | **16**,1. Êx 12,1; 23,14; Lv 23,5-8 | 9. Êx 23,14; Lv 23,15-21; Nm 28,26-31 | 13. Lv 23,33-43; Nm 29,12-39

† **16**,6. Em consequência da reforma de Josias, 2Rs 23, a Páscoa começou a ser celebrada com uma romaria ao templo de Jerusalém; antes era uma festa familiar.

de haveres recolhido o produto de tua eira e de teu lagar. 14E te alegrarás em tua festa com teu filho e tua filha, teu servo e tua serva, o levita e o estrangeiro, o órfão e a viúva, que vivem em tuas cidades. 15Durante sete dias festejarás Javé, teu Deus, no lugar que Javé tiver escolhido; porque Javé, teu Deus, te abençoará em todas as tuas colheitas e em todo o trabalho de tuas mãos, e assim estarás plenamente satisfeito.

16Três vezes ao ano todos os teus homens se apresentarão diante de Javé, teu Deus, no lugar que ele tiver escolhido: na festa dos Ázimos, na festa das Semanas e na festa das Tendas. Ninguém comparecerá diante de Javé de mãos vazias: 17cada um traga sua oferta na medida da bênção que Javé, teu Deus, lhe tiver concedido".

Deveres dos juízes. 18"Constituirás juízes* e oficiais para cada uma de tuas tribos em todas as cidades que Javé, teu Deus, te dá, para que julguem o povo com sentenças justas. 19Não distorcerás o direito, não farás acepção de pessoas nem aceitarás presentes, porque o presente cega os olhos dos sábios e corrompe as sentenças dos justos. 20Segue estritamente a justiça, a fim de viveres e possuíres a terra que Javé, teu Deus, te dá".

Repressão da apostasia. 21"Não plantarás nenhum tronco sagrado,* ou árvore qualquer junto do altar de Javé, teu Deus, que fizeres para ti; 22nem levantarás colunas sagradas, o que Javé, teu Deus, detesta".

17 **O direito penal.** 1"Não sacrificarás a Javé, teu Deus,* um boi ou uma ovelha que tenha algum defeito ou alguma deformidade; porque isto é uma abominação para Javé, teu Deus.

2Se no meio de ti, em alguma de tuas cidades que Javé, teu Deus, te dá,* houver um homem ou uma mulher que faça o que é mau aos olhos de Javé, teu Deus, transgredindo sua aliança, 3e vá servir a outros deuses e adorá-los, especialmente ao sol ou à lua ou a todo o exército celeste, coisa contrária a minhas ordens, 4e isto te for denunciado ou disto ouvires falar, farás uma investigação minuciosa; e se ficar comprovado que é verdade e que realmente foi cometida tal abominação em Israel, 5levarás às portas de tua cidade esse homem ou essa mulher, que tiverem cometido essa maldade, e tu apedrejarás tal homem ou mulher até que morram. 6Por depoimento de duas ou três testemunhas será decretada a pena de morte contra aquele que deve morrer; ninguém será morto por depoimento de uma só testemunha. 7A mão das testemunhas será a primeira a levantar-se contra ele para o fazer morrer, depois a mão de todo o povo; assim extirparás o mal do meio de ti".

Juízes levitas. 8"Quando o juízo sobre uma causa for difícil demais para ti, a respeito de um homicídio, uma controvérsia, ou um ferimento, e é motivo de contestação em tua cidade, então te levantarás, subirás ao lugar escolhido por Javé, teu Deus, 9e irás ter com os sacerdotes levitas e com o juiz que estiver em exercício na ocasião; tu os consultarás, e eles te comunicarão a sentença do julgamento. 10Tu procederás de acordo com a decisão que te houverem anunciado naquele lugar, escolhido por Javé, e cuidarás de pôr em prática todas as suas instruções. 11Agirás de acordo com a orientação que te derem e segundo a sentença que te anunciarem, sem te desviares nem para a direita, nem para a esquerda da sentença que te indicarem. 12Mas aquele que proceder com presunção, não obedecendo nem ao sacerdote que está ali a serviço de Javé, teu Deus, nem ao juiz, esse homem morrerá, e assim extirparás o mal de Israel. 13E todo o povo, ao saber disso, temerá e não mais agirá com presunção".

---

* **16**,18. Êx 23,1-3. 6-8 | 21. Êx 34,13; 23,24 | **17**,1. Lv 22,20-25 | 2. 13; 19,16-21

† **17**,14. A monarquia não é imposta por Javé, é apenas tolerada. Estas normas supõem já feita uma experiência negativa.

O rei. 14"Quando tiveres entrado na terra* que Javé, teu Deus, te dá, e dela tiveres tomado posse e nela habitares, se disseres: 'Quero estabelecer um rei sobre mim†, como todas as nações a meu redor', 15deverás estabelecer sobre ti o rei que Javé, teu Deus, escolher. Constituirás sobre ti um rei escolhido entre teus irmãos; não poderás constituir sobre ti um estrangeiro, alguém que não seja teu irmão. 16Mas ele não deve possuir grande número de cavalos nem reconduzir o povo ao Egito para aumentar sua cavalaria, porque Javé disse: 'Jamais voltareis por aquele caminho!'† 17Não possuirá grande número de mulheres, para que seu coração não se desvie, nem acumulará para si mesmo prata e ouro em quantidade excessiva. 18Quando subir a seu trono real, escreverá para si, num livro, uma cópia desta Lei, conforme o texto em poder dos sacerdotes levitas. 19Guardará consigo esse exemplar e o lerá todos os dias de sua vida, a fim de aprender a temer Javé, seu Deus, observando todas as palavras desta Lei e também estas regras, para pô-las em prática. 20Assim, não se tornará orgulhoso diante de seus irmãos e não se desviará dos mandamentos nem para a direita, nem para a esquerda; e desse modo terá ele, como também seus filhos, um longo reinado no meio de Israel".

18 **Os sacerdotes.** 1"Os sacerdotes levitas,* toda a tribo de Levi, não terão parte nem herança em Israel; viverão dos sacrifícios feitos pelo fogo a Javé e de seu patrimônio†. 2Esta tribo não terá herança entre seus irmãos;* Javé será sua herança, como lhe disse. 3Estes serão os direitos dos sacerdotes sobre o povo, sobre os que oferecem em sacrifício um boi ou uma ovelha: darão ao sacerdote a espádua, as mandíbulas e o estômago. 4Tu lhe darás as primícias de teu trigo, de teu vinho novo e de teu azeite, e as primícias da tosquia de tuas ovelhas; 5pois Javé, teu Deus, o escolheu entre todas as tuas tribos, para que ele e seus filhos estejam sempre em sua presença, a serviço* do nome de Javé. 6Se o levita que mora numa de tuas cidades, em qualquer parte de Israel, vier de livre vontade para o lugar escolhido por Javé, 7poderá exercer seu ministério em nome de Javé, seu Deus, como todos os seus irmãos levitas que lá estão diante de Javé. 8Receberá para seu sustento uma parte igual à dos outros, além do produto da venda de seu patrimônio".

Os profetas. 9"Quando tiveres entrado na terra que Javé, teu Deus, te dá, não apreenderás a imitar os abomináveis costumes daquelas nações. 10Não haja em teu meio quem faça passar* seu filho ou sua filha pelo fogo, nem quem pratique a adivinhação, o sortilégio, o agouro, o feitiço, 11ou a magia; nem quem consulte espíritos ou oráculos, nem quem evoque os mortos†. 12Porque Javé detesta* todo aquele que faz tais coisas, e é por causa dessas abominações que Javé, teu Deus, expulsa de tua frente essas nações. 13Tu serás irrepreensível para com Javé, teu Deus. 14Na verdade, essas nações, que estás para expulsar, ouvem os feiticeiros e os adivinhos; mas a ti, Javé, teu Deus, não permite agir assim.

15Javé, teu Deus, suscitará para ti,* em teu meio, dentre teus irmãos, um profeta como eu; a ele ouvirás. 16Foi isto mesmo que pediste a Javé, teu Deus, no Horeb, no dia da assembleia, dizendo: 'Que eu não ouça mais a voz de Javé, meu Deus, e que não veja mais este grande fogo, para não mor-

---

* **17**,14. 1Sm 8-10 | **18**,1. Nm 18 | 2. Ez 44,28s; Lv 6-7; Nm 18,8-24 | 5. 2Rs 23,9 | 10. Lv 18,21 | 12. Lv 19,31 | 15. Nm 12,6

† **17**,16. Esta ordem, citada também em Dt 28,68, não se encontra na Bíblia. | **18**,1. Muitos levitas ficaram na penúria quando foram eliminados os santuários locais e passaram a ser recomendados à caridade pública como as viúvas, os órfãos e os estrangeiros, Dt 14,27; 16,14. | 11. A Bíblia condena expressamente evocar os mortos como faz o Espiritismo, e condena toda forma de adivinhação, porque "esconde uma vontade de poder sobre o tempo, a história, as pessoas, e um desejo de obter poderes ocultos" (CIC).

rer'. 17E Javé me disse: 'Está bem o que
disseram.* 18Suscitarei para eles, den-
tre seus irmãos, um profeta como tu†;
porei minhas palavras em sua boca, e
ele lhes dirá tudo o que eu lhe orde-
nar. 19Se alguém não ouvir minhas pa-
lavras, que ele falar em meu nome, eu
mesmo pedirei contas a essa pessoa.*
20Mas o profeta que tiver a ousadia
de dizer em meu nome alguma coisa
que não o mandei dizer, ou que falar
em nome de outros deuses, tal profe-
ta morrerá'. 21Talvez te perguntes a ti
mesmo: 'Como poderemos saber que
tal palavra Javé não a disse?' 22Se o
profeta falar em nome de Javé, e sua
predição não se cumpre, não acontece,
esta é uma palavra que Javé não disse;
o profeta a falou por presunção; não o
temas'".

19 **As cidades de refúgio e o homicídio.** 1"Quando Javé,
teu Deus, tiver exterminado* as nações
cuja terra ele te dá, quando as tiveres
expulsado e te estabeleceres em suas
cidades e em suas casas, 2reservarás
três cidades no meio da terra que Javé,
teu Deus, te dá como herança. 3Man-
terás em bom estado o acesso a elas
e dividirás em três partes a superfície
de tua terra que Javé, teu Deus, te dá
como patrimônio, a fim de que nelas
possa refugiar-se todo homicida. 4É
este o caso em que o homicida que
ali se refugia terá a vida salva: quando
atinge seu próximo involuntariamente,
sem que antes o odiasse. 5Por exemplo:
se alguém vai com seu companheiro à
floresta para cortar lenha e, enquanto
sua mão maneja o machado para der-
rubar a árvore, o ferro se desprende do
cabo e atinge o companheiro, e este
morre, ele fugirá para uma dessas cida-
des e terá a vida salva. 6Senão, o vinga-
dor do sangue, indignado, perseguirá
o homicida e o alcançará, se o caminho
for muito longo, e lhe tirará a vida, em-
bora não merecesse a morte, porque
não o odiava anteriormente.

7Por isso, eu te ordeno: Reserva três
cidades. 8Se Javé, teu Deus, amplia tuas
fronteiras, como jurou a teus pais, e
te dá toda a terra* que prometeu dar
a teus pais, 9desde que observes to-
dos estes mandamentos que hoje te
prescrevo, amando Javé, teu Deus, e
andando sempre por seus caminhos,
então acrescentarás outras três cida-
des a essas três†, 10para que assim não
se derrame sangue inocente no meio
de tua terra que Javé, teu Deus, te dá
como herança, e tu não te tornes cul-
pado de homicídio.

11Se, porém, um homem odeia seu
próximo e lhe prepara uma cilada,
lança-se sobre ele e o fere mortalmen-
te, refugiando-se depois numa dessas
cidades, 12os anciãos de sua própria
cidade mandarão prendê-lo e o entre-
garão ao vingador do sangue, para que
morra. 13Não terás piedade dele; mas
removerás de Israel a culpa de ter der-
ramado sangue inocente, e serás feliz.*

14Não modifiques as divisas de teu
vizinho,* colocadas por teus antepas-
sados, na herança que receberás na
terra que Javé, teu Deus, te dá como
posse".

As testemunhas. 15"Uma só testemu-
nha não será suficiente para incriminar
alguém,* qualquer que seja o delito ou
o pecado que ele tenha cometido; o
fato será estabelecido pelo depoimen-
to de duas ou três testemunhas. 16Se
contra alguém se levantar uma falsa
testemunha, para o acusar de rebelião,
17os dois contendores comparecerão
diante de Javé, diante dos sacerdotes
e dos juízes que estiverem em função
naqueles dias. 18Os juízes farão uma
investigação minuciosa e, se for cons-

---

* **18**,17. At 3,22s; 7,37; Êx 4,12 | 19. Ez 3,19; 33,9 | **19**,1. Êx 21,13s; Nm 35,9-34 | 8. 4,41-43 | 13. 19,21; 21,13 | 14. 27,17 | 15. 17,2-7; Mt 18,16; 2Cor 13,1; 1Tm 5,19; Hb 10,28; Jo 8,16s | 21. 19,13; Êx 21,25

† **18**,18. Deus fala por meio de seus profetas, sobretudo por meio do maior deles, seu Filho Jesus, anunciado aqui, At 3,22-23 e esperado pelo povo, Jo 1,21. | **19**,9. Conforme Js 20,7-8, as cidades de refúgio são: Cedes na Galileia, Siquém e Hebron. E na Transjordânia, Bosor, Ramot de Galaad e Golã em Basã.

tatado que a testemunha é uma teste-
munha falsa e que ela caluniou seu ir-
mão, 19vós lhe fareis o que ela tramava
fazer com seu irmão†. Assim extirparás
o mal de teu meio, 20e os demais, ao
sabê-lo, terão medo e não se cometerá
mais, em teu meio, esse tipo de ação
malvada. 21Não terás piedade; vida por
vida, olho por olho, dente por dente,*
mão por mão, pé por pé".

20 **Leis para a guerra.** 1"Quan-
do saíres para guerrear contra
teus inimigos, ao veres cavalos e car-
ros e um povo mais numeroso que tu,
não tenhas medo, porque contigo está
Javé, teu Deus†, que te tirou da terra do
Egito. 2Quando chegar a hora do com-
bate, o sacerdote se adiantará e dirá ao
povo: 3'Ouve, Israel! Hoje ides comba-
ter contra vossos inimigos. Que vossa
coragem não esmoreça! Não tenhais
medo, não vos alarmeis nem tremais
diante deles, 4porque Javé, vosso Deus,
marcha convosco* para combater por
vós, contra vossos inimigos, para vos
salvar'.
5Depois, assim falarão os oficiais*
ao povo: 'Há alguém que construiu
uma casa nova e ainda não a inaugu-
rou? Que ele se retire e volte para casa,
para não acontecer que, morrendo no
combate, um outro a inaugure. 6Há al-
guém que plantou uma vinha e ainda
não aproveitou de seus frutos? Que
se retire e volte para casa,* para não
acontecer que, morrendo na batalha,
um outro aproveite de seus frutos. 7Há
alguém que está noivo de uma mulher
e ainda não se casou com ela? Que se
retire e volte para casa, para não acon-
tecer que, morrendo no combate, um
outro se case com ela'. 8E os oficiais
dirão ainda ao povo: 'Há algum me-
droso e sem coragem? Que se retire e
volte para casa, para que sua covardia
não contagie seus irmãos'. 9Quando ti-
verem terminado de falar ao povo, os
chefes estabelecerão comandantes das
tropas à frente do povo.
10Quando te aproximares* de uma
cidade para atacá-la, tu lhe proporás a
paz; 11se ela aceitar a paz e te abrir as
portas, toda a população que nela habi-
ta trabalhará para ti e te servirá. 12Mas,
se não aceitar a paz e te fizer guerra, tu
a sitiarás. 13Javé, teu Deus, a entregará
em tuas mãos, e tu passarás a fio de
espada todos os seus homens. 14Mas
as mulheres, as crianças, o gado e tudo
o que houver na cidade, todos os seus
despojos, tu os tomarás para ti e come-
rás dos despojos de teus inimigos que
Javé, teu Deus, te houver dado. 15As-
sim farás a todas as cidades que estão
muito longe de ti e que não são cida-
des dessas nações. 16Mas, nas cidades
desses povos que Javé, teu Deus, te dá
como herança, não deixarás com vida
nenhum ser que respira, 17mas votarás
ao completo extermínio os heteus, os
amorreus, os cananeus, os ferezeus, os
heveus e os jebuseus, como Javé, teu
Deus, te ordenou, 18para que não te
ensinem a imitar todas as abominações
que cometeram para seus deuses, e as-
sim peques contra Javé, teu Deus.
19Quando sitiares uma cidade por
muito tempo para atacá-la e tomá-
-la, não cortarás suas árvores a golpes
de machado; poderás comer de seus
frutos, mas não deves abatê-las: aca-
so as árvores do campo são homens,
para serem tratadas como os sitiados?
20Somente poderás destruir e abater as
árvores que souberes que não são fru-
tíferas, para com elas fazeres as obras
do cerco da cidade inimiga, até que se
renda".

21 **Homicídio de autoria des-
conhecida.** 1"Se na terra que
Javé, teu Deus, te dá em possessão, for
encontrado, estendido no campo, um

---

* **20**,4. Êx 33,14; 34,9s | 5. 1Mc 3,56 | **20**,6. 24,5 | 10. 7,1-5

† **19**,19. Esta norma foi aplicada a Amã na história de Ester, Est 7,9, e aos dois velhos que acusaram Suzana, Dn 13,62. | **20**,1. Para os hebreus, a guerra tinha um caráter religioso, era uma guerra santa, que "Javé dos exércitos", simbolizado pela arca da aliança, empreendia no meio de seu povo, para dar-lhe a terra prometida.

homem assassinado, sem que se saiba quem o matou, [2]sairão teus anciãos e teus juízes e medirão as distâncias entre o morto e as cidades ao redor. [3]Conhecida a cidade mais próxima do morto, os anciãos daquela cidade tomarão uma novilha que ainda não tenha sido submetida ao trabalho e ao jugo, [4]e levarão a novilha a um córrego perene, num lugar não arado nem semeado, e ali, no córrego, quebrarão a nuca da novilha. [5]Depois se aproximarão os sacerdotes, filhos de Levi, porque a eles Javé, teu Deus, escolheu para seu serviço e para abençoarem em seu nome, e a palavra deles deve decidir toda controvérsia e todo caso de lesão. [6]E todos os anciãos da cidade* mais próxima do morto lavarão as mãos sobre a novilha cuja nuca quebraram no córrego [7]e dirão estas palavras: 'Nossas mãos não derramaram este sangue e nossos olhos nada viram. [8]Perdoai, Senhor, ao vosso povo de Israel, que resgatastes, e não culpeis vosso povo de Israel pelo sangue inocente derramado'. Assim se fará por eles a expiação daquele sangue, [9]e assim tirarás do meio de ti a culpa* pelo sangue inocente, tendo feito o que agrada a Javé".

Casamento com uma prisioneira de guerra. [10]"Quando fores à guerra contra teus inimigos, e Javé, teu Deus, os entregar em tuas mãos e os tiveres feito prisioneiros, [11]e vires entre eles uma mulher bonita e gostares dela, podes tomá-la como tua mulher [12]e introduzi-la em tua casa. Ela rapará a cabeça e cortará as unhas; [13]deporá as vestes de prisioneira, ficará em tua casa e chorará seu pai e sua mãe durante um mês inteiro. Depois disso, poderás unir-te a ela: serás seu marido, e ela será tua mulher. [14]Se mais tarde não te agradares dela, tu a deixarás ir livremente, mas de modo algum poderás vendê-la por dinheiro, ou maltratá-la, porque a humilhaste".

Direitos do primogênito. [15]"Se um homem tem duas mulheres, uma que ele ama* e a outra que ele não ama, e ambas lhe derem filhos, se o filho primogênito for da mulher não amada, [16]no dia em que repartir entre os filhos seus bens em herança, não poderá considerar primogênito o filho da mulher amada, preferindo-o ao filho da não-amada, que é de fato o primogênito. [17]Mas terá de reconhecer como primogênito o filho da não-amada, dando-lhe uma dupla porção de tudo o que possui; pois ele é o primeiro fruto de seu vigor, e a ele pertence o direito de primogenitura".

O filho rebelde. [18]"Se alguém tiver um filho indócil e rebelde,* que não obedece ao pai nem à mãe, e que, mesmo depois de corrigido por eles, não lhes dá atenção; [19]seu pai e sua mãe o tomarão e o levarão aos anciãos, à porta de sua cidade, [20]e dirão aos anciãos de sua cidade: 'Este nosso filho é indócil e rebelde; não nos obedece, é um vagabundo e beberrão'. [21]Então todos os homens da cidade o apedrejarão até que morra; e assim extirparás o mal de teu meio. E todo o Israel, ao saber disso, temerá".

Cadáver de um condenado. [22]"Se alguém cometeu um pecado que merece a pena de morte, e for executado e pendurado a uma árvore, [23]seu cadáver não ficará ali* durante a noite; tu o sepultarás no mesmo dia sem falta, pois é amaldiçoado* por Deus aquele que é pendurado. Não contaminarás o chão que Javé, teu Deus, te dá em propriedade".

22

Deveres de humanidade. [1]"Se vês extraviados o boi ou a ovelha de teu irmão,* não te esquives, mas reconduze-os a teu irmão. [2]Se teu irmão não mora perto de ti e não o conheces, leva o animal para tua casa para que fique contigo até que teu irmão venha procurá-lo, e então devolve-o. [3]Farás o mesmo com seu jumento e com seu manto e com qualquer objeto perdido por teu irmão que

---

* **21**,6. 17,8-12 | **21**,9. 19,13 | 15. Gn 29,30s; 1Sm 1,2.8 | 18. Pr 23,22; 30,17 | 23. Jo 19,31 / Gl 3,13 | **22**,1. Êx 23,4s

encontrares: não poderás esquivar-te. 4Ao veres o jumento ou o boi de teu irmão, caídos na estrada, não te esquivarás, mas ajudarás a levantá-lo.

5A mulher não deve usar roupa de homem, nem o homem usará vestido de mulher†, pois Javé, teu Deus, detesta quem faz essas coisas.

6Se encontrares pelo caminho, numa árvore ou no chão, um ninho de passarinho com filhotes ou ovos, e a mãe sobre os filhotes ou sobre os ovos, não apanharás a mãe com os filhotes; 7deixarás voar a mãe e poderás tomar para ti os filhotes, para que sejas feliz e vivas longamente. 8Ao construíres uma casa nova, farás um parapeito em torno do terraço; assim, se alguém cair lá de cima, tua casa não será responsável pelo acidente".

Misturas ilícitas. 9"Não semearás em tua vinha duas espécies de sementes, para que todo o produto não se torne impróprio para o uso: o produto da semente e o fruto da vinha. 10Não lavrarás* com boi e jumento atrelados juntos. 11Não usarás roupa de tecido misto, feito de lã e de linho. 12Farás borlas nos quatro cantos* do manto com que te cobrires".

Delitos contra o matrimônio. 13"Se um homem, depois de se casar com uma mulher, e depois de coabitar com ela, começar a detestá-la 14e a acusá-la de atos vergonhosos, e a difamá-la publicamente, dizendo: 'Casei-me com esta mulher, mas ao unir-me a ela descobri que não era virgem', 15então o pai e a mãe da jovem tomarão as provas de sua virgindade e as levarão aos anciãos, à porta da cidade. 16O pai da jovem dirá aos anciãos: 'Dei minha filha por esposa a este homem, mas, porque a detesta, 17ele a acusa de atos vergonhosos, dizendo: Não achei os sinais da virgindade em tua filha; no entanto, aqui estão as provas da virgindade de minha filha – e desdobrarão o pano diante dos anciãos da cidade. 18Então os anciãos daquela cidade tomarão o homem e o castigarão, 19impondo-lhe, além disso, uma multa de cem siclos de prata, que darão ao pai da jovem, porque aquele homem difamou uma virgem de Israel. Ela continuará sendo sua mulher, e ele não poderá repudiá-la enquanto viver. 20Mas, se a acusação for verdadeira, se não se acharem as provas da virgindade da jovem, 21então a levarão à porta da casa de seu pai e os homens de sua cidade a apedrejarão até que morra, pois cometeu uma infâmia em Israel, prostituindo-se na casa de seu pai. E assim extirparás o mal de teu meio.

22Se um homem for apanhado deitado com uma mulher casada, morrerão ambos, o homem que se deitou com a mulher, e ela também. Assim farás desaparecer de Israel o mal. 23Se uma moça é noiva* de um homem†, e um outro a encontra na cidade e se deita com ela, 24levareis os dois à porta da cidade e os apedrejareis até que morram; a jovem, porque não gritou, apesar de estar na cidade; e o homem, por ter desonrado a mulher do próximo. Assim extirparás o mal de teu meio.25Mas se foi no campo que o homem encontrou a jovem noiva e, violentando-a, deitou-se com ela, morrerá somente o homem que com ela se deitou. 26Nada farás à jovem, porque ela não cometeu um pecado que mereça a morte. Pois este caso é semelhante ao do homem que se lança sobre o outro e o mata. 27De fato ele a encontrou no campo, a jovem pode ter gritado, mas não havia ninguém para socorrê-la.

28Se um homem encontrar uma moça virgem, não noiva, e, agarrando-a, deitar-se com ela e for pego em flagrante, 29o homem que a violentou pagará ao pai da jovem cinquenta siclos de prata, e ela será sua esposa, uma vez que a desonrou; e durante toda a sua vida não poderá repudiá-la".

* **22**,10. Lv 19,19 | 12. Nm 15,37 | 23. Lv 20,10

† **22**,5. Prática condenada por causa dos escândalos que provocava nos cultos cananeus. | 23. A noiva pertencia a seu futuro marido e era obrigada à fidelidade como uma mulher casada.

23 1“Ninguém se casará com a mulher de seu pai* nem levantará a coberta do leito paterno”.†

Participação na assembleia. 2“Não poderá entrar na assembleia de Javé o homem que tiver os testículos esmagados* ou o membro viril amputado. 3Não entrará na assembleia de Javé quem é filho ilegítimo; nenhum de seus descendentes,* nem mesmo na décima geração, será admitido na assembleia de Javé. 4Não será admitido na assembleia de Javé um amonita ou um moabita†; nenhum de seus descendentes, *nem mesmo na décima geração, será admitido na assembleia de Javé, 5porque não vieram a vosso encontro no caminho com pão e água, quando saístes do Egito e porque pagaram Balaão, filho de Beor, de Petor, na Mesopotâmia, para te amaldiçoar, 6embora Javé, teu Deus, não tenha ouvido Balaão, mas mudou para ti a maldição em bênção, porque Javé, teu Deus, te ama. 7Enquanto viveres, não te empenharás pela paz nem pela prosperidade deles. 8Não detestes o edomita, porque é teu irmão; não detestes o egípcio, porque foste estrangeiro em seu país: 9na terceira geração seus descendentes poderão ser admitidos na assembleia de Javé”.

Pureza no acampamento. 10“Quando saíres em campo* contra teus inimigos, cuida de evitar todo mal. 11Se houver em teu meio algum homem que ficou impuro por causa de uma polução noturna, sairá do acampamento e não voltará; 12ao cair da tarde se banhará em água e, ao pôr do sol, voltará ao acampamento.

13Terás também um lugar fora do acampamento, aonde sairás para tuas necessidades. 14Levarás na bagagem uma pá, com a qual, ao saíres para tuas necessidades, farás um buraco e depois cobrirás as fezes. 15Pois Javé, teu Deus, anda no meio de teu acampamento, para te libertar e entregar em tuas mãos os inimigos; portanto, teu acampamento deve ser santo, de sorte que ele não veja em ti nada de inconveniente nem se afaste por isso de ti”.

Leis de humanidade. 16“Não entregarás a seu dono o escravo fugitivo que buscar refúgio em tua casa; 17habitará contigo, no meio dos teus, no lugar que escolher em qualquer de tuas cidades, onde lhe agradar; não o maltrates.

18Entre os israelitas não deverá haver prostitutas nem prostitutos. 19Não levarás à casa de Javé, teu Deus, o salário de uma meretriz nem o pagamento de um cão† para cumprir qualquer promessa, porque ambos são abominação para Javé, teu Deus.

20A teu irmão não emprestarás a juros,* seja dinheiro, seja alimento, ou qualquer coisa que se costuma emprestar a juros. 21Ao estrangeiro emprestarás a juros, mas não a teu irmão, para que Javé, teu Deus, te abençoe em todos os teus empreendimentos na terra em que entrarás para te apoderares dela”.

Cumprimento das promessas. 22“Quando fizeres uma promessa a Javé, teu Deus, não demores a cumpri-la, porque Javé,* teu Deus, de certo te pedirá contas, e tu serias culpado. 23Se deixas de fazer promessa, não estás pecando. 24Mas, mantém e cumpre o que saiu de tua boca, pois te comprometeste espontaneamente diante de Javé, teu Deus, mediante aquilo que prometeste com tua boca.

25Se entrares na vinha de teu próximo, poderás comer uva à vontade, até a saciedade, mas não te é permitido levar uvas em teu cesto. 26Se entrares no trigal de teu próximo, poderás colher espigas com tua mão,* mas não poderás cortar com a foice o trigo de teu próximo”.

---

* **23**,1. 27,20 | 2. Lv 21,17-23; Is 56,3-5 | 4. Ne 13,1-3 | 10. Nm 5,1-4; Lv 15,16s | **23**,20. 15,6; Êx 22,24; Lv 25,35-38 | 22. Nm 30,3; Ecl 5,3s | 26. Mt 12,1 | **24**,1. Mt 19,7

† **23**,1. Violação do leito matrimonial do pai, como fez Rúben, filho de Jacó, Gn 35,22. Ao contrário, cobrir uma mulher com o manto significa desposá-la, Rt 3,9. | 4. De Rute, que devia ser excluída por ser moabita, Deus fez a bisavó de Davi, Mt 1,5-6. | **23**,19. Por imitação dos cultos cananeus, a prostituição sagrada entrou em Israel, 1Rs 14,24; cão é o nome dado ao prostituto, por desprezo.

24 **O divórcio.** 1“Se um homem, depois de ter escolhido uma mulher e casado com ela, não se agradar mais dela, porque notou nela algum inconveniente, escreva-lhe uma certidão* de divórcio†, que lhe entregará em mãos, e a despedirá de sua casa. 2Se ela, saindo da casa dele, se casar com outro homem 3e, se este segundo marido, não se agradando mais dela, lhe escrever e entregar em mãos uma certidão de divórcio e a despedir de sua casa, ou se morrer esse segundo marido que a havia desposado, 4o primeiro marido, que a tinha despedido, não poderá retomá-la por esposa, depois que ela se tornou impura, porque isto seria um ato abominável diante de Javé; e assim não mancharás de pecado a terra que Javé, teu Deus, te dá em herança. 5Um homem recém-casado* não irá à guerra nem será encarregado de qualquer ofício; por um ano ficará livre em sua casa, para que possa dar alegria à mulher que desposou”.

Equidade e humanidade. 6“Ninguém tomará como penhor as duas mós, nem mesmo a de cima, porque seria penhorar uma vida. 7Se for surpreendido alguém* que tenha sequestrado um de seus irmãos israelitas e que o tenha reduzido à escravidão ou vendido, o sequestrador será morto, e assim extirparás o mal do meio de ti. 8Em caso de lepra,* cuida de observar e seguir todas as instruções que vos darão os sacerdotes levitas; cuidareis de agir conforme lhes ordenei. 9Lembra-te do que Javé, teu Deus, fez a Maria durante a viagem, quando saíeis do Egito.

10Se emprestares a teu próximo uma coisa qualquer, não entrarás na casa dele para apanhar seu penhor: 11ficarás do lado de fora, e o homem a quem emprestaste te trará o penhor lá fora. 12Se ele for pobre,* não irás dormir tendo o penhor em teu poder. 13Sem falta lhe devolverás o penhor* ao pôr do sol, para que possa dormir com seu manto† e te abençoe, e com isto farás um ato de justiça diante de Javé, teu Deus. 14Não deves explorar um assalariado* humilde e pobre, quer seja ele um de teus irmãos, quer seja um dos estrangeiros que moram em tua terra, numa de tuas cidades. 15Tu lhe darás no mesmo dia seu salário, antes que o sol se ponha, pois é pobre e o espera ansioso; assim não clamará a Javé contra ti, e não cometerás um pecado.

16Não serão condenados à morte os pais por causa dos filhos,* nem os filhos por causa dos pais; cada qual morrerá por seu próprio pecado.†

17Não lesarás o direito de um estrangeiro ou de um órfão, nem tomarás como penhor a roupa de uma viúva. 18Recorda que foste escravo no Egito,* de onde te resgatou Javé, teu Deus; é por isso que te mando agir assim. 19Quando fizeres a colheita em teu campo,* se esqueceres algum feixe no chão, não voltes para apanhá-lo: ficará para o estrangeiro, o órfão e a viúva, a fim de que Javé, teu Deus, te abençoe em todo trabalho de tuas mãos†. 20Quando sacudires tuas oliveiras, não voltarás para apanhar o que ficou nos ramos: ficará para o estrangeiro, o órfão e a viúva. 21Quando colheres os cachos de tua vinha, não voltes para apanhar os que restaram: ficarão para o estrangeiro, o órfão e a viúva. 22Recorda que foste escravo na terra do Egito; é por isso que te mando agir assim”.

25 1“Quando houver contenda entre homens, eles se apresentarão ao tribunal e serão julgados; será absolvido o inocente e será con-

* **24**,5. 20,7 | 7. Êx 21,16 | 8. Lv 13-14; Nm 12,10-15 | 12. Êx 22,25s | 13. Jó 22,6; Am 2,8 | 14. Lv 19,13; Jr 22,13; Ml 3,5; Tg 5,4 | 16. Dt 7,10; Ez 14,12 | 18. Êx 22,21s; Dt 7,19 | 19. Lv 19,9s; 23,22; Rt 2,2; Êx 23,11; Dt 26,12s

† **24**,1. Alguns legistas admitiam o divórcio “por qualquer motivo”, Mt 19,3, e outros eram menos liberais. A certidão permitia à mulher casar-se de novo, sendo uma proteção para ela. | 13. O manto era a última coisa que restava ao pobre e lhe servia para dormir, Êx 22,25-26. | 16. Afirmar a responsabilidade individual é uma novidade numa época em que a sorte do indivíduo estava ligada à de seu grupo, e a sorte do grupo à do indivíduo. Comparar com Dt 5,9; Êx 34,7. | 19. Booz faz isto de propósito, para que Rute possa levar trigo para casa, Rt 2,16.

denado o culpado. [2]Se este merecer ser açoitado, o juiz o mandará deitar-se no chão e o fará açoitar em sua presença, com um número de golpes proporcional a sua culpa. [3]Poderão aplicar-lhe* não mais de quarenta açoites†, para que teu irmão não fique desonrado a teus olhos no caso de se ultrapassar de muito esse número de golpes. [4]Não porás mordaça ao boi* enquanto debulha o trigo†.

Lei do levirato. [5]Se irmãos morarem juntos e um deles morrer sem filhos,* a mulher do falecido não casará fora da família, com um estranho: seu cunhado a tomará por esposa, cumprindo para com ela a lei do levirato†; [6]e o primogênito que ela der à luz tomará o nome do irmão falecido, para que seu nome não desapareça de Israel. [7]Se, porém, aquele homem se recusa a tomar como esposa sua cunhada, esta irá à porta da cidade procurar os anciãos e dirá: 'Meu cunhado se nega a perpetuar o nome de seu irmão em Israel; não quer cumprir para comigo o dever de cunhado'. [8]Então os anciãos de sua cidade o convocarão e o interrogarão; se ele persistir, afirmando: 'Não quero desposá-la', [9]sua cunhada se aproximará dele na presença dos anciãos, lhe tirará a sandália do pé, lhe cuspirá no rosto e dirá: 'Assim se faz com o homem que não quer edificar a casa de seu irmão'. [10]E em Israel ele será apelidado: 'a casa do descalçado'".

Honestidade. [11]"Quando dois homens estiverem brigando entre si, e a mulher de um vier para livrar seu marido das mãos de quem bate nele, estender a mão e o pegar pelas partes vergonhosas, [12]tu lhe cortarás a mão sem piedade.

[13]Não terás na bolsa dois pesos diferentes, um grande e outro pequeno;* [14]não terás em tua casa dois alqueires desiguais, um grande e outro pequeno. [15]Terás um peso exato e justo, terás um alqueire exato e justo, para que tenhas vida longa na terra que Javé, teu Deus, te dá; [16]porque Javé, teu Deus, detesta quem faz isto, ele abomina quem comete fraude".

Contra os amalecitas. [17]"Lembra-te do que te fez Amalec* na viagem, quando saíste do Egito; [18]como, sem temor de Deus, veio a teu encontro no caminho e atacou na retaguarda todos os que se arrastavam atrás de ti, enquanto estavas cansado e extenuado. [19]Quando, pois, Javé, teu Deus, te houver dado descanso de todos os teus inimigos em redor, na terra que Javé, teu Deus, te dá em herança, apagarás a memória de Amalec de debaixo do céu; não o esqueças.

26

Primícias e dízimos. [1]"Quando tiveres entrado na terra que Javé, teu Deus, te dá e dela tiveres tomado posse e nela habitares, [2]tomarás das primícias de todos os frutos do solo, que colheres na terra que Javé, teu Deus, te dá e, colocando-as num cesto, as levarás ao lugar escolhido por Javé, teu Deus, para nele estabelecer seu nome. [3]Tu te apresentarás ao sacerdote em função naqueles dias e lhe dirás: 'Declaro hoje a Javé, meu Deus, que entrei na terra que Javé jurou a nossos pais que nos daria'.

[4]O sacerdote tomará de tua mão o cesto e o deporá diante do altar de Javé, teu Deus. [5]Então dirás na presença de Javé, teu Deus†: 'Meu pai era um arameu errante* que desceu ao Egito, onde viveu como emigrado, poucos em número, mas aí se tornou uma grande nação, forte e numerosa. [6]Os

* **25**,3. 2Cor 11,24 | 4. 1Cor 9,9; 1Tm 5,18 | 5. Gn 38; Rt 4; Mt 22,24 | 13. Lv 19,35s; Am 8,5; Os 12,8; Mq 6,10s; Pr 20,10; 11,1 | 17. Êx 17,8-15 | **26**,5. 10,22; Sl 105,12

† **25**,3. Para ficar dentro dos limites da lei, os algozes davam trinta e nove golpes, 2Cor 11,24. | 4. Princípio aplicado ao operário do Evangelho em 1Cor 9,9 e 1Tm 5,18. | 5. Levirato vem da palava latina "levir", cunhado. A finalidade da lei era assegurar a estabilidade do patrimônio familiar e obter para o defunto uma espécie de imortalidade, mediante um herdeiro. | **26**,5. Neste "credo israelita" o fiel oferece as primícias da colheita ao Senhor da terra, celebra seus prodígios e agradece o cumprimento das promessas que Deus tinha feito.

egípcios nos maltrataram, nos oprimiram e nos submeteram a uma dura escravidão. [7]Então clamamos a Javé, Deus de nossos pais, e Javé ouviu nossa voz, viu nossa miséria, nossa fadiga e nossa angústia. [8]E Javé nos fez sair do Egito com mão poderosa e com braço estendido, com grande terror, com sinais e prodígios, [9]e nos trouxe a este lugar e nos deu esta terra, terra onde corre leite e mel. [10]E agora estou trazendo as primícias dos frutos da terra que me destes, ó Senhor'.

E as deporás diante de Javé, teu Deus, e te prostrarás diante de Javé, teu Deus. [11]E te alegrarás com o levita e o estrangeiro que moram em teu meio, por todos os bens que Javé, teu Deus, te concedeu a ti e a tua casa".

Rito para os dízimos trienais. [12]"Quando acabares de separar* todo o dízimo de tua colheita, no terceiro ano, que é o ano do dízimo, tu o darás ao levita, ao estrangeiro, ao órfão e à viúva, para que comam dele à saciedade em tuas cidades. [13]Dirás então na presença de Javé, teu Deus: 'Tirei de minha casa o que era consagrado e o dei ao levita,* ao estrangeiro, ao órfão e à viúva, tudo conforme me ordenastes; não transgredi nem esqueci vossos mandamentos. [14]Não comi dessas coisas durante meu luto, nada tirei estando impuro e nada ofereci por um morto; obedeci à voz de Javé, meu Deus; fiz tudo como me ordenaste. [15]De tua santa morada do céu olha* e abençoa teu povo Israel e a terra que nos deste, como juraste a nossos pais, terra onde corre leite e mel'.

[16]Hoje Javé, teu Deus, te ordena que pratiques estas leis e estes costumes; deves observá-los e pô-los em prática com todo o teu coração e com toda a tua alma. [17]Hoje fizeste Javé declarar que ele será teu Deus, com a condição de andares em seus caminhos e observares suas leis, seus mandamentos e costumes, e obedeceres a sua voz. [18]Javé te fez declarar hoje que tu serás seu povo particular, como te prometeu, com a condição de guardares todos os seus preceitos. [19]Ele te elevará acima de todas as nações que fez, em honra, fama e glória; e serás um povo consagrado a Javé, teu Deus, como te prometeu".

III. SANÇÕES (27–30)

27 **Promulgação pública da lei.** [1]Moisés e os anciãos de Israel deram ao povo esta ordem: "Observai todos os mandamentos que hoje vos prescrevo†. [2]No dia em que passareis o Jordão para entrardes na terra que Javé,* vosso Deus, vos dá, levantareis grandes pedras e as revestireis de cal. [3]Escrevereis nelas todas as palavras desta lei, quando tiverdes atravessado para entrar na terra que Javé, vosso Deus, vos dá, terra onde corre leite e mel,* como vos prometeu Javé, Deus de vossos pais. [4]Depois de atravessado o Jordão, levantareis essas pedras, como hoje vos ordeno, sobre o monte Ebal, e as revestireis de cal. [5]Lá construireis um altar de pedras não trabalhadas por ferro algum; [6]de pedras brutas construireis o altar de Javé, teu Deus, e sobre este altar oferecereis holocaustos a Javé, vosso Deus. [7]Oferecereis sacrifícios de comunhão, dos quais comereis ali mesmo e vos alegrareis diante de Javé, vosso Deus. [8]Sobre as pedras escrevereis com toda a clareza as palavras desta lei". [9]Moisés e os sacerdotes levitas disseram a todo o Israel: "Guardai silêncio e ouvi, ó Israel: hoje vos tornastes o povo de Javé, vosso Deus; [10]obedecereis, portanto, à voz de Javé, vosso Deus, e guardareis seus mandamentos e suas leis que hoje vos prescrevo".

Maldições aos transgressores. [11]Naquele dia, Moisés deu ao povo a seguinte ordem: [12]"Quando tiverdes pas-

---

* **26**,12. 14,22; Êx 12,48 | 13. 24,19 | 15. 1Rs 8,43; Sl 11,4; Br 2,16 | **27**,2. Js 8,32 | 3. Js 8,30s | 8. Êx 20,24s | 12. Js 8,33-35 / 11,29

† **27**,2. As maldições e bênçãos são limitadas à perspectiva terrena que caracteriza o Deuteronômio. Nessa época o israelita ainda não tinha uma noção clara da vida futura.

sado o Jordão,* estes estarão sobre o
monte Garizim* para abençoar o povo:
Simeão, Levi, Judá, Issacar, José e Ben-
jamim. 13 Estes estarão sobre o monte
Ebal† para a maldição: Rúben, Gad,
Aser, Zabulon, Dã e Neftali. 14 Os levitas
tomarão a palavra e dirão em alta voz a
todos os homens de Israel:

15 'Maldito seja aquele que faz um
ídolo* esculpido ou de metal fundido,
coisa abominável para Javé, obra de ar-
tesão, e o põe em lugar escondido'; e
todo o povo dirá: 'Amém'.

16 'Maldito seja aquele que despreza
pai e mãe';* e todo o povo dirá: 'Amém'.

17 'Maldito quem desloca a divisa
de seu vizinho';* e todo o povo dirá:
'Amém'.

18 'Maldito seja aquele que faz o
cego errar o caminho';* e todo o povo
dirá: 'Amém'.

19 'Maldito seja aquele que lesa o
direito do estrangeiro, do órfão ou da
viúva';* e todo o povo dirá: 'Amém'.

20 'Maldito seja aquele que se dei-
ta com a mulher de seu pai,* porque
levanta a coberta do leito paterno'; e
todo o povo dirá: 'Amém'.

21 'Maldito seja aquele que tem rela-
ções com qualquer animal';* e todo o
povo dirá: 'Amém'.

22 'Maldito seja aquele que se deita
com sua irmã,* filha de seu pai ou de
sua mãe'; e todo o povo dirá: 'Amém'.

23 'Maldito seja aquele que se deita
com sua sogra';* e todo o povo dirá:
'Amém'.

24 'Maldito seja aquele que mata seu
próximo à traição';* e todo o povo dirá:
'Amém'.

25 'Maldito seja aquele que aceita
presente para tirar a vida* de um ino-
cente'; e todo o povo dirá: 'Amém'.

26 'Maldito seja aquele que não cum-
pre as palavras desta lei,* para pô-
-las em prática'; e todo o povo dirá:
'Amém'".

28 Bênçãos para os que observam a Lei.

1 "Se obedece-
res fielmente à voz de Javé, teu Deus,
guardando e praticando todos os seus
mandamentos, que hoje te prescre-
vo, Javé, teu Deus, te exaltará acima
de todas as nações da terra. 2 E todas
essas bênçãos descerão sobre ti e te
alcançarão, porque terás obedecido à
voz de Javé, teu Deus. 3 Bendito serás
na cidade* e bendito serás no campo.
4 Benditos serão o fruto de teu seio,*
o produto de teu solo e o fruto de
teus animais, as crias de tuas vacas e
de tuas ovelhas. 5 Benditos serão teu
cesto e tua amassadeira. 6 Bendito se-
rás ao entrares e ao saíres. 7 Javé fará
com que sejam derrotados diante de
ti teus inimigos que te atacarem; por
um caminho sairão contra ti e por sete
caminhos fugirão de tua presença.
8 Javé mandará que a bênção esteja
contigo, em teus celeiros e em to-
dos os teus empreendimentos; ele te
abençoará na terra que Javé, teu Deus,
te dá. 9 Javé fará de ti um povo a ele
consagrado, conforme te jurou, se ob-
servares os mandamentos de Javé, teu
Deus, e andares por seus caminhos.
10 Todos os povos da terra,* vendo que
tu levas o nome de Javé, terão medo
de ti. 11 Javé te dará fartura de bens,
no fruto de teu seio, no fruto de teus
animais e no produto de teu solo, na
terra que Javé jurou a teus pais que
te daria. 12 Javé abrirá para ti* seu re-
servatório maravilhoso, o céu, para
dar a tua terra a chuva no tempo cer-
to e abençoar todo o trabalho de tuas
mãos. Emprestarás a muitas nações,
sem nada tomar emprestado. 13 Javé
te colocará na primeira fila e não na
última, e estarás sempre por cima e
não por baixo, contanto que ouças os
mandamentos de Javé, teu Deus, que
hoje te prescrevo, para guardá-los e
pô-los em prática, 14 sem te desviares

---

* **27**,15. Êx 20,4 | 16. Êx 21,17 | 17. 19,14 | 18. Lv 19,14 | 19. Êx 22,20s | 20. 23,1 | 21. Êx 22,18 | 22. Lv 18,23 | 23. Lv 18,9; Lv 18,17 | 24. Êx 20,13 | 25. Êx 23,8 | 26. Gl 3,10 | **28**,3. 11,10-15 | 4. Gn 49,25s | 10. Jr 14,9 | 12. 11,14

† **27**,13. Ebal e Garizim são dois montes da Samaria, próximos de Siquém. Js 8,30-35 narra o cumprimento desta ordem.

nem para a direita, nem para a esquer-
da de nenhuma das palavras que hoje
te ordeno, seguindo outros deuses e
servindo a eles”.
Maldições. 15“Mas se não obedeceres
à voz de Javé, teu Deus, guardando e
cumprindo todos os seus mandamen-
tos e leis, que hoje te prescrevo, cairão
sobre ti e te alcançarão todas estas
maldições:* 16Maldito serás na cidade
e maldito serás no campo. 17Malditos
serão teu cesto e tua amassadeira.
18Malditos serão o fruto de teu seio e
o produto de teu solo, as crias de tuas
vacas e as crias de tuas ovelhas. 19Mal-
dito serás ao entrares e ao saíres.

20Javé mandará contra ti a maldição, a
confusão e a derrota em todo empreen-
dimento de tuas mãos, até que sejas
destruído e pereças rapidamente, por
causa da maldade de tuas ações pelas
quais me abandonaste. 21Javé mandará
a peste contagiar-te, até que te elimine
da terra em que entrarás para possuí-la.
22Javé te ferirá de tísica, febre, infla-
mação, queimadura, secura, carbúncu-
lo e malária, que te perseguirão até te
arruinarem. 23Teu céu por cima de tua
cabeça será como bronze, e a terra sob
teus pés será como ferro. 24Em lugar de
chuva, Javé mandará a tua terra areia
e pó, que descerão do céu sobre ti até
que pereças.

25Javé te fará sucumbir diante de teus
inimigos; por um caminho sairás contra
eles e por sete fugirás da presença deles,
e serás objeto de horror para todos os
reinos da terra. 26Teus cadáveres servi-
rão de alimento a todas as aves do céu
e às feras da terra, sem que ninguém as
expulse. 27Javé te ferirá com as úlceras
do Egito, os bubões, a micose, a sarna,
de que não sararás. 28Javé te ferirá de
loucura, cegueira e delírio mental, 29de
modo que, em pleno meio-dia, andarás
tateando, como o cego na escuridão;
teus esforços darão em nada, e serás
oprimido e roubado continuamente,
sem que haja quem te ajude. 30Serás
noivo de uma mulher, mas um outro a
possuirá; construirás uma casa, mas não
a habitarás; plantarás uma vinha, mas
não provarás seus frutos. 31Teu boi será
morto* a tua frente, mas não comerás
dele; teu jumento será roubado em tua
presença e não te será devolvido; tuas
ovelhas serão dadas a teus inimigos,
sem que ninguém as recupere. 32Teus
filhos e tuas filhas serão entregues a um
povo estrangeiro diante de teus olhos,
os quais se consumirão de saudade o
dia todo, sem nada poderes fazer. 33Um
povo que não conheces comerá o fruto
de teu solo e o produto de tuas fadigas,
e jamais deixarás de ser oprimido e mal-
tratado em todo o tempo. 34Enlouque-
cerás diante do espetáculo que verão
teus olhos. 35Javé te ferirá nos joelhos e
nas coxas com uma úlcera maligna incu-
rável, desde a planta dos pés até o alto
da cabeça. 36Javé te levará a ti e ao rei,
que houveres constituído sobre ti, a uma
nação* que nem tu, nem teus pais co-
nheceram, e ali servirás a outros deuses,
de madeira e de pedra. 37Serás objeto
de horror, de sarcasmo e de ironia para
todos os povos entre os quais Javé te
conduzirá. 38Lançarás no campo muita
semente, mas colherás pouco, porque o
gafanhoto a devorará. 39Plantarás e cul-
tivarás vinhas, mas não beberás vinho,
nem colherás uvas, porque o verme as
comerá. 40Terás oliveiras em todo o teu
território, mas não te ungirás com o
óleo, porque as azeitonas cairão. 41Gera-
rás filhos e filhas, mas não te pertence-
rão, pois irão para o cativeiro. 42Todas as
tuas árvores e o fruto de teu solo serão
consumidos pelo gafanhoto. 43O estran-
geiro que vive em teu meio se elevará
cada vez mais alto a tua custa, ao passo
que tu descerás cada vez mais baixo. 44É
ele que te emprestará, mas tu não pode-
rás emprestar-lhe; ele estará na primeira
fila e tu na última. 45Todas estas maldi-
ções cairão sobre ti, te perseguirão e te
alcançarão, até que sejas destruído, por
não teres obedecido à voz de Javé, teu
Deus, observando os mandamentos e as
leis que ele te prescreveu; 46e elas serão
como um sinal e um prodígio para ti e
para teus descendentes para sempre”.

---

* **28**,15. Lv 26,14-39; Jr 26,4-6 | 31. Is 62,8s; Am 5,11; Mq 6,15; 20,5-7 | 36. 2Rs 17,4-6; 25,7.11; Lc 19,41-44

Prenúncio de guerras e do exílio. 47“Já que não serviste a Javé, teu Deus, com alegria e boa vontade quando tinhas de tudo* com fartura, 48servirás a teus inimigos, que Javé mandará contra ti, na fome, na sede, na nudez e na privação total; ele porá um jugo de ferro em teu pescoço até te destruir. 49Javé suscitará contra ti uma nação* distante, dos confins da terra, que cairá sobre ti como a águia;* uma nação cuja língua não entendes, 50gente de aspecto feroz, que não tem respeito pelo ancião, nem piedade da criança. 51Devorará o fruto de teu gado e de teu solo, até que sejas destruído; ela não te deixará trigo, nem vinho nem azeite, nem as crias de tuas vacas e de tuas ovelhas, até te destruir. 52Ela te sitiará em todas as tuas cidades, até que, em toda a tua terra, caiam teus muros altos e fortificados em que punhas tua confiança. Ela te sitiará em todas as tuas cidades, em toda a terra que Javé, teu Deus, te houver dado. 53Durante o cerco,* na angústia à qual te reduzirá teu inimigo, comerás o fruto de teu ventre, a carne de teus filhos e de tuas filhas que Javé, teu Deus, te houver dado. 54O homem mais delicado e sensível de teu meio olhará com maus olhos seu irmão, a esposa de seu coração e os filhos que lhe restaram, 55não querendo partilhar com nenhum deles a carne de seus filhos, que ele mesmo come, por não lhe ter sobrado nada no assédio e na angústia à qual te reduzirá teu inimigo em todas as tuas cidades. 56A mulher mais delicada e sensível de teu meio que, por sua delicadeza e sensibilidade, nem sequer ousava pôr a sola do pé no chão, olhará com maus olhos o marido de seu coração, seu filho e sua filha, 57por causa da placenta que saiu de seu ventre e por causa dos filhos que vai dar à luz, porque, na total privação, os comerá às ocultas durante o cerco e na angústia a que te reduzirá teu inimigo, em tuas cidades.

58Se não guardares, para pôr em prática, todas as palavras desta Lei, escritas neste livro, temendo este nome glorioso e terrível de Javé, teu Deus, 59Javé te ferirá a ti e a teus descendentes com flagelos extraordinários, flagelos tremendos e persistentes, enfermidades graves e crônicas. 60Voltará contra ti todas as doenças do Egito, diante das quais tremias, e elas te contagiarão. 61E também todas as enfermidades e todos os flagelos, não descritos no livro desta lei, Javé os fará vir sobre ti até que sejas destruído. 62Ficareis poucos em número, vós que éreis tão numerosos como as estrelas do céu, porque não obedecestes à voz de Javé, vosso Deus.

63Assim como Javé tinha prazer em vos abençoar e multiplicar, assim terá prazer em vos fazer perecer e vos destruir. Sereis arrancados da terra em que entrareis para a possuir. 64Javé vos dispersará no meio de todos os povos, de um extremo ao outro da terra, e ali servireis a outros deuses, de madeira e de pedra, que nem vós, nem vossos pais conheceram. 65No meio dessas nações não tereis descanso, nem lugar para pousar a planta do pé; lá Javé vos dará um coração temeroso, olhos sem brilho e um ânimo abatido. 66Vossa vida estará diante de vós como suspensa a um fio, sentireis temor noite e dia, sem acreditar em vossa vida. 67De manhã direis:* ‘Quem dera que fosse já tarde!’ E à tarde direis: ‘Quem dera que já fosse manhã!’, por causa do pavor que invadirá vosso coração e do espetáculo que vossos olhos terão de ver. 68Javé vos fará voltar de barco para o Egito,* pelo caminho do qual eu vos havia dito: ‘Nunca mais o vereis!’; e lá vos vendereis a vossos inimigos como escravos e escravas, mas não haverá comprador”.

69São estas as palavras da aliança que Javé mandou Moisés fazer com os israelitas, na terra de Moab, além da aliança já feita com eles no Horeb.

---

* **28**,47. Jr 5,19 | 49. Is 5,26; 33,19 / Jr 5,15; Br 4,15 | 53. Jr 19,9; Lv 26,29; Ez 5,10; Lm 2,20; 4,10 | 67. Jó 7,4 | 68. Os 8,13

29 **Lições da história.** 1Moisés
convocou todo Israel e lhes
disse†: "Vistes tudo o que Javé fez dian-
te de vossos olhos no Egito, ao faraó,
a todos os seus servos e a toda a sua
terra, 2as grandes provações que teus
olhos viram, aqueles grandes sinais e
prodígios. 3Mas até hoje Javé não vos
deu inteligência* para compreender,
olhos para ver e ouvidos para ouvir.
4Eu vos conduzi durante quarenta anos
através do deserto, e vossas vestes
não se gastaram sobre vós, nem se
gastou vossa sandália em vosso pé.
5Não comestes pão nem bebestes vi-
nho ou bebida fermentada,* para que
reconhecêsseis que eu sou Javé, vosso
Deus. 6Quando chegastes a esta região,
saíram a nosso encontro Seon, rei de
Hesebon, e Og, rei de Basã, para nos
atacarem, mas nós os vencemos. 7Con-
quistamos seu país* e o demos como
herança aos rubenitas e aos gaditas e
à meia tribo de Manassés. 8Observai,
portanto, as palavras desta aliança e
praticai-as, para que prospereis em
tudo o que fizerdes".

**Ameaças contra os transgressores
da aliança.** 9"Hoje estais todos na pre-
sença de Javé, vosso Deus: os chefes
de vossas tribos, vossos anciãos, vos-
sos oficiais, todos os homens de Israel,
10vossas crianças e vossas mulheres, in-
clusive vossos estrangeiros que moram
em vosso acampamento, desde vosso
lenhador até vosso carregador de água,
11para entrardes na aliança de Javé,
vosso Deus, e no juramento que Javé,
vosso Deus, faz hoje convosco, 12a fim
de constituir-vos hoje como seu povo e
para ser ele próprio vosso Deus, como
vos prometeu e como jurou a vossos
pais, Abraão, Isaac e Jacó. 13Não é só
convosco que faço hoje esta aliança e
este juramento, 14mas tanto com quem
está conosco aqui hoje diante de Javé,
nosso Deus, como com quem não está
aqui conosco hoje. 15Sim, vós sabeis
como habitamos no Egito e como pas-
samos no meio das nações que atra-
vessastes; 16vistes suas abominações e
seus ídolos, de madeira e de pedra, de
prata e de ouro, que existem entre elas.
17Que não haja entre vós homem ou
mulher, família ou tribo, cujo coração se
desvie hoje de Javé, nosso Deus, para
ir servir aos deuses dessas nações; que
não haja entre vós nenhuma raiz que
produza veneno ou absinto. 18E se, de-
pois de ter ouvido estas palavras de im-
precação, alguém se achar abençoado e
disser: 'Eu tenho tudo, porque me obsti-
nei em seguir minhas ideias, pois terreno
regado não tem mais sede', 19Javé não
lhe dará seu perdão; a cólera e o zelo
de Javé se inflamarão contra ele; todas
as maldições escritas neste livro cairão
sobre ele, e Javé apagará seu nome de
debaixo do céu. 20Javé o separará, para
sua desgraça, de todas as tribos de Is-
rael, conforme todas as maldições da
aliança escrita neste livro da Lei.
21A geração futura, vossos filhos que
virão depois de vós, e o estrangeiro que
virá de um país distante, ao verem as ca-
lamidades desta terra e as doenças com
que Javé a terá afligido, dirão: 22'Toda
a sua terra está queimada com enxo-
fre e sal; não pode ser semeada nem
produzirá; nela não crescerá nenhuma
planta, como na destruição de Sodoma
e Gomorra,* de Adma e Seboim, que
Javé destruiu em sua ira e em seu fu-
ror'. 23Todas as nações perguntarão: 'Por
que Javé tratou assim este país?* Que
significa o ardor de tão grande ira?' 24E
responderão: 'Porque abandonaram a
aliança de Javé, Deus de seus pais, que
ele tinha feito com eles quando os tirou
da terra do Egito, 25e passaram a servir
outros deuses e os adoraram, deuses
que não conheciam, e que ele não lhes
tinha indicado. 26Por isso a ira de Javé
se inflamou contra esse país, fazendo
cair sobre ele todas as maldições es-
critas neste livro. 27Javé os arrancou do
próprio solo com ira, furor e grande
indignação e os atirou num outro país,

---

* **29**,3. 4,29; 30,14; Is 29,10; Rm 11,8; Dt 8,4 | 5. 2,30-35 | 7. 3,12-16 | 22. Gn 19,25 | 23. Jr 22,8s; 1Rs 9,7s

† **29**,1. Os cc. 29-30 contêm um terceiro e último discurso de Moisés, que acompanha a aliança realizada em Moab, antes de começar a conquista da terra prometida.

como se vê hoje'. [28]As coisas secretas* pertencem a Javé, nosso Deus, mas as coisas reveladas são para nós e nossos filhos para sempre, a fim de cumprirmos todas as palavras desta Lei".

30 **Promessas de misericórdia.** [1]Quando te sobrevierem todas estas coisas,* a bênção e a maldição, que te propus, se as meditares, no meio das nações para as quais Javé te houver deportado, [2]e voltares a Javé, teu Deus, e obedeceres tu e teus filhos a sua voz, com todo o teu coração e com toda a tua alma, conforme tudo o que hoje te ordeno, [3]Javé, teu Deus, reconduzirá teus cativos,* terá compaixão de ti e te reunirá de novo do meio de todos os povos entre os quais te havia dispersado. [4]Ainda que tivesses sido expulso para a extremidade do céu, de lá te reuniria Javé, teu Deus, e iria lá te buscar. [5]Javé, teu Deus, te reconduzirá à terra que teus pais possuíram, para que a possuas,* e ele te fará feliz e te multiplicará mais que teus pais. [6]Javé, teu Deus, circuncidará teu coração* e o coração de teus descendentes, para que ames Javé, teu Deus, com todo o teu coração e com toda a tua alma, para que tenhas vida. [7]Javé, teu Deus, fará recair todas estas maldições sobre teus inimigos e teus adversários que te perseguiram. [8]E tu voltarás a obedecer à voz de Javé e cumprirás todos os seus mandamentos que hoje te ordeno. [9]Javé te fará prosperar em toda obra de tuas mãos, no fruto de teu seio, no fruto de teus animais e no fruto de teu solo; pois Javé voltará a ter prazer em te fazer bem, como tinha prazer em fazer bem a teus pais, [10]contanto que obedeças à voz de Javé, teu Deus, observando seus mandamentos e decretos, escritos neste livro da Lei, e voltes a Javé, teu Deus, de todo o teu coração e de toda a tua alma. [11]Na verdade, este mandamento, que hoje te prescrevo, não é difícil demais para ti, nem está fora de teu alcance. [12]Não está no céu,* para que digas: 'Quem subirá por nós ao céu para trazê-lo até nós e nos fazer ouvi-lo, para que o pratiquemos?' [13]Tampouco se acha do outro lado do mar, para dizeres: 'Quem atravessará por nós o mar para trazê-lo até nós e nos fazer ouvi-lo, para que o pratiquemos?' [14]Ao contrário, a palavra está perto de ti,* em tua boca e em teu coração, para que a ponhas em prática".

Escolhe a vida! [15]"Olha: hoje coloco a tua frente a vida e o bem,* a morte e o mal. [16]Por isso te ordeno hoje que ames Javé, teu Deus, que andes em seus caminhos e guardes seus mandamentos, suas leis e seus costumes, para que vivas e te multipliques, e Javé, teu Deus, te abençoe na terra em que vais entrar para dela tomar posse. [17]Se, porém, teu coração se desviar e não obedeceres, mas te deixares seduzir para te prostrares diante de outros deuses e os servires, [18]eu te declaro hoje que de certo perecerás e não viverás muitos anos na terra em que entrarás para a possuir,* passado o Jordão. [19]Tomo hoje por testemunhas contra ti o céu e a terra de que te proponho a vida e a morte, a bênção e a maldição. Escolhe a vida†, para que vivas tu e tua descendência, [20]amando Javé, teu Deus, obedecendo a sua voz e a ele aderindo, porque ele é tua vida e te dá vida longa, para que possas morar na terra que Javé jurou dar a teus pais, Abraão, Isaac e Jacó".

IV. CONCLUSÃO DO DEUTERONÔMIO (31–34)

31 **Últimas disposições. Eleição de Josué.** [1]Depois, Moisés veio dirigir a todo o Israel estas palavras: [2]"Tenho hoje cento e vinte anos;

* **29**,28. Lv 26,40-45 | **30**,1. 4,29-31; 29,3 | 3. Jr 29,14; 31,10; Mq 2,12; Am 9,14; Zc 8,7s | 5. Is 43,5-7 | 6. 10,16; Jr 4,4 | 12. Jó 28; Rm 10,6-8 | 14. 6,7; Jo 1,14 | 15. 11,26-28; Sl 1,1; Jr 21,8; Eclo 15,17s; Rm 6,21-23; Gl 6,8; Ne 9,29; Pr 8,34s; 9,11 | 18. 4,26; 31,28 | **31**,2. 3,21-28

† **30**,19. Deus respeita a liberdade da pessoa, não a constrange a fazer o bem nem a impede de fazer o mal, para que seja ela a responsável por seus atos.

não posso mais comandar; e Javé me disse: 'Não passarás* este Jordão'. 3É Javé, teu Deus, que passará diante de ti; ele exterminará essas nações a tua frente, e tu possuirás suas terras. Josué passará a tua frente como disse Javé. 4Javé fará a elas* o que fez a Seon e Og, reis dos amorreus, e a seu país, que ele destruiu. 5Javé as entregará em teu poder, e tu as tratarás conforme o mandamento que te dei. 6Sê forte e corajoso;* não tenhas medo nem te atemorizes diante delas, porque é Javé, teu Deus, que caminha contigo; ele não te deixará nem te abandonará".

7Depois, Moisés chamou Josué e lhe disse na presença de todo o Israel: "Sê forte e corajoso, porque tu entrarás com este povo na terra que Javé jurou dar a seus pais e tu lhe darás a terra em herança. 8O próprio Javé caminha diante de ti; ele estará contigo e não te deixará nem te abandonará; não temas nem te intimides".

Leitura periódica da Lei. 9Moisés escreveu esta Lei* e entregou-a aos sacerdotes, filhos de Levi, que transportavam a arca da aliança de Javé, e a todos os anciãos de Israel. 10Moisés deu-lhes esta ordem: "No fim de cada sete anos, no tempo marcado para o ano da remissão, na festa das Tendas, 11quando todo o Israel vier apresentar-se diante de Javé, vosso Deus, no lugar por ele escolhido, lereis esta Lei diante de todo o Israel para que a ouçam. 12Reuni o povo, homens, mulheres e crianças, e o estrangeiro que mora em vossas cidades, para que ouçam e aprendam a temer Javé, vosso Deus, e para que guardem e ponham em prática todas as palavras desta Lei. 13E seus filhos, que ainda não a conhecem, ouvirão e aprenderão a temer Javé, vosso Deus, todos os dias que viverdes sobre a terra da qual ireis tomar posse, passando o Jordão".

Introdução ao cântico. 14Javé disse a Moisés: "O dia de tua morte se aproxima.* Chama Josué e apresentai-vos na tenda da reunião, para que eu lhe dê minhas ordens". Foram pois, Moisés e Josué, e se apresentaram na tenda da reunião. 15Então Javé apareceu numa coluna de nuvem, que parou à entrada da tenda. 16Javé disse a Moisés: "Vais adormecer com teus pais,* e este povo, levantando-se, irá prostituir-se, seguindo deuses estrangeiros da terra em que está para entrar; ele me abandonará, rompendo a aliança que fiz com ele. 17Porém, naquele mesmo dia minha cólera se inflamará contra ele, e eu os abandonarei, ocultando-lhes minha face. Muitos males e adversidades os atingirão para devorá-los. Então dirá: 'Se estes males me atingiram, não será porque Javé não está mais comigo?' 18Mas eu ocultarei completamente minha face naquele dia, por causa de todo o mal que praticou, voltando-se para outros deuses. 19E agora, escreve para ti este cântico e ensina-o aos israelitas, coloca-o em sua boca, a fim de que este cântico me sirva de testemunho contra os israelitas. 20Com efeito, quando eu o tiver introduzido na terra que prometi com juramento a seus pais, terra onde corre leite e mel,* ele comerá e ficará saciado, engordará e depois se voltará para outros deuses e os servirá, desprezando-me e rompendo minha aliança. 21Mas quando males e angústias sem número o atingirem, este cântico dará testemunho contra ele, porque não o esquecerão os lábios de seus descendentes. Pois eu conheço os propósitos que o animam hoje, antes mesmo que eu o faça entrar na terra que prometi com juramento". 22Naquele dia Moisés escreveu este cântico e o ensinou aos israelitas. 23Javé deu esta ordem a Josué, filho de Nun: "Sê forte e corajoso, porque és tu que conduzirás os israelitas à terra que lhes prometi com juramento; e eu estarei contigo".

A Lei junto da arca. 24Quando acabou de escrever num livro as palavras desta Lei até o fim, 25Moisés ordenou aos levitas que carregavam a arca da aliança de Javé: 26"Tomai este livro da Lei e

---

*** 31,**4. Nm 21,24s | 6. 1,29s; Js 1,9 | 9. 2Rs 23,1s | 14. Êx 25,22 | 16. 4,25-28 | 20. 32,15

colocai-o ao lado da arca da aliança de
Javé, vosso Deus, para ali servir de tes-
temunho contra vós. 27Porque conheço
vosso espírito rebelde e vossa cabeça
dura. Se hoje, enquanto estou ainda
vivo no meio de vós, fostes rebeldes a
Javé, quanto mais o sereis depois de
minha morte! 28Reuni a meu redor to-
dos os anciãos de vossas tribos e vossos
oficiais, e falarei estas palavras a seus
ouvidos, tomando o céu e a terra como
testemunhas contra eles. 29Porque sei
que depois de minha morte certamente
vos corrompereis e vos desviareis do ca-
minho que vos ordenei; mas a desgraça
vos atingirá nos dias que virão, porque
tereis praticado o que desagrada a Javé,
irritando-o com as obras de vossas
mãos". 30Moisés pronunciou até o fim,
aos ouvidos de toda a comunidade de
Israel, as palavras deste cântico:

32 **Cântico de Moisés.** 1"Escutai,
ó céus, e eu falarei,*
ouve, ó terra, as palavras de minha
boca!
2Goteje qual chuva minha doutrina,*
destile qual orvalho minha palavra,
como chuvisco sobre a verdura,*
como aguaceiro sobre a relva.
3Porque proclamarei o nome de Javé;
engrandecei nosso Deus!
4Ele é a Rocha†, seu agir é perfeito,*
pois todos os seus caminhos são re-
tidão;
é um Deus fiel e sem iniquidade,
ele é justo e reto!
5Pecaram contra ele os filhos dege-
nerados,
geração perversa e tortuosa!
6É assim que retribuis a Javé,*
povo louco e insensato?
Não é ele teu pai que te adquiriu,*
que te fez e te firmou?
7Recorda os tempos antigos,
medita os anos de idade em idade!
Pergunta a teu pai, e te contará,*
a teus anciãos, e te dirão.
8Quando o Altíssimo deu às nações
sua herança,*
quando repartiu os filhos dos ho-
mens,
ele fixou as fronteiras dos povos
conforme o número dos filhos de Is-
rael:*
9porque a porção de Javé é seu povo,
Jacó é a parte de sua herança.
10Encontrou-o numa terra deserta,
na solidão medonha do deserto;
rodeou-o e cuidou dele,
guardando-o como a pupila dos
olhos.
11Como a águia encoraja seus filho-
tes,
esvoaçando sobre eles,
assim estendeu as asas, apanhou-o,*
e sobre as penas o carregou.
12Sozinho Javé o guiou:*
nenhum outro deus o acompanhava.
13Ele o fez subir às alturas da terra,
para comer os produtos do campo;
deu-lhe a sugar o mel do rochedo
e o azeite da mais dura rocha;
14manteiga de vacas, leite de ovelhas
com a gordura dos cordeiros,
dos carneiros da raça de Basã, e dos
bodes,
com a farinha do melhor trigo;
bebeste o sangue das uvas,
o vinho espumante.
15Jacó comeu e saciou-se,*
Jesurun† engordou e deu coices,
sim, ficaste gordo, pingue, rechon-
chudo.
Rejeitou o Deus que o criou
e ultrajou a Rocha que o salvou.
16Com outros deuses provocaram
seu ciúme,
com abominações o irritaram;
17ofereceram sacrifícios a demônios
que não são Deus,*
a deuses que não conheciam,
novos, recém-chegados,
que teus pais não veneravam.

* **32**,1. 4,26; 30,19 | 2. Is 55,10 / Sl 72,6; Os 6,3 | 4. Sl 18,32; Is 17,10; 44,8 | 6. Os 11,1-4 / 1,31 | 7. 4,32 | 8. Gn 10; At 17,26 | 9. 7,6 | 11. Sl 17,8 | 12. Is 43,11; Os 13,4; Is 58,14; Dt 8,7-10; 11,10-17; Sl 81,17 | 15. 31,20; Os 13,6; Is 44,2; Jr 5,7; Dt 4,24 | 17. 13,3.7s.14

† **32**,4. Símbolo do Deus imutável, que é apoio inabalável e refúgio seguro para o israelita fiel, Is 26,4; Sl 62,7-8. | 15. Nome poético para Israel, inspirado na imagem de um touro, Dt 33,5.26; Is 44,2.

18Abandonaste a Rocha que te gerou,*
esqueceste o Deus que te formou.
19Javé viu e, em sua ira, rejeitou
seus filhos e filhas que o provocaram
20e disse: 'Ocultarei deles minha face*
e verei qual será seu fim;
porque são uma geração perversa,
filhos que não têm lealdade.
21Provocaram meu ciúme com aquilo que não é deus*
e me irritaram com seus ídolos vãos;
também eu os provocarei com gente que não é povo,
com uma nação insensata os irritarei.
22Pois em meu furor se acendeu um fogo*
que queimará até o mais profundo abismo;
vai devorar a terra e seus produtos
e abrasar o fundamento das montanhas.
23Acumularei calamidades sobre eles,*
e esgotarei contra eles minhas flechas;
24serão consumidos pela fome, devorados pela febre
e por uma terrível peste.
Mandarei contra eles os dentes das feras,
junto com o veneno das serpentes que rastejam pelo chão.
25Fora, os privará de filhos a espada*
e dentro, o terror fará perecer
o rapaz e a moça,
o bebê e o idoso'.
26Eu disse: 'Vou triturá-los,*
apagarei sua memória do meio dos homens.
27Mas temo a provocação do inimigo.*
Que seus adversários não se iludam, dizendo:
Nossa mão prevaleceu,
não foi Javé que fez tudo isso'.
28Pois eles são gente sem juízo,*
e não há neles discernimento.
29Se fossem sábios, compreenderiam isto
e atentariam para seu fim.
30Como poderia um só perseguir mil,* e dois pôr em fuga dez mil,
senão porque sua Rocha os vendeu
e Javé os entregou?
31Pois a rocha deles não é como nossa Rocha,
nossos próprios inimigos o atestam.
32Porque a vinha deles vem das vinhas de Sodoma
e das plantações de Gomorra;
suas uvas são venenosas,
seus cachos são amargos.
33O vinho deles é veneno de serpentes,
veneno mortal de víboras.
34Isto não está guardado comigo,*
selado em meus tesouros?
35A mim pertencem a vingança e a retribuição*
na hora em que seu pé vacilar.
Porque o dia de sua ruína está perto,
o destino deles se apressa a chegar.
36Pois Javé fará justiça a seu povo*
e terá piedade de seus servos,
ao ver que suas forças se esgotaram
e que já não existe nem escravo, nem livre.
37Então ele dirá: 'Onde estão seus deuses,*
a rocha na qual confiavam?
38Eles comiam a gordura de suas vítimas,
bebiam o vinho de suas libações!
Que se levantem e vos socorram,
que vos sirvam de defesa!
39Vede agora que eu, eu sou,*
e não há Deus além de mim;
eu faço morrer e faço viver,
eu firo e eu mesmo curo,*
e ninguém pode livrar-se de minha mão.
40Levanto a mão para o céu
e digo: Tão certo como eu vivo eternamente,
41quando eu afiar minha espada fulgurante*
e minha mão empunhar o juízo,
eu me vingarei de meus adversários
e aos que me odeiam darei a paga.

* **32**,18. Is 17,10; Jr 2,27.32; Os 8,14 | 20. 31,17 | 21. Is 45,6; Jr 2,11 | 22. 28,15-68; Jr 15,14; 17,4 | 23. Ez 5,16s; Lv 26,21-26 | 25. Êx 7,15; Lm 1,20 | 26. Êx 32,10-12 | 27. Nm 14,13-16; 9,28; Is 10,12-15; 42,8; 48,11 | 28. 4,6; 29,8; Jr 4,22 | 30. Is 30,17 | 34. Is 49,2; Os 13,2 | 35. Rm 12,19; Hb 10,30 | 36. Sl 135,14 | 37. Jr 2,28 | 39. Is 41,4; 34,10.13 / Is 42,8 / Is 19,22 | 41. Ez 21,14-22; Is 49,2

42Enquanto minha espada devorará
a carne,
embriagarei de sangue minhas fle-
chas,*
do sangue dos mortos e dos prisio-
neiros,
das cabeças cabeludas do inimigo'.
43Exultai, ó nações, por seu povo,*
porque Javé vingará o sangue de
seus servos,
fará recair a vingança sobre seus ad-
versários
e purificará sua terra e seu povo".
44Moisés veio com Josué, filho de
Nun, e proferiu todas as palavras deste
cântico aos ouvidos do povo.
Últimas recomendações. 45Quando
Moisés acabou de falar todas estas pa-
lavras a todo o Israel, 46disse-lhes: "Pres-
tai atenção a todas as palavras com que
hoje testemunho contra vós; prescrevei-
-as a vossos filhos, a fim de que cuidem
de praticar todas as palavras desta Lei.
47Não se trata de palavra sem importân-
cia,* pois é a vossa vida, e é em virtude
dela que vivereis longamente na terra
que ides possuir, passando o Jordão".
48Nesse mesmo dia* Javé falou a Moi-
sés: 49"Sobe a este monte Abarim, ao
monte Nebo, na terra de Moab, defronte
de Jericó, e contempla a terra de Canaã
que dou aos israelitas como propriedade.
50Morrerás sobre o monte que vais subir e
serás reunido aos teus, como morreu teu
irmão Aarão, no monte Hor, e foi reunido
aos seus, 51porque fostes infiéis* a mim
no meio dos filhos de Israel nas águas de
Meriba de Cades,* no deserto de Sin, por
não terdes manifestado minha santidade
no meio dos israelitas. 52Por isso verás
diante de ti a terra que dou aos israelitas,
mas não entrarás nela".

33

Bênçãos de Moisés. 1Esta é a
bênção que Moisés,* homem
de Deus, pronunciou sobre os israeli-
tas, antes de morrer.
2Ele disse†:
"Javé veio do Sinai,*
surgiu para eles de Seir;
resplandeceu desde o monte Farã
e chegou a Meriba de Cades;
de sua mão direita saía o fogo da Lei
para eles.
3Vós amais os povos,
todos os vossos santos estão em
vossa mão;*
eles se sentam a vossos pés
para receber vossas palavras.
4Moisés nos prescreveu uma Lei,*
uma herança para a assembleia de
Jacó.
5Houve um rei em Jesurun,*
quando se reuniram os chefes do
povo
junto com as tribos de Israel.
6Viva Rúben e não morra,
e viva o número pequeno de seus
homens".
7Isto é o que disse para Judá:
"Ouvi, ó Senhor, a voz de Judá
e reconduzi-o a seu povo;
que suas mãos defendam seu direito,
vinde em seu socorro contra seus ini-
migos".
8Para Levi disse:
"Dai a Levi vossos Tumim*
e vossos Urim ao homem santo,
que provastes em Massa*
e com o qual contendestes nas águas
de Meriba;
9que disse de seus pais: 'Não os vi'
e não reconheceu seus irmãos
e ignorou seus próprios filhos;
mas guardaram vossa palavra
e cumprem vossa aliança.
10Ensinam vossos costumes a Jacó
e vossa Lei a Israel;
fazem subir o incenso ante vossas
narinas
e oferecem holocaustos sobre vosso
altar.
11Abençoai, Senhor, seus esforços
e aceitai a obra de suas mãos;

---

* **32**,42. Sl 68,22.24; Jr 46,10 | 43. Hb 1,6 | 47. 8,3; Ne 9,29 | 48. 3,23-28 | 51. Nm 20,12 / Ez 20,41
33,1. Gn 49 | 2. Êx 19,1 | 3. Jo 10,28 | 4. Jo 1,17 | 5. 32,15 | 8. 1Sm 14,41 / Nm 20,1-13; Êx 32,25-29; Nm 25,7s.10s

† **33**,2. Discurso de adeus, como o de Jacó em Gn 49, anunciando o futuro das tribos e dando a cada uma sua bênção. Simeão não é mencionado; Levi e José recebem as bênçãos mais solenes.

golpeai as costas de seus adversários
e dos que o odeiam, para que não se levantem".
12Para Benjamim disse:
"O amado de Javé
habita junto dele em segurança.
O Altíssimo o protege todo dia
e mora entre suas colinas".
13Para José disse:
"Sua terra será abençoada por Javé
com os dons preciosos do céu,
com o orvalho e com as águas profundas do abismo;
14com os melhores frutos que o sol amadurece
e com os melhores frutos de cada lua;
15com os melhores produtos dos montes antigos,*
com os dons preciosos das colinas eternas
16e com o melhor da terra e sua riqueza.*
O favor daquele que estava na sarça
desça sobre a cabeça de José
e sobre a fronte do predileto entre seus irmãos.
17De seu touro é o primogênito, a ele a glória!
Seus chifres são como os do búfalo,
ferirá com eles os povos,
até os confins da terra.
Tais são as miríades de Efraim,
tais são os milhares de Manassés".
18Para Zabulon disse:
"Rejubila-te, Zabulon, em tuas expedições,
e tu, Issacar, em tuas tendas!
19Convidarão os povos à montanha,
e ali imolarão sacrifícios legítimos;
porque sorverão as riquezas do mar
e os tesouros ocultos na areia".
20Para Gad disse:
"Bendito seja quem aumenta a terra de Gad!
Ele repousa como um leoa
e dilacera braço e cabeça.
21Escolheu para si as primícias,
onde lhe estava reservada a parte do chefe;
mas se juntou aos chefes do povo,
cumpriu a justiça de Javé
e suas sentenças sobre Israel".
22Para Dã disse:
"Dã é um leãozinho
que se lança de Basã".
23Para Neftali disse:
"Neftali, cumulado de favores
e repleto da bênção de Javé,
toma posse do mar e do sul".
24Para Aser disse:
"Bendito seja Aser entre os filhos;
seja o favorito de seus irmãos
e mergulhe no óleo seu pé.
25De ferro e de bronze sejam teus ferrolhos,
e dure teu vigor quanto teus dias".
26"Ninguém é como o Deus de Jesurun:*
cavalga os céus, para te socorrer,
e as nuvens, em sua majestade.
27O Deus eterno é teu refúgio,*
aqui embaixo é ele o braço antigo;
ele expulsa de tua frente o inimigo
e te diz: 'Destrói!'
28Israel habita em segurança;*
a fonte de Jacó jorra à parte
para uma terra de trigo e de vinho novo,
na qual o próprio céu goteja orvalho.
29Feliz és tu, ó Israel!*
Quem é igual a ti, um povo salvo por Javé?
Ele é o escudo que te protege*
e a espada que te dá a vitória.
Teus inimigos tratarão de corromper-te,
mas tu pisarás suas alturas".

34

Morte de Moisés. 1Moisés
subiu das estepes de Moab ao
monte Nebo,* ao cimo do Fasga, que
está em frente de Jericó. Javé mostrou-
-lhe todo o país: de Galaad até Dã,
2todo Neftali, a terra de Efraim com
Manassés, toda a terra de Judá até o
mar ocidental, além do Negueb, 3e a
região do vale de Jericó, cidade das
palmeiras, até Segor. 4E Javé lhe disse:
"Esta é a terra que prometi com jura-

* **33**,15. Gn 49,26 | 16. Êx 3,1-3 | 26. Êx 15,11; Dt 32,15; Sl 18,11; 68,5 | 27. Sl 90,1s | 28. Nm 23,9; Jr 23,6 | 29. Sl 33,12; 144,15 / Sl 115,9-11 | **34**,1. Nm 22,1; Dt 3,27

mento a Abraão, a Isaac e a Jacó, dizen-
do: 'Eu a darei a tua posteridade'. Eu
te faço vê-la com teus olhos, mas nela
não entrarás".
[5]Aí, na terra de Moab, morreu Moi-
sés, servo de Javé, conforme a palavra
de Javé. [6]Ele o sepultou† no vale, na
terra de Moab, defronte de Bet-Fegor;
e até hoje ninguém sabe o lugar de
sua sepultura. [7]Moisés tinha cento e
vinte anos* quando morreu; sua vis-
ta não se havia enfraquecido, nem se
abatera seu vigor. [8]Os israelitas cho-
raram Moisés nas estepes de Moab
durante trinta dias, até que se cum-
prissem os dias do pranto e do luto
por Moisés. [9]Josué, filho de Nun, ficou
cheio do espírito de sabedoria, porque
Moisés havia imposto as mãos sobre
ele; e os israelitas lhe obedeceram,*
fazendo como Javé havia ordenado a
Moisés.
[10]Nunca mais surgiu em Israel* um
profeta igual a Moisés, com o qual Javé
conversava face a face, [11]por todos os
sinais e prodígios que Javé o mandou
fazer na terra do Egito, contra o faraó
e todos os seus servos e todo o seu
país; [12]e por todo o poder de sua mão
e todos os grandes e tremendos feitos
que Moisés operou diante dos olhos
de todo o Israel.

---

* **34**,7. Jd 9 **|** 9. Nm 27,18-23 **|** 10. Jr 15,1; Eclo 45,1-5; Êx 33,11.20; Nm 12,6-8

† **34**,6. Ficou desconhecido o lugar da sepultura de Moisés, talvez para evitar um culto supersticioso. Antigas lendas dizem que os anjos o sepultaram, Jd 9.

JOSUÉ

Esta obra trata da conquista de Canaã por parte do povo eleito, guiado por Josué, sucessor de Moisés, e da distribuição do território entre as doze tribos. Depois, a missão de Josué se encerra com seu último discurso e com a renovação da aliança em Siquém.

Javé promete estar com ele como esteve com Moisés (Js 1,5). Josué é apresentado como um chefe que cumpre com perfeição o ensinamento de Moisés, chegando a parecer uma cópia sua: também ele tem uma visão, faz o povo atravessar o Jordão como outrora o mar Vermelho, celebra a Páscoa, intercede pelo pecado do povo e faz um discurso de despedida.

Os acontecimentos, que devem ter sucedido pelo final do séc. XIII a.C., são narrados de forma esquemática, incompleta e idealizada. Se comparados com o que diz o início do livro dos Juízes, que parece bem mais próximo da realidade, percebe-se que a conquista de Canaã neste tempo não foi completa nem foi obra de um exército formado por todas as tribos. A ideia subjacente às narrativas é a de que Deus combate as batalhas de Israel e lhe dá a vitória, expulsando e mandando exterminar as populações locais, em punição de sua idolatria e também para que a religião do povo eleito não fosse por elas contaminada.

Josué é o protagonista, mas não o autor do livro, que pertence à história deuteronomística e teve sua primeira redação no tempo de Josias, séc. VII, e a redação definitiva após o exílio. Na época de Josué, o povo era fiel à aliança, por isso conquistou a terra, mas quando o livro foi escrito, o povo a havia perdido, em razão de seus pecados. Era preciso reavivar sua esperança de que, se voltasse à fidelidade do tempo de Josué, Deus lhe restituiria o país que lhe havia dado.

A doação da terra foi um ato de fidelidade às promessas feitas a Moisés e aos patriarcas. Se o Gênesis é o livro das promessas (Gn 12,7), Josué é o livro em que elas se cumprem.

Para o cristão, Josué, cujo nome significa o mesmo que Jesus, prefigura o Salvador: a travessia do rio Jordão que dá acesso à terra prometida anuncia o batismo, que introduz no reino de Deus. O livro de Josué ensina que toda a terra pertence a Javé (3,13). Fazendo uso da terra, o homem deve sentir-se administrador de um bem que não é seu e agir em tudo segundo as normas do Deus justo e santo.

I. CONQUISTA DA TERRA PROMETIDA (1–12)

1 **Josué sucede a Moisés.** 1Após a morte de Moisés, servo de Javé,* disse Javé a Josué†, filho de Nun, e assistente de Moisés: 2"Meu servo Moisés morreu; agora levanta-te, atravessa o Jordão tu e todo este povo, em direção à terra que eu dou aos israelitas. 3Eu vos dou todo o território em que puserdes os pés,* conforme prometi a Moisés. 4Desde o deserto e o Líbano até o grande rio, o Eufrates, toda a terra dos heteus até o grande mar, onde se põe o sol, será vosso território†. 5Ninguém te poderá resistir* em todos os dias de tua vida; estarei contigo como estive com Moisés; não te deixarei nem te abandonarei. 6Sê forte e corajoso, porque farás este povo herdar a terra que a seus pais jurei* dar-lhes. 7Somente sê forte e muito valente, procurando agir conforme toda a lei que Moisés, meu servo, te prescreveu; não te desvies dela nem para a direita, nem para a esquerda,* para teres bom êxito em todos os teus empreendimentos. 8Não se afaste* de tua boca este livro da Lei, mas medita-o dia e noite, procurando agir em conformidade com tudo o que nele está prescrito, e assim serás feliz em teus empreendimentos e serás bem sucedido. 9Não sou eu que te mando* ser forte e corajoso? Não temas nem

---

* **1**,1. Dt 34 | 3. Dt 11,24s | 5. Êx 3,12; 1,9.17; 3,7; 6,27; Dt 31,7s.23 | 6. Dt 3,28 | 7. Dt 5,32 | 8. Dt 29,8; Dt 6,6s; 17,18s | 9. Dt 31,7.23; Dt 1,29s; 7,21; 20,1s; 31,6

† **1**,1. Josué significa "Javé salva", e é uma variante do nome de Jesus. Sua missão de introduzir o povo na terra prometida prefigura a de Jesus. | 4. O território aqui delimitado é muito maior do que a terra efetivamente conquistada e repartida.

te apavores, pois Javé, teu Deus, estará
contigo aonde quer que fores".

**Preparativos para a passagem do
Jordão.** [10]Josué ordenou aos oficiais*
do povo: [11]"Passai pelo meio do acam-
pamento e dai esta ordem ao povo:
'Preparai provisões, pois daqui a três
dias atravessareis este Jordão, para
tomar posse da terra que Javé, vosso
Deus, vos dá como herança'".

[12]E às tribos de Rúben,* de Gad e à
meia tribo de Manassés Josué disse:
[13]"Lembrai-vos do que vos ordenou
Moisés, servo de Javé, dizendo: 'Javé,
vosso Deus, vos concedeu repouso e
vos deu esta terra'†. [14]Vossas mulheres,
vossos filhos e vosso gado fiquem na
terra que Moisés vos deu deste lado do
Jordão; mas vós todos, que sois fortes e
valorosos, passareis armados na frente
de vossos irmãos e os ajudareis, [15]até
que Javé conceda descanso a vossos
irmãos, como a vós, e eles também
tomem posse da terra que Javé, vosso
Deus, lhes dá. Então podereis voltar à
terra que vos pertence e que vos foi
dada por Moisés, servo de Javé, deste
lado do Jordão, onde nasce o sol".

[16]Eles responderam a Josué: "Fare-
mos tudo o que nos ordenaste e iremos
aonde quer que nos mandes. [17]Assim
como em tudo obedecemos a Moisés,
assim também obedeceremos a ti; so-
mente que Javé, teu Deus, esteja con-
tigo, como esteve com Moisés. [18]Todo
aquele que for rebelde a tuas ordens e
não obedecer a tuas palavras em tudo
quanto lhe ordenares será morto. So-
mente sê forte e corajoso".*

2 **Josué envia exploradores.** [1]Jo-
sué, filho de Nun, mandou* secre-
tamente de Setim dois espiões, dizen-
do: "Ide e examinai o país e a cidade de
Jericó"†. Eles foram e entraram na casa
de uma prostituta chamada Raab,* e ali
se hospedaram. [2]Foi comunicado ao rei
de Jericó: "Alguns israelitas chegaram
aqui esta noite para explorar o país".
[3]Então o rei de Jericó mandou dizer a
Raab: "Põe para fora os homens que
vieram ter contigo e entraram em tua
casa, pois vieram para explorar todo o
país". [4]Mas a mulher levou os dois ho-
mens a um esconderijo e depois disse:
"Sim, vieram a mim uns homens, mas
eu não sabia de onde eram; [5]quando
ia ser fechada a porta da cidade, sendo
já escuro, eles partiram, e não sei para
onde foram; persegui-os depressa que
os alcançareis". [6]Mas ela os fizera su-
bir ao terraço e os escondera entre os
feixes de linho que ali tinha empilhado.
[7]Os homens foram atrás deles pela es-
trada do Jordão, em direção dos vaus; e
logo que saíram os que os perseguiam,
a porta da cidade foi fechada.

O pacto com Raab. [8]Antes que os
espiões* se deitassem, Raab subiu ao
terraço até eles [9]e lhes disse: "Sei que
Javé vos deu esta terra, porque o medo
de vós nos invadiu e todos os habitan-
tes tremem diante de vós. [10]Ouvimos
dizer como Javé secou diante de vós
as águas do mar Vermelho,* quando
saíeis do Egito; e o que fizestes do ou-
tro lado do Jordão aos dois reis dos
amorreus, Seon e Og, votando-os ao
extermínio. [11]Tendo ouvido isto, nos-
so coração* desfaleceu e em ninguém
mais há ânimo algum por causa de vós,
porque Javé, vosso Deus, é Deus lá no
alto do céu e aqui embaixo na terra†.
[12]Agora, pois, vos peço: jurai-me* por
Javé que, assim como vos tratei com
bondade, também vós tratareis com
bondade a casa de meu pai; e dai-me
um sinal seguro [13]de que preserva-
reis a vida de meu pai, de minha mãe,
de meus irmãos e de minhas irmãs e

* **1**,10. Dt 16,18 | 12. Nm 32; Dt 3,18-20 | 18. Dt 17,12 | **2**,1. Nm 13 / Mt 1,5 | 8. Hb 11,31; Tg 2,25 | 10. 9,9s; Êx 14 | 11. Nm 21,23s.33s; 5,1 | 12. Dt 4,39

† **1**,13. Esta parte do povo recebeu suas terras na Transjordânia, mas devia ajudar seus irmãos a conquistar as terras do outro lado do Jordão, Dt 3,13-20. | **2**,1. Jericó, cidade do período neolítico, 6.000 a.C., a 8 km a oeste do Jordão, é talvez a mais antiga do mundo. | 11. Raab, que vai pertencer ao povo de Deus e entrar na genealogia de Jesus, Mt 1,5, já fala como uma israelita, proclamando as convicções religiosas do povo.

de todos os que lhes pertencem, livrando-nos da morte". 14Os homens responderam-lhe: "Estamos prontos a dar nossa vida* por vós, contanto que não reveles o que estamos fazendo; e quando Javé nos der esta terra, nós te trataremos com bondade e lealdade".

Volta dos exploradores. 15Então ela os fez descer pela janela* com uma corda, porque sua casa era pegada aos muros e ela morava sobre os muros.16E disse-lhes: "Ide em direção à montanha, para que não vos encontrem os que vos procuram, e ficai ali escondidos três dias, até que eles voltem, e depois segui vosso caminho". 17Os homens disseram-lhe: "Assim cumpriremos este juramento que nos fizeste prestar: 18quando entrarmos no país, amarrarás este cordão de fio escarlate à janela pela qual nos fizeste descer e reunirás em casa contigo teu pai, tua mãe, teus irmãos e toda a família de teu pai. 19Todo aquele que sair para fora* da porta de tua casa será responsável por sua morte, e nós seremos inocentes; mas se alguém tocar qualquer um que estiver contigo em tua casa, seremos nós os responsáveis. 20Se revelares esta nossa missão, ficaremos desobrigados do juramento que nos fizeste prestar". 21Ela respondeu: "Seja como dizeis". Ela os despediu e eles partiram. Ela atou à janela o cordão de fio escarlate.

22Partiram, pois, e chegaram ao monte, onde ficaram três dias, até que voltaram seus perseguidores, os quais os procuraram por todo o caminho, mas não os encontraram. 23Então os dois homens voltaram, desceram do monte, atravessaram o Jordão e vieram a Josué, filho de Nun, a quem narraram tudo o que lhes tinha acontecido. 24Disseram a Josué: "Certamente Javé, nosso Deus, entregou toda essa terra em nossas mãos, e todos os seus habitantes estão apavorados diante de nós".

3 **A passagem do Jordão.** 1Josué levantou-se bem cedo e partiram de Setim ele e todos os israelitas; chegaram ao Jordão e ali pararam antes de atravessá-lo. 2Três dias depois, os oficiais percorreram o acampamento 3e ordenaram ao povo: "Quando virdes a arca da aliança de Javé, vosso Deus, carregada pelos sacerdotes levitas, partireis de vosso lugar e a seguireis. 4Mas conservai entre vós e ela a distância de uns dois mil côvados; não vos aproximeis dela, para que possais saber o caminho pelo qual haveis de ir, pois nunca passastes por este caminho!"

5Josué disse ao povo: "Santificai-vos,* porque amanhã Javé fará maravilhas no meio de vós". 6Aos sacerdotes Josué disse: "Tomai a arca da aliança e passai à frente do povo". E eles foram andando à frente do povo, carregando a arca da aliança. 7Javé disse a Josué: "Hoje começarei a engrandecer-te aos olhos de todo o Israel, para que saibam que, assim como estive com Moisés, eu estarei contigo. 8Tu ordenarás* aos sacerdotes que carregam a arca da aliança, dizendo: 'Quando chegardes à beira das águas do Jordão, ficai parados no Jordão'". 9Então Josué disse aos israelitas: "Aproximai-vos e ouvi as palavras de Javé, vosso Deus". 10Depois acrescentou:* "Nisto reconhecereis que o Deus vivo está no meio de vós e que ele expulsará de vossa frente os cananeus,* os heteus, os heveus, os ferezeus, os gergeseus, os amorreus e os jebuseus: 11a arca da aliança do Senhor de toda a terra vai passar o Jordão diante de vós.* 12Agora, pois, escolhei doze homens das tribos de Israel, um de cada tribo. 13Logo que as plantas dos pés dos sacerdotes que transportam a arca de Javé, Senhor de toda a terra, tocarem as águas do Jordão, elas serão divididas: as águas que descem de cima pararão, amontoando-se".

14Quando o povo desarmou as tendas para atravessar o Jordão, os sacerdotes que levavam a arca da aliança caminharam à frente do povo. 15Logo que os transportadores da arca chegaram ao Jordão, e os pés dos sacerdotes

---

* **2**,14. 6,22-25 | 15. At 9,25; 2Cor 11,33 | 19. 2Sm 1,16 | **3**,5. Êx 19,10.15 | 8. 1,5.17 | 10. Êx 34,9s / Dt 7,1 | 11. 4,2

que carregavam a arca se molharam
na beira das águas – pois o Jordão
transborda por todas as suas margens
durante todo o tempo da ceifa – 16as
águas que desciam de cima pararam*
e se levantaram num montão, à grande
distância, junto de Adam, cidade que
fica ao lado de Sartã; as águas que des-
ciam para o mar da Arabá, o mar Salga-
do, foram completamente separadas; e
o povo atravessou defronte de Jericó.
17Os sacerdotes que transportavam a
arca da aliança de Javé pararam em ter-
ra seca, no meio do Jordão, enquanto
todos os israelitas passavam a pé en-
xuto,* até que toda a nação acabou de
atravessar o Jordão†.

4 **As doze pedras.** 1Quando toda a
nação acabou de atravessar o Jor-
dão, Javé disse a Josué: 2"Escolhei entre
o povo doze homens, um de cada tri-
bo, 3e dai-lhes esta ordem: 'Tomai doze
pedras daqui, do meio do Jordão, do
lugar onde estiveram parados os pés
dos sacerdotes, levai-as convosco e
colocai-as no lugar onde passareis esta
noite'". 4Josué chamou os doze homens
que havia escolhido entre os israelitas,
um de cada tribo, 5e lhes disse: "Passai
adiante da arca de Javé, vosso Deus,
até o meio do Jordão, e tomai cada um
uma pedra sobre os ombros, confor-
me o número das tribos dos israelitas,
6para que isto seja um sinal no meio de
vós. Quando amanhã vossos filhos vos
perguntarem: 'Que significam para vós
estas pedras?',* 7vós lhes responde-
reis: 'É que as águas do Jordão foram
cortadas diante da arca da aliança de
Javé; quando ela atravessou o Jordão,
foram cortadas as águas do Jordão; e
estas pedras serão para os israelitas um
memorial para sempre'". 8Foi assim que
os israelitas fizeram o que Josué lhes ti-
nha ordenado: tomaram doze pedras
do meio do Jordão, como Javé tinha
falado a Josué, conforme o número das
tribos dos israelitas, e as levaram consi-
go ao lugar onde iam pernoitar e aí as
depositaram.
9Josué erigiu outras doze pedras no
meio do Jordão, no lugar onde estive-
ram parados os pés dos sacerdotes que
levavam a arca da aliança, e ali estão
elas até o dia de hoje. 10Os sacerdotes
que levavam a arca da aliança ficaram
parados no meio do Jordão, até que
foi executado tudo o que Javé tinha
mandado Josué dizer ao povo, confor-
me tudo que Moisés tinha ordenado a
Josué; e o povo se apressou em atra-
vessar. 11Quando todo o povo termi-
nou de atravessar, a arca de Javé e os
sacerdotes passaram à frente do povo.
12Os filhos de Rúben, os filhos de
Gad e a meia tribo de Manassés pas-
saram em ordem de batalha à frente
dos israelitas, como Moisés lhes tinha
ordenado. 13Em número de aproxima-
damente quarenta mil guerreiros ar-
mados, eles passaram diante de Javé,
prontos para o combate, rumo à pla-
nície de Jericó. 14Naquele dia Javé en-
grandeceu Josué aos olhos de todo
o Israel, que o respeitou como havia
respeitado Moisés, durante toda a sua
vida.
15Javé disse a Josué: 16"Ordena aos
sacerdotes que carregam a arca da
aliança que saiam do Jordão". 17Josué
ordenou aos sacerdotes: "Saí do Jor-
dão!" 18E logo que os sacerdotes que
levavam a arca da aliança de Javé saí-
ram do meio do Jordão e as plantas de
seus pés tocaram a terra seca, as águas
do Jordão retornaram a seu leito e re-
começaram a correr, como antes, por
todas as suas margens. 19O povo saiu
do Jordão no dia dez do primeiro mês
e acampou em Guilgal, no limite orien-
tal de Jericó.
20As doze pedras tiradas do Jordão,
Josué as erigiu em Guilgal 21e disse
aos israelitas: "Quando amanhã vossos
filhos perguntarem a seus pais: 'Que

* **3**,16. Êx 14,21 | 17. Êx 14,22 | **4**,6. 4,21-24; Êx 12,26 | 21. 4,6s

† **3**,17. Nosso batismo é prefigurado na travessia do Jordão, pela qual o povo de Deus recebe o dom da terra prometida, imagem da vida eterna. O fato é narrado como uma solene liturgia e com termos que lembram a passagem do mar Vermelho.

significam* estas pedras?', [22]instrui-
reis vossos filhos, respondendo: 'Israel
atravessou este Jordão a pé enxuto!'
[23]Pois Javé, vosso Deus, secou as águas
do Jordão diante de vós até que pas-
sásseis, como Javé, vosso Deus, havia
feito com o mar Vermelho, que ele se-
cou diante de nós, até que o passamos,
[24]para que* todos os povos da terra
reconheçam que a mão de Javé é po-
derosa, e para que vós temais sempre
Javé, vosso Deus".

5 **Terror dos reis amorreus e ca-
naneus.** [1]Quando todos os reis
dos amorreus, que habitavam além do
Jordão, ao ocidente, e todos os reis ca-
naneus, que habitavam junto ao mar,
ouviram dizer que Javé tinha secado as
águas do Jordão* diante dos israelitas
até que tivessem passado, desfaleceu-
-se o coração deles e perderam toda a
coragem diante dos israelitas.
Circuncisão dos israelitas. [2]Naquele
tempo Javé disse a Josué: "Faze facas
de pedra e torna a circuncidar pela
segunda vez os israelitas". [3]Josué fez
então facas de pedra* e circuncidou os
israelitas na colina de Aralot. [4]Foi este
o motivo por que Josué os circuncidou:
todo o povo que tinha saído do Egito,
os homens, todos os homens de guer-
ra, já tinham morrido no deserto pelo
caminho, depois que saíram do Egito.
[5]Todo o povo que saíra do Egito havia
sido circuncidado, mas todo o povo
nascido no deserto, durante a viagem,
depois da saída do Egito, não estava
circuncidado. [6]Os israelitas tinham ca-
minhado quarenta anos* pelo deserto,
até que se extinguiu toda a nação, isto
é, os homens de guerra que haviam
saído do Egito. Porque não obedece-
ram à palavra de Javé, a eles Javé jurou
que não os deixaria ver a terra que Javé
a seus pais havia jurado dar-nos: uma
terra onde corre leite e mel.* [7]Mas em
lugar deles suscitou seus filhos, que
Josué circuncidou, pois eram incircun-
cisos, não tendo sido circuncidados
durante a viagem. [8]Quando toda a na-
ção tinha sido circuncidada, ficaram no
mesmo lugar no acampamento até sa-
rarem. [9]Então Javé disse a Josué: "Hoje
tirei de vós a desonra do Egito". Assim,
aquele lugar foi chamado Guilgal† até
hoje.
**Primeira Páscoa em Canaã. Cessa o
maná.** [10]Os israelitas acamparam em
Guilgal e celebraram a Páscoa no dia
quatorze do mês, à tarde, nas planícies
de Jericó. [11]No dia seguinte à Páscoa
comeram dos produtos da terra, pão
ázimo e trigo tostado. [12]Um dia depois
de terem comido dos frutos da terra
cessou o maná.* Os israelitas não tive-
ram mais o maná†, mas comeram dos
frutos da terra de Canaã naquele ano.
Visão de Josué. [13]Estando Josué perto
de Jericó,* levantou os olhos e viu um
homem em pé diante dele, tendo na
mão uma espada desembainhada. Jo-
sué foi a seu encontro e perguntou-lhe:
"És um dos nossos ou dos inimigos?"
[14]Respondeu: "Não! Eu sou o chefe do
exército de Javé†; cheguei agora mes-
mo". Josué prostrou-se com o rosto em
terra, adorou-o e lhe disse: "Que tem
a dizer meu Senhor a seu servo?" [15]O
chefe do exército de Javé respondeu a
Josué: "Tira as sandálias dos pés, pois
o lugar em que estás é santo". E Josué
assim o fez.*

6 **Tomada de Jericó.** [1]Jericó estava
barricada e blindada por causa
dos israelitas: ninguém saía nem entra-
va. [2]Javé disse a Josué: "Olha: entreguei
em tuas mãos Jericó, seu rei e seus va-
lentes guerreiros. [3]Vós todos, homens
de guerra, circulai em torno da cidade,
dando uma volta a seu redor; fazei as-

* **4**,24. Êx 14,21 | **5**,1. 2,11 | 3. Gn 17,10 | 6. Nm 14,20-38 / Êx 3,8 | 12. Êx 16,14 | 13. 1Cr 21,16 | 15. Êx 3,5; 19,12

† **5**,9. Guilgal quer dizer círculo de pedras, 4,20. Será a base das operações militares de Josué. Mais tarde ali será edificado um santuário. | 12. O maná era o pão da caminhada, Êx 16,15, por isso cessa quando o povo chega à terra prometida. É figura da Eucaristia, que nutre o povo a caminho da pátria definitiva e que também cessará quando virmos a Deus face a face. | 14. Como um novo Moisés, Josué começa sua missão com uma teofania, cf. Êx 3.

sim durante seis dias. 4Sete sacerdotes
levem diante da arca sete trombetas de
chifre de carneiro. No sétimo dia rodeai
a cidade sete vezes, e os sacerdotes
toquem as trombetas. 5Quando soar
longamente o chifre de carneiro e vós
ouvirdes o toque da trombeta, todo o
povo lançará com força seu grito de
guerra. Então as muralhas da cidade
cairão, e o povo entrará nela, cada um
pelo lugar a sua frente".

6Então Josué, filho de Nun, chamou
os sacerdotes e lhes disse: "Tomai a
arca da aliança, e sete sacerdotes levem
sete trombetas de chifre de carnei-
ro adiante da arca de Javé". 7Ao povo
ele disse: "Passai e rodeai a cidade, e
os guerreiros marchem diante da arca
de Javé". 8Depois que Josué falou ao
povo, os sete sacerdotes que levavam
as sete trombetas de chifre de carnei-
ro diante de Javé passaram e tocaram
as trombetas; a arca da aliança de Javé
os seguia. 9Os guerreiros marchavam
diante dos sacerdotes que tocavam
as trombetas, e a retaguarda seguia a
arca; e enquanto marchavam tocavam
as trombetas.

10Josué tinha dado esta ordem ao
povo: "Não griteis nem façais ouvir
vossa voz, nem saia de vossa boca pa-
lavra alguma até o dia em que eu vos
disser: 'Gritai!' Então gritareis". 11A arca
de Javé contornou a cidade, dando
uma volta a seu redor; depois voltaram
a acampamento e ali pernoitaram.

Procissão ao redor de Jericó. 12Josué
levantou-se bem cedo, e os sacerdo-
tes tomaram a arca de Javé. 13Os sete
sacerdotes que levavam as sete trom-
betas de chifre de carneiro caminha-
ram diante da arca de Javé tocando
as trombetas; diante deles iam os ho-
mens armados, e a retaguarda seguia
atrás da arca de Javé; caminhavam ao
som das trombetas. 14No segundo dia
deram uma volta ao redor da cidade e
voltaram para o acampamento; assim
fizeram durante seis dias. 15No sétimo
dia se levantaram de madrugada e ro-
dearam a cidade do mesmo modo, sete
vezes. 16Na sétima volta os sacerdotes
tocaram as trombetas e Josué disse ao
povo: "Gritai, pois Javé vos entregou a
cidade"†. 17A cidade com tudo o que
nela existe será votada ao extermínio
em honra de Javé†. Somente terão a
vida salva a prostituta Raab e todos os
que estiverem com ela na casa, porque
escondeu* os exploradores que en-
viamos. 18Mas guardai-vos das coisas
votadas ao extermínio para não ser-
des amaldiçoados tomando alguma
coisa votada ao extermínio; tornaríeis
maldito o acampamento de Israel e o
levaríeis à ruína. 19Mas toda a prata, o
ouro* e os objetos de bronze e de ferro
são consagrados a Javé e irão para seu
tesouro".

Tomada da cidade. Raab é salva. 20O
povo gritou, e as trombetas tocaram;
quando ouviu o som das trombetas,
o povo lançou um grande grito,* e os
muros desabaram. Então o povo en-
trou na cidade, cada qual no ponto em
que se achava, e assim tomaram a ci-
dade. 21Votaram ao extermínio tudo o
que havia na cidade, passando a fio de
espada homens e mulheres, crianças e
velhos, bois, ovelhas e jumentos.

22Josué disse aos dois exploradores:*
"Ide à casa daquela prostituta e fazei-
-a sair com tudo quanto lhe pertence
como lhe jurastes". 23Os jovens explo-
radores foram e fizeram sair Raab com
seu pai, sua mãe e seus irmãos, com
tudo o que lhe pertencia; fizeram sair
também todos os seus parentes e os
deixaram fora do acampamento de Is-
rael.

24Queimaram a cidade com tudo o
que nela havia, exceto a prata, o ouro
e os objetos de cobre e de ferro, que
depositaram no tesouro da casa de

* **6**,17. Lv 27,28s / 2,1-21 | 19. 7,1-26 | 20. Hb 11,30 | 22. 2,1-21

† **6**,16. A tomada de Jericó, primeira cidade conquistada em Canaã, é descrita em termos de uma liturgia, para mostrar que é o poder de Javé e não a força das armas que vence os inimigos. | 17. Na guerra santa, todos os despojos pertenciam à divindade vitoriosa. Os objetos eram levados para o templo e todos os seres vivos eram aniquilados. Costume difundido no Oriente antigo, não foi totalmente praticado em Israel, senão no tempo de Josué.

Javé. 25Mas Josué poupou a vida da
prostituta Raab, de sua família e tudo o
que lhe pertencia; e ela morou no meio
de Israel até hoje, porque escondeu os
mensageiros enviados por Josué para
espiar Jericó.
26Naquele tempo Josué mandou
pronunciar o seguinte juramento:*
"Amaldiçoado seja da parte de Javé
aquele que se puser a reconstruir esta
cidade de Jericó: sobre seu primogêni-
to lançará seus fundamentos e sobre
seu caçula assentará suas portas"†.
27Javé esteve com Josué,* cuja fama
se espalhou por toda a terra.

7 **Pecado de Acã e derrota em Hai.**
1Os israelitas cometeram uma infi-
delidade violando o anátema, pois Acã,
filho de Carmi, filho de Zabdi, filho de
Zaré, da tribo de Judá, apoderou-se do
que era anátema; e a ira de Javé acen-
deu-se contra os israelitas. 2De Jericó,
Josué mandou homens a Hai, que está
perto de Bet-Áven, ao oriente de Betel,
e lhes disse: "Subi para espiar o país".
Eles subiram e exploraram Hai.
3Retornando a Josué, disseram-lhe:
"Não é preciso que suba o povo todo,
mas subam uns dois ou três mil homens
e ataquem Hai. Não canseis ali todo o
povo, pois eles são poucos". 4Assim
subiram lá uns três mil homens esco-
lhidos dentre o povo, mas tiveram de
fugir diante dos homens de Hai, 5que
mataram cerca de trinta e seis e os per-
seguiram desde a porta da cidade até
Sabarim e os derrotaram na descida.
Por isso o coração do povo desfaleceu
e se tornou como água.
Lamentação de Josué. 6Então Josué
rasgou suas vestes, prostrou-se com o
rosto em terra diante da arca de Javé
até a tarde, tanto ele como os anciãos
de Israel, e cobriram de pó suas cabe-
ças. 7Josué disse:* "Ah! Senhor Deus,
por que fizestes este povo passar o
Jordão, se era para nos entregar nas
mãos dos amorreus e destruir-nos?
Oxalá tivéssemos ficado do outro lado
do Jordão! 8Oh! Senhor, que posso di-
zer depois que Israel voltou as costas
aos inimigos? 9Os cananeus e todos os
habitantes da terra saberão disso, eles
nos cercarão e apagarão da terra nosso
nome. Que fareis vós, então, por vosso
glorioso nome?" 10Javé disse a Josué:
"Levanta-te! Por que ficas assim pros-
trado com o rosto em terra? 11Israel
pecou e transgrediu minha aliança que
eu lhe prescrevi: tomaram do que era
anátema, roubando e mentindo, e as
esconderam em suas bagagens. 12Por
isso, os israelitas não poderão enfren-
tar seus inimigos, mas voltarão as cos-
tas diante deles, porque eles próprios
se tornaram anátemas. Não estarei
mais convosco se não eliminardes o
objeto do anátema que está no meio
de vós†. 13Levanta-te, santifica o povo
e dize-lhe: Santificai-vos para amanhã,
porque assim diz Javé, Deus de Israel:
'Um anátema está no meio de ti, ó
Israel; não poderás resistir diante de
teus inimigos enquanto não tiverdes
afastado de vosso meio* o anátema'.
14Por isso, amanhã cedo vos apresen-
tareis tribo por tribo; e a tribo que Javé
designar pela sorte se apresentará clã
por clã; e o clã que Javé designar pela
sorte se apresentará família por família;
e a família que Javé designar pela sor-
te se apresentará pessoa por pessoa.
15Aquele que for apontado pela sor-
te naquilo a que se refere o anátema
será queimado com tudo quanto lhe
pertence, porque transgrediu a aliança
com Javé e porque cometeu uma infâ-
mia em Israel".
O culpado é descoberto. 16Josué le-
vantou-se bem cedo e convocou Israel
por tribos; foi sorteada a tribo de Judá.
17Depois mandou que se aproximas-
sem os clãs de Judá, e foi sorteado o clã
de Zaré. Mandou que se aproximasse
o clã de Zaré por famílias, e foi sortea-

---

* **6**,26. 1Rs 16,34 | 27. 1,5 | **7**,7. Êx 32,11-14 | 13. 1Sm 14,40-42

† **6**,26. Os cananeus costumavam edificar muros e portas das cidades imolando crianças, sepultadas nos alicerces. A maldição se cumpriu em Hiel de Betel, 1Rs 16,34. | **7**,12. O pecado de um indivíduo contamina todo o povo e afasta dele a presença de Javé vencedor.

da a família de Zabdi. 18 Fez com que
se aproximasse a família deste, pessoa
por pessoa, e foi sorteado Acã, filho
de Carmi, filho de Zabdi, filho de Zaré,
da tribo de Judá. 19 Disse então Josué a
Acã: "Meu filho, dá glória a Javé, Deus
de Israel, e rende-lhe homenagem!
Dize-me o que fizeste, sem me escon-
der nada". 20 Acã respondeu a Josué:
"É verdade, pequei contra Javé, Deus
de Israel; foi isto que fiz: 21 Vi entre os
despojos um belo manto de Senaar,
duzentos siclos de prata e uma barra
de ouro de cinquenta siclos; cobicei-os
e os peguei; estão escondidos no chão,
no meio de minha tenda, e a prata está
embaixo".

Punição de Acã. 22 Josué enviou men-
sageiros, que foram correndo à tenda,
e de fato tudo estava lá escondido, e
a prata embaixo. 23 Tomaram o que es-
tava na tenda e o levaram a Josué e a
todos os israelitas, depondo-o diante
de Javé. 24 Então Josué, e todo o Israel
com ele, tomou Acã, filho de Zaré, a
prata, o manto e a barra de ouro, com
seus filhos e filhas, seus bois, jumen-
tos e ovelhas, sua tenda e tudo o que
tinha e conduziu-os ao vale de Acor.
25 Josué disse: "Por que trouxeste sobre
nós a desgraça? Que Javé traga hoje a
desgraça sobre ti". Todo o Israel o ape-
drejou; e depois de os terem apedre-
jado, eles os queimaram. 26 Levantaram
sobre ele um grande monte de pedras
que permanece até hoje. Então Javé se
aplacou do ardor de sua ira. Por isso
aquele lugar se chama até hoje vale de
Acor†.

8 **Conquista de Hai.** 1 Javé disse a
Josué: "Não temas e não desani-
mes. Toma contigo todos os guerrei-
ros, levanta-te e sobe contra Hai. Eu
entrego em tuas mãos o rei de Hai,
seu povo, sua cidade e sua terra. 2 Trata
Hai e seu rei como trataste Jericó e seu
rei; mas podeis tomar para vós como
presa seus despojos e seu gado. Arma
uma emboscada à cidade, por detrás
dela". 3 Josué e todos os guerreiros se
levantaram para subir contra Hai. Josué
escolheu trinta mil homens valentes
e os fez partir de noite, 4 dando-lhes
estas ordens: "Atenção, armareis uma
emboscada contra a cidade, por detrás
dela; não vos afasteis muito da cidade
e ficai todos de prontidão. 5 Eu e todo
o povo que está comigo nos aproxi-
maremos da cidade e, quando saírem
atrás de nós como da primeira vez, fu-
giremos diante deles. 6 Eles sairão atrás
de nós até que os tenhamos afastado
da cidade – porque dirão: 'Estão fu-
gindo de nós como da primeira vez'.
– Enquanto estivermos fugindo dian-
te deles, 7 vós saireis da emboscada e
tomareis a cidade, porque Javé, vosso
Deus, a entregará em vossas mãos.
8 Logo que tiverdes tomado a cidade,
incendiai-a. Fazei como Javé ordenou;
esta é a ordem que vos dou".

9 Em seguida Josué os despediu, e
eles foram armar a emboscada; ficaram
entre Betel e Hai, ao ocidente de Hai.
Josué passou aquela noite no meio do
povo.

10 Josué levantou-se de madrugada,
passou em revista o povo e subiu com
os anciãos de Israel, à frente do povo,
contra Hai. 11 Todos os guerreiros que
estavam com ele subiram e avançaram
até chegar à frente da cidade e acam-
param ao norte de Hai. Havia um vale
entre eles e Hai. 12 Tomou uns cinco mil
homens e os pôs em emboscada en-
tre Betel e Hai, ao ocidente da cidade.
13 Dispuseram assim o povo: todo o
acampamento ao norte da cidade, e
a emboscada ao ocidente dela; Josué
passou aquela noite no meio do vale.

14 Quando o rei de Hai viu isso, os
homens da cidade levantaram-se às
pressas bem cedo; o rei e todo o seu
povo saíram contra Israel para lhe dar
combate na descida que está defronte
da Arabá; mas não sabia que havia uma
emboscada contra ele atrás da cidade.
15 Josué e todo o Israel, fingindo-se
derrotados por eles, fugiram em dire-
ção ao deserto. 16 Então todo o povo
que estava na cidade foi convocado

---

† **7**,26. Do verbo "acar", trazer desgraça.

para persegui-los, e perseguindo Josué afastaram-se da cidade. [17]Em Hai e em Betel não ficou um só homem que não saísse em perseguição de Israel; deixaram a cidade aberta e perseguiram Israel.

[18]Então Javé disse a Josué:* "Estende a lança que tens na mão contra Hai, porque vou entregá-la em teu poder". Josué levantou contra a cidade a lança que tinha na mão. [19]Quando ele estendeu a mão, os homens que estavam de emboscada saíram depressa de seu lugar, entraram correndo na cidade, tomaram-na e sem demora a incendiaram. [20]Quando os homens de Hai olharam para trás, viram a fumaça da cidade subir ao céu e não puderam fugir nem para um lado, nem para o outro, porque o povo que estava fugindo para o deserto voltou-se contra os que o perseguiam. [21]De fato, Josué e todo o Israel, ao verem que os homens da emboscada tinham tomado a cidade e que dela subia fumaça, voltaram-se e atacaram os homens de Hai. [22]Também os outros saíram da cidade contra eles, de modo que os homens de Hai se viram cercados de um lado e de outro pelos israelitas, que os desbarataram a ponto de não restar nem sobrevivente, nem fugitivo. [23]O rei de Hai foi capturado vivo e levado a Josué. [24]Quando Israel acabou de matar todos os habitantes de Hai no campo e no deserto, onde o haviam perseguido, e havendo todos, até o último, caído ao fio da espada, todo o Israel voltou a Hai e a passou a fio de espada. [25]O total de mortos naquele dia, entre homens e mulheres, foi de doze mil, toda a população de Hai. [26]Josué não retirou a mão que estendera com a lança até haver exterminado todos os habitantes de Hai. [27]Israel tomou como presa somente o gado e os despojos da cidade, conforme a ordem que Javé havia dado a Josué. [28]Josué queimou Hai e a reduziu a um montão de ruínas para sempre, uma desolação até hoje. [29]Quanto ao rei de Hai, mandou enforcá-lo numa árvore e lá o deixou até a tarde. Ao pôr do sol, Josué mandou que tirassem o cadáver da árvore* e o lançassem à entrada da porta da cidade. Levantaram sobre ele um grande monte de pedras que permanece até hoje.

Renovação da aliança. [30]Então Josué construiu um altar a Javé, Deus de Israel, sobre o monte Ebal, [31]conforme a ordem dada por Moisés, servo de Javé,* aos israelitas, como está escrito no livro da Lei de Moisés: um altar de pedras intactas, ainda não tocadas pelo ferro†, e sobre ele foram oferecidos holocaustos a Javé e imolados sacrifícios de comunhão. [32]E lá Josué escreveu sobre pedras* uma cópia da Lei que Moisés tinha escrito na presença dos israelitas. [33]Israel inteiro,* tanto os estrangeiros como os nativos, seus anciãos, seus oficiais e seus juízes, estava de pé, dos dois lados da arca, diante dos sacerdotes levitas que carregavam a arca da aliança de Javé, metade voltados para o monte Garizim e metade para o monte Ebal, como antes havia ordenado Moisés, servo de Javé, que se fizesse ao dar a bênção ao povo de Israel. [34]Em seguida Josué leu todas as palavras da Lei, as bênçãos e as maldições, conforme tudo o que está escrito no livro da Lei. [35]Não houve uma só palavra, de tudo o que Moisés tinha ordenado, que Josué não lesse diante de toda a comunidade de Israel, incluindo as mulheres, as crianças e os estrangeiros que habitavam no meio deles.

9 **Astúcia dos gabaonitas.** [1]Ao saberem dessas coisas, todos os reis que moravam deste lado do Jordão, nos montes,* na baixada e em todo o litoral do mar Grande até defronte do Líbano – heteus, amorreus, cananeus, ferezeus, heveus e jebuseus – [2]aliaram-se para combater de comum acordo contra Josué e contra Israel. [3]Os habitantes de Ga-

---

* **8**,18. 8,26; Êx 17,8-15; 2Rs 13,14-19 | 29. Dt 21,22s; Js 10,27; 7,26 | 31. Êx 20,25; Dt 27,5-7 | 32. Dt 27,2-4.8 | 33. Dt 27,9-26; Dt 11,29 | **9**,1. Jz 1,9; Dt 7,1

† **8**,31. O motivo é citado em Êx 20,25: o trabalho humano as profanaria.

baon, quando ouviram falar como Josué
havia tratado Jericó e Hai, 4usaram de
astúcia: partiram, munidos de provisões,
carregando sobre seus jumentos sacos
velhos e odres de vinho gastos, rotos e
remendados; 5calçaram sandálias velhas
e remendadas e vestiram roupas surra-
das; todo o pão que traziam era duro
e esfarelado. 6Eles foram até Josué, no
acampamento de Guilgal, e disseram
a ele e aos homens de Israel: "Estamos
vindo de uma terra distante. Fazei, pois,
aliança conosco agora". 7Os israelitas
responderam àqueles heveus: "Talvez
habiteis no meio de nós; como podemos
fazer aliança convosco?" 8Eles responde-
ram a Josué: "Nós somos teus servos".
Disse-lhes Josué: "Quem sois e de onde
vindes?" 9Responderam-lhe: "Teus servos
vêm de uma terra muito distante,† por
causa do nome de Javé, teu Deus, pois
ouvimos falar dele,* de tudo o que fez no
Egito 10e de tudo o que ele fez aos dois
reis amorreus que moravam além do
Jordão, Seon, rei de Hesebon, e Og, rei
de Basã, que morava em Astarot. 11Por
isso nossos anciãos e todos os habitan-
tes de nossa terra nos disseram: 'Tomai
convosco provisões de viagem, ide ao
encontro deles e dizei-lhes: Somos vos-
sos servos; fazei, pois, aliança conosco
agora'. 12Vede nosso pão: estava quente
quando pegamos provisões de nossas
casas no dia em que partimos para vir
a vosso encontro, e agora está seco e
esfarelado. 13Estes odres de vinho, que
eram novos quando os enchemos, ago-
ra estão gastos. Nossas vestes e nossas
sandálias estão surradas devido à longa
viagem". 14Os homens de Israel tomaram
das provisões deles sem consultar Javé†.
15Josué fez com eles a paz e firmou com
eles uma aliança, garantindo-lhes a vida;
também os chefes da comunidade a
confirmaram com juramento.

Punição dos gabaonitas. 16Mas, três
dias depois de fazerem a aliança com
eles, souberam que eram seus vizinhos
e que habitavam no meio deles. 17En-
tão os israelitas partiram e em três dias
chegaram a suas cidades, que eram Ga-
baon, Cafira, Berot e Cariat-Iarim. 18Os
israelitas não os mataram, porque os
chefes da comunidade lhes haviam ju-
rado por Javé, Deus de Israel. Por isso
toda a comunidade murmurava contra
os chefes. 19Então todos os chefes res-
ponderam a toda a comunidade: "Nós
juramos a eles em nome de Javé, Deus
de Israel, e por isso não os podemos to-
car. 20Nós os trataremos assim: poupa-
remos suas vidas para não atrair sobre
nós a ira divina por causa do juramento
que lhes fizemos". 21Disseram-lhes, pois,
os chefes: "Que conservem a vida";*
e se tornaram rachadores de lenha e
carregadores de água para toda a co-
munidade, como os chefes lhes haviam
falado.

22Josué chamou os gabaonitas e lhes
disse: "Por que nos enganastes, dizen-
do: 'Moramos muito longe de vós', ao
passo que habitais em nosso meio?
23Doravante sois malditos, e nunca dei-
xareis de ser escravos, cortadores de le-
nha e carregadores de água para a casa
de meu Deus". 24Eles responderam a Jo-
sué: "É que teus servos foram bem infor-
mados de que Javé, teu Deus, ordenou
a seu servo Moisés que vos entregaria
toda esta terra e que havia de aniquilar
diante de vós todos os seus habitantes.
Por isso, diante de vós tememos muito
por nossas vidas e agimos assim. 25Ago-
ra estamos em tuas mãos: trata-nos
como te parecer justo e bom". 26Assim
fez com eles Josué; livrou-os das mãos
dos israelitas, para que não os matas-
sem. 27Naquele dia os destinou a cortar
lenha e a carregar água para a comuni-
dade e para o altar de Javé, no lugar por
ele escolhido, coisa que fazem até hoje.

10 **Cinco reis em guerra contra
Gabaon.** 1Adonisedec, rei de
Jerusalém, soube que Josué tinha to-

---

* **9**,9. 2,10 | 21. Dt 29,10

† **9**,9. Os israelitas não podiam fazer aliança com os povos de Canaã, Dt 7,1-7, mas deviam poupar as cidades distantes Dt 20,10-15, por isso os gabaonitas fingem que vêm de longe. | 14. Sinal de hospitalidade, de paz e de aliança, não ratificado por uma palavra profética.

mado e destruído Hai, tratando Hai e
seu rei como havia tratado Jericó e seu
rei, e que os habitantes de Gabaon ti-
nham feito a paz com os israelitas e ha-
bitavam no meio deles. 2Ficou aterrori-
zado, porque a cidade de Gabaon era
uma cidade grande, como uma das ci-
dades reais, maior do que Hai, e todos
os seus homens eram valentes. 3Por
isso, Adonisedec,* rei de Jerusalém,
mandou dizer a Hoam, rei de Hebron,
a Faram, rei de Jarmut, a Jáfia, rei de
Laquis, e a Dabir, rei de Eglon: 4"Vinde
até mim e ajudai-me a tomar Gabaon,
porque fez a paz com Josué e com os
israelitas". 5Então se reuniram os cinco
reis amorreus – o rei de Jerusalém, o
rei de Hebron, o rei de Jarmut, o rei de
Laquis e o rei de Eglon – e subiram com
todas as suas tropas, acamparam dian-
te de Gabaon e a atacaram.

Socorro e vitória. 6Os gabaonitas
mandaram dizer* a Josué no acampa-
mento de Guilgal: "Não negues a teus
servos tua ajuda, mas sobe depressa
até nós para salvar-nos e ajudar-nos,
pois todos os reis amorreus que ha-
bitam nas montanhas se aliaram con-
tra nós". 7Josué subiu de Guilgal com
todos os guerreiros e toda a elite do
exército. 8Javé disse a Josué: "Não os
temas, pois eu os entreguei em tuas
mãos e nenhum deles te poderá resis-
tir". 9Então Josué, depois de marchar
por toda a noite desde Guilgal, caiu
de repente sobre eles. 10Javé os des-
baratou* diante de Israel e lhes infli-
giu uma grande derrota em Gabaon;
perseguiu-os pelo caminho que sobe
a Bet-Horon e os bateu até Azeca e
Maceda. 11Enquanto fugiam de Israel e
se achavam na descida de Bet-Horon,
Javé fez cair do céu grandes pedras*
sobre eles até Azeca, e eles morreram;
foram mais numerosos os mortos pe-
las pedras do granizo do que pela es-
pada dos israelitas.

12No dia em que Javé entregou os
amorreus nas mãos dos israelitas, Jo-
sué falou a Javé, e disse na presença de
Israel:

"Sol, detém-te sobre Gabaon,
e tu, Lua, no vale de Aialon".

13O Sol parou e a Lua não se moveu*
até que a nação se vingou de seus ini-
migos.

Não está isso escrito no livro do Jus-
to?† O Sol parou no meio do céu e não
se apressou a se esconder por quase
um dia inteiro. 14Nunca houve, nem
antes nem depois, um dia como aque-
le, no qual Javé atendeu à voz de um
homem, pois Javé combatia por Israel.
15Depois disso, voltou Josué e todo Is-
rael com ele para o acampamento de
Guilgal.

Morte dos reis derrotados. 16Os cinco
reis fugiram e se esconderam na caver-
na de Maceda. 17Contaram isto a Josué,
dizendo: "Os cinco reis foram encon-
trados, escondidos na caverna de Ma-
ceda". 18Josué ordenou: "Rolai grandes
pedras na entrada da caverna e ponde
ali alguns homens para vigiá-los. 19Vós,
porém, não fiqueis lá; persegui vossos
inimigos e atacai-os pela retaguarda,
não os deixando entrar em suas cida-
des, porque Javé, vosso Deus, os entre-
gou em vossas mãos". 20Quando Josué
e os israelitas acabaram de lhes infligir
esta grande derrota até exterminá-
-los, os sobreviventes que escaparam
se refugiaram nas cidades fortifica-
das. 21Todo o povo voltou são e salvo
ao acampamento, em Maceda, junto
a Josué, e ninguém ousou fazer coisa
alguma contra os israelitas. 22Então
Josué disse: "Abri a boca da caverna e
trazei-me de lá os cinco reis". 23Assim
fizeram, tirando da caverna e levando
a ele os cinco reis – o rei de Jerusalém,
o rei de Hebron, o rei de Jarmut, o rei
de Laquis e o rei de Eglon. 24Quando
os reis foram retirados e levados a Jo-
sué, este chamou todos os homens de
Israel e disse aos chefes dos guerreiros
que o tinham acompanhado: "Aproxi-
mai-vos e ponde os pés sobre o pes-

* **10**,3. Jz 1,5 | 6. 9,3-14 | 10. Eclo 46,4-6 | 11. Jó 38,22s; Êx 9,18-26 | 13. Hab 3,11s | 24. Sl 110,1

† **10**,13. Coleção de poesias sobre os grandes heróis do povo, citada também em 2Sm 1,18, e que depois se perdeu. É uma linguagem poética, que não se deve entender literalmente.

coço destes reis".* Eles, aproximando-se, puseram os pés sobre o pescoço deles. 25Josué lhes disse: "Não temais e não vos acovardeis; mas sede fortes e corajosos, pois assim fará Javé com todos os vossos inimigos contra os quais devereis combater". 26Depois disso, Josué os feriu de morte e mandou suspendê-los em cinco árvores, onde permaneceram até a tarde. 27Ao pôr do sol Josué ordenou* que os tirassem das árvores e os lançassem na caverna onde se haviam escondido. Colocaram na entrada da caverna grandes pedras que ali permanecem até hoje.

Conquista do sul de Canaã. 28Naquele mesmo dia Josué tomou Maceda e a passou a fio de espada junto com seu rei; votou-a ao extermínio com todo ser vivo que nela se achava, sem deixar sobrevivente; tratou o rei de Maceda como tinha tratado o rei de Jericó. 29Depois, Josué com todo o Israel passou de Maceda para Lebna e atacou-a. 30Javé entregou também esta cidade e seu rei nas mãos de Israel, que a passou a fio de espada com todos os que ali moravam, sem deixar nenhum sobrevivente; tratou seu rei como havia tratado o rei de Jericó. 31Josué com todo o Israel passou de Lebna para Laquis e, depois de sitiá-la, atacou-a. 32Javé entregou Laquis nas mãos de Israel, que a tomou no segundo dia e a passou a fio de espada com todos os seus habitantes, como havia feito com Lebna. 33Naquele tempo Horam, rei de Gazer,* veio em auxílio de Laquis; mas Josué o derrotou junto com seu povo, sem deixar sobrevivente. 34Depois Josué, e com ele todo o Israel, passou de Laquis para Eglon; depois de assediá-la, atacaram-na. 35Naquele mesmo dia a tomaram e a passaram a fio de espada; Josué votou ao extermínio naquele mesmo dia todo ser vivo que nela existia, exatamente como fizera com Laquis. 36De Eglon Josué subiu* com todo o Israel a Hebron e a atacou. 37Tomaram-na e a passaram a fio de espada* junto com seu rei, com todas as cidades dela dependentes e todo ser vivo que nela se achava, sem deixar ninguém com vida, como tinha feito com Eglon, e votou-a ao extermínio com todos os que nela moravam. 38Então Josué, e com ele todo Israel, voltou-se contra Dabir e atacou-a. 39Tomou-a com seu rei* e com todas as suas cidades dependentes, passaram-nas a fio de espada e votaram ao extermínio todo ser vivo que lá se achava, sem deixar sobrevivente. Josué tratou Dabir e seu rei como havia tratado Hebron e como também havia tratado Lebna e seu rei.

40Josué conquistou, pois, todo o país: a região montanhosa, o Negueb,* a baixada e as encostas e todos os seus reis. Não deixou sobrevivente, votando ao extermínio todo ser vivo, como Javé, Deus de Israel, havia ordenado. 41Josué destruiu-os desde Cades Barne até Gaza, e toda a terra de Gósen até Gabaon. 42Capturou de uma só vez todos esses reis e suas terras, porque Javé, Deus de Israel, combatia por Israel. 43Por fim, Josué, e com ele todo o Israel, voltou para o acampamento de Guilgal.

11 **Conquista do norte de Canaã.** 1Quando soube disso, Jabin, rei de Hasor, enviou mensageiros a Jobab, rei de Merom, ao rei de Semeron, ao rei de Acsaf, 2e aos reis que moravam ao norte, nas montanhas, na Arabá, ao sul de Genesaré, na planície e nas alturas de Dor do lado do mar; 3aos cananeus* do oriente e do ocidente, aos amorreus, aos heveus, aos ferezeus, aos jebuseus da montanha e aos heteus aos pés do Hermon na terra de Masfa. 4Eles partiram com todas as suas tropas, um povo numeroso como a areia da praia do mar, com enorme quantidade de carros e cavalos. 5Todos esses reis se reuniram e foram acampar juntos perto das águas de Merom, para combater Israel. 6Javé disse a Josué: "Não os temas, porque amanhã a esta mesma hora eu os entregarei todos, mortos, a Israel. Cortarás os tendões de seus cavalos e queimarás seus carros".

---

* **10**,27. 8,29 | 33. Jz 1,29 | 36. Jz 1,10-15 | 37. 14,12s; 15,13s | 39. 15,15s | 40. Jz 1,9 | **11**,3. Dt 7,1

7Josué, com todos os guerreiros, caiu de improviso sobre eles nas águas de Merom e os atacou. 8Javé os entregou nas mãos de Israel, que os venceu e os perseguiu até Sidônia, a grande, até Maserefot-Maim e até o vale de Masfa, ao oriente; e os derrotou até não lhes deixar um só sobrevivente. 9Josué os tratou como Javé lhe havia ordenado: cortou os tendões de seus cavalos e queimou seus carros.

Tomada das cidades. 10Então Josué voltou, tomou Hasor e matou à espada seu rei, pois Hasor era antigamente a capital de todos aqueles reinos. 11Passou a fio de espada todo ser vivo que aí se encontrava, votando-a ao extermínio, sem deixar sobrevivente, e incendiou Hasor. 12Josué apoderou-se de todas as cidades daqueles reis e de todos aqueles reis e passou-os a fio de espada, votando-os ao extermínio, como havia ordenado Moisés, servo de Javé. 13Israel, porém, não incendiou nenhuma das cidades situadas sobre colinas, exceto Hasor, a única que Josué incendiou. 14Os israelitas apoderaram-se de todos os despojos dessas cidades e dos rebanhos; quanto às pessoas, passaram-nas a fio de espada até exterminá-las completamente, sem deixar ninguém com vida. 15Como Javé havia ordenado a Moisés, seu servo, assim Moisés o ordenou a Josué, o qual o executou sem omitir coisa alguma do que Javé havia ordenado a Moisés.

Sumário das conquistas de Josué. 16Assim Josué conquistou toda aquela terra†: a região montanhosa, o Negueb inteiro, toda a terra de Gósen, a baixada, a Arabá, a parte montanhosa de Israel e suas campinas, 17desde o monte Halac, que se eleva em direção de Seir até Baal-Gad no vale do Líbano, aos pés do monte Hermon; prendeu todos os seus reis, a quem feriu de morte. 18Durante muito tempo Josué combateu contra todos esses reis†, 19porque não houve cidade que fizesse as pazes com os israelitas, exceto os heveus que habitavam em Gabaon.* Foi combatendo que conquistaram todas as outras, 20pois era desígnio de Javé que o coração deles se obstinasse* em fazer a guerra a Israel, a fim de que fossem votados ao extermínio sem compaixão e aniquilados, como Javé havia ordenado a Moisés.

21Naquele tempo veio Josué e exterminou os enaquitas* da região montanhosa, isto é, de Hebron, de Dabir, de Anab, de todos os montes de Judá e de todos os montes de Israel; votou-os, com suas cidades, ao extermínio. 22Assim, pois, não restou nenhum enaquita na terra dos israelitas; só ficaram alguns em Gaza, em Gat e em Azoto. 23Josué, portanto, ocupou todo o país, exatamente como Javé havia dito a Moisés, e deu-o em herança a Israel, conforme sua divisão por tribos. E o país descansou da guerra.

12 **Reis vencidos por Moisés.** 1São estes os reis do país que os israelitas derrotaram e cujo território ocuparam do outro lado do Jordão, ao oriente, desde a torrente do Arnon até o monte Hermon, e toda a Arabá oriental: 2Seon, rei dos amorreus, que residia em Hesebon e dominava desde Aroer, à margem do vale do Arnon, e desde o meio deste vale e a metade de Galaad até o rio Jaboc, fronteira dos amonitas; 3e sobre a Arabá até o mar de Genesaré a leste e até o mar da Arabá, ou mar Salgado, a leste, até Bet-Jesimot; e ao sul, ao sopé das encostas do Fasga. 4Og, rei de Basã, um sobrevivente dos refaítas,* que morava em Astarot e em Edrai, 5dominava o monte Hermon e Saleca, todo o Basã até a fronteira dos gessuritas e dos maacatitas, e sobre a metade de Galaad até a fronteira de Seon,* rei de Hesebon. 6Moisés, servo

---

* **11**,19. 9,3 | 20. Êx 4,21 | 21. 15,13s; Jz 1,10-15 | **12**,4. Dt 2,10 | 5. Nm 21,21-35

† **11**,16. A terra prometida é dom de Deus, mas precisa ser conquistada. Assim é a obra de nossa salvação eterna. "Deus te criou sem ti, mas não te salvará sem ti" (S. Agostinho). | 18. As guerras da conquista duraram de cinco a sete anos, 14,7.10.

de Javé, e os israelitas os derrotaram; e Moisés, servo de Javé, deu seu país em herança às tribos de Rúben e de Gad e à meia tribo de Manassés.*

Reis vencidos por Josué. [7]E são estes os reis do país, vencidos por Josué e pelos israelitas, aquém do Jordão, ao ocidente, desde Baal-Gad, no vale do Líbano, até o monte Halac, que se eleva em direção de Seir, e cujas terras Josué deu em herança às tribos de Israel, de acordo com suas divisões; [8]nos montes, na planície, na Arabá, nas encostas, no deserto e no Negueb; o país dos heteus, dos amorreus, dos cananeus,* dos ferezeus, dos heveus e dos jebuseus: [9]o rei de Jericó, o rei de Hai, perto de Betel, [10]o rei de Jerusalém, o rei de Hebron, [11]o rei de Jarmut, o rei de Laquis, [12]o rei de Eglon, o rei de Gazer, [13]o rei de Dabir,* o rei de Gader, [14]o rei de Horma, o rei de Arad, [15]o rei de Lebna, o rei de Odolam, [16]o rei de Maceda,* o rei de Betel, [17]o rei de Tafua, o rei de Ofer, [18]o rei de Afec, o rei de Saron, [19]o rei de Merom, o rei de Hasor, [20]o rei de Semeron Meron,* o rei de Acsaf, [21]o rei de Tanac, o rei de Meguido, [22]o rei de Cedes, o rei de Jecnaam no Carmelo, [23]o rei de Dor, nas alturas de Dor, o rei de Goim em Guilgal, [24]o rei de Tersa; ao todo trinta e um reis.

II. PARTILHA DA TERRA (13–22)

13 **Partilha da terra conquistada.** [1]Josué era já idoso e de idade avançada; Javé lhe disse: "Tu és idoso e de idade avançada, e resta ainda muita terra para conquistar. [2]É esta a terra que falta: todas as províncias dos filisteus† e toda a terra dos gessuritas, [3]desde o Sior, que está defronte do Egito, até a fronteira de Acaron,* ao norte – território considerado cananeu; os cinco principados dos filisteus: Gaza, Azoto, Ascalon, Gat e Acaron; também os heveus, [4]ao sul; toda a terra dos cananeus, desde Ara dos sidônios até Afeca, e a fronteira dos amorreus; [5]a região de Biblos e todo o Líbano, ao oriente, desde Baal-Gad, aos pés do monte Hermon, até a entrada de Emat. [6]Todos os habitantes da montanha, desde o Líbano até Maserefot-Maim, todos os sidônios, eu os expulsarei de diante dos israelitas.* Tu deves somente distribuir por sorte este país em herança a Israel, como te ordenei. [7]Agora, pois, reparte esta terra em herança entre as nove tribos e a meia tribo de Manassés". [8]As tribos de Rúben e de Gad e a outra metade da tribo de Manassés já haviam recebido sua herança, aquilo que Moisés lhes havia dado do outro lado do Jordão, ao oriente; o próprio Moisés, servo de Javé, lhes havia dado: [9]desde Aroer, na margem da torrente do Arnon, com a cidade que está no meio do vale, e todo o planalto de Medaba até Dibon; [10]todas as cidades de Seon, rei dos amorreus, que reinava em Hesebon, até a fronteira dos amonitas; [11]Galaad e o território dos gessuritas e dos maacatitas, toda a montanha do Hermon e todo o Basã até Saleca; [12]no Basã, todo o reino de Og, que reinava em Astarot e em Edrai, e era o último sobrevivente dos refaítas. Estes foram derrotados e expulsos por Moisés. [13]Mas os israelitas não expulsaram os gessuritas e os maacatitas, e assim eles continuam morando no meio de Israel até hoje. [14]Somente à tribo de Levi não foi dada herança;* as oferendas feitas a Javé, Deus de Israel, são sua herança, como ele lhes disse.

Tribo de Rúben. [15]Moisés havia dado uma parte à tribo dos filhos de Rúben,* segundo suas famílias. [16]Seu território ia desde Aroer, à margem da torrente do Arnon, com a cidade que está no meio do vale, todo o planalto até Medaba, [17]Hesebon e todas as cidades que estão no planalto: Dibon, Bamot-

---

* **12**,6. Nm 32 | 8. Dt 7,1 | 13. Jz 1,29 | 16. Jz 1,22-26 | 20. Jz 1,27s | **13**,3. Jz 3,3 | 6. 23,5 | 14. 13,33; Nm 18,20; Dt 18,2 | 15. Gn 49,3s; Dt 33,6

† **13**,2. Povo que chegou da ilha de Creta no séc. XIII a.C. e se estabeleceu na costa. Foram os principais inimigos de Israel. Mesmo depois de submetidos por Davi, conservaram sua autonomia.

-Baal, Bet-Baal-Meon, 18Jasa, Cedi-
mot, Mefaat, 19Cariataim, Sábama e,
na montanha da Arabá, Sarat-Asaar;
20Bet-Fegor, as encostas do Fasga, Bet-
-Jesimot, 21todas as cidades do pla-
nalto e todo o reino de Seon, rei dos
amorreus, que reinou em Hesebon e
foi derrotado por Moisés com os prín-
cipes de Madiã, Evi, Recém, Sur, Hur e
Rebe, vassalos de Seon, que habitavam
o país. 22Os israelitas também mata-
ram à espada, entre outros, Balaão, o
adivinho, filho de Beor.* 23O Jordão foi
a fronteira do território dos filhos de
Rúben. Esta foi a herança dos filhos de
Rúben, segundo suas famílias, com as
cidades e suas vilas.
Tribo de Gad. 24Também à tribo dos
filhos de Gad* Moisés havia dado uma
parte segundo suas famílias. 25Seu
território compreendia Jazer, todas as
cidades de Galaad, a metade do país
dos amonitas até Aroer que está em
frente de Rabá, 26e desde Hesebon até
Ramot-Masfa e Betonim; a partir de
Maanaim até o território de Debir, 27e
no vale: Bet-Aram, Bet-Nemra, Sucot,
Safon – o resto do reino de Seon, rei de
Hesebon –, tendo o Jordão por limite
até a extremidade do mar de Genesaré,
além do Jordão, ao oriente. 28Esta foi a
herança dos filhos de Gad, segundo suas
famílias, com as cidades e suas vilas.
Meia tribo de Manassés. 29Moisés ha-
via dado também uma parte à meia tri-
bo de Manassés; e foi esta a possessão
da meia tribo dos filhos de Manassés
segundo suas famílias: 30seu território
foi desde Maanaim, todo o Basã, todo
o reino de Og, rei de Basã, todas as al-
deias de Jair em Basã, sessenta cidades.
31A metade de Galaad, assim como As-
tarot e Edrai, cidades do reino de Og
em Basã, foram dadas aos filhos de
Maquir, filho de Manassés, a saber, à
metade dos filhos de Maquir, segundo
suas famílias.
32Estas são as heranças que Moisés
repartiu nas planícies de Moab, além
do Jordão, defronte de Jericó, ao orien-
te. 33Mas à tribo de Levi, Moisés não
deu herança:* Javé, Deus de Israel, é
sua herança, como lhes havia dito.

14 **Ao ocidente do Jordão.** 1Foi
isto que receberam em heran-
ça os israelitas na terra de Canaã e que
lhes distribuíram em herança o sacer-
dote Eleazar e Josué, filho de Nun, e os
chefes das famílias das tribos israelitas.
2Foi por sorteio entre as nove tribos
e meia que receberam sua herança,
como Javé havia ordenado por meio
de Moisés, 3pois às duas tribos e meia
Moisés já havia dado a herança do ou-
tro lado do Jordão, mas aos levitas não
deu herança entre elas. 4Os filhos de
José formavam duas tribos, Manassés e
Efraim; e não foi dada no país nenhuma
parte aos levitas, mas apenas algumas
cidades, para nelas habitarem, e seus
arredores, para seu gado e para seus
bens. 5Os israelitas fizeram como Javé
havia ordenado a Moisés e repartiram
o país.†
Hebron é destinada a Caleb. 6Os fi-
lhos de Judá vieram ter com Josué em
Guilgal e Caleb, filho de Jefoné, o ce-
nezeu, disse-lhe: "Tu sabes o que Javé
disse a Moisés, homem de Deus, a
meu e a teu respeito em Cades Barne.
7Eu tinha quarenta anos* quando Moi-
sés, servo de Javé, me enviou de Cades
Barne para explorar o país, e eu lhe fiz
um relato conforme sentia em meu
coração. 8Enquanto os irmãos que ha-
viam ido comigo desencorajavam o
povo, eu seguia fielmente Javé, meu
Deus. 9Por isso, naquele dia, Moisés
jurou, dizendo-me: 'A terra que teus
pés pisaram será herança tua e de teus
filhos para sempre, porque seguiste
fielmente Javé, meu Deus'. 10Pois bem,
Javé me conservou* em vida, como
prometeu, nestes quarenta e cinco
anos, desde quando ele disse isto a
Moisés, enquanto Israel peregrinava
no deserto. Agora estou com oitenta

* **13**,23. Nm 22,2; 31,8 | 24. Gn 49,19; Dt 33,20s | ,33. 13,14 | **14**,7. Nm 13-14 | 10. Nm 14,38

† **14**,5. Cada tribo devia ainda completar a conquista da terra que lhe foi designada, porque nem todo o território atribuído a cada uma estava já dominado.

e cinco anos, 11mas ainda forte* como
no dia em que Moisés me enviou a ex-
plorar o país, com as mesmas forças
agora como naquela época, tanto para
combater como para ir e vir. 12Dá-me,
pois, aquela montanha* da qual falou
Javé naquele dia. Tu mesmo ouviste
naquele dia que lá estavam* os ena-
cim e cidades grandes e fortificadas.
Se Javé estiver comigo, eu os expulsa-
rei, como disse Javé".
13Josué abençoou Caleb, filho de
Jefoné, e deu-lhe Hebron* como he-
rança. 14Por isso Hebron permaneceu
até o dia de hoje propriedade de Ca-
leb, filho de Jefoné, o cenezeu, porque
ele seguiu perfeitamente Javé, Deus
de Israel. 15Hebron se chamava antes
Cariat-Arbe;* Arbe foi o maior homem
entre os enacim. E o país repousou da
guerra.

15 **Tribo de Judá.** 1O território
que coube por sorte à tribo
dos filhos de Judá, segundo suas fa-
mílias, estendia-se até a fronteira de
Edom, tendo o deserto de Sin, ao sul,
como extremidade meridional. 2Ao sul
sua fronteira partia da extremidade do
mar Salgado,† da ponta voltada para o
sul, 3e se prolongava ao sul da subida
de Acrabim,* passava por Sin e subia
ao sul de Cades Barne; passava por
Hesron, subia até Adar, dobrava em di-
reção a Carca; 4passava por Asemona,
continuava até a torrente do Egito para
terminar no mar. "Esta será vossa fron-
teira meridional", disse Josué.
5A fronteira oriental era o mar Sal-
gado até a foz do Jordão. A fronteira
setentrional, partindo do braço de mar
onde desemboca o Jordão, 6subia a Bet-
-Hogla, passava ao norte de Bet-Arabá,
subia até a Pedra de Boen, filho de Rú-
ben; 7partindo do vale de Acor, subia a
Dabir e dobrava ao norte para Guilgal,
diante da subida de Adomim, ao sul da
torrente; depois a fronteira passava pe-
las águas de En-Sames e terminava em
En-Roguel; 8daí a fronteira subia pelo
vale de Ben-Enom, na encosta meridio-
nal dos jebuseus, que é Jerusalém; de-
pois subia até o alto do monte que está
diante do vale de Enom, ao ocidente, e
à extremidade da planície dos refaim,
ao norte. 9Do alto do monte, a fronteira
dobrava em direção da fonte das águas
de Neftoa, continuava para as cidades
do monte Efron e se voltava para Baala,
que é Cariat-Iarim. 10De Baala, a fron-
teira dobrava para o ocidente em dire-
ção à montanha de Seir, passava pela
encosta setentrional do monte Jearim,
que é Queslon, descia a Bet-Sames e
atravessava Tamna. 11De lá, a fronteira
continuava para o lado setentrional de
Acaron, dobrava para Secron, atraves-
sava o monte Baala e chegava a Jeb-
neel, para terminar no mar.
12O limite ocidental era a praia do
mar Grande. Estas eram as fronteiras
ao redor dos filhos de Judá, segundo
suas famílias.
A parte de Caleb e de Otoniel. 13Como
Javé lhe havia mandado, Josué deu a
Caleb, filho de Jefoné,* uma porção no
meio dos filhos de Judá: a Cidade de
Arbe, pai de Enac, isto é, Hebron. 14Ca-
leb expulsou dela os três filhos de Enac:
Sesai, Aimã e Tolmai, descendentes de
Enac. 15Dali subiu contra os habitantes
de Dabir, que antes se chamava Cariat-
-Séfer. 16Caleb disse: "A quem atacar
e tomar Cariat-Séfer darei minha filha
Acsa por esposa". 17Quem tomou a ci-
dade foi Otoniel, filho de Cenez, irmão
de Caleb, e este lhe deu sua filha Acsa
por esposa.18Ora, enquanto era levada
para a casa de Otoniel, ela o incentivou
a pedir ao pai um terreno. Ela apeou do
jumento, e Caleb perguntou-lhe: "Que
queres?" 19Respondeu ela: "Dá-me um
presente: visto que me deste terra no
Negueb, dá-me também fontes de
água". Caleb deu-lhe as nascentes de
cima e as de baixo.
Cidades de Judá. 20Esta foi a herança da
tribo dos filhos de Judá, segundo suas

* **14**,11. Eclo 46,9s | 12. Nm 14,24 / Dt 2,10 | 13. 15,13-19; Jz 1,10-15 | 15. 15,14 | **15**,3. Jz 1,36 | 13. Jz 1,10-15; 14,6

† **15**,2. O mar Salgado é o mar Morto; e o mar Grande, 15,12.47, é o mar Mediterrâneo.

famílias: 21As cidades situadas na extre-
midade da tribo dos filhos de Judá, até
a fronteira de Edom, no Negueb, eram:
Cabseel, Eder, Jagur, 22Cina, Dimona,
Adeada, 23Cades, Hasot-Jetnã, 24Zif, Te-
lem, Balot, 25Hasor-Adata, Cariot-Hesron
– que é Hasor –, 26Amam, Sama, Mola-
da, 27Haser-Gada, Hasemon, Bet-Félet,
28Hasor-Sual, Bersabeia e seus arredores;
29Baala, Jim, Esem, 30Eltolad, Cesil, Hor-
ma, 31Siceleg, Madmana, Sensena, 32Le-
baot, Selim, Ain e Remon; ao todo vinte e
nove cidades com suas aldeias.

33Na planície: Estaol, Saraá, Asena,
34Zanoe, Aen-Ganim, Tafua, Enaim,
35Jarmut, Odolam, Soco, Azeca, 36Sa-
raim, Aditaim, Gedera e Gederotaim:
quatorze cidades com suas aldeias.

37Sanã, Hadasa, Magdol-Gad, 38De-
leã, Masfa, Jecetel, 39Laquis, Bascat,
Eglon, 40Quebon, Leemas, Cetlis, 41Ge-
derot, Bet-Dagon, Naama e Maceda:
dezesseis cidades com suas aldeias.

42Lebna, Éter, Asa, 43Jefta, Esna, Ne-
sib, 44Ceila, Aczib e Maresa: nove cida-
des com suas aldeias.

45Acaron com suas vilas e aldeias, 46e, a
partir de Acaron até o mar, todas as que
estão junto de Azoto com suas aldeias.
47Azoto com suas vilas e aldeias até a tor-
rente do Egito e as costas do mar Grande.

48Na montanha: Saamir, Jeter,
Soco, 49Dana, Cariat-Sana, hoje Dabir,
50Anab, Estemo, Anim, 51Gósen, Holon
e Gilo: onze cidades com suas aldeias.

52Arab, Duma, Esaã, 53Janum, Bet-
-Tafua, Afeca, 54Hamata, Cariat-Arbe,
hoje Hebron, e Sior: nove cidades com
suas aldeias.

55Maon, Carmel, Zif, Jota, 56Jezrael,
Jucadam, Zanoe, 57Acain, Gabaá e
Tamna: dez cidades com suas aldeias.

58Halul, Bet-Sur, Gedor, 59Maret, Bet-
-Anot e Eltecon: seis cidades com suas
aldeias.

Técua, Éfrata, hoje Belém, Fegor,
Etam, Culon, Tatam, Sores, Carem, Ga-
lim, Beter e Maanat: onze cidades com
suas aldeias.

60Cariat-Baal – que é Cariat-Iarim – e
Areba: duas cidades com suas aldeias.

61No deserto: Bet-Arabá, Medin, Sa-
caca, 62Nebsã, a Cidade do Sal e Enga-
di: seis cidades com suas aldeias.

63Mas os filhos de Judá não conse-
guiram expulsar os jebuseus* que habi-
tavam em Jerusalém; por isso os jebu-
seus moram ainda hoje em Jerusalém,
junto com os filhos de Judá.

16 **Território dos filhos de José.**
1A parte que coube por sorteio
aos filhos de José* se estendia desde
o Jordão, perto de Jericó, em direção
das águas de Jericó, ao oriente, até o
deserto que sobe de Jericó à região
montanhosa de Betel. 2Continuava de
Betel a Lusa e passava pela fronteira
dos arquitas, em Atarot; 3descia em di-
reção do ocidente para a fronteira dos
jeflatitas até o limite de Bet-Horon In-
ferior e até Gazer, terminando no mar.
4Os filhos de José, Manassés e Efraim,
receberam assim seu patrimônio.

Efraim. 5Este é o território dos filhos de
Efraim, segundo suas famílias: A fronteira
de sua herança era, ao oriente, Atarot-
-Adar até Bet-Horon Superior; 6e a fron-
teira se estendia até o mar, ao norte de
Macmetat, depois dobrava para leste
em direção a Tanat-Silo e passava diante
dela ao oriente de Janoe. 7De Janoe des-
cia para Atarot e Naarata, tocava Jericó e
terminava no Jordão. 8De Tafua, o limite ia
em direção do ocidente até a torrente de
Caná e acabava no mar. Esta foi a posses-
são da tribo dos filhos de Efraim, segun-
do suas famílias, 9mais as cidades reser-
vadas para os filhos de Efraim no meio da
possessão dos filhos de Manassés: todas
aquelas cidades com suas aldeias. 10Os
cananeus que habitavam em Gazer* não
foram expulsos; por isso moram até hoje
no meio de Efraim, sujeitos a trabalhos
forçados.

17 **Manassés.** 1Esta foi a parte
que coube por sorte* à tribo
de Manassés, pois era o primogêni-
to de José. A Maquir, primogênito de
Manassés e pai de Galaad, por ser ho-
mem de guerra, coube Galaad e Basã.

* **15**,63. Jz 1,8.21; 2Sm 5,6-9 | **16**,1. Dt 33,13-17 | 10. Jz 1,29 | **17**,1. Dt 33,13-17

2Foi sorteada também uma parte aos outros filhos de Manassés, segundo suas famílias: aos filhos de Abiezer, aos filhos de Helec, aos filhos de Esriel, aos filhos de Sequem, aos filhos de Héfer e aos filhos de Semida. Esses eram os filhos homens de Manassés, filho de José, segundo suas famílias. 3Porém Salfaad,* filho de Héfer, filho de Galaad, filho de Maquir, filho de Manassés, não teve filhos, mas só filhas, que se chamavam Maala, Noa, Hegla, Melca e Tersa. 4Elas se apresentaram ao sacerdote Eleazar, a Josué, filho de Nun, e aos chefes e disseram: "Javé ordenou a Moisés que nos desse uma herança no meio de nossos irmãos". Então, segundo a ordem de Javé, foi-lhes dada uma herança no meio dos irmãos de seu pai. 5Dessa maneira, Manassés obteve dez partes além do território de Galaad e de Basã, do outro lado do Jordão, 6porque as filhas de Manassés conseguiram uma herança no meio dos filhos dele. O país de Galaad ficou para os outros filhos de Manassés.

7A fronteira de Manassés se estendia de Aser a Macmetat, que se acha em frente de Siquém, e seguia pela direita até Jasib En-Tafua. 8A região de Tafua pertencia a Manassés, ao passo que Tafua, nos confins de Manassés, era dos filhos de Efraim. 9Depois a fronteira descia para a torrente de Caná; ao sul da torrente havia cidades de Efraim no meio das cidades de Manassés. A fronteira de Manassés passava ao norte da torrente e terminava no mar. 10Assim, o território ao sul pertencia a Efraim e aquele ao norte a Manassés, tendo o mar por limite; ao norte confinavam com Aser e ao oriente com Issacar. 11Manassés possuía também, nos territórios de Issacar e de Aser:* Betsã e suas vilas, Jeblaam e suas vilas, os habitantes de Dor e suas vilas, os habitantes de En-Dor e suas vilas, os habitantes de Tanac e suas vilas, os habitantes de Meguido e suas vilas: três províncias. 12Mas como os filhos de Manassés não puderam tomar posse dessas cidades, os cananeus conseguiram permanecer nessa região. 13Quando, porém, os israelitas se tornaram mais fortes,* submeteram os cananeus a trabalhos forçados, mas não os expulsaram totalmente.

Pretensões dos filhos de José. 14Os descendentes de José disseram a Josué: "Por que me deste em herança apenas uma parte, uma só porção, quando sou um povo numeroso, tendo Javé me abençoado tanto?" 15Respondeu-lhes Josué: "Se és um povo numeroso, sobe à floresta e desmata-a à vontade na terra dos ferezeus e dos refaítas, visto que para ti é muito pequena a montanha de Efraim". 16Os descendentes de José responderam: "Não nos basta a montanha; e todos os cananeus que habitam na planície* têm carros de ferro, tanto os que estão em Betsã e suas vilas, como os do vale de Jezrael". 17Josué replicou à casa de José – a Efraim e a Manassés –: "Tu és um povo numeroso, e grande é tua força; não terás uma parte apenas, 18pois a montanha será tua. Embora seja uma floresta, tu a desmatarás e será tua em toda a sua extensão, porque expulsarás dela os cananeus, não obstante possuam carros de ferro e sejam fortes".

18 Território das outras tribos.

1Reuniu-se em Silo† toda a comunidade* dos israelitas e lá foi armada a tenda da reunião. O país havia sido dominado por eles. 2Mas entre os israelitas restavam sete tribos que não haviam recebido suas possessões. 3Josué disse aos israelitas: "Até quando tardareis a ocupar a terra que vos deu Javé, Deus de vossos pais? 4Escolhei três homens de cada tribo, para que eu os envie a percorrer o país; farão uma descrição dele, com vistas à distribuição a ser feita, e voltarão para junto de mim. 5Eles o dividirão em sete partes;

* **17**,3. Nm 27,1-11 | 11. Jz 1,27s | 13. 1Rs 9,20s | 16. Jz 1,19 | **18**,1. Êx 25,22

† **18**,1. Cidade situada 30 km ao norte de Jerusalém, nela estava o santuário com a arca no tempo dos Juízes, Jz 18,31.

Judá ficará em seu território ao sul, e a casa de José em seu território ao norte. 6Fazei, pois, uma descrição do país em sete partes e trazei-a a mim; eu farei o sorteio para vós aqui diante de Javé, nosso Deus. 7Os levitas não devem possuir nenhuma porção no meio de vós, já que sua herança é o sacerdócio de Javé; e quanto a Gad, a Rúben e à meia tribo de Manassés, já receberam sua parte além do Jordão, ao oriente, dada a eles por Moisés, servo de Javé".

8Aqueles homens se levantaram e partiram; aos que iam fazer a descrição do país, Josué deu esta ordem: "Ide, percorrei o país e descrevei-o; depois voltai a mim, e eu farei o sorteio para vós aqui diante de Javé, em Silo". 9Partiram, pois, percorreram o país e o descreveram por cidades em sete partes, num livro, e voltaram a Josué no acampamento em Silo. 10Josué fez o sorteio para eles em Silo, na presença de Javé, e fez a divisão do país entre os israelitas, segundo suas partes.

Benjamim. 11A sorte caiu primeiro* sobre a tribo dos filhos de Benjamim, segundo suas famílias; coube a eles o território situado entre os filhos de Judá e os filhos de José. 12Ao norte, sua fronteira partia do Jordão e subia pela encosta ao norte de Jericó, depois galgava a montanha rumo ao oeste e terminava no deserto de Bet-Áven. 13Daí a fronteira passava por Luza, isto é, na encosta ao sul de Luza, que é Betel. Descia para Atarot-Adar no monte que está ao sul de Bet-Horon-Inferior. 14Depois a fronteira dobrava para o oeste, pelo lado sul do monte que se encontra diante de Bet-Horon, e terminava em Cariat-Baal, que é Cariat-Iarim, cidade dos filhos de Judá; este era o lado ocidental. 15Pelo lado sul, a fronteira partia da extremidade de Cariat-Iarim e se prolongava até Jim, chegando à fonte das águas de Neftoa. 16Depois descia para a extremidade do monte, que está defronte do vale de Ben-Enom,* ao norte da planície dos refaítas; depois descia pelo vale de Enom para a encosta sul dos jebuseus e continuava descendo até En-Roguel. 17Daí dobrava para o norte e chegava a En-Sames, continuava até Gelilot, que está defronte da subida de Adomim, para descer à rocha de Boen, filho de Rúben. 18Passava pela vertente setentrional, diante da Arabá em direção ao norte, e descia para a Arabá; 19em seguida passava pelo lado norte de Bet-Hegla e terminava na ponta setentrional do mar Salgado, na extremidade meridional do Jordão. Esta era a fronteira ao sul. 20No lado oriental, o Jordão constituía a fronteira. Esta foi a possessão dos filhos de Benjamim, segundo suas famílias, com suas fronteiras de todos os lados.

21As cidades da tribo dos filhos de Benjamim, segundo suas famílias, eram Jericó, Bet-Hegla, Amec-Casis, 22Bet--Arabá, Samaraim, Betel, 23Avim, Fara, Efra, 24Cafar-Emona, Ofni, Gaba: doze cidades e suas aldeias. 25Gabaon, Ramá, Berot, 26Masfa, Cafira, Mosa, 27Recém, Jarafel, Tarala, 28Sela, Elef, Jebus – que é Jerusalém –, Gabaá e Cariat: quatorze cidades com suas vilas. Esta foi a possessão dos filhos de Benjamim, segundo suas famílias.

19

Simeão. 1No segundo sorteio* foi sorteado Simeão, isto é, a tribo dos filhos de Simeão, segundo suas famílias, e sua herança foi no meio da herança dos filhos de Judá.

2Em sua herança tiveram: Bersabeia, Saba, Molada, 3Haser-Sual, Bela, Asem, 4Eltolad, Betul, Horma, 5Siceleg, Bet--Marcabot, Haser-Susa, 6Bet-Lebaot e Saroen: treze cidades com suas aldeias; 7Ain, Remon, Atar, Asa: quatro cidades com suas aldeias, 8e todas as aldeias ao redor dessas cidades até Baalat-Beer e Ramá do Negueb. Esta foi a parte da tribo dos filhos de Simeão, segundo suas famílias. 9A herança dos filhos de Simeão foi tomada da porção dos filhos de Judá, porque a porção dos filhos de Judá era grande demais para eles. Assim, os filhos de Simeão tive-

* **18**,11. Dt 33,12 | 16. 15,8 | **19**,1. 1Cr 4,28-33

ram sua herança no meio da herança de Judá.

Zabulon. 10 No terceiro sorteio* foram sorteados os filhos de Zabulon, segundo suas famílias. A fronteira de sua possessão se estendia até Sarid; 11 daí subia a oeste até Merala, tocava Debaset e chegava à torrente que está diante de Jecnaam.

12 De Sarid a fronteira dobrava para o oriente, onde nasce o sol, até o limite de Ceselet-Tabor, continuava para Daberet e subia a Jáfia. 13 De lá passava em direção do oriente, para o levante, a Gat-Héfer e Etacasim, continuava para Remon, virando para Noa. 14 Depois a fronteira dobrava ao norte para Hanaton e terminava no vale de Jectael; 15 com Catet, Naalol, Semeron, Jerala e Belém: doze cidades e suas aldeias. 16 Esta foi a parte dos filhos de Zabulon, segundo suas famílias: essas cidades e suas aldeias.

Issacar. 17 No quarto sorteio* foi sorteado Issacar, os filhos de Issacar, segundo suas famílias. 18 Seu território compreendia Jezrael, Casalot, Suném, 19 Hafaraim, Seon, Anaarat, 20 Rabit, Cesion, Abes, 21 Ramet, En-Ganim, En-Hada e Bet-Fases. 22 A fronteira alcançava o Tabor, Seesima e Bet-Sames, e terminava no Jordão: dezesseis cidades com suas aldeias. 23 Foi esta a parte da tribo dos filhos de Issacar, segundo suas famílias: essas cidades com suas aldeias.

Aser. 24 No quinto sorteio* foi sorteada a tribo dos filhos de Aser, segundo suas famílias. 25 Seu território incluía Halcat, Cali, Beten, Acsaf, 26 Elmelec, Amaad e Messal; pelo lado ocidental chegava até o Carmelo e Sior-Labanat. 27 Depois dobrava do lado do sol nascente para Bet-Dagon, chegava a Zabulon e ao vale de Jeftael, ao norte de Bet-Emec e de Neiel, e se prolongava à esquerda para Cabul, 28 Abdon, Roob, Hamon e Caná até Sidônia, a grande. 29 Depois, a fronteira dobrava em direção a Ramá até a cidade fortificada de Tiro. De lá virava para Hosa e terminava no mar, na região de Aczib. 30 Incluía também Aco, Afec e Roob: vinte e duas cidades e suas aldeias. 31 Foi esta a parte da tribo dos filhos de Aser, segundo suas famílias: essas cidades e suas aldeias.

Neftali. 32 No sexto sorteio* foi sorteado Neftali, os filhos de Neftali, segundo suas famílias. 33 Sua fronteira se estendia desde Helef e o carvalho de Saananim, com Adami-Neceb e Jebnael, até Lecum, e terminava no Jordão. 34 Depois a fronteira dobrava ao ocidente para Aznot-Tabor; daqui passava a Hucoca, limitava com Zabulon ao sul, ao ocidente com Aser, e ao oriente com Judá do Jordão. 35 As cidades fortificadas eram: Assedim, Ser, Emat, Recat, Genesaré, 36 Edema, Rama, Hasor, 37 Cedes, Edrai, En-Hasor, 38 Jeron, Magdalel, Horém, Bet-Anat e Bet-Sames: dezenove cidades e suas aldeias. 39 Foi esta a parte da tribo dos filhos de Neftali, segundo suas famílias: essas cidades e suas aldeias.

Dã. 40 No sétimo sorteio* foi sorteada a tribo dos filhos de Dã, segundo suas famílias. 41 O território de sua possessão compreendia: Saraá, Estaol, Ir-Sames, 42 Salebim, Aialon, Itla, 43 Elon, Tamna, Acaron, 44 Eltece, Gebeton, Baalat, 45 Jeud, Benê-Barac e Gat-Remon; 46 e Me-Jarcon, Racon, com o território defronte de Jope. 47 Mas a parte dos filhos de Dã* era muito pequena para eles. Por isso subiram e atacaram Lesem. Depois de tomá-la, passaram-na a fio de espada, tomaram posse dela e aí se estabeleceram. E a Lesem deram o nome de Dã, conforme o nome de Dã, seu pai. 48 Foi esta a parte da tribo dos filhos de Dã, segundo suas famílias: essas cidades e suas aldeias.

A parte de Josué. 49 Quando acabaram de repartir a terra segundo suas fronteiras, os israelitas deram a Josué, filho de Nun, uma possessão no meio deles. 50 Segundo a ordem de Javé,* deram-lhe a cidade que ele pedira, Tamnat-Serah, na montanha de Efraim; ele reconstruiu a cidade e nela se esta-

---

* **19**,10. Jz 1,30; Dt 33,18 | 17. Dt 33,18 | 24. Jz 1,31s; Dt 33,24 | 32. Jz 1,33; Dt 33,23 | 40. Dt 33,22 | 47. Jz 18 | 50. 24,30; Jz 2,9

beleceu. [51]São estas as heranças que o sacerdote Eleazar, Josué, filho de Nun, e os chefes de família das tribos dos israelitas distribuíram por sorteio em Silo, na presença de Javé, na entrada da tenda da reunião. Assim terminaram a partilha da terra.

20 **Cidades de refúgio.** [1]Javé falou a Josué: [2]"Dize aos israelitas:* Designai as cidades de refúgio de que vos falei por meio de Moisés, [3]para que nelas se possa refugiar o homicida que houver matado alguém acidentalmente, sem querer. Elas vos servirão de refúgio contra o vingador do sangue. [4]O homicida se dirigirá* a uma dessas cidades, ficará parado à entrada da porta da cidade e explicará seu caso aos anciãos da cidade. Estes o acolherão no meio deles na cidade, lhe darão moradia e habitará entre eles. [5]Se o vingador do sangue o perseguir, não o entregarão em suas mãos, porque matou seu próximo sem querer, e não o odiava antes. [6]Habitará nesta cidade até que compareça em juízo perante a comunidade e até que morra o sumo sacerdote em exercício neste tempo. Então o homicida poderá voltar e entrar de novo em sua cidade e em sua casa, na cidade de onde fugiu".

[7]Eles designaram Cedes na Galileia, na montanha de Neftali, Siquém na montanha de Efraim e Cariat-Arbe, isto é, Hebron, na montanha de Judá. [8]E do outro lado do Jordão, ao oriente de Jericó, designaram Bosor,* da tribo de Rúben, no planalto do deserto, Ramot em Galaad, da tribo de Gad, e Golã em Basã, da tribo de Manassés. [9]Foram estas as cidades designadas para todos os israelitas e para os estrangeiros que habitavam entre eles, a fim de que nelas pudesse refugiar- -se aquele que tivesse matado alguém sem querer, e não fosse morto pelo vingador do sangue antes de ter comparecido perante a comunidade.

21 **Cidades dos levitas.** [1]Os chefes de família dos levitas* vieram falar com o sacerdote Eleazar, com Josué, filho de Nun, e com os chefes de famílias das tribos dos israelitas, [2]em Silo, na terra de Canaã, e assim lhes disseram: "Javé ordenou por meio de Moisés que nos fossem dadas cidades para habitar e seus arredores para nossos rebanhos"†. [3]Então os israelitas, conforme a ordem de Javé, deram aos levitas, de suas possessões, as seguintes cidades com seus arredores.

[4]A sorte saiu para as famílias dos caatitas; e os filhos do sacerdote Aarão, que eram levitas, obtiveram por sorte treze cidades das tribos de Judá, de Simeão e de Benjamim. [5]Aos outros filhos de Caat couberam por sorte dez cidades das famílias da tribo de Efraim, da tribo de Dã e da meia tribo de Manassés. [6]Para os filhos de Gérson foram sorteadas treze cidades das famílias da tribo de Issacar, da tribo de Aser, da tribo de Neftali e da meia tribo de Manassés, em Basã. [7]Os filhos de Merari, segundo suas famílias, receberam doze cidades da tribo de Rúben, da tribo de Gad e da tribo de Zabulon. [8]Assim os israelitas sortearam entre os levitas essas cidades com seus arredores, como Javé havia ordenado por meio de Moisés.

[9]Assim eles deram, tomando-as da tribo dos filhos de Judá e da tribo dos filhos de Simeão, as cidades mencionadas a seguir, [10]que ficaram para os filhos de Aarão, pertencentes às famílias caatitas dos filhos de Levi, porque a eles tocara a primeira sorte. [11]Foram-lhes dadas, na montanha de Judá, Cariat-Arbe, a cidade do pai de Enac, que é Hebron, com seus campos ao redor, [12]menos o campo da cidade* e suas aldeias, já cedidos como possessão a Caleb, filho de Jefoné. [13]Aos filhos do sacerdote Aarão deram Hebron, cida-

* **20**,2. Êx 21,13; Nm 35,9-34; Dt 19,1-13 | 4. Nm 35,19 | 8. Dt 4,43 | **21**,1. Nm 35,1-8; 1Cr 6,39-66 | 12. 14,13s

† **21**,2. Os levitas não recebem território tribal, Js 18,7, mas ficam dispersos em Israel, Gn 49,7 em diversas cidades, com suas famílias e rebanhos.

de de refúgio para o homicida, com
seus arredores; Lebna e seus arredores,
14Jeter e seus arredores, Estemo e seus
arredores, 15Holon e seus arredores,
Dabir e seus arredores, 16Asã e seus
arredores, Jeta e seus arredores e Bet-
-Sames e seus arredores: nove cidades
dessas duas tribos. 17Da tribo de Ben-
jamim deram Gabaon e seus arredores,
Gaba e seus arredores, 18Anatot e seus
arredores e Almon e seus arredores:
quatro cidades. 19O total das cidades
dos sacerdotes, filhos de Aarão, foi de
treze cidades com seus arredores.

20As famílias levíticas dos outros fi-
lhos de Caat receberam por sorte algu-
mas cidades da tribo de Efraim; 21de-
ram-lhes Siquém e seus arredores, nas
montanhas de Efraim, como cidade de
refúgio para o homicida, Gazer e seus
arredores, 22Cibsaim e seus arredores,
Bet-Horon e seus arredores: quatro ci-
dades; 23da tribo de Dã deram Eltece e
seus arredores, Gebeton e seus arredo-
res, 24Aialon e seus arredores, Gat-Re-
mon e seus arredores: quatro cidades.
25Da meia tribo de Manassés deram
Tanac e seus arredores, Jibleam e seus
arredores: duas cidades. 26Ao todo: dez
cidades com seus arredores para as fa-
mílias dos outros filhos de Caat.

27Aos filhos de Gérson, que eram das
famílias dos levitas, foram dadas, da
meia tribo de Manassés: Golã, em Basã,
com seus arredores, como cidade de
refúgio para o homicida, e Astarot com
seus arredores: duas cidades; 28da tribo
de Issacar: Cesion e seus arredores, Da-
berat e seus arredores, 29Jarmut e seus
arredores, En-Ganim e seus arredores:
quatro cidades; 30da tribo de Aser: Ma-
sal e seus arredores, Abdon e seus arre-
dores, 31Helcat e seus arredores, Roob
e seus arredores: quatro cidades; 32da
tribo de Neftali: Cedes, na Galileia, e
seus arredores, cidade de refúgio para
o homicida, Hamot-Dor e seus arredo-
res, Cartã e seus arredores: três cida-
des. 33Total das cidades dos gersonitas,
segundo suas famílias: treze cidades
com seus arredores.

34Aos outros levitas das famílias dos
filhos de Merari foram dadas, da tribo
de Zabulon: Jecnaam e seus arredo-
res, Carta e seus arredores, 35Dimna
e seus arredores, Naalol e seus ar-
redores: quatro cidades. 36Do outro
lado do Jordão de Jericó, da tribo de
Rúben: Bosor, no deserto do planalto,
cidade de refúgio para o homicida, e
seus arredores, Jasa e seus arredores,
37Cedimot e seus arredores, Mefaat e
seus arredores: quatro cidades; 38da
tribo de Gad: Ramot em Galaad, cida-
de de refúgio para o homicida, e seus
arredores, Maanaim e seus arredores,
39Hesebon e seus arredores, Jazer e
seus arredores: ao todo quatro cida-
des. 40Total das cidades que tocaram
por sorte aos filhos de Merari, de acor-
do com suas famílias, que formavam
o resto das famílias dos levitas: doze
cidades. 41Total das cidades dos levi-
tas no meio do território dos israeli-
tas: quarenta e oito cidades com seus
arredores. 42Cada uma dessas cidades
abrangia seus campos ao redor; assim
era para todas essas cidades.

43Desta forma Javé deu aos israeli-
tas toda a terra que havia jurado dar a
seus pais. Tomaram posse dela e nela
moraram. 44Javé lhes deu descanso de
todos os lados, conforme tudo o que
havia jurado a seus pais; de todos os
seus inimigos, nenhum lhes pôde resis-
tir, e Javé entregou todos os seus inimi-
gos em suas mãos. 45De todas as boas
promessas que Javé havia feito à casa
de Israel nenhuma falhou: todas foram
cumpridas.*

22 Retorno das tribos da Trans-jordânia.

1Josué convocou os
rubenitas, os gaditas e a meia tribo de
Manassés 2e lhes disse: "Vós fizestes
tudo o que vos ordenou Moisés,* ser-
vo de Javé, e me obedecestes em tudo
o que vos mandei. 3Não abandonas-
tes vossos irmãos durante este longo
tempo até hoje, cuidando de observar
o mandamento de Javé, vosso Deus. 4E
agora que Javé, vosso Deus, concedeu

* **21**,45. 23,14; Is 55,11 | **22**,2. 1,12-18; Nm 32

descanso a vossos irmãos, como lhes
havia prometido, voltai e ide para vos-
sas tendas, na terra que vos pertence
e que Moisés, servo de Javé, vos deu
na outra margem do Jordão. 5Cuidai,
somente, de praticar o mandamento e
a Lei que Moisés,* servo de Javé, vos
prescreveu, amando Javé, vosso Deus,
seguindo todos os seus caminhos, ob-
servando seus mandamentos, perma-
necendo unidos a ele e servindo-o de
todo o vosso coração e de toda a vossa
alma". 6Depois Josué os abençoou e
os despediu, e eles voltaram para suas
tendas. 7Moisés tinha dado a uma me-
tade da tribo de Manassés uma heran-
ça em Basã, e à outra metade Josué deu
uma herança entre seus irmãos, aquém
do Jordão, ao ocidente. Quando Josué
os despediu para suas tendas, ele os
abençoou 8e lhes disse: "Voltais para
vossas tendas com grandes riquezas,
com numerosos rebanhos, com prata,
ouro, bronze, ferro e roupas em grande
quantidade; reparti com vossos irmãos
os despojos de vossos inimigos!"
O altar-testemunho. 9Assim, os ru-
benitas, os gaditas e a meia tribo de
Manassés voltaram, deixando os israe-
litas em Silo, na terra de Canaã, para se
dirigirem ao país de Galaad, à terra de
sua propriedade que tinham recebido
como herança segundo a ordem dada
por Javé por intermédio de Moisés.
10Chegando a Gelilot do Jordão, que
está na terra de Canaã, os rubenitas,
os gaditas e a meia tribo de Manassés
construíram um altar ali à margem do
Jordão, um altar de aspecto imponen-
te. 11Os israelitas ouviram dizer: "Os
filhos de Rúben, os filhos de Gad e a
meia tribo de Manassés ergueram um
altar diante da terra de Canaã, em Ge-
lilot do Jordão, do lado dos israelitas".
12Quando souberam disso, toda a co-
munidade dos israelitas se reuniu em
Silo para subir e fazer guerra contra
eles. 13Os israelitas enviaram aos filhos
de Rúben, de Gad e à meia tribo de
Manassés, na terra de Galaad, Fineias,*
filho do sacerdote Eleazar, 14e com ele
dez príncipes, um príncipe de cada
tribo de Israel, cada um dos quais era
chefe de sua casa patriarcal entre os
milhares de Israel. 15Quando chegaram
à terra de Galaad, junto aos rubenitas,
aos gaditas e à meia tribo de Manassés,
disseram-lhes: 16"Assim fala toda a co-
munidade de Javé: Que infidelidade é
esta que cometestes contra o Deus de
Israel, voltando hoje as costas a Javé, ao
construir para vós um altar para vos re-
belar hoje contra Javé? 17Não nos basta
o pecado de Fegor,* do qual até hoje
não nos purificamos, apesar do flage-
lo que caiu sobre a comunidade de
Javé? 18Vós hoje deixais de seguir Javé!
Se vós hoje vos rebelais contra Javé,
amanhã ele ficará irado contra toda a
comunidade de Israel. 19Se conside-
rais impura a terra que possuís, podeis
passar para a terra de propriedade de
Javé, onde está instalado o tabernáculo
de Javé, e tomar possessão no meio de
nós; mas não vos revolteis contra Javé
nem vos revolteis contra nós, erguendo
outro altar, além do altar de Javé, nosso
Deus. 20Quando Acã, filho de Zaré, co-
meteu uma infidelidade em relação ao
extermínio, não foi sobre toda a comu-
nidade de Israel que recaiu a ira divina?
Não foi só ele que morreu por causa de
seu crime!"
21Os rubenitas, os gaditas e a meia
tribo de Manassés responderam aos
chefes dos milhares de Israel: 22"Javé,
Deus dos deuses,* Javé, Deus dos deu-
ses, bem o sabe e Israel fique sabendo:
se foi por rebelião e por infidelidade
contra Javé, que não nos salve neste
dia! 23O próprio Javé nos peça contas
se erguemos um altar com intenção
de nos afastar de Javé e para oferecer
sobre ele holocaustos e oblações e fa-
zer sacrifícios de comunhão. 24Mas o
que fizemos foi por causa da seguin-
te preocupação: talvez amanhã vos-
sos filhos perguntem aos nossos: 'Que
tendes vós a ver com Javé, Deus de
Israel? 25Javé pôs o Jordão como limi-
te entre nós e vós, ó filhos de Rúben e
de Gad; não tendes parte alguma com

* **22**,5. Dt 6,5 | 13. Nm 25,7.11s | **22**,17. Nm 25,3-5; Dt 4,3 | 22. Dt 10,17

Javé!' Assim vossos filhos poderiam
afastar os nossos do temor de Javé.
[26]Por isso dissemos: Vamos construir
um altar, não para holocaustos nem
para sacrifícios, [27]mas para que sirva
de testemunho entre nós e vós, e en-
tre nossos descendentes depois de
nós, de que queremos servir a Javé, em
sua presença, com nossos holocaustos,
nossas vítimas e nossos sacrifícios de
comunhão, e para que amanhã vossos
filhos não digam aos nossos: 'Não ten-
des parte alguma com Javé!' [28]Por isso
pensamos: Se algum dia falarem assim
a nós ou a nossos descendentes, nós
lhes responderemos: 'Vede a forma do
altar de Javé que nossos pais construí-
ram, não para holocaustos, nem para
sacrifícios, mas sim como testemunho
entre nós e vós'. [29]Longe de nós a in-
tenção de nos rebelar contra Javé e de
deixar de segui-lo hoje, erigindo um al-
tar para holocaustos, oblações e sacrifí-
cios, além do altar de Javé, nosso Deus,
que está diante de seu tabernáculo".

[30]Ao ouvirem essas palavras dos filhos
de Rúben, de Gad e de Manassés, o sa-
cerdote Fineias e os príncipes da assem-
bleia, chefes dos milhares de Israel, que
estavam com ele, ficaram satisfeitos. [31]E
Fineias, filho do sacerdote Eleazar, disse
aos filhos de Rúben, de Gad e de Ma-
nassés: "Hoje reconhecemos que Javé
está entre nós, pois não cometestes esta
infidelidade contra Javé e assim livrastes
os israelitas da mão de Jave". [32]Depois
Fineias, filho do sacerdote Eleazar, e os
príncipes deixaram os filhos de Rúben
e de Gad e voltaram da terra de Galaad
para a terra de Canaã, para junto dos is-
raelitas, aos quais relataram o ocorrido.
[33]Os israelitas se deram por satisfeitos,
louvaram a Deus e não mais falaram
em fazer guerra contra eles e devastar
o país habitado pelos filhos de Rúben e
de Gad. [34]Os filhos de Rúben e de Gad
chamaram o altar de "Ed", porque, dis-
seram, "ele é um testemunho entre nós
de que Javé é Deus".*

III. EPÍLOGO
(23–24)

23 **Discurso de Josué.** [1]Passado
muito tempo desde que Javé
dera descanso a Israel de todos os
seus inimigos ao redor, Josué, já ido-
so* e de idade avançada, [2]convocou
todo o Israel, seus anciãos, seus che-
fes, seus juízes e seus oficiais, e lhes
disse†: "Estou velho e de idade avan-
çada. [3]Vistes tudo o que Javé, vosso
Deus, fez a todas essas nações por
vossa causa, pois foi Javé que com-
bateu por vós. [4]Vede! Eu distribuí por
sorte entre vós, como possessão para
vossas tribos, essas nações que ainda
restam, bem como as que exterminei
desde o Jordão até o mar Grande,
ao ocidente. [5]O próprio Javé, vosso
Deus,* as expulsará de vossa frente e
as despojará diante de vós, e tomareis
posse de seu país como vos prometeu
Javé, vosso Deus. [6]Por isso, esforçai-
-vos muito para observar e cumprir
tudo o que está escrito no livro da Lei
de Moisés, sem vos desviardes nem
para a direita, nem para a esquerda.
[7]Não vos mistureis com as nações*
que ficaram em vosso meio; não pro-
nuncieis o nome de seus deuses nem
jureis por eles; não os sirvais nem os
adoreis. [8]Mas aderi a Javé, vosso Deus,
como fizestes até hoje. [9]Javé expulsou
de vossa frente nações grandes e po-
derosas; e ninguém pôde resistir dian-
te de vós até hoje. [10]Um só homem
dentre vós perseguia mil,* porque o
próprio Javé, vosso Deus, combatia
por vós, como vos prometeu. [11]Velai
atentamente sobre vós mesmos, para
amardes Javé vosso Deus. [12]Porque,
se dele vos desviardes e vos unirdes
ao que restou dessas nações que fica-
ram convosco, contraindo matrimônio
com elas e misturando-vos com elas e
elas convosco, [13]estai bem certos de
que Javé, vosso Deus, não continuará
a expulsar de vossa frente essas na-

* **22**,34. Gn 31,48-52 | **23**,1. 13,1; 14,10; 24,29 | 5. 13,6 | 7. Dt 7,1-6 | 10. Lv 26,8; Dt 32,30; Dt 6,5; Dt 7,1-6

† **23**,2. Como Moisés, Dt 31, também Josué pronuncia um discurso de despedida. Recorda como Deus foi fiel em cumprir suas promessas e exorta o povo à fidelidade à aliança.

ções e elas serão para vós uma rede e
um laço, um flagelo para vossas costas
e espinhos em vossos olhos, até que
tenhais desaparecido desta boa terra
que vos deu Javé, vosso Deus.
14Vede: hoje estou para seguir o ca-
minho de todo o mundo. Reconhecei,
portanto, de todo o vosso coração e
de toda a vossa alma que, dentre to-
das as boas palavras que Javé, vos-
so Deus, tinha dito a vosso respeito,
nenhuma ficou sem efeito: todas se
cumpriram para vós, nenhuma* delas
falhou! 15Pois bem! Assim como se
cumpriu para vós toda promessa que
Javé, vosso Deus, havia feito em vos-
so favor, assim também Javé realiza-
rá contra vós todas as suas ameaças,
até vos eliminar desta boa terra que
Javé, vosso Deus, vos concedeu. 16Se
transgredirdes a aliança que Javé, vos-
so Deus, vos prescreveu, se servirdes a
outros deuses e os adorardes, a ira de
Javé se inflamará contra vós e desapa-
recereis rapidamente* desta boa terra
que ele vos deu".

24 **Renovação da aliança com
Javé.** 1Josué reuniu em Siquém
todas as tribos de Israel, chamou os an-
ciãos de Israel, seus chefes, seus juízes
e seus oficiais, e eles se apresentaram
diante de Deus. 2Então Josué disse a
todo o povo†: "Assim fala Javé, Deus de
Israel: Outrora vossos pais, Taré, pai de
Abraão e de Nacor,* habitavam do ou-
tro lado do rio e serviam a outros deu-
ses.* 3Mas eu tirei vosso pai Abraão do
outro lado do rio e o fiz percorrer toda
a terra de Canaã; multipliquei sua des-
cendência e lhe dei Isaac. 4A Isaac dei
Jacó e Esaú.* A Esaú dei em possessão
a montanha de Seir; mas Jacó e seus fi-
lhos desceram para o Egito. 5Enviei de-
pois Moisés e Aarão, castiguei o Egito*
com os prodígios que realizei no meio
deles e depois vos fiz sair. 6Fiz vossos
pais saírem do Egito e vós chegastes ao
mar; os egípcios perseguiram vossos
pais com carros e cavaleiros até o mar
Vermelho. 7Eles clamaram a Javé, e ele
colocou uma densa nuvem entre vós
e os egípcios; depois atirou sobre eles
o mar, que os recobriu. Vossos olhos
viram o que fiz no Egito; depois ha-
bitastes por muito tempo no deserto.
8Eu vos conduzi à terra dos amorreus*
que moravam além do Jordão; comba-
teram contra vós, mas eu os entreguei
em vossas mãos; ocupastes sua terra* e
eu os exterminei diante de vós. 9Em se-
guida surgiu Balac, filho de Sefor, rei de
Moab, para combater contra Israel. Ele
mandou chamar Balaão, filho de Beor,
para vos amaldiçoar. 10Eu, porém, não
quis ouvir Balaão; ele teve de vos aben-
çoar, e eu vos livrei de suas mãos. 11De-
pois atravessastes o Jordão e chegastes
a Jericó. Os habitantes de Jericó com-
bateram contra vós – os amorreus,* os
ferezeus, os cananeus, os heteus, os
gergeseus, os heveus e os jebuseus –
mas eu os entreguei em vossas mãos.
12Mandei a vossa frente vespas* que
expulsaram de vossa presença os dois
reis amorreus, não com tua espada,
nem com teu arco. 13Dei-vos uma ter-
ra* que não lavrastes, cidades que não
construístes e nas quais habitais, vinhas
e olivais que não plantastes e cujos fru-
tos comeis.
14Agora, pois, temei a Javé e servi-o
com integridade e sinceridade; lançai
fora os deuses* aos quais vossos pais
serviram do outro lado do rio e no
Egito, e servi a Javé. 15Todavia, se não
vos agrada servir a Javé, escolhei hoje
a quem quereis servir: se aos deuses a
quem serviram vossos pais do outro
lado do rio, ou aos deuses dos amor-
reus, em cujo país habitais. Eu e minha
casa serviremos a Javé!"

* **23**,14. Dt 28 | 16. Dt 4,26 | **24**,2. Gn 11,27-32 / Gn 12–24; 35,2-4 | 4. Gn 25,19-26; 27; 36,1-8; Gn 46,1-7 | 5. Êx 3-15 | 8. Nm 21,21-35; Dt 2,26-3,11 / Nm 22-24 | 11. Dt 7,1 | 12. Dt 7,20 | 13. Dt 6,10-13 | 14. Gn 35,2; Ez 20,7

† **24**,2. Terminada a conquista e a partilha da terra prometida, Israel é convidado a confirmar sua aliança com Deus em Siquém, santuário situado no centro do país e ligado à memória dos Patriarcas, Gn 33,18-20.

Compromissos do povo. [16]O povo res-
pondeu: "Longe de nós abandonar Javé
para servir a outros deuses! [17]Porque
Javé, nosso Deus, é aquele que nos tirou,
a nós e a nossos pais, da terra do Egito,
da casa da servidão, que realizou diante
de nossos olhos esses grandes prodígios
e nos protegeu em todo o caminho que
percorremos e por entre todos os povos
pelos quais passamos. [18]Javé expulsou
de nossa frente todos os povos, inclusi-
ve os amorreus que habitavam a terra.
Portanto, também nós serviremos a Javé,
porque ele é nosso Deus".

[19]Josué disse ao povo:* "Não sereis
capazes de servir a Javé, porque ele é
um Deus santo, um Deus ciumento, que
não suportará vossas transgressões,
nem vossos pecados. [20]Se abandonar-
des Javé para servir a outros deuses, ele
se voltará contra vós, ele vos fará mal
e vos consumirá, depois de vos ter fei-
to bem". [21]O povo, porém, respondeu:
"Não! É a Javé que serviremos!" [22]Josué
disse ao povo: "Vós sois testemunhas
contra vós mesmos de que escolhestes
Javé para servi-lo!" Responderam: "So-
mos testemunhas!" [23]Disse Josué: "Tirai,
portanto, do meio de vós os deuses es-
trangeiros e orientai vosso coração para
Javé, Deus de Israel!" [24]O povo respon-
deu a Josué: "Serviremos a Javé, nosso
Deus, e obedeceremos a sua voz".

[25]Naquele dia Josué fez em Siquém*
um pacto com o povo e lhe deu leis e
prescrições. [26]Josué escreveu essas pa-
lavras no livro da Lei de Deus. Tomou
em seguida uma grande pedra e a eri-
giu ali, debaixo do carvalho, junto ao
santuário de Javé. [27]Disse Josué a todo
o povo: "Esta pedra será um testemu-
nho contra nós, pois ela ouviu todas as
palavras* que Javé nos disse; será um
testemunho contra vós, a fim de que
não reneguéis vosso Deus". [28]Em se-
guida Josué despediu o povo, cada um
para sua herança.*

Morte de Josué. [29]Depois desses
acontecimentos, Josué, filho de Nun,
servo de Javé,* morreu com a idade
de cento e dez anos. [30]Foi sepultado
nos terrenos de sua propriedade em
Tamnat-Sare, que fica nas montanhas
de Efraim, ao norte do monte Gaás.
[31]Israel serviu a Javé durante toda a
vida de Josué e durante toda a vida dos
anciãos que sobreviveram a Josué e
que tinham conhecido todos os feitos
realizados por Javé em favor de Israel.

[32]Os ossos de José,* que os israelitas
tinham trazido do Egito, foram sepul-
tados em Siquém, na parte do campo
que Jacó havia comprado dos filhos
de Hemor, pai de Siquém, por cem
moedas de prata, e que se tornou pro-
priedade dos filhos de José. [33]Morreu
também Eleazar, filho de Aarão, e foi
sepultado em Gabaá, na montanha de
Efraim, cidade que haviam dado a seu
filho Fineias.

---

* **24**,19. Lv 17,1; Dt 4,24; 6,15 | 25. Êx 15,25 | 27. Gn 12,6; 35,4; Dt 11,30; Jz 9,6 | 28. Jz 2,6 | 29. Jz 2,6-10 | 32. Gn 50,24s; Êx 13,19; Gn 33,18-20

JUÍZES

Após a morte de Josué, quando as tribos já se haviam dispersado por todo o território de Canaã, cada qual ocupando a parte que lhe fora designada, faltava ao povo um líder unanimemente aceito como houve até então. Não havia entre elas outro fator de unidade senão a fé no Deus único e a aliança do Sinai. É um tempo de transição, marcado pelas infidelidades de Israel que se deixa seduzir pelos atrativos da idolatria dos povos vizinhos. Esse pecado do povo é punido por frequentes incursões dos inimigos, que chegam a dominar os israelitas durante longos períodos. Nessa situação de desespero, o povo se recorda dos compromissos da aliança e clama a Javé por libertação. Para combater o opressor e afastar o perigo, Deus suscita um líder carismático, sob cuja chefia se reúne certo número de tribos. Esses chefes militares, doze ao todo, chamam-se "juízes", dos quais os mais conhecidos são Débora, Gedeão, Jefté e Sansão.

A história deles abrange o período que vai da morte de Josué ao nascimento de Samuel, por meio do qual será introduzida a monarquia, ou seja, do ano 1220 ao ano 1050 a.C. Os fatos são apresentados como se fossem um drama em quatro atos, que se repete várias vezes: infidelidade de Israel, castigo de Javé, clamor de Israel a Javé, vitória do povo que luta sob o comando do juiz mandado por Deus.

O livro, classificado entre os Profetas anteriores, é o único testemunho sobre aqueles cento e setenta anos e um retrato precioso do Israel pré-monárquico desorganizado e fraco para poder enfrentar um perigo comum.

O autor anônimo, que escreve lá pelos séculos VII e VI a.C., quer mostrar que a opressão, a guerra e a escravidão são um castigo causado pela infidelidade à aliança, ao passo que a vitória sobre os inimigos é uma consequência do retorno a Deus. Prega a conversão e a confiança em Javé, o Deus fiel, que salvou e pode sempre salvar o povo que segue sua lei.

I. PRÓLOGO HISTÓRICO E TEOLÓGICO (1,1–3,6)

1 **Judá conquista seu território.**
1Depois da morte de Josué, os is-
raelitas consultaram Javé, perguntando:
"Quem de nós será o primeiro a subir
para combater os cananeus?" 2Javé res-
pondeu: "Judá subirá,* pois entreguei o
país em suas mãos!" 3Então Judá pro-
pôs a Simeão, seu irmão: "Vem comigo
ao território que me coube por sorte e
lutemos contra os cananeus; depois eu
também irei contigo a teu território".
Simeão foi com ele. 4Subiu, pois, Judá,
e Javé entregou-lhe nas mãos os ca-
naneus e os ferezeus, e derrotaram em
Bezec dez mil deles. 5Encontraram em
Bezec Adonibezec, lutaram contra ele
e venceram os cananeus e os ferezeus.
6Adonibezec fugiu,* mas eles o perse-
guiram e prenderam, e lhe cortaram os
polegares das mãos e dos pés. 7Então
Adonibezec exclamou: "Setenta reis,
cujos polegares das mãos e dos pés
mandei cortar, apanhavam as migalhas
debaixo de minha mesa! Assim como eu
fiz, Deus me deu a paga!" Levaram-no
para Jerusalém, onde morreu.
A situação no sul de Canaã. 8Os fi-
lhos de Judá atacaram Jerusalém* e a
tomaram†; passaram seus habitantes
ao fio da espada e a incendiaram. 9De-
pois, os filhos de Judá desceram para
combater os cananeus* que viviam na
região montanhosa, no Negueb e na
baixada. 10Judá atacou os cananeus*
que habitavam em Hebron, antes cha-
mada Cariat-Arbe, e derrotou Sesai,
Aimã e Tolmai. 11De lá marchou contra
os habitantes de Dabir,* que antes se

---

* **1**,2. 20,18 | 6. Js 10,1-27 | 8. Js 15,63; 1,21 | 9. Js 9,1; 10,40 | 10. Js 15,13-19 | 11. Js 10,36-39; 11,21s; Js 14,6; 3,9s

† **1**,8. Informação imprecisa, como também a do v. 18. Quem conquistou Jerusalém foi Davi, 2Sm 5,6-8, e as cidades filisteias – Gaza, Ascalon e Acaron – nunca pertenceram aos israelitas.

chamava Cariat-Séfer. 12Então Caleb prometeu: "Àquele que atacar e tomar Cariat-Séfer darei minha filha Acsa por esposa". 13Quem tomou a cidade foi Otoniel, filho de Cenez, irmão caçula de Caleb, e este lhe deu sua filha Acsa por esposa. 14Chegando à casa do marido, ela o incentivou a pedir ao pai dela um campo. Ela apeou do jumento, e Caleb perguntou-lhe: "Que desejas?" 15Ela respondeu: "Dá-me um presente: visto que me deste terra no Negueb, dá-me também fontes de água". Caleb deu-lhe as nascentes de cima e as de baixo.

16Os filhos de Hobab, o quenita,* sogro de Moisés, subiram junto com os filhos de Judá, da cidade das Palmeiras para o deserto de Judá que está ao sul de Arad, e vieram habitar com o povo. 17Depois, Judá marchou com seu irmão Simeão e venceram os cananeus residentes em Sefat, e votaram a cidade ao extermínio; por isso ela foi chamada Horma. 18Judá tomou ainda Gaza e seu território, Ascalon e seu território, Acaron e seu território. 19Javé estava com Judá, e ele conquistou a região montanhosa; mas não conseguiu expulsar os habitantes da planície, porque tinham carros de ferro. 20Segundo a ordem de Moisés, Hebron foi dada a Caleb, o qual expulsou de lá os três filhos de Enac. 21Os filhos de Benjamim não expulsaram os jebuseus que habitavam em Jerusalém; por isso os jebuseus habitam em Jerusalém com os filhos de Benjamim até hoje.

No centro. 22A casa de José também marchou contra Betel, e Javé esteve com eles. 23A casa de José mandou explorar Betel,* que antes se chamava Luza. 24Os exploradores viram um homem que saía da cidade e lhe disseram: "Indica-nos uma entrada para a cidade e te trataremos com bondade". 25Mostrou-lhes então uma entrada da cidade, e eles a passaram a fio de espada,* mas deixaram em liberdade aquele homem e toda a sua família. 26Ele emigrou para o país dos heteus, onde fundou uma cidade à qual chamou Luza, nome que tem ainda hoje.

27Manassés não desalojou os habitantes de Betsã e de seus arredores, nem os de Tanac* e de seus arredores, nem os de Dor e de seus arredores, nem os de Jeblaam e de seus arredores, nem os de Meguido e de seus arredores: os cananeus conseguiram permanecer nessa região. 28Mas quando Israel se tornou mais forte, sujeitou os cananeus a trabalhos forçados,* mas não os expulsou.

29Igualmente Efraim não expulsou os cananeus que habitavam em Gazer, e os cananeus permaneceram em Gazer no meio deles†.

No norte. 30Tampouco Zabulon expulsou os habitantes de Cetron* e de Naalol; assim os cananeus continuaram a morar no meio deles, porém foram sujeitos a trabalhos forçados. 31Aser não expulsou os habitantes de Aco,* nem os de Sidônia, de Maaleb, de Aczib, de Helba, de Afec e de Roob; 32os aseritas habitaram no meio dos cananeus, moradores da região, porque não os expulsaram. 33Neftali não expulsou os habitantes de Bet-Sames, nem os de Bet-Anat, e habitou no meio dos cananeus, moradores daquela região; mas sujeitou a trabalhos forçados os habitantes de Bet-Sames* e de Bet-Anat.

34Os amorreus empurraram* os filhos de Dã para as montanhas, não os deixando descer para a planície, 35e continuaram morando em Ar-Hares, em Aialon e em Salebim; mas depois, quando o poder da casa de José se tornou mais forte, foram submetidos a trabalhos forçados. 36O território dos amorreus estendia-se desde a subida de Acrabim* e de Sela para cima.

2 **Oráculo de Boquim.** 1O anjo de Javé subiu de Guilgal a Boquim* e disse: "Eu vos fiz sair do Egito e vos introduzi na terra que jurei dar a vossos

---

* **1**,16. Nm 24,21; 10,29-32; Êx 2,16 | 23. Js 7,2 | 25. Js 6,23 | 27. Js 17,11-13 | 28. Js 16,10 | 30. Js 19,10-15 | 31. Js 19,24-31 | 33. Js 19,32-38 | 34. Js 19,47; 17,1 | 36. Js 15,3; Nm 34,3-5 | **2**,1. 6,7-10 / Dt 7,1-5

† **1**,29. Conforme o livro de Josué, a conquista da terra foi rápida, total e obra conjunta de todas as tribos; as notícias do livro dos Juízes são mais próximas da realidade.

pais, dizendo: 'Jamais romperei minha
aliança* convosco; 2quanto a vós, não fa-
reis aliança com os habitantes deste país,
mas destruireis seus altares'. Vós, porém,
não obedecestes a minha voz. Por que
fizestes isto? 3Portanto, agora eu digo:
Não os expulsarei de vossa frente; serão
vossos adversários e seus deuses serão
uma tentação para vós". 4Quando o anjo
de Javé acabou de dizer essas palavras
a todos os israelitas, o povo começou
a chorar em voz alta. 5Por isso deram
àquele lugar o nome de Boquim,* e lá
ofereceram sacrifícios a Javé.

Morte de Josué. 6Josué despediu o
povo, e os israelitas foram cada qual para
sua herança, a fim de tomar posse da ter-
ra. 7O povo serviu a Javé durante toda a
vida de Josué e durante toda a vida dos
anciãos* que sobreviveram a Josué e que
tinham conhecido todos os feitos reali-
zados por Javé em favor de Israel. 8Josué,
filho de Nun, servo de Javé, morreu* com
a idade de cento e dez anos. 9Foi sepul-
tado nos terrenos de sua propriedade
em Tamnat-Hares, que fica nas monta-
nhas de Efraim, ao norte do monte Gaás.
10Quando toda aquela geração foi reu-
nida a seus pais, surgiu depois dela ou-
tra geração que não conhecia Javé, nem
tampouco os prodígios que ele fizera em
favor de Israel.

Pecado e castigo dos israelitas. 11Os
israelitas fizeram o que desagrada a
Javé e serviram aos ídolos de Baal†.
12Abandonaram Javé, Deus de seus
pais, que os tinha tirado do Egito, e se-
guiram outros deuses, dentre os deu-
ses dos povos a seu redor. Prostraram-
-se diante deles, provocando a ira de
Javé. 13Apartaram-se de Javé, para ser-
virem a Baal e às astartes.

14Por isso inflamou-se contra Israel a
ira de Javé, e ele os entregou nas mãos
de salteadores, que os saquearam. Ele
os abandonou nas mãos de seus ini-
migos ao redor, de sorte que já não
puderam* resistir a seus adversários.
15Em todas as suas expedições, a mão
de Javé intervinha contra eles para lhes
fazer mal, como Javé mesmo lhes havia
dito e jurado; e era extrema a aflição
deles.

Ofício dos juízes. 16Então Javé susci-
tava juízes que os livravam do poder
de seus salteadores. 17Mas nem a seus
juízes obedeciam, pois continuavam
a prostituir-se com outros deuses e
os adoravam. Depressa se afastavam
do caminho percorrido por seus pais,
que obedeciam aos mandamentos de
Javé; mas eles não procederam assim.
18Quando Javé lhes suscitava juízes,
Javé estava com o juiz e os livrava da
opressão dos inimigos durante toda a
vida do juiz, porque Javé se compa-
decia de seus gemidos por causa dos
que os perseguiam e afligiam. 19Mas
quando morria o juiz, reincidiam e se
corrompiam mais do que seus pais,
seguindo outros deuses para servi-los
e adorá-los; não renunciavam a suas
obras nem a sua conduta obstinada†.

Os cananeus vizinhos dos hebreus.
20Por isso acendeu-se contra Israel a ira
de Javé, que disse: "Já que esta geração
violou a aliança que eu fiz com seus
pais e não obedeceu a minha voz, 21eu
também não expulsarei da frente deles
nenhuma das nações que Josué deixou
quando morreu, 22a fim de, por meio
delas, submeter Israel à prova, para ver
se vai seguir ou não o caminho de Javé,
como fizeram seus pais. 23Foi por isso
que Javé deixou aquelas nações, não as
expulsando logo nem as entregando
nas mãos de Josué.

3 1São estas as nações que Javé
deixou ficar para pôr à prova, por
meio delas, os israelitas, isto é, todos
aqueles que não sabiam de todas as

* **2**,5. 20,26 | 7. Js 24,31 | 8. Js 24,29s; Js 19,50 | 14. Dt 28,15-46

† **2**,11. Baal, que quer dizer "senhor", é a divindade suprema dos cananeus, o deus do solo e da fertilidade. Astarte, v. 13, é a deusa cananeia do amor e da fecundidade. Aserá, 3,7, era uma deusa semelhante, cujo símbolo era um tronco sagrado. | 19. A história desse período se resume em quatro momentos que se repetem: o povo peca por idolatria, é castigado com a opressão dos inimigos, implora o socorro divino e Deus lhe manda um libertador, um juiz, líder carismático local.

guerras de Canaã – 2ele queria apenas que as gerações dos israelitas conhecessem e aprendessem a guerra;* aqueles pelo menos que não a tinham visto antes –: 3os cinco principados dos filisteus, todos os cananeus, os sidônios e os heveus que habitavam nas montanhas do Líbano, desde o monte Baal-Hermon até a entrada de Emat. 4Essas nações serviram para provar os israelitas e ver se obedeceriam aos mandamentos que Javé havia prescrito a seus pais por meio de Moisés. 5Assim, os israelitas habitaram no meio dos cananeus,* dos heteus, dos amorreus, dos ferezeus, dos heveus e dos jebuseus. 6Tomaram por esposas as filhas deles e deram aos filhos deles as próprias filhas, e serviram a seus deuses.

II. HISTÓRIA DOS JUÍZES (3,7–16,31)

Otoniel. 7Os israelitas fizeram o que desagrada a Javé;* esqueceram Javé, seu Deus, e serviram aos ídolos de Baal e às aserás. 8Acendeu-se contra Israel a ira de Javé, que os entregou nas mãos de Cusã-Rasataim, rei de Aram Naaraim, e os israelitas estiveram sujeitos a Cusã-Rasataim durante oito anos. 9Os israelitas clamaram a Javé, e ele suscitou-lhes um libertador que os salvou: Otoniel,* filho de Cenez, irmão caçula de Caleb.

10O espírito de Javé esteve sobre ele†, e ele julgou Israel e partiu para a guerra. Javé entregou em suas mãos Cusã-Rasataim, rei de Aram, e seu poder prevaleceu sobre Cusã-Rasataim.* 11O país ficou em paz durante quarenta anos. Depois Otoniel, filho de Cenez, morreu.

Aod. 12Os israelitas voltaram a fazer o que desagrada a Javé. E Javé deu poder a Eglon, rei de Moab, contra os israelitas, porque haviam feito o que desagrada a Javé. 13Eglon reuniu consigo os amonitas e os amalecitas, marchou contra Israel, derrotou-o e tomou a cidade das Palmeiras. 14Os israelitas serviram a Eglon, rei de Moab, durante dezoito anos.

15Então os israelitas clamaram a Javé, e Javé lhes suscitou um libertador: Aod, o canhoto, filho de Gera, benjaminita. Por meio dele os israelitas enviaram o tributo a Eglon, rei de Moab. 16Aod fez para si uma espada de dois gumes, de um côvado de comprimento, e a cingiu debaixo da roupa, do lado direito. 17Entregou o tributo a Eglon, rei de Moab, que era um homem muito gordo. 18Depois de entregar o tributo, despediu as pessoas que o haviam trazido. 19Mas quando chegou aos ídolos que estão perto de Guilgal, ele voltou para trás e disse: "Tenho uma coisa a dizer-te em segredo, ó rei!" O rei disse: "Silêncio!" Todos os que estavam com ele saíram de sua presença. 20Aod entrou; o rei estava sentado na sala de cima, bem fresca, reservada a ele. Aod disse-lhe: "Tenho uma palavra de Deus para ti!" Eglon levantou-se da cadeira. 21Então Aod estendeu a mão esquerda, puxou a espada que levava do lado direito e cravou-a no ventre do rei. 22Até o cabo penetrou com a lâmina e sobre esta se fechou a gordura, pois Aod não retirou do ventre a espada que saía por detrás. 23Aod saiu para o pórtico, fechou atrás de si as portas da sala de cima e as trancou. 24Depois que ele saiu, os servos vieram olhar e, encontrando trancadas as portas da sala de cima, disseram: "Com certeza ele está fazendo suas necessidades na sala de verão". 25Esperaram tanto, que ficaram preocupados; e como ele não abrisse as portas da sala, pegaram a chave e abriram: encontraram seu senhor estendido morto no chão.

26Enquanto eles esperavam, Aod fugiu, passou pelos ídolos e chegou são e salvo a Seira. 27Ao chegar, mandou tocar as trombetas na montanha

---

* **3**,2. Js 13,3-6 | 5. Dt 7,1 | 7. 2,13 | 9. 1,13 | 10. 3,30; 5,31; 8,28; Js 11,23; 14,15

† **3**,10. O espírito de Javé, mediante o dom da fortaleza, assiste os juízes em sua função libertadora, 6,34; 11,29; 13,25.

de Efraim, e os israelitas desceram da
montanha com ele à frente. 28Ele disse:
"Segui-me, pois Javé entregou vossos
inimigos moabitas em vossas mãos".
Desceram atrás dele e se apoderaram
dos vaus do Jordão onde há passagem
para Moab, e não deixaram ninguém
passar. 29Naquele dia derrotaram os
moabitas, uns dez mil homens, todos
robustos e valentes: ninguém escapou.
30Assim, naquele dia, Moab foi humi-
lhado sob a mão* de Israel. E a terra
ficou em paz durante oitenta anos.
Samgar. 31Depois de Aod surgiu Sa-
mgar,* filho de Anat, que matou seis-
centos filisteus com um aguilhão de
bois. Ele também salvou Israel.

4 **Débora e Barac.** 1Depois que
morreu Aod, os israelitas reco-
meçaram a fazer o que desagrada a
Javé, 2e Javé os entregou nas mãos de
Jabin,* rei de Canaã, que reinava em
Hasor. O general de seu exército cha-
mava-se Sísara e morava em Haroset-
-Goim. 3Os israelitas clamaram a Javé,
porque Sísara tinha novecentos carros
de ferro e fazia vinte anos que oprimia
duramente os israelitas. 4Naquele tem-
po era juíza em Israel uma profetisa,
Débora, mulher de Lapidot. 5Atendia
debaixo da palmeira de Débora, entre
Ramá e Betel, na montanha de Efraim,
e os israelitas vinham a ela para resol-
ver suas questões. 6Ela mandou cha-
mar* Barac, filho de Abinoem, de Ce-
des em Neftali, e lhe disse: "Javé, Deus
de Israel, deu esta ordem: 'Vai, marcha
para o monte Tabor e leva contigo dez
mil homens dos filhos de Neftali e de
Zabulon.* 7Na torrente do Quison, eu
atrairei a ti Sísara, o general do exército
de Jabin, com seus carros e suas tropas
e o entregarei em tuas mãos'". 8Mas
Barac respondeu-lhe: "Se vieres comi-
go, eu irei; mas se não vieres comigo,
não irei". 9Ela respondeu-lhe: "Sim, irei
contigo;* mas não será tua a honra da
expedição que realizas, porque é nas
mãos de uma mulher que Javé entre-
gará Sísara". Débora levantou-se e foi
para Cedes com Barac. 10Barac chamou
Zabulon e Neftali a Cedes e subiram
com ele dez mil homens, e também
Débora o acompanhou.
11Héber, o quenita,* havia se separa-
do dos quenitas, descendentes de Ho-
bab, sogro de Moisés, e havia armado
sua tenda perto do carvalho de Saa-
nanim, perto de Cedes. 12Anunciaram
a Sísara que Barac, filho de Abinoem,
subira ao monte Tabor; 13então Sísara
reuniu todos os seus carros, novecen-
tos carros de ferro, e toda a gente que
estava com ele, desde Haroset-Goim
até a torrente do Quison. 14Então Dé-
bora disse a Barac: "Levanta-te,* por-
que este é o dia em que Javé entregou
Sísara em tuas mãos! Porventura Javé
não saiu a tua frente?" Barac desceu
do monte Tabor seguido dos dez mil
homens. 15Javé desbaratou Sísara com
todos os seus carros e com todo o seu
exército, que foi passado ao fio da es-
pada diante de Barac. Sísara desceu do
carro e fugiu a pé. 16Barac perseguiu os
carros e o exército até Haroset-Goim.
Todo o exército de Sísara foi passado a
fio de espada; ninguém escapou.
Sísara é morto por Jael. 17Entretanto
Sísara tinha fugido a pé para a tenda de
Jael, mulher de Héber, o quenita, pois
havia paz entre Jabin, rei de Hasor, e a
casa de Héber, o quenita. 18Jael saiu ao
encontro de Sísara e lhe disse: "Entra,
meu senhor, entra em minha morada;
não temas". Ele entrou em sua tenda e
ela o cobriu com um manto. 19Disse-lhe
ele: "Dá-me, por favor, um pouco de
água para beber, pois estou com sede".
Ela abriu o odre de leite, deu-lhe de be-
ber e o cobriu de novo. 20Ele disse: "Fica
à porta da tenda, e se vier alguém te per-
guntar: 'Há alguém aqui?' responde-lhe:
'Não'". 21Então Jael, mulher de Héber,
tomou um cravo da tenda e, pegando
um martelo, chegou perto dele devaga-
rinho e pregou-lhe na testa o cravo, que
penetrou até o chão, enquanto Sísara
estava num profundo sono e cansado; e

* **3**,30. 3,11 | 31. 5,6; 2Sm 23,11s | **4**,2. Js 11,1 | 6. Hb 11,32 / Sl 83,10 | 9. 4,14; Gn 16,7 | 11. Nm 24,21; Jz 1,16 | 14. 4,8; 5,19

assim morreu. 22Enquanto Barac perse-
guia Sísara, Jael saiu-lhe ao encontro e
lhe disse: "Vem e te mostrarei o homem
que procuras". Entrou com ela e viu Sí-
sara no chão, morto, com o cravo pre-
gado na testa. 23Assim Deus humilhou,
naquele dia, Jabin, rei de Canaã, diante
dos israelitas. 24E a mão dos israelitas foi
se tornando sempre mais pesada sobre
Jabin, rei de Canaã, até que o extermi-
naram.

5 **Cântico de Débora.** 1Naquele dia,
Débora cantou este cântico† com
Barac, filho de Abinoem:

2"Porque os chefes assumiram o comando em Israel,
porque o povo se ofereceu espontaneamente, bendizei a Javé!
3Ouvi, ó reis, escutai, ó príncipes!
Eu, sim, eu cantarei a Javé,
celebrarei a Javé, Deus de Israel!*
4Senhor, quando saístes de Seir,*
quando avançastes dos campos de Edom,*
a terra estremeceu, os céus se dissolveram,*
as nuvens se desfizeram em água;*
5derreteram-se os montes*
na presença de Javé, o do Sinai;
diante de Javé, Deus de Israel.
6Nos dias de Samgar, filho de Anat,
nos dias de Jael, não havia mais caravanas,*
e os que viajavam seguiam caminhos tortuosos.
7Faltavam chefes em Israel, não os havia,
até que surgiste, ó Débora,
surgiste como mãe em Israel.
8Escolheram novos deuses,*
e a guerra estava às portas;
não se via nem escudo, nem lança,
para quarenta mil em Israel!
9Meu coração está com os chefes de Israel,
os que se ofereceram espontaneamente entre o povo:
bendizei a Javé!
10Vós que cavalgais brancas jumentas,
ou que sentais sobre tapetes,
e vós que andais pelo caminho, considerai.
11Longe do ruído dos arqueiros,
junto aos bebedouros,
celebrem-se as obras justas de Javé,
as obras justas para com seus camponeses em Israel.
Então o povo de Javé desceu às portas.
12Desperta, desperta, Débora!
Desperta, desperta, entoa um cântico!
Levanta-te, Barac,
e conduz teus prisioneiros, filho de Abinoem!
13Então desceu o resto dos poderosos,
e o povo de Javé veio a mim com os valentes.
14De Efraim vieram os radicados em Amalec,
atrás de ti, Benjamim, entre tua gente.
De Maquir desceram os chefes
e de Zabulon os que seguram o bastão do comando.*
15Os príncipes de Issacar foram com Débora;
como Issacar, Barac se lança a pé na planície.
Nos clãs de Rúben,
são grandes as deliberações.
16Por que ficas entre os currais,
ouvindo os balidos do rebanho?
Nos clãs de Rúben,
são grandes as deliberações.
17Galaad ficou do outro lado do Jordão,
e Dã, por que ficou junto dos navios?
Aser assentou-se na praia do mar*
e permaneceu nos seus portos.
18Zabulon é um povo que arriscou a vida,
como Neftali, nas alturas do campo.

---

* **5**,3. Dt 32,2 | 4. Dt 33,2 / Sl 68,8s / Êx 19,16 / Is 64,2 | 5. Sl 97,5 | 6. 3,31 | 8. 1Sm 13,19-22 | 14. Nm 32,29; Js 17,1 | 17. Js 19,40

† **5**,1. O belo cântico de Débora é considerado o documento mais antigo da Bíblia hebraica. Exalta o Senhor do universo que vence o inimigo e celebra a unidade das tribos de Israel.

19 Vieram os reis e combateram,
os reis de Canaã combateram*
em Tanac, junto às águas de Meguido;*
mas não levaram despojo de prata.
20 Do céu as estrelas combateram,*
de suas órbitas lutaram contra Sísara.
21 A torrente do Quison, a antiga torrente os arrastou;
a torrente do Quison!
Avança, minha alma, com poder!
22 Então ressoaram os cascos dos cavalos
pelo contínuo galope de seus corcéis.
23 "Amaldiçoai Meroz", diz o anjo de Javé,
"amaldiçoai seus habitantes,
pois não vieram em auxílio de Javé,
em auxílio de Javé entre os heróis".
24 Seja bendita Jael entre as mulheres!*
A mulher de Héber, o quenita,
seja bendita entre as mulheres que moram em tendas.
25 Deu leite ao que lhe pediu água,
numa taça de nobres ofereceu-lhe nata.
26 Pegou com a mão esquerda o cravo
e com a direita o martelo do operário;
golpeou Sísara, quebrou-lhe a cabeça,
partiu-lhe e atravessou-lhe a testa.
27 Aos pés dela se encurvou, caiu e ficou estirado;
aos pés dela se encurvou, caiu
onde se encurvou, aí caiu morto.
28 A mãe de Sísara olha pela janela
e grita atrás da veneziana:
'Por que o carro dele demora a chegar?
Por que é tão vagaroso o andar de seus carros?'
29 As mais sábias de suas damas lhe respondem,
e ela repete a si própria as palavras:
30 'Certamente acharam despojos e os repartem:
uma ou duas jovens para cada guerreiro,
roupas coloridas para Sísara,
despojos de roupas coloridas e bordadas,
de roupas coloridas e bordadas de ambos os lados
para os ombros do vencedor'.
31 Assim pereçam, Javé, todos os vossos inimigos!†
Mas os que vos amam sejam como o sol,*
quando se levanta em sua força!"
E o país teve descanso durante quarenta anos.

6 **Madianitas oprimem Israel.** 1 Os
israelitas fizeram o que desagrada
a Javé, e Javé os entregou em poder
dos madianitas durante sete anos. 2 A
mão dos madianitas pesou duramente
sobre Israel. Por medo deles os israelitas se serviram das grutas* que existem
nos montes, das cavernas e das fortificações. 3 Cada vez que os israelitas se-
meavam os cereais, subiam contra eles
os madianitas, os amalecitas e os filhos
do oriente; 4 acampavam defronte deles e devastavam os produtos do solo
até Gaza,* não deixando em Israel sustento algum: nem ovelhas, nem bois,
nem jumentos. 5 Vinham com seus re-
banhos e suas tendas, e chegavam tão
numerosos como gafanhotos. Eles e
seus camelos eram inumeráveis e invadiam o país para devastá-lo. 6 Por causa
dos madianitas Israel ficou reduzido a
grande miséria, e os israelitas clamaram a Javé.

7 Quando os israelitas clamaram* a
Javé por causa dos madianitas, 8 Javé
enviou-lhes um profeta que lhes disse: "Assim fala Javé, Deus de Israel: 'Eu
vos tirei do Egito e vos fiz sair da casa
da servidão. 9 Libertei-vos da mão dos
egípcios e de todos os vossos opressores. Expulsei-os da vossa frente e vos
dei a terra deles. 10 Eu vos disse tam-
bém: Eu sou Javé, vosso Deus; não ve-

* **5**,19. Sl 48,5 / 4,14 | 20. Js 10,10-14; 2Sm 5,24; Sl 18,14s | 24. Jt 13,18; Lc 1,42 | 31. 2Sm 23,3-7; Dn 12,3; Mt 13,43 | **6**,2. 1Sm 13,6 | 4. Lv 26,16; Dt 28,31s | 7. 2,1-5

† **5**,31. Os inimigos de Israel são inimigos do próprio Javé, por isso devem morrer, Sl 73,27.

nereis os deuses dos amorreus em cuja
terra habitais! Vós, porém, não obede-
cestes a minha voz'".
Missão de Gedeão. 11Veio o anjo de
Javé e sentou-se debaixo do carvalho
de Efra,* que pertencia a Joás de Abie-
zer, quando Gedeão, seu filho, estava
malhando o trigo no lagar†, para es-
condê-lo dos madianitas. 12O anjo de
Javé apareceu-lhe e disse: "Javé está
contigo, valente guerreiro!" 13Gedeão
respondeu: "Por favor, meu senhor, se
Javé está conosco, por que nos acon-
teceu tudo isso? Onde estão todos os
prodígios que nossos pais nos conta-
ram, dizendo: 'Javé não nos tirou do
Egito?' Mas agora Javé nos abandonou
e nos entregou nas mãos dos madia-
nitas". 14Javé voltou-se para ele* e dis-
se: "Vai com esta tua força. Tu livrarás
Israel das mãos dos madianitas. Não
sou eu que te envio?" 15Respondeu
Gedeão: "Por favor, meu senhor, como
poderei salvar Israel? Minha família é
a mais humilde de Manassés, e eu sou
o menor na casa de meu pai". 16Disse-
-lhe Javé: "Eu estarei contigo, e tu der-
rotarás os madianitas como se fossem
um só homem". 17Gedeão lhe disse:
"Se encontrei graça* a vossos olhos,
dai-me um sinal* de que sois vós que
falais comigo. 18Peço-vos que não vos
afasteis daqui até que eu volte a vós,
traga minha oferenda e a coloque a
vossa frente". Ele respondeu: "Ficarei
até voltares".

19Gedeão foi, preparou um cabrito
e, com um efá de farinha, fez pães ázi-
mos; pôs a carne num cesto e o caldo
numa panela, levou-os para debai-
xo do carvalho e os apresentou 20ao
anjo de Javé, que lhe disse: "Toma a
carne e os pães ázimos, coloca-os so-
bre esta pedra e derrama o caldo por
cima". Ele assim o fez. 21Então o anjo
de Javé estendeu a vara que tinha na
mão e tocou a carne e os pães ázimos.
Da rocha saiu um fogo que consumiu
a carne e os pães ázimos;* e o anjo de
Javé desapareceu de sua vista. 22Ge-
deão percebeu que era o anjo de Javé
e exclamou: "Ai de mim, Senhor Javé!
Pois vi o anjo de Javé face a face!"
23Javé lhe disse: "A paz esteja contigo!
Não temas, não morrerás"†. 24Gedeão
ergueu ali um altar e chamou-o "Javé
é paz"; ele existe* até o dia de hoje em
Efra de Abiezer.
Gedeão destrói o altar de Baal. 25Na-
quela mesma noite Javé disse a Gedeão:
"Toma o touro de teu pai, o segundo
touro de sete anos; destrói o altar de
Baal* que pertence a teu pai e derru-
ba o tronco idolátrico que está perto
dele. 26Edifica um altar a Javé, teu Deus,
no alto desta rocha, em lugar conve-
niente; toma depois o segundo touro e
oferece-o em holocausto sobre a lenha
do tronco idolátrico que vais derrubar".
27Gedeão tomou consigo dez homens
dentre seus servos e fez como Javé lhe
ordenara; mas, por medo da família de
seu pai e do povo da cidade, não o fez
de dia, mas sim de noite. 28Na manhã
seguinte, quando os habitantes da ci-
dade se levantaram, viram que estava
destruído o altar de Baal, derrubado
o tronco idolátrico que ficava perto
dele e que o segundo touro tinha sido
imolado sobre o altar recém-construí-
do. 29Perguntaram-se uns aos outros:
"Quem fez isto?" Depois de indagar e
procurar, disseram: "Foi Gedeão, filho
de Joás, que fez isto". 30Então a gen-
te da cidade disse a Joás: "Traze para
fora teu filho para que seja morto,
pois destruiu o altar de Baal e cortou o
tronco sagrado que ficava perto dele".
31Mas Joás respondeu* a todos os que
se puseram contra ele: "Quereis ser os
defensores da causa de Baal? Quereis
vir em seu auxílio? Quem lutar por Baal
será morto antes do amanhecer. Se ele
é deus, defenda ele mesmo sua causa,
porque foi demolido seu altar". 32Na-
quele dia deram a Gedeão o nome de

---

* **6**,11. Gn 16,7; Js 17,2; Nm 26,30 | 14. Êx 3,10-12 | 17. Êx 4,1-9 / 1Sm 14,10 | 21. Lv 9,24; 1Rs 18,38; 1Cr 21,26 | 24. Js 22,34 | 25. Êx 34,13 | 31. Dt 17,2-5 | 33. 3,10

† **6**,11. Lagar é onde se espremem as uvas para fazer vinho. Em suas incursões, os madianitas roubavam os produtos das colheitas. | **6**,23. Pensavam que morreria quem visse a Deus, Dt 5,26; Jz 13,22.

Jerobaal, porque se dizia: "Que Baal se defenda contra ele, porque demoliu seu altar".

Invasão dos madianitas. Prodígio do velo. 33Todos os madianitas, os amalecitas e os filhos do oriente se aliaram, atravessaram o Jordão e acamparam na planície* de Jezrael. 34Então o espírito de Javé revestiu Gedeão, que tocou a trombeta, e o clã de Abiezer foi convocado a segui-lo. 35Enviou mensageiros* a todo o Manassés, que também foi convocado a segui-lo. Mandou mensageiros às tribos de Aser, Zabulon e Neftali, que igualmente subiram a seu encontro.*

36Gedeão disse a Deus: "Se realmente quereis salvar Israel por meu intermédio, como dissestes, 37eu porei um velo de lã na eira; se somente o velo se cobrir de orvalho, ficando seco todo o terreno, saberei que libertareis Israel por meu intermédio, como dissestes". 38E assim aconteceu: na manhã seguinte levantou-se, apertou o velo, e com o orvalho que espremeu dele encheu uma bacia. 39Gedeão disse ainda a Deus: "Não vos irriteis contra mim se vos falo mais uma única vez. Permiti, por favor, que eu faça mais uma vez a prova do velo: que somente o velo fique enxuto e haja orvalho no terreno todo". 40E Deus assim fez naquela noite: somente o velo ficou enxuto e sobre o terreno todo havia orvalho.

7 **Escolha dos trezentos guerreiros.** 1Jerobaal, que é o mesmo Gedeão, e todo o povo que estava com ele, levantaram-se cedo e foram acampar perto da fonte de Harod; o acampamento dos madianias ficava ao norte do seu, ao pé da colina de Moré, no vale. 2Então Javé disse a Gedeão: "O povo que está contigo é numeroso demais para que eu entregue os madianitas em suas mãos. Assim Israel poderia gloriar-se* a minhas custas†, dizendo: 'Foi minha mão que me salvou!' 3Proclama o seguinte aos ouvidos do povo: 'Quem tem medo e treme, volte para trás e retire-se da montanha de Galaad'". Regressaram vinte e dois mil homens do povo, restando dez mil. 4Javé disse a Gedeão: "Ainda há gente demais. Faze-os descer à água e ali os porei à prova para ti. Aquele de quem eu disser: 'Este irá contigo', ele te seguirá; e todo aquele de quem eu te disser: 'Este não irá contigo', ele não irá". 5Gedeão fez o povo descer à água; e Javé lhe disse: "Todos aqueles que lamberem a água com a língua, como faz o cão, tu os porás de um lado; e todos aqueles que se ajoelharem para beber, tu os porás do outro lado". 6O número dos homens que lamberam a água, levando-a à boca com a mão, foi de trezentos; todo o restante do povo se ajoelhou para beber. 7Então Javé disse a Gedeão: "É com esses trezentos homens que lamberam a água que vos libertarei, entregando os madianitas em tuas mãos. Que todo o grosso do povo volte para suas casas". 8A tropa tomou nas mãos as provisões e suas trombetas, e Gedeão despediu todos os outros israelitas cada qual para sua tenda, ficando com os trezentos homens. O acampamento dos madianitas estava embaixo, no vale.

O sonho do madianita. 9Naquela noite Javé disse a Gedeão: "Levanta-te e desce ao acampamento porque o entrego em tuas mãos. 10Se, porém, tens medo de descer, desce ao acampamento com teu servo Fara 11e escuta o que eles dizem; tu então te sentirás encorajado e atacarás o acampamento". Desceu com Fara, seu servo, até os postos avançados dos homens armados do acampamento. 12Os madianitas, os amalecitas e todos os filhos do oriente estavam espalhados pelo vale, numerosos como gafanhotos, e seus camelos eram inumeráveis como a areia na praia do mar. 13Quando Gedeão chegou,* um homem estava contando um sonho a

---

* **6**,35. 3,27; 7,23s / 6,17 | **7**,2. Dt 8,17s; Am 6,13; Dt 20,8; 1Mc 3,56 | 13. 6,5; Êx 10,14s; Jr 46,23; Jl 1,6s

† **7**,2. Com um número reduzido de combatentes, a vitória será mais claramente obra de Deus. | 13. O pão de cevada representa Israel, povo sedentário, e a tenda representa os madianitas, seminômades.

seu companheiro, dizendo: "Tive um
sonho: vi um pão de cevada que rola-
va pelo acampamento dos madianitas;
quando chegou à tenda, bateu nela,
derrubou-a e ela se virou de cima para
baixo, ficando estendida no chão"†. 14O
companheiro disse-lhe: "Isto não é ou-
tra coisa senão a espada de Gedeão, fi-
lho de Joás, o israelita. Deus entregou-
-lhe nas mãos os madianitas e todo o
acampamento!"
Primeira vitória de Gedeão. 15Ao ou-
vir a narração do sonho e sua explica-
ção, Gedeão se prostrou; depois voltou
ao acampamento de Israel e disse: "Le-
vantai-vos, que Javé entregou em vos-
sas mãos o acampamento dos madia-
nitas!" 16Repartiu os trezentos homens
em três batalhões, entregou a todos
eles trombetas e cântaros vazios com
tochas dentro dos cântaros 17e lhes
disse: "Olhai para mim e fazei como
eu; quando eu chegar à extremidade
do acampamento, o que eu fizer, fazei-
-o vós também. 18Quando eu tocar a
trombeta com todos os que estiverem
comigo, vós também tocareis as trom-
betas em volta de todo o acampamen-
to e gritareis: 'Por Javé e por Gedeão!'"
19Gedeão e os cem homens que o
acompanhavam chegaram à extremi-
dade do acampamento no início da
vigília da meia-noite, quando acaba-
vam de se trocar as sentinelas; tocaram
as trombetas e quebraram os cânta-
ros que tinham nas mãos. 20Então os
três batalhões tocaram as trombetas
e quebraram os cântaros; seguravam
com a mão esquerda as tochas e com
a direita as trombetas, para tocá-las, e
gritaram: "Espada por Javé e por Ge-
deão!" 21Cada qual ficou em seu lugar,
ao redor do acampamento, e todo o
acampamento se pôs a correr, a gri-
tar e a fugir. 22Enquanto os trezentos
continuavam a tocar as trombetas, Javé
fez com que a espada de cada madia-
nita se voltasse contra o próprio com-
panheiro, em todo o acampamento, e
o exército fugiu* até Bet-Seta, rumo a
Serera, até a margem de Abel-Meúla,
defronte de Tebat. 23Então os israelitas
de Neftali, de Aser e de todo o Manas-
sés se reuniram e perseguiram os ma-
dianitas. 24Gedeão enviou mensageiros
por toda a montanha de Efraim para
dizerem: "Descei ao encontro dos ma-
dianitas e ocupai antes deles os cursos
de água e o Jordão até Bet-Bera". To-
dos os efraimitas se reuniram e ocupa-
ram os cursos de água até Bet-Bera e o
Jordão. 25Capturaram os dois príncipes
madianitas, Oreb e Zeb,* e mataram
Oreb no rochedo de Oreb, e Zeb no
lagar de Zeb. Continuaram a perseguir
os madianitas e levaram as cabeças de
Oreb e de Zeb a Gedeão, do outro lado
do Jordão.

8 **Murmurações contra Gedeão.**
1Os efraimitas disseram* a Ge-
deão: "Que é isto que nos fizeste, não
nos chamando quando foste combater
contra os madianitas?" E discutiram
duramente com ele. 2Mas ele lhes dis-
se: "O que eu fiz em comparação con-
vosco? Não vale mais o resto das uvas
de Efraim do que a vindima de Abiezer?
3Foi em vossas mãos que Javé pôs os
príncipes dos madianitas, Oreb e Zeb;
que pude fazer em comparação con-
vosco?" Diante dessas palavras o res-
sentimento deles se aplacou.
4Gedeão e os trezentos homens che-
garam ao Jordão e o atravessaram,
continuando a perseguição, apesar de
cansados. 5Disse ele aos habitantes de
Sucot: "Dai, por favor, pão aos homens
que me acompanham, pois estão ex-
tenuados, e estou perseguindo Zebá
e Sálmana, reis de Madiã". 6Mas os
chefes de Sucot responderam: "Aca-
so já estão em teu poder Zebá e Sál-
mana, para que tenhamos de dar pão
a tuas tropas?" 7Gedeão respondeu:
"Pois bem, quando Javé tiver posto
Zebá e Sálmana em minhas mãos, eu
vos açoitarei com espinhos e cardos
do deserto". 8De lá subiu para Fanuel e
falou aos moradores do mesmo modo;
eles lhe responderam como os de Su-
cot. 9Ele disse também aos habitantes

* **7**,22. 2Cr 24,23 | 25. Sl 83,12 | **8**,1. 6,35; 7,24

de Fanuel: "Quando voltar são e salvo,
destruirei esta torre".

Derrota e morte de Zebá e Sálmana.
10Zebá e Sálmana estavam em Carcar
com seu exército, uns quinze mil ho-
mens, todos os sobreviventes de todo
o exército dos filhos do oriente, pois
tinham sido mortos cento e vinte mil
soldados. 11Gedeão subiu pelo cami-
nho dos nômades, a leste de Nobe e
de Jegbaá, e derrotou o acampamento
que se julgava em segurança. 12Zebá
e Sálmana escaparam, mas Gedeão os
perseguiu e capturou esses dois reis
madianitas, Zebá e Sálmana, e desba-
ratou todo o exército. 13Depois, Ge-
deão, filho de Joás, voltou da batalha
pela subida de Hares; 14prendeu um ra-
paz de Sucot para interrogá-lo, e este
lhe deu por escrito os nomes dos che-
fes e dos anciãos de Sucot: setenta e
sete homens. 15Gedeão se apresentou
aos habitantes de Sucot e lhes disse:
"Aqui estão Zebá e Sálmana, a respei-
to dos quais me insultastes, dizendo:
'Acaso já estão em teu poder Zebá e
Sálmana, para que demos pão a teus
homens cansados?'" 16Tomando os an-
ciãos da cidade, castigou os homens de
Sucot com os espinhos e os cardos do
deserto. 17Destruiu a torre de Fanuel
e massacrou os habitantes da cidade.
18Depois perguntou a Zebá e Sálmana:
"Como eram os homens que matastes
no Tabor?" Responderam: "Eram como
tu, cada um deles parecia filho de rei".
19Replicou ele: "Eram meus irmãos, fi-
lhos de minha mãe! Pela vida de Javé!
Se os tivésseis deixado vivos, não vos
mataria!" 20Depois disse a Jeter, seu
primogênito: "Levanta-te, mata-os!"
Mas ele não puxou da espada, porque
sendo ainda muito novo tinha medo.
21Então Zebá e Sálmana disseram: "Le-
vanta-te e mata-nos tu mesmo, por-
que assim como é o homem, assim é
sua força". Gedeão levantou-se, matou
Zebá e Sálmana* e tirou os enfeites de
meias-luas que seus camelos levavam
ao pescoço.

Gedeão recusa a realeza. 22Os israeli-
tas disseram a Gedeão: "Sê nosso go-
vernante, tu, teu filho e teu neto, pois
nos livraste do poder dos madianitas".
23Respondeu-lhes Gedeão: "Não sou
eu que vos governarei, nem meu filho:
é Javé que vos governará". 24Disse-lhes
ainda Gedeão: "Gostaria de fazer-vos
um pedido: que cada um de vós me dê
um anel de seus despojos". Os inimi-
gos tinham anéis de ouro, por serem
ismaelitas. 25Responderam* eles: "De
bom grado os daremos". Estenderam
um manto, no qual cada um lançou
um anel* de seus despojos. 26O peso
dos anéis de ouro que Gedeão tinha
pedido foi de mil e setecentos siclos,
sem contar as meias-luas, os brincos, as
vestes de púrpura que usavam os reis
madianitas e os colares que seus ca-
melos traziam ao pescoço. 27Com este
ouro, Gedeão fez um efod† e o colocou
em sua cidade, Efra.* Todo Israel foi lá
prostituir-se com ele, e isto veio a ser
um tropeço para Gedeão e sua família.

28Assim os madianitas foram humi-
lhados diante dos israelitas e não mais
levantaram a cabeça; e a terra ficou em
paz durante quarenta anos,* o tempo
que viveu Gedeão.

29Jerobaal, filho de Joás, foi morar em
sua casa. 30Gedeão teve setenta filhos,
nascidos dele, pois tinha muitas mulhe-
res. 31Sua concubina que morava em
Siquém gerou-lhe também um filho, a
quem deu o nome de Abimelec. 32Ge-
deão, filho de Joás, morreu após uma
velhice feliz e foi sepultado no túmulo
de Joás, seu pai, em Efra de Abiezer.

33Depois que morreu Gedeão, os is-
raelitas voltaram a prostituir-se com os
ídolos de Baal e fizeram de Baal-Berit†
seu deus, 34não se lembrando mais de
Javé, seu Deus, que os havia libertado

---

* **8**,21. 9,54; Sl 83,12 | 25. Nm 31,28s.50s / 2Sm 8,11s | 27. 17-18; 1Rs 12,26-32 | 28. 3,11

† **8**,27. A palavra efod, que em Êx 28 designa uma peça do vestuário sacerdotal, aqui indica uma estátua, um ídolo. Assim Gedeão, ao mesmo tempo que professa a soberania de Javé, não aceitando a realeza, arrasta o povo à idolatria, | 33. Baal-Berit quer dizer senhor da aliança. El Berit, 9,46, significa deus da aliança; são divindades cananeias.

de todos os inimigos ao redor. 35Não demonstraram gratidão alguma para com a casa de Jerobaal-Gedeão* por todo o bem que tinha feito a Israel.

9 **Abimelec se faz rei.** 1Abimelec, filho de Jerobaal, foi a Siquém à procura dos irmãos de sua mãe e assim falou a eles e a todo o clã da casa paterna de sua mãe: 2"Dizei a todos os senhores de Siquém: 'O que é melhor para vós: que vos governem setenta homens, isto é, todos os filhos de Jerobaal, ou que vos governe um só?' Lembrai-vos que eu sou de vosso osso e de vossa carne". 3Os irmãos de sua mãe repetiram essas palavras aos senhores de Siquém, e o coração deles se inclinou para Abimelec, porque disseram: "É nosso irmão". 4Deram-lhe setenta siclos de prata do templo de Baal-Berit, com os quais Abimelec* contratou homens ordinários e aventureiros que o seguiram. 5Foi à casa de seu pai, em Efra, e massacrou de uma só vez seus irmãos, os filhos de Jerobaal, setenta homens. Mas Joatão, o filho mais jovem de Jerobaal, escapou, porque tinha-se escondido. 6Então se reuniram todos os habitantes de Siquém e toda a Bet-Melo e foram proclamar rei a Abimelec, junto do carvalho da estela* que está em Siquém.

Apólogo de Joatão. 7Ao saber disso, Joatão* subiu ao cume do monte Garizim e gritou-lhes em alta voz: "Ouvi-me, senhores de Siquém! E que Deus vos ouça! 8Um dia, as árvores se puseram a caminho para ungir um rei que reinasse sobre elas†. Disseram à oliveira: 'Reina sobre nós'. 9Respondeu-lhes a oliveira: 'Hei de renunciar a meu azeite, com o qual se dá honra a Deus e aos homens,* para agitar-me acima das árvores?' 10Então as árvores disseram à figueira: 'Vem tu, e reina sobre nós'. 11Respondeu-lhes a figueira: 'Hei de renunciar a minha doçura e a meu fruto saboroso, para agitar-me acima das árvores?' 12Disseram então à videira: 'Vem tu, e reina sobre nós'. 13Respondeu, porém, a videira: 'Hei de renunciar a meu vinho, alegria de Deus* e dos homens, para agitar-me sobre as árvores?' 14Então todas as árvores disseram ao espinheiro: 'Vem tu, e reina sobre nós!' 15O espinheiro respondeu: 'Se realmente quereis ungir-me vosso rei, vinde e abrigai-vos a minha sombra; mas se não, que saia fogo do espinheiro e devore os cedros do Líbano!' 16Pois bem! Se procedestes com lealdade e retidão proclamando Abimelec como rei, se agistes corretamente com Jerobaal e sua casa, se o tratastes como mereciam seus atos – 17pois meu pai combateu por vós e, arriscando sua vida, vos libertou da opressão dos madianitas, 18mas vos levantastes hoje contra a casa de meu pai e matastes seus filhos, setenta homens de uma só vez, e proclamastes rei dos senhores de Siquém a Abimelec, filho de uma escrava de meu pai, porque é vosso irmão –; 19se, portanto, agistes hoje com lealdade e retidão com Jerobaal e sua casa, que Abimelec vos faça felizes e que vós o façais feliz igualmente. 20Do contrário, que saia de Abimelec um fogo* que devore os senhores de Siquém e de Bet-Melo, e saia dos senhores de Siquém e de Bet-Melo um fogo que devore Abimelec!" 21Depois, Joatão fugiu correndo e refugiou-se em Bera, onde habitou para escapar de seu irmão Abimelec.

Revolta contra Abimelec. 22Abimelec governou Israel por três anos. 23Depois, Deus suscitou um espírito de discórdia entre ele e os senhores de Siquém, e estes traíram Abimelec 24para vingar a violência feita aos setenta filhos de Jerobaal e fazer recair o sangue deles sobre Abimelec, seu irmão, que os havia massacrado, e sobre os senhores de Siquém que o tinham ajudado a matar

---

* **8**,35. 9,16 | **9**,4. 8,33 | 6. Js 24,26 | 7. Js 8,33 | 9. Sl 104,15 | 13. Sl 104,15; Eclo 31,32-36; Pr 31,6; Ecl 9,7 | 20. 9,49

† **9**,8. Este apólogo ridiculariza a presunção de Abimelec de tornar-se rei: as árvores nobres recusam a realeza, mas ele, que é como o espinheiro, a aceita.

seus irmãos. [25]Os senhores de Siquém armaram emboscadas contra ele nos cimos dos montes, assaltando todos os que passavam por lá; e Abimelec foi informado disso.

[26]Gaal, filho de Obed, passou por Siquém com seus irmãos, e os senhores de Siquém puseram nele sua confiança. [27]Saíram em campo, vindimaram suas vinhas, pisaram as uvas e fizeram festa; depois entraram no templo de seu deus, comeram e beberam, amaldiçoando Abimelec. [28]Disse Gaal, filho de Obed: "Quem é Abimelec e o que é Siquém, para estarmos a seu serviço? O próprio filho de Jerobaal e Zebul,* seu oficial, serviram outrora aos homens de Hemor, pai de Siquém; por que haveríamos de servir a Abimelec? [29]Ah! se eu tivesse este povo em minhas mãos! Expulsaria Abimelec e lhe diria: 'Aumenta teu exército e vem enfrentar-me!'" [30]As palavras de Gaal, filho de Obed, chegaram aos ouvidos de Zebul, prefeito da cidade, o qual se encheu de ira [31]e em segredo mandou mensageiros a Abimelec para dizer-lhe: "Gaal, filho de Obed, e seus irmãos vieram a Siquém e incitam a cidade contra ti. [32]Sai, pois, esta noite, tu e as tropas que estão contigo, e arma uma emboscada no campo. [33]Amanhã cedo, ao nascer o sol, levanta-te e ataca a cidade; quando Gaal e sua gente sair contra ti, faze com ele como puderes".

Abimelec derrota os siquemitas. [34]Abimelec e sua gente se levantaram durante a noite e puseram-se em emboscada contra Siquém, divididos em quatro grupos. [35]Entretanto Gaal, filho de Obed, saiu e parou diante da porta da cidade. Então Abimelec saiu da emboscada com seus soldados. [36]Vendo aquela tropa, Gaal disse a Zebul: "Há gente descendo dos cimos dos montes". Zebul respondeu: "Tu tomas por gente a sombra dos montes". [37]Gaal, porém, insistiu: "Há gente descendo do lado do Umbigo da Terra e um outro grupo que vem pelo caminho do carvalho dos Adivinhos". [38]Então Zebul lhe disse: "Onde está agora tua jactância, com a qual dizias: 'Quem é Abimelec para que o sirvamos?' Não é esse o povo que desprezavas? Sai agora e combate contra ele". [39]Gaal saiu à frente dos siquemitas e combateu contra Abimelec. [40]Mas Abimelec perseguiu Gaal, que fugiu diante dele, e muitos caíram mortos até a porta da cidade. [41]Abimelec ficou em Aruma, ao passo que Zebul expulsou Gaal e seus irmãos, impedindo-os de morar em Siquém.

Destruição de Siquém. [42]No dia seguinte, o povo saiu ao campo, e Abimelec soube disso. [43]Tomou seu exército, dividiu-o em três grupos e os pôs de emboscada no campo. Quando viu o povo saindo da cidade, levantou-se contra eles e os atacou. [44]Abimelec e o grupo que estava com ele correram e tomaram posição à entrada da porta da cidade, enquanto os outros dois grupos se lançavam sobre todos os que estavam no campo e os matavam. [45]Abimelec lutou aquele dia inteiro contra a cidade, apoderou-se dela e massacrou a população; arrasou a cidade e espalhou sal sobre ela.

[46]Sabendo disso, todos os senhores de Magdol-Siquém se refugiaram na cripta do templo de El-Berit. [47]Informado de que todos os senhores* de Magdol-Siquém se haviam reunido lá, [48]Abimelec subiu ao monte Salmon com toda a gente que o acompanhava e, tomando um machado, cortou um galho de árvore, colocou-o sobre o ombro e disse aos que estavam com ele: "O que me vistes fazer, fazei-o também vós, depressa". [49]Então todos os homens cortaram galhos e seguiram Abimelec; amontoaram os galhos sobre a cripta e a incendiaram sobre os que lá se achavam. Assim morreram todos os habitantes de Magdol-Siquém, umas mil pessoas, entre homens e mulheres.

Morte de Abimelec. [50]Depois, Abimelec marchou contra Tebes, sitiou-a e tomou-a. [51]No meio da cidade havia uma torre fortificada, na qual se refu-

---

* **9**,28. Gn 34 | 47. 8,33; 9,4

giaram todos os homens e mulheres e
todos os senhores da cidade; fecharam
atrás de si a porta da torre e subiram
a seu terraço. 52Abimelec chegou até
a torre e a atacou; aproximou-se da
porta para lhe atear fogo, 53mas uma
mulher lhe atirou na cabeça a pedra de
um moinho, quebrando-lhe o crânio.
54Abimelec chamou logo seu escudei-
ro e lhe disse: "Pega tua espada e me
mata,* para que não digam de mim:
'Uma mulher o matou!'" O escudeiro
o traspassou e ele morreu. 55Quando
os israelitas viram que Abimelec esta-
va morto, voltaram cada qual para sua
casa. 56Desse modo, Deus fez recair
sobre Abimelec o mal que havia feito
a seu pai, massacrando seus setenta ir-
mãos. 57Também todo o mal feito pelos
siquemitas, Deus o fez recair sobre a
cabeça deles; foi assim que se cumpriu
sobre eles a maldição de Joatão, filho
de Jerobaal.*

10 **Juízes Tola e Jair.** 1Depois de
Abimelec, surgiu para salvar
Israel Tola,* filho de Fua, filho de Dodo,
da tribo de Issacar. Morava em Samir,
na montanha de Efraim, 2e governou
Israel durante vinte e três anos. Depois
morreu e foi sepultado em Samir.

3Depois dele surgiu Jair, de Galaad,*
que foi juiz em Israel durante vinte e
dois anos. 4Tinha trinta filhos, que
montavam trinta jumentos e possuíam
trinta cidades, chamadas ainda hoje al-
deias de Jair,* situadas na terra de Ga-
laad. 5Depois Jair morreu e foi sepulta-
do em Camon.

Opressão dos amonitas. 6Os israelitas
recomeçaram* a fazer o que desagrada
a Javé, servindo aos ídolos de Baal, às
astartes e aos deuses dos arameus, dos
sidônios, dos moabitas, dos amonitas e
dos filisteus. Abandonaram Javé e não
o serviram mais. 7Por isso acendeu-se
contra os israelitas a ira de Javé, que os
entregou ao poder dos filisteus e dos
amonitas. 8A partir daquele ano, estes
oprimiram e afligiram durante dezoito
anos todos os israelitas que habitavam
além do Jordão, na terra dos amorreus,
em Galaad. 9Os amonitas atravessa-
ram* o Jordão para combater também
contra as tribos de Judá, de Benjamim
e de Efraim, e foi grande a aflição de
Israel.

10Então os israelitas clamaram a Javé,
dizendo: "Pecamos contra vós, porque
abandonamos nosso Deus e servimos
aos ídolos de Baal". 11Javé respondeu-
-lhes: "Quando os egípcios, os amor-
reus, os amonitas, os filisteus, 12os si-
dônios, Amalec e Maon vos oprimiram,
e clamastes a mim, não vos salvei de
suas mãos? 13Vós, porém, me aban-
donastes e servistes a outros deuses.
Por isso não vos salvarei mais. 14Ide
e clamai aos deuses que escolhestes;
que vos livrem eles no tempo de vossa
angústia!" 15Os israelitas responderam
a Javé: "Nós pecamos; fazei de nós o
que vos parecer bom, mas, por favor,
livrai-nos hoje!" 16Tiraram de seu meio
os deuses estrangeiros e serviram a
Javé, que não aguentou mais ver Israel
sofrer.

17Os amonitas se reuniram e acam-
param em Galaad, ao passo que os is-
raelitas se reuniram e acamparam em
Masfa. 18Então o povo e os anciãos de
Galaad perguntaram uns aos outros:
"Quem vai começar a batalha contra os
amonitas? Ele vai chefiar todos os habi-
tantes de Galaad".

11 **Jefté é eleito juiz.** 1Jefté, o
galaadita, era um guerreiro va-
lente. Era filho de uma prostituta, e seu
pai era Galaad. 2A mulher de Galaad
também lhe deu filhos, os quais, depois
de crescidos, expulsaram Jefté de casa,
dizendo-lhe: "Não terás herança na
casa de nosso pai,* pois és filho de ou-
tra mulher". 3Jefté fugiu para longe de
seus irmãos e foi morar na terra de Tob.
Em torno dele se reuniram homens or-
dinários que assaltavam com ele.

4Passado algum tempo, os amonitas
entraram em guerra contra Israel; 5e

* **9**,54. 1Sm 31,4 | 57. 9,20 | **10**,1. 1Cr 7,1-5 | 3. Nm 32,41; 1Cr 2,21-23 | 4. 12,14 | 6. 2,13 | 9. Nm 21,21-35
11,2. Gn 21,10

quando os amonitas atacaram Israel, os anciãos de Galaad foram buscar Jefté na terra de Tob 6e lhe disseram: "Vem, sê nosso chefe na guerra contra os amonitas". 7Jefté respondeu aos anciãos de Galaad: "Não sois vós que me odiáveis e me expulsastes de minha casa paterna? Por que recorreis a mim, agora que vos achais na aflição?" 8Os anciãos responderam: "É por isso que voltamos a ti agora, para que venhas conosco combater contra os amonitas; serás nosso chefe e o de todos os habitantes de Galaad". 9Disse Jefté aos anciãos de Galaad: "Se vós me reconduzis para combater contra os amonitas, e se Javé os entregar em meu poder, serei eu vosso chefe?" 10Responderam a Jefté os anciãos de Galaad: "Que Javé seja testemunha entre nós, se não fizermos o que estás dizendo". 11Jefté foi com os anciãos de Galaad, e o povo o aclamou seu chefe e comandante. E Jefté repetiu todas as suas palavras na presença de Javé, em Masfa.

Negociações entre Jefté e o rei de Amon. 12Jefté enviou mensageiros ao rei dos amonitas para lhe dizer: "Que há entre mim e ti, para que venhas contra mim, para fazer guerra a meu país?" 13O rei dos amonitas disse aos mensageiros de Jefté: "É porque, quando Israel subiu do Egito, tomou minha terra desde o Arnon até o Jaboc e até o Jordão. Devolve-a agora pacificamente". 14Jefté enviou de novo mensageiros ao rei dos amonitas 15para dizer-lhe: "Assim fala Jefté: Israel não tomou a terra de Moab nem a dos amonitas; 16porque, quando saiu do Egito, Israel andou pelo deserto até o mar Vermelho e chegou a Cades. 17Então Israel enviou embaixadores ao rei de Edom, dizendo: 'Por favor, deixa-me atravessar* teu país', mas o rei de Edom não permitiu. Enviou-os também ao rei de Moab, o qual recusou. E Israel permaneceu em Cades. 18Depois caminhou pelo deserto, contornou o país de Edom e de Moab e chegou ao oriente do país de Moab. Acampou do outro lado do Arnon, sem entrar no país de Moab, pois o Arnon* é o limite de Moab. 19Israel enviou depois mensageiros a Seon, rei dos amorreus, rei de Hesebon, para dizer-lhe: 'Deixa-me, por favor, atravessar teu país para alcançar meu destino'. 20Mas Seon não confiou em Israel para lhe dar passagem por seu território; ao contrário, reuniu toda a sua gente, acampou em Jasa e atacou Israel. 21Mas Javé, Deus de Israel, entregou Seon e todo o seu povo nas mãos de Israel, que os venceu; assim Israel conquistou todo o país dos amorreus, que habitavam naquela região. 22Apoderou-se de todo o território dos amorreus desde o Arnon até o Jaboc e desde o deserto até o Jordão. 23E agora que Javé, Deus de Israel, desalojou os amorreus diante de Israel, seu povo, pretendes tomar-lhe a terra? 24Não possuis aquilo que Camos, teu deus, te dá como propriedade? Assim também nós possuiremos tudo o que Javé desapropriou a nossa frente†. 25Serias tu maior que Balac, filho de Sefor, rei de Moab? Contendeu ele com Israel? Entrou em guerra contra ele? 26Faz trezentos anos* que os israelitas habitam em Hesebon e suas vilas, em Aroer e suas vilas e em todas as cidades às margens do Arnon; por que não procuraste retomá-las durante esse tempo? 27Eu não te fiz nenhum mal, mas ages mal para comigo, declarando-me guerra. Que Javé seja juiz entre os israelitas e os amonitas!" 28Mas o rei dos amonitas não atendeu às palavras que Jefté lhe mandara dizer.

A promessa de Jefté. 29O espírito de Javé veio* sobre Jefté, o qual atravessou Galaad e Manassés, passou por Masfa de Galaad, e dali chegou até os amonitas. 30Jefté fez uma promessa* a Javé, dizendo: "Se entregardes os amonitas em meu poder, 31o ser vivo que sair da porta de minha casa para vir a meu encontro, quando eu voltar são e

---

* **11**,17. Nm 20,14-21 | 18. Nm 21,21-35; Dt 2,26-37 | 26. Nm 22-24; Js 24,9s | 29. 3,10 | 30. 2Rs 3,27; Mq 6,7

† **11**,24. Jefté argumenta a partir da crença de que cada deus é senhor de um território.

salvo do combate contra os amonitas, pertencerá a Javé, e o oferecerei em holocausto". 32 Jefté marchou contra os amonitas para combatê-los, e Javé os entregou em seu poder. 33 Ele os derrotou desde Aroer até a entrada de Menit, vinte cidades, e até Abel-Carmim. Com essa tremenda derrota, os amonitas foram subjugados pelos israelitas.

34 Quando Jefté estava voltando para casa, em Masfa, sua filha saiu para recebê-lo, dançando ao som de tamborins. Era sua filha única:* além dela não tinha filho nem filha. 35 Ao vê-la, rasgou suas vestes e exclamou: "Ai, minha filha, tu me afundas na desgraça! És do número dos que me arruínam! Pois dei minha palavra a Javé, e não posso voltar atrás". 36 Ela respondeu: "Meu pai,* se deste tua palavra a Javé, faze comigo segundo tua promessa, já que Javé te concedeu vingar-te de teus inimigos, os amonitas". 37 Depois disse ao pai: "Seja-me concedido isto: deixa-me livre por dois meses, para que eu possa vagar pelos montes, chorando minha virgindade† com minhas companheiras". 38 Ele disse: "Vai"; e deixou-a ir durante dois meses. Ela foi pelos montes com suas companheiras e chorou sua virgindade. 39 Passados os dois meses, voltou para junto do pai, o qual cumpriu com ela a promessa que havia feito†. Ela não teve relações com nenhum homem. Daí vem o costume em Israel 40 de as jovens israelitas* chorarem todo ano, por quatro dias, a filha de Jefté, o galaadita.

12 **Queixa e punição dos efraimitas.** 1 Os efraimitas se reuniram* e passaram o Jordão em direção a Safon e disseram a Jefté: "Por que foste combater os amonitas sem nos convidar para ir contigo? Queimaremos tua casa, contigo dentro!" 2 Jefté respondeu-lhes: "Eu e meu povo estávamos em sério conflito com os amonitas. Quando vos pedi auxílio, não viestes para me livrar de suas mãos. 3 Vendo que não me ajudaríeis, arrisquei minha vida marchando contra os amonitas, e Javé os entregou em meu poder. Por que, então, vindes hoje combater-me?" 4 Jefté convocou todos os homens de Galaad e lutou contra os efraimitas, e os homens de Galaad derrotaram os efraimitas, pois estes diziam: "Vós, galaaditas, sois fugitivos de Efraim, morando no meio de Efraim e de Manassés". 5 Os galaaditas* se apoderaram das passagens do Jordão que conduzem a Efraim e, quando os efraimitas fugitivos diziam: "Deixai-me passar", os homens de Galaad lhe perguntavam: "És efraimita?" Se dissesse que não, 6 eles lhe replicavam: "Fala, então, Chibolet". Se falasse* "Sibolet", não conseguindo pronunciar corretamente, eles o agarravam e matavam num dos vaus do Jordão†. Nessa ocasião morreram quarenta e dois mil efraimitas†.

7 Jefté foi juiz de Israel durante seis anos. Depois, Jefté, o galaadita, morreu e foi sepultado em sua cidade em Galaad.

Os juízes Abesã, Elon e Abdon. 8 Depois dele, Abesã, de Belém, governou Israel. 9 Teve trinta filhos e trinta filhas; deu as filhas em casamento a gente de fora e mandou vir de fora trinta noivas para seus filhos. Governou Israel durante sete anos. 10 Morreu e foi sepultado em Belém.

11 Depois dele governou* Israel Elon, da tribo de Zabulon, o qual foi juiz de Israel durante dez anos. 12 Depois, Elon, o zabulonita, morreu e foi sepultado em Aialon, na terra de Zabulon.

13 Depois dele regeu* Israel Abdon, filho de Hilel, da cidade de Faraton. 14 Teve quarenta filhos e trinta netos,

---

* **11**,34. 1Sm 18,6s | 36. Nm 30,3 | **11**,40. 2Cr 35,25 | **12**,1. 8,1-3 | 5. 3,28; 7,24 | 6. Mt 26,73 | 11. Nm 26,26 | 13. 10,4

† **11**,37. Era considerado uma desgraça morrer sem deixar descendência. | 39. Promessa absurda, porque só se pode prometer a Deus o que é lícito e bom. Jefté sentiu-se obrigado a cumpri-la, porque o voto era irrevogável, Nm 30,3. Os sacrifícios humanos existiram em Israel, embora condenados pela lei, Dt 12,31, e pelos profetas, Jr 7,31. | **12**,6. Esta palavra hebraica significa espiga ou torrente. / Foi a primeira guerra civil entre os israelitas.

que montavam setenta jumentos. Julgou Israel durante oito anos. [15]Depois, Abdon, filho de Hilel, o faratonita, morreu e foi sepultado em Faraton, na terra de Efraim, na montanha de Amalec.

13 **Nascimento de Sansão.** [1]Os israelitas recomeçaram a fazer o que desagrada a Javé, e Javé os entregou nas mãos dos filisteus durante quarenta anos. [2]Havia um homem* de Saraá, da tribo de Dã, chamado Manué. Sua mulher, sendo estéril, não tinha gerado filhos. [3]O anjo de Javé* apareceu à mulher e lhe disse: "És estéril, não tens filhos, mas conceberás e darás à luz um filho. [4]Agora pois, cuida de não beber vinho nem qualquer bebida inebriante, nem tomes alimento impuro, [5]pois conceberás e darás à luz um filho. Sobre a cabeça dele jamais passará* a navalha, porque o menino será consagrado a Deus† desde o seio materno, e ele começará a libertar Israel do poder dos filisteus".

[6]A mulher entrou em casa e contou isto ao marido, dizendo: "Veio a mim um homem de Deus, que tinha o aspecto de um anjo de Deus, de tão terrível que era. Não lhe perguntei de onde era, nem ele me disse seu nome. [7]Assim me falou: 'Conceberás e darás à luz um filho. Daqui em diante não bebas vinho nem qualquer bebida inebriante, nem comas nada de impuro, porque o menino será consagrado a Deus desde o seio materno até o dia de sua morte'".

[8]Então Manué suplicou a Javé, dizendo: "Eu vos peço, meu Senhor, que o homem de Deus que nos enviastes, venha outra vez e nos diga como devemos tratar o menino que há de nascer". [9]Deus atendeu à oração de Manué, e o anjo de Deus voltou à mulher enquanto estava sentada no campo; Manué, seu marido, não estava com ela. [10]Ela correu depressa e avisou o marido, dizendo: "Apareceu aquele homem que veio a mim outro dia". [11]Manué levantou-se, acompanhou a mulher e, chegando perto do homem, perguntou-lhe: "És o homem que falou com esta mulher?" Ele respondeu: "Sou eu mesmo". [12]Respondeu Manué: "Quando tua palavra se cumprir, como deverá viver o menino, e que temos de fazer por ele?" [13]O anjo de Javé disse a Manué: "Que a mulher se abstenha de tudo o que lhe falei: [14]não tome nada do que provém da videira, não beba vinho, nem bebida inebriante e não coma nada de impuro; observe tudo o que lhe mandei". [15]Manué disse ao anjo de Javé: "Peço-te que fiques conosco, enquanto te preparamos um cabrito". [16]Mas o anjo de Javé respondeu a Manué: "Ainda que me faças ficar, eu não comeria de teu alimento; mas se queres fazer um holocausto, oferece-o a Javé". Pois Manué não sabia que aquele era o anjo de Javé. [17]Manué perguntou ao anjo de Javé: "Qual é teu nome, para que possamos honrar-te quando se cumprir tua palavra?" [18]O anjo de Javé* respondeu-lhe: "Por que perguntas por meu nome? Ele é maravilhoso!" [19]Manué tomou o cabrito com a oblação e, sobre uma pedra, ofereceu-o em holocausto a Javé, que faz maravilhas. Manué e sua mulher ficaram olhando. [20]Enquanto a chama subia do altar para o céu, o anjo de Javé subiu junto com a chama do altar. Vendo isto, Manué e sua mulher se prostraram com o rosto em terra. [21]O anjo de Javé não apareceu mais a Manué e sua mulher. Então Manué se deu conta de que aquele era o anjo de Javé [22]e disse a sua mulher: "Vamos morrer* certamente, porque vimos a Deus!" [23]Mas a mulher lhe respondeu: "Se Javé nos quisesse fazer morrer, não teria recebido de nossas mãos o holocausto e a oblação, nem nos teria mostrado tudo isso, nem nos teria comunicado agora coisas como essas". [24]A mulher

---

* **13**,2. Js 13,2; 15,33 | 3. Gn 18; 1Sm 1; Lc 1,5-25 | 5. Nm 6,1 | 18. Gn 32,30; Êx 3,14; Ap 19,12 | 22. Êx 33,20 | **13**,24. Hb 11,32

† **13**,5. Bem diferente dos outros juízes, Sansão é um herói popular, um nazireu, Nm 6,1-21, sobre o qual foram conservadas algumas narrativas pitorescas que falam de suas lutas contra os filisteus e de seus amores. Os filisteus só serão plenamente vencidos no tempo de Davi.

deu à luz um filho* e o chamou San-
são. O menino cresceu e Javé o aben-
çoou, 25e o espírito de Javé* começou
a manifestar-se nele no acampamento
de Dã, entre Saraá e Estaol†.

14 Sansão casa-se com uma filisteia.

1Sansão desceu a Tam-
na* e viu lá uma mulher entre as filhas
dos filisteus. 2Ao voltar para casa, infor-
mou seu pai e sua mãe: "Vi em Tamna
uma mulher entre as filhas dos filisteus;
tomai-a por esposa para mim". 3Seu
pai e sua mãe lhe responderam: "Aca-
so não há mulheres* entre as filhas de
teus irmãos ou em todo o nosso povo,
para que vás buscar uma entre os filis-
teus,* esses incircuncisos?" Mas Sansão
disse a seu pai: "Toma-me essa, pois é
dela que gostei". 4Seu pai e sua mãe
não sabiam que isto provinha de Javé,
que buscava uma ocasião de conten-
da com os filisteus, que naquele tempo
dominavam os israelitas.

5Sansão desceu a Tamna com seu pai
e sua mãe; quando chegaram às vinhas
de Tamna, um leãozinho veio a seu en-
contro, rugindo. 6Então o espírito de
Javé* se apoderou de Sansão, e ele, sem
ter nada na mão, despedaçou o leão
como se despedaça um cabrito. Mas
não contou nem ao pai, nem à mãe o
que tinha feito. 7Desceu, conversou com
a mulher, e ela lhe agradou. 8Depois de
algum tempo, ao descer para desposá-
-la, desviou-se do caminho para ver a
carcaça do leão, e viu que havia dentro
dela um enxame de abelhas e mel. 9To-
mou nas mãos um favo e foi comendo
enquanto andava. Quando alcançou seu
pai e sua mãe, deu-lhes do mel, e eles
comeram; mas não lhes disse que havia
tirado aquele mel da carcaça do leão.
10Seu pai foi à casa da mulher, e San-
são deu ali um banquete, porque este
é o costume entre os jovens. 11Quando
o viram, escolheram trinta jovens para
ficarem com ele.

12Sansão lhes disse: "Vou propor-vos
uma adivinhação: se nos sete dias do
banquete souberdes decifrá-la, dando-
-me a resposta certa, eu vos darei trinta
túnicas e trinta mudas de roupa; 13mas,
se não souberdes decifrá-la, me dareis
trinta túnicas e trinta mudas de roupa".
Responderam-lhe: "Propõe tua adivi-
nhação, e nós a ouviremos". 14Disse-
-lhes:

"Do que come saiu comida
e do forte saiu doçura".

Passaram-se três dias sem que ti-
vessem conseguido decifrar a adivi-
nhação. 15No quarto dia disseram à
mulher de Sansão: "Adula teu marido
para que decifre* para nós a adivinha-
ção; do contrário te queimaremos jun-
to com a casa de teu pai. Foi para to-
mar nossas coisas que nos convidas-
te?" 16A mulher de Sansão começou a
chorar junto dele, dizendo-lhe: "Tu me
odeias em vez de me amar: propuses-
-te um enigma a minha gente e não
o explicaste a mim". Respondeu ele:
"Se nem a meu pai, nem a minha mãe
o expliquei, eu o explicaria a ti?" 17Ela
continuou chorando junto dele duran-
te os sete dias que durou o banquete.
No sétimo dia ele lhe deu a solução,
porque ela o importunava. E ela a co-
municou a sua gente. 18No sétimo dia,
antes do pôr do sol, os homens da ci-
dade disseram a Sansão:

"O que é mais doce que o mel?
O que é mais forte que o leão?"

Sansão respondeu-lhes:

"Se não tivésseis arado com minha
novilha, não teríeis descoberto meu
enigma".

19Então o espírito de Javé se apode-
rou dele e, descendo a Ascalon, ma-
tou trinta homens; tomou suas vestes
e deu-as aos que haviam decifrado
o enigma. Cheio de ira, voltou para a
casa paterna. 20E a mulher de Sansão
foi dada ao companheiro que tinha
sido seu acompanhante de honra.

* **13**,25. 3,10; 18,12; Js 19,41 | **14**,1. Js 15,10; 19,43 | 3. Gn 34,4 / Gn 24,3s; 28,1s | 6. 3,10; 1Sm 17,34s; 2Sm 23,20 | 15. 16,5-21

† **13**,25. O nascimento de Sansão, de mãe estéril, é prodigioso e é anunciado solenemente, como o de João Batista, Lc 1,5-20, e o de Jesus, Lc 1,26-38.

15 Sansão vinga-se dos filisteus.

1Algum tempo depois, nos dias da ceifa do trigo, Sansão foi visitar sua mulher, levando um cabrito, e disse: "Quero estar com minha mulher em seu quarto". Mas o pai dela não o deixou entrar, 2dizendo: "Eu pensei que não gostasses dela e a dei a teu companheiro de honra. Sua irmã menor não é mais bonita que ela? Toma-a em lugar da outra". 3Sansão lhes disse: "Desta vez não terei culpa se eu fizer mal aos filisteus".

4Ele saiu, apanhou trezentas raposas e, tomando tochas, amarrou as raposas duas a duas pelas caudas, e pôs uma tocha entre cada par de caudas. 5Depois acendeu as tochas e soltou as raposas nas plantações dos filisteus, incendiando os feixes, o trigo ainda por ceifar e até as vinhas e os olivais. 6Os filisteus perguntaram: "Quem fez isso?" E lhes disseram: "Foi Sansão, o genro do homem de Tamna, porque este lhe tomou a mulher e a deu a um companheiro dele". Então os filisteus foram e queimaram a mulher e o pai dela. 7Sansão lhes disse: "Já que fizeste isto, eu não descansarei enquanto não me tiver vingado de vós". 8E os atacou impiedosamente, fazendo uma grande chacina. Depois desceu e foi morar numa caverna do rochedo de Etam.

9Então os filisteus subiram,* acamparam em Judá e investiram contra Lequi. 10Os homens de Judá lhes perguntaram: "Por que subistes contra nós?" Eles responderam: "Viemos prender Sansão para tratá-lo como ele nos tratou". 11Três mil homens de Judá desceram à caverna do rochedo de Etam e disseram a Sansão: "Não sabes que os filisteus nos dominam? Por que nos fizeste isso?" Ele respondeu-lhes: "Assim como fizeram comigo, eu fiz com eles". 12Eles replicaram: "Descemos para te prender e te entregar nas mãos dos filisteus". Sansão respondeu: "Jurai-me que não me matareis". 13Eles lhe garantiram, dizendo: "Não; vamos apenas te amarrar e te entregar nas mãos dos filisteus, mas não te mataremos". Amarraram-no com duas cordas novas e o fizeram sair do rochedo. 14Quando chegou a Lequi, os filisteus vieram-lhe ao encontro com gritos de alegria. Então o espírito de Javé se apoderou de Sansão, e as cordas que tinha nos braços se tornaram como fios de linho queimados, e as amarras caíram de suas mãos. 15Achou ali uma queixada de jumento ainda fresca, apanhou-a e com ela matou mil homens. 16Sansão disse:

"Com a queixada de um jumento amontoei gente,
com a queixada de um jumento abati mil homens".

17Dito isto, lançou fora a queixada; por isso aquele lugar foi chamado Ramat-Lequi. 18Ficou com muita sede e invocou Javé, dizendo: "Vós concedestes por meio de vosso servo esta grande vitória; mas agora terei de morrer de sede e cair nas mãos dos incircuncisos?" 19Então Deus fendeu a rocha côncava que há em Lequi, e brotou água. Sansão bebeu, recuperou as forças e se reanimou. Por isso esta fonte foi chamada En-Coré†, a qual ainda hoje existe em Lequi. 20Sansão foi juiz de Israel* no tempo dos filisteus durante vinte anos.

16 Sansão foge de Gaza.

1Sansão foi a Gaza e, tendo visto uma prostituta, entrou na casa dela. 2Quando o povo de Gaza soube que Sansão havia chegado lá, cercaram-no e ficaram a noite toda de emboscada à porta da cidade. Guardaram silêncio durante toda a noite, dizendo entre si: "Ao raiar do dia o mataremos". 3Sansão dormiu até meia-noite; então se levantou, agarrou os batentes da porta da cidade com os dois postes, arrancou-os com as trancas, colocou tudo sobre os ombros e o levou para o alto do monte, que está diante de Hebron.

---

* **15**,9. 2Sm 23,11 | 20. 16,31 | **16**,5. 14,15-18

† **15**,19. En-Coré significa "a fonte do suplicante". Ramat-Lequi, v. 17, é "colina da queixada".

Sansão e Dalila. 4Depois disso, Sansão
enamorou-se de uma mulher do vale
de Sorec, chamada Dalila. 5Os che-
fes dos filisteus foram procurá-la para
dizer-lhe: "Seduze-o e descobre* de
onde é que lhe vem sua força extraor-
dinária e como poderemos dominá-lo
para o amarrar e castigar; e cada um de
nós te dará mil e cem siclos de prata".

6Dalila disse a Sansão: "Dize-me, por
favor, de onde vem tua força extraor-
dinária e de que modo poderias ser
amarrado e dominado?" 7Sansão res-
pondeu: "Se me amarrassem com sete
cordas de arco frescas, que ainda não
estivessem secas, eu ficaria fraco e seria
como um homem qualquer". 8Os che-
fes dos filisteus mandaram à mulher
sete cordas de arco frescas, ainda não
secas, com as quais ela o amarrou. 9Ela
havia escondido homens em seu quar-
to. E gritou: "Sansão, os filisteus vêm te
atacar!" Ele rompeu as cordas como se
rompe um fio de estopa chamuscado
pelo fogo. E continuou oculto o segre-
do de sua força.

10Dalila disse a Sansão: "Zombaste
de mim e me disseste mentiras. Dize-
-me agora, eu te peço, com que po-
derias ser amarrado". 11Ele respondeu:
"Se me amarrassem fortemente com
cordas novas, jamais usadas, eu perde-
ria as forças e seria como um homem
qualquer". 12Dalila tomou cordas no-
vas, amarrou-o com elas e gritou: "San-
são, os filisteus vêm te atacar!" Havia
gente escondida no quarto. Mas ele re-
bentou as cordas de seus braços como
se fossem um fio.

13Dalila disse a Sansão: "Até ago-
ra zombaste de mim e me disseste
mentiras. Dize-me com que poderias
ser amarrado". Ele respondeu-lhe: "Se
entrelaçares as sete tranças de minha
cabeleira com a urdidura de um tear e
as fixares com um pino, eu ficarei fra-
co e serei como um homem qualquer".
14Dalila o fez dormir, entrelaçou as sete
tranças de sua cabeça com a urdidura,
fixou-as com um pino e gritou: "San-
são, os filisteus vêm te atacar!" Mas ele,
despertando do sono, arrancou o pino
do tear com a urdidura.

15Dalila disse-lhe: "Como podes dizer
que me amas, quando teu coração não
está comigo? Por três vezes zombas-
te de mim e não me revelaste em que
consiste tua grande força". 16Como to-
dos os dias ela o pressionasse com suas
palavras e o importunasse até lhe causar
angústia mortal, 17ele acabou lhe abrin-
do por completo o coração, dizendo-
-lhe: "Nunca passou sobre minha cabeça
a navalha, pois sou consagrado a Javé
desde o seio materno. Se me raparem a
cabeça, perderei minha força, eu me tor-
narei fraco† e serei como qualquer ou-
tro homem". 18Dalila percebeu que lhe
havia contado toda a verdade; mandou
chamar os chefes dos filisteus, dizendo-
-lhes: "Vinde, pois desta vez revelou-me
toda a verdade". Os chefes dos filisteus
foram para a casa dela, levando consigo
o dinheiro. 19Ela fez Sansão dormir so-
bre seus joelhos, chamou um homem e
mandou-o cortar as sete tranças de sua
cabeça. Assim ela começou a dominá-lo
e retirou-se dele sua força. 20Então ela
gritou: "Sansão, os filisteus vêm te ata-
car!" Acordando, ele pensou: "Eu me sai-
rei como nas outras vezes e me livrarei".
Mas não sabia que Javé se havia aparta-
do dele. 21Os filisteus o prenderam, ar-
rancaram-lhe os olhos e o levaram para
Gaza acorrentado com uma dupla cadeia
de bronze, e o puseram a girar a mó do
moinho na prisão. 22Entretanto, seus ca-
belos recomeçaram a crescer depois de
terem sido cortados.

Morte de Sansão. 23Os chefes dos fi-
listeus se reuniram para oferecer um
sacrifício solene a seu deus Dagon e
para festejar. Diziam:

"Nosso deus entregou em nossas mãos
nosso inimigo Sansão".

24Quando o povo o viu, começou a
louvar seu deus, gritando:

"Nosso deus entregou em nosso po-
der nosso inimigo

---

† **16**,17. A milagrosa força de Sansão não estava nos cabelos, mas dependia da observância do voto do nazireato.

que devastou nosso país e matou tantos dos nossos”.

[25]Estando alegre seu coração, disseram: “Chamai Sansão para nos divertir”. Sansão foi tirado da prisão e teve de dar espetáculo diante deles. Colocaram-no de pé entre as colunas. [26]Sansão disse ao rapaz que o conduzia pela mão: “Deixa que eu toque as colunas que sustentam o edifício e que me apoie nelas”. [27]O edifício estava repleto de homens e mulheres, e todos os chefes dos filisteus lá estavam; no terraço havia umas três mil pessoas, homens e mulheres, assistindo ao espetáculo de Sansão. [28]Sansão invocou Javé, dizendo: “Senhor Javé, lembrai-vos de mim, eu vos peço! Dai-me força, ó Deus, somente para esta vez, e com um só golpe me vingarei dos filisteus pela perda de meus olhos”. [29]Sansão encostou as mãos nas duas colunas centrais que sustentavam o edifício, apoiou-se contra uma com a mão direita e contra a outra com a mão esquerda [30]e exclamou: “Que eu morra com os filisteus!” Sacudiu então com todas as suas forças as colunas, fazendo o edifício desabar sobre os chefes e todo o povo que ali se achava. Assim foram mais numerosos os que ele matou ao morrer do que os que ele matara durante a vida. [31]Seus irmãos e toda a casa de seu pai desceram para buscar o corpo; voltaram com ele e o sepultaram entre Saraá e Estaol, no túmulo de Manué, seu pai. Ele tinha sido juiz em Israel durante vinte anos.*

III. APÊNDICES (17–21)†

17 **O santuário de Micas e o jovem levita.** [1]Havia um homem na montanha de Efraim que se chamava Micas. [2]Disse ele a sua mãe: “Os mil e cem siclos de prata que te foram roubados, e a propósito dos quais proferiste uma maldição, falando em minha presença, estão comigo; fui eu que os tirei”. Respondeu-lhe a mãe: “Que meu filho seja bendito por Javé!” [3]Ele devolveu os mil e cem siclos de prata a sua mãe, e ela disse: “De coração consagro a Javé esse dinheiro de minha mão, em favor de meu filho, a fim de fazer uma estátua esculpida e uma imagem de metal fundido. Por isso, eu te devolvo agora o dinheiro”. [4]Ele restituiu o dinheiro a sua mãe, e ela tomou duzentos siclos de prata e os entregou a um ourives, para ele fazer uma estátua esculpida e uma imagem de metal fundido, que foram postas na casa de Micas. [5]Assim, Micas veio a possuir* um santuário. Fez também um efod e terafins, e consagrou um de seus filhos para ser seu sacerdote. [6]Naquele tempo não havia rei em Israel* e cada qual fazia o que lhe parecia bom.

[7]Ora, um jovem levita de Belém de Judá, de um clã de Judá, morava ali como forasteiro. [8]Tinha deixado a cidade de Belém de Judá para ir morar onde encontrasse lugar; e, passando pela montanha de Efraim, chegou à casa de Micas. [9]Este lhe perguntou: “De onde vens?” Respondeu: “Sou um levita de Belém de Judá e ando à procura de um lugar onde morar”. [10]Micas lhe disse: “Fica comigo e sê para mim pai e sacerdote. Eu te darei dez siclos de prata por ano, roupa e comida”. O levita entrou. [11]Consentiu em morar com aquele homem, e este o tratou como a um de seus filhos. [12]Micas consagrou o levita, e este jovem serviu-lhe de sacerdote, habitando na casa de Micas. [13]Micas disse: “Agora estou certo de que Javé me fará o bem, porque tenho este levita como sacerdote”.

18 **Danitas procuram um território.** [1]Naquele tempo não havia rei em Israel.* Naquela época a tribo de Dã procurava um território

---

* **16**,31. 15,20 | **17**,5. 1Sm 2,28; 15,22; 1Sm 7,1 | 6. 18,1; 19,1; 21,25; Dt 12,8 | **18**,1. Js 19,40; 1,34-36; 5,17 | 2. 13,2

† **17.** Os cc. 17–21 falam da idolatria dos danitas e da guerra civil contra os benjaminitas, num contexto de desordem e de violência, motivado pela falta de um rei, diz o autor, favorável à monarquia. | **18**,1. A tribo migrou porque não conseguiu expulsar os amorreus do território que lhe foi destinado, Jz 1,34.

onde instalar-se, pois até então não ha-
via recebido nenhuma herança entre as
tribos de Israel†. 2Os danitas enviaram
de seu clã cinco homens valentes de
Saraá e de Estaol* para reconhecerem
o país e o explorarem, ordenando-lhes:
"Ide explorar o país". Ao chegarem à
montanha de Efraim, entraram na casa
de Micas, onde pernoitaram. 3Estando
perto da casa de Micas, reconheceram
a voz do jovem levita; e, chegando lá,
perguntaram-lhe: "Quem te trouxe
para cá? Que fazes aqui? Que tens tu
por aqui?" 4Ele lhes respondeu: "Micas
me fez isto e isto, e me contratou para
lhe servir de sacerdote". 5Então lhe dis-
seram: "Consulta, por favor, a Deus,
para sabermos se será bem-sucedida a
nossa viagem". 6Disse-lhes o sacerdote:
"Ide em paz; vossa viagem está sob o
olhar de Javé".

7Os cinco homens partiram e chega-
ram a Lais. Viram que a população de
lá vivia em segurança, à maneira dos
sidônios, tranquila e confiante, por-
que no país não havia ninguém com
autoridade que lhes pudesse causar o
menor dano; estavam afastados dos si-
dônios e não mantinham relações com
ninguém. 8Voltaram a seus irmãos, em
Saraá e Estaol, e estes lhes pergunta-
ram: "Que tendes a dizer?" 9Eles res-
ponderam: "Levantai-vos e subamos
contra eles, pois vimos o país, é de
fato excelente. E vós, ficais calados? Saí
sem demora para ir tomar posse dessa
terra. 10Chegando lá, encontrareis uma
população tranquila, numa região ex-
tensa. Pois Deus a entregou em vossas
mãos; é um lugar onde não falta nada
do que existe na terra!"

Violência dos danitas contra Micas.
11Então seiscentos homens* do clã dos
danitas partiram de Saraá e Estaol, bem
armados para a guerra. 12Subiram e
acamparam em Cariat-Iarim,* em Judá;
por isso aquele lugar, que fica a oeste
de Cariat-Iarim, foi chamado e se cha-
ma até hoje "Acampamento de Dã".
13Daí passaram à montanha de Efraim
e chegaram à casa de Micas. 14Os cin-
co homens, que tinham ido explorar
a terra de Lais, falaram a seus irmãos:
"Sabeis que nestas casas há um efod e
terafim, uma estátua esculpida e uma
imagem de metal fundido? Considerai,
pois, o que deveis fazer". 15Voltaram-se
para aquela direção e entraram na ha-
bitação do jovem levita, na casa de Mi-
cas, e o saudaram como amigos. 16Os
seiscentos danitas, com suas armas
de guerra, ficaram à entrada da porta,
17e os cinco homens que tinham ido
explorar o país subiram, entraram na
casa, apanharam a estátua esculpida, o
efod, os terafins e a imagem de metal
fundido, enquanto o sacerdote estava
à entrada da porta com os seiscentos
homens armados. 18Quando eles en-
traram na casa de Micas e apanharam a
estátua esculpida, o efod, os terafins e
a imagem de metal fundido, o sacerdo-
te perguntou-lhes: "O que estais fazen-
do?" 19Eles responderam: "Cala-te! Põe
a mão sobre tua boca e vem conosco.
Serás nosso pai e nosso sacerdote. Que
é melhor para ti: ser sacerdote na casa
de um só homem, ou ser sacerdote de
uma tribo e de um clã de Israel?" 20Com
o coração alegre, o sacerdote apanhou
o efod, os terafins e a estátua esculpi-
da e foi-se embora no meio da tropa.
21Retomando sua direção, eles parti-
ram, mandando a sua frente as crian-
ças, os animais e a bagagem.

22Já estavam longe da casa de Mi-
cas, quando este e os moradores das
casas próximas à sua se reuniram e
saíram em perseguição dos danitas.
23E como gritassem atrás dos danitas,
estes se voltaram e perguntaram a Mi-
cas: "Que há contigo, que reuniste essa
gente?" 24Ele respondeu: "Levastes os
deuses que fiz para mim e o sacerdote,
e fostes embora. Que me resta agora?
E como podeis perguntar-me: 'Que há
contigo?'" 25Os danitas lhe disseram:
"Não nos faças mais ouvir tua voz; do
contrário, homens exasperados pode-
riam lançar-se contra vós e perderias a
vida junto com tua família". 26Os dani-
tas continuaram seu caminho; e Micas,

---

* **18**,11. 13,2; 18,2 | 12. 13,25

vendo que eram mais fortes do que ele,
virou-se e voltou para casa.
[27]Os danitas levaram, pois, consi-
go os objetos fabricados por Micas e
o sacerdote que ele tinha a seu servi-
ço. Chegaram a Lais, uma população
tranquila e confiante, passaram-na a
fio de espada e incendiaram a cidade.
[28]Não houve quem a socorresse, por-
que estava longe de Sidônia e porque
não mantinha relações com ninguém.
Estava situada no vale que se estende
em direção a Bet-Roob. Os danitas re-
construíram a cidade e nela habitaram,
[29]e a chamaram Dã, do nome de seu
pai, nascido de Israel. Antes a cidade se
chamava Lais. [30]Depois erigiram para
si a estátua esculpida; e Jônatas,* filho
de Gérson, filho de Manassés, e seus
descendentes foram sacerdotes para a
tribo de Dã até a época do cativeiro do
país. [31]Instalaram para eles a estátua
esculpida feita por Micas,* e ela perma-
neceu lá durante todo o tempo em que
o santuário de Deus esteve em Silo.

19 **Levita em Gabaá.** [1]Naque-
le tempo, quando não havia
rei em Israel,* um levita que habitava
na parte mais distante da montanha
de Efraim tomou por concubina uma
mulher de Belém de Judá. [2]Essa mu-
lher lhe foi infiel e, separando-se dele,
voltou para a casa de seu pai, em Be-
lém de Judá, onde ficou quatro meses.
[3]Seu marido foi a seu encontro a fim de
falar-lhe ao coração e trazê-la de volta.
Levava consigo um servo e dois jumen-
tos. Ela o introduziu na casa de seu pai,
e este, ao vê-lo, veio recebê-lo com
alegria. [4]Seu sogro, o pai da jovem,
reteve-o consigo durante três dias; co-
meram, beberam e passaram as noites
ali. [5]No quarto dia, levantaram-se cedo,
e o levita dispunha-se a partir; mas o
pai da jovem lhe disse: "Restaura tuas
forças com um bocado de pão, depois
partireis". [6]Os dois se sentaram, come-
ram e beberam juntos. Depois, o pai
da jovem disse ao genro: "Eu te peço,
consente em passar aqui esta noite e
que teu coração se alegre!" [7]O homem,
porém, levantou-se para partir, mas
o sogro tanto insistiu que ele passou
mais aquela noite lá. [8]No quinto dia,
ele se levantou bem cedo para partir,
mas o pai da jovem lhe disse: "Recobra
tuas forças, por favor, e permanecei até
o fim do dia". E comeram juntos. [9]En-
tão o homem se levantou para partir
com sua concubina e seu servo; mas o
sogro, o pai da jovem, lhe disse: "Vê,
o dia está terminando e vai anoitecer;
passa a noite aqui e se alegre teu cora-
ção. Amanhã vos levantareis bem cedo
e partireis de volta para tua casa". [10]O
homem não aceitou pernoitar; levan-
tou-se, partiu e chegou defronte de
Jebus†, que é Jerusalém,* com os dois
jumentos selados e sua concubina.
[11]Quando estavam perto de Jebus, já
chegava o fim do dia, e o criado dis-
se* a seu senhor: "Deixemos a estrada
e entremos nesta cidade dos jebuseus
para pousar". [12]Mas seu senhor lhe res-
pondeu: "Não nos desviaremos para
entrar numa cidade de estrangeiros,
que não são israelitas; vamos até Ga-
baá". [13]E acrescentou: "Vamos ver se
chegamos a um desses lugares, Gabaá
ou Ramá, para passar a noite". [14]Foram
mais adiante, prosseguindo a viagem
e chegaram perto de Gabaá de Benja-
mim ao pôr do sol. [15]Dirigiram-se para
lá a fim de passar a noite. O levita en-
trou e sentou-se na praça da cidade; e
não houve quem os acolhesse em casa
para o pernoite.
[16]Nisso passou por lá um ancião que
voltava do trabalho no campo, ao anoi-
tecer. Ele era da montanha de Efraim,
mas habitava em Gabaá como foras-
teiro, ao passo que os habitantes do
lugar eram benjaminitas. [17]Erguendo
os olhos, viu o caminheiro na praça da
cidade e lhe disse: "Para onde vais? E de
onde vens?" [18]Ele lhe respondeu: "Esta-
mos viajando de Belém de Judá para

* **18**,30. Êx 2,22; 18,3 | 31. 2Rs 15,29 | **19**,1. 17,6 | 10. Js 15,8; 18,16.28; 2Sm 5,6; 1Cr 11,4s | 11. Gn 19,1-11; Os 9,9; 10,9

† **19**,10. Nome derivado do povo que ali habitava, os jebuseus.

a parte mais distante da montanha de Efraim. Eu sou de lá e tinha ido até Belém de Judá; agora volto para minha casa, mas não há quem me receba em sua casa. [19]No entanto, tenho palha e feno para nossos jumentos, e também pão e vinho para mim, para tua serva e para o criado que acompanha teus servos; não falta nada!" [20]O ancião lhe disse: "Sê bem-vindo. Deixa-me cuidar do que necessitas; somente não passes a noite na praça". [21]Levou-os para sua casa e deu forragem aos animais. Os viajantes lavaram os pés e depois comeram e beberam.

Infâmia dos gabaanitas. [22]Enquanto restauravam as forças, alguns homens da cidade, gente perversa,* cercaram a casa e, batendo à porta, gritaram para o ancião, dono da casa: "Traze para fora o homem que entrou em tua casa, para que abusemos dele". [23]Então o dono da casa saiu e lhes disse: "Não, meus irmãos, não façais tão grande maldade! Uma vez que este homem se hospedou em minha casa, não pratiqueis esta infâmia! [24]Estão aqui minha filha virgem e a concubina dele; vou trazê-las e podereis humilhá-las e fazer com elas o que vos agradar; mas não pratiqueis contra este homem semelhante crime". [25]Eles, porém, não quiseram atendê-lo. Então o levita tomou sua concubina e levou-a para fora. Eles a violentaram e abusaram dela a noite toda, até pela manhã, deixando-a ao romper da aurora.

[26]Quando amanhecia, a mulher foi cair à entrada da casa do homem onde estava seu marido, e ali ficou até o dia clarear. [27]De manhã seu marido levantou-se e abriu a porta da casa para sair e continuar a viagem, e encontrou sua concubina caída à entrada da casa com as mãos na soleira da porta. [28]Ele lhe disse: "Levanta-te, vamos embora". Mas não houve resposta. Então colocou-a sobre seu jumento e, pondo-se a caminho, voltou para casa. [29]Chegando a sua casa, apanhou uma faca, tomou sua concubina,* dividiu-a membro por membro em doze pedaços e mandou-os por toda a terra de Israel. [30]E todos os que viram aquilo disseram: "Jamais aconteceu, nem nunca se viu coisa semelhante desde que os israelitas saíram do Egito até o dia de hoje. Pensai nisso, deliberai e manifestai-vos!"

20 **Punição dos benjaminitas.**

[1]Então todos os israelitas saíram, desde Dã até Bersabeia e a terra de Galaad†, e a comunidade se reuniu como um só homem diante de Javé, em Masfa. [2]Os chefes de todo o povo, de todas as tribos de Israel, apresentaram-se na assembleia do povo de Deus, em número de quatrocentos mil homens de infantaria que manejavam a espada. [3]Os benjaminitas* souberam que os israelitas tinham subido a Masfa. Os israelitas disseram: "Contai-nos como foi que aconteceu esse crime". [4]Respondeu o levita, o marido da mulher que foi morta: "Eu tinha entrado em Gabaá de Benjamim com minha concubina para ali passar a noite. [5]Os habitantes de Gabaá se levantaram contra mim e de noite cercaram a casa onde eu estava; queriam me matar, e violentaram minha concubina de tal maneira que ela morreu. [6]Então tomei minha concubina, dividi-a em pedaços e os mandei por todo o território da herança de Israel, porque eles cometeram um ato vergonhoso e uma infâmia em Israel. [7]Vós todos, ó israelitas, deliberai e tomai uma decisão aqui mesmo".

[8]Então todo o povo levantou-se como um só homem e exclamou: "Nenhum de nós voltará a sua tenda, nenhum retornará a sua casa. [9]É isto que faremos a Gabaá: nós a atacaremos tirando a sorte: [10]tomaremos em cada tribo de Israel dez homens de cada cem, cem de cada mil e mil de cada dez mil, os quais irão procurar alimento para o povo, a fim de que, quando voltarem, Gabaá de Benjamim seja tratada conforme a infâmia que cometeu em Israel".

---

* **19**,22. Gn 19,4s | 29. 1Sm 11,7 | **20**,3. 20,17

† **20**,1. Limites de Israel, respectivamente ao norte, sul e leste.

11Assim ajuntaram-se contra a cida-
de todos os israelitas, unidos como um
só homem. 12As tribos de Israel man-
daram mensageiros por toda a tribo de
Benjamim, dizendo: "Que crime é esse
que foi cometido entre vós? 13Entregai-
-nos aqueles homens perversos de Ga-
baá para que os matemos e extirpemos
o mal do meio de Israel". Mas os ben-
jaminitas* não acataram a intimação de
seus irmãos israelitas; 14ao contrário,
deixaram suas cidades e se reuniram
em Gabaá para combater contra os
israelitas. 15Naquele dia fizeram uma
contagem dos benjaminitas vindos das
diversas cidades: vinte e seis mil ho-
mens que manejavam a espada, não
incluídos os habitantes de Gabaá, que
eram setecentos homens de elite. 16En-
tre toda essa gente havia setecentos
homens de escol que eram canhotos,
todos eles capazes de acertar um fio de
cabelo com a pedra de sua funda, sem
errar o alvo. 17Foram contados os israe-
litas, sem os de Benjamim: quatrocen-
tos mil homens que manejavam a es-
pada,* todos homens de guerra. 18Eles
se puseram a caminho, subindo a Betel
para consultar a Deus. Perguntaram:
"Quem de nós irá primeiro combater os
benjaminitas?" Javé respondeu: "Judá
seja o primeiro a subir".

Luta contra os benjaminitas. 19Na
manhã seguinte os israelitas puseram-
-se em marcha e acamparam em Ga-
baá. 20Saíram, pois, contra os benja-
minitas e dispuseram-se em ordem de
batalha contra eles perto de Gabaá.
21Os benjaminitas saíram de Gabaá, e
naquele dia massacraram vinte e dois
mil homens de Israel†. 23Os israelitas
subiram e choraram diante de Javé até
a tarde e consultaram Javé, dizendo:
"Devo continuar a combater contra os
filhos de Benjamim, meu irmão?" Javé
respondeu: "Atacai-o!" 22Os homens de
Israel recobraram ânimo e postaram-se
de novo em ordem de batalha no lugar
onde estiveram na véspera. 24Os israe-
litas avançaram contra os benjaminitas
no segundo dia; 25neste segundo dia
os benjaminitas saíram de Gabaá con-
tra eles e massacraram dezoito mil is-
raelitas, todos hábeis no manejo da es-
pada. 26Então todos os israelitas, todo
o povo, subiram a Betel e ali choraram
sentados diante de Javé, jejuaram o
dia todo até a tarde e ofereceram ho-
locaustos e sacrifícios de comunhão
diante de Javé. 27Depois consultaram
Javé – porque naquele tempo a arca da
aliança de Deus estava lá, 28e Fineias,*
filho de Eleazar, filho de Aarão, presta-
va serviço naquele tempo diante dela
– e perguntaram: "Devo continuar ain-
da a sair e combater contra os filhos de
Benjamim, meu irmão, ou devo desis-
tir?" Javé respondeu: "Ide, porque ama-
nhã os entregarei em vossas mãos".

Derrota dos benjaminitas. 29Israel pôs
emboscadas em torno de Gabaá;* 30e
no terceiro dia os israelitas atacaram os
benjaminitas, dispondo-se em ordem
de batalha diante de Gabaá, como das
outras vezes. 31Os benjaminitas saíram
contra aquela tropa, deixando-se atrair
para longe da cidade. Como das outras
vezes, começaram a fazer vítimas entre
as tropas, pelos caminhos que condu-
zem, um a Betel e outro a Gabaon: uns
trinta homens de Israel. 32Os benjamini-
tas pensaram: "Estão derrotados diante
de nós como antes". Mas os israelitas
diziam: "Vamos fugir para atraí-los para
longe da cidade pelos caminhos". 33En-
tão todos os homens de Israel saíram
de seu lugar e tomaram posição de
combate em Baal-Tamar, enquanto os
israelitas emboscados irrompiam de
suas posições na planície de Gabaá.
34Dez mil homens escolhidos chega-
ram diante de Gabaá, e a luta foi terrí-
vel; mas os benjaminitas não imagina-
vam que a desgraça ia cair sobre eles.
35Javé derrotou Benjamim diante de
Israel, e os israelitas mataram naquele
dia vinte e cinco mil e cem homens de
Benjamim, todos hábeis no manejo da
espada. 36Finalmente, os benjaminitas
viram que estavam derrotados.

---

* **20**,13. Dt 17,12 | 17. 20,27 | 28. Nm 25,7-13 | 29. Js 8

† **20**,21. Como sugerem vários comentaristas, invertemos os vv. 22 e 23.

Os israelitas haviam cedido terreno
aos benjaminitas, porque confiavam
na emboscada que haviam posto con-
tra Gabaá. 37Os homens da embos-
cada lançaram-se rapidamente sobre
Gabaá e, invadindo-a, passaram toda
a cidade a fio de espada. 38Havia um
sinal combinado entre os homens de
Israel e os da emboscada: estes de-
viam fazer subir ao céu uma coluna
de fumaça. 39Quando os homens de
Israel retrocediam na batalha, os ben-
jaminitas começaram a fazer vítimas,
matando uns trinta homens de Israel,
e pensavam: "Estão derrotados diante
de nós, como no primeiro combate".
40Mas quando começou a erguer-se da
cidade o sinal, isto é, a coluna de fuma-
ça, os benjaminitas olharam para trás
e viram que a cidade toda subia em
chamas para o céu. 41Nisso os israeli-
tas deram meia-volta e os benjaminitas
ficaram aterrados ao ver que se abatia
sobre eles a desgraça, 42fugiram dian-
te dos israelitas em direção ao deserto;
mas os combatentes os alcançaram, e
os que vinham da cidade os massacra-
ram no meio. 43Cercaram os benjami-
nitas e os perseguiram sem parar e os
esmagaram diante de Gabaá, ao orien-
te. 44De Benjamim caíram dezoito mil
homens, todos eles valentes guerrei-
ros. 45Os sobreviventes bateram em
retirada e fugiram para o deserto, para
a rocha de Remon, e os israelitas ma-
taram pelo caminho cinco mil homens
e, perseguindo-os até Guidom, mata-
ram mais dois mil. 46Assim o número
total dos benjaminitas que tombaram
naquele dia foi de vinte e cinco mil ho-
mens que manejavam a espada, todos
valentes guerreiros. 47Seiscentos ho-
mens que haviam batido em retirada e
fugido para o deserto, para o rochedo
de Remon, permaneceram ali durante
quatro meses. 48Os israelitas se volta-
ram contra os benjaminitas e na cida-
de passaram a fio de espada tanto os
homens como os animais e tudo o que
encontraram, e incendiaram também
todas as cidades que encontraram.

**21 Reabilitação dos benjamini-
tas.** 1Os israelitas tinham feito
em Masfa este juramento: "Nenhum
de nós dará sua filha em casamento a
um benjaminita". 2Depois o povo foi a
Betel e ficou ali diante de Deus até a
tarde, e em voz alta chorou amarga-
mente, 3dizendo: "Por que, ó Javé, Deus
de Israel, sucedeu isto, que falte hoje
uma tribo a Israel?" 4No dia seguinte o
povo se levantou cedo, ergueu lá um
altar e ofereceu holocaustos e sacrifí-
cios de comunhão. 5Depois os israelitas
perguntaram: "Quem é, dentre todas as
tribos de Israel, que não tomou parte
na assembleia diante de Javé?" Porque
tinham feito um juramento solene con-
tra quem não comparecesse diante de
Javé em Masfa, dizendo: "Será punido
de morte!"

6Os israelitas, porém, tiveram pena
de Benjamim, seu irmão, e diziam:
"Hoje uma tribo foi cortada de Israel.
7Que faremos para dar mulheres aos
sobreviventes, visto que juramos por
Javé que não lhes daríamos nossas fi-
lhas em casamento?" 8Então pergun-
taram: "Qual das tribos de Israel não
compareceu diante de Javé em Masfa?"
Constatou-se que ninguém de Jabes de
Galaad tinha ido ao acampamento para
a assembleia. 9De fato, ao contarem a
tropa, não foi encontrado ninguém de
Jabes de Galaad.

10Então a comunidade* mandou lá
doze mil homens dos mais valentes
guerreiros com esta ordem: "Ide e pas-
sai a fio de espada os habitantes de Ja-
bes de Galaad, inclusive as mulheres e
as crianças. 11Fareis desta maneira: vo-
tai ao extermínio* todos os homens e
toda mulher que não for virgem". 12En-
contraram entre os habitantes de Jabes
de Galaad quatrocentas moças que não
haviam tido relações com homens e as
levaram ao acampamento de Silo, que
está na terra de Canaã. 13Então toda
a assembleia enviou mensageiros aos
benjaminitas que estavam no rochedo
de Remon para lhes propor a paz. 14Os
benjaminitas voltaram para casa, e lhes

---

* **21**,10. Nm 31,5s | 11. Js 6,17; Nm 31,17s

foram dadas por esposas as jovens que
haviam sido poupadas dentre as mu-
lheres de Jabes de Galaad, mas não fo-
ram suficientes para eles.
[15]O povo teve pena de Benjamim,
porque Javé havia feito uma brecha
nas tribos de Israel. [16]Os anciãos da
comunidade disseram: "Como fare-
mos para conseguir mulheres para os
sobreviventes, visto que as mulheres
de Benjamim foram exterminadas?"
[17]E acrescentaram: "Os sobreviventes
de Benjamim devem ter uma herança,
para que não desapareça uma tribo
de Israel. [18]Nós não podemos dar-lhes
nossas filhas em casamento". Pois
os israelitas tinham jurado: "Maldito
aquele que der uma mulher a um ben-
jaminita!" [19]Mas disseram:* "Todo ano
se celebra a festa de Javé em Silo". A ci-
dade está situada ao norte de Betel, ao
oriente da estrada de Betel a Siquém,
e ao sul de Lebona. [20]E aconselha-
ram aos benjaminitas: "Ide esconder-
-vos nas vinhas [21]e ficai observando:
quando as moças de Silo saírem para
dançar em coro, irrompei das vinhas,
raptai cada um uma mulher entre as
moças de Silo e voltai para o país de
Benjamim. [22]Quando seus pais ou seus
irmãos vierem até nós para protestar,
nós lhes responderemos: 'Por amor de
nós, tende compaixão deles, porque
na guerra não conseguimos captu-
rar uma mulher para cada um deles,
e não fostes vós que as destes a eles:
nesse caso, seríeis culpados'". [23]Assim
fizeram os benjaminitas e tomaram
mulheres dentre as dançarinas segun-
do o seu número; voltaram para sua
herança, reconstruíram as cidades e
nelas habitaram. [24]Então também os
israelitas partiram de lá e foram cada
qual para sua tribo e seu clã, voltando
todos para sua herança.

[25]Naquela época não havia rei em
Israel,* e cada um fazia o que achava
certo.

---

* **21**,19. 1Sm 1,3 | 25. 17,6

RUTE

O livro de Rute narra a história de uma família do tempo dos Juízes. Houve uma carestia em Israel e Elimelec migrou de Belém para Moab com sua mulher Noemi e os filhos Maalon e Quelion. Pouco depois, Elimelec morreu e seus filhos se casaram com as moabitas Orfa e Rute. Depois de dez anos, morreram Maalon e Quelion, e Noemi ficou sozinha, sem marido e sem filhos. Sabendo que a carestia em Israel havia terminado, ela decidiu voltar para Belém. Orfa ficou em Moab, mas Rute não quis deixar Noemi e seguiu-a rumo a Belém. Lá Rute se pôs a respigar nos campos de Booz, seu parente, que se tornou seu marido. Desse casamento nasceu Obed, pai de Jessé, pai de Davi.

Atribuído a Samuel pela tradição judaica, este livrinho, que é uma joia da literatura hebraica, foi escrito durante ou após o exílio de Babilônia. Na Jerusalém desse tempo, o partido conservador, dirigido por Esdras e Neemias, impunha aos israelitas a proibição de casamentos com mulheres estrangeiras, ordenando até mesmo que fossem expulsas as estrangeiras casadas com israelitas. O livro de Neemias (13,1) recorda explicitamente a palavra do Dt 23,4, segundo a qual o amonita e o moabita, enumerados entre os clássicos inimigos de Israel, "não deviam jamais entrar na comunidade de Deus".

Em polêmica com essa atitude intransigente, o livro de Rute apresenta o paradoxo de uma mulher moabita que se torna modelo de piedade familiar e de fidelidade à aliança. Não só merece ser acolhida no povo de Deus, mas depois vem a ser a bisavó de Davi, portanto, membro da família do Messias (Mt 1,5).

Todos os nomes dos personagens são simbólicos: Rute significa "cheia de bens". O simbolismo de seu nome mostra que as nações têm um papel decisivo no advento da era messiânica. Essa moabita é presença de Deus para Israel. A bênção que Deus concede a essa mulher estrangeira, que se converte ao Deus de Israel e se torna membro do povo eleito, prenuncia a mensagem da salvação universal, expressa por Pedro em At 10,34: "Deus não faz discriminação de pessoas, mas, em qualquer nação que seja, quem o teme e pratica a justiça é aceito por ele".

I. ELIMELEC EM MOAB (1,1-5)

1 **Elimelec emigra para Moab.**
1No tempo em que os Juízes governavam, houve uma fome no país.
Então um homem de Belém de Judá
foi morar nos campos de Moab com
sua mulher e seus dois filhos. 2Esse
homem chamava-se Elimelec, sua
mulher chamava-se Noemi, e os nomes de seus dois filhos eram Maalon
e Quelion. Eram efrateus, de Belém*
de Judá. Chegando aos campos de
Moab, ali se estabeleceram. 3Elimelec,
marido de Noemi, morreu, e ela ficou
com seus dois filhos, 4os quais se casaram com mulheres moabitas: uma
chamada Orfa e a outra, Rute†. Permaneceram lá uns dez anos. 5Morreram
também os dois, Maalon e Quelion,
e Noemi ficou sem seus dois filhos e sem seu marido.

II. NOEMI VOLTA PARA BELÉM (1,6-22)

Noemi volta para Belém com Rute.
6Então ela se pôs a caminho para voltar dos campos de Moab com suas noras, pois ficara sabendo nos campos
de Moab que Deus tinha visitado seu
povo, dando-lhe pão. 7Partiu, pois, com
as duas noras do lugar onde estava, e tomaram o caminho de volta à terra de Judá.

8Noemi disse a suas duas noras: "Ide, voltai cada qual para a casa de sua mãe. Que Javé vos trate com bondade, como tratastes os que morreram e
a mim mesma! 9Que Javé vos conceda
encontrar descanso, cada uma na casa

---

* **1**,2. Mq 5,1; 1Cr 4,4

† **1**,4. Alguns destes nomes parecem simbólicos. Elimelec: meu Deus é rei; Noemi: minha doçura; Maalon: enfermidade; Quelion: desfalecimento; Orfa: a que volta as costas; Rute: amiga; Mara, v. 20: amarga.

de um marido!" Beijou-as, e elas se puseram a chorar em voz alta, 10dizendo: "Não! Vamos voltar contigo para teu povo". 11Noemi respondeu: "Voltai, minhas filhas; por que haveis de vir comigo? Porventura tenho ainda* em meu seio filhos que possam vir a ser vossos maridos?† 12Voltai, minhas filhas, parti, pois estou velha demais para me casar de novo. E mesmo que eu dissesse: 'Tenho esperança', se esta noite tivesse um marido e desse à luz filhos, 13esperaríeis por eles até que crescessem? Ficaríeis sem casar por causa deles? Não, minhas filhas! Minha amargura é maior que a vossa, pois a mão de Javé pesa sobre mim". 14Elas choraram novamente em voz alta; depois, Orfa beijou sua sogra e voltou para seu povo, mas Rute ficou com ela.

15Disse-lhe então Noemi: "Olha, tua cunhada voltou para seu povo e para seus deuses; volta também com ela". 16Respondeu Rute: "Não insistas comigo para que te deixe e me afaste de ti, pois

para onde fores, irei também,
onde for tua morada, será também a minha;
teu povo será meu povo
e teu Deus será o meu Deus†.
17Onde morreres, ali morrerei e serei sepultada.
Que Javé me mande um castigo
em cima do outro
se outra coisa, que não seja a morte,
me separar de ti!"

18Quando Noemi viu que Rute estava firmemente decidida a acompanhá-la, não insistiu mais com ela.

19Partiram, pois, as duas e chegaram a Belém. A sua chegada, Belém inteira agitou-se por causa delas, e as mulheres diziam: "Esta é Noemi?" 20Mas ela respondeu: "Não me chameis* de Noemi; chamai-me de Mara, pois o Onipotente me encheu de amargura. 21Parti com as mãos cheias, e Javé me reconduz de mãos vazias! Por que haveríeis de chamar-me Noemi quando Javé se pronunciou contra mim e o Onipotente me afligiu?"

22Foi assim que regressou Noemi com sua nora Rute, a moabita, que veio dos campos de Moab. Chegaram a Belém no começo da colheita da cevada.

III. RUTE NO CAMPO DE BOOZ (2)

2 **Rute encontra Booz.** 1Noemi tinha um parente por parte de seu marido, homem rico e importante, da família de Elimelec, chamado Booz.

2Rute, a moabita,* disse a Noemi: "Permite que eu vá ao campo respigar atrás daquele que me acolher com bondade". Ela respondeu-lhe: "Vai, minha filha". 3Ela foi e respigou no campo atrás dos segadores. Por coincidência, entrou na parte do campo pertencente a Booz, da família de Elimelec. 4Naquele momento, Booz estava chegando de Belém e disse aos segadores: "Que Javé esteja convosco!" Responderam eles: "Que Javé te abençoe!"* 5Booz perguntou depois a seu servo, o feitor dos segadores: "De quem é esta jovem?" 6O servo, feitor dos segadores, respondeu: "Esta jovem é a moabita que voltou com Noemi dos campos de Moab. 7Ela pediu: 'Deixa-me respigar e recolher entre os feixes atrás dos segadores'. Veio e ficou desde a manhã até agora; só descansou um pouco na choça".

8Booz disse a Rute: "Ouça, minha filha. Não vás respigar noutro campo, nem te afastes daqui, mas fica junto com minhas criadas. 9Observa o terreno que os homens estiverem ceifando e vai atrás deles. Ordenei aos servos para não te molestarem. Quando tiveres sede, vai procurar os cântaros e bebe da água que os servos tiverem buscado". 10Então ela caiu com o rosto em terra, prostrou-se e lhe disse: "Por que

---

* **1**,11. Dt 25,5-10 | 20. Êx 15,23; Jó 1,21 | **2**,2. Lv 19,9s; 23,22; Dt 24,19-22 | 4. Sl 129,7s

† **1**,11. Noemi refere-se à lei do levirato, a "lei do cunhado", Dt 25,5-6, conforme a qual se um homem casado morresse sem deixar filhos, o irmão dele devia casar-se com a viúva para suscitar uma descendência a seu irmão. | 16. Sendo moabita, Rute deveria ser excluída da comunidade de Israel, Dt 23,4.

encontrei favor a teus olhos, de modo
que te interesses por mim, que não
passo de uma estrangeira?" [11]Em res-
posta, Booz lhe disse: "Foi-me contado
tudo o que fizeste por tua sogra após a
morte de teu marido, e como deixaste
pai e mãe e tua terra natal para vires
morar no meio de um povo que antes
não conhecias. [12]Que Javé te retribua
o que fizeste e que recebas uma farta
recompensa da parte de Javé, Deus de
Israel, sob cuja proteção vieste abrigar-
-te!" [13]Ela respondeu: "Possa eu ser
bem acolhida* por ti, meu senhor! Pois
me confortaste e falaste ao coração de
tua serva, embora eu não seja sequer
como uma de tuas servas". [14]Na hora
da refeição, Booz disse a Rute: "Vem
aqui para comer do pão e molhar teu
bocado no vinagre". Ela sentou-se jun-
to aos segadores, e Booz ofereceu-lhe
trigo tostado. Ela comeu até saciar-se
e guardou as sobras. [15]Quando ela se
levantou para respigar, Booz ordenou
a seus servos: "Deixai-a respigar tam-
bém entre os feixes e não a molesteis.
[16]Cuidai também que caiam algumas
espigas de vossos feixes, e deixai-as
para que ela as recolha, e não a cen-
sureis". [17]Rute respigou no campo até
o entardecer e depois debulhou as es-
pigas que havia colhido; deu quase um
almude†.

[18]Voltou para a cidade carregando
a cevada, e sua sogra viu o que ela
havia recolhido. Rute tirou e lhe deu
a comida que havia guardado depois
de comer à vontade. [19]Perguntou-lhe
a sogra: "Onde respigaste hoje, onde
trabalhaste? Bendito aquele que te
deu atenção!" Ela contou a sua sogra
com quem tinha trabalhado, dizendo:
"O homem com quem trabalhei hoje
se chama Booz". [20]Noemi disse a sua
nora: "Seja ele abençoado por Javé que
não cessa de usar de misericórdia para
com os vivos e os mortos!" E acres-
centou: "Esse homem é nosso parente
próximo, é um dos que têm sobre nós
direito* de resgate"†. [21]Rute, a moabita,
disse: "Ele me falou também: 'Fica com
meus servos até que terminem toda a
colheita'". [22]Noemi respondeu a Rute,
sua nora: "É bom, minha filha, que este-
jas na companhia de suas servas e não
te exponhas a maus tratos num outro
campo". [23]Assim ela ficou no meio das
servas de Booz, respigando até o fim
da colheita da cevada e do trigo. E mo-
rava com sua sogra.

IV. RUTE, ESPOSA DE BOOZ (3–4)

3 **Noemi propõe a Rute o matri-
mônio com Booz.** [1]Noemi, sua
sogra, disse-lhe: "Minha filha, não devo
eu procurar um lar para ti, para que
sejas feliz? [2]Ora, esse Booz, com cujas
servas estavas, não é nosso parente?
Esta noite ele vai joeirar a cevada na
eira. [3]Lava-te, pois, e perfuma-te, põe
teu manto e desce à eira, mas não te
deixes reconhecer por ele, até que
tenha acabado de comer e de beber.
[4]Quando ele for dormir, observa o lu-
gar em que está deitado; então chega,
descobre seus pés e deita-te; e ele te
dirá o que deves fazer". [5]Rute respon-
deu-lhe: "Farei tudo o que disseste".

[6]Desceu, pois, à eira e fez tudo o que
sua sogra lhe havia mandado. [7]Booz
comeu, bebeu, seu coração se alegrou
e ele foi deitar-se junto de um monte
de cevada. Então ela veio de mansinho,
descobriu seus pés e deitou-se. [8]No
meio da noite, o homem se assustou;
voltou-se e viu uma mulher deitada a
seus pés. [9]Perguntou: "Quem és tu?"
Ela respondeu: "Eu sou Rute, tua ser-
va. Estende teu manto sobre tua serva,
pois tens o direito de resgate"†. [10]Ele
disse: "Que Javé te abençoe, minha fi-
lha; este teu novo ato de bondade ex-

---

* **2**,13. Sl 36,8; 91,1.4 | 20. 2,1 | **3**,10. 2,11

† **2**,17. Um almude equivale a 45 litros. | 20. Parente próximo de Noemi e, por extensão, de Rute. Este parente devia resgatar a parte do campo vendida por Noemi, 4,3, para evitar que a família a perdesse, e desposar Rute, pois Noemi era idosa, para garantir uma posteridade a Elimelec. Mas existe um outro que é de fato o parente mais próximo, 3,12. | **3**,9. O manto é símbolo de proteção; Rute pede proteção, ou seja, pede que Booz a tome por esposa.

cede o primeiro,* pois não procuraste jovens, pobres ou ricos. 11E agora, minha filha, não tenhas medo: farei por ti tudo o que disseres, pois toda a comunidade de meu povo sabe que és uma mulher virtuosa. 12Realmente eu tenho o direito de resgate, mas há um outro que é parente mais próximo do que eu. 13Passa a noite* aqui e quando amanhecer o dia, se ele quiser exercer seu direito de resgate sobre ti, está bem, que ele te resgate; se, pelo contrário, não quiser te resgatar, eu te resgatarei; juro pela vida de Javé! Fica deitada até de manhã". 14Ela ficou deitada a seus pés até de manhã e levantou-se antes que uma pessoa pudesse reconhecer a outra; pois ele disse: "Que ninguém saiba que esta mulher veio à eira". 15Disse então Booz: "Estende o manto que te cobre e segura-o". Ela o segurou, e ele colocou no manto seis medidas de cevada, que lhe pôs às costas. E ela voltou para a cidade.

16Quando chegou à casa de sua sogra, esta lhe perguntou: "Como foi, minha filha?" Contou-lhe então tudo o que aquele homem havia feito por ela. 17E acrescentou: "Estas seis medidas de cevada foi ele que me deu, dizendo-me: 'Não voltarás de mãos vazias para junto de tua sogra'". 18Noemi disse-lhe: "Espera, minha filha, até saberes como terminará tudo isso; pois este homem não descansará enquanto não resolver hoje mesmo esta questão".

4 **Booz casa-se com Rute.** 1Booz subiu à porta da cidade e sentou-se ali. Vendo passar o parente do qual tinha falado, disse-lhe: "Fulano, vem e senta-te aqui". O homem aproximou-se e sentou-se. 2Booz escolheu dez homens dentre os anciãos da cidade e lhes disse: "Sentai-vos aqui". Eles se sentaram. 3Então disse ao homem que tinha o direito de resgate: "Noemi, aquela que veio dos campos de Moab, quer vender a parte do terreno que pertencia a nosso parente Elimelec. 4Resolvi informar-te disso,* dizendo-te: 'Compra-o na presença dos que estão aqui sentados e dos anciãos de meu povo'. Se quiseres resgatá-lo, resgata-o; mas se não o quiseres, declara-o, para eu tomar conhecimento. Pois não há outro que possa resgatá-lo a não ser tu e, depois de ti, eu". Ele respondeu: "Vou resgatá-lo". 5Replicou Booz: "No dia em que adquirires esse campo da mão de Noemi,* estarás adquirindo também Rute, a moabita, a mulher daquele que morreu, para perpetuar o nome do morto sobre seu patrimônio". 6Então respondeu o que tinha o direito de resgate: "Assim não posso exercer meu direito, pois iria prejudicar meu patrimônio. Resgata tu o que eu deveria resgatar, pois não posso fazê-lo".

7Ora, antigamente era costume* em Israel, em caso de resgate ou de alienação, para convalidar o ato, um tirar a sandália e entregá-la ao outro; era esse o modo de testemunhar em Israel. 8Disse então a Booz o resgatador: "Compra-o para ti", e tirou a sandália†.

9Booz disse aos anciãos e a todo o povo: "Sois testemunhas hoje de que comprei da mão de Noemi tudo o que pertencia a Elimelec, a Quelion e a Maalon. 10Ao mesmo tempo adquiro por mulher Rute, a moabita, viúva de Maalon, para restaurar o nome do falecido sobre sua herança e para que o nome do falecido não desapareça do meio de seus irmãos, nem da porta de sua cidade. Disso sois testemunhas hoje". 11Todo o povo que se achava junto à porta, bem como os anciãos, responderam: "Nós somos testemunhas! Que Javé faça a essa mulher que entra em tua casa como fez a Raquel e a Lia,* que fundaram a casa de Israel.

---

* **3**,13. 2,20 | **4**,4. Lv 25,25 | 5. Dt 25,5-10 | 7. Dt 25,9s | 11. Gn 35,23-26 / Gn 35,19s | 12. Gn 38 / 1Cr 2,5.9-12.19.50s

† **4**,8. O parente mais próximo renuncia ao direito de resgate, mas não é tratado com desprezo como prevê Dt 25,9-10. O gesto com a sandália é como assinar um contrato. Lançar a sandália sobre um terreno é tomar posse, Sl 60,10; 108,10.

Torna-te poderoso em Éfrata,
adquire um nome em Belém.*
12E seja tua casa semelhante à de Fa-
rés,*
que Tamar deu à luz para Judá,
graças à posteridade que Javé vai te
dar desta jovem".*
13Assim Booz desposou Rute, que se
tornou sua esposa. Uniu-se a ela, e Javé
deu a Rute a graça de conceber, e ela
deu à luz um filho. 14As mulheres disse-
ram então a Noemi: "Bendito seja Javé
que não te deixou hoje sem um redentor;
que o nome dele seja famoso em Israel!
15Possa ele reanimar tua vida e te apoiar
na velhice, pois quem o gerou é tua nora,
que te ama e que vale para ti mais do
que sete* filhos". 16Noemi tomou o me-
nino no colo e serviu-lhe de ama.
17As vizinhas* deram-lhe um nome,
dizendo: "Nasceu um filho a Noemi"
e o chamaram Obed†. Foi ele o pai de
Jessé, pai de Davi.

Genealogia de Davi. 18Esta é a poste-
ridade de Farés:* Farés gerou Hesron.
19Hesron gerou Ram e Ram gerou Ami-
nadab. 20Aminadab gerou Naasson e
Naasson gerou Salmon. 21Salmon ge-
rou Booz e Booz gerou Obed. 22Obed
gerou Jessé e Jessé gerou Davi†.

---

* **4**,15. 1Sm 1,8 | 17. Gn 30,3 | 18. 1Cr 2,5-15; Mt 1,3-5; Lc 3,31-33

† **4**,17. Obed quer dizer servo (de Deus); pela lei, o menino é filho de Noemi e de Elimelec. | 22. Na genealogia de Jesus, Mateus dirá que "Booz gerou Obed de Rute" (1,5). Assim, a moabita, nascida num povo excluído de Israel, Dt 23,4, por sua fé e sua dedicação à sogra, foi incorporada de modo especial ao povo eleito.

OS LIVROS DE SAMUEL

Esses dois livros abrangem um período que vai do nascimento de Samuel ao fim do reinado de Davi, ou seja, do ano 1050 ao ano 970. O nome da obra não exprime bem seu conteúdo, pois apenas os primeiros quinze capítulos têm Samuel como protagonista; daí em diante a história vai girar em torno de Saul e de Davi. A versão grega dos Setenta e a Vulgata dividem o livro em dois e unem Samuel e Reis sob um único título: "Reinos" nos Setenta e "Reis" na Vulgata, resultando assim um total de quatro livros. Na composição do livro foram utilizados documentos, às vezes justapostos e de diversas tendências, nem sempre bem combinados num relato lógico: há duas narrativas da instituição da monarquia, duas versões da rejeição de Saul e, na seção Saul-Davi, as repetições são várias.

Samuel foi o último juiz de Israel e o primeiro grande profeta que orientou os chefes e o povo de Israel. Em seu tempo, impotente diante da expansão dos filisteus, Israel vai abandonar o sistema das tribos e adotar a monarquia, para ter um rei "como todas as outras nações" e fortalecer-se numa unidade mais compacta. Mas Israel já tem um rei, Javé; como, então, constituir sobre ele um soberano terrestre? A solução será que o rei de Israel seja um vassalo de Javé, um instrumento dócil e totalmente fiel em suas mãos, para a realização de seus planos em benefício do povo.

A primeira experiência, com Saul, depois dos sucessos iniciais, fracassou, por causa de sua desobediência. Não obstante seus pecados, Davi vai viver o ideal da monarquia em Israel, mostrando-se servo do Senhor e obediente à voz dos profetas. Javé está com ele e lhe dá êxito em todas as suas campanhas militares. Davi toma dos jebuseus a cidade de Jerusalém e faz dela sua capital e a cidade santa pela presença da arca da aliança. Como recompensa de sua fidelidade, recebe pelo profeta Natã a promessa divina de uma dinastia perene. Essa promessa alimentou através das gerações a esperança de um Davi redivivo, salvador do povo, um Messias-rei, esperança realizada em Jesus, aclamado como rei e filho de Davi.

Os livros de Samuel ensinam que toda autoridade humana está sujeita ao poder supremo de Deus, rei dos reis e senhor dos senhores.

PRIMEIRO LIVRO DE SAMUEL

I. ÚLTIMOS JUÍZES DE ISRAEL (1–7)

1 **A família de Samuel.** 1Havia um
homem de Ramataim-Sofim, da
montanha de Efraim, chamado Elcana,* filho de Jeroam, filho de Eliú, filho de Tou, filho de Suf, um efraimita.
2Elcana tinha duas mulheres, uma chamada Ana e a outra, Fenena. Fenena tinha filhos; Ana, porém, não os tinha.
3Todo ano esse homem* subia de sua cidade para adorar e oferecer sacrifícios a Javé dos exércitos em Silo†, onde os dois filhos de Eli, Hofni e Fineias, eram sacerdotes de Javé.
4Quando chegava o dia em que Elcana ofercia o sacrifício, dava porções* a Fenena, sua mulher e a todos os seus filhos e filhas.
5A Ana dava uma porção dupla, porque a amava,* embora Javé a houvesse tornado estéril.
6Sua rival a provocava continuamente para irritá-la, porque Javé a tornara estéril.
7Assim acontecia todo ano: sempre que Ana subia à casa de Javé, Fenena a irritava dessa maneira; por isso Ana chorava e não comia.
8Elcana, seu marido, lhe dizia: "Ana, por que estás chorando e não queres comer? E por que se aflige teu coração? Não sou para ti mais do que dez filhos?"*

---

* **1**,1. 1Cr 6,19-23 | 3. Êx 23,14; Lv 23,39; Jz 21,19 | 4. Dt 12,18 | 5. Gn 16,4s | 8. Rt 4,15

† **1**,3. Silo, a 35 km ao norte de Jerusalém, era o santuário mais importante da época. Lá estava a tenda da reunião, Jz 18,1. "Javé dos exércitos" quer dizer Senhor dos exércitos de Israel, dos anjos, das estrelas e das forças do universo.

A promessa de Ana. 9Depois de terem comido e bebido em Silo, Ana levantou-se. O sacerdote Eli estava sentado numa cadeira à entrada do templo de Javé. 10Ela, com a alma amargurada, suplicava a Javé e chorava copiosamente. 11Fez também uma promessa, dizendo: "Javé dos exércitos, se vos dignardes olhar para a aflição de vossa serva* e vos lembrardes de mim, se não esquecerdes de vossa serva e lhe derdes um filho homem, eu o oferecerei a Javé por todos os dias de sua vida, e a navalha jamais passará sobre sua cabeça". 12Sua oração diante de Javé se prolongava, e Eli observava o movimento de seus lábios. 13Ana falava em seu coração e somente seus lábios se moviam, mas não se ouvia sua voz. Por isso Eli pensou que estivesse bêbada† 14e lhe disse: "Até quando estarás embriagada? Cura tua ressaca!" 15Mas Ana respondeu, dizendo: "Não, meu senhor; sou uma mulher de alma atribulada. Não bebi vinho nem bebida inebriante, mas estava desabafando meu coração diante de Javé. 16Não tomes tua serva por uma mulher indigna, porque é o excesso de minha dor e de minha tristeza que me fez falar até agora". 17Respondeu-lhe Eli: "Vai em paz e que o Deus de Israel te conceda o que lhe pediste". 18Ela replicou: "Que tua serva encontre graça a teus olhos". A mulher retirou-se, tomou alimento e seu rosto não foi mais o mesmo.

Nascimento de Samuel. 19Na manhã seguinte ela e o marido se levantaram cedo e, depois de adorar Javé, partiram e voltaram para sua casa em Ramá. Elcana uniu-se a sua mulher Ana, e Javé lembrou-se dela. 20Passado o devido tempo depois de Ana ter concebido, deu à luz um filho e o chamou Samuel, dizendo: "Eu o pedi a Javé"†. 21Seu marido, Elcana, foi com toda a sua família oferecer a Javé o sacrifício anual e cumprir sua promessa. 22Ana, porém, não foi, porque disse a seu marido: "Vou esperar até que o menino seja desmamado; então o levarei para ser apresentado diante de Javé e ficar lá para sempre". 23Respondeu-lhe Elcana, seu marido: "Faze o que te parecer melhor; fica até que o tenhas desmamado. Basta que Javé realize sua palavra". Ela ficou e aleitou seu filho até que o desmamou.

Samuel é consagrado a Javé. 24Quando o desmamou, tomou-o consigo, com um novilho de três anos, um efá de farinha e um odre de vinho, e o introduziu na casa de Javé em Silo. O menino era ainda pequeno. 25Imolaram o novilho e conduziram o menino a Eli. 26Ana disse: "Perdão, meu senhor! Por tua vida, senhor; eu sou aquela mulher que estava aqui junto de ti suplicando a Javé. 27Foi por este menino que eu lhe suplicava, e Javé me concedeu o que lhe pedi. 28Por isso, por minha vez o entrego a Javé por toda a vida: seja consagrado a Javé". E Samuel adorou ali Javé.

2 **Cântico de Ana†.** 1Então Ana orou, dizendo:

"Meu coração exulta em Javé,*
minha fortaleza em Javé se exalta;
abre-se minha boca contra meus inimigos,
porque me alegro com tua salvação.
2Não há santo como Javé,*
porque não há outro além de vós;
não há Rocha como nosso Deus.
3Não multipliqueis palavras orgulhosas,
cesse em vossa boca a arrogância,
porque Javé é um Deus que tudo sabe,
um Deus que julga as ações humanas.
4O arco dos fortes é quebrado,
e os fracos são revestidos de vigor.*

---

* **1**,11. Lc 1,48; Nm 6,1-3; Jz 13,5; 16,17 | **2**,1. Lc 1,47; Is 61,10 | 2. Lv 17,1; Sl 17,3 | 4. Is 40,29

† **1**,13. Era costume rezar em voz alta, mas Ana apenas movia os lábios. | 20. Etimologia popular: "chaal" é pedir e "El" é Deus. Nascido de mãe estéril por um dom divino todo especial, Samuel pertencerá a Deus, que dará ao casal três filhos e duas filhas, 2,21. | **2**,1. Este hino a Javé, que abate os poderosos e eleva os humildes, tem semelhanças com o Magnificat de Maria, Lc 1,46-55. Prediz a destruição dos inimigos e a exaltação do rei, o ungido de Javé: é o que Deus fará por meio de Samuel.

5Os que eram fartos procuram um ganha-pão,
os que tinham fome não têm mais de trabalhar.
Sete vezes deu à luz a que era estéril,*
a mãe de muitos filhos perdeu as forças.
6É Javé que faz morrer e faz viver,*
faz descer ao abismo e de lá voltar.
7Javé dá a pobreza e a riqueza,
humilha e também exalta.*
8Ergue da poeira o indigente,*
da imundície levanta o pobre,
para os fazer sentar entre os príncipes
e dar-lhes um trono glorioso;
porque são de Javé as colunas da terra,*
e sobre elas firmou o mundo.
9Ele vela sobre os passos de seus fiéis,
mas os ímpios morrerão nas trevas,
pois ninguém triunfará por sua força.
10Os inimigos de Javé serão destruídos.
Do céu contra eles trovejará,
Javé julgará os confins da terra.*
A seu rei dará fortaleza,
e exaltará o poder de seu Ungido".*

11Elcana voltou para sua casa em
Ramá, e o menino ficou servindo a Javé
na presença do sacerdote Eli.

Maldade dos filhos de Eli. 12Os filhos
de Eli eram homens indignos, que não
se importavam com Javé. 13Assim se
comportavam esses sacerdotes com
o povo:* quando alguém oferecia um
sacrifício, enquanto a carne estava co-
zinhando, vinha um servo do sacerdote
com um garfo de três dentes, 14metia-o
no caldeirão, na panela, no tacho ou na
caçarola, e tudo o que o garfo apanha-
va, o sacerdote o tomava para si†. As-
sim faziam com todos os israelitas que
iam a Silo. 15Além disso, antes que se
queimasse a gordura, vinha um servo
do sacerdote e dizia ao que oferecia o
sacrifício: "Dá esta carne ao sacerdote,
para assar, pois ele não aceitará de ti
carne cozida, mas crua". 16Se a pessoa
lhe dissesse: "Deixa que se queime* pri-
meiro a gordura, depois tomarás o que
quiseres", o servo respondia: "Não, tens
de me dá-la agora mesmo, do contrá-
rio a tomarei à força". 17Era enorme o
pecado daqueles jovens diante de Javé,
porque desonravam as ofertas feitas a
Javé.

Samuel serve a Javé no templo. 18En-
tretanto Samuel prestava serviço dian-
te de Javé; era ainda menino e trajava
uma túnica de linho. 19Sua mãe fazia
para ele todo ano uma pequena ves-
te, que lhe levava quando subia com o
marido para oferecer o sacrifício anual.
20Eli abençoava Elcana e sua mulher,
dizendo: "Que Javé te conceda filhos
desta mulher, em lugar daquele que ela
ofereceu a Javé". E eles voltavam para
casa. 21Com efeito, Javé visitou Ana,
que concebeu e deu à luz três filhos e
duas filhas. E o jovem Samuel crescia
junto de Javé.

Eli repreende seus filhos. 22Eli já era
muito idoso. Ficou sabendo tudo o
que seus filhos faziam com todos os
israelitas e as relações que tinham com
as mulheres que prestavam serviço à
entrada da tenda da reunião. 23Ele lhe
disse: "Por que fazeis essas coisas? Eu
ouço o povo todo falar de vossas más
ações. 24Não, meus filhos, porque não
é boa a fama que ouço o povo de Javé
espalhar. 25Se alguém pecar contra o
próximo, Deus intercederá por ele; mas,
se pecar contra Javé, quem intercederá
por ele?" Eles, porém, não escutavam a
voz do pai, porque Javé queria fazê-los
morrer.* 26Entretanto o jovem Samuel
ia crescendo em estatura e no conceito
de Javé e das pessoas.

A sentença contra a família de Eli.
27Um homem de Deus veio a Eli e lhe
disse: "Assim fala Javé: 'Porventura não
me revelei claramente à casa de teu
pai, quando estavam no Egito, a servi-
ço do faraó? 28Eu o escolhi entre todas

---

* **2**,5. Sl 113,9; Is 54,1 | 6. Dt 32,39; Sb 16,13; Sl 30,4 | 7. Lc 1,52s | 8. Sl 113,7s / Sl 75,4; 104,5; Jó 9,6; 38,6 | 10. Sl 98,9 / Sl 89,25; 2,6 | 13. Dt 18,3; Lv 7,29-36 | 16. Lv 3,3-5 | 25. Eclo 46,13; Lc 2,52

† **2**,14. Estava bem determinado pelo ritual o que era reservado aos sacerdotes nos sacrifícios, Lv 7,28-34. | 28. Efod, aqui e em 23,9; 30,7, é um objeto pelo qual se tirava a sorte, para saber a resposta de Deus.

as tribos de Israel, para se tornar meu sacerdote, para subir a meu altar, para queimar incenso e para usar o efod† em minha presença; e dei à casa de teu pai todas as ofertas queimadas dos filhos de Israel. 29Por que, pois, desprezais meus sacrifícios e minhas oblações que mandei oferecer em meu santuário, e por que honras teus filhos mais do que a mim, engordando-vos com o melhor de todas as oblações de Israel, meu povo? 30Por isso – oráculo de Javé, Deus de Israel – eu tinha declarado que tua casa e a casa de teu pai estariam para sempre a meu serviço, mas agora – oráculo de Javé – longe de mim tal coisa! Porque eu honro* os que me honram, e serão desprezados os que me desprezam. 31Virão dias em que eu cortarei teu braço e o braço da casa de teu pai, de modo que não haverá mais nenhum idoso em tua casa. 32Verás um rival em minha morada e todo o bem que ele fará a Israel; mas em tua casa nunca mais haverá nenhum idoso. 33Aquele dos teus que eu não excluir de meu altar ficará para te consumir os olhos e torturar-te o coração; mas todos os descendentes de tua casa* morrerão na flor da idade. 34E te servirá de sinal o que acontecerá a teus dois filhos, Ofni e Fineias: ambos morrerão no mesmo dia. 35Suscitarei para mim* um sacerdote fiel, que procederá segundo meu coração e meu desejo, e lhe edificarei uma casa estável, e ele andará sempre na presença de meu ungido. 36Todo sobrevivente de tua casa irá prostrar-se diante dele em troca de uma moeda de prata e de um pedaço de pão e dirá: 'Rogo-te que me admitas a alguma das funções sacerdotais, para que eu tenha um pedaço de pão para comer'".

3 **Vocação de Samuel.** 1Entretanto o menino Samuel servia a Javé na presença de Eli. Naquele tempo a palavra de Javé era rara e as visões não eram frequentes. 2Certo dia, Eli estava dormindo em seu quarto. Sua vista começava a enfraquecer e não enxergava bem. 3A lâmpada de Deus ainda não se havia apagado, e Samuel dormia* no templo de Javé, onde estava a arca de Deus. 4Javé chamou: "Samuel, Samuel!" Ele respondeu: "Aqui estou"; 5e correu para junto de Eli e disse: "Aqui estou, pois me chamaste". Ele respondeu: "Não te chamei; volta e dorme". Samuel voltou a dormir. 6Javé tornou a chamar: "Samuel, Samuel!" Samuel levantou-se, foi para junto de Eli e disse: "Aqui estou, pois me chamaste". Eli respondeu: "Não te chamei, meu filho; volta e dorme". 7Samuel ainda não conhecia Javé, e a palavra de Javé ainda não lhe havia sido revelada. 8Javé chamou de novo Samuel, pela terceira vez; e ele se levantou, foi até Eli e lhe disse: "Aqui estou, pois me chamaste". Então Eli compreendeu que Javé estava chamando o menino, 9por isso Eli disse a Samuel: "Vai deitar-te, e se te chamarem outra vez, dirás: 'Falai, Javé, que vosso servo escuta'". Samuel tornou a deitar-se em seu lugar. 10Então Javé veio, pôs-se junto dele e o chamou como das outras vezes: "Samuel, Samuel!" Então Samuel respondeu: "Falai, que vosso servo escuta!" 11Javé disse a Samuel: "Vou fazer em Israel uma coisa tal que a todos que a ouvirem retinirão os dois ouvidos. 12Nesse dia realizarei* contra Eli tudo o que falei contra sua casa, do começo ao fim. 13Eu lhe anunciei que executaria minhas sentenças sobre sua casa para sempre, por causa da iniquidade que ele bem conhece, pois seus filhos atraíram sobre si a maldição, e ele não os corrigiu.14Por isso juro à casa de Eli que a iniquidade de sua casa jamais será expiada, nem com sacrifícios, nem com oblações".

15Samuel dormiu até de manhã, depois abriu as portas da casa de Javé; mas tinha medo de contar a Eli a visão. 16Eli chamou Samuel, dizendo: "Samuel, meu filho!" Este respondeu: "Aqui estou!" 17Eli continuou: "Que te

---

* **2**,30. 2Sm 22,25; Sl 18,26 | 33. 22,18s; 14,10 | 35. 4,11 | **3**,3. Lv 24,3 | 12. 2,27-36 | 17. Rt 1,17

† **3**,17. Veja a nota em 2Sm 19,14.

disse ele? Por favor, não me ocultes
nada. Assim Deus te faça e outro tan-
to† se me ocultares* alguma coisa de
tudo o que te disse". [18]Samuel narrou-
-lhe tudo, sem lhe ocultar nada. Então
Eli exclamou: "Ele é Javé; faça o que for
de seu agrado!"*
[19]Samuel cresceu, e Javé estava com
ele; e não deixou cair no vazio nenhu-
ma de suas palavras. [20]Então todo Israel,
desde Dã até Bersabeia, reconheceu que
Samuel tinha sido constituído profeta*
de Javé. [21]E Javé continuou a manifestar-
-se em Silo, porque em Silo Javé se reve-
lava a Samuel mediante sua palavra.

4 **Israel é derrotado pelos filisteus.**
[1]A palavra de Samuel chegava a
todo o Israel. Os israelitas saíram para
combater contra os filisteus* em Ebe-
nezer; os filisteus acamparam em Afec.
[2]Os filisteus se dispuseram em ordem
de batalha contra Israel. Desfechado o
ataque, os israelitas foram derrotados
pelos filisteus, que mataram cerca de
quatro mil homens dentre as fileiras.
[3]Quando a tropa voltou ao acampa-
mento, os anciãos de Israel pergunta-
ram: "Por que Javé nos derrotou hoje
diante dos filisteus?† Vamos a Silo bus-
car a arca da aliança de Javé, para que
venha entre nós e nos salve das mãos
de nossos inimigos". [4]O povo mandou,*
pois, buscar em Silo a arca da aliança
de Javé dos exércitos, que está sentado
sobre querubins†, e os dois filhos de Eli,
Ofni e Fineias, acompanharam a arca
da aliança de Deus. [5]Quando a arca da
aliança de Javé entrou no acampamen-
to, todo o Israel aclamou com voz tão
forte, que fez retumbar a terra. [6]Os fi-
listeus ouviram o ruído da aclamação
e perguntaram: "Que significa o ruído
deste grande clamor no acampamento
dos hebreus?" Então souberam que a
arca de Javé havia chegado ao acam-
pamento [7]e tiveram medo, pois diziam:
"Deus veio ao acampamento!" E acres-
centaram: "Ai de nós! Isto nunca acon-
teceu até agora! [8]Ai de nós! Quem nos
salvará das mãos desses deuses pode-
rosos? Esses são os deuses que feriram
os egípcios com toda a sorte de pra-
gas no deserto. [9]Coragem, ó filisteus, e
portai-vos como homens para não vos
tornardes escravos dos hebreus, como
eles foram vossos escravos. Agi como
homens e combatei". [10]Os filisteus luta-
ram, pois, e Israel foi vencido, fugindo
cada um para sua tenda. A derrota foi
enorme, e foram mortos de Israel trinta
mil homens da infantaria. [11]A arca de
Deus foi tomada e morreram os dois
filhos de Eli: Ofni e Fineias.
Morte de Eli. [12]Um homem de Ben-
jamim correu do campo de batalha e
chegou no mesmo dia a Silo com as
vestes rasgadas e a cabeça coberta de
terra. [13]Quando chegou, Eli estava sen-
tado na cadeira, à beira do caminho,
observando, porque seu coração esta-
va receoso por causa da arca de Deus.
Logo que o homem entrou na cidade
e contou a notícia, toda a cidade pror-
rompeu em gritos. [14]Ao ouvir o ruído
dos gritos, Eli perguntou: "Que signifi-
ca o ruído desse tumulto?" O homem
apressou-se em ir informar Eli. [15]Ora, Eli
estava com noventa e oito anos, tinha
o olhar fixo e não enxergava mais. [16]O
mensageiro disse a Eli: "Eu sou o que
venho do campo de batalha; fugi de lá
hoje". Eli perguntou-lhe: "Que aconte-
ceu, meu filho?" [17]Em resposta, o men-
sageiro disse: "Israel fugiu diante dos
filisteus, e houve grande mortandade
entre o povo; também teus dois filhos,
Ofni e Fineias, foram mortos, e a arca
de Deus foi tomada". [18]Logo que ele
falou da arca de Deus, Eli caiu da ca-
deira para trás, junto da porta, quebrou
a nuca e morreu, pois era idoso e pe-
sado. Tinha sido juiz de Israel durante
quarenta anos.
[19]Sua nora, a esposa de Fineias, estava
grávida e próxima do parto; ao ouvir a

* **3**,18. Jó 1,21 | 20. Jz 20,1 | **4**,1. Js 13,2; 1 Sm 29,1 | 4. Nm 10,35s

† **4**,3. Para o autor, a resposta é clara: por causa da idolatria; assim, Deus não está com o povo. | 4. Os querubins, esfinges aladas que estavam sobre o propiciatório da arca, Êx 25,18, eram como um trono para Deus.

notícia da tomada da arca de Deus e da morte do sogro e do marido, agachou-se e deu à luz, porque lhe sobrevieram as dores. 20Enquanto estava morrendo, disseram-lhe as mulheres que a assistiam: "Não temas, porque tiveste um filho". Mas ela não respondeu* nem prestou atenção. 21Deu ao menino o nome de Icabod†, dizendo: "A glória se afastou de Israel", porque a arca de Deus fora tomada e tinham morrido seu sogro e seu marido. 22Ela disse: "Passou a glória de Israel, porque foi tomada a arca de Deus".

5 **A arca de Deus entre os filisteus.** 1Os filisteus tomaram a arca de Deus* e a transportaram de Ebenezer para Azoto. 2Os filisteus tomaram a arca de Deus e a introduziram no templo de Dagon†, colocando-a ao lado de Dagon. 3No dia seguinte, levantando-se de manhã cedo, os habitantes de Azoto encontraram Dagon caído com o rosto por terra diante da arca de Javé. Tomaram Dagon e o repuseram em seu lugar. 4Na manhã seguinte, quando se levantaram, encontraram Dagon caído com o rosto por terra diante da arca de Javé; a cabeça e as duas mãos, cortadas, jaziam no limiar da porta, e de Dagon só restava o tronco. 5Por isso, até hoje os sacerdotes de Dagon e todos os que entram no templo de Dagon não pisam no limiar de Dagon em Azoto.

6A mão de Javé pesou duramente sobre os habitantes de Azoto e os devastou, afligindo-os com tumores em Azoto e seus arredores. 7Diante de tais coisas, eles tiveram medo e disseram: "A arca do Deus de Israel não deve permanecer no meio de nós, porque sua mão pesa sobre nós e sobre Dagon,* nosso deus". 8Mandaram reunir-se junto deles todos os príncipes dos filisteus e lhes perguntaram: "Que faremos com a arca do Deus de Israel?" Eles responderam: "Que a arca do Deus de Israel seja levada para Gat". E a arca do Deus de Israel foi levada para lá.

9Depois que a transferiram, a mão de Javé pesou sobre a cidade, causando enorme pânico; afligiu os habitantes da cidade, pequenos e grandes, e lhes saíram tumores. 10Então mandaram a arca de Deus para Acaron. Quando a arca de Deus chegou a Acaron, os habitantes de Acaron gritaram, dizendo: "Transportaram até nós a arca do Deus de Israel para nos fazer perecer a nós e a nosso povo". 11Mandaram convocar todos os príncipes dos filisteus, aos quais disseram: "Mandai embora a arca do Deus de Israel, para que volte a seu lugar e não nos faça morrer a nós e a nosso povo". Porque havia um terror mortal na cidade inteira, de tão pesada que se tornara ali a mão de Deus. 12Os que não morriam eram afligidos com tumores. E o clamor da cidade se elevou até o céu.

6 **A arca volta a Israel.** 1A arca de Javé esteve no país dos filisteus durante sete meses. 2Depois, os filisteus chamaram os sacerdotes e os adivinhos e perguntaram: "Que devemos fazer com a arca de Javé? Indicai-nos como havemos de devolvê-la a seu lugar". 3Responderam eles: "Se devolverdes a arca do Deus de Israel, não a mandeis sem nada, mas fazei uma oferta de reparação. Então, sereis curados e sabereis por que sua mão não cessou de pesar sobre vós". 4Perguntaram: "E que oferta de reparação devemos fazer-lhe?" Responderam: "Cinco tumores de ouro e cinco ratos de ouro, conforme o número dos príncipes dos filisteus, porque é a mesma praga que atingiu todos vós e vossos príncipes. 5Fazei, pois, imitações de vossos tumores e dos ratos que devastam o país e dai glória ao Deus* de Israel. Talvez ele alivie o peso de sua mão sobre vós, sobre vossos deuses e sobre vosso país. 6Por que endurecer vosso coração, como fizeram os egípcios e o faraó? Depois que os tratou duramente, não deixaram partir os israelitas, e es-

---

* **4**,20. Gn 35,16s | **5**,1. Jz 16,23 | 7. Js 13,2 | **6**,5. Js 7,19

† **4**,21. Icabod significa "onde está a glória?". | **5**,2. Deus do trigo, adorado pelos filisteus, Jz 16,23. Javé mostra seu poder contra Dagon.

tes não se foram? 7Fazei, pois, um carro
novo, tomai duas vacas com bezerros,
sobre as quais ainda não se tenha posto
a canga†; atrelai-as ao carro* e separai
delas os bezerros, mandando-os para
o curral. 8Depois tomai a arca de Javé
e colocai-a no carro, pondo a seu lado,
numa caixa, os objetos de ouro que lhe
ofereceis como reparação, e deixai-a ir.
9E observai: se ela subir pelo caminho
de seu território, rumo a Bet-Sames, foi
Javé que nos causou este grande mal;
se não, saberemos que não foi sua mão
que nos feriu, mas que isto nos sucedeu
por acaso.

10E assim fizeram. Pegaram duas
vacas com bezerros, atrelaram-nas ao
carro e prenderam seus bezerros no
curral. 11Puseram no carro a arca de
Javé e a caixa com os ratos de ouro e
as imitações dos tumores. 12As vacas se
encaminharam diretamente pela estrada de Bet-Sames, seguindo sempre o
mesmo caminho, berrando enquanto
andavam, sem se desviarem nem para
a direita, nem para a esquerda. Os príncipes dos filisteus foram atrás delas até
a fronteira de Bet-Sames.

13Os habitantes de Bet-Sames estavam ceifando o trigo no vale e, levantando os olhos, viram a arca e se
alegraram quando a viram. 14O carro
chegou ao campo de Josué de Bet-Sames e parou ali, onde havia uma
grande pedra. Cortaram em pedaços a
madeira do carro e ofereceram as vacas em holocausto a Javé. 15Os levitas
desceram a arca de Javé e a caixa que
estava ao lado dela, com os objetos
de ouro, e os puseram sobre a grande
pedra. No mesmo dia os habitantes de
Bet-Sames ofereceram holocaustos e
sacrifícios a Javé. 16Os cinco príncipes
dos filisteus viram isso e voltaram no
mesmo dia para Acaron. 17Foram estes os tumores de ouro que os filisteus
ofereceram a Javé como reparação: um
por Azoto, um por Gaza, um por Ascalon, um por Gat, um por Acaron. 18Também os ratos de ouro foram segundo o
número de todas as cidades dos cinco
príncipes, desde as cidades fortificadas
até as aldeias sem muros. A grande
pedra, sobre a qual puseram a arca de
Javé, está ainda hoje no campo de Josué de Bet-Sames. 19Deus castigou os
habitantes de Bet-Sames, porque olharam dentro da arca de Javé, e matou
setenta homens entre os cinquenta mil
do povo. O povo ficou de luto, porque
Javé o castigou com tão grande flagelo. 20Então disseram os habitantes de
Bet-Sames: "Quem poderá estar diante
de Javé,* este Deus santo? Saindo daqui, para quem irá?" 21Mandaram mensageiros aos habitantes de Cariat-Iarim,
dizendo: "Os filisteus restituíram a arca
de Javé; descei e levai-a para vós".

7 1Os homens de Cariat-Iarim vieram buscar a arca de Javé e a levaram para a casa de Abinadab, situada
na colina; consagraram seu filho Eleazar para guardar a arca de Javé.

A reforma religiosa de Samuel. 2Desde o dia em que a arca de Javé foi colocada em Cariat-Iarim, passou muito
tempo – vinte anos – e todo o Israel
suspirou por Javé. 3Por isso Samuel falou* a toda a casa de Israel, dizendo:
"Se é de todo o vosso coração que vos
converteis a Javé, tirai do meio de vós
os deuses estrangeiros e as astartes e
dirigi vosso coração a Javé, servindo a
ele só, e ele vos livrará do poder dos
filisteus. 4Os israelitas lançaram fora*
os ídolos de Baal e as astartes† e puseram-se a servir só a Javé. 5Samuel disse:
"Reuni todo o Israel em Masfa e eu rogarei a Javé por vós". 6Reuniram-se em

---

* **6**,7. Dt 21,3; 2Rs 2,20 | **6**,20. Sl 76,8; Ml 3,2 | **7**,3. Jz 6,6-10; 10,10-16 | 4. Jz 2,13; Jz 20,1; 1Sm 10,17

† **6**,7. Seria para a divindade o primeiro serviço delas. Também Jesus no domingo de ramos pede um jumentinho que ninguém ainda montou, Mc 11,2. | **7**,4. Deuses cananeus: Baal, que significa "senhor", é o deus da fecundidade e Astarte é a deusa do amor. | 6. Única menção desse rito no Antigo Testamento; simboliza o coração contrito que "se derrama como água diante da face de Deus", Lm 2,19. / Samuel é comparado aos juízes, os heróis da luta pela independência. É também sua função interceder pelo povo, 12,19.23. Masfa, a 13 km a noroeste de Jerusalém, é um santuário existente desde o tempo dos Juízes, Jz 20,1, e mencionado até no tempo dos Macabeus, 1Mc 3,46.

Masfa e, tirando água, derramaram-na diante de Javé† e jejuaram aquele dia, dizendo: "Pecamos contra Javé". Samuel foi juiz dos israelitas em Masfa†.

Derrota dos filisteus. 7Quando os filisteus ficaram sabendo que os israelitas se haviam reunido em Masfa, os príncipes dos filisteus marcharam contra os israelitas. Informados disso, estes tiveram medo dos filisteus. 8Os israelitas disseram a Samuel: "Não cesses de clamar por nós a Javé, nosso Deus, para que nos salve das mãos dos filisteus". 9Samuel tomou um cordeiro que ainda mamava* e o ofereceu inteiro em holocausto a Javé; clamou a Javé por Israel, e Javé o ouviu. 10Enquanto Samuel oferecia o holocausto, os filisteus aproximaram-se para atacar Israel; mas Javé trovejou naquele dia com grande estrondo sobre os filisteus e os confundiu, de modo que foram derrotados diante de Israel. 11Os homens de Israel saíram de Masfa, perseguiram os filisteus e os derrotaram até abaixo de Bet-Car. 12Então Samuel tomou uma pedra, colocou-a entre Masfa e Sen e a chamou Ebenezer, dizendo: "Até aqui Javé nos ajudou"†.

Samuel, último juiz. 13Assim, os filisteus foram humilhados e não voltaram mais a invadir o território de Israel. A mão de Javé* pesou sobre os filisteus durante toda a vida de Samuel. 14Foram restituídas aos israelitas as cidades que os filisteus lhes haviam tomado, desde Acaron até Gat. Israel libertou seu território das mãos dos filisteus. E houve paz entre Israel e os amorreus†. 15Samuel julgou Israel por todo o tempo de sua vida. 16Anualmente dava uma volta* por Betel, Guilgal e Masfa e julgava Israel em todos esses lugares. 17Depois voltava para Ramá, onde morava, e dali governava Israel. Ali construiu um altar a Javé.

II. SAUL, O PRIMEIRO REI DE ISRAEL (8–15)

8 **Israelitas pedem um rei.** 1Quando Samuel envelheceu, nomeou seus filhos juízes de Israel. 2Seu filho primogênito chamava-se Joel, e o segundo, Abias; eles foram juízes em Bersabeia. 3Seus filhos, porém, não seguiram seu exemplo, mas se desviaram pela cobiça, deixando-se subornar e violando a justiça. 4Reuniram-se então todos os anciãos de Israel, foram ao encontro de Samuel em Ramá 5e lhe disseram: "Estás idoso e teus filhos não seguem teus caminhos; estabelece, pois, um rei* sobre nós que nos governe, como o têm todas as nações". 6Desagradaram a Samuel estas palavras que disseram: "Dá-nos um rei que nos governe"; e Samuel orou a Javé†. 7Mas Javé disse a Samuel: "Atende à voz do povo em tudo o que te diz, porque não é a ti que rejeitaram, mas a mim,* para que eu não reine sobre eles. 8Conforme sempre agiram desde o dia em que os tirei do Egito até hoje, abandonando-me para servir a outros deuses,* assim fazem também contigo. 9Agora, pois, atende ao pedido deles, mas adverte-os solenemente e declara-lhes o direito do rei que reinará sobre eles".

10Samuel referiu todas as palavras de Javé ao povo que lhe havia pedido um rei 11e disse: "Este será o direito do rei que reinará sobre vós: Tomará vossos filhos e os encarregará de seus carros e de seus cavalos,* e os fará correr diante de seu carro. 12Ele os nomeará chefes de mil e chefes de cinquenta; ele os fará lavrar seus campos, ceifar suas messes e fabricar suas armas de guerra e peças para seus carros. 13Tomará vossas filhas para serem suas perfumistas, cozinheiras* e padeiras. 14Vai desapropriar os melhores de vossos campos, de vossas

---

* **7**,9. Eclo 46,16-18 | 13. Jz 3,30; 8,28; 11,33 | 16. Jz 12,7.9.11.14; 16,31 | **8**,5. Dt 17,14; At 13,21 | 7. 12,12; Jz 8,22s | 8. Jz 10,13; 1Rs 9,9 | 11. 1Rs 12; Dt 17,14-20 | 13. 1Rs 21,1-24

† **7**,12. Ebenezer, 2Sm 4,1, significa "pedra do auxílio". | 14. O termo amorreus designa os cananeus, habitantes da terra prometida. | **8**,6. No pedido do povo, Samuel percebe um sinal de sua desconfiança em Deus, único rei de Israel. Tenta convencer o povo expondo o caráter opressor da monarquia, 8,11-18. A essa visão antimonarquista (8; 10,17-27; 12) contrapõe-se a visão favorável à monarquia (9,1-10,16; 11). Samuel apresenta o ideal de um rei teocrático, observante da lei mosaica.

vinhas, de vossos olivais, para dá-los a
seus servos. 15Tomará a décima parte
de vossas sementes e de vossas vinhas,
para dá-la a seus cortesãos e oficiais.
16Tomará vossos servos e servas, vos-
sos melhores bois e jumentos, e com
eles fará suas obras. 17Cobrará o dízi-
mo de vossos rebanhos, e vós mesmos
sereis seus escravos. 18Então clamareis
por causa de vosso rei que escolhestes,
mas naquele dia Javé não* vos atende-
rá". 19O povo, porém, não deu atenção
às palavras de Samuel e disse: "Não!
Mas haverá um rei sobre nós, 20e se-
remos também nós como todas as na-
ções: nosso rei nos governará, marcha-
rá a nossa frente e combaterá nossas
batalhas". 21Samuel ouviu todas as pa-
lavras do povo e as repetiu aos ouvidos
de Javé. 22Javé disse a Samuel: "Ouve a
voz deles e estabelece sobre eles um
rei". Então Samuel disse aos israelitas:
"Volte cada um para sua cidade".

9 **Encontro de Saul com Samuel.**
1Havia um homem da tribo de
Benjamim,* chamado Cis, filho de
Abiel, filho de Seror, filho de Becorat,
filho de Afia, benjaminita, homem for-
te e valoroso. 2Ele tinha um filho cha-
mado Saul,* jovem e belo. Não havia
entre os israelitas ninguém mais belo
que ele; dos ombros para cima ultra-
passava a todos. 3As jumentas de Cis,
pai de Saul, se perderam; por isso Cis
disse a seu filho: "Toma contigo um
dos servos, levanta-te e vai procurar as
jumentas". 4Eles percorreram a monta-
nha de Efraim e atravessaram a terra
de Salisa, mas não as encontraram. De-
pois passaram pela região de Salim, e
tampouco estavam ali; atravessaram o
país de Benjamim sem nada encontrar.
5Quando chegaram à terra de Suf, Saul
disse ao servo que o acompanhava:
"Vem, voltemos para casa, senão meu
pai deixará de pensar nas jumentas e
ficará preocupado conosco". 6O criado
disse: "Nesta cidade há um homem de
Deus* muito respeitado; tudo o que
ele diz acontece sem falta. Vamos,
pois, lá; talvez nos indique o caminho
que devemos seguir". 7Saul disse a seu
criado: "Então vamos. Mas que levare-
mos a esse homem? O pão terminou
em nossos alforjes e não temos ne-
nhum presente para levar ao homem
de Deus. Que temos?" 8O criado res-
pondeu de novo a Saul: "Eu tenho um
quarto de siclo de prata;* vou dá-lo ao
homem de Deus, para que nos mostre
o caminho". 9Antigamente, em Israel,*
quando alguém ia consultar a Deus, di-
zia: "Vinde, vamos ao vidente", porque
aquele que hoje se chama profeta, an-
tigamente se chamava vidente. 10Saul
disse ao criado: "Boa proposta; vamos".
E se encaminharam para a cidade onde
estava o homem de Deus. 11Enquanto
iam subindo pela encosta da cidade,*
encontraram umas moças que saíam
para buscar água e lhes perguntaram:
"O vidente está aqui?" 12Responderam
elas: "Sim, está ali diante de ti. Apressa-
-te, pois ele veio hoje à cidade, porque
hoje o povo oferece um sacrifício no
lugar alto†. 13Logo que entrardes na
cidade, vós certamente o encontrareis,
antes que suba ao lugar alto para co-
mer; pois o povo não começará a co-
mer enquanto ele não chegar. É ele que
deve abençoar o sacrifício; só depois é
que os convidados comem. Subi, por-
tanto, que o encontrareis* logo". 14Eles
subiram à cidade. Quando entravam,
Samuel estava saindo na direção deles
para subir ao lugar alto.
15Um dia antes da chegada de Saul,*
Javé tinha avisado Samuel, dizendo-
-lhe: 16"Amanhã a esta hora te en-
viarei um homem da terra de Ben-
jamim, e tu o ungirás para chefe de
Israel, meu povo. Ele libertará meu
povo* da mão dos filisteus; com efei-
to, voltei o olhar para meu povo, visto
que seu clamor chegou até mim".

---

* **8**,18. 1Rs 12,4; Pr 1,25-33; Mq 3,4 | **9**,1. 1Cr 8,33 | 2. 10,23; 16,12 | 6. 1Rs 13,1; Jz 13,6 | 8. 2Rs 5,15 | 9. Eclo 46,15 | 11. Gn 24,11; Êx 2,16 | 13. Lv 3,1 | 15. At 9,10-16 | 16. Êx 3,7.10

† **9**,12. Segundo um costume cananeu, conservado pelos israelitas, o lugar alto era o santuário da cidade, e o culto aí celebrado permaneceu legítimo até a reforma de Josias, 2Rs 23,8.

17Quando Samuel viu Saul, Javé lhe disse: "Este é o homem de quem te falei: ele governará* meu povo". 18Saul aproximou-se de Samuel no meio da porta da cidade e lhe disse: "Por favor, mostra-me onde é a casa do vidente". 19Samuel respondeu a Saul: "Sou eu o vidente. Sobe diante de mim ao lugar alto; hoje comereis comigo e amanhã de manhã eu te despedirei, depois de te revelar tudo o que tens no coração. 20Quanto às jumentas que se perderam há dias, não te preocupes, pois foram encontradas. Para quem é tudo o que há de precioso em Israel? Não é para ti e para toda a casa de teu pai?" 21Saul respondeu: "Porventura não sou eu benjaminita, da menor das tribos de Israel? E minha família, não é ela a menor entre todas as famílias da tribo de Benjamim? Por que me falas assim?" 22Samuel, tomando consigo Saul e seu criado, levou-os para a sala e deu-lhes o primeiro lugar entre os convidados, que eram umas trinta pessoas. 23Samuel disse ao cozinheiro: "Traze a porção que te entreguei e que te mandei guardar à parte". 24O cozinheiro trouxe a coxa com o que havia nela e colocou-a diante de Saul. Samuel disse: "Eis aqui o que foi reservado; põe-no diante de ti e come, pois foi guardado para ti para esta ocasião, quando convidei o povo". Assim Saul comeu com Samuel naquele dia. 25Desceram do lugar alto para a cidade, e Samuel conversou com Saul no terraço.

Saul é ungido rei. 26Eles se levantaram cedo; ao romper da aurora, Samuel chamou Saul no terraço, dizendo-lhe: "Levanta-te e te despedirei". Saul levantou-se e ambos, ele e Samuel, saíram para fora. 27Quando desciam à periferia da cidade, Samuel disse a Saul: "Dize ao servo que passe adiante de nós", e ele passou; "tu, porém, espera um momento, para que eu te comunique a palavra de Deus".

10 1Então Samuel tomou um frasco de óleo, derramou-o sobre a cabeça de Saul† e o beijou, dizendo: "Não foi Javé que te ungiu* como chefe de sua herança? Terás poder sobre o povo de Javé e o livrarás das mãos dos inimigos que o rodeiam. Isto será para ti* o sinal de que Javé te ungiu como chefe de sua herança: 2Hoje, quando te separares de mim, encontrarás dois homens junto ao túmulo de Raquel, na fronteira de Benjamim, em Selça, e eles te dirão: 'Foram encontradas as jumentas que foste procurar. Teu pai não se inquieta mais por elas, mas está preocupado convosco, dizendo: Que farei por meu filho?' 3Continuando mais adiante, chegarás ao carvalho do Tabor e encontrarás aí três homens subindo para adorar a Deus em Betel: um leva três cabritos, outro três pães e o terceiro um odre de vinho. 4Eles te saudarão e te darão dois pães, que receberás de suas mãos. 5Depois chegarás a Gabaá de Deus,* onde se encontra o destacamento dos filisteus. Quando entrares na cidade, encontrarás um grupo de profetas† descendo do lugar alto, precedidos de liras, pandeiros, flautas e cítaras, e eles estarão profetizando.* 6Então o espírito de Javé descerá sobre ti, profetizarás com eles e serás transformado em outro homem. 7Quando esses sinais te acontecerem, faze o que as circunstâncias pedirem, porque Deus está contigo. 8Depois descerás antes de mim a Guilgal, e eu descerei* a teu encontro para oferecer holocaustos e imolar sacrifícios de comunhão. Esperarás sete dias, até que eu chegue e te mostre o que deverás fazer".

9Logo que voltou as costas para retirar-se de Samuel, Deus lhe transformou o coração, e no mesmo dia se realizaram todos aqueles sinais. 10Ao chegarem a Gabaá,* um grupo de profetas saiu ao encontro de Saul; o espírito de

---

* **9**,17. 16,12 | **10**,1. 9,16s / 14,10; Dt 32,9; 7,6 | 5. 13,3 | 8. Jz 3,10 / Lv 1,1; 3,1 | 10. 19,20-24

† **10**,1. A unção dá ao rei um caráter sagrado, faz dele "o ungido de Javé", 12,3; 24,7. Messias é a palavra hebraica para "Ungido", que em grego é Cristo. O reino de Saul começa no ano 1030 a.C. | 5. Espécie de confraria que vivia em comunidade e usava a dança e a música para entrar em transe. Aos olhos do povo pareciam loucos, 2Rs 9,11. Aparecem com frequência na história de Eliseu, 2Rs 2,3.5.7.

Deus apoderou-se dele, e ele se pôs a profetizar no meio deles. [11]Quando todos os que o conheciam antes o viram profetizar com os profetas, diziam entre si: "Que aconteceu com o filho de Cis? Saul também está entre os profetas?" [12]Um homem do lugar respondeu: "Mas quem é o pai deles?"† Daí vem o provérbio: "Saul também está entre os profetas?"

[13]Quando acabou de profetizar, Saul subiu ao lugar alto. [14]O tio dele perguntou a seu criado: "Aonde fostes?" Respondeu ele: "Procurar as jumentas; mas, vendo que não apareciam, fomos a Samuel". [15]O tio lhe disse: "Conta-me, por favor, o que Samuel vos disse". [16]Saul respondeu ao tio: "Ele nos garantiu que as jumentas tinham sido encontradas". Mas não lhe disse nada do que Samuel lhe havia falado sobre o reino.

[17]Samuel convocou o povo* diante de Javé, em Masfa, [18]e disse aos israelitas: "Assim fala Javé, Deus de Israel: 'Eu tirei Israel do Egito* e vos livrei do poder dos egípcios e de todos os reinos que vos oprimiam'. [19]Mas hoje vós rejeitastes vosso Deus, que vos salvou de todas as vossas aflições e angústias, e dissestes: 'Estabelece um rei sobre nós'. Agora, pois, apresentai-vos diante de Javé por tribos e por famílias". [20]Samuel mandou que se aproximassem* todas as tribos de Israel, e a tribo de Benjamim foi designada pela sorte. [21]Mandou que se aproximasse a tribo de Benjamim segundo suas famílias, e foi sorteada a família de Metri. Depois foi escolhido Saul, filho de Cis. Procuraram-no, mas não foi encontrado. [22]Perguntaram então a Javé: "Esse homem já veio aqui?" Javé respondeu: "Está escondido entre a bagagem". [23]Correram a tirá-lo de lá e, quando se apresentou no meio do povo, era mais alto que todos* dos ombros para cima. [24]Samuel disse a todo o povo: "Estais vendo aquele que Javé escolheu? Não há ninguém como ele* em todo o povo". E todo o povo o aclamou, gritando: "Viva o rei!" [25]Então Samuel expôs ao povo* a lei do reino e a escreveu num livro, que depôs diante de Javé. Depois, Samuel despediu todo o povo, cada um para sua casa. [26]Também Saul foi para sua casa em Gabaá; e com ele foram homens valorosos, cujos corações Deus havia tocado. [27]Alguns homens grosseiros, porém, disseram: "Como é que ele pode* salvar-nos?" Fizeram pouco caso dele e não lhe levaram presentes. Mas Saul não se importou.

11 **Saul vence os amonitas.** [1]Naás, o amonita, marchou contra Jabes de Galaad e sitiou-a. Todos os habitantes de Jabes disseram a Naás: "Faze aliança conosco, e nós te serviremos". [2]Mas Naás, o amonita, respondeu-lhes: "Farei aliança convosco com esta condição: tirar-vos a todos o olho direito, para assim lançar a desonra sobre todo o Israel". [3]Os anciãos de Jabes lhe responderam: "Dá-nos sete dias de prazo, a fim de que enviemos mensageiros a todo o território de Israel; se ninguém vier em nosso socorro, nós nos entregaremos a ti". [4]Os mensageiros chegaram a Gabaá de Saul e contaram isso ao povo; e todo o povo se pôs a chorar em voz alta. [5]Saul voltava então do campo, atrás dos bois, e perguntou: "Que tem o povo para chorar assim?" Contaram-lhe as palavras dos homens de Jabes. [6]Ao ouvir tais palavras, Saul ficou possuído do espírito de Deus* e encheu-se de cólera. [7]Tomou uma junta de bois, dividiu-os em pedaços e mandou-os, por meio de mensageiros, a todo o território de Israel com este aviso: "Assim se fará com os bois de quem não seguir Saul* e Samuel". O terror de Javé apoderou-se do povo, e eles se puseram em marcha como um só homem. [8]Saul passou-os em revista em Besec: os filhos de Israel eram trezentos mil

* **10**,17. 7,5 | 18. Jz 6,8s; Êx 20,2; Lv 25,38 | 20. Js 7,16-18 | 23. 9,2 | 24. 1Rs 1,39; 2Rs 11,12 | 25. 8,11-18; Dt 17,18ss; Js 24,26ss | 27. 11,12ss | **11**,6. 10,10; Jz 3,10 | 7. Jz 19,29; 14,15

† **10**,12. O sentido aqui é o mesmo que em Mt 13,54: "Donde lhe vem esta sabedoria?"

e os homens de Judá trinta mil. 9Disseram aos mensageiros que tinham vindo: "Assim direis aos habitantes de Jabes: 'Amanhã, quando o sol esquentar, sereis socorridos'". Os mensageiros voltaram e deram a notícia aos homens de Jabes, que se encheram de alegria. 10Disseram aos amonitas: "Amanhã sairemos até vós, e fareis de nós o que vos aprouver".

11No dia seguinte, Saul dividiu o povo em três grupos, que penetraram no acampamento inimigo durante a vigília da manhã e atacaram os amonitas até a hora mais quente do dia. Os sobreviventes dispersaram-se de tal maneira que não ficaram dois deles juntos. 12Então o povo disse a Samuel: "Quem é que perguntava se Saul devia reinar* sobre nós? Entregai-nos esses homens para que os matemos". 13Mas Saul disse: "Hoje ninguém será morto, porque neste dia* Javé salvou Israel". 14Samuel disse ao povo: "Vinde, vamos a Guilgal* e renovemos ali a realeza". 15Todo o povo foi a Guilgal e lá, diante de Javé, em Guilgal, proclamaram Saul rei. Ali ofereceram sacrifícios de comunhão diante de Javé, e Saul e todos os homens de Israel se alegraram imensamente.*

12 **Samuel renuncia ao cargo de juiz.** 1Samuel disse a todo o Israel†: "Eu vos atendi em tudo o que me dissestes e estabeleci um rei sobre vós. 2Agora será o rei que irá a vossa frente.* Já sou idoso, de cabelos brancos, e meus filhos estão em vosso meio.* Eu vos conduzi desde minha juventude até hoje. 3Aqui estou. Testemunhai contra mim na presença de Javé e de seu Ungido. De quem tomei o boi?* De quem tomei o jumento? A quem defraudei? A quem oprimi? De quem recebi presentes para fechar os olhos e ajudá-lo? Eu vos restituirei tudo". 4Responderam eles: "Tu não nos prejudicaste, nem nos oprimiste, nem tomaste nada de ninguém". 5Disse-lhes ele: "Javé é testemunha contra vós e é testemunha seu Ungido, neste dia, de que não encontrastes nada em minha mão". E o povo respondeu: "É testemunha". 6Samuel disse ao povo:* "Javé é testemunha, ele que designou Moisés e Aarão e tirou vossos pais do Egito. 7Agora, pois, permanecei aqui, para que eu, diante de Javé, discuta convosco a respeito de todos os benefícios que Javé concedeu a vós e a vossos pais. 8Depois que Jacó entrou no Egito, vossos pais clamaram a Javé, e ele enviou Moisés e Aarão,* que tiraram vossos pais do Egito e os fizeram morar neste lugar. 9Mas eles se esqueceram de Javé, seu Deus, e ele os entregou nas mãos de Sísara, chefe do exército de Hasor, e nas mãos dos filisteus e do rei de Moab, que lhes fizeram guerra. 10Então clamaram a Javé, dizendo: 'Pecamos, porque abandonamos Javé para servir aos ídolos de Baal e às astartes. Mas agora, livrai-nos das mãos de nossos inimigos, e nós vos serviremos'. 11Javé enviou Jerobaal,* Barac, Jefté e Samuel e vos livrou das mãos de vossos inimigos ao redor, e vivestes em segurança. 12Vendo que Naás, rei dos amonitas, marchava contra vós, dissestes-me: 'Não! Um rei deve reinar sobre nós'. No entanto, Javé, vosso Deus,* é o vosso rei. 13Aí tendes, pois, o rei que escolhestes e pedistes; Javé estabeleceu* um rei sobre vós. 14Se temerdes Javé e o servirdes e obedecerdes a sua voz, se não fordes rebeldes às ordens de Javé, então vós e o rei que reina sobre vós continuareis a seguir Javé, vosso Deus. 15Se, porém, não obedecerdes à voz de Javé e se vos rebelardes a suas palavras, a mão de Javé será contra vós como foi contra vossos pais. 16Aguardai ainda agora e contemplai o prodígio que Javé vai rea-

---

* **11**,12. 10,27 | 13. 2Sm 19,23 | 14. Js 4,19 | 15. Lv 3,1 | **12**,2. Nm 27,16s / Eclo 46,19 | 3. Nm 16,15; 1Sm 8,11-17 | 6. Mq 6,4 | 8. Jz 4-5; 13-16; 3,12-30 | 11. Jz 6-8; 4-5; 11-12 | 12. 11,1s | 13. 8,7 | 17. 1Rs 18

† **12**,1. Como Moisés, Dt 29-30, e Josué, Js 23, Samuel faz um discurso de despedida: protesta sua integridade, recorda os grandes feitos de Deus em favor do povo e o exorta à fidelidade à aliança. | 17. Na Palestina não chove na época da colheita, maio-junho; só em outubro começam as chuvas.

lizar diante de vossos olhos. [17]Não es-
tamos na época da ceifa do trigo?* Pois
eu invocarei Javé e ele fará trovejar e
chover†; assim compreendereis e vereis
que o mal que fizestes, pedindo para
vós um rei, é grande aos olhos de Javé".
[18]Samuel invocou Javé, o qual enviou
naquele dia trovões e chuva; e todo o
povo teve grande temor de Javé e de
Samuel. [19]Por isso todo o povo disse a
Samuel: "Roga a Javé, teu Deus, por teus
servos, para não morrermos; porque
acrescentamos a todos os nossos pe-
cados o mal de pedir para nós um rei".
[20]Samuel respondeu ao povo: "Não te-
mais. Vós fizestes, sim, todo este mal;
todavia, não deixeis de seguir Javé, mas
servi-o de todo o vosso coração. [21]Não
vos afasteis* dele para seguirdes coisas
vãs†, que para nada servem nem po-
dem salvar, porque nada são. [22]Javé não
abandonará seu povo, por respeito a seu
grande nome, porque Javé quis fazer de
vós seu povo.* [23]De minha parte, longe
de mim pecar contra Javé, deixando de
orar por vós; antes, eu vos ensinarei o
caminho bom e direito. [24]Somente temei
Javé e servi-o com sinceridade de todo o
vosso coração; vede quão grandes coi-
sas fez por vós! [25]Mas se continuardes a
fazer o mal, perecereis vós e vosso rei".

13 **Saul luta contra os filisteus.**
[1]Saul havia reinado um ano.
No segundo ano de seu reinado sobre
Israel, [2]escolheu para si três mil ho-
mens de Israel: dois mil estavam com
ele em Macmas e na montanha de
Betel e mil com Jônatas em Gabaá
de Benjamim; despediu o restante do
povo, cada um para sua tenda. [3]Jô-
natas derrotou o destacamento dos
filisteus que estava em Gaba; e os fi-
listeus souberam disso. Então Saul man-
dou tocar a trombeta por todo o país, di-
zendo: "Ouçam isto os hebreus!" [4]Todo o
Israel ouviu dizer: "Saul derrotou o desta-
camento dos filisteus, e Israel tornou-se
odioso aos filisteus". O povo foi convo-
cado para junto de Saul em Guilgal. [5]Os
filisteus reuniram-se para combater con-
tra Israel com trinta mil carros, seis mil
cavaleiros e uma tropa numerosa como
a areia que há na praia* do mar; subiram
e acamparam em Macmas, ao oriente de
Bet-Áven. [6]Os homens de Israel viram-se
em apuros, porque o povo estava sendo
apertado. O povo escondeu-se então em
grutas,* cavernas, entre as rochas, nos
subterrâneos e nas cisternas. [7]Houve he-
breus que passaram o Jordão para irem
à terra de Gad e de Galaad. Saul estava
ainda em Guilgal, e todo o povo o seguia
tremendo.

Desobediência de Saul. [8]Ele esperou
sete dias, tempo determinado por Sa-
muel;* mas este não chegava a Guilgal,
e o povo, deixando Saul, debandava.
[9]Então disse Saul: "Trazei-me o holo-
causto e os sacrifícios de comunhão". E
ofereceu o holocausto. [10]Mal tinha aca-
bado de oferecer o holocausto, chegou
Samuel, e Saul saiu-lhe ao encontro
para saudá-lo. [11]Samuel perguntou:
"Que fizeste?" Saul respondeu: "Quan-
do vi que a tropa me abandonava e que
tu não chegavas no dia combinado, e
que os filisteus estavam concentrados
em Macmas, [12]pensei: 'Os filisteus vão
descer a Guilgal contra mim, e eu ainda
não aplaquei Javé!' Assim me vi força-
do a oferecer o holocausto". [13]Samuel
disse a Saul: "Agiste como um insen-
sato! Não observaste o mandamento
que Javé, teu Deus, te havia dado. Javé
teria estabelecido teu reino sobre Israel
para sempre. [14]Agora, porém, teu reino
não subsistirá. Javé procurou* para si
um homem segundo seu coração e o
designou como soberano de seu povo,
porque tu não cumpriste o que Javé te
havia ordenado".

Preparação para a batalha. [15]Samuel
pôs-se a caminho e subiu de Guilgal
para Gaba de Benjamim. Saul passou em
revista a tropa que se achava com ele:
eram cerca de seiscentos homens. [16]Saul,
portanto, seu filho Jônatas e a tropa que

* **12**,21. Dt 32,37-39 | 22. Jr 14,21; Ez 20,9; Dt 7,5; Êx 32,11 | **13**,5. Js 7,2 | 6. 14,11 | 8. 10,8 | 14. At 13,22

† **12**,21. Samuel se refere aos ídolos, que nada são. O nome de Javé (= Ele é) afirma, ao contrário, seu Ser por excelência.

se achava com eles tomaram posição em Gaba de Benjamim, enquanto os filisteus estavam acampados em Macmas. 17Saiu do acampamento dos filisteus uma tropa de choque dividida em três grupos: um tomou a direção de Efra, na terra de Sual, 18o outro rumou para Bet-Horon e o terceiro dirigiu-se para o caminho da fronteira, que domina o vale das Hienas, na direção do deserto.

19Em toda a terra de Israel não se encontrava um ferreiro, porque os filisteus tinham dito: "É preciso evitar que os hebreus fabriquem espadas ou lanças". 20Por isso todos os israelitas tinham de descer aos filisteus para afiar a relha de seu arado, seu machado, sua enxada e sua foice. 21O custo da afiação era de dois terços de siclo por relha e por machado, e um terço de siclo para a enxada ou para endireitar o aguilhão. 22Assim, no dia da batalha, aconteceu que, em toda a tropa que estava com Saul e Jônatas, ninguém possuía espada ou lança, exceto Saul e Jônatas, seu filho, que as possuíam. 23Um destacamento dos filisteus saiu para o passo de Macmas.

14

Valentia de Jônatas. 1Um dia, Jônatas, filho de Saul, disse a seu jovem escudeiro: "Vem, passemos até o posto avançado dos filisteus que está do outro lado"; mas não comunicou isto a seu pai. 2Saul achava-se então na extremidade de Gaba, debaixo da romãzeira de Magron, com uma tropa de uns seiscentos homens. 3Aías, filho de Aquitob,* irmão de Icabod, filho de Fineias, filho de Eli, sacerdote de Javé em Silo,* levava o efod. Aquela gente não sabia que Jônatas tinha saído. 4No desfiladeiro, por onde Jônatas tentava chegar ao posto avançado dos filisteus, havia dois picos rochosos, um de cada lado: um se chamava Boses e o outro Sene. 5Um deles erguia-se ao norte, diante de Macmas, e o outro, ao sul, diante de Gaba. 6Disse Jônatas a seu jovem escudeiro: "Vem, atravessemos até a posição desses incircuncisos. Pode ser que Javé faça alguma coisa por nós; porque nada impede Javé de dar a vitória por meio de muita* ou de pouca gente". 7Respondeu-lhe o escudeiro: "Faze o que te parecer melhor; vai, que estou contigo a tua disposição". 8Jônatas disse: "Iremos na direção desses homens e nos mostraremos a eles. 9Se nos disserem: 'Esperai até que cheguemos até vós', ficaremos em nosso lugar e não subiremos até eles. 10Se, porém, nos disserem: 'Subi até nós', subiremos, porque Javé os entregou em nossas mãos. Isto nos servirá de sinal".

11Ambos se mostraram ao destacamento dos filisteus, que disseram: "Os hebreus* estão saindo das cavernas onde se haviam escondido". 12Os homens do destacamento disseram a Jônatas e a seu escudeiro: "Subi até nós, que temos uma coisa a vos dizer". Então disse Jônatas a seu escudeiro: "Sobe atrás de mim, pois Javé os entregou nas mãos de Israel". 13Jônatas subiu usando as mãos e os pés, seguido de seu escudeiro. Os filisteus caíam diante de Jônatas, e o escudeiro, atrás dele, acabava de matá-los. 14Esse primeiro massacre realizado por Jônatas e seu escudeiro foi de uns vinte homens no espaço de meio sulco. 15O pânico espalhou-se no acampamento, no campo e entre toda aquela gente; também o destacamento* e a tropa de choque encheram-se de medo; a terra tremeu, e Deus mandou seu terror.

Derrota dos filisteus. 16As sentinelas* de Saul, que se achavam em Gaba de Benjamim, olharam e viram que a multidão se dispersava e fugia para todos os lados. 17Saul disse à tropa que estava com ele: "Fazei a chamada para ver quem dos nossos saiu". Feita a chamada, viram que faltavam Jônatas e seu escudeiro. 18Então Saul disse a Aías:

---

* **14**,3. 4,21 / 2,28; 14,18 | 6. 17,48 | 11. 13,6 | 15. 13,16s.23 | 16. 11,7

† **14**,18. Efod aqui tem o sentido de objeto para tirar a sorte. Nossa tradução segue o grego. O hebraico diz: "Traze a arca de Deus; pois nesse dia a arca de Deus estava com os israelitas". Saul interrompe a consulta a Deus, pressentindo a iminência do combate.

"Traze o efod"; pois era ele que leva-
va o efod diante de Israel nesse dia†.
19Enquanto* Saul estava falando com o
sacerdote, crescia o tumulto no acam-
pamento dos filisteus. Por isso Saul
disse ao sacerdote: "Retira tua mão".
20Saul e todos os que estavam com
ele se reuniram e foram até o lugar do
combate; os filisteus brandiam a espa-
da uns contra os outros, e a confusão
era total. 21Os hebreus, que antes se
haviam posto a serviço dos filisteus e
que tinham subido com eles dos arre-
dores ao acampamento, voltaram e se
uniram aos israelitas que estavam com
Saul e Jônatas. 22Também todos os is-
raelitas que se haviam escondido na
montanha de Efraim, ao saber que os
filisteus fugiam, puseram-se também
a persegui-los para combatê-los. 23As-
sim, naquele dia, Javé salvou Israel.
Jônatas desobedece ao juramento. A
batalha estendeu-se até além de Bet-
-Áven. 24Os israelitas estavam exaus-
tos naquele dia, porque Saul mandou
o povo fazer este juramento: "Maldito
quem comer alguma coisa antes do
anoitecer†, antes que eu me tenha vin-
gado de meus inimigos". Por isso nin-
guém dentre o povo comeu coisa algu-
ma. 25Todo o povo entrou num bosque,
onde havia mel à flor da terra. 26Quan-
do o povo entrou no bosque, viu o mel
que escorria, mas ninguém levou a
mão à boca, por respeito ao juramen-
to. 27Jônatas, porém, não tinha ouvido
quando seu pai mandou o povo jurar;
estendeu a ponta da vara que tinha na
mão, molhou-a num favo de mel, le-
vou a mão à boca e sua vista clareou.
28Alguém do povo disse: "Teu pai fez o
povo jurar, dizendo: 'Maldito o homem
que tomar alimento hoje!'" E o povo
estava exausto. 29Jônatas respondeu:
"Meu pai prejudicou o país. Vede como
se aclararam meus olhos por eu ter
provado um pouco deste mel. 30Quan-
to mais se o povo tivesse comido hoje
à vontade dos despojos tomados dos
inimigos: quão maior teria sido a der-
rota dos filisteus!" 31Naquele dia eles
bateram os filisteus desde Macmas até
Aialon; mas o povo estava esgotado.
As carnes com sangue. 32O povo
lançou-se,* então, sobre os despojos;
tomaram ovelhas, bois, novilhos, e os
mataram no chão e comeram as carnes
com o sangue. 33Comunicaram isto a
Saul, dizendo: "O povo está pecando
contra Javé, está comendo carne com o
sangue". Saul disse: "Fostes infiéis! Rolai
agora para perto de mim uma grande
pedra". 34E acrescentou: "Espalhai-vos
entre o povo e dizei-lhes: 'Cada um
me traga seu boi ou sua ovelha, para
degolá-los aqui e comê-los; mas não
pequeis contra Javé, comendo com o
sangue'". Assim, naquela noite, cada
um do povo trouxe consigo seu boi e
ali o imolou. 35Então Saul construiu um
altar* a Javé; esse foi o primeiro altar
que Saul construiu a Javé.
Jônatas é descoberto e salvo. 36De-
pois Saul disse: "Desçamos esta noite
atrás dos filisteus, saqueemo-los até o
raiar do dia e não deixemos nenhum
deles com vida". O povo respondeu:
"Faze tudo o que te parecer bom".
Mas o sacerdote disse: "Consultemos
a Deus aqui". 37Saul perguntou a Deus:
"Devo perseguir os filisteus? Vós os
entregareis nas mãos de Israel?" Mas
naquele dia Deus não lhe deu respos-
ta. 38Então disse Saul: "Vinde aqui, vós
todos, chefes do povo, e examinai* e
vede qual foi o pecado cometido hoje.
39Porque tão certo como vive Javé, o
salvador de Israel, ainda que a culpa
esteja em meu filho Jônatas, certa-
mente morrerá". Não houve em todo
o povo quem lhe respondesse. 40Então
disse a todo o Israel: "Ficai de um lado,
e eu com meu filho Jônatas ficaremos
do outro". O povo respondeu a Saul:
"Faze o que te parecer bem". 41Saul
disse a Javé: "Javé, Deus de Israel, dai
a resposta justa!" Caiu a sorte em Jôna-
tas e Saul, e o povo saiu livre. 42Então
disse Saul: "Lançai a sorte entre mim e
Jônatas, meu filho. E a sorte caiu em Jô-

* **14**,19. 2,28 | 32. Js 10,10ss; Lv 1,5 | 35. Jz 6,24 | 38. 28,6

† **14**,24. Como no combate espiritual contra o Maligno, o jejum serve para obter de Deus a vitória.

natas. 43Saul disse a Jônatas: "Declara-
-me o que fizeste". Jônatas o declarou,
dizendo: "Provei, sim, um pouco de
mel com a ponta da vara que tinha na
mão; estou pronto para morrer". 44Saul
disse: "Que Deus me faça um mal* em
cima de outro se tu não morreres, Jô-
natas". 45Mas o povo disse a Saul: "Há
de morrer Jônatas que obteve tamanha
salvação em Israel? Jamais! Pela vida de
Javé, não cairá por terra um só cabe-
lo de sua cabeça, porque hoje ele agiu
com Deus". Assim o povo salvou Jôna-
tas, e ele não foi morto. 46Saul desistiu
de perseguir os filisteus, e estes foram
para sua terra.
Vitórias de Saul. Sua família. 47De-
pois de tomar posse do reino de Is-
rael, Saul fez guerra contra todos os
seus inimigos em redor: contra Moab,
os amonitas, Edom, os reis de Soba*
e os filisteus; e para onde quer que
se voltasse, era vitorioso. 48Mostrou
sua valentia derrotando os amaleci-
tas e libertando Israel das mãos dos
opressores. 49Os filhos de Saul eram:
Jônatas, Jesui e Melquisua, e suas duas
filhas se chamavam Merob, a primeira,
e Micol, a mais nova. 50A mulher de
Saul chamava-se Aquinoam, filha de
Aquimaás; e o general de seu exército
chamava-se Abner,* filho de Ner, tio
de Saul. 51Cis, pai de Saul, e Ner, pai de
Abner, eram filhos de Abiel. 52Duran-
te todo o tempo de Saul houve uma
guerra feroz contra os filisteus. Quan-
do via um homem forte* e valoroso,
ele o tomava consigo.

15

Guerra contra os amalecitas.
1Samuel disse a Saul: "Javé me
enviou para te ungir rei sobre seu povo
Israel. Agora, pois, ouve as palavras de
Javé. 2Assim fala Javé dos exércitos:
'Vou punir Amalec* pelo que fez a Is-
rael, barrando-lhe o caminho quando
saía do Egito. 3Vai, pois, agora e ataca
Amalec e vota ao extermínio* tudo o
que lhe pertence, sem piedade, ma-
tando homens e mulheres, crianças e
bebês, bois e ovelhas, camelos e ju-
mentos'".
4Saul convocou o povo e o passou
em revista em Telém: eram duzentos
mil infantes e dez mil homens de Judá.
5Saul foi à cidade de Amalec e pôs uma
emboscada no vale. 6Ele disse aos que-
nitas: "Retirai-vos, afastai-vos, saí do
meio dos amalecitas,* para que eu não
vos destrua com eles; pois vós tratastes
com bondade os israelitas quando su-
biam do Egito". Os quenitas afastaram-
-se do meio dos amalecitas. 7E Saul
derrotou os amalecitas desde Hévila
até Sur, que está ao oriente do Egito.
8Capturou vivo Agag, rei dos amaleci-
tas, e votou todo o povo ao extermínio,
passando-o a fio de espada.
Segunda desobediência de Saul.
9Mas Saul e a tropa pouparam Agag
e o melhor das ovelhas e dos bois, os
animais cevados, os cordeiros e tudo o
que havia de bom; não o quiseram vo-
tar ao extermínio, mas tudo o que era
desprezível e sem valor votaram-no ao
extermínio†. 10Então foi dirigida a Sa-
muel esta palavra de Javé: 11"Arrepen-
do-me de ter feito rei a Saul, porque se
afastou de mim e não cumpriu minhas
ordens". Samuel entristeceu-se e cla-
mou a Javé a noite toda.
12Levantou-se de manhã cedo para
ir ao encontro de Saul, mas alguém
veio dizer-lhe: "Saul foi ao Carmelo,
onde ergueu para si um monumen-
to e, quando voltou, seguiu adiante e
desceu a Guilgal". 13Samuel foi a Saul,
e este lhe disse: "Que Javé te aben-
çoe! Cumpri a ordem de Javé". 14Mas
Samuel disse: "O que são esses ba-
lidos de ovelhas que chegam a meus
ouvidos e esses mugidos de bois que
ouço?" 15Disse Saul: "Foram trazidos
dos amalecitas; porque o povo poupou
o melhor das ovelhas e dos bois para
oferecer em sacrifício a Javé, teu Deus;
o resto nós votamos ao extermínio".
16Disse então Samuel a Saul: "Basta! Eu

* **14**,44. Rt 1,17 | 47. 2Sm 8,2s; 10,2s; 10,6s | 50. 18,17s.20s | 52. 9,1 | **15**,2. Êx 17,8-16; Dt 25,17ss | 3. Js 6,17 | 6. Êx 17,8

† **15**,9. Querendo agradar ao povo, Saul comete uma falta grave contra Javé, violando o extermínio, Dt 7,2.

te anunciarei o que Javé me disse esta
noite". Respondeu-lhe Saul: "Fala".
[17]Samuel prosseguiu: "Ainda que
sejas pequeno a teus próprios olhos,
não és o chefe das tribos de Israel, e
Javé não te ungiu rei de Israel? [18]Javé
te enviou em expedição, dizendo: 'Vai,
e vota ao interdito esses pecadores, os
amalecitas, e combate-os até extermi-
ná-los'. [19]Por que não obedeceste à
voz de Javé, mas te lançaste sobre os
despojos, fazendo o que desagrada a
Javé?" [20]Saul respondeu a Samuel: "Eu
obedeci, sim, à voz de Javé; parti em
expedição para onde Javé me mandou,
trouxe aqui Agag, rei de Amalec, e vo-
tei os amalecitas ao extermínio. [21]Mas
o povo tomou dos despojos ovelhas e
bois, como primícias do que devia ser
exterminado, para sacrificá-los a Javé,
teu Deus, em Guilgal". [22]Samuel disse:

"Porventura Javé se compraz tanto
nos holocaustos e nos sacrifícios*
como na obediência a sua voz?
A obediência vale mais* que o sacri-
fício†,
e a docilidade, mais que gordura dos
carneiros.
[23]A rebeldia é como o pecado de adi-
vinhação,
e a obstinação é igual à idolatria†.
Porque rejeitaste a palavra de Javé,
ele te rejeitou para que não reines
mais".

[24]Então Saul disse a Samuel: "Pequei,
transgredindo a ordem de Javé e tuas
palavras, porque tive medo do povo e
atendi a seus pedidos. [25]Agora, pois, eu
te peço, perdoa meu pecado e volta co-
migo, para que possa adorar Javé". [26]Mas
Samuel respondeu a Saul: "Não voltarei
contigo, porque rejeitaste a palavra de
Javé, e Javé te rejeitou, a fim de que não
sejas rei sobre Israel". [27]Samuel voltou-se
para se retirar, mas Saul o segurou pela
orla do manto, o qual se rasgou. [28]Então
Samuel* lhe disse: "Hoje Javé rasgou de
ti o reino de Israel e o deu a um outro,
que é superior a ti. [29]Além disso, Aquele
que é a glória de Israel não mente nem
se arrepende, pois não é um ser humano
para se arrepender".* [30]Disse Saul: "Pe-
quei; mas agora honra-me, te peço, dian-
te dos anciãos de meu povo e diante de
Israel: volta comigo, para que possa ado-
rar Javé, teu Deus". [31]Samuel voltou com
Saul, e este adorou Javé. [32]Em seguida
Samuel ordenou: "Trazei-me Agag, rei de
Amalec. Agag aproximou-se dele con-
fiante, pensando: "Passou a amargura da
morte". [33]Disse Samuel: "Assim como tua
espada deixou sem filhos as mulheres,
assim sem filhos ficará tua mãe entre as
mulheres". E o fez em pedaços diante de
Javé, em Guilgal. [34]A seguir Samuel par-
tiu para Ramá, e Saul subiu para sua casa
em Gabaá de Saul. [35]Samuel não viu mais
Saul até o dia de sua morte; mas Samuel
chorava por Saul, pois Javé se arrepen-
dera de ter estabelecido Saul como rei
de Israel.

III. SAUL E DAVI (16–31)

16 **Davi é ungido rei†.** [1]Javé disse
a Samuel: "Até quando ficarás
chorando por Saul, quando eu o rejei-
tei, para que não reine sobre Israel? En-
che de óleo o chifre† e vai; eu te envio
a Jessé, de Belém,* pois dentre seus fi-
lhos escolhi para mim um rei". [2]Samuel
respondeu: "Como irei? Se Saul ficar sa-
bendo, ele me matará". Javé disse-lhe:
"Toma contigo uma novilha e dize: 'Vim
oferecer um sacrifício a Javé'. [3]Convida
Jessé para o sacrifício e eu te mostrarei
o que deves fazer; ungirás para mim
aquele que eu te indicar". [4]Samuel fez
como Javé lhe dissera. Quando chegou
a Belém, os anciãos da cidade saíram
tremendo a seu encontro e lhe per-

---

* **15**,22. Am 5,21 / Os 6,6 | 28. 1Rs 11,11.30s; Jr 18,1 | 29. Nm 23,19; 1Sm 15,11 | **16**,1. Rt 4,17.22; Is 11,1

† **15**,22. Princípio inculcado pelos profetas, Is 1,11-17; Jr 6,20; Os 6,6; Mq 6,6-8. | 23. Literalmente, "um crime de terafim". Terafim eram pequenos ídolos representando os deuses protetores do lar, Gn 31,19,34; serviam para a adivinhação, Ez 21,26, que é um pecado contra a fé em Deus. | **16**,1. Esta unção permanecerá secreta e não altera a vida de Davi nem a de Saul, que continua rei até a morte, 31,4, porém cada vez mais isolado de Deus e do povo. Davi será coroado rei em Hebron, 2Sm 5,1-5. / O chifre de boi servia de recipiente para guardar o óleo, 1Rs 1,39.

guntaram: "Vens trazer-nos a paz?" 5Ele
respondeu: "Venho, sim; vim para ofe-
recer um sacrifício a Javé; purificai-vos
e vinde comigo ao sacrifício". Purificou
Jessé e seus filhos e os convidou para o
sacrifício. 6Quando eles chegaram, Sa-
muel olhou para Eliab e pensou: "Com
certeza o Ungido de Javé está aqui
diante dele". 7Mas Javé disse a Samuel:
"Não leves em conta sua aparência,*
nem sua alta estatura, pois o descartei.
Não se trata do que o homem vê. O
homem vê a aparência,* mas Javé vê o
coração". 8Então Jessé chamou Abina-
dab e fê-lo passar diante de Samuel, o
qual disse: "Também não é este o que
Javé escolheu". 9Jessé fez passar Sama,*
mas Samuel disse: "Tampouco é este o
escolhido por Javé". 10Jessé apresentou
a Samuel sete de seus filhos, mas Sa-
muel disse a Jessé: "Javé não escolheu
nenhum desses". 11A seguir Samuel
perguntou a Jessé: "Teus filhos estão
todos aqui?" Respondeu Jessé: "Falta
o mais novo, que está apascentando o
rebanho". Samuel disse a Jessé: "Man-
da buscá-lo, pois não nos sentaremos à
mesa enquanto ele não tiver chegado".
12Jessé mandou buscá-lo. Era ruivo,*
de olhos bonitos e de bela aparência.
Javé disse: "Levanta-te e unge-o, pois é
este". 13Samuel tomou o chifre de óleo*
e o ungiu no meio de seus irmãos. A
partir desse dia, o espírito de Javé apo-
derou-se de Davi. Samuel levantou-se
e voltou para Ramá.

Davi na corte de Saul†. 14O espírito de
Javé retirou-se de Saul, e um espírito
mau, da parte de Javé, começou a ator-
mentá-lo†. 15Por isso os servos de Saul
lhe disseram: "Um mau espírito vindo
de Deus te atormenta. 16Ordene nosso
senhor a teus servos que estão diante
de ti que procurem alguém que saiba
tocar harpa e, quando de Deus vier
sobre ti o mau espírito, ele a tocará, e
te sentirás melhor". 17Saul disse a seus
servos: "Procurai para mim um homem
que saiba tocar bem e trazei-o". 18Um
dos jovens respondeu: "Conheço um fi-
lho de Jessé, de Belém, que sabe tocar;
é forte e valente, homem de guerra,
habilidoso no falar, de belo aspecto e
Javé está com ele". 19Saul enviou men-
sageiros a Jessé para lhe dizer: "Man-
da-me teu filho Davi, o que está com
o rebanho". 20Jessé tomou um jumento
carregado de pães, um odre de vinho
e um cabrito e os enviou a Saul por
meio de seu filho Davi. 21Davi chegou
à presença de Saul e se pôs a seu ser-
viço; Saul afeiçoou-se muito a ele e o
nomeou seu escudeiro. 22Saul mandou
dizer a Jessé: "Permite que Davi fique a
meu serviço, pois ganhou minha afei-
ção". 23Cada vez que o espírito de Deus
assaltava Saul, Davi tomava a harpa e
a tocava, e Saul se acalmava, se sentia
melhor e o espírito mau fugia dele.

17 **Guerra contra os filisteus.**
1Os filisteus ajuntaram suas
tropas para a guerra e se reuniram em
Soco de Judá; acamparam entre Soco
e Azeca, em Éfes-Domim. 2Também
Saul e os homens de Israel se reuniram
e acamparam no vale do Terebinto, e
se puseram em ordem de batalha para
enfrentar os filisteus. 3Os filisteus esta-
vam num monte de um lado, e Israel
estava num monte do outro lado, e no
meio havia o vale.
4Saiu então do acampamento dos
filisteus* um gigante, que se chamava
Golias, de Gat, e que tinha seis côva-
dos e um palmo de altura. 5Trazia na
cabeça um capacete de bronze e vestia
uma couraça de escamas que pesa-
va cinco mil siclos de bronze†. 6Trazia
caneleiras de bronze nas pernas e um
dardo de bronze entre os ombros. 7A
haste de sua lança era como o cilindro

* **16**,7. 9,2; 10,23s; / Jr 17,10; 20,12; 11,20; Is 55,8s | 9. Jó 10,4; Sl 147,10s; Pr 15,11 | 12. 2Sm 14,25s | 13. 10,6; Jz 3,10 | **17**,4. 2Sm 21,19

† **16**,14. Essas histórias sobre Davi provêm de várias tradições, difíceis de harmonizar. / O quadro que nós identificaríamos talvez como depressão, é diagnosticado pelo autor como resultante de um espírito mau. E esse espírito mau vem de Javé, conforme a linguagem bíblica que atribui diretamente a Deus o bem e o mal. | **17**,5. Golias é descrito como um herói legendário: 3 m de altura, com uma couraça de 60 kg e uma lança de 6 kg.

de um tear, e a ponta da lança pesava
seiscentos siclos de ferro. Um escudei-
ro o precedia. 8Parou diante das fileiras
de Israel e gritou-lhes: "Por que saís,
dispondo-vos em ordem de batalha?
Não sou eu filisteu, e vós os servos de
Saul? Escolhei dentre vós um homem
que venha contra mim. 9Se for capaz de
combater comigo e me matar, nós se-
remos vossos servos; mas se eu o ven-
cer e o matar, vós sereis nossos súditos
e nos servireis". 10E o filisteu acrescen-
tou: "Lanço hoje este desafio às fileiras
de Israel: Dai-me um homem que lute
comigo". 11Ao ouvirem essas palavras
do filisteu, Saul e todo o Israel ficaram
consternados e cheios de medo.
Davi no acampamento. 12Davi era fi-
lho de um efraimita de Belém* de Judá,
chamado Jessé, que tinha oito filhos.
Nos tempos de Saul, esse homem já
era idoso e de idade avançada. 13Seus
três filhos mais velhos partiram para a
guerra seguindo Saul; eles se chama-
vam Eliab, o primogênito, Abinadab, o
segundo, e Sama, o terceiro. 14Davi era
o mais novo e, enquanto os três mais
velhos seguiam Saul, 15ele ia e vinha de
onde estava Saul para apascentar o re-
banho de seu pai em Belém.

16Entretanto aquele filisteu vinha de
manhã e de tarde, apresentando-se
assim durante quarenta dias. 17Jessé
disse a seu filho Davi: "Toma para teus
irmãos um efá deste trigo tostado e es-
tes dez pães e leva-os, correndo, a teus
irmãos no acampamento. 18Leva tam-
bém estes dez queijos ao comandante
dos mil; vê se teus irmãos estão bem e
traze-me um sinal da parte deles. 19Saul
e eles, com todos os homens de Israel,
estão no vale do Terebinto, combaten-
do contra os filisteus". 20Davi levantou-
-se de manhã cedo, deixou o rebanho
com um guarda e, carregando as coisas,
partiu como Jessé lhe havia ordenado;
chegou ao acampamento na hora em
que o exército saía para tomar posição
de combate e lançava o grito de guer-
ra. 21Israelitas e filisteus puseram-se
em ordem de batalha, exército contra
exército. 22Então Davi deixou sua carga
aos cuidados do guarda das bagagens,
correu para as fileiras e foi cumprimen-
tar seus irmãos. 23Enquanto falava com
eles, saiu das fileiras dos filisteus aque-
le gigante, o filisteu de Gat, chamado
Golias, falando as palavras de sempre,
e Davi as ouviu. 24Ao verem aquele ho-
mem, todos os israelitas* fugiram dele e
tiveram grande medo. 25Os homens de
Israel diziam: "Vedes este homem que
avança? Vem desafiar Israel. O rei cumu-
lará de grandes riquezas aquele que o
matar, e lhe dará sua filha por esposa, e
isentará de qualquer tributo em Israel a
casa de seu pai". 26Davi perguntou aos
que estavam perto dele: "O que será
dado a quem matar esse filisteu e tirar
essa afronta de Israel? Mas quem é este
filisteu incircunciso que ousa insultar o
exército do Deus vivo?" 27E o povo lhe
repetiu* as mesmas palavras: "Assim
será feito a quem o matar". 28Eliab,
seu irmão mais velho, ouviu-o conver-
sar com os outros, irritou-se contra ele
e disse: "Por que vieste aqui? E com
quem deixaste aquelas poucas ovelhas
no deserto? Conheço tua arrogância e
a maldade de teu coração; foi para ver
a batalha que vieste". 29Davi disse: "Que
fiz eu agora? Fiz somente uma pergun-
ta". 30Afastando-se dele, dirigiu-se a um
outro, fazendo a mesma pergunta; e lhe
responderam como antes. 31Os que ou-
viram as palavras de Davi foram levá-las
ao conhecimento de Saul, que mandou
chamá-lo.
Davi mata o gigante Golias. 32Davi
disse a Saul: "Que ninguém perca a
coragem por causa dele. Teu servo irá
combater contra aquele filisteu". 33Saul
disse a Davi: "Não poderás enfrentar
esse filisteu para lutar com ele, porque
não passas de um rapaz, e ele é um
guerreiro desde sua juventude". 34Davi
respondeu a Saul: "Teu servo apascen-
tava o rebanho de seu pai, e quando
vinha um leão ou um urso e arrebatava
uma ovelha do rebanho, 35corria atrás
dele e o atacava e lhe tirava da boca a
presa; e se ele se voltava contra mim,

* **17**,12. Rt 1,2; 1Sm 10,16s | 24. 17,8ss | 27. Js 5,9; Jz 14,3; 15,18

eu o agarrava pela queixada e o feria e matava. [36]Teu servo venceu o leão e o urso, e esse filisteu incircunciso será como um deles, porque insultou as fileiras do Deus vivo". [37]E acrescentou: "Javé, que me salvou* das garras do leão e do urso, vai livrar-me do poder desse filisteu". Então Saul disse a Davi: "Vai, e que Javé esteja contigo".

[38]Saul revestiu Davi com sua armadura, colocou-lhe na cabeça um capacete de bronze e o vestiu com uma couraça. [39]Davi cingiu a espada de Saul sobre a armadura e tentou andar, porque não estava habituado. Por isso disse a Saul: "Não posso andar com isso, pois não estou acostumado". Tirando de si aquelas coisas, [40]tomou na mão seu cajado, escolheu na torrente cinco pedras lisas, colocou-as em seu embornal de pastor, ou seja, em seu alforje e, com a funda na mão, avançou contra o filisteu. [41]Também o filisteu avançou, aproximando-se sempre mais de Davi, e seu escudeiro o precedia. [42]O filisteu olhou e, quando viu Davi, o desprezou, porque era ainda moço,* ruivo e de bela aparência. [43]O filisteu perguntou a Davi: "Sou acaso um cachorro, para vires contra mim com paus?" E o amaldiçoou por seus deuses. [44]Disse ainda o filisteu a Davi: "Vem cá e darei tuas carnes às aves do céu e às feras do campo". [45]Em resposta, disse Davi ao filisteu: "Tu vens a mim com espada, lança e dardo; eu, porém, vou a ti em nome de Javé dos exércitos, o Deus das fileiras de Israel, que desafiaste. [46]Hoje Javé te entregará em minhas mãos, e eu te abaterei e te cortarei a cabeça; darei hoje os cadáveres do exército dos filisteus às aves do céu e às feras do campo; toda a terra saberá* que existe um Deus em Israel; [47]e toda esta assembleia vai ficar sabendo que Javé salva não com espada, nem com lança, porque a batalha é de Javé, e ele vos entregará em nosso poder".

[48]Quando o filisteu se moveu,* avançou e se aproximou para atacar Davi, este apressou-se e correu ao combate contra o filisteu. [49]Davi meteu a mão no embornal, apanhou uma pedra e atirou-a com a funda, atingindo o filisteu na fronte. A pedra penetrou-lhe na fronte, e ele caiu com o rosto em terra. [50]Foi assim que Davi venceu o filisteu, ferindo-o de morte com a funda e com a pedra. Como não tinha espada, [51]correu, pôs-se de pé sobre o filisteu, pegou a espada dele, desembainhou-a e matou-o, cortando-lhe a cabeça com ela. Vendo que estava morto seu herói, os filisteus fugiram. [52]Então os homens de Israel e de Judá se levantaram e, lançando gritos de guerra, perseguiram os filisteus até Gat e até as portas de Acaron; os filisteus caíram mortos pelo caminho desde Saraim até Gat e Acaron. [53]Voltando da perseguição aos filisteus, os israelitas saquearam seu acampamento. [54]Davi apanhou a cabeça do filisteu e levou-a para Jerusalém, e guardou as armas dele em sua tenda.*

[55]Quando Saul viu Davi avançar contra o filisteu, perguntou a Abner, general do exército: "Abner, de quem é filho esse rapaz?" Abner respondeu: "Por tua vida, ó rei, não sei". [56]O rei ordenou: "Pergunta de quem é filho esse rapaz". [57]Quando Davi voltou, depois de ter matado o filisteu, Abner tomou-o consigo e o levou à presença de Saul; Davi tinha na mão a cabeça do filisteu. [58]Saul perguntou-lhe: "Jovem, és filho de quem?" Davi respondeu: "Sou filho de teu servo Jessé, de Belém".

18 **A amizade entre Jônatas e Davi.** [1]Quando Davi acabou de falar com Saul, Jônatas afeiçoou-se a Davi,* e Jônatas o amou como a si mesmo. [2]Naquele dia Saul o reteve consigo e não o deixou voltar à casa de seu pai. [3]Jônatas fez um pacto com

---

* **17**,37. Dt 30,3s; Lv 26,8; Pr 28,1 | 42. 16,12 | 46. Js 4,24 | 48. Os 1,7; 1Sm 14,6; 2Rs 19,34s | 54. 17,57; 21,9 | **18**,1. 19,1-7; 20; 23,16ss; 2Sm 1,26

† **18**,3. Enquanto crescem a inveja e o ódio de Saul, nasce a forte amizade entre Davi e o filho de Saul, Jônatas.

Davi, porque o amava como a si próprio†. [4]Tirou o manto que usava e o deu a Davi; assim fez com suas vestes, a espada, o arco e o cinturão. [5]Davi saía aonde quer que Saul o mandava e era bem-sucedido. Por isso Saul o colocou à frente dos guerreiros, e ele era estimado por todo o povo e também pelos oficiais de Saul.

Inveja de Saul. [6]Ao retornarem eles, quando Davi voltava depois de matar o filisteu, as mulheres de todas as cidades de Israel saíram ao encontro* do rei Saul cantando e dançando alegremente, com tambores e címbalos. [7]As mulheres cantavam, enquanto tocavam e diziam:

"Saul matou seus mil,
mas Davi, seus dez mil".*

[8]Saul se enfureceu, pois lhe desagradaram essas palavras, e disse: "Deram a Davi dez mil e a mim apenas mil; que mais lhe falta senão o reino?" [9]Daquele dia em diante, Saul não mais olhou Davi com bons olhos.

[10]No dia seguinte um espírito mau* da parte de Deus apoderou-se de Saul, e ele começou a delirar no meio de sua casa. Como nos outros dias, Davi dedilhava a harpa. Saul estava com uma lança na mão. [11]Ele arremessou a lança, pensando cravar Davi à parede, mas este se esquivou duas vezes. [12]Saul ficou com medo de Davi, porque Javé estava com Davi, ao passo que se havia retirado dele. [13]Por isso o afastou de si, nomeando-o chefe de mil; e Davi saía e voltava à frente da tropa. [14]Era bem-sucedido em todas as suas expedições, e Javé estava com ele. [15]Vendo como ele se saía bem, Saul teve medo dele. [16]Mas todos em Israel* e em Judá gostavam de Davi, porque os comandava na saída e na volta.

Davi casa com a filha de Saul. [17]Saul disse a Davi: "Aqui está Merob, minha filha mais velha, que te darei por esposa, contanto que sejas um guerreiro valoroso a meu serviço e traves as batalhas de Javé". Porque Saul pensava: "Que não seja minha mão a abatê-lo, mas que seja a mão dos filisteus". [18]Davi respondeu a Saul: "Quem sou eu e o que é minha vida, ou a casa de meu pai em Israel, para eu vir a ser genro do rei?" [19]Mas quando chegou o tempo em que Merob, filha de Saul, devia ser dada a Davi, foi dada por esposa a Adriel de Meola.*

[20]Ora Micol, outra filha de Saul, amava Davi. Contaram isto a Saul, e ele ficou contente. [21]Pensava consigo mesmo: "Eu lhe darei Micol, para que seja para ele um laço que o fará cair nas mãos dos filisteus". Portanto, disse Saul a Davi pela segunda vez: "Hoje te tornarás meu genro". [22]Saul ordenou a seus servos: "Falai em segredo a Davi, dizendo: 'O rei te quer bem, e seus servos te estimam; torna-te genro do rei'". [23]Os servos de Saul repetiram essas palavras aos ouvidos de Davi, mas ele respondeu: "Parece-vos pouco chegar a ser genro do rei? Eu sou um homem pobre e de condição humilde". [24]Os servos de Saul levaram-lhe a resposta, dizendo: "Assim falou Davi". [25]Saul respondeu: "Dizei a Davi: O rei não deseja dote algum, mas cem prepúcios de filisteus,* para se vingar de seus inimigos". Saul pensava fazer Davi cair nas mãos dos filisteus. [26]Quando os servos comunicaram a Davi essas palavras, agradou-lhe a proposta de se tornar genro do rei. E antes de expirar o prazo, [27]Davi se pôs a caminho, partiu com seus homens e matou duzentos filisteus. Levou todos os seus prepúcios ao rei, a fim de se tornar genro do rei. E Saul deu-lhe sua filha Micol por esposa. [28]Saul teve de reconhecer que Javé estava com Davi e que sua filha Micol o amava. [29]Saul ficou com mais medo ainda de Davi e se tornou seu inimigo durante toda a vida. [30]Os chefes dos filisteus continuaram a sair para a guerra, mas cada vez que o faziam, Davi tinha mais êxito do que todos os oficiais de Saul. Por esse motivo seu nome se tornou muito famoso.

---

* **18**,6. Êx 15,20s; Jz 5; 11,34 | 7. 21,12; 29,5 | 10. 19,9s; 16,14 | 16. 2Sm 5,2 | 19. 2Sm 21,8 | 25. 17,26

19 **Jônatas defende Davi.** [1]Saul comunicou a Jônatas, seu filho, e a todos os seus oficiais que planejava matar Davi. Mas Jônatas, filho de Saul, tinha grande afeição por Davi. [2]Avisou Davi, dizendo: "Saul, meu pai, está procurando te matar; por isso, toma cuidado amanhã cedo, fica num lugar secreto e esconde-te". [3]Eu sairei e estarei ao lado de meu pai no campo onde estiveres, e falarei de ti a meu pai; e se eu perceber alguma coisa te avisarei". [4]Jônatas falou a Saul, seu pai, em favor de Davi e lhe disse: "Que o rei não faça mal a seu servo Davi, pois ele não te ofendeu; ao contrário, o serviço dele tem sido de grande vantagem para ti. [5]Pondo em risco sua vida, ele matou o filisteu, e Javé deu uma grande vitória a todo o Israel. Tu mesmo o viste e te alegraste. Por que, pois, haverias de pecar, derramando sangue inocente, matando Davi sem motivo?" [6]Saul atendeu ao apelo de Jônatas e jurou: "Pela vida de Javé, ele não morrerá!" [7]Então Jônatas chamou Davi e lhe contou tudo isso; depois o apresentou a Saul, e Davi ficou a serviço dele como antes. [8]Começou de novo* a guerra, e Davi saiu para combater contra os filisteus; infligiu-lhes uma grande derrota, e eles fugiram diante dele.

Micol salva Davi. [9]Um espírito mau,* da parte de Javé, apoderou-se de Saul, quando estava sentado em sua casa com a lança na mão, enquanto Davi tocava a harpa. [10]Saul tentou cravar Davi à parede com a lança; mas Davi desviou-se diante de Saul, e a lança cravou-se na parede. Davi fugiu e escapou naquela noite. [11]Então Saul enviou emissários à casa de Davi para que o vigiassem e o matassem na manhã seguinte. Mas Micol, mulher de Davi, avisou-o, dizendo: "Se não fugires esta noite, amanhã serás morto". [12]Micol fez Davi descer por uma janela, e ele saiu, fugiu e se pôs a salvo. [13]Depois Micol tomou um ídolo doméstico* e o deitou na cama; pôs-lhe na cabeça uma pele de cabra e o cobriu com um manto. [14]Saul mandou emissários para prenderem Davi, mas ela lhes disse: "Ele está doente". [15]Saul tornou a mandar emissários para que vissem Davi, ordenando-lhes: "Trazei-o na cama, para ser morto". [16]Ao entrarem, os emissários só encontraram na cama o ídolo com uma pele de cabra na cabeça. [17]Saul perguntou a Micol: "Por que me enganaste assim e deixaste meu inimigo fugir e escapar?" Micol respondeu a Saul: "Ele me disse: Deixa-me ir, porque senão te mato!".

Davi refugia-se em Naiot. [18]Depois que Davi fugiu e se pôs a salvo, foi encontrar-se com Samuel em Ramá e contou-lhe tudo o que Saul lhe havia feito. Ele e Samuel partiram e foram morar em Naiot. [19]Informaram a Saul, dizendo: "Davi está em Naiot de Ramá". [20]Então Saul enviou emissários para prenderem Davi; mas quando eles viram a comunidade dos profetas profetizando†, com Samuel a sua frente,* o espírito de Deus apoderou-se dos emissários de Saul, e eles também se puseram a profetizar. [21]Informado disso, Saul mandou outros emissários, os quais também se puseram a profetizar. Mandou um terceiro grupo de emissários, que também se puseram a profetizar. [22]Então ele próprio foi a Ramá; ao chegar à grande cisterna que está em Soco, perguntou: "Onde estão Samuel e Davi?" Responderam-lhe: "Estão em Naiot de Ramá". [23]Então ele foi para Naiot de Ramá; e o espírito de Deus veio também sobre ele, e ia andando e profetizando até chegar a Naiot de Ramá. [24]Também ele se despojou de suas vestes e também ele profetizou diante de Samuel; ficou caído no chão, despido, durante todo aquele dia e toda a noite. Daí o provérbio: "Saul também está entre os profetas?"*

20 **Jônatas intercede por Davi.** [1]Davi fugiu de Naiot de Ramá* e foi se encontrar com Jônatas e lhe disse: "Que fiz eu? Qual é minha culpa

---

* **19**,8. 18,10s | 9. 16,14 | 13. 15,22 | 20. 10,5 | 24. 10,10s | **20**,1. 19,1-7; 11-17

† **19**,20. Profetizar designa aqui um tipo de exaltação mística, acompanhada de música, gritos e danças.

e que mal fiz a teu pai, para que procure me matar?" 2Respondeu-lhe Jônatas: "De modo algum! Não morrerás. Meu pai não faz coisa alguma, nem grande, nem pequena, sem me informar. Por que haveria de me ocultar isso? Não é possível!" 3Davi fez este juramento: "Bem sabe teu pai que me tens amizade, por isso deve ter dito: 'Que Jônatas não o saiba, para não ficar triste'. Mas pela vida de Javé e por tua vida, entre mim e a morte há apenas um passo". 4Jônatas disse a Davi: "Farei por ti tudo o que quiseres". 5Davi respondeu a Jônatas: "Amanhã é lua nova e eu deveria sentar-me à mesa com o rei†. Mas deixa-me partir, e me ocultarei no campo até a tarde. 6Se teu pai procurar por mim, tu lhe dirás: 'Davi me pediu com insistência que o deixasse ir correndo a Belém, sua cidade, porque lá se celebra o sacrifício anual para toda a sua família'. 7Se ele responder: 'Está bem', teu servo está fora de perigo; mas se ele ficar irado, saiba que decretou minha ruína. 8Tu, porém, trata com bondade teu servo, já que o admitiste a uma aliança contigo em nome de Javé. Se existe em mim alguma culpa, mata-me tu mesmo. Por que haverias de levar-me a teu pai?" 9Jônatas respondeu: "Longe de ti tal coisa! Se eu soubesse com certeza que meu pai decretou tua ruína, não te informaria?" 10Davi perguntou a Jônatas: "Quem me avisará no caso de teu pai te responder com dureza?"

11Disse Jônatas a Davi: "Vamos para o campo". Ambos foram ao campo. 12Então disse Jônatas a Davi: "Por Javé, Deus de Israel! Amanhã ou depois de amanhã a esta hora terei indagado sobre as intenções de meu pai. Se ele estiver bem disposto para contigo e eu não te avisar, 13que Javé me trate com todo o seu rigor. Se, ao contrário, meu pai quiser fazer-te mal, eu te avisarei e te farei partir, para que vás em paz e Javé esteja contigo, como esteve com meu pai. 14Se então eu ainda estiver vivo, trata-me com a bondade de Javé; se, porém, estiver morto, 15jamais deixarás de usar de benevolência com minha família, nem mesmo quando Javé tiver eliminado da face da terra os inimigos de Davi, um depois do outro†. 16Assim Jônatas* fez uma aliança com a família de Davi, dizendo: "Javé peça contas do sangue aos inimigos de Davi". 17Jônatas fez Davi jurar de novo por causa da amizade que lhe tinha, pois o amava como a si mesmo.

18Jônatas disse-lhe: "Amanhã é lua nova, e tua ausência será notada, pois tua cadeira estará vazia. 19Depois de amanhã descerás rapidamente ao lugar onde te escondeste no dia daquele fato e ficarás junto à pedra de Ezel. 20Eu atirarei três setas naquela direção, como se atirasse ao alvo. 21Mandarei a seguir um criado, dizendo: 'Vai procurar as setas'. Se eu disser ao criado: 'As setas estão para cá de ti, apanha-as', então vem, porque, pela vida de Javé, podes estar tranquilo e não há nada a temer. 22Mas se eu disser ao criado: 'As setas estão mais para lá de ti', então foge, porque Javé te manda partir. 23Quanto àquilo de que falamos tu e eu, Javé seja testemunha entre mim e ti para sempre".

Jônatas defende Davi. 24Davi escondeu-se no campo. Chegou a lua nova, e o rei sentou-se à mesa para comer. 25O rei tomou seu lugar de costume, junto à parede; Jônatas colocou-se defronte, Abner sentou-se ao lado de Saul, mas o lugar de Davi ficou vazio. 26Naquele dia Saul não disse nada, pois pensou: "Alguma coisa lhe terá acontecido, não estará puro, certamente não se purificou". 27Mas no dia seguinte, o segundo dia da lua nova, o lugar de Davi continuava vazio. Então Saul perguntou a Jônatas: "Por que o filho de Jessé não veio comer nem ontem, nem hoje?"

---

* **20**,16. 2Sm 9; 21,7

† **20**,5. A lua nova, ou novilúnio, marcava o começo de cada mês, quando se celebrava com sacrifícios e banquetes a festa da neomênia, Nm 28,11-15. | 15. Jônatas pressente que Davi sucederá a Saul, e como era costume eliminar a família do rei vencido, pede misericórdia para si e sua família.

[28]Respondeu Jônatas a Saul: "Ele me
pediu com insistência que o deixas-
se ir a Belém. [29]Ele disse: 'Deixa-me ir,
por favor, porque temos na cidade um
sacrifício de família, e um de meus ir-
mãos ordena que eu vá. Agora, pois, se
encontrei graça diante de teus olhos,
permite-me ir visitar meus irmãos'. É
por isso que não compareceu à mesa
do rei". [30]Então Saul se enfureceu con-
tra Jônatas e disse: "Filho de mulher
perversa e rebelde! Acaso não sei que
tomas o partido do filho de Jessé, para
tua vergonha e para vergonha da nu-
dez de tua mãe? [31]Enquanto o filho de
Jessé viver sobre a terra, não estarás
seguro nem tu, nem teu reino. Manda,
pois, prendê-lo e conduzi-lo a mim,
porque ele deve morrer". [32]Jônatas res-
pondeu a seu pai e disse: "Por que deve
morrer? Que fez ele?" [33]Então Saul ar-
remessou a lança para matá-lo. Jôna-
tas compreendeu que seu pai estava
resolvido a matar Davi. [34]Levantou-se
da mesa, ardendo em ira, e nada co-
meu naquele segundo dia da lua nova,
porque estava magoado por causa de
Davi, porque seu pai o tinha ultrajado.
Jônatas aconselha Davi a fugir. [35]Na
manhã seguinte, Jônatas saiu ao cam-
po para se encontrar com Davi, levando
consigo um criado. [36]Jônatas disse ao
criado: "Corre e pega as setas que vou
atirar". Enquanto o rapaz corria, ele ati-
rou uma seta para além dele. [37]Quando
o rapaz chegou ao lugar onde se acha-
va a seta que Jônatas tinha atirado, este
lhe gritou: "A seta não está mais para lá
de ti?" [38]E Jônatas tornou a gritar* ao
rapaz: "Corre, depressa, não pares". O
servo de Jônatas recolheu as setas e as
trouxe a seu senhor. [39]O rapaz nada en-
tendeu; somente Jônatas e Davi sabiam
de que se tratava. [40]Jônatas entregou
suas armas ao criado e lhe disse: "Vai,
leva-as à cidade". [41]Logo que o rapaz
se retirou, Davi levantou-se do lado sul
e, caindo com o rosto em terra, pros-
trou-se três vezes; a seguir se beijaram
e choraram juntos, mas Davi chorou
mais. [42]Jônatas disse a Davi: "Vai em
paz; porquanto nós dois fizemos este
juramento em nome de Javé. Javé seja
testemunha entre mim e ti, entre minha
descendência e a tua para sempre".

21 [1]Davi se pôs a caminho e par-
tiu, e Jônatas voltou para a
cidade.
Davi foge para Nob. [2]Davi foi a Nob,
à casa do sacerdote Aquimelec. Este
saiu a seu encontro, tremendo, e lhe
perguntou: "Por que vens sozinho, sem
ninguém contigo?" [3]Davi respondeu ao
sacerdote Aquimelec: "O rei me deu
um encargo e me disse: 'Que ninguém
saiba da missão que te confiei e da or-
dem que te dei'. Quanto a meus servos,
combinei que me encontrassem num
determinado lugar. [4]Se tens à mão cin-
co pães, ou outra coisa que tiveres, dá-
-me". [5]O sacerdote respondeu a Davi:
"Não tenho à mão pão comum; há so-
mente pão sagrado;* com a condição
de que teus homens pelo menos não
tenham tido contato com mulheres"†.
[6]Davi respondeu ao sacerdote: "Estive-
mos afastados das mulheres, como an-
tes, desde a partida; e os corpos dos jo-
vens se conservam puros, ainda que a
viagem seja profana; com maior razão
hoje, eles têm seus corpos purificados".
[7]Então o sacerdote deu-lhe o pão sa-
grado, porque lá não havia outro senão
os pães da apresentação, que foram ti-
rados da presença de Javé, para serem
substituídos por pão fresco quando
eles são retirados.
[8]Achava-se lá, naquele dia, detido
na presença de Javé, um dos servos de
Saul, chamado Doeg,* edomita, chefe
dos pastores de Saul. [9]Davi perguntou
a Aquimelec: "Tens aqui à mão uma es-
pada ou uma lança? Pois eu não trou-
xe comigo nem minha espada, nem
minhas armas, porque a ordem do rei
era urgente". [10]Respondeu-lhe o sa-
cerdote: "Ali está a espada de Golias,

---

* **20**,38. 20,22 | **21**,5. Êx 25,30; Lv 24,5-9; Mt 12,3s | 8. 22,9s | 10. 17,51.54

† **21**,5. Os pães da apresentação eram reservados aos sacerdotes, Lv 24,6-9; Mt 12,4. As leis da guerra santa proibiam as relações sexuais durante a expedição, Dt 23,10.

o filisteu, que tu mataste no vale do
Terebinto;* está embrulhada num pano
atrás do efod. Se a queres levar, leva-a;
porque aqui não há outra, senão esta".
Davi disse: "Ela não tem igual, dá-me
esta espada".

Davi em Gat. 11Partiu, pois, Davi, na-
quele dia, fugindo da presença de Saul,
e foi para junto de Aquis, rei de Gat.
12Os servos de Aquis* lhe perguntaram:
"Não é este Davi, o rei do país? Não é
para ele que se cantava dançando:

'Saul matou seus mil,
mas Davi, seus dez mil'?"*

13Davi ficou preocupado com essas
palavras e teve muito medo de Aquis,
rei de Gat. 14Assim, mudou de condu-
ta diante deles, fingindo-se de louco
entre eles: traçava sinais nas portas da
cidade e deixava a saliva escorrer-lhe
pela barba†. 15Por isso Aquis perguntou
a seus servos: "Estais vendo que esse
homem é louco; por que o trouxestes
a mim? 16Estão me faltando loucos,
para me trazerdes mais este para fazer
loucuras em minha presença? Ele há de
entrar em minha casa?"

22 **Davi na caverna de Odolam.**
1Davi partiu de lá e refugiou-
-se na caverna de Odolam. Seus irmãos
e toda a família de seu pai souberam
disso e desceram para junto dele.
2Todos os que estavam em dificulda-
de, os que tinham dívidas e todos os
descontentes juntaram-se a ele, e ele
se tornou seu chefe. Uns quatrocen-
tos homens estavam com ele. 3De lá
Davi foi a Masfa de Moab e disse ao
rei de Moab: "Permite que meu pai e
minha mãe fiquem convosco até eu
saber o que Deus quer fazer de mim".
4Apresentou-os ao rei de Moab, com o
qual eles ficaram durante todo o tem-
po em que Davi esteve em seu refúgio.
5Mas o profeta Gad disse a Davi: "Não
fiques em teu refúgio, mas parte e vai
para a terra de Judá". Davi partiu e foi
para o bosque de Haret.

**Saul manda matar os sacerdotes de
Nob.** 6Saul ficou sabendo que Davi e os
homens que estavam com ele tinham
sido vistos. Saul achava-se em Gabaá,
sentado debaixo de uma tamareira, na
colina, com sua lança na mão, e todos
os seus servos estavam de pé a seu
redor. 7Disse Saul a seus servos que
o rodeavam: "Escutai, benjaminitas! O
filho de Jessé* também dará a todos
vós campos e vinhas? Ele fará todos
vós chefes de cem e de mil homens?
8Por que todos vós conspirastes contra
mim? Por que ninguém me informou
da aliança que meu filho fez com o fi-
lho de Jessé, e ninguém se inquietou
por minha causa, nem me revelou que
meu filho instigava meu servo contra
mim, para me armar ciladas, como faz
hoje?" 9Respondeu Doeg, o edomita,*
que estava entre os oficiais de Saul:
"Eu vi o filho de Jessé chegar a Nob,
à casa de Aquimelec, filho de Aquitob,
10o qual consultou por ele Javé, deu-
-lhe provisões e lhe entregou a espada
de Golias, o filisteu". 11Então o rei man-
dou chamar o sacerdote Aquimelec, fi-
lho de Aquitob, e toda a sua família, os
sacerdotes que se achavam em Nob; e
todos se apresentaram ao rei.

12Disse Saul: "Escuta, por favor, filho
de Aquitob". Ele respondeu: "Eis-me
aqui, meu senhor". 13Disse-lhe Saul: "Por
que tu e o filho de Jessé conspirastes
contra mim? Tu lhe deste pão e uma es-
pada e consultaste a Deus por ele, para
que se revolte contra mim e me arme
ciladas como faz hoje". 14Aquimelec res-
pondeu ao rei, dizendo: "E quem, entre
todos os teus servos, é fiel como Davi,
genro do rei, chefe de teus guardas e
honrado em tua casa? 15Foi porventura
hoje que comecei a consultar Javé por
ele? De forma alguma! Não impute o rei
a seu servo, nem a toda a sua família tal
acusação, porque teu servo não sabia
nada desse assunto, nem pouco e nem
muito". 16E o rei disse: "Morrerás sem
falta, Aquimelec, tu e toda a tua família".

---

* **21**,12. 27 / 18,7 | **22**,7. 8,14 | 9. 21,2-10

† **21**,14. Davi finge-se de louco para salvar a vida, confiando que os inimigos filisteus não atacarão um louco.

17Então o rei ordenou aos guardas* que o rodeavam: "Voltai-vos e matai os sacerdotes de Javé, porque também eles estão do lado de Davi: sabiam que tinha fugido e não me avisaram". Mas os servos do rei não ousaram estender a mão contra os sacerdotes de Javé. 18Disse então o rei a Doeg: "Volta-te e mata os sacerdotes!" Doeg, o edomita, voltando-se, lançou-se sobre os sacerdotes e massacrou naquele dia oitenta e cinco homens que vestiam o efod de linho. 19Saul passou* a fio de espada também Nob, a cidade dos sacerdotes: homens e mulheres, crianças e bebês, bois, jumentos e ovelhas caíram ao fio da espada. 20Mas um filho de Aquimelec, filho de Aquitob, chamado Abiatar, escapou e fugiu para junto de Davi†. 21Abiatar anunciou a Davi que Saul tinha trucidado os sacerdotes de Javé. 22Davi disse a Abiatar: "Imaginei naquele dia que Doeg, o edomita, estando lá, iria com certeza informar Saul. Sou eu a causa da morte de todas as pessoas de tua família. 23Fica comigo, não temas, pois quem atentar contra tua vida atentará também contra a minha. Mas comigo estarás seguro".

23 **Davi em Ceila.** 1Disseram a Davi: "Os filisteus estão atacando Ceila e saqueando as eiras". 2Davi consultou Javé: "Devo ir atacar esses filisteus?" Javé respondeu a Davi: "Vai, ataca os filisteus e liberta Ceila". 3Mas os homens de Davi lhe disseram: "Se mesmo aqui na Judeia temos medo, quanto mais indo a Ceila para atacar as tropas dos filisteus!" 4Davi consultou novamente Javé, o qual lhe respondeu: "Põe-te a caminho, desce a Ceila, porque eu entregarei os filisteus em tuas mãos". 5Marchou, pois, Davi com sua gente para Ceila e atacou os filisteus; tomou-lhes seus animais e infligiu-lhes grande derrota, salvando assim os habitantes de Ceila. 6Quando Abiatar,* filho de Aquimelec, refugiou-se junto de Davi, ele desceu a Ceila levando consigo o efod.* 7Saul foi informado de que Davi tinha ido para Ceila e disse: "Deus o entregou em minhas mãos, porque ele se fechou a si mesmo, entrando numa cidade de portas e ferrolhos". 8Saul chamou todo o povo para a guerra, a fim de descerem a Ceila e cercarem Davi e sua gente. 9Mas quando Davi soube que Saul tramava o mal contra ele, disse ao sacerdote Abiatar: "Traze o efod". 10Depois disse Davi: "Javé, Deus de Israel,* vosso servo tem informação segura de que Saul planeja vir a Ceila para destruir a cidade por minha causa. 11Os senhores de Ceila me entregarão nas mãos dele? Saul vai descer, como vosso servo ouviu dizer? Javé, Deus de Israel, manifestai-o, por favor, a vosso servo". Javé respondeu: "Descerá". 12Davi perguntou novamente: "Os senhores de Ceila me entregarão a mim e a minha gente nas mãos de Saul?" Javé respondeu-lhe: "Entregarão". 13Então Davi e sua gente, cerca de seiscentos homens, se retiraram e, tendo saído de Ceila, andaram sem rumo. Quando Saul foi informado de que Davi havia fugido de Ceila, desistiu da expedição.

Davi em Zif. 14Davi permaneceu no deserto, em lugares seguros, e ficou na região montanhosa do deserto de Zif. Saul o procurava continuamente, mas Deus não o entregou em suas mãos. 15Davi soube que Saul tinha saído para tirar-lhe a vida e permaneceu no deserto de Zif, em Horesa. 16Então Jônatas, filho de Saul, pôs-se a caminho e foi encontrar-se com Davi em Horesa e lhe fortaleceu a confiança em Deus, dizendo-lhe: 17"Não temas, porque a mão de Saul, meu pai, não te alcançará. Tu reinarás sobre Israel, e eu serei o segundo depois de ti; bem o sabe Saul, meu pai". 18E os dois fizeram aliança na presença de Javé. Davi ficou em Horesa, ao passo que Jônatas voltou para casa.

Davi é traído pelos habitantes de Zif. 19Os habitantes de Zif subiram até Gabaá, à procura de Saul, e lhe disseram:

---

* **22**,17. 2,31ss | 19. 2,18 | **23**,6. 22,20-23 / 2,28 | 10. 2,28

† **22**,20. Abiatar será o sumo sacerdote por todo o reinado de Davi, permanecendo-lhe sempre fiel.

"Davi está escondido entre nós nos refúgios de Horesa, na colina de Aquila, que está ao sul do deserto. 20Desce, pois, conforme é teu desejo, ó rei; e nós o entregaremos nas mãos do rei". 21Saul exclamou: "Que Javé vos abençoe, porque tivestes compaixão de mim! 22Ide, por favor, e informai-vos melhor para conhecer e ver o lugar em que se refugia e quem o viu lá, pois me disseram que ele é muito esperto. 23Procurai conhecer todos os esconderijos onde se oculta e voltai a mim com indicações precisas, e eu irei convosco. Se ele estiver na região, eu o buscarei entre todos os clãs de Judá". 24Eles partiram e foram a Zif, à frente de Saul. Mas Davi e sua gente estavam no deserto de Maon, na planície ao sul do deserto. 25Saul foi para lá com sua tropa a sua procura; mas Davi, tendo sido avisado, desceu para um rochedo e ficou no deserto de Maon. Saul soube disso e perseguiu Davi no deserto de Maon. 26Saul caminhava por um lado do monte, enquanto Davi com os seus caminhavam pelo outro. Davi se apressava para escapar de Saul, mas este e sua tropa apertavam o cerco a Davi e a sua gente para os prender. 27Nesse momento chegou um mensageiro a Saul, dizendo-lhe: "Vem depressa, pois os filisteus invadiram o país". 28Então Saul desistiu de perseguir Davi e marchou contra os filisteus. Por isso aquele lugar foi chamado "Rocha da separação".

24 **Davi em Engadi.** 1Davi subiu de lá e se estabeleceu nos refúgios de Engadi†. 2Quando Saul voltou da perseguição aos filisteus, comunicaram-lhe: "Davi está no deserto de Engadi". 3Então Saul tomou três mil homens escolhidos dentre todo o Israel e partiu em busca de Davi e de sua gente, diante dos rochedos das Cabras Montesas. 4No caminho, chegou a uns currais de ovelhas, onde havia uma gruta. Saul entrou nela para fazer suas necessidades. Davi e sua gente estavam no fundo da gruta. 5Então disseram a Davi seus homens: "Este é o dia no qual Javé te diz: 'Entrego em tuas mãos teu inimigo e tu o tratarás como te aprouver'". Davi levantou-se e, sem ser notado, cortou a orla do manto de Saul. 6Depois disso, porém, Davi sentiu remorso por ter cortado a orla do manto de Saul. 7E disse a sua gente: "Javé não permita que eu faça tal coisa* a meu senhor, ao ungido de Javé†, estendendo a mão contra ele, pois é o ungido de Javé". 8Com estas palavras Davi conteve seus homens e não lhes permitiu que se lançassem sobre Saul. Então Saul se levantou, saiu da caverna e continuou seu caminho.

9Depois Davi se levantou também, saiu da caverna e gritou atrás de Saul: "Ó rei, meu senhor!" Quando Saul olhou para trás, Davi se inclinou com o rosto em terra e se prostrou. 10Davi perguntou a Saul: "Por que dás ouvidos às palavras dos que dizem: 'Davi procura fazer-te mal'? 11Hoje teus olhos viram como Javé te entregou em minhas mãos dentro da gruta; alguns me falaram para te matar, mas eu te poupei, pensando: 'Não estenderei a mão contra meu senhor, porque é o ungido de Javé e meu pai'. 12Olha e vê em minha mão a orla de teu manto. Se eu cortei a orla de teu manto e não te matei, podes ver claramente que não existe em meu proceder nem maldade, nem rebeldia e não pequei contra ti, ao passo que tu me armas ciladas para tirar-me a vida! 13Que Javé seja juiz entre mim e ti, e que ele me vingue de ti; mas nunca estenderei minha mão contra ti. 14Como diz o velho ditado: 'A maldade vem dos maus; mas minha mão não te tocará'. 15Contra quem saiu o rei de Israel? A quem estás perseguindo?* A um cão morto, a uma pulga! 16Que Javé seja juiz e julgue entre mim e ti; que ele

---

* **24**,7. 31,4; 2Sm 1,14 | 15. 2Sm 9,8; 16,9

† **24**,1. Engadi, "fonte do cabrito", Ct 1,14, é um oásis no meio da margem ocidental do Mar Morto, onde há muitas grutas. | 7. Davi evita o confronto direto com Saul, para não ser forçado a matar aquele que Deus ungiu.

veja e defenda minha causa e me faça
justiça, livrando-me de tuas mãos".
17Quando Davi acabou de dizer es-
sas palavras a Saul, este respondeu: "É
esta a tua voz, meu filho Davi?" E Saul
chorou em voz alta. 18Disse a Davi: "Tu
és mais justo que eu, pois me tens feito
bem, e eu te paguei com o mal. 19Mos-
traste hoje que me tens feito bem, pois
Javé me havia posto em tuas mãos e
não me mataste. 20Quem é que encon-
tra seu inimigo e o deixa ir são e salvo?
Que Javé te recompense pelo bem que
hoje me fizeste. 21Agora sei que reina-
rás com certeza, e que o reino de Israel
há de ser estável em tua mão. 22Jura-
-me agora, por Javé, que não extermi-
narás minha descendência depois de
mim† e não cancelarás meu nome da
casa de meu pai". 23Davi o jurou a Saul.
Saul voltou para casa, e Davi e seus ho-
mens subiram para o refúgio.

25 **Morte de Samuel.** 1Samuel
morreu,* e todo o Israel se
reuniu para fazer lamentação por ele.
Sepultaram-no em sua casa, em Ramá.
Davi se pôs a caminho e desceu ao de-
serto de Farã.

Davi em Maon. Nabal e Abigail. 2Ha-
via em Maon um homem* que tinha
suas possessões no Carmelo. Era mui-
to rico: possuía três mil ovelhas e mil
cabras. Estava no Carmelo tosquiando
suas ovelhas. 3Chamava-se Nabal e sua
esposa, Abigail, mulher inteligente e
bela, ao passo que o marido, descen-
dente de Caleb, era grosseiro e mau.
4No deserto, Davi soube que Nabal
tosquiava as ovelhas 5e enviou dez jo-
vens, dizendo-lhes: "Subi ao Carmelo,
visitai Nabal e saudai-o em meu nome.
6Dizei-lhe: 'Salve! A paz esteja contigo!
Paz para tua família, paz a tudo o que
te pertence. 7Fiquei sabendo que es-
tás tosquiando. Ora, teus pastores es-
tiveram conosco e nunca os tratamos
mal, e nada lhes faltou durante todo o
tempo que estiveram no Carmelo. 8Per-
gunta-o a teus criados, e eles o confir-
marão. Portanto, encontrem os jovens
favor ante teus olhos, porque viemos
num dia de festa†. Rogo-te que dês o
que puderes a teus servos e a teu filho
Davi'". 9Ao chegarem, os jovens de Davi
repetiram todas essas palavras a Nabal
da parte de Davi e aguardaram. 10Mas
Nabal respondeu aos servos de Davi:
"Quem é Davi e quem é o filho de Jes-
sé? Hoje são muitos os servos que fo-
gem de seus senhores! 11Então hei de
tomar meu pão, minha água e a carne
que preparei para meus tosquiadores,
para dá-los a homens que não sei de
onde vêm?" 12Os jovens de Davi reto-
maram seu caminho, voltaram e foram
contar-lhe tudo o que fora dito. 13En-
tão Davi disse a seus homens: "Cinja
cada um sua espada". Todos cingiram
sua espada e Davi cingiu também a
sua. Saíram atrás de Davi uns quatro-
centos homens, ficando duzentos para
cuidar das bagagens.
14Um dos criados avisou Abigail, mu-
lher de Nabal, dizendo: "Davi enviou do
deserto mensageiros para saudarem
nosso amo e ele os tratou mal. 15Ora,
aqueles homens foram muito bons
para conosco! Nunca nos ofenderam, e
nós não perdemos nada durante todo o
tempo que estivemos com eles, quan-
do nos achávamos no campo. 16De dia
e de noite foram para nós como uma
muralha o tempo todo que estivemos
com eles apascentando o rebanho.
17Agora, pois, considera e vê o que hás
de fazer, porque está decretada a ruína
de nosso amo e de toda a sua casa; e
ele é de tão mau caráter, que não se
lhe pode falar". 18Então Abigail tomou
rapidamente duzentos pães, dois odres
de vinho, cinco ovelhas já preparadas,
cinco medidas de trigo tostado, cem
cachos de uvas passas, duzentas tortas
de figos secos e carregou tudo sobre
jumentos 19e disse a seus servos: "Ide

* **25**,1. 28,3 | 2. 15,12

† **24**,22. Saul faz a Davi o mesmo pedido que Jônatas tinha feito, 20,15. Davi manterá seu juramento, 2Sm 9,1-10. | **25**,8. Era costume fazer festa no dia da tosquia das ovelhas. Davi pede uma remuneração pela proteção dada aos animais.

na frente, que eu vou depois". E não
disse nada a seu marido Nabal. 20En-
quanto ela, montada num jumento,
descia pela parte encoberta do monte,
Davi vinha descendo com sua gente na
direção contrária, e ela se encontrou
com eles. 21(Ora, Davi tinha dito: "Foi
em vão que protegi tudo o que este
homem tinha no deserto, de modo que
nada se perdesse de tudo o que pos-
suía, pois me pagou o bem com o mal.
22Que Deus mande a Davi um castigo
sobre o outro se até amanhã eu dei-
xar vivo um só homem dentre todos os
seus").

23Logo que viu Davi, Abigail desceu
rapidamente do jumento e prostrou-se
com o rosto em terra diante de Davi.
24Lançou-se a seus pés e disse: "Meu
senhor, sobre mim recaia a culpa! Per-
mite que tua serva fale a teus ouvidos,
e ouve as palavras de tua serva. 25Que
meu senhor não dê atenção a esse
homem de mau caráter que é Nabal,
pois ele é o que diz seu nome: ele se
chama Nabal e nele só existe insen-
satez†. Porém eu, tua serva, não vi os
jovens que meu senhor tinha enviado.
26Agora, pois, meu senhor, pela vida
de Javé e por tua própria vida, já que
Javé te impediu de derramar sangue
e de vingar-te com as próprias mãos,
tenham a sorte de Nabal teus inimi-
gos e os que procuram fazer mal a meu
senhor. 27Este presente que tua serva
trouxe a meu senhor seja entregue aos
jovens que acompanham meu senhor.
28Peço que perdoes a ofensa de tua
serva, porque de certo Javé edifica-
rá a meu senhor uma casa estável, já
que meu senhor combate as batalhas
de Javé, e em toda a tua vida não se
encontra em ti maldade. 29Ainda que
alguém se levante para te perseguir e
atentar contra tua vida, a vida de meu
senhor será guardada no cofre dos
que vivem junto de Javé, teu Deus†, ao
passo que a vida de teus inimigos ele
a lançará longe como a pedra de uma
funda. 30Quando Javé tiver feito a meu
senhor todo o bem que te prometeu e
te houver constituído soberano de Is-
rael, 31meu senhor não terá esta dor e
este remorso de ter derramado sangue
sem motivo e de ter feito justiça com as
próprias mãos. Quando Javé fizer bem
a meu senhor, recorda-te de tua serva".

32Então disse Davi a Abigail: "Bendi-
to seja Javé, Deus de Israel, que hoje te
enviou a meu encontro; 33bendita seja
tua sabedoria e bendita sejas tu que
hoje me impediste de derramar sangue
e de vingar-me por minhas mãos. 34De
fato, pela vida de Javé, Deus de Israel,
que me impediu de te fazer o mal, se
não tivesses vindo tão depressa a meu
encontro, ao amanhecer não teria res-
tado a Nabal um só homem". 35Davi
recebeu de suas mãos o que ela havia
trazido e disse-lhe: "Sobe em paz para
tua casa; vê que atendi a teu pedido e
te tratei com respeito".

36Abigail voltou para junto de Na-
bal; ele estava dando em sua casa um
banquete como o banquete de um
rei, e seu coração estava alegre. Esta-
va completamente embriagado, e por
isso ela não lhe contou nada até o
amanhecer. 37Na manhã seguinte, es-
tando Nabal já livre do vinho, sua mu-
lher contou-lhe o ocorrido; seu coração
parou dentro dele, e ele ficou como
uma pedra. 38Uns dez dias depois, Javé
feriu mortalmente Nabal e ele mor-
reu. 39Quando soube que Nabal havia
morrido, Davi exclamou: "Bendito seja
Javé que me fez justiça da afronta rece-
bida de Nabal e preservou seu servo de
praticar o mal! Javé fez recair sobre sua
cabeça a maldade de Nabal".

Davi casa-se com Abigail. Depois,
Davi mandou falar com Abigail para
pedi-la em casamento. 40Os servos de
Davi foram à casa de Abigail, no Car-
melo, e lhe disseram: "Davi nos enviou
a ti para te levar para seres sua espo-
sa". 41Então ela se levantou, inclinou-
-se com o rosto em terra e disse: "Tua
serva é como uma escrava, pronta a la-
var os pés dos servos de meu senhor".

---

† **25**,25. Nabal significa insensato. | 29. Deus guarda os justos como se guardam joias preciosas num cofre.

42Abigail rapidamente se pôs a caminho, montada num jumento, com as cinco moças que a atendiam e seguiu os mensageiros de Davi, e se tornou sua mulher. 43Davi se casou também com Aquinoam de Jezrael, e ambas foram suas esposas. 44Pois Saul tinha dado sua filha* Micol, mulher de Davi, a Falti, filho de Lais, que era de Galim.

26

Davi poupa a vida de Saul. 1Os habitantes de Zif* foram procurar Saul em Gabaá para dizer-lhe: "Davi está escondido na colina de Aquila, defronte da estepe". 2Saul pôs-se a caminho e desceu ao deserto de Zif com três mil homens escolhidos de Israel, para ir em busca de Davi no deserto de Zif. 3Saul acampou na colina de Aquila, à margem da estepe, junto da estrada, enquanto Davi ficou no deserto. Quando soube que Saul tinha vindo procurá-lo no deserto, 4Davi enviou espiões e soube com certeza que Saul havia chegado. 5Então Davi se pôs a caminho, foi ao lugar onde Saul tinha acampado e observou o lugar onde dormiam Saul e Abner, filho de Ner, chefe de seu exército: Saul dormia no meio do acampamento, e sua gente estava acampada ao redor dele. 6Davi perguntou* a Abimelec, o heteu, e a Abisaí, filho de Sárvia, irmão de Joab: "Quem quer descer comigo ao acampamento de Saul?" Abisaí respondeu: "Eu descerei contigo". 7Davi e Abisaí penetraram, de noite, no meio da tropa e viram Saul deitado, dormindo no meio do acampamento, e sua lança fincada no chão, a sua cabeceira; Abner e a tropa estavam deitados a seu redor. 8Abisaí disse a Davi: "Hoje Deus entregou teu inimigo* em tuas mãos. Agora, pois, deixa-me cravá-lo no chão com a lança, com um só golpe, pois não precisarei de um segundo". 9Mas Davi respondeu a Abisaí: "Não o mates! Pois quem poderia* estender a mão contra o ungido de Javé e ficar impune?"† 10E acrescentou: "Pela vida de Javé! É Javé que o ferirá: ou chegará seu dia e morrerá, ou irá combater e será morto. 11Javé me livre de estender a mão contra o ungido de Javé. Mas agora, apanha a lança que está a sua cabeceira e a bilha de água e vamos embora". 12Davi tirou a lança e a bilha de água da cabeceira de Saul, e se foram. Ninguém o viu, ninguém percebeu nada, ninguém acordou; todos dormiam, porque Javé tinha feito cair sobre eles um sono profundo.

13Davi passou para o lado oposto, pôs-se no cimo do monte, ao longe, a grande distância deles, 14e gritou à tropa e a Abner, filho de Ner: "Abner, não respondes?" Abner respondeu: "Quem és tu que gritas ao rei?" 15Disse Davi a Abner: "Não és tu um homem? E quem é igual a ti em Israel? Por que não guardaste o rei, teu senhor? Pois alguém do povo entrou aí para matar o rei, teu senhor. 16Não está certo o que fizeste. Pela vida de Javé, mereceis a morte vós que não protegestes vosso senhor, o ungido de Javé. Olha agora onde estão a lança do rei e a bilha de água que estava a sua cabeceira". 17Saul reconheceu a voz de Davi e perguntou: "Não é esta a tua voz, meu filho Davi?" Davi respondeu: "Sim, é minha voz, ó rei, meu senhor". 18E acrescentou: "Por que meu senhor persegue seu servo? Que fiz eu e que mal pratiquei? 19Agora, pois, eu te peço, ó rei, meu senhor: escuta as palavras de teu servo. Se é Javé que te incita contra mim, seja ele aplacado por uma oferenda; mas se são os homens, malditos sejam diante de Javé, porque hoje me expulsaram, para que eu não tenha parte na herança de Javé, dizendo: 'Vai servir* a outros deuses!'. 20Que meu sangue não caia por terra longe da presença de Javé, já que o rei de Israel saiu atrás de uma pulga, como quem persegue uma perdiz pelos montes". 21Então Saul disse: "Eu pequei! Volta, meu filho Davi! Daqui

* **25**,44. 18,20s; 19,10s; 2Sm 3,13s | **26**,1. 23,19s | **26**,6. 1Cr 2,16 | 8. 18,11; 19,10 | 9. 9,26 | 19. Dt 7,6

† **26**,9. De novo, como no cap. 24, Davi está diante de Saul e, podendo matá-lo, respeita sua pessoa e sua vida.

por diante não te farei mal algum, por-
que hoje deste tamanha importância
a minha vida. Procedi como um louco
e cometi graves erros". [22]Davi respon-
deu, dizendo: "Aqui está a lança do rei;
que um dos moços venha apanhá-la.
[23]Javé retribuirá* a cada um segundo
sua justiça e sua lealdade; pois Javé te
entregou hoje em minhas mãos, mas
eu não quis estender a mão contra o
ungido de Javé. [24]Assim como hoje tua
vida foi preciosa a meus olhos, assim
também seja preciosa minha vida aos
olhos de Javé, e ele me livre de toda
aflição". [25]Saul disse a Davi: "Bendito
sejas, meu filho Davi! De certo farás
grandes coisas e certamente triunfa-
rás". Davi continuou seu caminho,* e
Saul voltou para sua casa.

27 Davi entre os filisteus.

[1]Davi
pensou consigo mesmo: "Mais
dia, menos dia, vou acabar perecendo
pelas mãos de Saul; nada melhor para
mim do que refugiar-me na terra dos
filisteus. Assim Saul, perdendo a es-
perança, desistirá de procurar-me por
todo o território de Israel, e escaparei
de suas mãos". [2]Davi pôs-se a cami-
nho* e foi com os seiscentos homens
que tinha consigo para junto de Aquis,
filho de Maaca, rei de Gat. [3]Davi morou
com Aquis, em Gat, ele e seus homens,
cada um com sua família, e Davi com
suas duas mulheres, Aquinoam de Je-
zrael e Abigail, que fora esposa de Na-
bal, do Carmelo. [4]Saul foi informado de
que Davi fugira para Gat e desistiu de
persegui-lo.

[5]Davi disse então a Aquis: "Se encon-
trei favor diante de teus olhos, seja-me
dado, numa das cidades do campo, um
lugar onde possa instalar-me; pois, por
que deveria teu servo habitar contigo
na cidade real?" [6]Naquele dia Aquis lhe
deu Siceleg; e por isso Siceleg pertence
aos reis de Judá até o dia de hoje.

[7]O tempo que Davi permaneceu*
na região dos filisteus foi de um ano
e quatro meses. [8]Davi subia com seus
homens e fazia incursões contra os
gessuritas, os gersitas e os amalecitas,*
porque esses povos habitavam a região
que vai de Telém, em direção a Sur, até
a terra do Egito. [9]Davi assolava o país,
não deixando com vida nem homem
nem mulher, mas levava ovelhas, bois,
jumentos, camelos e roupas, e voltava
para junto de Aquis. [10]Aquis pergun-
tava a Davi: "Onde fizestes incursão
hoje?" Davi respondia: "Contra o sul
de Judá, contra o sul de Jerameel, ou
contra o sul dos quenitas". [11]Mas Davi
não deixava com vida nem homem e
nem mulher, para não ter de levá-los a
Gat, pensando: "Não aconteça que nos
denunciem, dizendo: Davi fez isto". Foi
este seu modo de agir durante todo o
tempo em que esteve no país dos fi-
listeus. [12]Aquis confiava em Davi, pen-
sando: "Ele se tornou odioso a Israel,
seu povo, de modo que será meu servo
para sempre".

28 Filisteus em guerra contra Saul.

[1]Naqueles dias os filis-
teus reuniram suas tropas para com-
bater contra Israel. Aquis disse a Davi:
"Bem sabes que deverás vir comigo à
guerra tu e teus homens". [2]Davi res-
pondeu a Aquis: "Tu verás o que teu
servo pode fazer". Aquis disse a Davi:
"Pois bem, eu te nomeio meu guarda
pessoal para sempre".

A necromante de Endor. [3]Samuel tinha
morrido,* e todo o Israel o tinha cho-
rado e o haviam sepultado em Ramá,
sua terra. Saul tinha expulsado do país
os que evocavam os mortos e os adivi-
nhos. [4]Os filisteus se reuniram e foram
acampar em Sunam. Saul reuniu todo o
Israel e acampou em Gelboé. [5]Quando
Saul viu o acampamento dos filisteus,
teve medo e seu coração estremeceu
com veemência. [6]Consultou a Javé,*
mas Javé não lhe respondeu nem por
sonho, nem pela sorte, nem pelos pro-
fetas. [7]Então disse Saul a seus servos:
"Procurai-me uma mulher que saiba
evocar os mortos, para que eu possa ir a

---

* **26**,23. Sl 7,9; 18,21 | 25. 24,21 | **27**,2. 21,11-16 | 7. 29,3; | 8. Êx 17,8; 1Sm 15; Js 13,2 | **28**,3. 25,1 | 6. 14,41 | 7. 1Rs 14,2

ela e consultá-la". Responderam-lhe os
servos: "Em Endor há uma mulher* que
sabe evocar os mortos". 8Saul disfarçou-
-se, vestiu outras roupas e partiu com
dois homens. Chegaram de noite à casa
da mulher e ele disse: "Peço-te que me
digas o futuro, evocando um espírito,
e faças subir aquele que eu te disser".
9Respondeu-lhe a mulher: "Bem sabes o
que fez Saul, que expulsou do país os
médiuns e os adivinhos; por que, pois,
armas cilada a minha vida, para fazer-
-me morrer?" 10Saul jurou-lhe por Javé,
dizendo: "Pela vida de Javé, nenhum
castigo te sobrevirá por causa disso".
11Perguntou a mulher: "A quem te devo
evocar?" Respondeu ele: "Evoca-me Sa-
muel"†. 12Quando a mulher viu Samuel,
gritou em voz alta e disse a Saul: "Por
que me enganaste? Tu és Saul". 13O rei
lhe disse: "Não temas. Que viste?" A
mulher respondeu a Saul: "Vi um ser di-
vino subindo da terra". 14Perguntou-lhe
Saul: "Que aspecto tem?" Respondeu
ela: "Vem subindo um ancião, coberto
com um manto". Compreendeu Saul
que era Samuel; inclinou-se com o rosto
em terra e se prostrou. 15Disse-lhe en-
tão Samuel: "Por que me incomodas-
te, fazendo-me subir?" Respondeu-lhe
Saul: "É que estou em grande angústia,*
porque os filisteus me fazem guerra e
Deus se retirou de mim, ele não me res-
ponde mais nem pelos profetas e nem
por sonhos; por isso te chamei, para
que me reveles o que devo fazer". 16Dis-
se Samuel: "E por que me consultas,* se
Javé se retirou de ti e se tornou teu ini-
migo? 17Javé agiu conforme havia dito
por meu intermédio; arrancou o reino
de tuas mãos e o deu a um outro, a
Davi. 18Porque não obedeceste à voz de
Javé, nem puseste em execução o ardor
de sua ira contra Amalec, Javé te fez isto
hoje. 19Javé entregará Israel junto con-
tigo nas mãos dos filisteus; amanhã tu*
e teus filhos estareis comigo, e Javé en-
tregará também o exército de Israel nas
mãos dos filisteus". 20Na mesma hora
Saul caiu estendido no chão, tomado
de grande terror por causa das palavras
de Samuel. Ademais, estava extenua-
do, porque nada tinha comido durante
todo o dia e durante toda a noite. 21A
mulher aproximou-se de Saul e, vendo-
-o tão aterrorizado, disse-lhe: "Tua serva
obedeceu a tua voz, e arrisquei minha
vida, obedecendo às ordens que me
deste. 22Agora pois te peço que escutes
também tu a voz de tua serva e permi-
tas que te sirva um bocado de pão, para
que comas e recuperes as forças para te
pores a caminho". 23Mas ele recusou, di-
zendo: "Não comerei". Seus servos, po-
rém, junto com a mulher insistiram com
ele, e ele cedeu; levantou-se do chão e
sentou-se no leito. 24A mulher tinha em
casa um bezerro cevado, que ela abateu
sem demora; tomou farinha, amassou-
-a e fez com ela pães ázimos. 25Colocou
tudo diante de Saul e de seus servos, e
eles comeram. Depois se levantaram e
partiram naquela mesma noite.

29

**Davi é afastado do exército
dos filisteus.** 1Os filisteus re-
uniram todas as suas tropas em Afec,*
e os israelitas acamparam junto à fonte
que existe em Jezrael. 2Os chefes dos
filisteus avançavam em batalhões de
cem e de mil, e Davi e seus homens iam
na retaguarda com Aquis. 3Os chefes
dos filisteus perguntaram: "Estes he-
breus, o que estão fazendo aqui?" Res-
pondeu Aquis aos chefes dos filisteus:
"É Davi, servo de Saul, rei de Israel; está
comigo há dias ou, melhor, há anos,
sem que eu tenha encontrado nele fal-
ta alguma, desde quando se refugiou
junto de mim até hoje". 4Mas os prínci-
pes dos filisteus se irritaram contra ele
e lhe disseram: "Manda de volta este
homem, para que volte ao lugar que
lhe designaste e não desça conosco à
batalha;* não suceda que na batalha
se torne nosso inimigo. Pois com que
meio ganharia melhor o favor de seu
senhor senão com as cabeças desses

* **28**,15. Eclo 46,20 | 16. 15,27s | 19. 31,2-6 | **29**,1. 4,1 | 4. 14,21

† **28**,11. A Bíblia proíbe evocar os mortos, Lv 19,31; 20,6. Deus permitiu que Samuel aparecesse realmente a Saul, não por forças misteriosas da médium, mas para anunciar a Saul seu fim próximo.

homens? 5Não é este aquele Davi do
qual cantavam, dançando:
'Saul matou seus mil,
mas Davi, seus dez mil'?"*
6Então Aquis chamou Davi e lhe disse:
"Pela vida de Javé, tu és um homem reto,
e gostaria que saísses e entrasses comigo
no acampamento, pois não achei em ti
nenhum mal desde o dia em que vieste a
mim até hoje; mas não és bem-visto pe-
los chefes dos filisteus. 7Volta, portanto, e
vai em paz, para que não desagrades aos
chefes dos filisteus". 8Respondeu Davi:
"Mas que fiz eu, ou o que encontraste
em teu servo desde o dia em que entrei
a teu serviço até hoje, para que não vá
combater contra os inimigos do rei, meu
senhor?" 9Respondeu Aquis a Davi: "Eu
sei que és tão grato a meus olhos como
um anjo de Deus; todavia os chefes dos
filisteus disseram: 'Ele não deve sair co-
nosco à batalha'.* 10Portanto, levanta-te
amanhã bem cedo, tu e os servos de teu
senhor que vieram contigo; e levantan-
do-se bem cedo, parti logo que o dia
clarear". 11Então Davi e seus homens se
levantaram cedo, para se porem a ca-
minho de manhã, voltando ao país dos
filisteus. E os filisteus subiram a Jezrael.

30 **Vitória de Davi sobre os
amalecitas.** 1Três dias depois,
quando Davi e seus homens chegaram
a Siceleg, os amalecitas tinham feito
uma incursão no Negueb e em Siceleg,
tinham destruído e incendiado Siceleg.
2Fizeram prisioneiras as mulheres e to-
dos os que lá se achavam, pequenos e
grandes; não mataram ninguém, mas
os levaram consigo e continuaram seu
caminho. 3Quando Davi e seus homens
chegaram à cidade, ela estava incendia-
da, e suas mulheres, seus filhos e suas fi-
lhas tinham sido levados cativos. 4Então
Davi e o povo que estava com ele cho-
raram em voz alta, até não terem mais
forças para chorar. 5Também tinham
sido levadas cativas as duas mulheres
de Davi, Aquinoam de Jezrael* e Abigail,
que fora mulher de Nabal do Carmelo.
6Davi ficou extremamente aflito, porque
o povo falava em apedrejá-lo, pois todos
estavam amargurados por causa de seus
filhos e suas filhas. Mas Davi recobrou
ânimo em Javé, seu Deus. 7Davi disse ao
sacerdote Abiatar,* filho de Aquimelec:
"Traze-me, por favor, o efod". Abiatar
trouxe o efod a Davi. 8Davi consultou
Javé, perguntando: "Devo perseguir esse
bando? Eu o alcançarei?" Ele respon-
deu: "Persegue-o, pois com certeza o
alcançarás e recuperarás a todos". 9Davi
partiu com os seiscentos homens que
estavam com ele e chegaram à torrente
de Besor, onde os retardatários ficaram.
10Mas Davi continuou a perseguição
com quatrocentos homens, porque fi-
caram para trás duzentos, que estavam
muito cansados para poderem atraves-
sar a torrente de Besor. 11Encontraram
no campo um egípcio e o levaram a
Davi. Deram-lhe pão para comer e água
para beber. 12Deram-lhe também um
pedaço de torta de figos secos e dois ca-
chos de uvas passas. Depois que comeu,
recuperou as forças, porque havia três
dias e três noites que não comia nem
bebia. 13Davi perguntou-lhe: "A quem
pertences e de onde vens?" Ele respon-
deu: "Sou um jovem egípcio, servo de
um amalecita; meu amo me abandonou
quando adoeci três dias atrás. 14Fizemos
uma incursão no Negueb dos cereteus,*
no território de Judá e no Negueb de
Caleb e incendiamos Siceleg". 15Davi
perguntou-lhe: "Poderias levar-me até
esse bando?" Respondeu ele: "Jura-me
por Deus que não me matarás nem me
entregarás a meu amo, e eu te guiarei
até esse bando". 16Ele o conduziu até lá.
Os amalecitas estavam espalhados por
toda a região, comendo, bebendo e fa-
zendo festa por todos os despojos sem
conta que haviam tomado da terra dos
filisteus e da terra de Judá. 17Davi os ata-
cou desde a aurora até à tarde do dia se-
guinte e nenhum deles escapou, exceto
quatrocentos jovens que montaram nos
camelos e fugiram. 18Assim Davi recu-
perou tudo o que os amalecitas tinham
tomado e recuperou também suas duas
esposas. 19Nada deles se perdeu, desde

* **29**,5. 18,7; 21,12 | 9. 2Sm 14,17-20; 19,28 | **30**,5. 27,3 | 7. 2,28 | 14. 27,10

as pequenas coisas até as grandes, nem
filhos e nem filhas, nem das coisas rou-
badas, nem do que lhes tinham tomado;
Davi recuperou tudo. 20 Davi tomou to-
das as ovelhas e bois, e os que andavam
à frente do gado diziam: "Esta é a presa
de Davi". 21 Quando Davi chegou ao lugar
onde estavam os duzentos homens que,
de tão cansados, não tinham podido
segui-lo e tinham ficado na torrente de
Besor, eles saíram ao encontro de Davi e
de sua gente. Davi aproximou-se deles e
os saudou cordialmente. 22 Então todos
os homens maus e indignos dentre os
que tinham ido com Davi começaram a
dizer: "Visto que eles não foram conos-
co, não lhes daremos nada dos despojos
que recuperamos, exceto a cada qual
sua mulher e seus filhos; que os tomem
e se retirem". 23 Mas Davi disse: "Não fa-
çais assim, meus irmãos, com o que Javé
nos deu; ele nos protegeu e entregou
em nossas mãos o bando que nos havia
atacado. 24 Quem poderia ser de vossa
opinião neste assunto? Igual parte hão
de ter os que descem à batalha e os que
ficam guardando as bagagens; seja feita
a divisão em partes iguais". 25 Daquele
dia em diante* ele fez disso para Israel
uma lei e um costume que duram até
hoje. 26 Quando chegou a Siceleg, Davi
enviou parte dos despojos a seus ami-
gos, os anciãos de Judá, dizendo: "Aqui
está um presente para vós dos despojos
dos inimigos de Javé". 27 Mandou para
os de Betel, os de Ramá do Negueb, os
de Jatir; 28 para os de Aroer, os de Sefa-
mot, os de Estemo; 29 para os de Racal, os
das cidades dos jerameelitas, os das ci-
dades dos quenitas; 30 para os de Hor-
ma, os de Bor-Asã, os de Atar; 31 para os
de Hebron e para todos os lugares por
onde Davi e sua gente haviam passado†.

31 Derrota e morte de Saul.

1 Os
filisteus combateram* contra
Israel, e os homens de Israel fugiram
diante dos filisteus e caíram mortos no
monte Gelboé. 2 Os filisteus arremete-
ram contra Saul e seus filhos e mata-
ram Jônatas, Abinadab e Melquisua,*
filhos de Saul. 3 A violência do combate
recaiu sobre Saul. Os arqueiros o atin-
giram e o feriram gravemente. 4 Então
disse Saul a seu escudeiro: "Desemba-
inha tua espada* e transpassa-me com
ela, para que não venham estes incir-
cuncisos, me transpassem e escarne-
çam de mim. Mas seu escudeiro* recu-
sou, porque estava com muito medo.
Então Saul tomou da espada* e se lan-
çou sobre ela. 5 Vendo que Saul estava
morto, o escudeiro também se lançou
sobre sua espada e morreu com ele.
6 Assim morreram juntos naquele dia
Saul, seus três filhos, seu escudeiro e
todos os seus homens. 7 Quando os is-
raelitas que estavam do outro lado do
vale e os que viviam além do Jordão
viram que as tropas de Israel tinham
fugido e que Saul e seus filhos tinham
sido mortos, abandonaram as cidades
e fugiram; os filisteus vieram e nelas se
instalaram.

8 No dia seguinte vieram os filisteus
para despojar os mortos e encontra-
ram Saul e seus três filhos estendidos
no monte Gelboé. 9 Cortaram a cabe-
ça de Saul,* despojaram-no de suas
armas e enviaram mensageiros por
toda a terra dos filisteus, para levar
a boa-nova ao templo de seus ídolos
e ao povo. 10 Colocaram as armas de
Saul* no templo de Astarte e pendu-
raram seu corpo nos muros de Betsã.
11 Quando os habitantes de Jabes de
Galaad souberam o que os filisteus ti-
nham feito a Saul, 12 todos os homens
mais valentes se puseram a cami-
nho, andaram a noite toda e tiraram
dos muros de Betsã o corpo de Saul
e os corpos de seus três filhos; eles
os levaram para Jabes e lá os crema-
ram. 13 Depois recolheram seus ossos,
sepultaram-nos debaixo da tamareira
de Jabes e jejuaram durante sete dias.

---

* **30**,25. Nm 31,27 | **31**,1. 1Cr 10,1-12; 2Sm 1,1-16 | 2. 14,49 | 4. Jz 9,54 / 17,26 / 26,9; 9,26 | 9. 17,51 | 10. 5,2; 21,10

† **30**,31. Distribuindo-lhes os despojos, Davi agradecia a hospitalidade recebida e preparava seu futuro político.

SEGUNDO LIVRO DE SAMUEL

I. DAVI EM HEBRON (1 – 4)

1 **Davi é informado da morte de Saul e de Jônatas.** 1Depois da morte de Saul,* Davi voltou da derrota dos amalecitas e ficou dois dias em Siceleg.
2No terceiro dia* chegou do acampamento de Saul um homem com as vestes rasgadas e com a cabeça coberta de pó†; logo que chegou perto de Davi, prostrou-se com o rosto em terra e se inclinou.
3Davi perguntou-lhe: "De onde vens?" Ele respondeu-lhe: "Fugi do acampamento de Israel". 4Disse-lhe Davi: "O que aconteceu? Conta-me, por favor". Respondeu ele: "O povo fugiu do campo de batalha e muitos do povo caíram mortos, também Saul e seu filho Jônatas morreram". 5Davi então perguntou ao jovem que lhe trazia a notícia: "Como sabes que Saul e seu filho Jônatas morreram?" 6Respondeu o jovem informante: "Eu estava por acaso no monte Gelboé e vi Saul que se apoiava a sua lança, enquanto carros e cavaleiros o perseguiam. 7Então ele voltou-se para trás, avistou-me e me chamou. Eu respondi: 'Aqui estou'. 8Perguntou-me ele: 'Quem és tu?' Respondi-lhe: 'Sou um amalecita'. 9Disse-me ele: 'Lança-te sobre mim e mata-me, porque apoderou-se de mim uma grande angústia, embora minha vida ainda esteja toda em mim'.
10Lancei-me então sobre ele e o matei, porque sabia que não poderia viver depois de ter caído. Tirei-lhe o diadema* que tinha na cabeça e o bracelete que trazia no braço e os trouxe aqui a meu senhor". 11Então Davi agarrou suas vestes e as rasgou; e o mesmo fizeram todos os que estavam com ele. 12Lamentaram-se,* choraram e jejuaram até à tarde por causa de Saul e de Jônatas, seu filho, por causa do povo de Javé e da casa de Israel, porque tinham caído pela espada.

13Perguntou Davi ao jovem portador da notícia: "De onde és tu?" Ele respondeu: "Sou filho de um estrangeiro, amalecita". 14Disse-lhe Davi: "Como é que não tiveste temor de estender a mão* para matar o ungido de Javé?"
15Davi chamou um dos servos e lhe disse: "Vem e mata-o". O servo feriu-o, e ele morreu. 16Davi disse-lhe: "Teu sangue recaia sobre tua cabeça,* pois tua própria boca testemunhou contra ti ao dizer: 'Eu matei o ungido de Javé'".

Elegia de Davi sobre Saul e Jônatas. 17Então Davi entoou esta elegia sobre Saul e seu filho Jônatas 18e ordenou que fosse ensinada aos filhos de Judá. É o cântico do arco. Está escrito* no Livro do Justo†.

19O esplendor de Israel pereceu sobre tuas montanhas!
Como caíram os heróis?*
20Não leveis a notícia a Gat,*
não a publiqueis nas ruas de Ascalon,
para que não se alegrem as filhas dos filisteus,*
para que não exultem as filhas dos incircuncisos!
21Montes de Gelboé,*
nem orvalho nem chuva caia sobre vós!
Vossos campos não deem mais primícias para as ofertas,
porque aí foi profanado o escudo dos valentes,
o escudo de Saul,
como se não houvesse sido ungido com óleo!
22O arco de Jônatas jamais voltava
sem o sangue dos mortos e sem a gordura dos valentes;
também a espada de Saul jamais voltou vazia.*
23Saul e Jônatas, tão amados e queridos em sua vida,
nem na morte foram separados.

---

* **1**,1. 1Sm 31,1-13 | 2. 1Sm 30; 4,12-17 | 10. 2Rs 11,12 | 12. 1Sm 31,13 | 14. 1Sm 26,9 | 16. Js 2,19; Lv 20,9 | 18. Js 10,13 | 19. 1Mc 9,21 | 20. Mq 1,10 / 1Sm 31,9; Jz 16,23s | 21. Dt 33,13 | 22. 1Sm 14,47

† **1**,2. Manifestações de dor e de luto, 1Sm 4,12. | 18. Esse livro, que não existe mais, reunia uma série de poesias sobre os grandes heróis do povo. Ver Js 10,13.

Eram mais velozes que as águias,
mais fortes que os leões.
24Filhas de Israel, chorai por Saul,
que vos vestia luxuosamente de es-
carlate*
e punha enfeites de ouro em vossas
vestes.
25Como caíram os valentes no meio
da batalha,
como foi morto Jônatas nas alturas?
26Estou angustiado por ti, meu irmão
Jônatas
que me foste tão caro!
Teu amor foi para mim mais maravi-
lhoso
que o amor das mulheres.
27Como tombaram os heróis
e pereceram as armas de guerra?"

2 **Davi coroado rei em Hebron.**
1Depois disso, Davi consultou a
Javé,* perguntando: "Devo subir a al-
guma das cidades de Judá?" Javé res-
pondeu-lhe: "Sobe". Perguntou Davi:
"Para onde devo subir?" Ele respondeu:
"Para Hebron".† 2Subiu, pois, Davi com
suas duas mulheres, Aquinoam de Jez-
rael e Abigail, que fora mulher de Na-
bal do Carmelo. 3Davi levou também
os homens que estavam com ele, cada
um com sua família, e se estabeleceram
nas aldeias de Hebron. 4Chegaram os
homens de Judá e ali ungiram Davi rei
sobre a casa de Judá.

Mensagem aos habitantes de Jabes de Galaad. Avisaram a Davi que tinham
sido os homens de Jabes de Galaad*
que haviam sepultado Saul. 5Então Davi
enviou mensageiros aos moradores de
Jabes de Galaad para dizer-lhes: "Sede
benditos de Javé, vós que praticastes
esta obra de misericórdia para com
Saul, vosso senhor, dando-lhe sepultu-
ra! 6Agora, pois, que Javé vos mostre
sua bondade e sua fidelidade; eu tam-
bém vos recompensarei pelo gesto que
fizestes. 7Agora fortalecei vossas mãos
e sede homens valentes, pois, morto
Saul, vosso senhor, a casa de Judá me
ungiu como seu rei†.

Luta entre os seguidores de Isbaal e os de Davi. 8Entretanto Abner, filho de
Ner, chefe do exército de Saul, tomou
Isbaal, filho de Saul,* levou-o a Maa-
naim 9e o proclamou rei sobre Galaad,
sobre Aser, sobre Jezrael, sobre Efraim,
sobre Benjamim e sobre todo o Israel.
10Isbaal, filho de Saul, tinha quarenta
anos quando começou a reinar sobre
Israel, e reinou dois anos; somente
a casa de Judá seguia Davi. 11O tem-
po que Davi reinou em Hebron sobre
a casa de Judá foi de sete anos e seis
meses.*

12Abner, filho de Ner, e os servos de
Isbaal, filho de Saul, saíram de Maa-
naim com destino a Gabaon. 13Saiu
também Joab, filho de Sárvia, com os
homens de Davi, e se encontraram per-
to da piscina de Gabaon, ficando uns
de um lado da piscina e os outros do
lado oposto. 14Abner disse a Joab: "Que
se levantem alguns jovens e lutem
diante de nós". Joab respondeu: "Que
se levantem". 15Levantaram-se, pois, e
avançaram em igual número: doze de
Benjamim, da parte de Isbaal, filho de
Saul, e doze servos de Davi. 16Cada um
agarrou seu adversário pela cabeça,
cravou-lhe a espada no lado, e caíram
juntos. Por isso foi dado àquele lugar
o nome de "campo das espadas"; está
perto de Gabaon. 17Foi violenta naque-
le dia a batalha. Abner e os homens
de Israel foram derrotados diante dos
servos de Davi. 18Estavam ali os três fi-
lhos de Sárvia: Joab, Abisaí e Asael; este
último era veloz como uma gazela do
campo. 19Ele perseguiu Abner, indo
atrás dele sem se desviar nem para a
direita e nem para a esquerda. 20Ab-
ner voltou-se para trás e perguntou:
"És tu Asael?" Ele respondeu: "Sim".
21Disse-lhe Abner: "Desvia-te para a

---

* **1**,24. Jz 5,30 | **2**,1. 1Sm 2,28 | 4. 1Sm 31,11ss | 8. 1Sm 14,49 | 11. 5,5 | 22. 3,27

† **2**,1. No ano 1000, Davi começa a reinar em Hebron, no centro do território de Judá, por ele muitas vezes percorrido em suas campanhas militares, e a princípio seu poder restringe-se a essa tribo, pois Isbaal, filho de Saul, reinava sobre as outras tribos, 2,10. | 7. Davi tenta atrair para seu partido os habitantes de Jabes, que veneravam a memória de Saul.

direita ou para a esquerda, agarra um dos jovens e toma seus despojos". Mas Asael não quis desistir de persegui-lo. 22Abner tornou a dizer a Asael: "Deixa de me perseguir; por que obrigar-me a te derrubar* no chão? Como poderia depois olhar para o rosto de Joab, teu irmão?" 23Mas ele recusou desviar-se; então Abner o feriu no estômago com a ponta da lança, e a lança o traspassou. Asael caiu e morreu ali mesmo. Todos os que chegavam ao lugar onde ele caíra morto paravam. 24Mas Joab e Abisaí continuaram a perseguir Abner, e o sol se punha quando chegaram à colina de Ama, que está defronte de Gia, junto ao caminho do deserto de Gabaon.

25Os benjaminitas juntaram-se atrás de Abner, formando um só esquadrão, e se puseram no alto de uma colina. 26Abner gritou a Joab: "A espada há de devorar para sempre? Não sabes que no fim haverá amargura? Até quando vais esperar para dizer a tua gente que deixe de perseguir seus irmãos?" 27Respondeu Joab: "Pela vida de Deus! Se não houvesses falado, o povo não cessaria de perseguir seus irmãos até amanhã cedo". 28Então Joab tocou a trombeta, e todo o povo parou; não perseguiram mais Israel, nem continuaram lutando. 29Abner e sua gente caminharam toda aquela noite pela Arabá, passaram o Jordão, atravessaram todo o Bitron e chegaram a Maanaim. 30Joab também voltou da perseguição a Abner e, quando reuniu toda a tropa, faltavam dos servos de Davi dezenove homens, além de Asael. 31Mas os servos de Davi tinham matado trezentos e sessenta homens entre os benjaminitas e os que estavam com Abner. 32Tomaram depois Asael e o sepultaram no túmulo de seu pai, em Belém. Depois Joab e sua gente caminharam toda a noite e chegaram a Hebron ao romper do dia.

3

Reinado de Davi em Hebron. 1Foi longa a guerra entre a casa de Saul e a de Davi; mas Davi se tornava sempre mais forte, ao passo que a casa de Saul ia se enfraquecendo.

2Nasceram filhos a Davi* em Hebron; o primogênito foi Amnon, de Aquinoam de Jezrael; 3o segundo foi Queleab, de Abigail, que fora mulher de Nabal do Carmelo; o terceiro foi Absalão, filho de Maaca, filha de Tolmai, rei de Gessur; 4o quarto foi Adonias, filho de Hagit; o quinto foi Safatias, filho de Abital; 5o sexto foi Jetraam, filho de Egla, mulher de Davi. Estes nasceram a Davi em Hebron.

Abner toma o partido de Davi. 6Durante a guerra entre a casa de Saul e a de Davi, Abner fortaleceu-se na casa de Saul. 7Ora, Saul tinha tido uma concubina chamada Resfa,* filha de Aías. Isbaal disse a Abner: "Por que te uniste à concubina de meu pai?" 8Abner ficou muito irado por causa dessas palavras de Isbaal e disse: "Porventura sou eu a cabeça de um cão que pertence a Judá? Até hoje guardei fidelidade à casa de Saul, teu pai, a seus irmãos e seus amigos, e não te entreguei nas mãos de Davi; e hoje me censuras pela culpa cometida com esta mulher? 9Que Deus mande a Abner* um castigo em cima de outro se eu não fizer para Davi o que Javé lhe prometeu com juramento: 10transferir a realeza da casa de Saul e estabelecer o trono de Davi sobre Israel e sobre Judá, desde Dã até Bersabeia!" 11Isbaal não ousou replicar a Abner, porque o temia.

12Então Abner enviou mensageiros a Davi de sua parte para lhe dizerem: "A quem pertence o país? Faze aliança comigo, e minha mão te ajudará a fazer voltar a ti todo o Israel". 13Davi respondeu: "Está bem, farei aliança contigo;* mas uma coisa te peço: não compareças diante de mim sem trazeres Micol, filha de Saul, quando vieres ver-me". 14Também Davi enviou mensageiros a Isbaal, filho de Saul, para lhe dizerem: "Devolve minha mulher, Micol, que desposei por cem prepúcios de filisteus". 15Isbaal mandou que a tirassem de seu marido, Faltiel, filho

---

* **3**,2. 1Cr 3,1-4 | 7. 21,8-10 | 9. 3,18; 5,2; 1Sm 25,30 | 13. 1Sm 18,20-27

de Lais. 16Seu marido a acompanhou,*
caminhando e chorando atrás dela até
Baurim. Ali Abner lhe disse: "Anda, vol-
ta para trás". E ele voltou.
17Abner conversou* com os anciãos
de Israel, dizendo: "Já faz tempo que
estáveis querendo que Davi reinasse
sobre vós. 18Agora é tempo de agir,
porque Javé falou a respeito de Davi:
'É pela mão de meu servo Davi que li-
bertarei meu povo Israel do poder dos
filisteus e de todos os seus inimigos'".
19Abner conversou também com os
benjaminitas e depois foi expor a Davi,
em Hebron, tudo o que Israel e toda
a casa de Benjamim haviam decidido.
20Abner apresentou-se a Davi, em He-
bron, acompanhado de vinte homens,
e Davi ofereceu um banquete a Abner
e a seus companheiros. 21Depois Abner
disse a Davi: "Vou partir e reunir todo
o Israel em torno do rei, meu senhor,
para que façam aliança contigo, e as-
sim possas reinar sobre tudo o que teu
coração deseja". Depois disso Davi des-
pediu Abner, e ele partiu em paz.
Abner é morto por Joab. 22Entretan-
to os servos de Davi e Joab regressa-
ram de uma expedição, trazendo mui-
tos despojos; Abner já não estava com
Davi em Hebron, pois este o havia des-
pedido e ele tinha ido em paz. 23Quan-
do Joab chegou com toda a tropa que
estava com ele, disseram-lhe que Ab-
ner, filho de Ner, viera ter com o rei,
e que este o havia despedido, e ele
tinha ido em paz. 24Então Joab com-
pareceu perante o rei e lhe disse: "Que
fizeste? Abner veio a ti; e por que o
deixaste partir livremente? 25Conheces
Abner, filho de Ner. Ao certo veio para
enganar-te, espiar teus movimentos e
saber tudo o que fazes". 26Saindo Joab
da presença de Davi, enviou atrás de
Abner mensageiros, que o fizeram vol-
tar da cisterna de Sira, sem que Davi
o soubesse. 27Quando Abner chegou
a Hebron, Joab levou-o à parte, no
interior da porta, como para lhe falar
em segredo; ali o feriu no ventre e o
matou, por causa do sangue de Asael,
seu irmão. 28Mais tarde Davi* ficou sa-
bendo do fato e disse: "Eu e meu reino
somos para sempre inocentes diante
de Javé do sangue de Abner, filho de
Ner: 29recaia sobre a cabeça de Joab e
sobre toda a casa de seu pai. Que nun-
ca falte na casa de Joab quem sofra
de corrimento ou de lepra, nem quem
ande com bengala, nem quem morra
pela espada, nem quem tenha falta de
pão". 30Joab e seu irmão Abisaí mata-
ram Abner* porque este havia assas-
sinado seu irmão Asael no combate
de Gabaon. 31Disse então Davi a Joab
e a toda a gente que estava com ele:
"Rasgai vossas vestes, vesti roupas de
saco e chorai por causa de Abner". O
rei Davi seguiu atrás do féretro. 32Se-
pultaram Abner em Hebron. O rei cho-
rou em voz alta junto ao sepulcro de
Abner, e chorou também todo o povo.
33O rei entoou um lamento para Ab-
ner, dizendo:

"Devia Abner morrer
como morre um insensato?
34Não tinhas as mãos atadas,
nem os pés presos com grilhões,
e caíste como os que caem
diante dos malvados".

E todo o povo recomeçou a chorar
sobre ele.
35Depois, toda a gente veio a Davi
para persuadi-lo a tomar alimento, en-
quanto ainda era dia. Mas Davi jurou,
dizendo: "Deus me mande um castigo
em cima de outro se antes do pôr do
sol* eu comer pão ou qualquer outra
coisa!" 36Todo o povo soube disso e
o aprovou, pois tudo o que o rei fazia
agradava a todo o povo. 37Assim todo
o povo e todo o Israel compreenderam
naquele dia que não tinha partido do
rei a ordem de matar Abner, filho de
Ner. 38Depois disse o rei a seus servos:
"Não sabeis que hoje caiu em Israel um
príncipe, um grande homem? 39Eu hoje
sou ainda fraco, embora ungido rei, e
esses homens, os filhos de Sárvia, são
mais duros do que eu. Que Javé retri-
bua a quem faz o mal conforme sua
malícia".*

---

* **3**,16. 1Sm 25,44 | 17. 3,10 | 28. 2,22s | 30. 2,22s | 35. 1Sm 31,13 | 39. Sl 27,4

4

Isbaal é morto. 1Quando Isbaal, filho de Saul, soube que Abner tinha sido morto em Hebron, perdeu o ânimo, e todo o Israel ficou atemorizado. 2Ora, o filho de Saul tinha dois homens que chefiavam bandos armados, um chamado Baana e o outro Recab, ambos filhos de Remon de Berot, da tribo de Benjamim, pois também Berot é considerada parte de Benjamim. 3Os berotitas fugiram* para Getaim, onde moram como forasteiros até hoje.

4Jônatas, filho de Saul, tinha um filho aleijado* dos dois pés. Estava com cinco anos, quando chegou de Jezrael a notícia da morte de Saul e de Jônatas. Sua ama o tomou e fugiu com ele, mas na fuga precipitada o menino caiu e ficou coxo; seu nome era Meribaal.

5Recab e Baana, filhos de Remon, o berotita, foram e chegaram no calor do meio-dia à casa de Isbaal, que estava dormindo a sesta. 6Entraram no interior da casa, como para apanhar trigo, e o feriram no ventre; e Recab e Baana, seu irmão, fugiram. 7Quando entraram na casa, Isbaal dormia sobre seu leito, em seu quarto; eles o feriram mortalmente e o decapitaram. Depois tomaram a cabeça e caminharam a noite toda pela estrada da Arabá.

Davi manda matar os homicidas. 8Levaram a Davi, em Hebron, a cabeça de Isbaal e disseram ao rei: "Eis a cabeça de Isbaal, filho de Saul, teu inimigo, que procurava matar-te. Assim Javé concedeu hoje a meu senhor, o rei, vingança contra Saul e sua descendência". 9Em resposta, disse Davi a Recab e a Baana, seu irmão, filhos de Remon, o berotita: "Pela vida de Javé, que me livrou de toda angústia! 10Quando veio aquele que me anunciou a morte de Saul, pensando trazer-me uma boa notícia, mandei prendê-lo e matá-lo em Siceleg, para recompensá-lo pela boa nova. 11Quanto mais agora que homens malvados* assassinaram um homem justo em sua casa e sobre seu leito, não deverei pedir conta de seu sangue derramado por vossas mãos e exterminar-vos da terra?" 12Davi ordenou a seus servos* que os matassem; cortaram-lhes as mãos e os pés e os suspenderam junto ao açude de Hebron. Depois tomaram a cabeça de Isbaal e a sepultaram no sepulcro de Abner em Hebron.

II. DAVI, REI EM JERUSALÉM (5–20)

5

Davi, rei de todo o Israel. 1Todas as tribos de Israel* vieram a Davi em Hebron e lhe disseram: "Somos de tua raça* e de tua família†. 2Já no passado, quando Saul reinava sobre nós, eras tu que conduzias Israel de um lado para o outro.* E Javé te disse: 'Tu serás o pastor de meu povo Israel e serás o soberano de Israel'". 3Vieram, pois, todos os anciãos de Israel ao rei, em Hebron, e o rei Davi fez um pacto com eles em Hebron, diante de Javé, e ungiram Davi como rei de Israel. 4Davi tinha trinta anos quando começou a reinar†, e reinou quarenta anos. 5Em Hebron reinou* sobre Judá sete anos e seis meses, e em Jerusalém reinou trinta e três anos sobre todo o Israel e Judá.*

Davi conquista Jerusalém. 6O rei partiu com seus homens* para Jerusalém, contra os jebuseus que moravam naquela terra. Disseram estes a Davi: "Não entrarás aqui, porque os cegos e os coxos te expulsarão"; querendo dizer: "Davi não entrará aqui". 7Davi, porém, tomou a fortaleza de Sião, que é a Cidade de Davi†. 8Naquele dia disse Davi: "Todo aquele que estiver disposto a atacar os jebuseus suba pelo canal subterrâneo† e fira os coxos e os cegos

---

* **4**,3. Js 18,25 | 4. 1Sm 31 | 11. 1,1-16 | 12. 1Sm 31,10; Dt 21,22s | **5**,1. 1Cr 11,1ss / Dt 17,15 | 2. 1Sm 18,16; 3,10 | 5. 2,11 / 1Cr 3,4 | 6. 1Cr 11,4-9 | 8. Lv 21,18

† **5**,1. Literalmente, "teus ossos e tua carne", ver Gn 2,23. | 4. Morto o rival Isbaal, 4,7, Davi passou a reinar sobre todo o povo. | 7. Davi conquista a capital dos jebuseus e faz dela a capital política e religiosa de seu reino. Jerusalém podia ser um polo de união das tribos pois era neutra, não pertencendo a nenhuma delas, e estava no centro do território. | 8. Um túnel, cavado na rocha, que levava para a cidade a água da fonte Guion.

que a alma de Davi detesta". Por isso* costuma-se dizer: "Cegos e coxos não entrarão na casa".

9 Davi instalou-se na fortaleza e deu-lhe o nome de "Cidade de Davi"; levantou construções ao redor, do Melo para dentro. 10 Davi ia crescendo* cada vez mais em poder, porque Javé, Deus dos exércitos, estava com ele.

11 Hiram, rei de Tiro,* enviou mensageiros a Davi com madeira de cedro, carpinteiros e pedreiros, os quais construíram um palácio para Davi. 12 Então Davi compreendeu que Javé o havia confirmado como rei sobre Israel e tinha enaltecido seu reinado por amor a seu povo Israel. 13 Depois que veio de Hebron, Davi tomou mais concubinas* e mulheres de Jerusalém, e lhe nasceram outros filhos e filhas. 14 São estes os nomes dos que lhe nasceram em Jerusalém: Samua, Sobab, Natã, Salomão, 15 Jebaar, Elisua,* Nafeg, Jáfia, 16 Elisama, Eliada e Elifalet.

Vitórias sobre os filisteus. 17 Quando os filisteus souberam* que Davi fora ungido rei de Israel, subiram todos a sua procura; ao saber disso, Davi desceu à fortaleza. 18 Os filisteus chegaram e se espalharam pelo vale de Rafaim. 19 Então Davi consultou Javé,* perguntando: "Devo subir contra os filisteus? Vós os entregareis em minhas mãos?" Javé respondeu-lhe: "Sobe, pois com certeza os entregarei em tuas mãos". 20 Davi foi a Baal-Farasim e ali os derrotou. E disse: "Javé me abriu uma brecha em meus inimigos como uma brecha feita pelas águas". Por isso aquele lugar foi chamado Baal-Farasim. 21 Os filisteus deixaram lá seus ídolos, que Davi e sua gente recolheram.

22 Os filisteus voltaram a subir* e se espalharam pelo vale de Rafaim. 23 Davi consultou Javé, que lhe respondeu: "Não subas, mas rodeia por detrás deles e assalta-os defronte das amoreiras. 24 Quando ouvires ruído como de passos nas copas* das amoreiras, lança-te logo ao ataque, porque então Javé sairá diante de ti para derrotar o exército dos filisteus". 25 Davi fez conforme Javé lhe havia mandado e bateu os filisteus desde Gaba até a entrada de Gazer.

6 **Trasladação da arca para Jerusalém.** 1 Davi tornou a reunir todos os homens escolhidos* de Israel, em número de trinta mil. 2 Ele pôs-se a caminho e foi para Baala de Judá com toda a gente reunida em torno dele, para transportar de lá a arca de Deus, sobre a qual é invocado o Nome, o nome de Javé dos exércitos* que se assenta sobre os querubins. 3 Puseram a arca de Deus num carro novo e a levaram da casa de Abinadab, situada na colina. Oza e Aio, filhos de Abinadab,* guiavam o carro novo. 4 Oza caminhava ao lado da arca de Deus e Aio caminhava diante dela. 5 Davi e toda a casa de Israel se alegravam diante de Javé com todo tipo de instrumentos de madeira de cipreste: cítaras, harpas,* tamborins, pandeiros e címbalos. 6 Quando chegaram à eira de Nacon, Oza estendeu a mão para a arca de Deus e segurou-a, porque os bois tropeçaram. 7 Então acendeu-se a ira de Javé contra Oza, e Deus o feriu ali mesmo por aquela temeridade, e ele caiu morto ali, perto da arca de Deus. 8 Davi entristeceu-se porque Javé abriu uma brecha no povo, ferindo Oza, e aquele lugar foi chamado "Farés-Oza"†, nome que traz ainda hoje. 9 Naquele dia Davi teve medo de Javé e disse: "Como poderá vir para junto de mim a arca de Javé?" 10 Assim Davi não quis levar a arca de Javé para junto de si, para a Cidade de Davi, mas mandou que a levassem para a casa de Obed-Edom, de Gat.

11 A arca de Javé permaneceu na casa de Obed-Edom, de Gat, durante três

---

* **5**,10. 1Sm 1,3 | 11. 1Cr 14,1s; 1Rs 5,15 | 13. 1Cr 14,3-7; 2Sm 3,2-5 | 15. 1Cr 3,5-8 | 17. 1Cr 14,8-16 | 19. 1Sm 2,28 | 22. 1Sm 4,11 | 24. Sl 84,7; 2Rs 7,6; Gn 3,8 | **6**,1. 1Cr 13,1-14; Sl 132,6-10-13s | 2. Js 15,9.60 | 3. 1Sm 4,3s; Êx 25,10 | 5. 1Sm 6,7; Sl 150,3-5; 68,25s

† **6**,8. Quer dizer "a brecha de Oza". Com a melhor das intenções, Oza comete uma falta de respeito a uma coisa sagrada, um ato proibido pela lei, Nm 4,15.

meses, e Javé abençoou Obed-Edom
e toda a sua família. [12]Foi contado ao
rei Davi* que Javé estava abençoando a
família de Obed-Edom e todas as suas
coisas por causa da arca de Deus. Então
Davi foi lá e transportou com alegria a
arca de Deus da casa de Obed-Edom
para a Cidade de Davi. [13]Quando os
carregadores da arca de Javé deram os
seis primeiros passos, ele imolou um
touro e um bezerro cevado. [14]Davi dan-
çava* com todas as suas forças diante
de Javé. Estava vestido com um efod
de linho. [15]Assim Davi e toda a casa de
Israel transladaram a arca de Javé com
júbilo e ao som de trombetas.*

[16]Quando a arca de Javé entrou na
Cidade de Davi, Micol, filha de Saul,
olhou pela janela e, vendo o rei Davi
que pulava e dançava diante de Javé,
desprezou-o em seu coração. [17]Condu-
ziram, pois, a arca de Javé* e a coloca-
ram em seu lugar, na tenda que Davi
havia armado para ela. Davi ofereceu
holocaustos e sacrifícios* de comu-
nhão diante de Javé. [18]Quando Davi
acabou de oferecer os holocaustos e
os sacrifícios de comunhão, abençoou
o povo em nome de Javé dos exérci-
tos. [19]Distribuiu a todo o povo, isto é, a
toda a multidão dos israelitas, homens
e mulheres, um bolo, um pedaço de
carne e uma torta de uva passa para
cada um. Depois todo o povo se reti-
rou, cada qual para sua casa.

[20]Quando Davi voltou para abençoar
sua família, Micol, filha de Saul, saiu-lhe
ao encontro e disse: "Como se cobriu
de honra hoje o rei de Israel, desnu-
dando-se à vista das escravas de seus
servos, como se despojaria sem pudor
um homem qualquer!" [21]Respondeu
Davi a Micol: "É diante de Javé, que me
escolheu de preferência a teu pai e a
toda a sua casa, constituindo-me prín-
cipe de Israel, povo de Javé; é diante
de Javé que tenho festejado [22]e ainda
me tornarei mais vil que desta vez. Se-
rei desprezível a teus olhos, mas pelas
escravas de que falaste, por elas serei
honrado". [23]E Micol, filha de Saul, não
teve filhos até o dia de sua morte.*

7 **Profecia de Natã.** [1]Aconteceu
que, quando o rei* já morava em
seu palácio, depois que Javé lhe ha-
via dado descanso de todos os seus
inimigos em redor, [2]o rei disse ao
profeta Natã: "Vê: eu moro num palá-
cio de cedro, ao passo que a arca de
Deus se acha debaixo* de uma tenda".
[3]Respondeu-lhe Natã: "Vai, faze tudo o
que tens em mente, porque Javé está
contigo".

[4]Mas naquela mesma noite a palavra
de Javé foi dirigida a Natã, dizendo:
[5]"Vai e dize a meu servo Davi: Assim
fala Javé: És tu que vais edificar uma
casa para minha morada? [6]Não morei
em casa* alguma desde o dia em que
tirei do Egito os filhos de Israel até hoje,
mas andei errante sob uma tenda, um
tabernáculo. [7]Em todo lugar por onde
tenho andado com todos os filhos de
Israel, acaso falei uma palavra a algum
dos juízes de Israel, que eu mandei
apascentar meu povo, para dizer: 'Por
que não me edificais uma casa de ce-
dro?' [8]Agora, pois, assim dirás a meu
servo Davi: Assim fala Javé dos exérci-
tos: Eu te tirei das pastagens,* do pas-
toreio das ovelhas, para seres príncipe
de meu povo Israel; [9]estive contigo em
toda parte por onde andaste e extermi-
nei todos os teus inimigos diante de ti;
engrandecerei teu nome como o nome
dos grandes da terra. [10]Prepararei um
lugar para meu povo Israel; aí o plan-
tarei para que more em sua casa e não
seja mais incomodado, e os malvados
não continuem a oprimi-lo como no
passado, [11]desde o dia em que cons-

---

* **6**,12. 1Cr 15,1-29 | 14. 1Rs 18,26 | 15. 1Sm 2,18 | 17. 1Cr 16,1-3 / Lv 1,1; 3,1 | 23. 20,3 | **7**,1. 1Cr 17,1-15; 1Rs 5,4 | 2. Dt 12,10; 25,19; Sl 132,1-5 | 6. 1Rs 8,16.27; At 7,48; Êx 40,34-38 | 8. 1Sm 16,11; 17,14-20.28.34s; Sl 78,70; Sl 89,28 | 11. 23,5; Sl 89,30-38; Sl 132,11s; At 2,30

† **7**,11. Essa profecia de Natã está centrada na palavra "casa", entendida como morada e como família. Deus promete a Davi que o trono de Israel será estável e sempre ocupado por um descendente seu. A profecia refere-se a Salomão, filho de Davi, mas também a um futuro descendente dele, e filho de Deus de modo especial: o Messias, At 2,30; Hb 1,5.

tituí juízes sobre Israel, meu povo. Eu
te darei descanso de todos os teus
inimigos. E Javé te anuncia que ele te
fará* uma casa†. 12Quando teus dias se
tiverem completado e tu adormeceres
com teus pais, farei surgir depois de ti
um descendente teu, que sairá de ti, e
tornarei estável seu reino. 13É ele que
edificará uma casa* a meu nome, e eu
estabelecerei para sempre seu trono
real. 14Eu serei para ele um pai,* e ele
será para mim um filho. Se ele fizer o
mal, eu o castigarei com vara de ho-
mens e com açoites de filhos de ho-
mens, 15mas minha misericórdia não se
apartará dele,* como a retirei de Saul,
a quem expulsei de diante de tua pre-
sença. 16Tua casa e teu reino serão fir-
mes para sempre* diante de mim, e teu
trono será estável para sempre". 17Natã
falou a Davi segundo todas estas pala-
vras* e de acordo com toda esta visão.
Davi agradece a Deus. 18Então o rei
Davi entrou, sentou-se diante de Javé
e disse: "Quem sou eu, Senhor Javé,
e o que é minha casa, para me terdes
feito chegar até aqui? 19Mas isso ainda
pareceu pouco a vossos olhos, Senhor
Javé, pois estendestes vossas promes-
sas à casa de vosso servo para um fu-
turo distante! É assim que fazeis com
os seres humanos, Senhor Javé? 20Que
mais Davi poderia dizer-vos? Pois vós,
Senhor Javé, bem conheceis vosso ser-
vo! 21Por causa de vossa palavra e se-
gundo vosso coração realizastes todas
essas grandes coisas, para manifestá-
-las a vosso servo. 22Por isso, ó Senhor
Javé, vós sois grande, porque não há
ninguém igual a vós,* nem existe Deus
além de vós, conforme tudo o que
ouvimos com nossos ouvidos. 23Que
outra nação há na terra* igual a vos-
so povo Israel, que Deus veio resgatar
para torná-lo seu povo, para dar-lhe
um nome e realizar em seu favor coi-
sas grandes e obras tremendas para
vossa terra, por amor de vosso povo
que resgatastes para vós do Egito, das
nações e de seus deuses? 24Estabele-
cestes vosso povo Israel para ser vosso
povo* para sempre; e vós, ó Javé, vos
tornastes seu Deus. 25Agora, pois, Javé
Deus, confirmai para sempre a pala-
vra que pronunciastes acerca de vosso
servo e de sua casa e fazei como dis-
sestes. 26Que seja engrandecido vosso
nome para sempre, e se diga: 'Javé dos
exércitos é Deus sobre Israel'; e que a
casa de vosso servo Davi seja estável
diante de vós. 27Porque vós, Javé dos
exércitos, Deus de Israel, fizestes uma
revelação aos ouvidos de vosso servo,
dizendo: 'Eu te edificarei uma casa'. Por
isso vosso servo se animou a dirigir-vos
esta prece. 28Sim, Senhor Javé, vós sois
Deus,* e vossas palavras são verdade,
e prometestes este bem a vosso servo.
29E agora dignai-vos abençoar a casa
de vosso servo, para que permaneça
para sempre diante de vós; já que vós,
Senhor Javé, o prometestes, e com vos-
sa bênção a casa de vosso servo será
bendita eternamente".

8 **As conquistas de Davi.** 1Depois
disso, Davi derrotou os filisteus
e os submeteu; retirou dos filisteus a
supremacia que tinham. 2Também der-
rotou os moabitas e os mediu com o
cordel, fazendo-os deitar-se por terra;
mediu dois cordéis para os matar e um
cordel inteiro para os deixar com vida.
Assim os moabitas ficaram sujeitos a
Davi, pagando-lhe tributo.
3Davi derrotou também Adadezer, fi-
lho de Roob, rei de Soba, quando este
ia estabelecer seu domínio até o rio.†
4Davi tomou-lhe mil e setecentos ca-
valeiros* e vinte mil homens de infan-
taria; desjarretou os cavalos de todos
os carros, mas deixou suficientes para
cem carros. 5Os arameus de Damasco
vieram em socorro de Adadezer, rei de
Soba, mas Davi matou vinte e dois mil
homens entre os arameus. 6Davi esta-

---

* **7**,13. 1Rs 5,19; 8,19 | 14. 1Cr 17,11-14; 22,10; 28,6 | 15. 1Sm 13,14; 15,28 | 16. 23,5; Lc 1,32s | 17. 1Cr 17,16-27; 1Sm 18,18 | 22. Êx 15,11 | 23. Dt 4,7.34 | 24. Dt 7,6; 26,17; 29,12 | 28. Nm 23, 19 | **8**,4. Js 11,6-9; Dt 17,16 | 6. 2Rs 11,10

† **8**,3. Na Bíblia, o rio sem especificação é o Eufrates.

beleceu postos militares entre os ara-
meus de Damasco; eles se tornaram
servos de Davi e lhe pagaram tributo.
Javé dava a vitória a Davi por onde
quer que fosse.*
7Davi tomou dos servos de Adadezer
seus escudos de ouro e levou-os para
Jerusalém. 8De Tebá e de Berotai, cida-
des de Adadezer, o rei Davi tomou uma
grande quantidade de bronze.
9Quando Toú, rei de Emat, soube que
Davi tinha vencido todo o exército de
Adadezer, 10mandou seu filho Joram ao
rei Davi para o saudar e congratular-se
com ele, porque tinha combatido contra
Adadezer e o tinha derrotado, pois Ada-
dezer estava sempre em guerra com Toú.
Joram levava consigo objetos de prata,
de ouro e de bronze, 11os quais o rei Davi
consagrou também a Javé, junto com a
prata e o ouro que já havia consagrado,
tomados de todas as nações que subju-
gara: 12Edom, Moab, Amon, os filisteus,
Amalec, e dos despojos de Adadezer, fi-
lho de Roob, rei de Soba.
13Davi ganhou renome quando vol-
tou depois de derrotar os arameus* no
vale do Sal, dezoito mil homens. 14Pôs
guarnições em Edom; em todo o Edom
pôs guarnições, e todos os edomitas
tornaram-se servos* de Davi. E Javé
concedia a vitória a Davi por onde quer
que fosse.

Oficiais de Davi. 15Davi reinou sobre
todo o Israel e administrava o direito
e a justiça* a todo o seu povo. 16Joab,
filho de Sárvia, era chefe do exército;
Josafá, filho de Ailud, era chanceler;
17Sadoc, filho de Aquitob, e Aquimelec,
filho de Abiatar, eram sacerdotes; Sa-
raías era escrivão; 18Banaías, filho de
Joiada, era o comandante dos cereteus
e dos feleteus†. Os filhos de Davi eram
sacerdotes.

9 **Favores de Davi ao filho de Jôna-
tas.** 1Davi perguntou: "Resta ainda
alguém da casa de Saul,* para que eu
possa fazer-lhe o bem por amor de Jô-
natas?" 2Ora havia um criado na casa
de Saul, de nome Siba. Ele foi chamado
à presença de Davi e o rei perguntou-
-lhe: "Tu és Siba?" Respondeu ele: "Sou
teu criado". 3Disse-lhe o rei: "Não res-
tou alguém da casa de Saul* a quem
eu possa demonstrar a benevolência
de Deus?" Respondeu Siba ao rei: "Vive
ainda um filho de Jônatas, aleijado dos
pés". 4"Onde está ele?", perguntou o rei.
Respondeu Siba ao rei: "Está na casa de
Maquir,* filho de Amiel, em Lo-Dabar".
5E o rei mandou que fossem buscá-lo
na casa de Maquir, filho de Amiel, em
Lo-Dabar. 6Então Meribaal, filho de
Jônatas, filho de Saul, veio à presença
de Davi, prostrou-se com o rosto em
terra e se inclinou. Disse Davi: "Meri-
baal!" Respondeu ele: "Eis aqui teu ser-
vo". 7Disse-lhe Davi: "Não temas,† pois
quero tratar-te com benevolência em
atenção a Jônatas, teu pai, e te restitui-
rei todas as terras de Saul, teu avô, e tu
comerás sempre a minha mesa". 8Ele se
inclinou profundamente e disse: "Quem
é teu servo para teres olhado para um
cão morto como eu?" 9O rei chamou
Siba, servo de Saul, e lhe disse: "Tudo o
que pertencia a Saul e a sua casa eu
o dou ao filho de teu senhor. 10Lavra-
rás para ele a terra tu, teus filhos e teus
servos e recolherás os produtos, a fim
de que a família de teu senhor tenha
o necessário para viver; mas Meribaal,
filho de teu senhor, comerá sempre a
minha mesa". Siba tinha quinze filhos
e vinte servos. 11Ele respondeu ao rei:
"Teu servo fará conforme tudo o que o
rei, meu senhor, ordena a seu servo". E
Meribaal comeu à mesa do rei, como
um de seus filhos. 12Meribaal tinha um
filho pequeno, chamado Micas; e to-
dos os que moravam na casa de Siba*
estavam a serviço de Meribaal. 13Este
habitava em Jerusalém, porque comia
sempre à mesa do rei. Ele era coxo de
ambos os pés.

* **8**,13. 2Rs 14,7 | 14. 1Rs 11,14.25; 1Cr 18,14-17 | 15. 20,23-26; 1Rs 4,1-6 | **9**,1. 1Sm 18,1-4; 20,15s.42; 21,1-14 | 3. 16,1-4; 19,27-31 | 5. 4,4; 17,27 | 12. 1Cr 8,34s; 16,1-4; 19,25-31; 21,7

† **8**,18. Mercenários estrangeiros, oriundos de dois clãs filisteus. | **9**,7. Meribaal tinha motivo para temer, pois a dinastia anterior costumava ser eliminada quando surgia um novo rei.

10 **Vitória sobre os amonitas.**
1Depois disso morreu o rei
dos amonitas,* e seu filho Hanon rei-
nou em seu lugar. 2Davi disse: "Quero
usar para com Hanon, filho de Naás, a
mesma benevolência que seu pai usou
para comigo". Enviou seus servos para
o consolar pela morte de seu pai. Mas
quando os servos de Davi chegaram
ao país dos amonitas, 3os príncipes
dos amonitas* disseram a Hanon, seu
senhor: "Pensas que Davi pretende
honrar teu pai, enviando-te mensagei-
ros de pêsames? Ou não foi antes para
investigar e explorar a cidade, para de-
pois destruí-la, que Davi te enviou seus
servos? 4Então Hanon prendeu os ser-
vos de Davi, mandou rapar-lhes meta-
de da barba, cortar-lhes as vestes pela
metade, até às nádegas, e os despediu.
5Informado disso, Davi enviou alguns
ao encontro deles, pois estavam mui-
to humilhados, e mandou dizer-lhes:
"Ficai em Jericó, até que vos cresça a
barba, e depois voltareis".

6Quando os amonitas perceberam*
que se haviam tornado odiosos a Davi,
mandaram mensageiros para tomarem
a seu soldo vinte mil homens de infan-
taria entre os arameus de Bet-Roob e
entre os arameus de Soba, mil homens
do rei de Maaca e doze mil homens
da gente de Tob. 7Sabendo disso, Davi
mandou Joab com todo o exército*
dos valentes. 8Os amonitas saíram e se
puseram em ordem de batalha à en-
trada da porta, enquanto os arameus
de Soba e de Roob, e a gente de Tob
e de Maaca estavam à parte, no cam-
po. 9Vendo Joab que tinha contra ele
duas frentes de batalha, uma adiante
e outra atrás, escolheu alguns entre os
melhores de Israel e os dispôs em or-
dem de combate diante dos arameus;
10colocou o restante das tropas sob as
ordens de seu irmão Abisaí, que dis-
pôs seus esquadrões para enfrentar os
amonitas. 11Disse Joab: "Se os arameus
me forem superiores, tu virás em meu
auxílio; e se os amonitas forem mais
fortes que tu, eu irei socorrer-te. 12Sê
corajoso e mostremo-nos valentes em
defesa de nosso povo e das cidades de
nosso Deus; e que Javé faça o que lhe
parecer bem". 13Então Joab avançou
com a gente que estava com ele para
combater contra os arameus, e estes
fugiram diante deles. 14Os amonitas,
vendo fugir os arameus, fugiram tam-
bém eles diante de Abisaí e entraram
na cidade. Joab retornou da guerra
contra os amonitas e regressou a Jeru-
salém.

Vitória sobre os arameus. 15Ven-
do, pois, os arameus que tinham sido
derrotados por Israel, reuniram-se em
massa.* 16Adadezer mandou chamar os
arameus que moravam do outro lado
do rio; eles chegaram a Helam, tendo
à frente Sobac, chefe do exército de
Adadezer. 17Avisado disso, Davi reuniu
todo o Israel, passou o Jordão e che-
gou a Helam. Os arameus puseram-
-se em ordem de batalha contra Davi
e lhe deram combate. 18Mas fugiram
diante de Israel, e Davi matou dentre
os arameus os homens de setecentos
carros e quarenta mil cavaleiros; feriu
também Sobac, chefe do exército, que
ali morreu. 19Todos os reis vassalos de
Adadezer, ao verem que tinham sido
vencidos por Israel, fizeram as pazes
com os israelitas e os serviram. Daí em
diante, os arameus não ousaram mais
socorrer os amonitas.

11 **Duplo pecado de Davi.** 1No
ano seguinte, no tempo em
que os reis costumam sair* para a guer-
ra, Davi enviou Joab com seus servos
e todo o Israel. Eles massacraram os
amonitas e sitiaram Rabá. Davi, porém,
ficou em Jerusalém. 2Uma tarde ele se
levantou do leito e estava passeando
pelo terraço do palácio, quando de lá
avistou uma mulher que se banhava.
Era uma mulher muito bonita. 3Man-
dou perguntar quem era. Disseram-lhe:
"É Betsabeia, filha de Eliam, esposa de
Urias, o heteu". 4Então Davi mandou

* **10**,1. 1Cr 19,1-5 | 3. 1Sm 21,12; 2Sm 3,24s | 6. 1Cr 19,6-15; 8,3 | 7. 21,15-22; 23,8s | 15. 1Cr 19,16-19; 2Sm 8,3-8 | **11**,1. 1Cr 20,1; 10,7

mensageiros para que a trouxessem. Ela veio, e ele se uniu a ela, quando ela acabava de purificar-se da menstruação. A seguir ela voltou para casa.

5A mulher concebeu e mandou avisar Davi, dizendo: "Estou grávida!" 6Então Davi mandou dizer a Joab: "Envia-me Urias, o heteu". Joab enviou Urias a Davi. 7Quando Urias se apresentou a Davi, este lhe perguntou como estavam Joab e o exército e como ia a guerra. 8Depois disse Davi a Urias: "Desce a tua casa e lava os pés". Urias saiu do palácio real e depois foi-lhe mandado um presente do rei. 9Mas Urias dormiu junto da porta do palácio real com todos os servos de seu senhor e não desceu a sua casa. 10Comunicaram isto a Davi, dizendo: "Urias não desceu a sua casa". Por isso Davi perguntou a Urias: "Não chegaste de uma viagem? Por que, então, não desceste a tua casa?" 11Urias respondeu a Davi: "A arca, Israel e Judá estão debaixo de tendas;* Joab, meu senhor, e os servos de meu senhor estão acampados ao ar livre, e eu deveria ir para minha casa comer e beber e dormir com minha mulher?† Por tua vida e pela vida de tua alma, não farei tal coisa!" 12Davi disse a Urias: "Fica ainda hoje aqui e amanhã te despedirei". E Urias ficou em Jerusalém naquele dia. No dia seguinte, 13Davi o convidou a comer e beber com ele e o embriagou. Ao anoitecer, Urias saiu e foi deitar-se em sua cama entre os servos de seu senhor, mas não desceu a sua casa.

14Na manhã seguinte, Davi escreveu uma carta a Joab e enviou-a por meio de Urias. 15Na carta havia escrito: "Ponde Urias na primeira linha, onde o combate é mais violento, e abandonai-o, a fim de que seja ferido e morra". 16Enquanto sitiava a cidade, Joab colocou Urias num lugar onde sabia que estavam homens valorosos. 17Os defensores da cidade saíram para atacar Joab; tombaram alguns entre as tropas e entre os servos de Davi, morrendo também Urias, o heteu. 18Joab mandou informar Davi de tudo o que sucedera na batalha. 19Ordenou ao mensageiro, dizendo: "Quando tiveres acabado de contar ao rei tudo o que aconteceu no combate, 20se ele se enfurecer e te disser: 'Por que vos aproximastes tanto da cidade para combater? Não sabíeis que haviam de atirar do alto dos muros? 21Quem matou Abimelec,* filho de Jerobaal? Não foi uma mulher que atirou sobre ele do alto do muro um pedaço de uma roda de moinho, e assim ele morreu em Tebes? Por que vos aproximastes tanto dos muros?' Então lhe dirás: 'Morreu também teu servo Urias, o heteu'".

22O mensageiro partiu e, chegando, comunicou a Davi tudo o que Joab lhe havia mandado dizer. 23Disse o mensageiro a Davi: "Aqueles homens eram mais fortes que nós e saíram contra nós em campo aberto; nós, porém, os repelimos até à porta da cidade. 24Então os arqueiros atiraram contra teus servos do alto do muro; morreram alguns servos do rei e morreu também teu servo Urias, o heteu". 25Davi respondeu ao mensageiro: "Dirás isto a Joab: 'Não sintas pesar por isto, porque a espada devora tanto de um lado como do outro. Reforça o ataque à cidade até destruí-la'. E tu, encoraja-o".

26Quando a mulher de Urias soube que seu marido tinha morrido, ela o pranteou. 27Terminado o luto, Davi mandou buscá-la e a trouxe para seu palácio. Ela se tornou sua esposa e deu-lhe à luz um filho. Mas aquilo que Davi tinha feito desagradou a Javé.

12 **O arrependimento de Davi.** 1Javé enviou Natã* a Davi. Natã foi até ele e disse-lhe: "Havia numa mesma cidade dois homens: um

* **11**,11. 1Sm 4,3s | 21. Jz 9,50-54 | **12**,1. 14,4-17

† **11**,11. Davi tenta encobrir seu adultério fazendo Urias encontrar-se com sua esposa, mas este segue a lei que proibia os soldados de ter relações sexuais durante a guerra, Dt 23,10. | **12**,1. Natã conta uma parábola, a primeira da Bíblia, servindo-se do mesmo expediente que a mulher de Técua, 14,2-7: pede uma sentença do rei para um caso fictício, apresentado como real. Aqui a sentença do rei vai contra ele próprio.

rico e um pobre.† [2]O rico tinha ove-
lhas e bois em grande quantidade, [3]ao
passo que o pobre não possuía nada
senão uma ovelhinha, que ele havia
comprado e criado, e que tinha cresci-
do com ele e com seus filhos. Comia de
seu pão, bebia da sua taça e dormia em
seu colo: era para ele como uma filha.
[4]Tendo chegado um viandante à casa
do rico, este não quis tomar de suas
ovelhas nem de seus bois para prepa-
rar a refeição para o caminheiro que
havia chegado, mas tomou a ovelha do
pobre e a preparou para seu hóspede".

[5]Então Davi foi tomado de violenta
cólera contra aquele homem e disse a
Natã: "Pela vida de Javé, o homem que
fez isso é réu de morte! [6]Pagará* qua-
tro vezes o valor da ovelha por haver
feito tal coisa e porque não teve com-
paixão". [7]Natã respondeu a Davi: "Tu és
esse homem! Assim diz Javé, Deus de
Israel: 'Eu te ungi rei sobre Israel e te li-
vrei das mãos de Saul. [8]Eu te dei a casa
de teu senhor e pus em teus braços
as mulheres de teu senhor, eu te dei
a casa de Israel e de Judá. Se ainda é
pouco, poderia dar-te muito mais. [9]Por
que desprezaste a palavra de Javé, fa-
zendo o que lhe desagrada? Mataste à
espada Urias, o heteu, fazendo-o pere-
cer pela espada dos amonitas e tomas-
te por esposa sua mulher. [10]Pois bem, a
espada jamais se apartará de tua casa†,
porque me desprezaste, tomando por
esposa a mulher de Urias, o heteu'.

[11]Assim fala Javé: 'De tua própria
casa vou suscitar o mal contra ti. Toma-
rei tuas mulheres* diante de teus olhos
e as darei a teu próximo, que se uni-
rá a elas à vista deste sol. [12]Tu agiste
às ocultas, mas eu farei isto diante de
todo o Israel, à luz do sol'".

[13]Davi respondeu a Natã: "Pequei
contra Javé". Natã disse a Davi: "Javé,
por sua vez, perdoou teu pecado; não
morrerás. [14]Mas porque com isto deste
aos inimigos de Javé ocasião de blas-
femar, o filho que te nasceu morrerá
certamente". [15]E Natã voltou para casa.

Javé feriu o menino que a mulher
de Urias tinha dado à luz a Davi, e ele
adoeceu gravemente. [16]Davi suplicou a
Deus pelo menino* e jejuou; chegando
a sua casa, passou a noite deitado no
chão. [17]Os anciãos de seu palácio in-
sistiram com ele para que se levantasse
do chão, mas ele não quis e não tomou
alimentos com eles. [18]No sétimo dia o
menino morreu, e os servos de Davi
tinham medo de dizer-lhe que o me-
nino tinha morrido, porque diziam: "Se
quando o menino ainda vivia, nós lhe
falávamos e ele não nos ouvia, como,
pois, lhe diremos agora: 'O menino
morreu'? Poderia fazer-se algum mal".
[19]Mas Davi, notando que seus servos
cochichavam entre si, compreendeu
que o menino tinha morrido. Então
perguntou-lhes: "O menino morreu?"
"Sim", responderam. [20]Então Davi le-
vantou-se do chão, lavou-se, ungiu-se,
mudou de roupa e entrou na casa de
Javé para adorar. Depois voltou para
casa, pediu que lhe servissem alimento
e comeu. [21]Perguntaram-lhe então os
servos: "Que é isto que fizeste? Quando
o menino estava vivo, jejuaste e cho-
raste; mas agora que morreu, te levan-
tas e comes?" [22]Ele respondeu: "Quan-
do o menino ainda estava vivo, jejuei e
chorei porque pensava: 'Quem sabe se
Javé não terá compaixão de mim e o
menino viverá?' [23]Mas agora que mor-
reu, por que haveria de jejuar? Poderei
fazê-lo voltar? Eu irei a ele, mas ele não
voltará a mim".*

[24]Davi consolou sua mulher Betsa-
beia, foi até ela e com ela se uniu. Ela
deu à luz um filho, ao qual foi dado
o nome de Salomão. Javé o amou [25]e
comunicou isto por meio do profeta
Natã, que lhe deu o nome de Jededias†,
em atenção a Javé.

[26]Entretanto, Joab atacou* Rabá dos
amonitas e tomou a cidade real. [27]Joab
enviou mensageiros a Davi para lhe
dizer: "Ataquei Rabá e tomei a cidade

---

* **12**,6. Êx 21,37 | 11. 16,22 | 16. 21,10; 1Rs 21,27 | 23. Jó 7,9 | 26. 1Cr 20,1-3

† **12**,10. Profecia que se cumpriu na morte violenta de seus filhos Amnon (13,28s), Absalão (18,14s) e Adonias (1Rs 2,23ss). | 25. O significado deste nome é "amado de Javé". Salomão significa "pacífico".

das águas. 28Agora, pois, reúne o resto
das tropas, vem sitiar a cidade e tomá-
-la; do contrário, conquistarei a cidade
e lhe darei meu nome". 29Davi juntou
todas as tropas e marchou para Rabá;
combateu contra ela e a tomou. 30Tirou
da cabeça do rei deles a coroa, que pe-
sava um talento de ouro e tinha pedras
preciosas, e a coroa foi posta sobre a
cabeça de Davi. Levou da cidade gran-
de quantidade de despojos. 31Retirou a
população que havia nela e ocupou-a
em trabalhos com serras, picaretas e
machados de ferro; empregou-a tam-
bém na fabricação de tijolos. O mesmo
fez com todas as cidades dos amonitas.
Em seguida, Davi voltou* com todas as
tropas para Jerusalém.

13 **O incesto de Amnon.** 1Depois
disso, aconteceu* que Absa-
lão, filho de Davi, tinha uma irmã mui-
to bonita chamada Tamar, da qual se
enamorou Amnon, outro filho de Davi.
2Ficou tão apaixonado por sua irmã
Tamar que caiu doente, porque, sendo
ela virgem, parecia-lhe difícil fazer-lhe
alguma coisa. 3Amnon tinha um ami-
go chamado Jonadab, filho de Sama,
irmão de Davi. Jonadab, que era muito
astuto, 4perguntou-lhe: "Por que estás
emagrecendo de dia para dia, ó filho
do rei? Não vais me contar?" Respon-
deu-lhe Amnon: "Eu estou enamorado
de Tamar, irmã de Absalão, meu irmão".
5Disse-lhe Jonadab: "Deita-te na cama
e finge que estás doente; quando teu
pai vier te visitar, dize-lhe: 'Peço-te que
venha minha irmã Tamar e me dê de
comer; que ela prepare a comida a mi-
nha vista, para que eu a veja e coma
de sua mão'". 6Amnon deitou-se, pois,
fingindo que estava doente. Quando
o rei veio visitá-lo, disse-lhe Amnon:
"Peço-te que venha minha irmã Tamar
e prepare em minha presença dois bo-
los, para que eu coma de sua mão".
7Então Davi mandou dizer a Tamar em
sua casa: "Vai à casa de teu irmão Am-
non e prepara alguma coisa para ele
comer". 8Tamar foi à casa de seu irmão
Amnon, que estava deitado; tomou um
pouco de farinha, amassou-a, fez bolos
na presença dele e os assou. 9Depois
tomou a panela e a esvaziou diante
dele, mas Amnon não quis comer. Ele
disse: "Fazei sair todos daqui". Todos
saíram. 10Então Amnon disse a Tamar:
"Traze a comida ao quarto, para que
a coma de tua mão". Tamar tomou os
bolos que havia preparado e os levou
ao irmão Amnon no quarto. 11Quando
ela os colocou diante dele para que co-
messe, ele a segurou e lhe disse: "Vem,
minha irmã, deita-te comigo". 12Mas
ela lhe disse: "Não, meu irmão; não me
forces,* pois isto não se faz em Israel.
Não cometas esta infâmia. 13Para onde
iria eu com minha vergonha? E tu se-
rias considerado um infame em Israel.
Agora, pois, peço-te que fales ao rei;
ele não me negará a ti"†. 14Mas ele não
quis escutá-la e, sendo mais forte que
ela, violentou-a e se uniu a ela. 15De-
pois Amnon passou a detestá-la pro-
fundamente, a tal ponto que o ódio
que sentiu foi maior que o amor com
que a amara antes. Disse, pois, Am-
non: "Levanta-te e vai embora". 16Mas
ela lhe disse: "Não vou! Porque esta
injustiça que me fazes, mandando-me
embora, é maior que a outra que me fi-
zeste". Ele, porém, não quis ouvi-la 17e,
chamando seu criado que o servia, dis-
se: "Manda-a para fora daqui e fecha
a porta atrás dela". 18Ela estava vestida
com uma túnica luxuosa, porque assim
se vestiam as filhas virgens do rei. Seu
servo a expulsou e fechou a porta atrás
dela. 19Tamar então cobriu a cabeça
de cinza, rasgou a túnica luxuosa que
trajava e saiu gritando com as mãos
na cabeça. 20Seu irmão Absalão per-
guntou-lhe: "Amnon, teu irmão, esteve
contigo? Guarda silêncio agora, minha
irmã; ele é teu irmão. Não se angustie
teu coração por isso". Tamar ficou de-
solada na casa de seu irmão Absalão.

* **12**,31. Êx 1,13; 1Cr 20,3 | **13**,1. 3,2s | 12. Gn 34,7; Dt 22,21; Jz 20,6.10; Jr 29,23

† **13**,13. Talvez não estivesse em vigor a lei contrária a esse tipo de união, Dt 27,22; Lv 18,9.11. Abraão e Sara eram irmãos, filhos do mesmo pai, mas não da mesma mãe, Gn 20,12.

21O rei Davi tomou conhecimento de
todas essas coisas e ficou muito indig-
nado. 22Mas Absalão não disse a Am-
non nem mal e nem bem, pois odiava
Amnon pelo fato de ter desonrado sua
irmã Tamar.

Morte de Amnon; fuga de Absalão.
23Dois anos depois, aconteceu* que se
tosquiavam as ovelhas de Absalão em
Baal-Hasor, perto de Efraim; e Absalão
convidou todos os filhos do rei. 24Ab-
salão foi à presença do rei e lhe dis-
se: "Teu servo está mandando tosquiar
suas ovelhas; peço-te que venham com
teu servo o rei e seus oficiais". 25Mas
o rei respondeu a Absalão: "Não, meu
filho, não iremos todos, para que não
te sejamos pesados". Embora Absalão
insistisse, ele não quis ir, mas deu-lhe
sua bênção. 26Disse Absalão: "Neste
caso, permite que venha conosco pelo
menos meu irmão Amnon". Respon-
deu-lhe o rei: "Por que iria ele conti-
go?" 27Mas Absalão tanto insistiu que
o rei deixou ir com ele Amnon e todos
os filhos do rei.

28Ora, Absalão deu esta ordem a
seus servos: "Ficai atentos; quando
Amnon estiver alegre pelo vinho e eu
vos disser: 'Feri Amnon!', matai-o sem
medo. Sou eu que estou mandando.
Tende coragem e sede fortes". 29Os
servos de Absalão fizeram a Amnon
como Absalão lhes tinha ordenado. En-
tão todos os filhos do rei se levantaram
e, montando cada um em seu animal,
fugiram. 30Quando eles ainda estavam
no caminho, chegou ao rei este boato:
"Absalão matou todos os filhos do rei e
nenhum deles escapou". 31Então o rei
se levantou, rasgou suas vestes e lan-
çou-se por terra, e todos os seus ser-
vos que estavam com ele rasgaram as
vestes. 32Mas Jonadab, filho de Sama,
irmão de Davi, tomou a palavra e disse:
"Não pense meu senhor que assassina-
ram todos os jovens, filhos do rei, pois
somente Amnon foi morto. Porque,
por ordem de Absalão, isto tinha sido
determinado desde o dia em que Am-
non desonrou sua irmã Tamar. 33Por-
tanto, não se aflija o rei, meu senhor,
pensando que todos os filhos do rei
foram mortos, porque morreu somen-
te Amnon, 34e Absalão fugiu". O servo
que estava de sentinela, levantando os
olhos, viu que vinha muita gente pelo
caminho de Horonaim. A sentinela foi
anunciar ao rei: dizendo: "Vi gente que
vinha pelo caminho de Horonaim, do
lado do monte". 35Jonadab disse então
ao rei: "São os filhos do rei que estão
chegando; como disse teu servo, assim
sucedeu". 36Logo que acabou de falar,
chegaram os filhos do rei e choraram
em voz alta; também o rei e todos os
seus servos choraram amargamente.
37Quanto a Absalão, fugiu para junto
de Tolmai, filho de Amiud, rei de Ges-
sur. Davi chorava por seu filho todos os
dias.*

38Assim, pois, Absalão fugiu e foi
para Gessur, onde esteve três anos.
39Depois se acalmou a ira de Davi con-
tra Absalão, porque se havia consolado
da morte de Amnon.

14 **Volta de Absalão a Jerusa-
lém.** 1Joab, filho de Sárvia,
compreendeu que o coração do rei es-
tava inclinado para Absalão. 2Mandou
trazer de Técua uma mulher sagaz, a
quem disse: "Finge estar de luto, ves-
te roupas de luto e não te unjas com
óleo; aparenta ser uma mulher que
há muito tempo está de luto por um
morto. 3Tu te apresentarás ao rei e lhe
dirás tais e tais palavras". E Joab lhe co-
municou* o que tinha de dizer. 4A mu-
lher de Técua apresentou-se ao rei e,
inclinando-se, prostrou-se com o rosto
em terra e exclamou: "Salva-me, ó rei!"*
5Perguntou-lhe o rei: "O que tens?"
Respondeu ela: "Sou uma mulher viúva,
meu marido morreu. 6Tua serva tinha
dois filhos,* os quais brigaram entre si
no campo e, não havendo quem os se-
parasse, um feriu o outro e o matou.
7Toda a família se levantou* contra tua
serva, dizendo: 'Entrega-nos o fratrici-
da a fim de que o matemos para vingar
o irmão, que ele matou, e extermine-

13,23. 1Sm 25,4s | 37. 3,3 | **14**,3. 12,1s | 4. 1Rs 3,16s; 2Rs 8,3s | 6. 2Rs 6,26s

mos também o herdeiro'. Assim apa-
garão a última brasa que me ficou, de
sorte a não restar a meu marido nome
ou posteridade na terra". 8O rei disse à
mulher: "Vai para tua casa, que eu da-
rei ordens a teu respeito". 9A mulher de
Técua disse ao rei: "Ó rei, meu senhor,
a culpa caia sobre mim e sobre a casa
de meu pai, mas o rei e seu trono sejam
sem culpa". 10Disse o rei: "Se alguém
falar contra ti, traze-o a mim, e não
mais te molestará". 11Ela replicou: "Que
o rei se digne de pronunciar* o nome
de Javé, teu Deus, para que o vingador
do sangue não aumente a destruição
e não façam perecer meu filho!" Ele
respondeu: "Pela vida de Javé, não há
de cair ao chão um só cabelo de teu
filho!" 12A mulher acrescentou: "Permi-
te que tua serva diga mais uma palavra
ao rei, meu senhor". Respondeu ele:
"Fala". 13Disse, pois, a mulher: "Por que,
então, pensaste semelhante coisa con-
tra o povo de Deus? Pois falando deste
modo, o rei é de certa forma culpado,
porque não faz voltar seu desterrado.
14Na verdade, nós morremos e somos
como água derramada* no chão, que
não se pode mais recolher. Deus não
tira a vida, mas cogita meios para que
não fique banido dele o exilado. 15Se
eu vim agora falar dessa coisa ao rei,
meu senhor, é porque o povo me ate-
morizou. Tua serva disse consigo mes-
ma: Falarei ao rei e talvez ele faça o
que lhe disser sua serva; 16o rei ouvirá
sua serva e a livrará das mãos daquele
que intenta extirpar tanto a mim como
meu filho da herança de Deus. 17Disse,
portanto, tua serva: Que seja de alívio
a resposta do rei, meu senhor, que me
tranquilize, porque o rei, meu senhor,
é como um anjo de Deus para discer-
nir entre o bem e o mal. Que Javé, teu
Deus, esteja contigo".

18Então o rei respondeu à mulher,
dizendo: "Peço-te que não me ocul-
tes nada do que vou te perguntar".
Respondeu ela: "Pois fale o rei, meu
senhor". 19O rei perguntou: "Não está
contigo a mão de Joab em tudo isso?"
Respondeu a mulher: "Por tua vida, ó
rei, meu senhor, a coisa não está nem
à direita e nem à esquerda de tudo o
que disse o rei, meu senhor. Sim, foi
Joab que me incumbiu disso e que su-
geriu a tua serva todas essas palavras.
20Teu servo Joab planejou isso para
modificar a situação presente; mas meu
senhor é sábio como um anjo de Deus
e conhece tudo o que se passa na terra.
21O rei disse a Joab: "Decidi a questão:
Vai e traze de volta o jovem Absalão.
22Joab prostrou-se com o rosto em ter-
ra, fez reverência e bendisse o rei. Disse
depois: "Hoje teu servo reconhece que
obteve teu favor, ó rei, meu senhor,
já que o rei se dignou fazer segundo
o pedido de seu servo". 23Joab partiu,
foi a Gessur e trouxe Absalão para Je-
rusalém†. 24O rei, porém, advertiu: "Que
ele volte para casa e não compareça a
minha presença". Absalão voltou para
casa e não compareceu diante do rei.

**Absalão é readmitido à presença do
rei.** 25Em todo o Israel não havia ho-
mem tão louvado por sua beleza como
Absalão: da planta dos pés até o alto
da cabeça não havia nele defeito al-
gum. 26Quando cortava a cabeleira (e
a cortava todo final de ano, porque se
lhe tornava muito pesada e por isso a
cortava), o peso dos cabelos de sua ca-
beça era de duzentos siclos, segundo o
peso real. 27Absalão teve três filhos* e
uma filha chamada Tamar, que era uma
linda mulher.

28Absalão permaneceu dois anos
em Jerusalém sem ver o rosto do rei.
29Mandou chamar Joab com o intuito
de enviá-lo ao rei; mas ele não quis
ir a Absalão. Mandou chamá-lo pela
segunda vez, mas ele se recusou a ir.
30Então Absalão disse a seus servos:
"Vede: o campo de Joab está junto ao
meu, e há cevada nele; ide e ateai-lhe
fogo". Os servos de Absalão puseram
fogo* no campo. 31Então Joab foi até
a casa de Absalão e lhe disse: "Por que
razão teus servos incendiaram meu

---

* **14**,7. Nm 35,19 | 11. Nm 35,19 | 14. Jó 14,7-12; Sl 88,6-11; Jó 7,9 | 27. 18,18 | 30. Jz 15,4s

† **14**,23. Joab tenta conquistar as boas graças de Absalão, herdeiro do trono.

campo?" 32Respondeu-lhe Absalão: "Eu
mandei chamar-te para te dizer: Vem
cá, para eu te enviar ao rei e perguntar:
Por que vim de Gessur? Seria melhor
para mim estar ainda lá. Agora, portan-
to, quero comparecer diante do rei; e
se for culpado, que me mande matar".
33Joab foi ter com o rei e lhe deu o re-
cado. O rei mandou chamar Absalão, o
qual veio até ele e se prostrou com a
face em terra diante do rei. E o rei bei-
jou Absalão.

15 **Revolta de Absalão.** 1Depois
disso, aconteceu que Absalão
procurou* para si carros e cavalos e
cinquenta homens que corriam a sua
frente. 2Absalão se levantava bem cedo
e ficava à beira do caminho da porta;
toda vez que alguém tinha um proces-
so e ia dirigir-se ao rei para decidi-lo,
Absalão o chamava e lhe dizia: "De
qual cidade és tu?" Ele respondia: "Teu
servo é de tal tribo de Israel". 3Absalão
lhe dizia: "Olha, tua causa é boa e jus-
ta, mas não há ninguém que te atenda
da parte do rei". 4E Absalão acrescen-
tava: "Quem me dera ser constituído
juiz desta terra! Viriam a mim todos os
que tivessem demanda ou questão, e
eu lhes faria justiça". 5Quando alguém
se aproximava para prostrar-se diante
dele, estendia-lhe a mão, abraçava-o e
o beijava. 6Absalão fazia assim com to-
dos os israelitas que vinham ao rei para
pedir justiça e dessa maneira cativava
os corações dos israelitas.

7Quatro anos mais tarde, Absalão
disse ao rei: "Permite-me que vá a He-
bron para cumprir uma promessa que
fiz a Javé; 8porque teu servo fez uma
promessa quando estava em Gessur,
em Aram, dizendo: 'Se Javé me re-
conduzir a Jerusalém, prestarei culto
a Javé'". 9Respondeu-lhe o rei: "Vai em
paz". Ele se pôs a caminho rumo a He-
bron. 10Absalão enviou espiões a to-
das as tribos de Israel para dizer-lhes:
"Quando ouvirdes o toque da trombe-
ta, gritai: 'Absalão reina em Hebron'".
11Com Absalão partiram de Jerusalém
duzentos homens convidados por ele,
os quais iam com toda a boa-fé, sem
saber de nada. 12Enquanto oferecia os
sacrifícios, Absalão mandou também
chamar de Gilo, sua terra natal, Aqui-
tofel,* o gilonita, conselheiro de Davi. E
assim a conjuração se tornava podero-
sa, porque o povo ia aumentando em
torno de Absalão.

Davi foge de Jerusalém. 13Veio a Davi
um mensageiro, dizendo: "O coração
dos israelitas inclina-se para Absalão".
14Então Davi disse a todos os seus ser-
vos que estavam com ele em Jerusa-
lém: "Levantai-vos e fujamos, porque
não poderemos escapar diante de Ab-
salão. Apressai-vos em partir, do con-
trário ele nos surpreenderá e fará cair
sobre nós a ruína e passará a cidade a
fio de espada". 15Os servidores do rei
lhe responderam: "Estamos prontos a
fazer tudo o que parecer melhor ao rei,
nosso senhor". 16O rei partiu com toda
a sua família, mas deixou dez concubi-
nas para guardar o palácio.

17Saiu, portanto, o rei* e todo o povo
atrás dele, e pararam na última casa.
18Todos os seus servos iam a seu lado,
como também todos os cereteus* e to-
dos os feleteus; e todos os gateus, em
número de seiscentos homens, que o
tinham seguido desde Gat, caminha-
vam diante do rei. 19Disse o rei a Etai,
o gateu: "Por que vens também conos-
co? Volta e fica com o rei, porque és
estrangeiro e também um desterrado
de teu lugar de origem. 20Chegaste
ontem e hoje eu te faria andar errante
conosco, enquanto eu mesmo não sei
aonde vou? Volta e leva contigo teus
irmãos; e que a misericórdia e a fideli-
dade de Javé estejam contigo". 21Mas
Etai respondeu ao rei: "Pela vida de
Javé e pela vida do rei, meu senhor! Em
qualquer lugar onde estiver o rei, meu
senhor, seja para a morte, seja para
a vida, ali estará também teu servo".
22Davi respondeu a Etai: "Vem, pois, e
segue adiante". Passou, pois, adiante
Etai, o gateu, com toda a sua gente
e com todas as crianças que estavam

* **15**,1. 1Rs 1,5 | 12. 16,23 | 17. 16,21s; 20,3 | 18. 8,18

com ele. 23Todos choravam em voz alta, enquanto o povo ia passando. O rei atravessou o vale do Cedron†, e toda a multidão passou diante dele pela estrada que leva ao deserto. 24Com ele ia também Sadoc, acompanhado de todos os levitas que carregavam a arca de Deus. Depuseram a arca de Deus, e Abiatar ofereceu sacrifícios, até que todo o povo acabou de sair da cidade. 25Então o rei disse a Sadoc: "Leva a arca de Deus de volta para a cidade, porque se eu encontrar graça aos olhos de Javé, ele me fará voltar* e me fará ver a arca e sua morada. 26Se, porém, me disser: 'Não me agradas', eis-me aqui: faça de mim o que lhe aprouver". 27A seguir o rei disse a Sadoc, o sacerdote: "Estás vendo? Volta em paz para a cidade, e vossos dois filhos convosco: Aquimaás, teu filho, e Jônatas, filho de Abiatar. 28Vede: eu esperarei nas planícies do deserto, até que me cheguem notícias vossas". 29Então Sadoc e Abiatar reconduziram a arca de Deus para Jerusalém e lá ficaram.

30Davi, porém, ia subindo a encosta do monte das Oliveiras e, enquanto subia, chorava. Caminhava com a cabeça coberta e os pés descalços. Toda a gente que o seguia tinha a cabeça coberta e, subindo, chorava. 31Alguém informou a Davi que Aquitofel* se encontrava entre os conjurados de Absalão; e Davi exclamou: "Fazei, Javé, eu vos peço, que sejam loucos os conselhos de Aquitofel". 32Quando Davi chegou ao cume do monte, onde se adorava a Deus, saiu-lhe ao encontro Cusai, o araquita, com as vestes rasgadas e a cabeça coberta de pó. 33Disse-lhe Davi: "Se fores comigo, tu me serás pesado, 34mas se voltares à cidade e disseres a Absalão: 'Serei teu servo, ó rei; como fui antes servo de teu pai, agora serei teu servo', então frustrarás em meu favor o conselho de Aquitofel. 35Não estão aí contigo os sacerdotes Sadoc e Abiatar? Pois bem, tudo o que ouvires da casa do rei comunicarás aos sacerdotes Sadoc e Abiatar. 36Lá estão com eles seus dois filhos, Aquimaás, filho de Sadoc, e Jônatas, filho de Abiatar; por meio deles me comunicarás tudo o que ouvires". 37E Cusai, amigo de Davi, entrou na cidade, quando Absalão entrava em Jerusalém.

16

Siba e Semei vão ao encontro de Davi. 1Davi havia passado* um pouco além do cume do monte, quando Siba, criado de Meribaal, veio a seu encontro com dois jumentos selados, carregados de duzentos pães, cem cachos de uvas passas, cem frutas frescas e um odre de vinho. 2Perguntou o rei a Siba: "Para que trazes isto?" Respondeu Siba: "Os jumentos são para que monte a família real; os pães e as frutas são para que os comam teus jovens; e o vinho, para que bebam dele os que se cansarem no deserto". 3O rei perguntou: "Onde está o filho de teu senhor?" Siba respondeu ao rei: "Ficou em Jerusalém, porque disse: 'Hoje a casa de Israel me devolverá o reino de meu pai'". 4O rei disse a Siba: "É teu tudo o que pertence a Meribaal!" Ao que Siba respondeu: "Eu me prostro* diante de ti; que eu possa obter teu favor, ó rei, meu senhor".

5Ao chegar o rei a Baurim,* saiu dali um homem da família da casa de Saul, chamado Semei, filho de Gera; ao sair, ia amaldiçoando. 6Atirava pedras contra Davi e contra todos os servos do rei Davi, embora todo o povo e todos os valentes estivessem à direita e à esquerda do rei. 7Enquanto amaldiçoava, Semei dizia: "Vai-te, vai-te, homem sanguinário, homem perverso! 8Javé fez recair sobre ti todo o sangue da casa de Saul, em cujo lugar reinaste, e Javé pôs a realeza nas mãos de Absalão, teu filho. Agora estás preso em tua própria desgraça, pois és um homem sanguinário". 9Então Abisai, filho de Sárvia,* perguntou ao rei: "Por que

* **15**,25. 16,10 | 31. 16,23; 17,14.23 | **16**,1. 4,4; 9,1.13 | 4. 19,25-31 | 5. 3,16 | 9. 1Sm 26,6

† **15**,23. Davi prefere fugir a ter de lutar contra seu próprio filho. O vale do Cedron está entre Jerusalém e o monte das Oliveiras. Sobre esse monte havia um lugar de culto a Deus, v. 32.

este cão morto há de amaldiçoar o rei, meu senhor? Permite-me que vá e lhe corte a cabeça". 10Mas o rei respondeu: "Que tenho eu convosco, filhos de Sárvia?* Deixai-o amaldiçoar, pois foi Javé que disse: 'Amaldiçoa Davi'; e quem pode dizer-lhe: 'Por que fizeste isso?'" 11Davi disse ainda a Abisaí e a todos os seus servos: "Se meu filho, que saiu de minhas entranhas, procura matar-me, quanto mais esse benjaminita! Deixai-o insultar, porque foi Javé que lho ordenou. 12Quem sabe se Javé olhará para minha aflição e me dará bens em troca das maldições de hoje?" 13Enquanto Davi e sua gente seguiam seu caminho, Semei ia pelo flanco do monte paralelo a ele, caminhando, insultando e atirando pedras* diante dele e lançando pó. 14O rei e toda a gente que o acompanhava chegaram fatigados e ali descansaram.

Absalão em Jerusalém. 15Enquanto isso, Absalão com todo o povo, os israelitas, entrou em Jerusalém e com ele também Aquitofel. 16Quando Cusai,* o araquita, amigo de Davi, chegou à presença de Absalão, disse-lhe: "Viva o rei, viva o rei!" 17Mas Absalão replicou a Cusai: "É esta tua fidelidade a teu amigo? Por que não acompanhaste teu amigo?" 18Cusai respondeu a Absalão: "Não; porque eu serei daquele que foi escolhido por Javé, por este povo e por todos os israelitas; serei dele e com ele ficarei. 19De resto, a quem devo servir? Não é a seu filho? Como servi a teu pai, assim servirei a ti!"

20Depois Absalão disse a Aquitofel: "Dai-me vosso conselho sobre o que devemos fazer". 21Aquitofel respondeu a Absalão: "Une-te às concubinas de teu pai, que ele deixou guardando o palácio;* quando todo o Israel souber que te tornaste odioso a teu pai, a coragem daqueles que estão de teu lado se fortalecerá". 22Armaram, pois, para Absalão uma tenda no terraço,* e ali, à vista de todo o Israel, ele se uniu às concubinas de seu pai†. 23Naquela época, um conselho dado por Aquitofel valia tanto como um oráculo recebido de Deus; assim era considerado, quer por Davi, quer por Absalão, todo conselho de Aquitofel.

17 **Conselho de Aquitofel é frustrado por Cusai.** 1Aquitofel disse a Absalão: "Deixa-me escolher doze mil homens e sair em perseguição de Davi esta noite. 2Cairei sobre ele quando estiver cansado e fraco e o amedrontarei; então fugirá todo o povo que está com ele, e eu matarei somente o rei. 3Assim farei voltar a ti todo o povo; o retorno de todos depende do homem a quem buscas; e todo o povo estará em paz". 4Essa ideia agradou a Absalão e a todos os anciãos de Israel. 5Mas Absalão ordenou: "Chamai também Cusai, o araquita, e ouçamos o que ele tem a dizer". 6Quando Cusai chegou à presença de Absalão, este lhe disse: "Desse modo falou Aquitofel. Devemos seguir sua opinião? Se não, fala tu". 7Disse Cusai a Absalão: "Desta vez o conselho dado por Aquitofel não é bom". 8Cusai acrescentou ainda: "Conheces teu pai e seus homens; sabes que são valentes e estão enfurecidos como a ursa no campo à qual foram roubados os filhotes. Teu pai é homem guerreiro e não passará a noite junto com o povo. 9Com certeza agora está escondido numa gruta ou em algum outro lugar. Se no começo caírem alguns dos teus, quem ficar sabendo dirá: 'Os seguidores de Absalão foram derrotados'. 10Então até o mais valente, que tem um coração de leão, desanimaria; pois todo o Israel sabe que teu pai é um herói e que são valorosos os que estão com ele. 11Por isso, meu conselho é que se reúna junto de ti todo o Israel, desde Dã até Bersabeia, tão numeroso como a areia na praia do mar, e que tu pessoalmente vás ao combate. 12Assim o alcançaremos em

---

* **16**,10. 19,23; 15,25s | 13. 19,19-25 | 16. 15,32-37 | 21. 15,16 | 22. 12,11s

† **16**,22. Esse gesto atrevido de Absalão, que também cumpre a profecia de Natã, 12,11, demonstra que já se considerava rei, pois é ao sucessor do rei que pertence seu harém, 12,8.

qualquer lugar onde estiver e cairemos
sobre ele como cai o orvalho sobre a
terra; nem ele e nem companheiro al-
gum seu ficará vivo. 13Se ele se refugiar
em alguma cidade, todo o Israel trará
cordas a essa cidade e nós a arrastare-
mos para a torrente, de sorte que não
se encontre ali nem mesmo uma pedri-
nha". 14Então Absalão e todos os israe-
litas disseram: "O conselho de Cusai, o
araquita, é melhor do que o de Aquito-
fel". Com efeito, Javé havia decretado
que se frustrasse o bom conselho de
Aquitofel,* para fazer cair a desgraça
sobre Absalão.

**Davi é informado secretamente por
Cusai.** 15Depois disse Cusai aos sacer-
dotes Sadoc e Abiatar: "Desse e desse
modo Aquitofel aconselhou Absalão e
os anciãos de Israel, mas eu o aconse-
lhei assim e assim. 16Agora, pois, man-
dai avisar Davi imediatamente, dizen-
do: "Não passes a noite* nas planícies
do deserto, mas atravessa logo para o
outro lado, para que não seja exter-
minado o rei e toda a gente que está
com ele". 17Ora, Jônatas e Aquimaás
aguardavam junto à fonte de Rogel,*
onde uma criada iria levar-lhes as in-
formações, e eles iriam avisar o rei Davi,
porque não podiam ser vistos entrando
na cidade. 18Mas um jovem os viu e co-
municou a Absalão. Os dois então par-
tiram rapidamente, chegaram à casa de
um homem em Baurim, que tinha em
seu pátio um poço, ao qual desceram.*
19A dona da casa tomou uma cober-
ta, estendeu-a sobre a boca do poço
e espalhou por cima trigo descascado,
de modo que não se notava nada. 20Os
servos de Absalão chegaram à casa da
mulher e perguntaram: "Onde estão
Aquimaás e Jônatas?" A mulher res-
pondeu: "Passaram o riacho". Eles se
puseram a procurar, mas, não os en-
contrando, voltaram para Jerusalém.
21Depois que partiram, os dois saíram
do poço e foram avisar o rei Davi, di-
zendo-lhe: "Ide depressa e atravessai
as águas, porque Aquitofel aconselhou
assim e assim contra vós". 22Então Davi
pôs-se em marcha com toda a gente
que o seguia, e eles atravessaram o
Jordão; quando amanheceu não falta-
va ninguém que não tivesse passado
o Jordão. 23Aquitofel,* vendo que não
se havia seguido seu conselho, selou o
jumento, partiu e foi para casa em sua
cidade. Depois de pôr em ordem sua
casa, enforcou-se e assim morreu†. Foi
sepultado no túmulo de seu pai.

Absalão persegue Davi. 24Davi chegou
a Maanaim, enquanto Absalão atraves-
sava o Jordão com todos os homens de
Israel. 25Absalão nomeou Amasa* chefe
do exército em lugar de Joab. Amasa
era filho de um homem chamado Jetra,
ismaelita, que se havia unido a Abigail,
filha de Naás e irmã de Sárvia, mãe de
Joab. 26Israel acampou com Absalão na
região de Galaad.

27Quando Davi chegou a Maanaim,
Sobi,* filho de Naás, de Rabá dos amo-
nitas, Maquir, filho de Amiel, de Lo-Da-
bar, e Berzelai, o galaadita,* de Roge-
lim, 28trouxeram camas, bacias e vasos
de barro, trigo, cevada, farinha, grãos
torrados, favas, lentilhas, 29mel, man-
teiga, ovelhas, queijo de vaca, e apre-
sentaram tudo a Davi e ao povo que
estava com ele para que comessem;
porque diziam: "Este povo deve ter so-
frido fome, cansaço e sede no deserto".

18 **Derrota e morte de Absa-
lão.** 1Davi passou em revista o
povo que o acompanhava e constituiu
sobre eles chefes de mil e chefes de
cem. 2Davi enviou o povo: um terço sob
o comando de Joab, outro terço sob o
comando de Abisaí, filho de Sárvia, e
outro terço sob o comando de Etai, o
gateu. O rei disse ao povo: "Eu também
sairei convosco". 3Mas o povo respon-
deu: "Não deves ir, porque se tivermos
de fugir, não se importarão conosco; e

* **17**,14. 15,31 | 16. 15,27s | 17. 15,27; 1Rs 1,9 | 18. Js 2,4s.15s | 23. 15,31 | 25. 19,14; 20,4-13 | 27. 10,2 / 9,4; 19,32

† **17**,23. Além do suicídio de Saul, 1Sm 31,4, a Bíblia conta o de Aquitofel, o de Zambri, 1Rs 16,18, o de Razias, 2Mc 14,41-46, e o de Judas, Mt 27,5.

ainda que morra a metade de nós, nin-
guém faria caso; tu, porém, vales tanto
como dez mil de nós. É melhor que da
cidade nos prestes socorro". 4Respon-
deu-lhes o rei: "Farei o que bem vos
parecer". Então o rei se pôs à entrada
da porta, e todo o povo foi saindo em
centenas e milhares. 5Então o rei deu
esta ordem a Joab, a Abisaí e a Etai:
"Por consideração a mim, tratai benig-
namente o jovem Absalão". E toda a
gente ouviu, quando o rei deu ordens a
todos os chefes a respeito de Absalão.

6Saiu a campo a tropa contra Israel
e travou-se a batalha no bosque de
Efraim. 7Lá foi derrotado o povo de
Israel pelos servos de Davi, e naquele
dia houve ali grande mortandade: vin-
te mil mortos. 8A batalha estendeu-se
por toda a região, e naquele dia o bos-
que fez mais vítimas entre o povo do
que a espada.

9Absalão encontrou-se frente a fren-
te com os oficiais de Davi. Absalão ia
montado num burro e, tendo o burro
entrado debaixo dos ramos espessos
de um grande carvalho, a cabeça de
Absalão embaraçou-se no carvalho, de
modo que ele ficou suspenso entre o
céu e a terra, enquanto seguia adiante
o burro que ele cavalgava. 10Um ho-
mem o viu e foi dizer a Joab: "Vi Ab-
salão pendurado num carvalho". 11Joab
respondeu ao homem que lhe deu a
notícia: "Já que o viste, por que não
o mataste ali mesmo, deixando-o no
chão? Eu te daria dez siclos de prata e
um cinto". 12Mas ele respondeu a Joab:
"Ainda que me pusessem na mão mil
siclos de prata, não estenderia a mão
contra o filho do rei, porque nós ouvi-
mos quando o rei ordenou a ti, a Abi-
saí e a Etai, dizendo: 'Por consideração
a mim,* tratai benignamente o jovem
Absalão'. 13Se eu tivesse procedido
traiçoeiramente contra a vida dele,
como ao rei nada fica oculto, tu mes-
mo estarias contra". 14Respondeu Joab:
"Não quero perder tempo assim conti-
go". E tomando três dardos, cravou-os
no coração de Absalão, que ainda esta-
va vivo no meio do carvalho. 15Depois,
dez jovens escudeiros de Joab* rodea-
ram Absalão e a golpes acabaram de
matá-lo. 16Em seguida Joab mandou
tocar a trombeta, e o povo cessou de
perseguir Israel, porque Joab deteve o
povo. 17Carregaram Absalão e o lança-
ram numa grande fossa, na floresta,* e
levantaram sobre ele um enorme mon-
te de pedras. Depois, todo o Israel fu-
giu, cada um para sua tenda. 18Quando
ainda era vivo, Absalão mandara erguer
para si um monumento que se acha no
vale do Rei, porque dizia: "Não tenho
um filho que conserve a lembrança
de meu nome". Deu seu nome àquele
monumento, que ainda hoje se chama
monumento de Absalão.*

**Davi é informado da morte de Ab-
salão.** 19Aquimaás, filho de Sadoc,
disse: "Vou correndo anunciar ao rei a
boa notícia de que Javé lhe fez justiça
livrando-o do poder de seus inimigos".
20Joab respondeu-lhe: "Hoje não serás
portador de boa-nova; outro dia a le-
varás, mas hoje não darás a notícia, já
que o filho do rei morreu". 21Joab dis-
se a um etíope: "Vai e comunica ao rei
o que viste". 22Aquimaás, filho de Sa-
doc, disse de novo a Joab: "Aconteça
o que acontecer, deixa-me correr tam-
bém atrás do etíope". Respondeu Joab:
"Para que correr, meu filho? A notícia
não te trará recompensa". 23Replicou
ele: "Seja o que for, eu correrei". Então
Joab lhe disse: "Corre". Aquimaás cor-
reu pelo caminho da planície e ultra-
passou o etíope.

24Davi estava sentado entre as duas
portas; a sentinela subiu ao terraço da
porta junto ao muro, ergueu os olhos e
avistou um homem que corria sozinho.
25A sentinela gritou e avisou o rei, o qual
disse: "Se está só, traz boas notícias".
Enquanto o homem se aproximava
sempre mais, 26a sentinela avistou outro
homem que vinha correndo e gritou ao
porteiro: "Um outro vem correndo so-
zinho". Disse o rei: "Também este traz
boas notícias". 27Disse a sentinela: "O
modo de correr* do primeiro me parece

---

* **18**,12. 18,5 | 15. 1Sm 14,13 | 17. Js 7,26; 8,29; 10,27 | 18. Gn 14,17; 14,27 | 27. 2Rs 9,20; 1Rs 1,42

ser o de Aquimaás, filho de Sadoc". O rei respondeu: "É um homem de bem e vem com boas notícias". 28Gritando, Aquimaás disse ao rei: "Paz!" Inclinou-se diante do rei com o rosto em terra e acrescentou: "Bendito seja Javé, teu Deus, que te entregou os que tinham levantado as mãos contra o rei, meu senhor!" 29O rei perguntou: "Está bem o jovem Absalão?" Aquimaás respondeu: "Vi um grande tumulto quando Joab enviou o servo do rei e a mim, teu servo, mas não fiquei sabendo o que era". 30Disse-lhe o rei: "Põe-te ao lado e espera aqui". Ele se pôs a um lado e esperou. 31Chegou também o etíope e disse ao rei: "Receba meu senhor, o rei, a boa notícia de que hoje Javé te fez justiça, livrando-te de todos os que se haviam levantado contra ti". 32Perguntou o rei ao etíope: "Está bem o jovem Absalão?" O etíope respondeu-lhe: "Sejam como esse jovem os inimigos do rei, meu senhor, e todos os que se levantam contra ti para o mal".

19 **Davi chora a morte de Absalão.** 1O rei comoveu-se profundamente e, subindo ao aposento que havia em cima da porta, pôs-se a chorar; e, andando, dizia: "Meu filho Absalão! Meu filho, meu filho Absalão! Quem me dera ter morrido em teu lugar! Absalão, meu filho, meu filho!"

2Então foram dizer a Joab: "O rei está chorando e se lamenta por Absalão. 3Assim, naquele dia a vitória se converteu em luto para todo o povo, porque o povo ouviu dizer naquele dia que o rei estava de luto por causa de seu filho. 4Naquele dia o povo entrou na cidade às escondidas, como costuma entrar às escondidas o povo envergonhado que fugiu da batalha. 5O rei cobriu o rosto* e gritava em voz alta: "Meu filho Absalão! Absalão, meu filho! Meu filho!" 6Joab entrou na casa do rei e disse: "Hoje cobriste de vergonha a face de toda a tua gente, que hoje salvou tua vida, a de teus filhos e filhas e a de tuas mulheres e concubinas, 7porque amas a quem te odeia e odeias a quem te ama. Hoje demonstraste que chefes e soldados nada te importam; pois percebo que, se Absalão estivesse vivo, e todos nós tivéssemos morrido hoje, estarias contente. 8Agora, pois, levanta-te, sai e fala ao coração de teus servos, porque juro por Javé que, se não saíres, ninguém ficará contigo esta noite; e isto será para ti uma desventura maior do que todas as que te sobrevieram desde tua juventude até agora".† 9Então o rei se levantou e foi sentar-se à porta. Quando avisaram a todo o povo, dizendo: "O rei está sentado à porta da cidade", todo o povo veio à presença dele.

Davi retorna à capital. Entretanto, os de Israel tinham fugido cada qual para sua tenda. 10Todo o povo discutia em todas as tribos de Israel, dizendo: "O rei livrou-nos das mãos de nossos inimigos e nos salvou das mãos dos filisteus, mas agora fugiu do país por causa de Absalão. 11Mas Absalão, a quem ungíramos como rei sobre nós, morreu na batalha. Que esperais ainda para trazer o rei de volta?" 12Então o rei Davi mandou dizer aos sacerdotes Sadoc e Abiatar: "Falai assim aos anciãos de Judá: 'Por que seríeis os últimos a reconduzir o rei a sua casa? O que se dizia em todo o Israel chegou aos ouvidos do rei, a sua casa. 13Vós sois meus irmãos, sois meu osso e minha carne. Por que, então, seríeis os últimos a reconduzir o rei?' 14A Amasa direis: 'Não és tu meu osso e minha carne? Que Deus me mande um castigo sobre outro† se não vieres a ser para sempre chefe de meu exército em lugar de Joab'". 15Assim conquistou o coração de toda a gente de Judá como se fosse o de um só homem; por isso mandaram dizer ao rei: "Volta com todos os teus servos".

---

* **19**,5. 15,30

† **19**,8. Joab avisa a Davi que seu apego ao filho morto, Absalão, pode sublevar as tropas contra ele. | 14. Literalmente: "este castigo e mais este"; nesse tipo de imprecação, a pessoa mencionava o castigo que aceitava de Deus, se estivesse mentindo. Mas Joab eliminará Amasa, 20,10, e continuará no cargo.

[16]Então o rei voltou e chegou ao Jordão. Os de Judá vieram a Guilgal para receber o rei e ajudá-lo a passar o Jordão. [17]Semei, filho de Gera,* benjaminita de Baurim, apressou-se em descer com os homens de Judá ao encontro do rei Davi. [18]Com ele vinham mil homens de Benjamim e Siba, servo da família de Saul, acompanhado de seus quinze filhos e seus vinte servos. Eles cruzaram o Jordão antes do rei [19]e passaram à outra margem, a fim de atravessar a família do rei e fazer o que lhe aprouvesse. Semei, filho de Gera, prostrou-se diante do rei, quando este estava para atravessar o Jordão, [20]e lhe disse: "Não me considere culpado meu senhor e não te lembres do mal que fez teu servo no dia em que o rei, meu senhor, saiu de Jerusalém; que o rei não guarde rancor. [21]Teu servo reconhece que pecou, e por isso hoje sou o primeiro de toda a casa de José a descer ao encontro do rei, meu senhor".

[22]Mas Abisaí, filho de Sárvia, tomando a palavra, disse: "Semei não merece a morte por ter amaldiçoado o ungido de Javé?" [23]Davi respondeu-lhe: "Que tenho eu a ver* convosco, filhos de Sárvia, para que hoje vos torneis meus adversários? Alguém poderia ser condenado à morte em Israel num dia como o de hoje? Não tenho eu certeza de que hoje sou rei sobre Israel?" [24]E o rei disse a Semei: "Não morrerás"; e jurou-lho.

[25]Também Meribaal, neto de Saul, desceu ao encontro do rei; não tinha lavado os pés, nem feito a barba, nem lavado as vestes desde o dia* em que o rei partira até o dia em que voltou em paz. [26]Logo que chegou a Jerusalém para receber o rei, este lhe perguntou: "Por que não vieste comigo, Meribaal?" [27]Ele respondeu: "Ó rei, meu senhor, meu servo me enganou. Com efeito, teu servo tinha dito: 'Mandarei selar um jumento e o montarei para ir com o rei, porque teu servo é coxo'. [28]Ele caluniou teu servo diante do rei, meu senhor; mas o rei, meu senhor, é como um anjo de Deus: faze, pois, o que te aprouver. [29]Porque todos os da casa de meu pai não mereciam do rei, meu senhor, senão a morte, e não obstante admitiste teu servo entre os que comem a tua mesa. Que direito, pois, tenho ainda de me queixar ao rei?" [30]Disse-lhe o rei: "Não precisas dizer mais nada. Já decidi que tu e Siba repartireis as terras". [31]Meribaal disse ao rei: "Fique ele com tudo, já que o rei, meu senhor, voltou em paz a sua casa".

[32]Também Berzelai, o galaadita, desceu de Rogelim e passou o Jordão com o rei, despedindo-se dele perto do Jordão. [33]Berzelai era muito idoso, da idade de oitenta anos; tinha fornecido víveres ao rei, quando este estava em Maanaim,* pois era muito rico. [34]O rei disse a Berzelai: "Passa comigo e eu te sustentarei junto a mim em Jerusalém". [35]Mas Berzelai respondeu ao rei: "Quanto tempo me resta de vida, para que eu suba com o rei a Jerusalém? [36]Tenho agora oitenta anos; acaso posso ainda distinguir o que é bom do que é mau? Pode teu servo ainda saborear o que come e o que bebe? Pode ainda ouvir a voz dos cantores e das cantoras? Por que teu servo deveria ainda ser um peso ao rei, meu senhor? [37]Teu servo irá com o rei um pouco além do Jordão; e por que o rei há de retribuir-me com tal recompensa? [38]Permite que teu servo volte para morrer em minha cidade, junto ao sepulcro de meu pai e de minha mãe. Mas aqui está teu servo Camaam: que ele passe com o rei, meu senhor, e faze a ele o que te aprouver". [39]O rei disse: "Camaam passará comigo, e eu lhe farei tudo o que te aprouver; e tudo o que me pedires, eu farei por ti". [40]Todo o povo atravessou o Jordão, e o rei também passou; beijou e abençoou Berzelai, e este voltou para seu lugar. [41]O rei prosseguiu para Guilgal e Camaam continuou com ele. Todo o povo de Judá e a metade do povo de Israel acompanhavam o rei.

---

* **19**,17. 16,5-13; 16,1-4; 19,25-31 | 23. 16,9s; 1Sm 11,13 | 25. Dt 21,12 | 33. 17,27-29

Dissensões entre Israel e Judᆠ. 42To-
dos os homens de Israel vieram ter
com o rei e lhe perguntaram: "Por que
nossos irmãos, os homens de Judá, te
sequestraram e fizeram o rei e sua casa
atravessar o Jordão com todos os ho-
mens de Davi?" 43Todos os homens de
Judá responderam aos homens de Is-
rael: "Porque o rei é nosso parente. Por
que ficais irados com isso? Acaso co-
memos às custas do rei ou recebemos
dele algum presente?" 44Os homens
de Israel responderam aos homens
de Judá, dizendo: "Nós temos no rei
dez partes,* e mais direito sobre Davi
do que vós. Por que, pois, nos despre-
zastes? Não fomos nós os primeiros a
propor que se reconduzisse nosso rei?"
Mas as palavras dos homens de Judá
foram mais duras do que as dos ho-
mens de Israel.

20

Revolta de Seba. 1Achava-se
ali um homem perverso, cha-
mado Seba, filho de Bocri, benjaminita,
o qual tocou a trombeta e disse:

"Não temos parte em Davi,*
nem herança no filho de Jessé!
Cada um para sua tenda, ó Israel".

2Todos os homens de Israel deixaram
de seguir Davi e foram atrás de Seba,
filho de Bocri, ao passo que os de Judá
ficaram com seu rei, conduzindo-o
desde o Jordão até Jerusalém.

3Quando Davi chegou a sua casa em
Jerusalém, tomou as dez concubinas*
que havia deixado para guardar a casa
e mandou encerrá-las; dava-lhes o sus-
tento, mas não se uniu mais a elas; e
assim permaneceram encerradas até à
morte, vivendo como viúvas.

Amasa é morto por Joab. 4O rei disse
a Amasa: "Convoca-me* os homens de
Judá para daqui a três dias; tu também
apresenta-te aqui". 5Amasa partiu para
convocar os homens de Judá, mas de-
morou-se além do prazo fixado. 6Davi
disse a Abisaí: "Seba, filho de Bocri, nos
fará agora mais mal do que Absalão.
Toma os servos de teu senhor e per-
segue-o, para que não encontre cida-
des fortificadas e nos escape". 7Então
saíram atrás dele os homens de Joab,
os cereteus,* os feleteus e todos os va-
lentes; saíram de Jerusalém perseguin-
do Seba, filho de Bocri. 8Quando se
achavam perto da grande pedra* que
está em Gabaon, veio a seu encontro
Amasa. Joab estava vestido com sua
roupa de soldado, sobre a qual usava
um cinturão atado à cintura, com a es-
pada embainhada, a qual caiu enquan-
to ele caminhava. 9Joab disse a Amasa:
"Estás bem, meu irmão?" E com a mão
direita pegou na barba de Amasa para
o beijar. 10Amasa não percebeu a espa-
da que Joab tinha na mão; este o feriu
no ventre e derramou pelo chão suas
entranhas; caiu morto, sem precisar de
outro golpe. Depois, Joab e Abisaí, seu
irmão, continuaram a perseguir Seba,
filho de Bocri. 11Um dos jovens de
Joab parou junto ao corpo de Amasa
e gritou: "Quem está do lado de Joab
e de Davi, que siga Joab!" 12Entretan-
to, Amasa jazia banhado em sangue
no meio do caminho; vendo aquele
homem que todo o povo parava, reti-
rou Amasa do caminho para o campo e
cobriu-o com uma roupa, pois viu que
todos os que chegavam perto dele pa-
ravam. 13Uma vez retirado do caminho,
todos prosseguiram atrás de Joab para
perseguirem Seba, filho de Bocri.

Fim de Seba e de sua revolta. 14Joab
percorreu todas as tribos de Israel até
Abel-Bet-Maaca, e todos os beritas se
ajuntaram e o seguiram. 15Chegaram
a Abel-Bet-Maaca e aí sitiaram Seba,
levantando contra a cidade um aterro
que dominava as fortificações. Toda a
tropa que estava com Joab solapava
o muro para derrubá-lo. 16Então uma
mulher sagaz começou a gritar de den-
tro da cidade: "Escutai, escutai! Dizei
a Joab que se aproxime, para eu falar
com ele". 17Quando ele chegou perto,
a mulher perguntou: "És tu Joab?" Ele

---

* **19**,44. 1Rs 11,31 | **20**,1. 1Rs 12,16 | 3. 15,16; 16,20ss | 4. 19,14 | 7. 8,18; 23,8s | 8. 2,13

† **19**,42. Israel aqui designa as tribos do norte: a rivalidade as levará ao cisma, 1Rs 12,16. Seba já procla-
ma a separação, 20,1.

respondeu: "Sim". Disse-lhe ela: "Ouve
as palavras de tua serva". Respondeu
ele: "Estou ouvindo". [18]A mulher con-
tinuou: "Antigamente se dizia: 'Peça-se
conselho em Abel'; e assim encerravam
qualquer assunto. [19]Somos uma cida-
de das mais pacíficas e fiéis de Israel;
e tu procuras destruir uma cidade que
é uma mãe em Israel. Por que queres
aniquilar a herança de Javé?" [20]Joab
respondeu: "Longe, longe de mim a
ideia de destruir e de devastar. [21]Não
é assim; mas um homem da montanha
de Efraim, chamado Seba, filho de Bo-
cri, levantou a mão contra o rei, contra
Davi. Entregai-o somente, e eu me re-
tirarei da cidade". A mulher respondeu
a Joab: "A cabeça dele te será lançada
dos muros". [22]Então a mulher, com sua
sabedoria, dirigiu-se a todo o povo;
eles cortaram a cabeça de Seba, filho
de Bocri, e a lançaram a Joab, o qual
tocou a trombeta, e todos se retiraram
da cidade, cada qual para sua tenda; e
Joab voltou para junto do rei em Jeru-
salém.

[23]Joab comandava* todo o exérci-
to de Israel e Banaías, filho de Joiada,
comandava os cereteus e os feleteus.
[24]Adoniram era superintendente das
obras públicas; Josafá, filho de Ailud,
era o cronista; [25]Siva era escrivão; Sa-
doc e Abiatar eram sacerdotes. [26]Tam-
bém Ira, de Jair,* era sacerdote de Davi.

III. APÊNDICES (21–24)

21 **Reparação feita aos gabao-
nitas.** [1]No tempo de Davi
houve fome durante três anos conse-
cutivos. Davi consultou a Javé, e Javé
lhe disse: "É por causa de Saul e de sua
casa sanguinária, porque ele matou os
gabaonitas"†. [2]Então o rei chamou
os gabaonitas e conversou com eles.
Os gabaonitas* não eram israelitas,
mas sim um resto dos amorreus, aos
quais os israelitas se haviam ligado
com juramento, mas Saul, em seu zelo
pelos filhos de Israel e de Judá, tinha
procurado exterminá-los. [3]Davi per-
guntou aos gabaonitas: "Que devo fa-
zer por vós e que reparação vos darei,
para que possais abençoar a herança
de Javé?" [4]Responderam os gabao-
nitas: "Nós não temos questão com
Saul nem com sua família por causa de
prata ou de ouro, nem queremos que
morra alguém em Israel". Davi lhes dis-
se: "Farei por vós o que me pedirdes".
[5]Responderam eles ao rei: "Daquele
homem que nos massacrou e que ti-
nha planejado exterminar-nos para nos
fazer desaparecer de todo o território
de Israel, [6]sejam-nos entregues sete
homens dentre seus descendentes, e
nós os enforcaremos diante de Javé em
Gabaá de Saul, o eleito de Javé". O rei
respondeu: "Eu os entregarei". [7]Porém
o rei poupou Meribaal, filho de Jônatas,
filho de Saul, por causa do juramento*
que Davi e Jônatas tinham feito entre si
diante de Javé. [8]O rei tomou os dois fi-
lhos que Resfa, filha de Aías, tinha dado
a Saul, isto é, Armoni e Meribaal,* e os
cinco filhos que Merab, filha de Saul, ti-
nha dado a Adriel, filho de Berzelai, de
Meola. [9]Entregou-os aos gabaonitas,
que os enforcaram no monte, diante de
Javé. Todos os sete morreram juntos,
tendo sido executados nos primeiros
dias da colheita da cevada.

[10]Então Resfa, filha de Aías, tomou
um pano de saco* e o estendeu para
si sobre uma rocha, ficando lá desde
o início da ceifa até que caiu água do
céu sobre os corpos, e não deixou as
aves do céu se aproximarem deles de
dia, nem as feras do campo de noite.
[11]Contaram a Davi o que havia feito
Resfa, filha de Aías, concubina de Saul.
[12]Ele foi recolher os ossos de Saul e de
Jônatas, seu filho, junto aos habitantes
de Jabes de Galaad,* que os haviam
furtado da praça de Betsã, onde os fi-

* **20**,23. 8,16ss | 26. 8,18 | **21**,2. Js 9,3-27 | 7. 1Sm 20,15s.42 | 8. 1Sm 18,19 | 10. 3,31; 12,16 | 12. 1Sm 31,10-13

† **21**,1. Era preciso expiar o pecado para afastar o castigo da seca. Saul pecou, violando o juramento narrado em Js 9,15. A vingança do sangue não pode atingir o culpado, e seus descendentes pagam por ele.

listeus os tinham pendurado quando
derrotaram Saul em Gelboé. 13 Mandou
trazer de lá os ossos de Saul e os de
Jônatas, seu filho, e foram recolhidos
também os ossos dos enforcados. 14 Os
ossos de Saul e de seu filho Jônatas fo-
ram sepultados na terra de Benjamim,
em Sela, no sepulcro de Cis, seu pai.
Assim fizeram tudo o que o rei havia
mandado. Depois disso, Deus foi pro-
pício ao país.

Os heróis de Davi. 15 Houve de novo
guerra dos filisteus contra Israel. Davi
desceu com seus servos para combater
os filisteus e ficou extenuado. 16 Ishbi, fi-
lho de Nob, um dos descendentes de
Rafa, cuja lança pesava trezentos siclos
de bronze e que cingia uma espada nova,
tentou matar Davi, 17 mas veio em seu
auxílio* Abisaí, filho de Sárvia, que feriu o
filisteu e o matou. Então os soldados de
Davi lhe fizeram este juramento: "Nunca
mais* sairás conosco à guerra, para que
não se apague a lâmpada de Israel".

18 Depois disso houve* outra batalha
contra os filisteus em Gob; então Sobo-
cai, de Husa, matou Saf, descendente
de Rafa.

19 Houve em Gob mais outra bata-
lha contra os filisteus, na qual Elcanã,
filho de Iari, belemita, matou Golias de
Gat, cuja lança tinha uma haste que era
como o cilindro de um tear.

20 Depois houve outra batalha em
Gat, na qual se encontrou um homem
de grande estatura, que tinha seis de-
dos em cada mão e em cada pé, isto é,
vinte e quatro dedos, e que era tam-
bém descendente de Rafa. 21 Ele insul-
tou Israel; mas Jônatas,* filho de Sama,
irmão de Davi, o matou. 22 Esses quatro
eram descendentes de Rafa, em Gat, e
foram mortos pelas mãos de Davi e de
seus soldados.

22

Hino ao Deus salvador. 1 Davi
dirigiu a Javé as palavras des-
te cântico no dia em que Javé o livrou
das mãos de todos os seus inimigos
e das mãos de Saul. 2 Disse ele:

"Javé é minha rocha, minha fortaleza,
meu libertador,
3 meu Deus, meu rochedo em que me
refugio,*
meu escudo e minha poderosa sal-
vação,*
meu alto refúgio, meu abrigo,
meu salvador, da violência me livrais.
4 Invoco a Javé, digno de ser louvado,
e serei salvo de meus inimigos.
5 Ondas mortais me rodearam,
torrentes de perdição me atemoriza-
ram,*
6 envolveram-me as correntes do
abismo,
laços de morte me surpreenderam.
7 Em minha angústia invoquei Javé,
a meu Deus gritei por socorro;
lá de seu templo ele ouviu minha voz,
chegou meu grito a seus ouvidos.
8 Então a terra se abalou e tremeu;*
vacilaram as bases dos céus,
oscilaram porque ele se indignou.
9 Saiu fumaça de suas narinas,
e de sua boca um fogo devorador;
e dele surgiram brasas ardentes.
10 Inclinou os céus e desceu*
com uma nuvem escura a seus pés.
11 Cavalgava um querubim e voou;
foi visto sobre as asas do vento.
12 Fez das trevas uma tenda a seu re-
dor;
acúmulo de águas, espessas nuvens.
13 Do fulgor de sua presença
brasas de fogo se acenderam.
14 Javé trovejava dos céus,
o Altíssimo soltou sua voz;
15 disparou suas flechas e os disper-
sou,*
lançou relâmpagos e os desbaratou.
16 E apareceu o fundo do mar,
descobriram-se as bases do mundo
por vossa ameaça, Javé,
pela rajada de vento de vosso furor.
17 Lá do alto estendeu a mão e me
tomou,*
tirou-me das águas caudalosas;
18 livrou-me de meu inimigo poderoso
e dos que me odiavam, pois eram
mais fortes que eu.

---

* **21**,17. 14,7 / 1Rs 11,36; 15,4; 2Rs 8,19 | 18. 1Cr 20,4-8; 23,27 | 21. 13,3; 1Sm 16,9 | **22**,3. 1Sm 2,2 / 1Sm 2,1 | 5. 23,6 | 8. Êx 19,16 | 10. Sl 144,5 | 15. Sl 144,6 | 17. Sl 144,7

19Assaltaram-me no dia de meu infortúnio,
mas Javé se fez meu amparo;
20retirou-me para um lugar espaçoso,
salvou-me porque me ama.
21Javé recompensou-me segundo minha justiça,
conforme a pureza de minhas mãos me retribuiu;
22porque tenho seguido os caminhos de Javé
e não tenho agido mal longe de meu Deus;
23porque tenho ante os olhos todas as suas leis,
e não me desvio de seus preceitos.
24Tenho sido correto para com ele,
e me preservei de minha iniquidade.
25Por isso Javé me retribuiu segundo minha justiça,
e conforme minha pureza ante seus olhos.
26Sois bondoso com quem é bondoso,
e com quem é íntegro vos mostrais íntegro;
27com quem é sincero sois sincero,
mas inflexível com o perverso.
28Vós salvais o povo humilde,
mas vossos olhos estão sobre os altivos para abatê-los.
29Sim, vós sois minha lâmpada, Javé;
Javé aclara minhas trevas.
30Convosco enfrento um exército,
com meu Deus escalo muralhas.
31Perfeito é o proceder de Deus,
acrisolada é a palavra de Javé;
ele é escudo para todos os que nele se abrigam.
32Pois quem é Deus, senão Javé?
Quem é Rocha, afora nosso Deus?
33Deus é minha poderosa fortaleza
e torna irrepreensível meu caminho.
34Iguala meus pés aos das corças,
e me mantém firme em minhas alturas.
35Treinou minhas mãos para a batalha,
e meus braços para retesar o arco de bronze.
36Vós me destes vosso escudo salvador,
e vossa gentileza me engrandeceu.
37Fizestes-me avançar a largos passos,
e meus pés não vacilaram.
38Persegui meus inimigos e os derrotei,
e não voltei atrás sem tê-los destruído.
39Acabei com eles e os abati, e não puderam reerguer-se,
caíram debaixo de meus pés.
40De força me dotastes para o combate,
dobrastes diante de mim meus adversários.
41Fizestes meus inimigos voltar-me as costas,
e exterminei os que me odiavam.
42Clamaram, mas ninguém os acudiu,
gritaram a Javé, mas ele não respondeu.
43Triturei-os como o pó da terra,
pisei neles como no barro das ruas.
44Das contendas de meu povo me livrastes
e me guardastes para ser chefe de nações.
Um povo que eu não conhecia me serviu.
45Os filhos dos estrangeiros se submetem a mim,
ouvindo minha voz me obedecem.
46Os filhos dos estrangeiros desfalecem,
tremendo abandonam seus refúgios.
47Viva Javé! Bendito seja meu Rochedo,
e exaltado seja Deus, minha Rocha salvadora;
48o Deus que me concedeu vitória,
e os povos a mim submeteu
49e livrou-me de meus inimigos.
Sobre meus adversários me elevais
e do homem violento me livrais.
50Por isso, Javé, eu vos louvo entre as nações*
e cantarei louvores a vosso nome.
51Ele concede a seu rei grandes vitórias,

* **22**,50. Sl 22,23

e usa de benignidade para com seu
ungido,
para com Davi e sua descendência
para sempre.

23 Últimas palavras de Davi.
1São estas as últimas palavras
de Davi: *
"Oráculo de Davi, filho de Jessé,
oráculo do homem exaltado por
Deus,
do ungido do Deus de Jacó,
do doce cantor de Israel.
2O espírito de Javé fala por meu in-
termédio,*
e sua palavra está em minha língua.
3Falou o Deus de Israel,*
a Rocha de Israel me disse:
Aquele que governa os homens com
justiça,*
que governa com o temor de Deus,
4é como a luz da manhã quando sai
o sol,
como manhã sem nuvens,
como a chuva que faz germinar a
terra.
5Não é assim minha casa diante de
Deus?
Pois fez comigo um pacto eterno,*
em tudo bem regulado e seguro.
Não fará ele germinar minha com-
pleta salvação
e tudo o que eu desejo?
6Mas os malvados serão todos lança-
dos fora como os espinhos,
porque não podem ser tocados com
a mão;
7quem os toca se arma com um ferro
ou com o cabo de uma lança,
e com fogo serão totalmente consu-
midos em seu lugar".

Os três mais famosos heróis de Davi.
8São estes os nomes dos heróis* de
Davi: Isbaal, o haquemonita, chefe dos
Três; foi ele que brandiu sua lança con-
tra oitocentos, matando-os de uma só
vez.
9Depois deste, Eleazar, filho de
Dodô,* o aoíta, um dos três valoro-
sos que estavam com Davi, quando
desafiaram os filisteus reunidos para
combater, enquanto os israelitas se re-
tiravam. 10Eleazar permaneceu firme e
combateu os filisteus até que sua mão
se cansou e ficou colada à espada. Na-
quele dia Javé concedeu uma grande
vitória, e o povo voltou para junto de
Eleazar, mas somente para recolher os
despojos.
11Depois dele, Sama, filho de Age, o
ararita. Os filisteus tinham-se concen-
trado em Lequi, onde havia um terreno
coberto de lentilhas. O povo havia fu-
gido diante dos filisteus; 12mas Sama se
postou no meio do campo, defendeu-o
e derrotou os filisteus. Javé efetuou as-
sim uma grande vitória.

Os Trinta: a guarda de Davi. 13Três
dos Trinta desceram e no tempo da
colheita foram à gruta* de Odolam,
onde estava Davi, enquanto uma tro-
pa dos filisteus se achava acampada no
vale dos refaítas. 14Davi achava-se en-
tão no refúgio, e havia em Belém uma
guarnição* de filisteus. 15Davi exprimiu
este desejo: "Quem me dera beber da
água do poço que está junto à porta
de Belém!" 16Então os três valorosos
abriram uma passagem através do
acampamento filisteu, tiraram água
do poço de Belém, que está junto à
porta, levaram-na e ofereceram-na
a Davi; mas ele não a quis beber e a
derramou em honra de Javé, 17dizen-
do: "Longe de mim, Javé, fazer tal coisa!
Beberia eu o sangue dos homens que
lá foram arriscando a própria vida?" E
não a quis beber. Isto fizeram aqueles
três heróis.
18Abisaí, irmão de Joab, filho de Sár-
via, era chefe dos Trinta. Foi ele que
vibrou sua lança contra trezentos ho-
mens e os matou; e ganhou renome
entre os Trinta. 19Era o mais ilustre dos
Trinta e por isso tornou-se o chefe de-
les; mas não igualou os Três primeiros.
20Banaías, filho de Joiada, filho de um
homem valoroso* de Cabseel, fez gran-
des proezas: foi quem matou os dois
heróis de Moab e foi quem desceu a

* **23**,1. 1Rs 2,5-9 | 2. Is 59,21 | 3. Jr 1,9 / Sl 72,1-6 | 5. 7,11-16 | 8. 1Cr 11,11-41; 27,2-15 | 9. 1Sm 17,1 | 13. 1Sm 22,1 | 14. 5,18 | 20. 8,18; 20,23; 1Rs 2,29s

uma cisterna num dia de neve, e ma-
tou ali um leão. 21Matou também um
egípcio de enorme estatura; o egípcio
tinha na mão uma lança, mas ele saiu
a seu encontro com um cajado, ar-
rancou a lança da mão do egípcio e
o matou com sua própria lança. 22Isto
fez Banaías, filho de Joiada, obtendo
fama entre os Trinta. 23Foi mais ilustre
que os Trinta, mas não chegou a igua-
lar os Três primeiros. Davi o colocou à
frente de sua guarda pessoal.

24Asael, irmão* de Joab, figurava en-
tre os Trinta, com Elcanã, filho de Dodô,
de Belém; 25Sama, de Harod; Elica, de
Harod; 26Heles, de Falti; Ira, filho de
Aces, de Técua; 27Abiezer, de Anatot;
Sabeni, o husaíta; 28Selmon, o aoíta;
Maarai, de Netofa; 29Hélod, filho de
Baana, de Netofa; Etai, filho de Ribai,
de Gabaá dos filhos de Benjamim; 30Ba-
naías, de Faraton; Hedai, das torrentes
de Gaás; 31Abi-Albon, de Arbat; Azmot,
de Baurim; 32Eliaba, de Saalbon; Jazen,
o gunita; 33Jônatas, filho de Sama, de
Arar; Aiam, filho de Sarar, de Arar; 34Eli-
falet, filho de Aasbai, filho do maaca-
tita; Aliam, filho de Aquitofel, de Gilo;
35Hersai, do Carmelo; Faraai, de Arbi;
36Igaal, filho de Natã, de Soba; Bani, de
Gad; 37Selec, o amonita; Naarai, de Be-
rot, escudeiro de Joab, filho de Sárvia;
38Ira, de Jeter; Gareb, de Jeter; 39Urias, o
heteu.* Ao todo, trinta e sete.

24 **Recenseamento e castigo†.**
1A ira de Javé* acendeu-se de
novo contra os israelitas e instigou Davi
contra eles, dizendo-lhe: "Vai e faze um
recenseamento de Israel e de Judá".
2Disse o rei a Joab, chefe do exército,
que estava com ele: "Percorre todas
as tribos de Israel, de Dã a Bersabeia,
e faze o recenseamento da população,
para que eu saiba seu número" 3Mas
Joab respondeu ao rei: "Que Javé, teu
Deus, multiplique o povo cem vezes
mais do que agora e faça com que os
olhos do rei, meu senhor, possam vê-lo;
mas por que o rei, meu senhor, deseja
isto?" 4Contudo, a ordem do rei preva-
leceu contra Joab e contra os chefes do
exército. Saiu, pois, Joab com os chefes
do exército da presença do rei, para fa-
zer o recenseamento do povo de Israel.

5Passaram o Jordão e acamparam
em Aroer, à direita da cidade situada
no meio do vale, e chegaram a Gad e
Jazer. 6Daí foram a Galaad e seguiram
até Cades, na terra dos heteus; passa-
ram por Dã-Jaã e dobraram para Sidô-
nia. 7Foram à fortaleza de Tiro e a todas
as cidades dos heveus e dos cananeus,
e saíram para Bersabeia, no Negueb de
Judá. 8Percorreram, pois, todo o país
e voltaram para Jerusalém ao cabo de
nove meses e vinte dias. 9Joab entre-
gou* ao rei o resultado do recensea-
mento do povo: havia em Israel oito-
centos mil guerreiros que manejavam
a espada e em Judá quinhentos mil
guerreiros†.

10Depois de ter recenseado o povo,
Davi sentiu remorsos e disse a Javé:
"Pequei gravemente fazendo isto; mas
agora, Javé, perdoai, vos peço, a culpa
de vosso servo, porque agi com grande
insensatez". 11De manhã, quando Davi
se levantava, a palavra de Javé foi dirigi-
da ao profeta Gad, vidente de Davi, nes-
tes termos: 12"Vai dizer a Davi:* Assim
fala Javé: 'Eu te proponho três coisas;
escolhe uma delas para que eu a faça'".
13Gad compareceu diante de Davi e lhe
transmitiu esta mensagem: "Queres que
sobrevenham* três anos de fome a teu
país, ou que tu fujas durante três meses
diante de teu inimigo que te perseguirá,
ou que haja três dias de epidemia em
teu país? Agora reflete e vê que res-

---

* **23**,24. 1Sm 22,14; 2,18-23 | 39. 11,3s | **24**,1. 1Cr 21,1-5 | 9. 1Cr 21,7-17; 1Sm 24,6 | 12. 1Sm 22,5 | 13. 21,1

† **24**. Recensear a população era considerado uma violação de um direito exclusivo de Javé, dispensador da vida e chefe de Israel, o único que pode saber o número de seus súditos. Por isso, Êx 30,12 prevê um resgate ao se fazer recenseamento. Aqui ele é feito "por instigação de Javé", conforme o modo de atribuir tudo a Deus, o bem e o mal. | 9. Esses números significariam que a população total era de 7 milhões de pessoas, evidente exagero. | 16. Localizada no monte Moriá, Gn 22,2, nela será edificado o templo de Salomão, 2Cr 3,1.

posta devo levar a quem me enviou". 14Davi respondeu a Gad: "Estou muito angustiado. É melhor cair nas mãos de Javé, porque é grande sua misericórdia, do que cair nas mãos dos homens". 15E Javé mandou sobre Israel uma epidemia, desde aquela manhã até a tempo fixado, e de Dã a Bersabeia morreram setenta mil homens do povo.

O altar sobre a eira de Areúna. 16O anjo estendeu a mão* sobre Jerusalém para exterminá-la, mas Javé se arrependeu* daquele mal e disse ao anjo que semeava a destruição entre o povo: "Basta! Detém agora tua mão!" O anjo de Javé estava junto da eira de Areúna, o jebuseu†. 17E Davi, vendo o anjo flagelar o povo, disse a Javé: "Fui eu que pequei, fui eu que fiz o mal; mas estas ovelhas, que fizeram? Que vossa mão se volte contra mim e contra minha família!"

18Naquele dia Gad* apresentou-se a Davi e lhe disse: "Sobe, ergue a Javé um altar na eira de Areúna, o jebuseu". 19Davi subiu conforme a palavra de Gad, como Javé lhe havia ordenado. 20Areúna olhou e viu que vinham a ele o rei e seus servos; saiu e se prostrou diante do rei com o rosto em terra. 21Areúna disse: "Por que vem o rei, meu senhor, a seu servo?" Respondeu Davi: "Para comprar de ti esta eira, a fim de construir um altar a Javé; assim se afastará do povo a epidemia". 22Disse então Areúna a Davi: "Que o rei, meu senhor, a tome e ofereça o que bem lhe parecer. Eis aqui os bois* para o holocausto, a grade e os jugos dos bois para a lenha. 23Tudo isto, ó rei, Areúna entrega ao rei". Disse também Areúna ao rei: "Javé, teu Deus, te seja propício". 24O rei lhe respondeu: "De modo algum! Eu comprarei tudo por seu preço, pois não vou oferecer a Javé, meu Deus, holocaustos que não me custem nada". Davi comprou a eira e os bois por cinquenta siclos de prata. 25Edificou ali um altar a Javé e ofereceu holocaustos e sacrifícios de comunhão. Então Javé teve piedade do país, e a epidemia* foi afastada de Israel.

---

* **24**,16. Êx 12,23 / 2Rs 19,35 | 18. 1Cr 21,18-28 | 22. 1Sm 6,14; 1Rs 19,21 | 25. 21,14

OS LIVROS DOS REIS

Os dois livros dos Reis, que possuímos atualmente, eram um só no cânon judaico e ficaram divididos desde que foi feita a versão grega dos Setenta, a qual uniu Samuel e Reis num só conjunto de quatro livros, procedimento adotado também pela Vulgata.

A história narrada é a da monarquia de Israel, desde os últimos anos de Davi até a conquista de Jerusalém pelos babilônios (ano 970 a 586 a.C.).

Com o forte apoio da mãe e do profeta Natã, Salomão sobrepuja seus irmãos e sobe ao trono sacrificando a vida de várias pessoas. Pede a Deus sabedoria e dele recebe, além desta, riqueza e glória. Sua maior obra é a construção do grandioso templo de Jerusalém, que será dedicado numa festa solene, para tornar-se o centro de toda a vida religiosa do povo. O fim da vida de Salomão é marcado por seus desastrosos casamentos com mulheres pagãs, que desviaram seu coração do culto ao único Deus verdadeiro. O castigo virá no tempo de seu filho Roboão: o magnífico reino perde a unidade, ficando dividido em dois, o reino de Israel no norte da Palestina, e o de Judá no sul. Além de político, o cisma é ao mesmo tempo religioso, pois são fundados dois santuários rivais do de Jerusalém.

Depois de narrar a história paralela dos dois reinos, até a ruína do reino do norte em 721 a.C., o livro concentra-se no reino do sul, que resistiu ainda por mais de um século, graças à dinastia davídica, ao templo e às reformas empreendidas por reis piedosos. É nessa época que viveram muitos profetas, alguns dos quais pronunciaram oráculos que fazem parte da Bíblia. A obra contém tudo o que sabemos dos profetas Elias e Eliseu e mostra em ação, como guias espirituais dos reis e do povo, os profetas Isaías e Jeremias. As notícias que dá sobre os reis são geralmente esquemáticas, porque, tratando-se de uma história religiosa, os redatores só conservaram aquilo que servia a sua finalidade. No final de sua biografia, cada rei recebe uma avaliação global de seu comportamento religioso.

No espírito do Deuteronômio, o autor explica o exílio e a ruína da cidade e do templo como consequência da infidelidade à aliança. Mas Deus é fiel às promessas feitas a Davi e a sua descendência, por isso o caminho da esperança é a conversão a ele.

PRIMEIRO LIVRO DOS REIS

I. REINADO DE SALOMÃO (1–11)

1 **Velhice de Davi.** [1]O rei Davi estava velho, em idade avançada; por mais que o cobrissem de roupas, não conseguia aquecer-se. [2]Por isso disseram-lhe seus servos: "Procure-se para o senhor nosso rei uma jovem virgem que assista o rei, cuide dele e durma em seus braços, para que o senhor nosso rei se aqueça". [3]Procuraram, pois, em todo o território de Israel uma jovem bela e acharam Abisag, a sunamita, e a trouxeram ao rei.

Conspiração de Adonias†. [4]Essa jovem era extremamente bela, cuidava do rei e o servia, mas ele não se uniu a ela. [5]Ora, Adonias, filho de Haguit,* exaltou-se, dizendo: "Sou eu que vou reinar!" Arranjou para si carro e cavalos,* além de cinquenta homens que corriam diante dele. [6]Seu pai, enquanto viveu, jamais o repreendeu, dizendo: "Por que fazes isso?" Também ele era extraordinariamente belo e havia nascido depois de Absalão. [7]Entrou em entendimentos com Joab, filho de Sárvia, e com o sacerdote Abiatar, que lhe deram apoio; [8]mas o sacerdote Sadoc, Banaías, filho de Joiada, o profeta Natã, Semei e Rei, bem como os valentes de Davi, não estavam do lado de Adonias.

[9]Certa vez, Adonias imolou ovelhas, bois e bezerros cevados junto à Pe-

---

* **1**,5. 2 Sm 3,4 / 2Sm 15,1

† **1**,4. Adonias era o quarto filho de Davi, nascido depois de Amnon, Queleab e Absalão. De Queleab nada sabemos; estando mortos os outros dois irmãos, Adonias pensava que o trono lhe pertencia.

dra de Zoélet, situada perto da fonte de Roguel, e convidou todos os seus irmãos, os filhos do rei, e todos os homens de Judá que estavam a serviço do rei, 10mas não convidou o profeta Natã, nem Banaías, nem os valentes, nem seu irmão Salomão.

A luta pela sucessão. 11Então Natã disse a Betsabeia,* mãe de Salomão: "Não ficaste sabendo que Adonias, filho de Haguit, proclamou-se rei sem que Davi, nosso senhor, o saiba? 12Agora, deixa-me dar-te um conselho, para que salves tua vida e a de teu filho Salomão. 13Vai, apresenta-te ao rei Davi e dize-lhe: 'Senhor, meu rei, porventura não juraste a tua serva, dizendo: É teu filho Salomão que reinará depois de mim e se sentará em meu trono?† Por que então Adonias se tornou rei?' 14Enquanto ainda estiveres lá, falando com o rei, entrarei depois de ti e confirmarei tuas palavras".

15Betsabeia foi ter com o rei em seu aposento. Ora, o rei estava muito velho e Abisag, a sunamita, o servia. 16Betsabeia inclinou-se e prostrou-se diante do rei, o qual lhe perguntou: "Que desejas?" 17Ela respondeu-lhe: "Meu senhor, juraste a tua serva por Javé teu Deus, dizendo: 'É teu filho Salomão que reinará depois de mim e se sentará em meu trono'. 18Agora, porém, Adonias tornou-se rei e tu, senhor meu rei, não sabes disso. 19Ele imolou grande número de bois, bezerros cevados e ovelhas e convidou todos os filhos do rei, o sacerdote Abiatar e Joab, general do exército, mas não convidou teu servo Salomão. 20Agora, senhor meu rei, todo Israel dirige para ti seu olhar, a fim de que lhe anuncies quem se sentará sobre o trono do senhor meu rei depois dele. 21Do contrário, quando o senhor meu rei tiver adormecido com seus pais, eu e meu filho Salomão seremos tidos como culpados".

22Ela ainda estava falando com o rei, quando entrou o profeta Natã. 23Anunciaram ao rei: "O profeta Natã está aí". Ele veio perante o rei e prostrou-se diante dele com o rosto em terra. 24Disse Natã: "Senhor meu rei, acaso dissestes: 'Adonias reinará depois de mim e se sentará em meu trono?' 25Pois ele desceu hoje para imolar inúmeros bois, bezerros cevados e ovelhas e convidou todos os filhos do rei, os oficiais do exército e o sacerdote Abiatar; eles estão comendo e bebendo em sua presença e gritando: 'Viva o rei Adonias!' 26Mas não convidou a mim, teu servo, nem o sacerdote Sadoc, nem Banaías, filho de Joiada, nem teu servo Salomão. 27Porventura foi por ordem do senhor meu rei que isto se fez, sem que tenhas indicado a teu servo quem sucederia no trono ao senhor meu rei?

Salomão é consagrado rei. 28O rei Davi respondeu: "Chamai para mim Betsabeia". Ela veio perante o rei e ficou de pé diante dele. 29Então o rei fez este juramento: "Pela vida de Javé, que me livrou de toda adversidade, 30como te jurei por Javé, Deus de Israel, dizendo: 'Teu filho Salomão reinará depois de mim e se sentará em meu trono em meu lugar', assim o farei hoje mesmo". 31Betsabeia inclinou-se com o rosto em terra, prostrou-se diante do rei e disse: "Viva para sempre o rei Davi, meu senhor!" 32Depois o rei Davi ordenou: "Chamai para mim o sacerdote Sadoc, o profeta Natã e Banaías, filho de Joiada". Eles vieram perante o rei, 33e este lhes disse: Tomai convosco* os servos de vosso senhor, fazei montar em minha mula meu filho Salomão e fazei-o descer até Guion. 34Lá o sacerdote Sadoc e o profeta Natã* o ungirão rei de Israel e vós tocareis a trombeta e gritareis: 'Viva o rei Salomão!' 35Depois subireis atrás dele, e ele virá sentar-se em meu trono e reinará em meu lugar, pois foi a ele que constituí chefe sobre Israel e sobre Judá". 36Banaías, filho de Joiada, respondeu ao rei: "Amém! Que assim o ordene o Senhor, o Deus do senhor meu rei! 37Como Javé esteve com o senhor meu rei, assim esteja com Sa-

---

* **1**,11. 2Sm 12,24 | 33. 2Rs 11,11-20 | 34. 1Sm 9,26

† **1**,13. Este juramento não consta na Bíblia, mas Davi não recusaria nada à mulher que tanto amou.

lomão e que exalte seu trono mais do
que o trono do rei Davi, meu senhor!"
38Desceram, pois, o sacerdote Sadoc,
o profeta Natã, Banaías, filho de Joia-
da, os cereteus* e os feleteus†. Fizeram
Salomão montar na mula do rei Davi e
o conduziram a Guion. 39O sacerdote
Sadoc apanhou na tenda o chifre de
óleo e ungiu Salomão;* soaram a trom-
beta e todo o povo gritou: "Viva o rei
Salomão!" 40Depois, todo o povo subiu
atrás dele, tocando flauta e exultando
com tão grande júbilo que a terra se
fendia com seus clamores.

Adonias abandonado. 41Adonias e to-
dos os seus convidados ouviram aque-
les clamores quando estavam acabando
a refeição. Joab ouviu o toque da trom-
beta e perguntou: "Por que esse barulho
e alvoroço na cidade?" 42Estava ainda fa-
lando quando chegou Jônatas, filho do
sacerdote Abiatar, e Adonias disse: "En-
tra, pois és um homem valente e certa-
mente trazes* boas notícias". 43Jônatas
respondeu a Adonias: "Pelo contrário, o
rei Davi, nosso senhor, acaba de cons-
tituir Salomão rei! 44O rei mandou com
ele o sacerdote Sadoc, o profeta Natã,
Banaías, filho de Joiada, os cereteus e
os feleteus, fizeram-no montar na mula
do rei 45e o sacerdote Sadoc e o profeta
Natã o ungiram rei em Guion; voltaram
de lá soltando gritos de alegria, e a ci-
dade se alvoroçou; é este o rumor que
acabais de ouvir. 46Além disso, Salomão
já está sentado no trono real, 47e os ofi-
ciais do rei já foram felicitar o rei Davi,
nosso senhor, dizendo: 'Que teu Deus
glorifique o nome de Salomão mais ain-
da que o teu e que ele engrandeça seu
trono mais que o teu!' O rei prostrou-se
sobre seu leito 48e assim falou: 'Bendito
seja Javé, Deus de Israel, que fez alguém
sentar-se sobre meu trono hoje, permi-
tindo que meus olhos o vissem'".
49Então todos os convidados de
Adonias entraram em pânico, levan-
taram-se e cada qual partiu para um
lado. 50Adonias, temendo Salomão,
levantou-se e foi agarrar-se aos chifres
do altar†. 51Informaram Salomão nestes
termos: "Adonias está com medo* do
rei Salomão e agarrou-se aos chifres do
altar, dizendo: 'Que o rei Salomão me
jure hoje que não mandará matar seu
servo à espada'". 52Salomão respon-
deu: "Se ele se portar como pessoa ho-
nesta, nem sequer um de seus cabelos
cairá por terra; mas se for surpreendi-
do em falta, morrerá". 53O rei Salomão
ordenou que o descessem do altar; ele
veio e prostrou-se diante do rei Salo-
mão, que lhe disse: "Vai para casa".

2 **Últimas disposições de Davi†.**
1Aproximando-se o momento de
sua morte, Davi ordenou a seu filho
Salomão: 2"Vou seguir o caminho de
todo o mundo.* Sê corajoso e porta-
-te como homem. 3Observa as ordens
de Javé,* teu Deus, andando em seus
caminhos, pondo em prática seus es-
tatutos, seus mandamentos, seus de-
cretos e seus preceitos, conforme está
escrito na lei de Moisés, a fim de seres
bem-sucedido em tudo quanto fizeres
e em todos* os teus projetos. 4Para que
Javé cumpra a promessa que me fez
quando disse: 'Se teus filhos conser-
varem* boa conduta, caminhando com
lealdade diante de mim, de todo o seu
coração e de toda a sua alma, jamais te
faltará um sucessor no trono de Israel'.
5Tu sabes também o que me fez Joab,*
filho de Sárvia, o que ele fez aos dois
chefes do exército de Israel, Abner, fi-
lho de Ner, e Amasa, filho de Jeter. Ele
os matou, vingando em tempo de paz
o sangue derramado na guerra e man-
chando de sangue inocente o cinturão
de seus rins e a sandália de seus pés;
6agirás conforme tua sabedoria, mas
não deixes que seus cabelos brancos
desçam em paz ao xeol. 7Aos filhos de

---

* **1**,38. 2Sm 8,18 | 39. 1Sm 10,1; 16,1.13; Êx 30,22 | 42. 2Sm 18,27 | 51. Êx 21,13s; 1Rs 2,28 | **2**,2. Js 23,14 | 3. Dt 17,18-20 / Dt 29,8 | 4. 2Sm 7,11-16 | 5. 2Sm 3,21-27; 20,8-12 | 7. 2Sm 19,32-40

† **1**,38. Ver a nota em 2Sm 8,18. | 50. Ver a nota em Êx 27,2. | **2**. Davi exorta Salomão a ser fiel à aliança e o encarrega de vingar certos crimes, coisa que ele não pôde fazer, ou por causa de um juramento, ou porque as circunstâncias não lho permitiram.

Berzelai,* o galaadita, porém, mostra-
rás benevolência e eles estarão entre
os que comem a tua mesa, pois com
igual bondade vieram a meu encontro
quando eu fugia diante de teu irmão
Absalão. 8Tens contigo Semei,* filho de
Gera, o benjaminita de Baurim, que me
amaldiçoou violentamente no dia em
que parti para Maanaim; mas como ele
desceu para me encontrar no Jordão,
jurei-lhe por Javé que eu não o mataria
pela espada. 9Mas agora, não o deixa-
rás impune: sensato como és, saberás
como tratá-lo para fazer descer ao xeol
manchados de sangue seus cabelos
brancos".

Morte de Davi. Reina Salomão. 10Davi
adormeceu* com seus pais e foi sepul-
tado na Cidade de Davi. 11O reinado de
Davi sobre Israel durou quarenta anos:
em Hebron reinou sete anos, em Jeru-
salém trinta e três. 12Salomão subiu ao
trono de Davi, seu pai, e sua realeza foi
firmemente estabelecida.

Morte de Adonias. 13Adonias, filho de
Haguit, foi ter com Betsabeia, mãe de
Salomão. Ela perguntou: "É pacífica tua
visita?" Ele respondeu: "Sim". 14E acres-
centou: "Tenho algo a te dizer". Ela res-
pondeu: "Fala". 15E ele: "Bem sabes que
a realeza me pertencia e que todo o
Israel esperava que eu me tornasse rei,
mas a realeza me escapou e foi dada
a meu irmão, porque por vontade de
Javé era dele. 16Agora, só tenho um
pedido a fazer-te, não o recuses". Ela
respondeu: "Fala". 17E ele: "Dize, eu te
peço, ao rei Salomão – pois ele nada te
negará – que me dê Abisag, a sunami-
ta, por esposa". 18"Está bem", respon-
deu Betsabeia, "eu falarei ao rei em teu
favor". 19Betsabeia foi, pois, à presença
do rei Salomão para lhe falar em favor
de Adonias, e o rei ergueu-se para ir a
seu encontro e prostrou-se diante dela;
depois sentou-se no trono e mandou
colocar um assento para a mãe do rei, e
ela sentou-se a sua direita. 20Disse ela:
"Tenho um pequeno pedido para te fa-
zer, não o negues". O rei lhe respondeu:
"Pede, minha mãe, que não o negarei".
21Ela respondeu: "Que se dê Abisag,
a sunamita, por esposa a teu irmão
Adonias". 22Em resposta, o rei Salo-
mão disse a sua mãe: "E por que pedes
para Adonias Abisag, a sunamita? Pede
também para ele a realeza! Pois ele é
meu irmão mais velho; para ele, para
o sacerdote Abiatar e para Joab, filho
de Sárvia!" 23O rei Salomão jurou por
Javé, dizendo: "Que Deus me mande
um castigo em cima de outro se Ado-
nias não pagar com a própria vida esta
palavra que pronunciou! 24Agora pois,
pela vida de Javé que me estabeleceu
e me fez sentar no trono de Davi, meu
pai,* e me edificou uma casa conforme
prometera, hoje mesmo Adonias esta-
rá morto". 25O rei Salomão encarregou
disso Banaías, filho de Joiada, o qual se
lançou sobre Adonias, e ele morreu.

Demissão de Abiatar. 26Ao sacerdote
Abiatar o rei disse: "Vai para Anatot,
para tua propriedade, porque és digno
de morte, mas não te farei morrer hoje,
porque carregaste a arca de Javé dian-
te de Davi, meu pai, e compartilhaste
todas as provações de meu pai". 27Sa-
lomão afastou Abiatar do sacerdócio
de Javé, cumprindo-se assim a palavra
que Javé havia pronunciado contra a
casa de Eli em Silo.

Punição de Joab. 28Quando essa notí-
cia* chegou a Joab – que havia apoiado
Adonias, embora não tivesse apoiado
Absalão – ele refugiou-se na tenda de
Javé e agarrou-se aos chifres do altar.
29Comunicaram ao rei Salomão: "Joab
refugiou-se na tenda de Javé e acha-se
junto do altar". Então Salomão mandou
Banaías, filho de Joiada, dizendo-lhe:
"Vai e mata-o!" 30Banaías foi à tenda
de Javé e lhe disse: "O rei ordena que
saias daqui". "Não", respondeu ele, "eu
morrerei* aqui". Banaías levou a res-
posta ao rei: "Assim me falou Joab e
assim me respondeu". 31O rei lhe disse:
"Faze como ele disse; mata-o e depois
sepulta-o. Assim tirarás de cima de mim
e de cima da casa de meu pai o sangue
que Joab derramou* sem motivo. 32Javé
fará recair sobre a cabeça dele o sangue

---

* **2**,8. 2Sm 16,5-14 | 10. 1Cr 29,26s | 24. 2Sm 7,11-16 | 28. 1Rs 1,51 | 30. Êx 21,14 | 31. 2,5

que derramou quando atacou e matou à espada dois homens mais justos e melhores do que ele, sem que meu pai Davi o soubesse: Abner, filho de Ner, chefe do exército de Israel, e Amasa, filho de Jeter, chefe do exército de Judá. [33]Assim recairá o sangue deles sobre a cabeça de Joab e de sua descendência para sempre; mas a Davi e a sua descendência, a sua dinastia e a seu trono Javé dará paz para sempre!" [34]Banaías, filho de Joiada, saiu, arremeteu contra Joab e o matou, enterrando-o depois em sua casa, no deserto. [35]Em seu lugar, na chefia do exército, o rei colocou Banaías, filho de Joiada; e em lugar de Abiatar colocou o sacerdote Sadoc.

Morte de Semei. [36]Depois o rei mandou chamar Semei e lhe disse: "Constrói para ti uma casa em Jerusalém: nela habitarás e dela não sairás para lugar nenhum. [37]No dia em que saíres e atravessares a torrente do Cedron, tem por certo que morrerás; teu sangue recairá sobre tua cabeça". [38]Semei respondeu ao rei: "Está bem, teu servo fará como o senhor meu rei ordenou"; e Semei permaneceu por muito tempo em Jerusalém.

[39]Mas, decorridos três anos, aconteceu que dois escravos de Semei* fugiram para junto de Aquis, filho de Maaca, rei de Gat. Avisaram Semei, dizendo: "Teus escravos estão em Gat". [40]Então Semei preparou-se, selou seu jumento e partiu para Gat, para a casa de Aquis, a fim de procurar seus escravos; Semei foi e trouxe de Gat seus escravos. [41]Informaram Salomão de que Semei tinha viajado de Jerusalém a Gat e que havia regressado.

[42]O rei mandou chamar Semei e lhe disse: "Porventura não te fiz jurar por Javé e não te adverti, dizendo: 'No dia em que saíres para ir aonde quer que seja, tem por certo que morrerás?' E tu me respondeste: 'Está bem o que disseste'. [43]Por que então não observaste o juramento de Javé e a ordem que te dei?" [44]Depois o rei disse a Semei: "Bem conheces todo o mal que fizeste a meu pai Davi; por isso Javé vai fazer recair tua maldade sobre tua própria cabeça. [45]Mas bendito seja o rei Salomão e que o trono de Davi permaneça firme diante de Javé para sempre!" [46]O rei deu ordens a Banaías, filho de Joiada, o qual saiu e arremeteu contra Semei, e este morreu. Assim foi consolidado o reino nas mãos de Salomão.

3 **Salomão pede a Deus a sabedoria.** [1]Salomão tornou-se genro* do faraó, rei do Egito, tomando por esposa a filha do faraó; introduziu-a na Cidade de Davi,* enquanto acabava de construir seu palácio, a casa de Javé e as muralhas em torno de Jerusalém. [2]O povo oferecia sacrifícios* nos lugares altos†, pois até então não havia sido construída uma casa para o nome de Javé. [3]Salomão amou a Javé; comportava-se segundo os preceitos de seu pai Davi; mas oferecia sacrifícios e incenso nos lugares altos.

[4]O rei foi a Gabaon* para lá oferecer um sacrifício, pois era o lugar alto mais importante; Salomão ofereceu mil holocaustos sobre aquele altar. [5]Em Gabaon, Javé apareceu em sonho a Salomão durante a noite. Deus disse: "Pede o que queres que eu te dê". [6]Salomão respondeu: "Vós demonstrastes grande benevolência para com vosso servo Davi, meu pai, porque ele caminhou diante de vós na fidelidade, justiça e retidão de coração para convosco; vós lhe guardastes essa grande benevolência e lhe destes um filho que se sentasse em seu trono como hoje acontece. [7]Agora, pois, Javé, meu Deus, fizestes reinar vosso servo em lugar de meu pai Davi, mas eu não passo de um jovem, não sei como conduzir-me. [8]Vosso servo se encontra no meio de vosso povo que escolhestes, povo tão numeroso* que não se pode contar nem calcular. [9]Dai, pois, a vosso servo* um coração

* **2**,39. 1Sm 21,11; 27,2s | **3**,1. 7,8; 9,16s.24 / 2Sm 5,9 | 2. 1Sm 9,12 | 4. 2Cr 1,3-12 | 8. 4,20 | 9. Sb 8,21-9,18 / Pr 2,6-9

† **3**,2. Ver a nota em 1Sm 9,12. | **3**,9. O coração é aqui considerado como o órgão com que se percebem o sentido e a ordem do mundo.

compreensivo* para governar vosso
povo† e para discernir entre o bem e o
mal, pois quem poderia governar vosso
povo que é tão numeroso?" [10]Agradou
ao Senhor que Salomão tivesse pedi-
do tal coisa; [11]e Deus lhe disse: "Por-
que foi este teu pedido e não pediste
para ti vida longa, nem riqueza, nem
a vida de teus inimigos, mas pediste
para ti discernimento para governar
com retidão, [12]vou fazer como pediste:
dou-te um coração sábio e inteligente
como ninguém teve antes de ti e nin-
guém terá depois de ti. [13]E também o
que não pediste eu te dou: riqueza e
glória tais que não haverá entre os reis
quem te seja semelhante durante toda
a tua vida. [14]E se andares em meus ca-
minhos, guardando meus estatutos e
meus mandamentos como o fez teu
pai Davi, eu te darei uma vida longa".
[15]Salomão despertou e viu que aquilo
fora um sonho. Voltou a Jerusalém e
pôs-se diante da arca da aliança do Se-
nhor; ofereceu holocaustos e sacrifícios
de comunhão e deu um banquete para
todos os seus servos.

O julgamento de Salomão. [16]Certa vez
duas prostitutas vieram apresentar-se
diante do rei. [17]Disse uma das mulhe-
res: "Ó meu senhor! Eu e esta mulher
moramos na mesma casa, e eu dei à luz
quando ela estava em casa. [18]Três dias
depois de eu ter dado à luz, esta mulher
também teve uma criança; e não ha-
via ninguém mais na casa além de nós
duas. [19]Ora, certa noite morreu o filho
desta mulher, pois ela se deitou sobre
ele. [20]Ela então se levantou durante a
noite, retirou meu filho de meu lado
enquanto tua serva dormia e o deitou
em seus braços, e nos meus colocou seu
filho morto. [21]Levantei-me de manhã
para amamentar meu filho e encontrei-
-o morto. Mas reparando nele pela ma-
nhã, constatei que não era o meu filho
que eu tinha dado à luz". [22]Então a outra
mulher disse: "Não é verdade! Meu filho
é o que está vivo e o teu é o que está
morto!" A outra protestava: "Não é ver-
dade! Teu filho é o que está morto e o
meu é o que está vivo!" Assim discutiam
diante do rei. [23]Ele disse: "Uma diz: 'Meu
filho é o que está vivo e o teu é o que
está morto!', e a outra responde: 'Não!
Teu filho é o que está morto e o meu
é o que está vivo!' [24]"Trazei-me uma
espada", ordenou o rei; e levaram uma
espada diante do rei. [25]O rei disse: "Cor-
tai o menino vivo em duas partes e dai
metade a uma e metade à outra". [26]En-
tão a mulher, de quem era o filho vivo,
suplicou ao rei, pois suas entranhas se
comoveram por causa do filho, dizendo:
"Ó meu senhor! Dai-lhe então o meni-
no vivo, mas não o mateis!" Mas a outra
dizia: "Não seja meu nem teu, cortai-o!"
[27]Então o rei tomou a palavra e disse:
"Dai à primeira o menino vivo e não o
mateis, pois é ela a sua mãe". [28]Todo
Israel soube da sentença pronunciada
pelo rei e todos lhe demonstraram mui-
to respeito, pois viram que havia nele a
sabedoria de Deus para fazer justiça†.

4

Os ministros de Salomão. [1]O rei
Salomão reinava sobre todo o Is-
rael, [2]e estes eram seus altos funcioná-
rios:

Azarias, filho de Sadoc, sacerdote;
[3]Eliorefe e Aías, filhos de Sisa, secre-
tários;
Josafá, filho de Ailud, cronista;
[4]Banaías, filho de Joiada, comandan-
te do exército;
Sadoc e Abiatar, sacerdotes;
[5]Azarias, filho de Natã, chefe dos
prefeitos;*
Zabud, filho de Natã, sacerdote e
amigo do rei;
[6]Aisar, prefeito do palácio;
Adoram, filho de Abda, encarregado
dos trabalhos forçados.*

Os prefeitos de Salomão. [7]Salomão
tinha doze prefeitos, sobre todo o Is-
rael, que abasteciam o rei e sua casa;

---

* **4**,5. 1Rs 4,7s | 6. 1Rs 5,27

† **3**,28. Salomão revelou-se profundo conhecedor do coração humano e também um rei justo, por isso digno de estima. | **4**,7. Introduz um tipo de administração moderna, não baseada na divisão por tribos, para não sobrecarregar as menores.

cada um cuidava do abastecimento du-
rante um mês do ano†.
8Eis seus nomes:
O filho de Hur, na montanha de
Efraim†;
9o filho de Decar, em Maces, Sale-
bim, Bet-Sames, Eilon-Bet-Hanã;
10o filho de Hesed, em Arubot, ao
qual pertenciam Soco e toda a terra de
Héfer;
11o filho de Abinadab em todo o dis-
trito de Dor; era casado com Tabaat,
filha de Salomão;
12Baana, filho de Ailud, em Tanac e
Meguido, e todo o Betsã que está perto
de Sartã, abaixo de Jezrael, desde Betsã
até Abel-Meúla e até além de Jecmaan;
13o filho de Gaber, em Ramot de Ga-
laad; ele tinha as aldeias de Jair, filho de
Manassés, que estão em Galaad; pos-
suía também o território de Argob que
está em Basã, sessenta grandes cidades
muradas e com ferrolhos de bronze;
14Ainadab, filho de Ado, em Maa-
naim;
15Aquimaás em Neftali, que também
se casou com uma filha de Salomão, de
nome Basemat;
16Baana, filho de Husi, em Aser e em
Baalot;
17Josafá, filho de Farué, em Issacar;
18Semei, filho de Ela, em Benjamim;
19Gaber, filho de Uri, na região de
Galaad, terra de Seon, rei dos amor-
reus, e de Og, rei de Basã; ele era o úni-
co prefeito que havia nesta terra.
20A população de Judá e de Israel era
grande, tão numerosa* como a areia
que está na praia do mar; comiam, be-
biam e viviam felizes.

**5 Grandeza e sabedoria de Salo-
mão.** 1Salomão dominava* sobre
todos os reinos desde o rio Eufrates até
a terra dos filisteus e até a fronteira do
Egito. Pagavam-lhe tributo e serviram a
Salomão todos os dias de sua vida.
2As provisões diárias de Salomão
eram trinta coros de flor de farinha e
sessenta de farinha comum, 3dez bois
cevados, vinte bois de pasto, cem car-
neiros, sem contar os veados, gazelas,
antílopes e as aves cevadas. 4Pois ele
dominava sobre toda a região a oeste
do Eufrates – desde Tafsaco até Gaza,
sobre todos os reis da região a oeste
do Eufrates – e vivia em paz com to-
dos os países a seu redor. 5Judá e Israel
viveram em segurança, cada qual de-
baixo de sua videira e de sua figueira,
desde Dã até Bersabeia, durante toda a
vida de Salomão†.
6Salomão possuía quarenta mil está-
bulos† para os cavalos de seus carros*
e doze mil cavalos.
7Os prefeitos zelavam, cada qual du-
rante um mês, pelo sustento de Salo-
mão e de todos os que se sentavam à
mesa do rei, não deixando faltar coisa
alguma. 8Mandavam levar também a
cevada e a palha para os cavalos e os
animais de tração, no lugar onde es-
tivesse o rei, e cada qual segundo as
ordens recebidas.
9Deus concedeu a Salomão sabedo-
ria e inteligência extraordinárias e um
coração tão grande como a areia que
está na praia do mar. 10A sabedoria de
Salomão foi maior que a de todos os
filhos do oriente e maior que toda a
sabedoria do Egito†. 11Foi mais sábio
que qualquer pessoa: mais que Etã,
o ezraíta, mais que os filhos de Maol,
Emã, Calcol e Darda; sua fama espa-
lhou-se por todas as nações circunvizi-
nhas. 12Pronunciou três mil provérbios,
e seus cânticos foram em número de
mil e cinco. 13Falou das plantas, des-
de o cedro que cresce no Líbano até
o hissopo que sobe pelos muros; falou
também dos quadrúpedes, das aves,
dos répteis e dos peixes. 14De todos os
povos vinha gente para ouvir a sabe-
doria de Salomão e também enviados

* **4**,20. Gn 22,17 | **5**,1. 2Cr 9,26 | 6. 1Rs 10,26; 2Cr 1,14; 9,25

† **4**,8. Região montanhosa do centro da Palestina, onde residia a tribo de Efraim. | **5**,5. O nome Salomão significa "pacífico" e em seu tempo realiza-se o ideal da paz messiânica. | 6. Erro de copista: o certo é quatro mil, cf. 2Cr 9,25. | 10. Os árabes, "filhos do oriente", e os egípcios eram famosos por sua sabedoria. Salomão foi o primeiro e o maior sábio de Israel.

por todos os reis da terra que tinham ouvido falar de sua sabedoria.

Tratado com Hiram. 15Quando Hiram, rei de Tiro,* soube que Salomão havia sido ungido rei em lugar de seu pai, mandou-lhe seus servos, pois Hiram sempre tinha sido amigo de Davi. 16Salomão mandou dizer a Hiram: 17"Bem sabes que Davi,* meu pai, não pôde construir um templo para o nome de Javé, seu Deus, por causa das guerras que o importunavam de todos os lados, até que Javé submetesse os inimigos a seus pés. 18Mas agora Javé, meu Deus, deu-me tranquilidade por todos os lados: não existe adversário nem calamidade. 19Por isso resolvi construir um templo ao nome de Javé, meu Deus, conforme o que disse Javé a Davi,* meu pai: 'Teu filho, que colocarei no trono em teu lugar, é que construirá um templo para meu nome'. 20Ordena, pois, que cortem para mim cedros do Líbano; meus servos estarão com os teus e eu te darei como salário de teus servos tudo o que me pedires, porque tu sabes que não há entre nós ninguém que saiba cortar madeira como os sidônios". 21Quando Hiram ouviu a mensagem* de Salomão, muito se alegrou e disse: "Bendito seja hoje Javé,* que deu a Davi um filho sábio que governa este grande povo!" 22Hiram mandou responder a Salomão: "Recebi tua mensagem. Eu te darei toda a madeira de cedro e de cipreste que desejares. 23Meus servos a descerão do Líbano até o mar e a farei transportar pelo mar até o lugar que me indicares; ali, eu a desembarcarei e tu a levarás. Por tua vez, desejo que forneças víveres para minha casa". 24Hiram forneceu* a Salomão madeira de cedro e de cipreste na quantidade que ele quis, 25e Salomão pagou a Hiram vinte mil coros de trigo para o sustento de sua casa e vinte coros de azeite virgem. Era isso que Salomão pagava a Hiram todo ano. 26Javé concedeu a Salomão a sabedoria, conforme lhe prometera. Houve bom entendimento entre Hiram e Salomão, e os dois fizeram uma aliança.

27O rei Salomão recrutou em todo o Israel mão de obra para os trabalhos forçados; e os recrutados foram trinta mil homens. 28Mandava-os para o Líbano, em rodízio, dez mil cada mês; eles passavam um mês no Líbano e dois meses em casa; Adoram dirigia os trabalhos forçados. 29Salomão tinha* ainda setenta mil carregadores e oitenta mil que talhavam pedra na montanha†, 30afora os oficiais de Salomão, em número de três mil e trezentos, que dirigiam os trabalhos e comandavam o povo que os efetuava. 31O rei mandou extrair grandes blocos de pedra escolhida e lavrada, destinadas aos alicerces do templo. 32Os operários de Salomão, os de Hiram e os de Biblos cortaram e prepararam as madeiras e as pedras para a construção do templo.

6 **A construção do templo.** 1No ano quatrocentos e oitenta*, após a saída dos israelitas da terra do Egito, no quarto ano do reinado de Salomão sobre Israel, no mês de ziv, que é o segundo mês, ele começou a construir o templo de Javé. 2O templo que o rei Salomão edificou para Javé tinha sessenta côvados de comprimento, vinte de largura e trinta de altura†. 3O pórtico diante do lugar santo do templo tinha vinte côvados de comprimento, igualando assim à largura do templo, e dez côvados de largura em frente do templo. 4Fez no templo janelas quadrangulares com grades. 5Contra a parede do templo, ele fez quartos ao redor dos muros do templo, em torno do lugar santo e do santuário interior, e fez aposentos laterais ao redor. 6O andar de baixo tinha cinco côvados de largura, o do meio seis e o terceiro sete, pois do lado de fora do templo ao redor, ele

---

* **5**,15. 2Cr 2,2-8 | 19. 2Sm 7,12s | 21. 2Cr 2,10s / 2Cr 2,15 | 24. 2Cr 2,9 | 29. 2Cr 2,2.17 | **6**,1. 2Cr 3,1-7

† **5**,29. Trata-se do monte Bezeta, na parte norte da Cidade Santa. | **6**,2. O templo foi iniciado no ano 960 a.C. Media 30 metros de comprimento, 10 de largura e 15 de altura.

tinha feito reentrâncias de modo que as vigas não se introduziam nas paredes do templo. [7]Quando edificaram o templo, usaram pedras já talhadas nas pedreiras; assim, durante sua construção, não se ouviu no templo barulho de martelo, de machado, nem de qualquer outro instrumento de ferro. [8]A entrada para o andar inferior situava-se no lado direito do templo e por meio de uma escada em caracol subia-se ao andar do meio e, deste, ao terceiro. [9]Terminada a construção do templo, Salomão cobriu-o com vigas e tábuas de cedro. [10]Os andares que construiu ao redor de todo o templo tinham cinco côvados de altura e estavam ligados ao templo por traves de cedro.

[11]A palavra de Javé foi então dirigida a Salomão nestes termos: [12]"Quanto a esta casa que estás construindo,* se procederes segundo minhas leis, se observares minhas normas e seguires todos os meus mandamentos, agindo de acordo com eles, eu cumprirei em teu favor minha palavra, que falei a Davi, teu pai, [13]e habitarei no meio dos israelitas e não abandonarei meu povo, Israel". [14]Salomão edificou o templo e o concluiu.

A decoração interna. O santo dos santos. [15]Revestiu com tábuas* de cedro o lado interno das paredes do templo, desde o pavimento até as vigas do teto, revestiu com madeira o interior e cobriu com tábuas de cipreste o pavimento do templo. [16]No fundo do templo fez um compartimento de vinte côvados com tábuas de cedro, desde o chão até as vigas, e reservou esse espaço como santuário interior, ou santo dos santos. [17]O templo, isto é, o lugar santo que estava na frente, media quarenta côvados. [18]No interior do templo, o cedro era esculpido com botões e flores abertas; tudo era de cedro e não se via pedra alguma. [19]Salomão dispôs um santuário interior dentro do templo, para nele colocar a arca da aliança de Javé. [20]O santuário interior tinha vinte côvados de comprimento, vinte côvados de largura e vinte côvados de altura; Salomão o revestiu de ouro fino e recobriu o altar de cedro.

[21]Salomão revestiu de ouro fino o interior do templo e fez passar correntes de ouro diante do santuário interior, que revestiu de ouro. [22]Assim recobriu de ouro o templo todo, até que todo o templo fosse terminado e recobriu também de ouro todo o altar que pertencia ao santuário interior.

Os querubins†. [23]No santuário interior, ele fez dois querubins* de madeira de oliveira, de dez côvados de altura cada um. [24]A asa de um querubim media cinco côvados e a outra também tinha cinco côvados; de uma extremidade à outra das asas havia, pois, a distância de dez côvados. [25]O outro querubim media também dez côvados; ambos os querubins tinham a mesma dimensão e o mesmo formato. [26]A altura do primeiro querubim era de dez côvados, e essa também era a altura do segundo. [27]Colocou os querubins no meio do santuário interior; os querubins estavam de asas estendidas, de sorte que a asa de um tocava uma parede e a asa do outro tocava a outra parede, e suas asas tocavam uma na outra, no meio da sala. [28]Revestiu de ouro os querubins. [29]Em todas as paredes ao redor do templo, tanto no interior como no exterior, mandou esculpir querubins, palmas e flores. [30]Cobriu de ouro o pavimento do templo, por dentro e por fora.

As portas. O pátio. [31]Para a entrada do santuário interior ele fez portas de madeira de oliveira; a verga com as ombreiras ocupavam a quinta parte da parede. [32]Os dois batentes eram de madeira de oliveira. Mandou esculpir neles figuras de querubins, palmeiras e flores e cobriu-as de ouro; também recobriu de ouro os querubins e as palmeiras. [33]Para a entrada do lugar santo fez também ombreiras de madeira de oliveira, que ocupavam a quarta parte

---

* **6**,12. 2Sm 7,11-16 | 15. 2Cr 3,8s | 23. 2Cr 3,10-13

† **6**,23. Ver a nota em 1Sm 4,4.

da largura da parede. 34As duas portas eram de madeira de cipreste: cada batente constava de dois painéis giratórios. 35Mandou esculpir neles querubins, palmeiras e flores, revestidos de ouro ajustado sobre a escultura.

36Construiu o pátio interior com três fileiras de pedras lavradas e uma fileira de vigas de cedro.

37No quarto ano, no mês de ziv, foram lançados os alicerces do templo; 38no décimo primeiro ano, no mês de bul, que é o oitavo mês, o templo foi concluído em todas as suas partes e em todos os seus detalhes. Foi construído em sete anos.

7 **O palácio de Salomão.** 1Salomão levou treze anos para construir seu palácio, até seu completo acabamento. 2Construiu o palácio chamado Floresta do Líbano, de cem côvados de comprimento, cinquenta de largura e trinta de altura, sobre quatro fileiras de colunas de cedro e vigas de cedro sobre as colunas. 3Estava coberto de cedro em cima das vigas que se apoiavam sobre as colunas, que eram quarenta e cinco, quinze para cada fileira. 4Havia três fileiras de janelas, umas frente às outras, em três fileiras. 5Todas as portas e janelas tinham marcos quadrados, e uma janela estava diante da outra, em três fileiras. 6Fez também o pórtico das colunas com cinquenta côvados de comprimento e trinta de largura; e diante das colunas desse pórtico havia outro pórtico com colunas, com uma cobertura na frente. 7Depois fez o pórtico do trono, ou sala do julgamento, onde ele administrava a justiça; era revestido de cedro desde o pavimento até o teto. 8A casa onde morava, construída da mesma forma, tinha um outro pátio no interior do pórtico. Salomão fez também uma casa com um pórtico semelhante a esse para a filha do faraó, que ele havia desposado.

9Todos esses edifícios eram feitos de pedras escolhidas, talhadas sob medida, serradas nos lados interno e externo, desde os fundamentos até as beiras dos tetos,* e por fora até o grande pátio. 10Também os alicerces eram de pedras selecionadas, enormes blocos, uns de dez côvados e outros de oito côvados. 11Em cima também havia pedras escolhidas, talhadas sob medida, e madeira de cedro. 12O grande pátio era cercado por três fileiras de pedra talhada e por uma fileira de vigas de cedro; assim também eram feitos o pátio interno do templo de Javé e o pórtico do templo.

O bronzista Hiram. 13Salomão mandou chamar Hiram, de Tiro,* 14filho de uma viúva da tribo de Neftali, cujo pai era natural de Tiro e trabalhava com bronze. Era dotado de grande sabedoria, inteligência e habilidade para executar qualquer trabalho em bronze. Apresentou-se ao rei Salomão e executou todos os seus trabalhos.

As colunas de bronze. 15Modelou as duas colunas* de bronze; a altura de cada uma era de dezoito côvados, e sua circunferência media-se com um fio de doze côvados. 16Fez dois capitéis de bronze fundido, colocando-os no topo das colunas; cada capitel tinha cinco côvados de altura. 17Os capitéis, no topo das colunas, tinham redes de tranças em forma de correntes: sete para um capitel e sete para o outro. 18Fez também romãs, em duas fileiras em torno de cada rede, para cobrir os capitéis da parte superior das colunas. Fez o mesmo para o outro capitel. 19Os capitéis que encimavam as colunas eram em forma de lótus e eram de quatro côvados. 20Os capitéis sobre as duas colunas tinham duzentas romãs, em duas fileiras, em cima da parte convexa do capitel, próxima à rede, tanto no primeiro capitel como no segundo. 21Ergueu as colunas no pórtico do templo; ergueu a coluna do lado direito, à qual deu o nome de Jaquin; ergueu a coluna do lado esquerdo e chamou-a Booz†. 22O topo das colunas tinha a

* **7**,9. 2Cr 4,9 | 13. 2Cr 2,12s | 15. 2Cr 3,15ss

† **7**,21. Estes nomes significam "estabilidade" e "força".

forma de um lótus. Assim ficou pronto
o trabalho das colunas.*
O mar de bronze†. 23Fez o mar de me-
tal fundido, redondo, medindo dez cô-
vados de um lado ao outro. Tinha cinco
côvados de altura e trinta côvados de
circunferência. 24Havia por baixo de
sua borda ao redor botões de flores,
em número de dez por côvado, dispos-
tos em duas fileiras e fundidos numa
só peça com o mar. 25Este repousava
sobre doze bois, dos quais três olha-
vam para o norte, três para o oeste, três
para o sul e três para o leste; o mar se
elevava sobre eles, e a parte posterior
de seus corpos estava voltada para o
interior. 26Sua espessura era de um pal-
mo e sua borda tinha a mesma forma
que a borda de uma taça, como a flor
do lótus. Sua capacidade era de dois
mil batos.
As bases e as bacias de bronze. 27Fez
também dez bases de bronze, tendo
cada uma quatro côvados de compri-
mento, quatro de largura e três de al-
tura. 28Eram assim construídas: tinham
painéis laterais, e os painéis estavam
encerrados em molduras. 29Sobre os
painéis que estavam entre as molduras
havia leões, bois e querubins, e sobre
as molduras se apoiava um pedestal;
em cima e embaixo dos leões e dos
bois havia guirlandas em forma de fes-
tões. 30Cada base tinha quatro rodas
de bronze e eixos também de bronze;
seus quatro pés tinham suportes por
baixo da bacia; esses suportes eram de
bronze fundido e tinham guirlandas de
cada lado. 31Sua abertura sobressaía
do interior um côvado, à maneira de
um capitel; sua abertura era redonda,
feita com uma base de um côvado e
meio de diâmetro. Também ao redor
de sua abertura havia esculturas; mas
os painéis eram retangulares e não
redondos. 32As quatro rodas estavam
debaixo dos painéis; os eixos das ro-
das saíam da base; a altura das rodas
era de um côvado e meio. 33A forma
das rodas era como a da roda de um
carro: eixos, aros, raios e cubos, tudo
era de metal fundido. 34Havia quatro
suportes, nos quatro cantos de cada
base: a base e seus suportes forma-
vam uma só peça. 35Na parte superior
da base havia um suporte redondo de
meio côvado de altura; e sobre a base
havia suportes e painéis que formavam
uma só peça com a base. 36Sobre a su-
perfície de seus painéis e de suas mol-
duras mandou gravar querubins, leões
e palmeiras, conforme o espaço livre, e
guirlandas ao redor. 37Assim fez as dez
bases: todas do mesmo metal, da mes-
ma dimensão e da mesma forma.

38Fez ainda dez bacias de bron-
ze,* contendo cada uma quarenta
batos; cada bacia tinha quatro cô-
vados de circunferência e repousa-
va sobre uma das dez bases. 39Dis-
pôs as bases,* colocando cinco do
lado direito do templo e cinco do
lado esquerdo do templo; e pôs o mar
do lado direito do templo, a sudoeste.
Os utensílios do templo. 40Hiram fez
as bacias,* as pás e as taças. Assim aca-
bou de fazer toda a obra que devia fa-
zer para o rei Salomão no templo de
Javé:

41duas colunas, os globos dos capi-
téis que estavam no alto das colunas,
as duas redes para cobrir os dois glo-
bos dos capitéis que estavam no alto
das colunas, 42as quatrocentas romãs
para as duas redes, isto é, duas fileiras
de romãs para cada rede, para cobrir os
dois globos dos capitéis que estavam
no alto das colunas;

43as dez bases e as dez bacias sobre
as bases;

44o mar único com os doze bois em-
baixo;

45as bacias, as pás, as taças.

Todos esses objetos que Hiram fez
para o rei Salomão no templo de Javé
eram de bronze polido. 46Foi na planí-
cie do Jordão que o rei mandou fundi-
-los, em terra argilosa, entre Sucot e

---

* **7**,22. 2Cr 4,2-5 | 38. 2Cr 4,6 | 39. 2Cr 4,10 | 40. 2Cr 4,11-18

† **7**,23. O "mar" era uma grande bacia com a água lustral destinada às abluções dos sacerdotes, 2Cr 4,6; tinha 15 metros de circunferência e 2,50 de profundidade.

Sartã. 47Salomão deixou de pesar todos esses objetos; por causa de sua enorme quantidade, não se calculou o peso do bronze.

48Salomão fez todos os utensílios do templo de Javé: o altar de ouro, a mesa* sobre a qual estavam os pães da apresentação, também de ouro; 49os candelabros de ouro puríssimo,* cinco à direita e cinco à esquerda, diante do santuário interior; as flores, as lâmpadas e as tenazes, também de ouro; 50as bacias, as facas, as taças, as colheres e os incensórios de ouro puríssimo; as dobradiças para as portas da sala interior, isto é, do santo dos santos e do lugar santo, também de ouro.

51Assim ficou terminada toda a obra* que o rei Salomão executou para o templo de Javé. Então Salomão mandou trazer as coisas que seu pai Davi havia consagrado: a prata, o ouro e os utensílios, e colocou-os nos tesouros do templo de Javé.

8 **A dedicação do templo.** 1Depois Salomão reuniu* em sua presença em Jerusalém os anciãos de Israel, todos os chefes das tribos e os chefes das famílias dos israelitas, para trasladar da Cidade de Davi, que é Sião, a arca da aliança de Javé. 2Todos os homens de Israel congregaram-se junto do rei Salomão para a festa, no mês de etanim, que é o sétimo mês. 3Vieram todos os anciãos de Israel. Os sacerdotes tomaram a arca 4e a levaram para cima, com a tenda da reunião e todos os utensílios sagrados que nela estavam. Os sacerdotes e os levitas os transportaram. 5O rei Salomão e toda a comunidade de Israel reunida junto dele diante da arca imolaram ovelhas e bois em quantidade tal que não se podia contar nem calcular. 6Os sacerdotes introduziram a arca da aliança de Javé em seu lugar, no santuário interior do templo, a saber, no santo dos santos, sob as asas dos querubins. 7Com efeito, os querubins estendiam as asas sobre o lugar da arca, abrigando do alto a arca e seus varais. 8Estes eram tão compridos que do lugar santo, diante do santuário interior, podiam-se ver suas extremidades, mas não se podiam ver de fora. Aí estão até hoje. 9Na arca nada havia,* exceto as duas tábuas de pedra que Moisés, no Horeb, aí havia colocado, quando Javé concluiu a aliança com os israelitas, depois que saíram da terra do Egito.

Deus toma posse do templo. 10Quando os sacerdotes saíram do santuário,* a nuvem encheu o templo* de Javé, 11e os sacerdotes não puderam continuar sua função por causa da nuvem, porque a glória de Javé enchia o templo de Javé†. 12Então disse Salomão:

"Javé declarou que habitaria na obscuridade.*
13Sim, construí para vós uma sublime morada,*
um lugar onde habitareis para sempre".

Discurso de Salomão. 14Depois o rei voltou-se* e abençoou toda a assembleia de Israel, enquanto toda ela se mantinha de pé. 15Salomão disse: "Seja bendito Javé, Deus de Israel, que realizou com poder o que com sua boca prometera a meu pai Davi, dizendo: 16'Desde quando fiz sair do Egito meu povo Israel, não escolhi cidade alguma dentre todas as tribos de Israel, para nela se construir um templo onde habitaria* meu nome†, mas escolhi Davi para comandar Israel, meu povo'. 17Meu pai Davi teve a intenção de construir uma casa para o nome de Javé, Deus de Israel, 18mas Javé disse a meu pai Davi: 'Planejaste edificar uma casa para meu nome e fizeste bem ao conceber tal projeto. 19Contudo, não serás tu quem edificará a casa, e sim teu filho, saído

---

* **7**,48. Êx 25,23; 1Rs 6,20s | 49. 2Cr 4,7 | 51. 2Cr 5,1 | **8**,1. 2Cr 5,2-10 | 9. Êx 25,21; 40,20; Dt 10,2-5 | 10. 2Cr 5,11-6,2 / Êx 40,34s; Ap 15,8; Êx 24,16 | 12. Sl 18,12; 97,2 | 13. Sl 132,13s | 14. 2Cr 6,3-11 | 16. Ez 48,35

† **8**,11. Como a escada de Jacó que unia o céu com a terra, Gn 28, o santuário é o lugar onde se cancela a distância entre o céu e a terra. | 16. O nome é a pessoa. Jerusalém, o templo, é o lugar que Deus escolheu para estar presente no meio do povo.

de tuas entranhas, é que construirá a
casa para meu nome'. [20]Javé realizou a
palavra que dissera: sucedi a meu pai
Davi e tomei posse do trono de Israel
como prometera Javé, construí a casa
para o nome de Javé, Deus de Israel,
[21]e nela preparei um lugar para a arca,
na qual se acha a aliança que Javé con-
cluiu com nossos pais quando os fez
sair da terra do Egito".

Oração de Salomão. [22]Em seguida,
Salomão* postou-se diante do altar de
Javé, diante de toda a assembleia de Is-
rael, estendeu as mãos para o céu [23]e
disse: "Javé, Deus de Israel! Não existe
nenhum Deus* como vós lá em cima
nos céus, nem aqui embaixo sobre a
terra; como vós, que sois fiel à aliança
e conservais a misericórdia para com
vossos servos que caminham de todo
o coração diante de vós. [24]Cumpristes a
vosso servo Davi, meu pai, a promessa*
que lhe havíeis feito, e o que dissestes
com vossa boca executastes hoje com
vosso poder. [25]E agora, Javé, Deus de
Israel, mantende a vosso servo Davi,
meu pai, a promessa que lhe fizestes, ao
dizer: 'Jamais te faltará um descendente
diante de mim que se assente no trono
de Israel, contanto que teus filhos aten-
dam a seu procedimento, caminhando
diante de mim como tu mesmo cami-
nhaste'. [26]Agora, pois, Deus de Israel,
que se cumpra a palavra que dissestes
a vosso servo Davi, meu pai! [27]Mas será
verdade que Deus habita sobre a terra?*
Se os céus e os céus* dos céus não vos
podem conter, muito menos esta casa
que construí! [28]Sede atento à oração e à
súplica de vosso servo, Javé, meu Deus!
Escuta o clamor e a prece que vosso ser-
vo faz hoje diante de vós! [29]Que vossos
olhos estejam abertos dia e noite sobre
esta casa, sobre este lugar do qual dis-
sestes: 'Meu nome estará lá'.* Ouvi a
prece que vosso servo fará voltado para
este lugar.

Oração pelo povo. [30]Escutai as súpli-
cas de vosso servo* e de vosso povo
Israel quando rezarem voltados para
este lugar. Escutai do lugar onde resi-
dis, no céu, escutai* e perdoai.

[31]Se alguém pecar contra seu pró-
ximo e, porque obrigado a jurar, vier
jurar ante vosso altar neste templo,
[32]escutai do céu e agi! Fazei justiça a
vossos servos: declarai culpado o mau,
fazendo recair sobre sua cabeça o peso
de sua falta, e declarai justo o inocente,
tratando-o segundo sua retidão.

[33]Quando Israel, vosso povo,* for
vencido diante do inimigo, por haver
pecado contra vós, se ele se converter
a vós, louvar vosso nome, rezar e su-
plicar a vós neste templo, [34]escutai do
céu, perdoai o pecado de Israel, vosso
povo, e reconduzi-o à terra que destes
a seus pais.

[35]Quando o céu se fechar* e não
houver chuva por terem eles pecado
contra vós, se eles rezarem voltados
para este lugar, louvarem vosso nome
e se arrependerem de seu pecado, por
os terdes afligido, [36]escutai do céu,
perdoai o pecado de vossos servos e
de vosso povo Israel, indicando-lhes o
caminho reto que devem seguir e con-
cedei a chuva a vossa terra que destes
em herança a vosso povo.

[37]Quando na terra houver fome,* ou
peste, mela ou ferrugem, gafanhotos ou
pulgões; quando o inimigo sitiar as ci-
dades do país, quando houver qualquer
calamidade ou epidemia, [38]qualquer
que seja a oração ou a súplica que vos
for dirigida por um indivíduo ou por
todo o Israel, vosso povo, desde que
experimente o remorso no coração, se
ele erguer as mãos para este templo,
[39]escutai do céu, onde morais, perdoai
e agi; retribuí a cada um segundo seu
proceder, pois conheceis seu coração –
sois o único que conhece o coração de
todos – [40]a fim de que vos respeitem
por todos os dias que viverão sobre a
terra que destes a nossos pais.

[41]Também o estrangeiro,* que não
pertence a Israel, vosso povo, se vier

---

* **8**,22. 2Cr 6,12-20 | 23. Dt 4,39; 7,9 | 24. 2Sm 7,11-16 | 27. Dt 4,7; Jo 1,14 / Is 66,1; Jr 23,24; At 7,49; 17,24 | 29. Dt 12,5.11; Ez 48,35 | 30. 2Cr 6,21-31 / Sl 123,1 | 33. Lv 26,14.17; Dt 28,25.45; Js 7 | 35. Dt 11,17; 28,23s | 37. Dt 28,21.38.42.51 | 41. 2Cr 6,32-39; Êx 12,48; At 8,27; Is 2 2-5; Mq 4,1-3; Jr 16,19-21

de uma terra longínqua por causa de
vosso nome – 42porque ouvirão falar
de vosso grande nome, de vossa mão
forte e de vosso braço estendido –, se
ele vier rezar neste templo, 43escutai
do céu, onde residis, atendei todos os
pedidos do estrangeiro,* a fim de que
todos os povos da terra conheçam
vosso nome e vos temam como o faz
Israel, vosso povo, e saibam eles que
este templo que edifiquei foi dedicado
a vosso nome.

44Quando vosso povo sair à guerra
contra seus inimigos, na direção à qual
o enviardes, e ele rezar a Javé, voltado
para a cidade* que escolhestes e para o
templo que construí para vosso nome,
45escutai do céu sua prece e sua súplica
e fazei-lhe justiça.

46Quando tiverem pecado contra vós
– pois não há pessoa alguma* que não
peque – e vós, irritado contra eles, os
entregardes ao inimigo, e seus vence-
dores os deportarem para uma terra
inimiga, distante ou próxima, 47se eles
caírem em si, na terra para onde tive-
rem sido deportados, se arrependerem
e vos suplicarem na terra* dos que os
levaram cativos, dizendo: 'Pecamos,
agimos mal, cometemos iniquidade',
48se retornarem a vós de todo o seu
coração e de toda a sua alma na terra
dos inimigos que os tiverem deporta-
do, e se rezarem a vós voltados para
sua terra que destes a seus pais,* para a
cidade que escolhestes e para o templo
que construí para vosso nome, 49escu-
tai do céu, onde residis, sua prece e sua
súplica e fazei-lhes justiça. 50Perdoai a
vosso povo que pecou contra vós to-
das as transgressões que cometeram
contra vós e movei à compaixão os que
os levaram cativos, para que se compa-
deçam deles, 51pois são vosso povo e
vossa herança, são os que fizestes sair
do Egito, daquela fornalha de ferro.*

52"Que vossos olhos estejam aber-
tos* para a súplica de vosso servo e de
vosso povo Israel, para ouvirdes todos
os apelos que lançarem a vós. 53Pois
vós o separastes* de todos os povos da
terra como vossa herança, como decla-
rastes por meio de vosso servo Moisés,
quando fizestes sair do Egito nossos
pais, Senhor Javé!"

Bênção do povo. 54Quando Salomão
acabou de dirigir a Javé toda essa ora-
ção e essa súplica, levantou-se do lugar
onde estava ajoelhado, diante do altar
de Javé, de mãos erguidas para o céu.
55Pôs-se de pé e abençoou em voz alta
toda a assembleia de Israel, dizendo:
56"Seja bendito Javé que concedeu o
repouso a seu povo Israel, conforme
todas as suas promessas; de todas as
boas promessas que fez por meio de
seu servo Moisés, nenhuma falhou!
57Que Javé, nosso Deus, esteja conos-
co* como esteve com nossos pais, que
não nos abandone nem nos rejeite!
58Incline para ele nossos corações,* a
fim de que andemos em todos os seus
caminhos e guardemos os mandamen-
tos, as leis e os decretos que ele pres-
creveu a nossos pais. 59Que essas pala-
vras por mim pronunciadas em oração
diante de Javé estejam presentes dia e
noite diante de Javé, nosso Deus, para
que faça justiça a seu servo e a Israel,
seu povo, conforme as necessidades
de cada dia. 60Assim todos os povos
da terra saberão que Javé é Deus e que
não há outro além dele. 61Seja vosso
coração totalmente dedicado a Javé,
nosso Deus, observando seus estatutos
e guardando seus mandamentos como
o fazeis hoje".

**Os sacrifícios na dedicação do tem-
plo.** 62O rei e todo Israel com ele ofe-
receram sacrifícios* diante de Javé.
63Salomão imolou, para o sacrifício de
comunhão* que ofereceu a Javé, vin-
te e dois mil bois e cento e vinte mil
ovelhas. Assim o rei e todos os israe-
litas consagraram o templo de Javé.
64Naquele mesmo dia o rei consagrou
o interior do pátio que está diante do
templo de Javé; pois foi lá que ofereceu

* **8**,43. Zc 8,20-32 | 44. Dn 6,11 | 46. Pr 20,9; Ecl 7,20; Rm 3,23; 1Jo 1,8ss | 47. Dt 28,63s; 30,1s | 48. Dt 9,5 | 51. Dt 9,26; 32,9; Jr 11,4; Dt 4,20 | 52. 2Cr 6,40 | 53. Dt 7,6 | 57. Is 55,10s; Dt 31,6; Js 1,5 | 58. Jr 31,31 | 62. 2Cr 7,4-10 | 63. Lv 3,1 | 64. Lv 1-3

o holocausto, a oblação e as gorduras
dos sacrifícios de comunhão, uma vez
que o altar de bronze, que estava dian-
te de Javé, era pequeno demais para
conter o holocausto,* a oblação e as
gorduras dos sacrifícios de comunhão.
65Nesta ocasião, Salomão celebrou a
festa,* e todo o Israel com ele; houve
uma grande assembleia, desde a en-
trada de Emat até a torrente do Egito,
diante de Javé, nosso Deus, por sete
dias e mais sete dias, isto é, quatorze
dias. 66No oitavo dia despediu o povo;
bendizendo o rei, eles voltaram para
suas casas, alegres e de coração con-
tente por todo o bem que Javé fizera a
seu servo Davi e a Israel, seu povo.

9 **Nova aparição divina.** 1Depois
que Salomão acabou* de cons-
truir o templo de Javé, o palácio real
e tudo o que tencionava realizar, 2Javé
apareceu-lhe* uma segunda vez, como
lhe aparecera em Gabaon. 3Javé lhe
disse: "Ouvi a oração e a súplica que
me dirigiste. Consagrei esta casa que
construíste, nela colocando meu nome
para sempre; meus olhos e meu cora-
ção aí estarão todos os dias. 4Quanto a
ti, se procederes diante de mim como
teu pai Davi, na integridade e retidão
do coração, se agires segundo minhas
ordens e observares meus estatutos e
meus decretos, 5firmarei para sempre
teu trono real sobre Israel, como pro-
meti a Davi, teu pai, dizendo: 'Jamais te
faltará um descendente sobre o trono
de Israel'. 6Porém, se vós e vossos filhos
me abandonardes, não observando os
mandamentos e os estatutos* que vos
prescrevi e indo servir a outros deuses
e prostrar-vos diante deles, 7então er-
radicarei Israel da terra que lhe dei; re-
jeitarei para longe de mim este templo†
que consagrei a meu nome, e Israel
será objeto de sarcasmo* e de zom-
baria entre todos os povos. 8E quan-
to a este templo, que é sublime, todo
aquele que passar perto dele ficará
estupefato e exclamará: 'Por que Javé
tratou assim* esta terra e este templo?'
9Responderão: 'Porque abandonaram
Javé, seu Deus, que fez sair seus pais
da terra do Egito; aderiram a outros
deuses, prostraram-se diante deles e
os serviram; por isso Javé fez cair sobre
eles todas estas desgraças'".

Cidades dadas a Hiram. 10Ao cabo de
vinte anos,* durante os quais Salomão
construiu os dois edifícios: o templo de
Javé e o palácio real – 11Hiram, rei de
Tiro, lhe havia fornecido madeira de
cedro e de cipreste* e também ouro na
quantidade que ele quis –, então o rei
Salomão deu a Hiram vinte cidades na
região da Galileia. 12Hiram veio de Tiro
para ver as cidades que Salomão lhe
havia dado e elas não lhe agradaram.
13Por isso disse: "Que cidades são estas
que me deste, meu irmão?" E deu-lhes
o nome de "terra de Cabul", que persis-
te até hoje. 14Hiram enviou ao rei cento
e vinte talentos de ouro.

Edifícios de Salomão. Sua grandeza.
15Esta é a razão pela qual o rei Salomão
impôs o trabalho forçado: construir o
templo de Javé, seu palácio, o Melo e o
muro de Jerusalém, bem como Hasor,
Meguido e Gazer. 16O faraó, rei do Egi-
to, fez uma expedição, tomou Gazer,
incendiou-a e massacrou os cananeus
que lá moravam e depois deu-a como
dote a sua filha, esposa de Salomão.
17Salomão reconstruiu Gazer, Bet-Ho-
ron inferior, 18Baalat, Tamar, na região
deserta do país, 19todas as cidades-
-armazéns pertencentes a Salomão, as
cidades para seus carros e para seus
cavalos e tudo quanto aprouve a Salo-
mão construir em Jerusalém, no Líba-
no e em toda a terra sob seu domínio.
20Toda a população que restava dos
amorreus,* heteus, ferezeus, heveus e
jebuseus, que não pertencia aos israe-
litas, 21e todos os descendentes desses
povos que ficaram após eles na terra

* **8**,65. Jz 20,1 | **9**,1. 2Cr 7,11-22 | 2. 1Rs 3,5-15 | 6. Dt 28,15 | 7. Dt 28,37; Jr 18,16; 19,8; 29,18 | 8. Dt 29,23-26 | 10. 2Cr 8,1-6 | 11. 5,24s | 20. 2Cr 8,7-10; Dt 7,1 | 21. Dt 7,2; 20,16

† **9**,7. Se for rejeitado por seu povo, Deus rejeitará também o templo e todo tipo de culto, que seria hipócrita.

sem serem votados ao extermínio* pe-
los israelitas, Salomão os empregou
como mão de obra nos trabalhos for-
çados, e tal é sua condição ainda hoje.
22Mas não impôs os trabalhos forçados
aos israelitas que serviam como solda-
dos; eram seus servos, seus oficiais e
seus escudeiros, comandantes de seus
carros e de sua cavalaria. 23Os chefes
dos prefeitos que dirigiam os trabalhos
de Salomão eram quinhentos e cin-
quenta; tinham a seu encargo o povo
empregado nas obras. 24Logo que a
filha do faraó subiu da Cidade de Davi
para a residência que Salomão lhe ha-
via construído, ele edificou o Melo.
25Três vezes por ano Salomão ofere-
cia holocaustos e sacrifícios de comu-
nhão sobre o altar que erguera a Javé†
e queimava incenso sobre o altar que
estava diante de Javé. Assim terminou
o templo.
26Salomão construiu também uma
frota* em Asiongaber, perto de Elat,
na costa do mar Vermelho, na terra
de Edom. 27Hiram enviou-lhe nos na-
vios da frota seus súditos, marinheiros
que conheciam o mar†, para trabalha-
rem junto com os servos de Salomão.
28Foram a Ofir e de lá trouxeram qua-
trocentos e vinte talentos de ouro, que
entregaram ao rei Salomão.

10
A rainha de Sabá visita Salomão†. 1A rainha de Sabá*
ouviu falar da fama de Salomão, por
causa do nome de Javé, e veio pô-lo à
prova por meio de perguntas difíceis.
2Chegou a Jerusalém com numerosa
comitiva, com camelos carregados de
aromas, de grande quantidade de ouro
e de pedras preciosas. Apresentou-se
diante de Salomão e lhe expôs tudo o
que tinha no coração. 3Salomão res-
pondeu a todas as suas perguntas e
nada houve, por demais obscuro para
ele, que não pudesse explicar. 4Quando
a rainha de Sabá viu toda a sabedoria
de Salomão, o palácio que fizera para
si, 5as iguarias de sua mesa, os aposen-
tos de seus oficiais, o serviço de seus
criados e suas vestes, seus copeiros
e os holocaustos que ele oferecia no
templo de Javé, ficou fora de si 6e disse
ao rei: "Realmente era verdade o que
ouvi em minha terra a respeito de ti e
de tua sabedoria! 7Eu não acreditava
no que diziam antes de vir e ver com
meus próprios olhos; mas de fato não
me haviam contado nem a metade:
tua sabedoria e tua riqueza superam
tudo quanto ouvi. 8Feliz tua gente, fe-
lizes estes teus servos, que estão con-
tinuamente em tua presença e ouvem
tua sabedoria! 9Bendito seja Javé, teu
Deus, que se agradou de ti, colocando-
-te sobre o trono de Israel; é porque
Javé ama Israel para sempre que ele te
constituiu rei, para exerceres o direito
e a justiça".
10Ela deu ao rei cento e vinte talentos
de ouro, uma grande quantidade de
aromas e de pedras preciosas. Nunca
mais chegou tamanha quantidade de
aromas como a que a rainha de Sabá
ofereceu ao rei Salomão. 11Por sua vez,
a frota de Hiram, que trazia ouro de
Ofir, trouxe de lá também madeira de
sândalo em grande quantidade e pe-
dras preciosas. 12Com essa madeira de
sândalo o rei fez balaustradas para o
templo de Javé e para o palácio real,
liras e harpas para os músicos. Nunca
mais se transportou dessa madeira de
sândalo nem se viu mais dela até hoje.
13Por sua vez, o rei Salomão ofereceu à
rainha de Sabá tudo o que ela desejou
e pediu, além dos presentes que lhe
deu conforme sua generosidade real.
Depois ela partiu e voltou para sua ter-
ra com seus servos.
As riquezas de Salomão. 14O peso do
ouro* que chegava para o rei Salomão,
anualmente, era de seiscentos e sessen-

* **9**,26. 2Cr 8,17s | **10**,1. 2Cr 9,1-12; Mt 12,42 | 14. 2Cr 9,13-24

† **9**,25. Nas festas de Páscoa, Pentecostes e das Tendas. | 27. Os fenícios, chamados sidônios em 5,20 e 16,31, eram hábeis navegadores. Ofir, terra do ouro, provavelmente fica na Arábia ocidental. | **10**. Deve ser do norte da Arábia que vem a rainha de Sabá; não por mera curiosidade, mas certamente para celebrar um acordo comercial e/ou de autorização para a passagem de caravanas.

ta e seis talentos de ouro, [15]sem contar
o que lhe provinha dos vendedores, do
comércio dos negociantes, de todos
os reis da Arábia e dos governadores
do país. [16]O rei Salomão fez duzentos
escudos grandes de ouro batido, para
cada um dos quais utilizou seiscentos
siclos de ouro, [17]e trezentos pequenos
escudos de ouro batido, empregando
em cada um deles três minas de ouro,
e os depositou na casa da Floresta do
Líbano. [18]O rei fez também um grande
trono de marfim e o revestiu de ouro
puro. [19]Esse trono tinha seis degraus,
um espaldar redondo na parte supe-
rior, braços de cada lado do assento e
perto dos braços dois leões em pé, [20]e
doze leões em pé de cada lado dos seis
degraus. Jamais se fez algo semelhante
em nenhum outro reino.

[21]Todas as taças que o rei Salomão
usava para beber eram de ouro e to-
dos os objetos da casa da Floresta do
Líbano* eram de ouro puro; nada era
de prata, porque da prata não se fazia
nenhum caso no tempo de Salomão.
[22]Com efeito, o rei tinha no mar uma
frota de Társis† junto com a frota de
Hiram, e de três em três anos a frota
de Társis voltava trazendo ouro, prata,
marfim, macacos e pavões. [23]O rei Sa-
lomão superou em riqueza e em sabe-
doria todos os reis da terra. [24]Todo o
mundo queria ser recebido por Salo-
mão para ouvir a sabedoria que Deus
lhe havia posto no coração. [25]Ano após
ano, cada um trazia seu presente: obje-
tos de prata e objetos de ouro, roupas,
armas e aromas, cavalos e mulas.

Os carros de Salomão. [26]Salomão
reuniu também carros e cavaleiros;*
possuía mil e quatrocentos carros e
doze mil cavaleiros, distribuídos nas
cidades dos carros* e junto do rei, em
Jerusalém. [27]Fez com que a prata fos-
se tão comum em Jerusalém* quan-
to as pedras, e que os cedros fossem
tão numerosos como os sicômoros da
Planície. [28]Importavam-se para Salo-
mão cavalos* do Egito e da Cilícia; os
comerciantes do rei importavam-nos
da Cilícia pelo preço estipulado. [29]Um
carro era importado do Egito por seis-
centos siclos de prata e um cavalo, por
cento e cinquenta. O preço era o mes-
mo para os reis dos heteus e para os
reis de Aram, que os importavam por
meio desses comerciantes.

11 **As mulheres de Salomão.**
[1]Além da filha do faraó, o rei
Salomão amou muitas mulheres es-
trangeiras: moabitas, amonitas, edo-
mitas, sidônias e heteias, [2]pertencentes
às nações das quais Javé dissera aos
israelitas: "Não caseis com elas nem
casem elas convosco, pois certamente
desviariam vossos corações para seus
deuses". Mas Salomão uniu-se a elas
por amor. [3]Teve setecentas mulheres
princesas e trezentas concubinas, e
suas mulheres perverteram seu cora-
ção†. [4]Quando ficou velho, suas mulhe-
res desviaram seu coração para outros
deuses, e seu coração não foi mais
todo de Javé, seu Deus, como o fora
o de Davi, seu pai. [5]Salomão prestou
culto à Astarte, deusa dos sidônios, e a
Melcom, a abominação dos amonitas.
[6]Fez o mal aos olhos de Javé e não lhe
foi fiel plenamente como seu pai Davi.
[7]Foi então que Salomão construiu, na
montanha que está defronte de Je-
rusalém, um lugar alto para Camos, a
abominação dos moabitas, e para Mo-
loc, a abominação dos amonitas. [8]Fez
o mesmo para todas as suas mulheres
estrangeiras, as quais ofereciam incen-
so e sacrifícios a seus deuses.

Anúncio do cisma. [9]Javé indignou-se
contra Salomão, porque seu coração se
desviara de Javé, Deus de Israel, que lhe
aparecera duas vezes [10]e que lhe havia
ordenado precisamente que não seguis-
se outros deuses, mas ele não obedeceu
ao que Javé lhe ordenara. [11]Então Javé

---

* **10**,21. Eclo 47,18 | 26. 2Cr 1,14-17; 9,25 / 1Rs 5,6; 9,19 | 27. 2Cr 1,15; 9,27 | 28. 2Cr 1,16; 9,28

† **10**,22. Grandes navios para viagens longas pelo mar Mediterrâneo. | **11**,3. A grandeza de um rei media-se pelas proporções de seu harém, e seus casamentos representavam alianças políticas. Mas as mulheres desviaram o coração de Salomão para a idolatria, para a infidelidade a Javé.

disse a Salomão: "Já que procedeste as-
sim e não guardaste minha aliança e os
estatutos que te dei, vou tirar-te o reino
e dá-lo a um de teus servos. 12Todavia,
não farei isso durante tua vida, por amor
a Davi, teu pai; é da mão de teu filho
que o arrebatarei. 13Mas não lhe tirarei
o reino todo: darei a teu filho uma tribo,
por amor a meu servo Davi e a Jerusa-
lém, que escolhi.

Os inimigos de Salomão. 14Javé susci-
tou contra Salomão um inimigo: Adad,
o edomita, da estirpe real de Edom.
15Depois que Davi esteve em Edom,*
Joab, general do exército, foi sepultar
os mortos e matou todos os homens
de Edom. 16Joab e todo o Israel lá
permaneceram por seis meses até ex-
terminar todos os homens de Edom.
17Então Adad fugiu para o Egito com
alguns edomitas, servos de seu pai.
Ele era ainda muito jovem. 18Partindo
de Madiã, chegaram a Farã; tomaram
consigo alguns homens de Farã e fo-
ram para o Egito, para junto do fa-
raó, rei do Egito. O faraó deu a Adad
uma casa, cuidou de seu sustento e
lhe doou um terreno. 19Adad ganhou
a simpatia do faraó, que lhe deu por
mulher sua cunhada, a irmã de Táfnis, a
rainha-mãe. 20A irmã de Táfnis deu-lhe
um filho, Genubat, que Táfnis criou no
palácio do faraó. Genubat morava
no palácio do faraó, junto com os filhos
deste. 21Quando Adad ouviu dizer, no
Egito, que Davi adormecera com seus
pais e que Joab, general do exército,
estava morto, disse ao faraó: "Deixa-
-me partir, quero voltar para minha
terra". 22O faraó respondeu-lhe: "Que
te falta em minha casa para desejares
voltar para tua terra?" – "Nada", res-
pondeu ele, "mas deixa-me partir".

23Javé suscitou contra Salomão um
outro inimigo: Razon, filho de Eliada,
que fugira de seu senhor, Adadezer,*
rei de Soba. 24Reuniu outros homens
em torno de si e se tornou chefe de um
bando; foi então que Davi os massa-
crou. Foram a Damasco, aí se estabele-
ceram e reinaram sobre Damasco. 25Foi
um adversário de Israel durante toda a
vida de Salomão, fazendo o mal como
fez Adad: detestava Israel e reinou so-
bre a Síria.

Revolta de Jeroboão. 26Também Je-
roboão, filho de Nabat, efraimita de
Sareda e servo de Salomão, revoltou-
-se contra o rei; sua mãe era uma viúva
chamada Sarva. 27Foi esta a causa de
sua revolta: Salomão estava construin-
do o Melo* e fechando a brecha da
Cidade de Davi, seu pai. 28Jeroboão*
era um homem valente e forte; vendo
Salomão como esse jovem trabalhava,
colocou-o à frente de todos os traba-
lhos forçados da casa de José. 29Acon-
teceu que, tendo Jeroboão saído de
Jerusalém, o profeta Aías de Silo,* que
trajava um manto novo, encontrou-o
no caminho; os dois estavam sozinhos
no campo. 30Aías tomou o manto novo
que trajava, rasgou-o em doze peda-
ços† 31e disse a Jeroboão: "Toma para
ti dez pedaços, pois assim fala Javé,
Deus de Israel: Rasgarei o reino das
mãos de Salomão e te darei dez tribos.
32Mas ele ainda ficará com uma tribo,
por amor a meu servo Davi e a Jerusa-
lém, cidade que escolhi dentre todas as
tribos de Israel. 33É que eles me aban-
donaram, prestaram culto à Astarte,
deusa dos sidônios, a Camos, deus de
Moab, a Melcom, deus dos amonitas,
e não andaram em meus caminhos,
fazendo o que é reto a meus olhos e
observando meus estatutos e decre-
tos, como fez seu pai Davi. 34Todavia,
não tirarei da mão dele o reino todo,
pois o estabeleci príncipe por todo o
tempo de sua vida, por amor a meu
servo Davi, que escolhi, e que observou
meus mandamentos e meus estatutos;
35é da mão de seu filho que tirarei o
reino e o darei a ti, isto é, dez tribos.
36A seu filho deixarei uma tribo, para

---

* **11**,15. 2Sm 8,13s | 23. 2Sm 8,3; 10,16s | 27. 9,15 | 28. 2Sm 5,6 | 29. 1Sm 1,3 | 36. 2Sm 21,17; 1Rs 15,4; 2Rs 8,19

† **11**,30. Gesto simbólico e profético, expediente muito comum entre os profetas para confirmar suas palavras e realizar de certa forma a predição.

que meu servo Davi tenha* sempre
uma lâmpada diante de mim em Je-
rusalém, cidade que escolhi para nela
colocar meu nome. 37Quanto a ti, eu
te tomarei para reinares sobre tudo o
que desejares e serás rei de Israel. 38Se
obedeceres a tudo que eu te mandar,
se seguires meus caminhos e fizeres o
que é reto a meus olhos, observando
meus estatutos e meus mandamentos,
como fez meu servo Davi, então estarei
contigo e construirei para ti uma casa
estável, como o fiz para Davi. Eu te en-
tregarei Israel 39e humilharei, por causa
disso, a descendência de Davi, mas não
para sempre".

40Salomão procurou matar Jeroboão,
mas este fugiu para o Egito,* para jun-
to de Sesac, rei do Egito, e permaneceu
no Egito até a morte de Salomão.

Morte de Salomão. 41O resto dos
atos de Salomão,* tudo o que ele fez
e sua sabedoria, não estão escritos no
livro dos Atos de Salomão? 42O tempo
que Salomão reinou em Jerusalém so-
bre todo o Israel foi de quarenta anos.
43Depois, Salomão adormeceu com
seus pais e foi sepultado na Cidade de
Davi, seu pai; seu filho Roboão reinou
em seu lugar.

II. HISTÓRIA DOS REIS DE ROBOÃO ATÉ ACAB (12–16)

12 **Roboão, rei de Judá.** 1Roboão
foi para Siquém,* pois foi lá
que todo o Israel se havia congregado
para proclamá-lo rei. 2Quando Jero-
boão, filho de Nabat, soube disso, ele
ainda estava no Egito, para onde fugira
do rei Salomão, pois morava no Egito.
3Mandaram chamá-lo, e ele veio com
toda a assembleia de Israel. Disseram
assim a Roboão: 4"Teu pai nos impôs
um jugo pesado; agora, pois, alivia a
dura servidão de teu pai e o jugo pe-
sado que ele nos impôs, e nós te ser-
viremos"†. 5Ele respondeu: "Ide e daqui
a três dias voltai a mim". E o povo foi
embora.

6O rei Roboão consultou os anciãos
que haviam auxiliado seu pai Salomão
durante sua vida e perguntou: "Que me
aconselhais a responder a este povo?"
7Eles responderam: "Se hoje te fizeres
servo deste povo, se o servires e lhe
responderes com boas palavras, então
eles serão para sempre teus servido-
res". 8Mas ele rejeitou o conselho que
os anciãos lhe deram e consultou os jo-
vens que foram seus companheiros de
infância e que estavam a seu serviço.
9Perguntou-lhes: "Que aconselhais que
se responda a este povo que me falou
assim: 'Alivia o jugo que teu pai nos im-
pôs'?" 10Os jovens, seus companheiros
de infância, responderam-lhe: "Eis o
que dirás a este povo que te disse: 'Teu
pai tornou pesado nosso jugo, mas tu
alivia-o'; eis o que lhes responderás:
'Meu dedo mínimo é mais grosso que
os rins de meu pai! 11Meu pai vos so-
brecarregou com um jugo pesado, mas
eu o tornarei mais pesado ainda; meu
pai vos castigou com açoites, e eu vos
castigarei com escorpiões!'"

12Jeroboão e todo o povo se apre-
sentaram a Roboão, no terceiro dia,
de acordo com a ordem que lhe dera:
'Voltai a mim daqui a três dias'. 13O rei
respondeu duramente ao povo, rejei-
tou o conselho dos anciãos 14e, seguin-
do o conselho dos jovens, falou-lhes
assim: "Meu pai tornou vosso jugo
pesado, mas eu aumentarei o peso
de vosso jugo: meu pai vos castigou
com açoites, e eu vos castigarei com
escorpiões". 15Assim, o rei não ouviu o
povo, porque isto era uma disposição
de Javé, para cumprir a palavra que ele
dissera a Jeroboão, filho de Nabat,* por
intermédio de Aías de Silo.

O cisma político. 16Quando todo o Is-
rael viu que o rei não os ouvia, o povo
respondeu ao rei:

"Que parte temos com Davi?*

---

* **11**,40. 14,25 | 41. 2Cr 9,29-31 | **12**,1. 2Cr 10 | 15. 11,29-39 | 16. 2Sm 20,1

† **12**,4. As tribos do norte sentiam-se discriminadas desde o tempo de Davi. As tendências separatistas e a intransigência de Roboão provocam a divisão do reino.

Não temos herança com o filho de
Jessé.
A tuas tendas, ó Israel!
E agora, cuida de tua casa, Davi!"
E Israel voltou para suas tendas.
[17]Mas Roboão continuou a reinar so-
bre os israelitas que moravam nas ci-
dades de Judá. [18]O rei Roboão enviou
Adoram,* chefe dos trabalhos força-
dos, mas todo o Israel o apedrejou, e
ele morreu; então o rei Roboão subiu
depressa a seu carro a fim de fugir para
Jerusalém. [19]Assim Israel* se rebelou
contra a casa de Davi até o dia de hoje.
Jeroboão, rei de Israel. [20]Quando
todo o Israel soube que Jeroboão tinha
voltado, convidaram-no para a assem-
bleia e o proclamaram rei sobre todo o
Israel. Ninguém seguiu a casa de Davi,
com a única exceção da tribo de Judá.
[21]Quando Roboão chegou a Jerusa-
lém,* convocou toda a casa de Judá
e a tribo de Benjamim, num total de
cento e oitenta mil guerreiros de es-
col, para dar combate à casa de Israel
e restituir o reino a Roboão, filho de
Salomão. [22]Mas a palavra de Deus foi
dirigida a Semeías, homem de Deus,
nestes termos: [23]"Fala a Roboão, filho
de Salomão, rei de Judá, a toda a casa
de Judá e de Benjamim e ao resto do
povo: [24]Assim fala Javé: Não subais
para guerrear contra vossos irmãos, os
israelitas; volte cada um para sua casa,
pois o que aconteceu foi por minha
vontade". Eles obedeceram à ordem
de Javé e regressaram como Javé lhes
ordenara.
[25]Jeroboão fortificou Siquém na
montanha de Efraim e ali se estabele-
ceu. Depois saiu de lá e fortificou Fa-
nuel.
O cisma religioso. [26]Jeroboão refletiu
consigo mesmo: "Desse jeito o reino
pode voltar à casa de Davi. [27]Se este
povo continuar subindo ao templo de
Javé em Jerusalém para oferecer sacri-
fícios, o coração deste povo se voltará
para seu senhor, Roboão, rei de Judá;
vão me matar e voltar para Roboão,
rei de Judá". [28]Depois de ter pedido
conselho, fez dois bezerros de ouro†
e disse ao povo: "Deixai de subir a Je-
rusalém! Israel, eis aqui teus deuses*
que te fizeram sair da terra do Egito".
[29]Colocou um em Betel e o outro em
Dã. [30]Este procedimento levou ao pe-
cado, porque o povo ia até Dã para
prostrar-se diante de um dos bezerros.
[31]Construiu também santuários nos lu-
gares altos e designou como sacerdo-
tes homens tirados do povo, que não
eram filhos de Levi. [32]Jeroboão instituiu
uma festa no dia quinze do oitavo mês,
à semelhança da que se celebrava em
Judá,* e subiu ao altar que fez em Betel
para sacrificar aos bezerros que tinha
feito. Em Betel também estabeleceu sa-
cerdotes para os lugares altos que ha-
via edificado. [33]Subiu ao altar que havia
feito em Betel, no dia quinze do oitavo
mês, data que escolhera arbitrariamen-
te; instituiu uma festa para os israelitas
e subiu ao altar para queimar incenso.

13 **Condenação do altar de Be-
tel.** [1]Um homem de Deus che-
gou de Judá a Betel, por ordem de Javé,
no momento em que Jeroboão estava
de pé diante do altar para oferecer o
sacrifício. [2]Por ordem de Javé, gritou
contra o altar: "Altar, altar! Assim fala
Javé: Na casa de Davi nascerá um filho*
chamado Josias†, que imolará sobre ti
os sacerdotes dos lugares altos que so-
bre ti ofereceram incenso e queimará
sobre ti ossadas humanas". [3]Ao mesmo
tempo, ele deu um sinal, dizendo: "Este
é o sinal de que Javé falou: Este altar vai
partir-se e se espalhará a cinza que está
por cima dele". [4]Quando ouviu o que o
homem de Deus bradava contra o al-
tar de Betel, o rei Jeroboão estendeu a
mão fora do altar e disse: "Agarrai-o!"
Mas a mão que ele estendera contra
o homem secou, de sorte que ele não

---

* **12**,18. 4,6; 5,27 | 19. Eclo 47,21 | 21. 2Cr 11,1-4 | 28. Êx 32,4 | 32. 8,65 | **13**,2. 2Rs 23,15s

† **12**,28. Jeroboão funda dois santuários cismáticos, nos extremos sul e norte do território, e esse pecado de levar o povo à idolatria será condenado pelo autor sacro em cada avaliação dos reis do norte: 15,34; 16,26 etc. | **13**,2. Josias, que reinou em Judá de 640 a 609 a.C., cumpre essa profecia, 2Rs 23,15-17.

a pôde mais recolher. [5]O altar partiu-se e as cinzas do altar se espalharam, conforme o sinal que dera o homem de Deus, por ordem de Javé. [6]Então o rei tomou a palavra e disse ao homem de Deus: "Aplaca, eu te peço, Javé teu Deus, e roga por mim, a fim de que me seja restituída a mão". O homem de Deus aplacou Javé, e a mão do rei lhe foi restituída, ficando como antes. [7]O rei disse ao homem de Deus: "Vem comigo a minha casa para refazeres tuas forças, e eu te darei um presente". [8]Mas o homem de Deus disse ao rei: "Mesmo que me desses a metade de tua casa,* não iria contigo. Nada comerei nem beberei neste lugar, [9]pois recebi de Javé esta ordem: 'Nada comerás nem beberás, nem voltarás pelo mesmo caminho por onde fores'". [10]E ele voltou por outro caminho, sem retomar o caminho pelo qual chegara a Betel.

O homem de Deus e o profeta. [11]Vivia em Betel um profeta já idoso, ao qual seus filhos vieram contar tudo o que o homem de Deus tinha feito naquele dia em Betel; também contaram ao pai as palavras que dissera ao rei. [12]O pai perguntou-lhes: "Em que direção ele seguiu?" Pois seus filhos tinham visto o caminho que tomara o homem de Deus que viera de Judá. [13]Disse ele aos filhos: "Selai o jumento"; eles lhe selaram o jumento, e o pai montou. [14]Foi atrás do homem de Deus e o encontrou sentado debaixo de um terebinto e perguntou-lhe: "És tu o homem de Deus vindo de Judá?" Ele respondeu: "Sim". [15]O profeta continuou: "Vem comigo a minha casa para comer alguma coisa". [16]Mas ele respondeu: "Não posso voltar nem ir contigo, nem comer pão, nem beber água contigo aqui, [17]pois recebi de Javé esta ordem: 'Lá não comerás nem beberás nada, nem voltarás pelo mesmo caminho por onde fores'". [18]Então o outro lhe disse: "Eu também sou profeta como tu e um anjo me disse, por ordem de Javé: 'Leva-o contigo a tua casa, para ele comer pão e beber água'", mas era mentira. [19]O homem de Deus voltou então com ele, comeu e bebeu em sua casa.

[20]Ora, enquanto estavam à mesa, a palavra de Javé foi dirigida ao profeta que o havia trazido [21]e este clamou ao homem de Deus vindo de Judá: "Assim fala Javé. Porque foste rebelde à palavra de Javé e não cumpriste a ordem que te deu Javé teu Deus, [22]mas voltaste, comeste e bebeste no lugar do qual te havia dito: 'Não comerás nem beberás ali', teu cadáver não entrará no sepulcro de teus pais". [23]Depois que ele comeu e bebeu, o profeta que o havia feito voltar mandou selar seu jumento, [24]e ele partiu. No caminho, um leão o encontrou e o matou; seu cadáver ficou estendido no caminho, o jumento continuou a seu lado e o leão também ficou junto do cadáver. [25]Passaram por ali algumas pessoas que viram o cadáver estendido no caminho, e o leão junto dele; foram e divulgaram a notícia na cidade onde morava o velho profeta. [26]Ao saber disso, o profeta que o havia feito voltar atrás no caminho disse: "É o homem de Deus, aquele que desobedeceu à ordem de Javé! Javé o entregou ao leão, que o dilacerou e matou, conforme a predição que Javé lhe havia feito!" [27]Ordenou a seus filhos: "Selai para mim o jumento"; e eles o selaram. [28]Partiu e encontrou o cadáver estendido no caminho, com o jumento e o leão ao lado; o leão não tinha devorado o cadáver nem dilacerado o jumento. [29]Ergueu o cadáver do homem de Deus, colocou-o sobre o jumento e conduziu-o para a cidade onde morava, para pranteá-lo e sepultá-lo. [30]Depositou o cadáver em seu próprio túmulo e pranteou-o dizendo: "Ai, meu irmão!" [31]Depois de tê-lo sepultado, disse* a seus filhos: "Quando eu morrer, sepultai-me no mesmo túmulo em que foi sepultado o homem de Deus;* poreis meus ossos ao lado dos seus. [32]Porque com certeza se cumprirá a palavra que ele bradou por ordem de Javé contra o altar de Betel e contra todos os santuários dos

---

* **13**,8. Nm 22,18 | **13**,31. Jr 22,18 / 2Rs 23,17s

lugares altos que estão nas cidades da Samaria".

[33]Depois desse fato, Jeroboão não se converteu de sua má conduta, mas continuou a designar como sacerdotes dos lugares altos homens tirados do povo. A quem a desejasse, ele dava a investidura para tornar-se sacerdote dos lugares altos. [34]Nisto consistiu o pecado da casa de Jeroboão e é por isso que foi destruída e exterminada da face da terra.

14 **Profecia de Aías contra Jeroboão.** [1]Por aquele tempo, adoeceu Abias, filho de Jeroboão, [2]e Jeroboão disse a sua mulher: "Levanta-te e disfarça-te para que não reconheçam que és a esposa de Jeroboão e vai a Silo, onde está* o profeta Aías, aquele que me predisse que eu reinaria sobre este povo. [3]Leva contigo dez pães, bolos e um pote de mel* e vai ter com ele; ele te indicará o que vai suceder ao menino". [4]Assim fez a mulher de Jeroboão; levantou-se, foi a Silo e entrou na casa de Aías. Ora, este não mais conseguia enxergar, porque a velhice lhe obscurecera os olhos. [5]Mas Javé lhe dissera: "Aí vem a esposa de Jeroboão para te pedir um oráculo a respeito do filho, que está doente; e tu lhe dirás isso e isso. Ela virá fingindo ser uma outra". [6]Logo que Aías ouviu o barulho de seus passos junto à porta, disse: "Entra, esposa de Jeroboão! Por que queres passar por outra? Estou encarregado de te dar uma triste notícia. [7]Vai dizer a Jeroboão: 'Assim fala Javé, Deus de Israel: Eu te levantei do meio do povo e te estabeleci como chefe sobre meu povo Israel; [8]arranquei o reino da casa de Davi para dá-lo a ti. Mas tu não foste como meu servo Davi, que observou meus mandamentos e me seguiu de todo o coração, fazendo somente o que é reto a meus olhos; [9]ao contrário, fizeste mais mal que todos os teus antecessores e chegaste a fazer para ti outros deuses,* imagens fundidas para me irritares, e me lançaste para trás das costas. [10]Por isso mandarei a desgraça sobre a casa de Jeroboão; exterminarei todos os homens* da casa de Jeroboão, escravos ou livres em Israel; varrerei a casa de Jeroboão como se varre o esterco, até que não reste nada. [11]Os membros da família de Jeroboão que morrerem* na cidade serão devorados pelos cães e os que morrerem no campo serão comidos pelas aves do céu†, porque o disse Javé'. [12]E tu, levanta-te e vai para casa; quando puseres os pés na cidade, o menino morrerá. [13]Todo o Israel chorará sobre ele e o sepultará. Com efeito, ele é o único membro da família de Jeroboão que será sepultado, pois só nele, entre toda a família de Jeroboão, achou-se alguma coisa de bom diante de Javé, Deus de Israel. [14]Javé estabelecerá sobre Israel um rei que exterminará a casa de Jeroboão. É hoje, sim! É agora mesmo! [15]Javé ferirá Israel como quando o caniço se agita na água; arrancará Israel desta boa terra que deu a seus pais e o dispersará do outro lado do rio, porque fizeram seus troncos idolátricos, provocando a ira de Javé. [16]Ele abandonará Israel por causa dos pecados que Jeroboão cometeu e levou Israel a cometer"†.

[17]A mulher de Jeroboão levantou-se, partiu e chegou a Tersa†; quando transpôs a soleira de sua porta, o menino morreu. [18]Sepultaram-no, e todo o Israel pranteou-o como dissera Javé, por intermédio de seu servo, o profeta Aías.

[19]O resto dos atos de Jeroboão, as guerras que fez e seu governo, tudo isso está escrito no livro dos Anais dos reis de Israel†. [20]O tempo que reinou Jeroboão foi de vinte e dois anos; adormeceu com seus pais, e seu filho Nadab reinou em seu lugar.

---

* **14**,2. 11,29-39 | 3. 1Sm 9,7 | 9. Êx 20,3ss | 10. 1Sm 25,22 | 11. 15,27-30; 16,4; 21,24

† **14**,11. Ficar sem sepultura era uma das maiores infâmias para um israelita. | 16. Mais um exemplo, depois daquele de Samuel-Saul, de reprovação de um rei por um profeta. Haverá outros conflitos entre os dois poderes: Elias-Acab, Isaías-Acaz, Jeremias-Joaquim. | 17. A 10 km ao nordeste de Siquém, foi capital do reino do norte até a fundação de Samaria, 16,24. | 19. O autor cita diversas vezes as fontes que ele usou, mas que depois se perderam.

Reinado de Roboão. [21]Roboão, filho
de Salomão,* tornou-se rei de Judá; ti-
nha quarenta e um anos quando subiu
ao trono e reinou dezessete anos em
Jerusalém, cidade que Javé escolhe-
ra entre todas as tribos de Israel para
nela colocar seu nome. Sua mãe, amo-
nita, chamava-se Naama. [22]Judá fez o
mal aos olhos de Javé; irritaram seu
ciúme mais do que haviam feito seus
pais, com todos os pecados que co-
meteram. [23]Também eles construíram
lugares altos, ergueram colunas sagra-
das e troncos idolátricos† sobre toda
colina elevada e debaixo de toda árvo-
re frondosa.* [24]Houve até prostitutos
sagrados† no país. Praticaram todas as
abominações das nações que Javé ha-
via expulsado da frente dos israelitas.

[25]No quinto ano do rei Roboão, o
rei do Egito,* Sesac†, atacou Jerusalém.
[26]Apoderou-se dos tesouros do templo
de Javé e dos do palácio real, levando
tudo, até mesmo todos os escudos
de ouro que Salomão mandara fa-
zer. [27]Para substituí-los,* o rei Roboão
mandou fazer escudos de bronze e os
confiou aos chefes dos guardas, que vi-
giavam a porta do palácio real. [28]Cada
vez que o rei ia ao templo de Javé, os
guardas vinham e os tomavam e de-
pois os devolviam à sala dos guardas.

[29]O resto da história de Roboão,* tudo
o que fez, não está escrito no livro dos
Anais dos reis de Judá? [30]Houve guerra
contínua entre Roboão e Jeroboão. [31]Ro-
boão adormeceu com seus pais e foi se-
pultado com seus pais na Cidade de Davi.
Sua mãe chamava-se Naama, a amonita.
Seu filho Abiam reinou em seu lugar.

15 **Abiam, rei de Judá.** [1]No déci-
mo oitavo ano do rei Jeroboão,
Abiam* tornou-se rei em Judá [2]e reinou
três anos em Jerusalém. Sua mãe cha-
mava-se Maaca, filha de Absalão. [3]Imi-
tou todos os pecados que seu pai* co-
metera antes dele, e seu coração não foi
plenamente fiel a Javé, seu Deus, como
o coração de Davi, seu antepassado.
[4]Mas por amor a Davi, Javé, seu Deus,
concedeu-lhe uma lâmpada em Jeru-
salém, elevando seu filho depois dele e
poupando Jerusalém. [5]Davi, com efeito,
fizera* o que é reto aos olhos de Javé e
em nada se havia afastado do que ele
lhe ordenara por toda a sua vida, com
exceção do episódio de Urias, o heteu.

[6]Houve guerra entre Roboão e Je-
roboão todos os dias de sua vida. [7]O
resto da história de Abiam, tudo o que
fez, não está escrito no livro dos Anais
dos reis de Judá? Houve guerra en-
tre Abiam e Jeroboão. [8]Depois Abiam
adormeceu* com seus pais e foi sepul-
tado na Cidade de Davi; seu filho Asa
reinou em seu lugar.

Asa, rei de Judá. [9]No vigésimo ano de
Jeroboão, rei de Israel, Asa tornou-se
rei de Judá [10]e reinou quarenta e um
anos em Jerusalém. Sua avó chamava-
-se Maaca, filha de Absalão. [11]Asa fez
o que é reto* aos olhos de Javé, como
Davi, seu antepassado. [12]Expulsou do
país* todos os prostitutos sagrados e
aboliu todos os ídolos que seus pais
haviam feito. [13]Chegou a retirar de sua
avó a dignidade de rainha-mãe, porque
ela fizera um ídolo para Aserá; Asa que-
brou o ídolo e o queimou na torrente
do Cedron. [14]Mas os lugares altos não
desapareceram; contudo o coração de
Asa foi plenamente fiel a Javé por toda
a sua vida. [15]Depositou no templo de
Javé as oferendas consagradas por seu
pai e suas próprias oferendas: prata,
ouro e objetos.

[16]Houve guerra entre Asa e Baasa,*
rei de Israel, enquanto viveram. [17]Baa-
sa, rei de Israel, atacou Judá e fortificou
Ramá para impedir as comunicações
com Asa, rei de Judá. [18]Então Asa to-

---

* **14**,21. 2Cr 12,13s | 23. 1Sm 9,12; Êx 23,24; | 34,13; Dt 12,2; Dt 23,19 | 25. 2Cr 12,2.9ss | 27. 10,16 | 29. 2Cr 12,16 | **15**,1. 2Cr 13,1s | 3. 2Cr 11,20 | 5. 2Cr 13,2 | 8. 2Cr 13,23 | 11. 2Cr 14,1-3; Dt 23,19 | 12. 2Cr 15,16ss | 16. 2Cr 16,1-6

† **14**,23. As colunas sagradas eram pedras erigidas para simbolizar divindades masculinas; os troncos idolátricos representavam as divindades femininas. | 24. Ver as notas em Lv 19,29 e em Dt 23,19. | 25. Reinou no Egito de 945 a 925 a.C.; foi o primeiro faraó da XXII dinastia.

mou a prata e o ouro que restavam nos tesouros do templo de Javé e nos tesouros do palácio real e os entregou a seus servos, para enviá-los a Ben-Adad†, filho de Tabremon, filho de Hezion, rei de Aram, que residia em Damasco, com esta mensagem: 19"Haja aliança entre mim e ti, como houve entre meu pai e teu pai! Envio-te um presente de prata e ouro. Vai e rompe tua aliança com Baasa, rei de Israel, para que se afaste de mim!" 20Ben-Adad deu ouvidos ao rei Asa e enviou os chefes de seu exército contra as cidades de Israel; conquistou Aion, Dã, Abel-Bet-Maaca, toda a região de Quineret com toda a terra de Neftali. 21Quando Baasa o soube, suspendeu os trabalhos em Ramá e ficou em Tersa. 22Então o rei Asa convocou todos os de Judá, sem excetuar ninguém; tiraram as pedras e a madeira com as quais Baasa estava fortificando Ramá, e com elas o rei fortificou Gaba de Benjamim e Masfa.

23O resto da história de Asa,* toda a sua valentia, todos os seus atos e as cidades que construiu, não está tudo escrito no livro dos Anais dos reis de Judá? Mas em sua velhice teve uma doença nos pés. 24Asa adormeceu com seus pais e foi sepultado na Cidade de Davi, seu antepassado, e seu filho Josafá reinou em seu lugar.

Nadab, rei de Israel. 25No segundo ano de Asa, rei de Judá, Nadab, filho de Jeroboão, tornou-se rei de Israel e reinou dois anos em Israel. 26Fez o mal aos olhos de Javé, imitando o comportamento de seu pai e o pecado ao qual tinha arrastado Israel. 27Baasa, filho de Aías, da casa de Issacar, conspirou contra ele e o assassinou em Gebeton, cidade filisteia, enquanto Nadab e todo o Israel a sitiavam. 28Baasa matou-o no terceiro ano de Asa, rei de Judá, e reinou em seu lugar. 29Logo que se tornou rei, massacrou toda a casa de Jeroboão, não deixou ninguém com vida, a todos exterminou†, segundo a predição que Javé fizera por intermédio de seu servo Aías* de Silo, 30por causa dos pecados que ele cometera e fizera Israel cometer, provocando assim a indignação de Javé, Deus de Israel.

31O resto da história de Nadab, todos os seus feitos, não está tudo escrito no livro dos Anais dos reis de Israel? 32Houve guerra entre Asa e Baasa, rei de Israel, enquanto viveram.

Baasa, rei de Israel. 33No terceiro ano de Asa, rei de Judá, Baasa, filho de Aías, tornou-se rei sobre todo o Israel em Tersa e reinou vinte e quatro anos. 34Fez o mal aos olhos de Javé, imitando a conduta de Jeroboão e o pecado ao qual ele havia arrastado Israel.

16 **O profeta Jeú.** 1A palavra de Javé foi dirigida a Jeú, filho de Hanani, contra Baasa, nestes termos: 2"Eu te levantei do pó e te estabeleci chefe* sobre meu povo Israel, mas tu imitaste o comportamento de Jeroboão e levaste Israel, meu povo, a pecar, irritando-me com seus pecados. 3Por isso varrerei Baasa e sua casa, tratarei sua casa como a de Jeroboão, filho de Nabat. 4Todo membro da família de Baasa que morrer na cidade será devorado pelos cães* e o que morrer no campo será comido pelas aves do céu".

5O resto da história de Baasa, seus atos e proezas, não está tudo escrito no livro dos Anais dos reis de Israel? 6Baasa adormeceu com seus pais e foi sepultado em Tersa. Seu filho Ela reinou em seu lugar.

7Também por meio do profeta Jeú, filho de Hanani, veio a palavra de Javé contra Baasa e contra sua casa, por causa de todo o mal que fizera aos olhos de Javé, irritando-o com suas ações, tornando-se semelhante à casa de Jeroboão e também por ter exterminado essa casa.

Ela, rei de Israel. 8No vigésimo sexto ano de Asa, rei de Judá, Ela, filho de Baasa, tornou-se rei de Israel em Ter-

---

* **15**,23. 2Cr 16,11-14 | 29. 1Rs 14,10s | **16**,2. 14,7-11 | 4. 14,11

† **15**,18. Esta aliança com Ben-Adad I dá início a uma série de recursos a reis pagãos, que serão reprovados pelos profetas, por verem neles um sinal de pouca confiança em Javé e um perigo de sincretismo.

sa e reinou por dois anos. 9Seu servo Zambri, chefe da metade de seus carros, conspirou contra ele. Estando ele em Tersa, bebendo* e embriagando-se em casa de Arsa, mordomo do palácio em Tersa, 10Zambri entrou, feriu-o e o matou no vigésimo sétimo ano de Asa, rei de Judá; depois reinou em lugar dele. 11Logo que se tornou rei e sentou-se no trono, massacrou toda a família de Baasa, sem deixar um só homem,* e matou também seus parentes e amigos. 12Zambri exterminou toda a casa de Baasa, segundo a predição que Javé fizera contra Baasa por intermédio do profeta Jeú, 13por causa de todos os pecados* que cometeram Baasa e Ela, seu filho, e fizeram Israel cometer, irritando Javé, Deus de Israel, com seus ídolos.

14O resto da história de Ela e todos os seus atos, não está tudo escrito no livro dos Anais dos reis de Israel?

Zambri, rei de Israel. 15No vigésimo sétimo ano de Asa, rei de Judá, Zambri reinou sete dias em Tersa. O povo estava acampado diante de Gebeton, que pertence aos filisteus. 16Quando o acampamento recebeu esta notícia: "Zambri fez uma conspiração e matou o rei", todo Israel, no mesmo dia, no acampamento, proclamou rei de Israel Amri, chefe do exército. 17Amri e todo o Israel com ele saíram de Gebeton e vieram sitiar Tersa. 18Quando Zambri viu que a cidade ia ser tomada, entrou na cidadela do palácio real, pôs fogo no palácio, estando lá dentro, e morreu. 19Tudo por causa do pecado que cometeu, fazendo o mal aos olhos de Javé, imitando a conduta de Jeroboão e o pecado que fez, levando Israel a pecar.

20O resto da história de Zambri e a conspiração que ele tramou, não está tudo escrito no livro dos Anais dos reis de Israel?

21Então o povo de Israel se dividiu: metade apoiou Tebni, filho de Ginet, querendo fazê-lo rei; a outra metade apoiou Amri. 22Mas o partido de Amri prevaleceu sobre o de Tebni, filho de Ginet; Tebni morreu e Amri tornou-se rei.

Amri, rei de Israel. 23No trigésimo primeiro ano de Asa, rei de Judá, Amri tornou-se rei de Israel e reinou doze anos, seis dos quais em Tersa. 24Depois comprou de Semer, por dois talentos de prata, o monte de Samaria; construiu sobre ele uma cidade, a que deu o nome de Samaria†, por causa do nome de Semer, proprietário do monte. 25Amri fez o mal aos olhos de Javé, agindo pior que todos os seus antecessores. 26Imitou em tudo a conduta de Jeroboão, filho de Nabat, e os pecados a que este levou Israel, irritando Javé, Deus de Israel, com seus ídolos.

27O resto da história de Amri, seus atos e proezas, não está tudo escrito no livro dos Anais dos reis de Israel? 28Amri adormeceu com seus pais e foi sepultado em Samaria. Seu filho Acab reinou em seu lugar.

Acab, rei de Israel. 29Acab, filho de Amri, tornou-se rei de Israel no trigésimo oitavo ano de Asa, rei de Judá, e reinou vinte e dois anos sobre Israel, em Samaria. 30Acab, filho de Amri, fez o mal aos olhos de Javé, mais que todos os seus antecessores. 31Como se não lhe bastasse imitar os pecados de Jeroboão, filho de Nabat, desposou ainda Jezabel, filha de Etbaal, rei dos sidônios†, e passou a servir a Baal e a adorá-lo. 32Erigiu-lhe um altar no templo de Baal, que construiu em Samaria. 33Acab erigiu também um tronco idolátrico* e cometeu ainda outros pecados, irritando Javé, Deus de Israel, mais que todos os reis de Israel que o precederam. 34Em seu tempo, Hiel de Betel reconstruiu Jericó; pelo preço de

---

* **16**,9. Is 5,11 | 11. 1Sm 25,22 | 13. 16,1-4 | 33. Êx 34,13 | 34. Lv 18,21 / Js 6,26

† **15**,29. Quem usurpava o trono costumava eliminar a família do rei. Enquanto o reino do norte passa por uma série de golpes de estado, a dinastia davídica mantém-se firme no sul. | **16**,24. Samaria foi uma capital comparável a Jerusalém: em boa posição estratégica, fácil de se defender e sem ligação com nenhuma tribo. | 31. Ver nota em 9,27. | 34. Ver a nota em Js 6,26.

seu primogênito Abiram* lançou seus
fundamentos e pelo preço de seu último filho Segub assentou suas portas,
conforme a predição que fizera Javé
por meio de Josué,* filho de Nun†.

III. O PROFETA ELIAS (17–22)

17 **Anúncio do castigo.** 1Elias, o
tesbita, um dos habitantes de
Galaad, disse a Acab: "Pela vida de Javé,
Deus de Israel, a quem sirvo: não haverá nestes anos nem orvalho e nem chuva,* a não ser quando eu o ordenar"†.
Na torrente de Carit. 2A palavra de
Javé foi-lhe dirigida nestes termos:
3"Vai-te daqui, retira-te para o oriente
e esconde-te na torrente de Carit, que
está a leste do Jordão. 4Beberás da torrente, e os corvos por ordem minha te
levarão alimento". 5Elias partiu e fez
como Javé ordenara, indo morar na
torrente de Carit, a leste do Jordão. 6Os
corvos lhe traziam pão* e carne de manhã, pão e carne de tarde, e ele bebia
da torrente.
O milagre da farinha e do óleo. 7Depois de certo tempo,* a torrente secou,
porque não chovia no país. 8Então lhe
veio a palavra de Javé, dizendo: 9"Levanta-te e vai a Sarepta, que pertence a Sidônia,* e lá habitarás. Ordenei
lá a uma viúva que te dê o sustento".
10Ele se levantou e foi para Sarepta.
Ao chegar à porta da cidade, estava lá
uma viúva apanhando lenha; chamou-a e disse: "Por favor, traze-me num
vaso um pouco de água para eu beber!" 11Quando ela já estava indo para
buscar água, ele gritou-lhe: "Traze-me
também um pedaço de pão em tua
mão!" 12Respondeu ela: "Pela vida de
Javé, teu Deus, não tenho pão cozido;
tenho apenas um punhado de farinha
numa vasilha e um pouco de azeite
num jarro. Estou ajuntando uns gravetos e vou preparar esse resto para mim
e meu filho; nós o comeremos e depois
esperaremos a morte". 13Elias respondeu-lhe: "Não temas; vai e faze como
disseste. Mas, primeiro, prepara-me
com o que tens um pãozinho e traze-o
para mim; depois o prepararás para ti
e para teu filho. 14Pois assim fala Javé,
Deus de Israel:

A vasilha de farinha não ficará vazia
e o jarro de azeite não acabará
até o dia em que Javé enviar
a chuva sobre a face da terra".

15Ela foi e fez como Elias dissera; e
comeram ela, ele e sua casa durante
muito tempo. 16A vasilha de farinha
não se esvaziou e o jarro de azeite não
acabou, conforme a palavra que Javé
havia pronunciado por meio de Elias.
A ressurreição do filho da viúva.
17Depois disso, aconteceu que o filho*
dessa mulher, dona da casa, adoeceu,
e seu mal foi tão grave que ele veio a
falecer. 18Então ela disse a Elias: "Que
tenho eu contigo, homem de Deus?
Vieste a minha casa para reavivar a
lembrança de minhas faltas e causar a
morte de meu filho?"† 19Ele respondeu-lhe: "Dá-me teu filho". Tomando-o dos
braços dela, levou-o ao quarto de cima,
onde morava, e colocou-o sobre seu
leito. 20Depois clamou a Javé, dizendo:
"Javé, meu Deus, até a viúva que me
hospeda quereis afligir, fazendo seu
filho morrer?" 21Estendeu-se por três
vezes* sobre o menino e invocou Javé,
dizendo: "Javé, meu Deus, eu vos peço,
fazei voltar a ele a alma deste menino!" 22Javé atendeu à súplica de Elias;
a alma do menino voltou a ele, e ele
reviveu. 23Elias tomou o menino, desceu-o do quarto de cima para a casa e
entregou-o a sua mãe, dizendo: "Olha,
teu filho está vivo". 24A mulher respondeu a Elias: "Agora reconheço que és
um homem de Deus e que de fato Javé
fala por tua boca!"

---

* **17**,1. Tg 5,17; Ap 11,6 | 6. Êx 16,8.12 | 7. 2Rs 4,1-7 | 9. Lc 4,25s | 17. 2Rs 4,18-37; Lc 7,11-17 | 21. 2Rs 4,33-36; At 20,10

† **17**,1. Elias desafia Baal, o deus da chuva, que os israelitas estavam seguindo, abandonando Javé. **17**,18. Diante da santidade de Elias, a mulher sente sua indignidade e pensa que a morte do filho é castigo por algum pecado.

**18 Encontro de Elias com Ab-
dias.** 1Passado muito tem-
po, no terceiro ano, a palavra de Javé
foi dirigida a Elias nestes termos: "Vai
apresentar-te diante de Acab; vou
mandar a chuva sobre a face da terra".
2Elias partiu e foi apresentar-se a Acab.
Havia uma grande fome em Sama-
ria. 3Acab mandou chamar Abdias, in-
tendente do palácio. Este era um ho-
mem muito temente a Javé; 4quando
Jezabel massacrou os profetas de Javé,
ele tomou cem profetas e os escondeu
numa gruta em grupos de cinquenta,
providenciando-lhes comida e bebida.
5Acab disse a Abdias: "Vai pelo país, a
todas as fontes e torrentes, talvez en-
contremos capim para manter vivos os
cavalos e os burros e não tenhamos
de sacrificar os animais". 6Repartiram
entre si a terra para percorrê-la: Acab
partiu sozinho para um lado e Ab-
dias partiu sozinho para o outro. 7En-
quanto Abdias caminhava, Elias veio a
seu encontro; ele o reconheceu e se
prostrou com o rosto em terra, di-
zendo: "És tu meu senhor Elias?" 8Ele
respondeu: "Sou eu! Vai e dize a teu
senhor: Elias está aqui". 9Mas o outro
replicou: "Que pecado cometi para en-
tregares teu servo nas mãos de Acab,
para ele me matar? 10Pela vida de Javé,
teu Deus, não há nação nem reino
onde meu senhor não tenha mandado
procurar-te; e quando respondiam: 'Ele
não está aqui!', fazia o reino e a nação
jurar que não te haviam achado. 11E
agora mandas: 'Vai dizer a teu senhor:
Elias está aqui!' 12Mas, quando eu me
apartar de ti, o espírito de Javé te trans-
portará não sei para onde, eu irei in-
formar Acab e ele, não te achando, me
matará! No entanto, teu servo teme a
Javé desde a juventude. 13Porventura
não foi contado a meu senhor o que
fiz quando Jezabel massacrava os pro-
fetas de Javé, como escondi cem pro-
fetas de Javé, em grupos de cinquenta,
numa gruta e lhes forneci pão e água?
14E agora ordenas: 'Vai dizer a teu se-
nhor: Elias está aqui'. Ele vai me matar!"
15Elias respondeu-lhe: "Pela vida de
Javé dos exércitos†, a quem sirvo,* hoje
mesmo me apresentarei a ele".

Encontro de Acab com Elias. 16Abdias
foi encontrar-se com Acab e contou-
-lhe o acontecido; e Acab saiu ao en-
contro de Elias. 17Logo que viu Elias,
Acab lhe disse: "És tu, flagelo de Is-
rael?" 18Elias respondeu: "Não sou eu o
flagelo de Israel, mas és tu e a casa de
teu pai, porque vós abandonastes os
mandamentos de Javé e tu seguiste os
ídolos de Baal.* 19Pois bem, manda que
se reúna todo o Israel junto de mim, no
monte Carmelo, com os quatrocentos e
cinquenta profetas de Baal e os quatro-
centos profetas de Aserá, que comem à
mesa de Jezabel".

O sacrifício no Carmelo†. 20Acab
convocou todo o Israel e reuniu os
profetas no monte Carmelo. 21Elias,
aproximando-se de todo o povo, dis-
se: "Até quando ficareis mancando de
duas pernas? Se Javé é Deus, segui-o!
Se é Baal, segui-o!" Mas o povo não
lhe respondeu nada. 22Então Elias disse
ao povo: "Sou o único dos profetas de
Javé que fiquei, enquanto os profetas
de Baal são quatrocentos e cinquen-
ta. 23Deem-nos dois novilhos; que eles
escolham um para si e depois de es-
quartejá-lo o coloquem sobre a lenha,
sem lhe pôr fogo. Eu prepararei o ou-
tro novilho e o colocarei sobre a lenha,
sem lhe pôr fogo. 24Invocareis depois
o nome de vosso deus, e eu invocarei o
nome de Javé: o deus que responder
enviando fogo, é ele o Deus". Todo o
povo respondeu: "Está bem".
25Elias disse então aos profetas de
Baal: "Escolhei para vós um novilho e
preparai-o vós primeiro, pois sois mais
numerosos. Invocai o nome de vos-
so deus, mas não acendais o fogo".
26Eles tomaram o novilho que lhes foi

* **18**,15. 1Sm 1,3 | **18**,18. Jz 2,13

† **18**,15. Ver a nota em 1Sm 1,3. | 20. Monte da Galileia, de 552 metros, que avança pelo Mediterrâneo formando a linda baía de Haifa. Na nuvem de que fala o v. 44 os antigos viram uma prefiguração de Maria, a flor do Carmelo, Nossa Senhora do Carmo.

dado, prepararam-no e invocaram o
nome de Baal desde a manhã até o
meio-dia, dizendo: "Baal, responde-
-nos!" Mas não houve voz nem respos-
ta; e eles dançavam dobrando o joelho
diante do altar que haviam feito. [27]Ao
meio-dia, Elias começou a zombar de-
les, dizendo: "Gritai mais alto, pois ele é
deus; ele pode estar meditando ou fa-
zendo negócios ou, em viagem; talvez
esteja dormindo e precisa ser acorda-
do!" [28]Gritaram mais forte e, segundo
seu costume, fizeram incisões no pró-
prio corpo com espadas e lanças, até
escorrer sangue. [29]Passado o meio-dia,
eles profetizaram* até a hora da apre-
sentação da oferenda, mas não houve
voz, nem resposta, nem sinal de aten-
ção.

[30]Então Elias disse a todo o povo:
"Aproximai-vos de mim"; e todo o
povo se aproximou dele. Ele restaurou
o altar de Javé que fora demolido. [31]To-
mou doze pedras, segundo o número
das doze tribos dos filhos de Jacó, a
quem Javé havia dito: "Teu nome será
Israel" [32]e edificou com as pedras um
altar* ao nome de Javé. Fez em redor
do altar um rego capaz de conter duas
medidas de semente. [33]Empilhou a le-
nha, esquartejou o novilho e o colocou
sobre a lenha. [34]Depois disse: "Enchei
quatro talhas de água e entornai-a so-
bre o holocausto e sobre a lenha". Ele
disse: "Fazei-o de novo", e eles o fize-
ram. E acrescentou: "Fazei-o pela ter-
ceira vez", e eles o fizeram. [35]A água se
espalhou em torno do altar e inclusive
o rego ficou cheio de água. [36]Na hora
em que se apresentava a oferenda, o
profeta Elias aproximou-se e disse:
"Javé, Deus de Abraão, de Isaac e de
Jacó, fazei que hoje se saiba que vós
sois Deus em Israel, que sou vosso ser-
vo e que foi por ordem vossa que fiz to-
das essas coisas. [37]Respondei-me, Javé,
respondei-me, para que este povo re-
conheça que vós, Javé, sois Deus e que
converteis os corações deles!" [38]Então
caiu o fogo de Javé* que consumiu o
holocausto e a lenha, as pedras e a ter-
ra, secando a água que estava no rego.
[39]Vendo isto, todo o povo prostrou-se
com o rosto em terra, exclamando: "É
Javé que é Deus!" É Javé que é Deus!"
[40]Elias lhes disse: "Prendei os profetas
de Baal; que nenhum deles escape!"
Eles os prenderam. Elias fê-los descer
à torrente de Quison e lá os degolou.
O fim da seca. [41]Disse Elias a Acab:
"Sobe, come e bebe, pois já se ouve o
rumor de uma tempestade". [42]Enquan-
to Acab subia para comer e beber, Elias
subiu ao topo do Carmelo, prostrou-se
por terra* e pôs o rosto entre os joe-
lhos. [43]Disse a seu criado: "Sobe e olha
para o lado do mar". Ele subiu, olhou e
disse: "Não há nada". Elias disse: "Re-
torna sete vezes". [44]Na sétima vez, o
criado disse: "Está subindo do mar uma
nuvem pequena como a mão de uma
pessoa". Elias disse: "Vai dizer a Acab:
Prepara o carro e desce, para que a
chuva não te detenha". [45]Num instante
o céu se escureceu com muita nuvem
e vento e caiu uma forte chuva. Acab
subiu a seu carro e partiu para Jezrael.
[46]A mão de Javé esteve* sobre Elias. Ele
cingiu os rins e correu diante de Acab
até a entrada de Jezrael.

19 **O caminho do Horeb.** [1]Acab
contou a Jezabel tudo o que
fizera Elias e como passara a fio de es-
pada todos os profetas. [2]Então Jezabel
mandou a Elias um mensageiro para lhe
dizer: "Que os deuses me mandem um
castigo sobre outro se amanhã a esta
hora eu não tiver feito de tua vida o
que fizeste da vida deles!" [3]Vendo isto,
Elias levantou-se e partiu para salvar sua
vida. Chegou a Bersabeia, que pertence
a Judá, e deixou lá seu criado. [4]Ele fez
a caminhada de um dia pelo deserto*
e foi sentar-se debaixo de um junípero.
Pediu a morte, dizendo: "Agora basta,*
Javé! Retira-me a vida, pois não sou me-
lhor que meus pais". [5]Deitou-se e dor-
miu debaixo do junípero. Mas um anjo
o tocou e lhe disse: "Levanta-te e come".

* **18**,29. 18,36; 2Rs 3,20; Dn 9,21. | 32. Gn 32,39. | 38. Nm 11,1; 16,35; Lv 9,24; Jz 6,21. | 42. Tg 5,18. | 46. 2Rs 3,15; Ez 13. | **19**,4. Gn 21,14-21 / Nm 11,14; Tb 3,6; Jn 4,3.8; Jó 7,15

6Abriu os olhos e viu a sua cabeceira
um pão cozido sobre pedras quentes
e um jarro de água. Comeu, bebeu e
tornou a deitar-se. 7Mas o anjo de Javé
veio pela segunda vez, tocou-o e disse:
"Levanta-te e come, porque o caminho
é longo demais para ti". 8Levantou-se,
comeu e bebeu e, depois, com a força
daquela comida, caminhou* quarenta
dias e quarenta noites até a montanha
de Deus, o Horeb†.

Deus aparece a Elias. 9Lá entrou na
gruta,* onde passou a noite. Então veio
a ele a palavra de Javé, que lhe disse:
"Que fazes aqui, Elias?" 10Ele respon-
deu: "Estou cheio de ardente zelo por
Javé dos exércitos, porque os israelitas
abandonaram vossa aliança,* derruba-
ram vossos altares e mataram vossos
profetas a espada. Fiquei somente eu, e
procuram tirar-me a vida". 11Deus dis-
se: "Sai e fica na montanha diante de
Javé". E Javé passou.* Um vento forte e
impetuoso fendia as montanhas e que-
brava os rochedos diante de Javé, mas
Javé não estava no vento; depois do
vento houve um terremoto, mas Javé
não estava no terremoto; 12depois do
terremoto, um fogo, mas Javé não es-
tava no fogo; depois do fogo, o sussur-
ro de uma leve brisa†. 13Quando Elias
o ouviu, cobriu o rosto* com o manto,
saiu e pôs-se à entrada da gruta. En-
tão veio-lhe uma voz que disse: "Que
fazes aqui, Elias?" 14Ele respondeu: "Es-
tou cheio de ardente zelo por Javé dos
exércitos, porque os israelitas abando-
naram vossa aliança, derrubaram vos-
sos altares e mataram vossos profetas à
espada. Fiquei somente eu, e procuram
tirar-me a vida".

15Javé lhe disse: "Vai, retoma teu ca-
minho na direção do deserto de Da-
masco. Ungirás Hazael como rei de
Aram.* 16Ungirás Jeú, filho de Namsi,
como rei de Israel e ungirás Eliseu, filho
de Safat, de Abel-Meúla, como profeta
em teu lugar. 17Quem escapar da es-
pada de Hazael, Jeú o matará e quem
escapar da espada de Jeú, Eliseu o ma-
tará. 18Mas pouparei em Israel sete mil
homens, todos os que não dobraram
os joelhos* diante de Baal e não o bei-
jaram com sua boca".

Vocação de Eliseu. 19Partindo dali,
Elias encontrou Eliseu, filho de Safat,
que estava arando com doze juntas
de bois diante dele, e ele estava com
a duodécima. Elias passou perto dele
e lançou sobre ele seu manto. 20Eliseu
abandonou seus bois, correu atrás de
Elias e disse: "Deixa-me abraçar meu
pai e minha mãe, depois te seguirei".
Elias respondeu: "Vai e volta; pois bem
sabes o que te fiz". 21Eliseu afastou-se
de Elias e, tomando a junta de bois, a
imolou. Serviu-se da lenha do arado
para cozinhar a carne e deu-a aos seus
para comer. Depois levantou-se, se-
guiu Elias e se pôs a seu serviço†.

20 **Samaria é sitiada.** 1Ben-
-Adad, rei de Aram†, mobili-
zou todo o seu exército: tinha consigo
trinta e dois reis, cavalos e carros. Su-
biu, sitiou Samaria e a atacou. 2Enviou
mensageiros à cidade, a Acab, rei de
Israel, 3para lhe dizer: "Assim fala Ben-
-Adad: Tua prata e teu ouro são meus;
tuas mulheres e teus filhos são meus".
4O rei de Israel deu esta resposta: "Seja
como disseste, senhor meu rei. Eu sou
teu com tudo o que me pertence".

5Mas os mensageiros voltaram e dis-
seram: "Assim fala Ben-Adad. Eu man-
dei dizer-te que deves entregar-me tua
prata e teu ouro, tuas mulheres e teus
filhos. 6Amanhã a esta hora enviar-te-ei
meus servos, que revistarão tua casa e
as casas de teus servos e se apodera-
rão de tudo quanto lhes aprouver e o
carregarão".

---

* **19**,8. Êx 24,18; Mt 4,1 | 9. Êx 33,18-34,9 | 10. Rm 11,3 | 11. Êx 13,22; 19,16 | 13. Êx 3,6; 33,20 | 15. 2Rs 8,7-15; 2Rs 9,1-13; 19,19-21 | 18. Is 4,3; Rm 11,4s

† **19**,8. O pão que sustenta Elias na caminhada é figura da Eucaristia, que alimenta o cristão até o encontro definitivo com Deus. | **19**,12. Os fenômenos da teofania do Sinai, Êx 19,19, aqui precedem a manifestação divina, que acontece no silêncio e na intimidade. | 21. O gesto com o manto significa tomada de posse em nome de Deus, que chama Eliseu para ser seu profeta. | **20**,1. Este é Ben-Adad II, filho daquele mencionado em 15,18.

[7]Então o rei de Israel convocou todos os anciãos do país e disse: "Reparai e vede que esse homem quer nossa ruína! Mandou exigir de mim minhas mulheres e meus filhos, minha prata e meu ouro, e não lhe recusei nada". [8]Todos os anciãos e todo o povo disseram-lhe: "Não lhe obedeças nem consintas!" [9]Ele deu, pois, esta resposta aos mensageiros de Ben-Adad: "Dizei ao senhor meu rei: Farei tudo o que pediste a teu servo da primeira vez, mas esta outra exigência não a posso satisfazer". Os mensageiros partiram, levando a resposta.

[10]Então Ben-Adad mandou dizer-lhe: "Que os deuses me mandem um castigo sobre outro se o pó de Samaria for suficiente para encher o côncavo da mão de todo o povo que me acompanha!" [11]Mas o rei de Israel deu-lhe esta resposta: "Dizei-lhe: Aquele que cinge seu cinturão não se glorie como aquele que o tira!"† [12]Quando Ben-Adad ouviu esta resposta – ele estava bebendo com os reis em suas tendas – ordenou a seus servos: "Tomai posição!" Eles tomaram posição contra a cidade.

Vitória israelita. [13]Então um profeta veio procurar Acab, rei de Israel, e disse: "Assim fala Javé: Vês toda esta multidão imensa? Pois eu a entrego hoje em tuas mãos e reconhecerás que eu sou Javé". [14]Acab perguntou: "Por meio de quem?" Ele respondeu: "Assim fala Javé: Pelos servos dos chefes das províncias". Acab perguntou: "Quem dará início ao combate?" – "Tu mesmo", respondeu o profeta.

[15]Acab passou em revista os servos dos chefes das províncias. Eram ao todo duzentos e trinta e dois. Em seguida passou em revista todo o exército, todos os israelitas, que eram sete mil. [16]Fizeram uma incursão ao meio-dia, enquanto Ben-Adad estava nas tendas bebendo até embriagar-se juntamente com os trinta e dois reis, seus aliados. [17]Saíram primeiro os servos dos chefes das províncias. Ben-Adad mandou saber o que era e lhe informaram: "Saíram alguns homens de Samaria". [18]Ele ordenou: "Se saíram com intento de paz, capturai-os vivos, e se saíram para combater, capturai-os vivos também!" [19]Saíram então da cidade os servos dos chefes das províncias, seguidos do exército, [20]e cada um deles abateu seu adversário. Os arameus fugiram, e Israel os perseguiu; Ben-Adad, rei de Aram, escapou a cavalo com alguns cavaleiros. [21]Então saiu o rei de Israel; atacou os cavalos e os carros e infligiu a Aram uma grande derrota.

[22]O profeta aproximou-se do rei de Israel e lhe disse: "Vamos! Coragem! Considera bem o que deves fazer, pois daqui a um ano o rei de Aram te atacará".

[23]Os servos do rei de Aram disseram-lhe: "O Deus dessa gente é um Deus de montanhas, é por isso que nos venceram. Mas lutemos contra eles na planície e certamente os venceremos. [24]Faze, pois, o seguinte: afasta esses reis de seu posto e substitui-os por prefeitos. [25]Recruta um exército tão numeroso como o que perdeste, com o mesmo número de cavalos e carros; depois os atacaremos na planície e certamente os venceremos". O rei seguiu o conselho deles e assim fez.

Vitória de Afec. [26]No começo do ano†, Ben-Adad passou em revista os arameus e subiu a Afec para combater Israel. [27]Os israelitas foram mobilizados e providos de víveres, saindo depois a seu encontro. Acampados diante dos inimigos, os israelitas pareciam dois rebanhos de cabras, enquanto os arameus enchiam toda a região.

[28]Um homem de Deus aproximou-se do rei de Israel e lhe disse: "Assim fala Javé: Já que Aram disse que Javé é um Deus de montanhas e não um Deus de planícies, entrego em tuas mãos toda essa multidão e reconhecerás que eu sou Javé". [29]Durante sete dias estiveram acampados uns diante dos outros. No sétimo dia travou-se a batalha, e os israelitas mataram num só dia cem mil soldados de infantaria dos

† **20**,11. O provérbio significa: Não cantar vitória antes da hora. | 26. No começo da primavera.

arameus. 30Os sobreviventes fugiram
para Afec, para a cidade, mas as mu-
ralhas desabaram sobre os vinte e sete
mil homens que restaram.
Ben-Adad também fugiu e se refu-
giou na cidade num quarto retirado.
31Seus servos disseram-lhe: "Olha! Ou-
vimos dizer que os reis de Israel são
reis clementes. Ponhamos sacos nos
rins e cordas no pescoço e vamos ao
encontro do rei de Israel; talvez ele te
poupe a vida". 32Puseram, pois, sacos
nos rins e cordas no pescoço, apresen-
taram-se ao rei de Israel e disseram:
"Assim fala teu servo Ben-Adad: Por fa-
vor, poupa-me a vida!" Ele respondeu:
"Ele ainda está vivo? Ele é meu irmão!"
33Aqueles homens acolheram essas pa-
lavras como um bom augúrio e logo
quiseram confirmá-las, dizendo: "Ben-
-Adad é teu irmão". Acab respondeu:
"Ide buscá-lo". Veio Ben-Adad à pre-
sença de Acab e este o fez subir a seu
carro. 34Ben-Adad então lhe disse: "Vou
restituir-te as cidades que meu pai to-
mou de teu pai e poderás abrir para
ti mercados em Damasco, como meu
pai os possuía em Samaria". "Quanto
a mim", disse Acab, "deixar-te-ei em
liberdade mediante esse tratado". Acab
fez uma aliança com ele e o deixou em
liberdade.

**Um profeta condena a atitude de
Acab.** 35Um dos discípulos dos profe-
tas* disse a seu companheiro, por or-
dem de Javé: "Fere-me!", mas este se
recusou a feri-lo. 36Replicou ele: "Por-
que não obedeceste à voz de Javé,*
logo que te afastares de mim um leão
te matará". Logo que ele se afastou, um
leão o encontrou e o matou. 37O pro-
feta encontrou-se com outro homem e
disse: "Fere-me!" O homem desferiu-lhe
um golpe e o feriu. 38O profeta partiu e
ficou aguardando* o rei na estrada; ti-
nha ficado irreconhecível com a atadura
que pôs sobre os olhos. 39Ao passar o
rei, ele gritou: "Teu servo estava no meio
do combate quando alguém saiu das fi-
leiras e trouxe-me um homem dizendo-
-me: 'Toma conta deste homem! Se ele
desaparecer, tua vida responderá pela
sua ou, então, pagarás um talento de
prata'. 40Ora, enquanto teu servo estava
ocupado aqui e ali, o outro desapare-
ceu". O rei de Israel disse-lhe: "Esta é tua
sentença: tu mesmo a pronunciaste".
41Mas, sem demora, o homem tirou a
atadura que trazia sobre os olhos, e o rei
de Israel reconheceu que ele era um dos
profetas. 42Ele disse ao rei: "Assim fala
Javé: porque deixaste escapar o homem
que eu tinha votado ao extermínio, tua
vida responderá por sua vida e teu povo
por seu povo". 43O rei de Israel voltou
para casa aborrecido e irritado, e entrou
em Samaria.

21 **A vinha de Nabot.** 1Depois
disso aconteceu o seguinte:
Nabot de Jezrael tinha uma vinha* em
Jezrael, ao lado do palácio de Acab,
rei de Samaria. 2Acab disse a Nabot:
"Cede-me tua vinha, para que eu a
transforme numa horta, já que ela está
situada junto a meu palácio; em troca
te darei uma vinha melhor, ou, se pre-
ferires, pagarei em dinheiro seu valor".
3Mas Nabot respondeu a Acab: "Javé
me livre de ceder-te a herança de meus
pais!"

Acab e Jezabel. 4Acab voltou para casa
aborrecido e irritado por causa da res-
posta que lhe dera Nabot de Jezrael:
"Não te cederei a herança* de meus
pais". Deitou-se na cama, voltou o rosto
para a parede e não quis comer nada.
5Sua mulher Jezabel aproximou-se dele
e lhe disse: "Por que estás aborrecido
e não queres comer?" 6Respondeu ele:
"Porque conversei com Nabot de Je-
zrael e lhe propus: 'Cede-me tua vinha
por seu preço em dinheiro, ou, se pre-
ferires, dar-te-ei outra vinha em troca'.
Mas ele respondeu: 'Não te cederei mi-
nha vinha'". 7Então sua mulher Jezabel
lhe disse: "Mas és tu que agora gover-
nas Israel! Levanta-te, come e que teu
coração se alegre, pois eu te darei a
vinha de Nabot de Jezrael".

Assassinato de Nabot. 8Ela escreveu
então umas cartas em nome de Acab,

---

* **20**,35. 2Rs 2,3s | 36. 13,20-25 | 38. 2Sm 12,1-12; 14,1-20 | **21**,1. Is 5,8ss | 4. 21,3

selou-as com o selo real e as enviou aos anciãos e aos nobres da cidade, concidadãos de Nabot. [9]Nessas cartas escrevera o seguinte: "Proclamai um jejum† e fazei Nabot sentar-se entre os primeiros do povo. [10]Fazei comparecer diante dele dois homens inescrupulosos que o acusem assim: 'Tu amaldiçoaste a Deus* e ao rei!' Depois, levai-o para fora e apedrejai-o até morrer!"

[11]Os homens da cidade de Nabot, os anciãos e os nobres que moravam em sua cidade fizeram conforme Jezabel lhes havia ordenado, segundo estava escrito nas cartas que ela lhes enviara. [12]Proclamaram um jejum e colocaram Nabot entre os primeiros do povo. [13]Então chegaram dois homens inescrupulosos, que se sentaram diante dele e testemunharam contra Nabot diante do povo, dizendo: "Nabot amaldiçoou a Deus e ao rei". Levaram-no para fora da cidade e o apedrejaram até a morte. [14]Depois mandaram a notícia a Jezabel: "Nabot foi apedrejado e está morto". [15]Quando Jezabel ouviu que Nabot tinha sido apedrejado e que estava morto, disse a Acab: "Levanta-te e vai tomar posse da vinha de Nabot de Jezrael, que ele não quis te ceder por seu preço em dinheiro, pois Nabot já não vive, está morto". [16]Quando Acab soube que Nabot estava morto, levantou-se para descer à vinha de Nabot de Jezrael e dela tomar posse.

Profecia de Elias contra Acab. [17]Então a palavra de Javé* foi dirigida a Elias, o tesbita, nestes termos: [18]"Levanta-te e desce ao encontro de Acab, rei de Israel, que está em Samaria. Ele se encontra na vinha de Nabot, aonde desceu para dela tomar posse. [19]Isto lhe dirás: 'Assim fala Javé: Mataste e ainda por cima tomas a herança!'† Tu lhe dirás: 'Assim fala Javé: No mesmo lugar em que os cães lamberam* o sangue de Nabot, os cães lamberão também o teu'". [20]Acab disse a Elias: "Então me apanhaste, meu inimigo!" Elias respondeu: "Sim, apanhei-te. Porque te deixaste subornar para fazer o que é mau aos olhos de Javé, [21]farei cair sobre ti a desgraça: varrerei tua raça,* exterminarei os homens da casa de Acab, escravos ou livres em Israel. [22]Farei com tua casa como fiz com a de Jeroboão, filho de Nabat, e com a de Baasa, filho de Aías, porque provocaste minha ira e fizeste Israel pecar. [23]Também de Jezabel Javé falou, dizendo: 'Os cães devorarão* Jezabel no campo de Jezrael'. [24]Os membros da família de Acab que morrerem na cidade serão devorados pelos cães; e os que morrerem no campo serão comidos pelas aves do céu".

[25]De fato, não houve ninguém* que se prestou para fazer o que desagrada a Javé como Acab, porque a isso o instigava sua mulher Jezabel. [26]Agiu de maneira muito abominável, cultuando os ídolos, como fizeram os amorreus que Javé expulsara da frente dos israelitas.

Arrependimento de Acab. [27]Quando Acab ouviu essas palavras, rasgou as vestes, cobriu o corpo com pano de saco e jejuou; dormia vestido de pano de saco e andava de cabeça baixa. [28]Então a palavra de Javé foi dirigida a Elias, o tesbita, dizendo: [29]"Viste como Acab se humilhou diante de mim? Por se ter humilhado diante de mim, não mandarei a desgraça durante sua vida; é nos dias de seu filho que enviarei a desgraça sobre sua casa".

22

Acab e Josafá contra os arameus. [1]Passaram-se três anos* sem guerra entre Aram e Israel. [2]No terceiro ano, Josafá, rei de Judá, veio visitar o rei de Israel. [3]Disse o rei de Israel a seus oficiais: "Não sabeis que Ramot de Galaad nos pertence? E nós não fazemos nada para tomá-la das mãos do rei de Aram!" [4]Perguntou a Josafá:

---

* **21**,10. Êx 22,27; Lv 24,14 | 17. 2Sm 12 | 19. 2Rs 9,25s | 21. 14,10s; 16,3s | 23. 2Rs 9,10 | 25. 1Rs 16,30-34 | **22**,1. 2Cr 18,2-3

† **21**,9. O jejum era proclamado durante as calamidades públicas, para obter o perdão dos pecados que as causaram. | **21**,19. Javé defende o direito dos pobres, ofício que o rei deveria cumprir, Sl 72,2.

"Queres vir comigo à guerra em Ramot
de Galaad?" Josafá respondeu ao rei
de Israel: "Conta comigo como conti-
go mesmo, com meu povo como com
teu povo, com meus cavalos como com
teus cavalos".

Os falsos profetas predizem a vitória.
5Mas Josafá disse ao rei* de Israel: "Por
favor, consulta hoje mesmo a palavra
de Javé". 6O rei de Israel reuniu os pro-
fetas, quatrocentos aproximadamente,
e perguntou-lhes: "Devo ir atacar Ra-
mot de Galaad, ou devo desistir?" Res-
ponderam: "Ataca-a; Javé a entregará
nas mãos do rei". 7Mas Josafá disse:
"Acaso não existe aqui um outro pro-
feta de Javé que possamos consultar?"
8O rei de Israel respondeu a Josafá: "Há
ainda um pelo qual se pode consultar
Javé, mas eu o detesto, pois jamais
profetiza o bem a meu respeito, mas
sempre a desgraça: é Miqueias, filho de
Jemla"†. Josafá respondeu: "Que o rei
não fale assim!" 9O rei de Israel chamou
um eunuco e disse: "Chama depressa
Miqueias, filho de Jemla".

10O rei de Israel e Josafá, rei de Judá,
estavam sentados, cada um em seu
trono, revestidos com seus trajes reais;
estavam sentados numa eira diante da
porta de Samaria, e todos os profetas
profetizavam diante deles. 11Sedecias,
filho de Canaana, fez para si chifres de
ferro e disse: "Assim fala Javé: Com isto
ferirás os arameus até exterminá-los"†.
12E todos os profetas faziam a mesma
predição, dizendo: "Sobe a Ramot de
Galaad. Triunfarás! Javé vai entregá-la
nas mãos do rei".

O profeta Miqueias prediz o fracasso.
13O mensageiro que foi chamar* Mi-
queias disse-lhe: "Os profetas são unâ-
nimes em predizer coisas boas para o
rei. Procura falar como eles e predizer
o sucesso". 14Mas Miqueias respondeu:
"Pela vida de Javé! O que Javé me dis-
ser, é isso que anunciarei!" 15Chegando
à presença do rei, este perguntou-lhe:
"Miqueias, devemos ir a Ramot de Ga-
laad para combater ou devemos desis-
tir?" Respondeu ele: "Ataca-a. Triunfa-
rás! Javé vai entregá-la nas mãos do
rei". 16Mas o rei lhe disse: "Quantas
vezes é preciso que eu te conjure para
que me digas somente a verdade em
nome de Javé?" 17Então ele disse:

"Eu vi todo o Israel disperso pelas
montanhas
como um rebanho sem pastor.
E Javé me disse: Eles não têm mais
senhor,
que cada um volte em paz para sua
casa!"

18O rei de Israel disse então a Josafá:
"Não te havia dito que ele não profe-
tizaria para mim o bem, mas o mal?"
19Disse Miqueias : "Escuta, pois, a pala-
vra de Javé: Eu vi Javé sentado em seu
trono;* todo o exército do céu estava
junto dele, a sua direita e a sua esquer-
da. 20Javé perguntou: 'Quem enganará
Acab, para que ele suba contra Ramot
de Galaad e lá pereça?' Um dizia uma
coisa e outro dizia outra. 21Então um
espírito se aproximou e se colocou
diante de Javé: 'Sou eu que o engana-
rei', disse ele. Javé lhe perguntou: 'E de
que modo?' 22Respondeu: 'Partirei e se-
rei um espírito de mentira na boca de
todos os seus profetas'. Javé disse: 'Tu
o enganarás e ainda prevalecerás. Vai e
faze assim'. 23Agora, pois, Javé infundiu
um espírito de mentira na boca de to-
dos esses teus profetas, mas Javé pre-
nunciou a teu respeito uma desgraça"†.

24Então Sedecias, filho de Canaana,
aproximou-se de Miqueias, esbofe-
teou-o e disse: "Por qual caminho o
espírito de Javé saiu de mim para te fa-
lar?" 25Miqueias respondeu: "Tu o verás
no dia em que tiveres de fugir de um
aposento a outro para te esconder".
26O rei de Israel ordenou: "Prende Mi-
queias e conduze-o a Amon, o gover-
nador da cidade, e a Joás, o filho do rei.
27Tu lhes dirás: 'Assim fala o rei. Lançai

---

* **22**,5. 2Cr 18,4-11 | 13. 2Cr 18,12-27 | 19. Is 6,1; Jó 1,6; 2,1

† **22**,8. Não é o profeta do qual a Bíblia conserva um livro e que viveu um século e meio depois. | 11. Ver a nota em 11,30 | 23. Miqueias quer mostrar como Deus permitiu ao espírito mau enganar os ímpios para os castigar.

este homem na prisão e alimentai-o com pão e água escassos até que eu volte são e salvo'". 28Miqueias disse: "Se voltares são e salvo, é porque Javé não falou por meu intermédio". E ele disse: "Escutai, povos todos!"

Morte de Acab em Ramot de Galaad. 29O rei de Israel marchou com Josafá,* rei de Judá, contra Ramot de Galaad. 30O rei de Israel disse a Josafá: "Vou disfarçar-me para entrar no combate, mas quanto a ti, veste-te com tuas roupas". O rei de Israel disfarçou-se e foi para o combate. 31O rei de Aram dera esta ordem a seus trinta e dois comandantes dos carros: "Não atacareis nem pequenos e nem grandes, mas somente o rei de Israel". 32Quando os comandantes dos carros viram Josafá, disseram: "O rei de Israel é ele", e se voltaram contra ele para o atacar; mas Josafá se pôs a gritar 33e, quando os comandantes dos carros viram que não era ele o rei de Israel, deixaram de persegui-lo. 34Ora, um homem atirou com seu arco, ao acaso, e atingiu o rei de Israel numa brecha da couraça. Este disse a seu cocheiro: "Volta e leva-me para fora do combate, pois me sinto mal". 35Mas o combate tornou-se tão violento naquele dia que tiveram de manter o rei de pé sobre seu carro diante dos arameus, e pela tarde ele morreu; o sangue de sua ferida escorria no fundo do carro. 36Ao pôr do sol, um grito percorreu o acampamento: "Volte cada um para sua cidade e cada um para sua terra!" 37E o rei morreu. Foi transportado para Samaria e lá sepultado. 38Lavaram o carro na piscina de Samaria, onde as prostitutas se lavavam, e os cães lamberam seu sangue, conforme a palavra que Javé pronunciara.

39O resto da história de Acab, todos os seus atos, a casa de marfim que construiu, todas as cidades que fortificou, não está tudo escrito no livro dos Anais dos reis de Israel? 40Acab adormeceu com seus pais, e seu filho Ocozias reinou em seu lugar.

Josafá, rei de Judá. 41Josafá, filho de Asa, tornou-se rei de Judá* no quarto ano de Acab, rei de Israel. 42Josafá tinha trinta e cinco anos quando começou a reinar, e reinou vinte e cinco anos em Jerusalém. Sua mãe chamava-se Azuba, filha de Selaqui. 43Seguiu em tudo o procedimento de seu pai Asa, sem dele se apartar, fazendo o que é reto aos olhos de Javé. 44Todavia, os lugares altos não desapareceram; o povo continuou a oferecer sacrifícios e incenso nos lugares altos. 45Josafá viveu em paz com o rei de Israel.

46O resto da história de Josafá, as proezas que realizou e as guerras que empreendeu, não está tudo escrito no livro dos Anais dos reis de Judá? 47Ele extirpou do país o resto dos prostitutos sagrados* que ainda existiam do tempo de seu pai Asa. 48Não havia rei em Edom, mas um prefeito era aí rei. 49Josafá construiu navios de Társis para ir a Ofir em busca de ouro, mas eles não puderam ir porque os navios se quebraram em Asiongaber. 50Então Ocozias, filho de Acab, disse a Josafá: "Meus servos poderiam ir com os teus nos navios". Mas Josafá não concordou. 51Josafá adormeceu com seus pais e foi sepultado com seus pais na Cidade de Davi, seu ancestral. Seu filho Jorão reinou em seu lugar.

Ocozias, rei de Israel. 52Ocozias, filho de Acab, tornou-se rei de Israel em Samaria no décimo sétimo ano de Josafá, rei de Judá, e reinou dois anos sobre Israel. 53Fez o mal aos olhos de Javé e imitou o comportamento de seu pai e de sua mãe, e o de Jeroboão, filho de Nabat, que levara Israel a pecar. 54Prestou culto a Baal e prostrou-se diante dele, provocando a ira de Javé, Deus de Israel, como o fizera seu pai.

---

* **22**,29. 2Cr 18,28-34 | 41. 2Cr 20,31-21,1 | 47. 15,12; Dt 23,19

SEGUNDO LIVRO DOS REIS

I. OS PROFETAS ELIAS E ELISEU (1–13)

1 **Ocozias e Elias.** 1Depois da morte de Acab,* Moab rebelou-se contra Israel. 2Ocozias caiu da janela de seu aposento em Samaria e ficou ferido. Enviou mensageiros, dizendo-lhes: "Ide consultar Baal Zebub†, deus de Acaron, para saber se ficarei curado deste mal". 3Mas o anjo de Javé disse a Elias, o tesbita: "Levanta-te e vai ao encontro dos mensageiros do rei de Samaria e dize-lhes: Porventura não há um Deus em Israel, para irdes consultar Baal Zebub, deus de Acaron? 4Por isso, assim diz Javé: 'Não descerás do leito ao qual subiste, mas com certeza morrerás'". E Elias partiu. 5Os mensageiros voltaram para junto de Ocozias, que lhes perguntou: "Por que voltastes?" 6Responderam: "Veio a nosso encontro um homem que nos disse: 'Ide, voltai para junto do rei que vos enviou e dizei-lhe: Assim fala Javé. Porventura não há um Deus em Israel, para mandardes consultar Baal Zebub, deus de Acaron? Por isso, não descerás do leito ao qual subiste, mas com certeza morrerás'". 7Perguntou-lhes Ocozias: "Que aparência tinha o homem que veio a vosso encontro e vos disse essas palavras?" 8Responderam-lhe: "Era um homem que trajava uma veste de pelos, com um cinto de couro na cintura". Disse o rei: "É Elias, o tesbita!"

9Então o rei mandou a Elias um chefe de cinquenta com seus cinquenta comandados; o chefe subiu até ele, que estava sentado no alto da montanha, e lhe disse: "Homem de Deus! O rei te ordena que desças!" 10Elias respondeu ao chefe dos cinquenta: "Se eu sou um homem de Deus, que desça fogo do céu* e te devore a ti e a teus cinquenta". Um fogo desceu do céu e o devorou com seus cinquenta. 11O rei enviou de novo outro chefe de cinquenta com seus cinquenta comandados, que lhe falou dizendo: "Homem de Deus! O rei te ordena que desças depressa!" 12Elias respondeu: "Se eu sou um homem de Deus, que desça fogo do céu e te devore a ti e a teus cinquenta". Um fogo desceu do céu e o devorou com seus cinquenta. 13O rei mandou um terceiro chefe de cinquenta com seus cinquenta comandados. Esse terceiro chefe subiu, dobrou os joelhos diante de Elias e suplicou-lhe assim: "Ó homem de Deus! Que tenham algum valor a teus olhos minha vida e a destes teus cinquenta servos. 14Caiu fogo e devorou os dois primeiros chefes dos cinquenta com seus comandados; mas agora, que minha vida tenha algum valor a teus olhos!" 15O anjo de Javé disse a Elias: "Desce com ele, não o temas". Ele se levantou, desceu com ele e foi ter com o rei, 16a quem disse: "Assim fala Javé: Por teres enviado mensageiros para consultar Baal Zebub, deus de Acaron – porventura não há Deus em Israel, cuja palavra possa ser consultada? – não descerás do leito ao qual subiste, mas com certeza morrerás".

17Ele morreu, conforme a palavra de Javé, pronunciada por Elias. Como não tinha filhos, Jorão tornou-se rei em seu lugar no segundo ano de Jorão, filho de Josafá, rei de Judá. 18O resto da história de Ocozias e seus feitos, não está tudo escrito no livro dos Anais dos reis de Israel?

2 **Elias é arrebatado ao céu.** 1Quando Javé ia arrebatar Elias no turbilhão, Elias e Eliseu partiram de Guilgal 2e Elias disse a Eliseu: "Fica aqui, pois Javé me enviou até Betel". Mas Eliseu respondeu: "Pela vida de Javé e por tua vida, não te deixarei!" Eles desceram a

---

* **1**,1. 3,4-27 | 10. Lc 9,54s

† **1**,2. O nome do deus era Baal-Zebul, "Baal príncipe", mas por zombaria falavam Baal-Zebub, "Baal das moscas".

Betel. [3]Os discípulos dos profetas† que moravam em Betel foram ao encontro de Eliseu e lhe disseram: "Sabes que hoje Javé vai levar teu mestre por cima de tua cabeça?" Ele respondeu: "Sei, mas ficai calados". [4]Elias disse-lhe: "Eliseu, fica aqui, pois Javé me envia até Jericó". Mas ele respondeu: "Pela vida de Javé e por tua vida, não te deixarei!" E foram para Jericó. [5]Os discípulos dos profetas que moravam em Jericó aproximaram-se de Eliseu e lhe disseram: "Sabes que hoje Javé vai levar teu mestre por cima de tua cabeça?" Ele respondeu: "Sei, mas ficai calados". [6]Elias disse-lhe: "Fica aqui, pois Javé me envia até o Jordão". Mas ele respondeu: "Pela vida de Javé e por tua vida, não te deixarei!" E partiram os dois juntos.

[7]Cinquenta homens dentre os discípulos dos profetas foram também e pararam a certa distância deles, enquanto os dois se detinham à beira do Jordão. [8]Então Elias tomou seu manto, enrolou-o e bateu com ele nas águas, que se dividiram de um lado e de outro, e ambos atravessaram a pé enxuto.* [9]Depois que passaram, Elias disse a Eliseu: "Pede o que quiseres que eu faça por ti antes de ser arrebatado de tua presença". Eliseu respondeu: "Que uma dupla porção de teu espírito venha sobre mim!"† [10]Elias respondeu: "Pedes uma coisa difícil; todavia, se me vires ao ser arrebatado de tua presença, isso te será concedido; caso contrário, não te será dado". [11]Aconteceu que, enquanto andavam e conversavam, um carro de fogo* e cavalos de fogo os separaram um do outro, e Elias subiu ao céu no turbilhão†. [12]Eliseu olhava e gritava: "Meu pai! Meu pai! Carro* e cavalaria de Israel!" Depois não mais o viu e, tomando suas vestes, rasgou-as em duas partes. [13]Apanhou o manto de Elias, que havia caído, e voltou para trás, parando à beira do Jordão.

[14]Tomou o manto de Elias, que havia caído dele, e bateu com ele nas águas, dizendo: "Onde está Javé, o Deus de Elias?" Quando bateu nas águas, estas se dividiram de um lado e de outro, e Eliseu atravessou o rio. [15]Os discípulos dos profetas de Jericó viram-no à distância e disseram: "O espírito de Elias repousa sobre Eliseu!" Vieram a seu encontro e se prostraram por terra diante dele. [16]Disseram-lhe: "Há aqui com teus servos cinquenta homens valentes. Permite que saiam à procura de teu mestre; talvez o espírito de Javé* o tenha arrebatado e lançado sobre algum monte ou em algum vale". Mas ele respondeu: "Não mandeis ninguém". [17]Mas eles o importunaram até que, constrangido, disse: "Mandai!" Mandaram pois os cinquenta homens,* que procuraram Elias durante três dias sem encontrá-lo. [18]Voltaram para junto de Eliseu, que havia ficado em Jericó, o qual lhes disse: "Não vos disse eu que não fôsseis?"

O poder de Eliseu. [19]Os habitantes da cidade disseram a Eliseu: "Esta cidade é bem-situada, como bem pode ver meu senhor, mas suas águas são ruins e a terra é estéril". [20]Disse ele: "Trazei-me um prato e ponde nele sal". Eles o trouxeram. [21]Ele foi à fonte das águas, lançou-lhe sal e disse: "Assim fala Javé: 'Eu saneio estas águas* e elas não mais causarão morte nem esterilidade'". [22]E as águas se tornaram saudáveis até hoje, segundo a palavra pronunciada por Eliseu.

[23]De lá subiu a Betel. Enquanto subia pelo caminho, uns rapazinhos que saíram da cidade zombaram dele, dizendo: "Sobe, careca! Sobe, careca!" [24]Eliseu virou-se, olhou para eles e os amaldiçoou em nome de Javé. Então saíram do bosque duas ursas e despedaçaram quarenta e dois deles. [25]Dali foi para o monte Carmelo e depois voltou para Samaria.

---

* **2**,8. Êx 14,16.22 | 11. 6,16s | 12. Eclo 48,9.12; 13,14 | 16. 1Rs 18,12 | 17. Dt 34,6; Ml 3,23 | 21. Êx 15,25

† **2**,3. Ver a nota em 1Sm 10,5. | 9. Uma dupla porção da herança era a parte do filho mais velho. Mas aqui, tratando-se de um carisma, não depende de Elias mas de Deus. | 11. Elias desaparece no mistério, fazendo surgir sobre ele muitas crenças, sobretudo a de sua volta para preparar a vinda do Messias. Jesus dirá que seu Elias foi João Batista, Mt 17,10-13.

3 **Jorão, rei de Israel.** 1No décimo oitavo ano de Josafá, rei de Judá, Jorão, filho de Acab, tornou-se rei de Israel em Samaria e reinou doze anos. 2Fez o mal aos olhos de Javé; não, porém, como seu pai e sua mãe, pois derrubou a coluna sagrada de Baal que seu pai tinha feito. 3Mas continuou apegado aos pecados que Jeroboão, filho de Nabat, fez Israel cometer† e deles não se apartou.

Guerra contra Moab. 4Mesa, rei de Moab, era criador de gado e pagava ao rei de Israel como tributo cem mil cordeiros e a lã de cem mil carneiros. 5Mas quando morreu Acab, o rei de Moab revoltou-se contra o rei de Israel.

6Então o rei Jorão saiu de Samaria* e passou em revista todo o Israel. 7Partiu e mandou dizer a Josafá, rei de Judá: "O rei de Moab revoltou-se contra mim; queres vir comigo para combater* contra Moab?" Ele respondeu: "Irei; conta comigo como contigo mesmo, com meu povo como com teu povo, com meus cavalos como com teus cavalos". 8E perguntou: "Por qual caminho subiremos?" O outro respondeu: "Pelo caminho do deserto de Edom".

9O rei de Israel, o rei de Judá e o rei de Edom partiram. Depois de caminharem sete dias, faltou água para o exército e para os animais que os seguiam. 10O rei de Israel exclamou: "Ai de nós! Javé chamou-nos, os três reis, para entregar-nos nas mãos de Moab!" 11Mas Josafá perguntou: "Não existe aqui um profeta de Javé pelo qual possamos consultar* Javé?" Então um dos servos do rei de Israel respondeu: "Está aqui Eliseu, filho de Safat, que derramava água nas mãos de Elias".* 12Então Josafá disse: "A palavra de Javé está com ele". Desceram pois até ele o rei de Israel, Josafá e o rei de Edom. 13Mas Eliseu disse ao rei de Israel: "Que tenho eu a ver contigo? Vai procurar os profetas de teu pai e os profetas de tua mãe!" O rei de Israel respondeu-lhe: "Não! É que Javé chamou-nos, os três reis, para entregar-nos nas mãos de Moab!" 14Eliseu retrucou: "Pela vida de Javé dos Exércitos†, a quem sirvo, se não fosse em atenção a Josafá, rei de Judá,* eu não te daria atenção nem sequer olharia para ti! 15No entanto, trazei-me agora um músico".* Enquanto o músico tocava, a mão de Javé veio sobre Eliseu 16que disse: "Assim fala Javé: 'Cavai neste vale fossos e mais fossos'; 17pois assim fala Javé: 'Não vereis vento nem vereis chuva, mas este vale se encherá de água e bebereis vós, vossos rebanhos e vossos animais de carga'. 18Mas isto é ainda pouco aos olhos de Javé, pois ele entregará Moab em vossas mãos. 19Destruireis todas as cidades fortificadas* e todas as cidades principais, cortareis todas as árvores frutíferas, tapareis todas as nascentes e cobrireis de pedras todos os campos férteis". 20E aconteceu que, na manhã seguinte, na hora da apresentação da oferenda, escorreu água da direção de Edom, e a região ficou alagada.

21Quando os moabitas souberam que aqueles reis tinham vindo atacá-los, convocaram todos os que tinham idade para pegar em armas, do mais novo ao mais velho, e tomaram posição na fronteira. 22De manhã, quando eles se levantaram e o sol brilhou sobre as águas, os moabitas viram ao longe as águas vermelhas como sangue. 23Disseram: "É sangue! Certamente aqueles reis lutaram entre si e se mataram uns aos outros. E agora, Moab, à pilhagem!"

24Mas quando eles chegaram ao acampamento dos israelitas, estes se levantaram e venceram os moabitas, que fugiram diante deles; os israelitas invadiram o país e dizimaram os moabitas. 25Destruíram as cidades; cada um lançou uma pedra em todas as terras cultivadas para as cobrir, taparam todas as nascentes e cortaram

---

* **3**,6. 1Rs 22 | 7. 1Rs 22,4 | 11. 1Rs 22,7 / 1Rs 19,21 | 14. 1Rs 18,15 | 15. 1Sm 10,6 | 19. Dt 20,19

† **3**,3. Ver a nota em 1Rs 12,28. | 14. Ver a nota em 1Sm 1,3. | 25. Essa prática, comum nas guerras antigas, era proibida em Israel: Dt 20,19.

todas as árvores frutíferas†. Não restaram a Qir-Hareset senão suas pedras; os fundibulários a cercaram e a atacaram. 26Quando o rei de Moab viu que a batalha estava perdida para ele, tomou consigo setecentos homens armados de espada para abrir uma passagem e chegar até o rei de Edom, mas não o conseguiu. 27Tomando, então, seu filho primogênito, que devia suceder-lhe no trono, ofereceu-o em holocausto sobre a muralha. Isto provocou grande cólera contra os israelitas, que se retiraram e voltaram para sua terra.

4 **Milagres de Eliseu.** 1A mulher de um dos discípulos* dos profetas suplicou a Eliseu, dizendo: "Teu servo, meu marido, morreu, e bem sabes que teu servo temia a Javé. Ora, veio o credor para tomar meus dois filhos e fazê-los escravos". 2Eliseu lhe disse: "Que posso fazer por ti? Dize-me, que tens em casa?" Respondeu ela: "Tua serva nada tem em casa a não ser um frasco de óleo". 3Então, ele ordenou: "Vai e pede emprestados a todos os teus vizinhos jarros vazios em grande quantidade! 4Depois entra, fecha a porta atrás de ti e de teus filhos e derrama óleo em todos esses jarros, pondo-os de lado à medida que estiverem cheios". 5Ela retirou-se e fechou a porta atrás dela e dos filhos; estes lhe apresentaram os jarros e ela os enchia. 6Ora, quando os jarros ficaram cheios, ela disse a um dos filhos: "Traze mais um". Mas ele respondeu: "Não há mais nenhum". Então o óleo parou de correr. 7Ela foi informar o homem de Deus, o qual disse: "Vai, vende esse óleo e paga a dívida, e vivereis tu e teus filhos do que restar".

8Certo dia, Eliseu passava por Sunam e uma mulher rica que lá morava o convidou com insistência para uma refeição. Depois, cada vez que passava por ali, ia até lá para comer. 9Ela disse a seu marido: "Sei que é um santo homem de Deus este que passa sempre por nossa casa. 10Façamos para ele, no terraço, um quarto de tijolos com cama, mesa, cadeira e lâmpada, a fim de que, quando vier a nossa casa, possa ficar lá". 11Passando um dia por ali, retirou-se ao quarto do terraço e se deitou. 12Disse a seu servo Giezi: "Chama essa sunamita". Chamou-a e ela veio a sua presença. 13Ele disse ao servo: "Dize-lhe: 'Tu nos trataste com todo desvelo. Que podemos fazer por ti? Queres que eu interceda por ti junto ao rei ou junto ao chefe do exército?'" Mas ela respondeu: "Vivo no meio de meu povo"†. 14Eliseu perguntou: "Então, que se pode fazer por ela?" Giezi respondeu: "Ela não tem filhos e seu marido já é idoso". 15Disse Eliseu: "Chama-a". O servo a chamou e ela veio à porta. 16Ele disse: "Daqui a um ano, nesta mesma época, terás um filho* nos braços". Mas ela replicou: "Não, meu senhor, homem de Deus, não enganes tua serva!" 17Mas a mulher concebeu e deu à luz um filho na mesma época, no ano seguinte, como Eliseu lhe havia dito.

18O menino cresceu. Certo dia foi ter com o pai junto dos ceifeiros 19e disse a seu pai: "Ai, minha cabeça! Ai, minha cabeça!"* O pai ordenou a um dos servos: "Leva-o para junto da mãe dele". 20Este o tomou e o conduziu à mãe. O menino ficou nos joelhos da mãe até o meio-dia e depois morreu. 21Ela subiu, colocou o menino sobre o leito do homem de Deus, fechou a porta atrás dele e saiu. 22Chamou o marido e disse-lhe: "Manda-me um dos servos com uma jumenta; vou depressa à casa do homem de Deus e volto". 23Perguntou-lhe ele: "Por que vais ter com ele hoje? Não é lua nova nem sábado!" Mas ela respondeu: "Fica em paz". 24Mandou selar a jumenta e disse ao servo: "Conduze-me e vai adiante. Não me detenhas pelo caminho, a não ser que eu te ordene". 25Ela partiu e foi até o homem de Deus no monte Carmelo. Quando o homem de Deus a viu de longe, disse a Giezi, seu servo: "Lá está a sunami-

---

* **4**,1. 1Rs 17,8-15 | 16. Gn 18,10 | 19. 1Rs 17,17-24

† **4**,13. Quer dizer que não precisa de nada e que seus serviços são gratuitos.

ta. 26Corre-lhe ao encontro e pergunta: Estás bem? Teu marido vai bem? Teu filho está bem?" Ela respondeu: "Tudo bem". 27Chegando perto do homem de Deus na montanha, ela agarrou-lhe os pés. Giezi aproximou-se para afastá-la, mas o homem de Deus disse: "Deixa-a, pois tem a alma amargurada, e Javé me ocultou o motivo e nada me revelou". 28Ela disse: "Acaso eu pedi um filho a meu senhor? Não te havia pedido que não me enganasses?" 29Eliseu disse a Giezi: "Cinge teus rins, toma meu bastão na mão e parte! Se encontrares alguém, não o saúdes,* e se alguém te saudar, não lhe respondas†. Colocarás meu bastão sobre o rosto do menino". 30Mas a mãe do menino disse: "Pela vida de Javé e por tua vida, eu não te deixarei!" Então ele se ergueu e a seguiu. 31Giezi, que os havia precedido, tinha colocado o bastão sobre o rosto do menino, mas este não disse nada nem reagiu. Então o servo voltou para encontrar-se com Eliseu e informou-o: "O menino não despertou".

32Eliseu chegou à casa: lá estava o menino morto e estendido sobre sua cama. 33Ele entrou, fechou a porta atrás deles dois e orou a Javé. 34Depois subiu à cama, deitou-se sobre o menino,* pondo a boca sobre a dele, os olhos sobre os dele, as mãos sobre as dele, estendeu-se sobre ele e a carne do menino se reaqueceu. 35Eliseu levantou-se, pôs-se a andar de um lado para outro na casa, depois tornou a subir e se estendeu sobre ele. Então o menino espirrou sete vezes e abriu os olhos. 36Eliseu chamou Giezi e disse-lhe: "Chama a sunamita". Chamou-a e, quando ela chegou perto, disse-lhe: "Toma teu filho". 37Ela entrou, lançou-se a seus pés, prostrou-se por terra, depois tomou seu filho e saiu.

38Eliseu voltou a Guilgal.* A fome reinava então no país. Estando os discípulos dos profetas sentados a sua frente, ele disse a seu servo: "Põe a panela grande no fogo e prepara uma sopa para os discípulos dos profetas. 39Um deles saiu ao campo para apanhar ervas e encontrou uma trepadeira selvagem, colheu de seus frutos, enchendo o manto. Voltou e cortou-os em pedaços dentro da panela de sopa, sem saber o que era. 40Distribuíram a sopa aos homens, para que comessem. Porém, logo que provaram dela, soltaram um grito: "Homem de Deus! Na panela está a morte!" E não puderam mais comer. 41Então Eliseu disse: "Trazei-me farinha". Jogou farinha na panela e disse: "Serve aos homens, para que comam". E já não havia mais nada de nocivo na panela.

42Veio um homem de Baal-Salisa e trouxe para o homem de Deus pão das primícias: vinte pães de cevada e espigas novas de trigo que tinha em seu embornal. Eliseu ordenou: "Oferece a esta gente para que coma". 43Mas seu servo respondeu: "Como hei de servir isso para cem pessoas?" Ele repetiu: "Oferece a esta gente para que coma,* pois assim fala Javé: 'Comerão e ainda sobrará'". 44Serviu-o para eles, que comeram e ainda sobrou, segundo a palavra de Javé.

5 **Cura de Naamã, o leproso.** 1Naamã, chefe do exército do rei de Aram, era um homem muito importante e estimado por seu senhor, pois fora por meio dele que Javé concedera a vitória aos arameus. Mas esse homem valente era leproso. 2Ora, os arameus, numa incursão, tinham levado do território de Israel uma moça que ficou ao serviço da mulher de Naamã. 3Disse ela a sua patroa: "Se meu senhor se dirigisse ao profeta que está em Samaria, este o livraria da lepra". 4Naamã foi informar seu senhor: "A moça que veio da terra de Israel falou isso e isso". 5O rei de Aram respondeu: "Vai, que eu enviarei uma carta ao rei de Israel". Naamã partiu, levando consigo dez ta-

* **4**,29. Lc 10,4 | 34. 1Rs 17,21 | 38. 2,1 | 43. Mt 14,13-21; 15,32-38

† **4**,29. Missão urgente, que não admite perda de tempo, Lc 10,4; no Oriente as saudações são demoradas.

A fome em Samaria. [24]Depois disso, aconteceu que Ben-Adad, rei de Aram, reuniu todo o seu exército e veio sitiar Samaria. [25]Houve então grande fome em Samaria, e o cerco foi tão cruel que uma cabeça de jumento valia oitenta siclos de prata e a quarta parte de um cab de cebola selvagem, cinco siclos de prata.

[26]Passando o rei pela muralha, uma mulher gritou-lhe: "Socorre-me, senhor meu rei!" [27]Respondeu ele: "Se Javé não te socorre, donde posso tirar auxílio para ti? Dos produtos da eira ou do lagar?" [28]Depois o rei perguntou: "Que te aconteceu?" Respondeu ela: "Esta mulher me disse: 'Entrega teu filho para que o comamos hoje,* que amanhã comeremos o meu'. [29]Cozinhamos, pois, meu filho e o comemos. No dia seguinte eu lhe disse: 'Entrega teu filho para que o comamos'; mas ela ocultou seu filho". [30]Quando o rei ouviu o que dissera a mulher,* rasgou suas vestes†. O rei estava andando sobre a muralha, e o povo viu que ele trazia sobre o corpo um cilício. [31]Ele disse: "Que Deus me mande um castigo sobre o outro† se a cabeça de Eliseu, filho de Safat, ainda lhe ficar sobre os ombros hoje!"

[32]Eliseu estava sentado em sua casa e os anciãos com ele; o rei fez-se preceder por um mensageiro. Mas antes que este chegasse até ele, Eliseu disse aos anciãos: "Vereis que este filho de assassino mandou cortar minha cabeça. Atenção! Quando chegar o mensageiro, fechai a porta e empurrai-o com ela. Acaso atrás dele não se ouve o barulho dos passos de seu senhor?" [33]Ele ainda estava falando, quando o mensageiro desceu até ele e disse: "Todo este mal vem de Javé! Que devo ainda esperar de Javé?"

7 **Libertação de Samaria.** [1]Eliseu respondeu: "Escutai a palavra de Javé! Assim fala Javé: 'Amanhã a esta hora, na porta de Samaria, um seah de flor de farinha custará um siclo e dois seah de cevada, um siclo'". [2]Mas o escudeiro, em cujo braço o rei se apoiava, respondeu ao homem de Deus: "Ainda que Javé fizesse janelas no céu,* isto seria possível?" Eliseu disse: "Tu o verás com teus próprios olhos, mas não comerás".*

[3]À porta da cidade estavam quatro leprosos,* os quais disseram entre si: "Por que ficarmos aqui à espera da morte? [4]Se resolvermos entrar na cidade, morreremos lá, porque a fome reina lá dentro; se ficarmos aqui, morreremos na mesma. Vamos, pois, e passemos para o acampamento dos arameus; se nos deixarem viver, viveremos, e se nos matarem, morreremos!" [5]Ao anoitecer, levantaram-se para ir em direção ao acampamento dos arameus. Ao chegarem ao limite do acampamento, notaram que lá não havia ninguém. [6]É que Javé fizera ouvir no acampamento* dos arameus um ruído de carros e de cavalos, o ruído de um grande exército, de modo que eles disseram entre si: "O rei de Israel deve ter contratado contra nós os reis dos heteus e os reis do Egito, para que marchem contra nós". [7]Levantaram-se e fugiram ao anoitecer, abandonando suas tendas, cavalos e jumentos; deixaram o acampamento intacto e fugiram para salvar a vida. [8]Aqueles leprosos chegaram ao limite do acampamento e entraram numa tenda; depois de terem comido e bebido, levaram de lá prata, ouro e vestes, que foram em seguida esconder. Voltaram depois e penetraram em outra tenda, tiraram de lá os despojos e igualmente os esconderam.

Fim do cerco e da fome. [9]Disseram então entre si: "Não está certo o que estamos fazendo. Hoje é um dia de boas novas e nós estamos calados! Se esperarmos até raiar o dia de amanhã, um castigo nos sobrevirá. Vamos pois, entremos na cidade e levemos a notícia ao palácio do rei". [10]Foram, chamaram os guardas da porta da cidade e lhes disseram: "Fomos ao acampamento

---

* **6**,28. Dt 28,53 | 30. 1Rs 20,31; 21,27 | **7**,2. Gn 7,11; 8,2; Is 24,18; Ml 3,10 / 2Rs 7,17 | 3. Lv 13,46 | 6. 6,17

† **6**,30. Sinal de dor e de consternação, Gn 37,29; Jz 11,35. | 31. Ver a nota em 2Sm 19,14.

dos arameus; lá não havia ninguém, não se ouvia a voz de ninguém; havia somente cavalos e jumentos amarrados e as tendas intactas". 11Os guardas da porta gritaram e transmitiram a notícia para o interior do palácio do rei.

12De noite, o rei levantou-se e disse a seus oficiais: "Vou explicar-vos o que os arameus nos fizeram. Sabendo que estamos sofrendo fome, retiraram-se do acampamento para se esconderem no campo, pensando: Eles sairão da cidade, nós os apanharemos vivos e entraremos na cidade". 13Um de seus oficiais respondeu: "Tomem-se cinco dos cavalos sobreviventes que ainda estão aqui – acontecerá a eles como a toda a multidão de Israel que permanece na cidade e como a toda a multidão de Israel que pereceu –, nós os mandaremos lá e veremos". 14Tomaram dois carros com os cavalos, e o rei os enviou atrás do exército dos arameus, dizendo: "Ide e vede". 15Eles os seguiram até o Jordão; a estrada estava cheia de vestes e de outros objetos que os arameus tinham abandonado em sua pressa; os mensageiros voltaram e informaram o rei.

16Então o povo saiu e saqueou o acampamento dos arameus; um seah de flor de farinha passou a custar um siclo e dois seah de cevada, um siclo, conforme a palavra de Javé. 17O rei tinha posto como sentinela na porta o escudeiro em cujo braço ele se apoiava;* o povo o pisoteou junto à porta e ele morreu, conforme dissera o homem de Deus quando o rei descera até ele. 18Com efeito, depois que o homem de Deus dissera ao rei: "Amanhã a esta hora, na porta de Samaria dois seah de cevada custarão um siclo e um seah de flor de farinha custará um siclo", 19o escudeiro respondera ao homem de Deus: "Ainda que Javé fizesse janelas no céu, isto seria possível?" E Eliseu dissera: "Tu o verás com teus próprios olhos, mas não comerás". 20Foi o que lhe aconteceu: o povo o pisoteou na porta e ele morreu.

8 **A sunamita recupera seus bens.** 1Eliseu tinha dito à mulher, cujo filho ele havia ressuscitado: "Levanta-te, parte com tua família e vai morar onde puderes, pois Javé fez vir a fome, e ela já está vindo sobre a terra por sete anos". 2A mulher se levantara e fizera o que o homem de Deus tinha mandado: partiu com sua família e morou sete anos na terra dos filisteus. 3Ao cabo de sete anos, ela voltou da terra dos filisteus e foi ao rei para reclamar sua casa e suas terras.

4O rei estava conversando com Giezi, servo do homem de Deus, e dizia: "Conta-me todas as grandes coisas realizadas por Eliseu". 5Ele estava justamente contando ao rei como ele havia ressuscitado um morto, quando se apresentou ao rei a mulher, cujo filho ele ressuscitara, para reclamar sua casa e suas terras. Giezi disse: "Senhor meu rei, aí está a mulher e aí está seu filho que Eliseu fez voltar à vida". 6O rei interrogou a mulher, e ela lhe contou o acontecido. Então o rei pôs a sua disposição um oficial e ordenou a este: "Cuida que lhe seja restituído tudo o que lhe pertence e todos os rendimentos das terras, desde o dia em que deixou o país até agora".

Eliseu e Hazael de Damasco. 7Eliseu foi a Damasco. O rei de Aram, Ben-Adad, estava doente; foi-lhe anunciado: "O homem de Deus veio até aqui". 8Então o rei ordenou a Hazael: "Toma contigo um presente, vai ao encontro do homem de Deus* e consulta Javé por meio dele, para saber se ficarei curado desta enfermidade".

9Hazael partiu ao encontro de Eliseu e levou como presente tudo o que havia de melhor em Damasco, com o que carregou quarenta camelos. Veio à presença dele e disse-lhe: "Teu filho Ben-Adad, rei de Aram,* mandou perguntar-te: 'Ficarei curado desta enfermidade?'" 10Eliseu respondeu: "Vai dizer-lhe: 'Certamente ficarás curado',* mas Javé mostrou-me que de certo ele morrerá". 11Depois tornou imóvel a expres-

---

* **7**,17. 7,2 | **8**,8. 5; 1,2 | 9. 6,21 | 10. 1Rs 19,15

são de seu rosto, olhando-o fixamente até que Hazael se sentiu embaraçado, e o homem de Deus chorou. 12Hazael disse: "Por que meu senhor está chorando?" Eliseu respondeu: "Porque sei o mal que farás aos israelitas: incendiarás suas fortalezas, passarás ao fio da espada seus jovens, esmagarás suas crianças e rasgarás o ventre* das mulheres grávidas". 13Hazael disse: "Mas o que é teu servo? Como este cão poderia realizar essa grande façanha?" Eliseu respondeu: "Javé mostrou-me que serás rei de Aram".

14Hazael deixou Eliseu e voltou para junto de seu senhor, o qual lhe perguntou: "Que te disse Eliseu?" "Disse-me que certamente vais sarar", respondeu ele. 15No dia seguinte, ele pegou uma coberta, mergulhou-a na água e estendeu-a sobre seu rosto, de modo que Ben-Adad morreu, e Hazael reinou em seu lugar.

Jorão, rei de Judá. 16No quinto ano de Jorão, filho de Acab,* rei de Israel, reinando ainda Josafá em Judá, Jorão, filho de Josafá, tornou-se rei de Judá. 17Tinha trinta e dois anos quando começou a reinar e reinou oito anos em Jerusalém. 18Imitou o comportamento dos reis de Israel, como fizera a casa de Acab, pois sua mulher era filha de Acab. Fez o mal aos olhos de Javé. 19Todavia, Javé não quis destruir Judá por causa de seu servo Davi, segundo a promessa* que lhe fizera de dar-lhe uma lâmpada, a ele e a seus filhos para sempre.

20Em seu tempo, Edom libertou-se* do domínio de Judá e constituiu um rei para si. 21Jorão foi a Seira com todos os seus carros. Levantou-se à noite e forçou a linha dos edomitas que haviam cercado a ele e aos comandantes dos carros, mas sua gente fugiu para as tendas. 22Assim, Edom livrou-se do domínio de Judá até o dia de hoje. Naquele tempo Lebna também se revoltou.

23O resto da história de Jorão e tudo o que fez não está escrito no livro dos Anais dos reis de Judá? 24Jorão adormeceu com seus pais* e foi sepultado com seus pais na Cidade de Davi. Seu filho Ocozias reinou em seu lugar.

Ocozias, rei de Judá. 25No décimo segundo ano de Jorão,* filho de Acab, rei de Israel, Ocozias, filho de Jorão, tornou-se rei em Judá. 26Tinha vinte e dois anos quando começou a reinar e reinou um ano em Jerusalém. Sua mãe chamava-se Atalia e era filha de Amri, rei de Israel. 27Ele imitou a conduta da família de Acab e fez o mal aos olhos de Javé, como a família de Acab, pois era aparentado com a casa de Acab.

28Ele foi com Jorão, filho de Acab, combater Hazael,* rei de Aram, em Ramot de Galaad. Mas os arameus feriram Jorão. 29O rei Jorão voltou a Jezrael para tratar-se dos ferimentos recebidos dos arameus em Ramot, quando combatia contra Hazael, rei de Aram; e Ocozias, filho de Jorão, rei de Judá, desceu a Jezrael para visitar Jorão, filho de Acab, que estava enfermo.

9 **Jeú, rei de Israel.** 1O profeta Eliseu chamou um dos discípulos dos profetas e disse-lhe: "Cinge teus rins, toma contigo este frasco de óleo e parte para Ramot de Galaad. 2Chegando lá, procura por Jeú, filho de Josafá, filho de Namsi. Tendo-o encontrado, chama-o do meio de seus colegas e leva-o a um aposento separado. 3Tomarás então o frasco de óleo e o derramarás sobre sua cabeça, dizendo: 'Assim fala Javé: Eu te unjo como rei* de Israel'; depois abre a porta e foge depressa".

4O jovem, o jovem profeta, partiu em direção de Ramot de Galaad. 5Quando chegou, encontrou os chefes do exército em reunião e disse: "Chefe, tenho algo a dizer-te". Jeú perguntou: "A qual de nós?" "A ti, chefe", respondeu ele. 6Então Jeú ergueu-se e entrou na casa. O jovem derramou-lhe o óleo sobre a cabeça e disse: "Assim fala Javé, Deus de Israel: Eu te unjo como rei sobre o

* **8**,12. 15,16; Am 1,3 | 16. 2Cr 21,5ss | 19. 2Sm 7,11-16; 1Rs 11,36 | 20. 2Cr 21,8ss | 24. 2Cr 21,20 | 25. 2Cr 22,1-6 | 28. 1Rs 22,3s; 2Rs 9,14s | **9**,3. 1Rs 19,16

povo de Javé, sobre Israel. 7Extermi-
narás a casa de Acab,* teu senhor, e
eu vingarei o sangue de meus servos,
os profetas, e de todos os servos de
Javé derramado por Jezabel, 8e morre-
rá toda a família de Acab. Extermina-
rei todo homem* da família de Acab†,
tanto o escravo como o livre em Israel.
9Tratarei a família de Acab como a de
Jeroboão, filho de Nabat,* e a de Baa-
sa, filho de Aías.* 10Os cães devorarão
Jezabel no campo de Jezrael; ninguém
lhe dará sepultura". Depois ele abriu a
porta e fugiu.

11Jeú saiu para onde estavam os ofi-
ciais de seu senhor, os quais lhe per-
guntaram: "Está tudo bem? Por que
veio a ti esse louco?" Respondeu ele:
"Conheceis bem esse homem e sua lin-
guagem!" 12Mas eles disseram: "Não é
verdade! Explica-nos tudo!" Ele respon-
deu: "Falou-me desse e desse modo e
disse: Assim fala Javé: 'Eu te ungi como
rei de Israel'". 13Imediatamente, todos
tomaram seus mantos e os estenderam
debaixo de seus pés, sobre os degraus;
tocaram a trombeta e gritaram: "Jeú é
rei!"

14Jeú, filho de Josafá, filho de Nam-
si, conspirou* contra Jorão. Jorão, com
todo o Israel, tinha defendido Ramot
de Galaad de um ataque de Hazael, rei
de Aram. 15Depois o rei Jorão tinha vol-
tado a Jezrael para tratar-se das feridas
que os arameus lhe haviam infligido
nos combates que sustentava contra
Hazael, rei de Aram. Jeú disse: "Se es-
tais de acordo, que não saia ninguém
da cidade para levar a notícia a Jezrael".
16Jeú subiu num carro e partiu para Je-
zrael. Jorão lá estava, acamado, e Oco-
zias, rei de Judá, tinha ido visitá-lo.

Jeú mata os reis de Israel e de Judá.
17A sentinela que estava na torre de Je-
zrael viu aproximar-se a tropa de Jeú
e anunciou: "Estou vendo uma tropa".
Jorão ordenou: "Chama um cavaleiro e
manda-o a seu encontro para pergun-
tar: 'Tudo vai bem?'" 18O cavaleiro foi ao
encontro de Jeú e disse: "Assim fala o
rei: 'Tudo vai bem?'" "Que te importa se
tudo vai bem?", respondeu Jeú. "Passa
para trás de mim e segue-me". A senti-
nela anunciou: "O mensageiro chegou
até eles, mas não volta". 19O rei enviou
um segundo cavaleiro; este chegou
perto deles e perguntou: "Assim fala o
rei: 'Tudo vai bem?'" "Que te importa se
tudo vai bem?", respondeu Jeú. "Passa
para trás de mim e segue-me". 20A sen-
tinela anunciou: "Ele chegou até eles,
mas não volta. Pela maneira de dirigir
o carro deve ser Jeú, filho de Namsi; ele
dirige como um doido!" 21Jorão disse:
"Preparai meu carro!"* O carro foi pre-
parado e Jorão, rei de Israel, e Ocozias,
rei de Judá, partiram, cada qual em seu
carro, ao encontro de Jeú e o alcança-
ram no campo de Nabot de Jezrael.

22Ao ver Jeú, Jorão perguntou: "Vai
tudo bem, Jeú?" Este respondeu:
"Como pode ir tudo bem se perduram
as prostituições† de tua mãe Jezabel e
suas inúmeras magias?" 23Então Jorão
virou seu carro e fugiu, bradando a
Ocozias: "Traição, Ocozias!" 24Mas Jeú
já havia retesado seu arco e atingiu Jo-
rão entre as espáduas; a flecha atingiu
o coração do rei, que tombou dentro
do carro. 25Jeú ordenou a Badacer, seu
escudeiro: "Tira-o e lança-o no cam-
po de Nabot de Jezrael.* Lembras-te?
Quando nós dois estávamos num carro
seguindo Acab, seu pai, Javé pronun-
ciou contra ele esta sentença: 26'De
certo, vi ontem o sangue de Nabot e
de seus filhos, oráculo de Javé.* Neste
mesmo campo eu te retribuirei, oráculo
de Javé'. Tira-o, pois, e joga-o no cam-
po, conforme a palavra de Javé".

27Vendo isso, Ocozias, rei de Judá,
fugiu pela estrada* de Bet-Gã, mas Jeú
o perseguiu e gritou: "Matai-o tam-
bém!" Feriram-no dentro de seu carro
na subida de Gaver, que fica perto de
Jeblaam; refugiou-se em Meguido e lá

---

* **9**,7. 1Rs 16,4.13; 19,10; 21 | 8. 1Rs 21,21-24 | 9. 1Rs 14,10s / 1Rs 16,3s | 14. 1Rs 22,3 | 21. 2Cr 22,7s | 25. 1Rs 21 | 26. 1Rs 21,19 | 27. 2Cr 22,8s

† **9**,8. O profeta Oseias condenará Jeú "pelo sangue derramado em Jezrael", Os 1,4. | **9**,22. Ver a nota em Êx 34,15.

morreu. [28]Seus servos o transportaram
num carro até Jerusalém e o sepulta-
ram em seu túmulo com seus pais, na
Cidade de Davi. [29]Ocozias se tornara rei
de Judá no décimo primeiro ano de Jo-
rão, filho de Acab.
Fim de Jezabel. [30]Quando Jeú chegou
a Jezrael, Jezabel o soube. Pintou os
olhos, enfeitou a cabeça e se pôs à ja-
nela. [31]Quando Jeú atravessou a porta,
ela perguntou: "Tudo vai bem, Zam-
bri†, assassino* de seu senhor?" [32]Jeú
ergueu os olhos para a janela e disse:
"Quem está comigo? Quem?" Dois ou
três eunucos olharam para ele. [33]Orde-
nou ele: "Lançai-a abaixo". Eles a lança-
ram para baixo; seu sangue salpicou a
parede e os cavalos, e Jeú passou sobre
ela. [34]Depois entrou, comeu e bebeu e
enfim disse: "Ide ver aquela maldita e
dai-lhe sepultura, pois é filha de rei".
[35]Quando chegaram para sepultá-la,
só encontraram o crânio, os pés e as
mãos. [36]Voltaram para contar isso a
Jeú, que disse: "Esta foi a palavra que
Javé pronunciou por intermédio de
seu servo Elias, o tesbita: 'No campo
de Jezrael, os cães devorarão a carne
de Jezabel; [37]e o cadáver de Jezabel no
campo de Jezrael* será como esterco
espalhado no solo, de modo que não
se poderá dizer: Esta é Jezabel!'"

10 **Massacre da família real
de Israel.** [1]Havia em Sama-
ria setenta filhos* de Acab. Jeú escre-
veu cartas e enviou-as a Samaria, aos
chefes da cidade, aos anciãos e aos
tutores dos filhos de Acab. Dizia a car-
ta: [2]"Quando esta carta vos chegar às
mãos, vós que tendes convosco os fi-
lhos de vosso senhor, carros e cavalos,
uma cidade fortificada e armamentos,
[3]escolhei entre os filhos de vosso se-
nhor o melhor e o mais digno, ponde-
-o no trono de seu pai e combatei pela
casa de vosso senhor!" [4]Eles, porém,
sentiram grande medo e disseram:
"Se dois reis não puderam resistir-lhe,
como o poderíamos nós?" [5]O mordo-
mo do palácio, o prefeito da cidade, os
anciãos e os tutores mandaram dizer a
Jeú: "Somos teus servos, faremos tudo
o que ordenares, não escolheremos rei
algum; faze o que te agradar".
[6]Jeú escreveu-lhes depois uma se-
gunda carta em que dizia: "Se estais
do meu lado e quereis obedecer-me,
tomai as cabeças dos filhos de vosso
senhor e vinde ter comigo amanhã a
esta hora em Jezrael". Havia setenta
filhos do rei nas casas dos nobres da
cidade, que os educavam. [7]Recebida a
carta, apoderaram-se dos filhos do rei,
degolaram todos os setenta e, pondo
suas cabeças em cestos, enviaram-nas
para Jezrael.
[8]Veio um mensageiro anunciar a
Jeú: "Trouxeram as cabeças dos filhos
do rei". Ele disse: "Colocai-as em dois
montes à entrada da porta da cidade
até a manhã seguinte". [9]De manhã ele
saiu e, de pé, disse a todo o povo: "Vós
sois inocentes. Quanto a mim, conspi-
rei contra meu senhor e o matei; mas,
e estes todos, quem os matou? [10]Sabei,
pois, que não ficará* sem cumprimento
nenhuma das palavras que Javé pro-
nunciou contra a família de Acab; Javé
executou o que havia dito por intermé-
dio de seu servo Elias". [11]E Jeú matou
todos os sobreviventes da família de
Acab em Jezrael: todos os nobres, os
parentes e os sacerdotes; não deixou
escapar nenhum.
Massacre dos príncipes de Judá.
[12]A seguir pôs-se a caminho* e partiu
para Samaria. Passando por Bet-Eced-
-dos-Pastores, [13]encontrou parentes
de Ocozias, rei de Judá, e perguntou:
"Quem sois?" Responderam: "Somos
parentes de Ocozias e descemos para
saudar os filhos do rei e os filhos da
rainha-mãe". [14]Ordenou Jeú: "Prendei-
-os vivos!" Foram apanhados vivos e
degolados junto ao poço de Bet-Eced.

---

* **9**,31. 1Rs 16,9-18 | 37. 9,10; 1Rs 21,23; Jr 8,2 | **10**,1. Jz 9,5; 1Rs 15,29; 16,11; 2Rs 11,1 | 10. 1Rs 21,21-24 | 12. 2Cr 22,8

† **9**,31. Jezabel compara Jeú a Zambri, que usurpou o trono matando o rei Ela, 1Rs 16,10. | **10**,15. Jonadab e os recabitas viviam uma religião baseada no nomadismo: não possuíam casas nem campos, Jr 35.

Eram quarenta e dois e nenhum foi poupado.

Jeú e Jonadab. [15]Partindo dali encontrou-se* com Jonadab, filho de Recab†, que vinha a seu encontro; saudou-o e disse-lhe: "Teu coração é leal para comigo, como meu coração para contigo?" "Sim", respondeu Jonadab. E Jeú replicou: "Se é assim, dá-me a mão". Jonadab deu-lhe a mão e Jeú fê-lo subir a seu lado no carro. [16]Disse-lhe: "Vem comigo e verás meu zelo por Javé". E o levou consigo em seu carro. [17]Entrando em Samaria, matou todos os sobreviventes da família de Acab em Samaria; exterminou-a, segundo a palavra que Javé dissera a Elias.

Massacre dos fiéis de Baal e destruição de seu templo. [18]Jeú reuniu todo o povo e disse: "Acab venerou um pouco a Baal; Jeú vai venerá-lo muito. [19]Agora, pois, congregai-me todos os profetas de Baal, todos os seus fiéis e todos os seus sacerdotes; que ninguém falte, porque desejo oferecer um grande sacrifício a Baal. Quem faltar perderá a vida". Mas Jeú agiu com astúcia, para exterminar os fiéis de Baal. [20]Ordenou: "Convocai uma solene assembleia para Baal"; e eles a convocaram. [21]Jeú enviou mensageiros por todo o Israel e vieram todos os fiéis de Baal sem faltar ninguém. Entraram no templo de Baal,* que ficou lotado de uma extremidade à outra. [22]Jeú disse ao guarda do vestiário: "Traze vestes para todos os fiéis de Baal"; e ele trouxe vestes para eles. [23]Jeú veio ao templo de Baal com Jonadab, filho de Recab, e disse aos fiéis de Baal: "Reparai bem se não há servidores de Javé aqui convosco, mas somente fiéis de Baal". [24]Entraram para oferecer sacrifícios e holocaustos.

Ora, Jeú colocara do lado de fora oitenta homens e dissera: "Se algum de vós deixar escapar um desses homens que vou entregar-vos, responderá com a própria vida pela dele". [25]Quando Jeú acabou de oferecer o holocausto, ordenou aos guardas e aos escudeiros: "Entrai, matai-os! E que nenhum escape!" Os guardas e os escudeiros passaram-nos ao fio da espada e chegaram até o santuário do templo de Baal. [26]Tiraram a coluna sagrada do templo de Baal e a queimaram. [27]Derrubaram a coluna sagrada de Baal, demoliram também o templo de Baal e o transformaram em latrina, que permanece até hoje.

Reinado de Jeú em Israel. [28]Assim Jeú fez Baal desaparecer de Israel. [29]Entretanto, Jeú não se desviou dos pecados que Jeroboão, filho de Nabat, fizera Israel cometer, isto é, os bezerros de ouro de Betel* e de Dã. [30]Javé disse a Jeú: "Porque executaste bem o que era agradável a meus olhos e cumpriste toda a minha vontade contra a casa de Acab, teus filhos até a quarta geração se assentarão sobre o trono de Israel". [31]Mas Jeú não seguiu fielmente e de todo o seu coração a lei de Javé, Deus de Israel; não se afastou dos pecados que Jeroboão fizera Israel cometer.

[32]Por aquele tempo, Javé começou a reduzir o território de Israel; Hazael venceu Israel em todas as suas fronteiras, [33]desde o Jordão até o oriente, arrebatando-lhe toda a terra de Galaad, a terra de Gad, de Rúben, de Manassés, desde Aroer, junto à torrente do Arnon, até Galaad e Basã†.

[34]O resto da história de Jeú, tudo o que fez, todas as suas façanhas, não está tudo escrito no livro dos Anais dos reis de Israel? [35]Ele adormeceu com seus pais e foi sepultado em Samaria. Seu filho Joacaz sucedeu-lhe no trono. [36]Jeú reinou sobre Israel durante vinte e oito anos em Samaria.

11

Atalia usurpa o reino de Judá†. [1]Quando Atalia, mãe de Ocozias,* soube que seu filho estava morto, resolveu exterminar toda a descendência real. [2]Mas Josaba, filha do rei Jorão e irmã de Ocozias, tomou Joás, filho de Ocozias, retirou-o do meio dos

* **10**,15. Jr 35,1-11 | 21. 1Rs 16,32 | 29. 1Rs 12,28s | **11**,1. 2Cr 22,9-23,21

† **10**,33. Assim Israel perdeu todo o território a leste do rio Jordão. | **11**. Atalia era filha de Acab e Jezabel, e esposa de Jorão, pai de Ocozias; para usurpar o trono, massacrou o resto da família real.

filhos do rei que estavam sendo mas-
sacrados e o instalou, com sua ama, no
quarto dos leitos; assim ela o escondeu
de Atalia e ele não foi morto. 3Ficou
seis anos com ela, escondido no tem-
plo de Javé, enquanto Atalia reinava
sobre o país.

4No sétimo ano, Joiada mandou
chamar os centuriões dos caritas e os
guardas e os convocou para junto de si
no templo de Javé. Concluiu com eles
uma aliança, fê-los prestar juramento
no templo de Javé e mostrou-lhes o
filho do rei. 5Deu-lhes esta ordem: "Eis
o que haveis de fazer: a terça parte de
vós, que entra em serviço no dia de sá-
bado, montará guarda no palácio real,
6a outra terça parte na porta de Sur, e
a outra terça parte na porta atrás dos
guardas; assim guardareis o palácio
por turnos. 7Os outros dois grupos vos-
sos, todos os que largam o serviço no
sábado, montarão guarda no templo
de Javé junto ao rei. 8Fareis um círcu-
lo em torno do rei, cada qual com sua
arma na mão; e todo aquele que quiser
forçar vossas fileiras será morto. Acom-
panhareis o rei em todo lugar aonde
ele for".

9Os centuriões fizeram tudo quanto
lhes ordenara o sacerdote Joiada. Cada
qual reuniu seus homens, tanto os que
entravam em serviço no sábado, como
os que largavam no sábado, e vieram
para junto do sacerdote Joiada. 10O
sacerdote entregou aos centuriões as
lanças e os escudos do rei Davi, que es-
tavam no templo de Javé. 11Os guardas
postaram-se, de armas na mão, desde
o ângulo sul até o ângulo norte do
templo, diante do altar e do templo e
ao redor do rei. 12Então Joiada mandou
que trouxessem o filho do rei, cingiu-o
com o diadema e entregou-lhe o docu-
mento da aliança; proclamaram-no rei
e deram-lhe a unção. Bateram palmas e
gritaram: "Viva o rei!"

13Ouvindo os gritos dos guardas
e do povo, Atalia veio em direção ao
povo no templo de Javé. 14Quando viu
o rei de pé sobre o pilar, segundo o
costume, os chefes e os tocadores de
trombeta perto do rei, todo o povo do
país gritando de alegria e tocando as
trombetas, Atalia rasgou suas vestes
e bradou: "Traição! Traição!" 15Então o
sacerdote Joiada deu ordens aos cen-
turiões da tropa: "Arrastai-a para fora,
por entre as fileiras e, se alguém a se-
guir, passai-o ao fio da espada"; pois o
sacerdote dissera: "Não a mateis den-
tro do templo de Javé". 16Agarraram-na
e, quando ela chegou ao palácio real,
pela porta dos Cavalos, foi morta nesse
lugar.

17Joiada concluiu entre Javé, o rei e
o povo uma aliança pela qual o povo
se comprometia a ser o povo de Javé;
fez também uma aliança entre o rei e o
povo. 18Todo o povo da terra dirigiu-se
depois ao templo de Baal e o demoliu,
quebrando totalmente seus altares e
suas imagens e mataram Matã, sacer-
dote de Baal, diante dos altares.

O sacerdote colocou guardas no
templo de Javé. 19Depois reuniu os cen-
turiões, os caritas, os guardas e todo o
povo do país. Fizeram o rei descer do
templo de Javé e pela porta dos Guar-
das entraram no palácio, onde Joás
sentou-se no trono dos reis. 20Todo o
povo da terra estava em festa e a cida-
de estava calma. Atalia fora morta pela
espada no palácio real.

12

Joás, rei de Judá. 1Joás tinha
sete anos* quando começou
a reinar. 2No sétimo ano de Jeú, Joás
tornou-se rei e reinou quarenta anos
em Jerusalém. Sua mãe chamava-se
Sebias e era de Bersabeia. 3Joás fez o
que é agradável aos olhos de Javé por
todo o tempo durante o qual o sacer-
dote Joiada o instruiu. 4Contudo, os
lugares altos não desapareceram, e o
povo continuava a oferecer sacrifícios e
incenso sobre os lugares altos.

5Joás disse aos sacerdotes: "Todo o
dinheiro das oferendas sagradas que
for trazido ao templo de Javé, tanto o
dinheiro estipulado para cada pessoa
– o dinheiro do resgate das pessoas

* **12**,1. 2Cr 24,1.16

– como todo o dinheiro oferecido espontaneamente ao templo, [6]recebam-no os sacerdotes, cada qual da mão de seus conhecidos, e o empreguem no templo, para fazer as restaurações necessárias". [7]Mas no vigésimo terceiro ano do rei Joás, os sacerdotes não tinham ainda restaurado o templo. [8]Então Joás chamou o sacerdote Joiada e os outros sacerdotes e disse-lhes: "Por que não restaurais os estragos do templo? Doravante não recebereis mais o dinheiro de vossos conhecidos, mas o dareis para restaurar os estragos do templo". [9]Os sacerdotes concordaram em não mais receber dinheiro do povo e em não ser mais os encarregados de reparar os estragos do templo.

[10]Então o sacerdote Joiada tomou um cofre, fez-lhe uma abertura na tampa e o colocou ao lado do altar, à direita de quem entrava no templo de Javé, e os sacerdotes que guardavam a entrada depositavam nele todo o dinheiro oferecido ao templo de Javé. [11]Quando viam que havia muito dinheiro no cofre, subiam o secretário do rei e o sumo sacerdote, que ensacavam e contavam o dinheiro que havia no templo de Javé. [12]Uma vez conferido o dinheiro, era entregue aos empreiteiros contratados para as obras do templo de Javé, e estes o empregavam para pagar os carpinteiros e os construtores que trabalhavam no templo de Javé, [13]os pedreiros e talhadores de pedras, e na compra de madeira e pedras lavradas, destinadas à restauração do templo de Javé. [14]Mas não se faziam taças de prata, nem facas, nem bacias, nem trombetas, nem objeto algum de ouro ou de prata para o templo de Javé com o dinheiro oferecido ao templo de Javé; [15]este era entregue aos empreiteiros que o empregavam na restauração do templo de Javé. [16]Nem se pediam contas aos homens aos quais era entregue o dinheiro para dá-lo aos operários, porque agiam com honestidade. [17]O dinheiro dos sacrifícios de reparação e dos sacrifícios pelo pecado não eram destinados ao templo de Javé, mas ficavam para os sacerdotes.

[18]Naquele tempo Hazael,* rei de Aram, partiu para combater Gat e tomou-a; depois resolveu marchar contra Jerusalém. [19]Joás, rei de Judá, tomou todos os objetos que haviam consagrado os reis de Judá, seus pais, Josafá, Jorão e Ocozias, e também os que ele próprio havia consagrado, bem como todo o ouro que se encontrava nos tesouros do templo de Javé e do palácio real, e enviou tudo isso a Hazael, rei de Aram, o qual se retirou de Jerusalém†.

[20]O resto da história de Joás e todos os seus feitos, não está tudo escrito no livro dos Anais dos reis de Judá? [21]Seus oficiais sublevaram-se e fizeram uma conspiração; mataram Joás em Bet-Melo, na descida para Sila. [22]Jozacar, filho de Semaat, e Jozabad, filho de Somer, o feriram e ele morreu. Foi sepultado com seus pais na Cidade de Davi, e seu filho Amasias reinou em seu lugar.

13 **Joacaz, rei de Israel.**

[1]No vigésimo terceiro ano de Joás, filho de Ocozias, rei de Judá, tornou-se rei sobre Israel em Samaria Joacaz, filho de Jeú, e reinou dezessete anos. [2]Fez o mal aos olhos de Javé e imitou o pecado ao qual Jeroboão, filho de Nabat, arrastou Israel e não se afastou dele.

[3]Então a ira de Javé inflamou-se contra Israel e ele o entregou a Hazael, rei de Aram, e a Ben-Adad, filho de Hazael, por todo aquele período. [4]Mas Joacaz implorou a Javé, e Javé o atendeu, porque viu a tirania com que o rei de Aram* oprimia Israel. [5]Javé deu a Israel um libertador†; eles se libertaram do poder de Aram, e os israelitas puderam de novo morar em suas tendas como antes. [6]Todavia, não se apartaram do

---

* **12**,18. 2Cr 24,23-27; 2Rs 8,7-15 | **13**,4. 14,26s | 6. Êx 34,13

† **12**,19. Conforme 2Cr 24,23s. 27, Joás foi derrotado por Hazael e tornou-se vassalo de Damasco. | **13**,5. Esse libertador parece ser Jeroboão II, que reinou em Israel de 783 a 743 a.C. Era filho de Joás de Israel, v. 13.

pecado ao qual a casa de Jeroboão
havia arrastado Israel; obstinaram-se
nele. Até mesmo o tronco idolátrico*
permaneceu de pé em Samaria. [7]Javé
só deixou como tropas a Joacaz cin-
quenta cavaleiros, dez carros e dez mil
soldados de infantaria; o rei de Aram os
havia exterminado e reduzido a pó que
se calca aos pés.

[8]O resto da história de Joacaz, tudo o
que fez e suas façanhas, não está tudo
escrito no livro dos Anais dos reis de Is-
rael? [9]Joacaz adormeceu com seus pais
e foi sepultado em Samaria. Seu filho
Joás reinou em seu lugar.

Joás, rei de Israel. [10]No trigésimo séti-
mo ano de Joás, rei de Judá, tornou-se
rei sobre Israel em Samaria Joás, filho
de Joacaz, e reinou dezesseis anos.
[11]Fez o mal aos olhos de Javé e não se
afastou de todos os pecados aos quais
Jeroboão, filho de Nabat, havia arrasta-
do Israel, mas obstinou-se neles.

[12]O resto da história de Joás,* tudo o
que fez e suas façanhas, a guerra que
fez a Amasias,* rei de Judá, não está
tudo escrito no livro dos Anais dos reis
de Israel? [13]Joás adormeceu com seus
pais, e Jeroboão sucedeu-lhe no trono.
Joás foi sepultado em Samaria com os
reis de Israel.

Morte de Eliseu. [14]Quando Eliseu foi
atingido pela doença da qual ia morrer,
Joás, rei de Israel, desceu para visitá-lo
e chorou diante dele, dizendo: "Meu
pai! Meu pai!* Carro e cavalaria de Is-
rael!"† [15]Disse-lhe Eliseu: "Toma um
arco e flechas"; e Joás tomou um arco
e flechas. [16]Eliseu disse ao rei de Israel:
"Empunha o arco"; e ele o empunhou.
Eliseu pôs as mãos sobre as mãos do
rei [17]e disse: "Abre a janela do lado
do oriente"; e ele a abriu. Então Eliseu
disse: "Atira!"; e ele atirou. Eliseu disse:
"Flecha de vitória para Javé! Flecha de
vitória contra Aram! Vencerás Aram em
Afec até o extermínio".

[18]Depois disse Eliseu: "Toma as fle-
chas"; e Joás tomou-as. Eliseu disse
ao rei de Israel: "Atira contra a terra";
e ele deu três golpes e parou. [19]Então
o homem de Deus irritou-se contra ele
e disse: "Era preciso dar cinco ou seis
golpes. Então terias derrotado Aram
até o extermínio; agora, porém, vence-
rás Aram apenas três vezes".

[20]Eliseu morreu e foi sepultado. Na
entrada do ano, bandos de moabitas
costumavam fazer incursões no país.
[21]Aconteceu que, enquanto alguns ho-
mens estavam sepultando um morto,
avistaram um desses bandos; jogaram
o corpo dentro do túmulo de Eliseu e
partiram. Quando o morto tocou nos
ossos de Eliseu, recobrou a vida e pôs-
-se de pé.

Vitória sobre os arameus. [22]Hazael,
rei de Aram, tinha oprimido os israelitas
por todo o tempo em que vivera Joa-
caz. [23]Mas Javé se mostrou benévolo e
compadeceu-se deles. Voltou-se para
eles por causa da aliança que fizera
com Abraão, Isaac e Jacó; não os quis
destruir e nem os rejeitou para longe
de sua face até o presente. [24]Hazael, rei
de Aram, morreu e seu filho Ben-Adad†
reinou em seu lugar. [25]Então Joás, fi-
lho de Joacaz, retomou das mãos de
Ben-Adad, filho de Hazael, as cidades
que Hazael tinha arrebatado de seu pai
Joacaz na guerra. Joás os venceu três
vezes* e assim reconquistou as cidades
de Israel.

II. OS REIS ATÉ A QUEDA DE SAMARIA (14–17)

14 **Amasias, rei de Judá.** [1]No se-
gundo ano de Joás,* filho de
Joacaz, rei de Israel, tornou-se rei Ama-
sias, filho de Joás, rei de Judá. [2]Tinha
vinte e cinco anos quando começou a
reinar e reinou vinte e nove anos em
Jerusalém. Sua mãe chamava-se Joa-
den e era de Jerusalém. [3]Fez o que é
agradável a Javé, mas não como seu

---

* **13**,12. 14,15 / 14,8-14 | 14. Gn 50,1; 2Rs 2,12 | 25. 13,19 | **14**,1. 2Cr 25,1-4.11.17-28

† **13**,14. Porque Eliseu adivinhava os movimentos do inimigo, 2Rs 6,10, e levava Israel à vitória. | 24. Trata-se aqui de Ben-Adad III.

pai Davi; em tudo imitou Joás, seu pai. 4No entanto, os lugares altos não desapareceram, e o povo continuava a oferecer sacrifícios e incenso sobre os lugares altos.

5Logo que o poder real se consolidou em suas mãos, mandou matar aqueles seus oficiais que tinham assassinado o rei, seu pai. 6Mas não mandou matar os filhos dos assassinos, em obediência ao que está escrito no livro da lei de Moisés, onde Javé ordenou: Os pais não serão mortos por causa de seus filhos nem os filhos serão mortos por causa dos pais; mas cada um morrerá por seu próprio pecado†.

7Ele matou dez mil edomitas no vale do Sal, tomou de assalto a Rocha e deu-lhe o nome de Jecetel, que ela conserva até hoje.

8Então Amasias enviou mensageiros a Joás, filho de Joacaz, filho de Jeú, rei de Israel, para lhe dizer: "Vem, para medirmos forças!" 9Joás, rei de Israel, mandou em resposta esta mensagem a Amasias, rei de Judá: "O espinheiro do Líbano* mandou dizer ao cedro do Líbano: 'Dá tua filha por esposa a meu filho'. Mas os animais selvagens do Líbano passaram e pisaram o espinheiro. 10Obtiveste uma vitória sobre Edom e teu coração se enche de orgulho! Celebra tua glória, mas fica em casa. Para que provocar a desgraça e causar tua ruína e a de Judá contigo?"

11Mas Amasias não quis atendê-lo e Joás, rei de Israel, partiu para a guerra. Enfrentaram-se os dois, ele e Amasias, rei de Judá, em Bet-Sames, que pertence a Judá. 12Judá foi derrotado por Israel e cada um fugiu para sua tenda. 13Joás, rei de Israel, prendeu Amasias, rei de Judá, filho de Joás, filho de Ocozias, em Bet-Sames. Depois foi a Jerusalém e fez uma brecha de quatrocentos côvados na muralha de Jerusalém, desde a porta de Efraim até a porta do Ângulo. 14Apoderou-se de todo o ouro e prata e de todos os objetos que se achavam no templo de Javé e no tesouro do palácio real, além de reféns, e voltou para Samaria.

15O resto da história de Joás,* tudo o que fez e suas façanhas, a guerra que fez a Amasias, rei de Judá, não está tudo escrito no livro dos Anais dos reis de Israel? 16Joás adormeceu com seus pais e foi sepultado em Samaria com os reis de Israel. Jeroboão, seu filho, reinou em seu lugar.

17Amasias, filho de Joás, rei de Judá, viveu ainda quinze anos depois da morte de Joás, filho de Joacaz, rei de Israel.

18O resto da história de Amasias não está escrito no livro dos Anais dos reis de Judá? 19Tramaram contra ele uma conspiração em Jerusalém; ele fugiu para Laquis, mas mandaram persegui-lo até Laquis e ali o mataram. 20Transportaram seu corpo sobre cavalos e o sepultaram em Jerusalém, junto de seus pais, na Cidade de Davi. 21Todo o povo* de Judá escolheu Azarias†, que tinha dezesseis anos, e o constituiu rei em lugar de seu pai Amasias. 22Foi ele que reconstruiu Elat e a reconquistou para Judá, depois que o rei adormecera com seus pais.

Jeroboão II, rei de Israel. 23No décimo quinto ano de Amasias, filho de Joás, rei de Judá, tornou-se rei de Israel, em Samaria, Jeroboão†, filho de Joás, e reinou quarenta e um anos. 24Fez o mal aos olhos de Javé e não se afastou de todos os pecados aos quais Jeroboão, filho de Nabat, havia arrastado Israel.

25Restabeleceu as fronteiras de Israel, desde a entrada de Emat até o mar da Arabá, conforme Javé, Deus de Israel, havia dito por intermédio de seu servo, o profeta Jonas, filho de Amitai†, que era de Gat-Ofer. 26Pois Javé viu a extrema aflição de Israel, onde não havia mais nem escravo, nem livre, nem quem o pudesse socorrer. 27Javé não

---

* **14**,9. Jz 9,8-15 | 15. 2Rs 13,12 | 21. 2Cr 26,1

† **14**,6. Ver a nota em Dt 24,16, que é o texto citado aqui. | 21. Chamado também Ozias: 15,1.30. | 23. É no tempo dele e em seu território que profetizam Oseias e Amós. | 25. É a este profeta que foi atribuído, por pseudonímia, o livro de Jonas.

havia decidido apagar o nome de Israel
de debaixo do céu, por isso o salvou
pela mão de Jeroboão, filho de Joás.
[28]O resto da história de Jeroboão,
tudo o que fez e suas façanhas, as
guerras que fez e como reconquistou
para Israel Damasco e Emat que per-
tenciam a Judá, tudo isso não está es-
crito no livro dos Anais dos reis de Is-
rael? [29]Jeroboão adormeceu com seus
pais junto aos reis de Israel, e seu filho
Zacarias reinou em seu lugar.

15 **Azarias, rei de Judá.** [1]No vi-
gésimo sétimo ano* de Je-
roboão, rei de Israel, tornou-se rei de
Judá Azarias, filho de Amasias. [2]Tinha
dezesseis anos quando começou a
reinar e reinou cinquenta e dois anos
em Jerusalém; sua mãe chamava-se Je-
quelias e era de Jerusalém. [3]Fez o que
é agradável a Javé, como tudo o que
fizera seu pai Amasias. [4]Entretanto, os
lugares altos não desapareceram, e o
povo continuava a oferecer sacrifícios e
incenso nos lugares altos.
[5]Mas Javé castigou o rei, e ele ficou
leproso até o dia de sua morte. Morava
numa casa isolada, e seu filho Joatão
regia o palácio e governava o povo.
[6]O resto da história de Azarias e tudo
o que fez não estão escritos no livro
dos Anais dos reis de Judá? [7]Azarias
adormeceu com seus pais, foi sepulta-
do com seus pais na Cidade de Davi, e
seu filho Joatão tornou-se rei em seu
lugar.
Zacarias, rei de Israel. [8]No trigési-
mo oitavo ano de Azarias, rei de Judá,
tornou-se rei de Israel, em Samaria, Za-
carias, filho de Jeroboão, e reinou seis
meses. [9]Fez o mal aos olhos de Javé,
como fizeram seus pais, e não se afas-
tou dos pecados aos quais Jeroboão,
filho de Nabat, havia arrastado Israel.
[10]Selum, filho de Jabes, fez uma
conspiração contra ele, feriu-o mortal-
mente diante do povo e tornou-se rei
em seu lugar.
[11]O resto da história de Zacarias está
escrito no livro dos Anais dos reis de Is-
rael. [12]Realizou-se o que Javé havia dito
a Jeú: "Teus filhos até a quarta geração
se assentarão sobre o trono de Israel";
e assim aconteceu†.
Selum, rei de Israel. [13]Selum, filho de
Jabes, tornou-se rei no trigésimo nono
ano de Azarias, rei de Judá, e reinou um
mês em Samaria.
[14]Manaém, filho de Gadi, partiu de
Tersa e entrou em Samaria; ali matou
Selum, filho de Jabes, e tornou-se rei
em seu lugar.
[15]O resto da história de Selum e a
conspiração que ele tramou, tudo está
escrito no livro dos Anais dos reis de
Judá. [16]Manaém devastou Tipsa, ma-
tando todos os que lá estavam e asso-
lou seu território desde Tersa, porque
não lhe tinham aberto as portas; arra-
sou a cidade e rasgou o ventre de to-
das as mulheres grávidas.
Manaém, rei de Israel. [17]No trigésimo
nono ano de Azarias, rei de Judá, Ma-
naém, filho de Gadi, tornou-se rei em
Israel e reinou dez anos em Samaria.
[18]Fez o mal aos olhos de Javé, não se
afastando, durante toda a sua vida, dos
pecados que Jeroboão, filho de Nabat,
fizera Israel cometer.
[19]Pul, rei da Assíria†, invadiu o país.
Manaém pagou a Pul mil talentos de
prata para que o ajudasse a consolidar
o poder real em suas mãos. [20]Manaém
requereu essa quantia de Israel, de to-
das as pessoas abastadas, para dá-la ao
rei da Assíria: a cada um solicitou cin-
quenta siclos de prata. Então o rei da
Assíria se retirou, não permanecendo
na terra.
[21]O resto da história de Manaém e
tudo o que fez, não está tudo escrito
no livro dos Anais dos reis de Israel?
[22]Manaém adormeceu com seus pais, e
Faceias, seu filho, reinou em seu lugar.
Faceias, rei de Israel. [23]No quinqua-
gésimo ano de Azarias, rei de Judá,
tornou-se rei de Israel, em Samaria, Fa-

---

* **15**,1. 2Cr 26,3s.21ss

† **15**,12. Terminada a dinastia de Jeú, o reino do norte entra numa fase de anarquia e de rápida decadência. | 19. Outro nome para Teglat-Falasar III, mencionado no v. 29, que reinou de 745 a 727 a.C.

ceias, filho de Manaém, e reinou dois anos. 24Fez o mal aos olhos de Javé, não se afastando dos pecados que Jeroboão, filho de Nabat, fizera Israel cometer.

25Seu escudeiro, Faceia, filho de Romelias, conspirou contra ele e o assassinou em Samaria, na torre do palácio real, junto com Argob e Arié. Tinha consigo cinquenta homens de Galaad. Matou o rei e reinou em seu lugar.

26O resto da história de Faceias e tudo o que fez está escrito no livro dos Anais dos reis de Israel.

Faceia, rei de Israel. 27No quinquagésimo segundo ano de Azarias, rei de Judá, tornou-se rei de Israel, em Samaria, Faceia, filho de Romelias, e reinou vinte anos. 28Fez o mal aos olhos de Javé, não se afastando dos pecados que Jeroboão, filho de Nabat, fizera Israel cometer.

29No tempo de Faceia, rei de Israel, veio Teglat-Falasar, rei da Assíria, e tomou Aion, Abel-Bet-Maaca, Janoe, Cedes, Hasor, Galaad, a Galileia e toda a terra de Nefali e deportou seus habitantes para a Assíria†. 30Oseias, filho de Ela, conspirou contra Faceia, filho de Romelias, feriu-o mortalmente e tornou-se rei em seu lugar no vigésimo ano de Joatão, filho de Ozias.

31O resto da história de Faceia e tudo o que ele fez está escrito no livro dos Anais dos reis de Israel.

Joatão, rei de Judá. 32No segundo ano de Faceia,* filho de Romelias, rei de Israel, começou a reinar Joatão, filho de Ozias, rei de Judá. 33Tinha vinte e cinco anos quando subiu ao trono e reinou dezesseis anos em Jerusalém. Sua mãe chamava-se Jerusa e era filha de Sadoc. 34Fez o que é reto aos olhos de Javé, imitando em tudo a conduta de seu pai Ozias. 35Entretanto, os lugares altos não desapareceram, e o povo continuou a oferecer sacrifícios e incenso nos lugares altos. Foi ele que construiu a porta superior do templo de Javé.

36O resto da história de Joatão, tudo o que fez, não está escrito no livro dos Anais dos reis de Judá? 37Naqueles dias, Javé começou a mandar contra Judá Rason, rei de Aram, e Faceia, filho de Romelias. 38Joatão adormeceu com seus pais, foi sepultado com eles na Cidade de Davi, seu antepassado, e seu filho Acaz tornou-se rei em seu lugar.

16

Acaz, rei de Judá. 1No décimo sétimo ano* de Faceia, filho de Romelias, começou a reinar Acaz, filho de Joatão, rei de Judá. 2Acaz tinha vinte anos quando subiu ao trono e reinou dezesseis anos em Jerusalém. Não fez o que é reto aos olhos de Javé, seu Deus, como havia feito Davi, seu antepassado. 3Imitou a conduta dos reis de Israel e chegou a fazer passar seu filho* pelo fogo†, segundo os costumes abomináveis das nações que Javé havia expulsado de diante dos israelitas. 4Ofereceu sacrifícios e incenso nos lugares altos,* nas colinas e debaixo de toda árvore frondosa.

5Naquele tempo marcharam contra Jerusalém Rason, rei de Aram, e Faceia, filho de Romelias, rei de Israel; sitiaram Acaz, mas não puderam vencê-lo†. 6Na mesma época, Rason, rei de Aram, reconquistou Elat para Aram,* expulsou de Elat os judeus, os edomitas a ocuparam e lá permanecem* até hoje. 7Então Acaz enviou mensageiros a Teglat-Falasar, rei da Assíria, para dizer-lhe: "Sou teu servo e teu filho. Vem libertar-me das mãos do rei de Aram e do rei de Israel que se insurgiram contra mim". 8Acaz tomou a prata e o ouro* que havia no templo de Javé e nos tesouros do palácio real e os enviou como presente ao rei da Assíria. 9O rei da Assíria atendeu a seu pedido, subiu contra

---

* **15**,32. 2Cr 27,1-4.7-9 | **16**,1. 2Cr 28,1-4 | 3. Lv 18,21 | 4. Dt 12,2 | 6. 2Cr 28,17 / 2Cr 18,16 | 8. 2Cr 28,21

† **15**,29. O rei assírio deporta os povos vencidos, em vez de massacrá-los ou vendê-los como escravos. **16**,3. Expressão que designa a imolação de seres humanos ao deus cananeu Moloc. Ver a nota em Lv 18,21. | 5. Essa guerra, empreendida para tentar dissuadir Judá de aliar-se à Assíria, é o contexto dos cap. 7 e 8 de Isaías.

Damasco e apoderou-se dela; deportou seus habitantes para Quir e matou Rason.

[10]O rei Acaz foi a Damasco para encontrar-se com Teglat-Falasar, rei da Assíria. Tendo visto o altar que havia em Damasco, o rei Acaz mandou ao sacerdote Urias o desenho do altar e seu modelo, com todos os detalhes para sua execução. [11]Assim o sacerdote Urias construiu o altar, seguindo todas as instruções que o rei Acaz lhe havia mandado de Damasco, antes que este voltasse de Damasco. [12]Quando o rei Acaz chegou de Damasco, viu o altar, aproximou-se e subiu a ele. [13]Fez queimar sobre o altar seu holocausto* e suas oblações; derramou sua libação e espargiu o sangue de seus sacrifícios de comunhão. [14]Quanto ao altar de bronze que estava diante de Javé, mandou tirá-lo da frente do templo, onde ele estava entre o altar e o templo de Javé, e mandou colocá-lo no lado norte de seu altar. [15]O rei Acaz deu esta ordem ao sacerdote Urias: "É sobre o altar grande que queimarás o holocausto da manhã e a oblação da tarde, o holocausto e a oblação do rei, o holocausto, a oblação e as libações de todo o povo; derramarás sobre ele todo o sangue dos holocaustos e dos sacrifícios. Quanto ao altar de bronze, competirá a mim determinar". [16]O sacerdote Urias fez tudo o que lhe ordenara o rei Acaz.

[17]O rei Acaz quebrou os painéis das bases,* retirou das bases as bacias, mandou descer o mar de bronze de cima dos bois de bronze* que o sustentavam e o colocou sobre um pavimento de pedras. [18]Em consideração ao rei da Assíria, removeu do templo de Javé o pórtico do sábado, que fora construído no templo, e a entrada externa do rei.

[19]O resto da história de Acaz, tudo o que fez,* não está escrito no livro dos Anais dos reis de Judá? [20]Acaz adormeceu com seus pais e foi sepultado na Cidade de Davi. Seu filho Ezequias reinou em seu lugar.

17 **Oseias, rei de Israel.** [1]No décimo segundo ano de Acaz, rei de Judá, tornou-se rei de Israel, em Samaria, Oseias, filho de Ela, o qual reinou nove anos. [2]Fez o mal aos olhos de Javé, mas não como os reis de Israel, seus predecessores.

[3]Salmanasar, rei da Assíria, marchou contra Oseias, e este submeteu-se a ele, pagando-lhe tributo. [4]Mas o rei da Assíria descobriu que Oseias conspirava, porque havia mandado mensageiros a Sô, rei do Egito, e não pagava mais o tributo ao rei da Assíria, como fazia todo ano. Então o rei da Assíria mandou encarcerá-lo e prendê-lo com grilhões.

Tomada da Samaria. [5]Depois, o rei da Assíria invadiu todo o país* e sitiou Samaria durante três anos. [6]No nono ano de Oseias, o rei da Assíria tomou Samaria e deportou os israelitas para a Assíria, estabelecendo-os em Hala e às margens do Habor, rio de Gozã, e nas cidades dos medos.

Motivos da ruína de Israel. [7]Isso aconteceu porque os israelitas pecaram contra Javé, seu Deus, que os fizera subir da terra do Egito, libertando-os do poder do faraó, rei do Egito. Veneraram outros deuses, [8]seguiram os costumes das nações que Javé havia expulsado da frente deles e os costumes introduzidos pelos reis de Israel. [9]Os israelitas fizeram secretamente coisas não justas contra Javé, seu Deus; construíram lugares altos em todas as cidades onde moravam, desde as torres de vigia até as cidades fortificadas. [10]Erigiram para si colunas sagradas e troncos idolátricos* sobre toda colina elevada e debaixo de toda árvore frondosa. [11]Queimaram incenso em todos os lugares altos, imitando as nações que Javé havia expulsado da frente deles, e cometeram ações más, provocando a ira de Javé. [12]Prestaram culto aos ídolos, embora Javé lhes houvesse dito: "Vós não fareis tal coisa".

[13]No entanto, Javé tinha feito esta advertência a Israel e a Judá, por meio

---

* **16**,13. 2Cr 28,23 | 17. 2Cr 28,24; 1Rs 7,27-37 / 1Rs 7,23-26 | 19. 2Cr 28,26s | **17**,5. 2Rs 18,9ss | 10. Êx 23,24; 34,13; Dt 12,2

de todos os seus profetas e videntes:
"Convertei-vos de vossa má condu-
ta e observai meus mandamentos e
meus estatutos, conforme toda a lei
que prescrevi a vossos pais e que lhes
comuniquei por intermédio de meus
servos, os profetas". 14Mas eles não
obedeceram; antes, endureceram sua
cerviz* como o haviam feito seus pais,
que não tinham acreditado em Javé,
seu Deus. 15Desprezaram seus estatu-
tos, bem como a aliança que ele havia
concluído com seus pais, e as ordens
que lhes havia dado. Correndo atrás
das vaidades,* eles próprios se torna-
ram vaidade, como as nações ao redor,
apesar de Javé lhes ter ordenado que
não as imitassem. 16Rejeitaram todos
os mandamentos de Javé, seu Deus, fa-
bricaram para si estátuas de metal fun-
dido, os dois bezerros de ouro, fizeram
um tronco idolátrico, adoraram todo
o exército do céu e prestaram culto a
Baal. 17Fizeram passar pelo fogo seus
filhos e filhas,* praticaram a adivinha-
ção e a feitiçaria e venderam-se para
fazer o mal na presença de Javé, pro-
vocando sua ira. 18Então Javé irritou-se
extremamente contra Israel e arrojou-o
para longe de sua face. Restou apenas
a tribo de Judá.

19Judá tampouco guardou os man-
damentos de Javé, seu Deus, mas
seguiu os costumes que Israel intro-
duziu. 20Por isso, Javé rejeitou toda a
descendência de Israel, humilhou-a e
entregou-a aos saqueadores e, enfim,
baniu-a para longe de sua face. 21Com
efeito, quando ele arrancou Israel da
casa de Davi, eles proclamaram como
rei Jeroboão, filho de Nabat; Jeroboão
afastou Israel de Javé e levou-o a co-
meter um grande pecado. 22Os israe-
litas imitaram todos os pecados que
Jeroboão cometera e deles não se afas-
taram 23até que finalmente Javé baniu
Israel de sua presença, como o havia
anunciado por intermédio de todos os
seus servos, os profetas; assim Israel
foi deportado para longe de sua terra,
para a Assíria, onde está até hoje.

Origem dos samaritanos†. 24O rei da
Assíria mandou vir gente de Babilônia,
de Cuta, de Ava, de Emat e de Sefar-
vaim e estabeleceu-os nas cidades de
Samaria, em lugar dos israelitas; eles
tomaram posse de Samaria e fixaram-
-se em suas cidades.

25Quando começaram a se instalar
na terra, não veneravam Javé, e este
mandou contra eles leões que os mata-
vam. 26Disseram, pois, ao rei da Assíria:
"As populações que deportaste para
fixá-las nas cidades de Samaria não co-
nhecem a religião do deus do país, e
ele mandou leões contra elas. Os leões
as matam porque elas não conhecem a
religião do deus do país". 27Então o rei
da Assíria ordenou: "Mandai para lá um
dos sacerdotes que deportastes; que
ele se estabeleça lá e lhes ensine a reli-
gião do deus do país". 28Então veio um
dos sacerdotes deportados de Samaria
e se fixou em Betel; este ensinava-lhes
como deviam venerar Javé.

29Mas cada nação fabricou para si
seus próprios deuses e os colocou nos
templos dos lugares altos, que os sa-
maritanos haviam feito; assim fez cada
povo nas cidades* em que habitou.
30Os homens de Babilônia fizeram uma
estátua de Sucot-Benot; os de Cuta,
uma de Nergel; os de Emat, uma de
Asima; 31os de Ava, uma de Nebaaz e
uma de Tartac; e os de Sefarvaim quei-
mavam seus próprios filhos em honra
de Adramelec e de Anamelec, deuses
de Sefarvaim. 32Prestavam culto tam-
bém a Javé e do meio deles mesmos
elegeram sacerdotes* dos lugares al-
tos, que oficiavam para eles nos tem-
plos dos lugares altos. 33Veneravam
Javé e serviam a seus deuses, segundo
o costume das nações de onde tinham
sido deportados. 34Seguem ainda hoje
esses ritos antigos: não honram Javé,
nem observam seus estatutos e seus
decretos, nem a lei e os mandamentos

---

* **17**,14. Dt 9,13 | 15. Jr 2,5 | 17. Dt 18,10 | 29. Jo 4,9 | 32. 1Rs 12,31

† **17**,24. Os samaritanos eram discriminados pelos judeus, Jo 4,9, porque eram uma população mestiça de religião sincretista.

que Javé prescreveu aos filhos de Jacó,
a quem dera o nome de Israel. 35Javé
concluíra* com eles uma aliança e lhes
dera esta ordem: "Não adoreis deuses
estrangeiros nem vos prostreis dian-
te deles, não lhes presteis culto nem
lhes ofereçais sacrifícios. 36Mas temei
a Javé, que vos fez subir da terra do
Egito pelo grande poder de seu braço
estendido; diante dele vos prostrareis e
oferecereis sacrifícios. 37Observareis os
estatutos e os decretos, a lei e o man-
damento que ele vos deu por escrito,
pondo-os em prática todos os dias, e
não temereis outros deuses. 38Não es-
queçais a aliança que eu concluí con-
vosco e não presteis culto a deuses
estrangeiros; 39adorai somente a Javé,
vosso Deus, e ele vos libertará da mão
de todos os vossos inimigos". 40Eles,
porém, não obedeceram e continua-
ram a seguir seus costumes antigos.

41Assim, essas nações adoravam a
Javé e prestavam culto a seus ídolos;
seus filhos e seus netos continuam até
hoje fazendo o que fizeram seus pais.

III. REIS DE JUDÁ ATÉ O CATIVEIRO (18–25)

18 **Ezequias, rei de Judá.** 1No
terceiro ano de Oseias,* filho
de Ela, rei de Israel, tornou-se rei Eze-
quias, filho de Acaz, rei de Judá. 2Tinha
vinte e cinco anos quando começou a
reinar e reinou vinte e nove anos em
Jerusalém. Sua mãe chamava-se Abi e
era filha de Zacarias. 3Fez o que agrada
aos olhos de Javé, imitando tudo o que
fizera Davi, seu antepassado. 4Foi ele
que aboliu os lugares altos,* quebrou
as colunas sagradas, abateu os troncos
idolátricos e reduziu a pedaços a ser-
pente de bronze* que Moisés havia fei-
to, pois os israelitas até então lhe ofe-
reciam incenso e a chamavam Noestã†.
5Pôs sua confiança em Javé, Deus de
Israel. Depois dele, não houve entre
todos os reis de Judá quem fosse se-
melhante a ele; e antes dele também
não houve. 6Conservou-se fiel a Javé,
sem jamais se afastar dele, e observou
os mandamentos que Javé prescreve-
ra a Moisés. 7Por isso, Javé estava com
ele,* e ele teve êxito em todos os seus
empreendimentos. Revoltou-se contra
o rei da Assíria e não mais lhe foi sub-
misso. 8Derrotou os filisteus até Gaza e
seus territórios, desde as torres de vigia
até as cidades fortificadas.
Fim do reino de Israel. 9No quarto ano
de Ezequias,* que era o sétimo ano de
Oseias, filho de Ela, rei de Israel, Salma-
nasar, rei da Assíria†, atacou Samaria e
a sitiou. 10No fim de três anos conquis-
tou-a. Foi no sexto ano de Ezequias,
que era o nono ano de Oseias, rei de
Israel, que Samaria foi tomada. 11O rei
da Assíria deportou os israelitas para a
Assíria, estabelecendo-os em Hala e às
margens do Habor, rio de Gozã, e nas
cidades dos medos†. 12Isso aconteceu
porque eles não obedeceram* à pala-
vra de Javé, seu Deus, e violaram sua
aliança; não ouviram nem puseram em
prática tudo o que prescrevera Moisés,
servo de Javé.
Invasão de Senaquerib†. 13No décimo
quarto ano* do rei Ezequias, Senaque-
rib, rei da Assíria, atacou e tomou todas
as cidades fortificadas de Judá. 14En-
tão Ezequias, rei de Judá, mandou esta
mensagem ao rei da Assíria em Laquis:
"Cometi um erro! Retira-te de mim e
aceitarei as condições que me impuse-
res". O rei da Assíria exigiu de Ezequias,
rei de Judá, trezentos talentos de pra-
ta e trinta talentos de ouro. 15Ezequias
entregou toda a prata que se achava
no templo de Javé e nos tesouros do
palácio real. 16Então Ezequias mandou

---

* **17**,35. Êx 19,5; 20,1-5 | **18**,1. 2Cr 29,1 | 4. 2Cr 31,1 / Nm 21,4-9; Sb 16,6 | 7. Gn 39,2 | 9. 2Rs 17,1-4 | 12. 2Rs 17,7-18 | 13. 2Cr 32,1; Is 36,1

† **18**,4. Ver a nota em Nm 21,9. | 9. Salmanasar V, filho e sucessor de Teglat-Falasar III, invade o país e sitia a cidade, mas quem toma Samaria é seu irmão e sucessor, Sargon II, em 721 a.C. | 11. Entre esses deportados o autor bíblico situa a história de Tobias. | 13. Senaquerib diz em seus Anais: "Encerrei Ezequias em Jerusalém como um pássaro na gaiola". Esta seção, 18,13-20,19, encontra-se também em Is 36-39.

retirar das portas do templo de Javé e
dos umbrais o ouro de que ele, rei de
Judá, os havia revestido, e o entregou
ao rei da Assíria.
17De Laquis, o rei da Assíria* man-
dou ao rei Ezequias, em Jerusalém, o
comandante supremo, o oficial supe-
rior e o ajudante de campo com um
grande exército. Subiram e chegaram
a Jerusalém. Tendo subido e chegado,
postaram-se perto do canal do açu-
de superior,* que está no caminho do
campo do Lavador. 18Chamaram o rei
e saíram a seu encontro o chefe do
palácio, Eliacim, filho de Helcias,* o se-
cretário Sobna e o arauto Joaé, filho de
Asaf. 19O ajudante de campo lhes disse:
"Dizei a Ezequias: Assim fala o grande
rei, o rei da Assíria: 'Que confiança é
essa em que te apoias? 20Pensas que
palavras vãs representam conselho e
valentia para guerrear? Ora, em que
depões tua confiança para te revol-
tares contra mim? 21Confias no apoio
do Egito, esse caniço quebrado,* que
penetra e fura a mão de quem nele se
apoia; pois assim é o faraó, rei do Egito,
para todos os que nele confiam. 22Tu
me dirás talvez: É em Javé, nosso Deus,
que pomos nossa confiança. Mas não é
aquele mesmo, do qual Ezequias des-
truiu os lugares altos e os altares, di-
zendo ao povo de Judá e de Jerusalém:
Só diante deste altar, em Jerusalém, é
que deveis prostrar-vos? 23Pois bem!
Aceita um desafio de meu senhor, o rei
da Assíria: eu te darei dois mil cavalos,
se puderes encontrar cavaleiros para
montá-los! 24Como poderás repelir um
só capitão, um dos menores servos de
meu senhor? Mas tu confias no Egito
para ter carros e cavaleiros! 25E então,
foi porventura sem o consentimento
de Javé que eu ataquei este lugar para
o destruir? Foi Javé que me disse: Ataca
este país e devasta-o!'"
26Eliacim, filho de Helcias, Sobna e
Joaé disseram ao ajudante de campo:
"Peço-te que fales a teus servos em ara-
maico†, pois nós o entendemos; não nos
fales em hebraico, porque o povo que
está sobre as muralhas está ouvindo".
27Mas o ajudante de campo respondeu-
-lhes: "Porventura foi a teu senhor e a
ti que meu senhor mandou dizer essas
coisas? Não foi antes ao povo, que está
sentado sobre as muralhas e que está
condenado, como vós, a comer seus ex-
crementos e a beber a própria urina?"
28Então o ajudante de campo pôs-se
de pé e, gritando em voz alta, em lín-
gua hebraica, disse: "Escutai a palavra
do grande rei, o rei da Assíria. 29Assim
fala o rei: 'Não vos deixeis enganar por
Ezequias, pois não poderá livrar-vos de
minha mão. 30Que Ezequias não vos
faça confiar em Javé, dizendo: Certa-
mente Javé nos salvará, esta cidade não
cairá nas mãos do rei da Assíria. 31Não
deis ouvidos a Ezequias, pois assim fala
o rei da Assíria: Fazei as pazes comigo
e rendei-vos; então cada um poderá
comer o fruto de sua vinha e de sua
figueira e beber a água de seu poço,
32até que eu venha para vos transpor-
tar para uma terra como a vossa, terra
que produz trigo e vinho, terra de pão
e de vinhas, terra de azeite e de mel,
para que possais viver e não morrer.
Mas não deis ouvidos a Ezequias, que
vos ilude, dizendo: Javé nos salvará!
33Acaso os deuses das nações puderam
livrar cada qual sua própria terra das
mãos do rei da Assíria? 34Onde estão
os deuses de Emat e de Arfad?* Onde
estão os deuses de Sefarvaim, de Ana
e de Ava? Acaso eles livraram Samaria
de minha mão? 35Dentre todos os deu-
ses das nações, quais os que livraram
sua terra de minha mão, para que Javé
possa livrar Jerusalém de minha mão?'"
36O povo guardou silêncio e não lhe
respondeu nada, pois tal fora a ordem
do rei: "Não lhe dareis resposta algu-
ma". 37O chefe do palácio, Eliacim, filho
de Helcias, o secretário Sobna e o escri-
ba Joaé, filho de Asaf, foram à presença
do rei Ezequias, com as vestes rasga-
das, e lhe transmitiram as palavras do
ajudante de campo.

---

* **18**,17. 2Cr 32,9-19; Is 36,2-22 / Is 7,3 | 18. Is 22,15-25 | 21. Is 30,1-7; 31,1-3; Ez 29,6 | 34. 2Rs 17,5s.24

† **18**,26. O aramaico era a língua internacional, e será a língua dos hebreus depois do exílio de Babilônia.

19 **Isaías exorta à resistência.** [1]Ao ouvir essas coisas,* o rei Ezequias rasgou suas vestes, cobriu-se de pano de saco e foi ao templo de Javé. [2]Enviou o chefe do palácio, Eliacim, o secretário Sobna e os anciãos dos sacerdotes, cobertos de pano de saco, ao profeta Isaías, filho de Amós, [3]para lhe dizerem: "Assim fala Ezequias: Hoje é um dia de angústia, de castigo e de opróbrio. Os filhos estão para nascer e não há força para dá-los à luz†. [4]Oxalá, Javé, teu Deus, tenha ouvido todas as palavras do ajudante de campo, que o rei da Assíria, seu senhor, mandou para insultar o Deus vivo; oxalá, Javé, teu Deus, dê o castigo merecido pelas palavras que Javé, teu Deus, ouviu! Faze uma prece em favor do resto* que ainda subsiste"†.

[5]Os ministros do rei Ezequias foram ter com Isaías, [6]e este lhes disse: "Direis a vosso senhor: Assim fala Javé: Não tenhas medo das palavras que ouviste e com as quais os servos do rei da Assíria* me ultrajaram. [7]Mandarei sobre ele um espírito, de modo que, ao ouvir certa notícia, voltará para sua terra, e farei com que pereça pela espada em sua terra".

[8]O ajudante de campo* retornou e encontrou o rei da Assíria combatendo contra Lebna. O ajudante de campo, com efeito, ouviu dizer que o rei se retirara de Laquis, [9]pois tinha recebido esta notícia a respeito de Taraca, rei da Etiópia: "Ele partiu para te fazer guerra".

Carta de Senaquerib a Ezequias. Outra vez enviou Senaquerib mensageiros* a Ezequias para lhe dizer: [10]"Assim falareis a Ezequias, rei de Judá: Que teu Deus, em quem confias, não te iluda, dizendo: Jerusalém não será entregue às mãos do rei da Assíria! [11]Ouviste contar o que os reis da Assíria fizeram a todas as nações, destruindo-as completamente, e tu poderias escapar? [12]Acaso seus deuses libertaram as nações que meus pais devastaram: Gozã, Harã, Resef e os edenitas que moravam em Telassar? [13]Onde estão o rei de Emat, o rei de Arfad, o rei de Lair, de Sefarvaim, de Ana e de Ava?"

[14]Ezequias tomou a carta das mãos dos mensageiros e leu-a. Depois subiu ao templo de Javé e desdobrou-a diante de Javé. [15]Ezequias rezou assim na presença de Javé: "Javé, Deus de Israel, que estais sentado sobre os querubins,* vós sois o único Deus de todos os reinos da terra; vós fizestes o céu e a terra. [16]Inclinai vossos ouvidos, Javé, e escutai, abri vossos olhos, Javé, e vede! Escutai as palavras de Senaquerib, que mandou mensageiros para insultar o Deus vivo. [17]É verdade, Javé, os reis da Assíria devastaram as nações e sua terra, [18]lançaram ao fogo seus deuses, pois aqueles não eram deuses, mas obras de mãos humanas,* madeira e pedra; por isso puderam aniquilá-los. [19]Mas agora, Javé, nosso Deus, livrai-nos de sua mão, vos suplico, e que todos os reinos da terra saibam que somente vós, Javé, sois Deus!"

Oráculo de Isaías contra Senaquerib. [20]Então Isaías, filho de Amós,* mandou dizer a Ezequias: "Assim fala Javé, Deus de Israel. Ouvi a súplica que me dirigiste a respeito de Senaquerib, rei da Assíria. [21]Eis o oráculo que Javé pronunciou contra ele:

"Despreza-te, zomba de ti
a virgem, filha de Sião†.
Atrás de ti meneia a cabeça
a filha de Jerusalém.
[22]A quem insultaste e blasfemaste?
Contra quem elevaste a voz
e olhaste com arrogância?
Contra o Santo de Israel!†
[23]Por teus mensageiros insultaste o Senhor.

---

* **19**,1. Is 37,1-7 | 4. Is 4,3 | 6. Is 10,5-19 | 8. Is 37,9-20; 2Cr 32,17 | 9. 2Cr 32,17 | 15. Êx 25,18; 2Cr 32,20 | 18. Is 40,20; Jr 10,1-16 | 20. Is 37,21-35

† **19**,3. O provérbio exprime a angústia de Ezequias, que quer defender a cidade, mas não tem como. | 4. Depois de exilados 200 mil de seus habitantes, Judá, a única tribo que sobrou, 17,18, é um pobre resto, o qual, porém, será fiel a Deus e será semente do novo Israel. Dele nascerá o Messias. | 21. Expressão cara aos profetas, para designar Jerusalém. | 22. Expressão típica de Isaías, para indicar o Deus transcendente.

Disseste: 'Com meus numerosos carros
galguei os cimos dos montes,
os píncaros do Líbano.
Cortei seus cedros mais altos
e seus mais belos ciprestes.
Cheguei a sua morada mais distante,
ao bosque mais exuberante.
24Cavei e bebi águas estrangeiras,
sequei com a planta dos pés
todos os canais do Egito!'
25Não sabes que há muito tempo fiz esse projeto
e desde tempos remotos o decidi?
Agora o realizo.
Coube a ti reduzir a montes de ruínas cidades fortificadas.
26Seus habitantes, sem poder fazer nada,
cheios de medo e confusão,
eram como a erva do campo,
como a grama verdejante
e o capim dos telhados,
queimado antes que cresça.
27Eu sei quando te assentas,*
quando sais e quando entras,
e também teu furor contra mim.
28Porque ficaste furioso contra mim,
e tua insolência chegou até meus ouvidos,
porei meu anel em tuas narinas
e meu freio em tua boca,
e te farei voltar pelo caminho por onde vieste.
29Isto te servirá de sinal:
Neste ano comereis o que nascer por si só,
no segundo ano, o que brotar do mesmo chão,
mas, no terceiro ano, semeai e colhei,
plantai vinhas e comei de seu fruto.
30O resto da casa de Judá que escapar
tornará a produzir raízes embaixo
e frutos em cima.
31Pois de Jerusalém sairá um resto
e do monte Sião, sobreviventes.
Fará isto o zelo de Javé dos Exércitos!*

32Por isso, diz Javé sobre o rei da Assíria:
Ele não entrará nesta cidade,
nela não lançará nenhuma flecha,
não empunhará escudo contra ela,
nem acumulará contra ela os terraplenos.
33Por onde veio, voltará,
não entrará nesta cidade, oráculo de Javé.
34Protegerei esta cidade e a salvarei
em atenção a mim mesmo e a meu servo Davi".*

O anjo exterminador†. 35Naquela
mesma noite, saiu o anjo de Javé* e
exterminou no acampamento assírio
cento e oitenta e cinco mil homens. De
manhã, quando o povo despertou, todos estavam mortos.
36Senaquerib, rei da Assíria, levantou o acampamento e partiu. Voltou
para Nínive e aí permaneceu. 37Certo
dia, estando ele a adorar no templo de
Nesroc, seu deus, Adramelec e Sarasar,
seus filhos, mataram-no a espada e fugiram para a terra de Ararat. Seu filho
Asaradon reinou em seu lugar.

20 **Doença e cura de Ezequias.**
1Naquela época Ezequias foi
atingido* por uma doença mortal. O
profeta Isaías, filho de Amós, veio dizer-lhe: "Assim fala Javé: Põe ordem em
tua casa porque vais morrer, não sobreviverás". 2Ezequias virou o rosto para
a parede e assim rezou a Javé: 3"Javé,
lembrai-vos, por favor, de como andei
fielmente e com toda a integridade de
coração diante de vós, fazendo o que
era agradável a vossos olhos". E Ezequias chorou abundantes lágrimas.
4Antes que Isaías deixasse o pátio
central, veio-lhe a palavra de Javé, dizendo: 5"Volta e dize a Ezequias, chefe de meu povo: Assim fala Javé, Deus
de teu antepassado Davi. Escutei tua
prece e vi tuas lágrimas. Vou curar-te:
em três dias subirás ao templo de Javé.

* **19**,27. Sl 139,2s / 1Sm 14,10 | 31. Dt 4,24 | 34. 2Sm 7,12-17; Os 1,7 | 35. 2Cr 32,21s; Is 37,36ss; Eclo 48,21 | **20**,1. 2Cr 32,24; Is 38,1-8

† **19**,35. O exército assírio é aniquilado pela peste, na qual o povo vê a intervenção divina, 1Mc 7,41; 2Mc 8,19.

6Acrescentarei quinze anos a tua vida.
Livrar-te-ei, a ti e a esta cidade, da mão
do rei da Assíria, protegerei esta cida-
de por amor de mim mesmo e de meu
servo Davi".
7Isaías disse: "Tomai um pão de fi-
gos"; tomaram-no e o aplicaram sobre
a úlcera, e o rei ficou curado.
8Ezequias perguntou* a Isaías: "Qual
é o sinal de que Javé vai me curar e
de que, dentro de três dias, subirei ao
templo de Javé?" 9Isaías respondeu:
"Eis, da parte de Javé, o sinal de que
ele realizará o que disse: Queres que
a sombra avance dez degraus ou que
retroceda dez degraus?" 10Ezequias
disse: "É fácil que a sombra avance dez
degraus, mas não que retroceda
dez degraus". 11O profeta Isaías invo-
cou Javé, que fez a sombra recuar dez
degraus, que já havia descido na esca-
da de Acaz†.

Os embaixadores de Babilônia. 12Na-
quele tempo* Merodac-Baladã, filho de
Baladã, rei de Babilônia, mandou cartas
e um presente a Ezequias, pois ouvi-
ra falar que Ezequias estivera doente.
13Ezequias deu audiência aos mensa-
geiros e lhes mostrou toda a sala do
tesouro, a prata, o ouro, os aromas, o
óleo precioso, bem como seu arsenal
e tudo o que havia em seus armazéns.
Não houve nada em seu palácio ou em
todos os seus domínios que Ezequias
não lhes mostrasse.
14Então o profeta Isaías foi ter com
o rei Ezequias e perguntou-lhe: "Que
disseram aqueles homens e de onde
vieram para te visitar?" Ezequias res-
pondeu: "Vieram de um país longín-
quo, de Babilônia". 15Isaías continuou:
"Que é que viram em teu palácio?"
Ezequias respondeu: "Viram tudo o
que há em meu palácio; nada há em
meus armazéns que eu não lhes tenha
mostrado".
16Então Isaías disse a Ezequias: "Es-
cuta a palavra de Javé: 17Dias virão em
que será levado para Babilônia tudo
quanto existe em teu palácio†, tudo o
que teus antepassados acumularam
até hoje; nada ficará, diz Javé. 18Dentre
os filhos que te nascerem e que tive-
res gerado, tomarão alguns para serem
eunucos no palácio do rei de Babilô-
nia". 19Ezequias disse a Isaías: "É favo-
rável a palavra de Javé que anuncias".
Com efeito, ele pensava: "Por que não?
Pelo menos haverá paz e segurança en-
quanto eu for vivo".

Morte de Ezequias. 20O resto da histó-
ria de Ezequias, todas as suas façanhas,
e como construiu o açude e o canal*
para levar água à cidade†, não está
tudo escrito no livro dos Anais dos reis
de Judá? 21Ezequias adormeceu com
seus pais, e seu filho Manassés reinou
em seu lugar.

21

Manassés, rei de Judá. 1Ma-
nassés tinha doze anos* quan-
do começou a reinar e reinou cinquen-
ta e cinco anos em Jerusalém. Sua mãe
chamava-se Hafsiba. 2Ele fez o que é
mau aos olhos de Javé, imitando as
abominações das nações que Javé
havia expulsado de diante dos israeli-
tas. 3Reconstruiu os lugares altos que
Ezequias, seu pai,* havia destruído, er-
gueu altares a Baal, fabricou um tronco
idolátrico, como havia feito Acab, rei
de Israel, e prostrou-se diante de todo
o exército do céu e lhe prestou culto.
4Construiu altares no templo de Javé,
do qual Javé dissera: "É em Jerusalém
que colocarei meu nome".
5Edificou altares para todo o exército
do céu nos dois pátios do templo de
Javé. 6Fez passar seu filho* pelo fogo.
Praticou a magia e a adivinhação, es-
tabeleceu necromantes e feiticeiros.
Multiplicou as ações que Javé consi-

---

* **20**,8. 1Sm 14,10 | 12. Is 39; 2Cr 32,25-29; 32,23 | 20. 2Cr 32,30; Eclo 48,17 | **21**,1. 2Cr 33,1-10 | 3. 18,4; 1Rs 16,32s; 2Rs 17,16 | 6. Lv 18,21

† **20**,11. Trata-se de um relógio solar, que marcava as horas pela sombra que o sol dava nos degraus da escada. | 17. Os profetas condenavam as alianças com outros povos, sinal de pouca confiança em Javé e ocasião de contaminação pagã. Isaías já anuncia o castigo do exílio de Babilônia, que começará cem anos depois. | 20. Túnel, cavado na rocha, para levar a água da fonte Guion, que era fora da cidade, para a piscina de Siloé.

dera más, provocando assim sua ira. 7Colocou o ídolo de Aserá, que mandara esculpir, no templo do qual Javé dissera a Davi e a seu filho* Salomão: "Neste templo e em Jerusalém, cidade que escolhi entre todas as tribos de Israel, colocarei meu nome para sempre. 8Não mais farei com que os pés dos israelitas vagueiem longe da terra que dei a seus pais, contanto que se dediquem a praticar tudo quanto lhes ordenei, segundo toda a lei que meu servo Moisés lhes prescreveu". 9Mas eles não obedeceram. Manassés os corrompeu, a tal ponto que fizeram mais mal que as nações que Javé havia exterminado diante dos israelitas.

10Então Javé falou por intermédio de seus servos, os profetas: 11"Já que Manassés, rei de Judá, cometeu essas abominações, procedendo ainda pior que tudo* o que tinham feito antes dele os amorreus, e fez pecar também Judá com seus ídolos, 12assim fala Javé, Deus de Israel: Eis que faço cair sobre Jerusalém e sobre Judá uma desgraça tal que fará retinir os dois ouvidos de todos os que dela ouvirem falar. 13Passarei sobre Jerusalém o cordel de Samaria* e o prumo da casa de Acab; limparei Jerusalém como se limpa um prato, que se vira para baixo depois de haver sido limpado. 14Abandonarei os restos de minha herança, entregá-los-ei nas mãos de seus inimigos, e eles servirão de presa e de espólio a todos os seus inimigos, 15porque fizeram o que é mau a meus olhos e provocaram minha ira, desde o dia em que seus pais saíram do Egito até hoje".

16Manassés derramou também o sangue inocente em quantidade tão grande que inundou Jerusalém de um lado a outro†, sem falar nos pecados que fez Judá cometer, procedendo mal aos olhos de Javé.

17O resto da história* de Manassés, tudo o que fez, os pecados que cometeu, não está tudo escrito no livro dos Anais dos reis de Judá? 18Manassés adormeceu com seus pais e foi sepultado no jardim de seu palácio, o jardim de Oza. Seu filho Amon reinou em seu lugar.

Amon, rei de Judá. 19Amon tinha vinte e dois anos* quando começou a reinar e reinou dois anos em Jerusalém. Sua mãe chamava-se Mesalemet; era filha de Harus e natural de Jeteba. 20Ele fez o que é mau aos olhos de Javé, como havia feito seu pai Manassés. 21Seguiu em tudo a conduta de seu pai, prestou culto aos ídolos que ele havia servido e prostrou-se diante deles. 22Abandonou Javé, Deus de seus pais, e não seguiu o caminho de Javé.

23Os servos de Amon conspiraram contra ele e mataram o rei em seu palácio. 24Mas o povo da terra matou todos os que haviam conspirado contra o rei Amon e proclamou rei em seu lugar seu filho Josias.

25O resto da história de Amon, o que ele fez, não está escrito no livro dos Anais dos reis de Judá? 26Sepultaram-no em seu túmulo, no jardim de Oza, e seu filho Josias reinou em seu lugar.

22

Josias, rei de Judá. 1Josias tinha oito anos* quando começou a reinar e reinou trinta e um anos em Jerusalém. Sua mãe chamava-se Idida; era filha de Hadaia e natural de Besecat. 2Fez o que é agradável aos olhos de Javé e imitou em tudo a conduta de seu antepassado Davi, sem se desviar nem para a direita e nem para a esquerda.

Descoberta do livro da lei†. 3No décimo oitavo ano* de Josias, o rei mandou o secretário Safã, filho de Aslias, filho de Mesolam, ao templo de Javé,* ordenando: 4"Vai ter com o sumo sacerdote Helcias, para que ele faça a conta do dinheiro que foi oferecido ao templo de Javé e que os guardas da porta re-

---

* **21**,7. 1Rs 8,16 | 11. 1Rs 21,26 | 13. Is 34,11; Am 7,7-9; Lm 2,8 | 17. 2Cr 33,18ss | 19. 2Cr 33,21-25 | **22**,1. 2Cr 34,1s | 3. 2Cr 34,8.18 / 12,11-16

† **21**,16. Conforme o Talmud e o apócrifo Ascensão de Isaías, este profeta foi uma das vítimas de Manassés. | **22**,3. Ver a nota em Dt 12,1.

colheram do povo. 5Que ele o entre-
gue aos empreiteiros encarregados do
templo de Javé, para que estes o deem
aos operários que trabalham na restau-
ração do templo de Javé – 6aos carpin-
teiros, aos construtores e aos pedreiros
– e o utilizem na compra de madeira
e de pedras talhadas destinadas à res-
tauração do templo. 7Mas não lhes
peçam contas do dinheiro que lhes for
entregue, pois agem com honestidade.
8O sumo sacerdote Helcias disse ao
secretário Safã: "Achei no templo de
Javé o livro da lei!" Helcias deu o livro a
Safã, que o leu. 9O secretário Safã veio
ter com o rei e informou-lhe: "Teus ser-
vos retiraram o dinheiro que se achava
no templo e o entregaram aos emprei-
teiros da obra, encarregados do tem-
plo de Javé". 10Depois o secretário Safã
anunciou ao rei: "O sacerdote Helcias
deu-me um livro"; e Safã leu-o diante
do rei.

Consulta à profetisa Hulda. 11Ao ou-
vir as palavras* contidas no livro da lei,
o rei rasgou as vestes†. 12Ordenou ao
sacerdote Helcias, a Aicam, filho de
Safã, a Acobor, filho de Micas, ao se-
cretário Safã e a Asaías, ministro do
rei: 13"Ide consultar Javé por mim, pelo
povo e por todo o Judá a respeito das
palavras deste livro que acaba de ser
encontrado. Grande é a ira de Javé, que
se inflamou contra nós, porque nossos
pais não obedeceram às palavras des-
te livro e não agiram conforme tudo o
que nele está escrito para nós".
14O sacerdote Helcias, Aicam, Aco-
bor, Safã e Asaías foram ter com a
profetisa Hulda, esposa de Selum, fi-
lho de Tícua, filho de Haraas, guarda
dos vestiários; ela morava em Jerusa-
lém, no bairro novo. Expuseram-lhe a
questão, 15e ela respondeu: "Assim fala
Javé, Deus de Israel. Dizei ao homem
que vos enviou a mim: 16'Assim fala
Javé: Estou para fazer cair a desgraça
sobre este lugar e sobre seus habitan-
tes, cumprindo tudo o que diz o livro
que o rei de Judá acaba de ler. 17Por-
que me abandonaram e queimaram
incenso a outros deuses, para me irritar
com todas as suas ações, minha ira se
inflamou contra este lugar e ela não se
aplacará'. 18E direis ao rei de Judá que
vos enviou para consultar Javé: 'Assim
fala Javé, Deus de Israel, a respeito
das palavras que ouviste: 19Porque teu
coração se comoveu e te humilhaste
diante de Javé, ouvindo as palavras que
pronunciei contra este lugar e seus ha-
bitantes, a saber, que se tornarão ob-
jeto de horror e de maldição, e porque
rasgaste as vestes e choraste diante de
mim, eu também te ouvi, oráculo de
Javé. 20Por isso te reunirei a teus pais,
serás deposto em paz em teu sepulcro
e teus olhos não verão todos os males
que vou mandar sobre este lugar'". Eles
levaram ao rei essa resposta.

23 **Josias renova a aliança com
Javé.** 1Então o rei mandou re-
unir* junto de si todos os anciãos de
Judá e de Jerusalém, 2subiu ao templo
de Javé com todos os homens de Judá
e todos os habitantes de Jerusalém, os
sacerdotes e os profetas e todo o povo,
desde o menor até o maior. Leu dian-
te deles todo o conteúdo do livro da
aliança encontrado no templo de Javé.
3De pé junto ao pilar, o rei concluiu
diante de Javé uma aliança, compro-
metendo-se a seguir Javé e a guardar
seus mandamentos, seus testemunhos
e seus estatutos, de todo o seu coração
e de toda a sua alma, pondo em prática
as cláusulas da Aliança escritas nesse
livro. Todo o povo aderiu à Aliança.

Reforma religiosa. 4O rei ordenou a
Helcias,* o sumo sacerdote, aos sacer-
dotes da segunda ordem e aos guardas
das portas que retirassem do santuário
de Javé todos os objetos que tinham
sido feitos para Baal, para Aserá e
para todo o exército do céu; queimou-
-os fora de Jerusalém, nos campos do
Cedron e levou suas cinzas para Betel.
5Destituiu os sacerdotes idólatras, que
os reis de Judá haviam estabelecido

* **22**,11. 2Cr 34,19-28 | **23**,1. 2Cr 34,29ss | 4. 2Cr 34,3ss; 21,3-7 | 5. Dt 17,3

† **22**,11. Ver a nota em 6,30.

para oferecer incenso nos lugares altos
das cidades de Judá e dos arredores de
Jerusalém, e os que ofereciam incen-
so a Baal,* ao Sol, à Lua, às estrelas e
a todo o exército do céu. 6Transportou
do templo de Javé para fora de Jerusa-
lém, para a torrente do Cedron, o tron-
co idolátrico e queimou-o na torrente
do Cedron; reduziu-o a cinzas e lançou
suas cinzas* na vala comum. 7Demoliu
as casas dos prostitutos sagrados, que
estavam no templo de Javé, onde as
mulheres teciam tendas para Aserá.

8Mandou vir das cidades de Judá to-
dos os sacerdotes e profanou os lugares
altos* onde esses sacerdotes haviam
oferecido incenso, desde Gaba até Ber-
sabeia†. Demoliu os lugares altos das
portas, que se achavam à entrada da
porta de Josué, governador da cidade,
à esquerda de quem entra pela porta da
cidade. 9Mas os sacerdotes dos lugares
altos* não podiam subir ao altar de Javé
em Jerusalém; comiam, porém, pães
sem fermento no meio de seus irmãos.
10O rei profanou o Tofet do vale de Ben-
-Enom,* para que ninguém mais pudes-
se passar pelo fogo seu filho ou sua filha
em honra de Moloc. 11Fez desaparecer
os cavalos que os reis de Judá tinham
dedicado ao Sol na entrada do templo
de Javé, perto do aposento do eunuco
Natã-Melec, nas dependências, e quei-
mou os carros do Sol†. 12Os altares que
estavam no terraço do quarto superior
de Acaz, edificados pelos reis de Judá,
e os que Manassés tinha construído nos
dois pátios do templo de Javé, o rei os
demoliu, reduziu-os a pedaços e lançou
suas cinzas na torrente do Cedron. 13O
rei profanou os lugares altos situados
diante de Jerusalém, ao sul do mon-
te das Oliveiras, e que Salomão, rei de
Israel, tinha construído para Astarte,*
abominação dos sidônios, para Camos,
abominação dos moabitas, e para Mel-
com, abominação dos amonitas. 14Que-
brou as colunas sagradas, cortou os
troncos idolátricos* e encheu de ossos
humanos o seu local†.

15Demoliu também o altar que es-
tava em Betel,* o lugar alto edificado
por Jeroboão, filho de Nabat, que ha-
via arrastado Israel ao pecado; demo-
liu também esse altar e esse lugar alto,
queimou o lugar alto e o reduziu a pó;
queimou o tronco idolátrico.

16Josias voltou-se e viu os túmulos
que estavam na montanha; mandou
buscar os ossos daqueles túmulos e
queimou-os sobre o altar, profanando-
-o conforme a palavra de Javé, anun-
ciada pelo homem de Deus* que tinha
predito essas coisas, 17e perguntou:
"Que sepulcro é esse que estou ven-
do?" Os homens da cidade responde-
ram: "É o túmulo do homem de Deus
que veio de Judá e anunciou essas
coisas que acabas de realizar contra o
altar de Betel". 18Disse o rei: "Deixai-o
em paz e que ninguém toque em seus
ossos". Deixaram, pois, seus ossos in-
tactos,* bem como os do profeta que
tinha vindo de Samaria†.

19Josias fez desaparecer também to-
dos os templos dos lugares altos que
estavam nas cidades de Samaria e que
os reis de Israel haviam construído, irri-
tando com isso a Javé, e procedeu com
eles exatamente como tinha agido em
Betel. 20Todos os sacerdotes dos luga-
res altos que ali se achavam foram por
ele imolados sobre os altares e quei-
mou sobre esses altares ossos huma-
nos. Depois regressou a Jerusalém.

Celebração da Páscoa†. 21O rei orde-
nou a todo o povo:* "Celebrai a Pás-
coa em honra de Javé, vosso Deus, do
modo como está descrito neste livro*
da aliança". 22Não se havia celebrado
uma Páscoa semelhante a esta em Is-
rael desde os dias dos juízes que ha-
viam governado Israel, ou seja, durante
todo o tempo dos reis de Israel e dos
reis de Judá. 23Foi somente no décimo
oitavo ano do rei Josias que semelhan-
te Páscoa foi celebrada em honra de
Javé em Jerusalém.

24Josias eliminou* também os necro-
mantes, os adivinhos, os deuses domés-

---

* **23**,6. 1Rs 14,23; Dt 16,21 | 8. 1Rs 14,24; Dt 23,18s | 9. Dt 12 | 10. Lv 18,21 | 13. 1Rs 11,7 | 14. 1Rs 14,23; Dt 16,21s | 15. 1Rs 12,31s | 16. 1Rs 12,33-13,32 | 18. 1Rs 13,31 | 21. 2Cr 35,1.18s / Dt 16,1-8

ticos, os ídolos e todas as abominações que se viam na terra de Judá e em Jerusalém, a fim de executar as palavras da lei escritas no livro que o sacerdote Helcias havia encontrado no templo de Javé. [25]Não houve antes dele rei algum que se tivesse voltado, como ele, para Javé, de todo o seu coração,* de toda a sua alma e com toda a sua força, em perfeita fidelidade à lei de Moisés; nem depois dele houve outro igual.

[26]Contudo, Javé não abrandou o furor de sua grande ira que se havia inflamado contra Judá por causa das provocações que Manassés lhe havia feito. [27]Disse Javé: "Também expulsarei Judá da minha presença, como expulsei Israel; rejeitarei esta cidade de Jerusalém, que eu tinha escolhido, e o templo do qual eu dissera: Aí residirá o meu nome".

Morte de Josias. [28]O resto da história* de Josias, tudo o que fez, não está escrito no livro dos Anais dos reis de Judá?

[29]Em seu tempo, o faraó Necao, rei do Egito, partiu para socorrer o rei da Assíria, às margens do rio Eufrates. O rei Josias marchou contra ele†, mas Necao matou-o em Meguido, no primeiro encontro. [30]Seus servos transportaram seu corpo num carro desde Meguido, conduziram-no para Jerusalém* e o sepultaram em seu túmulo. O povo da terra tomou Joacaz, filho de Josias, ungiu-o e o constituiu rei em lugar de seu pai.

Joacaz, rei de Judá. [31]Joacaz tinha vinte e três anos* quando começou a reinar e reinou três meses em Jerusalém. Sua mãe chamava-se Hamital; era filha de Jeremias e natural de Lebna. [32]Ele fez o mal aos olhos de Javé, como o haviam feito seus pais.

[33]O faraó Necao o aprisionou em Rebla, no território de Emat, para que não reinasse mais em Jerusalém, e impôs ao país um tributo de cem talentos de prata e um talento de ouro. [34]O faraó Necao nomeou rei a Eliacim, filho de Josias, em lugar de seu pai Josias, e mudou seu nome para Joaquim. Levou Joacaz para o Egito, onde morreu.

[35]Joaquim pagou ao faraó a prata e o ouro, mas teve de criar impostos na terra para pagar a quantia exigida pelo faraó; cobrou de cada um, segundo suas posses, a prata e o ouro que era preciso dar ao faraó Necao.

Joaquim, rei de Judá. [36]Joaquim tinha vinte e cinco anos* quando começou a reinar e reinou onze anos em Jerusalém. Sua mãe chamava-se Zebida; era filha de Fadaías e natural de Ruma. [37]Ele fez o mal aos olhos de Javé, como o haviam feito seus pais.

24

Primeira invasão babilônica. [1]Em seu tempo, Nabucodonosor, rei de Babilônia, marchou contra Joaquim, o qual lhe esteve sujeito durante três anos e depois se revoltou. [2]Javé mandou contra ele bandos de caldeus, de arameus, de moabitas e de amonitas; incitou-os contra Judá para destruí-lo, conforme a palavra que Javé havia pronunciado por intermédio de seus servos, os profetas. [3]Isto aconteceu a Judá unicamente por ordem de Javé, que queria rejeitá-lo de sua presença, por causa dos pecados de Manassés, por tudo o que ele fizera, [4]e também por causa do sangue inocente* que ele havia derramado, inundando Jerusalém de sangue inocente, o que Javé não quis perdoar.

[5]O resto da história de Joaquim,* tudo o que fez, não está escrito no livro dos Anais dos reis de Judá? [6]Joaquim adormeceu com seus pais, e Joaquin, seu filho, reinou em seu lugar.

---

* **23**,24. 21,6; Dt 18,11 | 25. Dt 6,5 | 28. 2Cr 35,26s.20-24 | 30. 2Cr 36,1; 11,20; 21,24 | 31. 2Cr 36,2-4 | 36. 2Cr 36,5s | **24**,4. 21,16 | 5. 2Cr 36,8

† **23**,8. A partir de Josias, só o santuário de Jerusalém era legítimo. Ver a nota em Dt 12,5. Essa reforma foi apoiada pelos profetas Jeremias e Sofonias, que viveram nessa época. | 11. Josias elimina do templo os carros e os cavalos que eram usados nas procissões em honra do Sol divinizado. | 14. Tornando impuro o local com os ossos, o culto ali ficava impraticável. | 18. Ver a história dele em 1Rs 13,11-32. | 21. Ver a nota em Esd 6,19. | 29. Josias tomou o partido de Babilônia contra a Assíria e por isso enfrentou o faraó que ia em auxílio dos assírios.

[7]O rei do Egito não saiu mais de sua terra, pois o rei de Babilônia havia conquistado, desde a torrente do Egito até o rio Eufrates, tudo o que pertencia ao rei do Egito.

Joaquin, rei de Judá. [8]Joaquin tinha dezoito anos* quando começou a reinar e reinou três meses em Jerusalém. Sua mãe chamava-se Noesta; era filha de Elnatã e natural de Jerusalém. [9]Ele fez o mal aos olhos de Javé, como o havia feito seu pai.

A primeira deportação. [10]Naquele tempo os oficiais* de Nabucodonosor, rei de Babilônia, marcharam contra Jerusalém e a cidade foi sitiada. [11]Nabucodonosor, rei de Babilônia, veio em pessoa atacar a cidade, enquanto seus soldados a sitiavam. [12]Então Joaquin, rei de Judá, saiu ao encontro do rei de Babilônia, acompanhado de sua mãe, de seus oficiais, de seus chefes e de seus eunucos, e o rei de Babilônia o fez prisioneiro; era o oitavo ano de seu reinado.

[13]Nabucodonosor levou todos os tesouros do templo de Javé e os tesouros do palácio real e quebrou todos os objetos de ouro que Salomão, rei de Israel, havia fabricado* para o templo de Javé, como Javé havia anunciado. [14]Levou para o cativeiro Jerusalém inteira, todos os chefes e todos os homens valentes, em número de dez mil exilados, e todos os ferreiros e artesãos; só restou a população mais pobre do país. [15]Deportou Joaquin para Babilônia; também deportou de Jerusalém para Babilônia a mãe do rei, suas mulheres, seus eunucos e os nobres do país. [16]Todos os homens de valor, em número de sete mil, os ferreiros e os artesãos, em número de mil, e todos os homens valorosos aptos para a guerra foram conduzidos para o exílio em Babilônia pelo rei de Babilônia. [17]Em lugar de Joaquin, o rei de Babilônia constituiu rei a seu tio Matanias, cujo nome mudou para Sedecias.

Sedecias, rei de Judá. [18]Sedecias tinha vinte e um anos† quando começou* a reinar e reinou onze anos em Jerusalém. Sua mãe chamava-se Hamital, filha de Jeremias, e era de Lebna. [19]Ele fez o mal aos olhos de Javé, como o havia feito Joaquin. [20]Isto aconteceu a Jerusalém e a Judá por causa da ira de Javé que, por fim, os rejeitou de sua presença. Sedecias revoltou-se contra o rei de Babilônia†.

25

Cerco de Jerusalém. [1]No nono ano de seu reinado,* no dia dez do décimo mês, Nabucodonosor, rei de Babilônia, veio atacar Jerusalém com todo o seu exército; acampou diante da cidade e construiu terraplenos a seu redor. [2]A cidade ficou sitiada até o décimo primeiro ano de Sedecias. [3]No dia nove do mês, quando a fome reinava na cidade e a população não tinha mais alimento, [4]abriram uma brecha nas muralhas da cidade.† Então todos os guerreiros escaparam de noite pela porta que há entre os dois muros perto do jardim do rei e, enquanto os caldeus ainda cercavam a cidade, tomaram o caminho da Arabá. [5]O exército dos caldeus perseguiu o rei e o alcançou nas planícies de Jericó, enquanto todos os seus soldados se dispersaram para longe dele. [6]O rei foi preso e conduzido a Rebla, à presença do rei de Babilônia, e pronunciaram a sentença contra ele. [7]Degolaram os filhos de Sedecias na presença dele; depois Nabucodonosor furou os olhos de Sedecias, algemou-o e o conduziu para Babilônia.

Queda de Jerusalém e segunda deportação. [8]No dia sete do quinto mês* – era o décimo nono ano do reinado de Nabucodonosor, rei de Babilônia – Nabuzardã, comandante da guarda,

---

* **24**,8. 2Cr 36,9 | 10. 2Cr 36,10 | 13. 20,17 | 18. 2Cr 36,11s; Jr 52,1ss; 22,17; 23,26s | **25**,1. 2Cr 36,13; Jr 39,1-7 | 8. Jr 52,12-27; 39,8ss

† **24**,18. O trecho que vai de 24,18 a 25,30 constitui o c 52 de Jeremias. | 20. Jeremias era contra essa rebelião, Jr 27,12, mas era tachado de derrotista e contestado pelos falsos profetas, Jr 28,2. | **25**,4. Jerusalém caiu no ano 586. O templo foi incendiado, a cidade destruída, o povo deportado para Babilônia junto com o rei. Parecia o fim de tudo, mas Deus fará o povo renascer no exílio.

oficial do rei de Babilônia, fez sua entrada em Jerusalém. 9Incendiou o templo* de Javé, o palácio real e todas as casas de Jerusalém. 10Todo o exército caldeu que acompanhava o comandante da guarda destruiu as muralhas que rodeavam Jerusalém. 11Nabuzardã, comandante da guarda, deportou o resto da população que tinha ficado na cidade, os desertores que haviam passado para o lado do rei de Babilônia e o resto da multidão. 12Do povo pobre do país, o comandante da guarda deixou uma parte, como viticultores e agricultores.

13Os caldeus quebraram* as colunas de bronze do templo de Javé, as bases e o mar de bronze que estavam no templo de Javé e levaram o bronze para Babilônia. 14Levaram também as panelas, as pás, as facas, os incensórios e todos os objetos de bronze que serviam para o culto. 15O comandante da guarda* tomou os turíbulos e os vasos de aspersão, tudo o que era de ouro e tudo o que era de prata. 16Quanto às duas colunas, ao mar e às bases, que Salomão havia feito para o templo de Javé, o peso do bronze de todos esses objetos não se podia calcular. 17A altura de uma coluna era de dezoito côvados, e sobre ela havia um capitel de bronze da altura de três côvados; havia uma rede e romãs em torno do capitel, tudo de bronze. A segunda coluna era feita do mesmo modo, com a rede.

18O comandante da guarda* prendeu Saraías, sacerdote principal, Sofonias, sacerdote da segunda ordem, e os três guardas das portas. 19Na cidade prendeu um eunuco, chefe dos guerreiros, cinco dos que eram conselheiros do rei, que foram encontrados na cidade, o secretário do chefe do exército, encarregado da mobilização, e sessenta homens do povo que foram encontrados na cidade. 20Nabuzardã, comandante da guarda, prendeu-os e os levou à presença do rei de Babilônia, em Rebla, 21e o rei de Babilônia mandou matá-los em Rebla, no país de Emat. Assim Judá foi exilado para longe de sua terra.

Godolias, governador de Judá. 22Quanto ao povo que ficou na terra de Judá, aí deixado por Nabucodonosor, rei de Babilônia,* ele o entregou ao governo de Godolias, filho de Aicã, filho de Safã. 23Quando todos os oficiais das tropas e seus homens souberam que o rei de Babilônia havia nomeado Godolias governador, vieram ter com ele em Masfa; eram eles: Ismael, filho de Natanias, Joanã, filho de Carea, Saraías, filho de Taneumet, o netofatita, Jezonias, o maacatita, junto com seus homens. 24Godolias declarou-lhes sob juramento, a eles e a seus homens, e disse-lhes: "Nada temais da parte dos servos dos caldeus; ficai na terra, submetei-vos ao rei de Babilônia e tudo vos correrá bem".

25Mas no sétimo mês, Ismael, filho de Natanias, filho de Elisama, que era de linhagem real, veio com dez homens e matou Godolias, bem como os judeus e os caldeus que estavam com ele em Masfa. 26Então todo o povo, desde o maior até o menor, como também os chefes das tropas, partiram e foram para o Egito porque tinham medo dos caldeus.

Joaquin tratado como rei. 27No trigésimo sétimo ano* da deportação de Joaquin, rei de Judá, no dia vinte e sete do décimo segundo mês, Evil-Merodac, rei de Babilônia, no ano em que subiu ao trono, deu anistia a Joaquin, rei de Judá, e o tirou da prisão. 28Falou-lhe benignamente e deu-lhe um lugar mais elevado que o dos outros reis que estavam com ele em Babilônia. 29Mandou que trocasse suas vestes de prisioneiro. Joaquin passou a comer na mesa do rei por toda a vida. 30Seu sustento foi garantido constantemente pelo rei, dia após dia, enquanto viveu.

---

* **25**,9. 2Cr 36,19 | 13. 1Rs 7,15.22.27-39; 16,17; 1Rs 7,23-26; 2Cr 36,18 | 15. 1Rs 7,45.50 | 18. 23,4 | 22. Jr 40,5; 40,7-41,18 | 27. Jr 52,31-34

OS LIVROS DAS CRÔNICAS

Assim se chamam os dois livros que, na origem, formavam um só e que as versões grega e latina chamaram de "Paralipômenos", quer dizer, livros que contêm "as notícias omitidas" nos livros precedentes. Mas o conteúdo do livro vai muito além, porque narra a vida de Davi, de Salomão e dos reis de Judá, recordando, portanto, fatos já conhecidos, mas apresentados como a história de uma comunidade religiosa, que tem no templo e na liturgia seu centro vital.

O autor não faz parte da escola deuteronomista, mas é um levita de Jerusalém que escreve em torno do ano 300 a.C., portanto, na época em que a comunidade judaica era governada pelos sacerdotes.

Antes de narrar a história dos reis, o livro traz nove capítulos de longas listas genealógicas, que vão desde Adão até Davi, como se quisesse resumir todo o período anterior.

A preocupação do autor parece ser a unidade política e religiosa do judaísmo, porque nessa época a maior parte dos judeus vivia na diáspora e prosperava o cisma dos samaritanos. É seu objetivo, portanto, sustentar e promover a teocracia, ressaltando a importância da monarquia davídica com suas instituições e a restauração do culto depois do exílio de Babilônia. Para ele, Davi é um segundo Moisés, o rei ideal e imagem do rei messiânico. O cronista gosta de falar da função dos levitas, dos cantores, dos músicos, da oração e do culto no templo. É preciso notar, porém, que a organização minuciosa do culto, que o autor atribui a Davi, é posterior ao exílio.

Sobre os reis Davi e Salomão, o autor traz apenas as informações positivas e seus méritos com relação ao templo e à liturgia. Na biografia deles omite tudo o que poderia obscurecer a imagem desses grandes e beneméritos reis. Também a história dos doze sucessores de Salomão no trono de Judá, até sua ruína, é vista sempre sob um prisma religioso.

O cronista parece conformado com o desaparecimento da monarquia e não espera sua restauração, mas para ele o importante é que Javé reside e reina no meio de seu povo em Jerusalém, no templo reconstruído. A idolatria provocou a ruína do reino de Davi, mas permanecem as instituições davídicas, e a comunidade, que celebra o culto de Javé, é chamada a servi-lo na fidelidade à lei e ao templo. Para o cristão de hoje, os livros das Crônicas são um convite a honrar nossas igrejas e santuários, com sua liturgia e sobretudo a Eucaristia, fonte e ápice de toda a vida cristã.

PRIMEIRO LIVRO DAS CRÔNICAS

I. GENEALOGIAS (1–9)†

1 **Três grandes famílias dos povos.**
1Adão, Set, Enós, 2Cainã, Mala-
leel,* Jared, 3Henoc, Matusalém, Lamec,
4Noé, Sem, Cam e Jafé.
5Filhos de Jafé: Gomer, Magog,* os
medos, Javã, Tubal, Mosoc, Tiras. 6Fi-
lhos de Gomer: Asquenez, Rifat, To-
gorma. 7Filhos de Javã: Elisa, Társis, os
cetim e os rodanim.
8Filhos de Cam: Cuch,* Mesraim, Fut,
Canaã.
9Filhos de Cuch: Seba, Hévila, Sabata,
Regma, Sabataca. Filhos de Regma: Sabá
e Dadã. 10Cuch gerou Nemrod, que foi o
primeiro homem poderoso na terra.
11Mesraim gerou os povos* de Lud,
de Anam, de Laab, de Naftu, 12de Pa-
tros, de Caslu, dos quais descendem os
filisteus, e de Cáftor. 13Canaã gerou Si-
don, seu primogênito, depois Het, 14os
jebuseus, os amorreus, os gergeseus,
15os heveus, os araceus, os sineus, 16os
arádios, os samareus e os emateus.
17Filhos de Sem: Elam,* Assur, Arfa-
xad, Lud e Aram; Hus, Hul, Geter e Mes.

---

* **1**,1. Gn 5 | 5. Gn 10,2ss | 8. Gn 10,6ss | 11. Gn 10,13-18 | 17. Gn 10,22-29

† **1**. Os cc. 1-9 contêm uma série de genealogias, destinadas a mostrar que a construção do templo e a organização do culto realizam um projeto de Deus estabelecido desde o princípio do mundo.

[18]Arfaxad gerou Salé, e Salé gerou
Héber. [19]Héber teve dois filhos: o pri-
mogênito recebeu o nome de Faleg,
pois foi em sua época que a terra foi
dividida, e seu irmão chamava-se Jectã.
[20]Jectã gerou Elmodad, Salef, Asar-
mot, Jaré, [21]Aduram, Uzal, Decla, [22]Ebal,
Abimael, Sabá, [23]Ofir, Hévila, Jobab; to-
dos esses são filhos de Jectã.

De Sem a Abraão. [24]Sem, Arfaxad,*
Salé, [25]Héber, Faleg, Réu, [26]Sarug, Na-
cor, Taré, [27]Abrão ou, melhor,* Abraão†.
[28]Filhos de Abraão: Isaac e Ismael.
[29]São estes os seus descendentes:

O primogênito de Ismael foi Na-
baiot;* depois nasceram-lhe Cedar, Ad-
beel, Mabsam, [30]Masma, Duma, Massa,
Hadad, Tema, [31]Jetur, Nafis e Cedma.
Esses são os filhos de Ismael.

[32]Filhos de Cetura,* concubina de
Abraão: deu à luz Zamrã, Jecsã, Madã,
Madiã, Jesboc e Sue. Filhos de Jecsã:
Sabá e Dadã. [33]Filhos de Madiã: Efa,
Ofer, Henoc, Abida, Eldaá. Todos esses
são filhos de Cetura.

Isaac e Esaú. [34]Abraão gerou Isaac.*
Filhos de Isaac: Esaú e Israel.

[35]Filhos de Esaú: Elifaz, Reuel, Jeús,
Jalam e Coré. [36]Filhos de Elifaz: Temã,
Omar, Efó, Gatam, Cenez, Tamna,
Amalec. [37]Filhos de Reuel: Naat, Zara,
Sama, Meza.

[38]Filhos de Seir: Lotã,* Sobal, Sebeon,
Ana, Dison, Eser, Disã. [39]Filhos de Lotã:
Hori e Emam. Irmã de Lotã: Tamna. [40]Fi-
lhos de Sobal: Aliã, Manaat, Ebal, Sefo,
Onam. Filhos de Sebeon: Aía e Ana. [41]Fi-
lho de Ana: Dison. Filhos de Dison: Ham-
rã, Esebã, Jetrã, Carã. [42]Filhos de Eser: Ba-
laã, Zavã, Jacã. Filhos de Disã: Hus e Arã.

[43]São estes os reis que reinaram* no
país de Edom, antes que algum rei rei-
nasse sobre os israelitas: Bela, filho de
Beor, cuja cidade se chamava Danaba.
[44]Após a morte de Bela, reinou em seu
lugar Jobab, filho de Zara, de Bosra.
[45]Após a morte de Jobab, reinou em
seu lugar Husam, da região dos tema-
nitas. [46]Morto Husam, reinou em seu
lugar Adad, filho de Badad, que venceu
os madianitas nos Campos de Moab;
sua cidade chamava-se Avit. [47]Morto
Adad, sucedeu-lhe no trono Semla de
Masreca. [48]Morto Semla, sucedeu-lhe
Saul de Reobot Naar. [49]Saul morreu e
em seu lugar reinou Baalanã, filho de
Acobor. [50]Quando morreu Baalanã,
sucedeu-lhe Adad, natural da cidade
de Fau e casado com Meetabel, filha de
Matred, filha de Mezaab.

[51]Após a morte de Adad,* surgiram
chefes em Edom: o chefe Tamna, o che-
fe Alva, o chefe Jetet, [52]o chefe Ooliba-
ma, o chefe Ela, o chefe Finon, [53]o chefe
Cenez, o chefe Temã, o chefe Mabsar,
[54]o chefe Magdiel, o chefe Iram. São
esses os chefes de Edom.

2 **Filhos de Jacó.** [1]Estes são os is-
raelitas:* Rúben, Simeão, Levi e
Judá, Issacar e Zabulon, [2]Dã, José e
Benjamim, Neftali, Gad e Aser.

[3]Filhos de Judá: Her,* Onã e Sela. To-
dos esses três lhe nasceram de Bat-Sua,
a cananeia. Her, primogênito de Judá,
fez o mal* aos olhos de Javé, que lhe
tirou a vida. [4]Tamar, nora de Judá, lhe
gerou Farés e Zara.* Foram, ao todo,
cinco os filhos de Judá.

[5]Filhos de Farés:* Hesron e Hamul.

[6]Filhos de Zara:* Zambri, Etã, Calcol e
Darda: cinco ao todo.

[7]Filho de Carmi: Acar,* que atraiu a
desgraça sobre Israel, por ter violado o
anátema.

[8]Filho de Etã: Azarias.

Origens de Davi. [9]Filhos de Hesron:
nasceram-lhe Jerameel, Ram e Calubi.

[10]Ram gerou Aminadab, Aminadab
gerou Naasson, príncipe dos filhos de
Judá. [11]Naasson* gerou Salma, e Sal-
ma gerou Booz. [12]Booz gerou Obed,* e
Obed gerou Jessé. [13]Jessé gerou Eliab,
seu primogênito; Abinadab, o segundo;
Samaá, o terceiro; [14]Natanael, o quarto;
Radai, o quinto; [15]Asom, o sexto; Davi,

---

* **1**,24. Gn 11,10-26 | 27. Gn 17,5 | 29. Gn 25,13-16 | 32. Gn 25,2ss | 34. Gn 25,19; 36,10-13; Gn 36,15ss | 38. Gn 36,20-28 | 43. Gn 36, 31-39 | 51. Gn 36,40-43 | **2**,1. Gn 35,23-26 | 3. Gn 38,2-5 / Gn 38,7 | 4. Gn 38,27-30 | 5. Gn 46,12 | 6. 1Rs 5,11 | 7. Js 7 | 11. Nm 1,7 | 12. Rt 4,19-22

† **1**,27. Ver a nota em Gn 17,5.

o sétimo. [16]Eles tinham duas irmãs: Sár-
via e Abigail. Filhos de Sárvia: Abisaí,
Joab e Asael: três. [17]Abigail deu à luz
Amasa, cujo pai foi Jéter, o ismaelita.
Caleb. [18]Caleb,* filho de Hesron, gerou
Jeriot, de sua mulher Azuba; são estes
os filhos que ela teve: Jaser, Sobab e
Ardon. [19]Quando Azuba morreu, Caleb
casou-se com Éfrata, que lhe deu à luz
Hur. [20]Hur gerou Uri, e Uri gerou Be-
seleel.

[21]Depois Hesron desposou a filha de
Maquir, pai de Galaad. Aos sessenta
anos casou-se com ela, que lhe gerou
Segub. [22]Segub gerou Jair,* que pos-
suía vinte e três cidades na terra de
Galaad. [23]Mais tarde, Aram e Gessur
apoderaram-se das aldeias de Jair, Ca-
nat e suas aldeias, num total de sessen-
ta cidades. Todos eles eram filhos de
Maquir, pai de Galaad.

[24]Depois que morreu Hesron, Caleb
casou-se com Éfrata, esposa de seu pai
Hesron, que lhe gerou Asur, pai de Té-
cua†.

Jerameel. [25]Jerameel, primogênito de
Hesron, teve os seguintes filhos: Ram,
o primogênito, Buna, Oren, Asom, Aías.
[26]Jerameel teve outra mulher,* chama-
da Atara, que foi a mãe de Onam.

[27]Os filhos de Ram, primogênito de
Jerameel, foram Moos, Jamin e Acar.

[28]Os filhos de Onam foram Semei
e Jada. Filhos de Semei: Nadab e Abi-
sur. [29]A mulher de Abisur chamava-se
Abiail; ela lhe deu à luz Aobã e Molid.
[30]Filhos de Nadab: Saled e Apaim. Saled
morreu sem filhos. [31]Filho de Apaim:
Jesi; filho de Jesi: Sesã; filho de Sesã:
Oolai. [32]Filhos de Jada, irmão de Semei:
Jéter e Jônatas. Jéter morreu sem filhos.
[33]Filhos de Jônatas: Falet e Ziza. Foi esta
a descendência de Jerameel.

[34]Sesã não teve filhos, mas filhas sim.
Tinha ele um servo egípcio de nome
Jaraá, [35]ao qual Sesã deu sua filha por
esposa. Ela lhe deu à luz Etei. [36]Etei ge-
rou Natã, Natã gerou Zabad, [37]Zabad
gerou Oflal, Oflal gerou Obed, [38]Obed
gerou Jeú, Jeú gerou Azarias, [39]Azarias
gerou Helés, Helés gerou Elasa, [40]Elasa
gerou Sisamoi, Sisamoi gerou Selum,
[41]Selum gerou Icamias, Icamias gerou
Elisama.

Descendentes de Caleb. [42]Filhos de
Caleb,* irmão de Jerameel: Mesa, o pri-
mogênito, que foi o pai de Zif, e seu
filho Maresa, pai de Hebron. [43]Filhos
de Hebron: Coré, Tafua, Recém e Sama.
[44]Sama gerou Raam, pai de Jercaam.
Recém gerou Samai. [45]O filho de Samai
foi Maon, o qual foi o pai de Betsur.

[46]Efa, concubina de Caleb, gerou
Harã, Mosa e Gezez. Harã gerou Gezez.

[47]Filhos de Jaadai: Regom, Joatão,
Gesã, Falet, Efa e Saaf.

[48]Maaca, concubina de Caleb, gerou
Saber e Tarana; [49]gerou também Saaf,
pai de Madmana, e Sue, pai de Macbe-
na e de Gabaá. A filha de Caleb chama-
va-se Acsa.* [50]Foram estes os descen-
dentes de Caleb.

Filhos de Hur,* primogênito de Éfra-
ta: Sobal, pai de Cariat-Iarim, [51]Salma,
pai de Belém, Harif, pai de Bet-Gader.
[52]Sobal, pai de Cariat-Iarim, teve por
filhos Haroe e a metade dos manaati-
tas. [53]As famílias de Cariat-Iarim foram
os jetritas, os futitas, os sematitas e os
maseritas. Deles descendem os povos
de Saraá e de Estaol.*

[54]Filhos de Salma: Belém, os netofati-
tas, Atarot-Bet-Joab, a metade dos ma-
naatitas, os saraítas. [55]As famílias dos
escribas* que moravam em Jabes eram
os tiriateus, os simeateus, os sucateus.
São estes os quenitas que descendem
de Emat, pai da casa de Recab.*

3 **Descendentes de Davi.** [1]São estes
os filhos de Davi,* que lhe nasce-
ram em Hebron: Amnon, o primogênito,
filho de Aquinoam de Jezrael; Daniel, o
segundo, filho de Abigail do Carmelo;
[2]Absalão, o terceiro, filho de Maaca, fi-
lha de Tolmai, rei de Gessur; Adonias, o
quarto, filho de Hagit; [3]Safatias, o quin-
to, filho de Abital; Jetraam, o sexto, filho

---

* **2**,18. Js 14,6; 1Cr 2,42s; 4,11s | 22. Nm 32,41s | 26. 1Sm 27,10 | 42. Js 14,6; 1Cr 2,18s; 4,11s | 49. Js 15,16-19 | 50. 2,19; 4,1s | 53. Jz 13,2; 18,2 | 55. Nm 24,21 / 2Rs 10,15 | **3**,1. 2Sm 3,2-5

† **2**,24. Nessas genealogias, alguns nomes geográficos tornam-se nomes de pessoas.

de Egla, sua esposa. 4Foram, pois, seis os que lhe nasceram em Hebron, onde reinou sete anos e seis meses.

Reinou, depois, trinta e três anos em Jerusalém. 5São estes os filhos* que lhe nasceram em Jerusalém: Samua, Sobab, Natã, Salomão, todos os quatro filhos de Betsabeia, filha de Amiel; 6Jebaar, Elisama, Elifalet, 7Noge, Nafeg, Jáfia, 8Elisama, Eliada, Elifalet: nove. 9Todos estes eram filhos de Davi, sem contar os filhos das concubinas. Tamar era irmã deles.*

Reis de Judá. 10Filhos de Salomão: Roboão, de quem foi filho Abias, de quem foi filho Asa, de quem foi filho Josafá, 11de quem foi filho Jorão, de quem foi filho Ocozias, de quem foi filho Joás, 12de quem foi filho Amasias, de quem foi filho Azarias, de quem foi filho Joatão, 13de quem foi filho Acaz, de quem foi filho Ezequias, de quem foi filho Manassés, 14de quem foi filho Amon, de quem foi filho Josias. 15Filhos de Josias: Joanã, o mais velho; Joaquim, o segundo; Sedecias, o terceiro; Selum, o quarto. 16Filhos de Joaquim: Jeconias, de quem foi filho Sedecias.*

A estirpe real depois do exílio. 17Filhos de Jeconias, o cativo: Salatiel, 18Melquiram, Fadaías, Senasser, Jecemias, Hosama, Nadabias. 19Filhos de Fadaías: Zorobabel e Semei. Filhos de Zorobabel: Mosolam e Hananias. Salomit era irmã deles. 20Filhos de Mosolam: Hasaba, Ool, Baraquias, Hasadias, Josab-Hesed: cinco. 21Filhos de Hananias: Faltias, Jeseías, Rafaías, Arnã, Abdias, Sequenias.* 22Filhos de Sequenias: Semeías, Hatus, Jegaal, Bárias, Naarias, Safat: seis. 23Filhos de Naarias: Elioenai, Ezequias, Ezricam: três. 24Filhos de Elioenai: Oduías, Eliasib, Feleías, Acub, Joanã, Dalaías, Anani: sete.

4 **Estirpe de Judá.** 1Filhos de Judá:* Farés, Hesron, Carmi, Hur, Sobal. 2Reaías, filho de Sobal, gerou Jaat, e Jaat gerou Aumai e Laad. São estes os clãs saraítas.

3E esta é a descendência* de Etam: Jezrael, Jesema, Jedebos; a irmã deles se chamava Asalelfuni.

4Fanuel foi o pai de Gedor; Ezer foi o pai de Hosa.

São estes os filhos de Hur, primogênito de Éfrata, pai de Belém.

5Asur, pai de Técua, teve duas esposas: Halaá e Naara.

6Naara lhe deu à luz Oozam, Héfer, os tamanitas e os aastaritas. São estes os filhos de Naara.

7Filhos de Halaá: Seret, Saar, Etna.

8Cós gerou Anob, Soboba e os clãs de Aareel, filho de Arum. 9Jabes suplantou seus irmãos. Sua mãe deu-lhe o nome de Jabes,* dizendo: "Dei-o à luz entre dores". 10Jabes invocou o Deus de Israel, dizendo: "Quem me dera que realmente me abençoasses e aumentasses meu território, que tua mão estivesse comigo, conservando-me longe do mal, de modo que eu não sofra!" Deus lhe concedeu o que pediu.

11Calub, irmão de Suaá,* gerou Mair, que foi o pai de Eston. 12Eston gerou Bet-Rafa, Fesse e Teína, pai de Irnaás. São estes os homens de Reca.

13Filhos de Cenez:* Otoniel e Saraías. Filhos de Otoniel: Hatat e Maonati. 14Maonati gerou Ofra. Saraías gerou Joab,* pai do vale dos Artesãos. De fato eles eram artesãos.

15Filhos de Caleb,* filho de Jefoné: Hir, Ela e Naam. Filho de Ela: Cenez.

16Filhos de Jalelel: Zif, Zifa, Tirias, Asrael.

17Filhos de Ezra: Jéter, Mered, Éfer, Jalon. A mulher de Mered deu à luz Maria, Samai e Jesba, pai de Estemo; 18sua mulher judia deu à luz Jared, pai de Gedor, Héber, pai de Soco, e Icutiel, pai de Zanoe. São estes os filhos de Betias, a filha do faraó, com a qual se casara Mered.

19Filhos de sua esposa judia, irmã de Naam, pai de Ceila: Dalaia e Simão, pai de Jomã. Filhos de Naam, pai de Ceila: os garmitas e Estemo, o maacatita.

---

* **3**,5. 14,3-7; 2Sm 5,14s | 9. 2Sm 13,1s | 16. 2Cr 36,1s | 21. Esd 8,3 | **4**,1. 2,3 | 3. 2,50 | 9. 2,55; Gn 35,18 | 11. Js 14,6; 2,18s.42s | 13. Jz 1,13 | 14. Ne 11,35 | 15. Nm 13,6

20Filhos de Simão: Amnon, Rina, Ben-
-Hanã, Tilon.
Filhos de Jesi: Zoet e Ben-Zoet.
21Filhos de Sela,* filho de Judá: Her,
pai de Leca; Laada, pai de Maresa, e os
clãs dos fabricantes de linho em Bet-
-Asbea. 22Joaquim, os homens de Co-
zeba, Joás e Saraf, que dominaram so-
bre Moab e depois voltaram a Belém.
Esses fatos são antigos. 23Eles eram
oleiros e moravam em Nataim e Gade-
ra, em companhia do rei, para o qual
trabalhavam.
Simeão. 24Filhos de Simeão:* Namuel,
Jamin, Jarib, Zara, Saul, 25de quem foi
filho Selum, de quem foi filho Mabsam,
de quem foi filho Masma. 26Filhos de
Masma: Hamuel, de quem foi filho Za-
cur, de quem foi filho Semei. 27Semei
teve dezesseis filhos e seis filhas, mas
seus irmãos não tiveram muitos filhos
e seus clãs não se multiplicaram como
os filhos de Judá.
28Moravam em Bersabeia: Molada,
Hasar-Sual, 29Bala,* Asem, Tolad, 30Ba-
tuel, Horma, Siceleg, 31Bet-Marcabot,
Hasar-Susim, Bet-Berai e Saari. Foram
essas as suas cidades, até o reinado de
Davi. 32Suas aldeias foram: Etam, Ain,
Remon, Toquen e Asa: cinco cidades,
33e todas as aldeias ao redor dessas ci-
dades até Baal. Foi lá que eles moraram
e esta foi sua genealogia. 34Masobab,
Jemlec, Josa, filho de Amasias, 35Joel,
Jeú, filho de Josabias, filho de Sa-
raías, filho de Asiel, 36Elioenai, Jacoba,
Isuaías, Asaías, Adiel, Isimiel, Banaías,
37Ziza, filho de Sefei, filho de Jedaías,
filho de Semri, filho de Samaías: 38esses
homens, citados nominalmente, eram
príncipes em seus clãs e suas famílias
cresceram enormemente. 39Andaram
rumo à entrada de Gedor até o orien-
te do vale, procurando pastagens para
seu gado. 40Encontraram pastagens
boas e abundantes; a região era vasta,
tranquila e pacífica. Eram descendentes
de Cam os que habitavam lá antes.
41Estes que acabam de ser mencio-
nados chegaram no tempo de Eze-
quias, rei de Judá; atacaram suas ten-
das e os meunitas† que lá se achavam.
Votaram-nos ao extermínio,* que dura
ainda em nossos dias, e se estabelece-
ram em seu lugar, pois lá havia pasta-
gens para seu rebanho.
42Quinhentos homens, dentre os
descendentes de Simeão, foram para
a montanha de Seir, comandados por
Faltias, Naarias, Rafaías e Oziel, filhos
de Jesi. 43Abateram o resto dos sobre-
viventes de Amalec e fizeram lá sua
morada até nossos dias.*

5

Rúben. 1Filhos de Rúben,* primo-
gênito de Israel. Era de fato o pri-
mogênito; mas por ter violado o leito
de seu pai, seu direito de primogenitu-
ra foi dado aos filhos de José, filho de
Israel, e ele não foi mais considerado
como primogênito. 2Judá suplantou
seus irmãos e dele nasceu um príncipe,
mas o direito de primogenitura coube
a José.
3Filhos de Rúben,* primogênito de
Israel: Henoc, Falu, Hesron, Carmi.
4Filhos de Joel: Samaías, de quem foi
filho Gog, de quem foi filho Semei, 5de
quem foi filho Micas, de quem foi fi-
lho Reaías, de quem foi filho Baal, 6de
quem foi filho Beera, que Teglat-Fala-
sar, rei da Assíria, levou para o cativei-
ro. Ele foi príncipe dos rubenitas.
7Seus irmãos, conforme os clãs, como
estão inscritos nas genealogias, são: Jeiel,
o primeiro; depois Zacarias, 8e Bela, filho
de Azaz, filho de Sama, filho de Joel,*
que morava em Aroer, até Nebo e Baal-
-Meon. 9Para o oriente, seu território
atingia a entrada do deserto, o qual se
estende até o rio Eufrates, pois ele tinha
numerosos rebanhos na terra de Galaad.
10No tempo de Saul, guerrearam con-
tra os agarenos, que caíram em suas
mãos, e se estabeleceram nas tendas de-
les em toda a parte oriental de Galaad.

---

* **4**,21. 2,3 | 24. Gn 46,10; Nm 26,12; 1,29s; Gn 25,13 | 29. Js 19,1-8 | 41. Js 6,17 | 43. Êx 17,8 | **5**,1. Gn 35,22 | 3. Gn 46,9; Nm 26,5s | 8. Nm 32,37

† **4**,41. Tribo edomita da região de Seir, ao sul do mar Morto.

Gad. [11]Defronte deles moravam os fi-
lhos de Gad na região de Basã até Sel-
ca: [12]Joel, o primeiro;* Safam, o segun-
do; depois Janaí e Safat em Basã.
[13]Seus irmãos, segundo suas famílias,
foram: Miguel, Mosolam, Sebe, Jorai,
Jacã, Zie e Héber: sete.
[14]Estes eram os filhos de Abiail, filho
de Uri, filho de Jaroe, filho de Galaad,
filho de Miguel, filho de Jesesi, filho de
Jedo, filho de Buz. [15]Ai, filho de Abdiel,
filho de Guni, era o chefe de sua família.
[16]Tinham-se fixado em Galaad, em
Basã e seus arredores, bem como em
todas as pastagens do Saron até seus
limites extremos. [17]Foi na época de
Joatão, rei de Judá, e de Jeroboão, rei
de Israel, que todos eles foram regis-
trados nas listas genealógicas.
[18]Os filhos de Rúben, os filhos de
Gad, a metade da tribo de Manassés,
gente valorosa, homens armados de
escudo e espada, sabendo manejar o
arco e exercitados em combates, po-
diam sair para a guerra em número
de quarenta e quatro mil e setecentos
e sessenta. [19]Lutaram contra os aga-
renos* e contra Jetur, Nafis e Nodab.
[20]Deus lhes veio em auxílio contra eles,
e os agarenos, bem como todos os seus
aliados, caíram em seu poder, pois no
combate haviam invocado a Deus, que
os atendeu por terem posto nele sua
confiança. [21]Arrebataram os rebanhos
dos agarenos: cinquenta mil camelos,
duzentas e cinquenta mil ovelhas, dois
mil jumentos e cem mil pessoas, [22]pois
muitos caíram mortos, sendo a guerra
querida por Deus. E se instalaram na
terra deles até o exílio.

A meia tribo de Manassés. [23]Os mem-
bros da meia tribo* de Manassés, que
eram numerosos, estabeleceram-se na
região desde Basã até Baal-Hermon,
Sanir e o monte Hermon.
[24]Eis os chefes de suas famílias: Éfer,
Jesi, Eliel, Ezriel, Jeremias, Odoías, Je-
diel. Eram homens fortes e valorosos,
gente famosa, chefes de suas famílias.
[25]Mas foram infiéis ao Deus de seus
pais e se prostituíram com os deuses
dos povos do país que Deus havia ani-
quilado diante deles. [26]O Deus de Israel
excitou o espírito de Pul, rei da Assíria,
e o de Teglat-Falasar, rei da Assíria.† Ele
deportou Rúben, Gad e a meia tribo
de Manassés, e os conduziu para Hala,
para Habor, para Ara e para o rio Gozã,
onde estão ainda hoje.

Levi. [27]Filhos de Levi: Gérson, Caat e
Merari.* [28]Filhos de Caat: Amram, Isaar,
Hebron, Oziel. [29]Filhos de Amram: Aa-
rão, Moisés e Maria. Filhos de Aarão:
Nadab e Abiú, Eleazar e Itamar.
[30]Eleazar gerou Fineias, Fineias ge-
rou Abisue, [31]Abisue gerou Boci, Boci
gerou Ozi, [32]Ozi gerou Zaraías, Zaraías
gerou Meraiot, [33]Meraiot gerou Ama-
rias, Amarias gerou Aquitob, [34]Aquitob
gerou Sadoc, Sadoc gerou Aquimaás,
[35]Aquimaás gerou Azarias, Azarias ge-
rou Joanã, [36]Joanã gerou Azarias. Foi
este que exerceu o sacerdócio no tem-
plo construído por Salomão em Jerusa-
lém. [37]Azarias gerou Amarias, Amarias
gerou Aquitob, [38]Aquitob gerou Sadoc,
Sadoc gerou Selum, [39]Selum gerou
Helcias, Helcias gerou Azarias, [40]Aza-
rias gerou Saraías, Saraías gerou Jose-
dec, [41]e Josedec foi para o exílio quan-
do Javé, pela mão de Nabucodonosor,
deportou Judá e Jerusalém.

6 **Descendência de Levi.** [1]Os fi-
lhos de Levi* foram: Gérson, Caat
e Merari. [2]São estes os nomes dos fi-
lhos de Gérson: Lobni e Semei. [3]Filhos
de Caat: Amram, Isaar, Hebron e Oziel.
[4]Filhos de Merari: Mooli e Musi. São es-
tes os clãs de Levi, agrupados segundo
seus pais.
[5]O filho de Gérson foi Lobni, de
quem foi filho Jaat, de quem foi filho
Zama, [6]de quem foi filho Joa, de quem
foi filho Ado, de quem foi filho Zara, de
quem foi filho Jetrai.
[7]Filhos de Caat: Aminadab, de quem
foi filho Coré, de quem foi filho Asir,

---

* **5**,12. Js 13,24-28; Gn 46,16; Nm 26,15-18; Dt 3,10s | 19. Dt 33,21 | 23. Nm 32,39 | **5**,27. Gn 46,11; Êx 6,18; Nm 26,59s | **6**,1. Nm 3,17.20

† **5**,26. São o mesmo personagem, ver a nota em 2Rs 15,19.

8de quem foi filho Elcana, de quem foi
filho Abiasaf, de quem foi filho Asir, 9de
quem foi filho Taat, de quem foi filho
Uriel, de quem foi filho Ozias, de quem
foi filho Saul. 10Filhos de Elcana: Amasai
e Aquimot, 11de quem foi filho Elcana,
de quem foi filho Sofai, de quem foi fi-
lho Naat, 12de quem foi filho Eliab, de
quem foi filho Jeroam, de quem foi fi-
lho Elcana. 13Filhos de Elcana: Samuel,
o mais velho, e Abias, o segundo.
14Filhos de Merari:* Mooli, de quem
foi filho Lobni, de quem foi filho Semei,
de quem foi filho Oza, 15de quem foi
filho Samaá, de quem foi filho Hagias,
de quem foi filho Asaías.

Os cantores do templo. 16Eis os que
Davi encarregou de dirigir o canto no
templo de Javé, quando a arca teve aí
seu lugar de repouso. 17Exerceram o
ministério do canto diante da habita-
ção da tenda da reunião, até que Salo-
mão construiu em Jerusalém o templo
de Javé, e exerciam seu ofício de acor-
do com a norma estabelecida para eles.
18Eis os que estavam em função e
seus filhos:

Entre os filhos de Caat: Emã, o can-
tor, filho de Joel, filho de Samuel, 19fi-
lho de Elcana, filho de Jeroam, filho de
Eliel, filho de Tou, 20filho de Suf, filho
de Elcana, filho de Maat, filho de Ama-
sai, 21filho de Elcana, filho de Joel, filho
de Azarias, filho de Sofonias, 22filho de
Taat, filho de Asir, filho de Abiasaf, filho
de Coré, 23filho de Isaar, filho de Caat,
filho de Levi, filho de Israel.
24Seu irmão Asaf ficava a sua direita.
Asaf era filho de Baraquias, filho de Sa-
maé, 25filho de Miguel, filho de Basaías,
filho de Melquias, 26filho de Atanai, fi-
lho de Zara, filho de Adaías, 27filho de
Etã, filho de Zama, filho de Semei, 28fi-
lho de Jet, filho de Gérson, filho de Levi.
29À esquerda, seus irmãos, filhos de
Merari, que eram Etã, filho de Cusi, fi-
lho de Abdi, filho de Maloc, 30filho de
Hasabias, filho de Amasias, filho de
Helcias, 31filho de Amasai, filho de Boni,
filho de Somer, 32filho de Mooli, filho
de Musi, filho de Merari, filho de Levi.

Os outros levitas. 33Seus irmãos, os
levitas, estavam designados para todo
o serviço da habitação do templo de
Deus. 34Aarão e seus filhos apresen-
tavam as oferendas sobre o altar dos
holocaustos e sobre o altar do incenso;
cuidavam de todo o serviço no santo
dos santos* e faziam o rito da expiação
para Israel conforme tudo quanto or-
denara Moisés, servo de Deus.
35São estes os filhos de Aarão: Elea-
zar, de quem foi filho Fineias, de quem
foi filho Abisue, 36de quem foi filho Boci,
de quem foi filho Ozi, de quem foi filho
Zaraías, 37de quem foi filho Meraiot, de
quem foi filho Amarias, de quem foi fi-
lho Aquitob, 38de quem foi filho Sadoc,
de quem foi filho Aquimaás.

Cidades dos sacerdotes. 39Eis os lu-
gares em que moravam, segundo seus
acampamentos em seu território:*

Aos filhos de Aarão, do clã de Caat,
que foi sorteado primeiro, 40foi dada
Hebron, no país de Judá,* com as pas-
tagens vizinhas. 41Mas os campos da
cidade e suas aldeias foram dados a
Caleb, filho de Jefoné. 42Aos filhos de
Aarão foram dadas Hebron, cidade de
refúgio, Lebna e suas pastagens, Jé-
ter, Estemo e suas pastagens, 43Helon
e suas pastagens, Dabir e suas pas-
tagens, 44Asã e suas pastagens, Bet-
-Sames e suas pastagens. 45Aos da
tribo de Benjamim foram dadas Gaba
e suas pastagens, Almat e suas pasta-
gens, Anatot e suas pastagens. O total
de suas cidades foi treze, repartidas
segundo seus clãs.

Cidades dos levitas. 46Os outros filhos
de Caat,* segundo seus clãs, obtiveram
por sorte dez cidades tomadas aos clãs
da tribo de Efraim, da tribo de Dã e da
meia tribo de Manassés. 47Os filhos de
Gérson, segundo seus clãs, obtiveram
treze cidades tomadas da tribo de Issa-
car, da tribo de Aser, da tribo de Neftali
e da tribo de Manassés, em Basã. 48Os
filhos de Merari, segundo seus clãs, ob-
tiveram por sorte doze cidades toma-
das da tribo de Rúben, da tribo de Gad
e da tribo de Zabulon. 49Os israelitas

---

* **6**,14. Êx 6,19; Nm 26,58 | 34. Lv 1,4 | 39. Js 21,5-40 / Js 21,4.10-19 | 46. Js 21,5-8

designaram aos levitas essas cidades
com suas pastagens.

50Também por sorteio* designaram
as cidades às quais deram seus respec-
tivos nomes e que foram tomadas das
tribos dos filhos de Judá, dos filhos de
Simeão e dos filhos de Benjamim.

51Os outros clãs dos filhos de Caat*
receberam cidades no território da tri-
bo de Efraim. 52Foram-lhes dadas as
seguintes cidades de refúgio: Siquém
e suas pastagens, na montanha de
Efraim, Gazer e suas pastagens, 53Jec-
maam e suas pastagens, Bet-Horon e
suas pastagens, 54Aialon e suas pas-
tagens, Gat-Remon e suas pastagens;
55e da meia tribo de Manassés, Tanac
e suas pastagens, Balaam e suas pas-
tagens. Isto foi dado ao clã dos outros
filhos de Caat.

56Para os filhos de Gérson, segundo
seus clãs, foram dadas por sorteio, da
meia tribo de Manassés, Golã em Basã
e suas pastagens, Astarot e suas pas-
tagens; 57da tribo de Issacar, Cedes e
suas pastagens, Daberet e suas pasta-
gens, 58Ramot e suas pastagens, Anem
e suas pastagens; 59da tribo de Aser,
Masal e suas pastagens, Abdon e suas
pastagens, 60Hucoc e suas pastagens,
Roob e suas pastagens; 61da tribo de
Neftali, Cedes, na Galileia, e suas pasta-
gens, Hamon e suas pastagens, Caria-
taim e suas pastagens.

62Para os outros filhos de Merari, fo-
ram tomadas da tribo de Zabulon: Re-
mon e suas pastagens, Tabor e suas pas-
tagens; 63do outro lado do Jordão, perto
de Jericó, a oriente do Jordão, da tribo
de Rúben: Bosor, no deserto, e suas
pastagens, Jasa e suas pastagens, 64Ce-
dimot e suas pastagens, Mefaat e suas
pastagens; 65da tribo de Gad: Ramot,
em Galaad, e suas pastagens, Maanaim
e suas pastagens, 66Hesebon e suas pas-
tagens, Jazer e suas pastagens.

7 **Issacar.** 1Os filhos de Issacar foram
quatro: Tola,* Fua, Jasub e Semron.
2Filhos de Tola: Ozi, Rafaías, Jeriel, Jemai,
Jebsem, Samuel, chefes de suas casas
paternas, homens valentes que soma-
vam, no tempo de Davi, vinte e dois mil
e seiscentos. 3Filho de Ozi: Izraías. Filhos
de Izraías: Miguel, Abdias, Joel, Jesias;
ou seja, cinco, todos chefes. 4Tinham,
em suas gerações, segundo suas famí-
lias, em tropas de guerra trinta e seis mil
homens, pois tinham muitas mulheres e
filhos. 5Seus irmãos, em todas as famí-
lias de Issacar, homens valentes, foram
oitenta e sete mil, todos registrados por
suas genealogias.

Benjamim. 6Filhos de Benjamim: Bela,
Bocor, Jadiel: três.*

7Filhos de Bela: Esbon, Ozi, Oziel, Je-
rimot e Urai: cinco, chefes de família,
valentes guerreiros, somando vinte e
dois mil e trinta e quatro homens.

8Filhos de Bocor:* Zamira, Joás, Elie-
zer, Elioenai, Amir, Jerimot, Abias, Ana-
tot, Almat; todos filhos de Bocor; 9os
chefes de suas famílias, guerreiros va-
lentes, contavam, segundo sua paren-
tela, vinte mil e duzentos homens.

10Filho de Jadiel: Balã. Filhos de Balã:
Jeús, Benjamim, Aod, Canana, Zetã, Tár-
sis, Aisaar. 11Todos esses filhos de Jadiel
tornaram-se chefes de família, valentes
guerreiros, em número de dezessete
mil e duzentos homens aptos para a
guerra e para combater.

12Sufan e Hufam* foram filhos de Ir.
Hasim, filho de Aer.

Neftali. 13Filhos de Neftali:* Jasiel,
Guni, Jeser, Selum. Eram filhos de Bala.

Manassés. 14Filhos de Manassés:* Es-
riel, que sua concubina arameia deu à
luz. Ela deu à luz também Maquir, pai
de Galaad. 15Maquir tomou uma espo-
sa para Hufam e Sufan. O nome de sua
irmã era Maaca. O nome do segundo
era Salfaad.* Salfaad teve filhas.

16Maaca, mulher de Maquir, deu à luz
um filho, a quem deu o nome de Farés.
Seu irmão chamava-se Sares, e seus fi-
lhos, Ulam e Recém.

17Filho de Ulam: Badã. Estes foram os
filhos de Galaad, filho de Maquir, filho
de Manassés.

* **6**,50. Js 21,9 | 51. Js 21,20-37 | **7**,1. Gn 46,13; Nm 26,23s; Jz 10,1 | 6. 8,1s; Gn 46,21; Nm 26,38 | 8. Gn 21,18 | 12. Nm 26,38s | 13. Gn 46,24 | 14. Nm 26,48ss | 15. Nm 26,33

18Tinha uma irmã chamada Amaléquet,* que deu à luz Isod, Abiezer e Moola.

19Semida teve os seguintes filhos: Asin, Siquém, Leci e Aniam.

Efraim. 20Filho de Efraim:* Sutala, de quem foi filho Bared, de quem foi filho Taat, de quem foi filho Elada, de quem foi filho Taat, 21de quem foi filho Zabad, de quem foi filho Sutala, de quem foram filhos Ezer e Elada, mortos pelos homens de Gad, nascidos no país, pois eles tinham descido para roubar seus rebanhos. 22Seu pai, Efraim, chorou-os por muito tempo e seus irmãos vieram consolá-lo. 23Depois uniu-se a sua esposa, a qual concebeu e deu à luz um filho que ele chamou Berias, pois "a adversidade tinha sobrevindo a sua casa". 24Teve por filha Sara,* que construiu Bet-Horon inferior e superior e Ozensara.

25Foi filho dele Rafa,* de quem foi filho Resef, de quem foi filho Tela, de quem foi filho Taã, 26de quem foi filho Laadã,* de quem foi filho Amiud, de quem foi filho Elisama, 27de quem foi filho Nun,* de quem foi filho Josué.

28Sua propriedade e seu domicílio eram Betel e seus arredores, Norã, a leste, Gazer e seus arredores, a oeste, Siquém e seus arredores até Ai e seus arredores. 29Pertenciam aos filhos de Manassés: Betsã com seus arredores, Tanac com seus arredores, Meguido com seus arredores, Dor com seus arredores. Era lá que moravam os filhos de José, filho de Israel.

Aser. 30Filhos de Aser:* Jemna, Jesua, Jessui, Beria; Sara era irmã deles.

31Filhos de Beria: Héber e Melquiel. Este foi o pai de Barzait. 32Héber gerou Jeflat,* Somer, Hotam e Suaá, irmã deles.

33Filhos de Jeflat: Fosec, Bamaal e Asot. São estes os filhos de Jeflat.

34Filhos de Somer, irmão dele: Roaga, Haba e Aram.

35Filhos de Hélem, irmão dele: Sufa, Jemna, Seles e Amal. 36Filhos de Sufa: Sue, Harnafer, Sual, Beri e Jamra, 37Bosor, Od, Sama, Salusa, Jetrã e Beera. 38Filhos de Jéter: Jefoné, Fasfa, Ara.

39Filhos de Ola: Área, Haniel, Resias.

40Todos esses eram filhos de Aser, chefes de famílias, homens de elite, guerreiros valentes, chefes dentre os príncipes. Contados nos registros genealógicos, para o serviço na guerra, seu número foi de vinte e seis mil homens.

8 Descendência de Benjamim. 1Benjamim gerou Bela,* seu primogênito; Asbel, o segundo; Ahrah, o terceiro; 2Noaá, o quarto; Rafa, o quinto. 3Os filhos de Bela foram: Adar, Gera, pai de Aod, 4Abisue, Naamã e Aoe, 5Gera, Sefufam e Huram.

6Estes foram os filhos de Aod, que eram chefes de família entre os habitantes de Gaba e que foram deportados para Manaat: 7Naamã, Aías e Gera, que os levou cativos; ele gerou Oza e Aiud.

8Saaraim teve filhos nos Campos de Moab, depois de haver repudiado suas mulheres Husim e Baara. 9De Hodes, sua mulher, teve os seguintes filhos: Jobab, Sebias, Mesa, Melcam, 10Jeús, Sequias, Marma. Esses foram seus filhos, chefes de família.

11De Husim nasceram-lhe Abitob e Elfaal. 12Filhos de Elfaal: Héber, Misaam e Samad: foi este quem construiu Ono e Lod com seus arredores.

13Berias e Sama eram chefes de família dos habitantes de Aialon e puseram em fuga os habitantes de Gat.*

14Seus irmãos: Sesac e Jerimot. 15Zabadias, Arod, Éder, 16Miguel, Jesfa e Joá eram filhos de Berias.

17Zabadias, Mosolam, Hezeci, Héber, 18Jesamari, Jeslias, Jobab eram filhos de Elfaal.

19Jacim, Zecri, Zabdi, 20Elioenai, Seletai, Eliel, 21Adaías, Baraías, Samaat eram filhos de Semei. 22Jesfã, Héber, Eliel, 23Abdon, Zecri, Hanã, 24Hananias, Elam, Anatotias, 25Jefdaías, Fanuel eram filhos de Sesac.

---

* **7**,18. Jz 6,11s | 20. Nm 26,35 | 24. 8,13 | 25. Js 16,3 | 26. Nm 1,10 | 27. Êx 33,11 | 30. Gn 46,17 | 32. Nm 26,44 | **8**,1. Gn 46,21; Nm 26,38ss; Jz 3,15 | 13. 7,23

26Semsari, Soorias, Otolias, 27Jersias,
Elias, Zecri eram filhos de Jeroam.
28Esses foram chefes de famílias, se-
gundo suas gerações. Moravam em Je-
rusalém.*
29Em Gabaon habitavam Jeiel, pai de
Gabaon,* cuja esposa se chamava Maa-
ca; 30e os filhos: Abdon, o primogênito;
Sur, Cis, Baal, Ner, Nadab, 31Gedor, Aio,
Zaquer e Macelot. 32Macelot gerou Sa-
maá. Moraram em Jerusalém com seus
irmãos, bem defronte deles.
Saul e sua família. 33Ner gerou Cis,
Cis* gerou Saul, Saul gerou Jônatas,
Melquisua, Abinadab e Isbaal. 34Filho
de Jônatas: Meribaal; Meribaal gerou
Micas. 35Filhos de Micas: Fiton, Melec,
Taraá, Aaz. 36Aaz gerou Joada, Joada
gerou Almat, Azmot e Zambri; Zambri
gerou Mosa, 37Mosa gerou Banaá, de
quem foi filho Rafa, de quem foi filho
Elasa, de quem foi filho Asel. 38Asel
teve seis filhos, cujos nomes são: Ezri-
cam, seu primogênito; Ismael, Sarias,
Azarias, Abdias, Hanã. Todos filhos de
Asel.
39Filhos de Esec, seu irmão: Ulam, o
primogênito; Jeús, o segundo; Elifalet,
o terceiro. 40Os filhos de Ulam foram
homens valorosos, arqueiros. Tiveram
muitos filhos e netos: cento e cinquen-
ta. Todos estes eram filhos de Benja-
mim.

9 **Habitantes de Jerusalém.** 1To-
dos os israelitas foram registra-
dos segundo as genealogias e foram
inscritos no livro dos reis de Israel e
de Judá. Foram deportados para Babi-
lônia por causa de suas infidelidades.
2Os primeiros* que voltaram a habitar
em suas propriedades e em suas cida-
des foram os israelitas: os sacerdotes,
os levitas e os "oblatos". 3Em Jerusalém
moravam filhos de Judá, de Benjamim,
de Efraim e de Manassés.
4Utai, filho de Amiud, filho de Amri,
filho de Imri, filho de Bani, um dos fi-
lhos de Farés, filho de Judá. 5Dos se-
lanitas, Asaías, o primogênito, e seus
filhos. 6Dos filhos de Zara, Jeuel e seus
irmãos: seiscentos e noventa homens.
7Dos filhos de Benjamim: Salo, filho
de Mosolam, filho de Oduías, filho de
Asana; 8Joabnias, filho de Jeroam. Ela,
filho de Ozi, filho de Mocori; Mosolam,
filho de Safatias, filho de Reuel, filho
de Jebanias. 9E seus irmãos, segundo
suas gerações, foram novecentos e
cinquenta e seis; todos esses homens
foram chefes de família em suas casas
paternas.
10Dos sacerdotes: Jedaías, Joiarib, Ja-
quin, 11Azarias, filho de Helcias, filho de
Mosolam, filho de Sadoc, filho de Ma-
raiot, filho de Aquitob, chefe do tem-
plo de Deus. 12Adaías, filho de Jeroam,
filho de Fassur, filho de Melquias; Maa-
sai, filho de Adiel, filho de Jezra, filho
de Mosolam, filho de Mosolamot, filho
de Emer, 13e seus irmãos, chefes de fa-
mília, foram mil e setecentos e sessenta
homens de valor para a obra do serviço
do templo de Deus.
14Dos levitas: Semeías, filho de Has-
sub, filho de Ezricam, filho de Hasabias,
dos filhos de Merari, 15Bacbacar, Hares,
Galal, Matanias, filho de Micas, filho de
Zecri, filho de Asaf; 16Abdias, filho de
Semeías, filho de Galal, filho de Iditun;
Baraquias, filho de Asa, filho de Elcana,
que habitavam nas aldeias dos netofa-
titas.
17Os porteiros: Selum, Acub, Telmon,
Aimã e seus irmãos. Selum, o chefe,
18permanece ainda hoje junto à porta
real, a oriente. Eram estes os porteiros
dos acampamentos dos levitas: 19Se-
lum, filho de Cora, filho de Abiasaf, filho
de Coré e seus irmãos, os coreítas, da
mesma família, dedicavam-se ao ser-
viço litúrgico; guardavam a entrada da
tenda, e seus pais, responsáveis pelo
acampamento de Javé, guardavam seu
acesso. 20Fineias, filho de Eleazar, fora
outrora seu chefe – que Javé esteja com
ele! 21Zacarias, filho de Mosolamias,
era porteiro na entrada da tenda da
reunião. 22Todos esses escolhidos para
serem guardas das portas eram duzen-
tos e doze quando foram registrados,
segundo seus registros genealógicos.

* **8**,28. 9,34 | 29. 9,35-38 | 33. 1Sm 14,49ss; 1Cr 9,39-43 | **9**,2. Ne 11,3-19

Davi e Samuel, o vidente, estabelece-
ram-nos em sua função permanente.
23Eles e seus filhos eram responsáveis
pelas portas do templo de Javé, pela
casa da Tenda. 24Nos quatro pontos
cardeais ficavam os porteiros: a leste, a
oeste, ao norte e ao sul. 25Seus irmãos
que moravam em suas aldeias vinham
ter com eles, de tempos a tempos, por
uma semana, 26pois os quatro chefes
dos porteiros lá ficavam constantemen-
te. Os levitas eram responsáveis pelos
aposentos e pelos tesouros do templo
de Deus. 27Passavam a noite ao redor do
templo de Deus, pois deviam guardá-lo
e abri-lo todas as manhãs.

28Alguns deles cuidavam dos obje-
tos do culto; contavam-nos ao levá-los
para dentro e ao retirá-los. 29Alguns
outros eram responsáveis pela mobília,
por toda a mobília sacra, pela flor de
farinha, pelo vinho, pelo óleo, pelo in-
censo e pelos perfumes. 30Alguns dos
filhos dos sacerdotes preparavam a es-
sência aromática para os perfumes.

31Um dos levitas, Matatias,* primo-
gênito de Selum, o coreíta, tinha a res-
ponsabilidade permanente pelas coisas
que se preparavam na frigideira. 32En-
tre os caatitas, alguns de seus irmãos
estavam encarregados dos pães a se-
rem apresentados cada sábado.

33Quanto aos cantores, chefes de
famílias levíticas, moravam nas de-
pendências do templo, livres de outras
funções, pois estavam em serviço dia e
noite.

34São esses os chefes das famílias le-
víticas,* segundo suas gerações. Esses
chefes moravam em Jerusalém.

Origens de Saul. 35Em Gabaon* mora-
vam o pai de Gabaon, Jeiel, cuja mulher
chamava-se Maaca, 36e os filhos: Ab-
don, o primogênito, Sur, Cis, Baal, Ner,
Nadab, 37Gedor, Aio, Zacarias, Macelot.
38Macelot gerou Samaam. Moravam
em Jerusalém com seus irmãos, de-
fronte deles.

39Ner gerou Cis, Cis gerou Saul, Saul
gerou Jônatas, Melquisua, Abinadab,
Isbaal. 40Filho de Jônatas: Meribaal.
Meribaal gerou Micas. 41Filhos de Mi-
cas: Fiton, Melec, Taraá. 42Aaz gerou
Jará, Jará gerou Almat, Azmot e Zambri.
Zambri gerou Mosa. 43Mosa gerou Ba-
naá, de quem foi filho Rafaías, de quem
foi filho Elasa, de quem foi filho Asel.
44Asel teve seis filhos, cujos nomes são:
Ezricam, seu primogênito, Ismael, Sa-
raías, Azarias, Abdias, Hanã; esses são
os filhos de Asel.

II. HISTÓRIA DE DAVI (10–29)

10 **Morte de Saul e de seus fi-
lhos.** 1Os filisteus* combate-
ram contra Israel; os israelitas fugiram
diante dos filisteus e caíram mortos na
montanha de Gelboé. 2Os filisteus per-
seguiram de perto Saul e seus filhos e
mataram Jônatas, Abinadab e Melqui-
sua, filhos de Saul. 3O peso do combate
recaiu então sobre Saul. Os arqueiros
o surpreenderam, e ele foi ferido gra-
vemente pelos arqueiros. 4Então disse
Saul a seu escudeiro: "Toma tua espada
e traspassa-me, para não acontecer que
esses incircuncisos venham zombar de
mim". Mas seu escudeiro recusou-se,
pois estava com muito medo. Então
Saul pegou sua espada e lançou-se so-
bre ela. 5Vendo que Saul estava morto,
o escudeiro lançou-se também sobre
sua espada e morreu. 6Assim morre-
ram juntos Saul, seus três filhos e toda
a sua casa. 7Todos os homens de Israel
que estavam no vale, ao verem que os
homens de Israel fugiam e que Saul e
seus filhos tinham morrido, abandona-
ram suas cidades e fugiram. Vieram os
filisteus e lá se estabeleceram.

8No dia seguinte, os filisteus foram
despojar os mortos e encontraram Saul
e seus filhos caídos no monte Gelboé.
9Eles o despojaram, levaram sua cabe-
ça e suas armas; enviaram mensageiros
por toda a terra dos filisteus para anun-
ciar a boa nova a seus ídolos e a seu
povo. 10Colocaram suas armas na casa
de seu deus e pregaram seu crânio no
templo de Dagon.

---

* **9**,31. Lv 2,4-7 | 34. 8,28 | 35. 8,29-38 | **10**,1. 1Sm 31,1-13

[11]Quando todos os habitantes de Jabes de Galaad souberam tudo o que os filisteus tinham feito com Saul, [12]todos os guerreiros se puseram a caminho e retiraram o corpo de Saul e o corpo de seus filhos, levaram-nos para Jabes, sepultaram seus ossos debaixo do terebinto de Jabes e jejuaram durante sete dias.

[13]Saul pereceu por causa de sua infidelidade para com Javé: não seguira a palavra de Javé e também consultara uma necromante pedindo conselho, [14]em vez de consultar Javé, que por isso o fez perecer e transferiu a realeza a Davi, filho de Jessé†.

11 **Unção de Davi como rei de Israel.** [1]Todos os israelitas* se reuniram em torno de Davi, em Hebron, e lhe disseram: "Vê, somos de teus ossos e de tua carne. [2]Já no passado, quando Saul reinava sobre nós, eras tu que conduzias Israel de um lado para o outro, e Javé, teu Deus, te disse: 'És tu que apascentarás Israel, meu povo; és tu que serás o chefe de meu povo, Israel'". [3]Todos os anciãos de Israel vieram, pois, para junto do rei em Hebron. Davi concluiu um pacto com eles em Hebron, na presença de Javé, e eles ungiram Davi como rei de Israel, segundo a palavra de Javé, transmitida por Samuel.*

Davi conquista Jerusalém†. [4]Davi, com todo o Israel, avançou* sobre Jerusalém – isto é, Jebus – onde estavam os jebuseus, habitantes daquela região. [5]Os habitantes de Jebus disseram a Davi: "Tu não entrarás aqui". Mas Davi se apoderou da fortaleza de Sião, que é a Cidade de Davi. [6]Disse Davi: "Quem for o primeiro a atacar os jebuseus será chefe e príncipe". Joab, filho de Sárvia, foi o primeiro a subir e tornou-se chefe. [7]Davi estabeleceu-se na fortaleza que, por isso, foi chamada Cidade de Davi. [8]Edificou a cidade ao redor, desde o Melo, completando o circuito, e Joab restaurou o resto da cidade. [9]Davi tornava-se cada vez mais poderoso, e Javé dos Exércitos estava com ele.

Os valentes de Davi. [10]São estes os chefes dos valentes de Davi, que se tornaram poderosos com ele em seu reinado e que, com todo o Israel, o haviam constituído rei, segundo a palavra de Javé a respeito de Israel. [11]Eis a lista dos valentes* de Davi: Jesbaam, filho de Hacamon, chefe dos Três; ele brandiu sua lança contra trezentos e os matou de uma só vez.

[12]Depois dele, Eleazar, filho de Dodô, o aoíta, que era um dos três valentes. [13]Estava com Davi em Afes-Domim quando os filisteus se reuniram lá para o combate. Havia lá um campo todo plantado de cevada; o exército fugiu diante dos filisteus, [14]mas eles se postaram no meio do campo, defenderam-no e abateram os filisteus. Javé efetuou lá uma grande vitória.

[15]Três dentre os trinta chefes desceram para perto de Davi, até o rochedo próximo à gruta de Odolam, enquanto o exército dos filisteus estava acampado no vale dos Rafaim. [16]Davi estava então no refúgio e havia uma guarnição dos filisteus em Belém. [17]Davi exprimiu este desejo: "Quem me dera beber da água do poço situado junto à porta de Belém!" [18]Os três, abrindo passagem através do acampamento filisteu, tiraram água do poço situado junto à porta de Belém, levaram-na e ofereceram-na a Davi; mas ele não a quis beber e a derramou em libação a Javé, [19]dizendo: "Deus me livre de fazer isso! Acaso hei de beber o sangue destes homens que arriscaram suas vidas? Pois foi com risco de vida que eles a trouxeram!" E não quis mesmo beber. Foi isso que fizeram esses três valentes.

[20]Abisaí, irmão de Joab, era o chefe dos Trinta. Ele brandiu a lança contra trezentos e os matou, tornando-se famoso entre os Três. [21]Entre os Trinta era o mais respeitado e foi seu chefe, mas não chegou a igualar-se aos Três.

---

* **11**,1. 2Sm 5,1ss | 3. 1Sm 16,1-13 | 4. 2Sm 5,4-10 | 11. 2Sm 23,8-39

† **10**,14. O autor chega a seu tema central: a dinastia davídica, depositária das promessas divinas e o esplendor da liturgia do templo, que tem em Davi seu organizador. | **11**,4. Ver a nota em 2Sm 5,7.

22Banaías, filho de Joiada, guerreiro
de muitas façanhas, natural de Cabseel,
abateu os dois heróis de Moab; desceu
dentro de uma cisterna, onde matou
um leão num dia de neve. 23Matou tam-
bém um egípcio, um gigante de cinco
côvados de altura, que tinha nas mãos
uma lança semelhante a um cilindro de
tear; desceu contra ele com um bastão,
arrebatou a lança da mão do egíp-
cio e matou-o com sua própria lança.
24Eis o que fez Banaías, filho de Joia-
da, conquistando um nome entre os
trinta valentes. 25Era famoso entre
os Trinta, mas não chegou a igualar-se
aos Três; Davi colocou-o no comando
de sua guarda pessoal.

26São estes os heróis valorosos: Asael,
irmão de Joab; Elcanã, filho de Dodô,
de Belém; 27Samot, o harodita; Heles,
o felonita; 28Ira, filho de Aces, de Técua;
Abiezer, de Anatot; 29Sobocai, de Husa;
Elai, de Ao; 30Maarai, de Netofa; Héled,
filho de Baana, de Netofa; 31Etai, filho de
Riblai, de Gabaá dos filhos de Benjamim;
Banaías, de Faraton; 32Hurrai, das torren-
tes de Gaás; Abiel, de Arbat; 33Azmot, de
Baurim; Eliaba, de Saalbon; 34Asem, de
Gezon; Jônatas, filho de Saage, de Arar;
35Aiam, filho de Sacar, de Arar; Elifelet,
filho de Ur; 36Héfer, de Maquera; Aías,
o felonita; 37Hesron, do Carmelo; Naa-
rai, filho de Azbai; 38Joel, irmão de Natã;
Mibar, filho de Agarai; 39Selec, o amoni-
ta; Naarai, de Beerot, escudeiro de Joab,
filho de Sárvia; 40Ira, de Jéter; Gareb, de
Jéter; 41Urias, o heteu; Zabad, filho de
Oolai; 42Adina, filho de Siza, o rubenita,
chefe dos rubenitas e com ele outros
trinta; 43Hanã, filho de Maaca; Josafá,
o matanita; 44Ozias, de Astarot; Sama e
Jaiel, filhos de Hotam, de Aroer; 45Jediel,
filho de Samri, e Joás, seu irmão, o tasaí-
ta; 46Eliel, o maumita; Jeribaal e Josaías,
filhos de Elnaem; Etma, o moabita; 47Eliel,
Obed e Jasiel, de Soba.

12 **Primeiros seguidores de
Davi.** 1Eis os que aderiram a
Davi em Siceleg, quando ele se conser-
vava longe de Saul, filho de Cis. Esta-
vam entre os valentes que o ajudaram
na guerra. 2Estavam armados com ar-
cos e sabiam usar tanto a mão direita
como a esquerda para lançar pedras
com a funda e flechas com o arco.*
Eram dos irmãos de Saul, da tribo de
Benjamim: 3Aiezer, o chefe, e Joás, filho
de Samaá, de Gabaá; Jaziel e Falet, fi-
lhos de Azmot; Baraca e Jeú, de Anatot;
4Ismaías, de Gabaon, valente do núme-
ro dos trinta e chefe dos Trinta; 5Jere-
mias, Jeeziel, Joanã e Jozabat, de Gade-
rot; 6Eluzaí, Jeerimot, Baalias, Samarias,
Safatias, de Harif; 7Elcana, Jesias, Aza-
reel, Joezer, Jesbaam, coreítas; 8Joela,
Zabadias, filhos de Jeroam de Gedor.

9Dentre os gaditas alguns passaram
para Davi em sua fortaleza no deser-
to. Eram guerreiros valorosos, homens
de guerra prontos para combater, que
sabiam manejar o escudo e a lança. Ti-
nham o aspecto de leões e eram ágeis
como gazelas nas montanhas. 10Ezer
era seu chefe; Abdias, o segundo; Eliab,
o terceiro; 11Masmana, o quarto; Je-
remias, o quinto; 12Eti, o sexto; Eliel, o
sétimo; 13Joanã, o oitavo; Elzabad, o
nono; 14Jeremias, o décimo; Macbanai,
o undécimo. 15Esses eram os filhos de
Gad, capitães do exército; o menor va-
lia por cem homens e o maior, por mil.
16Foram eles que passaram o Jordão,
no primeiro mês, quando transbordava
em todas as suas margens, e puseram
em fuga todos os habitantes do vale,
tanto da margem oriental como da oci-
dental.

17Alguns dos filhos de Benjamim e de
Judá vieram também aliar-se a Davi em
sua fortaleza. 18Davi foi a seu encontro,
tomou a palavra e lhes disse: "Se é com
intenções pacíficas que vindes a mim,
para me prestar auxílio, estou dispos-
to a unir-me convosco; mas se é para
trair-me e entregar-me a meus inimi-
gos, não havendo eu cometido violên-
cia alguma, que o Deus de nossos pais
o veja e faça justiça!"

19Então um espírito desceu sobre
Amasai, chefe dos Trinta, que excla-
mou:

---

* **12**,2: 8,40

"Nós somos teus, Davi,
e contigo estamos, filho de Jessé!
Paz, paz a ti e a quem te ajuda,
pois é teu Deus que te ajuda!"
Davi os acolheu e os colocou entre
os chefes da tropa.
20Também de Manassés alguns pas-
saram para Davi, quando ele veio com
os filisteus para lutar contra Saul. Mas
não lhe prestaram auxílio,* porque,
tendo-se reunido em conselho, os prín-
cipes dos filisteus despediram Davi, di-
zendo: "Ele poderia passar para o lado
de seu senhor Saul à custa de nossas
cabeças!" 21Quando partia para Siceleg,
alguns de Manassés se juntaram a ele:
Ednas, Jozabad, Jediel, Miguel, Joza-
bad, Eliú, Salati, chefes de milhares de
homens de Manassés. 22Eles ajudaram
Davi contra os assaltantes, pois todos
eram homens valorosos e se tornaram
oficiais do exército.
23Cada dia, com efeito, chegava gen-
te para ajudar Davi, de tal modo que
seu acampamento se tornou enorme.
Davi, rei de todo o Israel. 24Eis o nú-
mero de guerreiros equipados para a
guerra que vieram para junto de Davi,
em Hebron, para transferir-lhe a reale-
za de Saul, segundo a ordem de Javé:
25Dos filhos de Judá, armados de es-
cudo e lança: seis mil e oitocentos ho-
mens equipados para a guerra;
26dos filhos de Simeão: sete mil e
cem soldados valentes para a guerra;
27dos filhos de Levi: quatro mil e seis-
centos, 28e Joiada, chefe da família de
Aarão, com três mil e setecentos ho-
mens; 29Sadoc, jovem e valente guerrei-
ro, e vinte e dois oficiais de sua família;
30dos filhos de Benjamim, irmãos de
Saul: três mil, porque a maioria deles ti-
nha até então ficado fiel à casa de Saul;
31dos filhos de Efraim: vinte mil e oi-
tocentos guerreiros valentes, homens
ilustres em suas famílias;
32da meia tribo de Manassés: dezoito
mil, que foram escolhidos individual-
mente para ir proclamar Davi rei;
33dos filhos de Issacar, que sabiam
discernir os tempos para saber o que
Israel devia fazer: duzentos chefes e
todos os seus irmãos sob suas ordens;
34de Zabulon: cinquenta mil homens
aptos para a guerra, prontos para a
batalha com toda sorte de armas e
dispostos a prestar ajuda de coração
resoluto;
35de Neftali: mil oficiais e com eles
trinta e sete mil homens armados de
escudo e lança;
36dos filhos de Dã: vinte e oito mil
e seiscentos homens prontos para o
combate;
37de Aser: quarenta mil guerreiros
prontos para a batalha;
38da Transjordânia, isto é, de Rúben,
de Gad e da meia tribo de Manassés:
cento e vinte mil homens com todas as
armas de guerra.
39Todos esses homens de guerra,
prontos para a batalha, dirigiram-se
a Hebron de coração sincero a fim de
proclamar Davi rei sobre todo o Israel;
também todos os outros de Israel eram
unânimes em conferir a Davi a realeza.
40Durante três dias ficaram lá, comen-
do e bebendo em companhia de Davi,
porque seus irmãos haviam preparado
tudo para eles. 41Também os que eram
vizinhos até de Issacar, Zabulon e Nef-
tali levaram alimentos sobre jumentos
e camelos, sobre mulas e bois: provi-
sões de farinha, tortas de figos e uvas
secas, vinho e azeite, bois e ovelhas
em abundância, pois havia alegria em
Israel.

13 **Trasladação da arca.** 1Davi
reuniu-se em conselho com os
oficiais de milhares e de centenas e com
todos os comandantes. 2Disse ele a toda
a assembleia de Israel: "Se é de vosso
agrado e se isso vem de Javé, nosso
Deus, enviaremos mensageiros a nossos
irmãos que ficaram em todas as terras
de Israel, bem como aos sacerdotes e
aos levitas em suas cidades e campos
vizinhos, para que eles se juntem a nós.
3Então reconduziremos para o meio de
nós a arca de nosso Deus, pois não nos
ocupamos dela no tempo de Saul".

---

* **12**,20. 1Sm 29

4Toda a assembleia decidiu agir assim, pois a proposta pareceu justa a todo o povo. 5Davi convocou* todo o Israel, desde Sior no Egito até a entrada de Emat, para trazer de Cariat-Iarim* a arca de Deus. 6Em seguida, Davi e todo o Israel subiram a Baala, isto é, a Cariat-Iarim, que está em Judá, a fim de trazer de lá a arca de Deus, Javé, que tem seu trono sobre os querubins†, onde é invocado seu nome. 7Da casa de Abinadab transportaram a arca de Deus sobre um carro novo. Oza e Aio conduziam o carro. 8Davi e todo o Israel dançavam diante de Deus com todas as suas forças, cantando ao som de cítaras, harpas, tamborins, címbalos e trombetas. 9Quando chegaram à eira de Quidon, Oza estendeu a mão para segurar a arca, porque os bois tropeçaram. 10Então a ira de Javé se inflamou contra Oza e o feriu por ter colocado a mão na arca; Oza morreu lá, diante de Deus. 11Davi ficou desgostoso porque Javé fulminou Oza, e deu àquele lugar o nome de Farés-Oza†, que conserva até hoje.

12Naquele dia Davi temeu a Deus e disse: "Como poderei levar para minha casa a arca de Deus?" 13Assim Davi não conduziu a arca para sua casa, na Cidade de Davi, mas mandou que a levassem para a casa de Obed-Edom, de Gat. 14A arca de Deus ficou três meses com a família de Obed-Edom, em sua casa; Javé abençoou a casa de Obed-Edom e tudo o que lhe pertencia.

14 **O palácio de Davi.** 1Hiram, rei de Tiro, enviou mensageiros* a Davi, levando madeira de cedro, e também pedreiros e carpinteiros para construir-lhe uma casa. 2Então Davi teve certeza de que Javé o havia confirmado como rei de Israel e que sua realeza era grandemente exaltada por causa de Israel, seu povo.

3Em Jerusalém, Davi casou-se ainda com outras mulheres e gerou mais filhos e filhas. 4Eis os nomes dos filhos* que lhe nasceram em Jerusalém: Samua, Sobab, Natã, Salomão, 5Jebaar, Elisua, Elifalet, 6Noga, Nafeg, Jáfia, 7Elisama, Baaliada, Elifalet.

Vitória sobre os filisteus. 8Quando os filisteus souberam* que Davi fora ungido rei de todo o Israel, subiram todos para prendê-lo. Sabendo disso, Davi saiu contra eles. 9Os filisteus chegaram e se espalharam pelo vale dos rafaim. 10Então Davi consultou a Deus: "Devo atacar os filisteus? Hás de entregá-los em minhas mãos?" Javé respondeu-lhe: "Ataca-os! Eu os entregarei em tuas mãos". 11Eles subiram a Baal-Farasim e lá Davi os derrotou. Davi disse: "Por minha mão Deus abriu uma brecha entre meus inimigos como uma brecha feita pelas águas". É por isso que esse lugar recebeu o nome de Baal-Farasim. 12No local, eles abandonaram seus deuses. "Que sejam jogados ao fogo!", ordenou Davi.

13Os filisteus tornaram a se espalhar pelo vale. 14Davi consultou de novo a Deus e Deus lhe respondeu: "Não os sigas, mas rodeia por detrás deles, a certa distância, e cai sobre eles diante das amoreiras. 15Quando ouvires um ruído de passos no alto das amoreiras, sairás para o combate, porque Deus terá saído a tua frente para vencer o exército filisteu". 16Davi fez como Deus lhe ordenara e desbaratou o exército filisteu desde Gabaon até Gazer.

17A fama de Davi espalhou-se por todos os países, e Javé fez com que todas as nações o temessem.

15 **Preparativos para o transporte da arca.** 1Davi construiu para si edifícios na Cidade de Davi, preparou um lugar para a arca de Deus e ergueu para ela uma tenda. 2Depois disse: "Ninguém pode levar a arca* de Deus a não ser os levitas, pois Javé os escolheu para carregarem a arca de Javé e nela servirem para sempre".

3Então Davi convocou todo o Israel em Jerusalém para transportar a arca

---

* **13**,5. 2Sm 6,2-11 / Jz 20,1 | **14**,1. 2Sm 5,11-16 | 4. 3,5-8 | 8. 2Sm 5,17-25 | **15**,2. Nm 1,50; 3,5s; 4; 7.9

† **13**,6. Ver a nota em 1Sm 4,4. | 11. Ver a nota em 2Sm 6,8.

de Javé para o lugar que lhe havia pre-
parado. 4Reuniu os filhos de Aarão* e
os levitas: 5dos filhos de Caat, Uriel, o
chefe, e seus cento e vinte irmãos; 6dos
filhos de Merari, Asaías, o chefe, e seus
duzentos e vinte irmãos; 7dos filhos de
Gérson, Joel, o chefe, e seus cento e
trinta irmãos; 8dos filhos de Elisafã, Se-
meías, o chefe, e seus duzentos irmãos;
9dos filhos de Hebron, Eliel, o chefe,
e seus oitenta irmãos; 10dos filhos de
Oziel, Aminadab, o chefe, e seus cento
e doze irmãos.

11Davi convocou os sacerdotes Sa-
doc e Abiatar, os levitas Uriel, Asaías,
Joel, Semeías, Eliel e Aminadab 12e dis-
se-lhes: "Vós sois os chefes das famílias
levíticas; santificai-vos, vós e vossos
irmãos, e depois transportai a arca de
Javé, Deus de Israel, para o lugar que
lhe preparei. 13Porque não estáveis lá
na primeira vez, Javé irrompeu contra
nós: não nos dirigimos a ele segundo
a regra". 14Os sacerdotes e os levitas
se santificaram para transportar a arca
de Javé, Deus de Israel, 15e os levitas
transportaram a arca de Deus sobre os
ombros por meio de varais,* como o
havia prescrito Moisés, segundo a pa-
lavra de Javé.

16Davi ordenou aos chefes dos levitas
que designassem seus irmãos cantores,
com instrumentos musicais, harpas, cí-
taras e címbalos, para que, levantando
a voz, fizessem ouvir sons de alegria.
17Os levitas nomearam Emã, filho de
Joel, Asaf, um de seus irmãos, filho de
Baraquias e, entre os filhos de Merari,
seus irmãos, Etã, filho de Casaías. 18Eles
tinham consigo seus irmãos da segun-
da ordem: Zacarias, Ben, Jaziel, Semira-
mot, Jaiel, Ani, Eliab, Banaías, Maasias,
Matatias, Elifalu, Macenias e os portei-
ros Obed-Edom e Jeiel. 19Os cantores
Emã, Asaf e Etã faziam ressoar címba-
los de bronze. 20Zacarias, Aziel, Semi-
ramot, Jaiel, Ani, Eliab, Maasias, Banaías
tocavam a lira para vozes de soprano.
21Matatias, Elifalu, Macenias, Obed-
-Edom, Jeiel e Ozazias tocavam cítaras
na oitava para guiar o canto. 22Cone-
nias, chefe dos levitas encarregados do
transporte, orientava o transporte, pois
era perito nisso. 23Baraquias e Elcana
exerciam a função de porteiros junto à
arca. 24Os sacerdotes Sebanias, Josafá,
Natanael, Amasai, Zacarias, Banaías e
Eliezer tocavam as trombetas diante da
arca de Deus. Obed-Edom e Jeías eram
porteiros junto à arca.

A arca na Cidade de Davi. 25Então
Davi, os anciãos de Israel* e os chefes
de mil, com grande júbilo, transporta-
ram da casa de Obed-Edom a arca da
aliança de Javé. 26E porque Deus assis-
tia os levitas que carregavam a arca da
aliança de Javé, foram imolados sete
touros e sete carneiros. 27Davi trajava
um manto de linho fino, como também
todos os levitas que levavam a arca, os
cantores e Conenias, chefe encarregado
do transporte. Davi usava também um
efod de linho. 28Todo o Israel acompa-
nhou a arca da aliança de Javé, fazendo
aclamações ao som das trombetas, do
clarim e dos címbalos, fazendo ressoar
liras e cítaras. 29Ao chegar a arca da
aliança de Javé à Cidade de Davi, Micol,
a filha de Saul, olhou pela janela e viu
o rei Davi dançando e saltando; em seu
coração, ela o desprezou.

16 **Sacrifícios e ofertas na tras-
ladação.** 1Introduziram, pois, a
arca de Deus e a depositaram no cen-
tro da tenda que Davi tinha armado
para ela. Ofereceram diante de Deus
holocaustos e sacrifícios de comunhão.
2Quando Davi acabou de oferecer es-
ses holocaustos e esses sacrifícios de
comunhão, abençoou o povo em nome
de Javé. 3Depois mandou distribuir a
todos os israelitas, homens e mulheres,
para cada um, um pão, uma porção de
carne e um bolo de passas.

4Davi designou alguns dos levitas
para prestar serviço diante da arca de
Javé, para celebrar, glorificar e louvar a
Javé, Deus de Israel. 5Eram Asaf, o che-
fe, em segundo lugar Zacarias, depois
Oziel, Semiramot, Jaiel, Matatias, Eliab,
Banaías, Obed-Edom e Jeiel. Eles toca-

---

* **15**,4. Dt 31,25 | 15. Nm 7,9 | 25. 2Sm 6,12-19

vam liras e cítaras, enquanto Asaf fazia
ressoar os címbalos. [6]Os sacerdotes
Banaías e Jaziel com as trombetas esta-
vam sempre diante da arca da aliança
de Deus. [7]Foi naquele dia que Davi en-
carregou, pela primeira vez, Asaf e seus
irmãos de celebrar Javé com hinos:
Cântico de Davi. [8]Louvai a Javé, acla-
mai seu nome,*
anunciai entre os povos seus grandes feitos.
[9]Cantai, entoai salmos para ele,
narrai todas as suas maravilhas.
[10]Gloriai-vos de seu Nome santo,
alegrem-se os corações que buscam a Javé.
[11]Procurai Javé e sua força,
sem cessar buscai sua face.
[12]Lembrai-vos das maravilhas que ele fez,
de seus prodígios e das sentenças de sua boca.
[13]Descendentes de Israel, seu servo,
filhos de Jacó, seus eleitos;
[14]é ele Javé, nosso Deus,
sobre toda a terra ele julga.
[15]Lembrai-vos sempre de sua aliança,
da palavra promulgada para mil gerações,
[16]do pacto concluído com Abraão,
do juramento que fez a Isaac.
[17]Ele o erigiu como lei para Jacó,
para Israel, como aliança para sempre,
[18]dizendo: "Eu te darei a terra de Canaã,
como vossa parte de herança".
[19]Então éreis pouco numerosos,
pouquíssimos e estrangeiros no país.
[20]Eles iam de nação em nação,
de um reino para um povo diferente;
[21]não deixou que ninguém os oprimisse,
por causa deles até reis castigou:
[22]"Não toqueis em meus consagrados,
nem façais mal a meus profetas!"
[23]Cantai a Javé, habitantes de toda a terra,*
proclamai, dia após dia, sua salvação;
[24]narrai entre as nações sua glória,
entre todos os povos suas maravilhas.
[25]Pois Javé é grande e muito digno de louvor,
mais temível que todos os deuses.
[26]Nada são todos os deuses das nações,
mas foi Javé quem fez os céus.
[27]Diante dele, esplendor e majestade,
em seu santuário, poder e alegria.
[28]Rendei a Javé, famílias dos povos,
rendei a Javé glória e poder,
[29]rendei a Javé a glória de seu Nome.
Apresentai a oblação, trazei-a a sua presença,
adorai a Javé na beleza de sua santidade.
[30]Tremei diante dele, habitantes de toda a terra.
Ele firmou o universo, inabalável.
[31]Que os céus se alegrem e exulte a terra.
Dizei entre as nações: "Javé reina!"
[32]Ressoe o mar e tudo o que ele encerra,
rejubile o campo e tudo o que há nele.
[33]Gritem de alegria as árvores das florestas,
na presença de Javé, pois ele vem para julgar a terra.
[34]Dai graças a Javé, pois ele é bom,*
porque eterno é seu amor.
[35]Dizei: Salvai-nos, Deus de nossa salvação,
reuni-nos, livrai-nos do meio das nações,
para celebrarmos vosso santo Nome
e nos gloriarmos em vosso louvor.
[36]Bendito seja Javé, o Deus de Israel,
desde sempre e para sempre!
E todo o povo disse: "Amém!"
E louvou a Javé.

Encargos dos levitas. [37]Davi deixou
lá, diante da arca da aliança de Javé,
Asaf e seus irmãos, para garantirem
um serviço permanente diante da arca,
conforme o ritual cotidiano; [38]deixou
também Obed-Edom e seus sessenta e
oito irmãos. Obed-Edom, filho de Idi-

* **16**,8. Sl 105,1-15 | 23. Sl 96 | 34. Sl 106,1.47s

tun, e Hosá eram porteiros. 39Deixou o
sacerdote Sadoc e os sacerdotes seus
irmãos diante da habitação de Javé, no
lugar alto de Gabaon, 40para oferecer
a Javé holocaustos perpétuos sobre o
altar dos holocaustos, de manhã e de
tarde, e fazer tudo o que está escrito na
lei que Javé prescrevera a Israel. 41Esta-
vam com eles Emã e Iditun e os outros
que foram escolhidos e designados
pelo nome para louvar a Javé, "porque
eterno é seu amor". 42Na companhia
deles estavam Emã e Iditun, encarrega-
dos de tocar as trombetas, os címbalos
e os instrumentos que acompanhavam
os cânticos de Deus. Os filhos de Iditun
foram designados para a porta.

43Depois todo o povo partiu,* cada
um para sua casa, e Davi voltou para
abençoar sua casa.

17 **Profecia de Natã**†. 1Quando
Davi se instalou em sua casa,
disse ao profeta Natã: "Eu moro* numa
casa de cedro e a arca da aliança de
Javé está sob a tenda!" 2Natã respon-
deu a Davi: "Faze tudo o que estiver
em teus planos, porque Deus está
contigo". 3Mas, naquela mesma noite,
a palavra de Deus foi dirigida a Natã
nestes termos: 4"Vai dizer a Davi, meu
servo: Assim fala Javé: 'Não serás tu
que me construirás uma casa para eu
nela morar. 5Sim, jamais morei numa
casa desde o dia em que fiz Israel subir
até hoje, mas eu passava de uma tenda
à outra e de uma morada à outra. 6Du-
rante todo o tempo em que caminhei
com todo o Israel, acaso disse eu a al-
gum dos juízes de Israel que designei
como pastores de meu povo: Por que
não me construís uma casa de cedro?'
7Agora, pois, dirás a meu servo Davi:
Assim fala Javé dos exércitos: 'Fui eu
que te tirei do pastoreio, de detrás do
rebanho, para seres chefe de meu povo
Israel. 8Estive contigo por toda a parte
aonde ias, exterminei diante de ti todos
os teus inimigos. Dar-te-ei um reno-
me igual ao dos mais ilustres da terra.
9Escolherei um lugar para Israel, meu
povo, lá o estabelecerei e ele habitará
nesse lugar, sem ser inquietado, e os
maus não tornarão a oprimi-lo como
outrora, 10desde quando estabeleci juí-
zes sobre meu povo Israel. Submeterei
todos os teus inimigos. Eu te anuncio
que Javé te fará uma casa. 11Quando
se completarem teus dias e fores para
junto de teus pais, suscitarei depois de
ti um descendente teu, que será um
de teus filhos, e consolidarei seu reino.
12Ele me construirá uma casa, e eu fir-
marei seu trono para sempre. 13Eu serei
para ele um pai, e ele será para mim um
filho; não lhe retirarei meu amor como
o retirei daquele que te precedeu.
14Mantê-lo-ei para sempre em minha
casa e em meu reino, e seu trono será
firme para sempre'".

15Natã comunicou a Davi todas essas
palavras e toda essa revelação.

Oração de Davi. 16Então o rei Davi en-
trou,* sentou-se diante de Javé e disse:
"Quem sou eu, Javé Deus, e o que é
minha casa, para me terdes conduzido
até aqui? 17Mas isso é pouco demais
a vossos olhos, ó Deus, e estendes-
tes vossas promessas à casa de vosso
servo para um futuro longínquo e me
tratastes como se eu fosse um homem
ilustre, ó Javé Deus. 18Que mais poderia
dizer-vos Davi, em vista da glória que
destes a vosso servo? Pois conheceis
bem vosso servo. 19Javé, em conside-
ração a vosso servo e segundo vosso
coração, fizestes toda essa grandeza
para dar a conhecer todas essas gran-
des coisas. 20Javé, não há ninguém
como vós e não há outro Deus senão
vós, conforme tudo o que ouviram
nossos ouvidos. 21Que outra nação
há sobre a terra, como vosso povo Is-
rael, que um Deus tenha ido resgatá-la
para dela fazer seu povo, para torná-
-la famosa, mediante feitos grandes e
temíveis, ao expulsar nações da frente
de vosso povo que resgatastes do Egi-
to? 22Constituístes vosso povo Israel
como vosso povo para sempre e vós,

* **16**,43. 2Sm 6,19s | **17**,1. 2Sm 7,1-17 | 16. 2Sm 7,18-29

† **17**. Ver a nota em 2Sm 7,11.

Javé, vos tornastes seu Deus. 23E agora, que permaneça para sempre, ó Javé, a promessa que fizestes a vosso servo e a sua casa, e faze como dissestes. 24Seja firme e engrandecido vosso nome para sempre, a fim de que se diga: 'Javé dos exércitos é o Deus de Israel, ele é Deus para Israel'. A casa de Davi, vosso servo, será confirmada diante de vós, 25pois fostes vós, meu Deus, que revelastes a vosso servo a intenção de construir-lhe uma casa. É por isso que vosso servo teve a coragem de rezar em vossa presença. 26Sim, Javé, vós sois Deus, e fizestes essa bela promessa a vosso servo. 27Agora, pois, dignai-vos abençoar a casa de vosso servo para que ela perdure para sempre em vossa presença. Porque o que abençoais, Javé, é bendito para sempre".

18 **Vitórias de Davi.** 1Aconteceu, depois disso,* que Davi venceu os filisteus e os subjugou. Tomou das mãos dos filisteus Gat e suas vizinhanças. 2Depois venceu Moab, e os moabitas se tornaram súditos de Davi e lhe pagaram tributo.

3Davi derrotou Adadezer, rei de Soba, em Emat, quando ele ia estabelecer seu domínio sobre o rio Eufrates. 4Davi tomou-lhe mil carros, sete mil cavaleiros e vinte mil soldados de infantaria; e Davi cortou os jarretes de todos os cavalos, guardando apenas cem deles. 5Os arameus de Damasco vieram em auxílio de Adadezer, rei de Soba, mas Davi matou vinte e dois mil homens dos arameus. 6Depois Davi estabeleceu postos militares entre os sírios de Damasco, e assim os arameus se tornaram súditos de Davi e lhe pagaram tributo. Aonde quer que Davi fosse, Javé lhe concedia a vitória. 7Davi tomou os escudos de ouro que os guardas de Adadezer traziam e levou-os para Jerusalém. 8De Tebat e de Cun, cidades de Adadezer, Davi retirou uma enorme quantidade de bronze com a qual Salomão fez o mar de bronze, as colunas e os utensílios de bronze.*

9Quando Toú, rei de Emat, soube que Davi tinha derrotado todo o exército de Adadezer, rei de Soba, 10mandou seu filho Adoram ao rei Davi para saudá-lo e felicitá-lo por ter guerreado contra Adadezer e por tê-lo vencido, pois Toú estava em guerra com Adadezer. Mandou-lhe toda espécie de objetos de ouro, prata e bronze, 11que o rei Davi consagrou também a Javé, junto com a prata e o ouro que havia tomado de todas as nações: de Edom, Moab, dos filhos de Amon, dos filisteus e dos amalecitas.

12Abisaí, filho de Sárvia, venceu os edomitas em número de dezoito mil no vale do Sal. 13Estabeleceu postos militares em Edom, e todos os edomitas se tornaram súditos de Davi. Aonde quer que Davi fosse, Javé lhe concedia a vitória.

14Davi reinou* sobre todo o Israel, praticando o direito e a justiça para todo o seu povo.

15Joab, filho de Sárvia, comandava o exército; Josafá, filho de Ailud era o arauto; 16Sadoc, filho de Aquitob, e Aquimelec, filho de Abiatar, eram sacerdotes; Susa era secretário; 17Banaías, filho de Joiada, comandava os cereteus e os feleteus. Os filhos de Davi eram os primeiros ao lado do rei.

19 **Insulto aos embaixadores de Davi.** 1Depois disso sucedeu* que Naás, rei dos amonitas, morreu e seu filho reinou em seu lugar. 2Disse Davi: "Tratarei com bondade Hanon, filho de Naás, porque seu pai tratou-me com bondade". Então Davi mandou mensageiros para dar-lhe os pêsames pela morte de seu pai. Mas quando os servos de Davi chegaram ao país dos amonitas, junto a Hanon, para dar-lhe os pêsames, 3os príncipes dos amonitas disseram a Hanon: "Pensas acaso que Davi pretende honrar teu pai por ter ele mandado pessoas que te deem os pêsames? Não é antes para reconhecer, explorar e espionar o país que seus servos vieram a tua casa?" 4Então Hanon

* **18**,1. 2Sm 8,1-14 | 8. 22,3 | 14. 2Sm 8,15-18 | **19**,1. 2Sm 10,1-5

prendeu os servos de Davi, rapou-lhes a
barba, cortou suas vestes a meia altura
até as coxas e depois os despediu. 5In-
formaram Davi do que havia acontecido
àqueles homens, e ele mandou alguém
ao encontro deles, pois estavam muito
envergonhados. O rei mandou dizer-
-lhes: "Ficai em Jericó até que vossa bar-
ba cresça e depois voltareis".

Derrota dos amonitas. 6Os amonitas*
notaram que se haviam tornado odio-
sos a Davi; Hanon e os amonitas man-
daram mil talentos de prata para con-
tratar arameus da Mesopotâmia, ara-
meus de Maaca e habitantes de Soba.
7Contrataram sete mil carros e o rei de
Maaca com seu povo, os quais vieram
acampar diante de Medaba, enquanto
os amonitas, depois de deixarem suas
cidades e se reunirem, chegavam para
o combate. 8Quando soube disso, Davi
enviou Joab com todo o exército dos
valentes. 9Os amonitas saíram e forma-
ram em linha de batalha na entrada da
cidade, enquanto os reis que tinham
vindo mantinham-se à parte, em cam-
po aberto. 10Vendo Joab que a frente de
batalha estava tanto diante como detrás
dele, escolheu um grupo dentre toda a
elite de Israel e os dispôs para enfrentar
os arameus. 11Confiou a seu irmão Abi-
saí o resto do exército e os alinhou de-
fronte dos amonitas. 12Ele disse: "Se os
arameus prevalecerem sobre mim, virás
em meu socorro; se os amonitas pre-
valecerem sobre ti, irei em teu auxílio.
13Tem coragem e mostremo-nos fortes
por nosso povo e pelas cidades de nos-
so Deus. E que Javé faça o que lhe pa-
recer bem!" 14Joab e a tropa que estava
com ele avançaram para combater con-
tra os arameus, mas estes fugiram dian-
te dele. 15Quando os amonitas viram
que os arameus tinham fugido, fugiram
também eles diante de Abisaí, irmão de
Joab, e tornaram a entrar na cidade. En-
tão Joab voltou para Jerusalém.

Derrota dos arameus. 16Vendo que
haviam sido derrotados* perante Israel,
os arameus enviaram mensageiros e
mobilizaram os arameus que moravam
do outro lado do rio; Sofac, general de
Adadezer, era quem os comandava.
17Isso foi notificado a Davi, que reuniu
todo o Israel, passou o Jordão, alcan-
çou-os e tomou posição diante deles.
Depois Davi se postou em ordem de
batalha diante dos arameus que lhe
deram combate. 18Mas os arameus fu-
giram diante de Israel, e Davi matou
sete mil homens dos carros e quarenta
mil peões; matou também Sofac, o ge-
neral. 19Quando os servos de Adadezer
se viram vencidos diante de Israel, fi-
zeram a paz com Davi e sujeitaram-se
a ele. Os arameus não mais quiseram
prestar socorro aos amonitas.

20 Cerco e tomada de Rabá.

1Aconteceu no ano seguinte,
no tempo em que os reis costumam
partir para a guerra, que Joab condu-
ziu as forças do exército e devastou o
país dos amonitas. Depois veio sitiar
Rabá, enquanto Davi permanecia em
Jerusalém†. Joab venceu Rabá* e a des-
truiu. 2Davi retirou de Melcom a coroa
que estava em sua cabeça. Constatou
que ela pesava um talento de ouro*
e continha uma pedra preciosa. Davi
colocou-a na cabeça. Trouxe da cidade
uma enorme quantidade de despo-
jos. 3Quanto aos habitantes, fê-los sair
e colocou-os em trabalhos de serra,
de picaretas de ferro e de machados.
Assim agiu com todas as cidades dos
amonitas. Depois Davi e todo o exérci-
to voltaram a Jerusalém.

Batalhas contra os filisteus. 4Aconte-
ceu depois disso* que houve uma ou-
tra batalha contra os filisteus em Gazer.
Foi então que Sobocai de Husa matou
Safai, um descendente dos rafaim. Os
filisteus foram subjugados.*

5Houve ainda uma outra batalha
contra os filisteus, na qual Elcanã, filho
de Jair, matou Lami, irmão de Golias de
Gat; a haste de sua lança era como um

---

* **19,**6. 2Sm 10,6-14 | 16. 2Sm 10,15-19 | **20**,1. 2Sm 12,26 | 2. 2Sm 12,30s | 4. 2Sm 21,18-22 / Dt 2,10

† **20**,1. O autor silencia o duplo pecado de Davi e suas consequências: os dramas familiares e as rebeliões internas; narra apenas suas vitórias e sua obra litúrgica.

cilindro de tear. 6Houve mais uma ba-
talha em Gat, onde havia um homem
de grande estatura, que tinha vinte e
quatro dedos, seis em cada mão e em
cada pé. Também ele era descendente
de Rafa. 7Como desafiasse Israel, Jô-
natas, filho de Samaá, irmão de Davi,
o matou. 8Esses homens eram descen-
dentes de Rafa de Gat e pereceram
pela mão de Davi e de seus servos.

21 **Recenseamento.** 1Satã levan-
tou-se contra Israel* e induziu
Davi a fazer o recenseamento de Is-
rael†. 2Davi disse a Joab e aos chefes do
povo: "Ide e recenseai Israel, de Bersa-
beia a Dã, e trazei-me o número deles
para que eu o saiba". 3Mas Joab res-
pondeu: "Que Javé multiplique por cem
o número de seu povo! Senhor, meu
rei, acaso não são todos eles servos
de meu senhor? Por que, então, meu
senhor faz esta pesquisa? Por que ele
quer ser causa de pecado para Israel?"
4Mas a ordem do rei prevaleceu contra
Joab. Partiu Joab, percorreu todo o Is-
rael e depois voltou a Jerusalém. 5Joab
entregou a Davi o resultado do recen-
seamento do povo: todo o Israel conta-
va um milhão e cem mil homens aptos
para a guerra, e Judá quatrocentos e
setenta mil aptos para a guerra. 6Entre
esses Joab não incluía nem os levitas e
nem os filhos de Benjamim, porque lhe
repugnava a ordem do rei.

Castigo e perdão divinos. 7Esse fato
desagradou a Deus, o qual feriu Israel.
8Então Davi disse a Deus: "Pequei* gra-
vemente fazendo tal coisa! Mas agora
perdoa, eu te peço, o pecado de teu
servo, pois cometi uma grande loucu-
ra". 9Javé disse então a Gad, o viden-
te de Davi: 10"Vai dizer a Davi: Assim
fala Javé: 'Eu te proponho três coisas:
escolhe uma delas e eu a mandarei'".
11Veio, pois, Gad até Davi e disse-lhe:
"Assim fala Javé: Escolhe: 12ou três anos
de fome, ou ser derrotado durante três
meses diante de teus adversários, atin-
gindo-te a espada de teus adversários,
ou três dias da espada de Javé com a
peste que se difunde sobre o país, e o
anjo de Javé devastando todo o ter-
ritório de Israel. Decide agora o que
devo responder àquele que me en-
viou". 13Davi respondeu a Gad: "Estou
numa grande aflição. Ah! Que eu caia
nas mãos de Javé, pois imensa é sua
misericórdia, mas não caia nas mãos
dos homens!"

14Assim Javé enviou a peste sobre
Israel e morreram setenta mil israeli-
tas. 15Depois Deus enviou um anjo a
Jerusalém para exterminá-la; mas, no
momento de exterminá-la, Javé viu e
se compadeceu diante do mal; e disse
ao anjo exterminador: "Basta! Retira tua
mão".

O anjo de Javé achava-se então per-
to da eira de Ornã, o jebuseu.

16Erguendo os olhos, Davi viu o anjo
de Javé entre a terra e o céu, tendo na
mão a espada desembainhada, voltada
contra Jerusalém. Vestidos de panos de
saco, Davi e os anciãos prostraram-se
com o rosto em terra, 17e Davi disse a
Deus: "Não fui eu quem mandou recen-
sear o povo? Não fui eu quem pecou e
cometeu o mal? Mas estes, o rebanho,
que fizeram? Javé, meu Deus, que vos-
sa mão pese sobre mim e sobre minha
família, mas que não haja epidemia em
vosso povo!"

Compra da eira de Ornã. 18O anjo de
Javé mandou* Gad dizer a Davi que
subisse e edificasse um altar a Javé na
eira de Ornã, o jebuseu†. 19Subiu, pois,
Davi, segundo a palavra que Gad lhe
havia dito em nome de Javé. 20Ora, ao
se voltar, Ornã viu o anjo, e seus quatro
filhos que estavam com ele se escon-
deram. Ornã estava debulhando o trigo
21quando Davi veio ter com ele. Ornã
olhou, viu Davi, saiu da eira e prostrou-
-se diante dele com o rosto em terra.
22Davi disse então a Ornã: "Cede-me o
local desta eira, para que eu aí construa
um altar para Javé; cede-me por seu

* **21**,1. 2Sm 24,1-9 | 8. 2Sm 24,10-17 | 18. 2Sm 24,18-25

† **21**,1. Em 2Sm 24 é Deus mesmo e não Satã que sugere a ideia do recenseamento. Ver a nota em 2Sm 24,1. | **21**,18. Ver a nota em 2Sm 24,16.

justo preço. Assim o flagelo se afasta-
rá do povo". 23Ornã respondeu a Davi:
"Toma-o e que o senhor, meu rei, faça
o que lhe parecer bom. Vê: eu dou os
bois para os holocaustos, os manguais
como lenha e o trigo para a oblação.
Tudo isto te dou". 24Mas o rei Davi res-
pondeu a Ornã: "Não! Quero comprá-
-lo por seu valor em dinheiro, pois não
quero tomar para Javé o que te per-
tence e assim oferecer um holocausto
que nada me custe". 25Davi deu a Ornã,
pelo terreno, o peso de seiscentos si-
clos de ouro.

26Davi construiu lá um altar para Javé
e ofereceu holocaustos e sacrifícios de
comunhão. Invocou Javé, e Javé lhe
respondeu, fazendo cair fogo do céu
sobre o altar do holocausto 27e orde-
nou ao anjo* que recolocasse sua espa-
da na bainha. 28Naquele tempo, vendo
que Javé lhe havia respondido na eira
de Ornã, o jebuseu, Davi ofereceu lá
um sacrifício. 29A habitação de Javé que
Moisés havia feito no deserto e o altar
do holocausto achavam-se nessa épo-
ca no lugar alto de Gabaon, 30mas Davi
não tinha podido ir até lá para consul-
tar a Deus, porque a espada do anjo de
Javé o amedrontara.

22 **Preparativos para a constru-
ção do templo. 1Depois Davi
disse: "Aqui estará a casa de Javé Deus
e aqui estará o altar do holocausto para
Israel".

2Davi mandou reunir* os estrangei-
ros que se achavam na terra de Israel, e
depois designou canteiros para traba-
lharem as pedras para a construção da
casa de Deus. 3Davi preparou também
muito ferro para os cravos dos baten-
tes das portas e para os ganchos, bem
como uma quantidade incalculável de
bronze 4e troncos de cedro sem con-
ta, pois os sidônios e os tírios tinham
enviado a Davi troncos de cedro em
abundância.

5Depois Davi disse: "Meu filho Salo-
mão é jovem e imaturo; e esta casa que
se deve construir para Javé tem de ser
grande e sublime, para suscitar fama
e admiração em todos os países. Farei
para ele os preparativos". Assim Davi,
antes de morrer, fez grandes preparati-
vos. 6Em seguida chamou seu filho Sa-
lomão e ordenou-lhe que construísse
um templo para Javé, o Deus de Israel.
7Davi disse a Salomão: "Meu filho, esta-
va em meus planos construir uma casa
para o nome de Javé, meu Deus. 8Mas
foi-me dirigida esta palavra de Javé:
'Tu derramaste sangue em demasia e
efetuaste grandes guerras; não cons-
truirás uma casa para meu nome, pois
derramaste muito sangue sobre a terra,
diante de mim. 9Vai nascer-te um filho,
que será um homem pacífico, e eu lhe
darei a paz com todos os seus inimi-
gos ao redor. Seu nome será Salomão
e em seus dias darei a Israel paz e tran-
quilidade†. 10Ele construirá uma casa
para meu nome. Ele será para mim um
filho, e eu serei para ele um pai; firma-
rei para sempre o trono de sua realeza
sobre Israel'. 11Agora, pois, meu filho,
Javé esteja contigo para que construas
a casa de Javé, teu Deus, como ele o
disse a teu respeito. 12Que Javé te con-
ceda inteligência e entendimento, para
que, quando ele te constituir rei sobre
Israel, observes a lei de Javé, teu Deus.
13Só prosperarás se observares e puse-
res em prática os estatutos e as normas
que Javé prescreveu a Moisés para Is-
rael. Sê forte* e corajoso! Não temas
nem te amedrontes! 14Com grandes
esforços pude reservar para a casa de
Javé cem mil talentos de ouro, um mi-
lhão de talentos de prata e uma quan-
tidade de bronze e de ferro que não se
pode avaliar. Preparei também madeira
e pedras, e tu ainda acrescentarás mais.
15Terás a tua disposição muitos operá-
rios: canteiros, pedreiros, carpinteiros,
toda espécie de artesãos para qualquer
trabalho. 16De ouro, prata, bronze e
ferro há uma quantidade incalculável.
Avante! Mãos à obra e que Javé esteja
contigo!"

* **21**,27. 1Rs 18,38 | **22**,2. 1Rs 5,31s | 13. Dt 31,23

† **22**,9. Ver a nota em 1Rs 5,5.

17Davi ordenou também a todos os
oficiais de Israel que ajudassem seu fi-
lho Salomão. Ele disse: 18"Javé, vosso
Deus, não está convosco? Não vos deu
o descanso por toda parte? Com efeito,
entregou em minhas mãos os habitan-
tes da região, e a terra foi submetida
a Javé e a seu povo. 19Agora, aplicai
vosso coração e vossa alma a buscar a
Javé, vosso Deus. Ide, construí o san-
tuário de Javé, vosso Deus, para intro-
duzir a arca da aliança de Javé e os ob-
jetos sagrados de Deus no templo que
será edificado para o nome de Javé".

23 **Organização dos levitas.**
1Quando ficou velho* e cheio
de dias, Davi proclamou seu filho Sa-
lomão rei sobre Israel. 2Reuniu todos
os chefes de Israel, os sacerdotes e os
levitas.

3Foi feito o recenseamento* dos levi-
tas de trinta anos para cima. Contados
um por um, seu número foi de trinta
e oito mil homens; 4vinte e quatro mil
dentre eles presidiam aos ofícios do
templo de Javé, seis mil eram escribas
e juízes, 5quatro mil eram porteiros e
outros quatro mil louvavam a Javé com
os instrumentos que Davi tinha feito
para esse fim.*

6Davi os repartiu por turnos, segundo
os filhos de Levi: Gérson, Caat e Merari.

7Para os gersonitas: Leedã e Semei.
8Filhos de Leedã: Jaiel,* o primeiro, Ze-
tam e Joel; três ao todo. 9Filhos de Se-
mei: Salomit, Hoziel, Arã; três ao todo.
São estes os chefes das famílias de Lee-
dã. 10Filhos de Semei: Jeet, Ziza, Jeús,
Berias; foram estes os filhos de Semei:
quatro ao todo. 11Jeet era o mais velho;
Ziza, o segundo; depois Jeús e Berias
que não tiveram muitos filhos e foram
registrados numa só família.

12Filhos de Caat: Amram, Isaar, He-
bron, Oziel; quatro ao todo. 13Filhos
de Amram: Aarão e Moisés. Aarão foi
escolhido para consagrar as coisas sa-
crossantas, ele e seus filhos para sem-
pre, para queimar o incenso diante de
Javé, servi-lo e abençoar em seu nome
para sempre. 14Moisés foi um homem
de Deus, e seus filhos foram contados
na tribo de Levi. 15Filhos de Moisés:
Gérson e Eliezer. 16Filhos de Gérson:
Subael,* o primeiro. 17Filhos de Elie-
zer foram: Roobias, o primeiro. Eliezer
não teve outros filhos, mas os filhos de
Roobias foram muitíssimos. 18Filhos de
Issar: Salomit, o primeiro. 19Filhos de
Hebron: Jerias, o primeiro; Amarias, o
segundo; Jaaziel, o terceiro; Jecmaan, o
quarto. 20Filhos de Oziel: Micas, o pri-
meiro; Jesias, o segundo.

21Filhos de Merari: Mooli e Musi. Fi-
lhos de Mooli: Eleazar e Cis. 22Eleazar
morreu sem filhos, mas teve filhas que
foram desposadas pelos filhos de Cis,
seus irmãos. 23Filhos de Musi: Mooli,
Éder, Jerimot; três ao todo.

24Eram estes os filhos de Levi segun-
do suas famílias, os chefes de família
conforme o recenseamento, contados
nominalmente, um por um, escalados
para o serviço do templo de Javé dos
vinte anos para cima.

25Pois Davi tinha dito: "Javé, Deus
de Israel, deu o descanso a seu povo e
habita para sempre em Jerusalém. 26Os
levitas não terão mais de transportar
a habitação e os objetos destinados a
seu serviço". 27De fato, segundo as últi-
mas disposições de Davi, os levitas que
foram* recenseados tinham vinte anos
ou mais. 28Deviam estar às ordens dos
filhos de Aarão para o serviço do tem-
plo de Javé nos átrios e nas salas, para
a purificação de tudo o que é consa-
grado e para fazer o serviço do templo
de Deus. 29Cuidavam dos pães da apre-
sentação, da flor de farinha destinada
à oblação, dos pães ázimos, das tortas
cozidas sobre a chapa e das tortas fri-
tas e de todas as medidas de capacida-
de e de comprimento. 30Deviam com-
parecer todas as manhãs para celebrar
e louvar a Javé, e igualmente à tarde.
31Presidiam* a todos os holocaustos
oferecidos a Javé nos sábados, nas luas
novas e nas solenidades, segundo um
número preciso e de acordo com as
normas, sempre diante de Javé. 32As-

---

* **23**,1. 1Rs 1,1-21 | 3. Nm 4,3 | 5. Am 6,5 | 8. 26,21s | 16. 24,20-30 | 27. 23,3.24 | 31. Nm 28-29

sim competia a eles o cuidado da tenda
da reunião, o cuidado do santuário e
o cuidado de seus irmãos, os filhos de
Aarão, no serviço do templo de Javé.

24 **Classes sacerdotais.** 1São estas
as classes dos filhos* de Aarão.
Os filhos de Aarão foram: Nadab, Abiú,
Eleazar, Itamar. 2Nadab e Abiú morre-
ram antes de seu pai, sem deixar filhos,
e foram Eleazar e Itamar que se torna-
ram sacerdotes. 3Davi com Sadoc, dos
filhos de Eleazar, e Aquimelec, dos filhos
de Itamar, dividiu-os em classes segun-
do suas funções. 4Visto que se encon-
traram entre os filhos de Eleazar mais
chefes que entre os filhos de Itamar,
formaram-se dezesseis classes com os
chefes de família dos filhos de Eleazar e
oito com os chefes de família dos filhos
de Itamar. 5Foram repartidos por sorte,
tanto uns como os outros, porque havia
oficiais do santuário e oficiais de Deus
tanto entre os filhos de Eleazar como
entre os filhos de Itamar. 6Um dos levi-
tas, o escriba Semeías, filho de Natanael,
inscreveu-os diante do rei, dos oficiais,
do sacerdote Sadoc, de Aquimelec, fi-
lho de Abiatar, dos chefes de famílias
sacerdotais e levíticas; uma família era
sorteada para Eleazar, depois uma ou-
tra, ao passo que uma só era sorteada
para Itamar.

7Joiarib foi o primeiro a ser sorteado;
Jedeías, o segundo; 8Harim, o terceiro;
Seorim, o quarto; 9Melquias, o quinto;
Mainã, o sexto; 10Acos, o sétimo; Abias,
o oitavo†; 11Jesua, o nono; Sequenias,
o décimo; 12Eliasib, o décimo primei-
ro; Jacim, o décimo segundo; 13Hofa,
o décimo terceiro; Isbaab, o décimo
quarto; 14Belga, o décimo quinto; Emer,
o décimo sexto; 15Hezir, o décimo séti-
mo; Hafses, o décimo oitavo; 16Fetatias,
o décimo nono; Ezequiel, o vigésimo;
17Jaquin, o vigésimo primeiro; Gamul,
o vigésimo segundo; 18Dalaías, o vi-
gésimo terceiro; Maazias, o vigésimo
quarto.

19Assim foram distribuídos em seu
serviço para entrar no templo de Javé,
de acordo com o regulamento esta-
belecido para eles por Aarão, seu pai,
como Javé, Deus de Israel, lhe ordena-
ra.

Chefes dos outros filhos de Levi.
20Quanto aos outros* filhos de Levi, os
chefes foram:

Dos filhos de Amram: Subael; dos
filhos de Subael, Jeedias. 21Quanto a
Roobias, o chefe dos filhos de Roobias
era Jesias. 22Dos isaaritas, Solomot;
dos filhos de Solomot, Jaat. 23Filhos de
Hebron: Jerias, o primeiro; Amarias, o
segundo; Jaaziel, o terceiro; Jecmaam,
o quarto. 24Filho de Oziel: Micas. Dos fi-
lhos de Micas, Samir. 25Jesias era irmão
de Micas. Dos filhos de Jesias, Zacarias.
26Os filhos de Merari foram Mooli e
Musi. Seus filhos: Jazias e Bani. 27Filhos
de Merari da parte de Jazias, seu filho:
Soam, Zacur, Hebri; 28de Mooli, Eleazar,
que não teve filhos; 29de Cis, o filho de
Cis foi Jerameel. 30Filhos de Musi: Moo-
li, Éder e Jerimot.

Foram estes os filhos de Levi, dividi-
dos segundo suas famílias. 31Também
estes participaram do sorteio, como
seus irmãos, os filhos de Aarão, tanto
os chefes de casas paternas como o
menor de seus irmãos, na presença do
rei Davi, de Sadoc, de Aquimelec e dos
chefes de famílias sacerdotais e leviti-
cas.

25 **Cantores.** 1Davi,* junto com
os chefes do exército, separou
para o serviço também alguns dos fi-
lhos de Asaf, de Emã e de Iditun, que
profetizavam com cítaras, harpas e
címbalos†. A lista desses homens en-
carregados de tal atividade é esta:

2Dos filhos de Asaf: Zacur, José, Na-
tanias, Asarela; os filhos de Asaf depen-
diam de seu pai, que profetizava sob a
direção do rei.

3Quanto a Iditun,* filhos de Iditun:
Godolias, Sori, Jesaías, Hasabias, Semei

---

* **24**,1. Nm 3,2s | 20. 23,16s | **25**,1. 16,37-43 | 3. 2Rs 3,15

† **24**,10. A essa classe de Abias pertencia o pai de João Batista, Zacarias, Lc 1,5. | **25**,1. Falavam em nome de Javé e transmitiam suas mensagens compondo hinos.

e Matatias; eram seis, sob a direção de seu pai, Iditun, que profetizava ao som de cítaras para celebrar e louvar a Javé.

4 Quanto a Emã, filhos de Emã: Bocias, Matanias, Oziel, Subael, Jerimot, Hananias, Hanani, Eliata, Gedelti, Romenti-Ezer, Jesbacasa, Meiloti, Otir, Maaziot. 5 Todos estes eram filhos de Emã, o vidente do rei que transmitia as palavras de Deus para exaltar seu poder. Deus deu a Emã quatorze filhos e três filhas. 6 Todos eles cantavam no templo de Javé sob a direção de seu pai, ao som de címbalos, harpas e cítaras para o serviço do templo de Deus, sob as ordens do rei, de Asaf, de Iditun e de Emã.

7 O número deles, juntamente com seus irmãos instruídos no canto dedicado a Javé, todos eles mestres, era de duzentos e oitenta e oito. 8 Lançaram sortes para determinar os turnos do serviço, tanto para o pequeno como para o grande, tanto para o mestre como para o discípulo. 9 O primeiro sobre o qual recaiu a sorte foi o asafita José. O segundo foi Godolias; com seus filhos e irmãos, eram doze. 10 O terceiro foi Zacur; com seus filhos e irmãos, eram doze. 11 O quarto foi Isari; com seus filhos e irmãos, eram doze. 12 O quinto foi Natanias; com seus filhos e irmãos, eram doze. 13 O sexto foi Bocias; com seus filhos e irmãos, eram doze. 14 O sétimo foi Isreela; com seus filhos e irmãos, eram doze. 15 O oitavo foi Jesaías; com seus filhos e irmãos, eram doze. 16 O nono foi Matanias; com seus filhos e irmãos, eram doze. 17 O décimo foi Semei; com seus filhos e irmãos, eram doze. 18 O décimo primeiro foi Azareel; com seus filhos e irmãos, eram doze. 19 O décimo segundo foi Hasabias; com seus filhos e irmãos, eram doze. 20 O décimo terceiro foi Subael; com seus filhos e irmãos, eram doze. 21 O décimo quarto foi Matatias; com seus filhos e irmãos, eram doze. 22 O décimo quinto foi Jerimot; com seus filhos e irmãos, eram doze. 23 O décimo sexto foi Hananias; com seus filhos e irmãos, eram doze. 24 O décimo sétimo foi Jesbacasa; com seus filhos e irmãos, eram doze. 25 O décimo oitavo foi Hanani; com seus filhos e irmãos, eram doze. 26 O décimo nono foi Meiloti; com seus filhos e irmãos, eram doze. 27 O vigésimo foi Eliata; com seus filhos e irmãos, eram doze. 28 O vigésimo primeiro foi Otir; com seus filhos e irmãos, eram doze. 29 O vigésimo segundo foi Gedelti; com seus filhos e irmãos, eram doze. 30 O vigésimo terceiro foi Maaziot; com seus filhos e irmãos, eram doze. 31 O vigésimo quarto foi Romenti-Ezer; com seus filhos e irmãos, eram doze.

26

Porteiros. 1 A distribuição dos porteiros* foi assim: Dos coreítas: Meselemias, filho de Coré, um dos filhos de Asaf. 2 Filhos de Meselemias: Zacarias, o primogênito; Jediel, o segundo; Zabadias, o terceiro; Jatanael, o quarto; 3 Elam, o quinto; Joanã, o sexto; Elioenai, o sétimo.

4 Foram filhos de Obed-Edom:* Semeías, o primogênito; Jozabad, o segundo; Joaá, o terceiro; Sacar, o quarto; Natanael, o quinto; 5 Amiel, o sexto; Issacar, o sétimo; Folati, o oitavo; com efeito, Deus havia abençoado Obed-Edom. 6 A seu filho Semeías nasceram filhos que tiveram autoridade sobre suas famílias, pois eram homens valentes. 7 Filhos de Semeías: Otni, Rafael, Obed, Elzabad e seus irmãos Eliú e Samaquias, homens de valor. 8 Todos estes eram descendentes de Obed-Edom. Eles, seus filhos e irmãos, homens robustos e capazes em sua função, somavam sessenta e dois da linhagem de Obed-Edom.

9 Meselemias teve filhos e irmãos: dezoito homens valentes.

10 Hosa, um dos filhos de Merari, teve os seguintes filhos: Semri, o primeiro, porque, embora não fosse o mais velho,* seu pai o nomeara chefe. 11 Helcias era o segundo; Tebelias, o terceiro; Zacarias, o quarto. Eram treze ao todo os filhos e irmãos de Hosa.

12 A essas classes de porteiros, isto é, a seus chefes, foi confiada a guarda

* **26**,1. 9,17-27 | 4. 2Sm 6,10s; 1Cr 15,21 | 10. Gn 48,13-20

para servirem, como seus irmãos, no
templo de Javé. 13Para cada porta tira-
ram a sorte,* participando tanto o pe-
queno como o grande, segundo suas
famílias. 14O lado do oriente coube por
sorte a Selemias; a Zacarias, seu filho,
conselheiro prudente, a sorte atribuiu
o lado norte. 15A Obed-Edom coube o
sul, e os armazéns a seus filhos. 16A Se-
fim e a Hosa coube o oeste com a por-
ta Salequet, no caminho que sobe. Um
posto de guarda estava defronte do
outro: 17seis levitas cada dia a oriente,
quatro cada dia ao norte, quatro cada
dia ao sul, e nos armazéns, dois em
cada um; 18no átrio do ocidente havia
quatro na rua e dois no próprio átrio.
19Eram esses os turnos dos porteiros,
descendentes de Coré e de Merari.

Outras funções levíticas. 20Os levitas,
seus irmãos, encarregados da guarda
dos tesouros do templo de Deus e dos
tesouros das oferendas consagradas,
21eram filhos de Leedã, filhos de Gér-
son segundo a linha de Leedã. Chefes
das famílias de Leedã, o gersonita,
eram os jaielitas. 22Os jaielitas, Zatam e
Joel, seu irmão, eram responsáveis pe-
los tesouros do templo de Javé.

23Quanto aos amramitas, isaaritas,
hebronitas e ozielitas: 24Subael, filho de
Gérson, filho de Moisés, era superinten-
dente dos tesouros. 25Seus irmãos pela
linha de Eliezer: Roobias, seu filho, de
quem foi filho Isaías, de quem foi filho
Jorão, de quem foi filho Zecri, de quem
foi filho Salomit. 26Este Salomit e seus
irmãos eram responsáveis por todos os
tesouros das oferendas consagradas
que o rei Davi, os chefes de famílias, os
chefes de esquadrões de mil e de cem
e os chefes do exército 27tinham consa-
grado,* tomando-os dos despojos de
guerra para a manutenção do templo
de Javé. 28Tudo o que havia sido con-
sagrado pelo vidente Samuel, por Saul,
filho de Cis, por Abner, filho de Ner, e
por Joab, filho de Sárvia, e todos os ob-
jetos consagrados por qualquer pessoa
estavam sob a responsabilidade de Sa-
lomit e seus irmãos.

29Dentre os isaaritas: Conenias* e
seus filhos eram encarregados dos ne-
gócios externos de Israel como magis-
trados e juízes.

30Dentre os hebronitas: Hasabias e
seus irmãos, homens valentes, em nú-
mero de mil e setecentos, eram res-
ponsáveis pela segurança de Israel do
lado oeste do Jordão, no referente a
todo o serviço de Javé e aos interesses
do rei. 31Jerias era o chefe dos hebro-
nitas segundo as gerações de suas ca-
sas paternas. No quadragésimo ano do
reinado de Davi fizeram-se pesquisas e
encontraram-se entre eles homens de
valor em Jazer de Galaad. 32Seus irmãos
eram dois mil e setecentos homens va-
lorosos, chefes de famílias; o rei Davi os
nomeou inspetores dos rubenitas, dos
gaditas e da meia tribo de Manassés
para todas as coisas referentes a Deus
e aos interesses do rei.

27

Organização do reino. 1Esta
é a lista dos israelitas segundo
seu número, os chefes das famílias, os
comandantes de esquadrões de mil e
de cem e seus oficiais a serviço do rei
em tudo o que se referia às divisões
que entravam e saíam cada mês, du-
rante todos os meses do ano. Cada di-
visão tinha vinte e quatro mil homens.

2À frente da primeira divisão,* de-
signada para o primeiro mês, estava
Jesboam, filho de Zabdiel. Sua divisão
tinha vinte e quatro mil homens. 3Era
um dos filhos de Farés e estava à frente
de todos os oficiais do exército para o
primeiro mês. 4À frente da divisão do
segundo mês* estava Dudi, o aoíta, e
sua divisão, comandada por Macelot;
contava vinte e quatro mil homens. 5O
oficial da terceira divisão,* designada
para o terceiro mês, era Banaías, filho
de Joiada, sumo sacerdote. Sua divisão
tinha vinte e quatro mil homens. 6Este
Banaías era um dos trinta valentes e es-
tava à frente dos Trinta. Em sua divisão
estava também seu filho Amizabad. 7O
quarto, designado para o quarto mês,*
era Asael, irmão de Joab; seu filho Za-

---

* **26**,13. 9,24 | 27. 18,11; Nm 31,48-54 | 29. 15,22; 27,17 | **27**,2. 11,11 | 4. 11,12 | 5. 12,27 | 7. 2Sm 2,18-23

badias lhe sucedeu. Sua divisão tinha vinte e quatro mil homens. [8]O quinto, designado para o quinto mês, era o oficial Samaot, o jezraíta. Era responsável por uma divisão de vinte e quatro mil homens. [9]O sexto, designado para o sexto mês, era Ira, filho de Aces, de Técua; era responsável por uma divisão de vinte e quatro mil homens. [10]O sétimo, designado para o sétimo mês, era Heles, o felonita, dos descendentes de Efraim; era responsável por uma divisão de vinte e quatro mil homens. [11]O oitavo, designado para o oitavo mês, era Sobocai, de Husa, zaraíta; era responsável por uma divisão de vinte e quatro mil homens. [12]O nono, designado para o nono mês, era Abiezer de Anatot, benjaminita; era responsável por uma divisão de vinte e quatro mil homens. [13]O décimo, designado para o décimo mês, era Maarai, de Netofa, zaraíta; era responsável por uma divisão de vinte e quatro mil homens. [14]O décimo primeiro, designado para o décimo primeiro mês, era Banaías, filho de Faraton, dos descendentes de Efraim; era responsável por uma divisão de vinte e quatro mil homens. [15]O décimo segundo, designado para o décimo segundo mês, era Holdai, de Netofa, da estirpe de Otoniel; era responsável por uma divisão de vinte e quatro mil homens.

[16]Com relação às tribos de Israel: de Rúben era chefe Eliezer, filho de Zecri; de Simeão, Safatias, filho de Maaca; [17]de Levi, Hasabias, filho de Camuel; de Aarão, Sadoc; [18]de Judá, Eliú, um dos irmãos de Davi; de Issacar, Amri, filho de Miguel; [19]de Zabulon, Jesmaías, filho de Abdias; de Neftali, Jerimot, filho de Oziel; [20]de Efraim, Oseias, filho de Ozazias; da meia tribo de Manassés, Joel, filho de Fadaías; [21]da meia tribo de Manassés, em Galaad, Jado, filho de Zacarias; de Benjamim, Jesiel, filho de Abner; [22]de Dã, Ezriel, filho de Jeroam. Estes foram os chefes das tribos de Israel.

[23]Davi não fez o recenseamento dos que tinham menos de vinte anos, porque Javé dissera que multiplicaria Israel como as estrelas do céu. [24]Joab, filho de Sárvia, começara o recenseamento, mas não o terminou, porque a grande ira se abateu sobre Israel por causa disso, e o número não foi registrado nos Anais do rei Davi.

[25]Azmot, filho de Adiel, era o encarregado dos tesouros do rei. Jônatas, filho de Ozias, era o encarregado dos armazéns nos campos, nas cidades, nas aldeias e nas torres. [26]Responsável pelos lavradores dos campos e empregados no cultivo da terra: Ezri, filho de Quelub. [27]Responsável pelas vinhas: Semei, de Ramá. Responsável pelo produto das vinhas depositado nas adegas: Zabdi, de Sefam. [28]Responsável pelas oliveiras e sicômoros na Planície: Baalanã, de Gader. Responsável pelas reservas de azeite: Joás. [29]Responsável pelo gado que pastava em Saron: Setrai, de Saron. Responsável pelo gado nos vales: Safat, filho de Adli. [30]Responsável pelos camelos: Ubil, ismaelita. Responsável pelas jumentas: Jadias, de Meranot. [31]Responsável pelos rebanhos de ovelhas: Jaziz, o agareno. Todos estes foram administradores dos bens pertencentes a Davi.

[32]Jônatas, tio de Davi, conselheiro, homem inteligente e escriba, era o encarregado dos filhos do rei junto com Jaiel, filho de Hacamon. [33]Aquitofel* era conselheiro do rei. Cusai, o araquita, era amigo do rei. [34]Joiada, filho de Banaías, e Abiatar sucederam a Aquitofel. Joab era o comandante do exército do rei.

28 Instruções de Davi para a construção do templo.

[1]Davi reuniu em Jerusalém todos os chefes de Israel: os chefes das tribos, os chefes das divisões a serviço do rei, os comandantes de esquadrões de mil e de cem, os chefes encarregados de todo o patrimônio, do gado do rei e de seus filhos, como também os funcionários, os homens valorosos e todos os guerreiros valentes. [2]O rei Davi levantou-se e, de pé, declarou:

* **27**,33. 2Sm 15,31s; 16,17 | **28**,2. Sl 132,7

"Escutai-me, meus irmãos* e meu
povo. Eu tinha a intenção de edificar
uma casa onde repousasse a arca da
aliança de Javé, para pedestal de nosso
Deus. Fiz os preparativos para a cons-
trução, 3mas Deus me disse: 'Não cons-
truirás uma casa* para meu nome, pois
foste homem de guerra e derramaste
sangue'.

4Dentre toda a família de meu pai, foi
a mim que Javé, o Deus de Israel, esco-
lheu para ser rei de Israel para sempre.
Com efeito, foi Judá que ele escolheu
como chefe, foi minha família que ele
escolheu na casa de Judá e, entre os fi-
lhos de meu pai, foi a mim que ele ele-
geu para constituir-me rei sobre todo
o Israel. 5Dentre todos os meus filhos –
pois Javé me deu muitos – é meu filho
Salomão que ele escolheu para ocu-
par o trono da realeza de Javé sobre
Israel. 6Ele me disse: 'É teu filho* Salo-
mão que construirá minha casa e meus
átrios, pois eu o escolhi como filho e
serei para ele um pai. 7Consolidarei seu
reino para sempre, se ele continuar a
cumprir fielmente, como faz hoje, meus
mandamentos e minhas normas'.

8E agora, ante os olhos de todo o
Israel, a assembleia de Javé, diante de
nosso Deus que nos ouve, guardai e
observai todos os mandamentos de
Javé, vosso Deus, a fim de possuirdes
esta boa terra e a transmitirdes depois
de vós para sempre como herança a
vossos filhos.*

9E tu, Salomão, meu filho, reconhece
o Deus de teu pai e serve-o de todo o
coração, com ânimo disposto, pois Javé
sonda todos os corações e penetra to-
dos os desígnios do pensamento. Se
o procurares, ele se deixará encontrar
por ti, mas se o abandonares, ele te re-
jeitará para sempre. 10Considera, pois,
que Javé te escolheu para lhe construí-
res uma casa para santuário. Sê forte e
mãos à obra!".

11Davi deu a seu filho Salomão o
modelo do pórtico, dos edifícios, dos
armazéns, das salas superiores, dos
aposentos interiores e da sala do pro-
piciatório. 12Deu-lhe também a des-
crição de tudo o que tinha em mente
sobre os átrios do templo de Javé, as
salas ao redor, os tesouros* do templo
de Deus e os tesouros das coisas sa-
gradas; 13as classes dos sacerdotes e
dos levitas, todos os cargos do serviço
do templo de Javé e todos os utensí-
lios para o serviço do templo de Javé.
14Para as coisas de ouro, entregou a
quantidade devida de ouro para todos
os utensílios de cada serviço, e para os
utensílios de prata, a quantidade devi-
da para todos os utensílios de cada ser-
viço. 15Entregou a quantidade devida
de ouro para os candelabros de ouro
e suas lâmpadas de ouro, a quantida-
de devida para cada candelabro com
suas lâmpadas. Fez o mesmo para os
candelabros de prata: deu a quantida-
de devida para cada candelabro e suas
lâmpadas, de acordo com a função de
cada candelabro. 16Também entregou a
quantidade devida de ouro para cada
uma das mesas da apresentação dos
pães e a prata para as mesas de prata.
17Também entregou ouro puro para os
garfos, as bacias* e os copos. Para as
taças de ouro, entregou a quantidade
devida de ouro para cada taça, e para
as taças de prata, a quantidade devi-
da de prata. 18Além disso, entregou a
quantidade devida de ouro puro para
o altar do incenso e para o modelo do
carro de ouro dos querubins que es-
tendem suas asas e cobrem a arca da
aliança de Javé. 19Disse Davi: "Tudo isto
me foi dado por escrito pela mão de
Javé para fazer-me compreender todos
os detalhes do modelo".†

20Disse ainda Davi a seu filho Salo-
mão: "Sê forte e corajoso, age sem
medo e não desanimes, pois Javé Deus,
meu Deus, está contigo. Ele não te dei-
xará nem te abandonará, até que te-
nhas concluído todo o trabalho para o
serviço da casa de Javé. 21Eis aí as clas-

* **28**,3. 22,8 | 6. 17,12s; 22,10s | 8. Dt 4,5 | 12. Ez 42; 26,20 | 17. Nm 4,14; Êx 27,3

† **28**,19. O santuário terrestre era considerado cópia do santuário celeste, do qual Deus dava o modelo. Assim como deu a Moisés o modelo da tenda, Êx 25,9.40, assim dá a Davi o modelo do templo.

ses dos sacerdotes e dos levitas para
todo o serviço da casa de Deus. Todos
os voluntários hábeis em qualquer es-
pecialidade te ajudarão em toda esta
obra; os oficiais e todo o povo estão às
tuas ordens".

29 **Ofertas para o templo.** 1O rei
Davi disse então a toda a as-
sembleia: "Meu filho Salomão, o esco-
lhido por Deus, é jovem e imaturo, ao
passo que a obra é imensa, pois este
palácio não se destina a um homem,
mas a Javé Deus. 2Empenhei todos os
meus esforços, preparando para a casa
de meu Deus: o ouro para o que deve
ser de ouro, a prata para o que deve
ser de prata, o bronze para o que deve
ser de bronze, o ferro para o que deve
ser de ferro, a madeira para o que deve
ser de madeira; pedras de ônix, pedras
de engaste, pedras ornamentais, pe-
dras de diversas cores, toda espécie de
pedras preciosas e grande quantidade
de mármore. 3Ademais, pelo amor que
tenho à casa de meu Deus, dou à casa
de meu Deus o ouro e a prata que pos-
suo, além daquele que preparei para o
santuário: 4três mil talentos de ouro, de
ouro de Ofir, e sete mil talentos de prata
para o revestimento das paredes inter-
nas; 5ouro para o que deve ser de ouro,
prata para o que deve ser de prata e
para os trabalhos manuais a serem fei-
tos pelos artesãos. Quem hoje está dis-
posto a trazer ofertas voluntárias para
consagrá-las a Javé?" 6Os chefes das
famílias, os chefes das tribos de Israel,
os chefes de esquadrões de mil e de
cem e os administradores dos negócios
do rei se prontificaram a fazer ofertas.
7Deram para o serviço da casa de Deus
cinco mil talentos de ouro,* dez mil
dáricos, dez mil talentos de prata, de-
zoito mil talentos de bronze e cem mil
talentos de ferro. 8E os que possuíam
pedras preciosas ofertaram-nas ao te-
souro da casa de Javé, entregando-as
a Jaiel, o gersonita. 9O povo alegrou-se
com suas ofertas voluntárias, pois foi
de todo o coração que eles assim fize-
ram ofertas voluntárias a Javé; também
o rei Davi sentiu grande alegria.

Ação de graças de Davi. 10Davi ben-
disse então a Javé na presença de toda
a assembleia. Disse ele:

"Bendito sejais, Javé,
Deus de nosso pai Israel,
desde sempre e para sempre!
11É vossa, Javé, a grandeza, a força,
a glória, a majestade e o esplendor,
pois tudo no céu e na terra vos per-
tence.
É vossa, Javé, a realeza
e a soberania sobre todas as coisas.
12De vós emanam riqueza e glória;
sois o Senhor de tudo.
Em vossa mão, força e poder;
em vossa mão, o poder de tudo ele-
var e de tudo fortalecer.
13Por isso, ó nosso Deus, agora vos
damos graças
e louvamos vosso Nome glorioso.
14Pois quem sou eu e quem é meu
povo para sermos capazes de fazer tais
ofertas voluntárias? Porque tudo vem
de vós, e vos ofertamos o que rece-
bemos de vossa mão. 15Diante de vós
somos estrangeiros e peregrinos como
todos os nossos pais; nossos dias na
terra são como a sombra e não há es-
perança. 16Javé, nosso Deus, toda esta
fartura de coisas que prepamos para a
construção de uma casa para vós, para
vosso santo nome, provém de vos-
sa mão, e tudo vos pertence. 17Sei, ó
meu Deus, que provais os corações e
que amais a retidão; e foi na retidão de
meu coração que fiz todas estas ofer-
tas; e agora vejo com alegria teu povo,
aqui presente, fazer-te estas ofertas es-
pontâneas. 18Javé, Deus de Abraão, de
Isaac e de Israel, nossos pais, conservai
para sempre no coração de vosso povo
estas disposições e sentimentos e dirigi
seus corações para vós. 19A meu filho
Salomão dai um coração íntegro para
que guarde vossos mandamentos, vos-
sos testemunhos e vossos estatutos,
para que ele os ponha todos em práti-
ca e construa este edifício para o qual
fiz os preparativos".

* **29**,7. Nm 7

20Depois Davi disse a toda a assem-
bleia: "Bendizei, pois, a Javé, vosso
Deus!" E toda a assembleia bendisse a
Javé, Deus de seus pais, ajoelhou-se e
prostrou-se diante de Deus e diante do
rei.

Salomão sobe ao trono. 21No dia se-
guinte os israelitas ofereceram sacrifí-
cios e holocaustos a Javé: mil touros,
mil carneiros, mil cordeiros com as res-
pectivas libações e grande quantidade
de sacrifícios por todo o Israel. 22Nes-
se dia comeram e beberam diante de
Javé* com grande alegria. De novo pro-
clamaram rei a Salomão, filho de Davi,
e o ungiram, consagrando-o a Javé
como chefe, e ungiram Sadoc como
sacerdote. 23Salomão assentou-se no
trono de Javé para reinar no lugar de
Davi, seu pai. Prosperou e todo o Is-
rael lhe obedeceu. 24Todos os oficiais,
todos os homens valentes e também
todos os filhos de Davi submeteram-
-se ao rei Salomão. 25À vista de todo o
Israel, Javé engrandeceu sobremaneira
a Salomão e deu-lhe a glória de uma
realeza tal que nenhum rei de Israel an-
tes dele havia tido.

Morte de Davi. 26Assim Davi, filho de
Jessé,* reinou sobre todo o Israel. 27Seu
reinado sobre Israel durou quarenta
anos: em Hebron reinou sete anos e em
Jerusalém, trinta e três anos. 28Morreu
numa feliz velhice, saciado de anos, de
riquezas e de glória. Seu filho Salomão
reinou em seu lugar. 29A história do rei
Davi, do começo ao fim, está registrada
nas crônicas de Samuel, o vidente, nas
crônicas do profeta Natã e nas crôni-
cas de Gad, o vidente†, 30com tudo o
que se refere a seu reino, a seu poder
e aos fatos que aconteceram com ele,
com Israel e com todos os reinos dos
outros países.

---

* **29**,22. 1Rs 1,39 | 26. 1Rs 2,11

† **29**,29. O autor usou fontes que não chegaram até nós. Destas três obras só conhecemos aquilo que foi incorporado aos livros de Samuel e dos Reis.

SEGUNDO LIVRO DAS CRÔNICAS

I. REINADO DE SALOMÃO (1–9)†

1 **Primeiros atos de Salomão.** 1Salomão, filho de Davi, consolidou-se em sua realeza. Javé, seu Deus, estava com ele e muito o engrandeceu. 2Salomão mandou ordens a todo o Israel, aos comandantes de esquadrões de mil e de cem, aos magistrados e a todos os príncipes de todo o Israel, chefes das famílias. 3Depois Salomão com toda a assembleia* dirigiu-se para o lugar alto de Gabaon, porque lá se achava a tenda da reunião de Deus, erguida no deserto por Moisés,* servo de Javé. 4Mas Davi tinha transladado a arca de Deus de Cariat-Iarim até o lugar que lhe havia preparado; com efeito, erguera para ela uma tenda em Jerusalém. 5O altar de bronze feito por Beseleel, filho de Uri, filho de Hur,* lá estava diante da habitação de Javé. Salomão e a assembleia foram lá consultá-lo. 6Ali Salomão, na presença de Deus, subiu ao altar de bronze que estava diante da tenda da reunião e ofereceu mil holocaustos†.

Salomão pede a sabedoria. 7Naquela noite, Deus apareceu a Salomão e lhe disse: "Pede o que queres que eu te dê". 8Salomão respondeu a Deus: "Vós demonstrastes grande amor para com meu pai Davi e me fizestes reinar em seu lugar. 9Agora, Javé Deus, cumpra-se vossa promessa feita a meu pai Davi, pois me estabelecestes rei sobre um povo tão numeroso como o pó da terra. 10Concedei-me sabedoria e inteligência para que eu possa conduzir este povo; pois quem poderia governar este teu povo tão grande?"

11Deus disse a Salomão: "Já que é este teu desejo e não pediste nem riqueza, nem tesouros, nem glória, nem a vida de teus inimigos; já que nem mesmo pediste vida longa, mas pediste sabedoria e inteligência para governar meu povo sobre o qual te constituí rei, 12a sabedoria e a inteligência te são concedidas. Eu te darei também riqueza, tesouros e glória como não teve nenhum dos reis* que te precederam nem terão os que vierem depois de ti".

13Salomão deixou o lugar alto de Gabaon* e a tenda da reunião, foi para Jerusalém e começou a reinar sobre Israel. 14Reuniu carros e cavalos; chegou a possuir mil e quatrocentos carros e doze mil cavalos; ele os colocou nas cidades destinadas aos carros e perto do rei, em Jerusalém. 15O rei fez com que a prata e o ouro fossem tão comuns em Jerusalém quanto as pedras, e o cedro tão abundante como os sicômoros na Planície. 16Os cavalos de Salomão eram importados do Egito e da Cilícia; os comerciantes do rei compravam-nos na Cilícia pelo preço estipulado. 17Importavam também do Egito um carro por seiscentos siclos de prata e um cavalo por cento e cinquenta siclos; da mesma forma, por meio daqueles comerciantes, os exportavam a todos os reis dos heteus e aos reis de Aram.

18Salomão decidiu construir um templo para o nome de Javé e um palácio para si.

2 **Preparativos para a construção do templo.** 1Salomão contratou* setenta mil homens para o transporte, oitenta mil para extrair pedras nas montanhas e três mil e seiscentos supervisores.

2Depois Salomão mandou dizer a Hiram, rei de Tiro: "Como fizeste com meu pai Davi, ao qual enviaste cedro para edificar uma casa* para ele morar, faze-o também comigo. 3Resolvi edifi-

---

* **1**,3. 1Rs 3,4-15 / 1Cr 16,39; 21,29 | 5. 1Cr 2,20 | 12. Mt 6,33 | 13. 1Rs 10,26-33; 2Cr 9,22-27 | **2**,1. 2,17; 1Rs 5,29s | 2. 1Cr 14,1 | 3. Nm 20,12; 17,5; Lv 24,6; Nm 28-29

† **I**. O Cronista omite tudo o que lhe parece menos digno do rei sábio e glorioso: as lutas sangrentas que marcaram sua subida ao trono, seus amores proibidos e seus fracassos na política externa e interna. | 6. O culto do templo será a continuação da liturgia do período do deserto. Ver 8,13.

car um templo ao nome de Javé, meu Deus, para consagrá-lo a ele, a fim de queimar diante dele incenso aromático, oferecer continuamente os pães da apresentação* e holocaustos de manhã e de tarde, aos sábados, nas luas novas e nas solenidades de Javé, nosso Deus, o que é lei perpétua para Israel. 4A casa que vou construir há de ser grande, porque nosso Deus é maior que todos os deuses. 5Mas quem seria capaz de lhe construir uma casa, se os céus e os céus dos céus não o podem conter? E eu, quem sou para construir-lhe uma casa, embora seja apenas para queimar incenso em sua presença? 6Envia-me, por favor, um homem perito em trabalhar o ouro, a prata, o bronze, o ferro, a púrpura carmesim e violeta e que saiba fazer obras de entalhe; ele trabalhará com os artesãos que tenho comigo em Judá e em Jerusalém e que Davi, meu pai, preparou. 7Envia-me do Líbano troncos de cedro, de cipreste e de sândalo, pois sei que teus servos sabem cortar as madeiras do Líbano. Meus servos trabalharão com os teus, 8para me prepararem madeira em grande quantidade, pois a casa que quero construir será grande e maravilhosa. 9A teus servos, que vão cortar e lavrar a madeira, darei vinte mil coros de trigo, vinte mil coros de cevada, vinte mil batos de vinho e vinte mil batos de azeite".

Tratado com Hiram. 10Numa carta que enviou a Salomão, Hiram, rei de Tiro, respondeu: "É porque ama seu povo que Javé te fez reinar sobre ele". 11Depois acrescentou: "Bendito seja Javé, o Deus de Israel, que fez os céus e a terra e deu ao rei Davi um filho sábio, sensato e prudente, que vai construir uma casa para Javé e um palácio para si próprio. 12Envio-te um homem hábil e entendido, Hiram-Abi, 13filho de uma descendente de Dã e de um pai de Tiro. Sabe trabalhar* o ouro, a prata, o bronze, o ferro, a pedra, a madeira, a púrpura, o tecido violeta, o linho fino, o carmesim, e sabe fazer toda espécie de entalhe e executar qualquer projeto que lhe for proposto. Ele trabalhará com teus artesãos e com os de Davi, teu pai. 14Agora, pois, que meu senhor envie a seus servos o trigo, a cevada, o azeite e o vinho prometidos. 15Nós cortaremos no Líbano toda a madeira de que terás necessidade e a levaremos pelo mar em balsas até Jope, e tu a farás subir até Jerusalém".*

16Salomão fez o recenseamento de todos os estrangeiros que residiam no território de Israel, depois do censo que fizera Davi seu pai, e acharam-se cento e cinquenta e três mil e seiscentos. 17Destinou setenta mil deles como carregadores, oitenta mil para extrair pedras na montanha e três mil e seiscentos como supervisores dos trabalhos dessa gente.

3 **A construção do templo.** 1Salomão começou, então, a construção* do templo de Javé em Jerusalém, sobre o monte Moriá†, que fora indicado a seu pai Davi, no lugar preparado por Davi* na eira de Ornã, o jebuseu. 2Salomão começou a construir no segundo mês do quarto ano de seu reinado. 3Foram estas as medidas dos alicerces que Salomão lançou para construir o templo de Deus: tinha sessenta côvados de comprimento, segundo a medida antiga, e vinte de largura. 4O pórtico* na frente do templo tinha vinte côvados de comprimento, igualando à largura do edifício, e tinha uma altura de cento e vinte côvados. Salomão revestiu seu interior de ouro puro. 5Quanto à grande sala, revestiu-a de madeira de cipreste, que recobriu de ouro puro e mandou esculpir por cima palmeiras e guirlandas. 6Revestiu esta sala com uma decoração de pedras preciosas; o ouro era de Parvaim. 7Recobriu de ouro

---

* **2**,13. 1Rs 7,14; Êx 31,2s | 15. 1Rs 5,23-26; 1Cr 22,2 | **3**,1. 1Rs 6 / 1Cr 21,15s | 4. Ez 40,5

† **3**,1. Local do sacrifício de Abraão e Isaac, Gn 22,2. A construção do templo demorou sete anos e meio, 1Rs 6,37s. | 7. A fachada do templo estava voltada para o sol nascente. O santuário tinha duas partes: o santo e o santo dos santos. Nelas não entrava o povo, que ficava nos pátios diante do templo: o primeiro era reservado aos sacerdotes e o segundo era do povo. No tempo de Herodes acrescentaram o pátio das mulheres e o dos gentios.

a sala, as vigas, os umbrais, as paredes e as portas, e depois mandou esculpir querubins nas paredes†.

[8]A seguir, construiu a sala do santuário interior, cujo comprimento era de vinte côvados, correspondendo à largura do templo, e cuja largura era de vinte côvados. Recobriu-a com ouro puríssimo, avaliado em seiscentos talentos; [9]os pregos de ouro pesavam cinquenta siclos. Forrou de ouro também as salas superiores. [10]Para a sala do santuário interior mandou esculpir dois querubins e revestiu-os de ouro. [11]As asas dos querubins tinham vinte côvados de comprimento. A asa de um tinha cinco côvados e chegava até uma parede da sala; e a outra asa, de cinco côvados, tocava a asa do outro querubim. [12]A asa do outro querubim, de cinco côvados, também chegava até a parede da sala; e a outra asa, de cinco côvados, tocava a asa do outro querubim. [13]As asas desses querubins, estendidas, mediam vinte côvados. Estavam colocados de pé, com as faces voltadas para o interior do templo.

[14]Mandou fazer a cortina de púrpura violeta, escarlate, carmesim e de linho puro; e nela mandou bordar querubins.

[15]Diante do templo fez duas colunas* de trinta e cinco côvados de altura, encimadas por um capitel de cinco côvados. [16]Fez correntes à maneira de guirlandas, que mandou colocar no alto das colunas, e fez cem romãs para colocar nas correntes. [17]Erigiu as colunas diante do lugar santo, uma à direita e a outra à esquerda, dando o nome de Jaquin à da direita, e de Booz à da esquerda†.

4 **A mobília do templo.** [1]Fabricou um altar de bronze com vinte côvados de comprimento, vinte de largura e dez de altura. [2]Fez o mar de metal fundido,* medindo dez côvados de uma borda à outra, de forma circular, com cinco côvados de altura e trinta côvados de circunferência†. [3]Por baixo de sua borda, ao redor, havia figuras semelhantes a bois, dez em cada côvado, dispostos em duas fileiras ao redor do mar, os quais tinham sido fundidos numa só peça com ele. [4]O mar repousava sobre doze bois, dos quais três estavam voltados para o norte, três para o oeste, três para o sul e três para o leste. O mar se apoiava sobre eles, e a parte posterior de seus corpos estava voltada para o interior. [5]Sua espessura era de um palmo, e sua borda tinha a mesma forma que a borda de uma taça, como uma flor de lírio. Sua capacidade era de três mil batos.

[6]Fez dez bacias* e colocou cinco à direita e cinco à esquerda, para nelas se lavar o que servia para o holocausto, mas era no mar que os sacerdotes se lavavam. [7]Fez os dez candelabros* de ouro, segundo as normas prescritas, e os colocou no templo, cinco à direita e cinco à esquerda. [8]Fez dez mesas* e instalou-as no templo, cinco à direita e cinco à esquerda; e fez também cem bacias de ouro.

[9]Construiu o pátio dos sacerdotes* e o pátio grande, como também suas portas, que mandou revestir de bronze. [10]Colocou o mar à direita, para o lado* sudeste. [11]Hiram fez as panelas, as pás e as bacias. Assim terminou a obra de que o encarregara o rei Salomão para o templo de Deus: [12]as duas colunas, os dois globos* dos capitéis que estavam no alto das colunas, as duas redes para cobrir os dois globos dos capitéis que estavam no alto das colunas; [13]as quatrocentas romãs para as duas redes, isto é, duas fileiras de romãs para cada rede, para cobrir os dois globos dos capitéis que estavam no topo das colunas; [14]ele fez as bases e as dez bacias sobre as bases; [15]o mar único com os doze bois embaixo; [16]as panelas, as pás, os garfos e todos os utensílios que Hiram-Abi fez de bronze polido para o rei Salomão, para o templo de Javé. [17]Foi na planície do Jordão, entre Sucot e Sardata, em ter-

---

* **3**,15. 1Rs 7,15-22 | **4**,2. 1Rs 7,23-26 | 6. 1Rs 7,38s | 7. 1Rs 7,49 | 8. 1Cr 28,16 | 9. 1Rs 7,50 | 10. 1Rs 7,12

† **3**,17. Ver a nota em 1Rs 7,21. | **4**,2. Ver a nota em 1Rs 7,23.

ra argilosa, que o rei os mandou fundir. [18]Salomão fez todos esses objetos em tal quantidade que não se podia calcular o peso do bronze.

[19]Salomão fez todos os objetos destinados ao templo de Deus: o altar de ouro e as mesas sobre as quais estavam os pães da apresentação; [20]os candelabros, com suas lâmpadas de ouro puro, para serem acesas, conforme a lei, perante o santuário interior; [21]as flores, as lâmpadas, as tenazes, de ouro, e era ouro puro; [22]as facas, as taças, as colheres e os incensórios, de ouro puro. Quanto às portas do templo, as portas interiores para o santuário interior e as portas do lugar santo eram de ouro.

5

[1]Assim ficou terminada toda a obra que Salomão executou para a casa de Javé; e Salomão mandou trazer o que seu pai Davi havia consagrado: a prata, o ouro e todos os utensílios, e colocou-os no tesouro da casa de Deus.

Trasladação da arca da aliança. [2]Então, Salomão reuniu* em Jerusalém os anciãos de Israel, todos os chefes das tribos e os chefes das famílias dos israelitas, para fazer subir da Cidade de Davi, que é Sião, a arca da aliança de Javé. [3]Todos os homens de Israel se congregaram junto do rei, na festa do sétimo mês. [4]Vieram todos os anciãos de Israel, e foram os levitas que carregaram a arca. [5]Transportaram a arca e a tenda da reunião com todos os objetos sagrados que nela estavam; foram os sacerdotes-levitas que os transportaram.

[6]O rei Salomão e toda a comunidade de Israel reunida junto dele, diante da arca, imolaram ovelhas e bois em quantidade tal que não se podia contar nem calcular. [7]Os sacerdotes conduziram a arca da aliança de Javé a seu lugar, ao santuário interior do templo, a saber, a lugar santíssimo, sob as asas dos querubins. [8]Os querubins estendiam suas asas sobre o lugar da arca, cobrindo a arca e seus varais. [9]Estes eram tão longos que do lugar santo, defronte do santuário interior, se viam suas extremidades no prolongamento da arca, mas não fora daí; eles aí permanecem até hoje. [10]Na arca nada havia, exceto as duas tábuas que Moisés, no Horeb, aí tinha colocado, quando Javé concluiu uma aliança com os israelitas na saída do Egito.

Deus toma posse do templo. [11]Ora, quando os sacerdotes* saíram do santuário – pois todos os sacerdotes que lá estavam se haviam santificado sem observar a ordem das classes – [12]e os levitas cantores* em sua totalidade, Asaf, Emã e Iditun, com seus filhos e irmãos, vestidos de linho puro, portando címbalos, harpas e cítaras, permaneciam de pé a oriente do altar, e com eles cento e vinte sacerdotes que tocavam trombetas, [13]aconteceu que, quando os que tocavam trombetas e os cantores, bem juntos, se fizeram ouvir em uníssono louvando e dando graças a Javé, quando levantaram a voz junto com as trombetas, os címbalos e os outros instrumentos para celebrar a Javé "porque ele é bom, porque eterno é seu amor", então o templo, o templo de Javé, se encheu com uma nuvem, [14]e os sacerdotes não puderam continuar sua função por causa da nuvem, pois a glória de Javé enchia a casa de Deus.

6

A dedicação do templo. [1]Então disse Salomão:

"Javé declarou que habitaria na obscuridade.

[2]Mas eu construí para vós uma sublime morada,

um lugar onde habitareis para sempre".

Discurso de Salomão. [3]Depois o rei se voltou* e abençoou toda a assembleia de Israel, enquanto toda a assembleia de Israel se mantinha de pé; [4]e ele disse:

"Bendito seja Javé, Deus de Israel, que realizou com poder o que com sua boca prometeu a meu pai Davi, dizendo: [5]'Desde quando fiz sair meu povo

---

* **5**,2. 1Rs 8,1-9 | 11. 1Rs 8,10-13 | 12. 1Cr 24 | **6**,3. 1Rs 8,14-21

do Egito, não escolhi uma cidade, dentre todas as tribos de Israel, para nela se construir um templo onde habitaria meu nome, e não escolhi um homem para ser chefe de Israel, meu povo. 6Mas escolhi Jerusalém para que meu nome aí estivesse e escolhi Davi para comandar Israel, meu povo'.

7Meu pai Davi teve a intenção de construir uma casa para o nome de Javé, Deus de Israel, 8mas Javé disse a meu pai Davi: 'Planejaste edificar uma casa para meu nome, e fizeste bem ao conceber tal projeto. 9Contudo, não serás tu quem edificará esta casa, e, sim, teu filho, saído de tuas entranhas, que construirá a casa para meu nome'. 10Javé realizou a palavra que dissera: sucedi a meu pai Davi e tomei posse do trono de Israel como prometera Javé; construí a casa para o nome de Javé, Deus de Israel, 11e nela coloquei a arca, na qual se acha a aliança que Javé concluiu com os israelitas".

Oração de Salomão. 12Em seguida, Salomão postou-se diante do altar de Javé, na presença de toda a assembleia de Israel, e estendeu as mãos†. 13Ora, Salomão mandara* fazer uma tribuna de bronze, de cinco côvados de comprimento, cinco de largura e três de altura, que pusera no meio da esplanada. Salomão subiu à tribuna e se ajoelhou diante de toda a assembleia de Israel. Estendeu as mãos para o céu 14e disse:

"Javé, Deus de Israel! Não existe nenhum Deus semelhante a vós, nem no céu e nem na terra; vós que guardais a aliança e o amor para com vossos servos que caminham de todo o coração diante de vós. 15Cumpristes para com vosso servo Davi, meu pai, a promessa que lhe havíeis feito, e o que dissestes com vossa boca executastes com poder, como hoje se vê. 16E agora, Javé, Deus de Israel, mantende a vosso servo Davi, meu pai, a promessa que lhe fizestes, ao dizer: 'Jamais te faltará um descendente que se assente diante de mim no trono de Israel, contanto que teus filhos atendam a seu procedimento e sigam minha lei como procedeste diante de mim'. 17Agora, pois, Javé, Deus de Israel, que se cumpra a palavra que dissestes a vosso servo Davi! 18Mas será verdade que Deus habita com os homens nesta terra? Se os céus e os céus dos céus não vos podem conter, muito menos esta casa que construí! 19Todavia, sede atento à prece e à súplica de vosso servo, Javé, meu Deus; escuta o clamor e a prece que vosso servo faz diante de vós! 20Que vossos olhos estejam abertos dia e noite sobre esta casa, sobre o lugar onde prometestes colocar vosso nome, para ouvirdes a prece que vosso servo fará voltado para este lugar".

Oração pelo povo. 21"Escutai as súplicas* de vosso servo e de vosso povo Israel quando rezarem voltados para este lugar. Escutai do céu, do lugar em que residis, escutai e perdoai.

22Se alguém pecar contra seu próximo e, porque obrigado a jurar, vier jurar ante vosso altar neste templo, 23escutai do céu e agi! Fazei justiça a vossos servos: declarai culpado o mau, fazendo recair sobre sua cabeça o peso de sua falta, e declarai inocente o justo, tratando-o segundo sua retidão.

24Quando Israel, vosso povo, for vencido pelo inimigo, por haver pecado contra vós, e depois se converter e louvar vosso nome, rezar e suplicar diante de vós neste templo, 25escutai do céu, perdoai o pecado de Israel, vosso povo, e reconduzi-o ao país que lhe destes a ele e a seus pais.

26Quando o céu se fechar e não houver chuva, por terem eles pecado contra vós, se rezarem voltados para este lugar, louvarem vosso nome e se arrependerem de seu pecado, por os terdes afligido, 27escutai do céu, perdoai o pecado de vossos servos e de Israel, vosso povo – vós lhe ensinareis o caminho reto que devem seguir – e regai com a chuva vossa terra que destes em herança a vosso povo.

---

* **6**,13. 1Rs 8,22-29 | 21. 1Rs 8,30-51

† **6**,12. O israelita rezava de pé, com as mãos erguidas.

[28]Quando o país sofrer a fome, a peste, a mela e a ferrugem; quando sobrevierem os gafanhotos ou os pulgões; quando o inimigo deste povo o sitiar em seu país ou em suas cidades, quando houver qualquer calamidade ou epidemia, [29]toda oração ou súplica que qualquer pessoa ou todo o vosso povo de Israel fizer, tomando consciência cada um de sua chaga e de sua dor, e estendendo as mãos para este templo, [30]escutai do céu onde residis, perdoai e retribuí a cada um segundo seu proceder, pois conheceis seu coração – sois o único que conhece o coração dos homens – [31]a fim de que vos temam e sigam vossos caminhos por todos os dias que viverem sobre a terra que destes a nossos pais.

[32]Mesmo o estrangeiro que não pertencer a Israel, vosso povo, se vier de um país longínquo por causa da grandeza de vosso nome, de vossa mão forte e de vosso braço estendido, para rezar neste templo, [33]escutai do céu onde residis, atendei a todos os pedidos do estrangeiro, a fim de que todos os povos da terra conheçam vosso nome e vos temam como o faz Israel, vosso povo, e saibam eles que este templo que edifiquei é dedicado a vosso nome.

[34]Quando vosso povo sair à guerra contra seus inimigos, na direção à qual o enviardes, e ele rezar a vós voltado para esta cidade que escolhestes e para o templo que construí para vosso nome, [35]escutai do céu sua prece e sua súplica e fazei-lhe justiça.

[36]Quando tiverem pecado contra vós – pois não há pessoa alguma que não peque – e vós, irritado contra eles, os entregardes ao inimigo, e seus vencedores os deportarem para uma terra distante ou próxima, [37]se eles caírem em si, na terra para onde tiverem sido deportados, se converterem e vos suplicarem na terra de seu cativeiro, dizendo: 'Pecamos, agimos mal, cometemos iniquidade', [38]se retornarem a vós de todo o seu coração e de toda a sua alma na terra de seu cativeiro para onde foram deportados, e se rezarem a vós voltados para sua terra que destes a seus pais, para a cidade que escolhestes e para o templo que construí para vosso nome, [39]escutai do céu, do lugar onde residis, sua prece e sua súplica, e fazei-lhes justiça. Perdoai a vosso povo que pecou contra vós".

[40]"Agora, ó meu Deus,* que vossos olhos estejam abertos e vossos ouvidos atentos às orações feitas neste lugar!
[41]E agora,
levantai-vos, Javé Deus,
e vinde para o lugar de vosso repouso,*
vós e a arca de vossa força!
Que vossos sacerdotes, Javé Deus,
se revistam de salvação
e que vossos fiéis se alegrem na felicidade!
[42]Javé Deus, não rejeiteis vosso ungido,
lembrai-vos do amor que tivestes a vosso servo Davi!"

7 **Oferta de sacrifícios.** [1]Quando Salomão* acabou de rezar, desceu fogo do céu, que consumiu o holocausto e os sacrifícios, e a glória de Javé encheu o templo. [2]Os sacerdotes não puderam entrar no templo de Javé, pois a glória de Javé enchia o templo de Javé. [3]Todos os israelitas, vendo o fogo descer e a glória de Javé sobre o templo, prostraram-se com o rosto em terra sobre o pavimento; adoraram e celebraram Javé, "porque ele é bom, porque eterno* é seu amor". [4]O rei e todo o povo ofereceram sacrifícios diante de Javé. [5]O rei Salomão imolou* em sacrifício vinte e dois mil bois e cento e vinte mil ovelhas. Assim o rei, junto com todo o povo, consagrou o templo de Deus. [6]Os sacerdotes exerciam suas funções; assim também os levitas, com os instrumentos musicais consagrados a Javé e feitos por Davi para louvar a Javé, "porque eterno* é seu amor", cada vez que Davi louvava por meio deles. Os sacerdotes tocavam* as trom-

* **6**,40. 1Rs 8,52 | 41. Sl 132,8-11 | **7**,1. 1Cr 21,26; 5,14 | 3. Sl 136,1 | 5. 1Rs 8,62s | 6. Sl 136,s / Nm 10,1-10

betas defronte deles e todo o Israel se
mantinha de pé.
7Salomão consagrou* a parte central
do pátio que estava diante do templo
de Javé, porque foi lá que ele ofereceu
os holocaustos e as gorduras dos sa-
crifícios de comunhão, pois o altar de
bronze que Salomão fizera não podia
conter o holocausto, as oblações e as
gorduras. 8Naquele tempo Salomão
celebrou a festa durante sete dias e
todo o Israel com ele, uma grande as-
sembleia desde a entrada de Emat até
a torrente do Egito. 9No oitavo dia fez-
-se uma reunião solene, pois haviam
celebrado a dedicação do altar durante
sete dias e a festa durante outros sete
dias. 10No dia vinte e três do sétimo
mês Salomão despediu o povo para
que voltasse a suas casas, alegre e de
coração contente pelo bem que Javé
fizera a Davi, a Salomão e a Israel, seu
povo.

Javé responde à oração de Salomão.
11Salomão terminou* o templo de Javé
e o palácio real, e completou tudo o
que tencionava fazer no templo de
Javé e em sua casa. 12Javé apareceu,
então, de noite a Salomão e lhe disse:
"Ouvi tua prece e escolhi este lugar
para mim como casa dos sacrifícios.
13Quando eu fechar o céu e não houver
chuva, quando eu ordenar aos gafa-
nhotos que devorem o país e quando
eu enviar a peste contra meu povo, 14se
meu povo, sobre quem foi invocado
meu nome, se humilhar, rezar, buscar
minha face e se arrepender de sua má
conduta, eu escutarei do céu, perdoa-
rei seus pecados e restaurarei seu país.
15Doravante, meus olhos estarão aber-
tos e meus ouvidos atentos à oração
feita neste lugar†. 16Para o futuro esco-
lhi e consagrei esta casa, a fim de que
meu nome aí esteja para sempre; meus
olhos e meu coração estarão ali todos
os dias. 17Quanto a ti, se caminha-
res diante de mim como fez Davi, teu
pai, fazendo tudo quanto te ordeno, e
se observares meus estatutos e meus
decretos, 18consolidarei teu trono real
como prometi a teu pai Davi quando
disse: 'Jamais te faltará um descenden-
te que reine em Israel'.† 19Mas se vos
desviardes, abandonando os estatutos
e os mandamentos que vos propus,
se fordes servir a outros deuses e lhes
prestardes culto, 20eu vos arrancarei de
minha terra que vos dei, rejeitarei para
longe de minha presença esta casa que
consagrei a meu nome e a farei objeto
de escárnio e de zombaria entre todos
os povos. 21Todo aquele que passar
perto desta casa, que era tão excelsa,
vai espantar-se e perguntar: 'Por que
Javé tratou assim este país e esta casa?'
22E responderão: 'Porque abandonaram
Javé, o Deus de seus pais, que os fez
sair da terra do Egito, aderiram a outros
deuses, adoraram-nos e serviram-nos;
por isso fez vir sobre eles todas estas
calamidades'".

8 **Obras de Salomão.** 1Passados vin-
te anos,* durante os quais Salomão
construiu o templo de Javé e seu pró-
prio palácio, 2ele reconstruiu as cidades
que Hiram lhe havia dado e nelas esta-
beleceu os israelitas. 3Depois marchou
contra Emat de Soba e apoderou-se
dela. 4Reconstruiu Tadmor† no deserto
e todas as cidades-armazéns por ele
edificadas no país de Emat. 5Recons-
truiu Bet-Horon superior e Bet-Horon
inferior, cidades fortificadas com muros,
portas e ferrolhos, 6bem como Baalat,
todas as cidades-armazéns pertencen-
tes a Salomão, todas as cidades para
os carros e as cidades para a cavalaria,
enfim, tudo o que desejou construir em
Jerusalém, no Líbano e em todos os paí-
ses sob seu domínio.
7Toda a população que restava dos
heteus, dos amorreus, dos ferezeus,

---

* **7**,7. 1Rs 8,64ss | 11. 1Rs 9,1-9 | **8**,1. 1Rs 9,10-25

† **7**,15. A igreja é o lugar ideal para a oração: "Não podes rezar em casa como na igreja, onde se encontra o povo reunido, onde o grito é lançado a Deus de um só coração. Há ali algo mais, a união dos espíritos, a harmonia das almas, o vínculo da caridade, as orações dos presbíteros" (S. João Crisóstomo). | 18. A fidelidade do rei e do povo à aliança é condição essencial para obterem o que Deus prometeu. **8**,4. Chamada também Palmira, fica na Síria, 250 km a nordeste de Damasco.

dos heveus e dos jebuseus, que não
pertenciam a Israel, 8e todos os des-
cendentes desses povos que ficaram
depois deles no país sem serem exter-
minados pelos israelitas, Salomão os
levou para mão de obra nos trabalhos
forçados, como são ainda hoje.
9Mas Salomão não utilizou nenhum
dos israelitas como escravo para suas
obras, pois eles serviam como solda-
dos; eram oficiais de seus escudeiros,
comandantes de seus carros e de sua
cavalaria. 10Os chefes dos inspetores
do rei Salomão eram em número de
duzentos e cinquenta, encarregados de
governar o povo.
11Salomão transferiu a filha do faraó
da Cidade de Davi para a casa que lhe
havia construído. Com efeito, ele dizia:
"Nenhuma mulher minha pode habitar
na casa de Davi, rei de Israel, porque
estes lugares nos quais entrou a arca
de Javé são sagrados".
12Salomão ofereceu, então, holo-
caustos a Javé sobre o altar de Javé que
ele havia edificado diante do pórtico,
13e o fazia* segundo o número exigido
cada dia, oferecendo-os, conforme a
ordem de Moisés, nos sábados, nas luas
novas e nas três solenidades anuais: a
festa dos Ázimos, a festa das Semanas
e a festa das Tendas. 14Ele estabeleceu,
segundo a disposição de Davi,* seu pai,
as classes sacerdotais para seu serviço,
os levitas em sua função para louvar e
assistir aos sacerdotes segundo o ri-
tual cotidiano, e os porteiros, segundo
sua respectiva classe, em cada porta,
pois esta foi a norma de Davi, homem
de Deus. 15Em nenhum outro pon-
to, nem no que concerne ao tesouro,
afastaram-se da norma que o rei dera
aos sacerdotes e aos levitas. 16Assim foi
completada toda a obra de Salomão,
desde o dia em que foram lançados os
alicerces do templo até que ficou con-
cluída. Assim ficou terminado o templo
de Javé.
17Então Salomão partiu* para Asion-
gaber e Elat, junto ao mar, no país de
Edom. 18Hiram enviou-lhe, por meio de
seus servos, navios e servos que conhe-
ciam o mar. Com os servos de Salomão
eles foram a Ofir e, de lá, trouxeram
quatrocentos e cinquenta talentos de
ouro, que entregaram ao rei Salomão.

9 **A rainha de Sabá visita Salo-
mão†.** 1A rainha de Sabá* ouviu
falar da fama de Salomão e veio a Jeru-
salém para pô-lo à prova por meio de
enigmas. Chegou com um cortejo mui-
to numeroso, com camelos carregados
de aromas, grande quantidade de ouro
e de pedras preciosas. Apresentou-se
a Salomão e lhe expôs tudo o que ti-
nha no coração. 2Salomão respondeu a
todas as suas perguntas e nada houve
por demais obscuro para ele que não
pudesse solucionar. 3Quando a rainha
de Sabá viu a sabedoria de Salomão,
o palácio que fizera para si, 4as igua-
rias de sua mesa, os aposentos de seus
oficiais, o serviço e as vestes de seus
domésticos, seus copeiros e seus trajes
e os holocaustos que ele oferecia no
templo de Javé, ficou fora de si e disse
ao rei: 5"Realmente, era verdade tudo
o que ouvi em meu país a respeito de
ti e de tua sabedoria! 6Eu não queria
acreditar no que diziam antes de vir e
ver com meus próprios olhos: porém,
não me disseram nem a metade sobre
a grandeza de tua sabedoria: ultrapas-
sas a fama que chegou a meus ouvidos.
7Feliz tua gente, felizes teus servos que
estão continuamente em tua presença
e ouvem tua sabedoria! 8Bendito seja
Javé, teu Deus, que se agradou de ti
para te colocar sobre seu trono como
rei para Javé, teu Deus. É porque teu
Deus ama Israel e deseja consolidá-lo
para sempre, que ele te constitui rei
sobre ele para exerceres o direito e a
justiça".
9Ela deu ao rei cento e vinte talen-
tos de ouro, uma grande quantidade
de aromas e de pedras preciosas. Ja-
mais houve aromas como os que a ra-
inha de Sabá ofereceu ao rei Salomão.

* **8**,13 Nm 28-29; Êx 23,14 | 14. 1Cr 23-26 | 17. 1Rs 9,26ss | **9**,1. 1Rs 10,1-13

† **9**. Ver a nota em 1Rs 10,1.

10Os servos de Hiram e os de Salomão,
que trouxeram ouro de Ofir, trouxeram
também madeira de sândalo e pedras
preciosas. 11Com a madeira de sândalo
o rei fez as escadas do templo de Javé
e do palácio real, liras e harpas para os
cantores; jamais se viu antes coisa igual
no país de Judá. 12O rei Salomão ofere-
ceu à rainha de Sabá tudo o que ela de-
sejou e pediu, além do equivalente ao
que ela lhe trouxera. Depois ela partiu e
voltou para sua terra com seus servos.

13O peso do ouro* que chegava para
Salomão, anualmente, era de seiscen-
tos e sessenta e seis talentos de ouro,
14sem contar o que lhe provinha dos
viajantes e comerciantes importadores.
Todos os reis da Arábia e todos os go-
vernadores do país também traziam a
Salomão ouro e prata.

Riquezas de Salomão. 15O rei Salomão
fez duzentos* escudos grandes de ouro
batido, para cada um dos quais utilizou
seiscentos siclos de ouro batido, 16e tre-
zentos escudos pequenos de ouro bati-
do, para cada um dos quais empregou
trezentos siclos de ouro, e depositou-os
na casa da Floresta do Líbano. 17O rei fez
também um grande trono* de marfim,
que revestiu de ouro puro. 18Esse tro-
no tinha seis degraus e um estrado de
ouro, fixos no trono; de ambos os lados
do assento havia braços e dois leões em
pé perto dos braços. 19Doze leões esta-
vam colocados à direita e à esquerda,
nos seis degraus. Jamais se fez algo de
semelhante em nenhum reino.

20Todas as taças* que Salomão usava
para beber eram de ouro, e toda a bai-
xela da casa da Floresta do Líbano era
de ouro puro; a prata, no tempo do rei
Salomão, não tinha valor. 21Com efei-
to, o rei tinha navios que iam a Társis
com os servos de Hiram e, de três em
três anos, os navios voltavam de Társis
carregados de ouro, prata, marfim, ma-
cacos e pavões.

22O rei Salomão superou em riqueza
e em sabedoria todos os reis da terra.
23Todos os reis da terra queriam ser re-
cebidos por Salomão para ouvir a sa-
bedoria que Deus lhe tinha posto no
coração, 24e cada um trazia anualmente
seu presente: objetos de prata, objetos
de ouro, roupas, armas e aromas, cava-
los e mulas.

25Salomão tinha quatro mil* está-
bulos para seus cavalos e seus carros,
e doze mil cavalos, que distribuiu nas
cidades dos carros e junto do rei, em
Jerusalém.

26Ele estendeu seu domínio* sobre
todos os reis, desde o rio até o país dos
filisteus e até à fronteira com o Egito.
27Fez com que a prata fosse tão co-
mum* em Jerusalém quanto as pedras,
e os cedros tão numerosos como os
sicômoros da Planície. 28Importavam-
-se para Salomão cavalos do Egito e de
todos os países.

Morte de Salomão. 29O resto da histó-
ria* de Salomão, do começo ao fim, não
está tudo escrito nas crônicas do pro-
feta Natã, na profecia de Aías de Silo e
nas visões de Ido, o vidente, a respeito
de Jeroboão, filho de Nabat? 30Salomão
reinou quarenta anos em Jerusalém so-
bre todo o Israel. 31Depois ele adorme-
ceu com seus pais e foi enterrado na Ci-
dade de Davi, seu pai. Tornou-se rei em
seu lugar seu filho Roboão.

II. REIS DE JUDÁ ATÉ O CATIVEIRO (10–36)

10 **O cisma político†.** 1Roboão foi
a Siquém,* pois foi lá que todo
o Israel tinha ido para proclamá-lo rei.
2Sabendo disso, regressou do Egito Je-
roboão, filho de Nabat, que se encon-
trava no Egito, para onde fugira do rei
Salomão. 3Mandaram chamá-lo, e ele
veio com todo o Israel.

Disseram assim a Roboão: 4"Teu pai
tornou pesado nosso jugo; agora, ali-
via a dura servidão de teu pai e o jugo
pesado que ele nos impôs e nós te ser-

---

* **9**,13. 1Rs 10,14s | 15. 1Rs 10,16s | 17. 1Rs 10,18ss | 20. 1Rs 10,21-25 | 25. 1Rs 5,6; 10,26; 2Cr 1,14 | 26. 1Rs 5,1 | 27. 1Rs 10,27s; 2Cr 1,15 | 29. 1Rs 11,41ss | **10**,1. 1Rs 12,1-19

† **10**. Ver a nota em 1Rs 12,4.

viremos". [5]Ele respondeu: "Voltai a mim
daqui a três dias". E o povo foi embo-
ra. [6]O rei Roboão consultou os anciãos
que haviam servido a seu pai Salomão
durante sua vida e perguntou: "Que me
aconselhais a responder a este povo?"
[7]Eles disseram: "Se te mostrares be-
névolo para com este povo, se o con-
tentares e lhe dirigires boas palavras,
então eles serão para sempre teus ser-
vidores". [8]Mas ele rejeitou o conselho
dos anciãos e consultou os jovens que
haviam crescido com ele e estavam a
seu serviço. [9]Perguntou-lhes: "Que
aconselhais que se responda a este
povo que me falou assim: 'Alivia o jul-
go que teu pai nos impôs'?" [10]Os jo-
vens, seus companheiros de infância,
responderam: "Eis o que dirás ao povo
que te disse: 'Teu pai tornou pesado
nosso jugo, mas tu, alivia nosso jugo',
eis o que responderás: 'Meu dedo mí-
nimo é mais grosso que os rins de meu
pai! [11]Meu pai vos sobrecarregou com
um jugo pesado, mas eu o tornarei
mais pesado ainda; meu pai vos cas-
tigou com açoites, e eu vos castigarei
com escorpiões!'"
[12]Jeroboão e todo o povo se apre-
sentaram a Roboão no terceiro dia,
de acordo com a ordem que ele dera:
"Voltai a mim daqui a três dias". [13]O rei
respondeu-lhes duramente. O rei Ro-
boão rejeitou o conselho dos anciãos
[14]e, seguindo o conselho dos jovens,
falou-lhes assim: "Meu pai tornou vos-
so jugo pesado, mas eu o tornarei mais
pesado ainda; meu pai vos castigou
com açoites e eu, com escorpiões".
[15]Assim, o rei não ouviu o povo: era
uma disposição de Deus, para cumprir
a palavra que Javé dissera a Jeroboão,
filho de Nabat, por intermédio de Aías
de Silo. [16]Quando todo o Israel viu que
o rei não os ouvia, o povo respondeu
ao rei:

"Que parte temos com Davi?
Não temos herança com o filho de Jessé.
Cada um para suas tendas, ó Israel!
E agora cuida de tua casa, Davi!"

E todo o Israel voltou para suas ten-
das. [17]Mas Roboão continuou a reinar
sobre os israelitas que moravam nas
cidades de Judá. [18]O rei Roboão en-
viou Adoram, chefe dos trabalhos for-
çados, mas os israelitas o apedrejaram
e ele morreu; então o rei Roboão su-
biu depressa a seu carro a fim de fugir
para Jerusalém. [19]Assim Israel se rebe-
lou contra a casa de Davi até o dia de
hoje.

11 **Reinado de Roboão.** [1]Quando
Roboão chegou* a Jerusalém,
convocou a casa de Judá e a de Ben-
jamim, em número de cento e oitenta
mil guerreiros escolhidos, para comba-
ter Israel e reconquistar o reino para
Roboão. [2]Mas foi dirigida a Semeías,
homem de Deus, esta palavra de Javé:
[3]"Dize a Roboão, filho de Salomão, rei
de Judá, e a todo o Israel que está em
Judá e em Benjamim: [4]Assim fala Javé:
Não subais para combater vossos ir-
mãos; que cada um volte para sua casa,
porque o que aconteceu foi por minha
vontade". Eles deram ouvidos às pala-
vras de Javé, regressaram e não mar-
charam contra Jeroboão.
[5]Roboão ficou morando em Jerusa-
lém e, para defesa, fortificou cidades
em Judá. [6]Reconstruiu Belém, Etam
e Técua, [7]Betsur, Soco, Odolam, [8]Gat,
Maresa, Zif, [9]Aduram, Laquis, Azeca,
[10]Saraá, Aialon, Hebron; eram cidades
fortificadas situadas em Judá e em
Benjamim. [11]Reforçou essas fortalezas
e colocou nelas comandantes, bem
como depósitos de víveres, de azeite e
de vinho. [12]Em cada uma dessas cida-
des pôs escudos e lanças e tornou-as
extremamente fortes. Judá e Benjamim
permaneceram-lhe fiéis.

O cisma religioso. [13]Os sacerdotes e
os levitas que se achavam em todo o
Israel deixaram seu território e passa-
ram para o lado dele. [14]Os levitas, com
efeito,* abandonaram suas pastagens e
suas propriedades e vieram morar em
Judá e em Jerusalém, porque Jeroboão
e seus filhos os excluíram do sacerdócio

* **11**,1. 1Rs 12,21-24 | 14. Nm 35,2

de Javé. [15]Jeroboão estabelecera seus próprios sacerdotes para os lugares altos e para os demônios* e os bezerros que tinha fabricado†. [16]Além deles,* também de todas as tribos de Israel os que buscavam de coração a Javé, Deus de Israel, foram a Jerusalém a fim de oferecer sacrifícios a Javé, Deus de seus pais. [17]Assim fortaleceram o reino de Judá e durante três anos apoiaram Roboão, filho de Salomão, porque por três anos ele seguiu o caminho de Davi e de Salomão.

A família de Roboão. [18]Roboão tomou por esposa* Maalat, filha de Jerimot, filho de Davi e de Abigail, filha de Eliab, filho de Jessé. [19]Ela lhe deu à luz os filhos Jeús, Somorias, Zoom. [20]Depois dela,* tomou por esposa Maaca, filha de Absalão, que lhe gerou Abias, Etai, Ziza e Solomit. [21]Roboão amou Maaca, filha de Absalão, mais que todas as outras mulheres e concubinas. Com efeito, ele teve dezoito mulheres e sessenta concubinas, e gerou vinte e oito filhos e sessenta filhas. [22]Roboão fez de Abias, filho de Maaca, o chefe da família, príncipe entre seus irmãos, porque pensava fazê-lo rei. [23]Roboão foi prudente* e distribuiu alguns de seus filhos em todas as regiões de Judá e de Benjamim e em todas as cidades fortificadas; forneceu-lhes víveres em abundância e procurou para eles muitas mulheres.

12 **A infidelidade de Roboão.** [1]Quando o reino foi consolidado e ele sentiu-se forte, Roboão abandonou a lei de Javé, e todo o Israel seguiu* seu exemplo. [2]No quinto ano do reinado de Roboão, o rei do Egito, Sesac†, marchou contra Jerusalém – pois ela fora infiel a Javé – [3]com mil e duzentos carros, sessenta mil cavaleiros e um exército incontável formado de líbios, suquitas e etíopes, que vieram com ele do Egito. [4]Tomou as cidades fortificadas de Judá e chegou até Jerusalém. [5]Semeías, o profeta, veio ter com Roboão e os oficiais de Judá que se haviam reunido em Jerusalém, fugindo de Sesac, e disse-lhes: "Assim fala Javé: Vós me abandonastes, por isso também vos abandonei nas mãos de Sesac". [6]Então os chefes de Israel e o rei se humilharam e disseram: "Javé é justo". [7]Quando Javé viu que eles se haviam humilhado, a palavra de Javé foi dirigida a Semeías nestes termos: "Porque eles se humilharam, não os exterminarei; em breve lhes permitirei escapar, e não é pelas mãos de Sesac que minha ira se abaterá sobre Jerusalém. [8]Mas eles se tornarão seus servos para que saibam a diferença entre servir a mim e servir aos reinos dos outros países!"

[9]Subiu pois Sesac, rei do Egito,* contra Jerusalém. Tomou os tesouros do templo de Javé e os do palácio real; apoderou-se de tudo, inclusive dos escudos de ouro que Salomão fizera. [10]Para substituí-los, o rei Roboão mandou fazer escudos de bronze e os confiou aos chefes dos guardas que vigiavam a porta do palácio real; [11]cada vez que o rei ia ao templo de Javé, os guardas vinham e os tomavam e depois os devolviam à sala dos guardas.

[12]Mas porque Roboão se humilhara, a ira de Javé se afastou dele e não o aniquilou completamente. Em Judá havia também coisas boas. [13]O rei Roboão* consolidou-se em Jerusalém e continuou reinando. Tinha quarenta e um anos quando subiu ao trono e reinou dezessete anos em Jerusalém, cidade que Javé escolhera entre todas as tribos de Israel para nela colocar seu nome.

Sua mãe chamava-se Naama, a amonita. [14]Ele, porém, fez o mal, porque não aplicou seu coração a buscar Javé. [15]A história de Roboão,* do começo ao fim, não está porventura escrita

* **11**,15. Lv 17,7 | 16. Esd 2,43 | 18. 1Rs 11,1-13 | 20. 1Rs 15,2 | 23. 1Rs 11,7-27 | **12**,1. 1Rs 14,22.25 | 9. 1Rs 14,26s | 13. 1Rs 14,21 | 15. 1Rs 14,29ss

† **11**,15. Para evitar que o povo continuasse a adorar em Jerusalém, Jeroboão fez dois santuários cismáticos. Mas os sacerdotes e os levitas repudiaram a idolatria. | **12**,2. Ver a nota em 1Rs 14,25.

nas crônicas do profeta Semeías e do vidente Ido? Houve guerras contínuas entre Roboão e Jeroboão. [16]Roboão adormeceu com seus pais e foi enterrado na Cidade de Davi; seu filho Abias reinou em seu lugar.

13 **Guerra entre Abias e Jeroboão.** [1]No décimo oitavo ano* do reinado de Jeroboão, Abias tornou-se rei de Judá [2]e reinou três anos em Jerusalém. Sua mãe chamava-se Micaías, era filha de Uriel e natural de Gabaá. Houve guerra entre Abias e Jeroboão. [3]Abias lançou-se ao combate com um exército de guerreiros valentes, quatrocentos mil homens de elite, e Jeroboão deu-lhe batalha com oitocentos mil homens escolhidos, fortes e valorosos.

O discurso de Abias†. [4]Abias postou-se no alto do monte Semeron, situado na montanha de Efraim†, e exclamou: "Ouvi-me, Jeroboão e todo o Israel! [5]Não sabeis que Javé, o Deus de Israel, deu a realeza sobre Israel para sempre a Davi e a seus filhos com uma aliança inviolável? [6]Jeroboão, filho de Nabat, servo de Salomão, filho de Davi, levantou-se e se revoltou contra seu senhor. [7]Homens ociosos e sem valor uniram-se a ele e se impuseram a Roboão, filho de Salomão; Roboão era ainda jovem, de caráter tímido, e não pôde resistir-lhes. [8]E agora pensais em oferecer resistência à realeza de Javé, que os filhos de Davi exercem, porque sois uma imensa multidão e tendes convosco os bezerros de ouro que Jeroboão fabricou para serem vossos deuses! [9]Acaso não expulsastes os sacerdotes de Javé, filhos de Aarão, e os levitas, instituindo para vós sacerdotes como o fazem os povos das outras terras? Todo aquele que vem com um touro e sete carneiros para se fazer consagrar torna-se sacerdote daquilo que não é Deus. [10]Quanto a nós, nosso Deus é Javé, e não o abandonamos: os sacerdotes a serviço de Javé são os filhos de Aarão, e os levitas exercem seu ofício. [11]Toda manhã e toda tarde eles oferecem holocaustos a Javé, queimam o incenso aromático, fazem a apresentação dos pães sobre a mesa pura, acendem o candelabro de ouro com suas lâmpadas para que ardam cada noite. Pois nós observamos as prescrições de Javé, nosso Deus, mas vós as haveis abandonado. [12]Conosco, a nossa frente,* está Deus e aqui estão seus sacerdotes com as trombetas retumbantes, prontos para tocá-las contra vós! Israelitas, não luteis contra Javé, o Deus de vossos pais, pois não tereis sucesso!"

A batalha. [13]Jeroboão pôs uma emboscada para atingi-los pela retaguarda, de modo que estavam em frente de Judá, mas tinham a emboscada por trás deles. [14]Voltando-se, as tropas de Judá viram-se atacadas pela frente e pelas costas. Clamaram por Javé, os sacerdotes tocaram a trombeta, [15]os homens de Judá lançaram o grito de guerra e, enquanto os homens de Judá gritavam, Deus derrotou Jeroboão e todo o Israel diante de Abias e de Judá. [16]Os israelitas fugiram diante de Judá, e Deus os entregou nas mãos de Judá. [17]Abias e seu exército lhes infligiram uma grande derrota, e de Israel caíram mortos quinhentos mil homens escolhidos. [18]Nesta ocasião, pois, os israelitas foram humilhados, e os filhos de Judá prevaleceram porque se apoiaram em Javé, Deus de seus pais.

Fim do reinado. [19]Abias perseguiu Jeroboão e tomou-lhe algumas cidades: Betel e seus arredores, Jesana e seus arredores, Efron e seus arredores. [20]Jeroboão não recuperou seu poderio durante a vida de Abias; Javé o feriu e ele morreu. [21]Abias, porém, tornou-se* poderoso; desposou quatorze mulheres e gerou vinte e dois filhos e dezesseis filhas. [22]O resto da história de Abias, seu proceder e seus atos, estão escritos no comentário do profeta Ado. [23]Depois

---

* **13**,1. 1Rs 15,1s.7 | 12. Nm 10,9 | 21. 1Rs 15,7s

† **13**,4. Abias proclama ao Israel cismático que o legítimo sucessor de Davi e o culto prescrito por Javé estão em Judá. / Ver a nota em 1Rs 4,8.

Abias adormeceu com seus pais e foi
sepultado na Cidade de Davi.* Seu filho
Asa reinou em seu lugar. Durante sua
vida, o país esteve tranquilo por dez
anos.

14 **Reinado de Asa.** 1Asa fez o
que é bom e justo* aos olhos
de Javé, seu Deus. 2Eliminou os altares
estrangeiros e os lugares altos, despe-
daçou as colunas sagradas, destruiu os
troncos idolátricos,† 3ordenou a Judá
que buscasse Javé, o Deus de seus pais,
e praticasse a lei e os mandamentos.
4Suprimiu em todas as cidades de Judá
os lugares altos e os altares de incen-
so. E o reino viveu tranquilo durante
seu reinado. 5Reconstruiu as cidades
fortificadas de Judá, pois o país goza-
va de paz, e não houve guerra contra
ele naqueles anos, porque Javé lhe deu
descanso.

6Disse ele a Judá: "Restauremos estas
cidades, circundando-as de muros com
torres e portas guarnecidas de ferro-
lhos. O país ainda nos pertence, pois
temos buscado a Javé, nosso Deus. Nós
o temos buscado, e ele nos deu a paz
de todos os lados".

Reconstruíram e prosperaram. 7Asa
dispunha de um exército de trezentos
mil homens de Judá armados de es-
cudo e lança e de duzentos e oitenta
mil benjaminitas armados de escudo e
arco, todos valentes guerreiros.

Asa vence Zara. 8Zara, o etíope, mar-
chou contra eles com um exército de
um milhão de homens e trezentos car-
ros e chegou até Maresa. 9Asa saiu a
seu encontro e tomou posição no vale
de Sefata, perto de Maresa. 10Asa in-
vocou Javé, seu Deus, e disse: "Não há
ninguém igual a vós, Javé, para socor-
rer tanto o poderoso como o fraco. So-
correi-nos, Javé, nosso Deus! É em vós
que nos apoiamos e é em vosso nome
que marchamos contra esta multidão.
Javé, vós sois nosso Deus, que o mortal
não prevaleça contra vós!"

11Javé derrotou os etíopes diante de
Asa e de Judá; os etíopes fugiram 12e
Asa os perseguiu com seu exército até
Gerara. Pereceram tantos etíopes que
não restou um sequer, pois foram des-
troçados diante de Javé e de seu exér-
cito. E estes recolheram imensa quanti-
dade de despojos. 13Atacaram todas as
cidades em torno de Gerara, pois o ter-
ror de Javé pesava sobre elas e todas
foram saqueadas, pois nelas havia mui-
tos despojos. 14Saquearam também
as tendas dos pastores e capturaram
grande número de ovelhas e camelos;
e voltaram para Jerusalém.

15 **A reforma de Asa.** 1O espírito
de Deus desceu* sobre Azarias,
filho de Oded†, 2que saiu ao encontro
de Asa e lhe disse: "Asa, e vós todos
de Judá e de Benjamim, ouvi-me! Javé
está convosco quando estais com ele.
Se o procurardes, ele se deixará encon-
trar, mas se o abandonardes, também
ele* vos abandonará. 3Israel esteve por
muito tempo sem o Deus verdadeiro,
sem sacerdote para ensiná-lo e sem
lei; 4mas quando, em sua aflição, eles
voltaram para Javé, Deus de Israel, e o
buscaram, Javé se deixou encontrar*
por eles. 5Naquele tempo não havia
paz para quem entrava nem para quem
saía, mas muitas tribulações sobre to-
dos os habitantes daquelas terras. 6As
nações e as cidades se batiam umas
contra as outras, pois Deus as afligia
com todo tipo de calamidades. 7Quan-
to a vós, sede fortes e que vossas mãos
não se enfraqueçam, porque haverá
uma recompensa para vosso trabalho".

8Quando Asa ouviu essas palavras
e essa profecia, criou coragem e fez
desaparecer os ídolos abomináveis de
toda a terra de Judá e de Benjamim e
das cidades que havia conquistado na
montanha de Efraim, e restaurou o altar
de Javé que se achava diante do pórti-
co de Javé. 9Congregou todos os ha-
bitantes de Judá e de Benjamim, bem

---

* **13**,23. 12,15 | **14**,1. 1Rs 15,11s | 7. 1Cr 8,40 | **15**,1. Os 3,4s | 2. Dt 4,29s | 4. Is 19,2

† **14**,2. Ver a nota em 1Rs 14,23. | **15**,1. Única menção do profeta Azarias, do qual nada sabemos. Também desconhecido é o profeta Eliezer, citado em 20,37.

como os de Efraim, de Manassés e de
Simeão que habitavam com eles, pois
muitos israelitas tinham passado para
Asa, vendo que Javé, seu Deus, estava
com ele. 10No terceiro mês do décimo
quinto ano do reinado de Asa, eles se
reuniram em Jerusalém. 11Ofereceram
em sacrifício a Javé, naquele dia, uma
parte dos despojos que tinham reco-
lhido, a saber, setecentos bois e sete
mil ovelhas. 12Comprometeram-se por
uma aliança a buscar Javé, Deus de seus
pais, de todo o seu coração e de toda a
sua alma; 13e todo aquele que não bus-
casse Javé, Deus de Israel, seria morto,
fosse ele grande ou pequeno, homem
ou mulher. 14Prestaram juramento a
Javé em voz alta* e com gritos de júbi-
lo, ao som das trombetas e dos clarins.
15Todos os de Judá se alegraram com
este juramento, porque tinham jurado
de todo o coração. Foi com toda a sua
boa vontade que procuraram Javé. Por
isso ele se deixou encontrar por eles e
deu-lhes a paz por todos os lados.

16O rei Asa destituiu* de sua digni-
dade de rainha sua mãe Maaca, por ter
feito um ídolo para Aserá; Asa quebrou
o ídolo, reduziu-o a pó e queimou-o na
torrente do Cedron. 17Mas os lugares
altos não desapareceram de Israel, em-
bora o coração de Asa permanecesse
íntegro por toda a sua vida. 18Deposi-
tou no templo de Deus as oferendas
sagradas de seu pai e suas próprias
oferendas: prata, ouro e objetos.

19Não houve guerra até o trigésimo
quinto ano do reinado de Asa.

16 **Aliança de Asa com Ben-
-Adad I.** 1No trigésimo sexto
ano do reinado de Asa, Baasa, rei de
Israel, marchou contra Judá; fortificou
Ramá para impedir as comunicações
com Asa, rei de Judá. 2Então Asa tirou
ouro e prata dos tesouros do templo
de Javé e do palácio real e enviou-os a
Ben-Adad, rei de Aram†, que residia em
Damasco, com esta mensagem: 3"Haja
aliança entre mim e ti como houve en-
tre meu pai e teu pai. Envio-te prata e
ouro; vai, rompe tua aliança com Baa-
sa, rei de Israel, para que se retire de
mim". 4Ben-Adad deu ouvidos ao rei
Asa e enviou os chefes de seu exército
contra as cidades de Israel; conquistou
Aion, Dã, Abelmaim e todas as cidades-
-armazéns de Neftali. 5Quando Baasa o
soube, desistiu de fortificar Ramá e in-
terrompeu sua obra. 6Então o rei Asa
convocou todo o Judá; tiraram as pe-
dras e a madeira com que Baasa estava
fortificando Ramá, e ele fortificou com
elas Gaba e Masfa.

7Então Hanani, o vidente, veio ter
com Asa, rei de Judá, e disse-lhe: "Por-
que te apoiaste no rei de Aram e não
em Javé, teu Deus, as forças do rei de
Aram escaparam de tuas mãos†. 8Não
formavam os etíopes e os líbios um nu-
meroso exército com uma grande mul-
tidão de carros e de cavalos? E, contu-
do, porque te apoiaste em Javé, não te
foram entregues nas mãos? 9Pois os
olhos de Javé percorrem toda a terra*
para fortalecer os que têm um coração
íntegro para com ele; agiste como in-
sensato desta vez e por isso, doravante,
haverá guerras contra ti". 10Encoleriza-
do contra o vidente, Asa mandou me-
tê-lo na prisão, pois ficara irritado por
causa disso; pela mesma época maltra-
tou também alguns do povo.

Fim do reinado de Asa. 11A história de
Asa, do começo ao fim, está narrada no
livro dos reis de Judá e de Israel. 12No
trigésimo nono ano de seu reinado, Asa
teve uma doença muito grave nos pés;
todavia, em sua doença não recorreu a
Javé, mas aos médicos. 13Asa adorme-
ceu com seus pais; morreu no quadra-
gésimo primeiro ano de seu reinado.
14Sepultaram-no no túmulo que tinha
mandado cavar para si na Cidade de
Davi. Estenderam-no num leito repleto
de aromas e perfumes preparados por
um perito em perfumaria; e fizeram em
sua honra uma grande fogueira.

---

* **15**,14. Ne 10,30 | 16. 1Rs 15,13ss | 9. Sl 33,13s

† **16**,2. Ver a nota em 1Rs 15,18. | 7. Os profetas se opõem aos reis cada vez que estes buscam alianças com os pagãos; elas demonstravam falta de confiança em Deus e foram sempre prejudiciais para Israel.

17 Reinado de Josafá†.

1Sucedeu-lhe no trono seu filho Josafá, que se fortificou contra Israel. 2Colocou tropas em todas as cidades fortificadas de Judá e estabeleceu guarnições no país de Judá e nas cidades de Efraim que Asa, seu pai, tinha conquistado.

3Javé esteve com Josafá, pois sua conduta foi aquela que de início seguira seu pai Davi, e não seguiu os ídolos de Baal. 4Mas buscou o Deus de seu pai e procedeu segundo seus mandamentos sem imitar as ações de Israel. 5Javé consolidou o reino em suas mãos e todos os de Judá traziam ofertas a Josafá, o qual teve riquezas e glória em abundância. 6Seu coração* se fortaleceu em seguir os caminhos de Javé e de novo ele suprimiu em Judá os lugares altos e os troncos idolátricos.

7No terceiro ano de seu reinado enviou seus oficiais Ben-Hail, Abdias, Zacarias, Natanael e Miqueias para instruir as cidades de Judá. 8Estavam com eles os levitas Semeías, Natanias, Zabadias, Asael, Semiramot, Jônatas,* Adonias e Tobias e os sacerdotes Elisama e Jorão. 9Puseram-se a ensinar em Judá, levando consigo o livro da Lei de Javé,* e percorreram todas as cidades de Judá, instruindo o povo. 10O terror de Javé estendeu-se sobre todos os reinos das terras que circundavam Judá e assim não guerrearam contra Josafá. 11Alguns dos filisteus vieram trazer a Josafá, como tributo, presentes e prata; também os árabes lhe trouxeram um rebanho de sete mil e setecentos carneiros e sete mil e setecentos bodes. 12Josafá prosperava sempre mais; edificou em Judá cidadelas e cidades-armazéns.

13Possuía provisões abundantes nas cidades de Judá e tinha guerreiros em Jerusalém, homens fortes e valorosos. 14Este é o número deles, segundo suas famílias: de Judá, os comandantes de milhares eram o chefe Ednas, com trezentos mil valentes guerreiros; 15depois dele o chefe Joanã, com duzentos e oitenta mil homens; 16depois dele Amasias, filho de Zecri, que se dedicou voluntariamente ao serviço de Javé, com duzentos mil guerreiros valentes.

17De Benjamim: Eliada, valente guerreiro, com duzentos mil homens armados com arco e escudo; 18depois dele Jozabad,* com cento e oitenta mil homens preparados para a guerra.

19São esses os que estavam a serviço do rei, sem contar os homens por ele colocados nas praças fortes de todo o território de Judá.

18 Aliança de Josafá com Acab.

1Josafá, que tinha riquezas* e glória em abundância, aparentou-se com Acab. 2Depois de alguns anos, desceu a Samaria para visitar Acab. Este matou muitas ovelhas e bois para ele e para sua comitiva, e o persuadiu a atacar com ele Ramot de Galaad. 3Acab, rei de Israel, perguntou a Josafá, rei de Judá: "Queres vir comigo contra Ramot de Galaad?" Este respondeu-lhe: "Conta comigo como contigo, com meu povo como com teu povo; iremos contigo à guerra".

4Mas Josafá disse ao rei de Israel: "Consulta primeiro a palavra de Javé". 5O rei de Israel reuniu os profetas, em número de quatrocentos, e perguntou-lhes: "Devemos ir atacar Ramot de Galaad, ou devo desistir?" Eles responderam: "Ataca-a; Deus a entregará nas mãos do rei". 6Mas Josafá disse: "Não existe aqui um outro profeta de Javé que podemos consultar?" 7O rei de Israel respondeu a Josafá: "Há ainda um pelo qual se pode consultar Javé, mas eu o detesto; jamais profetiza o bem a meu respeito, senão sempre a desgraça: é Miqueias, filho de Jemla". Josafá disse: "Que o rei não fale assim!" 8O rei de Israel chamou um eunuco e disse-

* **17**,6. 1Sm 9,12 | 8. 19,8 | 9. Esd 7,25 | 18. 1Cr 8,40 | **18**,1. 1Rs 22,1-40

† **17**. O Cronista manifesta simpatia por Josafá, rei fiel a Deus, que promoveu a instrução religiosa do povo, era poderoso e respeitado no exterior e vitorioso na guerra. Seu erro foi aliar-se a Acab, 19,2, e a Jorão, reis do norte.

-lhe: "Manda vir depressa Miqueias, filho de Jemla".

9O rei de Israel e Josafá, rei de Judá, estavam sentados, cada um em seu trono, revestidos com suas vestes reais; estavam sentados numa eira diante da porta de Samaria, e todos os profetas profetizavam diante deles. 10Sedecias, filho de Canaana, fez para si uns chifres de ferro e disse: "Assim diz Javé: Com isto ferirás os arameus até destruí-los"†. 11E todos os profetas faziam a mesma predição, dizendo: "Sobe a Ramot de Galaad. Triunfarás! Javé vai entregá-la nas mãos do rei".

12O mensageiro que fora chamar Miqueias lhe disse: "Os profetas são unânimes em predizer coisas boas para o rei. Procura falar como eles e predize o sucesso". 13Miqueias, porém, respondeu: "Pela vida de Javé! O que meu Deus disser, é isso que anunciarei". 14Chegando à presença do rei, este lhe perguntou: "Miqueias, devemos ir combater em Ramot de Galaad ou devo desistir?" Ele respondeu: "Atacai-a. Triunfareis! Seus habitantes serão entregues em vossas mãos". 15Mas o rei lhe disse: "Quantas vezes é preciso que eu te conjure que me digas somente a verdade em nome de Javé?" 16Então ele disse:

"Eu vi todo o Israel disperso pelas montanhas
como um rebanho sem pastor.
E Javé me disse: Eles não têm mais senhor,
que cada um volte em paz para sua casa!"

17O rei de Israel então disse a Josafá: "Não te havia dito que ele não profetizaria para mim o bem, mas o mal?" 18Miqueias respondeu:

"Escutai, pois, a palavra de Javé: Eu vi Javé assentado em seu trono; todo o exército celeste estava a sua direita e a sua esquerda. 19Javé perguntou: 'Quem enganará Acab, rei de Israel, para que marche contra Ramot de Galaad e lá pereça?' Responderam este de um modo e aquele de outro. 20Então um espírito se aproximou e colocou-se diante de Javé: 'Sou eu que o enganarei', disse ele. Javé perguntou-lhe: 'E de que modo?' 21Respondeu: 'Partirei e serei um espírito de mentira na boca de todos os seus profetas'. Javé disse: 'Tu o enganarás e ainda prevalecerás. Vai e faze assim'. 22Agora, pois, Javé infundiu um espírito de mentira na boca de teus profetas, mas Javé prenunciou a teu respeito uma desgraça".

23Então Sedecias, filho de Canaana, aproximou-se de Miqueias, esbofeteou-o e disse: "Por qual caminho o espírito de Javé saiu de mim para te falar?" 24Miqueias replicou: "É o que verás no dia em que tiveres de fugir de um aposento a outro para te esconder". 25O rei de Israel ordenou: "Prendei Miqueias e conduzi-o a Amon, governador da cidade, e a Joás, filho do rei. 26Vós lhes direis: 'Assim diz o rei: Lançai este homem na prisão e alimentai-o com pão e água escassos até que eu volte são e salvo'. 27Miqueias disse: 'Se voltares são e salvo, é porque Javé não falou pela minha boca'. Depois acrescentou: 'Ouvi, povos todos'".

O combate. 28O rei de Israel e Josafá, rei de Judá, marcharam contra Ramot de Galaad. 29O rei de Israel disse a Josafá: "Vou disfarçar-me para entrar no combate, mas quanto a ti, veste-te com tuas roupas!" O rei de Israel disfarçou-se e eles foram combater. 30O rei de Aram dera esta ordem a seus comandantes de carros: "Não atacareis nem pequeno e nem grande, mas somente o rei de Israel". 31Quando os comandantes dos carros viram Josafá, disseram: "O rei de Israel é ele"; e concentraram sobre ele o combate. Mas Josafá se pôs a gritar, e Javé lhe veio em socorro e Deus os afastou para longe dele. 32Quando os comandantes dos carros viram que não era ele o rei de Israel, afastaram-se dele.

33Ora, um homem atirou com seu arco, ao acaso, e atingiu o rei de Israel numa brecha da couraça. O rei disse ao cocheiro: "Volta e leva-me para fora

---

† **18**,10. Ver a nota em 1Rs 11,30.

da batalha, pois estou ferido". 34Mas o
combate se tornou tão violento naque-
le dia, que o rei de Israel teve de ficar
sobre seu carro diante dos arameus até
a tarde, e ao pôr do sol ele morreu.

19 **Um profeta repreende Josa-
fá.** 1Josafá, rei de Judá, voltou
são e salvo para casa em Jerusalém. 2O
vidente Jeú, filho de Hanani, saiu a seu
encontro* e disse ao rei Josafá: "Devias
tu levar auxílio ao ímpio e amar os ini-
migos de Javé? Por isso caiu sobre ti a
ira de Javé. 3Todavia, foi encontrado em
ti algo de bom, pois eliminaste da ter-
ra os troncos idolátricos e aplicaste teu
coração à procura de Deus.
Reformas de Josafá. 4Josafá, rei de
Judá, depois de uma permanência em
Jerusalém, visitou de novo seu povo,
desde Bersabeia até a montanha de
Efraim, a fim de conduzi-lo a Javé, o
Deus de seus pais. 5Estabeleceu juízes
no país, de cidade em cidade, em todas
as cidades fortificadas de Judá. 6Disse a
estes juízes: "Vede bem o que fazeis,*
porque não administrais a justiça em
nome dos homens, mas em nome de
Javé, que está convosco quando pro-
nunciais uma sentença. 7Agora, pois,
convosco esteja o temor de Javé. Cui-
dado com o que fazeis, pois em Javé
nosso Deus não existe nenhuma iniqui-
dade, nem parcialidade, nem corrup-
ção por suborno".
8Também em Jerusalém Josafá esta-
beleceu alguns levitas,* sacerdotes e
chefes de família israelitas, para julgar
segundo Javé e para os pleitos dos ha-
bitantes de Jerusalém. 9Deu-lhes esta
ordem: "Agireis no temor de Javé, na
fidelidade e integridade de coração.
10Seja qual for a causa que vos for
apresentada por vossos irmãos resi-
dentes em suas cidades* – questões
de homicídio, de contestação sobre a
lei, sobre um mandamento, sobre esta-
tutos ou normas – instruí-os, para que
eles não se tornem culpados diante de
Javé, e sua ira não se inflame contra vós
e contra vossos irmãos; agindo assim
não sereis culpados.
11O sumo sacerdote Amarias vos
guiará em toda questão religiosa e Za-
badias, filho de Ismael, chefe da casa
de Judá, em toda questão referente ao
rei. Os levitas estarão a vossa disposi-
ção como escribas. Sede fortes e traba-
lhai, e Javé estará com quem for bom".

20 **Guerra contra os moabitas e
os amonitas.** 1Depois disso, os
moabitas e os amonitas, acompanha-
dos dos meunitas†, vieram lutar contra
Josafá. 2Anunciaram isto a Josafá, di-
zendo: "Uma multidão imensa marcha
contra ti do outro lado do mar†, de
Edom; já está em Asasontamar, que é
Engadi".
3Josafá ficou com medo e se dispôs a
buscar Javé e proclamou um jejum para
todo o Judá. 4O povo de Judá* reuniu-
-se para buscar socorro junto de Javé,
e de todas as cidades de Judá vieram
para buscar Javé. 5Josafá pôs-se de pé
no meio da assembleia de Judá e de
Jerusalém no templo de Javé, dian-
te do pátio novo, e exclamou: 6"Javé,
Deus de nossos pais, não sois vós o
Deus que está nos céus e que domina
sobre todos os reinos das nações? Em
vossa mão estão a força e o poder e
ninguém vos pode resistir. 7Não fostes
vós, nosso Deus, que, diante de Israel,
vosso povo, expulsastes os habitantes
desta terra e a destes* à raça de vos-
so amigo Abraão, a qual amarás para
sempre? 8Nela se estabeleceram e
construíram um santuário para vosso
nome, dizendo: 9'Se nos sobrevier al-
guma desgraça, guerra, punição, peste
ou fome, compareceremos diante des-
te templo e diante de vós, pois vosso
nome está neste templo; clamaremos
a vós em nossa angústia, vós nos ou-
vireis e nos salvareis'. 10Eis agora os
amonitas, os moabitas e os habitantes
das montanhas de Seir, através dos

* **19**,2. 16,7 | 6. Dt 1,16s | 8. Dt 17,8-13 | 10. Nm 35,19 | **20**,4. 1Rs 21,9; Jr 36,6; Jl 1,14 | 7. Is 41,8 | 10. Dt 2,4s.9s.18s

† **20**,1. Ver a nota em 1Cr 4,41. | 2. Refere-se ao mar Morto.

quais não deixastes Israel passar quan-
do vinha* da terra do Egito, de sorte
que se afastou deles sem os destruir;
11agora nos pagam, vindo expulsar-nos
de vossa herança que nos destes como
propriedade. 12Ó nosso Deus, não
exercerás justiça sobre eles, posto que
não temos força diante dessa multidão
imensa que nos ataca? Não sabemos o
que fazer, mas nossos olhos se voltam
para vós".

13Todos os habitantes de Judá se
mantinham de pé na presença de Javé,
junto com suas crianças, suas mulhe-
res e seus filhos. 14Então, no meio da
assembleia, o espírito de Javé desceu
sobre Jaaziel, filho de Zacarias, filho de
Banaías, filho de Jeiel, filho de Mata-
nias,* o levita, um dos filhos de Asaf.
15Ele exclamou: "Prestai atenção, vós
todos de Judá e habitantes de Jerusa-
lém, e tu, ó rei Josafá! Assim vos fala
Javé: Não temais, não vos deixeis ate-
morizar diante dessa imensa multidão;
pois esta guerra não é vossa, mas de
Deus. 16Descei amanhã contra eles:
subirão pela encosta de Sis e vós os
encontrareis na extremidade do vale,
defronte do deserto de Jeruel. 17Não
tereis de combater nesse momento.
Tomai posição, ficai parados e vereis a
salvação de Javé em vosso favor. Judá e
Jerusalém, não temais nem vos atemo-
rizeis; parti amanhã ao encontro deles,
e Javé estará convosco".

18Josafá inclinou-se com o rosto em
terra, e todos os de Judá e os habitan-
tes de Jerusalém prostraram-se diante
de Javé para o adorarem. 19Os levitas
da linhagem dos caatitas e dos coreítas
puseram-se então a louvar Javé, Deus
de Israel, em voz alta.

20Na manhã seguinte levantaram-se
bem cedo e partiram para o deserto de
Técua. Enquanto saíam, Josafá, de pé,
exclamou: "Ouvi-me, Judá e habitan-
tes de Jerusalém! Crede em Javé, vos-
so Deus, e estareis seguros;* crede em
seus profetas e triunfareis". 21A seguir,
depois de ter deliberado com o povo,
designou cantores para Javé que, re-
vestidos com os ornamentos sagrados,
marchassem diante dos guerreiros,
louvando Javé e dizendo:

"Louvai a Javé,
porque seu amor é para sempre".*

22Quando começaram a cantar e a
louvar, Javé pôs emboscadas contra os
amonitas, os moabitas e os habitantes
da montanha de Seir que vieram contra
Judá, e foram derrotados. 23Os amoni-
tas e os moabitas insurgiram-se contra
os habitantes da montanha de Seir para
destiná-los ao extermínio e destruí-los;
mas quando aniquilaram os habitantes
da montanha de Seir, eles contribuíram
para se aniquilar uns aos outros.*

24Quando os homens de Judá chega-
ram a certa altura donde se avistava o
deserto, olharam para a multidão e só
viram cadáveres estendidos pelo chão:
ninguém tinha escapado. 25Então vie-
ram Josafá e sua gente para saquear
seus despojos; encontraram entre eles
gado em grande quantidade, riquezas,
vestes e objetos preciosos; apanharam
mais do que podiam carregar e passa-
ram três dias ocupados no saque, de
tão abundante que era a presa. 26No
quarto dia reuniram-se no vale da Bên-
ção e, porque ali bendisseram a Javé,
deram ao lugar o nome de vale da Bên-
ção, nome em uso até hoje. 27Depois,
todos os homens de Judá e de Jeru-
salém, com Josafá à frente, voltaram
muito alegres a Jerusalém, pois Javé
os havia alegrado à custa dos inimigos.
28Chegaram a Jerusalém, ao templo
de Javé, ao som das liras, das cítaras e
das trombetas, 29e o terror de Deus se
abateu* sobre todos os reinos daque-
las terras, quando souberam que Javé
havia combatido contra os inimigos de
Israel.

30O reinado de Josafá foi calmo, por-
que seu Deus lhe deu paz de todos os
lados.

Fim do reinado de Josafá. 31Josafá
reinou em Judá;* tinha trinta e cinco
anos quando se tornou rei e reinou vin-
te e cinco anos em Jerusalém. Sua mãe
chamava-se Azuba, filha de Selaqui.

* **20**,14. 1Cr 9,15; Ne 11,17.22 | 20. Is 7,9 | 21. Sl 136,1 | 23. Js 6,17; Ez 38,21 | 29. Dt 2,25 | 31. 1Rs 22,41-51

32Seguiu o modo de proceder de seu pai Asa sem se desviar, fazendo o que é justo aos olhos de Javé. 33Contudo, os lugares altos não desapareceram, porque o povo ainda não havia fixado seu coração* no Deus de seus pais. 34O resto da história de Josafá, do começo ao fim, acha-se escrito nos Atos de Jeú, filho de Hanani, que foram inseridos no livro dos reis de Israel.

35Depois disso, Josafá, rei de Judá, fez aliança com Ocozias, rei de Israel, que procedia iniquamente. 36Associou-se a ele para construir navios que chegassem a Társis; foi em Asiongaber que os construíram. 37Mas Eliezer, filho de Dodias, de Maresa†, profetizou então contra Josafá: "Porque te associaste a Ocozias – disse – Javé abriu uma brecha em tuas obras". Os navios se despedaçaram e não puderam partir para Társis.

21 1Josafá adormeceu com seus pais e foi sepultado com eles na Cidade de Davi. Seu filho Jorão reinou em seu lugar.

Reinado de Jorão. 2Seus irmãos, filhos de Josafá, eram: Azarias, Jaiel, Zacarias, Azarias, Miguel e Safatias; todos filhos de Josafá, rei de Israel†. 3Seu pai lhes havia dado numerosos presentes: prata, ouro, joias e cidades fortificadas, mas deixara o trono para Jorão, pois era o primogênito. 4Mas, quando Jorão tomou posse do reino de seu pai e se fortaleceu, matou a fio de espada todos os seus irmãos e também alguns oficiais.

5Jorão tinha trinta e dois anos* quando começou a reinar e reinou oito anos em Jerusalém. 6Imitou o comportamento dos reis de Israel, como fizera a casa de Acab, pois tinha se casado com uma filha de Acab; e fez o mal aos olhos de Javé. 7Todavia, Javé não quis destruir a casa de Davi, por causa da aliança que havia concluído com ele e segundo a promessa que lhe fizera de dar a ele e a seus filhos uma lâmpada para sempre.*

Punição de Jorão. 8Em seu tempo, Edom libertou-se do domínio de Judá e constituiu seu próprio rei. 9Jorão, com seus oficiais e todos os seus carros, passou a fronteira e, levantando-se à noite, derrotou os edomitas que o tinham cercado, junto com os oficiais de seus carros. 10Mas Edom foi rebelde ao domínio de Judá até o dia de hoje. Foi também nessa época que Lebna sacudiu seu jugo, porque Jorão havia abandonado Javé, o Deus de seus pais. 11Além disso, edificou lugares altos nos montes de Judá, fez os habitantes de Jerusalém se prostituir e fez Judá se extraviar. 12Chegou-lhe então um escrito do profeta Elias, que dizia: "Assim fala Javé, o Deus de Davi, teu pai. Porque não seguiste o comportamento de Josafá, teu pai, nem o de Asa, rei de Judá, 13mas imitaste o exemplo dos reis de Israel e induziste à prostituição Judá e os habitantes de Jerusalém, como se prostituiu a casa de Acab, e porque, além disso, mataste teus irmãos, tua família, que eram melhores do que tu, 14Javé vai ferir com um grande flagelo teu povo, teus filhos, tuas mulheres e todos os teus bens. 15Tu mesmo serás afligido por graves doenças, por uma doença intestinal, de tal modo que, dia após dia, tuas entranhas sairão de teu corpo pelo efeito da doença".

16Javé excitou contra Jorão a hostilidade dos filisteus e dos árabes, vizinhos dos etíopes. 17Atacaram Judá, invadiram-no* e levaram todas as riquezas que acharam no palácio real, como também seus filhos e suas mulheres, não lhe deixando nenhum outro filho senão Ocozias, o mais novo deles. 18Depois de tudo isso, Javé feriu-o nas entranhas com um mal incurável. 19Com o passar do tempo, pelo fim do segundo ano, saíram-lhe as entranhas por causa de sua doença, e ele morreu em meio a cruéis tormentos. O povo

* **20**,33. 17,6 | **21**,5. 2Rs 8,17ss | 7. 1Rs 11,36; 2Rs 8,20ss | 17. 14,8 | 19. 16,14

† **20**,37. Nada se sabe desse profeta Eliezer. | **21**,2. Propriamente, rei de Judá, mas para o Cronista Judá é o verdadeiro Israel.

não fez em sua homenagem a fogueira
como tinha feito para seus pais.*
20Tinha trinta e dois anos quando
subiu ao trono* e reinou oito anos em
Jerusalém. Ele se foi sem ser pranteado
e foi sepultado na Cidade de Davi, mas
não nos sepulcros dos reis.

22 Reinado de Ocozias. 1Em seu
lugar, os habitantes de Jeru-
salém* proclamaram rei Ocozias, seu
filho mais novo, pois a tropa que, com
os árabes, tinha invadido o acampa-
mento matara todos os mais velhos.
Assim, Ocozias, filho de Jorão, tornou-
-se rei de Judá. 2Tinha vinte e dois anos
quando começou a reinar e reinou um
ano em Jerusalém. Sua mãe chamava-
-se Atalia e era filha de Amri. 3Também
ele imitou a conduta da casa de Acab,
pois sua mãe o aconselhava a proce-
der iniquamente. 4Fez o mal aos olhos
de Javé, como a família de Acab, pois
foram eles que, para sua ruína, se tor-
naram seus conselheiros* após a morte
de seu pai. 5Seguindo o conselho de-
les, marchou com Jorão, filho de Acab,
rei de Israel, para combater Hazael, rei
de Aram, em Ramot de Galaad. Mas os
arameus feriram Jorão; 6e ele voltou a
Jezrael para curar os ferimentos que re-
cebera em Ramot ao combater Hazael,
rei de Aram.
Ocozias, filho de Jorão, rei de Judá,
desceu a Jezrael para visitar Jorão, filho
de Acab, porque ele estava enfermo.
7Foi desígnio de Deus* que a ruína de
Ocozias acontecesse por causa des-
sa visita a Jorão. Pois quando chegou,
saiu com Jorão para combater Jeú,
filho de Namsi, ungido por Javé para
exterminar a casa de Acab. 8Enquanto
fazia justiça contra a casa de Acab, Jeú
encontrou os oficiais de Judá e os so-
brinhos de Ocozias,* seus servos, e os
matou. 9Depois mandou procurar Oco-
zias. Eles o capturaram quando estava
escondido em Samaria e o trouxeram a
Jeú, que o executou. Mas foi-lhe dada
uma sepultura, porque diziam: "É filho
de Josafá, que buscava Javé de todo o
coração". Não havia ninguém na casa
de Ocozias que estivesse em condições
de reinar.
Usurpação de Atalia†. 10Quando a
mãe de Ocozias, Atalia, soube que seu
filho estava morto, resolveu exterminar
toda a descendência real da casa de
Judá. 11Mas Josaba, filha do rei, retirou
Joás, filho de Ocozias, dentre os jovens
filhos do rei que estavam sendo mas-
sacrados e o colocou, com sua ama,
no quarto dos leitos. Assim Josaba, fi-
lha do rei Jorão, esposa do sacerdote
Joiada e irmã de Ocozias, ocultou-o
das vistas de Atalia, evitando que ela o
matasse. 12Ficou seis anos com eles, es-
condido no templo de Deus, enquanto
Atalia reinava sobre o país.

**23 Coroação de Joás e morte de
Atalia.** 1No sétimo ano Joia-
da* se animou e mandou chamar os
comandantes de cem, a saber, Azarias,
filho de Jeroam, Ismael, filho de Joanã,
Azarias, filho de Obed, Maasias, filho
de Adaías, Elisafat, filho de Zecri, e fez
com eles uma aliança. 2Percorreram
Judá, reuniram os levitas de todas as ci-
dades de Judá e os chefes das famílias
israelitas. Vieram a Jerusalém, 3e toda a
assembleia concluiu uma aliança com
o rei no templo de Deus. "Eis o filho do
rei", disse-lhes Joiada; "que ele reine,
como Javé o declarou a respeito dos fi-
lhos de Davi! 4Eis o que fareis: um terço
dentre vós, sacerdotes e levitas que en-
tram para o turno no sábado, montará
guarda nas entradas; 5um outro terço
estará no palácio real e o terço restan-
te na porta do Fundamento, e todo o
povo estará nos pátios do templo de
Javé. 6Que ninguém entre no templo
de Javé, exceto os sacerdotes e os levi-
tas em serviço; poderão entrar porque
são consagrados. Todo o povo obser-
vará as ordens de Javé. 7Os levitas for-
marão um círculo ao redor do rei de ar-

* **21**,20. 2Rs 8,24 | **22**,1. 2Rs 8,24-29 | 4. Eclo 10,16 | 7. 2Rs 9,21; 10,12ss | 8. 2Rs 9,28s / 2Rs 11,1ss
23,1. 2Rs 11,4-16

† **22**,10. Ver a nota em 2Rs 11,1.

mas em punho; todo aquele que entrar
no templo será morto. Acompanhareis
o rei a todo lugar aonde ele for".
[8]Os levitas e todos os homens de
Judá executaram tudo o que lhes or-
denara o sacerdote Joiada. Cada qual
reuniu seus homens, os que começa-
vam a semana e os que a terminavam,
pois o sacerdote Joiada não dispensou
nenhuma classe. [9]A seguir, o sacerdote
Joiada entregou aos chefes de cem as
lanças, escudos grandes e pequenos*
que pertenceram ao rei Davi e estavam
no templo de Deus. [10]Dispôs todo o
povo, cada qual com sua arma na mão,
desde o ângulo sul ao ângulo norte do
templo, perto do altar e do templo, ro-
deando o rei. [11]Então trouxeram o filho
do rei, cingiram-no com o diadema e
deram-lhe o documento da aliança.
Depois, Joiada e seus filhos ungiram-
-no e clamaram: "Viva o rei!"
[12]Ouvindo os gritos do povo que
corria para junto do rei e o aclamava,
Atalia veio em direção ao povo no tem-
plo de Javé. [13]Quando viu o rei de pé
sobre seu pilar, à entrada, os chefes e
os tocadores de trombetas perto do
rei, todo o povo do país, gritando de
alegria ao som de trombetas e os can-
tores com os instrumentos musicais di-
rigindo o canto dos hinos, Atalia rasgou
as vestes e bradou: "Traição! Traição!"
[14]Mas Joiada mandou que saíssem os
chefes de cem, que comandavam as
tropas, e disse-lhes: "Arrastai-a para
fora por entre as fileiras e, se alguém
a seguir, passai-o ao fio da espada";
pois o sacerdote dissera: "Não a mateis
no templo de Javé". [15]Agarraram-na e,
quando ela chegou ao palácio real, na
entrada da porta dos Cavalos, foi morta
neste lugar.
A reforma de Joiada. [16]Joiada con-
cluiu* entre ele, todo o povo e o rei
uma aliança, para que eles fossem o
povo de Javé. [17]O povo todo dirigiu-se
depois ao templo de Baal e o demo-
liu; quebraram os altares e as imagens
e mataram Matã, sacerdote de Baal,
diante dos altares.
[18]Joiada confiou a vigilância do tem-
plo de Javé aos sacerdotes e levitas que
Davi tinha organizado para cuidarem
do templo de Javé,* a fim de oferece-
rem holocaustos a Javé como está es-
crito na lei de Moisés, na alegria e com
cânticos, segundo as ordens de Davi.*
[19]Instalou porteiros nas entradas do
templo de Javé, para que por nenhum
pretexto entrasse lá uma pessoa impu-
ra. [20]Depois chamou os chefes de cem,
os nobres, os que exerciam autoridade
sobre o povo e toda a população do
país, e fizeram o rei descer do templo
de Javé. Entraram no palácio real pela
porta superior e fizeram o rei sentar-se
no trono real. [21]Todo o povo da terra
estava em festa e a cidade se manti-
nha calma depois que Atalia fora morta
pela espada.

24 **Joás restaura o templo.** [1]Joás
tinha sete anos quando come-
çou* a reinar e reinou quarenta anos
em Jerusalém. Sua mãe chamava-se
Sebias e era de Bersabeia. [2]Joás fez o
que agrada aos olhos de Javé por todo
o tempo em que viveu o sacerdote
Joiada. [3]Joiada tomou para o rei duas
mulheres, das quais teve filhos e filhas.
[4]Mais tarde Joás resolveu restaurar o
templo de Javé.
[5]Convocou os sacerdotes e os levitas
e disse-lhes: "Ide pelas cidades de Judá
e recolhei de todo o Israel dinheiro
para restaurar de ano em ano o templo
de vosso Deus. Fazei isto rapidamen-
te". Mas os levitas não se apressaram.
[6]Então o rei mandou chamar Joiada, o
chefe deles, e disse-lhes: "Por que não
exigiste* dos levitas que trouxessem de
Judá e de Jerusalém o tributo que Moi-
sés, servo de Javé, e a assembleia de
Israel estabeleceram para a tenda do
testemunho? [7]A perversa Atalia e seus
filhos dilapidaram o templo de Deus e
usaram para os ídolos de Baal todas as
coisas sagradas do templo de Javé".
[8]Então o rei ordenou que se fizesse um
cofre para ser colocado diante da porta
do templo de Javé. [9]Proclamou-se em

* **23**,9. 1Cr 24,19 | 16. 2Rs 11,17-20 | 18. 1Cr 23,13 / 1Cr 25-26 | **24**,1. 2Rs 12,2-17 | 6. Êx 25,1-9; 38,25-31

Judá e em Jerusalém que trouxessem a Javé o tributo que Moisés, servo de Deus, tinha prescrito a Israel no deserto. 10Todos os oficiais e todo o povo vieram com alegria colocar o tributo no cofre até enchê-lo.

11Quando o cofre era levado pelos levitas ao administrador do rei, porque viam que havia nele muito dinheiro, então o secretário real vinha com o comissário do sacerdote-chefe para esvaziar o cofre, depois o tomavam e o recolocavam em seu lugar. Faziam assim diariamente e recolheram muito dinheiro.12O rei e Joiada deram esse dinheiro aos encarregados da obra para o serviço do templo de Javé, e eles pagaram os pedreiros e carpinteiros para restaurar o templo de Javé e também os artesãos que trabalhavam com ferro e bronze para restaurar o templo de Javé. 13Os empreiteiros se puseram a trabalhar, e as obras de restauração progrediram em suas mãos: restauraram o templo de Deus como era em seu estado primitivo e o consolidaram. 14Terminadas as obras, levaram ao rei e a Joiada o resto do dinheiro; com ele foram feitos utensílios para o templo de Javé, objetos para o ministério e os holocaustos, vasos e objetos de ouro e de prata.

Continuamente ofereciam-se holocaustos no templo de Javé por todo o tempo em que viveu Joiada. 15Depois, Joiada ficou velho e morreu saciado de anos. Tinha cento e trinta anos quando morreu, 16e foi sepultado com os reis na Cidade de Davi, pois ele tinha praticado o bem em Israel para com Deus e seu templo.

Apostasia de Joás e castigo. 17Após a morte de Joiada, os oficiais de Judá vieram prostrar-se diante do rei e desta vez o rei os ouviu. 18Abandonaram o templo de Javé, Deus de seus pais, para prestar culto aos troncos idolátricos e aos ídolos. Devido a este pecado, a ira de Deus se abateu sobre Judá e sobre Jerusalém. 19Para os reconduzir a Javé foram-lhes enviados profetas, que deram testemunho contra o povo, mas este não lhes deu ouvidos. 20Então o espírito de Deus apoderou-se de Zacarias, filho do sacerdote Joiada,† que se apresentou diante do povo e lhe disse: "Assim fala Deus: Por que transgredis os mandamentos de Javé, de sorte que já não prosperais? Já que abandonastes a Javé, ele vos abandona". 21Conspiraram então contra ele e, por ordem do rei, o apedrejaram* no pátio do templo de Javé. 22Assim, o rei Joás não se recordou da bondade que lhe havia testemunhado Joiada, pai de Zacarias, e matou seu filho, que ao morrer gritou: "Que Javé o veja e peça contas!"

23Na passagem do ano,* o exército dos arameus marchou contra Joás. Invadiu Judá e Jerusalém, exterminou entre o povo todos os chefes e enviou todos* os despojos ao rei de Damasco. 24Embora o exército dos arameus tivesse vindo com poucos homens, Javé entregou em suas mãos um exército considerável, porque abandonaram Javé, Deus de seus pais.

Os arameus fizeram justiça contra Joás 25e, quando se retiraram, deixando-o gravemente enfermo, seus servos conspiraram contra ele para vingar o filho do sacerdote Joiada e mataram-no em seu leito. Assim morreu e foi sepultado na Cidade de Davi, mas não nos sepulcros dos reis. 26Foram estes os que conspiraram contra ele: Zabad, filho de Semaat, a amonita, e Jozabad, filho de Semarit, a moabita. 27O que se refere a seus filhos, à quantia do tributo que ele impôs e à restauração do templo de Deus, tudo está relatado no comentário do livro dos reis. Amasias, seu filho, reinou em seu lugar.

25 **Reinado de Amasias.** 1Amasias tornou-se rei* com vinte e cinco anos de idade e reinou vinte e nove anos em Jerusalém. Sua mãe

* **24**,21. Mt 23,35 | 23. 2Rs 12,18-22 / Dt 32,30 | **25**,1. 2Rs 14

† **24**,20. É o Zacarias citado em Lc 11,51, chamado filho de Baraquias em Mt 23,35, por assimilação com Is 8,2.

chamava-se Joaden e era de Jerusa-
lém. 2Fez o que é agradável aos olhos
de Javé, mas não com coração íntegro.
3Quando se sentiu seguro no poder,
mandou matar os oficiais que tinham
assassinado o rei, seu pai. 4Mas pou-
pou os filhos deles, pois está escrito
na Lei, no livro de Moisés,* esta ordem
de Javé: Os pais não serão mortos por
causa dos filhos, nem os filhos serão
mortos por causa dos pais, mas cada
um morrerá por seu próprio pecado†.

Guerra contra Edom. 5Amasias reu-
niu os homens de Judá e os colocou,
segundo suas famílias, sob as ordens
de comandantes de mil e de cem para
todo o Judá e Benjamim. Fez o recen-
seamento dos que tinham vinte anos
ou mais e encontrou trezentos mil
homens de elite aptos para a guerra,
armados de lança e escudo. 6Recrutou
depois como mercenários, por cem ta-
lentos de prata, cem mil guerreiros va-
lentes de Israel. 7Um homem de Deus
veio então a seu encontro e lhe disse:
"Ó rei, não é preciso que as tropas de
Israel venham em teu auxílio, porque
Javé não está nem com Israel e nem
com nenhum efraimita. 8Pois se eles
vierem, em vão procurarás lutar com
coragem; Deus te fará fraquejar dian-
te de teus inimigos, pois é nele que
está o poder para sustentar e abater".
9Amasias respondeu ao homem de
Deus: "Mas e os cem talentos que dei
ao exército de Israel?" Disse o homem
de Deus: "Javé pode dar-te muito mais
que isso". 10Amasias despediu então
de seu exército os que tinham vindo de
Efraim e mandou-os voltar para casa;
eles ficaram muito irritados contra Judá
e voltaram para casa cheios de cólera.

11Amasias animou-se,* partiu à fren-
te de seu exército e chegou ao vale do
Sal, onde derrotou dez mil filhos de
Seir. 12Os homens de Judá capturaram
outros dez mil vivos, levaram-nos ao
cume de um rochedo e de lá os pre-
cipitaram, de modo que todos ficaram
despedaçados. 13Quanto à tropa que
Amasias tinha despedido, em vez de
levá-la para combater a seu lado, ela
invadiu as cidades de Judá, desde Sa-
maria até Bet-Horon, matou três mil
pessoas e levou imensos despojos.

14Depois de voltar de sua campanha
vitoriosa contra os edomitas, Amasias
trouxe os deuses dos filhos de Seir e os
constituiu como seus deuses, prostrou-
-se diante deles e lhes queimou incen-
so. 15Por isso inflamou-se contra Ama-
sias a ira de Javé, que lhe enviou um
profeta para dizer-lhe: "Por que bus-
caste os deuses deste povo, que não
puderam livrar seu povo de tua mão?"
16Enquanto ele ainda falava, Amasias
o interrompeu: "Acaso te nomeamos
conselheiro do rei? Cala-te! Por que
queres ser morto?" O profeta calou-se,
mas depois disse: "Sei que Deus decre-
tou tua ruína por teres agido assim e
não teres ouvido meu conselho".

Guerra contra Israel. 17Depois de ter
tomado conselho,* Amasias, rei de
Judá, mandou dizer a Joás, filho de Joa-
caz, filho de Jeú, rei de Israel: "Vem para
medirmos forças!" 18Joás, rei de Israel,
mandou em resposta esta mensagem
a Amasias, rei de Judá: "O espinheiro
do Líbano mandou dizer ao cedro do
Líbano: 'Dá tua filha* por esposa a meu
filho'. Mas um animal selvagem do Lí-
bano passou e pisou o espinheiro. 19Tu
dizes: 'Triunfei de Edom', e teu coração
se envaideceu e te glorias. Mas fica em
tua casa! Para que provocar a desgraça
e causar tua ruína e a de Judá contigo?"

20Mas Amasias não lhe deu ouvidos,
pois era vontade de Deus entregá-
-los nas mãos dos inimigos por terem
buscado os deuses de Edom. 21Joás,
rei de Israel, partiu para a guerra e se
enfrentaram ele e Amasias, rei de Judá,
em Bet-Sames, que pertence a Judá.
22Judá foi derrotado por Israel e cada
um fugiu para sua tenda. 23Joás, rei de
Israel, fez prisioneiro em Bet-Sames o
rei de Judá, Amasias, filho de Joás, filho
de Joacaz, e conduziu-o a Jerusalém.
Fez uma brecha de quatrocentos côva-

* **25**,4. Dt 24,16 | 11. 2Rs 14,7 | 17. 2Rs 14,8-14 | 18. Jz 9,7-15

† **25**,4. Ver a nota em Dt 24,16, que é o texto citado aqui.

dos na muralha de Jerusalém, desde a porta de Efraim até a porta do Ângulo. 24Tomou todo o ouro,* a prata e todos os objetos que se achavam no templo de Deus, aos cuidados de Obed-Edom, e os tesouros do palácio real, e voltou a Samaria, levando reféns.

Fim do reinado de Amasias. 25Amasias, filho de Joás,* rei de Judá, viveu ainda quinze anos depois da morte de Joás, filho de Joacaz, rei de Israel.

26O resto da história de Amasias, do começo ao fim, não está escrito no livro dos reis de Judá e de Israel? 27Depois que Amasias se desviou de Javé, tramou-se contra ele uma conspiração em Jerusalém e ele fugiu para Laquis; perseguiram-no, porém, até Laquis e lá o mataram. 28Transportaram seu corpo sobre cavalos e o sepultaram junto de seus pais na Cidade de Davi.

26 **Reinado de Ozias.** 1Todo o povo de Judá tomou Ozias, que tinha dezesseis anos,* e o constituiu rei em lugar de seu pai Amasias. 2Ele reconstruiu Elat e a reconquistou para Judá, depois que o rei adormeceu com seus pais. 3Ozias tinha dezesseis anos* quando começou a reinar e reinou cinquenta e dois anos em Jerusalém. Sua mãe chamava-se Jequelias e era de Jerusalém. 4Fez o que é agradável aos olhos de Javé, como tudo o que fizera seu pai Amasias. 5Aplicou-se a procurar a Deus, enquanto viveu Zacarias que o instruiu no temor de Deus. Todo o tempo que buscou a Javé, Deus o fez prosperar.

6Saiu a combater contra os filisteus, derrubou as muralhas de Gat, de Jabne e de Azoto e construiu cidades na região de Azoto e entre os filisteus. 7Deus o ajudou contra os filisteus, contra os árabes que habitavam em Gur-Baal e contra os meunitas. 8Os amonitas pagaram tributo* a Ozias. Seu renome estendeu-se até a fronteira do Egito, porque se tornara extremamente poderoso.

9Ozias construiu torres em Jerusalém: na porta do Ângulo, na porta do Vale e na Esquina, e as fortificou. 10Construiu também torres no deserto e cavou numerosas cisternas, pois dispunha de numeroso rebanho na planície e no planalto; tinha lavradores e vinhateiros nas montanhas e nos campos férteis, pois gostava da agricultura.*

11Ozias tinha um exército treinado, pronto para entrar em combate, dividido em fileiras segundo o número registrado pelo escriba Jeiel e pelo comissário Maasias, sob a direção de Hananias, um dos oficiais do rei. 12O número total dos chefes das famílias desses guerreiros valentes era de dois mil e seiscentos. 13Tinham sob suas ordens as tropas do exército, constituído de trezentos e sete mil e quinhentos homens, de grande valor, prontos para auxiliar o rei contra o inimigo. 14Ozias distribuiu a eles, a todo o exército, escudos, lanças, capacetes, couraças, arcos e pedras para as fundas. 15Mandou fazer em Jerusalém máquinas inventadas por técnicos, para colocá-las sobre as torres e sobre os ângulos, a fim de atirar flechas e grandes pedras. Seu renome estendeu-se até bem longe, pois foi maravilhosamente ajudado até se tornar poderoso.

Orgulho e castigo de Ozias. 16Mas quando viu que estava forte, seu coração encheu-se de orgulho para sua própria ruína. Pecou contra Javé seu Deus, entrando no templo de Javé para queimar incenso no altar dos perfumes. 17Atrás dele entrou o sacerdote Azarias com mais oitenta corajosos sacerdotes de Javé. 18Eles se opuseram ao rei Ozias, dizendo-lhe: "Não é a ti que compete oferecer incenso a Javé, mas aos sacerdotes descendentes de Aarão, consagrados para este ofício. Sai do santuário, porque pecaste, e isto não te servirá de glória diante de Javé Deus". 19Ozias, que tinha nas mãos o incensório, encolerizou-se. Mas, enquanto ele se irritava contra os sacerdotes, apare-

---

* **25**,24. 1Cr 26,15 | 25. 2Rs 14,17-20 | **26**,1. 2Rs 14,21s | 3. 2Rs 15,2ss | 8. 20,1 | 10. 1Cr 27,25-31 | 19. Nm 12,10

ceu a lepra em sua fronte na presença dos sacerdotes, no templo de Javé,* perto do altar dos perfumes. [20]O sumo sacerdote Azarias e todos os sacerdotes voltaram-se para ele e viram a lepra em sua fronte. Expulsaram-no imediatamente, e ele mesmo se apressou em sair, porque Javé o havia castigado.

[21]O rei Ozias ficou leproso* até o dia de sua morte. Por ser leproso, morava numa casa separada, porque estava excluído do templo de Javé. Seu filho Joatão regia o palácio e governava a população do país. [22]O resto da história de Ozias, do começo ao fim, foi escrito pelo profeta Isaías, filho de Amós†. [23]Ozias adormeceu com seus pais e foi sepultado com eles no terreno dos sepulcros reais, pois diziam: "É um leproso". Joatão, seu filho, reinou em seu lugar.

27 **Reinado de Joatão.** [1]Joatão tinha vinte e cinco anos* quando começou a reinar e reinou dezesseis anos em Jerusalém. Sua mãe chamava-se Jerusa e era filha de Sadoc. [2]Fez o que é agradável aos olhos de Javé, imitando em tudo a conduta de seu pai, Ozias, sem todavia entrar no santuário de Javé. Mas o povo continuou a corromper-se.

[3]Ele construiu a porta superior do templo de Javé e fez numerosas obras na muralha do Ofel. [4]Edificou cidades na montanha de Judá e também cidadelas e torres nos bosques.

[5]Combateu contra o rei dos amonitas. Venceu-os, e os amonitas lhe pagaram naquele ano cem talentos de prata, dez mil coros de trigo e dez mil de cevada; isto lhe pagaram os amonitas também no segundo e no terceiro anos. [6]Joatão tornou-se poderoso, pois ordenou seus caminhos diante de Javé, seu Deus.

[7]O resto da história de Joatão,* todas as suas guerras e suas atividades, tudo está escrito no livro dos reis de Israel e de Judá. [8]Tinha vinte e cinco anos quando começou a reinar e reinou dezesseis anos em Jerusalém. [9]Joatão adormeceu com seus pais e foi sepultado na Cidade de Davi. Seu filho Acaz reinou em seu lugar.

28 **Reinado de Acaz.** [1]Acaz tinha vinte anos* quando começou a reinar e reinou dezesseis anos em Jerusalém. Não fez o que é agradável aos olhos de Javé, como o havia feito Davi, seu antepassado. [2]Imitou a conduta dos reis de Israel e até mandou fazer estátuas de metal de Baal, [3]queimou perfumes no vale dos filhos de Enom e fez passar seus filhos pelo fogo†, segundo os costumes abomináveis* das nações que Javé tinha expulsado da frente dos israelitas. [4]Ofereceu sacrifícios e incenso nos lugares altos, nas colinas e debaixo de toda árvore verdejante.

[5]Por isso Javé, seu Deus, entregou-o* nas mãos do rei dos arameus. Estes o derrotaram e fizeram grande número de prisioneiros, que foram levados para Damasco. Foi também entregue às mãos do rei de Israel, que lhe infligiu pesada derrota. [6]Faceia, filho de Romelias, matou num só dia cento e vinte mil homens de Judá, todos guerreiros valentes, por terem abandonado Javé, o Deus de seus pais. [7]Zecri, herói efraimita, matou Maasias, filho do rei, Ezricam, chefe do palácio, e Elcana, que era o lugar-tenente do rei. [8]Os israelitas levaram presos de Judá, seu povo irmão, duzentos mil: mulheres, meninos e meninas; tomaram também imensos despojos, que levaram para Samaria.

Os israelitas ouvem o profeta Oded. [9]Havia lá um profeta de Javé, de nome Oded†. Saindo ao encontro do exército que chegava a Samaria, assim falou: "Em sua ira contra eles, Javé, o Deus de

---

* **26**,21. 2Rs 15,5ss; Lv 13,46; Nm 19,20 | **27**,1. 2Rs 15,32-35 | 7. 2Rs 15,36ss | **28**,1. 2Rs 16,2-5 | 3. Lv 18,21 | 5. 2Rs 16; Is 7-9

† **26**,22. Esse escrito, atribuído ao profeta Isaías, não chegou até nós. | **28**,3. É o vale da Geena, que fica na zona sul de Jerusalém, local de sacrifícios humanos ao deus Moloc. 9. Profeta que vem da Samaria: mais um dos muitos que o Cronista gosta de relembrar: 15,1; 16,7; 24,20; 25,7s.

vossos pais, entregou Judá em vossas mãos, mas vós os massacrastes com um furor tal que chegou até o céu. 10E agora pensais em reduzir os filhos de Judá e de Jerusalém a servos e servas vossos! Mas vós próprios não sois também culpados diante de Javé, vosso Deus? 11Ouvi-me agora: fazei voltar vossos irmãos, os prisioneiros que fizestes, porque o ardor da ira de Javé vos ameaça".

12Alguns dos chefes dos efraimitas, a saber, Azarias, filho de Joanã, Baraquias, filho de Mosolamot, Ezequias, filho de Selum, Amasa, filho de Hadali, insurgiram-se contra os que voltavam da expedição 13e disseram: "Não podeis introduzir aqui estes prisioneiros, porque já pesa sobre nós uma culpa diante de Javé e pretendeis aumentar o número de nossos pecados e de nossas faltas; na verdade, nossa culpa é enorme e uma ira ardente ameaça Israel". 14Então o exército abandonou os prisioneiros e os despojos na presença dos chefes e de toda a assembleia. 15Em seguida, alguns homens, designados nominalmente para este fim, puseram-se a reconfortar os prisioneiros. Com os despojos, vestiram todos os que estavam nus: deram-lhes roupa, calçado, comida e bebida e os medicaram com unções. Transportaram todos os fracos sobre animais* e os conduziram a seus irmãos em Jericó, a cidade das palmeiras. Em seguida regressaram a Samaria.

Idolatria e morte de Acaz. 16Por esse tempo, Acaz mandou* pedir ao rei da Assíria que o socorresse.

17Os edomitas tinham outra vez invadido Judá, derrotaram-no e levaram consigo prisioneiros. 18Os filisteus fizeram incursões contra as cidades da Planície e do Negueb de Judá. Conquistaram Bet-Sames, Aialon, Gederot, Soco e seus arredores, Tamna e seus arredores, Gamzo e seus arredores, e aí se estabeleceram. 19Com efeito, Javé humilhava Judá por causa de Acaz, rei de Judá, que incitava Judá ao relaxamento e era infiel a Javé.

20Teglat-Falasar, rei da Assíria, veio contra ele e o oprimiu em vez de ajudá-lo. 21Acaz retirou uma parte* dos bens do templo de Javé e das casas do rei e dos príncipes para dá-los ao rei da Assíria, mas isto de nada lhe serviu. 22Enquanto sofria o cerco,* ele, o rei Acaz, pecou ainda mais contra Javé. 23Ofereceu sacrifícios aos deuses de Damasco que o haviam derrotado, pois pensou: "Já que os deuses dos reis de Aram vieram em seu socorro, também eu lhes oferecerei sacrifícios para que me ajudem". Mas foram eles que causaram sua perda e a de todo o Israel.

24Acaz juntou todos os utensílios* do templo de Deus e os reduziu a pedaços; fechou as portas do templo de Javé e fez altares para si em todas as esquinas de Jerusalém; 25edificou lugares altos em todas as cidades de Judá, para neles oferecer incenso a outros deuses, e provocou a ira de Javé, o Deus de seus pais.

26O resto de sua história e de todas as suas ações, do começo ao fim, está tudo escrito no livro dos reis de Judá e de Israel. 27Acaz adormeceu* com seus pais e foi sepultado na cidade, em Jerusalém, mas não o colocaram nos sepulcros dos reis de Israel. Seu filho Ezequias reinou em seu lugar.

29 **Reinado de Ezequias.** 1Ezequias tornou-se rei* com vinte e cinco anos de idade e reinou vinte e nove anos em Jerusalém. Sua mãe chamava-se Abia e era filha de Zacarias. 2Fez o que é agradável aos olhos de Javé, imitando tudo o que fizera Davi, seu antepassado.

Purificação do templo. 3No primeiro mês do primeiro ano* de seu reinado ele abriu as portas do templo de Javé e as restaurou. 4Depois convocou os sacerdotes e os levitas, reuniu-os na praça oriental 5e disse-lhes: "Escutai-me, levitas! Santificai-vos agora e consagrai o templo de Javé, Deus de nossos pais, e eliminai do santuário a

* **28**,15. Lc 10,25-37 | 16. 2Rs 16,6s; Is 7-8 | 21. 2Rs 16,8 | 22. 2Rs 16,12s; Is 10,20 | 24. 2Rs 16,17 | 27. 2Rs 16,19s | **29**,1. 2Rs 18,1ss | 3. 28,24

impureza. 6Nossos pais foram infiéis e
fizeram o mal aos olhos de Javé, nos-
so Deus. Abandonaram-no, desviaram
seus olhos da habitação de Javé e lhe
voltaram as costas. 7Chegaram a fe-
char as portas do vestíbulo, apagaram
as lâmpadas* e não mais queimaram
incenso, nem ofereceram holocaustos
ao Deus de Israel no santuário. 8Por
isso a ira de Javé caiu sobre Judá e
sobre Jerusalém; ele os fez objetos de
terror, espanto e zombaria,* como o
vedes com os próprios olhos. 9É assim
que nossos pais caíram sob a espada;
nossos filhos, nossas filhas e nossas
mulheres estão no cativeiro. 10Agora
decidi concluir uma aliança com Javé,
Deus de Israel, para que se afaste de
nós sua ira ardente. 11Meus filhos, não
sejais mais negligentes, pois foi a vós
que Javé escolheu para estardes em
sua presença, para servi-lo, para vos
dedicardes a seu culto e lhe oferecer-
des incenso".

12Levantaram-se então os levitas:
Maat, filho de Amasai, Joel, filho de
Azarias, dos filhos de Caat; dos mera-
ritas: Cis, filho de Abdi, e Azarias, filho
de Jalaleel; dos gersonitas: Joá, filho de
Zema, e Éden, filho de Joá; 13dos filhos
de Elisafã: Samri e Jeiel; dos filhos de
Asaf: Zacarias e Matanias; 14dos filhos
de Emã: Jaiel e Semei; dos filhos de Idi-
tun: Semeías e Oziel. 15Reuniram seus
irmãos e, depois de se terem santifica-
do, vieram por ordem do rei, conforme
as palavras de Javé, purificar o templo
de Javé.

16Os sacerdotes penetraram na par-
te interna do templo de Javé para pu-
rificá-lo. Removeram para o pátio do
templo de Javé todas as coisas impuras
que encontraram no santuário de Javé,
e os levitas amontoaram-nas e foram
jogá-las fora, na torrente do Cedron.
17Começaram a purificação no primei-
ro dia do primeiro mês; no oitavo dia*
desse mês entraram no vestíbulo de
Javé; em oito dias consagraram o tem-
plo de Javé e terminaram a purificação
no décimo sexto dia do primeiro mês.

Ezequias restabelece o culto. 18Apre-
sentaram-se então no palácio do rei
Ezequias e disseram-lhe: "Purificamos
todo o templo de Javé, o altar dos ho-
locaustos e todos os utensílios, a mesa
dos pães da apresentação e todos os
seus utensílios. 19Preparamos e consa-
gramos todos os objetos que o rei Acaz
havia lançado fora durante seu ímpio
reinado; estão agora diante do altar de
Javé".

20O rei Ezequias levantou-se imedia-
tamente, reuniu os oficiais da cidade
e subiu ao templo de Javé. 21Mandou
trazer sete touros, sete carneiros, sete
cordeiros e sete bodes para o sacrifício
pelo pecado, na intenção da casa real,
do santuário e de Judá. O rei mandou
então que os sacerdotes, filhos de Aa-
rão, oferecessem os holocaustos sobre
o altar de Javé. 22Imolaram os touros,
e os sacerdotes recolheram o sangue
que derramaram sobre o altar. Depois
imolaram os carneiros e derramaram
seu sangue sobre o altar. Imolaram os
cordeiros e derramaram seu sangue
sobre o altar. 23Em seguida mandaram
trazer os bodes destinados ao sacrifí-
cio pelo pecado, diante do rei e da as-
sembleia, que lhes impuseram as mãos.
24Os sacerdotes os imolaram e ofere-
ceram seu sangue como sacrifício pelo
pecado, a fim de executarem o rito de
expiação por todo o Israel; com efeito,
era por todo o Israel que o rei ordenara
que se oferecessem os holocaustos e o
sacrifício pelo pecado.

25Também estabeleceu os levitas no
templo de Javé com címbalos, liras e cí-
taras, segundo as prescrições de Davi,
de Gad, o vidente do rei, e do profe-
ta Natã; pois a ordem vinha de Deus
por intermédio de seus profetas. 26As-
sim, os levitas tomaram lugar com os
instrumentos de Davi, e os sacerdotes
com as trombetas. 27Ezequias mandou
oferecer os holocaustos sobre o altar; o
holocausto estava começando quando
entoaram os cânticos de Javé e soaram
as trombetas, acompanhadas dos ins-
trumentos de Davi, rei de Israel. 28Toda

* **29**,7. 2,3 | 8. Lv 26,32; Dt 28,25; Jr 25,18 | 17. 15,16

a assembleia se prostrou, enquanto os
cantores cantavam e as trombetas to-
cavam até se concluir o holocausto.
29Terminado o holocausto, o rei e
todos os que o acompanhavam se
ajoelharam e se prostraram. 30Depois
o rei Ezequias e os oficiais ordenaram
aos levitas que louvassem a Javé com
as palavras de Davi e de Asaf, o viden-
te; eles o louvaram com entusiasmo,
depois se inclinaram e se prostraram.
31Ezequias tomou então a palavra e
disse: "Agora vos consagrastes a Javé.
Aproximai-vos, trazei ao templo de Javé
as vítimas e os sacrifícios de louvor". A
assembleia trouxe as vítimas e os sacri-
fícios de louvor, e todos os de coração
generoso* trouxeram holocaustos. 32O
número dos holocaustos trazidos pela
assembleia foi de setenta bois, cem
carneiros, duzentos cordeiros, tudo em
holocausto a Javé; 33seiscentos bois e
três mil ovelhas foram consagrados.
34Todavia, o número dos sacerdotes
foi insuficiente para esfolar todos esses
holocaustos; por isso os levitas, seus ir-
mãos, os ajudaram até que esta obra
terminasse e até que os sacerdotes*
fossem santificados; os levitas, de fato,
estavam mais dispostos que os sacer-
dotes* a se santificar. 35Além do grande
número de holocaustos, houve a gor-
dura dos sacrifícios de comunhão e as
libações correspondentes a cada holo-
causto. Assim foi restabelecido o culto
no templo de Javé. 36Ezequias e todo o
povo se alegraram com o que Deus ha-
via realizado para o povo, porque tudo
foi feito com presteza.

30 **Convocação para a Páscoa.**
1Ezequias enviou mensageiros
para todo o Israel e Judá; escreveu tam-
bém cartas a Efraim e Manassés para
convidá-los a vir ao templo de Javé,
em Jerusalém, para celebrar a Páscoa*
em honra de Javé, Deus de Israel. 2O
rei, seus oficiais e toda a assembleia de
Jerusalém resolveram celebrá-la no se-
gundo mês,* 3já que não puderam ce-
lebrá-la no tempo devido, porque não
se haviam santificado sacerdotes em
número suficiente e o povo ainda não
se tinha reunido em Jerusalém. 4Isto
pareceu justo aos olhos do rei e de
toda a assembleia. 5Decidiu-se publicar
em todo o Israel, de Bersabeia a Dã, um
apelo para que viessem celebrar em Je-
rusalém uma Páscoa para Javé, Deus
de Israel†; de fato, muitos não tinham
observado as normas prescritas. 6Par-
tiram então os mensageiros, com as
cartas escritas pelo rei e seus oficiais, e
foram por todo o Israel e Judá. Deviam
dizer, segundo a ordem do rei: "Israe-
litas, voltai a Javé, o Deus de Abraão,
de Isaac e de Israel, e ele voltará para
vós, que sobrevivestes depois de ter
escapado das mãos dos reis da Assíria.
7Não sejais como vossos pais e vos-
sos irmãos que pecaram contra Javé,
o Deus de seus pais, e foram por ele
entregues à ruína, como vedes. 8Não
endureçais vossa cerviz como o fizeram
vossos pais. Submetei-vos a Javé, vin-
de a seu santuário que ele consagrou
para sempre, servi a Javé, vosso Deus,
para que se afaste de vós sua arden-
te ira. 9Porque, se voltardes para Javé,
vossos irmãos e vossos filhos encon-
trarão misericórdia* diante dos que os
deportaram e poderão regressar a esta
terra, pois Javé, vosso Deus, é clemente
e misericordioso. Se voltardes para ele,
não afastará de vós sua face".
10Os mensageiros foram e percor-
reram, de cidade em cidade, o país
de Efraim e de Manassés, e também
o de Zabulon, mas o povo zombava
deles e os escarnecia. 11No entanto,
alguns homens de Aser, de Manassés
e de Zabulon se humilharam e vieram
a Jerusalém. 12Também em Judá a mão
de Deus agiu para fazê-los executar
unanimemente as prescrições do rei
e dos oficiais, conforme a palavra de
Javé. 13Uma grande multidão reuniu-
-se em Jerusalém para celebrar no se-

* **29**,31. Lv 7,11 | 34. 1Cr 15,12 | **30**,1. Êx 12,1 | 2. Nm 9,6-13 | 9. 1Rs 8,50

† **30**,5. Este convite às tribos do norte exprime a esperança profética da volta à unidade e à fidelidade ao Deus único.

gundo mês a festa dos Ázimos; foi uma
assembleia extremamente numerosa.
14Puseram-se a destruir os altares que
estavam em Jerusalém e todos os alta-
res de incenso,* e os jogaram na tor-
rente do Cedron.
A Páscoa e os Ázimos. 15Imolaram a
Páscoa no dia catorze* do segundo
mês. Cheios de confusão, os sacerdo-
tes e os levitas santificaram-se e leva-
ram holocaustos ao templo de Javé.
16Depois puseram-se em seus postos,
conforme as normas a eles impostas
pela lei de Moisés, homem de Deus. Os
sacerdotes derramavam o sangue que
recebiam das mãos dos levitas, 17pois
na assembleia havia muitos que não se
tinham santificado. Por isso os levitas
estavam encarregados de imolar as ví-
timas pascais em lugar dos que não ti-
nham a pureza exigida para consagrá-
-las a Javé. 18Na verdade, grande parte
do povo, muitos de Efraim, de Manas-
sés, de Issacar e de Zabulon, não se
tinham purificado: comeram a Páscoa
sem obedecer ao que é prescrito. Mas
Ezequias orou por eles, dizendo: "Que
Javé, em sua bondade, perdoe 19a to-
dos os que aplicaram seu coração em
buscar a Deus, a Javé, o Deus de seus
pais, mesmo se não têm a pureza exi-
gida para as coisas santas". 20Javé ou-
viu Ezequias e conservou o povo são e
salvo.
21Assim os israelitas que se acha-
vam em Jerusalém celebraram durante
sete dias e com grande alegria a festa
dos Ázimos, enquanto os levitas e os
sacerdotes louvavam cada dia a Javé,
cantando a Javé com instrumentos so-
noros. 22Ezequias dirigiu palavras de
encorajamento a todos os levitas que
mostravam grande conhecimento das
coisas de Javé; durante sete dias to-
maram parte no festim da solenidade,
celebrando os sacrifícios de comunhão
e louvando a Javé, o Deus de seus pais.
23Depois toda a assembleia resolveu
celebrar mais sete dias de festa e fes-
tejaram outros sete dias com alegria.
24Pois Ezequias, rei de Judá, ofereceu
à assembleia mil touros e sete mil
ovelhas, e os oficiais deram à assem-
bleia mil touros e dez mil ovelhas. Os
sacerdotes se santificaram em grande
número. 25Toda a assembleia dos filhos
de Judá se alegrou, como também os
sacerdotes, os levitas e toda a assem-
bleia vinda de Israel, os refugiados vin-
dos da terra de Israel e também os que
moravam em Judá. 26Reinou imenso
júbilo em Jerusalém, pois desde os dias
de Salomão, filho de Davi, rei de Israel,
nada de semelhante se havia realizado
em Jerusalém. 27Os sacerdotes levitas
puseram-se a abençoar o povo: sua voz
foi ouvida e sua oração chegou até os
céus, a morada santa de Javé.

31

Luta contra a idolatria.
1Quando tudo foi terminado,*
todo o Israel que lá se achava saiu pelas
cidades de Judá quebrando as colunas
sagradas, despedaçando os troncos
idolátricos, demolindo os lugares altos
e os altares, para eliminá-los por com-
pleto de todo Judá, Benjamim, Efraim e
Manassés. A seguir, todos os israelitas
voltaram para suas cidades, cada um
para sua propriedade.
Reorganização do clero. 2Ezequias
restabeleceu as classes dos sacerdotes
e dos levitas, cada um em sua classe,
segundo sua função; os sacerdotes e os
levitas para os holocaustos, os sacrifí-
cios de comunhão, o serviço litúrgico,
a ação de graças e o louvor nas portas
dos acampamentos de Javé. 3O rei re-
servou uma parte de seus bens* para
os holocaustos da manhã e da tarde,
para os holocaustos dos sábados, das
luas novas e das solenidades,* como
está escrito na lei de Javé. 4Ordenou
também ao povo, aos habitantes de
Jerusalém, que entregassem aos sacer-
dotes e aos levitas a parte que lhes to-
cava, a fim de que pudessem observar
a lei de Javé. 5Logo que foi promulgada
esta ordem, os israelitas trouxeram*
em abundância as primícias do trigo,

---

* **30**,14. 28,24s | 15. Esd 9,6 | **31**,1. 2Rs 18,4 | 3. 1Cr 9,19 / Ez 45,17; 1Cr 29,3; Nm 28-29 | 5. Nm 18,18-24; Dt 14,22

do vinho, do óleo, do mel e de todos os produtos agrícolas e trouxeram em abundância o dízimo de tudo. [6]Os israelitas e os de Judá, que moravam nas cidades de Judá, trouxeram também o dízimo dos bois e das ovelhas e o dízimo das coisas santas consagradas a Javé, fazendo grandes montões. [7]Foi no terceiro mês que começaram a fazer tais montões e terminaram no sétimo. [8]Ezequias e os oficiais vieram ver os montões e bendisseram a Javé e a Israel, seu povo. [9]Ezequias interrogou os sacerdotes e os levitas acerca dos montões. [10]O sumo sacerdote Azarias, da casa de Sadoc, respondeu-lhe: "Desde que começaram a trazer essas oferendas ao templo de Javé, temos tido o que comer com fartura e tem sobrado muita coisa, pois Javé abençoou seu povo; esta grande quantidade é o que sobra".

[11]Ezequias ordenou que se preparassem depósitos no templo de Javé, o que foi feito. [12]Depositaram-se ali, fielmente, as oferendas, os dízimos e as coisas consagradas. Encarregado disso foi o levita Conenias, auxiliado por seu irmão Semei. [13]Jaiel, Azarias, Naat, Asael, Jerimot, Jozabad, Eliel, Jesmaquias, Maat e Banaías eram os inspetores, sob as ordens de Conenias e de seu irmão Semei, por disposição do rei Ezequias e de Azarias, chefe do templo de Deus. [14]O levita Coré, filho de Jemna, guarda da porta oriental, era encarregado das oferendas espontâneas feitas a Deus; distribuía os dons oferecidos a Javé e as coisas sacrossantas. [15]Sob suas ordens, Éden, Miniamin, Jesua, Semeías, Amarias e Sequenias, nas cidades sacerdotais, deviam distribuir fielmente as porções a seus irmãos, grandes e pequenos, segundo suas classes; [16]com exceção dos homens que estavam registrados em suas genealogias,* de três anos para cima, eles distribuíam a todos os que entravam no templo de Javé sua porção diária para seu serviço, segundo suas funções e de acordo com suas classes. [17]Os sacerdotes foram inscritos por famílias e os levitas, de vinte anos ou mais, segundo suas funções e suas classes. [18]Foram inscritos com todas as crianças, as mulheres, os filhos, as filhas, toda a assembleia, pois deviam consagrar-se com fidelidade às coisas sagradas. [19]Para os sacerdotes, filhos de Aarão, que residiam nos campos ao redor de suas cidades, havia em cada cidade homens nominalmente designados para distribuir as porções a todos os homens entre os sacerdotes e a todos os levitas inscritos.

[20]Assim procedeu Ezequias em todo o Judá. Fez o que é bom, reto e leal aos olhos de Javé, seu Deus. [21]Tudo o que executou para o serviço do templo de Deus, pela lei e pelos mandamentos, ele o fez buscando a Deus de todo o coração e foi bem-sucedido.

32 **Invasão de Senaquerib.** [1]Depois desses acontecimentos* e dessas provas de fidelidade, veio Senaquerib, rei da Assíria, invadiu Judá e sitiou as cidades fortificadas com o propósito de conquistá-las. [2]Vendo, então, Ezequias que Senaquerib chegava com a intenção de atacar Jerusalém, [3]decidiu, com seus oficiais e seus guerreiros, obstruir as águas das nascentes que estavam fora da cidade e eles lhe prestaram ajuda. [4]Tendo-se reunido uma grande multidão,* obstruíram todas as fontes e o riacho que corria pelo território, dizendo: "Por que os reis da Assíria, vindo aqui, haveriam de achar água em abundância?" [5]Corajosamente Ezequias se pôs a restaurar todas as brechas da muralha, sobre ela construiu torres, ergueu uma segunda muralha na parte externa, fortificou o Melo na Cidade de Davi e mandou fazer armas e escudos em abundância. [6]Colocou generais à frente do povo, reuniu-os em seu redor na praça da porta da cidade e os encorajou, dizendo: [7]"Sede firmes e corajosos!* Não temais nem vos apavoreis diante do rei da Assíria e diante de toda a multidão que o acompanha, pois Aquele que está conosco é mais

* **31**,16. 1Cr 23,3 | **32**,1. 2Rs 18,13 | 4. Is 22,9ss; Ne 2,17s | 7. 14,10; 20,6-12

poderoso do que o que está com ele.
8Com ele está um braço* de carne, mas
conosco está Javé, nosso Deus, que nos
socorre e combate nossas batalhas". O
povo ganhou confiança ao ouvir as pa-
lavras de Ezequias, rei de Judá.
Insultos de Senaquerib. 9Depois dis-
so, Senaquerib, rei da Assíria,* enquan-
to ainda estava sitiando Laquis com
todas as suas tropas, enviou seus ser-
vos a Jerusalém para dizer a Ezequias,
rei de Judá, e a todos os de Judá que
se achavam em Jerusalém: 10"Assim
fala Senaquerib, rei da Assíria: Em que
confiais para permanecerdes em Jeru-
salém sitiados? 11Acaso Ezequias não
vos está enganando, para vos fazer
perecer pela fome e pela sede, quando
vos diz: 'Javé, nosso Deus, nos livrará
das mãos do rei da Assíria?' 12Não foi
este mesmo Ezequias que suprimiu os
lugares altos e os altares de Javé, or-
denando a Judá e a Jerusalém: 'Diante
de um só altar vos prostrareis e sobre
ele oferecereis incenso?' 13Não sabeis
o que temos feito, meus pais e eu, a
todos os povos de outras terras? Os
deuses das nações dessas terras pude-
ram livrá-las de minhas mãos? 14Qual
é, dentre todos os deuses das nações
que meus pais votaram ao extermí-
nio, aquele que pôde livrar seu povo
de minhas mãos? E vosso Deus pode-
ria então livrar-vos de minhas mãos?
15Portanto, não vos deixeis iludir por
Ezequias! Que não vos engane dessa
maneira! Não lhe deis crédito, pois ne-
nhum deus de nação alguma, nem de
reino algum, pôde livrar seu povo de
minhas mãos nem das mãos de meus
pais; vossos deuses tampouco vos li-
vrarão de minhas mãos".

16Seus servos falaram ainda mais
contra Javé Deus e contra Ezequias,*
seu servo. 17Senaquerib escrevera uma
carta insultando Javé, Deus de Israel, e
falando contra ele nestes termos: "As-
sim como os deuses das nações das
outras terras não livraram seus povos
de minhas mãos, o Deus de Ezequias
não livrará delas seu povo". 18Os servos
de Senaquerib bradavam em voz alta,
usando a língua hebraica, dirigindo-se
ao povo que estava sobre a muralha,
para atemorizá-lo e intimidá-lo e assim
se apoderarem da cidade. 19Falavam
do Deus de Jerusalém como se ele fos-
se um dos deuses dos povos da terra,
obra de mãos humanas.
Senaquerib é vencido. 20Então o rei
Ezequias* e o profeta Isaías, filho de
Amós, rezaram para este fim e clama-
ram ao céu. 21E Javé enviou um anjo
que exterminou todos os guerreiros
valentes, os capitães e os oficiais no
acampamento do rei da Assíria†. Este
voltou para sua terra coberto de ver-
gonha;* e, tendo entrado no templo
de seu deus, alguns de seus próprios
filhos ali o mataram à espada. 22Assim
Javé salvou Ezequias e os habitantes
de Jerusalém das mãos de Senaquerib,
rei da Assíria, e das mãos de todos os
outros, e concedeu-lhes a tranquili-
dade em todas as fronteiras. 23Muitos
levaram a Jerusalém ofertas* para Javé
e presentes para Ezequias, rei de Judá,
que, depois desses acontecimentos,
adquiriu prestígio aos olhos de todas
as nações.
Últimos anos de Ezequias. 24Por aque-
les dias Ezequias caiu doente* e esteve
a ponto de morrer. Implorou a Javé, que
lhe falou e lhe concedeu um milagre.
25Ezequias, porém, não correspondeu
ao benefício recebido, porque seu cora-
ção se orgulhou; por isso a ira divina se
abateu sobre ele, sobre Judá e sobre Je-
rusalém. 26Ezequias, porém, humilhou-
-se* do orgulho de seu coração, assim
como os habitantes de Jerusalém; a ira
de Javé cessou de abater-se sobre eles
durante a vida de Ezequias. 27Ezequias
possuiu muitas riquezas* e glória. Acu-
mulou tesouros para si em ouro, pra-
ta, pedras preciosas, aromas, escudos

---

* **32**,8. Is 31,3 | 9. 2Rs 18,17-37; Is 36,1-22 | 16. 2Rs 19,9-13; Is 37,9-19 | 20. 2Rs 19,15; Is 37,15 | 21. 2Rs 19,35ss; Is 37,36ss | 23. 14,6; 2Rs 20,12 | 24. 2Rs 20,1s; Is 38,1s | 26. 2Rs 20,12-19; Is 39,1-8 | 27. 2Rs 20,13; Is 39,2

† **32**,21. Ver a nota em 2Rs 19,35.

e toda espécie de objetos preciosos. 28Teve armazéns para as safras de trigo, vinho e óleo; estábulos para todo tipo de gado e apriscos para os rebanhos. 29Construiu cidades para si e possuiu ovelhas e bois em grande quantidade, pois Deus lhe havia dado bens imensos.

30Ezequias obstruiu a saída* superior das águas do Guion e as canalizou para baixo, para o ocidente da Cidade de Davi†. Ezequias foi bem-sucedido em todas as suas empresas. 31Quando os oficiais de Babilônia lhe enviaram mensageiros para se informarem a respeito do milagre que havia acontecido no país, Deus o abandonou para experimentá-lo e para conhecer o íntimo de seu coração. 32O resto da história de Ezequias e os testemunhos de sua piedade, tudo está escrito na visão do profeta Isaías, filho de Amós, e no livro dos reis de Judá e de Israel. 33Ezequias adormeceu com seus pais e foi sepultado na subida para os túmulos dos filhos de Davi. Em sua morte, todos os de Judá e os habitantes de Jerusalém lhe prestaram homenagens. Seu filho Manassés reinou em seu lugar.

33

Manassés e o retorno à idolatria. 1Manassés tinha doze anos* quando começou a reinar e reinou cinquenta e cinco anos em Jerusalém. 2Fez o que é mau aos olhos de Javé, imitando as abominações das nações que Javé tinha expulsado da frente dos israelitas. 3Reconstruiu os lugares altos que Ezequias, seu pai, havia destruído, ergueu altares para os ídolos de Baal, fabricou troncos idolátricos, prostrou-se diante de todo o exército do céu e lhe prestou culto. 4Construiu altares no templo de Javé, do qual Javé dissera: "É em Jerusalém que meu nome estará para sempre".

5Construiu altares para todo o exército do céu nos dois pátios do templo de Javé. 6Fez passar seus filhos pelo fogo no vale dos filhos de Enom. Praticou a magia, os encantamentos, a feitiçaria e instituiu necromantes e adivinhos; multiplicou as ações que Javé considera como más, provocando assim sua ira. 7Colocou o ídolo que mandara esculpir no templo de Deus, do qual Deus tinha dito a Davi e a Salomão, seu filho: "Neste templo e em Jerusalém, cidade que escolhi entre todas as tribos de Israel, farei residir meu nome para sempre. 8Não mais farei com que o pé de Israel vagueie fora da terra que destinei a seus pais, contanto que procurem cumprir tudo o que lhes ordenei por meio de Moisés: toda a lei, os decretos e as decisões". 9Mas Manassés corrompeu os habitantes de Judá e de Jerusalém, a tal ponto que fizeram mais mal do que as nações que Javé havia exterminado diante dos israelitas. 10Javé falou a Manassés e a seu povo, mas não lhe deram ouvidos.

Cativeiro e conversão. 11Então Javé fez vir contra Manassés os generais do exército do rei assírio, que o prenderam com ganchos, amarraram-no com cadeias e o levaram para Babilônia. 12Angustiado, implorou a Javé, seu Deus, e humilhou-se profundamente diante do Deus de seus pais. 13Orou a Javé, que se deixou comover. Ouviu sua súplica e o fez voltar para Jerusalém, a seu reino. Manassés reconheceu que Javé é Deus. 14Depois disso, ele edificou o muro exterior da Cidade de Davi a oeste do Guion, no vale, até a porta dos Peixes, rodeando o Ofel; ele o fez muito alto. Pôs também chefes militares em todas as cidades fortificadas de Judá.

15Fez desaparecer do templo* de Javé os deuses estrangeiros e o ídolo, como também todos os altares que havia construído sobre o monte do templo e em Jerusalém, e os lançou fora da cidade. 16Reconstruiu o altar de Javé, ofereceu sobre ele sacrifícios de comunhão e de louvor, e ordenou a Judá que servisse a Javé, Deus de Israel. 17Mas o povo continuava a sacrificar nos lugares altos, ainda que somente a Javé, seu Deus.

---

* **32**,30. 2Rs 20,20s | **33**,1. 2Rs 21,1-18 | 15. 14,2

† **32**,30. Trata-se do canal de Ezequias, notável obra de engenharia da época, ver a nota em 2Rs 20,20.

[18]O resto da história de Manassés, a
oração que fez a seu Deus† e as pala-
vras dos videntes que lhe falaram* em
nome de Javé, Deus de Israel, acham-
-se nas crônicas dos reis de Israel.
[19]Sua oração e como foi ouvido, todos
os seus pecados e sua impiedade, os
pontos onde havia construído os luga-
res altos e erguido troncos idolátricos e
estátuas antes que se humilhasse, tudo
está consignado na história de Hozai.
[20]Manassés adormeceu com seus pais
e foi sepultado em sua casa. Amon, seu
filho, reinou em seu lugar.
Reinado de Amon. [21]Amon tinha vinte
e dois anos* quando começou a reinar
e reinou dois anos em Jerusalém. [22]Fez
o mal aos olhos de Javé, como havia
feito seu pai Manassés. Amon ofere-
ceu sacrifícios e prestou culto a todos
os ídolos que seu pai Manassés tinha
feito. [23]Não se humilhou diante de Javé
como se havia humilhado seu pai Ma-
nassés; ao contrário, tornou-se mais e
mais culpado. [24]Seus servos tramaram
contra ele e o mataram no palácio;
[25]mas o povo do país matou todos os
que haviam conspirado contra Amon e
proclamou rei, em seu lugar, seu filho
Josias.

34

Reinado de Josias. [1]Josias ti-
nha oito anos* quando come-
çou a reinar e reinou trinta e um anos
em Jerusalém. [2]Fez o que é agradável
aos olhos de Javé e seguiu a conduta
de seu antepassado Davi, sem se des-
viar nem para a direita e nem para a
esquerda.
Primeiras reformas. [3]No oitavo ano
de seu reinado,* quando ainda não era
mais que um adolescente, começou a
buscar o Deus de Davi, seu antepassa-
do. No décimo segundo ano* de seu
reinado começou a purificar Judá e Je-
rusalém dos lugares altos†, dos troncos
idolátricos, dos ídolos de madeira ou
de metal fundido. [4]Derrubaram diante
dele os altares dos ídolos de Baal, ele
próprio demoliu os altares de incenso
que estavam sobre eles, despedaçou
os troncos idolátricos, os ídolos de ma-
deira ou de metal fundido e, tendo-os
reduzido a pó, espalhou o pó sobre os
túmulos dos que lhes ofereceram sacri-
fícios. [5]Queimou os ossos dos sacerdo-
tes sobre seus altares e assim purificou
Judá e Jerusalém. [6]Nas cidades de Ma-
nassés, de Efraim, de Simeão e também
de Neftali e nos territórios devastados
que os rodeavam, [7]ele demoliu os al-
tares, quebrou os troncos idolátricos,
quebrou e pulverizou os ídolos, der-
rubou os altares de incenso em toda
a terra de Israel e depois voltou para
Jerusalém.
Os trabalhos do templo. [8]No décimo
oitavo ano* de seu reinado, depois de
ter purificado o país e o templo, Josias
encarregou Safã, filho de Aslias, Maa-
sias, governador da cidade, e Joá, filho
de Joacaz, o arauto, de restaurar o tem-
plo de Javé, seu Deus. [9]Eles se apre-
sentaram a Helcias, sumo sacerdote,
e lhe entregaram o dinheiro oferecido
ao templo* de Deus e que os levitas,
guardas da porta, haviam recolhido de
Manassés, de Efraim e de todo o resto
de Israel, assim como de todos os de
Judá e de Benjamim que habitavam em
Jerusalém. [10]Puseram esse dinheiro nas
mãos dos que faziam a obra do templo
de Javé e estes o utilizaram para os tra-
balhos de restauração e de reparação
do templo. [11]Deram-no aos carpintei-
ros e aos pedreiros para comprar as
pedras talhadas e a madeira necessá-
ria para a estrutura e para as vigas das
construções que os reis de Judá tinham
deixado cair em ruínas.
[12]Esses homens executaram fielmen-
te o trabalho; tinham como inspetores
Jaat e Abdias, levitas dos filhos de Me-
rari, Zacarias e Mosolam, descendentes
dos caatitas, assim como outros levitas
que sabiam tocar instrumentos musi-

* **33**,18. 2Rs 21,17s | 21. 2Rs 21,19-26 | **34**,1. 2Rs 22,1s | 3. 2Rs 23,4-20 / 14,1-4; 31,1 | 8. 2Rs 22,3-7 | 9. 24,8s

† **33**,18. Salmo apócrifo da época helenística, conhecido como "Oração de Manassés", que exprime em 15 vv. os sentimentos do rei convertido. | **34**,3. Ver a nota em 2Rs 23,8.

cais. 13Eles também vigiavam os carregadores e dirigiam todos os que faziam trabalhos de qualquer tipo. E alguns dos levitas eram escribas, inspetores e porteiros.

Descoberta do livro da lei†. 14No momento em que se retirava* o dinheiro oferecido ao templo de Javé, o sacerdote Helcias encontrou o livro da Lei de Javé transmitida por Moisés. 15Helcias tomou a palavra e disse ao secretário Safã: "Achei o livro da lei no templo de Javé". E Helcias deu o livro a Safã. 16Safã entregou o livro ao rei e disse-lhe também: "Tudo o que foi confiado a teus servidores, eles o executam; 17tiraram o dinheiro encontrado no templo de Javé e o puseram nas mãos dos empreiteiros e dos que executam as obras". 18Depois o secretário Safã anunciou ao rei: "O sacerdote Helcias deu-me um livro". E fez sua leitura diante do rei.

19Quando ouviu as palavras da lei, o rei rasgou suas vestes. 20Ordenou a Helcias, a Aicam, filho de Safã, a Abdon, filho de Micas, ao secretário Safã e a Asaías, ministro do rei: 21"Ide e consultai Javé por mim e pelos que restam de Israel e de Judá a respeito das palavras do livro que foi encontrado. Grande é a ira de Javé que caiu sobre nós, porque nossos pais não observaram a palavra de Javé e não agiram segundo tudo o que está escrito neste livro".

Oráculo da profetisa Hulda. 22Helcias e os enviados* do rei foram ter com a profetisa Hulda, mulher de Selum, filha de Técua, filho de Haraas, guarda dos vestiários; ela morava em Jerusalém, no bairro novo. Transmitiram-lhe o recado 23e ela respondeu: "Assim fala Javé, Deus de Israel.

Dizei ao homem que vos enviou a mim: 24Assim fala Javé: Farei cair a desgraça sobre este lugar e sobre seus habitantes, todas as maldições escritas no livro que foi lido diante do rei de Judá, 25porque me abandonaram e ofereceram incenso a outros deuses, irritando-me com todo o seu modo de agir. Minha ira se inflamará contra este lugar e não se aplacará. 26E direis ao rei de Judá que vos enviou para consultar a Javé: Assim fala Javé, Deus de Israel, a respeito das palavras que ouviste: 27Porque teu coração se comoveu e te humilhaste diante de Deus, ouvindo as palavras que ele pronunciou contra este lugar e contra seus habitantes, porque te humilhaste, rasgaste tuas vestes e choraste diante de mim, eu também te ouvi, oráculo de Javé. 28Eu te reunirei a teus pais e serás deposto em paz no sepulcro, e teus olhos não verão toda a desgraça que vou mandar sobre este lugar e sobre seus habitantes". Eles levaram ao rei essa resposta.

Renovação da aliança. 29Então o rei mandou* reunir todos os anciãos de Judá e de Jerusalém; 30subiu ao templo de Javé com todos os homens de Judá, os habitantes de Jerusalém, os sacerdotes, os levitas e todo o povo, do maior ao menor, e leu diante deles todo o conteúdo do livro da aliança encontrado no templo de Javé. 31O rei pôs-se de pé em seu lugar e concluiu diante de Javé uma aliança, obrigando-se a seguir a Javé, a guardar seus mandamentos, seus testemunhos e estatutos, de todo o seu coração e de toda a sua alma, pondo em prática as palavras da aliança escritas nesse livro. 32Fez com que aderissem ao pacto todos os que se achavam em Jerusalém e em Benjamim; e os habitantes de Jerusalém procederam de acordo com a aliança de Deus, o Deus de seus pais. 33Josias fez desaparecer* todas as abominações de todos os territórios pertencentes aos israelitas e obrigou todos os que estavam em Israel a servir a Javé, seu Deus. Durante toda a sua vida eles não deixaram de seguir a Javé, o Deus de seus pais.

35 **Preparação da Páscoa.** 1Josias celebrou em Jerusalém* a Páscoa para Javé; imolaram o cordeiro pascal no dia catorze do primeiro mês†.

* **34**,14. 2Rs 22,8-13 | 22. 2Rs 22,14-20 | 29. 2Rs 23,1ss | 33. 2Rs 23,4s | **35**,1. 2Rs 23,21; Êx 12,1

† **34**,14. Ver a nota em Dt 12,1. | **35**,1. Ver a nota em Esd 6,19.

2Restabeleceu os sacerdotes em suas funções e os estimulou a se dedicarem ao serviço do templo de Javé. 3Depois disse aos levitas, que ensinavam a todo o Israel e que estavam consagrados a Javé: "Depositai a arca santa no templo construído por Salomão, filho de Davi, rei de Israel:* ela não será mais um peso para vossos ombros. Servi agora a Javé, vosso Deus, e a Israel, seu povo. 4Disponde-vos por famílias, segundo vossas classes, conforme as instruções escritas de Davi, rei de Israel, e de seu filho Salomão. 5Permanecei* no santuário, segundo a distribuição das casas paternas de vossos irmãos, os filhos do povo e do grupo das casas paternas dos levitas. 6Imolai a Páscoa,* santificai-vos e preparai-a para vossos irmãos, a fim de que procedam conforme a palavra de Javé transmitida por Moisés.

A solenidade. 7Josias forneceu aos homens do povo, para todos os que se achavam presentes, trinta mil cordeiros e cabritos do rebanho, todos destinados* a vítimas pascais, e ainda três mil bois. Tudo isso foi tirado das propriedades do rei. 8Seus oficiais fizeram também* espontaneamente uma oferenda ao povo, aos sacerdotes e aos levitas. Helcias, Zacarias e Jeiel, chefes do templo de Deus, deram aos sacerdotes, para os sacrifícios pascais, duas mil e seiscentas ovelhas e trezentos bois. 9Os chefes dos levitas, Conenias, Semeías e Natanael, seus irmãos, Hasabias, Jeiel e Jozabad deram aos levitas, como vítimas pascais, cinco mil cordeiros e quinhentos bois. 10Preparada assim a liturgia, os sacerdotes colocaram-se em seus postos e os levitas fizeram o mesmo, segundo suas classes, de acordo com a ordem do rei. 11Imolaram os cordeiros pascais; os sacerdotes derramavam o sangue que recebiam das mãos dos levitas, e os levitas esfolavam as vítimas. 12Puseram à parte o holocausto, para dá-lo aos filhos do povo, segundo as divisões das casas paternas, para que o oferecessem a Javé, como está escrito no livro de Moisés; o mesmo fizeram com os bois. 13Assaram ao fogo o cordeiro pascal segundo a norma* e cozeram as ofertas consagradas em panelas, caldeirões e caçarolas e distribuíram-nas rapidamente a todo o povo. 14Depois disso prepararam a Páscoa para si mesmos e para os sacerdotes, porque os sacerdotes, filhos de Aarão, tinham estado ocupados até a noite em oferecer o holocausto e as gorduras; é por isso que os levitas prepararam a Páscoa para si e para os sacerdotes, filhos de Aarão. 15Os cantores, filhos de Asaf, estavam em seus postos, segundo as prescrições de Davi, de Asaf, de Emã, e de Iditun, o vidente do rei. Os porteiros estavam nas várias portas e não tiveram de abandonar suas funções, pois seus irmãos levitas lhes prepararam tudo.

16Assim, naquele dia, toda a liturgia de Javé foi preparada de modo que se pudesse celebrar a Páscoa e oferecer holocaustos sobre o altar de Javé segundo a ordem do rei Josias. 17Os israelitas que estavam presentes celebraram a Páscoa naquela data e a festa dos Ázimos durante sete dias. 18Não se havia celebrado em Israel* uma Páscoa semelhante a essa desde a época do profeta Samuel; nenhum rei de Israel celebrara uma Páscoa como a que celebrou Josias com seus sacerdotes, os levitas, todo o Judá e Israel, que se acharam ali, e os habitantes de Jerusalém. 19Foi no décimo oitavo ano* do reinado de Josias que esta Páscoa foi celebrada.

Morte trágica de Josias. 20Depois de tudo isso, tendo Josias já restaurado o templo, Necao, rei do Egito, partiu para uma guerra em Carquemis, junto ao Eufrates. Josias marchou contra ele†, 21e Necao enviou mensageiros para lhe dizer: "Que tenho a ver contigo, rei de Judá? Não é a ti que vou atacar hoje, mas é com outra casa que estou em

* **35**,3. 1Cr 15,15; 5,4 | 5. 1Cr 24-26 | 6. 30,17; Dt 12,18s | 7. Êx 12,5 | 8. Nm 7; 1Cr 29,6-9 | 13. Êx 12,2-11 | 18. 2Rs 23,22 | 19. 2Rs 23,23.28ss

† **35**,20. Ver a nota em 2Rs 23,29.

guerra, e Deus me ordenou que me
apressasse. Deixa de opor-te ao Deus
que está comigo, para que ele não te
destrua". 22 Mas Josias não se retirou,
animou-se a combatê-lo e não aten-
deu às palavras de Necao, inspiradas
por Deus, e deu-lhe combate no vale
de Meguido. 23 Os arqueiros* atiraram
contra o rei Josias, e este disse a seus
servos: "Levai-me para fora, porque es-
tou gravemente ferido". 24 Seus servos
o tiraram para fora de seu carro, fize-
ram-no subir em outro carro e o leva-
ram a Jerusalém, onde ele morreu. Foi
sepultado nos sepulcros de seus pais.
Todo Judá e Jerusalém o prantearam;
25 Jeremias compôs uma lamentação
sobre Josias, e todos os cantores e
cantoras até hoje têm falado de Josias.
Fizeram disso uma norma em Israel, e
esses cânticos se acham nas Lamenta-
ções.

26 O resto da história de Josias, os tes-
temunhos de sua piedade, conforme as
prescrições da lei de Javé, 27 suas ações,
do começo ao fim, tudo isso está escri-
to no livro dos reis de Israel e de Judá.

36 **Reinado de Joacaz.** 1 O povo
da terra* tomou Joacaz, filho
de Josias, e o constituiu rei em lugar
de seu pai, em Jerusalém. 2 Joacaz ti-
nha vinte e três anos quando começou
a reinar e reinou três meses em Jeru-
salém. 3 O rei do Egito o destituiu em
Jerusalém e impôs ao país um tributo
de cem talentos de prata e um talento
de ouro. 4 Depois o rei do Egito esta-
beleceu seu irmão Eliaquim como rei
sobre Judá e Jerusalém e mudou seu
nome para Joaquim. Quanto a seu ir-
mão Joacaz, Necao o tomou e levou
para o Egito.
Reinado de Joaquim. 5 Joaquim tinha
vinte e cinco anos* quando começou a
reinar e reinou onze anos em Jerusa-
lém; fez o mal aos olhos de Javé, seu
Deus. 6 Nabucodonosor, rei de Babilô-
nia,* marchou contra ele e prendeu-o
com cadeias de bronze a fim de levá-lo
para Babilônia. 7 Nabucodonosor levou
para Babilônia também uma parte dos
objetos do templo de Javé e guardou-
-os em seu palácio em Babilônia. 8 O
resto da história de Joaquim, as abomi-
nações que cometeu e todo o mal que
se achou nele, tudo isso está escrito no
livro dos reis de Israel e de Judá. Joa-
quin, seu filho, reinou em seu lugar.
Reinado de Joaquin. 9 Joaquin tinha
dezoito anos* quando começou a rei-
nar e reinou três meses e dez dias em
Jerusalém; fez o mal aos olhos de Javé.
10 Na passagem do ano,* o rei Nabuco-
donosor mandou prendê-lo e deportá-
-lo para Babilônia, junto com os obje-
tos preciosos do templo de Javé, e no-
meou Sedecias, irmão de seu pai, como
rei sobre Judá e Jerusalém.*
Reinado de Sedecias. 11 Sedecias tinha
vinte e um anos quando começou a
reinar e reinou onze anos em Jerusa-
lém. 12 Fez o mal aos olhos de Javé, seu
Deus. Não se humilhou diante do pro-
feta Jeremias,* que falava da parte de
Javé. 13 Revoltou-se, além disso, contra
o rei Nabucodonosor,* o qual o tinha
feito jurar em nome de Deus. Endure-
ceu a cerviz e tornou seu coração in-
flexível, recusando-se a voltar a Javé, o
Deus de Israel.

14 Igualmente todos os chefes de
Judá, os sacerdotes e o povo multi-
plicaram suas infidelidades, imitando
todas as abominações das nações, e
contaminaram o templo que Javé ha-
via consagrado para si em Jerusalém.
15 Javé, Deus de seus pais, enviou-lhes
advertências* oportunas e frequentes
por meio de seus mensageiros, pois ti-
nha compaixão de seu povo e de sua
habitação. 16 Mas eles zombaram dos
mensageiros de Deus, desprezaram
suas palavras, caçoaram dos profetas,*
até que a ira de Javé contra seu povo
chegou a tal ponto que já não havia
mais remédio.
A queda de Jerusalém. 17 Mandou en-
tão contra eles o rei dos caldeus, que
matou pela espada* seus jovens na

* **35**,23. 18,33s | **36**,1. 2Rs 23,30-34 | 5. 2Rs 23,36s | 6. 2Rs 24,1s | 9. 2Rs 24,8s | 10. 2Rs 24,10-16 / 2Rs 24,18ss; Jr 52,1ss | 12. Jr 37-39 | 13. Ez 17,13-16 | 15. Hb 1,1 | 16. Mt 23,34ss | 17. Lm 1,15; 5,11-14

casa de seu santuário e não poupou
nem o adolescente, nem a moça, nem
o ancião, nem o homem de cabelos
brancos. Deus entregou-os todos em
suas mãos. 18Nabucodonosor levou
para Babilônia* todos os objetos do
templo de Deus, grandes e pequenos,
os tesouros do templo de Javé, os te-
souros do rei e de seus oficiais. 19Quei-
maram o templo de Deus, derrubaram
as muralhas de Jerusalém,* incendia-
ram todos os seus palácios e destruí-
ram todos os seus objetos preciosos†.
20Depois Nabucodonosor deportou
para Babilônia os que escaparam da
espada; tiveram de servir a ele e a seus
filhos até o advento do reino persa,
21cumprindo assim o que Javé dissera
pela boca de Jeremias: "Até que o país
tenha desfrutado de seus sábados, ele
repousará durante todos os dias da
desolação, até que se tenham passado
setenta anos"†.

Ciro concede a liberdade aos judeus.
22No primeiro ano de Ciro,* rei da Pér-
sia, para cumprir a palavra de Javé pro-
nunciada por Jeremias, Javé suscitou o
espírito de Ciro, rei da Pérsia, que man-
dou proclamar em todo o seu reino,
de viva voz e por escrito, o seguinte:
23"Assim fala Ciro, rei da Pérsia: Javé,
o Deus do céu, entregou-me todos os
reinos da terra; ele me encarregou de
construir para ele um templo em Jeru-
salém, na terra de Judá. Quem, dentre
vós, pertence a todo o seu povo? Que
seu Deus esteja com ele e que suba
para lá!"†

---

* **36**,18. 2Rs 25,14s | 19. 2Rs 25,9s | 22. Esd 1,1ss

† **36**,19. Ver a nota em 2Rs 25,4. | 21. A terra que não cumpriu suas obrigações para com Javé deverá "repousar", ficará sem a presença e o trabalho de seus habitantes, Lv 26,34; Jr 25,11; 29,10. | 23. Os vv. 22s, tirados do início do livro de Esdras, mostram que o templo e as instituições davídicas permanecem.

ESDRAS

Esdras-Neemias era a princípio um livro só, e a separação dos dois começa na Vulgata, que os denomina primeiro e segundo livros de Esdras, e contém além destes um terceiro e um quarto livros. A obra é a continuação dos livros das Crônicas e provavelmente tem o mesmo autor. Começa com o edito de Ciro, do ano 538 a.C., que põe fim ao exílio de Babilônia, autorizando os hebreus a regressar à pátria e a reconstruir o templo destruído por Nabucodonosor. Uma primeira caravana de repatriados volta para Jerusalém sob a chefia de Zorobabel e Josué. Começavam a realizar-se as profecias, segundo as quais haveria de voltar um resto santo, ao qual o povo ficaria reduzido (Is 4,3). O altar é reerguido e celebra-se a festa das Tendas. Depois empreendem a obra de reconstruir o templo, estimulados pelos oráculos dos profetas Ageu, Zacarias e Malaquias. Terminado e consagrado o templo em 515 a.C., celebram a festa da Páscoa e dos Ázimos. Em 398 a.C. chega a Jerusalém Esdras, "sacerdote e escriba da lei do Deus do céu" (Esd 7,12), com uma nova caravana de repatriados, munido de uma autorização do rei Artaxerxes II para levar ouro e prata destinados ao culto do templo. Ele encontra a cidade já rodeada de muros, reconstruídos sob a direção de Neemias. Uma das providências tomadas por ele refere-se à proibição dos casamentos com mulheres estrangeiras e à expulsão delas e dos filhos nascidos dessas uniões. Além das reconstruções materiais, era preciso reerguer e organizar a comunidade. Três ideias-mestras comandam esta restauração espiritual: o povo eleito, a lei, o templo. Esdras cumpriu tão bem essa missão que é chamado o pai do judaísmo. A tradição atribui a ele também a fixação do cânon hebraico do Antigo Testamento.

O cronista utiliza diversas fontes, entre as quais uma crônica aramaica, citada na língua original em 4,6–6,12, além de cartas e decretos. Embora não seja completa a visão que o livro oferece desse período, no entanto ele parece bem fundamentado historicamente: é confirmado por textos dos profetas Ageu, Zacarias, Malaquias, e a história do império persa lhe dá credibilidade.

As feridas abertas em sua alma pela amarga experiência do exílio de Babilônia, ensinam ao resto de Israel que ele somente pode construir o futuro respeitando e seguindo a vontade de Deus, que em sua misericórdia mantém sua presença salvífica no meio da comunidade que escolheu.

I. VOLTAM OS PRIMEIROS REPATRIADOS (1–6)

1 **Ciro concede a liberdade aos judeus†.** 1No primeiro ano de Ciro,
rei da Pérsia,* para cumprir a palavra de
Javé pronunciada por Jeremias,* Javé
suscitou o espírito de Ciro, rei da Pérsia,
que mandou proclamar em todo o
seu reino, de viva voz e por escrito, o
seguinte: 2"Assim fala Ciro, rei da Pérsia:*
Javé, o Deus do céu, entregou-me
todos os reinos da terra e me encarregou
de construir para ele um templo
em Jerusalém, na terra de Judá.
3Quem dentre vós pertence a todo o
seu povo? Que Deus esteja com ele e
que ele suba a Jerusalém, na terra de
Judá, e construa o templo de Javé, o
Deus de Israel, o Deus que reside em
Jerusalém. 4A população de todos os
lugares, onde reside o resto do povo†,
ofereça-lhes uma ajuda em prata, ouro,
bens, animais e donativos espontâneos
para o templo de Deus que está em Jerusalém".

5Então puseram-se a caminho os
chefes de família de Judá e de Benjamim,
os sacerdotes e os levitas; todos
aqueles cujo espírito Deus despertou
subiram para ir edificar o templo de
Javé em Jerusalém. 6Todos os seus vizinhos
os ajudaram com prata, ouro,

---

* **1**,1. 2Cr 36,23s / Jr 25,11s; 29,10; Zc 1,12 | 2. Is 45,1

† **1**. Esse edito é do ano 538 a.C., um ano depois da conquista de Babilônia por Ciro, anunciada em Is 44,28; 45,1-7. | 4. O "resto" são os israelitas que sobreviveram ao desastre da nação e ao exílio. São os construtores do novo Israel.

bens, animais e objetos preciosos, fora o que eles tinham oferecido voluntariamente.

7O rei Ciro mandou trazer os utensílios do templo de Javé que Nabucodonosor havia transportado de Jerusalém e tinha posto no templo de seu deus. 8Ciro, rei da Pérsia, retirou-os por meio do tesoureiro Mitridates, que os entregou contados a Sasabassar, príncipe de Judá. 9Eis seu número: trinta bacias de ouro, mil bacias de prata, vinte e nove facas, 10trinta taças de ouro, quatrocentas e dez taças de prata de segunda categoria, mil outros utensílios. 11Todos os objetos de ouro e prata somavam cinco mil e quatrocentos. Tudo isso Sasabassar levou, quando os deportados subiram de Babilônia para Jerusalém.

2 **Lista dos repatriados.** 1São estes os homens da província* que voltaram do cativeiro, os quais Nabucodonosor, rei de Babilônia, deportara para Babilônia; voltaram para Jerusalém e para Judá, cada um para sua cidade. 2Eles voltaram com Zorobabel, Josué, Neemias, Saraías, Raelaías, Naamani, Mardoqueu, Belsã, Mesfar, Beguai, Reum, Baana.

Lista dos homens do povo de Israel: 3filhos de Faros†: dois mil e cento e setenta e dois; 4filhos de Safatias: trezentos e setenta e dois; 5filhos de Area: setecentos e setenta e cinco; 6filhos de Faat-Moab, isto é, filhos de Josué e de Joab: dois mil e oitocentos e doze; 7filhos de Elam: mil e duzentos e cinquenta e quatro; 8filhos de Zetua: novecentos e quarenta e cinco; 9filhos de Zacai: setecentos e sessenta; 10filhos de Baani: seiscentos e quarenta e dois; 11filhos de Bebai: seiscentos e vinte e três; 12filhos de Azgad: mil e duzentos e vinte e dois; 13filhos de Adonicam: seiscentos e sessenta e seis; 14filhos de Beguai: dois mil e cinquenta e seis; 15filhos de Adin: quatrocentos e cinquenta e quatro; 16filhos de Ater, isto é, de Ezequias: noventa e oito; 17filhos de Besai: trezentos e vinte e três; 18filhos de Jora: cento e doze; 19filhos de Hasum: duzentos e vinte e três; 20filhos de Gebar: noventa e cinco; 21filhos de Belém: cento e vinte e três; 22homens de Netofa: cinquenta e seis; 23homens de Anatot: cento e vinte e oito; 24filhos de Azmot: quarenta e dois; 25filhos de Cariat-Iarim, de Cafira e de Berot: setecentos e quarenta e três; 26filhos de Ramá e de Gaba: seiscentos e vinte e um; 27homens de Macmas: cento e vinte e dois; 28homens de Betel e de Hai: duzentos e vinte e três; 29filhos de Nebo: cinquenta e dois; 30filhos de Megbis: cento e cinquenta e seis; 31filhos de outro Elam: mil e duzentos e cinquenta e quatro; 32filhos de Harim: trezentos e vinte; 33filhos de Lod, de Hadid e de Ono: setecentos e vinte e cinco; 34filhos de Jericó: trezentos e quarenta e cinco; 35filhos de Senaá: três e mil seiscentos e trinta.

36Sacerdotes: filhos de Jedaías, da casa de Josué: novecentos e setenta e três; 37filhos de Emer: mil e cinquenta e dois; 38filhos de Fasur: mil e duzentos e quarenta e sete; 39filhos de Harim: mil e dezessete.

40Levitas: filhos de Josué e de Cadmiel, descendentes de Odovias: setenta e quatro.

41Cantores: filhos de Asaf, cento e vinte e oito.

42Filhos dos porteiros: filhos de Selum, filhos de Ater, filhos de Telmon, filhos de Acub, filhos de Hatita, filhos de Sobai: ao todo cento e trinta e nove.

43Oblatos†: filhos de Siá, filhos de Hasufa, filhos de Tabaot, 44filhos de Ceros, filhos de Siaá, filhos de Fadon, 45filhos de Lebana, filhos de Hagaba, filhos de Acub, 46filhos de Hagab, filhos de Semlai, filhos de Hanã, 47filhos de Guidel, filhos de Gaer, filhos de Raaías, 48filhos de Rasin, filhos de Necoda, filhos de Gazam, 49filhos de Uza, filhos de Fasea,

---

* **2**,1. Ne 7,6-72

† **2**,3. Aqui a expressão "filhos de" seguida de um nome geográfico significa "natural de". | **2**,43. Pessoal subalterno a serviço dos levitas; descendiam dos gabaonitas, Js 9,23, de prisioneiros de guerra, Nm 31,28, e de mercenários estrangeiros.

filhos de Besai, 50filhos de Asena, filhos dos meunitas, filhos dos nefusitas, 51filhos de Bacbuc, filhos de Hacufa, filhos de Harur, 52filhos de Baslut, filhos de Maida, filhos de Harsa, 53filhos de Bercos, filhos de Sísara, filhos de Tema, 54filhos de Nasias, filhos de Hatifa.

55Filhos dos servos de Salomão: filhos de Sotai, filhos de Soferet, filhos de Feruda, 56filhos de Jaala, filhos de Darcon, filhos de Guidel, 57filhos de Safatias, filhos de Hatil, filhos de Foqueret-Assebaim, filhos de Ami. 58Total dos oblatos e dos filhos dos servos de Salomão: trezentos e noventa e dois.

59Quanto aos seguintes que voltavam de Tel-Mela, Tel-Harsa, Querub, Adon e Emer, não puderam demonstrar que sua família e sua estirpe eram de Israel: 60filhos de Dalaías, filhos de Tobias, filhos de Necoda: seiscentos e cinquenta e dois. 61E entre os filhos dos sacerdotes: filhos de Habias, filhos de Acos, filhos de Berzelai, o qual se casara* com uma das filhas de Berzelai, o galaadita, e adotou seu nome; 62esses procuraram seus registros genealógicos e, não os achando, foram excluídos do sacerdócio como impuros, 63e o governador proibiu-lhes comer dos alimentos sagrados, até que se apresentasse um sacerdote para usar os *Urim* e os *Tumim*.†

64Toda a assembleia reunida era de quarenta e duas mil e trezentas e sessenta pessoas, 65afora seus escravos e escravas, em número de sete mil e trezentos e trinta e sete. Tinham consigo duzentos cantores e cantoras. 66Seus cavalos eram setecentos e trinta e seis e suas mulas, duzentas e quarenta e cinco; 67seus camelos eram quatrocentos e trinta e cinco e seus jumentos, seis mil e setecentos e vinte.

68Alguns chefes de família, chegando ao templo de Javé que está em Jerusalém, fizeram ofertas voluntárias para o templo de Deus, a fim de que fosse reconstruído em seu local. 69Segundo suas posses, deram ao tesouro da obra sessenta e uma mil dracmas de ouro, cinco mil minas de prata e cem túnicas sacerdotais.

70Os sacerdotes, os levitas e uma parte do povo se instalaram em Jerusalém; os cantores, os porteiros e os oblatos, em suas respectivas cidades, e todos os outros israelitas em suas cidades.

3 **Reconstrução do altar.** 1Quando chegou o sétimo mês,* já estando estabelecidos em suas cidades os israelitas, todo o povo se reuniu como um só homem em Jerusalém. 2Josué, filho de Josedec, com seus irmãos, os sacerdotes, e Zorobabel, filho de Salatiel, e seus irmãos, puseram-se a reconstruir o altar do Deus de Israel, para nele se oferecerem holocaustos,* como está escrito na lei de Moisés, homem de Deus. 3Restabeleceram o altar em seu lugar, apesar do medo que tinham dos povos das terras, e ofereceram sobre ele holocaustos a Javé, holocaustos da manhã e da tarde†. 4Celebraram a festa das Tendas,* como está prescrito, com o número de holocaustos cotidianos que está determinado para cada dia. 5Depois, além do holocausto perpétuo, ofereceram os que estão previstos para os sábados, luas novas e todas as solenidades consagradas a Javé, e os de todos aqueles que faziam uma oferenda voluntária a Javé. 6No primeiro dia do sétimo mês começaram a oferecer holocaustos a Javé, embora os alicerces do santuário de Javé ainda não tivessem sido colocados.

Primeiras obras do templo. 7Depois deu-se dinheiro aos talhadores de pedra* e aos carpinteiros; aos sidônios e tírios foram dados víveres, bebidas e óleo, para que transportassem pelo mar até Jafa madeiras de cedro do Líbano, segundo a autorização dada por Ciro, rei da Pérsia. 8No segundo ano de

* **2**,61. 2Sm 17,27; 19,32s; 1Rs 2,7 | **3**,1. Ne 7,72b; 8,1 | 2. 1Rs 8,64 | 4. Êx 23,14; Nm 28,3-8 | 7. 1Cr 22,4; 2Cr 2,9.14

† **2**,63. Ver a nota em Êx 28,30. | **3**,3. O culto renasce em Jerusalém, com as festas e os sacrifícios prescritos, para reatar as relações com Deus.

sua chegada ao templo de Deus em Jerusalém, no segundo mês, Zorobabel, filho de Salatiel, e Josué, filho de Josedec, com os outros irmãos seus, os sacerdotes, os levitas e todo o povo que regressou do cativeiro para Jerusalém, começaram a obra; confiaram aos levitas de vinte anos para cima a direção dos trabalhos do templo de Javé. 9Josué, seus filhos e seus irmãos, Cadmiel e seus filhos e os filhos de Odovias puseram-se unanimemente a dirigir os operários da construção no templo de Deus. 10Quando os construtores acabaram de colocar os alicerces do santuário de Javé, os sacerdotes, paramentados e com trombetas, bem como os levitas, filhos de Asaf, com címbalos, apresentaram-se para louvar a Javé,* segundo as prescrições de Davi, rei de Israel. 11Cantavam louvando e dando graças a Javé; diziam: "Porque ele é bom, pois eterno é seu amor"* por Israel. E o povo todo aclamava em altas vozes, louvando a Javé, porque eram lançados os alicerces do templo de Javé. 12Contudo, muitos sacerdotes, muitos levitas e chefes de família, já idosos, e que tinham visto o primeiro templo, choravam em voz alta* enquanto, sob suas vistas, punham-se os alicerces†, mas muitos gritavam de alegria e júbilo. 13E assim não se podiam distinguir as vozes de alegria das vozes do choro do povo; pois o povo gritava em altos brados e o vozerio se ouvia de longe.

4

Oposição dos samaritanos. 1Quando os inimigos de Judá e de Benjamim souberam que os repatriados estavam construindo um santuário a Javé, o Deus de Israel, 2vieram ao encontro de Zorobabel e dos chefes de família e lhes disseram: "Deixai-nos edificar convosco, pois, como vós, buscamos vosso Deus e lhe oferecemos sacrifícios desde o tempo de Asaradon, rei da Assíria, que nos trouxe para cá". 3Mas Zorobabel, Josué e os outros chefes de família de Israel responderam: "Não nos convém edificar convosco um templo a nosso Deus; cabe unicamente a nós construí-lo para Javé, o Deus de Israel, como no-lo prescreveu Ciro, rei da Pérsia". 4Então o povo da terra pôs-se a desencorajar o povo de Judá e a amedrontá-lo para que não construísse. 5E ainda subornaram contra eles conselheiros para frustrar seu projeto durante todo o tempo de Ciro, rei da Pérsia, até o reinado de Dario, rei da Pérsia.

Denúncia ao rei Xerxes. 6Durante o reinado de Xerxes, no começo de seu reinado, eles escreveram uma carta de denúncia contra os habitantes de Judá e de Jerusalém.

7No tempo de Artaxerxes, Mitridates, Tabel e outros companheiros seus escreveram a Artaxerxes, rei da Pérsia; o texto do documento estava em caracteres aramaicos e traduzido em aramaico. 8Depois Reum, governador, e Samsai, secretário, escreveram ao rei Artaxerxes, contra Jerusalém, a seguinte carta:

9"Reum, o governador, Samsai, o secretário, e seus outros colegas, os juízes e os legados, oficiais e funcionários, homens de Uruc, de Babilônia e de Susa – isto é, os elamitas – 10e de outros povos que o grande e ilustre Assurbanipal deportou e estabeleceu nas cidades de Samaria e nas outras regiões de além-rio".

11Esta é a cópia da carta que eles enviaram:

"Ao rei Artaxerxes, teus servos, o povo da região de além-rio:

12Saiba o rei que os judeus, que saíram de junto de ti para cá e vieram para Jerusalém, estão reconstruindo a cidade rebelde e perversa; reconstroem as muralhas e já restauram seus fundamentos. 13Saiba ainda o rei que, se esta cidade for reconstruída e restauradas suas muralhas, eles não pagarão mais

---

* **3**,10. 2,41 | 11. Sl 100,5; 136 | 12. Ag 2,3

† **3**,12. Choravam de emoção, ou talvez porque pressentiam a modéstia do segundo templo se comparado ao esplendor do primeiro, Tb 14,5; Ag 2,3.

impostos, nem tributos, nem pedágio,
e o tesouro do rei sairá prejudicado.
14Ora, já que somos mantidos pelo pa-
lácio, não nos parece conveniente ver
a desonra do rei; por isso enviamos ao
rei essas informações, 15para que se
façam pesquisas no livro das memó-
rias de teus pais; encontrarás nessas
memórias e saberás que esta cidade é
uma cidade rebelde, que causa prejuí-
zo aos reis e às províncias, e que nela
se têm fomentado revoltas desde os
tempos antigos. Foi por isso que esta
cidade foi destruída. 16Fazemos saber
ao rei que, se esta cidade for recons-
truída e suas muralhas reedificadas, em
breve não terás mais possessão alguma
na região de além-rio!"

Suspensão dos trabalhos. 17O rei
mandou a seguinte resposta:

"A Reum, governador, a Samsai, se-
cretário, e a seus outros colegas que
residem na Samaria e em outros luga-
res da região de além-rio, paz!

18A carta que enviastes a mim foi
lida em minha presença acuradamente.
19Ordenei que se fizessem investiga-
ções e achou-se que desde os tempos
antigos esta cidade se têm sublevado
contra os reis e que nela tem havido
insurreições e revoltas. 20Reis podero-
sos reinaram em Jerusalém, tendo se
tornado senhores de toda a região de
além-rio: a eles se pagavam impostos,
tributos e pedágio. 21Mandai, portanto,
que esses homens suspendam as obras
e que esta cidade não seja reconstruí-
da, até que eu o ordene. 22Guardai-vos
de agir com negligência neste assunto,
para que o mal não aumente com pre-
juízo dos reis".

23Logo que a cópia do documento
do rei Artaxerxes foi lida diante do go-
vernador Reum, de Samsai, o secretá-
rio,* e de seus colegas, partiram a toda
pressa para Jerusalém, ao encontro dos
judeus e, pela força das armas, fizeram
cessar os trabalhos.

24Assim ficaram interrompidos os
trabalhos do templo de Deus em Je-
rusalém. A interrupção durou até o se-
gundo ano do reinado de Dario, rei da
Pérsia.

5 **Recomeço das obras.** 1Mas os
profetas Ageu e Zacarias†, filho de
Ado,* puseram-se a profetizar aos ju-
deus que estavam na Judeia e em Jeru-
salém, em nome do Deus de Israel que
os inspirava. 2Então Zorobabel, filho de
Salatiel, e Josué, filho de Josedec, co-
meçaram a construir o templo de Deus
em Jerusalém; os profetas de Deus
estavam com eles, dando-lhes apoio.
3Por esta época, Tatanai, governador
da região de além-rio, Setar-Buzanai
e seus colegas vieram ter com eles e
lhes perguntaram: "Quem vos deu per-
missão para reconstruir este templo
e restaurar estas paredes? 4Quais os
nomes das pessoas que estão fazen-
do esta construção?" 5Mas Deus tinha
os olhos voltados para os anciãos dos
judeus: não foram obrigados a parar o
trabalho, até que chegasse a Dario um
relatório e viesse uma resposta escrita
sobre a questão.

6Cópia da carta que Tatanai, gover-
nador da região de além-rio, Setar-
-Buzanai e seus colegas, as autoridades
da região de além-rio mandaram ao rei
Dario. 7Enviaram-lhe um relatório nes-
tes termos:

"Ao rei Dario, paz completa! 8Saiba o
rei que estivemos na província de Judá,
no templo do grande Deus. Ele está
sendo reconstruído com pedras enor-
mes e suas paredes estão sendo reves-
tidas de madeira; o trabalho está sendo
executado com diligência e progride
nas mãos dessa gente. 9Interrogamos,
pois, aqueles anciãos e lhes dissemos:
'Quem vos deu permissão para recons-
truirdes este templo e restaurardes
estas paredes?' 10Pedimos também os
nomes deles para te relatar; pudemos
assim transcrever os nomes dos ho-
mens que estão à frente deles.

11Eis a resposta que nos deram: 'So-
mos os servidores do Deus do céu e

---

* **4**,23. Ne 1,3 | **5**,1. Ag 1,14-2,9; Zc 4,9

† **5**,1. Dois profetas bíblicos que incentivaram o povo a reerguer o templo.

da terra; estamos reconstruindo um templo que havia sido edificado muitos anos atrás e que um grande rei de Israel construiu e terminou. [12]Mas porque nossos pais irritaram o Deus do céu, este os entregou nas mãos de Nabucodonosor, o caldeu, rei de Babilônia, que destruiu este templo e deportou o povo para Babilônia. [13]Entretanto, no primeiro ano de Ciro, rei de Babilônia, o próprio rei Ciro deu ordem de reconstruir este templo de Deus; [14]além disso, o rei Ciro retirou do santuário de Babilônia os utensílios de ouro e prata do templo de Deus, que Nabucodonosor levara do santuário de Jerusalém e transportara para o santuário de Babilônia; mandou entregá-los a um homem chamado Sasabassar, que ele nomeou governador, [15]e disse-lhe: Toma estes utensílios, vai depositá-los no santuário de Jerusalém, e que o templo de Deus seja reconstruído em seu lugar primitivo. [16]O mesmo Sasabassar veio, pois, colocou os fundamentos do templo de Deus em Jerusalém; e desde aquela época até o presente está sendo construído, mas ainda não está acabado'. [17]Agora, pois, se o rei acha conveniente, procure-se nos arquivos do rei, em Babilônia, se é verdade que foi dada por Ciro a ordem de reconstruir o templo de Deus em Jerusalém; e que o rei nos mande sua decisão sobre o assunto".

6 **Decreto favorável de Dario.** [1]Então, por ordem do rei Dario, fizeram-se pesquisas nos arquivos onde estavam guardados os tesouros, em Babilônia, [2]e encontrou-se em Ecbátana, fortaleza situada na província da Média, um rolo onde estava escrito o seguinte:

"Memorando.*

[3]No primeiro ano de seu reino, o rei Ciro ordenou a respeito do templo de Deus em Jerusalém:

O templo seja reconstruído como lugar onde se ofereçam sacrifícios; seus fundamentos sejam sólidos, sua altura seja de sessenta côvados e sua largura de sessenta côvados. [4]Tenha três fileiras de pedras talhadas e uma fileira de madeira. A despesa será paga pela casa do rei. [5]Além disso, serão restituídos os utensílios de ouro e de prata do templo de Deus, que Nabucodonosor retirou do santuário de Jerusalém e transferiu para Babilônia; de modo que tudo retome seu lugar no santuário de Jerusalém e seja depositado no templo de Deus.

[6]Agora, pois, Tatanai, governador da região de além-rio, Setar-Buzanai e vós, seus colegas, e autoridades da região de além-rio, afastai-vos de lá; [7]deixai que o governador de Judá e os anciãos dos judeus prossigam a obra desse templo de Deus; que eles reconstruam esse templo de Deus em seu lugar. [8]Eis o que ordeno sobre o que deveis fazer no tocante a esses anciãos dos judeus, para a reconstrução desse templo de Deus: com as entradas do rei, isto é, com os impostos da região de além-rio, as despesas desta gente lhe serão reembolsadas com exatidão e sem interrupção. [9]O que for necessário para os holocaustos do Deus do céu – novilhos, carneiros e cordeiros – e também trigo, sal, vinho e óleo, isto lhes será fornecido diariamente, sem negligência, conforme as indicações dos sacerdotes de Jerusalém, [10]para que possam oferecer ao Deus do céu sacrifícios de agradável odor e para que rezem pela vida do rei e de seus filhos. [11]Ordeno também que, se alguém transgredir este edito, arranque-se de sua casa uma viga de madeira, que será erguida para que nela seja ele suspenso; e sua casa seja convertida num montão de imundícies. [12]Que o Deus que faz habitar ali seu nome abata todo rei e todo povo que ousar modificar este decreto ou destruir esse templo de Deus em Jerusalém. Eu, Dario, dei esta ordem: seja pontualmente executada".

---

* **6**,2. 1,4

† **6**,15. A construção, iniciada em 537, terminou em 515. O templo será reformado por Herodes Magno, Jo 2,20, e será destruído por Tito em 70 d.C.

Dedicação do templo. [13]Então Tata-
nai, governador da região de além-
-rio, Setar-Buzanai e seus colegas
obedeceram fielmente às instruções
enviadas pelo rei Dario. [14]Os anciãos
dos judeus continuaram a construir e
fizeram progressos sob a inspiração
do profeta Ageu e de Zacarias, filho de
Ado. Terminaram a construção de acor-
do com a ordem do Deus de Israel e
segundo o decreto de Ciro, de Dario e
de Artaxerxes, rei da Pérsia. [15]Este tem-
plo foi concluído no dia vinte e três do
mês de adar, no sexto ano do reinado
do rei Dario†. [16]Então os israelitas – os
sacerdotes, os levitas e o resto dos
repatriados – celebraram com alegria
a dedicação deste templo de Deus;
[17]ofereceram para a dedicação deste
templo de Deus cem touros, duzentos
carneiros e quatrocentos cordeiros e,
como sacrifício pelo pecado de todo o
Israel, doze bodes, segundo o número
das tribos de Israel. [18]Estabeleceram
também os sacerdotes, segundo suas
classes, e os levitas, segundo suas divi-
sões, para a liturgia do templo de Deus
em Jerusalém, como está escrito no li-
vro de Moisés.

Celebração da Páscoa†. [19]Os repa-
triados celebraram a Páscoa* no dia
catorze do primeiro mês, [20]porque os
sacerdotes e os levitas se haviam puri-
ficado todos juntos e por isso todos es-
tavam puros; imolaram, pois, a Páscoa
para todos os repatriados, para seus
irmãos, os sacerdotes, e para si mes-
mos. [21]Comeram a Páscoa os israelitas
que haviam voltado do exílio e todos
os que, tendo rompido com a impureza
dos pagãos do país, se haviam juntado
a eles para buscar a Javé, o Deus de Is-
rael. [22]Celebraram com alegria durante
sete dias a festa dos Ázimos, pois Javé
os enchera de alegria, tendo feito in-
clinar-se para eles o coração do rei da
Assíria†, para que apoiasse seu esforço
nas obras do templo de Deus, o Deus
de Israel.

II. A REFORMA DE ESDRAS (7–10)

7 **Chegada de Esdras.** [1]Depois
desses fatos, no reinado de Ar-
taxerxes, rei da Pérsia, chegou Esdras,
filho de Saraías, filho de Azarias, fi-
lho de Helcias, [2]filho de Selum, fi-
lho de Sadoc, filho de Aquitob, [3]fi-
lho de Amarias, filho de Azarias, filho
de Maraiot, [4]filho de Zaraías, filho de
Ozi, filho de Boci, [5]filho de Abisue, fi-
lho de Fineias, filho de Eleazar, filho
do sumo sacerdote Aarão; [6]este Es-
dras subiu de Babilônia. Era um escri-
ba† versado na lei de Moisés,* dada por
Javé, o Deus de Israel. Como a mão de
Javé, seu Deus, estava sobre ele, o rei
lhe concedeu tudo o que pediu. [7]Subi-
ram também para Jerusalém, no sétimo
ano do rei Artaxerxes, certo número de
israelitas: sacerdotes, levitas, cantores,
porteiros e oblatos. [8]Esdras chegou a
Jerusalém no quinto mês do sétimo
ano do rei. [9]No primeiro dia do primei-
ro mês ele iniciou sua partida de Babi-
lônia e no primeiro dia do quinto mês
chegou a Jerusalém: a mão benéfica de
Deus estava sobre ele. [10]Com efeito,
Esdras havia aplicado seu coração a es-
tudar a Lei de Javé, a praticar e ensinar
em Israel os estatutos e as normas.

Decreto de Artaxerxes. [11]Esta é a có-
pia do documento que o rei Artaxerxes
entregou ao sacerdote Esdras, escriba
versado nos mandamentos de Javé e
em seus estatutos* referentes a Israel.

[12]"Artaxerxes, o rei dos reis, ao sacer-
dote Esdras, escriba da lei do Deus do
céu, paz completa.

---

* **6**,19. Êx 12,1 | **7**,6. 7,28; 8,18; Ne 2,8.18 | 11. 1,2

† **6**,19. Celebrar a Páscoa é reviver a memória do Deus salvador e confirmar o compromisso de fidelidade. Quatro vezes a Bíblia recorda a celebração de uma Páscoa solene após uma grande experiência salvífica: na noite do êxodo, Êx 12,21, após a entrada na terra prometida, Js 5,10ss, na reforma de Josias, 2Rs 23,21s, e aqui, na dedicação do templo. | 22. Os reis persas são os sucessores dos reis babilônios, os quais sucederam aos reis assírios. | **7**,6. Escriba era um escrivão ou secretário da corte. Depois do exílio, o escriba será o especialista, sacerdote ou leigo, que lê, traduz e explica as leis ao povo.

13Dei ordem para que todo aquele que em meu reino faça parte do povo de Israel, de seus sacerdotes ou levitas, e queira partir para Jerusalém, possa ir contigo; 14porque tu és enviado pelo rei e por seus sete conselheiros, para inspecionar Judá e Jerusalém, segundo a lei de teu Deus, a qual está em tuas mãos, 15e para levares a prata e o ouro que o rei e seus conselheiros ofereceram espontaneamente ao Deus de Israel que reside em Jerusalém, 16e toda a prata e ouro que encontrares em toda a província de Babilônia, além das ofertas espontâneas que o povo e os sacerdotes doarem para o templo de seu Deus em Jerusalém. 17Com esse dinheiro, pois, cuidarás de comprar touros, carneiros, cordeiros, bem como as oblações e libações que os acompanham, e os oferecerás sobre o altar do templo de vosso Deus em Jerusalém. 18Utilizareis o restante da prata e do ouro como vos parecer melhor a ti e a teus irmãos, conforme a vontade de vosso Deus. 19Deposita diante de teu Deus, em Jerusalém, os utensílios que te foram entregues para o culto do templo de teu Deus. 20Tudo o mais que for necessário para o templo de teu Deus, e que te compete providenciar, porás na conta do tesouro real. 21Sou eu mesmo, o rei Artaxerxes, que dou esta ordem a todos os tesoureiros da região de além-rio: 'Executai rigorosamente tudo o que vos pedir o sacerdote Esdras, escriba da lei do Deus do céu, 22até o limite de cem talentos de prata, cem coros de trigo, cem batos de vinho, cem batos de azeite e sal à vontade. 23Tudo o que for prescrito pelo Deus do céu seja executado com exatidão para o templo do Deus do céu, para que a Ira não venha sobre o reino do monarca e de seus filhos. 24Nós vos fazemos saber, também, que não é permitido cobrar imposto, tributo ou pedágio de nenhum dos sacerdotes, levitas, cantores, porteiros, oblatos, numa palavra, de nenhum dos servidores desta casa de Deus'. 25E tu, Esdras, segundo a sabedoria de teu Deus que possuis, estabelece escribas e juízes que administrem a justiça para todo o povo da região de além-rio, para todos os que conhecem a lei de teu Deus, e ensina-a a quem não a conhece. 26Todo aquele que não observar a lei de teu Deus e a lei do rei será castigado rigorosamente: com a morte ou o desterro, com multa ou prisão".

27Bendito seja Javé, o Deus de nossos pais, que dispôs o coração do rei para honrar o templo de Javé em Jerusalém 28e que me fez obter o favor do rei, de seus conselheiros e de todos os mais altos ministros do rei. Quanto a mim, enchi-me de coragem, pois a mão de Javé, meu Deus, estava sobre mim, e reuni alguns chefes de Israel para que subissem comigo.

8 Lista dos repatriados com Esdras. 1São estes, com sua genealogia†, os chefes de família que subiram comigo de Babilônia no reinado do rei Artaxerxes:

2Dos filhos de Fineias: Gérson; dos filhos de Itamar: Daniel; dos filhos de Davi: Hatus, filho de Sequenias; 3dos filhos de Faros: Zacarias, com o qual foram registrados cento e cinquenta homens; 4dos filhos de Faat-Moab: Elioenai, filho de Zaraías, e com ele duzentos homens; 5dos filhos de Zetua: Sequenias, filho de Jaaziel, e com ele trezentos homens; 6dos filhos de Adin: Abed, filho de Jônatas, e com ele cinquenta homens; 7dos filhos de Elam: Isaías, filho de Atalia, e com ele setenta homens; 8dos filhos de Safatias: Zebedias, filho de Miguel, e com ele oitenta homens; 9dos filhos de Joab: Abdias, filho de Jaiel, e com ele duzentos e dezoito homens; 10dos filhos de Bani: Salomit, filho de Josfias, e com ele cento e sessenta homens; 11dos filhos de Bebai: Zacarias, filho de Bebai, e com ele vinte e oito homens; 12dos filhos de Azgad:

† **8**,1. As listas genealógicas servem para estabelecer a identidade das pessoas e seus cargos hereditários, 2,62.

Joanã, filho de Ectã, e com ele cento e
dez homens; 13dos filhos de Adonicam:
os mais novos, cujos nomes são: Elifa-
let, Jeiel e Semeías, e com eles sessenta
homens; 14e dos filhos de Beguai: Utai,
filho de Zabud, e com ele setenta ho-
mens.

Viagem e chegada a Jerusalém. 15Re-
uni-os junto ao rio que corre para Aava
e lá acampamos três dias. Encontrei
ali homens do povo e sacerdotes, mas
não encontrei nenhum levita. 16Então
mandei chamar Eliezer, Ariel, Semeías,
Elnatã, Jarib, Elnatã, Natã, Zacarias e
Mosolam, homens sábios, 17e os enviei
a Ado, chefe na localidade de Casfia;
ditei-lhes as palavras que deviam dizer
a Ado e a seus irmãos, oblatos na lo-
calidade de Casfia: que nos enviassem
ministros para o templo de nosso Deus.
18E, graças à mão benéfica de nosso
Deus, que estava sobre nós, eles nos
apresentaram um homem prudente,
dos filhos de Mooli, filho de Levi, filho
de Israel: Serebias, com seus filhos e ir-
mãos, dezoito homens; 19e ainda Hasa-
bias e com ele Isaías, um dos filhos de
Merari, seus irmãos e seus filhos: vinte
homens. 20E entre os oblatos* que Davi
e os chefes tinham posto a serviço dos
levitas: duzentos e vinte oblatos, todos
registrados nominalmente.

21Ali, perto do rio Aava, proclamei um
jejum, para nos humilharmos diante de
nosso Deus e lhe pedirmos uma boa
viagem para nós, para nossas crianças e
para todos os nossos bens. 22Porque eu
teria vergonha* de pedir ao rei uma es-
colta e cavaleiros para nos defender do
inimigo durante a viagem; ao contrário,
tínhamos declarado ao rei: "A mão de
nosso Deus se estende benigna sobre
todos os que o buscam; mas seu poder
e sua ira se abatem sobre todos os que
o abandonam". 23Jejuamos, pois, invo-
cando nosso Deus nessa intenção, e ele
nos atendeu.

24Escolhi doze chefes dos sacer-
dotes, isto é, Serebias e Hasabias e
com eles dez de seus irmãos; 25pe-
sei diante deles a prata, o ouro e os
utensílios, oferendas que o rei, seus
conselheiros, seus príncipes e todo o
Israel que se achava lá haviam feito
para o templo de nosso Deus. 26Pe-
sei, portanto, e entreguei nas mãos
deles seiscentos e cinquenta talentos
de prata, utensílios de prata no valor de
cem talentos, cem talentos de ouro,
27vinte taças de ouro de mil dáricos e
dois vasos de um bronze muito claro e
brilhante, precioso como ouro. 28De-
clarei-lhes: "Sois consagrados a Javé;
estes utensílios são sagrados; esta
prata e este ouro são oferta voluntária
a Javé, o Deus de vossos pais. 29Sede
vigilantes em guardá-los até que pos-
sais pesá-los diante dos chefes dos
sacerdotes e dos levitas e dos chefes
de famílias de Israel, em Jerusalém,
nas salas do templo de Javé". 30Os sa-
cerdotes e os levitas tomaram então
a seus cuidados a prata, o ouro e os
utensílios assim pesados, para trans-
portá-los a Jerusalém, para o templo
de nosso Deus.

31No dia doze do primeiro mês, par-
timos do rio Aava e fomos para Jerusa-
lém. A mão de nosso Deus estava sobre
nós, e na estrada protegeu-nos dos as-
saltos dos inimigos e dos salteadores.
32Chegamos a Jerusalém e lá descansa-
mos três dias. 33No quarto dia, a prata,
o ouro e os utensílios foram pesados
no templo de nosso Deus e entregues
nas mãos do sacerdote Meremot, filho
de Urias, com quem estavam Eleazar,
filho de Fineias, e os levitas Jozabad,
filho de Josué, e Noadaías, filho de Be-
nui. 34Tudo correspondia ao número e
ao peso; e o peso total foi registrado.

Naquele tempo, 35os que voltaram
do exílio, os exilados, ofereceram holo-
caustos ao Deus de Israel: doze touros
por todo o Israel, noventa e seis car-
neiros, setenta e dois cordeiros, doze
bodes pelo pecado; tudo isso em ho-
locausto a Javé.

36Entregaram os decretos do rei aos
sátrapas reais e aos governadores da
região de além-rio, os quais deram sua
ajuda ao povo e ao templo de Deus.

---

* **8**,20. 2,43 | 22. Ne 2,9

9 **Matrimônios com estrangei-
ras**†. 1Feito isso, os chefes vieram*
procurar-me, dizendo: "O povo de Is-
rael, os sacerdotes e os levitas não se
separaram dos povos de outras terras
no que se refere a suas abominações –
cananeus,* heteus, ferezeus, jebuseus,
amonitas, moabitas, egípcios e amor-
reus – 2porque, para si e para seus fi-
lhos, tomaram esposas entre as filhas
deles,* e assim a linhagem santa mistu-
rou-se com os povos dessas terras; os
chefes e os magistrados foram os pri-
meiros a incorrer nessa infidelidade!"
3Quando ouvi isso, rasguei minha veste
e meu manto, arranquei os cabelos da
cabeça* e da barba† e sentei-me cons-
ternado. 4Todos os que temiam as pa-
lavras do Deus de Israel reuniram-se a
meu redor por causa dessa infidelidade
dos exilados. Eu fiquei sentado e cons-
ternado até a oblação da tarde. 5Na
hora da oblação da tarde, levantei-me
de minha prostração; com a veste e o
manto rasgados, caí de joelhos, estendi
as mãos para Javé, meu Deus, 6e disse:
Oração de Esdras. "Meu Deus, estou
coberto de vergonha e confusão ao le-
vantar minha face para vós, meu Deus.
Porque nossas iniquidades se multipli-
caram até acima de nossas cabeças, e
nossa culpa cresceu até o céu. 7Desde
os dias de nossos pais até este dia uma
grande culpa pesa sobre nós: por cau-
sa de nossas iniquidades, nós, nossos
reis e nossos sacerdotes, fomos entre-
gues às mãos dos reis de outras ter-
ras e temos sido sujeitos à espada, ao
cativeiro, à rapina e à vergonha, como
ainda hoje. 8Mas agora, por um breve
instante, Javé, nosso Deus, nos conce-
deu a graça de deixar-nos um resto* de
sobreviventes† e de dar-nos um asilo
em seu lugar santo; assim nosso Deus
deu brilho a nossos olhos e um pouco
de vida no meio de nossa escravidão.
9Porque somos escravos, mas em nossa
escravidão nosso Deus não nos aban-
donou; antes, granjeou-nos o favor dos
reis da Pérsia, fazendo-nos reviver para
podermos reconstruir o templo de nos-
so Deus e restaurar suas ruínas, con-
cedendo-nos proteção em Judá e em
Jerusalém. 10Mas agora, ó nosso Deus,
que podemos dizer depois disso? Pois
abandonamos vossos mandamentos
11que destes por meio de vossos ser-
vos, os profetas, dizendo: 'A terra aon-
de ides entrar* para dela tomar posse é
uma terra contaminada pela imundície
dos povos do país, pelas abominações
com que a infestaram de uma extre-
midade à outra* com suas impurezas.
12Por isso, não deis vossas filhas a seus
filhos e não tomeis suas filhas como
esposas para vossos filhos; não deveis
jamais contribuir para sua prosperida-
de e seu bem-estar, para que assim vos
torneis fortes e comais os melhores
frutos da terra e a deixeis como heran-
ça a vossos filhos para sempre'.
13Ora, depois de tudo o que nos acon-
teceu, por causa de nossas más ações e
por causa de nossa grande culpa – em-
bora vós, ó nosso Deus, nos tenhais cas-
tigado menos do que mereciam nossas
iniquidades e nos tenhais deixado os
sobreviventes que aqui estão – 14tor-
naremos a violar vossos mandamentos
e nos aparentar com os povos que co-
metem essas abominações? Não vos ir-
ritaríeis contra nós até nos aniquilardes,
sem deixar resto nem sobreviventes?
15Javé, Deus de Israel, vós sois justo, por
isso o que restou de nós é um grupo
de sobreviventes, como acontece hoje.
Eis-nos aqui diante de vós com nossa
culpa! Sim, por sua causa é impossível
subsistirmos em vossa presença".

10 **A ordem de repudiar as mu-
lheres estrangeiras.** 1Enquan-
to Esdras rezava e fazia esta confissão
chorando, prostrado diante do templo

---

* **9**,1. Ml 2,10s / Dt 7,1 | 2. Ne 9,2 | 3. Is 66,2.5 | 8. Is 4,3 | 11. Lv 18,24s; Ez 36,17 / Dt 7,3

† **9**. A lei mosaica proibia os casamentos com estrangeiras, Êx 34,16; Dt 7,3s. Ver Ml 2,11. A experiência nefasta de reis como Salomão, 1Rs 11,1-13 e Acab, 1Rs 16,31, servia de advertência, Ne 13,26. | 3. Rasgar as vestes é sinal de dor e consternação. Esta é a única vez que ocorre a expressão "arrancar os cabelos". | 8. Ver a nota em 1,4.

de Deus, uma imensa assembleia de Is-
rael, homens, mulheres e crianças, reu-
niu-se em torno dele, e o povo chorava
copiosamente. 2Então Sequenias, filho
de Jaiel, um dos filhos de Elam, tomou a
palavra e disse a Esdras: "Fomos infiéis
a nosso Deus, desposando mulheres
estrangeiras, tomadas dentre os povos
do país. Pois bem, apesar disso, resta
ainda uma esperança para Israel. 3Faça-
mos uma aliança com nosso Deus: des-
pediremos todas essas mulheres e os
filhos que delas nasceram, de acordo
com o conselho de meu senhor e dos
que temem os mandamentos de nosso
Deus, e que seja feito conforme a lei.
4Levanta-te, pois a ti é confiada esta in-
cumbência, mas estaremos a teu lado.
Coragem e mãos à obra!" 5Então Esdras
se levantou e fez os chefes dos sacer-
dotes e dos levitas e todo o Israel jurar
que fariam como acabava de ser dito; e
eles juraram. 6Esdras ergueu-se diante
do templo de Deus e dirigiu-se ao apo-
sento de Joanã, filho de Eliasib, onde
passou a noite sem comer pão nem be-
ber água, pois estava de luto por causa
da infidelidade dos repatriados.

7Fez-se uma proclamação em Judá e
em Jerusalém a todos os repatriados,
para que se reunissem em Jerusalém:
8quem não comparecesse dentro de
três dias, segundo o conselho dos che-
fes e dos anciãos, teria todos os seus
bens votados ao extermínio e seria ex-
cluído da comunidade dos repatriados.
9Reuniram-se, pois, todos os homens
de Judá e de Benjamim no prazo de
três dias em Jerusalém: era o dia vin-
te e nove do nono mês. Todo o povo
se encontrava na praça do templo de
Deus, tremendo por causa daquele as-
sunto e porque chovia forte. 10Então o
sacerdote Esdras levantou-se e decla-
rou-lhes: "Cometestes uma infidelida-
de desposando mulheres estrangeiras:
aumentastes desta forma a culpa de Is-
rael! 11Mas agora confessai-vos a Javé,
o Deus de vossos pais, e executai sua
vontade separando-vos dos povos do
país e das mulheres estrangeiras". 12A
assembleia inteira respondeu com voz
forte: "Sim, nosso dever é agir segundo
tuas ordens! 13Mas o povo é numero-
so e estamos na estação das chuvas:
não se consegue ficar ao relento; além
disso, o assunto não se resolve em um
dia ou dois, pois somos muitos os que
fomos rebeldes neste ponto. 14Que
nossos chefes representem a assem-
bleia inteira; e todos os que, em nossas
cidades, desposaram mulheres estran-
geiras venham aqui em datas marca-
das, acompanhados dos anciãos e dos
juízes da respectiva cidade, até que se
afaste de nós o furor da ira de nosso
Deus por causa disso".

15Só Jônatas, filho de Asael, e Jaasias,
filho de Tícua, fizeram oposição a esta
proposta, sustentados por Mosolam
e pelo levita Sebetai. 16Os repatriados
agiram como fora proposto. O sacer-
dote Esdras escolheu para si alguns ho-
mens, chefes de famílias, segundo suas
casas, todos designados nominalmen-
te. Começaram no primeiro dia do dé-
cimo mês as sessões para examinar os
casos. 17E no primeiro dia do primeiro
mês terminaram a investigação de to-
dos os homens que tinham desposado
mulheres estrangeiras.

Lista dos culpados. 18Entre os filhos
dos sacerdotes que haviam desposado
mulheres estrangeiras foram achados os
seguintes: entre os filhos de Josué, filho
de Josedec, e entre seus irmãos: Maasias,
Eliezer, Jarib e Godolias. 19Prometeram
com juramento repudiar suas mulheres
e, por seu pecado, ofereceram um car-
neiro como sacrifício de reparação;

20entre os filhos de Emer: Hanani e
Zabadias;

21entre os filhos de Harim: Maasias,
Elias, Semeías, Jaiel e Ozias;

22entre os filhos de Fasur: Elioenai,
Maasias, Ismael, Natanael, Jozabad e
Elasa.

23Entre os levitas: Jozabad, Semei,*
Celaías, também chamado Calita, Pe-
taías, Judá e Eliezer.

24Entre os cantores: Eliasib.

Entre os porteiros: Selum, Telem e Uri.

* **10**,23. Ne 8,7; 10,11

25 Entre os israelitas:
dos filhos de Faros: Remeías, Jezias,
Melquias, Miamin, Eleazar, Melquias e
Banaías;
26 dos filhos de Elam: Matanias, Zaca-
rias, Jaiel, Abdi, Jerimot e Elias;
27 dos filhos de Zetua: Elioenai, Elia-
sib, Matanias, Jerimot, Zabad e Aziza;
28 dos filhos de Bebai: Joanã, Hana-
nias, Zabai, Atlai;
29 dos filhos de Beguai: Mosolam,
Meluc, Adaías, Jasub, Jerimot;
30 dos filhos de Faat-Moab: Ednas,
Calal, Banaías, Maasias, Matanias, Be-
seleel, Benui, Manassés;
31 dos filhos de Harim: Eliezer, Jesias,
Melquias, Semeías, Simeão, 32 Benja-
mim, Meluc, Semerias;
33 dos filhos de Hasum: Matanai, Ma-
tatias, Zabad, Elifalet, Jermai, Manassés,
Semei;
34 dos filhos de Bani: Maadai, Amram,
Joel, 35 Banaías, Badaías, Quelias, 36 Va-
nias, Meremot, Eliasib, 37 Matanias, Ma-
tanai e Jasi;
38 dos filhos de Benui: Semei, 39 Sele-
mias, Natã e Adaías;
40 dos filhos de Zacai: Sisai, Sarai,
41 Azareel, Selemias, Semerias, 42 Selum,
Amarias, José;
43 dos filhos de Nebo: Jeiel, Matanias,
Zabad, Zabina, Jedu, Joel, Banaías.
44 Todos esses tinham desposado
mulheres estrangeiras; e alguns deles
tinham mulheres das quais tiveram fi-
lhos.

NEEMIAS

Chama-se Neemias o governador da província judaica sujeita ao império persa, responsável pela reconstrução dos muros de Jerusalém, obra iniciada em 445 a.C. Já estava reconstruído o templo, mas a cidade não tinha segurança, com os muros em ruínas e a população reduzida a poucas famílias. Os samaritanos opunham tenaz resistência, fazendo fracassar as várias tentativas de reconstrução; denunciavam os judeus ao rei da Pérsia, obtendo dele a interrupção das obras.

Neemias era um judeu de Susa, copeiro da corte de Artaxerxes I, rei da Pérsia. Obteve dele a anulação do decreto que proibia a reconstrução e recebeu licença para ir pessoalmente dirigir a obra, com a autoridade de governador do rei. Homem enérgico e bom organizador, conseguiu reunir as forças, animar o povo e iniciar os trabalhos, não se deixando intimidar pelos sarcasmos e pela oposição dos vizinhos. Levou doze anos para reconstruir os muros e ao mesmo tempo conseguiu aumentar a população e socorrer os pobres, explorados por saqueadores e usurários. Assim, por obra desse leigo corajoso, a cidade renasceu, alimentando a esperança da realização das profecias que falavam de uma nova Jerusalém, centro de atração para todas as nações (Is 60,1-6).

Num dia solene, às vezes chamado "Dia do Nascimento do Judaísmo", Esdras, o escriba, faz ao povo a leitura do livro da Lei, ou seja, do Pentateuco, na forma em que existia na época (Ne 8,1-12).

O livro refere ainda a celebração da festa das Tendas e a realização de uma liturgia penitencial. Neemias empreende uma reforma religiosa e moral, insistindo na observância do sábado e dos dízimos para os levitas e na proibição dos matrimônios com estrangeiras.

Para o leitor do livro, aquele trabalho de refazer os muros caídos, fortificar as portas e reconstruir as casas pode significar simbolicamente reconstruir a vida pessoal e comunitária, com a força da fé e da união, à luz da palavra de Deus. É um convite à luta pelo crescimento de nossas comunidades, para que sejam sinal de unidade, de amor e de paz.

I. NEEMIAS RECONSTRÓI AS MURALHAS (1–7)†

1 **Tristeza de Neemias pela sorte dos repatriados.** [1]Palavras de Neemias, filho de Hacalias. No mês de casleu, no vigésimo ano, quando me encontrava na cidadela de Susa, [2]chegou Hanani, um de meus irmãos, com alguns homens de Judá. Interroguei-os sobre os judeus repatriados que haviam sobrevivido ao cativeiro e sobre Jerusalém. [3]Responderam-me: "Os sobreviventes do cativeiro, que estão lá na província, vivem em grande miséria e abatimento: as muralhas de Jerusalém estão em ruínas e suas portas, incendiadas". [4]Ouvindo essas palavras, sentei-me, chorei, fiquei de luto vários dias, jejuando e rezando diante do Deus do céu.

[5]Eu disse: "Ah! Javé, Deus do céu, Deus grande e temível, que mantendes a aliança* e a misericórdia para com aqueles que vos amam e observam* vossos mandamentos, [6]que vossos ouvidos estejam atentos e vossos olhos abertos para ouvir a prece de vosso servo. Dia e noite eu vos suplico em favor dos israelitas, vossos servos, e confesso os pecados que nós israelitas cometemos contra vós: também eu e a casa de meu pai pecamos. [7]Procedemos muito mal para convosco, não observando os mandamentos, estatutos e normas que havíeis prescrito a Moisés, vosso servo. [8]Lembrai-vos, porém, da palavra que confiastes a Moisés,* vosso servo: 'Se fordes infiéis, eu vos dispersarei entre as nações; [9]mas se voltardes a mim, observando meus mandamentos e pondo-os em prática, mesmo que vossos exilados

---

* **1**,5. Dt 7.9.12 / 2Cr 6,40 **|** 8. Dt 30,1-4

† **1**. Os cc. 1-7 reproduzem um diário de Neemias. O ano 20 de Artaxerxes I é 446 a.C. Susa era residência de inverno dos reis da Pérsia.

se acharem nos confins do céu, de lá os
reunirei e reconduzirei ao lugar que es-
colhi para nele fazer habitar meu nome'.
10Eles são vossos servos e vosso povo
que resgatastes* por vosso grande po-
der e com vossa mão poderosa! 11Se-
nhor, que vossos ouvidos estejam aten-
tos à prece de vosso servo, à prece de
vossos servos que desejam temer vosso
nome. Concedei, vos suplico, o bom
êxito a vosso servo e fazei-o ganhar a
benevolência deste homem".

Eu era então copeiro do rei.

2 **Neemias vai a Jerusalém.** 1No mês
de nisã, no vigésimo ano do rei Ar-
taxerxes, estando diante dele o vinho, eu
o tomei e ofereci ao rei. E, como antes eu
nunca havia estado triste em sua presen-
ça, 2o rei me disse: "Por que estás com
a fisionomia triste se não estás doente?
Certamente é teu coração que está afli-
to!" Fiquei muito apreensivo 3e disse ao
rei: "Viva o rei para sempre! Como meu
rosto poderia não estar triste quando
está em ruínas a cidade onde estão os
túmulos de meus pais e suas portas, de-
voradas pelo fogo?" 4E o rei me disse:
"Então, que desejas?" Invoquei o Deus
do céu 5e respondi ao rei: "Se é do agra-
do do rei e se encontrei favor ante teus
olhos, envia-me a Judá, à cidade santa
onde jazem meus pais, a fim de que pos-
sa reconstruí-la". 6O rei perguntou-me,
estando a rainha sentada a seu lado:
"Até quando durará tua viagem? Quan-
do voltarás?" Aprouve ao rei enviar-me
e marquei-lhe um prazo. 7Eu disse ainda
ao rei: "Se parecer bem ao rei, sejam-me
dadas cartas para os governadores da
região de além-rio, a fim de que me dei-
xem passar e entrar em Judá; 8e também
uma carta para Asaf, guarda do parque
real, para que me forneça madeira de
construção para as portas da cidadela
do templo, para as muralhas da cidade
e para a casa em que vou morar". O rei
me deu as cartas, pois a mão benévola
de meu Deus estava sobre mim.

9Fui, pois, ter com os governadores*
da região de além-rio e entreguei-lhes
as cartas do rei. O rei mandou uma es-
colta de oficiais do exército e de cava-
leiros para me acompanhar.

10Quando Sanabalat, o horonita†, e
Tobias, o funcionário amonita, foram
informados disso, mostraram-se muito
aborrecidos pelo fato de ter chegado
alguém para trabalhar em benefício
dos israelitas.

**Neemias exorta a reconstruir as mu-
ralhas.** 11Chegando a Jerusalém, lá
permaneci três dias. 12Depois levantei-
-me de noite, acompanhado de alguns
homens, sem ter revelado a ninguém o
que meu Deus me havia inspirado fazer
por Jerusalém e sem ter comigo outro
animal senão minha própria montaria.
13Saí, pois, à noite, pela porta do Vale,
dirigi-me à fonte do Dragão e depois à
porta do Esterco; inspecionei os muros
de Jerusalém, que estavam derrubados
e cujas portas tinham sido incendia-
das. 14Prossegui meu caminho rumo
à porta da Fonte e à piscina do Rei, e
não encontrei mais passagem para o
animal que cavalgava. 15Por isso fui su-
bindo de noite pela torrente, sempre
observando as muralhas, entrei pela
porta do Vale e voltei para casa. 16Os
magistrados não ficaram sabendo aon-
de eu tinha ido, nem o que havia feito.
Até então nada tinha comunicado aos
judeus, nem aos sacerdotes, nem aos
nobres, nem aos magistrados, nem aos
que se ocupavam dos trabalhos. 17Dis-
se-lhes então: "Estais vendo a situação
miserável em que estamos: Jerusalém
está destruída e suas portas, devoradas
pelo fogo. Vinde! Reconstruamos as
muralhas de Jerusalém e não seremos
mais objeto de insulto!" 18Eu lhes expus
como a mão benévola de Deus tinha
estado sobre mim, e as palavras que o
rei me havia dirigido. "Levantemo-nos!
– exclamaram – e ponhamos mãos à
obra!" E lançaram-se com coragem a
esse belo empreendimento.

---

* **1**,10. Dt 9,29 | **2**,9. Esd 8,22

† **2**,10. Governador da Samaria, mencionado nos papiros de Elefantina. Tobias tinha aliados importantes, 6,18.

19Ao saber disso, Sanabalat, o horonita, Tobias, o funcionário amonita, e Gosem, o árabe, zombaram de nós e nos olharam com desprezo, dizendo: "Que é que estais fazendo? Uma revolta contra o rei?" 20Mas eu lhes respondi: "O Deus do céu nos fará triunfar. Nós, seus servos, vamos começar a construir. Quanto a vós, não tendes parte, nem direito, nem memória em Jerusalém".

3 **Os operários e suas obras†.** 1Eliasib, o sumo sacerdote, e seus irmãos, os sacerdotes, puseram-se a trabalhar e construíram a porta das Ovelhas: puseram as vigas, fixaram os batentes e continuaram a construir até a torre dos Cem e até a torre de Hananeel. 2Junto dele trabalhou o povo de Jericó e, mais adiante, Zacur, filho de Imri. 3Os filhos de Asená construíram a porta dos Peixes*: puseram as vigas, fixaram os batentes, as fechaduras e as trancas. 4Junto deles trabalhava na restauração Meremot, filho de Urias, filho de Acus; junto deles trabalhava na restauração Mosolam, filho de Baraquias, filho de Mesebezet; junto deles trabalhava na restauração Sadoc, filho de Baana. 5Junto deles trabalhou na restauração o povo de Técua, mas seus nobres se recusaram a submeter-se ao serviço de seus senhores. 6Joiada, filho de Fasea, e Mosolam, filho de Besodias, restauraram a porta Velha: puseram as vigas, fixaram os batentes, as fechaduras e as trancas. 7Ao lado deles trabalharam na restauração Meltias de Gabaon e Jadon de Meronot, bem como o povo de Gabaon e de Masfa, que pertenciam ao domínio do governador da região de além-rio. 8Junto deles trabalhou na restauração Oziel, membro da corporação dos ourives; mais além restaurou Hananias, da corporação dos perfumistas: eles reforçaram Jerusalém até a muralha larga. 9Junto deles restaurou Rafaías, filho de Hur, chefe da metade do distrito de Jerusalém. 10A seu lado trabalhava Jedaías, filho de Haromaf, defronte de sua casa. Ao lado dele trabalhou Hatus, filho de Hasebonias. 11Melquias, filho de Herem e Hasub, filho de Faat-Moab, reconstruíram o setor seguinte e a torre dos Fornos. 12Junto deles trabalhou na restauração, junto com suas filhas, Selum, filho de Aloés, chefe da metade do distrito de Jerusalém. 13Hanun e os habitantes de Zanoc restauraram a porta do Vale: reconstruíram-na, puseram-lhe os batentes, as fechaduras e as trancas, e refizeram mil côvados de muro, até a porta do Esterco. 14Melquias, filho de Recab, chefe do distrito de Bet-Acarem, restaurou a porta do Esterco: reconstruiu-a, fixou-lhe os batentes, as fechaduras e as trancas.

15Selum, filho de Col-Hoza, chefe do distrito de Masfa, restaurou a porta da Fonte: construiu-a, cobriu-a, fixou-lhe os batentes, as fechaduras e as trancas. Reconstruiu também o muro da piscina de Siloé, ao lado do jardim do rei, até a escada que desce da Cidade de Davi. 16Depois dele, Neemias, filho de Azboc, chefe da metade do distrito de Betsur, fez a restauração até defronte dos túmulos de Davi, até o açude artificial e até a casa dos Heróis. 17Depois deles trabalharam os levitas: Reum, filho de Bani; ao lado dele, restaurou Hasabias, chefe da metade do distrito de Ceila, para seu distrito; 18junto dele restauraram seus irmãos: Benui, filho de Henadad, chefe da metade do distrito de Ceila. 19A seu lado, Ezer, filho de Jesua, chefe de Masfa, restaurou um outro setor, defronte da subida do Arsenal, na esquina.

20Depois dele, Baruc, filho de Zabai, reconstruiu com grande entusiasmo outro setor, desde a esquina até a porta da casa de Eliasib, o sumo sacerdote. 21Depois dele, Meremot, filho de Urias, filho de Acos, restaurou outro setor, desde a entrada da casa de Eliasib até

---

* **3**,3. Esd 2,35

† **3**. Este c. parece reproduzir um documento dos arquivos do templo; é o texto mais rico em detalhes sobre a topografia da antiga Jerusalém.

sua extremidade. 22Depois dele traba-
lharam na restauração os sacerdotes
que moravam na periferia. 23Depois
deles, Benjamim e Hasub restaura-
ram diante de suas casas. Depois de-
les, Azarias, filho de Maasias, filho de
Ananias, restaurou ao lado de sua casa.
24Depois dele, Benui, filho de Henadad,
restaurou um outro setor, desde a casa
de Azarias até a esquina e até o ângulo.
25Depois dele, Falel, filho de Ozi, res-
taurou em frente à esquina e à torre
que sobressai acima do andar superior
do palácio real e está junto ao pátio da
prisão. Depois dele, Fadaías, filho de
Faros, restaurou 26até defronte da por-
ta das Águas, ao oriente, e até a torre
que sobressai. 27Depois dele, o povo
de Técua restaurou um outro setor, em
frente da grande torre que sobressai e
até o muro de Ofel.

28A partir da porta dos Cavalos, os
sacerdotes trabalharam nas restaura-
ções, cada um em frente de sua casa.
29Depois deles, Sadoc, filho de Hemer,
restaurou* diante de sua casa. Depois
dele, restaurou Semaías, filho de Se-
quemias, guardião da porta do Orien-
te. 30Depois deles, Hananias, filho de
Selemias, e Hanun, sexto filho de Selef,
restauraram outro setor. Depois dele,
Mosolam, filho de Baraquias, restaurou
diante de seu aposento. 31Depois dele,
Melquias, da corporação dos ourives,
restaurou até a morada dos oblatos† e
dos comerciantes, em frente à porta da
Guarda, até a sala alta do ângulo. 32E
entre a sala alta do ângulo e a porta
das Ovelhas restauraram os ourives e
os comerciantes.

Reações dos inimigos. 33Logo que Sa-
nabalat soube que estávamos recons-
truindo as muralhas, encolerizou-se
e mostrou-se muito irritado. Escarne-
cendo dos judeus, 34exclamou dian-
te de seus irmãos e diante das tropas
de Samaria: "Que estão fazendo esses
pobres judeus? Refazer os muros e de-
pois oferecer sacrifícios? Vão terminar
num dia? Farão reviver essas pedras†,
tiradas de montões de escombros e já
calcinadas?" 35Tobias, o amonita, que
estava a seu lado, disse: "Isso que eles
estão construindo, se uma raposa subir
aí, derrubará sua muralha de pedras!"
36Ouvi, nosso Deus, como somos des-
prezados! Fazei recair seus insultos
sobre sua cabeça. Entregai-os como
presa numa terra de cativeiro! 37Não
perdoeis sua iniquidade* e que seu pe-
cado não seja cancelado diante de vós,
pois ofenderam os construtores.

38Assim reconstruímos os muros, que
foram completados até meia altura. O
povo tinha ânimo para trabalhar.

4 **Tenacidade dos construtores.**
1Quando Sanabalat, Tobias, os
árabes, os amonitas e os azotitas sou-
beram que a reconstrução das mura-
lhas de Jerusalém ia adiante e que as
brechas começavam a ser fechadas,
ficaram muito irritados 2e ajuntaram-se
todos de comum acordo, para virem
atacar Jerusalém e criar confusão no
local.

3Invocamos então nosso Deus e, por
causa deles, para proteger a cidade,
estabelecemos contra eles um policia-
mento dia e noite. 4Judá, porém, dizia:
"Diminuem as forças dos carregadores,
há escombros demais: não poderemos
reerguer as muralhas!" 5E nossos ini-
migos declaravam: "Antes que saibam
ou vejam qualquer coisa, surgiremos
no meio deles: então vamos massacrá-
-los e parar a obra!" 6Estavam chegan-
do alguns judeus que moravam perto
deles e que dez vezes nos avisaram:
"De todos os lados para os quais vos
voltais, eles virão contra nós". 7Eu dis-
tribuí o povo por famílias nos lugares
baixos e abertos por detrás dos muros,
com suas espadas, lanças e arcos. 8De-
pois que inspecionei tudo, levantei-me
e disse aos nobres, aos magistrados e

* **3**,29. Ez 40,6 | 37. Jr 18,23

† **3**,31. Ver a nota em Esd 2,43. | **3**,34. As ruínas são pedras mortas, mas ganham vida as pedras quando formam um conjunto. Na Igreja, os cristãos são "pedras vivas", 1Pd 2,5, que formam o edifício de Deus, 1Cor 3,9.

ao resto do povo: "Não tenhais medo
dessa gente! Lembrai-vos do Senhor,
grande e temível, e combatei por vos-
sos irmãos, vossos filhos, vossas fi-
lhas, vossas mulheres e vossas casas!"
9Quando nossos inimigos souberam
que estávamos informados e que Deus
lhes frustrara o projeto, voltamos todos
às muralhas, cada qual a seu trabalho.
10Mas, a partir desse dia, a metade de
meus homens participava dos traba-
lhos e os outros empunhavam lanças,
escudos, arcos e couraças; os chefes
estavam atrás de toda casa dos judeus.
11Os que construíam as muralhas e os
que carregavam e levavam as cargas,
com uma das mãos trabalhavam e com
a outra seguravam uma arma. 12Cada
um dos construtores, no momento do
serviço, trazia sua espada cingida na
cintura. Um trombeteiro estava a meu
lado. 13Eu disse aos nobres, aos magis-
trados e ao resto do povo: "A obra é
grande e extensa, e nós estamos espa-
lhados ao longo das muralhas, longe
uns dos outros. 14Reuni-vos em tor-
no de nós no lugar de onde ouvirdes
sair o som da trombeta, e nosso Deus
combaterá por nós". 15Assim, pois, nós
continuávamos os trabalhos, e a meta-
de dos homens empunhava as lanças,
desde o raiar da aurora até aparecerem
as estrelas. 16Naquela época eu disse
ainda ao povo: "Cada um com seu aju-
dante passe a noite em Jerusalém, para
que de noite nos sirvam de guarda e
de dia trabalhem". 17Mas nem eu, nem
meus irmãos, nem meus homens, nem
os guardas que me escoltavam, nin-
guém tirava a roupa: cada um conser-
vava sua arma na mão direita.

5 **Medidas sociais.** 1Surgiu uma
grande queixa* entre os homens
do povo e suas mulheres contra seus
irmãos, os judeus. 2Uns diziam: "Nós,
nossos filhos e nossas filhas somos nu-
merosos; queremos trigo para comer
e viver". 3Outros diziam: "Temos de hi-
potecar nossos campos, nossas vinhas
e nossas casas para recebermos trigo
durante a carestia". 4Outros ainda di-
ziam: "Tomamos dinheiro emprestado
para pagarmos o tributo do rei, empe-
nhando nossas terras e nossas vinhas.
5Ora, temos a mesma carne que nossos
irmãos, e nossos filhos* são como os
deles; no entanto, temos de entregar
à escravidão nossos filhos e filhas†; e
há entre nossas filhas algumas que já
são escravas! Não podemos fazer nada,
porque nossos campos e nossas vinhas
já pertencem a outros".
6Fiquei muito irritado quando ouvi
suas lamúrias e essas palavras. 7Tendo
considerado comigo mesmo, repreen-
di os nobres e os magistrados nestes
termos: "Praticais a usura, cada qual
contra seu irmão!" Convoquei contra
eles uma grande assembleia 8e lhes
disse: "Resgatamos na medida de nos-
sas posses nossos irmãos judeus que
se haviam vendido às nações. E agora
vós vendeis vossos irmãos para que se-
jam vendidos a nós?" Eles emudeceram
e não acharam resposta. 9Continuei:
"Não está certo o que fazeis. Não deve-
ríeis caminhar no temor de Deus, para
evitar os insultos das nações, nossas
inimigas? 10Também eu, meus irmãos
e meus homens emprestamos-lhes di-
nheiro e trigo. Pois bem, perdoemos-
-lhes essa dívida. 11Restituí-lhes hoje
mesmo seus campos, suas vinhas, seus
olivais e suas casas e renunciai aos juros
que lhes cobrais pelo dinheiro, pelo tri-
go, pelo vinho e pelo óleo". 12Respon-
deram: "Nós restituiremos; não exigi-
remos nada mais deles: faremos como
disseste". Chamei então os sacerdotes
e os fiz jurar que agiriam segundo essa
promessa. 13Depois sacudi a dobra de
meu manto, dizendo: "Que Deus assim
sacuda* para fora de sua casa e de seus
bens todo homem que não mantiver
essa palavra: que seja assim sacudido
e despojado de tudo!" Toda a assem-
bleia respondeu: "Amém!" E deu louvor
a Javé. E o povo agiu conforme esse
compromisso.

---

* **5**,1. Jr 34,8-22 | 5. Lv 25,39 | 13. Jr 18,1

† **5**,5. Ver a nota em Êx 21,2.

Retidão de Neemias. 14Além disso,
desde o dia em que o rei me nomeou
governador do país de Judá, do vigési-
mo ao trigésimo segundo ano do rei Ar-
taxerxes†, durante doze anos, eu e meus
irmãos jamais comemos o pão devido
ao governador. 15Ora, os antigos gover-
nadores que me precederam oneravam
o povo: cobravam dele todo dia, para o
pão, quarenta siclos de prata; até seus
servos oprimiam o povo. Eu, ao contrá-
rio, jamais agi assim, por temor de Deus.

16Dei-me ao trabalho para fazer es-
sas muralhas e não comprei nenhum
terreno. Todo o meu pessoal estava lá
reunido no trabalho.

17A minha mesa comiam os judeus e
os magistrados em número de cento e
cinquenta, sem contar os que vinham
a nós das nações vizinhas. 18O que era
preparado cada dia – um boi, seis ove-
lhas escolhidas e aves – era prepara-
do por minha conta e, de dez em dez
dias, muito vinho de todo tipo. Apesar
de tudo isso, jamais reclamei o pão do
governador, pois os trabalhos pesavam
muito sobre o povo. 19Lembrai-vos a
meu favor, ó meu Deus, de tudo o que
fiz por este povo!

6 **Intrigas dos inimigos.** 1Quando
Sanabalat, Tobias, Gosem, o ára-
be, e outros inimigos nossos souberam
que eu havia reconstruído as muralhas
e que não havia mais nenhuma brecha,
embora nesta data eu não tinha ainda
fixado os batentes nas portas, 2Sana-
balat e Gosem enviaram-me esta men-
sagem: "Vem para um encontro em
Cefirim, no vale de Ono". Mas eles pen-
savam em fazer-me mal. 3Enviei-lhes,
pois, mensageiros com esta resposta:
"Estou ocupado num grande trabalho
e não posso descer: por que haveria
de cessar a obra, quando eu a deixasse
para ir até vós?" 4Quatro vezes man-
daram-me o mesmo convite e dei-lhes
a mesma resposta. 5Então Sanabalat
mandou-me dizer a mesma coisa pela
quinta vez, por meio de seu servo, que
tinha nas mãos uma carta aberta, 6na
qual estava escrito: "Ouve-se dizer en-
tre as nações, e Gasmu o confirma, que
tu e os judeus pensais em rebelar-vos,
e é por isso que estais reconstruindo as
muralhas; que tu serias o rei deles 7e
terias até mesmo constituído profetas
para proclamarem a teu respeito em
Jerusalém: 'Há um rei em Judá!' Agora
esses boatos vão chegar aos ouvidos
do rei: vem, pois, e entendamo-nos".
8Mas mandei responder-lhe: "Não
aconteceu isto que afirmas, mas tu o
inventas em teu espírito". 9A verdade
é que eles todos queriam amedrontar-
-nos, pensando: "Suas mãos desistirão
do trabalho, que jamais será termina-
do". No entanto, dava-se o contrário:
eu fortalecia minhas mãos!

10Um dia fui à casa de Semaías, filho
de Delaías, filho de Metabeel, que se
havia encerrado lá dentro. Ele declarou:

"Reunamo-nos no templo de Deus,
no interior do santuário;
fechemos as portas do santuário,
porque virão para te matar,
sim, esta noite, virão te matar!"

11Mas eu respondi: "Um homem
como eu há de fugir? E qual é o homem
de minha condição que entraria no san-
tuário para salvar sua vida?† Não, não
irei!" 12Reconheci que não era Deus que
o tinha enviado, mas que ele pronun-
ciara este oráculo contra mim porque
Tobias e Sanabalat o haviam subornado.
13Fora subornado para amedrontar-me
e levar-me a agir daquele modo e pecar,
para criar-me uma reputação má e ex-
por-me à desonra. 14Lembrai-vos, meu
Deus, de Tobias* e de Sanabalat, pelo
que cometeram; e também de Noadias,
a profetisa, e dos outros profetas que
quiseram intimidar-me.

Término das muralhas. 15As muralhas
ficaram prontas no dia vinte e cinco de
elul, em cinquenta e dois dias. 16Quan-
do todos os nossos inimigos o sou-
beram e todas as nações em torno de

---

* **6**,14. Jr 23,9-40; Zc 13,2s | 16. Sl 118,22s; 127,1

† **5**,14. Neemias governou a Judeia de 446 a 434 a.C. | **6**,11. Sendo leigo, Neemias não podia entrar no santuário, Nm 18,7.

nós viram isto, sentiram-se fortemente
humilhados e reconheceram que este
trabalho fora realizado* graças a nosso
Deus.
[17]Por essa época os nobres de Judá
mandavam muitas cartas a Tobias e
as de Tobias lhes chegavam às mãos;
[18]pois ele tinha em Judá muitos alia-
dos, sendo genro de Sequenias, filho
de Area, e tendo seu filho Joanã des-
posado a filha de Mosolam, filho de
Baraquias. [19]Até mesmo em minha pre-
sença enalteciam suas boas ações e lhe
transmitiam minhas palavras. Tobias
mandava cartas para me intimidar.

7 **Vigilância nas portas.** [1]Quando
as muralhas foram reedificadas,
eu fixei os batentes; os porteiros, os
cantores e os levitas foram estabele-
cidos em suas funções. [2]Confiei a ad-
ministração de Jerusalém a Hanani,
meu irmão, e a Hananias, comandante
da cidadela, pois era um homem fiel e
que temia a Deus mais do que muitos
outros. [3]Ordenei-lhes: "As portas de
Jerusalém não serão abertas antes que
o sol comece a esquentar; e, enquan-
to os cidadãos ainda estiverem de pé,
serão fechadas e trancadas. Sejam es-
tabelecidos postos de guarda para os
habitantes de Jerusalém, ficando cada
um em seu posto, cada um diante de
sua casa".
[4]A cidade era espaçosa e grande,
mas sua população era pouca e não se
construíam casas. [5]Meu Deus inspirou-
-me então que reunisse os nobres,
os magistrados e o povo para fazer o
recenseamento genealógico. Achei o
registro genealógico dos que haviam
regressado no início e lá encontrei es-
crito:

Lista dos primeiros repatriados†.
[6]São estes os cidadãos da província
que regressaram do exílio, os quais
Nabucodonosor, rei de Babilônia, tinha
deportado* e que regressaram a Jeru-
salém e a Judá, cada qual a sua cida-
de. [7]Chegaram com Zorobabel, Josué,
Neemias, Azarias, Raamias, Naamani,
Mardoqueu, Belsã, Mesfarat, Beguai,
Naum e Baana.
Número dos homens do povo de
Israel: [8]filhos de Faros: dois mil e cen-
to e setenta e dois; [9]filhos de Safatias:
trezentos e setenta e dois; [10]filhos de
Area: seiscentos e cinquenta e dois;
[11]filhos de Faat-Moab, isto é, filhos de
Josué e de Joab: dois mil e oitocentos
e dezoito. [12]filhos de Elam: mil e du-
zentos e cinquenta e quatro; [13]filhos de
Zetua: oitocentos e quarenta e cinco;
[14]filhos de Zacai: setecentos e sessenta;
[15]filhos de Benui: seiscentos e quaren-
ta e oito; [16]filhos de Bebai: seiscentos e
vinte e oito; [17]filhos de Azgad: dois mil
e trezentos e vinte e dois; [18]filhos de
Adonicam: seiscentos e sessenta e sete;
[19]filhos de Beguai: dois mil e sessenta e
sete; [20]filhos de Adin: seiscentos e cin-
quenta e cinco; [21]filhos de Ater, isto é,
de Ezequias: noventa e oito; [22]filhos de
Hasum: trezentos e vinte e oito; [23]filhos
de Besai: trezentos e vinte e quatro;
[24]filhos de Haref: cento e doze; [25]filhos
de Gabaon: noventa e cinco; [26]homens
de Belém e de Netofa: cento e oiten-
ta e oito; [27]homens de Anatot: cento e
vinte e oito; [28]homens de Bet-Azmot:
quarenta e dois; [29]homens de Cariat-
-Iarim, de Cafira e de Beerot: setecen-
tos e quarenta e três; [30]homens de
Ramá e de Gaba: seiscentos e vinte e
um; [31]homens de Macmas: cento e vin-
te e dois; [32]homens de Betel e de Hai:
cento e vinte e três; [33]homens de ou-
tro Nebo: cinquenta e dois; [34]filhos de
outro Elam: mil e duzentos e cinquenta
e quatro; [35]filhos de Harim: trezentos
e vinte; [36]filhos de Jericó: trezentos e
quarenta e cinco; [37]filhos de Lod, de
Hadid e de Ono: setecentos e vinte e
um; [38]filhos de Senaá: três mil e nove-
centos e trinta.
[39]Sacerdotes, filhos de Jedaías, isto é,
a casa de Josué: novecentos e setenta
e três; [40]filhos de Emer: mil e cinquenta
e dois; [41]filhos de Fasur: mil e duzentos
e quarenta e sete; [42]filhos de Harim: mil

* **7**,6. Esd 2,1-70

† **7**,6. Repete a lista de Esd 2. Ver a nota em Esd 2,3.

e dezessete.

[43]Levitas: filhos de Josué, isto é, de Cadmiel, filhos de Odovias: setenta e quatro.

[44]Cantores: filhos de Asaf: cento e quarenta e oito.

[45]Porteiros: filhos de Selum, filhos de Ater, filhos de Telmon, filhos de Acub, filhos de Hatita, filhos de Sobai: cento e trinta e oito.

[46]Oblatos: filhos de Siá, filhos de Hasufa, filhos de Tabaot, [47]filhos de Ceros, filhos de Siaá, filhos de Fadon, [48]filhos de Lebana, filhos de Hagaba, filhos de Selmai, [49]filhos de Hanã, filhos de Guidel, filhos de Gaar, [50]filhos de Raaías, filhos de Rasin, filhos de Necoda, [51]filhos de Gazam, filhos de Oza, filhos de Fasea, [52]filhos de Besai, filhos dos meunitas, filhos dos nefusitas, [53]filhos de Bacbuc, filhos de Hacufa, filhos de Harur, [54]filhos de Baslut, filhos de Meida, filhos de Harsa, [55]filhos de Bercos, filhos de Sísara, filhos de Tema, [56]filhos de Nasias, filhos de Hatifa.

[57]Filhos dos servos de Salomão: filhos de Sotai, filhos de Soferet, filhos de Feruda, [58]filhos de Jaala, filhos de Darcon, filhos de Guidel, [59]filhos de Safatias, filhos de Hatil, filhos de Foqueret-Assebaim, filhos de Amon. [60]Total dos oblatos e dos filhos dos servos de Salomão: trezentos e noventa e dois.

[61]As pessoas seguintes, que voltavam de Tel-Mela, Tel-Harsa, Querub, Adon e Emer, não puderam demonstrar que sua família e sua estirpe eram de Israel: [62]filhos de Dalaías, filhos de Tobias, filhos de Necoda: seiscentos e quarenta e dois. [63]E entre os sacerdotes, os filhos de Hobias, os filhos de Acos, os filhos de Berzelai, o qual se casara com uma das filhas de Berzelai, o galaadita, e adotou seu nome. [64]Esses procuraram seu registro genealógico, mas não foi encontrado: foram excluídos, pois, do sacerdócio como impuros, [65]e o governador proibiu-lhes comer dos alimentos sagrados, até que se apresentasse um sacerdote para usar os *Urim* e os *Tumim*.

[66]Toda a assembleia reunida era de quarenta e duas mil e trezentas e sessenta pessoas, [67]fora seus escravos e escravas, em número de sete mil e trezentos e trinta e sete. Tinham também duzentos e quarenta e cinco cantores e cantoras. [68]Seus cavalos eram setecentos e trinta e seis e suas mulas, duzentas e quarenta e cinco; [69]seus camelos eram quatrocentos e trinta e cinco e seus jumentos, seis mil e setecentos e vinte. [70]Certo número de chefes de família fez doações para as obras. O governador deu para o tesouro mil dracmas de ouro, cinquenta cálices e quinhentas e trinta túnicas sacerdotais. [71]Alguns chefes de família depuseram no cofre das obras vinte mil dracmas de ouro e duas mil e duzentas minas de prata. [72]As doações feitas pelo resto do povo atingiram o montante de vinte mil dracmas de ouro, duas mil minas de prata e sessenta e sete túnicas sacerdotais. [73]Os sacerdotes e os levitas instalaram-se em Jerusalém; os porteiros, os cantores, uma parte do povo, os oblatos e todo o Israel estabeleceram-se em suas cidades. Quando chegou o sétimo mês, os israelitas estavam assim instalados em suas cidades.

II. ESDRAS RESTAURA O CULTO (8–9)

8 **Esdras expõe a Lei ao povo**†. [1]Todo o povo se reuniu* como um só homem na praça situada defronte da porta das Águas. Disseram ao escriba Esdras que trouxesse o livro da Lei de Moisés†, que Javé havia dado a Israel. [2]Então o sacerdote Esdras trouxe a Lei diante da assembleia, formada de homens, mulheres e de todos os que

---

* **8**,1. Esd 3,1

† **8**. O povo devia refazer não apenas sua vida material, mas principalmente sua vida de comunidade religiosa, de povo escolhido, cuja base era a observância da lei mosaica. | 1. Os cinco livros do Pentateuco, na forma existente na época. | 2. Dia festivo no calendário judaico, ver a nota em Lv 23,23.

tinham o uso da razão. Era o primeiro dia do sétimo mês†. [3]Na praça, situada diante da porta das Águas, ele leu o livro desde a aurora até o meio-dia, na presença dos homens, das mulheres e dos que tinham o uso da razão: todo o povo ouvia atentamente a leitura do livro da Lei.

[4]O escriba Esdras estava sobre uma tribuna de madeira, construída para a ocasião; perto dele estavam, a sua direita, Matatias, Sema, Anias, Urias, Helcias, Maasias; e a sua esquerda, Fadaías, Misael, Melquias, Hasum, Hasbadana, Zacarias e Mosolam. [5]Esdras abriu o livro à vista de todo o povo, pois ele estava mais alto que todos; quando ele o abriu, todo o povo se pôs de pé. [6]Então Esdras bendisse a Javé, o grande Deus, e todo o povo, com as mãos erguidas, respondeu: "Amém! Amém!" Depois se inclinaram e se prostraram diante de Javé, com o rosto em terra. [7]Josué, Bani, Serebias, Jamim, Acub, Sabatai, Hodias, Maasias, Celita, Azarias, Jozabad, Hanã, Falaías, que eram levitas, explicavam a Lei ao povo, enquanto o povo estava de pé em seu lugar. [8]Leram no livro da Lei de Deus* claramente e explicando o sentido, de modo que se podia compreender a leitura.

[9]Neemias, que era o governador, e Esdras, o sacerdote-escriba, e os levitas que instruíam o povo disseram a todo o povo: "Hoje é um dia consagrado a Javé, vosso Deus". Não vos entristeçais nem choreis!" É que todo o povo chorava ao ouvir as palavras da Lei. [10]Disse--lhes ainda: "Ide, comei carnes gordas, tomai bebidas doces e mandai porções a quem nada preparou, porque hoje é um dia consagrado a nosso Senhor! Não fiqueis tristes: a alegria de Javé é a vossa força!"† [11]E os levitas acalmavam todo o povo, dizendo: "Calai-vos, porque hoje é um dia santo. Não vos aflijais!" [12]E todo o povo se retirou para comer e beber; distribuíram porções aos pobres e celebraram uma grande festa, pois haviam compreendido as palavras que lhes foram proclamadas.

A festa das Tendas. [13]No segundo dia, os chefes de família de todo o povo, os sacerdotes e os levitas se reuniram em torno do escriba Esdras para estudar as palavras da Lei. [14]Encontraram escrito na Lei, que Javé havia prescrito por intermédio de Moisés, que os israelitas deviam morar* em tendas durante a festa do sétimo mês. [15]Então anunciaram e publicaram em todas as suas cidades e em Jerusalém: "Ide à montanha e trazei ramos de oliveira, de azambujeiro, de murta, de palmeira e de outras árvores frondosas, para fazer tendas, como está prescrito". [16]O povo saiu; trouxe ramos e fez tendas, cada qual sobre seu terraço, em seus pátios, nos átrios do templo de Deus, na praça da porta das Águas e na praça da porta de Efraim. [17]Toda a assembleia dos que haviam voltado do cativeiro construiu assim tendas e nelas morou. Os israelitas não tinham feito isso desde os dias de Josué, filho de Nun, até aquele dia. E houve uma alegria muito grande.

[18]Esdras fez a leitura do livro da Lei de Deus cada dia, do primeiro ao último. Durante sete dias celebrou-se a festa, e no oitavo houve, segundo a norma, uma reunião solene.

9 Penitência e confissão pública†.

[1]No dia vinte e quatro do mesmo mês, os israelitas, vestidos de pano de saco e com a cabeça coberta de pó, reuniram-se para um jejum. [2]Os da estirpe de Israel* separaram-se de todos os estrangeiros e, estando de pé, confessaram seus pecados e as iniquidades de seus pais. [3]Ficando de pé em seu lugar, leram o livro da Lei de Javé, seu Deus, durante a quarta parte do dia; durante outra quarta parte do dia confessaram seus pecados e se prostraram diante de Javé, seu Deus. [4]No palanque dos levitas ficaram de pé Josué, Benui, Cadmiel, Sebanias, Buni, Serebias, Bani,

---

* **8**,8. Esd 7,6 | 14. Lv 23,33-36.39-43; Êx 23,14 | **9**,2. Esd 9,1s; 10,11

† **8**,10. O povo sente a alegria da salvação, da presença protetora de Javé em seu meio. | **9**. A leitura da lei serviu de exame de consciência, avivou o sentimento coletivo de culpa.

Canani e invocaram em voz alta a Javé,
seu Deus; [5]e os levitas Josué, Cadmiel,
Bani, Hasabneias, Serebias, Hodias, Sebanias, Fetaías disseram†:
"Levantai-vos, bendizei a Javé, vosso Deus,*
de eternidade em eternidade!
E que se bendiga vosso nome glorioso
que excede toda bênção e louvor!
[6]Vós, Javé, sois o único!*
Fizestes os céus, os céus dos céus
e todo o seu exército,
a terra e tudo o que ela contém,
os mares e tudo quanto há neles.
A tudo isso sois vós que dais vida,
e o exército dos céus vos adora.
[7]Sois vós, Javé, o Deus*
que escolheu Abrão,
tirou-o de Ur dos caldeus
e lhe deu o nome de Abraão.
[8]Achando seu coração fiel diante de vós,
fizestes aliança com ele,*
para dar-lhe a terra do cananeu,
do heteu e do amorreu,
do ferezeu, do jebuseu e do gergeseu,
a ele e a sua posteridade.
E cumpristes vossas promessas,
pois vós sois justo.
[9]Vistes a aflição de nossos pais no Egito*
e ouvistes seu grito junto ao mar Vermelho.
[10]Realizastes sinais e prodígios contra o faraó,*
contra todos os seus servos e todo o povo de seu país,
pois sabíeis quão arrogantes tinham sido contra nossos pais.
Adquiristes um renome que dura ainda hoje.
[11]Abristes o mar diante deles,*
passaram pelo meio do mar a pé enxuto.
Precipitastes nos abismos seus perseguidores,*
como uma pedra em águas impetuosas.
[12]Vós os guiastes de dia com uma coluna de nuvem*
e de noite com uma coluna de fogo,
para iluminar diante deles o caminho
pelo qual haveriam de andar.
[13]Descestes sobre o monte Sinai*
e do céu lhes falastes;
e lhes destes normas justas,
leis verdadeiras,*
estatutos e mandamentos excelentes;
[14]destes-lhes a conhecer vosso santo sábado;*
prescrevestes-lhes mandamentos, estatutos e uma lei
por intermédio de Moisés, vosso servo.
[15]Do céu lhes destes o pão para sua fome,*
do rochedo fizestes brotar água para sua sede.
Ordenastes-lhes que fossem tomar posse da terra
que havíeis jurado dar-lhes.
[16]Mas nossos pais se comportaram com soberba,
endureceram a cerviz, não obedeceram*
a vossos mandamentos.
[17]Recusaram-se a obedecer, esquecidos das maravilhas
que havíeis feito por eles;
endureceram o coração e escolheram um chefe
a fim de voltarem para o Egito, para sua escravidão.
Mas vós sois o Deus do perdão,*
clemente e misericordioso,
lento para a cólera e cheio de ternura:
não os abandonastes!
[18]Mesmo quando fizeram para si
um bezerro de metal fundido
e disseram: 'Eis teu Deus
que te fez sair do Egito!'*
e cometeram grandes blasfêmias,

---

* **9**,5. Sl 78 | 6. Dt 6,4 | 7. Gn 12,1; 17,5 | 8. Gn 15,18s | 9. Êx 2,23s | 10. Êx 7-12 | 11. Êx 14 / Êx 15,5.10 | 12. Êx 13,21s | 13. Êx 19 / Dt 4,5-8 | 14. Êx 20,8 | 15. Êx 16,1; 17,1 | 16. Nm 14,1-4 | 17. Êx 34,6 | 18. Êx 32,4

† **9**,5. Uma das mais belas orações da Bíblia: louva a Deus pelas maravilhas que operou em favor de Israel, e confessa os pecados do povo.

[19]em vossa imensa compaixão
não os abandonastes no deserto;
a coluna de nuvem não se apartou deles,
para guiá-los de dia pelo caminho,
nem a coluna de fogo durante a noite,
para iluminar diante deles a estrada
pela qual haviam de andar.
[20]Destes-lhes vosso bom espírito
para instruí-los;
não recusastes o maná a sua boca
e lhes destes água para sua sede.
[21]Por quarenta anos cuidastes deles no deserto,
e nada lhes faltou:
suas vestes não se estragaram*
e seus pés não se incharam.
[22]E vós lhes entregastes reinos e povos,*
e os repartistes entre eles por fronteiras:
tomaram posse da terra de Seon, rei de Hesebon,
e da terra de Og, rei de Basã.
[23]Multiplicastes seus filhos*
como as estrelas do céu
e os introduzistes na terra
aonde ordenastes a seus pais
que entrassem para dela tomarem posse.
[24]Seus filhos invadiram e conquistaram a terra;
e vós humilhastes diante deles
os habitantes da terra, os cananeus,
que entregastes nas mãos deles,
com seus reis e os povos da terra,
para os tratarem como quisessem.
[25]Apoderaram-se de cidades fortificadas*
e de uma terra fértil;
apossaram-se de casas
repletas de toda sorte de bens,
de cisternas já cavadas, de vinhas, de olivais,*
de árvores frutíferas em abundância;
comeram, saciaram-se, engordaram
e se alegraram por vossa grande bondade.
[26]Mas depois desobedeceram, revoltados contra vós,
viraram as costas a vossa lei,
mataram vossos profetas que os admoestavam
para que voltassem a vós
e cometeram grandes impiedades.
[27]Por isso os abandonastes nas mãos de seus inimigos,*
que os oprimiram.
Mas no tempo de sua angústia gritaram a vós,
e vós, do céu, os ouvistes,
e em vossa grande compaixão lhes enviastes
salvadores que os libertaram das mãos de seus opressores.
[28]Mas logo que recuperavam a paz,
de novo faziam o mal diante de vós,
e por isso os abandonáveis nas mãos de seus inimigos
que os tiranizavam.
De novo clamavam a vós,
e vós, do céu, os ouvíeis
e muitas vezes em vossa compaixão os libertastes.
[29]Vós os advertíeis para reconduzi-los a vossa lei;
mas se orgulhavam, não obedeciam a vossos mandamentos,
pecaram contra vossas normas,
nas quais acha a vida quem as observa†.
Seus ombros recusaram o jugo,
endureceram a cerviz e não obedeceram.
[30]Fostes paciente com eles por muitos anos;
vós os advertistes por vosso espírito
e pela boca dos profetas;
eles, porém, não quiseram ouvir.
Então os entregastes
ao poder dos povos de outras terras.
[31]Mas em vossa grande compaixão
não os exterminastes nem os abandonastes,
porque sois um Deus clemente e misericordioso.
[32]E agora, ó nosso Deus,

* **9**,21. Dt 8,4 | 22. Dt 1,4; 2,26-3,11; Nm 21,21-35 | 23. Dt 1,10 | 25. Dt 3,5; 6,10s / Dt 32,15 | 27. Sb 2,10-23 | 32. Lm 5; Eclo 36,1-9

† **9**,29. Ver Lv 18,5, citado em Gl 3,12.

vós que sois o Deus grande, poderoso e tremendo,*
que mantendes a aliança e o amor,
não menosprezeis toda a aflição
que se abateu sobre nós, nossos reis, nossos chefes,
nossos sacerdotes, nossos profetas e todo o vosso povo,
desde o tempo dos reis da Assíria
até o dia de hoje.
33 Tendes sido justo em tudo o que nos sucedeu,
pois agistes com fidelidade,
enquanto nós procedemos mal.
34 Sim, nossos reis, nossos chefes, nossos sacerdotes
e nossos pais não seguiram vossa lei,
nem prestaram atenção a vossos mandamentos,
nem às advertências que vós lhes repetíeis.
35 E quando estavam em seu reino
e na grande prosperidade que lhes concedestes,
e na terra espaçosa e fértil
que pusestes diante deles, não vos serviram
nem se apartaram de suas ações más.
36 E hoje estamos escravizados
na terra que havíeis dado a nossos pais
para gozarem de seus frutos e de seus bens;
nós estamos na escravidão.
37 Seus produtos enriquecem os reis,
que nos impusestes, por causa de nossos pecados,
e que dispõem a seu arbítrio
de nossas pessoas e de nosso gado.
Achamo-nos em grande aflição".

III. REFORMA RELIGIOSA (10–13)

10 **Novo pacto com Deus.** 1 Por
causa disso tudo, assumimos
um sério compromisso por escrito. No
documento selado constam os nomes
de nossos chefes, de nossos levitas e de
nossos sacerdotes.
2 O documento selado trazia* as assi-
naturas de:
Neemias, o governador, filho de Ha-
calias, e Sedecias.
3 Seraías, Azarias, Jeremias, 4 Fasur,
Amarias, Melquias, 5 Hatus, Sebanias,
Meluc, 6 Harim, Meremot, Abdias, 7 Da-
niel, Genton, Baruc, 8 Mosolam, Abias,
Miamin, 9 Maazias, Belgai, Semeías: es-
tes são os sacerdotes.
10 Depois os levitas: Josué, filho de
Azanias, Benui, dos filhos de Hena-
dad, Cadmiel 11 e seus irmãos Sebanias,
Odias, Celita, Falaías, Hanã, 12 Micas,
Roob, Hasebias, 13 Zacur, Serebias, Se-
banias, 14 Odias, Bani, Beninu.
15 Os chefes do povo: Faros, Faat-
-Moab, Elam, Zetu, Bani, 16 Buni, Azgad,
Bebai, 17 Adonias, Beguai, Adin, 18 Ater,
Ezequias, Azur, 19 Adias, Hasum, Besai,
20 Haref, Anatot, Nebai, 21 Megfias, Mo-
solam, Hazir, 22 Mesezebel, Sadoc, Je-
dua, 23 Feltias, Hanã, Anaías, 24 Oseias,
Hananias, Hasub, 25 Aloés, Falea, So-
bec, 26 Reum, Hasabna, Maasias, 27 Aías,
Hanã, Anã, 28 Meluc, Harim, Baana.
29 O resto do povo, os sacerdotes,
os levitas, os porteiros, os cantores, os
oblatos, numa palavra, todos os que
se separaram dos povos dos países
estrangeiros para abraçarem a lei de
Deus, e também suas esposas, filhos e
filhas, todos os que tinham o uso da ra-
zão, 30 unem-se a seus irmãos e chefes
e se comprometem, por imprecação e
juramento, a caminhar segundo a lei de
Deus, dada pelo ministério de Moisés,
o servo de Deus, a guardar e praticar
todos os mandamentos de Javé, nosso
Deus, suas normas e estatutos; 31 a não
dar nossas filhas* às populações locais
e não tomar suas filhas para esposas de
nossos filhos; 32 a não comprar nada em
dia de sábado,* ou em outro dia san-
tificado, dos povos do país que trou-
xerem para vender, no dia de sábado,
qualquer espécie de mercadorias ou
víveres; a não cultivar nosso solo no sé-
timo ano, e a perdoar toda dívida.
33 Impusemo-nos como obrigações:*
dar a terça parte de um siclo por ano

* **10**,2. 12,12-26 | 31. 13,23-27 | 32. 13,15-22; Êx 20,8 | 33. Êx 30,11s; 2Cr 24,6.9

para o culto do templo de nosso Deus:
34para o pão da apresentação, para a
oblação perpétua e o holocausto per-
pétuo, para os sacrifícios dos sábados,
das luas novas, das solenidades, e para
as oferendas sagradas, para os sacrifícios
pelo pecado que garantem a expiação
em favor de Israel; em suma, para toda a
liturgia do templo de nosso Deus. 35Nós,
os sacerdotes,* os levitas e o povo resol-
vemos também pela sorte a questão das
ofertas de lenha que se devem fazer ao
templo de nosso Deus, cada família por
sua vez, em datas fixas, cada ano, para
ser queimada sobre o altar de Javé, nos-
so Deus, como está escrito na Lei. 36Nós
nos empenhamos também a levar cada
ano* ao templo de Javé as primícias de
nosso solo e as primícias de todos os
frutos de todas as árvores, 37bem como
os primogênitos de nossos filhos e de
nosso rebanho, como está escrito na Lei,
as primeiras crias de nossas vacas e de
nossas ovelhas, para apresentá-las no
templo de nosso Deus, aos sacerdotes
em função no templo de nosso Deus.
38Além disso, a melhor parte de nossas
farinhas, dos frutos de toda árvore, do
vinho novo e do azeite levaremos aos sa-
cerdotes, nas dependências* do templo
de nosso Deus; e o dízimo das rendas de
nosso solo, aos levitas;* são os próprios
levitas que recolherão o dízimo em todas
as nossas cidades agrícolas. 39Um sacer-
dote, filho de Aarão, acompanhará os
levitas quando forem recolher* o dízimo
para o templo de nosso Deus, nas salas
do tesouro; 40pois é para estas salas que
os israelitas e os levitas devem levar as
ofertas de trigo, de vinho e de azeite; lá
se acham também os utensílios do san-
tuário, os sacerdotes em serviço, os por-
teiros e os cantores. Assim não mais ne-
gligenciaremos o templo de nosso Deus.

11 **Jerusalém é repovoada.** 1En-
tão os chefes do povo se es-
tabeleceram em Jerusalém. O resto do
povo tirou a sorte para que de cada dez
homens um viesse residir em Jerusa-
lém, a cidade santa, enquanto os outros
nove ficariam nas cidades. 2E o povo
abençoou todos os que espontanea-
mente decidiram morar em Jerusalém.

3São estes os chefes* da província
que se fixaram em Jerusalém, enquanto
nas cidades de Judá habitou cada um
em sua propriedade, em suas cidades:
israelitas, sacerdotes, levitas, oblatos e
os descendentes dos servos de Salo-
mão.

4Em Jerusalém moravam* alguns dos
filhos de Judá e dos filhos de Benja-
mim.

Entre os filhos de Judá: Ataías, fi-
lho de Ozias, filho de Zacarias, filho
de Amarias, filho de Safatias, filho de
Malaleel, dos descendentes de Farés;
5Maasias, filho de Baruc, filho de Col-
-Hoza, filho de Hazias, filho de Adaías,
filho de Joiarib, filho de Zacarias, des-
cendente de Sela. 6O total dos descen-
dentes de Farés que se fixaram em Je-
rusalém era de quatrocentos e sessenta
e oito homens valorosos.

7Estes são os filhos de Benjamim:
Salu, filho de Mosolam, filho de Joed,
filho de Fadaías, filho de Calaías, fi-
lho de Maasias, filho de Eteel, filho de
Isaías, 8e depois dele Gabai, Salati: ao
todo novecentos e vinte e oito.

9Joel, filho de Zecri, era seu chefe e
Judá, filho de Senua, era o segundo
chefe da cidade.

10Entre os sacerdotes: Jedaías, fi-
lho de Joiarib, filho de 11Saraías, filho
de Helcias, filho de Mosolam, filho de
Sadoc, filho de Maraiot, filho de Aqui-
tob, chefe do templo de Deus, 12e seus
irmãos que se dedicavam ao serviço
do templo: oitocentos e vinte e dois;
Adaías, filho de Jeroam, filho de Fele-
lias, filho de Amsi, filho de Zacarias, fi-
lho de Fasur, filho de Melquias, 13e seus
irmãos, chefes de família: duzentos e
quarenta e dois; Amasai, filho de Aza-
reel, filho de Aazi, filho de Mosolamot,
filho de Emer, 14e seus irmãos, homens
valorosos, em número de cento e vinte
e oito.

* **10**,35. Lv 24,5-9; Nm 28,3-8 | 36. Dt 26,1; Êx 13,11; Ne 13,31 | 38. 13,10-14 / Dt 14,22; Nm 18,21.24s | 39. Nm 18,26 | **11**,3. 1Cr 9,2 | 4. 1Cr 9,4-17

Zabdiel, filho de Guedolim, era seu
chefe.
[15]Entre os levitas: Semeías, filho de
Asub, filho de Ezricam, filho de Hasa-
bias, filho de Buni; [16]Sabatai e Jozabad,
aqueles dentre os chefes levíticos que
eram responsáveis pelo serviço externo
do templo de Deus; [17]Matanias, filho
de Micas, filho de Zabdi, filho de Asaf,
que dirigia os hinos e entoava a ação
de graças durante a oração; Becbecias,
o segundo entre seus irmãos; Abdias,
filho de Samua, filho de Galal, filho
de Iditun. [18]Total dos levitas na cida-
de santa: duzentos e oitenta e quatro.
[19]Os porteiros: Acub, Telmon e seus ir-
mãos, que montavam guarda nas por-
tas: cento e setenta e dois.
[20]O resto de Israel, dos sacerdotes e
dos levitas moravam em todas as cida-
des de Judá, cada qual em sua proprie-
dade.
[21]Os oblatos estabeleceram-se no
Ofel: Siá e Gasfa estavam à frente dos
oblatos. [22]O chefe dos levitas de Jeru-
salém era Ozi, filho de Bani, filho de
Hasabias, filho de Matanias, filho
de Micas; ele fazia parte dos filhos de
Asaf, os cantores encarregados da li-
turgia do templo de Deus; [23]pois havia
uma instrução do rei a respeito deles e
um regulamento acerca dos cantores,
determinando as coisas para cada dia.
[24]Fetaías, filho de Mesezebel, que per-
tencia aos filhos de Zara, filho de Judá,
estava à disposição do rei para todos
os negócios do povo.
A população judaica na província.
[25]Quanto às cidades e suas aldeias,
alguns filhos de Judá moravam em
Cariat-Arbe e em suas aldeias, em Di-
bom e em suas aldeias, em Cabseel
e em suas aldeias, [26]em Jesua, em
Molada, em Bet-Falet, [27]em Haser-
-Sual, em Bersabeia e em suas aldeias,
[28]em Siceleg, em Mecona e em suas
aldeias, [29]em En-Remon, em Saraá,
em Jarmut, [30]em Zanoe, em Odolam
e em suas aldeias, em Laquis e em suas
aldeias, em Azeca e em suas aldeias.
Estabeleceram-se, pois, desde Bersa-
beia até o vale de Enom. [31]Os filhos de
Benjamim estabeleceram-se em Gaba,
Macmas, Aía e Betel e em suas aldeias,
[32]em Anatot, Nob, Ananias, [33]em Ha-
sor, Ramá, Getaim, [34]em Hadid, Se-
boim, Nebalat, [35]em Lod e em Ono, e
no vale dos Artesãos.
[36]Uma parte dos levitas estabeleceu-
-se em Judá e outra em Benjamim.

12 **Sacerdotes e levitas repatria-
dos.** [1]São estes os sacerdotes e
os levitas que subiram com Zorobabel,
filho de Salatiel, e com Josué: Saraías,
Jeremias, Esdras, [2]Amarias, Meluc, Ha-
tus, [3]Sequenias, Reum, Meremor, [4]Ado,
Guenton, Abias, [5]Miamin, Madias, Bel-
ga, [6]Semeías, Joiarib, Jedaías, [7]Salu,
Amoc, Helcias, Jedaías.
Esses eram os chefes dos sacerdotes
e de seus irmãos no tempo de Josué.
[8]Os levitas eram: Josué, Benui, Cadmiel,
Serebias, Judá, Matanias; este último,
com seus irmãos, dirigia os hinos de
louvor, [9]enquanto Becbecias e Ani,
seus irmãos, ficavam defronte deles,
segundo seus turnos de serviço.
[10]Josué gerou Joaquim; Joaquim ge-
rou Eliasib, Eliasib gerou Joiada, [11]Joiada
gerou Jônatas, e Jônatas gerou Jedua.
[12]No tempo de Joaquim,* os sacer-
dotes chefes de famílias sacerdotais fo-
ram: da família de Saraías: Maraías; da
família de Jeremias: Hananias; [13]da fa-
mília de Esdras: Mosolam; da família de
Amarias: Joanã; [14]da família de Meluc:
Jônatas; da família de Sebanias: José;
[15]da família de Harim: Ednas; da famí-
lia de Maraiot: Helci; [16]da família de
Ado: Zacarias; da família de Guenton:
Mosolam; [17]da família de Abias: Zeri;
da família de Miniamin e de Moadias:
Felti; [18]da família de Belga: Samua; da
família de Semeías: Jônatas; [19]da fa-
mília de Joiarib: Matanai; da família de
Jedaías: Ozi; [20]da família de Selai: Celai;
da família de Amoc: Héber; [21]da família
de Helcias: Hasabias; da família de Ze-
daías: Natanael.
[22]Os levitas foram registrados, quan-
to aos chefes de família, no tempo de

---

* **12**,12. 10,3-14; 12,1

Eliasib, de Joiada, de Joanã e de Jedua;
e os sacerdotes foram inscritos no rei-
nado de Dario, o persa.
23Os filhos de Levi, chefes de família,
foram inscritos no livro das Crônicas†
até o tempo de Joanã, filho de Eliasib.
24Os chefes dos levitas* eram: Hasa-
bias, Serebias, Josué, Benui, Cadmiel e
seus irmãos que ficavam defronte deles
para executar os hinos de louvor e de
ação de graças segundo as instruções
de Davi, homem de Deus, cada um
conforme seu turno de serviço. 25Ma-
tanias, Becbecias, Abdias, Mosolam,
Telmon* e Acub eram porteiros e mon-
tavam guarda nos armazéns perto das
portas.
26Esses viviam no tempo de Joa-
quim, filho de Josué, filho de Josedec,
e no tempo de Neemias, o governador, e
de Esdras, o sacerdote-escriba.

**Dedicação das muralhas de Jerusa-
lém.** 27Para a dedicação das muralhas
de Jerusalém convocaram-se os levitas
de todos os lugares onde residiam para
vir a Jerusalém e celebrar a dedicação
alegremente, com hinos e cânticos
ao som de címbalos, harpas e cítaras.
28Reuniram-se os cantores do distrito
que circunda Jerusalém, das aldeias
dos netofatitas, 29de Bet-Guilgal, dos
campos de Gaba e de Azmot, pois os
cantores haviam construído para si al-
deias em torno de Jerusalém. 30Os sa-
cerdotes e os levitas purificaram-se e
depois purificaram o povo, as portas e
as muralhas.
31Mandei então que subissem às
muralhas os chefes de Judá e organi-
zei dois grandes coros. O primeiro ca-
minhava no alto das muralhas para a
direita, na direção da porta do Esterco;
32atrás deles iam Osaías e a metade
dos chefes de Judá, 33como também
Azarias, Esdras, Mosolam, 34Judá, Ben-
jamim, Semeías e Jeremias, 35perten-
centes ao coro dos sacerdotes, com
trombetas; depois Zacarias, filho de Jô-
natas, filho de Semeías, filho de Mata-
nias, filho de Micas, filho de Zacur, filho
de Asaf, 36com seus irmãos Semeías,
Azareel, Malalai, Galalai, Maai, Nata-
nael, Judá, Hanani, com os instrumen-
tos musicais de Davi, homem de Deus;
Esdras,* o escriba, ia à frente deles†.
37Chegando à porta da Fonte,* subi-
ram diretamente os degraus da Cidade
de Davi, pela escada das muralhas, por
cima do palácio de Davi, até a porta
das Águas, a oriente.
38O segundo coro caminhava para a
esquerda: eu o segui com a outra me-
tade do povo, pelo alto das muralhas,
passando por cima da torre dos Fornos,
até a muralha larga; 39depois, passando
por cima da porta de Efraim, da porta
Velha, da porta dos Peixes, pela torre
de Hananeel e pela torre dos Cem, até
a porta das Ovelhas; pararam na porta
da Guarda.
40Depois os dois coros tomaram lu-
gar no templo de Deus; também eu,
e a metade dos magistrados comigo,
41e os sacerdotes Eliaquim, Maasias,
Miniamin, Micas, Elioenai, Zacarias,
Hananias, com trombetas; 42e também
Maasias, Semeías, Eleazar, Ozi, Joanã,
Melquias, Elam e Ezer. Os cantores fize-
ram-se ouvir sob a direção de Jezraías.
43Naquele dia ofereceram grandes sa-
crifícios e se regozijaram, pois Deus
lhes havia concedido uma grande ale-
gria. Também as mulheres e as crianças
se alegraram, e a alegria de Jerusalém
ouvia-se de longe.

O tributo sagrado. 44Naquele tem-
po,* alguns homens foram designados
para guardar as salas destinadas a ar-
mazenar as contribuições, as primícias
e os dízimos; esses homens deveriam
recolher dos campos das cidades as
porções que a lei reserva para os sa-
cerdotes e para os levitas. Pois Judá
se regozijava pelos sacerdotes e pelos
levitas em exercício. 45Eles executavam
o serviço de seu Deus e o serviço das
purificações, como também os canto-
res* e os porteiros, segundo as prescri-

---

* **12**,24. Esd 2,40 | 25. 11,17 | 36. Am 6,5 | 37. 1Cr 23,5 | 44. 13,10s | 45. 1Cr 23-26; 2Cr 8,14; 29,30; 33,15

† **12**,23. Trata-se dos arquivos do templo e não dos livros que fazem parte da Bíblia. | **12**,36. Estão juntos, na festa da dedicação das muralhas, Esdras e Neemias, os dois fundadores do Judaísmo.

ções de Davi e de Salomão, seu filho. [46]Com efeito, já antigamente, desde os dias de Davi e de Asaf, havia chefes de cantores, cânticos de louvor e hinos de ação de graças a Deus. [47]Todo o Israel, no tempo de Zorobabel* e no tempo de Neemias, servia cada dia as porções destinadas aos cantores e aos porteiros; dava aos levitas as coisas consagradas,* e os levitas davam aos filhos de Aarão as coisas consagradas que lhes eram destinadas.

13 **A reforma de Neemias.** [1]Naquele tempo fez-se ao povo uma leitura do livro de Moisés e lá se achou escrito que o amonita e o moabita* não deviam jamais entrar na assembleia de Deus†, [2]porque não vieram ao encontro dos israelitas com pão e água e porque tinham contratado contra eles Balaão para os amaldiçoar, embora nosso Deus tivesse mudado a maldição em bênção. [3]Quando ouviram a leitura da Lei,* excluíram de Israel todos os estrangeiros.

[4]Mas, antes disso, o sacerdote Eliasib, que fora encarregado das salas do templo de nosso Deus e era parente de Tobias,* [5]havia posto à disposição deste uma sala espaçosa, onde antes se colocavam as oferendas, o incenso, os utensílios, o dízimo do trigo, do vinho e do azeite, isto é, as partes devidas por lei aos levitas, aos cantores e aos porteiros e o que se reservava para os sacerdotes. [6]Enquanto se fazia tudo isso, eu estava ausente de Jerusalém, pois no trigésimo segundo ano de Artaxerxes, rei de Babilônia, tinha voltado para junto do rei; mas ao cabo de certo tempo, pedi ao rei uma licença [7]e voltei a Jerusalém. Soube então do mal que havia cometido Eliasib em favor de Tobias,* cedendo-lhe uma sala nos átrios do templo de Deus. [8]Fiquei muito indignado: atirei para fora do aposento toda a mobília de Tobias [9]e ordenei que se purificassem as salas e que se recolocassem nela os utensílios do templo de Deus, as oferendas e o incenso.

Os dízimos para os levitas. [10]Eu soube também que as porções dos levitas não lhes eram dadas e que os levitas* e os cantores, encarregados do serviço, haviam fugido cada qual para sua propriedade. [11]Repreendi os magistrados e lhes disse: "Por que o templo de Deus está abandonado?" Tornei a reuni-los e os reintegrei em suas funções. [12]Então todo Judá trouxe* para os armazéns o dízimo do trigo, do vinho e do azeite. [13]Nomeei para cuidar dos armazéns o sacerdote Selemias, o escriba Sadoc e Fadaías, um dos levitas, e, como seu assistente, Hanã, filho de Zacur, filho de Matanias, pois eles tinham fama de íntegros; sua função era fazer as distribuições a seus irmãos. [14]Por isso, lembrai-vos de mim, meu Deus: não apagueis de vossa memória os atos de piedade que realizei pelo templo de meu Deus e por seu culto.

Observância do sábado. [15]Naqueles dias eu vi em Judá* gente que, em dia de sábado, calcava no lagar; outros que transportavam feixes de trigo, colocavam-nos sobre os jumentos, e também vinho, uvas, figo e toda espécie de cargas que queriam levar para Jerusalém em dia de sábado; eu protestei por causa do dia em que vendiam seus produtos. [16]Em Jerusalém havia alguns habitantes vindos de Tiro, que importavam peixe e mercadorias de toda espécie, para vendê-las aos filhos de Judá em Jerusalém em dia de sábado. [17]Repreendi os nobres de Judá, dizendo-lhes: "Que coisa abominável estais fazendo, profanando o dia de sábado! [18]Não foi assim que agiram vossos pais? Pois Deus então mandou vir toda esta desgraça sobre nós e sobre esta cidade. E vós, quereis aumentar a Ira contra Israel, profanando o sábado?" [19]Por isso mandei que, mal

* **12**,47. 13,10s / 10,39; Nm 18,26 | **13**,1. Dt 23,3-6 | 3. 13,4-9.23-28 | 4. 12,44 | 7. Mt 21,12s; Jo 2,13-17 | 10. 12,44.47 | 12. 10,38s | 15. 10,32; Êx 20,8

† **13**,1. Ver a nota em Dt 23,4. | 19. O sábado começa quando anoitece a sexta-feira.

as sombras caíssem sobre as portas de Jerusalém, antes do sábado†, se fechassem os batentes e que não se abrissem senão depois do sábado. Coloquei nas portas alguns de meus homens, para que nenhuma carga entrasse no dia de sábado. 20Assim, uma ou duas vezes, comerciantes e vendedores de toda espécie de mercadoria passaram a noite fora de Jerusalém, 21mas eu os adverti, declarando-lhes: "Por que passais a noite ao pé das muralhas? Se o fizerdes outra vez, mandarei prender-vos!" De então em diante não vieram mais aos sábados. 22Ordenei aos levitas que se purificassem e viessem vigiar as portas, para que se santificasse o sábado. Lembrai-vos de mim também por isso, meu Deus, e tende piedade de mim, segundo vossa grande misericórdia!

Os casamentos com estrangeiras. 23Naqueles dias também encontrei judeus* que se haviam casado com mulheres azotitas, amonitas ou moabitas. 24A metade de seus filhos falava a língua de Azoto ou a língua deste ou daquele povo, mas não sabia mais falar a língua dos judeus. 25Admoestei-os, amaldiçoei-os e bati em alguns, arranquei-lhes os cabelos e ordenei-lhes em nome de Deus: "Não deveis dar vossas filhas aos filhos deles, nem tomar como esposa para vossos filhos ou para vós mesmos alguma das filhas deles! 26Não foi este o pecado de Salomão,* rei de Israel? Entre tantas nações, não houve rei que se igualasse a ele; era amado por seu Deus, e Deus o tinha feito rei de todo o Israel. Mas também ele foi levado ao pecado pelas mulheres estrangeiras! 27Quereis que se diga de vós que cometeis também este grande crime de trair nosso Deus desposando mulheres estrangeiras?"

28Um dos filhos de Joiada, filho de Eliasib, o sumo sacerdote, tornara-se genro de Sanabalat, o horonita.* Expulsei-o para longe de mim. 29Lembrai-vos dessa gente, ó meu Deus, porque profanaram o sacerdócio e a aliança do sacerdócio e dos levitas.

30Assim purifiquei-os de todo elemento estrangeiro e restabeleci as funções para os sacerdotes e os levitas, designando a cada um sua tarefa. 31Também dei disposições sobre o fornecimento da lenha em tempos determinados e sobre as primícias.

Lembrai-vos de mim, ó meu Deus, para meu bem!

* **13**,23. 10,31; 13,1-3 | 26. 1Rs 11,1-13; 2Sm 12,25 | 28. 2,10

TOBIAS

O herói desta história de família, que dá o nome ao livro, é um jovem da tribo de Neftali, que vive exilado em Nínive, capital da Assíria, com seu pai Tobit e com sua mãe Ana. O pai é um israelita fiel a todas as observâncias da lei, que se distingue pela prática das obras de misericórdia, sobretudo pela sepultura que dá aos mortos e pela solidariedade com os pobres.

Acontece que Tobit, homem de tantos méritos, perde a vista acidentalmente e, no meio de tanto sofrimento, à semelhança de Jó, deve ainda ouvir as palavras irreverentes da esposa, que lhe lança em rosto a inutilidade de todas aquelas boas obras.

Tobias se recomenda a Deus, e suas preces chegam ao céu junto com as de uma moça, Sara, que vive em Ecbátana, na Média, e também leva uma vida cheia de provações, pois já foi dada em casamento a sete noivos, e todos eles morreram na noite de núpcias. Sua serva chegou ao ponto de acusá-la de ser ela a responsável pela morte dos jovens, mas, na verdade, era o demônio Asmodeu que os matava.

Querendo recuperar uma quantia que ele tem depositada na Média, Tobit manda seu filho fazer uma longa viagem, na qual é guiado por um tal Azarias, filho de Ananias, que na verdade é o anjo Rafael. Na viagem, Tobias e Azarias apanham e guardam um peixe, que depois servirá para dar a Tobit e a Sara a solução de seus problemas. Tobias vai à casa de Raguel, pai de Sara, e recebe a moça em casamento. Enquanto a família festeja o evento, Azarias vai à Média para trazer o dinheiro que pertence a Tobit.

Depois, os três, Azarias, Tobias e Sara, fazem a viagem de volta a Nínive, onde Azarias se manifesta como anjo de Deus, enviado para proteger e abençoar aquela família israelita fiel. Tobit recupera a vista e canta então um hino de louvor à providência de Deus.

O livro inspira-se nos modelos bíblicos patriarcais, propõe uma ideia elevada do matrimônio e mostra como Deus recompensa os que permanecem fiéis a seus deveres religiosos. Ele não abandona seus fiéis na provação, mas guia toda a história segundo seu desígnio, operando no cotidiano das pessoas também por meio de seus anjos.

É anônimo o autor, que usou a língua hebraica ou aramaica. Do texto original perdido acharam-se recentemente fragmentos. A versão grega chegou até nós em duas principais recensões, cuja data provável é 200 a.C., pelas semelhanças com o Eclesiástico.

O leitor de Tobias aprende a buscar uma sadia convivência doméstica, feita de respeito e de pequenas gentilezas, santificando sua vida de família, fortalecida pelo sacramento do matrimônio.

I. AS PROVAÇÕES DOS JUSTOS TOBIT E SARA (1–4)

1 **Tobit no exílio.** 1História de To-
bit, filho de Tobiel, filho de Ana-
niel, filho de Aduel, filho de Gabael,
da descendência de Asiel, da tribo de
Neftali, 2o qual, no tempo de Salma-
nasar, rei da Assíria†, foi exilado de
Tisbé, que fica ao sul de Cedes em
Neftali, na Galileia setentrional, acima
de Hasor, para o ocidente, ao norte
de Sefat.
3Eu, Tobit, trilhei os caminhos da ver-
dade e da justiça todos os dias de minha
vida. Dei muitas esmolas a meus irmãos
e a meus compatriotas, deportados
comigo para Nínive, no país da Assíria.
4Quando eu era jovem e estava ainda
em minha terra, a terra de Israel, toda
a tribo de Neftali, meu antepassado,
separou-se da casa de Davi e de Jeru-
salém, cidade escolhida dentre todas as
tribos de Israel para seus sacrifícios; lá é
que fora construído e consagrado para
todas as gerações futuras o templo em
que Deus habita. 5Todos os meus irmãos

---

* **1**,5. 2Rs 12,16-32 / Dt 16,16

† **1**,1. Salmanasar V, que reinou de 726 a 722. | **1**,5. Na rebelião que separou o reino do norte do reino do sul, Jeroboão fundou dois santuários, para evitar que o povo continuasse a ir a Jerusalém para adorar, 1Rs 11,28s.

e a casa de Neftali, meu antepassado,
ofereciam sacrifícios ao bezerro que
Jeroboão,* rei de Israel, fizera em Dã†,
sobre todas as montanhas da Galileia.
6Muitas vezes eu era o único a ir em
peregrinação a Jerusalém, por ocasião
das festas, como prescreve a todo Is-
rael uma lei perpétua. Corria a Jeru-
salém com as primícias dos frutos e
dos animais,* com o dízimo do gado
e a primeira lã das ovelhas. 7Entrega-
va tudo* para o culto aos sacerdotes,
filhos de Aarão. Aos levitas, então em
serviço em Jerusalém, eu dava o dízimo
do vinho e do trigo, do óleo, das ro-
mãs e dos outros frutos. Por seis anos
consecutivos convertia em dinheiro o
segundo dízimo e ia gastá-lo cada ano
em Jerusalém. 8O terceiro dízimo* eu o
entregava aos órfãos, às viúvas e aos
estrangeiros que viviam com os israe-
litas;* levava-o e dava-o a eles de três
em três anos, e nós o consumíamos
juntos, conforme os preceitos da lei de
Moisés e as recomendações de Débo-
ra, mãe de nosso pai Ananiel, pois meu
pai havia morrido deixando-me órfão.
9Chegando à idade adulta, casei-me
com uma mulher de minha parentela,
chamada Ana; ela me deu um filho a
quem chamei Tobias†.
10Depois da deportação para a Assíria,
quando fui levado prisioneiro, cheguei
a Nínive. Todos os meus irmãos e os de
minha raça comiam dos alimentos dos
pagãos; 11quanto a mim, eu me guarda-
va de comer dos alimentos dos pagãos.
12Como me lembrava de meu Deus com
toda a minha alma, 13o Altíssimo me fez
ganhar o favor de Salmanasar e cheguei
a ser seu procurador. 14Enquanto ele vi-
veu, eu costumava viajar para a Média e
lá administrava seus negócios; foi então
que depositei em Ragés, na Média, na
casa de meu parente Gabael, irmão de
Gabri, uns sacos de dinheiro no valor de
dez talentos de prata.
15Morto Salmanasar, sucedeu-lhe no
trono seu filho Senaquerib; as estradas
da Média foram fechadas e não pude
voltar mais lá. 16Nos dias de Salmanasar
dei muitas esmolas* a meus irmãos de
raça; 17dava meu pão aos famintos e rou-
pa aos que estavam nus; e quando via o
cadáver de algum de meus compatriotas
jogado para fora das muralhas de Níni-
ve, sepultava-o. 18Enterrei igualmente os
que Senaquerib matou quando regres-
sou da Judeia em fuga: depois do castigo
que lhe mandou o Rei do céu, por causa
de suas blasfêmias, Senaquerib, em sua
ira, mandou matar muitos dos israelitas.
Então eu retirava seus corpos para dar-
-lhes sepultura. Senaquerib os procurava
e não mais os encontrava. 19Mas um nini-
vita foi denunciar ao rei que era eu quem
os enterrava às escondidas. Quando eu
soube que o rei estava informado a meu
respeito e que me procurava para matar,
tive medo e fugi. 20Todos os meus bens
me foram arrebatados; tudo foi confisca-
do para o tesouro real: nada me restou
senão Ana, minha esposa, e meu filho
Tobias.
21Menos de quarenta dias depois, o rei
foi assassinado por seus dois filhos, que
fugiram para os montes Ararat. Sucedeu-
-lhe seu filho Asaradon. Este constituiu
Aicar†, filho de meu irmão Anael, supe-
rintendente das finanças do reino, de
modo que ele dirigia toda a administra-
ção. 22Então Aicar intercedeu por mim e
assim pude retornar a Nínive. No tempo
de Senaquerib, rei da Assíria, Aicar havia
sido copeiro-mor, chanceler, administra-
dor e encarregado das finanças; e Asara-
don o havia mantido no ofício. Era meu
sobrinho, um de minha parentela.

2 **Tobit fica cego.** 1No reinado de
Asaradon pude voltar para minha
casa e foi-me devolvida minha esposa
Ana com meu filho Tobias. Em nossa
festa de Pentecostes,* a festa das Se-

* **1**,6. Dt 14,22 | 7. Dt 18,3ss; Nm 18,12s | 8. Dt 14,22-27 / Dt 14,28s | 16. Jó 31,16-20 | **2**,1. Êx 23,14

† **1**,9. Tobit pratica fielmente a lei: esmola, dízimos, peregrinação a Jerusalém, abstenção de alimentos proibidos, casamento dentro da tribo, sepultura dos mortos. | **1**,21. Aicar é célebre pela obra que traz seu nome, a "Sabedoria de Aicar", coleção de provérbios e de fábulas de origem assíria, do começo do séc. VII a.C., conhecida por uma tradução aramaica do séc. V a.C. Ver Tb 14,10.

manas, foi-me preparado um excelen-
te almoço e tomei meu lugar à mesa.
[2]Quando puseram a mesa com nu-
merosos pratos, disse a meu filho To-
bias: "Filho, vai procurar entre nossos
irmãos deportados em Nínive algum
pobre, de coração fiel, e traze-o aqui
para comer conosco. Vou esperar-te
até que voltes, meu filho". [3]Saiu, pois,
Tobias à procura de algum pobre den-
tre nossos irmãos e quando regressou
disse: "Meu pai!" Respondi: "E então,
filho?" Continuou Tobias: "Pai, há um
homem de nosso povo que acaba de
ser assassinado; foi estrangulado e
depois lançado na praça, onde ainda
está". [4]Levantei-me imediatamente,
deixei meu prato intacto, fui tirar o
homem da praça e o coloquei num
quarto, esperando o pôr do sol para
enterrá-lo. [5]Tornei a entrar, lavei-me
e tomei a refeição na tristeza, [6]recor-
dando as palavras que disse o profeta
Amós contra Betel:

"Vossas festas se converterão em luto*
e todos os vossos cânticos em lamentações".

[7]E eu chorei. Depois, quando o sol se
pôs, saí, cavei uma fossa e o sepultei.
[8]Meus vizinhos diziam, rindo de mim:
"Ele não tem mais medo. Justamente
por esse motivo já foi procurado para
ser morto. Teve de fugir e agora está de
novo sepultando os mortos!"

[9]Naquela noite, depois de tomar ba-
nho, fui para o pátio da casa e deitei-
-me junto ao muro do pátio com o
rosto descoberto por causa do calor.
[10]Não reparei que havia pardais acima
de mim no muro. Caiu-me nos olhos
excremento ainda quente, produzindo
neles manchas brancas. Fui aos médi-
cos para me tratar; mas quanto mais
me aplicavam pomadas, mais as man-
chas me cegavam, até que fiquei com-
pletamente cego. Durante quatro anos
fiquei cego, e todos os meus irmãos se
afligiam por minha causa; Aicar cuidou
de meu sustento por dois anos, até que
partiu para Elimaida†.

Paciência de Tobit. [11]Naquela ocasião,
minha mulher Ana começou a traba-
lhar como operária: [12]fiava lã e recebia
tela para tecer; ela a entregava aos fre-
gueses e estes lhe pagavam o preço.
Ora, no dia sete do mês de distros, ela
acabou uma encomenda e entregou-
-a aos fregueses, que lhe pagaram o
preço inteiro e ainda lhe deram um
cabrito para um almoço. [13]Ao entrar
em minha casa, o cabrito começou a
berrar. Chamei então minha esposa e
perguntei-lhe: "Donde vem este cabri-
to? Não terá sido roubado? Devolve-o
a seus donos, porque não temos direi-
to de comer coisa roubada". [14]Ela me
disse: "É um presente que me foi dado
além de meu salário!" Mas não acredi-
tei nela e ordenei-lhe que o devolvesse
a seus donos, envergonhando-me por
causa dela. Então ela replicou: "Onde
estão tuas esmolas? Onde estão tuas
boas obras?* Todos sabem o que isto
te causou!"

3 **Oração de Tobit.** [1]Com a alma
atormentada pela dor, suspirei e
chorei; depois fiz esta prece de lamen-
tação:

[2]"Vós sois justo, Senhor,*
e justas são todas as vossas obras.
Todos os vossos caminhos são misericórdia e lealdade,
e vós sois o Juiz do mundo.*
[3]E agora, Senhor,
lembrai-vos de mim, olhai para mim;
não me castigueis por meus pecados,*
nem por meus erros,
nem pelos de meus pais,
pois pecamos em vossa presença
[4]e desobedecemos a vossos mandamentos;*

---

* **2**,6. Am 8,10 | 14. Jó 2,9 | **3**,2. Dn 3,27-32 / Êx 34,7 | 3. Sl 119,137; 25,10 | 4. Br 1,17s / Dn 9,5s; Br 2,4s; 3,8

† **2**,10. A Vulgata acrescenta aqui: "O Senhor permitiu que lhe acontecesse essa provação para que fosse dado à posteridade o exemplo de sua paciência como a do santo homem Jó". E cita esta palavra de Tobias: "Nós somos filhos dos santos e esperamos aquela vida que Deus há de dar aos que jamais deixam de acreditar nele".

por isso nos entregastes ao saque,*
ao cativeiro e à morte,
ao escárnio, à zombaria e ao desprezo
de todos os povos entre os quais nos dispersastes.
[5]E agora, todas as vossas sentenças são verdadeiras,
quando me tratais segundo minhas faltas
e as de meus pais.
Pois não obedecemos a vossas ordens,
nem caminhamos na verdade diante de vós.
[6]E agora, tratai-me como vos aprouver,*
dignai-vos retirar-me a vida,
para que eu desapareça da face da terra
e de novo me torne pó.
Pois para mim mais vale morrer que viver.*
Sofri ultrajes sem motivo,
imensa é minha tristeza.
Ordenai, Senhor, que eu seja livre desta provação.
Deixai-me partir para a morada eterna,
não afasteis vosso rosto de mim, Senhor.
Pois para mim é melhor morrer do que passar a vida
aguentando um mal inexorável,
e não quero mais ouvir injúrias contra mim".

Infelicidade de Sara. [7]Naquele mesmo dia aconteceu que Sara, filha de Raguel, habitante de Ecbátana, na Média, teve também de ouvir insultos de uma serva de seu pai. [8]Ela fora dada sete vezes em casamento, mas Asmodeu, o pior dos demônios†, matara seus maridos um após outro, antes que se tivessem unido a ela como esposos. A serva lhe dizia: "És tu que matas teus maridos! Já foste dada a sete homens e não foste feliz sequer uma vez! [9]Queres castigar-nos por terem morrido teus maridos? Vai procurá-los e que nunca se veja de ti nem filho e nem filha!" [10]Naquele dia, a alma de Sara encheu-se de tristeza: ela se pôs a chorar e subiu ao quarto de seu pai com a intenção de se enforcar. Mas, refletindo melhor, pensou: "Que não venham depois insultar meu pai, dizendo-lhe: 'Tua filha única, que amavas,* enforcou-se porque se sentia infeliz'. Assim eu faria meu pai, em sua velhice, descer acabrunhado à mansão dos mortos. É melhor que, em vez de me enforcar, suplique ao Senhor que me envie a morte, para não ter de ouvir injúrias durante minha vida".

Oração de Sara. [11]E naquele momento, estendendo as mãos para a janela, orou assim:*
"Bendito sejais, Deus de misericórdia,
e bendito seja vosso nome pelos séculos.
Que todas as vossas obras
vos bendigam para sempre.
[12]Elevo agora para vós meu rosto e meus olhos.
[13]Que vossa palavra me livre da terra,
pois não quero mais ouvir ultrajes.
[14]Vós sabeis, Senhor, que estou pura,
homem algum me tocou;
[15]não desonrei meu nome
nem o nome de meu pai
na terra de meu cativeiro.
Sou a filha única de meu pai:
ele não tem outro filho para herdar,
não tem junto a si irmão algum nem parente
a quem eu me deva reservar como esposa.
Já perdi sete maridos:
por que deveria ainda viver?
Se não vos apraz, Senhor, dar-me a morte,
olhai-me com piedade,
e não tenha eu de ouvir injúrias".

Deus ouve as orações de Tobit e de Sara. [16]Naquele instante, na glória de Deus, foi acolhida a oração de ambos [17]e foi enviado Rafael† para curar os dois: para tirar as manchas brancas dos

* **3**,6. Nm 11,15; 1Rs 19,4 / Jn 4,3.8; Jó 7,15 | 10. 6,15; Gn 37,35; 42,38; 44,29.31 | 11. Dn 6,11; 1Rs 8,44.48; Sl 5,8; 28,2; 134,2; 138,2

† **3**,8. Asmodeu significa "o devastador". | 17. Rafael quer dizer "Deus cura".

olhos de Tobit, a fim de que visse com
seus próprios olhos a luz de Deus, e
para dar Sara, filha de Raguel, como es-
posa a Tobias, filho de Tobit, e livrá-la de
Asmodeu, o pior dos demônios; porque
Tobias tinha mais direitos de tê-la como
esposa do que todos os outros preten-
dentes. Naquela mesma hora, voltava
Tobit do pátio para a casa; e Sara, filha
de Raguel, estava descendo do quarto.

4 Conselhos de Tobit a seu filho.

[1]Naquele dia, Tobit lembrou-se
do dinheiro que havia depositado com
Gabael, em Ragés, na Média, [2]e pen-
sou consigo: "Já estou desejando mor-
rer; seria bom chamar meu filho Tobias
para lhe falar sobre esse dinheiro, an-
tes de morrer". [3]Chamou, pois, seu filho
Tobias para junto de si e lhe disse:

"Quando eu morrer, dar-me-ás uma
digna sepultura;* honra tua mãe e não
a abandones em nenhum dia de tua
vida;* faze o que lhe agrada e não lhe
sejas causa de tristeza alguma. [4]Lem-
bra-te, meu filho, dos muitos perigos
que ela correu por tua causa, quando
estavas em seu seio. E quando ela mor-
rer, sepulta-a junto de mim, no mesmo
túmulo.

[5]Meu filho, lembra-te do Senhor to-
dos os dias e não queiras pecar nem
transgredir seus mandamentos. Pratica
boas obras todos os dias de tua vida e
não andes pelos caminhos da injustiça.
[6]Pois, se agires com retidão,* terás êxi-
to em todas as tuas ações, como todos
os que praticam a justiça.

[7]Toma de teus bens para dar esmola.*
Nunca afastes de algum pobre tua face,
e Deus não afastará de ti sua face. [8]Tua
esmola seja de acordo com os bens
que possuis: se tens muito, dá mais; se
tens pouco, não tenhas receio de dar
esmola de acordo com aquele pouco.
[9]Porque assim acumulas um bom te-
souro para o dia da necessidade. [10]Pois
a esmola livra da morte e impede que
se caia nas trevas. [11]Dom precioso é
a esmola para quantos a praticam na
presença do Altíssimo.

[12]Guarda-te, meu filho, de toda im-
pureza.* Escolhe uma esposa da es-
tirpe de teus pais e não uma mulher
estrangeira, que não pertença à tribo
de teu pai, porque nós somos filhos
dos profetas. Lembra-te de Noé, de
Abraão,* de Isaac e de Jacó, nossos
pais mais antigos. Todos eles escolhe-
ram sua esposa entre seus parentes e
foram abençoados em seus filhos, e
sua descendência possuirá a terra como
herança. [13]Tu também, meu filho, ama
teus parentes, e que teu coração não
se ensoberbeça, fazendo-te desprezar
teus irmãos, os filhos e as filhas de teu
povo; escolhe por esposa uma dentre
eles. Pois o orgulho é causa de ruína e
de muita inquietação. A ociosidade traz
a pobreza e a penúria, porque a mãe da
indigência é a ociosidade.

[14]Não deixes para pagar no dia se-
guinte* o salário de quem trabalha
para ti, mas entrega-o imediatamente.
Se serves a Deus, serás recompensa-
do. Sê vigilante, meu filho, em todas
as tuas ações e mostra-te educado em
todo o teu comportamento. [15]Não fa-
ças a ninguém* o que não queres que
te façam†. Não bebas vinho até a em-
briaguez e não faças da embriaguez
tua companheira pela estrada.

[16]Dá de teu pão aos que têm fome e
de tuas roupas aos que estão nus. Dá
esmola de tudo o que tens em abun-
dância; e, ao dares esmola, não haja
pesar em teus olhos. [17]Oferece teu pão
e derrama teu vinho sobre o túmulo
dos justos, mas não o dês ao pecador†.

[18]Pede o conselho de toda pes-
soa sensata e não desprezes nenhum
conselho salutar. [19]Bendize ao Senhor

---

* **4**,3. Êx 20,12 / Pr 23,22; Eclo 7,29 | 6. 13,6; Jo 3,21; Ef 4,15 | 7. 12,8ss; Pr 19,17; Eclo 4,1-6; Dt 15,7s.11; 1Jo 3,17; Mt 12. 6,20; Eclo 3,33; 29,15 | 12. Gn 24,3s; 28,1s; Jz 14,3 / Gn 11,31; 25,20; 29,15-30; Tb 6,12 | 14. Lv 19,13; Dt 24,15 | 15. Mt 7,12; Lc 6,31; Is 58,7; Mt 25,35s; Dt 15,10; 2Cor 9,7; Dt 26,14 | 19. Sl 119,10.12.26s.33s/ Dt 4,6; 1Sm 2,7

† **4**,15. Essa "regra de ouro da caridade" encontra-se em quase todas as religiões. Jesus lhe dá uma forma positiva, Mt 7,12; Lc 6,31. | 17. Quando morria alguém, era costume levar alimento aos familiares do morto, Jr 16,7.

Deus em toda circunstância,* pede-
-lhe que dirija teus caminhos e que
cheguem a bom termo todas as tuas
veredas e teus projetos. Pois nem toda
nação possui a sabedoria; é o Senhor
quem lhes dá o dom de desejar o bem.
Segundo sua vontade, ele exalta* ou
rebaixa até o fundo da mansão dos
mortos. Portanto, meu filho, lembra-te
desses mandamentos e não permitas
que se apaguem de teu coração.
20Também quero dizer-te, meu filho,
que deixei em depósito com Gabael,
filho de Gabri, em Ragés, na Média,
dez talentos de prata. 21Não te preo-
cupes, filho, se ficamos pobres. Tens
uma grande riqueza se temes a Deus,
se evitas toda espécie de pecado e se
fazes o que agrada ao Senhor teu
Deus.*

II. VIAGEM DE TOBIAS E RAFAEL (5–6)

5 **Tobias é enviado à Média.** 1En-
tão Tobias respondeu a seu pai
Tobit: "Pai, farei tudo quanto me orde-
naste. 2Mas como poderei recuperar
esse dinheiro, se ele não me conhece
nem eu a ele? Que sinal lhe darei para
que me reconheça, creia em mim e me
entregue o dinheiro? Além disso, não
sei que caminho tomar para chegar à
Média". 3Tobit então respondeu a seu
filho Tobias: "Ele me deu um documen-
to assinado, e eu também lhe entreguei
um documento escrito; eu o dividi em
duas partes, para que cada um de nós
ficasse com a metade. Tomei uma e
deixei a outra com o dinheiro. Faz vinte
anos que depositei esse dinheiro. Ago-
ra, filho, procura um homem de con-
fiança que te possa acompanhar, e lhe
pagaremos por todo o tempo até tua
volta; vai e recupera esse dinheiro junto
a Gabael".
Rafael, guia de Tobias. 4Tobias saiu
em busca de alguém que conhecesse
o caminho e que fosse com ele à Mé-
dia. Ao sair, encontrou o anjo Rafael,
de pé diante dele; mas não sabia que
era um anjo de Deus. 5Disse-lhe, pois:
"De onde és, ó jovem?" Respondeu-lhe:
"Sou um dos israelitas, teus irmãos, e
vim procurar trabalho". Perguntou-lhe
Tobias: "Conheces o caminho da Mé-
dia?" 6"Sim", respondeu ele; "já estive
lá muitas vezes e conheço bem todos
os caminhos. Fui à Média com frequên-
cia e hospedei-me na casa de Gabael,
nosso irmão, que mora em Ragés, pois
Ragés está situada na montanha e Ec-
bátana na planície". 7Disse-lhe Tobias:
"Espera-me, jovem, que vou informar
meu pai, porque preciso que venhas
comigo e te darei teu salário". 8Respon-
deu o outro: "Fico esperando, mas não
demores".
9Tobias foi informar seu pai e disse-
-lhe: "Encontrei um homem, que é dos
israelitas, nossos irmãos". E seu pai
lhe disse: "Chama-o aqui, para que eu
saiba a qual família e a qual tribo per-
tence e se é digno de confiança para
que te acompanhe, filho". Tobias saiu,
chamou-o e disse-lhe: "Jovem, meu pai
está te chamando".
10Ele entrou na casa, e Tobit o saudou
por primeiro. Ele respondeu: "Desejo-te
grande alegria". Disse Tobit: "Que ale-
gria posso ainda ter? Estou cego e não
posso ver a luz do céu; estou mergulha-
do nas trevas como os mortos que não
contemplam mais a luz. Estou vivo mas
moro com os mortos; ouço a voz das
pessoas, mas não as vejo". Disse-lhe o
anjo: "Tem confiança, que Deus em bre-
ve te curará. Tem confiança!" Tobit lhe
disse: "Meu filho Tobias quer ir à Média.
Podes ir com ele e servir-lhe de guia? Eu
te darei teu salário, irmão". Ele respon-
deu: "Posso ir com ele, pois conheço to-
dos os caminhos e fui frequentes vezes
à Média, percorri todas as suas planícies
e suas montanhas e conheço todas as
suas estradas". 11Disse-lhe Tobit: "Irmão,
de que família e de que tribo és tu? Fala,
irmão". 12Respondeu-lhe: "Que importa
minha tribo?" Tobit insistiu: "Gostaria de
saber com segurança de quem és filho
e qual é teu nome". 13Respondeu-lhe:
"Sou Azarias, filho do grande Ananias†,

† **5**,13. Azarias quer dizer "auxílio divino" e Ananias "graça divina".

um de teus irmãos". [14]Disse-lhe Tobit: "Sejas bem-vindo e tenhas boa saúde, irmão! Não leves a mal, irmão, meu desejo de conhecer com certeza tua família. Vejo que és parente meu e pertences a uma família honesta e honrada. Conheci Ananias e Natã, os dois filhos do grande Semeías; eles iam comigo a Jerusalém, juntos lá adorávamos, e eles não se desviaram do bom caminho. Teus irmãos são homens de bem; descendes de ilustre estirpe. Sê bem-vindo!"

[15]E acrescentou: "Pagar-te-ei como salário uma dracma por dia e te darei, como a meu filho, o que te for necessário. Viaja, pois, com meu filho, [16]e depois ainda acrescentarei algo a teu salário". Ele respondeu: "Irei com teu filho, nada receies. Sãos partiremos e sãos regressaremos a ti, porque o caminho é seguro". [17]Respondeu-lhe Tobit: "Bendito sejas, irmão!" Chamou seu filho e disse-lhe: "Filho, prepara as coisas para a viagem e parte com teu irmão; que lá vos proteja o Deus que está nos céus e que vos reconduza a mim sãos e salvos; e que seu anjo vos acompanhe com sua proteção, filho".

Tobias parte em viagem. Tobias saiu para empreender a viagem, e beijou seu pai e sua mãe. Tobit lhe disse: "Boa viagem!" [18]Sua mãe pôs-se a chorar e disse a Tobit: "Para que mandaste meu filho partir? Não é ele o bastão de nossa mão que sempre vai e vem conosco? [19]Que não seja o dinheiro o mais importante; que ele não tenha valor ao lado de nosso filho. [20]O nível de vida que Deus nos tinha dado era-nos suficiente". [21]Respondeu-lhe Tobit: "Não penses nisso; são partiu nosso filho e são voltará a nós; com teus próprios olhos o verás no dia em que ele regressar a ti são e salvo. Não penses nisso nem te inquietes por causa deles, minha irmã. [22]Um bom anjo o acompanhará, lhe dará uma viagem tranquila e o devolverá são e salvo! [23]Então ela parou de chorar.

6 **Um peixe providencial.** [1]Partiu, pois, Tobias, em companhia do anjo, e o cão os seguia. Caminharam juntos até que os surpreendeu a primeira noite; então pararam e acamparam à margem do rio Tigre. [2]Tobias desceu ao rio para lavar os pés, mas naquela hora um grande peixe saltou da água e tentou devorar-lhe o pé. Ele gritou [3]e o anjo lhe disse: "Agarra o peixe e não o deixes fugir!" Tobias dominou o peixe e o arrastou para a beirada. [4]O anjo acrescentou: "Abre o peixe, tira-lhe o fel, o coração e o fígado†; guarda-os e joga fora os intestinos. O fel, o coração e o fígado são remédios úteis". [5]O jovem abriu o peixe, tirou-lhe o fel, o coração e o fígado. Assou uma parte do peixe e comeu-a, e guardou o resto depois de o ter salgado. Depois continuaram ambos a caminhada até chegarem perto da Média.

[6]Então Tobias perguntou ao anjo: "Azarias, meu irmão, que remédio há no coração, no fígado e no fel do peixe?" [7]Respondeu ele: "Queima-se o coração ou o fígado do peixe diante de um homem ou de uma mulher atormentados por um demônio ou por um espírito mau, e a fumaça faz cessar todo ataque contra eles e não restará nenhum vestígio. [8]O fel serve para untar os olhos de quem tem manchas brancas: soprando sobre as manchas, ele ficará curado".

Rafael fala a Tobias sobre Sara. [9]Quando entraram na Média, estando já perto de Ecbátana, [10]Rafael disse ao jovem: "Tobias, meu irmão!" Respondeu-lhe: "Eis-me aqui". E disse ele: "Esta noite ficaremos na casa de Raguel; ele é teu parente e tem uma filha de nome Sara; [11]além dela, ele não tem filhos nem filhas. Tu és seu parente mais próximo e tens direito de desposá-la mais do que qualquer outro homem, e é justo que sejas o herdeiro dos bens de seu pai. É uma moça prudente, corajosa, muito graciosa, e seu pai lhe tem muito amor".

---

† **6**,5. Conforme o testemunho de Galeno, médico grego do séc. II, os antigos acreditavam que o fel do peixe podia curar doenças dos olhos.

[12]E acrescentou: "Tens o direito de tomá-
-la por esposa.† Escuta-me, irmão. Esta
noite falarei com o pai acerca da moça,
para que te seja dada como noiva; e
quando voltarmos de Ragés, celebrare-
mos o casamento. Tenho certeza de que
Raguel não tem o direito de recusá-la
a ti, nem de dá-la a outro. Seria réu de
morte, segundo a sentença do livro de
Moisés, pois ele sabe que é teu direito,
de preferência a qualquer outro, tomar
sua filha como esposa. Portanto, ouve-
-me, irmão: falaremos esta noite sobre
a moça e pediremos sua mão. Quando
voltarmos de Ragés, nós a tomaremos
para levá-la conosco a tua casa".
[13]Tobias respondeu a Rafael: "Aza-
rias, meu irmão, ouvi dizer que ela já
foi dada a sete maridos e que todos
morreram no quarto nupcial, na pró-
pria noite em que deviam unir-se a
ela. Também ouvi dizer que era um
demônio que os matava. [14]Por isso
tenho medo: o demônio tem ciúme
dela, não lhe faz nenhum mal, porém
mata quem queira aproximar-se dela.
Sou filho único; se eu morrer, farei
descer ao túmulo a vida de meu pai*
e de minha mãe em consequência de
sua tristeza por minha causa. Eles não
têm outro filho que lhes dê sepultu-
ra. [15]Respondeu-lhe o anjo: "Não te
lembras das recomendações de teu
pai, que te mandou tomar como es-
posa uma mulher da casa de teu pai?*
Ouve-me, irmão; não tenhas medo
desse demônio, desposa-a; sei que
esta noite ela te será dada por mulher.
[16]Quando entrares no quarto nupcial,
toma o fígado e o coração do peixe e
coloca-os sobre as brasas do incenso.
O cheiro se espalhará e, quando o de-
mônio o respirar, fugirá e nunca mais
aparecerá junto dela. [17]Mas antes de
unir-te a ela, levantai-vos ambos para
fazer oração e suplicai ao Senhor do
céu que vos conceda sua graça e sua
salvação. Não temas, pois ela te foi
destinada* desde a eternidade, [18]e a
ti compete salvá-la. Ela te seguirá, e
creio que te dará filhos que serão para
ti como irmãos. Não te preocupes".
[19]Quando Tobias ouviu as palavras de
Rafael e soube que Sara era sua irmã,
parente da família de seu pai, enamo-
rou-se de tal modo que seu coração
não podia separar-se dela.

III. CASAMENTO DE TOBIAS E SARA (7–9)

7 **A acolhida de Raguel.** [1]Entrando
em Ecbátana, disse Tobias: "Aza-
rias, meu irmão, leva-me imediata-
mente à casa de nosso irmão Raguel".
Conduziu-o, pois, à casa de Raguel e o
encontraram sentado à porta do pátio.
Eles o saudaram primeiro e ele respon-
deu: "Salve, irmãos, sede bem-vindos!"
E os fez entrar em sua casa. [2]Disse a sua
esposa Edna: "Como esse rapaz se pa-
rece com meu irmão Tobit!" [3]Edna per-
guntou-lhes: "De onde sois, irmãos?"
Responderam: "Somos dos filhos de
Neftali, deportados para Nínive". [4]Disse
então: "Conheceis Tobit, nosso irmão?"
"Conhecemos, sim", responderam. Per-
guntou de novo: "Ele está bem?" [5]Res-
ponderam:* "Vive e está bem". E Tobias
acrescentou: "É meu pai". [6]Raguel en-
tão levantou-se, beijou-o, chorou [7]e
disse: "Bendito sejas,* filho! És filho de
um pai honrado e bom. Que infelicida-
de ter ficado cego um homem tão justo
e generoso em dar esmolas!" Lançou-
-se ao pescoço de Tobias, filho de seu
irmão, e chorou. [8]Também chorou so-
bre ele sua mulher Edna, e também sua
filha Sara chorou. [9]Matou depois um
carneiro do rebanho e fez-lhes caloro-
sa recepção.
Casamento de Tobias com Sara. De-
pois de se lavarem e se purificarem,
puseram-se à mesa. Tobias disse então
a Rafael: "Azarias, meu irmão, dize a

* **6**,15. Gn 24,7.40; Êx 23,20 | 16. 3,10 / 4,12s | 18. Gn 24,44 | **7**,5. Gn 29,4ss; 43,27-30 | 7. Gn 33,4; 45,14; Lc 15,20

† **6**,13. Alude a uma legislação matrimonial desconhecida, segundo a qual o direito de casar com uma moça pertence em primeiro lugar a seu parente mais próximo.

Raguel que me dê por esposa minha
irmã Sara". 10Raguel ouviu essas pala-
vras e disse ao jovem: "Come e bebe
e passa a noite tranquilo, porque nin-
guém, a não ser tu, meu irmão, tem o
direito de desposar minha filha Sara;
de tal modo que nem mesmo eu te-
nho possibilidade de dá-la a outro,
pois és meu parente mais próximo.
Mas vou falar-te com franqueza, rapaz.
11Já a dei a sete maridos dentre nossos
irmãos, e todos morreram na mesma
noite em que entraram em seu quar-
to. Mas agora, filho, come e bebe, e o
Senhor vos dará sua graça e sua paz".
Tobias respondeu: "Não comerei nem
beberei até que tenhas tomado uma
decisão* a meu respeito". Raguel lhe
disse: "Está bem! Ela te é dada segun-
do a sentença da lei de Moisés e como
o Céu decreta que ela te seja dada.
Recebe tua irmã. A partir de agora tu
és seu irmão, e ela é tua irmã. Ela te é
dada a partir de hoje e para sempre.
Que o Senhor do céu vos faça felizes
esta noite, filho, e vos dê sua miseri-
córdia e sua paz". 12Raguel chamou
sua filha Sara e, quando ela se apre-
sentou, tomou-a pela mão e entregou-
-a a Tobias,* dizendo: "Recebe-a, pois
ela te é dada por esposa, segundo a lei
e a sentença escrita no livro de Moi-
sés. Toma-a e leva-a sã e salva para a
casa de teu pai. E que o Deus do céu
vos dê boa viagem e a paz". 13Chamou
depois a mãe da moça e mandou que
trouxesse uma folha de papiro, e redi-
giu o documento do matrimônio, pelo
qual dava a Tobias sua filha por esposa,
conforme a sentença da Lei de Moisés.
14Depois disso começaram a comer
e a beber. 15Raguel chamou sua mu-
lher Edna* e disse-lhe: "Irmã, prepara o
outro quarto e leva Sara para lá". 16Ela
preparou o leito do quarto, tal como
lhe fora ordenado, e levou a filha para
lá. Chorou por causa dela, depois en-
xugou as lágrimas e disse: "Tem con-
fiança, minha filha! Que o Senhor do
céu mude tua tristeza em alegria! Tem
confiança, minha filha!" E saiu.

8 **Sara é libertada do demônio.**
1Quando acabaram de comer e
beber, decidiram ir dormir; conduzi-
ram, pois, o jovem e o introduziram no
aposento. 2Tobias então recordou-se
dos conselhos de Rafael e, tirando o
coração e o fígado do peixe de dentro
da sacola onde os guardara, colocou-
-os sobre as brasas do incenso. 3O
cheiro do peixe expulsou o demônio,
que fugiu para as regiões do alto Egito.
Rafael seguiu-o, prendeu-o e acorren-
tou-o imediatamente.
4Entretanto, os pais haviam saído e
fechado a porta do quarto. Então To-
bias levantou-se do leito e disse a Sara:
"Levanta-te, minha irmã! Rezemos e
peçamos a nosso Senhor que tenha
compaixão de nós e nos salve".
Oração de Tobias e Sara. 5Ela se le-
vantou e começaram a rezar e a pedir
para obterem a salvação. E começaram
a dizer:
"Bendito sejais, Deus de nossos pais,*
e bendito seja vosso nome
por todos os séculos dos séculos!
Bendigam-vos os céus
e vossa criação inteira
em todos os séculos!
6Vós criastes Adão
e criastes Eva, sua mulher,
para ser sua ajuda e amparo,
e de ambos nasceu o gênero humano.
Vós mesmo dissestes:
'Não é bom que o homem fique só:*
façamos-lhe uma ajuda semelhante
a ele'.
7E agora, não é por luxúria
que tomo esta minha irmã,
mas com reta intenção.
Dignai-vos ter piedade de mim e
dela
e conduzir-nos juntos a uma idade
avançada!
8E disseram em coro: Amém! Amém!"
9E dormiram a noite toda.
Alegria dos pais de Sara. Ora, Raguel
levantou-se e, tomando consigo os
criados, foram cavar um túmulo. 10Pois
dizia consigo: "Não aconteça que te-
nha morrido e nos tornemos objeto

---

* **7**,11. Gn 24,33 | 12. Gn 24,50s | 15. Gn 24,54 | **8**,5. Dn 3,26 | 6. Gn 2,18

de escárnio e zombaria". 11Quando
acabaram de cavar o túmulo, Raguel
voltou para casa, chamou sua mulher
12e disse-lhe: "Manda uma criada en-
trar no quarto e ver se Tobias está vivo;
porque, se morreu, nós o enterraremos
sem que ninguém o saiba". 13Manda-
ram a criada, acenderam a lâmpada e
abriram a porta; ela entrou e os achou
deitados juntos e dormindo. 14A cria-
da saiu e anunciou-lhes que ele estava
vivo e que nada de mal lhe acontecera.
15Raguel bendisse ao Deus do céu com
estas palavras:

"Bendito sois, ó Deus,
com todo o puro louvor!
Que vos bendigam por todos os sé-
culos!
16Bendito sejais porque me alegrastes,
e porque não sucedeu o mal que eu
temia,
mas nos tratastes segundo vossa
grande misericórdia.
17Bendito sejais por terdes tido com-
paixão
dos dois filhos únicos.
Tende piedade deles, Senhor,
e dai-lhes vossa salvação;
fazei que sua vida transcorra
na alegria e na graça".

18Depois mandou que os criados fe-
chassem a cova antes do amanhecer.
19Raguel ordenou a sua esposa que
fizesse muitos pães;* ele foi ao estábu-
lo, tomou dois bois e quatro carneiros
e mandou aprontá-los. E assim come-
çaram os preparativos para o banque-
te. 20Depois chamou Tobias e lhe disse:
"Durante quatorze dias não sairás da-
qui, mas ficarás onde estás, comendo e
bebendo em minha casa e encherás de
gozo a alma de minha filha após todas
as suas tristezas. 21Depois tomarás a
metade de tudo quanto aqui possuo e
voltarás feliz à casa de teu pai. E quan-
do minha mulher e eu tivermos morri-
do, também será vossa a outra metade.
Tem confiança, filho! Sou teu pai e Edna
é tua mãe; somos teus e de tua irmã
desde agora e para sempre. Tem con-
fiança, filho!"

9 **Rafael vai à casa de Gabael.** 1En-
tão Tobias chamou Rafael e disse-
-lhe: 2"Azarias, meu irmão, toma con-
tigo quatro criados e dois camelos e
parte para Ragés. 3Dirige-te à casa de
Gabael, entrega-lhe o documento, re-
cebe o dinheiro e conduze-o também
a ele contigo para as bodas. 4Sabes que
meu pai deve estar contando os dias e,
se eu me demoro um dia a mais, dou-
-lhe um grande desgosto. 5Bem viste
como Raguel me conjurou, de modo
que não posso contrariar seu juramen-
to". Rafael partiu, então, para Ragés,
na Média, com os quatro criados e os
dois camelos, e pernoitaram na casa de
Gabael. Apresentou-lhe o documento
e deu-lhe a notícia de que Tobias, filho
de Tobit, se havia casado e o convida-
va para as bodas. Gabael levantou-se,
trouxe os sacos de dinheiro com os se-
los ainda intactos e contou o dinheiro;
depois colocaram-nos sobre os came-
los. 6De madrugada, partiram juntos
para as bodas e, chegando à casa de
Raguel, encontraram Tobias reclinado à
mesa. Este levantou-se logo para sau-
dá-lo, e Gabael começou a chorar e o
abençoou, dizendo: "Filho excelente de
um pai perfeito, justo e caridoso! Que
o Senhor te conceda as bênçãos do céu
a ti, a tua mulher e ao pai e à mãe de
tua mulher! Bendito seja Deus que me
concedeu ver esta imagem viva de meu
primo Tobit!"

IV. VOLTA PARA NÍNIVE (10–11)

10 **Ânsia dos pais de Tobias.** 1En-
quanto isso, diariamente Tobit
contava* os dias necessários para fazer
aquela viagem de ida e volta. Quando
se esgotou o prazo, não tendo regres-
sado o filho, 2ele pensou: "Será que fi-
cou retido por lá? Ou talvez tenha mor-
rido Gabael e não haja ninguém para
entregar-lhe o dinheiro!" 3E começou
a ficar aflito. 4Ana, sua mulher, dizia:
"Meu filho morreu e já não se encon-

* **8**,19. Gn 24,54s; Jz 14,10-18 | **10**,1. Gn 44,18-34

tra entre os vivos!" E começou a chorar
e a lamentar-se por seu filho, dizen-
do: 5"Ai de mim, filho meu! Por que te
deixei partir, luz de meus olhos? 6Tobit
respondeu: "Tranquiliza-te, irmã, não te
preocupes; ele está bem. Com certeza
tiveram lá um imprevisto. Seu compa-
nheiro é um homem de confiança e
um de nossos irmãos; não te inquietes
por causa dele, minha irmã; em breve
estará aqui". 7Ela replicou-lhe: "Deixa-
-me, não tentes enganar-me; meu filho
morreu". E todos os dias saía cedo para
observar a estrada por onde seu filho
havia partido. Não acreditava em mais
ninguém. E quando o sol se punha,*
entrava em casa e gemia e chorava a
noite inteira, sem poder dormir.

Quando se completaram os cator-
ze dias* das bodas, que Raguel havia
prometido com juramento celebrar em
honra de sua filha, Tobias veio dizer-
-lhe: "Deixa-me partir; estou certo de
que meu pai e minha mãe não têm
mais esperança de rever-me. Portanto,
peço-te, meu pai, deixa-me regressar
para junto de meu pai. Já te expliquei
em que situação o deixei". 8Raguel res-
pondeu a Tobias: "Fica, filho, fica co-
migo e enviarei mensageiros a teu pai
Tobit, que lhe dêem notícias tuas". 9To-
bias disse: "De modo algum. Peço-te
que me permitas voltar para junto de
meu pai". 10Então Raguel levantou-se,*
entregou a Tobias sua mulher Sara e a
metade de todos os seus bens: servos
e servas, bois e carneiros, jumentos e
camelos, vestes, prata e utensílios. 11E
deixou-os partir contentes. Ao despe-
dir-se de Tobias, disse: "Felicidades,
filho, e boa viagem! Que o Senhor do
céu vos guie, a ti e a tua mulher Sara,
pelo bom caminho, e que eu possa ver
vossos filhos* antes de morrer". 12A sua
filha Sara ele disse: "Vai para a casa de
teu sogro, pois doravante eles são teus
pais, como os que te deram a vida. Vai
em paz, filha. Que eu tenha boas notí-
cias de ti, enquanto eu viver". Depois
abraçou-os e deixou-os partir.

Edna disse a Tobias: "Filho e irmão
caríssimo, que o Senhor te traga de
volta e que eu viva até ver os filhos teus
e de minha filha Sara, antes de morrer.
Na presença do Senhor confio-te mi-
nha filha Sara em tutela; não lhe causes
tristeza em todos os dias de tua vida.
Vai em paz, filho. A partir de hoje sou
tua mãe, e Sara é tua irmã. Que possa-
mos todos juntos ter boa sorte por to-
dos os dias de nossa vida!" E beijando
os dois, deixou-os partir sãos e salvos.

13Assim Tobias saiu da casa de Ra-
guel contente e feliz, e bendizendo o
Senhor do céu e da terra, Rei de todas
as coisas, porque havia levado a bom
termo sua viagem. Bendisse também a
Raguel* e sua mulher Edna e lhes disse:
"Possa eu ter a felicidade de vos honrar
todos os dias de minha vida!"

11 **Viagem para Nínive.** 1Quan-
do chegaram perto de Caserin,
que fica diante de Nínive, 2disse Rafael:
"Sabes em que situação deixamos teu
pai; 3corramos à frente de tua esposa,
para preparar a casa, antes que ela che-
gue com os outros". 4Seguiram, pois,
os dois juntos. Ele acrescentou: "Toma
contigo o fel". O cão seguia atrás deles.

5Ana estava sentada, observando o
caminho por onde devia voltar seu fi-
lho. 6Pressentiu que era ele que esta-
va chegando e disse a Tobit: "Teu filho
está chegando com seu companheiro!"

7Rafael disse a Tobias, antes que ele
se aproximasse do pai: "Tenho certeza
de que se abrirão os olhos de teu pai.
8Unta-lhe os olhos com o fel do pei-
xe; o remédio fará as manchas brancas
contrair-se, e elas cairão de seus olhos
como escamas. Assim teu pai vai recu-
perar a vista e verá a luz".

9Ana correu adiante e lançou-se ao
pescoço de seu filho, dizendo: "Eu te
revejo, meu filho; agora posso morrer!"
E começou a chorar.*

Tobit recupera a vista. 10Tobit le-
vantou-se e, tropeçando, atravessou
a porta do pátio. 11Tobias foi-lhe ao

---

* **10**,7. Gn 45,26 / Gn 24,54-61 | 10. Gn 24,35; 30,43 | 11. Gn 45,28 | 13. Gn 24,21.40.42.56 | **11**,9. Gn 33,4; 45,14; 46,29s; Lc 15,20

encontro, tendo na mão o fel do pei-
xe; soprou-lhe nos olhos e, fazendo-o
aproximar-se, disse-lhe: "Tem confian-
ça, pai!" Aplicou-lhe o remédio e espe-
rou um pouco. 12Depois, com ambas as
mãos, tirou-lhe as escamas* dos cantos
dos olhos. 13Então Tobit lançou-se-
-lhe ao pescoço, 14chorando, e excla-
mou: "Agora te vejo, filho, luz de meus
olhos!" E disse ainda:

"Bendito seja Deus!
Bendito seja seu grande nome!
Benditos todos os seus santos anjos
por todos os séculos!
15Porque ele me havia punido,
e de novo se compadeceu de mim,*
e agora vejo meu filho Tobias!"

Tobias entrou em casa, cheio de ale-
gria e bendizendo a Deus em voz alta.
Depois contou a seu pai como fora feliz
sua viagem; disse-lhe que trouxera o di-
nheiro e que se havia casado com Sara,
filha de Raguel, a qual estava vindo e já
estava perto das portas de Nínive.

A acolhida a Sara. 16Tobit saiu ao en-
contro de sua nora até as portas de
Nínive, louvando a Deus em sua ale-
gria. Quando os habitantes de Níni-
ve viram-no caminhar com o mesmo
vigor de outrora, sem que ninguém o
conduzisse pela mão, ficaram admira-
dos. 17Tobit proclamou diante deles
que Deus se havia compadecido dele
e lhe havia aberto os olhos. Enfim To-
bit aproximou-se de Sara, esposa de
seu filho Tobias, e abençoou-a com
estas palavras: "Sê bem-vinda, minha
filha! Bendito seja teu Deus que te
trouxe até nós! Bendito seja teu pai,
bendito seja meu filho Tobias e bendi-
ta sejas tu, minha filha! Entra na casa
que é tua casa em boa saúde, na ale-
gria e na bênção! Entra, minha filha".
Foi esse um dia de júbilo para todos os
judeus de Nínive. 18Seus primos Aicar
e Nadav vieram congratular-se com
Tobit. E festejaram as núpcias com ale-
gria durante sete dias.

V. O ANJO REVELA SUA IDENTIDADE (12)

12 **O anjo Rafael.** 1Terminadas as
bodas,* Tobit chamou seu filho
Tobias e disse-lhe: "Filho, cuida de pa-
gar o salário ao homem que te acom-
panhou, acrescentando também algu-
ma gratificação". 2Tobias respondeu:
"Pai, quanto devo dar-lhe por seus ser-
viços? Mesmo entregando-lhe a meta-
de dos bens que ele trouxe comigo eu
não teria prejuízo. 3Reconduziu-me são
e salvo, curou minha mulher, trouxe-
-me o dinheiro e, enfim, te curou! Que
recompensa posso dar-lhe?" 4Disse-lhe
Tobit: "Filho, é justo que ele receba a
metade de tudo o que trouxe". 5Cha-
mou-o, pois, Tobias, e disse-lhe: "Toma
como recompensa a metade de tudo
quanto trouxeste e vai em paz".

6Então Rafael chamou ambos à parte
e disse-lhes: "Bendizei a Deus e pro-
clamai entre todos os viventes os be-
nefícios que vos concedeu; bendizei e
celebrai seu nome. Manifestai a todos
os homens as obras de Deus, como é
justo, e não deixeis de dar-lhe graças.
7É bom manter oculto* o segredo do
rei; porém, é coisa gloriosa revelar e
publicar as obras de Deus. Praticai o
bem, e nenhum mal vos atingirá†.

8Boa coisa é a oração e o jejum, e a
esmola com a justiça. Mais vale o pou-
co com justiça do que a riqueza com a
iniquidade. É melhor praticar a esmo-
la* do que acumular tesouros de ouro.
9A esmola livra da morte e purifica de
todo pecado. Os que dão esmola terão
longa vida;* 10mas os que cometem o
pecado e a injustiça são inimigos da
própria vida.

11Vou dizer-vos toda a verdade, sem
nada vos ocultar: já vos ensinei que é
conveniente manter oculto o segredo
do rei, mas que é honroso apregoar as
obras de Deus. 12Quando tu e Sara fa-

---

* **11**,12. At 9,18 | 15. Dt 32,39; Tb 13,2 | **12**,1. Gn 30,25-31 | 7. 4,7-11; Eclo 29,11-18 | 8. Pr 11,4; 16,8 | 9. Eclo 3,29; Dn 4,24 | 12. Zc 1,12; Jó 33,23s; At 10,4; Ap 8,3s

† **12**,7. Princípio fundamental da doutrina clássica da retribuição: "A quem teme o Senhor não acontece nenhum mal", Eclo 33,1.

zíeis oração, era eu quem apresentava
vossas súplicas diante da glória do Se-
nhor; eu fazia o mesmo quando enterra-
vas* os mortos. [13]Quando não hesitaste
em te levantares da mesa, deixando a
refeição, para ires sepultar* um morto,
fui enviado para provar tua fé, [14]e agora
Deus enviou-me para curar-te a ti e a
tua nora Sara. [15]Eu sou Rafael, um dos
sete anjos† que estão a serviço de Deus
e têm acesso junto à glória do Senhor".
[16]Ficaram ambos cheios de espanto*
e caíram com a face em terra, com gran-
de temor. [17]Mas ele lhes disse: "Não
tenhais medo; a paz esteja convosco!
Bendizei a Deus para sempre. [18]Se estive
convosco, não foi por benevolência mi-
nha, mas por vontade de Deus; a ele de-
veis bendizer todos os dias, a ele deveis
cantar hinos. [19]Embora me tenhais visto
comer,* eu nada comia; o que víeis era
só aparência. [20]E agora, bendizei o Se-
nhor sobre a terra e dai graças a Deus.
Vou voltar para Aquele que me enviou.
Escrevei tudo isto que vos aconteceu".
E ele foi subindo. [21]Quando se reergue-
ram, não puderam mais vê-lo. Puseram-
-se então a bendizer e a celebrar a Deus,
dando-lhes graças por aquelas grandes
maravilhas, porque lhes havia aparecido
um anjo de Deus.

VI. CÂNTICO E EPÍLOGO (13–14)

13 **Cântico de Tobit.** [1]E disse Tobit:
"Bendito seja Deus, que vive eternamente;*
seu reino dura por todos os séculos.
[2]Ele castiga e tem piedade,
faz descer às profundezas dos abismos*
e faz subir da grande perdição:
nada escapa de sua mão.*
[3]Celebrai-o, israelitas, diante das nações!*
Porque vos dispersou entre elas,
[4]e aí vos mostrou sua grandeza.
Exaltai-o diante de todos os seres vivos,
pois ele é nosso Senhor,*
ele é nosso Deus,
ele é nosso Pai,
ele é Deus por todos os séculos!
[5]Se ele vos castiga por vossas iniquidades,
terá compaixão de todos vós
e vos reunirá de todas as nações
entre as quais fostes dispersos.*
[6]Se voltardes para ele
de todo o coração e com toda a vossa alma,*
para agir na verdade em sua presença,
então ele se voltará para vós
e não mais vos ocultará sua face.
Considerai, pois, como vos tratou,
dai-lhe graças em alta voz.
Bendizei o Senhor da justiça
e exaltai o Rei dos séculos.*
[7]Eu o celebro na terra de meu exílio,
manifesto sua força e sua grandeza
a um povo de pecadores.
Convertei-vos, pecadores,
praticai a justiça diante dele;
quem sabe, voltará a amar-vos
e vos fará misericórdia!
[8]Eu exalto a meu Deus,
celebro o Rei do céu
e exulto por sua grandeza.
Que todos o aclamem e celebrem em Jerusalém!
[9]Jerusalém, cidade santa,*
Deus te castigou por causa das obras de teus filhos,
mas ainda terá piedade dos filhos dos justos.*
[10]Celebra o Senhor dignamente
e bendize o Rei dos séculos;
ele reconstruirá em ti seu templo com alegria,

* **12**,13. Jó 1-2; Lc 1,19 | 16. Jz 13,20ss | 19. Jz 13,16.20 | **13**,1. 3,11; 8,5.15; Sl 144,1 | 2. Dn 3,26 / 1Sm 2,6 | 3. Sb 16,15 | 4. Is 63,16; 64,7; Sb 14,3; Eclo 23,1.4; Mt 6,9 | 5. Dt 30,3 | 6. Dt 30,2 / 1Tm 1,17 | 9. Is 60; Ap 21 / Mq 7,19 | 10. Am 9,11; Is 44,26.28; Zc 1,16

† **12**,15. Na Bíblia apenas três anjos têm nome: Rafael, 3,17; 5,4; 6,11 etc., Gabriel, Dn 8,16; 9,21; Lc 1,19.26, e Miguel, Dn 10,21; Jd 9; Ap 12,7. Ap 8,2 fala também de sete anjos. São criaturas de Deus, totalmente espirituais, que compõem sua corte celeste e estão a seu serviço. A palavra "anjo" quer dizer mensageiro.

para em ti alegrar todos os deportados,*
para contentar em ti todos os infelizes,
por todas as gerações futuras.
11 Como luz esplêndida brilharás*
até os confins da terra;
virão a ti de longe nações numerosas,*
os habitantes de todos os confins da terra
virão para a morada de teu santo nome,*
trazendo nas mãos presentes para o Rei do céu.
Em ti as gerações das gerações
manifestarão sua alegria,
e o nome da cidade eleita durará pelos séculos.
12 Malditos os que te insultam;*
malditos serão os que te destroem,
os que derrubam tuas muralhas,
os que abatem tuas torres,
os que queimam tuas casas!
Mas sejam benditos para sempre os que te reconstruírem!
13 Então exultarás e te alegrarás
por causa dos filhos dos justos,
pois serão todos reunidos
e bendirão o Senhor dos séculos!
14 Felizes os que te amam,*
felizes os que se alegram por tua paz!
Felizes todos os homens
que tiverem chorado por tuas adversidades!
Pois vão se alegrar em ti,
verão toda a tua felicidade para sempre.
15 Minha alma, bendize o Senhor, o grande Rei,
16 porque Jerusalém vai ser reconstruída,
e sua casa para sempre!
Serei feliz, se ficar um resto de minha descendência
para ver tua glória e louvar o Rei do céu!*
As portas de Jerusalém serão reconstruídas*
com safiras e esmeraldas,
e todas as tuas muralhas, com pedras preciosas;
as torres de Jerusalém serão construídas com ouro,*
e com ouro puro seus baluartes.
17 As praças de Jerusalém serão calçadas
com rubis e pedras de Ofir;*
as portas de Jerusalém
entoarão cânticos de alegria;
e todas as suas casas aclamarão:
Aleluia! Bendito seja o Deus de Israel
e benditos aqueles que bendizem seu santo nome
para sempre e pelos séculos!"

14

1 Aqui terminaram as palavras do cântico de Tobit.

Recomendações de Tobit ao filho.
Tobit morreu em paz na idade de cento
e doze anos, e recebeu honrosa sepul-
tura em Nínive. 2 Tinha sessenta e dois
anos quando perdeu a vista; e, depois
de recuperá-la, viveu na abundância,
praticou a esmola e continuou sem-
pre a bendizer a Deus e a celebrar sua
grandeza. 3 Estando perto de morrer,*
chamou seu filho Tobias e recomen-
dou-lhe: "Meu filho, toma teus filhos 4 e
vai para a Média, pois creio na palavra
de Deus pronunciada por Naum* sobre
Nínive. Vai se cumprir e realizar contra
a Assíria e contra Nínive† tudo o que
anunciaram os profetas de Israel, que
Deus enviou; nenhuma de suas pala-
vras ficará sem cumprimento. Tudo
sucederá a seu tempo. Haverá mais se-
gurança na Média do que na Assíria e
em Babilônia, porque sei e creio que se
cumprirá tudo o que Deus disse; acon-
tecerá, e não há de falhar nem uma pa-
lavra das profecias.

Nossos irmãos que moram na terra
de Israel serão dispersos e deportados
para longe de sua bela pátria, e todo o
solo de Israel se transformará num de-

* **13**,11. Is 9,1; 49,6; 60,1 / Sl 22,28; Mq 4,2 / Zc 8,20ss | 12. Br 4,31s | 14. Is 66,10; Sl 122,6 | 16. Ag 2,9 / Is 62,1s; Br 5,1 / Is 54,11; 60,17 | 17. Ap 21,10-21 | **14**,3. Gn 47,29 | 4. Na 1-3 / Ez 23; Is 64,10

† **14**,4. Nínive foi tomada em 612 a.C. por Nabopalassar, pai de Nabucodonosor, e por Ciáxares, rei dos Medos. Babilônia foi destruída por Ciro em 539 a.C.

serto. Samaria e Jerusalém* serão um
deserto. E a casa de Deus ficará por al-
gum tempo desolada e queimada. 5De-
pois, de novo Deus terá compaixão*
deles e os reconduzirá à terra de Israel.
Eles reconstruirão sua casa, menos bela
que a primeira, até estarem completos
os tempos. Mas então, voltando todos
do cativeiro,* reconstruirão Jerusalém
em seu esplendor, e nela a casa de
Deus será reerguida, como o anuncia-
ram os profetas de Israel. 6E todos os
povos da terra inteira* se converterão
e temerão a Deus de verdade. Eles to-
dos abandonarão seus ídolos que os
extraviaram no erro. 7E bendirão ao
Deus dos séculos na justiça.* Todos os
israelitas que tiverem sido poupados
naqueles dias se lembrarão de Deus
com sinceridade. Eles se reunirão e
virão para Jerusalém,* e para sempre
habitarão com segurança a terra de
Abraão, que lhes será dada como pro-
priedade. Então alegrar-se-ão os que
amam a Deus de verdade. Mas os
que cometem o pecado e a injustiça
desaparecerão de toda a terra.

8E agora, meus filhos, eu vos reco-
mendo que sirvais a Deus de verdade e
façais o que lhe agrada. Ensinai a vossos
filhos a obrigação de praticar a justiça
e a esmola, de se lembrar de Deus, de
bendizer seu nome em todo o tempo, de
verdade e com todas as suas forças.

9Portanto, meu filho, sai de Nínive,
não fiques aqui. 10Logo que tiveres se-
pultado tua mãe junto de mim, parte
naquele mesmo dia e não te demores
mais neste país, porque vejo que aqui se
cometem sem pudor muitas injustiças e
muitas fraudes. Considera, filho, tudo o
que fez Nadab a Aicar, seu pai de cria-
ção. Não mandou lançá-lo vivo debaixo
da terra? Deus, porém, fez o criminoso
pagar sua infâmia diante de sua vítima,
porque Aicar voltou à luz, enquanto Na-
dab desceu às trevas eternas, em casti-
go por seu atentado contra a vida de Ai-
car. Por haver praticado a esmola, Aicar
escapou do laço mortal que lhe havia
preparado Nadab, e este nele caiu para
sua ruína. 11Vede, portanto, meus filhos,
aonde conduz a esmola e aonde conduz
a iniquidade, a saber, à morte. Mas meu
espírito se vai".

Eles o estenderam sobre o leito; ele
morreu e foi sepultado com veneração.

Últimos anos de Tobias. 12Quando
sua mãe morreu,* Tobias enterrou-
-a junto do pai. Depois partiu para
a Média com sua mulher e os filhos.
Passou a morar em Ecbátana, na casa
de Raguel, seu sogro. 13Assistiu seus
sogros com respeito em sua velhice e
depois os sepultou em Ecbátana, na
Média. Tobias herdou as posses de
Raguel e também as de seu pai Tobit.
14Faleceu estimado por todos, na ida-
de de cento e dezessete anos. 15Antes
de morrer, foi testemunha da ruína de
Nínive. Viu os ninivitas prisioneiros
deportados para a Média por ordem
de Ciáxares, rei da Média. Bendisse a
Deus por tudo o que ele fez aos nini-
vitas e aos assírios. Antes de morrer,
pôde alegrar-se com a sorte de Nínive
e bendisse o Senhor Deus pelos sécu-
los dos séculos.*

* **14**,5. Jr 31; Ez 36,24s / Esd 3,12; Ag 2,3 | 6. Ag 2,9; Ez 40-42 | 7. Is 18,7; 19,22; Jr 16,19 / Is 60,4.21; Ez 34,28; 36,12; 37,25; 39,26 | 12. 4,4; Gn 49,31 | 15. Sl 137,8; Na 1-3

JUDITE

"Deus escolhe os fracos para confundir os fortes" (1Cor 1,27). Esta frase de São Paulo traduz perfeitamente a lição principal do livro de Judite. Uma mulher vence o soberbo, o forte, o violento. Betúlia e seus habitantes foram salvos do cerco de Holofernes e seu exército por meio de Judite, cujo nome significa "a judia" por excelência, verdadeira mãe da pátria. Essa jovem e virtuosa viúva salva a cidade graças a sua fé, beleza, coragem e astúcia. O fato exprime um frequente modo de agir da providência divina, que costuma servir-se, para suas grandes obras, de instrumentos humildes e inadequados. Como disse o papa Bento XVI, em sua primeira mensagem como Papa: "Conforta-me o fato de que o Senhor sabe como trabalhar e agir, mesmo com instrumentos insuficientes". A tese que domina o relato é a da reviravolta das situações, a da "revolução divina da esperança" (L. Boff), que Maria cantou no Magnificat: "Depôs do trono os poderosos e elevou os humildes" (Lc 1,52). A confiança em Deus, a oração e a obediência à palavra divina foram a base da vitória sobre a situação dramática, humanamente sem saída.

O autor introduz na história um personagem estrangeiro, Aquior, chefe amonita, que afirma a experiência de que, quando Israel é fiel a seu Deus, é inútil combatê-lo, pois se torna invencível. Este homem depois se converte e é admitido na comunidade de Israel, dentro de uma perspectiva universalista da salvação e passando por cima da lei escrita (Dt 23,4).

Como o livro de Tobias, também este foi escrito provavelmente em hebraico ou aramaico e é conhecido somente em suas versões. Não é uma obra histórica, mas uma livre composição com fins didáticos, que ilustra a presença salvífica de Deus no meio de seu povo perseguido. O autor é desconhecido e a época de composição é a metade do séc. II a.C., no contexto da perseguição de Antíoco IV. É uma mensagem de esperança baseada na fé no Deus de Israel, que guia a história de seu povo. O relato convida a ver as adversidades da vida não como castigo, mas como provação que pode ser superada com fé paciente, na certeza de que Deus comanda os caminhos da história e não abandona os seus.

I. AMEAÇAS AO POVO DE DEUS (1–3)†

1 **Guerra de Nabucodonosor contra Arfaxad.** [1]No décimo segun-
do ano* do reinado de Nabucodono-
sor, que reinava sobre os assírios na
grande cidade de Nínive, reinava Ar-
faxad sobre os medos em Ecbátana.
[2]Este edificou em torno de Ecbátana
muralhas de pedras cortadas, de três
côvados de largura por seis de com-
primento. A altura da muralha era de
setenta côvados e sua espessura era
de cinquenta côvados. [3]Junto às por-
tas da cidade construiu torres de cem
côvados de altura, cujas bases tinham
sessenta côvados de largura. [4]Fez as
portas, elevando-as à altura de seten-
ta côvados; a largura de cada uma era
de quarenta côvados, para a passagem
de seu poderoso exército e o desfile
de seus infantes. [5]Naquela época o rei
Nabucodonosor fez guerra ao rei Arfa-
xad, na grande planície, que se acha no
território de Ragau. [6]Coligaram-se com
ele todos os habitantes das montanhas
e todos os residentes nas margens do
Eufrates, do Tigre e do Hidaspes, e os
habitantes da planície de Arioc, rei dos
elamitas; de modo que muitas nações
se reuniram para tomar parte na bata-
lha dos filhos de Queleud.

Os povos ocidentais não entram na guerra. [7]Então Nabucodonosor, rei dos
assírios, mandou mensageiros a todos
os habitantes da Pérsia, a todos os ha-
bitantes das regiões ocidentais, isto é,

---

* **1**,1. Gn 10,22

† **1**. Os oito primeiros capítulos do livro contam a história de uma guerra na qual se defrontam o poder político de Nabucodonosor sobre as nações e a força do Deus "defensor dos fracos", 9,11.

aos da Cilícia e de Damasco, do Líbano
e do Antilíbano, a todos os que mora-
vam na costa, [8]aos que pertenciam às
populações do Carmelo e de Galaad,
da Galileia superior e da grande planí-
cie de Esdrelon, [9]bem como a todos os
habitantes da Samaria e de suas cida-
des, aos que estavam além do Jordão
até Jerusalém, Batana, Quelus, Cades, a
torrente do Egito, Táfnes, Ramsés e toda
a terra de Gessen, [10]até além de Tânis e
de Mênfis, e a todos os habitantes do
Egito até os confins da Etiópia. [11]Mas
os habitantes de todas essas regiões
receberam com desprezo o convite de
Nabucodonosor, rei dos assírios, e não
o seguiram na guerra, porque não o te-
miam, considerando-o um homem iso-
lado, e despediram seus enviados com
as mãos vazias e menosprezados.

[12]Nabucodonosor se encheu de vio-
lenta cólera contra todas essas regiões
e jurou por seu trono e por seu reino
vingar-se delas, devastando com a es-
pada todos os territórios da Cilícia, de
Damasco e da Síria; todos os habitantes
do país de Moab e os filhos de Amon;
toda a Judeia e todos os habitantes do
Egito até os confins dos dois mares.

Vitória de Nabucodonosor. [13]Mar-
chou, pois, com seu exército contra Ar-
faxad no décimo sétimo ano e derrotou-
-o no combate; desbaratou seu exército
com toda a sua cavalaria e todos os seus
carros. [14]Apoderou-se de suas cidades,
chegou até Ecbátana, tomou de assalto
suas torres, saqueou suas praças e mu-
dou seu esplendor em opróbrio. [15]Cap-
turou Arfaxad nas montanhas de Ragau,
traspassou-o com suas lanças e o exter-
minou de uma vez para sempre. [16]Vol-
tou depois para Nínive com suas tropas
e com aqueles que se haviam juntado a
ele, uma imensa multidão de guerreiros;
ali se entregaram a festas e banquetes
durante cento e vinte dias.*

2 **Campanha contra o ocidente.**
[1]No décimo oitavo ano, no dia
vinte e dois do primeiro mês, no pa-
lácio de Nabucodonosor, rei dos assí-
rios, foi debatido um plano de vingan-
ça contra toda a terra, como ele havia
ameaçado. [2]Tendo convocado todos
os seus ministros e todos os seus no-
bres, fez com eles uma reunião secreta
e decidiu ele mesmo a destruição total
daquelas regiões. [3]Eles opinaram que
se devia exterminar todos aqueles que
não haviam atendido a seu apelo. [4]Ter-
minada a consulta, Nabucodonosor,
rei dos assírios, chamou Holofernes,
general supremo de seu exército, o se-
gundo depois dele, e lhe disse: [5]"Assim
fala o grande rei, o senhor de toda a
terra: Quando saíres de minha presen-
ça, tomarás contigo homens valorosos,
num total de cento e vinte mil infantes
e doze mil cavalos com seus cavaleiros,
[6]e marcharás contra toda a terra do
ocidente, porque desobedeceram à or-
dem de minha boca. [7]Ordena-lhes que
me preparem terra e água, porque em
meu furor vou marchar contra eles e
cobrir toda a superfície da terra com os
pés de meus soldados, e a entregarei
a eles para que a saqueiem. [8]Seus fe-
ridos encherão os vales, e transborda-
rão suas torrentes e seus rios, repletos
de seus cadáveres. [9]Eu os conduzirei
prisioneiros até os extremos confins
da terra. [10]Vai, pois, e ocupa para mim
todos os seus territórios e, quando se
entregarem a ti, tu os reservarás para
mim, para o dia de seu castigo. [11]Quan-
to aos insubmissos, teu olho não terá
piedade deles: vota-os ao extermínio e
ao saque em todo o território que te
é confiado. [12]Porque, por minha vida e
pelo poder de meu reino, eu o disse e o
realizarei com meu braço! [13]De tua par-
te, cuida de não transgredir nem uma
só ordem de teu senhor, mas cumpre
exatamente o que te ordenei, executa-
-o sem demora".

[14]Ao sair da presença de seu senhor,
Holofernes convocou todos os chefes,
generais e oficiais do exército assírio.
[15]Contou homens de elite para a ex-
pedição, de acordo com as ordens de
seu senhor, cerca de cento e vinte mil,
e doze mil arqueiros a cavalo, [16]e os

* **1**,16. Est 1,3s

pôs em ordem, como se costuma or-
ganizar a tropa para a guerra. [17]Tomou
consigo também camelos, jumentos e
bestas em enorme quantidade para o
transporte da bagagem, e ovelhas, bois
e cabras sem conta, para o abasteci-
mento; [18]víveres em abundância para
cada homem e grande quantidade de
ouro e prata da casa do rei. [19]Em segui-
da, ele e todo o seu exército puseram-
-se em marcha a fim de preceder o rei
Nabucodonosor e cobrir toda a face da
terra do ocidente com seus carros, seus
cavaleiros e seus infantes selecionados.
[20]Com eles partiu uma multidão hete-
rogênea, numerosa como gafanhotos*
e como a areia da terra, em tamanha
quantidade que não se podia contar.
Vitórias de Holofernes. [21]Partiram de
Nínive e, após três dias de marcha, che-
garam à planície de Bectilet, de onde
saíram e foram acampar perto da mon-
tanha situada à esquerda da Cilícia su-
perior. [22]Dali, Holofernes avançou com
todo o seu exército, infantaria, cavala-
ria e carros pela região montanhosa.
[23]Devastou Fud e Lud, espoliou todos
os filhos de Rassis* e os ismaelitas que
vivem à margem do deserto, ao sul de
Queleon. [24]Transpôs o Eufrates, per-
correu a Mesopotâmia e arrasou todas
as cidades fortificadas que dominam
a torrente Abrona, chegando até o
mar. [25]Depois apoderou-se dos terri-
tórios da Cilícia, abateu todos os que
lhe opunham resistência e alcançou as
fronteiras de Jafé, que se estendem ao
sul, defronte da Arábia. [26]Cercou todos
os madianitas, queimou suas tendas e
apoderou-se de seus rebanhos. [27]Des-
ceu, a seguir, às planícies de Damasco
nos dias da colheita do trigo, incendiou
seus campos, exterminou ovelhas e
bois, saqueou suas cidades, devastou
seus campos e passou ao fio da espada
todos os seus jovens.

[28]O temor e o terror diante dele in-
vadiram os habitantes da costa: os de
Sidônia e de Tiro, os habitantes de Sur
e de Oquina, e todos os moradores
de Jâmnia. Também as populações de
Azoto e de Ascalon foram tomadas de
grande terror.

3 **Rendição e devastação.** [1]Envia-
ram-lhe, por isso, embaixadores
com propostas de paz: [2]"Nós somos –
disseram – servos do grande rei Nabu-
codonosor e nos lançamos a teus pés;
trata-nos como te aprouver. [3]Nossas
casas, todo o nosso território, todos os
campos de trigo, o gado, os rebanhos e
todos os currais de nossas tendas estão
a teu dispor: faze deles o que quiseres.
[4]Também nossas cidades com seus
moradores estão a teu serviço: vem e
trata-os como achares melhor". [5]Os
homens se apresentaram a Holofernes
e lhe referiram essas palavras. [6]Então
desceu ele à costa com seu exército,
estabeleceu guarnições nas praças for-
tes e tomou delas homens escolhidos
como auxiliares. [7]Aquelas populações
com toda a região ao redor o recebe-
ram com coroas, danças e ao som de
tamborins. [8]Mas ele demoliu* todos os
templos deles e cortou seus bosques
sagrados, porque tinha a ordem de
destruir todos os deuses da terra, de
modo que todos os povos adorassem
unicamente a Nabucodonosor,† e em
todas as suas línguas e tribos o invo-
cassem como deus. [9]Depois chegou
defronte de Esdrelon, perto de Dotain,
que fica em frente à grande cadeia de
montanhas da Judeia. [10]Acamparam
entre Geba e Citópolis, e ele ficou lá um
mês inteiro a fim de recolher todas as
provisões para seu exército.

II. O POVO É OPRIMIDO (4–8)

4 **Alarme na Judeia.** [1]Os israelitas
que habitavam na Judeia ouviram
tudo o que Holofernes, comandante
supremo de Nabucodonosor, rei dos

---

* **2**,20. Jl 2,2-7.11 **|** 23. Gn 10,6.13.22 **|** **3**,8. 2Cr 17,6; Êx 34,13

† **3**,8. A realidade histórica é outra: nenhum rei assírio, babilônio ou persa pretendeu ser adorado como deus.

assírios, tinha feito aos outros povos e como havia votado ao saque e à destruição todos os seus templos. [2]Foram tomados de indizível terror dele e temeram por Jerusalém e pelo templo do Senhor, seu Deus. [3]Fazia pouco que tinham voltado do cativeiro e que todo o povo da Judeia se havia reunido; os vasos sagrados, o altar e o templo tinham sido consagrados de novo após a profanação. [4]Enviaram, pois, mensageiros a todo o território da Samaria, a Cona, Bet-Horon, Belmain, Jericó, a Coba, a Aisora e ao vale de Salém; [5]ocuparam todos os cumes dos montes mais altos, rodearam de muros as aldeias situadas sobre eles e se abasteceram de víveres em preparação para a guerra, pois seus campos acabavam de ser ceifados. [6]Joaquim, que era sumo sacerdote em Jerusalém naquele período, escreveu aos habitantes de Betúlia† e de Betomestain, situada diante de Esdrelon, em frente à planície próxima de Dotain, [7]ordenando-lhes que ocupassem as passagens dos montes, porque por elas se entrava na Judeia; seria fácil deter ali os invasores, já que o acesso era estreito e só permitia a passagem de dois de cada vez.

[8]Os israelitas fizeram o que lhes havia ordenado o sumo sacerdote Joaquim e o conselho dos anciãos de todo o povo de Israel, residentes em Jerusalém.

Os israelitas se recomendam a Deus. [9]Com insistente fervor, todos os israelitas ergueram seu clamor a Deus e se humilharam com grande ardor. [10]Eles, com as mulheres e os filhos, seus rebanhos, todos os estrangeiros, mercenários e seus escravos, cingiram-se de pano* de saco. [11]Todos os israelitas de Jerusalém, inclusive as mulheres e as crianças, prostraram-se diante do templo, cobriram a cabeça de cinza e estenderam seus panos de saco diante do Senhor. [12]Recobriram de pano* de saco também o altar e clamaram a uma voz e com insistência ao Deus de Israel, para que não fossem entregues à pilhagem seus filhos, raptadas suas mulheres, destruídas as cidades de sua herança, profanado o santuário, para a ironia ultrajante dos pagãos. [13]O Senhor ouviu seu clamor e olhou para sua aflição, enquanto o povo continuava a jejuar por muitos dias em toda a Judeia e em Jerusalém, diante do santuário do Senhor onipotente. [14]O sumo sacerdote Joaquim,* todos os sacerdotes que estavam diante do Senhor e os ministros do Senhor,* com os rins cingidos de pano de saco, ofereciam o holocausto perpétuo, bem como os sacrifícios votivos e as ofertas espontâneas do povo. [15]Com os turbantes cobertos de cinza, invocavam com todo fervor o Senhor, para que se dignasse visitar benignamente toda a casa de Israel.

5 Holofernes informa-se sobre os israelitas.

[1]Entretanto foi comunicado a Holofernes, comandante supremo do exército assírio, que os israelitas se aprontavam para a guerra, que haviam fechado as passagens dos montes, fortificado todos os cumes dos altos montes e colocado obstáculos nas planícies. [2]Tomado de grande furor, ele convocou todos os chefes de Moab, os generais de Amon e todos os sátrapas do litoral [3]e lhes disse: "Explicai-me, filhos de Canaã, que povo é esse que habita na montanha, quais são as cidades em que reside, quantos guerreiros tem seu exército, em que consiste sua força e seu vigor, quem é o rei que os governa e dirige seu exército, [4]e por que recusaram vir a meu encontro, ao contrário do que fizeram todos os habitantes do ocidente?"

Discurso de Aquior. [5]Então Aquior, chefe de todos os amonitas,* respondeu-lhe: "Ouça meu senhor uma palavra da boca de teu servo; eu te direi a

* **4**,10. Jn 3,7s | 12. Est 4,1 | 14. Est 4,16 / Jl 2,17 | **5**,5. 11,9-19

† **4**,6. As imprecisões geográficas e históricas do livro não devem impedir o leitor de captar a lição teológica que ele transmite. Betúlia é uma posição-chave para a conquista da Judeia, 8,21, mas é impossível de se localizar.

verdade acerca desse povo que habita nesta região montanhosa, e não sairá mentira da boca de teu servo.

[6]Este povo é descendente dos caldeus. [7]Primeiro foram morar na Mesopotâmia, porque não quiseram seguir os deuses de seus pais que viviam na terra dos caldeus. [8]Tendo abandonado a religião de seus pais, adoraram o Deus do céu, o Deus que haviam reconhecido; expulsos da presença de seus deuses, fugiram para a Mesopotâmia, onde moraram por muito tempo. [9]Mas seu Deus* ordenou-lhes que deixassem aquela terra e fossem para a terra de Canaã; aí se estabeleceram e se enriqueceram de ouro e prata e de numerosos rebanhos. [10]Depois, por causa de uma fome que se abateu sobre toda a terra de Canaã, desceram para o Egito,* onde permaneceram enquanto tiveram o que comer; lá se tornaram uma grande multidão e uma estirpe inumerável. [11]Então o rei do Egito levantou-se contra eles e os explorou, obrigando-os a fabricar tijolos; foram humilhados e tratados como escravos.* [12]Mas eles clamaram a seu Deus, o qual feriu toda a terra do Egito com pragas incuráveis,* e por isso os egípcios os expulsaram para longe. [13]Deus secou o mar Vermelho* diante deles [14]e os conduziu pelo caminho do Sinai e de Cades Barne; expulsaram todos os habitantes do deserto, [15]estabeleceram-se no território dos amorreus* e com seu poder exterminaram todos os habitantes de Hesebon. Depois de terem atravessado o Jordão, apoderaram-se de toda a região montanhosa, [16]expulsaram da frente deles os cananeus,* os ferezeus, os jebuseus, os siquemitas e todos os gergeseus e moraram ali por muito tempo. [17]Enquanto não pecaram* contra seu Deus, gozaram de prosperidade, porque têm consigo um Deus que detesta a iniquidade. [18]Mas quando se desviaram do caminho que lhes havia traçado, sofreram tremendas destruições em muitas guerras, foram levados cativos para uma terra estrangeira,* o templo de seu Deus foi arrasado e suas cidades caíram em poder dos inimigos. [19]Agora, porém, tendo-se convertido a seu Deus, voltaram dos lugares por onde foram dispersos, reocuparam Jerusalém, onde se encontra seu santuário, repovoaram a região montanhosa até então deserta. [20]Portanto, soberano senhor, se há alguma falta neste povo por haver pecado contra seu Deus e, se constatarmos que há neles esse tropeço, avancemos para atacá-los. [21]Mas se em sua nação não há iniquidade,* passe adiante meu senhor, para não suceder que o Senhor e Deus deles tome sua defesa, e nós nos tornemos alvo de zombaria diante de toda a terra".

Holofernes rejeita o conselho de Aquior. [22]Quando Aquior acabou de dizer essas palavras, todo o povo que formava uma roda em torno da tenda se pôs a murmurar, e os oficiais de Holofernes e todos os habitantes do litoral e de Moab falavam em esquartejá-lo. [23]Disseram: "Não temeremos os israelitas. É um povo que não tem exército nem força para uma batalha violenta. [24]Avancemos, pois, e serão uma presa fácil para todo o teu exército, soberano Holofernes!

6 Aquior é entregue aos israelitas.

[1]Cessado o tumulto do povo reunido em círculo, em assembleia, Holofernes, comandante supremo do exército assírio, disse a Aquior, na presença de toda aquela multidão de estrangeiros e a todos os amonitas: [2]"Quem és tu, Aquior, tu e os mercenários de Efraim para profetizar em nosso meio como fizeste hoje e dizer-nos que não façamos guerra à estirpe de Israel, porque seu Deus será seu escudo? Quem é deus exceto Nabucodonosor? Ele lançará* suas forças e os exterminará da face da terra, e seu deus não os poderá salvar". [3]Nós, os servos do rei,

---

* **5**,9. Gn 11,31-12,5 | 10. Gn 42,1-5; 46,1-7; Êx 1,7 | 11. Êx 1,8-14; | 12. Êx 7-12 | 13. Êx 14,21s | 15. Nm 21,21-32 / Js 3 | 16. Dt 7,1 | 17. Dt 28-30; Sl 106,40-46 | 18. 2Rs 25 | 21. 11,10 | **6**,2. Dn 3,14-18; Is 36,18ss; 37,4.16-20

os bateremos como a um só homem, e não poderão resistir ao ímpeto de nossos cavalos. 4Nós os queimaremos no território deles, suas montanhas se embriagarão com seu sangue e seus campos ficarão cheios de seus cadáveres. Diante de nós não se manterão firmes sobre a planta dos pés, mas serão inteiramente destruídos, diz o rei Nabucodonosor, senhor de toda a terra. Ele falou e não ficarão sem efeito suas palavras. 5Quanto a ti, Aquior, mercenário de Amon, que pronunciaste essas palavras no dia de tua perversidade, de hoje em diante não verás mais minha face, até que eu tenha tomado vingança desta raça que fugiu do Egito. 6Então a espada de meu exército* e a lança de meus servos te transpassarão as costas e cairás entre os feridos daquele povo quando eu voltar. 7E agora meus servos te conduzirão à montanha e te deixarão numa das cidades de acesso, 8e não perecerás até que sejas exterminado com eles. 9Se em teu coração esperas que não serão capturados, não fiques com esse ar abatido! Tenho dito; e nenhuma de minhas palavras ficará sem efeito".

10Holofernes ordenou a seus servos, que prestavam serviço na tenda, que tomassem Aquior consigo e o levassem a Betúlia, para entregá-lo nas mãos dos israelitas. 11Os servos o tomaram e o conduziram para fora do acampamento, rumo à planície, e de lá, tomando a direção da montanha, chegaram perto das fontes que se acham ao pé de Betúlia. 12Quando os homens da cidade os viram subir ao topo do monte, empunharam as armas e saíram da cidade para o alto do monte, enquanto todos os fundibulários ocupavam a via de acesso e lançavam pedras sobre eles. 13Estes, abrigando-se no sopé do monte, amarraram Aquior e o deixaram estendido no chão ao pé do monte, e voltaram ao seu senhor. 14Então os israelitas desceram de sua cidade, aproximaram-se dele, desataram-no e, conduzindo-o a Betúlia, apresentaram-no aos chefes de sua cidade, 15que naquele tempo eram Ozias, filho de Micas, da tribo de Simeão, Cabris, filho de Gotoniel, e Carmis, filho de Melquiel. 16Estes convocaram todos os anciãos da cidade, e todos os jovens e as mulheres acorreram à assembleia.

Colocaram Aquior no meio de toda aquela gente, e Ozias perguntou-lhe o que havia acontecido. 17Em resposta, ele contou as deliberações do conselho de Holofernes, o discurso que este pronunciara no meio dos príncipes dos assírios e todas as palavras arrogantes de Holofernes contra a casa de Israel. 18Então o povo prostrou-se para adorar a Deus e exclamou: 19"Senhor, Deus do céu, olhai para a arrogância desta gente e tende piedade da humilhação de nossa estirpe; e neste dia olhai benigno para aqueles que vos são consagrados". 20Depois confortaram Aquior e muito o elogiaram. 21Ozias o levou da assembleia para sua casa, onde ofereceu um banquete aos anciãos. E durante toda aquela noite invocaram o socorro do Deus de Israel.

7 Holofernes marcha contra Betúlia.

1No dia seguinte, Holofernes ordenou a todo o seu exército e a toda a multidão dos que se haviam reunido a ele como aliados que se pusessem em marcha contra Betúlia, que ocupassem as vias de acesso da montanha e que fizessem a guerra contra os israelitas. 2Naquele dia, pois, avançaram todos os seus homens valorosos. O exército de seus guerreiros era formado de cento e setenta mil infantes e doze mil cavaleiros, sem contar os encarregados dos serviços e os homens que iam com eles a pé, uma multidão enorme. 3Acamparam no vale próximo de Betúlia, perto da fonte, e se espalharam, em largura, sobre Dotain até Belbaim e, em extensão, desde Betúlia até Quiamon, situada defronte de Esdrelon.

4Ao ver a multidão deles, os israelitas ficaram angustiados, e disseram

* **6**,6. 5,12; 16,12

uns aos outros: "Agora esta gente vai
arrasar a superfície de todo o país, e
nem os montes mais altos, nem os
vales, nem as colinas suportarão seu
peso". 5Cada qual empunhou suas ar-
mas e, depois de acender fogo em suas
torres, montaram guarda toda aquela
noite.* 6No segundo dia, Holofernes
fez desfilar toda a sua cavalaria à vista
dos israelitas que estavam em Betúlia,
7inspecionou as vias de acesso à cida-
de, procurou os mananciais de água
e ocupou-os, colocando neles guarni-
ções de homens armados, e retornou a
seu exército.

A cidade fica sem água. 8Vieram a
ele todos os príncipes dos edomitas,
todos os chefes do povo de Moab e
os comandantes do litoral e lhe disse-
ram: 9"Queira nosso senhor ouvir um
conselho, para evitar qualquer perda
a seu exército. 10Este povo dos israe-
litas confia menos em suas lanças* do
que nas alturas dos montes onde mo-
ram, pois não é fácil escalar o topo de
seus montes. 11Portanto, meu senhor,
não combatas contra eles como se
usa fazer numa batalha ordenada, e
não cairá homem algum de teu povo.
12Fica em teu acampamento e mantém
nele todos os homens de teu exérci-
to; mas que teus servos se apoderem
da fonte de água que jorra ao pé do
monte, 13porque é lá que buscam água
todos os habitantes de Betúlia. A sede
os consumirá e entregarão sua cidade.
Nós subiremos com nossa gente ao
cimo dos montes vizinhos, onde to-
maremos posição, vigiando para que
ninguém saia da cidade. 14Ficarão ex-
tenuados pela fome eles, suas mulhe-
res e seus filhos e, antes que a espada
os alcance, jazerão estendidos nas ruas
onde moram. 15Assim lhes darás uma
dura retribuição, por se terem rebelado
e por não terem vindo pacificamente a
teu encontro".

16Essas palavras agradaram a Holo-
fernes e a todos os seus oficiais, e por
isso ele ordenou que se fizesse con-
forme haviam proposto. 17Partiu, pois,
o batalhão dos moabitas e, com eles,
cinco mil assírios; acamparam no vale,
ocupando os depósitos de água e os
mananciais dos israelitas. 18Por sua vez,
os edomitas e os amonitas subiram à
montanha defronte de Dotain e daí
enviaram parte de seus homens para o
sul e para o oriente, diante de Egrebel,
localidade vizinha de Cuch, junto à tor-
rente de Mocmur. O resto do exército
assírio acampou na planície e cobria
toda a superfície da região. As tendas
e seus equipamentos, em grandíssimo
número, formavam um enorme acam-
pamento.

**Os habitantes de Betúlia pensam em
render-se.** 19Então os israelitas clama-
ram ao Senhor, seu Deus, com o ânimo
abatido, porque todos os seus inimigos
os haviam cercado e não era possível
escapar do meio deles. 20Todo o acam-
pamento assírio, infantaria, carros e ca-
valaria, os manteve cercados por trinta
e quatro dias, e todos os habitantes de
Betúlia viram esgotar-se todos os seus
recipientes de água. 21As cisternas se
esvaziaram e não mais dispunham de
água para beber à vontade nem por
um só dia, pois a água era racionada.
22As crianças desmaiavam, as mulhe-
res e os jovens desfaleciam de sede
e caíam pelas praças da cidade e nas
passagens das portas, não restando
neles nenhuma energia.

23Então todo o povo, jovens, mulhe-
res e crianças, reuniu-se em torno de
Ozias e dos chefes da cidade, clamaram
em alta voz e disseram diante de todos
os anciãos: 24"Deus seja juiz entre nós e
vós pelo grande dano que nos fizestes,
não querendo propor a paz aos assí-
rios. 25Agora não há ninguém que nos
possa socorrer, mas Deus nos vendeu
às mãos deles, para sermos abatidos
diante deles pela sede e pela grande
miséria. 26Chamai-os agora e entregai
toda a cidade à gente de Holofernes e
a todo o seu exército para que a sa-
queiem. 27É melhor para nós sermos
presa de sua pilhagem: seremos seus
escravos com certeza, mas pelo menos

---

* **7**,5. 1Mc 12,28s | 10. 1Rs 20,23.28; Sl 68,15.17

ficaremos com vida e não teremos de
ver nossas crianças morrendo diante de
nossos olhos, e nossas mulheres e fi-
lhos dando o último suspiro. 28Nós vos
conjuramos pelo céu e pela terra, por
nosso Deus e Senhor de nossos pais,
que nos pune segundo nossos pecados
e as culpas de nossos pais, que façais
hoje mesmo conforme dissemos". 29E
no meio da assembleia todos prorrom-
peram num grande pranto, a uma só
voz, e clamaram ao Senhor Deus em
altos brados†.
30Ozias, porém, lhes disse: "Coragem,
irmãos! Resistamos ainda por cinco
dias, durante os quais o Senhor, nosso
Deus, voltará sua misericórdia para nós,
pois não nos abandonará até o fim†.
31Se, passados esses cinco dias, não
nos chegar socorro algum, farei como
dissestes". 32Assim despediu o povo,
cada qual para seu lugar: os homens
voltaram aos muros e às torres de sua
cidade e mandaram as mulheres e as
crianças para suas casas. Na cidade rei-
nava grande consternação.

8 **Intervenção de Judite†.** 1Na-
queles dias, esses fatos chega-
ram ao conhecimento de Judite, filha
de Merari, filho de Ox, filho de José,
filho de Oziel, filho de Elquias, filho
de Ananias, filho de Gedeão, filho de
Rafain, filho de Aquitob, filho de Elias,
filho de Helcias, filho de Eliab, filho de
Natanael, filho de Salamiel, filho de
Surisadai, filho de Israel. 2Manassés,
seu marido, da mesmo tribo e linha-
gem que ela, tinha morrido nos dias
da colheita da cevada. 3Ele estava no
campo vigiando os que amarravam os
feixes, quando teve insolação na ca-
beça e precisou recolher-se ao leito,
morrendo em Betúlia, sua cidade. Foi
sepultado com seus pais no campo si-
tuado entre Dotain e Balamon. 4Havia
três anos e quatro meses que Judite fi-
cara viúva e desde então vivia recolhi-
da em sua casa, 5em cujo terraço tinha
mandado construir para si uma tenda.
Vestia um pano de saco e trajava rou-
pas de viúva. 6Desde que ficara viúva,
jejuava todos os dias, exceto nas vigí-
lias dos sábados e nos sábados, nas vi-
gílias dos novilúnios e nos novilúnios†,
nas festas e nos dias de alegria para o
povo de Israel. 7Tinha uma bela apa-
rência e um aspecto encantador. Seu
marido, Manassés, deixara-lhe ouro e
prata, servos e criadas, animais e cam-
pos, e ela morava no meio de tudo
isso. 8Não havia quem falasse mal
dela, pois era muito temente a Deus.

**Judite repreende os chefes da cida-
de.** 9Ela soube das palavras exaspe-
radas que o povo, desalentado pela
falta de água, dissera às autoridades e
soube também da resposta que Ozias
lhe dera, ao jurar-lhe que entregaria
a cidade aos assírios após cinco dias.
10Mandou a serva, administradora de
todos os seus bens, chamar Cabris
e Carmis, os anciãos de sua cidade.
11Vieram a sua presença, e ela lhes dis-
se: "Ouvi-me, ó chefes dos cidadãos
de Betúlia! Não foram justas as pala-
vras que hoje pronunciastes diante do
povo, interpondo este juramento que
pronunciastes entre Deus e vós, de en-
tregar a cidade a nossos inimigos, se o
Senhor não vos socorrer no prazo fixa-
do. 12Quem sois vós* que hoje tentais
a Deus e usurpais seu lugar entre os
filhos dos homens? 13Agora pondes à
prova o Senhor onipotente, mas nun-
ca compreendereis nada dele. 14Com
efeito, se não sois capazes* de conhe-
cer o íntimo do coração humano nem

---

* **8**,12. Jó 38,2; 40,2s.7s; 42,3 | 14. Pr 14.10; 1Cor 2,11 / Sl 139,16s; Rm 11,33s

† **7**,29. A Vulgata exprime assim a oração do povo: "Pecamos nós e nossos pais, agimos injustamente, cometemos a iniquidade. Vós, que sois misericordioso, tende misericórdia de nós, ou então, com vossos castigos, vingai nossas iniquidades e não entregueis aqueles que vos louvam a um povo que vos ignora, para que não se diga entre as nações: 'Onde está o Deus deles?'" | 30. Ozias espera um milagre, pois fazia só um mês que terminara a colheita, 4,5, e estava começando o verão, época em que não chove. | **8**. O autor vai expor como uma viúva se contrapõe à arrogância dos inimigos e ao erro daqueles que pretendem exigir de Deus um milagre. Judite significa "a judia": é uma verdadeira filha do povo de Deus, é a glória de Israel, 15,9. | **8**,6. Ver a nota em 1Sm 20,5.

de entender os pensamentos de sua
mente, como podereis perscrutar o
Deus que fez tudo isso, conhecer sua
mente* e compreender seus desíg-
nios? Não, irmãos! Não provoqueis à
ira o Senhor, nosso Deus. 15Pois, se ele
não tem a intenção de nos socorrer
no período de cinco dias, tem poder
para nos defender nos dias que qui-
ser, como também de nos exterminar
diante de nossos inimigos. 16Não exi-
jais garantias dos desígnios do Senhor,
nosso Deus, porque Deus não é como
um homem, que pode receber amea-
ças, nem como um filho de homem,
que pode sofrer pressões. 17Por isso,
aguardando com esperança a salvação
que vem dele, invoquemo-lo em nos-
so socorro, e ele ouvirá nosso clamor,
se for de seu agrado. 18Pois em nossa
geração não houve* nem existe hoje
tribo ou família, povo ou cidade entre
nós que adore deuses feitos por mão
humana, como sucedia outrora. 19Por
isso nossos pais foram abandonados à
espada* e à rapina e sucumbiram mi-
seravelmente diante de nossos inimi-
gos. 20Nós, porém, não reconhecemos
outro Deus afora ele; por isso espera-
mos que não nos desdenhará, nem a
nós e nem a ninguém de nossa nação.
21Se formos conquistados,* toda a Ju-
deia também o será, nosso santuário
será saqueado, e Deus pedirá conta
a nosso sangue de sua profanação.
22Ele fará recair sobre nossa cabeça,
entre as nações das quais seremos
escravos, a morte de nossos irmãos, a
escravidão do país e a desolação de
nossa herança. Seremos assim motivo
de escândalo e de opróbrio diante de
nossos conquistadores. 23Nossa escra-
vidão não nos alcançará favor algum,
mas o Senhor, nosso Deus, a converte-
rá em desonra. 24Agora, pois, irmãos,
demonstremos a nossos irmãos que
de nós depende a vida deles, e que o
santuário, o templo e o altar repousam
sobre nós. 25Além de tudo, agradeça-
mos ao Senhor, nosso Deus, que nos
prova como a nossos pais. 26Recordai
tudo o que fez com Abraão, todas as
provações a que submeteu Isaac* e
tudo o que aconteceu com Jacó na
Mesopotâmia da Síria, quando apas-
centava as ovelhas de Labão, seu tio
materno. 27Assim como os fez passar
pelo fogo, para provar seu coração,
assim também não está se vingando
de nós, mas é para advertir que o Se-
nhor flagela* os que lhe estão próxi-
mos"†.

**Judite se oferece para salvar a ci-
dade.** 28Ozias respondeu-lhe: "Tudo o
que disseste foi falado com um cora-
ção reto, e ninguém pode contradizer
tuas palavras. 29Não é de hoje que se
manifesta tua sabedoria, mas desde o
início de teus dias todo o povo reco-
nheceu tua inteligência e a nobreza de
índole de teu coração. 30Mas o povo
sofre tremendamente com a sede e
nos obrigou a agir como lhe promete-
mos e a nos onerar com um juramento
que não poderemos transgredir. 31Pois
bem, roga por nós, porque és uma mu-
lher piedosa, e o Senhor enviará a chu-
va para encher nossas cisternas, e não
mais desfaleceremos".

32Respondeu-lhes Judite: "Ouvi-me:
vou realizar uma ação que se transmi-
tirá de geração em geração entre os
filhos de nosso povo. 33Esta noite pon-
de-vos à porta da cidade; eu sairei com
minha serva e, antes da data na qual
pensastes entregar a cidade a nossos
inimigos, o Senhor visitará Israel por
meu intermédio†. 34Vós, porém, não me
pergunteis por meus planos, pois não
vos direi nada, até que seja concluído
o que vou fazer". 35Responderam-lhe
Ozias e os chefes: "Vai em paz e que
o Senhor esteja contigo, para tirar vin-
gança de nossos inimigos". 36Saíram
então da tenda e se retiraram para seus
lugares.

* **8**,18. 5,20s; 11,10 | 19. Sl 78,56s; 106,13s; Ez 16,15-58 | 21. Jr 7,17-20; 14,7-15,9 | 26. Gn 22,1-19; 28,5; 29,23-30; 31 | 27. Dt 4,7

† **8**,27. O sofrimento não deve ser interpretado como castigo de Deus, mas como uma provação, Hb 12,7. | 33. Ver a nota em Êx 3,16.

III. JUDITE LIBERTA O POVO (9–16)

9 **Judite implora o auxílio divino.**
1Judite prostrou-se com o rosto
em terra, cobriu de cinzas a cabeça e
descobriu o pano de saco com que
estava vestida. Era a hora em que na
casa de Deus em Jerusalém* se ofere-
cia o incenso no templo de Deus; ela
invocou o Senhor em voz alta, dizendo:
2"Senhor, Deus de meu pai Simeão,*
pusestes na mão dele a espada para
tomar vingança dos estrangeiros que
desataram o cinto de uma virgem para
manchá-la, e desnudaram sua coxa
para desonrá-la, e violaram seu seio
para ultrajá-la; porque vós dissestes:
'Não se fará isto', mas eles o fizeram.
3Por isso entregastes à morte seus che-
fes e ao sangue aquele leito, mancha-
do com a astúcia deles, retribuída com
astúcia; abatestes os servos com seus
chefes e os chefes sobre seus tronos.
4Entregastes suas mulheres ao saque,
suas filhas à escravidão, e todos os seus
despojos para serem divididos entre
vossos filhos diletos, porque eles, infla-
mados de zelo por vós, ficaram horro-
rizados com a profanação de seu san-
gue e a vós tinham clamado, invocando
vosso auxílio. Ó Deus, Deus meu,* ouvi
também a mim, pobre viúva. 5Pois vós
fizestes os acontecimentos de outrora,
de agora e do futuro. Vós dispusestes
o presente e o futuro, e o que pensas-
tes se cumpriu. 6As coisas por vós de-
liberadas* se apresentaram e disseram:
'Eis-nos aqui'; porque todos os vossos
caminhos são preparados e vossas re-
soluções são tomadas com previdência.
7Vede os assírios: engrandecidos com a
força de seu exército,* orgulhosos de
seus cavalos e cavaleiros, envaidecidos
com o valor de seus infantes, confian-
do em seus escudos, flechas, arcos e
fundas, não reconhecem que vós sois
o Deus que acaba com as guerras. 8Se-
nhor é vosso nome. Abatei a força de-
les com vosso poder e esmagai seu vi-
gor com vossa cólera, já que decidiram
profanar vosso santuário, contaminar o
tabernáculo onde repousa vosso nome
glorioso e quebrar com o ferro o chifre
de vosso altar†. 9Olhai para sua sober-
ba e descarregai vossa ira sobre suas
cabeças. Dai-me a mim, que sou viúva,
a força de fazer o que projetei. 10Feri
com a astúcia de meus lábios o escravo
com o patrão e o patrão com o servo, e
quebrantai sua arrogância pela mão de
uma mulher, 11já que vossa força não
está no número,* nem vosso poder nos
valorosos; antes, vós sois o Deus dos
humildes, o socorro dos pequenos,
o defensor dos fracos, o protetor dos
abandonados, o salvador dos desespe-
rados. 12Sim, sim, ó Deus de meu pai,
Deus da herança de Israel, soberano
dos céus e da terra, criador das águas,
rei de toda a tua criação, ouvi minha
oração. 13Dai-me uma palavra seduto-
ra, que se torne uma ferida e um golpe
mortal para aqueles que conceberam*
desígnios cruéis contra vossa aliança,
contra vosso templo consagrado, con-
tra o monte Sião e contra a casa que
pertence a vossos filhos. 14Fazei que
todo o vosso povo e cada uma de suas
tribos reconheça que vós sois Deus, o
Deus de todo poder e de toda fortale-
za, e que não há outros fora de vós que
possam proteger a estirpe de Israel".

10 **Judite sai da cidade.** 1Quan-
do Judite terminou de invocar
o Deus de Israel e de pronunciar todas
essas palavras, 2levantou-se do chão,
chamou sua criada e desceu à casa
onde passava* os sábados e os dias de
festa. 3Depôs o pano de saco com que
estava vestida e se despojou de suas
vestes de viúva. Lavou com água o pró-
prio corpo, ungiu-se com óleos perfu-
mados, penteou os cabelos e atou-os
com uma fita. Vestiu as roupas de festa

---

* **9**,1. Êx 30,7s; Sl 141,2 | 2. 6,15; Gn 34 | 4. Is 44,7 | 6. Br 3,35; Jó 38,35; Is 46,9-13 | 7. 2Mc 8,18; Sl 33,16s; 16,2; Sl 46,10; 76,4 | 11. 1Sm 14,6; Jz 7,4-7 | 13. Est 4,17r-s; Jt 10,4; 11,20.23; 16,6.9 | **10**,2. 8,6

† **9**,8. Ver a nota em Êx 27,2. Os quatro chifres do altar tinham um especial caráter de santidade; quebrá-los seria um ato particularmente sacrílego.

que costumava usar quando era vivo
seu marido, Manassés. 4Calçou as san-
dálias, pôs os braceletes, os colares, os
anéis, os brincos e todas as suas joias;
tornou-se muito fascinante,* a ponto
de seduzir os olhos de qualquer ho-
mem que a visse. 5Entregou depois a
sua serva um odre de vinho e uma gar-
rafa de azeite, encheu uma sacola com
trigo torrado, figos secos, pães puros;
envolveu todos os seus recipientes e os
deu à serva* para levar. 6Saíram para
a porta da cidade e encontraram ali
postados Ozias e os anciãos da cida-
de, Cabris e Carmis, 7os quais, ao vê-la
com o aspecto transfigurado e roupas
diferentes, ficaram extremamente ad-
mirados com sua beleza e lhe disse-
ram: 8"Que o Deus de nossos pais te
conceda encontrar favor e cumprir teus
desígnios, para a glória dos israelitas e
a exaltação de Jerusalém". 9Ela adorou
a Deus e lhes disse: "Ordenai que me
seja aberta a porta da cidade, para que
eu possa sair e executar isto que me
augurastes". Ordenaram aos jovens da
guarda que abrissem a porta como ela
pedira, 10e assim foi feito. Judite saiu
junto com sua criada. Os homens da ci-
dade a seguiram com o olhar enquan-
to descia o monte, até ela atravessar o
vale; depois perderam-na de vista.

Judite é levada à presença de Holofernes. 11Elas caminharam em linha
reta pelo vale; vieram então a seu en-
contro as sentinelas avançadas dos
assírios, 12que a detiveram e lhe per-
guntaram: "De quem és, de onde vens
e para onde vais?" Ela respondeu: "Sou
filha de hebreus e estou fugindo deles,
porque estão prestes a ser entregues a
vós para serem devorados. 13Desejo ir
à presença de Holofernes, comandante
supremo de vosso exército, para lhe dar
informações seguras; quero indicar-lhe
o caminho pelo qual poderá passar e
apoderar-se de toda a região monta-
nhosa, sem que haja um só ferido ou
morto entre seus soldados". 14Quando
ouviram essas palavras e contempla-
ram seu rosto, que lhes pareceu um
prodígio de beleza, os homens lhe
disseram: 15"Salvaste tua vida, apres-
sando-te a descer para te apresentar a
nosso senhor; vai, pois, a sua tenda; al-
guns dos nossos te acompanharão até
entregar-te a ele. 16Quando estiveres
diante dele, não temas em teu coração,
mas informa-o conforme disseste, e se-
rás bem tratada". 17Escolheram dentre
eles cem homens que se colocaram ao
lado dela e da criada e as conduziram à
tenda de Holofernes.

18Logo que correu pelas tendas a
notícia de sua chegada, houve alvoro-
ço em todo o acampamento; vieram
colocar-se a seu redor, enquanto ela
estava fora da tenda de Holofernes,
aguardando que fosse informado a seu
respeito. 19Ficaram admirados com sua
beleza e, por causa dela, admiravam
os israelitas, dizendo uns aos outros:
"Quem desprezará um povo que possui
semelhantes mulheres? Não convém
deixar vivo nenhum de seus homens.
Os sobreviventes poderiam seduzir a
terra inteira". 20Então saíram os guar-
das de Holofernes, com todos os seus
oficiais, e introduziram Judite na tenda.
21Holofernes estava repousando em
seu leito, sob um cortinado, tecido de
púrpura e de ouro, de esmeraldas e de
pedras preciosas. 22Anunciaram-lhe a
presença dela, e ele veio para a entrada
da tenda, precedido de lâmpadas de
prata. 23Quando Judite chegou à pre-
sença dele e de seus oficiais, todos se
maravilharam com a beleza de seu ros-
to. Ela se prostrou com a face em terra
para reverenciá-lo, mas os oficiais a fi-
zeram levantar-se.

11

Judite é acolhida por Holofernes. 1Disse-lhe então Ho-
lofernes: "Coragem, mulher, não temas
em teu coração, porque nunca tratei
mal a homem algum que estivesse dis-
posto a servir a Nabucodonosor, rei de
toda a terra. 2Se teu povo, que habita na
montanha, não me houvesse desprezа-
do, eu não teria erguido minha lança
contra eles; mas foram eles mesmos

---

* **10**,4. 9,13 | 5. Est 4,17x

que causaram isto a si próprios. 3Agora
dize-me: por que fugiste deles para vir
até nós? Certamente vieste para salvar
tua vida. Coragem! Ficarás viva esta
noite e no futuro, 4porque ninguém te
fará mal; antes, todos te tratarão bem,
como se costuma fazer aos servos de
meu senhor, o rei Nabucodonosor.
**Judite promete a vitória a Holofer-
nes.** 5Judite lhe respondeu: "Digna-te
acolher as palavras de tua escrava, e
possa tua serva falar em tua presença;
não direi mentira* a meu senhor nesta
noite. 6Se seguires as palavras de tua
serva, Deus levará tua empresa a bom
termo por meio de ti, e meu senhor não
ficará frustrado em seus projetos. 7Pela
vida de Nabucodonosor, rei de toda a
terra, e pelo poder dele, que te enviou
para reconduzir ao reto caminho todos
os viventes, graças a ti* não somente
os homens lhe servirão, mas também
as feras do campo, os rebanhos e as
aves do céu viverão, graças a tua força,
submissos a Nabucodonosor e a toda
a sua dinastia. 8Pois nós ouvimos falar
de tua sabedoria e da habilidade de teu
gênio, e é sabido em toda a terra que
somente tu és valente em todo o reino,
poderoso no saber e maravilhoso nas
expedições guerreiras.

9Quanto àquilo que disse Aquior em
teu conselho, tivemos conhecimen-
to de suas palavras, pois os homens
de Betúlia lhe pouparam a vida e ele
lhes comunicou tudo o que dissera em
tua presença. 10Por isso, soberano se-
nhor, não desprezes suas palavras, mas
guarda-as no coração, porque são ver-
dadeiras; realmente, nosso povo não
será punido nem prevalecerá a espa-
da contra ele, se não houver pecado
contra seu Deus. 11Pois bem, para que
meu senhor não seja repelido e seu
propósito fique frustrado, a morte cairá
sobre eles, porque apoderou-se deles
o pecado, com o qual provocam a ira
de seu Deus, cada vez que cometem
um erro. 12Já que lhes faltavam víveres
e toda a água se esgotara, decidiram
matar seu gado e resolveram alimen-
tar-se de tudo o que Deus, em suas leis,
lhes proibira comer. 13Deliberaram co-
mer as primícias do trigo e os dízimos
do vinho e do óleo, que conservavam
e reservavam* para os sacerdotes que
prestam serviço na presença de nos-
so Deus em Jerusalém; essas coisas a
ninguém do povo era permitido tocar
com as mãos. 14Enviaram mensageiros
a Jerusalém, uma vez que também ali
os habitantes fizeram o mesmo, para
lhes trazerem a autorização da parte
do conselho dos anciãos. 15Acontecerá
que, quando lhes chegar a resposta e
a puserem em prática, naquele mesmo
dia serão entregues a teu poder, para a
sua perdição.

16Por isso, eu, tua serva,* ao saber de
tudo isso, fugi do meio deles. Deus me
enviou para realizar contigo façanhas
tais que todas as pessoas que as ouvi-
rem no mundo inteiro ficarão atônitas.
17Porque tua serva é uma mulher pie-
dosa, que serve a Deus noite e dia. Eu
me proponho a permanecer junto de ti,
meu senhor, mas tua serva irá à noite
ao vale fazer oração a Deus, e ele me
comunicará quando tiverem cometido
seus pecados. 18Então virei comunicar-
-te, e sairás com todo o teu exército, e
nenhum deles poderá opor-te resistên-
cia. 19Eu te levarei através da Judeia até
defronte de Jerusalém; e no meio dela
colocarei teu trono. Tu os conduzirás
como ovelhas sem pastor, e não haverá
nem sequer um cão para latir contra ti.
Essas coisas me foram ditas segundo
minha previdência, foram-me revela-
das e fui encarregada de anunciá-las a
ti".

20Suas palavras agradaram a Holo-
fernes e a todos os seus oficiais que,
maravilhados de sua sabedoria, dis-
seram: 21"De um extremo ao outro da
terra não existe mulher semelhante em
beleza corporal e em inteligência no fa-
lar". 22E Holofernes lhe disse: "Deus fez
bem enviando-te à frente de teu povo,
para que haja força em nossas mãos e
ruína entre os que desprezaram meu
senhor. 23És bela de aspecto e sábia nas

---

* **11**,5. 10,13 | 7. Jr 27,6; Br 3,16s; Dn 2,38 | 13. Dt 14,22; Lv 22,15s | 16. 11,6

palavras; se fizeres como disseste, o teu Deus será o meu Deus e tu habitarás no palácio de Nabucodonosor, e tua fama se estenderá por toda a terra".

12 Judite no banquete de Holofernes.

1Holofernes ordenou que a introduzissem onde guardava sua prataria e mandou que lhe servissem à mesa de suas próprias iguarias e lhe dessem a beber de seu vinho. 2Mas Judite respondeu: "Não as comerei,* para que não me sejam ocasião de queda. Eu me servirei dos alimentos que trouxe comigo". 3Disse-lhe Holofernes: "E quando se esgotarem as provisões que trouxeste, como poderemos fornecer-te outras semelhantes, já que não há ninguém de tua gente entre nós?" 4Respondeu-lhe Judite: "Por tua vida, meu senhor, tua serva não consumirá as provisões que trouxe consigo, antes que o Senhor realize por meu intermédio o que decidiu!" 5Os oficiais de Holofernes a introduziram na tenda e ela dormiu até meia-noite. Por volta da vigília da manhã, levantou-se 6e mandou dizer a Holofernes: "Que meu senhor ordene que se permita a sua serva sair para rezar". 7Holofernes ordenou a sua guarda pessoal que não a impedissem.

Permaneceu ela três dias no acampamento, saindo todas as noites para o vale de Betúlia e se lavava no campo, na fonte. 8Quando voltava, orava ao Senhor, Deus de Israel, para que lhe dirigisse os passos para o restabelecimento dos filhos de seu povo. 9Voltava purificada e ficava na tenda até ao cair da tarde, quando lhe traziam a refeição†.

10No quarto dia, Holofernes ofereceu um banquete somente a seus oficiais, sem convidar nenhum dos funcionários. 11Disse ao eunuco Bagoas, encarregado de todos os seus bens: "Vai e persuade aquela mulher hebreia que se encontra junto de ti, para que venha até nós a fim de comer e beber conosco. 12Seria vergonhoso para nós deixar partir tal mulher sem ter tido relações com ela; porque se não soubermos conquistá-la, zombará de nós". 13Bagoas saiu da presença de Holofernes, foi até ela e disse: "Não hesite a bela jovem em vir a meu senhor, para ser honrada em sua presença e beber vinho conosco alegremente e se tornar neste dia como uma das filhas dos assírios que vivem no palácio de Nabucodonosor". 14Respondeu-lhe Judite: "Quem sou eu para contradizer a meu senhor? Tudo o que lhe agradar eu o farei sem demora e será para mim motivo de satisfação até o dia de minha morte". 15E, levantando-se, adornou-se com as vestes e com todos os seus adereços femininos. Sua serva foi a sua frente e estendeu por terra, diante de Holofernes, as peles que recebera de Bagoas para seu uso cotidiano, a fim de reclinar-se sobre elas durante a refeição†. 16Judite entrou e reclinou-se. O coração de Holofernes ficou extasiado diante dela e seu espírito se agitou. Apoderou-se dele o desejo ardente de se unir a ela, porque, desde o dia que a vira, procurava um momento favorável para a seduzir. 17Disse-lhe, portanto: "Bebe e alegra-te conosco". 18Respondeu Judite: "Beberei, sim, meu senhor, porque hoje minha vida é para mim mais gloriosa do que em qualquer outro dia desde meu nascimento!" 19E começou a comer e a beber diante dele daquilo que a serva lhe havia preparado. 20Alegre por causa dela, Holofernes bebeu tão grande quantidade de vinho como jamais havia bebido num só dia desde seu nascimento.

13 Judite corta a cabeça de Holofernes.

1Sendo já tarde, seus oficiais se apressaram a retirar-se. Bagoas fechou a tenda por fora e afastou os guardas da presença de seu senhor; foram todos para seus leitos, extenua-

---

* **12**,2. 10,5; Dn 1,8; Est 4,17x

† **12**,9. Abluções e jejum são práticas de penitência. O jejum consistia em não comer nada até o pôr do sol, 2Sm 3,35. Também Ester, antes de apresentar-se ao rei Assuero, impõe a si própria e aos judeus um jejum de três dias, Est 4,16. | 15. Os antigos não se sentavam para as refeições, mas se reclinavam.

dos pela bebida excessiva. 2Judite ficou sozinha na tenda com Holofernes, afogado em vinho e caído sobre o leito. 3Judite havia dito à serva que ficasse fora de sua tenda e aguardasse sua saída como fazia todo dia. Tinha dito que sairia para a oração, e o mesmo dissera a Bagoas. 4Todos se haviam retirado, e ninguém, pequeno ou grande, se achava mais na tenda. Então Judite, de pé junto do leito de Holofernes, disse em seu coração: "Senhor, Deus de todo poder, volvei nesta hora vosso olhar à obra de minhas mãos, para exaltação de Jerusalém, 5pois é este o momento de virdes em auxílio de vossa herança e de executar meu plano, para a ruína dos inimigos que se ergueram contra nós!" 6Aproximando-se da coluna do leito que estava perto da cabeça de Holofernes, retirou sua espada. 7Depois chegou perto do leito, agarrou a cabeleira da cabeça dele e disse: "Dai-me forças, ó Senhor, Deus de Israel, neste dia!" 8E com toda a sua força deu-lhe dois golpes* no pescoço, cortando-lhe a cabeça. 9Fez o corpo rolar para fora do leito e tirou das colunas o cortinado.

A cabeça de Holofernes é levada para Betúlia. Pouco depois saiu e entregou à serva a cabeça de Holofernes, 10que ela pôs na sacola das provisões. E ambas saíram juntas, segundo o costume, para fazer oração. Atravessaram o acampamento, contornaram o vale, subiram o monte de Betúlia e chegaram às portas da cidade. 11De longe, Judite gritou aos guardas das portas: "Abri, abri a porta! Deus, nosso Deus, está conosco,* para mostrar mais uma vez seu poder em Israel e sua força contra os inimigos, como fez também hoje!" 12Quando os homens de sua cidade ouviram sua voz, desceram rapidamente à porta da cidade e convocaram os anciãos da cidade. 13Acorreram todos, pequenos e grandes, pois lhes parecia inacreditável a chegada dela. Abriram a porta, acolheram as duas mulheres e, acendendo fogo para alumiar, reuniram-se em torno delas. 14Disse Judite em voz alta: "Louvai a Deus, louvai-o! Louvai a Deus, que não retirou sua misericórdia da casa de Israel, mas por minha mão abateu nesta noite nossos inimigos". 15Tirou da sacola a cabeça e mostrou-a, dizendo-lhes: "Eis a cabeça de Holofernes, comandante supremo do exército dos assírios, e eis o cortinado sob o qual ele jazia em sua embriaguez. O Senhor o matou pela mão de uma mulher. 16Viva o Senhor que me protegeu no caminho por onde andei! Minha face o seduziu para sua ruína, sem que ele tenha cometido pecado comigo para minha desonra e vergonha".

Louvores do povo. 17Todo o povo ficou estupefato e, prostrando-se para adorar a Deus, exclamou em coro: "Bendito sois, ó Deus nosso, que aniquilastes hoje os inimigos de vosso povo!" 18Ozias lhe disse: "Bendita sejas tu, ó filha,* pelo Deus Altíssimo, sobre todas as mulheres da terra, e bendito o Senhor Deus, criador do céu e da terra, que te conduziu para cortares a cabeça do chefe de nossos inimigos! 19A confiança de que deste prova não se apagará jamais da memória dos homens, que recordarão para sempre o poder de Deus. 20Que Deus faça com que isto seja para tua eterna exaltação, cumulando-te de bens, por teres arriscado a vida, por causa da humilhação de nossa gente, mas socorreste nossa ruína, comportando-te retamente diante de nosso Deus". E todo o povo respondeu: "Amém! Amém!"

14

Conselhos de Judite. 1Disseram-lhes Judite: "Ouvi-me, irmãos: tomai esta cabeça e pendurai-a no parapeito de vossos muros. 2Quando brilhar a luz da manhã e o sol surgir sobre a terra, tome cada um suas armas, e todo homem válido saia da cidade. Estabelecei sobre vós um chefe, simulando descer à planície contra as sentinelas avançadas dos assírios, sem descer de fato. 3Eles tomarão suas armaduras, irão a seu acampamento para

* **13**,8. Jz 4,21 | 11. Êx 15,1s; Sl 48,8-12; 68; 98,1ss | 18. Jz 5,24; Lc 1,28

acordar os generais do exército assírio; correrão à tenda de Holofernes, mas não o encontrando, o terror vai apoderar-se deles e fugirão diante de vós. [4]Então vós e todos os habitantes de todo o território de Israel os perseguireis e os abatereis em sua fuga. [5]Mas antes de fazer isso, chamai-me Aquior, o amonita, para que venha reconhecer aquele que desprezou a casa de Israel e o enviou entre nós como destinado à morte".

A cabeça de Holofernes é mostrada a Aquior. [6]Chamaram Aquior da casa de Ozias. Quando chegou e viu a cabeça de Holofernes na mão de um homem no meio do povo reunido, caiu com o rosto em terra e desmaiou. [7]Logo que o levantaram, lançou-se aos pés de Judite e, prostrado diante dela, exclamou: "Bendita sejas tu em todas as tendas de Judá e entre todos os outros povos que se encherão de assombro ao ouvirem teu nome! [8]Agora conta-me tudo o que fizeste nestes dias". Judite, rodeada pelo povo, narrou-lhe tudo o que fizera desde o dia em que partira até o momento em que lhes falava. [9]Quando acabou de falar, o povo prorrompeu em grandes aclamações e encheu a cidade de gritos de alegria. [10]Aquior, vendo tudo o que o Deus de Israel tinha feito,* creu firmemente em Deus, recebeu a circuncisão e foi agregado definitivamente† à casa de Israel.

A morte de Holofernes aterroriza os assírios. [11]Ao surgir a aurora, suspenderam à muralha a cabeça de Holofernes e, empunhando cada qual as próprias armas, saíram em esquadrões para as encostas do monte. [12]Quando os assírios os viram, mandaram informar seus capitães, e estes foram prevenir seus generais, os chefes de milhares e todos os seus comandantes. [13]Foram à tenda de Holofernes e disseram ao encarregado de todos os seus bens: "Desperta nosso senhor, porque aqueles escravos se atreveram a descer para dar-nos combate, para se fazerem aniquilar". [14]Bagoas entrou e bateu palmas diante da cortina da tenda, pensando que estivesse dormindo com Judite. [15]Mas como ninguém respondesse, abriu a cortina e, entrando no dormitório, encontrou-o morto, estendido no chão, sem a cabeça, que haviam levado. [16]Gritou com voz forte, com lamentações, gemidos, altos brados e rasgou suas vestes. [17]A seguir entrou na tenda onde estava alojada Judite e não a encontrou. Então precipitou-se para fora em direção ao povo e exclamou: [18]"Aqueles escravos nos traíram!* Uma única mulher hebreia lançou a vergonha sobre a casa de Nabucodonosor! Holofernes jaz por terra sem cabeça!" [19]Ouvindo tais palavras, os chefes do exército assírio rasgaram suas túnicas e, com a alma profundamente consternada, elevaram no meio do acampamento altíssimos gritos e clamores de dor.

15

Fuga dos assírios. [1]Os que estavam nas tendas, quando souberam do que acontecera, ficaram atônitos. [2]Dominados pelo terror e pelo pânico, ninguém mais quis ficar perto do outro, mas todos com o mesmo ímpeto se dispersaram, fugindo por todos os caminhos da planície e da montanha. [3]Também os acampados no monte em torno de Betúlia se deram à fuga. Então os israelitas, todos dentre eles capazes de combater, lançaram-se sobre eles. [4]Ozias enviou mensageiros a Betomestain, a Bebai, a Cobe, a Cola e a todo o território de Israel, para anunciar o acontecido e incitar todos a atacar os inimigos para os massacrar. [5]Ouvindo isso, os israelitas lançaram-se sobre eles, todos ao mesmo tempo, e os destroçaram até Coba. Vieram também os de Jerusalém e de toda a região montanhosa, porque lhes fora

---

* **14**,10. Dt 23,4s | 18. 13,15; 16,6-9; Jz 9,54

† **14**,10. Literalmente: "até o dia de hoje". Aquior era amonita; sua admissão na comunidade transgride a prescrição de Dt 23,4. Mas Aquior tinha dado um testemunho tão firme do Deus de Israel, 5,5-21, que não podia ser deixado de fora.

anunciado o que se passara no acam-
pamento de seus inimigos. Os habitan-
tes de Galaad e da Galileia os atacaram
pelos lados, infligindo-lhes grandes
massacres até perto de Damasco e de
seus confins. 6Os outros habitantes de
Betúlia precipitaram-se sobre o acam-
pamento dos assírios e o saquearam,
tornando-se extremamente ricos. 7Ao
voltarem do extermínio, os israelitas*
apoderaram-se do restante, de modo
que as vilas e aldeias da montanha e
da planície apoderaram-se de muitos
despojos, pois os havia em enorme
quantidade.

Triunfo de Judite. 8Então o sumo sa-
cerdote Joaquim e o conselho dos an-
ciãos dos israelitas, que moravam em
Jerusalém, vieram ver o grande bem
que o Senhor havia feito a Israel e para
ver Judite e cumprimentá-la. 9Tendo
entrado em sua casa, todos a exaltaram
a uma só voz, dizendo: "Tu és a glória
de Jerusalém, o supremo orgulho de
Israel, a grande honra de nosso povo.
10Realizando tudo isso com tua mão,
fizeste grandes coisas por Israel, e de-
las o Senhor se agradou. Bendita sejas
para sempre da parte do Senhor oni-
potente"†. E todo o povo respondeu:
"Amém!"

11Todo o povo continuou a saquear
o acampamento durante trinta dias.
Deram a Judite a tenda de Holofer-
nes com toda a sua prataria, seus
divãs, seus vasos e toda a sua mo-
bília. Ela tomou tudo isso, carregou-
-o sobre sua mula e, tendo atrelado
seus carros, empilhou tudo neles.
12Acorreram todas as mulheres de
Israel para vê-la;* cumularam-na
de elogios e organizaram entre elas
uma dança em sua honra. Ela tomou
ramos em suas mãos e os distribuiu às
mulheres que a acompanhavam. 13Ela
e suas companheiras se coroaram com
ramos de oliveira; depois, colocando-
-se à frente de todo o povo, ela dirigiu
a dança de todas as mulheres; atrás
vinham todos os homens de Israel, re-
vestidos de suas armaduras, cingidos
com coroas e cantando hinos.

Cântico de Judite. 14No meio de todo
o Israel, Judite entoou este cântico de
ação de graças, e todo o povo acompa-
nhava em voz alta este hino de louvor:

16 1Disse Judite:
"Entoai com tímpanos um hino para meu Deus,
cantai ao Senhor com címbalos,*
Modulai em sua honra um salmo de louvor,
exaltai e invocai seu nome.
2Sim, o Senhor é um Deus que acaba com as guerras;*
ele acampou no meio do povo
e me salvou da mão de meus perseguidores.
3Veio Assur das montanhas do norte,
veio com as miríades de seu exército,
uma multidão que obstruía as torrentes,
seus cavalos recobriam as colinas.
4Jurou incendiar meu território,
passar meus jovens ao fio da espada,
despedaçar ao chão meus lactantes,
entregar ao saque minhas crianças
e à rapina minhas virgens.
5Mas o Senhor onipotente os deixou frustrados
pela mão de uma mulher.
6Seu herói não sucumbiu diante de jovens,
nem foram filhos de titãs que o abateram,
nem enormes gigantes os que o atacaram;
mas Judite, a filha de Merari,
com a beleza de seu rosto o desarmou.
7Despojou-se das roupas de viúva
para confortar os aflitos em Israel.
Ungiu o rosto com perfumes,

---

* **15**,7. Est 9,5.16 | 12. Êx 15,20; Jz 11,34; 1Sm 18,6; Jr 31,4.13 | **16**,1. Sl 81,2ss; 135,1ss; 149,1ss | 2. 9,7; Êx 15,3; Sl 46,10; 68,31; 76,4

† **15**,10. Esses louvores do povo a Judite são também palavras que a Igreja dirige a Nossa Senhora. Como uma nova Judite, ela vence o inimigo do povo, a serpente (Gn 3,15), e contribui para a salvação do mundo, aceitando ser a Mãe do Salvador.

[8]prendeu os cabelos com uma fita,
trajou um vestido de linho para seduzi-lo.
[9]Suas sandálias arrebataram-lhe os olhos,
sua beleza cativou-lhe a alma,
e a espada cortou-lhe o pescoço.
[10]Os persas aterrorizaram-se com sua audácia,
e os medos assombraram-se com sua coragem.
[11]Então meus humildes gritaram e os amedrontaram,
bradaram meus fracos e incutiram-lhes pavor;
ergueram sua voz e os puseram em fuga.
[12]Filhos de mães jovens os traspassaram,*
como a filhos de desertores os feriram;
pereceram na batalha de meu Senhor.
[13]Cantarei a meu Deus um hino novo.*
Senhor, vós sois grande e glorioso,*
admirável em vossa força, invencível!
[14]A vós sirvam todas as criaturas,
porque falastes e tudo ganhou existência,*
enviastes vosso espírito e tudo foi construído,
e ninguém pode resistir a vossa voz.*
[15]Os montes se abalam desde seus fundamentos com as águas*
e, como cera, derretem-se as rochas a vossa vista.
Mas para os que vos veneram
vos mostrais sempre propício.*
[16]É pouca coisa todo o sacrifício de suave fragrância,*
é coisa mínima toda a gordura dos holocaustos a vós oferecidos.
Mas aquele que venera o Senhor
é grande em todos os sentidos.*
[17]Ai das nações que se levantam contra meu povo!*
O Senhor todo-poderoso os punirá no dia do juízo,
entregando ao fogo e aos vermes suas carnes,*
e chorarão, penando, eternamente".

Últimos atos e morte de Judite.
[18]Chegados a Jerusalém, adoraram a
Deus e, depois que o povo se purifi-
cou, ofereceram holocaustos, oblações
e oferendas. [19]Judite dedicou todos os
objetos de Holofernes que o povo lhe
havia oferecido, e o baldaquino que
arrancara do leito dele ofereceu-o em
homenagem ao Senhor. [20]O povo pro-
longou os festejos em Jerusalém, dian-
te do santuário, por três meses, du-
rante os quais Judite permaneceu com
eles. [21]Passados esses dias, cada qual
voltou para sua casa. Judite retirou-se
para Betúlia e fixou sua habitação em
suas possessões, e em seu tempo foi
celebrizada em toda a terra. [22]Muitos
a cortejaram, mas ela não se deu a
nenhum homem durante todos os
dias de sua vida, desde o dia em que
morreu Manassés, seu marido, e foi
reunido a seus antepassados. [23]Ela
alcançou uma idade muito avançada,
envelhecendo na casa de seu marido
até os cento e cinco anos. Ela deu a
liberdade a sua serva. Morreu em Be-
túlia e foi sepultada no túmulo de Ma-
nassés, seu marido. [24]Israel pranteou-
-a durante sete dias. Antes de morrer,
ela distribuiu todos os seus bens a to-
dos os parentes mais próximos, quer
de Manassés, seu marido, quer de sua
própria família. [25]Enquanto viveu Ju-
dite, ninguém mais atemorizou Israel,
nem durante muito tempo* depois de
sua morte†.

* **16**,12. 5,23 | 13. Sl 144,9 / Sl 86,10; 147,5 | 14. Sl 33,9; 148,5; 104,30 / Est 4,17b | 15. Sl 97,5; Jz 5,5 / Sl 25,14; 103,13 | 16. Sl 51,18 / Eclo 34,14-20 | 17. Jz 5,31; Jl 4,1-4 / Is 66,24 | 25. Jz 3,11

† **16**,25. A Vulgata acrescenta: "A data desta vitória foi incluída pelos hebreus entre as festividades religiosas, e foi celebrada pelos judeus desde então até hoje".

ESTER

O livro conta como foi salva de uma ameaça de extermínio a comunidade israelita residente na Pérsia no tempo do rei Xerxes I, aí denominado Assuero. Como na história de Judite, é de novo pela intervenção de uma mulher que o povo escapa do perigo. A protagonista, que dá o nome ao livro, é uma jovem judia que vive com seu tio Mardoqueu na corte e foi elevada à dignidade de rainha.

O primeiro ministro Amã encheu-se de ódio contra Mardoqueu pelo fato de este não se ajoelhar a sua passagem, como mandava um decreto do rei. Sabendo que ele pertencia ao povo judeu, obtém do rei um decreto de extermínio desse povo, fixando por sorteio a data de seu cumprimento. Os judeus ficam extremamente angustiados, mas Mardoqueu convence Ester a interceder em favor de seu povo. Amã, que já havia preparado a forca para Mardoqueu, é sentenciado em seu lugar, e Mardoqueu é nomeado primeiro ministro. O decreto contra os judeus é revogado, e eles são autorizados a vingar-se de seus inimigos, o que fazem promovendo grandes massacres. Para comemorar o fato, foi instituída uma festa popular chamada Purim, termo babilônico que significa "sorteio".

O nacionalismo exacerbado do livro e a violência da vingança deixam perplexo o leitor cristão, mas é preciso lembrar que nem todos os detalhes do relato têm caráter histórico. Tratava-se de uma reação a uma ameaça de extermínio, justificada até certo ponto pela lei do talião, e também que se trata de uma época ainda não iluminada pela luz do Evangelho.

Esta obra anônima chegou até nós em duas formas: o texto hebraico, mais breve, escrito por volta do ano 250 a.C., que não menciona nenhuma vez o nome de Deus, e o texto grego, reconhecido como inspirado, que acrescenta nove suplementos de caráter profundamente religioso, colocados pela Vulgata em apêndice e pelas traduções modernas, dentro do texto, como faz o grego.

O autor escreve para explicar a origem da festa de Purim, na qual era lido este livro. Ele não é citado no Novo Testamento e nem existia na biblioteca de Qumrã.

Demonstra uma perene consciência de um Deus providente que inverte as situações em favor de seu povo oprimido.

I. ESTER NA CORTE DO REI PERSA (1–2)

1 **Sonho de Mardoqueu.** 1aNo se-
gundo ano do reinado do grande
rei Assuero†, no primeiro dia do mês
de Nisã, Mardoqueu, filho de Jair, filho
de Semei, filho de Cis, da tribo de Ben-
jamim, teve um sonho. 1bEle era um
judeu que morava na cidade de Susa,
homem ilustre, que prestava serviço
na corte do rei; 1cdescendia do grupo
dos exilados que Nabucodonosor, rei
de Babilônia, havia deportado* de Je-
rusalém, com Jeconias, rei da Judeia.
1dFoi este seu sonho: Gritos e tumul-
to, trovões e terremoto, uma agitação
sobre a terra. 1eDois dragões enormes
avançaram, ambos prontos para o
combate. Soltaram um forte rugido;
1fe, ao ouvi-lo, todas as nações se pre-
pararam para a guerra, para combater
contra o povo dos justos. 1gFoi um dia
de trevas e de escuridão, de tribula-
ção e de angústia, de grande inquie-
tação na terra. 1hToda a nação dos
justos ficou perturbada, temendo sua
própria ruína, e se preparou para mor-
rer. 1iClamaram a Deus, e de seu grito
brotou, como de uma pequena fonte,
um grande rio, de águas caudalosas.
1jDespontaram a luz e o sol;* os humil-
des foram exaltados e devoraram os
poderosos. 1kTendo visto esse sonho e
o que Deus decidira fazer, Mardoqueu
acordou. Guardou o sonho em sua
mente e até a noite tentou por todos
os meios compreendê-lo.

---

* **1**,1c. 2Rs 24,8.15 **|** **1**,1j. 8,16; Sf 2,3

† **1**,1a. Este rei é Xerxes I, que reinou na Pérsia de 486 a 465 a.C.

**Mardoqueu descobre uma conspi-
ração.** 1lMardoqueu morava* na corte
com Bagatã e Tares, dois eunucos do
rei, que guardavam o palácio. 1mOuviu
suas conversas e, indagando sobre seus
planos, descobriu que preparavam um
atentado contra o rei Assuero, e avisou
o rei. 1nEste mandou submeter os dois
eunucos a um interrogatório; eles con-
fessaram* e foram justiçados. 1oDepois
o rei mandou registrar essas coisas nas
crônicas, e também Mardoqueu as re-
gistrou. 1pO rei nomeou Mardoqueu
funcionário da corte e lhe ofereceu
presentes por seu feito. 1qEntretanto,
Amã, filho de Amadates, o agagita,*
que tinha prestígio junto ao rei, procu-
rava arruinar Mardoqueu* e seu povo
por causa desses dois eunucos do rei.
Banquete do rei Assuero. 1No tempo
de Assuero, aquele Assuero que reinou
desde a Índia até a Etiópia sobre cen-
to e vinte e sete províncias, 2naquele
tempo em que o rei Assuero ocupava
seu trono real na cidadela de Susa, 3no
terceiro ano de seu reinado, deu ele
um banquete a todos os seus oficiais
e servidores, estando assim perante
ele os mais poderosos da Pérsia e da
Média, os nobres e os governadores
das províncias. 4Então mostrou-lhes
as riquezas e a glória de seu reino e o
esplendor de sua eminente grandeza,
por muitos dias, a saber, cento e oi-
tenta dias. 5Passados aqueles dias, o
rei ofereceu a todo o povo, grandes e
pequenos, que se achavam na cidadela
de Susa, um banquete de sete dias no
pátio do jardim do palácio real. 6Corti-
nas brancas, verdes e azuis, suspensas
com cordões de linho fino e de púr-
pura, pendiam de anéis de prata e de
colunas de mármore; os divãs de ouro
e prata estavam sobre o pavimento
de mármore vermelho, azul, branco e
preto. 7Dava-se de beber em copos de
ouro de formas diversas; o vinho na
corte era abundante, graças à liberali-
dade do rei. 8Por ordem do rei ninguém
devia ser constrangido a beber, pois o
rei havia ordenado a todos os oficiais
do palácio que deixassem cada um agir
como quisesse. 9Também a rainha Vasti
ofereceu um banquete* às mulheres no
palácio real do rei Assuero.
Repúdio da rainha Vasti. 10No séti-
mo dia, quando o coração do rei es-
tava alegre pelo vinho, ele ordenou
a Maumã, Bazata, Harbona, Agdata,
Bagata, Zetar e Carcas, os sete eunu-
cos que serviam pessoalmente ao rei
Assuero, 11que trouxessem a sua pre-
sença a rainha Vasti com a coroa real,
para mostrar ao povo e aos nobres sua
beleza, pois era muito bela. 12Mas a
rainha Vasti recusou-se a comparecer,
conforme a ordem do rei transmitida
pelos eunucos. Então o rei ficou extre-
mamente irritado e se inflamou de ira.
13Consultou os sábios, que entendiam
das leis, porque assim se tratavam os
interesses do rei na presença de todos
os que conheciam a lei e o direito. 14Os
mais chegados a ele eram Carsena, Se-
tar, Admata, Társis, Mares, Marsana e
Mamucã, sete príncipes da Pérsia e da
Média, que tinham acesso ao rei e ocu-
pavam os primeiros postos no reino.
15Perguntou-lhes o que, segundo a lei,
se devia fazer à rainha Vasti, por não
ter cumprido a ordem do rei Assue-
ro transmitida por meio dos eunucos.
16Mamucã respondeu diante do rei e
dos príncipes: "Não somente contra o
rei pecou a rainha Vasti, mas também
contra todos os príncipes e contra to-
dos os povos que há em todas as pro-
víncias do rei Assuero. 17Pois a conduta
da rainha chegará ao conhecimento de
todas as mulheres, de modo que des-
prezarão seus maridos, quando ouvi-
rem dizer: 'O rei Assuero ordenou que
introduzissem a sua presença a rainha
Vasti, porém ela não foi'. 18Hoje mes-
mo as princesas da Pérsia e da Média,*
que souberem do comportamento
da rainha, dirão o mesmo a todos os
príncipes do rei e assim haverá muito
desprezo e indignação. 19Se bem pa-
recer ao rei, promulgue um decreto
real, para ser registrado entre as leis da
Pérsia e da Média, para que seja irre-

* **1**,1l.2,21s; 6,2s | 1n. 6,1; 10,2 | 1q. 3,1 / 3,5s | 9. Dn 5,1.4 | 19. Dn 6,8.10.13.16; Est 3,12; 8,5.8

vogável, determinando que nunca mais
Vasti compareça diante do rei Assuero;
e o rei confira o título de rainha a uma
outra melhor do que ela. 20Quando o
decreto emanado pelo rei for conheci-
do em todo o seu reino, que é vasto,
todas as mulheres darão honra a seus
maridos, do maior ao menor". 21O con-
selho agradou ao rei e aos príncipes, de
modo que o rei agiu segundo dissera
Mamucã. 22Enviou cartas a todas as
províncias do rei,* a cada província em
sua respectiva escrita, e a cada povo
em sua própria língua, determinando
que cada homem fosse senhor em sua
casa e que falasse a língua de seu povo.

2 **Ester é eleita rainha.** 1Depois dis-
so, quando a ira do rei Assuero já
se havia acalmado, lembrou-se ele de
Vasti, do que ela fizera e do decreto
emanado contra ela. 2Disseram, então,
os cortesãos que o serviam: "Procu-
rem-se para o rei jovens, virgens e be-
las. 3Que o rei nomeie oficiais em todas
as províncias de seu reino, a fim de que
reúnam todas as jovens, virgens e belas
na cidadela de Susa, na casa das mu-
lheres, aos cuidados de Egeu, eunuco
do rei, guarda das mulheres; ele lhes
dará o necessário para seus enfeites. 4A
jovem que agradar ao rei será rainha
em lugar de Vasti". A proposta agradou
ao rei e assim foi feito.

5Havia, então, na cidadela de Susa,
um judeu chamado Mardoqueu, filho
de Jair, filho de Semei, filho de Cis,
benjaminita, 6que havia sido exilado
de Jerusalém entre os deportados* le-
vados com Jeconias, rei de Judá, por
Nabucodonosor, rei de Babilônia. 7Ele
havia criado Hadassa, que é Ester†, fi-
lha de seu tio, órfã de pai e mãe, uma
jovem bela e formosa. Depois da mor-
te de seus pais, Mardoqueu a adotara
como filha. 8Quando a ordem do rei e
seu decreto foram divulgados, e nume-
rosas moças foram acolhidas na resi-
dência real de Susa, sob a guarda de
Egeu, também Ester foi conduzida* ao
palácio do rei, sob a guarda de Egeu,
encarregado das mulheres. 9A jovem
agradou-lhe e ganhou seu favor; pelo
que se apressou em dar-lhe os un-
guentos e sua alimentação, pôs a sua
disposição sete jovens escolhidas da
casa do rei e instalou-a com suas jo-
vens nos melhores aposentos da casa
das mulheres. 10Ester não revelou sua
nacionalidade, nem sua linhagem, pois
Mardoqueu lhe ordenara que não as
revelasse. 11Todos os dias Mardoqueu
passeava diante do pátio da casa das
mulheres, a fim de saber como estava
Ester e se era bem tratada.

12Quando chegava para cada uma
das jovens a vez de se apresentar ao
rei Assuero, ao cabo dos doze meses
prescritos às mulheres para seus pre-
parativos – porque assim se distribuía
o tempo de seu tratamento: seis meses
com óleo de mirra e seis meses com
aroma e unguentos para mulheres, 13e
só então a jovem se apresentava ao rei
– era-lhe dado tudo o que desejasse le-
var consigo da casa das mulheres para
a casa do rei. 14Entrava ao entardecer e
na manhã seguinte passava para outro
apartamento de mulheres, sob a guar-
da de Sasagaz, eunuco do rei e encar-
regado das concubinas, e não voltava
mais à presença do rei, salvo se este a
quisesse de novo* e a chamasse pelo
nome.

15Ao chegar sua vez de apresentar-
-se ao rei, Ester, filha de Abiail, tio de
Mardoqueu, que a adotara como fi-
lha, nada pediu além daquilo que lhe
fora indicado por Egeu, eunuco do rei,
guarda das mulheres; e Ester atraía a
simpatia de todos os que a viam. 16Es-
ter foi conduzida ao rei Assuero em seu
palácio real, no décimo mês, que é o
mês de tebet, no sétimo ano de seu
reinado. 17E o rei amou Ester mais do
que todas as outras mulheres, tendo
ela alcançado sua graça e benevolência
mais do que qualquer outra virgem, de
modo que o rei lhe pôs na cabeça* o
diadema régio e a fez rainha em lugar

* **1**,22. Dn 3,4; 6,26 | **2**,6. 1,1a-c | **2**,8. Dn 1,3-20 | 14. 4,11 | 17. 4,17u-y

† **2**,7. Ester na língua persa significa estrela; Hadassa em hebraico quer dizer murta.

de Vasti. 18Então o rei ofereceu um sun-
tuoso banquete, o banquete de Ester, a
todos os seus oficiais e servidores; con-
cedeu às províncias um dia de repouso
e distribuiu presentes com a generosi-
dade de um rei.
**Mardoqueu descobre uma conspira-
ção.** 19Quando as jovens se reuniram
pela segunda vez, Mardoqueu estava
sentado à porta do rei. 20Como Mar-
doqueu lhe recomendara, Ester* não
havia revelado sua linhagem e sua na-
ção, pois guardava as ordens de Mar-
doqueu como outrora, quando estava
sob sua tutela. 21Naqueles dias, pois,
estando Mardoqueu sentado junto à
porta do rei, Bagatã e Tares, dois eu-
nucos do rei, guardas da porta, irrita-
dos com o rei Assuero, planejaram um
atentado contra ele. 22Isto chegou ao
conhecimento de Mardoqueu, que o
revelou à rainha Ester, e ela preveniu
o rei em nome de Mardoqueu. 23Feitas
as investigações e verificado o fato, os
dois eunucos foram pendurados a uma
força, e isso foi registrado nas crônicas
na presença do rei.

II. CONSPIRAÇÃO CONTRA OS JUDEUS (3–7)

3 **Exaltação de Amã, inimigo dos
judeus.** 1Depois desses aconte-
cimentos, o rei Assuero engrandeceu
Amã, filho de Amadates, o agagita, e o
exaltou, fazendo-o superior a todos os
oficiais que estavam com ele. 2Todos os
servidores do rei, que estavam à porta
do rei, inclinavam-se e se prostravam
diante de Amã, porque assim tinha
ordenado o rei a seu respeito; porém
Mardoqueu não se inclinava nem se
prostrava. 3Por isso os servidores do
rei, que estavam a sua porta, pergunta-
ram a Mardoqueu: "Por que transgrides
a ordem do rei?" 4Apesar de lhe repeti-
rem isso todos os dias, Mardoqueu não
lhes dava ouvidos; então informaram
Amã, para ver se Mardoqueu persisti-
ria em sua atitude, pois ele lhes dissera
que era judeu. 5Vendo Amã que Mar-
doqueu não se inclinava nem se pros-
trava diante dele, encheu-se de furor.
Amã propõe o extermínio dos judeus.
6Mas achou pouco atentar apenas con-
tra Mardoqueu, pois o haviam informa-
do de que povo era ele; por isso tramou
exterminar todos os judeus, povo de
Mardoqueu, que se achavam em todo
o reino de Assuero. 7No primeiro mês,
isto é, no mês de nisã, no duodécimo
ano do reinado de Assuero, foi lançado
o Pur†, ou seja, as sortes, na presença de
Amã,* para a escolha do dia e do mês.
A sorte caiu no dia treze do duodécimo
mês, chamado adar. 8Então Amã disse
ao rei Assuero: "Entre os povos de to-
das as províncias de teu reino existe um
povo espalhado e segregado, cujas leis
são diferentes das leis de todos os ou-
tros povos, e que não cumpre as ordens
do rei; não convém ao rei deixá-lo viver.
9Se o rei está de acordo, promulgue-se
uma ordem para exterminá-los, e eu fa-
rei passar às mãos dos funcionários dez
mil talentos de prata, para que os de-
positem nos tesouros do rei". 10Então o
rei tirou do dedo seu anel* e o entregou
a Amã, filho de Amadates, o agagita, o
inimigo dos judeus, 11dizendo-lhe: "Seja
para ti o dinheiro, e faz desse povo o
que quiseres".
Publicação do decreto de extermínio.
12No dia treze do primeiro mês foram
chamados os secretários do rei, que es-
creveram, seguindo em tudo as ordens
de Amã, aos sátrapas do rei, aos gover-
nadores de cada província* e aos prín-
cipes de cada povo, a cada província na
respectiva escrita e a cada povo em sua
língua. O escrito foi redigido em nome
do rei Assuero e selado com o selo do
rei. 13Foram enviadas cartas, por meio
de estafetas, a todas as províncias do
rei, com a ordem de destruir, matar e
exterminar todos os judeus, jovens e an-
ciãos, crianças e mulheres, num só dia,
no dia treze do duodécimo mês, que é
o mês de adar, e de saquear seus bens.

---

* **2**,20. 2,14 | **3**,7. 9,24ss | 10. 7,4 | 12. Dn 3,4.7

† **3**,7. Pur é um nome assírio, mencionado aqui porque vai dar seu nome à festa de Purim, 9,26-32.

13aEra este o teor dessa carta: "O
grande rei Assuero, aos sátrapas das
cento e vinte e sete províncias, desde
a Índia até a Etiópia, e aos governado-
res a eles subordinados, assim escre-
ve: 13bEstando eu à frente* de muitas
nações e tendo o domínio do mundo
inteiro, não exaltado pelo orgulho do
poder, mas governando sempre com
moderação e doçura, resolvi assegu-
rar continuamente uma vida serena a
meus súditos, garantir um reino tran-
quilo e seguro até as fronteiras e fazer
florescer a paz suspirada por todos.

13cOra, tendo indagado a meus con-
selheiros como pode ser realizado tudo
isso, um deles, chamado Amã, que se
distingue entre os nossos pela prudên-
cia, notável por sua devoção indefec-
tível e comprovada fidelidade, elevado
à segunda dignidade do reino, 13dde-
nunciou-nos que, entre todas as estir-
pes* do mundo, mistura-se um povo
mal-intencionado, oposto a todos os
outros por suas leis, que despreza con-
tinuamente os decretos do rei, a ponto
de ser um obstáculo ao governo que
exercemos para a satisfação geral.

13eConsiderando, pois, que esta na-
ção é a única que está em contínuo
contraste com todo ser humano, di-
ferenciando-se por um regime de leis
extravagantes e que, mal-intencionada
contra nossos interesses, comete as
piores desordens e ameaça assim a es-
tabilidade do reino, 13fordenamos que
os homens que vos forem assinalados
nas cartas de Amã,* o intendente dos
negócios públicos e nosso segundo
pai, sejam todos, com suas mulheres e
filhos, radicalmente exterminados pe-
las espadas de seus adversários, sem
piedade nem consideração de espécie
alguma, no dia quatorze do duodécimo
mês, isto é, adar, do corrente ano, 13ga
fim de que, lançados esses opositores
de ontem e de hoje lançados violenta-
mente ao abismo num único dia, sejam
doravante asseguradas ao Estado esta-
bilidade e tranquilidade plenas".

14Uma cópia desse edito devia ser
emanada com força de lei em todas as
províncias e promulgada para todos os
povos, para estarem preparados para
o dia indicado. 15Por ordem do rei, os
estafetas partiram a toda pressa, e o
edito foi promulgado na cidadela de
Susa. O rei e Amã assentaram-se para
beber, mas na cidade de Susa reinava a
consternação.

4 **Consternação dos judeus.**
1Quando Mardoqueu soube de
tudo o que havia acontecido, rasgou as
vestes, cobriu-se de pano de saco e de
cinzas e saiu pela cidade clamando em
voz alta e amargamente. 2Chegou até a
porta do palácio, pois ninguém podia
atravessá-la vestido de pano de saco.
3Em todas as províncias aonde chega-
vam a ordem do rei e seu edito, houve
grande luto entre os judeus, com je-
jum, prantos e lamentos†, e muitos se
deitavam sobre pano de saco e sobre
a cinza.

**Mardoqueu exorta Ester a interce-
der.** 4As damas de Ester e seus eunucos
vieram contar-lhe essa novidade, e a
rainha ficou muito angustiada. Man-
dou roupas para Mardoqueu vestir,
fazendo-o despir a veste de saco, mas
ele não aceitou. 5Então Ester chamou
Atac, um dos eunucos do rei que este
havia posto a serviço dela, e o encar-
regou de ir perguntar a Mardoqueu o
que significava aquilo e por que agia
assim. 6Atac saiu para encontrar-se
com Mardoqueu na praça da cidade,
diante da porta do rei. 7Mardoqueu
narrou-lhe tudo o que lhe acontecera e
falou também da soma de dinheiro que
Amã prometera pagar ao tesouro real
para obter o extermínio dos judeus.
8Entregou-lhe uma cópia do decreto
publicado em Susa para os exterminar,
a fim de que o mostrasse a Ester, infor-
mando-a de tudo e encarregando-a de
apresentar-se ao rei para implorar sua
graça e interceder em favor do povo.
8a"Recorda-te – mandou dizer-lhe –

---

* **3**,13b. Jt 2,5 | 13d. 3,8 | 13f. 8,12

† **4**,3. Práticas comuns para manifestar dor e luto.

dos dias de tua pobreza, quando eras
alimentada por minha mão; porque
Amã, o segundo depois do rei, falou
contra nós, para nossa ruína. Invoca o
Senhor, fala ao rei em nosso favor e
livra-nos da morte!"
Ester aceita e assume o risco. [9]Veio,
pois, Atac e transmitiu a Ester as pala-
vras de Mardoqueu. [10]Ester conversou
com Atac e mandou-o dizer a Mardo-
queu: [11]"Todos os servidores do rei e
o povo das províncias sabem que se
alguém, homem ou mulher, entrar no
pátio interno para estar com o rei, sem
ter sido chamado, por força de uma lei
igual para todos, incorre na pena de
morte, a não ser que o rei lhe estenda o
cetro de ouro, salvando-lhe neste caso
a vida. Ora, há trinta dias que não sou
chamada para me apresentar ao rei".
[12]Estas palavras de Ester foram comu-
nicadas a Mardoqueu. [13]E este mandou
dizer-lhe: "Não penses que serás a úni-
ca entre todos os judeus a escapar, por
estares na casa do rei; [14]porque se tu
nesta hora te calares, os judeus rece-
berão socorro e libertação de alguma
outra parte,† mas tu e a casa de teu pai
perecereis. Quem sabe se não foi justa-
mente em previsão de uma circunstân-
cia como esta que chegaste à realeza?"
[15]Ester mandou responder a Mardo-
queu: [16]"Vai, reúne todos os judeus que
se acham em Susa e jejuai por mim; fi-
cai três dias sem comer e sem beber,
nem de noite e nem de dia. Eu tam-
bém com minhas damas jejuaremos da
mesma forma†, e depois me apresen-
tarei ao rei, embora seja contra a lei; e
se tiver de morrer, morrerei". [17]Mardo-
queu retirou-se e fez tudo conforme
Ester lhe ordenara.
Oração de Mardoqueu. [17a]Depois, re-
cordando-se de todas as obras do Se-
nhor, Mardoqueu dirigiu-lhe a seguinte
oração: [17b]"Senhor, Senhor rei todo-
-poderoso, tudo está sob vosso domí-
nio,* e não há quem possa opor-se a
vós em vossa vontade de salvar Israel!
[17c]Sois vós que criastes o céu e a terra
e todas as maravilhas que estão sob o
firmamento; sois o Senhor do universo,
e não há quem possa resistir a vós, Se-
nhor! [17d]Vós conheceis tudo; sabeis, ó
Senhor, que não foi por orgulho, nem
por vanglória que deixei de prostrar-
-me diante do soberbo Amã, pois que,
para a salvação de Israel, estaria pronto
a beijar-lhe as plantas dos pés. [17e]Mas
agi assim para não colocar a glória de
um homem acima da glória de Deus.
Não me prostrarei jamais diante de
alguém, senão diante de vós, que sois
meu Senhor, e não farei isto por orgu-
lho. [17f]Agora, pois, Senhor Deus, rei,
Deus de Abraão, poupai vosso povo,
porque querem destruir-nos e fazer
perecer aquela que desde os tempos
antigos é vossa herança. [17g]Não des-
prezeis a porção que para vós libertas-
tes* da terra do Egito. [17h]Ouvi minha
súplica e sede propício a vossa heran-
ça, transformai nosso luto em alegria,
para que, vivos, possamos cantar hinos
a vosso nome, Senhor, e não fecheis a
boca dos que vos louvam!" [17i]E todo o
Israel clamava com toda a força, pois
pairava a morte diante de seus olhos.
Oração de Ester. [17j]Também a rainha
Ester, tomada de mortal angústia, pro-
curava refúgio junto ao Senhor. Depôs
suas vestes suntuosas e vestiu roupas
de luto e de dor; em lugar de perfumes
preciosos, cobriu a cabeça com cinzas
e pó; mortificou duramente o corpo e,
nos lugares onde costumava ostentar
seus alegres penteados, deixava cair
as tranças de sua cabeleira desfeita. Ela
suplicou assim ao Senhor, Deus de Is-
rael:
[17k]"Ó meu Senhor, nosso rei, vós sois
o Único; socorrei-me a mim, que estou
só, e não tenho outro refúgio senão
vós, pois um grande perigo me amea-

---

* **4**,17b. Êx 19,5; 2Cr 20,6s; Jt 16,14; Is 41,10-16; 2Rs 19,15; Is 40,21-26 | **4**,17g. Dt 9,26; 32,9; 1Rs 8,51; Jr 10,16; Sl 33,12; Jl 4,2; Sl 6,6; 115,17s; Is 38,18ss

† **4**,14. Mardoqueu pode estar pensando numa intervenção divina. Mas alguns autores fazem desta frase uma frase interrogativa e então o sentido seria que só de Ester pode vir a salvação. | 16. Ver a nota em Jt 12,9.

ça. [17l]Desde minha infância aprendi, no seio de minha família,* que vós, Senhor, escolhestes Israel entre todas as nações e nossos pais entre todos os seus antepassados para vossa herança perpétua, e em seu favor executastes tudo o que havíeis prometido. [17m]Agora, pecamos contra vós,* e por isso nos entregastes às mãos de nossos inimigos, por termos adorado seus deuses. Sois justo, Senhor! [17n]Mas agora eles, não satisfeitos com a amargura de nossa escravidão, colocaram as mãos sobre as mãos de seus ídolos,* para frustrar a sentença que pronunciastes, para exterminar vossa herança, fechar a boca dos que vos louvam, extinguir vosso altar e a glória de vosso templo [17o]e abrir, ao invés, a boca das nações, para enaltecer os ídolos vãos e idolatrar continuamente um rei de carne. [17p]Não abandoneis, Senhor, vosso cetro a deuses que nem sequer existem; que não se riam de nossa ruína, mas fazei recair esses projetos sobre seus autores e puni exemplarmente o primeiro de nossos perseguidores. [17q]Lembrai-vos, Senhor! Manifestai-vos no dia de nossa aflição e dai-me coragem, Rei dos deuses e senhor de toda autoridade! [17r]Ponde em minha boca* palavras persuasivas na presença do leão, voltai seu coração para o ódio a nosso inimigo, para a perdição dele e de seus semelhantes. [17s]Quanto a nós, salvai-nos com vossa mão e socorrei-me, porque estou só e não tenho senão a vós, Senhor. [17t]Vós conheceis todas as coisas e sabeis que odeio a glória dos ímpios, que abomino o leito dos incircuncisos e de todo estrangeiro. [17u]Conheceis a necessidade que me constrange e como detesto a insígnia de minha elevada posição, que trago na cabeça* nos dias em que devo aparecer em público; detesto-a como a um pano imundo e não a trago nos dias em que estou retirada. [17v]Jamais vossa serva comeu à mesa de Amã, nem prestigiou os banquetes do rei, nem bebeu o vinho das libações. [17w]Desde sua promoção até agora, nunca vossa serva provou alegria a não ser em vós, Senhor, Deus de Abraão. [17x]Ó Deus, cuja força prevalece sobre todos, ouvi a voz dos desesperados, salvai-nos das mãos dos malfeitores e livrai-me de meus temores".

5 **Ester apresenta-se ao rei.**

[1]No terceiro dia, quando terminou de rezar, Ester despojou-se das vestes de suplicante e se cobriu de todo o luxo de sua grandeza. [1a]Assim, radiante de beleza, depois de invocar o Deus que vela sobre todos e os salva, tomou consigo duas servas; a uma delas se apoiava delicadamente, enquanto a outra a seguia, erguendo-lhe a cauda do vestido. [1b]No auge de sua beleza, tinha as faces rosadas, seu rosto irradiava alegria e amor, mas seu coração estava angustiado pelo medo. [1c]Depois de atravessar todas as portas, apresentou-se ante o rei, que estava sentado em seu trono real, revestido de todos os ornamentos de suas solenes aparições, todo fulgurante de ouro e pedras preciosas; e seu aspecto era terrificante. [1d]Quando ele ergueu a cabeça cintilante de majestade e lançou um olhar cheio de cólera, a rainha empalideceu e desmaiou, apoiando a cabeça sobre a serva que a precedia. [1e]Então Deus converteu em mansidão o coração do rei que, apreensivo, saltou do trono e tomou Ester nos braços até que ela voltou a si; procurava confortá-la com palavras tranquilizantes, dizendo-lhe: [1f]"Que tens, Ester? Sou teu irmão. Coragem! Não morrerás, pois nossa lei foi feita para a gente comum. Aproxima-te". [2]E, erguendo o cetro de ouro, pousou-o sobre o pescoço de Ester e a beijou, dizendo-lhe: "Fala!" [2a]Ela lhe disse: "Eu te vi, ó senhor, como um anjo de Deus, e meu coração perturbou-se diante de tua glória, porque és maravilhoso, senhor, e teu rosto é cheio de encanto". [2b]Mas enquanto falava, caiu

---

* **4**, 17l. Dt 6,20-25; 7,6 | 17m. Jz 2,6 | 17n. 4,17 | 17r. Dt 10,17; Sl 136,2; 95,3; Dn 2,47; 11,36 | 17u. Is 64,6; Lv 15,19-30

desfalecida. O rei ficou perturbado, en-
quanto todos os seus servos tentavam
reanimá-la.
3Disse-lhe então o rei: "Que tens, ra-
inha Ester? Qual é teu pedido?* Mes-
mo que seja a metade de meu reino,
te será concedido". 4Respondeu Ester:
"Se parecer bem ao rei, venha hoje com
Amã ao banquete que lhe preparei". 5O
rei ordenou: "Chamai logo Amã para
atender ao desejo de Ester".
Assim, o rei foi com Amã ao banque-
te preparado por Ester.
6Enquanto era servido o vinho, o rei
perguntou a Ester: "Qual é teu pedido?
Será deferido. Que desejas? Ainda que
seja a metade de meu reino, te será
concedido". 7Respondeu Ester: "Eis
meu pedido e o que desejo: 8Se en-
contrei graça aos olhos do rei e se lhe
apraz atender a meu pedido e satisfa-
zer meu desejo, venha o rei com Amã
ao banquete que lhes darei; e amanhã
farei o que o rei ordena".

**Amã resolve mandar enforcar Mar-
doqueu.** 9Naquele dia Amã saiu feliz
e com o coração alegre; mas quando,
junto à porta do rei, ele viu Mardoqueu,
que não se levantava nem se movia do
lugar a sua passagem, encheu-se de ira
contra ele. 10Amã porém conteve-se,
foi para casa, convocou os amigos e
Zares, sua esposa, 11e lhes falou da gló-
ria de suas riquezas, do grande número
de seus filhos, de tudo o que o rei ha-
via feito para engrandecê-lo e de como
o elevara sobre todos os príncipes e
cortesãos. 12E acrescentou: "Também a
rainha Ester, a ninguém fez vir com o
rei ao banquete que havia preparado,
a não ser a mim; e também para ama-
nhã fui convidado por ela juntamente
com o rei. 13Mas tudo isso de nada
vale para mim, enquanto eu vir o judeu
Mardoqueu assentar-se à porta do rei!"
14Então lhe disseram sua esposa Zares
e todos os seus amigos: "Manda pre-
parar uma forca da altura de cinquenta
côvados e amanhã de manhã pede ao
rei que nela seja suspenso Mardoqueu;
poderás então, todo alegre, acompa-
nhar o rei no banquete". Este conselho
agradou a Amã, e ele mandou preparar
a forca.

6 **Elevação de Mardoqueu.** 1Na-
quela noite, o rei não conseguia
dormir; mandou, então, trazer o livro
das memórias, das crônicas, que foram
lidas em sua presença. 2Achou-se escri-
to como Mardoqueu havia denunciado
Bagatã e Tares, os dois eunucos do rei,
guardas da porta, que haviam tramado
um atentado contra o rei Assuero. 3O
rei perguntou: "Que honra e distinções
se deram a Mardoqueu por esse ato?"*
Responderam-lhe seus cortesãos que
lhe serviam: "Nada foi feito por ele".
4Perguntou o rei: "Quem está no átrio?"
Ora, Amã acabava de entrar no átrio
externo do palácio real, para dizer ao
rei que mandasse pendurar Mardo-
queu na forca que ele lhe havia prepa-
rado. 5Os cortesãos responderam: "É
Amã que está no átrio". "Que ele en-
tre!" disse o rei. 6Tendo entrado Amã, o
rei perguntou-lhe: "Que se deve fazer a
um homem que o rei deseja honrar?"
Amã pensou: "A quem o rei desejaria
honrar senão a mim?" 7E respondeu
ao rei: "Para o homem que o rei dese-
ja honrar, 8tragam-se a veste real que
o rei costuma usar e o cavalo que ele
costuma montar, e sobre sua cabeça
seja posta uma coroa real. 9Veste e ca-
valo sejam entregues a um dos mais
nobres oficiais do rei, e este revestirá
o homem a quem o rei deseja honrar;
ele o conduzirá montado a cavalo pelas
ruas da cidade, clamando diante dele:
"Assim se faz ao homem a quem o rei
quer honrar!" 10Então o rei disse a Amã:
"Toma logo a veste* e o cavalo, como
disseste, e faze assim a Mardoqueu, o
judeu que se acha à porta do rei; e não
omitas nada de tudo o que disseste"†.
11Amã tomou a veste e o cavalo, reves-
tiu Mardoqueu e o levou a cavalo pelas

---

* **5**,3. 5,6; 7,2; 9,12; Mc 6,23 | **6**,3. 1,1q | 10. Dn 5,29

† **6**,10. O orgulhoso e egoísta Amã viu-se forçado a honrar e glorificar a pessoa que ele planejava enforcar.

ruas, clamando diante dele: "Assim se
faz ao homem a quem o rei quer hon-
rar!" 12Depois disso, Mardoqueu voltou
à porta do rei, e Amã foi depressa para
casa, abatido e com o rosto coberto.
13Contou à esposa Zares e a todos os
seus amigos tudo o que lhe sucedera.
Então lhe disseram seus sábios e sua
esposa Zares: "Se Mardoqueu, diante
do qual começaste a sucumbir, é da es-
tirpe dos judeus, nada poderás contra
ele, mas sucumbirás totalmente".

Amã é punido com a morte. 14Es-
tavam ainda conversando com Amã,
quando chegaram os eunucos do rei e
o conduziram apressadamente ao ban-
quete preparado por Ester.

7 1Foram, pois, o rei e Amã ao ban-
quete da rainha Ester. 2Nova-
mente, neste segundo dia, enquanto
bebiam vinho, o rei perguntou a Ester:
"Qual é teu pedido, rainha Ester? Será
deferido. Que desejas? Mesmo que
fosse a metade do reino, te será conce-
dido". 3Respondeu então a rainha: "Se
realmente encontrei graça diante de
teus olhos, ó rei, e se ao rei agradar,
concede-me a vida – eis meu pedido
– e a vida de meu povo – eis meu de-
sejo†. 4Pois fomos vendidos eu e meu
povo para sermos destruídos, massa-
crados e exterminados. Se fôssemos
vendidos como escravos e escravas,
eu me calaria; mas nosso adversário
não poderia reparar o dano feito ao
rei com nossa morte". 5O rei Assuero
perguntou* à rainha Ester: "Quem é e
onde está aquele que ousou planejar
semelhante coisa?" 6Respondeu Ester:
"O perseguidor, o inimigo é Amã, este
miserável!" Então Amã ficou aterroriza-
do na presença do rei e da rainha. 7En-
colerizado, o rei se levantou do ban-
quete e foi para o jardim do palácio,
enquanto Amã ficou a implorar por sua
vida à rainha Ester, pois compreendera
que em seu coração o rei decidira sua
ruína. 8Quando o rei voltou do jardim
do palácio à sala do banquete, viu Amã
prostrado sobre o divã onde estava Es-
ter e exclamou: "Ainda se atreve a fazer
violência à rainha em minha presença,
em minha casa?" Logo que estas pala-
vras saíram da boca do rei, cobriram o
rosto de Amã. 9Então Harbona, um dos
eunucos, disse na presença do rei: "Na
casa de Amã há uma forca de cinquen-
ta côvados de altura, preparada por ele
para Mardoqueu, o qual com uma pa-
lavra tanto bem fez ao rei". Ordenou o
rei: "Suspendei-o nela!"†. 10Suspende-
ram, pois, Amã na força que ele havia
preparado para Mardoqueu; e o furor
do rei se aplacou.

III. O POVO JUDEU É SALVO (8–10)

8 **Mardoqueu é empossado no car-
go de Amã.** 1Naquele mesmo dia,*
o rei Assuero deu à rainha Ester a casa
de Amã, o inimigo dos judeus, e Mardo-
queu veio perante o rei, pois Ester lhe
explicara o parentesco deles dois. 2En-
tão o rei tirou do dedo o anel que havia
retirado de Amã e o entregou a Mardo-
queu;* e Ester confiou a Mardoqueu a
administração da casa que fora de Amã.

É revogado o decreto de extermínio.
3Ester voltou novamente a falar ao rei;
prostrou-se a seus pés e suplicou-lhe
entre lágrimas que revogasse a malda-
de de Amã, o agagita, e o plano que
havia tramado. 4O rei estendeu a Ester
o cetro de ouro, ela se pôs de pé diante
dele 5e disse: "Se ao rei aprouver e se
encontrei favor perante ele, se esta coi-
sa lhe parece justa e se eu lhe agrado
a seus olhos, escreva-se que ficam re-
vogadas as cartas concebidas por Amã,
filho de Amadates, o agagita, que as
fez escrever com o propósito de exter-
minar os judeus em todas as províncias
do rei; 6pois como poderia eu resistir,
ao ver a calamidade que atingiria meu

* **7**,5. 3,8s | **8**,1. Pr 11,8; 26,27 | 2. Dn 2,48s; Pr 13,22

† **7**,3. A intercessão de Ester, que salva o povo da perdição, faz dela uma figura de Nossa Senhora, que Deus exaltou como rainha e à qual Ele nada recusa. Este trecho do livro é lido na Missa de Nossa Senhora Aparecida. | 9. A ordem do rei é o que está prescrito em Dt 19,19.

povo? E como poderia eu resistir, ao
ver a destruição de minha estirpe?"
[7]Respondeu, então, o rei Assuero à ra-
inha Ester e ao judeu Mardoqueu: "Dei
a Ester a casa de Amã, e ele foi sus-
penso a uma forca por ter levantado
a mão contra os judeus. [8]Escrevei, vós
mesmos,* um decreto em favor dos ju-
deus, em nome do rei, como vos pare-
cer melhor, e selai-o com o anel do rei,
pois uma ordem escrita em nome do
rei e selada com seu anel é irrevogá-
vel". [9]Sem perder tempo, no dia vinte e
três do terceiro mês, ou seja, do mês de
sivã, foram convocados os secretários
do rei e escreveram, conforme tudo o
que ordenou Mardoqueu, aos judeus,
aos sátrapas, aos governadores e aos
chefes das cento e vinte e sete provín-
cias, desde a Índia até a Etiópia, a cada
província em sua respectiva escrita, a
cada povo em sua própria língua e aos
judeus em sua escrita própria e em sua
língua. [10]Essas cartas, escritas em nome
do rei Assuero e seladas com o anel do
rei, foram expedidas por meio de es-
tafetas que montavam velozes corcéis,
nascidos de cavalos de raça. [11]Nelas o
rei concedia aos judeus, em qualquer
cidade que habitassem, o direito de se
reunir e de defender sua vida, destruin-
do, matando e exterminando todas as
pessoas armadas de qualquer povo e
de qualquer província que os atacas-
sem, sem excluir as crianças e as mu-
lheres, e de saquear-lhes os bens, [12]e
isto num mesmo dia, isto é, no dia tre-
ze do duodécimo mês, ou seja, o mês
de adar, em todas as províncias do rei
Assuero.

Carta em favor dos judeus. [12a]Eis o
texto dessa carta:

[12b]O grande rei Assuero, aos sátra-
pas das cento e vinte e sete províncias,
desde a Índia até a Etiópia, aos gover-
nadores de província e a todos os seus
súditos leais, saudações!

[12c]Há pessoas que, quanto mais fre-
quentemente são honradas com a
maior generosidade por seus benfei-
tores, tanto mais se tornam arrogantes;
e não só procuram prejudicar nossos
súditos, mas, tornando-se sua sacie-
dade um fardo insuportável para elas,
tramam insídias contra seus próprios
benfeitores. [12d]Elas não só expulsam
do coração dos homens a gratidão,
mas, embriagadas pelos aplausos de
quem ignora o bem, presumem até
poder escapar de Deus, que tudo vê, e
de sua justiça, que odeia o mal. [12e]Com
frequência também acontece com as
autoridades constituídas que, por have-
rem confiado a amigos a administração
dos negócios públicos e se terem deixa-
do influenciar por eles, tornam-se res-
ponsáveis com eles pelo derramamento
de sangue inocente, provocando males
irreparáveis;[12f]porque os falsos raciocí-
nios de sua índole perversa enganaram
a irrepreensível boa-fé dos governantes.
[12g]Isto se pode constatar não só nas an-
tigas histórias às quais fizemos referên-
cia, mas observando também os delitos
cometidos por essa peste de governan-
tes indignos. [12h]Para o futuro envidare-
mos esforços para assegurar a todos a
tranquilidade e a paz do reino, [12i]pro-
movendo as oportunas mudanças e jul-
gando sempre com a maior equidade as
questões que nos forem submetidas.

[12j]Assim foi que Amã, filho de Ama-
dates, o macedônio, na verdade estra-
nho ao sangue persa e muito alheio a
nossa benignidade, fora acolhido como
hóspede entre nós. [12k]Foi tão favoreci-
do pela amizade que professamos com
todos os povos a ponto de ser procla-
mado nosso pai e de ver-se reverencia-
do por todos com a prostração, como
a segunda personalidade do reino.
[12l]Mas não aguentando o peso de sua
soberba, intentou privar-nos do poder
e da vida; [12m]valendo-se de falsos e
tortuosos argumentos, pediu a pena de
morte para nosso salvador e constante
benfeitor, Mardoqueu, para nossa irre-
preensível companheira no reino, Ester,
e para todo o seu povo. [12n]Esperava,
com tais meios, surpreender-nos no
isolamento e passar aos macedônios o
império dos persas.

* **8**,8. 1,19; 3,12

12oOra, nós verificamos que esses
judeus, condenados ao extermínio por
aquele homem três vezes criminoso,
não são malfeitores, mas se gover-
nam por leis justíssimas 12pe são filhos
do Altíssimo, Deus supremo e sem-
pre vivo, a quem nós e nossos prede-
cessores devemos a conservação do
reino na maior prosperidade. 12qPor
conseguinte, agireis bem não fazendo
nenhum caso das cartas enviadas por
Amã, filho de Amadates, pois este seu
autor foi enforcado com toda a sua fa-
mília diante das portas de Susa, justo
castigo que lhe foi dado sem demora
por Deus, Senhor do universo. 12rAfixai
uma cópia da presente carta em todo
lugar público, deixai os judeus praticar
abertamente suas leis e auxiliai-os para
que possam repelir os que queriam
atacá-los no dia marcado para a perse-
guição, o dia treze do duodécimo mês,
que é adar; 12sporque este dia, que de-
veria ser um dia de ruína para a estirpe
eleita, Deus, Senhor de todas as coi-
sas, o transformou em dia de alegria.
12tQuanto a vós, entre vossas festas
comemorativas, celebrai este dia me-
morável com toda a sorte de festejos, a
fim de que no presente e no futuro seja
memorial de vossa salvação para nós
e para os persas de boa vontade, mas
para nossos adversários seja lembrança
de sua perdição. 12uToda cidade e mais
geralmente toda localidade que não
executar as presentes ordens será ine-
xoravelmente arrasada a ferro e fogo,
reduzida a ser não só inabitável para os
homens, mas ainda odiosa aos animais
selvagens e às aves para sempre".

Júbilo dos judeus. 13Uma cópia do edi-
to a ser promulgado em cada província
foi transmitida a todas as populações,
a fim de que os judeus estivessem pre-
parados para se vingar de seus inimi-
gos no dia estabelecido. 14Os estafetas,
montados em cavalos velozes, usados
para o serviço do rei, partiram às pres-
sas e estimulados pela ordem do rei. O
decreto foi logo promulgado também
na cidadela de Susa. 15Mardoqueu saiu
da audiência com o rei trajando uma
veste régia, de púrpura violeta e de li-
nho branco, com uma grande coroa de
ouro e um manto de linho e de púrpu-
ra. A cidade de Susa gritava de alegria
e estava em festa. 16Para os judeus foi
um dia de luz, de alegria, de regozijo e
de glória. 17Em toda província, em toda
cidade e em toda parte aonde chegava
a ordem do rei e seu edito, havia entre
os judeus júbilo e alegria, banquetes e
festas. Entre a população do país mui-
tos se tornaram judeus, pois o temor
dos judeus apoderou-se deles.

9 **Vingança dos judeus contra seus
inimigos.** 1No dia treze do duodé-
cimo mês, que é o mês de adar, quando
a ordem e o edito do rei deveriam ser
executados, naquele mesmo dia em que
os inimigos dos judeus esperavam tê-los
em seu poder, aconteceu o contrário: os
judeus é que tiveram em seu poder seus
inimigos. 2Os judeus congregaram-se
em suas cidades, em todas as províncias
do rei Assuero, para agredir os que pro-
curavam sua perdição, e ninguém lhes
pôde resistir, porque o temor deles se
apoderara de todos os povos. 3Todos os
chefes das províncias, os sátrapas,
os governadores e os que cuidavam
dos interesses do rei apoiaram os ju-
deus, porque o temor de Mardoqueu os
dominava; 4ele se tornara poderoso na
corte, e por todas as províncias se divul-
gava sua fama; Mardoqueu crescia sem-
pre mais em poder. 5Assim os judeus
massacraram todos os seus inimigos,
passando-os a fio de espada, matando-
-os e exterminando-os; e trataram seus
adversários como quiseram†.

6Na cidadela de Susa, os judeus
mataram e exterminaram quinhentos
homens; 7mataram Farsandata, Del-
fon, Esfata, 8Forata, Adalia, Aridata,
9Fermesta,* Arisai, Aridai e Jezata, 10os
dez filhos de Amã, filho de Amadates,

---

* **9**,9. 3,13; 9,15; Jt 15,7.11.19

† **9**,5. O autor não quer exaltar a vingança, mas demonstrar como Deus reverte as situações beneficiando os oprimidos.

o perseguidor dos judeus; mas não se entregaram à pilhagem.

Outro dia de chacina. 11 Naquele mesmo dia foi comunicado ao rei o número dos mortos na cidadela de Susa. 12 O rei disse à rainha Ester: "Os judeus mataram e exterminaram quinhentos homens e os dez filhos de Amã na cidadela de Susa; que terão feito nas outras províncias do rei? Qual é teu pedido agora? Ele te será concedido. Que mais solicitas? Será feito". 13 Respondeu Ester: "Se ao rei aprouver, seja permitido aos judeus de Susa fazer também amanhã o que estava decretado para hoje, e os dez filhos de Amã sejam suspensos à forca". 14 O rei ordenou que assim se fizesse, e o decreto foi publicado em Susa; os dez filhos de Amã foram dependurados na forca. 15 Os judeus de Susa reuniram-se também no dia catorze do mês de adar e mataram em Susa trezentos homens, sem, no entanto, entregar-se à pilhagem. 16 Também os outros judeus, que estavam nas províncias do rei, reuniram-se para defender a própria vida e se pôr ao abrigo dos ataques de seus inimigos; mataram setenta e cinco mil deles, sem, todavia, entregar-se à pilhagem. 17 Isto aconteceu no dia treze do mês de adar. No dia catorze repousaram e fizeram dele um dia de festa e de alegria. 18 Mas os judeus de Susa reuniram-se nos dias treze e catorze do mesmo mês; no dia quinze repousaram e fizeram dele um dia de festa e de alegria. 19 Por isso os judeus dos campos, que habitam nas aldeias não cercadas de muros, celebram o dia catorze do mês de adar como um dia de alegria, de banquete e de festa, trocando presentes entre si, 19a enquanto que para os das cidades, o dia festivo* que passam na alegria, enviando presentes a seus vizinhos, é o dia quinze de adar.

Instituição da festa de Purim. 20 Mardoqueu redigiu o relato desses acontecimentos e enviou cartas a todos os judeus de todas as províncias do rei Assuero, próximas e distantes, 21 ordenando-lhes que celebrassem anualmente os dias catorze e quinze do mês de adar, 22 porque foi nesses dias que os judeus se haviam livrado de seus inimigos, foi nesse mês que sua angústia se convertera em alegria e seu luto em festa; que fizessem deles dias de banquetes e de alegria, com troca de manjares e donativos aos pobres. 23 Os judeus comprometeram-se a continuar aquilo que já haviam começado a fazer, e que Mardoqueu lhes havia prescrito.

24 Efetivamente, Amã, filho de Amadates, o agagita, o inimigo de todos os judeus, tinha planejado exterminá-los e havia lançado o pur, isto é, a sorte, para o extermínio e a destruição deles. 25 Mas quando Ester se apresentou diante do rei, este ordenou por escrito que recaísse sobre a cabeça de Amã a perversa maquinação tramada contra os judeus, e que ele e seus filhos fossem suspensos à forca. 26 É por isso que esses dias foram chamados Purim†, da palavra pur. Assim, por causa de todas as palavras desta carta, do que testemunharam e do que lhes havia sucedido, 27 os judeus estabeleceram e adotaram para si mesmos, para seus descendentes e para todos os que haveriam de unir-se a eles, o costume irrevogável de celebrar anualmente esses dois dias, do modo prescrito na carta e no tempo determinado. 28 Esses dias haveriam de ser comemorados e festejados por todas as gerações, em todas as famílias, províncias e cidades; esses dias de Purim nunca poderiam deixar de ser celebrados entre os judeus, e sua recordação jamais haveria de se apagar entre seus descendentes.

29 A rainha Ester, filha de Abiail, e o judeu Mardoqueu escreveram com toda a autoridade para dar vigor a essa segunda carta relativa aos Purim. 30 Foram expedidas cartas a todos os judeus nas cento e vinte e sete províncias do rei-

---

* **9**,19a. Ne 8,10ss

† **9**,26. Purim é o plural hebraico de Pur, 3,7. A data que os hebreus celebram até hoje com o mesmo nome chamava-se "festa de Mardoqueu" no tempo dos Macabeus, 2Mc 15,36.

no de Assuero, com sinceros votos de paz, [31]recomendando que celebrassem esses dias de Purim no tempo devido, conforme estabeleceram o judeu Mardoqueu e a rainha Ester, da maneira que eles mesmos tinham determinado para si e para seus descendentes acerca do jejum e das lamentações. [32]Uma ordem de Ester estabeleceu as modalidades desses Purim, e foi registrada num livro.

10 **Poder de Assuero e de Mardoqueu.** [1]O rei Assuero impôs um tributo ao continente e às ilhas do mar. [2]Todos os feitos de seu poder e de sua autoridade, bem como o relato da elevação de Mardoqueu, a quem ele exaltou, estão escritos no livro das crônicas dos reis da Média e da Pérsia. [3]Com efeito, o judeu Mardoqueu era o segundo depois do rei Assuero; era muito considerado entre os judeus e estimado pela multidão de seus irmãos, pois procurava o bem* de seu povo e falava a favor da prosperidade de toda a sua linhagem.

Mardoqueu interpreta o sonho. [3a]Então Mardoqueu disse: "Veio de Deus tudo isso! [3b]Lembro-me do sonho que tive acerca desses acontecimentos: nenhum detalhe foi omitido. [3c]A pequena fonte que se transformou em rio, a luz que despontou, o sol e as águas caudalosas. Este rio é Ester, desposada pelo rei e constituída rainha. [3d]Os dois dragões somos eu e Amã. [3e]As nações são os que se reuniram para destruir o nome dos judeus. [3f]Minha nação é Israel, aqueles que elevaram a voz a Deus e foram salvos. Sim, o Senhor salvou seu povo e nos livrou de todos esses males, e Deus operou sinais e prodígios tão grandes como jamais tinha havido entre as nações. [3g]Por isso, ele estabeleceu dois destinos: um para o povo de Deus e outro para todas as nações. [3h]Esses dois destinos se realizaram na hora, no momento e no dia, segundo o desígnio de Deus, e em todas as nações. [3i]Então, Deus se lembrou de seu povo e fez justiça a sua herança. [3j]Por isso, esses dois dias do mês de adar, isto é, os dias treze e catorze desse mês, serão por eles celebrados, reunindo-se com alegria e exultação diante de Deus, por todas as gerações, para sempre, em Israel, seu povo".

A tradução grega do livro. [3k]No quarto ano do reinado de Ptolomeu e de Cleópatra, Dositeu, que dizia ser sacerdote e levita, e Ptolomeu, seu filho, trouxeram a presente carta sobre os Purim, afirmando que se tratava da carta autêntica traduzida por Lisímaco, filho de Ptolomeu, membro da comunidade de Jerusalém.

---

* **10**,3. 2Mc 15,14

PRIMEIRO LIVRO DOS MACABEUS

Macabeu, que significa "martelo", é o apelido que foi dado a Judas, filho de Matatias, e depois estendido a seus irmãos João, Simão, Judas, Eleazar e Jônatas, por causa da valentia com que lutaram contra os exércitos pagãos durante a perseguição ao judaísmo. Esta perseguição foi decretada por Antíoco IV Epífanes, da dinastia dos Selêucidas, que dominaram a Judeia desde 200 até 142 a.C. Foram introduzidos na Palestina os costumes dos pagãos, a cultura e o estilo de vida dos gregos, denominado helenismo, e ao mesmo tempo os judeus foram proibidos de praticar as normas da lei mosaica sob pena de morte. Contra essas determinações levantou-se Matatias, judeu fervoroso, que arrastou atrás de si um bom número de seguidores, entre os quais os assideus. Começa então uma verdadeira guerra, com muitas batalhas travadas entre os dois lados. Sempre vitorioso nos confrontos, Judas morre afinal na batalha de Elasa e sucede-lhe Jônatas, que também conduz as tropas a diversas vitórias, até ser morto traiçoeiramente. Em seu lugar, assume o comando Simão, que obtém a independência da Judeia. A história narrada neste primeiro livro aconteceu no espaço de quarenta anos, de 175 a 134 a.C.

Apesar de terem o mesmo nome e serem chamados de primeiro e segundo, trata-se de dois livros autônomos e independentes, isto é, o segundo não é a continuação do primeiro. Este foi escrito em hebraico, mas só chegou até nós na versão grega. O autor não é conhecido, mas é provável que seja um judeu palestinense, cheio de zelo por sua fé, que escreveu depois de 134 a.C., mas antes de 63 a.C., quando os romanos anexaram a Palestina, sob Pompeu. Ele conta fatos ocorridos em sua época e cita documentos oficiais, portanto sua narrativa merece crédito, tendo-se em conta, porém, que se trata de uma história religiosa, com a mesma concepção dos livros anteriores, que viam nas adversidades do povo um castigo divino por suas infidelidades e, nas vitórias, o socorro vindo do Céu.

O livro é um apelo a amar nossa fé e nossas tradições, base de uma vida comunitária que merece ser defendida e promovida com todo o empenho.

I. PERSEGUIÇÃO RELIGIOSA (1)

1 **Alexandre Magno e seus sucessores.** 1Depois que Alexandre, o
macedônio, filho de Filipe, saindo da
terra de Cetim, venceu Dario, rei dos
persas e dos medos, reinou em seu
lugar, tendo começado pela Grécia.
2Empreendeu muitas guerras, tomou
fortalezas, matou os reis da região,
3avançou até os confins da terra, apoderou-se dos despojos de uma multidão de nações e a terra se calou diante
dele. Mas seu coração se exaltou e se
encheu de orgulho. 4Reuniu um exército poderosíssimo e conquistou regiões,
povos e soberanos, que se tornaram
seus tributários. 5Mas, depois disso,
caiu doente e compreendeu que estava
para morrer. 6Por isso convocou seus
oficiais mais ilustres, que tinham sido
educados com ele desde a mocidade,
e repartiu entre eles seu reino, quando ainda estava vivo. 7Alexandre tinha
reinado doze anos quando morreu†.
8Então seus oficiais tomaram o poder,
cada qual em seu território 9e, após sua
morte, todos cingiram o diadema e depois deles seus filhos, por muitos anos,
multiplicando os males sobre a terra.
Antíoco IV Epífanes. 10Saiu deles uma
raiz pecadora,* Antíoco Epífanes, filho
do rei Antíoco, que havia estado em
Roma como refém, e começou a reinar
no ano cento e trinta e sete da dominação grega†. 11Naqueles dias, surgiram
de Israel* homens iníquos, que instigaram a muitos, dizendo: "Vamos, façamos aliança com as nações circunvizi-

---

* **1**,10. 2Mc 4,7 | 11. 2Mc 4,9-17

† **1**,7. Alexandre Magno reinou de 336 a 323 a.C. e morreu de febre em Babilônia, aos 32 anos. | 10. O ano 137 da era selêucida equivale ao ano 175 a.C.

nhas, pois, desde que nos separamos
delas, muitos males caíram sobre nós".
12Agradou-lhes esse modo de falar, 13e
alguns dentre o povo tomaram a ini-
ciativa de ir ao rei, o qual lhes deu au-
torização para introduzir os costumes
dos gentios†. 14Construíram, então,
em Jerusalém, uma praça de espor-
tes, segundo os costumes dos pagãos,
15cancelaram os sinais da circuncisão†,
afastaram-se da santa aliança, para se
associar aos pagãos, e se venderam
para fazer o mal.
16Quando lhe pareceu que seu reino
estava bem consolidado, Antíoco resol-
veu conquistar o Egito para reinar sobre
os dois reinos. 17Invadiu, pois, o Egito*
com um exército imponente, com carros
e elefantes, com a cavalaria e uma gran-
de esquadra. 18Travou batalha contra
Ptolomeu, rei do Egito, que bateu em
retirada diante dele, e muitos caíram fe-
ridos. 19As cidades fortes do Egito foram
tomadas, e o país foi saqueado.

Perseguição contra os judeus. 20De-
pois de ter vencido o Egito,* no ano
cento e quarenta e três, Antíoco vol-
tou e marchou contra Israel, subindo
até Jerusalém com numeroso exército.
21Entrou no santuário com arrogância,
tirou o altar de ouro, o candelabro da
luz com todos os seus acessórios, 22a
mesa da apresentação, os copos, as ta-
ças, os incensórios de ouro, o véu, as
coroas e os ornamentos de ouro que
havia na fachada do templo, removen-
do tudo. 23Tomou também a prata,* o
ouro e os objetos preciosos, bem como
os tesouros escondidos que conseguiu
encontrar. 24Tendo recolhido tudo, par-
tiu para sua região, depois de ter feito
uma matança e falado com extrema
arrogância.
25Israel celebrou um grande luto em
todos os lugares,
26gemeram os chefes e os anciãos;
as virgens e os jovens perderam todo
o vigor,
e a beleza das mulheres se alterou.
27Todo recém-casado entoou um la-
mento,
e a esposa esteve de luto em seu
quarto.
28Tremeu a terra por causa de seus
habitantes,
e toda a casa de Jacó se cobriu de
vergonha.

Destruição e mortes em Jerusalém.
29Dois anos depois, o rei enviou* às ci-
dades de Judá um coletor de tributos,
que veio a Jerusalém com um exército
imponente. 30Dirigiu aos habitantes
falsas palavras de paz e ganhou a con-
fiança deles. Mas depois, caindo sobre
a cidade de improviso, golpeou-a du-
ramente e matou muita gente de Israel.
31Saqueou a cidade, entregou-a às cha-
mas e abateu as casas e os muros a seu
redor. 32Reduziram à escravidão mu-
lheres e crianças, e se apoderaram dos
rebanhos. 33Reconstruíram a cidade de
Davi† com um muro elevado, um forte
e com torres possantes, fazendo dela
sua cidadela. 34Instalaram ali gente ím-
pia, homens iníquos que se fortificaram
lá dentro. 35Abasteceram-na de armas
e víveres e depositaram aí os despojos
tomados de Jerusalém, de sorte que
se tornou uma grande armadilha. 36Foi
uma emboscada para o santuário e uma
constante ameaça para Israel.
37Derramaram sangue inocente ao
redor do santuário
e profanaram o lugar santo.
38Por causa deles fugiram os habi-
tantes de Jerusalém,
que ficou sendo habitação de estran-
geiros.
Tornou-se estranha a sua gente,
abandonada por seus próprios filhos!

---

* **1**,17. 2Mc 5,1; Dn 11,25-28 | 20. 2Mc 5,11-16 | 23. 2Mc 5,21 | 29. 2Mc 5,24ss

† **1**,13. Gentios, pagãos, nações, são termos que os judeus usavam para designar os outros povos. Aqui tem um sentido claramente pejorativo; mas em São Paulo os gentios são os destinatários da salvação, depois da recusa dos judeus, At 13,46. | 15. Uma das novidades do helenismo era o ginásio, onde os atletas lutavam completamente despidos; os jovens hebreus, para não serem discriminados, disfarçavam por meio de uma operação o sinal da aliança de Deus com Abraão. | 33. Esta "cidade de Davi" não é o mesmo local de 2Sm 5,7; fica na parte oeste de Jerusalém. Chamada cidadela ou Acra, será o baluarte da repressão síria, até ser tomada pelos judeus no tempo de Simão em 141 a.C., 13,49-52.

39Seu santuário ficou desolado como
um deserto,
suas festas se mudaram em luto,
seus sábados, em dias de vergonha,
e sua honra, em desprezo.
40Igual a sua glória foi sua desonra,
e sua grandeza deu lugar ao luto.

Imposição de costumes pagãos. 41De-
pois o rei enviou a todo o seu reino uma
ordem para que todos formassem um
só povo, 42renunciando cada qual aos
próprios costumes†. Todas as nações
aceitaram a ordem do rei; 43também em
Israel muitos abraçaram de bom grado
a religião dele, sacrificando aos ídolos
e violando o sábado. 44O rei expediu
também decretos por meio de mensa-
geiros a Jerusalém e às cidades de Judá,
prescrevendo-lhes que adotassem os
costumes estranhos ao país; 45que se
abolissem os holocaustos, os sacrifícios
e as libações no santuário; que se vio-
lassem os sábados e as festas; 46que se
profanassem o santuário e as pessoas
consagradas; 47que se construíssem al-
tares, templos e ídolos, e se imolassem
porcos e animais impuros; 48que deixas-
sem incircuncisos os filhos e que se con-
taminassem com toda a sorte de impu-
rezas e profanações, 49de tal modo que
esquecessem a lei e subvertessem todas
as instituições. 50Quem não agisse con-
forme a ordem do rei devia ser morto.
51Em conformidade com todas essas or-
dens, que tinha enviado a todo o reino,
nomeou inspetores para todo o povo e
ordenou às cidades de Judá que ofere-
cessem sacrifícios em cada uma delas.
52Muitos dentre o povo aderiram a eles:
todos os que tinham abandonado a lei.
Praticaram o mal no país, 53obrigando
Israel a viver nos esconderijos e em to-
dos os seus lugares de refúgio.
54No dia quinze do mês de casleu,* do
ano cento e quarenta e cinco, construí-
ram a abominação da desolação sobre
o altar dos holocaustos†; nas cidades
circunvizinhas de Judá ergueram altares
55e às portas das casas e nas praças ofe-
reciam sacrifícios. 56Os livros da lei que
lhes caíam nas mãos eram rasgados e
lançados ao fogo. 57Se descobrissem na
casa de alguém um exemplar da aliança,
e se alguém observasse a lei, o decreto
do rei o condenava à morte. 58Com pre-
potência tratavam os israelitas que eram
surpreendidos cada mês nas várias cida-
des. 59No dia vinte e cinco de cada mês
ofereciam sacrifícios no altar que estava
sobre o altar dos holocaustos. 60Confor-
me o decreto, as mulheres* que circun-
cidassem os filhos eram condenadas à
morte, 61com os filhinhos pendurados
ao pescoço, com seus familiares e com
os que tinham feito a circuncisão. 62To-
davia, muitos em Israel permaneceram
firmes e tiveram a força de não comer
nada de impuro, 63preferindo morrer a
se contaminar com alimentos impuros
e a profanar a santa aliança, e de fato
morreram. 64Uma grande ira pesou for-
temente sobre Israel.

II. MATATIAS
(2)

2 **Matatias, pai dos Macabeus†.**
1Naquele tempo, Matatias, filho
de João, filho de Simão, sacerdote da
descendência de Joarib, deixou Jeru-
salém para se estabelecer em Modin.
2Tinha cinco filhos: João, apelidado
Gadi; 3Simão, chamado Tassi; 4Judas,
chamado Macabeu; 5Eleazar, chamado
Auarã; Jônatas, chamado Afus†. 6Ao ver

---

* **1**,54. Dn 9,27; 11,31 | 60. 2Mc 6,10

† **1**,42. Para promover a unificação do país, o rei impõe o helenismo, ou seja, os costumes gregos, seu modo de viver e a cultura grega. Começa a perseguição religiosa aos judeus com a abolição de suas instituições. Muitos judeus abandonam a lei, enquanto outros passam da resistência passiva à guerra santa. | 54. A expressão significa "horror devastador" e reaparece em Dn 9,27; 11,31; 21,11; Mt 24,15; Mc 13,11. Foi erigido um altar pagão no templo sobre o altar dos holocaustos. | **2**. Macabeu significa martelo: a família foi um verdadeiro martelo contra os inimigos. Os descendentes de Matatias também são chamados asmoneus, de Asmon, um dos antepassados deles. | 5. Todos os cinco morrerão de morte violenta: dois no campo de batalha – Eleazar, 6,43-46, e Judas, 9,18 – e os outros três por traição – João, 9,6.38, Jônatas, 12,48, e Simão, 16,16.

"Morramos todos em nossa inocência;
o céu e a terra são testemunhas de que
nos matais injustamente". 38A tropa se
lançou sobre eles, atacando-os em dia
de sábado, e morreram eles, suas mu-
lheres, seus filhos e seus animais em
número de mil pessoas.
39Quando Matatias e seus filhos sou-
beram disso, muito se entristeceram por
eles. 40Disseram, depois, um ao outro:
"Se todos fizermos como fizeram nossos
irmãos, não combatendo contra os gen-
tios por nossas vidas e por nossas tradi-
ções, em breve nos exterminarão da face
da terra". 41Tomaram naquele dia esta
decisão: "Combateremos contra quem
quer que nos ataque em dia de sábado
e não morreremos todos, como perece-
ram nossos irmãos nos esconderijos".

Os assideus se unem a Matatias.
42Então uniu-se a eles um grupo dos
assideus†, homens valentes de Israel,
todos apegados à lei. 43Também todos
os que fugiam por causa dos males
juntaram-se a eles e lhes deram apoio.
44Formaram assim um exército e bate-
ram, em sua ira, os pecadores e os ho-
mens ímpios com furor. Os restantes,
para salvar-se, refugiaram-se junto aos
gentios. 45Matatias e seus amigos per-
correram o país, destruíram os altares
46e circuncidaram à força os meninos
incircuncisos que encontraram no ter-
ritório de Israel. 47Deram caça aos so-
berbos, e por seu mérito a empresa foi
bem-sucedida; 48defenderam a lei con-
tra a prepotência das nações e dos reis
e não permitiram que prevalecessem
os pecadores.

Testamento de Matatias. 49Contudo,
aproximavam-se de seu fim os dias de
Matatias. Ele disse a seus filhos: "Ago-
ra triunfam a soberba e a injustiça, é o
tempo da destruição e da explosão da
cólera. 50Pois bem, caros filhos, mostrai
zelo pela Lei e dai vossas vidas pela
aliança de nossos pais. 51Lembrai-vos
dos grandes feitos de nossos pais em
seus tempos e ganhareis uma grande
glória e um renome eterno. 52Porven-
tura Abraão* não foi achado fiel na
prova e isto não lhe foi imputado como
justiça? 53José, no tempo de sua an-
gústia,* observou o preceito e tornou-
-se senhor do Egito. 54Fineias,* nosso
pai, pelo zelo demonstrado, obteve a
aliança de um sacerdócio eterno. 55Jo-
sué, por ter cumprido* a palavra divi-
na, tornou-se juiz em Israel. 56Caleb,
por haver testemunhado diante da
assembleia, recebeu uma herança no
país. 57Davi, por sua piedade,* obteve
o trono do reino para sempre. 58Elias
foi elevado* ao céu porque demonstra-
ra um zelo ardente pela lei. 59Ananias,
Azarias, Misael,* por sua fé, foram sal-
vos das chamas. 60Daniel, por sua reti-
dão,* foi libertado da boca dos leões.
61Compreendei assim que, de geração
em geração, todos aqueles que espe-
ram nele não sucumbem. 62Não te-
nhais medo das palavras do homem
pecador, pois sua glória acabará em
esterco e em vermes. 63Hoje é exalta-
do, mas amanhã terá desaparecido,
porque voltará a seu pó, e seus pro-
jetos serão aniquilados. 64Filhos, sede
valorosos e ficai firmes na lei, porque
por ela sereis glorificados. 65Aí tendes
vosso irmão Simão. Sei que é homem
sábio; ouvi-o sempre; ele será vosso
pai. 66Judas Macabeu, valente guerrei-
ro desde a juventude, será para vós o
comandante do exército e conduzirá
a batalha contra os povos. 67Reuni em
torno de vós todos os cumpridores da
Lei e vingai vosso povo. 68Retribuí aos
gentios o que merecem e estai sempre
atentos às prescrições da Lei". 69Depois
os abençoou e foi reunido a seus pais.
70Morreu no ano cento e quarenta e
seis e foi sepultado no sepulcro de seus
pais em Modin. Todo o Israel o chorou
com grande luto.

---

* **2**,52. Gn 15,6 | 53. Gn 37; 39-41 | 54. Nm 25,6-13 | 55. Nm 13,30; 14,24 | 57. 2Sm 7 | 58. 1Rs 19,10.14; 2Rs 2,11s | 59. Dn 3 | 60. Dn 6

† **2**,42. O termo "assideus" significa "piedosos" e designa um grupo de judeus observantes da lei, hostis aos costumes pagãos e alheios à política. Apoiaram os macabeus, enquanto estes se mantiveram no campo religioso. Deles derivam os fariseus e os essênios.

III. AS BATALHAS DE JUDAS MACABEU (3,1–9,22)

3 **Judas, herói nacional.** [1]Em seu
lugar surgiu seu filho Judas, cha-
mado Macabeu; [2]todos os seus irmãos
e todos os que haviam aderido a seu
pai lhe deram apoio e combateram
com entusiasmo a guerra por Israel.

[3]Ele dilatou a glória de seu povo,
revestiu-se com a couraça como um gigante,
cingiu-se com a armadura de guerra;
travou batalhas
e protegeu o acampamento com a espada.
[4]Foi semelhante a um leão em suas empresas,
a um leãozinho que ruge sobre a presa.
[5]Perseguiu os ímpios, caçando-os,
e entregou às chamas os que perturbavam seu povo.
[6]Esmoreceram os ímpios por medo dele,
e os malfeitores foram confundidos.
[7]Causou amarguras a muitos reis
e alegrou Jacó com seus feitos.
[8]Percorreu as cidades de Judá e exterminou delas os ímpios
e apartou de Israel a ira divina.
[9]Tornou-se famoso até os confins da terra
e reuniu os dispersos.

Primeiras vitórias de Judas. [10]Apo-
lônio havia reunido, além dos gentios,
um grande exército da Samaria para
guerrear contra Israel. [11]Judas, saben-
do disso, marchou a seu encontro,
derrotou-o e o matou; muitos caíram
feridos de morte e os restantes fugi-
ram. [12]Tomaram seus despojos. Judas
apoderou-se da espada de Apolônio
e com ela combateu durante todos os
seus dias.

[13]Seron, comandante do exército da
Síria, soube que Judas havia reunido
ao redor de si um grupo de fiéis e de
homens prontos a sair para a guerra.
[14]Ele disse: "Vou ganhar fama e alcan-
çar glória no reino; combaterei Judas
e seus adeptos que desprezam as or-
dens do rei". [15]Partiu, pois, e junto com
ele subiu um forte exército de ímpios
para ajudá-lo a tomar vingança dos is-
raelitas. [16]Quando chegou à subida de
Bet-Horon, Judas saiu contra ele com
pouca gente. [17]Ao verem o exército
que marchava contra eles, disseram
a Judas: "Como poderemos nós, sen-
do tão poucos, combater contra uma
multidão tão grande e forte? Estamos
esgotados porque hoje ainda estamos
em jejum". [18]Mas Judas respondeu: "É
bem fácil que muitos caiam nas mãos
de poucos, e para o Céu† é indiferente
salvar por meio de muitos ou de pou-
cos; [19]na guerra* o triunfo não depen-
de da grandeza do exército, mas é do
Céu que vem a força. [20]Eles marcham
contra nós, cheios de insolência e de
impiedade, para eliminar-nos com nos-
sas mulheres e nossos filhos e para nos
saquear; [21]mas nós combatemos por
nossas vidas e por nossas leis. [22]Ele os
aniquilará diante de nós; portanto, não
os temais". [23]Logo que acabou de fa-
lar, caiu sobre eles de improviso, e Se-
ron e seu exército saíram derrotados*
diante dele. [24]Eles os perseguiram pela
descida de Bet-Horon até à planície.
Caíram cerca de oitocentos homens, e
os restantes fugiram para a região dos
filisteus. [25]Assim, Judas e seus irmãos
começaram a ser temidos, e o terror
se apoderou das nações ao redor. [26]A
fama dele chegou ao conhecimento do
rei, e as nações falavam das batalhas de
Judas.

Lísias, delegado de Antíoco. [27]Ao
ouvir essas notícias, o rei Antíoco in-
flamou-se de cólera e mandou reunir
todas as tropas de seu reino, um exér-
cito poderosíssimo. [28]Abriu seu erário,
pagou às tropas o soldo de um ano e
ordenou-lhes que estivessem prontas
para qualquer eventualidade. [29]Viu,

---

* **3**,19. 1Sm 14,6 | 23. Js 10,10

† **3**,18. Para evitar toda profanação, nem sequer pronunciavam o nome divino, que substituíam por "Céu".

as impiedades que se cometiam em Judá e em Jerusalém, 7exclamou: "Ai de mim! Por que eu nasci para ver a ruína de meu povo e a destruição da cidade santa, ficando aqui sentado, enquanto ela é entregue às mãos dos inimigos e o santuário às mãos de estrangeiros?

8Seu templo tornou-se como um homem sem glória,
9os objetos que eram sua glória foram levados como despojos;
seus meninos foram mortos em suas praças,
seus jovens, pela espada do inimigo.
10Que nação não herdou uma parte de seu reino
e não se apoderou de seus despojos?
11Foi-lhe roubado todo o ornamento,
e de livre tornou-se escrava.
12Nosso lugar santo, nossa beleza, nossa glória,
foi devastado, e as nações o profanaram:
13para que ainda viver?"

14Matatias e seus filhos rasgaram as vestes, vestiram roupas de saco e choraram amargamente.

Zelo de Matatias. 15Os emissários do rei, encarregados de forçar à apostasia, vieram à cidade de Modin para os sacrifícios. 16Muitos israelitas juntaram-se a eles, porém, Matatias e seus filhos reuniram-se à parte. 17Tomando a palavra, os emissários do rei disseram a Matatias: "Tu és um chefe ilustre e poderoso nesta cidade, apoiado por filhos e parentes. 18Aproxima-te, pois, por primeiro e cumpre a ordem do rei, como têm feito todas as nações, como também os homens de Judá e os que ficaram em Jerusalém. Assim, tu e teus filhos sereis contados entre os amigos do rei; tu e teus filhos sereis honrados com prata, ouro e muitos outros presentes". 19Em resposta, disse Matatias em voz alta: "Ainda que todas as nações sob o domínio do rei lhe obedeçam, abandonando cada qual a religião de seus pais e aderindo às ordens do rei, 20eu, meus filhos e meus parentes continuaremos a caminhar na aliança de nossos pais. 21Deus nos livre de abandonar a lei e as tradições! 22Não daremos ouvido às palavras do rei para nos desviar de nosso culto, nem à direita e nem à esquerda".

23Mal acabou de falar, um judeu adiantou-se à vista de todos para sacrificar sobre o altar de Modin, conforme o ordem do rei. 24Quando o viu, Matatias inflamou-se de zelo, estremeceram suas entranhas e, tomado de justa cólera, arremessou-se sobre ele e o matou sobre o altar. 25Matou também na mesma hora o oficial do rei que forçava a sacrificar e destruiu o altar. 26Agiu por zelo pela Lei, como havia feito Fineias* com Zambri, filho de Salu. 27Depois Matatias pôs-se a gritar pela cidade: "Quem tem zelo pela Lei e quer defender a aliança siga-me!" 28Ele e seus filhos* fugiram para os montes, abandonando na cidade tudo o que possuíam.

Preparação para a guerra. 29Então, muitos que buscavam a justiça e o direito desceram para morar no deserto, 30levando consigo os filhos, as mulheres e os animais, porque os males pesavam sobre eles. 31Foi referido aos oficiais do rei e às milícias que estavam em Jerusalém na cidade de Davi que aqueles homens, os quais haviam transgredido a ordem do rei, haviam descido para os esconderijos no deserto†. 32Então saíram muitos* em sua perseguição e, alcançando-os, acamparam defronte deles, preparando-se para dar-lhes combate em dia de sábado. 33E lhes diziam: "Agora basta! Saí, cumpri a ordem do rei e tereis salva a vida". 34Mas eles responderam: "Não sairemos e não cumpriremos a ordem do rei, profanando o dia de sábado". 35Então os inimigos sem demora os atacaram, 36mas eles não revidaram, não atiraram uma só pedra, nem barricaram seus esconderijos, 37dizendo:

* **2**,26. 25,6-15 | 28. 2Mc 5,27 | 32. 2Mc 6,11

† **2**,31. Esses esconderijos são principalmente grutas, algumas enormes, resultantes da erosão. Em muitas delas foram descobertos os "manuscritos do mar Morto" ou "de Qumran".

porém, que faltava dinheiro em seus
cofres e que os tributos do país eram
escassos por causa da revolta e da ruí-
na que ele mesmo havia provocado
na região, por ter abolido as tradições
que estavam em vigor desde os tem-
pos antigos. 30Teve receio, então, de
não poder dispor, como lhe acontecera
uma ou duas vezes, de recursos para
as despesas e os donativos que fazia
com mão pródiga, superando os reis
precedentes. 31A ansiedade apoderou-
-se de sua alma e então resolveu ir à
Pérsia recolher os tributos das provín-
cias e juntar muito dinheiro. 32Deixou
Lísias, homem ilustre de estirpe régia,
na direção dos negócios do reino des-
de o rio Eufrates até à fronteira do Egi-
to, 33incumbindo-o também de educar
seu filho Antíoco, até seu regresso.
34Confiou-lhe a metade de seu exército
com os elefantes e deu-lhe instruções a
respeito de tudo o que desejava, tam-
bém com referência aos habitantes da
Judeia e de Jerusalém; 35devia enviar
contra eles um exército para abater
e destruir o poder de Israel e o resto
de Jerusalém, cancelar até mesmo sua
lembrança daquele lugar 36e instalar
estrangeiros em todos os seus terri-
tórios, distribuindo-lhes as terras. 37O
rei tomou a outra metade do exército
e partiu de Antioquia, capital de seu
reino, no ano cento e quarenta e sete.
Atravessou o rio Eufrates e pôs-se a
percorrer as províncias setentrionais.

38Lísias escolheu Ptolomeu,* filho de
Dorímenes, Nicanor e Górgias, homens
valorosos entre os amigos do rei; 39en-
viou com eles quarenta mil homens e
sete mil cavaleiros para invadir a terra
de Judá e devastá-la conforme a ordem
do rei. 40Partiram com todas as suas
tropas e foram acampar na planície,
perto de Emaús.

41Quando os comerciantes do país
ouviram falar deles, vieram ao acam-
pamento trazendo grande quantidade
de prata e de ouro, como também cor-
rentes, para comprar os israelitas como
escravos. A eles se juntaram tropas da
Síria e de países estrangeiros.

Conselho dos Macabeus. 42Judas e
seus irmãos viram que os males se
agravavam e que aquelas tropas acam-
pavam em seu território; souberam o
que o rei havia mandado fazer para
a ruína e o extermínio do povo. 43Por
isso disseram uns aos outros: "Façamos
o povo reerguer-se de seu abatimento
e combatamos por nosso povo e pelo
santuário". 44Então foi convocada a as-
sembleia geral em preparação para a
guerra e para rezar e implorar piedade
e misericórdia.

45Jerusalém estava desabitada como
um deserto:
não havia entre seus filhos quem en-
trasse ou saísse;
o santuário era calcado aos pés;
filhos de estrangeiros ocupavam a
cidadela,
transformada em abrigo de gentios;
a alegria fora banida de Jacó,
não se ouvia mais a flauta nem a cí-
tara.

46Reuniram-se, pois,* e foram para
Masfa, defronte de Jerusalém, porque
antigamente havia em Masfa um lugar
de oração para Israel. 47Naquele dia je-
juaram, vestiram-se de pano de saco,
puseram cinza na cabeça e rasgaram as
vestes. 48Desenrolaram o livro da Lei,*
buscando nele as coisas que os gen-
tios perguntavam aos ídolos de seus
deuses. 49Trouxeram também as vestes
sacerdotais, as primícias e os dízimos e
mandaram vir os nazireus* que tinham
cumprido o tempo de seu voto. 50Ele-
varam a voz para o Céu,* dizendo: "Que
faremos destes e para onde os levare-
mos? 51Vosso santuário foi calcado aos
pés e profanado, vossos sacerdotes es-
tão de luto e humilhados. 52As nações
se reuniram contra nós para nos ani-
quilar; vós sabeis o que tramam contra
nós. 53Como poderemos resistir diante
deles, se não nos socorreis?" 54Então
tocaram as trombetas e gritaram em
voz alta.

---

* **3**,38. 2Mc 8,8-15; 4,45; 8,8s; 10,14; 2,18 | 46. 2Mc 8,16-23; Jz 20,1ss; 1Sm 7,5s | 48. 2Mc 8,23 | 49. Nm 6,1 | 50. 2,21

55Depois, Judas nomeou os comandantes do povo: chefes de mil, de cem, de cinquenta e de dez; 56ordenou aos que estavam construindo sua casa, aos que tinham acabado de se casar ou de plantar uma vinha,* como também aos medrosos, que cada qual voltasse para casa, conforme a Lei. 57Então o exército pôs-se em marcha e foi acampar ao sul de Emaús. 58Judas disse: "Cingi as armas, sede fortes e estai prontos para dar combate amanhã de manhã a estas nações que se aliaram contra nós para destruir a nós e nosso santuário. 59Porque para nós é melhor morrer combatendo do que ver a ruína de nossa gente e do santuário. 60O que for da vontade do Céu* ele o fará!"

4 **Judas derrota Górgias.** 1Górgias tomou consigo* cinco mil homens e mil cavaleiros escolhidos; essa tropa saiu de noite 2para invadir o acampamento dos judeus e atacá-los de improviso. Os homens da cidadela lhe serviam de guia. 3Logo que o soube, Judas* partiu com seus guerreiros para cair sobre o exército do rei que se achava em Emaús, 4enquanto as tropas ainda estavam dispersas fora do acampamento. 5Górgias chegou à noite ao acampamento de Judas e, não encontrando ninguém, pôs-se a procurá-los pelas montanhas, dizendo: "Fugiram de nós". 6Ao despontar do dia, Judas surgiu na planície com três mil homens, os quais, porém, não tinham armaduras nem espadas como desejariam. 7Viram que o acampamento dos gentios era poderoso e fortificado, que a cavalaria o rodeava e que eram homens treinados para a guerra. 8Judas disse aos que estavam com ele: "Não temais seu número e não tenhais medo de seu assalto. 9Lembrai-vos como nossos pais foram salvos no mar Vermelho, quando o Faraó os perseguiu com um exército. 10Clamemos, pois, agora ao Céu,* na esperança de que nos seja benigno, que se recorde da aliança com nossos pais e derrote hoje esse exército diante de nós. 11Assim todas as nações saberão que existe quem resgata e salva Israel". 12Quando os estrangeiros levantaram os olhos e viram que os judeus marchavam contra eles, 13saíram do acampamento para travar batalha. Os que estavam com Judas tocaram então as trombetas 14e atacaram. Os gentios foram derrotados e fugiram para a planície. 15Os que ficaram para trás caíram todos a golpes de espada. Perseguiram-nos até Gazara e até as planícies da Idumeia, de Azoto e de Jâmnia, de modo que tombaram uns três mil homens.

16Quando Judas e suas tropas retornaram da perseguição, 17disse ele ao povo: "Deixai de lado a avidez dos despojos, porque um outro combate nos espera: 18Górgias com suas tropas está na montanha perto de nós; por isso resisti agora diante de nossos inimigos e combatei-os; depois recolhereis os despojos com segurança". 19Judas estava acabando de falar, quando apareceu um esquadrão que espiava do alto do morro. 20Viram que os seus tinham sido postos em fuga e que o acampamento estava em chamas, pois a fumaça que ainda se via manifestava o acontecido. 21Ao verem isto, foram dominados pelo pânico e, vendo também que as tropas de Judas estavam na planície, prontas para o combate, 22fugiram todos para a região dos filisteus. 23Então Judas voltou para saquear o acampamento, onde encontraram muito ouro, prata, tecidos de púrpura violeta e de púrpura marinha e riquezas em quantidade. 24Ao voltar cantavam hinos e bendiziam o Céu:

"Porque ele é bom e eterna é sua misericórdia".*

25Aquele foi um dia de grande libertação para Israel.

Judas derrota Lísias. 26Os estrangeiros* que escaparam foram referir a Lísias todo o acontecido. 27Ao ouvir isto, ficou consternado e abatido, porque as coisas em Israel não tinham acontecido como ele desejava, e o êxito não fora

* **3**,56. Dt 20,5-9 | 60. 2,21 | **4**,1. 2Mc 8,23-29 | 3. 1,33 | 10. 2,21 | 24. Sl 118,1ss | 26. 2Mc 11,1-12

conforme as ordens do rei. [28]Por isso,
no ano seguinte reuniu sessenta mil
homens escolhidos e cinco mil cavalei-
ros para combater os judeus. [29]Entra-
ram na Idumeia e acamparam em Bet-
sur, e Judas saiu contra eles com dez
mil homens. [30]Ao ver tão forte exérci-
to, rezou, dizendo: "Bendito sois vós,
ó Salvador de Israel, que quebrastes o
ímpeto do gigante pela mão de vosso
servo Davi e entregastes o exército dos
filisteus nas mãos de Jônatas, filho de
Saul,* e de seu escudeiro. [31]Do mesmo
modo, fazei cair este exército nas mãos
de Israel, vosso povo, de modo que se-
jam cobertos de ignomínia com suas
forças e com sua cavalaria. [32]Infundi
neles o terror, quebrantai a audácia de
sua força e sejam arrastados na própria
derrota. [33]Derrubai-os sob a espada
dos que vos amam, a fim de que vos
louvem com hinos todos os que co-
nhecem vosso nome". [34]Lançaram-se
uns contra os outros e caíram diante
deles cerca de cinco mil homens do
exército de Lísias. [35]Vendo a retirada de
suas tropas e a audácia demonstrada
pelos soldados de Judas, como esta-
vam prontos a viver ou morrer corajo-
samente, Lísias voltou para Antioquia,
onde começou a recrutar mercenários
estrangeiros em maior número, para
depois voltar para a Judeia.

Restabelecimento do culto. [36]Então
Judas e seus irmãos* disseram: "Nos-
sos inimigos estão derrotados; vamos,
pois, purificar o santuário e consagrá-lo
de novo. [37]Reuniram todo o exército e
subiram ao monte Sião. [38]Viram o san-
tuário deserto,* o altar profanado, as
portas incendiadas e o mato que crescia
nos átrios como se fora num bosque ou
num monte, e as salas destruídas. [39]Ras-
garam as vestes, fizeram uma grande
lamentação, cobriram-se de cinzas,
[40]prostraram-se com a face por terra,
mandaram dar os sinais com as trombe-
tas e elevaram clamores ao Céu.* [41]Ju-
das incumbiu certo número de homens
de combater os da cidadela, até que ele
tivesse purificado o santuário. [42]Esco-
lheu sacerdotes sem mácula, observan-
tes da lei, [43]os quais purificaram o san-
tuário e levaram para um lugar impuro*
as pedras contaminadas. [44]Deliberaram
o que deviam fazer do altar dos holo-
caustos, que tinha sido profanado, [45]e
ocorreu-lhes a boa ideia de demoli-lo,
a fim de que não se tornasse para eles
motivo de desonra, porque os gentios
o haviam contaminado. Demoliram-no
[46]e colocaram as pedras no monte do
templo, num lugar conveniente, à es-
pera de que viesse algum profeta† e se
pronunciasse a seu respeito. [47]Depois
tomaram pedras intactas, segundo a
prescrição da Lei,* e construíram um
altar novo, conforme o modelo do an-
terior. [48]Restauraram o santuário* e o
interior do templo e consagraram os
átrios. [49]Mandaram fazer novos utensí-
lios sagrados e introduziram no templo
o candelabro, o altar dos perfumes e a
mesa. [50]Queimaram incenso sobre o al-
tar, acenderam as lâmpadas do cande-
labro, que voltaram a brilhar no templo.
[51]Puseram os pães sobre a mesa, de-
penduraram as cortinas e terminaram
todos os trabalhos empreendidos. [52]No
dia vinte e cinco do nono mês, ou seja,
do mês de casleu, do ano cento e qua-
renta e oito, levantaram-se bem cedo*
[53]e ofereceram um sacrifício, conforme
as prescrições da Lei, sobre o novo al-
tar dos holocaustos que tinham cons-
truído. [54]Exatamente no tempo e no dia
em que os gentios o haviam profanado,
foi inaugurado entre cânticos e ao som
de cítaras, harpas e címbalos. [55]Todo o
povo se prostrou com o rosto por terra,
adorando e bendizendo o Céu que os
havia conduzido ao sucesso. [56]Celebra-
ram a dedicação do altar durante oito
dias, oferecendo com alegria holocaus-
tos e sacrifícios de comunhão e de ação
de graças. [57]Além disso, ornaram a fa-

* **4**,30. 1Sm 17; 14,1-23 | 36. 2Mc 10,1-8 | 38. Sl 74,2-7 | 40. 2,21 | 43. 1Rs 8,64 | 47. Êx 20,25 | 48. Êx 25,31-39; 30,1-10; 25,23-30 | 52. Êx 20,25

† **4**,46. Desde o tempo de Malaquias não havia profetas; o povo sentia sua ausência e continuava na espera, 9,27; 14,41.

chada do templo com coroas de ouro
e pequenos escudos. Refizeram os por-
tões e os aposentos, nos quais coloca-
ram portas. 58Foi imensa a alegria entre
o povo, e assim foi cancelado o opró-
brio infligido pelos gentios. 59Depois,
Judas, seus irmãos e toda a assembleia
de Israel estabeleceram que se celebras-
sem os dias da dedicação do altar em
sua data própria, todos os anos, durante
oito dias, a partir do dia vinte e cinco
do mês de casleu, com grande júbilo
e alegria†. 60Nesse tempo construíram
em torno do monte Sião muros altos e
torres sólidas, para que os gentios não
voltassem a calcá-lo aos pés como fi-
zeram antes. 61Judas instalou ali forças
militares para o defender e fortificou
também Betsur, para que o povo tivesse
um baluarte contra a Idumeia.

5 **Vitória sobre as nações vizinhas.**
1Quando as nações ao redor ouvi-
ram falar que o altar tinha sido recons-
truído e que o santuário fora restaurado
em seu estado anterior, ficaram suma-
mente irritados; 2decidiram eliminar os
da estirpe de Jacó que viviam entre eles
e começaram a matar e a fazer massa-
cre entre o povo. 3Então Judas* pôs-se a
combater contra os filhos de Esaú na Idu-
meia, em Acrabatena, porque oprimiam
os israelitas; infligiu-lhes uma fragorosa
derrota, humilhando-os e tomando seus
despojos. 4Lembrou-se depois da mal-
dade dos filhos de Beã, que eram para
o povo um laço e um tropeço, armando-
-lhes emboscadas nos caminhos. 5Obri-
gou-os a se refugiar nas torres, sitiou-os
e votou-os ao extermínio, incendiando-
-lhes as torres* com todos os que se en-
contravam dentro. 6Em seguida, passou
aos amonitas, onde encontrou um forte
contingente e um povo numeroso sob o
comando de Timóteo. 7Organizou contra
eles muitas expedições de guerra, derro-
tando-os e aniquilando-os. 8Conquistou
também Jazer e seus arredores e voltou
para a Judeia.

9Então se aliaram os pagãos de Ga-
laad contra os israelitas que viviam em
seu território, para os destruir, mas es-
tes fugiram para a fortaleza de Date-
ma 10e escreveram uma carta a Judas
e a seus irmãos, dizendo: "Os gentios
que nos circundam reuniram-se contra
nós para nos eliminar 11e já se prepa-
ram para tomar a fortaleza onde nos
refugiamos; Timóteo comanda seu
exército. 12Vem, pois, livrar-nos de suas
mãos, porque já tombaram muitos dos
nossos. 13Todos os nossos irmãos que
estavam no território de Tobias foram
mortos; suas mulheres foram levadas
escravas com seus filhos e seus bens,
e trucidaram aí cerca de mil homens".
Vitória de Simão na Galileia. 14Esta-
vam ainda lendo esta carta, quando
chegaram da Galileia outros mensagei-
ros com as vestes rasgadas, trazendo
notícias semelhantes. 15Diziam que se
tinham unido contra eles os habitantes
de Ptolemaida, de Tiro e de Sidônia,
com toda a Galileia das nações, para
exterminá-los.

16Quando Judas e o povo ouviram
essas coisas, reuniu-se uma grande as-
sembleia para deliberar o que haviam
de fazer por seus irmãos atribulados e
oprimidos pelos gentios. 17Judas disse
a seu irmão Simão: "Escolhe um con-
tingente de homens e vai libertar teus
irmãos da Galileia; eu e meu irmão Jô-
natas iremos para Galaad". 18Deixou
José, filho de Zacarias, e Azarias, chefe
do povo, com o resto das tropas guar-
dando a Judeia. 19Deu-lhes esta ordem:
"Governai este povo, mas não traveis
batalhas com os gentios até nossa vol-
ta". 20Foram dados três mil homens a
Simão para a expedição à Galileia, e a
Judas oito mil para Galaad.

21Simão partiu para a Galileia, onde
travou muitas batalhas com os gentios,
que foram desbaratados diante dele.
22Perseguiu-os até às portas de Ptole-
maida; dos gentios tombaram cerca de
três mil homens, e Simão se apoderou

* **5**,3. 2Mc 10,15-23 | 5. Js 6,17

† **4**,59. Festa ainda hoje celebrada pelos judeus, que a chamam de Hanucá. Festa das luzes, que representam o dom da Lei, ela aparece no Evangelho com o nome de "Dedicação", Jo 10,22.

de seus despojos. 23Tomou depois os
israelitas que estavam na Galileia e em
Arbates, com suas mulheres e filhos e
todos os seus bens, e os levou para a
Judeia com grande alegria.

Novas vitórias de Judas. 24Enquanto
isso, Judas Macabeu e Jônatas, seu ir-
mão, atravessaram o rio Jordão* e cami-
nharam três dias pelo deserto. 25Encon-
traram-se com os nabateus, que os aco-
lheram pacificamente e os informaram
a respeito de tudo o que acontecera a
seus irmãos em Galaad. 26"Muitos de-
les, disseram, encontram-se presos em
Bosora, Bosor, Alimas, Casfo, Maced e
Carnaim, todas elas cidades grandes e
fortificadas; 27e há prisioneiros também
nas outras cidades de Galaad. Para ama-
nhã está marcado o ataque às fortale-
zas, para conquistá-las, e eliminar todos
no mesmo dia". 28Então Judas, com seu
exército, voltou logo atrás pelo caminho
do deserto rumo a Bosora; tomou a ci-
dade e passou a fio de espada todos os
homens, tomou todos os seus despojos
e incendiou a cidade. 29De noite partiu
de lá e levou os seus até a fortaleza. 30De
manhã, erguendo os olhos, viram uma
multidão incalculável que erguia esca-
das e máquinas para tomar a fortaleza e
que atacava os sitiados. 31Ao ver que a
batalha já havia começado e que a gri-
taria da cidade subia ao céu com o clan-
gor das trombetas e clamores intensos,
32Judas disse a seus soldados: "Lutai hoje
por vossos irmãos!" 33Lançou-os em três
fileiras às costas do inimigo, tocando as
trombetas e erguendo gritos de invoca-
ções. 34As tropas de Timóteo souberam
que era o Macabeu, puseram-se em fuga
diante dele e sofreram uma pesada der-
rota. Nesse dia tombaram cerca de oito
mil de seus homens. 35Judas dirigiu-se
então para Alimas, atacou-a, tomou-a,
matou todos os seus varões, saqueou-a
e entregou-a às chamas. 36Partindo dali,
conquistou Casfo, Maced, Bosor e as ou-
tras cidades de Galaad.

Judas vence Timóteo em Basã. 37De-
pois desses acontecimentos, Timóteo
recrutou outro exército e acampou
defronte de Rafon, do outro lado da
torrente. 38Judas mandou explorar o
acampamento, e lhe referiram: "Uni-
ram-se a ele todos os estrangeiros
que nos rodeiam, formando um exér-
cito imponente; 39também árabes fo-
ram recrutados como auxiliares. Estão
acampados do outro lado da torrente,
prontos para atacar-te". Então Judas
marchou para enfrentá-los. 40Enquanto
Judas se aproximava da torrente com
seu exército, Timóteo disse aos coman-
dantes de suas tropas: "Se ele atraves-
sar por primeiro* contra nós, não po-
deremos resistir-lhe, porque terá uma
grande vantagem sobre nós. 41Mas
se tiver medo e acampar além do rio,
nós atravessaremos e sairemos vito-
riosos". 42Quando Judas se aproximou
da torrente, pôs os escribas do povo
ao longo da torrente, dando-lhes esta
ordem: "Não permitais que ninguém
se detenha, mas todos deverão ir ao
combate". 43Passou ele por primeiro ao
encontro do inimigo, e todo o povo o
seguiu. Foram batidos diante dele to-
dos aqueles gentios, que atiraram fora
as armas e se refugiaram no templo de
Carnaim. 44Os judeus tomaram a cidade
e atearam fogo ao templo com todos
os que estavam dentro. Assim, Carnaim
foi vencida e não puderam mais resistir
diante de Judas. 45Judas reuniu todos
os israelitas residentes em Galaad, do
menor ao maior, com suas mulheres e
filhos e com todos os seus bens, uma
multidão imensa, para levá-los à terra
de Judá.

Destruição de Efron. 46Chegaram a
Efron, cidade grande e fortificada, si-
tuada no caminho, e que não se podia
contornar nem pela direita e nem pela
esquerda, sendo necessário atravessá-
-la. 47Mas seus moradores* fecharam a
passagem e obstruíram as portas com
pedras. 48Judas mandou dizer-lhes em
termos amistosos: "Vamos atravessar
tua terra para voltar-mos à nossa. Nin-
guém vos fará mal; apenas passaremos
a pé". Mas não quiseram abrir as por-
tas. 49Então Judas mandou anunciar

---

* **5**,24. 2Mc 12,10-31 | 40. 1Sm 14,9s | 47. Nm 20,14s; 21,21s

a toda a tropa que cada um tomasse posição no lugar onde estivesse. 50 Os soldados tomaram posição; ele atacou a cidade durante todo aquele dia e toda a noite, e a cidade caiu* em suas mãos. 51 Passou a fio de espada todos os varões, destruiu a cidade totalmente e, tomando os despojos, atravessou-a, passando por sobre os cadáveres. 52 Depois passaram o rio Jordão rumo à grande planície defronte de Betsã. 53 Judas ia reunindo os retardatários e encorajando o povo durante todo o trajeto até chegarem à terra de Judá. 54 Subiram, então, com alegria e júbilo ao monte Sião e ofereceram holocaustos, porque tinham voltado em paz e sem ter perdido nenhum deles.

Ambição humilhada. 55 No tempo em que Judas e Jônatas estavam em Galaad e Simão, seu irmão, na Galileia, diante de Ptolemaida, 56 José, filho de Zacarias, e Azarias, comandante do exército, vieram a saber dos feitos gloriosos e das batalhas que tinham travado 57 e disseram: "Celebrizemos também nosso nome; combatamos contra os gentios que nos rodeiam". 58 Deram ordem aos soldados que estavam com eles e foram atacar Jâmnia. 59 Mas Górgias saiu da cidade com seus homens, ao encontro deles, para combatê-los. 60 José e Azarias foram vencidos e perseguidos até o território da Judeia, e naquele dia caíram cerca de dois mil israelitas. 61 Foi uma grande derrota para o povo, porque não deram ouvidos a Judas e a seus irmãos, pensando realizar proezas. 62 Mas eles não eram da estirpe daqueles aos quais era dado salvar Israel. 63 O valente Judas e seus irmãos foram sumamente honrados diante de todo o Israel e de todas as nações que ouviram pronunciar seus nomes, 64 de tal modo que se reuniam ao redor deles para congratular-se.

Vitórias sobre os idumeus e os filisteus. 65 Depois, Judas foi com seus irmãos guerrear contra os filhos de Esaú, na região meridional; tomou Hebron com suas vilas, destruiu as fortalezas e incendiou as torres que as rodeavam. 66 Partiu de lá em direção à terra dos filisteus e atravessou Marisa. 67 Naquela ocasião caíram mortos em combate alguns sacerdotes, que queriam fazer atos de bravura, indo combater de modo temerário. 68 Judas dirigiu-se para Azoto, distrito dos filisteus; destruiu seus altares, queimou as estátuas de seus ídolos e, depois de recolher os despojos das cidades, voltou para a Judeia.

6 **Morte inglória de Antíoco IV.** 1 Enquanto percorria as províncias* setentrionais, o rei Antíoco ficou sabendo que existia na Pérsia a cidade de Elimaida, famosa por sua riqueza, sua prata e seu ouro; 2 que lá havia um templo riquíssimo, onde se achavam armaduras de ouro, couraças e armas, deixadas por Alexandre, filho de Filipe, o rei macedônio que havia reinado por primeiro sobre os gregos. 3 Foi até lá e procurava apoderar-se da cidade e saqueá-la, mas não conseguiu, porque os habitantes souberam de seus planos, 4 levantaram-se contra ele armados, e ele fugiu, retirando-se com grande tristeza, para regressar a Babilônia. 5 Estava ainda na Pérsia, quando alguém veio anunciar-lhe que as tropas enviadas à Judeia tinham sido derrotadas, 6 que Lísias fora para lá com um forte exército, mas que fora vencido pelos judeus, os quais se tinham reforçado com armas, instrumentos de guerra e a grande quantidade de despojos tomados aos exércitos destruídos; 7 que, além disso, haviam abatido* a abominação por ele erguida sobre o altar em Jerusalém e tinham rodeado o santuário com altos muros, como era antes, e igualmente Betsur, cidade pertencente ao rei. 8 Ao ouvir tais notícias, o rei ficou aturdido e fortemente agitado; lançou-se sobre o leito e adoeceu de tristeza, porque as coisas não aconteceram conforme seus desejos. 9 Ficou assim muitos dias, porque se renovava nele uma forte depressão, e pensou que estava

---

* **5**,50. Js 6,17 | **6**,1. 2Mc 9; 1,11-17 | 7. 1,54; 4,45

para morrer. 10Convocou todos os seus
amigos e lhes disse: "Fugiu o sono de
meus olhos e tenho o coração abatido
pela inquietude. 11E digo a mim mes-
mo: 'A que grau de aflição cheguei e
em que terrível agitação caí, eu que era
tão feliz e amado no tempo de meu
poder!' 12Agora, porém, assalta-me a
lembrança do mal que fiz em Jerusa-
lém, saqueando todos os objetos de
prata e ouro que ali se encontravam e
mandando exterminar os habitantes da
Judeia sem motivo. 13Reconheço que
é por causa disso que estas desgraças
me atingiram; e agora morro de tris-
teza numa terra estrangeira". 14Então
chamou Filipe, um de seus amigos, e
nomeou-o regente de todo o seu rei-
no. 15Deu-lhe o diadema, seu manto
e o anel, encarregando-o de guiar seu
filho Antíoco e educá-lo para reinar. 16E
ali morreu o rei Antíoco, no ano cento
e quarenta e nove. 17Ao saber da mor-
te do rei, Lísias proclamou rei seu filho
Antíoco, que ele educara desde peque-
nino, e deu-lhe o nome de Eupátor.

Antíoco V invade a Judeia. 18Ora, os
que ocupavam a cidadela* impediam
a passagem dos israelitas ao redor
do templo, procurando importuná-
-los continuamente e ajudar os gen-
tios. 19Judas resolveu exterminá-los e
convocou todo o povo para sitiá-los.
20Reuniram-se, pois, e puseram o cerco
em torno da cidadela no ano cento e
cinquenta, e construíram plataformas
e máquinas. 21Alguns dos sitiados, po-
rém, escaparam do cerco, e a eles se
uniram alguns israelitas renegados;
22foram ter com o rei e lhe disseram:
"Até quando esperarás para fazer jus-
tiça e vingar nossos irmãos? 23Nós
aceitamos de boa vontade servir a teu
pai, seguir suas ordens e cumprir seus
decretos. 24Por essa razão, os filhos de
nosso povo sitiaram a cidadela e se
apartaram de nós; antes, matam todos
os nossos que caem em suas mãos e
saqueiam nossos bens. 25E não apenas
contra nós estendem as mãos, mas
também contra todos os territórios
vizinhos. 26Hoje estão acampados em
torno da cidadela de Jerusalém, para se
apoderarem dela, e fortificaram o san-
tuário e Betsur. 27Se não te apressas em
precedê-los, farão coisas ainda piores e
não mais poderás detê-los".

28Ao ouvir isso, o rei se encheu de
cólera e reuniu todos os seus amigos,
comandantes do exército e da cavala-
ria. 29Vieram a ele também tropas mer-
cenárias de outros reinos e das ilhas
marítimas, 30de sorte que o número
de suas tropas era de cem mil infantes,
vinte mil cavalos e trinta e dois elefan-
tes adestrados para a guerra. 31Passa-
ram pela Idumeia e acamparam junto
a Betsur; atacaram-na durante muitos
dias utilizando máquinas, mas os si-
tiados saíram, incendiaram-nas numa
investida e contra-atacavam valorosa-
mente. 32Então Judas saiu da cidadela
e foi acampar em Bet-Zacarias, de-
fronte do acampamento do rei. 33Mas
o rei levantou-se bem cedo, moveu
o acampamento, lançando impetuo-
samente suas tropas em direção de
Bet-Zacarias, onde as tropas se dis-
puseram para o combate e soaram as
trombetas. 34Para instigar os elefantes
ao combate, mostraram-lhes suco de
uvas e de amoras. 35Repartiram esses
animais por entre as falanges, colocan-
do nos dois lados de cada elefante mil
homens, protegidos com couraça de
malhas de ferro e com elmos de bronze
na cabeça, e quinhentos cavaleiros es-
colhidos estavam dispostos em torno
de cada animal; 36esses ficavam sempre
ao lado do animal, onde quer que esti-
vesse, e o acompanhavam aonde quer
que fosse, sem jamais afastar-se dele.
37Sobre cada elefante havia sólidas
torres de madeira, protegidas dos ata-
ques, firmadas a ele por meio de cilhas,
e em cada torre estavam quatro solda-
dos que combatiam lá de cima, e mais
seu condutor indiano. 38O rei repartiu
o restante da cavalaria pelas duas alas
do exército, para incutir terror e dar
cobertura às falanges. 39Quando o sol
brilhava sobre os escudos de ouro e de

* **6**,18. 1,33s

bronze, as montanhas resplandeciam e
brilhavam como tochas acesas. [40]Parte
do exército do rei se dispôs no alto dos
montes, uma outra parte na planície, e
começaram a avançar com passo firme
e em ordem. [41]Todos tremiam ao ouvir
o clamor daquela multidão, o marchar
de tanta gente e o retinir de suas armas,
pois era de fato um exército imenso e
forte. [42]Judas com suas tropas avançou
para o ataque, e no exército do rei caí-
ram seiscentos homens.

Heroísmo de Eleazar. [43]Eleazar, cha-
mado Auarã, vendo um dos elefantes
protegido com couraças régias, que
superava em altura todos os animais,
julgou que fosse o rei que o montava.
[44]Sacrificou-se então para a salvação de
seu povo e para conquistar um nome
eterno. [45]Correu até ele com ousadia
através da falange, golpeando à direita
e à esquerda, de modo que os inimigos
se repartiam diante dele para um lado
e para o outro. [46]Meteu-se debaixo do
elefante, golpeou-o por baixo e o ma-
tou; o animal tombou ao solo por cima
dele, e ali morreu Eleazar. [47]Os judeus,
vendo o poderio do exército do rei e o
ímpeto das tropas, retiraram-se diante
deles.

Pacificação. [48]Então o exército do rei
subiu para atacá-los em Jerusalém, e
o rei acampou contra a Judeia e con-
tra o monte Sião. [49]Fez a paz com os
habitantes de Betsur, os quais saíram
da cidade, não tendo mais provisões
para resistir ao cerco, visto que a terra
estava no repouso* do ano sabático†.
[50]O rei apoderou-se de Betsur e pôs ali
uma guarnição para defendê-la. [51]Si-
tiou o santuário durante muito tempo,
empregando plataformas, máquinas
de atirar, lança-chamas, catapultas, es-
corpiões para lançar flechas e fundas.
[52]Também os judeus prepararam má-
quinas contra as máquinas dele e luta-
ram por muito tempo. [53]Mas não ha-
via mais víveres nos depósitos, porque
aquele era o ano sabático e porque
os que se tinham refugiado na Judeia,
fugindo dos gentios, haviam consu-
mido o resto das provisões. [54]Foram
deixados poucos homens no santuário
porque a fome os afligia; os outros se
dispersaram, indo cada qual para sua
terra. [55]Entretanto Lísias ficou sabendo
que Filipe, encarregado pelo rei Antío-
co, quando ainda vivo, de educar seu
filho Antíoco para que pudesse reinar,
[56]tinha voltado da Pérsia e da Média
com as tropas que haviam acompanha-
do o rei e procurava tomar as rédeas*
do governo. [57]Então, apressadamente,
resolveu partir e disse ao rei, aos co-
mandantes do exército e aos soldados:
"Nós estamos ficando cada dia mais
fracos, o alimento é pouco e o lugar
que sitiamos está bem fortificado, e
temos de cuidar dos negócios do rei-
no. [58]Estendamos, pois, a mão direita a
esses homens e façamos as pazes com
eles e com toda a sua nação. [59]Vamos
permitir que vivam segundo suas leis,
como antes, pois é por causa dessas
leis, abolidas por nós, que eles se irri-
taram e fizeram tudo isso". [60]A propos-
ta agradou ao rei e aos comandantes;
mandou negociar a paz com eles, e eles
aceitaram. [61]O rei e os comandantes
juraram diante deles e, sob essas con-
dições, eles saíram da fortaleza. [62]Mas
quando o rei subiu ao monte Sião e viu
as fortificações do lugar, violou o jura-
mento prestado e mandou demolir os
muros a seu redor. [63]Depois partiu às
pressas e voltou para Antioquia, onde
encontrou Filipe, que se tinha apode-
rado da cidade; combateu contra ele e
tomou a cidade à força.

7

**Judas acusado diante de Demé-
trio.** [1]No ano cento e cinquenta e
um,* Demétrio, filho de Seleuco, esca-
pou de Roma com poucos homens e
desembarcou numa cidade marítima
onde começou a reinar. [2]Quando ele
entrou no palácio real de seus pais, o
exército capturou Antíoco e Lísias para

---

* **6**,49. Lv 25,1 | 56. 2Mc 11,13-33 | **7**,1. 2Mc 14,1-10

† **6**,49. De 7 em 7 anos, por um ano não se cultivava a terra, e tudo o que ela produzia espontaneamente pertencia a todos, Êx 23,11; Lv 25,2-7.

entregá-los a ele. 3Informado disso, ele
falou: "Não me mostreis seus rostos".
4Por isso os soldados os mataram, e
assim Demétrio sentou-se no trono de
seu reino. 5Vieram a ele todos os ho-
mens iníquos e ímpios de Israel, con-
duzidos por Alcimo, que desejava o
cargo de sumo sacerdote. 6Acusaram
o povo diante do rei, dizendo: "Judas
e seus irmãos exterminaram todos os
teus amigos e nos expulsou de nossa
terra. 7Manda agora um homem de tua
confiança, para que vá ver quanto dano
ele fez a nós e aos domínios do rei e
castigue aquela gente e todos os que
a ajudam".

Báquides contra Judas. 8O rei esco-
lheu Báquides,* um dos amigos do rei,
que governava a região do outro lado
do rio, homem poderoso no reino e
fiel ao rei; 9ele o enviou com o ímpio
Alcimo, a quem conferiu o sumo sa-
cerdócio, e lhe deu ordem de tirar vin-
gança dos israelitas. 10Eles partiram e
chegaram à Judeia com um forte exér-
cito. Enviaram mensageiros a Judas e a
seus irmãos com falsas palavras de paz.
11Eles, porém, não confiaram em suas
palavras, porque notaram que tinham
vindo com um grande exército. 12To-
davia, um grupo de escribas reuniu-se
com Alcimo e Báquides para buscar
uma solução justa.* 13Os assideus fo-
ram os primeiros entre os israelitas a
lhes pedir a paz, 14pois diziam: "É um
sacerdote da estirpe de Aarão que veio
com as tropas; não vai cometer injus-
tiça contra nós". 15Falou-lhes com pa-
lavras amistosas, jurando-lhes: "Não
faremos mal algum nem a vós e nem
a vossos amigos". 16Deram-lhe crédito,
mas ele mandou prender sessenta de-
les e os massacrou num só dia, confor-
me o que está escrito:

17"As carnes de vossos santos e o seu sangue*
derramaram em torno de Jerusalém,
e não havia quem os sepultasse".

18O medo e o terror apoderaram-
-se de todo o povo, que dizia: "Não
há neles sinceridade nem justiça, pois
violaram o pacto e o juramento pres-
tado". 19Báquides partiu de Jerusalém e
acampou em Bet-Zet; prendeu muitos
dos homens que tinham passado para
seu lado e alguns do povo; mandou
matá-los e jogá-los no poço grande.
20Confiou o país a Alcimo, deixando-
-lhe soldados que o apoiassem, e vol-
tou para junto do rei.

Alcimo é superado por Judas. 21Al-
cimo reivindicava o sumo sacerdócio.
22Todos os perturbadores do povo uni-
ram-se a ele, apoderaram-se da Judeia
e provocaram uma grande calamidade
em Israel. 23Judas viu que o mal, fei-
to por Alcimo e os seus aos israelitas,
era pior que o dos gentios; 24por isso
percorreu todo o território da Judeia,
tirando vingança dos que haviam de-
sertado e impedindo-os de fazer incur-
sões pelo país. 25Quando Alcimo viu
que Judas e seus companheiros se tor-
naram mais fortes e que não poderia
resistir-lhes, voltou para junto do rei e
acusou-os dos piores crimes.

Expedição de Nicanor. 26Então o rei
mandou Nicanor,* um de seus mais
ilustres generais, que odiava e detesta-
va Israel, com ordens para exterminar*
o povo. 27Nicanor veio a Jerusalém*
com um poderoso exército e enviou
alguns mensageiros a Judas e a seus
irmãos com falsas palavras de paz, para
dizer-lhes: 28"Não haja luta entre mim
e vós; irei com poucos homens para
encontrar-vos pacificamente". 29De
fato, veio a Judas e trocaram cumpri-
mentos amistosos; mas os inimigos
estavam prontos para raptar* Judas.
30Percebendo que Nicanor viera até
ele com intenções dolosas, Judas teve
medo dele e não quis mais ver sua face.
31Então Nicanor, vendo desmascarado
seu plano, marchou contra Judas para
dar-lhe combate perto de Cafarsalama.
32Ali tombaram da parte de Nicanor
cerca de cinco mil homens, e os restan-
tes refugiaram-se na cidade de Davi.
33Depois desses fatos, Nicanor* su-

---

* **7**,8. 2,18 | 12. 2,42 | 17. Sl 79,2s | 26. 2Mc 14,12ss / 1Mc 3,38 | 27. 2Mc 14,15-24 | 29. 2Mc 14,30 | 33. 2Mc 14,31-36

biu ao monte Sião. Vieram do santuário
a seu encontro alguns sacerdotes e an-
ciãos do povo para saudá-lo amigavel-
mente e mostrar-lhe o holocausto que
ofereciam pelo rei. 34Mas ele zombou
deles e os ridicularizou, ultrajando-os e
falando com arrogância. 35Irritado, fez
este juramento: "Se Judas não me for
entregue de imediato com seu exérci-
to, quando eu voltar vitorioso, entrega-
rei este templo às chamas"; e retirou-se
enfurecido. 36Então os sacerdotes vol-
taram para dentro e foram postar-se
diante do altar e do templo, chorando
e dizendo: 37"Vós escolhestes esta casa
para que sobre ela fosse invocado vos-
so Nome e fosse casa de oração e de
súplica para vosso povo. 38Exercei vos-
sa vingança sobre este homem e seu
exército; fazei que pereçam pela espa-
da. Lembrai-vos de suas blasfêmias e
não permitais que sobrevivam".

Derrota de Nicanor. 39Nicanor saiu de
Jerusalém e foi acampar em Bet-Horon,
onde veio juntar-se a ele um exército
da Síria. 40Judas acampou em Adasa
com três mil homens e rezou assim:
41"Quando os emissários do rei blasfe-
maram,* interveio vosso anjo e matou
cento e oitenta e cinco mil de seus ho-
mens. 42Abatei do mesmo modo este
exército diante de nós hoje, a fim de
que os outros saibam que ele falou
impiamente contra vosso santuário, e
julgai-o segundo sua impiedade". 43Os
exércitos travaram batalha* no dia tre-
ze do mês de adar, e foi derrotado o
exército de Nicanor, que foi o primeiro
a tombar na luta. 44Quando suas tro-
pas o viram caído, largaram as armas
e fugiram. 45Os judeus os perseguiram
um dia de caminho, desde Adasa até
perto de Gazarra, tocando atrás deles
as trombetas de alarme. 46Saíram então
camponeses de todas as aldeias circun-
vizinhas da Judeia, que os cercaram,
de modo que se voltavam uns contra
os outros, e assim caíram todos sob a
espada, sem que restasse um só. 47Os
judeus tomaram os despojos e a presa,
cortaram a cabeça de Nicanor e a mão
direita que ele havia estendido com ar-
rogância e as levaram para pendurá-las
à vista de Jerusalém. 48O povo fez uma
grande festa e passou aquele dia como
um dia de intenso júbilo. 49Decidiram
celebrar todo ano esse dia, no dia treze
de adar.
50Assim a terra de Judá ficou tranqui-
la por algum tempo.

8 **Elogio dos romanos†.** 1Judas
ficou sabendo da fama dos ro-
manos: que eram muito poderosos e
benévolos com todos os seus aliados,
que concediam sua amizade aos que
se dirigiam a eles e que eram fortes e
poderosos. 2Narraram-lhe suas guerras
e as gloriosas façanhas realizadas entre
os gauleses, como os tinham vencido e
submetido a tributo; 3tudo quanto fize-
ram na região da Espanha para se apo-
derarem das minas de prata e de ouro
ali existentes; 4como conquistaram
todo aquele país graças a sua habilida-
de e a sua perseverança, não obstante o
país estivesse muito distante do deles;
como esmagaram os reis vindos contra
eles dos confins da terra, infligindo-
-lhes graves derrotas, enquanto que os
outros lhes pagavam um tributo anual;
5que tinham vencido na guerra e sub-
metido Filipe e Perseu, rei dos ceteus,
e os que se haviam rebelado contra
eles. 6Também Antíoco, o Grande, rei
da Ásia, que marchou contra eles com
cento e vinte elefantes, cavalaria, carros
e um exército imenso, foi por eles der-
rotado 7e capturado vivo; impuseram a
ele e a seus sucessores que pagassem
um pesado tributo, entregassem reféns
e cedessem territórios: 8a região da Ín-
dia, a Média, a Lídia, com algumas de
suas mais belas províncias, que toma-
ram dele para dá-las ao rei Eumenes.
9Os gregos decidiram enfrentá-los e
destruí-los, 10mas quando estes sou-
beram desse plano, mandaram contra
eles um único general; combateram
contra eles e muitos caíram mortos;
levaram cativos suas mulheres e filhos,
saquearam seus bens, conquistaram o

* **7**,41. 2Mc 15,22-24; 2Rs 18,17-19,37; Is 36-37 | 43. 2Mc 15,26-36

país, demoliram suas fortalezas e reduziram-nos à servidão até o dia de hoje. [11]Quanto aos outros reinos e ilhas que se opuseram a eles, foram destruídos e submetidos. [12]Com seus amigos, porém, e com os que se fiavam em seu apoio, mantiveram amizade; estenderam seu poder sobre os reis, quer vizinhos quer distantes, e todos os que ouviam pronunciar seu nome sentiam temor. [13]Os que eles querem ajudar e instalar no trono reinam; mas depõem quem eles querem. Atingiram um poder considerável. [14]Apesar de tudo, nenhum deles cingiu o diadema, nem se vestiu de púrpura para se engrandecer; [15]mas constituíram um conselho e, diariamente, trezentos e vinte conselheiros deliberam continuamente sobre os negócios públicos para seu bom andamento. [16]Confiam cada ano a um só homem o encargo de os governar e o domínio sobre todo o império, e a ele todos obedecem, sem que haja entre eles inveja ou rivalidade.

Judas faz aliança com os romanos. [17]Então Judas escolheu* Eupólemo, filho de João, filho de Acos, e Jasão, filho de Eleazar, e mandou-os a Roma para fazer amizade e aliança com eles [18]e para libertar-se do jugo, porque viam que a dominação dos gregos reduzia Israel à escravidão. [19]Chegaram a Roma depois de uma viagem muito longa, entraram no Senado e falaram nestes termos: [20]"Judas, chamado Macabeu, seus irmãos e o povo dos judeus nos enviaram a vós para concluir convosco um tratado de aliança e de paz e para sermos inscritos entre vossos aliados e amigos". [21]A proposta* agradou-lhes. [22]Esta é a cópia da carta que gravaram em tábuas de bronze e que enviaram a Jerusalém, para que lá ficasse como documento de paz e de aliança: [23]"Prosperidade aos romanos e à nação dos judeus, no mar e na terra, para sempre! Estejam longe deles a espada e o inimigo. [24]Mas se uma guerra ameaça Roma primeiramente ou algum de seus aliados em todos os seus domínios, [25]a nação dos judeus combaterá a seu lado como as circunstâncias o permitirem, de coração sincero. [26]Não darão aos inimigos nem lhes fornecerão trigo, armas, dinheiro, navios, conforme a decisão de Roma, e cumprirão seus compromissos sem pretender nada. [27]Do mesmo modo, se sobrevier uma guerra aos judeus primeiramente, os romanos combaterão a seu lado de coração sincero, conforme o permitirem as circunstâncias. [28]Aos inimigos não será dado trigo, nem armas, nem dinheiro, nem navios, segundo a decisão de Roma, mas cumprirão essas obrigações lealmente. [29]Foi nestes termos que os romanos fizeram aliança com o povo dos judeus. [30]Se depois disso, estes ou aqueles quiserem acrescentar ou tirar algo, poderão fazê-lo à vontade, e aquilo que tiverem acrescentado ou tirado será obrigatório. [31]E com relação aos males que o rei Demétrio lhes vem causando, assim lhe escrevemos: 'Por que fazes pesar teu jugo sobre os judeus, nossos amigos e aliados? [32]Se, portanto, eles recorrerem novamente contra ti, defenderemos seus direitos e te atacaremos por mar e por terra'".

9 **Gloriosa morte de Judas.** [1]Quando Demétrio soube que Nicanor tinha morrido no combate e que seu exército tinha sido destruído, decidiu enviar novamente Báquides e Alcimo para a Judeia à frente da ala direita de suas tropas. [2]Tomaram o caminho da Galileia e acamparam em Masalot, no território de Arbelas; ocuparam-na e mataram muitas pessoas. [3]No primeiro mês do ano cento e cinquenta e dois acamparam diante de Jerusalém. [4]Depois partiram e se dirigiram a Beerzet com vinte mil homens e dois mil cavaleiros. [5]Judas estava acampado em Ela-

---

* **8**,17. 2Mc 4,11 | 21. 14,18

† **8**. Os romanos acabavam de aniquilar Cartago (ano 202 a.C.) e despertavam em todos os povos grande admiração por seu sucesso militar e sua diplomacia. Mas, de aliados dos judeus, transformaram-se em seus dominadores a partir de 63 a.C.

sa com três mil homens escolhidos, 6os quais, à vista de um exército tão numeroso, entraram em pânico e muitos fugiram do campo, não restando mais do que oitocentos. 7Judas viu que seu exército se desagregava justamente na iminência da batalha; sentiu seu coração angustiado, porque não tinha mais tempo de reuni-los. 8Desamparado, disse aos que tinham ficado: "Levantemo-nos e marchemos contra nossos adversários, caso possamos enfrentá-los". 9Mas eles o dissuadiam, dizendo: "Não podemos; é melhor salvarmos nossas vidas agora; depois voltaremos com nossos irmãos e lhes daremos combate; somos poucos demais". 10Judas replicou: "Longe de mim fazer tal coisa, fugir diante deles! Se é chegada nossa hora, morramos corajosamente por nossos irmãos e não deixemos motivo de censura a nossa glória".

11O exército inimigo saiu do acampamento, e os judeus se dispuseram para enfrentá-los. A cavalaria estava dividida em duas alas; os fundibulários e os arqueiros precediam o grosso do exército, e na primeira fila estavam todos os mais valentes. Báquides estava na ala direita. 12A falange avançou dos dois lados ao som das trombetas; os homens de Judas também tocaram as trombetas. 13A terra tremeu com o fragor dos exércitos, que travaram batalha desde a manhã até a tarde. 14Judas viu que Báquides e a parte mais forte do exército estavam à direita; reuniram-se por isso em torno de Judas todos os mais valentes; 15destroçaram a ala direita e a perseguiram até o monte Azara. 16Mas os da ala esquerda, vendo que tinha sido derrotada a ala direita, voltaram-se no encalço de Judas e dos seus, atacando-os pelas costas. 17A batalha se tornou mais violenta e houve muitas vítimas de ambas as partes. 18Tombou também Judas, e os restantes fugiram. 19Jônatas e Simão recolheram o corpo de seu irmão Judas e o sepultaram no túmulo de seus pais em Modin. 20Todo o Israel o chorou, fez um grande luto por ele e se lamentaram durante muitos dias, dizendo:

21"Como pôde cair o herói*
que salvava Israel?"

22O resto das ações de Judas, de suas guerras, dos atos de bravura que praticou e de seus títulos de glória, não foi escrito, porque as ações foram muito numerosas.

IV. JÔNATAS, SUCESSOR DE JUDAS (9,23–12,53)

Báquides oprime os judeus. 23Depois da morte de Judas, os renegados reapareceram em todo o território de Israel e todos os malfeitores levantaram a cabeça. 24Naquele tempo houve uma fome terrível, e o país passou para o lado deles. 25Báquides escolheu homens ímpios e os estabeleceu à frente do país. 26Estes procuravam os amigos de Judas e os interrogavam, levando-os a Báquides, que se vingava deles e os insultava. 27Foi uma grande tribulação para Israel, como não se tinha visto desde o dia em que não mais aparecera um profeta no meio deles.

Jônatas, chefe dos judeus. 28Reuniram-se por isso todos os amigos de Judas e disseram a Jônatas: 29"Desde que morreu teu irmão Judas, não se acha mais um homem semelhante a ele que possa conduzir a ação contra os inimigos e Báquides, e contra os que hostilizam nossa nação. 30Por isso, nós te elegemos agora no lugar dele como nosso chefe e guia para combater nossas batalhas". 31Assim, Jônatas assumiu naquele mesmo dia o comando e sucedeu a seu irmão Judas.

32Quando Báquides soube disso, procurava matá-lo. 33Mas Jônatas, Simão, seu irmão, e todos os seus adeptos foram informados e fugiram para o deserto de Técua, acampando perto da água da cisterna de Asfar. 34Báquides teve conhecimento disso num dia de sábado e foi também, com todo

* **9**,21. 2Sm 1,27

o seu exército, para o outro lado do Jordão. [35]Jônatas mandou seu irmão,* comandante da tropa, pedir aos nabateus, seus amigos, licença para guardar junto deles sua bagagem que era enorme. [36]Mas os filhos de Iambri, que moravam em Medaba, fizeram uma incursão, capturaram João com tudo quanto tinha e partiram com sua presa. [37]Depois desses fatos contaram a Jônatas e a seu irmão Simão o seguinte: "Os filhos de Iambri estão celebrando uma grande festa de casamento, e de Nabata acompanham com grande pompa a noiva, filha de um grande personagem de Canaã". [38]Lembraram-se então do fim sangrento de seu irmão João e foram esconder-se ao abrigo de um monte. [39]Levantando os olhos para observar, viram aparecer um cortejo grande e ruidoso. O noivo, acompanhado dos amigos e irmãos, caminhava ao encontro do cortejo ao som de tamborins, instrumentos musicais e com grande aparato. [40]De seu esconderijo lançaram-se sobre eles e os massacraram; morreram muitos, e os outros fugiram para a montanha. Eles recolheram todos os seus despojos. [41]Assim, as núpcias transformaram-se em luto, e o som de seus instrumentos musicais em lamentações. [42]Depois de vingar dessa maneira o sangue do irmão, voltaram para o pantanal do Jordão.

Batalha contra Báquides. [43]Ao saber disso, Báquides veio num dia de sábado até as margens do Jordão com um grande exército. [44]Jônatas disse a seus companheiros: "Levantemo-nos e combatamos por nossas vidas, porque hoje não é como das outras vezes. [45]Temos inimigos pela frente e pelas costas, e dos dois lados temos as águas do Jordão, pantanal e matagais; não é possível retirar-nos. [46]Clamai, pois, ao Céu, para que possais escapar das mãos de nossos inimigos". [47]Travou-se o combate, e Jônatas estendeu a mão para ferir Báquides, mas este esquivou o golpe, recuando. [48]Então Jônatas e seus homens arrojaram-se ao Jordão e nadaram até o lado oposto, mas os outros não passaram o Jordão para persegui-los. [49]Naquele dia caíram cerca de mil homens da parte de Báquides.

[50]Regressando a Jerusalém, Báquides edificou fortificações na Judeia: as fortalezas de Jericó, Emaús, Bet-Horon, Betel, Tamnata, Faraton e Tefon, com altas muralhas, portas e ferrolhos, [51]e instalou nelas guarnições para hostilizar Israel. [52]Fortificou também a cidade de Betsur, Gazarra e a cidadela, onde colocou guarnições e armazenou víveres. [53]Tomou como reféns os filhos dos chefes do país e os prendeu na cidadela de Jerusalém.

Morte de Alcimo. [54]No ano cento e cinquenta e três, no segundo mês, Alcimo mandou derrubar o muro do átrio interno do santuário, destruindo assim a obra dos profetas.† Foi iniciada a demolição. [55]Mas justamente então Alcimo sofreu um derrame, e sua obra ficou interrompida. Sua boca se fechou e ficou paralisada, impedindo-o de pronunciar sequer uma palavra e de dar ordens a respeito de sua casa. [56]Alcimo morreu nesta época, no meio de grandes tormentos. [57]Vendo que Alcimo estava morto, Báquides voltou para junto do rei, e a terra de Judá gozou de paz por dois anos.

Intrigas dos judeus apóstatas. [58]Então todos os renegados se reuniram em conselho e disseram: "Jônatas e os seus vivem tranquilos e seguros; vamos chamar Báquides e ele os prenderá todos numa só noite". [59]Foram procurá-lo e deliberaram com ele, [60]que se pôs a caminho com um grande exército e enviou em segredo cartas a todos os seus aliados na Judeia, dizendo-lhes que capturassem Jônatas e seus companheiros. Mas não conseguiram, porque seu plano foi descoberto. [61]Ao invés, os homens de Jônatas conseguiram apanhar uns cinquenta homens do

* **9**,35. 5,25

† **9**,54. Os profetas Ageu e Zacarias animaram o povo, que voltava do exílio de Babilônia, a reconstruir o templo.

país, que tinham sido instigadores de tal iniquidade, e os mataram. 62Depois, Jônatas e Simão com seus homens retiraram-se para Bet-Basi, no deserto, e reconstruíram suas ruínas e a fortificaram. 63Informado disso, Báquides reuniu toda a sua gente e avisou os da Judeia. 64Veio acampar diante de Bet-Basi e atacou-a durante muitos dias, mandando construir também máquinas. 65Jônatas deixou seu irmão Simão na cidade e saiu pela região, percorrendo-a com uns poucos homens. 66Bateu Odomer com seus irmãos e os filhos de Faziron em suas tendas. Começaram a atacar e cresceram em forças.

Báquides, derrotado, firma a paz. 67Então Simão e seus companheiros saíram da cidade e incendiaram as máquinas. 68Enfrentaram Báquides; venceram-no e lhe infligiram uma grande humilhação, porque seu plano e sua expedição tinham fracassado. 69Sumamente irritado contra aqueles renegados que o haviam induzido a vir ao país, matou muitos deles e decidiu voltar para sua terra. 70Sabendo disso, Jônatas enviou-lhe mensageiros para as conversações de paz e para a restituição dos prisioneiros. 71Báquides aceitou e agiu segundo suas propostas, jurando-lhe que, pelo resto da vida, nunca mais lhe faria mal. 72Restituiu-lhe os prisioneiros que no passado tinha levado da terra de Judá, retirou-se para seu país e não voltou mais ao território deles; 73assim descansou a espada em Israel. Jônatas estabeleceu-se* em Macmas, onde começou a governar o povo e fez desaparecer os ímpios de Israel.

10

Jônatas entre dois rivais. 1No ano cento e sessenta veio Alexandre Epífanes, filho de Antíoco, e ocupou a Ptolemaida, onde foi bem acolhido e começou a reinar. 2Ao saber disso, o rei Demétrio reuniu um exército muito numeroso e saiu para combater contra ele. 3Ao mesmo tempo, Demétrio enviou uma carta a Jônatas com palavras pacíficas e lisonjeiras. 4Pois dizia consigo mesmo: "Apressemo-nos em fazer aliança com eles, antes que ele a faça com Alexandre contra nós, 5porque certamente se lembrará de todos os males que causamos a ele, a seus irmãos e a sua nação". 6Autorizou-o a recrutar exércitos, fabricar armas e considerar-se seu aliado; além disso, deu ordens para que lhe fossem entregues os reféns que estavam na cidadela.

7Então Jônatas veio a Jerusalém e leu a carta a todo o povo e aos da cidadela.8Um grande medo apoderou-se deles, quando ouviram que o rei o autorizava a recrutar tropas. 9Por isso os da cidadela entregaram os reféns a Jônatas, que os restituiu a seus pais. 10Jônatas fixou residência em Jerusalém e começou a reconstruir e renovar a cidade. 11Ordenou aos que executavam os trabalhos que construíssem os muros e rodeassem o monte Sião com uma muralha de pedras quadradas, como para uma fortaleza; e assim fizeram. 12Então fugiram os estrangeiros que ficavam nas fortalezas construídas por Báquides, 13abandonando cada qual seu lugar para voltar a seu país, 14com exceção de alguns dos que haviam abandonado a lei e os preceitos, os quais permaneceram em Betsur, onde era seu refúgio.

15O rei Alexandre ficou sabendo das muitas promessas que Demétrio fizera a Jônatas. Falaram-lhe também das guerras e proezas que ele e seus irmãos tinham realizado, como também das aflições que tinham suportado. 16Disse então: "Poderemos encontrar outro homem igual a este? Pois bem, façamos dele agora um amigo e aliado nosso". 17Escreveu e enviou-lhe esta carta:

18"O rei Alexandre a seu irmão Jônatas, saúde.

19Ouvimos falar de ti que és homem forte e poderoso, merecedor de nossa amizade. 20Por isso te nomeamos hoje sumo sacerdote de tua nação* e te damos o título de amigo do rei – e lhe

---

* **9**,73. Dt 19,19; 22,22 | **10**,20. 2,18

enviou púrpura e uma coroa de ouro – para que abraces nosso partido e nos conserves amizade".

21 Jônatas vestiu a túnica sagrada no sétimo mês do ano cento e sessenta, na festa das Tendas; entretanto recrutou tropas e fabricou muitas armas.

22 Tendo ouvido falar dessas coisas, Demétrio ficou contrariado e disse: 23 "Que fizemos, deixando que Alexandre nos precedesse em ganhar a amizade dos judeus para fortalecer sua posição! 24 Também eu lhe escreverei em termos persuasivos, com promessas de honras e de presentes, para que estejam do meu lado, dando-me apoio". 25 Enviou-lhes uma carta nestes termos:

"O rei Demétrio à nação dos judeus, saúde.

26 Ficamos contentes por saber que tendes observado os acordos feitos conosco e que permanecestes fiéis a nossa amizade, sem passar para o lado de nossos adversários. 27 Continuai, pois, a nos guardar fidelidade, que nós, em troca do que fazeis por nós, vos retribuiremos com benefícios: 28 nós vos concederemos muitas isenções e vos enviaremos presentes. 29 Desde agora já dispensamos e isentamos a todos os judeus dos tributos e dos impostos do sal e do ouro das coroas. 30 Renuncio também, a partir de hoje, à terça parte dos produtos do solo e à metade dos frutos das árvores que me caberiam, deixando de cobrá-los, desde hoje e para sempre, da terra de Judá e dos três distritos da Samaria* e da Galileia a ela anexados†. 31 Jerusalém com seu território será sagrada e isenta dos dízimos e dos tributos. 32 Renuncio também ao controle da cidadela de Jerusalém, cedendo-a ao sumo sacerdote, para que ponha lá homens que quiser escolher para guardá-la. 33 Concedo gratuitamente a liberdade a todo judeu levado escravo da terra da Judeia para qualquer lugar de meu reino, e todos sejam isentos dos impostos, também daqueles sobre seus animais. 34 Todas as solenidades, os sábados, os novilúnios e as festas prescritas, com os três dias precedentes e os três seguintes, sejam todos dias de imunidade e de remissão para todos os judeus que estão em meu reino; 35 ninguém terá autoridade para fazer processo contra eles ou molestar a qualquer um deles por qualquer motivo. 36 Serão recrutados entre os judeus, para os exércitos do rei, até trinta mil homens, aos quais será pago o soldo como a todas as tropas do rei. 37 Alguns deles serão destacados para as maiores fortalezas do rei e outros serão encarregados dos negócios de confiança do reino. Seus superiores e comandantes serão escolhidos dentre eles e poderão viver segundo suas leis, como o rei determinou para a terra de Judá. 38 Os três distritos da região de Samaria anexados à Judeia lhe sejam incorporados de tal forma que dependam de uma só pessoa e não obedeçam a outra autoridade que não a do sumo sacerdote. 39 Faço doação de Ptolemaida, com seu território, ao santuário de Jerusalém, para as despesas necessárias do santuário. 40 Darei também cada ano quinze mil siclos de prata das rendas do rei, provenientes dos lugares mais apropriados. 41 E todo o excedente que os funcionários não entregaram, como nos anos precedentes, de agora em diante será entregue para as obras do templo. 42 Além disso, os cinco mil siclos de prata cobrados cada ano sobre as rendas do santuário sejam também cancelados, porque pertencem aos sacerdotes em função. 43 E todos aqueles que se refugiarem no templo de Jerusalém e em todas as suas dependências por motivo de dívida para com o rei ou por qualquer outra obrigação sejam deixados livres com todos os bens que possuem em meu reino. 44 Para as construções e as reparações no santuário, as despesas serão pagas pelo erário real. 45 Também para a construção dos muros e das fortificações ao redor de Jerusalém e para

---

* **10**,30. 11,34

† **10**,30. Conforme 11,34, os três distritos são: Aferema, Lida e Ramataim.

a construção de muros na Judeia, as
despesas ficarão por conta do rei".
46Quando Jônatas e o povo ouviram
essas palavras, não lhes deram crédito
nem as aceitaram, porque se recorda-
ram do grande mal que Demétrio ha-
via feito em Israel e como os havia du-
ramente oprimido. 47Decidiram-se, ao
invés, a favor de Alexandre, que fora o
primeiro a dirigir-se a eles com palavras
amistosas, e foram para sempre seus
aliados. 48Então o rei Alexandre reuniu
um grande exército e marchou contra
Demétrio. 49Os dois reis travaram bata-
lha; o exército de Demétrio pôs-se em
fuga, e Alexandre, saindo em sua per-
seguição, prevaleceu sobre ele. 50Com-
bateu violentamente até o pôr do sol e
Demétrio morreu naquele mesmo dia.
Honras reais a Jônatas. 51Alexandre
mandou embaixadores a Ptolomeu, rei
do Egito†, para dizer-lhe:
52"Voltei a meu reino e sentei-me no
trono de meus pais; recobrei o poder,
derrotando Demétrio, e tomei posse
de nossa terra. 53Travei batalha com
ele; foi derrotado por nós, ele com seu
exército, e assim sentamo-nos em seu
trono real. 54Façamos amizade entre
nós; dá-me tua filha em casamento e
eu, uma vez teu genro, darei a ti e a ela
presentes dignos de ti".
55O rei Ptolomeu respondeu, dizendo:
"Feliz o dia em que voltaste à terra
de teus pais e te sentaste em seu trono
real. 56Farei por ti tudo o que escreveste;
somente vem encontrar-me em Ptole-
maida, a fim de que nos vejamos mutua-
mente, e serei teu sogro, como disseste".
57Ptolomeu partiu do Egito com sua
filha Cleópatra e chegou a Ptolemaida
no ano cento e sessenta e dois. 58O rei
Alexandre foi a seu encontro. Ptolomeu
deu-lhe sua filha Cleópatra, e celebra-
ram-se as núpcias em Ptolemaida com
grande magnificência, como costu-
mam fazer os reis.
59O rei Alexandre escreveu a Jônatas
para que viesse visitá-lo. 60Ele foi a Pto-
lemaida com grande pompa, encon-
trou-se com os dois reis* e deu a eles,
bem como a seus amigos, prata, ouro e
muitos outros presentes, e assim con-
quistou sua simpatia. 61Então se uniram
contra ele uns homens perversos de
Israel, traidores da lei, e apresentaram
acusações contra ele, mas o rei não
lhes deu atenção. 62Ao invés, ordenou
que se trocassem as vestes de Jônatas
e que fosse revestido de púrpura, e as-
sim foi feito. 63Depois o rei o fez sentar-
-se a seu lado e disse a seus oficiais:
"Saí com ele pela cidade e proclamai
que ninguém faça acusações contra ele
por nenhum motivo, e que ninguém
o importune por qualquer razão que
seja. 64Quando os caluniadores viram
as honras que recebia, como procla-
mava o arauto, e como estava vestido
de púrpura, fugiram todos. 65O rei o
cumulou de honras, inscreveu-o entre
seus primeiros amigos e nomeou-o co-
mandante e governador da província.*
66Então Jônatas voltou para Jerusalém
na paz e na alegria.
Apolônio é derrotado por Jônatas.
67No ano cento e sessenta e cinco,
Demétrio, filho de Demétrio, veio de
Creta à terra de seus pais. 68Quando o
rei Alexandre o soube, ficou bastante
preocupado e voltou para Antioquia.
69Ora, Demétrio nomeou Apolônio
governador da Celessíria, e este, recru-
tando um grande exército, foi acampar
em Jâmnia e mandou dizer ao sumo
sacerdote Jônatas: "Só tu te levantaste
contra nós e, por tua causa, tornei-me
objeto de zombaria e de insulto. 70Por
que exerces tua autoridade contra nós
nas montanhas? 71Pois bem, se tens
confiança em tuas tropas, desce contra
nós na planície e ali nos mediremos um
com o outro, porque comigo está a for-
ça das cidades. 72Informa-te e fica sa-
bendo quem sou eu e quem são os ou-
tros, nossos aliados. Eles te dirão que
não podeis manter firmes os pés diante
de nós, pois teus pais foram postos em
fuga duas vezes em sua própria terra.
73Não poderás resistir à cavalaria e a
tão grande exército na planície, onde

---

* **10**,60. 2,18 | 65. 2,18

† **10**,51. Trata-se de Ptolomeu VI Filométor, 180-145 a.C.

não há pedra, nem rocha, nem lugar para onde fugir". [74]Ao ouvir as palavras de Apolônio, o ânimo de Jônatas se agitou. Escolheu dez mil homens e saiu de Jerusalém. Simão, seu irmão, veio a seu encontro para auxiliá-lo. [75]Acampou diante de Jope, mas seus habitantes fecharam-lhe as portas, porque em Jope havia uma guarnição de Apolônio. Ele atacou-a [76]e, amedrontados, os habitantes da cidade abriram-lhe as portas, e assim Jônatas apoderou-se de Jope. [77]Apolônio o soube e pôs em campo três mil cavaleiros e um grande exército; dirigiu-se para Azoto, como se quisesse atravessar o país, mas ao mesmo tempo invadiu a planície, porque tinha uma cavalaria numerosa na qual confiava. [78]Jônatas seguiu-o em direção de Azoto, e os dois exércitos travaram batalha. [79]Apolônio tinha deixado mil cavaleiros escondidos atrás deles. [80]Jônatas percebeu que havia uma emboscada a suas costas. Os cavaleiros rodearam seu exército e lançaram flechas sobre as tropas da manhã à noite, [81]mas as tropas permaneceram firmes, conforme ordenara Jônatas, e por isso os cavalos deles se cansaram. [82]Então Simão fez avançar seu exército e atacou a falange; e como a cavalaria estivesse extenuada, foram derrotados e fugiram, [83]enquanto a cavalaria se dispersava pela planície. Os fugitivos chegaram a Azoto e entraram no templo de Dagon,* seu ídolo, procurando salvar-se. [84]Jônatas incendiou Azoto e as cidades circunvizinhas, depois de tê-las saqueado, e entregou às chamas também o templo de Dagon com os que aí se haviam refugiado. [85]Foram cerca de oito mil os que morreram à espada, junto com os que foram queimados pelo fogo. [86]Partindo dali, Jônatas foi acampar em Ascalon, cujos habitantes vieram a seu encontro prestando-lhe grandes honras. [87]Depois, Jônatas regressou a Jerusalém com os seus, levando imensos despojos. [88]O rei Alexandre, ao saber desses fatos, concedeu a Jônatas honras ainda maiores. [89]Enviou-lhe uma fivela de ouro, daquelas com que se costuma presentear os parentes do rei, e entregou-lhe como propriedade Acaron e todo o seu território.

11 **Luta entre Ptolomeu VI e Alexandre.** [1]O rei do Egito reuniu forças numerosas como a areia da praia do mar e muitos navios, querendo apoderar-se com astúcia do reino de Alexandre para anexá-lo a seu próprio reino. [2]Foi à Síria, com palavras de paz, e os habitantes das cidades lhe abriam as portas e saíam-lhe ao encontro, porque era ordem do rei Alexandre que recebessem seu sogro. [3]Mas quando Ptolomeu entrava nas cidades, deixava em cada uma tropas para guarnecê-la. [4]Ao se aproximar de Azoto,* mostraram-lhe o templo de Dagon incendiado, Azoto e sua periferia destruídas, os cadáveres abandonados e os restos dos que tinham sido queimados na guerra, pois os haviam amontoado ao longo de seu percurso. [5]Contaram ao rei o que Jônatas fizera, pensando que ele o haveria de censurar, mas o rei ficou calado. [6]Jônatas, com grande pompa, saiu ao encontro do rei em Jope, trocaram saudações e ali pernoitaram. [7]Jônatas acompanhou o rei até o rio chamado Elêutero e depois voltou para Jerusalém. [8]O rei Ptolomeu apoderou-se das cidades costeiras até Selêucia marítima; forjava maus planos contra Alexandre. [9]Enviou embaixadores ao rei Demétrio para dizer-lhe: "Vem, façamos aliança entre nós; eu te darei minha filha, casada com Alexandre, e reinarás no reino de teu pai. [10]Pois me arrependi de lhe ter dado minha filha, porque tentou matar-me". [11]Acusava-o assim, porque desejava apoderar-se de seu reino. [12]Tomou-lhe a filha e deu-a a Demétrio; mudou de atitude para com Alexandre, e a inimizade entre eles se tornou manifesta. [13]Ptolomeu fez sua entrada em Antioquia e cingiu a coroa da Ásia; pôs na cabeça duas coroas: a do Egito e a da Ásia.

---

* **10**,83. 1Sm 5,1s; 1Mc 11,4 | **11**,4. 10,84

Morte de Ptolomeu VI e de Alexandre. 14 Naquela época, o rei Alexandre estava na Cilícia, porque os habitantes daquela região se haviam revoltado. 15 Quando soube do acontecido, Alexandre marchou contra ele para combatê-lo; mas Ptolomeu foi a seu encontro com grandes forças e o pôs em fuga. 16 Alexandre fugiu para a Arábia, procurando aí refúgio, e o rei Ptolomeu triunfou. 17 O árabe Zabdiel cortou a cabeça de Alexandre e mandou-a a Ptolomeu. 18 Mas três dias depois morreu também o rei Ptolomeu, e seus homens que estavam nas fortalezas foram mortos pelos outros que estavam nas mesmas fortalezas. 19 Assim, Demétrio começou a reinar; era o ano cento e sessenta e sete.

Jônatas, favorito de Demétrio II. 20 Naqueles dias, Jônatas reuniu os homens da Judeia para atacar a cidadela de Jerusalém e mandou fazer muitas máquinas de guerra para usá-las contra ela. 21 Mas alguns homens iníquos, que odiavam sua própria nação, foram ter com o rei e lhe anunciaram que Jônatas sitiava a cidadela. 22 Ao ouvir isso, Demétrio se enfureceu; e, confirmada a notícia, partiu imediatamente. Foi a Ptolemaida e escreveu a Jônatas que levantasse o cerco e se apresentasse, o mais depressa possível, a ele em Ptolemaida para uma conversa. 23 Jônatas recebeu o aviso e ordenou que se continuasse o assédio; depois, escolhendo um grupo de anciãos de Israel e de sacerdotes, enfrentou o perigo. 24 Tomou consigo prata, ouro, vestes e muitos outros presentes e foi até o rei, em Ptolemaida, e ganhou-lhe as boas graças; 25 alguns renegados de sua nação apresentaram acusações contra ele, 26 mas o rei o tratou como o haviam tratado seus predecessores* e o exaltou na presença de todos os seus amigos. 27 Confirmou-o na dignidade de sumo sacerdote e em todas as outras honras que tinha antes e estabeleceu que fosse contado entre seus primeiros amigos. 28 Jônatas pediu ao rei que declarasse a Judeia isenta dos tributos,* junto com os três distritos da Samaria, prometendo-lhe em troca trezentos talentos. 29 O rei concordou, e a respeito de tudo isso escreveu uma carta* a Jônatas com os seguintes dizeres:

30 "O rei Demétrio a Jônatas, seu irmão, e à nação judaica, saudações!

31 Remetemos também a vós, para que tomeis conhecimento, uma cópia da carta que escrevemos a vosso respeito a Lástenes, nosso parente: 32 'O rei Demétrio a Lástenes, seu pai, saudações! 33 Decidimos favorecer a nação dos judeus, nossos amigos e cumpridores das obrigações que têm para conosco, em vista de seus bons sentimentos a nosso respeito. 34 Por isso, nós lhes confirmamos a posse dos territórios da Judeia* e dos três distritos de Aferema, Lida e Ramataim, desmembrados da Samaria e anexados à Judeia, com todas as suas dependências, em favor de todos os que oferecem sacrifícios em Jerusalém, em lugar dos tributos que no passado o rei cobrava deles anualmente sobre os produtos do solo e sobre os frutos das árvores. 35 Quanto aos outros direitos* que temos sobre os dízimos e sobre os tributos que nos cabem, sobre as salinas, e as coroas que nos eram devidas, a partir deste momento renunciamos completamente a eles. 36 Nenhuma dessas disposições será revogada a partir de agora e para sempre'. 37 Cuidai de fazer uma cópia deste decreto, para ser entregue a Jônatas e colocada na montanha santa em lugar bem-visível".

Jônatas apoia Demétrio II. 38 O rei Demétrio, vendo que o país estava em paz diante dele e que ninguém se lhe opunha, despediu todas as suas tropas, cada qual para a sua terra, com exceção das tropas estrangeiras que havia recrutado nas ilhas dos gentios; por esse motivo todas as tropas que tinham estado com seus pais começaram a odiá-lo. 39 Trifão, que antes fora do partido de Alexandre, vendo que todas as tropas murmuravam contra

---

* **11**,26. 2,18; 10,65 | 28. 10,30; 11,34 | 29. 10,26-45 | 34. 10,30 | 35. 10,29

Demétrio, dirigiu-se ao árabe Jâmlico, o qual educava Antíoco, o jovem filho de Alexandre, [40]e o pressionava para que lho entregasse, a fim de fazê-lo reinar em lugar de seu pai. Narrou-lhe tudo o que fizera Demétrio e como suas tropas o odiavam; e lá ficou por muitos dias.

[41]Jônatas mandou pedir ao rei Demétrio que retirasse de Jerusalém os homens que estavam na cidadela e os outros que se achavam nas fortalezas, porque faziam guerra a Israel. [42]Em resposta, Demétrio mandou dizer a Jônatas: "Por ti e por tua nação farei não só isto, mas cumularei de honras a ti e tua nação na primeira oportunidade. [43]Por ora farás bem em mandar-me homens que combatam a meu lado, porque todas as minhas tropas desertaram". [44]Jônatas enviou-lhe a Antioquia três mil guerreiros valorosos, e quando eles chegaram à presença do rei, ele muito se alegrou com sua vinda. [45]Mas os habitantes da cidade reuniram-se no centro da cidade, em número de cento e vinte mil, com o propósito de matar o rei. [46]Então o rei refugiou-se no palácio, enquanto os cidadãos invadiam as ruas da cidade e começavam a combater. [47]O rei chamou em socorro os judeus, os quais se reuniram todos junto dele e depois se espalharam pela cidade, matando naquele dia cerca de cem mil. [48]Puseram fogo na cidade, recolheram muitos despojos naquele dia e salvaram o rei. [49]Os habitantes da cidade, ao verem que os judeus se haviam apoderado da cidade como queriam, perderam a coragem e clamaram ao rei, suplicando-lhe com estas palavras: [50]"Estende-nos a mão direita e cessem os judeus de combater contra nós e contra a cidade!" [51]E, depondo as armas, fizeram as pazes. Assim, os judeus cobriram-se de glória diante do rei e de todos os cidadãos de seu reino e voltaram para Jerusalém carregados de despojos. [52]O rei Demétrio se fortaleceu sobre seu trono real e o país ficou tranquilo sob seu governo. [53]Mas depois renegou tudo o que havia prometido, mostrou-se hostil a Jônatas e não retribuiu os favores que este lhe fizera; ao contrário, muito o atormentou.

Jônatas apoia Antíoco VI. [54]Depois disso, Trifão voltou com Antíoco, ainda menino, que começou a reinar e cingiu o diadema. [55]Reuniram-se em torno dele todas as tropas despedidas por Demétrio e combateram contra este, que fugiu e foi vencido. [56]Trifão capturou os elefantes e apoderou-se de Antioquia. [57]Então o jovem Antíoco escreveu a Jônatas o seguinte: "Confirmo-te no ofício de sumo sacerdote, nomeio-te chefe dos quatro distritos e te incluo entre os amigos do rei". [58]Mandou-lhe ainda vasos de ouro e um serviço de mesa, deu-lhe o direito de beber em taças de ouro, de vestir púrpura e de usar uma fivela de ouro. [59]Além disso, constituiu Simão, seu irmão, governador do território que vai da Escada de Tiro até a fronteira com o Egito.

[60]Então Jônatas começou a percorrer a região do outro lado do rio e as várias cidades, e todo o exército da Síria se uniu a ele para combaterem juntos. Chegou a Ascalon, cujos moradores o receberam com honra. [61]De lá partiu para Gaza, mas os moradores de Gaza lhe fecharam as portas; ele a sitiou e incendiou sua periferia, depois de tê-la saqueado. [62]Então os cidadãos de Gaza suplicaram a Jônatas, e ele estendeu-lhes a mão direita em sinal de paz; todavia tomou os filhos de seus chefes como reféns e mandou-os para Jerusalém. Depois atravessou a região até Damasco.

Jônatas derrota os partidários de Demétrio. [63]Jônatas ficou sabendo que os generais de Demétrio se achavam em Cedes, na Galileia, com um grande exército, com a intenção de fazê-lo desistir da empresa. [64]Marchou, então, contra eles, deixando no país seu irmão Simão. [65]Este veio acampar diante de Betsur e por muitos dias combateu contra ela, mantendo-a sitiada. [66]Então suplicaram-lhe que fizesse as pazes, e ele consentiu; mas expulsou-os dali, ocupou a cidade e pôs nela uma guarnição. [67]Enquanto isso, Jônatas acampou com seu exército junto das águas de Genesar, e de manhã cedo chegaram à planície de Asor. 68Ali na planície avançou contra ele o exército dos estrangeiros, depois de haver posto uma emboscada contra ele nos montes. 69Atacavam pela frente, quando os da emboscada, saindo de suas posições, se lançaram na luta. 70Todos os homens de Jônatas fugiram, não ficando um sequer, exceto Matatias, filho de Absalão, e Judas de Calfi, comandantes do exército. 71Então Jônatas rasgou as vestes, cobriu a cabeça com cinza e se pôs a rezar. 72Depois voltou a combater os inimigos e os derrotou, obrigando-os a fugir. 73Vendo isto, os seus, que tinham fugido, voltaram para junto dele e com ele perseguiram o inimigo até o acampamento deles em Cedes, onde também acamparam. 74Morreram naquele dia cerca de três mil homens das tropas estrangeiras. Então Jônatas voltou para Jerusalém.

12 **Renovação da aliança com Roma e com Esparta.** 1Vendo que a ocasião era favorável, Jônatas escolheu alguns homens e os enviou a Roma para confirmar e renovar a amizade* com eles. 2Também a Esparta e a outros lugares enviou cartas com o mesmo objetivo. 3Foram, pois, a Roma, entraram no Senado e disseram: "O sumo sacerdote Jônatas e a nação dos judeus nos enviaram para que renoveis a amizade e a aliança com eles, como antes". 4Os romanos lhes deram cartas para as autoridades de cada lugar, para que lhes facilitassem um retorno tranquilo à Judeia.

5Esta é a cópia da carta escrita por Jônatas aos espartanos:

6"Jônatas, sumo sacerdote, o Senado da nação, os sacerdotes e o restante do povo judeu, aos espartanos, seus irmãos, saudações!

7Já no passado, vosso rei Ario* enviou a Onias, sumo sacerdote, uma carta, na qual dizia que sois nossos irmãos, como atesta a cópia anexa. 8Onias acolheu o enviado* com honras e recebeu a carta na qual se falava de aliança e de amizade. 9Nós, portanto, embora não tenhamos necessidade de tais coisas, porque temos para nossa consolação* os livros santos† que estão em nossas mãos, 10tentamos enviar-vos alguns para renovar a fraternidade e a amizade que nos liga a vós, para não nos tornarmos estranhos a vós, visto que muitos anos são passados desde quando nos mandastes mensageiros. 11Em todo o tempo e incessantemente, nas festas e nos outros dias prescritos, nos lembramos de vós nos sacrifícios que oferecemos e nas orações, porque é justo e conveniente recordar-se dos irmãos. 12Alegramo-nos com vossa glória. 13Nós, ao invés, temos sido afligidos por muitas tribulações e muitas guerras, porque os reis a nosso redor nos têm combatido. 14Durante essas guerras, porém, não quisemos importunar-vos a vós nem a outros aliados e amigos nossos, 15porque recebemos do Céu uma ajuda segura e assim fomos libertados de nossos inimigos, que foram humilhados. 16Escolhemos Numênio, filho de Antíoco,* e Antípatro, filho de Jasão, para enviá-los aos romanos para renovar nossa antiga amizade e aliança com eles. 17Ordenamos também a eles que fossem até vós para saudar-vos e entregar-vos de nossa parte esta carta referente à renovação de nossa fraternidade. 18Agora tende a gentileza de nos responder sobre esse assunto".

19Esta é a cópia da carta que tinham enviado a Onias:

20"Ario, rei dos espartanos, a Onias, sumo sacerdote, saudações.

21Foi encontrado num escrito referente aos espartanos e aos judeus que eles são irmãos e descendentes da es-

---

* **12**,1. 8,17-32 | 7. 12,20-23 | 8. 2Mc 5,9 | 9. Rm 15,4 | 16. 14,22; 15,15

† **12**,9. Primeiro uso desta expressão para indicar o Antigo Testamento, que já estava formado. Em 7,17, o autor citava o Sl 79, chamando-o de "Escritura". Esdras e Neemias, e depois Judas, se preocuparam em reunir os livros sagrados. | 21. Corria em Esparta a lenda de que o povo de lá era descendente de Abraão como os judeus.

tirpe de Abraão†. 22Agora que sabemos
disso, tende a bondade de nos escre-
ver a respeito de vossa prosperidade.
23De nossa parte vos respondemos:
vosso gado e todos os vossos bens são
nossos, e os nossos são vossos. Orde-
namos, pois, que isto vos seja comu-
nicado".

Outras vitórias de Jônatas. 24Jôna-
tas soube que os generais de Demé-
trio tinham voltado com um exército
mais numeroso que o anterior para
lutar contra ele. 25Partiu de Jerusalém
e foi encontrá-los na região de Ha-
mat, sem lhes dar tempo de penetrar
em sua região. 26Enviou exploradores
a seu acampamento, e estes, ao voltar,
referiram-lhe que estavam já dispostos
a assaltá-los naquela noite. 27Quando
o sol se pôs, Jônatas ordenou a seus
homens que vigiassem com as armas
na mão, prontos para o combate du-
rante toda a noite, e dispôs sentine-
las nos postos avançados ao redor de
todo o acampamento. 28Os inimigos,
porém, ao saber que Jônatas e os seus
estavam prontos para o combate, sen-
tiram medo e pavor no coração. Acen-
deram fogueiras em seu acampamento
e fugiram. 29Jônatas e os seus não se
aperceberam de nada até a manhã,
porque viam o fogo aceso. 30Jônatas
lançou-se em sua perseguição, mas
não conseguiu alcançá-los, porque ha-
viam atravessado o rio Eleútero. 31Jô-
natas voltou-se então contra os árabes
chamados zabadeus, bateu-os e tomou
seus despojos. 32Partindo dali, marchou
para Damasco e percorreu toda a re-
gião. 33Também Simão havia partido
e chegou até Ascalon e as fortalezas
vizinhas; depois dirigiu-se para Jope e
ocupou-a, 34porque ouvira dizer que
queriam entregar a fortaleza aos par-
tidários de Demétrio; por isso pôs ali
uma guarnição para defendê-la.

35Quando voltou, Jônatas convo-
cou os anciãos do povo e com eles
decidiu construir fortalezas na Judeia,
36levantar mais os muros de Jerusalém
e erguer uma grande barreira entre a
cidadela e a cidade, para separá-la da
cidade, a fim de que ficasse isolada, de
tal modo que os da cidadela não pu-
dessem comprar nem vender. 37Então
se reuniram para reconstruir a cidade;
e, visto que tinha caído uma parte do
muro da torrente, do lado leste, man-
dou restaurar a parte chamada Cafena-
ta. 38Simão edificou Adida, na Sefelá, e
fortificou-a, munindo-a de portas com
trancas.

Jônatas, prisioneiro de Trifão. 39Trifão
desejava reinar* sobre a Ásia e cingir o
diadema, estendendo a mão contra o
rei Antíoco; 40mas temia que Jônatas o
impedisse e lhe declarasse guerra; por
isso, procurava um modo de prendê-
-lo e eliminá-lo. Partiu e foi para Betsã.
41Jônatas marchou contra ele com qua-
renta mil homens escolhidos para uma
batalha ordenada e chegou a Betsã.
42Quando Trifão o viu chegar com um
exército numeroso, não ousou lançar
as mãos sobre ele. 43Recebeu-o com
honras, apresentou-o a todos os seus
amigos, deu-lhe presentes e ordenou
a suas tropas que lhe obedecessem
como a ele próprio. 44Depois disse a Jô-
natas: "Por que incomodaste toda esta
gente, não havendo guerra nenhuma
entre nós? 45Por isso, despede-os ago-
ra para suas casas; escolhe uns poucos
homens para te acompanharem e vem
comigo a Ptolemaida. Eu a entregarei
a ti junto com as outras fortalezas, as
outras tropas e todos os funcionários;
depois disso partirei, tomando o cami-
nho da volta, pois foi para isso que eu
vim". 46Jônatas, acreditando nele, fez
como ele dissera: despediu as tropas,
que retornaram para a Judeia, 47e re-
teve consigo três mil homens, dois mil
dos quais deixou na Galileia, e mil o
acompanharam. 48Mas quando Jônatas
entrou em Ptolemaida, os habitantes

---

* **12**,39. 11,39s.54s

† **13**,41. Neste ano de 142 a.C. Israel torna-se um estado independente. Simão foi não só etnarca, mas também sumo sacerdote. Para os Macabeus, a liberdade política era necessária para garantir a liberdade religiosa. Mas envolvendo-se na política perderam a estima dos grupos religiosos.

da cidade fecharam as portas, pren-
deram-no e passaram a fio de espada
todos os que tinham entrado com ele.
[49]Trifão mandou as tropas e a cavalaria
para a Galileia e para a grande planície,
a fim de aniquilar todos os partidários
de Jônatas. [50]Estes, porém, ao ouvi-
rem dizer que ele fora preso e estava
perdido, juntamente com seus compa-
nheiros, encorajaram-se mutuamen-
te e marcharam em linhas cerradas,
prontos para o combate. [51]Então os
perseguidores, vendo que eles lutavam
pela vida, voltaram para trás. [52]Aqueles
chegaram todos sãos e salvos à Judeia.
Choraram Jônatas e seus companhei-
ros e sentiram grande medo. E todos
os israelitas fizeram luto fechado. [53]To-
das as nações ao redor deles procura-
ram então exterminá-los, pois diziam:
"Não têm chefe nem quem os auxilie;
agora é o momento de combatê-los,
para apagar sua memória do meio dos
homens.

V. SIMÃO, SUCESSOR DE JÔNATAS (13–16)

13 **Simão, o novo comandante.**
[1]Simão soube que Trifão reuni-
ra um poderoso exército para ir à Judeia
e devastá-la. [2]Vendo que o povo tremia
de medo, subiu a Jerusalém, reuniu o
povo [3]e os confortou, dizendo-lhes:
"Bem sabeis o quanto eu, meus irmãos
e a casa de meu pai temos feito pelas
leis e pelo santuário, as guerras e as
angústias que suportamos. [4]É por isso
que todos os meus irmãos pereceram
pela causa de Israel e eu fiquei sozinho.
[5]Agora, longe de mim o pensamento
de poupar minha vida em qualquer
momento de tribulação! Pois não sou
melhor que meus irmãos; [6]antes, vin-
garei minha nação, o santuário,* vos-
sas mulheres e vossos filhos, uma vez
que todos os povos, por causa de seu
ódio, se aliaram para exterminar-nos".
[7]Ouvindo essas palavras, reacendeu-se
o ânimo do povo, [8]que respondeu em
altos brados: "Tu és nosso chefe em lu-
gar de Judas e de Jônatas, teu irmão;
[9]dirige nossas batalhas, e faremos tudo
o que nos disseres". [10]Então ele reuniu
todos os homens aptos para a guer-
ra, acelerou o acabamento dos muros
de Jerusalém e fortificou-a em todo o
redor. [11]Depois enviou a Jope Jônatas,
filho de Absalão, com um numeroso
exército, e ele expulsou de lá os ocu-
pantes e lá se instalou.
Trifão tenta invadir a Judeia. [12]Trifão
saiu de Ptolemaida com um grande
exército para invadir a Judeia, levan-
do consigo Jônatas prisioneiro. [13]Si-
mão veio acampar em Adida, diante
da planície. [14]Quando Trifão soube que
Simão havia substituído Jônatas, seu ir-
mão, e que se preparava para dar-lhe
batalha, enviou-lhe mensageiros para
dizer-lhe: [15]"É por causa do dinheiro
que teu irmão Jônatas devia ao tesou-
ro real pelos cargos que exercia, que
nós o mantemos preso. [16]Manda agora
cem talentos de prata e dois de seus
filhos como reféns, a fim de que, posto
em liberdade, não se rebele contra nós;
depois o soltaremos". [17]Simão perce-
beu que lhe falava assim com engano
e no entanto mandou trazer o dinhei-
ro e os meninos, a fim de não suscitar
uma grande hostilidade entre o povo,
[18]que haveria de dizer: "É porque ele
não mandou o dinheiro e os meninos
que Jônatas morreu. [19]Por isso mandou
os meninos e os cem talentos; mas ele
o enganou e não libertou Jônatas.
[20]Depois disso, Trifão retomou sua
marcha para invadir a região e devastá-
-la. Deu uma volta pelo caminho que
vai a Adora; mas Simão com seu exér-
cito se opunha a ele aonde quer que
fosse. [21]Entretanto, os ocupantes da ci-
dadela enviaram mensageiros a Trifão,
para que se apressasse a vir em seu
auxílio através do deserto e a mandar-
-lhes víveres. [22]Trifão mandou preparar
toda a sua cavalaria para a viagem, mas
naquela noite caiu muita neve e ele,
por causa da neve, não pôde viajar.
Partiu e dirigiu-se para Galaad.

* **13**,6. 5,2; 12,53

Assassínio de Jônatas. 23Ao se apro-
ximar de Bascama, matou Jônatas, que
foi sepultado ali. 24E Trifão voltou para
sua terra.
25Simão mandou recolher os ossos
de seu irmão Jônatas e o sepultou em
Modin, cidade de seus pais. 26Todo o
Israel o chorou com grandes lamen-
tações e guardou luto por ele durante
muitos dias. 27Depois, Simão construiu
sobre o túmulo de seu pai e de seus
irmãos um monumento de pedras po-
lidas atrás e na frente, bastante alto
para ser visto. 28Ergueu também sete
pirâmides, uma em frente da outra, em
honra do pai, da mãe e dos quatro ir-
mãos, 29mandou decorá-las com gran-
des colunas ao redor e sobre as colunas
mandou esculpir armas para eterna re-
cordação; e ao lado das armas, navios
esculpidos, para serem vistos por todos
os que navegam pelo mar. 30Assim é o
mausoléu que ele mandou fazer em
Modin, e que existe ainda hoje. 31Trifão
agia falsamente com o jovem rei Antío-
co. Mandou matá-lo, 32reinou em seu
lugar, cingiu a coroa da Ásia e causou
grande calamidade ao país.

Reconciliação com Demétrio II. 33Si-
mão reconstruiu as fortalezas da Judeia,
muniu-as de altas torres, de grandes
muros, de portas com trancas e abaste-
ceu de víveres as fortalezas. 34Também
escolheu alguns homens, que mandou
ao rei Demétrio, para que concedesse
a imunidade ao país, porque todos os
atos de Trifão haviam sido rapinas. 35O
rei Demétrio mandou-lhe uma respos-
ta conforme tais pedidos e escreveu-
-lhe uma carta que dizia assim:
36"O rei Demétrio a Simão, sumo sa-
cerdote e amigo dos reis, aos anciãos e
à nação dos judeus, saudações!
37Recebemos a coroa de ouro e a
palma que enviastes. Estamos dispos-
tos a concluir convosco uma paz com-
pleta e a escrever aos administradores
para que vos concedam as isenções.
38Tudo o que estabelecemos a vosso
respeito fica confirmado, e as fortalezas
que construístes sejam vossas. 39Per-
doamo-vos também os erros e as fal-
tas cometidas até o dia de hoje, como
também a coroa que nos deveis; e se
algum outro tributo era arrecadado em
Jerusalém, não seja mais exigido. 40Se
existem entre vós homens aptos para
se alistarem em nossa guarda, que se
alistem, e haja paz entre nós".

Independência da Judeia. 41No ano
cento e setenta foi tirado de Israel o
jugo dos gentios†; 42e o povo de Israel
começou a datar assim os documentos
e os contratos: "No ano primeiro de
Simão, sumo sacerdote, governador e
chefe dos judeus".
43Naquele tempo, Simão acampou*
diante de Gazara e cercou-a com suas
tropas; construiu uma torre móvel,
aproximou-a da cidade, abateu uma
torre e tomou-a. 44Os que estavam na
torre móvel saltaram para dentro da
cidade, provocando ali enorme agita-
ção. 45Os habitantes da cidade subiram
aos muros com suas mulheres e filhos,
rasgaram suas vestes e com grandes
gritos suplicavam a Simão que fizesse
as pazes com eles. 46Diziam: "Não nos
trates conforme nossa maldade, mas
conforme tua misericórdia". 47Simão
fez um acordo com eles e cessou de
combatê-los. Mas expulsou-os da cida-
de, purificou as casas onde havia ídolos
e fez seu ingresso na cidade entre can-
tos de hinos e de bênçãos. 48Baniu dela
toda a impureza e nela estabeleceu
pessoas observantes da lei; fortificou-a
e construiu nela uma casa para si.

Tomada da cidadela. 49Os que es-
tavam na cidadela em Jerusalém não
podiam ir e vir pelas redondezas para
comprar ou vender; passavam muita
fome e não poucos haviam morrido à
míngua. 50Por isso clamaram a Simão
pedindo a paz, e ele a concedeu, mas
expulsou-os dali e purificou a cidadela
das contaminações. 51Fizeram seu in-
gresso nela no dia vinte e três do se-
gundo mês do ano cento e setenta e
um, com cantos de louvor, ramos de
palmeiras, com cítaras, címbalos e har-
pas, com hinos e cantos, porque um

---

* **13**,43. 2Mc 10,28-38

grande inimigo tinha sido extirpado do
meio de Israel. 52Simão ordenou que
todo ano se celebrasse essa data com
alegria. Fortificou o monte do templo
ao lado da cidadela e foi morar lá com
os seus. 53Vendo que seu filho João já
se tornara um homem maduro, Simão
nomeou-o chefe de todas as tropas. E
este morou em Gazara.

14

**Demétrio II, prisioneiro dos
partas.** 1No ano cento e setenta
e dois, o rei Demétrio reuniu suas tropas
e foi à Média buscar reforços para com-
bater Trifão. 2Mas Arsaces, rei da Pérsia
e da Média, soube que Demétrio tinha
penetrado em seu território e mandou
um de seus generais para capturá-lo
vivo. 3Este partiu, derrotou o exército de
Demétrio, prendeu-o vivo e o levou a
Arsaces, que o lançou na prisão.

Elogio de Simão. 4A Judeia gozou de
paz enquanto viveu Simão.*
Ele procurou o bem de seu povo;
e aos seus agradou seu governo
e sua glória por todo o tempo.
5Além de todas as suas glórias, to-
mou Jope,
fez dela um porto e abriu um acesso
às ilhas do mar.
6Dilatou os limites de sua nação,*
manteve a região sob controle
7e recuperou muitos prisioneiros.
Tomou Gazara, Betsur e a cidadela,
tirou delas as impurezas,
e não houve quem lhe pudesse re-
sistir.
8Em paz cultivavam sua terra,
o solo dava seus produtos*
e as árvores do campo seus frutos.
9Os anciãos sentavam-se nas praças;*
todos falavam sobre a prosperidade,
e os jovens usavam esplêndidas ves-
tes e armaduras de guerra.
10Forneceu provisões às cidades
e as muniu de fortificações;
seu nome glorioso chegou aos con-
fins da terra.
11Restabeleceu a paz no país,
e grande foi a alegria de Israel.
12Sentou-se cada um debaixo de sua
videira e de sua figueira,*
e não havia quem lhes causasse
medo.
13Desapareceu do país quem os
combatia,
e os reis, naqueles dias, foram esma-
gados.
14Fortaleceu todos os humildes de
seu povo†,
zelou pela lei e exterminou todos os
ímpios e perversos.
15Tornou glorioso o santuário
e multiplicou os vasos sagrados.

**Simão renova a aliança com Roma e
Esparta.** 16Souberam em Roma e em
Esparta que Jônatas tinha morrido, e
muito se entristeceram. 17Mas quando
ouviram dizer que seu irmão Simão se
tornara sumo sacerdote em seu lugar
e que tinha o domínio da região e de
suas cidades, 18escreveram-lhe uma
carta* em placas de bronze para reno-
var com ele a amizade e a aliança* que
haviam contraído com Judas e Jônatas,
seus irmãos. 19A carta foi lida na as-
sembleia em Jerusalém. 20Esta é a cópia
da carta enviada pelos espartanos:
"As autoridades e os cidadãos de
Esparta, a Simão, sumo sacerdote, aos
anciãos, aos sacerdotes e ao restante
do povo judeu, seus irmãos, saudações!
21Os embaixadores que enviastes a
nosso povo nos informaram de vossa
glória e de vossa honra, e nos alegra-
mos com sua vinda. 22Registramos da
seguinte forma, entre as decisões do
povo, as coisas que eles disseram: Nu-
mênio, filho de Antíoco, e Antípatro, fi-
lho de Jasão, embaixadores dos judeus,
vieram até nós para renovar a amiza-
de conosco. 23O povo houve por bem
recebê-los com honras e inserir a cópia
de seus discursos nos arquivos públi-
cos, para que o povo dos espartanos
conserve sua lembrança. Uma cópia

---

* **14**,4. 3,3-9 | 6. Êx 34,24 | 8. Zc 8,12 | 9. Zc 8,4s | 12. 1Rs 5,5; Mq 4,4; Zc 3,10 | 18. 8,22 / 8,17s; 12,3

† **14**,14. Esse grupo de judeus, de vida simples, marcada pela fé e confiança em Deus, é anunciado por Sofonias como o povo do futuro, 2,3; 3,12, e aparece nos Salmos, 18,28, nos escritos de Qumran e em Mt 5,3.

dessas coisas foi escrita para o sumo
sacerdote Simão".
[24]Depois disso, Simão enviou Numê-
nio a Roma com um grande escudo de
ouro, pesando mil minas, para confir-
mar a aliança com eles.
Poderes conferidos a Simão. [25]Quan-
do o povo soube disso, perguntou:
"Que prova de reconhecimento dare-
mos a Simão e a seus filhos? [26]Pois ele,
com seus irmãos e a casa de seu pai,
mostrou-se firme, combateu e expul-
sou os inimigos de Israel, garantindo-
-lhe a liberdade". Gravaram uma ins-
crição em placas de bronze, que foram
postas sobre colunas no monte Sião.
[27]Este é o texto da inscrição:
"No dia dezoito de elul, do ano cento
e setenta e dois, terceiro ano de Simão,
sumo sacerdote, em Asaramel, [28]na
grande assembleia dos sacerdotes, do
povo, dos chefes da nação e dos an-
ciãos da região nos foi notificado o se-
guinte:
[29]Durante as guerras frequentes que
ocorreram na região, Simão, filho de
Matatias, da estirpe de Joarib, e seus ir-
mãos afrontaram o perigo e resistiram
aos adversários de sua nação, para que
o santuário e a lei permanecessem está-
veis, e assim tributaram a sua nação uma
glória insigne; [30]Jônatas congregou sua
nação, tornou-se seu sumo sacerdote
e reuniu-se a sua gente. [31]Os inimigos
dos judeus tentaram invadir sua região
e estender a mão contra seu santuário.
[32]Surgiu então Simão, que combateu
por sua nação e gastou grande parte de
seus bens para equipar os homens do
exército e pagar-lhes o soldo. [33]Fortifi-
cou as cidades da Judeia, como também
Betsur, na fronteira da Judeia, onde an-
tes se achavam as armas dos inimigos,
e pôs ali uma guarnição de soldados
judeus. [34]Fortificou também Jope, que
está à beira-mar, e Gazara nos confins
de Azoto, na qual antes moravam os
inimigos, mas ele colocou lá os judeus
e armazenou ali todo o necessário para
seu sustento. [35]O povo viu a lealdade de
Simão e a glória que ele se propunha
conquistar para sua nação. Constituiu-o
seu chefe e sumo sacerdote por ter feito
todas essas coisas, por causa da justiça e
da fidelidade que manteve com sua na-
ção e porque de todos os modos tinha
procurado exaltar seu povo. [36]Em seus
dias conseguiu extirpar com suas mãos
os gentios de sua região, especialmen-
te os que ocupavam a cidade de Davi
em Jerusalém, onde haviam construído
para si uma cidadela; de lá faziam suas
incursões, profanando os arredores
do santuário e atentando gravemente
contra sua santidade. [37]Ele pôs ali uma
guarnição de judeus, fortificou-a para a
segurança da região e da cidade e ele-
vou os muros de Jerusalém. [38]Por isso o
rei Demétrio o confirmou no cargo de
sumo sacerdote, [39]incluiu-o* entre seus
amigos e lhe conferiu grandes honras.
[40]Com efeito, ele ficou sabendo que os
judeus foram considerados como ami-
gos, aliados e irmãos pelos romanos,
que haviam recebido com honras os
embaixadores de Simão; [41]que aprouve
aos judeus e aos sacerdotes que Simão
fosse seu chefe e sumo sacerdote para
sempre, até que surgisse um profeta*
acreditado, [42]e que fosse também seu
governador e responsável pelo santuá-
rio, com poderes para designar os supe-
rintendentes das obras, da região, dos
armamentos e das fortalezas; [43]que as-
sumisse o cuidado do santuário e fosse
obedecido por todos; que em seu nome
se escrevessem todos os documentos;
que pudesse revestir-se de púrpura e
usar ornamentos de ouro. [44]Portanto
a ninguém dentre o povo e dentre os
sacerdotes será lícito ab-rogar qualquer
dessas coisas ou contradizer o que ele
disser, ou convocar assembleias no país
sem sua autorização, ou vestir-se de
púrpura e usar fivela de ouro; [45]todo
aquele que agir contra essas disposições
ou violar alguma delas seja considerado
culpado. [46]Todo o povo houve por bem
conceder a Simão essas prerrogativas.
[47]Simão aceitou e concordou em
exercer o cargo de sumo sacerdote, ser
o governador e príncipe dos judeus e

* **14**,39. 2,18 | 41. 4,46

dos sacerdotes e estar à frente de to-
dos. 48Ordenaram que esta inscrição
fosse gravada em placas de bronze
para ser colocada no recinto do san-
tuário, num lugar visível, 49e que uma
cópia fosse guardada no tesouro, à dis-
posição de Simão e de seus filhos".

15 **Antíoco VII faz concessões a
Simão.** 1Antíoco, filho de De-
métrio, enviou das ilhas do mar uma
carta a Simão, sumo sacerdote e prín-
cipe dos judeus, e a toda a nação, 2nos
seguintes termos:
"O rei Antíoco, a Simão, sumo sacer-
dote e príncipe, e à nação dos judeus,
saudações!
3Visto que certos homens infames
usurparam o reino de nossos pais, pre-
tendo reivindicar a posse do reino para
restabelecê-lo em seu estado primitivo.
Recrutei tropas mercenárias e mandei
equipar navios de guerra 4com o inten-
to de desembarcar no país, a fim de me
vingar daqueles que arruinaram nosso
país e devastaram muitas cidades de
meu reino. 5Agora, pois, te confirmo
todas as isenções tributárias que te
foram concedidas pelos reis antes de
mim, bem como quaisquer outras isen-
ções de donativos. 6Concedo-te au-
torização para cunhar moeda própria
para o uso de teu país. 7Que Jerusalém
e o santuário sejam livres. Todas as ar-
mas que fabricaste e as fortalezas que
construíste permaneçam em teu poder.
8Toda a dívida que tens ou poderás ter
com o tesouro régio te seja perdoada
desde agora e para sempre. 9E quando
tivermos reconquistado nosso reino,
tributaremos a ti, a tua nação e ao tem-
plo honras tão grandes que vossa gló-
ria se torne manifesta por toda a terra".
Antíoco VII na Palestina. 10No ano
cento e setenta e quatro, Antíoco par-
tiu para a terra de seus pais, e todas
as tropas se uniram a ele, de sorte que
somente poucas permaneceram com
Trifão. 11Antíoco se pôs a persegui-lo, e
ele veio fugindo até Dora, na costa do
mar, 12pois sabia que as desgraças se
acumulavam sobre ele e que as tropas
o haviam abandonado. 13Antíoco veio
acampar diante de Dora com cento e
vinte mil combatentes e oito mil cava-
leiros. 14Cercou a cidade, enquanto os
navios atacavam do mar, e assim aper-
tava a cidade por mar e por terra, não
deixando ninguém sair nem entrar.
**Promulgação da aliança entre roma-
nos e judeus.** 15Então chegaram de
Roma* Numênio e seus companheiros,
trazendo cartas para o rei e para as re-
giões. Nelas estava escrito:
16"Lúcio, cônsul dos romanos, ao rei
Ptolomeu, saudações!
17Vieram a nós, como nossos amigos
e aliados, os embaixadores dos judeus,
enviados por Simão, sumo sacerdote,
e pelo povo dos judeus para renovar a
antiga amizade e aliança. 18Trouxeram
um escudo de ouro de mil minas. 19En-
tão pareceu-nos bem escrever aos reis
e às regiões para que não lhes causem
nenhum dano, nem combatam contra
eles, nem contra suas cidades e sua re-
gião, e para que não se aliem com os
que lhes fazem guerra. 20Aprouve-nos
aceitar da parte deles o escudo. 21Se
houver, por acaso, homens perversos
que fugiram da região deles para junto
de vós, entregai-os ao sumo sacerdote
Simão, para que os castigue conforme
sua lei".
22Escreveu a mesma coisa ao rei De-
métrio, a Átalo, a Ariarates e a Arsaces,
23e para todas as regiões: para Samp-
sames, os espartanos, Delos, Mindos,
Siciônia, Cária, Samos, Panfília, Lícia,
Halicarnasso, Rodes, Fasélis, Cós, Side,
Arados, Gortina, Cnido, Chipre e Cire-
ne. 24E escreveram uma cópia também
para o sumo sacerdote Simão.
Antíoco VII retira sua palavra. 25O
rei Antíoco estava acampado dian-
te de Dora, na parte nova, lançando
continuamente contra ela as fileiras e
construindo máquinas. Mantinha Tri-
fão cercado, de modo que não podia
entrar nem sair. 26Simão mandou-lhe
dois mil homens de elite para comba-
ter a seu lado e também prata, ouro e

---

* **15**,15. 12,16; 14,22ss; 8,17

equipamentos em quantidade. 27Mas
ele não só recusou-se a aceitá-los, mas
revogou todas as concessões que lhe
havia feito antes e se mostrou hostil.
28Enviou-lhe Atenóbio,* um de seus
amigos, para tratar com ele e dizer-lhe:
"Vós ocupais Jope, Gazara e a cidade
de Jerusalém, que são cidades de meu
reino. 29Assolastes seus territórios, cau-
sastes graves danos ao país e vos apo-
derastes de muitas localidades de meu
reino. 30Agora, pois, entregai as cida-
des que ocupastes e os tributos das lo-
calidades de que vos apoderastes fora
das fronteiras da Judeia. 31Ou então,
dai-nos em troca quinhentos talentos
de prata pelas devastações causadas e
outros quinhentos talentos pelos tribu-
tos das cidades; do contrário, iremos
guerrear-vos".

32Atenóbio, o amigo do rei, foi a Je-
rusalém, viu a magnificência de Simão,
seu serviço de mesa com vasilhame de
ouro e de prata, o grandioso aparato,
e ficou maravilhado. Depois transmi-
tiu-lhe a mensagem do rei. 33Simão
respondeu-lhe: "Não ocupamos terra
estrangeira, nem nos apoderamos de
bens alheios, mas sim da herança de
nossos pais que, injustamente, a certo
momento, foi usurpada por nossos ini-
migos. 34Simplesmente aproveitamos
de uma ocasião favorável para recupe-
rar a herança de nossos pais. 35Quanto
a Jope e Gazara, que tu reclamas, elas
infligiram graves danos a nosso povo
e a nossa região; por elas te daremos
cem talentos". 36Ele, sem dizer nada,
voltou furioso para junto do rei e refe-
riu-lhe as palavras de Simão, sua mag-
nificência e tudo o que tinha visto. E o
rei ficou sumamente irado.

37Nesse meio tempo, Trifão embar-
cou num navio e fugiu para Ortosia.
38Então o rei nomeou Cendebeu sub-
comandante do litoral e entregou-
-lhe tropas de infantaria e cavalaria;
39deu-lhe ordem para acampar diante
da Judeia, reconstruir Quedron, refor-
çando-lhe as portas, e guerrear contra
o povo. Enquanto isso, o rei se pôs a
perseguir Trifão. 40Cendebeu chegou
a Jâmnia, começou a provocar o povo
e a invadir a Judeia, a fazer prisionei-
ros entre a população e a massacrá-la.
41Restaurou Quedron e ali estabeleceu
cavalaria e tropas para que, fazendo
incursões, patrulhassem as estradas da
Judeia, como o rei havia mandado.

16 Vitória dos filhos de Simão sobre Cendebeu.

1João† par-
tiu então de Gazara para referir a seu
pai, Simão, tudo o que Cendebeu esta-
va fazendo. 2Simão chamou seus dois
filhos maiores, Judas e João, e disse-
-lhes: "Eu, meus irmãos e a casa de
meu pai combatemos as guerras de
Israel desde nossa juventude até o dia
de hoje, e por várias vezes consegui-
mos libertar Israel com nossa atuação.
3Agora, porém, já estou velho, enquan-
to vós, pela misericórdia do Céu, estais
na idade boa. Tomai meu lugar e o de
meu irmão e ide combater por nossa
nação. A ajuda do Céu esteja convos-
co!" 4Depois escolheu na região vinte
mil combatentes e cavaleiros, que par-
tiram contra Cendebeu. Eles pernoi-
taram em Modin. 5Levantando-se de
manhã, avançavam rumo à planície,
quando surgiu diante deles um enor-
me exército de infantaria e cavalaria;
entre eles e os outros havia uma tor-
rente. 6João com sua gente tomou po-
sição diante deles; depois, vendo que
os seus tinham medo de atravessar a
torrente, atravessou-a ele mesmo por
primeiro; os outros, vendo-o, atraves-
saram também atrás dele. 7Dividiu sua
gente e pôs os cavaleiros no meio da
infantaria, pois a cavalaria inimiga era
muito numerosa. 8Então ressoaram as
trombetas, e Cendebeu foi derrotado
com seu exército; muitos deles caíram
feridos, e os sobreviventes fugiram
para a fortaleza. 9Judas, irmão de João,
ficou ferido. João, porém, perseguiu os
inimigos até Quedron, que Cendebeu
havia reconstruído. 10Outros se refu-

* **15**,28. 2,18

† **16**,1. Este é João Hircano, que governou de 134 a 104 a.C.; era filho de Simão, ver 13,53.

giaram nas torres que há nos campos de Azoto, mas João as incendiou, e assim morreram dentre eles cerca de dois mil homens. Em seguida voltou em paz para a Judeia.

Simão é assassinado. [11]Ptolomeu, filho de Abubo, tinha sido nomeado governador da planície de Jericó; ele tinha muita prata e ouro, [12]pois era genro do sumo sacerdote. [13]Seu coração se encheu de orgulho e, pretendendo tornar-se senhor da região, maquinava pérfidos projetos para eliminar Simão e seus filhos. [14]Enquanto Simão estava visitando as cidades da região, preocupado com suas necessidades, desceu a Jericó com seus filhos Matatias e Judas no ano cento e setenta e sete, no undécimo mês†, que é o mês de sebat. [15]O filho de Abubo os recebeu com perfídia na pequena fortaleza chamada Doc, que ele tinha construído; preparou-lhe um grande banquete, e escondeu lá alguns homens. [16]Quando Simão e seus filhos ficaram ébrios, Ptolomeu levantou-se com seus cúmplices, que, de armas nas mãos, precipitaram-se sobre Simão na sala do banquete, matando-o juntamente com seus filhos e alguns de seus servos. [17]Cometeu assim uma grande traição e retribuiu o bem com o mal. [18]A seguir, Ptolomeu escreveu um relato dessas coisas e enviou-o ao rei, a fim de que lhe mandasse tropas em seu auxílio e lhe confiasse a região e as cidades. [19]Enviou outros a Gazara para matar João e expediu cartas aos comandantes para que viessem ter com ele, porque queria dar-lhes prata, ouro e presentes. [20]Mandou outros para que ocupassem Jerusalém e o monte do templo. [21]Mas alguém correu adiante e anunciou a João, em Gazara, a notícia da morte de seu pai e de seus irmãos; e acrescentou: "Mandou matar também a ti". [22]Ao ouvir isto, ficou estarrecido; prendeu os que tinham vindo para liquidá-lo e os matou, pois sabia que procuravam matá-lo.

João, filho de Simão, sucede ao pai. [23]Os demais feitos de João, suas guerras, os atos de bravura que praticou, os muros que construiu e suas façanhas, [24]tudo isso está escrito nos anais de seu pontificado, a partir do momento em que se tornou sumo sacerdote depois de seu pai.

---

† **16**,14. Essa data corresponde a fevereiro de 134 a.C.

SEGUNDO LIVRO DOS MACABEUS

Este livro não é a continuação do primeiro, mas sim o resumo, redigido por um autor desconhecido, de uma obra em cinco volumes, que não chegou até nós, escrita por Jasão de Cirene, e tem como tema central a figura de Judas Macabeu. A data de composição do livro parece ser por volta do ano 124 a.C., por isso é provável que o autor nem sequer tenha conhecido o primeiro livro dos Macabeus. Os fatos que ele conta ocorreram num período de apenas quinze anos, 176-161 a.C., portanto são em parte anteriores e em parte contemporâneos aos de 1Mc 1-7. O autor documenta sua narrativa citando várias cartas, dando-lhe assim um cunho de historicidade. Seu estilo é muito particular, frequentemente oratório, como se falasse a uma assembleia. Tece inúmeras considerações de natureza espiritual e salienta o clima religioso em que se desenvolvem os combates, falando de orações, exortações e jejuns. Também insere no relato elementos misteriosos como visões e aparições. Destaca o heroísmo dos que sacrificaram suas vidas para defender a lei de Deus e se manter fiéis a ela. Escrevendo aos irmãos judeus que moram no Egito, para interessá-los pela sorte do templo de Jerusalém, fala com entusiasmo da dedicação do altar e da purificação do templo "famoso em todo o universo" (2,22).

O livro testemunha uma evolução notável das crenças sobre a vida futura, falando claramente da ressurreição dos mortos, das penas da vida futura, da oração pelos defuntos. Contém ainda afirmações preciosas da criação ex nihilo (a partir do nada), dos méritos dos mártires e da intercessão dos santos.

Podemos encontrar em 6,12.16 a mensagem do livro para nós hoje: "Recomendo àqueles que terão em mãos este livro, que não se deixem abater por causa dessas calamidades; pensem, antes, que esses castigos não sucederam para a ruína, mas para a correção de nossa gente. O Senhor nunca retira de nós sua misericórdia e, mesmo quando o corrige com a adversidade, jamais abandona seu povo".

I. RECORDANDO A HISTÓRIA (1–2)

1 **Cartas aos judeus do Egito.**
Primeira carta

1"Os irmãos judeus que moram em
Jerusalém e na região da Judeia, aos
irmãos judeus do Egito†, saudações e
votos de paz e prosperidade!
2Que Deus vos cumule de benefícios
e se lembre de sua aliança com Abraão,
Isaac e Jacó, seus servos fiéis. 3Que vos
conceda a todos ânimo para adorá-lo e
cumprir seus desígnios com um coração
grande e de boa vontade, 4que vos abra a
mente para entender sua lei e seus preceitos e vos dê a paz. 5Ouça vossas orações,
mostre-vos misericórdia e não vos abandone no tempo da adversidade. 6Estamos
rezando por vós aqui neste momento.
7Quando reinava Demétrio, no ano
cento e sessenta e nove†, nós, os judeus, vos escrevemos: 'Na tribulação
e na angústia que se abateram sobre
nós nestes anos, desde quando Jasão
e seus adeptos, traindo a terra santa e
o reino, 8incendiaram a grande porta
do templo e derramaram sangue inocente, suplicamos ao Senhor e fomos
atendidos; oferecemos um sacrifício e
flor de farinha, acendemos as lâmpadas e apresentamos os pães'. 9E agora vos escrevemos para vos convidar
a celebrar a festa das Tendas do mês
de casleu. No ano cento e quarenta e
oito".

Segunda carta

10"Os habitantes de Jerusalém e da
Judeia, o conselho dos anciãos† e Ju-

---

† **1**,1. Havia judeus no Egito desde a queda de Jerusalém em 586 a.C. Tinham um templo na ilha de Elefantina, destruído em 411 a.C., e ergueram um outro em Leontópolis no ano 170 d.C. Os judeus de Jerusalém consideravam-no contrário à lei, Dt 12,5-12. Celebrar no Egito a Dedicação do templo de Jerusalém seria reconhecê-lo como único templo legítimo. | 7. O ano 169 da era selêucida corresponde ao ano 143 a.C. | 10. Espécie de Senado, mencionado também em 1Mc 12,6; 2Mc 4,44; 11,27; participava do governo da comunidade.

das, a Aristóbulo, mestre do rei Ptolo-
meu, da estirpe dos sacerdotes sagra-
dos, e aos judeus que moram no Egito,
saudações e felicidade!
11Libertados por Deus de grandes
perigos, muito lhe agradecemos por
ter combatido a nosso lado contra o
rei, 12pois ele mesmo expulsou aque-
les que atacaram a cidade santa. 13Com
efeito, seu chefe, estando na Pérsia,*
foi massacrado junto com seu exérci-
to, que parecia invencível, no templo
de Naneia, por meio de uma artima-
nha dos sacerdotes de Naneia†. 14É que
Antíoco tinha ido com seus amigos ao
templo da deusa, sob o pretexto de
celebrar seu casamento com ela, mas
sua intenção era apropriar-se, a título
de dote, de suas muitas riquezas. 15Os
sacerdotes do Naneion as expuseram
quando ele entrou no recinto do tem-
plo com uns poucos. Fecharam o tem-
plo logo que Antíoco entrou, 16abriram
a porta secreta do teto e, lançando pe-
dras, fulminaram o chefe junto com os
outros, esquartejaram-nos e cortaram
suas cabeças, que lançaram aos que
estavam fora. 17Em tudo seja bendito
nosso Deus que entregou à morte os
sacrílegos! 18Como estamos para cele-
brar a festa da purificação do templo
no dia vinte e cinco do mês de casleu,
julgamos necessário informar-vos dis-
so, para que também vós celebreis a
festa das Tendas e do fogo que apare-
ceu quando Neemias ofereceu sacrifí-
cios depois da reconstrução do templo
e do altar".

O fogo sagrado. 19De fato, quando
nossos pais foram deportados para a
Pérsia†, os sacerdotes fiéis de então ti-
raram o fogo do altar e o esconderam
com cautela na cavidade de um poço
seco, no qual o depositaram em segu-
rança, de modo que o lugar ficou des-
conhecido de todos.
20Passados muitos anos, quando
aprouve a Deus, Neemias, enviado
pelo rei da Pérsia, ordenou aos des-
cendentes dos sacerdotes, que escon-
deram o fogo, que fossem buscá-lo.
Eles referiram que não haviam encon-
trado o fogo, e sim água grossa†, en-
tão ele mandou tirar dessa água para
levar-lhe. 21Quando tudo estava pron-
to para os sacrifícios, Neemias ordenou
aos sacerdotes que aspergissem com
aquela água a lenha e as coisas pos-
tas sobre ela. 22Assim foi feito e, pouco
tempo depois, o sol, que antes esta-
va encoberto por nuvens, começou a
brilhar e acendeu-se um grande fogo,
maravilhando a todos. 23Enquanto se
consumia o sacrifício, os sacerdotes fi-
zeram uma oração, e todos os outros
com eles; Jônatas entoava e os demais,
com Neemias, respondiam.

Oração litúrgica. 24A oração dizia as-
sim: 'Senhor, Senhor Deus, criador de
todas as coisas, terrível e forte, justo e
misericordioso, o único rei e o único
bom, 25o único generoso, o único justo,
onipotente e eterno, que livrais Israel
de todo o mal, que fizestes de nossos
pais vossos escolhidos e os santificas-
tes, 26aceitai este sacrifício em favor de
todo o vosso povo de Israel, guardai
vossa herança e santificai-a. 27Reuni
nossos dispersos, concedei a liberda-
de aos que vivem como escravos entre
as nações, olhai para os que são des-
prezados e ultrajados; fazei que as na-
ções reconheçam que sois nosso Deus.
28Castigai os que nos oprimem e nos
injuriam com soberba; 29plantai vosso
povo* em vosso lugar santo, como dis-
se Moisés'.
30Entretanto, os sacerdotes cantavam
hinos. 31Quando o sacrifício foi con-
sumido, Neemias mandou derramar
sobre grandes pedras a água restante.
32Feito isso, apareceu uma chama que
foi absorvida pelo clarão que resplan-
decia sobre o altar. 33Quando o fato
foi divulgado, contaram também ao rei
dos persas que, no lugar onde os sacer-

---

* **1**,13. 1Mc 6,1-13; 2Mc 9,1-29 | 29. Dt 30,3ss

† **1**,13. Deusa persa da natureza e da fecundidade, identificada pelos gregos com Diana. | 19. Propriamente Babilônia, chamada Pérsia depois de conquistada por Ciro, o persa, em 539 a.C. | 20. Esse líquido denso é o petróleo. Pensaram que o fogo desse líquido tivesse caído do céu.

dotes deportados haviam escondido o
fogo, aparecera uma água, com a qual
os companheiros de Neemias tinham
purificado o que era preciso para o sa-
crifício. [34]Constatado o fato, o rei man-
dou cercar o local e o declarou sagrado.
[35]Àqueles a quem o rei queria obse-
quiar, ele distribuía as copiosas rendas
que dali retirava. [36]Neemias e seus com-
panheiros deram a esse líquido o nome
de neftar, que quer dizer 'purificação';
mas por muitos é chamado 'nafta'.

2 **A arca e o fogo milagroso.** [1]En-
contra-se nos documentos que o
profeta Jeremias ordenou aos deporta-
dos que tomassem do fogo, como foi
falado. [2]Que o mesmo profeta reco-
mendou aos deportados, ao entregar-
-lhes a Lei, que não esquecessem os
mandamentos do Senhor e não se dei-
xassem desviar nos pensamentos ao
verem as estátuas de ouro e de prata e
os ornamentos que as revestiam. [3]E com
outras recomendações semelhantes
exortava-os a não afastarem de seu co-
ração a Lei. [4]Naquele documento cons-
tava também que o profeta, avisado por
um oráculo, mandou que a tenda e a
arca o seguissem, enquanto ele se diri-
gia para o monte em que subira Moi-
sés para contemplar a herança de Deus.
[5]Lá chegando, Jeremias encontrou uma
habitação em forma de gruta, onde pôs
a tenda, a arca e o altar dos perfumes,
fechando depois a entrada. [6]Alguns dos
que o haviam acompanhado voltaram
para marcar o caminho, mas não pude-
ram encontrá-lo. [7]Ao saber disso, Jere-
mias os repreendeu, dizendo: 'O lugar
ficará desconhecido até que Deus reúna
o povo e use de misericórdia para com
ele. [8]Então o Senhor mostrará de novo
essas coisas, e aparecerá a glória do Se-
nhor junto com a nuvem, como se mos-
trava no tempo de Moisés* e quando
Salomão rezou para que o lugar santo
fosse consagrado com magnificência'.
[9]Contava-se ainda como ele, sendo
sábio, ofereceu sacrifícios pela dedi-
cação e conclusão do templo. [10]Assim
como Moisés suplicara* ao Senhor, e
do céu descera o fogo que consumiu
as vítimas, da mesma maneira Salomão
suplicou, e o fogo descido do alto con-
sumiu os holocaustos. [11]Moisés havia
dito:* 'Por não ter sido comido, o sa-
crifício pelo pecado foi destruído'. [12]Do
mesmo modo Salomão celebrou oito
dias de festa.

Coleção de escritos. [13]Além dessas
coisas, narrava-se também nos docu-
mentos e nas memórias de Neemias
como ele fundou uma biblioteca, na
qual reuniu os livros referentes aos reis
e aos profetas, os escritos de Davi e as
cartas dos reis sobre as oferendas voti-
vas. [14]Do mesmo modo, também Judas
recolheu os livros* que estavam disper-
sos por causa da guerra que tivemos
de enfrentar; agora os temos em nos-
sas mãos. [15]Se, pois, precisardes deles,
mandai pessoas que os levem até vós.

[16]Nós vos escrevemos* enquanto
estamos para celebrar a purificação;
fareis bem se celebrardes esses dias.
[17]O Deus que salvou todo o seu povo
e restituiu a todos a herança, o reino, o
sacerdócio e a santificação, [18]como ha-
via prometido na Lei, este Deus, nós o
esperamos, sem demora terá piedade
de nós e nos reunirá, de todas as re-
giões que há debaixo do céu,* no lugar
santo, pois nos livrou de grandes males
e purificou este lugar".

Prefácio do autor. [19]A história de Judas
Macabeu e de seus irmãos, a purificação
do grande templo e a dedicação do al-
tar, [20]as guerras contra Antíoco Epífanes
e seu filho Eupátor, [21]as aparições ce-
lestes em favor daqueles que generosa-
mente lutaram em defesa do judaísmo†,
a ponto de saquear toda a região, ape-
sar de serem poucos, e de pôr em fuga
uma multidão de bárbaros, [22]de recon-
quistar o templo famoso em todo o

* **2**,8. Êx 24,16; 1Rs 8,10s | 10. Lv 9,24; 2Cr 7,1 | 11. Lv 10,16s; 1Rs 8,65s | 14. 1Mc 1,56s | 16. 1Mc 4,59| 18. Dt 30,3ss

† **2**,21. Primeira vez que aparece este termo; ver também 8,1; 14,38; Gl 1,14. Por oposição ao helenismo, designa o conjunto de crenças, instituições, costumes e práticas dos judeus.

universo, libertar a cidade e restabelecer as leis que estavam para ser abolidas; 23todas essas coisas que foram expostas por Jasão de Cirene em cinco livros, nós tentaremos resumi-las num só volume. 24De fato, considerando a multidão de números e a dificuldade que encontram os que querem se aprofundar nas narrativas históricas de material abundante, 25procuramos oferecer satisfação ao leitor, facilidade para quem quer guardar na memória e utilidade para todos a quem chegar este livro. 26Para nós, que assumimos a penosa tarefa de fazer este resumo, não foi trabalho fácil, mas custou-nos suores e vigílias, 27assim como não é fácil preparar um banquete e satisfazer os gostos dos outros. Não obstante, pelo reconhecimento que esperamos de muitos, suportaremos com prazer esse duro trabalho, 28deixando ao autor a exposição completa dos pormenores e procurando proceder segundo os esquemas de um resumo. 29Pois como o arquiteto de uma casa nova deve cuidar do conjunto da construção, enquanto compete ao decorador e ao pintor procurar os materiais adequados a sua ornamentação, assim, a meu ver, acontece conosco. 30Cabe a quem compõe a história penetrar nas questões e investigá-las, ocupando-se dos mínimos detalhes; 31mas a quem faz uma adaptação deve-se permitir certa brevidade no dizer, renunciando à exposição minuciosa dos fatos. 32Comecemos, pois, aqui nossa narração, sem nada acrescentar ao que foi dito, uma vez que é ingênuo ser prolixo no que precede a história e ser sucinto na história propriamente dita.

II. PERSEGUIÇÃO RELIGIOSA DE ANTÍOCO (3–7)

3 **Intrigas de Simão.** 1Quando a cidade santa gozava de completa paz e as leis eram observadas do melhor modo possível, graças à piedade do sumo sacerdote Onias† e sua aversão ao mal, 2os próprios reis honravam o lugar santo e glorificavam o templo com os dons mais esplêndidos. 3Tanto assim que Seleuco, rei da Ásia, custeava com suas rendas todas as despesas necessárias para a liturgia dos sacrifícios.

4Certo Simão, da tribo de Belga, nomeado superintendente do templo, desentendeu-se com o sumo sacerdote a respeito da administração do mercado da cidade. 5Não podendo prevalecer sobre Onias, recorreu a Apolônio de Tarso, então governador da Celessíria e da Fenícia, 6e contou-lhe que o tesouro de Jerusalém estava repleto de riquezas indizíveis, a ponto de ser incalculável a quantidade de dinheiro que havia ali e que, não tendo nada que ver com as despesas para os sacrifícios, era possível fazer cair tudo em poder do rei.

Atentados contra os tesouros do templo. 7Numa audiência com o rei, Apolônio informou-o acerca das riquezas que lhe haviam sido denunciadas. O rei escolheu Heliodoro, superintendente de seus negócios, e enviou-o com a ordem de confiscar as referidas riquezas. 8Heliodoro pôs-se logo a caminho, aparentemente para visitar as cidades da Celessíria e da Fenícia, mas na realidade para cumprir a ordem do rei. 9Chegando a Jerusalém, foi acolhido com benevolência pelo sumo sacerdote da cidade; passou-lhe a informação recebida e manifestou o motivo de sua vinda. Perguntou, pois, se as coisas eram realmente assim. 10O sumo sacerdote informou-o de que os depósitos eram de viúvas e órfãos; 11que uma parte pertencia a Hircano, filho de Tobias, homem de posição elevada; que, ao contrário do que havia falsamente afirmado o ímpio Simão, o total do dinheiro era quatrocentos talentos de prata e duzentos de ouro; 12e que era absolutamente impossível lesar os que tinham confiado na santidade do lugar, na majestade e na inviolabilidade do

---

* **3**,24. 5,4

† **3**,1. Onias III foi sumo sacerdote de 198 a 175 a.C. Era filho de Simão II.

templo, venerado no mundo inteiro. [13]Mas Heliodoro, em virtude das instruções que recebera do rei, respondeu resoluto que aqueles bens deveriam ser transferidos para o tesouro do rei. [14]No dia por ele marcado, apresentou-se para fazer o inventário das riquezas, enquanto era grande a agitação em toda a cidade. [15]Os sacerdotes, revestidos com suas vestes sacerdotais, prostraram-se diante do altar dos holocaustos e invocavam o Céu†, autor da lei sobre os depósitos, para que conservasse intactos esses bens para aqueles que os haviam depositado. [16]Quem observasse o semblante do sumo sacerdote sentia o coração ferido, porque o olhar e a palidez de seu rosto manifestavam a angústia de sua alma. [17]Dominado pelo medo e pelo tremor em todo o seu corpo, ele demonstrava aos que o viam a angústia de seu coração. [18]Das casas saltavam fora as pessoas em grupos para rezarem juntas, por causa da profanação que o lugar sagrado estava para sofrer. [19]As mulheres, com o peito cingido com a faixa de penitência, enchiam as ruas; as meninas, recolhidas em casa, acorriam umas para as portas, outras para os muros e outras ainda debruçavam-se às janelas. [20]Todas, de mãos estendidas para céu, faziam suas súplicas. [21]Era comovente ver a prostração confusa da multidão e a ânsia do sumo sacerdote, agitado por grande angústia.

Castigo de Heliodoro. [22]Enquanto invocavam o Senhor onipotente, para que com toda a segurança guardasse intactos os bens para quem os haviam depositado, [23]Heliodoro, de sua parte, executava o que fora decidido. [24]Mal chegara lá com seus cúmplices, junto à câmara do tesouro, o Senhor dos espíritos e de todo o poder manifestou-se de modo tão extraordinário que todos os que tiveram a ousadia de entrar, atingidos pelo poder de Deus, perderam o vigor* e a coragem. [25]Apareceu-lhes um cavalo, montado por um terrível cavaleiro e ricamente ajaezado, o qual se movia impetuosamente e lançava contra Heliodoro suas patas anteriores. Quem o montava parecia usar uma armadura de ouro. [26]Apareceram-lhe outros dois jovens, dotados de força extraordinária e de beleza esplêndida, ricamente vestidos, os quais, postados de um e de outro lado de Heliodoro, açoitavam-no sem parar, aplicando-lhe numerosos golpes. [27]De repente caiu por terra, envolto numa densa escuridão; eles o ergueram e o puseram na maca. [28]Aquele que pouco antes entrara na câmara do tesouro com numeroso séquito e toda a sua guarda foi levado assim, incapaz de ajudar a si mesmo. Reconheceram claramente a soberania de Deus! [29]Enquanto ele, prostrado pela força divina, estava caído sem fala e sem qualquer esperança de salvação, [30]os outros bendiziam o Senhor que havia glorificado seu lugar santo. E o templo, pouco antes invadido pelo terror e pela consternação, encheu-se de glória e de alegria quando apareceu o Senhor onipotente.

[31]Alguns companheiros de Heliodoro rogaram a Onias que suplicasse ao Altíssimo para que concedesse àquele que estava exalando seu último respiro a graça da vida. [32]O sumo sacerdote, temendo que o rei pudesse suspeitar que os judeus tinham feito um atentado contra Heliodoro, ofereceu um sacrifício para que fosse salvo. [33]Enquanto o sumo sacerdote oferecia o sacrifício de expiação, apareceram de novo a Heliodoro os mesmos jovens, com as mesmas vestes e, ficando de pé, lhe disseram: "Agradece muito ao sumo sacerdote Onias, porque é graças a ele que o Senhor te poupou a vida. [34]E tu, açoitado pelo Céu, anuncia a todos o grande poder de Deus". Dito isto, desapareceram.

Conversão de Heliodoro. [35]Então Heliodoro ofereceu um sacrifício ao Senhor e fez as mais fervorosas promessas Àquele que lhe havia conservado a vida; depois despediu-se de Onias e voltou com suas tropas para junto do

† **3**,15. Ver a nota em 1Mc 3,18.

rei. 36Dava a todos testemunho das
obras do Deus imenso, as quais ele ha-
via visto com seus próprios olhos. 37Ao
rei que lhe perguntava quem lhe pare-
cia apto para ser enviado outra vez a
Jerusalém, Heliodoro respondeu: 38"Se
tens algum inimigo ou algum conspi-
rador contra teu governo, manda-o lá;
e o receberás de volta bem flagelado,
se é que conseguirá escapar, pois em
torno daquele lugar há realmente uma
força divina. 39De fato, aquele que tem
sua morada no céu vela sobre aquele
lugar e o protege; golpeia e elimina os
que vão lá com más intenções".
40Assim aconteceram os fatos refe-
rentes a Heliodoro e à preservação do
tesouro.

4 **Onias denuncia Simão perante
o rei.** 1O mencionado Simão, que
havia denunciado o tesouro e traído a
pátria, caluniava Onias, acusando-o de
ter mandado assaltar Heliodoro e de
ser o causador de seus males. 2Ousa-
va chamar de perturbador da ordem
pública aquele benfeitor da cidade,
protetor dos concidadãos e zeloso
observador das leis. 3Sua hostilidade
cresceu a tal ponto que foram come-
tidos homicídios por um dos homens
recrutados por Simão. 4Onias, conside-
rando o dano dessa rivalidade e o fato
de que Apolônio, filho de Menesteu,
governador da Celessíria e da Fenícia,
fomentava a maldade de Simão, 5foi ter
com o rei, não para acusar seus conci-
dadãos, mas visando ao interesse geral
e particular de todo o povo. 6De fato,
ele percebia que, sem uma intervenção
do rei, já não era possível que se resta-
belecesse a paz na vida pública e que
Simão pusesse termo a sua insensatez.
**Jasão, sumo sacerdote, introduz cos-
tumes helenistas.** 7Quando Seleuco
morreu e sucedeu-lhe no trono Antío-
co,* chamado Epífanes, Jasão, irmão de
Onias, obteve por corrupção o cargo
de sumo sacerdote. 8Prometeu ao rei,
durante uma audiência, trezentos e
sessenta talentos* de prata e oitenta
talentos provenientes de outras ren-
das. 9Comprometeu-se também a pa-
gar outros cento e cinquenta talentos,
se lhe fosse concedido construir, por
sua conta, um ginásio e um campo de
treinamento e conferir a cidadania an-
tioquena aos habitantes de Jerusalém.
10Tendo o rei consentido, Jasão, logo
que assumiu o cargo, começou a levar
seus concidadãos a adotar os costumes
gregos. 11Suprimiu as concessões feitas
aos judeus pelos reis, por intermédio
de João, pai de Eupólemo,* aquele que
depois chefiou a embaixada para con-
cluir um tratado de amizade e aliança
com os romanos e, abolindo as legí-
timas instituições pátrias, introduziu
costumes contrários à lei. 12Foi com
satisfação que ele construiu o ginásio
bem debaixo da fortaleza e induziu os
melhores jovens aos exercícios de atle-
tismo. 13Desse modo, tanto prospe-
rou o helenismo† e houve tal invasão
de costumes estrangeiros, por causa
da desmedida perversidade de Jasão,
homem ímpio e não sumo sacerdote,
14que os sacerdotes já não demonstra-
vam nenhum zelo pela liturgia do altar,
mas, desprezando o templo e descui-
dando os sacrifícios, corriam, ao sinal
do gongo, para o ginásio, a fim de to-
mar parte nos espetáculos contrários à
lei. 15Não davam mais a mínima impor-
tância às honras pátrias, mas aprecia-
vam sumamente as honrarias gregas.
16Por causa disso se acharam numa si-
tuação penosa, quando tiveram por ini-
migos e justiceiros justamente aqueles
cuja forma de viver seguiam com zelo
e aos quais desejavam assemelhar-se
em tudo. 17Mas não se violam impune-
mente as leis divinas, como o demons-
trará o período histórico seguinte.
18Quando eram celebrados em Tiro*
os jogos quinquenais com a presença
do rei, 19o torpe Jasão mandou, como
espectadores, alguns antioquenos de
Jerusalém, levando consigo trezen-
tas dracmas de prata para o sacrifício

* **4**,7. 1Mc 1,10 | 8. 1Mc 1,11-15 | 11. 1Mc 8,17 | 18. 4,9

† **4**,13. Ver a nota em 1Mc 1,42.

em honra de Hércules. Os portadores
julgaram, porém, não ser convenien-
te empregá-las para o sacrifício, mas
destiná-las para uma outra despesa.
[20]Assim, a soma enviada para o sacri-
fício em honra de Hércules foi usada,
por iniciativa dos portadores, para a
construção de galeras.

[21]Por meio de Apolônio, filho de Me-
nesteu, enviado ao Egito por ocasião
da festa da entronização do rei Filo-
métor, Antíoco veio a saber que este
se tornara hostil a seu governo e por
isso preocupou-se com sua segurança.
Dirigiu-se a Jope e de lá foi a Jerusa-
lém. [22]Acolhido magnificamente por
Jasão e pela cidade, foi introduzido à
luz de tochas e com aclamações. De-
pois, conduziu seu exército para acam-
par na Fenícia.

Menelau, sumo sacerdote. [23]Três
anos depois,* Jasão enviou Menelau,
irmão do mencionado Simão, para en-
tregar o dinheiro ao rei e levar a bom
termo as negociações sobre certos as-
suntos urgentes. [24]Tendo sido apresen-
tado ao rei, adulou-o com um compor-
tamento de gente importante e obteve
o cargo de sumo sacerdote, superando
em trezentos talentos de prata a ofer-
ta de Jasão. [25]De posse do documento
de nomeação, ele se apresentou, não
trazendo consigo nada que fosse dig-
no do sumo sacerdócio, mas somente
os sentimentos de um tirano cruel e a
fúria de um animal feroz.

[26]Desse modo Jasão, que havia en-
ganado o próprio irmão, foi por sua
vez enganado por outro e obrigado
a fugir para a região da Amanítida.
[27]Quanto a Menelau, mantinha-se fir-
me no poder, mas não se preocupava
em pagar ao rei o dinheiro prometi-
do. [28]Então Sóstrato, comandante da
fortaleza, o reclamou, porque era en-
carregado de receber os impostos. Por
essa razão, ambos foram convocados
pelo rei. [29]Menelau deixou como subs-
tituto no sumo sacerdócio seu irmão
Lisímaco, enquanto Sóstrato deixou
Crates, comandante dos cipriotas.

Onias é morto por Andrônico. [30]Es-
tando assim as coisas, aconteceu que
os habitantes de Tarso e de Malos re-
voltaram-se, porque estas cidades fo-
ram doadas a Antioquide, concubina
do rei. [31]O rei partiu a toda pressa a fim
de acalmar a situação, deixando como
substituto Andrônico, um de seus altos
dignitários. [32]Então Menelau, julgando
ter encontrado uma ocasião favorável,
roubou alguns objetos de ouro do tem-
plo e os deu de presente a Andrônico, e
conseguiu vender outros em Tiro e nas
cidades vizinhas. [33]Mas Onias protestou,
quando se certificou do fato e depois de
se ter refugiado num lugar seguro em
Dafne, perto de Antioquia. [34]Por isso
Menelau, em conversa particular com
Andrônico, incitou-o a eliminar Onias.
Andrônico foi visitar Onias, ganhou sua
confiança com engano, estendendo-
-lhe até a direita em sinal de juramen-
to e persuadiu-o,* embora despertasse
suspeitas, a sair de seu refúgio; então
o matou imediatamente, sem nenhum
respeito pela justiça. [35]Por esse motivo,
não somente os judeus, mas também
muitos de outras nações ficaram indig-
nados e consternados com o injustificá-
vel assassínio desse homem.

Punição de Andrônico. [36]Quando o rei
regressou dos mencionados lugares da
Cilícia, apresentaram-se a ele os judeus
da cidade, juntamente com alguns gre-
gos que com eles compartilhavam da
indignação por causa do assassínio in-
justo de Onias. [37]Antíoco entristeceu-
-se profundamente e, compadecido,
chorou, recordando a prudência e a
grande moderação do morto. [38]Depois,
cheio de furor, mandou imediatamente
despojar Andrônico da púrpura, ras-
gar-lhe as vestes e conduzi-lo por toda
a cidade até o lugar onde havia come-
tido sua impiedade contra Onias, e lá
cancelou do mundo o assassino. Assim
o Senhor lhe deu o merecido castigo.

Lisímaco morre numa sedição. [39]En-
tretanto, muitos roubos sacrílegos
tinham sido feitos na cidade com o
consentimento de Menelau. Quando

---

* **4**,23. 3,4 | 34. Dn 9,26

a notícia se espalhou também fora, o
povo se insurgiu contra Lisímaco, pois
muitos objetos de ouro já haviam de-
saparecido. 40Como a multidão estava
excitada e cheia de ira, Lisímaco armou
cerca de três mil homens e começou
a usar de violência sob o comando de
certo Aurano, avançado em idade, mas
não menos em loucura. 41Percebendo
que Lisímaco os atacava, uns apanha-
ram pedras, outros bastões, outros ain-
da enchiam as mãos com a cinza que
estava lá e se lançaram confusamen-
te contra os partidários de Lisímaco.
42Desse modo feriram muitos e aba-
teram outros; obrigaram todos a fugir
e mataram o próprio ladrão sacrílego
junto da câmara do tesouro.

Processo contra Menelau. 43Sobre es-
tes fatos foi instaurado um processo
contra Menelau. 44Quando o rei veio a
Tiro, três homens enviados pelo conse-
lho dos anciãos apresentaram denúncia
contra ele. 45Menelau, vendo-se já perdi-
do, prometeu elevada soma a Ptolomeu
de Dorimeno, para que lhe obtivesse o
favor do rei. 46Então Ptolomeu* condu-
ziu o rei a um pórtico, sob o pretexto
de tomar um pouco de ar, e o fez mu-
dar de parecer. 47Assim, o rei absolveu
das acusações Menelau, autor de todo
aquele mal, e condenou à morte aqueles
infelizes, os quais teriam sido declarados
inocentes, ainda que tivessem defendido
sua causa diante dos citas. 48Sem demora
sofreram esta pena injusta os que tinham
tomado a defesa da cidade, dos povos e
dos vasos sagrados. 49Por essa razão, os
próprios habitantes de Tiro, indignados
com esse crime, providenciaram magni-
ficamente o necessário para os funerais
das vítimas. 50Entretanto, Menelau, gra-
ças à cobiça dos poderosos, permanecia
no poder, crescendo em maldade e tor-
nando-se o principal adversário de seus
concidadãos.

5

**Expedição de Antíoco IV no Egi-
to.** 1Por esse tempo, enquanto
Antíoco preparava a segunda expedi-
ção contra o Egito, 2aconteceu que, du-
rante cerca de quarenta dias, foram vis-
tos na cidade inteira, correndo pelo ar,
cavaleiros com vestes douradas, arma-
dos de lanças e dispostos em coorte,
espadas desembainhadas; 3esquadrões
de cavalaria alinhados para a batalha,
assaltos e incursões desfechados de
um e de outro lado, movimentação de
escudos, florestas de lanças, arremesso
de dardos, cintilações de armaduras de
ouro e couraças de toda espécie. 4To-
dos, por isso, rezavam para que a apa-
rição fosse de bom augúrio.

Jasão assalta Jerusalém. 5Tendo-se
espalhado a falsa notícia de que Antío-
co morrera, tomou Jasão não menos de
mil homens e atacou a cidade de sur-
presa. Batidos os defensores dos mu-
ros, a cidade já estava tomada, quando
Menelau se refugiou na fortaleza. 6Ja-
são começou a fazer um massacre im-
piedoso de seus próprios concidadãos,
sem pensar que o sucesso obtido con-
tra a própria gente é um grandíssimo
insucesso, mas crendo, ao contrário,
que conquistava troféus sobre inimigos
e não sobre os próprios compatriotas.
7Não conseguiu, porém, assumir o po-
der; consciente da vergonha de sua
conspiração, fugiu novamente para a
região da Amanítida. 8Coube-lhe final-
mente um miserável destino. Denun-
ciado perante Aretas, tirano dos árabes,
fugia de cidade em cidade, perseguido
por todos, detestado como traidor das
leis, execrado como algoz de sua pátria
e dos próprios concidadãos, foi enxo-
tado para o Egito. 9Ele, que a muitos
expulsara da pátria, foi morrer exilado
entre os espartanos, aonde se dirigira
na esperança de encontrar refúgio* em
nome da comum origem. 10Ele, que
mandara atirar ao solo sem sepultura
tanta gente, morreu sem ser chorado,
não teve funeral de espécie alguma,
nem um lugar no sepulcro de seus pais.

Devastação da cidade e do templo.
11Quando esses acontecimentos che-
garam ao conhecimento do rei, ele
pensou que a Judeia se tivesse rebela-
do. Deixou, pois, o Egito, furioso como

* **4**,46. 1Mc 3,38; 2Mc 8,8; 10,12 | **5**,9. 1Mc 12,7

uma fera, e ocupou a cidade à mão armada. [12]Deu ordens aos soldados para matar sem piedade a quantos encontrassem e trucidar os que se refugiassem nas casas. [13]Houve matança de jovens e velhos, extermínio de homens, mulheres e crianças, massacre de moças e criancinhas. [14]Em apenas três dias houve oitenta mil vítimas: quarenta mil no decurso da luta, e não foi menor o número dos que foram vendidos como escravos. [15]Não contente com isso, ousou entrar no templo* mais santo de toda a terra, guiado por Menelau, o traidor das leis e da pátria; [16]com suas mãos imundas tomou os vasos sagrados e saqueou com suas mãos sacrílegas os objetos doados por outros reis para o engrandecimento, a glória e a honra do lugar santo. [17]Antíoco se exaltou* em seu pensamento, não considerando que o Senhor se tinha irado somente por pouco tempo por causa dos pecados dos habitantes da cidade, e que daí provinha sua aparente indiferença para com o lugar santo. [18]Com efeito, se não estivessem mergulhados numa multidão de pecados, também ele, logo que entrasse, teria sido flagelado e dissuadido de sua temeridade, como acontecera a Heliodoro, enviado pelo rei Seleuco para inspecionar a câmara do tesouro. [19]Mas o Senhor não escolheu o povo* por causa do lugar santo, mas o lugar santo por causa do povo. [20]É por isso que o próprio lugar, depois de ter participado das desventuras caídas sobre o povo, participou também de seus benefícios; e assim como foi abandonado enquanto ardeu a ira do Onipotente, do mesmo modo foi restaurado em toda a sua glória, quando se deu a reconciliação com o grande Soberano.

Massacre em Jerusalém. [21]Antíoco tirou do templo mil e oitocentos talentos e voltou a toda pressa para Antioquia, julgando em seu orgulho, por causa da exaltação de seu coração, que tinha tornado navegável a terra firme e transitável a pé o mar. [22]Deixou ministros para oprimir a nação: em Jerusalém, um tal Filipe, originário da Frígia, mas de índole mais bárbara do que aquele que o nomeara; [23]em Garizim, Andrônico; além destes, Menelau, que a todos excedeu em maldade contra seus concidadãos, nutrindo uma hostilidade declarada* contra os judeus. [24]Depois enviou o misarca† Apolônio com um exército de vinte e dois mil homens, com a ordem de trucidar todos os adultos e vender as mulheres e as crianças como escravas. [25]Ele chegou a Jerusalém, fingindo intenções pacíficas, e aguardou até ao dia santo do sábado; depois, aproveitando-se do repouso dos judeus, ordenou aos seus um desfile militar [26]e mandou exterminar todos os que saíram para assistir ao espetáculo. Depois, invadindo a cidade com seus soldados armados, massacrou uma grande multidão.

[27]Judas, chamado também Macabeu,* fugiu com uns dez homens para o deserto, onde vivia à maneira dos animais selvagens, nos montes, com os companheiros. Alimentando-se unicamente de ervas, resistiam para evitar toda contaminação.

6 **Perseguição de Antíoco IV Epífanes.** [1]Não muito tempo depois, o rei mandou um ancião,* um ateniense, com o encargo de obrigar os judeus a abandonar as leis de seus pais e a não viver mais segundo as leis de Deus. [2]Mandou também profanar o templo de Jerusalém, dedicando-o a Júpiter Olímpio, e dedicar o do monte Garizim a Júpiter Hospitaleiro, conforme o pedido dos habitantes do lugar†. [3]A propagação do mal foi penosa e intolerável para todos. [4]O templo ficou repleto

* **5**,15. 1Mc 1,20-24 | 17. 6,12-16; 7,16-19.32-38 | 19. 3,1; 1Cr 17,9; Mc 2,27 | 23. 1Mc 1,29-37 | 27. 1Mc 2,28 | **6**,1. 1Mc 1,45-51

† **5**,24. Comandante de tropas mercenárias da Mísia, na Ásia Menor. | **6**,2. Trata-se dos samaritanos, que haviam construído sobre o Garizim um templo rival do de Jerusalém e o consagraram a um deus pagão, para não sofrerem a repressão que sofriam os judeus – diz o historiador Flávio Josefo.

de dissolução e de orgias dos pagãos,
que lá se divertiam com meretrizes; nos
próprios átrios sagrados tinham rela-
ções com mulheres e introduziram aí
coisas inconvenientes. 5O altar estava
coberto de coisas detestáveis, proibi-
das pelas leis. 6Não se podia observar
o sábado, nem guardar as festas tra-
dicionais, nem simplesmente declarar-
-se judeu. 7Eram arrastados com brutal
violência ao banquete sacrifical que se
realizava todo mês, no dia natalício do
rei; e, por ocasião das festas dionisía-
cas, eram obrigados a acompanhar, co-
roados de hera, o cortejo em honra de
Dionísio.

8Por instigação dos habitantes de
Ptolemaida, foi promulgado um decre-
to para que, nas cidades helenísticas
circunvizinhas, se procedesse do mes-
mo modo a respeito dos judeus, obri-
gando-os a participar dos banquetes
sacrificais, 9com a ordem de matar os
que se recusassem a adotar os costu-
mes gregos. Podia-se então entrever a
tribulação que os aguardava.* 10Assim,
foram presas duas mulheres por terem
circuncidado os filhos; tiveram de cir-
cular publicamente pela cidade com
o filho pendurado aos seios, e depois
foram precipitadas do alto dos muros.
11Outros, que se haviam reunido nas
grutas vizinhas para celebrar secreta-
mente o sábado, foram denunciados
a Filipe e juntos entregues às chamas;
não ousaram defender-se, por respeito
àquele sacratíssimo dia.

Sentido da perseguição. 12Recomen-
do àqueles* que terão em mãos este li-
vro que não se deixem abater por cau-
sa dessas calamidades; pensem, antes,
que esses castigos não sucederam para
a ruína, mas para a correção de nos-
sa gente. 13Porque não deixar impunes
por muito tempo os que cometem a
impiedade, mas castigá-los sem de-
mora, é sinal de grande benevolência.
14Com efeito, para castigar* as outras
nações, o Soberano espera com pa-
ciência que elas cheguem a completar
a medida de suas iniquidades, mas não
foi assim que lhe aprouve agir conosco,
15para que não tenha de nos punir no
fim, quando nossos pecados chegarem
ao extremo. 16Por isso ele nunca reti-
ra de nós sua misericórdia e, mesmo
quando corrige seu povo com a adver-
sidade, ele jamais o abandona.

17Sirva de advertência o que acaba-
mos de dizer; depois disso, voltemos a
nossa narrativa.

Martírio de Eleazar. 18Certo homem,
chamado Eleazar, um dos principais
escribas, já avançado em idade e de
bela aparência, estava sendo forçado a
abrir a boca para comer carne de porco.
19Preferindo a morte gloriosa* a uma
existência infame, encaminhou-se es-
pontaneamente ao suplício. 20Cuspiu o
que lhe puseram na boca, comportan-
do-se como deveriam fazer os que têm
a coragem de recusar as comidas que
não se podem comer nem por amor à
própria vida. 21Os que presidiam àquele
ímpio banquete sacrifical, conhecendo
de longa data aquele homem, toma-
ram-no à parte e tentavam persuadi-lo
a mandar trazer carne permitida, por ele
mesmo preparada, e fingir que estava
comendo das carnes do sacrifício pres-
crito pelo rei; 22agindo assim, escaparia
da morte e seria tratado com clemên-
cia por causa da antiga amizade que
os ligava. 23Mas ele tomou uma nobre
resolução, digna da idade e do prestí-
gio da velhice, da merecida distinção de
seus cabelos brancos e da ótima con-
duta observada desde a infância, mas
sobretudo digna da santa lei estabele-
cida por Deus e, sem hesitar, respondeu
logo que o mandassem à morada dos
mortos: 24"Na verdade, não é digno de
nossa idade fingir; senão muitos jo-
vens, pensando que Eleazar, com seus
noventa anos, adotou os costumes es-
trangeiros, 25serão desviados também
eles, por minha causa, por minha simu-
lação, por amor a uns poucos e breves
dias de vida, e eu atrairia sobre minha
velhice a vergonha e a infâmia. 26Pois,
mesmo que no presente eu conseguis-
se evitar o castigo dos homens, vivendo

* **6**,9. 1Mc 1,60s | 12. 5,17-20; 7,16-19. 32-38 | 14. Sb 11,9s; 12,2.22; 1Ts 2,16 | 19. Lv 11,7s; Hb 11,35

ou morrendo não escaparia das mãos do Onipotente. [27]Por isso, renunciando agora corajosamente à vida, mostrar-me-ei digno de minha velhice, [28]deixando aos jovens um nobre exemplo de uma bela morte, voluntária e generosa, pelas venerandas e santas leis". Dizendo isso, encaminhou-se logo para o suplício. [29]Os que o conduziam mudaram em dureza a benevolência de pouco antes, porque as palavras que acabava de dizer lhes pareciam uma loucura. [30]Ele, porém, prestes a morrer sob os golpes, suspirando, disse: "O Senhor, a quem pertence a sagrada ciência, bem sabe que, podendo escapar da morte, sofro no corpo tormentos atrozes sob os açoites, mas na alma suporto de boa vontade tudo isso pelo temor dele". [31]Assim partiu ele desta vida, deixando não só aos jovens, mas também à grande maioria do povo, sua morte como exemplo de generosidade e um memorial de fortaleza.

7 **Martírio dos sete irmãos e de sua mãe†.** [1]Aconteceu também que sete irmãos* foram presos com sua mãe e torturados com flagelos e nervos de boi pelo rei, que queria forçá-los a comer carne de porco, proibida pela lei. [2]Um deles, fazendo-se porta-voz de todos, disse: "Que pretendes perguntar ou saber de nós? Estamos prontos a morrer, antes que transgredir as leis de nossos pais". [3]O rei, enfurecido, ordenou que pusessem ao fogo frigideiras e caldeirões. [4]Quando começaram a ferver, mandou cortar a língua daquele que tinha falado, arrancar-lhe o couro cabeludo e cortar-lhe as mãos e os pés à vista dos outros irmãos e da mãe. [5]Quando ficou completamente mutilado, o rei mandou conduzi-lo ao fogo e pô-lo na frigideira enquanto ainda respirava. Enquanto um denso vapor subia da frigideira, os outros com sua mãe se exortavam a morrer com coragem, dizendo: [6]"O Senhor Deus está vendo e certamente tem compaixão de nós, como o declarou Moisés em seu cântico, que atesta abertamente: 'E Ele terá piedade de seus servos'".

[7]Quando o primeiro partiu assim desta vida, levaram o segundo ao suplício. Depois de lhe terem arrancado a pele da cabeça com os cabelos, perguntaram-lhe: "Queres comer, antes que seja torturado teu corpo, membro por membro?" [8]Respondeu ele na língua de seus pais: "Não!" Por isso, também ele sofreu os tormentos como o primeiro. [9]Ao exalar o último suspiro, disse: "Tu, ó criminoso, nos excluis da vida presente, mas o Rei do universo nos fará ressurgir para uma vida eterna† a nós que morremos por suas leis".

[10]Depois deste, torturaram o terceiro. Apresentou logo a língua, como lhe foi ordenado, estendeu corajosamente as mãos [11]e disse com dignidade: "Do Céu recebi estes membros; mas por causa de suas leis os desprezo, porque espero recebê-los novamente dele". [12]Até o próprio rei* e sua corte ficaram impressionados com a força de ânimo do jovem, que não fazia caso algum dos sofrimentos.

[13]Morto este, torturaram o quarto do mesmo modo, com suplícios. [14]Estando para morrer, disse: "Vale mais morrer pela mão dos homens, tendo da parte de Deus a esperança de ser por ele ressuscitado. Porque para ti não haverá ressurreição para a vida".

[15]Logo depois conduziram o quinto e o torturaram. [16]Mas ele, olhando para o rei, disse: "Porque tens autoridade sobre os homens, embora sejas mortal, fazes o que queres; não creias, porém, que nossa raça tenha sido abandonada por Deus. [17]Quanto a ti, espera e verás seu grande poder e como atormentará a ti e tua descendência".

---

* **7**,1. Hb 11,35 | 12. 12,38-46

† **7**. Esta narrativa deu início a um gênero literário de muito sucesso, imitado nas atas dos mártires, que exalta a coragem dos justos e incrimina a crueldade dos perseguidores. | 9. Primeira afirmação da crença numa vida sem fim dos corpos ressuscitados. Ver também Dn 12,1-4. Uma ressurreição dos justos somente.

[18]Depois deste, trouxeram o sexto.*
Quando estava para morrer, disse:
"Não tenhas vãs ilusões; é por nossa
causa que sofremos tais coisas, por-
que pecamos contra nosso Deus; eis
por que nos acontecem essas coisas
assombrosas; [19]tu, porém, não penses
que ficarás impune, depois que ousaste
combater contra Deus".

[20]Mas admirável sobretudo e dig-
na de eterna memória foi a mãe, que,
vendo morrer num só dia seus sete
filhos, suportava tudo corajosamente,
amparada pela esperança que tinha no
Senhor. [21]Cheia de nobres sentimentos
e dando força varonil a suas palavras
de mulher, exortava a cada um deles na
língua materna, dizendo-lhes: [22]"Não
sei de que modo aparecestes* em meu
seio; não fui eu que vos dei o espírito
e a vida, nem fui eu que dispus orga-
nicamente os elementos de cada um
de vós. [23]Por isso, o Criador do mundo,
que plasmou no princípio o homem e
deu origem a todos os seres, por sua
misericórdia vos restituirá o espírito e a
vida, porque agora vos sacrificais a vós
mesmos por suas leis".

[24]Antíoco, considerando-se despre-
zado, porque pensava que aquelas
palavras eram ofensivas, enquanto o
mais novo estava ainda vivo, começou
não só a exortá-lo com palavras, mas
também a prometer-lhe com jura-
mento que o faria rico e feliz e que, se
abandonasse as tradições de seus pais,
o trataria como amigo e lhe confiaria
importantes cargos. [25]Mas como o me-
nino não lhe desse a menor atenção,
o rei chamou a mãe e exortou-a a dar
conselhos ao filho para salvar sua vida.
[26]Depois de longas exortações, ela
aceitou tentar persuadir o filho. [27]Incli-
nando-se para ele e ludibriando o cruel
tirano, disse na língua materna: "Meu
filho, tem piedade de mim, que durante
nove meses te trouxe no seio, por três
anos te amamentei, criei-te, eduquei-
-te e te alimentei até esta idade. [28]Eu
te peço, meu filho: Contempla o céu e
a terra e observa todas as coisas que
neles há, reconhece que não foi de coi-
sas existentes que Deus as fez† e que
também o gênero humano tem a mes-
ma origem. [29]Não temas este verdugo,
mas sê digno de teus irmãos e aceita a
morte, para que eu te reencontre com
eles no dia da misericórdia".

[30]Enquanto ela ainda falava, o me-
nino disse: "O que é que esperais?
Não obedeço à ordem do rei; obe-
deço à Lei que foi dada a nossos pais
por meio de Moisés. [31]E tu, que és o
autor de toda* essa maldade contra
os hebreus, não escaparás das mãos
de Deus. [32]Pois é por causa de nos-
sos pecados que nós sofremos. [33]E se
agora, para nos punir e corrigir, nosso
Senhor, que vive, por breve tempo se
mostra irado contra nós, ele se recon-
ciliará novamente com seus servos.
[34]Mas tu, ó ímpio, tu, o mais torpe de
todos os homens, não te exaltes como
um louco, embalando-te em vãs espe-
ranças, enquanto ergues a mão con-
tra os filhos do Céu, [35]porque ainda
não escapaste ao juízo do Onipoten-
te, que tudo vê. [36]Pois nossos irmãos,
depois de terem suportado um breve
tormento em vista de uma vida pere-
ne, caíram pela aliança de Deus; mas
tu receberás, no juízo de Deus, o jus-
to castigo de tua soberba.[37]Também
eu, como meus irmãos, sacrifico meu
corpo e minha vida pelas leis de meus
pais, pedindo a Deus que sem demo-
ra se mostre misericordioso para com
nossa nação e te obrigue, com duras
provas e flagelos, a reconhecer que só
ele é Deus; [38]e que afinal se detenha
em mim e em meus irmãos a ira do
Onipotente, que com toda a justiça se
abateu sobre toda a nossa raça".

[39]Fora de si pela cólera, o rei tratou
este último com crueldade ainda maior
do que os outros, sentindo amarga-
mente o sarcasmo. [40]Assim este tam-
bém partiu desta vida, ilibado, confian-
do inteiramente no Senhor. [41]Por últi-
mo, depois dos filhos, morreu a mãe.

*** 7**,18. 5,17-20; 6,12-15 **|** 22. Jó 10,8-12; Sl 139,13ss; Eclo 11,5 **|** 31. 5,17-20; 6,12-16

† **7**,28. Primeira e mais precisa afirmação da criação a partir do nada, ver Hb 11,3

42Mas, em torno dos banquetes sa-
crificais e dessas torturas monstruosas,
seja suficiente o que aqui foi exposto.

III. JUDAS MACABEU (8–15)

8 **A insurreição dos Macabeus.** 1En-
tretanto Judas, chamado também
Macabeu, e seus companheiros, entran-
do secretamente nas aldeias, convida-
vam os parentes e, recrutando os que
haviam permanecido fiéis ao judaísmo,
reuniram cerca de seis mil homens. 2Su-
plicavam ao Senhor a fim de que vol-
vesse o olhar para o povo, oprimido por
todos, tivesse piedade do templo, pro-
fanado pelos ímpios, 3que se compade-
cesse da cidade, devastada e prestes a
ser arrasada até ao solo, que escutasse
os clamores do sangue que gritava a
ele, 4que se lembrasse da iníqua ma-
tança das crianças inocentes, que vin-
gasse as blasfêmias lançadas contra seu
Nome e manifestasse sua aversão ao
mal. 5Depois de organizado o grupo, o
Macabeu* tornou-se invencível para os
pagãos, pois a ira do Senhor se havia
mudado em misericórdia. 6Chegando
de surpresa a cidades e vilas, incendia-
va-as; ocupava os pontos estratégicos
e punha em fuga não poucos inimigos.
7Para esses ataques, escolhia de prefe-
rência como aliada a noite; e a fama de
sua bravura se difundia por toda a parte.
Nicanor enviado contra Judas. 8Ven-
do que esse homem crescia em impor-
tância e obtinha sucessos* sempre mais
frequentes, Filipe escreveu a Ptolomeu,
governador da Celessíria e da Fenícia,*
para que viesse defender os interesses
do rei. 9Este escolheu logo Nicanor, filho
de Pátroclo,* um dos amigos mais pró-
ximos do rei, e enviou-o à frente de não
menos de vinte mil homens, mercená-
rios de diversas nações, a fim de exter-
minar toda a raça dos judeus; associou-
-lhe também Górgias, general de pro-
fissão e perito em operações de guerra.
10Nicanor planejava pagar o tributo de
dois mil talentos, que o rei devia aos
romanos, com a venda dos judeus que
haveria de capturar. 11Sem demora di-
vulgou pelas cidades costeiras o convite
para que viessem comprar escravos ju-
deus, prometendo ceder noventa deles
por um talento. Não esperava que a jus-
tiça de Deus estivesse para atingi-lo.
Judas encoraja os seus. 12Judas foi
informado da expedição de Nicanor e
anunciou a seus homens a chegada do
exército inimigo. 13Então os medrosos
e os que não confiavam na justiça de
Deus fugiram e foram para outros lu-
gares. 14Outros, porém, venderam tudo
o que lhes restava e ao mesmo tempo
rezavam ao Senhor para que salvasse
aqueles que o ímpio Nicanor tinha ven-
dido antes mesmo da batalha; 15e isso,
se não por eles mesmos, pelo menos
por causa das alianças feitas com seus
pais e porque sobre eles fora invocado
seu Nome augusto e cheio de majesta-
de. 16O Macabeu reuniu seus homens,
em número de seis mil, exortou-os a
não se atemorizar diante dos inimigos,
nem se preocupar com a multidão dos
gentios, que vinham agredi-los injusta-
mente, mas a combater heroicamente,
17tendo diante dos olhos o ultraje co-
metido por eles contra o lugar santo, a
humilhação imposta à cidade devastada
e a abolição dos costumes tradicionais.
18Ele disse: "Eles confiam nas armas*
e em sua audácia, mas nós confiamos
em Deus Onipotente, que pode abater
com um só aceno os que vêm contra
nós e o mundo inteiro". 19Lembrou-
-lhes os socorros* recebidos por seus
antepassados, de modo especial aquele
contra Senaquerib, quando foram mor-
tos cento e oitenta e cinco mil homens;
20e a batalha que teve lugar em Babilô-
nia contra os gálatas, quando oito mil
judeus com quatro mil macedônios se
lançaram à luta, mas depois, achando-
-se os macedônios em dificuldade, os
oito mil massacraram cento e vinte mil
homens, graças ao auxílio que lhes veio
do Céu, obtendo grande vantagem.
Primeira vitória sobre Nicanor. 21Com
essas palavras encorajou-os e os dispôs

* **8**,5. 1Mc 3,3-9 | 8. 1Mc 3,38-4,25 / 4,45; 10,12 | 9. 1Mc 3,38; 2,18 | 18. Sl 20,8 | 19. 2Rs 19,35; Is 37,36

a morrer pela lei e pela pátria; depois repartiu o exército em quatro divisões, [22]pondo à frente de cada uma seus irmãos Simão, José e Jônatas, e deu a cada um o comando de mil e quinhentos homens. [23]Além disso, ordenou a Eleazar* que lesse o livro sagrado e deu a palavra de ordem: "Socorro de Deus", e ele mesmo se pôs à frente da primeira divisão e atacou Nicanor. [24]O Onipotente se fez seu aliado e massacraram mais de nove mil inimigos, feriram e mutilaram a maior parte do exército de Nicanor e obrigaram todos à fuga. [25]Apoderaram-se do dinheiro dos que tinham vindo para comprá-los e perseguiram os fugitivos até certa distância, mas voltaram atrás porque já era tarde; [26]com efeito, era véspera do sábado, motivo pelo qual não continuaram a persegui-los. [27]Recolhidas as armas e tomados os despojos dos inimigos, passaram o sábado bendizendo e louvando mais do que nunca o Senhor que os havia salvo naquele dia e havia começado a usar de misericórdia para com eles. [28]Passado o sábado, distribuíram uma parte dos despojos entre as vítimas da perseguição, as viúvas e os órfãos, e dividiram o resto entre si e os filhos. [29]Depois disso, fizeram uma súplica coletiva, pedindo ao Senhor misericordioso que se reconciliasse plenamente com seus servos.

Vitórias sobre Timóteo e Báquides. [30]Combateram também com os soldados de Timóteo e de Báquides e mataram mais de vinte mil deles; tornaram-se senhores absolutos de altas fortalezas e dividiram seus imensos despojos em partes iguais entre si mesmos, os perseguidos, os órfãos, as viúvas e também os idosos. [31]Recolhidas as armas dos inimigos, com muito cuidado as colocaram em depósitos convenientes e levaram para Jerusalém o resto dos despojos. [32]Mataram o comandante das tropas de Timóteo, um criminoso de marca maior, que muito fizera sofrer os judeus. [33]Enquanto na pátria se celebrava a vitória, queimaram vivos os que haviam incendiado as portas do templo, inclusive Calístenes, que se refugiara numa casinha, e assim recebeu o justo castigo por sua profanação. [34]O supercriminoso Nicanor, que havia trazido mil mercadores para lhes vender* os judeus, [35]humilhado, com a ajuda de Deus, por aqueles que ele considerava insignificantes, depôs suas esplêndidas vestes e atravessou o país como um escravo fugitivo; abandonado por todos, chegou a Antioquia, favorecido por uma sorte extraordinária, pois seu exército tinha sido destruído. [36]E aquele que se comprometera a pagar o tributo aos romanos com a venda dos prisioneiros de Jerusalém confessava que os judeus tinham um Defensor e que eles eram invulneráveis porque seguiam as leis prescritas por ele.

9 **Castigo do ímpio Antíoco IV.** [1]Nessa mesma época, Antíoco* voltou das regiões da Pérsia envergonhado. [2]Com efeito, tinha ido à cidade chamada Persépolis, havia tentado saquear o templo e ocupar a cidade; mas a multidão se revoltou, pegou em armas, e Antíoco, expulso pelos habitantes do país, teve de retirar-se vergonhosamente.

[3]Ao chegar perto de Ecbátana, recebeu notícias do que acontecera com Nicanor e com as tropas de Timóteo. [4]Inflamado de ira, planejava fazer os judeus pagar pela desonra que lhe fora infligida por aqueles que o haviam posto em fuga. Por isso ordenou a seu cocheiro que conduzisse o carro sem parar até o fim da viagem. Mas já o acompanhava a sentença do Céu, pois em seu orgulho havia dito: "Farei de Jerusalém o cemitério de judeus logo que eu chegar lá!" [5]Mas o Senhor que tudo vê, o Deus de Israel, feriu-o com uma doença incurável e invisível. De fato, mal terminara de pronunciar aquelas palavras, foi acometido de dores atrozes nas entranhas e de cruéis tormentos nos intestinos; [6]isto era perfeitamente justo, pois ele havia

* **8**,23. 1Mc 3,48 | 34. 8,23s | **9**,1. 1Mc 6,1-16; 1,11-17

atormentado as entranhas dos outros
com numerosas e estranhas torturas.
[7]Mas ele não desistia de sua altivez;
ao contrário, ainda cheio de soberba,
respirando o fogo de sua cólera contra
os judeus, mandou acelerar a corrida.
De repente, porém, caiu do coche, que
corria veloz, e a queda foi tão violenta
que todos os membros de seu corpo
ficaram fraturados. [8]Ele, que até en-
tão pensava em sua arrogância sobre-
-humana, que podia dominar as ondas
do mar e se julgava* capaz de pesar na
balança a altura das montanhas, esten-
dido no chão, era levado numa maca,
demonstrando claramente a todos o
poder de Deus; [9]tanto mais que do
corpo desse ímpio começaram a sair
vermes* e, enquanto estava vivo, suas
carnes caíam aos pedaços entre dores
e tormentos, e todo o exército sentia
náuseas daquela podridão por causa
do mau cheiro. [10]Aquele que pouco an-
tes pensava tocar os astros do céu, nin-
guém agora o podia carregar por causa
do incômodo intolerável do mau cheiro.
[11]Naquele momento, enfim, coberto de
feridas, começou a despojar-se do ex-
cesso de orgulho e a tomar consciência
de sua situação, pelo efeito do flagelo
divino, torturado por crises dolorosas.
[12]Não podendo mais nem ele próprio
suportar seu mau cheiro, disse: "É jus-
to sujeitar-se a Deus e não pretender,
sendo mortal, igualar-se à divindade".
[13]Aquele celerado rezava ao Soberano,
que não havia de usar de misericórdia
para com ele, dizendo [14]que ia declarar
livre a cidade santa, aonde ele se apres-
sava em chegar a fim de arrasá-la ao
solo e convertê-la em cemitério; [15]que
ia igualar, nos direitos, aos atenienses
todos os judeus, que antes ele julgava
indignos de uma sepultura, mas bons
para ser lançados, com seus filhos, em
pasto às feras e às aves†; [16]que ia ador-
nar com as mais belas ofertas votivas
o santo templo por ele anteriormente
saqueado; que ia restituir, em número
ainda maior, todos os vasos sagrados
e prover com suas rendas às despesas
necessárias para os sacrifícios; [17]e que,
além disso, prometia tornar-se judeu e
percorrer todos os lugares habitados
para proclamar o poder de Deus.

Carta de Antíoco aos judeus. [18]Como,
porém, as dores não cessavam de
modo algum, porque pesava sobre ele
o justo juízo de Deus, e ele perdia toda
a esperança de cura, escreveu aos ju-
deus a carta seguinte, em tom de súpli-
ca, assim redigida:

[19]"Aos nobres cidadãos judeus, o rei
e comandante Antíoco envia cordiais
saudações e votos de saúde e felici-
dade perfeita. [20]Se estais bem, vós e
vossos filhos, e se vossos negócios vão
conforme desejais, é o que desejo eu
que ponho minha esperança no Céu.
[21]Recordo com afeto vossas provas de
estima e benevolência para comigo.
Quanto a mim, ao voltar das regiões da
Pérsia, achando-me atingido por uma
doença insuportável, achei necessário
preocupar-me com a comum seguran-
ça de todos. [22]Não que eu desespere
de meu estado; pelo contrário, tenho
muitas esperanças de escapar dessa
doença; [23]mas considerando que tam-
bém meu pai, toda vez que empreen-
dia expedições nas regiões setentrio-
nais, designava o sucessor, [24]a fim de
que, no caso de um acontecimento
inesperado ou de uma notícia infausta,
os habitantes do país não se agitassem,
sabendo em que mãos fora deixado o
poder; [25]além disso, constatando que
os soberanos próximos de nós e os
vizinhos de nosso reino espreitam as
circunstâncias e aguardam as eventua-
lidades, nomeei como rei meu filho An-
tíoco, que em outras ocasiões, ao partir
para as regiões setentrionais, confiei e
recomendei a muitos de vós. Escrevi a
ele a carta citada abaixo. [26]Eu vos re-
comendo, pois, e vos peço que, lem-
brados dos benefícios que recebestes
de mim em público ou em particular,

---

* **9**,8. Is 40,12; 51,15; Jó 38,8-11; Sl 65,7s **|** 9. Eclo 7,19; At 12,23

† **9**,15. Para os judeus, como para quase todos os povos antigos, ficar sem sepultura era o mais terrível dos castigos depois da morte.

cada um de vós conserve para comigo
e para com meu filho vossa costumeira
benevolência. 27Estou certo de que ele,
seguindo minhas diretrizes, usará con-
vosco de moderação e humanidade".
Morte de Antíoco. 28Assim, este ho-
micida e blasfemador, sofrendo as do-
res mais horríveis, do mesmo modo
que havia tratado os outros, teve a
sorte lamentável de perder a vida em
terra estrangeira, nas montanhas. 29Seu
companheiro de infância, Filipe, trans-
portou seu corpo; mas, temendo o filho
de Antíoco, retirou-se para o Egito, jun-
to de Ptolomeu Filométor.

10 **Purificação do templo.** 1En-
tretanto, o Macabeu e seus
companheiros, sob a guia do Senhor,
recuperaram o templo e a cidade; 2de-
moliram os altares construídos pelos
estrangeiros na praça, como também
os lugares de culto; 3purificaram o
templo e ali edificaram um outro altar;
tiraram de pederneiras centelhas de
fogo, tomaram deste fogo e, depois de
dois anos de interrupção, ofereceram
sacrifícios, fizeram fumegar o incenso,
acenderam as lâmpadas e expuseram
os pães da apresentação. 4Feito isso,
prostrados por terra, suplicaram ao Se-
nhor que não os deixasse cair de novo
em tão grandes males, mas que, se
voltassem a pecar, ele os castigasse
com clemência e não os entregas-
se às nações blasfemas e bárbaras. 5No
mesmo dia em que o templo tinha sido
profanado pelos estrangeiros, ocorreu
a purificação do templo, isto é, no dia
vinte e cinco do mês de casleu.
6Celebraram com alegria oito dias
de festa, como na festa das Tendas,
lembrando que pouco tempo antes,
durante a festa das Tendas, estavam
dispersos pelos montes e nas cavernas
como feras. 7Por isso, levando bastões
ornados, ramos verdes e palmas, can-
tavam hinos Àquele que de modo tão
feliz os conduzira até a purificação de
seu lugar santo. 8Decretaram então
com edito público, confirmado por vo-
tação, que toda a nação dos judeus fes-
tejasse anualmente esses dias.
9Tais foram as circunstâncias da mor-
te de Antíoco, chamado Epífanes.
Judas vence os idumeus. 10Agora ex-
poremos os fatos referentes a Antíoco
Eupátor,* filho daquele ímpio, limitan-
do-nos aos males causados pelas guer-
ras. 11Este, tendo tomado posse do rei-
no, pôs à frente de sua administração
certo Lísias, comandante supremo da
Celessíria e da Fenícia. 12Entretanto
Ptolomeu, chamado Macron, o primei-
ro a observar a justiça para com os ju-
deus, procurando reparar as injustiças
cometidas contra eles, esforçava-se
por resolver pacificamente as questões
deles. 13Por causa disso foi acusado
pelos amigos do rei perante Eupátor.
Ouvindo em todas as ocasiões que o
chamavam de traidor por ter aban-
donado Chipre, que lhe fora confiada
por Filométor, e porque passara para o
partido de Antíoco Epífanes, não mais
podendo exercer com honra seu cargo,
suicidou-se, tomando veneno.
14Górgias, tornando-se governador
da região, recrutava mercenários es-
trangeiros e se aproveitava de todas as
ocasiões para guerrear os judeus. 15Ao
mesmo tempo, também os idumeus,*
que ocupavam fortalezas estratégicas,
importunavam os judeus e, acolhendo
os que eram expulsos de Jerusalém,
procuravam manter acesa a luta. 16Mas
os soldados do Macabeu,* depois de
elevar preces, implorando a Deus que
fosse seu aliado, assaltaram as fortale-
zas dos idumeus.
17Depois de um vigoroso ataque
conseguiram apoderar-se delas, re-
chaçaram todos os que combatiam
sobre os muros, trucidaram a quantos
lhes caíssem nas mãos, matando assim
não menos de vinte mil homens. 18Ou-
tros nove mil, ao menos, conseguiram
refugiar-se em duas torres particu-
larmente fortes, abastecidas de todo
o necessário para um cerco. 19Então
o Macabeu deixou lá Simão e José e
também Zaqueu com seus soldados,

---

* **10**,10. 1Mc 6,17 | 15. 1Mc 5,1-8 | 16. 8,23s

em número suficiente para sustentar o
cerco, e transferiu-se para outros luga-
res mais críticos. [20]Mas os soldados de
Simão, seduzidos pelo dinheiro, deixa-
ram corromper-se por alguns dos que
estavam nas torres e, depois de rece-
berem setenta mil dracmas, deixaram
fugir certo número deles. [21]Informado
do ocorrido, o Macabeu reuniu os che-
fes do povo e acusou os culpados de
terem vendido seus irmãos por dinhei-
ro, pondo em liberdade seus inimigos.
[22]Mandou matá-los como traidores e
imediatamente ocupou as duas torres.
[23]E visto que, com as armas na mão, em
tudo teve êxito, exterminou nas duas
fortalezas mais de vinte mil inimigos.

Derrota e morte de Timóteo. [24]Ti-
móteo, que antes havia sido derrotado
pelos judeus, juntou numerosas forças
mercenárias, reuniu não poucos cava-
leiros da Ásia e foi para a Judeia com
a intenção de conquistá-la com as ar-
mas. [25]Quando ele se aproximava, os
homens do Macabeu cobriram de pó a
cabeça para a oração a Deus† e, cingi-
dos os rins com cilícios, [26]prostraram-
-se diante do altar, pedindo a Deus que
lhes fosse propício, que fosse inimigo*
de seus inimigos e adversário de seus
adversários, como diz a Lei. [27]Termina-
da a oração, empunharam as armas e
avançaram até uma boa distância da
cidade e, quando já estavam perto do
inimigo, pararam. [28]Ao despontar a luz
da manhã, começou o ataque das duas
partes: uns tinham como garantia de
sucesso e de vitória, além de seu valor,
o recurso ao Senhor; os outros toma-
vam como guia para o combate seu
furor. [29]Quando a batalha* se tornou
mais violenta, apareceram do céu aos
inimigos, sobre cavalos com freios de
ouro, cinco homens majestosos, que se
puseram à frente dos judeus. [30]Toman-
do o Macabeu no meio e protegendo-
-o com suas armaduras, tornavam-
-no invulnerável, ao mesmo tempo
que lançavam flechas e raios contra
os inimigos que, confusos e cegos, se
dispersaram na maior desordem. [31]Re-
sultaram mortos vinte mil e quinhentos
soldados e seiscentos cavaleiros.

[32]O próprio Timóteo teve de refugiar-
-se numa fortaleza muito bem fortifica-
da, chamada Gazara, onde era coman-
dante Quéreas. [33]Mas os soldados do
Macabeu* cercaram com entusiasmo
a fortaleza durante quatro dias. [34]Os
sitiados, confiantes nas fortificações
do lugar, multiplicavam as blasfêmias
e não cessavam de proferir palavras
ímpias. [35]Ao amanhecer do quinto dia,
vinte jovens do exército do Macabeu,
inflamados de indignação por aquelas
blasfêmias, lançaram-se valorosamen-
te contra os muros e trucidaram com
ardor feroz a quantos lhes caíam nas
mãos. [36]Outros também, atacando os
assediados pelo lado oposto da mura-
lha, atearam fogo às torres e, acenden-
do fogueiras, queimaram vivos os blas-
femadores; outros ainda arrombaram
as portas, fizeram entrar o resto das
tropas e ocuparam a cidade. [37]Mata-
ram também Timóteo, que se esconde-
ra numa cisterna, bem como seu irmão
Quéreas e Apolófanes. [38]Realizada essa
façanha, glorificaram com hinos e can-
tos de louvor o Senhor que fizera tão
grandes benefícios a Israel e lhes dera
a vitória.

11 **Primeira expedição de Lísias.**
[1]Logo depois, Lísias,* tutor e pa-
rente do rei e encarregado dos negó-
cios do reino, mal suportando o que
tinha acontecido, [2]recrutou cerca de
oitenta mil homens com toda a sua
cavalaria e marchou contra os judeus,
com o propósito de fazer da cidade
uma residência para os gregos, [3]subme-
ter o templo a tributo, como os outros
templos dos gentios, e pôr a leilão to-
dos os anos a dignidade de sumo sa-
cerdote. [4]Não tendo em conta alguma
o poder de Deus, mas confiando apenas
em suas dezenas de milhares de infan-

* **10**,26. Êx 23,22 | 29. 5,4 | 33. 1Mc 13,43-48 | **11**,1. 1Mc 4,26-35

† **10**,25. Em sinal de luto e como prática de penitência, Js 7,6; Jó 2,12; Lm 2,10. Como em nossa quarta-feira de cinzas.

tes, milhares de cavaleiros e em seus
oitenta elefantes, 5penetrou na Judeia,*
aproximou-se de Betsur, que era uma
localidade fortificada, distante cerca de
cinco esquenos† de Jerusalém, e lhe pôs
cerco. 6Logo que os homens do Maca-
beu souberam que Lísias cercava as for-
talezas, suplicaram ao Senhor entre ge-
midos e lágrimas, juntamente com todo
o povo, que mandasse um anjo bom*
para salvar Israel. 7O próprio Macabeu
foi o primeiro a empunhar armas e exor-
tou os outros a enfrentar com ele o pe-
rigo, para socorrer seus irmãos. Partiram
todos juntos com coragem. 8Quando
ainda estavam perto de Jerusalém, apa-
receu à frente deles um cavaleiro ves-
tido de branco,* que agitava armas de
ouro. 9Então todos juntos glorificaram
o Deus misericordioso e sentiram-se
animados de tamanho ardor que esta-
vam prontos a atacar não só os homens,
mas também os mais ferozes animais e
muros de ferro. 10Avançaram em forma-
ção de batalha, tendo um aliado vindo
do céu, pela misericórdia que o Senhor
tivera deles. 11Lançaram-se contra os
inimigos como leões, abateram onze
mil infantes, mil e seiscentos cavaleiros
e obrigaram os demais a fugir. 12Quase
todos escaparam feridos e sem armas;
o próprio Lísias conseguiu salvar-se, fu-
gindo de maneira vergonhosa.

Lísias faz as pazes com os judeus.
13Mas Lísias, que não era tolo,* refletin-
do sobre a derrota sofrida, compreen-
deu que os hebreus eram invencíveis,
porque o Deus poderoso combatia por
eles. 14Por isso enviou-lhes embaixa-
dores a fim de persuadi-los a fazer um
acordo em tudo o que fosse justo, pro-
metendo-lhes que para tanto ele have-
ria de persuadir também o rei e induzi-
-lo a se tornar amigo deles. 15Todas as
propostas de Lísias foram aceitas pelo
Macabeu, que se preocupava apenas
com o bem público; quanto ao rei, con-
cedeu tudo o que o Macabeu pedira a
Lísias por escrito a respeito dos judeus.
16São estes os termos da carta que
Lísias escreveu aos judeus:
"Lísias, ao povo dos judeus, sauda-
ções! 17Vossos enviados, João e Ab-
salão, entregaram-nos o documento
aqui transcrito, pedindo que ratificasse
o que nele está contido. 18Submeti ao
rei tudo o que era preciso referir-lhe, e
ele concedeu o que era aceitável. 19Se,
pois, conservardes uma atitude favorá-
vel ao governo, eu me esforçarei por
promover vossos interesses também
no futuro. 20Sobre esses pontos e ou-
tros particulares, dei ordens a meus e
a vossos negociadores a fim de que os
discutam convosco. 21Passai bem. Ano
cento e quarenta e oito, aos vinte e
quatro dias do mês de dióscoro".

Carta de Antíoco V a Lísias. 22A car-
ta do rei assim dizia: "O rei Antíoco, a
seu irmão Lísias, saudações! 23Tendo
sido nosso pai transladado para junto
dos deuses, e querendo nós que os
cidadãos do reino possam entregar-
-se tranquilamente ao cuidado de seus
negócios, 24e tendo sabido que os ju-
deus não querem adotar os costumes
gregos, mas, preferindo seu modo de
viver, pedem que lhes seja permitido
observar suas leis, 25e desejando nós
que também esse povo viva sem te-
mor, decidimos que o templo lhes seja
restituído e que possam viver segundo
os costumes de seus antepassados.
26Farás bem, portanto, em lhes enviar
embaixadores para concluir a paz com
eles, para que, conhecendo nossa in-
tenção, tenham confiança e se entre-
guem alegremente a suas ocupações".

Carta de Antíoco V aos judeus. 27A
carta do rei ao povo dizia o seguinte:
"O rei Antíoco, ao Conselho dos ju-
deus e aos demais judeus, saudações!
28Se estais bem, é o que nós deseja-
mos; também nós estamos bem de
saúde. 29Menelau nos informou que
quereis voltar para casa e cuidar de
vossos afazeres. 30Àqueles, pois, que
voltarem até o dia trinta do mês de

* **11**,5. 1Mc 4,29 | 6. Êx 23,20 | 8. 5,4 | 13. 1Mc 6,57-61

† **11**,5. Um esqueno equivale a 5,5 km. Betsur fica a 28,5 km a sudoeste de Jerusalém. | 30. Primeiro mês do calendário macedônio, corresponde ao nisã hebraico. Essa data corresponde a fins de março de 164.

xântico†, será garantida segurança com permissão 31aos judeus de fazer uso de seus alimentos especiais e de suas leis, como no passado, e nenhum deles será de modo algum molestado pelos erros cometidos por ignorância. 32Envio também Menelau para tranquilizar-vos. 33Passai bem. Ano cento e quarenta e oito, no dia quinze do mês de xântico".

Carta dos romanos aos judeus. 34Também os romanos mandaram aos judeus uma carta nestes termos:

"Quinto Mêmio e Tito Mânio, embaixadores dos romanos, ao povo judeu, saudações! 35Também nós aprovamos as coisas que Lísias, parente do rei, vos concedeu. 36Quanto aos pontos que julgou necessário submeter à apreciação do rei, depois de haverdes deliberado entre vós, mandai-nos logo alguém, para que os exponhamos ao rei como melhor vos convém. Pois estamos de partida para Antioquia. 37Portanto, mandai alguém sem demora para nos comunicar vossa opinião. 38Passai bem. Ano cento e quarenta e oito, no dia quinze do mês de xântico".

12

Vingança de Judas contra Jope e Jâmnia. 1Concluídos esses tratados, Lísias voltou para junto do rei, e os judeus retomaram o cultivo dos campos. 2Mas, alguns dos comandantes locais como Timóteo, Apolônio, filho de Geneu, Jerônimo, Demofonte e também Nicanor, comandante dos cipriotas, não os deixavam viver tranquilos nem estar em paz. 3Os habitantes de Jope cometeram um ato particularmente ímpio. Convidaram os judeus, que moravam entre eles, a subir com suas mulheres e filhos a algumas embarcações, preparadas por eles, como se não houvesse nenhuma animosidade contra eles, 4mas fosse uma iniciativa de todos os cidadãos. Os judeus aceitaram, como gente que desejava a paz, e não tinha nenhuma suspeita. Mas, quando chegaram ao largo, foram afogados em número não inferior a duzentos. 5Logo que Judas soube da crueldade cometida contra seus compatriotas, deu ordem a seus homens 6e, invocando a Deus, justo juiz, marchou contra os assassinos de seus irmãos e de noite incendiou o porto, queimou as embarcações e passou a fio de espada todos os que aí se haviam refugiado. 7Como a cidade estivesse fechada, retirou-se com a intenção de voltar outra vez a fim de exterminar toda a população de Jope. 8No entanto, ao saber que também os moradores de Jâmnia pretendiam fazer a mesma coisa com os judeus que habitavam entre eles, 9atacou de noite também os habitantes de Jâmnia e ateou fogo ao porto e à frota, a tal ponto que o clarão das chamas se avistava até em Jerusalém, distante duzentos e quarenta estádios.

Campanha de Judas em Galaad. 10Quando se haviam afastado dali nove estádios,* enquanto marchavam contra Timóteo, não menos de cinco mil árabes com quinhentos cavaleiros irromperam contra eles. 11Foi violenta a batalha, mas os homens de Judas, com o auxílio de Deus, saíram vitoriosos; então os nômades, vencidos, pediram a Judas que lhes estendesse a mão direita em sinal de paz, prometendo fornecer-lhes gado e ajudá-los em outras coisas. 12Judas compreendeu que na realidade podiam ser-lhe úteis em muitas coisas e consentiu em fazer a paz com eles. Concluído o acordo, os árabes partiram para suas tendas.

13Judas atacou também uma cidade fortificada de nome Caspin, fortemente defendida por trincheiras, cercada de muros e habitada por uma mistura de povos. 14Confiantes na solidez dos muros e em seus depósitos de víveres, os moradores insultavam de modo trivial os homens de Judas, zombando deles, blasfemando e dizendo coisas inconvenientes. 15Mas os homens de Judas, depois de terem invocado o supremo Senhor do universo, que sem aríetes e sem máquinas de guerra fez ruir Je-

* **12**,10. 1Mc 5,24-53 | 15. Js 6

ricó* no tempo de Josué, assaltaram
furiosamente os muros. 16Tomada a ci-
dade por vontade de Deus, fizeram um
massacre indescritível, a ponto de um
lago vizinho, de dois estádios de largu-
ra, parecer cheio de sangue que para
lá escorria.

Vitória de Judas em Cárnion. 17Ten-
do-se afastado de lá setecentos e cin-
quenta estádios,* chegaram a Cáraca,
onde residiam os judeus chamados
tubianos. 18Mas nesses lugares não
encontraram Timóteo, que já se ha-
via retirado de lá sem ter feito nada,
deixando, porém, em certo lugar uma
guarnição muito forte. 19Mas Dositeu
e Sosípatro, oficiais do Macabeu, fize-
ram uma incursão e exterminaram os
homens de Timóteo deixados na forta-
leza, que eram mais de dez mil. 20Por
sua vez, o Macabeu dispôs seu exérci-
to em fileiras, cujo comando confiou
a ambos, e marchou contra Timóteo,
que dispunha de cento e vinte mil in-
fantes e dois mil e quinhentos cavalei-
ros. 21Informado do avanço de Judas,
Timóteo mandou à frente as mulheres
e as crianças com as bagagens, para
um lugar chamado Cárnion, uma po-
sição inexpugnável e inacessível pela
estreiteza de todas as passagens.
22Quando apareceu a primeira fileira
de Judas, difundiu-se entre os inimigos
o pânico, como também o terror que
lhes inspirava a aparição daquele
que tudo vê. Puseram-se em fuga, cor-
rendo em todas as direções, a ponto
de se ferirem entre si frequentemente
e se traspassarem mutuamente com
as pontas de suas espadas. 23Judas os
perseguiu com um vigor extremo, pas-
sando ao fio da espada aqueles crimi-
nosos, dos quais massacrou cerca de
trinta mil. 24O próprio Timóteo, que
caiu em poder das tropas de Dositeu e
Sosípatro, suplicava com muita astúcia
que o deixassem ir com vida, porque
ele mantinha como reféns os pais de
muitos deles e os irmãos de outros,
que poderiam ser tratados sem consi-
deração alguma. 25Quando ele os per-
suadiu, com longos discursos, de que
os restituiria ilesos, deixaram-no ir livre
a fim de salvar seus irmãos.

26A seguir, Judas marchou contra
Cárnion e contra o templo de Atarga-
tes† e matou vinte e cinco mil homens.
27Depois da derrota e da destruição
destes, atacou também Efron, cidade
fortificada na qual morava Lísias com
uma multidão de várias nacionalidades.
Jovens robustos, enfileirados diante
dos muros, combatiam vigorosamen-
te, e dentro havia um grande estoque
de máquinas de guerra e de projéteis.
28Após invocar o Senhor que destrói
com seu poder as forças dos inimigos,
os judeus se apoderaram da cidade e
mataram cerca de vinte e cinco mil dos
que estavam dentro.

29Partindo de lá, foram a Citópolis,
que fica a seiscentos estádios de Je-
rusalém. 30Mas os judeus que ali mo-
ravam deram testemunho da benevo-
lência com que os cidadãos de Citó-
polis os tinham tratado e da acolhida
benigna que lhes tinham dispensado
nos dias calamitosos; 31por isso Judas
e os seus lhes agradeceram e exorta-
ram-nos a mostrar-se bem-dispostos
também dali em diante para com seu
povo. Chegaram a Jerusalém quando
já estava próxima a festa das Semanas.

Derrota de Górgias. 32Depois desta
festa, chamada Pentecostes, marcharam
contra Górgias, governador da Idumeia,
33que lhes saiu ao encontro com três
mil homens e quatrocentos cavaleiros.
34Travada a batalha, aconteceu que
tombaram alguns dentre os judeus.
35Certo Dositeu, valoroso cavaleiro dos
tubianos, conseguiu agarrar Górgias e,
segurando-o pelo manto, arrastava-o
à força com o propósito de capturar
vivo aquele maldito. Nisso, porém, um
cavaleiro trácio investiu contra ele e
cortou-lhe o braço, e assim Górgias fu-
giu para Marisa. 36Quanto aos soldados
de Esdrin, combatiam há muito tempo
e se achavam extenuados; Judas então

---

* **12**,17. 1Mc 5,13.37-44

† **12**,26. Deusa que os sírios identificavam com Astarte, e os gregos com Afrodite ou Ártemis.

invocou o Senhor, para que se mostrasse seu aliado e guia na batalha. [37]Em seguida, entoou na língua paterna o grito de guerra com cantos religiosos e arremessou-se de improviso contra as tropas de Górgias, pondo-as em fuga.

O sacrifício pelos mortos. [38]Reunido o exército, Judas foi para a cidade de Odolam. Chegando o sétimo dia, purificaram-se segundo o costume e passaram ali o sábado. [39]No dia seguinte, quando a necessidade já se impunha, os soldados de Judas saíram para recolher os corpos dos que haviam tombado, para depô-los junto aos parentes nos sepulcros de seus pais. [40]Então encontraram debaixo da túnica de cada morto objetos consagrados aos ídolos de Jâmnia, que a lei proíbe aos judeus. Ficou assim claro para todos o motivo pelo qual haviam morrido. [41]Todos, pois, glorificaram a conduta do Senhor, justo juiz, que manifesta as coisas ocultas, [42]e puseram-se em oração, implorando que o pecado cometido fosse completamente cancelado. E o nobre Judas exortou sua gente a se conservar sem pecado, de vez que tinham visto com os próprios olhos o que acontecera aos mortos por causa de seu pecado. [43]Depois, feita uma coleta de um tanto por pessoa, ajuntou cerca de duas mil dracmas de prata, que enviou a Jerusalém, para mandar oferecer um sacrifício pelo pecado, e realizou assim uma ação muito boa e nobre, pensando na ressurreição; [44]com efeito, se não esperasse que os mortos ressuscitariam, teria sido coisa supérflua e vã rezar pelos defuntos†. [45]Mas se ele pensava na magnífica recompensa que está reservada àqueles que adormecem com sentimentos de piedade, seu pensamento foi santo e piedoso. Por isso, mandou oferecer o sacrifício de expiação pelos mortos, para que fossem absolvidos de seu pecado.

13

Antíoco V e Lísias contra os judeus. [1]No ano cento e quarenta e nove chegou aos homens de Judas a notícia de que Antíoco Eupátor avançava contra a Judeia com um exército, [2]e que com ele estava também Lísias, seu tutor e primeiro ministro, tendo cada qual um exército grego de cento e dez mil infantes, cinco mil e trezentos cavaleiros, vinte e dois elefantes e trezentos carros armados de foices. [3]A eles se juntara também Menelau, que com muita astúcia instigava Antíoco, movido não pelo desejo de ser útil à pátria, mas pela esperança de ser reconduzido ao poder. [4]Mas o Rei dos reis excitou contra aquele criminoso a ira de Antíoco, o qual, depois que Lísias demonstrou ser Menelau o responsável por todos os males, deu ordens para que fosse levado a Bereia e ali executado segundo o costume do lugar. [5]Naquele lugar existe uma torre de cinquenta côvados de altura, cheia de cinza, com um mecanismo giratório, que de todos os lados faz precipitar na cinza. [6]É daí que é lançado para morrer quem é réu de furtos sacrílegos ou quem chegou aos extremos de outros delitos graves. [7]Tal foi o suplício no qual morreu o ímpio Menelau, que nem sequer foi sepultado. [8]Com toda a justiça, porque depois de ter cometido tantos crimes contra o altar, cujo fogo e cinza são puros, na cinza encontrou a morte†.

Batalha de Modin. [9]O rei, cheio de ferozes sentimentos, vinha para mostrar aos judeus coisas piores que as acontecidas no tempo de seu pai. [10]Quando Judas soube disso, convidou o povo a invocar o Senhor dia e noite, para que, como das outras vezes, socorresse os que estavam em perigo de se verem privados da Lei, da pátria e do santo templo, [11]e que não permitisse que o povo,* que apenas começara a reco-

---

* **13**,11. 1Mc 4,36

† **12**,44. Os que morrem na graça de Deus podem ser libertados de pecados não expiados, que impedem obter a ressurreição gloriosa. Isto é a base da doutrina da Igreja sobre o purgatório e sobre os sufrágios pelos mortos. | **13**,8. Mais uma vez o autor constata que todo crime é punido, e precisamente por meio daquilo com que foi cometido.

brar ânimo, caísse nas mãos daque-
les infames gentios. 12Quando todos
haviam feito isso juntos e haviam im-
plorado o Senhor misericordioso com
gemidos, jejuns e prostrações durante
três dias contínuos, Judas os exortou e
ordenou-lhes que estivessem prepara-
dos. 13Depois de um encontro reser-
vado com os anciãos, decidiu que se
devia, com a ajuda de Deus, resolver a
situação saindo a combate, antes que
o exército do rei invadisse a Judeia e
ocupasse a cidade. 14Entregando todo
o cuidado nas mãos do Criador do
universo, exortou os seus a combater
heroicamente até à morte em defesa
das leis, do templo, da cidade, da pá-
tria e das instituições; e fez seu exér-
cito acampar perto de Modin. 15Dada
aos seus a palavra de ordem: "Vitória
de Deus", com um grupo de jovens es-
colhidos entre os melhores, atacou de
noite a tenda do rei, matou cerca de
dois mil homens em seu acampamen-
to e matou também o maior dos ele-
fantes* com seu condutor; 16enfim, es-
palharam pelo acampamento o terror
e a confusão e retiraram-se com pleno
êxito. 17Já raiava o dia quando esta fa-
çanha foi concluída, graças à proteção
que o Senhor dera a Judas.

**Antíoco V faz as pazes com os ju-
deus.** 18Então o rei, tendo assim ex-
perimentado* a audácia dos judeus,
tentou conquistar com astúcia as posi-
ções. 19Partiu contra Betsur, praça forte
dos judeus, mas foi rechaçado, mal-su-
cedido e vencido, 20pois Judas fez che-
gar aos sitiados o que necessitavam.
21Certo Rôdoco, soldado do exército
judeu, revelou aos inimigos informa-
ções secretas; foi descoberto, captura-
do e encarcerado. 22Pela segunda vez,
o rei tratou com os sitiados de Betsur:
estendeu-lhes a mão, estreitou a deles
em sinal de paz e retirou-se. Atacou os
homens de Judas, mas saiu derrotado.
23Veio a saber depois que Filipe, que
ele deixara à frente da administração
em Antioquia, se havia rebelado. Cons-
ternado, convidou os judeus a fazer
negociações, submeteu-se, obrigou-
-se sob juramento a respeitar todas as
suas justas exigências, restabeleceu o
acordo e ofereceu um sacrifício, hon-
rou o templo e foi generoso para com
o lugar santo. 24Dispensou boa acolhi-
da ao Macabeu e deixou Hegemônides
como governador do território entre a
Ptolemaida e a região dos gerrênios.
25Passou por Ptolemaida, mas os ci-
dadãos do lugar, descontentes com
o tratado de paz, estavam indignados
e queriam rescindir o contrato. 26En-
tão Lísias subiu à tribuna, defendeu-o
como pôde, conseguiu persuadi-los e
acalmá-los, ganhou sua benevolência
e voltou para Antioquia. São esses os
fatos relacionados com a expedição e
a retirada do rei.

14 **Intrigas de Alcimo junto ao
rei Demétrio.** 1Três anos de-
pois, Judas e os seus souberam que
Demétrio, filho de Seleuco, havia de-
sembarcado no porto de Trípoli com
um grande exército e uma frota 2e que
se havia apoderado do país, eliminan-
do Antíoco e seu tutor Lísias. 3Certo
Alcimo, que antes havia sido sumo
sacerdote, mas que voluntariamen-
te se havia contaminado no tempo
da revolta, tendo compreendido que
para ele já não havia salvação alguma
nem possibilidade de acesso ao santo
altar, 4foi ter com o rei Demétrio, por
volta do ano cento e cinquenta e um,*
oferecendo-lhe uma coroa de ouro e
uma palma, além dos tradicionais ra-
mos de oliveira do templo. Naquele
dia ficou quieto. 5Mas encontrou uma
ocasião favorável a seus loucos inten-
tos, quando foi convocado por Demé-
trio ao conselho e interrogado sobre
as disposições e intenções dos judeus.
Ele respondeu: 6"Os judeus que se cha-
mam assideus, cujo chefe é Judas Ma-
cabeu, fomentam a guerra e as rebe-
liões, não permitindo que o reino reen-
contre a tranquilidade. 7É por isso que
eu, despojado de minha dignidade he-
reditária, ou seja, do sumo sacerdócio,

* **13**,15. 1Mc 6,43 | 18. 1Mc 6,48-63 | **14**,4. 1Mc 10,29

vim aqui, 8em primeiro lugar pensando sinceramente nos interesses do rei; em segundo lugar, porque me preocupo com meus compatriotas, pois não é pouco o que todo o nosso povo sofre pela atitude temerária dos homens de que falei. 9Tu, ó rei, que bem conheces os pormenores de cada uma dessas coisas, digna-te prover ao bem-estar de nosso país e de nossa gente ameaçada, com aquela cortês benevolência que tens para com todos. 10Pois, enquanto Judas viver, é impossível o Estado gozar de paz". 11Logo que ele acabou de falar, os outros amigos do rei, irritados com os sucessos de Judas,* apressaram-se a incitar Demétrio. 12Este escolheu imediatamente Nicanor, que era comandante da divisão dos elefantes, nomeou-o governador da Judeia e o enviou 13com a ordem de eliminar Judas, dispersar seus partidários e constituir Alcimo sumo sacerdote do grande templo. 14Os gentios da Judeia, que haviam fugido diante de Judas, acorriam em massa para se juntar a Nicanor, imaginando que o infortúnio e as desgraças dos judeus redundariam em vantagem para eles.

Nicanor faz amizade com Judas. 15Ao saberem da expedição de Nicanor* e da agressão dos gentios, os judeus, cobrindo-se de pó, elevaram súplicas Àquele que para a eternidade havia constituído seu povo e que com sinais manifestos havia sempre socorrido os que são sua herança. 16Depois, a uma ordem do comandante, partiram logo dali e foram travar batalha com o inimigo perto da aldeia de Dessau. 17Simão, irmão de Judas,* já havia atacado Nicanor, quando sofreu um ligeiro contratempo por causa da chegada repentina de adversários. 18Todavia Nicanor, conhecendo a coragem dos soldados de Judas e seu entusiasmo nas lutas pela pátria, não ousava decidir a questão com derramamento de sangue. 19Mandou, por isso, Possidônio, Teódoto e Matatias apresentar e receber propostas de paz. 20Estas foram longamente discutidas, e quando o comandante fez o comunicado às tropas, por voto unânime manifestaram sua aceitação dos acordos. 21Portanto marcaram uma data para se encontrarem reservadamente num mesmo lugar; de um e de outro lado avançou um carro e foram colocados assentos. 22Judas tinha postado homens armados nos lugares apropriados, receando que os inimigos cometessem alguma perfídia imprevista. Encerraram o encontro com pleno acordo. 23Nicanor se deteve em Jerusalém, onde nada fez de inconveniente; despediu as tropas que haviam acorrido em massa a ele. 24Procurava sempre a companhia de Judas e sentia um afeto cordial por ele. 25Aconselhou-o a se casar e a constituir família; e ele se casou, ficou tranquilo e levou uma vida normal.

Nicanor recebe a ordem de capturar Judas. 26Quando Alcimo ficou sabendo da amizade entre ambos, conseguiu uma cópia dos tratados concluídos e apresentou-se a Demétrio, acusando Nicanor de ter sentimentos contrários ao governo, pois designara para seu sucessor Judas, o perturbador do reino. 27O rei, furioso e exasperado pelas calúnias desse depravado, escreveu a Nicanor, dizendo-lhe que estava descontente com os tratados e ordenando-lhe que lhe enviasse imediatamente o Macabeu, acorrentado, para Antioquia. 28Ao receber essas ordens, Nicanor ficou consternado; custava-lhe muito ter de violar os tratados concluídos com aquele homem que não havia feito mal algum. 29Mas, como não era possível agir* contra a vontade do rei, procurava uma oportunidade de cumprir as ordens do rei com um estratagema. 30O Macabeu, notando que Nicanor se comportava para com ele de modo mais frio e que nos encontros habituais se mostrava mais rude, pensou que aquela frieza não era bom sinal; por isso, reuniu não poucos de seus homens e não compareceu mais diante de Nicanor.* 31Quando este per-

---

* **14**,11. 1Mc 2,18; 7,26 | 15. 1Mc 7,27s | 17. 1Mc 7,31 | 29. 1Mc 7,29s | 30. 1Mc 7,33-38

cebeu que havia sido habilmente lo-
grado por Judas, dirigiu-se ao sublime
e santo templo, enquanto os sacerdo-
tes ofereciam os sacrifícios prescritos,
e ordenou que lhe entregassem aque-
le homem. 32Como eles jurassem que
não sabiam onde podia estar o homem
procurado, 33ele estendeu a mão direi-
ta para o templo e jurou: "Se não me
entregardes Judas algemado, arrasarei
esta morada de Deus, derrubarei o altar
e levantarei aqui um santuário esplên-
dido a Dionísio". 34Dito isto, retirou-
-se. Os sacerdotes, erguendo as mãos
ao céu, puseram-se a invocar Aquele
que sempre combateu por nossa na-
ção, dizendo: 35"Vós, ó Senhor, que não
precisais de nada, quisestes possuir um
templo entre nós para vossa morada.
36E agora, ó Senhor, santo de toda a
santidade, preserva para sempre da
profanação esta casa há pouco purifi-
cada".

Suicídio de Razis. 37Foi denunciado
perante Nicanor certo Razis, um dos
anciãos de Jerusalém, homem cheio
de amor pela cidade e tido em grande
consideração, a ponto de ser chama-
do, por sua bondade, "pai dos judeus".
38Já antes, nos dias anteriores à revol-
ta, havia sofrido acusações de profes-
sar o judaísmo e realmente tinha em-
penhado pelo judaísmo corpo e alma
com plena generosidade. 39Querendo
Nicanor manifestar a todos a hostili-
dade que tinha contra os judeus, man-
dou mais de quinhentos homens para
prendê-lo, 40pois pensava que com sua
prisão haveria de infligir grave golpe
aos judeus. 41Mas quando aquela tro-
pa estava para ocupar a torre, tentava
forçar a porta do pátio e já ordenava
que trouxessem fogo para incendiar as
portas, ele, vendo-se cercado de todos
os lados, lançou-se sobre sua espada,
42preferindo morrer com honra* a cair
nas mãos dos ímpios e sofrer insultos
indignos de sua nobreza. 43Mas por-
que, na precipitação do combate, não
se feriu com golpe mortal, enquanto a
tropa já irrompia pelas portas adentro,
subiu corajosamente os muros e pre-
cipitou-se virilmente sobre a multidão.
44Todos recuaram rapidamente, dei-
xando um espaço livre no meio do qual
ele caiu. 45Respirando ainda e ardendo
de indignação, levantou-se, enquanto
o sangue lhe escorria em torrentes e
as feridas o atormentavam, atravessou
correndo por entre a multidão, pôs-se
de pé sobre uma rocha escarpada 46e,
já completamente exangue, arrancou
as entranhas, agarrou-as com ambas
as mãos e lançou-as sobre a multidão,
implorando ao senhor* da vida e do es-
pírito que lhas restituísse um dia. Desse
modo expirou.

15 **Arrogância de Nicanor.** 1Ni-
canor, informado de que os
homens de Judas se encontravam na
região da Samaria, decidiu atacá-los
com toda a segurança num dia de sá-
bado. 2Disseram-lhe então os judeus
que haviam sido forçados a segui-lo:
"Não deves matá-los de modo tão
cruel e bárbaro! Respeita o dia que
foi honrado e santificado por Aquele
que tudo vê!" 3Mas aquele supercri-
minoso perguntou se existia no céu
um soberano que havia mandado
santificar o sábado. 4Eles responde-
ram: "Foi o Senhor vivo, o Soberano
do céu, que ordenou que se celebras-
se o sétimo dia". 5Replicou: "E eu, que
sou soberano da terra, ordeno-vos
que pegueis em armas e executeis as
ordens do rei". Todavia, não conseguiu
levar a termo seu cruel intento.

Judas encoraja seus homens. 6En-
quanto Nicanor, exaltando-se com toda
a sua soberba, estava decidido a erigir
um público troféu pela vitória sobre
os homens de Judas, 7o Macabeu, de
seu lado, estava firmemente convenci-
do, com toda a esperança, de obter o
socorro do Senhor. 8Exortava os seus a
não temer o ataque dos gentios, mas
a recordar a ajuda que no passado ti-
nham recebido do Céu e a confiar na
vitória que lhes fora concedida tam-
bém no presente pelo Todo-poderoso.

---

* **14**,42. 1Sm 31,4 | 46. 7,9

9Confortou-os com as palavras da Lei
e dos Profetas e, recordando-lhes tam-
bém as lutas que já haviam superado,
deixou-os ainda mais animados. 10Ten-
do assim despertado seu ardor, de-
monstrou e denunciou a perfídia dos
gentios e sua violação dos juramentos.
11Armou cada um deles, não tanto com
a segurança dos escudos e das lanças,
quanto com o conforto de nobres pala-
vras, e encheu-os de alegria, narrando-
-lhes um sonho digno de fé, uma espé-
cie de visão.

12Sua visão foi esta: Onias, que fora
sumo sacerdote, homem excelente,
modesto no trato, de caráter manso,
distinto no falar, exercitado assidua-
mente desde criança na prática de to-
das as virtudes, estendendo as mãos,
rezava por toda a comunidade dos ju-
deus. 13Depois, do mesmo modo, apa-
recera outro homem, que se distinguia
por seus cabelos brancos, revestido de
uma prodigiosa e soberana majestade.
14Tomando a palavra, disse Onias: "Este
é o amigo de seus irmãos e que reza
muito pelo povo e pela cidade santa,
Jeremias, o profeta de Deus"†. 15Jere-
mias estendeu a mão direita para en-
tregar a Judas uma espada de ouro e,
ao entregá-la, pronunciou estas pala-
vras: 16"Toma a santa espada, presente
de Deus; com ela abaterás os inimigos".

17Animados por essas belíssimas
palavras de Judas, capazes de excitar
o heroísmo e de dar aos jovens uma
alma viril, decidiram não se demorar
no acampamento, mas passar cora-
josamente ao ataque e bater-se com
todas as energias para resolver a ques-
tão, pois a cidade, a religião e o templo
corriam perigo. 18De fato, a apreensão
pelas mulheres e filhos, pelos irmãos e
parentes era para eles coisa de menor
importância, pois sua primeira e princi-
pal preocupação* era o templo sagra-
do. 19A inquietação dos que ficaram na
cidade não era menor, ansiosos pelo
êxito da batalha em campo aberto.

Derrota e morte de Nicanor. 20En-
quanto todos estavam à espera da
prova iminente, estando já próximos
os inimigos, o exército disposto em
ordem de batalha, os elefantes colo-
cados em suas posições e a cavalaria
enfileirada nas alas, 21o Macabeu, ven-
do aquela multidão imensa, a varieda-
de das armas preparadas e o aspecto
feroz dos elefantes, estendeu as mãos
para o céu e invocou o Senhor que
faz prodígios, bem sabendo que não
é pelas armas, mas segundo sua deci-
são que ele concede a vitória àqueles
que são dignos dela. 22Em sua oração
ele dizia: "Vós, ó Senhor, no tempo de
Ezequias,* rei de Judá, enviastes vosso
anjo que exterminou cento e oitenta e
cinco mil homens no acampamento de
Senaquerib; 23mandai também agora, ó
Soberano dos céus, um anjo bom dian-
te de nós para incutir temor e espanto.
24Com o poder de vosso braço sejam
esmagados os que, blasfemando, vie-
ram atacar vosso santo povo". Com
essas palavras, concluiu. 25Enquanto os
soldados de Nicanor* avançavam entre
toques de trombetas e hinos de guer-
ra, 26os soldados de Judas afrontavam
os inimigos entre súplicas e orações.
27Combatendo com as mãos e rezando
a Deus com o coração, prostraram por
terra não menos de trinta e cinco mil
homens e ficaram cheios de alegria por
essa manifestação de Deus. 28Termi-
nada a batalha, enquanto se retiravam
jubilosos, reconheceram Nicanor, caído
por terra, revestido com sua armadura.
29No meio dos clamores e da confusão,
glorificaram o Soberano Senhor na lín-
gua materna. 30Então aquele que havia
sido sempre o primeiro a combater de
corpo e alma pelos compatriotas e que
conservara para com eles o afeto da ju-
ventude, ordenou que cortassem a ca-
beça de Nicanor, sua mão com o braço
inteiro e os levassem para Jerusalém.

31Quando lá chegou, convocou seus
concidadãos, dispôs os sacerdotes

---

* **15**,18. 1Mc 4,36 | 22. 1Mc 7,40ss; 8,19; 2Rs 19,35; Is 37,36 | 25. 1Mc 7,43-50

† **15**,14. É a primeira vez que a Bíblia afirma a eficácia da oração dos santos, depois da morte, a favor dos vivos. Esta fé está ligada à da ressurreição.

diante do altar e mandou chamar os
que se achavam na cidadela. 32Mostrou
então a cabeça do imundo Nicanor e
a mão que este blasfemador estendera
com arrogância contra o santuário do
Onipotente. 33Mandou cortar a língua
do ímpio Nicanor e lançá-la em pedaços às aves. Quanto ao braço, salário
de sua loucura, mandou pendurá-lo
diante do templo†.

O dia de Nicanor. 34Todos fizeram subir ao céu louvores ao Senhor glorioso, dizendo: "Bendito seja Aquele* que
conservou incontaminado seu santo
lugar!" 35Judas mandou pendurar a
cabeça de Nicanor na cidadela, como
sinal claro e evidente para todos da
ajuda do Senhor. 36Enfim decretaram
unanimemente, com voto público, que
não se deixasse passar despercebido
esse dia, mas que fosse celebrado no
dia treze do duodécimo mês, chamado
adar* na língua siríaca, o dia anterior à
festa de Mardoqueu†.

37Assim, pois, se desenrolaram os
fatos referentes a Nicanor. E como, a
partir daí, a cidade ficou em poder dos
hebreus, também eu encerro aqui minha narração.

Epílogo. 38Se a disposição dos fatos foi
boa e bem-sucedida, é exatamente isso
o que eu queria; se, porém, tem pouco
valor e é medíocre, é o quanto pude
fazer. 39Pois assim como faz mal beber somente vinho ou somente água,
ao passo que o vinho misturado com
água é agradável e causa um delicioso
prazer, assim também é a arte de bem
dispor a narração que agrada aos ouvidos do leitor. Portanto, aqui termino.

---

* **15**,34. 1Sm 31,9s | 36. 1Mc 7,49

† **15**,33. Jogo de palavras: a palavra que significa "salário" significa também "braço", Jr 48,25. | 36. Outro nome da festa de Purim, ver a nota em Est 9,26.

JÓ

Um homem está com seu filho de oito anos diante do corpo do Beato João XXIII, venerado num altar da basílica de São Pedro, e diz ao menino, quase chorando:

– Meu filho, este era o "Papa buono".

E o pequeno, com sua inocência, responde:

– E por que ele morreu?

Só a Bíblia, e nenhuma obra sapiencial extrabíblica, coloca o problema da dor, da morte e do sofrimento do inocente, enigma que angustia a humanidade de todos os tempos. Mas nem os sábios da Bíblia têm a resposta.

A forma literária do livro de Jó é a de um relato em prosa no início e no fim, dentro do qual, em forma de poesia, estão três ciclos de discursos polêmicos.

Não sabemos quem seja o autor, certamente o maior poeta da Bíblia, que escreveu essa obra-prima da literatura mundial, provavelmente depois do exílio, talvez pelo ano 450 a.C.

Os dois primeiros capítulos revelam que o drama que vai começar deriva de uma permissão de Deus, em resposta a um desafio lançado por Satanás para testar se Jó consegue permanecer fiel na provação. O leitor está advertido, mas os personagens não conhecem essa chave de leitura. Apresenta-se então o santo homem Jó, íntegro, rico e feliz, que é submetido a provações duríssimas. Seus três amigos vêm chorá-lo, e numa longa conversa põem em confronto as ideias correntes sobre a justiça de Deus. Segundo a teoria da retribuição neste mundo, sem a perspectiva da vida futura, afirmam que Jó sofre porque pecou. Ele protesta sua inocência, fazendo com que os três endureçam mais ainda sua posição. Jó se debate nas trevas, e seus gritos de desabafo se alternam com expressões de confiança e de submissão a Deus. Intervém um novo personagem, que tenta justificar a conduta de Deus, mostrando que o mal não serve só para punir, mas também para corrigir e ensinar. Enfim, fala o próprio Deus, revelando a Jó Sua onipotência e Sua sabedoria na criação e no governo do mundo. Jó confessa sua ignorância e reconhece que falou como insensato. Afinal, Deus reprova os três sábios e recompensa Jó, restituindo-lhe a saúde, os filhos e os bens em dobro.

Jó não é a última palavra da revelação divina sobre o misterioso tema do mal no mundo. O Novo Testamento mostra como "na cruz de Cristo não só a redenção foi realizada mediante o sofrimento, mas o próprio sofrimento humano foi remido" (João Paulo II). "Só em Cristo e por Cristo se ilumina o enigma da dor e da morte" (Vat. II).

I. PRÓLOGO
(1–2)

1 **Virtude e felicidade de Jó.** [1]Havia
na terra de Hus um homem* chamado Jó†: homem íntegro e reto, que temia a Deus e evitava o mal. [2]Nasceram-
-lhe sete filhos e três filhas. [3]Possuía sete mil ovelhas e três mil camelos, quinhentas juntas de bois, quinhentas jumentas e grande número de servos. Este homem era o mais rico de todos os do Oriente.

[4]Seus filhos costumavam ir às casas uns dos outros banquetear-se, em rodízio, e mandavam convidar também suas três irmãs para comer e beber juntos. [5]Quando terminava
o ciclo desses banquetes, Jó mandava chamá-los para purificá-los. Levantava-se bem cedo e oferecia um holocausto para cada um deles†. Pois ele pensava: "Talvez meus filhos tenham pecado e ofendido a Deus em seu coração". Assim fazia Jó cada vez.

---

* **1**,1. Ez 14,14 | 6. 1Rs 22,19-23; Zc 3,1s; Gn 3,1

† **1**,1. Jó é um sincero adorador do verdadeiro Deus, mas não é israelita; mora nos confins da Arábia e da Idumeia. | 5. Jó faz o ofício de intercessor, 42,8, como Abraão, Gn 18,23s e Moisés, Êx 32,12. Espíritos celestes, que fazem parte da corte divina. "Satã" significa acusador, adversário; lança um desafio a Deus e Deus aceita. Satã desaparece do livro de Jó: foi talvez um recurso usado para não atribuir a Deus os males de Jó.

**Deus permite que Jó seja posto à pro-
va.** [6]Um dia os filhos de Deus† foram
apresentar-se* diante de Javé, e entre
eles foi também Satã. [7]Javé perguntou a
Satã: "De onde vens?" Satã respondeu a
Javé: "De percorrer a terra e de andar por
ela". [8]Javé disse a Satã: "Reparaste em
meu servo Jó? Não há ninguém como ele
na terra: homem íntegro e reto, que teme
a Deus e evita o mal". [9]Satã respondeu a
Javé e disse: "É por nada que Jó teme a
Deus? [10]Não puseste um muro de prote-
ção em torno dele, de sua casa e de tudo
o que ele tem? Abençoaste o trabalho de
suas mãos e seu gado se multiplica na
região. [11]Mas estende a mão, toca tudo
o que possui e verás como te lançará
maldições em rosto!" [12]Javé disse a Satã:
"Tudo o que ele possui está em teu po-
der; só não estendas a mão contra ele". E
Satã saiu da presença de Javé.

[13]Aconteceu que um dia, enquanto
seus filhos e suas filhas estavam comen-
do e bebendo na casa do irmão mais ve-
lho, [14]um mensageiro veio a Jó e disse:
"Os bois estavam arando e as jumentas
pastando perto deles, [15]quando os sa-
beus* caíram sobre eles e os roubaram
e passaram os servos ao fio da espada.
Só eu escapei e vim trazer-te a notícia".

[16]Enquanto ele ainda falava, entrou
um outro e disse: "O fogo de Deus caiu
do céu: atingiu as ovelhas e os servos e
os devorou. Só eu escapei e vim trazer-
-te a notícia.

[17]Enquanto ele ainda falava, entrou
um outro e disse: "Os caldeus, dividi-
dos em três bandos, lançaram-se sobre
os camelos e os levaram e passaram os
servos ao fio da espada. Só eu escapei e
vim trazer-te a notícia".

[18]Enquanto ele ainda falava, entrou
um outro e disse: "Teus filhos e tuas fi-
lhas estavam comendo e bebendo na
casa do irmão mais velho, [19]quando um
vento impetuoso veio do deserto e aba-
lou os quatro cantos da casa; ela caiu
sobre os jovens e eles morreram. Só eu
escapei e vim trazer-te a notícia".

[20]Então Jó se levantou e rasgou as
vestes; raspou a cabeça, caiu por terra,
prostrou-se [21]e disse:

"Nu saí do seio de minha mãe,*
e nu voltarei para lá†.
Javé deu, Javé tirou,*
seja bendito o nome de Javé!"

[22]Em tudo isto Jó não pecou e não
atribuiu a Deus nada de injusto.

2 **Doença de Jó.** [1]Num outro dia em
que os filhos de Deus* foram apre-
sentar-se a Javé, entre eles foi também
Satã apresentar-se a Javé. [2]Javé pergun-
tou a Satã: "De onde vens?" Satã respon-
deu a Javé: "De percorrer a terra e de an-
dar por ela". [3]Javé disse a Satã: "Reparaste
em meu servo Jó? Não há ninguém como
ele na terra: homem íntegro e reto, que
teme a Deus e evita o mal. Ele persevera
firme em sua integridade, não obstante
me tenhas instigado contra ele, sem ra-
zão, para arruiná-lo". [4]Satã respondeu a
Javé: "Pele por pele; tudo quanto tem, o
homem está pronto a dá-lo por sua vida.
[5]Mas estende a mão, toca-o nos ossos e
na carne e verás como te lançará maldi-
ções em rosto!" [6]Javé disse a Satã: "Pois
bem, ele está em tuas mãos. Apenas
poupa-lhe a vida".

[7]Satã retirou-se da presença de Javé e
feriu Jó com uma úlcera maligna desde
a planta dos pés até o alto da cabeça.
[8]Jó apanhou um caco para se coçar, sen-
tado entre as cinzas. [9]Então sua mulher*
disse: "Continuas ainda firme em tua in-
tegridade? Amaldiçoa a Deus e morre!"
[10]Mas ele respondeu-lhe: "Falas como
uma ignorante! Se de Deus aceitamos o
bem, por que não deveríamos aceitar o
mal?"

Em tudo isto Jó não pecou em pala-
vras.

Três amigos vão visitar Jó. [11]Três ami-
gos de Jó ficaram sabendo de todas as
desgraças que se tinham abatido sobre
ele. Partiram cada um de seu país: Eli-
faz de Temã, Baldad de Suás e Sofar de
Naamat e se puseram de acordo para

---

* **1**,15. 1Rs 10,1 | 20. Ecl 5,14; Eclo 40,1 | 21. Gn 2,7; 3,19; Eclo 11,14; Ecl 5,18 | **2**,1. 1,6 | 9. Tb 2,14

† **1**,6. Existe uma piedade desinteressada, que não busca recompensa nem na extrema necessidade? Jó mostra que sim. | 21. Fala da mãe biológica e da mãe terra. Ver Ecl 5,14; Sb 7,1-6; Eclo 40,1.

ir mostrar-lhe amizade e consolá-lo.
12 Erguendo os olhos de longe, não o
reconheceram e choraram em voz alta.
Rasgaram suas vestes e espalharam
cinza na cabeça jogando-a para o céu.
13 Depois ficaram sentados ao lado dele
no chão por sete dias e sete noites. Nin-
guém lhe dirigiu uma palavra, porque
viam que era muito grande sua dor.

II. PRIMEIRA SÉRIE DE DISCURSOS (3–14)

3 **Jó maldiz o dia de seu nascimen-
to.** 1 Enfim, Jó abriu a boca e amal-
diçoou o dia de seu nascimento; 2 come-
çou a dizer:

3 Pereça o dia em que nasci*
e a noite em que se disse: "Foi concebido um homem!"†
4 Aquele dia seja trevas,
não cuide dele Deus lá do alto,
nem brilhe sobre ele a luz†.
5 Apoderem-se dele as trevas e a sombra da morte,
uma nuvem se estenda sobre ele
e a escuridão do dia o apavore!
6 O escuro domine aquela noite,
não seja ela contada entre os dias do ano,
nem entre na conta dos meses.
7 Aquela noite seja estéril
e nela não entre o som do júbilo;
8 Que lhe lancem maldições os que amaldiçoam o dia,
os que sabem evocar Leviatã†.
9 Escureçam as estrelas de sua aurora;
que espere a luz e não venha;
não veja abrir-se os olhos da alvorada,
10 porque não fechou a porta do ventre de minha mãe,
e não escondeu de meus olhos a miséria!
11 Por que não morri ao nascer*
e não pereci logo que saí do ventre?
12 Por que dois joelhos me acolheram†
e dois seios me amamentaram?
13 Sim, agora eu repousaria tranquilo,
dormiria e teria descanso
14 com os reis e os conselheiros da terra,*
que para si construíram mausoléus;
15 ou com os príncipes, que têm ouro
e enchem de prata suas casas.
16 Ou, como aborto oculto, eu não existiria,*
como os fetos que não viram a luz.
17 Lá embaixo os maus param de atormentar
e repousa quem se cansou.
18 Os prisioneiros descansam juntos,
não ouvem mais a voz do opressor.
19 Lá estão o pequeno e o grande,
e o escravo está livre de seu patrão.
20 Para que dar luz a um infeliz
e vida a quem tem amargura no coração,
21 àqueles que esperam a morte e ela não vem,*
e a procuram mais que a um tesouro,
22 que se alegram exultantes
e rejubilam ao encontrar a sepultura...*
23 a um homem, cujo caminho é oculto
e a quem Deus de todo lado cercou?
24 Em lugar da comida tenho meu gemido,*
e meus clamores se derramam como água,
25 porque o que eu temo me acontece*
e o que me espanta me atinge.
26 Não tenho paz, não tenho descanso,
não tenho repouso, me assalta o tormento!

4 **Ninguém é justo diante de Deus.**
1 Elifaz de Temã tomou a palavra e
disse:

2 Se alguém tenta falar-te, ficarás ofendido?
Mas quem pode conter as palavras?
3 Tu a muitos ensinavas
e sabias fortalecer as mãos fracas.
4 Tuas palavras levantavam quem caía,
e os joelhos que se dobravam reforçaste.

---

* **3**,3. Jr 20,14-18; Eclo 23,18 | 11. 10,18s | **3**,14. Is 14,9ss | 16. Ecl 6,3 | 21. Ap 9,6 | 22. Pr 4,18s; Is 26,7 | 24. Sl 42,4 | 25. Pr 10,24

† **3**,3. Melhor que uma vida miserável seria não ter nascido. | 4. Jó diz o contrário do "Faça-se a luz" do Criador; ele diz: "que haja trevas". | 8. Os feiticeiros, aos quais se atribuía o poder de tornar bons ou maus os dias. | 12. Ao nascer o filho, o pai o reconhecia como seu, colocando-o sobre os joelhos.

[5]Mas agora acontece contigo e ficas deprimido;*
és atingido e esmoreces.
[6]Tua piedade não era talvez tua confiança
e a integridade de tua conduta, tua esperança?
[7]Lembra-te: qual o inocente que pereceu?*
E quando foi exterminada gente honesta?
[8]Conforme tenho visto, quem cultiva a iniquidade*
e quem semeia o sofrimento, são esses que os colhem.
[9]A um sopro de Deus perecem
e pelo vento de sua ira são aniquilados†.
[10]Cessam o rugido do leão e o bramido da fera,
e os dentes dos leõezinhos são quebrados.*
[11]Morre o leão por falta de presa
e os filhotes da leoa se dispersam.
[12]Foi-me trazida em segredo uma palavra
e meu ouvido percebeu seu leve sussurro.
[13]Entre os fantasmas de visões noturnas,
quando cai sobre os homens o sono profundo,
[14]assaltou-me o medo e um terror
que fez tremer todos os meus ossos;
[15]um vento soprou em meu rosto,
arrepiando-me os cabelos do corpo.
[16]Alguém estava de pé, mas não o reconheci,
só uma figura apareceu a meus olhos.
Houve silêncio, depois ouvi uma voz que dizia:
[17]"Pode um mortal ser justo diante de Deus?*
Pode um ser humano ser puro diante do seu criador?
[18]Mesmo em seus servos ele não pode confiar
e até em seus anjos encontra defeitos;
[19]quanto mais naqueles que moram em casas de barro†,
que têm em pó seu fundamento
e são esmagados como a traça!
[20]Serão aniquilados entre a manhã e a tarde†;
sem que ninguém o perceba, perecem para sempre.
[21]Não foi já arrancada a corda de sua tenda?
Eles morrem, mas sem possuir a sabedoria!"

5 Elifaz convida Jó a refugiar-se em Deus.

[1]Chama, pois! Alguém te responderá?
E a qual dos santos recorrerás?
[2]Porque a raiva mata o insensato
e a inveja leva à morte o imbecil.
[3]Eu vi um tolo criar raízes,
mas logo amaldiçoei sua casa.
[4]Seus filhos estão sem nenhum socorro,
são oprimidos no tribunal, sem defensor.*
[5]O faminto devora sua colheita,
roubando-a até entre os espinhos;
e quem tem sede engole seus bens.
[6]A miséria não nasce do chão,
nem brota da terra o sofrimento,
[7]mas o homem nasce para sofrer,*
como as faíscas para voar para o alto†.
[8]Eu, porém, me voltarei para Deus
e a Deus confiarei minha causa;
[9]a ele, que faz prodígios insondáveis*
e maravilhas sem número,
[10]que espalha a chuva sobre a terra
e manda as águas sobre os campos.
[11]Eleva os humildes*
e põe a salvo, no alto, os aflitos.*
[12]Frustra os projetos dos astutos*
e faz fracassar suas manobras;
[13]apanha os sábios em sua própria astúcia
e faz abortar as intrigas dos espertos.
[14]Em pleno dia topam com as trevas
e ao meio-dia andam tateando como se fosse noite.

---

* **4**,5. Pr 24,10 | 7. Sl 37,25; Pr 12,20; Eclo 2,10; 2Pd 2,9 | 8. Pr 22,8; Eclo 7,3 | 10. Pr 28,15; Sl 17,12; 23,14.22 | 17. Sl 143,2; Jó 15,14; 14,4 | **5**,4. Sl 127,5 | 7. 15,35; Gn 3,17ss | 9. 9,10; Eclo 43,36 | 11. 1Sm 2,7s / Sl 75,8 | 12. 12,23ss

† **4**,9. Elifaz exprime a doutrina tradicional: os justos são recompensados com a felicidade, os maus são punidos com sofrimentos. | 19. O homem feito do barro, ver Sb 9,15, | 20. Ninguém é justo diante de Deus, por isso todos passam pelo sofrimento. | **5**,7. Deus não é o autor do mal; este vem do pecado do homem.

15 Mas Deus salva o pobre da língua
afiada
e da mão dos poderosos.
16 Assim há esperança para o fraco,
e a injustiça tem de fechar a boca.
Em Deus há felicidade. 17 Feliz o ho-
mem a quem Deus corrige!*
Por isso não recuses a lição do Oni-
potente,
18 porque ele faz a chaga e a enfaixa,*
fere e suas mãos curam†.
19 De seis angústias te libertará,
e na sétima não te tocará o mal†;
20 na fome te livrará da morte*
e na guerra, do golpe da espada;
21 serás protegido do flagelo da língua*
e não temerás quando chegar a ruína.
22 Rirás da calamidade e da penúria
e não temerás os animais selvagens.
23 Farás um pacto com as pedras do
campo,*
e as feras do campo viverão em paz
contigo†.
24 Saberás que tua tenda está em paz
e verás que nada te falta
quando visitares tua propriedade.
25 Verás crescer tua prole,*
tua descendência como a erva dos
prados.
26 Em robusta velhice descerás ao se-
pulcro,
como o trigo colhido a seu tempo.
27 É isto que temos observado: é assim.
Escuta-o e tira proveito.

6 O sofrimento revela a fraqueza humana.

1 Então Jó respondeu:
2 Se possível fosse pesar minha aflição,
e pôr na balança todos os meus males,
3 pesariam certamente mais que a
areia do mar;
por isso minhas palavras não têm nexo†.
4 Porque as flechas do Onipotente es-
tão cravadas em mim,*
e meu espírito bebe seu veneno,
e terrores imensos se juntam contra
mim.*
5 Zurra talvez o asno quando tem ca-
pim?
O boi berra diante de seu feno?
6 Come-se sem sal comida insípida?
Ou que gosto há no suco de malva?
7 O que eu recusava tocar
é minha comida de doente.
8 Oh! Se me acontecesse o que desejo,
e Deus me concedesse o que espero!
9 Quem dera que Deus me esmagas-
se,*
soltasse a mão e me aniquilasse!
10 Seria para mim um conforto:
eu me alegraria nas dores que ele não
me poupa,
por não ter renegado os decretos do
Santo.*
11 Qual é minha força, para poder re-
sistir,
ou qual meu fim, para prolongar mi-
nha vida?
12 Minha força é a força das pedras?
Minha carne é talvez de bronze?
13 Terei como apoio o nada?
Todo socorro me é negado?
14 Quem deixa de compadecer-se do
aflito*
abandonou o temor do Onipotente†.
15 Meus irmãos me traíram como uma
torrente,
como as águas de torrentes que pas-
sam,
16 que se turvam com o degelo*
e nas quais se dissolve a neve,
17 mas no verão desaparecem
e no calor somem de seus leitos.
18 As caravanas se desviam de suas
pistas,
adentram o deserto e ali se perdem.
19 As caravanas de Temã as procuram,*
os viajantes de Sabá contam com elas.

---

* **5**,17. Pr 3,11s | 18. Dt 32,39; Os 6,1 | 20. Jr 39,18; Sl 33,19 | 21. Sl 12,3ss; 31,21; 91 | 23. 2Rs 3,19-25; Os 2,20; Is 11,6ss | 25. Dt 28,4.11 | **6**,4. 7,20; 16,13; Sl 38,3 / Sl 88,17 | 9. 7,15 | 10. Lv 17,1 | 14. 29,12s; 31,16-20 | 16. Jr 15,18 | 19. Is 21,14; 1Rs 10,1

† **5**,18. Por meio dos sofrimentos, Deus age para corrigir e educar o homem, para convertê-lo e fazê-lo voltar a ele. | 19. Este provérbio numérico significa que Deus libertará Jó de todo o mal. | 23. Quem está em paz com Deus sentirá sobre si a proteção do mundo: "Tudo concorre para o bem dos que amam a Deus" (Rm 8,28). Ao contrário, a criação persegue o ímpio, Jó 20,27. | **6**,3. Jó reconhece sua falta, mas pensa que seu sofrimento é maior que sua falta. | 14. Os amigos de Jó diziam-lhe boas palavras no tempo da felicidade, mas agora não sabem confortá-lo.

[20]Mas ficam desiludidos por terem confiado,
chegando lá, ficam confusos.
[21]Assim sois para mim agora:
vedes meus males e o medo vos assalta.
[22]Por acaso eu vos disse: "Dai-me alguma coisa",*
ou "tomai de vossos bens um presente para mim",
[23]ou "livrai-me das mãos do inimigo",
ou "do poder dos violentos resgatai-me"?
[24]Instruí-me e então me calarei,
fazei-me conhecer em que errei.
[25]Que têm de ofensivo as palavras justas?
Mas o que provam vossos argumentos?
[26]Pensais talvez em criticar palavras
e o que um desesperado falou ao vento?
[27]Seríeis capazes de leiloar um órfão
e de pôr à venda vosso amigo.
[28]Agora, pois, prestai-me atenção,
porque diante de vós não mentirei.
[29]Retratai-vos: não sejais injustos!
Retratai-vos: é minha justiça que está em jogo!
[30]Há iniquidade em minha língua?
Ou meu paladar não distingue mais o infortúnio?

7 **Jó desabafa com Deus.** [1]Não é uma luta a vida do homem sobre a terra?*
Seus dias não são como os de um assalariado?
[2]Como o escravo suspira pela sombra*
e como o operário espera seu salário,
[3]assim o que ganhei foram meses de ilusão,
noites de aflição me foram concedidas.
[4]Ao deitar-me, digo: "Quando me levantarei?"
Mas a noite se prolonga e fico todo agitado até a aurora.
[5]Minha carne está recoberta de vermes e de uma crosta de terra,
minha pele se racha e supura.
[6]Mais velozes que a lançadeira são meus dias,*
que se acabam sem esperança.
[7]Recordai-vos que minha vida é apenas um sopro*
e meus olhos não tornarão a ver a felicidade.
[8]Os olhos dos que me veem não me verão mais;
vossos olhos me procurarão e eu não estarei mais lá.
[9]Como a nuvem se dissipa e passa,*
assim quem desce ao abismo não retorna;
[10]não voltará mais a sua casa,
sua morada não o reconhecerá.
[11]Mas eu não manterei fechada a boca,
falarei na angústia de meu espírito,
me lamentarei na amargura de meu coração!
[12]Sou eu por acaso o mar ou um monstro marinho,*
para que coloqueis um guarda a meu lado?
[13]Quando digo: "Meu catre me dará alívio,
meu leito aliviará meu sofrimento",
[14]vós então me espantais com sonhos
e com fantasmas me aterrorizais.
[15]Preferiria ser asfixiado*
e morrer, em lugar de minhas dores!
[16]Detesto minha vida, não viverei para sempre.
Deixai-me, porque meus dias não são mais que um sopro.
[17]Que é o homem, para lhe dardes tanta importância*
e lhe prestardes atenção,
[18]a ponto de sondá-lo toda manhã*
e a cada instante o pô-lo à prova?
[19]Quando deixareis de me espiar
e me dareis tempo para engolir a saliva?
[20]Se pequei, o que vos fiz,
ó guarda dos homens?†
Por que fizestes de mim um alvo
e me tornei um peso para vós?

---

* **6**,22. Jr 15,10 | **7**,1. 14,14 | 2. Eclo 40,1s; Ecl 2,23; Eclo 30,17 | 6. Is 38,12 | 7. Sl 78,39; 89,48 | 9. Sb 2,1.4 | 12. 3,8; 9,13; 26,12 | 15. 6,9 / Sl 144,4 | 17. Sl 8,5; 144,3 | 18. Sl 139

† **7**,20. "Jó se queixa de ser vigiado. Ele desfigura seu Deus. Jó já está desfigurado, e ele sabe disso; mas agredindo seu Deus, ele se desfigura mais ainda" (Maurice Gilbert). | **9**,6. Terremotos e eclipses eram considerados manifestações da onipotência divina. As colunas da terra são as imaginárias pilastras de sustentação do mundo.

[21]Por que não perdoais meu pecado
e não cancelais minha iniquidade?
Porque em breve estarei deitado no pó;
vós me buscareis, e já não existirei!

8

Deus não subverte o direito. [1]Então começou a dizer Baldad de Suás:
[2]Até quando falarás desse modo*
e tuas palavras serão como um vento impetuoso?
[3]Pode Deus desviar o direito?
Pode o Onipotente subverter a justiça?
[4]Se teus filhos pecaram contra ele,
entregou-os ao poder da iniquidade deles.*
[5]Se buscares a Deus
e implorares ao Onipotente,
[6]se és puro e íntegro,
desde agora velará sobre ti
e restabelecerá a morada de tua justiça.
[7]Tua primitiva condição será pouca coisa
diante de teu magnífico futuro.
[8]Pergunta às gerações passadas,*
reflete na experiência de seus pais,
[9]porque nós somos de ontem e nada sabemos,
passam como sombra nossos dias na terra.*
[10]Mas eles te instruirão e te falarão,
trazendo do coração as palavras.
[11]Cresce o papiro fora do pântano?
Pode brotar o junco sem água?
[12]Quando está verde e ainda não cortado,
seca antes de qualquer outra planta.
[13]Tal é o destino de quem se esquece de Deus;*
assim se frustra a esperança do ímpio.
[14]Sua confiança é como um fio,*
e uma teia de aranha é sua segurança:
[15]Ele se apoia em sua casa, mas ela não resiste;*
agarra-se nela, mas ela não aguenta.
[16]É árvore viçosa diante do sol,
e sobre o jardim se expandem seus ramos,
[17]sobre um montão de pedras se entrelaçam suas raízes,
explora as fendas das rochas.
[18]Mas se é tirado de seu lugar,
este o renega: "Nunca te vi!"
[19]Esta é a alegria de sua vida,
e da terra brotam outros.
[20]Não, Deus não rejeita o homem íntegro
nem colabora com os malfeitores.
[21]Encherá de novo tua boca de sorrisos
e teus lábios de cantos de alegria.
[22]Teus inimigos serão cobertos de vergonha,*
e a tenda dos ímpios não mais existirá.

9

É inútil lutar contra Deus. [1]Jó respondeu dizendo:
[2]Na verdade eu sei que é assim:*
pois como pode um homem ter razão diante de Deus?
[3]Se alguém quisesse discutir com ele,
não poderia responder-lhe uma vez entre mil.
[4]Ele é sábio de coração e forte em poder;
quem o desafiou e saiu ileso?
[5]Ele remove as montanhas sem que elas o percebam,*
e em sua ira as desmorona.
[6]Sacode a terra de seu lugar
e suas colunas estremecem†.
[7]A um seu comando, o sol não se levanta,*
e nas estrelas põe um selo.
[8]Ele sozinho estende os céus*
e caminha sobre as ondas do mar.
[9]Criou a Ursa e o Órion,*
as Plêiades e as constelações do Sul.
[10]Faz coisas grandes e insondáveis*
e maravilhas sem número.
[11]Passa perto de mim e não o vejo,*
ele se afasta e não o percebo.
[12]Se retira alguma coisa, quem o pode impedir?
Quem ousa dizer-lhe: "Que estais fazendo?

* **8**,2. 34,10-12; Dt 32,4 | 4. 1,19 | 8. Eclo 8,9; Dt 4,32; 32,7 | 9. 14,2 | 13. Sl 37,1s; Pr 10,28 | 14. 27,18 | 15. Mt 7,26s | 22. Sl 6,11; Pr 14,11 | **9**,2. 38-42 | 5. Is 13,10.13; Jl 2,10 | 7. Sl 19,5ss; Br 3,34s | 8. Sl 104,2; Is 40,22; 42,5

13Deus não retira sua cólera:
debaixo dele se curvam os aliados de Raab.*
14Como, pois, posso eu responder--lhe,*
escolher palavras para replicar-lhe?
15Ainda que eu tivesse razão, não posso responder-lhe,
a meu juiz pediria clemência.
16E se a meu apelo respondesse,
eu não acreditaria que tivesse escutado minha voz.
17Com uma tempestade ele me esmaga,
multiplica minhas chagas sem razão.
18Não me deixa retomar o fôlego,*
mas sacia-me de amarguras.
19Se é questão de força, é ele o poderoso;
se de justiça, quem pode convocá-lo?
20Se eu tivesse razão, minha boca me condenaria;
se fosse inocente, ele provaria que sou culpado.
21Sou inocente? Nem mesmo eu sei;
detesto minha vida!†
22Para mim é tudo a mesma coisa; por isso eu digo:*
"Ele extermina o inocente e o culpado".
23Se um flagelo mata de improviso,
ele se ri da dor dos inocentes.
24A terra é deixada à mercê do mau:
ele cobre o rosto de seus juízes;
se não é ele, quem pode ser?*
25Meus dias passam mais velozes que um corredor,
fogem sem ter visto a felicidade.
26Passam como barcos de junco,
como águia que se lança sobre a presa.
27Se digo: "Quero esquecer meu gemido,
deixar esse meu ar triste e ser alegre",
28todas as minhas dores me apavoram;
pois bem sei que não me tereis por inocente.
29Se sou culpado,
por que cansar-me em vão?
30Ainda que me lavasse com a neve*
e limpasse com soda minhas mãos,
31então me afundaríeis na lama
e minhas próprias roupas teriam nojo de mim.
32Porque ele não é um ser humano como eu
a quem eu possa responder:
"Compareçamos juntos em juízo".*
33Não há entre nós um árbitro
que ponha a mão sobre nós dois
34para afastar de mim sua vara
de modo que seu terror não me amedronte.*
35Então poderei falar sem temê-lo,
porque a meu ver não sou assim.

10 Por que me fazeis sofrer?†.

1Minha vida me causa tédio!
Darei livre curso a meu lamento,*
falarei na amargura de meu coração.
2Direi a Deus: Não me condeneis!
Mostrai-me por que sois meu adversário.
3É bom para vós oprimir-me,
desprezar a obra de vossas mãos
e favorecer os projetos dos malvados?
4Tendes olhos de carne
ou também vós vedes como o homem vê?*
5São vossos dias como os dias de um mortal,
vossos anos como os dias de um homem,
6para que investigueis minha culpa
e examineis meu pecado,
7mesmo sabendo que não sou culpado
e que ninguém pode livrar-me de vossa mão?*
8Vossas mãos me formaram e me fizeram*
íntegro em toda parte; quereríeis agora destruir-me?
9Recordai-vos que como argila me plasmastes*
e ao pó me fareis voltar?
10Não me derramastes como leite*

---

* **9**,9. 38,31s; Am 5,8 | 10. 5,9 | 11. 23,8s | 13. Sl 89,11 | 14. 9,32; 13,13s.18s; 23,1-7 | 18. 7,19 | 22. Ecl 9,2s | 24. 12,9 | 30. Is 1,18; Sl 51,9; Jr 2,22 | 32. Ecl 6,10 | 34. 13,21 | **10**,1. 7,11.15 | 4. 1Sm 16,7; Jr 11,20 | 7. Sb 16,15 | 8. Gn 2,7 | 9. 33,6 | 10. Sb 7,2; Sl 139,13.15

† **9**,21. Jó confirma que é inocente, mas diante do silêncio e da hostilidade de Deus, começa a duvidar de sua inocência. | **10**. Jó quer defender-se e para isso pede uma pausa nos sofrimentos.

e me fizestes coalhar como queijo?
11 De pele e de carne me vestistes,
de ossos e de nervos me tecestes†.
12 Vida e benevolência me concedestes*
e vossa providência guardou meu espírito.
13 No entanto, isto escondíeis no coração,
sei que isto tínheis no pensamento!
14 Vós me vigiais, se peco,
e não me deixais impune por minha culpa.
15 Se sou culpado, ai de mim!
Se sou justo, não ouso levantar a cabeça,
saciado como estou de ignomínia e cheio de miséria.
16 Se a levanto, me caçais como um leão,
realizando de novo prodígios contra mim.
17 Repetis vossos ataques a mim,
contra mim aumentais vossa ira
e me assaltais com tropas descansadas.
18 Por que me fizestes sair do seio materno?*
Ah! Se eu tivesse morrido antes que algum olho me visse!
19 Eu seria como se jamais houvesse existido;
do ventre transportado ao túmulo!
20 Não são poucos os dias de minha vida?*
Deixai-me, de modo que eu possa respirar um pouco*
21 antes que eu me vá, sem retorno,*
para o país das trevas e da sombra da morte,
22 terra escura como noite profunda,
onde reinam a sombra da morte e a desordem,
onde a luz é como as trevas.

11 **Deus sabe o que faz.** 1 Então Sofar de Naamat tomou a palavra e disse†:
2 A tantas palavras não se dará resposta?
Ou o homem falador deve ter razão?
3 Teu palavreado fará a gente se calar?
Zombas e ninguém te desmascara?
4 Tu dizes: "Pura é minha conduta,
sou inocente aos olhos dele".
5 Mas se Deus quisesse falar
e abrir os lábios contra ti,
6 para manifestar-te os segredos da sabedoria,*
que são tão difíceis de entender,
então saberias que Deus te perdoa parte de tua culpa.
7 Pretendes sondar o íntimo de Deus
ou penetrar a perfeição do Onipotente?
8 É mais alta que o céu: que podes fazer?*
É mais profunda que os abismos: que sabes dela?
9 Mais longa que a terra é sua dimensão,
mais vasta que o mar.
10 Se ele intervém e aprisiona
e chama a juízo, quem pode impedi-lo?
11 Pois ele conhece os homens falsos,
vê a iniquidade e a observa.
12 O insensato criará juízo,*
embora o homem nasça como um asno selvagem.
13 Se dirigires o coração para Deus
e estenderes a ele tuas mãos,
14 se afastares a iniquidade de tua mão
e não deixares habitar a injustiça em tuas tendas,
15 então poderás erguer a fronte sem mancha,
estarás firme e não terás temor,
16 porque esquecerás tua aflição
e a recordarás como águas passadas.
17 Tua vida ressurgirá mais clara que o meio-dia,
as trevas serão para ti como a aurora.
18 Estarás seguro porque há esperança,
e, olhando a teu redor, repousarás tranquilo.
19 Tu te deitarás e ninguém te perturbará,
ao contrário, muitos procurarão teu favor.

---

* **10**,12. Gn 2,7 | 18. 3,11-16 | 20. 14,1 / 7,7 | 21. Sl 39,14 | **11**,6. Rm 11,33 | 8. Ef 3,18 | 12. 39,5-8

† **10**,11. Admira a maravilha da criação que é o corpo humano. | **11**,1. Sofar repete as acusações contra Jó e exorta-o à conversão.

20Mas os olhos dos maus se consomem,
não há refúgio para eles,
sua única esperança é o último respiro!

12 **Ironia de Jó.** 1Jó então respondeu†:

2Realmente, vós sois a voz do povo
e a sabedoria morrerá convosco!
3Mas também eu tenho entendimento como vós*
e não sou menos que vós;
quem não sabe coisas como essas?
4Sou motivo de zombaria para meus amigos,
eu que clamava a Deus e ele me respondia;
zombam do homem justo e reto.
5"Para o infeliz, desprezo", pensam os de vida folgada†,
"para quem cambaleia, um empurrão".
6As tendas dos ladrões estão tranquilas,
há segurança para quem provoca a Deus,
pensando que ele está em suas mãos.

A sabedoria infinita de Deus. 7Mas interroga também os animais, para que te ensinem,
as aves do céu, para que te informem;
8ou fala com os répteis da terra, para que te instruam,
ou com os peixes do mar, para que te contem.
9Quem não sabe, entre todos esses seres,*
que a mão de Deus fez isto?
10Ele tem na mão a alma de todo ser vivo,*
e o espírito de todo ser humano.
11O ouvido não distingue as palavras,
e o paladar não saboreia os alimentos?
12Nos anciãos está a sabedoria*
e na vida longa a prudência.
13Em Deus residem a sabedoria e a força,*
a ele pertencem o conselho e o entendimento!
14Se ele destrói, ninguém pode reconstruir,*
se aprisiona alguém, ninguém pode libertar.
15Se retém as águas, tudo seca,
se as solta, devastam a terra.
16Força e sabedoria o acompanham,
dele dependem quem erra e quem faz errar.
17Torna imbecis os conselheiros
e priva de entendimento os juízes.
18Desata o cinturão dos reis
e cinge seus rins com uma corda.
19Faz andar descalços os sacerdotes
e derruba os poderosos.
20Aos acreditados retira a palavra
e priva de entendimento os anciãos.
21Sobre os nobres espalha o desprezo*
e afrouxa o cinturão dos fortes.
22Arranca das trevas os segredos
e traz à luz as coisas obscuras.
23Engrandece os povos e os aniquila,*
expande as nações e as suprime.
24Tira o entendimento aos chefes do país
e os faz vaguear em desertos sem pista.*
25Vão tateando pelas trevas, sem luz,
e ele os faz cambalear como bêbados.

13 **Jó espera compreensão de Deus.** 1Sim, tudo isto meu olho viu,

meu ouvido ouviu e entendeu.
2O que vós sabeis, eu também sei;*
não sou menos que vós.
3Mas eu quero falar ao Onipotente,*
com Deus gostaria de argumentar.
4Vós sois fabricantes de mentiras,
sois todos médicos inúteis.
5Oxalá vos calásseis de todo!
Seria para vós um ato de sabedoria!*
6Escutai, pois, minha defesa
e aos argumentos de meus lábios prestai atenção.

---

* **12**,3. 13,2 | 9. 9,24 | 10. Nm 16,22; Dn 5,23 | 12. 32,7ss | 13. Is 11,2; Pr 8,14 | 14. Sl 127,1; Is 22,22 | 21. Sl 107,40 | 23. At 17,26 | 24. Sl 107,40 | 2. 12,3 | 3. 9,14 | 5. Pr 17,28

† **12**,1. Jó acredita na sabedoria de Deus e por isso pergunta como é que ele pode castigar um inocente. | 5. Se apenas os pecadores sofressem, os que sofrem seriam desprezados.

7 Quereis em defesa de Deus dizer o falso
e em seu favor falar com engano?
8 Tomais assim seu partido
e assim vos fazeis seus advogados?
9 Seria bom para vós se vos examinasse?
Pensais enganá-lo como se engana um homem?
10 Severamente vos repreenderá,
se em segredo mostrais parcialidade.
11 Sua majestade não vos amedronta?
E o terror dele não vos assalta?
12 Provérbios de cinzas são vossas sentenças,
defesas de argila vossas respostas.
13 Calai-vos diante de mim e falarei eu,*
aconteça o que acontecer.
14 Quero agarrar minha carne com os dentes
e pôr em minhas mãos minha vida.
15 Ainda que me mate, eu nele esperarei;
quero só defender diante dele minha conduta!
16 E isto mesmo será minha salvação,
porque um ímpio não se apresentaria diante dele.
17 Escutai bem minhas palavras
e prestai atenção a minha explicação.
18 Preparei meu processo,*
sei que serei declarado inocente.
19 Quem quer disputar comigo?
Porque então me calarei, pronto a morrer†.
20 Mas, ó Deus, concedei-me só duas coisas
e então não me esconderei de vossa presença:
21 afastai de mim vossa mão*
e não me espante mais vosso terror.
22 Depois interrogai-me e eu responderei
ou falarei eu e vós me respondereis.
23 Quantas são minhas culpas e meus pecados?
Dai-me a conhecer minhas faltas e meu pecado.
24 Por que me escondeis vossa face*
e me considerais um inimigo?†
25 Quereis espantar uma folha levada pelo vento
e perseguir uma palha seca?*
26 Pois escreveis contra mim sentenças amargas
e fazeis pesar sobre mim os erros de minha mocidade;*
27 prendeis meus pés ao cepo,
observais todos os meus passos
e examinais os rastos de meus pés,
28 apesar de eu ser como madeira carcomida*
ou como roupa roída pela traça.

14 Brevidade da vida humana.

1 O homem, nascido de mulher,*
tem a vida curta, mas cheia de tormentos.
2 Como uma flor desabrocha e murcha,*
foge como a sombra sem parar.
3 E sobre um tal ser mantendes abertos vossos olhos*
e o chamais a juízo diante de vós?
4 Quem pode tirar o puro do impuro?*
Ninguém!†
5 Se seus dias estão contados,
se o número de seus meses depende de vós,
se lhe fixastes um limite intransponível,
6 afastai dele o olhar para que descanse,
até que termine, como um operário, seu dia.
7 Pois para a árvore há esperança:
mesmo cortada, ainda renasce,
e seus ramos não cessam de crescer;
8 mesmo se sob a terra envelhece sua raiz
e no solo morre seu tronco,
9 ao sentir a água, torna a brotar
e solta ramos como planta nova.
10 O homem, porém, se morre, jaz inerte,
quando o mortal expira, onde está?*

---

* **13**,13. 10,1 | 18. 9,14 | 21. 9,34; 23,6 | 24. Sl 4,7; 44,25; 88,15 | 25. Sl 83,14 | 26. Sl 25,7 | 28. Is 50,9; Sl 39,12; 102,27 | **14**,1. Eclo 40,1-10; 41,1-4; Sb 2,1 | 2. Is 40,6ss | 3. Ecl 6,12; Sl 8,5; 144,3 | 4. 4,17; 9,30; 15,14; 25,4; Sl 51,7 | 10. Ecl 3,21; Is 19,5; 51,6

† **13**,19. Numa disputa com Deus, Jó acredita que sairia vencedor. | 24. O problema já não é tanto o sofrimento, mas a pessoa de Deus que Jó vê agora como um inimigo: "Esse Deus é ainda o meu Deus?" **14**,4. A tradição cristã viu neste v., que fala de uma impureza congênita que vem da natureza humana, um esboço da doutrina do pecado original, explicitada por São Paulo em Rm 5,12-14.

[11]Poderão desaparecer as águas do mar
e os rios secar e esgotar-se,
[12]mas o homem que jaz não mais se levantará†,
enquanto durarem os céus não despertará,
nem mais acordará de seu sono.
[13]Oh! Se quisésseis esconder-me no abismo,*
ocultar-me, até que passe vossa ira,
fixar-me um prazo e depois lembrar-vos de mim!
[14]Se o homem que morre pudesse reviver,
eu esperaria todos os dias de minha luta*
até acabar meu turno.
[15]Vós me chamaríeis e eu responderia,
teríeis saudade da obra de vossas mãos.
[16]Enquanto agora contais meus passos,
não vigiaríeis mais meu pecado.*
[17]Fecharíeis numa caixa meu pecado
e cobriríeis minha iniquidade.*
[18]Mas igual à montanha que cai e desmorona,
igual ao rochedo que muda de lugar;
[19]como as águas gastam as pedras
e as cheias carregam a terra,
assim aniquilais a esperança do homem.
[20]Vós o abateis para sempre e ele se vai,
desfigurais seu rosto e o expulsais.
[21]Se são honrados seus filhos, ele não o sabe;
se são desprezados, ele o ignora!
[22]Somente suas dores ele sente
e só por ele seu coração se aflige.

III. SEGUNDA SÉRIE DE DISCURSOS (15–21)†

15 **Jó se condena por suas palavras.** [1]Então Elifaz de Temã respondeu dizendo†:
[2]Um sábio responde com vã ciência
e enche o ventre com o vento oriental?
[3]Defende-se ele com palavras inúteis
e com razões sem proveito?
[4]Sim, tu destróis a religião
e eliminas a oração diante de Deus.
[5]Pois tua iniquidade inspira tuas palavras
e adotas a linguagem dos astutos.
[6]É tua boca que te condena, não eu,
e teus próprios lábios testemunham contra ti.
[7]És porventura o primeiro homem que nasceu,*
ou foste formado antes das colinas?
[8]Ouviste os secretos conselhos de Deus*
e és dono exclusivo da sabedoria?
[9]O que sabes tu, que nós não saibamos?
Que conhecimento tens, que nós não tenhamos?
[10]Também entre nós há idosos e anciãos,
muito mais velhos que teu pai.
[11]Fazes pouco caso das consolações de Deus
e do tom moderado de nossas palavras?
[12]Por que te deixas levar pela paixão
e por que flamejam teus olhos,
[13]quando voltas contra Deus teu furor
deixando sair tais palavras de tua boca?
[14]O que é o homem, para considerar-se puro,*
e o que nasce de mulher, para se julgar justo?
[15]Se nem mesmo em seus santos Deus confia,
e os céus não são puros a seus olhos;
[16]quanto menos este ser abominável e corrupto,
o homem, que bebe a iniquidade como água!*
[17]Quero explicar-te, escuta-me,
o que tenho visto te contarei;
[18]o que os sábios referem, sem ocultá-lo,
tendo-o ouvido de seus pais;*

* **14**,13. Is 26,20; Am 9,2 | 14. 7,1 | 16. 10,6 | 17. 9,30 | **15**,7. Eclo 49,16; Pr 8,25 | 8. Jr 23,18; Rm 11,34 | 14. 4,17s; 14,4 | 16. 34,7 | 18. 8,8ss; Dt 32,7ss

† **14**,12. No tempo do autor, a ressurreição dos mortos ainda não tinha sido revelada. | **III**. Os amigos de Jó tornam-se cada vez mais agressivos. Jó contra-ataca e começa a abrir-se à esperança. | **15**,1. Querer entrar em demanda com Deus, como faz Jó, é uma ofensa a Ele.

[19]só a eles foi concedida esta terra,
nem estrangeiro algum se havia infiltrado entre eles.
[20]Por todos os dias da vida o mau é atormentado;*
poucos são os anos reservados ao prepotente.
[21]Gritos de espanto lhe ressoam aos ouvidos,*
e em plena paz é assaltado pelo bandido.

[22]Ele não espera sair das trevas,
sente-se votado à espada.
[23]Destinado como pasto aos abutres,
sabe que está próxima sua ruína,
o dia das trevas.
[24]A tribulação e a angústia o amedrontam,
assaltam-no como um rei pronto ao ataque.
[25]Porque estendeu contra Deus sua mão,
ousou desafiar o Onipotente;
[26]lançou-se contra ele com audácia,
protegido por seus escudos blindados;
[27]porque tinha o rosto coberto de gordura
e banha em torno da cintura.
[28]Tinha morado em cidades devastadas,
em casas desabitadas,
destinadas a se tornar ruínas.
[29]Não ficará rico, não durará sua fortuna,
nem se estenderá seu patrimônio sobre a terra.
[30]Das trevas não escapará,
a chama do fogo secará seus ramos
e suas flores serão levadas pelo vento.
[31]Não confie na vaidade que engana,*
porque a vaidade será sua recompensa.
[32]Sua ramagem secará antes do tempo
e seus ramos não tornarão a ficar verdes.
[33]Será como a videira que deixa cair sua uva ainda verde
e como a oliveira que perde suas flores.
[34]porque a raça do ímpio é estéril
e o fogo devora as tendas do homem venal.*
[35]Concebe a malícia e gera a infelicidade,*
e em seu seio prepara o engano.

16 Jó ainda tem esperança.

[1]Então Jó respondeu†:
[2]Já ouvi muitas coisas como estas;
sois todos consoladores importunos.
[3]Quando acabarão vossos discursos vazios?
Ou o que te leva a responder ainda?
[4]Também eu seria capaz de falar como vós,
se estivésseis em meu lugar:
multiplicaria as palavras contra vós
e sacudiria a cabeça contra vós.
[5]Eu vos confortaria com a boca
e movendo meus lábios vos acalmaria.
[6]Mas se falo, não cessa minha dor;
se me calo, ela se afastará de mim?
[7]Agora, porém, Deus me extenuou,
devastou toda a minha companhia;
[8]insurgiu-se como testemunha contra mim:*
meu caluniador depõe contra mim.
[9]Sua cólera me dilacera, me persegue,
range os dentes contra mim;
meu inimigo sobre mim aguça os olhos.
[10]Abrem sua boca contra mim,
batem-me no rosto com insultos,
todos se aliam contra mim.
[11]Deus me entrega aos malvados,
e me lança nas mãos dos ímpios.
[12]Eu estava tranquilo e ele me arruinou,
agarrou-me pelo pescoço e me triturou;
fez de mim seu alvo.
[13]Seus arqueiros me rodeiam de todo lado;
ele atravessa meus rins sem piedade
e derrama no chão meu fel.
[14]Abre-me ferida sobre ferida,
assalta-me como um guerreiro.
[15]Costurei um saco sobre minha pele
e prostrei a fronte no pó.

* **15**,20. Sb 17,3s | 21. 18,11 | 31. 20,6s | 34. 5,6s | 35. Pr 22,8; Sl 7,15; Gl 6,8 | **16**,8. 30,12

† **16**,1. A agressão dos amigos faz Jó dirigir-se a Deus, confiando em Sua justiça.

[16]De tanto chorar, tenho o rosto vermelho
e a sombra cobre minhas pálpebras.
[17]Contudo, não há violência em minhas mãos
e pura tem sido minha oração.
[18]Ó terra, não cubras meu sangue†
e não tenha descanso meu clamor.
[19]Mas desde agora minha testemunha está nos céus,
meu defensor está lá em cima†.
[20]Meus amigos zombam de mim,*
mas diante dele meus olhos derramam lágrimas,
[21]para que defenda o homem diante de Deus,
como faz um mortal com seu próximo;
[22]pois passarão mais uns poucos anos
e irei por um caminho sem retorno.*

17 A falsa sabedoria dos amigos.

[1]Meu espírito se apaga,
meus dias se extinguem;*
o sepulcro me espera.
[2]Não estou rodeado de zombadores?
Meus olhos contemplam sua hostilidade.
[3]Sede vós mesmo minha garantia junto de vós.
Quem mais quereria bater em minha mão?†
[4]Porque privastes de inteligência a mente deles,
por isso não deixareis que triunfem.
[5]Como quem convida os amigos à partilha,
enquanto os olhos de seus filhos desfalecem;
[6]assim me tornei ludíbrio dos povos,
sou objeto de escárnio diante deles.
[7]Meu olho se ofusca de dor*
e meus membros não são mais que sombra.
[8]Gente honesta se espanta com isto
e o inocente se indigna contra o ímpio.*
[9]Mas o justo se confirma em sua conduta,
e quem tem mãos puras redobra de coragem.
[10]Quanto a vós, voltai todos e vinde:
e entre vós não acharei um sábio.
[11]Passaram meus dias, se esfumaram meus projetos,
os desejos de meu coração.
[12]Pretendem que a noite seja dia,
que a luz esteja iminente, quando chegam as trevas.*
[13]Se posso esperar alguma coisa, o abismo é minha casa,
nas trevas estendo meu leito.
[14]Ao sepulcro eu grito: "Tu és meu pai!"
e aos vermes: "Minha mãe, minhas irmãs sois vós!"
[15]E minha esperança onde está?
Meu bem-estar, quem o pode ver?
[16]Descerão comigo ao abismo,
quando juntos baixarmos ao pó.

18 Vida infeliz do ímpio.

[1]Baldad de Suás respondeu dizendo:
[2]Quando terminarás esses discursos?
Reflete bem e depois falaremos.
[3]Por que considerar-nos como animais*
e nos fazer passar por idiotas a teus olhos?
[4]Tu que dilaceras tua alma em teu furor,
por tua causa deve ficar deserta a terra
e os rochedos se mover de seu lugar?
[5]Sim, a luz do malvado se apagará*
e não brilhará mais a chama de seu fogo.
[6]A luz se ofuscará em sua tenda
e a lâmpada se extinguirá sobre ele.
[7]Seu passo vigoroso se encurtará*
e seus projetos o arruinarão,
[8]porque seus pés o empurram para a rede*
e sobre malhas caminhará.
[9]Um laço o apanhará pelo calcanhar,
uma armadilha o prenderá.

---

* **16**,20. 19,15 | 22. 10,21 | **17**,1. Ecl 12,1-7 | 7. 30,9 | 8. Is 52,15 | 12. 5,17-26; 8,6s; 11,17; Jo 8,12 | **18**,3. 12,7s; 16,9s | 5. Jo 8,12; Jr 25,10 | 7. Sl 18,37; Pr 4,12 | 8. Sl 35,7s; 140,6

† **16**,18. O sangue clama por vingança enquanto não for recoberto, Gn 4,10; Ez 24,7. | 19. Deus não é somente aquele que acusa, é também aquele que defende. | **17**,3. Bater na mão do outro, gesto ainda em uso para concluir um acordo.

[10]No chão se esconde uma cilada para ele
e lhe é armado um alçapão no caminho.
[11]Terrores o amedrontam de todo lado*
e o perseguem a cada passo.
[12]Sua riqueza se mudará em fome,
e a ruína está pronta a seu lado.
[13]Um mal devorará sua pele,
consumirá seus membros o primogênito da morte.
[14]Será retirado da segurança de sua tenda,
para ser arrastado perante o rei dos terrores.
[15]Podes morar na tenda que não é mais dele;*
sobre sua morada se espalhará enxofre.
[16]Por baixo, suas raízes secarão,*
por cima, serão cortados seus ramos.
[17]Sua lembrança se apagará na terra*
e seu nome não mais se ouvirá pelas ruas.
[18]Da luz será lançado nas trevas
e do mundo será banido.
[19]Nem família, nem descendência terá entre seu povo,*
nem sobrevivente onde morava.
[20]Diante de seu fim se espantará o ocidente
e o oriente sentirá pavor.
[21]Esta é a sorte do iníquo,
este é o paradeiro de quem desconhece a Deus.

19

Esperança na provação†. [1]Em resposta, Jó disse:

[2]Até quando me atormentareis
e me afligireis com vossas palavras?
[3]São dez vezes que me injuriais
e me maltratais sem pudor.
[4]Mesmo se fosse verdade que eu errei,
só a mim importaria meu erro.
[5]Se realmente quereis triunfar de mim,
e fazer de minha humilhação um argumento contra mim,
[6]sabei, então, que Deus me tratou injustamente
e me envolveu em sua rede.
[7]Eu grito contra a violência, mas não tenho resposta,*
peço ajuda, mas não há justiça!
[8]Fechou-me a estrada para que eu não passe,
e em meu caminho estendeu as trevas.
[9]Despojou-me de minha glória*
e tirou-me da cabeça a coroa.
[10]Demoliu-me de todo lado e eu pereço,*
arrancou como árvore minha esperança.
[11]Acendeu contra mim sua ira*
e me considera como seu adversário.
[12]Suas tropas acorreram juntas
e aplanaram sua estrada contra mim;
puseram cerco em torno de minha tenda.
[13]Afastou de mim meus irmãos*
e meus conhecidos se tornaram estranhos para mim.
[14]Os parentes desapareceram
e meus amigos íntimos me esqueceram.
[15]Os moradores de minha casa e minhas criadas me tratam como estranho,
sou um estrangeiro a seus olhos.
[16]Chamo meu servo e ele não responde,
tenho de suplicar-lhe com minha boca.
[17]Meu hálito é repugnante para minha esposa
e provoco nojo aos filhos de minha mãe.
[18]Até os moleques me desprezam:
se tento levantar-me, zombam de mim.
[19]Todos os meus amigos íntimos me abominam,*
e os que eu amava se revoltam contra mim.
[20]Meus ossos se colam à pele e à carne
e só me restou a pele de meus dentes.

---

* **18**,11: 15,21; Sb 17,10-14 | 15. Is 34,9 | 16. Is 34,9; Sl 11,6 | 17. Sl 9,6; 34,17; Pr 10,7 | 19. Sl 37,28 | **19**,7. Lm 3,7ss | 9. 29,14 | 10. 14,7s; 17,15 | 11. 33,10 | 13. Sl 38,12; 69,9; 88,9.19 | 19. Sl 41,10; Eclo 6,8; Jo 13,18

† **19**. No auge de sua tragédia, Jó se abandona a Deus, do qual espera uma reabilitação completa.

21 Piedade, piedade de mim, meus amigos,
porque a mão de Deus me atingiu!
22 Por que me perseguis como o faz Deus,
e nunca vos saciais de minha carne?*
23 Quem dera que minhas palavras fossem escritas*
e gravadas num livro;
24 que fossem esculpidas para sempre sobre a rocha,
com estilete de ferro e com o chumbo!
25 Pois eu sei que meu Redentor está vivo†
e que, por último, se erguerá sobre o pó!†
26 Depois que esta minha pele for destruída,
de minha carne verei a Deus.
27 Eu o verei, eu mesmo,
e meus olhos o contemplarão e não um outro.
Meus rins se consomem dentro de mim†.
28 Porque dizeis: "Como o perseguiremos,
se a raiz desses males está nele?"
29 Temei para vós a espada,
porque o furor traz a punição da espada;
assim sabereis que existe um juiz.

20 Consequências do pecado.

1 Sofar de Naamat tomou a palavra e disse†:
2 Por isso meus pensamentos me levam a responder:
por causa da agitação que sinto em mim.
3 Escutei uma repreensão que me ultraja,
mas meu espírito me inspira a resposta.
4 Não sabes tu que desde sempre,*
desde quando o homem foi posto sobre a terra,
5 o triunfo dos maus dura pouco
e a alegria do ímpio é momentânea?
6 Mesmo se sua estatura chegasse até o céu*
e sua cabeça tocasse as nuvens,
7 como seu próprio esterco, desaparece para sempre
e os que o viram dirão: "Onde está ele?"
8 Como um sonho se esfumará e não será achado,*
e se dissipará como uma visão noturna.
9 O olho acostumado a vê-lo não o verá mais,
sua morada o perderá de vista.
10 Seus filhos deverão indenizar os pobres,
suas mãos restituirão suas riquezas.*
11 Seus ossos ainda cheios de vigor
com ele jazem no pó.
12 Se a sua boca foi doce o mal,*
se o mantinha escondido sob a língua,
13 saboreando-o sem engoli-lo,
retendo-o em seu paladar:
14 sua comida se estragará em suas entranhas,
será veneno de cobra em seu intestino.
15 Agora vomita os bens devorados,
Deus os expulsa de seu ventre.
16 Sugou veneno de cobra,*
uma língua de víbora o mata.
17 Não verá mais torrentes de óleo,*
rios de mel e de coalhada;
18 entregará o que ganhou sem aproveitá-lo,
não gozará do lucro de seu comércio.
19 Porque oprimiu e abandonou os pobres,
roubou casas em vez de construí-las;
20 porque seu ventre não soube contentar-se,
não salvará nenhum de seus tesouros.

---

* **19**,22. Sl 27,2 | 23. 16,18-21 | **20**,4. Sl 37; 73 | 6. Sl 37,35 | 8. Sl 73,20; Is 29,8; Sb 5,14 | 10. 27,16s | 12. Pr 20,17 | 16. Dt 32,32s | 17. 29,6

† **19**,25. Este Redentor, "goel" em hebraico, é o parente mais próximo, que tem a obrigação de resgatar da pobreza, redimir da escravidão e vingar a morte. Jó espera que um dia Deus, seu Redentor, proclamará sua inocência. / "Por último": pronuncia a sentença definitiva, preservando Jó da morte e triunfa sobre toda injustiça. A tradução de São Jerônimo "em minha carne verei a Deus" fez do v. 26 uma afirmação da ressurreição. | 27. Para o homem da Bíblia, é dos rins que nascem as emoções violentas, os sentimentos secretos e as paixões, Sl 7,10; 16,7; Pr 23,16; Jr 11,20. | **20**,1. Sofar reage com violência às palavras de Jó, afirmando que a felicidade do ímpio é passageira e que é infalível seu castigo.

[21]Nada escapou a sua voracidade,
por isso não durará seu bem-estar.
[22]No auge da abundância se achará na penúria;
todo tipo de miséria cairá sobre ele.
[23]Quando estiver para encher seu ventre,
Deus lançará sobre ele o ardor de sua ira,
que choverá sobre ele enquanto está comendo.
[24]Se escapar da arma de ferro,*
o arco de bronze o traspassará.
[25]A flecha sai de suas costas,
uma espada chamejante de seu fígado.
Terrores o assaltam.
[26]Todas as trevas lhe estão reservadas.*
Um fogo não aceso pelo homem o devorará,*
consumirá o que restou em sua tenda.
[27]Revelarão os céus sua iniquidade
e a terra se levantará contra ele.
[28]Escorrem as riquezas de sua casa*
como águas no dia de sua ira.
[29]Esta é a sorte que Deus reserva ao homem mau,*
a herança que Deus lhe destinou.

21 A prosperidade dos maus†.

[1]Jó respondeu:
[2]Escutai bem minha palavra
e seja este o conforto que me dais.
[3]Permiti que eu fale
e quando tiver terminado, zombai à vontade.
[4]É de um homem que me queixo?
E por que não deveria perder a paciência?*
[5]Prestai-me atenção e ficareis atônitos
e poreis a mão sobre a boca.
[6]Quando penso nisto, eu me perturbo*
e um calafrio se apodera de minha carne.
[7]Por que os maus continuam em vida,*
envelhecem e crescem em poder?
[8]Sua prole prospera com eles a sua frente,
seus rebentos crescem ante seus olhos.
[9]Suas casas estão tranquilas e sem temores;
a vara de Deus não pesa sobre eles.
[10]Seu touro fecunda e não falha,
sua vaca dá cria e não aborta.
[11]Deixam correr seus meninos, como um rebanho,
e seus filhos dançam.
[12]Cantam com tamborins e cítaras,*
divertem-se ao som da flauta.
[13]Acabam no bem-estar seus dias
e tranquilos descem ao abismo.
[14]No entanto diziam a Deus: "Afastai-vos de nós,*
não queremos conhecer vossos caminhos.
[15]Quem é o Onipotente, para que devamos servir-lhe?
E que nos adianta suplicar-lhe?"
[16]Não têm nas mãos seu bem-estar?
O conselho dos ímpios não está longe dele?
[17]Quantas vezes se apaga a lâmpada dos ímpios,*
ou sobre eles se abate a ruína,
ou a ira de Deus lhes retribui com castigos?
[18]Serão eles como palha diante do vento*
ou como cisco que a tempestade arrasta?
[19]"Deus reserva a punição para seus filhos...".
Que seja castigado ele próprio para que aprenda!
[20]Veja com seus olhos sua ruína
e beba da ira do Onipotente!
[21]Pois o que lhe importa sua casa depois de morto,
quando o número de seus meses acabou?*
[22]Acaso se ensina a ciência a Deus
a ele que julga os seres superiores?

---

* **20**,24. Dt 32,41s; Sb 5,17-23 | 26. 15,21; 18,14; Sl 88,16s / 1,16; 15,34 | 28. Is 24,18 | 29. 27,13; Ap 21,8
21,4. 6,3.26; 16,4ss | 6. 29,9; 40,4 | 7. Jr 12,1s; Sl 73,3-12; Ml 3,15.18s | 12. Am 6,5 | 14. 22,17; Mt 3,14s; Jr 2,31 | 17. 18,5; 20,22; 26-28 | 18. Sl 1,4 | 21. 14,21s; Ecl 9,5s

† **21**. Jó se apoia na experiência diária e refuta Sofar, porta-voz da doutrina tradicional: a retribuição terrestre, como é imaginada, não acontece. No fim do segundo ciclo de discursos, Jó chega à conclusão de que seu Deus que o fere é o único que o pode salvar.

[23]Um morre em pleno vigor,
todo tranquilo e feliz;
[24]sua cintura está coberta de gordura
e a medula de seus ossos ainda fresca.
[25]Um outro morre com o coração amargurado
sem nunca ter provado a felicidade.
[26]No pó jazem juntos,*
e os vermes os recobrem.
[27]Eu conheço vossos pensamentos
e vossos maus juízos a meu respeito!
[28]Com efeito dizeis: "Onde está a casa do prepotente
e onde as tendas dos ímpios?"
[29]Não interrogastes os que viajam?
Não podeis negar seus testemunhos
[30]de que no dia da aflição é poupado o malvado*
e no dia da ira ele é protegido.
[31]Quem lhe lançará em rosto sua conduta
e lhe retribuirá pelo que fez?
[32]Quando for levado ao sepulcro,
farão vigília sobre seu túmulo.
[33]Os torrões do vale lhe serão leves.
Atrás dele toda a população desfila
e a sua frente uma multidão sem número.
[34]Por que, pois, me consolais em vão?
De vossas respostas não resta senão engano.

IV. TERCEIRA SÉRIE DE DISCURSOS (22–31)

22 **Supostos pecados de Jó.** [1]Elifaz de Temã tomou a palavra e disse†:
[2]Pode o homem ser útil a Deus,
se o sábio só ajuda a si mesmo?
[3]Que proveito tira o Onipotente, se és justo?*
O que ele ganha, se procedes retamente?
[4]É por tua piedade que te corrige
e te convoca em juízo?
[5]Não é, antes, por causa de tua grande maldade*
e de tuas iniquidades sem limite?
[6]Com efeito, sem motivo tomavas penhores de teus irmãos*
e das vestes despojaste os nus.*
[7]Não deste de beber ao que tinha sede*
e ao faminto recusaste o pão.*
[8]Entregavas a terra ao prepotente
e nela habitavam teus favoritos.
[9]As viúvas despedias de mãos vazias*
e os braços dos órfãos eram quebrados.
[10]Eis por que estás cercado de laços*
e um repentino pavor te perturba.
[11]Ou a escuridão, que não te permite ver,*
e águas abundantes te submergem.
[12]Mas Deus não está no alto dos céus?*
Olha a abóbada estrelada como é alta!
[13]E dizes: "O que Deus sabe?*
Pode julgar através da nuvem escura?
[14]As nuvens são um véu para ele e não vê*
enquanto caminha sobre a abóbada do céu".
[15]Queres seguir a rota antiga,
já pisada por homens iníquos,
[16]arrebatados antes do tempo,
quando um rio arrastou seus fundamentos?
[17]Diziam a Deus: "Afastai-vos de nós!*
O que pode nos fazer o Onipotente?"
[18]No entanto, foi ele que enchera de bens as casas deles.
Mas eu me afasto das intrigas dos maus.
[19]Os justos veem isto e se alegram*
e o inocente zomba deles:
[20]"Sim, nossos inimigos foram aniquilados
e o fogo devorou o que restou deles!"
[21]Reconcilia-te com ele e terás a paz.*
Assim a felicidade te será restituída.
[22]Acolhe de sua boca a instrução
e põe em teu coração suas palavras.

---

* **21**,26. Ecl 9,2s | 30. Pr 11,4; Am 5,18; Rm 2,3-6 | **22**,3. 35,7 | 5. 29,11-17; 31 | 6. Êx 22,25s / Is 58,7 | 7. Ez 18,7 / Mt 25,42s | 9. 31,16-26; Êx 22,21 | 10. 18,8.11; 19,6 | 11. Is 58,10s; Sl 69,2s | 12. Is 40,26s | 13. Sl 73,11; Is 29,15 | 14. Jr 23,23s | 17. 21,14 | 19. Sl 58,11

† **22**,1. Elifaz acusa Jó de pecados concretos, que são a causa de suas desgraças, mas diz que Deus lhe mostrará misericórdia se ele se converter humildemente.

23Se te voltares para o Onipotente serás restabelecido.
Se afastares de tua tenda a iniquidade,
24se considerares o ouro como pó
e como as pedras dos riachos o ouro de Ofir,
25então o Onipotente será teu ouro*
e prata acumulada para ti.
26Então sim, no Onipotente encontrarás tuas delícias
e levantarás para Deus teu rosto.
27Tu lhe suplicarás e ele te ouvirá
e tu cumprirás tuas promessas.
28Quando decidires uma coisa, serás bem-sucedido
e sobre teus caminhos brilhará a luz.
29Ele humilha o orgulho do soberbo,*
mas socorre quem tem os olhos baixos.
30Ele livra o inocente;
serás libertado graças à pureza de tuas mãos.

23 Deus parece distante.

1Então Jó respondeu†:
2Ainda hoje meu lamento é amargo
e sua mão pesa sobre meus gemidos.
3Quem dera que eu soubesse onde encontrá-lo!
Então eu chegaria até seu trono!
4Exporia diante dele minha causa*
e encheria minha boca de argumentos.
5Eu conheceria os termos de sua resposta
e entenderia o que tivesse a me dizer.
6Discutiria comigo ostentando seu poder?
Não, ele me prestaria atenção!
7Então um justo debateria com ele
e eu seria absolvido para sempre por meu juiz.
8Mas se vou adiante, ele não está lá,*
se vou para trás, não o percebo.
9À esquerda o busco e não o avisto,
volto-me para a direita e não o vejo.
10Mas ele conhece minha conduta,*
se me submete à prova, saio dela como ouro puro.*
11Meus pés seguiram suas pegadas,*
a seu caminho me apeguei sem me desviar.
12Não me afastei dos mandamentos de seus lábios,
no coração guardei as palavras de sua boca.
13Se ele decide, quem o fará mudar?
Tudo o que ele deseja, ele o realiza.*
14Ele executará, pois, minha sentença,
como tantos outros decretos seus.
15Por isso na presença dele eu me perturbo;*
quanto mais penso nisso, mais medo tenho dele.
16Deus me fez perder a coragem,
o Onipotente me encheu de terror.
17Pois não é por causa das trevas que estou abatido,
ainda que a escuridão me cubra o rosto.

24 Injustiças no mundo.

1Por que o Onipotente não tem tempos de reserva
e seus fiéis não veem seus dias?†
2Os malvados deslocam as divisas,*
roubam os rebanhos e os levam ao pasto;
3levam o jumento dos órfãos,*
tomam como penhor o boi da viúva.
4Empurram os necessitados para fora da estrada,*
todos os pobres do país têm de se esconder.
5Como asnos selvagens no deserto saem para o trabalho;
bem cedo vão em busca de alimento;
a estepe lhes oferece alimento para os filhos.
6Colhem num campo que não é deles;
vindimam a vinha do malvado.
7Passam a noite nus por falta de roupa,*
não têm coberta contra o frio.

---

* **22**,21. 5,17s | 25. Sl 4,8; 16,5s; 63,4ss; 84,11; Is 58,14 | 29. Is 2,11-17; Lc 1,52s | **23**,4. 9,14 | 8. Sl 139,7-10 | 10. Sl 139,1-6 / Jr 11,20 | 11. Sl 17,5 | 13. Is 55,10s | 15. Sl 119,120 | **24**,2. Dt 27,17 | 3. Dt 24,17 | 4. Dt 15,11 | 7. Dt 24,12s

† **23**,1. Jó quer defender-se diante desse Deus misterioso que deixa os maus cometer os piores crimes e oprimir os pequenos. | **24**,1. É a pergunta de muita gente: Se Deus é Todo-poderoso, por que não impede que aconteça tanta coisa ruim?

[8]São molhados pela chuva das montanhas,
por falta de abrigo se agarram aos rochedos.
[9]Arrancam o órfão do seio materno*
e tomam em penhor a coberta do pobre.*
[10]E estes andam nus, sem ter o que vestir;
têm fome e carregam os feixes.
[11]Espremem o óleo no recinto do ímpio,
pisam a uva e sofrem a sede.
[12]Da cidade sobe o gemido dos moribundos
e a alma dos feridos implora socorro:
mas Deus não presta atenção a suas preces.*
[13]Há outros que são rebeldes à luz,*
não querem conhecer seus caminhos
nem seguir suas veredas.
[14]De madrugada se levanta o homicida
para matar o pobre e o indigente;*
e de noite atua como ladrão.
[15]O olho do adúltero aguarda o anoitecer*
e pensa: "Ninguém vai me ver";
e põe um véu sobre o rosto.
[16]Nas trevas penetram nas casas,
de dia estão escondidos:
não querem saber da luz.
[17]A aurora é para eles como sombra de morte;
porque estão acostumados com os terrores das trevas.
[18]São velozes sobre a superfície das águas;
maldita é sua porção sobre a terra,
já não andam pelo caminho das vinhas.
[19]Como seca e calor consomem as águas da neve,
assim faz o abismo com o pecador.
[20]O seio que o trouxe o esquece,
os vermes o devoram com gosto,
não se conserva sua memória
e é cortada como uma árvore a iniquidade.
[21]Ele maltratava a estéril sem filhos
e não fazia nenhum bem à viúva.
[22]Mas com sua força arrastava os poderosos,
e quando desesperava de viver, se levanta são.
[23]Deus lhe concede segurança e ele está firme,
mas seus olhos observam sua conduta.
[24]São exaltados por breve tempo, depois desaparecem,
são abatidos e arrebatados como todos os mortais,
ceifados como a ponta de uma espiga.
[25]Não é assim mesmo? Quem pode desmentir-me
e reduzir a nada minhas palavras?

25 O homem não é justo diante de Deus.

[1]Baldad de Suás tomou a palavra e disse:
[2]Ele possui o domínio e o terror;
ele faz reinar a paz no alto dos céus.
[3]Podem-se contar suas legiões?
E sobre quem não se levanta sua luz?
[4]Como pode ser justo o homem diante de Deus*
e ser puro o que nasce de mulher?
[5]Se mesmo a lua perde o clarão
e as estrelas não são puras a seus olhos:
[6]quanto menos o homem, este verme,
o ser humano, esta larva!

26 A majestade de Deus é insondável.

[1]Jó respondeu:
[2]Como tens ajudado o homem fraco
e socorrido o braço sem vigor!
[3]Como sabes aconselhar o ignorante
e quanta sagacidade tens demonstrado!
[4]A quem dirigiste tuas palavras
e de quem vem a inspiração que emana de ti?*
[5]Os mortos tremem debaixo da terra,
como também as águas e os que nelas vivem.
[6]O abismo está desnudo diante dele*
e sem véu a perdição.*
[7]Ele estende o norte sobre o vazio,*
mantém suspensa a terra sobre o nada.
[8]Encerra as águas em suas nuvens,

* **24**,9. Pr 23,10 / Êx 22,25s | 12. Ap 6,10s | 13. Jo 3,20; Ef 5,8-14; 1Ts 5,4-8 | 14. Sl 10,8s; 37,32 | 15. Pr 7,9s | **25**,4. 4,17; 15,15 | **26**,4. 1Rs 22,24

e estas não se rompem sob seu peso.
9 Cobre a vista de seu trono
estendendo sobre ele sua nuvem.
10 Traçou um círculo sobre as águas,*
no limite entre a luz e as trevas.*
11 As colunas do céu estremecem,
e se espantam ante sua ameaça.
12 Com sua força agita o mar
e com sua inteligência doma Raab.*
13 A seu sopro se acalmam os céus,*
sua mão traspassa a serpente fugidia.
14 Isto é apenas o exterior de suas obras;
o eco fraco que nós percebemos.
Mas o trovão de seu poder, quem o entenderá?

27 **Jó reafirma sua inocência.** 1 Prosseguindo seu discurso, Jó disse:
2 Pela vida de Deus, que me nega justiça,*
e do Onipotente, que amargurou meu ânimo:
3 enquanto em mim houver alento,
e o sopro de Deus em minhas narinas,*
4 jamais meus lábios dirão falsidade
e minha língua jamais falará mentira!
5 Longe de mim que eu vos dê razão;
até a morte reivindicarei minha integridade.
6 Eu me apegarei a minha justiça sem ceder,
minha consciência não me reprova nenhum de meus dias.
7 Seja tratado como iníquo meu inimigo
e meu adversário como um malfeitor.
8 Pois o que pode esperar o ímpio, quando é cortado,
quando Deus lhe tira a vida?
9 Deus escutará seu grito,
quando a angústia cair sobre ele?
10 Encontrará sua alegria no Onipotente?*
Invocará Deus em todo momento?
11 Eu vos mostrarei o poder de Deus,
não vos ocultarei os desígnios do Onipotente.
12 Vós todos já o vistes;
por que, pois, vos perdeis em coisas vãs?
13 Esta é a sorte que Deus reserva ao malvado
e a porção que os violentos recebem do Onipotente.
14 Se tem muitos filhos, serão para a espada,
e seus descendentes não terão o que comer.
15 Os sobreviventes, a peste os sepultará,
e suas viúvas não os chorarão.
16 Se ele acumula prata como pó
e amontoa vestimentas como barro:
17 ele as amontoa, mas o justo é que as vestirá,*
e a prata, o inocente a repartirá.
18 A casa que constrói é como a da traça,*
como uma cabana feita pelo vigia.
19 Deita-se rico, mas pela última vez,
quando abre os olhos, não tem mais nada.
20 Em pleno dia o terror o assalta,*
de noite o furacão o arrebata.
21 O vento leste o carrega e ele vai,
varre-o para longe de seu lugar.
22 Deus o atinge sem piedade,
enquanto ele tenta escapar de sua mão.
23 Aplaudem sua ruína
e assobiam contra ele de seu lugar.

28 **Hino à sabedoria.** 1 Certamente, para a prata há minas
e para o ouro, lugares onde é refinado.
2 O ferro se retira do solo
e da pedra se funde o cobre.
3 O homem põe termo às trevas
e explora até o extremo limite
as rochas nas trevas e na densa escuridão.
4 Abre galerias longe do povoado,
em lugares inacessíveis aos transeuntes;
oscila suspenso, longe dos homens.
5 A terra, da qual se retira o pão,
por baixo é revolvida como pelo fogo.
6 Suas pedras contêm safiras,
e ouro sua poeira.
7 Essa vereda, a ave de rapina a ignora,
e não a avistam os olhos do falcão.

---

* **26**,6. Pr 15,11 / Sl 139,8.11s | 7. Am 9,2; 38,6 | 10. 22,14 / Jo 1,7.14 | 12. 7,12; 9,13 | 13. 3,8; Is 27,1 | **27**,2. 34,5 | 3. 33,4; Gn 2,7 | 10. 22,26 | 17. 20,10-15 | 18. 8,15 | 20. 20,25

8Nunca a pisaram animais ferozes,
nem o leão jamais a atravessou.
9Contra o rochedo o homem estende a mão,
revolve as montanhas a partir da base:
10nas rochas escava galerias
e sobre tudo o que é precioso põe o olho.
11Explora as fontes dos rios
e traz à luz o que aí estava escondido.
12Mas a sabedoria, onde se acha?†
E o lugar da inteligência, onde está?*
13O homem não sabe o preço dela,
ela não se encontra na terra dos vivos.
14O abismo diz: "Não está em mim"
e o mar diz: "Nem tampouco comigo".
15Não se troca por ouro maciço,
nem se compra a peso de prata.
16Não se adquire com o ouro de Ofir,
nem com o precioso ônix ou a safira.
17O ouro e o cristal não a igualam;*
ela não se permuta por vasos de ouro puro.
18Corais e cristais não merecem menção,
vale mais descobrir a sabedoria que as pérolas.
19Não a iguala o topázio da Etiópia;
nem se pode avaliar com o ouro puro.
20Mas de onde vem a sabedoria?
E o lugar da inteligência, onde está?
21Ela se esconde dos olhos de todo ser vivo
e é desconhecida das aves do céu.
22O abismo e a morte dizem:*
"Com nossos ouvidos ouvimos sua fama".
23Só Deus conhece o caminho dela,*
só ele sabe onde ela se acha,
24porque ele observa até as extremidades da terra,
vê tudo o que há debaixo do céu.
25Quando determinou o peso do vento*
e fixou a medida das águas,
26quando impôs uma lei à chuva
e um caminho ao relâmpago dos trovões:
27então a viu e a avaliou,*
compreendeu-a e sondou-a plenamente
28e disse ao homem:
"Temer ao Senhor, isto é a sabedoria*
e evitar o mal, isto é a inteligência".

29 **Passado feliz.**

1Jó continuou a pronunciar suas sentenças e disse:

2Oh! Quem me dera voltar a ser como nos meses passados,
como nos dias em que Deus me protegia,
3quando brilhava sua lâmpada sobre minha cabeça
e a sua luz eu caminhava no meio das trevas;
4como eu era nos dias de meu outono,
quando Deus protegia minha tenda,*
5quando o Onipotente estava ainda comigo*
e meus filhos estavam a meu redor;*
6quando eu lavava meus pés no leite*
e a rocha me derramava arroios de óleo!
7Quando eu saía para a porta da cidade*
e na praça punha minha cadeira:
8ao ver-me, os jovens se retiravam*
e os velhos se levantavam e ficavam de pé;
9os notáveis interrompiam suas conversas*
e punham a mão sobre a boca;
10calava-se a voz dos príncipes
e sua língua ficava colada ao paladar.
11O ouvido que me escutava, me proclamava feliz,*
e o olho que me via, me dava testemunho,
12porque eu socorria o pobre que pedia ajuda,*
o órfão sem socorro.
13A bênção do moribundo descia sobre mim
e ao coração da viúva eu comunicava alegria.

---

* **28**,12. Ecl 7,24; Br 3,15; Eclo 1,6; Br 3,29ss | 17. Sb 7,9 | 22. 26,6 | 23. Br 3,32; Pr 2,6; 8,27-30 | 25. 36,27-33; Is 40,12ss | 27. Eclo 1,8s.19 | 28. Pr 1,7; 8,13 | **29**,4. 1,10 | 5. Sl 127,3ss / Sl 128,3 | 6. 20,17 | 7. 5,4 | 8. Lv 19,32 | 9. Sb 8,10ss | 11. 22,6.9 | 12. Sl 72,12s; Is 11,4s

† **28**,12. O homem pode achar ouro nas profundezas da terra, mas não sabe onde se acha a sabedoria, a coisa mais preciosa de todas. Mas pode alcançar a sabedoria prática, o temor do Senhor, v.28.

14Eu me revestia de justiça como de uma veste;*
minha equidade me servia de manto e turbante.
15Eu era os olhos para o cego,
era os pés para o coxo.
16Pai eu era para os pobres
e examinava a causa do desconhecido.*
17Quebrava o queixo do malvado*
e de seus dentes arrancava a presa.
18Pensava: "Morrerei em meu ninho
e multiplicarei como areia em meus dias".*
19Minha raiz se estenderá até as águas
e o orvalho cairá de noite sobre meus ramos.
20Minha glória será sempre nova em mim
e meu arco se reforçará em minha mão.
21Escutavam-me e esperavam
e guardavam silêncio para ouvir meu conselho.
22Depois que eu falava, não replicavam;
sobre eles desciam gota a gota minhas palavras.
23Esperavam-me como se espera a chuva*
e abriam a boca como para as águas da primavera.
24Eu sorria para eles quando não tinham confiança,
e não podiam obscurecer a luz de meu rosto.
25Sentado como chefe, eu lhes indicava o caminho a seguir
e aí permanecia como um rei entre seus soldados,
como quem consola os aflitos.

30 **Infelicidade presente**†. 1Mas agora se riem de mim
os mais jovens do que eu,
cujos pais eu recusaria
colocar entre os cães de meu rebanho.
2De resto, de que me serviria a força de suas mãos?*
Perderam todo o vigor,
3esgotados pela miséria e pela fome,
pois roíam a estepe,
lúgubre e vasta solidão,
4recolhendo malvas entre os arbustos
e raízes de giesta para comer.
5Foram expulsos do convívio humano;
contra eles se grita como contra o ladrão;
6de modo que habitam nas fendas dos vales,
nas cavernas da terra e nos rochedos.
7Gritam no meio dos arbustos,
debaixo dos espinheiros se amontoam;
8gente imbecil, gente sem nome,
rejeitados pelo país.
9E agora sou motivo de escárnio para eles,*
assunto de suas piadas!
10Têm horror de mim e me evitam
e não hesitam cuspir-me no rosto!
11Porque Deus afrouxou a corda de meu arco e me abateu,*
diante de mim eles são desenfreados.
12A minha direita se levanta a ralé;*
empurram meus pés
e abrem caminho até mim para me perder.
13Arruínam minha vereda,
conspirando para minha derrota
e ninguém se opõe a eles.
14Irrompem como por uma larga brecha,
e se revolvem no meio dos escombros.
15Terrores caem sobre mim;
como vento se dissipa minha honra
e como nuvem passou minha felicidade.
16Agora a vida em mim me consome*
e me oprimem dias de tristeza.
17De noite, o mal me traspassa os ossos,
e as dores que me roem não me dão repouso.

---

* **29**,14. 19,9; Sl 132,9; Is 59,17 | 16. Pr 29,7 | 17. Pr 30,14 | 18. Sl 1,1ss | 23. Dt 32,2 **30**,2. 24,4s | 9. 16,7-11; Lm 3,14; Sl 69,13 | 11. 29,20 | 12. Sl 109,6 | 16. 16,12-17

† **30**. Em contraste com o c. anterior, no qual recordava a felicidade de outrora, Jó enumera o que sofre agora da parte das pessoas e de Deus.

[18]Com grande força ele me agarra pela roupa,
me aperta pela gola de minha túnica.
[19]Lançou-me na lama:
tornei-me como pó e cinza.
[20]Grito a vós, mas não me respondeis,
eu me apresento, mas não me prestais atenção.
[21]Vós vos tornastes cruel contra mim
e com a força de vossas mãos me perseguis.
[22]Vós me levantais e me fazeis cavalgar o vento
e me fazeis desaparecer na tempestade.
[23]Sei bem que me conduzis à morte,
à casa destinada a todo ser vivo.
[24]Mas de nada vale suplicar quando ele estende a mão,
embora eles gritem quando ele castiga.
[25]Não chorei por quem passava por dias difíceis
e não me angustiei pelo indigente?
[26]Pois eu esperava o bem e veio o mal,
esperava a luz e veio a escuridão.
[27]Minhas entranhas fervem sem parar
e dias de aflição me assaltam.
[28]Eu caminho triste, sem consolo,
na assembleia me levanto para invocar auxílio.
[29]Tornei-me irmão dos chacais
e companheiro dos avestruzes.
[30]Minha pele escurece e cai
e meus ossos ardem de calor.
[31]Minha cítara acompanha os lamentos
e minha flauta a voz de quem chora.

31 **Retidão de Jó**†. [1]Eu tinha feito com meus olhos um pacto
de não fitar nem mesmo uma virgem.*
[2]Que parte me atribuiria Deus lá de cima
e que porção me reservaria o Onipotente lá do alto?
[3]Não é a ruína reservada ao iníquo
e o infortúnio quem faz o mal?
[4]Não vê ele minha conduta
e não conta todos os meus passos?
[5]Se agi com falsidade*
e meu pé se apressou para a fraude,
[6]pode me pesar numa balança justa
e Deus reconhecerá minha integridade.
[7]Se meu passo andou fora da estrada
e meu coração seguiu meus olhos,
se a minhas mãos se apegou qualquer mancha,
[8]que um outro coma o que eu semeio
e sejam arrancadas minhas plantações.
[9]Se meu coração foi seduzido por uma mulher*
e estive à espreita à porta de meu próximo,
[10]que minha mulher gire a mó para um outro
e outros a possuam!
[11]Pois isto seria uma infâmia,*
um delito a ser punido pelos juízes;
[12]seria um fogo que devora até a destruição
e teria consumido toda a minha colheita.
[13]Se neguei os direitos de meu escravo*
e da escrava, quando em demanda comigo,
[14]que faria, quando Deus se levantar,
e quando me pedir contas, que responderia?
[15]Quem me fez no seio materno, não o fez também?*
Não foi o mesmo que nos formou no seio?
[16]Se recusei aos pobres o que desejam,
se deixei desfalecer os olhos da viúva;
[17]se comi sozinho meu pedaço de pão,*
sem o partilhar com o órfão,
[18] – porque Deus, como um pai, me educou desde a infância
e desde o ventre de minha mãe me guiou –
[19]se jamais vi perecer um indigente por falta de roupa

* **30**, | **31**,1. Êx 20,14.17; Dt 5,18.21; Eclo 9,5 | 5. Pr 11,1; 20,10 | **31**,9. Pr 7 | 11. Dt 22,22s; Pr 6,32-35 | 13. Êx 21,2s; Lv 25,39s; Dt 5,14s | 15. Pr 17,5; 22,2; Ef 6,9; Cl 4,1; Is 58,7; Tb 4,7-11.16 | 17. Mt 25,35s

† **31**. Depois de um belo exame de consciência, Jó conclui de novo que é inocente, e pede para ser ouvido por Deus.

ou um pobre por não ter coberta;
20 se não me abençoaram seus flancos,
que com a lã de meus cordeiros se aqueceram;
21 se levantei a mão contra o órfão,
porque via à porta quem me apoiava:
22 que meu ombro se separe da nuca
e se quebre no cotovelo meu braço.
23 De fato, me aterroriza o castigo de Deus
e diante de sua majestade não posso resistir.
24 Se pus minha confiança no ouro*
e ao ouro fino eu disse: "Tu és minha segurança";
25 se me alegrei porque eram grandes meus bens
e muito tinha ganho minha mão;
26 se vendo o sol resplandecer*
e a luz avançando radiosa,
27 deixou-se seduzir em segredo meu coração
mandando um beijo com a mão na boca†,
28 também este teria sido um delito digno de castigo,
porque teria renegado a Deus que está no alto.
29 Acaso me alegrei com a ruína de meu inimigo*
e exultei porque o atingia a desventura,
30 eu que não permitia a minha língua pecar,
desejando sua morte com imprecações?
31 Não diziam os que moravam em minha tenda:
"Quem não ficou saciado com a carne servida por ele?"
32 Ao relento não passava a noite o estrangeiro,
e ao viandante eu abria minhas portas.
33 Não escondi, à maneira dos homens, minha culpa,
mantendo oculto no peito meu delito,
34 como se temesse a grande multidão,
e o desprezo das famílias me espantasse,
de modo a ficar calado e sem sair de casa.
35 Ah! quem me dera ter alguém que me ouvisse!
Aponho minha assinatura! O Onipotente me responda!
O documento escrito por meu adversário,
36 eu quereria levá-lo sobre meus ombros
e cingi-lo como meu diadema!
37 Eu lhe daria conta do número de meus passos
e me apresentaria a ele como um príncipe.
38 Se contra mim grita minha terra
e seus sulcos choram com ela,
39 se comi seu fruto sem pagar
e causei a morte de seus donos,
40 em lugar de trigo, me produza espinhos,
e joio em lugar de cevada.
Fim das palavras de Jó.

V. DISCURSOS DE ELIÚ (32–37)

32 **Intervenção do jovem Eliú.** 1 Aqueles três homens pararam
de responder a Jó, porque ele se consi-
derava justo. 2 Então se acendeu a ira de
Eliú, filho de Baraquel, de Buz, da tribo
de Ram. Sua ira se acendeu contra Jó,
porque este pretendia ter razão contra
Deus. 3 Ficou também irado contra seus
três amigos porque, não lhe tendo dado
resposta, jogavam a culpa em Deus.
4 Eliú tinha esperado, enquanto eles fa-
lavam com Jó, porque eram mais idosos
que ele. 5 Mas quando viu que na boca
desses três homens não havia mais res-
posta, sua ira se acendeu.
Eliú se apresenta. 6 Tomando, pois, a
palavra, Eliú, filho de Baraquel, de Buz,
disse:
Eu sou jovem de idade
e vós já sois anciãos;
por isso em minha timidez não ousava
manifestar-vos meu pensamento.
7 Eu refletia: Falarão os anos*
e a idade avançada ensinará a sabedoria.
8 Mas o que torna inteligente o ho-

---

* **31**,24. Pr 11,28; Sl 49,7; 52,9; Eclo 31,5-10; Mt 6,24 | 26. Dt 4,19; Ez 8,16 | 29. Pr 24,17s; Mt 5,43-48

† **31**,27. Enviar beijos era um gesto de adoração, conhecido em toda a Antiguidade, Os 13,2.

mem é o espírito,
e o sopro do Onipotente.
9 A idade avançada não dá sabedoria,*
nem a velhice a compreensão do que
é justo†.
10 Por isso eu ouso dizer: Escutai-me;
também eu exporei meu saber.
11 Aguardei vossas palavras,
prestei atenção a vossos argumentos
enquanto procuráveis respostas.
12 Eu vos segui com atenção,
mas ninguém pôde convencer Jó,
nem dar resposta a suas razões.
13 Não digais: Encontramos a sabedo-
ria;*
só Deus pode triunfar dele, não um
homem!
14 Não foi a mim que ele dirigiu suas
palavras,
e não lhe responderei com vossos ar-
gumentos.
15 Estão desconcertados, não respon-
dem mais,
faltam-lhes as palavras.
16 Esperei, mas porque não falam mais,
porque estão aí sem resposta,
17 quero também eu dizer o que penso,
eu também darei meu parecer.
18 Pois tenho muito o que falar,
pressionado pelo espírito que mora
em mim.
19 Dentro de mim há como vinho não
aberto,*
como odres novos que vão se arre-
bentar.
20 Falarei para desabafar,
abrirei a boca e responderei.
21 Não farei acepção de pessoas,
não adularei ninguém.
22 Porque não sei adular;
senão meu criador em breve me leva-
ria.

33 **Deus ensina o homem por meio da dor.** 1 Escuta, pois, Jó,
o que tenho a dizer;
a cada palavra minha presta atenção.
2 Eu abro a boca,
em minha garganta fala minha língua.
3 Meu coração dirá sábias palavras
e meus lábios falarão com sincerida-
de.
4 O espírito de Deus me criou*
e o sopro do Onipotente me dá vida.
5 Se podes, responde-me,
prepara-te a defender tuas posições.
6 Diante de Deus sou igual a ti
e também eu fui tirado do barro.
7 Nada tens a temer de mim,
nem farei pesar sobre ti minha mão.*
8 Ora, disseste a meu ouvido
– e ouvi bem o som de tuas palavras:
9 "Eu sou puro, sem pecado,*
sou inocente, não tenho culpa;
10 mas Deus inventa pretextos contra
mim
e me considera inimigo seu;
11 prendeu meus pés no tronco*
e vigia todos os meus passos!"*
12 Nisto não tens razão – eu te respon-
do;
Deus, com efeito, é maior que o ho-
mem.
13 Por que debates com ele
por não responder a cada palavra
tua?†
14 Deus fala ora de um, ora de outro
modo,
mas não se presta atenção.
15 Fala no sonho, em visão noturna,*
quando o sono profundo cai sobre os
homens
adormecidos na cama;
16 abre então o ouvido dos homens
e sela a instrução que lhes dá,
17 para dissuadir o homem do mal
e mantê-lo distante do orgulho,
18 para preservar sua alma da fossa
e sua vida da morte violenta.
19 Corrige-o com a dor em seu leito†
e com o tormento incessante em seus
ossos;*
20 a ponto de sentir náusea do pão*
e repugnância pelo alimento preferido;

---

* **32**,7. 12,12; 15,10; Eclo 25,6ss | 9. Sb 4,8 | 13. 4,12s; 11,6 | 19. Jr 20,9; Mt 9,17 | **33**,4. 10,8; Gn 2,7 | 7. 13,21 | 9. 10,7; 16,17; 23,10; 27,5 | 11. 13,24; 19,11 / 13,27 | 15. 4,12-16; Dn 4,2s | 19. Dt 8,5; Pr 3,12 | 20. Sl 107,18

† **32**,9. A sabedoria não vem automaticamente com o passar dos anos, mas é dom de Deus. | **33**,13. O homem precisa aceitar que os desígnios de Deus estão acima de sua compreensão. | 19. Os males que nos afligem têm um caráter medicinal e educativo, Pr 3,11s; Dt 8,5.

[21]quando sua carne se consome a olhos vistos*
e seus ossos, que antes não se viam, aparecem;
[22]quando ele se aproxima da fossa
e sua vida da morada dos mortos.
[23]Mas se houver um anjo junto dele,
um mediador só entre mil,
para mostrar ao homem seu dever,
[24]que tenha piedade dele e diga:
"Preserva-o de descer à fossa,
encontrei o resgate para ele";
[25]então sua carne será mais robusta que a de um jovem,*
voltará aos dias de sua adolescência.
[26]Suplicará a Deus, que lhe será propício
e o fará ver com alegria seu rosto,
e devolverá ao homem sua justiça.
[27]Cantará diante dos homens e dirá:
"Eu tinha pecado e violado a justiça,
mas ele não me puniu como eu merecia;
[28]livrou-me da fossa
e minha vida contempla a luz".
[29]Tudo isto Deus faz,
duas, três vezes com o homem,
[30]para tirar sua alma da fossa
e iluminá-la com a luz dos vivos.
[31]Presta atenção, Jó, escuta-me;
cala-te e eu falarei.
[32]Mas se tens algo a dizer, responde-me;
fala, porque gostaria de poder dar-te razão.
[33]Se não, escuta-me;
cala-te e te ensinarei a sabedoria.

34 **Aceitar os juízos divinos.** [1]Eliú continuou a falar, dizendo†:
[2]Ouvi, sábios, minhas palavras,
e vós, entendidos, prestai-me ouvido,
[3]porque o ouvido aprecia os discursos,*
como o paladar saboreia os alimentos.
[4]Examinemos o que é justo,
indaguemos entre nós o que é o bem.
[5]Porque Jó disse: "Eu sou justo,
mas Deus me nega justiça.*
[6]Apesar de meu direito, passo por mentiroso;*
incurável é minha chaga, ainda que eu seja sem culpa".
[7]Quem é como Jó
que bebe, como água, o sarcasmo,
[8]que anda em companhia dos malfeitores*
e caminha com homens iníquos?
[9]Porque ele disse: "Não adianta ao homem
estar em boas graças com Deus".
[10]Por isso escutai-me, homens de bom senso:*
longe de Deus a iniquidade
e do Onipotente a injustiça!
[11]Porque ele retribui ao homem segundo seu agir*
e trata cada um conforme sua conduta.
[12]Na verdade Deus não faz o mal*
e o Onipotente não viola o direito!
[13]Quem lhe confiou o governo da terra
e quem lhe entregou o universo?
[14]Se ele só pensasse em si mesmo
e chamasse de volta seu sopro,
[15]toda criatura morreria no mesmo instante*
e o homem retornaria ao pó.*
[16]Se tens inteligência, escuta bem isto,
presta atenção ao som de minhas palavras.
[17]Quem odeia o direito pode governar?
Ousas condenar o supremo Justo?
[18]Ele que ousa dizer a um rei: "Iníquo!"*
e aos príncipes: "Malvados!";
[19]ele que não usa parcialidade com os poderosos
e não prefere o rico ao pobre,
porque todos eles são obra de suas mãos?
[20]Num instante morrem em plena noite,*
o povo se agita e eles desaparecem;
e sem esforço remove os tiranos,
[21]porque Deus mantém os olhos abertos sobre a conduta do homem*
e vê todos os seus passos.

* **33**,21. 19,20 | 25. Sl 103,5 | **34**,3. 12,11 | 5. 27,2 | 6. 9,15; 30,21 | 8. 15,16 | 10. 8,3-7 | 11. Sl 62,13; Pr 24,12 Eclo 16,14 | 12. Mt 16,27; Rm 2,6 | 15. Sl 104,29s / Gn 6,3; 3,19 | 18. Is 40,23s | 20. Êx 12,29; Sb 18,14ss | 21. Sl 33,14s; Jr 32,19

† **34**,1. Deus não pode ser acusado de injustiça no governo do mundo.

[22]Lá não há trevas, nem densa escuridão,
onde possam esconder-se os malfeitores.
[23]Porque não precisa observar o homem por muito tempo
para fazer comparecê-lo diante dele em juízo.
[24]Sem investigar ele abate os poderosos,
e coloca outros em seu lugar.
[25]Porque conhece suas obras,
os derruba de noite e são esmagados.
[26]Ele os castiga como malvados,
à vista de todos;
[27]porque se afastaram dele
sem prestar atenção a seus caminhos,
[28]de modo a fazer chegar até ele o grito do pobre
e fazê-lo ouvir o lamento dos aflitos.
[29]Mas se ele se cala, quem o pode condenar?
Se oculta sua face, quem poderá vê-lo?*
No entanto ele vela sobre as nações como sobre os indivíduos,
[30]para impedir que o ímpio reine,
e ponha armadilhas para o povo.

[31]Pode-se, portanto, dizer a Deus:
"Carrego a pena, sem ter feito o mal;
[32]ensina-me o que não vejo;
se cometi iniquidade, não o farei mais?"
[33]Deveria ele retribuir segundo tuas ideias,
visto que tu recusas seu juízo?
Porque tu deves escolher e não eu,
dize, pois, o que sabes.
[34]Os homens sensatos me dirão
com todo sábio que me escuta:
[35]"Jó não fala com sabedoria
e suas palavras não têm sentido".
[36]Seja ele examinado até o fundo,
porque suas respostas são como as de um ímpio,
[37]pois junta a seu pecado a revolta,
zomba de nós batendo palmas
e multiplica contra Deus suas palavras.

35 **Atitude do homem diante de Deus.** [1]Eliú prosseguiu dizendo†:

[2]Achas que é justo dizeres:
"Tenho razão diante de Deus"?
[3]Porque disseste: "O que te importa?*
Que ganharei por não ter pecado?"
[4]Eu te darei a resposta:
a ti e a teus amigos contigo.
[5]Contempla o céu e observa,
considera as nuvens: são mais altas que tu.
[6]Se pecas, em que o atinges?
Se multiplicas teus delitos, que dano lhe causas?
[7]Se tu és justo, que lhe dás,*
ou o que recebe ele de tua mão?
[8]Tua malícia só pode afetar um homem como tu,
e tua justiça só ajuda a um filho de homem!
[9]Grita-se sob os excessos da opressão,
invoca-se ajuda por causa da força dos poderosos.
[10]Mas ninguém diz: "Onde está aquele Deus que me criou,
que na noite inspira cantos de alegria;
[11]que nos torna mais inteligentes que os animais da terra
e nos faz mais sábios que as aves do céu?"
[12]Grita-se então, mas ele não responde
por causa da soberba dos maus.
[13]Com certeza Deus não escuta trivialidades,*
o Onipotente não lhes dá atenção".
[14]Mais ainda quando dizes que não o vês, que tua causa está diante dele e nele esperas.
[15]Mas agora, se sua ira não intervém*
e não faz muito caso das transgressões
[16]é que Jó abre inutilmente a boca
e acumula palavras sem sentido.

36 **Deus é justo.** [1]Eliú continuou dizendo†:

[2]Espera um pouco e te instruirei,
porque em defesa de Deus tenho mais a dizer.

---

* **34**,29. Sb 11,23; 12,2 | **35**,3. 7,20 | 7. 22,3 | 13. 22,13 | 15. 21

† **35**,1. Deus está muito acima dos homens: não tira vantagem do bem que fazem, nem sofre danos quando fazem o mal. Mas Deus está sempre pronto para socorrer os que o invocam. | **36**,1. Será feliz aquele que aceita o sofrimento como uma correção.

3 Longe irei buscar meu saber
para justificar meu criador,
4 pois, certamente não são mentira minhas palavras:
é um homem de perfeita ciência que está aqui contigo.
5 Olha: Deus é grande, mas não despreza ninguém;
ele é grande em força e sabedoria.
6 Não deixa o iníquo viver,
mas faz justiça aos aflitos.
7 Não afasta dos justos seu olhar,*
mas os faz sentar no trono com os reis
e os exalta para sempre.
8 Se eles estão presos com correntes
e apertados pelas cordas da aflição,
9 é que ele quis fazê-los reconhecer o que fizeram
e as faltas em que caíram por orgulho;
10 abre seus ouvidos para a correção*
e ordena que se apartem da iniquidade.
11 Se escutam e se submetem,
terminarão seus dias no bem-estar
e seus anos em delícias.
12 Mas se não quiserem escutar,
de morte violenta perecerão,
morrerão em sua cegueira.
13 Os ímpios de coração acumulam para si a ira;
não pedem socorro, quando Deus os acorrenta:
14 morrem em plena juventude,
sua vida acaba entre os dissolutos.
15 Mas Deus liberta o pobre por meio da aflição,
abre seus ouvidos com a infelicidade.
16 Também a ti pretende retirar-te da angústia:
terás em troca um lugar amplo e sem limites
e tua mesa será cheia de comidas suculentas.
17 Mas tu estás cheio do juízo do ímpio:
justiça e condenação te alcançarão.
18 Que tua cólera não te induza a escarnecer,
e a gravidade da expiação não te leve a desviar-te.
19 Pode teu grito fazer-te sair da angústia,
ou todos os recursos de tua força?
20 Não suspires por aquela noite,
na qual os povos vão para seu lugar.
21 Cuida de não caminhares para a iniquidade,
porque por isto foste provado pela aflição.
22 Olha: Deus é sublime em seu poder;
que mestre se lhe pode comparar?
23 Quem pode impor-lhe o caminho a seguir?*
Quem ousaria dizer-lhe: "Agistes mal"?
24 Recorda-te que deves exaltar sua obra
que outros homens cantaram.
25 Todo homem a admira,
o mortal a contempla de longe.
26 Sim, Deus é tão grande que não o compreendemos:
o número de seus anos é incalculável.
27 Ele atrai ao alto as gotas-d'água,
que se condensam em vapor para a chuva,
28 que as nuvens derramam
e deixam cair sobre o homem em abundância.
29 Quem pode calcular a extensão das nuvens,*
os fragores de sua morada?
30 Expande sua luz a seu redor
e cobre as profundezas do mar.
31 Por esses meios governa os povos*
e oferece alimento em abundância.
32 Enche as mãos de relâmpagos
e os lança contra o alvo.
33 Seu fragor anuncia sua vinda,
a cólera se inflama contra a iniquidade.

37 **Hino à onipotência de Deus.**
1 Por isso meu coração bate forte
e salta fora do peito.
2 Escutai, escutai o fragor de sua voz,*
o estrondo que sai de sua boca.
3 Ele o difunde debaixo de todo o céu
e seu relâmpago chega aos confins da terra.
4 Atrás dele ruge o trovão,
troveja com sua voz majestosa

* **36**,7. 2Cr 33,11ss | 10. 33,23 | 23. Rm 11,33s; Is 40,13 | 29. Sl 18,10-15 | 31. Sl 104,13s | 2. Sl 18,14; 30

e nada detém os raios,
quando se ouve sua voz.
[5]De modo admirável troveja Deus com sua voz,*
faz prodígios que não compreendemos!
[6]Ele de fato diz à neve: "Cai sobre a terra"
e às chuvas torrenciais: "Sede impetuosas".
[7]Sobre a mão de cada um põe um sigilo,*
para que todos reconheçam sua obra.
[8]As feras se retiram a seus abrigos
e em suas tocas permanecem.
[9]Do sul avança o furacão*
e do norte o frio.
[10]Ao sopro de Deus se forma o gelo*
e a extensão das águas se congela.
[11]Carrega de umidade os nimbos
e as nuvens espalham seus raios.
[12]Ele as faz vaguear por toda parte
conforme suas ordens,
para fazerem tudo o que lhes manda sobre o mundo inteiro.
[13]Ele as envia para castigo da terra,
ou como sinal de bondade.
[14]Presta ouvido a isto, Jó;
para e considera as maravilhas de Deus.
[15]Sabes como Deus as dirige
e como as nuvens produzem o relâmpago?
[16]Conheces como a nuvem paira no ar,
os prodígios daquele que tudo sabe?
[17]Sabes por que tuas vestes são quentes*
quando a terra repousa por causa do vento sul?
[18]Estendeste com ele o firmamento,*
sólido como espelho de metal fundido?
[19]Ensina-nos o que devemos dizer-lhe;
em nossas trevas, estamos sem palavras.
[20]Ele deverá ser informado de que eu quero falar?
Mas quem pode desejar ser engolido?
[21]Agora não se vê mais a luz,
obscurecida no meio das nuvens;
mas o vento sopra e as dispersa.
[22]Do norte chegam esplendores dourados,
Deus é rodeado de uma tremenda majestade.
[23]Não podemos alcançar o Onipotente,
sublime em poder e retidão
e grande pela justiça: ele não oprime ninguém.
[24]Por isso os homens o temem:
mas ele não olha para os que se julgam sábios.

VI. DISCURSOS DE JAVÉ (38–42,6)

38 **Intervenção de Javé. A Sabedoria criadora**†. [1]Então Javé respondeu a Jó do meio do turbilhão:
[2]Quem é este que quer ofuscar meus desígnios*
com palavras insensatas?
[3]Cinge teus rins como homem;
eu te interrogarei e tu me instruirás.
[4]Onde estavas tu quando lancei os fundamentos da terra?
Fala, se tens tanta inteligência!
[5]Quem fixou suas dimensões, se é que o sabes?*
Ou quem estendeu sobre ela a medida?
[6]Onde se apoiam suas bases?*
Ou quem pôs sua pedra angular,
[7]enquanto alegravam-se em coro as estrelas da manhã*
e aplaudiam todos os filhos de Deus?*
[8]Quem fechou com duas portas o mar,*
quando saiu impetuoso do seio ma-

---

* **37**,5. 5,9 | 7. Sl 104,19-23 | 9. 9,9 | 10. Sl 147,17 | 17. Pr 8,28 | 18. Gn 1,6 | **38**,2. 42,3 | 5. Zc 1,16 | 6. 26,7 / Sl 118,22 | 7. Br 3,34 / Zc 4,7 | 8. Sl 148,2s

† **38**. Jó acusou Deus de desordem no mundo dos homens; Deus vai lhe mostrar a ordem do universo. Com ironia, fala do modo maravilhoso como governa sua criação. Também os amigos de Jó haviam falado das ações incompreensíveis do Deus Criador: Jó, 11,7-9; 36,22-30; 37,12-16. Jó deve confiar que o mundo está em boas mãos.

terno,
[9]quando eu o circundava de nuvens para vesti-lo
e de densa escuridão para enfaixá-lo;
[10]quando lhe fixei um limite
e lhe pus ferrolhos e portas
[11]e eu disse: "Até aqui chegarás e não além*
e aqui se quebrará o orgulho de tuas ondas"?
[12]Alguma vez na vida deste ordens à manhã
e designaste à aurora seu lugar,
[13]para ela segurar os cantos da terra
e expulsar para fora os malvados?
[14]Então a terra se transforma como argila sob o selo
e toma cor como roupa.
[15]Mas é retirada aos maus sua luz*
e é quebrado o braço levantado.
[16]Chegaste alguma vez às fontes do mar
e percorreste o fundo do abismo?
[17]As portas da morte te foram mostradas?
Viste as portas da sombra da morte?*
[18]Tens uma ideia da extensão da terra?
Fala, se sabes tudo isso!
[19]Qual o caminho para a morada da luz,
e onde têm morada as trevas,
[20]para que possas conduzi-las a seu domínio
e saibas dirigi-las para sua casa?
[21]Com certeza, tu sabes, porque então já tinhas nascido
e o número de teus dias é bem grande!
[22]Entraste alguma vez nos depósitos da neve,*
viste alguma vez os reservatórios do granizo,
[23]que eu guardo para o tempo da calamidade,
para o dia da guerra e da batalha?
[24]Por quais caminhos se difunde a luz,
ou se propaga o vento leste sobre a terra?
[25]Quem abriu canais para os aguaceiros
e uma estrada para os relâmpagos e trovões,
[26]para fazer chover sobre uma terra desabitada,
sobre um deserto onde não há ninguém,
[27]para regar solidões desoladas
e fazer brotar a erva na estepe?
[28]A chuva tem um pai?
Ou quem gera as gotas do orvalho?
[29]Do seio de quem sai o gelo,
e quem dá à luz a geada do céu?
[30]As águas endurecem como pedra
e a superfície do abismo se congela.
[31]Podes tu atar os laços das Plêiades*
ou soltar as cordas do Órion?
[32]És tu que fazes nascer a seu tempo as constelações
e guias a Ursa com seus filhotes?
[33]Conheces as leis do céu
ou regulas seu influxo sobre a terra?
[34]Podes dar ordens às nuvens
para que te cubra a abundância de águas?
[35]És tu que envias os raios e eles partem*
dizendo-te: "Aqui estamos"?
[36]Quem deu ao íbis a sabedoria
ou quem concedeu ao galo a inteligência?
[37]Quem pode contar as nuvens com exatidão
ou quem derrama os odres do céu,
[38]quando se funde o pó numa massa
e os torrões se apegam uns aos outros?
[39]És tu que caças a presa para a leoa*
e sacias a fome dos leõezinhos,
[40]quando estão deitados em suas covas
ou quando espreitam na moita?
[41]Quem prepara ao corvo seu alimento,*
quando seus filhotes gritam para Deus
e vagueiam por falta de comida?

39 **As maravilhas do reino animal.** [1]Sabes tu quando parem as cabras montesas
ou assistes ao parto das corças?
[2]Contas os meses de sua gestação
e sabes o tempo de seu parto?

---

* **38**,11. Sl 104,6-9; Jó 7,12; Pr 8,29 | 15. 24,13-17 | 17. 10,21s | 22. Êx 9,18-26; Js 10,11; Is 28,17; 30,30 | 31. 9,9 | 35. Br 3,35 | 39. Sl 104,20ss | 41. Sl 147,9

3 Elas se abaixam para dar cria,
e se livram de suas dores.
4 Os filhotes se tornam fortes, crescem no campo,
partem e não voltam mais a elas.
5 Quem deixa livre o asno selvagem,
quem solta os laços do onagro,
6 ao qual dei a estepe como casa
e como morada a terra salgada?
7 Ele despreza o barulho da cidade
e não ouve os gritos dos tropeiros.
8 Gira pelas montanhas, sua pastagem,
e anda à procura de tudo o que é verde.
9 O búfalo estará disposto a servir-te
ou a passar a noite em teu curral?
10 Poderás prendê-lo com a corda ao arado
ou fazê-lo lavrar os vales atrás de ti?
11 Confiarás nele, porque sua força é grande
e a ele entregarás teu trabalho?
12 Contarás com ele, para que traga para casa
e ajunte tua colheita em tua eira?
13 A asa do avestruz bate alegremente,
como se tivesse penas e plumagem de cegonha.
14 Pois abandona à terra os ovos
e os deixa aquecer na areia.
15 E se esquece de que algum pé pode esmagá-los,
ou um animal selvagem pisá-los.
16 Trata duramente os filhotes, como se não fossem seus,*
não se incomoda de se ter cansado em vão,
17 porque Deus o privou de sabedoria
e não lhe concedeu a inteligência.
18 Mas quando se levanta para fugir,
zomba do cavalo e de seu cavaleiro.
19 És tu que dás a força ao cavalo
e revestes de crinas seu pescoço?
20 És tu que o fazes saltar como um gafanhoto?
Seu fogoso respirar é terrível.
21 Por sua força exulta e escava a terra
e se lança ao encontro das armas.
22 Despreza o medo, não teme,
nem retrocede diante da espada.
23 Sobre ele ressoa a aljava,
a lança reluzente e o dardo.
24 Com ímpeto e com furor, devora a distância
e ao som da trombeta não mais se contém.
25 Relincha cada vez que toca a trombeta
e de longe fareja a batalha,
os gritos dos chefes e o alarido.
26 É por tua inteligência que o falcão alça o voo*
e estende as asas para o sul?
27 É a teu comando que a águia se eleva
e faz seu ninho nas alturas?
28 Ela mora nas rochas e aí passa a noite,
no cimo do penhasco inacessível.
29 Lá de cima espia a presa,
de longe a observam seus olhos.
30 Seus filhotes são ávidos de sangue;
e onde há cadáveres, lá ela está.

40

Humilde resposta de Jó. 1 E Javé disse a Jó:
2 Aquele que disputa com o Onipotente quer instruí-lo?
Responda aquele que discute com Deus.
3 E Jó respondeu a Javé:
4 Eu sou bem mesquinho: que vos posso responder?
Ponho a mão sobre minha boca.
5 Falei uma vez, mas não replicarei,
falei duas vezes, mas não continuarei.

Grandeza de Deus criador. 6 Então Javé respondeu a Jó do meio do turbilhão, dizendo:
7 Cinge os rins como homem:
eu te interrogarei e tu me instruirás.
8 Ousarias mesmo anular meu juízo
e dizer que estou errado para teres razão?
9 Tens tu um braço como o de Deus
e podes trovejar com a voz como ele?
10 Orna-te de majestade e de grandeza,
reveste-te de esplendor e de glória.
11 Derrama os furores de tua cólera,
e com um olhar abate todos os soberbos.
12 Humilha com um olhar todo arrogante,

* **39**,16. Lm 4,3 | 26. Jr 8,7

esmaga os ímpios onde quer que estejam.
[13]Esconde-os no pó todos juntos,
encerra suas faces no lugar oculto.
[14]Então também eu te louvarei,
porque tua mão direita te haverá dado a vitória.†

O hipopótamo. [15]Vê o hipopótamo,
que eu criei como também a ti:
ele come capim como o boi.
[16]Observa: sua força está nos rins
e seu vigor nos músculos do ventre.
[17]Endurece a cauda como um cedro,
os nervos de suas coxas se entrelaçam;
[18]seus ossos são tubos de bronze,
suas vértebras como barras de ferro.
[19]Ele é a primeira das obras de Deus;
seu criador o proveu de espada.
[20]Os montes lhe fornecem pastagem
e lá todos os animais do campo se divertem.
[21]Debaixo das plantas de lótus se deita,
entre os caniços do pântano se esconde.
[22]Com sua sombra o cobrem os lótus selvagens,
os salgueiros da torrente o circundam.
[23]Se o rio transborda, ele não teme,
fica tranquilo, ainda que o Jordão suba até sua boca.
[24]Quem pode agarrá-lo pela frente
e atravessar seu focinho com uma corda?

O crocodilo. [25]Podes fisgar o crocodilo
com o anzol
e prender sua língua com uma corda,
[26]fincar-lhe um junco nas narinas*
e furar-lhe a queixada com um gancho?
[27]Ele te fará muitas súplicas
e te dirigirá palavras mansas?
[28]Fará contigo uma aliança,
para que o tomes como servo para sempre?
[29]Brincarás com ele como se fosse um passarinho,
prendendo-o para divertir tuas filhas?
[30]As companhias de pesca o venderão,
os comerciantes o dividirão entre si?
[31]Crivarás de dardos sua pele
e com o arpão sua cabeça?
[32]Põe sobre ele tua mão:
à lembrança da luta, não tentarás de novo!

41 **A força do crocodilo.** [1]Diante
dele tua esperança é ilusória,
a vista dele basta para amedrontar.
[2]Ninguém é tão audaz que ouse provocá-lo
e quem pode estar firme diante dele?
[3]Quem o enfrentou e saiu com vida?
Ninguém debaixo de todo o céu.
[4]Não deixarei de falar da força de seus membros:
em matéria de força não tem igual.
[5]Quem pode despojá-lo de sua couraça
e na dupla fila de seus dentes quem pode penetrar?
[6]As portas de sua boca quem jamais as abriu?
Em torno de seus dentes está o terror!
[7]Seu dorso são fileiras de escudos,
estreitamente ligados entre si.
[8]Um está tão perto do outro,
que entre eles o ar não passa.
[9]Cada um adere ao próximo,
são compactos e inseparáveis.
[10]Seu espirro irradia luz
e seus olhos são como as pálpebras da aurora.
[11]De sua boca saem chamas,*
dela saltam faíscas de fogo.
[12]De suas narinas sai fumaça
como de uma panela fervendo ou de um caldeirão.
[13]Seu sopro incendeia carvões,
jorram chamas de sua boca.
[14]Em seu pescoço reside a força
e diante dele corre o terror.
[15]As dobras de sua carne são bem compactas,

---

* **40**,26. Ez 19,4.9; 29,4 | **41**,11. Ap 9,17

† **40**,14. Deus pergunta a Jó se ele é capaz de acabar com toda a maldade que há no mundo. Com ironia, diz que se prostrará diante de Jó se ele for capaz.

são bem firmes sobre ele e não se movem.
[16]Seu coração é duro como pedra,
duro como a pedra inferior do moinho.
[17]Quando se levanta, tremem os valentes
e pelo terror ficam perdidos.
[18]A espada que o atinge não entra nele,
nem lança, dardo ou flecha.
[19]Para ele o ferro é como palha,
o bronze como pau podre.
[20]A flecha não o afugenta;
as pedras da funda são restolho para ele.
[21]O tacape lhe parece uma estopa;
ele zomba do vibrar da lança.
[22]Por baixo tem escamas pontiagudas
e se arrasta como grade no barro.
[23]Faz o abismo ferver como panela,
transforma o mar num vaso de unguento.
[24]Atrás de si deixa um rastro luminoso,
como se o mar tivesse cabelos brancos.
[25]Na terra ninguém é igual a ele,
foi feito para não ter medo.
[26]Desafia todo ser altaneiro;
ele é o rei de todas as feras soberbas.

42 **Jó retrata suas palavras.** [1]Então Jó respondeu a Javé, dizendo:
[2]Compreendo que podeis tudo
e que coisa alguma vos é impossível.
[3]Quem é esse que, sem saber nada,*
denigre a providência?
É verdade: falei sobre o que não entendia,
maravilhas que me ultrapassam e que eu ignorava.
[4]"Escuta-me e deixa-me falar,
eu te interrogarei e tu me instruirás".
[5]Eu vos conhecia só por ouvir dizer,
mas agora meus olhos vos veem.
[6]Por isso me retrato
e me arrependo sobre pó e cinza†.

VII. EPÍLOGO (42,7-17)†

Javé repreende os amigos de Jó. [7]Depois de haver dirigido essas palavras a Jó, Javé disse a Elifaz de Temã: "Minha ira se acendeu contra ti e contra teus dois amigos, porque não dissestes de mim coisas retas como fez meu servo
Jó. [8]Tomai, pois, sete novilhos e sete carneiros e ide a meu servo Jó e oferecei-os em holocausto por vós; meu servo Jó intercederá por vós; e assim, em atenção a ele, não castigarei vossa insensatez, porque não dissestes de mim coisas retas como fez meu servo Jó".
[9]Elifaz de Temã, Baldad de Suás e Sofar de Naamat foram e fizeram como lhes tinha dito Javé, o qual aceitou a oração de Jó.
Jó retorna à felicidade. [10]Quando Jó rezou por seus amigos,* Javé o restabeleceu em seu estado anterior e lhe concedeu o duplo do que antes possuía.
[11]Todos os seus irmãos, suas irmãs e seus antigos conhecidos vieram visitá-lo e comeram com ele em sua casa. Tiveram compaixão dele e o consolaram de todo o mal que Javé tinha mandado sobre ele e o presentearam cada qual com uma moeda de prata e um anel de ouro.
[12]Javé abençoou a nova condição de Jó mais que a primeira. Ele possuiu quatorze mil ovelhas e seis mil camelos, mil juntas de bois e mil jumentas.
[13]Teve também sete filhos e três filhas.
[14]Chamou a primeira Pomba, a segunda
Cássia e a terceira Azeviche. [15]Em toda a

* **42**,3. 38,2 | 10. Êx 22,8

† **42**,6. Há em Jó uma aceitação de seu estado: "eu me consolo" em meu estado de homem sofredor. Ele julgava Deus a partir de seu caso pessoal; agora reconhece que Deus o supera infinitamente. | **VII**. Javé não repreende Jó por suas palavras quase blasfemas. Jó intercede pelos amigos, sinal de sua reconciliação com Deus, com os amigos e com a sociedade. Não há explicação, não há resposta para o sofrimento do inocente. Jó aceita o mistério da vida, não se coloca no centro do mundo, a partir do qual vá julgar se Deus existe ou não. Há muito inocente vítima de injustiça. O verdadeiro justo sofredor é o Cristo. Por sua paixão e morte na cruz, deu um novo sentido ao sofrimento, o qual doravante pode configurar-nos com ele e unir-nos a sua paixão redentora. Assim nosso sofrimento incompreensível servirá para o bem da humanidade, por sua união ao de Cristo que salvou o mundo.

terra não se acharam mulheres tão belas como as filhas de Jó; e seu pai lhes destinou uma parte da herança junto com seus irmãos.

16Depois disso, Jó viveu ainda cento e quarenta anos e viu seus filhos e netos até a quarta geração. 17Depois Jó morreu,* velho e saciado de anos†.

* **42**,17. Gn 25,8; 35,29

† **42**,17. O texto grego termina com uma adição interessante, que afirma a ressurreição: "Está escrito que ele ressuscitará de novo com aqueles que o Senhor ressuscitar".

SALMOS

Os Salmos são uma coleção de cento e cinquenta cânticos ou hinos, inspirados pelo Espírito Santo, destinados a ser cantados no culto do templo de Jerusalém. Utilizados também por Cristo e pelos apóstolos, a Igreja os escolheu como fundamento de sua prece oficial, a Liturgia das Horas. Síntese de todo o Antigo Testamento em forma de poesia e oração, neles o israelita fiel cantava sua vida, suas alegrias e esperanças, tristezas e angústias. Embora a tradição tenha considerado Davi como autor de todos os Salmos, por seu talento musical e poético e por seu zelo pelo culto, eles foram compostos ao longo de toda a história de Israel e por isso traduzem em oração as várias experiências de vida do povo eleito. Acredita-se que 70% dos Salmos sejam da época monárquica; foram depois retocados e reeditados durante a época persa ou helenística para se adaptarem a exigências novas.

Conforme seu conteúdo, podemos distinguir nos Salmos: meditações sobre a antiga história de Israel, lamentações individuais e públicas, poemas que exaltam Jerusalém, a divina realeza, a lei dada por Deus ao povo, cânticos de romaria, de louvor a Jerusalém e ao templo, orações de louvor, de súplica, de agradecimento, de penitência, etc.

"Salmo é bênção pronunciada pelo povo, louvor de Deus pela assembleia, aplauso de todos, palavra dita pelo universo, voz da Igreja, melodiosa profissão de fé" (S. Ambrósio). Nos salmos de louvor, celebram-se as obras maravilhosas de Deus na criação, na história e em sua providência amorosa. Nas lamentações, o coração humano desabafa nas horas tristes da doença, do perigo, da calúnia, da traição, da guerra, da derrota, da perseguição e do exílio. Mas a alma que sofre se abre à confiança num Deus bom e misericordioso, que a seu tempo intervém. Se o salmo reflete uma situação do passado, por outro lado, seu caráter universal faz com que possa ser rezado por pessoas de qualquer condição e em qualquer tempo.

Os Salmos são a oração de todos os tempos, e neles reza a voz do próprio Cristo, no qual eles encontram seu pleno significado, pois falam dele (Lc 24,44), anunciando os mistérios de sua vida. "Nos salmos fala a Igreja em Cristo e fala Cristo na Igreja" (S. Agostinho).

Aqui numeramos os Salmos de acordo com a bíblia hebraica, seguida por todas as traduções modernas. Entre parênteses colocamos a numeração antiga, que provém dos Setenta e da Vulgata.

I. LIVRO PRIMEIRO (1–41 [40])

1 **Os dois caminhos**†. [1]É feliz quem
não segue o conselho dos maus,*
não se detém no caminho dos pecadores
nem toma parte nas reuniões dos zombadores,
[2]mas na lei de Javé encontra sua alegria*
e nela medita dia e noite.
[3]Será como árvore plantada à beira de um regato,*
que dá fruto no devido tempo
e cuja folhagem não seca:
em tudo o que faz terá sempre sucesso.
[4]Os maus, porém, não são assim;
são como palha que o vento carrega.*
[5]Por isso não podem enfrentar o julgamento,
e os pecadores não têm vez na reunião dos justos.
[6]Pois Javé conhece o caminho dos justos,
mas a senda dos maus leva à ruína.*

2 **Promessa de Deus a seu Ungido.**
[1]Por que este tumulto entre as nações?*
Por que os povos fazem vãos projetos?

---

* **1**,1. Jr 21,8; Dt 30,15-20 | 2. 119 | 3. Jr 17,8; Ez 19,10s | 4. Jó 21,18; Sl 35,5 | 6. 112,10 | **2**,1. At 4,25-28

† **1**. Os Salmos começam com uma bem-aventurança. O Salmo 1 propõe o tema da pessoa humana diante das opções do bem e do mal, da felicidade e da ruína.

2Os reis da terra se insurgem*
e os poderosos fazem aliança
contra Javé e contra seu Ungido:
3"Vamos quebrar suas correntes*
e libertar-nos de sua opressão!"
4Aquele que mora nos céus ri deles,*
zomba deles Javé.
5Então, cheio de ira, vai dizer-lhes,
apavorando-os com seu furor:
6"Eu consagrei meu rei
sobre Sião, meu santo monte!"
7Vou proclamar o decreto de Javé:
Ele me disse: "Tu és meu Filho,*
eu hoje te gerei!†
8Pede-me e te darei como herança as nações,
e por tua possessão os confins da terra.
9Tu as governarás com cetro de ferro,*
tu as quebrarás como potes de barro".
10Agora, pois, tomai cuidado, ó reis,
aceitai este aviso, juízes da terra:
11Servi a Javé com reverência
e alegrai-vos nele com tremor.
12Beijai seus pés para que não se irrite
e pereçais pelo caminho,
pois sua ira se inflama de repente.
Felizes todos os que nele se abrigam!*

3 **Confiança em Deus na adversidade.** 1*Salmo de Davi, quando fugia de seu filho Absalão.**

2Ó Javé, como são numerosos meus adversários!
Muitos são os que se levantam contra mim.
3Muitos dizem a meu respeito:
"Deus não vai dar-lhe a salvação!"
4Mas vós, Javé, sois minha defesa,*
sois minha glória, vós que ergueis minha cabeça.
5Quando com minha voz eu invoquei Javé,*
ele me respondeu de seu santo monte.
6Eu me deito e adormeço;*
desperto, pois Javé me sustenta.*
7Não tenho medo da multidão de gente
que se lança contra mim de todo lado.
8Levantai-vos, Javé, salvai-me, Deus meu!
Feristes na face todos os meus inimigos;
os dentes dos ímpios quebrastes.*
9A salvação é de Javé.
Sobre vosso povo desça vossa bênção.

4 **Oração da noite.** 1*Ao regente do coro. Com instrumentos de corda. Salmo de Davi.*

2Quando eu clamo, respondei-me,
ó meu Deus justiceiro;
na angústia libertai-me;
tende piedade de mim e ouvi minha oração.
3Ó raça humana, até quando ofendereis minha glória,
amareis a vaidade, buscareis a mentira?
4Sabei que Javé faz maravilhas em favor de seu amigo;
Javé escuta quando lhe dirijo meu apelo.
5Tremei e não pequeis;*
no silêncio de vosso leito meditai e calai.
6Oferecei sacrifícios legítimos
e tende confiança em Javé.*
7São muitos os que dizem: "Quem nos fará provar o bem?"
Levantai sobre nós, Javé, a luz de vossa face†.
8Destes a meu coração alegria maior
que a daqueles que têm muito trigo e vinho.
9Em paz adormeço, logo que me deito,*
pois só vós, Javé, me fazeis repousar com segurança.

5 **Oração da manhã.** 1*Ao regente do coro. Com flautas. Salmo de Davi.*

2Escutai, Javé, minhas palavras,*
atendei a meu clamor;
3ficai atento à voz de minha prece,
meu Rei e meu Deus,

---

* **2**,2. Ap 19,19; Sl 83,6 | 3. 149,8 | 4. Is 40,15ss.22ss; Sl 59,9 | 7. 89,27; At 13,33; Hb 1,5; 5,5; At 2,36 | 9. Is 49,6; Dt 7,14 | 12. 35,9; Pr 16,20 | **3**,1. 2Sm 15,13ss | 4. 18,3; 62,8 | 5. Dt 33,29; Sl 27,6; 110,7 | 6. Pr 3,24 / Sl 4,9 | 8. 58,7; Jn 2,10 | **4**,5. Ef 4,26; Sl 51,21 | 6. Nm 6,25; Pr 16,16; Dn 9,17 | 9. 3,6 | **5**,2. 86,6

† **2**,7. No dia de sua coroação, o rei era adotado como filho de Deus, 2Sm 7,14. Aqui o rei de Israel é figura do Messias. | **4**,7. A imagem sugere o rosto sorridente de Deus ao conceder seus benefícios, Sl 44,4; 89,16.

4pois é a vós que imploro.*
Javé, de manhã ouvis minha voz,
bem cedo para vós me volto e fico esperando.
5Pois não sois um Deus que gosta da maldade;
junto de vós o mau não habita.
6Os insolentes não podem ficar em vossa presença,
odiais todos os que fazem o mal.*
7Destruís os que falam mentira;
Javé abomina quem derrama sangue
ou comete fraude.
8Eu, porém, pela grandeza de vosso amor
posso entrar em vossa casa,
diante de vosso santo templo com reverência me prostro.*
9Javé, guiai-me em vossa justiça,
por causa de meus inimigos
aplainai a minha frente vosso caminho.*
10Pois não existe na boca deles sinceridade,
seu coração é cheio de malícia,
sua garganta é um sepulcro aberto,*
usam a língua para adular.
11Castigai-os, ó Deus! Que fracassem seus planos,
em razão de seus muitos crimes rejeitai-os,
pois se revoltam contra vós†.
12Alegrem-se, porém, todos os que em vós confiam;*
exultem para sempre porque vós os protegeis;
e em vós se rejubilem os que amam vosso nome.*
13Pois abençoais o justo, Javé,
como um escudo vossa bondade o rodeia.

6 **Súplica de um enfermo†.** 1*Ao regente do coro. Com instrumentos de corda. Na oitava. Salmo de Davi.*
2Javé, não me repreendais em vossa ira*
nem me castigueis em vosso furor.
3Tende piedade de mim, Javé: perdi as forças;
curai-me, Javé: meus ossos estremecem,*
4e minha alma está aflita ao extremo.
Mas vós, Javé, até quando?
5Voltai, Javé, livrai minha alma;
por vossa misericórdia salvai-me.
6Pois na morte ninguém se lembra de vós;*
quem vos louvará* na morada dos mortos?†
7Estou cansado de tanto gemer,
inundo de pranto meu leito toda noite
e de lágrimas banho minha cama.
8A tristeza perturba meus olhos,
já envelheço entre tantos inimigos.
9Afastai-vos de mim, todos vós malfeitores,
pois Javé ouviu a voz de meu pranto.
10Javé ouviu minha súplica,
Javé acolheu minha oração.
11Fiquem confusos e conturbados todos os meus inimigos,
envergonhados, recuem num instante.

7 **Oração de um justo caluniado.** 1*Lamento de Davi, que ele cantou diante de Javé por causa do benjaminita Cuch.*
2Javé, meu Deus, em vós me refugio,
salvai-me de todos os que me perseguem e livrai-me,
3para que ninguém, como um leão, me arrebate
e me devore sem que ninguém me socorra.
4Javé, meu Deus, se agi mal,
se há em minhas mãos iniquidade,
5se paguei com o mal meu amigo,
ou despojei meu inimigo sem razão,
6o inimigo me persiga e me atinja,*
pise ao chão minha vida
e lance minha honra ao pó.
7Levantai-vos, Javé, em vossa ira,
erguei-vos contra a fúria de meus inimigos

* **5**,4. 84,4 | 6. Pr 6,17ss | 8. 138,2; 1Rs 8,44.48; Dn 6,11; Sl 23,3 | 9. Is 26,7 | 10. Rm 3,13 | 12. Ap 7,15s / Sl 69,37; 119,132 | **6**,2. Jr 10,24; Sl 38,2 | 3. Jr 17,14s | 6. Is 38,18 / Sl 88,11ss | **7**,6. 6,5

† **5**,11. O salmista apela para a justiça de Deus, porque os inimigos do povo eram considerados inimigos de Deus. | **6**. Primeiro dos sete Salmos Penitenciais: 6; 32; 38; 51; 102; 130; 143, com os quais o pecador arrependido suplica com confiança o perdão ao Deus misericordioso. | 6. Naquela época achavam que após a morte as pessoas viviam como sombras, num sono que as desligava de tudo, até mesmo de Deus, Sl 88,11-13. Daí o destaque dado à retribuição nesta vida.

e exercei em meu favor a justiça que
mandastes.
8 Que vos rodeie a assembleia dos povos,
no alto sobre ela assentai-vos.
9 Javé é o juiz dos povos.
Defendei meu direito, ó Javé,
conforme a justiça e a inocência que há
em mim.
10 Ponde um termo à maldade dos ímpios
e confirmai o justo,
vós que sondais corações e mentes, ó
Deus justo.*
11 Minha defesa está em Deus,*
ele salva os que têm o coração reto.
12 Deus é um justo juiz,
todo dia se acende sua ira.
13 Acaso não afiará de novo a espada?
Armou e apontou seu arco.
14 Armas mortíferas preparou,
tornou ardentes suas flechas.*
15 Vede: o ímpio concebe a iniquidade:
traz em seu seio a malícia
e dará à luz o engano.*
16 Abriu uma cisterna e escavou-a
e caiu na fossa que ele mesmo fez.*
17 Que sua malícia lhe recaia na cabeça,
e sobre seu crânio desça sua violência.*
18 Darei graças a Javé por sua justiça
e cantarei louvores ao nome de Javé
Altíssimo.

8 Grandeza de Javé e dignidade do homem.

1 *Ao regente do coro. Para harpa de Gat. Salmo de Davi.*
2 Ó Javé, Senhor nosso,
como é grande vosso nome em toda
a terra!*
Sobre os céus se eleva vossa majestade.
3 Da boca das crianças e dos lactentes
procurais um louvor
contra vossos adversários,
para calar o inimigo e o vingador.
4 Ao contemplar vosso céu, obra de
vossas mãos,
vejo a lua e as estrelas que criastes:
5 que coisa é o homem, para dele vos
lembrardes†,
que é o ser humano, para o visitardes?*
6 No entanto o fizestes pouco menor
que um deus,*
de glória e de honra o coroastes.
7 Vós o colocastes acima das obras de
vossas mãos,
tudo pusestes sob seus pés:
8 ovelhas e bois, todos juntos,
e também os animais do campo,
9 as aves do céu e os peixes do mar;
todo ser que percorre os caminhos do
mar.
10 Ó Javé, Senhor nosso,
como é grande vosso nome em toda
a terra!

9 Poder e justiça de Deus†.

1 *Ao regente do coro. Conforme a melodia* **(9A)** *"Morrer pelo filho". Salmo de Davi.*
Alef 2 Eu vos louvarei, Javé, de todo o
coração,*
proclamarei todas as vossas maravilhas.
3 Quero alegrar-me e exultar em vós,
cantar a vosso nome, ó Altíssimo.
Bet 4 Meus inimigos recuaram,
diante de vossa face caíram e pereceram.
5 Porque sustentastes meu direito e minha causa,*
sentastes em vosso trono como justo juiz.
Guimel 6 Ameaçastes as nações, os ímpios aniquilastes,
cancelando o nome deles eternamente
e para sempre.
7 Pereceram os inimigos, são ruínas
para sempre,
suas cidades destruístes, acabou sua
lembrança.*
Hê 8 Javé permanece para sempre†,
preparou seu trono para o juízo.
9 Julga o mundo com justiça,*
governa as nações com retidão.

---

* **7**,10. Jr 11,20 | 11. 3,4 | 14. Is 50,11 | 15. Is 59,4; Jó 15,35 | 16. 9,16; 35,8; Pr 26,27 | 17. Jó 4,8; Eclo 27,28ss **8**,2. 19,2-7; 104 | 5. 144,3; Jó 7,17s; Hb 2,6-9 | 6. Gn 1,26; Eclo 17,1-4; Sb 2,23 | **9**,2. 138,1 | 5. 7,9.12; 89,15 | 7. Gn 19,23ss | 9. 96,13; 98,9

† **8**,5. O homem é um frágil caniço, mas um caniço que pensa (Pascal). Uma pessoa vale mais que um milhão de estrelas. | **9**. Acróstico em ordem alfabética, cada verso começando com uma letra hebraica. Esse tipo de composição representa uma busca de perfeição e de totalidade no louvar a Deus. Outros salmos alfabéticos: 25; 37; 111; 112; 119; 145. | 8. O reino de Deus é sem fim e ninguém pode resistir a seu poder soberano; embora muitos pensem que são senhores absolutos, não escapam do juízo de Deus.

Waw 10 Para o oprimido Javé será um
refúgio,*
um refúgio no tempo da angústia.
11 Em vós confiam os que conhecem
vosso nome,*
pois não desamparais os que vos bus-
cam, Javé.
Záin 12 Cantai louvores a Javé, que ha-
bita em Sião,*
entre os povos suas obras proclamai.
13 Pois deles se lembra o vingador do
sangue,*
não esquece o clamor dos pobres.
Het 14 Piedade de mim, Javé, vede a afli-
ção
que me causaram meus perseguidores,
vós que me tirais das portas da morte,*
15 para que eu cante todos os vossos
louvores
nas portas da filha de Sião
e exulte com vossa salvação.
Tet 16 As nações se afundaram na fossa
que cavaram,
seu pé ficou preso na rede que arma-
ram.*
17 Javé se manifestou, exerceu o juízo,
o ímpio foi apanhado em sua armadi-
lha.
Yod 18 Sejam lançados no abismo os ím-
pios,
e todas as gentes que se esquecem de
Deus.
Caf 19 Porque o pobre não ficará esque-
cido para sempre,
a esperança dos aflitos jamais se per-
derá.*
20 Levantai-vos, Javé, não prevaleça o
homem,
sejam as nações julgadas em vossa
presença.
21 Javé, incuti nelas o temor,
saibam as nações que são mortais.

10 (9B)

Prece para ser libertado do inimigo†. *Lamed* 1 Javé, por
que estais tão longe*
e vos escondeis no tempo da angústia?
2 Com soberba o ímpio oprime o pobre:
seja apanhado nas intrigas que tramou.
(Mem) 3 Pois o mau se gloria da cupidez
de sua alma,
o avarento ultraja e despreza Javé.*
(Nun) 4 Em sua arrogância o ímpio diz:
"Ele não castiga";
"Deus não existe" – eis todo o seu pen-
samento.
5 Seus caminhos prosperam o tempo
todo,
vossos juízos estão muito distantes de
sua vista,
despreza todos os seus adversários.
(Samec) 6 Diz consigo mesmo: "Não va-
cilarei,
de geração em geração estarei livre do
mal".
Pê 7 Sua boca está cheia de maldição,*
de enganos e de fraude;
debaixo de sua língua há insulto e mal-
dade.
8 Põe-se de tocaia nas vilas,*
mata às ocultas o inocente.*
Áin 9 Seus olhos espreitam o desampa-
rado,
arma insídias na surdina, como um leão
em sua cova,*
tocaia para atacar o pobre,
para agarrá-lo e prendê-lo em sua
rede.
(Çade) 10 Abaixa-se, rasteja
e caem em suas garras os fracos.
11 Diz consigo mesmo: "Deus se esqueceu,
desviou o rosto, não verá isto nunca".
Qof 12 Levantai-vos, Javé! Erguei, ó
Deus, vossa mão!*
Não vos esqueçais dos pobres!
13 Com que direito pode o ímpio des-
prezar a Deus
dizendo consigo mesmo que Deus não
se importa?*
Resh 14 Vós, porém, vistes a fadiga e a
aflição
e estais atento para dar-lhes a paga.
A vós se entrega o infeliz,
do órfão sois o defensor.*
Shin 15 Quebrai o braço do ímpio e do
malvado,

---

* **9**,10. Is 25,4; Sl 37,39 | 11. 36,11; 86,4 | 12. 7,18 | 13. Jó 16,18 | 14. Sb 16,13 | 16. 7,16 | 19. 7,7 | **10**,1. 22,2; 74,1 | 3. 10,13; Jó 22,13; 14,1; 36,2; Sf 1,12 | 7. Rm 3,14 | 8. 17,12 / Os 6,9 | **10**,9. 17,12 | 12. 74,11; 44,25; 94,7; Ez 9,9; Jó 22,13 | 13. 10,4; 31,8; 56,9 | 14. Êx 22,21s

† **10**. Este salmo e o anterior formam um só nas versões grega e latina, cuja numeração fica por isso uma unidade abaixo da hebraica, que aqui adotamos, colocando entre parênteses a greco-latina.

castigai a impiedade, até nada mais se
encontrar.
16Javé é rei pelos séculos eternos,*
de sua terra são exterminadas as nações.
Taw 17Ouvistes o desejo dos humildes,
Javé,
fortaleceis seu coração e os escutais,
18para fazerdes justiça ao órfão e ao
oprimido,*
a fim de que o homem feito de barro já
não infunda terror.

11 (10) Em Javé está a confiança do justo. 1*Ao regente do coro. De Davi.*

Confio em Javé! Como podeis dizer-me:
"Voa para um monte como um pássaro!*
2Pois os inimigos armam o arco,*
preparam sua flecha na corda
para ferir às ocultas os de reto coração.
3Destruídos os fundamentos, que pode
fazer o justo?"
4Javé está em seu templo santo,*
no céu está o trono de Javé.*
Seus olhos observam,*
suas pálpebras sondam os seres humanos.
5Javé põe à prova o justo e o ímpio,
mas detesta quem ama a violência.
6Fará chover sobre os ímpios brasa,
fogo e enxofre,*
e um vento abrasador é a porção de
seu cálice.
7Pois justo é Javé, ele ama a justiça,
os bons contemplarão sua face.

12 (11) Pedido de socorro. 1*Ao regente do coro. Na oitava. Salmo de Davi.*

2Socorro, Javé! Os bons estão acabando,*
desaparecem os fiéis entre os filhos
dos homens.*
3Dizem mentiras uns aos outros,*
adulam com os lábios, com um coração
fingido.
4Javé exterminará toda boca mentirosa,
e a língua que fala com arrogância.
5Porque dizem: "Por nossa língua somos fortes,*
nossos lábios nos pertencem;
quem é senhor sobre nós?"
6"Por causa da miséria dos pobres
e do gemido dos necessitados
agora me levanto – diz Javé –*
levarei a salvação a quem a deseja".
7As promessas de Javé são sinceras,*
como prata refinada em forno de barro,
sete vezes depurada.
8Vós, Javé, nos guardareis,
para sempre nos livrareis dessa gente.
9Os ímpios vagueiam por toda parte,
quando entre os filhos dos homens
reina a baixeza.

13 (12) Lamento de um justo na provação. 1*Ao regente do coro. Salmo de Davi.*

2Até quando, Javé, me esquecereis
para sempre?
Até quando me ocultareis vossa face?*
3Até quando terei conflitos em minha
alma,
com tristeza no coração cada dia?
Até quando de mim triunfará o inimigo?
4Olhai, respondei-me, Javé, meu Deus,
conservai-me a luz dos olhos,
para que eu não durma o sono da
morte,
5para que não diga meu inimigo: "Eu
o venci!",*
e não exultem meus adversários se eu
vacilar.
6Mas em vossa misericórdia eu confio.
Alegre-se meu coração em vossa salvação
e cante a Javé pelo bem que me fez.

14 (13) Um mundo sem Deus. 1*Ao regente do coro. De Davi.*

O insensato pensa: "Deus não
existe!"†
São corruptos, fazem coisas abomináveis,*

---

* **10**,16. Jr 10,10; 145,13; Na 2,1 | 18. Dt 10,18 | **11**,1. 91,3; 55,7 | 2. 7,13; 10,8; 37,14; 57,5; 64,4 | 4. Hab 2,20 / 102,20 / Dt 26,15; Is 66,1 | 6. Gn 19,24; Ez 38,22; Ap 20,9; 8,5 | **12**,2. Mq 7,2 / Is 59,15 | 3. Jr 9,7; Is 59,3s; Sl 55,22 | 5. 31,19 | 6. Is 33,10 | 7. 18,31; 19,8; Pr 30,5 | **13**,2. 6,4; 77,8s; 89,47; 94,3; Lm 5,20 | 5. 37,17 | **14**,1. 10,4; 36,2; Sf 1,12

† **14**,1. Salmo quase totalmente igual ao Sl 53. O termo "insensato" significa muitas vezes "ímpio".

não há quem faça o bem.
2Do céu Javé se inclina sobre os homens*
para ver se existe um sábio, alguém que procure a Deus.
3Todos se extraviaram, são todos corruptos;*
não há quem faça o bem, nem um sequer.
4Não entendem nada todos os malvados
que devoram meu povo como se fosse pão?
Não invocam Javé:*
5tremerão de pavor, porque Deus está com a estirpe do justo.
6Quereis confundir as esperanças do pobre,
mas é Javé seu refúgio.
7Venha de Sião a salvação de Israel!
Quando Deus fizer voltar os exilados de seu povo,*
exultará Jacó e Israel se alegrará.

15 Quem é digno de estar diante de Javé?. 1*Salmo de Davi.*

(**14**) Javé, quem pode habitar em vossa tenda?
Quem pode morar em vosso santo monte?
2Aquele que vive na integridade, age com justiça*
e em seu coração fala a verdade;
3que não calunia com sua língua,
não causa dano ao próximo
e não lança insulto ao vizinho.
4A seus olhos é desprezível o malvado,
mas ele honra quem respeita Javé.
Mesmo se jura com dano próprio, não volta atrás;
5se empresta dinheiro, é sem usura,*
e não aceita presentes para condenar o inocente.
Quem agir deste modo ficará firme para sempre.

16 Javé é minha herança. 1*Hino de Davi.*

(**15**) Guardai-me, ó Deus: em vós me refugio.
2Eu digo a Javé: "Sois vós meu Senhor,
fora de vós não tenho bem algum".
3Para os santos que estão na terra, homens nobres,
é toda a minha afeição.
4Multiplicam seus ídolos, correm atrás deles;
não derramarei suas libações de sangue,
nem pronunciarei com meus lábios seus nomes.
5Javé é minha parte da herança e meu cálice.*
Vós garantis minha sorte.
6Um lugar ameno coube-me por sorte†,
maravilhosa é minha herança.
7Bendigo a Javé que me aconselha;
mesmo de noite meu coração me ensina.
8Sempre coloco Javé ante meus olhos;
porque está a minha direita, não vacilo.*
9Disso se alegra meu coração, exulta minha alma;
também meu corpo repousa seguro,
10pois não abandonareis minha vida no abismo,*
nem deixareis vosso santo experimentar a corrupção†.
11O caminho da vida me indicareis;
em vossa presença há plena alegria,
a vossa direita, delícias eternas.

17 Deus esperança do inocente perseguido. 1*Oração de Davi.*

(**16**) Acolhei, Javé, minha justa causa,
sede atento a meu clamor.
Escutai minha prece
feita com lábios sem engano.
2Venha de vós minha sentença,
vossos olhos vejam o que é justo.
3Sondai meu coração, visitai-me de noite,*

---

* **14**,2. 11,4 | 3. Rm 3,11s; Sl 11,3 | 4. Dt 28,67 | 7. 85,2; 126,1 | **15**,2. 119,1 | 5. Êx 22,24; 23,8 | **16**,5. Nm 18,20; Dt 10,9; Eclo 45,20ss | 8. 121,5 | 10. At 2,26ss; 13,35; Sl 49,16; 73,24 | **17**,3. Jó 7,18; 23,10; Sl 26,2; 138,23

† **16**,6. Lit. "o cordel mediu para mim", alusão ao sistema de medir as partes da herança para depois sorteá-las entre os herdeiros. A herança do salmista é o próprio Javé, v.5: tal era a porção dos levitas, Dt 18,1s. | 10. O salmista confia que o amor de Deus por ele é tão forte que Ele vai querer tê-lo sempre consigo, e portanto vai impedir que a morte os separe. É uma esperança, ainda vaga, de ressurreição; mas, partindo desse texto, os apóstolos anunciam a ressurreição de Cristo, At 2,25-28; 13,35

provai-me no fogo: em mim não encontrareis malícia.
4Minha boca não se tornou culpada,*
conforme agem os homens;
seguindo a palavra de vossos lábios,
evitei os caminhos do violento.
5Firmai meus passos em vossos caminhos,*
para que meus pés não vacilem.
6Eu vos invoco, meu Deus, pois me respondeis;
prestai-me ouvidos, escutai minhas palavras.
7Mostrai-me os prodígios de vosso amor;
vós que salvais dos inimigos
quem se refugia a vossa direita.
8Guardai-me como a pupila dos olhos,*
à sombra de vossas asas escondei-me,*
9da vista dos maus que me oprimem,
dos inimigos mortais que me rodeiam.
10Eles fecharam seu coração insensível,
suas bocas falam com arrogância.
11Cercaram agora nossos passos,
em nós fixam os olhos para abater-nos.
12São como um leão que anseia agarrar a presa,*
e um leãozinho que espreita na tocaia.
13Levantai-vos, Javé, enfrentai-os, abatei-os;*
com vossa espada livrai-me dos ímpios,
14com vossa mão, Javé, dos homens deste mundo,
para quem o melhor é esta vida
e cujo ventre está cheio de vossos bens;*
seus filhos ficam saciados
e ainda lhes sobra para os filhos deles.
15Eu, porém, na justiça contemplarei vossa face,*
ao despertar me saciarei de vossa presença†.

18 (17) **Cântico de triunfo**†. 1*Ao regente do coro. Do servo de Javé, Davi, que dirigiu a Javé as palavras desse cântico,* no dia em que Javé o livrou de todos os seus inimigos e de Saul.* 2*Ele disse:*
Eu vos amo, Javé, minha força,
3Javé, meu rochedo, minha fortaleza, meu libertador;*
meu Deus, minha rocha, na qual me refugio;
meu escudo e minha poderosa salvação, meu baluarte.*
4Invoquei Javé, digno de ser louvado,
e fui salvo de meus inimigos.*
5Ondas mortais me rodearam,*
torrentes de perdição me atemorizaram,
6laços infernais me envolveram,
redes de morte me surpreenderam.
7Em minha angústia invoquei Javé,
a meu Deus gritei por socorro;
minha voz ele ouviu de seu templo,
chegou meu grito a seus ouvidos.
8Então a terra se abalou e tremeu;*
vacilaram as bases dos montes,
oscilaram porque ele se indignou.
9Saiu fumaça de suas narinas,
de sua boca, um fogo devorador,
e dele surgiram brasas ardentes.
10Inclinou os céus e desceu
com uma nuvem escura a seus pés.
11Cavalgava um querubim e voou,
pairando nas asas do vento.
12Pôs as trevas como véu a seu redor*
e como tenda, águas escuras e espessas nuvens.
13Do esplendor que o precedia derramaram-se nuvens,
granizo e brasas de fogo.
14Do céu trovejou Javé,*
o Altíssimo soltou sua voz;
granizo e brasas de fogo;
15lançou suas flechas e as espalhou,
multiplicou seus raios e os expulsou.
16E apareceu o fundo do mar,
descobriram-se as bases do mundo,*
por causa de vossa ameaça, Javé,
e do vento de vosso furor.*
17Do alto estendeu a mão e me tomou,
tirou-me das águas profundas.

---

* **17**,4. Jó 23,11s | 5. 17,37 | 8. Dt 32,10s / Sl 36,8; 61,5; 64,8; 91,4 | 12. 10,9; 22,14; 35,17; 56,5 | 13. Jr 15,15s | 14. 73,12 | 15. 4,8; 73,25s | **18**,1. 2Sm 22 | 3. Dt 32,4 / Gn 49,24; Dt 32,15.18.37; 33,17 | 4. 75,5; Lc 1,69 | 5. Dt 13,14 | 8. Êx 19,16ss; Jz 5,4s; Hab 3,3-6.8-13 | 12. Êx 13,21; 19,16; Dt 4,11 | 14. 29; 77,18s; Êx 19,19 | 16. Jó 36,29s; Sl 77,17 / Êx 15,8

† **17**,15. O salmista tem a esperança de ver a Deus depois de despertar do sono da morte. | **18**. Este salmo encontra-se também em 2Sm 22.

18 Livrou-me de inimigos muito fortes,
e dos que me odiavam
porque eram mais fortes que eu.
19 Assaltaram-me no dia de meu infortúnio,
mas Javé foi meu apoio.
20 Levou-me a um lugar espaçoso,
salvou-me porque me ama.
21 Javé me tratou segundo minha justiça,
recompensou-me conforme a pureza de minhas mãos.
22 Pois tenho seguido os caminhos de Javé,
não me apartei perversamente de meu Deus.
23 Tenho ante os olhos todas as suas leis,
não afastei de mim seus preceitos.
24 Tenho sido correto com ele,*
atento para não pecar.
25 Javé me retribuiu segundo minha justiça,
conforme a pureza de minhas mãos diante de seus olhos.
26 Sois bondoso com quem é bondoso,
com quem é íntegro vos mostrais íntegro;
27 com quem é sincero sois sincero,
mas inflexível com o perverso†.
28 Pois vós salvais o povo humilde,*
mas os olhos altivos humilhais.
29 Javé, vós acendeis minha lâmpada,*
meu Deus, aclarai minhas trevas.
30 Sim, convosco sinto-me forte para o ataque,
com meu Deus venço qualquer barreira.
31 Perfeito é o proceder de Deus,*
acrisolada é a palavra de Javé;
ele é um escudo para todos os que nele se abrigam.
32 Pois quem é Deus senão Javé?*
Quem é rochedo senão nosso Deus?
33 Foi Deus que me encheu de força
e tornou perfeito meu caminho;
34 deu-me pés velozes como os das corças*
e me faz estar seguro nas alturas;
35 treinou minhas mãos para a guerra
e meus braços para retesar o arco de bronze.*
36 Vós me destes vosso escudo salvador,
vossa mão direita é meu apoio,
e vossa bondade me engrandeceu.
37 Fizestes-me avançar a largos passos,
e meus pés não vacilaram.
38 Persegui meus inimigos e os alcancei,
não voltei atrás sem tê-los destruído;
39 esmaguei-os e não puderam reerguer-se,
caíram debaixo de meus pés.
40 De força me dotastes para o combate,
dobrastes debaixo de mim meus adversários.
41 Pusestes em fuga meus inimigos;*
exterminei os que me odiavam.
42 Ninguém acudiu quando pediram socorro,
gritaram a Javé, mas não os ouviu.
43 Triturei-os como pó diante do vento,
pisei neles como na lama das ruas.
44 Das conjuras do povo me livrastes,
como chefe das nações me colocastes;*
serviu-me um povo que não conheci.
45 Mal escutam minha voz, obedecem.
Os estrangeiros se inclinam a minha frente.
46 Os povos estrangeiros caem exaustos,
saem tremendo de seus refúgios.
47 Viva Javé e bendito meu rochedo!
Seja exaltado o Deus meu salvador,
48 o Deus que me concedeu vitória
e os povos a mim submeteu;
49 libertou-me de inimigos furiosos,
elevou-me sobre meus agressores
e salvou-me de homens violentos.
50 Por isso vos louvo, ó Javé, entre os povos,*
e com cânticos vosso nome louvarei.
51 "Ele deu a seu rei grandes vitórias,*
foi bondoso com Davi, seu consagrado†,
e com sua descendência para sempre".

---

* **18**,24. Dt 18,13 | 28. Pr 3,34; Jó 22,29 | 29. Jó 29,3 | 31. Dt 32,4; Pr 30,5; Sl 11,7 | 32. Is 44,8; 45,21 | 34. Hab 3,19; Dt 32,13 | 35. Is 58,14 | 41. 20,13 | 44. 2,8s; Ap 2,26ss | 50. Rm 15,9; Sl 7,18 | 51. 1Sm 2,10; Sl 89,29-38

† **18**,27. Deus sairá vencedor de quem se ilude de poder enganá-lo enquanto desobedece à lei divina. | 51. Consagrado pela unção real. Mas na pessoa de Davi está incluído o Messias, herdeiro das promessas divinas a Davi, 2Sm 7,16. As palavras "Cristo" e "Messias" significam ungido, consagrado.

19 (18) Hino ao Deus criador.

[1]*Ao regente do coro. Salmo de Davi.*
[2]Os céus proclamam a glória de Deus*
e o firmamento anuncia a obra de suas mãos†.
[3]O dia passa a mensagem ao outro dia
e a noite conta a notícia à outra noite.
[4]Não é uma fala, nem são palavras,
sua voz não se ouve.
[5]Por toda a terra se difunde seu anúncio*
e aos confins do mundo a sua mensagem†.
Lá ele armou uma tenda para o sol
[6]que surge como o esposo do quarto nupcial;
exulta como um herói que percorre o caminho.
[7]Ele nasce numa extremidade do céu*
e seu percurso alcança o outro extremo;
nada escapa a seu calor.
[8]A lei de Javé é perfeita, conforto para a alma;*
o testemunho de Javé é verdadeiro,
torna sábios os pequenos.
[9]As ordens de Javé são justas,
alegram o coração;
é puro o mandamento de Javé,
ilumina os olhos.
[10]É límpido o temor de Javé, dura para sempre;
os juízos de Javé são verdade, são todos justos.
[11]São mais preciosos que o ouro, que muito ouro fino,*
mais doces que o mel e que o licor de um favo.
[12]Também vosso servo neles se instrui,
em guardá-los há grande recompensa.
[13]Quem pode discernir seus próprios erros?
Perdoai-me os que não vejo.
[14]Também do orgulho salvai vosso servo
para que não me domine;
então serei irrepreensível e imune do grande pecado.
[15]Dignai-vos aceitar as palavras de minha boca
e os pensamentos de meu coração.
Javé, meu rochedo e meu redentor.

20 (19) Oração pela vitória do rei.

[1]*Ao regente do coro, Salmo de Davi.*
[2]Javé te escute no dia da aflição,*
e te proteja o nome do Deus de Jacó.
[3]De seu santuário te mande auxílio*
e de Sião te sustente.
[4]Lembre-se de todos os teus sacrifícios
e aceite teus holocaustos.
[5]O que teu coração deseja ele te dê
e realize todos os teus planos;
[6]para podermos exultar por tua vitória
e desfraldar estandartes em nome de nosso Deus;
conceda-te Javé tudo o que lhe pedes.
[7]Agora sei que Javé salva seu ungido*
e lhe responde de seu santo céu,
com a força vitoriosa de sua mão direita.
[8]Uns confiam nos carros, outros nos cavalos,*
mas nós invocamos o nome de Javé nosso Deus.
[9]Eles tropeçam e caem,
mas nós nos levantamos e ficamos de pé.
[10]Javé, dai ao rei a vitória,
atendei-nos, quando vos invocamos.

21 (20) Ação de graças pela vitória do rei.

[1]*Ao regente do coro. Salmo de Davi.*
[2]Javé, o rei se alegra com vosso poder,
quanto exulta por vossa salvação!
[3]Realizastes o desejo de seu coração,
não rejeitastes o pedido de seus lábios.
[4]Ao encontro dele viestes com venturosas bênçãos;
em sua cabeça pusestes uma coroa de ouro puro.
[5]Ele vos pediu vida, e vida lhe destes,*
longos dias para sempre, sem fim.
[6]Grande é sua glória por vossa salvação,

---

* **19**,2. Gn 1,1-8.14-19; Eclo 43; Sl 93; 147,4s.15-20; Pr 8,22-31; Jó 38,7.31ss; Sl 104 | 5. Rm 10,18 | 7. 65,9 | 8. 119 | 11. 119,127.103 | **20**,2. Pr 18,10; Sl 18,47-50; 44,6 | 3. 1Rs 8,30 | 7. 18,51 | 8. Os 1,7; Sl 33,16s; 147,10s | **21**,5. 2Rs 20,1-7; Is 38,1-20; 1Rs 3,14 | 6. 45,4

† **19**,2. O firmamento, através de sua magnificência, de sua beleza, de sua ordem, é um arauto eloquente do Criador, cuja glória enche o universo (S. Atanásio). | 5. São Paulo cita este texto para dizer que os apóstolos pregaram o Evangelho por todo o mundo, Rm 10,18.

sobre ele pusestes majestade e honra;*
7 vós o fazeis bendito para sempre,
a vossa presença o inundais de alegria.*
8 Porque o rei confia em Javé:
pela misericórdia do Altíssimo jamais vacilará.
9 Tua mão alcançará todos os teus inimigos,
tua mão direita castigará os que te odeiam.*
10 Farás deles como uma fornalha ardente
no dia em que mostrares teu rosto.
Javé os aniquilará em sua ira,
e o fogo os consumirá.
11 Farás sumir da terra seus descendentes*
e sua posteridade dentre os mortais.
12 Se contra ti tramam o mal e fazem intrigas,
nada poderão fazer,
13 porque tu os porás em fuga,*
com teu arco visarás sua face.
14 Levantai-vos, Javé, com vossa força!
Vamos cantar e celebrar vosso poder.

22 (21) O sofrimento redentor do justo†.

1 *Ao regente do coro. Conforme a melodia "A corça da aurora". Salmo de Davi.*
2 Meu Deus, meu Deus, por que me abandonastes?*
Estão longe de me salvar
as palavras de meu clamor.
3 Meu Deus, clamo de dia e não respondeis,
grito de noite e não encontro repouso.
4 Vós, porém, sois o santo,*
vós que habitais entre os louvores de Israel.
5 Em vós confiaram nossos pais,
confiaram e vós os libertastes;
6 a vós clamaram e foram salvos,
esperando em vós não ficaram frustrados.
7 Mas eu sou um verme, e não um homem,
infâmia dos homens e desprezado pelo povo.
8 Zombam de mim todos os que me veem,*
torcem os lábios, sacodem a cabeça:
9 "Confiou em Javé, que ele o salve;*
que o livre, se é seu amigo".
10 Fostes vós que me tirastes do seio materno,*
em segurança me pusestes sobre o peito de minha mãe.
11 A vós fui entregue desde quando nasci,
desde o seio materno vós sois meu Deus.
12 Não fiqueis longe de mim,* pois a angústia está próxima
e não há quem me ajude.
13 Rodeiam-me touros numerosos,
cercam-me touros de Basã.
14 Contra mim escancaram a boca
como um leão que dilacera e ruge.*
15 Como água sou derramado,
deslocam-se todos os meus ossos.
Como a cera se tornou meu coração:
derrete-se dentro de meu peito.
16 Está seca minha garganta como um caco,
minha língua ficou colada ao céu da boca,
na poeira da morte me deitastes.
17 Um bando de cachorros me rodeia,
circunda-me uma corja de bandidos.
Traspassaram minhas mãos e meus pés,
18 posso contar todos os meus ossos.
Eles me olham, me observam,
19 repartem entre si minhas roupas*
sobre minha túnica tiram a sorte.
20 Mas vós, Javé, não fiqueis longe,
minha força, vinde logo em meu socorro.
21 Livrai da espada minha alma,
das unhas do cão, minha única vida.*
22 Da boca do leão e dos chifres dos búfalos
salvai este pobre que sou eu.
23 Anunciarei vosso nome a meus irmãos,*
no meio da assembleia vou louvar-vos.

* **21**,7. 16,11 | 9. 18,36 | 11. 109,13; Jó 18,19 | 13. 18,41 | **22**,2. Is 52,13-53,12; Mt 27,46; Is 49,14; 54,7 | 4. Lv 17,1; Is 6,3 | 8. Mt 27,39 | 9. Mt 27,43; Sb 2,18ss | 10. Is 44,2.24 | 12. 35,22; 38,22; 40,14; 71,12 | 14. 17,12 | 19. Mt 27,35; Jo 19,24 | 21. 7,3; 17,12; 57,5 | 23. Hb 2,12; 40,10

† **22**. O justo descreve seus sofrimentos e sente que de seu sacrifício nasce uma vida nova para seu povo e para o mundo. Como os cânticos do Segundo Isaías, sobretudo Is 52,13–53,12, também este salmo prenuncia a Paixão de Cristo.

24 Louvai a Javé, vós que o temeis,
dai-lhe glória, toda a raça de Jacó,
temei-o, toda a estirpe de Israel.
25 Pois ele não desprezou nem desdenhou a dor do aflito;
não lhe ocultou sua face,
mas o atendeu quando gritou por socorro.
26 De vós vem meu louvor na grande assembleia.
Cumprirei meus votos diante dos que o temem.
27 Os pobres comerão e ficarão fartos,
a Javé louvarão os que o buscam:
"Viva para sempre o coração deles!"
28 Recordarão e voltarão a Javé*
todos os confins da terra;
diante dele se prostrarão
todas as famílias das nações.
29 Pois o reino pertence a Javé,*
ele domina sobre as nações.
30 Só diante dele se prostrarão
os que dormem sob a terra;
diante dele se curvarão os que descem ao pó.
Quanto a mim, para ele viverei,*
31 a ele servirá minha descendência.
Do Senhor se falará à geração futura;
32 anunciarão sua justiça ao povo que vai nascer:
"Eis a obra do Senhor!"

23 (22) O bom pastor†. *Salmo de Davi.*

Meu pastor é Javé, nada me falta.*
2 Em verdes prados me faz descansar,
a águas tranquilas me conduz.*
3 Restaura minhas forças;
pelo justo caminho me guia*
por amor de seu nome.
4 Se eu tiver de andar por um vale escuro,*
não temerei mal nenhum, pois comigo estais.
Vosso bastão e vosso cajado me dão segurança.
5 Diante de mim preparais* uma mesa†
aos olhos de meus inimigos;
ungis com óleo minha cabeça,*
meu cálice transborda.
6 Felicidade e graça vão me acompanhar
todos os dias de minha vida.
E na casa de Javé habitarei*
por muitíssimos anos.

24 (23) Entrada no templo. 1 *Salmo de Davi.*

A Javé pertence a terra e tudo o que nela existe,*
o mundo e os que nele habitam.
2 Pois foi ele que a estabeleceu sobre os mares*
e firmou-a sobre os rios.
3 Quem vai subir ao monte de Javé,*
quem pode permanecer em seu santuário?
4 Quem tem mãos inocentes e coração puro,
quem não corre atrás de vaidades
e não jura falsamente.
5 Este obterá de Javé a bênção
e a justiça de Deus seu salvador.
6 É esta a gente que o procura,
que procura a face do Deus de Jacó.*
7 Levantai, ó portas, vossos frontões,*
erguei-vos, portas eternas,
para que entre o rei da glória.*
8 Quem é este rei da glória?
É Javé, forte e poderoso,
Javé, poderoso no combate.
9 Levantai, ó portas, vossos frontões,
erguei-vos, portas eternas,
para que entre o rei da glória.*
10 Quem é este rei da glória?
Javé dos exércitos† – é ele o rei da glória.*

25 (24) Confiança do justo. 1 *De Davi.*

Alef A vós, Javé, elevo minha alma,*
2 meu Deus;

---

* **22**,28. Is 45,22; 52,10 | 29. Zc 14,9; Ab 21 | 30. Is 53,10; Sl 48,14; 71,18; 78,6; 102,19 | **23**,1. Ez 34,1; Jo 10,10s | 2. Ap 7,17 | 3. Is 40,31; Jr 31,25; Pr 4,11; Sl 115,1 | 4. Is 50,10; Jó 10,21s | 5. 22,27 / 63,6 | 6. 27,4 | **24**,1. Is 66,1s; Sl 89,12; 1Cor 10,26 | 2. 75,4; Is 42,5 | 3. 15 | 6. 27,8s | 7. 2Sm 6,12-16; Sl 118,19s / Ez 44,2; Ml 3,1; 1Cor 2,8 | 10. 1Sm 1,3 | **25**,1. 86,4

† **23**. Deus se mostra bondoso para seus fiéis como um pastor e um hospedeiro. | 5. O banquete messiânico, imagem da glória futura, da qual a Eucaristia é a antecipação, o penhor. | **24**,10. Deus é senhor dos exércitos celestes – os anjos –, das estrelas e dos esquadrões do povo eleito.

Bet em vós me refugio:
que eu não fique frustrado!
Não se alegrem sobre mim meus inimigos!
Guimel [3]Não fique envergonhado nenhum dos que em vós esperam;*
fique envergonhado quem é infiel por um nada.
Dalet [4]Mostrai-me, Javé, vossos caminhos,*
ensinai-me vossas veredas.
Hê [5]Fazei-me caminhar em vossa verdade e instruí-me,
porque sois o Deus que me salva,
(Waw) e em vós sempre esperei.
Záin [6]Lembrai-vos, Javé, de vossa misericórdia
e de vosso amor, que são eternos.
Het [7]*Não* recordeis os pecados de minha juventude*
e minhas transgressões;
lembrai-vos de mim em vossa misericórdia,
por causa de vossa bondade, Javé!
Tet [8]Bom e reto é Javé,
por isso indica aos pecadores o caminho;
Yod [9]guia os humildes na justiça,
aos pobres ensina seu caminho.
Kaf [10]Todas as veredas de Javé são amor e verdade*
para quem observa sua aliança e seus preceitos.
Lamed [11]Javé, por causa de vosso nome,
perdoai meu pecado, que é grande.
Mem [12]Qual é o homem que teme a Javé?*
Ele lhe indicará o caminho que deve escolher.
Nun [13]Sua alma gozará de bem-estar,
sua descendência possuirá a terra.*
Samec [14]A amizade de Javé é para os que o temem,
dá-lhes a conhecer sua aliança.
Áin [15]Tenho os olhos fixos em Javé,*
pois ele livra do laço meus pés.
Pê [16]Voltai-vos para mim, tende piedade,*
porque sou sozinho e infeliz.
Çade [17]Aliviai as angústias de meu coração,
livrai-me de meus tormentos.
(Qof) [18]Vede minha miséria e meu sofrimento,
e perdoai todos os meus pecados.
Resh [19]Olhai meus inimigos: eles são muitos;
e me detestam com ódio violento.
Shin [20]Protegei-me, dai-me a salvação;*
que eu não fique envergonhado, pois em vós me refugio.
Taw [21]Que me guardem a integridade e a retidão,
porque em vós tenho esperado.
[22]Ó Deus, livrai Israel de todas as suas angústias.*

26 Oração confiante de um inocente. [1]*De Davi.*

(25) Javé, fazei-me justiça,
pois tenho caminhado na retidão.
Confio em Javé, não hei de vacilar.
[2]Javé, sondai-me e ponde-me à prova,*
testai no fogo meu coração e minha mente.
[3]Vossa bondade está diante de meus olhos
e em vossa verdade tenho caminhado.
[4]Não vivo em companhia de homens falsos*
nem ando com gente mentirosa.
[5]Detesto o convívio dos maus,*
não fico no meio dos ímpios.
[6]Lavo na inocência minhas mãos*
e andarei ao redor de vosso altar, Javé,
[7]para fazer ressoar ações de graças
e proclamar todas as vossas maravilhas.
[8]Javé, gosto da casa onde morais*
e do lugar onde reside vossa glória.
[9]Não arrasteis minha alma junto com os pecadores,*
nem minha vida com os sanguinários,
[10]pois nas mãos deles está a perfídia,
sua mão direita está cheia de subornos.
[11]Quanto a mim, é reto meu caminho;*
resgatai-me e tende misericórdia.
[12]Meu pé está firme na retidão;
nas assembleias bendirei a Javé.*

---

* **25**,3. 22,6; 40,15s; Is 49,23; 50,7 | 4. 27,11; 86,11; 119,35; 143,8 | 7. Jó 13,26; Is 64,8; 106,4 | 10. 85,10s | 12. Pr 19,23 | 13. 37,9.29; Is 57,13 | 15. 123,1; 141,8s | 16. 86,16; 119,32 | 20. 16,1 | 22. 130,8 | **26**,2. 7,10; 17,3; 139,23 | 4. 119,30 | 5. 1,1 | 6. 73,13; Mt 27,24 | 8. 29,9; 63,3 | 9. 28,3 | 11. 25,16 | 12. 22,23; 40,11; 52,11

27 Confiança em Deus nos perigos.

1 *De Davi.*
(26) Javé é minha luz e minha salvação;*
de quem terei medo?
É Javé quem defende minha vida;
a quem temerei?
2 Quando me assaltam os malvados
para devorar-me a carne,*
são eles, os adversários e inimigos,
que tropeçam e caem.
3 Se contra mim acampa um exército,
meu coração não teme;
se contra mim enfurece a batalha,
mesmo então tenho confiança.
4 Uma só coisa peço a Javé, só isto desejo:
morar na casa de Javé todos os dias de minha vida*
para gozar da suavidade de Javé
e contemplar seu santuário.
5 Ele me dá abrigo em sua tenda*
no dia da desgraça.
Esconde-me em sua morada,*
sobre o rochedo me eleva.
6 E agora levanto a cabeça
sobre os inimigos que me rodeiam;
imolarei em sua tenda sacrifícios de louvor,
hinos de alegria cantarei a Javé.
7 Ouvi, Javé, minha voz;
eu clamo, tende piedade de mim! Respondei-me!
8 De vós meu coração disse: "Buscai minha face".*
Vossa face, Javé, eu busco.
9 Não me escondais vossa face,
não rejeiteis com ira vosso servo.
Sois meu auxílio, não me deixeis,
não me abandoneis, Deus meu salvador.
10 Ainda que pai e mãe me abandonem,
Javé me acolhe.*
11 Mostrai-me, Javé, vosso caminho,*
guiai-me pela reta estrada por causa de meus inimigos.
12 Não me entregueis ao arbítrio de meus adversários;
pois contra mim se levantaram falsas testemunhas
que só respiram violência.
13 Tenho certeza de que vou contemplar
a bondade de Javé na terra dos vivos.*
14 Espera em Javé, sê forte,
anima teu coração e espera em Javé.

28 Súplica e ação de graças.

1 *De Davi.*
(27) A vós eu clamo, Javé, meu rochedo;
não fiqueis surdo a minha voz.*
Pois, se não me falais,
serei como quem desce à sepultura.
2 Escutai a voz de minha súplica quando vos imploro,
quando elevo as mãos* para vosso santuário†.
3 Não me arrasteis com os ímpios*
e com os que praticam o mal.
Falam de paz com seu próximo,*
mas têm no coração a maldade.
4 Tratai-os conforme suas obras, Javé,
e segundo a malícia de seus atos.
Pagai-lhes de acordo com suas ações,
dai-lhes o salário merecido.*
5 Pois não atendem às obras de Javé,
nem ao que fazem suas mãos.
Que ele os destrua e não os reedifique!
6 Bendito seja Javé*
que ouviu a voz de minha súplica.
7 Javé é minha força e meu escudo;
meu coração nele confia;
socorreu-me, por isso exulta meu coração,
com meu canto dou-lhe graças.
8 Javé é a força de seu povo,
o refúgio salvador de seu ungido.
9 Salvai vosso povo e abençoai vossa herança,*
guiai-os e para sempre sustentai-os.

29 A voz poderosa de Javé.*

1 *Salmo de Davi.*
(28) Ofertai a Javé, filhos de Deus,*
ofertai a Javé glória e poder.
2 Dai a Javé a glória devida a seu nome,
adorai a Javé em sua santa aparição.

---

* **27**,1. 18,29; 36,10; 43,3 | 2. Jó 19,22; Sl 14,4 | 4. 23,6; 42,3 | 5. Ap 7,15s / 31,32; 18,3 | 8. 24,6; 105,4 | 10. Jr 31,20; Os 11,8; Is 49,15 | 11. 86,11; 25,4 | 13. 115,9; 142,6 | **28**,1. 18,3 | 2. 5,8; 134,2; 1Rs 8,48 | 3. 26,9 / 11,3; 55,22; 62,5; Pr 26,24s | 4. Jr 50,29 | 6. 52,7 | 9. 3,9; 29,11; Dt 32,11 | **29**. 18,14; 68,9; 77,17ss; 97,2-6; 144,5s; Êx 19,9; Hab 3 | 1. 96,7s

† **28**,2. Os hebreus e os primeiros cristãos rezavam de pé, com as mãos erguidas; os hebreus, voltados para o templo.

[3]Eis a voz de Javé sobre as águas!*
O Deus glorioso troveja,
Javé, sobre a imensidão das águas.
[4]Poderosa é a voz de Javé;
é majestosa a voz de Javé.
[5]A voz de Javé quebra os cedros,
Javé quebra os cedros do Líbano.
[6]Faz saltar como um bezerro o Líbano*
e o Sarion, como bois selvagens.
[7]A voz de Javé espalha chamas de fogo;*
[8]a voz de Javé estremece o deserto,
Javé estremece o deserto de Cades.
[9]A voz de Javé retorce os carvalhos
e desnuda as florestas.
E em seu templo todos dizem: "Glória!"
[10]Na tempestade tem Javé seu trono,*
Javé se assenta como rei eterno.
[11]Javé dará força a seu povo,*
Javé abençoará seu povo com a paz.

30 (29) Ação de graças pela libertação da morte.

[1]*Salmo de Davi. Cântico para a dedicação do templo.**
[2]Eu vos exalto, Javé, porque me livrastes
e não deixastes rir de mim meus inimigos.
[3]Javé, meu Deus, a vós clamei e me curastes.
[4]Javé, me fizestes subir do abismo,
me reanimastes para eu não descer à sepultura.
[5]Cantai hinos a Javé, vós que o amais,*
celebrai seu memorial santo;
[6]porque sua ira dura um instante,
mas sua bondade, por toda a vida.
Se de tarde sobrevém o pranto,
de manhã chega a alegria.
[7]Quando eu era feliz, eu disse:
"Nada me fará vacilar!"
[8]Em vossa bondade, Javé,
me fizestes mais firme que um monte;
mas quando escondestes vosso rosto,*
eu fiquei conturbado.
[9]A vós eu clamo, Javé,
a meu Senhor peço socorro.
[10]Que proveito tendes se eu morro,
se baixo à sepultura?
Acaso o pó vos poderá louvar*
e proclamar vossa fidelidade?†
[11]Atendei, Javé, tende piedade,
Javé, vinde em meu auxílio.
[12]Mudastes em alegria meu lamento,
minha veste de luto em roupa de festa,*
[13]para que meu coração vos cante sem cessar.
Javé, meu Deus, eu vos louvarei para sempre.

31 (30) Súplica de um aflito.

[1]*Ao regente do coro. Salmo de Davi.*
[2]Em vós, Javé, me refugiei,*
não seja eu jamais envergonhado;
por vossa justiça livrai-me!
[3]Inclinai para mim vosso ouvido,
vinde depressa libertar-me.
Sede para mim um rochedo protetor,*
a fortaleza que me salva.
[4]Porque sois minha rocha e meu baluarte,
por vosso nome me conduzis e me guiais.
[5]Livrai-me do laço que me armaram,
porque sois meu protetor.
[6]Em vossas mãos entrego meu espírito;
vós me remistes, Javé, Deus fiel.*
[7]Odiais os que seguem ídolos vãos;
quanto a mim, é em Javé que espero.
[8]Eu me alegrarei e exultarei por vosso amor,
porque olhastes para minha miséria,
e as angústias de minha alma compreendestes.
[9]Não me entregastes às mãos do inimigo,
mas pusestes meus pés em lugar seguro.
[10]Piedade de mim, Javé, pois me sinto angustiado;*
definham de tristeza meus olhos, meu corpo e minha alma.

---

* **29**,3. 77,19; 104,7; Is 30,30; Ez 10,5 | 6. 114,4 | 7. Hab 3,11 | 10. Gn 6-9; Is 54,9 | 11. Dn 7,27 | **30**,1. Esd 6,16; 1Mc 4,36s | **30**,5. 7,18; 97,12; Is 54,7s; Jó 14,13; Sl 17,15 | 8. 104,29 | 10. Is 38,18; Sl 6,6; 88,11s | 12. Jr 31,13; Is 61,3; Sl 126; Est 9,22 | **31**,2. 71,1s | 3. 18,3; 71,3 | 6. Lc 23,46; At 7,59 | 10. 35; 38; 69; 71

† **30**,10. Ver a nota em Sl 6,6. A vida no além-túmulo era imaginada como uma vida de sombras, num total esquecimento de Deus.

[11]Sim, na dor se gasta minha vida,
e meus anos entre gemidos;
por causa de minha culpa decaiu meu vigor,
e meus ossos se consomem.*
[12]De todos os meus adversários tornei-me o opróbrio,
alvo de zombaria para meus vizinhos,
um terror para meus conhecidos:*
quem me vê pela rua foge de mim.
[13]Caí no esquecimento como um morto;
sou como um vaso quebrado.
[14]Pois ouvi a calúnia de muitos;*
terror por todos os lados.
Reuniram-se contra mim,
tramando acabar com minha vida.
[15]Mas eu em vós espero, Javé,
repito: sois vós meu Deus.
[16]Na vossa mão está meu destino;
livrai-me de meus inimigos e dos que me perseguem.
[17]Sobre vosso servo fazei brilhar vossa face,
salvai-me por vossa misericórdia.
[18]Javé, não seja eu confundido, pois vos invoquei;
confundidos sejam os ímpios,
desçam mudos ao abismo.
[19]Emudeçam as bocas mentirosas,
que falam contra o justo com insolência,
com soberba e desprezo.
[20]Como é grande vossa bondade,
que reservastes aos que vos temem,
que demonstrais aos que em vós se refugiam
diante dos filhos dos homens!
[21]Sob o abrigo de vossa face os defendeis,
longe das intrigas humanas;
sob a tenda os protegeis,*
longe das línguas maldosas.*
[22]Bendito seja Javé
que engrandeceu sua misericórdia para comigo
numa cidade fortificada.
[23]Em minha prostração eu dizia:
"De vossa presença fui expulso".*
Mas ouvistes a voz de minha súplica,
quando por vós clamei.
[24]Amai a Javé, vós todos, seus santos!*
Javé defende seus fiéis,
mas trata com rigor os que agem com soberba.
[25]Tende coragem e um coração firme,
vós todos que esperais em Javé.

32 (31) Ação de graças pelo perdão dos pecados*.

[1]*Poema de Davi.*
Feliz aquele a quem foi cancelada a culpa
e foi perdoado o pecado.
[2]Feliz o homem ao qual Javé não atribui iniquidade*
e em cujo espírito não há engano.
[3]Enquanto eu me calava,
meus ossos consumiam-se,*
eu gemia o dia inteiro.
[4]Pois dia e noite sobre mim pesava vossa mão,
e meu vigor transformou-se em seca de verão.
[5]Revelei-vos meu pecado,*
meu erro não escondi.
Eu disse: "Confessarei a Javé minhas culpas",
e vós perdoastes a malícia de meu pecado.*
[6]Por isso a vós suplica todo fiel no tempo oportuno.
Quando irrompem grandes águas, não o poderão atingir†.
[7]Vós sois meu refúgio, da angústia me guardais,
com cantos de libertação me rodeais.
[8]"Vou instruir-te, vou indicar-te o caminho a seguir;
com os olhos sobre ti, eu te darei conselho.*
[9]Não sejas como o cavalo ou o jumento sem inteligência
que se dominam com freio e rédea,
de outra forma, de ti não se aproximam".
[10]Serão muitas as dores do ímpio,

* **31**,11. 6,3 | 12. Jó 19,13-19; 38,12 | 14. Jr 20,10; Sl 41,6 | 21. 37,5 / Ap 7,15s; Jó 5,21; Sl 109,3 | 23. 60,11; Is 26,1 | 24. 37,34s | **32**. Os 14,3; Is 1,18; Pr 28,13; Tg 5,16; 1Jo 1,9 | 2. Rm 4,7s | 3. 31,11 | 5. Jó 31,33; Sl 51,5 / 51,3s | 8. 33,18

† **32**,6. As grandes águas simbolizam calamidades ou graves perigos.

mas a graça envolve quem confia em
Javé.
11Alegrai-vos em Javé e exultai, ó justos;*
jubilai, vós todos, retos de coração!

33 (32) Hino à providência divina.

1Exultai, ó justos, em Javé;
aos homens retos convém louvá-lo.
2Louvai a Javé com a cítara,*
com a harpa de dez cordas cantai-lhe.
3Entoai-lhe um cântico novo,*
salmodiai com arte e aclamai.
4Pois reta é a palavra de Javé,
e fidelidade toda a sua obra.*
5Ele ama a justiça e o direito†;
da misericórdia de Javé a terra está cheia.
6Pela palavra de Javé foram feitos os céus,*
e todo o seu exército, pelo sopro de sua boca.*
7Como num odre ajunta as águas do mar,
encerra em comportas os oceanos.*
8Tema a Javé toda a terra,*
tremam diante dele todos os habitantes do mundo;
9pois ele falou e a criação se fez,
deu uma ordem e ela existiu.*
10Javé anula os projetos das nações,
frustra os intentos dos povos.
11Mas o plano de Javé perdura para sempre,*
os desígnios de seu coração, por todas as gerações.
12Feliz a nação que tem Javé como Deus,*
o povo que escolheu por sua herança.
13Do céu Javé está olhando,*
ele vê a humanidade inteira.
14Do lugar onde mora observa
todos os habitantes da terra.
15Foi ele que lhes formou o coração,*
ele discerne tudo o que fazem.
16O rei não se salva por um forte exército,
nem o herói por seu grande vigor.
17O cavalo não garante a vitória,*
com toda a sua força não pode salvar.
18O olhar de Javé está sobre os que o temem,*
sobre os que esperam em seu amor,
19para da morte livrá-los
e conservar-lhes a vida em tempo de fome.
20Nossa alma espera em Javé,
é ele nosso auxílio e nosso escudo.*
21Nele se alegra nosso coração,
porque confiamos em seu santo nome.
22Javé, esteja sobre nós vossa misericórdia,*
do modo como esperamos em vós.

34 (33) Javé, protetor dos justos.

1*De Davi, quando se fingiu de doido diante de Abimelec e, expulso por ele, retirou-se.*
Alef 2Bendirei a Javé em todo o tempo,
seu louvor estará sempre em minha boca.
Bet 3Em Javé se gloria minha alma,
ouçam os humildes e se alegrem.
Guimel 4Celebrai comigo a Javé,
exaltemos juntos seu nome.
Dalet 5Busquei a Javé, e ele me respondeu
e de todos os meus temores me livrou.
Hê 6Olhai para ele e sereis iluminados,
vossas faces não ficarão envergonhadas.
Záin 7Este pobre clamou e Javé o ouviu:
de todas as suas angústias o livrou.
Het 8O anjo de Javé acampa*
em volta dos que o temem e os salva.
Tet 9Provai e vede como é bom Javé;*
feliz o homem que nele se abriga.
Yod 10Temei a Javé, vós, seus fiéis,
pois nada falta aos que o temem†.
Kaf 11Os ricos empobrecem, passam fome,
mas nada falta a quem busca Javé.

---

* **32**,11. 33,1 | **33**,2. 32,11; 92,2; 147,1 | 3. 92,4; 144,9 | 4. 89,15 | 6. 119,64 / Gn 2,1 | 7. Gn 1,9s; Jó 38,8-11.22 | 8. Êx 15,8; Sl 78,13 | 9. Gn 1,3s; Is 48,13; Sl 148,5 | 11. Is 40,8; 46,10 | 12. 144,15; Êx 19,6 | 13. Jó 34,21 | 15. Zc 12,1; Sl 94,9ss; 139,1-16 | 17. Os 1,7 | 18. 32,8; 34,16 | 20. 115,9s | 22. 90,17 | **34**,8. Êx 14,19 | 9. 1Pd 2,3 / Sl 2,12

† **33**,5. Justiça e direito significam a obediência aos mandamentos de Deus. | **34**,10. O temor de Deus consiste em reconhecer a supremacia de Deus sobre a própria vida e exprimir esse reconhecimento fazendo Sua vontade e adorando-o.

Lamed 12Vinde, filhos, escutai-me:*
eu vos ensinarei o temor de Javé.
Mem 13Quem é que ama a vida*
e deseja longos dias para saborear o bem?
Nun 14Preserva tua língua do mal,
e teus lábios de palavras mentirosas.
Samec 15Evita o mal e faze o bem,*
busca a paz e persegue-a.*
Áin 16Os olhos de Javé estão voltados para os justos,
seus ouvidos estão atentos a seu grito de socorro.
Pê 17Javé afasta seu rosto dos maus,
para cancelar da terra a lembrança deles.
Çade 18Clamam os justos e Javé os ouve,
e os livra de todas as suas angústias.
Qof 19Javé está perto dos que têm o coração ferido,*
e salva os de ânimo abatido.*
Resh 20Muitas são as aflições do justo,
mas de todas Javé o livra.
Shin 21Preserva todos os seus ossos,
nem um só deles se quebrará.*
Taw 22A malícia mata o ímpio,
e quem odeia o justo será punido.
23Javé resgata a vida de seus servos;
dos que nele confiam nenhum será punido.

35 (34) **Invocação contra os perseguidores.** 1*De Davi.*

Javé, julgai os que me acusam,
combatei os que me combatem.
2Empunhai o escudo e a couraça
e levantai-vos para me defender.
3Vibrai a lança e o dardo
contra meus perseguidores.
Dizei a minha alma: "Sou eu tua salvação".*
4Sejam confundidos e cobertos de vergonha*
os que ameaçam minha vida;
voltem para trás e sejam envergonhados
os que tramam minha ruína.
5Sejam como a palha diante do vento,*
quando o anjo de Javé os expulsar.
6Seja escura e escorregadia sua estrada,
e que o anjo de Javé os persiga.
7Pois sem motivo me armaram seu laço,
sem razão cavaram uma fossa para mim.
8Venha sobre eles a ruína de repente,*
e que os prenda a rede que armaram;
nela caiam para sua ruína.
9Mas minha alma se alegre em Javé,
exulte com sua salvação.
10Digam todos os meus ossos:*
"Javé, quem é semelhante a vós,
que livrais do mais forte o indefeso,
o pobre e o desvalido, de quem os explora?"
11Levantam-se testemunhas mentirosas,*
querem saber de mim o que não sei.
12Pagam-me o bem com o mal,*
desolação para minha alma.
13Eu, porém, quando eles adoeciam,
vestia-me de saco, com jejum me afligia,
e ecoava em meu peito minha súplica.
14Como por um amigo, ou por um irmão, me angustiava,
como quem está de luto pela mãe, eu andava curvado.
15Mas agora que estou sofrendo,
eles se alegram e se reúnem,
contra mim se reúnem para ferir-me
sem que eu o saiba;
dilaceram-me sem trégua.
16Atacam-me, zombam de mim,
rangem os dentes contra mim.
17Senhor, até quando ficareis olhando?
Livrai minha alma da violência deles,
e desses leões minha única vida!*
18Eu vos darei graças na grande assembleia*
e vos louvarei no meio de um povo numeroso.
19Não riam de mim meus inimigos gratuitos,*
nem pisquem os olhos os que me odeiam sem razão.*
20Pois eles não falam de paz,*
mas contra os mansos da terra tramam intrigas.

---

* **34**,12. Pr 1,8; 4,1 | 13. 1Pd 3,10ss | 15. 37,27 / Mt 5,9 | 19. 51,19 / Mt 11,29s | 21. Jo 19,36 | **35**,3. 27,1 | 4. 71,13; 40,15 | 5. 1,4; 83,13 / 34,8; Jr 23,12 | 8. Is 47,11 | 10. 51,10; 85,8 | 11. 26,12; Mt 26,59s | 12. 38,21; 109,5 | 17. 17,12; 22,21s | 18. 22,23 | 19. 38,17 / 69,5 | 20. 120,6s

[21]Contra mim escancaram a boca e dizem:
"Ah! Ah! vimos com nossos olhos!"*
[22]Vistes, Javé, não fiqueis mudo!
Senhor, não fiqueis longe de mim!*
[23]Despertai e levantai-vos para defender-me,
meu Deus e meu Senhor, defendei minha causa!
[24]Julgai-me segundo vossa justiça,
Javé meu Deus; que não se riam de mim.
[25]Que não possam dizer entre si:*
"Ah! é isto que queríamos!"
nem digam: "Nós o devoramos".
[26]Fiquem confusos todos juntos e cobertos de ignomínia
os que se alegram com meus males;
sejam cobertos de confusão e de opróbrio
os que se elevam contra mim.
[27]Exultem e rejubilem
os que se alegram com minha justiça
e possam dizer sempre: "Seja exaltado Javé*
que zela pela paz de seu servo".
[28]E minha língua proclamará vossa justiça
e vosso louvor todo dia.

36 (35) Maldade humana e bondade divina.

[1]*Ao regente do coro. De Davi, servo de Javé.*
[2]No coração do ímpio fala o pecado;
não há temor de Deus ante seus olhos.*
[3]Porque adula a si próprio,
não pode descobrir e detestar seu erro.
[4]Suas palavras são maldade e engano,
deixou de entender e de fazer o bem.
[5]Trama em seu leito a maldade,*
obstina-se no caminho que não serve,
não quer rejeitar o mal.
[6]Javé, vossa misericórdia chega até o céu,*
e até as nuvens, vossa fidelidade.
[7]Vossa justiça é como os montes mais altos,
vossos juízos, como o grande abismo:
por eles salvais os homens, Javé.
[8]Como é preciosa vossa misericórdia, ó Deus!
Por isso os filhos dos homens se refugiam*
à sombra de vossas asas.
[9]Da abundância de vossa casa eles se fartam;*
da torrente de vossas delícias lhes dais de beber.
[10]Pois em vós está a fonte da vida;*
em vossa luz vemos a luz†.
[11]Estendei vossa misericórdia aos que vos conhecem
e vossa justiça aos retos de coração.
[12]Que o pé dos soberbos não me alcance
e que a mão dos ímpios não me expulse.
[13]Caíram os que cometem o pecado,
abatidos, não podem levantar-se.

37 (36) A sorte dos bons e a dos maus†.

[1]*De Davi.*
Alef Não te irrites por causa dos maus*
nem invejes os malfeitores.
[2]Porque logo serão cortados como a relva
e como o mato verde vão secar.
Bet [3]Espera em Javé e faze o bem:
habitarás na terra e viverás seguro.
[4]Põe em Javé tuas delícias,
e ele te dará o que teu coração deseja.
Guimel [5]Entrega a Javé teu futuro,*
espera nele, que ele vai agir.
[6]Fará brilhar como a luz tua justiça
e teu direito como o meio-dia.*
Dalet [7]Descansa em Javé e nele espera.
Não te irrites por causa dos que prosperam em seu caminho
e executam seus maus intentos.
Hê [8]Desiste da ira, renuncia ao furor,
não te irrites, o que é de certo um mal.
[9]Pois os malfeitores serão exterminados,
mas herdarão a terra os que esperam em Javé.*

---

* **35**,21. Lm 2,16 | 22. 38,22 | 25. 40,16; Ez 25,3; 26,2 | 27. 40,17 | **36**,2. Rm 3,18 | 5. Mq 2,1 | 6. 57,11; 71,19 | 8. 17,8 | 9. 63,6 | 10. 16,11; 46,5 | **37**,1. Pr 23,17; 24,1.19; Ml 2,17; Sl 90,6; 103,15; Is 40,7 | 5. Pr 3,5 | 6. Is 58,10; Sb 5,6 | 9. 25,13

† **36**,10. A luz do olhar de Deus ilumina os olhos de nosso coração e ensina-nos a ver tudo na luz de Sua verdade e de Sua misericórdia para com todos. | **37**. Por que os maus, em vez de receber castigos, levam uma vida feliz? O salmista responde que é uma felicidade passageira, como passageira é a provação do justo.

Waw [10]Daqui a pouco não existirá o ímpio;
olharás para seu lugar e não o encontrarás.
[11]Mas os humildes herdarão* a terra†
e gozarão de uma paz imensa.
Záin [12]O ímpio trama contra o justo
e range os dentes contra ele.
[13]Dele se ri o Senhor,
pois vê chegar seu dia.
Het [14]Os maus puxam a espada e armam o arco
para abater o pobre e o necessitado,
para matar os de reta conduta.
[15]Mas sua espada penetrará em seu próprio coração,
seus arcos serão quebrados.
Tet [16]Mais vale o pouco que tem o justo*
do que as riquezas de muitos ímpios.
[17]Pois os braços dos ímpios se quebrarão,
mas Javé confirma os justos.
Yod [18]Javé conhece os dias dos inocentes,
eterna será a herança deles.
[19]No tempo do infortúnio não serão confundidos
e nos dias de fome serão saciados.
Kaf [20]Os ímpios, porém, morrerão,
os inimigos de Javé como os prados mais belos vão secar
e desaparecer como a fumaça.
Lamed [21]O ímpio toma emprestado e não devolve,
mas o justo tem piedade e doa.
[22]Pois os que Javé abençoa possuirão a terra,
mas serão exterminados os que ele amaldiçoa.
Mem [23]Javé firma os passos do homem,*
e seu caminho lhe agrada.
[24]Se ele cair, não ficará prostrado,
pois Javé o segura pela mão.
Nun [25]Fui jovem e agora sou idoso:
mas nunca vi um justo abandonado
nem um descendente seu mendigando pão.
[26]Sempre se compadece e empresta,
e sua posteridade é abençoada.
Samec [27]Foge do mal e faze o bem*
e terás uma morada para sempre.
[28]Pois Javé ama a justiça
e não abandona seus fiéis.
Áin Os maus serão destruídos para sempre,
a descendência dos ímpios será eliminada.
[29]Os justos possuirão a terra
e nela para sempre habitarão.
Pê [30]A boca do justo fala a sabedoria,
sua língua diz o que é justo†.
[31]A lei de seu Deus está em seu coração,*
não vacilarão seus passos.
Çade [32]O malvado espreita o justo
e busca um modo de o matar.
[33]Javé não abandona o justo na mão do ímpio,
não deixa que seja condenado no julgamento.
Qof [34]Espera em Javé e guarda seu caminho.
Ele te exaltará, para herdares a terra;
verás o extermínio dos ímpios.
Resh [35]Eu vi o ímpio em sua arrogância*
crescendo como um cedro frondoso†;
[36]passei depois e não estava mais lá,
procurei-o e não o encontrei.
Shin [37]Observa o justo e vê o homem reto,
pois o homem de paz terá uma descendência.*
[38]Mas os rebeldes serão todos aniquilados,
a posteridade dos maus será exterminada.
Taw [39]A salvação dos justos vem de Javé,
é ele seu protetor no tempo da angústia.
[40]Javé os ajuda e os livra,*
livra-os dos ímpios e os salva,
porque nele buscam refúgio.

* **37**,11. Mt 5,4 | 16. Pr 15,16; 16,8 | 23. Pr 20,24 | 27. 34,15 | 31. Dt 6,3.6; Jr 31,33 | 35. Jó 20,6s; Is 2,13; 14,13; Ez 31,10 | 37. Pr 23,18; 24,14 | 40. 9,10

† **37**,11. Os humildes, em hebraico "anawim", são as pessoas simples, que não possuem riquezas nas quais confiar, mas colocam em Deus sua esperança, conscientes de que dependem dele. | 30. Justiça e sabedoria se equivalem: o sábio tem um comportamento de fidelidade e transparência. | 35. Na Bíblia o cedro pode simbolizar o orgulhoso, Is 2,13.

38 Dor pelo pecado.
[1]*Salmo de Davi. Para comemorar.*
(37) [2]Javé, não queirais repreender-
-me em vossa ira,*
nem castigar-me em vosso furor.
[3]Porque vossas flechas me atingiram
e sobre mim se abateu vossa mão.*
[4]Por causa de vossa ira nada em mim
é são,*
não há saúde em meus ossos por causa
de meu pecado.
[5]Minhas culpas ultrapassam minha ca-
beça,
como uma carga pesada excedem mi-
nhas forças.*
[6]São fétidas e purulentas minhas chagas
por causa de minha loucura.
[7]Estou encurvado e muito abatido,
ando triste o dia inteiro.
[8]Porque meus rins estão cheios de ar-
dor,
em meu corpo nada há de sadio.
[9]Estou sem forças e muito alquebrado,
meu coração transtornado me faz ge-
mer.*
[10]Senhor, diante de vós está todo o
meu desejo,
e meu gemido não vos é oculto.
[11]Meu coração se agita, o vigor me
abandona,*
apaga-se a luz de meus olhos.
[12]Amigos e companheiros
fogem à vista de minhas chagas,*
meus parentes se mantêm à distância.
[13]Armam laços os que tramam contra
minha vida,
os que buscam minha ruína me amea-
çam
e imaginam astúcias o dia todo.*
[14]Mas eu, como um surdo, não escuto,
como um mudo, não abro a boca.*
[15]Sou como quem não ouve nem tem
resposta.
[16]Pois em vós espero, Javé,
vós me respondereis, Senhor meu
Deus.
[17]Porque eu disse: "Não permitais que
se alegrem de mim*
e contra mim se ensoberbeçam,
quando meu pé vacila".
[18]Pois estou prestes a cair
e tenho sempre ante os olhos minha
dor.
[19]Confesso minha culpa,*
ânsias me provoca meu pecado.
[20]Meus inimigos estão vivos e são fortes,
são muitos os que me odeiam sem mo-
tivo;
[21]pagam-me o bem com o mal,
são meus adversários porque sigo o
que é bom.*
[22]Não me abandoneis, Javé;*
meu Deus, não fiqueis longe de mim.*
[23]Vinde depressa em meu auxílio,*
Senhor, minha salvação!

39 Pedido de sabedoria e de perdão.
[1]*Ao regente do coro. Para Iditun. Salmo de Davi.*
(38)
[2]Eu decidi: "Vou controlar meus cami-
nhos
para não pecar com a língua;
vou pôr um freio a minha boca
enquanto o malvado estiver a minha
frente".
[3]Fiquei mudo, em silêncio,
calei-me, mas sem resultado.
E minha dor se agravou.*
[4]Ardia meu coração dentro de mim:
um fogo interior me consumia.
Então falei com minha língua:
[5]"Dai-me a conhecer, Javé, meu fim,
qual seja a extensão de meus dias.
Quero saber como sou frágil.*
[6]Em poucos palmos fixastes meus
dias,*
e a duração de minha vida
é um nada a vossos olhos.
É apenas um sopro todo ser humano!
[7]O homem passa como sombra,*
em vão se inquieta.
Acumula riquezas e não sabe quem as
recolherá.
[8]E agora, que posso esperar, Senhor?
Em vós está minha esperança.
[9]Livrai-me de todas as minhas culpas;

---

* **38**,2. 6,2 | 3. Lm 3,12; Jó 6,4 | 4. Is 1,5s | 5. Esd 9,6 | 9. 102,4ss | 11. 6,8; 31,11; 88,7 | 12. Jó 12,4s; 19,13-19; Sl 31,12; 41,6-10; 88,9 | 13. 35,20 | 14. Is 53,7 | 17. 13,5; 35,19 | 19. 51,5; 32,5 | 21. 109,3ss | 22. 109,3ss; 35,12 / 35,22; 22,12 | 23. 40,14.18 | **39**,3. 37,1 | 5. 89,48 | 6. Jó 7,6.16; 14,1-5; Sl 73,20; 90,9s | 7. 62,10; 94,11; Is 40,7; Ecl 2,22; 6,2

não façais de mim o opróbrio do insensato.
10Calo-me, não abro a boca,
pois sois vós que o fizestes.
11Afastai de mim vosso flagelo;
pelos golpes de vossa mão estou no fim.
12Castigando o erro, corrigis o homem,
e como a traça destruís tudo o que lhe é caro.
Sim, como um sopro é todo ser humano.
13Escutai minha prece, Javé,
e prestai ouvidos a meu grito;
diante de minhas lágrimas não fiqueis mudo.
Pois sou diante de vós um peregrino,
um forasteiro como todos os meus pais.
14Afastai de mim vosso olhar para que eu tome alento,*
antes que eu me vá e não exista mais.

40 **Ação de graças e pedido de auxílio.** 1*Ao regente do coro. Salmo de Davi.*

(39) 2Esperei firmemente em Javé
e ele se inclinou para mim,
atendendo minha súplica.
3Tirou-me da fossa da morte, do barro do pântano,*
colocou meus pés sobre a rocha,
deu segurança a meus passos.
4Fez-me cantar um canto novo,
um louvor a nosso Deus.
Muitos vão ver e temer, e confiarão em Javé.*
5Feliz quem põe em Javé sua esperança
e não se volta para os soberbos,*
nem para os que seguem a mentira.
6Quantos prodígios fizestes, Javé, meu Deus,*
quantos projetos em nosso favor!
Ninguém a vós se pode comparar.
Quero anunciá-los e proclamá-los,
mas são demais para serem contados.
7Não quisestes sacrifício nem oferta,*
mas abristes meus ouvidos†.
Não pedistes holocausto nem vítima expiatória.
8Então eu disse: "Eis que venho.*
No rolo do livro está escrito a meu respeito
9que eu cumpra vossa vontade.
Meu Deus, é isto que desejo,*
vossa lei está dentro de meu coração".
10Anunciei a justiça na grande assembleia;*
não cerrei meus lábios, Javé, vós o sabeis.
11Não ocultei vossa justiça no fundo do coração,
proclamei vossa fidelidade e vossa salvação.
Não escondi da grande assembleia
vossa misericórdia e vossa fidelidade.
12Javé, não me recuseis vossa misericórdia,
vosso amor e vossa fidelidade me guardem sempre.*
13Pois me rodeiam males sem número,
minhas culpas me oprimem e me impedem a vista.*
São mais que os cabelos de minha cabeça;*
meu coração desfalece.
14Dignai-vos, Javé, libertar-me;*
vinde depressa, Javé, em meu socorro.
15Que todos juntos fiquem confusos e envergonhados
os que buscam tirar-me a vida;*
caiam para trás e fiquem cobertos de ignomínia*
os que desejam minha ruína.
16Fiquem consternados por sua ignomínia
os que me dizem: "Bem feito!"
17Exultem e se alegrem em vós
todos os que vos buscam;
digam sempre: "Javé é grande!"*
os que desejam vossa salvação.
18Eu porém sou pobre e infeliz,
mas o Senhor cuida de mim.
Vós sois meu auxílio e meu libertador;
Meu Deus, não tardeis.

* **39**,14. 119,19; Jó 7,19; 14,6 | **40**,3. 18,5; 69,2s.15s; Jr 38,6 | 4. 52,8; Is 41,5 | 5. Jr 17,7; Sl 1,1 | 6. 139,17s; Dt 4,34; Sl 35,10 | 7. Hb 10,5ss; Is 50,5 | 8. Am 5,21; Sl 50,7-15; 51,18s; 69,31s | 9. 37,31 | 10. 22,23; 35,18; 149,1 | 12. 89,34 | 13. 38,5; 6,8; 38,11 / 69,5 | 14. 70,2 | 15. 71,13 | 16. 35,20-25 | 17. 35,27; 69,7; 104,1

† **40**,7. Para compreender e aceitar o ensinamento de Deus, Is 50,4s; Lc 24,45. A tradução grega entendeu: "vós me formastes um corpo", leitura adotada pela Carta aos Hebreus, 10,5ss, que viu aí uma alusão à encarnação do Verbo.

41 (40) **Oração de um doente.** 1 *Ao regente do coro. Salmo de Davi.*

2 Feliz o homem que cuida do pobre,*
no dia do infortúnio Javé o libertará.
3 Velará sobre ele Javé,
e o fará viver feliz sobre a terra,
e não o entregará às mãos dos inimigos.
4 Javé o sustentará no leito da dor
e lhe dará alívio em sua doença.
5 Eu disse: "Piedade de mim, Javé;
curai-me, porque pequei contra vós".
6 Meus inimigos me desejam o mal:*
"Quando é que morrerá
e será cancelado seu nome?"
7 Quem vem visitar-me diz mentira,
seu coração acumula maldade*
e, saindo, fala mal.
8 Juntos murmuram contra mim todos
os que me odeiam,
prevendo o mal para mim:
9 "Uma doença ruim caiu sobre ele,
de onde está deitado não se levantará".
10 Até meu amigo íntimo, em quem eu confiava,*
aquele que comia de meu pão,
levanta contra mim seu calcanhar.
11 Mas vós, Javé, de mim tende piedade,
fazei que eu me levante, e lhes darei a paga.
12 Nisso reconhecerei que me amais:
se não triunfar de mim meu inimigo.
13 Por minha integridade me sustentais
e me pondes em vossa presença para sempre.
14 Seja bendito Javé, Deus de Israel,*
desde sempre e para sempre. Amém, amém.

II. LIVRO SEGUNDO (42 [41] – 72 [71])

42-43 (41-42) **Desejo de Deus e de seu templo**†. 1 *Ao regente do coro. Poema. Dos filhos de Coré.*

2 Como a corça deseja as águas correntes,*
assim minha alma anseia por vós, ó Deus.
3 Minha alma tem sede de Deus, do Deus vivo:*
quando hei de ir ver a face de Deus?
4 As lágrimas são meu pão dia e noite,
enquanto me repetem o dia inteiro:
"Onde está teu Deus?"*
5 Disto me lembro, e meu coração se aflige:*
através da multidão eu caminhava entre os primeiros,*
rumo à casa de Deus,
entre cantos de alegria e de louvor
de uma multidão em festa.
6 Por que estás triste, minha alma?
Por que gemes dentro de mim?
Espera em Deus, pois ainda o louvarei,
a ele, que é meu salvador e meu Deus.*
7 Dentro de mim se entristece minha alma;
então me lembro de vós na terra do Jordão e do Hermon
e no monte Misar.*
8 Um abismo chama outro abismo,*
ao fragor de vossas cascatas;
todas as vossas vagas e ondas passaram sobre mim.*
9 De dia Javé me concede sua misericórdia,
de noite elevo a ele meu canto,
uma oração ao Deus de minha vida.
10 Digo a Deus, meu rochedo: "Por que me esquecestes?
Por que ando triste, oprimido pelo inimigo?"*
11 Quebram-se meus ossos
quando me insultam meus adversários,
repetindo o dia inteiro:
"Onde está teu Deus?"
12 Por que estás triste, minha alma?
por que gemes dentro de mim?
Espera em Deus, pois ainda o louvarei,
a ele, que é meu salvador e meu Deus.

43 1 Fazei-me justiça, ó Deus,
defendei minha causa contra o povo infiel;

---

* **41**,2. Pr 14,21; Tb 4,7-11 | 6. Jr 20,10; Sl 31,12ss; 38,12s; 88,9 | 7. Jó 19,13-19 | 10. 55,14; Jo 13,18 | 14. Ne 9,5; Dn 2,20 | **42**,2. Jo 4,1; Is 26,9; Sl 63,2; 84,3 | 3. 36,9s; 27,4 | 4. Mq 7,10 | 5. Ml 2,17; Sl 79,10 / Lm 3,20; Sl 27,4s | 6. 6,5 | 7. 43,3; 68,17 | 8. Jn 2,4 / Sl 32,6; 69,3; 88,8 | 10. 18,3

† **42**. Dois salmos que propriamente formam um só pelo tema, estrutura e refrão.

livrai-me de quem é iníquo e enganador.
2 Pois vós sois, ó Deus, minha fortaleza;
por que me rejeitais?
Por que devo andar triste, oprimido
pelo inimigo?
3 Enviai vossa luz e vossa verdade*
para que me guiem e me conduzam
a vosso monte santo, a vossa morada.
4 Irei ao altar de Deus,
ao Deus que é minha alegria e meu júbilo;
e vos louvarei ao som da harpa, Deus,
meu Deus.*
5 Por que estás triste, minha alma?
Por que gemes dentro de mim?
Espera em Deus, pois ainda o louvarei,
a ele, que é meu salvador e meu Deus.

44 (43)

Elegia nacional*. 1 *Ao regente do coro. Poema dos filhos de Coré.*

2 Deus, com nossos ouvidos ouvimos;*
nossos pais nos contaram
as obras que fizestes em seu tempo,
nos dias de outrora.
3 Com vossa mão expulsastes nações
para plantá-los,*
afligistes povos para dar-lhes lugar.
4 Pois não foi com a espada que tomaram a terra*
nem foi o braço deles que lhes deu a
vitória.
Mas foi vossa mão direita, vosso braço,*
e o esplendor de vosso rosto†, porque
os amastes.
5 Éreis vós, meu rei e meu Deus,
que decidíeis as vitórias de Jacó.
6 Convosco vencíamos nossos inimigos,
com vosso nome pisávamos nossos
adversários.*
7 De fato, não confio em meu arco
e não é minha espada que me salva.
8 Mas vós nos salvastes de nossos inimigos,
humilhastes os que nos odiavam.
9 Em Deus nos gloriávamos todo dia,
e vosso nome louvávamos para sempre.
10 Porém nos rejeitastes, cobrindo-nos
de vergonha;*
já não saís à frente de nossas fileiras.
11 Diante do inimigo nos fizestes recuar,*
e os que nos odeiam pilharam nossos
bens.
12 Como ovelhas para o corte nos entregastes*
e nos dispersastes entre as nações.
13 Vendestes vosso povo por um nada,
e nada lucrastes com seu preço.
14 Fizestes de nós um ludíbrio para nossos vizinhos,*
alvo de zombaria e de desdém para os
que nos rodeiam.
15 Fizestes de nós uma fábula no meio
das nações,
um motivo de se menear a cabeça entre os povos.
16 Minha desonra está a minha frente o
dia todo,
de confusão se cobre meu rosto
17 ao ouvir aquele que ultraja e insulta,
à vista do inimigo e do vingador.
18 Tudo isso nos aconteceu,
sem que nos tenhamos esquecido de
vós
nem traído vossa aliança.
19 Nosso coração não voltou para trás,
nem se desviaram de vosso caminho
nossos passos.
20 Vós nos humilhastes num lugar de
chacais*
e estendestes sobre nós a sombra da
morte.
21 Se tivéssemos esquecido o nome de
nosso Deus
e estendido as mãos para um deus estrangeiro,
22 não teria Deus descoberto o fato,
já que ele conhece os segredos do coração?
23 Sim, por vossa causa somos entregues à morte todo dia*
e somos tratados como gado de corte.
24 Levantai-vos, por que dormis, Senhor?*

---

* **43**,3. 57,4 | 4. 63,6; 81,3; 108,3 | **44**. Is 63,7-64,11; Sl 74; 79; 80 | 2. 2Sm 7,22s; Sl 78,3 | 3. 78,55 | 4. Dt 8,17s; Js 24,12; Os 1,7 / Sl 4,7 | 6. 60,14 | 10. 60,12; 68,8 | 11. Lv 26,17; Dt 28,25 | 12. Lv 26,33; Dt 28,64; 32,30; Is 52,3 | 14. 79,4 | 20. Is 34,13; Jr 9,10 | 23. Rm 8,36 | 24. 74,1 / 79,5; 80,5; 89,47

† **44**,4. O favor e a benevolência de Deus para com seu povo, e por outro lado, o terror que incutia nos inimigos o esplendor divino.

Despertai, não nos rejeiteis para sem-
pre.*
25 Por que escondeis vossa face
e esqueceis nossa miséria e nossa afli-
ção?
26 Sim, nossa alma está prostrada ao
pó,*
ao chão está pegado nosso corpo.
27 Levantai-vos em nosso socorro;
por vossa misericórdia resgatai-nos.

45 (44) As núpcias do rei messiânico†.

1 *Ao regente do coro. Con-
forme a melodia "Os lírios".
Poema dos filhos de Coré. Cântico de
amor.**
2 De meu coração nasce um lindo poe-
ma:
vou cantar meus versos para o rei.
Minha língua é como a pena de um es-
critor veloz.
3 Tu és o mais belo dos filhos dos ho-
mens,*
em teus lábios se espalha a graça,
por isso Deus te abençoou para sem-
pre.
4 Herói, põe a espada em teu cinto
no esplendor de tua majestade,*
5 avança com sucesso, sobe ao carro
em defesa da verdade, da mansidão e
da justiça.
Tua mão direita te ensine prodígios;
6 tuas flechas agudas penetram o cora-
ção dos inimigos do rei;
a teus pés caem os povos.
7 Vosso trono, ó Deus, dura para sempre,
é cetro justo o cetro de vosso reino.
8 Amais a justiça e odiais a iniquidade;
por isso Deus, vosso Deus, vos consa-
grou com óleo de alegria,
de preferência a vossos iguais.
9 Vossas vestes têm o perfume de mirra,
aloé e cássia,
dos palácios de marfim vos alegra o
som das cítaras.
10 Filhas de reis estão entre vossas pre-
diletas;
a vossa direita está a rainha, vestida
com ouro de Ofir.
11 Ouve, filha, vê, presta atenção:
esquece teu povo e a casa de teu pai;*
12 que agrade ao rei tua beleza.
Ele é teu senhor: presta-lhe homenagem.
13 Vem o povo de Tiro trazendo dons,*
os mais ricos do povo imploram teu
favor.
14 Toda formosa é a filha do rei em sua
morada,
tecido de ouro é seu vestido.*
15 É apresentada ao rei com vestes bor-
dadas;
com ela as virgens, suas companheiras,
a vós são conduzidas;
16 guiadas com alegria e exultação,
entram no palácio real.
17 A vossos pais sucederão vossos fi-
lhos,
os quais fareis príncipes por toda a terra.
18 Farei recordar vosso nome por todas
as gerações,*
assim vos louvarão os povos para todo
o sempre.

46 (45) Deus, refúgio* e força de seu povo†.

1 *Ao regente do coro.
Cântico dos filhos de Coré. Conforme a
melodia "As virgens". Cântico.*
2 Deus é nosso amparo e fortaleza,
auxílio sempre pronto na angústia.
3 Por isso não tememos se a terra é
transtornada,*
se os montes desmoronam no fundo
do mar;
4 se suas águas se agitam espumando,*
e em sua fúria os montes estremecem.
5 Um rio com seus canais*
alegra a cidade de Deus†,
a santa morada do Altíssimo.
6 No meio dela Deus está: não poderá
vacilar,

---

* **44**,26. 119,25; 7,6 | **45**,1. 60,1; 69,1; 80,1 | 3. Ct 5,10-16 | 4. 21,6 | 11. Gn 12,1; Js 24,2; Ez 16,3 | 13. Is 60,5s; 72,10s | 14. Ez 16,10-13 | 18. Is 60,15.21; 61,9; 62,2.7 | **46**. Is 33,20s; 66,12 | 3. Is 24,18-23; 54,10 | 4. Jó 9,5s | 5. 36,9; Gn 2,10 | 6. 2Rs 19,35

† **45**. Salmo para o casamento do rei, no estilo do Cântico dos Cânticos. Faz referência à promessa divina da permanência do trono davídico para sempre, 2Sm 7,16, e prefigura as núpcias de Deus com seu povo e de Cristo com a Igreja. | **46**. Primeiro dos salmos de Sião: Sl 46; 48; 76; 84; 87; 122. O contexto histórico deste salmo parece ser o fim de um cerco, do qual a cidade foi libertada, graças ao Emanuel, "Deus conosco", v. 8. | 5. Simboliza as bênçãos divinas sobre Jerusalém e sobre o templo.

Deus vai socorrê-la antes que amanhe-
ça.*
7 As nações se agitam, os reinos se aba-
lam;*
ele faz ouvir sua voz, a terra se dissolve.
8 Javé dos exércitos está conosco,
nosso refúgio é o Deus de Jacó.*
9 Vinde e vede as obras de Javé,
ele fez prodígios sobre a terra.
10 Acabará com as guerras até nos con-
fins da terra,
quebrará os arcos e partirá as lanças,*
queimará no fogo os carros de guerra.
11 "Parai e reconhecei que eu sou Deus;*
eu domino sobre as nações e domino
sobre a terra".
12 Javé dos exércitos está conosco,
nosso refúgio é o Deus de Jacó.

47 (46) **Javé, rei do universo***. 1 *Ao regente do coro. Salmo dos filhos de Coré.*

2 Povos todos, batei palmas,*
aclamai a Deus com gritos de alegria.
3 Porque Javé, o Altíssimo, é tremendo,*
grande rei sobre a terra inteira.
4 Ele sujeitou a nós os povos,
pôs as nações sob nossos pés.
5 Escolheu para nós nossa herança,*
orgulho de Jacó, seu predileto.
6 Deus subiu por entre aclamações,*
Javé ao som da trombeta.*
7 Cantai a Deus, cantai;*
cantai a nosso rei, cantai;
8 porque Deus é o rei de toda a terra,
cantai com sabedoria.
9 Deus reina sobre as nações,*
Deus se assenta em seu trono santo.
10 Os chefes dos povos se reuniram*
com o povo do Deus de Abraão,
porque a Deus pertencem os podero-
sos da terra:
é ele o Altíssimo.

48 (47) **A glória e a força de Sião.** 1 *Cântico. Salmo dos filhos de Coré.*

2 Grande é Javé e digno de todo louvor*
na cidade de nosso Deus.
3 Seu monte santo, que se eleva em sua
beleza,*
é a alegria de toda a terra.
O monte Sião, para os lados do norte,
é a cidade do grande rei.
4 Deus em seus palácios
dá-se a conhecer como fortaleza.
5 Pois os reis se aliaram,
juntos avançaram.
6 Mas logo que viram se espantaram
e, tomados de medo, fugiram.
7 Lá o terror os dominou,*
dor como de parturiente,
8 semelhante ao vento oriental
que destrói os navios de Társis†.
9 Como ouvimos, assim vimos
na cidade de Javé dos exércitos,
na cidade de nosso Deus;
Deus a estabeleceu para sempre.
10 Recordamos, ó Deus, vossa bondade
no interior de vosso templo.
11 Como vosso nome, ó Deus,*
assim vosso louvor se estende até os
confins da terra;
está cheia de justiça vossa mão direita.
12 Alegre-se o monte Sião,
exultem as cidades de Judá
por causa de vossos julgamentos.*
13 Percorrei Sião, girai em torno dela,*
contai suas torres.
14 Contemplai suas muralhas,
observai suas fortalezas,
para narrar às gerações futuras:*
15 "Este Deus é o nosso Deus
pelos séculos dos séculos;
é ele que nos guia para sempre".*

49 (48) **Vaidade das riquezas.** 1 *Ao regente do coro. Salmo dos filhos de Coré.*

2 Ouvi isto, povos todos,*
prestai ouvidos, habitantes do mundo,
3 nobres e gente simples,
ricos e pobres igualmente.
4 Minha boca fala a sabedoria,

---

* **46**,7. Is 17,14 | 8. 24,10 | 10. Is 2,4; Ez 39,9s | 11. 76,4; Dt 32,39; Ez 12,16 | **47**. 93; 96; 97; 98; 99 | 2. Sf 3,14s | 3. Êx 15,18; Is 52,7 | 5. Is 58,14; 2,8 | 6. Nm 23,21 / 24,7-10; 68,19 | 7. 89,16; 98,6 | 9. Jr 10,7; 72,11 | 10. Is 2,2ss; Esd 6,21 | **48**,2. 96,4 | 3. 50,2 | 7. Êx 15,14; Jr 4,31 | 11. 113,3; Ml 1,11 | 12. 97,8 | 13. Is 26,1; 33,20s | 14. 71,18; Sl 90,2; 102,28 | 15. 23,3 | **49**,2. Pr 8,4s

† **48**,8. Ver a nota em 1Rs 10,22.

meu coração tem um pensar inteligente.
5 Inclinarei meus ouvidos às sentenças,*
explicarei meu enigma ao som da harpa.
6 Por que ter medo nos dias de infortúnio,
quando me cerca a malícia dos perversos?
7 Eles confiam em seus bens*
e se orgulham de sua grande riqueza.
8 Ninguém pode resgatar-se a si mesmo,*
nem pagar a Deus seu preço.
9 Por mais que se pague o resgate de sua vida,*
jamais poderá bastar
10 para viver sem fim e não ver o túmulo.
11 Porque verá morrer os sábios;*
o néscio e o insensato morrerão juntos,
deixando para outros suas riquezas.
12 O sepulcro será sua casa para sempre,*
sua morada por todas as gerações,
no entanto deram seu nome a suas terras.
13 Mas o homem na prosperidade não compreende,*
é como os animais que perecem.
14 Esta é a sorte de quem confia em si mesmo,
o futuro de quem se compraz em suas palavras.
15 Como ovelhas são levadas para o abismo,
a morte será seu pastor;
descerão diretamente ao sepulcro,
sua glória está destinada à ruína,*
sua morada será o lugar dos mortos.
16 Mas Deus vai resgatar-me do poder do abismo*
e me acolherá†.
17 Não te preocupes se vires alguém enriquecer-se
e aumentar a glória de sua casa.
18 Pois ao morrer nada leva consigo,*
nem desce com ele sua glória.
19 Ainda que em vida se tenha lisonjeado:
"Hão de louvar-te por teu sucesso",
20 vai juntar-se à geração de seus pais*
que nunca mais verão a luz.
21 O homem na prosperidade não compreende,
é como os animais que perecem.

50 (49) O verdadeiro culto†.

1 *Salmo de Asaf.*
Fala Javé, o Deus dos deuses,*
convoca a terra do nascer ao pôr do sol.
2 De Sião, beleza perfeita, Deus resplandece,
3 chega nosso Deus e não se calará.*
Diante dele há um fogo devorador,
e a seu redor, tempestade furiosa.
4 Chama do alto os céus e a terra,*
pois vai julgar seu povo:
5 "Congregai a minha frente meus fiéis
que fizeram aliança comigo por meio do sacrifício!"*
6 Os céus anunciam sua justiça,*
pois é Deus que vai julgar.
7 "Ouve, meu povo, deixa-me falar,
Israel, vou testemunhar contra ti:
Eu sou Deus, o teu Deus.
8 Não te censuro por teus sacrifícios†;
teus holocaustos estão sempre a minha frente.*
9 Não aceito novilhos de tua casa
nem cabritos de teus rebanhos.
10 Pois são minhas todas as feras da floresta
e os milhares de animais sobre os montes.
11 Conheço todas as aves do céu
e tudo o que se move nos campos me pertence.
12 Se eu tivesse fome, não te falaria,
porque o mundo é meu com o que nele existe.*

---

* **49**,5. 78,2 | 7. Pr 10,15; Jr 9,22 | 8. Ez 7,19 | 9. Mt 16,26; Rm 3,24 | 11. Ecl 2,16; Sl 38,7 | 12. Eclo 11,18s; Ecl 12,5 | 13. Ecl 3,18-21 | 15. 73,20 | 16. 73,24 | 18. 1Tm 6,7 | 20. Jó 10,21 | **50**,1. Js 22,22; Dt 10,17 | 2. Is 63,19 | 4. Dt 32,1 | 5. Êx 24,4-8 | 6. 19,2 | 8. Am 5,21 | 12. 24,1

† **49**,16. Expressão de uma esperança de vida em comunhão com Deus que dura além da morte. É um passo na revelação da doutrina da imortalidade da alma e da ressurreição. | **50**. Os sacrifícios não agradam a Deus quando falta a obediência a suas leis, sobretudo à lei do amor fraterno. | 8. Deus não condena os sacrifícios, mas sim a ideia de que têm eficácia automática, mesmo quando oferecidos com más disposições.

13 Por acaso comerei carne de touros
ou beberei sangue de cabritos?
14 Como sacrifício, oferece a Deus o louvor
e cumpre tuas promessas ao Altíssimo.*
15 Invoca-me no dia da angústia,
que eu te livrarei e tu me honrarás".
16 Porém ao ímpio Deus diz:
"Por que repetes meus preceitos*
e recitas minha aliança com a boca,
17 sendo que odeias a disciplina
e desprezas minhas palavras?
18 Quando vês um ladrão andas com ele
e tens parte com os adúlteros.
19 Abandonas ao mal tua boca,
e tua língua trama a falsidade.
20 Sentado falas contra teu irmão
e calunias o filho de tua mãe.
21 É isto que fizeste, e eu me calaria?
Pensas que sou como tu?
Eu te repreendo e te lanço tudo em rosto.
22 Compreendei isto, vós que vos esqueceis de Deus,
para que eu não vos dilacere,*
e não haja quem vos livre.
23 Quem me oferece o sacrifício de louvor,
esse me glorificará;
e a quem caminha retamente*
farei gozar da salvação de Deus".

51 (50) Oração de Davi penitente†.

1 *Ao regente do coro. Salmo de Davi.* 2 *Quando o profeta Natã veio a seu encontro, depois que ele pecou com Betsabeia.**
3 Tende piedade de mim, ó Deus,*
conforme vossa misericórdia;
em vosso grande amor meus pecados apagai.
4 Lavai-me de toda a minha culpa,
e purificai-me de meu pecado.
5 Reconheço minha iniquidade*
e meu pecado está sempre a minha frente†.
6 Contra vós, só contra vós eu pequei,*
fiz o que é mau a vossos olhos;
por isso sois justo quando falais,*
reto em vosso julgamento.
7 Eu nasci* na iniquidade†,
no pecado minha mãe me concebeu.
8 Mas vós quereis a sinceridade do coração
e no íntimo me ensinais a sabedoria.
9 Purificai-me com o hissopo e ficarei puro;*
lavai-me e ficarei mais branco que a neve.
10 Fazei-me ouvir alegria e júbilo,
exultem os ossos que vós quebrastes.*
11 Afastai de meus pecados vosso olhar,
apagai todas as minhas culpas.
12 Criai em mim, ó Deus, um coração puro†,
renovai em mim um espírito resoluto.*
13 Não me rejeiteis de vossa presença*
e não me priveis de vosso santo espírito.
14 Devolvei-me a alegria de ser salvo,*
que me sustente um ânimo generoso.
15 Quero ensinar vossos caminhos aos que erram,
e a vós retornarão os pecadores.
16 Livrai-me do sangue* derramado†,
ó Deus, Deus meu salvador,
e minha língua exaltará vossa justiça.
17 Abri, Senhor, meus lábios
e minha boca proclamará vosso louvor.
18 Pois não vos agrada o sacrifício*
e, se ofereço holocaustos, não os aceitais.
19 Sacrifício para Deus é um espírito contrito;*

---

* **50**,14. Os 14,3 | 16. Rm 2,17-24 | 22. Dt 32,39 | 23. 91,16 | **51**,2. 2Sm 11-12 | 3. Ez 18,23 | 5. Is 59,12; Ez 6,9 | 6. Is 59,2 / Rm 3,4 | 7. Jó 14,4 | 9. Is 1,18; Ez 36,25; Jó 9,30; Hb 9,13s | 10. 6,3; 35,10 | 12. Ez 11,19 | 13. Sb 1,5; 9,17 | 14. Rm 8,9.14ss; Is 57,15s | 16. 30,10 | 18. 50,8

† **51**. Este salmo, verdadeira joia do Saltério, no qual o salmista pede a Deus que o purifique e renove interiormente, tornou-se a oração por excelência dos pecadores que somos todos nós. | 5. Há alguns que, depois de terem pecado, estão totalmente tranquilos, como se nada tivesse acontecido (Orígenes). | 7. A consciência de que todo ser humano nasce impuro prepara a revelação do mistério do pecado original. | 12. Só Deus pode criar; assim a reconciliação do pecador é obra exclusiva de Deus, como o ato de criar. É mais do que ressuscitar um morto, porque é restituir a vida não do corpo, mas da alma. | **51**,16. O sangue de Urias, que Davi mandou matar, 2Sm 11,15. Outra tradução possível: "Rompe o silêncio que me envolve", tradução que combina bem com o contexto.

não desprezais, ó Deus, um coração
contrito e humilhado.
20 Em vosso amor sede propício a Sião,*
reconstruí os muros de Jerusalém.
21 Então aceitareis os sacrifícios prescritos,*
o holocausto e a inteira oblação;
então imolarão novilhos sobre vosso
altar.*

52 (51) **Destino do fraudulento**†.

1 *Ao regente do coro. Poema de*
Davi. 2 *Quando Doeg, o edomi-*
ta, veio avisar a Saul que Davi
*tinha entrado na casa de Abimelec.**
3 Por que te glorias do mal,
ó prepotente em tua malícia?
4 O dia todo planejas ciladas;
tua língua é uma navalha afiada,
fabricante de enganos.
5 Preferes o mal ao bem,*
a mentira à sinceridade;
6 gostas de palavras perniciosas,
ó língua enganadora!
7 Por isso Deus te abaterá para sempre,
te destruirá, te expulsará da tenda*
e te extirpará da terra dos vivos.
8 Os justos verão, temerão*
e se rirão dele, dizendo:
9 "Eis o homem que não punha em
Deus seu refúgio,
mas confiava em sua grande riqueza,
e com seus crimes se fortalecia".
10 Eu, porém, sou como uma oliveira
verdejante na casa de Deus;*
confio na misericórdia de Deus eterna-
mente e para sempre.
11 Para sempre vos louvarei pelo que
fizestes*
e diante de vossos fiéis proclamarei a
bondade de vosso nome†.

53 (52) **Um mundo sem Deus**†.

1 *Ao re-*
gente do coro. Conforme a me-
lodia "Mahalat". Poema de Davi.
2 O insensato pensa: "Deus não existe".
São corruptos, fazem coisas abominá-
veis;*
não há quem faça o bem.
3 Do céu Deus se inclina sobre os ho-
mens*
para ver se existe um sábio,
alguém que procure a Deus.
4 Todos se extraviaram, são todos cor-
ruptos;*
não há quem faça o bem, nem um se-
quer.
5 Não entendem nada todos os malfei-
tores
que devoram meu povo como se fosse
pão?
Não invocam a Deus:*
6 tremeram de pavor lá onde não havia
o que temer.
Porque Deus dispersou os ossos dos
que te sitiam;
tu os confundirás, porque Deus os re-
jeitou.
7 Quem mandará de Sião a salvação de
Israel?
Quando Deus fizer voltar os exilados
de seu povo,*
exultará Jacó e Israel se alegrará.

54 (53) **Oração no perigo iminente.**

1 *Ao regente do coro. Com ins-*
trumentos de corda. Poema de
Davi. 2 *Quando os zifeus vieram dizer a*
Saul: "Por acaso Davi não está escondi-
*do entre nós?"**
3 Deus, por vosso nome, salvai-me,
por vosso poder fazei-me justiça;
4 Deus, ouvi minha oração,
prestai ouvidos às palavras de minha
boca.
5 Pois levantaram-se contra mim os ar-
rogantes*
e os violentos procuram tirar-me a vida,
sem se importar com Deus.
6 Deus vem em meu auxílio,
o Senhor sustenta minha vida.*

---

* **51**,19. Is 57,15; 66,2; Sl 35,19 | 20. Jr 30,18; 31,4 | 21. Ez 36,33; Is 58,12 / Sl 4,6; Lv 1,3 | **52**,2. 1Sm 21,8; 22,6s | 5. Jr 4,22; 9,4; Jo 3,19s | 7. Jó 18,14; Pr 2,22 | 8. 40,4 | 10. 1,3; 92,13ss | 11. Jr 11,16; Zc 4,14 | **53**,2. 10,4; 36,2; Sf 1,12 | 3. 11,4 | 4. Rm 3,11s; Sl 12,2 | 5. Dt 28,67 | 7. 85,2; 126,1 | **54**,2. 1Sm 23,15; 26,1s | 5. 86,14

† **52**. Anúncio do castigo que virá do Deus justo sobre o pérfido caluniador. | 11. O ímpio confia nas riquezas e usa a língua para fazer o mal: será excluído da tenda de Deus; o salmista confia no constante amor de Deus e O louva com sua língua: será instalado no templo. | **53**. Com pequenas variantes, este salmo reproduz o Sl 14.

7 Faz recair o mal sobre meus adversários†.
Em vossa fidelidade aniquilai-os.
8 De todo o coração vos oferecerei um sacrifício,
o sacrifício de louvor a vosso nome,
Javé, porque é bom.*
9 Porque me livrou de toda a angústia,
e meu olhar desafiou meus inimigos.*

55 **(54)** **Oração do justo perseguido*.** 1 *Ao regente do coro. Com instrumentos de corda. Poema de Davi.*
2 Ó Deus, escutai minha oração,
não rejeiteis minha súplica;
3 prestai-me atenção e atendei-me.
Estou ansioso em minha tristeza e me perturbo
4 pelo grito do inimigo, pelo clamor do malvado.
Pois sobre mim fazem cair desgraças,
me perseguem com furor.
5 Meu coração treme em meu peito
e terrores mortais se abateram sobre mim.
6 Temor e tremor me invadem
e de mim se apodera o horror.
7 Então digo: "Ah! Se eu tivesse asas como a pomba*
para voar em busca de descanso!
8 Fugiria para longe, iria morar no deserto.*
9 Buscaria depressa um lugar de refúgio,
protegido do vendaval e da tempestade".
10 Dispersai-os, Senhor, confundi suas línguas,
porque vejo na cidade violência e discórdia:*
11 dia e noite circulam sobre seus muros,
e dentro há iniquidade e malícia.
12 Insídias reinam em seu interior
e não cessam em suas praças a opressão e a fraude†.
13 Se fosse um inimigo que me insultasse, eu suportaria;
se fosse um adversário que se levantasse contra mim,
me esconderia dele.
14 Mas és tu, meu companheiro,*
meu amigo e confidente;
15 uma doce amizade nos unia,
na casa de Deus alegres caminhávamos.*
16 Que a morte caia sobre eles,
que desçam vivos* ao lugar dos mortos†,
pois a maldade mora com eles, no meio deles.*
17 Eu, porém, invoco a Deus, e Javé me salva.
18 De tarde, de manhã e ao meio-dia me lamento e suspiro†,
e ele escutará minha voz;
19 vai dar-me a paz, livrando-me dos que me combatem:
porque são muitos contra mim.
20 Deus vai ouvir-me e humilhá-los,
ele que domina desde sempre.*
Pois para eles não há conversão,
não têm temor de Deus.
21 Cada qual estendeu a mão contra seus aliados,
violou sua aliança.
22 Mais macia que a manteiga é sua boca,*
porém no coração têm a guerra;
mais brandas que o óleo são suas palavras,*
mas são espadas afiadas.
23 Entrega a Javé teus cuidados*
e ele te dará apoio;
jamais permitirá que o justo vacile".
24 Vós, ó Deus, os precipitareis na fossa profunda.
Os homens sanguinários e fraudulentos
não chegarão à metade de seus dias†.
Mas eu em vós confio.*

56 **(55)** **Confiança na palavra de Deus.** 1 *Ao regente do coro. Conforme a melodia "A pom-*

* **54**,6. 118,7 | 8. 52,11 | 9. 58,11; 91,8 | **55**. Jr 9,1-8 | 7. 11,1 | 8. Jr 9,1 | 10. Jr 5,1; 6,6; Ez 22,2; Sf 3,1 | 14. 41,10 | 15. Jr 9,3-7; Mt 26,21-24 | 16. 49,15 / Is 5,14; Pr 1,12 | 20. 29,10; 93,2 | 22. 28,3 / 57,5; Pr 12,18 | 23. 37,5; 1Pd 5,7 | 24. 25,2; 56,5 | **56**,1. 1Sm 21,11s

† **54**,7. Aplicação da lei do talião: a má sorte que os inimigos planejavam para o salmista caberá a eles, Sl 37,14s. | **55**,12. Perto da porta da cidade, único espaço mais aberto, estava a praça, palco de toda a vida social: negócios, processos, bate-papos, etc. | 16. A morte prematura ou repentina era o castigo do ímpio. | 18. O dia dos hebreus começava de tarde, por isso a tarde é mencionada primeiro. | 24. Morrer jovem era um dos piores castigos, para quem esperava retribuição somente nesta vida.

*ba dos terebintos distantes". Poema de Davi. Quando os filisteus o mantinham preso em Gat.**
2Piedade de mim, ó Deus,
porque um homem me persegue;
o dia todo um agressor me oprime.
3Meus adversários me humilham o dia todo,
os que me atacam são muitos, ó Altíssimo.
4Na hora do medo, em vós me refugio.
5Em Deus, cuja promessa eu louvo,
em Deus confio, não temerei:
que pode fazer-me um homem?
6Estão sempre falando e tramando,
só pensam em fazer-me o mal.
7Conjuram, armam ciladas,
observam meus passos
para atentarem contra minha vida.
8Pagai-lhes conforme sua iniquidade,
em vossa ira abatei os povos, ó Deus.
9Contastes os passos de minha vida errante,
minhas lágrimas recolheis em vosso odre;*
não estão elas inscritas em vosso livro?
10Então vão recuar meus inimigos,
quando eu vos invocar;
sei que Deus está do meu lado.*
11Em Deus, cuja promessa eu louvo,
12em Deus confio, não temerei:*
que pode fazer-me um homem?
13Mantenho, ó Deus, os votos que vos fiz:
vou render-vos ações de graças,*
14porque me livrastes da morte,*
preservastes meus pés da queda,
para que eu caminhe na presença de Deus
na luz dos vivos.*

57 (56) Oração da manhã no sofrimento.

1*Ao regente do coro. Segundo a melodia "Não destruas". Poema de Davi. Quando fugiu de Saul na caverna.**
2Piedade de mim, ó Deus, tende piedade,
pois em vós me refugio;
abrigo-me à sombra de vossas asas*
até que passe a calamidade.
3Invocarei o Deus Altíssimo,
Deus que me faz o bem.
4Mande do céu para salvar-me,
confundindo meus perseguidores,
Deus mande sua misericórdia e sua fidelidade.*
5Eu me deito entre leões que devoram a gente:*
seus dentes são lanças e flechas,
sua língua, espada afiada.*
6Ó Deus, elevai-vos acima dos céus,*
sobre toda a terra se estenda vossa glória.
7Armaram uma rede a meus pés, me humilharam;
cavaram a minha frente uma fossa,
mas eles mesmos caíram nela.*
8Meu coração está pronto, ó Deus,*
está pronto meu coração.
Quero cantar, a vós quero louvar.
9Desperta, minha glória,
despertai, harpa e cítara,*
quero acordar a aurora.
10Entre os povos, Senhor, vos louvarei,*
entre as nações vos cantarei hinos,
11porque vossa bondade se eleva até os céus,*
e vossa fidelidade até as nuvens.
12Ó Deus, elevai-vos acima dos céus,
sobre toda a terra se estenda vossa glória.

58 (57) Contra os juízes iníquos*.

1*Ao regente do coro. Segundo a melodia "Não destruas". Poema de Davi.*
2Fazeis mesmo justiça, ó poderosos?
É segundo o direito que julgais os homens?
3Não! No coração cometeis crimes;*
no país vossas mãos distribuem a injustiça.
4Desde o seio materno os maus se desviaram;
desde seu nascimento os mentirosos se perdem.
5Têm um veneno como o da serpente,*

* **56**,9. Is 25,8; Ap 7,17 | 10. 118,7; 124,1s | 12. Hb 13,6; Sl 118,6 | 13. Lv 7,11s | 14. Jó 33,30; 27,13/ 116,9; Ecl 11,7 | **57**,1. 1Sm 24,4s | 2. 17,8 | 4. 43,3 | 5. 17,12 / 64,4 | 6. 72,19; 102,16 | 7. 7,16 | 8. 108,2-6 | 9. 6,5 | 10. Jó 38,12; 9,12; 18,50 | 11. 36,6 | **58**. 82 | 3. Dt 16,19; Mq 2,1; Sl 82,2 | 5. Dt 32,33; Sl 140,4

como o veneno da víbora surda, que
fecha os ouvidos
6para não ouvir a voz do encantador,
do mago mais perito.
7Ó Deus, quebrai-lhes os dentes na
boca;*
Javé, parti suas presas de leões!
8Que se dissipem como água que corre,*
que sequem como mato que se pisa;
9como a lesma que se derrete e some,*
como o abortivo que nunca viu a luz
do dia.*
10Antes que soltem espinhos como o
mato,*
verdes ou queimados, o turbilhão os
carregue.*
11O justo se alegrará ao ver a vingan-
ça;*
banhará seus pés no sangue dos ím-
pios.*
12Dirão: "Existe, sim, recompensa para
o justo,*
existe um Deus que governa a terra!"

59 (58) **Pedido de proteção contra os agressores.**

1*Ao regente do coro. Segundo a melodia "Não destruas". Poema de Davi. Quando Saul mandou homens para vigiar sua casa e matá-lo.**

2Livrai-me de meus inimigos, meu
Deus,
protegei-me contra meus adversários.
3Livrai-me dos que fazem o mal,
salvai-me dos que derramam sangue.
4Pois espreitam minha vida,
gente poderosa trama contra mim,
sem que eu tenha culpa nem pecado,
Javé.
5Sem culpa minha se apressam e ata-
cam.
Despertai, vinde a meu encontro e
olhai!
6Mas vós, Javé, Deus dos exércitos,
Deus de Israel,
levantai-vos e castigai todas as na-
ções,
não tenhais piedade de ninguém que
faz o mal.*
7Eles voltam cada noite, ladrando como
cães*
e giram pela cidade.
8Alardeiam com sua boca, têm espadas
entre os lábios:*
"Pois quem está ouvindo?"
9Mas vós, Javé, vos rides deles,*
zombais de todas as nações.
10A vós, minha força, eu me dirijo;
pois sois vós, ó Deus, minha defesa.
11Venha a meu encontro meu Deus de
misericórdia;
ele me fará desafiar meus inimigos.*
12Não os extermineis, para que meu
povo não esqueça;
dispersai-os com vossa força e humi-
lhai-os,
ó Senhor, que sois nosso escudo.
13Eles pecam a cada palavra de seus
lábios;*
mas serão vítimas de seu orgulho
por causa da maldição e da mentira
que proferem.
14Aniquilai-os em vosso furor, aniqui-
lai-os,*
de modo que não mais existam.
Para saberem que Deus reina em Jacó
e até os confins da terra.
15Eles voltam cada noite ladrando
como cães,
e giram pela cidade;
16em busca de alimento vagueiam†,
uivando se não conseguem saciar-se.
17Eu, porém, cantarei vosso poder,
de manhã exaltarei vossa misericór-
dia,*
porque fostes minha defesa,
meu refúgio no dia da angústia.
18Ó minha força, a vós quero cantar
porque sois, ó Deus, minha defesa,
meu Deus de misericórdia.

60 (59) **Oração depois de uma derrota.**

1*Ao regente do coro. Conforme a melodia "O lírio do tes-*

---

* **58**,7. 3,8; 35,17; Sl 57,5 | 8. Jó 11,16; Sl 37,2 | 9. Jó 3,16 / Ecl 6,3s | 10. Os 13,8 / Jó 21,18; 27,21 | 11. Na 1,10 / Sl 52,8; 68,24 | 12. Jó 19,29; Ml 2,17; 3,18 | **59**,1. 1Sm 19,11-17 | 6. Is 26,10 | 7. 54,11 | 8. 52,4; 55,2; 57,5; 64,4 | 9. 2,4; 37,13 | 11. 54,9 | 13. Pr 12,13; 18,7 | 14. Ez 5,13; 6,12; 13,13; Sl 46,10s; 83,19 | 17. 17,15

† **59**,16. Os inimigos do salmista são como chacais e cães que à noite invadem a cidade à procura de alimento; mas o salmista lhes escapa.

temunho". Poema de Davi. Para ensinar.
*2Quando ele guerreou os arameus da Mesopotâmia e os arameus de Soba; e Joab, na volta, venceu Edom no vale do Sal, doze mil homens.**
3Ó Deus, vós nos rejeitastes, nos dispersastes;
estáveis irado, voltai para nós.
4Abalastes e fendestes a terra;*
reparai suas brechas, pois ameaça ruir.
5Fizestes vosso povo passar por duras provas,
a beber nos destes vinho atordoante†.
6Aos que vos temem destes um sinal*
a fim de fugirem para longe do arco.
7Para que vossos amados sejam libertados,*
salvai-nos com a mão direita e respondei-nos.
8Deus falou em seu santuário:
"Exultarei, dividirei Siquém*
e vou medir o vale de Sucot†.
9Galaad e Manassés me pertencem,
Efraim é o capacete de minha cabeça.
Judá é meu cetro,*
10Moab é a bacia em que me lavo,
sobre a Idumeia lançarei minhas sandálias†,
sobre a Filisteia cantarei vitória".*
11Quem me conduzirá à cidade fortificada?
Quem me guiará até Edom,
12a não ser vós, ó Deus, que nos rejeitastes,
e já não saís, ó Deus, com nossas fileiras?*
Vinde em nosso auxílio na tribulação,
porque é vã a salvação humana.*
13Com Deus faremos proezas,*
e ele esmagará nossos inimigos.

61 (60)

Prece de um exilado. 1*Ao regente do coro. Com instrumentos de corda. De Davi.*
2Ouvi, ó Deus, meu clamor,
ficai atento a minha oração.
3Dos confins da terra eu vos invoco,*
enquanto meu coração desfalece.
Levai-me para um rochedo inacessível,*
4pois vós sois para mim um refúgio,*
torre forte diante do inimigo.
5Possa eu morar em vossa tenda para sempre,
à sombra de vossas asas encontrar abrigo.
6Porque vós, ó Deus, aceitastes meus votos*
e me destes a herança dos que temem vosso nome.
7Aos dias do rei acrescentai muitos dias,*
por muitas gerações durem seus anos.
8Reine para sempre diante de Deus;*
designai o amor e a fidelidade para o guardarem.
9Assim cantarei hinos a vosso nome, sempre,
cumprindo meus votos dia após dia.*

62 (61)

Só em Deus existe paz. 1*Ao regente do coro. Segundo a melodia de Iditun. Salmo de Davi.*
2Só em Deus repousa minha alma;
dele vem minha salvação.
3Só ele é meu rochedo e minha salvação,
minha rocha de defesa: jamais vacilarei.
4Até quando vos lançareis contra um homem,
para abatê-lo todos juntos,
como parede inclinada,
ou um muro prestes a cair?
5Só conspiram para precipitá-lo do alto,*
têm prazer em mentir.
Com a boca bendizem, mas no coração maldizem.*
6Só em Deus repousa, ó minha alma,*
pois dele vem minha esperança.
7Só ele é meu rochedo e minha salvação,
minha rocha de defesa: jamais vacilarei.

---

* **60**,2. 1Sm 8,1-14; 10,7s; 1Cr 18,1-13 | 4. Is 24,20 | 6. Jr 25,15; Is 51,17.21s; Sl 74,9 | 7. 108,7-14 | 8. Is 42,13; Eclo 50,26; Ab 19s; Is 11,13 | 9. Gn 49,10 | 10. Is 11,14 | 12. 44,10; 68,8 / 33,16s | 13. Os 1,7; 2Cr 14,10; Sl 44,6 | **61**,3. 27,4s / 43,3 | 4. Pr 18,10; Sl 46,2 | 6. 17,8 | 7. 21,5 | 8. 72,5; 89,5.30.34.37; 40,12; 85,11s; 89,15.25 | 9. Pr 20,28 | **62**,5. 4,3 / 28,3; 55,22 | 6. 42,6.12; 43,5; 118,8; Mq 7,7

† **60**,5. Deus os inebriou de amargura com a derrota. | 8. Dividir e medir eram sinais de posse. | 10. Mais outros gestos que indicam domínio, agora de terras estrangeiras.

8 Em Deus está minha salvação e minha glória;*
minha rocha de defesa, meu refúgio está em Deus.
9 Confiai nele, ó povo, em todo o tempo,*
diante dele derramai vosso coração,
nosso refúgio é Deus.
10 São apenas um sopro os filhos de Adão,*
uma mentira os seres humanos;*
juntos, na balança,* são menos que um sopro†.
11 Não confieis na violência,*
não vos enganeis com a rapina;*
não apegueis o coração às riquezas, se elas aumentam.*
12 Deus disse uma palavra, duas eu ouvi:*
que o poder pertence a Deus
13 e a vós, Senhor, a misericórdia;
pois retribuís a cada um segundo suas obras.*

63 (62) **Sede de Deus†.** 1 *Salmo de Davi. Quando estava no deserto de Judá.**

2 Ó Deus, vós sois meu Deus,*
desde a aurora vos procuro.
De vós tem sede minha alma,*
anela por vós minha carne,
como terra deserta, seca, sem água.*
3 Assim no santuário vos contemplei,
para ver vosso poder e vossa glória.
4 Pois vossa bondade vale mais que a vida†,
meus lábios proclamarão vosso louvor.
5 Assim vos bendirei enquanto eu viver,
em vosso nome erguerei minhas mãos.
6 Eu me saciarei como num farto banquete,*
e com vozes de alegria vos louvará minha boca.
7 Quando de vós me lembro em meu leito
e penso em vós nas vigílias noturnas,
8 porque fostes meu auxílio,
exulto de alegria à sombra de vossas asas.*
9 A vós minha alma está unida,
vossa mão direita me sustenta.
10 Mas os que querem me fazer mal*
irão para as profundezas da terra;
11 serão entregues ao poder da espada
e se tornarão pasto dos chacais†.
12 O rei, porém, se alegrará em Deus,*
e se gloriarão todos os que juram por ele,
pois será fechada a boca dos mentirosos.

64 (63) **Castigo dos caluniadores.** 1 *Ao regente do coro. Salmo de Davi.*

2 Ouvi, ó Deus, a voz de meu lamento,
preserva minha vida do terror do inimigo.
3 Protegei-me da conjura dos malvados,
do tumulto dos malfeitores.
4 Afiam sua língua como espada,*
lançam como flechas palavras amargas†
5 para ferir às ocultas o inocente;*
de surpresa o atacam, sem nada temer.
6 Em sua maldade se obstinam,
fazem acordo para esconder ciladas,*
dizendo: "Quem poderá vê-las?"*
7 Meditam a iniquidade, executam suas tramas;
impenetrável é o homem, seu coração é um abismo.
8 Mas Deus os atinge com suas flechas,*
de repente são feridos.
9 Sua própria língua é a causa de sua ruína;
todos, ao vê-los, menearão a cabeça.*

---

* **62**,8. Jr 3,23; Is 45,17; 60,19 | 9. Is 26,4 | 10. 39,6s / 116,11 / Is 40,15 | 11. Is 30,12 / Ez 22,29 / Jr 17,11; Jó 27,12s; 31,25 | 12. Mt 6,19s.24; Ecl 5,9s; Jó 40,5 | 13. 28,4; 31,24; Jó 34,11; Rm 2,6; 2Tm 4,14
63,1. 1Sm 22-24 | 2. Sl 36,8ss / 42,2 / 143,6 | 6. 36,9 | 8. 17,8 | 10. 5,11 | 12. 21,2; 64,11 | **64**,4. 55,22; 57,6; 59,8; 140,4 | 5. Jr 9,2; 11,2 | 6. Pr 1,11s; 6,14 / Sl 10,11; 94,7 | 8. 7,13s; 39,3 | 9. 44,15

† **62**,10. Por detrás de seu orgulho, os inimigos não têm nenhum peso. | **63**. A oração é o encontro entre a sede de Deus e a nossa. Deus tem sede de que nós tenhamos sede dele (S. Agostinho). | 4. Para os hebreus o bem supremo era a vida, mas aqui algo é colocado acima dela: o amor de Deus. Partindo daí, era possível acreditar que o amor de Deus se estende para além da vida: "Quem nos separará ... ?" Rm 8,35-39. | 11. Ficarão sem sepultura, o pior castigo para um morto. | **64**,4. As flechas são símbolo da calúnia. O caluniador também será atingido por flechas, conforme a lei do talião: pelas flechas de Deus, v. 8.

10 Então todos temerão,*
anunciarão as obras de Deus
e entenderão o que ele fez.
11 O justo se alegrará em Javé*
e nele porá sua esperança,
e todos os de coração reto se gloriarão.

65 (64)

Alegria das criaturas pela providência divina. 1 *Ao regente do coro. Salmo de Davi. Cântico.*

2 A vós se deve o louvor, ó Deus, em Sião,
a vós a promessa se cumpra em Jerusalém.
3 A vós, que escutais a oração,
vem todo mortal.*
4 As iniquidades prevalecem contra nós,*
mas vós perdoais nossas rebeliões.
5 Feliz quem escolheis e atraís para vós†,
para morar em vossos átrios.
Queremos saciar-nos com os bens de vossa casa,
com a santidade de vosso templo.
6 Com os prodígios de vossa justiça,
vós nos respondeis, ó Deus, nossa salvação,
esperança dos confins da terra e dos mares distantes.*
7 Firmais os montes com vossa força,*
cingido de poder.*
8 Fazeis calar o fragor do mar e o estrondo de suas ondas;*
acabais com o tumulto dos povos.
9 Os habitantes dos extremos confins
tremem ante vossos prodígios;
fazeis exultar de alegria
as portas do oriente e do ocidente.
10 Visitais a terra e a regais,*
enchendo-a com vossas riquezas.*
O rio de Deus está cheio de água;
fazeis crescer o trigo para os homens.
Assim preparais a terra:
11 irrigais seus sulcos, aplanais os torrões,
com as chuvas abrandais a terra e abençoais seus germes.
12 Coroais o ano com vossos benefícios,*
a vossa passagem goteja a fartura.
13 Gotejam os pastos do deserto*
e as colinas se revestem de júbilo.
14 Os prados se cobrem de rebanhos,
douram-se os vales com o trigo,*
tudo canta e vibra de alegria.

66 (65)

Louvor à bondade de Deus. 1 *Ao regente do coro. Cântico. Salmo.*

Aclamai a Deus, terra inteira,
2 cantai a glória de seu nome;*
dai-lhe glorioso louvor.
3 Dizei a Deus: "Como são estupendas vossas obras!
Pela grandeza de vossa força
diante de vós se curvam vossos inimigos.*
4 A vossa frente toda a terra se prostra
e canta para vós, canta para vosso nome".
5 Vinde ver as obras de Deus,
as maravilhas que fez pelos filhos dos homens.
6 Mudou o mar em terra seca,*
atravessaram o rio a pé enxuto;
por isso, alegremo-nos nele!
7 Com seu poder ele domina para sempre,
seus olhos observam as nações,
para que não se levantem os rebeldes.
8 Povos, bendizei nosso Deus
e proclamai a plena voz seu louvor.
9 Ele preservou nossa vida
e não permitiu que vacilassem nossos pés.
10 Sim, ó Deus, vós nos provastes,*
nos apurastes, como se faz com a prata†.
11 Fizestes-nos cair numa cilada,
pusestes um peso em nossas costas.
12 Deixastes os homens cavalgar* nossas cabeças†,
passamos pelo fogo e pela água,*
mas enfim nos trouxestes a um lugar de descanso.

---

* **64**,10. 40,4; 52,8 | 11. 5,12; 58,11; 63,12 | **65**,3. Is 66,23 | 4. 32,1 | 6. Is 66,19 | 7. Jó 38,6s / Sl 89,10; 107,29 | 8. Jó 38,11; Mt 8,26; Is 17,12 | 10. Jl 2,22s / Is 30,23.25; Lv 26,3s | 12. Am 9,13 | 13. 96,12 | 14. Is 44,23; 66,1 **66**,2. Ef 1,12.14 | 3. 17,45; 81,16 | 6. 114,3; Is 44,27; 50,2 | 10. Is 48,10 | 12. Is 51,23 / Is 43,2; Sl 32,6; 81,8

† **65**,5. Deus é tua riqueza. Não cuides do que te promete o mundo, mas do que te promete o Criador do mundo (S. Agostinho). | **66**,10. O povo confessa seus pecados e se reconcilia com Deus, reconhecendo que a derrota foi uma correção divina. | 12. Era costume o vencedor colocar o pé sobre o pescoço do vencido.

13Quero entrar em vossa casa com holocaustos
e para vós cumprir minhas promessas
14que meus lábios formularam
e minha boca pronunciou em minha angústia.
15Holocaustos gordos vos ofertarei,
junto com a fumaça dos carneiros;
imolarei bois com cabritos.
16Vinde e escutai, vós todos que temeis a Deus,
vou narrar o que ele fez por mim.
17A ele gritei com minha boca
e minha língua o exaltou.
18Se eu achasse culpa em meu coração,
o Senhor não me teria ouvido;
19mas Deus me ouviu,
deu atenção à voz de minha súplica.
20Bendito seja Deus que não rejeitou minha oração
nem apartou de mim seu amor.

67 (66) **Louvor universal**†. 1*Ao regente do coro. Com instrumentos de corda. Salmo. Cântico.*

2Deus tenha compaixão de nós e nos abençoe,*
faça brilhar sobre nós sua face.
3Para que se conheça na terra vosso caminho,*
e vossa salvação entre todas as nações†.
4Que os povos vos louvem, ó Deus,
que vos louvem todos os povos.
5Exultem as nações e se alegrem,
porque julgais os povos com justiça,*
governais as nações sobre a terra.*
6Que os povos vos louvem, ó Deus,
que vos louvem todos os povos.
7A terra deu seu fruto.*
Que Deus, nosso Deus, nos abençoe;*
8que Deus nos abençoe,
e o temam todos os confins da terra.

68 (67) **Marcha triunfal do Deus vencedor.** 1*Ao regente do coro. Salmo de Davi. Cântico.*

2Deus se levanta! Seus inimigos se dispersam;*
fogem diante dele os que o odeiam.
3Como se dissipa a fumaça, vós os dispersais;
como se derrete a cera diante do fogo,
perecem os ímpios diante de Deus.
4Os justos, porém, se alegram,
exultam diante de Deus e cantam de alegria.
5Cantai a Deus, salmodiai a seu nome,*
abri caminho para o que cavalga as nuvens;
Javé é seu nome, alegrai-vos diante dele.*
6Pai dos órfãos e defensor das viúvas,*
assim é Deus em sua santa morada.
7Aos desamparados Deus dá uma casa onde morar,
abre aos cativos a porta da felicidade;
mas os rebeldes ele deixa em terra seca.*
8Quando saístes à frente de vosso povo, ó Deus,*
quando atravessastes o deserto,
9a terra tremeu, o céu dissolveu-se
diante do Deus do Sinai,
diante de Deus, o Deus de Israel†.
10Uma chuva torrencial derramastes, ó Deus,*
fortalecestes vossa herança exausta.
11E vosso povo habitou a terra
que em vosso amor, ó Deus, preparastes para o pobre.
12O Senhor anuncia uma notícia,
as mensageiras de vitória são uma grande fileira:
13"Fogem os reis, fogem os exércitos,*
até as mulheres repartem os despojos.
14Enquanto dormis entre os rebanhos,*
as asas da pomba se cobrem de prata,
suas penas, de um reflexo de ouro".
15Quando o Todo-poderoso expulsava os reis,*
caía neve sobre o Salmon.
16Monte de Deus é o monte de Basã,
monte altaneiro é o monte de Basã.

---

* **67**,2. Nm 6,24s | 3. 31,17; 4,7; Jr 33,9 | 5. 98,9 / 82,8 | 7. 85,13 / Lv 26,4; Ez 34,27; Os 2,23s | **68**,2. Nm 10,35; Is 33,3 | 5. 18,10s; Dt 33,26; Is 19,1; 66,15; 57,14 / Êx 22,21s | 6. Br 6,37 | 7. Nm 16,35 | 8. Jz 5,4s; Hab 3,3s; Dt 33,2 | 10. Êx 16,1.13; Sl 78,24s | 13. Jz 5,19-22 | 14. Jz 5,16 | 15. Gn 17,1

† **67**. Esta oração inspira-se na bênção que Moisés ensinou a Aarão, Nm 6,23-26. | 3. As bênçãos de Deus a seu povo são um incentivo para as nações buscarem também as mesmas bênçãos. O desejo de felicidade, inerente ao coração humano, deve levar a Deus, do qual vem a felicidade verdadeira. **68**,9. Recorda o êxodo, quando Deus ia à frente de seu povo para conduzi-lo ao combate e à vitória.

17 Por que tendes inveja, montes elevados,
do monte que Deus escolheu para morar?†
Javé habitará nele para sempre.
18 Os carros de Deus são milhares e milhares;*
o Senhor vem do Sinai para o santuário†.
19 Subistes às alturas conduzindo prisioneiros,*
recebestes homens como tributo;
mesmo os rebeldes habitarão junto a Javé Deus.
20 Bendito o Senhor para sempre,
cuida de nós o Deus salvador.*
21 Nosso Deus é um Deus libertador,*
cabe ao Senhor Javé livrar da morte.
22 Sim, Deus esmaga a cabeça de seus inimigos
e o crânio cabeludo de quem caminha em seus pecados.
23 Disse o Senhor: "De Basã os trarei de volta,
dos abismos do mar os farei voltar,
24 para que laves no sangue teu pé,*
e a língua de teus cães receba sua parte entre os inimigos"†.
25 Surge vosso cortejo, ó Deus,
o cortejo de meu Deus, de meu rei, no santuário:
26 na frente os cantores, por último os que tocam cítaras,
no meio as meninas tocando tamborins.
27 "Bendizei a Deus em vossas assembleias,
bendizei a Javé, descendentes de Israel".*
28 Ali está Benjamim, o mais novo, que os precede,*
os chefes de Judá e suas fileiras,
os chefes de Zabulon, os chefes de Neftali.*
29 Ordenai, ó Deus, conforme vosso poder!
Ó Deus, confirmai o que por nós fizestes,
30 de vosso templo que está em Jerusalém.
Os reis vos trarão presentes.
31 Ameaçai a fera dos caniços†,
a manada dos touros com os bezerros dos povos,*
até que se humilhem, trazendo barras de prata.
Dispersai os povos que gostam de guerras!
32 Virão os nobres do Egito,*
a Etiópia estenderá as mãos para Deus.
33 Reinos da terra, cantai a Deus,
salmodiai ao Senhor,
34 Àquele que cavalga os céus, os céus eternos.*
Ele faz ressoar sua voz, sua voz possante.
35 Reconhecei o poder de Deus,
sua majestade está sobre Israel,
seu poder sobre as nuvens†.
36 Tremendo sois, ó Deus, de vosso santuário.
O Deus de Israel dá força e vigor a seu povo.*
Bendito seja Deus!

69 (68)

Angústia mortal. 1 *Ao regente do coro. Conforme a melodia "Os lírios". De Davi.**
2 Salvai-me, ó Deus,*
porque sobem as águas até meu pescoço.*
3 Estou atolado no lodo profundo,*
onde não tenho apoio;
em águas profundas caí, e a correnteza me arrasta.
4 Cansei-me de gritar, minha garganta está seca;
meus olhos se consomem esperando por meu Deus.

---

* **68**,18. Ez 43,7; 2Rs 6,17; 7,6 | 19. 47,6; Ef 4,8ss | 20. Dt 32,11 | 21. Is 46,3s; 63,9 | 24. 1Rs 21,19; 22,38; 2Rs 9,36 | 27. Dt 33,28; Jr 2,13; 17,13 | 28. 80,2s / Is 8,23 | 31. Ez 29,2s | 32. Is 18,7; 45,14 | 34. 68,5 | 36. 28,8; 29,11 | **69**,1. 45,1 | 2. 18,5 / 124,4s | 3. Jn 2,6 |

† **68**,17. As montanhas disputam entre si a honra de serem a morada divina. | 18. Javé é como um rei vitorioso, que vai em cortejo com seus carros, os prisioneiros e os despojos, para a colina de Sião, onde vai estabelecer sua morada terrestre. | 24. Imagem rude da vingança, coroamento da vitória, da qual Javé faz os israelitas participar. | 31. A fera dos caniços é o crocodilo, símbolo do Egito; os touros são os chefes e os bezerros são o povo. | 35. Convite às nações para louvar o Senhor e reconhecer seu poder e a proteção que dá a seu povo.

5Os que me odeiam sem motivo*
são mais numerosos que meus cabe-
los.*
São poderosos os que querem arrui-
nar-me*
e que injustamente são meus inimigos;
deverei restituir o que não roubei?
6Deus, conheceis minha loucura,
meus pecados não vos são ocultos.
7Não fiquem confundidos por minha
causa
os que esperam em vós, Javé, Senhor
dos exércitos†.
Não sejam cobertos de vergonha por
causa de mim
os que vos buscam, Deus de Israel.
8Pois por vossa causa suportei afron-
tas,*
a ignomínia cobriu-me o rosto.
9Tornei-me um estranho para meus ir-
mãos,*
um estrangeiro para os filhos de minha
mãe.
10Pois o zelo por vossa casa me devorou,*
os insultos dos que vos insultam caíram
sobre mim.*
11Se me mortifico com o jejum,
isto é motivo de infâmia para mim;
12se me visto de saco, sou alvo de seus
sarcasmos.
13Falam mal de mim os que se assen-
tam junto à porta
e os que bebem vinho fazem canções
sobre mim.
14Mas elevo a vós, Javé, minha oração
no tempo favorável.*
Atendei-me conforme vossa grande
bondade, ó Deus,
por vossa fidelidade em socorrer.
15Tirai-me do lodo, para que eu não
afunde,
que eu seja livre dos que me odeiam e
das águas profundas.
16Que a correnteza não me arraste,
que não me devore o pântano
e o abismo não feche sua boca sobre
mim.
17Ouvi-me, ó Javé, pois vossa bondade
é benigna,
conforme vossa grande misericórdia,
olhai para mim.
18Não escondais de vosso servo vossa
face,*
pois estou em perigo; depressa, aten-
dei-me.
19Aproximai-vos de mim e resgatai-me,
livrai-me por causa de meus inimigos.
20Conheceis a infâmia, a vergonha
e a desonra que padeço.*
Em vossa presença estão todos os que
me afligem.
21A ignomínia oprime meu coração e
eu desfaleço;
esperei em vão quem tivesse pena de
mim,*
procurei quem me consolasse, mas não
encontrei.
22Como alimento me deram fel,
quando tive sede, me deram a beber
vinagre.*
23Que sua mesa* seja um laço para
eles†
e sua prosperidade, uma armadilha.
24Que se ofusquem seus olhos para
não verem;
e que seus rins estejam sempre doen-
tes.
25Derramai sobre eles vossa ira,
e o furor de vossa cólera os alcance.
26Fique deserta sua morada,*
não haja quem more em suas tendas.
27Porque perseguiram aquele que fe-
ristes,*
aumentando a dor dos que provastes.
28À culpa deles ajuntai mais culpa,
e não tenham acesso a vossa justiça.
29Sejam riscados do livro dos vivos*
e entre os justos* não sejam inscritos†.
30Quanto a mim, infeliz e doente,
vosso auxílio, ó Deus, me ponha a salvo.

* **69**,5. Jo 15,25 / Sl 40,13 / 35,19 | 8. Jr 15,15 | 9. Jó 19,13ss | 10. 119,139 / Jo 2,17; Rm 15,3 | 14. Is 49,8; 32,6; 102,14 | 18. 102,3 | 20. Jó 6,14; Lm 1,2 | 21. Mt 26,40; Jo 16,32 | 22. Mt 27,34.48 | 23. Rm 11,9s | 26. At 1,20 | 27. Is 53,4; Sl 71,11 | 29. Êx 32,32; Is 4,3 / Dn 12,1; Ap 3,5 | 31. 22,26s

† **69**,7. Não fiquem desiludidos em sua esperança, vendo alguém que rezou em vão. | 23. A “mesa” era um couro curtido estendido no chão, ao redor do qual os comensais se sentam ou se recostam. Por baixo do couro, era possível haver um buraco com uma armadilha. | 29. Deseja para eles uma morte prematura. O livro dos vivos contém os nomes dos que estão vivos. Mais tarde, ele será considerado como o registro dos que se salvam, Fl 4,3; Ap 3,5; 13,8.

31Celebrarei com um cântico o nome de Deus,*
com ações de graças o exaltarei.
32Isto agradará a Javé mais que um touro,*
mais que um novilho com chifres e cascos.
33Os humildes veem e se alegram.*
Vós que buscais a Deus, que vosso coração reviva!
34Pois Javé atende os pobres,
não despreza seus cativos.
35Que o louvem céus e terra,
os mares e tudo o que neles se move.
36Pois Deus salvará Sião*
e reedificará as cidades de Judá;
ali habitarão e a possuirão.*
37E a posteridade de seus servos a herdará,*
e nela habitarão os que amam seu nome.

70 (69)

Clamor do perseguido. 1*Ao regente do coro. De Davi. Para comemorar.**
2Ó Deus, libertai-me;*
Javé, socorrei-me sem demora.
3Fiquem confusos e envergonhados
os que querem tirar-me a vida.
Voltem para trás envergonhados
os que desejam minha ruína.
4Recuem, cobertos de vergonha,
os que me dizem: "Bem feito!".
5Exultem e se alegrem em vós
todos os que vos buscam;
digam sempre: "Deus é grande!"
os que amam vossa salvação.
6Eu, porém, sou pobre e indigente;
socorrei-me, ó Deus, depressa!
Vós sois meu auxílio e meu libertador,
Javé, não tardeis.

71 (70)

Oração de um idoso. 1Em vós me refugio, Javé,*
não seja eu jamais envergonhado.*
2Por vossa justiça libertai-me e resgatai-me,
prestai-me atenção e salvai-me.
3Sede para mim um rochedo hospitaleiro,
onde possa sempre refugiar-me.
Ordenastes que eu seja salvo
porque sois minha rocha e minha fortaleza.
4Meu Deus, salvai-me da mão do ímpio,*
do poder do malvado e do opressor.
5Porque sois vós, Senhor, minha esperança,
sois minha confiança, Javé, desde minha juventude.
6Desde o seio materno tenho em vós meu apoio;*
fostes vós que me tirastes do ventre de minha mãe.
Para vós será sempre meu louvor.*
7Para muitos eu sou como um prodígio;*
mas vós sois meu abrigo seguro.
8De vosso louvor está cheia minha boca,
de vossa glória, o dia todo.
9Não me rejeiteis no tempo da velhice,
não me abandoneis quando declinam minhas forças.*
10Pois contra mim falam meus inimigos,
os que me espreitam conspiram juntos,
11dizendo: "Deus o abandonou, persegui-o e prendei-o,*
porque não há quem o liberte".
12Ó Deus, não fiqueis longe de mim,*
meu Deus, socorrei-me sem demora.
13Sejam confundidos e aniquilados os que me acusam;*
sejam cobertos de infâmia e de vergonha*
os que querem arruinar-me.
14Eu, porém, não perco a esperança
e sempre mais vos louvarei.
15Minha boca anunciará vossa justiça todos os dias*
e vossa salvação que não sei calcular.
16Narrarei os prodígios do Senhor Javé
e me lembrarei de vossa justiça, somente dela.
17Vós me instruístes, ó Deus, desde minha juventude*

---

* **69**,32. 50,8.14; 51,18 | 33. 22,27; 70,5; 119,144 | 36. Is 44,26 / Ez 36,10; Sl 102,21ss | 37. Is 65,9 | **70**,1. 38,1 | 2. 40,14-18 | **71**,1. 31,2ss / 25,2 | 4. 140,2 | 6. Jr 17,14; Sl 22,11 / 109,1 | 7. Is 52,14; Sl 31,12 | 9. 22.12.20 | 11. 3,3; 22,9; 69,27 | 12. 22,12 | 13. 40,15 / 35,4 | 15. 35,28; 109,35 | 17. Os 2,17; Jr 2,1 / 129,1s; Is 46,3s

e até hoje vossas maravilhas proclamo.*
18E agora, na velhice, de cabelos brancos,
não me abandoneis, ó Deus,
até que eu anuncie vossa força a esta geração,*
e vosso poder a todas as que virão.
19Vossa justiça, ó Deus, é alta como os céus,
fizestes coisas grandes: quem é como vós, ó Deus?*
20Muitas angústias e males me fizestes provar;*
tornareis a dar-me vida,
e dos abismos da terra me fareis subir de novo.
21Aumentareis minha grandeza*
e me consolareis novamente.
22Então vos darei graças com a lira,
por vossa fidelidade, meu Deus;
vou cantar-vos com a harpa, ó santo de Israel.*
23Cantando vossos louvores, exultarão meus lábios*
e minha vida, que resgatastes.
24Também minha língua o dia todo proclamará vossa justiça,
porque foram confundidos e humilhados
os que procuravam arruinar-me.

72 (71) **O poder do rei Messias***. 1*De Salomão.*

Dai ao rei, ó Deus, vosso julgamento,*
ao filho do rei vossa justiça;
2para que governe vosso povo com justiça
e vossos pobres com retidão.
3Que os montes tragam a paz ao povo*
e as colinas, justiça.
4Aos pobres de seu povo fará justiça,*
salvará os filhos do indigente
e abaterá seu opressor.
5Seu reino durará quanto o sol,*
quanto a lua, através das gerações.
6Descerá como a chuva sobre a relva,*
como a garoa que molha a terra.*
7Em seus dias florescerá a justiça*
e grande paz, até se extinguir a lua.
8Ele dominará de um mar ao outro,*
do rio até os confins da terra.
9Diante dele se inclinarão os habitantes do deserto,*
e lamberão o pó seus inimigos.
10Os reis de Társis e das ilhas vão trazer-lhe ofertas,*
os reis da Arábia e de Sabá lhe pagarão tributo.*
11Que o adorem todos os reis da terra
e o sirvam todas as nações.
12Ele libertará o indigente que o invoca
e o aflito que não acha auxílio;
13terá piedade do fraco e do pobre
e salvará a vida dos pobres.
14Da opressão e da violência os resgatará,
será precioso a seus olhos o sangue deles.*
15Viverá e lhe será dado ouro da Arábia;
rezarão por ele todo dia,
será bendito para sempre.
16Haja fartura de trigo no país,*
ondulando sobre o alto dos montes;
floresça seu fruto como o Líbano,
e se recolha como a relva da terra.
17Dure seu nome para sempre,
diante do sol permaneça seu nome.
Nele serão abençoadas todas as raças da terra*
e todas as nações vão proclamá-lo feliz.
18Seja bendito Javé Deus, o Deus de Israel,
o único que faz prodígios!
19E bendito para sempre seu nome glorioso.
De sua glória se encha toda a terra.
Amém! Amém!
20*Final das orações de Davi, filho de Jessé.*

III. LIVRO TERCEIRO (73 [72] – 89 [88])

73 (72) **A prosperidade dos ímpios**†. 1*Salmo de Asaf.*

Sim, Deus é bom para Israel,

* **71**,18. 36,7; 22,31 | 19. 72,18 | 20. 86,8 | 21. 9,14; 40,3 | 22. Is 6,3 | 23. 7,18 | **72**. Is 11,1-5; Zc 9,9s | 1. Jr 23,5 | 3. Is 45,8; 52,7; 55,12 | 4. Sf 2,3 | 5. 61,8 | 6. Os 6,3; Is 45,8 / Dt 32,2 | 7. 2Sm 7,13s; Jr 31,35; 33,20 | 8. 89,38; Zc 9,10; Eclo 44,21 | 9. Is 27 | **72**,10. Is 49,23 / 1Rs 10,1 | 14. 116,15; 61,7s | 16. Is 27,6; Os 14,6-9; Am 9,13 | 17. Gn 12,3

† **73**. Diante do escândalo da prosperidade dos maus, o salmista passa da revolta a uma confiança totalmente nova. O fim, o que vem depois, é que soluciona o enigma: os maus cairão em ruína, e Deus conduzirá o justo à glória, v. 24.

para os que têm um coração puro.
2 Mas quase tropeçaram meus pés,
por pouco vacilavam meus passos.
3 Pois tive inveja dos soberbos,*
quando vi a prosperidade dos maus.
4 Para eles sofrimento não existe,
sadio e bem nutrido é seu corpo;
5 não sofrem as labutas dos mortais,
nem são afligidos como o são os outros.
6 Por isso, como colar os cinge o orgulho,
como veste os envolve a violência.
7 De suas entranhas sai a malícia,*
transbordam de seu coração maus pensamentos.
8 Zombam, falam com malícia,
com soberba ameaçam de cima.
9 Levantam a boca até o céu
e sua língua percorre a terra.
10 Por isso no alto estão sentados,
e a enchente não os atinge;
11 e dizem: "O que é que Deus sabe?*
Existe conhecimento no Altíssimo?"
12 Assim são os ímpios, sempre tranquilos,
aumentam seu poder.
13 Foi à toa que conservei puro meu coração*
e na inocência lavei minhas mãos?*
14 Porque sou molestado o dia todo*
e castigado cada manhã.
15 Se eu dissesse: "Vou falar como eles",
estaria traindo a geração de vossos filhos.
16 Refleti para entender isto,
mas achei difícil demais para meus olhos†,
17 até que entrei no santuário de Deus*
e entendi qual era o fim deles.
18 De certo, num chão escorregadio os colocais
e assim os fazeis cair em ruína.
19 Como ficaram assolados num instante!
Pereceram, consumidos pelo terror.
20 Como um sonho, quando se acorda, Senhor,
ao despertardes, desprezais a imagem deles.*
21 Quando meu coração se amargurava
e em meus rins sentia dor aguda,
22 eu era imbecil e ignorante,
como um animal a vossa frente.
23 No entanto, estou sempre convosco;
vós me tomastes pela mão direita†.
24 Com vosso conselho me guiareis
e depois me acolhereis na glória.*
25 Que tenho nos céus fora de vós?
Além de vós, nada desejo nesta terra.
26 Ainda que minha carne e meu coração desfaleçam,*
rochedo de meu coração e minha porção
é Deus para sempre!
27 Pois os que se afastam de vós perecerão;
aniquilais todos os que vos são infiéis.
28 Minha felicidade, porém, é estar perto de Deus.
Ponho no Senhor Javé meu refúgio,
para que possa anunciar todas as vossas obras
junto às portas da filha de Sião.

74 (73) **Lamento pela destruição do templo†.**

1 *Poema de Asaf.*
Ó Deus, por que nos rejeitais para sempre?*
Por que arde vossa ira contra o rebanho de vosso pasto?
2 Lembrai-vos de vossa comunidade
que adquiristes desde o início,*
que resgatastes para ser a tribo de vossa herança;
e do monte Sião, no qual habitais.
3 Voltai vossos passos para essas ruínas sem fim:
o inimigo devastou tudo em vosso santuário.
4 Rugiram vossos adversários no lugar de vossas assembleias,
ergueram seus estandartes como emblema.
5 Eram como os que brandem o machado
em meio a uma densa floresta;

---

* **73**,3. 37,1; Jó 21, 13-26 | 7. 17,10; 119,70; Jó 15,27; Jr 5,28 | 11. 10,11 | 13. Ml 3,14 / 26,6 | 14. Jó 7,18 | 17. 119,130 | 20. 49,15 | 24. 16,10 | 26. 16,6 | **74**,1. Is 63,17 | 2. Dt 7,6; Jr 10,6; Is 51,19

† **73**,16. Ele não entende como é que Deus, justo e onisciente, deixa os maus prosperar. | 23. A resposta do salmista é que a verdadeira felicidade está em Deus, e o resto não importa. | **74**. Chora a destruição de Jerusalém e do templo pelos babilônios em 586 a.C.

6e agora a golpes de martelo e de machado
quebraram vossas portas.
7Entregaram às chamas vosso santuário,*
profanaram e demoliram a morada de vosso nome.
8Disseram em seu coração: "Acabemos com eles de uma vez".
Queimaram todos os santuários de Deus no país.*
9Não vemos mais nossos sinais,
já não há profetas, e entre nós ninguém sabe até quando.*
10Até quando, ó Deus, o adversário nos insultará?
O inimigo desprezará vosso nome até o fim?
11Por que retirais vossa mão
e conservais escondida no seio vossa mão direita?
12Mas desde a origem Deus é nosso rei,*
ele que faz no meio do país gestos salvadores.
13Com vosso poder dividistes o mar,*
quebrastes a cabeça dos dragões nas águas;
14ao Leviatã esmagastes as cabeças,*
e o destes como pasto aos animais selvagens.
15Fizestes brotar fontes e torrentes,
secastes rios perenes.
16Vosso é o dia e vossa é a noite,*
vós criastes a luz e o sol†.
17Vós marcastes todos os limites da terra,
vós formastes o verão e o inverno.
18Lembrai-vos: o inimigo insultou a Javé,
um povo insensato desprezou vosso nome.
19Não abandoneis às feras a vida de quem vos louva,
não esqueçais para sempre a vida de vossos pobres.
20Considerai vossa aliança,
porque os lugares sombrios da terra
estão cheios de moradas de violência.
21Que o oprimido não fique envergonhado;
louvem vosso nome o aflito e o necessitado.
22Levantai-vos, ó Deus, defendei vossa causa;
lembrai-vos de que o estulto vos ultraja o dia todo.
23Não esqueçais os clamores de vossos inimigos;
o tumulto de vossos adversários aumenta sem cessar.

75 (74) **Deus, juiz supremo.**

1*Ao regente do coro. Segundo a melodia "Não destruas". Salmo de Asaf. Cântico.*
2Nós vos damos graças, ó Deus, vos damos graças:
invocando vosso nome, narramos vossas maravilhas.
3No tempo que eu tiver marcado, julgarei com retidão.*
4Ainda que trema a terra com todos os seus habitantes,
eu mantenho firmes suas colunas.*
5Aos que se orgulham eu digo: "Não vos orgulheis".*
E aos ímpios: "Não levanteis a cabeça.
6Não levanteis tão alto vossa fronte,
não faleis com tanta arrogância.*
7Pois não é do oriente, nem do ocidente
e nem do deserto das montanhas†,
8mas é de Deus que vem o juízo:
é ele que humilha este e eleva aquele.*
9Pois na mão de Javé há uma taça
com vinho espumante, cheio de mistura†.
Ele o derrama: até as fezes o sorverão,*
dele vão beber todos os ímpios da terra.
10Eu, porém, exultarei para sempre,
cantarei hinos ao Deus de Jacó.
11Abaterei toda a arrogância dos ímpios;
então será exaltado o poder dos justos.*

---

* **74**,7. Is 64,10; Sl 77,9 | 8. Lm 2,9 | 9. Ez 7,26; Sl 89,47 | 12. Is 52,10 | 13. Jó 7,12; Is 51,9s; Sl 89,10s | 14. Jó 3,8; 40,25; Is 27,1 | 16. Gn 1 | **75**,3. 93,1s; 96,10 | 4. 46,3; 60,4 | 5. Zc 2,1-4 | 6. 94,4 | 8. 1Sm 2,7; Dn 2,21 | 9. 60,5; Jó 21,20 / Is 51,17 | 11. 92,11

† **74**,16. Recorda a Deus sua ação prodigiosa como Criador, pedindo que derrote agora os inimigos de seu povo, como havia derrotado os poderes do caos ao criar o mundo. | **75**,7. A perfeita justiça não vem dos homens, mas de Deus. | 9. Símbolo da cólera do Juiz divino contra os maus.

76 (75)

Canto de vitória. 1 *Ao regente do coro. Com instrumentos de corda. Salmo de Asaf. Cântico.*

2 Deus se manifesta em Judá,
grande é em Israel seu nome;
3 sua tenda está em Salém
e sua morada em Sião.*
4 Lá ele quebrou as flechas do arco,*
o escudo, a espada e a guerra.
5 Esplêndido sois e mais glorioso
do que os montes eternos.†
6 Os corajosos foram despojados,
apanhados pelo sono,
nenhum guerreiro tinha força em seu braço.*
7 A vossa ameaça, ó Deus de Jacó,*
carros e cavalos ficaram parados.
8 Vós sois terrível! Quem vos resiste*
quando explode vossa ira?
9 Do céu fizestes ouvir a sentença:*
a terra tremeu e ficou quieta,*
10 quando Deus se levantou para julgar,
para salvar todos os pobres da terra.
11 Pois até a ira humana vos dá glória,
e vos cingis com os que escapam da ira.*
12 Fazei promessas a Javé vosso Deus e cumpri-as;
todos os que estão a seu redor tragam
ofertas ao Terrível,
13 a ele que retira o respiro dos príncipes;
ele é terrível para os reis da terra!

77 (76)

Deus renova os prodígios de seu amor†. 1 *Ao regente do coro. Sobre Iditun. Salmo de Asaf.*

2 Com minha voz clamei a Deus;
chega a Deus minha voz, e ele me ouve.
3 No dia da angústia busco o Senhor;*
à noite minhas mãos se estendem, incansáveis,*
e rejeito qualquer consolo.
4 Lembro-me de Deus e solto gemidos,*
medito, e meu espírito se abate.
5 Não me deixais pegar no sono,
fico aturdido sem poder falar.
6 Relembro os dias de outrora†,
recordo os anos passados.*
7 De noite medito em meu coração,
reflito, e meu espírito se interroga:
8 Será que o Senhor nos rejeitará para sempre*
e nunca mais se mostrará benévolo?
9 Terá acabado para sempre seu amor*
e a promessa feita para todas as gerações?
10 Deus se esqueceu de agir com clemência,*
ou em sua ira retirou sua misericórdia?
11 E concluo: "Meu sofrimento é este:
está mudada a mão direita do Altíssimo".*
12 Quero lembrar os feitos de Javé,
sim, recordarei vossas antigas maravilhas.
13 Vou refletir sobre toda a vossa obra
e meditar em vossos grandes feitos.*
14 Ó Deus, é santo vosso caminho,*
que deus é grande como nosso Deus?*
15 Vós sois o Deus que faz prodígios,
manifestastes vosso poder entre os povos.
16 Remistes com vosso braço vosso povo,*
os filhos de Jacó e de José.*
17 As águas vos viram, ó Deus,*
as águas vos viram e tremeram
e até os abismos se abalaram.*
18 As nuvens derramaram águas,
as nuvens fizeram ouvir sua voz,*
e vossas setas voaram de todos os lados.
19 Vosso trovão ressoou no turbilhão,*
vossos relâmpagos iluminaram o mundo,*
a terra tremeu e se abalou.*
20 Abriu-se no mar vosso caminho,
vossa senda na imensidão das águas,
mas vossos vestígios ficaram invisíveis.*

---

* **76**,3. 122,6s | 4. 48,4-8; 46,10 | 6. Na 3,18 | 7. Jr 51,39.57 | 8. Dt 7,21; 10,17 | 9. Na 1,6 / Ml 3,2 | 11. Jr 13,11 | **77**,3. Is 26,16 / Sl 50,15; 88,2 | 4. Jn 2,8 | 6. 143,5 | 8. 74,1; 89,47s | 9. Lm 3,22s.31 | 10. Is 63,15; 74,9; Is 49,14s | 11. Ml 3,6 | 13. 143,5 | 14. 18,31s; 89,7 / Dt 32,4 | 16. Ne 1,10 / Gn 46,26s | 17. Hab 3,10s; Jó 7,12 / Na 1,4 | 18. 18,15; 144,6 | 19. 29 / Êx 19,16 / Sl 97,4; Is 43,16; 51,10 | 20. Ne 9,11; Sb 14,3 | 21. Is 63,11-14; Sl 78,52 / Mq 6,4

† **76**,5. Os montes são símbolo de solidez, de estabilidade, que resiste a todos os assaltos. | **77**. Num tempo de profunda desolação para Israel, relembrando os prodígios do êxodo, o salmista volta a confiar em Deus. | 6. Professar a fé nas maravilhas que Deus realizou no passado conduz a crer no que Ele é constantemente, e portanto também no tempo presente (João Paulo II).

21 Guiastes vosso povo como um reba-
nho,*
por meio de Moisés e de Aarão.*

78 **Lições* da história†**. 1 *Poema de Asaf.*

(77) Meu povo, escuta meu ensina-
mento;*
presta atenção às palavras de minha
boca.*
2 Vou abrir a boca pronunciando sen-
tenças†,
relembrarei mistérios do passado.
3 O que ouvimos, o que aprendemos,*
o que nossos pais nos contaram,
4 não ocultaremos a seus filhos;
mas vamos contar à geração futura*
as glórias de Javé, seu poder
e os prodígios que operou.
5 Estabeleceu um testemunho em Jacó,*
instituiu uma lei em Israel†;
ordenou a nossos pais que a ensinas-
sem a seus filhos,*
6 para que tomasse conhecimento a
nova geração,*
a dos filhos que vão nascer.
Que se levantem e narrem a seus filhos,
7 para que ponham em Deus sua con-
fiança,
e não esqueçam as obras de Deus,
mas observem seus preceitos.
8 Para não serem como seus pais,
uma geração indócil e rebelde,*
de coração inconstante,
e cujo espírito foi infiel a Deus.
9 Os filhos de Efraim, arqueiros valentes,*
bateram em retirada no dia do comba-
te.
10 Não guardaram a aliança de Deus,
não quiseram proceder segundo sua
lei;
11 esqueceram suas obras
e os prodígios que lhes havia mostra-
do.
12 Diante de seus pais fez milagres
na terra do Egito, no campo de Tânis.
13 Abriu o mar para fazê-los passar,*
detendo as águas como num dique.*
14 Guiou-os de dia com uma nuvem,*
e de noite com um clarão de fogo.
15 Fendeu rochedos no deserto*
e deu-lhes a beber como do grande
abismo†.
16 Da pedra fez brotar riachos
e fez manar água como rios.*
17 Mas continuaram a pecar contra ele,*
revoltando-se contra o Altíssimo no
deserto.
18 Tentaram a Deus em seu coração,*
pedindo comida a seu gosto.
19 Falaram contra Deus, dizendo:
"Pode Deus preparar uma mesa no de-
serto?"*
20 Bateu na rocha, escorreram águas,
e as torrentes transbordaram.
"Poderá dar-nos pão também,
ou fornecer carne a seu povo?"
21 Ouvindo isto, Javé ficou irado;*
um fogo acendeu-se contra Jacó*
e a cólera explodiu contra Israel,
22 porque não acreditaram em Deus
e não confiaram em sua salvação.
23 No entanto ordenou às nuvens do alto
e abriu as portas do céu;*
24 fez chover sobre eles maná para nu-
tri-los
e deu-lhes o trigo do céu.*
25 O homem comeu* o pão dos fortes†;
enviou-lhes comida com fartura.
26 Fez soprar no céu o vento oriental
e trouxe com seu poder o vento sul;
27 fez chover sobre eles carne como
poeira,
e aves como areia da praia.

---

* **78**. Is 63,7s; Sl 105; 106; 114; 115; 136; Sb 16-19; Ne 9,9-37 | 1. Dt 32,1 / Sl 49,5 | 3. 44,2; Dt 4,9 | 4. Êx 10,2; 13,14; Sl 145,4 | 5. 147,19 / Dt 4,9, 6,7 | 6. 22,31 | 8. Dt 31,27; 32,5.20 | 9. Os 7,13-16 | 13. Êx 14-15 / Êx 14,22; 15,8 | 14. Êx 13,21; Sl 105,39 | 15. Êx 17,1-7; Nm 20,2-13; Sl 105,41; 114,8 | 16. Is 48,21 | 17. Êx 20,13 | 18. Êx 16,2-36 | 19. 23,5 | 21. Nm 11 / Dt 32,22 | 23. 2Rs 7,2; Ml 3,10 | 24. Jo 6,31 | 25. Sb 16,20; 1Cor 10,4; 105,40; Dt 8,3

† **78**. Meditação sobre a história do povo, desde o êxodo até o tempo de Samuel. Javé não se cansa de mostrar seu carinho para com Israel, que lhe retribui com repetidas infidelidades. | 2. "A história é mestra de vida", dizia Cícero, mas é preciso refletir para tentar entender seus enigmas. Recordar o passado é edificar o futuro. | 5. Privilégio único de Israel, que recebeu de Deus a lei, fundamento de seu direito. | 15. O grande abismo é, na mente dos antigos, o oceano subterrâneo que alimenta as fontes. | 25. O pão que dá força, ou o pão que os fortes comem: assim entendeu Sb 16,29, que chama o maná de "alimento dos anjos".

28 Fê-las cair no meio do acampamento,
ao redor de suas tendas.
29 Comeram e ficaram saciados;*
serviu-lhes o que desejavam.
30 Mal haviam matado a fome*
e a comida ainda estava em sua boca,
31 quando a ira de Deus se acendeu
contra eles;
castigou com a morte os mais robustos
e prostrou os jovens de Israel.*
32 Apesar de tudo isto tornaram a pecar,
não tiveram fé em seus prodígios.
33 Por isso dissipou seus dias como um
sopro
e seus anos num terror repentino.
34 Quando os matava, o buscavam,*
arrependidos, procuravam a Deus.
35 Recordavam que Deus era seu rochedo
e o Deus Altíssimo, seu redentor.
36 Mas o adulavam com suas palavras*
e com a língua lhe mentiam.
37 Seu coração não era sincero com ele,*
nem foram fiéis a sua aliança.
38 Mas ele, em sua misericórdia,
perdoava o pecado e não os destruía.*
Muitas vezes refreou sua ira
e não deixava agir todo o seu furor.
39 Lembrava-se de que eram mortais,
um sopro que passa e não volta.
40 Quantas vezes se revoltaram contra
ele no deserto*
e na solidão o provocaram!
41 Recomeçavam a tentar a Deus
e a exasperar o Santo de Israel.*
42 Não mais se lembraram de seu poder,*
do dia em que os resgatou do opressor,
43 dos sinais que realizou no Egito*
e de seus prodígios no campo de Tânis.
44 Mudou em sangue seus rios e riachos
para impedi-los de beber.
45 Enviou contra eles moscas para os
devorar,
e rãs para infestá-los.
46 Entregou às pragas suas colheitas,
e ao gafanhoto o produto de seu trabalho.
47 Destruiu suas vinhas com o granizo,
seus sicômoros com a geada.
48 Entregou seu gado ao granizo,
e seus rebanhos ao raio.
49 Lançou contra eles o furor de sua ira:
cólera, indignação, calamidade,
todo um exército de anjos maus.
50 Deixou agir livremente sua cólera,
não os preservou da morte,
entregou à peste a vida deles.
51 Matou todos os primogênitos do Egito,*
as primícias de seu vigor nas tendas de
Cam.
52 Fez sair seu povo como ovelhas,*
conduziu-os como um rebanho no deserto.
53 Guiou-os com segurança, e não temeram,
e o mar recobriu seus inimigos.*
54 Conduziu-os a sua terra santa,
ao monte que sua mão direita conquistou.
55 Expulsou diante dele as nações,*
repartiu por sorte entre eles a herança†
e fez morar em suas tendas as tribos
de Israel.
56 Mas eles tentaram com suas revoltas
o Deus Altíssimo,
não observaram seus preceitos.
57 Desviaram-se e foram infiéis como
seus pais,
voltaram-se como um arco enganador.
58 Com seus lugares altos* o provocaram†
e com seus ídolos excitaram seu zelo.
59 Deus o soube e se indignou,
e rejeitou Israel duramente.
60 Abandonou a morada de Silo,*
a tenda onde habitava entre os homens.
61 Entregou ao cativeiro sua força*
e às mãos do inimigo sua glória†.

* **78**,29. Os 13,6 | 30. Nm 11,33 | 31. Nm 14,29 | 34. Os 5,15; Is 26,16; Nm 21,7; Dt 32,15.18 | 36. Os 6,4 | 37. Is 29,13; Os 8,1 | 38. Êx 32,14; Nm 14,20; Is 48,9; Ez 20,22; Os 11,8s; Sl 65,4; 85,4 | 40. Dt 9,22 | 41. Is 6,3 | 42. 71,22; 89,19 | 43. Êx 7,14-11,10; 12,29-36; Sb 16-18 | 51. Êx 12,29; Sl 105,36 | 52. 77,21 | 53. Êx 14,26ss | 55. 44,3; Js 24,8-13 | 58. Dt 32,16-21 | 60. 1Sm 1,3; Js 18,1 | 61. Jr 7,12; 26,6

† **78**,55. A terra que pertencia aos cananeus foi dada aos israelitas, que a dividiram entre as tribos no tempo de Josué. | 58. Ver a nota em 1Sm 9,12. | 61. Silo é a cidade onde estava o santuário principal na época dos Juízes. A arca da aliança, sede da glória de Deus, que foi tomada pelos filisteus, 1Sm 4,3-7.

62 Abandonou seu povo à espada*
e se indignou contra sua própria herança.
63 O fogo devorou seus jovens,*
e suas virgens não ouviram o canto nupcial.
64 Seus sacerdotes caíram vítimas da espada,
e suas viúvas não fizeram lamentações.
65 O Senhor despertou como de um sono,
como um guerreiro que grita dominado pelo vinho.
66 Golpeou os inimigos pelas costas,*
infligindo-lhes eterna ignomínia.
67 Repudiou a tenda de José,
não escolheu a tribo de Efraim,
68 mas escolheu a tribo de Judá,*
o monte Sião que ele amava.*
69 Construiu seu santuário alto como o céu,
como a terra que ele fundou para sempre.
70 Escolheu Davi, seu servo,*
tomou-o do aprisco das ovelhas;
71 tirou-o do cuidado das ovelhas-mães*
para apascentar Jacó, seu povo,*
e Israel, sua herança.
72 Ele os dirigiu com um coração íntegro
e com mão sábia os conduziu.

79 (78) Lamento* pela destruição de Jerusalém†. 1 *Salmo de Asaf.*

Ó Deus, os pagãos invadiram vossa herança,*
profanaram vosso santo templo,
reduziram Jerusalém a um montão de ruínas.
2 Entregaram os corpos de vossos servos*
às aves do céu como alimento,
e a carne de vossos fiéis aos animais do campo.
3 Derramaram o sangue deles*
como água em torno de Jerusalém,
e ninguém lhes deu sepultura.
4 Tornamo-nos o opróbrio de nossos vizinhos,*
o escárnio e a zombaria dos que nos rodeiam.
5 Até quando, Javé? Estareis irado para sempre?*
Arderá como fogo vosso zelo?†
6 Derramai vosso furor sobre os pagãos
que não vos conhecem*
e sobre os reinos que não invocam vosso nome,*
7 pois devoraram Jacó*
e devastaram sua morada.
8 Não recordeis contra nós as culpas de nossos pais†;
venha depressa a nosso encontro vossa misericórdia,
porque estamos reduzidos à miséria extrema.*
9 Ajudai-nos, ó Deus, nosso salvador,
pela glória de vosso nome;
salvai-nos e perdoai nossos pecados
por amor de vosso nome.
10 Por que os povos deveriam dizer:
"Onde está o Deus deles?"*
Seja conhecida entre os povos, sob nossos olhos,*
a vingança pelo sangue de vossos servos que foi derramado.
11 Chegue a vossa presença o gemido dos cativos;*
com o poder de vosso braço* salvai os condenados à morte†.
12 Devolvei sete vezes a nossos vizinhos
no seio deles
o insulto que lançaram* contra vós, Senhor†.
13 E nós, vosso povo e rebanho de vosso pasto,
sempre vos daremos graças;
vossos louvores proclamaremos de geração em geração.

---

* **78**,62. Jr 12,7 | 63. Dt 32,22-25; Jr 7,34 | 66. 1Sm 5,6s | 68. 2Sm 5,9 / Sl 87,2; 48,3 | 70. 1Sm 13,14; 16,11ss | 71. 2Sm 7,8; Sl 89,21 / Ez 34; 37,24; Sl 77,21 | **79**. 44; 74; 80 | 1. 2Rs 25,9s; Lm 1,10 | 2. Jr 7,33; 80,13s; 1Mc 7,17 | 3. Sf 1,17; Jr 14,16 | 4. 44,14; 80,7 | 5. Sf 2,8; 89,47; 44,24 | 6. Jr 10,25; Eclo 36,1-5 / 14,4 | 7. Jr 50,7 | 8. 142,7 | 10. 115,2 / Jl 2,17 | 11. 42,4; 126,2 / Dt 32,43; Jl 4,21; Sl 102,21 | 12. 89,51; Ez 34,1

† **79**. Meditação sobre os fatos ocorridos em 586 a.C., quando os babilônios saquearam e destruíram a cidade e massacraram a população. | 5. Deus se mostra ciumento, apaixonado, quando seu povo o abandona para ir atrás de outros deuses. | 8. Tão grande é a calamidade, que o salmista pensa que ela só pode ser castigo dos pecados dos antigos. | 11. Os vencidos na guerra eram condenados à escravidão ou exterminados. | 12. Os vizinhos edomitas e moabitas, que na guerra se aliaram aos inimigos de Israel e saquearam suas cidades.

80 (79) Canto da vinha* devastada†.

1 *Ao regente do coro. Conforme a melodia "Os lírios do testemunho".* Salmo de Asaf.*
2 Pastor de Israel, escutai,*
vós que guiais José como um rebanho.
Sentado sobre os querubins, resplandecei*
3 diante de Efraim, Benjamim e Manassés.
Despertai vosso poder
e vinde em nosso auxílio.
4 Restaurai-nos, ó Deus;*
fazei brilhar vosso rosto e seremos salvos.*
5 Javé, Deus dos exércitos,
até quando estareis indignado*
contra as orações de vosso povo?
6 Vós nos alimentais com pão de lágrimas*
e nos dais a beber lágrimas em abundância.
7 Fizestes de nós motivo de discórdia
para nossos vizinhos*
e nossos inimigos se riem de nós.
8 Deus dos exércitos, restaurai-nos,
fazei brilhar vosso rosto e seremos salvos.
9 Tirastes uma videira do Egito,*
expulsastes nações para plantá-la.
10 O terreno lhe preparastes;
ela criou raízes e encheu a terra.
11 Sua sombra cobriu as montanhas
e seus ramos, os mais altos cedros†.
12 Estendeu seus sarmentos até o mar*
e até o rio, seus brotos.
13 Por que derrubastes sua cerca,*
de modo que todo caminheiro a vindime,
14 o javali do bosque a devaste
e os animais do campo a devorem?
15 Deus dos exércitos, voltai-vos†,
olhai do céu e vede, visitai esta vinha;
16 protegei a cepa que vossa mão direita plantou,
o germe que para vós cultivastes.
17 Os que a queimaram com o fogo e a cortaram
morrerão ante vossa face ameaçadora.
18 Esteja vossa mão sobre o homem de vossa direita,
sobre o filho do homem que para vós fortalecestes.
19 E assim não nos afastaremos mais de vós,
vida nos dareis e invocaremos vosso nome.
20 Javé, Deus dos exércitos, restaurai-nos,
fazei brilhar vosso rosto e seremos salvos.

81 (80) Solene renovação da aliança†.

1 *Ao regente do coro. Para harpa de Gat. De Asaf.*
2 Cantai a Deus, nossa força,
aclamai ao Deus de Jacó.
3 Entoai o cântico e tocai o tímpano,
a cítara melodiosa com a harpa.
4 Tocai a trombeta no dia da lua nova,
na lua cheia, nosso dia de festa.*
5 Este é um preceito para Israel,
um decreto do Deus de Jacó.
6 Como testemunho o deu a José,
quando saiu da terra do Egito.
Ouvi uma língua que eu não entendia:
7 "Libertei do peso seu ombro,*
suas mãos ficaram livres do cesto.
8 Clamaste na angústia e eu te libertei,
oculto no trovão te dei resposta,
junto às águas de Meriba te provei.*
9 Ouve, meu povo, quero te avisar;
Israel, quem dera que me ouvisses!
10 Não haja em teu meio um outro deus,
não adores um deus estrangeiro.*
11 Eu sou Javé, teu Deus,
que te tirei da terra do Egito;
abre a boca, eu a encherei.
12 Mas meu povo não ouviu minha voz,*
Israel não me obedeceu.
13 Por isso o abandonei à dureza de seu coração,*
e seguiram seus próprios conselhos.

---

* **80**. Is 63,15-64,11 | 1. 45,1 | 2. Ez 34,1 / Êx 25,18 | 4. Jr 31,18 / Sl 4,7 | 5. 44,24; 74,1 | 6. 42,4 | 7. 79,4 | 9. Is 5,1 | 12. Jz 20,1 | 13. Jr 12,7-13 | **81**,4. Lv 23,24; Nm 29,12; Êx 23,14 | 7. Êx 1,14; 6,6 | 8. Êx 19,19; Êx 17,1-7; Sl 95,8 | 10. Êx 20,2s | 12. Dt 9,7 | 13. Jr 3,17; 7,24

† **80**. Lamentação pela ruína causada pelos invasores e recordação dos antigos benefícios de Deus ao povo. | 11. A vinha é Israel, trazido do Egito no tempo do êxodo, e que em Canaã superou os cedros, isto é, outros povos. | 15. Deus está sempre disposto a voltar para seu povo, mas é preciso que também seu povo volte a Ele na fidelidade (João Paulo II). | **81**. O salmo é um convite a participar da festa das Tendas, que comemorava a estadia do povo no desert o no tempo do êxodo.

14 Ah! Se meu povo me escutasse,*
se Israel andasse por meus caminhos,
15 num instante eu venceria seus inimigos*
e contra seus adversários voltaria minha mão.
16 A ele se submeteriam os que odeiam a Javé,
e o tempo deles estaria para sempre acabado.
17 Eu o alimentaria com o melhor do trigo*
e o saciaria com mel do rochedo"†.

82 Deus juiz supremo†. 1 *Salmo de Asaf.*

(81) Deus se levanta na assembleia divina,*
dá a sentença no meio dos deuses.
2 Até quando julgareis injustamente,
tomando partido pela causa dos ímpios?
3 Defendei o fraco e o órfão,*
fazei justiça ao infeliz e ao pobre.
4 Salvai o fraco e o indigente,
livrai-o da mão dos ímpios.
5 Não sabem, não entendem, andam nas trevas,
vacilam todos os fundamentos da terra†.
6 Eu disse: "Vós sois deuses,
sois todos filhos* do Altíssimo†.
7 No entanto, morrereis como todo homem,
caireis como um príncipe qualquer".
8 Levantai-vos, ó Deus, julgai a terra,
porque a vós pertencem todas as nações.

83 Os inimigos de Israel†. 1 *Cântico. Salmo de Asaf.*

(82) 2 Ó Deus, não guardeis silêncio,*
não fiqueis calado e indiferente, ó Deus!
3 Pois vossos inimigos tumultuam,
levantam a cabeça os que vos odeiam.
4 Contra vosso povo tramam com astúcia,
contra vossos protegidos conspiram.
5 Dizem: "Vinde, destruamo-los,*
de modo que não sejam mais um povo
e não se fale mais o nome de Israel".
6 Sim, todos juntos entraram em acordo
para formar uma aliança contra vós:
7 as tendas de Edom com os ismaelitas,*
Moab com os agarenos;*
8 Gebal com Amon e Amalec,*
a Filisteia com os habitantes de Tiro.*
9 Até Assur se juntou a eles,
tornou-se o braço forte dos filhos de Ló.
10 Fazei-lhes como fizestes a Madiã,
como a Sísara e a Jabin na torrente Quison,*
11 que foram exterminados em Endor*
e serviram de esterco para o solo.
12 Tratai seus chefes como outrora a Oreb e a Zeb,*
como a Zebá e a Sálmana, todos os seus príncipes.
13 Eles tinham dito: "Tomemos posse das regiões de Deus".
14 Meu Deus, fazei-os semelhantes ao turbilhão,*
à palha diante do vento,
15 ao fogo que queima a floresta,*
à chama que devora os montes.
16 Persegui-os assim com vossa tempestade,
aterrai-os com vosso furacão.*
17 Cobri o rosto deles de vergonha,
para que busquem vosso nome, ó Javé!
18 Fiquem confusos e perturbados para sempre
e morram de morte ignominiosa.
19 Assim saberão que só vós, cujo nome é Javé,*
sois o Altíssimo sobre toda a terra.

---

* **81**,14. Is 48,18 | 15. Lv 26,7s | 17. 147,14; Dt 32,13s | **82**,1. Is 3,13s | 3. Êx 23,6; Dt 1,17 | 6. 58,2 | **83**,2. 44,24; 50,3; 109,1 | 5. Jr 11,9 | 7. Nm 20,23 / 1Cr 5,10.19 | 8. Êx 17,8 / Js 13,2 | 10. Jz 7; Is 9,3; 10,26 | 11. Jz 4-5; Jr 8,2 | 12. Jz 7,25; 8,10-21 | 14. Is 17,13; 29,5 | 15. 58,10; Is 5,24; 10,17; Ez 21,3 | 16. Jr 25,32 | 19. 97,9; 46,11; Is 42,8

† **81**,17. Como sempre na história da salvação, a última palavra no diálogo entre Deus e o povo pecador não é nunca o juízo ou o castigo, mas o amor e o perdão (João Paulo II). | **82**. Deus julga os juízes, os quais devem administrar a justiça em Seu nome. | 5. Sem justiça, base de uma sociedade organizada, abalam-se os fundamentos da vida civil. | 6. Os magistrados, os quais participam da autoridade divina. **83**. Contra os inimigos que atacaram Israel no tempo dos Juízes. Agredir o povo de Deus é ir contra o próprio Deus

84 (83)

Canto do romeiro†. 1 *Ao regente do coro. Para harpa de Gat. Salmo dos filhos de Coré.**

2 Como são amáveis vossas moradas, Javé dos exércitos!
3 Minha alma suspira e desfalece pelos átrios de Javé.*
Ao Deus vivo cantam meu coração e minha carne.
4 Até o pardal encontra casa
e a andorinha, um ninho seu, onde pôr os filhotes;
junto a vossos altares, Javé dos exércitos,
meu rei e meu Deus.
5 Feliz quem mora em vossa casa:*
sempre canta vossos louvores.
6 Feliz quem encontra em vós sua força
e decide em seu coração subir ao templo.
7 Passando pelo vale do pranto,
transforma-o numa fonte,
e a primeira chuva também o cobre de bênçãos.*
8 Cresce seu vigor ao longo do caminho,
até que compareça diante de Deus em Sião.
9 Javé, Deus dos exércitos, ouvi minha prece;
escutai, ó Deus de Jacó.
10 Olhai, ó Deus, nosso escudo,
contemplai o rosto de vosso ungido†.
11 Porque um dia em vossos átrios
vale mais que mil;
prefiro estar à porta da casa de meu Deus
a morar nas tendas dos ímpios.
12 Porque sol e escudo é Javé Deus;
Javé concede graça e glória.
Não recusa bem algum aos que caminham com retidão.
13 Javé dos exércitos, feliz o homem que em vós confia.

85 (84)

A salvação está próxima†. 1 *Ao regente do coro. Salmo dos filhos de Coré.*

2 Fostes benévolo, Javé, com vossa terra,*
reconduzistes Jacó do cativeiro.
3 Perdoastes a iniquidade de vosso povo,
cancelastes todos os seus pecados.
4 Renunciastes a todo o vosso furor*
e acabastes com vossa grande ira.
5 Restaurai-nos, ó Deus, nossa salvação,*
e acalmai vossa ira contra nós.
6 Estareis para sempre irado conosco,*
de idade em idade estendereis vosso furor?
7 Não tornareis a dar-nos vida,
para que em vós se alegre vosso povo?
8 Mostrai-nos, Javé, vossa misericórdia*
e dai-nos vossa salvação.
9 Que eu proclame o que diz Javé Deus:
pois anuncia a paz a seu povo, a seus fiéis
e aos que voltam para ele de todo o coração.
10 Sua salvação está próxima dos que o temem
e a glória* habitará em nossa terra†.
11 Misericórdia e verdade se encontram,*
justiça e paz se abraçam.
12 A verdade brota da terra*
e a justiça está olhando do céu†.
13 Javé também dará a felicidade,
e nossa terra produzirá seu fruto.
14 A justiça caminhará diante dele*
e seus passos abrirão caminho.

86 (85)

Oração na adversidade. 1 *Oração de Davi.*
Javé, prestai atenção, respondei-me,
porque sou pobre e infeliz.
2 Guardai-me porque sou fiel;
meu Deus, salvai vosso servo que em vós confia.
3 Piedade de mim, Senhor,
porque a vós clamo o dia todo.

---

* **84**,1. 8,1 | 3. 42,2s; 122,1 | 5. 5,3 | 7. Ez 34,26; Jl 2,23 | **85**,2. 126 | 4. 78,38 | 5. 80,4 | 6. 79,5 | 8. Is 49,14s; 54,7 | 10. Ez 11,23; 43,2 | 11. 89,15; 97,2 | 12. Is 45,8 | 14. Zc 8,12; 9,10; Is 58,8

† **84**. Os romeiros exaltam o templo e os que nele servem a Deus. | 10. Aquele que foi consagrado pela unção: o rei ou o sumo sacerdote. | **85**. Os que voltam do exílio de Babilônia em 538 a.C. louvam e agradecem a Deus, e professam sua confiança nele diante da situação precária que enfrentam. | 10. A glória simboliza Deus: ela se afastou do templo e da cidade santa, Ez 11,23, mas voltará a habitar no meio do povo. | **85**,12. Deus volta para o meio do povo e o povo volta para Deus: céu e terra se reconciliam.

4Alegrai a alma de vosso servo,
porque a vós, Senhor, elevo minha
alma.*
5Vós sois bom, Senhor, e compassivo,
rico em misericórdia para com todos os
que vos invocam.
6Prestai atenção, Javé, a minha prece*
e sede atento à voz de minha súplica.
7No dia de minha angústia vos invoco,
porque me respondeis, Senhor.
8Entre os deuses nenhum é como vós,
Senhor,*
e nada há que se iguale a vossas obras.*
9Todas as nações que criastes virão
e se prostrarão diante de vós, Senhor,*
para dar glória a vosso nome;
10pois vós sois grande e fazeis maravi-
lhas;
só vós sois Deus.
11Ensinai-me, Javé, vosso caminho,
para eu caminhar em vossa verdade;*
disponde meu coração para que tema
vosso nome.
12Graças vos darei, Senhor, meu Deus,
de todo o coração
e glorificarei vosso nome para sempre,
13porque é grande vosso amor para
comigo
e das profundezas do abismo me li-
vrastes.*
14Ó Deus, os arrogantes me assalta-
ram,*
uma turma de violentos atenta contra
minha vida
e não se importam convosco.
15Mas vós, Senhor, Deus misericordio-
so e compassivo,*
lento para a ira e rico de amor e de fi-
delidade,
16voltai-vos para mim e tende compai-
xão;*
dai a vosso servo vossa força,
salvai o filho de vossa serva.*
17Dai-me um sinal de benevolência,
para que meus inimigos vejam e fi-
quem envergonhados,
porque vós, Javé, me socorreis e me
consolais.

87 (86) Jerusalém,* mãe de todos os povos†.

1 *Salmo dos filhos de Coré. Cântico.*
Seus fundamentos estão sobre os
montes sagrados;
2Javé ama as portas de Sião
mais que todas as moradas de Jacó.*
3De ti se dizem coisas estupendas,
ó cidade de Deus.
4Recordarei o Egito e Babilônia
entre os que me conhecem.
Eis a Palestina, Tiro e Etiópia: este ali
nasceu.
5De Sião, porém, se dirá: "Todos nasce-
ram nela†,
e o Altíssimo a mantém firme".*
6Javé escreverá no registro dos povos:
"Este nasceu lá".*
7E dançando cantarão:
"Estão em ti todas as minhas fontes".*

88 (87) Oração numa doença grave†.

1*Cântico. Salmo dos filhos de Coré. Ao regente do coro. Conforme a melodia "Mahalat". Para cantar. Poema de Emã, o ezraíta.*
2Javé, Deus meu salvador,
diante de vós eu clamo dia e noite.
3Chegue a vossa presença minha ora-
ção,
prestai atenção a meu lamento.
4Pois estou saturado de males,*
minha vida está perto do abismo.
5Sou contado entre os que descem à
cova,
sou como um homem sem força.*
6É entre os mortos minha morada,
sou como os que jazem no sepulcro,
dos quais não guardais lembrança†
e foram retirados de vossa mão.
7Numa fossa profunda me lançastes,
nas trevas, nos abismos.
8Pesa sobre mim vosso furor*

---

* **86**,4. 25,2 | 6. 5,2s | 8. 35,10; 89,9 / Jr 10,6 | 9. 22,28 | 11. 26,3; 27,11 | 13. 88,7 | 14. 54,5 | 15. Êx 34,6; 103,8; 145,8 | 16. 25,16 / 116,16 | **87**. 2Sm 5,9; Sl 48; 46,5; Is 2,2s | 2. 76,3; 78,68 | 5. Is 62,4s | 6. Is 4,3; Ez 13,9 | 7. Is 66,21 | **88**,4. Jó 10,15; 17,1 | 5. 143,7 | 8. 42,8 / 18,5

† **87**. Como Jerusalém acolhe pessoas de todas as nações, assim a Igreja é mãe e mestra de todos os povos. | 5. Os nascidos em Sião estarão abertos à fraternidade universal. | **88**. O doente se encontra em profundo abatimento, sentindo-se abandonado até por Deus. | 6. Nesse tempo ainda pensavam que os mortos caíam num total esquecimento, mesmo por parte de Deus.

e com todas as vossas ondas me esma-
gais.*
9Afastastes de mim meus amigos,*
para eles me tornastes objeto de hor-
ror.
Sou prisioneiro, sem poder sair.*
10Meus olhos se consomem pela dor.*
O dia todo vos invoco, Javé,
e para vós estendo minhas mãos.
11Fazeis prodígios para os mortos?
As sombras se levantam para vos lou-
var?*
12Celebra-se vossa bondade no sepulcro
e vossa fidelidade no lugar da destrui-
ção?
13Nas trevas são conhecidos vossos
prodígios,
e vossa justiça no país do esquecimen-
to?
14Eu, porém, clamo a vós, Javé,
e de manhã chega a vós minha prece.
15Por que, Javé, me rejeitais,
por que me escondeis vosso rosto?
16Sou infeliz e moribundo desde jovem,
sob o peso de vossos terrores me de-
soriento.
17Sobre mim passou vossa ira,
vossos terrores me aniquilaram.
18Eles me rodeiam como água o dia
todo,
todos juntos me circundam.
19Afastastes de mim amigos e conhe-
cidos;
só as trevas me fazem companhia.*

89 Aliança de Deus com Davi†.

1*Poema de Etã, o ezraíta.*
(88) 2Vou cantar para sempre a
bondade de Javé;
vossa fidelidade anunciarei com minha
boca†
de geração em geração.
3Pois dissestes: "Minha misericórdia
permanece para sempre".
Estabelecestes nos céus vossa fidelida-
de.
4"Fiz aliança com meu eleito;*
jurei a Davi, meu servo:
5Para sempre confirmarei tua descen-
dência,
teu trono edificarei por todas as gera-
ções".
6Os céus celebram vossas maravilhas,
Javé,
e vossa fidelidade na assembleia dos
santos.*
7Pois quem, nas alturas, se compara a
Javé?*
Quem é semelhante a Javé entre os fi-
lhos de Deus?
8Deus é tremendo na grande assem-
bleia dos santos,
grande e terrível entre os que o ro-
deiam.
9Javé, Deus dos exércitos, quem é
como vós?*
Sois poderoso, Javé, e vossa fidelidade
vos circunda.
10Sois vós que domais o orgulho do mar*
e que acalmais as ondas quando elas
se elevam.
11Esmagastes o Egito como um inimigo
abatido,
com braço poderoso dispersastes vos-
sos inimigos.
12Vossos são os céus, vossa é a terra;
o mundo e o que nele existe vós fun-
dastes.*
13Criastes o norte e o sul;
o Tabor e o Hermon cantam a vosso
nome.
14Vosso braço é cheio de vigor;
forte é vossa mão esquerda, elevada
vossa direita.
15A justiça e o direito são as bases de
vosso trono,*
a bondade e a fidelidade caminham a
vossa frente.*
16Feliz o povo que sabe fazer festa,*
ele caminha, Javé, à luz de vossa face!
17Em vosso nome ele se alegra sem
cessar,
e em vossa justiça encontra sua glória.
18Pois vós sois sua esplêndida força,
e por vossa benevolência aumentais
nosso poder.

---

* **88**,9. 38,12 / 142,8 | 10. Lm 3,7 | 11. 6,6; Is 38,18 | 19. Jó 17,13s | **89**,4. 2Sm 7,8-16 | 6. Jó 5,1 | 7. 29,1; 82,1; Jó 1,6 | 9. 86,8 | 10. Jó 7,12; Sl 65,8 | 12. 24,1s | 15. 85,11; 97,2 / Êx 34,6s | 16. 47,1

† **89**. Deus fez a Davi a promessa de que seu trono duraria para sempre, 2Sm 7,16, mas o reino se encontra numa situação desesperada. | 2. Por sua fidelidade à promessa feita, Deus concede a graça e se mostra paciente e misericordioso.

19 Porque a Javé pertence nosso escudo,
e ao Santo de Israel, nosso rei.*
20 Outrora falastes numa visão a vossos fiéis*
e dissestes: "Prestei auxílio a um herói,
elevei um eleito no meio do povo.
21 Encontrei Davi, meu servo,*
com meu santo óleo o ungi;
22 minha mão o sustentará,*
meu braço o fortalecerá.
23 O inimigo não o surpreenderá
e o iníquo não o oprimirá.
24 Esmagarei diante dele seus adversários
e abaterei os que o odeiam.
25 Minha fidelidade e minha bondade estarão com ele
e por meu nome crescerá seu poder.
26 Estenderei sua mão esquerda sobre o mar
e sua mão direita sobre os rios.
27 Ele me invocará, dizendo: 'Vós sois meu pai,*
meu Deus e meu rochedo salvador'.
28 Farei dele meu primogênito,*
o mais elevado dos reis da terra.
29 Para sempre lhe conservarei minha misericórdia,
e minha aliança com ele será estável.
30 Farei viver para sempre sua descendência
e seu trono como os dias do céu.
31 Se seus filhos abandonarem minha lei
e não andarem segundo meus preceitos,
32 se violarem minhas prescrições
e não observarem meus mandamentos,
33 castigarei com a vara suas transgressões*
e com açoites seus pecados.
34 Mas não lhe retirarei meu amor,
nem desmentirei minha fidelidade.
35 Não violarei minha aliança,*
nem modificarei as promessas que fiz.
36 Eu o jurei uma vez por minha santidade*
e não mentirei a Davi;
37 sua descendência durará para sempre
e seu trono, como o sol diante de mim,
38 como a lua que permanece para sempre,*
testemunha fiel no firmamento".
39 Mas vós rejeitastes e repudiastes,
e vos irritastes contra vosso ungido.
40 Rompestes a aliança com vosso servo,
lançastes por terra e profanastes sua coroa.
41 Fizestes brechas em todas as suas muralhas,*
reduzistes a ruínas suas fortalezas.
42 Todos os que passam o depredam,
e seus vizinhos o escarnecem.
43 Fizestes triunfar seus adversários,
alegrastes todos os seus inimigos.
44 Cegastes o corte de sua espada,
não o sustentastes no combate.
45 Pusestes fim a seu esplendor
e lançastes por terra seu trono.
46 Abreviastes os dias de sua juventude
e de vergonha o cobristes.
47 Até quando, Javé, vos escondereis, para sempre?*
E vosso furor se abrasará como o fogo?
48 Lembrai-vos de como é breve minha vida;*
foi para nada que criastes todos os filhos dos homens?
49 Quem é que pode viver e não ver a morte?*
Quem pode livrar sua alma do poder do abismo?
50 Onde estão, Senhor, vossos antigos gestos de bondade
que jurastes a Davi por vossa fidelidade?
51 Lembrai-vos, Senhor, do ultraje feito a vossos servos,
trago no peito a injúria de muitos povos,
52 os insultos lançados por vossos inimigos, Javé,
lançados contra os passos de vosso ungido.
53 Seja bendito Javé para sempre!
Amém! Amém!*

* **89**,19. Is 6,3; Sl 47,10 | 20. 132,11s; 2Sm 7 | 21. 78,70 | 22. Is 42,1 | 27. 2Sm 7,14; Sl 2,7 | 28. Cl 1,15-18; Ap 1,5; Is 55,3 | 33. 2Sm 7,14 | 35. Jr 33,20s | 36. 110,4 | 38. 72,5.7 | 41. 80,13s | 47. 79,5 | 48. 39,5 | 49. 90,3s | 53. 106,48

IV. LIVRO QUARTO
(90 [89] – 106 [105])

90 (89)

Eternidade de Deus e fragilidade humana. 1 *Súplica de Moisés, homem de Deus.*
Senhor, fostes para nós um refúgio
de geração em geração;
2 Antes que nascessem os montes*
e formásseis a terra e o mundo,
desde sempre e para sempre vós sois Deus.*
3 Fazeis o homem voltar ao pó*
dizendo: "Voltai, filhos de Adão!"
4 Pois a vossos olhos, mil anos
são como o dia de ontem que passou,*
e como uma vigília na noite.
5 Vós os mergulhais no sono;*
são como a relva que brota de manhã:*
6 de manhã floresce, cresce,*
de tarde murcha e seca.
7 Porque somos consumidos por vossa ira
e por vosso furor conturbados.
8 Pondes diante de vós nossas culpas,
e nossos pecados ocultos à luz de vossa face.
9 Pois todos os nossos dias passam por causa de vossa ira,
acabam nossos anos como um sopro.*
10 Nossos anos de vida são setenta,*
oitenta para os mais robustos,
mas na maior parte são fadiga e sofrimento,*
porque passam depressa e nós voamos.
11 Quem conhece o ímpeto de vossa ira?
E vossa indignação, conforme o temor que vos é devido?
12 Ensinai-nos a contar nossos dias†,
e assim teremos um coração sábio.
13 Voltai-vos, Javé, até quando?*
Tende compaixão de vossos servos!
14 Saciai-nos de manhã com vossa bondade,*
e exultaremos de alegria pela vida afora.
15 Alegrai-nos em proporção dos dias
em que nos afligistes,*
e dos anos em que suportamos a adversidade.
16 Que vossa obra se manifeste a vossos servos
e vossa glória a seus filhos.
17 Esteja sobre nós a bondade do Senhor, nosso Deus.
Confirmai sobre nós a obra de nossas mãos;
sim, confirmai a obra de nossas mãos.

91 (90)

Certeza da proteção divina*.
1 Quem habita sob a proteção do Altíssimo
e repousa à sombra do Onipotente
2 diga a Javé: "Meu refúgio, minha fortaleza,*
meu Deus, em quem confio".
3 Ele te livrará do laço do caçador,*
da peste destruidora;
4 ele te cobrirá com suas penas,*
sob suas asas encontrarás refúgio.
Escudo e couraça é sua fidelidade.
5 Não temerás os terrores da noite*
nem a flecha que voa de dia,*
6 nem a peste que vaga nas trevas,
nem a epidemia que devasta ao meio-dia.*
7 Caiam mil a teu lado
e dez mil a tua direita;
tu não serás atingido.
8 Basta que observes com teus olhos,
verás o castigo dos ímpios.
9 "Pois vós sois meu refúgio, ó Javé".
Fizeste do Altíssimo tua morada.
10 Nenhum mal te sucederá,*
nenhuma praga chegará a tua tenda.
11 Pois ele dará ordem a seus anjos*
para te guardarem em todos os teus passos.
12 Em suas mãos te levarão*
para que teu pé não tropece nalguma pedra.
13 Caminharás sobre a áspide e a víbora,*
pisarás sobre o leãozinho e o dragão.

---

* **90**,2. Gn 1,1; Pr 8,25 / Hab 1,12 | 3. 93,2; Gn 3,19 | 4. 2Pd 3,8 | 5. Is 40,6s / Jó 14,1s; 20,8 | 6. 103,15s | 9. Gn 6,3 | 10. Pr 10,27; Eclo 18,8s / Ecl 12,1-7 | 13. 7,6 | 14. 17,15 | 15. Nm 14,34 | **91**. Jó 5,19-22 | 2. 18,3 | 3. Dt 32,11; 17,8 | 4. Rt 2,12; Mt 23,37 | 5. Ct 3,8 / Pr 3,25 | 6. Dt 32,24; Os 13,14; Jr 15,8; Eclo 34,19 | 10. Pr 12,21; Dt 7,15 | 11. Mt 4,6; Hb 1,14 | 12. Pr 3,23 | 13. Is 11,8

† **90**,12. Tomar consciência de que tudo passa rápido.

14“Eu o salvarei, porque ele me ama;
eu o exaltarei, porque conhece meu nome.*
15Ele me invocará e lhe darei resposta;*
perto dele estarei em sua angústia,
vou salvá-lo e torná-lo glorioso.
16Com longos dias o saciarei
e lhe mostrarei minha salvação”.*

92 (91) **Louvor ao Deus criador.**
1*Salmo. Cântico. Para o dia de sábado.*
2É belo louvar a Javé*
e celebrar vosso nome, ó Altíssimo;
3anunciar de manhã vosso amor,
e vossa fidelidade durante a noite,
4na harpa de dez cordas e na lira,
com o tom suave da cítara.
5Porque me alegrais, Javé, com vossas maravilhas,
exulto diante das obras de vossas mãos.
6Como são grandes vossas obras, Javé,*
quão profundos vossos pensamentos!
7O homem insensato não compreende*
e o imbecil não entende isto.
8Se os pecadores brotam como erva*
e florescem todos os malfeitores,
uma eterna ruína os aguarda.
9Mas vós sois excelso para sempre, ó Javé.
10Porque vossos inimigos, Javé,*
vossos inimigos perecerão;
serão dispersos todos os malfeitores.
11Vós me dais a força de um búfalo,*
com óleo fresco me ungis†.
12Meus olhos desprezaram meus inimigos,
meus ouvidos ouviram falar
dos malfeitores que me desejavam o mal.
13O justo crescerá como a palmeira†,
como o cedro do Líbano se elevará.
14Plantados na casa de Javé,*
nos átrios de nosso Deus florescerão.
15Mesmo na velhice darão frutos,
serão cheios de seiva e verdejantes,
16para anunciar que Javé é reto:
é meu rochedo, e nele não há injustiça.*

93 (92) **Hino a Javé, rei supremo†.**
1Javé reina, de esplendor se veste;*
de poder Javé se reveste e se cinge.*
Firmou o mundo, que jamais será abalado.*
2Firme está vosso trono desde o princípio;
vós existis desde sempre.*
3Elevam os rios, ó Javé,
elevam os rios sua voz, elevam os rios seu fragor.*
4Mais poderoso que o bramido de águas caudalosas,
mais poderoso que as ondas do mar,
poderoso é Javé nas alturas.
5Mui dignos de fé são vossos testemunhos;
a santidade convém a vossa casa*
por dias sem fim, ó Javé!

94 (93) **Deus, juiz do mundo.**
1Deus justiceiro, Javé,
Deus justiceiro, manifestai-vos!*
2Levantai-vos, juiz da terra,*
pagai aos soberbos o que merecem.*
3Até quando os ímpios, Javé,*
até quando os ímpios triunfarão?
4Derramam palavras arrogantes,*
todos os malfeitores se vangloriam.
5Esmagam vosso povo, Javé,
e oprimem vossa herança†.
6Matam a viúva e o estrangeiro,*
massacram os órfãos.

* **91**,14. 9,11 | 15. Jr 33,3; Is 43,2 | 16. Pr 3,2 10,27; Jó 5,26 | **92**,2. 33,1-3 | 6. 8; 139,6,17s | 7. Sb 13,1 | 8. 36,33s | 10. 68,2s | 11. 75,11; Dt 33,17; Sl 23,5 | 14. 52,10 | 16. Dt 32,4 | **93**,1. 97,1; 99,1 / 47,8; 96,10 / Is 52,7 | 2. 90,2 | 3. 18,5; 96,10; 104,5 | 5. 1Rs 9,3 | **94**,1. Na 1,2; Dt 32,35 | 2. Jr 51,56 / Lm 3,62 | 3. Jr 12,1; Ml 2,17; 3,14 | 4. 73 | 6. Êx 22,21s; Dt 24,17-22

† **92**,11. Ungir-se com óleo era sinal de festa e também representa força e energia. | 13. Em grego, a mesma palavra designa “palmeira” e “fênix”, a ave mitológica que renascia das próprias cinzas, símbolo da imortalidade do cristão que participa da morte de Cristo, fonte de vida nova, Rm 6,3s. | **93**. Com este salmo começa uma série de salmos de entronização, que celebram Javé como rei vencedor da batalha contra as forças do caos, para criar o mundo bem ordenado. | **94**,5. Os maus oprimem e perseguem os fracos, justamente aqueles que a lei protegia, Dt 24,17-21.

7Dizem: "Javé não está vendo,*
o Deus de Jacó não percebe"†.
8Compreendei, insensatos do povo;*
e vós, imbecis, quando criareis juízo?
9Quem plantou o ouvido não escuta?*
Quem formou o olho não enxerga?
10Quem corrige as nações não castiga,
ele que ensina ao homem o saber?
11Javé sabe como são fúteis
os pensamentos dos homens.*
12Feliz o homem a quem educais, Javé,*
e que instruís com vossa lei,
13para dar-lhe repouso nos dias maus,
até que se cave a fossa para o ímpio.
14Porque Javé não rejeita seu povo*
nem abandona sua herança.*
15Mas o juízo voltará a ser conforme a justiça,
e o seguirão todos os retos de coração.
16Quem se levantará a meu favor contra os malvados?†
Quem ficará de meu lado contra os malfeitores?
17Se Javé não viesse em meu auxílio,
em breve eu habitaria no reino do silêncio.
18Quando eu digo: "Meu pé vacila",
vossa bondade, Javé, me sustenta.
19Quando o excesso de cuidados me invade,
vossas consolações alegram minha alma.
20Pode ser vosso aliado um tribunal iníquo,
que comete violências em nome da lei?
21Conspiram contra a vida do justo
e condenam o sangue inocente.
22Mas Javé é minha defesa
e meu Deus é rocha em que me abrigo.*
23Fará recair sobre eles sua iniquidade,*
por sua malícia os destruirá.
Javé, nosso Deus, os destruirá.

95 (94)

Convite ao louvor e à obediência. 1Vinde, alegres cantemos a Javé,
aclamemos o rochedo que nos salva,*
2vamos até ele com louvores
e o celebremos com salmos.
3Pois Javé é um grande Deus,*
grande rei acima de todos os deuses.
4Em sua mão estão os abismos da terra,*
são suas as alturas dos montes.
5É dele o mar, pois foi ele que o fez,
e a terra firme suas mãos modelaram.
6Vinde, prostrados adoremos,
de joelhos diante de Javé que nos criou.
7Pois ele é nosso Deus, e nós o povo de que ele cuida,*
o rebanho que sua mão conduz.*
8Quem dera que hoje ouvísseis sua voz:*
"Não endureçais os corações como em Meriba,
como no dia de Massa no deserto,*
9onde vossos pais me tentaram, me provaram,
apesar de terem visto minhas obras.
10Por quarenta anos* aquela geração me aborreceu†,
e eu disse: São um povo de coração transviado,
não conhecem meus caminhos;*
11por isso jurei em minha ira:
não entrarão* em meu repouso"†.

96 (95)

Hino ao rei universal*. 1Um cântico novo cantai a Javé,
terra inteira, cantai a Javé.*
2Cantai a Javé, seu nome bendizei,
anunciai sua salvação* dia após dia†.
3Entre as nações narrai sua glória,
entre todos os povos, seus prodígios.
4Pois Javé é grande e digno de sumo louvor,*
temível mais que todos os deuses.

---

* **94**,7. 10,11; Ez 9,9 | 8. Pr 1,22; 8,5 | 9. Êx 4,11; Pr 20,12 | 11. 1Cor 3,20; Ecl 1,2 | 12. Sl 119,71 | 14. 1Sm 12,22 / Eclo 47,24 | 22. 7,17 | 23. 63,12; 107,42 | **95**,1. Dt 32,15 | 3. 47,3; 96,4 | 4. Dn 2,47 | 7. 100,3 / Ez 34,1; Sl 23,1-4; 80,2 | 8. Êx 19,5; Hb 3,7-10 / Êx 17,1-7; Nm 20,2-13; Dt 6,16; 33,8 | 10. Nm 14,30.34; Sl 78,8.37 / Dt 32,5.20 | 11. 132,8.14; Dt 12,9 | **96**. 1Cr 16,23-33 | 1. 98,1 | 2. 98,2; 105,1 | 4. 48,2; 145,3

† **94**,7. Para calar a voz de sua consciência, os maus dizem que Deus não está vendo. | 16. O orante procura testemunhas que o defendam no tribunal. | **95**,10. Os 40 dias que Jesus passou no deserto em obediência ao Pai são uma resposta aos 40 anos durante os quais os israelitas provocaram a ira de Deus no deserto com sua desobediência. | 11. A terra prometida, que pertence a Deus, é seu repouso, onde os hebreus descansam depois da caminhada e das guerras do êxodo. | **96**,2. Os vv. 3 e 10 fazem deste salmo um salmo "missionário", que lembra ao povo o dever de anunciar a glória de Deus no mundo.

5 Porque são um nada todos os deuses
das nações,*
mas Javé fez os céus.
6 Estão a sua frente esplendor e majes-
tade,
força e beleza em seu santuário.
7 Tributai a Javé, ó famílias dos povos,*
glória e poder tributai a Javé,
8 dai a Javé a glória devida a seu nome.
Trazei a oferta e entrai em seus átrios,
9 adorai a Javé em sua santa aparição.*
Tremei diante dele, terra inteira.
10 Dizei entre as nações: "Javé reina!"*
Ele sustenta o mundo para que não va-
cile;
julga os povos com retidão.
11 Alegrem-se os céus, exulte a terra,
ressoe o mar e o que ele contém;*
12 exulte o campo e o que ele encerra,*
gritem de alegria todas as árvores do
bosque
13 diante de Javé, pois ele vem,*
ele vem julgar a terra†.
14 Julgará o mundo com justiça
e os povos conforme sua verdade.

97 (96) A glória de Javé no juízo.

1 Javé reina,* exulte a terra†;
que se alegrem as numerosas
ilhas.
2 Nuvens e trevas o envolvem,
justiça e direito são a base de seu tro-
no.*
3 Um fogo caminha diante dele,*
que queima ao redor seus inimigos.
4 Seus relâmpagos iluminam o mundo:*
ao vê-los a terra estremece.
5 Os montes se derretem como cera
diante de Javé,*
diante do Senhor de toda a terra.
6 Os céus anunciam sua justiça*
e todos os povos contemplam sua glória.
7 Sejam confundidos todos os que ado-
ram estátuas
e os que se gloriam de seus ídolos.*
Diante dele todos os deuses se pros-
trem.
8 Sião escuta e se alegra,*
exultam as cidades de Judá
por causa de vossos julgamentos, Javé.
9 Porque vós, Javé, sois o Altíssimo so-
bre toda a terra,*
muito mais alto que todos os deuses†.
10 Javé ama os que detestam o mal;
protege a vida de seus fiéis,
livrando-os das mãos dos ímpios.
11 Surge uma luz para o justo*
e a alegria para os retos de coração.*
12 Ó justos, alegrai-vos em Javé,
celebrai sua santa memória.*

98 (99) Louvor ao juiz do universo.

1 Um cântico novo cantai a
Javé,*
pois ele fez maravilhas.
Deu-lhe a vitória sua mão direita*
e seu braço santo†.
2 Javé manifestou sua salvação,*
aos olhos das nações revelou sua jus-
tiça.
3 Lembrou-se de sua misericórdia
e de sua fidelidade à casa de Israel.
Todos os confins da terra puderam ver
a salvação de nosso Deus.
4 Aclamai a Javé, terra inteira,*
vibrai de alegria e salmodiai.
5 Cantai a Javé com a harpa,
com a harpa e com som melodioso;
6 com a trompa e ao som da corneta*
exultai diante do rei Javé.
7 Ressoe o mar e o que ele encerra,*
o mundo e seus habitantes.
8 Os rios batam palmas,*
rejubilem todas as montanhas
9 diante de Javé, porque ele vem julgar
a terra.*
Julgará o mundo com justiça
e os povos com retidão.*

---

* **96**,5. Is 40,17-20; Sl 97,7; 1Cor 8,4ss | 7. 29,1s | 9. 29,2 | 10. 93,1 | 11. 98,7 | 12. Is 55,12 | 13. 98,9 | **97**,1. 93,1 | 2. 85,11 | 3. 18,9; 50,3 | 4. 77,19 | 5. 68,3 | 6. 50,6 | 7. 96,5 | 8. 48,12 | 9. 83,19 | 11. 112,4 / 4,7; 36,10 | 12. 30,5 | **98**,1. 96,1 / Is 52,10; 59,16; 64,5 | 2. 96,2 | 4. 96,1; Is 52,9 | 6. 47,6 | 7. 96,11 | 8. Is 55,12 | 9. 96,13 / 67,5

† **96**,13. Cada vez que Deus intervém em favor de seu povo está anunciando o julgamento universal do final da história. | **97**,1. Com a morte e a ressurreição de Cristo, foi definitivamente instaurado o reino de justiça e de amor querido por Deus. | 9. Os justos assistem exultantes ao juízo de Deus que elimina a mentira e a falsa religiosidade, fontes de miséria moral e de escravidão (João Paulo II). | **98**,1. Toda ação do braço divino está a serviço da justiça e da santidade.

99 (98) Hino à grandeza e à santidade de Deus.

1 Javé reina, os
povos tremem,*
sobre os querubins está sentado,
a terra estremece.
2 Grande é Javé em Sião,*
muito mais alto que todos os povos.
3 Celebrem vosso nome grande e tremendo,
porque ele é santo.
4 Rei poderoso que amais a justiça,*
estabelecestes o que é reto;*
o direito e a justiça exerceis em Jacó.
5 Exaltai a Javé, nosso Deus,
prostrai-vos ante o estrado de seus pés;
ele é santo.
6 Moisés e Aarão estavam entre seus sacerdotes,
Samuel entre os que invocavam seu nome;
invocavam a Javé, e ele os ouvia.
7 Na coluna de nuvens falava com eles;
obedeciam a seus preceitos*
e à lei que lhes havia dado.
8 Javé, nosso Deus, vós lhes respondíeis,
éreis para eles um Deus indulgente,
mesmo castigando seus pecados.*
9 Exaltai a Javé, nosso Deus,
prostrai-vos ante seu santo monte,
porque santo é Javé, nosso Deus.

100 (99) Alegria dos que entram no templo.

1 *Salmo de ação de graças.*
Aclamai a Javé, terra inteira,
2 servi a Javé com alegria,
vinde a ele cantando jubilosos.
3 Ficai sabendo que Javé é Deus;*
ele nos fez e nós somos seus,*
seu povo e rebanho de que ele cuida.
4 Entrai por suas portas dando graças,
e em seus átrios com hinos de louvor,
louvai-o, bendizei seu nome;
5 pois Javé é bom, eterno é seu amor,*
e sua fidelidade se estende a todas as gerações.

101 (100) Programa de um rei justo.

1 *Salmo de Davi.*
Quero cantar o amor e a justiça,
a vós, Javé, salmodiarei.
2 O caminho da retidão vou seguir;*
quando virás a mim?
Caminharei com coração íntegro,*
no interior de minha casa.
3 Nada de mal porei ante meus olhos.
Detesto quem faz o mal;*
jamais estará perto de mim.
4 Longe de mim o coração perverso,
não quero conhecer o malvado.
5 Quem calunia em segredo seu próximo*
vou reduzi-lo ao silêncio;
o que tem olhar altivo e coração arrogante*
não suportarei.
6 Meus olhos estarão voltados para os fiéis do país,
para que morem comigo;
quem anda pelo caminho íntegro será meu servo.*
7 Não há de morar em minha casa quem comete fraudes;*
quem diz mentiras não ficará em minha presença.*
8 Cada manhã exterminarei todos os ímpios do país†;
para extirpar da cidade de Javé todos os malfeitores.

102 (101) Prece na aflição.

1 *Oração de um aflito que, prostrado, expõe seu lamento diante de Javé.*
2 Javé, ouvi minha oração,
e chegue a vós meu clamor.
3 Não me oculteis vosso rosto*
no dia de minha angústia.
Inclinai para mim vosso ouvido,
quando vos invoco, atendei-me sem demora.
4 Pois meus dias se dissipam como fumaça
e meus ossos ardem como brasa.
5 Pisado como a erva, meu coração secou;

---

* **99**,1. 18,8.11; 80,2 | 2. 48,2,4. 6,3 / 72,1s | 7. Êx 19,18s; 33,9; Nm 12,5 | 8. Êx 32,11; Nm 20,12 | **100**,3. 95,7 / Dt 4,32; 32,39; Is 43,10.13; 64,7 | 5. 106,1; 107,1; 118,1s; 136,1s | **101**,2. 26,11s; 50,3 / Is 33,15 | 3. Pr 11,20 | 5. Pr 17,20; 30,10 / Pr 21,4 | 6. 26,11; 14,35; 20,7 | 7. Pr 25,5 / 5,6 | **102**,3. 69,18; 143,7

† **101**,8. Era de manhã que o rei administrava a justiça na porta da cidade.

pois até me esqueço de comer meu
pão.
6 De tanto gemer,
minha pele está colada a meus ossos.
7 Pareço um pelicano do deserto,
sou como a coruja entre ruínas.
8 Não tenho sono
e sou como um pássaro solitário no te-
lhado.
9 Todo dia meus inimigos me insultam;
furiosos contra mim, praguejam com
meu nome.
10 Em vez de pão, estou comendo cinza,*
misturo lágrimas a minha bebida,
11 por causa de vossa indignação e de
vossa ira,
pois me erguestes e depois me abates-
tes.
12 Meus dias são como a sombra que
declina,
e vou secando como a erva.*
13 Mas vós, Javé, reinais para sempre,
e vossa lembrança permanece
de geração em geração.
14 Levantando-vos, de Sião tereis pie-
dade,
pois é tempo de compadecer-vos dela:
a hora é esta.
15 De fato, vossos servos amam suas
pedras
e têm dó de sua poeira.*
16 Então as nações temerão o nome de
Javé,*
e todos os reis da terra, vossa glória,
17 quando Javé reconstruir Sião*
e aparecer em sua glória†.
18 Ele ouvirá a prece do desamparado
e não rejeitará sua súplica.
19 Que isto seja escrito para a geração
futura,*
e um povo regenerado louvará a Javé.
20 Pois Javé olhou do alto de seu san-
tuário,
dos céus olhou para a terra
21 a fim de ouvir os gemidos dos cativos*
e libertar os condenados a morrer†,
22 para que o nome de Javé seja cele-
brado em Sião
e seu louvor em Jerusalém,
23 quando se reunirem todos os povos
e reinos*
para servir a Javé.
24 Quebrantou-se minha força no cami-
nho,
meus dias se encurtaram.*
25 Eu digo: Meu Deus, não me leveis na
metade de meus dias,*
vossos anos se estendem de geração
em geração.
26 No princípio fundastes a terra,*
e os céus são obra de vossas mãos.
27 Eles perecerão, mas vós permane-
ceis;*
e todos ficarão gastos como veste,
como roupa os mudais e serão mudados.*
28 Mas vós continuais o mesmo,
e vossos anos não têm fim.
29 Os filhos de vossos servos terão mo-
rada,*
e sua descendência se firmará diante
de vós.

103 (102) **Gratidão pela bondade divina.** 1 *De Davi.*

Minha alma, bendize a
Javé,
e todo o meu ser bendiga seu santo
nome!
2 Minha alma, bendize a Javé,
e não esqueças nenhum de seus bene-
fícios.
3 É ele que perdoa todas as tuas culpas
e te cura* de toda doença†.
4 É ele que salva tua vida da fossa
e te coroa com sua bondade e sua mi-
sericórdia.
5 É ele que pela vida afora te cumula de
bens

---

* **102**,10. 42,4 | 12. 90,6 | 15. Is 52,2 | 16. Is 59,19; 66,18 | 17. Is 60,1 | 19. 22,31s | 21. 79,11 | 23. Is 60,3s | 24. 39,5 | 25. 90,10 | 26. Is 51,6ss | 27. Is 65,17; 66,22 / Ap 20,11; 21,1 | 29. 69,36s | **103**,3. 41; Jó 42,10 | 6. Is 40,31

† **102**,17. A poeira representa as ruínas de Jerusalém, devastada pelos babilônios. Sua reconstrução vai demonstrar o poder de Javé às nações, que se converterão. | 21. Ver a nota no Sl 79,11. | **103**,3. Mc 2,10-11s também associam perdão dos pecados e cura de doenças. | 5. "Quando fica velha e seus olhos se ofuscam, a águia queima as penas nos raios do sol e mergulha três vezes numa fonte; rejuvenescida, torna a elevar-se nos ares. Tu também, discípulo de Cristo, busca a fonte da palavra de Deus e voa para as alturas do sol de justiça, Jesus Cristo" (Physiologus, séc. III d.C.).

e renova tua juventude como a da
águia†.
6 Javé age com retidão,*
faz justiça a todos os oprimidos.
7 Revelou a Moisés seus caminhos,
seus grandes feitos aos filhos de Israel.
8 Javé é misericordioso e compassivo,*
lento para a ira e rico em bondade.
9 Não contenderá para sempre
e não dura eternamente sua ira.
10 Não nos trata conforme nossos pe-
cados,*
não nos castiga segundo nossas culpas.
11 Pois quanto é alto o céu sobre a terra,
tanto é grande seu amor aos que o te-
mem.
12 Quanto é distante o oriente do oci-
dente,
tanto ele afasta de nós nossas culpas.*
13 Como um pai se compadece dos filhos,
assim Javé se compadece dos que o
temem.
14 Pois ele sabe de que somos feitos:
ele se lembra de que somos pó.*
15 Os dias do homem são como a relva,*
ele floresce como a flor do campo;
16 basta que sopre o vento, desaparece,
e não conhecerá mais seu lugar.*
17 Mas a bondade de Javé é desde sem-
pre e para sempre
para os que o temem;
e sua justiça, para os filhos de seus fi-
lhos,
18 para os que guardam sua aliança
e se lembram de seus preceitos e os
guardam.
19 Javé estabeleceu seu trono nos céus
e seu reino domina acima de tudo.*
20 Bendizei a Javé, vós, seus anjos,
valorosos em poder, que executais suas
ordens,
obedecendo a sua palavra!
21 Bendizei a Javé, vós, todos os seus
exércitos,
que o servis e executais suas vontades!
22 Bendizei a Javé, vós, todas as suas
obras,
em todos os lugares de seu domínio!
Minha alma, bendize a Javé!

104 (103)

Hino a Javé criador. 1 Mi-
nha alma, bendize a Javé!
Javé, meu Deus, como sois
grande!
De esplendor e majestade vos revestis,
2 envolto em luz como num manto.
Estendeis o céu como uma tenda,*
3 construís sobre as águas vossos apo-
sentos,*
fazeis das nuvens vosso carro,
andais sobre as asas do vento.
4 Fazeis dos ventos vossos mensagei-
ros,*
das chamas de fogo vossos ministros.
5 Firmastes a terra sobre suas bases,
para ficar imóvel pelos séculos eternos.
6 Com o abismo a envolvestes como
numa veste,
as águas cobriam as montanhas.
7 A vossa ameaça fugiram,*
ao fragor de vosso trovão se retiraram.
8 Os montes sobem, os vales descem
ao lugar que lhes designastes.*
9 Para as águas marcastes um limite in-
transponível*
para não tornarem a cobrir a terra.*
10 Fazeis brotar fontes nos vales
e escorrem entre os montes;
11 dão de beber a todos os animais do
campo,
e matam sua sede os asnos selvagens.
12 A seus lados moram as aves do céu,*
cantam entre as ramagens.
13 De vossos aposentos irrigais os montes,
com o fruto de vossas obras saciais a
terra.
14 Fazeis crescer o capim para o gado*
e a erva útil ao homem,
para da terra tirar seu alimento:*
15 o vinho que alegra o coração huma-
no,*
o óleo que dá brilho a seu rosto
e o pão que sustenta seu vigor.
16 Saciam-se as árvores de Javé,*
os cedros do Líbano que ele plantou.
17 Aí fazem seus ninhos as aves,
e a cegonha em seu topo tem sua casa.
18 Para as camurças são os altos montes,
as rochas, o refúgio dos roedores.

---

* **103**,8. Êx 34,6s; Sl 86,15; 145,8 | 10. Jr 3,12; Is 57,16; Jn 4,2; Jl 2,13 | 12. 145,9 | 14. 90,3 | 15. Is 40,7; Sl 90,5s | 16. Jó 7,10 | 19. 22,29 | **104**,2. Gn 1,3; Sl 19,2s | 3. Gn 1,6s; Am 9,6; Sl 18,11; 68,5 | 4. Hb 1,7 | 7. Jó 7,12 | 8. Gn 1,9 | 9. Jó 38,8-11 / Gn 9,11-15 | 12. Ez 31,6.13 | 14. Gn 1,11s. 29s; 2,16 / Gn 2,15; 3,17ss; 9,20 | 15. Zc 10,7; Eclo 31,26; Jz 9,13; Gn 5,29 | 16. Jz 19,5.8

19 Para marcar as estações fizestes a lua†,
e o sol sabe a hora de se esconder.
20 Estendeis as trevas e chega a noite
e vagueiam todas as feras da floresta;
21 rugem os leõezinhos em busca de presa*
e pedem a Deus seu alimento.
22 Ao nascer do sol se retiram
e se acomodam em suas tocas.*
23 Então sai o homem para o trabalho,
para sua fadiga até a tarde.
24 Como são numerosas, Javé, vossas
obras!*
Tudo fizestes com sabedoria,
a terra está cheia de vossas criaturas.
25 Eis o mar, espaçoso e vasto,
no qual há seres inumeráveis,
animais pequenos e grandes.
26 Percorrem-no os navios,
e o Leviatã que formastes para nele
brincar.*
27 Todos em vós esperam
que a seu tempo lhes deis o alimento.
28 Vós lhes forneceis, e eles o recolhem,
abris vossa mão, e saciam-se de bens.*
29 Se escondeis o rosto, desfalecem;*
se a respiração lhes tirais, perecem
retornando a seu pó.
30 Enviais vosso espírito e são criados,*
e assim renovais a face da terra.
31 Seja para sempre a glória de Javé,
alegre-se Javé em suas obras.*
32 Ele olha a terra, e ela treme,
toca os montes, e eles fumegam.*
33 Quero cantar a Javé enquanto eu viver,*
cantar a meu Deus por toda a vida.
34 Seja-lhe agradável meu poema.*
Minha alegria está em Javé.
35 Desapareçam da terra os pecadores
e não existam mais os ímpios.
Minha alma, bendize a Javé!

105 (104)

Fidelidade de Javé à aliança†. 1 Aleluia!
Celebrai a Javé, invocai seu
nome,
manifestai entre os povos seus feitos.
2 Cantai em sua honra, salmodiai para
ele,
recordai todas as suas maravilhas.
3 Gloriai-vos de seu santo nome,
alegre-se o coração dos que buscam a
Javé.*
4 Buscai a Javé e seu poder,
não cesseis de buscar sua face.*
5 Lembrai-vos dos prodígios que fez,
de seus milagres e dos julgamentos
que proferiu,
6 vós, descendentes de Abraão, seu ser-
vo,*
filhos de Jacó, seu escolhido.
7 Ele é Javé, nosso Deus;
seus juízos estão em toda a terra.
8 Lembra-se para sempre de sua aliança,
da palavra dada por mil gerações,
9 da aliança concluída com Abraão,*
do juramento que fez a Isaac;*
10 ele o confirmou como lei para Jacó,
para Israel como aliança eterna,
11 dizendo: "Eu te darei a terra de Ca-
naã*
como tua parte de herança".
12 Quando eram em pequeno número,
bem poucos e estrangeiros no país,
13 e migravam de nação em nação,
de um reino para outro povo,
14 a ninguém permitiu oprimi-los,*
e castigou reis por causa deles:
15 "Não toqueis em meus ungidos,
não maltrateis meus profetas!"†
16 Chamou a fome sobre o país,*
retirou todo o sustento de pão.
17 Enviou a sua frente um homem:*
José, vendido como escravo.
18 Prenderam seus pés com grilhões,*
cadeias de ferro puseram-lhe ao pes-
coço,
19 até que se realizou sua predição,*
e a palavra de Javé o justificou.
20 O rei mandou soltá-lo,*
o dominador dos povos o libertou.

---

* **104**,21. Jó 38,39 | 22. Jó 37,8 | 24. 8,2; Pr 8,22-31 | 26. Jó 3,8; 40,25 | 28. Jó 34,14s; Gn 3,19 | 29. Ecl 12,7; Sl 90,3 | 30. Gn 1,2; 2,7; At 2,2s | 31. Gn 1,31 | 32. 144,5 | 33. 146,2 | 34. 7,18 | **105**,3. 18,50; 96,3; 145,5 | 4. 27,8 | 6. Is 45,4; 51,2 | 9. Gn 15,1 / Gn 26,3 | 11. Gn 15,18 | 14. Gn 12,10-20; 20; 26,1-11 | 16. Gn 41,54 | 17. Gn 37,28; 45,5 | 18. Gn 39,20 | 19. Gn 40; 41,9-13 | 20. Gn 41,14

† **104**,19. O calendário hebraico era regulado pela lua, que marcava o início dos meses. | **105**. Meditação sobre as maravilhas que Deus fez na história da salvação, desde o tempo dos Patriarcas até à entrada na terra prometida. "Aleluia" significa "louvai a Javé". | 15. Ungidos e profetas são os patriarcas, aos quais Deus revelou sua Pessoa e fez suas promessas.

21 Fez dele o senhor de sua casa,*
o administrador de todas as suas posses,
22 para instruir seus príncipes como queria,
e a seus anciãos ensinar sabedoria.
23 Então Israel entrou no Egito*
e Jacó habitou na terra de Cam.
24 Deus fez seu povo crescer muito*
e tornou-o mais forte que seus opressores.
25 Mudou o coração deles,*
de modo que odiassem seu povo
e agissem com astúcia contra seus servos.
26 Então enviou Moisés, seu servo,*
e Aarão, que ele tinha escolhido.*
27 Realizaram entre eles seus prodígios
e milagres na terra de Cam.
28 Enviou trevas e ficou tudo escuro,*
mas não respeitaram sua ordem.
29 Mudou suas águas em sangue,*
fez morrer seus peixes.
30 Sua terra pululou de rãs,*
até nos aposentos de seus reis.
31 Ele ordenou e veio uma nuvem de moscas,*
mosquitos em todo o seu território.
32 Deu-lhes granizo em vez de chuva,*
chamas de fogo em seu país.
33 Danificou suas vinhas e figueiras,
quebrou as árvores de seu território.
34 Ordenou e vieram os gafanhotos,*
e grilos sem número,
35 que comeram toda a erva de seu país
e devoraram os produtos de seu solo.
36 Exterminou todos os primogênitos em sua terra,*
todas as primícias de seu vigor.
37 Fez sair seu povo com prata e ouro
e ninguém estava doente em suas tribos.
38 O Egito se alegrou com sua partida,*
pois lhes tinham inspirado terror.
39 Estendeu uma nuvem para cobri-los,*
e um fogo para iluminar a noite.
40 A pedido deles mandou vir codornizes,*
e os saciou com pão do céu.*
41 Abriu o rochedo, e brotaram águas*
que correram no deserto como um rio.
42 Pois lembrou-se de sua palavra santa,
dada a Abraão, seu servo.
43 Fez seu povo sair com alegria,
seus eleitos com cânticos de júbilo.
44 E deu-lhes as terras das nações,*
e tomaram posse da riqueza dos povos,
45 a fim de guardarem seus preceitos
e observarem suas leis.
Aleluia!

106 (105) Confissão dos pecados de Israel†.

1 Aleluia!
Celebrai a Javé, pois ele é bom,*
porque eterno é seu amor.
2 Quem pode narrar as façanhas de Javé
e proclamar todo o seu louvor?
3 Felizes os que guardam a retidão*
e praticam a justiça o tempo todo†.
4 Lembrai-vos de mim, Javé,
pelo amor de vosso povo,*
visitai-me com vossa salvação;
5 para que eu sinta a felicidade de vossos eleitos
e me alegre com a alegria de vosso povo
e me glorie com vossa herança.
6 Como nossos pais, nós pecamos,
cometemos a iniquidade, procedemos mal†.
7 Nossos pais, no Egito, não compreenderam vossos prodígios;
não se lembraram da multidão de vossas misericórdias,
mas se revoltaram junto ao mar, o mar Vermelho.*
8 Ele, porém, os salvou por amor de seu nome,
para manifestar seu poder.
9 Ameaçou o mar Vermelho e ele secou;*
guiou-os pelo abismo como por um deserto.

---

* **105**,21. Gn 41,39-44 | 23. Gn 46,1; 47,12 | 24. Êx 1,7 | 25. Êx 1,8s | 26. Êx 3,10 / Êx 4,27 | 28. Êx 10,21-29 | 29. Êx 7,14-25 | 30. Êx 7,26-8,11 | 31. Êx 8,12-15 | 32. Êx 9,13-35 | 34. Êx 10,1-20 | 36. 78,51; Êx 12,29-36 | 38. Êx 12,33 | 39. 78,14; Êx 13,21s | 40. 78,24 / Êx 16,2-36 | 41. 78,15; Êx 17,1-7 | 44. Êx 15; Dt 4,37-40; 6,20-25; 7,8-11 | **106**,1. 107,1; 100,5 | 3. Is 56,1s | 4. Ne 5,19; 13,14.22.31; Sl 25,7 | 7. Êx 14,11 | 9. Êx 14,21s

† **106**. Lamentação coletiva que vê a história de Israel como uma sequência de infidelidades, sanadas pela misericórdia divina. |3. Retidão e justiça designam a prática autêntica da religião. | 6. O povo do tempo do exílio confessa seu pecado, tendo experimentado o juízo de Deus.

10 Salvou-os da mão de quem os odiava,
resgatou-os do poder do inimigo.
11 As águas cobriram seus adversários;*
não escapou nenhum deles.
12 Então acreditaram em suas palavras
e cantaram seu louvor.*
13 Depressa esqueceram suas obras,
não esperaram que executasse seu plano.
14 Cederam à cobiça no deserto,*
tentaram a Deus na solidão.
15 Concedeu-lhes o que pediam,
mas enviou a fraqueza sobre eles.
16 Tiveram inveja de Moisés no acampamento*
e de Aarão, o santo de Javé.
17 A terra se abriu e engoliu Datã
e recobriu o bando de Abiram;
18 ardeu o fogo contra seus sequazes,
a chama consumiu os ímpios.*
19 Fizeram um bezerro em Horeb*
e adoraram uma imagem de metal;*
20 trocaram sua glória†
pela figura de um boi que come capim.*
21 Esqueceram o Deus, seu salvador,*
que tinha feito façanhas no Egito,
22 maravilhas na terra de Cam,
prodígios no mar Vermelho.
23 Então pensou em exterminá-los,
se não fosse Moisés, seu eleito,
que se manteve na brecha diante dele*
para desviar sua ira, a fim de que não os destruísse.
24 Desprezaram um país delicioso,*
não acreditaram em sua palavra†;
25 ao contrário, murmuraram em suas tendas,
não obedeceram à voz de Javé.
26 Então ergueu a mão para lhes jurar*
que os faria cair no deserto,
27 que dispersaria seus descendentes entre as nações
e os espalharia em outras terras.
28 Eles aderiram ao Baal de Fegor*
e comeram carnes sacrificadas aos deuses mortos.
29 Eles o provocaram com suas obras,*
e caiu uma praga sobre eles.
30 Mas surgiu Fineias e agiu como juiz,*
e a praga cessou;*
31 isto lhe foi imputado como justiça†,
de geração em geração, para sempre.*
32 Eles o irritaram junto às águas de Meriba,*
e Moisés sofreu por causa deles;
33 pois aborreceram seu espírito,
e ele foi precipitado no falar.
34 Não exterminaram os povos*
como Javé lhes havia mandado.
35 Antes, misturaram-se às nações*
e aprenderam a agir do modo delas.
36 Serviram a seus ídolos,*
que se tornaram uma armadilha para eles.
37 Aos demônios sacrificaram
seus filhos e suas filhas.*
38 Derramaram o sangue inocente,
sangue de seus filhos e de suas filhas,
que imolaram aos ídolos de Canaã.
E o país foi profanado pelos assassínios.*
39 Eles se mancharam por seus atos
e se prostituíram com seus feitos†.
40 Por isso a ira de Javé se acendeu contra seu povo,
e ele abominou sua herança.
41 Entregou-os nas mãos das nações,*
e seus adversários os dominaram.
42 Seus inimigos os oprimiram,
e tiveram de curvar-se a seu domínio.
43 Muitas vezes os libertou,*
mas eles se obstinavam em sua rebeldia
e foram humilhados por causa de suas iniquidades.
44 Contudo, Deus olhou para a angústia deles,
quando escutou suas súplicas.

* **106**,11. Êx 14,28 | 12. Êx 15,1-21 | 14. Nm 11,4ss; Sl 78,18 | 16. Nm 16; Dt 11,6 | 18. Is 26,11 | 19. Êx 32 / Dt 9,8-21. 25-29 | 20. Jr 2,11; Rm 1,23 | 21. Dt 32,18; Jr 2,32; Sl 78,42 | 23. Êx 32,11; Ez 22,30 | 24. Nm 13,25-14,37; Dt 1,25-36 | 26. Ez 20,15.23; Nm 14,29s | 28. Nm 25 | 29. Tb 4,17 | 30. Nm 25,7s / Eclo 45,28ss | 31. Eclo 45,23s; Nm 25,11-13 | 32. 95,8s; Êx 17,1-7; Nm 20,2-13 | 34. Jz 1,21s; 2,1-5 | 35. Lv 18,3 | 36. Jz 2,11ss | 37. Dt 32,17; Br 4,7; 1Cor 10,20 | 38. Nm 35,33 | 41. Jz 2,14-23 | 43. Is 63,7ss

† **106**,20. A glória de Israel é Deus, assim chamado em outros textos como Dt 10,21; Sl 85,10; Jr 2,11. | 24. Os hebreus chegaram a duvidar que Deus lhes daria a terra prometida, Dt 1,26s. | 31. Deus reconheceu seu mérito e o considerou como justo, Gn 15,6, e esta justiça beneficiou também seus descendentes, que foram elevados ao sacerdócio. | 39. Dentro do quadro simbólico da aliança como matrimônio entre Deus e o povo, a infidelidade deste é denominada adultério e prostituição, Os 5,3; Jr 3,6; Ez 6,9.

45 Lembrou-se de sua aliança*
e se compadeceu segundo sua grande
misericórdia,
46 e fez com que achassem compaixão*
junto a todos que os mantinham cati-
vos.
47 Salvai-nos, Javé, nosso Deus,
reuni-nos do meio das nações,
para podermos celebrar vosso santo
nome
e gloriar-nos com vosso louvor!
48 Bendito seja Javé, Deus de Israel,*
desde sempre e para sempre!
E todo o povo diga: Amém!

V. LIVRO QUINTO (107 [106] – 150)

107 (106)

**Ação de graças pela liber-
tação.** 1 Aleluia!
Louvai a Javé, pois ele é
bom,*
porque eterno é seu amor!
2 Assim digam os que Javé remiu,
os que resgatou da mão do opressor,*
3 e que ele reuniu de vários países,*
do oriente e do ocidente, do norte e
do sul.
4 Vagavam pelo deserto, por um lugar
desolado,*
sem achar o caminho para uma cidade
habitada;
5 sofrendo fome e sede*
suas forças iam se acabando.
6 Em sua angústia, clamaram a Javé*
e ele os livrou de suas aflições.
7 Conduziu-os pelo caminho reto,*
para chegarem a uma cidade habitada.
8 Rendam graças a Javé por sua bondade
e por suas maravilhas para com os fi-
lhos dos homens.
9 Pois saciou quem tinha sede*
e cumulou de bens quem tinha fome.
10 Jaziam nas trevas e na sombra da
morte,*
prisioneiros de sofrimentos e de gri-
lhões,
11 por se terem revoltado contra os orá-
culos de Deus*
e desprezado o desígnio do Altíssimo.
12 Ele humilhou o coração deles pelo
sofrimento;
sucumbiram e ninguém os socorria.
13 Em sua angústia, clamaram a Javé
e ele os livrou de suas aflições.
14 Tirou-os das trevas e da sombra da
morte*
e quebrou seus grilhões.
15 Rendam graças a Javé por sua bondade
e por suas maravilhas para com os fi-
lhos dos homens.
16 Pois arrombou as portas de bronze*
e quebrou as trancas de ferro.
17 Os insensatos, por causa de seus ca-
minhos rebeldes,
por causa de suas iniquidades, foram
afligidos.
18 Rejeitavam qualquer comida
e chegaram às portas da morte.
19 Em sua angústia, clamaram a Javé,
e ele os livrou de suas aflições.
20 Enviou sua palavra e os curou*
e os livrou de sua ruína.
21 Rendam graças a Javé por sua bon-
dade
e por suas maravilhas para com os fi-
lhos dos homens.
22 Ofereçam sacrifícios de louvor
e proclamem com júbilo suas obras.
23 Desceram ao mar em navios,
para negociar na imensidão das águas.
24 Estes viram as obras de Javé
e suas maravilhas no oceano.
25 Com sua palavra mandou soprar*
um vento de tempestade que levantou
as ondas.
26 Subiam até os céus, desciam até os
abismos;
suas almas definhavam na angústia.
27 Giravam, vacilando como bêbados,*
e foi inútil toda a sua habilidade.
28 Em sua angústia, clamaram a Javé*
e ele os livrou de suas aflições.
29 Mudou a tempestade em calmaria,*
e as ondas do mar silenciaram.
30 Então se alegraram com a bonança,*
e ele os conduziu ao porto desejado.

---

* **106**,45. Lv 26,42; Jr 42,10 | 46. Esd 9,9 | 48. 90,53 | **107**,1. 106,1; 100,5 | 2. Is 62,12 | 3. Is 43,5s; 49,12; Zc 8,7 | 4. Dt 8,15; 32,10 | 5. Is 49,10 | 6. Os 5,15; Is 63,9 | 7. Is 35,8; 40,3; 43,19 | 9. Is 49,10; 55,1; Lc 1,53 | 10. Is 42,7.22; Jó 36,8s | 11. Lv 26,40s; 106,43 | 14. Is 42,7.16; 49,9; 51,14; 52,2; 61,1 | 16. Is 45,2; 61,1 | 20. Is 55,11; Sl 147,15; Sb 16,12 | 25. Jn 1,4s | 27. Is 29,9 | 28. Jn 1,14s; 89,10 | 29. Mt 8,26; Sl 65,8 | 30. Is 43,2; 54,11; 57,20

31 Rendam graças a Javé por sua bondade
e por suas maravilhas para com os filhos dos homens.
32 Que o exaltem na assembleia do povo
e o louvem no conselho dos anciãos.
33 Transformou os rios em deserto*
e as fontes de água em terra seca;
34 o solo fértil em terra salgada,*
por causa da maldade de seus habitantes.
35 Mudou o deserto em açude,*
a terra seca em mananciais.
36 Ali fez morar os famintos
que fundaram uma cidade para morar.
37 Semearam campos e plantaram vinhas*
e recolheram seus produtos.
38 Ele os abençoou e proliferaram muito,
e não deixou diminuir seu rebanho.
39 Mas depois foram reduzidos a poucos
e humilhados sob o peso da desgraça e do sofrimento.
40 Ele lança o desprezo sobre os príncipes
e os faz errar no deserto sem caminho,
41 mas levanta o pobre da miséria*
e multiplica como um rebanho as famílias.
42 Os justos veem e se alegram,
mas toda maldade deve fechar a boca.
43 Quem é sábio observe essas coisas*
e compreenda as misericórdias de Javé.

108 (107)

Louvor e oração pela vitória†. 1 *Cântico. Salmo de Davi.*

2 Meu coração está pronto, ó Deus!*
Quero cantar e salmodiar.
Esta é minha glória.
3 Despertai, harpa e cítara,
quero acordar a aurora.
4 Entre os povos, Javé, vos louvarei,
entre as nações vos cantarei hinos,
5 porque vossa bondade se eleva acima dos céus
e vossa fidelidade chega até as nuvens.
6 Ó Deus, elevai-vos acima dos céus,
sobre toda a terra se estenda vossa glória.
7 Para que vossos amados sejam libertados,
salvai-nos com a mão direita e respondei-nos.*
8 Deus falou em seu santuário:
"Exultarei, dividirei Siquém
e vou medir o vale de Sucot.
9 Galaad e Manassés me pertencem,
Efraim é o capacete de minha cabeça,
Judá é meu cetro,
10 Moab é a bacia em que me lavo,
sobre Edom lançarei minhas sandálias†,
sobre a Filisteia cantarei vitória".
11 Quem me conduzirá à cidade fortificada?
Quem me guiará até Edom,
12 a não ser vós, ó Deus, que nos rejeitastes
e já não saís, ó Deus, com nossas fileiras?
13 Vinde em nosso auxílio contra o adversário,
porque vã é a salvação humana.
14 Com Deus faremos proezas,
e ele esmagará nossos inimigos.

109 (108)

Contra os ímpios†. 1 *Ao regente do coro. Salmo de Davi.*

Deus de meu louvor, não fiqueis mudo,*
2 pois abrem contra mim uma boca malvada e pérfida.
Com língua mentirosa falam contra mim;
3 com palavras de ódio me rodeiam,
e sem motivo me fazem guerra.
4 Em troca de minha afeição, me caluniam,*
enquanto eu fico rezando.

---

* **106**,33. Is 42,15 | 34. Gn 13,10s; 19,23-28; Dt 29,22; Eclo 39,23; Is 41,18 | 35. 114,8 | 37. Jr 31,5; Is 65,21 | 41. Is 65,13s; 113,7ss | 43. Os 14,10 | **108**,2. 57,8-12 | 7. 60,7-14 | **109**,1. 35,22 | 4. Jr 18,20; Sl 34,12s; 38,21

† **108**. Salmo formado por dois trechos, tomados um do Sl 57,8-12 e o outro do Sl 60,7-14. | 10. Gesto de tomar posse. | **109**. O salmista invoca os piores castigos contra seus perseguidores. Naquela época primitiva, a justiça era a lei do talião. O horizonte era limitado a este mundo, e o inimigo de uma pessoa religiosa era considerado inimigo de Deus. Alguns autores acham que os vv. 6-19 não são palavras do salmista, mas citação das pragas dos adversários contra ele.

5Pagam-me o bem com o mal
e o amor com o ódio.
6Colocai-o sob a autoridade de um ím-
pio,
e o acusador se ponha a sua direita.
7Quando for julgado, saia condenado,
e sua oração se converta em pecado.
8Sejam abreviados seus dias,*
e um outro assuma seu ofício.
9Fiquem órfãos seus filhos,
e viúva sua esposa.
10Seus filhos andem errantes e mendi-
guem,*
sejam expulsos de suas casas em ruí-
nas.
11Que o credor lhe tome todos os
bens,*
e os estrangeiros roubem o fruto de
seu trabalho.
12Ninguém lhe demonstre compaixão,*
e ninguém tenha dó de seus órfãos.
13Sejam exterminados seus descenden-
tes*
e seu nome desapareça na geração se-
guinte†.
14Lembre-se Javé da culpa de seus pais,*
e o pecado de sua mãe jamais seja apa-
gado.
15Estejam sempre diante de Javé,*
e ele cancele da terra sua memória.*
16Porque não se lembrou de exercer a
misericórdia,*
mas perseguiu o pobre e o indigente
e o homem de coração ferido, para
matá-los.
17Amava a maldição: que venha sobre
ele;
não gostava de bênção: que se afaste
dele.
18Revestiu-se de maldição como de um
manto;
que ela entre em seu interior como
água,
e em seus ossos como óleo.
19Seja-lhe como veste que o cobre*
e como um cinto que o aperte sempre.
20Seja esta da parte de Javé
a paga de meus acusadores
e dos que falam mal de mim.
21Vós, porém, Senhor Javé,
favorecei-me por amor de vosso nome;
conforme vossa bondade misericordio-
sa libertai-me,*
22porque sou pobre e infeliz
e meu coração está ferido dentro de
mim.
23Sou passageiro como a sombra que
declina;*
como gafanhoto sou atirado para longe†.
24Por causa do jejum, vacilam meus
joelhos,*
sem gordura minha carne desfalece.*
25Tornei-me para eles alvo de insulto:
ao me verem meneiam a cabeça.*
26Socorrei-me, Javé, meu Deus;
salvai-me segundo vossa misericórdia.
27E saibam eles que foi vossa mão,
que fostes vós, Javé, que o fizestes.*
28Que eles maldigam, mas vós aben-
çoai.
Levantem-se e sejam confundidos,
mas se alegre vosso servo.
29Sejam revestidos de ignomínia meus
acusadores,*
e sua vergonha os cubra como um
manto.
30Muitas graças darei a Javé com minha
boca
e o louvarei no meio da multidão;*
31porque ele se põe à direita do pobre*
para salvá-lo dos que o condenam.

110 (109)

Messias, rei e sacerdote†.

1*Salmo de Davi.*
Disse Javé a meu senhor:
"Senta-te a minha direita,*
até que eu ponha teus inimigos como
estrado de teus pés"†.

---

* **109**,8. At 1,20 | 10. Jr 18,21; Jó 5,4s | 11. Jó 20,18 | 12. Is 14,21 | 13. Jó 18,19; Pr 10,7 | 14. Jr 18,23 | 15. 90,8; 139,16 / 34,17 | 16. Jó 20,19 | 19. 73,6; 76,11 | 21. 103,8 | 23. 102,12 | 24. Jó 30,22 / Sl 69,11 | 25. 22,7 | 27. 22,32; 64,10; Nm 22,2s | 29. Jr 20,11; Is 65,13ss | 30. 22,26s | 31. 71,22s | **110**,1. Mt 22,44; At 2,34s; Hb 1,13; 10,12s; 1Pd 3,22

† **109**,13. Uma das piores desgraças era morrer sem deixar filhos, porque não sabendo da outra vida, achavam que só se podia sobreviver nos descendentes. | 23. Quando os gafanhotos invadiam o país, sacudiam-se as árvores em que pousavam. | **110**. É o salmo mais citado no NT, o qual o aplica à exaltação do Cristo ressuscitado à direita do Pai, At 2,33ss; Hb 1,13. | 1. Era costume o rei vencedor colocar o pé sobre a nuca ou sobre o peito do rei vencido.

2 De Sião Javé estende o cetro de teu poder:
"Domina no meio de teus inimigos!
3 A ti o principado no dia de teu poder,*
entre santos esplendores;
do seio da aurora, como orvalho, eu te gerei".
4 Javé jurou e não se arrepende:
"Tu és sacerdote para sempre* à maneira de Melquisedec"†.
5 O Senhor está a tua direita,
aniquilará os reis no dia de sua ira.*
6 Julgará as nações e amontoará cadáveres,
esmagando cabeças na imensidão da terra.
7 Ao longo do caminho ele bebe da torrente,†
por isso levanta a cabeça.

111 (110)

Louvor pelas grandes obras de Javé†. 1 Aleluia!
Alef De todo o coração darei graças a Javé,
Bet na reunião dos justos e na assembleia.
Guimel 2 Grandes são as obras de Javé,
Dalet merecem a reflexão dos que as amam.
Hê 3 Suas obras são esplendor e majestade;
Waw sua justiça dura para sempre.*
Záin 4 Deixou um memorial de seus prodígios:*
Het Javé é clemente e misericordioso.
Tet 5 Dá o alimento aos que o temem,
Yod para sempre se recorda de sua aliança.
Kaf 6 Mostrou a seu povo o poder de suas obras
Lamed ao dar-lhe a herança das nações.
Mem 7 As obras de suas mãos são verdade e justiça,
Nun fidelidade são todos os seus preceitos;
Samec 8 são imutáveis nos séculos, para sempre,
Áin executados com fidelidade e retidão.
Pê 9 Enviou a seu povo a redenção,
Çade estabeleceu sua aliança para sempre.
Qof Santo e tremendo é seu nome.
Resh 10 O princípio da sabedoria* é o temor de Javé†;
Shin sábios são todos os que o observam;
Taw seu louvor permanece para sempre.

112 (111)

Felicidade do justo†. 1 Aleluia!
Alef Feliz quem teme a Javé*
Bet e muito se alegra em seus mandamentos.
Guimel 2 Poderosa sobre a terra será sua descendência,
Dalet a posteridade dos justos será abençoada.
Hê 3 Em sua casa há riqueza e bem-estar,
Waw e sua justiça permanece para sempre.*
Záin 4 Surge nas trevas como luz para quem é reto,*
Het é clemente, misericordioso e justo.
Tet 5 Feliz quem é compassivo e empresta,*
Yod administra seus bens com justiça.*
Kaf 6 Porque jamais será abalado.
Lamed O justo será sempre recordado.
Mem 7 Não tem medo de más notícias,
Nun seu coração é firme, confia em Javé;
Samec 8 seu coração está seguro, nada teme,
Áin até triunfar de seus inimigos.
Pê 9 Ele reparte e dá aos pobres,
Çade sua justiça permanece para sempre,
Qof seu poder se eleva na glória.*

---

* **110**,3. 2,6 | 4. Gn 14,18; Hb 5,6 | 5. 2,9 | **111**,3. 112,3 | 4. 103,8; 112 | 10. Eclo 1,20; Pr 1,7; 9,10; 15,33; Jó 28,28 | **112**,1. 1,1s | 3. 111,3 | 4. 37,6; 97,11 | 5. Pr 13,9 / Sl 111,6 | 9. 89,18

† **110**,4. Escolhido diretamente por Deus, e não por pertencer a uma família sacerdotal. | 7. A segunda parte deste salmo se inspira na história de Gedeão, talvez sugerida pela palavra "orvalho", ver Jz 6,36-40. | **111**. Salmo alfabético, em louvor do Deus poderoso, bom, justo e fiel. | 10. Este é um dos princípios essenciais ensinados pelos sábios, Pr 1,7; 9,10; Jó 28,28. | **112**. Outro salmo alfabético, desta vez exaltando o israelita fiel em praticar a lei de seu Deus.

Resh 10 O ímpio vê e se irrita,
Shin range os dentes e definha.
Taw É vão o desejo dos ímpios.

113 (112) Javé, auxílio dos humildes†. 1 Aleluia!

Louvai, servos de Javé,
louvai o nome de Javé.
2 Seja bendito o nome de Javé,
desde agora e para sempre.
3 Do nascer ao pôr do sol
seja louvado o nome de Javé.
4 Excelso é Javé sobre todos os povos,
mais alta que os céus é sua glória.
5 Quem é igual a Javé nosso Deus*
que nas alturas tem seu trono
6 e se inclina para olhar os céus e a terra?
7 Ergue da poeira o indigente,*
levanta o pobre da imundície,
8 para fazê-lo sentar-se entre os príncipes,
entre os príncipes de seu povo.
9 Faz a estéril morar em sua casa*
como alegre mãe de filhos†.

114 (113A) As maravilhas de Javé no êxodo†. 1 Aleluia!

Quando Israel saiu do Egito,
a casa de Jacó do meio de um povo bárbaro†,
2 Judá se tornou seu santuário,*
e Israel, seu domínio.*
3 O mar viu e se retirou,*
o Jordão voltou para trás;*
4 os montes saltaram como carneiros,
e as colinas como cordeiros.*
5 Que há contigo, ó mar, para fugires,
e tu, Jordão, por que voltas para trás?
6 Por que vós, montes, saltais como carneiros
e vós, colinas, como cordeiros?
7 Treme, ó terra, diante do Senhor,
diante do Deus de Jacó,*
8 que muda o rochedo em açude,*
e a rocha em mananciais.

115 (113B) Único Deus verdadeiro†.

1 Não a nós, Javé, não a nós,*
mas a vosso nome dai glória†,
por causa de vossa misericórdia e de vossa fidelidade.*
2 Por que hão de dizer os povos:
"Onde está o Deus deles?"
3 Nosso Deus está nos céus,*
tudo o que ele quer, realiza.*
4 Os ídolos das nações são prata e ouro,*
obra de mãos humanas.
5 Têm boca mas não falam,
têm olhos mas não veem;
6 têm ouvidos mas não ouvem,
têm nariz mas não cheiram;
7 têm mãos mas não palpam,
têm pés mas não andam;
da garganta não emitem sons.
8 Sejam como eles os que os fazem
e todos os que neles confiam.
9 É em Javé que Israel confia:*
ele é seu auxílio e proteção.
10 É em Javé que a casa de Aarão confia:*
ele é seu auxílio e proteção.*
11 É em Javé que confiam os que temem a Javé:
ele é seu auxílio e proteção.*
12 Que Javé se lembre de nós e nos abençoe:
abençoe a casa de Israel,
abençoe a casa de Aarão;
13 abençoe os que temem a Javé,
pequenos e grandes.
14 Que Javé vos multiplique*
a vós e a vossos filhos.
15 Sede abençoados por Javé
que fez o céu e a terra.

* **113**,5. 89,7.9 | 7. 1Sm 2,8; Sl 107,41 | 9. 1Sm 2,5 | **114**,2. Êx 19,6 / Sl 78,54 | 3. 66,6; 74,14s;77,17 / Jz 5,4; Sl 29,6; 68,9 | 4. Sb 19,9 | 7. 68,9 | 8. Êx 17,1-7; 1Cor 10,4; Sl 107,35 | **115**,1. Ez 36,22s / Sl 23,3 | 3. 79,10 / 135,6 | 4. Is 44,9s; Jr 10,1s; Br 6,3.7s | 9. 135,19s | 10. 118,2ss / 33,20 | 11. Ml 3,16 | 14. 127,3

† **113**. Os salmos 113-117, que começam todos com "Aleluia", são por isso chamados Hallel, e eram cantados nas festas, sobretudo na ceia pascal. | 9. A mulher estéril estava sujeita a ser repudiada pelo marido e desprezada pela sociedade como castigada por Deus. Dando-lhe filhos, Deus lhe garante a honra e a estima do marido. | **114**. As traduções grega e latina unem este salmo ao seguinte. | 1. Bárbaro, para os antigos, era quem não falava a língua deles. | **115**. Os antigos pensavam que os deuses dos povos em guerra também combatiam. No cativeiro, os babilônios diziam aos hebreus que o Deus deles tinha sido derrotado, e eles replicavam que os deuses locais eram ídolos mortos. | 1. A prosperidade de Israel é manifestação da glória e do poder do Deus que o protege.

16 Os céus são os céus de Javé,
mas a terra, ele a deu aos filhos de Adão.*
17 Não são os mortos que louvam a Javé,*
nem os que descem ao lugar do silêncio.
18 Mas nós, que vivemos, a Javé bendizemos
desde agora e para sempre.

116 (114-115) Ação de graças pela cura†.

1 Aleluia!
Eu amo a Javé porque ele escuta
o clamor de minha prece;
2 porque inclinou para mim seu ouvido
no dia em que o invoquei.
3 Laços de morte me apertavam,*
fiquei preso nas redes do abismo;
tristeza e angústia me oprimiam.
4 Invoquei então o nome de Javé:*
"Salvai, ó Javé, minha alma!"
5 Javé é clemente e justo,
nosso Deus é misericordioso.
6 Javé protege os humildes:
eu estava prostrado, e ele me salvou.
7 Volta, minha alma, a tua paz,*
pois Javé te fez o bem.
8 Da morte libertou minha alma,*
das lágrimas, meus olhos,
e da queda, meus pés.
9 Caminharei na presença de Javé*
na terra dos vivos.
10 Acreditei, até mesmo quando dizia:*
"É demais meu sofrimento!"
11 Eu disse em minha angústia:
"Todo homem é mentiroso".*
12 Como retribuir a Javé
por todo o bem que me fez?
13 Erguerei o cálice da salvação
e invocarei o nome de Javé.
14 Cumprirei minhas promessas a Javé
diante de todo o seu povo.
15 É preciosa aos olhos de Javé*
a morte de seus fiéis†.
16 Sou vosso servo, Javé,
vosso servo e filho de vossa serva:
quebrastes minhas correntes.*
17 Vou oferecer-vos um sacrifício de louvor
e invocarei o nome de Javé.*
18 Cumprirei minhas promessas a Javé*
diante de todo o seu povo,
19 nos átrios da casa de Javé,
no meio de ti, Jerusalém.

117 (116) Louvor a Deus por seu amor†.

1 Aleluia!
Nações todas, louvai a Javé,*
povos todos, dai-lhe glória;
2 porque forte é seu amor para conosco
e a fidelidade de Javé dura para sempre.

118 (117) Canto de alegria e de vitória.

1 Aleluia!
Dai graças a Javé, porque ele é bom;*
porque eterno é seu amor.
2 Diga Israel que ele é bom: eterno é seu amor.
3 Que o diga a casa de Aarão: eterno é seu amor.*
4 Digam os que temem a Javé:
eterno é seu amor.
5 Na angústia clamei a Javé:*
Javé ouviu-me e libertou-me.
6 Javé está comigo, nada temo:*
que pode um homem contra mim?
7 Javé está comigo, é meu auxílio,
vou desafiar meus inimigos.*
8 É melhor refugiar-se em Javé
que confiar no ser humano.
9 É melhor refugiar-se em Javé
que confiar nos poderosos.
10 Todas as nações me circundaram:
no nome de Javé as destruí.
11 Elas me rodearam e sitiaram:
no nome de Javé as destruí.
12 Como abelhas me cercaram,

---

* **115**,16. Gn 1,28 | 17. 6,6; 94,17; Is 38,18s | **116**,3. 18,5ss; Jn 2,3 | 4. Êx 34,6 | 7. 13,6 | 8. 56,14 | 9. 27,13; 52,7; 142,6; Is 38,11 | 10. 1Cor 4,13 | 11. 12,3; 62,10 | 15. Is 43,4; Sl 72,14 | 16. 86,16 | 17. Lv 7,11 | 18. Jn 2,10 | **117**,1. Rm 15,11 | **118**,1. 100,5; 136,1s | 3. 115,9ss; 135,19s | 5. 4,2 | 6. 27,1; 56,12 | 7. 54,6.9

† **116**. As traduções grega e latina separam em dois este salmo, fazendo começar o 115 no v.10. | 15. Mesmo pensamento de Sl 72,14: o sangue dos pobres e dos infelizes é precioso aos olhos de Deus. | **117**. Este convite às nações para louvar a Javé mostra a consciência do povo de ter sido eleito para a salvação do mundo.

mas se extinguiram como fogo no espinheiro:
no nome de Javé as destruí.
13 Empurraram-me com força para derrubar-me,
mas Javé me socorreu.
14 Minha força e meu canto é Javé,*
ele foi minha salvação.
15 Gritos de júbilo e de vitória
se elevam nas tendas dos justos:
"A mão direita de Javé fez maravilhas,
16 a mão direita de Javé se levantou,
a mão direita de Javé fez maravilhas".
17 Não morrerei, mas viverei*
para anunciar as obras de Javé.
18 Javé me provou duramente,
mas não me entregou à morte.
19 Abri-me as portas da justiça,*
entrarei para dar graças a Javé.
20 É esta a porta de Javé,*
os justos entram por ela.
21 Dou-vos graças, porque me ouvistes
e fostes minha salvação.
22 A pedra que os pedreiros rejeitaram*
veio a ser a pedra principal†.
23 Foi Javé que fez isto:
maravilha a nossos olhos.
24 Este é o dia que Javé fez:
nele exultemos e nos alegremos.
25 Dai a salvação, ó Javé!*
Dai a vitória, ó Javé!
26 Bendito o que vem em nome de Javé!*
Da casa de Javé vos bendizemos.
27 Javé é Deus e nos ilumina.
Formai a procissão com ramos nas mãos,
até os lados do altar.
28 Vós sois meu Deus e vos rendo graças,
vós sois meu Deus e vos exalto.
29 Dai graças a Javé, porque ele é bom;
porque eterno é seu amor.

119 (118)

Louvor à Lei divina†. 1 Aleluia!
Alef Felizes os que agem com retidão,*
os que seguem a lei de Javé.
2 Felizes os que guardam seus testemunhos
e o procuram de todo o coração.*
3 Não cometem iniquidade,
mas andam por seus caminhos.
4 Promulgastes vossos preceitos
para serem observados fielmente.
5 Sejam firmes meus caminhos
para eu guardar vossos decretos.
6 Então não terei de envergonhar-me
se observar todos os vossos mandamentos.
7 Vou louvar-vos com um coração sincero
quando aprender vossas justas normas.
8 Quero observar vossos estatutos;
não me abandoneis jamais.

Bet 9 Como pode um jovem levar vida pura?
Guardando vossa palavra!
10 De todo o coração vos procuro:
não me deixeis desviar de vossos mandamentos.
11 Conservo no coração vossas promessas
para não pecar contra vós.
12 Bendito sois, Javé;*
ensinai-me vossos estatutos.
13 Com meus lábios enumerei
todas as sentenças de vossa boca.
14 Eu me alegro em seguir vossos testemunhos,
como se possuísse todas as riquezas.
15 Quero meditar em vossos preceitos
e considerar vossos caminhos.
16 Em vossos decretos me deleito;
não esquecerei vossa palavra.

Guimel 17 Sede bondoso com vosso servo,
para que eu viva e observe vossa palavra.
18 Abri-me os olhos
e contemplarei as maravilhas de vossa lei.

---

* **118**,14. Êx 15,2; Is 12,2 | 17. 115,17s; Is 38,19 | 19. 24,7-10 | 20. Is 26,2 | 22. Zc 3,9; 4,7; Mt 21,42; At 4,11; 1Pd 2,4s; Ef 2,20; 1Cor 3,11 | 25. Ne 1,11 | 26. Mt 21,9; 23,39 | **119**,1. 1,1; 112,1 | 2. Dt 4,29 | 12. 25,4; 143,10 | 19. 39,13

† **118**,22. Israel, oprimido pelos grandes impérios vizinhos, vai ser a base do novo reino messiânico. Esse texto ajudou a Igreja primitiva a entender o mistério de Cristo rejeitado por seu povo e exaltado pelo Pai, Mt 21,42; At 4,11; 1Cor 3,11. | **119**. Salmo alfabético que exalta a Lei, ou seja, o conjunto das revelações feitas por Deus a Israel e os preceitos da Aliança.

19 Sou estrangeiro sobre a terra,*
não escondais de mim vossos manda-
mentos.
20 Minha alma se consome
desejando vossas decisões o tempo
todo.
21 Ameaçastes os malditos orgulhosos
que de vossos preceitos se desviam.
22 Afastai de mim a vergonha e o des-
prezo,
porque observei vossos testemunhos.
23 Ainda que os poderosos se reúnam e
me caluniem,
vosso servo medita em vossos estatu-
tos.
24 Vossos testemunhos são minhas de-
lícias,
são eles meus conselheiros.

Dalet 25 Minha alma no pó está prostra-
da;*
dai-me vida conforme vossa palavra.
26 Meus caminhos vos expus e me res-
pondestes;
ensinai-me vossos decretos.
27 Fazei-me conhecer o caminho de
vossos preceitos
e meditarei em vossas maravilhas.
28 Minha alma chora de tristeza;
confortai-me segundo vossa palavra.
29 Afastai de mim o caminho da men-
tira,
dai-me o dom de vossa lei.
30 Escolhi o caminho da lealdade,
decidi seguir vossas sentenças.
31 Aderi a vossos testemunhos, Javé,
não permitais que eu seja confundido.
32 Correrei pelo caminho de vossos
mandamentos,
porque dilatastes meu coração.

Hê 33 Ensinai-me, ó Javé, o caminho de
vossos decretos:*
quero segui-lo até o fim.
34 Dai-me entendimento, para guardar
vossa lei
e observá-la de todo o coração.
35 Dirigi-me na senda de vossos manda-
mentos,
porque nela está minha alegria.
36 Inclinai meu coração para vossos tes-
temunhos
e não para a cobiça.
37 Desviai meu olhar para não ver vai-
dades,
fazei-me viver em vosso caminho.
38 Cumpri para com vosso servo a vossa
promessa
que conduz a vosso temor.
39 Afastai o insulto que me aflige,
porque vossas decisões são boas.
40 Sim, vossos preceitos eu desejo;
por vossa justiça conservai-me a vida.

Waw 41 Venha sobre mim vossa miseri-
córdia, Javé,
vossa salvação segundo vossa promes-
sa.
42 A quem me insulta, poderei dar res-
posta
porque confio em vossa palavra.
43 Não me tireis da boca toda palavra
verdadeira,
porque espero em vossas sentenças.
44 Guardarei continuamente vossa lei,
para sempre e pelos séculos.
45 Caminharei na liberdade,
porque vossos preceitos eu procuro.*
46 Diante de reis falarei de vossos tes-
temunhos
sem ficar envergonhado.
47 Em vossos mandamentos encontro
alegria
porque os amo.
48 Erguerei as mãos a vossos preceitos
que amo
e meditarei em vossos estatutos.

Záin 49 Lembrai-vos da promessa a vos-
so servo,
com ela me destes esperança.
50 Isto me consola em minha miséria:
vossa promessa me faz viver.
51 Os soberbos me cobrem de insultos,
mas não me desvio de vossa lei.
52 Recordo vossas sentenças de outrora,
Javé,
e assim me consolo.
53 Fiquei cheio de ira contra os ímpios
que abandonam vossa lei.
54 São cânticos para mim vossos esta-
tutos
na terra em que sou peregrino.

---

* **119**,25. 44,26 | 33. 19,12 | 45. 111,2; Esd 7,10

55Recordo vosso nome durante a noite, Javé,
e observo vossa lei.
56Assim me acontece
porque guardo vossos preceitos.

Het 57Eu disse: Minha porção, Javé,
é guardar vossas palavras.
58De todo o coração vos supliquei:
piedade de mim segundo vossa promessa.
59Examinei meus caminhos
e orientei meus passos para vossos testemunhos.
60Eu me apresso sem demora
a guardar vossos mandamentos.
61Os laços dos ímpios me envolveram,
mas não esqueci vossa lei.
62No meio da noite me levanto para vos louvar
por vossas justas sentenças.
63Sou amigo de todos os que vos são fiéis
e observam vossos preceitos.
64De vossa bondade, Javé, está cheia a terra:*
ensinai-me vossos decretos.

Tet 65Fizestes o bem a vosso servo, Javé,
segundo vossa palavra.
66Ensinai-me o bom senso e a sabedoria,
pois em vossos mandamentos tenho fé.
67Antes de ser afligido, andei errado,
mas agora guardo vossa palavra.
68Vós sois bom e fazeis o bem;
vossos estatutos ensinai-me.
69Os soberbos me caluniaram;
mas de todo o coração guardarei vossos preceitos.
70O coração deles é insensível como a gordura;*
em vossa lei encontro minhas delícias.
71Foi bom para mim ser humilhado,
para aprender vossos decretos.
72Para mim vale mais a lei de vossa boca
do que milhões em ouro e prata.

Yod 73Vossas mãos me fizeram e plasmaram;*
dai-me inteligência e aprenderei vossos mandamentos.
74Vossos fiéis se alegrarão ao me verem,
porque esperei em vossa palavra.*
75Javé, sei que são justas vossas sentenças
e com razão me humilhastes.
76Vossa bondade seja meu consolo,
segundo vossa promessa a vosso servo.
77Vossa misericórdia venha a mim e viverei,
pois minhas delícias são vossa lei.
78Envergonhem-se os soberbos
que sem razão me oprimem;
mas eu meditarei em vossos preceitos.
79Voltem para mim os que vos temem
e os que conhecem vossos testemunhos.
80Que eu siga com retidão vossos estatutos
para não ficar envergonhado.

Kaf 81Desfalece minha alma à espera de vossa salvação,
mas confio em vossa palavra.
82Esmorecem meus olhos esperando por vossa promessa,
enquanto digo: Quando me darás consolo?
83Sou como um odre exposto à fumaça,*
mas não esqueço vossos estatutos.
84Quantos serão os dias de vosso servo?
Quando farás justiça contra meus perseguidores?†
85Cavaram-me fossas os soberbos
que não seguem vossa lei.
86Todos os vossos mandamentos são verdade;
sem razão me perseguem: socorrei-me!
87Quase me expulsaram deste mundo,
mas não abandonei vossos preceitos.
88Segundo vosso amor fazei-me viver,
e guardarei os testemunhos de vossa boca.

---

* **119**,64. 33,5 | 70. 17,10; 73,7 | 73. Dt 32,6; Jó 10,8 | 74. 130,5 | 83. Jó 30,30; Sl 35,14

† **119**,84. Para os antigos, a justiça divina não podia tardar, porque a vida é breve e não imaginavam uma outra vida.

Lamed 89 Para sempre, ó Javé,*
vossa palavra permanece no céu.
90 Vossa fidelidade dura por todas as
gerações;
fundastes a terra e ela está firme.
91 Tudo subsiste até hoje conforme vos-
sas sentenças,
pois tudo está a vosso serviço.
92 Se vossa lei não fosse meu prazer,
eu teria perecido em minha miséria.
93 Jamais esquecerei vossos preceitos,
pois por meio deles me destes a vida.
94 Eu vos pertenço: salvai-me,
pois tenho buscado vossos preceitos.
95 Os ímpios me espreitam para arrui-
nar-me,
mas estou atento a vossos testemu-
nhos.
96 Eu vi limites em tudo o que é perfeito,
mas vosso mandamento não tem con-
fins.

Mem 97 Quanto amo vossa lei!
Nela medito o dia todo.
98 Vossos preceitos me fazem mais sá-
bio que meus inimigos,
porque sempre me acompanham.
99 Sou mais sábio que todos os meus
mestres,
porque medito em vossos testemu-
nhos†.
100 Entendo mais do que os idosos,*
porque observo vossos preceitos.
101 Preservei meus pés de todo mau ca-
minho
para guardar vossa palavra.
102 Não me afasto de vossas sentenças,
porque sois vós que me instruís.
103 Como são doces a meu paladar vos-
sas promessas:*
mais que o mel para minha boca.
104 De vossos preceitos recebo inteli-
gência,
por isso odeio todo caminho falso.

Nun 105 Lâmpada para meus passos é
vossa palavra*
e luz em meu caminho.
106 Jurei, e o confirmo:
hei de guardar vossas justas decisões.
107 É demais minha aflição, Javé;
dai-me vida segundo vossa palavra.*
108 Aceitai, Javé, as ofertas de meus lá-
bios,
vossas sentenças ensinai-me.
109 Em constante perigo está minha
vida,
mas não esqueço vossa lei.
110 Os ímpios me armaram laços,
mas não me desviei de vossos precei-
tos.
111 Minha herança para sempre são vos-
sos testemunhos,
são a alegria de meu coração.
112 Inclinei meu coração a cumprir vos-
sos estatutos
para sempre, até o fim.

Samec 113 Detesto as pessoas falsas,
mas amo vossa lei.
114 Vós sois meu refúgio e meu escudo,
espero em vossa palavra.*
115 Afastai-vos de mim, malvados,
quero guardar os mandamentos de
meu Deus.
116 Sustentai-me segundo vossa pro-
messa e viverei,
não deixeis que eu fique envergonha-
do em minha esperança.
117 Sede vós meu auxílio e serei salvo;
e sempre terei ante os olhos vossos de-
cretos.
118 Desprezais todos os que se desviam
de vossos estatutos,
porque sua astúcia é falsidade.*
119 Rejeitais como escória todos os ím-
pios da terra,
por isso amo vossos testemunhos.*
120 Minha carne estremece por vosso
temor,
e vossas sentenças eu temo.

Áin 121 Pratiquei o direito e a justiça;
não me abandoneis a meus opressores.
122 Assegurai o bem a vosso servo;
não me oprimam os soberbos.

---

* **119**,89. 19,10 | 100. Sb 4,8s | 103. 19,11; Jr 15,16 | 105. 18,28; Pr 6,23 | 107. 50,14.23; Hb 13,15 | 114. 6,9 | 118. Ez 22,18-22 | 119. Jó 4,14s; Sl 88,17

† **119**,99. A verdadeira sabedoria não vem com a idade, nem pela educação ou condição social, mas é fruto da adesão aos mandamentos.

123 Meus olhos anseiam por vossa sal-
vação
e por vossa promessa de justiça.
124 Tratai vosso servo conforme vosso
amor
e ensinai-me vossos estatutos.
125 Sou vosso servo, dai-me inteligência
e entenderei vossos testemunhos.
126 É tempo de agirdes, Javé†;
violaram vossa lei.
127 Por isso amo vossos mandamentos
mais que o ouro, mais que o ouro fino.
128 Por isso considero retos todos os
vossos preceitos,
e todo caminho falso eu detesto.

Pê 129 Maravilhosos são vossos teste-
munhos,
por isso os observa minha alma.
130 A revelação de vossas palavras ilu-
mina;*
dai entendimento aos simples.
131 Abro a boca suspirando,
porque desejo vossos mandamentos.
132 Voltai-vos para mim e tende miseri-
córdia,*
como é vossa norma para os que amam
vosso nome.*
133 Firmai meus passos em vossa pro-
messa
e não deixeis que me domine iniquida-
de alguma.
134 Libertai-me da opressão dos ho-
mens,
e vossos preceitos guardarei.
135 Sobre vosso servo fazei brilhar vossa
face*
e ensinai-me vossos estatutos.
136 Meus olhos derramam rios de lágri-
mas,*
porque não é obedecida vossa lei.

Çade 137 Vós sois justo, Javé,
e vossas sentenças são retas.
138 Vossos testemunhos prescrevestes
com justiça
e com fidelidade incomparável.
139 Meu zelo me devora,*
porque meus inimigos esquecem vos-
sas palavras.
140 Vossa promessa é totalmente pura,
por isso vosso servo a ama.
141 Sou pequeno e desprezado,
mas não esqueço vossos preceitos.
142 Vossa justiça é justiça eterna
e vossa lei é a verdade.
143 Aflição e angústia caíram sobre mim,
mas vossos mandamentos são minhas
delícias.
144 Vossos testemunhos são eterna-
mente justos;
fazei-me compreendê-los e terei a vida.

Qof 145 De todo o coração vos invoco,
Javé, respondei-me;
observarei vossos estatutos.
146 A vós eu clamo, salvai-me,
e vossos testemunhos guardarei.
147 Precedo a aurora e suplico;
espero em vossa palavra.
148 Meus olhos antecipam as vigílias da
noite*
para meditar em vossa promessa.
149 Escutai minha voz segundo vossa
bondade, Javé;
fazei-me viver de acordo com vossas
decisões.
150 Aproximam-se de mim os que se-
guem a maldade;
estão longe de vossa lei.
151 Mas vós, Javé, estais perto,
e todos os vossos mandamentos são
verdade.
152 Há muito tempo conheço vossos
testemunhos
que estabelecestes para sempre.

Resh 153 Vede minha miséria e libertai-
-me,
porque não esqueço vossa lei.
154 Defendei minha causa, resgatai-me;*
segundo vossa promessa, fazei-me vi-
ver.
155 A salvação está longe dos ímpios,
porque não se importam com vossos
estatutos.
156 Vossas misericórdias são grandes,
Javé,

---

* **119**,130. 73,17 | 132. 25,16 / 5,12; 91,14 | 135. 4,7 | 136. Ez 9,4; Esd 9,3s | 139. 69,10 | 148. 63,7; 77,5 | 154. 43,1

† **119**,126. A impaciência do salmista que pede a intervenção de Deus contra os maus é compreensível no quadro da retribuição terrestre.

dai-me vida segundo vossas sentenças.
157 Meus perseguidores e meus adver-
sários são muitos,
mas não abandono vossos testemu-
nhos.
158 Senti desgosto ao ver os rebeldes,
porque não guardam vossa promessa.
159 Vede como amo vossos preceitos,
Javé;
conforme vossa bondade, dai-me vida.
160 A base de vossa palavra é a verdade;
são para sempre vossas justas decisões.

Shin 161 Poderosos me perseguem sem
motivo,
mas meu coração respeita vossa pala-
vra.
162 Alegro-me com vossa promessa,
como quem acha grandes despojos.
163 Odeio e detesto a mentira,
mas amo vossa lei.
164 Sete vezes por dia eu vos louvo
por causa de vossas justas sentenças.
165 Os que amam vossa lei têm muita paz,*
e nada os faz tropeçar.
166 Espero em vossa salvação, Javé,
e a vossos mandamentos obedeço.
167 Observo vossos testemunhos
que muito amo.
168 Guardo vossos preceitos e vossos
testemunhos,
porque diante de vós estão todos os
meus caminhos.

Taw 169 Chegue a vós meu clamor, Javé;
dai-me entendimento, segundo vossa
palavra.
170 Chegue a vossa presença minha sú-
plica,*
libertai-me segundo vossa promessa.
171 Que meus lábios exprimam vosso
louvor,
porque me ensinais vossos decretos.
172 Cante minha língua vossa promessa,
porque são justos todos os vossos
mandamentos.
173 Venha em meu auxílio vossa mão,
pois escolhi vossos preceitos.
174 Desejo vossa salvação, Javé,*
e vossa lei é meu prazer.
175 Possa eu viver para louvar-vos,*
e que vossas decisões me auxiliem.
176 Sou errante como ovelha desgarra-
da:*
procurai vosso servo;
porque não esqueço vossos manda-
mentos.

120 (119)

Desejo da paz†. 1 *Cântico
das romarias.*
Em minha angústia clamei
a Javé,
e ele me respondeu.
2 Javé, livrai-me dos lábios mentirosos*
e da língua enganadora.
3 Que te será dado, que te será acres-
centado,
língua enganadora?
4 Flechas agudas de um guerreiro*
com brasas de giesta.
5 Infeliz de mim! Sou estrangeiro em
Mosoc,
moro entre as tendas de Cedar.
6 Morei muito tempo com os que de-
testam a paz.*
7 Eu sou pela paz, mas, quando falo em paz,
eles querem a guerra.

121 (120)

Divino protetor. 1 *Cântico
das romarias.*
Levanto os olhos para os
montes:*
de onde me virá auxílio?
2 Meu auxílio vem de Javé
que fez o céu e a terra.*
3 Não deixará que teu pé vacile;*
aquele que te guarda não dorme.
4 Não dorme nem cochila
o guarda de Israel.*
5 Javé é teu guarda;*
Javé é tua sombra e está a tua direita.

---

* **119**,165. 37,11; 72,7; Is 54,13 | 170. 79,11; 88,3 | 174. 22,27; 69,33 | 175. Is 38,19; 55,3 | 176. Is 53,6; Jr 50,6; Ez 34,1; Lc 15,1-7 | **120**,2. 12,3ss; 52,4ss | 4. 11,6; 140,11 | 6. 140,3 | **121**,1. Jr 3,23 | 2. 124,8 | 3. 1Sm 2,9; Sl 66,9; 91,12 | 4. Dt 32,10 | 5. 16,8; 73,23

† **120**. Os salmos 120-134 chamam-se "Cânticos das romarias" porque eram cantados nas romarias ao templo, feitas três vezes ao ano: na Páscoa, em Pentecostes e na festa das Tendas, Dt 16,16. As romarias nos lembram que somos caminheiros na terra em direção ao céu. Os santuários são para os romeiros, em busca de suas fontes vivas, lugares privilegiados para se viver "como Igreja" as formas da oração cristã.

6De dia o sol não te fará mal,*
nem a lua de noite.
7Javé te guardará de todo mal,*
guardará tua vida.
8Javé te protegerá
em tuas idas e vindas,*
desde agora e para sempre.

122 (121) **Oração por Jerusalém.** 1*Cântico das romarias. De Davi.*

Eu me alegrei com os que me disseram:*
"Vamos à casa de Javé!"
2E agora estão nossos pés
dentro de tuas portas, Jerusalém!*
3Jerusalém é construída como cidade
sólida e compacta.
É uma cidade que ele escolheu para si.
4É para lá que sobem as tribos, as tribos
de Javé,
conforme o testemunho dado a Israel,
para louvar o nome de Javé.*
5Pois lá estão os tribunais de justiça,*
os tribunais da casa de Davi.
6Pedi a paz para Jerusalém:
prosperem os que te amam.
7Haja paz dentro de teus muros,*
prosperidade em teus palácios.
8Por amor a meus irmãos e a meus
amigos
eu direi: "Paz para ti!"
9Por amor à casa de Javé, nosso Deus,*
quero que sejas feliz.

123 (122) **Confiança no Deus libertador.** 1*Cântico das romarias.*

Para vós levanto meus olhos,
para vós que habitais nos céus.
2Sim, como os olhos dos escravos
olham para a mão de seus patrões†,
como os olhos da escrava
olham para a mão de sua patroa,
assim nossos olhos estão voltados
para Javé, nosso Deus, até que tenha
piedade de nós.*
3Piedade de nós, Javé, piedade,
pois estamos saturados de desprezo;
4estamos saturados dos insultos dos
abastados
e do desprezo dos soberbos.*

124 (123) **Confiança no auxílio de Deus.** 1*Cântico das romarias. De Davi.*

Se Javé não estivesse de nosso lado,
– que o diga Israel –*
2se Javé não estivesse de nosso lado,
quando os homens nos atacaram,
3então nos teriam devorado vivos,
no furor de sua ira contra nós.
4Então as águas nos teriam inundado,*
uma torrente teria passado sobre nós,
5águas impetuosas teriam passado so-
bre nós†.
6Bendito seja Javé
que não nos entregou como presa a
seus dentes.
7Escapamos como pássaro do laço do
caçador:
rompeu-se o laço e recuperamos a li-
berdade.
8Nosso auxílio está no nome de Javé*
que fez o céu e a terra.

125 (124) **Confiança em Javé.** 1*Cântico das romarias.*

Quem confia em Javé é
como o monte Sião:*
não se abala, está firme para sempre.
2Como os montes rodeiam Jerusalém,
assim Javé está em volta de seu povo*
desde agora e para sempre.
3Porque o cetro dos ímpios não pesará
sobre a herança dos justos,
para que os justos não estendam a
mão* para fazer o mal†.
4Dai felicidade aos bons, ó Javé,*
e aos retos de coração.
5Mas quanto aos que se desviam por
seus caminhos tortuosos,*
Javé os elimine junto com os malfeitores.
Paz sobre Israel!*

* **121**,6. Is 49,10 | 7. 97,10 | 8. Tb 5,17 | **122**,1. 42,5ss; 43,3; 84,2-5 | 2. 48,13s | 4. Dt 16,16 | 5. 1Rs 7,7 | 7. 48,13 | 9. 26,8; Tb 13,14 | **123**,2. 25,15; 69,4; 119,82; 141,8; Ne 3,36 | 4. Zc 1,15 | **124**,1. 129,1; 118,2s | 4. 18,5 | 8. 121,2 | **125**,1. Pr 10,25 | 2. Dt 32,10 | 3. 119,134 | 4. 18,26s | 5. 92,10 / 128,6

† **123**,2. A mão como fonte de bênçãos e de comida abundante. | **124**,5. Símbolo da ira ameaçadora dos inimigos. | **125**,3. A vitória dos ímpios seria um escandaloso desmentido do princípio segundo o qual todo mal é castigado neste mundo.

126 (125)

O retorno dos exilados†.
1*Cântico das romarias.*
Quando Javé trouxe de
volta os cativos de Sião,
parecíamos sonhar.
2Então nossa boca transbordava de
sorrisos
e nossa língua cantava de alegria.
Então se comentava entre as nações:*
"Javé fez por eles maravilhas".
3Maravilhas Javé fez por nós,*
encheu-nos de alegria.
4Trazei de volta, Javé, nossos cativos
como as torrentes do Neguebe†.
5Quem semeia entre lágrimas
colherá com alegria.*
6Quando vai, vai chorando,*
levando a semente do plantio;
mas quando volta, volta alegre,*
carregando seus feixes.

127 (126)

A bênção dos filhos.
1*Cântico das romarias. De Salomão.*
Se Javé não construir a casa,
é inútil o cansaço dos pedreiros.*
Se Javé não guardar a cidade,
em vão vigia a sentinela.*
2É inútil madrugar, deitar tarde,
comendo um pão ganho com suor;
a quem o ama ele o concede enquanto
dorme.
3Os filhos são herança de Javé,*
é recompensa o fruto do ventre†.
4Como flechas na mão de um guerreiro
são os filhos gerados na juventude.*
5Feliz o homem que enche deles sua aljava:
não ficará humilhado quando vier à porta†
para tratar com seus inimigos.*

128 (126)

O lar feliz do fiel. 1*Cântico das romarias.*
Feliz todo aquele que teme
a Javé*
e anda em seus caminhos.
2Do trabalho de tuas mãos comerás,*
serás feliz e gozarás de bem-estar.
3Como videira frutífera será tua esposa
no recanto de teu lar;
teus filhos, como brotos de oliveira*
ao redor de tua mesa.
4Assim será abençoado
o homem que teme a Javé.*
5Javé te abençoe de Sião!*
Possas ver Jerusalém feliz
todos os dias de tua vida;
6e ver os filhos de teus filhos.*
Paz sobre Israel!*

129 (128)

Libertação das angústias.
1*Cântico das romarias.*
Muito me afligiram desde a
juventude†
– Israel que o diga –*
2desde a juventude muito me afligi-
ram,*
mas não me derrotaram.
3Os lavradores araram minhas costas,*
fazendo longos sulcos†.
4Mas Javé é justo:
rompeu as cordas dos ímpios.
5Voltem para trás envergonhados
todos os que odeiam Sião.
6Sejam como a erva dos telhados*
que seca antes de ser arrancada,
7não enche a mão de quem colhe
nem a braçada de quem amarra os feixes.
8E os que passam não vão dizer:
"Sobre vós esteja a bênção de Javé;
em nome de Javé vos abençoamos".*

130 (129)

Desejo da redenção.
1*Cântico das romarias.*
Do profundo abismo cla-
mo a vós, Javé:*
2Senhor, escutai minha voz!*
Sejam atentos vossos ouvidos
à voz de minhas súplicas.

---

* **126**,2. Ez 36,36 | 3. Lc 1,49 | 5. Is 25,8s; Br 4,23; Ap 21,4 | 6. Jr 31,9 / Is 65,19 | **127**,1. Dt 8,11-18 / Mt 6,25-34 | 3. Dt 28,11 | 4. 128 | 5. Jó 29,5-8; Pr 31,23 | **128**,1. 112,1; 37,3ss | 2. 112,3 | 3. 144,12 | 4. 134,3 | 5. 20,3; 122,9 | 6. Gn 50,23; Jó 42,16; Pr 17,6 / Sl 125,5 | **129**,1. 124,1 | 2. 118,13 | 3. Is 51,23 | 6. Is 37,27 | 8. 118,26 | **130**,1. 18,5; 69,3; Jn 2,3 | 2. 5,2s; 55,2s; 2Cr 6,40; 7,15; Ne 1,6s

† **126**. Ação de graças pelo fim do exílio de Babilônia, ano 538 a.C. | 4. Essas torrentes, secas no verão, carregam a água das chuvas que trazem de volta o verde à paisagem. | **127**,3. Os filhos são o dom mais estimado: não sabendo da vida futura, achavam que os filhos eram o único modo de alguém sobreviver depois de morto. | **127**,5. Ver a nota em Sl 55,12. | **129**,1. A "juventude" de Israel é o período que vai da escravidão no Egito até a entrada em Canaã. | 3. Imagem forte da opressão da qual o povo de Deus foi vítima.

3 Se considerais as culpas, Javé,*
Senhor, quem poderá resistir?
4 Mas em vós se encontra o perdão,*
para que sejais temido†.
5 Espero em Javé, minha alma espera,
confio em sua palavra.
6 Minha alma anseia pelo Senhor
mais que as sentinelas pela aurora,
sim, mais que as sentinelas pela aurora.
7 Israel, põe em Javé tua esperança;
porque em Javé está a misericórdia
e nele copiosa redenção.*
8 Ele vai redimir Israel
de todas as suas culpas.*

131 (130)

Salmo da infância espiritual†. 1 *Cântico das romarias. De Davi.*

Javé, meu coração não se orgulha*
e meu olhar não é soberbo.
Não ando atrás de grandezas,*
nem de coisas superiores a minhas forças.
2 Ao contrário, eu me acalmo e tranquilizo,
como criança amamentada no colo da mãe,*
como criança amamentada é minha alma.
3 Israel, espera em Javé
desde agora e para sempre.

132 (131)

As promessas de Deus a Davi. 1 *Cântico das romarias.*

Lembrai-vos, Javé, de Davi
e de toda a sua devoção†;
2 do juramento que fez a Javé
e de sua promessa ao Poderoso de Jacó:*
3 "Não entrarei na tenda em que moro,*
não subirei ao leito de meu repouso,
4 não darei sono a meus olhos
nem descanso a minhas pálpebras,
5 até que encontre um lugar para Javé,
uma morada para o Poderoso de Jacó".
6 Ouvimos dizer que a arca estava em Éfrata,
e a encontramos nos campos de Jaar.*
7 Entremos em sua morada,
diante do estrado de seus pés nos prostremos.*
8 Levantai-vos, Javé, e vinde para o lugar de vosso repouso,*
vós e a arca de vosso poder.
9 Vossos sacerdotes* se revistam de justiça†
e vossos fiéis exultem de alegria.
10 Por amor de Davi, vosso servo,*
não rejeiteis a face de vosso ungido.
11 Javé jurou a Davi*
uma verdade que não retratará:
"É um fruto de tuas entranhas
que vou colocar em teu trono.*
12 Se teus filhos guardarem minha aliança
e os testemunhos que lhes ensinarei,
também os filhos deles para sempre
se sentarão em teu trono".
13 Porque Javé escolheu Sião,*
ele a quis para sua morada:
14 "Este é para sempre o lugar de meu repouso;
aqui vou morar porque o desejei.
15 Suas provisões abençoarei amplamente
e seus pobres saciarei de pão.
16 De salvação revestirei seus sacerdotes*
e exultarão de alegria seus fiéis.*
17 Lá farei germinar o poder de Davi*
e vou preparar uma lâmpada para meu ungido†.
18 Cobrirei de vergonha seus inimigos,
mas sobre ele brilhará seu diadema".

133 (132)

Alegria do amor fraterno. 1 *Cântico das romarias. De Davi.*

Oh! como é bom, como é agradável*
viverem os irmãos em harmonia!

* **130**,3. Jó 9,2; Na 1,6; Mq 7,18 | 4. Êx 34,7; 1Rs 8,39s; 56,5; 119,81; Is 21,11; 26,9 | 7. Is 30,18; Sl 68,21; 86,15; 100,5; 103,8 | 8. Mt 1,21; Sl 25,22; Tt 2,14 | **131**,1. Mq 6,8 / Sl 139,6 | 2. Is 30,15 | **132**,2. Gn 49,24 | 3. 2Sm 7,1s; 1Cr 28,2 | 6. 1Sm 7,1 | 7. 99,5 | 8. Nm 10,35; 68,2 | 9. 2Cr 6,41s | 10. 1Sm 9,26 | 11. 110,4 / 2Sm 7,1; Sl 89,20 | 13. 68,17; 2Sm 5,9 | 16. 2Cr 6,41; Is 61,10 / Jr 31,14 | 17. Ez 29,21; Is 11,1; Jr 33,15 | **133**,1. 87

† **130**,4. Viver no temor de Deus significa viver a existência de uma pessoa transformada por Deus. | **131**. Com a simplicidade e a confiança de um menino, o salmista está tranquilo nos braços de Deus, Mc 10,15s. | **132**,1. Os antigos reis demonstravam sua devoção construindo templos para os deuses; Davi não pôde realizar seu desejo, 1Cr 22,8. | 9. Revestir-se não é apenas entrar em contato: é um envolvimento completo, uma tomada de posse. Imagem frequente no Novo Testamento, 1Cor 15,54; Gl 3,27; Cl 3,12. | 17. Lâmpada aqui significa descendência.

2 É como óleo precioso sobre a cabeça,
que escorre pela barba, pela barba de Aarão,
e desce até a orla de suas vestes.
3 É como o orvalho do Hermon,*
descendo sobre os montes de Sião.
Pois é lá que Javé dá sua bênção*
e a vida para sempre.

134 (133) Oração da noite no templo.

1 *Cântico das romarias.*
Bendizei a Javé, vós todos,
servos de Javé;*
vós que estais na casa de Javé durante as noites.
2 Erguei as mãos para o santuário*
e bendizei a Javé.
3 Javé te abençoe de Sião,*
ele que fez o céu e a terra.

135 (134) Louvor a Javé que fez maravilhas.

1 Aleluia!
Louvai o nome de Javé,*
louvai-o, servos de Javé;*
2 vós que estais na casa de Javé,
nos átrios da casa de nosso Deus.
3 Louvai a Javé, porque Javé é bom;
cantai salmos a seu nome, porque é amável.
4 Pois Javé escolheu para si Jacó,*
fez de Israel seu tesouro.
5 Reconheço que Javé é grande,
acima de todos os deuses está o Senhor nosso.
6 Tudo o que ele quer, Javé faz no céu e na terra,*
no mar e em todos os abismos.
7 Faz as nuvens subir dos confins da terra,*
faz os relâmpagos para a chuva,
tira os ventos de seus depósitos.
8 Feriu os primogênitos do Egito,*
desde os homens até os animais.
9 Mandou sinais e prodígios em teu meio, ó Egito,
contra Faraó e todos os seus ministros.
10 Feriu numerosas nações*
e matou reis poderosos:
11 Seon, rei dos amorreus, Og, rei de Basã,
e todos os reinos de Canaã.
12 E deu as terras deles como herança,
como herança a Israel seu povo.
13 Javé, vosso nome é para sempre;*
Javé, vossa memória permanece por todas as gerações.
14 Porque Javé fará justiça a seu povo
e terá compaixão de seus servos.
15 Os ídolos das nações são prata e ouro,*
obra de mãos humanas:
16 têm boca mas não falam,
têm olhos mas não veem,
17 têm ouvidos mas não ouvem,
nem há respiro em suas bocas.
18 Sejam como eles os que os fazem*
e todos os que neles confiam.
19 Bendizei a Javé, casa de Israel;*
bendizei a Javé, casa de Aarão;
20 bendizei a Javé, casa de Levi;
vós que temeis a Javé, bendizei a Javé.
21 De Sião seja bendito Javé
que habita em Jerusalém.

136 (135) Hino pascal.

1 Aleluia!
Louvai a Javé, porque ele é bom:
porque eterno é seu amor.
2 Louvai o Deus dos deuses:*
porque eterno é seu amor.
3 Louvai o Senhor dos senhores:
porque eterno é seu amor.
4 Só ele fez grandes maravilhas:*
porque eterno é seu amor.
5 Fez os céus com sabedoria:*
porque eterno é seu amor.
6 Estendeu a terra sobre as águas:*
porque eterno é seu amor.
7 Fez os grandes luminares:*
porque eterno é seu amor.
8 O sol para governar o dia:
porque eterno é seu amor.
9 A lua e as estrelas para governar a noite:
porque eterno é seu amor.
10 Feriu o Egito em seus primogênitos:*
porque eterno é seu amor.

* **133**,3. Os 14,6 / Dt 28,8; 30,20; Sl 36,10 | **134**,1. 135,1 | 2. 141,2 | 3. 128,5; 118,26; Nm 6,24 | **135**,1. 134,1 / 113,1 | 4. 7,18; 33,12; Êx 19,5; Dt 7,6 | 6. 115,3 | 7. Jr 10,13; 51,16; Jó 28,26; 37,9; Sl 148,8 | 8. 136,10; Êx 12,29; Sl 78,43 | 10. 136,17-22 | 13. Is 63,12; 102,13; Dt 32,36 | 15. 115,4ss | 18. 115,8 | 19. 115,9ss | **136**,2. Dt 10,17 | 4. 72,18; Êx 15,11 | 5. Pr 3,19; 8,27ss | 6. 24,2 | 7. Gn 1,16 | 10. Êx 12,29; Sl 78,51; 135,8;

11 E tirou Israel do meio deles:
porque eterno é seu amor.
12 Com mão poderosa e braço estendido:*
porque eterno é seu amor.
13 Dividiu o mar Vermelho em duas partes:*
porque eterno é seu amor.
14 E fez Israel passar em seu meio:
porque eterno é seu amor.
15 Precipitou no mar Vermelho o faraó e seu exército:
porque eterno é seu amor.
16 Conduziu seu povo no deserto:*
porque eterno é seu amor.
17 Feriu grandes soberanos:
porque eterno é seu amor.
18 E matou reis poderosos:
porque eterno é seu amor.
19 Seon, rei dos amorreus:*
porque eterno é seu amor.
20 E Og, rei de Basã:*
porque eterno é seu amor.
21 E deu a terra deles como herança:*
porque eterno é seu amor.
22 Como herança a seu servo, Israel:*
porque eterno é seu amor.
23 Em nossa humilhação se lembrou de nós:*
porque eterno é seu amor.
24 Libertou-nos de nossos inimigos:*
porque eterno é seu amor.
25 Dá o alimento a todo ser vivo:*
porque eterno é seu amor.
26 Louvai o Deus dos céus:
porque eterno é seu amor.

137 (136)

Canção dos exiladosᐩ. 1 Na beira dos rios de Babilônia*
nós nos sentamos a chorar*
com saudades de Sião.
2 Nos salgueiros que lá havia
penduramos nossas liras.*
3 Pois lá os que nos deportaram nos pediam cânticos,
pediam canções alegres nossos opressores:
"Cantai para nós um cântico de Sião!"
4 Como cantar um cântico de Javé
em terra estrangeira?
5 Se eu te esquecer, Jerusalém,*
fique paralisada minha mão direita;
6 minha língua se apegue ao céu da boca
se não me lembrar de ti,
se eu não puser Jerusalém*
acima de qualquer outra alegria.
7 Lembrai-vos, Javé, dos filhos de Edom,
que no dia de Jerusalém diziam: *
"Arrasai-a, arrasai-a até os alicerces!"
8 Filha de Babilônia, condenada à destruição,*
feliz quem te devolver o mal que nos fizeste!†
9 Feliz quem tomar tuas criancinhas
e esmagá-las contra a rocha!

138 (137)

Ação de graças. 1 *De Davi.*
Dou-vos graças, Javé, de todo o coração,*
pois ouvistes as palavras de minha boca.
Diante dos anjos vos cantarei louvores
2 e me prostrarei diante de vosso santo templo.*
Celebro vosso nome por vosso amor e vossa verdade,
pois engrandecestes vossa promessa acima de todo o vosso nome.
3 Quando vos invoquei, me respondestes
e aumentastes o vigor de minha alma.
4 Todos os reis da terra vos louvarão, Javé,*
quando ouvirem as palavras de vossa boca.
5 E cantarão nos caminhos de Javé:
"Grande é a glória de Javé!"
6 Sim, excelso é Javé e olha para o humilde,*
mas conhece o soberbo de longe.

---

* **136**,12. Dt 4,34 | 13. Êx 14,21s | 16. Dt 8,2.15 | 19. Dt 2,30s | 20. Dt 3,1s | 21. 44,3 | 22. Is 41,8; 43,21 | 23. Lc 1,48 | 24. 106,43s; Lc 1,71 | 25. 104,27; 145,15s | **137**,1. Ez 3,15 / Lm 3,48 | 2. Lm 5,14 | 5. Jr 51,50 | 6. 122,1 | 7. Ez 25,12ss; 35; Ab 10-14; Lm 4,21s | 8. Is 47,1s; Jr 50-51 | **138**,1. 9,2 | 2. 5,8 | 4. Is 40,29; Sl 68,33; Ml 1,11 | 6. Is 57,15; Lc 1,51s

† **137**. Recorda o tempo amargo do cativeiro de Babilônia, que durou de 586 a 538 a.C. | 8. Conforme a lei do talião, o povo de Babilônia e o povo de Edom devem pagar o mal que fizeram aos israelitas quando Jerusalém foi destruída em 586 a.C.

7Se ando no meio da angústia, preservais minha vida;
contra a ira de meus inimigos estendeis a mão
e vossa mão direita me salva.*
8Javé completará sua obra em mim.
Javé, vossa bondade dura para sempre:
não abandoneis a obra de vossas mãos.

139 (138) Ao Deus onipresente.

1*Ao regente do coro. Salmo de Davi.*
Vós me sondais e me conheceis, Javé:
2sabeis quando me sento ou me levanto.*
De longe penetrais meus pensamentos;*
3discernis quando ando ou me deito,*
todos os meus caminhos conheceis.
4Pois a palavra ainda não me chegou à língua
e vós, Javé, já a sabeis inteiramente.
5Por trás e pela frente me envolveis
e pondes sobre mim vossa mão.
6Maravilhosa ciência que me ultrapassa,
tão elevada que não a posso atingir.
7Para onde irei, longe de vosso espírito?*
Para onde fugirei de vossa face?
8Se subo ao céu, lá estais;
se desço ao abismo, aí vos achais.
9Se tomo as asas da aurora
e vou morar nos confins do mar,
10também lá vossa mão me conduz
e vossa mão direita me sustenta.
11Se eu digo: "Que ao menos a escuridão me esconda
e que a luz se faça noite a meu redor";
12nem as trevas são escuras para vós*
e a noite é clara como o dia;
para vós as trevas são como luz.
13Fostes vós que criastes minhas entranhas*
e me tecestes no seio de minha mãe.
14Dou-vos graças porque me fizestes maravilhoso;
estupendas são vossas obras, bem o sei.
15Não vos eram ocultos meus ossos
quando eu era formado em segredo
e era tecido nas profundezas da terra†.
16Eu era um simples embrião, e vossos olhos me viram*
e em vosso livro foram todos escritos
esses dias que me estavam destinados,*
quando nem um só deles existia.
17Como são profundos para mim vossos pensamentos,*
como é grande seu número, ó Deus!
18Se quisesse contá-los, são mais que a areia,
e se chego ao fim, ainda estou convosco.
19Ó Deus, fazei morrer o ímpio;
assassinos, afastai-vos de mim!
20Eles falam de vós coisas iníquas;*
em vão se ergueram contra vós.*
21Javé, não devo odiar os que vos odeiam
e detestar os que se revoltam contra vós?*
22Eu os odeio com ódio implacável
e os considero como inimigos†.
23Sondai-me, ó Deus, e conhecei meu coração,*
provai-me e conhecei meus pensamentos.
24Vede se estou no mau caminho*
e guiai-me pelo caminho da eternidade.

140 (139) Deus, refúgio contra os inimigos.

1*Ao regente do coro. Salmo de Davi.*
2Livrai-me do homem mau, Javé,
defendei-me de quem faz violência,
3dos que tramam maldades em seu coração
e provocam guerras todo dia.
4Afiam sua língua como a da serpente;
têm veneno de víbora nos lábios.
5Protegei-me, Javé, das mãos do ímpio,
salvai-me do homem violento:
eles planejam me fazer cair.*

---

* **138**,7. 23,5 | **139**,2. 2Rs 19,27 / Jó 31,4 | 3. 44,22 | 7. Am 9,2s; Jó 11,8s; 23,8s | 12. Jó 12,22; 34,22; Dn 2,22 | 13. Jó 10,8s | 16. Ml 3,16; Dn 7,10 / Sl 69,29; 31,16; Jó 14,5 | 17. Jó 11,7; Eclo 18,4ss; Rm 11,33 | 20. 119,115 / Jó 21,14 | 21. 119,158; 5,11 | 23. 17,3; 26,2 | 24. 5,9; 143,10 | **140**,5. Jr 18,22; Sl 57,7; 56,17; Eclo 12,16

† **139**,15. O seio materno que forma prodigiosamente o ser humano é misterioso e fecundo como o solo. | 22. Expressão de uma moral provisória e imperfeita, que Jesus levará à perfeição, ensinando a detestar o pecado, mas amar o pecador, Mt 5,43-48.

6 Às escondidas me armam laços os so-
berbos
e estendem cordas como uma rede;
põem armadilhas em meu caminho.
7 Digo a Javé: "Vós sois meu Deus;*
escutai, Javé, a voz de minha prece".
8 Senhor Javé, meu forte salvador,
protegeis minha cabeça no dia da ba-
talha.
9 Javé, não atendais aos desejos do ím-
pio,
não favoreçais suas tramas.
10 Não levantem a cabeça os que me
rodeiam;
recaia sobre eles o mal que me dese-
jam.
11 Chovam sobre eles brasas acesas;*
sejam lançados no fogo, no abismo,
donde não possam sair.
12 Que o caluniador não se instale sobre
a terra,*
que a desgraça persiga o violento até
o destruir.
13 Sei que Javé fará justiça ao oprimido
e defenderá o direito do pobre.
14 Os justos louvarão vosso nome
e os retos habitarão em vossa presença.

141 (140) **Oração no perigo.** 1 *Salmo de Davi.*

A vós eu clamo, Javé; vinde
em meu auxílio sem demora;
escutai minha voz, quando vos invoco.
2 Que minha oração suba a vossa pre-
sença como o incenso;
minhas mãos erguidas* sejam como o
sacrifício da tarde†.
3 Ponde, Javé, uma guarda a minha
boca,
vigiai a porta de meus lábios.
4 Não deixeis que meu coração se incli-
ne ao mal
e pratique más ações com os malfeito-
res;
que eu não prove de seus manjares.
5 Que o justo me castigue com amor e
me repreenda;*
mas o óleo do ímpio não me ungirá a
cabeça;
continuarei rezando em meio a suas
maldades.
6 Caíram nas mãos severas de seus juízes,
eles que de mim ouviram palavras amigas.
7 Como a terra que se fende e se abre,
seus ossos foram espalhados na porta
do abismo.
8 Para vós, Senhor Javé, se voltam meus
olhos:
em vós me refugio, não me desampa-
reis.
9 Preservai-me do laço que me arma-
ram,
das ciladas dos malvados.
10 Caiam os ímpios em suas próprias
redes,
enquanto são e salvo escaparei.

142 (141) **Deus, refúgio do perseguido.** 1 *Poema de Davi. Quando estava na caverna. Oração.**

2 Com minha voz eu clamo a Javé,
imploro a Javé com minha voz.
3 Diante dele derramo meu lamento,
a sua frente manifesto minha angústia.
4 Enquanto meu espírito desfalece,
vós conheceis meu caminho.*
Na trilha em que eu andava
me esconderam uma cilada.
5 Olhai à direita e vede: ninguém me re-
conhece.*
Não tenho para onde fugir,
ninguém cuida de minha vida.
6 Clamo a vós, Javé, e digo: "Sois meu
refúgio,*
sois minha porção na terra dos vivos".
7 Sede atento a meu clamor,*
porque estou extenuado.
Livrai-me de meus perseguidores,
pois são mais fortes do que eu.
8 Retirai-me da prisão,*
para que eu celebre vosso nome;
os justos virão me rodear,
quando me fizerdes este bem.

---

* **140**,7. 31,15 | 11. Gn 19,24; Nm 16,31s | 12. 11,6; 16,11; 17,15 | **141**,2. Nm 28,4 | 5. Pr 9,8; 25,12; 27,6.9
142,1. 57,1 | 4. 139,24; 141,9 | 5. 121,5 | 6. 91,2.9; 16,5 | 7. 79,8 | 8. 88,9; Lm 3,7

† **141**,2. Os antigos rezavam de pé, com os braços abertos. Nas catacumbas, a Igreja é muitas vezes representada como uma mulher em oração. Como Cristo que abriu os braços na cruz, ela se oferece e intercede por todos, por meio dele, com ele e nele.

143 Oração do perseguido.

1 *Salmo de Davi.*
(142) Javé, ouvi minha oração,
sede atento a minha súplica, vós que
sois fiel,*
e respondei-me segundo vossa justiça.
2 Não chameis a juízo vosso servo,*
pois diante de vós nenhum* ser vivo é
inocente†.
3 O inimigo me persegue,*
jogou no chão minha vida
e me fez habitar nas trevas*
como os que já morreram há muito
tempo.
4 Em mim se abateu meu espírito,
meu coração dentro de mim está de-
solado.
5 Recordo os tempos antigos,*
medito em todos os vossos feitos,
sobre as obras de vossas mãos refli-
to.*
6 Para vós estendo minhas mãos,
como a terra seca anseio por vós.*
7 Respondei-me sem demora, Javé,
pois desfalece meu espírito.
Não me escondais vosso rosto,*
para eu não ser como os que descem
ao sepulcro.*
8 Pela manhã fazei-me sentir vossa mi-
sericórdia,*
pois em vós confio.
Indicai-me a estrada que devo seguir,
porque a vós elevo minha alma.*
9 Salvai-me de meus inimigos, Javé;
em vós busco refúgio.
10 Ensinai-me a cumprir vossa vontade,*
porque sois meu Deus.
Vosso espírito bom me guie por uma
terra plana.
11 Por amor de vosso nome, ó Javé, fa-
zei-me viver,
por vossa justiça, tirai-me da angústia.
12 Em vossa misericórdia exterminai
meus inimigos*
e aniquilai todos os meus adversários,
pois sou vosso servo.*

144 Oração pela vitória e pela paz.

1 *De Davi.*
(143) Seja bendito Javé, meu ro-
chedo,*
que treina minhas mãos para a bata-
lha,*
meus dedos para o combate.
2 Meu amor e minha fortaleza,*
meu refúgio e minha libertação,
meu escudo em que confio
e que submete os povos a mim.*
3 Javé, quem é o homem para que o le-
veis em conta,
ou o filho do homem para que nele
penseis?*
4 O ser humano é como um sopro;*
seus dias, uma sombra que passa.
5 Javé, inclinai vossos céus e descei,*
tocai os montes e eles fumegarão.*
6 Lançai os raios e dispersai os inimigos,
disparai vossas flechas e afugentai-os.
7 Estendei do alto vossa mão,*
libertai-me e salvai-me das águas cau-
dalosas,
da mão dos estrangeiros.
8 A boca deles fala mentiras
e sua mão direita jura falso.
9 Um cântico novo, ó Deus, vos cantarei,*
tocarei para vós a harpa de dez cordas;
10 para vós, que dais a vitória aos reis,*
que salvais Davi, vosso servo, da espa-
da cruel.
11 Salvai-me e livrai-me da mão dos es-
trangeiros;
cuja boca fala mentiras
e cuja mão direita jura falso.
12 Sejam nossos filhos como plantas*
bem crescidas em sua juventude;
nossas filhas, como colunas angulares*
talhadas para adornar um palácio.
13 Nossos paióis estejam cheios,*
transbordantes de frutos de toda es-
pécie;
nossos rebanhos se multipliquem aos
milhares
e miríades em nossos campos;

---

* **143**,1. Jó 9,2; 14,3s | 2. Ecl 7,20 / Rm 3,20 | 3. 7,6 / Lm 3,6 | 5. 77,6 / 77,13 | 6. 63,2 | 7. 69,18; 102,3 / 28,1; 88,5 | 8. 17,15 / 25,1s; 86,4 | 10. 25,4s | 12. 54,7 / 116,16 | **144**,1. 18,47 / 18,35 | 2. 18,3 / 18,48 | 3. 8,5 | 4. 39,6s; Jó 14,2 | 5. 18,10 / 104,32; Is 63,19; 18,15 | 7. 18,17 | 9. 32,2s | 10. 18,51 | 12. 128,3 / Jó 42,14; Eclo 26,23 | 13. Lv 26,4s; Dt 7,13

† **143**,2. O AT ensina muitas vezes que todo ser humano é pecador, 1Rs 8,46; Jó 4,17; Sl 51,7; assim se preparava a revelação do dogma do pecado original, Rm 5,12-21.

14carreguem nossos bois pesadas cargas;
não haja brechas nem incursões,*
e nenhum alarme em nossas praças.
15Feliz o povo que vive assim;
feliz o povo cujo Deus é Javé.*

145 (144) Hino à majestade divina.

1*Louvor de Davi.*
Alef Ó Deus, meu rei, quero
exaltar-vos*
e bendizer vosso nome eternamente e
para sempre.
Bet 2Quero bendizer-vos todo dia*
e louvar vosso nome eternamente e
para sempre.
Guimel 3Grande é Javé e digno de todo
louvor;*
insondável é sua grandeza.
Dalet 4Uma geração narre à outra vos-
sas obras,*
e vossos prodígios anuncie.
He 5Proclamem o glorioso esplendor
de vossa majestade
e narrem vossas maravilhas.
Waw 6Falem da força de vossos por-
tentos
e comentem vossa grandeza.
Záin 7Divulguem a lembrança de vossa
imensa bondade
e celebrem com júbilo vossa justiça.
Het 8Clemente e compassivo é Javé,*
lento para a ira e rico em misericórdia.
Tet 9Javé é bom para com todos,*
cheio de ternura para com todas as
suas obras.
Yod 10Que todas as vossas obras vos
louvem, Javé,
e vos bendigam vossos fiéis.
Kaf 11Proclamem a glória de vosso rei-
no*
e falem de vosso poder,
Lamed 12para anunciar aos filhos de
Adão vossos prodígios
e o glorioso esplendor de vosso reino.
Mem 13Vosso reino é um reino de todos
os séculos,*
vosso domínio se estende a todas as
gerações.*
(Nun) Fiel é Javé em suas promessas
e santo em todas as suas obras.
Samec 14Javé ampara todos os que
caem*
e reergue todos os abatidos.
Áin 15Os olhos de todos em vós espe-
ram,*
e vós lhes forneceis o alimento na hora
certa.*
Pê 16Abris vossa mão
e saciais o desejo de todo ser vivo.
Cadê 17Javé é justo em todos os seus
caminhos,*
santo em todas as suas obras.
Qof 18Javé está perto de todos os que
o invocam,*
de todos os que o invocam de coração
sincero.
Resh 19Satisfaz o desejo dos que o te-
mem,
escuta seu clamor e os salva.
Shin 20Javé protege todos os que o
amam,*
mas há de destruir todos os ímpios.
Taw 21Que minha boca proclame o lou-
vor de Javé,
e todo ser vivo bendiga seu nome san-
to
eternamente e para sempre.

146 (145) Louvor a Javé salvador.

1Aleluia!
Louva a Javé, minha alma;
2enquanto eu viver, louvarei a Javé,*
cantarei hinos a meu Deus por toda a
minha vida.*
3Não confieis nos poderosos,*
em seres humanos que não podem sal-
var.
4Exalam o espírito e voltam ao pó da
terra;
nesse dia se acabam seus planos.
5Feliz aquele cujo auxílio é o Deus de
Jacó*
e cuja esperança é Javé, seu Deus,
6que fez o céu e a terra,*
o mar e tudo o que há neles,
e que mantém sua fidelidade para
sempre.*

* **144**,14. Lv 26,6; Is 65,19 | 15. 28,11; 32,12 | **145**,1. 44,5 | 2. 34,2; 68,20 | 3. 48,2; 95,4; Jó 36,26 | 4. 71,18; 78,4 | 8. 103,8 | 9. 103,13; Sb 1,13s | 11. 93,1 | 13. Dn 3,100/ Sl 102,13 | 14. 94,18; 146,8 | 15. 104,26ss / Mt 6,25s | 17. Dt 32,4 | 18. Dt 4,7; Jr 29,13; Is 58,9 | 20. 33,18 | **146**,2. 104,33 / 7,18 | 3. 90,3; 104,29; Ecl 12,9; 1Mc 2,63 | 5. Jr 17,7 | 6. 121,2; 124,8 / 103,6

7 Ele faz justiça aos oprimidos,
dá alimento a quem tem fome.
Javé livra os prisioneiros,*
8 Javé devolve a vista aos cegos,*
Javé levanta os abatidos,*
Javé ama os justos.*
9 Javé protege os estrangeiros,
ampara o órfão e a viúva,*
mas transtorna o caminho dos ímpios.
10 Javé reinará para sempre,*
teu Deus, ó Sião, por todas as gerações.
Aleluia!

147 (146-147)

Poder e bondade de Javé†. 1 Aleluia!
Louvai a Javé, pois é bom cantar a nosso Deus;*
é suave e apropriado seu louvor.
2 Javé reconstrói Jerusalém,
reúne os exilados* de Israel†.
3 Ele cura os corações atribulados*
e enfaixa suas feridas.
4 Ele conta o número das estrelas
e chama cada uma pelo nome.
5 Grande é o Senhor nosso, imenso é seu poder,*
sua sabedoria não tem limites.
6 Javé ampara os humildes,*
mas rebaixa os ímpios até o chão.
7 Entoai a ação de graças a Javé†,
cantai a nosso Deus ao som da harpa.
8 Ele cobre o céu de nuvens,*
prepara a chuva para a terra,
faz brotar a relva sobre os montes
e plantas úteis ao homem;
9 fornece alimento para o gado*
e para os filhotes do corvo que o suplicam.
10 Não lhe apraz o vigor do cavalo*
nem aprecia a corrida do homem.
11 Agradam a Javé os que o temem
e esperam em sua bondade.
12 Glorifica a Javé, Jerusalém,*
louva teu Deus, ó Sião!
13 Porque reforçou as trancas de tuas portas†,
e em teu meio abençoou teus filhos.*
14 Fez reinar a paz em tuas fronteiras*
e te sacia com o trigo melhor.
15 Envia à terra sua mensagem,*
sua palavra corre veloz.
16 Faz cair neve como lã,
espalha a geada como cinza.
17 Lança como migalhas o granizo;*
diante de seu frio, quem resiste?
18 Manda uma ordem e se derretem,
sopra seu vento e correm as águas.*
19 Anuncia a Jacó sua palavra,
seus decretos e suas sentenças a Israel.
20 Com as outras nações não fez assim:*
elas não conhecem seus juízos†.
Aleluia!

148

Glorificação de Javé Criador*. 1 Aleluia!
Louvai a Javé do alto dos céus,
louvai-o nas alturas.
2 Louvai-o, vós todos, seus anjos,*
louvai-o, vós todos, seus exércitos.
3 Louvai-o, sol e lua,
louvai-o, vós todas, estrelas brilhantes.
4 Louvai-o, céus dos céus,*
e vós, águas de cima dos céus.
5 Louvem todos o nome de Javé,
porque ele mandou e foram criados.
6 Firmou-os para sempre, eternamente,
deu-lhes uma lei que jamais passará.*
7 Daqui da terra, louvai a Javé,
monstros marinhos e todos os abismos;
8 fogo e granizo, neve e neblina,
vento de tempestade que cumpre suas ordens;
9 montes e todas as colinas,*
árvores frutíferas e todos os cedros;

---

* **146**,7. 68,7 | 8. Is 49,9; 61,1 / Sl 145,14 / 11,7 | 9. Êx 22,20s; Sl 68,6 | 10. Êx 15,18; Sl 145,13 | **147**,1. 92,2 | 2. 56,8 | 3. Jr 31,10; 33,6; Is 61,1; Jó 5,18 | 5. Is 40,28; Jó 36,5 | 6. 1Sm 2,7s | 8. 104,10.14.27s; Jl 2,23 | 9. Jó 38,41; Mt 6,26 | 10. 20,8s; 33,16ss | 12. Jr 33,10s; Is 65,18s | 13. 48,14; Lv 26,6 | 14. 81,17 | 15. 29,3s; 33,9; 107,20; Is 55,10s | 17. Jó 6,16; 37,10; 38,22 | 18. Dt 33,3s | 20. Dt 4,7s | **148**. Gn 1; 104; Dn 3,57-90 | 2. 103,20s | 4. 1Rs 8,27; Gn 1,7 | **148**,6. Jr 31,35s | 9. Is 44,23

† **147**. As versões grega e latina dividem este salmo em dois e fazem começar o salmo 147 no v. 12. | 2. O salmo fala do período de Esdras e Neemias, quando os judeus, de volta do exílio, reconstroem Jerusalém. | 7. Os vv. 7-11 louvam a Deus porque com a chuva renova cada ano seu ato de criar. | 13. Restaurados os muros sob a direção de Neemias, os judeus gozam de segurança, Ne 6,15s. | 20. Assim como existem duas ações gloriosas de Deus – a criação e a história – assim também são duas as revelações: uma escrita na própria natureza e aberta a todos, e a outra dada ao povo eleito na Bíblia, para testemunhá-la e comunicá-la a toda a humanidade.

10 animais selvagens e domésticos,*
répteis e aves que voam;
11 os reis da terra e todos os povos,
governantes e chefes todos da terra;
12 rapazes e moças, idosos e crianças:*
13 louvem o nome de Javé
porque só seu nome é sublime.
Sua majestade está acima da terra e dos céus.*
14 Ele exaltou o poder de seu povo:*
motivo de louvor para todos os seus fiéis,
para os filhos de Israel, povo que está perto dele.
Aleluia!

149

Festa de Israel†. 1 Aleluia!
Cantai a Javé um cântico novo;
ressoe seu louvor na assembleia dos fiéis.*
2 Alegre-se Israel em seu Criador,
exultem em seu rei os filhos de Sião.
3 Louvem seu nome com danças,*
com o pandeiro e a lira cantem seu louvor.
4 Pois Javé se agrada de seu povo,*
adorna com a salvação os humildes.
5 Exultem os fiéis no Glorioso
e cantem de alegria em seus leitos†;
6 com os louvores de Deus na boca
e a espada de dois gumes nas mãos,*
7 para exercer a vingança entre as nações*
e castigar os povos;
8 para prender com correntes seus reis,
e seus nobres com grilhões de ferro;
9 para executar contra eles a sentença decretada.
É uma honra para todos os seus fiéis.
Aleluia!

150

Sinfonia final. 1 Aleluia!
Louvai a Deus em seu santuário,
louvai-o no firmamento de seu poder.
2 Louvai-o por seus prodígios,
louvai-o por sua grandeza imensa.
3 Louvai-o tocando trombeta,
louvai-o com harpa e cítara;
4 louvai-o com pandeiros e danças,
louvai-o nas cordas e nas flautas.
5 Louvai-o com címbalos sonoros,
louvai-o com címbalos retumbantes.
Tudo o que respira,* louve a Javé!†
Aleluia!

---

* **148**,10. Is 43,20 | 12. Jr 31,13 | 13. 108,6; 113,4 | 14. 89,18 | **149**,1. 40,10 | 3. 87,7; 150,4; 68,26; 81,3 | 4. Is 61,9; 62,4s; 1Sm 2,8 | 6. Ne 4,10ss; 2Mc 15,27 | 7. Zc 9,13-16 | **150**,5. Ap 5,13

† **149**. O povo de Deus como instrumento do reinado de Deus sobre as nações. São Paulo dirá que o Reino de Deus é justiça, paz e alegria no Espírito Santo, Rm 14,17. | 5. Na assembleia... nos leitos, isto é, em público e em particular. | **150**,5. Todas as criaturas louvam e adoram a Deus em seu templo, que é o universo. Unidos com o Filho, voz perfeita de todo o mundo criado por meio dele, tornamo-nos também nós oração incessante diante do trono do Pai (João Paulo II).

PROVÉRBIOS

O livro dos Provérbios, verdadeira antologia da sabedoria de Israel, apresenta-se como um conjunto de coleções de máximas e sentenças. Entre as nove coleções que se podem individuar, as mais importantes são 10,1–22,16 e 25–29, que são as partes mais antigas e atribuídas a Salomão, cujos provérbios estavam na boca de todos, como patrimônio da sabedoria popular. Salomão pode ter encarregado outras pessoas de recolher provérbios populares. Talvez tenha sido o pessoal da corte que pôs os provérbios na forma atual, mas a fonte é o povo. Ainda hoje se recolhem provérbios em todas as culturas. São todos anônimos, mas alguém os inventou. Uma vez escrito, o provérbio se transmite como dado pedagógico. Ele é um depósito a ser usado na hora certa.

Este livro recolhe provérbios de temas sapienciais tirados do ensinamento dos sábios de Israel desde o tempo dos reis até o exílio. Na volta do exílio foi feito o trabalho de reunir o material acumulado pela tradição, para salvar o patrimônio espiritual de Israel. Os nove primeiros capítulos formam uma ampla introdução, que ilustra o valor e a importância da Sabedoria. A dama Sabedoria põe a mesa e convida ao banquete, cujas iguarias são as coleções de provérbios, verdadeiro alimento para o espírito humano. Nos dois últimos capítulos encontram-se provérbios saídos de um ambiente não israelita, mais precisamente de Massa, na Transjordânia, região habitada por tribos árabes, famosas pela sua sabedoria. Serve de conclusão ao livro um célebre poema alfabético em louvor da mulher virtuosa, a qual parece ser a encarnação da sabedoria divina e humana (31,10-31).

A palavra "provérbio" designa na Bíblia toda forma literária de tipo sapiencial. Os provérbios propriamente ditos costumam ter duas partes: antitéticas, quando uma se opõe à outra (p. ex. 10,16), e paralelas, quando a segunda repete o pensamento da primeira (p. ex. 16,6).

As sentenças e ensinamentos do livro dos Provérbios atestam o grande amor dos hebreus pela Sabedoria, que se pode definir como o conjunto das virtudes morais que tem como fundamento o temor de Deus, resguardado pela disciplina, pela prudência e pelo conselho.

Ler hoje o livro dos Provérbios é beber de uma fonte inesgotável de experiência humana, que aponta o justo caminho da felicidade, meta do ser humano em todas as eras.

I. TÍTULO E TEMA DO LIVRO (1, 1-7)

1 **Introdução.** 1Provérbios de Salomão, filho de Davi, rei de Israel†,
2para conhecer a sabedoria e a disciplina†,
para entender palavras profundas,
3para adquirir instrução esclarecida:
justiça, equidade e retidão;
4para dar aos simples a prudência†,
aos jovens o saber e o discernimento.
5Que o sábio escute e aumentará seu saber;*
e o homem entendido adquirirá sábios conselhos;
6para compreender provérbios e alegorias,
as máximas dos sábios e seus enigmas.
7O temor de Javé é o princípio* da sabedoria†;
os estultos desprezam a sabedoria e a disciplina.

II. EXORTAÇÃO A CULTIVAR A SABEDORIA (1,8–9,18)

As más companhias. 8Escuta, meu filho, a instrução de teu pai†
e não desprezes o ensinamento de tua mãe,*

---

* **1**,5. 22,17 | 7. Sl 111,10; Pr 9,10; 15,33; Jó 28,28; Eclo 1,16 | 8. 6,20

† **1**,1. O uso do nome de Salomão confere autoridade ao livro todo. | 2. A sabedoria em Israel não é teórica e abstrata, mas moral e prática. Dom de Deus, concedido através da observação do mundo e das pessoas, ensina a viver conforme o projeto divino. | 4. O livro se dirige sobretudo aos simples, inexperientes e jovens, mais sujeitos a influências negativas. | 7. Temor de Deus é a atitude de respeito, humildade e veneração diante do mistério que nos ultrapassa. | 8. Filho no sentido próprio do termo, ou como sinônimo de discípulo. A família é a primeira escola de sabedoria. "Na família todos os membros evangelizam e são evangelizados" (Paulo VI).

[9]porque serão um diadema gracioso em tua cabeça
e colares para teu pescoço.
[10]Meu filho, se os pecadores quiserem te seduzir,*
não consintas!
[11]Se te disserem: "Vem conosco,
façamos emboscadas para derramar sangue,*
insidiemos impunemente o inocente;
[12]como o abismo, devoremo-los vivos,
inteiros, como os que descem à fossa.
[13]Encontraremos toda espécie de bens preciosos,
encheremos de despojos nossas casas.
[14]Lança tua sorte conosco,
uma só bolsa teremos todos em comum".
[15]Meu filho, não andes com eles,
mantém teu pé longe de seus caminhos!
[16]Pois seus passos correm para o mal*
e se apressam a derramar o sangue.
[17]Sim, é inútil estender a rede
à vista de qualquer ave.
[18]Mas estes fazem emboscadas contra seu próprio sangue,
armam laços contra si mesmos†.
[19]Assim acontece com todos os gananciosos:*
a ganância tira a vida de quem se deixa dominar por ela.

Convite da Sabedoria. [20]A Sabedoria grita pelas ruas,
nas praças levanta a voz;*
[21]nas esquinas movimentadas ela clama,
pronuncia seus discursos nas entradas das portas da cidade:
[22]"Até quando, ó inexperientes, amareis a inexperiência*
e os zombadores se deleitarão em suas zombarias†
e os insensatos terão ódio à ciência?†
[23]Voltai-vos para minhas exortações:
eu infundirei meu espírito sobre vós
e vos manifestarei minhas palavras.
[24]Porque eu chamei e recusastes,*
estendi a mão e ninguém deu atenção;
[25]descuidastes todo conselho meu*
e minha exortação não acolhestes;
[26]também eu vou rir de vossa desventura,*
vou zombar de vós quando vier o que temeis,
[27]quando vos sobrevier, como uma tempestade, o que temeis,
quando a desgraça vos atingir como um furacão,
quando vos afligirem angústia e tribulação.
[28]Então me invocarão, mas não responderei,*
me procurarão, mas não me encontrarão.*
[29]Porque odiaram a sabedoria
e não preferiram o temor de Javé;
[30]ignoraram meu conselho
e desprezaram todas as minhas exortações;
[31]comerão o fruto de sua conduta*
e se fartarão de seus próprios conselhos.
[32]Sim, a rebeldia dos ingênuos os leva à morte*
e a despreocupação dos estultos os faz perecer;*
[33]mas quem me escuta viverá tranquilo e seguro,
sem temor do mal".

2 **Benefícios da Sabedoria.** [1]Meu filho, se acolheres minhas palavras
e guardares dentro de ti meus mandamentos,

---

* **1**,10. Eclo 6,24.29 | 11. Sl 10,8; Eclo 11,34 | 16. Is 59,7; Pr 6,18 | 19. 15,27 | 20. 8,1ss; 9,3 | 22. Sl 94,8 | 24. Is 65,2.12; 66,4 | 25. Sl 107,11 | 26. Dt 28,63; Jr 23,19 | 28. Jr 11,11 / Os 5,6 | 31. Jr 6,19 | 32. 8,36 / Am 6,1; Jr 5,12s

† **1**,18. As aves não caem nas armadilhas preparadas diante de seus olhos; os maus, porém, caem nos laços que eles próprios armaram. | 20. A Sabedoria personificada assume uma função profética: denuncia a infidelidade do povo e exorta à conversão. | 22. Zombador é o dissoluto, o soberbo, aquele que, em vez de observar a ordem social estabelecida, despreza-a. / Insensato é aquele que não está disposto a submeter-se às normas ensinadas pelos sábios, porque não sabe dominar-se e não refreia suas paixões. Opõe-se à verdade que lhe vem ao encontro na criação e não confia numa ordem que lhe poderia trazer salvação.

2 prestando ouvido à sabedoria,
inclinando teu coração ao entendimento†,
3 se invocares o discernimento
e chamares a inteligência,
4 se a buscares como a prata*
e a procurares como um tesouro,*
5 então compreenderás o temor de Javé
e encontrarás o conhecimento de Deus.
6 Porque é Javé quem dá a sabedoria,*
de sua boca provêm a ciência e a inteligência.*
7 Aos homens retos reserva a prosperidade,
é escudo para aqueles que agem com retidão,
8 protege as veredas da justiça
e guarda os caminhos de seus fiéis.
9 Então compreenderás a justiça e o direito,
a retidão com todos os bons caminhos.
10 Porque a sabedoria entrará em teu coração
e o conhecimento alegrará tua alma.
11 A reflexão te guardará
e a inteligência velará sobre ti,
12 para te afastar do mau caminho,
e do homem que fala coisas perversas,
13 daqueles que abandonam as veredas retas
para caminhar por estradas tenebrosas,
14 e que se alegram fazendo o mal*
e encontram prazer nas perversidades do vício.
15 Eles seguem veredas tortuosas
e se extraviam em seus caminhos.
16 Ela te salvará da mulher* estrangeira†,
da infiel que diz palavras sedutoras,
17 que abandona o companheiro de sua juventude
e esquece a aliança de seu Deus.*
18 Porque sua casa conduz para a morte
e para o reino das sombras suas veredas.
19 Dos que vão a ela nenhum retorna,
não alcançam as veredas da vida†.
20 Por isto caminharás pela estrada dos bons
e te conservarás nas sendas dos justos.
21 Porque os homens retos habitarão a terra*
e os íntegros permanecerão nela.
22 Mas os malvados serão exterminados da terra,*
e dela serão extirpados os infiéis.

3 Como adquirir a Sabedoria.

1 Meu filho, não esqueças meu ensinamento
e teu coração guarde meus preceitos,
2 porque te alcançarão longos dias,*
anos de vida e de prosperidade.
3 Que a bondade e a fidelidade não te abandonem;*
prende-as em torno a teu pescoço,*
escreve-as sobre a tábua de teu coração,*
4 e obterás favor e bom êxito
aos olhos de Deus e dos homens.
5 Confia em Javé com todo o coração*
e não te apoies em tua inteligência.*
6 Em todos os teus passos pensa nele*
e ele aplainará teus caminhos.*
7 Não te consideres sábio;*
teme Javé e fica longe do mal.
8 Isto será saudável para teu corpo
e um refrigério para teus ossos.†
9 Honra Javé com teus bens*
e com as primícias de todas as tuas colheitas;*

---

* **2**,4. 3,14; 8,19; 16,16 / Mt 13,44ss | 6. Jó 32,8 / Sb 9,10 | 14. 10,23 | 16. 5,2-20; 6,24-7,27; Eclo 9,12s | 17. Êx 20,14 | 21. Sl 37,9.29; Mt 5,4 | 22. 10,30 | **3**,2. 4,10; 9,11; Dt 4,40; 8,3; Ne 9,29; Eclo 1,20 | 3. 6,21 / 7,3 / Dt 6,6-9 | 5. Sl 37,5 / 28,26 | 6. 16,3 / Eclo 2,6 | 7. Rm 12,16; Sl 34,10.15 | 9. Ml 3,10ss / Dt 26,1 | 10. Sl 4,8; Dt 28,8

† **2**,2. O coração é a sede da inteligência, dos desejos, da vontade, da consciência, da vida afetiva e moral, Mt 15,18-20. | 16. A mulher "estrangeira" é a que não é a tua. O adultério ofende também a Deus, testemunha da aliança matrimonial, Ml 2,14. | 19. Correr atrás dos prazeres provoca o vício, caminho sem retorno em muitos casos. | **3**,8. Considerava-se a saúde como a recompensa de uma vida correta, e a doença como castigo do pecado.

10 então teus celeiros se encherão de trigo*
e teus lagares transbordarão de vinho†.

Valor da Sabedoria. 11 Meu filho, não rejeites a instrução de Javé*
e não te canses de seus avisos,
12 porque Javé corrige quem ele ama,*
como um pai ao filho predileto.
13 Feliz o homem que encontrou a sabedoria
e aquele que adquiriu o entendimento;
14 porque sua posse é preferível à da prata*
e melhor que o ouro é seu lucro.
15 Ela é mais preciosa que as pérolas,*
e nada do que desejas a pode igualar.
16 Longos dias estão em sua mão direita,
e em sua esquerda riqueza e honra.*
17 Seus caminhos são caminhos deliciosos
e todas as suas veredas conduzem ao bem-estar.
18 É uma árvore de vida para quem a alcança,*
e quem a abraça é feliz.
19 Javé fundou a terra com a sabedoria,*
consolidou os céus com inteligência.
20 Por sua ciência foram abertos os abismos,
e as nuvens destilam orvalho†.

Felicidade do justo. 21 Meu filho, conserva a sabedoria e a discrição;*
não se afastem jamais de teus olhos:
22 serão vida para ti
e ornamento para teu pescoço.*
23 Então caminharás seguro por tua estrada*
e teu pé não tropeçará.
24 Quando te deitares, não terás o que temer
e, uma vez deitado, teu sono será doce.*
25 Não temerás o pavor repentino,*
nem o ataque que vem dos maus;
26 porque Javé será tua segurança,
e de toda insídia preservará teu pé.

Conduta para com o próximo. 27 Não negues um benefício a quem ele é devido,*
se está em teu poder fazê-lo.
28 Não digas a teu próximo: "Vai, volta depois, te darei amanhã",*
se tens o que te pede.
29 Não trames o mal contra teu próximo,
quando ele mora confiante a teu lado.
30 Não contendas sem motivo com ninguém,
se não te fez nada de mal.
31 Não invejes o homem* violento†
e não imites jamais sua conduta,
32 porque Javé detesta o malvado,
mas sua amizade é para os homens retos.
33 A maldição de Javé está sobre a casa do opressor,
mas ele abençoa a morada dos justos.
34 Dos zombadores ele zomba,
aos humildes, porém, concede a graça.*
35 Os sábios herdarão a glória,
mas a infâmia será a parte dos estultos.

4

Vantagens da Sabedoria. 1 Escutai, ó filhos, a instrução de um pai
e aplicai-vos a aprender o discernimento;
2 porque vos transmito uma boa doutrina;
não abandoneis meu ensinamento.
3 Também eu fui um filho para meu pai,
terno e predileto aos olhos de minha mãe.

---

* **3**,11. Hb 12,5s; Jó 5,17 | 12. Ap 3,19; Dt 8,5 | 14. 2,4 | 15. 8,11 | 16. Sl 8,18; Eclo 4,13 | 18. 11,30; Gn 2,9; 3,22; Ap 2,7 | 19. Pr 8,22-31 | 21. 4,20 | 22. 1,9 | 23. 4,12; 6,22; Sl 91,12 | 24. Sl 3,6 | 25. Sl 91,5 | 27. Eclo 4,3 | 28. Lc 10,25-37; Mt 5,44-48 | 31. Eclo 11,22; 23,17; Sl 37,1 | 34. Tg 4,6; 1Pd 5,5; Eclo 3,20s

† **3**,10. Ver em Dt 28,8 promessas semelhantes de Javé aos que obedecem seus mandamentos. | **3**,20. O mundo tem uma mensagem, transmite uma verdade: a ordem do universo interpela o homem para que também ele ponha em ordem sua vida. | 31. A prosperidade dos maus pode causar nos justos a inveja e a tentação de imitá-los.

[4]Ele me instruía dizendo-me:
"Teu coração retenha minhas pala-
vras;
guarda meus mandamentos* e vive-
rás†.
[5]Adquire a sabedoria, adquire a inte-
ligência;
não esqueças as palavras de minha
boca
e jamais delas te afastes.
[6]Não a abandones e ela te guardará,
ama-a e velará sobre ti.
[7]O princípio da sabedoria é: adquire
a sabedoria;
em troca de tudo o que possuis, ad-
quire a inteligência.
[8]Estima-a, e ela te exaltará,
será tua glória, se a abraçares.
[9]Uma coroa de graça porá sobre tua
cabeça,*
com um diadema de glória te cingirá".
O caminho reto. [10]Escuta, meu filho, e
acolhe minhas palavras*
e se multiplicarão os anos de tua
vida.
[11]Eu te indico o caminho da sabedo-
ria;
pelas veredas da retidão eu te guio.*
[12]Quando caminhares, não serão im-
pedidos teus passos,
e se correres, não tropeçarás†.
[13]Adere à disciplina, não a deixes;
guarda-a, porque ela é tua vida.
[14]Não sigas a estrada dos ímpios
e não andes pelo caminho dos maus.
[15]Evita-o, não passes por ele,
fica longe e passa ao largo.
[16]Pois eles não dormem se não fize-
ram o mal;
perdem o sono se não fizeram al-
guém cair.
[17]Comem o pão da impiedade
e bebem o vinho da violência.
[18]Mas a estrada dos justos é como a
luz da aurora,
cujo esplendor aumenta até o meio-
-dia.
[19]O caminho dos ímpios é como a
escuridão:
não sabem onde vão tropeçar.
Vigilância. [20]Meu filho, fica atento ao
que eu falo,*
presta ouvido a minhas palavras.
[21]Não as percas jamais de vista,
guarda-as no fundo de teu coração;
[22]porque elas são vida para quem as
encontra
e saúde para todo o teu corpo.
[23]Com todo o cuidado guarda teu
coração,
porque dele emana a vida.
[24]Desvia de ti a boca enganosa
e afasta de ti os lábios maldizentes.
[25]Que teus olhos olhem de frente
e teu olhar se fixe no que está adian-
te.
[26]Examina a estrada onde pões o pé
e todos os teus caminhos sejam bem
firmes.
[27]Não te desvies nem para a direita e
nem para a esquerda,*
mantém teu pé longe do mal.

5 **A mulher sedutora.** [1]Meu filho,
presta atenção a minha sabedoria
e presta ouvido a minha inteligência,
[2]para que conserves a discrição
e teus lábios guardem o conheci-
mento.
[3]Pois destilam mel os lábios da es-
trangeira,
e mais suave que o óleo é sua boca;
[4]mas o fim ao qual conduz é amar-
go* como absinto†,
cortante como espada de dois gu-
mes.
[5]Seus pés descem para a morte,
seus passos conduzem ao abismo.*
[6]Não considera a vereda da vida;
anda errante em seus caminhos e
não se importa.
[7]Agora, meus filhos, escutai-me
e não vos afasteis das palavras de
minha boca.

* **4**,4. 7,2; 8,35 | 9. 1,9; Sb 5,16 | 10. 3,1s | 11. Sl 23,3 | 20. 3,21 | 27. Dt 5,32; 28,14 | **5**,4. Ecl 7,26 | 5. 7,27

† **4**,4. A sabedoria passa de uma geração à outra; mas, propriamente, uma experiência não se transmite, descreve-se apenas. Cada geração deve refazer sua experiência e aprender de novo. | 12. Somos peregrinos pelos caminhos do mundo; a Sabedoria nos faz vencer os obstáculos da caminhada. | **5**,4. Planta de sabor amargo que cresce espontaneamente na Palestina. A amargura do absinto é símbolo de dor, sofrimento, castigo, Am 6,12; Jr 9,14; Lm 3,15.19.

8Mantém longe dela teu caminho
e não te aproximes da porta de sua casa,
9para não dares a outros tua honra
e teus anos a um homem cruel;
10para que não se saciem de teus bens os estranhos,
e não acabem tuas fadigas na casa de um outro;
11e tu não gemas quando vier teu fim,*
quando decaírem teu corpo e tua carne,
12e digas: "Por que odiei a disciplina
e meu coração desprezou a correção?†
13Não escutei a voz de meus mestres,
não dei atenção a quem me instruía.
14Por pouco não me achei no cúmulo dos males*
no meio da assembleia e da comunidade".

Sê fiel a tua esposa†. 15Bebe água de tua cisterna*
e a que brota de teu poço,
16para que tuas fontes não escorram para fora,
e nas ruas teus riachos;
17mas sejam para ti somente
e não para estranhos junto contigo.
18Seja bendita tua fonte;
alegra-te com a mulher de tua juventude:*
19corça amável, gazela graciosa.
Suas ternuras sempre te inebriem
e por seu amor sejas sempre atraído!
20Por que, meu filho, te apaixonar por uma estranha
e abraçar o peito de uma desconhecida?
21Porque os caminhos do homem estão diante dos olhos de Javé
e ele observa todas as suas veredas.
22Suas culpas aprisionam o ímpio;
ele é capturado com os laços de seu pecado.
23Morrerá por falta de disciplina
e se perderá pelo excesso de sua loucura.

6 **Cuidado com a fiança**†. 1Meu filho, se aceitaste ser fiador do próximo,*
se te empenhaste com um estranho
2e te ligaste com as palavras de teus lábios
e te deixaste prender pelas palavras de tua boca;
3meu filho, faze assim para livrar-te
porque caíste nas mãos de teu próximo:
vai, lança-te a seus pés, importuna teu próximo;
4não concedas sono a teus olhos
nem repouso a tuas pálpebras,
5livra-te como a gazela da armadilha,
como a ave da mão do caçador.

A formiga e o preguiçoso. 6Vai ver a formiga, ó preguiçoso,*
observa seus hábitos e torna-te sábio.
7Ela não tem chefe,
nem capataz, nem patrão;
8no verão prepara seu alimento,
no tempo da colheita ajunta a comida†.
9Até quando, preguiçoso, ficarás deitado?
Quando te levantarás do sono?
10Dormir um pouco, cochilar um pouco,
cruzar um pouco os braços para repousar,
11assim te sobrevirá a pobreza como um vagabundo,*
e a indigência, como um homem armado.

O insensato. 12A pessoa indigna, o homem iníquo,
anda com a falsidade na boca;
13acena com os olhos, bate os pés,*
faz sinais com os dedos;

---

* **5**,11. 29,3 | 14. Eclo 1,39 | 15. 31,10s | 18. Ecl 9,9 | 1. 11,15; 17,18; 20,16; 27,13; 22,26s; Eclo 29,19-27 | 6. 20,4-13; 22,131-16; 24,30-34; 30,24s | 11. 24,33s | 13. 10,10; Eclo 27,25

† **5**,12. Tudo pode ficar perdido para quem se deixa cativar pela mulher sedutora: reputação, saúde, vigor, riqueza. | 15. A cisterna é a esposa, o poço é a potência genital, os riachos são os filhos. | **6**. Os sábios não aprovam este tipo de caridade, 6,1-5; 17,18; 20,16; 22,27, com certeza devido às experiências negativas que conheceram. | 8. O texto grego acrescenta: "Ou então, vai ver a abelha e aprende como trabalha e como é nobre o trabalho que faz. Reis e súditos procuram seus produtos para sua saúde; embora pequena e fraca, é tida em muita estima por sua sabedoria".

14tem a perversidade no coração,
trama o mal continuamente, semeia
discórdias.
15Por isso de improviso virá sua ruína,
num instante será aniquilado sem
remédio.
As coisas que Javé abomina†. 16Seis
coisas odeia Javé,
aliás, sete são abominação para ele:
17olhar arrogante, língua mentirosa,
mãos que derramam sangue inocen-
te,
18coração que trama iníquos proje-
tos,
pés que correm rápidos para o mal,
19testemunha falsa que fala menti-
ras*
e aquele que provoca discórdias en-
tre irmãos.
Contra o adultério. 20Meu filho, ob-
serva o mandamento de teu pai,*
não esqueças o ensinamento de tua
mãe.
21Fixa-os sempre em teu coração,*
pendura-os ao pescoço.
22Quando caminhares te guiarão,*
quando repousares velarão sobre ti,
quando acordares falarão contigo.
23Porque o mandamento é uma lâm-
pada, e o ensinamento é uma luz,*
e um caminho de vida as correções
que corrigem,*
24para preservar-te da mulher alheia,
das palavras sedutoras da estrangei-
ra.
25Não desejes em teu coração sua
beleza;
não te deixes cativar por seus olha-
res,
26porque, se a prostituta se contenta
com um pedaço de pão,
a mulher casada custa uma vida pre-
ciosa†.
27Pode-se levar fogo no peito
sem queimar a roupa†,
28ou caminhar sobre brasas
sem queimar os pés?
29Assim, quem se aproximar da mu-
lher do próximo,
quem a tocar, não ficará impune.
30Não se desaprova um ladrão, se
rouba
para saciar-se quando tem fome;
31no entanto, se é preso, deverá res-
tituir sete vezes
e entregar todos os bens de sua casa.
32Mas o adúltero não tem entendi-
mento;
quem age assim arruína sua vida.
33Encontrará castigo e desonra,
e sua vergonha jamais será cancela-
da,
34porque o ciúme enfurece o marido,
que não terá piedade no dia da vin-
gança;*
35não aceitará nenhuma compensa-
ção,
ele recusará, mesmo se multiplicas as
ofertas.

7 **As adulações da adúltera.** 1Meu
filho, guarda minhas palavras;
sejam para ti um tesouro meus pre-
ceitos.
2Observa meus preceitos e viverás;
guarda meu ensinamento como a
pupila de teus olhos.*
3Prende-os a teus dedos,*
escreve-os na tábua de teu coração.*
4Dize à sabedoria: "Tu és minha*
irmã"†,
e chama de amigo o entendimento,
5para que te preserve da mulher
alheia,*
da estranha que tem palavras sedu-
toras.
6Enquanto da janela de minha casa
eu estava observando pela treliça,
7vi entre os ingênuos,
descobri entre os jovens um moço
sem juízo
8que passava pela praça, junto à es-
quina da estrangeira,
e se encaminhava para a casa dela,

---

* **5**,19. 1,16 | 20. 1,8 | 21. 3,3 | 22. 3,23s | **6**,23. Sl 119,105 / 10,17; 2,16-19; 5,2-20 | 34. 27,4 | **7**,2. 4,4; 8,35 | 3. Dt 6,8 / 3,3 | 4. 6,20s | 5. 2,16

† **6**,16. Provérbio numérico, semelhante a uma adivinhação, maneira atraente de propor um dado da experiência. | 26. Os adúlteros eram condenados à morte, Dt 22,22. | 27. "No peito" quer dizer no bolso formado pela túnica ou pelo manto acima da cintura. | **7**,4. Irmã quer dizer esposa, como em Ct 4,9.14; 5,1s.

9 ao entardecer, ao declinar o dia,
ao surgir a noite e a escuridão.
10 Vem a seu encontro uma mulher,
em vestes de prostituta e com a falsidade no coração.
11 Ela é ousada e insolente,
não sabe manter os pés em sua casa.
12 Ora está na rua, ora nas praças:*
em todo canto está à espreita.
13 Agarra-o, beija-o*
e com ar deslavado lhe diz:
14 "Eu devia oferecer sacrifícios de comunhão;*
hoje cumpri minhas promessas†,
15 por isso saí a teu encontro
para procurar-te e te encontrei.
16 Cobri de colchas meu leito,*
de linho colorido do Egito;
17 perfumei minha cama com mirra,
aloés e canela.
18 Vem, inebriemo-nos de amor até a manhã,
gozemos juntos no prazer,
19 porque meu marido não está em casa,
partiu para uma longa viagem,
20 levou consigo a bolsa do dinheiro,
voltará para casa só no dia da lua cheia".
21 De tanto insistir o convence,
arrasta-o com seus lábios sedutores.
22 Ele a seguiu sem demora,
como um boi vai para o matadouro;
como um cervo preso pelo laço,
23 até que uma flecha lhe dilacera o fígado;*
como ave que se precipita na rede
sem saber que está em jogo sua vida.
24 Agora, meus filhos, escutai-me,
prestai atenção às palavras de minha boca.
25 Que teu coração não se desvie para os caminhos dela,
não te percas em suas veredas,
26 porque a muitos fez cair traspassados,
e os mais robustos foram suas vítimas.
27 A casa dela é estrada para o abismo,
que desce para as câmaras da morte.

8 **Segundo convite da Sabedoria.***
1 A Sabedoria não chama?
A inteligência não faz ouvir sua voz?
2 Ela se põe de pé lá em cima nas alturas,
ao longo da estrada, nas encruzilhadas dos caminhos.
3 Junto às portas, na entrada da cidade,
nos lugares de passagem ela exclama:*
4 "A vós, homens, eu chamo,
aos filhos de Adão se dirige minha voz.
5 Aprendei, ingênuos, a prudência
e vós, estultos, tende um coração sensato.
6 Escutai, porque direi coisas importantes,
de meus lábios sairá o que é reto.
7 Porque minha boca proclama a verdade
e a impiedade é abominação para meus lábios.
8 Todas as palavras de minha boca são justas;
nada há nelas de falso ou de tortuoso;
9 todas são leais para quem as compreende
e retas para quem encontrou o conhecimento.
10 Aceitai minha instrução mais que a prata,*
e o conhecimento mais que o ouro fino;
11 porque a sabedoria vale mais que as pérolas*
e nenhuma coisa desejável pode se comparar com ela".
Dotes da Sabedoria. 12 Eu, a Sabedoria,
moro com a prudência;
possuo a ciência da reflexão.
13 Temer Javé é odiar o mal:*
detesto a soberba, a arrogância,
a má conduta e a boca perversa.
14 Meu é o conselho e minha a verdadeira sabedoria;

---

* **7**,12. 5,6 | 13. 23,27-28s | 14. 5,3 | 16. Ct 3,2s | 23. Ecl 7,27; 9,12 | **8**,1.1,20-33 | 3. Jo 7,37 | 10. 3,14; 16,16 | 11. Jó 28,15-19; 3,15 | 13. Jó 28,28; Eclo 15,7

† **7**,14. Nos sacrifícios de comunhão, Lv 3, uma parte das carnes da vítima era consumida num banquete com os amigos.

eu sou a inteligência, a mim pertence a força.
15Por meu intermédio reinam os reis*
e os magistrados decretam o que é justo.
16Por meu intermédio governam os príncipes
e os nobres são os juízes legítimos†.
17Eu amo aqueles que me amam,*
e aqueles que me buscam me encontrarão.
18Comigo estão riquezas e honra,*
seguro bem-estar e equidade.
19Meu fruto vale mais que o ouro, que o ouro fino,
e meu produto mais que a prata escolhida.
20Eu ando pelo caminho da justiça
e pelas veredas da equidade,
21para dotar de bens os que me amam
e encher seus cofres.

A parte da Sabedoria na criação†.
22Javé me criou como início de sua atividade,*
antes de suas obras mais antigas.
23Desde a eternidade fui tecida,
desde o princípio, antes que existisse a terra.*
24Quando não existiam os abismos, eu fui gerada;
quando ainda não havia as fontes de águas abundantes.
25Antes que os montes fossem firmados,
antes das colinas, eu fui gerada.
26Quando ainda não tinha feito a terra e os campos,
nem os primeiros elementos do mundo;
27quando ele consolidava os céus, lá estava eu;*
quando traçava um círculo sobre a face do abismo†;
28quando condensava as nuvens no alto,
quando reforçava as fontes do abismo;
29quando impunha ao mar seus confins,*
de modo que as águas não ultrapassassem seus limites;*
quando traçou os fundamentos da terra.
30Então eu estava com ele como sua predileta,
e eu era suas delícias todo dia,
alegrando-me diante dele a cada instante;
31eu brincava sobre a superfície terrestre,
encontrando minhas delícias entre os filhos de Adão.
32Agora, filhos, escutai-me:
bem-aventurados os que seguem meus caminhos!
33Escutai a exortação
e sede sábios, não a descuideis!
34Bem-aventurado o homem que me escuta,*
velando todo dia a minhas portas
e guardando o limiar de minha casa.
35Pois quem me encontra, encontra a vida*
e obtém o favor de Javé;
36mas quem peca contra mim faz mal a si próprio;
todos os que me odeiam amam a morte.*

9 **O banquete da Sabedoria†.** 1A Sabedoria construiu sua casa,
lavrou suas sete colunas.
2Matou seus animais, preparou seu vinho
e pôs sua mesa.

* **8**,15. Is 11,2-5; Jr 23,5; 1Rs 3,4-15; Eclo 10,4 | 17. Sb 6,12 | 18. 3,16 | 22. Eclo 1,4.9; 24,12s | 23. Jo 1,1 | 27. Jó 28,23-27; Eclo 24,8; Sb 9,9 | 29. Jó 38,8-11 / Sl 104,7ss | 34. Ap 3,20; Sb 6,14 | 35. 3,1s; 1Jo 5,12 | 36. Sb 1,12-16

† **8**,16. A autoridade tem origem divina. É em nome de Deus que se governa, Rm 13,1. | 22. A Sabedoria é o projeto de Deus, projeto de ordem na criação, concretizado no coração do mundo; é distinta de Deus e do mundo. Ainda pequenina, assistiu à atividade criadora de Deus; foi gerada, tecida, depois nasceu e tornou-se uma menina mimada: são descritas as etapas de seu crescimento. A Sabedoria personificada prepara a revelação que o NT fará do Verbo de Deus, pelo qual tudo foi criado, e que, encarnado, viveu entre os filhos dos homens, v. 31. | 27. O círculo é o horizonte, limite da terra e base da abóbada celeste. | **9**. Aqui a Sabedoria é uma senhora que convida a um banquete em seu palácio. Os Santos Padres viram na Sabedoria Jesus Cristo, no palácio a Igreja, nas sete colunas os Sacramentos, na mesa a Palavra de Deus, nas servas os ministros da Palavra e nos convidados todos nós.

[3]Enviou suas servas e proclama
nos pontos mais altos da cidade:
[4]"Quem é simples venha aqui!"
A quem é sem entendimento ela diz:
[5]"Vinde, comei de meu pão†,
bebei o vinho que preparei.*
[6]Abandonai a insensatez e vivereis,
andai pelo caminho da inteligência".

Contra os zombadores. [7]Quem corrige o zombador atrai sobre si a desonra,
quem repreende o ímpio atrai a si a injúria.
[8]Não repreendas o zombador, porque te odiará;*
repreende o sábio, e ele te amará.
[9]Dá conselho ao sábio, e ele se tornará mais sábio;*
instrui o justo, e aumentará seu saber.
[10]Princípio da sabedoria é o temor de Javé,*
a ciência do Santo é a inteligência.
[11]Por meu intermédio teus dias serão numerosos,*
e os anos de tua vida se multiplicarão.
[12]Se és sábio, o és para teu bem,
se és zombador, somente tu carregarás a pena†.

O banquete da insensatez. [13]A insensatez é uma mulher irrequieta,
uma imbecil que não sabe nada.
[14]Está sentada à porta de sua casa,
numa cadeira, num lugar alto da cidade,
[15]para convidar os que passam pela rua,
que seguem direto seu caminho:
[16]"Quem é simples venha aqui!"
E a quem é sem entendimento ela diz:
[17]"As águas roubadas são doces,
e o pão comido às ocultas é saboroso".
[18]Ele não sabe que lá estão os mortos,
e que seus convidados estão no profundo dos abismos.

III. SENTENÇAS DE SALOMÃO (10,1–22,16)

10 **O justo e o ímpio.** [1]Provérbios de Salomão.
O filho sábio alegra o pai;*
o filho insensato entristece a mãe.
[2]De nada servem os tesouros mal adquiridos,*
mas a justiça livra da morte.*
[3]Javé não deixa o justo passar fome,*
mas reprime a avidez dos ímpios.
[4]O braço preguiçoso gera pobreza,*
mas a mão que trabalha enriquece.
[5]Quem recolhe no verão é previdente;
quem dorme no tempo da colheita é desprezível.
[6]As bênçãos de Javé descem sobre a cabeça do justo,*
mas a boca dos ímpios esconde a violência.
[7]A memória do justo é abençoada,*
mas o nome dos ímpios apodrece.
[8]O sábio de coração aceita os mandamentos,
mas quem tem lábios insensatos vai para a ruína.
[9]Quem caminha na integridade anda seguro,*
quem segue caminhos tortuosos será descoberto.
[10]Quem acena com os olhos† causa sofrimento,*
mas quem repreende francamente promove a paz.

As palavras do justo. [11]Fonte de vida é a boca do justo,
mas a boca dos ímpios esconde violência.
[12]O ódio provoca litígios,*
mas o amor recobre todas as faltas.*

---

* **9**,5. Is 55,1ss; Eclo 24,19ss; Jo 6,35 | 8. 15,12 | 9. 19,25 | 10. 1,7 | 11. 3,1s | **10**,1. 15,20; 17,25; 19,13 | 2. Eclo 5,10 / 11,4; 12,28 | 3. Sl 34,10 | 4. 15,19; 19,15 | 5. 20,4; 6,9-11 | 6. 10,6-24; 11,18 | 7. 10,27; 12,17; 14,11; Sl 112,6 | 9. 28,18 | 10. 6,13; Eclo 27,25 | 12. 17,9 / 1Cor 13,7; 1Pd 4,9

† **9**,5. O pão são as coleções de provérbios que começam no c. 10: esta é a comida que todos deveriam comer. | 12. O texto grego acrescenta: "Aquele que se apoia em mentiras apascenta os ventos, persegue aves que voam, pois abandonou os caminhos de sua própria vinha e erra pelas estradas de seu próprio domínio; percorre um deserto sem água, um país onde reina a sede, e com suas mãos recolhe a esterilidade". | **10**,10. Para zombar ou para dar aprovação ao mal feito.

13 Nos lábios do entendido se encontra a sabedoria,
mas a vara é para o dorso* do insensato†.
14 Os sábios entesouram o conhecimento,*
mas a boca do tolo é um perigo iminente.
15 Os bens do rico são sua fortaleza;*
a ruína dos pobres é sua miséria.*
16 O salário do justo serve para a vida,
o ganho do ímpio é para o pecado.
17 Caminha para a vida quem guarda a disciplina;*
quem descuida a correção se extravia.*
18 Os lábios sinceros aplacam o ódio;
quem difunde a calúnia é insensato.
19 No muito falar não falta a culpa,*
quem refreia seus lábios é prudente.
20 Prata preciosa é a língua do justo,
mas o coração dos ímpios vale bem pouco.
21 Os lábios do justo nutrem a muitos;
os estultos morrem por falta de juízo.

Felicidade da virtude. 22 É a bênção de Javé que enriquece:*
a fadiga nada lhe acrescenta†.
23 Fazer o mal é uma diversão para o insensato,*
como o cultivar a sabedoria para o homem prudente.
24 Ao malvado sobrevém o mal que teme,*
mas o desejo dos justos é satisfeito.
25 Ao passar a tempestade, desaparece o ímpio;
mas o justo está firme para sempre.
26 Como o vinagre para os dentes e a fumaça para os olhos,*
assim é o preguiçoso para quem lhe confia uma missão.
27 O temor de Javé prolonga os dias,*
mas os anos dos ímpios serão abreviados.
28 A espera dos justos redundará em alegria,*
mas a esperança dos ímpios perecerá.
29 O caminho de Javé é uma fortaleza para o homem reto,
mas é ruína para os malfeitores.
30 O justo jamais será abalado,*
mas os ímpios não habitarão a terra.
31 A boca do justo exprime a sabedoria,*
mas a língua perversa será cortada.
32 Os lábios do justo destilam benevolência,*
a boca dos ímpios, perversidade.

11 **Justiça e malvadeza.** 1 Balança falsa é abominação para Javé,*
mas o peso exato lhe agrada.
2 Quando vem a soberba, vem também a desonra,
ao passo que a sabedoria está com os humildes.
3 A integridade dos homens retos os guia,
a perversidade dos traidores os arruína.*
4 É inútil a riqueza no dia da cólera,
mas a justiça livra da morte.
5 A justiça do homem honesto lhe aplana o caminho;
por sua impiedade cai o ímpio.
6 A justiça dos homens retos os salva;
em sua ganância ficam presos os traidores.*
7 Quando morre o ímpio, acaba sua esperança;*
perece a confiança dos malvados.
8 O justo é libertado da angústia;
em seu lugar entra o ímpio.

O bem público. 9 Com sua boca o ímpio arruína seu próximo,*
mas os justos se salvam pelo conhecimento.
10 Com a prosperidade dos justos a cidade se alegra;*
e quando perecem os ímpios se faz festa.

---

* **10**,13. 19,29; 26,3 | 14. 18,7 | 15. 18,11 / Eclo 8,2; Sl 49,7 | 17. 6,23 / 15,32 | 19. Ecl 5,2; Pr 13,3; 17,27; Tg 3,8 | 22. Sl 127,1 | 23. 2,14 | 24. Jó 3,25; Sl 37,4 | 25. 12,3 | 26. 13,17; 25,13; 26,6 | 27. 4,10 | 28. Jó 8,13; Sl 112,10 | 30. 2,21s | 31. Sl 37,30 | 32. Ecl 10,12 | **11**,1. 20,10.23; Dt 25,13-16; Am 8,3-6; Os 12,8; Mq 6,10s | 3. 13,10 | 6. 11,3 | 7. 10,28; Sl 112,10 | 9. 29,5 | 10. 28,12

† **10**,13. Os antigos incluíam em seus métodos educativos os castigos com a vara. | 22. É Deus que torna frutuoso o trabalho humano, Sl 127,1s.

11 Com a bênção dos homens retos se ergue uma cidade;*
mas pela boca dos ímpios é destruída.
12 Quem despreza seu próximo não tem entendimento;*
o homem prudente, porém, se cala.
13 Quem anda tagarelando revela segredos,*
quem tem espírito fiel os mantém ocultos.
14 Sem governo o povo decai,*
a segurança depende de um bom número de conselheiros†.
15 Quem se faz fiador de um estranho se dá mal,*
quem evita dar garantias vive tranquilo.
16 A mulher graciosa alcança glória,*
mas os homens enérgicos adquirem riquezas.

Sentenças várias. 17 Faz bem a si mesmo o homem misericordioso,*
mas o cruel atormenta sua própria carne.
18 O ímpio obtém um falso lucro,
mas para quem semeia a justiça a recompensa é certa.
19 Assim como a justiça é para a vida,
quem segue o mal é destinado à morte.
20 Javé abomina os corações tortuosos,*
mas lhe agradam os que têm uma conduta íntegra.
21 Com certeza não ficará impune o malvado,*
mas a descendência dos justos será salva.
22 Anel de ouro em focinho de porco:
tal é a mulher bonita mas sem juízo.
23 O desejo dos justos é só o bem;
os maus só podem esperar a ira.
24 Há quem é pródigo e aumenta sua riqueza,
há quem poupa além da medida e só empobrece.
25 A pessoa generosa terá sucesso,*
e quem dá de beber será dessedentado.
26 Quem retém o trigo é amaldiçoado pelo povo,
mas a bênção estará sobre a cabeça de quem o vende.
27 Quem procura o bem encontra o favor,*
quem busca o mal, o mal o atingirá.
28 Quem confia em sua riqueza cairá;*
mas os justos germinarão como a folhagem.
29 Quem deixa sua casa em desordem herdará o vento;
e o tolo será escravo de quem tem um coração sábio.
30 O fruto do justo é uma árvore de vida,*
e quem conquista as almas é sábio.
31 Se o justo recebe sua retribuição na terra,
quanto mais o ímpio e o pecador!

12

Os bons e os maus. 1 Quem ama a disciplina ama o conhecimento,*
quem odeia a correção é insensato.
2 Quem é bom obtém o favor de Javé,*
mas o homem mal-intencionado ele o condena.
3 Ninguém se consolida com a impiedade,*
mas a raiz dos justos não será removida.
4 A mulher virtuosa é a coroa do marido,*
mas a que o desonra é como cárie em seus ossos.
5 Os pensamentos dos justos são equidade,
mas as tramas dos ímpios são engano.
6 As palavras dos ímpios são insídias mortais,*
mas a boca dos homens retos os livrará.
7 Os ímpios, uma vez abatidos, não mais existem,
mas a casa dos justos está firme.

---

* **11**,11. 14,1 | 12. 14,21 | 13. 10,19; 17,27s | 14. 24,6; 15,22; Sb 6,24 | 15. 6,1 | 16. 31,10s; 5,15 | 17. Eclo 14,6 | 20. 12,22; 15,9 | 21. 16,5; 12,21 | 25. Is 58,10; Mt 7,2; 10,42 | 27. 12,2; 5,22 | 28. Sl 52,9s; Mc 10,24; Sl 1,3 | 30. Sl 1; 10,6 | **12**,1. 13,18; 15,5; Eclo 21,7 | 2. 11,27 | 3. 10,25 | 4. 31,10s | 6. 14,3

† **11**,14. Pedir conselho é importante tanto na vida pública como na particular.

[8]Um homem é louvado por seu bom
senso,
quem tem um coração perverso é
desprezado.
[9]É melhor ser pouco estimado mas
ter um servo*
do que ser honrado e não ter pão.
[10]O justo conhece as necessidades
de seus animais,*
mas os sentimentos dos ímpios são
cruéis.
[11]Quem cultiva sua terra tem pão em
abundância,*
mas quem vai atrás de quimeras é
sem juízo.
[12]O ímpio cobiça os despojos dos
maus,
a raiz dos justos produz fruto.
Uso da língua. [13]No pecado de seus
lábios se prende o malvado,*
mas o justo escapará da angústia.
[14]Do fruto de sua boca cada um se
sacia de bens,*
mas receberá a recompensa confor-
me as obras de suas mãos.
[15]O estulto julga reta sua conduta†,
mas quem escuta o conselho é sábio.
[16]O insensato manifesta logo sua cólera,
mas o homem prudente dissimula a
ofensa.
[17]Quem diz a verdade anuncia a jus-
tiça,*
mas a falsa testemunha proclama o
engano.
[18]Quem fala sem refletir fere como
espada;*
mas a língua dos sábios é um remédio.
[19]Os lábios sinceros são estáveis para
sempre,
a língua mentirosa dura só por um
instante†.
[20]Há engano no coração dos que tra-
mam o mal;
alegria têm os conselheiros de paz.*
[21]Ao justo não acontecerá nenhum
dano,*
mas os ímpios serão cheios de males.
[22]Lábios mentirosos são abominação
para Javé;*
ele ama os que agem com sinceridade.
[23]O homem prudente esconde seu
saber,*
mas o coração dos insensatos pro-
clama sua tolice.
A pessoa operosa. [24]A mão operosa
obtém o comando,
a preguiçosa será para o trabalho
forçado.
[25]A ansiedade deprime o coração do
homem,*
mas uma palavra boa o alegra.
[26]O justo é guia para seu próximo,
mas o caminho dos ímpios os faz
desviar.
[27]O preguiçoso não encontrará caça;
mas o diligente achará a riqueza da
estepe.
[28]Na estrada da justiça está a vida,*
e em seu caminho não existe morte.

13

A pobreza e a riqueza. [1]O fi-
lho sábio ama a disciplina,
o zombador não escuta a repreen-
são.
[2]Do fruto de sua boca o homem
come o que é bom;*
mas o apetite dos traidores se satis-
faz com a violência.
[3]Quem vigia sua boca preserva sua
vida:*
quem abre demais os lábios encon-
tra a ruína.
[4]O preguiçoso deseja e não tem
nada,
mas o desejo dos diligentes será sa-
tisfeito.*
[5]O justo odeia a palavra mentirosa,
mas o ímpio desonra e calunia.
[6]A justiça guarda quem tem uma
conduta íntegra,
mas a maldade causa a ruína do pe-
cador.
[7]Há quem se faz de rico e não tem
nada,

---

* **12**,9. Eclo 10,30 | 10. 27,23 | 11. 28,19 | 13. 13,7 | 14. 13,2; 18,20; Lc 6,37s | 17. 14,25 | 18. 15,4 | 20. Mt 5,9 | 21. 11,21; Sl 91,10 | 22. 11,20 | 23. 10,19; 13,16 | 25. 15,13 | 28. 10,16; Rm 6,21ss | **13**,2. 12,14; 18,20 | 3. 21,23; Eclo 28,28.30; Tg 3,2-12 | 4. 6,6-11

† **12**,15. Não tomando consciência de seu erro, não aceita a correção e não se emenda. | 19. A verdade é constante, mas a mentira muda continuamente.

há quem se faz de pobre e tem muitos bens.
8 O resgate da vida de um homem é sua riqueza,*
mas o pobre não percebe a ameaça.
9 A luz dos justos alegra,*
mas a lâmpada dos ímpios se apaga†.
10 A insolência só provoca contendas,
mas a sabedoria se encontra entre os que pedem conselho.*
11 Riquezas depressa acumuladas diminuem;*
quem as reúne pouco a pouco as aumenta.
12 Espera adiada faz mal ao coração,*
mas um desejo satisfeito é árvore de vida.
A docilidade e seus efeitos. 13 Quem
despreza a palavra se perderá,
quem respeita o mandamento será recompensado.
14 O ensinamento do sábio é fonte de vida*
para evitar os laços da morte.
15 Um sólido bom senso obtém favor,
mas o caminho dos traiçoeiros é áspero.
16 O homem prudente age conscientemente,*
mas o tolo manifesta sua insensatez.
17 Um mau mensageiro cai em desgraça,
mas um enviado fiel traz saúde.*
18 Pobreza e ignomínia para quem recusa a instrução,*
mas quem aceita a repreensão será honrado.
19 Desejo realizado é uma doçura para a alma,*
mas é abominação para os tolos desapegar-se do mal.*
20 Quem anda com os sábios se torna sábio,*
quem frequenta os insensatos sofrerá dano.
21 O mal persegue os pecadores,
mas o justo é recompensado com o bem.
22 Quem é bom deixa herança aos filhos de seus filhos,*
mas a riqueza do pecador está reservada ao justo.
23 O campo arado pelo pobre dá comida em abundância,
mas há quem perece por falta de juízo.
24 Quem poupa a vara odeia seu filho†,
mas quem o ama o corrige a tempo.*
25 O justo come até ficar satisfeito,
mas o ventre dos ímpios sofre a fome.

14 A sabedoria e a insensatez.
1 A mulher sábia constrói sua casa,
mas a insensata a destrói com suas mãos.
2 Quem procede com retidão teme a Javé,
quem se afasta de seus caminhos o despreza.
3 Na boca do imbecil há o germe da soberba,
mas os sábios são protegidos por seus lábios.
4 Onde não há bois, o celeiro está vazio,
mas a abundância da colheita está no vigor do boi.
5 A testemunha fidedigna não mente,
mas a falsa testemunha profere mentiras.
6 O zombador busca a sabedoria e não a encontra,
mas para quem tem entendimento a ciência é coisa fácil.
7 Afasta-te do homem insensato*
porque não encontrarás conhecimento em seus lábios.
8 A sabedoria do homem prudente está em discernir seu caminho,
mas a insensatez dos imbecis é engano.
9 Os insensatos zombam do pecado,
mas entre os homens retos há benevolência.

---

* **13**,8. 15,16 | 9. Sl 97,11 | 10. 11,2 | 11. 20,21 | 12. 3,28 | 14. 14,27 | 16. 12,23; Ecl 10,3 | 17. 25,13 | 18. 12,1 | 19. 13,12 / 29,27 | 20. Eclo 6,35s; Pr 14,7 | 22. 28,8 | 24. 22,15; 23,13s; 29,15ss; 3,12 | **14**,7. 13,20

† **13**,9. Luz e lâmpada simbolizam a vida: aqui, a vida feliz do justo e a vida curta do mau. | 24. Odiar no sentido de amar menos, Lc 14,26.

10O coração conhece sua própria amargura
e de sua alegria não pode participar um estranho†.
11A casa dos ímpios será destruída,*
mas a tenda dos homens retos prosperará.
12 Existe caminho que a alguém parece reto,*
mas desemboca em veredas de morte.
13Mesmo no riso o coração se entristece*
e a alegria termina em sofrimento.
14O relapso se fartará de seus caminhos,
mas o homem de bem ficará contente com suas obras.

A prudência. 15O ingênuo acredita em tudo,
mas o prudente controla os próprios passos.
16O sábio teme o mal e dele se afasta,
o insensato é arrogante e despreocupado.
17Quem se irrita facilmente comete loucuras,*
o mal-intencionado se torna odioso.
18Os ingênuos têm por herança a insensatez,
mas os prudentes se adornam de ciência.*
19Os maus se inclinam diante dos bons,
os ímpios diante das portas dos justos.
20O pobre é odiado até pelo companheiro,*
mas são muitos os amigos do rico.
21Quem despreza seu próximo peca,*
mas quem se compadece dos humildes é feliz.
22Não erram aqueles que planejam o mal?
Benevolência e favor para os que planejam o bem.
23Em todo trabalho há proveito,
mas a conversa inútil só leva à penúria.
24Coroa dos sábios é sua prudência,*
diadema dos tolos é sua insensatez.
25Uma testemunha verdadeira salva vidas;*
quem fala mentiras é um impostor.

Religião e governo. 26No temor de Javé está a confiança do homem forte;*
para seus filhos ele será um refúgio.
27O temor de Javé é fonte de vida*
para evitar os laços da morte.
28Um povo numeroso é a glória do rei;
população escassa é a ruína do príncipe.
29Quem é lento para a ira tem grande bom senso,*
mas o irascível demonstra desatino.
30Um coração tranquilo é vida para todo o corpo,*
mas a inveja é a cárie dos ossos.
31Quem oprime o pobre ofende seu Criador,*
mas quem tem piedade do indigente o honra.
32Por sua maldade é arruinado o ímpio,
mas o justo encontra refúgio em sua integridade.
33Num coração sensato habita a sabedoria,
mas entre os insensatos será reconhecida?
34A justiça engrandece uma nação,
mas o pecado é a vergonha dos povos.
35O favor do rei é para o servo inteligente,*
seu furor é para quem o desonra.

15

A mansidão. 1Uma resposta gentil acalma a cólera,
uma palavra dura excita a ira.
2A língua dos sábios faz apreciar a ciência,*
a boca dos estultos derrama insensatez.
3Em todo lugar estão os olhos de Javé*
observando os maus e os bons.

---

* **14**,11. Jó 8,22 | 12. 16,25 | 13. Ecl 2,1s; 7,2-6; Lc 6,25 | 17. 14,29; 29,22 | 18. 14,24 | 20. Eclo 6,8-12; Pr 19,4.6s | 21. 11,12; Sl 41,2 | 24. 14,18 | 25. 12,17 | 26. 19,23 | 27. 13,14 | 29. 14,17; 15,18; 19,11 | 30. 17,22 | 31. 17,5 | 35. Eclo 8,10; Mt 24,45 | **15**,2. Eclo 10,14 | 3. 5,21; 15,11; 16,2; Sl 7,10; 139,1s

† **14**,10. A norma é alegrar-se com os que se alegram e chorar com os que choram, Rm 12,15, mas as profundezas do coração podem ser impenetráveis.

4 Uma língua benévola é árvore de vida,
mas a língua perversa destrói o espírito.*
5 O insensato despreza a correção paterna,*
mas quem aceita a admoestação é prudente.
6 Na casa do justo há muita riqueza,
mas nos lucros do ímpio há insegurança†.
7 A boca dos sábios difunde o conhecimento,
mas não é assim o coração dos insensatos.
8 O sacrifício dos ímpios é abominação para Javé,*
mas a oração dos homens retos lhe agrada.
9 A conduta dos maus é abominação para Javé;*
ele ama quem busca a justiça.
10 Severa é a punição para quem abandona o reto caminho;
quem odeia a correção morrerá.*
11 O abismo e a perdição estão diante de Javé;
tanto mais os corações dos filhos dos homens!*
12 O zombador não gosta de ser corrigido,*
ele não procura os sábios.

O coração feliz. 13 Um coração alegre embeleza o rosto,*
mas, quando o coração está triste, o espírito se abate.
14 O coração sábio busca o entendimento,*
a boca dos tolos se alimenta de loucura.
15 Para o pobre todos os dias são maus;
para um coração contente é sempre festa.*
16 Mais vale o pouco com o temor de Javé*
do que um grande tesouro com inquietação.*
17 Mais vale um prato de verdura onde há amor*
do que um boi gordo onde há ódio.
18 O homem colérico suscita contendas,*
mas quem é lento para a ira acalma as disputas.
19 O caminho do preguiçoso é fechado com espinhos,
a estrada dos homens retos é desimpedida.
20 O filho sábio alegra seu pai,*
o homem insensato despreza sua mãe.*
21 A insensatez é alegria para quem é sem juízo,
mas quem tem entendimento caminha retamente.
22 Falham as decisões tomadas sem consulta,*
têm êxito quando há muitos conselheiros.
23 É uma alegria saber dar uma resposta;
como é agradável uma palavra oportuna!
24 Para o homem sensato o caminho da vida é para cima,*
para salvá-lo do abismo que está embaixo.

Quem é caro e quem é odioso a Deus.
25 Javé derruba a casa dos soberbos*
e consolida os confins da viúva.
26 São abominação para Javé os maus desejos,
mas as palavras benévolas são puras.
27 Perturba sua casa quem age com avareza,*
mas quem detesta subornos viverá†.
28 O coração do justo reflete antes de responder,*
mas a boca dos maus jorra maldades.
29 Javé está longe dos ímpios,*
mas escuta a oração dos justos.

---

* **15**,4. 12,18 | 5. 12,1; 13,18 | 8. 21,27; 1Sm 15,22 | 9. 11,20; 12,22 | 10. 12,1; 15,32 | 11. Jr 11,20 | 12. 9,8 | 13. 12,25; Eclo 13,25 | 14. 18,15 | 15. Eclo 30,27 | 16. 13,8; 16,8 / 17,1; Sl 37,16 | 17. 17,1 | 18. 14,29; 28,25; Mt 5,9 | 20. 10,1 / 17,25; 23,22 | 22. 11,14 | 24. Ecl 3,21 | 25. 22,28; 23,10s; Dt 19,14; Os 5,10 | 27. 1,19; 17,23 | 28. 19,28 | 29. Is 59,2 | 31. 25,12

† **15**,6. Todo ato, mau ou bom, libera uma energia que cedo ou tarde repercute sobre seu autor. | 27. O autor faz várias advertências contra os presentes que "abrem portas" corrompendo a justiça: 17,8; 18,16; 19,6.

30 Um olhar luminoso alegra o coração;
uma boa notícia fortalece os ossos.
31 O ouvido que escuta uma repreensão salutar*
terá sua morada no meio dos sábios.
32 Quem recusa a correção despreza a si mesmo,*
quem escuta a repreensão adquire entendimento.
33 O temor de Javé é escola de sabedoria;*
antes da glória está a humildade.*

16 **A providência divina.** 1 Ao homem pertencem os projetos do coração,*
mas de Javé vem a resposta da língua†.
2 Todos os caminhos do homem parecem puros a seus olhos,*
mas quem sonda os espíritos é Javé.
3 Recomenda a Javé tuas obras,*
e teus projetos terão sucesso.
4 Javé fez tudo para um fim,
também o ímpio, para o dia* da desgraça†.
5 É abominação para Javé todo coração orgulhoso,
certamente não ficará impune.*
6 Com a bondade e a fidelidade se expia a culpa,*
e com o temor de Javé se evita o mal.
7 Quando agrada a Javé a conduta de um homem,
reconcilia com ele até seus inimigos.
8 É melhor o pouco com honestidade*
do que grande rendimento sem equidade†.
9 O coração do homem planeja seu caminho,*
mas é Javé que dirige seus passos.
10 O oráculo está nos lábios do rei,
sua boca não erra quando julga.
11 O peso e a balança justos pertencem a Javé,*
são obra sua todos os pesos da bolsa†.
12 Fazer o mal é abominação para o rei,
porque o trono se consolida com a justiça.*
13 Lábios justos agradam aos reis;
eles amam quem fala com retidão.*
14 A ira do rei é mensageira de morte,*
mas o homem sábio a aplacará.
15 Na alegria do rosto do rei está a vida,*
seu favor é como nuvem de chuva de primavera.

O sábio é modesto. 16 Quanto é melhor adquirir a sabedoria do que o ouro!*
A posse da inteligência é preferível à prata.
17 A estrada dos homens retos é evitar o mal;
conserva a vida quem controla seu caminhar.
18 Antes da ruína vem o orgulho*
e antes da queda, a altivez de espírito.
19 É melhor ser humilde de espírito com os pobres*
do que repartir despojos com os soberbos.
20 Quem está atento à palavra encontra o bem*
e quem confia em Javé é feliz.
21 Será chamado inteligente quem é sábio de coração;*
a linguagem suave aumenta o saber.
22 Fonte de vida é a prudência para quem a possui,
mas o castigo dos tolos é a insensatez.

O dom da palavra. 23 O coração do sábio torna prudente* sua boca*
e aumenta o saber sobre seus lábios.
24 Favo de mel são as palavras gentis,
doçura para a alma e saúde para o corpo.
25 Existe caminho que a alguém parece reto,
mas desemboca em veredas de morte.

---

* **15**,32. 15,10; 10,17; 19,20 | 33. 1,7 / 18,12 | **16**,1. 19,21; 16,9 | 2. 21,2 | 3. 3,6; Sl 37,5 | 4. Rm 9,22 | 5. 11,21 | 6. Tb 12,9 | 8. 15,16; Tb 12,8 | 9. 19,21 | 11. 11,1 | 12. 25,5; 29,14 | 13. 14,35; 22,11 | 14. 19,12; 20,2 | 15. Sl 4,7; Pr 19,12 | 16. 3,14 | 18. 11,2; 15,33 | 19. Is 57,15 | 20. 13,13; Sl 40,5 | 21. 16,23 | 23. 14,12 / 16,21; Ecl 10,12

† **16**,1. É o que diz o provérbio "O homem propõe e Deus dispõe". | 4. Deus quer a salvação de todos, 1Tm 2,4, mas a justiça de Deus exige que o ímpio seja castigado. | 8. Não condena a riqueza como tal, mas sim a riqueza adquirida injustamente. | 11. Os comerciantes levavam na bolsa os pesos da balança.

[26]O apetite do trabalhador trabalha
para ele,
porque sua boca o estimula.
[27]O homem perverso trama o mal,
e em seus lábios há como que fogo
ardente.*
[28]O homem ambíguo provoca con-
tendas,*
e o caluniador divide os amigos.
[29]O homem violento seduz seu pró-
ximo
e o conduz por um caminho que não
é bom.
[30]Quem fecha os olhos trama o mal
e, quando morde os lábios, já o co-
meteu.
[31]Coroa de honra são os cabelos
brancos,*
ela se encontra nos caminhos da jus-
tiça.
[32]Quem é lento para a cólera vale
mais que um herói,
e quem domina a si mesmo
vale mais do que quem conquista
uma cidade.*
[33]Nas dobras do manto se lança a
sorte†,
mas toda decisão vem de Javé.

17

**A bondade para com o pró-
ximo.** [1]Mais vale um pedaço
de pão seco com tranquilidade*
do que uma casa cheia de carnes
com discórdia.
[2]O escravo prudente suplantará o fi-
lho desonroso
e com os irmãos terá parte na heran-
ça.
[3]O cadinho é para a prata e o forno
para o ouro,*
mas quem prova os corações é Javé.
[4]O malfeitor presta atenção aos lá-
bios iníquos,
e o mentiroso dá ouvidos à língua
perniciosa.
[5]Quem zomba do pobre insulta seu
Criador,*
quem se alegra com a desgraça
alheia não ficará impune.
[6]A coroa dos anciãos são seus netos*
e a glória dos filhos são seus pais.*
[7]Não convém ao insensato uma lin-
guagem elevada,
menos ainda ao príncipe uma lingua-
gem mentirosa.
[8]Um presente é como um talismã
para quem o possui:*
para onde quer que se volte, tem su-
cesso.*
[9]Quem esconde a culpa conquista a
amizade,*
mas quem a divulga desune os amigos.
[10]Aproveita mais uma repreensão ao
homem sensato
do que cem chicotadas ao tolo.
[11]O malvado só procura a revolta,
mas contra ele será mandado um
mensageiro cruel.
[12]É melhor encontrar uma ursa da
qual foram roubados os filhotes
do que um insensato em seu delírio.
[13]Quem paga o bem com o mal*
terá sempre a desventura em sua
casa.
[14]Começar uma disputa é como abrir
uma comporta,
antes que a contenda se exaspere,
abandona-a.
A justiça. [15]Absolver o culpado e con-
denar o justo
são duas coisas que Javé abomina.*
[16]Para que serve o dinheiro na mão
do insensato?
Para comprar sabedoria? Mas ele
não tem entendimento!
[17]O amigo quer sempre bem,*
mas o irmão nasceu para o tempo da
aflição.
[18]É sem entendimento quem assume
compromisso*
e se oferece como fiador para seu
próximo.
[19]Quem ama a contenda ama o pe-
cado;

---

* **16**,27. Tg 3,6 | 28. 17,9; Eclo 28,15s | 31. Sb 4,9; Eclo 25,6ss | 32. 25,28 | **17**,1. 15,17 | 3. Jr 11,20 | 5. 14,31 | 6. Sl 128,3.6 / Eclo 3,12s | 8. 18,16; 21,14 / 17,23 | 9. 10,12; 16,28 | 13. Sl 109,4s | 15. Êx 23,7; Dt 16,18ss | 17. Eclo 6,7-10 | 18. 6,1

† **16**,33. O sorteio se fazia com pedrinhas levadas nas dobras do manto. Os antigos achavam que Deus interferia quando se tirava a sorte para resolver contendas, 1Sm 14,41; 28,6.

quem se exalta causa sua ruína.
[20]Coração mau não encontra felicidade,
língua desonesta cai na desgraça.
[21]Quem gera um insensato terá aflição;*
o pai de um imbecil não pode se alegrar.
[22]Um coração alegre é um santo remédio,*
mas um espírito abatido resseca os ossos.
[23]O iníquo aceita suborno às escondidas*
para desviar o curso da justiça.
[24]O homem prudente tem diante dele a sabedoria,
mas os olhos do insensato vagueiam pelo mundo afora†.
[25]Um filho estulto é uma tristeza para seu pai*
e uma amargura para aquela que o deu à luz.
[26]Não é justo punir o inocente;
é contra a equidade bater em gente honesta.
[27]Quem modera suas palavras possui a ciência;*
a pessoa inteligente possui um espírito sereno.
[28]Até o insensato, quando se cala, é tido por sábio*
e, se cerra seus lábios, por inteligente.

18 **Sentenças várias.** [1]Quem vive isolado busca seu próprio interesse
e se insurge contra toda sabedoria.
[2]O imbecil não ama o entendimento,
mas só quer manifestar seus sentimentos.*
[3]Com a impiedade vem também o desprezo,
e com a desonra, a ignomínia.
[4]As palavras da boca do homem são águas profundas;*
a fonte da sabedoria é uma torrente que transborda.
[5]Não é bom favorecer o ímpio*
fazendo injustiça ao justo no julgamento.
[6]Os lábios do insensato provocam rixas
e sua boca lhe atrai chicotadas.
[7]A boca do imbecil é sua ruína*
e seus lábios são um laço para sua vida.*
[8]As palavras do caluniador são como gulodices*
que descem ao fundo das entranhas†.
[9]Quem é indolente em seu trabalho
é irmão do esbanjador.
[10]Torre forte é o nome de Javé:*
o justo nele se refugia e está seguro.
[11]Os bens do rico são sua fortaleza,*
uma alta muralha, em sua opinião.
[12]Antes da queda o coração humano se exalta,*
mas a humildade vem antes da glória.*
[13]Quem responde antes de escutar*
mostra insensatez para sua própria confusão.
[14]O moral do homem o sustenta na doença,
mas um espírito abatido, quem o levantará?
[15]O coração inteligente adquire o conhecimento,*
o ouvido dos sábios procura o saber.
[16]O presente que alguém dá lhe abre o caminho
e lhe dá acesso à presença dos grandes.*
[17]Parece ter razão quem fala primeiro numa disputa,
mas vem seu adversário e o questiona.
[18]A sorte faz cessar as contendas*
e decide entre os poderosos.
[19]Um irmão ofendido resiste mais que uma fortaleza,
e as demandas são como os ferrolhos de um castelo†.

---

* **17**,21. 10,1; Eclo 22,3 | 22. 14,30 | 23. Êx 23,8; Dt 16,19; 27,25 | 25. 10,1; 29,15 | 27. 10,19 | 28. Jó 13,5; Eclo 20,5 | **18**,2. 12,23 | 4. 20,5; Eclo 21,16 | 5. 17,15; 24,23 | 7. 10,14; 13,3 / 12,13 | 8. 26,22 | 10. Sl 61,4; 124,8 | 11. 10,15 | 12. 16,18 / 15,33 | 13. Eclo 11,8 | 15. 15,14 | 16. 17,8; 21,14; 17,23 | 18. 16,33 | 20. 12,14; 13,2

† **17**,24. Em vez de mirar o objetivo, o insensato se perde ocupando-se de muitas coisas sem importância. | **18**,8. Sempre encontra ouvintes atentos quem fala mal do próximo. | 19. As demandas entre irmãos costumam ser as mais violentas.

20Com o fruto de sua boca o homem sacia o estômago,*
ele se farta com o produto de seus lábios.
21Morte e vida estão em poder da língua,*
e quem dela faz bom uso comerá seus frutos.
22Quem achou uma mulher achou uma fortuna,
alcançou de Javé uma graça.*
23O pobre fala suplicando,
mas o rico responde com dureza.
24Há companheiros que levam à ruína,*
mas há amigos mais chegados que um irmão.

19

O pobre e o rico. 1É melhor um pobre que vive honestamente*
que um insensato de lábios perversos.
2Sem reflexão, nem o zelo é coisa boa,*
e quem acelera os passos tropeça.
3A insensatez do homem perverte seu caminho,*
e contra Javé seu coração se irrita.
4As riquezas multiplicam os amigos,*
mas o pobre é abandonado até por seu próprio amigo.
5A falsa testemunha não ficará impune*
e quem espalha mentiras não escapará.
6Muitos são os aduladores do homem generoso*
e todos são amigos de quem dá presentes.
7Todos os irmãos do pobre o odeiam,
quanto mais se afastarão dele seus amigos!*
Ele vai atrás deles com súplicas, mas eles já se foram.

O prudente e o imbecil. 8Quem adquire bom senso ama a si mesmo
e quem conserva a prudência encontra a felicidade.
9A falsa testemunha não ficará impune*
e quem espalha mentiras perecerá.
10Ao imbecil não convém viver no luxo,*
menos ainda a um servo comandar os príncipes.
11A prudência de um homem retarda sua ira*
e é sua glória passar por cima de uma ofensa.
12O furor do rei é como o rugido do leão,*
mas seu favor é como o orvalho sobre a relva.*
13Um filho insensato é uma calamidade para seu pai,*
e as disputas da esposa são como goteira sem fim.*
14Casa e riquezas se herdam dos pais,*
mas uma mulher judiciosa é dom de Javé.
15A preguiça faz cair no torpor,
e o indolente sofrerá fome.*
16Quem guarda os mandamentos preserva sua vida,*
mas quem descuida a própria conduta morrerá.
17Quem faz caridade ao pobre* empresta a Javé†,
o qual lhe retribuirá a boa ação.
18Corrige teu filho enquanto há esperança,*
mas não te excedas a ponto de matá-lo.
19O violento deve ser punido,
se o poupas, tu o incitas a recomeçar.
20Escuta o conselho e aceita a correção*
para seres sábio no futuro.
21Muitos são os projetos na mente do homem,*
mas só o desígnio de Javé se realiza†.
22O que se deseja do homem é a bondade;

---

* **18**,21. 21,23; Eclo 37,21; Tg 3,2-12 | 22. 5,15; 31,10s; Eclo 26,1-4 | 24. Eclo 13,4; 17,17; 27,10 | **19**,1. 28,6 | 2. 21,5 | 3. Eclo 15,11-21; Tg 1,13s | 4. 14,20; Eclo 6,8-12 | 5. 19,9; 21,28 | 6. Eclo 13,6s; Eclo 5,10 | 7. Eclo 13,25 | 9. 19,5 | 10. 30,22; Ecl 10,6s | 11. 14,29 | 12. 20,2 / 16,14s | 13. 17,25 / 27,15 | 14. 18,22; 31,10s | 15. 10,4 | 16. Lc 11,28 | 17. 28,27; Mt 25,40 | 18. Dt 21,18-21 | 20. 15,32 | 21. 16,1.9; Sl 33,11

† **19**,17. "Quando damos aos pobres as coisas indispensáveis, lhes devolvemos o que é deles: cumprimos um dever de justiça e não tanto um ato de caridade" (S. João Crisóstomo). | 21. Deus tem a última palavra em todos os projetos humanos e pode tomar o homem sob sua proteção até contra seus próprios planos.

é melhor um pobre que um mentiroso.
23 O temor de Javé conduz à vida;*
quem o possui repousará satisfeito
e não será atingido pelo mal.
24 O preguiçoso põe a mão no prato,*
mas nem sequer consegue levá-la à boca.
25 Castiga o zombador, e o ingênuo se tornará prudente,*
repreende o inteligente, e aprenderá o conhecimento.
26 Quem maltrata o pai e expulsa a mãe*
é um filho que envergonha e desonra.
27 Meu filho, deixa de ouvir a instrução,
se queres afastar-te das palavras da sabedoria.
28 A testemunha corrupta zomba da justiça,*
e a boca dos ímpios devora a iniquidade.
29 Para os zombadores estão prontos os castigos
e os açoites, para as costas dos insensatos.*

20 **Sentenças várias.** 1 O vinho é zombador, o licor é turbulento;*
quem se deixa seduzir por eles não é sábio.
2 O terror do rei é como o rugido do leão:*
quem o irrita arrisca a vida.
3 É uma honra para o homem abster-se de demandas,
mas todo insensato nelas se envolve.*
4 Desde o outono o preguiçoso não ara,
e no tempo da colheita procura e nada encontra.
5 Como águas profundas é o conselho no coração humano,*
mas o homem inteligente sabe tirá-las.
6 Muitos proclamam sua própria bondade,*
mas uma pessoa de confiança, quem a encontra?
7 O justo caminha em sua integridade;
felizes dos filhos que deixa atrás de si!
8 O rei que toma assento no tribunal*
dissipa todo mal com seu olhar.
9 Quem pode dizer: "Purifiquei meu coração,*
estou limpo de meu pecado?"
10 Duplo peso e dupla medida
são duas coisas que Javé abomina.
11 Até a criança demonstra com seus atos
se sua conduta é pura e reta.
12 O ouvido que escuta e o olho que vê:*
um e outro os fez Javé.
13 Não ames o sono para não te tornares pobre,
mantém os olhos abertos e terás pão à vontade.
14 "É ruim, é ruim", diz o comprador,
mas quando se retira se gaba da compra.
15 Existem ouro e muitas pérolas,*
mas os lábios instruídos são joia preciosa.
16 Toma-lhe a veste, porque se fez fiador para um outro,
e guarda-a como penhor para os estranhos.*
17 O homem acha gostoso o pão obtido com fraude,*
mas depois sua boca fica cheia de grãos de areia.
18 Consolida teus planos pedindo conselho,
e faze a guerra com sábia direção.
19 Quem vai por aí falando revela segredos;*
não te associes a quem tem a língua solta.*
20 Se alguém maldiz o pai e a mãe,*
sua lâmpada se apagará no coração das trevas.
21 Os bens adquiridos às pressas no começo*
não serão abençoados no fim.

---

* **19**,23. 14,27 | 24. 26,15 | 25. 9,8 | 26. Êx 20,12; Pr 20,20; 23,22; 30,17 | 28. 15,28 | 29. 10,13 | **20**,1. 23,29-35 | 2. 19,12 | 3. 14,17.29 | 5. 18,4 | 6. 27,2 | 8. 16,10 | 9. Jó 4,17; 1Jo 1,8ss; 11,1 | 12. Êx 4,11; Sl 94,9 | 15. 3,13ss | 16. 27,13; 6,1 | 17. Jó 20,12ss | 19. 11,13 / Êx 20,12; 21,17 | 20. 19,26 | 21. 13,11

22 Não digas: "Vou vingar-me do
mal";*
confia em Javé e ele te salvará.
23 O duplo peso é abominação para
Javé,*
e a balança falsa não é coisa boa.
24 Por Javé são dirigidos os passos do
homem,*
e como pode o homem compreen-
der seu caminho?
25 É um laço para o homem dizer sem
pensar: "Eu prometo!"*
e refletir só depois de feita a promessa.
O rei sábio. 26 Um rei sábio dispersa os
maus
e faz passar sobre eles a roda†.
27 O espírito do homem é uma lâm-
pada de Javé*
que sonda todas as profundezas de
seu ser.
28 Bondade e fidelidade velam sobre
o rei;*
sobre a justiça ele firma seu trono.
29 A glória dos jovens é sua força;*
o ornamento dos idosos são os ca-
belos brancos.
30 As feridas que sangram são um re-
médio para o mal;
as chicotadas purificam as profunde-
zas do ser humano.

21

A providência de Deus. 1 O
coração do rei é água corrente
na mão de Javé:
ele o dirige para onde quer.
2 Cada um pensa que todo o caminho
seu é reto,*
mas quem sonda os corações é Javé.
3 Praticar a justiça e a equidade
agrada mais a Javé que os sacrifí-
cios.*
4 Olhar altivo e coração soberbo,
a lâmpada dos ímpios, são pecado.
5 Os planos do homem diligente pro-
duzem fartura,*
mas todo apressado caminha para a
penúria.
6 Acumular tesouros a poder de men-
tiras
é vaidade efêmera de quem procura
a morte.
7 A violência dos ímpios os arrasta,
porque rejeitam praticar a justiça.
8 É tortuosa a conduta do criminoso,
mas o inocente é reto em seu agir.
9 É melhor morar num canto do sótão*
do que com uma mulher briguenta
numa mesma casa.
10 A alma do ímpio deseja fazer o mal;
nem seu amigo encontra piedade a
seus olhos.
11 Quando o zombador é punido, o
simples se torna sábio,*
e quando o sábio é instruído, adquire
conhecimento.
12 O Justo observa a casa do ímpio
e precipita os ímpios na ruína†.
Caridade e justiça. 13 Quem fecha o
ouvido ao grito do pobre*
invocará por sua vez e não obterá
resposta†.
14 Presente dado em segredo acalma
a ira,*
e oferta feita às ocultas aplaca o fu-
ror violento.
15 É alegria para o justo que seja feita
justiça,
mas é um terror para os malfeitores.
16 O homem que se afasta do cami-
nho da prudência
repousará na assembleia dos mor-
tos†.
17 Quem ama os prazeres ficará pobre*
e quem gosta de vinho e de perfu-
mes não se enriquecerá.
18 O ímpio serve de resgate para o
justo
e o pérfido para os homens retos.
19 É melhor morar num deserto*
do que com uma mulher briguenta
e irascível.
20 Na morada do sábio há tesouros
preciosos e perfume,
mas o insensato dilapida tudo isto.

---

* **20**,22. 25,22; Rm 12,17; 1Ts 5,15 | 23. 11,1 | 24. Sl 37,23; Pr 16,9; 19,21 | 25. Dt 23,22s; Ecl 5,3ss | 27. Mt 6,22; 1Cor 2,11 | 28. Sl 61,8; Is 16,5 | 29. 16,31 | **21**,2. 16,1; Lc 16,15; 18,9-14 | 3. Am 5,22ss; 1Sm 15,22 | 5. 19,2 | 9. 25,24; 19,13; 21,19 | 11. 19,25 | 13. Mt 6,15; Tg 2,13 | 14. 17,8.23 | 17. 23,20s | 19. 21,9

† **20**,26. A roda dos carros que na colheita separava o grão da palha. | **21**,12. O Justo é Deus juiz. | 13. "Não socorrer os pobres é roubá-los e tirar-lhes a vida" (S. João Crisóstomo). | 16. A morte, sobretudo quando repentina e prematura, era considerada o castigo dos maus. | 22. A sabedoria vale mais que a força.

21Quem procura a justiça e a bondade*
encontrará vida, justiça e glória.
Sabedoria e maldade. 22O sábio assalta uma cidade aguerrida*
e abate a fortaleza na qual ela confiava†.
23Quem guarda a boca e a língua*
preserva a si mesmo da angústia.
24O soberbo arrogante se chama zombador;
ele age com orgulho insolente.
25Os desejos do preguiçoso o levam à morte,*
porque suas mãos rejeitam o trabalho.
26O ímpio cobiça o dia todo,
ao passo que o justo doa sem poupar.
27O sacrifício dos ímpios é coisa abominável,*
tanto mais quando oferecido com má intenção.
28A falsa testemunha perecerá,*
mas quem sabe escutar poderá falar sempre.
29O ímpio assume um ar altivo,
mas o homem reto consolida sua conduta.
30Não há sabedoria, não há entendimento,
não há conselho contra Javé.
31Prepara-se o cavalo para o dia da batalha,*
mas a Javé pertence a vitória.

22 **Sentenças várias.** 1Mais vale o bom nome do que grandes riquezas,*
e ser estimado é melhor que a prata e o ouro.
2O rico e o pobre se encontram,*
Javé criou um e outro†.
3O prudente vê o perigo e se esconde,*
mas os ingênuos seguem adiante e sofrem a pena.
4Frutos da humildade são o temor de Javé,
a riqueza, a honra e a vida.
5Espinhos e cardos se encontram no caminho do mau;
quem cuida de si mesmo se mantém longe deles.
6Acostuma o jovem no caminho que deve seguir;*
e nem mesmo quando velho se afastará dele.
7O rico domina sobre o pobre
e quem toma emprestado é escravo de quem empresta.
8Quem semeia a injustiça recolhe a calamidade,*
e a vara de sua cólera será aniquilada.
9Quem tem um olhar generoso será abençoado*
porque doa de seu pão ao pobre.
10Expulsa o zombador e a discórdia acabará*
e cessarão as demandas e os insultos.
11Javé ama quem é puro* de coração†,
e o rei é amigo de quem tem a graça nos lábios.*
12Os olhos de Javé protegem a ciência,
e ele confunde as palavras do iníquo.
13O preguiçoso diz: "Há um leão lá fora:*
serei morto no meio da rua"†.
14A boca das estrangeiras é uma fossa profunda,*
quem é objeto da ira de Javé cairá nela.
15A insensatez é ligada ao coração da criança,*
mas a vara da correção a afastará dele.
16Quem oprime o pobre o enriquece;
quem dá ao rico apenas o empobrece†.

* **21**,21. Mt 5,6 | 22. Ecl 9,13ss | 23. 13,3 | 25. 13,4; 20,4 | 27. 15,8; Eclo 7,11 | 28. 19,5.9 | 31. Sl 20,8; Os 1,7
22,1. Ecl 7,1 | 2. 29,13; Jó 31,15; Sb 6,7 | 3. 27,12 | 6. Eclo 6,18 | 8. Jó 4,8; 12,14 | 9. 19,17; 28,27; Sl 112,9; Lc 14,13s | 10. 26,20 | 11. Mt 5,8 / 16,13 | 13. 26,13 | 14. 5,2 | 15. 13,24; 29,15.17

† **22**,2. O bom relacionamento entre as classes sociais exige o respeito dos deveres e direitos recíprocos. | 11. Quem age com reta intenção. | 13. O preguiçoso inventa ou aumenta as dificuldades para justificar sua inércia. | 16. A adversidade estimula ao esforço que conquista a prosperidade, mas a riqueza que não custou trabalho se perde.

IV. SENTENÇAS DOS SÁBIOS (22,17–24,34)†

Introdução. [17]Inclina o ouvido e escuta as palavras dos sábios,
e aplica tua mente a minha instrução.
[18]porque te será agradável guardá-las em teu íntimo;
juntas estarão prontas sobre teus lábios.
[19]Para que tua confiança esteja em Javé,
quero hoje instruir-te também a ti.
[20]Não te escrevi trinta máximas,
entre conselhos e instruções,
[21]para mostrar-te a certeza das palavras da verdade,
a fim de que possas responder com segurança a quem te interrogar?†
Recomendações. [22]Não despojes o fraco, porque é fraco,*
nem aflijas o pobre no julgamento;
[23]porque Javé defenderá a causa deles
e despojará da vida os que os despojaram.*
[24]Não te associes com uma pessoa colérica
e não andes com quem é iracundo,*
[25]para que não aprendas seus costumes
e te exponhas a uma cilada.
[26]Não sejas daqueles que se comprometem,*
que aceitam ser fiadores de dívidas,
[27]porque, se não tiveres com que pagar,
te tomarão o leito debaixo de ti.
[28]Não desloques a cerca antiga*
que teus pais colocaram.
[29]Viste um homem solícito no trabalho?
Ele estará a serviço do rei;
não ficará a serviço de gente inferior.

23 **Civilidade à mesa.** [1]Quando te assentares à mesa de um soberano,
considera bem o que tens à frente;
[2]põe uma faca em tua garganta
se tens muito apetite.
[3]Não desejes suas gulodices:*
são comida enganadora.
[4]Não te canses para adquirir riqueza;
renuncia a tal pensamento;
[5]logo que fixas nela teus olhos,
ela não existe mais,
porque cria asas como águia e voa para o céu.
[6]Não comas o pão de quem tem olhar maldoso,
nem desejes suas gulodices,*
[7]porque como pensa dentro de si, assim ele é;
ele te diz: "Come e bebe",
mas seu coração não está contigo.
[8]Vomitarás o bocado que comeste
e terás desperdiçado tuas palavras gentis.
Regras práticas. [9]Não fales aos ouvidos de um imbecil,
porque desprezará tuas sábias palavras.
[10]Não desloques a cerca antiga,*
e não invadas o terreno dos órfãos,
[11]porque o seu Defensor é forte,*
ele defenderá a causa deles contra ti.
[12]Aplica teu coração à instrução
e o ouvido às palavras da experiência.
[13]Não poupes ao menino a correção;*
mesmo se tu o castigas com a vara, não morrerá;
[14]antes, se o castigas com a vara,
o salvarás do abismo†.
Conselhos de um pai. [15]Meu filho, se teu coração for sábio,
também meu coração se alegrará.
[16]Exultará meu íntimo,
quando teus lábios disserem palavras retas.
[17]Teu coração não inveje os pecadores,*
mas fique sempre no temor de Javé,*

---

* **22**,22. Êx 23,6 | 23. 23,11; Is 33,11 | 24. Eclo 8,19 | 26. 6,1 | 28. 23,10; 15,25; Dt 19,14 | **23**,3. 23,6 | 6. 23,3 | 10. 22,28 | 11. Êx 22,21ss; Pr 22,23 | 13. 19,18 | 17. Sl 37,1-4; 73,3 / Pr 3,31

† **IV.** O trecho que vai de 22,17 a 23,11 apresenta muitas semelhanças com o texto egípcio "Instrução de Amenemope", do séc. XII a.C. | **22**,21. Os sábios egípcios se preocupavam em formar bons mensageiros para a corte e também governantes competentes. | **23**,14. O abismo é a morte prematura, da qual será salva a pessoa que foi corrigida quando criança e assim preparada para acolher as lições da sabedoria.

18porque assim terás um futuro*
e tua esperança não ficará frustrada.
19Escuta, meu filho, e sê sábio
e dirige o coração pelo caminho reto.
20Não estejas entre os beberrões de
vinho,
nem entre os que são gulosos de carne,
21porque o bêbado e o guloso em-
pobrecerão,*
e a sonolência os vestirá de farrapos.
22Escuta teu pai que te gerou,*
não desprezes tua mãe quando velha.
23Adquire o verdadeiro bem e não o
cedas:
a sabedoria, a instrução e o enten-
dimento.
24O pai do justo terá grande alegria*
e quem gerou um sábio exultará por
causa dele.
25Que teu pai e tua mãe se alegrem*
e exulte aquela que te gerou.
26Presta bem atenção, meu filho,
e teus olhos observem meus cami-
nhos;
27porque a prostituta é uma fossa
profunda,*
e um poço estreito, a estrangeira†.
28Ela se põe à espreita como um ladrão*
e aumenta entre os homens o núme-
ro dos infiéis.
O beberrão. 29Para quem são os ma-
les? Para quem os lamentos?
Para quem as brigas? Para quem os
gemidos?
Para quem as feridas sem motivo?
Para quem os olhos turvados?
30Para aqueles que se demoram jun-
to ao vinho
e vão à procura de bebidas misturadas.
31Não olhes para o vinho: como é
vermelho,
como cintila na taça e desce suave-
mente;
32ele acabará por morder-te como
cobra
e picar-te como víbora.
33Então teus olhos verão coisas es-
tranhas
e tua mente dirá coisas desconexas.
34Serás como alguém deitado em
alto mar,*
e como quem se deita no alto do
mastro.
35Dirás: "Eles me espancaram, mas
não sinto dor;
bateram-me, mas não reparei.
Quando acordarei? Irei buscar mais".

24 **Outros conselhos.** 1Não inve-
jes os homens maus,*
nem desejes estar com eles;
2porque seu coração trama a violência
e seus lábios só falam maldades.
3Com a sabedoria se constrói a casa*
e com a prudência ela se firma;
4e com a ciência se enchem seus
quartos
de todos os bens preciosos e agra-
dáveis.
5O sábio é cheio de força,
e quem é experiente aumenta seu
vigor;
6porque com decisões prudentes fa-
rás a guerra,*
e a vitória está no grande número
dos conselheiros.
7É alta demais a sabedoria para o im-
becil,
na porta da cidade ele não poderá
abrir a boca†.
8Quem planeja fazer o mal
chama-se mestre de intrigas.
9O propósito do tolo é o pecado,
e o zombador é abominação para os
homens.
10Se ficas abatido no dia da angústia,
bem pouca é tua força.*
Deveres de caridade. 11Livra os desti-
nados à morte
e salva os que são arrastados ao su-
plício.
12Se dizes: "Não sabíamos disso",
acaso aquele que pesa os corações
não o percebe?*
Aquele que vela sobre tua vida não
o sabe?

* **23**,18. 24,14 | 21. 21,17 | 22. Dt 21,18-21; Pr 19,26 | 24. 10,1 | 25. 17,25 | 27. 22,14 | 28. 7,12 | 34. Sl 107,26s | **24**,1. 23,17 | 3. 14,1 | 6. Lc 14,31; 11,14 | 10. Jó 4,5 | 12. 16,2 / Jr 17,10

† **23**,27. Dificultando sair da situação criada. | **24**,7. Ver a nota em Sl 55,12. | 12. Peca por omissão quem não testemunha em favor de um inocente. Não vale inventar desculpas.

Ele não retribuirá* a cada um segun-
do suas obras?†
13Come, meu filho, o mel, porque é
bom;
um favo de mel será doce a teu pa-
ladar.
14Sabe que assim é a sabedoria para
ti:
se a achares, terás um futuro,*
e tua esperança não será frustrada.
15Não armes ciladas contra a morada
do justo, ó ímpio,
não destruas seu lugar de repouso,
16porque o justo cai sete vezes e se
levanta,
mas os ímpios sucumbem na adver-
sidade.
17Não te alegres pela queda de teu
inimigo*
e não exulte teu coração quando ele
tropeça,
18para não suceder que Javé o veja e
se desgoste
e afaste dele sua ira†.
19Não te irrites por causa dos maus*
e não invejes os ímpios;
20porque não haverá futuro para o
malvado†
e a lâmpada dos ímpios se extinguirá.
21Meu filho, teme a Javé e o rei*
e não te associes com os revoltosos,
22porque de repente surgirá sua vin-
gança
e quem sabe que ruína ambos po-
dem fazer?†
Palavras dos sábios. 23Também estas
são palavras dos sábios.
Ter preferências no julgamento não
fica bem.*
24Se alguém diz ao ímpio: "Tu és justo",
os povos o maldirão, as nações o
odiarão;
25mas para os que o repreendem
tudo irá bem,
sobre eles descerão as melhores
bênçãos.
26Dá um beijo sobre os lábios
aquele que responde com palavras
justas.
27Organiza teus negócios de fora,*
faze teus trabalhos dos campos
e depois constrói tua casa.
28Não testemunhes com leviandade
contra teu próximo
e não enganes com teus lábios.
29Não digas: "Como fez comigo, as-
sim lhe farei,*
darei a cada um conforme sua obra".
A propriedade do preguiçoso. 30Pas-
sei perto do campo de um preguiçoso,
da vinha de um homem sem juízo:
31por toda parte havia crescido o
mato,
o terreno estava coberto de espinhos
e o muro de pedras tinha caído.
32Observando, pus-me a refletir
e, do que vi, tirei esta lição:
33Dormir um pouco, cochilar um
pouco,*
cruzar um pouco os braços para re-
pousar,
34assim te sobrevirá a pobreza como
um vagabundo,
e a indigência, como um homem ar-
mado.

V. SENTENÇAS DE SALOMÃO RECOLHIDAS PELOS SÁBIOS DE EZEQUIAS (25,1–29,27)

25 **A discrição.** 1Também estes
são provérbios de Salomão,
transcritos pelos homens de Ezequias,
rei de Judá.
2É glória de Deus encobrir as coisas,*
mas é glória do rei investigá-las.

* **24**,14. 23,18 | 17. Jó 31,29 | 19. Sl 37,1 | 21. 1Pd 2,17 | 23. 18,5; 28,21; 31,5 | 27. Eclo 7,16 | 29. Mt 6,12.14 | 30. 26,13.16 | 33. 6,10s | **25**,2. Tb 12,7

† **24**,18. Transferindo-a sobre ti. | 20. O problema da prosperidade dos maus só se esclarece considerando seu fim, Sl 37,9s; 49,13; 73,17. A lâmpada simboliza a vida. | 22. O texto grego acrescenta: "O filho que recebe a palavra e a guarda com carinho será preservado da perdição. Que nenhuma mentira seja pronunciada pela boca do rei, que nenhuma inverdade saia de sua língua. É uma espada a língua do rei, não um órgão de carne; quem lhe é entregue será destruído. Pois se seu furor se excita, ele devora os ossos dos homens e os queima como a chama, a tal ponto que não podem ser comidos pelos filhotes das águias".

[3]Os céus por sua altura, a terra por sua profundidade
e o coração do rei são impenetráveis.
[4]Tira as escórias da prata,
e o ourives fará com ela um vaso;
[5]tira o ímpio da presença do rei,
e seu trono se firmará na justiça.*
[6]Não te glories diante do rei
e não te ponhas no lugar dos grandes,*
[7]porque é melhor ouvires dizer: "Sobe aqui"
do que ser humilhado diante de um superior.
O que teus olhos viram
[8]não o reveles logo num processo;
senão, que farás no fim,
se teu próximo te deixar confuso?
[9]Resolve teu problema com teu próximo,
mas não reveles o segredo de um outro;
[10]senão, quem te escuta te desprezará
e teu descrédito será irreparável.

A boa palavra. [11]Como maçãs de ouro em salvas de prata
assim é uma palavra falada na hora certa.
[12]Como anel de ouro e colar de ouro fino
é a repreensão de um sábio para um ouvido atento.*
[13]Como o frescor da neve no tempo da colheita†,
assim é um mensageiro fiel para quem o manda;*
ele reconforta o ânimo de seu senhor.
[14]Nuvens e vento, mas sem chuva,
tal é o homem que promete uma doação e não a faz.

A moderação. [15]Com a paciência o juiz se deixa persuadir,*
uma língua suave quebra os ossos.
[16]Se encontraste mel, come só o que te basta,*
para que não fiques enjoado e o vomites.
[17]Põe raramente o pé na casa de teu vizinho,
para não suceder que se canse de ti e te odeie.
[18]Clava, espada e flecha aguda
é aquele que levanta falso testemunho contra o próximo.
[19]Como dente cariado e pé que manca,
assim é a confiança num homem desleal no dia da angústia.
[20]É tirar o manto num dia frio,
e derramar vinagre numa chaga viva,
entoar canções para um coração aflito.
[21]Se teu inimigo tem fome, dá-lhe de comer,*
se tem sede, dá-lhe de beber;
[22]porque assim amontoarás brasas* sobre sua cabeça†
e Javé te recompensará.
[23]O vento norte provoca a chuva,
e uma língua caluniadora, o rosto irado.
[24]É melhor morar num canto do sótão*
do que com uma mulher briguenta numa mesma casa.
[25]Água fresca para uma garganta com sede*
é uma boa notícia de um país distante.
[26]Fonte turvada e nascente poluída,
assim é o justo que cede diante do ímpio.
[27]Comer mel demais não faz bem,*
e buscar a própria glória não é glória.
[28]Cidade aberta, sem muros:
é o homem que não tem domínio próprio.*

26 **O estulto.** [1]Como a neve no verão e a chuva na colheita,
assim a honra não convém ao insensato.
[2]Como a ave que esvoaça e a andorinha que voa,*

---

* **25**,5. 16,12; 29,14 | 6. Eclo 7,4; 13,12s; Lc 14,7-11 | 12. 15,31 | 13. 25,25; 13,17 | 15. Lc 18,1-8 | 16. 25,27; 27,7 | 21. Êx 23,4s | 22. 20,22; Rm 12,20 | 24. 21,9 | 25. 25,13 | 27. 25,16 | 28. 16,32 | **26**,2. Nm 23,8; Dt 23,5

† **25**,13. No tempo quente da colheita costumavam recolher a neve do monte Hermon para refrescar as bebidas. | 22. Isto é, provocarás nele um remorso que o levará a converter-se. Num rito egípcio de expiação, o culpado levava sobre a cabeça, em sinal de conversão, uma vasilha com brasas. Ver Rm 12,20.

assim não tem efeito maldição sem
motivo.
3 O chicote é para o cavalo, o freio
para o jumento
e a vara para as costas dos insensa-
tos.*
4 Não respondas ao idiota segundo
sua idiotice
para não te tornares também como
ele.
5 Responde ao idiota segundo sua
idiotice
para que ele não se julgue sábio†.
6 Corta seus pés e bebe amarguras
quem manda mensagens por meio
de um tolo.
7 As pernas de um coxo não têm força:
assim é um provérbio na boca dos
imbecis.*
8 É como prender uma pedra na funda
conceder honras a um tolo.
9 Como um galho de espinhos na
mão de um bêbado,
tal é um provérbio* na boca dos im-
becis†.
10 Como um arqueiro que fere todo
o mundo,
assim é quem contrata um tolo ou
um bêbado.
11 Como o cão que volta a seu vômito,*
assim é o tolo que repete suas tolices.
12 Vistes um homem que se julga sá-
bio?*
Há mais esperança para o tolo do
que para ele†.
O preguiçoso. 13 O preguiçoso diz: "Há
uma fera no caminho,*
um leão está nas ruas"†.
14 A porta gira em seus gonzos,
assim o preguiçoso em seu leito.
15 O preguiçoso põe a mão no prato,*
mas se cansa ao levá-la à boca.
16 O preguiçoso se julga mais sábio
do que sete pessoas que respondem
com juízo.
O briguento. 17 Segura um cão pelas
orelhas
quem se intromete numa questão
que não é sua.
18 Como um louco que lança fogo
e flechas de morte,
19 assim é aquele que engana seu
próximo
e depois diz: "Fiz isso por brincadei-
ra!"
20 Por falta de lenha o fogo se apaga;
não havendo delator, cessa a conten-
da.*
21 Como o carvão é para a brasa e a
lenha para o fogo,
assim é o briguento para atiçar bri-
gas.
22 As palavras do caluniador são
como gulodices:*
descem ao fundo das entranhas.
O simulador. 23 Como prata não purifi-
cada recobrindo um vaso de barro
são as palavras doces com um cora-
ção perverso†.
24 Quem odeia dissimula com os lá-
bios,*
mas em seu íntimo encobre o engano;
25 mesmo se falar suavemente, não
confies,*
porque ele tem sete abominações no
coração.
26 O ódio pode cobrir-se de simula-
ção,
mas sua malícia aparecerá publica-
mente.*
27 Quem cava uma fossa cairá dentro
dela,*
e quem rola uma pedra esta lhe cairá
em cima.
28 A língua mentirosa odeia a verdade
e a boca aduladora causa ruína.

27 **A vaidade e a inveja.** 1 Não te
glories do dia de amanhã*
porque não sabes o que o hoje pode
gerar.
2 Que te louve um outro, e não tua
boca,

---

* **26**,3. 10,1; 19,29 | 7. 26,9 | 9. 26,7 | 11. 2Pd 2,22 | 12. 3,7; 29,20 | 13. 22,13 | 15. 19,24 | 20. 22,10 | 22. 18,8 | 24. Eclo 12,10s | 25. Eclo 27,26; Jr 9,4-8 | 26. Sl 28,3 | 27. Sl 7,16; Ecl 10,8; Eclo 27,29s | **27**,1. Lc 12,19s; Tg 4,13s

† **26**,5. O sábio não deve rebaixar-se ao nível do idiota, e o idiota não deve elevar-se ao nível do sábio. | 9. Assim como o bêbado não sente o espinho, o imbecil não percebe o valor do provérbio. | 12. A sabedoria já desapareceu, quando a pessoa se sente segura de si e se gloria. | 13. Ver a nota em 22,13. | 23. São ambas as coisas que não combinam, portanto os elogios não são sinceros.

um estranho, e não teus lábios.
[3]Pesada é a pedra, também a areia pesa,
mas a ira do insensato pesa mais que uma e outra.
[4]O furor é cruel e a ira é impetuosa,*
mas quem pode resistir ao ciúme?
[5]É melhor uma repreensão franca
que um amor dissimulado.
[6]São leais as feridas feitas por um amigo,
enganosos, porém, os beijos do inimigo.*
[7]Garganta saciada despreza o mel;
para quem tem fome toda coisa amarga é doce.*
[8]Como um pássaro vagando longe do ninho,
assim é quem anda vagando longe de sua terra.*
[9]O perfume e o incenso alegram o coração,
a doçura de um amigo tranquiliza a alma.

Amigos e vizinhos. [10]Não abandones teu amigo nem o de teu pai,*
não entres na casa de teu irmão
no dia de teu infortúnio†.
É melhor um vizinho próximo que um irmão distante.*
[11]Sê sábio, filho, e alegrarás meu coração,
para que eu possa responder a quem me insulta.
[12]Quem é prudente vê o perigo* e se esconde,*
mas os ingênuos seguem adiante e sofrem a pena.
[13]Toma-lhe a veste, porque se fez fiador para um outro,*
e guarda-a como penhor para os estranhos.
[14]Abençoar o próximo de manhã cedo em voz alta
será imputado como maldição†.
[15]Goteira contínua em dia de chuva*
e mulher briguenta se parecem:
[16]querer contê-la é como reter o vento
e recolher óleo na mão.
[17]O ferro se aguça com o ferro
e o homem pelo contato com seu próximo.
[18]Quem cuida de uma figueira come de seus frutos,
quem cuida de seu patrão será honrado.
[19]Como um rosto é diferente do outro,
assim os corações humanos diferem entre si.
[20]Como o abismo e a perdição nunca se saciam,*
assim são insaciáveis os olhos do homem.
[21]Como o cadinho é para a prata* e o forno para o ouro†,
assim o homem é provado pelo louvor que recebe†.
[22]Ainda que soques o insensato
no morteiro entre os grãos, com o pilão,
não tiras dele sua insensatez.

Cuidado com as próprias coisas. [23]Procura conhecer bem teu rebanho*
e presta atenção a teu gado,
[24]porque não são perenes as riquezas,
nem um diadema passa de geração em geração.
[25]Uma vez cortado o capim, aparece a relva nova
e se recolhe a forragem dos montes;
[26]os cordeiros te dão com que te vestir
e os bodes, o preço para comprar um campo;
[27]as cabras, leite abundante para teu sustento,
para alimento de tua família
e para manter tuas escravas.

28 **O justo e o ímpio.** [1]O ímpio foge mesmo se ninguém o persegue,
ao passo que o justo está seguro como um leão novo.*

---

* **27**,4. 6,34s | 6. 26,24ss | 7. Lc 15,16 | 8. Eclo 29,28-35 | 10. Eclo 37,6 / 18,24 | 12. 22,3 / 18,24 | 13. 20,16; 6,1 | 15. 19,13 | 20. 30,15s; Ecl 1,8; 6,7 | 21. 17,3 | 23. 12,10; Eclo 7,24 | **28**,1. Sl 118,6

† **27**,10. O verdadeiro amigo pode valer mais que um irmão. | 14. Exagerar na cortesia pode ser hipocrisia. | **27**,21. Olhos, símbolo da inveja. O elogio serve de teste para a humildade. "Quem me elogia e quem me critica não alteram o que sou: Deus é quem sabe como eu sou" (S. Gregório Nazianzeno). / O texto grego acrescenta: "O coração do ímpio busca o mal, mas o coração reto busca a ciência".

2 Por causa dos delitos de um país multiplicam-se os tiranos,
mas com um homem inteligente e sábio a ordem se mantém†.
3 Um homem ímpio que oprime os fracos
é uma chuva torrencial que faz faltar o pão.
4 Os que transgridem a lei exaltam o ímpio,
mas os que a observam lhe fazem guerra.
5 Os maus não entendem o que é justo,
mas os que buscam Javé entendem tudo.*
6 É melhor um pobre de conduta íntegra*
que um de costumes perversos, ainda que rico.
7 Quem observa a lei é um filho inteligente,*
quem frequenta os desregrados envergonha seu pai.
8 Quem aumenta seus bens com usura e juros*
ajunta-os para o que tem piedade dos pobres†.
9 Quem desvia o ouvido para não escutar a lei,
até sua oração é abominável.*

Máximas várias. 10 Quem desvia os homens retos para o mau caminho
cairá ele mesmo na fossa que cavou,
enquanto os íntegros herdarão a felicidade.*
11 O rico se julga sábio,
mas o pobre inteligente o desmascara.
12 Grande é a alegria quando triunfam os justos,*
mas se prevalecem os ímpios, cada qual se esconde.*
13 Quem encobre as próprias culpas não terá sucesso,*
mas quem as confessa e as abandona obtém misericórdia.
14 Feliz do homem que está sempre vigilante,
mas quem endurece* o coração cairá no mal†.
15 Leão que ruge e urso esfaimado,
tal é o ímpio que domina sobre um povo pobre.
16 Um príncipe insensato multiplica as opressões,
mas quem detesta a avareza prolongará seus dias.
17 Um homem culpado de homicídio
fugirá até o túmulo: ninguém o socorrerá†.
18 Quem procede com retidão será salvo,*
quem anda por caminhos tortuosos cairá de repente.
19 Quem cultiva sua terra se saciará de pão,*
quem vai atrás de coisas vãs se fartará de pobreza.

Bondade e equidade. 20 O homem leal será cumulado de bênçãos,
mas quem quer se enriquecer depressa não ficará impune†.
21 Não fica bem ser parcial;*
até por um pedaço de pão se peca.
22 O avarento é impaciente por se enriquecer
e não pensa que cairá sobre ele a miséria.
23 Quem corrige um outro encontrará* depois mais gratidão†
do que aquele que adula com a língua.
24 Quem rouba do pai e da mãe e diz: "Não é pecado",
é companheiro do bandido.
25 O homem ávido provoca brigas,*
mas quem confia em Javé prosperará.
26 Quem confia em sua própria mente é um insensato,*
mas quem se comporta com sabedoria será salvo.

---

* **28**,5. Sb 3,9 | 6. 19,1 | 7. 23,19-22 | 8. Êx 22,24; Pr 13,22 | 9. 15,8 | 10. 26,27 | 12. 11,10; 29,2 / 28,28 | 13. 1Jo 1,9; Eclo 4,26 | 14. Eclo 3,27ss | 18. 10,9 | 19. 12,11 | 21. 24,23; Dt 16,19 | 23. 27,5s | 25. 15,18 | 26. 3,5s

† **28**,2. Um governo estável é sinal de ordem e justiça; mas as contínuas mudanças de governo, com as suspeitas e disputas que provocam, denotam uma situação precária. | 8. A riqueza adquirida com desonestidade está destinada aos pobres. | 14. Endurecer o coração é tornar-se insensível aos apelos de Deus, Sl 95,8; Mc 6,52; Jo 12,40. | 17. Como Caim, fugitivo sobre a terra, Gn 4,12. | 20. A riqueza obtida rapidamente é suspeita. | 23. Corrigir os que erram é uma das obras de misericórdia.

27Quem dá ao pobre não passará ne-
cessidade,*
mas quem fecha os olhos será co-
berto de maldições.
28Quando os ímpios prevalecem, to-
dos se escondem;*
quando eles perecem, os justos se
multiplicam.

29 **O bom governo.** 1O homem
que, repreendido muitas ve-
zes, persiste no erro
será arruinado de repente e sem re-
médio.
2Quando dominam os justos, o povo
se alegra,*
mas quando governam os ímpios, o
povo geme.
3Quem ama a sabedoria alegra seu
pai,*
mas quem frequenta prostitutas dis-
sipa seus bens.*
4Pela equidade o rei faz o país pros-
perar,*
mas quem aceita suborno o leva à
ruína.
5O homem que adula seu próximo
estende uma rede sob seus passos.
6Há uma cilada no pecado do ho-
mem mau,*
ao passo que o justo exulta e se ale-
gra†.
7O justo se interessa pela causa dos
pobres,*
mas o ímpio não sabe reconhecê-la.
8Os zombadores tumultuam a cidade,
mas os sábios aplacam a cólera.
9Se um sábio tem uma contenda
com um tolo,
quer se zangue, quer se ria, não ha-
verá conclusão.
10Os homicidas odeiam quem é ín-
tegro,
ao passo que os justos protegem sua
vida.
11O tolo desafoga toda a sua ira,*
mas o sábio a reprime e acalma.
12Se um príncipe dá atenção às men-
tiras,
todos os seus ministros são maus.
13O pobre e o opressor se encon-
tram;*
é Javé quem ilumina os olhos de to-
dos os dois†.
14Um rei que julga os fracos com
equidade*
consolida seu trono para sempre.
Regras de educação. 15A vara e a cor-
reção dão sabedoria,*
mas a criança entregue a si mesma
envergonha sua mãe.
16Quando os maus governam, multi-
plicam-se os crimes,
mas os justos assistirão à ruína deles.
17Corrige o filho e ele te dará con-
forto*
e te obterá consolações.
18Faltando a profecia, o povo se tor-
na desenfreado,
mas quem observa a lei é feliz.
19Não se corrige um escravo com pa-
lavras,*
porque, ainda que compreenda, não
obedece.
20Viste um homem apressado no fa-
lar?
Há mais esperança para o tolo do
que para ele.*
21Um escravo mimado desde a infância,
no fim se tornará insolente.
22O homem colérico suscita conten-
das,*
e o iracundo comete muitas faltas.
23O orgulho do homem provoca sua
humilhação,*
mas o humilde de coração obtém
honras.
24Quem é cúmplice do ladrão odeia-
-se a si mesmo,
ele ouve a imprecação e nada de-
nuncia.
25O temor do homem arma ciladas,
mas quem confia em Javé está em
segurança.*

---

* **28**,27. 11,25; 19,17; 22,9 | 28. 28,12 | **29**,2. 11,10; 28,12.29 | 3. 5,10; 10,1 / 6,26; Eclo 9,6; Lc 15,13 | 4. 14,34; Is 11,4s; 11,9 | 6. Jó 18,7-10 | 7. Jó 29,16 | 11. 12,16 | 13. 22,2 | 14. 16,12; 20,28 | 15. 10,1; 22,15 | 17. 13,24; 19,18 | 19. Eclo 33,25-33 | 20. 26,12 | 22. 14,17; Eclo 1,22 | 23. Mt 23,12 | 25. 16,20

† **29**,6. Quem não deve não teme. | 13. O brilho dos olhos representa vitalidade e alegria; mas é Deus que julga o interior das pessoas.

26Muitos buscam o favor do príncipe,
mas é de Javé que vem a justiça para
cada um.
27O iníquo é uma abominação para
os justos,
e quem age retamente é abomina-
ção para os maus.

VI. SENTENÇAS DE OUTROS SÁBIOS (30–31)

30 **A grandeza de Deus.** 1Máxi-
mas de Agur, filho de Jaces, de
Massa.
Este homem diz: Estou cansado,
Deus,
estou cansado, Deus, e desfaleço,
2porque sou o mais ignorante dos
homens
e não tenho inteligência humana;
3não aprendi a sabedoria
e ignoro a ciência do Santo.
4Quem subiu ao céu e dele desceu?*
Quem recolheu o vento em suas
mãos?
Quem encerrou as águas em seu
manto?*
Quem fixou todos os confins da ter-
ra?
Como se chama? Qual é o nome de
seu filho, se o sabes?†
5Toda palavra de Deus é provada;*
ele é um escudo para quem recorre
a ele.
6Não acrescentes nada a suas pala-
vras,
para que não te repreenda e sejas
achado mentiroso.
A virtude está no meio. 7Eu te peço
duas coisas,
não mas negues antes que eu morra:
8afasta de mim falsidade e mentira;
não me dês nem pobreza e nem ri-
queza;
concede-me o pão que me for ne-
cessário;
9não suceda que, saciado,* eu te re-
negue*
e diga: "Quem é Javé?",
ou, reduzido à indigência, eu roube
e profane o nome de meu Deus.*
10Não calunies o escravo diante de
seu senhor,*
para que não te amaldiçoe e sejas
achado culpado.
A gente pior. 11Há gente que maldiz
seu pai*
e não abençoa sua mãe.
12Há gente que se julga pura,
mas não foi lavada de sua imundície.
13Há gente de olhos altivos
e de olhar orgulhoso!
14Há gente cujos dentes são espadas
e cujos molares são facas
para devorar os humildes, eliminan-
do-os da terra*
e os pobres, do meio dos homens.
Quatro coisas insaciáveis. 15A san-
guessuga tem duas filhas: "Dá-me! Dá-
-me!"
Três coisas não se saciam jamais,
aliás, quatro jamais dizem: "Basta!":
16a mansão dos mortos, o seio estéril,
a terra que não se sacia de água*
e o fogo que nunca diz: "Basta!"
17O olho que desdenha o pai*
e despreza a obediência devida à
mãe
seja arrancado pelos corvos do vale
e devorado pelas águias†.
Quatro coisas misteriosas. 18Três coi-
sas são incompreensíveis para mim,
aliás, quatro que não consigo enten-
der:
19o caminho da águia no céu,*
o caminho da serpente sobre a ro-
cha,
o caminho do navio no alto mar,
o caminho do homem para uma jo-
vem.
20Tal é a conduta da mulher adúltera:
come, limpa a boca
e diz: "Não fiz nada de mal!"

---

* **30**,4. Jo 3,13 / Jó 38-39; Eclo 1,2s | 5. Sl 18,31; 2Sm 22,31 | 9. Dt 6,12; 32,15 / Sl 119,29 / Lv 5,21 | 10. Fm 8-20 | 11. Êx 21,17 | 14. Jó 19,22; Is 9,11 | 16. 27,20 | 17. 19,26 | 19. Sb 5,10ss | 21. Ecl 10,5ss

† **30**,4. O Deus transcendente interroga a sabedoria humana, como em Jó 38-39 e Is 40,12-18. Os mistérios conduzem à adoração aquele que os medita. | 17. Seja deixado sem sepultura, para alimento das aves.

Quatro pessoas insuportáveis. 21Por
três coisas a terra treme,*
aliás, quatro coisas não pode suportar:
22um escravo que se torna rei,*
um insensato que vive na fartura,
23uma mulher rejeitada que encontra
marido
e uma escrava que se torna herdeira
da patroa.*

Quatro coisas pequenas, mas sábias.
24Quatro seres estão entre as coisas
menores da terra,
porém, são extremamente sábios:
25as formigas, povo sem força,
que preparam sua comida no verão;*
26os arganazes, povo pacífico,
mas têm seu ninho nos rochedos;
27os gafanhotos, que não têm rei,
porém, avançam todos em bandos;
28a lagartixa, que se pode segurar
com as mãos,
mas penetra até nos palácios dos reis.

Quatro coisas de nobre andadura.
29Três seres têm um porte majestoso,
aliás, quatro caminham com elegância:
30o leão, o mais forte dos animais,
que não foge de nada;
31o galo empinado, o bode
e o rei à frente de seu exército.
32Se te exaltaste por insensatez
e depois refletiste,
põe a mão sobre a boca†,
33porque, batendo o leite produz-se
a manteiga,
apertando o nariz sai sangue
e espremendo a cólera sai a contenda.

31

O bom príncipe. 1Palavras de
Lemuel, rei de Massa, que sua
mãe lhe ensinou.
2Que te direi, meu filho? O que, filho
de minhas entranhas?*
O que, filho de minhas promessas?
3Não dês teu vigor às mulheres,*
nem teu destino àquelas que cor-
rompem os reis.
4Não convém aos reis, Lemuel,
não convém aos reis beber vinho,*
nem aos príncipes desejar bebida
forte,
5para não suceder que, bebendo, es-
queçam seus decretos
e traiam o direito de todos os aflitos.
6Dai bebidas inebriantes a quem está
para morrer
e o vinho a quem tem o coração
amargurado:
7que ele beba e esqueça sua pobreza
e não se lembre mais de suas penas.
8Abre a boca em favor do mudo,
em defesa de todos os desampara-
dos.*
9Abre a boca e julga com equidade
e faz justiça ao pobre e ao infeliz.

A mulher ideal†. *Alef* 10Mulher perfei-
ta, quem pode encontrá-la?
Bem superior às pérolas é seu valor.
Bet 11Nela confia o coração de seu
marido
e não virá a faltar-lhe o lucro.
Guimel 12Ela lhe dá felicidade e não
desgosto
todos os dias de sua vida.
Dalet 13Procura lã e linho
e gosta de trabalhar com suas mãos.
Hê 14É como o navio de um mercador:
manda vir de longe suas provisões.
Waw 15Levanta-se quando ainda é
noite,
distribui a comida para os criados
e dá ordens às empregadas.
Záin 16Examina um terreno e o com-
pra,
e com o fruto de suas mãos planta
uma vinha.
Het 17Cinge a cintura com firmeza
e fortalece seus braços.
Tet 18Constata que vão bem seus ne-
gócios;
de noite não se apaga sua lâmpada.
Yod 19Estende a mão à roca
e seus dedos manejam o fuso.
Kaf 20Abre as mãos ao pobre,
estende a mão ao indigente.
Lamed 21Não teme a neve para sua
família,

---

* **30**,22. 19,10 | 23. Gn 16,3-6 | 25. 6,6ss | **31**,2. 5,1-14 | 3. Eclo 9,2; 1Rs 11,1-4 | 4. Ecl 10,16s | 8. Sl 72,2.4.12-14

† **30**,32. Evitando falar de si com louvor e vaidade, evita-se a contenda. | **31**,10. Esta mulher é a encarnação da Sabedoria humana e divina.

porque todos os de sua casa têm veste dupla.

Mem [22]Faz para si cobertas,
de linho e de púrpura são suas vestes.
Nun [23]Seu marido é estimado na praça†,
onde toma assento junto com os anciãos do lugar.*
Samec [24]Ela faz tecidos de linho e os vende
e fornece cintos ao mercador.
Áin [25]Fortaleza e honra são seus ornamentos
e sorri diante do futuro†.
Pê [26]Abre a boca com sabedoria
e sua língua ensina a bondade.
Çade [27]Segue atenta o andamento da casa
e não come o pão ociosa.
Qof [28]Seus filhos se levantam e a proclamam feliz
e seu marido a elogia dizendo:
Resh [29]"Muitas mulheres fizeram grandes coisas,
mas tu superaste a todas!"
Shin [30]A graça é enganosa e a beleza é vã,
mas a mulher que teme a Javé deve ser louvada.
Taw [31]Dai-lhe do fruto de suas mãos
e celebrai-a por suas obras nas portas da cidade.

* **30**,23. 24,7

† **31**,23. Ver a nota em Sl 55,12. | 26. Previdente, a mulher encara confiante o futuro.

ECLESIASTES

Coélet é um termo hebraico que significa "pregador", aquele que fala na assembleia, chamada "caal", termo traduzido para o grego como "ecclesia", de onde veio o nome "Eclesiastes". Seu autor, conforme um artifício literário muito comum no Oriente, se diz filho de Davi, rei de Jerusalém, Salomão, portanto, mas deve ser um sábio hebreu da Palestina que viveu lá pelo ano 250 a.C. O livro insiste muito no conceito de vaidade, entendida como incapacidade de revelar ao ser humano os recônditos desígnios de Deus.

É o livro da Bíblia mais fascinante para nossa geração. Coélet é o primeiro dos sábios da Bíblia a falar de seu método de reflexão e de sua pessoa. Reflete sobre o que ele observou. Apresenta três ideias principais: uma análise racional da vida não consegue achar nela um sentido, pois tudo é vaidade; Deus determina tudo o que acontece; o homem não consegue conhecer o que Deus estabeleceu, o agir de Deus no mundo.

O livro tem provérbios, reflexões sobre a brevidade da vida, sobre a inutilidade do cansaço, sobre a falência das empresas humanas, confirmadas em geral por uma referência do autor a sua experiência. Sua conclusão é que é preciso gozar da vida e dos bens deste mundo, porque são o único fruto que o ser humano retira de seus trabalhos. Mas o autor não é um puro materialista: o gozo da vida também é dom de Deus. Sabe que o ser humano deve prestar contas a Deus de seus atos e do uso que faz dos bens materiais. E não se fazem ilusões sobre a duração deles.

Comenta as contradições da vida neste mundo, ou "debaixo do sol", conforme sua expressão típica. Mostra como na terra não é possível conquistar a felicidade plena e duradoura, porque os bens estão misturados com muitos males, que não se podem evitar, mas devem ser aceitos em espírito de resignação. A obrigação do ser humano é contentar-se com o que o Senhor lhe concede e usar os bens com sabedoria, sem pretensões. O autor manifesta sua perplexidade diante do modo misterioso como Deus governa o mundo, e ao mesmo tempo afirma: "Reconheço que tudo quanto Deus faz é imutável: não há nada que acrescentar, nada que tirar" (3,14).

É natural que um livro desse tipo tenha provocado diversas reações. Uns pensam que o texto atual é um texto corrigido por piedosos que acharam o livro muito pagão. Outros dizem que Coélet faz citações de opiniões alheias que ele comenta e critica. Alguns o acusam de ser pessimista, hedonista, cético, incoerente. Mas o fato é que nós também temos nossas incoerências e contradições no modo de explicar as coisas. Coélet manifesta com toda a sinceridade os atos contraditórios que fazemos e nos ajuda a constatar como era necessária a revelação do Novo Testamento para dar pleno sentido à vida humana, "revelando o ser humano ao ser humano" (Vat. II).

I. PRÓLOGO (1,1-11)

1 **Tudo é vaidade neste mundo.**
[1]Palavras de Coélet, filho de Davi,
rei de Jerusalém†.
[2]Vaidade das vaidades, diz Coélet,*
vaidade das vaidades, tudo é vaida-
de†.
[3]Que proveito tira o homem de todo
o seu trabalho
com que se afadiga debaixo do sol?†
[4]Uma geração passa e uma geração
vem,*
mas a terra sempre permanece.
[5]O sol se levanta e o sol se põe,
e se apressa rumo ao lugar de onde
nascerá de novo.
[6]O vento sopra para o sul, depois
muda para o norte,
gira e torna a girar
para recomeçar os mesmos giros.

---

* **1**,2. Sl 61,10; Rm 8,20 | **1**,4. Eclo 14,18

† **1**,1. Por uma ficção literária, para dar mais valor ao livro, é atribuído a Salomão, o sábio por excelência. | 2. "Vaidade das vaidades" é um superlativo que quer dizer a maior vaidade. O termo aparece 37 vezes no livro e significa frustração, contrassenso, vazio, o nada. No mundo não existe nada capaz de fazer o homem feliz. | 3. O autor diz que o trabalho do homem na terra é duro e decepcionante.

7Todos os rios correm para o mar,*
mas o mar nunca se enche;
para o lugar de onde os rios vêm
lá eles voltam novamente.
8Todas as coisas exigem fadiga,
e ninguém é capaz de explicá-las†.
O olho nunca se farta de ver*
e nunca o ouvido se sacia de ouvir†.
9O que foi é o que será,*
e o que se fez é o que se tornará a fazer;
nada há de novo debaixo do sol†.
10Há talvez alguma coisa de que se possa dizer:
"Olha, isto é novidade"?
Já existia nos séculos que nos precederam.
11Não resta lembrança das coisas passadas,
e nem das que acontecerão se conservará memória*
entre os que virão depois.

II. MEDITAÇÕES SOBRE A VIDA HUMANA (1,12–12,8)

Vaidade da ciência. 12Eu, Coélet, fui rei de Israel em Jerusalém. 13Eu me propus pesquisar e investigar com sabedoria tudo o que se faz debaixo do céu. Esta é uma ocupação penosa que Deus impôs* aos homens, para que a ela se apliquem. 14Vi todas as coisas que se fazem debaixo do sol: tudo é vaidade e correr atrás do vento.

15O que é torto não se pode endireitar
e o que falta não se pode calcular†.

16Eu pensava e dizia comigo mesmo: "Alcancei uma sabedoria superior* e mais vasta do que a que tiveram os que reinaram antes de mim em Jerusalém, e minha mente adquiriu muita sabedoria e muita ciência". 17Decidi então conhecer a sabedoria e a ciência, como também a insensatez e a loucura; e compreendi que também isto é correr atrás do vento, 18porque

muita sabedoria, muita aflição;
quem aumenta o saber aumenta a dor†.

2 **Vaidade dos prazeres.** 1Eu disse a mim mesmo: "Vem, quero pôr-te à prova com a alegria: goza o prazer!" Mas também isto é vaidade.

2Do riso eu disse: "É loucura!"*
e da alegria: "Para que serve?"

3Decidi em meu coração satisfazer meu corpo com o vinho† – mas deixando que meu coração me guiasse sabiamente – e entregar-me à loucura,* até descobrir o que convém aos filhos dos homens realizar debaixo do céu nos dias contados de sua vida. 4Empreendi grandes obras, construí para mim casas,* plantei vinhas. 5Fiz para mim parques e jardins, nos quais plantei árvores frutíferas de toda espécie; 6fiz açudes para regar com suas águas o bosque onde cresciam as árvores. 7Adquiri escravos e escravas e outros eu tive nascidos em casa e possuí também bois e ovelhas, mais que todos os meus antecessores em Jerusalém. 8Acumulei também ouro e prata,* riquezas de reis e de províncias; procurei cantores e cantoras, junto com as delícias dos filhos dos homens: uma esposa e concubinas. 9Tornei-me grande, mais poderoso que todos os meus antecessores em Jerusalém, embora conservando* minha sabedoria. 10Não neguei a meus olhos nada do que desejavam, nem recusei prazer algum a meu coração, que se alegrava com todo o meu trabalho; esta foi a recompensa de todas as minhas fadigas. 11Depois considerei todas as obras feitas por minhas mãos e toda a fadiga que eu

---

* **1**,7. Eclo 40,11 | 8. Pr 27,20 | 9. 2,12; 3,15 | 11. 2,16 | 13. Gn 3,17ss; Ecl 3,10 | 16. 1Rs 3,12;4,29s; 10,1-13; Eclo 47,14-18 | **2**,2. Pr 14,13 | 3. 1Rs 11,1ss | 4. 1Rs 7,1-12; 1Cr 27,27 | 8. 1Rs 9,28;10 | 9. 1Rs 10,23 | 12. 1,9 | 14. 10,2 | 15. 6,8 | 16. Sb 2,4; Eclo 44,8-15; Ecl 1,11

† **1**,8. Para que a multiplicidade de ações em minha vida? Muita gente se põe esta pergunta, e é bonito a gente ver que ela está na Bíblia. / Os sentidos do homem são insaciáveis, nada na terra o satisfaz. | 9. O mundo é um eterno retorno e sem resultado. | 15. As criaturas são imperfeitas, daí a frustração diante delas. | 18. "Só sei que não sei" (Sócrates). O autor contradiz o otimismo dos sábios diante da aquisição da ciência, Pr 2,10; Eclo 14,25. | **2**,3. Os sábios não eram contra o uso moderado do vinho, Eclo 31,32s, mas advertiam contra o excesso, Eclo 31,30.

tinha suportado para fazê-las: tudo isto
me pareceu vaidade e perseguir o vento:
não há vantagem alguma debaixo do sol.
Vaidade da sabedoria. 12Considerei
depois a sabedoria,* a loucura e a in-
sensatez. "Que fará o sucessor do rei?
O que já foi feito". 13Percebi que a sa-
bedoria é superior à insensatez, como a
luz é superior às trevas.

14O sábio tem os olhos na fronte,*
o insensato anda na escuridão.
Mas sei também que a mesma sorte
está reservada a todos os dois.

15Então pensei: "Comigo vai acon-
tecer* o mesmo que com o insensa-
to. Então por que procurei ser sábio?
Onde está a vantagem?"† E concluí:
"Também isto é vaidade!" 16De fato,
nem do sábio* e nem do insensato
restará uma lembrança duradoura,
porque nos dias futuros tudo será es-
quecido. Morrem do mesmo modo o
sábio e o insensato.

17Comecei a odiar a vida, porque me
desgostei de tudo o que se faz debai-
xo do sol. Com efeito, tudo é vaidade e
perseguir o vento. 18Passei a odiar todo
o trabalho com que me cansei debaixo
do sol, porque deverei deixá-lo a meu
sucessor†. 19E quem sabe se este será
sábio ou insensato? No entanto, será
dono de todo o meu trabalho, que fiz
com meu esforço e minha inteligência
debaixo do sol. Também isto é vaidade!
20Cheguei ao ponto de desesperar em
meu coração por todo o cansaço que
eu tinha enfrentado debaixo do sol,
21porque quem trabalhou com sabe-
doria, com ciência e com sucesso de-
verá deixar seus bens a um outro que
por eles não se esforçou. Também isto
é vaidade e grande mal.

22Então que proveito o homem tira
de todo o seu trabalho e da fadiga de
seu coração com que se cansa debaixo
do sol? 23Sim, todos os seus dias não
são senão dores e trabalho penoso;
nem de noite seu coração repousa.
Também isto é vaidade! 24Não há nada
melhor para o homem do que comer
e beber e trabalhar feliz;* mas perce-
bi que também isto vem das mãos de
Deus†. 25Com efeito, quem pode comer
e se alegrar sem ele? 26Pois ele concede
sabedoria, ciência e alegria a quem lhe
agrada, mas ao pecador dá a tarefa* de
recolher e ajuntar para entregar àquele
que é agradável a Deus. Também isto é
vaidade e perseguir o vento!

3

Cada coisa tem seu tempo†.
1Para cada coisa há seu momento
e um tempo para toda atividade debai-
xo do céu.

2Há um tempo para nascer e um
tempo para morrer,
um tempo para plantar e um tempo
para arrancar as plantas.
3Um tempo para matar e um tempo
para curar,
um tempo para demolir e um tempo
para construir.
4Um tempo para chorar e um tempo
para rir,
um tempo para prantear e um tempo
para dançar.
5Um tempo para jogar pedras e um
tempo para recolhê-las,
um tempo para abraçar e um tempo
para se abster de abraços.
6Um tempo para buscar e um tempo
para perder,
um tempo para guardar e um tempo
para jogar fora.
7Um tempo para rasgar e um tempo
para costurar†,
um tempo para se calar e um tempo
para falar.
8Um tempo para amar e um tempo
para odiar,

* **2**,24. 3,12s.22; 5,17; 8,15; 9,7s; Eclo 1,10 | 26. Jó 27,16s; Pr 13,22

† **2**,15. O autor aprecia a sabedoria, 1,13, mas a vida diária o obriga a refutar as declarações dos sábios sobre suas vantagens. | 18. Ter de deixar o fruto de seu trabalho a um herdeiro, que poderá usá-lo sem juízo, é para Coélet uma amargura. | 24. Aproveitar este prazer associado por Deus às coisas simples da vida compensa a dureza do trabalho: refrão que o autor repete, 3,13.22; 5,17; 8,15; 9,7-11; 11,9s, e que ele propõe como atitude fundamental diante da vida. | **3**. Um dos objetivos do ensinamento sapiencial era o de conhecer o tempo justo, o lugar justo e a medida justa da ação humana. | 7. Rasgar simboliza a dor e o sofrimento, como rasgar as vestes era sinal de tristeza.

um tempo para a guerra e um tempo para a paz.

Estamos nas mãos de Deus. 9Que proveito tira de sua fadiga aquele que trabalha?

10Tenho observado a tarefa que Deus dá aos homens para que dela se ocupem. 11Ele fez belas todas as coisas* em seu devido tempo; pôs no coração dos homens o sentido da duração, mas sem que eles possam entender a obra realizada por Deus do princípio ao fim. 12Concluí que não há nada melhor para eles do que se alegrar* e agir bem em sua vida. 13Mas que um homem coma, beba e encontre alegria em seu trabalho* é um dom de Deus. 14Reconheço que tudo quanto Deus faz é imutável: não há nada que acrescentar, nada que tirar†. Deus age assim para que os homens* o temam. 15O que é já existiu; o que será já existe; Deus recupera o que já passou†.

Desordens. 16Mas também notei debaixo do sol* que no lugar do direito está a iniquidade e no lugar da justiça está a impiedade. 17Pensei: Deus julgará o justo e o ímpio, porque há um tempo para cada coisa e para cada ação.

Sorte do homem. 18Depois, a respeito dos filhos dos homens eu disse a mim mesmo: Deus quer prová-los e mostrar que eles de per si são como animais. 19Com efeito a sorte dos homens e a dos animais* é a mesma; como morrem estes, morrem aqueles; têm todos o mesmo sopro vital. Não existe superioridade do homem em relação aos animais, porque tudo é vaidade†. 20Todos caminham para o mesmo lugar:

tudo veio do pó*
e tudo retorna ao pó.

21Quem sabe se o sopro vital do homem sobe para o alto e se o dos animais desce para baixo da terra? 22Percebi que nada há de melhor* para o homem do que alegrar-se em suas obras,* porque esta é sua parte†. Quem, aliás, poderá levá-lo a ver o que sucederá depois dele?*

4 Males e bens da sociedade.

1Considerei depois* todas as opressões que se cometem debaixo do sol. Vi o pranto dos oprimidos que não têm quem os console;* a força está do lado de seus opressores, mas não há quem os console. 2Então considerei mais felizes os mortos, que já faleceram, do que os vivos que estão ainda em vida; 3porém, mais feliz* é quem ainda não nasceu e não viu o mal que se comete debaixo do sol.

4Observei também que toda a fadiga e todo o sucesso de um trabalho não são senão inveja recíproca. Também isto é vaidade e perseguir o vento†.

5O insensato cruza os braços*
e devora sua própria carne.
6É melhor um bocado com repouso
que dois com cansaço, correndo atrás do vento†.

7Além disso considerei uma outra vaidade debaixo do sol: 8alguém é completamente só, sem companheiro, não tem filho, nem irmão. No entanto não cessa nunca de trabalhar, e seus olhos não se fartam de riqueza; e nunca se perguntou: "Para quem eu trabalho e me privo dos bens?" Também isto é vaidade e uma ocupação ingrata.

9Mais valem dois do que um,* porque dois têm melhor remuneração por seu trabalho. 10Com efeito, se chega-

* **3**,11. 8,17; 11,5; Sl 139,17; Eclo 11,4; 18,5; Rm 11,33 | 12. 2,24 | 13. Sl 33,11 | 14. 1,9 | 16. 4,1; 5,7 | 19. Sl 49,13.21 | 20. Gn 2,7; 3,19; Sl 104,29; Jó 34,15; Eclo 16,31; Ecl 12,7 | 22. Pr 15,24 / Ecl 2,24 / Ecl 6,12 | **4**,1. 3,16 / Jó 3,11-23; 10,18-22; Ecl 6,3 | 3. Jr 20,17s; Ecl 3,16 | 5. Pr 6,9,11 | 9. Pr 18,19 | 10. Lc 10,1

† **3**,14. Deus age com soberana independência e com sabedoria, e seus segredos são impenetráveis para o homem. | 15. Faz retornar os fatos do passado. | 19. Uma vantagem do homem aparece em 12,7: seu sopro vital retorna a Deus na morte. | 22. Ao problema da parte do homem, i. é, do lugar que lhe é atribuído na vida, Coélet responde positivamente, pois é possível reconhecer nela uma vontade de Deus favorável ao homem. | **4**,4. O autor é menos otimista que os sábios: estes sentiam que por meio do mundo, que interpela o homem, era Deus mesmo que lhe falava, e neste diálogo o homem descobria seu lugar na vida. | 6. Também no trabalho é preciso observar o meio termo: nem de menos, nem de mais.

rem a cair, um levanta o outro. Porém, ai de quem está só:* se cair, não tem ninguém que o levante. 11Assim também, se dois dormem juntos, podem esquentar-se; mas quem está só, como faz para esquentar-se? 12Se alguém agride quem está só, dois podem resistir-lhe; uma corda tripla não se arrebenta facilmente.

13É melhor um jovem pobre, mas sábio,
do que um rei velho e insensato
que não sabe mais escutar conselhos.

14Porque o jovem saiu da prisão para reinar†, embora tivesse nascido pobre em seu reino. 15Vi todos os viventes* que se movem debaixo do sol unir-se ao jovem que ficará no lugar do outro. 16Era uma multidão imensa a cuja frente ele estava. Mas os que vierem depois não estarão contentes com ele. Também isto é vaidade e correr atrás do vento.

Deveres para com Deus. 17Vela sobre teus passos quando te diriges à casa de Deus. Aproximar-se para escutar vale mais do que oferecer sacrifícios como fazem os insensatos, que não compreendem que fazem o mal.

5

1Não sejas precipitado com a boca,* e teu coração não se apresse a proferir alguma palavra diante de Deus, porque Deus está no céu e tu estás na terra; por isso tuas palavras sejam poucas,*

2porque das muitas preocupações vêm os sonhos
e do muito falar, palavras insensatas.

3Quando fazes uma promessa* a Deus, não demores a cumpri-la, porque ele não gosta dos insensatos: cumpre aquilo que prometeste. 4É melhor não fazer promessas do que fazê-las e depois não as cumprir. 5Não permitas a tua boca que te faça culpado e não digas ao mensageiro que se tratou de uma inadvertência; por que dar a Deus motivo para irar-se com tuas palavras e destruir o trabalho de tuas mãos? 6Com efeito, nos muitos sonhos* e nas muitas palavras há vaidade. Tu, porém, teme a Deus.*

Injustiças sociais. 7Se vês na região a opressão dos pobres* e a negação do direito e da justiça, não te admires, porque sobre uma autoridade há uma outra superior que a vigia e sobre elas, uma outra ainda mais alta†. 8Mas sob todos os aspectos é proveitoso para o país um rei que se ocupa dos campos.

9Quem ama o dinheiro jamais se sacia de dinheiro e quem ama a riqueza não tira proveito dela. Também isto é vaidade. 10Quando crescem os bens,* aumentam também os que os devoram; e que vantagem para os donos, senão um espetáculo para os olhos?

11Doce é o sono do trabalhador,
quer coma pouco, quer muito;
mas a saciedade do rico
não o deixa dormir.

Fadigas inúteis. 12Um outro grave mal eu vi debaixo do sol:* riquezas guardadas pelo dono com prejuízo próprio. 13Essas riquezas se perdem por causa de um mau negócio, e ao filho que lhe nasceu não resta nada nas mãos. 14Como saiu nu do seio de sua mãe,* assim irá de novo como veio, e de suas fadigas não pôde tirar nada para levar consigo. 15Também isto é um grave mal: que ele vá exatamente como veio. Que vantagem tira de haver lançado suas fadigas ao vento? 16Além disso terá passado todos os seus dias na obscuridade e no pranto entre muitos males, doenças e irritação.

17Eis o que concluí: é bom e conveniente* para o homem comer, beber e encontrar alegria em todo trabalho que faz debaixo do sol, em todos os dias da vida que Deus lhe dá: é esta a sua parte†. 18Todo homem, a quem Deus concede riquezas e bens, tem também

---

* **4**,15. Eclo 11,5 | **5**,1. Pr 20,25 / Mt 6,7; Eclo 7,15 | 3. Lv 27,1; Nm 30,3; Dt 23,22ss | 6. Eclo 34,1-5 / Ecl 12,13 | 7. 3,16; 4,1 | 10. Pr 19,6; Eclo 13,7 | 12. Pr 13,8 | 14. Jó 1,21 | 17. 2,24

† **4**,14. Como José do Egito, Gn 41,41. | **5**,7. Multiplicando-se as autoridades, aumentam a opressão e o peso financeiro sobre os súditos. | **5**,17. A alegria do coração é também um modo de Deus se revelar.

a faculdade de gozar deles, tomar sua
porção e tirar proveito de suas fadigas:
também isto é dom de Deus. [19]Pois as-
sim ele não pensará muito nos dias de
sua vida, porque Deus o mantém ocu-
pado com a alegria de seu coração.

6 **Desejo insaciado.** [1]Um outro mal
eu vi debaixo do sol,* que pesa
sobre os homens. [2]A um, Deus conce-
deu bens, riquezas, honras e não lhe
falta nada do que deseja;* mas Deus
não lhe concede que possa gozar de-
les, porque é um estranho que os apro-
veita. Isto é vaidade e grave mal!
[3]Se alguém tivesse cem filhos e vives-
se muitos anos e muitos fossem seus
dias, mas não encontrasse satisfação
em seus bens e não tivesse sequer um
sepulcro, então eu digo que mais feliz
do que ele é um aborto, [4]porque este
vem em vão e nas trevas* se vai, e seu
nome é coberto pelas trevas. [5]Não viu
nem conheceu o sol, todavia tem mais
repouso do que o outro. [6]Mesmo que
aquele vivesse duas vezes mil anos,
mas sem desfrutar de seus bens, não
deverão ir ambos para o mesmo lugar?
[7]Toda a fadiga do homem é para sua
boca e no entanto seu desejo nunca é
satisfeito†. [8]Que vantagem tem o sábio
sobre o insensato? Qual a vantagem do
pobre que sabe comportar-se bem en-
tre os vivos?
[9]É melhor ver com os olhos do que
vagar com o desejo. Também isto é vai-
dade e correr atrás do vento. [10]O que
existe já foi determinado* há muito
tempo; e todos sabem o que é um ho-
mem: ele não pode discutir com quem
é mais forte do que ele†. [11]Quanto mais
palavras, tanto mais vaidade; e que
vantagem há para o homem? [12]Quem
sabe o que convém* ao homem nesta
vida, durante todos os dias de sua vã
existência que ele percorre como som-
bra? Quem pode indicar ao homem o
que acontecerá depois dele debaixo do
sol?†

7 **O melhor.** [1]É melhor o bom nome
do que um óleo perfumado,*
e o dia da morte do que o dia do
nascimento.
[2]É melhor ir a uma casa onde há luto
do que a uma casa em festa;
porque aquele é o fim de todo ho-
mem,
e quem vive refletirá nisto.
[3]É preferível a tristeza ao riso,
porque pela tristeza do rosto o cora-
ção se torna melhor.
[4]O coração dos sábios está numa
casa enlutada
e o coração dos insensatos, numa
casa em festa.
[5]É melhor escutar a repreensão do
sábio
do que ouvir o canto dos insensatos:
[6]porque como o crepitar dos espi-
nhos debaixo da panela,
tal é o riso dos insensatos.
E também isto é vaidade.
[7]A opressão faz do sábio um insensato,
e o suborno corrompe o coração.
[8]É melhor o fim de uma coisa que
seu início;
é melhor a paciência que a soberba.
[9]Que teu espírito não se irrite* ra-
pidamente, porque a ira se aloja no
íntimo dos insensatos. [10]Não pergun-
tes: "Como o tempo antigo era me-
lhor que o presente?", porque não é a
sabedoria* que te faz perguntar isto†.
[11]A sabedoria é como uma herança e é
vantajosa para aqueles que veem o sol;
[12]porque a sabedoria é uma proteção
como também é o dinheiro; mas a van-
tagem do saber é que a sabedoria faz
viver quem a possui.
[13]Observa a obra de Deus: quem
pode endireitar o que ele fez torto?

* **6**,1. 2,18s; | 2. Lc 12,20 | 4. Jó 3,11 | 10. 1,9ss | 12. Sl 39,7; 90,10; 102,12; 109,23; Jó 8,9; 14,2 | **7**,1. Pr 22,1 | 9. Pr 22,24; Tg 1,9 | 10. Eclo 39,21.39s | 14. 1,15

† **6**,7. "Fizestes-nos para vós, ó Deus, e nosso coração estará inquieto enquanto não descansar em vós" (S. Agostinho). | 10. O homem não pode mudar a história nem discutir com Deus sobre o governo do mundo, que supera a inteligência humana. | 12. Não podendo prever o futuro, falta ao homem um elemento-chave para poder tomar decisões. | **7**,10. Contra todo saudosismo, o autor não concorda com os que ficam lembrando o passado para criticar o presente.

[14]Nos dias felizes fica alegre e nos
dias tristes reflete: "Deus fez tanto uns
como os outros,* para que o homem
nunca possa saber nada do próprio fu-
turo".
[15]Tudo eu vi em minha vã existência:
o justo que morre,* não obstante sua
justiça, e o ímpio que vive muito, não
obstante sua maldade†.
[16]Não sejas escrupuloso demais
nem sábio além da medida.†
Por que arruinar-te?
[17]Não sejas mau demais
e não sejas insensato.
Por que morrer antes do tempo?
[18]É bom que te apegues a isto* sem
deixar aquilo, porque quem teme a
Deus tem êxito em todas estas coisas.
Valor da sabedoria. [19]A sabedoria
torna o sábio mais forte* do que dez
poderosos numa cidade. [20]De fato, não
existe sobre a terra um homem tão jus-
to que faça só o bem* sem jamais pe-
car. [21]Tampouco dês atenção a todas as
palavras que se dizem, para não ouvires
que teu servo falou mal de ti, [22]porque
teu coração sabe que também tu falas-
te tantas vezes mal dos outros. [23]Tudo
isto eu examinei com sabedoria e dis-
se: "Quero ser sábio!", mas a sabedoria
está longe de mim! [24]O que existiu é
distante e profundo, profundo: quem
pode alcançá-lo?
A mulher. [25]Apliquei-me então a co-
nhecer, a indagar e a buscar a sabedo-
ria e o porquê das coisas, a conhecer
a maldade da insensatez* e a tolice da
loucura. [26]Vejo que mais amarga do
que a morte é a mulher cujo coração
são laços e redes e cujos braços são
correntes†. Quem é agradável a Deus
escapará dela, mas o pecador será seu
prisioneiro.
[27]Isto eu descobri, diz Coélet, con-
frontando uma a uma as coisas, para
encontrar sua razão. [28]O que eu busco
e ainda não achei é isto:
Um homem entre mil eu achei;
mas uma mulher entre todas não
achei†.
[29]Só isto eu achei:
Deus fez o homem reto,
mas eles buscam muitos subterfú-
gios.

8 **O sábio.** [1]Quem é como o sábio?
Quem conhece a explicação das
coisas?
A sabedoria do homem ilumina seu
rosto
e muda a dureza de seu semblante.
[2]Observa as ordens do rei e, por cau-
sa do juramento feito a Deus, [3]não te
apresses a afastar-te de sua presença e
não persistas no mal; porque ele pode
fazer tudo o que quer. [4]Com efeito, a
palavra do rei é soberana; quem pode
dizer-lhe: "Que estás fazendo?" [5]Quem
observa o preceito não experimenta
mal algum; a mente do sábio conhece
o tempo e o juízo. [6]De fato, para cada
coisa há um tempo e um juízo. Mas
pesa um grande mal sobre o homem:
[7]ele não sabe o que vai acontecer;*
quem jamais pode indicar-lhe como
será? [8]Homem algum é dono* de seu
sopro vital a ponto de segurá-lo, nem
tem poder sobre o dia de sua morte;
não há trégua nesta guerra; a iniquida-
de não salva quem a pratica.
Vicissitudes da vida humana. [9]Tudo
isto eu vi ao refletir sobre toda a ação
que se faz debaixo do sol, quando um
homem domina sobre outro homem,
para seu próprio dano. [10]Assim eu vi
levar à sepultura ímpios que antes en-
travam e saíam do lugar santo; eram
esquecidos na cidade onde haviam
feito tais coisas†. Também isto é vai-
dade. [11]Porque não se executa logo a

---

* **7**,15. 8,14 | 18. Pr 10,27 | 19. 9,16s; Pr 21,22 | 20. 1Jo 1,8s; Jó 14,4 | 25. Pr 5,3s; Jz 16 | **8**,7. 10,14 | 8. Sb 2,1 | 13. 6,12

† **7**,15. A experiência contradizendo a lei da retribuição terrestre. Coélet rejeita toda teologia que ele considera irreal, porque desmentida pela experiência. | 16. A virtude está no meio, no equilíbrio, evitando todo excesso no bem e no mal. | 26. Refere-se à prostituta ou à mulher casada com outro. | 28. Superioridade do homem sobre a mulher, preconceito comum na Antiguidade. | **8**,10. Os crimes caem no esquecimento quando morrem seus autores. | 12. Constata no dia a dia um desmentido da lei da retribuição, tal como era ensinada pelos sábios.

sentença contra uma ação má, o coração dos filhos dos homens está cheio de vontade de fazer o mal; 12porque o pecador, mesmo se comete o mal cem vezes, tem vida longa†. Todavia eu sei que serão felizes aqueles que temem a Deus, justamente porque sentem temor diante dele, 13mas não será feliz o ímpio* e, como a sombra, não alongará seus dias, porque ele não teme a Deus. 14Sobre a terra existe esta vaidade: há justos que são tratados conforme a conduta dos ímpios e há ímpios que são tratados conforme a conduta dos justos.* Eu digo que também isto é vaidade†.

15Por isso exalto a alegria,* porque o homem não tem outra felicidade debaixo do sol senão comer e beber e estar alegre†. Seja esta sua companhia em suas fadigas durante os dias de vida que Deus lhe concede debaixo do sol.

16Quando me apliquei a conhecer a sabedoria e a considerar o trabalho que se faz sobre a terra – pois o homem não concede repouso a seus olhos nem de dia nem de noite – 17então observei toda a obra de Deus;* o homem não pode descobrir a obra que se faz debaixo do sol; por mais que se canse procurando-a, não pode descobri-la. Ainda que um sábio diga que a conhece, não pode encontrá-la.

9

Tudo depende de Deus. 1Sim, sobre todas essas coisas refleti e compreendi tudo isto: que os justos e os sábios e suas ações estão nas mãos de Deus.*

O homem não conhece o amor nem o ódio†; diante dele tudo é vaidade.

2Há uma sorte única para todos,*
para o justo e o ímpio,
para o bom, o puro e o impuro,
para quem oferece sacrifícios e para quem não os oferece,
para o bom e para o pecador,
para quem jura e para quem tem medo de jurar.

3Este é o mal que há em tudo o que acontece debaixo do sol: uma mesma sorte espera a todos, e também o coração humano está cheio de malícia. A insensatez se aloja em seu coração durante a vida, depois vão para o meio dos mortos.* 4Ora, enquanto a pessoa está entre os vivos, há esperança: porque é melhor um cão vivo do que um leão morto†. 5Os vivos sabem que vão morrer, mas os mortos não sabem nada; não há mais retribuição para eles, porque sua lembrança é esquecida†. 6Seu amor, seu ódio e sua inveja, tudo já acabou, não terão mais parte alguma em tudo o que se faz debaixo do sol.

7Vai, come com alegria teu pão,*
bebe teu vinho com o coração alegre,
porque Deus já aprovou tuas ações.
8Em todo o tempo tuas vestes sejam brancas
e o perfume não falte sobre tua cabeça†.

9Goza a vida com a esposa que amas,* por todos os dias de tua vida fugaz que Deus te concede debaixo do sol, porque esta é tua parte na vida e nas penas que sofres debaixo do sol. 10Tudo o que achas para fazer faze-o enquanto és capaz, porque não haverá nem atividade, nem razão, nem ciência, nem sabedoria lá embaixo, no lugar dos mortos, para onde vais.

Incerteza do êxito. 11Eu vi também debaixo do sol que a corrida não é vencida por quem é veloz, nem a batalha pelos fortes; que o pão não vai para os sábios, nem as riquezas para

---

* **8**,14. Sl 73; Jr 12,1s | 15. 2,24 | 17. 3,11 | **9**,1. Pr 16,1; Dt 33,3; Sb 7,16 | 2. 7,15; 8,14 | 3. 3,19ss | 7. 2,24 | 9. Pr 5,15

† **8**,14. O tormento da vida humana não são as contradições, mas o limite insuperável que é posto à vontade do homem de conhecer. | 15. É melhor aproveitar dos prazeres que Deus colocou na vida do que procurar resolver problemas insolúveis. | **9**,1. Diz que não podemos saber se Deus nos considera bons ou maus, pois tudo acontece do mesmo modo para uns e outros. | 4. O cão era quase sempre um animal vadio e faminto, por isso repelente e desprezível. | 5. Não sabendo da vida futura, o autor sabe apenas que irá para o lugar dos mortos, que ele descreve no v. 10. | 8. Roupas brancas e perfume são sinais de festa: como se a vida fosse uma festa contínua, Pr 15,15.

os homens inteligentes, nem o favor
para os hábeis, porque todos depen-
dem do tempo e das circunstâncias†.
12Com efeito, o homem não conhece
sua hora:* semelhante aos peixes que
são apanhados na rede fatal e às aves
presas no laço, o homem é surpreendi-
do pelo tempo da calamidade que de
repente se abate sobre ele.
13Também este exemplo de sabedo-
ria eu vi debaixo do sol e me pareceu
significativo: 14Havia uma pequena ci-
dade de poucos habitantes. Um gran-
de rei marchou contra ela, cercou-a e
construiu contra ela grandes fortifica-
ções. 15Achava-se porém nela um ho-
mem pobre mas sábio, que com sua
sabedoria salvou a cidade; contudo
ninguém mais se lembrou deste ho-
mem pobre. 16Então eu disse:
É melhor a sabedoria que a força,*
mas a sabedoria do pobre é despre-
zada*
e suas palavras não são ouvidas.
17As palavras calmas dos sábios são
ouvidas
mais que os gritos de quem governa
entre os insensatos.
18É melhor a sabedoria que as armas
de guerra,
mas um só pecador pode causar a
perda de um grande bem.

10 **Sabedoria e loucura.** 1Moscas
mortas fazem o unguento do
perfumista exalar mau cheiro:
assim um pouco de loucura estraga o
valor da sabedoria e da honra.
2A mente do sábio se dirige para o
que é certo*
e a do insensato para o que é errado.
3Até na rua, enquanto o tolo cami-
nha, falta-lhe o entendimento e de-
monstra a todos que é tolo.
4Se a ira de um poderoso se acende
contra ti, não deixes teu lugar, porque
a calma aplaca até as ofensas graves.
Experiências negativas. 5Há um mal
que observei debaixo do sol, como
um erro que escapou ao soberano: 6a
insensatez ocupando postos mais ele-
vados* e ricos sentados em posição
inferior. 7Eu vi escravos montados a
cavalo e príncipes andando a pé como
escravos.
8Quem cava uma fossa cai dentro
dela,*
e quem derruba um muro é mordido
por uma cobra.
9Quem remove pedras se machuca,
e quem corta lenha corre perigo.
10Se o machado estiver cego e não
se amola seu corte, é preciso redobrar
os esforços;
a sabedoria é valiosa para se obter
sucesso. 11Se a serpente morde antes
de ser encantada, de nada serve o en-
cantador.
O sábio e o estulto. 12As palavras da
boca do sábio agradam,*
mas os lábios do estulto causam sua
ruína:
13o princípio de seu falar é insensatez,
e o fim de suas palavras, loucura fu-
nesta.
14O insensato multiplica as palavras,*
mas o homem não sabe o que aconte-
cerá: quem lhe manifestará o que have-
rá depois dele?
15O trabalho do insensato o cansa,
porque não sabe nem como ir à ci-
dade.
Temperança. 16Ai de ti, ó país, que tens
como rei uma criança*
e cujos príncipes comem desde o
amanhecer!
17Feliz de ti, ó país, que tens como rei
um filho de nobres
e cujos príncipes comem no devido
tempo
para restaurar suas forças e não para
se banquetear!
18Por causa da negligência o teto de-
saba
e por causa da inércia das mãos cho-
ve dentro de casa.
19Para o divertimento se fazem ban-
quetes,*

---

* **9**,12. Lc 12,20 | 16. 7,19 / Pr 21,22; 24,5 | **10**,2. 2,14 | 6. Pr 19,10; 30,22 | 8. Pr 26,27; Sl 7,16; Eclo 27,29s | 12. Pr 10,32; 15,2 | 14. 8,7 | 16. Pr 31,4-7 | 19. Sl 104,15

† **10**,11. O sucesso da pessoa não depende só de suas qualidades.

e o vinho alegra a vida;
e o dinheiro serve para tudo.
20Não fales mal do rei nem em pensamento;
não fales mal do rico nem em teu quarto de dormir,
porque uma ave do céu pode levar tua voz
e um ser alado comunicar a palavra.

11

Trabalha e sê alegre. 1Lança
teu pão sobre as águas, porque depois de muito tempo o reencontrarás†.
2Reparte com sete ou com oito, porque não sabes que mal poderá suceder sobre a terra.
3Se as nuvens estão cheias de água,
vão derramá-la sobre a terra;
e se uma árvore cai ao sul ou ao norte,
lá onde cai permanece.
4Quem observa o vento não semeia
e quem olha para as nuvens não colhe†.
5Assim como não conheces o caminho do vento e como crescem os ossos no ventre da mulher grávida, assim ignoras a obra de Deus que faz tudo.*
6Lança tua semente de manhã, e de tarde não dês descanso a tuas mãos,
porque não sabes qual dos dois trabalhos terá êxito,
se este ou aquele,
ou se serão bons todos os dois†.
Conselhos aos jovens. 7Doce é a luz,
e aos olhos agrada ver o sol.
8Ainda que o homem viva por muitos anos,
aproveite-os todos,
mas pense nos dias tenebrosos, que serão muitos:
tudo o que acontece é vaidade.
9Alegra-te, jovem, em tua juventude,
e alegre-se teu coração nos dias de tua mocidade.
Segue os caminhos de teu coração
e os desejos de teus olhos.
Sabe, porém, que de tudo isto
Deus te pedirá contas†.
10Expulsa de teu coração a melancolia,
afasta de teu corpo a dor,
porque a juventude e a adolescência são vaidade.

12

A velhice†. 1Lembra-te de teu
Criador nos dias de tua juventude,
antes que venham os dias tristes
e cheguem os anos dos quais dirás:
"Não tenho neles nenhum gosto",
2antes que se escureçam o sol e a luz,
a lua e as estrelas,
e retornem as nuvens depois da chuva;
3quando tremem os guardas da casa
e se curvam os homens robustos,
e as mulheres, uma depois da outra, cessam de moer,
e se ofuscam aquelas que olham das janelas,
4e se fecham as portas da rua;
quando diminui o ruído do moinho;
quando se acorda com o canto dos pássaros
e se calam todas as canções;
5quando se tem medo das subidas
e se levam sustos no caminho;
quando floresce a amendoeira
e o gafanhoto se arrasta com dificuldade,
e a alcaparra não terá mais efeito,
porque o homem parte para sua morada eterna
e os pranteadores percorrem as ruas;
6antes que se arrebente o cordão de prata
e a lâmpada de ouro se quebre,
e se rompa a ânfora na fonte,
e a roda se parta e caia no poço†,
7e retorne o pó à terra, como era antes,
e o espírito volte a Deus que o deu†.
8Vaidade das vaidades, diz Coélet,
tudo é vaidade.*

* **11**,5. Jo 3,8; Sl 139,14ss; 3,11 | **12**,8. 1,2

† **11**,1. Saber arriscar pode ser condição de sucesso. | 4. Precaução demasiada impede de agir; é preciso saber arriscar. | 6. Perseverar no esforço e aproveitar as circunstâncias. | 9. Gozar a vida respeitando os limites que Deus colocou. | **12**. A célebre alegoria do envelhecimento representa a idade, que faz o corpo humano parecer com uma casa em decadência: os guardas são os braços; os homens robustos, os ombros; as mulheres que moem, os dentes; as que olham das janelas, os olhos; as portas da rua, os ouvidos; o ruído do moinho, a voz. | 6. As imagens do v. 6 referem-se todas ao coração que para de bater, portanto, à morte. | 7. O espírito, sopro dado por Deus, Gn 2,7, retorna a Ele.

III. EPÍLOGO (12,9-14)

[9]Além de ser sábio, Coélet ensinou
também a ciência ao povo; escutou,
indagou e compôs um grande número
de sentenças.
[10]Coélet tratou de encontrar pro-
vérbios agradáveis e escreveu com
exatidão palavras de verdade. [11]As
palavras dos sábios são como agui-
lhões e as sentenças colecionadas são
como cravos bem fixados: são dadas
por um só pastor. [12]De resto, meu fi-
lho, fica atento: os livros se multipli-
cam sem-fim, mas o muito estudar
cansa o corpo.
[13]Esta é a conclusão, depois de ou-
vir tudo: Teme a Deus* e observa seus
mandamentos, porque isto para o ho-
mem é tudo†.
[14]Com efeito, Deus fará vir ao julga-
mento todas as ações, todas as ocultas
também, sejam boas, sejam más.

* **12**,13. 5,6; Eclo 1,13

† **12**,13. Acima de todas as suas desilusões, o autor coloca o temor de Deus e a fidelidade a seus mandamentos.

CÂNTICO DOS CÂNTICOS

O título do livro é tradução literal de um superlativo hebraico, que significa propriamente "o mais belo dos cânticos", "o cântico sublime", "o cântico por excelência". Sua atribuição a Salomão não se sustenta, é uma ficção literária. A linguagem está mais próxima da do Eclesiastes, e o livro deve ter sido composto por volta do ano 450 a.C. Nele é possível distinguir vários poemas ou cenas, obra de um só e mesmo autor.

A obra se apresenta como um drama do amor de um rapaz e uma moça, que às vezes usam linguagem bastante ousada para quem não conhece os costumes orientais. Nada evoca o sentimento religioso ou o aspecto moral das realidades humanas. Deus não é mencionado senão no fim, numa expressão consagrada.

Pelo fato de ser reconhecido como inspirado, este livro só pode ser interpretado dentro do contexto da Bíblia. Já os antigos hebreus lhe davam uma interpretação alegórica. Entre os cristãos foi Orígenes o primeiro a seguir esta linha. Depois dele, os autores em geral consideraram o Cântico como um epitalâmio, que celebra as núpcias de Cristo e da Igreja. De fato, os profetas apresentam a aliança como um matrimônio entre Deus e Israel (Is 62,5). Certos autores dizem que foi intenção do autor falar do amor divino sob aquelas imagens. A liturgia e alguns místicos também aplicam frases do Cântico a Maria Santíssima. Hoje, porém, toma-se o Cântico em seu sentido mais óbvio e imediato, de coleção de poesias de amor, que têm vários paralelos nos textos egípcios. É de fato muito oportuno proclamar a sacralidade do amor humano, que remonta ao ato criador de Deus, numa sociedade que tantas vezes o profana e espezinha. Não se nega a legitimidade da interpretação alegórica, só se afirma que não foi esta a intenção do autor.

O ambiente do livro é todo pastoril, e suas poesias estão cheias de imagens agrestes, exaltando a beleza e o valor do amor: nada pode destruí-lo, é forte como a morte, as grandes águas não podem extingui-lo (Ct 8,6s).

A leitura do Cântico deve recordar-nos que Deus é amor e fonte de todo amor verdadeiro. O amor entre homem e mulher é um dom pelo qual Deus lhes concede beber daquela fonte de vida que é seu próprio coração.

I. PRIMEIRO CÂNTICO (1,1–2,7)

1 **Amabilidade do esposo.** 1Cântico dos cânticos, que é de Salomão†.
2Beija-me com os beijos de tua boca!
Porque tuas carícias são melhores que o vinho†.
3Teus perfumes têm um odor suave,
aroma que se expande é teu nome,
por isso as adolescentes te amam.*
4Atrai-me a ti, corramos!
Que o rei me introduza em seus aposentos†:
exultaremos e nos alegraremos por ti,
recordaremos tuas carícias mais que o vinho.
É com razão que te amam!

A esposa se apresenta. 5Sou morena, mas formosa,
ó filhas de Jerusalém†,
como as tendas de Cedar,
como os pavilhões de Salma.
6Não repareis que sou morena,
porque o sol me bronzeou.
Os filhos de minha mãe se irritaram contra mim:
puseram-me para guardar as vinhas;
mas minha própria vinha* eu não guardei†.

Desejo do esposo. 7Dize-me, ó amor de minha alma,
onde vais apascentar o rebanho,*
onde o fazes repousar ao meio-dia,

---

* **1**,3. 6,8 | 6. Is 5,1 | 7. Ez 34,1; Sl 23,1ss; Jo 10,1-29

† **1**,1. Modo hebraico de exprimir o superlativo: "o cântico por excelência". A tradição atribuía a Salomão 1.005 cânticos, 1Rs 5,12. | 2. Ver a nota em Ecl 2,3. | 4. O rei é o esposo: no casamento os esposos traziam coroas na cabeça. | 5. As filhas de Jerusalém são as amigas da esposa que fazem o papel do coro. | 6. Os irmãos da moça acham que ela está jovem demais para o amor, mas ela não guarda sua vinha, quer dizer, seu amor.

para que eu não ande errante
atrás dos rebanhos de teus compa-
nheiros.
8Se não o sabes, ó mais bela das mu-
lheres,
segue os rastos do rebanho
e leva tuas cabritas a pastar
perto das tendas dos pastores.
Colóquio entre os esposos. 9Minha
querida, eu te comparo
à égua do carro do faraó†.
10Belas são tuas faces entre os brincos,
teu pescoço entre os colares de pé-
rolas.
11Faremos para ti brincos de ouro,
cravejados de prata.
12Enquanto o rei está em seu divã,
meu nardo exala seu perfume.*
13Meu amado é para mim como um
saquinho de mirra†,
repousando entre meus seios.
14Meu amado é para mim como um
ramalhete de flores de alfena†
nas vinhas de Engadi†.
15Como és bela, minha querida,
como és bela!
Teus olhos são como pombas.
16Como és belo, meu amado, quão
gracioso!
Também nosso leito é relva verde.
17As traves de nossa casa são os ce-
dros,
nosso teto são os ciprestes.†

2 1Eu sou um narciso de Saron, um
lírio dos vales.
2Como um lírio entre os espinhos,
assim é minha querida entre as moças.
3Como a macieira entre as árvores do
bosque,*
assim é meu amado entre os jovens.
Eu me sento a sua sombra, que eu
tanto desejava,
e doce é seu fruto a meu paladar.
4Introduziu-me na adega do vinho†,
e seu estandarte sobre mim é o amor.
5Sustentai-me com tortas de uvas,
fortalecei-me com maçãs,
porque estou doente de amor.
6Sua mão esquerda está debaixo de
minha cabeça*
e sua direita me abraça.
7 Eu vos conjuro, filhas de Jerusalém,*
pelas gazelas, pelas corças dos cam-
pos:*
não desperteis, não acordeis a amada,
até que ela o queira†.

II. SEGUNDO CÂNTICO (2,8-17)

O esposo busca a esposa. 8A voz de
meu amado!
Ele está vindo,
saltando pelos montes,
pulando pelas colinas.†
9Meu amado parece um gamo ou
um filhote de gazela.
Ali está ele,
atrás de nosso muro;
olha das janelas,
espia pelas treliças.
10Fala meu amado e me diz:
"Levanta-te, minha querida,
minha bela, e vem!
11Porque o inverno passou†,
cessou a chuva, ela se foi;*
12Aparecem as flores na terra,
chegou o tempo de cantar,
e a voz da rola se faz ouvir
em nossa terra.
13A figueira começa a dar os primei-
ros frutos
e as videiras em flor exalam perfume.
Levanta-te, minha querida,
minha bela, e vem!
14Minha pomba, que estás nas fen-
das dos rochedos,

---

* **1**,12. 1,3 | **2**,3. 8,5 | 6. 8,3 | 7. 3,5; 8,4 / 5,2-5; 8,5 | 11. 6,11; 7,13s

† **1**,9. Esse tipo de comparação com os esplêndidos animais do faraó era comum no oriente: símbolo de beleza, de agilidade. | 13. As mulheres o levavam no peito, por isso significa que ela se lembrará sempre do esposo. | 14. Planta que dá flores brancas de ótimo perfume. / Ver a nota em 1Sm 24,1. | 17. Madeiras usadas por Salomão na construção do templo, 1Rs 5,22. Os esposos estão em plena natureza como se fosse num palácio. | **2**,4. O vinho é o símbolo do amor; a esposa se sente inebriada de amor. | 7. O amor não é um sentimento artificial e calculado, mas tem seu tempo. | 8. O esposo é descrito como um pastor que chega com seu rebanho na primavera. | 11. Os vv. 11-13 são o mais belo canto à natureza em todo o AT (W. Rudolph).

nos esconderijos das rochas escarpadas,
mostra-me teu rosto,
faze-me ouvir tua voz,
porque tua voz é suave,
teu rosto é gracioso".
15 Apanhai para nós as raposas,
as raposas pequenas
que devastam as vinhas,
porque nossas vinhas estão em flor†.
16 Meu amado é meu e eu sou dele.*
Ele apascenta o rebanho entre os lírios.*
17 Antes que sopre a brisa do dia
e fujam as sombras,
volta, meu amado,
semelhante ao gamo
ou ao filhote da gazela,
sobre os montes dos aromas.

III. TERCEIRO CÂNTICO (3,1-5)

3 **A esposa busca o esposo.** 1 De noite, em meu leito,
procurei o amado de meu coração;
procurei-o, mas não o encontrei.*
2 "Vou levantar-me e percorrer a cidade;
pelas ruas e pelas praças
quero procurar o amado de meu coração".
Procurei-o, mas não o encontrei.
3 Encontraram-me os guardas que rondavam a cidade:*
"Vistes o amado de meu coração?"
4 Logo que passei por eles,
encontrei o amado de meu coração.
Segurei-o e não o deixarei,
enquanto não o conduzir à casa de minha mãe†,
ao quarto daquela que me concebeu.*
5 Eu vos conjuro, filhas de Jerusalém,*
pelas gazelas, pelas corças dos campos:
não desperteis, não acordeis a amada,
até que ela o queira.

IV. QUARTO CÂNTICO (3,6–5,1)

O cortejo nupcial†. 6 Que é aquilo que sobe do deserto*
como coluna de fumaça,
exalando perfume de mirra, de incenso
e de todo pó aromático importado?
7 É a liteira de Salomão:
sessenta valentes estão a seu redor,
dentre os mais fortes de Israel.
8 Todos sabem manejar a espada
e são treinados para a guerra;
cada um traz a espada na cintura
por causa dos perigos da noite.
9 O rei Salomão faz para si um palanquim
de madeira do Líbano.
10 Fez de prata suas colunas,
de ouro seu encosto,
o assento de púrpura;
e seu interior foi decorado com amor
pelas filhas de Jerusalém.
11 Saí, filhas de Sião,
e contemplai o rei Salomão
com a coroa com que o coroou sua mãe
no dia de suas núpcias,
no dia da alegria de seu coração.

4 **Louvores à beleza da esposa.** 1 Como és bela, minha querida, como és bela!†
Teus olhos são como pombas
por detrás de teu véu.*
Teus cabelos são como um rebanho de cabras
que descem da montanha de Galaad†.
2 Teus dentes são como um rebanho de ovelhas tosquiadas
que sobem do lavadouro:
todas tiveram gêmeos
e nenhuma delas está sem cria.
3 Como fita escarlate são teus lábios
e tua boca é graciosa;

---

* **2**,16. 6,3 / 2,1 | **3**,1. 5,6 | 3. 5,7 | 4. 8,2.5 | 5. 2,7; 8,4 | 6. 6,10; 8,5 | **4**,1. 4,3; 6,7

† **2**,15. A vinha é o amor, e as raposas são os obstáculos que o amor pode encontrar. | **3**,4. Quer dizer: enquanto não o desposar, Gn 24,67. | 6. Representação da amada como a filha do faraó que Salomão, seu esposo, manda buscar na liteira para introduzi-la no palácio. | **4**,1. Descrever a beleza física dos noivos era costume nas festas de casamento, como também na literatura amorosa. / As cabras tinham o pelo luzidio e preto. As comparações são singelas e ingênuas.

como romã partida é tua face através
do véu.
4Teu pescoço é como a torre de Davi,
construída para arsenal.
Mil escudos aí estão pendurados,
todos os escudos dos valentes.
5Teus seios são como dois filhotes,*
gêmeos de uma gazela,
que pastam entre os lírios.
6Antes que sopre a brisa do dia
e fujam as sombras,
eu irei ao monte da mirra
e à colina do incenso.
7És toda bela, minha querida,
em ti não há mancha†.
Convite à esposa. 8Vem comigo do Lí-
bano, minha esposa,
vem comigo do Líbano!
Olha do alto do Amaná,
do alto do Sanir e do Hermon,
das cavernas dos leões,
dos montes dos leopardos.
9Roubaste meu coração,
minha irmã, minha esposa,
roubaste meu coração
com um só de teus olhares,
com uma só pérola de teu colar!
10Como são suaves tuas carícias,*
minha irmã, minha esposa!
Como são mais deliciosas que o vi-
nho tuas carícias!
E o odor de teus perfumes supera to-
dos os aromas.
11Teus lábios destilam mel virgem,
minha esposa;*
há mel e leite debaixo de tua língua,
e o perfume de tuas vestes é como o
perfume do Líbano.*
12És um jardim* fechado,*
minha irmã, minha esposa;
jardim fechado, fonte selada†.
13Teus rebentos são um pomar de
romãs
com os frutos mais deliciosos,
alfena e nardo,
14nardo e açafrão, canela e cinamo-
mo,
com todas as árvores de incenso;
mirra e aloés
com todos os mais finos aromas.
15Tu és a fonte que rega os jardins,*
poço de águas vivas
e riachos que brotam do Líbano†.
16Levanta-te, vento norte; vem, vento
sul!
Sopra em meu jardim,
para que se espalhem seus aromas.
Entre meu amado em seu jardim
e coma seus frutos deliciosos.

5 1Entrei em meu jardim, minha
irmã, minha esposa,
colhi minha mirra e meu bálsamo;
comi meu favo e meu mel,
bebi meu vinho e meu leite.
Amigos, comei, bebei;*
inebriai-vos, meus caros.

V. QUINTO CÂNTICO (5,2–6,9)

Visita noturna do esposo. 2Eu dor-
mia, mas meu coração estava atento.*
Ouvi meu amado que batia:
"Abre-me, minha irmã,
minha querida, minha pomba, minha
perfeita:
porque minha cabeça está coberta
de orvalho,
meus cabelos, do sereno da noite".
3"Eu tirei minha veste,
como vesti-la outra vez?
Já lavei meus pés,
por que sujá-los de novo?"
4Meu amado pôs a mão na fenda da
porta
e minhas entranhas estremeceram
por causa dele.
5Levantei-me para abrir a meu amado;
minhas mãos destilavam mirra
e meus dedos gotejavam mirra
sobre a maçaneta da fechadura.
6Abri então a meu amado,
mas meu amado já se tinha retirado,
ele partiu.
Desfaleci por seu desaparecimento.
Procurei-o, mas não o encontrei.
Chamei-o, mas não me respondeu.*

---

* **4**,5. 7,4 | 10. 1,2.4 | 11. Pr 5,3 / Os 14,7 | 12. 6,2 / Pr 5,16 | 15. Pr 5,15s | **5**,1. Is 55,1s | 2. 2,7 | 6. 3,1

† **4**,7. A Igreja aplica este v. a Maria Imaculada. | 12. Fechado a todo outro amor, reservado somente ao amado. | 15. A fonte, a água dá vida à natureza: assim a mulher é a vida do lar.

7 Encontraram-me os guardas que rondam a cidade;*
espancaram-me, feriram-me;
tiraram-me o manto
os guardas dos muros.
8 Eu vos conjuro, filhas de Jerusalém,*
se encontrardes meu amado,
que lhe direis?
Que estou doente de amor!
9 Que tem teu amado a mais que um outro,
ó mais bela das mulheres?
Que tem teu amado a mais que um outro,
para que assim nos conjures?

Descrição do esposo. 10 Meu amado é claro e rosado
e se distingue entre dez mil.
11 Sua cabeça é como ouro, ouro puro,
seus cabelos, cachos de palmeira,
são negros como o corvo.
12 Seus olhos são como pombas
junto a correntes de água;
seus dentes, lavados em leite,
colocados com perfeição.
13 Suas faces, como canteiros de bálsamo,*
canteiros de ervas aromáticas;
seus lábios são lírios
que destilam mirra líquida.
14 Suas mãos são anéis de ouro,
engastados de pedras preciosas.
Seu ventre é um bloco de marfim,
cravejado de safiras.
15 Suas pernas, colunas de alabastro†,
apoiadas em bases de ouro puro.
Seu aspecto é o do Líbano,
majestoso como os cedros.
16 Sua boca é a própria doçura,
tudo nele é um encanto!
Este é meu amado, este é meu amigo,
ó filhas de Jerusalém.

6 1 Aonde foi teu amado,
ó mais bela das mulheres?
Aonde se dirigiu teu amado,
para que o procuremos contigo?
2 Meu amado desceu a seu jardim*
entre os canteiros de bálsamo
para apascentar o rebanho nos jardins
e colher lírios.
3 Eu sou de meu amado e meu amado é meu;*
ele apascenta o rebanho entre os lírios.

Complacência do esposo. 4 Tu és bela, minha querida, como Tersa†,
graciosa como Jerusalém,
terrível como um exército em ordem de batalha.
5 Afasta de mim teus olhos,
porque eles me perturbam.
Teus cabelos são como um rebanho de cabras*
que descem de Galaad.
6 Teus dentes, como um rebanho de ovelhas
que sobem do lavadouro:
todas tiveram gêmeos
e nenhuma delas está sem cria.
7 Como romã partida é tua face
através do véu.
8 Sessenta são as rainhas,
oitenta as concubinas
e sem número as jovens.
9 Mas uma só é minha pomba, minha perfeita†,
ela é a única de sua mãe,*
a preferida daquela que a deu à luz.
Ao vê-la, as jovens a proclamam feliz;*
as rainhas e as concubinas a celebram.

VI. SEXTO CÂNTICO
(6,10–8,4)

10 "Quem é esta que avança como a aurora,*
formosa como a lua,
brilhante como o sol,
terrível como um exército* em ordem de batalha?"†

---

* **5**,7. 3,3 | 8. 2,7; 3,5 | 13. Sl 133,2 | **6**,2. 4,12-16 | 3. 2,16 | 5. 4,1ss | 9. Pr 4,3 / Pr 31,28 | 10. 3,6 / 4,4

† **5**,15. Rocha translúcida, de intensa brancura, comum no Egito e usada para esculturas. | **6**,4. Capital do reino do norte antes de Samaria; seu nome significa a graciosa, a desejada. | 9. Todo um harém não vale tanto quanto a amada. | 10. A liturgia aplica este v. a Maria Ss^{ma} em sua Assunção ao céu.

[11]Ao jardim das nogueiras eu desci*
para ver as plantas verdes do vale,*
para ver se tinham brotado as videiras,*
se estavam em flor as romãzeiras.
[12]Não sei como, mas meu desejo me fez subir
aos carros de meu nobre povo.

7 **Contemplação da esposa.** [1]"Volta, volta, Sulamita†,
volta, volta: queremos admirar-te".
"Que admirais na Sulamita
durante a dança em duas filas?"
[2]"Como são belos teus pés
nas sandálias, filha de príncipe!
As curvas de teus quadris são como colares,
obra de mãos de artista.
[3]Teu umbigo é uma taça redonda,
onde nunca falta o vinho aromático.
Teu ventre é um monte de trigo,
rodeado de lírios.
[4]Teus seios, como dois filhotes,*
gêmeos de gazela.
[5]Teu pescoço é como uma torre de marfim;
teus olhos são como os açudes de Hesebon,
junto à porta de Bat-Rabim.
Teu nariz é como a torre do Líbano,
sentinela diante de Damasco.
[6]Tua cabeça sobre teu corpo é como o Carmelo,
e os cabelos de tua cabeça são como a púrpura;
um rei ficou prisioneiro de tuas tranças".
[7]Como és bela e como és graciosa,
ó amor, com todas as tuas delícias!
[8]Teu porte se assemelha ao da palmeira
e teus seios, a seus cachos.
[9]Eu disse: "Subirei à palmeira
e colherei seus frutos.
Sejam teus seios como cachos de uva
e o perfume de tua respiração como o de maçãs".
[10]Tua boca é como vinho delicioso,
que se escoa docemente para meu amado
e flui entre seus lábios e dentes!
Posse mútua. [11]Eu sou para meu amado
e seu desejo é para mim.*
[12]Vem, meu amado, vamos aos campos,*
passemos a noite nas aldeias.
[13]De manhã iremos às vinhas
para ver se a videira brotou,
se desabrocham suas flores,
se estão em flor as romãzeiras:
ali te darei meus amores!*
[14]As mandrágoras exalam seu perfume;
a nossas portas há frutos deliciosos de toda espécie,
novos e secos,
que guardei para ti, meu amado.

8 **O desejo da união.** [1]Quem me dera que tu fosses meu irmão,
amamentado ao seio de minha mãe!
Quando te encontrasse na rua, eu poderia beijar-te
sem que ninguém me desprezasse†.
[2]Eu te conduziria, te introduziria na casa de minha mãe;
tu me iniciarias.
Eu te daria a beber vinho aromático
e suco de minhas romãs.
[3]Tua mão esquerda está debaixo de minha cabeça*
e tua direita me abraça.
[4]Eu vos conjuro, filhas de Jerusalém,*
não desperteis, não acordeis minha amada,
até que ela o queira.

VII. SÉTIMO CÂNTICO (8,5-14)

A esposa é conduzida ao esposo.
[5]Quem é esta que sobe do deserto,
apoiada a seu amado?
Debaixo da macieira eu te despertei;*

---

* **6**,11. 4,12 / 2,11 / 7,13s | **7**,4. 4,5 | 11. Gn 3,16 | 12. 2,10-14 | 13. 2,16; 7,11 | **8**,3. 2,6 | 4. 2,7;3,5 | 5. 2,7; 3,5; 5,2; 8,4

† **7**,1. Este nome pode ser o feminino de Salomão; significaria pacífica, a que possui todo bem, especialmente a beleza. | **8**,1. Ainda hoje, entre os beduínos, só pode abraçar uma moça em público seu irmão ou primo.

Lá, onde tua mãe te deu à luz,
lá onde te deu à luz aquela que te gerou.

Ardor e estabilidade do amor. 6Põe-me como um selo sobre teu coração,*
como um selo sobre teu braço†;
porque forte como a morte é o amor,
inflexível como o abismo é o ciúme.
Suas chamas são chamas de fogo,
uma chama de Javé!†
7As grandes águas não podem extinguir o amor,*
nem os rios afogá-lo†.
Se alguém desse todas as riquezas de sua casa
em troca do amor, seria com certeza desprezado.

A irmãzinha. 8Temos uma irmã pequena
que ainda não tem seios formados.
Que faremos para nossa irmã
no dia em que pedirem sua mão?
9Se ela fosse um muro,
construiríamos em cima um palácio de prata;
se fosse uma porta,
nós a reforçaríamos com tábuas de cedro.
10Eu sou um muro
e meus seios são como torres!
Assim sou a seus olhos
como aquela que encontrou paz!

A vinha de Salomão. 11Salomão tinha uma vinha em Baal-Hamon.
Ele confiou a vinha aos guardas;
cada um lhe devia levar por seus frutos
mil siclos de prata.
12Minha vinha, que me pertence, está diante de mim†;
sejam para ti, Salomão, os mil siclos
e duzentos para os guardas de seus frutos!

O consentimento da esposa. 13Ó tu que moras nos jardins,
os companheiros estão atentos a tua voz:
faze-me ouvi-la.
14"Corre, meu amado,*
torna-te semelhante a um gamo
ou a um filhote de gazela,
sobre os montes perfumados!"

---

* **8**,6. Dt 6,6.8; 11,18; Jr 31,33; Pr 3,3 | 7. Is 43,2 | 14. 2,17

† **8**,6. O selo servia para autenticar escritos e era um objeto que nunca se deixava: exprime o amor inseparável. / Que só Javé pode acender. Todo o Cântico é um comentário de Gn 2. | 7. A metáfora passa do fogo à água, mas é sempre o poder insuperável do amor que se exprime. | 12. A vinha é a esposa, que vale mais que a melhor vinha de Salomão.

SABEDORIA

É o livro mais recente do Antigo Testamento, tendo sido escrito na segunda metade do séc. I a.C, diretamente na língua grega. Seu título original é "Sabedoria de Salomão", em homenagem ao rei que recebeu de Deus o dom da sabedoria (1Rs 3,5-15). O autor é certamente um judeu, conhecedor do mundo helenista, pois viveu provavelmente em Alexandria, capital do helenismo sob os Ptolomeus, mas cheio de fé no "Deus dos pais e Senhor de misericórdia" (9,1).

Dirige-se aos judeus, seus compatriotas, para fortificá-los na fé dos pais, a fim de que resistam aos atrativos da cultura helenista. Ensina-os a professar a superioridade da sabedoria hebraica sobre a filosofia pagã e a redescobrir sua verdadeira identidade, mediante uma reflexão aprofundada sobre a palavra de Deus, manifestada na história de Israel. Convencido da vocação missionária do povo eleito (Is 49, 1-6), dirige-se também aos pagãos, anunciando-lhes o Deus dos hebreus e mostrando a insensatez da idolatria.

Podemos distinguir três partes no livro: na primeira (1–6,21), o autor compara a situação atual dos justos e dos ímpios e sua situação final, quando será revelada a verdade; na segunda (6,22–9,18), coloca em cena Salomão, que faz um elogio da sabedoria de Deus e reza uma oração para obter a Sabedoria; na terceira (10–19), mostra a Sabedoria agindo na história do povo eleito, desde Adão a Moisés, e retoma, em forma de midraxe, a narrativa do êxodo, recordando os benefícios concedidos a Israel, povo que acolhe e segue a sabedoria, e os castigos enviados sobre os egípcios, que recusam e combatem a sabedoria, entregando-se à idolatria.

O livro afirma claramente a imortalidade e a incorruptibilidade do ser humano, imagem de Deus, mas não fala explicitamente de ressurreição. Conhece uma dupla morte, a temporal e a eterna: a primeira, à qual também os justos estão sujeitos, é apresentada como passagem para a vida eterna no amor com Deus (3,9; 5,15). A condição da imortalidade é a prática da justiça e o reconhecimento da soberania do Senhor que virá como juiz. Revelando a Sabedoria como expressão da presença de Deus no mundo e entre os seres humanos (7,25s), o livro dá o último passo para a revelação de Cristo, Sabedoria de Deus encarnada, a fonte da vida e da felicidade eterna.

I. A SABEDORIA, FONTE DE FELICIDADE E DE IMORTALIDADE (1–9)

1

Exortação à justiça. [1]Amai a justiça†, vós que governais a terra,
pensai sobre o Senhor retamente
e buscai-o com um coração simples;
[2]porque ele se deixa encontrar* pelos que não o tentam†
e se mostra aos que não recusam crer nele.
[3]Com efeito, os raciocínios tortuosos afastam de Deus,
e a onipotência, posta à prova, confunde os insensatos.
[4]A sabedoria não entra numa alma que pratica o mal
nem habita num corpo* escravo do pecado†.
[5]Pois o santo espírito, que ensina, foge do fingimento,*
mantém-se longe dos discursos insensatos
e se retira quando sobrevém a injustiça†.

Nada escapa à sabedoria de Deus. [6]A Sabedoria é um espírito amigo dos homens,*
mas não deixará impune quem blasfema com os lábios,
porque Deus é testemunha de seus sentimentos,*

---

* **1**,2. 2Cr 15,2; Pr 8,17 | 4. Rm 7,24; 8,2 | 5. Rm 8,14 | 6. 7,23; Pr 8,31; Tt 3,4 / Jr 11,20

† **1**,1. Justiça é o cumprimento da vontade de Deus, tal como se revela na lei. | 2. Seria tentar a Deus pretender encontrá-lo sem respeitar as condições de fidelidade que Ele estabeleceu. | 4. Em si mesmo o corpo não é mau, mas pode vir a ser instrumento do pecado e de escravidão, Jo 8,34. | 5. O autor exorta a levar uma vida virtuosa e a confiar em Deus, para gozar da companhia de Deus e da Sabedoria.

observador leal de seu coração
e mantém-se à escuta de suas palavras.
7 Com efeito, o espírito do Senhor enche o mundo*
e, abraçando todo o universo,* conhece toda voz†.
8 Por isso não lhe escapará quem profere coisas injustas,*
e a justiça que corrige não o poupará.
9 Será feito um exame dos propósitos do ímpio,*
o som de suas palavras chegará até o Senhor
para a condenação de seus crimes.
10 Pois um ouvido cioso escuta tudo:*
nem o sussurro das murmurações lhe escapa.
11 Guardai-vos, portanto, do murmúrio inútil,*
preservai a língua da maledicência,
porque nem uma palavra secreta ficará sem efeito,
e a boca mentirosa mata a alma.

Pecado e morte. 12 Cessai de procurar a morte com os erros de vossa vida*
e de atrair sobre vós a ruína com as obras de vossas mãos,
13 porque Deus não fez a morte*
e não se alegra com a perdição dos seres vivos†.
14 De fato, ele criou todas as coisas para que existam;
as criaturas do mundo são saudáveis,
nelas não há veneno mortífero,
e o abismo não domina sobre a terra,
15 porque a justiça é imortal.*
16 Mas os ímpios invocam sobre si a morte†
com gestos e com palavras;
considerando-a amiga, por ela se consomem*
e com ela concluem aliança*
porque são dignos de pertencer-lhe.

2

Os discursos dos maus. 1 Dizem eles entre si, raciocinando erroneamente:
"Nossa vida é breve e triste;
não há remédio, quando chega o fim,
e não se conhece ninguém que tenha voltado do abismo.*
2 Nascemos por acaso
e depois seremos como se não tivéssemos existido.
É fumaça a respiração em nossas narinas,*
o pensamento é uma centelha
que nasce do palpitar do coração.
3 Uma vez apagada, o corpo se tornará cinza
e o espírito se dissipará como ar inconsistente.
4 Nosso nome será esquecido com o tempo*
e ninguém recordará nossas obras.*
Nossa vida passará como os traços de uma nuvem,*
se dispersará como neblina
expulsa pelos raios do sol
e dissolvida pelo calor.
5 Nossa existência é o passar de uma sombra*
e não há retorno em nossa morte,
porque é aposto o selo e ninguém pode voltar atrás†.
6 Então, gozemos os bens presentes,
aproveitemos das criaturas com ardor juvenil!
7 Inebriemo-nos com o melhor vinho e com perfumes,
não deixemos escapar a flor da primavera.
8 Coroemo-nos com botões de rosas antes que murchem;
9 nenhum de nós falte a nossa orgia.
Deixemos por toda parte os sinais de nossa alegria
porque esta é nossa parte, esta é nossa sorte.

* **1**,7. Sl 139,7-12 / At 2,4 | 8. Pr 22,12; Eclo 39,24 | 9. 11,20 | 10. Dt 29,19 | 11. Êx 15,24; Sl 78,19 | 12. Pr 8,36 | 13. 2,23s; 11,23-12,1; Ez 18,32; 33,11 | 15. 3,4 | 16. Pr 8,36 / Is 28,15; Eclo 14,12 | **2**,1. Jó 14,1s; Sl 39,3-7; Ecl 8,8; Jó 7,9 | 2. Sl 102,4 | 4. Ecl 1,11; 2,16; 9,5s / Jó 18,17ss / Jó 7,9 | 5. Sl 39,7; 144,4; Jó 8,9; 14,2; Ecl 6,12; 8,13; 1Cr 29,15

† **1**,7. Este v. é aplicado pela liturgia ao Espírito Santo. | 13. É diante da morte que o enigma da condição humana atinge seu ponto mais alto (Vat. II). Em certo sentido, a morte corporal é natural, mas para a fé ela é na realidade salário do pecado, Rm 6,23. | 16. Os ímpios são sobretudo os judeus renegados, que perseguiam os judeus fiéis. | **2**,5. O selo num documento tornava-o definitivo e irrevogável, Est 8,8.

10 Oprimamos o justo pobre,
não poupemos as viúvas,
nem respeitemos os cabelos brancos do idoso.
11 Nossa força seja a norma da justiça,
porque a fraqueza se revela inútil.
12 Armemos ciladas ao justo, porque nos incomoda†
e é contrário a nossas ações;*
repreende nossas transgressões da lei*
e nos lança em rosto as faltas contra a educação recebida.
13 Pretende possuir o conhecimento de Deus
e se declara filho do Senhor.*
14 Tornou-se uma censura a nossos pensamentos;
sua vista nos é insuportável,
15 porque sua vida é diferente da dos outros,*
e totalmente diversos são seus caminhos.
16 Ele nos compara à moeda falsa,
rejeita nossos costumes como imundícias.
Proclama feliz o fim dos justos*
e se gloria de ter Deus como pai.
17 Vejamos se suas palavras são verdadeiras;
verifiquemos o que lhe acontecerá no fim.
18 Pois se o justo é filho de Deus, Ele o assistirá*
e libertará das mãos de seus adversários.
19 Ponhamo-lo à prova com insultos e tormentos,
para conhecer a mansidão de seu caráter
e testar sua resignação.
20 Condenemo-lo a uma morte infame,*
porque, conforme ele disse, Deus cuidará dele".

O erro dos ateus. 21 Eles pensam assim, mas se enganam,
pois sua malícia os cegou.
22 Não conhecem os segredos de Deus;
não esperam retribuição pela santidade
nem creem na recompensa reservada às almas puras.
23 Sim, Deus criou o homem* para ser incorruptível†;
ele o fez à imagem de sua própria natureza.
24 Mas foi pela inveja do diabo* que a morte entrou no mundo†;
e fazem experiência dela os que lhe pertencem.

3 **Felicidade dos bons†.** 1 As almas dos justos, porém, estão nas mãos de Deus,*
e nenhum tormento as atingirá.*
2 Aos olhos dos insensatos pareciam ter morrido;*
sua partida foi considerada um desastre,
3 sua saída de nosso meio, uma ruína,
mas eles estão na paz†.
4 Mesmo se, na opinião dos homens, sofreram castigos,
sua esperança está cheia* de imortalidade†.
5 Depois de leves sofrimentos*
receberão grandes benefícios,
porque Deus os provou
e os achou dignos dele†;
6 provou-os como o ouro na fornalha*
e os acolheu como oferta de holocausto.

* **2**,12. Jr 11,19; 20,10-13 / Mt 26,3s | 13. 5,5 | 15. Est 3,8.13d-e | 16. Mt 5,11 | 18. Sl 22,9; Mt 27,43 | **2**,20. Is 53,7; Mt 26,67s; 27,12s | 23. 1,13; 3,4; Gn 1,26; 2Pd 1,4 | 24. Gn 3; Rm 5,12 | **3**,1. Dt 33,3 / Sl 89,22 | 2. 4,17 | 4. 1,15; 2,23 | 5. Rm 8,18; 2Cor 4,17 | 6. Sl 16,3; 25,3; Pr 17,3; Jó 23,10

† **2**,12. Esse trecho, vv.12-20 é aplicado pela tradição cristã a Jesus, o Justo perseguido, Hb 12,3. | 23. Esta é a resposta ao problema do mal no mundo: o que acontece aqui é apenas a preparação para a outra vida. | 24. A morte espiritual, com sua consequência, a morte física. O termo "diabo" corresponde ao hebraico "Satã" e quer dizer "acusador", "adversário". | **3**. Afirma a fé na imortalidade da alma e na retribuição conforme os méritos de cada um. | 3. Os sofrimentos do justo não são castigo, mas pedagogia. A morte do justo é sua entrada na verdadeira vida. | 4. Primeira vez que esse termo aparece na Bíblia. É o dom gratuito de uma vida sem-fim com Deus. Responde à esperança do salmista de prolongar além da morte sua intimidade com Deus, Sl 16,10s; 17,15; 49,16. | 5. O sofrimento do justo não é um contrassenso, é uma purificação.

7No dia de seu julgamento resplandecerão
e correrão como fagulhas no meio da palha.
8Governarão as nações, terão poder sobre os povos*
e sobre eles reinará para sempre o Senhor.
9Os que confiam nele compreenderão a verdade
e os que lhe são fiéis viverão junto dele no amor,*
porque a graça e a misericórdia são para seus eleitos.

Sorte infeliz dos incrédulos. 10Mas os
ímpios terão o castigo que seus pensamentos merecem,
eles que desprezaram o justo e abandonaram o Senhor.
11Infeliz de quem despreza a sabedoria e a disciplina:
vã é sua esperança, inúteis suas fadigas
e sem proveito suas obras.
12Suas mulheres são insensatas,
perversos seus filhos,*
maldita sua descendência.

Louvor à castidade. 13Feliz a estéril*
não contaminada†,
que não conheceu uma união pecaminosa:
terá seu fruto na retribuição das almas.
14Feliz também o eunuco, que não cometeu a iniquidade com suas mãos*
e que não teve pensamentos maus contra o Senhor†;
receberá uma graça especial por sua fidelidade
e uma parte muito deliciosa no templo do Senhor.*
15Pois o fruto de lutas nobres é glorioso
e imorredoura a raiz* da sabedoria†.

Condenação do adultério. 16Mas os
filhos dos adúlteros não chegarão à maturidade;
a descendência de uma união ilegítima será exterminada.
17Ainda que tenham vida longa, serão tidos por nada,
e, no fim, sua velhice será sem honra.
18Se morrerem cedo, não terão esperança
nem consolação no dia do juízo,
19porque é terrível o destino de uma geração iníqua.*

4

Virtude e vício. 1É melhor não ter
filhos e possuir a virtude:*
ela deixa uma lembrança rica de imortalidade,*
pois é reconhecida por Deus e pelos homens.
2Quando está presente, é imitada;
quando ausente, sentem sua falta;
na eternidade triunfa, coroada,*
por ter vencido num concurso de lutas sem mancha.
3Mas a descendência numerosa dos ímpios de nada servirá;
nascida de ramos bastardos, não lançará raízes profundas*
nem se firmará numa base sólida.
4Mesmo se por algum tempo seus ramos brotam,
sem solidez, será abalada pelo vento*
e desenraizada pela violência da tempestade.
5Seus ramos, ainda tenros, se quebrarão;
seu fruto será inútil, ainda verde para se comer,
e para nada servirá.
6Pois os filhos nascidos de uniões ilegítimas†
atestarão a perversidade dos pais, quando estes forem julgados.

Qual é a vida longa diante de Deus.
7Quanto ao justo, ainda que morra prematuramente, encontrará repouso.*

---

* **3**,8. Dt 7,27; Sl 49,15; 149,7s; 1Cor 6,2; Ap 5,10; 20,4ss | 9. Pr 28,5; 1Cor 13,12; 1Jo 3,2 | 12. Eclo 41,8s; Sl 109,9s | 13. 4,1 | 14. Is 56,3-7 / Sl 16,5s | 15. 1,15; 2,23 | 19. Eclo 16,5 | **4**,1. Eclo 16,4 / Pr 10,7 | 2. 5,16 | 3. Eclo 23,25; 40,15 | 4. Sl 58,10 | 7. 3,3; Is 57,1s

† **3**,13. Ver a nota em Sl 113,9. | 14. O eunuco era excluído da comunidade, Dt 23,2, mas o 3º Isaías o reabilita, Is 56,3ss. | 15. A esperança da imortalidade dá valor a uma vida humanamente fracassada. | **4**,6. Trata-se do casamento com pagãos.

[8]Velhice veneranda não é a longe-
vidade,
nem se calcula pelo número de
anos;*
[9]mas a sabedoria faz as vezes dos
cabelos brancos para os homens;
longevidade verdadeira é uma vida
sem mancha.*
[10]O justo agradou a Deus, foi por ele
amado,
e porque vivia entre pecadores, foi
transferido.
[11]Foi arrebatado, para que a malícia
não mudasse sua mente*
nem o engano pervertesse sua alma.
[12]Porque o fascínio do vício ofusca
o bem,
e o torvelinho da paixão abala uma
mente sem maldade.
[13]Tendo chegado rapidamente à
perfeição,
completou uma longa carreira.
[14]Sua alma agradou ao Senhor,
o qual por isso apressou-se a retirá-
-lo do meio da maldade.
Os povos veem mas sem compreen-
der;*
não refletem neste fato:
[15]que a graça e a misericórdia de
Deus são para seus eleitos
e a proteção para seus santos.
[16]O justo que morre condena os ím-
pios que ainda vivem;
uma juventude, que em breve chega
à perfeição,
condena a longa velhice do injusto.
Insensatez dos incrédulos. [17]Eles ve-
rão o fim do sábio,*
mas não entenderão o desígnio do
Senhor sobre ele
nem por que o pôs em segurança.
[18]Verão e desprezarão,*
mas o Senhor zombará deles.
[19]Enfim se tornarão um cadáver sem
honra,
objeto de ultraje entre os mortos
para sempre.
Deus os precipitará mudos, de cabe-
ça para baixo,
e os abalará até os fundamentos;
serão completamente arruinados
no meio de dores,
e sua memória perecerá.
[20]Tremendo se apresentarão ao jul-
gamento de seus pecados;
suas iniquidades se levantarão con-
tra eles para acusá-los.

5 **No juízo universal.** [1]Então o justo
estará de pé com grande confiança
diante dos que o oprimiram
e dos que desprezaram seus sofri-
mentos.*
[2]Ao vê-lo, estes serão tomados de
um pavor terrível,
atônitos diante de sua salvação ines-
perada.
[3]Arrependidos, dirão entre si,
gemendo, com o espírito angustia-
do:
[4]"Este é aquele de quem outrora es-
carnecemos
e que em nossa insensatez fizemos
alvo de ultraje;
consideramos loucura sua vida*
e desonrosa sua morte.*
[5]Como é que agora é contado entre
os filhos de Deus*
e compartilha da sorte dos santos?
[6]Portanto, nós nos desviamos do ca-
minho da verdade;*
a luz da justiça não brilhou para nós*
nem se ergueu para nós o sol.
[7]Nós nos saciamos nos caminhos da
iniquidade e da perdição;
percorremos desertos impraticáveis,
mas não conhecemos o caminho do
Senhor.
[8]De que nos serviu nossa soberba?
Que ganhamos com a riqueza e a ar-
rogância?
[9]Tudo isto passou como sombra*
e como notícia fugaz,
[10]como barco que sulca a onda agi-
tada,
sem que se possa achar vestígio de
sua passagem,
nem rastro de sua quilha nas ondas;
[11]ou qual ave que voa pelos ares
sem deixar sinal algum de seu trajeto;*

* **4**,8. Eclo 25,6ss | 9. Pr 16,31 | 11. Gn 5,24; Eclo 44,16; Hb 11,5 | 14. Is 57,1 | 17. 3,2 | 18. Sl 37,13; 59,9; Pr 1,26 | **5**,1. 2,10-20 | 4. 2,15 / 2,20 | 5. 2,13; Cl 1,12 | 6. Pr 21,16 / Sl 119,105 | 9. 2,5; Jó 9,25s | 11. Pr 30,19

porque o ar ligeiro, tocado pelo movimento das asas
é dividido pelo ímpeto vigoroso das asas em movimento,
é atravessado sem que depois se ache vestígio de sua passagem.
[12]Ou como flecha lançada contra o alvo,
quando o ar se divide e logo reflui sobre si mesmo,
e assim não se pode distinguir seu percurso;
[13]assim também nós: mal nascemos, já desaparecemos.
Não temos nenhum sinal de virtude para mostrar;
na malícia nos deixamos consumir".
[14]Sim, a esperança do ímpio é como palha levada pelo vento,*
como leve espuma que a tempestade expulsa;
como fumaça ao vento se dissipa,*
fugaz como a lembrança do hóspede de um só dia.

O triunfo dos justos. [15]Os justos, ao contrário, vivem para sempre.
O Senhor lhes dá sua recompensa*
e o Altíssimo cuida deles.
[16]Por isso receberão uma esplêndida coroa real,*
um belo diadema da mão do Senhor,
porque ele os cobrirá com a mão direita*
e com o braço os protegerá.*
[17]Tomará como armadura seu zelo
e armará as criaturas para castigar os inimigos;*
[18]vestirá como couraça a justiça
e usará como capacete um juízo imparcial;
[19]empunhará como escudo uma santidade invencível;*
[20]afiará sua cólera implacável como espada,
e o universo combaterá a seu lado contra os insensatos.*
[21]Como flechas certeiras partirão os raios,*
e das nuvens, como de um arco bem retesado,
atingirão o alvo;
[22]da funda serão lançados granizos cheios de furor.
A água do mar se enfurecerá contra eles,
e os rios os afogarão sem piedade.
[23]Um vento impetuoso se levantará contra eles*
e os dispersará como um furacão.
A iniquidade devastará a terra inteira,
e a malícia derrubará os tronos dos poderosos.

6

Sabedoria e autoridade. [1]Escutai, ó reis, e procurai compreender;*
aprendei, governantes de toda a terra†.
[2]Prestai ouvido, vós que dominais as multidões
e vos gloriais do grande número de vossos povos.*
[3]Porque é do Senhor que provém vosso domínio,*
e do Altíssimo vosso poder†.
Ele examinará vossas obras
e sondará vossos propósitos.
[4]Porque, sendo ministros de seu reino,
não governastes retamente,
nem observastes a Lei
e nem vos comportastes conforme a vontade de Deus.
[5]De modo terrível e repentino ele se levantará contra vós,
porque contra os grandes se exerce um juízo severo.
[6]Ao pequeno, por piedade, se perdoa,
mas os poderosos serão examinados com rigor.
[7]Pois o Senhor de todos não recua diante de ninguém,*
não se deixa impressionar pela grandeza,

* **5**,14. Sl 1,4 / Sl 36,20; 68,3 | 15. Is 62,11 | 16. 4,2 / Is 28,5 / Sl 7,11 | 17. 16,24; 19,6 | 19. Lv 17,1 | 20. 16,17 | 21. Sl 7,13s; 17,15 | 23. Is 30,27s | **6**,1. 1,1; Sl 2,10; Eclo 33,19 | 2. Pr 8,15s | 3. Dn 2,21.37; 1Cr 29,12; Rm 13,1; Jo 19,11 | 7. Jó 34,17ss; Eclo 35,15s / Pr 22,2; Jó 31,15

† **6**,1. A Vulgata acrescenta aqui: "A Sabedoria é melhor que a força, e o homem prudente, que o poderoso. | 3. Toda autoridade vem de Deus, Pr 8,16; Rm 13,1 e deve ser exercida segundo a Sua lei.

porque ele criou o pequeno e o
grande*
e cuida igualmente de todos.
8Mas para os poderosos o juízo será
severo.
9Portanto a vós, ó soberanos, se diri-
gem minhas palavras,
para que aprendais a sabedoria e
eviteis as quedas.
10Porque quem guarda santamente
as coisas santas será reconhecido san-
to,*
e quem as aprendeu nelas encontra-
rá uma defesa.
11Desejai, pois, minhas palavras;
ansiai por elas e recebereis a instru-
ção.
**Quem procura a Sabedoria a encon-
tra.** 12A Sabedoria é brilhante, sua be-
leza é imutável;*
facilmente é contemplada pelos que
a amam
e encontrada pelos que a buscam.
13Para dar-se a conhecer, antecipa-se
aos que a desejam†.
14Quem se levanta cedo para encon-
trá-la não se cansa:*
pois a encontra sentada a sua porta.
15Refletir sobre ela é a perfeição da
inteligência,
e quem está vigilante por ela logo
estará tranquilo.
16Pois ela mesma vai à procura dos
que são dignos dela,*
mostra-se a eles favorável pelas ruas,
vai-lhes ao encontro com toda a so-
licitude.
17Porque seu princípio é o sincero
desejo da instrução;*
a procura da instrução é amor;
18o amor é observância de suas leis;
o respeito das leis é garantia de
imortalidade,*
19e a imortalidade nos aproxima de
Deus.
20Assim, o desejo da sabedoria con-
duz ao reino.*
21Se portanto, soberanos dos povos,
amais tronos e cetros,
honrai a sabedoria para que possais
reinar sempre.
Descrição da Sabedoria. 22Vou dizer-
-vos o que é a Sabedoria e qual sua
origem;
não vos esconderei seus segredos.*
Seguirei sua rota desde o início da
criação,
trazendo à luz o conhecimento de
sua natureza,
sem me afastar da verdade.
23Não será minha companheira a in-
veja que consome,*
porque ela nada tem em comum
com a Sabedoria.
24O grande número dos sábios é a
salvação do mundo;*
um rei sábio garante a estabilidade
do povo.
25Deixai-vos, pois, instruir por mi-
nhas palavras
e delas tirareis proveito.

7 **Salomão como homem.** 1Eu
também sou um homem mortal
como todos†,
descendente do primeiro ser forma-
do da terra.*
Fui modelado em carne no seio de
uma mãe,
2durante dez meses consolidado no
sangue,
fruto do sêmen de um homem e do
prazer que acompanha o sono.
3Também eu, logo que nasci, respirei
o ar comum
e caí numa terra igual para todos,
e o choro foi meu primeiro grito,
como acontece com todos.
4Fui envolto em faixas e criado com
todo o cuidado.
5Porque nenhum rei começou de ou-
tro modo a existência.
6Entra-se na vida e dela se sai do
mesmo modo.

---

* **6**,10. 5,5 | 12. Pr 8,17; Eclo 6,23s | 14. Eclo 6,36; 39,6s | 16. Pr 1,20s; 8,2s; Eclo 15,2; 1Jo 4,10 | 17. Pr 4,7 | 18. 3,4 | 20. 3,7s; 5,16 | 22. Jó 28 | 23. Eclo 51,23s | 24. Pr 29,4; Eclo 10,1ss | **7**,1. Gn 2,7; Eclo 17,1; Sl 139,13-16; Jó 10,11

† **6**,13. Há um sublime laço de amor entre o homem e o mistério divino da criação. | **7**,1. Mas no tempo do autor os reis eram divinizados.

Exaltação à Sabedoria. 7 Por isso pedi
e foi-me dada a inteligência;*
supliquei e veio a mim o espírito da
Sabedoria.
8 Eu a preferi aos cetros e aos tronos,
e, em comparação com ela, considerei um nada a riqueza;
9 não a equiparei sequer à pedra mais
preciosa,
porque todo o ouro, a seu lado, é um
pouco de areia,
e como lama será avaliada diante
dela a prata.
10 Eu a amei mais que a saúde e a beleza,
preferi sua posse à própria luz,
porque seu esplendor não se ofusca.
11 Junto com ela vieram-me todos os
bens;*
em suas mãos há uma riqueza incalculável.
12 Aproveitei de todos esses bens,
pois é a Sabedoria que os traz,
mas eu ignorava que de todos ela é
mãe.*
13 Sem falsidade aprendi e sem inveja
eu reparto:
não escondo suas riquezas.*
14 Porque ela é um tesouro inexaurível para os homens;*
os que o adquirem alcançam a amizade de Deus,
são a ele recomendados pelos dons
que provêm da instrução.
15 Que Deus me conceda falar com
inteligência
e pensar de modo digno dos dons
recebidos,
porque é ele que guia a sabedoria e
dirige os sábios.
16 Em suas mãos estamos nós e nossas palavras,*
toda inteligência e toda habilidade.
Deus dá a Sabedoria. 17 Ele me concedeu
um perfeito conhecimento das coisas,
para compreender a estrutura do
mundo e a atividade dos elementos,
18 o princípio, o fim e o meio dos
tempos,
a alternância dos solstícios e a sequência das estações,
19 os ciclos dos anos e a posição dos
astros,
20 a natureza dos animais e o instinto
das feras,*
os poderes dos espíritos e os raciocínios dos homens,
a variedade das plantas e as propriedades das raízes.
21 Conheço tudo, o que está escondido e o que é visível,
porque instruiu-me a Sabedoria,* artífice de todas as coisas†.
Natureza e dotes da Sabedoria.
22 Nela há um espírito inteligente, santo, único, múltiplo, sutil,
móvel, perspicaz, puro,
claro, invulnerável, amante do bem,
penetrante,
23 irresistível, benéfico, amigo do homem, firme, seguro, sereno,
que tudo pode, tudo vê,*
e que penetra todos os espíritos inteligentes, puros, os mais sutis.
24 A Sabedoria é mais ágil que qualquer movimento;
por causa de sua pureza tudo atravessa e penetra.
25 Pois ela é um sopro do poder de
Deus,*
uma emanação genuína da glória do
Onipotente;*
por isso nada de impuro nela se infiltra.
26 É um reflexo da luz eterna,*
um espelho sem mancha da atividade de Deus*
e uma imagem de sua bondade.*
27 Embora única, tudo pode;*
permanecendo em si mesma, tudo
renova
e através das idades, entrando nas
almas santas,
faz delas amigos de Deus e profetas.

* **7**,7. 1Rs 3,6-9.12; 5,9-14; Eclo 47,14-20 | 11. 1Rs 3,13; 10,21s; Eclo 47,18 | 12. 7,21; 8,5s | 13. 6,22 | 14. Lc 12,33 | 16. Sl 31,16; Jó 12,10; Eclo 10,5 | 20. 1Rs 5,13 | 21. 8,4.6; 9,9; 14,2; Pr 8,22-31 | 23. 1,6-10 | 25. Eclo 24,5 / Êx 24,16 | 26. Hb 1,3 / Jo 1,9 / Cl 1,15 | 27. Sl 102,27s; 104,30

† **7**,21. O autor parece divinizar a Sabedoria, até então considerada criatura de Deus; ela é Sua companheira no trono, Sb 9,4.

[28]Com efeito, Deus ama somente quem vive com a Sabedoria.
[29]Ela, na verdade, é mais bela que o sol
e supera todas as constelações;
comparada à luz do dia, é mais esplêndida;
[30]pois à luz sucede a noite,
mas contra a Sabedoria o mal não prevalece.*

8 A Sabedoria obtém todos os bens.

[1]Ela se estende com vigor de uma extremidade à outra do mundo
e governa o universo com bondade.
[2]Eu a amei e busquei desde minha juventude,*
procurei tomá-la como esposa,*
enamorado de sua beleza.
[3]Ela manifesta sua nobreza de origem
vivendo em comunhão de vida com Deus,
porque o Senhor do universo a amou.
[4]Iniciada na ciência de Deus,
é ela que escolhe suas obras.*
[5]Se a riqueza é um bem desejável na vida,
que há de mais rico que a Sabedoria,*
a qual tudo produz?
[6]Se é a inteligência que trabalha,
quem, entre os seres, é mais artífice que ela?
[7]Se alguém ama a justiça,
as virtudes são o fruto de seus trabalhos;
pois ela ensina a temperança e a prudência,
a justiça e a fortaleza†:
na vida coisa alguma é mais útil aos homens do que elas.
[8]Se alguém deseja também uma rica experiência,
ela conhece o passado e entrevê o futuro;
conhece a sutileza das palavras e as soluções dos enigmas,
prevê sinais e prodígios,
como também o desenrolar dos tempos e das épocas.

Desejo da Sabedoria. [9]Decidi, pois, tomá-la por companheira de minha vida,
sabendo que seria para mim uma boa conselheira
e conforto nas preocupações e na tristeza.
[10]Graças a ela terei glória entre as multidões
e honra entre os anciãos, apesar de jovem.*
[11]Serei considerado perspicaz no julgamento*
e admirado diante dos poderosos.*
[12]Se eu me calar, ficarão à espera;
se eu falar, me prestarão atenção;
se prolongar meu discurso,
porão a mão sobre a boca†.
[13]Por meio dela obterei a imortalidade
e deixarei uma lembrança eterna a meus sucessores.
[14]Governarei os povos, e as nações me serão submissas.*
[15]Ouvindo meu nome, soberanos terríveis me temerão;
para com o povo me mostrarei bom e na guerra, corajoso.
[16]Voltando a minha casa, repousarei junto dela,
porque sua companhia não traz amargura,
nem tristeza sua convivência,
mas contentamento e alegria.*
[17]Refletindo comigo sobre tais coisas
e considerando em meu coração
que na união com a Sabedoria está a imortalidade
[18]e em sua amizade, alegria perfeita,
na obra de suas mãos, uma riqueza inesgotável,
na assiduidade de sua companhia, a inteligência,
na participação em seus discursos, a fama,
eu andava por toda a parte procurando conquistá-la.

---

* **7**,30. Jo 1,5; 16,33 | **8**,2. 6,12-16; Eclo 15,2 | 4. Pr 8,27.30 | 5. 7,21 | 10. 1Rs 3,7s | 11. 1Rs 3,16-28; 1Rs 5,14.21; 10,4-9 | 14. Sl 112,6; Eclo 39,12; 1Rs 5,1 | 16. Ecl 1,18; Pr 3,17s

† **8**,7. São mencionadas as 4 virtudes cardeais. | 12. Em sinal de profundo respeito.

[19]Eu era um menino de índole nobre,
dotado de uma alma boa;
[20]ou melhor, como era bom,
entrei num corpo sem mancha†.
[21]Mas sabendo que não obteria de outra forma a sabedoria,
a não ser recebendo-a de Deus,
– e era uma prova de discernimento saber de quem procede este dom –
dirigi-me ao Senhor e lhe supliquei,
dizendo de todo o coração:

9 **A oração de Salomão.** [1]"Deus de meus pais e Senhor de misericórdia,*
que tudo criastes com vossa palavra,
[2]que com vossa Sabedoria formastes o homem,
para dominar as criaturas que fizestes,*
[3]e governar o mundo com santidade e justiça
e exercer o julgamento com ânimo reto,
[4]dai-me a Sabedoria, que se assenta no trono a vosso lado,*
e não me excluais do número de vossos filhos,
[5]porque sou vosso servo e filho de vossa serva,*
homem fraco e de vida breve,
incapaz de compreender a justiça e as leis.
[6]Até o mais perfeito entre os filhos dos homens,
sem vossa Sabedoria, será tido por nada.
[7]Vós me escolhestes como rei de vosso povo
e juiz de vossos filhos e de vossas filhas;
[8]mandastes-me construir um templo em vosso santo monte,*
um altar na cidade onde morais,
imitação da tenda santa
que preparastes desde o princípio†.
[9]Convosco está a Sabedoria que conhece vossas obras,
que estava presente quando criáveis o mundo;*
ela conhece o que é agradável a vossos olhos
e o que é conforme a vossos mandamentos.
[10]Mandai-a dos céus santos†,
de vosso trono glorioso,
para que me assista e trabalhe comigo
e eu saiba o que vos é agradável.
[11]Ela, que tudo conhece e tudo compreende,*
vai guiar-me com prudência em minhas ações
e proteger-me com sua glória.*
[12]Assim minhas obras vos serão agradáveis;
eu julgarei com equidade vosso povo
e serei digno do trono de meu pai.
[13]Pois que homem pode conhecer o desígnio de Deus?*
Quem pode imaginar o que quer o Senhor?
[14]De fato, os raciocínios dos mortais são tímidos
e incertas nossas reflexões,
[15]porque um corpo corruptível torna pesada a alma
e a tenda de argila agrava a mente com muitas preocupações.
[16]Mal podemos imaginar as coisas terrestres:
descobrimos com fadiga aquelas ao alcance da mão;
mas quem pode atingir as coisas do céu?*
[17]Quem conheceria vosso desígnio,
se não lhe concedêsseis a Sabedoria
e não lhe enviásseis do alto vosso santo espírito?†
[18]Assim foram endireitados os caminhos dos que estão na terra,*
os homens aprenderam o que vos agrada
e por meio da Sabedoria foram salvos".

---

* **9**,1. Eclo 42,15 | 2. Gn 1,28 | 4. Pr 8,27.30; Eclo 1,1 | 5. Sl 86,16; 116,16 | 8. 2Sm 7,13; 1Rs 5,19; Eclo 47,15 | 9. 7,21; Pr 8,22-30 | 11. 7,23 / Êx 24,16 | 13. Rm 11,34; 1Cor 2,16 | 16. Is 55,9; Jo 3,12 | 18. Br 4,4

† **8**,20. Não se trata da preexistência da alma, incompatível com o contexto do livro, mas de sua preeminência. | **9**,8. Salomão construiu o templo imitando a tenda construída por Moisés segundo o modelo celeste mostrado por Deus. | 10. Os céus são santos porque são a morada de Deus. | 17. O autor parece assemelhar espírito santo e Sabedoria.

II. A SABEDORIA EM ISRAEL (10–19)†

10 **A sabedoria na história de Adão a Abraão.** [1]Foi ela que
protegeu o primeiro homem modelado, o pai do mundo,
que foi criado sozinho,
e o libertou de sua queda,
[2]e deu-lhe o poder de dominar todas as coisas.*
[3]Mas um injusto, afastando-se dela em sua cólera,*
pereceu por seu furor fratricida.
[4]Por sua causa a terra foi submersa,*
mas a Sabedoria de novo a salvou,
conduzindo o justo num lenho sem valor.*
[5]E quando as nações foram confundidas,*
concordes apenas na malícia,
foi ela que reconheceu o justo e o conservou diante de Deus sem mancha*
e o manteve forte, não obstante sua ternura pelo filho.*
[6]E enquanto morriam os ímpios, salvou um justo,*
que fugia do fogo caído sobre as cinco cidades.

A Sabedoria e os Patriarcas. [7]Como
testemunho daquela gente má,
existe ainda uma terra fumegante e desolada,
cujas árvores produzem frutos que não amadurecem,
e em memória de uma alma incrédula
se ergue uma coluna de sal.*
[8]Pois, afastando-se da Sabedoria,
não só se tornaram incapazes de conhecer o bem,
mas deixaram também aos vivos uma lembrança de sua insensatez,*
para que suas culpas não ficassem ocultas.
[9]Mas a Sabedoria livrou das provações seus fiéis.
[10]Ela conduziu por caminhos retos
o justo que fugia da ira do irmão;*
mostrou-lhe o reino de Deus*
e deu-lhe a conhecer as coisas santas;
deu-lhe sucesso em suas fadigas*
e multiplicou os frutos de seu trabalho.
[11]Assistiu-o contra a avareza dos que o exploravam
e o fez rico;*
[12]guardou-o dos inimigos
e protegeu-o contra os que lhe armavam ciladas;
declarou-o vencedor numa luta dura,*
para ensinar-lhe que a piedade* é mais poderosa que tudo†.
[13]Ela não abandonou o justo vendido,*
mas o preservou do pecado.
[14]Desceu com ele à cisterna*
e não o abandonou em suas cadeias,
até que lhe obteve o cetro real
e poder sobre os que o oprimiam;
desmascarou os que o difamavam
e deu-lhe uma glória eterna.

A Sabedoria guia Israel. [15]Ela libertou
de uma nação de opressores*
o povo santo, raça irrepreensível.
[16]Entrou na alma de um servo do Senhor*
e com prodígios e sinais se opôs a reis terríveis.*
[17]Deu aos santos a recompensa de suas fadigas,*
guiou-os por um caminho maravilhoso;
foi para eles refúgio de dia*
e brilho de estrelas à noite.

---

* **10**,2. Gn 1,26.28; Sb 9,2 | 3. Gn 4,8-13 | 4. Gn 7-8; 1Pd 3,20s / Gn 6,9; Sb 14,6s | 5. Gn 11,1-9 / Gn 12,1-3 / Gn 22,1-19 | 6. Gn 19; 2Pd 2,6ss | 7. Gn 19,26 | 8. Gn 19,1 | 10. Gn 27,43 / Gn 28,10-22 / Gn 29,1-31,16 | 11. Gn 31,23-29; 32-33 | 12. Gn 32,25-31 / Os 12,4-5 | 13. Gn 37-39 | 14. Sl 105,17-22; Gn 41,40-44 | 15. 18,1 | 16. Êx 19,6 / Êx 7-12 | 17. Sl 135,9s / Êx 13,21s

II. Com um midraxe sobre a história antiga, o autor atualiza os fatos, mostrando seu significado para o presente, mas também salientando seu alcance escatológico, pois estes fatos, acontecidos nas origens de Israel, manifestaram o julgamento de Deus e prefiguraram como Ele julgará, no fim dos tempos, justos e pecadores. | **10**,12. De todos os fatos da história deduz-se uma lição de ordem religiosa ou moral.

18Fê-los atravessar o mar Vermelho,*
guiando-os através de grandes águas;
19mas enquanto submergia seus inimigos,
lançou-os do fundo do abismo.
20Por isso os justos despojaram os ímpios
e celebraram, Senhor, vosso nome santo
e louvaram unânimes vossa mão protetora,*
21porque a Sabedoria abriu a boca dos mudos*
e tornou eloquente a língua das crianças.*

11 **A sabedoria e Israel no deserto.** 1Ela fez prosperar suas obras
por meio de um santo profeta:*
2atravessaram um deserto desabitado,
armaram suas tendas em lugares inacessíveis;
3resistiram aos inimigos, expulsaram os adversários.
4Quando tiveram sede, vos invocaram,*
e de um rochedo abrupto foi-lhes dada água,
de uma dura rocha, um remédio contra a sede.

Castigo dos egípcios. 5Assim, o que tinha servido para punir seus inimigos,
na necessidade foi para eles um benefício†.
6Em vez das águas de um rio perene,*
infectado por sangue putrefato,
7em punição de um decreto infanticida,*
vós lhes destes inesperadamente água abundante,
8mostrando-lhes, pela sede que sentiam,
como tínheis punido seus adversários.
9De fato, postos à prova, embora punidos com misericórdia,*
compreenderam quais tormentos tinham sofrido os ímpios,
sentenciados por vossa cólera,
10porque provastes os vossos como um pai que corrige,*
mas os outros castigastes como um rei severo que condena.*
11Longe ou perto foram igualmente atingidos,
12porque uma dupla aflição os colheu
e gemiam recordando o passado.
13Quando, de fato, souberam que por meio de seu castigo
aqueles outros recebiam benefícios,
sentiram a intervenção do Senhor;
14porque aquele que tinham outrora exposto
e depois rejeitado com zombaria,*
no final dos acontecimentos o admiravam,
ao sofrerem uma sede diferente da dos justos.
15Seus pensamentos insensatos, inspirados por sua injustiça,*
os extraviaram a ponto de prestarem culto
a répteis irracionais e vis animais†.
Vós lhes enviastes como castigo uma massa de animais irracionais,
16para que entendessem que cada um é punido
pelas mesmas coisas pelas quais peca†.
17Certamente, para vossa mão onipotente
que criou o mundo de uma matéria sem forma,
não era difícil mandar contra eles uma multidão de ursos ou de leões ferozes,
18ou feras desconhecidas, criadas para a ocasião, cheias de furor,
que expirassem um hálito de fogo,

* **10**,18. Êx 14,21-29 | 20. Êx 15 | 21. Sl 8,2 / Mt 21,16 | **11**,1. Dt 18,15.18; 34,10; Os 12,14 | 4. Êx 17,1-7; Nm 20,2-13 | 6. Êx 7,17-21 | 7. Êx 1,15s | 9. Dt 8,2-5 | 10. Dt 8,5 | 14. 12,22 / Êx 1,22; 2,3 | 15. 12,24s; Rm 1,21 | 18. Jó 41,10-13

† **11**,5. Os mesmos elementos da natureza serviam nas mãos de Deus para castigar os maus e premiar os bons, 11,13; 18,8. | 15. Os egípcios veneravam entre outros o crocodilo, a serpente e a rã, 15,18. | 16. Conforme a lei do talião; mas o objetivo de Deus é a conversão.

ou exalassem vapores pestíferos,
que soltassem pelos olhos relâmpagos terríveis,*
19 capazes não só de exterminá-los com seu ataque,
mas também de aniquilá-los somente com seu aspecto aterrador
20 E mesmo sem isso, podiam sucumbir só com um sopro,*
perseguidos pela justiça
e varridos pelo sopro de vosso poder.*
Mas dispusestes tudo com medida, número e peso.
21 Prevalecer pela força sempre vos é possível;
quem poderá resistir à força de vosso braço?
22 O mundo inteiro diante de vós é como pó sobre a balança*
e como gota de orvalho que cai de manhã sobre a terra.*
23 Tendes compaixão de todos, porque tudo podeis,*
e fechais os olhos para os pecados dos homens, para que se arrependam.*
24 Porque amais tudo o que existe*
e nada desprezais de tudo o que criastes;
pois se odiásseis alguma coisa, não a teríeis criado.
25 Como poderia subsistir uma coisa, se não a tivésseis querido?
Ou conservar-se, se não a tivésseis chamado à existência?
26 Vós poupais todas as coisas*
porque são vossas, Senhor, amante da vida!†

12 **Penas dos cananeus.** 1 Vosso espírito incorruptível* está em todas as coisas†.
2 Por isso corrigis um pouco de cada vez os culpados
e os repreendeis lembrando-lhes seus pecados,*
para que renunciem ao mal e creiam em vós, Senhor.
3 Detestáveis os antigos habitantes de vossa terra santa,
4 por causa de suas práticas abomináveis,*
atos de magia e ritos infames.
5 Esses cruéis matadores* de seus filhos†,
devoradores de vísceras em banquetes de carne humana e de sangue,
iniciados em ritos de orgia,
6 esses pais assassinos de vidas indefesas,
vós os quisestes destruir pela mão de nossos pais,*
7 para que essa terra, por vós amada mais que todas,*
recebesse uma digna colônia de filhos de Deus.
Clemência divina. 8 Mas também com eles, porque eram homens, fostes indulgente,*
mandando-lhes vespas como precursoras de vosso exército,*
para os exterminar pouco a pouco.
9 Sem dúvida, podíeis entregar os ímpios às mãos dos justos numa batalha,
ou destruí-los de um só golpe por meio de animais ferozes
ou de uma ordem inexorável;*
10 mas castigando-os pouco a pouco,*
dáveis tempo para o arrependimento,
ainda que não ignorásseis que sua raça era perversa
e inata sua maldade,
e que sua mentalidade jamais mudaria,
11 porque era uma estirpe maldita desde o princípio.*
Não era por temor de alguém que deixáveis impunes suas culpas.
12 Com efeito, quem poderia perguntar-vos: "Que fizestes?",*

---

* **11**,20. Jó 4,9; Is 11,4 / Jó 28,25; Eclo 1,9 | 22. Is 40,15 / Os 6,4; 13,3 | 23. Eclo 18,12 / 12,2.10; Rm 2,4; 3,25 | 24. Gn 1,31; Sl 145,9; Sb 1,13s; 2,23s | 26. Ez 33,11; 18,23 | **12**,1. Gn 2,7 | 2. Am 4,6 | 4. Dt 12,31; 18,10s | 5. Lv 18,21 | 6. Nm 33,51-56; Dt 20,16ss | 7. Dt 11,12 | 8. Sl 78,39; 103,14 / 6,7; 11,23; Êx 23,28 | 9. 11,17ss | 10. 12,2 | 11. Gn 9,25; 3,12.19 | 12. Jó 9,12; Rm 9,19-23 / Jó 9,19

† **11**,26. A glória de Deus é o homem vivo, e a vida do homem é a visão de Deus (S. Irineu). | **12**,1. Todas as criaturas do Senhor são habitadas por seu espírito incorruptível, e é este sopro divino que assegura a vida de todos os seres (Gn 2,7); também por isso Deus os ama. | 5. Ver a nota em Lv 18,21.

ou quem poderia opor-se a uma sen-
tença vossa?
Quem ousaria acusar-vos pela elimi-
nação de nações que vós criastes?*
Quem entraria em juízo contra vós
como defensor de homens injustos?
13 Não há Deus, fora de vós, que cui-
de de tudo,*
para que preciseis demonstrar que
não agistes injustamente.
14 Nenhum rei ou soberano poderia
enfrentar-vos
em defesa daqueles que punistes.
15 Sendo justo, tudo governais com
justiça
e considerais incompatível com vos-
so poder
condenar quem não merece castigo.
16 De fato vossa força é princípio da
justiça*
e vosso domínio universal vos torna
indulgente para com todos.
17 Mostrais a força se não se crê em
vossa onipotência
e reprimis a insolência daqueles que
a conhecem.
18 Mas dominando a força, julgais
com brandura
e nos governais com muita clemência,
porque o poder, quando quereis,
está a vossa disposição.*
Lições da Sabedoria. 19 Com este
modo de agir ensinastes a vosso povo
que o justo deve amar os seres hu-
manos†.
Além disso destes a vossos filhos a
bela esperança
de que concedeis o arrependimento
depois dos pecados.*
20 Se aos inimigos de vossos filhos e
dignos de morte
punistes com tanta consideração e
indulgência,
concedendo tempo e lugar
para se afastarem da maldade,
21 com quanta precaução castigastes
vossos filhos,
a cujos pais, com juramentos e alianças*
fizestes tão boas promessas!
22 Assim, enquanto nos corrigis,*
flagelais nossos inimigos mil vezes
mais,
para que, quando julgamos, pense-
mos em vossa bondade*
e, quando somos julgados, contemos
com vossa misericórdia.
23 Por isso aos que levavam, na injus-
tiça, uma vida insensata,
vós os atormentastes* com as mes-
mas abominações deles†.
24 Porque se extraviaram demais nos
caminhos do erro,
considerando deuses os mais abje-
tos* e mais repugnantes animais†,
deixando-se enganar como meninos
sem juízo.
25 Por isso, como a crianças sem o uso
da razão,
mandastes um castigo para zombar
deles.
26 Mas os que não se deixam corrigir
por castigos de escárnio
experimentarão um juízo digno de
Deus.
27 Indignados pelos sofrimentos cau-
sados por aqueles animais,
que julgavam deuses, e vendo que
eram usados para puni-los,*
compreenderam e reconheceram o
verdadeiro Deus,
que antes não tinham querido co-
nhecer.
Por isso abateu-se sobre eles a con-
denação final.

13 Insensatez dos que adoram as criaturas.

1 Realmente, vãos
por natureza são todos os homens
que viviam na ignorância de Deus
e que, a partir dos bens visíveis,
não foram capazes de reconhecer
Aquele que é,*
nem de chegar a conhecer o artífice,*
considerando suas obras†.

* **12**,13. Dt 32,39; Jó 34,13 | 16. 2,11 | 18. Sl 115,3; 135,6 | 19. 11,23 | 21. Gn 12,7 / Sb 11,10 | 22. Mt 5,7; 7,2 | 23. 11,16 | 24. 11,15 | 27. 11,15 | **13**,1. Êx 3,14 / At 14,17; Rm 1,19s; Eclo 17,8

† **12**,19. O comportamento de Deus é proposto à imitação dos justos. | 23. Refere-se aos egípcios, punidos pelos animais que adoravam. | 24. Ver a nota em 11,15. | **13**,1. Israel não chegou ao conhecimento de Deus por argumentos racionais, mas por experimentar na história Suas intervenções salvíficas.

2 Mas foi o fogo, o vento ou o ar sutil,
a abóbada estrelada, a água impe-
tuosa ou os luzeiros do céu
que consideraram como deuses, go-
vernantes do mundo.*
3 Se, fascinados por sua beleza, os to-
maram como deuses,
pensem quanto lhes é superior seu
Senhor,
porque foi o próprio autor da beleza
que os criou.
4 E se ficam admirados com sua força
e atividade,
deduzam daí quanto é mais podero-
so aquele que os formou.
5 De fato, a grandeza e a beleza das
criaturas
conduzem, por analogia, a contem-
plar seu Autor.*
6 Todavia estes merecem menor re-
preensão,
porque talvez se enganem
em sua busca de Deus e no querer
encontrá-lo.*
7 Vivendo no meio de suas obras, eles
as investigam,
mas se deixam seduzir pela aparên-
cia,
porque é belo o espetáculo do mundo.
8 Mas nem estes sequer são descul-
páveis:
9 porque se tanto foram capazes de
conhecer
para poderem perscrutar o universo,
como não encontraram mais depres-
sa seu Senhor?†

**Insensatez dos que adoram os ído-
los.** 10 Infelizes são aqueles cujas espe-
ranças estão em coisas mortas
e que chamam de deuses as obras*
de mãos humanas†,
ouro e prata trabalhados com arte
e imagens de animais,
ou uma pedra inútil, artesanato an-
tigo.
11 Suponhamos um hábil lenhador*
que corta uma árvore fácil de mane-
jar,
retira com cuidado toda a casca
e, trabalhando com habilidade,
faz dela um utensílio para o uso diá-
rio;*
12 recolhe depois as sobras de seu
trabalho
e as emprega no preparo da comida
que o sacia.
13 O que ainda sobra, e que para nada
serve,
madeira torta e cheia de nós,
ele a toma e a esculpe para ocupar o
tempo livre;
com perícia, por prazer, lhe dá forma,
e a faz semelhante a uma figura hu-
mana
14 ou semelhante a um vil animal;
passa-lhe vermelhão, pinta de ver-
melho sua superfície
e recobre toda mancha sua;
15 depois, prepara-lhe um nicho con-
veniente,
coloca-a na parede, prendendo-a
com um prego.*
16 Cuida que não caia,
bem sabendo que não tem como
ajudar-se a si mesma;
de fato é apenas uma imagem e pre-
cisa de ajuda.*
17 Porém, quando reza por seus bens,
seu casamento ou seus filhos,
não se envergonha de falar com
aquele objeto sem vida;*
para sua saúde invoca um ser fraco,
18 para sua vida pede a um morto;
por auxílio suplica a um ser inepto,
para sua viagem, àquilo que não
pode dar um passo;*
19 para seu lucro, trabalho e sucesso
da obra de suas mãos,
pede força a um que não tem vigor
nas mãos†.

---

* **13**,2. Dt 4,19; 17,3; Jó 31,26ss | 5. 13,1 | 6. At 17,27 | 10. Dt 4,28; 2Rs 19,18; Is 40,18ss | 11. Is 40,20; Jr 10,3ss / 15,7-13 | 15. Is 46,7 | 16. Br 6,25ss | 17. Is 44,17; Jr 2,27 | 18. Sl 115,4-7

† **13**,9. O ídolo não pode representar o Criador, mas é na criação que deve ser reconhecido o verdadeiro Deus. | 10. Pior que adorar os astros do céu é adorar ídolos feitos pelos próprios adoradores. | 19. "A idolatria não diz respeito somente aos falsos cultos do paganismo: ela é uma tentação constante da fé. Existe idolatria quando se presta honra e veneração a uma criatura em lugar de Deus, quer se trate de deuses ou demônios, ou do poder, do prazer, do dinheiro..." (CIC).

14

É Deus que salva. 1Um outro, que se dispõe a navegar e a sulcar ondas impetuosas,
implora a um lenho mais frágil do que a barca que o leva†.
2Esta foi inventada pelo desejo de lucro
e construída por uma sabedoria artesã;
3mas é vossa providência, ó Pai, que a guia,
porque traçastes um caminho, mesmo no mar,*
uma rota segura entre as ondas,
4mostrando que podeis salvar de tudo,
de modo que se possa embarcar, mesmo sem experiência.
5Não quereis que as obras de vossa Sabedoria sejam inúteis;
por isso os homens confiam suas vidas
até a um minúsculo lenho
e, atravessando as ondas numa jangada, chegam sãos e salvos.*
6Também no princípio, enquanto pereciam gigantes soberbos,*
a esperança do mundo, refugiada numa barca
guiada por vossa mão,
deixou para os séculos futuros a semente de uma nova geração.
7Bendito o lenho* pelo qual vem a justiça†,
8mas maldito o ídolo e quem o fez;*
este porque o fabricou,
aquele porque, sendo corruptível, é chamado deus.
9Porque Deus detesta igualmente
o ímpio e sua impiedade;
10a obra e o artífice serão igualmente punidos.
11Por isso haverá um castigo também para os ídolos das nações,*
porque entre as criaturas de Deus se tornaram uma abominação,
escândalo para as almas dos homens
e armadilha para os pés dos insensatos.

Origem da idolatria. 12A invenção dos ídolos foi o início da apostasia,
sua descoberta corrompeu a vida†.
13Eles não existiam no princípio nem existirão para sempre.
14Entraram no mundo pela vaidade do homem,
por isto foi decretado para eles um rápido fim.*
15Um pai, desconsolado por um luto prematuro,
encomendou uma imagem daquele seu filho tão cedo arrebatado,
e agora honra como um deus quem pouco antes era só um defunto
e transmitiu a seus dependentes mistérios e ritos.
16Depois o ímpio uso, consolidado com o tempo,
foi observado como lei.
17As estátuas foram adoradas também por ordem dos soberanos†:
os súditos, não podendo honrá-los pessoalmente
porque moravam longe,
reproduziram sua figura distante,
fazendo uma imagem visível do rei venerado,
para adular com zelo o ausente, como se estivesse presente.
18Mesmo entre aqueles que não o conheciam,
a difusão do culto foi estimulada pela ambição do artista.
19Com efeito, este, desejoso de agradar ao soberano,
forçou sua arte a fazer mais bela a imagem do que a natureza;
20e o povo, atraído pelo encanto da obra,
considerou objeto de culto
aquele que pouco antes honrava apenas como homem.*
21Isto se tornou uma cilada para os viventes,

---

* **14**,3. Sl 77,20; Is 43,16 | 5. Sl 107,29s | 6. Gn 6,1-5; Eclo 16,8; Br 3,26ss | 7. Gl 3,13s | 8. Dt 27,15 | 11. Is 2,18.20; Jr 10,11.15; Zc 13,2 | 14. 14,11 | 20. Dn 3,1-6 | 21. Êx 3,14

† **14**,1. Na popa ou na proa, os navios costumavam ter imagens de deuses, que eram invocados na viagem, At 28,11. | 7. Muitos Padres aplicaram esta expressão ao lenho da cruz, pelo qual Cristo nos salvou. | 12. A idolatria é causa de perversão moral, Rm 1,24-32. | 17. Na era helenística os soberanos eram divinizados.

porque os homens, vítimas da des-
ventura ou da tirania,
impuseram à pedra ou à madeira o
Nome incomunicável.*
Consequências da idolatria. 22Além
disso, não lhes bastou errar sobre o co-
nhecimento de Deus,*
mas, vivendo no vasto conflito gera-
do pela ignorância,
dão a tão grandes males o nome de
paz.
23Com seus sacrifícios de crianças,
seus mistérios secretos,*
seus banquetes orgiásticos de estra-
nhos ritos,
24não conservam puras nem a vida e
nem as núpcias,
e um mata o outro à traição
ou o aflige pelo adultério.
25Por toda a parte, sem distinção,
há sangue e homicídio, furto e enga-
no,
corrupção, deslealdade, tumulto,
perjúrio;
26perseguição dos bons, ingratidão
pelos favores,
corrupção das almas, perversão se-
xual,
desordens matrimoniais, adultério e
dissolução.
27Porque a adoração de ídolos sem-
-nome
é princípio, causa e fim de todo mal†.
28Os idólatras, de fato, ou se diver-
tem até o delírio, profetizam o falso,*
vivem como iníquos ou perjuram
com facilidade.
29Pondo sua confiança em ídolos ina-
nimados,
não esperam castigo por terem jura-
do falso.
30Mas, por um duplo motivo os atin-
girá a justiça:
porque conceberam uma ideia falsa
de Deus,
recorrendo aos ídolos,
e porque perjuraram com malícia,
desprezando a santidade.
31Pois não é o poder daqueles pelos
quais se jura,
mas é o castigo devido aos pecado-
res
que persegue sempre a transgressão
dos injustos.

15 **Israel preservado da idola-
tria.** 1Mas vós, nosso Deus,
sois bom e fiel,
sois paciente e tudo governais com
misericórdia.*
2Mesmo pecando, somos vossos,
pois reconhecemos vosso poder;
mas não pecaremos, sabendo que
vos pertencemos.
3Com efeito, conhecer-vos* é justiça
perfeita†,
reconhecer vosso poder é a raiz da
imortalidade.*
4Não nos induziu em erro
nem a invenção humana de uma arte
perversa,
nem a estéril fadiga dos pintores,
figuras lambuzadas de várias cores,*
5cuja vista provoca nos insensatos a
paixão,
e os faz desejar a forma inanimada
de uma imagem morta.
6Amantes do mal e dignos de seme-
lhantes esperanças*
são os que fazem, desejam e vene-
ram os ídolos.
Insensatez da idolatria. 7Um oleiro,
amassando com fadiga a terra mole,
plasma para nosso uso todo tipo de
vasos.
Mas com o mesmo barro modela
vasos destinados a usos nobres
e aqueles para usos contrários, todos
do mesmo modo.
Qual deva ser o uso de cada um de-
les*
é o oleiro que o determina.
8Depois – trabalho infame –
plasma com o mesmo barro um deus
vão,
ele que pouco antes nascera da terra*

---

* **14**,22. Rm 1,24-32 | 23. 12,5; Lv 18,21 | 28. 14,23 | **15**,1. Êx 34,6s | 3. Jo 17,3 / 1,15; 2,23 | 4. 13,14 | 6. 13,10 | 7. Is 29,16 | 8. Gn 2,7 / Gn 3,19

† **14**,27. Os ídolos, não sendo de condição divina, não podem manter as pessoas no justo temor de Deus. **15**,3. Esse conhecimento conduz à justiça, porque leva a viver conforme a vontade de Deus, Jo 17,3.

e que em breve retornará à terra da
qual foi tirado,*
quando se lhe pedirá de volta a alma
que lhe foi emprestada.
9Mas não o preocupa o fato de ter
de morrer
nem o de ter vida breve;
antes, compete com os ourives e
com os que lavram a prata,
imita os que trabalham o bronze
e considera um orgulho fabricar imi-
tações.
10Cinza é seu coração,*
sua esperança mais vil que a terra,
sua vida mais desprezível que o bar-
ro,
11porque desconhece Aquele que o
modelou,*
que nele infundiu uma alma ativa*
e lhe inspirou um espírito vital.
12Mas ele considera um jogo nossa
vida,
e a existência um comércio lucrati-
vo.*
Ele diz: "De tudo se deve tirar pro-
veito,
até do mal".
13Sim, este, mais que todos os ou-
tros, sabe que está pecando
ao fabricar de matéria terrena
frágeis vasos e estátuas de ídolos.
Insensatez dos egípcios. 14Mas muito
insensatos
e mais infelizes que uma alma infantil
são todos os inimigos de vosso povo,
que o oprimiram.
15Pois consideraram deuses também
todos os ídolos das nações,
os quais não têm o uso dos olhos
para ver,*
nem das narinas para aspirar o ar,
nem dos ouvidos para ouvir,
nem dos dedos das mãos para apal-
par,
e cujos pés são incapazes de andar.
16Pois foi um homem que os fez;
plasmou-os alguém que recebeu de
empréstimo o espírito.*
Ora, homem algum pode plasmar
um deus semelhante a si próprio;
17sendo mortal, é uma coisa morta
que ele produz com ímpias mãos.
Ele é melhor que os objetos que ado-
ra:
ele possui a vida, mas aqueles jamais.
18Adoram até os mais repugnantes
animais,*
que são piores que os outros em ter-
mos de estupidez;
19não são tão belos a ponto de se-
rem atraentes,
como acontece à vista de outros ani-
mais,
e não tiveram o louvor e a bênção de
Deus.

16 Comparação entre os egípcios e os hebreus.

1Por isso
foram justamente punidos por seres
semelhantes*
e atormentados por uma multidão
de animais.
2Em lugar desse castigo, favorecestes
vosso povo:
para saciar seu ardente apetite lhe
preparastes
um alimento de sabor maravilhoso,
as codornizes.
3Assim, aqueles, embora desejosos
de alimento,
diante do aspecto repugnante dos
animais enviados contra eles,
perderam também o natural apetite;
estes, porém, depois de uma breve
privação,
apreciaram um alimento delicioso.*
4Era necessário que aos opressores
sobreviesse uma carestia implacável;
mas a estes bastava que se lhes mos-
trasse*
como eram atormentados seus ini-
migos.
5Pois quando os assaltou o terrível
furor dos animais ferozes
e pereceram por mordidas de tor-
tuosas serpentes,*
vossa cólera não durou até o fim.
6Para sua correção foram amedron-
tados por breve tempo,
mas já tinham um sinal de salvação*

* **15**,10. Is 44,20 | 11. Dt 32,15 / Gn 2,7 | 12. At 19,24 | 15. Sl 115,4-7; Sb 13,18 | 16. Gn 2,7; Sl 104,29s | 18. 11,15 | **16**,1. 11,16; 12,23.27 | 3. Êx 16,9-13; Nm 11,10-32 | 4. 11,8s | 5. Nm 21,4-9 | 6. Nm 21,9

a recordar-lhes o mandamento de vossa lei.
7De fato quem se voltava para ele era salvo*
não por aquilo que via,
mas por vós, Salvador de todos.*
8E assim convencestes nossos inimigos
de que sois aquele que livra de todo mal.
9Pois eles foram mortos pelas mordidas
de gafanhotos e de moscas,*
e não se achou um remédio para a vida deles,
porque mereciam ser punidos com tais meios.*
10Mas contra vossos filhos
nem os dentes de serpentes venenosas prevaleceram,
porque interveio vossa misericórdia e os curou.
11Para que recordassem vossas palavras,
eram picados mas logo curados,
para não caírem em profundo esquecimento
e serem excluídos de vossos benefícios.
12Não foi erva ou unguento que os curou,
mas vossa palavra, Senhor, que tudo sara.*
13Sim, tendes poder sobre a vida e sobre a morte,
fazeis descer às portas do abismo e de lá subir.
14O ser humano, em sua malícia, pode matar,
mas não fazer voltar o espírito que saiu,
nem libertar a alma já recebida no abismo.
15É impossível escapar de vossa mão:*
16aos ímpios, que recusavam conhecer-vos,
açoitastes com a força de vosso braço,
perseguidos por estranhas chuvas e por granizo,
por implacáveis aguaceiros, e devorados pelo fogo.*
17E, coisa mais insólita, na água que tudo apaga,
o fogo ficava mais violento:
o universo combate pelos justos.*
18Às vezes a chama se atenuava
para não queimar os animais enviados contra os ímpios
e para fazê-los compreender à vista deles
que estavam sendo perseguidos pelo juízo de Deus.
19Outras vezes, mesmo no meio da água,
o fogo queimava, excedendo sua força habitual,
para destruir os produtos de uma terra iníqua.
20Por outro lado, nutristes vosso povo com um alimento de anjos:*
do céu lhes proporcionastes, sem fadiga para eles, um pão já pronto,
contendo em si todo o sabor e adaptando-se a todos os gostos.
21Este vosso sustento manifestava
vossa doçura para com vossos filhos;
ele se adaptava ao gosto de quem dele comia†
e se transformava naquilo que cada um desejava.
22Neve e gelo resistiam ao fogo sem derreter-se,
para que reconhecessem que o fogo,
ardendo no meio do granizo e relampejando entre as chuvas,
destruía os frutos dos inimigos.*
23Ao contrário, o mesmo fogo
esquecia sua própria violência
para que se nutrissem os justos.
24Pois a criação, obedecendo a vós, seu Criador,*
aumenta sua força para castigar os maus,
mas se abranda para beneficiar os que confiam em vós.
25Por isso também então, prestando-se a toda mudança,*

---

* **16**,7. Jo 3,14-17 / Is 45,14 | 9. Êx 8,16-20; 10,4-15 / Sb 11,15s | 12. Sl 107,20; Dt 32,39 | 15. Dt 32,39; 12,27 | 16. Êx 9,24s; Sl 78,47ss | 17. 5,17.20 | 20. Êx 16; Sl 78,25; 105,40 | 22. 16,19 | 24. 5,17; 19,6 | 25. 19,18; Sl 104,27s; 136,25; 145,16

† **16**,21. O maná, "pão do céu que contém todo o sabor" é figura da Eucaristia, Jo 6,31ss.

punha-se a serviço de vossa liberalidade que a todos alimenta,*
conforme o desejo dos necessitados,
26para que vossos filhos que amais, Senhor, compreendessem
que não são as diversas espécies de frutos que nutrem o homem,
mas é vossa palavra que conserva os que creem em vós.*
27Com efeito, o que não era destruído pelo fogo
logo se derretia ao simples calor de um raio de sol,*
28para que se soubesse que é preciso
antecipar-se ao sol para vos dar graças
e encontrar-vos ao despontar da luz,*
29porque a esperança do ingrato
se dissolve como a geada do inverno
e escorre como água inútil.*

17 **As trevas do Egito.** 1Sim, vossos julgamentos são grandes e difíceis de entender,*
por isso as almas incultas se extraviaram.
2Os iníquos, pensando dominar a nação santa,
acorrentados nas trevas e prisioneiros de uma longa noite,*
fechados em suas casas, jaziam excluídos da providência eterna.*
3Pensando ficar escondidos, com seus pecados secretos,
sob o véu opaco do esquecimento,
foram dispersos, atingidos por um pavor horrível
e amedrontados por alucinações†.
4Nem o esconderijo em que se abrigavam
os preservou do temor;
mas ruídos aterradores ressoavam ao redor deles
e fantasmas lúgubres de semblante triste lhes apareciam.
5Nenhum fogo, por mais intenso que fosse, conseguia iluminá-los;
nem mesmo as luzes brilhantes dos astros
conseguiam aclarar aquela noite horrível.
6Aparecia-lhes somente um braseiro
que se acendia por si mesmo e semeava o terror;
uma vez desaparecida esta visão,
julgavam piores ainda as coisas vistas.
7Fracassavam os artifícios da magia,
e sua pretensa sabedoria recebeu humilhante desmentido.
8Os que prometiam expulsar temores e inquietações
da alma enferma
caíam vitimas de um medo ridículo.
9Mesmo não havendo nada de espantoso para os aterrorizar,
a passagem dos animais e o silvo das serpentes
bastavam para sobressaltá-los;
morriam de medo e recusavam até mesmo olhar este ar
do qual não há como fugir.
10A malícia é uma coisa vil,
condenada pelo próprio testemunho,
e, oprimida pela consciência, presume sempre o pior†.
11Com efeito, o temor não é outra coisa
senão a renúncia aos auxílios da razão:
12quanto menos no íntimo se espera deles,
tanto mais grave parece a ignorância
da causa que produz o tormento.
13Mas eles, durante aquela noite realmente impotente,
saída dos recessos do impotente abismo,
entorpecidos por um mesmo sono,
14ora eram perseguidos por fantasmas monstruosos,
ora paralisados pela depressão da alma,
porque um terror repentino e inesperado se abatera sobre eles.

---

* **16**,26. Dt 8,3 | 27. Êx 16,21 | 28. Sl 5,4; Eclo 39,6 | 29. Sl 58,8 | **17**,1. Sl 92,6s; Rm 11,33ss / Êx 10,21ss | 2. Êx 10,21ss / Sb 14,3

† **17**,3. Conforme a lei do talião, a praga das trevas castiga as trevas do pecado. | 10. Da consciência do pecado nasce o medo.

15Assim também, qualquer um que caísse lá
era encerrado num cárcere sem grades.
16Fosse ele agricultor, pastor
ou operário que trabalha em lugares solitários,
surpreendido, tinha de suportar a necessidade inelutável,
porque todos estavam acorrentados à mesma cadeia de trevas.
17O sibilar do vento,
o canto melodioso de pássaros na ramagem frondosa,
a cadência da água que corre impetuosa,
o surdo fragor de rochas desmoronando,
18a corrida invisível de animais que saltavam,
o rugido de crudelíssimas feras que bramiam,
o eco que repercutia nas cavidades dos montes,
tudo os paralisava e enchia de terror.
19Todo o mundo era iluminado de luz resplandecente
e cada um se dedicava a seus trabalhos sem impedimento.
20Somente sobre eles se estendia uma noite profunda,
imagem das trevas que mais tarde os envolveriam;
e eles eram para si mesmos um peso maior que as trevas.

18 **A coluna de fogo.** 1Para vossos santos, ao contrário, resplandecia uma grande luz;*
os egípcios, porém, escutando suas vozes, sem ver seu semblante,
os proclamavam felizes, porque não tinham sofrido como eles;
2e eram-lhes gratos porque, depois de maltratados,
não revidavam
e imploravam perdão por terem sido inimigos deles.
3Em vez das trevas, destes aos vossos uma coluna de fogo,*
para os guiar por um caminho desconhecido,
e um sol inofensivo em sua gloriosa migração.*
4Quanto aos outros, mereciam ficar sem-luz*
e ser aprisionados nas trevas*
por haverem encerrado em prisões vossos filhos,
por meio dos quais a luz incorruptível da lei
devia ser comunicada ao mundo†.
A morte dos primogênitos. 5Como eles tinham decidido matar os recém-nascidos dos santos
– e um só menino foi exposto e salvo –*
como castigo arrebatastes uma multidão de filhos deles*
e os fizestes perecer todos juntos na água impetuosa.*
6Aquela noite foi prenunciada a nossos pais,
para que, sabendo com certeza em quais promessas tinham acreditado,
ficassem cheios de coragem†.
7Vosso povo esperava
a salvação dos justos e o extermínio dos inimigos.
8De fato, o que vos servia para punir nossos adversários
tornou-se para nós um título de glória,
pois nos chamáveis a vós.
9Os filhos santos dos justos ofereciam sacrifícios em segredo
e estabeleceram, de comum acordo, esta lei divina:
os santos participariam igualmente dos bens e dos perigos;
e já entoavam os hinos de seus pais.
10Respondia-lhes o grito confuso dos inimigos*
e se difundia o lamento dos que choravam seus filhos.
11O mesmo castigo atingia escravo e senhor;*

---

* **18**,1. Êx 10,23 | 3. Êx 13,21s / Sb 10,17 | 4. Sl 121,6 / Sb 11,16 | 5. Êx 1,22-2,10 / Êx 12,29s / Êx 14,26-29 | 10. Êx 11,6; 12,30 | 11. Êx 11,5; 12,29

† **18**,4. A luz da salvação para todos os povos vem dos judeus, Jo 4,22. | 6. Os patriarcas mostravam interesse pelo futuro de seus descendentes, Hb 11,13.39s; 1Pd 1,10ss.

o homem do povo sofria as mesmas penas que o rei.
12 Todos igualmente tiveram inúmeros mortos,
abatidos da mesma maneira;
e os vivos não bastavam para sepultá-los*
porque num instante pereceu a parte melhor de sua geração.
13 Aqueles que descriam de tudo por causa de suas magias,
vendo morrer seus primogênitos, reconheceram
que este povo era filho* de Deus†.
14 Enquanto um profundo silêncio envolvia todas as coisas*
e a noite chegava à metade de seu rápido percurso,
15 vossa Palavra onipotente lançou-se*
do céu, de vosso trono real, como implacável guerreiro†,
no meio daquela terra votada ao extermínio,
levando, como espada afiada, vossa ordem inexorável.*
16 Ao parar, encheu de morte o universo;
tocava o céu e caminhava sobre a terra.
17 Então, de repente, fantasmas de sonhos terríveis os sobressaltaram;*
temores inesperados caíram sobre eles.
18 Caindo semimortos aqui e ali,
manifestavam a causa da morte que os atingia.
19 Porque seus sonhos aterradores os tinham prevenido,
para que não morressem sem saber
o motivo de seus sofrimentos.

O flagelo passageiro dos hebreus.
20 Mas a provação da morte atingiu também os justos
e uma multidão foi massacrada no deserto.*
Mas a ira não durou muito tempo,
21 porque um homem irrepreensível se apressou a defendê-los:
servindo-se das armas de seu ministério,
a oração e o sacrifício expiatório do incenso,*
se opôs à cólera e pôs fim ao flagelo,
demonstrando que era vosso servo.
22 Ele não superou a ira divina com a força física,
nem com o poder das armas,
mas com a palavra deteve aquele que castigava,
recordando-lhe os juramentos feitos aos pais e as alianças.*
23 Os mortos já tinham caído aos montes uns sobre os outros
quando ele interveio, deteve a Ira
e lhe barrou o caminho para os vivos.
24 Pois em sua veste longa estava todo o mundo,
os nomes gloriosos dos pais,*
gravados sobre quatro fileiras de pedras preciosas,
e vossa Majestade no diadema* de sua cabeça†.
25 Diante disso o exterminador recuou, teve medo,
porque uma só demonstração da Cólera bastava.

19 **Hebreus e egípcios no mar Vermelho.** 1 Mas sobre os ímpios se abateu até o fim um furor implacável,
porque Deus previa também o que iriam fazer:
2 que, depois de permitir que saíssem
e apressá-los a partir,
mudando de ideia, os perseguiriam.*
3 De fato, enquanto estavam ainda ocupados com o luto
e choravam sobre o túmulo dos mortos,
tomaram uma outra decisão insensata:

* **18**,12. Nm 33,4 | 13. Êx 4,22; Os 11,1 | 14. Êx 11,4; 12,29 | 15. Ap 19,11ss / Ap 19,15 | 17. Jó 4,13ss | 20. Nm 17,6-15; 1Cor 10,8 | 21. Nm 17,11s | 22. Êx 32,11ss | 24. Êx 28,17-21.29 / Êx 28,36 | **19**,2. Êx 14,5-9; 18,12

† **18**,13. Israel é filho primogênito de Deus, Êx 4,22. | 15. A liturgia do tempo do Natal aplica esse texto poético à Encarnação do Verbo. | 24. Na veste do sumo sacerdote, Êx 28,1-35, estava representado o céu na cor, a terra nas flores e no linho, o fogo no ouro, o mar nas romãs, a harmonia do universo nas campainhas; nas pedras do peitoral, as 12 tribos.

puseram-se a perseguir como fugitivos
aqueles aos quais tinham rogado que partissem.
4Arrastou-os a este extremo um merecido destino,
que lançou no esquecimento o ocorrido,
para que completassem a punição
que ainda faltava a seus tormentos;
5enquanto vosso povo empreendia uma viagem extraordinária,*
eles encontrassem uma morte inaudita.
6Pois toda a criação, em sua própria natureza,*
assumia nova forma, como no princípio,
obedecendo a vossas ordens,
para que vossos filhos fossem preservados de todo o mal.
7Apareceu a nuvem para cobrir de sombra o acampamento,*
e da água que antes havia, surgiu a terra seca:
uma estrada livre se abriu no mar Vermelho
e as ondas impetuosas deram lugar a uma planície verdejante†.
8Por ela passou todo o vosso povo,*
os protegidos de vossa mão,
espectadores de prodígios estupendos.
9Como cavalos conduzidos ao pasto,*
como cordeiros saltitantes,
glorificavam a vós, Senhor, seu libertador.*
10Recordavam ainda os acontecimentos do exílio:
como a terra, em vez de diversos tipos de animais, produziu moscas;*
como o rio, em vez de peixes, derramou uma multidão de rãs.*
11Mais tarde viram também um novo gênero de aves,
quando, levados pelo apetite, pediram comidas delicadas;*
12e para satisfazê-los, subiram do mar codornizes.*

Os egípcios mais culpados que os sodomitas. 13Sobre os pecadores, porém, recaíram os castigos,
não sem sinais premonitórios de relâmpagos fragorosos;
eles sofreram justamente por sua malícia,
pois tinham manifestado ao estrangeiro um ódio profundo.
14Outros não acolheram visitantes desconhecidos,
mas estes reduziram a escravos
hóspedes que eram seus benfeitores.
15Mais ainda: haverá para os primeiros um castigo,
porque receberam forasteiros com hostilidade;
16mas estes, depois de tê-los festivamente acolhido,*
depois, quando já participavam de seus direitos,
os oprimiram com trabalhos duríssimos.*
17Foram por isso atingidos pela cegueira,
como o foram os primeiros à porta do justo,
quando, envoltos em espessas trevas,
cada um procurava a entrada de sua porta.*
18Assim os elementos se combinavam de modo diferente,
como na harpa a variação das notas muda a natureza do ritmo,
embora conservando sempre o mesmo tom.

Conclusão. É justamente isto que se pode deduzir
da atenta consideração dos acontecimentos:
19animais terrestres se tornavam aquáticos,
os que nadavam saltavam para a terra.
20Na água, o fogo aumentava seu poder

---

* **19**,5. 18,3 | 6. 5,17; 16,24 | 7. Êx 14,19-22 | 8. 3,1 | 9. Is 63,13s; Ml 3,20 / Êx 15,1-21 | 10. Êx 8,12-15 / Êx 8,2 | 11. Nm 11,31 | 12. Êx 16,13 | 16. Gn 45,17-20; 47,1-12 / Êx 1,8-14; 5,4-18 | 17. Gn 19,11

† **19**,7. A intervenção salvífica de Deus no êxodo, evento fundador de Israel, é o modelo de todas as libertações posteriores, inclusive a do fim da história.

e a água esquecia sua propriedade natural de apagá-lo.

[21]As chamas, ao contrário, não consumiam as carnes*
de animais tenros, que passeavam em seu meio,
nem dissolviam aquela espécie de comida celeste,*
semelhante à geada e tão fácil de se derreter.

[22]Em tudo, ó Senhor, engrandecestes*
e glorificastes vosso povo
e não o descuidastes,
assistindo-o em todo o tempo e lugar†.

* **19**,21. 16,18 / 16,221 | 22. Is 45,17.25

† **19**,22. Apesar dos pecados de seu povo, Deus não o abandonou; sua proteção na história passada é garantia da assistência divina para o povo superar as perseguições, Is 45,17.25.

ECLESIÁSTICO

De todos os livros sapienciais, é o mais rico de ensinamentos práticos, parecendo uma síntese da tradição de sabedoria que o precede, um manual do bom comportamento religioso e moral.

Foi escrito em hebraico, entre os anos 190 e 180 a.C, por um sábio educador da juventude, chamado Ben Sira, que vivia em Jerusalém. O neto do autor conta no Prólogo como levou a obra para o Egito no ano 132 a.C. e a traduziu para o grego para os hebreus do lugar. O texto hebraico, que São Jerônimo conheceu e era citado pelos rabinos, foi considerado perdido durante muito tempo, mas alguns fragmentos de cinco manuscritos hebraicos dos séc. XI ou XII foram descobertos em 1896 e 1900 numa sinagoga do Cairo; foram achados fragmentos em duas grutas de Qumrân e, em 1964, nas escavações de Masada, fragmentos do séc. I a.C. Assim foi possível reconstruir 3/5 do original do livro. No grego o livro se chama "Sabedoria de Jesus, filho de Sirac", e a tradução latina chamou-o de "Ecclesiasticus liber", por causa de seu uso na Igreja, sobretudo na instrução dos catecúmenos.

Na época de Ben Sira, a Palestina estava sob o domínio dos Selêucidas, propagadores dos costumes pagãos. Diante daquela invasão do mundo grego, Israel precisava confirmar sua fé, seu apego ao patrimônio religioso e salvar sua identidade como povo da Aliança. Em breve, Antíoco IV haveria de desencadear a perseguição contra a fé e os costumes judaicos, e a jovem geração educada por Ben Sira terá de optar entre a traição e o heroísmo.

O livro é uma coleção de conselhos e sentenças referentes à prática da sabedoria, fundada sobre o temor de Deus. Aborda aspectos da vida de cada dia e das relações com o próximo. Apresenta duas novidades: a sabedoria é identificada concretamente com a Lei dada por Deus ao povo eleito; e, pela primeira vez, a história é inserida no gênero sapiencial: os grandes personagens do passado são apresentados como ilustres exemplos de pessoas guiadas pela sabedoria no exercício das mais altas virtudes.

A perspectiva do autor continua limitada a esta vida. O ser humano recolhe o que semeia. Deus lhe deu dons e liberdade para que faça suas escolhas, pensando nas consequências. Uma vida guiada pelo temor de Deus gozará de sua bênção.

O texto grego, reconhecido como inspirado, existe em duas formas, a mais longa e a mais breve. Algumas traduções modernas seguem a primeira e outras, a segunda, dando origem a diferenças na numeração dos versículos. Nossa tradução segue a forma longa, opção feita também pela Nova Vulgata.

I. PRÓLOGO DO TRADUTOR GREGO†

Muitos e profundos ensinamentos nos foram dados na Lei, nos Profetas e nos outros Escritos† sucessivos, e por eles se deve louvar Israel como povo instruído e sábio.

Ora, os que leem as Escrituras devem não apenas entendê-las, mas também, como estudiosos, ser capazes de tornar-se úteis aos de fora com a palavra falada e escrita. Assim meu avô Jesus, tendo-se dedicado longamente à leitura da Lei, dos Profetas e dos outros Livros de nossos pais, e tendo alcançado uma notável competência neles, sentiu-se chamado a escrever alguma coisa a respeito do ensinamento e da sabedoria†, para que os estudiosos, familiarizando-se com seu livro, possam progredir ainda mais na conduta conforme a Lei.

Sois portanto convidados a fazer sua leitura com benevolência e atenção e a mostrar-vos indulgentes nos casos

† **I**. O neto de Jesus Ben Sira explica por que seu avô escreveu um livro de ensinamento e sabedoria, e por que ele o traduziu. / Aparece aqui pela primeira vez a divisão do AT em 3 partes: Lei, Profetas e outros Escritos, Lc 24,44. / Sabedoria é a maneira de dirigir a própria vida conforme a lei de Deus e de obter a felicidade terrestre. / Corresponde ao ano 132 a.C.

em que, não obstante o esforço que empregamos na tradução, parecermos não ter conseguido exprimir o sentido de certas expressões. De fato, as coisas ditas em hebraico não têm a mesma força quando são traduzidas para outra língua. E não somente esta obra, mas também a própria Lei, os Profetas e os outros Livros, quando traduzidos, diferem não pouco do texto original.

No ano trinta e oito do rei Evergetes†, vim ao Egito, onde permaneci por certo tempo. Tendo descoberto aí um escrito de grande valor educativo, considerei necessário aplicar-me também com diligência e fadiga a traduzi-lo. Depois de lhe haver dedicado muitas vigílias e estudos em todo aquele tempo, levei a bom termo o trabalho e publico o livro para aqueles que no exterior pretendem instruir-se, reformar seus costumes e viver segundo a Lei.

II. NATUREZA E PRECEITOS DA SABEDORIA (1,1–42,14)

1 **A sabedoria vem de Deus.** 1 Toda sabedoria vem do Senhor Deus*
e está com ele para sempre.
Ela existe antes de todos os séculos.
2 A areia do mar, as gotas da chuva
e os dias dos séculos, quem poderá contá-los?
3 A altura do céu, a extensão da terra,
a profundeza do abismo, quem poderá medi-las?
Quem pode penetrar a Sabedoria divina que precede a tudo?
4 Antes de todas as coisas foi criada a sabedoria,*
e a inteligência prudente existe desde sempre.
5 Fonte da sabedoria é a palavra de Deus nas alturas,
seu acesso são os mandamentos eternos.
6 A quem foi revelada a raiz da sabedoria?
Quem conhece suas sutilezas?
7 A quem foi revelada e manifestada a ciência da sabedoria?
Quem compreendeu sua grande experiência?
8 Somente o Altíssimo, Criador onipotente,
rei poderoso e muito temível,
aquele que está sentado em seu trono, Deus dominador.
9 Foi ele que no espírito santo criou a Sabedoria,*
ele a viu, enumerou e mediu;
10 e difundiu-a sobre todas as suas obras
e sobre todo ser mortal, segundo sua generosidade,
e a concedeu aos que o temem.

O temor de Deus conduz à Sabedoria. 11 O temor do Senhor é glória e honra,*
alegria e coroa de exultação.
12 O temor do Senhor alegra o coração
e dá contentamento, gozo e vida longa.
13 Para quem teme o Senhor tudo acabará bem,
será abençoado no dia de sua morte.
14 O amor de Deus é uma sabedoria digna de honra;
15 àqueles a quem se manifestou ele a concede como partilha em sua visão,
para que reconheçam suas grandes obras.
16 Princípio da sabedoria é temer o Senhor;*
ela foi gerada com os fiéis no seio materno;
com os que amam a verdade foi firmada desde sempre
e a seus descendentes se dará.
17 O temor do Senhor é a religião da ciência;
18 esta religião guarda e justifica o coração,
e lhe traz alegria e satisfação.
19 Quem teme o Senhor encontrará conforto,
no dia da morte será abençoado.
20 Plenitude da sabedoria é temer a Deus;
com seus frutos inebria seus fiéis.*

---

* **1**,1. Pr 2,6; Sb 9,4 | 4. 24,12s; Pr 8,22; Br 3,20ss; Jó 28,12-23 | 9. Jó 28,27; Jl 3,1s | 11. Dt 9,16; Pr 4,10; 1,29 | 16. Pr 1,7; Sl 111,10 | 20. Pr 8,18s

[21]Enche de coisas preciosas toda a sua casa,
e de seus tesouros seus celeiros.*
[22]Coroa da sabedoria é o temor do Senhor;
faz florescer a paz e o fruto da salvação:
[23]ambos porém são dons de Deus.
[24]A Sabedoria derrama como chuva a ciência e o conhecimento inteligente,*
e aumenta a glória dos que a possuem.
[25]Raiz da sabedoria é temer o Senhor;*
seus ramos são uma longa vida.

Como adquirir a sabedoria. [26]A inteligência e a religião da ciência estão nos tesouros da sabedoria;
mas para os pecadores a sabedoria é abominação.
[27]O temor do Senhor expulsa o pecado,
mas quando está presente, afasta toda ira.
[28]Pois quem não tem temor não poderá tornar-se justo:*
a violência de sua paixão causará sua ruína.
[29]O homem paciente aguentará até o devido tempo†
e depois lhe será restituída a alegria.
[30]A pessoa de bom senso guarda as palavras até a hora certa,
e os lábios de muitos celebrarão sua prudência.
[31]Entre os tesouros da sabedoria estão as máximas instrutivas,
[32]mas para o pecador o culto a Deus é abominação.
[33]Meu filho, se desejas a sabedoria, pratica a justiça,
e Deus ta concederá.
[34]Pois o temor do Senhor é sabedoria e instrução;*
o que lhe agrada
[35]é a confiança e a doçura†.
[36]Não sejas indócil ao temor do Senhor
e não te aproximes dele com duplicidade de coração.
[37]Não sejas fingido diante dos homens*
e controla tuas palavras.
[38]Não te exaltes para não caíres
e para não atrair sobre ti a desonra;
[39]para que o Senhor não revele teus segredos
e te humilhe diante da assembleia,*
[40]porque te aproximaste do temor do Senhor com malícia,
e teu coração está cheio de astúcia e de engano.

2 **Constância na provação.** [1]Filho, se pretendes servir ao Senhor,*
permanece firme na justiça e no temor
e prepara-te para a provação†.
[2]Governa teu coração e sê constante,
inclina teu ouvido e acolhe as palavras de sabedoria
e não te perturbes no tempo da adversidade.*
[3]Suporta as demoras de Deus, fica unido a ele sem te separar,
para que fiques sábio em teus caminhos.*
[4]Aceita tudo o que te acontece;
permanece firme na dor e paciente em tua humilhação,
[5]porque com o fogo se provam o ouro e a prata,*
e os eleitos no cadinho da humilhação.
[6]Crê em Deus, e ele te ajudará;
espera nele, e dirigirá teus caminhos;*
conserva seu temor e nele permanece até a velhice.

Confiança. [7]Vós que temeis o Senhor, contai com sua misericórdia;
não vos desvieis dele para não cairdes.
[8]Vós que temeis o Senhor, confiai nele,
e vossa recompensa não falhará.

---

* **1**,21. Sb 7,11 | 24. Jó 28,27 | 25. 1,16 | 28. Pr 29,22 | 34. Pr 15,33 | 37. 2,14; 5,11; Tg 1,6ss | 39. Pr 5,14 | **2**,1. Ap 2,10; Tg 1,2ss | 2. 1Pd 4,12 | 3. Ap 3,21 | 5. Rm 5,3; Tg 1,2ss | 6. Pr 3,5s

† **1**,29. No Eclo, a palavra tempo, tempo oportuno, momento favorável, "kairós", aparece 60 vezes. É sabedoria achar esse tempo e agir nele. | 35. Doçura é a disposição de acolher docilmente os mandamentos de Deus. | **2**,1. A provação na época do autor eram as dificuldades criadas pela difusão do helenismo e seu confronto com a religião e os costumes judaicos.

9Vós que temeis o Senhor, esperai seus benefícios,
a felicidade eterna e a misericórdia.
10Vós que temeis o Senhor, amai-o,
e vossos corações serão iluminados.
11Considerai, filhos, as gerações passadas e refleti:*
quem confiou no Senhor e ficou desiludido?
12Ou quem perseverou em seu temor e foi abandonado?
Ou quem o invocou e foi por ele desprezado?
13Porque o Senhor é clemente e misericordioso,*
perdoa os pecados no dia da tribulação
e protege todos os que o procuram de verdade.
14Ai dos corações covardes, dos lábios perversos e das mãos indolentes,
e do pecador que quer entrar na terra por dois caminhos!
15Ai dos corações sem coragem porque não têm fé;
por isso não serão protegidos.
16Ai de vós que perdestes a paciência
e abandonastes os caminhos retos e vos extraviastes por maus caminhos!
17Que fareis quando o Senhor começar o acerto de contas?
18Os que temem o Senhor não são incrédulos a sua palavra;
e os que o amam permanecem em seus caminhos.*
19Os que temem o Senhor procuram o que lhe agrada;
e os que o amam se saciam com sua lei.
20Os que temem o Senhor têm o coração sempre preparado
e santificam sua alma diante dele.
21Os que temem o Senhor guardam seus mandamentos
e esperam com paciência sua vinda
22dizendo: "Se não fizermos penitência,
cairemos nas mãos do Senhor* e não nas dos homens;
23porque, conforme é sua grandeza,
tão grande é também sua misericórdia".

3 **Deveres para com os pais.** 1Os discípulos da sabedoria são uma assembleia de justos,
e a nação deles se distingue pela obediência e pelo amor.
2Ouvi, filhos, a advertência de um pai
e segui-a para serdes salvos.
3Pois Deus glorifica o pai nos filhos
e confirma a autoridade da mãe sobre eles.
4Quem honra o pai intercede pelos pecados,
evita cair neles e é ouvido em sua oração diária.
5Quem honra a mãe é como alguém que acumula tesouros.
6Quem honra o pai terá alegria em seus filhos
e será ouvido no dia de sua oração.
7Quem honra o pai terá vida longa;
quem obedece ao pai dá consolo à mãe.
8Quem teme o Senhor respeita pai e mãe
e serve como a senhores os que lhe deram a vida.
9Honra teu pai com tuas ações e palavras*
10para que desça sobre ti sua bênção.
11A bênção do pai consolida as casas dos filhos,*
mas a maldição da mãe arrasa até os alicerces†.
12Não te glories da desonra de teu pai,
porque a desonra dele não pode ser tua glória;
13pois a glória de um homem depende da honra do pai,*
vergonha para os filhos é a mãe desprezada.
14Filho, ajuda teu pai na velhice,*
não o entristeças durante sua vida.
15E se ele perder a lucidez, sabe desculpar

---

* **2**,11. Jó 4,7; Sl 22,5s; 37,25 | 13. Sl 145,8s; Êx 34,6s | 18. Jo 14,15.21.23 | 22. 2Sm 24,14 | **3**,9. Mt 21,28-31 | 11. Gn 27,27s; 48,15-20; 49,3-27; Dt 33,1-25 | 13. Pr 17,6 | 14. Mt 15,4ss; Pr 19,26

† **3**,11. Os antigos consideravam infalível a bênção ou a maldição dos pais.

e não o desprezes em nenhum dia de
sua vida.
Porque a bondade com o pai não
será esquecida,
[16]mas será plantada em lugar de teus
pecados
[17]e contada para ti como justiça;
no dia de tua tribulação Deus se lem-
brará de ti
e como a geada ao calor se dissolve-
rão teus pecados.
[18]Como é infame aquele que aban-
dona seu pai!*
Como é amaldiçoado pelo Senhor
aquele que exaspera sua mãe!
Ser humilde. [19]Filho, realiza teu traba-
lho com mansidão
e serás amado mais que um homem
generoso.
[20]Quanto maior fores, tanto mais te
humilhes em tudo,*
e assim encontrarás graça diante de
Deus.
Muitos são importantes e gloriosos,
mas é aos humildes que ele revela
seus mistérios.
[21]Porque só Deus tem grande po-
der,*
e é pelos humildes que ele é honra-
do.*
[22]Não procures o que é mais alto do
que tu
nem investigues o que é mais forte;*
mas pensa sempre no que Deus te
ordenou
e não sejas curioso acerca de suas
muitas obras.
[23]Pois não precisas ver com teus
olhos o que está escondido.
[24]Guarda-te de pesquisar com exa-
gero coisas supérfluas,
[25]porque te foi mostrado mais do
que compreende uma inteligência hu-
mana.
[26]Muitos foram enganados por suas
próprias opiniões,
e uma falsa aparência extraviou seus
pensamentos.
Sem a pupila, falta a luz,
sem o conhecimento, falta a sabedo-
ria.
Os danos do orgulho. [27]Um coração
obstinado acabará na desgraça;*
quem ama o perigo nele perecerá.
[28]O coração que segue dois cami-
nhos não será bem-sucedido,
quem é perverso tropeçará neles.
[29]O coração mau será acabrunhado
de dores,
e o pecador acrescentará pecado so-
bre pecado.
[30]Para as chagas dos soberbos não
existe cura,
porque a planta do mal se enraizou
neles e não é percebida.
[31]O coração dos sábios compreende
as palavras dos sábios,
e o ouvido atento cobiçará a sabe-
doria.
[32]O coração sábio e inteligente se
abstém dos pecados
e praticando a justiça terá bom êxito.
[33]A água apaga um fogo ardente,
assim a esmola expia os pecados.
[34]Deus observa aquele que presta
um favor
e lembra-se dele no futuro;*
no momento da queda este encon-
trará apoio.

4 **Obras de misericórdia.** [1]Filho,
não negues ao pobre a esmola†,
não desvies dele teus olhos.
[2]Não entristeças um faminto,
não exasperes o pobre em sua indi-
gência.
[3]Não aflijas o coração do indigente,
não adies a esmola ao angustiado.*
[4]Não rejeites o pedido do aflito,
e do necessitado não desvies o ros-
to.*
[5]Do pobre não afastes o olhar por
causa da ira:
não lhe dês ocasião de amaldiçoar-te
por detrás;
[6]porque será ouvida a súplica daquele
que te amaldiçoar amargurado:
seu Criador o atenderá.*

* **3**,18. Pr 19,26; 30,17 | 20. Fl 2,5-8 | 21. Tg 4,6.10 / Pr 3,34; Sf 2,3 | 22. Sl 131,1 | 27. Pr 28,14; Rm 2,5 | 34. Tb 12,9; 1Pd 4,8 | **4**,3. Pr 3,27s | 4. Tb 4,7

† **4**,1. "Não socorrer os pobres é roubá-los e tirar-lhes a vida" (S. João Crisóstomo).

[7]Faze-te amar pela comunidade;
humilha-te diante do mais velho
e diante de um poderoso abaixa a cabeça.
[8]Inclina ao pobre teu ouvido sem tristeza;
paga-lhe tua dívida
e responde-lhe com afabilidade e mansidão.
[9]Arranca o oprimido do poder do opressor,*
e quando julgares não procedas com amargor.
[10]Sê misericordioso com os órfãos como um pai*
e como um esposo para a mãe deles;
[11]e serás como um filho obediente do Altíssimo,*
e ele terá compaixão de ti mais que uma mãe.

A Sabedoria educa. [12]A Sabedoria inspira a vida a seus filhos
e acolhe os que a procuram.*
[13]Quem a ama, ama a vida,
os que a procuram solícitos receberão do Senhor a alegria.*
[14]Quem a possui herdará a glória;*
aonde quer que vá, Deus o abençoará.
[15]Os que a veneram prestam culto ao Santo,
e Deus ama os que a amam.*
[16]Quem a escuta julgará as nações;
quem lhe presta atenção viverá tranquilo.
[17]Quem nela confia a obterá em herança;
seus descendentes conservarão sua posse.
[18]Pois andará com ele disfarçada,
e a princípio o porá à prova;
[19]e lhe incutirá temor e medo,*
e o experimentará com as provas de sua disciplina,
até que ele a conserve em seus pensamentos e nela confie.
[20]Então ela voltará diretamente a ele e o fortalecerá
dando-lhe alegria;
[21]manifestará a ele seus segredos
e o enriquecerá com o tesouro do conhecimento
e da compreensão da justiça.
[22]Se ele, porém, seguir uma estrada falsa, ela o abandonará*
e o entregará às mãos de seu inimigo.

Pudor e respeito. [23]Filho, observa o tempo oportuno e evita o mal,
[24]assim não te envergonharás de ti mesmo.
[25]Pois há uma vergonha que leva ao pecado*
e há uma vergonha que traz honra e graça.
[26]Não te mostres parcial para teu prejuízo
e não sejas mentiroso para tua ruína.
[27]Não receies advertir o teu próximo quando errar,
[28]não retenhas a palavra no devido tempo;
não escondas tua sabedoria por respeito humano.
[29]Pois é pela palavra que se reconhece a sabedoria,
e o bom senso, pela resposta da língua.
[30]De nenhum modo contradigas a verdade,
mas sente vergonha da tua ignorância.
[31]Não te envergonhes de confessar teus pecados,*
e a ninguém te submetas por causa do pecado.
[32]Não resistas diante de um poderoso,
como não se enfrenta a correnteza de um rio.
[33]Luta pela justiça até a morte,*
e Deus combaterá por ti contra teus inimigos.
[34]Não sejas arrogante na tua linguagem
e, ao invés, covarde e indolente em tuas ações.*
[35]Não sejas como um leão em tua casa,
ameaçando teus empregados e oprimindo teus dependentes.

* **4**,6. Dt 15,9 | 9. Jó 29,15ss | 10. Êx 22,21 | 11. Lc 6,35 | 12. 6,28s | 13. Pr 3,16ss; Sb 8,17s | 14. Pr 3,35 | 15. Jo 14,21 | 19. Mt 7,14 | 22. Jó 11,6; Dn 2,21s; Jo 15,15 | 25. 20,24 | 31. Lv 5,5 | 33. Jo 18,37 | 34. 1Jo 3,18

36 Tua mão não seja aberta para re-
ceber
e, ao contrário, fechada para dar.*

5

A falsa segurança. 1 Não confies
em tuas riquezas*
e não digas: "Tenho o bastante para
viver".
2 Não sigas o teu vigor,
para te entregares às paixões do teu
coração.
3 Não digas: "Quem me dominará?",*
ou "Quem me fará prestar contas dos
meus atos?"
Porque o Senhor sem dúvida fará
justiça.
4 Não digas: "Pequei,* e o que me
aconteceu de mal?"†,
porque o Senhor é paciente para re-
tribuir.
5 Não estejas sem medo do pecado
perdoado
nem acrescentes pecado a pecado.
6 Não digas: "A misericórdia do Se-
nhor é grande;
ele me perdoará os muitos pecados";
7 porque sua misericórdia e sua ira
chegam depressa,*
e sua ira se abate sobre os pecado-
res.
8 Não demores para converter-te ao
Senhor*
e não o adies de um dia para outro,
9 pois sua ira virá de repente,
e no tempo do castigo serás arreba-
tado.
10 Não confies em riquezas injustas,
porque de nada valem no dia da des-
graça.*
11 Não joeires o trigo com qualquer
vento
e não andes por qualquer caminho,
pois é assim que todo pecador se re-
vela pela sua fala hipócrita.
Bom uso da língua. 12 Sê firme na tua
convicção*
e na verdade de tua convicção e no
conhecimento;
e a palavra da paz e da justiça te
acompanhará.
13 Sejas pronto para ouvir a palavra a
fim de entendê-la,*
e com lentidão darás a resposta.*
14 Se conheces o assunto, responde a
teu próximo;
se não, põe a mão sobre a boca,*
para não seres surpreendido numa
palavra incorreta
e ficares envergonhado.
15 No falar pode haver honra ou desonra;
a língua do homem é a sua ruína.*
16 Não te faças chamar de boateiro
e não calunies com a língua;
17 porque a vergonha é para o ladrão,
a má fama é para quem fala com hi-
pocrisia
e para o boateiro, o ódio, a inimizade
e a injúria.

6

1 Não causes dano, nem grande e
nem pequeno,
e de amigo não te tornes inimigo.
Porque herdarás má fama, afronta e
injúria;
assim acontece a todo pecador, inve-
joso e de fala hipócrita.
2 Não te exaltes como um touro nos
pensamentos de teu coração,
para não suceder que a insensatez
quebre tua força,
3 devore tuas folhas e estrague teus
frutos,
deixando-te como árvore seca no
deserto.*
4 Uma paixão desenfreada arruína
quem a possui
e o faz objeto de zombaria para os
inimigos,
levando-o ao destino dos ímpios.
O amigo fiel. 5 Uma palavra gentil mul-
tiplica os amigos e acalma os inimigos;*
uma linguagem afável favorece o
bom relacionamento.
6 Sejam muitos os que vivem em paz
contigo,
mas teu conselheiro, um entre mil.*

---

* **4**,36. At 20,35 | **5**,1. 11,26; Lc 12,15-21 | 3. Sl 13,5; Sb 2,11 | 4. Ecl 8,11-14; Rm 2,4; 3,25 | 7. 16,11 | 8. Is 55,6s; Lc 12,35-40 | 10. Pr 10,2 | 12. Mt 5,37 | 13. Tg 5,12 / Tg 1,19 | 14. Pr 30,32 | 15. Pr 18,21; Tg 3,6 **6**,3. Jo 15,5s | 5. Pr 15,1 | 6. 37,7-17

† **5**,4. Os céticos duvidam da intervenção de Deus nas coisas humanas e de sua função de juiz.

7 Se pretendes adquirir um amigo,
adquire-o na provação*
e não confies logo nele.
8 Há, com efeito, quem é amigo quan-
do lhe é cômodo,
mas não resiste no dia da adversida-
de.
9 Há também o amigo que se torna
inimigo
e revela as desavenças contigo.*
10 Há amigo que é companheiro à
mesa,
mas não resiste no dia do infortúnio.
11 Na tua prosperidade, será como
teu igual
e se sentirá à vontade para dar or-
dens a teus criados.
12 Mas se fores humilhado, ele se vol-
tará contra ti*
e da tua presença se esconderá.
13 Fica longe dos teus inimigos,
e sê cauteloso com teus amigos.
14 Um amigo fiel é uma proteção po-
derosa,*
quem o encontra, encontra um te-
souro.
15 Nada é comparável a um amigo
fiel:
é um bem que não tem preço.
16 Um amigo fiel é um bálsamo de
vida,*
os que temem o Senhor o encontrarão.
17 Quem teme o Senhor dirige bem
sua amizade,
porque como alguém é, assim será
seu amigo.

Aprender a sabedoria. 18 Filho, desde
a juventude aceita a instrução*
e conseguirás uma sabedoria que
durará até a velhice.
19 Aproxima-te dela como quem ara
e semeia*
e espera seus bons frutos.
20 Porque labutarás um pouco para
cultivá-la,
mas em breve comerás de seus pro-
dutos.
21 Quanto é áspera a sabedoria para
os incultos!
O insensato não permanecerá nela.*
22 Pesará sobre ele como pedra de
provação†,
e ele não tardará a jogá-la fora.
23 A instrução é de fato como diz seu
nome,
mas para muitos não é manifesta.
24 Escuta, filho, e aceita meu parecer,
não rejeites meu conselho.
25 Mete teus pés em seus grilhões,
e teu pescoço em sua coleira;*
26 curva teu ombro e carrega-a,
não sejas impaciente com suas cor-
rentes†.
27 Aproxima-te dela com todo o teu
ânimo*
e com toda a tua força guarda seus
caminhos.
28 Investiga e sonda, procura e en-
contrarás;
e quando a tiveres alcançado, não a
deixes.
29 No fim encontrarás nela o repou-
so,*
e ela se mudará para ti em alegria.
30 Seus troncos serão para ti uma pro-
teção poderosa,
suas coleiras uma veste de glória.*
31 Nela há um ornamento de ouro,
suas correntes são laços de púrpura.
32 Tu te revestirás dela como de uma
veste de glória
e como uma coroa de júbilo a cin-
girás.*
33 Filho, se prestares atenção, apren-
derás;
se aplicares teu espírito, serás pru-
dente.*
34 Se gostas de ouvir, aprenderás a
doutrina;
se prestares ouvido, serás sábio.
35 Frequenta o ambiente dos anciãos
e adere de coração a sua sabedoria,
para que possas ouvir tudo o que di-
zem sobre Deus,

* **6**,7. Pr 17,17; Eclo 12,8s | 9. Pr 25,9s | 12. Pr 19,4.7 | 14. Pr 18,19; Ecl 4,9-12 | 16. Pr 17,17; 18,24 | 18. Pr 22,6 | 19. Pr 8,18s; Sb 7,14 | 21. Pr 24,7 | 25. Mt 11,29 | 27. Dt 6,5 | 29. 4,12s; Mt 11,29; Jr 6,16 | 30. Pr 1,9 | 32. Pr 4,9 | 33. 8,9; Pr 13,20

† **6**,22. Grande pedra que se levantava nas competições de atletismo. | 26. O discípulo da sabedoria era comparado a um animal que traz o jugo em sua nuca, Mt 11,29s.

e as máximas sábias não te escaparão.
36E se vires um homem sensato, madruga para estar com ele,
e teu pé gaste os degraus de sua porta.
37Reflete sobre os preceitos de Deus,
e sê muito assíduo em seus mandamentos;*
ele tornará firme teu coração,
e teu desejo de sabedoria será satisfeito.

7 **Pecados a evitar.** 1Não faças o mal, e o mal não te dominará.*
2Afasta-te da iniquidade, e ela se afastará de ti.
3Filho, não semeies nos sulcos da injustiça*
para não colher sete vezes mais.
4Não peças ao Senhor o poder*
nem ao rei um lugar de honra.
5Não queiras passar por justo diante de Deus,
pois ele conhece o coração;
nem pretendas parecer sábio diante do rei.
6Não procures tornar-te juiz,
a não ser que tenhas bastante força para extirpar as iniquidades;
para não suceder que tenhas medo diante dos poderosos
e comprometas tua própria integridade†.
7Não ofendas a população de uma cidade
e não te degrades no meio do povo.
8Não te deixes prender duas vezes no pecado,
porque nem de um só sairás impune.
9Não sejas hesitante em tua oração*
10e não deixes de rezar e de dar esmola.
11Não digas: "Deus vai considerar a multidão de minhas ofertas*
e, quando eu as apresentar ao Deus Altíssimo, ele as aceitará"†.
12Não zombes de alguém que esteja amargurado,
porque há quem humilha e exalta: Deus que tudo vê.*
13Não espalhes mentiras contra teu irmão
nem algo semelhante contra um amigo.
14Não recorras de modo algum à mentira:
habituar-se a ela não é bom.
15Não fales demais no meio dos anciãos†
e não repitas palavras em tua oração.*
16Não desprezes o serviço penoso,
nem a agricultura, criada pelo Altíssimo.*
17Não te juntes à multidão dos indisciplinados;
18lembra-te de que a ira divina não tardará.
19Humilha profundamente tua alma,
porque fogo e vermes são o castigo do ímpio.*
20Não troques um amigo por dinheiro,
nem um irmão querido pelo ouro de Ofir.

O pai de família. 21Não te separes de uma esposa sensata e virtuosa
que recebeste em sorte no temor do Senhor;
porque a graça de sua modéstia vale mais que o ouro.
22Não maltrates um escravo que trabalha fielmente*
nem um mercenário que dá o melhor de si.
23O servo sábio te seja caro como tua alma;*
não lhe recuses a liberdade†
nem o abandones na indigência.

---

* **6**,37. Sl 1,2 | **7**,1. Gn 4,7 | 3. Jó 4,8; Pr 22,8; Gl 6,7s | 4. 13,12s; Pr 25,6s | 9. Tg 1,6; Eclo 3,33 | 11. Pr 21,27; Am 5,21 | 12. 1Sm 2,7; Lc 1,52 | 15. Mt 6,7 | 16. Pr 2,27 | 19. Is 66,24; Jt 16,17; Mc 9,48 | 22. 33,25-33; Dt 24,14s | 23. Dt 15,12-15

† **7**,6. Embora a lei o proibisse expressamente, Lv 19,15, havia muita parcialidade e venalidade entre os juízes de Israel, praga que os profetas e os sábios combatem, Pr 17,15; Is 1,23. |11. Muitos achavam que bastava oferecer sacrifícios, mesmo sem ter as disposições religiosas necessárias. |15. Deve-se deixar os velhos falar, 32,3, porque transmitem a sabedoria dos antigos. | 23. Após seis anos de serviço, o escravo devia ser libertado, Êx 21,2-6; Dt 15,12s.

24Tens rebanhos? Cuida deles
e, se te forem úteis, continuem con-
tigo.*
25Tens filhos? Educa-os*
e submete-os desde a infância.
26Tens filhas? Vela sobre seus corpos
e não lhes mostres um rosto indul-
gente.*
27Casa tua filha e terás feito um gran-
de negócio;
entrega-a a um homem sensato.
28Se tens uma mulher conforme teu
coração, não a repudies;
mas naquela que é odiosa não con-
fies.
Honra os pais e os sacerdotes. 29Hon-
ra teu pai de todo o coração
e não esqueças as dores de tua mãe.*
30Lembra-te de que sem eles não te-
rias nascido;
o que lhes darás pelo que fizeram
por ti?
31Teme com toda a alma o Senhor
e respeita seus sacerdotes.
32Ama com todas as tuas forças
aquele que te criou
e não abandones seus ministros.
33Honra a Deus com toda a tua alma
e reverencia o sacerdote.
34Entrega-lhes sua parte, como te foi
ordenado:
primícias, sacrifícios expiatórios e pe-
las negligências
35a oferenda das espáduas, o sacrifí-
cio de santificação
e as primícias das coisas santas.
Sê compreensivo e generoso. 36Es-
tende a mão ao pobre,*
para que sejam perfeitas tua propi-
ciação e tua bênção.
37Tua generosidade se estenda a
todo vivente
e ao morto não negues tua piedade.
38Nao deixes de consolar os que cho-
ram*
e sofre com os que sofrem.
39Não te desagrade visitar um doente,
porque por isto serás amado.
40Em todas as tuas obras recorda-te
de teu fim
e jamais cairás no pecado.

8 **Prudência nas relações sociais.**
1Não disputes com um homem
poderoso
para não caíres em suas mãos.
2Não contendas com um rico,*
para não suceder que ele use contra
ti o peso de seu dinheiro†;
3porque o ouro tem sido a perdição
de muitos
e a prata faz desviar até o coração
dos reis.
4Não tenhas demanda com um ho-
mem falador
e não jogues lenha em sua fogueira.
5Não convivas com pessoa ignorante
para que não sejas desprezado pelos
príncipes.
6Não desprezes um homem que se
afastou do pecado*
e não o censures;
lembra-te de que todos merecemos
castigo.*
7Não desprezes quem é idoso,
porque alguns dentre nós também
ficarão velhos.
8Não te alegres com a morte do ini-
migo;
recorda que todos morreremos
e não queremos que se alegrem com
isso.
A tradição. 9Não desprezes o que fala-
ram os antigos sábios,*
mas medita suas máximas,
10porque deles aprenderás a sabedo-
ria e a instrução da inteligência
e como servir aos grandes* com per-
feição†.
11Não desprezes o que contam os
velhos,
porque eles o aprenderam de seus
pais;
12deles aprenderás a compreender
e como responder no tempo opor-
tuno.*

---

* **7**,24. Pr 27,23 | 25. 30,1-13; Pr 13,24 | 26. 42,9-11 | 29. Êx 20,12; Tb 4,4 | 36. Dt 14,29; Sl 41,2 | 38. 37,15; Rm 12,15; Mt 25,35 | **8**,2. Pr 10,15 | 6. Mt 7,1-5 / Rm 3,9-20 | 9. Pr 13,20 | 10. Pr 14,35; 16,13s | 12. Cl 4,6

† **8**,2. Com o dinheiro e com sua influência pode comprar os juízes. | 10. A formação de bons funcionários para a corte era um dos objetivos dos sábios no Egito e em Israel.

A prudência. 13Não acendas os tições dos pecadores repreendendo-os,
para não te queimares nas chamas de seus pecados.
14Não permaneças na presença do insolente,
para que não arme ciladas contra tuas palavras.
15Não emprestes a um homem mais forte que tu;
o que lhe emprestares, considera-o perdido.*
16Não prestes fiança além de tua possibilidade;
se o fizeres, preocupa-te com o pagamento.*
17Não movas processo contra um juiz,
porque ele julga a seu bel-prazer.
18Com um aventureiro não te ponhas em viagem
para não aumentares teus males:*
pois ele agirá segundo seu capricho,
e perecerás com ele por causa de sua insensatez.
19Não tenhas desavenças com um homem irascível*
e não vás com ele para um lugar solitário,
porque a seus olhos o sangue é como se não fosse nada
e, onde não há socorro, ele te eliminará.
20Não peças conselho aos insensatos,
porque não saberão manter teu segredo.
21Diante de um estranho, nada faças que deva ficar oculto
porque não sabes como reagirá.
22Não abras teu coração a qualquer pessoa
para não afastares de ti a felicidade.

9 **Mulheres.** 1Não tenhas ciúme da esposa amada
para não dar-lhe a ideia de te fazer mal.
2Não dês à mulher poder sobre ti,*
para que não usurpe tua autoridade
e fiques humilhado.
3Não te encontres com mulher leviana*
para que não venhas a cair em seus laços.
4Não frequentes mulher sedutora, nem a ouças*
para que não pereças por suas artimanhas.
5Não fixes o olhar numa virgem,*
para que sua beleza não cause tua queda†.
6Não te entregues jamais às prostitutas*
para não te perderes juntamente com tua herança.
7Não gires os olhos pelas ruas da cidade
nem vagueies por suas praças.
8Desvia teu olhar de mulher formosa,
não fites uma beleza que não te pertence.
9Por causa da beleza de uma mulher muitos pereceram;
por ela a concupiscência queima como fogo.
[10-11]†
12Jamais te sentes ao lado de mulher casada,*
nem te recostes para beber junto com ela,*
13para que teu coração não se apaixone por ela
e, arriscando a vida, descambes na perdição.
Homens. 14Não abandones um velho amigo,
porque o novo não será igual a ele.
15É vinho novo o amigo novo:
quando ficar velho, tu o beberás com prazer.
16Não invejes a glória nem a riqueza do pecador*
porque não sabes qual será sua ruína.

---

* **8**,15. 29,4 | 16. 29,19-27 | 18. Pr 22,24s | 19. Pr 15,18 | **9**,2. Pr 31,3; Jz 16,4-21; 1Rs 11,1-4 | 3. Pr 23,27; 29,3 | 4. Pr 7,6-27 | 5. Jó 31,1; Mt 5,28 | 6. Pr 29,3; Lc 15,13 | 12. Pr 5,2 / Pr 5,15 | 16. Sl 37; 74

† **9**,5. Quem seduzia uma moça devia pagar 50 siclos, tinha a obrigação de casar-se com ela e não podia despedi-la, Dt 22,29. | 9. A Nova Vulgata omitiu os vv. 10-11, que constavam na antiga Vulgata e diziam o seguinte: 10Toda mulher que se prostitui será calcada aos pés no caminho como o esterco. 11Muitos, alucinados pela beleza de uma mulher alheia, se tornaram réprobos, pois a conversa dela é como fogo que queima.

17Não te agrade a prosperidade dos
injustos:
sabendo que não ficarão impunes
até descerem ao abismo.
18Fica longe de quem tem o poder de
matar
e não experimentarás o temor da
morte.
19Se te aproximas dele, fica atento
para não errares
para que não tire tua vida;
20Fica sabendo que a morte está por
perto,
pois caminhas no meio de armadi-
lhas
e andas sobre redes.
21Convive como podes com teu pró-
ximo
e conversa com gente sábia e pru-
dente.*
22Teu pensamento se ocupe com os
sensatos
e toda conversa tua seja sobre as leis
do Altíssimo.
23Teus comensais sejam os homens
justos,
e tua glória esteja no temor de Deus.
24As obras dos artesãos são louvadas
por suas mãos,*
o chefe do povo, pela sabedoria de
seu falar
e a palavra dos anciãos, por seu bom
senso.
25O falador é o terror de sua cidade:*
quem não sabe controlar suas pala-
vras será detestado.

10

Governantes. 1Um governan-
te sábio educa seu povo,
a autoridade de um homem sensato
será estável.
2Tal o governante do povo, tais serão
seus ministros;
tal o chefe de uma cidade, tais seus
habitantes.
3Um rei ignorante arruinará seu povo,
mas as cidades prosperarão pela
sensatez dos chefes.*
4O governo do mundo está nas mãos
do Senhor:
ele suscitará na hora certa um gover-
nador adequado para ele.
5O sucesso do homem está nas mãos
do Senhor,
que investirá o magistrado em sua
autoridade.*
O orgulho. 6Não revides qualquer inju-
ria de teu próximo*
e não faças nada levado pela sober-
ba.
7É odiosa a soberba perante Deus e
o ser humano,
para ambos é abominável toda
opressão.
8O império passa de um povo a outro
por causa das injustiças, violências e
riquezas dolosas.
9Nada há de mais criminoso que o
avarento,
pois ele vende a própria alma.
10Por que se ensoberbece quem é
terra e cinza?*
Vivo ainda, expele suas entranhas.
11A doença prolongada cansa o mé-
dico,
a doença passageira o tranquiliza.
12A vida é breve para todo monarca:
quem hoje é rei,* amanhã morrerá†.
13Quando o homem morre
recebe em herança serpentes, feras e
vermes.
14Princípio da soberba do homem é
abandonar a Deus;*
15afasta seu coração daquele que o
fez.
Princípio de todo pecado é a sober-
ba;
quem a possui fará ferver a maldição,
e no fim ela o destruirá.
16Por isso o Senhor tornou espanto-
sos os castigos dos maus
e os destruiu até o extermínio.
17Deus abateu o trono dos chefes so-
berbos,*
no lugar deles fez sentar-se os man-
sos.

---

* **9**,21. 37,7-15 | 24. 1,13; 10,25 | 25. 37,23 | **10**,3. Jr | 27,5; Pr 8,15s; Is 11,2-5 | 5. Rm 13,1 | 6. Lv 19,18; Mt 5,21-24; 18,21s | 10. Gn 2,7; 18,27; Eclo 17,31 | 12. Is 14,11; Jó 17,14 | 14. Dt 8,14 | 17. Lc 1,52; 1Sm 2,4-8

† **10**,12. A vida humana é precária: um mal-estar ao qual o médico não dá importância pode acabar com ela.

[18]Deus extirpou as raízes das nações arrogantes*
e em seu lugar plantou os humildes.
[19]O Senhor arruinou os territórios das nações*
e as destruiu até os fundamentos.
[20]Muitas delas devastou e dispersou,
e fez desaparecer da terra sua lembrança.
[21]Deus apagou a memória dos soberbos
e preservou a memória dos humildes de coração.

A verdadeira glória. [22]A soberba não foi criada para os homens,
nem a raiva para os nascidos de mulher.
[23]É honrada a descendência que teme a Deus;*
mas é desprezada a descendência que transgride os mandamentos do Senhor.
[24]Entre os irmãos é honrado seu chefe,
mas aos olhos do Senhor, são os que o temem.
[25]Forasteiro, migrante e pobre
têm como glória o temor de Deus.*
[26]Não desprezes um justo pobre
e não exaltes um pecador rico.
[27]O nobre, o juiz e o poderoso são honrados;
mas ninguém está acima de quem teme a Deus.
[28]Homens livres servirão a um servo sábio;*
quem é prudente e disciplinado não se queixa quando é corrigido.

A humildade. [29]Não te orgulhes na execução de teu trabalho
nem te glories no tempo da adversidade.
[30]É melhor quem trabalha e tem tudo com fartura
do que quem se orgulha e não tem o que comer.*
[31]Filho, com modéstia honra tua alma*
e dá-lhe o alimento e a glória conforme merece.
[32]Quem dará razão a quem peca contra si mesmo?
Quem honrará aquele que se desonra?
[33]Existe pobre honrado por causa de sua instrução e seu temor de Deus,*
e existe rico honrado por causa de sua riqueza.
[34]Quem é honrado na pobreza, quanto mais o será na riqueza?
E quem é desprezado na riqueza, quanto mais o será na pobreza?†

11 **Sabedoria no juízo.** [1]A sabedoria do humilhado o fará manter a cabeça erguida
e lhe permitirá sentar-se entre os grandes.
[2]Não louves alguém por sua beleza*
e não desprezes quem tem uma aparência deformada.
[3]A abelha é pequena entre os seres alados,
mas seu produto é o que há de mais doce.
[4]Não te orgulhes jamais de tuas roupas
e não te ensoberbeças no dia da glória,
porque só as obras do Altíssimo são estupendas;
suas obras são escondidas e invisíveis aos homens†.
[5]Muitos soberanos sentaram-se no pó*
e um desconhecido cingiu seu diadema.
[6]Muitos poderosos foram profundamente humilhados
e homens ilustres foram entregues ao poder de estranhos.

Prudência e reflexão. [7]Não repreendas ninguém antes de o teres indagado;
mas depois de interrogado, corrige com justiça.

---

* **10**,18. 33,12; Dn 2,35 | 19. Is 40,15ss; Sb 11,21s | 23. Jr 9,22s; 1Cor 1,26-31; 2Cor 10,17; Tg 1,9 | 25. 9,23 | 28. Pr 17,2; 11,29 | 30. Pr 12,9 | 31. Jr 9,22; 1Cor 1,31 | 33. 11,1; 10,25 | **11**,2. 1Sm 16,7; 2Cor 10,10s **11**,5. 10,17; Ecl 4,14; 10,6s

† **10**,34. A sabedoria vale mais que a riqueza. | **11**,4. Ben Sira parece conhecer a problemática de Coélet; e lhe responde que a lógica do agir de Deus não é clara ao homem no curso dos acontecimentos.

[8]Não respondas antes de ter ouvido*
e não te intrometas nas conversas de outros.
[9]Não contendas pelo que não te molesta
e nas demandas dos pecadores não te metas.
[10]Filho, não te ocupes com muitas coisas;*
ainda que te apresses, não estarás isento de culpa;
mesmo se perseguires, não atingirás
e fugindo, não conseguirás sobreviver.
[11]Há quem trabalha, se apressa e sofre,*
mas só se torna menos rico.
[12]Há quem é fraco e precisa de socorro,*
carente de bens e rico de miséria,
[13]no entanto Deus o olha com benevolência,
levanta-o de sua baixeza
e o faz estar de cabeça erguida,
de modo que muitos ficam pasmados.

Tudo está nas mãos de Deus. [14]Bens e males, vida e morte,
pobreza e riqueza, tudo provém do Senhor.*
[15]Sabedoria, instrução e conhecimento da Lei estão no Senhor;
junto dele a caridade e a retidão.
[16]Erro e trevas foram criados para os pecadores;
os que se comprazem nas más ações envelhecem no mal.
[17]O dom de Deus é assegurado aos justos
e seu favor dará bons frutos para sempre.
[18]Há quem fica rico fazendo economia;*
e esta é a parte de sua recompensa:
[19]enquanto diz: "Encontrei repouso;
agora aproveitarei sozinho de meus bens",
[20]não repara que o tempo passa e a morte chega,
e morrendo deixará tudo para outros.
[21]Fica firme em teu dever e faz dele tua vida
e envelhece realizando teu trabalho.
[22]Não admires as obras dos pecadores;*
confia em Deus e persevera em tua tarefa,
[23]porque é fácil aos olhos de Deus
enriquecer um pobre de repente.
[24]A bênção de Deus é a recompensa imediata do justo;
num instante se revela seu sucesso.
[25]Não digas: "De que tenho necessidade?*
e quais serão meus bens de agora em diante?"*
[26]Não digas: "Sou autossuficiente;*
que mal posso temer no futuro?"
[27]No tempo da prosperidade não te esqueças dos males;*
no tempo da adversidade não te esqueças dos bens.
[28]Pois é fácil para Deus no dia da morte
retribuir a cada um segundo sua conduta.
[29]A infelicidade de uma hora faz esquecer os maiores prazeres;
no fim de um homem são reveladas suas obras.*
[30]Não louves ninguém antes da morte,
porque é em seu fim que se conhece a pessoa.

Prudência. [31]Não leves qualquer um para tua casa,
porque são muitas as insídias do impostor.
[32]Pois como as entranhas vomitam podridão,
como a perdiz é atraída para a gaiola,
e a corça para o laço,
assim é o coração do soberbo,
tal como alguém à espreita para ver a queda de seu próximo.

---

* **11**,8. Pr 18,13 | 10. 38,25 | 11. Pr 11,24; 21,5; Sl 127,1s | 12. Sf 2,3 | 14. Is 45,7; Jó 1,21 | 18. Jó 27, 16-23; Sl 49,17s; Ecl 2,21ss; Lc 12,16-21 | 22. Pr 3,31; 23,17; Eclo 9,16 | 25. Mt 6,25s / Eclo 5,1 | 26. Lc 12,16-21 | 27. 18,25; Jo 16,21 | 29. 1,13

33Mudando o bem em mal, arma ci-
ladas
e até nos eleitos encontra mancha.
34Com uma centelha, o braseiro au-
menta,
por um impostor aumenta o sangue;
o pecador arma ciladas para derra-
má-lo.*
35Guarda-te do malvado, porque tra-
ma o mal;
para que não macule para sempre
teu bom nome.
36Hospeda um estranho, e ele te der-
rubará como um turbilhão
e te afastará de teus parentes.

12 Discernimento no fazer o bem.

1Se fizeres o bem, sabe
a quem o fazes
e será grande a gratidão por teus be-
nefícios.
2Faze o bem ao justo e terás grande
recompensa:
se não dele, certamente do Senhor.*
3Pois não há bem para quem se obs-
tina no mal
e não dá esmolas;
porque o Altíssimo odeia os pecadores
e se compadece dos que se arrepen-
dem.
4Dá ao misericordioso e não ampares
o pecador;
Deus dará aos ímpios e pecadores o
que merecem,
guardando-os para o dia do castigo.
5Ajuda os bons mas não acolhas os
pecadores.
6Faze o bem ao humilde, mas ao ím-
pio não auxilies;
não lhe dês instrumentos de guerra,
para que não se torne com eles mais
poderoso que tu.
7Pois encontrarás males em dobro
por todo o bem que lhe tiveres feito,
porque também o Altíssimo odeia os
pecadores*
e dará aos ímpios o castigo.

Verdadeiros e falsos amigos. 8Na
prosperidade não se pode reconhecer
quem é amigo,
mas na adversidade não se esconde-
rá o inimigo.*
9Quando alguém prospera, até seus
inimigos são amigos,
mas quando é infeliz, até o amigo se
separa dele.
10Não confies nunca em teu inimigo,*
porque sua malícia é como o ferro
que enferruja.
11Ainda que, humilhado, ele ande en-
curvado,
fica atento e guarda-te dele;
comporta-te com ele como quem
limpa um espelho
e perceberás que no fim enferrujou.
12Não o ponhas a teu lado,
nem se assente ele a tua direita,
para não acontecer que, voltando-
-se para teu lugar,
ele procure ocupar tua cadeira;
no fim conhecerás a verdade de mi-
nhas palavras
e sentirás remorso pelo que falei.
13Quem terá piedade de um encan-
tador mordido por uma serpente
e de todos os que se aproximam das
feras?
Assim acontece com quem se associa
a um homem iníquo
e se envolve com seus pecados.
14Por um momento ficará contigo,
mas se vacilas, ele não te sustentará.
15O inimigo tem a doçura nos lábios,*
mas no coração arma ciladas para te
lançar numa fossa.
16O inimigo tem lágrimas nos olhos,
mas se encontrar ocasião, será insa-
ciável de teu sangue.
17Se males te acontecerem, lá o en-
contrarás por primeiro
18e, com o pretexto de te ajudar, ca-
vará debaixo de teus pés.
19Balançará a cabeça, baterá palmas
e, murmurando muitas palavras, mu-
dará seu semblante.

13 Escolhe as amizades.

1Quem
toca no piche com ele se suja,
e quem frequenta o soberbo se re-
veste de soberba†.

---

* **11**,34. Pr 1,11 | **12**,2. Dt 14,29 | 7. Mt 5,45; Lc 6,35 | 8. Pr 19,4; 17,17 | 10. Pr 26,24ss | 15. Pr 26,24ss; Jr 9,7

† **13**,1. Recomenda a prudência na escolha dos companheiros e das amizades.

2Não carregues um peso superior a tuas forças,
nem te associes a alguém mais nobre e mais rico que tu.
3Que há em comum entre a panela de barro e a panela de ferro?
Quando se chocarem, a panela de barro se quebrará.
4O rico comete injustiça e ainda reclama,*
mas o pobre sofre injustiça e ainda deve desculpar-se.
5Se podes ser útil, o rico se aproveitará de ti;
se não tens nada, ele te abandonará.
6Se tens alguma coisa, viverá contigo e te despojará
e de ti não terá compaixão.
7Se precisar de ti, ele te enganará
e, com sorrisos e belas palavras, te dará esperança
e perguntará: "De que precisas?"
8Ele te fará enrubescer com seus banquetes,*
até que te tenha exaurido duas ou três vezes,
e por fim zombará de ti;
depois, ao ver-te, não te dará atenção
e balançará a cabeça diante de ti.
9Humilha-te perante Deus
e espera que sua mão intervenha.
10Cuidado para não seres humilhado, seduzido pela insensatez.
11Não te rebaixes em tua sabedoria,
para não suceder que, humilhado, caias na insensatez.
12Se alguém mais poderoso te chamar, afasta-te,
e ele te chamará mais ainda.
13Não te aproximes para não seres rejeitado,
mas também não fiques longe dele para não seres esquecido.
14Não ouses falar com ele em pé de igualdade
e não confies em suas muitas palavras:
com seu palavreado te porá à prova
e entre sorrisos sondará teus segredos.
15Relembrará, impiedoso, tuas palavras
e não te poupará maus-tratos e cadeias.
16Toma cuidado e presta muita atenção ao que ouves,
porque andas à beira de um abismo.
17Ouvindo, porém, estas coisas,
desperta de teu sono.
18Ama a Deus por toda a vida
e invoca-o para tua salvação.
19Todo ser vivo ama seu semelhante:
assim todo ser humano ama seu próximo.
20Todo ser se acasala segundo sua espécie
e todo homem se associa a quem lhe é semelhante.
21Que pode haver em comum entre o lobo e o cordeiro?
O mesmo acontece entre o pecador e o justo.
22Que paz pode haver entre a hiena e o cão?
Ou que entendimento entre o rico e o pobre?†
23O asno selvagem no deserto é a presa dos leões:
assim os pobres servem de pasto para os ricos.
24Assim como a humildade é uma abominação para o soberbo,
assim o pobre é uma abominação para o rico.
25Se o rico vacila, é sustentado pelos amigos;*
se o humilde cai, até pelos conhecidos é rejeitado.
26Quando o rico é enganado, muitos o ajudam;*
fala tolices, e ainda o justificam;
27quando o pobre é enganado, ainda o repreendem;
se fala com sabedoria, não lhe dão vez.
28Fala o rico e todos se calam
e exaltam até as nuvens suas palavras;
29fala o pobre e dizem: "Quem é este?"

---

* **13**,4. Pr 18,23 | 8. Pr 23,1ss | 25. Pr 19,4.7 | 26. Pr 14,20

† **13**,22. Muitas vezes "rico" quer dizer "ímpio" e "pobre", "justo".

Se tropeça, fazem-no cair.
30 A riqueza é boa para quem não
tem pecado na consciência,
mas péssima é a pobreza no dizer do
ímpio.
31 O coração do homem modifica seu
rosto*
para o bem ou para o mal.
32 Um rosto alegre é sinal de bom co-
ração;
é difícil encontrá-lo, e só com esfor-
ço.

14 **Avareza.**

1 Feliz o homem que
não pecou pelas palavras de
sua boca*
e não é atormentado pelo remorso
do pecado.†
2 Feliz aquele, cuja consciência não o
acusa
e que não perdeu a esperança.
3 A um avarento não convém a rique-
za;
de que serve o ouro para um inve-
joso?
4 Quem nega para si injustamente
acumula para outros:*
com seus bens um outro viverá no
luxo.
5 Quem é mau consigo mesmo, com
quem se mostrará bom?
Não tira proveito de seus bens.
6 Ninguém é pior do que aquele que
maltrata a si mesmo;*
esta é a paga de sua malícia.
7 Se faz o bem, ele o faz sem saber e
sem querer;
mas no fim mostrará sua maldade.
8 O olhar do invejoso é malvado:
desvia o rosto e despreza os outros.
9 O olho insaciável do ambicioso não
se contenta com uma parte,*
enquanto não consumir e ressecar
sua alma.
10 Um olho mau é invejoso até do pão
e não cuida de sua mesa.
11 Filho, se possuis bens, cuida de ti
e apresenta a Deus as ofertas devi-
das.
12 Lembra-te que a morte não demo-
ra
e que o decreto do abismo não te foi
revelado,
pois o decreto deste mundo é que a
morte é certa†.
13 Antes de morrer faze o bem a teu
amigo
e conforme tuas posses sê com ele
generoso.
14 Não te prives de um dia feliz;*
não deixes escapar nenhuma parte
de um bom desejo.
15 Não deixarás a outrem os bens ob-
tidos com esforço
e o fruto de tuas fadigas para serem
divididos entre os herdeiros?
16 Dá e recebe, e distrai tua alma;
17 pratica a justiça antes de morrer,
porque na mansão dos mortos não
há alegrias* para se buscar†.
18 Toda carne envelhece como roupa,
e como a folha que dá fruto numa
árvore verde:
19 umas nascem, outras caem;*
o mesmo acontece com as gerações
de carne e sangue:
umas morrem, outras nascem.
20 Toda obra corruptível no fim desa-
parece,*
e com ela se vai quem a fez.
21 Toda obra excelente será louvada
e nela será honrado seu autor.

Felicidade do sábio. 22 É feliz quem
permanece na sabedoria*
e medita em sua justiça,
e com sensatez pensa em Deus que
tudo vê.
23 Feliz quem considera no coração
seus caminhos,
e penetra com a mente seus segre-
dos.
Caminha atrás da sabedoria seguin-
do-lhe as pegadas,
e permanece em suas veredas.

---

* **13**,31. Pr 15,13 | **14**,1. 19,16; 25,11 | 4. Lc 12,16-21; Jó 27,16s; Pr 13,22 | 6. Pr 11,17 | 9. Sb 6,23 | 14. Ecl 2,24 | 17. Ecl 9,10 | 19. Ecl 1,4 | 20. Ecl 9,6; Ap 14,13 | 22. Pr 8,32-35

† **14**,1. Uma consciência tranquila garante a paz e a felicidade. | 12. A morte um dia nos vencerá, mas o amor que tivermos doado nos salvará. | 17. Ben Sira segue a tradição, imaginando a vida depois da morte como uma vida sem alegria nem dor, Ecl 9,10.

24Ele olha por suas janelas
e escuta junto a suas portas.
25Repousa perto de sua casa
e, fincando uma estaca em suas paredes,
arma sua tenda junto dela;
e para sempre repousa num refúgio de bem-estar.
26Põe os próprios filhos sob sua proteção
e sob seus ramos permanece;
27a sua sombra será protegido contra o calor,
e repousará em sua glória.

15 **Benefícios da Sabedoria.** 1Assim agirá quem teme a Deus;
quem é fiel à Lei obterá a sabedoria.
2Esta virá a seu encontro qual mãe honrada,*
e o acolherá como esposa virgem;
3com o pão da vida e da inteligência o nutrirá,*
e lhe dará de beber a água da sabedoria salutar.*
Ele se apoiará nela e não vacilará,
4confiará nela e não ficará desiludido.
Ela o exaltará entre seus companheiros*
5e lhe dará a palavra no meio da assembleia.
Ela o encherá do espírito de sabedoria e de inteligência
e o cobrirá com um manto de glória.
6Acumulará sobre ele um tesouro de alegria e de júbilo
e lhe dará como herança um nome eterno.
7Os insensatos não alcançarão a sabedoria,
mas os homens de bom senso irão a seu encontro;
os pecadores não a verão,
pois ela está longe da soberba e do engano.*
8Os mentirosos não se lembrarão dela,
mas os homens sinceros nela serão encontrados
e serão bem-sucedidos até o julgamento de Deus.
9Não é belo o louvor na boca do pecador,
10porque não lhe foi concedido por Deus.
Com efeito, à sabedoria de Deus convém o louvor,
que será proclamado pela boca do sábio;
e é seu Dominador que a ensinará.

Liberdade do homem. 11Não digas: "Vem de Deus* meu pecado"†,
porque ele não faz o que ele próprio detesta.
12Não digas: "Ele me extraviou",
porque ele não precisa dos ímpios.
13O Senhor odeia todo erro e toda abominação,
quem o teme não ama essas coisas.
14Desde o princípio Deus criou o ser humano
e o deixou à mercê de seu livre arbítrio
e o entregou ao poder de sua concupiscência.
15Deu-lhe ainda os mandamentos e preceitos
e a inteligência, para fazer o que lhe agrada.
16Se quiseres observar os mandamentos, eles te guardarão;
se confias em Deus, tu também viverás.
17Ele pôs diante de ti a água e o fogo;*
estenderás a mão para o que quiseres.
18Diante dos homens estão a vida e a morte, o bem e o mal;
a cada um será dado o que lhe agradar.
19Grande, com efeito, é a sabedoria de Deus,*
ele é forte e poderoso e tudo vê continuamente.

---

* **15**,2. Sb 8,2 | 3. Pr 9,5 / Eclo 24,19-22; Jo 4,1 | 4. Sb 8,10-15 | 7. Pr 8,13 | 11. Tg 1,13s | 17. Dt 11,26ss; Dt 30,15-20; Jr 21,8 | 19. Sl 33,13-18 | 20. 34,19; Sl 34,16

† **15**,11. Se Deus sabe tudo antes que aconteça (Eclo 23,29), a conclusão parece negar a responsabilidade do homem em suas decisões e em suas ações; mas Deus criou o homem livre e cada um define seu comportamento.

[20]Os olhos do Senhor estão voltados para os que o temem,*
ele conhece todas as ações dos homens.
[21]Não mandou ninguém agir como ímpio
e a ninguém deu licença para pecar.
[22]Não desejes uma multidão de filhos infiéis e iníquos.

16 **Justiça de Deus.** [1]Nao te alegres com filhos ímpios;*
se são numerosos, não te comprazas neles,
se não tiverem o temor de Deus.
[2]Não confies na vida deles
nem contes com seus trabalhos;
[3]porque é melhor um filho só, temente a Deus,
do que mil filhos ímpios.
[4]É preferível morrer sem filhos
a deixar filhos ímpios.*
[5]A pátria poderá povoar-se por obra de um único homem sensato,
mas a estirpe dos ímpios será aniquilada.*
[6]Meus olhos viram muitas coisas assim
e meus ouvidos ouviram coisas mais espantosas ainda.
[7]Na assembleia dos pecadores* arderá um fogo†,
e contra uma nação incrédula se inflamará a ira divina.
[8]Não o aplacaram os antigos gigantes,*
que foram rebeldes, confiando em sua força.
[9]E não poupou os concidadãos de Ló,*
mas abominou-os por causa da soberba de suas palavras.
[10]Não teve piedade da nação condenada,
que foi expulsa por causa de seus pecados†.
[11]Assim tratou os seiscentos mil soldados
que se reuniram com o coração obstinado†;
se houvesse um só rebelde,
seria para admirar se ficasse impune.
[12]Pois a misericórdia e a ira estão em Deus:*
é paciente, deixa-se aplacar, mas derrama sua ira.
[13]Igual a sua grande misericórdia é também sua severidade;
julga os homens conforme suas obras.
[14]Não escapará o pecador com sua rapina,
como não ficará frustrada a constância do justo.
[15]Haverá recompensa para toda obra de misericórdia;
cada um a encontrará a sua frente conforme o mérito de suas obras
e conforme a inteligência de sua conduta.
O Senhor endureceu o coração do faraó, para que não o reconhecesse,
para que suas obras fossem manifestadas debaixo do céu.
Sua misericórdia revelou-se a todas as suas criaturas;
distribuiu aos filhos dos homens sua luz e as trevas.

Deus vê tudo. [16]Não digas: "Vou me esconder de Deus!*
Lá do alto, quem pensará em mim?
[17]Não serei reconhecido entre um povo numeroso,
quem sou eu no meio da criação tão imensa?"
[18]O céu e o mais alto dos céus,
o abismo e a terra inteira com o que há neles
serão abalados no dia de sua visita.
[19]Também os montes, as colinas e os fundamentos da terra*
tremerão de pavor quando Deus olhar para eles.
[20]Mas ninguém reflete sobre essas coisas;
Deus, porém, conhece todos os corações.
[21]E os caminhos de Deus, quem os compreende?

---

* **16**,1. Pr 17,21; 19,13 | 4. Sb 4,1 | 5. Sb 3,19 | 7. Nm 11,1; 16,1-30 | 8. Gn 6,1-7 | 9. Gn 19,1-29 | 12. 5,6; Êx 34,6s | 16. Sl 139,7-12; Jr 23,24; Am 9,2s | 19. Sl 18,8; Jó 37,1-7

† **16**,7. Fala das revoltas do povo no tempo de Moisés, Nm 16. | 10. Os cananeus, que expulsou diante dos israelitas. | 11. No êxodo, toda uma geração dos israelitas morreu no deserto, Nm 14,22s.

E a tempestade, que nem o olho hu-
mano percebe?
22Na verdade, a maior parte de suas
obras estão ocultas.*
E as obras de sua justiça, quem as
proclama, ou quem as espera?
Pois o decreto está longe,
e o julgamento de todos só virá no final.
23Assim pensa quem tem o coração
mesquinho,
e o imprudente e extraviado pensa
tolices.
Deus Criador. 24Escuta-me, filho, e
aprende a prudência do bom senso;*
25vou te dar fielmente a instrução
e vou investigar para te ensinar a sa-
bedoria;
sê atento em teu coração a minhas
palavras.
Manifesto com exatidão as maravilhas
que Deus colocou em suas obras
desde o princípio
e com toda a verdade exponho seu
conhecimento.
26Quando Deus criou suas obras des-
de o princípio,*
desde sua origem distinguiu suas
partes.
27Ele ordenou para sempre suas ta-
refas,*
e o domínio de cada uma em suas
gerações.
Não sentem fome nem cansaço
e não interrompem seu trabalho.
28Nenhuma delas atrapalha a vizinha
29e jamais desobedecem a uma or-
dem sua†.
30Depois disso, Deus olhou para a terra
e encheu-a de seus dons;
31Cobriu sua superfície com todo o
gênero de seres vivos*
e é para ela que devem retornar.*

17

Dons de Deus ao homem. 1Da
terra Deus criou o homem*
e o fez conforme sua imagem;
2à terra o faz voltar de novo
e o revestiu de força semelhante à
sua.
3Concedeu ao homem dias contados
e um tempo marcado,*
e deu-lhe o domínio sobre as coisas
que existem na terra.*
4Infundiu em todo ser vivo o temor
do homem,*
para que este dominasse sobre os
animais e as aves.*
5Deu aos homens discernimento, lín-
gua, olhos, ouvidos
e coração para pensar,
e cumulou-os de instrução e de sa-
ber.
6Deu-lhes também a ciência do es-
pírito,
encheu seu coração de bom senso
e mostrou-lhes* o bem e o mal†.
7Pôs seu olho em seus corações†,
mostrando-lhes a grandeza de suas
obras.*
8Concedeu-lhes que se gloriassem
de suas maravilhas,
para louvarem seu santo nome
e anunciarem a grandeza de suas
obras†.
9Além disso deu-lhes a instrução*
e como herança a lei da vida.
10Estabeleceu com eles uma aliança
eterna*
e revelou-lhes sua justiça e seus de-
cretos.
11Seus olhos contemplaram a gran-
deza de sua glória,
e seus ouvidos ouviram a majestade
de sua voz.*
Disse-lhes: "Guardai-vos de toda in-
justiça!"
12E deu a cada um preceitos referen-
tes ao próximo.
Deus vê e julga. 13Seus caminhos es-
tão sempre diante dele,
não ficam escondidos a seus olhos.
14Sobre todo povo colocou um chefe,

---

* **16**,22. Rm 11,33 | 24. Pr 1,23 | 26. Gn 1 | 27. 42,20-25 | 31. Gn 1,24s / Gn 3,19; Sl 104,29 | **17**,1. Gn 2,7; Ecl 3,20; 12,7 | 3. Gn 6,3 / Gn 1,28; Sb 9,2s | 4. Gn 1,27 / Gn 9,2 | 6. Gn 2,17 | 7. Sb 13,1; Rm 1,19s | 9. Dt 30,15-20 | 10. Êx 34,10 | 11. Dt 4,11s

† **16**,29. Refere-se aos astros do céu. | **17**,6. A lei natural, escrita por Deus dentro do coração humano. | 7. Quer dizer que Deus tornou os homens capazes de compreender corretamente suas obras. | 8. O louvor é o ato mais nobre que somos chamados a realizar, 15,9s; 39,14s.

15 mas fez de Israel a porção de Deus.*
16 Todas as obras humanas estão
diante dele como o sol:
seus olhos observam continuamente
sua conduta.
17 A ele não são ocultas suas iniqui-
dades:
todos os seus pecados estão diante
de Deus.
18 A beneficência do homem é para
ele como um selo†:
ele guardará sua generosidade como
a pupila dos olhos.
19 Depois se levantará e lhes dará a
recompensa,
derramando sobre cada um deles o
que lhe é devido.
20 Mas a quem se arrepende ele ofe-
rece o retorno,
fortalece os que perderam a espe-
rança
dando-lhes a verdade como herança.
Convite à virtude. 21 Retorna ao Se-
nhor e abandona teus pecados,*
22 reza diante dele e diminui tuas
ofensas.
23 Volta para o Altíssimo e afasta-te
de tua injustiça;
detesta profundamente a iniquidade.
24 Reconhece a justiça e os decretos
de Deus
e permanece firme no estado em que
te colocou
e na oração ao Deus altíssimo.
25 De fato, na mansão dos mortos
quem louvará o Altíssimo,*
em lugar dos vivos e dos que rendem
louvor a Deus?†
26 Não te detenhas no erro dos ím-
pios;
louva a Deus antes da morte:
de um morto, como se nada fosse,
cessa o louvor.
27 Louva a Deus enquanto estás vivo,
louva-o enquanto tens vida e saúde;
louva a Deus e gloria-te em suas mi-
sericórdias.
28 Como é grande a misericórdia do
Senhor*
e seu perdão para os que se conver-
tem a ele!
29 Pois nem tudo pode estar ao alcan-
ce do homem,
já que ele não é imortal.
30 Que há de mais brilhante que o sol?
Mas também ele desaparece.
Ou que há de mais criminoso
do que os pensamentos* da carne e
do sangue?†
Mas isto também será castigado.
31 Ele contempla as potências dos al-
tos céus,*
mas os homens são todos terra e
cinza.

18

Grandeza de Deus. 1 Aquele
que vive para sempre criou to-
das as coisas juntamente.
Somente Deus será reconhecido jus-
to
e permanece como rei invencível
para sempre.
2 Quem será capaz de proclamar suas
obras?
3 E quem pode investigar suas mara-
vilhas?
4 E o poder de sua majestade, quem
poderá descrevê-lo?
Ou quem conseguirá explicar sua mi-
sericórdia?
5 Não há nada a tirar e nada a acres-
centar;*
não é possível detalhar as maravilhas
de Deus.
6 Quando alguém termina, é apenas
o começo*
e, quando pára, fica perplexo.
Miséria do homem. 7 O que é o ho-
mem?* Qual seu defeito e sua utilida-
de?†
Qual é seu bem e qual é seu mal?
8 A duração da vida humana é, quan-
do muito, cem anos;*
equivalem a uma gota-d'água no mar

* **17**,15. Dt 7,6 | 21. Sl 33,15 | 25. Sl 6,16; 115,17 | 28. Sl 111,4 | 30. Gn 6,5; 8,21 | 31. Jó 15,14ss; Gn 18,27; Eclo 10,10 | **18**,5. 42,22 | 6. Sl 139,17s | 7. Sl 8,5 | 8. Sl 90,10; Eclo 17,3

† **17**,18. Ver a nota em Ct 8,6. | 25. Ver a nota em Nm 16,33. | 30. A expressão "carne e sangue" designa a natureza humana em sua fraqueza, Mt 16,17. | **18**,7. O homem não pode acrescentar nada a Deus, nem diminuir nada dele.

e a um grão de areia, de tão pouco
que são perante a eternidade.
9 Por isto Deus é paciente com eles
e derrama sobre eles sua misericórdia.
10 Vê quanto é má a presunção de seu coração,
e sabe que seu fim é funesto.
11 Por isso multiplica sua piedade para com eles,
e lhes mostra o caminho da justiça.
12 A misericórdia do homem é para com o próximo,
mas a misericórdia de Deus é para com todo ser vivo.
13 Ele repreende, ensina e instrui
como um pastor que guia seu rebanho.
14 Tem piedade dos que aceitam a lição da misericórdia
e dos que são zelosos em cumprir suas decisões.

Como fazer o bem. 15 Filho, não ajuntes aos benefícios a repreensão
e, ao dar um presente, não causes tristeza com uma palavra amarga.
16 O orvalho não mitiga o calor?
Assim também uma palavra é melhor que um presente.
17 Uma palavra não vale mais que um bom presente?
Mas o homem caridoso oferece todos os dois.
18 O insensato repreende com aspereza,*
e o presente do indisciplinado resseca os olhos.

Prudência no agir. 19 Antes do julgamento, procura um advogado para ti;
e antes de falar, informa-te.
20 Toma o remédio antes de adoecer†
e antes do julgamento examina-te a ti mesmo;
assim, no momento da sentença encontrarás perdão.
21 Humilha-te, antes de caíres doente
e, quando tiveres pecado, mostra arrependimento.
22 Nada te impeça de cumprir a tempo uma promessa,*
não esperes até a morte para justificar-te,
porque a recompensa de Deus permanece para sempre.
23 Antes de fazer uma promessa, prepara-te a ti mesmo,
não faças como alguém que tenta o Senhor†.
24 Pensa na ira do dia final
e no tempo em que Deus castigará, desviando seu rosto†.
25 Pensa na carestia no tempo da abundância;
na indigência e na pobreza, nos dias de riqueza.
26 De manhã até a tarde o tempo muda,
e tudo passa depressa aos olhos de Deus.
27 Um homem sábio é sempre cauteloso
e nos dias do pecado se abstém da culpa.
28 Todo homem sagaz reconhece a sabedoria
e presta homenagem àquele que a encontrou.
29 Quem é sensato no falar também age com sabedoria,
compreende a verdade e a justiça
e fará chover provérbios e sentenças.

Sobre a temperança. 30 Não sigas tuas paixões;
põe um freio a teus desejos.
31 Se te concedes a satisfação da paixão,
ela te tornará objeto da zombaria de teus inimigos.
32 Não te deleites com muitos banquetes,
pois a dupla porção é pobreza do outro.
33 Não frequentes tavernas nem sejas beberrão
quando nada tens no bolso,*
pois seria maquinar contra tua própria vida.

---

* **18**,18. Tg 1,5 | 22. Dt 23,22ss; Ecl 5,3; Pr 20,25; Ecl 5,1-6 | 33. Pr 23,20s

† **18**,20. É melhor prevenir que remediar. | 23. A pessoa deve pensar bem antes de fazer uma promessa e, depois de fazê-la, cumpri-la logo. | 24. O juízo final, quando Deus não usará mais de misericórdia, mas exercerá a justiça.

19 **A bebida e o muito falar.** 1Um
operário beberrão não ficará
rico;
quem despreza as pequenas coisas
irá caindo aos poucos.
2O vinho e as mulheres extraviam os
homens de bom senso,*
e quem frequenta prostitutas perecerá:
a podridão e os vermes o terão como
herança.*
3O atrevido caminha para a ruína:
será eliminado do meio dos vivos
e será apontado como o pior exemplo.
4Quem acredita de imediato é leviano e terá prejuízo;
quem peca contra si mesmo, quem
o salvará?
5Quem se alegra com a iniquidade
será desprezado;
quem detesta a correção abrevia sua
vida
6e quem odeia a tagarelice extingue
a malícia.
7Jamais repitas uma palavra maldosa
e dura
e não sofrerás nenhum dano.
8Não fales do amigo nem do inimigo*
e, se sabes de um delito, não o reveles.
9Pois quem te ouvir desconfiará de ti
e, para defender o pecado, te odiará.
10Ouviste alguma coisa contra o próximo?
Guarda-a contigo e fica certo de que
ela não te fará morrer.
11Por causa de uma palavra o insensato sofre dores,
como a parturiente para dar à luz†.
12Como uma flecha cravada na coxa,
assim é a palavra no coração do insensato.
Não crer facilmente. 13Corrige o amigo: talvez tenha feito o mal e diz que
não o fez;
e, se o fez, para que não o faça de
novo.
14Corrige o próximo: talvez não tenha dito nada;
mas se disse, para que não o repita.
15Indaga de teu amigo, porque com
frequência se trata de calúnia,
e não creias em qualquer palavra.
16Há quem erre pela língua, mas não
de propósito,*
pois quem não pecou com a língua?
17Interroga teu próximo, antes de
ameaçá-lo,
e deixa intervir a lei do Altíssimo†.
Verdadeira e falsa sabedoria. 18Pois
toda a sabedoria é temor de Deus e
nela está o temor de Deus;
e em toda a sabedoria está a prática
da lei.
19Não é sabedoria o conhecimento
do mal,
e nunca é prudência o conselho dos
pecadores.
20Há uma astúcia que é abominável,
e há insensato que tem pouca sabedoria.
21É melhor alguém de pouca sabedoria
e de pouco bom senso, mas que possui o temor de Deus,
do que um outro muito inteligente,
mas que transgride a lei do Altíssimo.
22Existe uma esperteza eficiente, mas
que é iníqua.
23Há quem deprave a graça para proferir a sentença
e há quem pareça oprimido e de ânimo abatido,
mas seu íntimo está cheio de engano.
24Há quem se rebaixe em excesso
com muita humildade
e há quem incline a cabeça
fingindo-se de surdo;
mas, quando não for observado, ele
te suplantará.
25E se a fraqueza o impede de pecar,
ao encontrar uma ocasião propícia
de fazer o mal, ele o fará.
26Pelo semblante se conhece a pessoa;

* **19**,2. Pr 31,3ss; Os 4,11 / Pr 5,5; 7,26s; 9,18 | 8. Pr 25,9s | 16. Ecl 7,14

† **19**,11. Sente necessidade de revelar o segredo, como a mulher que não pode reter o filho no ventre. | 17. A lei manda investigar antes de agir, Dt 19,18, e também repreender com doçura, Lv 19,17.

pelo aspecto do rosto se conhece a
pessoa sensata:
27a roupa que usa, seu sorriso
e seu modo de andar revelam o que
é.
Discrição. 28Existe repreensão inopor-
tuna
e indício que se comprova infunda-
do,
e há quem se cale e é prudente.

20 1É melhor repreender do que
irritar-se,
e não impedir de falar aquele que
confessa.
2Como o eunuco que quer violentar
uma moça,*
3assim é quem quer impor pela força
uma sentença iníqua.
4Como é bom quando a pessoa cor-
rigida manifesta arrependimento!
Pois assim evitarás o pecado volun-
tário.
5Há quem se cala e é considerado
sábio,*
e há quem é odiado por sua tagare-
lice.
6Há quem se cala porque não tem
resposta,
e há quem se cala porque sabe a
hora oportuna.
7O homem sábio se cala até o mo-
mento certo,
mas o leviano e o imprudente não
esperam a ocasião.
8Quem se excede no falar será detes-
tado;
quem abusa de sua posição será
odiado.
Não confiar nas aparências. 9Os ma-
les aumentam para quem é indiscipli-
nado,
e o que ele inventa lhe causa preju-
ízo.
10Existe presente que não é útil
e existe presente duplamente retri-
buído.
11Há humilhação motivada pela gló-
ria
e há quem depois da humilhação*
levanta a cabeça†.
12Há quem compre muitas coisas
com pouco dinheiro,
mas paga sete vezes seu valor.
13O sábio torna-se amável com suas
palavras,
mas os favores dos insensatos são
rejeitados.
Os presentes do insensato. 14O pre-
sente do insensato não te será útil,
porque seus olhos desejam receber
sete vezes mais†.
15Dará pouco, mas reclamará muito,
e abrirá a boca como um arauto.
16Empresta hoje e amanhã pedirá de
volta;
um homem assim é odioso.
17O insensato diz: "Não tenho um
amigo,
não há gratidão por meus benefí-
cios".
18Pois os que comem de seu pão são
falsos no falar.
Quantas vezes e quantos zombarão
dele!
19Pois não teve bom senso repartin-
do o que deveria guardar,
e igualmente o que não deveria
guardar: para ele é indiferente.
Danos da língua. 20É melhor escorre-
gar no chão do que com a língua;
por isso a queda dos maus chega de-
pressa.
21Uma pessoa grosseira é como his-
tória inconveniente:
está com frequência na boca dos
mal-educados.
22Não se aceita um provérbio da
boca do insensato,*
porque nunca é falado a propósito.
23Há quem esteja impedido de pecar
pela miséria:
assim, durante o repouso não terá
remorsos.
24Há quem se perca por respeito hu-
mano*
e se arruína por causa de um impru-
dente;

---

* **20**,2. 30,21 | 5. Pr 17,28 | 11. Lc 1,52 | 22. Pr 26,7.9 | 24. 4,25

† **20**,11. A experiência mostra que um aparente fracasso pode ser um sucesso, e o que parecia uma vantagem pode ser uma perda. | 14. Os olhos representam a cobiça e a inveja.

perde-se devido à acepção de pes-
soas.
25Há quem por timidez faça promes-
sas ao amigo
e ganha por um nada um inimigo.
26Mancha vergonhosa no homem é
a mentira,*
está com frequência na boca dos
mal-educados.
27É melhor um ladrão que um menti-
roso incorrigível,
mas ambos herdarão a ruína.
28O vicio do mentiroso é uma desonra,*
e a vergonha o acompanhará sempre.
Discurso de parábolas. 29O sábio se
promove por suas palavras,
e o homem prudente agrada aos
grandes.
30Quem trabalha a terra aumentará a
colheita
e quem pratica a justiça será exaltado;
mas quem agrada aos grandes deve
fugir da iniquidade.*
31Presentes e dádivas cegam os
olhos dos juízes*
e, como freio na boca, impedem suas
repreensões.
32Sabedoria escondida e tesouro in-
visível:*
para que servem uma e outro?
33Age melhor quem esconde sua in-
sensatez
do que aquele que esconde sua sa-
bedoria.

21

Fugir do pecado é sabedoria.
1Filho, pecaste? Não o faças de
novo
e reza pelas culpas passadas, para
que te sejam perdoadas.
2Foge dos pecados como de uma
cobra:
se te aproximares, te morderão.
3Dentes de leão são seus dentes,
que destroem vidas humanas.
4Toda transgressão é como espada
de dois gumes:*
a chaga que produz é incurável.
5O terror e a violência aniquilam a
riqueza,
e a casa rica demais será destruída
pela soberba;
assim a riqueza do soberbo será de-
vastada.
6A oração do pobre vai de sua boca
aos ouvidos de Deus,
que não tardará a lhe fazer justiça.
7Quem detesta a correção segue os
passos do pecador,*
mas quem teme a Deus a introduz no
coração.
8De longe se reconhece o prepotente
atrevido no falar,
mas o homem sensato sabe que ele cai.
9Quem constrói sua casa com as ri-
quezas de outrem
é como quem amontoa pedras para
seu sepulcro.
10A assembleia dos pecadores é
como um monte de estopa:*
seu fim é uma chama de fogo.
11O caminho dos pecadores é calça-
do com pedras,*
mas termina no abismo profundo.
O sábio e o insensato. 12Quem obser-
va a lei controla seus pensamentos;*
13a perfeição do temor de Deus é a
sabedoria e o bom senso.
14Jamais será instruído quem não é
prudente,
15mas há uma astúcia cheia de mal-
dade
e não há bom senso onde existe
amargura.
16A ciência do sábio transborda
como enchente,*
e seu conselho permanece como
fonte de vida.
17O coração do insensato é como
vaso quebrado:
nada pode guardar da sabedoria.
18Qualquer palavra sábia que o ho-
mem sensato ouvir,
ele a aprovará e lhe acrescentará
algo seu;
mas se a escuta um dissoluto, fica
descontente
e a joga para trás das costas.
19O falar do insensato é como um
fardo na viagem,

---

* **20**,26. Pr 13,5 | 28. Pr 12,22 | 30. Pr 14,35 | 31. Pr 17,8; 18,16; 21,14 | 32. 41,17s; Mt 5,14ss | **21**,4. Pr 5,4 | 7. Pr 12,1 | 10. 16,7 | 11. Mt 7,13 | 12. Gn 4,7 | 16. Pr 13,14; 18,4

mas é um prazer ouvir uma pessoa
sensata.
20 A palavra do homem prudente é
apreciada na assembleia,
e o que ele diz é meditado nos co-
rações.
21 Como casa em ruína, assim é a sa-
bedoria para o insensato;
a ciência do insensato é um discurso
incompreensível.
22 Para o insensato a instrução é
como grilhões nos pés
e como algemas em sua mão direita.
23 O insensato eleva a voz quando ri,
mas o homem sábio apenas sorri dis-
cretamente.
24 Para o homem prudente a instru-
ção é como um ornamento de ouro,
como um bracelete no braço direito.
25 O insensato põe facilmente os pés
na casa do vizinho,
mas o homem experiente respeita as
pessoas.
26 O insensato espia da janela o inte-
rior da casa,
mas quem é educado ficará de fora.
27 É má educação ficar na porta escu-
tando:
é grave ofensa para o homem pru-
dente.
28 Os lábios dos insensatos repetem
tolices,
mas as palavras dos homens pruden-
tes são pesadas na balança.
29 Na boca dos insensatos está seu
coração,
mas no coração dos sábios está sua
boca.
30 Quando um ímpio maldiz o adversário,
maldiz a si próprio.
31 O maldizente mancha sua alma e é
odiado por todos;
quem permanecer com ele será odiado,
mas quem se cala e é sensato será
honrado.

22 **O preguiçoso.** 1 O preguiçoso
é semelhante a uma pedra co-
berta de lama,
todos assobiam mostrando-lhe des-
prezo.
2 O preguiçoso é semelhante a um
monte de esterco,
quem toca nele sacode a mão.
O filho mal-educado. 3 De um filho
mal-educado o pai se envergonha,
mas uma filha veio ao mundo para
sua confusão.
4 Uma filha prudente será um tesouro
para o marido,
mas a desonrada é uma aflição para
seu pai.
5 A filha insolente envergonha o pai
e o marido,
e por ambos será desprezada.
6 Uma conversa inoportuna é como
música em velório,
mas a vara e a instrução em qualquer
tempo são sabedoria†.
O insensato. 7 Ensinar a um insensato é
como colar um vaso quebrado.
8 Falar com quem não quer ouvir
é como despertar um dorminhoco
de um sono profundo.
9 Quem fala com o insensato sobre a
sabedoria
é como se falasse a um que está dor-
mindo;
no fim da conversa ele dirá: "Quem é?"
10 Chora por um morto porque per-
deu a luz;
chora por um insensato porque per-
deu o conhecimento.
11 Chora um pouco menos por um
morto porque agora repousa,
12 mas a vida do insensato é pior que
a morte.
13 O luto por um morto dura sete dias,
mas por um insensato e um ímpio
dura toda a sua vida.
14 Nao fales muito com o tolo
e não viajes com o insensato.
15 Guarda-te dele para não teres
aborrecimentos
e para que não te contamines com
seu contato.
16 Afasta-te dele e encontrarás repouso,
e não serás importunado por sua tolice.
17 Que há de mais pesado que o
chumbo?
E qual é seu nome, a não ser "insen-
sato"?

† **22**,6. Ver a nota em Pr 10,13.

[18]É mais fácil carregar areia, sal, barra de ferro*
do que o imprudente, o insensato e o ímpio.
[19]Uma trave de madeira bem presa
no alicerce de uma casa não se desconjunta;
assim um coração decidido depois de madura reflexão
não será abalado por nenhum temor.
[20]Um coração baseado em sábias reflexões
é como um ornamento numa parede polida.
[21]Uma paliçada posta no alto
e cascalho juntado sem argamassa
não resistem diante do vento:
[22]assim um coração mesquinho, de pensamentos tolos,
não resiste ao ímpeto do temor.[23]

Como comportar-se com os amigos.
[24]Quem machuca um olho, dele faz sair lágrimas;
quem magoa um coração, dele expulsa a amizade.
[25]Quem lança pedras contra os pássaros os põe em fuga;
quem humilha um amigo rompe a amizade.
[26]Ainda que tenhas desembainhado a espada contra um amigo,*
não desesperes: pode haver um retorno.
[27]Se abriste a boca contra um amigo,
não temas: pode haver reconciliação.
Mas se houve insulto, afronta, arrogância,*
revelação de segredos e traição,
nestes casos qualquer amigo desaparecerá.
[28]Conquista a confiança do amigo em sua pobreza
para também partilhares de sua prosperidade.
[29]Quando sofrer tribulação, permanece fiel a ele,
para também teres parte em sua herança.
[30]O vapor e a fumaça se elevam da fornalha antes do fogo;
assim, antes do derramamento de sangue,
as maldições, as injúrias e as ameaças.
[31]Não me envergonharei de proteger um amigo,
nem me esconderei de sua presença.
Se me suceder o mal por causa dele, ficarei firme;
[32]todos os que vierem a saber se guardarão dele.
[33]Quem porá uma guarda a minha boca*
e sobre meus lábios, um selo apropriado,
para que eu não caia por sua causa,
e minha língua não cause minha ruína?

23 **A oração.** [1]Senhor, pai e dono de minha vida†,
não me abandoneis à vontade deles,
nem me deixeis cair por causa deles.
[2]Quem aplicará a correção a meus pensamentos
e a meu coração a instrução da sabedoria,
para que não sejam poupados meus erros*
e meus delitos não apareçam?
[3]Para não suceder que cresça o número de meus erros,
multipliquem-se meus delitos,
meus pecados aumentem
e eu caia diante de meus adversários,
e o inimigo se alegre a minha custa.
[4]Senhor, pai e Deus de minha vida,
não me abandoneis ao arbítrio deles.
[5]Não me deis um olhar arrogante*
e afastai de mim toda cobiça.
[6]Tirai de mim a sensualidade
e que a luxúria não se apodere de mim,
e não me abandoneis às paixões vergonhosas e insensatas.

Instrução sobre o falar. [7]Filhos, escutai a instrução sobre o falar:
quem a observa não ficará enredado por suas palavras
nem cairá em ações criminosas.

---

* **22**,18. Pr 27,3 | 26. 19,13-17 | 27. Pr 11,13; 20,19; 25,9 | 33. Sl 141,3 | **23**,2. Sl 141,5 | 5. Sl 131,1

† **23**,1. Como povo, Israel reconheceu bem cedo a paternidade de seu Senhor, mas Ben Sira pode ter sido o primeiro indivíduo em Israel a ver em Deus seu pai pessoal.

[8]O pecador é vítima dos próprios lábios,
o maldizente e o soberbo neles encontram tropeço.
[9]Não acostumes tua boca ao juramento,*
pois muitas são as quedas por causa dele.
[10]Não pronuncies com frequência o nome de Deus
e não mistures em tuas conversas os nomes dos santos,
porque não estarás imune de ofendê-los.
[11]Como um escravo sempre vigiado
não ficará sem feridas,
assim aquele que jura e tem sempre na boca o nome de Deus
não será isento de pecado.
[12]Quem jura com frequência se enche de iniquidades;
o flagelo não se afastará de sua casa.
[13]Se não cumprir o juramento, seu delito virá sobre ele,
se dissimular, peca duas vezes;
[14]e se jura falso, não será justificado;
sua casa se encherá de males.
[15]Há um outro modo de falar que se pode comparar à morte†;
não se encontre na herança de Jacó.
[16]Pois tudo isto está afastado dos que temem a Deus,
e eles não se envolverão nesses pecados.
[17]Que tua boca não se habitue a vulgaridades grosseiras,
pois nelas sempre há pecado.
[18]Lembra-te de teu pai e de tua mãe
quando te sentares entre os grandes,
[19]para que na presença deles não esqueças quem tu és,
e, envaidecido com tua familiaridade, sofras injúrias;
chegarias a desejar não ter nascido
e a amaldiçoar o dia de teu nascimento.
[20]Quem tem o costume de usar palavras inconvenientes
não se corrigirá pelo resto da vida.
Luxúria. [21]Duas espécies de pessoas multiplicam os pecados,
a terceira provoca ira e perdição:
[22]a alma que arde como fogo aceso
não se acalmará, enquanto não for consumida;
[23]um homem que entrega à impureza sua própria carne
não cessará, enquanto não acender o fogo.
[24]Para o homem impuro todo pão é apetitoso,
não cessará de prová-lo, enquanto não morrer.
[25]Todo homem que comete adultério em seu leito,
zombando em seu íntimo e dizendo: "Quem me vê?
[26]As trevas me rodeiam, as paredes me escondem,
ninguém me vê; que devo temer?
De meus pecados não se recordará o Altíssimo".
[27]Não compreende que os olhos dele tudo veem,
porque o medo desse homem afasta de si o temor de Deus.
Só teme os olhos dos homens.
[28]Não sabe que os olhos do Senhor*
são muito mais luminosos que o sol,
observam todas as ações humanas e a profundeza do abismo
e examinam os corações dos homens
em seus lugares mais ocultos.
[29]Pois o Senhor Deus conhece todas as coisas antes de sua criação;*
do mesmo modo, depois de as ter criado, ele as observa todas.
[30]Este homem será punido nas praças da cidade,
banido como um potro
e será preso quando menos o espera.
[31]Será desonrado à frente de todos,
porque não compreendeu o temor do Senhor.
[32]O mesmo vale para toda mulher que abandona o marido,*
e lhe dá um herdeiro nascido de outro matrimônio.
[33]Antes de tudo desobedeceu à lei do Altíssimo,

---

* **23**,9. Mt 5,34s; 23,20s; Tg 5,12 | 28. Pr 15,3.11; 17,3; 24,12 | 29. Pr 8,22s | 32. Pr 2,16; 5,2-20; 6,24-35; 7,5

† **23**,15. Fala da blasfêmia, que merecia pena de morte, Lv 24,16.

em segundo lugar pecou contra o marido,
em terceiro lugar prostituiu-se no adultério
e teve filhos com outro homem.
34Esta será conduzida diante da assembleia
e se procederá a uma investigação sobre seus filhos.
35Seus filhos não lançarão raízes
e seus ramos não darão fruto.
36Deixará uma memória maldita,
sua infâmia não será cancelada.
37Os sobreviventes reconhecerão
que nada é melhor que o temor de Deus
e nada é mais doce que observar os preceitos do Senhor.
38Seguir o Senhor é uma grande glória,
pois é ele quem dá vida longa.

24

Elogio da Sabedoria†. 1A Sabedoria faz seu próprio elogio*
e em Deus será honrada
e no meio de seu povo será glorificada.
2Na assembleia do Altíssimo abre a boca
e se gloria diante de seu poder.
3No meio de seu povo será exaltada
e será admirada em toda a santa assembleia.
4Entre a multidão dos eleitos receberá louvores
e bênçãos, entre os abençoados por Deus, e dirá:
5"Saí da boca do Altíssimo,
como primogênita antes de todas as criaturas†.
6Eu fiz surgir no céu uma luz inextinguível,
e como um vapor cobri toda a terra.*
7Coloquei minha morada lá no alto,
meu trono está sobre uma coluna de nuvens.*
8Percorri sozinha a órbita do céu,*
passeei nas profundezas do abismo.
9Estive sobre as ondas do mar e em toda a terra,
10e sobre todo povo e nação assumi o domínio;
11sujeitei com meu poder os corações de todos, grandes e pequenos.
Entre todos estes procurei um lugar de repouso:
na herança de quem poderei estabelecer-me?
12Então o Criador do universo deu-me uma ordem,*
meu Criador deu um repouso para minha tenda
13e me disse: 'Habita em Jacó,
possui tua herança em Israel
e lança raízes entre meus eleitos'†.
14Desde o princípio, antes dos séculos, ele me criou,*
e por toda a eternidade não deixarei de existir.
15Oficiei na tenda santa diante dele
e assim me estabeleci em Sião.
Na cidade igualmente amada repousei
e em Jerusalém está meu poder.
16Lancei raízes no meio de um povo glorioso,
na porção do Senhor, sua herança,
e fixei minha morada na assembleia dos santos.
17Elevei-me como o cedro do Líbano
e como um cipreste nas alturas do Hermon.
18Cresci como palmeira em Engadi
e como canteiro de rosas em Jericó.
19como oliveira majestosa na planície;
cresci como plátano nos caminhos à beira-d'água.
20Exalo um perfume de canela e de bálsamo perfumado;
como mirra escolhida espalhei bom odor,

---

* **24**,1. Pr 1,20-33; 8,1-36; 9,1-6; Jó 28; Br 3,9-4,4 | 6. Gn 1,2 | 7. Êx 13,21s | 8. Pr 8,27; Jó 22,14 | 12. Sl 132,8.13s | 14. Pr 8,23

† **24**. A Sabedoria descreve sua origem divina e sua atividade no céu e na terra. | 5. Alusão a Gn 1, que mostra a palavra de Deus em ação na criação do mundo, Sl 33,6. | 13. No sentido espiritual, aplica-se este v. ao Verbo de Deus que veio morar entre nós, Jo 1,14. Este cap. prepara a revelação do Verbo e da Santíssima Trindade no NT. | 24. A Sabedoria é um dom de Deus aos que vivem no amor reverencial, no temor de Deus. Viver no amor é cumprir a Lei. Obedecer os mandamentos é o melhor meio de alcançar a Sabedoria. Sabedoria e temor de Deus não se identificam; este é condição para se alcançar aquela.

21como o estoraque, o gálbano, o
ônix e o aloés,
como nuvem de incenso na tenda.*
22Como um terebinto estendi meus
ramos,
e meus galhos são majestosos e belos.
23Como a videira produzi germes
graciosos,
e minhas flores são frutos de glória
e riqueza.
24Sou a mãe do belo amor e do te-
mor†,
do conhecimento e da santa espe-
rança.
25Em mim está toda a graça do cami-
nho e da verdade,
em mim toda a esperança da vida e
da virtude.
26Vinde a mim todos vós que me de-
sejais
e saciai-vos de meus frutos.
27Minha instrução é mais doce que o
mel*
e minha herança, mais que o mel e
o favo.
28Minha lembrança permanece por
todos os séculos.
29Os que se nutrem de mim terão
ainda fome
e os que bebem de mim terão ainda
sede.
30Quem me obedece não se enver-
gonhará,
e quem realiza minhas obras não pe-
cará;
31os que me tornam conhecida terão
a vida eterna".
A Sabedoria e a Lei†. 32Tudo isto é o
livro da aliança do Altíssimo,*
33a lei que Moisés nos prescreveu
como herança para a casa de Jacó.
34Deus prometeu a Davi, seu servo,
que faria nascer dele um rei muito
poderoso,
o qual se sentaria para sempre num
trono glorioso.
35A Lei faz transbordar a sabedoria
como o Pison*
e como o Tigre na estação dos frutos
novos;
36inunda de inteligência como o Eu-
frates
e como o Jordão no tempo da co-
lheita;
37derrama a doutrina como o Nilo
e se apresenta como o Geon nos dias
da vindima.*
38O primeiro não exauriu seu conhe-
cimento
nem o último conseguiu investigá-la.
39Com efeito, seu pensamento é mais
vasto que o mar
e seu conselho é mais profundo que
o grande abismo.
O autor. 40Eu, a Sabedoria, fiz correr os
rios;
41sou como um canal de grandes
águas que sai de um rio*
e como uma corrente de água en-
trando num jardim.
42Eu disse: "Regarei meu jardim
e darei de beber aos frutos de meu
prado".
43Meu canal se tornou um rio,*
e meu rio se tornou um mar.
44Farei resplandecer minha doutrina
como a aurora;
eu a farei brilhar longe.
45Penetrarei em todas as profunde-
zas da terra,
lançarei os olhos sobre todos os que
dormem
e iluminarei todos os que esperam
no Senhor.
46Continuarei a espalhar minha ins-
trução como uma profecia
e a deixarei para as gerações futuras,
não cessarei de anunciá-la a sua pos-
teridade
até o século santo.
47Vede que não trabalhei só para mim,
mas para todos os que a procuram.

25

**Coisas amadas e coisas de-
testadas.** 1Três coisas encan-
tam minha alma

---

* **24**,21. Êx 30,7s.34s | 27. Sl 19,11; Jo 4,13s | 32. Êx 19,1; Dt 33,4 | 35. Gn 2,11 | 37. Gn 2,13; Jr 2,8 | 41. Is 58,11; Jo 4,14 | 43. Ez 47,1-12; Is 11,9; Jo 7,38

† **24**,32. Agora a Sabedoria é identificada com a Lei, manifestação da vontade de Deus e fonte de sabedoria.

e são apreciadas por Deus e pelos
homens:
2concórdia entre irmãos, amizade
entre vizinhos
e mulher e marido que vivem em ple-
na harmonia.
3Três tipos de pessoas eu detesto,
e sua vida é para mim insuportável:
4um pobre soberbo, um rico menti-
roso,
um idoso tolo e insensato.

Os anciãos. 5Na juventude não ajun-
taste;
como poderias encontrar alguma
coisa na velhice?
6Como é belo para os cabelos bran-
cos saber julgar
e para os anciãos saber aconselhar!
7Como é bela nos idosos a sabedo-
ria*
e nas pessoas eminentes o discerni-
mento e o conselho!
8Coroa dos anciãos é uma rica expe-
riência,
e sua gloria é o temor de Deus.

Provérbio numérico. 9Nove coisas de
que o coração não suspeita eu enalte-
ço,
e a décima eu a contarei às pessoas
com minhas palavras:
10um homem que encontra sua ale-
gria nos filhos,
aquele que vê em vida a ruína de
seus inimigos;
11feliz quem vive com uma mulher
sensata
e não ara como o boi preso ao burro,
aquele que não peca com a língua,*
que não deve servir a alguém indig-
no dele;
12feliz quem encontrou um amigo
verdadeiro
e que fala da justiça a um ouvido
atento;
13como é grande quem encontrou a
sabedoria e a ciência,
mas ninguém supera quem teme a
Deus.
14O temor de Deus é mais que tudo;
15quem o possui, a quem pode ser
comparado?

As mulheres más. 16O temor de Deus
é o começo de seu amor
e a fé é o início da adesão a ele.
17Toda ferida é uma tristeza para o
coração,
e a maldade feminina é malícia con-
sumada.
18Qualquer ferida, mas não a ferida
do coração;
19qualquer maldade, mas não a mal-
dade da mulher.
20Qualquer aflição, mas não aquela
causada pelos que nos odeiam;
21qualquer vingança, mas não a vin-
gança dos inimigos.
22Não há veneno pior que o da co-
bra,
23e não há ira pior que a ira de uma
mulher.
É preferível morar com um leão e
com um dragão*
a morar com uma mulher malvada.
24A maldade da mulher altera seu
semblante,
torna seu rosto sombrio como o de
um urso.
Seu marido senta-se no meio dos vi-
zinhos
25e sem querer suspira amargamen-
te.
26Toda maldade é pequena diante da
maldade de uma mulher:
que lhe sobrevenha a sorte do peca-
dor!
27Como ladeira arenosa para os pés
de um ancião,
assim é a mulher faladeira para um
homem quieto.
28Não te deixes levar pela beleza de
uma mulher
e não cobices seus haveres.
29É motivo de indignação, desrespei-
to e de grande vergonha
30se a mulher tem o domínio sobre
o marido.
31Ânimo abatido, rosto triste
e ferida no coração: é o que faz uma
mulher má.
32Mãos fracas e joelhos vacilantes,
assim é aquela que não faz feliz o
marido.
33Pela mulher teve início o pecado,*

---

* **25**,7. Sb 4,8s | 11. 14,1 | 23. Pr 21,9.19; 25,24; 27,15 | 33. Gn 3,1-6; 1Cor 15,22; 1Tm 2,14; Rm 5,12

e é por causa dela que todos mor-
remos.
34Não deixes perder a água de tua
cisterna
nem dês liberdade de sair a uma mu-
lher má.
35Se não anda conforme o aceno de
tua mão,
ela te envergonhará diante de teus
inimigos;
36retira-a de tua intimidade
e despede-a de tua casa.

26

A mulher virtuosa. 1Feliz o
homem que tem uma boa es-
posa;*
o número de seus dias será duplicado.
2A mulher forte é a alegria do ma-
rido;
este passará em paz os anos de sua
vida.
3Uma mulher virtuosa é uma boa
sorte
concedida a quem teme a Deus:
será dada ao marido em recompensa
pelas boas obras.
4Rico ou pobre, o coração dele se
alegra,
em todo tempo seu rosto se mostra
alegre.
A mulher maldosa. 5Três coisas teme
meu coração
e pela quarta fico atemorizado:
6uma calúnia espalhada na cidade,
aglomeração de pessoas,
7e uma falsa acusação: tudo isto é
pior que a morte.
8Mas a mulher que tem ciúme de
uma outra†
causa ao coração angústia e aflição;
9sua língua é um flagelo que a todos
atinge.
10Mulher maldosa é como canga de
bois mal ajustada:
dominá-la é como pegar um escor-
pião.
11Mulher que tem o vício da bebida
causa grande ira e ofensa;
não conseguirá esconder sua vergo-
nha.
12A libertinagem da mulher está no
atrevimento dos olhares*
e se reconhece por suas pálpebras.
13Guarda-te bem de uma moça au-
daciosa,
para que não aproveite da ocasião
que encontrar.
14Toma cuidado com toda insolência
de seus olhos,
e não te admires se ela te deixar.
15Como um viajante sedento, ela
abre a boca diante da fonte
e bebe qualquer água que esteja
perto;
ela se assenta diante de qualquer es-
taca
e oferece seu corpo a toda impureza
até não poder mais.
Beleza feminina. 16A graça de uma
mulher cuidadosa alegra o marido
17e sua instrução revigora seus os-
sos.
18É um dom de Deus uma mulher
sensata e silenciosa;
nada se compara a uma pessoa edu-
cada.
19Mulher santa e honesta é uma gra-
ça inestimável;
20não se pode determinar o valor de
uma alma casta.
21Como o sol que surge para o mun-
do nas alturas de Deus,
assim a beleza da mulher virtuosa
adorna sua casa.
22Lâmpada que arde sobre o cande-
labro santo:
assim é um rosto bonito num sólido
corpo.
23Colunas de ouro sobre bases de
prata:
tais são as pernas graciosas sobre os
pés firmes da mulher.
24Como fundamentos eternos sobre
a rocha firme,
assim são os mandamentos de Deus
no coração de uma mulher santa.
Coisas que entristecem. 25Duas coisas
me entristecem o coração
e a terceira me irrita:
26um guerreiro que definha na miséria,

---

* **26**,1. Pr 12,4; 31,10s | 12. Pr 6,25

† **26**,8. Trata-se de duas mulheres do mesmo homem; a bigamia era tolerada pela lei, Dt 21,15ss.

um homem sábio tratado com desprezo,
27 e quem passa da justiça ao pecado;
este último, Deus o destina à espada.
28 Duas coisas me parecem árduas e
perigosas:
dificilmente um comerciante será
isento de culpa†
e um taberneiro, imune de pecado.

27 **Comércio e honestidade.**
1 Por amor ao lucro muitos pecam;
quem procura enriquecer mostra-se
impiedoso†.
2 Como entre as fendas das pedras se
finca uma estaca,
assim entre a compra e a venda se
insinua o pecado†.
4 Se não te agarras ao temor do Senhor,
tua casa em breve será destruída.
5 Quando se balança uma peneira,
sobra o refugo;
assim em seu modo de pensar aparecem os defeitos da pessoa.
6 O forno prova os vasos do oleiro;
assim a adversidade comprova os
justos.
7 O fruto demonstra como é cultivada
a árvore;*
assim a palavra revela o sentimento
do homem.
8 Não elogies ninguém antes de ele
falar,
porque este é o teste das pessoas.
A justiça. 9 Se procuras a justiça, tu a
alcançarás
e dela te revestirás como de um
manto de glória;
habitarás com ela, e ela te protegerá
para sempre
e, no dia de prestar contas, encontrarás apoio.
10 Os pássaros pousam junto a seus
semelhantes;
assim a verdade retorna àqueles que
a praticam.
11 O leão está sempre à espreita da
presa;
assim os pecados espreitam os que
praticam a iniquidade.
12 A conversa de quem teme a Deus é
sempre sábia,
mas o insensato muda como a lua.
13 Entre os insensatos mede teu tempo,
mas frequenta assiduamente os que
refletem.
14 A conversa dos insensatos é odiosa,
seu riso é uma devassidão culposa.*
15 A linguagem de quem muito jura
faz arrepiar os cabelos
e suas disputas levam a tapar os ouvidos.
16 Contenda entre gente soberba faz
derramar sangue,
suas maldições doem aos ouvidos.
Os segredos e a amizade. 17 Quem revela os segredos perde a confiança do
amigo
e não encontra mais um amigo segundo seu coração.*
18 Ama o amigo e sê fiel na amizade
com ele;
19 mas se revelaste seus segredos,
não o procures mais;
20 porque como alguém que sepultou
seu morto,
assim é aquele que perde a amizade
de seu próximo.
21 Como alguém que solta um pássaro de sua mão,
assim deixaste partir teu amigo e não
o recuperarás.
22 Não o sigas, porque já está longe;
fugiu como uma corça do laço,
porque sua alma está ferida;
23 não conseguirás alcançá-lo.
Até da maldição pode haver perdão,
24 mas revelar segredos de um amigo
é um caso desesperado.
A hipocrisia. 25 Quem pisca o olho está
tramando o mal,*
e quem conhece tal pessoa dela se
afasta.

---

* **27**,7. Mt 7,16 | 14. Ecl 7,3-6 | 17. 22,27 | 25. Pr 6,13; 10,10; Sl 35,19

† **26**,28. Ben Sira considera legítimo o lucro do comerciante, 42,4s, mas adverte contra os perigos da profissão. | **27**,1. Lit. "desvia os olhos". | 2. A NV omitiu o v. 3, que na antiga Vulgata dizia: 3 O pecado será eliminado junto com o pecador.

26Em tua presença fala com doçura
e admira o que dizes,
mas depois muda sua linguagem
e te arma insídias com tuas próprias
palavras.
27Detesto muitas coisas, mas nenhu-
ma quanto uma pessoa assim,
e o Senhor também a detesta.
28Se alguém joga uma pedra para
cima, ela lhe cairá na cabeça;
e um golpe traiçoeiro fere o próprio
traidor.
29Quem abre uma cova cairá dentro
dela;*
quem põe uma pedra no caminho do
outro nela tropeçará;
e quem arma uma cilada para al-
guém nela será apanhado.
30O plano criminoso se volta contra
seu autor,
e ele não saberá de onde lhe vem o
mal.
31Sarcasmo e insulto estão reserva-
dos para o soberbo;
a vingança, como um leão, o esprei-
ta.
32Serão presos no laço os que se ale-
gram com a queda dos justos;
a dor os consumirá antes que mor-
ram.
33O rancor e a ira são ambos execrá-
veis,
até o pecador os reprime.

28 **O perdão.** 1Quem quer vin-
gar-se enfrentará a vingança
do Senhor
que exigirá rigorosas contas de seus
pecados.
2Perdoa ao próximo que te prejudi-
cou*
e assim, ao rezares, teus pecados se-
rão perdoados.
3Se alguém guarda raiva de um ou-
tro,
como ousa pedir a Deus a cura?
4Se não tem compaixão de seu se-
melhante,*
como pode pedir perdão por seus
pecados?
5Ele, que é apenas um mortal, guarda
rancor
e pede perdão a Deus?
Quem lhe obterá o perdão dos pe-
cados?
6Lembra-te de teu fim e cessa de
odiar;*
7pensa na corrupção e na morte
e fica fiel aos mandamentos.
8Lembra-te dos mandamentos*
e não tenhas rancor de teu próximo;
9lembra-te da aliança com o Altíssimo
e ignora a ofensa recebida.
Evitar as disputas. 10Evita as disputas e
diminuirás os pecados;*
11porque um homem passional pro-
voca disputa,
e o pecador perturba os amigos
e semeia a inimizade entre os que vi-
viam em paz.
12O fogo se alastra conforme a ma-
deira da floresta;*
assim a ira da pessoa se inflama con-
forme seu poder,
e em proporção a sua riqueza cresce
sua cólera.
13Uma contenda repentina acende o
fogo,
uma disputa violenta faz derramar
sangue
e a língua que dá testemunho causa
a morte.
14Se sopras sobre uma fagulha, ela se
acende;
se lhe cospes em cima, ela se apaga;
ambas as coisas saem de tua boca.
A língua maldizente. 15Maldito o de-
lator e o homem de dupla linguagem,
porque arruinou muitos que viviam
em paz.*
16A língua maldizente perturbou a
muitos
e os expulsou de nação em nação;
17destruiu as cidades fortificadas dos
ricos
e arrasou as casas dos grandes;
18destruiu as forças dos povos
e dispersou nações poderosas.
19A língua maldizente expulsou de
casa mulheres excelentes,

* **27**,29. Pr 26,27; Ecl 10,7; Sl 7,16; 9,16 | **28**,2. Mt 6,12ss; 5,23ss | 4. Mt 18,23-35 | 6. 7,40; 38,21 | 8. Lv 19,17s; Êx 23,4s | 10. Pr 15,18 | 12. Pr 26,20s | 15. Pr 16,28

privando-as do fruto de seus trabalhos.
20 Quem lhe presta atenção não terá descanso,
nem terá um amigo com quem repousar.
21 O golpe do chicote produz feridas,*
mas o golpe da língua quebra os ossos.
22 Muitos caíram pelo fio da espada,
mas não tantos quantos pereceram por culpa de sua língua.
23 Feliz quem dela está protegido*
e não passou por sua cólera;
quem não atraiu seu jugo
e não foi preso com suas correntes.
24 Pois seu jugo é um jugo de ferro,
e suas correntes, correntes de bronze.
25 Terrível é a morte que ela provoca
e, em comparação com ela, é preferível a mansão dos mortos.
26 Ela não tem poder sobre os justos,
e estes não serão devorados por sua chama.
27 Os que abandonam a Deus lhe serão entregues,
ela os consumirá sem extinguir-se.
Ela se lançará contra eles como um leão,
e como uma pantera os despedaçará.
28 Cerca teus ouvidos com espinhos,
não dês atenção à língua perversa
e põe em tua boca uma porta com ferrolhos.
29 Guarda com cuidado tua prata e teu ouro,
faze uma balança para pesar tuas palavras
e freios bem ajustados para tua boca.*
30 Fica atento para não errar por causa da língua,
para não suceder que caias diante dos inimigos que te armam ciladas
e tua queda seja incurável e mortal.

29 **Empréstimos.** 1 Emprestar ao próximo é praticar a misericórdia;
quem o socorre observa os mandamentos†.
2 Empresta ao próximo quando ele precisa,
e por tua vez restitui ao próximo no tempo combinado.
3 Mantém a palavra e sê leal com ele:
assim acharás em todo momento o que necessitas.
4 Muitos consideram como coisa achada o que pediram emprestado*
e causam aborrecimentos aos que os ajudaram.
5 Antes de receber, cada um beija as mãos do doador
e fala com humildade sobre as riquezas do amigo;
6 mas, chegada a hora de restituir, pede um prazo,
manifesta seu enfado, recrimina e culpa as circunstâncias.
7 Se pode pagar, faz dificuldade;
paga apenas a metade da dívida
e a considera como coisa achada.
8 Caso contrário, o credor fica fraudado de seu dinheiro
e ganhará sem motivo um inimigo;
9 Paga-lhe com injúrias e maldições
e devolve insultos em vez da honra e do benefício.
10 Muitos recusam emprestar não por maldade,
mas por medo de serem defraudados sem razão.

Caridade. 11 Todavia sê magnânimo com o indigente*
e não o faças esperar demais pela esmola.
12 Por causa do mandamento, socorre o pobre
e, por causa de sua indigência, não o despeças de mãos vazias.
13 Perde dinheiro em favor de um irmão e amigo,
não o escondas debaixo de uma pedra para ficar perdido.
14 Dispõe das riquezas conforme os preceitos do Altíssimo*
e te serão mais úteis que o ouro.

---

* **28**,21. Pr 25,15 | 23. Sl 31,21 | 29. 22,33; Pr 13,3 | **29**,4. 8,15 | 11. 3,33-4,11; 7,36-40; Tb 12,8s; Mt 6,19-21; 19,21; Dt 15,11 | 14. Mt 6,19ss; Tg 5,3

† **29**,1. Pela lei, os hebreus não podiam cobrar juros uns dos outros, Êx 22,24; Lv 25,36.

[15]Encerra a esmola no coração do pobre*
e ela rogará por ti para te preservar de todo mal†.
[18]Melhor que um escudo resistente e uma lança pesada,
combaterá por ti diante do inimigo.
Fiança. [19]O homem de bem se faz fiador de seu próximo,*
mas aquele que perdeu toda a vergonha o abandona.
[20]Não esqueças o benefício de teu fiador,
porque ele arriscou a vida por ti†.
[22]O pecador dilapida os bens de seu fiador,
e o ingrato abandona quem o salvou†.
[24]A fiança arruinou muitas pessoas honestas,
sacudiu-as como as ondas do mar.
[25]mandou para o exílio homens poderosos,
obrigados a vaguear entre gente estrangeira.
[26]O pecador, transgredindo os mandamentos do Senhor,
compromete-se com fianças
e, procurando obter lucros, será envolvido em processos.
[27]Ajuda teu próximo segundo tua possibilidade
e cuida de ti mesmo para não caíres.
Frugalidade e hospitalidade. [28]Isto basta para viver: água, pão, roupa
e uma casa para garantir a privacidade.
[29]É melhor uma vida de pobre sob um teto de tábuas
do que esplêndidos banquetes no estrangeiro sem ter onde morar.
[30]Contenta-te com o pouco ou o muito que tens
e não te sentirás tratado como estranho.
[31]Triste vida a de quem anda de casa em casa:*
onde for recebido, não pode agir com liberdade nem abrir a boca.
[32]Serás recebido como um estranho, comerás e beberás sem prazer
e além disso escutarás coisas amargas como estas:
[33]"Vem, forasteiro, prepara a mesa,
se tens alguma coisa na mão, dá-me de comer".
[34]"Cede o lugar a um outro mais importante!
Meu irmão será meu hóspede, preciso da casa".
[35]Estas coisas são duras para uma pessoa de bom senso:
repreensões por ser estrangeiro e os insultos de um credor.

30 **Educação dos filhos.** [1]Quem ama seu filho usa com frequência a vara*
para alegrar-se com ele mais tarde.
[2]Quem educa seu filho terá vantagem com ele
e dele poderá orgulhar-se com seus familiares.
[3]Quem ensina seu filho deixará com inveja o inimigo
e diante dos amigos poderá gloriar-se dele.
[4]Se morre o pai, é como se não morresse,*
porque deixa depois de si um seu semelhante.
[5]Durante a vida ele se alegrava ao vê-lo,
no momento da morte não se afligiu
nem ficou envergonhado diante dos inimigos,
[6]pois deixou alguém que defende a casa contra os inimigos
e retribui os benefícios dos amigos.
[7]Quem mima um filho depois terá de enfaixar-lhe as feridas,
e a cada gemido suas entranhas se comoverão.
[8]Um cavalo não domado se torna obstinado;
um filho deixado a si mesmo se torna atrevido.

---

* **29**,15. Tb 4,9ss; Mt 6,19s; Lc 16,9 | 19. 8,16; Pr 6,1 | 31. Pr 27,8 | **30**,1. Pr 13,24; 23,13s; 29,15 | 4. Tb 9,6

† **29**,15. Os vv.16-17 estão omitidos tanto na Nova Vulgata como na antiga. | 20. A NV omite o v. 21 que diz: [21]O pecador e o imundo fogem de seu fiador. | 22. A NV omite o v. 23 que diz: [23]Um homem se faz fiador de seu próximo, mas este perde todo o pudor e o abandona.

9Mima o filho, e ele te causará pavor,
brinca com ele, e te dará desgostos.
10Não rias com ele para que não sofras
e no fim não te faça ranger os dentes.
11Não lhe dês liberdade na juventude,
não feches os olhos a seus erros.
12Obriga-o a curvar o pescoço enquanto jovem
e bate-lhe nas costas enquanto criança,
para não suceder que fique teimoso e te desobedeça,
e tu sintas uma dor profunda.
13Educa teu filho e cuida dele,
para que não te aborreças com sua insolência.
A saúde. 14É melhor um pobre sadio e forte
do que um rico fraco e atribulado em seu físico†.
15A saúde do corpo vale mais que todo ouro e prata,
e um ânimo robusto mais que uma imensa fortuna.
16Não há riqueza melhor que a saúde do corpo
nem contentamento superior à alegria do coração.
17É melhor a morte que uma vida amarga,
o repouso eterno que uma longa doença.
18Manjares oferecidos a uma boca fechada:
assim são as ofertas de iguarias
postas à beira de um túmulo.
19Para que serve ao ídolo a libação?
Ele não come nem sente o cheiro;*
20assim é aquele que é expulso pelo Senhor
levando a paga da iniquidade;
21observa com os olhos e geme,
como um eunuco que abraça uma virgem e suspira.*
Ansiedade e alegria. 22Não entregues tua alma à tristeza,
não te atormentes com teus pensamentos.
23A alegria do coração é vida para o homem
e um inesgotável tesouro de santidade.
A alegria de um homem prolonga sua vida.
24Sê indulgente para contigo e consola teu coração;
expulsa para longe a tristeza.
25Pois a tristeza já matou muita gente
e nela não há nada de útil.
26A inveja e a ira abreviam os dias,
a preocupação antecipa a velhice.
27Um coração luminoso e bom vive em festa,*
pois seus banquetes são preparados com capricho.

31 **As riquezas.** 1A insônia do rico arruína o corpo
e suas preocupações não o deixam dormir.
2A inquietação pelo sustento tira o sono,
como uma grave doença desperta do sono.
3O rico trabalha para ajuntar riquezas
e, quando repousa, goza de suas delicias.
4O pobre trabalha levando uma vida de penúria
e, se descansa, cai na indigência.
5Quem ama o ouro não será isento de culpa,*
quem persegue o lucro por ele se extraviará.
6Muitos caíram em ruína por causa do ouro;
a ruína deles estava a sua frente.
7O ouro é uma armadilha para os que lhe sacrificam;
infelizes daqueles que vão atrás dele:
por ele será apanhado todo imprudente.
8Feliz o rico que se encontra sem mancha
e que não corre atrás do ouro.
9Quem é ele, para que possamos louvá-lo?
Porque fez prodígios no meio de seu povo.

---

* **30**,19. Dt 4,28; Sl 115,4-7; Is 40,20 **|** 21. 20,3 **|** 27. Pr 15,15 **|** **31**,5. Pr 28,20

† **30**,14. Saúde é a maior riqueza.

10Quem passou por essa prova, reve-
lando-se perfeito?
Glória eterna lhe está reservada.
Quem, podendo transgredir a lei,
não a transgrediu
e, podendo fazer o mal, não o fez?
11Por isso seus bens serão consolida-
dos no Senhor
e toda a assembleia dos santos cele-
brará sua beneficência.
Sobre a temperança. 12Estás sentado
à frente de uma mesa farta?*
Não sejas o primeiro a abrir a boca
diante dela,
13nem digas: "Que abundância!"
14Lembra-te de que o olhar ávido é
coisa má†
e o próprio Deus o detesta.
15Que coisa pior que o olho foi cria-
da?
Por isso ele derrama lágrimas de to-
das as faces.
16Para onde alguém olhar, não esten-
das a mão por primeiro
para que não cores, envergonhado
por tua cobiça.
17Não te encontres com ele no mes-
mo prato.
18Julga os desejos do próximo pelos
teus
e reflete sobre toda coisa.
19Serve-te com sobriedade dos pra-
tos oferecidos
para que não te tornes odioso co-
mendo muito.
20Sê o primeiro a terminar por edu-
cação,
não sejas guloso para não dares má
impressão.
21Se estiveres sentado no meio de
muitos,
não estendas a mão antes deles,
nem sejas o primeiro a pedir de be-
ber.
22Quão pouco vinho é suficiente para
um homem instruído!*
Assim, ao dormires não te causará
dano nem sentirás dor.
23Insônia, cólica e dor de estômago
aguardam quem é guloso;
24um sono salutar é para a pessoa
sóbria:
dorme até de manhã e está contente
consigo mesma.
25Mas se foste obrigado a comer de-
mais,
levanta-te, vai vomitar e ficarás ali-
viado†
e não te exporás à doença.
26Escuta-me, filho, e não me despre-
zes,
mais tarde compreenderás minhas
palavras.
27Em todas as ações sê moderado
e nenhuma doença te sobrevirá.
28Os lábios de muitos louvarão quem
oferece mesa farta;
e verdadeiro é o testemunho de sua
bondade.
29Mas a cidade criticará aquele que é
mesquinho em banquetes;
e certo é o testemunho de sua ava-
reza.
30Não te faças de valente com o vi-
nho,*
porque ele levou muitos à ruína.
31A fornalha prova a têmpera do fer-
ro em brasa;
assim, nas disputas, o vinho prova os
corações dos arrogantes.
32O vinho é como a vida para as pes-
soas,
contanto que o bebas com moderação.
33Que vida é a daquele que não tem
vinho?
34O que é que nos priva da vida? A
morte.
35Desde o início o vinho foi criado
para a alegria*
e não para a embriaguez.
36Alegria da alma, júbilo e prazer do
coração*
é o vinho bebido com moderação a
seu tempo.
37A sobriedade no beber é a saúde
da alma e do corpo.

* **31**,12. Pr 23,1ss.6ss | 22. Pr 13,25 | 30. Pr 20,1; 23,20ss.29-35; 31,4-7; Is 5,22; 28,1-4 | 35. Sl 104,15 | 36. Jz 9,13; 1Tm 5,23

† **31**,14. Ver a nota em 20,14. | 25. Trata-se de um caso fortuito e não de uma prática habitual como faziam os romanos.

[38]O vinho bebido em excesso causa
irritação,
ira e muitas desgraças.
[39]O vinho tomado em demasia é
amargura da alma
com irritação e ruína.
[40]A embriaguez aumenta o furor do
imprudente e o faz cair,
diminui suas forças e lhe causa feri-
das.
[41]Num banquete com vinho não re-
preendas o vizinho,
nem o desprezes em sua alegria;
[42]não lhe dirijas palavras de censura
e não o atormentes com reclama-
ções.

32 **Chefes da mesa**†. [1]Foste colo-
cado como dirigente da festa?
Não te envaideças;
comporta-te no meio dos outros
como um deles.
[2]Cuida deles e depois senta-te;
e, quando tiveres terminado tua tare-
fa, toma teu lugar
[3]para te alegrares com eles;
receberás a coroa por tua cortesia
e ganharás a consideração dos con-
vidados.
[4]Fala, tu que és o mais idoso, pois
convém
[5]que sejas o primeiro a falar com
acurada ciência,
mas sem impedir a música†.
[6]Num banquete, não prolongues o
discurso
e não faças importuna ostentação de
sabedoria.
[7]Como pedra de rubi sobre orna-
mento de ouro
é um concerto musical num banque-
te com vinho.
Conduta dos jovens. [8]Como sinete de
esmeralda engastada em ouro,
assim é um conjunto de músicos
com vinho alegre e moderado.
[9]Ouve em silêncio, e por teu respeito
obterás simpatia.
[10]Adolescente, fala de teus assuntos
uma só vez;
[11]duas vezes, se fores interrogado.
[12]Resume teu discurso, muitas coisas
em poucas palavras;
comporta-te como alguém que sabe
mas se cala.
[13]Entre os grandes não sejas presun-
çoso
e, onde há idosos, não fales muito.
[14]Como antes do trovão vem o re-
lâmpago,*
assim a simpatia precede o homem
modesto.
[15]Na hora de levantar-te, não fiques
por último;
sê o primeiro a correr para casa
e lá te diverte e brinca.
[16]Faze o que desejas,
mas não peques com palavras arro-
gantes.
[17]Por tudo isso glorifica o Senhor que
te criou
e te cumula de todos os seus bens.
A lei de Deus. [18]Quem teme o Senhor
aceitará a instrução;
os que o procuram desde a aurora
receberão sua bênção.
[19]Quem busca a Lei será por ela sa-
ciado,
mas quem procede com falsidade
nela tropeçará.
[20]Os que temem o Senhor terão um
juízo justo
e farão brilhar suas boas ações como
luzes.
[21]O pecador evita a repreensão,
encontra desculpas conforme seus
caprichos.
[22]Um homem sensato não despreza
os conselhos;
o estrangeiro ou o soberbo não sen-
tem nenhum temor†.
[24]Filho, não faças nada sem reflexão
e não te arrependerás depois de te-
res agido.
[25]Não andes por um caminho de
perdição

* **32**,14. Pr 15,33; 18,12

† **32**. Para os banquetes, os gregos costumavam escolher um mestre-sala, encarregado de marcar os lugares dos hóspedes, preparar o cardápio e escolher o vinho, 2Mc 2,27: Jo 2,8ss. | 5. Nos banquetes era importante deixar tempo para a parte artística.

para não tropeçar duas vezes nas pedras.
Não te metas num caminho desconhecido
para não buscar para ti mesmo ocasião de queda.
[26]Guarda-te também de teus filhos
e toma cuidado com teus familiares.
[27]Em tudo quanto fizeres confia em ti mesmo,*
porque isto é observar os mandamentos.
[28]Quem crê na Lei observa os mandamentos
e quem confia no Senhor não sofrerá dano.*

33

O sábio ama a lei de Deus. [1]A quem teme o Senhor não acontece nenhum mal,*
mas Deus o protegerá na tentação e o livrará dos males.
[2]Um homem sábio não detesta os mandamentos
nem as normas da justiça
e não será destroçado como um navio na tempestade.
[3]O homem sensato crê na palavra de Deus,
a Lei para ele é digna de fé como um oráculo.
[4]Prepara tuas palavras e assim serás ouvido no que pedires;
conserva a disciplina e depois responde.
[5]Os sentimentos do insensato são como roda de carro,
e seu raciocínio é como o eixo que gira.
[6]Amigo zombador é como um cavalo no cio:
relincha debaixo de qualquer um que o monta.
Disposições de Deus. [7]Por que um dia é mais importante que outro,
se toda a luz do ano vem do mesmo sol?
[8]Foi a ciência do Senhor que os tornou diferentes
[9]e distinguiu os tempos e seus dias festivos.
[10]Deus exaltou e engrandeceu alguns deles
e deixou outros no número dos dias comuns.
Também os homens provêm todos do mesmo solo
e da terra foi criado Adão.
[11]Em sua grande sabedoria, o Senhor os distinguiu
e determinou-lhes diversos destinos:
[12]alguns ele abençoou e exaltou,*
outros, os santificou e tomou para si,
outros, os amaldiçoou e humilhou
e os derrubou de suas posições.
[13]Como a argila está nas mãos do oleiro,*
que a molda e a dispõe como lhe apraz,
[14]assim o homem está nas mãos daquele que o fez,
o qual lhe retribuirá segundo seu julgamento.
[15]Diante do mal está o bem,
diante da morte, a vida;
assim diante do justo, o pecador.
Considera assim todas as obras do Altíssimo:*
duas a duas, uma oposta à outra.
A obra do autor. [16]Eu, o último a chegar,
velei como quem cata uvas atrás dos vindimadores.
[17]Com a bênção de Deus chego adiantado
e, como um vindimador, enchi meu lagar.
[18]Vede que não me cansei apenas por mim,
mas para todos os que buscam a instrução.
[19]Escutai-me, chefes do povo,
e vós, dirigentes da assembleia, prestai atenção†.
Ao pai de família. [20]Ao filho e à esposa, ao irmão e ao amigo
não dês poder sobre ti enquanto vives.
Não dês aos outros teus bens
para que depois não te arrependas e tenhas de pedi-los de volta.

---

* **32**,27. Pr 13,3; 16,17; 22,5; Dt 4,9 | 28. Pr 19,16 | **33**,1. Jó 5,19; Pr 12,21; Sl 1; 91 | 12. 1Sm 2,6ss; Lc 1,51ss; Eclo 10,17s | 13. Is 29,16; Rm 9,21 | 15. 42,25s; Ecl 3,1-8

[21]Enquanto vives e respiras,
não te deixes dominar por ninguém.
[22]É melhor que os filhos te peçam
do que teres de depender das mãos
deles.
[23]Em todas as tuas ações mantém
tua autoridade,
[24]não permitas que se manche teu
bom nome.
Quando chegar o fim dos dias de tua
vida,
no momento da morte, distribui tua
herança.

Os escravos. [25]Para o jumento, feno,
vara e carga;*
para o escravo, pão, disciplina e tra-
balho.
[26]Faze o trabalho por meio do escra-
vo e encontrarás repouso;
deixa suas mãos livres e procurará a
liberdade.
[27]Canga e correia dobram o pescoço,
e o trabalho contínuo torna dócil o
escravo.
[28]Para o escravo malévolo, tortura e
grilhões;
manda-o trabalhar para que não fi-
que ocioso,
[29]porque a ociosidade ensina muitas
coisas más.
[30]Ocupa-o com o trabalho como lhe
convém
e, se não obedecer, submete-o com
grilhões.*
mas não cometas excessos com nin-
guém
e nada faças de grave contra a justiça.
[31]Se tens um único escravo, estima-o
como a ti mesmo,
porque tens tanta necessidade dele
como de tua própria vida.
Se tens um único escravo, trata-o
como irmão*
para não te irritares contra o sangue
de tua vida.
[32]Se tu o maltratas sem motivo, ele
fugirá;
[33]e se ele te deixar,
não sabes por qual caminho procurá-lo.

34

Vaidade dos sonhos†. [1]Espe-
ranças vãs e enganadoras são
próprias do insensato,
os sonhos dão asas aos imprudentes.
[2]Como alguém que agarra a sombra
e persegue o vento,
assim é quem acredita em sonhos.
[3]Uma coisa que reflete outra: isto é
o sonho;
é a imagem de um rosto diante do
mesmo rosto.
[4]Do impuro o que pode sair de
puro?*
E que verdade pode provir do men-
tiroso?
[5]Adivinhações, horóscopos e sonhos
são coisas vãs,*
[6]e fantasias da mente, como as de
uma parturiente.
A não ser que provenham de uma in-
tervenção do Altíssimo,
não permitas que disto se ocupe tua
mente.
[7]Pois os sonhos já fizeram muitos errar,
caíram os que neles esperaram.
[8]A palavra da Lei se cumprirá sem
mentira,
e a sabedoria é perfeita na boca de
quem é sincero.

Viagens. [9]Quem viaja aprende muitas
coisas,
e quem tem muita experiência fala
com inteligência.
[10]Quem não tem experiência conhe-
ce pouco,
quem viaja aumenta a perspicácia†.
[12]Vi muitas coisas em minhas viagens
e compreendi muitas coisas;
[13]algumas vezes corri perigo de morte†,
mas fui salvo graças a essas coisas.

---

* **32**,25. Pr 26,3 | 30. Pr 29,19 | 31. 7,22 | **34**,4. Jó 14,4 | 5. Ecl 5,6 | 19. 15,20; Sl 33,18; 34,16

† **33**,22. A NV omite o v. 23: Mesmo quando agiu sozinho e sem pedir conselho, ele será acusado por seus ultrajes. | 19. Os chefes da comunidade ou os chefes das sinagogas. | **34**. Os sonhos aparecem na história bíblica, p. ex. Gn 28,10-17, mas o uso que deles fizeram os falsos profetas, Dt 13,2-6, lançou sobre eles o descrédito. | 10. A NV omite o v. 11: Que sabe aquele que não foi tentado? Mas quem foi enganado terá grande sagacidade. | 13. Os sábios viajavam para adquirir experiência. Ben Sira atribui sua salvação à proteção divina, v.13-17; 51,2-12.

Temor de Deus. [14]O espírito daqueles
que temem o Senhor viverá,
sob seu olhar será abençoado.
[15]Pois sua esperança está posta naquele que os salva,
e os olhos de Deus estão sobre os que o amam.
[16]Quem teme o Senhor não tem medo de nada
e não se apavora, porque ele é sua esperança.
[17]É feliz quem teme o Senhor;
[18]para quem ele olha? quem é seu baluarte?
[19]Os olhos do Senhor estão sobre os que o temem:*
poderoso protetor, apoio sólido,
abrigo contra o calor, sombra ao meio-dia,
[20]defesa contra os obstáculos e amparo na queda;
eleva a alma e ilumina os olhos,
concede saúde, vida e bênção.
[21]O Senhor se dá só aos que o esperam pacientemente
no caminho da verdade e da justiça.
Sacrifícios não agradáveis a Deus.
[22]Sacrifício de uma coisa mal adquirida é uma oferta impura;
as dádivas dos injustos não são bem aceitas.
[23]O Altíssimo não aprova as oferendas dos iníquos,
não olha para as oblações deles
e não lhes perdoará os pecados por causa da multidão de seus sacrifícios.*
[24]Quem oferece um sacrifício com os bens dos pobres
é como se sacrificasse um filho diante de seu pai.
[25]O pão dos necessitados é a vida dos pobres,
tirá-lo deles é cometer um assassínio.
[26]Quem toma de alguém o pão de seu trabalho
é como quem mata seu próximo.
[27]Derrama sangue
quem priva o operário de seu sustento.*
[28]Um edifica, o outro destrói:*
que proveito tira além da fadiga?
[29]Um reza, o outro amaldiçoa:
qual das duas vozes Deus escutará?
[30]Quem se lava depois de ter tocado um morto e depois o toca de novo:*
que utilidade há em semelhante ablução?
[31]Assim o homem que jejua por seus pecados
e depois os comete de novo.
Quem ouvirá sua oração?
De que lhe serve ter-se humilhado?

35 **Sacrifícios aceitos**†. [1]Quem observa a Lei faz numerosas ofertas;
[2]é sacrifício salutar* cumprir os mandamentos†.
[4]Quem retribui um favor é como quem oferece flor de farinha;*
quem dá esmola oferece um sacrifício de louvor.*
[5]Abster-se do mal é coisa agradável ao Senhor;
é sacrifício expiatório abster-se da injustiça.*
[6]Não te apresentes de mãos vazias diante do Senhor,
[7]pois tudo isto se faz por causa do mandamento de Deus.
[8]A oferta do justo enriquece o altar,
seu perfume suave sobe à presença do Altíssimo.*
[9]O sacrifício do justo é aceito,
e o Senhor não esquecerá sua memória.*
[10]Dá glória a Deus de bom ânimo,
não diminuas as primícias que ofereces.*
[11]Faze todas as tuas ofertas com rosto alegre,*
e consagra com satisfação o dízimo.*
[12]Dá ao Altíssimo conforme o que dele recebeste,

* **34**,23. Am 5,21 | 27. Lv 19,13 | 28. Dt 24,14s; Jr 22,13 | 30. Nm 29,11 | **35**,2. Lv 3,1 | 4. Lv 2,1 / Lv 7,11 | 5. Lv 16,1 | 8. Êx 29,18 | 9. Lv 2,1ss | 10. Dt 26,1 | 11. 2Cor 9,7 / Dt 14,22 | 12. Dt 12,6; 14,23; 26,12-15

† **35**. As boas obras são o melhor culto, o culto espiritual, Rm 12,1. | 2. A NV omitiu v. 2b e 3: [2]be afastar-se de toda iniquidade. [3]Afastar-se da injustiça é oferecer um sacrifício de propiciação.

dá de bom ânimo segundo tuas posses,*
13porque o Senhor é alguém que retribui,
e sete vezes mais te dará.
14Não procures corrompê-lo com teus dons,
porque não os aceitará.
15E não confies num sacrifício injusto,
porque o Senhor é juiz*
e não faz distinção de pessoas.
16Não é parcial em detrimento do pobre,*
antes escuta a oração do oprimido.
17Não despreza a súplica do órfão*
nem da viúva, quando desabafa com gemidos†.
18As lágrimas da viúva não correm por suas faces?
E seu grito não é contra quem a faz derramá-las?
19Pois de sua face sobem até o céu,
e o Senhor, que a ouve, não terá prazer em vê-las.

A oração do aflito. 20Quem adora a Deus será acolhido com benevolência
e sua oração chegará até as nuvens.
21A oração do humilde penetra as nuvens:
não se dá descanso até que atinge a meta;*
não desiste até que o Altíssimo intervenha,
e o justo juiz faça justiça.
22O Senhor não tardará
e o Fortíssimo não terá paciência
enquanto não tiver quebrado o dorso dos homens cruéis
23e se tiver vingado das nações;
enquanto não tiver extirpado a multidão dos soberbos
e quebrado o cetro dos iníquos;
24enquanto não tiver retribuído a cada um conforme suas ações
e julgado as obras dos homens segundo sua presunção;
25Assim fará justiça a seu povo
e o alegrará com sua misericórdia.
26Bela é a misericórdia no tempo da aflição:
é como nuvens portadoras de chuva em tempo de seca.

36 **Oração pela salvação de Israel**†. 1Tende piedade de nós, Deus do universo, olhai para nós
e mostrai-nos a luz de vossas misericórdias;
2infundi vosso temor sobre as nações*
que não vos procuram,
para que saibam que não há outro Deus senão vós
e proclamem vossas maravilhas.
3Levantai vossa mão contra as nações estrangeiras,
para que vejam vosso poder.
4Como a seus olhos mostrastes vossa santidade no meio de nós,*
assim a nossos olhos mostrai-vos grande entre elas†,
5para que reconheçam, como nós reconhecemos,*
que não há Deus além de vós, Senhor†.
6Renovai os sinais e fazei novos prodígios,
7glorificai vossa mão e fortalecei vosso braço direito,
8despertai vosso furor e derramai vossa ira,*
9destruí o adversário e aniquilai o inimigo.
10Apressai o tempo† e lembrai-vos de vosso desígnio,
para que sejam proclamadas vossas maravilhas.
11Que um fogo vingador devore quem procura escapar;
os opressores de vosso povo encontrem a perdição.

---

* **35**,15. Dt 10,17; Jó 34,19 | 16. Pr 24,23 | 17. Êx 22,21ss; Pr 23,10s | 21. Jó 16,18 | **36**,2. Jr 10,25; Sl 79,6 | 4. Ez 28,22; 38,23 | 5. Dt 32,39; Is 45,14; 1Rs 8,43; 1Cr 17,20 | 8. Sl 79,6

† **35**,17. O pobre, o órfão e a viúva são por excelência os protegidos de Deus. | **36**. Pede pela restauração de Israel, pelo retorno das tribos à terra prometida, pela conversão dos pagãos. | 4. Deus mostrou-se santo castigando Israel por suas faltas e se mostrará grande castigando as nações opressoras. | 5. Notar o espírito missionário do autor: que o conhecimento do Deus único não seja o privilégio de Israel. **36**,10. O tempo da salvação, Is 60,22.

12 Esmagai as cabeças dos chefes inimigos
que dizem: "Não há ninguém fora de nós".
13 Reuni todas as tribos de Jacó,
restituí-lhes a herança como era no princípio.
14 Tende piedade de vosso povo que traz vosso nome*
e de Israel que tratastes como um primogênito.
15 Tende piedade de vossa cidade santa,
de Jerusalém, lugar de vosso repouso.*
16 Enchei Sião de vossa majestade,
vosso templo, de vossa glória.
17 Dai testemunho em favor daqueles
que desde o princípio são criaturas vossas
e cumpri as profecias feitas em vosso nome.
18 Recompensai os que esperam em vós,
para que sejam acreditados vossos profetas.
E escutai as orações de vossos servos,
19 conforme a benevolência que tendes para com vosso povo,
e conduzi-nos pelo caminho da justiça;
saibam todos os que habitam a terra
que vós sois o Deus dos séculos†.
Escolha da esposa. 20 O ventre aceita todo tipo de comida,
no entanto um alimento é preferível a outro;
21 O paladar distingue pelo sabor a caça,
assim uma mente sensata distingue as palavras mentirosas.
22 Um coração perverso é causa de tristeza,
mas uma pessoa experiente saberá retribuir-lhe.
23 A mulher aceita qualquer marido,
mas uma jovem é melhor que uma outra†.
24 A beleza de uma mulher alegra o rosto do marido
e ultrapassa todo desejo do homem.
25 Se, ademais, houver em sua língua
cuidado, doçura e misericórdia,*
seu marido não é como os homens comuns.
26 Quem possui uma mulher virtuosa possui a melhor riqueza,
um auxílio adequado a ele e uma coluna de apoio.*
27 Onde não há cerca, a vinha é saqueada,
onde não há mulher, o homem geme e vagueia.*
28 Quem confia naquele que não tem um ninho
e repousa onde a noite o surpreende,
como um ladrão ágil que corre de cidade em cidade?

37 **Os amigos.** 1 Todo amigo diz:
"Eu também sou teu amigo",*
mas existe amigo que só o é de nome.
Não é uma dor quase mortal
2 um companheiro e um amigo que se torna inimigo?
3 Ó inclinação malvada, de onde surgiste*
para cobrir a terra com tua malícia e tua perfídia?
4 Há companheiro que se alegra com o amigo na felicidade,
mas no tempo da tribulação se torna seu adversário.
5 Há companheiro que sofre com o amigo por causa da comida,
mas diante do inimigo tomará o escudo.
6 Não te esqueças do amigo em teus pensamentos,*
não te esqueças dele quando fores rico.
Os conselheiros. 7 Nao te aconselhes com quem te arma ciladas
e esconde teus planos dos que te invejam.

* **36**,14. Êx 4,22; Dt 7,6 | 15. 2Sm 5,9 | 25. Pr 15,4 | 26. Gn 2,18 | 27. Gn 4,12 | **37**,1. Pr 20,6 | 3. 17,30; 21,12; Gn 3,22; 4,7 | 6. Pr 27,10

† **36**,19. Na Bíblia, o lamento dos sofredores nunca termina no desespero, mas é sempre aberto à esperança, porque na base da oração está a certeza de que Deus não abandona seus filhos (João Paulo II). | 23. Entre os antigos, era o homem que escolhia a mulher, e a esta só restava aceitar o que fora combinado.

8 Todo conselheiro dá sua opinião,
mas há conselheiro que só visa seu próprio interesse.
9 Guarda-te do conselheiro:
procura saber primeiro quais são suas aspirações
– pois ele pensará em si mesmo –
10 para que não lance a sorte a teu respeito e diga:
11 "Estás no bom caminho".
E depois se coloca do outro lado para ver o que te acontecerá.
12 Não peças conselho a um invejoso
e esconde teus planos de quem tem ciúme de ti.
Não te aconselhes com uma mulher sobre sua rival,
nem com um medroso sobre a guerra,
nem com um comerciante sobre um negócio,
nem com um comprador sobre venda,*
com um invejoso sobre gratidão,
13 nem com um homem sem coração sobre um gesto de bondade,
nem com uma pessoa desonesta sobre honestidade,
nem com um trabalhador preguiçoso sobre qualquer trabalho,
14 nem com um operário contratado por ano sobre o término da obra,
nem com um escravo preguiçoso sobre uma grande tarefa:
não os procures para nenhum conselho.
15 Ao contrário, frequenta alguém que teme a Deus,*
que reconheces como observante dos mandamentos,
16 cuja alma é como tua alma
e que, se tropeçares, saberá compadecer-se.
17 E confia no conselho de teu coração,
porque ninguém te será mais fiel que ele.
18 O coração do homem às vezes percebe
melhor do que sete sentinelas postadas no alto para vigiar.
19 Acima de tudo isto, reza ao Altíssimo*
para que guie tua caminhada na verdade.

Falsa e verdadeira sabedoria. 20 Que
uma palavra de verdade preceda todos os teus atos
e, antes de cada ação, uma decisão firme.
21 A raiz das decisões é o coração
do qual nascem estes quatro ramos:
o bem e o mal, a vida e a morte,*
mas é sempre a língua que os domina.
22 Há quem seja hábil para ensinar a muitos,
mas é inútil para si mesmo.
23 Há quem fale com sutilezas e é odiado:*
a este faltará todo alimento agradável.
24 Não lhe foi concedido o favor do Senhor,
porque está desprovido de toda sabedoria.
25 Há quem seja sábio para si mesmo,
e os frutos de seu bom senso são para seu corpo.
26 O sábio instrui seu povo,
e os frutos de sua ciência são seguros.
27 O sábio será repleto de bênçãos,
e todos os que o virem o proclamarão bem-aventurado.
28 A vida do homem tem os dias contados,
mas os dias de Israel são sem número.
29 O sábio herdará honra entre seu povo,
e seu nome viverá para sempre.

Temperança. 30 Filho, em tua vida prova-te a ti mesmo e considera:
se algo a prejudica, não lha concedas.
31 De fato, nem tudo convém a todos*
e nem todos aprovam todas as coisas.

---

* **37**,12. Pr 20,14 | 15. 9,22 | 19. Pr 16,9 | 21. Pr 18,21 | 23. 9,25 | 31. 1Cor 3,2; 6,12; 10,23; Hb 5,12

† **38**,1. É uma concepção avançada da medicina, pois antes os hebreus pensavam que era Deus que provocava as doenças e que só Ele podia curar, Êx 15,26. Recorrer ao médico seria contestar a justiça divina. O autor aconselha o doente a rezar e a arrepender-se dos pecados também.

32Não sejas guloso em banquete al-
gum,
nem te lances sobre as iguarias;
33porque o abuso na comida gera
doença,
e a intemperança causa cólicas.
34Muitos têm morrido por causa da
gula,
mas quem se controla prolongará
sua vida.

38 **Médico e doença.** 1Honra o
médico, porque ele é neces-
sário,
pois foi o Altíssimo que o criou†.
2De Deus lhe vem a sabedoria
e do rei ele recebe presentes.
3A ciência do médico o faz andar de
cabeça erguida,
e ele é louvado entre os poderosos.
4Da terra o Altíssimo criou os remé-
dios,
e quem é prudente não os despreza.
5A água amarga não se tornou doce
por meio de um pedaço de madeira,*
para que os homens reconhecessem
o poder de Deus?
6O Altíssimo deu aos homens a ciência
para que pudessem honrá-lo por
suas maravilhas.
7Com elas o médico acalma a dor
e o farmacêutico prepara os produ-
tos;
assim suas obras não ficam inacaba-
das
8e a saúde se difunde sobre a terra.
9Filho, se adoeceres, não te descui-
des,
mas reza ao Senhor e ele te dará a
cura.
10Evita as faltas, conserva puras tuas
mãos
e purifica teu coração de todo peca-
do.
11Oferece incenso, a oblação de flor
de farinha
e a gordura das vítimas conforme
tuas possibilidades.*
Recorre depois ao médico,
12pois foi o Senhor que o criou;
e não esteja longe de ti, porque ne-
cessitas de seu serviço.
13Há casos em que a cura está nas
mãos dele.
14Também eles rogarão ao Senhor,
para que os guie no diagnóstico cer-
to
e faça acontecer a cura.
15Peca contra o próprio Criador
aquele que quer mostrar-se valente
diante do médico†.
No tempo de luto†. 16Filho, derrama
lágrimas por um falecido
e entoa um lamento como alguém
que sofre cruelmente;
depois sepulta o corpo segundo o
rito
e não descuides de sua sepultura.
17Chora amargamente e faze a la-
mentação
18e observa o luto conforme ele me-
rece:
um dia ou dois, para evitar comen-
tários,
depois consola-te da tristeza.
19Com efeito, a tristeza apressa a
morte,
e a tristeza do coração diminui a for-
ça.
20Na solidão a tristeza permanece,
e o coração maldiz uma vida de po-
bre.
21Não abandones teu coração à tris-
teza,
mas afasta-a de ti pensando em teu
fim.*
22Não penses mais no morto, pois
não haverá retorno;
de nada lhe servirás e farás mal a ti
mesmo.
23Recorda-te de sua sentença, que
será também a tua:
ontem para mim e hoje para ti.
24No repouso do morto deixa repou-
sar também sua lembrança;
consola-te a seu respeito, quando
seu espírito houver partido.

---

* **38**,5. Êx 15,23ss | 11. 35,4.8 | 21. 7,40; 28,6

† **38**,15. Seguimos o hebraico. A NV diz: Quem peca diante daquele que o criou cairá nas mãos do médico. | 16. O autor procura banir da vida tudo o que é tristeza, por isso aconselha reduzir ao mínimo a participação em ritos fúnebres.

Trabalhos braçais. [25]A sabedoria do escriba é adquirida nas horas de descanso;
quem tem pouca atividade se tornará sábio.
[26]Como poderá tornar-se sábio quem maneja o arado
e se orgulha de brandir um aguilhão,
conduz os bois e se ocupa do trabalho deles
e fala só sobre bezerros?
[27]Aplica sua mente a traçar sulcos
e fica sem dormir para dar a forragem às novilhas.
[28]Assim acontece com todo artesão e todo construtor
que estão ocupados noite e dia;
os que gravam as marcas dos sinetes
e se esforçam para variar o entalhe;
eles se empenham em copiar bem o desenho
e perdem o sono para terminar a obra.
[29]Assim acontece com o ferreiro sentado diante da bigorna,
atento ao trabalho com o ferro:
o vapor do fogo lhe queima as carnes
e ele se debate no calor da fornalha.
[30]O ruído do martelo lhe ensurdece os ouvidos,
enquanto seus olhos estão fixos no modelo do objeto.
[31]Está todo preocupado com o acabamento de seu trabalho
e passa as vigílias a retocá-lo com perfeição.
[32]O mesmo sucede com o oleiro sentado a trabalhar;
girando com os pés a roda,
sempre preocupado com sua obra:
todos os seus gestos são calculados.
[33]Com o braço ele molda a argila,
enquanto com os pés dobra sua resistência;
[34]está preocupado com um envernizamento perfeito
e passa suas vigílias a limpar o forno.
[35]Todos esses têm confiança nas próprias mãos,
cada um é sábio no próprio ofício.
[36]Sem cada um deles seria impossível construir uma cidade,
[37]nem se poderia aí habitar ou circular.
Mas eles não são procurados para o conselho do povo,
nem terão lugar nas assembleias;
[38]não se sentam na cadeira do juiz,
nem conhecem as disposições da lei,
nem proclamarão a instrução ou o direito,
nem são encontrados entre os que governam.
[39]Mas se ocupam com as coisas de seu trabalho,
e sua solicitude está no exercício de sua arte

39 **O sábio**†. [1]Diferente é aquele que se dedica ao temor de Deus*
e medita na lei do Altíssimo;
investiga a sabedoria de todos os antigos
e aplica-se ao estudo das profecias.
[2]Conserva as narrativas dos homens famosos
e penetra nas sutilezas das parábolas.
[3]Indaga o sentido oculto dos provérbios
e se ocupa dos enigmas das parábolas.
[4]Exerce seu ofício entre os grandes
e comparece perante os que governam.
[5]Viaja pela terra de nações estrangeiras
e faz experiência do que é bom e mau entre os homens.
[6]Desde o amanhecer, de todo o coração†,
ele se volta para o Senhor, que o criou,
e reza diante do Altíssimo.

---

* **39**,1. Sl 1,2

† **39**. A mais nobre profissão é dedicar-se ao temor do Senhor, ao estudo da Lei, da sabedoria dos antigos e das profecias: notar a tríplice divisão do AT, v.1, já presente no Prólogo. | 6. Sinal de uma busca ávida, diligente, 6,36.

7Abre a boca para rezar
e implora por seus pecados.
8Pois se for da vontade do supremo
Senhor,*
ele será cumulado do espírito de in-
teligência.
9Derramará como chuva as palavras
de sua sabedoria
e na oração dará louvor ao Senhor.
10Ele dirigirá seu conselho e sua ins-
trução
e meditará nos mistérios divinos.
11Manifestará a doutrina de seu en-
sinamento,
e se gloriará da lei da aliança do Se-
nhor.
12Muitos louvarão sua sabedoria,
e ele nunca será esquecido.
13Não se apagará sua lembrança
e seu nome será recordado de gera-
ção em geração;
14as nações celebrarão sua sabedoria*
e a comunidade proclamará seus
louvores.
15Se viver longos anos, terá maior re-
putação que mil outros
e, se morrer, isto lhe basta.

Hino ao Criador. 16Exporei ainda mi-
nhas reflexões;
estou repleto delas como a lua cheia.
17Escutai-me, filhos piedosos,
e vossa carne florescerá
como uma roseira plantada à beira
de água corrente.
18Como o incenso, exalai um perfu-
me suave*
19e dai flores como o lírio.
Erguei a voz e entoai um canto de
louvor;
bendizei o Senhor por todas as suas
obras.
20Engrandecei seu nome,
publicai seus louvores
com vossos cânticos e vossas cítaras;
assim direis em vosso louvor:
21"Como são magníficas todas as
obras do Senhor!*
Todas as suas ordens são executadas
a seu tempo!"
Não se deve dizer: "Que é isto?" Ou:
"Por que aquilo?",*
porque todas as coisas serão exami-
nadas no devido tempo.
22A uma palavra sua a água se juntou
como numa represa,
a uma ordem sua se formaram reser-
vatórios de águas.
23A um comando seu se realiza o que
ele quer;
ninguém pode impedir sua obra de
salvação.
24Toda ação humana está diante dele,*
e não há nada oculto a seus olhos.
25Seu olhar se estende de uma eter-
nidade à outra,
e nada é extraordinário para ele.
26Não se deve dizer: "Que é isto?"
Ou: "Por que aquilo?",
pois todas as coisas foram criadas
para uma finalidade.
27Sua bênção é como um rio que
transborda
28e inebria a terra como o dilúvio.
Assim sua ira dispersará as nações
que não o procuraram,
29como transformou as águas* em
salmoura†.
Para os santos, seus caminhos são retos,
mas em sua ira, são ocasião de que-
da para os pecadores.
30Os bens foram criados para os
bons desde o princípio,*
assim como os bens e os males para
os pecadores.
31As coisas de primeira necessidade
para a vida humana são:
água, fogo, ferro, sal, leite, pão de
flor de farinha,
mel, suco de uva, óleo e roupa.
32Todas estas coisas para os santos
são bens,
mas para os ímpios e pecadores se
tornam males.
33Há ventos que foram criados para
o castigo
e, quando enfurecidos, aumentam
seus flagelos;
34quando vier o fim, desencadearão
violência
e aplacarão o furor de seu Criador.

*** 39**,8. Is 11,2 | 14. 44,15 | 18. Sl 1,3 | 21. Sl 104,24; 33,9 / Ecl 3,11 | 24. 1Sm 14,6; Sb 1,7s | 29. Gn 19,24ss | 30. 33,15

† **39**,29. Alusão à destruição de Sodoma e Gomorra, Gn 19,24-26.

35Fogo, granizo, fome e morte
tudo isso foi criado para o castigo.
36Os dentes das feras, escorpiões e
serpentes,
e a espada vingadora para a ruína
dos ímpios:
37todos exultarão ao executar suas
ordens;
estão prontos na terra para quando
necessário
e no momento oportuno não transgredirão sua palavra.
38Por isso eu estava convencido desde o princípio,
aconselhei-me, refleti e deixei escrito:
39"Todas as obras do Senhor são
boas;
ele provê a toda necessidade no devido tempo".
40Não há razão para dizer: "Isto é
pior que aquilo",
porque a seu tempo toda coisa será
considerada boa.
41E agora, de todo o coração e com a
boca, cantai hinos*
e bendizei o nome do Senhor.

40

Misérias humanas. 1Uma sorte penosa foi imposta a todos
os homens,*
um jugo pesado oprime os filhos de
Adão,
desde o dia em que saem do seio
materno*
até o dia de seu retorno à mãe comum†.
2Objeto de suas reflexões e temor de
seu coração
é a descoberta do que os espera, o
dia final.
3Desde aquele que está sentado num
trono glorioso
até o infeliz que jaz sobre a terra e
a cinza;
4desde aquele que se veste de púrpura e ostenta a coroa
até aquele que se veste com linho cru:
tudo é indignação, inveja, inquietação, agitação,
medo da morte, rivalidades e contendas.
5E durante o repouso no leito*
o sono da noite apenas muda suas
preocupações.
6Descansa um pouco, quase nada;
e nos sonhos, como num dia de sentinela,
7é perturbado pelos fantasmas de
seu coração,
como quem escapou de uma batalha;
no momento em que se salva, ele
desperta,
admirando-se de seu vão temor.
8Assim acontece com todo ser vivo,
desde o homem até o animal,
mas para os pecadores é sete vezes
pior:
9morte, sangue, contendas, espada,
opressões, fome, destruição e flagelos.
10Essas coisas foram criadas para os
iníquos,*
e foi por causa deles que veio o dilúvio.
11Tudo o que vem da terra volta para
a terra,*
e tudo o que vem das águas volta
para o mar.

Os bens do ímpio. 12Todo suborno e
toda iniquidade desaparecerão,
ao passo que a lealdade durará para
sempre;
13As riquezas dos injustos secarão
como torrente,
passarão como um grande trovão
que retumba na tempestade.
14Como a gente se alegra, abrindo as
mãos,
assim os prevaricadores no fim perecerão.
15A estirpe dos ímpios não multiplicará seus ramos,*
e as raízes impuras estão sobre a rocha dura.
16A vegetação que cresce à beira
d'água e às margens de um rio*
será arrancada antes de qualquer outra erva.

---

* **39**,41. Sl 145,21 | **40**,1. Jó 7,1s; 14,1s / Jó 1,21 | 5. Dt 28,65ss; Jó 7,4; Ecl 3,23; 8,16 | 10. 39,30.35 | 11. 41,13; Gn 3,19; Ecl 1,7 | 15. 23,35; Sb 4,3 | 16. Jó 8,11s

† **40**,1. Ver a nota em Jó 1,21.

As coisas boas. 17A bondade é como
um jardim de bênçãos,*
a esmola permanece para sempre.
18É doce a vida de quem basta a si
mesmo e a do trabalhador,
porém mais ainda o será para quem
acha um tesouro.
19Os filhos e a fundação de uma ci-
dade perpetuam um nome,
mas acima disso está uma mulher ir-
repreensível.
20Vinho e música alegram o coração,
mas o amor da sabedoria supera am-
bas as coisas.
21A flauta e a harpa emitem um som
harmonioso,
acima delas, porém, está uma voz
melodiosa.
22A graça e a beleza são atraentes
para os olhos,
porém mais que elas, o verde dos
campos.
23Amigo e companheiro se encon-
tram num bom momento;
melhor ainda a mulher e o homem.
24Os irmãos e uma ajuda servem no
tempo da tribulação,*
mas acima de ambos é a esmola que
liberta.
25Ouro e prata dão segurança,
mas acima de ambos se aprecia um
bom conselho.
26Riquezas e poder exaltam o cora-
ção,
mas acima deles, o temor do Senhor.
27Com o temor do Senhor não falta
nada;
com ele não é preciso buscar socorro.
28O temor do Senhor é como um jar-
dim de bênçãos;*
sua proteção vale mais que toda gló-
ria.
Não ser mendigo. 29Filho, não vivas
como mendigo,
pois é melhor morrer que mendigar.
30Alguém que fica olhando para a
mesa do outro
tem uma existência que não merece
o nome de vida.
Contamina-se com comidas alheias.
31Mas quem é instruído e educado se
guardará delas.
32Na boca do impudente a mendi-
cância é doce,*
mas em seu ventre queimará como
fogo.

41

A morte. 1Ó morte, quão
amarga é tua lembrança
para quem vive em paz no meio de
seus bens,
2para quem vive tranquilo e é feliz
em tudo,
e ainda é capaz de gozar do prazer!
3Ó morte, tua sentença é bem-vinda*
para o indigente e para aquele cujas
forças diminuem,
4para quem é de idade avançada e se
preocupa com tudo,
que não tem mais confiança nem pa-
ciência.
5Não temas a sentença da morte.
Pensa nos que te precederam
e nos que virão depois de ti:
esta é a sentença do Senhor para
todo ser vivo.*
6Por que revoltar-se contra a vonta-
de do Altíssimo?
Sejam dez, cem, ou mil anos,
7nos abismos não se lamenta a res-
peito da vida.*
O fim dos ímpios. 8Abomináveis se
tornam os filhos dos pecadores
e os que frequentam as moradas dos
ímpios.
9A herança dos filhos dos pecadores
perecerá,
e sua descendência continuará mar-
cada pela desonra.
10De um pai ímpio se queixam os fi-
lhos
porque por sua causa sofrem a de-
sonra.
11Ai de vós, homens ímpios,
que abandonastes a lei do Senhor
Altíssimo!
12Quando nasceis, é para a maldição
que nasceis;
quando morrerdes, herdareis a mal-
dição.

---

* **40**,17. 40,28 | 24. Pr 17,17; Eclo 29,11 | 28. 40,17; Is 51,3 | 32. Jó 20,12ss | **41**,3. Jó 3,20s | 5. Gn 3,19; 6,3 | 7. Ecl 6,6; 9,10

[13]Tudo o que vem da terra volta para a terra,*
assim os ímpios, que vêm da maldição para a ruína.

O bom nome. [14]O luto das pessoas é homenagem a seus corpos,
o nome maldito dos ímpios será cancelado.
[15]Toma cuidado com teu bom nome,*
porque ele durará para ti
mais do que mil tesouros grandes e preciosos.
[16]Uma vida feliz tem os dias contados,
mas um bom nome dura para sempre.
[17]É melhor aquele que esconde sua ignorância
do que aquele que esconde sua sabedoria.
Sabedoria escondida, tesouro invisível:*
para que servem ambos?
[18]Filhos, guardai em paz essa instrução.

De que devemos envergonhar-nos.
[19]Portanto, deveis sentir vergonha nos casos que vou mencionar,
[20]porque não é bom enrubescer-se por qualquer vergonha
e nem toda vergonha é aprovada.
[21]Envergonhai-vos por causa da prostituição, diante do pai e da mãe,
e da mentira, diante de um chefe e de um poderoso;
[22]do delito, diante de um juiz e de um magistrado,
da iniquidade, diante da comunidade e do povo;
[23]da injustiça, diante do companheiro e do amigo,
do furto, no ambiente em que moras.
[24]Envergonhai-vos diante da verdade de Deus e da aliança
por apoiar os cotovelos sobre a mesa†
e por desprezar o que dás ou o que recebes;
[25]por não responder aos que te saúdam,
por lançar os olhos sobre uma prostituta,
por evitar o encontro com um parente;
[26]por tirar o que lhe pertence e não restituir,
[27]por olhar para a mulher do próximo,*
por ter intimidades com a escrava dela
– não te aproximes de seu leito –.
[28]Envergonha-te das palavras injuriosas diante dos amigos
– não faças injúrias depois de haver dado alguma coisa –.

42

[1]Envergonha-te por repetir o que ouviste
e por revelar segredo escondido.
Então conhecerás a verdadeira vergonha
e terás aceitação junto a todos.

De que não devemos envergonhar-nos. Não te envergonhes das seguintes coisas
e não peques discriminando pessoas:
[2]da lei do Altíssimo e de sua aliança,
do julgamento que faz justiça ao ímpio,
[3]por fazer as contas com os sócios e companheiros de viagem,
por repartir uma herança alheia,
[4]da exatidão da balança e dos pesos,
da compra de muitas ou poucas coisas,
[5]por contratar o preço com os comerciantes,
por corrigir com frequência os filhos*
e por fazer sangrar as costas de um péssimo escravo.*
[6]Com mulher curiosa é oportuno usar o sigilo,
[7]onde as mãos são muitas, usa a chave.
Tudo o que depositares seja contado e pesado;
anota por escrito tudo o que dás e recebes.
[8]Não te envergonhes de corrigir o insensato e o tolo*
e o idoso acusado de libertinagem:
assim te mostrarás realmente instruído
e serás aprovado por todos.

---

* **41**,13. 40,11 | 15. Pr 22,1; Ecl 7,1 | 17. 20,32s; Mt 5,14ss | 27. 9,8s.12s | **42**,5. 30,1 / 33,25.27 | 8. Pr 10,13; 19,25.29; 26,3

† **41**,24. Deve ser uma expressão para indicar a gula.

Precauções pelas filhas. [9]Uma filha é
para o pai uma inquietação secreta,
a preocupação por ela tira-lhe o
sono:
em sua juventude, para que não passe do tempo de se casar
e, uma vez casada, para que não seja
repudiada.*
[10]Enquanto é moça, teme-se que seja
seduzida
e se encontre grávida na casa paterna;
quando desposada com um marido,
que caia em culpa
e, morando com ele, que seja estéril.
[11]Sobre uma filha indócil, reforça a
vigilância
para que não te exponha ao escárnio
dos inimigos,
e te torne objeto de boatos na cidade e de desprezo do povo,
e te envergonhe diante da população.
[12]Que ela não mostre sua beleza a
qualquer homem,
nem se demore no meio das mulheres;
[13]porque assim como das roupas sai
a traça,
da mulher procede a malícia feminina.
[14]É melhor a malícia de um homem*
que a bondade de uma mulher†;
a mulher desavergonhada expõe à
infâmia.

III. A SABEDORIA NA NATUREZA E NA HISTÓRIA DE ISRAEL (42,15–50,26)

Glória de Deus na criação. [15]Recordarei agora as obras do Senhor
e descreverei o que tenho visto.
Pelas palavras do Senhor suas obras
existem*
e seu decreto se realiza segundo sua
vontade.
[16]O sol com seu esplendor tudo contempla,
e da glória do Senhor está cheia sua
obra.
[17]Nem mesmo os santos do Senhor
são capazes
de proclamar todas as suas maravilhas.
O Senhor confirmou seus exércitos
para que continuassem firmes diante
de sua glória.
[18]Ele sonda o abismo e o coração humano*
e penetra em sua astúcia.
[19]O Senhor conhece toda a ciência
e observa os sinais dos tempos,
anunciando as coisas passadas e as
futuras
e revelando os vestígios das coisas
ocultas.
[20]Nenhum pensamento lhe escapa
e nem sequer uma palavra lhe fica
escondida.*
[21]Dispôs com ordem as maravilhas
de sua sabedoria;
só ele existe desde sempre e para
sempre.
[22]Nada se lhe pode acrescentar nem
tirar;*
ele não precisa do conselho de ninguém.
As obras de Deus. [23]Como são amáveis todas as suas obras!*
E apenas uma centelha delas se pode
observar.
[24]Todas estas coisas vivem e permanecem para sempre
e em todas as circunstâncias todas
lhe obedecem.
[25]Todas existem aos pares, uma diante da outra,*
ele não fez nada de incompleto.
[26]Uma confirma a excelência da outra;
quem se fartará de contemplar sua
glória?

43 **O sol.** [1]O límpido firmamento
é a glória das alturas,*
o espetáculo do céu é uma visão de
glória!
[2]O sol, quando aparece, proclama ao
surgir:

* **42**,9. Dt 24,1 | 14. Ecl 7,26ss | 15. Gn 1,3s | 18. Pr 15,11 | 20. Sl 139,1-4 | 22. 18,5; Ecl 3,14 | 23. 16,24-29 | 25. 33,15; Ecl 3,1-8 | **43**,1. Sl 8,4

† **42**,14. Porque os favores da mulher se pagam caro e se tornam laços.

"Que maravilha é a obra do Excelso!"
3Ao meio-dia ele abrasa a terra,
e diante de seu calor quem pode resistir?
Atiça-se a fornalha para os trabalhos com fogo:
4o sol queima os montes três vezes mais;
emitindo vapores de fogo
e refulgindo com seus raios cega os olhos.
5Grande é o Senhor que o criou
e com suas ordens apressa seu curso.
A lua e as estrelas. 6Também a lua, sempre pontual em suas fases,*
marca as datas como um sinal eterno.
7Da lua depende a indicação das festas†,
luminar que decresce até seu desaparecimento.
8É dela que o mês tira seu nome,
admiravelmente crescendo até ficar cheia.
9É um emblema para as milícias nas alturas,
brilhando gloriosamente no firmamento do céu.
10Beleza do céu é o brilho das estrelas,*
iluminando o mundo nas alturas do Senhor.
11Comportam-se conforme as ordens do Santo e seu decreto
e não se cansam em suas vigílias.
As maravilhas da natureza. 12Observa o arco-íris e bendize aquele que o fez,*
é belíssimo em seu esplendor.
13Envolve o céu num círculo de glória,
as mãos do Altíssimo o estenderam.
14Com um comando seu precipita a neve,*
lança os relâmpagos de seu julgamento.
15Assim se abrem os depósitos,
e as nuvens voam como pássaros.
16Com sua grandeza ele condensa as nuvens,
que se pulverizam em pedras de granizo.
O rumor de seu trovão faz tremer a terra;*
17a sua vista se abalam os montes;
conforme seu querer sopra o vento sul,
18assim como o furacão do norte e o turbilhão de vento.
19Espalha a neve como aves que pousam,
como gafanhotos que se abatem sobre a terra, ela desce.
20Os olhos admiram a beleza de seu candor
e o coração se extasia quando ela cai.
21Como o sal, derrama sobre a terra a geada
que, gelando-se, forma como que pontas de espinhos.
22Sopra o vento frio do norte,
e sobre a água se condensa o gelo;
ele pousa sobre toda a massa de água,
que se reveste como de uma couraça.
23Devora os montes, queima o deserto
e extingue a vegetação como um fogo.
24O remédio para tudo isso é a névoa que chega logo,
o orvalho depois do calor traz alegria.
O mar. 25Conforme seu desígnio, Deus domou o abismo
e nele plantou as ilhas.*
26Os navegadores descrevem os perigos do mar,
e ficamos admirados ao ouvi-los.
27Lá existem coisas singulares e estupendas,
várias espécies de feras, de todos os animais e seres monstruosos.*
28Graças a Deus, seu mensageiro chega ao destino,
e tudo procede segundo sua palavra.
Conclusão. 29Poderíamos dizer muitas coisas e nos faltariam palavras;
em resumo: "Ele é tudo!"

* **43**,6. Sl 89,34; 104,19; Gn 1,14-18 | 10. Br 3,33ss | 12. Gn 9,13; Ez 1,28; 50,8 | 14. Sl 147,16ss; Jó 38,22s | 16. Sl 29,8 | 25. Jó 7,12; Sl 104,5s | 27. Sl 104,25s; 107,23s

† **43**,7. A Páscoa e a festa das Tendas começavam na lua cheia; a lua nova era também dia de festa, Nm 28,11.

[30]Onde encontraríamos força para
louvá-lo?
Pois ele é Grande, acima de todas as
suas obras.*
[31]O Senhor é terrível e soberana-
mente grande,
e maravilhoso é seu poder.
[32]Ao glorificar o Senhor, exaltai-o
quanto puderdes,
porque ainda mais alto será
e admirável é sua grandeza†.
[34]Enaltecendo-o, enchei-vos de força,
não vos canseis, porque não chega-
reis ao fim.
[35]Quem o contemplou para poder
descrevê-lo?
Quem pode engrandecê-lo como ele é?
[36]Há muitas coisas ocultas maiores
que estas,
pois vimos apenas umas poucas
obras suas.*
[37]Mas foi o Senhor que tudo fez
e deu a sabedoria aos que agem com
piedade.

44 Elogio dos antepassados.

[1]Façamos o elogio dos ho-
mens ilustres†,
que são nossos antepassados através
das gerações.
[2]O Senhor criou uma glória imensa,
mostrou sua grandeza desde o início
dos séculos.
[3]Alguns governaram seu reinos
e ficaram famosos por seu poder;
com seus dotes de prudência
anunciaram profecias.
[4]Outros guiaram o povo com suas
decisões,
com a inteligência da sabedoria po-
pular
e os sábios discursos de seu ensina-
mento.
[5]Outros foram compositores de me-
lodias musicais
e de cantos poéticos.
[6]Outros foram dotados de riqueza e
de força,
tinham gosto pela beleza
e viveram em paz em suas moradas.
[7]Todos esses foram glorificados por
seus contemporâneos
e louvados desde seu tempo.
[8]Os que deles nasceram deixaram
um nome
que publica seus louvores.
[9]E há outros, dos quais não há lem-
brança;
desapareceram como se não tives-
sem existido;
nasceram, eles e seus filhos depois
deles,
e foram como se jamais tivessem
nascido.
[10]Estes, porém, foram homens virtu-
osos,
cujas boas obras não foram esque-
cidas.
[11]Eles permanecem em seus descen-
dentes:
seus netos, sua boa herança.
[12]Seus descendentes continuam fiéis
às alianças,*
[13]e seus filhos também, por causa
deles.
Para sempre permanece sua descen-
dência
e sua glória não será ofuscada.
[14]Seus corpos foram sepultados em paz,
mas seu nome vive para sempre.
[15]Os povos proclamam sua sabedoria,*
e a comunidade celebra seus louvores.
Henoc e Noé. [16]Henoc agradou a Deus
e foi arrebatado ao paraíso*
para levar as nações à conversão†.
[17]Noé foi reconhecido como o per-
feito justo,*
e no tempo da ira foi mediador da
reconciliação;
[18]por causa dele um resto sobreviveu
sobre a terra*
quando veio o dilúvio.

---

* **43**,30. Sl 96,4; 145,3 | 36. Jó 26,14; Eclo 1,7s; 42,17 | **44**,12. 39,12 | 15. 39,14 | 16. Gn 5,24; Hb 11,5 | 17. Gn 6,9 | 18. 1Pd 3,20; 2Pd 2,5

† **43**,32. A NV omitiu o v. 33, que diz: Ao bendizer o Senhor, exaltai-o quanto podeis, pois ele está acima de todo louvor. | **44**,1. Foi Deus que os exaltou à glória: Deus é admirável em seus santos. "Tendes não só uma grande história para recordar e contar, mas também uma grande história a construir.Olhai para o futuro!" (João Paulo II aos religiosos). | 16. Ver a nota em Gn 5,24.

[19]Com ele foram feitas alianças eter-
nas*
para que daí em diante nenhum ser
vivo fosse exterminado por um dilúvio.
Abraão. [20]Abraão foi o grande pai de
uma multidão de nações;*
nada maculou sua glória.
Ele guardou a lei do Excelso
e com ele fez aliança.
[21]Estabeleceu esta aliança* em sua
carne†
e na prova foi encontrado fiel.*
[22]Por isso Deus lhe prometeu com
juramento
abençoar as nações em sua descen-
dência,*
multiplicá-la como o pó da terra,
[23]exaltar sua posteridade como as
estrelas
e dar-lhe uma herança que iria de um
mar ao outro,
desde o rio até as extremidades da
terra.*
Isaac e Jacó. [24]A Isaac foi feita a mes-
ma promessa*
por causa de Abraão, seu pai.
[25]O Senhor deu-lhe a bênção de to-
das as nações
e confirmou sua aliança sobre a ca-
beça de Jacó.
[26]Distinguiu-o com suas bênçãos
e deu-lhe a herança;
dividiu-a em partes
e a repartiu entre as doze tribos.

Moisés. [27]Dele fez surgir um homem
misericordioso,
que conquistou uma estima universal.

45

[1]Moisés, que foi amado por
Deus e pelos homens
e cuja memória é abençoada.
[2]Deus o tornou glorioso como os
santos*
e o fez grande e temido pelos inimi-
gos.
Por sua palavra multiplicou os prodí-
gios*
[3]e o glorificou diante dos reis;
deu-lhe mandamentos para seu
povo*
e lhe mostrou sua glória.
[4]Santificou-o na fidelidade e na man-
sidão;
escolheu-o entre todos os viventes.
[5]Fê-lo ouvir sua voz;*
introduziu-o na nuvem
[6]e lhe deu face a face os mandamen-
tos,*
lei de vida e de inteligência,
para que explicasse a Jacó sua alian-
ça,
e seus decretos a Israel.
Aarão. [7]Deus exaltou também Aarão,
santo como ele,*
seu irmão, da tribo de Levi.
[8]Com um decreto eterno o consti-
tuiu,*
deu-lhe o sacerdócio entre o povo
e o cumulou de felicidade e glória.
[9]Adornou-o com uma cinta de hon-
ra,
revestiu-o com toda a magnificên-
cia*
e o coroou com as insígnias de seu
cargo:
[10]calções, túnica e manto.
Circundou-o com sininhos de ouro*
e muitas romãs ao redor,
[11]para que tocassem quando ele an-
dava
e seu som fosse ouvido no templo
como advertência para os filhos de
seu povo.
[12]Ornou-o com uma estola sagrada,*
tecida de ouro, jacinto e púrpura,
bordada com arte;
com o peitoral do julgamento e o
cíngulo,*
[13]com o tecido de fios de escarlate,
obra-prima de artista;
e com pedras preciosas sobre o pei-
toral,

---

* **44**,19. Gn 9,9; 8,21s | 20. Gn 12,2; 17,4s; Rm 4,1.13-18 | 21. Gn 17,10 / Gn 22,1-19; 1Mc 2,52; Hb 11,17 | 22. Gn 22,18; 12,3; 15,5; At 3,25; Gl 3,8s | 23. Gn 15,18; Jz 20,1 | 24. Gn 17,19; 26,3ss | **45**,2. 42,17 / Êx 8,8s.26s; 9,33; 10,18s | 3. Êx 19,1s; 33,20; Nm 12,3 | 5. Êx 19,19s; 20,21; 24,18 | 6. Êx 20,1s.22s; Dt 4,6ss; 32,47 | 7. Sl 106,16; Êx 4,14 | 8. Nm 18,19; 45,19; | 9. Êx 28,6-12.31-35.42 | 10. Êx 28,33s | 12. Êx 28,2-5 / Êx 28,6; 1Sm 14,41

† **44**,21. A circuncisão, Gn 17,11.

incrustadas em ouro, obra-prima de joalheiro,
como memorial com as palavras gravadas
conforme o número das tribos de Israel.
14Sobre o turbante lhe pôs uma coroa de ouro
e a lâmina com o sinal da santidade, honra gloriosa;*
Era uma obra majestosa que encantava os olhos
com sua beleza perfeita.
15Antes dele não se tinham visto coisas tão belas,
16e jamais um estranho as revestirá,
mas são reservadas só a seus filhos
e a seus descendentes para sempre.
17Seu sacrifício é consumido pelo fogo diariamente,
duas vezes ao dia, sem interrupção.
18Moisés consagrou-lhe as mãos
e o ungiu com o óleo santo.*
19Foi-lhe concedido por aliança perene,*
a ele e a seus descendentes, enquanto durar o céu,
servir ao Senhor e exercer o sacerdócio
e abençoar seu povo em seu nome.
20Escolheu-o entre todos os viventes*
para oferecer a Deus sacrifícios, incenso e gorduras
como perfume suave e memorial
e para fazer a expiação em favor de seu povo.*
21Deu-lhe autoridade sobre seus preceitos,
sobre as instituições e o direito,
para que ensinasse a Jacó seus testemunhos
e educasse Israel em sua Lei.
22Mas estranhos se insurgiram contra ele*
e por inveja o cercaram no deserto;
eram os homens de Datã e de Abiram
e o bando de Coré, furiosos e violentos.
23O Senhor viu e se indignou;
eles acabaram aniquilados pela fúria de sua ira.
24Ele realizou prodígios para dano deles
e os exterminou com chamas de fogo.
25E aumentou ainda mais a glória de Aarão,
destinou-lhe uma herança
e repartiu com ele as primícias dos frutos da terra.*
26Antes de tudo concedeu-lhes pão em abundância,
pois eles comerão dos sacrifícios do Senhor,*
reservados a ele e a seus descendentes.
27Mas ele não tem herança na terra do povo,*
não há uma porção para ele no meio do povo,
porque o próprio Deus é sua porção e sua herança.*

Fineias. 28Fineias, filho de Eleazar, é o terceiro em glória
por seu zelo no temor do Senhor.
29Manteve-se na brecha em favor de seu povo;*
por sua bondade e prontidão
agradou a Deus em favor de Israel.
30Por isso foi estabelecida com ele uma aliança de paz,*
para que presidisse ao santuário e ao povo;
assim a ele e a sua descendência foi reservada
a dignidade do sacerdócio para sempre.
31Como sua aliança com Davi,
filho de Jessé, da tribo de Judá,
é perante sua glória a herança de um homem,
assim a herança de Aarão pertence a seus descendentes.
32Que Deus dê sabedoria a vosso coração
para governar seu povo com justiça,
para que não desapareçam as virtudes dos pais,
nem sua glória pelas gerações eternas.

* **45**,14. Êx 28,36-39 | 18. Lv 8,1-13 | 19. 45,8 | 20. 35,3.6; Lv 2,2.9.16 / Lv 16,1 | 22. Nm 16,1-17 | 25. Nm 18,12s | 26. Êx 29,28.31s; Lv 6,9ss; 7,9s.32-36 | 27. Nm 18,20 / Sl 16,5 | 29. Nm 25,7s | 30. Nm 25,11ss

46 **Josué.** 1 Valoroso na guerra,
assim foi Josué, filho de Nun,*
sucessor de Moisés no ofício profético;
ele, conforme o significado de seu
nome†,
2 foi grande para a salvação dos elei-
tos de Deus,
exercendo o castigo contra os inimi-
gos rebelados,
para dar a Israel a posse de sua he-
rança.
3 Que glória não obteve ele quando
erguia os braços
e brandia a espada contra as cidades!
4 Quem pôde resistir-lhe?
Pois ele comandava as guerras do
Senhor.
5 Sua mão não parou o sol,*
para que o dia se tornasse longo
quanto dois?
6 Invocou o Altíssimo poderoso,
enquanto os inimigos o atacavam de
todo lado;
o grande Senhor o atendeu,
lançando pedras de granizo de extre-
ma violência.
7 Investiu contra a nação inimiga
e na descida do vale destruiu os ad-
versários,*
8 para que as nações reconhecessem
sua força
e soubessem que estavam lutando
contra Deus.
De fato, seguiu sempre o Poderoso.
Caleb. 9 E no tempo de Moisés mani-
festou sua lealdade,
assim como Caleb, filho de Jefoné:
ele se opôs à comunidade,*
impedindo o povo de pecar,
e assim fez cessar a murmuração ma-
ligna.
10 Somente estes dois se salvaram
entre os seiscentos mil guerreiros,*
para introduzir Israel em sua herança,
na terra onde correm leite e mel.
11 O Senhor deu a Caleb uma força*
que o assistiu até a velhice.
Ele o fez subir às alturas do país*
que sua descendência recebeu como
herança,
12 de modo que todos os israelitas
soubessem
como é bom seguir o Senhor.
Os Juízes. 13 Depois vieram os Juízes,
cada um com seu nome,
cujo coração não se deixou seduzir
e que não se afastaram do Senhor:
14 seja abençoada sua memória!
Que seus ossos tornem a brotar do
sepulcro*.
15 e seu nome seja renovado
nos filhos desses homens santos!†
Samuel. 16 Samuel, amado de seu Se-
nhor,
do qual foi profeta, instituiu a mo-
narquia
e ungiu príncipes entre seu povo.*
17 Governou a comunidade segundo
a lei do Senhor,
e Deus interveio em favor de Jacó.
Por sua fidelidade demonstrou-se
um profeta
18 e por suas palavras foi reconhecido
como vidente fidedigno.
19 Ele invocou o Senhor onipotente,*
quando os inimigos o comprimiam
ao redor,
imolando um tenro cordeiro.
20 E o Senhor trovejou do céu;
com grande fragor fez ouvir sua voz
21 e exterminou os príncipes de Tiro*
e todos os chefes dos filisteus.
22 Antes de ir repousar para sempre,*
deu este testemunho diante do Se-
nhor e de seu ungido:
"Dinheiro e nem sequer sandálias
de pessoa alguma aceitei";
e não houve quem o acusasse.
23 Até depois que adormeceu profe-
tizou,*
revelando e mostrando ao rei seu
fim;
da terra elevou sua voz profética
para cancelar a impiedade do povo†.

---

* **46**,1. Js 1,1 | 5. Js 10,13 | 7. Js 10,10-15 | 9. Nm 14,6-10 | 10. 16,11 | 11. Js 14,10s / Nm 14,24; Js 14,12-15 | 14. 49,12 | 16. 1Sm 10,1; 16,13 | 19. 46,7; 47,6; 1Sm 7,9s | 21. 1Sm 7,13 | 22. 1Sm 12 | 23. 1Sm 28,6-25

† **46**,1. O nome "Josué" significa "Javé salva". | 15. Ou seja, aconteça o que dizem de Dom Oscar Romero os salvadorenhos: "Ele ressuscitou em nossas vidas". | 23. O autor considera a morte de Saul, profetizada por Samuel, como expiação do pecado do rei e do povo, 1Sm 28,18.

47

Natã e Davi. 1Depois dele surgiu Natã*
para profetizar no tempo de Davi.
2Como se separa a gordura do sacrifício de comunhão,*
assim Davi foi separado do meio dos israelitas†.
3Ele brincou com leões como se fossem cordeiros,*
e com os ursos igualmente como se fossem cordeirinhos.
4Na juventude não matou o gigante*
e cancelou a humilhação do povo?
5Brandiu com a mão a funda,
abatendo a arrogância de Golias.
6Porque invocou o Senhor Altíssimo,
que concedeu a seu braço direito a força
para derrubar um poderoso guerreiro
e exaltar o poder de seu povo.
7Assim o glorificaram por seus dez mil,*
o louvaram pelas bênçãos do Senhor
e lhe ofereceram um diadema de glória.
8Ele com efeito esmagou os inimigos ao redor
e humilhou os filisteus, seus adversários,
abatendo o poder deles até hoje.
9Em todas as suas ações deu graças*
ao Santo e Excelso com palavras de louvor;
10de todo o coração cantou hinos ao Senhor
e amou a Deus que o criou.
11Estabeleceu cantores diante do altar,*
e para seu canto compôs suaves melodias.
12Deu esplendor às festas,
organizou as solenidades ao longo do ano,
fazendo com que louvassem o nome santo do Senhor
e enchessem de som o santuário desde o amanhecer.
13O Senhor perdoou-lhe os pecados*
e exaltou seu poder para sempre;
concedeu-lhe a aliança real*
e um trono glorioso em Israel.

Salomão. 14Sucedeu-lhe um filho sábio
que, graças a ele, viveu tranquilo.
15Salomão reinou em tempo de paz;
Deus lhe deu tranquilidade nas fronteiras*
para que construísse uma casa a seu nome*
e preparasse um santuário perene.
Como foste sábio na juventude*
16e cheio de inteligência como um rio!
Tua alma recobriu a terra
17e tu a encheste de sentenças enigmáticas.
Teu nome foi divulgado até as ilhas longínquas
e foste amado por tua paz.
18Por teus cânticos e provérbios,
parábolas e interpretações,
todo o mundo te admira.*
19No nome do Senhor Deus,
que é chamado Deus de Israel,
20ajuntaste ouro como se fosse estanho,*
acumulaste prata como se fosse chumbo.
21Mas entregaste teu corpo às mulheres*
e foste escravo de teus sentidos.
22Assim mancharam tua glória
e profanaste tua descendência,
a ponto de atrair a ira divina sobre teus filhos,
fazendo-os sofrer com tua loucura.
23O reino foi dividido em dois,*
e de Efraim surgiu um reino rebelde.
24Mas Deus não renuncia a sua misericórdia;*
não modifica nem cancela nenhuma de suas palavras.
Não deixará faltar os descendentes de seu eleito em sua posteridade,
nem extinguirá a estirpe daquele que amou o Senhor.
25Assim concedeu um resto a Jacó,*
e a Davi uma descendência nascida dele.

---

* **47**,1. 2Sm 7; 12 | 2. Lv 4,8 | 3. 1Sm 17,34-37 | 4. 1Sm 17 | 7. 1Sm 18,7; 2Sm 5,1ss | 9. 2Sm 23,1 | 11. 1Cr 16,4s | 13. 1Sm 12,13.24s / 2Sm 7,1 | 15. 1Rs 5,17ss / 1Rs 6 / 1Rs 3,4-28; 5,9-14 | 18. 1Rs 10,1-10 | 20. 1Rs 10,11s.27 | 21. 1Rs 11,1-13 | 23. 1Rs 12 | 24. 2Sm 7,1; Sl 89,31-38 | 25. Is 4,3

† **47**,2. A gordura, parte melhor das vítimas, era reservada a Deus, Lv 3,16.

Roboão e Jeroboão. 26Salomão foi re-
pousar com seus pais,*
27deixando atrás de si um descen-
dente,
o mais estulto do povo, um homem
sem prudência,
28Roboão, que causou a revolta do
povo com sua decisão.
29Jeroboão, filho de Nabat, fez Israel
pecar*
e abriu para Efraim o caminho do pe-
cado.
Suas culpas se multiplicaram tanto*
30que Deus os expulsou de sua ter-
ra.*
31Excogitaram toda sorte de iniqui-
dades,
até vir sobre eles o castigo.

48 **Elias.** 1Então surgiu o profeta
Elias, semelhante ao fogo;
sua palavra queimava como tocha.
2Fez vir sobre eles a fome*
e com seu zelo os dizimou.*
3Pela palavra do Senhor fechou o
céu*
e de lá fez cair o fogo três vezes.*
4Como te tornaste glorioso, Elias, por
teus prodígios!
E quem pode orgulhar-se de ser
igual a ti?
5Tu que levantaste um morto da
morte*
e dos abismos, pela palavra do Se-
nhor;
6tu que lançaste reis na ruína*
e despojaste do cetro homens ilus-
tres.
7Ouviste no Sinai censuras,*
e no Horeb sentenças de vingança.
8Ungiste reis como vingadores
e profetas como teus sucessores.
9Foste arrebatado num turbilhão de
fogo,*
num carro de cavalos de fogo.
10De ti está escrito que estás desti-
nado
para, no tempo marcado, aplacar a
ira divina antes que irrompa,
para reconduzir o coração dos pais
para os filhos*
e restabelecer as tribos de Jacó†.
11Felizes os que te viram*
e que adormeceram em tua amizade!
12Porque também nós, com certeza,
viveremos,
mas, após a morte, tal não será nosso
nome.
Eliseu. 13Logo que Elias foi envolvido
pelo turbilhão,
Eliseu ficou repleto de seu espírito.*
Durante a vida não teve medo de ne-
nhum príncipe
e ninguém conseguiu dominá-lo.
14Nada foi difícil demais para ele;
no sepulcro seu corpo profetizou.
15Em vida operou prodígios
e, depois da morte, fez maravilhas.
16Apesar de tudo isso, o povo não se
converteu;
não abandonaram seus pecados,
até que foram expulsos de seu pró-
prio país
e dispersos por toda a terra.
17Restou apenas um povo pouco nu-
meroso
com um príncipe da casa de Davi.
18Alguns desses fizeram o que é
agradável a Deus,
mas outros multiplicaram seus peca-
dos.
Ezequias. 19Ezequias fortificou sua ci-
dade*
e trouxe água a seu interior;
cavou a rocha com o ferro†
e construiu reservatórios para a água.
20Em seus dias marchou contra ele
Senaquerib,*
que deixou o encargo a Rabsaces e
partiu;
este ergueu a mão contra Sião
na insolência de seu orgulho.
21Então estremeceram seus corações
e suas mãos,
sofrendo como parturientes.

---

* **47**,26. 1Rs 12 | 29. 1Rs 12,26-33 / 1Rs 13,33s | 30. 2Rs 17,21ss | **48**,2. 1Rs 17,1; 18,2 / 1Rs 19,10.14.17 | 3. 1Rs 18,36ss / 2Rs 1,10.12 | 5. 1Rs 17,17-24 | 6. 1Rs 21,17-24; 2Rs 1,16 | 7. 1Rs 19,9-18 | 9. 2Rs 2,1-11 | 10. Ml 3,24 | 11. 2Rs 2,10.12 | 13. 2Rs 2,9s | 19. 2Rs 20,20; 2Cr 32,5-30; Is 22,11 | 20. 2Rs 18,13-19,37; Is 36-37

† **48**,10. Aplica a Elias a profecia de Malaquias, Ml 3,23s, que no NT é referida a João Batista, Lc 1,17. | 19. Ver a nota em 2Rs 20,20.

22 Invocaram o Senhor misericordioso,
estendendo as mãos e erguendo-as para ele.
Logo o Santo os escutou;
23 não se recordou de seus pecados,
nem os entregou a seus inimigos,
mas purificou-os pelas mãos do santo profeta Isaías.
24 Feriu o acampamento dos assírios
e seu anjo os exterminou.
Isaías. 25 Pois Ezequias fez o que agrada ao Senhor
e seguiu com firmeza os caminhos de Davi, seu pai,
como lhe indicara o profeta Isaías,
grande e fidedigno em suas visões.
26 Em seus dias o sol retrocedeu,*
e ele prolongou a vida do rei.
27 Com grande inspiração viu o fim dos tempos
e consolou os que choravam em Sião.
Manifestou o futuro até a eternidade
28 e as coisas ocultas, antes que acontecessem.

49 **Josias e Jeremias.** 1 A lembrança de Josias é como uma mistura de aromas,
preparada pela arte do perfumista.
2 Em todas as bocas sua lembrança é doce como o mel
e como música num banquete com vinho.
3 Foi destinado por Deus para a reforma do povo*
e extirpou as abominações da impiedade.
4 Dirigiu seu coração para o Senhor
e numa época de pecados robusteceu a religião.
5 Com exceção de Davi, Ezequias e Josias,
todos os reis de Judá pecaram
6 porque abandonaram a lei do Altíssimo
e desprezaram o temor de Deus.
7 Entregaram seu reino a outros
e sua glória a uma nação estrangeira,
8 a qual incendiou a cidade eleita do santuário,
tornando desertas suas ruas,
segundo a palavra de Jeremias.*
9 Com efeito, a este maltrataram,
embora tivesse sido consagrado profeta desde o seio materno
para erradicar, destruir e arruinar,*
mas também para construir, plantar e renovar.
Ezequiel e os profetas menores. 10 Ezequiel contemplou uma visão da glória,*
que Deus lhe mostrou sobre o carro dos querubins.
11 Pois recordou-se dos inimigos na tempestade
e fez o bem aos que andavam no reto caminho.
12 Quanto aos doze profetas,
que seus ossos tornem a brotar de seus sepulcros,*
pois fortaleceram Jacó
e o resgataram com sua fé corajosa.
Outros personagens. 13 Como elogiar Zorobabel?
Ele é como um sinete na mão direita;*
14 assim também Josué, filho de Josedec.
Em seus dias construíram a Casa
e elevaram um santuário consagrado ao Senhor
e destinado a uma glória eterna.
15 Também a memória de Neemias durará muito tempo;
ele reergueu nossas muralhas destruídas
e assentou nelas portas e ferrolhos;
e reedificou nossas casas.
16 Ninguém sobre a terra foi criado igual a Henoc,*
pois ele foi arrebatado da terra.
17 Também não nasceu homem como José:
chefe dos irmãos, baluarte de seu povo;
18 até seus ossos foram honrados*
e após a morte profetizaram.

* **48**,26. 2Rs 20,5-11; Is 38,4-8 | **49**,3. 2Rs 22,23 | 8. Lm 1,4; 2,3; Jr 1,5 | 9. Jr 1,10 | 10. Ez 1-3; 9-10 | 12. 46,14 | 13. Ag 2,23 | 16. 44,16 | 18. Gn 50,25s

† **50**. O autor fala de um personagem que ele deve ter conhecido: Simão II (219-199 a.C.), filho de Onias II. Na época do autor, o sumo sacerdote era o chefe religioso e político da comunidade.

19 Set e Sem foram glorificados entre os homens,
mas acima de toda criatura vivente, na origem, está Adão.

50 O sumo sacerdote Simão†.

1 Simão, filho de Onias, sumo sacerdote,
em sua vida restaurou a Casa
e em seus dias fortificou o templo.
2 Por ele foram feitos os fundamentos do templo
e também a base elevada da parede do templo.
3 Em seus dias foi cavado o reservatório das águas,
uma piscina grande como o mar.
4 Defendeu seu povo dos ladrões
e fortificou a cidade para o caso de um cerco.
5 Como era esplêndido quando olhava da tenda,
quando saía do santuário atrás do véu!*
6 Era como a estrela da manhã no meio da névoa,*
como a lua cheia nos dias de festa,
7 como o sol fulgurante sobre o templo de Deus;
8 como o arco-íris esplendoroso entre nuvens de glória,
como a flor das roseiras nos dias da primavera,
como lírios à beira de uma água corrente,
como a flor do Líbano nos dias do verão,
9 como fogo brilhante e incenso ardendo ao fogo,
10 como um vaso de ouro maciço,
ornado com toda espécie de pedras preciosas,
11 como uma oliveira carregada de frutos
e como um cipreste que se ergue até as nuvens.
Quando se cobria com seu manto de glória
e se revestia dos ornamentos mais belos,
12 subindo os degraus do santo altar,
enchia de glória todo o santuário.
13 Quando recebia das mãos dos sacerdotes as porções das vítimas,
estando ele de pé junto ao altar,
seus irmãos o rodeavam formando uma coroa
como mudas de cedro no monte Líbano;
14 e o circundavam como ramos de palmeiras
todos os filhos de Aarão em sua glória.
15 Com as ofertas do Senhor em suas mãos,
mantinham-se de pé diante de toda a comunidade de Israel.
Ele celebrava o rito litúrgico sobre os altares,
apresentando com nobreza a oferta ao Onipotente.
16 Estendia a mão sobre a taça
e fazia a libação do sangue da uva;
17 derramava-o sobre as bases do altar
como perfume agradável ao Excelso Príncipe.
18 Então os filhos de Aarão erguiam a voz,*
tocavam as trombetas de metal trabalhado,
produzindo um imenso alarido*
como memorial diante do Deus Altíssimo.*
19 Então todo o povo, juntamente, se apressava
a prostrar-se com a face por terra
para adorar o Senhor seu Deus,
suplicando ao Deus onipotente e excelso.
20 Os salmistas louvavam com suas vozes,
e ressoava um canto vibrante, cheio de suavidade.
21 O povo suplicava ao Senhor excelso
em oração diante do Misericordioso,
até que fosse terminada a homenagem ao Senhor
e todos encerrassem sua função.
22 Então, descendo, ele erguia as mãos*
sobre toda a comunidade dos filhos de Israel
para dar com seus lábios a bênção do Senhor*

* **50**,5. Lv 16,23s | 6. Lv 16,13 | 18. Nm 10,2-10 / 45,10s / Nm 10,10 | 22. Lv 9,22 / Nm 6,23-27

e ter a honra de pronunciar seu
nome.
[23]Todos repetiam a adoração
para receber a bênção do Altíssimo.
Exortação†. [24]Agora bendizei o Deus
do universo
que faz maravilhas na terra inteira,
que exaltou nossos dias desde o seio
materno
e age conosco segundo sua misericórdia.
[25]Que ele nos conceda a alegria do
coração
e que haja paz em nossos dias,
em Israel, por todo o sempre.
[26]Que Israel acredite que a misericórdia de Deus está conosco
para nos libertar em nossos dias.
Três povos detestados. [27]Duas nações
minha alma odeia,
e a terceira nem sequer é uma nação:
[28]os que habitam no monte Seir, os
filisteus
e o povo insensato que habita em
Siquém†.

IV. SUPLEMENTOS (50,29–51,38)

Conclusão. [29]Jesus, filho de Sirac, de
Jerusalém,
condensou neste livro uma instrução
de sabedoria e de ciência
e derramou nele a sabedoria de seu
coração.
[30]Feliz aquele que for versado nessas
palavras;
quem as fixar no coração será sempre sábio;
[31]se as puser em prática, será capaz
de tudo,
porque seu caminho é a luz do Senhor.

51 **Oração de Jesus, filho de
Sirac**†. [1]Eu vos dou glória, Senhor meu rei,*
e vos louvo, Deus meu salvador;
[2]glorifico vosso nome,
porque fostes meu auxílio e proteção
[3]e libertastes meu corpo da perdição,
do laço da língua caluniadora,*
dos lábios que proferem mentiras.
Diante de meus adversários fostes
meu auxílio.
[4]E me libertastes,
conforme a grandeza de vossa misericórdia e de vosso nome,*
dos laços preparados para me devorar,
[5]das mãos dos que procuravam tirar-me a vida,*
das muitas tribulações que me rodeavam;
[6]da violência das chamas que me envolviam
e do meio do fogo, pelo qual não fui
consumido;
[7]das profundas entranhas da mansão
dos mortos,*
da língua impura e da palavra falsa
e dos dardos de uma língua injusta.
[8]Minha alma esteve próxima da morte,
[9]minha vida chegou às portas do
abismo profundo.
[10]Assaltavam-me de todo lado e ninguém me socorria;
eu olhava à procura de socorro dos
homens, mas em vão.
[11]Então lembrei-me de vossa misericórdia, Senhor,*
e de vossas obras que são desde
sempre,
[12]porque libertais os que confiam em
vós, Senhor,
e os salvais das mãos dos iníquos.
[13]Eu fiz subir da terra minha súplica;
rezei para ser libertado da morte já
próxima.
[14]Invoquei o Senhor: "Vós sois meu
pai!†
Não me abandoneis no dia de minha
tribulação,

---

* **51**,1. Êx 15,2 | 3. Sl 119,2 | 4. Sl 103,8; Êx 34,6 | 5. Sl 35,4 | 7. Nm 16,33 | 11. Sl 25,6

† **50**,24. O convite ao louvor vem ligado à menção dos sacerdotes, porque para Ben Sira é o sacerdócio que mantém a esperança de Israel e não a realeza ou o profetismo. | 28. Trata-se dos edomitas, filisteus e samaritanos. Ver as notas em Sl 137,8 e 2Rs 17,24. | **51**. Agradece a Deus que o livrou quando foi caluniado num processo perante o rei. | 14. Ver a nota em 23,1.

OS PROFETAS

Os profetas bíblicos são pessoas escolhidas e chamadas por Deus para a missão de falar em seu nome ao povo, como guias espirituais. "Profeta" é uma palavra derivada do grego, que significa exatamente porta-voz, mensageiro. É um carismático, um inspirado, porque veio sobre ele o Espírito, que nele fala, como professamos no Credo: "Foi ele que falou pelos profetas".

A palavra de Deus chega ao profeta de muitos modos, inclusive por meio de visões; por isso no tempo de Samuel, o profeta era chamado "vidente" (1Sm 9,9). Muitas vezes ele não diz como Deus lhe falou, afirmando apenas: "Assim fala Javé". Tem perfeita consciência de não dizer uma palavra sua, mas a de Deus, que o enviou e o sustenta; por isso o profeta se arma de coragem e audácia. É que muitas vezes tem de enfrentar os poderosos, como Natã diante de Davi (2Sm 12,7) e Elias diante de Acab (1Rs 18,17s). O confronto entre carisma e poder é de todos os tempos.

Colocado por Deus como sentinela para seu povo (Ez 33,7), e sempre atento aos acontecimentos dos meios políticos e religiosos, o profeta assume diante deles uma posição crítica e iluminadora, e sua pregação está sempre encarnada numa situação concreta. Nenhum profeta se isola da história. Prega a fé nas promessas divinas, a aliança, a libertação, o dom da terra e da descendência, a esperança do Messias, mas também a punição divina pelos pecados de infidelidade à aliança. Purifica e santifica o povo, chamando-o à conversão. Denuncia as injustiças sociais, o formalismo e a hipocrisia de um culto estéril e exterior. Mostra o verdadeiro rosto de Deus, santo, justo e amoroso. Diante desse Deus, com o qual está sempre em contato, intercede pelo povo pecador (2Mc 15,14).

O profeta é antes de tudo um orador, um pregador, que fala com palavras e atos. Seus gestos proféticos, parábola em ação, sua própria vida e sobretudo sua morte (At 7,52) são seu principal testemunho. Mas fala-se de "profetas escritores" para designar aqueles dos quais possuímos um livro de oráculos. São os quatro grandes profetas – Isaías, Jeremias, Ezequiel e Daniel – e os doze menores – Oseias, Joel, Amós, Abdias, Jonas, Miqueias, Naum, Habacuc, Sofonias, Ageu, Zacarias e Malaquias. No entanto, o termo profeta se estende a muitos outros personagens, desde Moisés (Dt 34,10) e a profetisa Débora (Jz 4,4) até João Batista (Mt 11,9) e os profetas do Novo Testamento (At 13,1). O tempo áureo do profetismo começa com Samuel (1Sm 3,20) e dura mais ou menos do séc. XI ao séc. IV a.C. Nesse período, a história bíblica apresenta, além dos acima mencionados: Natã, Aías de Silo, a profetisa Hulda, as figuras gigantescas de Elias e Eliseu e alguns anônimos. Menciona ainda as confrarias de profetas, os profetas profissionais da corte e falsos profetas, como os do deus Baal (1Rs 18,19). Nos últimos séculos antes de Cristo, a voz da profecia se calou (Sl 74,9), mas ficou gravada na mente do povo a promessa de Moisés: "Javé, teu Deus, suscitará para ti, em teu meio, dentre teus irmãos, um profeta como eu" (Dt 18,15), e assim o próprio Jesus foi considerado como "o profeta que devia vir ao mundo" (Jo 6,14).

O livros proféticos que estão na Bíblia são quase sempre obra de discípulos, que recolheram o testemunho do mestre e o publicaram com adaptações redacionais, por vezes acrescentando a contribuição da escola nos séculos posteriores. Essas obras estão redigidas quase sempre em forma poética, às vezes de notável valor literário. Elas contêm oráculos, poemas litúrgicos e sapienciais, narrativas sobre a vocação, visões e milagres, além de relatos biográficos.

Ler os profetas é sentir-se chamado a exercer no mundo de hoje a missão recebida no batismo, sem se deixar atemorizar diante dos desafios, mas confiando naquele que diz a cada um de seus mensageiros: "Eu estou contigo".

no tempo dos soberbos, desampa-
rado.
[15]Louvarei sempre vosso nome
e cantarei hinos em louvação".
E minha súplica foi ouvida.
[16]Sim, vós me salvastes da ruína
e me livrastes de uma situação extrema.
[17]Por isto vos agradeço e vos louvo,
bendizendo o nome do Senhor.

A busca da sabedoria. [18]Quando eu
era ainda jovem, antes de começar a
viajar,*
procurei assiduamente a sabedoria
em minha oração;
[19]diante do templo eu a implorava
e até o fim a buscarei.
E ela floresceu como a uva prematura.
[20]Meu coração se alegrou nela,
meu pé andou pela estrada reta*
e desde a juventude segui suas pe-
gadas.
[21]Inclinei um pouco os ouvidos para
recebê-la;
[22]e achei nela instrução abundante.
Por meio dela fiz progresso;
[23]dou glória àquele que me conce-
deu a sabedoria.
[24]Sim, decidi pô-la em prática;
tenho procurado o bem e não ficarei
confundido.
[25]Minha alma aprendeu com ela a
lutar
e fui diligente em praticar a Lei.
[26]Estendi as mãos para o alto
e compreendi seus mistérios.
[27]Para ela orientei minha alma,
e a encontrei na purificação.
[28]Com ela governei meu coração
desde o princípio,
por isso não serei abandonado.
[29]Ao procurá-la, minhas entranhas se
comoveram,
por isso obtive sua preciosa aquisi-
ção.
[30]O Senhor me deu como recompen-
sa uma língua
com a qual o louvarei.
[31]Aproximai-vos de mim, ó ignoran-
tes,
e reuni-vos na casa da instrução.
[32]Por que demorais ainda nessas coi-
sas,
enquanto vossas almas sentem tanta
sede?*
[33]Abro a boca para dizer:
"Comprai-a sem dinheiro,*
[34]submetei o pescoço a seu jugo†
e vossa alma receba a instrução:
ela está próxima, a vosso alcance.*
[35]Vede com vossos olhos que eu
pouco trabalhei
e não obstante encontrei grande re-
pouso.
[36]Participai da instrução a preço de
muito dinheiro*
e com ela obtereis ouro em abun-
dância.
[37]Que vossa alma se alegre com a
misericórdia do Senhor;
não vos envergonheis de o louvar.
[38]Executai vossa obra antes do tem-
po marcado,
e ele a seu tempo vos recompensa-
rá".

---

* **51**,18. 6,18; 15,2s; 34,9-12; Sb 8,2 | 20. Sl 25,5; 26,3 | 32. Am 8,11 | 33. Is 55,1; Pr 4,5ss | 34. Dt 30,11-14 | 36. Pr 16,16

† **51**,34. Ver a nota em 6,26.

ISAÍAS

O profeta que dá nome a este livro é um gênio da literatura mundial, um israelita de família nobre, nascido provavelmente em Jerusalém, pelo ano 770 a.C. De seu casamento nasceram filhos aos quais deu nomes simbólicos. Tem no templo uma visão do Deus três vezes santo, que vai influenciar profundamente sua vida e sua mensagem. Deus o envia para anunciar a ruína de Israel e de Judá como castigo de suas inúmeras infidelidades. Durante seu longo ministério, assiste à crescente ameaça assíria, à queda de Samaria e do reino do norte, em 721 a.C. Tem uma atuação decisiva no episódio do cerco de Jerusalém por Senaquerib, em 701 a.C. Contrário às alianças com as potências da época, afirma que só a fé em Deus e a fidelidade à aliança podem salvar a nação. Proclama que a santidade de Deus exige o respeito ao direito dos mais fracos e pobres e condena toda hipocrisia no culto e na vida. Anuncia a ruína do reino de Judá como castigo da corrupção e da idolatria. O povo voltou as costas a seu Deus, por isso ficará reduzido a um simples "resto", do qual, porém, germinará um povo santo, fiel a Deus. Isaías anuncia também o nascimento do Emanuel, rei messiânico, portador da justiça e da paz de Javé.

Isaías fez escola; do capítulo 40 em diante são seus discípulos que tomam a palavra. A segunda parte do livro (40–55) é o "livro da consolação", destinado aos deportados em Babilônia para confortá-los com a promessa de que Deus em breve os libertará e poderão retornar à terra. Esta seção aborda os temas do Deus único, da criação do mundo, da presciência divina, do amor fiel de Javé por seu povo, da glória de Javé, da destruição dos ídolos. Em quatro cânticos, ponto alto do livro, apresenta o Servo, que recebe a missão de conduzir seu povo a Javé e de ser a luz das nações (49,5s), aceitando o caminho do sofrimento e da morte.

A terceira parte (56–66), do tempo posterior ao exílio, anuncia aos repatriados as exigências de uma religião viva e prediz o esplendor de uma nova Jerusalém, iluminada pela glória divina. O Senhor é fiel e manterá suas promessas. Mas este mesmo Deus por vezes guarda silêncio, esconde seu rosto e fica à distância. Se o povo arrependido confessar seus pecados, que são o obstáculo à salvação, Javé vai curar suas feridas e dar-lhe a paz. Será a glorificação de Sião, a libertação dos prisioneiros, a explosão de uma alegria imensa, pois Javé reatará os laços com a comunidade, sua esposa.

I. LIVRO DO EMANUEL (1–12)

1 **Título.** 1Visão de Isaías†, filho de
Amós, que ele teve a respeito de
Judá e de Jerusalém, no tempo de Ozias,
Joatão,* Acaz e Ezequias, reis de Judá.
Ingratidão do povo†. 2Ó céus, ouvi,
escutai, ó terra,*

pois Javé falou:
"Eu criei filhos e os fiz crescer,*
mas eles se revoltaram contra mim.*
3O boi conhece seu dono*
e o jumento, o curral de seu senhor;
mas Israel não conhece,
meu povo não compreende".
4Ai dessa nação pecadora†,
povo carregado de iniquidade,
geração de malvados,*
filhos destruidores!
Abandonaram Javé;*
desprezaram o Santo* de Israel†;
viraram as costas e dele se afastaram.
5Onde quereis ainda ser castigados,
vós que acumulais rebeliões?
A cabeça está toda doente,
e o coração todo desfalece.
6Dos pés à cabeça
não há nele nada intacto;
só feridas, contusões
e chagas abertas

---

* **1**,1. Mq 1,1 | 2. Dt 4,26; 32,1; Mq 1,2 / Dt 32,5s.10 / Br 4,8 | 3. Jr 8,7 | 4. 30,9 / Jr 2,13 / Lv 17,1 | 6. Jr 30,12ss

† **1**,1. O nome Isaías significa "Javé salva". | 2. Is 1 é considerado uma síntese da mensagem de Isaías. | 4. Israel não entende o que acontece diante de seus olhos. / O título "Santo de Israel", característico de Isaías, exprime a transcendência e a suma perfeição de Deus. | 6. Este v. descreve a situação de Judá depois da invasão de Senaquerib, 2Rs 18,13, e é aplicado pela liturgia a Cristo em sua paixão. O óleo era o remédio comum para tratar feridas, Lc 10,34.

que não foram medicadas, nem enfaixadas,*
nem suavizadas com óleo†.
7Vossa terra está desolada,
vossas cidades consumidas pelo fogo;
vosso solo é devorado
por estranhos em vossa frente,
é uma desolação como devastação de estrangeiros.*
8E a filha de Sião ficou sozinha†
como cabana no meio da vinha,
como choça num terreno de abóboras,
como cidade sitiada.
9Se Javé dos exércitos
não nos tivesse deixado um pequeno resto†,
seríamos como Sodoma*
e semelhantes a Gomorra.
A hipocrisia no culto†. 10Ouvi a palavra de Javé,
chefes de Sodoma;*
escutai a exortação de nosso Deus,
povo de Gomorra!
11"De que me servem vossos muitos sacrifícios?*
– diz Javé.
Estou farto dos holocaustos de carneiros,
e da gordura de animais cevados;
não me agrada o sangue de novilhos,
nem de cordeiros, nem de bodes.
12Quem pediu isto de vossas mãos,
quando vindes apresentar-vos diante de mim
para pisardes meus átrios?
13Não continueis a trazer-me ofertas vãs.
O incenso é para mim uma abominação;
não posso suportar lua nova, sábado e assembleias,
iniquidade com assembleia festiva.*
14Eu detesto vossas luas novas e vossas festas;
são um peso para mim,
estou cansado de suportá-las.
15Por isso, quando estendeis as mãos,*
afasto de vós meu olhar.
Ainda que multipliqueis as orações,*
não vou ouvi-las.
Vossas mãos estão cheias* de sangue.*
16Lavai-vos, purificai-vos;
tirai da frente de meus olhos
a maldade de vossos atos.*
Cessai de fazer o mal,
17aprendei a fazer o bem;
procurai o que é justo;
socorrei o oprimido,
fazei justiça ao órfão,*
defendei a causa da viúva†.
18"Vinde então* e discutamos"†,
diz Javé.
"Se vossos pecados são como escarlate,*
tornar-se-ão brancos como neve.
Se são vermelhos como púrpura,
como lã vão se tornar.
19Se estais dispostos a obedecer,*
comereis os melhores frutos desta terra.*
20Mas se recusais e vos rebelais,*
sereis devorados pela espada;
porque a boca de Javé falou".*
Lamento sobre Jerusalém. 21Como foi que se tornou meretriz a cidade fiel?†
Estava cheia de retidão, nela morava a justiça,
mas agora está cheia de assassinos.
22Tua prata tornou-se escória,*
teu vinho está adulterado com água.

---

* **1**,7. 5,2; Gn 19,1 | 9. Gn 18,16-33; 19,24 | 10. Dt 32,32 | 11. Sl 40,7; 50,8-13; 51,18; Jr 6,20; Am 5,21s; Mq 6,6ss | 13. Nm 28,11 | 15. Pr 1,28; Jr 14,12; Ml 3,4 / Mq 3,4 / Is 59,2s; Jr 2,34 / Sl 37,27 | 16. Am 5,14s | 17. Êx 22,21s | 18. 43,26 / Sl 32,1; 51,9 | 19. Lv 25,18s / Lv 26,3-12; Dt 28,1-14 | 20. Lv 26,14-39; Dt 28,15s / Is 40,5; 58,14; Mq 4,4 | 22. Ez 22,18; Jr 6,29 | 23. Jr 5,28

† **1**,8. "Filha de Sião" é Jerusalém personificada. | 9. "Resto de Israel" é o povo extremamente reduzido pelo juízo de Deus e que, após a purificação do exílio de Babilônia, viverá na fidelidade e será o núcleo do novo Israel e herdeiro das promessas messiânicas. | 10. Deus não aceita a oração daqueles que maltratam os pobres, Pr 15,8. Para esses o culto só seria um modo de enganar-se a si mesmos e de fugir da própria responsabilidade. | 17. "Tomar consciência das necessidades do próximo ajuda a redescobrir a verdadeira imagem do Deus, cujos prediletos são os necessitados. Só um Deus dos homens é o verdadeiro Deus vivo" (Simian-Yofre). | 18. Deus repreende o povo num processo jurídico, imagem comum nos profetas, Mq 6,1s. | 21. Ver a nota em Sl 106,39.

23 Teus príncipes são rebeldes
e companheiros de ladrões;
todos eles gostam de presentes
e correm atrás de recompensas.
Não fazem justiça ao órfão*
e não chega até eles a causa da viúva.

Purificação. 24 Por isso, oráculo de Javé,
Deus dos exércitos,
o Poderoso de Israel†:
"Ah! tomarei satisfações de meus adversários
e me vingarei de meus inimigos.
25 Estenderei a mão sobre ti;*
purificarei tuas escórias
e no cadinho removerei toda a tua impureza
26 Restabelecerei teus juízes como antigamente
e teus conselheiros, como no princípio:
depois disso serás chamada a cidade da justiça,* a cidade fiel".
27 Sião será remida pelo juízo
e seus convertidos, mediante a justiça.

Castigo para os obstinados. 28 Mas os rebeldes e os pecadores serão destruídos igualmente,*
e os que abandonam Javé vão perecer.
29 Então tereis vergonha dos terebintos que amais*
e sentireis rubor pelos jardins que escolhestes.
30 Pois vós sereis como um terebinto de folhas secas
e como um jardim no qual falta água.
31 O homem forte será como estopa
e sua obra, como faísca;
ambos queimarão juntos, e não haverá quem os apague.

2

Paz messiânica. 1 Visão de Isaías, filho de Amós, a respeito de Judá e Jerusalém.
2 Acontecerá, nos últimos tempos,*
que o monte da casa de Javé
se erguerá sobre o alto dos montes,
será elevado acima das colinas
e para ele afluirão todas as nações.
3 E virão muitos povos dizendo:*
"Vinde, subamos
ao monte de Javé,
à casa do Deus de Jacó,
para que nos ensine seus caminhos,
e caminharemos por suas veredas".
Pois de Sião sairá a lei,*
e de Jerusalém, a palavra de Javé.
4 Ele será juiz entre as nações*
e árbitro de povos numerosos.
Mudarão suas espadas em relhas de arado*
e suas lanças, em foices;
uma nação não levantará a espada contra a outra,
nem mais se treinarão para a guerra†.
5 Vinde, ó casa de Jacó,*
caminhemos na luz de Javé.

Castigo dos idólatras. 6 Sim, rejeitastes vosso povo,
a casa de Jacó,
pois estão cheios de adivinhos*
e de magos semelhantes aos filisteus,
e fazem aliança com os filhos dos estrangeiros.
7 Seu país está cheio de prata e ouro,*
e não têm conta seus tesouros;
seu país está cheio de cavalos,*
e não têm conta seus carros.
8 Seu país está cheio de ídolos;*
eles se prostram diante da obra de suas mãos,
diante daquilo que seus dedos fabricaram.
9 Assim o povo se curvará,*
e serão abaixados os olhos orgulhosos;
e não lhes perdoareis.*
10 Vem para a rocha
e esconde-te na poeira,
diante do terror de Javé,
diante do esplendor de sua majestade,
quando se levantar para fazer tremer a terra.

---

* **1**,25. Ml 3,3 | 26. 1,21; Zc 8,3 | 28. Sl 1,6 | 29. 57,5; 65,3 | **2**,2. Mq 4,1ss | 3. Zc 8,20s; 14,16; Is 56.6ss; 0,11-14 / Jo 4,22 | 4. 9,6; 11,6-9 / Jl 4,9ss; Zc 9,9s; Os 2,20 | 5. 60,1ss | 6. Dt 18,14 | 7. Sl 33,17; Mq 5,10 / Dt 17,16s | 8. Sl 115,4 | 9. 5,15 / Os 10,8

† **1**,24. O "Poderoso de Israel" é Deus que o defende dos inimigos. | **2**,4. "Nada se perde com a paz, tudo pode ser perdido com a guerra" (Pio XII). "Na era atômica, é irracional pensar que a guerra seja um instrumento apto para restabelecer os direitos violados" (João XXIII).

O dia de Javé. [11]O homem de olhar soberbo será abatido,
o orgulhoso será humilhado;
naquele dia, só Javé será enaltecido.
[12]Pois Javé dos exércitos se reserva um dia†
para julgar tudo o que é orgulhoso e soberbo,
e tudo o que é elevado a fim de rebaixá-lo.
[13]Contra todos os cedros do Líbano,
altos e elevados,
e contra todos os carvalhos de Basã†;
[14]contra todas as altas montanhas
e contra todas as colinas dominantes;
[15]contra toda torre altaneira
e contra todas as muralhas fortificadas;
[16]contra todos os navios* de Társis†
e contra todos os barcos de luxo.*
[17]O orgulho humano será humilhado,
os arrogantes serão rebaixados;
naquele dia só Javé será enaltecido,
[18]e os ídolos serão totalmente eliminados.*
[19] Entrarão nas cavernas das rochas*
e nas fendas da terra,
diante do terror de Javé
e diante da glória de sua majestade,
quando se levantar para fazer tremer a terra.*
[20]Naquele dia os homens jogarão*
aos ratos e aos morcegos
seus ídolos de prata e seus ídolos de ouro,
que tinham fabricado para se prostrar diante deles.
[21]Entrarão nas fendas das rochas
e nos antros da terra,
diante do terror de Javé
e diante do esplendor de sua majestade,
quando ele se levantar para fazer tremer a terra.
[22]Cessai de confiar no homem,*
em cujas narinas não há mais que um sopro:
que importância se pode atribuir-lhe?

3 Anarquia em Jerusalém.

[1]Sim, o Senhor Javé dos exércitos*
vai retirar de Jerusalém e de Judá
a provisão e o sustento:
toda provisão de pão
e toda provisão de água,
[2]herói e guerreiro,
juiz e profeta,
adivinho e ancião,
[3]o chefe de cinquenta e o dignitário,
quem é hábil nas artes mágicas
e o perito em sortilégios.
[4]Vou dar-lhes meninos como príncipes,
e crianças os governarão.*
[5]Entre o povo um oprimirá o outro,
cada qual seu próximo;
o jovem será insolente com o ancião
e o infame, com quem é honrado.
[6]Um homem se achegará a seu irmão
na casa paterna e lhe dirá:
"Tu tens um manto, sê nosso chefe
e cuida desta ruína".
[7]Mas o outro, naquele dia, levantará a voz, dizendo:
"Eu não sou médico,
em minha casa não há pão nem manto,
não me faças chefe do povo".
[8]Pois Jerusalém tropeça
e Judá está no chão.
Em palavras e atos se opõem a Javé,
irritando os olhos de sua majestade.*
[9]O aspecto de seu rosto os acusa,
proclamam seu pecado como Sodoma*
sem mesmo ocultá-lo.
Ai deles, porque preparam sua própria ruína.
[10]Dizei: O justo é feliz porque tudo lhe vai bem,
comerá do fruto de seus atos.
[11]Ai do ímpio! O mal recairá sobre ele,
porque sua paga será o que suas mãos fizeram.
[12]Quanto a meu povo, seus opressores o rapinam,
os credores dominam sobre ele.

---

* **2**,16. Sl 47,8 / Sl 48,8 | 18. Jr 10,11.15 | 19. 2,10 / 30,22 | 20. 31,7 | 22. Jr 17,3; Gn 2,7; 6,3; Jó 34,14
3,1. Lv 26,26 | 4. Ecl 10,16 | 8. Gn 19,5 | 9. Gn 18,20s; 19,4-11

† **2**,12. No "dia de Javé", em meio a uma conflagração cósmica, Ele mostrará seu poder e sua glória, julgando os inimigos de Israel e o próprio povo infiel.

Povo meu, os que te governam te fazem desviar
e invertem a direção de teu caminho.
O juízo de Javé. 13Javé se levanta para o processo*
e fica de pé para julgar seu povo.
14Javé entra em juízo
contra os anciãos de seu povo e contra seus chefes:
"Fostes vós que devorastes a vinha,*
e o espólio do pobre está em vossas casas.
15Por que esmagais meu povo
e pisais o rosto dos pobres?"*
Oráculo do Senhor Javé dos exércitos.
Punição da arrogância. 16Diz Javé:*
"Visto que são orgulhosas as filhas de Sião,
andam com o pescoço erguido,
lançando olhares sedutores,
caminhando com passos miúdos
e fazendo tinir os anéis de seus pés,
17Javé tornará calva
a cabeça das filhas de Sião†,
Javé desnudará sua fronte.
18Naquele dia Javé retirará delas o
ornamento dos anéis dos tornozelos,
os diademas, as meias-luas, 19os brin-
cos, os braceletes, os véus, 20os tur-
bantes, os adornos dos pés, as cintas,
as caixinhas de perfumes e os amule-
tos, 21os anéis e as joias do nariz, 22as
roupas de festa, as capas, os xales e as
bolsas, 23os espelhos, os tecidos finos,
as tiaras e as mantilhas.
24Então, em lugar de perfume haverá podridão,*
em lugar de cinto, uma corda,
em lugar da cabeleira, a cabeça raspada,
em lugar de uma veste de gala, um pano de saco,
e a marca do ferro quente em lugar da beleza.
25Teus homens tombarão pela espada
e teus guerreiros na batalha".
26Tuas portas chorarão e estarão de luto;
desolada, ela vai sentar-se no chão.

4 **"Resto" de Jerusalém.** 1Naquele dia, sete mulheres se achegarão
a um homem, dizendo-lhe:
"Nós mesmas cuidaremos de nosso alimento
e de nossa roupa;
deixa-nos somente ter teu nome; tira nossa desonra!"†
2Naquele dia, o germe de Javé*
será esplendor e glória,
e o fruto da terra será grandeza e prestígio
para os sobreviventes de Israel.
3Então os que ficarem em Sião e
os sobreviventes de Jerusalém* serão
chamados santos: todos serão inscri-
tos em Jerusalém para viver. 4Quando
Javé tiver lavado a imundície das filhas
de Sião e purificado Jerusalém do san-
gue derramado, pelo vento do juízo e
pelo vento do extermínio, 5então Javé
criará em todo lugar do monte Sião e
sobre todas as assembleias* uma nu-
vem de fumaça durante o dia* e um
esplendor de fogo chamejante duran-
te a noite, porque sua glória prote-
gerá tudo. 6E haverá uma tenda para
dar sombra de dia contra o calor, para
refúgio e abrigo durante a tempestade
e a chuva.*

5 **Cântico da vinha**†. Deixa-me cantar para meu amigo*
um cântico de amor a sua vinha.
Meu amigo tinha uma vinha sobre fértil colina.
2Preparou o terreno, retirou as pedras,
plantou vides escolhidas;
construiu no meio uma torre*
e cavou um lagar.

---

* **3**,13. Mq 6,1-15; Os 4,1-5 | 14. 5,1-7 | 15. Am 2,7 | 16. 32,9-14; Am 4,1ss | 24. Am 8,10 | **4**,2. Jr 23,5s; Zc 3,8; 6,12 | 3. 52,1; 60,21; Sf 3,13; Dn 12,1 | 5. Jl 4,17-21; Êx 13,21s; 24,16; Ap 7,15s; 21,3s / Êx 13,22 | 6. 25,4s | **5**,1. Os 10,1; Jr 2,21; 5,10; 6,9; 12,10; Ez 15,1-8; 17,3-10; 19,10-14; Sl 80,9-19; Is 27,2-5; Mt 21,33-44 | 2. Mt 21,18s

† **3**,13. As imagens dos vv. 13-16 representam os soberbos, Sl 37,35. | 16. Ver a nota em 1Rs 10,22. | 17. As cidades vassalas de Jerusalém. | **4**,1. A população masculina foi dizimada pela guerra, e as mulheres procuram um marido renunciando a todos os direitos. | **5**. A vinha é o símbolo do povo de Deus, Sl 80,9-17; Os 10,1.

Esperava que desse uva boa,
mas deu uva selvagem.
3E agora, habitantes de Jerusalém
e homens de Judá,
sede juízes entre mim e minha vinha.
4Que mais poderia ter feito por minha vinha*
e não fiz?
Eu esperava uvas boas;
por que ela deu uvas selvagens?
5Mas agora vou mostrar-vos
o que farei a minha vinha:
vou retirar sua cerca
para que sirva de pasto;
derrubarei seu muro
para que seja pisada.
6Farei dela um terreno baldio:
não será podada nem cultivada,
mas crescerão nela espinhos e cardos;*
e proibirei as nuvens de chover sobre ela.*
7Pois a vinha de Javé dos exércitos
é a casa de Israel;
os habitantes de Judá
são sua plantação predileta.
Ele esperava dela a retidão,
e eis, no entanto, o derramamento de sangue;
esperava a justiça,
e eis gritos de angústia.

Ameaças contra os hebreus infiéis. 8Ai daqueles que acumulam casa sobre casa*
e acrescentam um campo depois do outro†
até não sobrar mais espaço
e ficarem sós no meio do país.
9A meus ouvidos, Javé dos exércitos jurou:
"Sim, muitas casas
serão reduzidas a ruínas; grandes e belas casas
ficarão desabitadas".
10Pois três hectares de vinha*
não produzirão mais que um bat,
e quem semeia um homer de trigo só colherá um efá†.
11Ai daqueles que se levantam cedo,*
correm para as bebidas fortes
e até tarde da noite
se esquentam com o vinho!
12Em seus banquetes há harpa e lira,
tamborim e flauta,
mas não consideram o que Javé faz
e não veem o que as mãos dele realizam.*

Castigo. 13Por isso meu povo será exilado,
por causa de sua ignorância.
Seus nobres morrerão de fome
e sua multidão ressecará de sede.
14Por isso o lugar dos mortos dilatou sua garganta
e abriu a boca sem limite;
para lá descerão sua glória, sua multidão,
seu ruído e quem nela festejava.
15O ser humano será abaixado
e o mortal será humilhado,
e serão abatidos os olhares dos soberbos.
16Mas Javé dos exércitos será exaltado por seu juízo,*
e o Deus santo será reconhecido santo por sua justiça.*
17Os cordeiros pastarão lá como em seus pastos*
e, nos lugares desolados dos ricos, os nômades comerão.

Contra os insolentes. 18Ai daqueles que puxam a iniquidade
com as cordas da mentira
e o pecado, com os tirantes de um carro!*
19Os que dizem: "Que se apresse,
que acelere sua obra,
para que a vejamos;
que se aproxime e se realize
o projeto do Santo de Israel,
e nós o reconheceremos"†.
20Ai dos que chamam
o mal de bem, e o bem de mal;*
que mudam as trevas em luz, e a luz em trevas;

---

* **5**,4. Mq 6,1-5; Jr 2,4-7 | 6. 32,13 / 2Sm 1,21 | 8. Am 6,1-7; Mq 2,1-5; Jr 22,13.19; Ez 7,5.26; Hab 2,6-20; Lc 6,24ss; Mt 23 | 10. 7,23 | 11. 28,1.7s; 56,12; 22,13; Am 4,1; Mq 2,11; Jl 1,5; Sb 2,7ss | 12. Sl 28,5 | 16. 2,9.11 / 1,26; 6,3 | 17. 7,25 | 18. 2Pd 3,4 | 20. Pr 17,15; Mt 23,13

† **5**,8. "Não socorrer os pobres é roubá-los e tirar-lhes a vida. Nós não detemos nossos bens mas os deles" (S. João Crisóstomo). | 10. Bat = 36 l; homer = 420 l; efá = 45 l. | 19. Deus, que está dando tempo para o arrependimento, é desafiado a mandar logo o castigo anunciado.

que consideram o amargo como
doce, e o doce como amargo!
21Ai dos que se consideram sábios e
se julgam inteligentes!
22Ai dos que são heróis para beber
vinho
e campeões para misturar bebidas
fortes,
23que por suborno absolvem o culpado
e ao inocente negam a justiça.
24Por isso, assim como a língua de
fogo devora a palha
e o feno desaparece na chama,
sua raiz será como podridão
e sua flor será carregada como poeira;
porquanto rejeitaram o ensinamento
de Javé dos exércitos,
desprezaram a palavra do Santo de
Israel.

Invasão dos assírios. 25Por isso a có-
lera de Javé
acendeu-se contra seu povo.
Ele ergueu a mão contra ele e o feriu;
as montanhas tremeram,
e seus cadáveres jazem como imundície
no meio das ruas.
Apesar de tudo isso, sua cólera não
se acalmou*
e sua mão ainda está estendida.
26Javé erguerá uma bandeira para os
povos distantes*
e lhes assobiará das extremidades da
terra;
e eis que eles se apressarão e chegarão velozes.
27Nenhum deles está cansado, ne-
nhum vacila,
nenhum cochila, nenhum se adormenta;
o cinto de seus rins não se desata
nem se parte a correia de suas sandálias.
28Suas flechas são agudas
e todos os seus arcos estão retesados.
Parecem pedras
os cascos de seus cavalos
e um turbilhão, as rodas de seus carros.
29Seu rugido é como o de uma leoa;*
ruge como um leãozinho;
ruge, agarra a presa,
leva-a para um lugar seguro, sem
que ninguém lha tome.
30Naquele dia rugirão contra ele
como ruge o mar.
Olhando para a terra,*
apenas trevas e angústia se verão,
e a luz obscurecida pelas nuvens.

6

Vocação de Isaías†. 1No ano em
que morreu o rei Ozias, eu vi Javé
assentado num trono grandioso* e
muito elevado e a orla de seu manto
enchia o templo†.
2Serafins estavam* sobre ele, tendo
cada qual seis asas: duas para lhes co-
brir a face, duas para lhes cobrir os pés
e duas para voar. 3Eles clamavam um
para o outro:
"Santo, santo, santo,* Javé dos exér-
citos; a terra inteira* está cheia de sua
glória!"†
4Os umbrais das portas tremeram*
com a voz de seus clamores e a casa
se encheu de fumaça. 5E eu disse: "Ai
de mim, estou arruinado! Pois sou um
homem de lábios impuros e moro no
meio de um povo de lábios impuros;
mas meus olhos viram* o rei, Javé dos
exércitos".
6Então voou até mim um dos sera-
fins,* trazendo na mão uma brasa que
tinha tirado do altar com uma tenaz.
7Tocou com ela minha boca e disse:
"Agora que isto tocou teus lábios,
tua culpa foi tirada
e teu pecado foi perdoado".
8E eu ouvi a voz de Javé que dizia:
"Quem enviarei? Quem irá por nós?" E
eu respondi: "Eis-me aqui, enviai-me!"

* **5**,25. 9,11.16.20; 10,4 | 26. Jr 5,15ss; 6,22-30 | 29. Os 5,14; Am 3,12 | 30. 8,20ss | **6**,1. Ap 4,2 | 2. Ez 1,11; 10,21 | 3. Ap 4,8 / Nm 14,21 | 4. Êx 19,16; 40,34s; 1Rs 8,10ss | 5. Êx 33,20 | 6. Jr 1,9

† **6**. Nesta visão no templo, Isaías faz a experiência da santidade e do poder de Deus, que serão o centro de sua mensagem. | 1. O santuário é o lugar onde céu e terra se aproximam e se encontram. | 3. A santidade de Deus é força santificadora, mas também punitiva; Deus manifesta sua santidade no juízo, Eclo 36,3.

9Então ele disse: "Vai e dize a este povo:*
Escutai, escutai e não entendereis;*
olhai, olhai, e não percebereis.
10Torna insensível o coração desse povo,
endurece seus ouvidos,
fecha-lhes os olhos,
para que não veja com os olhos,
não ouça com os ouvidos
nem entenda com o coração,
e se converta e seja curado"†.
11E eu perguntei: "Até quando, Senhor?"
Ele respondeu:
"Até que as cidades sejam devastadas,
fiquem sem habitantes,
e as casas sem ninguém,
e a terra devastada e desolada;
12e até que Javé tenha expulsado a população
e haja uma grande solidão no meio do país.
13Restará ainda a décima parte,
mas será de novo despojada
como o carvalho e o terebinto
que, uma vez abatidos,
não têm mais que um tronco;
seu tronco é uma semente santa".

7

Anúncio a Acaz. 1No tempo de
Acaz, filho de Joatão, filho de
Ozias,* rei de Judá, Rason, rei de Aram,
e Faceia, filho de Romelias, rei de Israel,
subiram contra Jerusalém para atacá-
-la†, mas não puderam conquistá-la.
2Foi anunciado à casa de Davi: "Aram
tomou posição no território de Efraim".
Então, seu coração e o coração de seu
povo se agitaram como as árvores da
floresta são agitadas pelo vento. 3E
Javé disse a Isaías:* "Sai ao encontro de
Acaz tu e teu filho Sear-Iasub†, rumo à
extremidade do canal do açude superior, no caminho do campo do Lavador.
4Tu lhe dirás: Sê atento e fica calmo.
Não temas, e que teu coração não desfaleça por causa desses dois pedaços
de tições fumegantes, por causa do
ardor da ira de Rason de Aram e do filho de Romelias.
5Porque Aram, Efraim
e o filho de Romelias tramaram o mal
contra ti, dizendo:
6Marchemos contra
Judá, para o invadir e conquistar, e instalemos lá como rei o filho de Tabeel.
7Isto diz o Senhor Javé:
Tal não acontecerá, não sucederá!
8Pois a cabeça de Aram é Damasco,
e o cabeça de Damasco é Rason.
Daqui a sessenta e cinco anos
Efraim será destruído e deixará de ser um povo.
9A cabeça de Efraim é Samaria,
e o cabeça de Samaria é o filho de Romelias.
Mas se não acreditardes, não subsistireis".*

O Emanuel. 10Javé falou de novo a
Acaz, dizendo:
11"Pede a Javé teu Deus
um sinal para ti, na profundeza do lugar dos mortos ou nas alturas lá em
cima"†.
12Mas Acaz respondeu:* "Não pedirei, não quero tentar Javé".
13Isaías disse: "Ouvi, casa de Davi: não
vos basta fatigar os homens, mas ainda
fatigais também meu Deus?
14Por isso,
o próprio Senhor vos dará um sinal. Eis
que a jovem† está grávida, vai dar à luz
um filho* e lhe porá o nome de Emanuel.
15Ele comerá coalhada e mel, até que
saiba rejeitar o mal e escolher o bem†.

---

* **6**,9. Mt 13,14s / At 28,26s | **7**,1. 2Rs 16,5-9 | 3. 2 Rs 20,20 | 9. 28,26; 30,15 | 12. Dt 6,16 | 14. Mt 1,23; Mq 5,2 | 16. 9,5; 7,22

† **6**,10. O fracasso da conversão é consequência da recusa de escutar a palavra de Javé proclamada pelo profeta: não é Deus nem o profeta que impedem o povo de se converter e de ser curado. O profeta deve saber de antemão que não aceitarão sua palavra, e que esta endurecerá o coração deles. | **7**,1. É a chamada guerra siro-efraimita, 2Rs 16,5; Deus manda Isaías para tranquilizar o rei de Judá. | 3. Este nome significa "um resto voltará": a promessa do retorno do exílio. | 11. O sinal ajudaria o incrédulo Acaz, pois confirmaria a vontade de Deus de intervir em auxílio de Judá. | 14. O termo hebraico significa "jovem": a esposa de Acaz terá um filho que garantirá o futuro da dinastia, por isso pode ser chamado "Deus conosco". Mas as versões grega e latina usaram o termo "virgem", e S. Mateus viu nesse texto o anúncio da maternidade virginal de Maria, Mt 1,23. O sentido messiânico da profecia está construído sobre o sentido literal. | 15. Manteiga e mel, único alimento disponível numa terra devastada. A disciplina da adversidade ensinará o Emanuel a "rejeitar o mal e escolher o bem", fazendo dele a antítese de Acaz.

16 Pois antes que o menino* saiba rejeitar o mal e escolher o bem, será abandonado o país cujos dois reis tu temes. 17 Javé vai fazer vir sobre ti, sobre teu povo e sobre a casa de teu pai dias tais como nunca houve desde quando Efraim se separou de Judá – o rei da Assíria".

Invasão devastadora. 18 Naquele dia,
Javé assobiará às moscas
que estão na extremidade dos canais do Egito
e às abelhas que estão no país da Assíria.
19 Elas virão e pousarão todas
nos vales desolados,
nas fendas das rochas,
em todos os espinheiros
e em todas as pastagens.
20 Naquele dia, o Senhor raspará
com uma navalha alugada do outro lado do rio,
com o rei da Assíria,
a cabeça, os cabelos das pernas,
e tirará também a barba.
21 Naquele dia,
cada um criará uma novilha e duas ovelhas.
22 E acontecerá que, pela abundância do leite que darão,
se comerá coalhada;
todo sobrevivente no país
comerá coalhada e mel.
23 E acontecerá, naquele dia,*
que todo lugar onde houver mil videiras,
avaliadas em mil moedas de prata,
será abandonado aos espinheiros e aos cardos.
24 Aí se entrará com flechas e arco,
porque todo o país será cardos e espinheiros.
25 E, nos montes que eram cultivados com enxada,
não se entrará mais,
por medo dos cardos e dos espinheiros;*
serão pasto de bois
e terra pisada por ovelhas.

8 Ruína de Damasco e de Samaria.

1 Javé me disse: "Toma uma grande placa e escreve nela com um estilete ordinário: Pronto-Despojo, Próximo-Saque"†. 2 Tomei como fiéis testemunhas o sacerdote Urias e Zacarias, filho de Baraquias. 3 Depois me uni à profetisa, ela concebeu e deu à luz um filho. E Javé me disse: "Põe-lhe o nome de "Pronto-Despojo, Próximo-Saque"; 4 pois antes que o menino* saiba dizer "papai" e "mamãe", as riquezas de Damasco e os despojos de Samaria serão levados à presença do rei da Assíria".*

Invasão do reino de Judá. 5 Falou-me ainda Javé, dizendo:
6 "Já que esse povo desprezou*
as águas de Siloé que correm mansamente
e tremeu diante de Rason e do filho de Romelias,*
7 por isso o Senhor fará subir contra eles o rei da Assíria e toda a sua glória, como as águas de um rio, impetuosas e abundantes,*
transbordará sobre todos os seus canais
e inundará todas as suas margens.
8 Ele invadirá Judá, inundará e atravessará;
atingirá até o pescoço,
e suas asas abertas cobrirão
toda a extensão de teu país, ó Emanuel!*

Ameaça às nações. 9 Sabei, ó povos, sereis esmagados!
Escutai, todos os países distantes da terra.
Cingi as armas, sereis esmagados!
10 Fazei um projeto, será desvendado;
tomai uma resolução, não terá efeito,
pois Deus está conosco".*

Javé será a pedra de tropeço. 11 Pois assim me disse Javé quando me tomou pela mão e me advertiu para que não andasse pelo caminho deste povo:
12 "Não chameis de aliança
tudo o que este povo chama de aliança,

---

* **7**,23. 5,10 | 25. 5,17 | **8**,4. 2Rs 16,10-16; 18,2 / Is 7,16 | 6. Jo 9,7 / Is 7,1s | 7. Ap 12,15 | 8. 7,14 | 10. 7,14

† **8**,1. Este nome simbólico significa a invasão iminente dos reinos de Damasco e de Israel pelos assírios.

não temais o que ele teme e não vos
assombreis.*
13É Javé dos exércitos que deveis
proclamar santo,
seja ele vosso temor e vosso assom-
bro.
14Ele será um santuário, mas será um
rochedo que faz cair,
uma pedra de tropeço para as duas
casas de Israel,
uma rede e um laço para os habitan-
tes de Jerusalém.
15Muitos deles aí tropeçarão,
cairão e serão quebrantados;
serão apanhados no laço e captura-
dos.

Missão de Isaías. 16Fecha este tes-
temunho, sela esta exortação entre
meus discípulos. 17Eu confio em Javé,
que oculta sua face à casa de Jacó, e
ponho nele minha esperança.18Eis-me
aqui com os filhos que Javé me deu:*
somos sinais e presságios em Israel, da
parte de Javé dos exércitos que habita
no monte Sião.
19E se vos disserem: "Consultai os
necromantes* e os adivinhos†, que
sussurram e murmuram. Não deve um
povo consultar seu deus? dirigir-se aos
mortos por causa dos vivos?", 20aten-
ção à lei e ao testemunho! Se o povo
fala assim, não haverá para ele nenhu-
ma aurora.
21Ele atravessará o país, oprimido e
faminto.
Quando estiver faminto, ele se irritará,
amaldiçoará seu rei e seu Deus
e olhará para cima.
22Depois olhará para a terra,
e eis angústia, escuridão
e noite desolada!
Será lançado nas trevas.
23Mas as trevas não durarão para
sempre
sobre a terra que agora está na an-
gústia.

Luz e alegria. Como nos tempos pas-
sados, Deus cobriu de opróbrio o país
de Zabulon* e o país de Neftali, assim
no futuro cobrirá de glória o caminho
do mar, além do Jordão, a Galileia dos
gentios.

9 1O povo que caminhava nas tre-
vas viu uma grande luz;
para aqueles que habitavam no país
da sombra da morte,
uma luz resplandeceu.
2Fizestes crescer a nação,
aumentastes sua alegria;*
eles se alegram diante de vós com a
alegria da colheita,
como exulta quem reparte os despojos.
3Pois, como no dia de Madiã,*
quebrastes o jugo que pesava sobre
ele,
a vara que lhes feria os ombros
e o bastão do opressor.*
4Pois todo calçado que o guerreiro
usava na batalha
e todo manto revolvido em sangue
serão queimados e devorados pelo
fogo.

Nascimento do esperado. 5Pois um
menino* nasceu para nós†,
um filho nos foi dado.
Ele recebeu o poder em seus ombros
e será chamado*
"Conselheiro maravilhoso, Deus forte,*
Pai sempiterno, Príncipe da paz";
6para que se estenda o poder
numa paz* sem-fim †
sobre o trono de Davi e sobre seu
reino,
para estabelecê-lo e reforçá-lo
mediante o direito e a justiça
desde agora e para sempre.
O amor ardente de Javé dos exérci-
tos fará isto.

Castigo de Javé. 7O Senhor enviou
uma palavra a Jacó,
e ela caiu em Israel.

---

* **8**,12. 1Pd 3,14 | 18. 7,3; 8,3s; 1,26; Hb 2,13 | 19. 1Sm 28,3 | 23. Mt 4,13-16 | **9**,2. Sl 126 | 3. 10,25s; 14,25 / Jz 7,15-25 | 5. 7,14; Gn 3,15; 49,10 / Nm 24,17 / Zc 9,9 | 6. Lc 2,14

† **8**,19. A lei proibia severamente evocar espíritos e consultar adivinhos, Dt 18,11. | **9**,5. O nascimento de um menino prodigioso, portador de alegria e paz, firmará o trono de Davi para sempre. A tradição e a liturgia veem aqui o anúncio da chegada do Messias, filho de Davi. | 6. "A paz não é a mera ausência de guerra, nem se reduz ao estabelecimento de um equilíbrio das forças adversárias, nem surge de uma dominação despótica, mas se chama com propriedade 'obra da justiça', Is 32,17" (Vat. II).

[8]Todo o povo a conhecerá,
Efraim e os habitantes de Samaria,
que dizem no orgulho e na soberba de seu coração:
[9]"Os tijolos caíram,
mas reconstruiremos com pedras,
os sicômoros foram cortados,
mas os substituiremos por cedros".
[10]Contra ele Javé suscita os adversários de Rason
e instiga seus inimigos:
[11]do oriente Aram,*
e do ocidente os filisteus,
que devorarão Israel com a boca escancarada.
Com tudo isso, a ira dele não se acalma
e sua mão permanece estendida.
[12]Mas o povo não voltou para aquele que o feria,*
nem buscou a Javé dos exércitos.
[13]Pelo que Javé corta de Israel a cabeça e a cauda,
a palma e o junco num só dia.
[14]O ancião e o respeitado são a cabeça;
o profeta, mestre de mentira, é a cauda.
[15]Os guias deste povo o extraviaram
e os que o dirigiam tomaram o mau caminho.
[16]Por isso o Senhor não se compraz em seus jovens,
de seus órfãos e de suas viúvas não terá compaixão,
pois todos são ímpios e malfeitores,
toda boca profere a insensatez.
Com tudo isso, a ira dele não se acalma
e sua mão permanece estendida.
[17]Sim, a maldade queima como fogo,
devora cardos e espinhos,
ela incendeia a espessura da floresta,
que sobe em turbilhões de fumaça.
[18]Pelo furor de Javé dos exércitos, o país está em chamas
e o povo é presa do fogo;
ninguém poupa seu irmão.
[19]Se cortar à direita, ainda terá fome,
se comer à esquerda, não ficará saciado,
cada um comerá a carne de seu braço.
[20]Manassés devora Efraim,
e Efraim a Manassés,
e ambos se levantam contra Judá.
Com tudo isso, a ira dele não se acalma
e sua mão permanece estendida.

10 **Ai dos chefes injustos.** [1]Ai dos que promovem leis injustas
e redigem sentenças opressoras
[2]para negar justiça aos fracos*
e privar do direito os pobres de meu povo,
de modo a despojar as viúvas
e roubar os órfãos!†
[3]Que fareis no dia do juízo,*
quando a desgraça vier de longe?
Para quem fugireis para encontrar socorro
e onde depositareis vossa riqueza?
[4]Não vos restará senão curvar-vos entre os prisioneiros
e cair entre os mortos.
Com tudo isso, a ira dele não se acalma
e sua mão permanece estendida.

Ai da Assíria†. [5]Ai da Assíria, bastão de minha ira!*
essa vara em sua mão é minha indignação.
[6]Eu a enviarei contra uma nação ímpia*
e contra o povo de minha ira.
Eu lhe darei ordem de saqueá-lo,
de depredá-lo e pisá-lo como a lama das ruas.
[7]Mas ela não pensa assim
e seu coração não julga desse modo;
mas em seu coração se propõe destruir
e aniquilar nações numerosas.

---

* **9**,11. Mq 3,3; Jr 10,25; Hab 1,13 | 12. Am 4,6-11; Os 7,10-15; Jr 5,3-6 | **10**,2. 1,17.23; 3,14; 5,23; Êx 22,21 | 3. Jr 5,31 | 5. 14,24-27 | 6. 47,6; Zc 1,15

† **10**,2. A pregação dos profetas é encarnada na história. "Pregar sem referir-se à história em que se prega não é pregar o Evangelho. Uma pregação que não denuncia as realidades pecaminosas nas quais se faz a reflexão evangélica não é Evangelho" (Dom Oscar Romero). | 5. A Assíria é instrumento na execução da vontade de Deus, mas é culpada por se exceder neste encargo que lhe foi dado e por ser orgulhosa.

8Com efeito diz:
"Meus príncipes não são todos eles reis?*
9Acaso Calane não é como Carquemis?
Emat não é como Arfad?
Samaria não é como Damasco?
10Assim como minha mão atingiu
os reinos dos falsos deuses,
onde há mais imagens
do que em Jerusalém e em Samaria,
11como fiz com Samaria e seus ídolos,
não posso fazer também com Jerusalém e suas imagens?"
12Mas, quando o Senhor tiver con-
cluído toda a sua obra na montanha
de Sião e em Jerusalém, ele castigará
o fruto do coração orgulhoso do rei da
Assíria e a arrogância de seus olhares
insolentes.
13Pois ele diz: "Foi pela força da minha mão
e por minha sabedoria que eu agi, pois eu sou inteligente.
Suprimi as fronteiras dos povos
e saqueei seus tesouros.
Como um herói,
fiz descer os que se assentavam em tronos.
14Minha mão apanhou, como num ninho, as riquezas dos povos;
como se recolhem ovos abandonados,
assim eu reuni toda a terra;
nenhum bateu asas nem abriu o bico para piar.
15Acaso se gloria o machado contra quem corta com ele?*
ou se orgulha a serra contra quem a maneja?
Como se a vara fizesse mover quem a levanta,
como se o bastão levantasse aquele que não é madeira.
16É por isso que o Senhor Javé dos exércitos
enviará contra seus homens robustos a fraqueza,
e debaixo de sua glória acenderá um fogo
como o fogo de um incêndio.
17A luz de Israel será como um fogo
e seu Santo, uma chama
que queimará e consumirá
seus espinhos e seus cardos num só dia.*
18O esplendor de sua floresta e de sua terra boa ele o consumirá
desde a alma até o corpo, e será como um doente que definha.
19O resto das árvores de sua floresta será tão pouco
que um menino poderá contá-las.

Um resto voltará. 20Naquele dia, o resto de Israel
e os sobreviventes da casa de Jacó
deixarão de se apoiar em quem os feriu,
mas se apoiarão de verdade em Javé,
o Santo de Israel.
21Um resto voltará,*
o resto de Jacó, para o Deus Forte†.
22Pois, mesmo se teu povo*
for como a areia do mar, ó Israel,
será apenas um resto que voltará:
está decretado um extermínio
que fará transbordar a justiça!
23De fato, o Senhor Javé dos exércitos
executará a destruição decretada*
no meio de todo o país.
24Por isso, assim fala o Senhor Javé
dos exércitos: "Ó meu povo, que habi-
tas em Sião, não temas a Assíria que te
bate com a vara e levanta contra ti seu
bastão à maneira do Egito. 25Pois da-
qui a pouco minha indignação contra
ti cessará, mas minha cólera se volta-
rá para sua ruína". 26Javé dos exércitos
suscitará contra ela um flagelo, como
quando feriu Madiã junto ao rochedo
do Horeb; e como estendeu seu bas-
tão* sobre o mar, assim o levantará
ainda, como o fez no caminho do Egito:
27Naquele dia,
seu fardo será tirado de teus ombros
e seu jugo, de tua nuca,
e o jugo cederá diante da abundância.

* **10**,8. 36,18ss | 15. 45,9; Rm 9,20s | 17. 37,36 | 21. 4,3 | 22. Rm 9,27 | 23. Rm 5,20s | 26. 9,3; Jz 7,25; Êx 14,16

† **10**,21. Ver a nota em 1,9.

Horror e devastação. [28]Ele chega a Aiat, atravessa Magron,*
depõe sua bagagem em Macmas.
[29]Passaram pelo desfiladeiro:
"Em Gaba passaremos a noite!"
Ramá treme,
Gabaá de Saul foge.*
[30]Ergue a voz, filha de Galim!
presta atenção, Laísa!
Ó pobre Anatot!*
[31]Madmena fugiu;
os habitantes de Gabim procuram abrigo.
[32]Hoje mesmo vai parar em Nob,*
agitando o punho contra o monte da filha de Sião,
a colina de Jerusalém.
[33]Eis que o Senhor Javé dos exércitos
abate os ramos com violência:
os mais altos são cortados,
os mais elevados são rebaixados.
[34]Ele abaterá com o machado a espessura da floresta
e o Líbano cairá sob os golpes do Poderoso.

11 **O messias e os tempos messiânicos.** [1]Do tronco de Jessé sairá um ramo,*
um broto surgirá de suas raízes.
[2]Repousará sobre ele o espírito de Javé†:
espírito de sabedoria e de entendimento;
espírito de conselho e de fortaleza;*
espírito de ciência e de temor de Javé†.
[3]Encontrará complacência no temor de Javé.
Não julgará segundo as aparências
nem dará sentença conforme ouvir dizer,
[4]mas julgará os pobres com justiça*
e decidirá com equidade a favor dos humildes do país.
Castigará o país com a autoridade de seus decretos*
e com o sopro de seus lábios fará morrer o ímpio.
[5]A justiça será o cinto de seus rins,
e a fidelidade cingirá sua cintura.
[6]Então o lobo habitará com o cordeiro,*
a pantera se deitará com o cabrito,
o novilho e o leãozinho pastarão juntos,
conduzidos por uma criança.
[7]A vaca e o urso pastarão;
juntos se deitarão seus filhotes.
O leão comerá palha como o boi.
[8]O bebê brincará no ninho da cobra,*
e na cova da víbora a criança colocará a mão.
[9]Não se fará mal nem dano algum
sobre todo o meu santo monte,
pois o país estará cheio
do conhecimento de Javé*
como as águas cobrem o fundo do mar.
[10]Naquele dia,
a raiz de Jessé se levantará como sinal para os povos;*
as nações acorrerão para ela,
e gloriosa será sua morada.
Volta do exílio. [11]Naquele dia,
o Senhor estenderá de novo a mão
para resgatar o resto de seu povo
que tiver ficado na Assíria e no Egito,
em Patros e na Etiópia, em Elam,
em Senaar, em Emat e nas ilhas do mar.
[12]Ele levantará um sinal para as nações
e reunirá os exilados de Israel;
congregará os dispersos de Judá
dos quatro cantos da terra.
[13]Então cessará a inveja de Efraim,*
e os adversários de Judá serão exterminados.
Efraim não invejará mais Judá,
e Judá não será mais hostil a Efraim.

---

* **10**,28. Jz 20,45ss; Js 7-8; 1Sm 14,2.5 | 29. 1Sm 1,19; 14,2.16; 15,34 | 30. Jr 1,1 | 32. 1Sm 21,2 | **11**,1. 42,1-12; Sl 72; Jr 23,5 | 2. 9,5 | 4. Ap 19,11; Sl 72,4 / Ap 19,15; 2Ts 2,8 | 6. 65,25 | 8. Sl 91,13 | 9. Hab 2,14; Jr 31,33s; 40,5 | 10. Rm 15,12; Ap 22,16 | 13. Jr 3,18

† **11**,2. Força divina concedida a certas pessoas escolhidas para cumprir missões que normalmente estariam acima de suas capacidades, como aconteceu com Moisés, Nm 11,17, os juízes, Jz 3,10, e os profetas, Mq 3,8. / As versões grega e latina acrescentam o termo "piedade", dando origem à doutrina dos sete dons do Espírito Santo.

14 Eles cairão sobre o dorso dos filisteus ao ocidente,
juntos saquearão os filhos do oriente.
Edom e Moab estarão em suas mãos,
e serão seus súditos os filhos de Amon.*
15 Javé secará o golfo do Egito,
agitará a mão contra o rio
com a potência de seu sopro
e o dividirá em sete braços,
tornando possível a travessia com sandálias.
16 E haverá uma estrada para o resto de seu povo,
o que restar da Assíria,
como houve para Israel
no dia em que subiu da terra do Egito.*

12 Canto dos resgatados.

1 E tu dirás naquele dia:
"Eu vos louvo, ó Javé, porque estáveis irado contra mim,
mas vossa cólera se acalmou e me consolastes.
2 Eis o Deus que me salvou,
eu me sinto em segurança e não tenho medo.
Porque Javé é minha força e meu canto,*
ele é minha salvação.
3 Com alegria buscareis água*
nas fontes da salvação.
4 E direis naquele dia:
"Louvai a Javé, invocai seu Nome,*
anunciai aos povos suas maravilhas,
proclamai que seu nome é sublime"†.
5 Cantai a Javé, porque fez coisas grandiosas;
que isto seja conhecido em toda a terra.
6 Exulta e grita de alegria, habitante de Sião,
pois é grande, em teu meio, o Santo de Israel".

II. ORÁCULOS CONTRA AS NAÇÕES ESTRANGEIRAS (13–23)†

13 Contra Babilônia.

1 Oráculo contra Babilônia, dado em visão a Isaías, filho de Amós.*
2 Sobre um monte escalvado, erguei um sinal.
Chamai-os com alta voz.
Acenai-lhes com a mão, para que entrem
pelas portas dos nobres.
3 Dei ordem a meus consagrados,
chamei meus heróis para servir a minha ira,
os que exultam por minha grandeza.
4 Rumor de uma multidão sobre os montes,
como de um povo imenso;
rumor de um tumulto de reinos,
de nações reunidas:
é Javé dos exércitos que passa em revista
o exército para o combate.
5 Eles vêm de um país distante,
dos confins do céu,
Javé e os instrumentos de sua cólera,
para destruir todo o país.
6 Gemei, porque está perto o dia de Javé,*
ele vem do Onipotente como devastação.
7 Por isso todas as mãos fraquejam
e todo coração humano desfalece.
8 Eles ficam conturbados,
convulsões e dores deles se apoderam,*
como a mulher que dá à luz se contorcem,*
atônitos se olham mutuamente,
o rosto em fogo.
9 Eis que vem o dia de Javé, implacável,
com indignação e ira ardente,
para reduzir o país a ruínas
e exterminar dele os pecadores.

---

* **11**,14. Jr 49,2 | 16. Êx 14,22 | **12**,2. Êx 15,2 | 3. 55,1; Jo 4,1 | 4. Sl 105,1 | **13**,1. 21,1-10; 47,1-15; Jr 50-51; Ap 17-18 | 6. Jl 1,15; Ez 30,2s; Am 5,18 / | 8. Jr 4,31 / Is 21,3; 26,17 | 10. Am 8,9

† **12**,4. "A salvação recebida deve ser testemunhada ao mundo, de modo que a humanidade inteira acorra àquela fonte de paz, de alegria, de liberdade" (João Paulo II). | **II.** Profecias contra as nações inimigas de Israel. O poder de Javé é tão grande que tudo está sob seu domínio, inclusive os destinos das grandes nações que são instrumentos para executar seus desígnios.

10Pois, no céu, as estrelas e suas constelações*
não farão brilhar sua luz.
O sol se obscurecerá desde o nascer,
a lua não irradiará sua luz.
11Castigarei o mundo por sua maldade
e os maus por sua iniquidade;
porei fim à arrogância dos soberbos
e humilharei o orgulho dos tiranos.
12Tornarei os homens mais raros que o ouro fino
e os mortais, mais raros que o ouro de Ofir.
13Por isso farei tremer os céus,
e a terra será abalada sobre suas bases,
por causa da indignação de Javé dos exércitos,
no dia de sua ira ardente.

Queda de Babilônia. 14Então, como gazela perseguida,
como cordeiros que ninguém reúne,
cada um voltará para seu povo,
cada qual fugirá para seu país.
15Todos os que forem encontrados serão traspassados*
e todos os que forem presos morrerão pela espada.
16Seus filhos pequenos serão esmagados*
diante de seus olhos,
suas casas serão saqueadas
e suas mulheres violentadas.
17Eis que vou suscitar contra eles os medos,
que não fazem caso da prata
e não apreciam o ouro.
18Seus arcos vão aniquilar os jovens,
não terão piedade do fruto de seu ventre,
seus olhos serão sem compaixão para com as crianças.
19E Babilônia, a joia dos reinos,
o orgulhoso esplendor dos caldeus,
será como Sodoma e Gomorra,
destruída por Deus.
20Não será mais habitada nem povoada,*
de geração em geração.
Aí o árabe não mais acampará
nem os pastores farão descansar seus rebanhos.
21Mas nela repousarão as feras do deserto,
as corujas encherão suas casas,
os avestruzes aí habitarão
e os sátiros aí dançarão†.
22As hienas uivarão em suas torres
e os chacais, em seus palácios luxuosos.
Pois seu tempo está próximo
e seus dias não serão prolongados.

14

Volta do exílio. 1Pois Javé terá compaixão de Jacó e ainda escolherá Israel. Ele os restabelecerá em sua própria terra; os estrangeiros se unirão a eles* e serão incorporados à
casa de Jacó. 2Os povos os tomarão e os reconduzirão a seu país. Na terra de Javé a casa de Israel os possuirá como servos e servas.* Farão prisioneiros aqueles que os tinham feito prisioneiros e dominarão sobre seus opressores.

Sátira sobre a morte do rei de Babilônia. 3Assim, no dia em que Javé te aliviar de tua dor, de teus tormentos e da dura servidão à qual foste submetido,
4entoarás esta sátira sobre o rei de Babilônia e dirás:

"Como acabou o tirano, como terminou sua arrogância!*
5Javé quebrou o bastão dos ímpios,
o cetro dos dominadores,
6que em seu furor castigavam os povos
com golpes incessantes
e dominavam com ira sobre as nações,
perseguindo-as sem restrição.
7A terra inteira repousa tranquila,*
solta gritos de alegria.
8Mesmo os ciprestes e os cedros do Líbano
se alegram por tua causa, dizendo:
"Desde que tu caíste,
nenhum lenhador subiu mais contra nós".

* **13**,15. Jr 51,20-23 | 16. Os 10,14 | 20. 34,10-17 | **14**,1. 61,5 | 2. Sf 2,9; Zc 2,13 | 4. Jr 50,23s; Ap 18,9-19 | 7. Jr 51,48; Ap 19,1s

† **13**,21. Sátiros são demônios imaginários, com a forma de bodes, Is 34,14. | **14**,12. A tradição cristã aplica estes vv. 12-15 à queda de Satanás: em latim, "estrela da manhã" é "lúcifer".

9O lugar dos mortos lá embaixo tremeu por tua causa,*
para vir a teu encontro;
despertou para ti as sombras,
todos os poderosos da terra,
e fez levantar-se dos tronos
todos os reis das nações.
10Todos tomam a palavra para dizer-te:
"Tu também te tornaste fraco como nós
e te tornaste semelhante a nós?
11Teu luxo foi precipitado no lugar dos mortos
com a música de tuas cítaras.
Debaixo de ti se formou um leito de vermes;
as larvas te recobrem.
12Como caíste do céu,
estrela da manhã†, filho da aurora?*
Foste lançado ao chão, agressor das nações?
13Tu dizias em teu coração:
"Eu escalarei os céus,
acima das estrelas de Deus
elevarei meu trono; eu me assentarei na montanha da Assembleia,*
nos confins do norte;
14subirei ao cume das nuvens,*
serei semelhante ao Altíssimo.*
15Mas foste precipitado ao lugar dos mortos,
nas profundezas do abismo.
16Os que te veem te observam,
olham-te fixamente e dizem:
"É este o homem que fazia tremer a terra
e transtornava os reinos,
17que reduziu o mundo a um deserto,
arrasou suas cidades,
não abria a seus presos a cadeia?"
18Todos os reis das nações,
todos eles jazem com honra,
cada qual em sua morada.
19Porém, tu és lançado longe de tua sepultura
como um germe abominável,
como as vestes dos que morreram traspassados pela espada,
que descem às pedras da fossa
como um cadáver pisado.*
20Não serás reunido a eles na sepultura
porque destruíste tua terra,
mataste teu povo.
Jamais se pronunciará o nome
da raça dos malfeitores.

Maldição divina. 21Preparai o massacre de seus filhos
por causa da iniquidade de seus pais,
para que não se levantem mais para tomar posse da terra
e encher de cidades a face do mundo.
22Eu me levantarei contra eles – oráculo de Javé dos exércitos – e extermi-
narei de Babilônia o nome e os sobrevi-
ventes, a estirpe e a descendência, orá-
culo de Javé.* 23Eu farei dela um reduto
de ouriços e águas estagnadas; eu a
varrerei com a vassoura da destruição,
oráculo de Javé dos exércitos.

Contra a Assíria. 24Javé dos exércitos jurou dizendo:
"Como pensei, assim será,
e como decidi, assim acontecerá.
25Quebrantarei a Assíria em minha terra
e sobre minhas montanhas a pisarei.
Então seu jugo será tirado deles
e sua carga será tirada de seus ombros".*
26Tal é a decisão tomada sobre toda a terra
e tal é a mão estendida contra todas as nações.
27Quando Javé dos exércitos toma uma decisão,
quem a poderá anular?
E quando sua mão está estendida,
quem a fará voltar atrás?

Contra os filisteus. 28No ano em que
morreu o rei Acaz, foi pronunciado este
oráculo:
29"Não te alegres, ó Filisteia inteira,
por se ter quebrado a vara que te feria!
Porque da raiz da serpente sairá uma víbora,

* **14**,9. Ez 32,18-32; Nm 16,33 | 12. Ap 8,10; 9,1; 12,9 | 13. Sl 48,3 | 14. Ez 28,2 / Dn 11,36 | 19. Jr 22,19 | 22. 4,3 | 25. 9,3

e seu fruto será um dragão voador.
30Os primogênitos dos pobres terão de que alimentar-se,
e os necessitados descansarão seguros.
Mas farei morrer de fome tua descendência
e matarei teus sobreviventes.
31Geme, ó porta; clama, ó cidade;
treme, ó Filisteia inteira!
Porque do norte vem uma fumaça*
e ninguém deserta de suas fileiras".
32E o que se responderá aos mensageiros desta nação?
"Que Javé fundou Sião
e que nela encontram refúgio os aflitos de seu povo".

15 Contra os moabitas.

1Oráculo contra Moab.*
Sim, Ar-Moab foi devastada numa noite
e foi destruída.
Sim, numa noite Quir-Moab foi devastada e foi destruída.
2Subiu ao templo o povo de Dibon,
aos lugares sagrados para aí chorar;
em Nebo e em Medabá
Moab entoa suas lamentações.
Todas as cabeças estão raspadas*
e todas as barbas cortadas.
3Em suas ruas se vestem de saco;
em seus terraços e praças todos se lamentam,
desfeitos em lágrimas.
4Hesebon e Eleale bradam,*
seu clamor se ouve até Jasa.
Por isso gritam os guerreiros de Moab;
sua alma treme.
5Meu coração geme por Moab;*
seus fugitivos chegam até Segor,*
em Eglat-Selisia.
Eles fazem chorando a subida de Luit
e soltam gritos de angústia no caminho de Horonaim.
6Porque as águas de Nemrim
são um lugar desolado:
a vegetação secou, a relva desapareceu,
não há mais nada de verde.
7Por isso as riquezas que adquiriram
e as coisas que acumularam,
eles as transportam para além da torrente dos salgueiros.
8Porque ressoam gritos
por todo o território de Moab;
até Eglaim chega seu clamor,
até Beer-Elim chega seu lamento.
9Sim, as águas de Dimon estão cheias de sangue,
mas infligirei a Dimon outros males:
um leão contra os sobreviventes de Moab
e contra os que restam no país.

16 Convite a Moab.

1Enviai um cordeiro ao soberano do país,
de Sela para o deserto,
ao monte da filha de Sião.
2E acontecerá que
nos vaus do Arnon
as filhas de Moab serão semelhantes ao pássaro que foge,
a uma ninhada dispersa.
3Toma conselho,
executa o juízo.
Em pleno meio-dia,
estende tua sombra como a da noite;
esconde os exilados, não entregues os fugitivos.
4Que sejam teus hóspedes os dispersos de Moab;
sê para eles um refúgio contra o destruidor.
Porque a opressão terminou,
a devastação acabou,
os opressores saíram do país.
5O trono será estabelecido firmemente sobre a clemência,
e sobre ele se assentará na fidelidade, na tenda de Davi,
um juiz atento ao direito e pronto a fazer justiça.

Lamento sobre Moab. 6Ouvimos falar do orgulho de Moab,
extremamente orgulhoso,
de sua altivez, de sua soberba, de sua arrogância,
de suas vãs pretensões.

* **14**,31. 20,1; Jr 1,13s | **15**,1. Jr 48; Ez 25,8-11; Am 2,1ss | 2. Jr 48,37s | 4. Jr 48,34; Nm 21,23 | 5. Jr 48,36 / Jr 48,34

7 Por isso Moab se lamenta por Moab,
todo inteiro se lamenta.
Pelos bolos de passas de Quir-Hareset
gemem consternados.
8 Os campos de Hesebon estão morrendo,
como também as vinhas de Sábama,
cujas melhores plantas os senhores das nações pisotearam;
elas chegavam até Jazer
e vagavam pelo deserto,
seus sarmentos se estendiam
e ultrapassavam o mar.
9 Por isso com o pranto de Jazer
chorarei as vinhas de Sábama;
eu te inundarei com minhas lágrimas,
ó Hesebon, ó Eleale,
porque sobre teus frutos e sobre tua colheita
se abateu um grito de guerra.
10 A alegria e o júbilo desapareceram do terreno fértil.
Nas vinhas não se canta nem se grita de alegria;
já não se pisam as uvas nos lagares;
eu fiz cessar o júbilo.
11 Por isso meu íntimo estremece
por Moab como uma cítara
e geme meu coração por Quir-Hares.
12 E acontecerá que quando Moab se apresentar
e se cansar sobre o lugar alto,
entrará em seu santuário para suplicar,
mas não obterá nada.
13 Essa é a palavra que Javé disse outrora contra Moab. 14 E agora Javé falou nestes termos: "Dentro de três anos, como anos de um assalariado, a glória de Moab será humilhada* com toda a sua numerosa multidão; ficará somente um número muito pequeno e fraco".

17 Contra Damasco e Israel.

1 Oráculo contra Damasco.*
Eis que Damasco deixará de ser uma cidade
e se tornará um monte de ruínas.
2 As cidades de Aroer serão abandonadas
e pertencerão aos rebanhos,
que lá se deitarão sem que ninguém os espante.
3 Não haverá mais fortaleza em Efraim†
nem realeza em Damasco;
e o resto de Aram será como a glória dos filhos de Israel,*
oráculo de Javé dos exércitos.
4 Naquele dia
a glória de Jacó será reduzida,
e a gordura de seu corpo será consumida.
5 Será como quando o ceifeiro recolhe o trigo
e com seu braço corta as espigas;
será como quando se apanham as espigas
no vale dos rafaim.*
6 Não sobrará a não ser o restolho,
como ao sacudir-se a oliveira:
dois, três frutos no alto da copa,
quatro, cinco nos ramos da árvore,
oráculo de Javé, Deus de Israel.
7 Naquele dia o homem olhará para seu Criador
e seus olhos se voltarão para o Santo de Israel.
8 Não olhará mais para os altares, obras de suas mãos,
e que seus dedos fizeram;
não verá mais nem as estelas, nem os altares do incenso.*
9 Naquele dia, as cidades de refúgio serão abandonadas,
como as florestas e os altos dos montes,
diante dos filhos de Israel: será uma desolação.
10 Porque te esqueceste do Deus de tua salvação
e não te lembraste da rocha de tua fortaleza,*
fazes plantações amenas
e semeias grãos importados.
11 Embora os faças crescer no dia da plantação
e os faças florir na manhã da semeadura,

* **16**,14. 4,3 | **17**,1. Jr 49,23-27; Am 1,3ss | 3. 4,3 | 5. Jr 15,8; 18,16 | 8. Êx 34,13 | 10. 44,8; Dt 32,4

† **17**,3. Efraim é o reino do norte, aliado com Damasco contra o reino do sul, Judá.

a colheita falhará no dia da doença
e do mal incurável.
Fim repentino da Assíria. 12Ai! Rumor
de povos sem número,
um rugido como o dos mares,
um tumulto de nações
como o fragor de águas impetuosas.
13As nações rugem como rugem as
grandes águas;
mas Deus as ameaça e elas fogem
para longe,
levadas como a palha dos montes
diante do vento
e como um redemoinho de poeira
diante do furacão.
14À tarde, eis o terror!
Antes que amanheça não há mais
nada!
Essa é a sorte dos que nos despojam,
o destino dos que nos saqueiam.

18 Oráculo contra a Etiópia.
1Ai
do país do zumbido das asas,
que se encontra além dos rios da Eti-
ópia.
2Tu que envias por mar mensageiros,
em barcos de junco sobre as águas,
dizendo:
"Ide, mensageiros velozes,
para uma nação de alta estatura e
bronzeada,
para um povo temido aqui como ao
longe,
nação potente e dominadora, cujo
país é cortado por rios".
3Vós todos, habitantes do mundo, e
vós que habitais no país,
quando se levantar o sinal sobre os
montes, olhai,
e quando soar a trombeta, escutai.*
4Pois assim Javé me falou:
"Ficarei tranquilo e olharei de minha
morada,
como um calor tórrido em plena luz,
como uma nuvem de orvalho no
mais quente da colheita".
5Pois antes da colheita, quando ter-
mina a floração
e a flor se torna uva que amadurece,
cortam-se os brotos com podões,
tiram-se os ramos e se lançam fora.
6Todos juntos serão abandonados
às aves de rapina das montanhas e às
feras da terra;
sobre eles passarão o verão as aves
de rapina
e o inverno, todas as feras da terra.
7Naquele tempo serão levadas ofer-
tas a Javé dos exércitos da parte de um
povo de alta estatura e bronzeado, da
parte de um povo temido aqui como
ao longe, nação potente e dominado-
ra, cujo país é cortado por rios, para o
lugar onde habita o nome de Javé dos
exércitos, o monte Sião.

19 Contra o Egito.
1Oráculo con-
tra o Egito.*
Eis Javé, que cavalga uma nuvem li-
geira
e entra no Egito. Os ídolos do Egito
estremecem diante dele
e o coração dos egípcios desfalece
dentro deles.
2Eu excitarei o Egito contra o Egito;
eles combaterão
cada um contra seu irmão,
cada um contra seu próximo,
cidade contra cidade, reino contra
reino.
3O espírito do Egito se esvairá nele,
e eu confundirei seu conselho.
Consultarão os falsos deuses e os
magos,
os necromantes e os adivinhos.
4Entregarei o Egito ao poder de um
senhor impiedoso,
e um rei cruel dominará sobre ele,
oráculo do Senhor Javé dos exérci-
tos.
5Secarão as águas do mar,
árido e enxuto se tornará o rio.
6Os riachos se tornarão infectos,
os canais do Egito se esvaziarão e
secarão,
o caniço e o junco murcharão.
7Os prados junto ao rio Nilo e em sua
foz,
todos os campos semeados ao longo
do rio
secarão e, varridos pelo vento, desa-
parecerão.

* **18**,3. Jl 2,1 | **19**,1. Jr 46; Ez 29-32; Sl 68,5

8 Os pescadores gemerão,
será luto para todos os que lançam o anzol no Nilo,
e se lamentarão os que jogam as redes nas águas.
9 Ficarão consternados os que trabalham o linho fino
e os que tecem panos brancos.
10 As colunas do país serão quebradas,
e todos os assalariados ficarão desolados.
11 Sim, insensatos são os príncipes de Tânis,
os mais sábios conselheiros do faraó formam um conselho néscio.
Como ousais dizer ao faraó:
"Eu sou filho dos sábios, filho dos antigos reis?"
12 Então, onde estão eles, teus sábios?
Que te declarem agora e anunciem
o que Javé dos exércitos decidiu contra o Egito.
13 Os príncipes de Tânis tornaram-se néscios,
enganam-se a si mesmos os príncipes de Mênfis;
extraviaram o Egito
os que são as pedras angulares de suas tribos.
14 Entre eles Javé lançou um espírito de vertigem,*
e eles extraviam o Egito em toda a sua atividade,
como um ébrio que cambaleia em seu vômito.
15 Em favor do Egito não se realizará obra alguma:
da parte da cabeça ou da cauda, da palma ou do junco.*

O Egito se converterá. 16 Naquele dia
os egípcios serão como mulheres* e
tremerão de medo diante da mão que
Javé dos exércitos agitará contra eles.
17 O território de Judá se tornará o terror do Egito: cada vez que lhe falarem dele, ficará amedrontado por causa da decisão que Javé dos exércitos tomou contra ele.

18 Naquele dia haverá cinco cidades no país do Egito que falarão a língua de Canaã e prestarão juramento a Javé dos exércitos; uma delas será chamada "cidade do sol".
19 Naquele dia haverá um altar dedicado a Javé dos exércitos no meio do país do Egito, e perto da fronteira uma estela dedicada a Javé.
20 Será um sinal e uma testemunha de Javé dos exércitos no país do Egito. Quando clamarem a Javé por causa dos opressores, ele lhes enviará um salvador e um defensor que os libertará.
21 Javé se dará a conhecer aos egípcios, e os egípcios conhecerão Javé naquele dia. Oferecerão sacrifícios e oblações, farão votos a Javé e os cumprirão.
22 E se Javé castigar os egípcios, castigará e curará; eles se converterão a Javé, que atenderá seus pedidos e os curará.

23 Naquele dia haverá uma estrada do Egito até a Assíria. A Assíria irá ao Egito, e o Egito à Assíria. O Egito servirá com a Assíria.
24 Naquele dia Israel será o terceiro, com o Egito e a Assíria. Tal será a bênção que, no meio da terra,
25 pronunciará Javé dos exércitos: "Bendito seja o Egito, meu povo, e a Assíria, obra de minhas mãos, e Israel, minha herança".

20 **Egito e Etiópia serão deportados.**
1 No ano em que Tartan, enviado por Sargon,* rei da Assíria, veio atacar Azoto para se apoderar dela,
2 neste tempo, Javé falou por meio de Isaías, filho de Amós: "Vai, retira o pano de saco que tens sobre os rins e desata as sandálias dos pés". Assim ele fez, caminhando despido e descalço†.

3 E Javé disse: "Assim como Isaías, meu servo, caminhou despido e descalço durante três anos, para ser sinal e presságio contra o Egito e contra a Etiópia,
4 assim o rei da Assíria* trará os prisioneiros do Egito e os deportados da Etiópia, jovens e velhos, despidos, descalços e com as nádegas descobertas, para vergonha do Egito.
5 Eles fica-

---

* **19**,14. 29,10 | 15. 9,13 | 16. Na 3,13; Jr 51,30 | **20**,1. 2Rs 18,17 | 4. 2Sm 10,4; 30,3-7

† **20**,2. Ação simbólica: o profeta imita o aspecto de um prisioneiro de guerra, para dissuadir Ezequias de entrar ao lado dos filisteus na rebelião contra os assírios.

rão consternados e confusos por causa
da Etiópia, sua esperança, e do Egito,
sua glória. [6]Os habitantes desta região
dirão naquele dia: "Eis o que sucedeu
àquele no qual tínhamos posto nossa
esperança e junto ao qual nos refugia-
mos em busca de socorro, para sermos
libertados do rei da Assíria. E agora,
como escaparemos?"

21 **Queda de Babilônia.** [1]Oráculo
contra o deserto do mar.*
Como os furacões que atravessam o
Negueb,
ele vem do deserto, de um país ter-
rível.
[2]Uma visão sinistra me foi revelada:
"O traidor trai e o devastador devas-
ta.
Sobe, Elam, sitia, Média!"
Eu faço cessar todo gemido.
[3]Por isso meus rins estão cheios de
angústia,
dores me atacam como as dores da
mulher que dá à luz;
estou tão confuso que não ouço
e tão espantado que não vejo.
[4]Meu coração vagueia,
um terror me invade;
a noite que eu tanto desejava
tornou-se para mim um temor.
[5]Põe-se a mesa, estende-se o tapete,
come-se e bebe-se.
"De pé, ó chefes! Untai os escudos!
[6]Pois assim me falou o Senhor:
"Vai, coloca um vigia,
que ele anuncie o que ele vir!
[7]Ele verá carros,
cavaleiros dois a dois,
homens montados em jumentos,
homens montados em camelos,
que ele observe com atenção,
com grande atenção".
[8]E o vigia gritou:
"Na torre de vigia, Senhor,
estou sempre, o dia todo,
em meu posto de guarda
fico em pé a noite toda.
[9]E eis que vem a cavalaria,
cavaleiros dois a dois".
Ele retomou a palavra e disse:
"Caiu Babilônia, caiu!*
Todas as imagens de seus deuses,
ele as quebrou por terra".
[10]Ó meu povo, que eu debulhei
e pisei em minha eira!
O que eu ouvi
de Javé dos exércitos, Deus de Israel,
eu te anuncio.

Contra os idumeus. [11]Oráculo contra
Duma.
Gritam a mim de Seir:
"Sentinela, a que altura está a noite?
Sentinela, a que altura está a noite?"
[12]A sentinela responde:
"A manhã está chegando, depois ain-
da a noite.
Se quereis interrogar, interrogai!
Voltai! Vinde!"†

Contra a Arábia. [13]Oráculo contra a
Arábia.
Passareis a noite nas florestas da Ará-
bia,
caravanas de Dedã.
[14]Ide com água ao encontro de quem
tem sede,*
habitantes do país de Tema.
Levai pão aos fugitivos.
[15]Pois eles fogem diante das espa-
das,
diante da espada desembainhada,
diante do arco retesado,
diante do furor da batalha.
[16]Pois assim me falou o Senhor: "Da-
qui a um ano, ano de mercenário,* toda
a glória de Cedar será aniquilada. [17]E
o que restará do número dos valen-
tes arqueiros, dos filhos de Cedar, será
pouca coisa, pois Javé, Deus de Israel,
falou".

22 **Contra Jerusalém.** [1]Oráculo
sobre o vale da Visão.
Que tens tu, que subiste
toda inteira aos terraços?
[2]Cidade cheia de tumulto, cidade ba-
rulhenta,
cidade alegre?

---

* **21**,1. 13-14; 47,1-15; Jr 50-51; Ap 17-18 | 9. Ap 14,8; 18,2 | 14. Jr 49,8 | 16. Jr 49,28s; 16,14

† **21**,12. Esta resposta enigmática significa que as desgraças não terminaram: virão uma depois da outra, se o povo não se converter.

Teus mortos não são vítimas da espada,
nem mortos na guerra.
3Todos os teus chefes fugiram juntos,
sem arco, foram presos;
todos os que foram encontrados foram capturados juntos,
tinham fugido para longe.
4Por isso digo: "Desviai de mim o olhar,
eu quero chorar amargamente;
não queirais consolar-me
da ruína da filha de meu povo".
5Porque este é um dia de terror,
de destruição e de confusão,
obra do Senhor Javé dos exércitos
no vale da Visão.
As muralhas são abatidas
e o grito de socorro chega até o monte.
6Elam tomou a aljava,
com carros montados e cavaleiros,
e Quir prepara seu escudo.
7Desde então, teus vales mais belos
estão cheios de carros,
e os cavaleiros tomam posição diante de tuas portas.
8Judá não tem mais proteção.
Naquele dia voltastes os olhares
para o arsenal da Casa da Floresta.*
9Vistes como são numerosas
as brechas da cidade de Davi;
recolhestes as águas da piscina inferior;
10contastes as casas de Jerusalém
e demolistes as casas para fortificar a muralha.
11Fizestes um reservatório entre as duas muralhas
para as águas do antigo açude.
Mas não voltastes os olhos para o autor desses acontecimentos
nem vistes aquele que desde muito tempo preparava tudo isso.
12E o Senhor Javé dos exércitos vos chamou, naquele dia,
para chorar e lamentar,
para raspar a cabeça e vestir pano de saco.
13Mas eis a alegria e o júbilo,
matam-se bois e degolam-se ovelhas,
come-se carne e bebe-se vinho:
"Comamos e bebamos, pois amanhã morreremos!"*
14Então Javé dos exércitos revelou a meus ouvidos:
"Esta falta não será perdoada
até vossa morte",
diz o Senhor Javé dos exércitos.

Contra Sobna. 15Eis o que diz o Senhor Javé dos exércitos:
"Vai ter com esse administrador,*
Sobna, o prefeito do palácio, e dize-lhe:
16O que possuis aqui, ou quem tens aqui
para que tenhas talhado para ti um sepulcro aqui,
lavrando teu sepulcro no alto
e cinzelando na rocha tua morada?"
17Eis que Javé vai te lançar fora com violência, ó homem poderoso,
e te agarrará com firmeza.
18Ele te fará rolar, rolar,
como uma bola numa terra espaçosa;
lá morrerás com teus carros esplêndidos,
ó desonra da casa de teu senhor!
19Eu te removerei de teu posto,
vou te depor de teu cargo.

Elevação de Eliacim. 20No mesmo dia chamarei meu servo
Eliacim, filho de Helcias.
21Eu o revestirei com tua túnica,*
eu o cingirei com tua cinta,
eu lhe confiarei teu poder.
Ele será um pai para os habitantes de Jerusalém
e para a casa de Judá.
22Porei sobre seu ombro a chave da casa de Davi;
ele abrirá, e ninguém fechará,
ele fechará, e ninguém abrirá†.
23Eu o fixarei como estaca num lugar firme;
ele se tornará um trono de glória para a casa de seu pai.

---

* **22**,8. 1Rs 7,2-5; 2Sm 5,9 / 2Rs 20,20 | 13. 1Cor 15,32; Sb 2,7ss; Is 5,11 | 15. 36,3.11.22; 2Rs 18,16.26.37 | 21. 36,3.11.22; 2Rs 18,18.26.37

† **22**,22. As chaves, abrir e fechar, simbolizam poderes de governo, Mt 16,19; Ap 3,7.

[24]Dele dependerá toda a glória da
casa de seu pai, os descendentes e a
posteridade, e todos os objetos meno-
res, desde as taças até os frascos.
[25]Naquele dia, oráculo de Javé dos
exércitos, a estaca fixada no lugar firme
será retirada, arrancada, e cairá; e a car-
ga que pesava sobre ela será destruída,
porque Javé falou.

23 **Contra Tiro**†. [1]Oráculo contra Tiro.*

Gemei, navios de Társis,
pois ela foi destruída;
já não há casa nem porto.
Do país de Cetim lhes chegou a notícia.
[2]Silêncio, habitantes da costa;
os comerciantes de Sidônia
que atravessam o mar vos enrique-
ceram.
[3]Através das grandes águas, o trigo
de Sior,
a colheita do Nilo, era sua renda;
e ela era o mercado das nações.
[4]Envergonha-te, Sidônia,
porque o mar, a fortaleza do mar,
toma a palavra e diz:
"Eu não senti dores de parto nem dei
à luz filhos,
não eduquei rapazes nem criei moças".
[5]Quando a notícia chegar ao Egito,
vão angustiar-se ao saber da sorte
de Tiro.
[6]Atravessai para Társis e gemei, habi-
tantes da costa!
[7]É esta vossa cidade alegre,
cuja origem remonta aos dias de ou-
trora,
cujos pés a levaram ao longe
para aí estabelecer-se?
[8]Quem decidiu isto
contra Tiro, que distribuía coroas,
e cujos mercadores eram príncipes
e cujos comerciantes, os grandes da
terra?*
[9]Foi Javé dos exércitos que o decidiu,
para humilhar o orgulho de todo o
seu esplendor,
para abater todos os grandes da ter-
ra.
[10]Atravessa teu país como o Nilo, fi-
lha de Társis,
porque não há mais porto.
[11]Ele estendeu a mão contra o mar,
fez tremer os reinos;
Javé decretou a propósito de Canaã
que sejam destruídas as fortalezas.
[12]E disse: "Não continuarás mais a
fazer festa,
virgem desonrada, filha de Sidônia!
Levanta-te, passa a Cetim,
nem mesmo lá encontrarás repouso.
[13]Eis a terra dos caldeus, esse povo
que não existia;
a Assíria o destinou às feras do deserto.
Eles ergueram suas torres,
destruíram seus palácios
e os converteram em ruínas.
[14]Gemei, navios de Társis,
porque vossa fortaleza está destruída.

Restauração de Tiro. [15]E acontecerá, na-
quele dia, que Tiro será esquecida* por
setenta anos, o tempo de vida de um rei.
Mas, ao fim de setenta anos, acontecerá
com Tiro o que diz a canção da prostituta:
[16]"Toma a cítara,
percorre a cidade,
prostituta esquecida!
Toca bem,
repete tua canção
para poder ser lembrada!"
[17]E acontecerá que, no fim de setenta
anos, Javé visitará Tiro. Ela receberá de
novo seu salário e se prostituirá com to-
dos os reinos do mundo sobre a face da
terra. [18]Mas seu ganho e seu salário se-
rão consagrados a Javé. Não serão acu-
mulados nem guardados; mas é para os
que habitam diante de Javé que irá seu
ganho, para que eles tenham comida
em abundância e roupas suntuosas.

III. PRIMEIRO APOCALIPSE (24–27)

24 **Julgamento e devastação.** [1]Eis que Javé arrasa a terra e a devasta,

transtorna sua superfície e dispersa
seus habitantes.

---

* **23**,1. Ez 26-28; Am 1,9s; Zc 9,2ss; Is 2,16; Sl 48,8 | 8. Ap 18,23 | 15. Jr 25,11s

† **23**. A queda de Tiro é obra de Javé e tem como motivo o orgulho da cidade.

[2]Terão a mesma sorte o povo e o sacerdote,
o escravo e o senhor,
a escrava e a senhora,
o comprador e o vendedor,
o que empresta e o que toma emprestado,
o credor e o devedor.
[3]A terra será totalmente devastada
e totalmente saqueada,
pois Javé pronunciou esta palavra.
[4]A terra está de luto e se degrada;*
o mundo desfalece e se degrada;
desfalece a elite do povo da terra.
[5]A terra é profanada sob os pés de seus habitantes,
pois transgrediram as leis,
violaram o decreto,
romperam a aliança eterna.*
[6]Por isso a maldição devorou a terra
e seus habitantes sofrem seu castigo;
é por isso que os habitantes da terra
foram consumidos, e poucos são os homens que restaram.
[7]Pranteia o vinho novo, a vinha murcha,
gemem todos os que tinham o coração em festa.
[8]Calou-se o som alegre dos tamborins,*
as festas rumorosas acabaram,
o som alegre da harpa se calou.
[9]Não mais se bebe o vinho entre canções,
a bebida inebriante é amarga para os que a bebem.
[10]A cidade do caos está em ruínas,
toda casa está fechada, não se pode entrar.
[11]Pelas ruas se lamentam porque não há vinho;
desapareceu toda alegria; o júbilo do país foi embora.
[12]Na cidade só ficou a desolação,
e a porta, demolida, está em ruínas.
[13]Pois no meio da terra, entre os povos,
acontecerá como quando se sacode a oliveira,*
como quando se ajuntam uvas, terminada a vindima.
[14]Eles elevam a voz, gritam de alegria,
em honra de Javé exultam do lado do mar.
[15]"Sim, glorificai a Javé no oriente,
e nas ilhas do mar, o nome de Javé, Deus de Israel".
[16]Dos confins da terra ouvimos salmos:
"Glória ao Justo!"
Mas eu disse: "Estou perdido, estou perdido! Ai de mim!"
Os traidores traíram. Traição! Os traidores traíram.
[17]Terror, cova e laço*
vêm sobre ti, habitante do país.
[18]Quem fugir diante do grito de terror
cairá na cova,
e o que sair da cova será preso no laço.
Sim, do alto se abriram as cataratas*
e os fundamentos da terra tremeram.
[19]A terra se parte toda em pedaços,
a terra se rompe inteiramente,
com violência estremece a terra.
[20]A terra vai cambalear, cambalear como ébrio,
vacilará como cabana;
seu crime pesa sobre ela,
cairá e não mais se erguerá.
[21]Naquele dia Javé punirá
lá no alto o exército celeste
e na terra, os reis da terra.
[22]Eles serão reunidos e aprisionados num calabouço;
serão encerrados na prisão
e castigados depois de muitos dias.
[23]A lua será coberta de confusão†
e o sol, de vergonha;
pois Javé dos exércitos reinará*
sobre a montanha de Sião e em Jerusalém,
cheio de glória diante dos anciãos.*

25 **Canto dos remidos.** [1]Ó Javé, vós sois meu Deus,*
eu vos exalto e louvo vosso nome,
porque fizestes maravilhas, os desígnios de outrora,
com fidelidade e firmeza.

---

* **24**,4. Os 4,3 | 5. Gn 9,16 | 8. Jr 7,34; 16,9; 25,10; Ez 26,13; Ap 18,22 | 13. 17,6 | 17. Jr 48,43s | 18. 2,10; Gn 7,11; Am 8,9 | 23. Sl 47,1 / Êx 24,16; Ap 4,4.10s

† **24**,23. Na literatura apocalíptica, as intervenções do Juiz supremo são acompanhadas de convulsões cósmicas. O esplendor dos astros se ofusca e brilha apenas a luz do rei divino.

2 Pois reduzistes a cidade a um pu-
nhado de pedras,
a cidade fortificada a um monte de
ruínas†;
a cidadela dos estrangeiros não é
mais uma cidade,
jamais será reconstruída.
3 Por isso um povo forte vos glorifica,
a cidade das nações terríveis vos
teme.
4 Pois fostes um refúgio para o fraco,
um refúgio para o infeliz em sua an-
gústia,
um abrigo contra a tempestade, uma
sombra contra o calor,*
pois o sopro dos violentos é como a
tempestade contra um muro,
5 como o calor num lugar seco.
Vós reprimis o tumulto dos estran-
geiros;
como o calor é diminuído pela som-
bra de uma nuvem,
assim o canto dos violentos será si-
lenciado.
O banquete messiânico†. 6 Para todos
os povos
Javé dos exércitos preparará nesta
montanha
um banquete de carnes gordas,*
um banquete de vinhos velhos,
de comidas suculentas, de vinhos ve-
lhos e refinados.
7 Ele vai destruir sobre esta montanha
a cortina que velava todos os povos*
e o véu estendido sobre todas as na-
ções.*
8 Destruirá a morte para sempre.
O Senhor Javé enxugará as lágrimas
de todos os rostos,
tirará o opróbrio de seu povo sobre
toda a terra,*
pois Javé falou.
Humilhação de Moab. 9 E dirão na-
quele dia:
"Vede, é nosso Deus,
nele esperamos para que nos salve;
é Javé, esperamos nele.
Exultemos, alegremo-nos com a sal-
vação que nos deu".
10 Pois a mão de Javé repousará sobre
este monte.
Mas Moab será pisado em seu solo,
como se pisa a palha no monturo.
11 Ele estende as mãos
no meio do monte, como as estende
o nadador para nadar.
Mas ele abaterá seu orgulho,
malgrado os esforços de suas mãos.
12 E a praça forte de tuas altas mura-
lhas,
Javé as abate, humilha,
lança por terra até o pó.

26 **Cântico de vitória.** 1 Naquele
dia se entoará no país de Judá
este cântico:
"Nossa cidade forte é salvação;*
para protegê-la, Deus colocou mura-
lhas e baluartes.
2 Abri as portas!*
Que entre a nação justa
que mantém a fidelidade.
3 Seu propósito é firme:
tu lhe garantirás a paz,
a paz porque em ti confia.
4 Confiai em Javé para sempre,
pois Javé é uma rocha eterna.*
5 Ele abateu os habitantes das alturas,
humilhou a cidade elevada,
abateu-a até o chão, derrubou-a até
o pó.
6 Ela será calcada aos pés,
pelos pés do infeliz, pelos passos do
fraco".
Os juízos de Deus. 7 O caminho do jus-
to é a retidão,
vós aplanais a estrada reta do justo.
8 Sim, no caminho de vossos juízos
esperamos em vós, Javé!
Para vosso nome e vossa memória
vai o desejo de minha alma.
9 De noite minha alma vos deseja;*
sim, em meu íntimo meu espírito vos
busca;

---

* **25**,1. Sl 31,15 | 4. 4,5s; Ap 7,15s | 6. Jo 6,51.54 | 7. Os 13,14 / Ap 21,4; 1Cor 15,26 | 8. 35,10 | **26**,1. 60,18 | 2. Sl 118,19s | 4. Dt 32,4 | 9. Sl 42,2

† **25**,2. Esta cidade anônima, que parece ser Babilônia, simboliza todas as forças do mal, contrárias ao povo de Deus. | 6. O banquete representa a felicidade dos eleitos; no NT é imagem do Reino de Deus, Mt 22,2.

pois quando vossos juízos se cumprem sobre a terra,
os habitantes do mundo aprendem a justiça.
10Ainda que se mostre favor ao mau,
ele não aprende a justiça;
no país da retidão ele pratica o mal
e não reconhece a majestade de Javé.
11Javé, vossa mão está levantada,
mas eles não a veem.
Eles verão vosso zelo pelo povo
e ficarão confundidos,
devorados pelo fogo destinado a vossos inimigos.
12Javé, vós nos dareis a paz,
porque realizais para nós todas as nossas obras.
13Javé, nosso Deus,
outros senhores fora de vós nos dominaram,
mas somente a vós invocamos, vosso nome!
14Eles estão mortos, não reviverão;
eles são sombras, não ressurgirão;
para este fim os visitastes com a destruição
e apagastes toda lembrança deles.
15Fizestes crescer nosso povo, Javé,
fizestes crescer nosso povo, mostrastes vossa glória;
estendestes todos os limites do país.
16Javé, na angústia vos buscaram,
derramaram oração quando vosso castigo os atingia.
17Como a mulher grávida perto da hora do parto*
se contorce e grita em suas dores,
assim estávamos nós diante de vossa face, Javé.
18Concebemos, sofremos as dores,
mas era como dar à luz o vento;
não trouxemos a salvação à terra,
nem novos habitantes ao mundo.
19Vossos mortos reviverão,*
seus cadáveres ressuscitarão†.
Despertai-vos e cantai, vós que habitais o pó!*
Pois vosso orvalho é um orvalho luminoso,
e a terra restituirá à vida os mortos.

Convite ao povo. 20"Vai, meu povo, entra em teus quartos,
fecha tuas portas atrás de ti;
esconde-te por um momento,*
até que tenha passado o furor.
21Pois eis que Javé sai de sua morada*
para castigar a iniquidade dos habitantes da terra;*
a terra revelará seu sangue*
e não mais esconderá seus mortos.

27

Visita de Javé. 1Naquele dia Javé castigará
com sua espada dura, grande e forte,
Leviatã, a serpente furtiva†,
Leviatã, a serpente tortuosa,*
e matará o dragão que habita no mar.

Cântico da vinha. 2Naquele dia cantai a vinha magnífica.*
3Eu, Javé, sou seu guardião,
de tempos em tempos eu a irrigo;
para que não lhe façam mal,
dia e noite eu a guardo.
4Em mim não há indignação.
Quem me dera ter cardos e espinhos para lutar!
Eu marcharia contra eles, eu os queimaria juntos.
5A não ser que faça apelo a minha proteção,
que se faça a paz comigo;
sim, que se faça a paz comigo!

O futuro do povo. 6Virá o dia em que Jacó lançará raízes,
Israel brotará e florescerá,
e cobrirão de frutos a face do mundo.
7Acaso o feriu como feriu os que o feriram?
ou o matou como matou seus matadores?
8Tu o castigaste expulsando-o, desterrando-o;

* **26**,17. 13,8; 37,3; Os 13,13 | 19. Ez 37; Os 13,14 / Ef 5,14 | 20. Jó 14,13ss | 21. Mq 1,3 / Ap 3,10; 6,10 / Jó 16,18 | **27**,1. Jó 3,8; 40,25s | 2. 5,1-7

† **26**,19. O renascer da nação parece incluir a ressurreição dos indivíduos, 2Mc 7,9. | **27**,1. Leviatã era um monstro marinho da cultura fenícia, ligado às potências do caos; aqui representa os poderosos inimigos de Israel.

ele o expulsou com seu sopro violento,
num dia de vento do oriente.
9Pois assim será perdoada a iniquidade de Jacó,
e este será todo o fruto que recolherá renunciando a seu pecado,
quando todas as pedras do altar
forem quebradas como pedras de cal,
quando os troncos idolátricos e os altares de incenso*
não estiverem mais de pé.
10Pois a cidade fortificada tornou-se desolada,
um lugar desabitado e abandonado como deserto,
onde os bezerros pastam
e se deitam destruindo as ramagens.
11Quando secam, os ramos são quebrados,
as mulheres vêm e os fazem queimar.
Ora este povo é sem inteligência,
por isso seu Criador não terá piedade dele,
Aquele que o modelou não lhe será benigno.
12Naquele dia Javé debulhará o trigo,*
desde o curso do rio até a torrente do Egito,
e vós sereis apanhados um por um, ó filhos de Israel.
13Naquele dia soará a grande trombeta
e virão os que estavam perdidos no país da Assíria
e os dispersos no país do Egito;
adorarão Javé sobre o monte santo, em Jerusalém.

IV. ORÁCULOS DO TEMPO DO REI EZEQUIAS (28–33)

28 **Destruição de Samaria.** 1Ai daquela orgulhosa coroa dos ébrios de Efraim,
flor murcha de seu soberbo esplendor,
que se encontra no alto do vale fértil dos aturdidos pelo vinho!
2Eis um homem forte e poderoso a serviço do Senhor,
como uma tempestade de granizo, um furacão devastador,
como uma tempestade de águas poderosas e transbordantes;
com sua mão ele as lança para a terra.
3A orgulhosa coroa dos ébrios de Efraim
será calcada aos pés.
4E a flor murcha de seu soberbo esplendor,
que está no alto do vale fértil,
será como o figo maduro antes do verão:
quem o vê logo o apanha e o devora.
5Naquele dia é Javé dos exércitos
que se tornará uma esplêndida coroa,
um soberbo diadema para o resto de seu povo,*
6um espírito de justiça para aquele que se assenta para julgar*
e a força daqueles que repelem o assalto às portas.

Contra os falsos profetas. 7Também os sacerdotes e os profetas
foram transtornados pelo vinho,*
deliraram sob o efeito da bebida,
foram transtornados pela bebida,
foram dominados pelo vinho,
deliraram sob o efeito da bebida,
foram transtornados em suas visões,
deliraram em suas sentenças.
8Sim, todas as mesas estão cobertas de vômito repugnante,
não há lugar limpo!
9A quem ele ensina a lição?
A quem explica a doutrina?
A crianças recém-desmamadas, há pouco afastadas dos seios?
10Sim, preceito sobre preceito, preceito sobre preceito,
regra sobre regra, regra sobre regra,
um pouco aqui um pouco ali†.

---

* **27**,9. 17,8 | **27**,12. Jl 2,1 | **28**,5. 4,3 | 6. 11,2ss | 7. 5,11ss

† **28**,10. No hebraico, é uma série de monossílabos, que parecem a fala de um gago ou de um bêbado: assim os adversários ironizam a pregação profética de Isaías. Este responde que Deus falará por meio dos assírios.

11Pois é por lábios balbuciantes e
numa língua estrangeira*
que ele falará a este povo.
12Ele lhes tinha dito:
"Eis o repouso! Dai repouso ao can-
sado:
este é um lugar tranquilo".
Mas eles não quiseram escutar†.
13Assim Javé vai falar-lhes:
"Preceito sobre preceito, preceito so-
bre preceito,
regra sobre regra, regra sobre regra,
um pouco aqui um pouco ali",
a fim de que, ao caminhar,
eles caiam para trás e se fraturem,
sejam presos no laço e capturados.
14Por isso, escutai a palavra de Javé,
homens insolentes,
governadores deste povo que está
em Jerusalém.
15Vós dissestes: "Fizemos uma alian-
ça com a morte,
um acordo com o lugar dos mortos.*
Quando passar a catástrofe ameaça-
dora,
não nos atingirá,*
pois fizemos da mentira nosso refú-
gio
e na falsidade nos escondemos.
A pedra angular. 16Por isso, assim fala
o Senhor Javé:
"Eis que ponho em Sião uma pedra,*
uma pedra escolhida,
pedra angular, preciosa, pedra de
fundação bem assentada:
quem nela confia não será abalado†.
17Eu tomarei o direito como medida
e a justiça como nível.
Mas o granizo varrerá o refúgio da
mentira
e as águas inundarão o esconderijo.*
18Será anulada vossa aliança com a
morte
e vosso acordo com o lugar dos mor-
tos não ficará de pé;
quando passar a catástrofe, ela vos
esmagará.
19Cada vez que passar, ela vos atingirá;
passará cada manhã, dia e noite,
e será terror compreender sua men-
sagem.
20Porque o leito será pequeno de-
mais para se deitar
e a coberta estreita demais para se
envolver.
21Sim, como no monte Farasim Javé
se erguerá,*
como no vale de Gabaon ele se irrita-
rá para fazer sua obra,
uma obra extraordinária,
para realizar seu projeto, projeto sin-
gular.
22E agora cessai a zombaria,
para que não se reforcem vossos gri-
lhões,
pois eu ouvi do Senhor Javé dos
exércitos
que a destruição de todo o país está
decidida.
O divino agricultor. 23Inclinai os ouvi-
dos e escutai minha voz;
sede atentos e escutai minha palavra.
24Acaso o lavrador, para semear,
passa o dia todo a arar,
a sulcar e a rastelar sua terra?
25Mas, depois de ter nivelado a su-
perfície,
não espalha as sementes de endro,
depois de cominho,
não lança no lugar o trigo,
o centeio, a cevada e a aveia na bei-
rada?
26Seu Deus lhe ensinou esta regra e
o instruiu.
27Não se trilha o endro com o trilho,
não se faz passar sobre o cominho a
roda de um carro,
mas é com o bastão que se bate o
endro
e com a vara, o cominho.
28Quando se pisa o trigo, não se de-
mora até esmagá-lo,
põe-se em marcha a roda do carro e
os cavalos, sem esmagá-lo.

---

* **28**,11. Jr 5,15; 1Cor 14,21 | 15. Sb 1,16; Eclo 14,12 / Jr 5,12; Am 9,10 | 16. Sl 118,22s; Mt 21,42; 16,18; Ef 2,20; 1Pd 2,6 | 17. 28,15 | 21. 2Sm 5,17-25

† **28**,12. Os profetas reprovam as alianças políticas e militares com os povos pagãos: Israel deve repousar só em Javé. | 16. Javé exprime o propósito de fazer de Sião o centro religioso do mundo. Paulo aplica esse texto a Jesus, Rm 9,33.

29Também isto é um dom de Javé dos exércitos,
maravilhoso conselheiro e grande em sabedoria.

29 Cerco e libertação de Jerusalém.

1Ai de Ariel, Ariel,*
cidade onde acampou Davi!
Ajuntai ano a ano,
que as festas cumpram seu ciclo,
2e eu oprimirei Ariel;
haverá lamentos e gemidos,
e ela será para mim como Ariel.
3Eu acamparei contra ti a teu redor,*
eu te sitiarei com trincheiras
e levantarei contra ti baluartes.
4Serás humilhada,
tua voz se elevará da terra,
do pó ela se elevará como um murmúrio;
tua voz virá da terra como a de um fantasma,
como vinda do pó murmurará.
5A multidão de teus inimigos será como poeira fina,
a multidão dos guerreiros, como palha dispersa.
E de repente, num instante,
6serás visitada por Javé dos exércitos com trovões,
terremotos, estrondo, furacão,*
tempestade e chama de fogo devorador.
7Como um sonho, uma visão noturna,
será a multidão de todas as nações
em guerra contra Ariel,
de todos os que a combatem, sitiam e oprimem.
8E será como quando um que tem fome
sonha que está comendo,
mas, ao acordar, seu estômago está vazio;
ou como quando um que tem sede
sonha que está bebendo,
mas, ao acordar, sua garganta está seca.
Assim acontecerá com a multidão de todas as nações
em guerra contra a montanha de Sião.

A cegueira do povo eleito. 9Pasmai e ficai estupefatos,
sede cegos e ficai sem a vista,
inebriai-vos, mas não de vinho,
vacilai, mas não pela bebida.
10Pois Javé espalhou sobre vós um espírito de torpor,*
fechou vossos olhos, os profetas;
velou vossas cabeças, os videntes.
11E todas as visões se tornaram para vós
como as palavras de um livro selado,
que se entrega a alguém que sabe ler,
dizendo: "Lê isto".
Mas ele responde: "Não posso, pois está selado".
12E então se dá o livro a alguém que não sabe ler,
dizendo: "Lê isto".
Mas ele responde: "Eu não sei ler".
13O Senhor disse:
"Porque este povo está perto de mim em palavras*
e me glorifica com seus lábios,
mas seu coração está longe de mim
e seu temor não é mais que um mandamento humano,
uma lição aprendida,
14por isso vou continuar a surpreender este povo
com prodígios e maravilhas;
a sabedoria de seus sábios se perderá*
e a inteligência dos inteligentes desaparecerá".
15Ai dos que se escondem
para dissimular a Javé seus propósitos,
que tramam nas trevas suas ações*
e dizem: "Quem nos vê? Quem nos conhece?"
16Que perversidade a vossa!*
Acaso o oleiro se parece com a argila,
para que uma obra ouse dizer a quem a fez:
"Ele não me fez",
e um vaso a seu oleiro:
"Ele não tem entendimento"?

* **29**,1. 36,1s; 37,33-37; 33,7 | 3. 2Sm 5,6-9; Lc 19,43 | 6. Êx 13,22; 19,16 | 10. 19,14 | 13. Am 5,21; Mt 15,8s | 14. 1Cor 1,19 | 15. Sl 10,4; Jó 22,13 | 16. 45,9; 64,7; Jr 18,1-6; 19,1-13; Sb 12,12; Rm 9,20s

Conversão do povo. [17]Não é verdade
que dentro de pouco tempo
o Líbano se tornará um pomar,
e o pomar fará pensar numa floresta?
[18]Naquele dia os surdos ouvirão as
palavras do livro
e, livres da sombra e das trevas,
os olhos dos cegos verão.
[19]Os infelizes sempre mais se alegra-
rão em Javé*
e os mais pobres dos homens exulta-
rão no Santo de Israel.*
[20]Pois o tirano não existirá mais,
o zombador terá desaparecido
e serão exterminados todos os que
tramam a iniquidade:
[21]aqueles que fazem condenar al-
guém por suas palavras,
os que armam laços ao que julga na
porta,
e por nada violam o direito do justo.
[22]Por isso assim fala Javé,
Deus da casa de Jacó,
ele que resgatou Abraão:*
"Doravante Jacó não mais ficará en-
vergonhado,
doravante seu rosto não mais empa-
lidecerá,
[23]pois ao ver em sua casa seus filhos,
obra de minhas mãos,
eles santificarão meu nome,
santificarão o Santo de Jacó,
temerão o Deus de Israel".
[24]Os espíritos transviados aprende-
rão a inteligência
e os que murmuram receberão a ins-
trução.

30 **Aliança de Judá com o Egito.**
[1]Ai dos filhos rebeldes!† Orá-
culo de Javé.
Fazem projetos que não vêm de mim,
contraem alianças que meu espírito
não inspira,*
acumulando assim pecado sobre pe-
cado.
[2]Eles partem para descer ao Egito,
mas sem me terem consultado;
para refugiar-se sob a proteção do faraó
e para abrigar-se à sombra do Egito.
[3]Mas a proteção do faraó se mudará
para vós em vergonha,*
o abrigo à sombra do Egito, em vos-
sa confusão.
[4]Pois seus príncipes já estão em Tânis
e seus mensageiros chegaram a Ha-
nes.
[5]Todos serão decepcionados
por um povo que não pode socorrer,
que não traz ajuda nem proveito,
mas vergonha e infâmia.
[6]Oráculo contra as feras do Negueb.
No país da tribulação e da angústia,*
de onde vêm a leoa e o leão,
a víbora e o dragão voador,*
eles levam sobre o dorso dos jumen-
tos suas riquezas,
sobre a bossa dos camelos seus te-
souros,
para um povo que não pode socorrer,
[7]o Egito, cujo auxílio é vão e inútil;
eis por que lhe dei este nome: Raab,
a decaída.
Testamento contra o povo. [8]Agora
vai, escreve isto numa tabuinha,
grava-o num livro,
para que permaneça para o futuro
um testemunho perpétuo.
[9]Pois este é um povo rebelde, filhos
mentirosos,*
filhos que não querem escutar a ins-
trução de Javé,
[10]que disseram aos videntes:
"Não tenhais visões",
e aos profetas:
"Não nos profetizeis o que é certo.*
Dizei-nos coisas lisonjeiras, profetizai
ilusões.
[11]Saí fora da estrada, abandonai o
caminho reto,
afastai de nossos olhos o Santo de
Israel".
Castigo. [12]Por isso, assim fala o Santo
de Israel:
"Porque rejeitastes esta palavra
e vos entregastes à fraude e à des-
lealdade,*
para nelas vos apoiar,

* **29**,19. 1Sm 2,5s / Is 6,3 | 22. 41,8; 51,2 | **30**,1. Jr 2,18 | 3. 36,5-9 | 6. Dt 8,14s; Nm 21,4-9 / Is 14,29 | 9. 1,2-4 | 10. Am 2,12; 7,13; Jr 11,21

† **30**,1. Ser filho rebelde era uma culpa que merecia a pena de morte, Dt 21,18-21.

[13]por causa disso esta culpa será para vós
como brecha que ameaça ruína,
uma saliência num muro alto,
cuja queda acontece de improviso, num instante.
[14]Vai quebrar-se como se quebra o vaso de um oleiro,
feito em pedaços sem piedade,
sem que se encontre entre seus cacos
um pedaço para tirar fogo da lareira
ou para tirar água da cisterna".
[15]Pois assim tinha falado o Senhor Javé, o Santo de Israel:*
"Na conversão e na calma estará vossa salvação;
na serenidade e na confiança estará vossa força".
Mas vós não quisestes!
[16]E dissestes: "Não! Nós fugiremos a cavalo!"*
Fugi, então!
E mais: "Nós teremos animais velozes!"
Pois bem, vossos perseguidores serão velozes.
[17]Mil tremerão diante da ameaça de um só,*
diante da ameaça de cinco fugireis,
até que fiqueis como poste no alto da montanha,
como sinal numa colina.

O povo se converterá. [18]É por isso que Javé aguarda
a hora de ter piedade de vós,*
é por isso que se levantará
para vos conceder misericórdia,
pois Javé é um Deus de justiça;
bem-aventurados todos os que nele esperam.*
[19]Sim, povo de Sião, que moras em Jerusalém,
não mais chorarás,
pois ele vai ter piedade de ti por causa de teu clamor;
logo que o ouvir, ele te responderá.
[20]O Senhor vos dará o pão da adversidade
e a água da aflição;
aquele que te instrui não se ocultará mais,
e teus olhos verão aquele que te instrui.
[21]Teus ouvidos ouvirão uma palavra pronunciada atrás de ti
que diz: "Este é o caminho, segui-o,
quer tomeis a direita quer a esquerda".
[22]Considerarás como impura a cobertura de prata de teus ídolos
e o revestimento de ouro de tuas estátuas.
Tu as rejeitarás como objeto imundo,
dizendo-lhes: "Fora daqui!"
[23]Ele dará a chuva a tua semente que tiveres semeado no solo,
e o pão, produto da terra, será saboroso e nutritivo.
Teu gado pastará naquele dia em amplos pastos.
[24]Os bois e os jumentos que trabalham a terra
comerão forragem salgada que se espalha com a pá e a forquilha.
[25]Sobre toda alta montanha e sobre toda colina elevada
haverá riachos e correntes de água no dia do grande massacre,
quando desabarão as torres.
[26]Então a luz da lua será como a luz do sol,
e a luz do sol será sete vezes mais forte, como a luz de sete dias,
no dia em que Javé vai enfaixar a chaga de seu povo
e curar a ferida que ele causou.

Deus abaterá a Assíria. [27]Eis que o nome de Javé vem de longe,
ardente é sua ira, pesada sua ameaça.
Seus lábios transbordam de furor,
sua língua é como fogo devorador.
[28]Seu sopro é como torrente transbordante*
que chega até o pescoço,
para peneirar as nações com a peneira da destruição
e pôr um freio desorientador nas mandíbulas dos povos.
[29]Tereis um cântico nos lábios como em noite de festa,
e a alegria nos corações como quem

* **30**,12. Sl 62,11 | 15. Is 6,3 / Is 7,9 | 16. Os 1,7 | 17. Dt 32,30 | 18. 54,8 / Sl 2,12 | 28. Sb 5,23

caminha ao som da flauta
para ir à montanha de Javé, a rocha de Israel.
30Javé fará ouvir a majestade de sua voz,*
fará sentir o peso de seu braço no ardor de sua ira,
na chama de um fogo devorador, na tempestade,
num dilúvio de chuva e pedras de granizo.
31Pois com a voz de Javé a Assíria ficará aterrorizada;
ele a ferirá com sua vara.
32E cada vez que ele passar,
será o bastão do castigo que Javé lhe infligirá,
ao som dos tamborins e das cítaras,
e nos combates que ele travar, a mão erguida contra ela.
33Pois desde muito tempo está preparada a fogueira
– será também para o rei –
é profunda e larga, com fogo e lenha em abundância;
o sopro de Javé, como torrente de enxofre, a acenderá.

31 **Contra o Egito.** 1Ai dos que descem ao Egito em busca de socorro.*
Contam com os cavalos, põem sua confiança nos carros,*
pois são numerosos,
e nos cavaleiros,
pois são muito fortes.
Não se voltaram para o Santo de Israel,*
não consultaram Javé.
2No entanto, ele também é sábio e causará o desastre.
Jamais faltou a sua palavra.
Ele se levantará contra o partido dos maus,
contra a proteção dos malfeitores.
3Os egípcios são homens e não deuses;*
seus cavalos são carne e não espírito.
Javé estenderá a mão:*
o protetor tropeçará, o protegido cairá,
todos juntos perecerão.

Deus protegerá Sião. 4Pois assim me falou Javé:
"Como ruge o leão ou o leãozinho por sua presa,
ainda quando se reúne contra ele um grupo de pastores,
sem que ele fique espantado por seus gritos
ou amedrontado por seu tumulto,
assim descerá Javé dos exércitos
para guerrear sobre o monte Sião e sobre sua colina.
5Como os pássaros que voam,
assim Javé dos exércitos protegerá Jerusalém;*
protegerá e salvará, preservará e livrará".
6Voltai para aquele que os filhos de Israel
tão profundamente traíram.
7Pois, naquele dia, cada um rejeitará
seus ídolos de prata e seus ídolos de ouro
que vossas mãos pecadoras fabricaram.
8A Assíria cairá pela espada,
não a de um homem;
será devorada pela espada,
não a de um ser humano.
Ela fugirá diante da espada,
e seus jovens serão escravizados.
9Em seu terror abandonará seu rochedo,
e seus chefes apavorados desertarão o estandarte,
oráculo de Javé,
cujo fogo está em Sião e cuja fornalha, em Jerusalém.

32 **Reinará um rei justo.** 1Eis que um rei reinará com justiça*
e os príncipes governarão conforme o direito.
2Cada um será como um abrigo contra o vento,
um refúgio contra a tempestade,
como riachos sobre terra árida,
como a sombra de uma rocha sólida num país desolado.
3Os olhos dos que veem não estarão mais fechados,

* **30**,30. Êx 19,16; Sl 29,1 | **31**,1. 30,1-7 / Os 1,7 / Is 6,3 | 3. Ez 28,9 / Êx 14,26 | 5. Dt 32,11; Sl 36,8 | **32**,1. 11,3s; Jr 23,5s

os ouvidos dos que ouvem estarão atentos.
[4]O coração dos inconstantes saberá compreender
e a língua dos gagos falará com rapidez e clareza.
[5]Não mais se dará ao insensato o título de nobre,*
nem ao impostor, o de generoso.
[6]Pois o insensato fala loucamente*
e seu coração se entrega à iniquidade,
praticando a impiedade e dirigindo a Javé blasfêmias,
deixando o faminto sem alimento
e recusando a bebida a quem tem sede.
[7]Quanto ao esperto, suas manobras são perversas,
projeta maquinações para eliminar o pobre com palavras mentirosas,*
quando o infeliz tem o direito a seu favor.
[8]Mas quem é nobre tem nobres intenções;
ele se levanta para agir com nobreza.
Depois da provação, a salvação. [9]Mulheres indolentes, levantai-vos,*
escutai minha voz!
Filhas cheias de soberba,
prestai atenção a minha palavra.
[10]Dentro de um ano e alguns dias tremereis, presunçosas,
pois a vindima estará terminada
e não haverá colheita.
[11]Tremei, mulheres indolentes;
estremecei, despreocupadas!
despojai-vos, desnudai-vos, cingi vossos rins!
[12]Batei no peito por causa dos campos amenos
e das vinhas frutíferas.
[13]Sobre a terra de meu povo crescerão espinheiros e abrolhos,
como sobre todas as casas onde há alegria, na cidade jubilosa.
[14]Pois a fortaleza será abandonada,
a cidade rumorosa ficará deserta.
Ofel e a torre servirão de cavernas para sempre,
delícias dos asnos selvagens, pastos de rebanhos,
[15]até que se derrame sobre nós o Espírito do alto,
e que o deserto se torne um pomar,
um pomar que faz pensar numa floresta.
[16]No deserto se estabelecerá o direito,
e a justiça habitará no pomar.
[17]O fruto da justiça* será a paz†,
o efeito da justiça será a tranquilidade
e a segurança para sempre.
[18]Então meu povo habitará numa morada de paz,
em habitações seguras e em tranquilos lugares de repouso.
[19]E se a floresta for totalmente destruída,
se a cidade for gravemente humilhada,
[20]felizes sereis vós que semeais por toda a parte onde há água
e deixais em liberdade o boi e o jumento.

33 **Invocação.** [1]Ai de ti que destróis e não foste destruído,
que és traidor e não foste traído;
quando acabares de destruir, tu serás destruído,
quando terminares tuas traições, serás traído.
[2]Javé, tende misericórdia de nós, em vós esperamos.*
Sede nosso braço cada manhã
e nossa salvação no tempo da adversidade.*
[3]Ao ruído do tumulto fogem os povos,
quando vos levantais, dispersam-se as nações.
[4]Vossos despojos serão reunidos
como se reúnem as lagartas;*
saltarão sobre eles como saltam os gafanhotos.
[5]Javé é exaltado, pois mora nas alturas;*
enche Sião de direito e de justiça.

---

* **32**,5. 5,20 | 6. Sl 14,2; Ecl 10,13 | 7. Sl 10,2.7-11 | 9. 3,16-24; Am 4,1ss | 17. 11,6 | **33**,2. Sl 32,10; 33,22 / Sl 46,2 | 4. Nm 10,35; Sl 68,21; 46,7; 48,5-8 | 5. Sl 57,6; 97,9

† **32**,17. "As religiões se preocupam, necessariamente, com a justiça, como condição básica para a paz: Se queres a paz, trabalha pela justiça" (D. Hélder Câmara).

6Ele será a segurança para teus dias.
A riqueza salutar é a sabedoria e a ciência;
o temor de Javé: tal será seu tesouro.

Intervenção de Deus. 7Eis que seus arautos gritam nas ruas;
os mensageiros de paz choram amargamente.*
8As estradas estão desertas,
não há transeuntes nos caminhos;
romperam a aliança,
desprezaram as testemunhas,
não se faz caso de ninguém.
9O país está de luto, desfalece.*
O Líbano se envergonha e murcha,
Saron se tornou como a estepe,
Basã e o Carmelo estremecem.
10"Agora me levantarei, diz Javé,
agora vou me erguer, agora serei exaltado.*
11Vós concebeis feno e dais à luz palha;
meu sopro vos devorará como um fogo.
12Os povos serão consumidos como pela cal;
como espinhos cortados, serão queimados ao fogo.
13Escutai, vós que estais longe, o que eu fiz;
sabei, vós que estais perto, qual é meu poder".
14Ficam aterrados os pecadores em Sião,
um tremor se apodera dos ímpios:
"Quem de nós resistirá a um fogo devorador?
Quem de nós resistirá às chamas eternas?"
15Aquele que se comporta com justiça e fala lealmente,*
que recusa um ganho extorquido
e sacode a mão para não aceitar suborno,
que tampa os ouvidos para não ouvir propósitos sanguinários
e fecha os olhos para não ver o mal.
16Este habitará nas alturas,
as rochas escarpadas serão seu refúgio;
o pão lhe será dado, a água lhe será garantida.

Um futuro de glória. 17Teus olhos contemplarão o rei em sua beleza,
eles verão um país que se estende ao longe.
18Teu coração meditará no terror:
"Onde está aquele que contava?*
Onde está aquele que pesava?
Onde está aquele que contava as torres?"
19Não verás mais o povo arrogante,*
o povo de linguagem obscura, incompreensível,
de língua bárbara e sem sentido.
20Contempla Sião, cidade de nossas festas!
Que teus olhos vejam Jerusalém,
habitação segura, tenda inamovível,*
cujas estacas jamais serão arrancadas,
cujas cordas jamais serão rompidas.
21Com efeito, se lá está um poderoso,
conosco temos Javé;
se aquela é região de rios e de largos canais,
por eles não navegarão barcos a remo,
nem os sulcarão grandes navios;
23asuas cordas se afrouxaram,
23bjá não mantêm o mastro de pé,
23cjá não conservam a vela estendida.
22Mas Javé é nosso juiz,
Javé é nosso legislador,
Javé é nosso rei;
é ele que nos salva.
23dEntão também o cego partilhará dos ricos despojos,
23ee até os coxos ficarão ricos com as presas.
24Habitante algum terá de dizer: "Estou enfermo";
ao povo que nela habita foi perdoada toda a culpa.

V. SEGUNDO APOCALIPSE (34–35)

34 **Sentença contra Edom.** 1Aproximai-vos, nações, para escutar†;
povos, prestai atenção!*

* **33**,7. 29,1 | 9. Am 1,2 | 10. Sl 12,6 | 15. Sl 15 | 18. 1Cor 1,20 | 19. 28,11 | 20. 54,2 | **34**,1. 63,1-6; Jr 49,7-22

† **34**,1. Convocação geral do mundo para ouvir o juízo de Javé contra as nações.

Que escute a terra e sua plenitude,
o mundo com tudo o que ele produz!
2 Porque Javé está indignado contra todas as nações;
está irado contra todo o exército delas.
Ele as vota ao extermínio e as entrega ao massacre.
3 Suas vítimas são lançadas fora,
o mau cheiro de seus cadáveres se espalha,
as montanhas se derretem com seu sangue.
4 Todo o exército dos céus se dissolve.
Os céus se enrolam como um livro,*
cai todo o seu exército,
como caem as folhas da vinha e as da figueira†.
5 Pois minha espada se inebriou nos céus.
Eis que ela se abate sobre Edom,
sobre o povo que eu votei ao extermínio para o punir.
6 A espada de Javé está cheia de sangue,
impregnada de gordura,
do sangue dos cordeiros e dos bodes,
da gordura das vísceras dos carneiros;
pois há para Javé um sacrifício em Bosra,*
um grande massacre no país de Edom.
7 Com eles caem os búfalos, os novilhos com os touros;
sua terra está ébria de sangue,
sua poeira está impregnada de gordura.
8 Pois é um dia de vingança para Javé,
o ano da retribuição no processo de Sião.
9 Suas torrentes se mudarão em piche,*
sua poeira em enxofre,
seu país se tornará piche ardente.
10 Noite e dia ele não se extinguirá,
eternamente se levantará sua fumaça;
de idade em idade ficará deserto,
por todo o sempre ninguém mais passará por lá.
11 Será o domínio do pelicano e do ouriço;
o bufo e o corvo aí habitarão;*
Javé estenderá sobre ele o cordão do caos
e o nível do vazio.
12 Não haverá mais nobres para proclamar um rei;*
terão desaparecido todos os seus príncipes.
13 Em suas fortalezas crescerão os espinhos,
em suas cidadelas, a urtiga e o espinheiro;
será um covil de chacais, morada de avestruzes.
14 Os gatos selvagens encontrarão as hienas,
os sátiros* chamarão um ao outro†;
lá também Lilit se instalará e achará seu repouso.
15 Lá fará seu ninho a serpente,
porá seus ovos e os chocará,
juntará os filhotes em sua sombra.
Lá também se reunirão os abutres,
cada qual com seu companheiro.
16 Buscai no livro de Javé e lede:
Nenhum deles faltará;
nenhum se inquietará por seu companheiro.
Pois foi sua boca que o ordenou,
foi seu espírito que os reuniu.
17 Foi ele que lançou a sorte para eles
e sua mão fixou a parte deles com a corda;
para sempre a possuirão,
de idade em idade aí habitarão.

35

Novo Israel. 1 Que se alegrem
o deserto e a terra seca,
que a estepe exulte e floresça como a rosa.*
2 Que ela se cubra de flores,
exulte de alegria e cante com júbilo.
Foi-lhe dada a glória do Líbano,*
o esplendor do Carmelo e do Saron.

---

* **34**,4. Ap 6,14 | 6. 63,1 | 9. Gn 19,24-28; Ap 14,10s | 11. 13,20-23 | 12. Ap 18,2 | 14. 13,21 | **35**,1. 41,19 | 2. 60,13

† **34**,4. A natureza participa da grande intervenção de Deus na história. | **34**,14. Ver a nota em 13,21.

Eles verão a glória de Javé,
o esplendor de nosso Deus.
3Fortalecei as mãos enfraquecidas,*
firmai os joelhos vacilantes!
4Dizei aos corações temerosos:
"Sede fortes, não tenhais medo;
eis aqui vosso Deus.*
É a vingança que vem, a retribuição divina.
É ele que vem para vos salvar".
5Então os olhos dos cegos se abrirão*
e os ouvidos dos surdos se descerrarão.
6Então saltará como cervo o paralítico,*
e a língua do mudo gritará de alegria,
porque jorrarão águas no deserto e torrentes na estepe.*
7A terra queimada se tornará lagoa
e o país da sede, fontes de águas;
nos lugares onde moravam chacais,
haverá relva com caniços e juncos.
8Haverá lá uma estrada e um caminho;
caminho sagrado se chamará;
por ele não passará o impuro;
será para os que seguem este caminho;
e os insensatos não se perderão.
9Lá não haverá leão,
nem qualquer fera selvagem por ali passará ou ali se encontrará;
mas lá caminharão os redimidos.
10Voltarão os que Javé redimiu,*
exultantes chegarão a Sião,
trazendo consigo uma eterna alegria.
O júbilo e a alegria os acompanharão,
a dor e o gemido cessarão.

VI. A INVASÃO ASSÍRIA (36–39)

36 **Senaquerib contra Jerusalém**†. 1No ano décimo quarto
do rei Ezequias,* Senaquerib, rei da As-
síria, marchou contra todas as cidades
fortes de Judá e se apoderou delas. 2De
Laquis, o rei da Assíria enviou ao rei
Ezequias, em Jerusalém, seu ajudante
de campo com grande exército. Ele pa-
rou perto do canal do açude superior,
no caminho do campo do Lavador.
Embaixada de Senaquerib. 3Saí-
ram a seu encontro o chefe do palá-
cio, Eliacim, filho de Helcias, o escriba
Sobna* e o cronista Joaé, filho de Asaf.
4O ajudante de campo lhes disse: "Dizei
a Ezequias: Assim fala o grande rei, o
rei da Assíria: Que segurança é esta na
qual tu confias? 5Imaginas talvez que
palavras ao vento equivalem a conse-
lho e valentia para empreender a guer-
ra? Em quem, pois, colocas tua confian-
ça para te teres revoltado contra mim?
6Eis que confias nesse caniço quebra-
do,* o Egito, que penetra e atravessa a
mão de quem se apoia sobre ele. Assim
é o faraó, rei do Egito, para todos os
que confiam nele. 7Vós me direis tal-
vez: É em Javé nosso Deus que temos
confiança. Mas não é este o deus cujos
lugares altos e altares Ezequias supri-
miu, dizendo ao povo de Judá e de
Jerusalém: É diante deste altar que vos
prostrareis? 8Pois bem! Faze uma apos-
ta com meu senhor, o rei da Assíria: eu
te darei dois mil cavalos, se fores capaz
de achar cavaleiros para montá-los! 9E
como farias recuar um só dos menores
servos de meu senhor? Mas confiaste
no Egito para ter carros e cavaleiros!
10E mais, acaso é sem a vontade de
Javé que eu marchei contra este país
para destruí-lo? Foi Javé que me disse:
Sobe contra este país e o destrói!"†
11Então Eliacim, Sobna e Joaé dis-
seram ao ajudante de campo assírio:
"Por favor, fala a nós, teus servos, em
aramaico, porque o compreendemos.
Não nos fales na língua judaica aos
ouvidos das pessoas que estão sobre
a muralha". 12Mas o ajudante de cam-
po respondeu: "Acaso foi a ti e a teu
senhor que meu senhor me mandou

---

* **35**,3. 40,29-31 | 4. 40,10 | 5. Mt 11,5 | 6. At 3,8 / Is 41,18; 43,20; 48,21; Jo 4,1 | 10. 51,11; Sl 126 | **36**,1. 2Rs 18,13-37 | 3. 7,3; 22,20s | 6. 30,3

† **36**. Os cc. 36 e 37, que contam a invasão e a derrota de Senaquerib, são paralelos a 2Rs 18,13–19,36. | 10. O rei da Assíria executa os desígnios de Javé, 10,5.

dizer essas coisas? Não é sobretudo às pessoas que estão sobre as muralhas, condenadas a comer seus excrementos e a beber a própria urina convosco?"

13Então o ajudante de campo ficou de pé e gritou com voz forte em língua judaica: "Escutai as palavras do grande rei, o rei da Assíria! 14Assim fala o rei: Que Ezequias não vos engane! Ele não poderá libertar-vos. 15Que Ezequias não vos faça confiar em Javé dizendo: Certamente Javé nos libertará, esta cidade não cairá nas mãos do rei da Assíria. 16Não deis ouvidos a Ezequias, pois assim fala o rei da Assíria: Fazei as pazes comigo, rendei-vos a mim, e cada um de vós comerá do fruto de sua vinha e de sua figueira, cada um beberá água de sua cisterna, 17até que eu venha e vos conduza a um país semelhante ao vosso, um país de trigo e de vinho, um país de pão e de vinhas. 18Que Ezequias não vos engane, dizendo: Javé nos libertará. Os deuses das nações libertaram realmente cada qual seu país das mãos do rei da Assíria? 19Onde estão os deuses de Emat e de Arfad? Onde estão os deuses de Sefarvaim?* Onde estão os deuses do país de Samaria? Porventura libertaram Samaria de minha mão? 20Qual dentre todos os deuses desses países livrou seu país de minha mão, para que Javé liberte Jerusalém de minha mão?"

21Eles guardaram silêncio e nada lhe responderam, pois esta foi a ordem do rei: "Vós não lhe respondereis".

22Então o chefe do palácio, Eliacim, filho de Helcias, o escriba Sobna e o cronista Joaé, filho de Asaf, voltaram para junto de Ezequias com as vestes rasgadas e lhe referiram as palavras do ajudante de campo.

37 **Ezequias consulta Isaías.** 1Ao ouvir isto, o rei Ezequias rasgou suas vestes,* vestiu roupa de saco e foi ao templo de Javé. 2Enviou o chefe do palácio, Eliacim, o escriba Sobna e os anciãos dos sacerdotes, trajando roupas de saco, ao profeta Isaías, filho de Amós, 3para lhe dizer: "Assim fala Ezequias: Hoje é um dia de angústia, de castigo e de vergonha. Os filhos estão para nascer e falta a força para dá-los à luz†. 4Que Javé teu Deus ouça as palavras do ajudante de campo que o rei da Assíria, seu senhor, mandou para insultar o Deus vivo, e que Javé teu Deus castigue as palavras que ele ouviu! Faze subir até ele uma oração em favor do resto que ainda subsiste".

5Quando os ministros do rei Ezequias foram ter com Isaías, 6este lhes disse: "Dizei isto a vosso senhor: Assim fala Javé: Não tenhas medo das palavras que ouviste, das blasfêmias que os servos do rei da Assíria lançaram contra mim. 7Eis que vou incutir nele um espírito e, por causa de uma notícia que ele vai ouvir, voltará a seu país e, em seu país, eu o farei cair morto pela espada.

8O ajudante de campo voltou* e encontrou o rei da Assíria combatendo contra Lebna, porque ele soube que o rei havia deixado Laquis, 9pois tinha recebido esta notícia sobre Taraca,* rei da Núbia: "Ele partiu em guerra contra ti". **Segunda embaixada de Senaquerib.** De novo Senaquerib enviou mensageiros a Ezequias para lhe dizer: 10"Assim falareis a Ezequias, rei de Judá: Que teu Deus, em quem confias, não te engane, dizendo: Jerusalém não será entregue nas mãos do rei da Assíria. 11Ficaste sabendo o que os reis da Assíria fizeram a todos os países, destruindo-os por completo, e tu serias preservado? 12Os deuses das nações que meus pais devastaram – Gozã, Harã, Resef e os edenitas que estavam em Telassar – porventura as libertaram? 13Onde estão o rei de Emat, o rei de Arfad, o rei de Lair, de Sefarvaim, de Ana, de Ava?"

Oração de Ezequias. 14Ezequias recebeu a carta da mão dos mensageiros e a leu. Depois subiu ao templo de Javé e estendeu-a diante de Javé. 15Ezequias rezou a Javé, dizendo: 16"Javé dos exér-

---

* **36**,19. 10,9 | **37**,1. 2Rs 19,1-7 | 8. 2Rs 19,8s | 9. 2Rs 19,9-19

† **37**,3. Ver a nota em 2Rs 19,3.

citos, Deus de Israel, que vos assentais
sobre os querubins, vós é que sois o
único Deus de todos os reinos da terra,
fostes vós que fizestes o céu e a ter-
ra. 17Inclinai vosso ouvido, Javé, e ouvi;
abri os olhos, Javé, e vede. Escutai as
palavras de Senaquerib, que mandou
dizer insultos ao Deus vivo. 18É ver-
dade, Javé; os reis da Assíria extermi-
naram todas as nações e seus países,
19lançaram ao fogo seus deuses, pois
não eram deuses, mas obra de mãos
humanas, de madeira e de pedra; por
isso os aniquilaram. 20Mas agora, Javé,
nosso Deus, salvai-nos de sua mão, e
que todos os reinos da terra saibam
que só vós sois Javé".

Intervenção de Isaías. 21Então Isaías,
filho de Amós,* mandou dizer a Eze-
quias: "Assim fala Javé, Deus de Israel,
ao qual dirigiste a oração a propósito
de Senaquerib, rei da Assíria: 22Eis o
oráculo que Javé pronunciou contra
ele:

Ela te despreza, zomba de ti
a virgem, filha de Sião;
ela balança a cabeça a tuas costas,
a filha de Jerusalém.
23A quem insultaste e blasfemaste?
Contra quem elevaste a voz
e ergueste o olhar arrogante?
Contra o Santo de Israel!
24Por meio de teus servos insultaste o Senhor,
dizendo: Com meus numerosos carros
subi ao cimo dos montes,
às regiões mais remotas do Líbano.
Cortei seus mais altos cedros
e seus mais belos ciprestes.
Atingi sua maior altitude,
seu parque florestal.
25Eu cavei e bebi água,
com a planta de meus pés
sequei todos os rios do Egito.
26Não o ouviste? De longa data preparei estas coisas,
nos dias antigos fiz o propósito, agora o realizo.
Teu destino foi reduzir a montes de ruínas cidades fortificadas.
27Seus habitantes, debilitados,
assustados e confusos,
foram como plantas dos campos,
como a relva verde e o capim dos telhados,
como trigo queimado antes de crescer.
28Quando te sentas, quando sais ou entras, eu o sei,
e também que tremes de furor contra mim.
29Por causa de teu furor contra mim
e porque tua arrogância subiu até meus ouvidos,
porei meu anel em tuas narinas
e meu freio em teus lábios
e te farei voltar pelo caminho pelo qual vieste.
30Isto te servirá de sinal:*
neste ano se comerá do trigo caído
e no próximo ano do que cresce por si;
mas, no terceiro ano, semeai e colhereis,
plantai vinhas e comei de seu fruto.
31O resto que escapou da casa de Judá
produzirá novas raízes embaixo e frutos no alto.
32Pois de Jerusalém sairá um resto,
e sobreviventes do monte Sião.
O amor zeloso de Javé dos exércitos fará isto.
33Eis, pois, o que diz Javé sobre o rei da Assíria:*
ele não entrará nesta cidade,
não lançará uma só flecha,
não a atacará com escudos,
não construirá aterro.
34Ele voltará pelo caminho que veio,
e nesta cidade não entrará,
oráculo de Javé.
35Eu protegerei esta cidade e a salvarei
em atenção a mim mesmo e a meu servo Davi".

Derrota de Senaquerib. 36Naquela
mesma noite, o Anjo de Javé saiu* e
feriu no campo assírio cento e oitenta
e cinco mil homens. De manhã, ao des-
pertar, não eram mais que cadáveres.

* **37**,21. 2Rs 19,20-28 | **37**,30. 2Rs 19,29ss | 33. 2Rs 19,32ss | 36. 2Rs 19,35ss

37 Senaquerib levantou o acampamento
e partiu. Voltou e ficou em Nínive. 38 E
aconteceu que, estando ele prostrado
no templo de Nesroc, seu deus, seus
filhos Adramelec e Sarasar o mataram
com a espada e fugiram para o país de
Ararat. Asaradon, seu filho, reinou em
seu lugar.

38 **Doença e cura de Ezequias.**

1 Naquele tempo, Ezequias foi
atingido por doença mortal.*
O profeta Isaías, filho de Amós, veio
dizer-lhe: "Assim fala Javé. Põe ordem
em tua casa, pois vais morrer, não sobreviverás".
2 Ezequias voltou o rosto para a parede
e fez esta oração a Javé: 3 "Ah! Javé,
eu vos peço, lembrai-vos de que me
comportei fielmente e com integridade
de coração diante de vós e que fiz o
que era reto a vossos olhos". E Ezequias
derramou abundantes lágrimas.
4 Então a palavra de Javé foi dirigida
a Isaías: 5 "Vai e dize a Ezequias: Assim
fala Javé, Deus de Davi, teu pai: Eu ouvi
tua oração, eu vi tuas lágrimas†. Acrescentarei
quinze anos a tua vida.
6 Eu livrarei a ti e esta cidade das
mãos do rei da Assíria e protegerei esta
cidade. 7 Eis, da parte de Javé, o sinal de
que Javé fará o que disse. 8 Vou fazer
recuar dez degraus a sombra que por
efeito do sol se alongou sobre os degraus
de Acaz".
E o sol recuou dez degraus sobre os
degraus em que tinha descido†.

Cântico de ação de graças. 9 Cântico
de Ezequias, rei de Judá, quando teve a
doença da qual foi curado:
10 "Eu dizia: Na metade de meus dias,*
eu vou para as portas do lugar dos mortos,
privado do resto de meus anos.
11 Eu dizia: Já não verei mais Javé*
na terra dos vivos,
não poderei mais olhar um rosto humano
entre os habitantes do mundo.
12 Minha morada foi arrancada,
lançada para longe de mim
como tenda de pastores;
como tecelão enrolei minha vida,*
ele me cortou do tear†.
Do dia para a noite me conduzis ao fim.*
13 Gritei até de manhã; como um leão,*
é assim que ele quebra todos os meus ossos;
do dia à noite pondes um termo a minha vida.
14 Pio como andorinha,
gemo como pomba;*
meus olhos se cansam de olhar para o alto.
Senhor, eu sou oprimido, vinde em meu auxílio.*
15 Como falarei e o que lhe direi?
É ele que age.
Viverei todos os meus anos
na amargura de minha alma.
16 Senhor, meu coração espera em vós,
que meu espírito reviva;
curai-me e fazei-me viver.
17 Eis que minha amargura se mudou em bem-estar.
Fostes vós que preservastes minha alma*
da fossa do nada,
porque lançastes para trás de vós todos os meus pecados†.
18 Pois não é o lugar dos mortos que vos louva,*
nem a morte que vos celebra.
Não esperam em vossa fidelidade
os que descem ao túmulo.
19 O vivente, só o vivente é que vos louva†,
como eu hoje.
O pai dará a conhecer a seus filhos*
vossa fidelidade.

---

* **38**,1. 2Rs 20,1-11 | 10. Sl 116 | 11. Sl 27,13 | 12. Jó 7,6 / Jó 4,20; Sl 90,5s | 13. Jó 10,16 | 14. Sl 69,4 / Sl 121,1 | 17. Sl 103,3s | 18. Sl 6,6; Br 2,17; Eclo 17,31 | 19. Dt 4,9 |

† **38**,5. 2Rs 20,5 acrescenta: "Eu vou te curar: dentro de três dias, subirás ao templo de Javé", frase que não consta no TM, mas o v. 22 parece supor este acréscimo. | 8. Ver a nota em 2Rs 20,11. | 12. Símbolos de uma vida breve, que finda antes da hora. | 17. A doença era considerada castigo do pecado, e a cura era sinal do perdão, Mt 9,2-6. | 19. "A glória de Deus é o homem vivo, e a vida do homem é a visão de Deus" (S. Irineu).

20Javé, vinde em meu auxílio,
e faremos ressoar nossas harpas
todos os dias de nossa vida
no templo de Javé".
21Isaías disse: "Trazei uma pasta de fi-
gos, aplicai-a sobre a úlcera e ele ficará
curado". 22Disse Ezequias: "Qual será o
sinal de que hei de subir ao templo de
Javé?"

39 Embaixada do rei de Babilô-
nia. 1Naquele tempo, Mero-
dac-Baladã, filho de Baladã, rei de Ba-
bilônia,* enviou cartas e um presente
a Ezequias, pois ele ficara sabendo de
sua doença e de seu restabelecimento.
2Ezequias ficou alegre e mostrou aos
mensageiros a sala do tesouro, a pra-
ta, o ouro, os aromas, o óleo precioso,
bem como todo o seu arsenal e tudo o
que se achava em seus depósitos. Não
houve nada em seu palácio e em todo
o seu domínio que Ezequias não lhes
mostrasse.

3Então o profeta Isaías veio ter com
o rei Ezequias e perguntou-lhe: "Que
foi que disseram aqueles homens e de
onde vieram a ti?" Ezequias respon-
deu: "Vieram de um país distante, de
Babilônia". 4Isaías perguntou: "Que foi
que viram em teu palácio?" Ezequias
respondeu: "Viram tudo o que há em
meu palácio; não há nada em meus
depósitos que eu não lhes tenha mos-
trado".

5Então Isaías disse a Ezequias: "Escuta
a palavra de Javé dos exércitos: 6Virão
dias em que tudo o que está em teu
palácio e tudo o que ajuntaram teus
pais até hoje será levado a Babilônia.
Nada será deixado, diz Javé. 7Dentre
os filhos nascidos de ti, e que tu ge-
raste, tomarão alguns para serem eu-
nucos no palácio do rei de Babilônia".
8Ezequias disse a Isaías: "É uma palavra
favorável de Javé que tu anuncias". Ele
pensava: "Com efeito, haverá paz e se-
gurança durante minha vida".

VII. O LIVRO DA CONSOLAÇÃO (40–55)†

40 Anúncio da libertação.
1"Consolai, consolai meu povo,
diz vosso Deus;*
2falai ao coração de Jerusalém
e anunciai-lhe que seu serviço está terminado,
que sua culpa está expiada,
que ela recebeu de Javé
punição dupla por todos os seus pecados".
3Uma voz proclama:*
"Preparai no deserto o caminho de Javé,
aplanai na estepe uma estrada para nosso Deus.
4Que todo vale seja aterrado,*
toda montanha e colina sejam rebaixadas;
o terreno acidentado se mude em plano
e as escarpas, em largos vales.
5Então a glória de Javé se revelará*
e todos os seres de carne juntos a verão,
porque a boca de Javé falou".*
6Uma voz diz: "Clama!"
E eu respondo: "Que clamarei?"
"Toda carne é erva
e toda a sua glória é como a flor dos campos.
7A erva seca e a flor murcha*
quando o sopro de Javé passa sobre elas;
sim, o povo é como a erva.
8A erva seca, a flor murcha,*
mas a palavra de nosso Deus permanece para sempre".
9Sobe a uma alta montanha,
tu que trazes boas notícias a Sião;
eleva com força tua voz,
portadora de boas notícias para Jerusalém;
eleva a voz, não temas;
dize às cidades de Judá: "Eis aqui vosso Deus!

---

* **39**,1. 2Rs 20,12-19 | **40**,1. 52,7-12 | 3. Mt 3,3; Ml 3,1.23s; Eclo 48,10 | 4. 45,2; Lc 3,4ss | 5. Êx 24,16; Is 58,8; 60,1 / Is 1,20; 58,14 | 7. Tg 1,10s; 1Pd 1,24s; Is 51,12 | 8. Jó 14,2; Sl 37,2; 90,5; 119,89

† **VII.** Começa o Segundo Isaías, o "livro da consolação", que anuncia aos exilados de Babilônia a próxima libertação: que o povo tenha confiança e se alegre, porque Deus vai manifestar sua grandeza.

[10]Eis que o Senhor Javé vem com poder,
seu braço assegura sua autoridade;
traz consigo seu prêmio,*
e sua recompensa o precede†.
[11]Como um pastor ele apascenta* seu rebanho†,
com seu braço reúne os cordeiros,
carrega-os no colo
e conduz devagar as ovelhas que amamentam".

Grandeza de Javé†. [12]Quem mediu as águas do mar no côncavo da mão*
e calculou com o palmo as dimensões do céu?
Quem recolheu numa medida o pó da terra,
pesou as montanhas no gancho
e as colinas na balança?
[13]Quem dirigiu o espírito de Javé*
e o instruiu como conselheiro?
[14]A quem ele consultou
que pudesse dar-lhe entendimento,
ensinar-lhe o caminho da justiça,
transmitir-lhe a ciência
e indicar-lhe o caminho do discernimento?
[15]Eis as nações:
são como gota-d'água de um balde,*
são contadas como pó na balança.
Eis as ilhas:
pesam como a poeira.
[16]O Líbano não bastaria para acender o fogo,
nem seus animais bastariam para o holocausto.
[17]Todas as nações são como um nada diante dele;*
ele as considera como um nada e nulidade.

Nulidade dos ídolos†. [18]A quem podeis comparar Deus?*
Com qual imagem representá-lo?
[19]Com um ídolo?
Foi um artesão que o fundiu,*
um ourives o recobre de ouro,
fundindo também correntes de prata†.
41[6]Cada um ajuda seu companheiro,
dizendo ao outro: "Coragem!"*
41[7]O artesão encoraja o ourives,
e o que alisa com o martelo ao que bate na bigorna,
dizendo da soldadura: "Está bem".
Então reforça-a com pregos para que não fique frouxa.
[20]Quem faz oferta de pobre
escolhe uma madeira que não se estraga,
procura um hábil artesão
para fazer uma estátua que não cambaleie.*
[21]Não sabeis disso, não o ouvistes?
Não vos foi anunciado desde o início?
Não entendestes os fundamentos da terra?
[22]Ele está sentado sobre o globo da terra,*
cujos habitantes são como gafanhotos;
ele estende os céus como toalha*
e os desdobra como tenda para morar.
[23]Reduz a um nada os governantes*
e faz dos juízes da terra uma nulidade.
[24]Mal foram plantados, mal foram semeados,*
mal seu talo se enraizou na terra,
ele sopra sobre eles, e eles secam;
a tempestade os carrega como palha.

Deus nossa esperança. [25]"A quem me comparareis?
a quem eu serei igual?" diz o Santo.*

---

* **40**,10. 62,11 | 11. Ez 34,1; Dt 32,11; Lc 15,5 | 12. Jó 28,23-27; 38,4s | 13. Rm 11,34; 1Cor 2,16; Jó 15,8; 21,22; 36,22-26; 38,2-21 | 15. Eclo 10,16s; Sb 11,22 | 17. Dn 4,32; Sl 62,10 | 18. At 17,29 | 19. 41,6s; 44,9-20; Jr 10,1-16; 51,15-19 | **41**,6. 40,19s | **40**,20. Br 6; Sb 13,11-19 | 22. Dn 4,32 / 44,24; Sl 104,2 | 23. Sl 2,2-5; Jó 34,18s | 24. 17,13s | 25. 6,3

† **40**,10. Javé é como um rei vitorioso que conduz seu povo, por ele libertado do inimigo. | 11. Deus trata seu povo como um pastor que ama e protege seu rebanho. | 12. Quem não é capaz de "medir as águas" etc. não deve contestar as obras de Deus na história. | 18. Falando aos exilados, tentados a interpretar a derrota de Israel como derrota de seu Deus, o autor ridiculariza os ídolos mortos, feitos pelos homens, e exalta a onipotência de Javé, Senhor do universo. | 19. Entram aqui os vv.6-7 do c. 41. | 26. As estrelas, adoradas pelos babilônios, foram criadas por Javé sem esforço, simplesmente chamando-as pelo nome.

26 Erguei os olhos para o alto e vede:*
Quem criou esses astros?
Ele mobiliza seu exército em boa ordem,
chama todos pelo nome.*
Seu vigor é tão grande e tal é sua força
que não falta* nenhum†.
27 Por que dizes tu, Jacó,
e tu, Israel, afirmas:
"Meu caminho está oculto a Javé
e meu direito escapa a meu Deus"?
28 Não o sabes? Não ouviste dizer?
Javé é um Deus eterno,
criador das extremidades da terra.
Ele não se fatiga nem se cansa,
insondável é sua inteligência.*
29 Ele dá energia ao fraco
e aumenta o vigor do extenuado.
30 Os adolescentes se cansam e se esgotam,
até mesmo os jovens vacilam e caem.
31 Mas os que esperam em Javé renovam suas forças,*
criam asas como as águias,
correm sem cansar, caminham sem se fatigar.

41 **Deus suscitará Ciro†.** 1 Guardai silêncio diante de mim, ó ilhas;
que os povos renovem suas forças,
que se aproximem e falem;
juntos compareçamos em juízo.
2 Quem o suscitou no oriente
e convoca a vitória a sua passagem,
entrega-lhe os povos, sujeita-lhe os reis?*
Sua espada os reduz ao pó
e seu arco os dispersa como palha.
3 Ele os persegue e avança seguro
por uma estrada na qual não passaram seus pés.
4 Quem fez e realizou isto?
Aquele que chama as gerações desde o início.
Eu, Javé, sou o primeiro,*
e com os últimos ainda estarei†.
5 As ilhas viram e tiveram medo,
tremem as extremidades da terra;
eles se aproximam e chegam†.

Deus salvará seu povo. 8 Mas tu, Israel, meu servo,
Jacó, que eu escolhi,*
descendência de Abraão, meu amigo,*
9 tu, a quem tomei das extremidades da terra,
que chamei das regiões mais distantes,
eu te disse: "Tu és meu servo,
eu te escolhi, não te rejeitei".
10 Não tenhas medo, pois estou contigo,
não te angusties, pois eu sou teu Deus;
eu te fortaleço e te ajudo,
eu te sustento com minha mão direita vitoriosa.
11 Eis que ficarão envergonhados e confusos*
os que se enfureciam contra ti;
serão aniquilados e perecerão
teus opositores.
12 Procurarás sem encontrar
oque lutavam contra ti,
serão aniquilados,
cessarão de existir os que te combatiam.
13 Porque eu, Javé, teu Deus,
tomo-te pela mão direita e te digo:
"Não temas, sou eu que te ajudo".
14 Não temas, vermezinho de Jacó,
larva de Israel, sou eu que te ajudo*
– oráculo de Javé – ;
teu Redentor† é o Santo de Israel.*
15 Eis que faço de ti uma debulhadora afiada,*
nova, munida de muitas pontas;
debulharás os montes e os triturarás,
transformarás em palha as colinas.
16 Tu os jogarás ao vento,
e o vento os levará,
o torvelinho os dispersará;
tu te alegrarás com Javé,
te gloriarás do Santo de Israel.

---

* **40**,26. Gn 15,5 / Br 3,34s; Sl 147,4 / 49,14ss | 28. Rm 11,34 | 31. Sl 103,5 | **41**,2. 40,23 | 4. 44,6 | 8. Dt 7,6 / Tg 2,23 | 11. 45,14; Ap 3,9 | 14. 40,25 / 6,3 | 15. 28,27

† **41**,1. Ciro, rei persa, Is 44,28, libertará Israel do cativeiro conquistando Babilônia em 539 a.C. | 4. Este v. 4 exprime bem o que significa o nome de Javé: "Aquele que está sempre aí contigo". | 5. Os vv. 6-7 estão depois de 40,19. | 14. O redentor, "goel" em hebraico, é aquele parente mais próximo, que tem a obrigação de prestar socorro.

Prodígios renovados. 17Pobres e indigentes procuram água e não há;
sua língua está seca de sede.
Eu, Javé, lhes responderei;
eu, o Deus de Israel, não os abandonarei.
18Farei brotar rios em montes escalvados*
e fontes no meio dos vales.
Transformarei o deserto num açude
e a terra árida em mananciais de águas.
19Plantarei no deserto cedros,
acácias, murtas e oliveiras;
porei na estepe ciprestes,
junto com olmos e abetos;
20para que vejam e reconheçam,
prestem atenção e compreendam todos
que a mão de Javé fez isto,
que o Santo de Israel o criou.

Desafio de Javé aos falsos deuses.
21Apresentai vossa causa, diz Javé;*
mostrai vossas provas, diz o rei de Jacó;
22que venham à frente
e nos anunciem o que vai acontecer.
Narrai-nos vossas predições passadas,
e prestaremos atenção;
anunciai-nos o futuro,
e comprovaremos o êxito.
23Anunciai os acontecimentos futuros,
e saberemos que sois deuses.
Fazei ao menos o bem ou o mal,
para que nos admiremos e vejamos juntos.
24Eis que vós não sois nada,*
vossa obra é uma nulidade,
escolher-vos é abominável.
25Eu o suscitei do norte e ele veio,
desde o oriente eu o chamei por seu nome.
Ele pisoteia os governantes como a lama,
como o oleiro pisa a argila.
26Quem o anunciou desde o princípio,
para que o soubéssemos,
e no passado, para que disséssemos: "É verdade!"
Mas ninguém o anunciou,
ninguém o fez ouvir,
ninguém ouviu vossas palavras.
27Fui o primeiro a anunciá-lo a Sião,
enviei a Jerusalém um portador de boas novas.
28Olhei, mas não havia ninguém;
entre eles, ninguém que pudesse dar um conselho,
ou que, interrogado, pudesse dar-me resposta.
29Um nada todos eles juntos;*
nada são suas obras;
vento e vazio, seus ídolos.

42 **Primeiro canto do Servo†.** 1Eis meu servo que eu sustento,*
meu escolhido em quem minha alma se compraz.
Sobre ele pus meu espírito,
para que leve o direito às nações.
2Não gritará, não elevará a voz,
nem se fará ouvir na rua.
3Não quebrará o caniço rachado,
nem extinguirá a mecha que ainda fumega†;
proclamará fielmente o direito.*
4Não vacilará e não se deixará abater,
até que estabeleça o direito sobre a terra,
pois esperam as ilhas seu ensinamento.
5Assim diz Deus, Javé,
que criou os céus e os estendeu,
consolidou a terra com sua vegetação,
deu a respiração ao povo que nela habita,
e o fôlego aos que a percorrem†.
6"Eu, Javé, te chamei para a justiça,
eu te peguei pela mão, te modelei e te estabeleci

---

* **41**,18. 35,6s; 43,20; 48,21 | 21. 43,8-13; 44,7-11 | 24. 41,29 | 29. 41,24 | **42**,1. 11,1-10; Jo 1,32ss; Mt 3,16 | 3. Jo 8,45; 14,6 | 6. Jo 8,12

† **42**. Primeiro dos 4 cânticos do Servo de Javé 42,1-7; 49,1-7; 50,4-9; 52,13–53,12. O Servo é um profeta que com mansidão prega às nações o direito e a justiça. | 3. Não se implanta a justiça pisoteando o fraco. | **42**,5. O que Deus fez no início da criação, faz também agora quando Israel sai da escuridão para a luz.

como aliança do povo e luz das na-
ções,*
7para que abras os olhos dos cegos*
e retires da cadeia os prisioneiros*
e da prisão os que moram nas tre-
vas".*
Javé, senhor da história. 8"Eu sou
Javé: este é meu nome;
minha glória não darei a outros,*
nem aos ídolos minha honra.
9Eis que os primeiros fatos já suce-
deram,
e agora vos anuncio os novos;
antes que aconteçam, eu vo-los dou
a conhecer".
Canto de vitória. 10Cantai a Javé um
canto novo,*
seu louvor dos confins da terra;
os que descem ao mar e tudo o que
o povoa,
as ilhas e seus habitantes.
11Exulte o deserto com suas cidades
e as aldeias onde moram os de Ce-
dar!
Rejubilem os habitantes de Sela,
do alto dos montes gritem de alegria.
12Deem glória a Javé,
proclamem nas ilhas seu louvor.
13Como um herói avança Javé,
como um guerreiro desperta seu ar-
dor;*
lança o brado de guerra, grita,
forte se mostra contra os inimigos.
14 Por longo tempo guardei silêncio,
eu me calava e me continha.
Como a mulher que dá à luz eu ge-
mia,
suspirava e ao mesmo tempo ofegava.
15Montanhas e colinas eu vou devas-
tar,*
toda a vegetação farei secar;
transformarei rios em ilhas e os açu-
des secarei.
16Vou conduzir os cegos
por um caminho que não conheciam,
por estradas que ignoravam os farei
caminhar;
diante deles mudarei as trevas em luz
e os lugares ásperos em planície.
Isto eu farei, não falharei.
17Recuarão, cheios de vergonha,
os que confiam nos ídolos,
os que dizem às estátuas: "Vós sois
nossos deuses".
Cegueira do povo. 18Surdos, ouvi! Ce-
gos, olhai e vede!
19Quem é cego senão meu servo?*
Quem é surdo como o mensageiro
que eu envio?
Quem é cego como meu amigo
e surdo como o servo de Javé?
20Muitas coisas tu viste sem prestar
atenção.
Abrindo os ouvidos, não escutavas.
21Javé desejava, em sua justiça,
tornar sua lei grande e magnífica.
22Mas este é um povo saqueado e
despojado.
Foram todos encerrados em cavernas,
fechados em prisões.
Foram saqueados, e ninguém para
socorrê-los,
foram despojados, e ninguém para
pedir reparação.
23Quem dentre vós prestará ouvido
a isto
e, atento, escutará o futuro?
24Quem entregou Jacó à pilhagem
e Israel aos saqueadores?
Não foi Javé, contra o qual pecamos,
não querendo seguir seus caminhos,
nem obedecer a sua lei?
25Por isso derramou sobre ele
o ardor de sua ira e a violência da
guerra.*
Rodeavam-no suas chamas, e ele não
percebia,
queimavam-no e não dava atenção.

43 **Libertação de Israel**†. 1E ago-
ra, assim diz Javé que te criou,
Jacó,*
que te modelou, Israel:
"Não temas; eu te resgatei,*

* **42**,7. Jo 9 / Jo 8,32 / Sl 107,10; Lc 1,79 | 8. 48,11 | 10. Sl 96,1; Ap 5,9 | 13. Sf 1,14 | 15. 44,27; 50,2; Sl 107,33 | 19. 41,8 | 25. 9,17s; Am 4,6 | **43**,1. 44,2 / 41,14 / 41,8

† **43**. Javé age como Redentor de Israel, libertando-o da escravidão e resgatando suas propriedades na terra prometida. | 7. Israel é um povo "criado" por Deus para difundir no mundo o conhecimento do verdadeiro Deus.

te chamei pelo nome, tu és meu.*
2 Quando atravessares as águas,*
eu estarei contigo: a correnteza não te afogará;
quando passares pelo fogo,
não te queimarás, a chama não te abrasará.
3 Pois eu sou Javé, teu Deus,
o Santo de Israel, teu Salvador.
Dei o Egito como teu resgate,
a Etiópia e Sebá em teu lugar.*
4 Porque vales muito a meus olhos,
porque és precioso e eu te amo,
dou homens em troca de ti
e povos, em lugar de tua vida.
5 Não temas, pois estou contigo.*
Do Oriente farei voltar tua estirpe
e do Ocidente eu te reunirei.
6 Eu direi ao Norte: Restitui!
e ao Sul: Não retenhas!
Reconduze meus filhos de longe
e minhas filhas dos confins da terra,
7 todos os que trazem meu nome,
que eu criei para minha glória, que eu modelei e fiz"†.

Existe um só Deus. 8 "Faze sair o povo que é cego, mas tem olhos,*
e os que são surdos, mas têm ouvidos.
9 Que todas as nações se reúnam,
que os povos se ajuntem.
Quem dentre eles proclamou isto
e nos deu a conhecer o passado?
Que apresentem suas testemunhas e se justifiquem,
para que se ouça e se diga: 'É verdade'.
10 Minhas testemunhas sois vós,*
oráculo de Javé;
vós sois o servo que escolhi,*
para que saibais e acrediteis em mim*
e compreendais que sou eu:*
antes de mim nenhum deus foi formado*
e depois de mim não haverá nenhum†.
11 Sou eu, sou eu Javé,*
e fora de mim não há Salvador.
12 Fui eu que revelei, salvei e anunciei;
não é um estrangeiro que está entre vós;
sois vós minhas testemunhas†,
oráculo de Javé,
e eu sou Deus.
13 Desde toda a eternidade eu o sou;
ninguém pode livrar de minha mão;
quem pode desfazer o que eu faço?"

Babilônia será destruída. 14 Assim diz Javé,
vosso Redentor, o Santo de Israel:
"Por vossa causa enviei alguém a Babilônia;*
farei cair todas as correntes,
e os caldeus mudarão em lamentações seus gritos de alegria.
15 Eu sou Javé, vosso Santo,*
o Criador de Israel, vosso rei".
16 Assim fala Javé,
que traçou no mar um caminho,
uma estrada nas águas impetuosas,
17 que fez sair carro e cavalo,
exército junto com tropa de elite;
eles dormiram para não mais se levantar;
apagaram-se, como mecha foram consumidos.
18 Não recordeis as coisas passadas,
não penseis nas coisas antigas!
19 Eis que faço uma coisa nova,*
ela já desponta, não a percebeis?
Porei no deserto um caminho, e rios na estepe.*
20 Os animais selvagens me honrarão,
os chacais e os avestruzes;
porque eu pus água no deserto e rios na estepe,*
para dar de beber a meu povo, meu eleito.
21 O povo que formei para mim proclamará meus louvores.

Ingratidão de Israel. 22 Tu, porém, não me invocaste, Jacó,
mas te cansaste de mim, Israel.

---

* **43**,2. Sl 91 | 3. 1Rs 10,1 | 5. 8,10 | 8. 41,21-29; 44,7-11; 42,18 | 10. At 1,8 / 41,8 / Jo 15,16 / Jo 8,24.28 / 44,6 | 11. Os 13,4 / Dt 32,39; At 4,12 | 14. 41,14 | 15. Lv 17,1; 6,3 | 19. 2Cor 5,17; Ap 21,5 | 20. 35,6s; Êx 17,1-7

† **43**,10. Israel sabe e deve testemunhar que Javé é o único que pode salvar. | 12. "O homem contemporâneo está mais disposto a escutar as testemunhas do que os mestres" (Paulo VI).

23 Não me trouxeste cordeiros em holocausto,
não me honraste com teus sacrifícios.
Eu não te importunei com pedidos de oblações,
nem te cansei exigindo incenso.
24 Não compraste por dinheiro cana aromática para mim,
não me saciaste com a gordura de teus sacrifícios.
Mas deste-me trabalho com teus pecados
e me cansaste com tuas iniquidades.
25 Sou eu, sou eu
que cancelo por minha conta tuas transgressões,
e não me lembrarei mais de teus pecados.
26 Faze-me recordar, discutamos juntos;
fala tu mesmo para justificar-te.
27 Teu primeiro pai pecou,*
teus mediadores se revoltaram contra mim.*
28 Então eu destituí os chefes do santuário,
entreguei Jacó ao extermínio e Israel aos ultrajes.

44

Bênção de Israel. 1 Agora escuta, Jacó,*
meu servo, Israel, meu escolhido.
2 Assim fala Javé que te fez,*
que te modelou desde o seio materno e te sustenta:
"Não temas, Jacó, meu servo,
Jesurun†, meu escolhido.*
3 Pois eu vou derramar água sobre a terra sedenta†
e riachos sobre o solo ressecado;
derramarei meu espírito sobre tua posteridade*
e minha bênção sobre teus descendentes.*
4 Crescerão como erva junto à fonte,
como salgueiros à beira-d'água.
5 Este dirá: Eu pertenço a Javé,
aquele se chamará Jacó;
um outro escreverá sobre a mão: De Javé,
e será designado pelo nome de Israel".

Há um só Deus. 6 Assim fala Javé,
rei de Israel e seu Redentor,*
Javé dos exércitos:
"Eu sou o primeiro e sou o último;*
fora de mim não existe Deus.
7 Quem é como eu? Que o proclame!*
Que declare e relate diante de mim,
desde que estabeleci meu antigo povo,
as coisas que acontecerão e as que virão,
que ele as anuncie.
8 Não fiqueis ansiosos nem temais:
acaso não anunciei e revelei isto há muito tempo?
Vós sois minhas testemunhas:
existe um deus fora de mim?*
Não existe Rocha, eu não conheço".*

Sátira contra a idolatria. 9 Os fabricantes de ídolos são todos uma nulidade
e suas obras preciosas de nada valem;
mas seus devotos não veem e não entendem e por isso serão cobertos de
vergonha. 10 Quem fabrica um deus ou
funde um ídolo sem buscar vantagem?
11 Todos os seus adeptos ficarão envergonhados, como também seus artesãos, que não são mais que homens.
Que se reúnam todos e se apresentem;
ficarão assombrados e confusos todos eles.

12 O ferreiro fabrica um machado sobre brasas e com o martelo lhe dá forma; ele o forja com a força de seu braço. Depois sente fome e perde a força; não tendo bebido água, sente-
-se esgotado. 13 O marceneiro estende o cordel, traça a imagem com o giz, executa-a com o formão e a desenha com o compasso; dá-lhe a forma de um ser humano, segundo a beleza humana, para que possa morar num templo.

* **43**,27. Gn 27,36 / Jr 9,3; Os 12,4 | **44**,1. 41,8 | 2. 43,1; 44,24; Sl 22,10 / Dt 32,15; 33,5.26 | 3. 42,1 / 11,2 | 6. 41,21-29; 43,8-13; 48,12; 41,14 / Ap 1,8.17; 21,6; 22,13 | 7. 43,10; Dt 32,39; Dt 10,13 | 8. 45,21 / Dt 32,4; Is 17,10

† **44**,2. Ver a nota em Dt 32,15. | 3. Quando Israel recebe o espírito, a terra é transformada num novo paraíso. A água está muitas vezes relacionada com o espírito, Ez 36,25; Zc 12,10; Jo 3,5.

14Ele cortou para si cedros, escolheu
um cipreste e um carvalho que deixou
crescer para si entre as árvores da flo-
resta. Plantou um pinheiro que a chuva
fez crescer.
15Isto serve ao homem para quei-
mar; tomou parte dele para se es-
quentar,* acendeu o fogo e assou
pão. Mas dele fez também um deus
para o adorar, fabricou um ídolo para
diante dele se prostrar. 16Metade
ele queima ao fogo, sobre suas bra-
sas assa a carne e a come e se sacia;
ao mesmo tempo se esquenta e diz:
"Ah! eu me aqueci bem e vi a chama".
17Com o restante ele faz um deus, seu
ídolo, e se prostra diante dele, adora-
-o e suplica, dizendo: "Salva-me, pois
tu és meu deus".
18Eles não sabem e não compreen-
dem, pois seus olhos são incapazes de
ver e seu coração, de refletir. 19Nin-
guém pensa consigo mesmo, ninguém
tem o conhecimento e a inteligência de
se dizer: "Eu queimei metade ao fogo
e com suas brasas assei o pão; assei
a carne e a comi; com o resto eu fa-
ria uma coisa abominável, prostrar-me
diante de um pedaço de madeira?"
20Ele se alimenta de cinza, seu coração
iludido o desviou; não salvará sua vida,
nem dirá: "O que tenho na mão não é
uma falsidade?"

Resgate de Israel. 21Lembra-te disto,
Jacó:*
és meu servo, Israel.*
Eu te formei, és meu servo,
não te esquecerei.*
22Dissipei tuas transgressões como a
névoa
e teus pecados, como nuvem;
volta para mim, pois eu te resgatei.
23Exultai, ó céus, pois Javé agiu;
jubilai, profundezas da terra!
Gritai de alegria, ó montes,
ó selvas, com todas as vossas árvo-
res,
porque Javé resgatou Jacó
e em Israel manifestou sua glória.

O poder de Javé. 24Assim fala Javé, teu
Redentor,
aquele que te modelou desde o seio
materno:*
"Sou eu, Javé, que fiz todas as coisas,
que sozinho estendi os céus, firmei a
terra; quem me ajudou?
25Eu reduzo a nada as previsões dos
magos*
e mostro a insensatez dos adivinhos,
obrigo os sábios a retratar-se
e transformo sua ciência em loucura.
26Eu confirmo a palavra de meu servo
e cumpro o projeto de meus mensa-
geiros.
Eu digo a Jerusalém: Tu serás habitada,
e às cidades de Judá: Sereis recons-
truídas,
e levantarei suas ruínas.
27Eu digo ao oceano: Seca-te,
eu vou enxugar teus rios.*
28Eu digo a Ciro: Meu pastor.
Ele cumprirá toda a minha vontade,
dizendo a Jerusalém: Serás recons-
truída,
e ao templo: Serás reedificado".

45

Vitória de Ciro. 1Assim diz
Javé a seu ungido, Ciro,
o qual tomei pela mão direita
para abater diante dele as nações e
desarmar os reis;
para abrir diante dele as portas,
para que as entradas não lhe fiquem
fechadas.
2"Sou eu que marcharei a tua frente;*
vou nivelar as montanhas,
quebrar as portas de bronze
e despedaçar suas trancas de ferro.*
3Vou entregar-te tesouros ocultos
e riquezas escondidas,
para que saibas que eu sou Javé,
aquele que te chama pelo nome, o
Deus de Israel.
4É por causa de meu servo Jacó*
e de Israel, meu eleito,
que te chamei pelo nome,
te dei um título, sem que me conhe-
ças†.

---

* **44**,15. Sb 13,11-19 | 21. 46,8 / 41,8 / 49,14ss | 24. 44,2 | 25. 1Cor 1,20 | 27. 42,15 | **45**,2. 40,4 / Sl 107,16 | 4. 41,8

† **45**,4. A história universal entra nos planos de Deus em favor do humilde povo exilado.

5Eu sou Javé, não há outro;*
fora de mim não existe deus.
Eu te preparei sem que me conheças,
6a fim de que se saiba, do nascer ao pôr do sol,
que não há ninguém exceto eu:
eu sou Javé, não há outro.
7Eu formo a luz e crio as trevas,*
eu faço a felicidade e provoco a adversidade;*
sou eu, Javé, que faço tudo isso".

Do céu vem a justiça. 8"Orvalhai, ó céus, lá do alto,*
e façam as nuvens chover a justiça;
abra-se a terra e produza a salvação*
e faça germinar juntamente a justiça.*
Eu, Javé, criei tudo isto†.

Os segredos divinos. 9Ai daquele que discute com quem o modelou,*
vaso entre os vasos da terra!
Acaso diz a argila ao seu oleiro:
"Que estás fazendo? Tua obra não tem mãos!"
10Ai daquele que diz a um pai: "O que tu geras?"
ou a uma mãe: "O que dás à luz?"
11Assim diz Javé,
o Santo de Israel, seu Criador:
"Quereis interrogar-me sobre o futuro de meus filhos
e dar-me ordens sobre a obra de minhas mãos?
12Fui eu que fiz a terra e criei o homem que a habita;
fui eu que com minhas mãos estendi os céus,
e dou ordens a todo o seu exército.
13Fui eu que o suscitei na justiça
e que vou aplanar todos os seus caminhos.
É ele que reconstruirá minha cidade
e repatriará meus deportados,
sem resgate nem indenização",
diz Javé dos exércitos.

A conversão dos pagãos. 14Assim fala Javé:
"Os produtos do Egito, as mercadorias da Etiópia
e os sabeus, esses homens de alta estatura,*
passarão para ti e te pertencerão.
Caminharão atrás de ti, presos por correntes.
Eles se prostrarão diante de ti
e te suplicarão, dizendo:
Não há Deus senão em ti e não há outros;
não existem outros deuses".
15Na verdade, tu és um Deus misterioso,
Deus de Israel, Salvador.
16São envergonhados e humilhados
todos juntos, caminham na humilhação
os fabricantes de ídolos.
17Israel será salvo por Javé,
salvo para sempre;
não sofrereis confusão nem vergonha
pelos séculos eternos.
18Pois assim fala Javé,
o Criador dos céus:
É ele que é Deus,
que modelou a terra e a fez,
foi ele que a consolidou;
não a criou vazia,
modelou-a para ser habitada.
"Eu sou Javé, não há outro.
19Não falei em segredo,*
em algum canto de um país obscuro;
eu não disse à estirpe de Jacó:
Procurai-me no caos!
Eu sou Javé que proclamo a justiça,
que anuncio coisas retas".

Javé é o senhor do mundo todo.
20"Reuni-vos e vinde!
Aproximai-vos todos juntos,
sobreviventes das nações!
São ignorantes os que transportam seus ídolos de madeira,
que oram a um deus que não salva.
21Manifestai e trazei as provas,
juntos deliberai!
Quem proclamou isto no passado*
e o tinha anunciado outrora?
Não sou eu, Javé?*

---

* **45**,5. 2Sm 7,22; 44,6 | 7. Am 4,13; 3,6 / Jó 1,21; Eclo 11,14 | 8. Sl 85,11s; Dt 32,2 / Is 51,5; 56,1 / Is 61,11 | 9. 29,16; Rm 9,20 | 14. 1Rs 10,1 | 19. Jo 18,20 | 21. 43,9-12; 41,22; 48,5 / Sl 18,32; 44,8

† **45**,8. A vitória de Ciro vai mudar o rumo dos acontecimentos e renovar o mundo. A liturgia do Advento utiliza este v. para exprimir o desejo da vinda do Salvador.

Não há outro Deus fora de mim;
Deus justo e Salvador, não há além de mim.
22 Voltai-vos para mim e sereis salvos,
todos os confins da terra!
Pois eu sou Deus e não há outro.
23 Eu o juro por mim mesmo,
de minha boca sai o que é justo,
uma palavra irrevogável:
Sim, diante de mim se dobrará todo joelho,*
por mim jurará toda língua,
24 dizendo: Só em Javé estão a justiça e a força".
A ele virão, cobertos de vergonha,*
todos os que se indignavam contra ele.
25 Em Javé obterá o triunfo e a glória
toda a estirpe de Israel.

46 **Contraste entre Javé e os ídolos.** 1 Bel se curvou, Nebo se abateu;*
seus ídolos são entregues a animais e a jumentos;
as coisas que levais são pesadas,
uma carga para os animais cansados.
2 Eles desabaram, caíram todos juntos,
não se pode salvar esta carga,
mas eles próprios foram para o cativeiro.
3 Escutai-me, casa de Jacó,
e vós todos, resto da casa de Israel;
vós, que eu carreguei desde o nascimento†,
vós, de quem eu cuidei desde o seio materno.*
4 Até vossa velhice eu permaneço o mesmo,
até os cabelos brancos vos levarei;
como já o fiz, eu vos sustentarei,
levarei e salvarei.
5 Com quem me comparais e me identificais?*
Com quem me confrontais,
como se fôssemos semelhantes?
6 Tiram ouro da bolsa, pesam a prata na balança;
pagam um ourives para que faça um deus,*
que depois veneram e adoram.
7 Sobre os ombros o colocam e o transportam,
depois o depõem sobre a base e aí fica;
não se move mais de seu lugar.
Por mais que lhe gritem, não responde,
não os salva do perigo.
8 Lembrai-vos disso e ficai firmes;*
refleti, ó rebeldes.
9 Recordai os fatos passados desde antigamente,
porque eu sou Deus e não há outro;
sou Deus e nada é igual a mim.
10 Desde o início anunciei o futuro,*
de antemão, o que ainda não sucedeu.*
Eu digo: "Meu projeto se realizará,
cumprirei tudo o que me agrada".
11 Eu chamo do oriente a ave de rapina,*
de uma terra distante o homem de meus desígnios.
Assim falei e assim acontecerá;
projetei, assim farei.
12 Escutai-me, homens de coração duro,
vós, que estais longe da justiça!
13 Faço chegar minha justiça, ela não está longe,
minha salvação não tardará.
Porei em Sião a salvação,
a Israel darei minha glória.

47 **Queda de Babilônia.** 1 Desce e senta-te no pó, virgem filha de Babilônia†.
Senta-te no chão, sem trono, filha dos caldeus,
pois não serás mais chamada terna e delicada.
2 Toma a mó e mói a farinha,
tira o véu, levanta o vestido,
descobre as pernas, atravessa os rios.

---

* **45**,23. Rm 14,11; Fl 2,10s | 24. 41,11 | **46**,1. Jr 50,2 | 3. 63,9; Êx 19,4 | 5. 44,7 | 6. 40,20 | 8. 44,21 | 10. 45,21; 41,26s / Sl 33,11 | 11. 41,2.5; 45,13

† **46**,3. Os ídolos eram carregados por seus devotos; Javé, ao contrário, carrega seu povo. | **47**,1. A expressão "filha de" é uma personificação da própria cidade.

[3]Que apareça tua nudez*
e que tua vergonha seja visível.
"Executo minha vingança e ninguém se oporá",
[4]diz nosso Redentor,
que se chama Javé dos exércitos, o Santo de Israel.*
[5]Senta-te em silêncio e entra nas trevas,
filha dos caldeus,
porque nunca mais serás chamada senhora dos reinos.
[6]Eu estava irado contra meu povo,*
tinha deixado profanar minha herança,
por isso a tinha entregue em tuas mãos;
mas tu não lhe mostraste piedade;
até sobre os velhos fizeste pesar duramente teu jugo.
[7]Tu pensavas: "Sempre serei senhora, sempre".*
Não consideraste essas coisas,
nem pensaste qual seria seu fim.
[8]Agora escuta isso, ó amiga dos prazeres,
que reinavas segura e pensavas:
"Eu e ninguém fora de mim!*
Não ficarei viúva, não conhecerei a perda dos filhos".
[9]Mas te acontecerão essas duas coisas,
de improviso, num só dia:
perda dos filhos e viuvez cairão sobre ti,
não obstante a multidão de tuas magias*
e a força de teus muitos encantamentos.
[10]Confiavas em tua malícia e dizias:
"Ninguém me vê".
Teu saber e tua ciência te desviaram.
No entanto dizias em teu coração:
"Eu e ninguém fora de mim".
[11]Virá sobre ti uma desgraça
que não saberás esconjurar;
cairá sobre ti uma calamidade
que não poderás evitar.
De improviso virá sobre ti uma catástrofe
que não imaginavas.
[12]Continua, pois, com teus encantamentos
e a multidão de tuas magias,
pelas quais te cansaste desde a juventude:
talvez poderão ajudar-te,
talvez poderás causar terror!
[13]Estás cansada de teus conselheiros:
que se apresentem e te salvem
os astrólogos que medem o céu e observam as estrelas,
os quais todo mês te anunciam o que te vai acontecer.
[14]Eis que são como estopa, o fogo os consome;
não se salvarão a si mesmos do poder das chamas.
Não haverá brasas para se aquecer,
nem fogo diante do qual se assentar.
[15]Assim se tornaram para ti teus magos,
com os quais te cansaste desde tua juventude;
cada um vai para seu lado e ninguém para te salvar.

48 **Somente Javé guia a história**†. [1]Ouvi isto, ó casa de Jacó,
vós que sois chamados Israel
e que saístes das entranhas de Judá,
vós que jurais pelo nome de Javé*
e invocais o Deus de Israel,
mas sem sinceridade e retidão;*
[2]pois eles tomam o nome da cidade santa†
e se apoiam sobre o Deus de Israel,
que se chama Javé dos exércitos.
[3]Eu tinha anunciado desde muito tempo as coisas passadas,
tinham saído de minha boca,
eu as tinha proclamado.
De improviso eu agi e aconteceram.
[4]Porque eu sabia que tu és obstinado,
que teu pescoço é como um tendão de ferro*

* **47**,3. Jr 13,22; Os 2,5 | 4. 41,14; 6,3 | 6. 10,6; Zc 1,15 | 7. Dt 32,28s | 8. Ap 18,7s; Sf 2,15 | 9. Ap 18,23 | **48**,1. Jr 5,2 / Am 5,21 | 4. Dt 32,9

† **48**. Deus realiza seu plano de salvação, não por mérito do povo, mas para honrar sua palavra. | 2. Jerusalém é santa – os árabes ainda hoje a chamam "el-Quds", a Santa – porque é o símbolo da presença de Deus e do cumprimento das promessas da aliança.

e tua fronte é de bronze,
5eu te anunciei os fatos há muito tempo,
antes que acontecessem os proclamei,
para que não dissesses: "Foi meu ídolo que os fez,*
minha estátua de madeira ou de metal os mandou".
6Tudo isso ouviste e viste; não vais anunciá-lo?
Agora te proclamo coisas novas e secretas que não conhecias.
7Agora é que foram criadas e não desde muito tempo;
até hoje não as havias conhecido,
para que não dissesses: "Eu já sabia".
8Não, tu não as havias jamais ouvido nem sabido,
desde muito tempo teu ouvido não era atento;
pois eu sabia que és de fato pérfido
e que és chamado desleal desde o seio de tua mãe.*
9Por causa de meu nome adiarei minha cólera,
por minha honra terei paciência contigo,
para não te aniquilar.
10Eis que te purifiquei para mim como prata,*
eu te provei na fornalha da aflição.
11Por amor de mim, por amor de mim eu o faço;*
como poderia deixar profanar meu nome?
Não cederei a outros minha glória.*

A escolha de Ciro. 12Escuta-me, Jacó, Israel que eu chamei:
Sou eu, sou eu o primeiro e também o último.*
13Sim, minha mão consolidou a terra,*
minha direita estendeu os céus.
Quando os chamo, todos juntos se apresentam.
14Reuni-vos, todos vós, e escutai-me.
Quem deles predisse essas coisas?
Alguém que eu amo cumprirá minha vontade sobre Babilônia
e, com seu braço, sobre os caldeus.
15Fui eu, fui eu que falei; eu o chamei,
eu o fiz vir e lhe dei sucesso em seus empreendimentos.
16Aproximai-vos de mim para ouvir isto.*
Desde o princípio não falei em segredo;
desde quando isto aconteceu eu estou lá.
Agora o Senhor Javé mandou-me com seu espírito.
17Assim fala Javé, teu Redentor, o Santo de Israel:
"Eu sou Javé teu Deus
que te ensino para teu bem,
que te guio pela estrada na qual deves caminhar.
18Se tivesses prestado atenção a meus mandamentos,
tua paz seria como um rio
e tua justiça, como as ondas do mar.
19Tua descendência seria como os grãos de areia;*
jamais seria eliminado nem cancelado teu nome diante de mim".

Apelo para deixar Babilônia. 20Saí de Babilônia, fugi dos caldeus;*
anunciai-o com gritos de alegria,
proclamai-o, fazei-o chegar até os confins da terra.
Dizei: "Javé resgatou seu servo Jacó".*
21Não sofreram sede, enquanto os levava por desertos;*
água da rocha* fez brotar para eles†;
fendeu a rocha, brotaram as águas.
22"Não há paz para os malvados",* diz Javé†.

49

Segundo canto do servo†. 1Escutai-me, ó ilhas,*
ouvi atentamente, nações distantes;
do seio materno Javé me chamou,*

---

* **48**,5. 42,9 | 8. 1,2 | 10. Sl 66,10; Is 1,25 | 11. Ez 36,22 / Is 42,8 | 12. 44,6 | 13. Rm 4,17 | 16. 45,19 | 19. Gn 15,5; 22,17 | 20. Jr 50,8; 51,6.45; Ap 18,4 / 41,8 | 21. 40,3 / Ex 17,1-7; Nm 20,1-11 | 22. 57,21 | **49**,1. 41,1 / Jr 1,5; Gl 1,15

† **48**,21. Este comentário de Nm 20,11 deu origem à lenda segundo a qual a rocha acompanhava os israelitas durante o êxodo, 1Cor 10,4. | 22. Este v. repete 57,21, onde tem sentido, mas aqui está fora do contexto. | **49**. O Servo reconduz Israel a seu Deus e é luz para as nações.

desde o ventre de minha mãe pronunciou meu nome.
[2]Fez de minha boca uma espada afiada,*
escondeu-me na sombra de sua mão,
tornou-me como flecha pontiaguda,
guardou-me em sua aljava.
[3]Ele me disse: "Meu servo és tu, Israel,
em ti manifestarei minha glória".
[4]No entanto, eu pensava:
"Foi em vão que me cansei,*
por um nada e inutilmente gastei minhas forças".
Mas, na verdade, meu direito está junto a Javé,*
minha recompensa, junto a meu Deus.
[5]Agora Javé falou,
ele que desde o seio materno me modelou como seu servo
para reconduzir a ele Jacó e a ele reunir Israel,
pois eu era estimado de Javé
e Deus tem sido minha força.
[6]Disse-me ele:
"É pouco que sejas meu servo
para restaurar as tribos de Jacó
e reconduzir os sobreviventes de Israel.
Faço de ti a luz das nações,*
para que minha salvação chegue até os confins da terra".
[7]Assim fala Javé,
o Redentor de Israel, seu Santo,*
àquele cuja vida é desprezada,
ao rejeitado pelas nações, ao escravo dos tiranos:
"Os reis o verão e se levantarão,*
os príncipes o verão e se prostrarão,
por causa de Javé que é fiel,
por causa do Santo de Israel que te escolheu".

O retorno do exílio. [8]Assim fala Javé:
"No tempo da misericórdia te escutei,*
no dia da salvação te ajudei.
Eu te modelei e fiz de ti a aliança para o povo,*
para restaurar o país e repartir as heranças devastadas,
[9]para dizer aos prisioneiros: Saí,*
e a quantos estão nas trevas: Vinde para fora.
Ao longo dos caminhos terão suas pastagens
e encontrarão pastos em toda altura desolada.
[10]Não sofrerão fome nem sede,*
o vento quente e o sol não lhes farão mal,*
porque aquele que tem piedade deles os guiará
e os conduzirá às fontes de água.*
[11]Transformarei todos os meus montes em estradas
e meus caminhos serão elevados.*
[12]Estes vêm de longe,
aqueles vêm do norte e do ocidente,
e aqueles outros do país de Sinim".
[13]Exultai, ó céus, alegra-te, ó terra,
gritai de alegria, ó montes,
porque Javé consola seu povo*
e tem piedade de seus aflitos.
[14]Sião disse: "Javé me abandonou,*
o Senhor me esqueceu".
[15]Acaso uma mulher esquece seu bebê
e deixa de comover-se pelo fruto de seu seio?
Mesmo se as mulheres esquecessem,
eu, porém, jamais te esquecerei.*
[16]Eis que te gravei sobre a palma de minhas mãos,
teus muros estão sempre diante de mim.*
[17]Teus construtores acorrem,
teus destruidores e devastadores se afastam de ti.
[18]Ergue os olhos ao redor e vê:*
todos se reúnem, vêm para ti.
"Como é verdade que eu vivo
– oráculo de Javé –,
todos eles são um ornamento com que te cobrirás;
com eles te enfeitarás como noiva".
[19]Porque tuas ruínas,
teus escombros e teu país desolado
serão agora estreitos demais para teus habitantes,
e se afastarão os que te devoravam.

---

* **49**,2. Hb 4,12; Ap 1,6; 19,15 | 4. 53,10ss / Fl 2,8-11 | 6. At 13,47; Lc 2,32 | 7. 41,14 / 60,10 | 8. 2Cor 6,2 / Is 42,6 | 9. 42,7 | 10. Ap 7,16 / Is 4,5s; 25,4s / Jo 4,1 | 11. 40,3s | 13. 40,1 | 14. 40,27; 54,8; Sl 22,2s; Os 11,8s | 15. 44,21 | 16. 60,10 | 18. 60,4

[20]De novo te dirão aos ouvidos
os filhos que consideravas perdidos:
"Este lugar é estreito demais para mim;*
dá-me espaço, para que eu possa instalar-me".
[21]Tu pensarás: "Quem me gerou estes?*
Eu era sem filhos e estéril, exilada e rejeitada;
quem foi que criou estes?
Eu tinha ficado sozinha, e estes, onde estavam?"
[22]Assim fala o Senhor Javé:
"Eis que farei sinal com a mão aos povos,
para as nações erguerei minha bandeira.
Trarão de volta teus filhos nos braços,*
tuas filhas serão trazidas nos ombros.
[23]Os reis serão teus tutores*
e suas princesas, tuas amas de leite.
Com o rosto em terra se prostrarão a tua frente,*
beijarão o pó de teus pés;
então saberás que eu sou Javé
e que não ficarão desiludidos os que esperam em mim".*
[24]Acaso se pode retirar do guerreiro a presa?
Ou pode um prisioneiro fugir do tirano?
[25]No entanto, assim fala Javé:
"Também o prisioneiro será retirado do guerreiro,*
a presa será libertada do tirano.
Vou processar os que te processam
e salvarei teus filhos.
[26]Farei teus opressores comer as próprias carnes,*
com o próprio sangue vão embriagar-se como de vinho.
Então todo o mundo saberá*
que eu sou Javé, teu Salvador,
que teu Redentor é o Forte de Jacó".*

50 **Javé não repudiou a nação.** [1]Assim fala Javé:
"Onde está o documento de repúdio de vossa mãe*
com o qual a rejeitei?
Ou a qual de meus credores eu vos vendi?*
Sim, foi por vossas iniquidades que fostes vendidos,*
foi por vossas transgressões que foi rejeitada vossa mãe.
[2]Por que razão não há ninguém, agora que eu vim?
Por que, agora que eu chamo, ninguém responde?*
Acaso minha mão é curta demais para resgatar*
ou não tenho força para salvar?
Eis que com uma ameaça enxugo o mar,*
transformo os rios em deserto.
Seus peixes, por falta de água, apodrecem,
mortos de sede.
[3]Revisto os céus de obscuridade,
como coberta lhes dou pano de saco".

Terceiro canto do servo†. [4]O Senhor Javé me deu uma língua de discípulo,
para que eu saiba encorajar os desanimados.
Cada manhã me desperta,
desperta meu ouvido
para que eu escute como discípulo.
[5]O Senhor Javé abriu-me os ouvidos
e eu não opus resistência, não recuei.*
[6]Apresentei meu dorso aos que me batiam,
e a face aos que me arrancavam a barba.*
Não escondi o rosto dos que me insultavam e cuspiam.
[7]O Senhor Javé me assiste,
por isso não me deixo abater;
por isso torno minha face dura como pedra,*
sabendo que não fico desiludido.*
[8]Está perto aquele que me faz justiça;
quem ousará processar-me?
Compareçamos juntos.
Quem é meu acusador? Aproxime-se de mim.

---

* **49**,20. 54,1ss | 21. 65,23; Jr 31,27; Zc 2,8 | 22. 60,4.9; Br 5,6 | 23. 60,16 / 60,14 / 30,18; Sl 25,3 | 25. Jr 31,11 | 26. 9,19 / 60,16 / 41,14 | **50**,1. Dt 24,1-4 / 52,3 / Br 4,6 | 2. 65,12; 66,4 / Nm 11,23 / Sl 106,9; 107,33; Na 1,4 | 5. 52,13-53,12 | 6. Mt 26,67; 27,30 | 7. Ez 3,8s / Sl 25,3

† **50**,4. O Servo é um discípulo atento ao ensinamento de Deus e aceita o sofrimento ligado a sua missão.

9Eis que o Senhor Javé me assiste:
quem vai declarar-me culpado?
Eis que todos eles se consomem como veste,*
devorados pela traça.

Javé, Salvador e juiz. 10Quem dentre vós teme Javé*
escute a voz de seu servo!
Aquele que caminha nas trevas, sem ter luz,*
espere no nome de Javé, apoie-se em seu Deus.
11Quanto a vós todos, que atiçais um fogo e acendeis tochas,*
ide às chamas de vosso fogo,
entre as tochas que acendestes.
Assim vos tratará minha mão:
no tormento morrereis.

51

Fidelidade de Deus. 1Escutai-me, vós que estais em busca de justiça,*
vós que buscais Javé;
olhai para a rocha da qual fostes cortados,
para a mina de onde fostes tirados.
2Olhai para Abraão, vosso pai,
e para Sara, que vos deu à luz;
porque ele estava sozinho quando o chamei,*
mas eu o abençoei e o multipliquei.
3Sim, Javé tem piedade de Sião,
tem piedade de todas as suas ruínas.
Vai fazer de seu deserto um Éden*
e de sua estepe, um jardim de Javé.
Nela haverá júbilo e alegria,
ações de graças ao som de música.

Apelo universal. 4Ouve-me atento, meu povo;
minha nação, presta-me ouvidos.
Pois de mim sairá a lei,
meu direito será a luz dos povos.
5Minha vitória está próxima,
minha salvação se manifestará;
meus braços governarão os povos.
Em mim esperarão as ilhas,
terão confiança em meu braço.
6Erguei aos céus vossos olhos*
e olhai a terra embaixo,
porque os céus se dissolverão como fumaça,*
a terra se consumirá como veste
e seus habitantes morrerão como larvas.
Mas minha salvação durará para sempre,*
minha justiça não será aniquilada.
7Escutai-me, vós que conheceis a justiça,
povo que trazeis no coração minha lei.
Não temais o insulto dos homens,
nem vos perturbeis com seus ultrajes,
8porque a traça os roerá como veste,*
e a larva os devorará como lã.*
Mas minha justiça durará para sempre,
minha salvação de geração em geração.

Invocação. 9Desperta, desperta, reveste-te de força,
ó braço de Javé.
Desperta como nos dias antigos,
no tempo das gerações passadas.
Acaso não foste tu que despedaçaste Raab*
e traspassaste o dragão?
10Não foste tu que secaste o mar, as águas do grande abismo,*
e fizeste do fundo do mar uma estrada,
para que passassem os redimidos?
11Os resgatados de Javé voltarão
e chegarão a Sião com alegria,
trazendo consigo eterna felicidade;
júbilo e exultação os seguirão;
cessarão a dor e os gemidos.

O consolador é Javé. 12Sou eu, sou eu vosso consolador.
Quem és tu para que temas o homem mortal,
ou o filho de homem destinado a ser como a erva?
13Esqueceste Javé, teu Criador,*
que estendeu os céus e consolidou a terra.
Tinhas medo sempre, o dia todo,
diante do furor do adversário,
porque tentava destruir-te.
Mas onde está agora o furor do adversário?

---

* **50**,9. Jó 13,28; 51,8; Os 5,12 | 10. Êx 23,20s; Jo 3,11 / Is 42,16 | 11. Sl 7,14 | **51**,1. Mt 5,6; 6,33 | 2. Gn 12,1ss; Ez 33,24 | 3. Gn 2,8-17; Ap 2,7; 22,1s; Ez 36,35 | 6. Sl 102,26s / Mt 24,35; Ap 20,11; 2Pd 3,7-12 / Is 56,1 | 8. 50,9 / Jó 13,28 | 9. 30,7; Jó 3,8; Is 7,12 | 10. Êx 14,5-31; Is 63,13 | 13. Dt 32,5.15

14 O prisioneiro será logo libertado;*
não morrerá na fossa nem lhe faltará
pão.
15 Eu sou Javé, teu Deus,
que agita o mar e faz rugir suas ondas
e se chama Javé dos exércitos.
16 Eu pus minhas palavras em tua boca,*
eu te escondi na sombra de minha mão
quando estendi os céus e consolidei
a terra
e disse a Sião: "Tu és meu povo".
Libertação. 17 Desperta, desperta,*
fica de pé, Jerusalém,
que bebeste da mão de Javé a taça
de sua ira;
é um cálice, uma taça de vertigem
que bebeste e esvaziaste.
18 Não há ninguém que a guie
entre todos os filhos que ela deu à luz;
ninguém que a tome pela mão
entre todos os filhos que ela criou.
19 Dois males te sobrevieram,*
quem terá piedade de ti?
Desolação e destruição, fome e espada,
quem te consolará?
20 Teus filhos jazem sem força*
nos cantos de todas as ruas,
como antílopes numa rede,
prostrados pela ira de Javé,
pela ameaça de teu Deus.
21 Portanto, escuta isto, ó infeliz,
ó ébria, mas não de vinho.
22 Assim fala teu Senhor Javé, teu
Deus,
defensor da causa de seu povo:
"Eis que eu retiro de tua mão a taça
da vertigem,
o cálice, a taça de minha ira; não mais
a beberás.
23 Eu a porei na mão de teus perse-
guidores que te diziam:
Curva-te e passaremos sobre ti.
Fazias de teu dorso um chão
e uma estrada para os transeuntes".

52

Convite a Jerusalém. 1 Desperta, desperta,
reveste-te de tua força, Sião,*
veste as mais belas roupas, Jerusa-
lém, cidade santa,
porque nunca mais entrarão em ti in-
circuncisos e imundos.*
2 Sacode tua poeira,
levanta-te, Jerusalém escrava!
Solta de teu pescoço as correntes,
escrava filha de Sião!
3 Porque assim fala Javé:
"Sem preço fostes vendidos,
sem dinheiro sereis resgatados".
4 Porque assim diz o Senhor Javé:
"Ao Egito desceu meu povo outrora
para morar lá como estrangeiro;
depois o assírio o oprimiu sem motivo.
5 Mas agora, que faço eu aqui?
– oráculo de Javé –
Pois meu povo foi deportado por
nada!
Seus dominadores triunfam
– oráculo de Javé –
e sempre, todos os dias, meu nome é
desprezado+.
6 Por isso, meu povo conhecerá meu
nome,
compreenderá naquele dia que sou
eu que digo: Eis-me aqui".
7 Como é belo ver correndo sobre os
montes*
o mensageiro que anuncia a paz,
mensageiro de bem que anuncia a
salvação,
que diz a Sião: "Teu Deus reina".
8 Estás ouvindo?
Tuas sentinelas erguem a voz,
juntas gritam de alegria
porque veem com seus olhos o re-
torno de Javé a Sião.*
9 Exultai, cantai em coro, ruínas de Je-
rusalém,
porque Javé consolou seu povo,
resgatou Jerusalém.
10 Javé desnudou seu santo braço
diante de todas as nações;
e todos os confins da terra
verão a salvação de nosso Deus.
11 Fora, fora, saí de lá!
Não toqueis nada de impuro.*

---

* **51**,14. Jr 31,35 | 16. 59,21 | 17. 52,1 | 19. Jr 15,5 | 20. Na 3,7 | **52**,1. 51,9 / Ap 21,27 | 7. Na 2,1; Rm 10,15; Mc 16,15s | 8. Ex 33,20; Ez 43,1-5 | 11. Jr 51,45; Ap 18,4

+ **52**,5. Javé não vai tolerar que os inimigos zombem de Israel humilhado

Saí do meio dela, purificai-vos,
vós que levais os vasos de Javé.
12Não devereis sair depressa*
nem ir embora como fugitivos,
porque a vossa frente caminha Javé
e na retaguarda, o Deus de Israel.

Quarto canto do servo†. 13Eis que meu servo prosperará,*
crescerá e se elevará,
será sumamente exaltado.
14Como muitos ficaram pasmados a sua vista
– por demais desfigurado para ser de homem seu aspecto,
e sua forma já não era a dos filhos de Adão –*
15assim se maravilharão dele muitas nações;
diante dele os reis ficarão de boca fechada,
porque verão um fato jamais contado a eles
e observarão o que nunca tinham ouvido.

53 1Quem acreditou naquilo que anunciamos?*
A quem se manifestou o braço de Javé?
2Cresceu como broto diante dele
e como raiz em terra árida.
Não tem aparência nem beleza para atrair nossos olhares,
nem esplendor para nos agradar.
3Desprezado e rejeitado por todos,*
homem das dores que bem conhece o sofrimento,
como se escondesse de nós sua face,
era desprezado e não fizemos nenhum caso dele.
4Mas eram nossos sofrimentos que ele tomou sobre si,*
eram nossas dores que ele assumiu;
e nós o julgávamos castigado,
ferido por Deus e humilhado.*
5Mas foi traspassado por causa de nossos crimes,*
esmagado por causa de nossas iniquidades†.
Abateu-se sobre ele o castigo que nos traz a paz,
e por suas chagas fomos curados.*
6Todos nós estávamos perdidos como ovelhas,*
cada qual seguindo seu caminho;
e Javé fez recair sobre ele
a iniquidade de todos nós.
7Maltratado, deixou-se humilhar
e não abriu a boca;*
como cordeiro levado ao matadouro,*
como ovelha muda diante dos tosquiadores,
não abriu a boca.
8Com opressão e sentença injusta foi eliminado;
quem se aflige por sua sorte?
Sim, foi cancelado da terra dos vivos,
pela iniquidade de meu povo foi ferido de morte.
9Foi-lhe dada sepultura com os ímpios,*
entre os malfeitores está seu túmulo,*
embora não tivesse cometido violência
nem houvesse engano em sua boca.*
10Mas Javé quis esmagá-lo pelo sofrimento.
Quando oferecer sua vida em expiação,
verá uma descendência, prolongará seus dias
e se cumprirá por meio dele a vontade de Javé.
11Depois de seu íntimo tormento verá a luz
e se fartará de seu conhecimento.
O justo, meu servo, justificará a muitos,*
assumindo ele próprio a iniquidade deles.
12Por isso eu lhe darei em prêmio as multidões,

---

* **52**,12. Êx 12,31-34.39 | 13. 42,1; Sl 22; Fl 2,9; Ef 1,20s; Jo 12,32 | 14. Mt 27,29ss; Jo 19,5 | **53**,1. Jo 12,38; Rm 10,16 | 3. Sl 22,7s | 4. Mt 8,17 / Hb 2,10 | 5. Gl 3,13; Rm 4,25 / 1Pd 2,24 | 6. Ez 34; 1Pd 2,25 | 7. Mt 26,36 / At 8,32s; Jo 1,29; Jr 11,19 | 9. Mt 27,38 / Mt 27,60 / 1Pd 2,22 | 11. Rm 3,26 | 12. Lc 22,37; 1Pd 2,24; Jo 1,29

† **52**,13. O Servo sofre pelos pecados dos outros; inocente, expia as culpas dos pecadores. | **53**,5. O Servo não dispensa o povo da necessidade de arrepender-se, mas infunde nele seu espírito de dor e esperança.

e com os poderosos dividirá os despojos,
porque entregou-se a si mesmo à morte
e foi contado entre os ímpios;*
entretanto ele levava o pecado de muitos
e pelos pecadores intercedia.

54 Fecundidade da nova Jerusalém.

1 Exulta, ó estéril, que não deste à luz,*
grita de júbilo e de alegria,
tu que não provaste as dores do parto!
Porque mais numerosos são os filhos da abandonada
que os filhos da esposa, diz Javé.
2 Alarga o espaço* de tua tenda†,
estende a lona de tua morada sem poupar;
alonga tuas cordas, firma bem tuas estacas,*
3 porque te expandirás à direita e à esquerda,*
tua descendência possuirá as nações
e povoará as cidades desertas.
4 Não temas, porque não deverás mais envergonhar-te
nem enrubescer,
pois não serás mais desonrada;
ao contrário, esquecerás a vergonha de tua juventude
e não recordarás mais o ultraje de tua viuvez.
5 Porque teu Criador será teu esposo,*
Javé dos exércitos é seu nome;
teu Redentor é o Santo de Israel,
chamado Deus de toda a terra.

Fidelidade de Javé. 6 Como mulher abandonada e de ânimo abatido,*
Javé te chamou de volta.
Acaso é repudiada a mulher da juventude?
Diz teu Deus.
7 Por breve instante eu te abandonei,
mas te retomarei com imenso amor.
8 Num ímpeto de ira
escondi de ti por um momento meu rosto;*
mas com amor eterno tive piedade de ti,
diz teu Redentor, Javé.
9 Agora é para mim como nos dias de Noé,
quando jurei que as águas de Noé*
não mais se derramariam sobre a terra;
assim agora juro que não mais me irritarei contigo
e não te farei mais ameaças.
10 Mesmo que os montes se retirassem
e as colinas vacilassem,
meu amor não se retiraria de ti,
nem vacilaria minha aliança de paz,*
diz Javé que se compadece de ti.
11 Ó infeliz, açoitada pelos ventos, desconsolada!
Eis que ponho sobre antimônio tuas pedras*
e sobre safiras teus fundamentos.
12 Farei de rubis tuas ameias,
tuas portas serão de berilo
e todo o teu recinto será de pedras preciosas.
13 Todos os teus filhos serão discípulos de Javé,*
e será grande a paz de teus filhos.
14 Tu serás fundada sobre a justiça,
livre da opressão, nada terás a temer;
livre do terror, porque a ti não chegará.
15 Se houver um ataque,
não será de minha parte.
Quem te ataca cairá diante de ti.
16 Eis que eu criei o ferreiro
que sopra sobre o fogo das brasas
e daí tira o instrumento para seu trabalho;
e eu criei também o destruidor para devastar.
17 Nenhuma arma fabricada contra ti será eficaz.
Toda língua que se erguer contra ti em juízo,
tu a confundirás.

---

* **54**,1. Gl 4,27; Sl 113,9; Jr 10,20 | 2. 33,20 / 49,20 | 3. 26,15 | 5. Os 1,2 | 6. 49,14s | 8. Sl 30,6 | 9. Gn 9,11 | 10. Rm 11,29 | 11. Ap 21,2.10-27; Is 60,17s | 13. Jr 31,33s; Is 1,26

† **54**,2. O Vat. II vê neste texto um apelo à evangelização dos povos, e comenta: "Dilata o Povo de Deus, aumenta o Corpo Místico de Cristo até a medida do tempo da plenitude de Cristo".

Esta é a sorte dos servos de Javé,
a justiça que eu lhes garanto
– oráculo de Javé.

55 **Convite universal ao novo Reino de Deus.** 1Ó vós todos
que tendes sede, vinde às águas;
mesmo se não tendes dinheiro,
vinde, comprai e comei.
Vinde, comprai sem dinheiro*
e sem pagar vinho e leite†.
2Por que gastar dinheiro com o que
não é pão,
e vosso salário com o que não satisfaz?
Escutai-me atentamente e comereis
o que é bom
e vos deleitareis com comidas saborosas.*
3Prestai ouvido e vinde a mim,
escutai e vivereis.
Farei convosco uma aliança eterna,
realizando os favores prometidos a Davi.*
4Eu fiz dele um testemunho para os
povos,*
príncipe e governante das nações.
5Vê, tu chamarás uma nação que não
conhecias;
acorrerão a ti povos que não te conheciam,
por causa de Javé, teu Deus,
e do Santo de Israel, porque ele te honrou.

Tempo de reconciliação. 6Buscai Javé,
enquanto se deixa encontrar,*
invocai-o enquanto está próximo.
7Que o ímpio abandone seu caminho*
e o homem iníquo, seus pensamentos;
volte a Javé, que terá compaixão dele,*
a nosso Deus, que amplamente perdoa.
8Porque meus pensamentos não são
vossos pensamentos,
vossos caminhos não são meus caminhos
– oráculo de Javé.
9Porque quanto o céu se eleva sobre
a terra,*
tanto meus caminhos se elevam sobre vossos caminhos,
e meus pensamentos sobre vossos pensamentos.
10Com efeito, assim como a chuva e a
neve descem do céu
e não voltam para lá sem terem regado a terra,
sem tê-la fecundado e feito germinar
para que dê semente ao semeador e pão para comer,*
11assim será a palavra de minha
boca:*
não voltará a mim sem efeito,
sem ter operado o que eu desejo
e sem ter realizado o fim de sua missão.

O retorno. 12Vós, pois, partireis com
alegria,
sereis conduzidos em paz.
Diante de vós, montes e colinas soltarão gritos de alegria
e todas as árvores dos campos baterão palmas†.
13Em vez de espinhos crescerão ciprestes,*
em vez de urtigas crescerão murtas;
isto será para a glória de Javé,
um sinal eterno que não se apagará.

VIII. UM NOVO CULTO E UMA NOVA JERUSALÉM (56–66)†

56 **Extensão do novo reino.** 1Assim fala Javé:
"Observai o direito e praticai a justiça,*
porque minha salvação está para vir;
minha justiça, pronta a revelar-se".
2Feliz o homem que age assim,
o filho de homem que nisto persevera,*

* **55**,1. Ap 21,6; 22,17 | 2. Pr 9,3-6; Eclo 24,27-31; Jo 6,33 | 3. 2Sm 7,1 | 4. At 13,34; Ap 1,5 | 6. Os 5,6 | 7. Dt 4,7 / Lc 15,20; Zc 1,3 | 9. Sl 103,11 | 10. 2Cor 9,10 | 11. Sb 18,14s; Zc 1,5s | 13. 41,19; 44,3s | **56**,1. 46,13 | 2. Êx 20,8

† **55**,1. Convida os pobres para um alegre banquete, Pr 9,4s. O único requisito é ter sede de Deus, 41,17. | 12. No retorno dos exilados, toda a natureza toma parte, promovendo uma festa solene e grandiosa. **VIII.** Começa a 3ª parte do livro de Isaías, diferente das outras pelo conteúdo, doutrina e estilo. Não se dirige aos exilados em Babilônia, como os cc. 40–55, mas aos repatriados, chamados a reconstruir a comunidade vencendo o desânimo e confiando num futuro glorioso.

que observa o sábado sem profaná-lo
e preserva sua mão de todo mal.
[3]Não diga o filho do estrangeiro que aderiu a Javé:
"Com certeza Javé vai excluir-me de seu povo!"
Não diga o eunuco: "Eis que sou uma árvore seca!"
[4]Pois assim fala Javé:
"Aos eunucos, que observam meus sábados,*
escolhem fazer o que me agrada
e permanecem firmes em minha aliança,
[5]eu concederei em minha casa e dentro de meus muros
um memorial e um nome melhores que filhos e filhas;
eu lhes darei um nome eterno que jamais será cancelado.*
[6]Os filhos dos estrangeiros,
que aderiram a Javé para servi-lo,
para amar o nome de Javé
e para ser seus servos,
todos os que observam o sábado sem profaná-lo
e se mantêm firmes em minha aliança,
[7]vou conduzi-los a meu monte santo*
e os cumularei de alegria em minha casa de oração.
Seus holocaustos e seus sacrifícios
serão aceitos sobre meu altar,
porque minha casa será chamada casa de oração*
para todos os povos".
[8]Oráculo do Senhor Javé,
que reúne os dispersos de Israel:
"Eu reunirei ainda outros,
além daqueles já reunidos".

Contra os maus pastores. [9]Vós todos, animais dos campos, vinde comer;
também vós, animais todos da floresta.
[10]Seus guardiães são todos cegos, nada percebem.*
São todos cães mudos, incapazes de latir;
cochilam deitados, gostam de dormir.
[11]São cães de fome insaciável,
pastores incapazes de entender.*
Cada qual segue seu caminho,
cada um cuida do próprio interesse, sem exceção.
[12]"Vinde, vou trazer vinho*
e nos embriagaremos de bebidas fortes.
Amanhã será como hoje,
com muito mais abundância".

57 **Abandono dos justos.** [1]Morre o justo e ninguém se preocupa.
Os piedosos são eliminados, ninguém faz caso.
O justo é eliminado por causa do mal.*
[2]Ele entra na paz;
quem caminha pela estrada reta descansa em seu leito.

Contra os idólatras. [3]Agora vinde aqui, vós, filhos da bruxa,
nascidos de um adúltero e de uma prostituta†.
[4]De quem estais zombando,
abrindo a boca e mostrando a língua?
Acaso não sois filhos do pecado, prole bastarda?
[5]Vós, que ardeis de luxúria entre os terebintos,*
debaixo de toda árvore verde;
que imolais crianças nos vales e nas fendas das rochas!
[6]As pedras polidas da torrente serão tua herança,
são a parte que te cabe.
Também a elas ofereceste libações e apresentaste tuas ofertas.
Hei de aplacar-me com isto?
[7]Sobre um monte imponente e elevado puseste teu leito†;
também lá subiste para oferecer sacrifícios.*

---

* **56**,4. Sb 3,14s | 5. Ap 2,17; 3,5 | 7. Sl 15,1; 1Rs 8,41ss / Mt 21,13 | 10. 3,12; 9,15 | 11. Ez 34,2; Jr 10,21; 12,10; 23,1s | 12. 5,11; 28,7s | **57**,1. Sb 4,11 | 5. Dt 12,2; Jr 2,20 | 7. Dt 23,19

† **57**,3. Ver a nota em Sl 106,39. | 7. Israel é como adúltera que abandona a Deus e presta culto aos deuses nos templos dos lugares altos.

8Atrás da porta e dos umbrais puses-
te teu emblema.
Longe de mim descobriste teu leito,*
subiste nele e o alargaste;
fizeste pacto com eles, amaste seu
leito, olhaste sua nudez.
9Tu te apresentaste ao rei com óleo,*
multiplicaste teus perfumes;
enviaste para longe teus mensageiros,
desceste até o lugar dos mortos.
Ameaça divina. 10Ficaste cansada com
tantas viagens,
mas não disseste: "É inútil".
Reencontraste o vigor de tua mão,
por isso não ficaste exausta.
11De quem tiveste temor?
Quem te amedrontava para dizeres
mentiras?
E de mim não te recordas,
não pensas mais em mim?
Ou talvez porque eu me calava e dis-
simulava,
não tens temor de mim?
12Eu proclamarei tua justiça
e tuas obras, que não te aproveitarão.
13Quando gritares,
venha salvar-te tua coleção de ído-
los.
Todos serão levados pelo vento,
um sopro os arrastará.
Mas quem confia em mim possuirá
a terra,*
meu santo monte.
Consolação. 14E se dirá: Aplanai, apla-
nai, preparai o caminho,
removei os obstáculos do caminho
de meu povo.
15Pois assim fala Aquele que é alto e
elevado,
que tem morada eterna e cujo nome
é santo:*
"Em lugar excelso e santo eu habito,
mas estou também com o oprimido
e o humilhado,*
para reavivar o espírito dos humildes
e reanimar o coração dos oprimidos.
16Porque eu não quero acusar sem-
pre
nem mostrar-me sempre irritado;
de outra forma, sucumbiria diante de
mim o espírito
e o hálito vital que eu criei.
17Com a iniquidade de sua ganância*
eu me irritei e o feri, me escondi e
me indignei†;
mas ele se afastou e seguiu o cami-
nho de seu coração.
18Eu vi seus caminhos, mas quero
curá-lo, guiá-lo*
e oferecer reconforto a ele e aos seus
que estão de luto.
19Faço nascer o louvor sobre seus lá-
bios:
Paz, paz a quem está longe e a quem
está perto,*
diz Javé, e eu o curarei".
20Mas os ímpios são como um mar
agitado
que não se pode acalmar
e cujas águas trazem lama e lodo.
21"Não há paz para os ímpios",*
diz meu Deus.

58

Falso jejum. 1Clama em alta
voz, não te detenhas;
levanta a voz como a trombeta;
denuncia a meu povo seus crimes,
à casa de Jacó seus pecados.
2Todo dia me procuram,
querem conhecer meus caminhos,
como um povo que pratica a justiça
e não abandonou a lei de seu Deus;
pedem-me juízos justos,
querem estar perto de Deus.
3"Por que jejuar, se tu não o vês,*
mortificar-nos, se não o sabes?"
É que no dia de vosso jejum tratais
de vossos negócios
e oprimis todos os vossos operários.
4É que jejuais para vos entregar a lití-
gios e disputas
e para ferir com punho impiedoso.
Não jejueis mais como fazeis hoje,
se quereis fazer ouvir vossa voz lá no
alto.
5Acaso é este o jejum que me agrada,

* **57**,8. Ez 16,15s | 9. Lv 18,21 | 13. Sl 37,9; Is 56,7; 60,21; 65,9 | 15. Lv 17,1 / Sl 51,19 | 17. 54,8 / Êx 15,26 | 19. Ef 2,17 | 21. 48,22 | **58**,3. Mt 6,18

† **57**,17. O silêncio de Deus, experiência tenebrosa, semelhante à condenação.

o dia em que o homem se mortifica?
Curvar a cabeça como um junco,
deitar-se num leito de saco e de cinza?
É a isto que chamais jejum e dia agradável a Javé?

O verdadeiro jejum. 6Não é antes este o jejum que eu prefiro:
quebrar as correntes iníquas,*
desatar os laços do jugo,
deixar ir livres os oprimidos e quebrar todo jugo?
7Não consiste talvez em repartir o pão com o faminto,
introduzir em casa os pobres desabrigados
e vestir quem está nu,
sem desviar os olhos de tua gente?†
8Então tua luz despontará como a aurora,
tua ferida será rapidamente curada.
Diante de ti caminhará tua justiça,*
e a glória de Javé te seguirá.
9Então o invocarás, e Javé responderá;
clamarás, e ele dirá: "Eis-me aqui!"

Exortação à mansidão. Se tirares de teu meio a opressão,
o dedo acusador e a maledicência,
10se deres o pão ao faminto e saciares o indigente,
então tua luz brilhará nas trevas*
e a escuridão será para ti como o meio-dia.
11Javé te guiará sempre,
no deserto saciará tua fome,
dará vigor a teus ossos;
e tu serás como jardim regado
e como fonte cujas águas nunca faltam.*
12Tua gente reedificará as antigas ruínas,*
reconstruirá sobre as fundações de épocas distantes.
Serás chamado reparador de brechas,
restaurador de casas em ruína,
para que nelas se possa morar.

Santificação do sábado. 13Se te abs-
téns de violar o sábado,*
de tratar teus negócios em meu dia santo,
se chamas o sábado "delícias"
e "venerável" o dia santo de Javé,
se o honras te abstendo de viajar,
de tratar teus negócios e de fazer discursos,
14então encontrarás tuas delícias em Javé;
eu te conduzirei em triunfo às alturas do país*
e te farei saborear a herança de Jacó, teu pai,
pois a boca de Javé falou.*

59 **Pecados impedem a salvação.** 1Não, não é curta demais a mão de Javé para salvar;*
nem tão duro é seu ouvido para ouvir.
2Mas são vossas iniquidades
que cavaram um abismo entre vós e vosso Deus;
vossos pecados o fizeram esconder de vós seu rosto*
para não vos ouvir†.
3Vossas mãos estão manchadas de sangue
e vossos dedos, de crimes;
vossos lábios proferem mentiras,
vossa língua murmura a maldade.
4Ninguém apresenta queixa segundo a justiça,
ninguém a discute com lealdade.
Confiam no nada e dizem o falso,
concebem a malícia e dão à luz a iniquidade.*
5Chocam ovos de víbora e tecem teias de aranha;
quem come daqueles ovos morrerá,
e do ovo quebrado sai uma víbora.
6Suas teias não servem para vestes,
eles não podem cobrir-se com suas obras;
suas obras são obras iníquas,

---

* **58**,6. Mt 25,34-40; Jr 34,8s | 8. 52,12 | 10. Jo 8,12 | 11. Jo 4,14 | 12. 61,4 | 13. 56,2 | 14. Dt 32,13 / Is 1,20; 40,5 | **59**,1. 50,2 | 2. 1,15 | 4. Sl 7,15; Jó 15,35

† **58**,7. A separação entre a fé que professam e a vida cotidiana de muitos deve ser considerada como um dos erros mais graves de nosso tempo (Vat. II). | **59**,2. Deus é onipotente e pode salvar, mas condicionou a salvação à conduta do povo: "Deus que te criou sem ti não te salvará sem ti" (S. Agostinho).

o fruto de violências está em suas
mãos.
7 Seus pés correm para o mal,
apressam-se a derramar sangue ino-
cente;
seus pensamentos são pensamentos
iníquos,
em seus caminhos há desolação e
destruição.
8 Não conhecem o caminho da paz,
não há justiça em seu proceder;
tornam tortuosos seus caminhos,
quem anda por eles não conhece a paz.
Confissão. 9 Por isso o direito se afas-
tou de nós
e a justiça não chega até nós.
Esperamos a luz, mas vêm as trevas;*
esperamos a claridade, mas anda-
mos no escuro.
10 Como cegos apalpamos a parede,
como quem não tem olhos andamos
tateando;
tropeçamos ao meio-dia como no
crepúsculo;*
em pleno vigor somos como os mortos.
11 Nós todos uivamos como ursos
e gememos tristemente como pombas.
Esperávamos no direito, mas não existe;
na salvação, mas está longe de nós.
12 Porque são muitos diante de vós
nossos delitos,*
nossos pecados testemunham con-
tra nós;
porque nossos delitos estão a nossa
frente*
e conhecemos nossas iniquidades:
13 prevaricar e renegar Javé,
cessar de seguir nosso Deus,
tramar opressão e rebelião,
conceber e murmurar no coração pa-
lavras mentirosas.
14 Assim é descuidado o direito
e a justiça permanece à distância;
a verdade tropeça na praça
e nela a retidão não pode entrar.
15 Assim a verdade está ausente
e quem evita o mal é despojado.
Intervenção divina. Javé contempla
desgostado
que não mais existe a justiça.
16 Ele viu que não havia ninguém,
admirou-se porque ninguém inter-
cedia.
Mas valeu-lhe seu braço*
e sua justiça o sustentou.*
17 Revestiu-se de justiça como de
uma couraça
e pôs na cabeça o capacete da sal-
vação.
Vestiu as roupas da vingança,
cobriu-se de zelo como de um man-
to.
18 Conforme as obras ele retribui,
furor para os adversários, castigo
para os inimigos;
às ilhas retribuirá segundo suas
obras.
19 Desde o ocidente temerão o nome
de Javé
e desde o oriente, sua glória,
porque ele virá como rio impetuoso,
impelido pelo sopro de Javé.
20 Como Redentor virá para Sião,*
para os de Jacó convertidos da apos-
tasia
– oráculo de Javé.
21 Quanto a mim, esta é minha alian-
ça com eles, diz Javé: Meu espírito que
está sobre ti* e as palavras que pus em
tua boca não se apartarão de tua boca
nem da boca de teus descendentes
nem da boca dos descendentes dos
descendentes, diz Javé, desde agora e
para sempre.

60 Glória da nova Jerusalém†.

1 Levanta-te, resplandece,
porque tua luz vem vindo
e desponta sobre ti a glória de Javé.
2 Porque eis que as trevas cobrem a
terra,
a escuridão envolve as nações;*
mas sobre ti resplandece Javé,
sobre ti aparece sua glória.*

* **59**,9. Jo 8,12; Jr 8,15; Am 5,18ss | 10. Dt 28,29 | 12. Jr 14,7 / Sl 51,5 | 16. 63,5 / Sb 5,17-23 | 20. Rm 11,28s; Is 41,14 | 21. 51,16 | **60**,2. 9,1 / Êx 24,16; Ap 21,24

† **60**. A nova Jerusalém vai reunir seus filhos dispersos e atrair com sua luz todas as nações, que virão trazendo dons para adorar seu Deus. A liturgia aplica os vv. 1-6 à visita dos Magos ao Menino nascido em Belém.

[3]Caminharão as nações a tua luz,
os reis ao esplendor de tua aurora.
[4]Ergue os olhos ao redor e vê:*
todos estes se reuniram, vêm a ti:
teus filhos vêm de longe,
tuas filhas são carregadas nos braços.
[5]A esta vista ficarás radiante,
palpitará e se dilatará teu coração,
quando as riquezas do mar confluírem para ti*
e chegarem a ti os tesouros das nações.
[6]Uma caravana de camelos te invadirá,
dromedários de Madiã e de Efá;
todos virão de Sabá, trazendo ouro e incenso*
e proclamando os louvores de Javé.
[7]Em ti se reunirão todos os rebanhos de Cedar,
os carneiros dos nabateus estarão a teu serviço;
subirão como oferta agradável a meu altar;
tornarei esplêndido o templo de minha glória.
[8]Quem são esses que voam como nuvens
e como pombas para seu pombal?
[9]São navios que se reúnem para mim,
os navios de Társis na primeira fila,
para trazer teus filhos de longe,*
com prata e ouro,
pelo nome de Javé teu Deus,*
pelo Santo de Israel que assim te honra.

Homenagem dos povos. [10]Os filhos dos estrangeiros reconstruirão teus muros,*
seus reis estarão a teu serviço,
porque em meu furor eu te castiguei,
mas em minha benevolência tive piedade de ti.
[11]Tuas portas estarão sempre abertas,*
não se fecharão nem de dia, nem de noite,
para conduzir a ti as riquezas dos povos
sob a guia de seus reis.
[12] Porque a nação e o reino que não quiserem servir-te perecerão,
e as nações serão totalmente exterminadas.
[13]A glória do Líbano virá a ti,*
ciprestes, olmos e abetos juntamente,
para embelezar o lugar de meu santuário
e enobrecer meu pedestal.
[14]Virão a ti humildemente os filhos de teus opressores;*
a teus pés se prostrarão os que te desprezavam.*
E te chamarão "Cidade de Javé",*
"Sião do Santo de Israel".
[15]Em vez de abandonada, odiada*
e sem que ninguém passasse por ti,
eu te farei o orgulho dos séculos,
a alegria de todas as gerações.
[16]Sugarás o leite das nações,*
sugarás as riquezas dos reis.
Saberás que eu, Javé, sou teu Salvador*
e que teu Redentor é o Forte de Jacó.
[17]Farei vir ouro em vez de bronze,
farei vir prata em vez de ferro,
bronze em vez de madeira,
ferro em vez de pedras.
Constituirei como tua soberana a paz,*
como tua governadora a justiça.

Glória imorredoura. [18]Não mais se ouvirá falar de violência em teu país,
de devastação e de destruição dentro de tuas fronteiras.
Tu chamarás teus muros "salvação"
e tuas portas "louvor".
[19]Não será mais o sol tua luz do dia,*
nem te iluminará mais o clarão da lua.
Mas Javé será para ti uma luz eterna,
teu Deus será teu esplendor.
[20]Teu sol não terá ocaso,
não vai desaparecer tua lua,
porque Javé será para ti uma luz eterna;
terão acabado os dias de teu luto.
[21]Teu povo será todo de justos,
para sempre possuirá a terra;*

---

* **60**,4. 49,18-22; Br 5,5s | 5. Sl 72,10 | 6. 1Rs 10,1 | 9. Sl 47,8 / Is 55,5 | 10. 49,17 | 11. Ap 21,25s | 13. 35,2 | 14. 49,23 / Ap 3,9 / Is 1,26 | 15. 62,4.12 | 16. 49,23 / 49,26 | 17. 1,26 | 19. Ap 21,23; 22,5 | **60**,21. 57,13

é o germe que eu plantei,
a obra de minhas mãos,
para minha glória.
22 O pequeno se tornará um milheiro,
o menor será uma nação imensa;
eu sou Javé: a seu tempo farei isto prontamente.

61 Boa-nova anunciada aos pobres†.

1 O espírito do Senhor Javé está sobre mim*
porque Javé me ungiu;
mandou-me levar a boa-nova aos pobres,
curar os corações feridos,
proclamar a anistia aos detentos,
a libertação aos prisioneiros,
2 promulgar o ano da graça de Javé,
dia de vingança para nosso Deus;
para consolar todos os que choram,*
3 para conceder aos que choram em Sião
uma coroa em vez de cinza,
óleo de alegria em vez de luto,
canto de louvor em vez de um coração triste.
Eles se chamarão carvalhos de justiça,
plantação de Javé para manifestar sua glória.
4 Reconstruirão as velhas ruínas,*
reerguerão os antigos escombros,
restaurarão as cidades destruídas,
devastadas por muitas gerações.
5 Haverá estrangeiros apascentando vossos rebanhos,*
e filhos de estrangeiros serão vossos lavradores e vinhateiros.
6 Quanto a vós, sereis chamados sacerdotes de Javé,*
ministros de nosso Deus sereis denominados.
Das riquezas das nações vos nutrireis
e lhes sucedereis em sua glória.
7 Em vez de vossa vergonha tereis uma porção dupla;
em vez da desonra exultareis em vossa herança;
por isso possuirão o duplo em seu país,
terão uma alegria perene.
8 Porque eu, Javé, amo a justiça
e detesto a rapina e o crime:
darei a eles fielmente o salário,
concluirei com eles uma aliança perpétua.
9 Será famosa entre as nações sua estirpe*
e sua descendência, entre os povos.
Todos os que os virem os reconhecerão
como uma estirpe que Javé abençoou.*

Canto de louvor. 10 Eu me alegro plenamente em Javé,*
minha alma exulta em meu Deus,*
porque me revestiu com as vestes da salvação,
envolveu-me com o manto da justiça,
como um esposo que cinge o diadema*
e como uma esposa que se enfeita com suas joias.
11 Pois como a terra produz seus germes
e o jardim faz brotar suas sementes,
assim o Senhor Javé fará brotar a justiça
e o louvor diante de todas as nações.*

62 Nova Sião.

1 Por amor de Sião não vou me calar,
por amor de Jerusalém não ficarei tranquilo,
enquanto não surgir como a aurora sua justiça
e sua salvação como tocha acesa.
2 Então as nações verão tua justiça
e todos os reis, tua glória;
eles te chamarão com um nome novo,*
que a boca de Javé indicará.
3 Tu serás esplêndida coroa na mão de Javé,
diadema real na palma de teu Deus.
4 Ninguém mais te chamará "Abandonada",*
nem tua terra será denominada "Devastada",*

---

* **61**,1. Lc 4,18s; Mt 3,16; Is 42,1; 11,2 | 2. Mt 5,5 | 4. 58,12 | 5. 14,2 | 6. Êx 19,6; Ap 1,6 | 9. 55,3 / Gn 2,2 | 10. 1Sm 2,1 / Lc 1,46s / Ap 21,2; 19,8 | 11. 45,8 | **62**,2. 56,5; 65,15 | 4. Os 2,25 / Is 60,15

† **61**. O profeta anuncia sua missão de misericórdia e salvação para os exilados. Jesus afirma que esta profecia se cumpre em sua pessoa, Lc 4,21.

mas tu serás chamada "Meu agrado"
e tua terra, "Desposada",
porque Javé se agradará de ti
e tua terra terá um esposo.
5Sim, como um jovem desposa uma virgem,
assim te desposará teu Criador;
como se alegra o esposo pela esposa,
assim teu Deus se alegrará por ti.*
Convite à vigilância. 6Sobre teus muros, Jerusalém, eu pus sentinelas;*
durante todo o dia e toda a noite não se calarão jamais.
Vós, que recordais a Javé suas promessas,
não vos deis descanso,
7nem tampouco a ele dai repouso,
enquanto não tiver restabelecido Jerusalém
e não tiver feito dela o orgulho da terra.
8Javé jurou por sua mão direita
e por seu braço poderoso:
"Nunca mais darei teu trigo*
para comida a teus inimigos,
nunca mais os estrangeiros
beberão o vinho pelo qual te cansaste.
9Ao contrário, os que tiverem ceifado o trigo o comerão
e louvarão a Javé;
os que tiverem colhido a uva beberão o vinho
nos pátios de meu santuário".
Convite a retornar à pátria. 10Passai, passai pelas portas,
desimpedi o caminho do povo;
aplanai, aplanai a estrada, removei as pedras,
erguei um estandarte para os povos.*
11Eis o que Javé faz ouvir até os confins da terra:
"Dizei à filha de Sião:
Eis que chega teu Salvador:*
eis que sua recompensa vem com ele,*
seu salário está diante dele.
12E os chamarão Povo santo,*
remidos de Javé.*
E tu serás chamada Procurada,
Cidade não abandonada".

63 Lagar da justiça divina.
1Quem é este que vem de Edom, de Bosra,*
com as vestes manchadas de vermelho?†
Este, esplendidamente vestido,
que avança na plenitude de sua força?
– "Sou eu, que falo com justiça,
que sou poderoso para salvar".
2– Por que é vermelha tua veste,
e tua túnica como a daquele que pisa no lagar?
3– "No lagar eu pisei sozinho,*
e de meu povo ninguém estava comigo.
Eu os pisei com indignação,
eu os pisoteei com furor.*
Seu sangue salpicou minhas vestes
e manchei toda a minha roupa,
4porque o dia da vingança estava em meu coração
e o ano de minha redenção chegou.
5Olhei, e ninguém para me ajudar;
observei surpreso: ninguém me sustentava.
Então prestou-me socorro meu braço,
sustentou-me meu furor.*
6Pisei os povos com indignação,
esmaguei-os com meu furor;
fiz correr pelo chão seu sangue".
Benefícios e ingratidão. 7Quero recordar os benefícios de Javé,*
as glórias de Javé,
por tudo quanto Javé fez por nós.
Ele é grande em bondade para com a casa de Israel.
Ele nos tratou segundo seu amor,
segundo a grandeza de sua misericórdia.
8Ele disse: "Sim, eles são meu povo,*
filhos que não me enganarão".

---

* **62**,5. 65,19 | 6. 52,8 | 8. Dt 28,30-35 | 10. 49,22 | 11. Ap 22,12 / Is 40,10 | 12. 60,14 / 1,26 | **63**,1. 34,1-17 | 3. Jl 4,13 / Ap 19,15; 14,19s | 5. 59,16 | 7. Sl 89,2 | 8. Dt 32,5

† **63**,1. Violenta descrição da vitória de Deus sobre Edom, que exultou com a queda de Jerusalém em 586 a.C., foi sempre hostil a Israel e despertava no povo um ódio implacável e uma tremenda sede de vingança, Sl 137,7; Is 34,5-17.

E foi para eles um salvador
9 em todas as angústias.
Não foi um enviado nem um anjo,
mas foi ele mesmo que os salvou;
com amor e compaixão os resgatou;
ergueu-os e carregou-os todos os dias do passado.*
10 Mas eles se rebelaram*
e contristaram seu santo espírito.*
Por isso tornou-se inimigo deles
e ele próprio os combateu.
Recordações. 11 Então se recordaram dos dias antigos,
de Moisés, seu servo.
Onde está aquele que fez sair das águas
o pastor de seu rebanho?
Onde está aquele que punha no meio deles*
seu santo espírito;
12 aquele que fez caminhar à direita de Moisés*
seu braço glorioso;
que dividiu as águas diante deles,*
fazendo-se um nome eterno;
13 aquele que os fez avançar pelos abismos*
como um cavalo na estepe, sem tropeçar?
14 Como rebanho que desce pelo vale,
o espírito de Javé os guiava ao repouso.*
Assim conduzistes vosso povo,
conquistando um nome glorioso.
Oração a Javé pai. 15 Olhai do céu e observai*
de vossa morada santa e gloriosa.
Onde estão vosso zelo e vosso poder?
A comoção de vossa ternura*
e vossa misericórdia para comigo foram contidas?
16 Porque vós sois nosso pai,
pois Abraão não nos reconhece
e Israel nos ignora.
Vós, Javé, sois nosso pai,
desde sempre vos chamais nosso Redentor.*
17 Por que, Javé, nos deixais desviar
longe de vossos caminhos
e deixais endurecer nosso coração,
de modo que não vos tema?
Voltai por amor de vossos servos,*
por amor das tribos, vossa herança.
18 Por que os ímpios pisaram vosso santuário,
nossos adversários profanaram vosso lugar santo?
19 Nós nos tornamos como aqueles
sobre quem jamais dominastes
e sobre os quais vosso nome nunca foi invocado.
Oh! Se rasgásseis os céus e descêsseis!
Diante de vós tremeriam os montes.*

64

Outra oração. 1 Assim como o fogo queima os ramos secos
e faz ferver a água,*
assim o fogo destrua vossos adversários,
para que se conheça vosso nome entre vossos inimigos.
Diante de vós tremiam os povos,
2 quando realizáveis prodígios inesperados
3 de que nunca se ouviu falar
desde tempos longínquos.
O ouvido não ouviu, o olho não viu*
que algum Deus, além de vós,
tenha feito tanto para quem nele confia.
4 Ides ao encontro dos que praticam a justiça
e se recordam de vossos caminhos.
Eis que estais irado, porque desde muito tempo pecamos
e temos sido rebeldes.
5 Todos nos tornamos como coisa impura,
e como pano imundo são todos os nossos atos de justiça.*
Todos nós murchamos como folhas,
nossas iniquidades nos carregaram como o vento.
6 Ninguém invocava vosso nome,
ninguém despertava para aderir a vós;
porque escondestes de nós vosso rosto

* **63**,9. Dt 32,11 | 10. Dt 32,15 / Ef 4,30 | 11. Nm 11,17 | 12. Ne 9,20 / Êx 14,5-31 | 13. 51,10 | 14. Sl 77,21 | 15. 64,7-11 / 49,15 | 16. 41,14 | 17. Dt 32,9 | 19. Sl 144,5 | **64**,1. Sl 18,8s; 49,3 | 3. 1Cor 2,9 | 5. Lv 15,19-24

e nos entregastes ao poder de nossa iniquidade.
7Mas vós, Javé, sois nosso pai;
nós somos a argila, e vós aquele que nos modela,*
todos nós somos obra de vossas mãos.
8Senhor, não vos irriteis sem-fim,
não vos recordeis para sempre da iniquidade.
Olhai, por favor: todos somos vosso povo.
9Vossas cidades santas são um deserto,
Sião tornou-se um deserto,
Jerusalém, uma desolação.
10Nosso templo, santo e magnífico,
onde nossos pais vos louvavam,
tornou-se presa do fogo;
todas as nossas coisas preciosas estão destruídas.
11Depois de tudo isso, ficareis ainda insensível, ó Javé,
e vos calareis e nos humilhareis até o extremo?

65 **Castigo dos infiéis.** 1Eu dava respostas a quem não me interrogava,
saía ao encontro de quem não me buscava.*
Disse: "Eis-me aqui, eis-me aqui"
a uma nação que não invocava meu nome.
2Estendi as mãos todo dia a um povo rebelde,*
que andava por uma estrada não boa,
seguindo seus caprichos;
3a um povo que me provocava sempre e abertamente.*
Sacrificavam nos jardins, ofereciam incenso sobre tijolos,
4moravam nos sepulcros,
passavam a noite em esconderijos,
comiam carne de porco
e comidas imundas em seus pratos.
5Eles dizem: "Fica longe!
Não te aproximes de mim,
pois eu te santificaria".
Tais coisas são como fumaça irritante para minhas narinas,
fogo aceso o dia todo.
6Eis que tudo isso está escrito diante de mim;
não me calarei enquanto não houver retribuído,
sim, retribuído em seu seio
7vossas iniquidades e as iniquidades de vossos pais,
todas juntas, diz Javé.
Estes queimaram incenso sobre os montes
e sobre as colinas me insultaram;
por isso calcularei sua paga
e a derramarei em seu seio.

Um resto será salvo. 8Assim fala Javé:
"Como quando se acha suco num cacho de uvas
se diz: Não o destruas, porque há aqui uma bênção,
assim eu farei por amor de meus servos,
para não destruir tudo.
9Farei sair de Jacó uma descendência,*
de Judá, um herdeiro de meus montes.
Meus eleitos serão seus donos,
e meus servos ali habitarão.
10Saron se tornará um pasto de rebanhos,*
o vale de Acor um lugar de repouso do gado,
para meu povo que me buscará.
11Quanto a vós, que abandonastes Javé,
esquecendo meu santo monte,
que preparais uma mesa para Gad
e encheis para Meni a taça de vinho,
12eu vos destino à espada;
todos vos curvareis para serdes massacrados,
porque chamei e não respondestes,*
falei e não ouvistes,
fizestes o que é mau a meus olhos,
escolhestes o que me desagrada".

Bons e maus. 13Portanto, assim diz o Senhor Javé:
"Meus servos comerão, e vós tereis fome;
meus servos beberão, e vós tereis sede;

* **64**,7. 29,16 | **65**,1. Rm 10,20 | 2. Rm 10,21 | 3. Dt 32,21 | 9. 4,3 | 10. 57,13 | 12. 50,2; 66,4; Jr 7,23

meus servos se alegrarão, e vós fica-
reis envergonhados;
14 meus servos exultarão pela alegria
do coração,
vós gritareis pela dor do coração,
gemereis pela aflição do espírito.
15 Deixareis vosso nome
como imprecação entre meus eleitos:
Que assim te faça morrer o Senhor
Javé!
Mas a meus servos dará outro nome.*
16 Quem invocar sobre si uma bênção
no país
vai invocá-la pelo Deus fiel;
quem quiser jurar no país
jurará pelo Deus fiel;
porque serão esquecidas as tribula-
ções antigas,
desaparecerão de minha vista".
Novos céus e nova terra. 17 "Pois eis
que vou criar novos céus e nova terra;*
não se recordará mais o passado,
não virá mais à mente.
18 Alegrai-vos porém e exultai para
sempre
por aquilo que estou para criar,
pois farei de Jerusalém uma exulta-
ção*
e de seu povo, uma alegria.
19 Eu exultarei em Jerusalém*
e me alegrarei em meu povo.*
Não se ouvirão mais nela vozes de
pranto*
nem gritos de angústia.
20 Não haverá mais criança que viva
só poucos dias,
nem velho que não chegue à plenitu-
de de seus dias;
porque será jovem quem morrer aos
cem anos,
e quem não chegar aos cem anos
será considerado maldito.
21 Construirão casas e nelas habitarão,*
plantarão vinhas e comerão seus fru-
tos.*
22 Não mais construirão para que um
outro more,
nem plantarão para que um outro
coma;
porque como a idade da árvore
será a idade de meu povo.
Meus eleitos usarão por longo tempo
os produtos de suas mãos.
23 Não se cansarão inutilmente,
nem gerarão filhos para uma morte
precoce,
porque serão uma prole de benditos
de Javé,
junto com seus descendentes.
24 Antes que me invoquem, eu res-
ponderei;
ainda estarão falando, e eu os escu-
tarei.
25 O lobo e o cordeiro pastarão juntos,
o leão comerá palha como o boi,*
e o pó será a comida da serpente;*
não farão nenhum mal nem dano*
em todo o meu santo monte", diz Javé.

66 **Contra os transgressores.**
1 Assim fala Javé:
"O céu é meu trono
e a terra, o estrado de meus pés.
Que casa poderíeis construir para
mim?*
E qual poderia ser o lugar de meu
repouso?
2 Todas estas coisas as fez minha
mão*
e são minhas – oráculo de Javé.
Para este eu voltarei meu olhar:
para o humilde e o que tem o espí-
rito contrito,
para o que treme diante de minha
palavra.
3 Há quem sacrifica um boi,
e é como se matasse um homem;
há quem imola uma ovelha,
e é como se degolasse um cão;
há quem apresenta uma oferta,
e é como sangue de porco;
há quem queima incenso,
e é como se venerasse a iniquidade.
Estes escolheram seus próprios ca-
minhos
e se deleitam em suas abominações.
4 Eu também escolherei sua desven-
tura

---

* **65**,15. 1,26; 56,5; 62,2 | 17. 51,6; 66,22; Ap 21,1 | 18. 1,26 | 19. 60,14 / 62,5 / Ap 21,4 | 21. 62,8 / Dt 28,30-35; Jr 31,5; Am 9,14 | 25. 11,7 / Gn 3,14 / Is 11,9 | **66**,1. 1Rs 8,27; Mt 5,34s; At 7,49-55 | 2. Sl 24,1s | 4. 50,2; 65,12

e farei recair sobre eles o que temem,
porque eu chamei e ninguém respondeu,*
eu falei e ninguém ouviu.
Fizeram o que é mau a meus olhos,
preferiram o que me desagrada".

Promessas aos fiéis. 5Escutai a palavra de Javé,
vós que tremeis diante de sua palavra.
Disseram vossos irmãos que vos odeiam
e vos rejeitam por causa de meu nome:
"Que Javé mostre sua glória,
e nós vejamos vossa alegria!"
Mas são eles que serão confundidos.
6Uma voz, um rumor vem da cidade,
uma voz vem do templo:*
é a voz de Javé
que paga a retribuição a seus inimigos.
7Antes das contrações, deu à luz;
antes que viessem as dores, pôs no mundo um menino.*
8Quem jamais ouviu coisa semelhante,
quem viu coisas como estas?
Acaso nasce um país em um dia,
acaso um povo é gerado num instante?
No entanto Sião, mal sentiu as dores,
deu à luz os filhos.
9"Eu que abro o seio materno
não farei dar à luz?", diz Javé.
"Eu que faço gerar
fecharia o seio?", diz teu Deus.

Consolação de Jerusalém. 10Alegrai-vos com Jerusalém,*
exultai por ela todos os que a amais.
Dançai de alegria com ela,
vós todos que participastes de seu luto.
11Assim lhe sugareis o peito
e vos saciareis com suas consolações;
sugareis com delícia da abundância de seu seio.
12Porque assim diz Javé:
"Eis que eu farei escorrer para ela,
como um rio, a prosperidade;
como uma torrente em cheia, a riqueza dos povos;
suas crianças serão levadas nos braços,
sobre os joelhos serão acariciadas.
13Como a mãe consola um filho,
assim vos consolarei;
em Jerusalém sereis consolados.
14Vós o vereis e se alegrará vosso coração,*
vossos ossos serão viçosos como a erva fresca.
A mão de Javé se fará manifesta a seus servos,
mas se indignará contra seus inimigos".
15Porque eis que Javé vem com o fogo,
seus carros são como um turbilhão,
para derramar com ardor a ira,
sua ameaça com chamas de fogo.
16Com o fogo, na verdade,
Javé fará justiça sobre toda a terra,
e com a espada sobre todo homem;
muitos serão os feridos por Javé.
17Os que se consagram e se purificam nos jardins,
seguindo alguém que está no meio,
que comem carne de porco,
coisas abomináveis e ratos,
juntos acabarão, oráculo de Javé,
18com suas obras e seus propósitos.

Conversão dos povos†. "Eu virei reu-
nir todos os povos e todas as línguas;
eles virão* e verão minha glória. 19Porei
neles um sinal e mandarei seus sobre-
viventes aos povos de Társis, Fut, Lud,
Mosoc, Ros, Tubal e Javã, às praias dis-
tantes que não ouviram falar de mim e
não viram minha glória; eles anuncia-
rão minha glória às nações. 20Recondu-
zirão todos os vossos irmãos de todos
os povos como oferta a Javé, sobre ca-
valos, carros, liteiras, mulas, dromedá-
rios, a meu santo monte de Jerusalém,
diz Javé, como os filhos de Israel levam
a oferta em vasos puros ao templo de
Javé. 21Também entre eles tomarei para
mim sacerdotes e levitas,* diz Javé.

---

* **66**,6. Ap 16,17 | 7. Ap 12,5 | 10. Jo 16,20 | 14. Jo 16,22 | 18. Ez 34,13; Mt 24,31; 25,32 | 21. Sl 87,7

† **66**,18. O livro termina com uma visão universalista: os hebreus retornam a sua terra e também são bem-vindos os estrangeiros, que podem até mesmo exercer o sacerdócio.

[22]Sim, como os novos céus e a nova
terra,* que eu farei, durarão para sem-
pre diante de mim – oráculo de Javé
– assim durarão vossa descendência
e vosso nome. [23]Em todo mês na lua
nova, e no sábado de toda semana, virá
cada um prostrar-se diante de mim, diz
Javé. [24]Saindo, verão os cadáveres dos
homens que se revoltaram contra mim;
porque seu verme não morrerá, seu
fogo não se apagará e serão uma abo-
minação para todos".*

* **66**,22. 65,17 | 24. Mc 9,48; Jt 16,17; Eclo 7,18

JEREMIAS

Conhecemos bastante bem a vida deste profeta, por causa das notas biográficas que acompanham seus oráculos. De família sacerdotal, nasceu por volta do ano 650 aC em Anatot, que fica a 5 km ao norte de Jerusalém. Chamado desde o seio da mãe, exerce seu ministério de 626 a 587 a.C., um dos períodos mais sofridos da história de Judá. Eram passados cem anos desde a queda do reino do norte, e o reino de Judá, ameaçado pelas grandes potências, estava para tornar-se presa de Nabucodonosor, rei de Babilônia, que toma Jerusalém, a primeira vez em 598 a.C., deporta parte da população, e em 586 volta para destruir a cidade, fazendo uma segunda deportação. É nesse angustioso período que Deus chama Jeremias, para combater a infidelidade à aliança, a idolatria, os adultérios, as injustiças e toda espécie de imoralidade. Homem de piedade e sensibilidade profundas, ele vê, observa, sofre e chora. Gostaria de anunciar a seu povo o fim de suas penas e as bênçãos de Deus, mas o que Ele manda proclamar é: "Quebrarei este povo e esta cidade, assim como se quebra um vaso de terracota, que não se pode mais consertar" (19,11). Pelas denúncias que faz é incompreendido, perseguido, acusado de traição e de derrotismo e ameaçado de morte. Profeta semelhante a Moisés, ele intercede pelo povo com o qual sofre (2Mc 15,14). Sua vida prefigura a do Messias padecente. Apesar de tudo, ele não cessa de condenar a falsa consciência daqueles que se creem justos só porque realizam algumas práticas exteriores, mas com o coração estão longe de Deus. Prega a responsabilidade religiosa e a interioridade da relação com Deus. Dá apoio ao rei Josias, que empreende uma reforma religiosa para varrer do país os cultos idolátricos e renovar a aliança. Mas com Joaquim, sucessor de Josias, retornam os excessos de imoralidade, as injustiças e as idolatrias, com a consequência que Jerusalém é tomada e a população levada ao exílio. Parece o fim de tudo, mas Jeremias olha para o futuro e vê a aurora de uma nova aliança, mais bela e duradoura que a precedente, e ouve o Senhor que promete: "Porei minha Lei dentro deles, e a escreverei sobre seu coração. Então eu serei seu Deus e eles serão meu povo" (31,33). Javé fará a restauração, criará algo novo (31,22), reunirá o pequeno resto e o levará à terra prometida, numa repetição do êxodo. Jerusalém será reconstruída, surgirá um germe da dinastia de Davi.

I. ORÁCULOS CONTRA JUDÁ (1–25)

1 **Prólogo.** [1]Palavras de Jeremias,
filho de Helcias,* um dos sacerdo-
tes que moravam em Anatot, no terri-
tório de Benjamim. [2]A ele foi dirigida
a palavra de Javé no tempo de Josias,
filho de Amon, rei de Judá, no décimo
terceiro ano de seu reinado [3]e também
no tempo de Joaquim, filho de Josias,
rei de Judá, até o fim do décimo pri-
meiro ano de Sedecias, filho de Josias,
rei de Judá, isto é, até a deportação de
Jerusalém ocorrida no quinto mês.
Vocação e missão de Jeremias. [4]Foi-
-me dirigida a palavra de Javé nestes
termos:
[5]"Antes que eu te formasse no seio
materno, eu te conhecia,*
antes que saísses do ventre, eu te
consagrei†;
eu te estabeleci profeta das nações".
[6]Respondi: "Ah! Senhor Javé, eu não
sei falar,*
pois ainda sou criança".
[7]Mas Javé me disse:
"Não digas: Sou criança,
mas vai àqueles aos quais eu te mandar
e anuncia o que eu te ordenar.
[8]Não os temas, porque estou contigo
para te livrar"*
– oráculo de Javé.
[9]Javé estendeu a mão, tocou-me a
boca*
e Javé me disse:

---

* **1**,1. 1Rs 2,26s; Sf 1,1 | 5. Is 49,1.5; Lc 1,15; Gl 1,15 | 6. Êx 4,10; Is 6,8 | 8. Ez 2,6

† **1**,5. Javé conhece a pessoa humana e é seu único senhor desde o começo da vida. Consagrar é separar para uma missão. Cabe a Javé tomar a iniciativa de chamar seu profeta, como em todo gesto da história da salvação.

"Ponho minhas palavras em tua boca.*

[10]Hoje te constituo sobre os povos e sobre os reinos
para arrancar e demolir,*
para abater e destruir,
para edificar e plantar".

Visões. [11]Foi-me dirigida esta palavra
de Javé: "Que vês, Jeremias?" Respondi:
"Vejo um ramo de amendoeira". [12]Javé
me falou: "Viste bem, porque eu velo†
sobre minha palavra* para realizá-la".
[13]Depois foi-me dirigida pela segunda
vez a palavra de Javé que disse: "Que
estás vendo?" Respondi: "Vejo uma panela fervendo, que tem a boca voltada
para o norte".

[14]Javé me disse:
"Do norte irromperá a desventura*
sobre todos os habitantes do país†.
[15]Pois vou convocar todas as famílias dos reinos do norte
– oráculo de Javé.
Eles virão, e cada qual porá seu trono
diante das portas de Jerusalém,
contra todos os seus muros ao redor
e contra todas as cidades de Judá†.
[16]Então pronunciarei meus juízos contra eles,
por todo o mal que cometeram, abandonando-me
para queimar incenso a outros deuses
e prostrar-se diante da obra de suas mãos.
[17]Portanto, cinge-te o flanco,
levanta-te e dize a eles tudo quanto eu te ordenar;*
não tenhas medo à vista deles,
de outra forma te farei tremer diante deles.
[18]Eis que hoje faço de ti uma fortaleza,*
uma coluna de ferro
e um muro de bronze contra todo o país,
contra os reis de Judá e seus chefes,
contra seus sacerdotes e o povo do país.
[19]Lutarão contra ti, mas não te vencerão,
porque eu estou contigo para salvar-te"
– oráculo de Javé.

2 **Infidelidade do povo.** [1]Foi-me dirigida esta palavra de Javé:
[2]"Vai e grita aos ouvidos de Jerusalém:
Assim fala Javé:
Eu me lembro de ti,
do afeto de tua juventude,*
de teu amor no tempo do noivado,
quando me seguias no deserto†,
numa terra não semeada.
[3]Israel era coisa sagrada para Javé,*
as primícias de sua colheita†;
todos os que dela comiam se tornavam culpados,
o mal se abatia sobre eles"
– oráculo de Javé.
[4]Ouvi a palavra de Javé, casa de Jacó,*
e vós, famílias todas da casa de Israel!
[5]Assim fala Javé:
"Que injustiça encontraram em mim vossos pais,
para afastar-se de mim?
Eles seguiram* o que é vão†,
tornaram-se eles próprios um nada.
[6]E não se perguntaram:
Onde está Javé que nos fez sair do país do Egito,*

---

* **1**,9. Is 6,6s; Ez 3,1ss / 2Sm 23,2; Is 59,21 | 10. Os 6,5; Jr 18,7; 31,28; 45,4 | 12. Ez 12,28; Is 55,10s; Dn 9,14; 4,5-31 | 14. 4,6; 6,1.22 | 17. 1,7s | 18. 15,20 | **2**,2. Os 2,16s; Jr 11,15; Ap 14,4 | 3. Êx 13,17; 19,6 | 4. Os 4,1ss | 5. Os 9,10 | 6. Dt 8,14ss; 32,10ss

† **1**,12. Em hebraico, a amendoeira era chamada "vigilante", porque é a primeira árvore a florir na primavera. | 14. A caldeira fervendo simboliza a invasão dos babilônios. | 15. Anuncia a invasão dos babilônios, que destruirão o país em castigo de sua idolatria: abandonaram seu Deus, e este agora os abandona. | **2**,2. O período do êxodo é chamado de tempo do noivado de Israel com seu Deus, Os 2,16-22, porque foi vivido na fidelidade. Mais realista, Ezequiel dirá que o povo foi sempre infiel desde que saiu do Egito, Ez 20,13.16.21.24. | 3. As primícias eram reservadas a Deus, Êx 13,11-16. Israel era o primogênito de Deus entre todos os povos, Êx 4,22; quem o atacasse era punido por Deus. | 5. Jeremias foi o primeiro a aplicar aos ídolos os termos "nada", "nulidade", abrindo o caminho para a doutrina do monoteísmo, Is 43,8-12; 44,6-8. Os ídolos não podem conceder a salvação aos que os adoram.

guiou-nos no deserto,
por uma terra de estepes e de precipícios,
por um terra árida e tenebrosa,
por uma terra que ninguém atravessa
e onde ninguém habita?
7Eu vos conduzi para uma terra que é um jardim,*
para que comais seus frutos e produtos.
Mas vós, logo que entrastes,
contaminastes minha terra
e fizestes de meu patrimônio uma abominação.
8Nem mesmo os sacerdotes se perguntaram:
Onde está Javé?†
Os detentores da lei não me conheceram,
os pastores se rebelaram contra mim,
os profetas profetizaram no nome de Baal
e seguiram deuses inúteis".

Idolatria†. 9"Por isso contenderei ainda convosco
– oráculo de Javé –
e contenderei com vossos netos.
10Percorrei as ilhas de Cetim e observai,
mandai ver em Cedar e considerai bem;*
vede se jamais aconteceu coisa semelhante.
11Alguma vez um povo mudou de deus?
Porém aqueles não são deuses!
Mas meu povo substituiu
aquele que é sua glória por um ser inútil.*
12Espantai-vos com isto, ó céus,
estremecei com assombro
– oráculo de Javé.
13Porque dois males meu povo cometeu:
abandonou a mim, fonte de água viva,*
e cavou para si cisternas,
cisternas rachadas, que não retêm a água"†.

Castigo. 14"Acaso Israel é um escravo
ou um servo nascido em casa?
Por que então tornou-se uma presa?
15Contra ele rugem os leões,
fazem ouvir seus rugidos.
Reduzem sua terra a um deserto;
as cidades foram queimadas e não têm habitantes.
16Até os filhos de Mênfis e de Táfnis
te rasparam* a cabeça†.
17Acaso tudo isso não te acontece
porque abandonaste Javé teu Deus
quando te guiava pelo caminho?
18E agora por que corres para o Egito*
a beber as águas do Nilo?
Por que corres para a Assíria
a beber as águas do Eufrates?†
19Tua própria maldade te castiga
e tuas rebeliões te punem.
Reconhece e vê que coisa má e amarga
é ter abandonado Javé teu Deus
e não ter mais temor diante de mim
– oráculo do Senhor Javé dos exércitos".

Obstinação. 20"Porque já desde muito tempo quebraste teu jugo,
rompeste teus laços e disseste: Não servirei!*
De fato sobre toda colina elevada*
e debaixo de toda árvore verde
te deitavas como prostituta†.
21Eu te havia plantado como vinha excelente,
toda de boa origem:
agora, por que te tornaste para mim uma planta degenerada,
como vinha estranha?

---

* **2**,7. Dt 8,7-10; Êx 3,8 | 8. 8,8; Ez 34,1 | 10. 18,13-16 | 11. Êx 24,16; Rm 1,23; Sl 106,20 | 13. Jo 4,1 | 16. Is 3,17; 7,20 | 18. Is 30,1ss | 20. Dt 12,2; Ez 16,16; 1Rs 14,23 / Dt 23,19; Is 5,1; Jr 5,10; 6,9; 8,13

† **2**,8. Os sacerdotes não só ofereciam os sacrifícios, mas também eram encarregados do oráculo divino e davam instruções ao povo. Os chefes do povo são chamados pastores; esses profetas são os da corte, a serviço do rei. | 9. O primeiro oráculo é contra os cultos idolátricos, consequência das alianças com os pagãos. | 13. A fonte é Javé, Is 12,3s, e as cisternas são o Egito e Babilônia; rachadas, porque a aliança com eles é inútil. | 16. Da parte do Egito, Israel vai sofrer a escravidão, representada pelos cabelos raspados. | 18. Condena as alianças políticas; Javé é o único Salvador do povo. | 20. No caso de Israel, esposa de Javé, cair na idolatria era entregar-se à prostituição.

[22]Mesmo se te lavasses com soda
e usasses muita potassa,
diante de mim ficaria a mancha de tua iniquidade
– oráculo do Senhor Javé.
[23]Como ousas dizer:
Não me contaminei, não segui os ídolos de Baal?
Considera teus passos no vale,
reconhece o que fizeste,
jovem camela ligeira e errante,
[24]jumenta selvagem acostumada ao deserto:
no ardor de seu desejo aspira o ar;
quem pode refrear seu desejo?
Todos que a buscam não têm de se cansar:
sempre a encontrarão em seu mês.
[25]Cuidado que teu pé não fique descalço
e que tua garganta não seque!
Mas tu respondes: Não. É inútil,
porque eu amo os estrangeiros, quero segui-los".*

Degradação. [26]"Como se envergonha um ladrão apanhado em flagrante,
assim ficam envergonhados os da casa de Israel,
eles, seus reis, seus chefes,
seus sacerdotes e seus profetas.
[27]Dizem à madeira: Tu és meu pai,
e a uma pedra: Tu me geraste.
Apresentam a mim as costas e não o rosto;
mas no tempo de sua angústia invocam:
Levantai-vos, salvai-nos!
[28]Mas onde estão os deuses que fizeste para ti?*
Que se ergam, se podem salvar-te
no tempo de tua angústia;
porque numerosos como tuas cidades*
são teus deuses, ó Judá!
[29]Por que contendeis comigo?
Todos vós me fostes infiéis
– oráculo de Javé.
[30]Em vão castiguei vossos filhos,*
não aceitaram a correção.
Vossa espada devorou vossos profetas*
como um leão destruidor.
[31]Ó geração! Considerai a palavra de Javé!
Acaso tornei-me um deserto para Israel
ou uma terra de espessas trevas?
Por que meu povo diz:
Somos livres, nunca mais voltaremos a ti?*
[32]Acaso se esquece uma virgem de seus ornamentos,
uma esposa de seu cinto?
Porém meu povo me esqueceu por dias inúmeros.
[33]Como sabes escolher bem teu caminho
à procura de amor!
Por isso ensinaste teus costumes
também às mulheres más.
[34]Até nas orlas de tuas vestes*
se encontra o sangue dos pobres, dos inocentes,
que não surpreendeste a forçar as portas.
Mas apesar de tudo isso
[35]protestas: Eu sou inocente,
sua ira já está longe de mim.
Eis-me aqui para te julgar,
porque disseste: Não pequei!
[36]Por que te tornaste assim tão vil
mudando teu caminho?
Também pelo Egito serás envergonhada
como o foste pela Assíria.
[37]Também de lá sairás com as mãos sobre a cabeça,
porque Javé rejeitou aqueles nos quais confiavas,
e não prosperarás com eles".

3 **A repudiada.** [1]"Se um homem repudia a esposa
e esta, separando-se dele, se casa com outro homem,
voltará o primeiro ainda para ela?†
Acaso tal mulher não está toda contaminada?*

* **2**,25. Am 2,4; Os 2,7 | 28. Dt 32,37s / Jr 11,13 | 30. Am 4,6 / Mt 23,37 | 31. 2,23 | 34. Is 1,15 | **3**,1. Dt 24,1-4

† **3**,1. Dt 24,1-4 proibia que a mulher repudiada voltasse para seu marido. Exprime a impossibilidade de uma nova aliança entre Javé e o povo.

E tu que te desonraste com muitos amantes,
pretendes voltar para mim?
– oráculo de Javé.
[2]Ergue os olhos para as colinas e observa:*
onde não te desonraste?
Junto aos caminhos te sentavas à espera deles,
como o árabe no deserto.
Assim também contaminaste a terra
com tua impureza e tua maldade.
[3]Por isso as chuvas foram retidas*
e não veio a chuva tardia da primavera.
Mas tu manténs o despudor de prostituta,
recusando envergonhar-te.
[4]Por acaso não me chamas agora:
Meu Pai, amigo de minha juventude sois vós?
[5]Guardará ele rancor para sempre?
Vai eternizar sua ira?
Assim falas, entretanto cometes todo o mal que podes".

Comparação entre Israel e Judá. [6]Javé
me disse no tempo do rei Josias: "Viste
o que fez Israel, a rebelde? Foi a todo
lugar elevado e debaixo de toda árvo-
re verdejante para prostituir-se. [7]E eu
pensava:* Depois que tiver feito tudo
isso, voltará a mim, mas não voltou. A
pérfida Judá, sua irmã, viu isso, [8]viu que
repudiei a rebelde Israel* por todos os
seus adultérios, entregando-lhe o do-
cumento do divórcio. Mas a pérfida
Judá, sua irmã, não teve temor algum.
Ao invés, também ela foi prostituir-se;
[9]e com a leviandade de suas prosti-
tuições contaminou o país; cometeu
adultério diante da pedra e da madeira.
[10]Não obstante isso, a pérfida Judá, sua
irmã, não voltou para mim de todo o
coração, mas com simulação" – oráculo
de Javé. [11]Então Javé me disse: "Israel,
a rebelde, é justa, em comparação com
a pérfida Judá. [12]Vai e grita estas coisas
para o lado norte, dizendo:
Volta, Israel rebelde – oráculo de Javé.
Não vos mostrarei um rosto irado,
porque eu sou misericordioso
– oráculo de Javé.
Não conservarei a ira para sempre.
[13]Somente reconhece tua culpa,
porque te revoltaste contra Javé teu Deus,
repartiste teu amor com os estrangeiros
debaixo de toda árvore verde
e não ouviste minha voz – oráculo de Javé".

Convite ao retorno. [14]"Voltai, filhos
extraviados – oráculo de Javé –*
porque eu sou vosso Senhor.
Eu vos tomarei um de cada cidade
e dois de cada família
e vos conduzirei a Sião.
[15]Eu vos darei pastores segundo meu coração,*
os quais vos guiarão com inteligência e prudência.
[16]E quando vos multiplicardes
e fordes fecundos no país,
naqueles dias – oráculo de Javé –
não se falará mais da arca da aliança de Javé;
ninguém pensará nela nem a recordará;*
não sentirão sua falta nem se fará outra.
[17]Naquele tempo
Jerusalém será chamada trono de Javé;
todas as nações confluirão para ela,
para o nome de Javé em Jerusalém*
e não seguirão mais a dureza de seu coração mau.
[18]Naqueles dias
a casa de Judá irá até a casa de Israel,
e as duas voltarão juntas do país do norte*
para o país que eu dei como herança a seus pais.

Conversão. [19]Eu pensava:
Como poderei considerar-te entre meus filhos
e dar-te uma terra de delícias,
a herança mais preciosa dentre as nações?

* **3**,2. 2,20 | 3. 5,24; 14,4; Lv 26,19 | 7. Dt 12,2 | 8. Dt 24,1 | 14. Is 4,3 | 15. Ez 34,1; 23,4 | 16. Êx 25,8 | 17. Ez 48,35; Is 45,14 | 18. Gn 13,14s

Eu pensava:
Vós me direis: 'Meu Pai', e não vos afastareis mais de mim
20 Mas como a mulher que trai seu companheiro,
assim me traístes, casa de Israel" – oráculo de Javé.
21 Sobre as colinas se ouve uma voz:
o suplicante choro dos israelitas,
porque seguiram caminhos tortuosos,
esqueceram Javé seu Deus.
22 "Voltai, filhos transviados,
eu curarei vossas rebeliões".

Arrependimento. "Eis-nos aqui, nós vamos a vós,
porque sois Javé, nosso Deus.
23 Na realidade, ilusão são as colinas*
e o clamor sobre os montes;
na verdade é em Javé, nosso Deus,
que está a salvação de Israel.
24 A infâmia† devorou desde a nossa juventude
o fruto do trabalho de nossos pais,
seus rebanhos e boiadas, seus filhos e filhas.
25 Fiquemos prostrados em nossa vergonha,
nossa desonra nos recubra,
porque pecamos contra Javé, nosso Deus,
nós e nossos pais,
desde nossa juventude até hoje;
não escutamos a voz de Javé, nosso Deus".

4 **Condições para o retorno.** 1 "Se queres voltar, ó Israel – oráculo de Javé –,
é para mim que deves voltar.
Se removeres de minha presença tuas abominações,
não andarás mais vagueando.
2 Teu juramento será: Pela vida de Javé,
com verdade, retidão e justiça.
Então nele serão benditas as nações*
e nele se gloriarão".
3 Pois assim fala Javé
aos homens de Judá e de Jerusalém:
"Limpai para vós um terreno novo*
e não semeeis entre espinhos†.
4 Circuncidai-vos para Javé,*
circuncidai vosso coração†,
homens de Judá e habitantes de Jerusalém,
para que minha ira não se acenda como fogo
e queime sem que ninguém a possa apagar,
por causa de vossas ações perversas".

Castigo iminente. 5 Anunciai-o em Judá,
publicai-o em Jerusalém;
tocai a trombeta no país,*
gritai em voz alta e dizei:
Reuni-vos e entremos nas cidades fortificadas.*
6 Erguei um sinal para Sião;
fugi sem demora,
porque eu mando do norte uma calamidade
e uma grande ruína.
7 O leão saltou de sua selva,
o destruidor de nações pôs-se a caminho,
saiu de sua morada
para transformar teu país em desolação:
tuas cidades serão destruídas
e ficarão sem habitantes.
8 Por isso vesti roupas de saco,
lamentai-vos e gemei,
porque não se afastou de nós
a ira ardente de Javé.
9 E naquele dia – oráculo de Javé –
faltará coragem ao rei e aos chefes;
os sacerdotes ficarão estupefatos
e os profetas, aterrados.
10 Então eu disse: "Ah! Senhor Javé,
portanto enganastes este povo e Jerusalém,
quando dizíeis: Vós tereis paz,
enquanto a espada penetra até o coração".*

---

* **3**,23. Is 2,12-18 | **4**,2. Gn 12,3 | 3. Os 10,12 | 4. Dt 10,16 | 5. Jl 2,1 / Jr 8,14 | 10. 14,13

† **3**,24. Infâmia é a idolatria. | **4**,3. O cultivo da terra é símbolo da volta para Deus, condição para obter suas bênçãos. | 4. Para Israel, o coração é a sede, não do amor e das emoções, mas da inteligência e da vontade. Para agradar a Deus, não basta o sinal material da circuncisão: é preciso dispor o coração pela fidelidade interior à aliança.

11 Nesse tempo se dirá a este povo e
a Jerusalém:
"O vento ardente das dunas sopra do
deserto
para a filha de meu povo†,
não para joeirar, nem para limpar o
trigo.*
12 Um vento mais forte que aquele
virá por ordem minha.
Agora, também eu quero pronunciar
contra eles a sentença".
13 Eis que ele sobe como nuvens,
e como furacão são seus carros;
seus cavalos são mais velozes que as
águias.
Ai de nós! estamos perdidos!
14 Purifica teu coração da maldade,
Jerusalém,
para que sejas salva.
Até quando abrigarás em ti pensa-
mentos iníquos?
Chegada dos invasores. 15 Pois uma
voz grita a notícia desde Dã,
das montanhas de Efraim anuncia a
calamidade.
16 Adverti as nações, fazei-o saber em
Jerusalém.
Os sitiadores vêm de uma terra lon-
gínqua,
lançam gritos contra as cidades de
Judá.
17 Como os guardas de um campo a
rodeiam,
porque se rebelou contra mim
– oráculo de Javé.
18 Tua conduta e tuas ações te causa-
ram tudo isto.
Este é o fruto de tua maldade;
como é amargo! Penetra até teu co-
ração.
19 Minhas entranhas, minhas entra-
nhas!
Estou angustiado.
As paredes de meu coração!
O coração se agita em mim;
não posso calar-me,
porque ouvi o toque da trombeta, o
grito de guerra.
20 Ruína sobre ruína se anuncia:
o país todo está devastado.
De repente são destruídas minhas
tendas,*
num instante, meus pavilhões.
21 Até quando devo ver o sinal
e ouvir o toque da trombeta?
Desolação geral. 22 "Louco é meu
povo: não me conhece,*
são filhos insensatos, sem inteligên-
cia;
são experientes em fazer o mal,*
mas não sabem fazer o bem".
23 Olhei para a terra, ela era solidão
e vazio;
para os céus, e não tinham luz.
24 Olhei para os montes:
eles tremiam, e todas as colinas on-
dulavam.
25 Olhei e não havia ninguém,
todos os pássaros do céu tinham fu-
gido.
26 Olhei, e a terra fértil era um deser-
to,
todas as suas cidades estavam des-
truídas
ante Javé, ante sua ira ardente.
27 Porque assim diz Javé:
"O país todo será devastado;
mas eu não o destruirei totalmente.
28 Por causa disso a terra estará de
luto*
e os céus lá em cima escurecerão,
porque eu disse, decidi
e não me arrependo, nem volto
atrás".
29 Ante o rumor de cavaleiros e de
arqueiros
toda a cidade está em fuga;
entram nas matas e sobem nos ro-
chedos.
Toda a cidade é abandonada,
não ficou um só habitante.
30 E tu, devastada, que farás?
Ainda que te vistas de escarlate,*
te enfeites com adornos de ouro
e te aumentes os olhos com pintura,
em vão te farias bela†.

* **4**,11. 51,2 | 20. 10,20 | 22. Dt 32,6.28 / Mq 7,3 | 28. Os 4,3 | 30. Is 3,16-24; Ez 23,40 / Ez 16,37-40; 23,22-29

† **4**,11. Designa o conjunto da população. | **4**,30. Jerusalém é comparada à mulher que, como Judite, Jt 10,3s, se enfeita para seduzir o inimigo que se aproxima.

Teus amantes te desprezam;*
querem tirar-te a vida.
[31]Ouço gritos como de parturiente,*
uma angústia como da mulher no primeiro parto;
é o grito da filha de Sião, ofegante,
que estende as mãos, dizendo:
"Ai de mim! Eu sucumbo diante dos matadores".

5 Depravação total. [1]Percorrei as ruas de Jerusalém,
observai bem e informai-vos,
procurai em suas praças se encontrais um homem,
um só que aja justamente*
e procure manter-se fiel,
e eu a perdoarei, diz Javé.
[2]Mesmo quando exclamam:
"Pela vida de Javé!"*
com certeza juram falso.
[3]Javé, não é a verdade
que vossos olhos querem ver?
Vós os feristes, mas eles não sentiram nada;*
vós os exterminastes, mas recusam a correção.
Tornaram seu rosto mais duro que a pedra,
não querem converter-se.*
[4]Eu pensava: "Com certeza, são uns pobres coitados,
agem como loucos, porque não conhecem
o caminho de Javé, o direito de seu Deus.
[5]Vou dirigir-me aos grandes e lhes falarei.
Com certeza, conhecem o caminho de Javé,
o direito de seu Deus".*
Mas também esses quebraram o jugo,
romperam os laços!
[6]É por isso que o leão da floresta os ataca,
o lobo das estepes os devasta.
A pantera está à espreita perto de suas cidades,
quem sair será dilacerado†.
Porque numerosos são seus pecados,
aumentaram-se suas rebeliões.
[7]"Por que deveria eu te perdoar?
Teus filhos me abandonaram,
juraram por deuses que não existem.
Eu os saciei, e eles cometeram adultério,*
Amontoam-se nas casas de prostituição.
[8]São como cavalos bem fartos e fogosos,
cada qual relincha atrás da mulher do próximo.
[9]Não deveria eu puni-los por isso?*
– oráculo de Javé.
De um povo como este não me vingaria?
[10]Subi sobre seus muros e destruí-os,
mas não completamente;
arrancai-lhe os ramos, porque não são de Javé.*
[11]Porque a casa de Israel e a casa de Judá
com perfídia me traíram"
– oráculo de Javé.
[12]Renegaram Javé, dizendo:*
"Ele não existe!
Não virá sobre nós a calamidade,
não veremos nem espada, nem fome.*
[13]Os profetas são como vento,
sua palavra não está neles.
Que suas ameaças sejam para eles!"
[14]Por isso diz Javé, Deus dos exércitos:
"Já que falaste assim,
eu farei de minhas palavras um fogo em tua boca,*
e deste povo a lenha que ele devorará.
[15]Eis que mandarei contra ti uma nação de longe,*
ó casa de Israel – oráculo de Javé.
É uma nação valorosa, é uma nação antiga,
uma nação cuja língua não conheces*
e não compreendes o que diz.

---

* **4**,31. 6,24; 13,21; 22,23; 50,43; Is 13,8; Sl 48,7 | **5**,1. Mq 7,2; Sl 14,1ss | 2. Gn 18,16-33; Êx 14,12 | 3. Am 4,6 / Ap 16,9.11 | 5. 2,20; Mt 11,28ss | 7. Dt 32,15 | 9. 5,29;9,8 | 10. 2,21 | 12. Sl 14,1; Sf 1,12 / Is 28,15; Am 9,10 | 14. 23,29; Os 6,5 | 15. Dt 28,49-52 / Is 28,11

† **5**,6. As três feras representam os inimigos que invadem o país.

16Sua aljava é como sepulcro aberto.
Eles são todos valentes.
17Devorará tuas colheitas e teu pão;
devorará teus filhos e tuas filhas;
devorará teus rebanhos e tuas boiadas;
devorará tuas vinhas e tuas figueiras;
com a espada destruirá as cidades fortificadas
nas quais confias.
18Mas mesmo naqueles dias
– oráculo de Javé –
não vos exterminarei completamente".*
19E quando perguntardes:
"Por que Javé, nosso Deus, nos faz tudo isto?",*
tu lhes responderás:
"Como tu me abandonaste
e serviste deuses estrangeiros em teu país,
assim servirás os estrangeiros
num país que não é o teu".*

Castigo inevitável. 20Fazei este anúncio na casa de Jacó,
proclamai-o em Judá dizendo:
21"Ouvi isto, agora,
ó povo insensato e sem entendimento,*
que tem olhos mas não vê,
tem ouvidos mas não ouve.
22Vós não me temereis? – oráculo de Javé.
Não tremereis diante de mim,
que pus a areia como limite do mar,
como barreira perene que este não passará?*
Suas ondas se agitam, mas não prevalecem,
Bramem, porém não a ultrapassam".
23Mas este povo tem um coração indócil e rebelde;
eles se afastam, vão embora
24e não dizem em seu coração:
"Temamos Javé, nosso Deus,
que concede a chuva a seu tempo,*
a do outono e a da primavera,
que mantém para nós as semanas fixadas para a colheita".
25Vossas iniquidades perturbaram esta ordem
e vossos pecados afastaram de vós esses bens;
26porque entre meu povo há malvados
que espiam como caçadores à espreita,
põem armadilhas e prendem homens.
27Como gaiola cheia de pássaros,
assim suas casas estão cheias de enganos;
por isso tornam-se grandes e ricos.
28São gordos e reluzentes,
ultrapassam os limites do mal;
não respeitam o direito, o direito dos órfãos,
e no entanto eles prosperam.
Não fazem justiça aos pobres.
29Não deverei eu punir essas coisas?*
– oráculo de Javé.
De um povo como este não deveria vingar-me?
30Coisas horríveis e abomináveis acontecem no país.
31Os profetas profetizam falsamente*
e os sacerdotes governam por própria conta;
no entanto, meu povo está contente com isso.
Mas que fareis quando vier o fim?*

6 **Próximo cerco.** 1Procurai um refúgio, filhos de Benjamim,
fora de Jerusalém.
Em Técua tocai a trombeta,*
erguei um sinal sobre Bet-Acarem,
porque do norte avança uma calamidade,*
uma grande ruína.
2A bela, a delicada, a filha de Sião,
eu a destruo.
3Para ela se movem pastores com seus rebanhos;*
armam tendas a seu redor;
cada um deles pastoreia sua parte.
4"Preparai a guerra contra ela; assaltemo-la ao meio-dia.
Ai de nós! O dia já declina, já se alongam as sombras da tarde.
5Assaltemo-la de noite, destruamos seus palácios".

---

* **5**,18. Is 4,3 | 19. Dt 29,24s; Jr 16,10s; 22,8s / Dt 28,47s | 21. Dt 29,3; Ez 12,2 | 22. Jó 38,8-11; Sl 104,9 | 24. 3,3; Dt 11,14 | 29. 5,9 | 31. 14,14 / Is 10,3 | **6**,1. Jl 2,1 / Jr 1,13ss | 3. 12,10

6Porque assim diz Javé dos exércitos:
“Cortai suas árvores,
construí um aterro diante de Jerusalém.
Esta é a cidade que deve ser punida,
nela tudo é opressão.
7Como de um poço brota água,
assim esta faz brotar sua iniquidade.
Só de violência e opressão se ouve
falar nela;
diante de mim estão continuamente
dores e chagas.
Ameaças. 8Aceita a correção, ó Jerusalém,
para que eu não me afaste de ti
e não te reduza a um deserto,
a uma região desabitada”.
9Assim diz Javé dos exércitos:
“Vão recolher completamente como
numa vinha*
o resto de Israel;
torna a passar tua mão sobre os ramos
como quem colhe uvas”†.
10A quem falarei e a quem repreen-
derei
para que me ouçam?
Não é circuncidado o ouvido deles,*
são incapazes de prestar atenção.
A palavra de Javé é para eles objeto
de desprezo,
não a apreciam.
11Estou cheio da ira de Javé,
não posso mais contê-la†.
“Derrama-a sobre os meninos na rua
e também na reunião dos jovens,
porque serão tomados juntos ho-
mens e mulheres,
velhos e anciãos.
12Suas casas passarão para estran-
geiros,*
também seus campos e suas mulheres,
porque estenderei a mão contra os
habitantes deste país”
– oráculo de Javé.
13Pois, do pequeno ao grande, todos
buscam o lucro injusto;
do profeta ao sacerdote, todos prati-
cam a mentira.*
14Eles tratam com leviandade a ferida
de meu povo,
dizendo: “Bem, bem!”, mas não está
bem.
15Ficaram envergonhados quando
cometeram abominações?
De modo algum se envergonham,
não sabem nem sequer enrubescer-se.
“Por isso cairão com as outras vítimas,
na hora do castigo serão prostra-
dos”, diz Javé.
16Assim fala Javé:
“Parai nas estradas e olhai,
informai-vos sobre os caminhos do
passado,*
onde está a estrada boa, e segui-a:
assim achareis descanso para vossas
almas”.*
Mas eles responderam: “Não a segui-
remos!”
17Eu pus sentinelas junto de vós, di-
zendo:*
“Prestai atenção ao toque da trombeta”.
Eles responderam: “Não nos importa!”
18Por isso, escutai, ó nações,
e sabe, ó assembleia, o que aconte-
cerá com eles.
19Ouve, ó terra! “Eis que eu mando
contra este povo*
a calamidade, fruto de seus pensa-
mentos,
porque não prestaram atenção a mi-
nhas palavras
e rejeitaram minha lei.
20Que me importam o incenso im-
portado de Sabá*
e a preciosa canela que chega de um
país distante?
Não aceito vossos holocaustos*
e não me agradam vossos sacrifícios”†.
21Por isto diz Javé:
“Vou colocar diante deste povo pe-
dras de tropeço,
nas quais tropeçarão juntos pais e
filhos;
vizinhos e amigos perecerão”.

---

* **6**,9. 2,21 | 10. 4,4 | 12. 8,10ss | 13. 23,11 | 16. 18,15 / Mt 11,29 | 17. Os 9,8; Ez 3,17 | 19. Pr 1,29ss | 20. 1Rs 10,1 / Am 5,21

† **6**,9. A vinha é o povo eleito, e os vindimadores são os inimigos. | 11. Angústia do profeta, que ama seu povo, mas tem de anunciar-lhe as terríveis ameaças de Deus. | 20. Jeremias quer chamar a atenção para o elemento moral da religião, diminuindo a importância exagerada que se dava aos sacrifícios. O importante é seguir o que Deus diz; sem isto de nada valem os ritos externos.

Invasão. 22Assim diz Javé:
"Eis que um povo vem do país do norte,*
uma grande nação se move da extremidade da terra.
23Armados de arcos e lanças, são cruéis, sem piedade.
Seus gritos ressoam como o mar; eles montam cavalos:
estão prontos para combater como um só homem contra ti,
filha de Sião".
24"Ouvimos sua fama, nossas mãos desfaleceram;
a angústia apoderou-se de nós,
como as dores de uma parturiente".*
25Ninguém saia para o campo nem caminhe pelas estradas,
porque a espada inimiga e o terror nos rodeiam.*
26Filha de meu povo, veste o luto e revira-te na cinza.
Chora como por um filho único,* lamento de amargura†,
porque cairá de improviso o destruidor sobre nós!
27Eu te estabeleci como examinador de meu povo,
para que conheças e observes sua conduta.
28Todos eles são rebeldes inveterados, caluniadores,
são como bronze e ferro, são todos destruidores.
29O fole sopra com força,*
o chumbo é consumido pelo fogo;
em vão se continua a refiná-lo,
as escórias não se separam.
30"Escória de prata" se chamam,
porque Javé os rejeitou.

7 **Confiança no templo.** 1Esta é a
palavra que foi dirigida por Javé a
Jeremias: 2"Fica na porta do templo de
Javé e lá proclama esta palavra: Ouvi a
palavra de Javé, vós todos de Judá, que
entrais por estas portas para prostrar-
-vos diante de Javé. 3Assim fala Javé
dos exércitos, Deus de Israel: Melhorai
vossa conduta e vossas ações, e eu vos
farei habitar neste lugar. 4Não se iludam com palavras mentirosas, dizendo:
Templo de Javé, templo de Javé, este é
o templo de Javé!†
5Porque, se realmente emendardes
vossa conduta* e vossas obras, se deveras fizerdes justiça uns aos outros;
6se não oprimirdes o estrangeiro,* o
órfão e a viúva, se não derramardes o
sangue inocente neste lugar* e se não
seguirdes, para vossa infelicidade, outros deuses, 7eu vos farei morar neste
lugar, no país que dei a vossos pais
desde muito tempo e para sempre.
8Mas vós confiais em palavras falsas
que para nada valem: 9roubar, matar,
cometer adultério, jurar falso, queimar
incenso a Baal, seguir outros deuses
que não conhecíeis. 10Depois vindes e
vos apresentais diante de mim neste
templo, que traz meu nome, e dizeis:
'Estamos salvos!', para depois continuar cometendo todas essas abominações. 11Por acaso considerais como um
covil de ladrões* este templo que traz
meu nome? Tudo isto eu vi também –
oráculo de Javé. 12Ide, portanto, ao lugar que foi meu em Silo,* onde outrora
eu fiz habitar meu nome; considerai o
que fiz dele, por causa da maldade de
Israel, meu povo. 13Agora, já que fizestes todas estas ações – oráculo de Javé
– e não me escutastes quando vos falei
constantemente* e não respondestes a
meus apelos, 14eu tratarei este templo
que traz meu nome e no qual confiais e
este lugar que dei a vós e a vossos pais,
como tratei Silo. 15Eu vos expulsarei de
minha frente como expulsei todos os
vossos irmãos, toda a descendência de
Efraim.
16Tu, pois, não intercedas por este
povo,* não faças por ele súplicas e orações nem insistas comigo, porque não

* **6**,22. 50,41s | 24. 4,31 | 25. 20,10 | 26. Am 8,10; Zc 12,10 | 29. Is 1,22; Jr 9,6; Ez 22,17-22; Ml 3,2s
7,5. Is 1,16s | 6. 22,3 / Êx 20,2 | 11. Mt 21,13 | 12. 1Sm 1-3; 4,12-22; Sl 78,59-69 | 13. Is 50,2; 65,12; 66,4 | 16. 11,14; 14,11

† **6**,26. A morte do filho único é o fim da descendência e o desaparecimento do nome da família.
7,4. Achavam que o templo, onde estava a arca da aliança, trono de Javé, não podia cair nas mãos do inimigo.

te escutarei. 17Não vês o que fazem nas
cidades de Judá e nas ruas de Jerusa-
lém? 18Os filhos recolhem a lenha, os
pais acendem o fogo e as mulheres
amassam a farinha para fazer bolos
para a Rainha do céu†; depois derra-
mam libações* a outros deuses para
ofender-me. 19Mas por acaso é a mim
que eles ofendem? – oráculo de Javé –;
não é antes a si próprios para sua pró-
pria vergonha? 20Por isso, assim fala o
Senhor Javé: Minha ira, meu furor, se
derramará sobre este lugar, sobre os
homens e sobre os animais, sobre as
árvores dos campos e sobre os frutos
da terra: é um fogo que não se apaga".
Dureza e infidelidade. 21Assim fala
Javé dos exércitos, o Deus de Israel:
"Ajuntai vossos holocaustos a vossos
sacrifícios e comei a carne deles! 22Pois
eu nada disse nem ordenei* a vossos
pais quando os fiz sair da terra do Egi-
to sobre holocausto e sacrifício. 23Mas
isto lhes ordenei: Escutai minha voz!
Então eu serei vosso Deus e vós sereis
meu povo; e caminhai sempre na es-
trada que eu vos prescrevo, para que
sejais felizes. 24Mas eles não escutaram
nem prestaram ouvido, seguiram seus
planos, a maldade de seu coração obs-
tinado, e, em vez de virar o rosto para
mim, viraram-me as costas. 25Desde
quando vossos pais saíram da terra do
Egito* até hoje tenho enviado a vós to-
dos os meus servos, os profetas,* todo
o dia, sem cessar; 26mas eles não me
escutaram nem prestaram ouvido. En-
dureceram sua cerviz, tornaram-se pio-
res que seus pais. 27Tu lhes dirás todas
estas coisas, mas eles não te escutarão;
tu os chamarás, mas não te responde-
rão. 28Então lhes dirás: Esta é a nação
que não escuta a voz de Javé, seu Deus,
nem aceita sua correção. Desapareceu
a fidelidade,* foi banida de sua boca".
Profanação e castigo. 29"Corta tua ca-
beleira e joga-a fora*

e entoa sobre as alturas uma lamen-
tação,

porque Javé rejeitou e abandonou
a geração que é alvo de sua ira.

30Porque os filhos de Judá* come-
teram o que me desagrada – oráculo
de Javé. Instalaram suas abominações
no templo que traz meu nome, para
contaminá-lo. 31Construíram o altar
de Tofet, no vale de Ben-Enom, para
queimar seus filhos e filhas, coisa que
jamais ordenei* nem me passou pela
mente. 32Por isso virão dias – oráculo
de Javé – nos quais não se chamará
mais Tofet nem vale de Ben-Enom, mas
vale do Massacre. Então se sepultará
em Tofet,* porque não haverá outro lu-
gar. 33Os cadáveres deste povo servirão
de pasto para as aves do céu e para os
animais da terra, e ninguém os espan-
tará. 34Eu farei cessar nas cidades de
Judá e nas ruas de Jerusalém* os gritos
de alegria e os sons de festa, a voz do
esposo e da esposa, porque o país será
um deserto".

8 **Visão desoladora.** 1"Naquele
tempo – oráculo de Javé – serão
exumados de seus túmulos os ossos
dos reis de Judá, os ossos de seus che-
fes, os ossos dos sacerdotes, os ossos
dos profetas e os ossos dos habitantes
de Jerusalém. 2Eles serão expostos ao
sol, à lua* e a todo o exército do céu
que eles amaram, serviram, seguiram,
consultaram e adoraram. Não serão
mais recolhidos e sepultados,* mas fi-
carão como esterco sobre o chão. 3En-
tão a morte será preferível à vida para
todos os que restarem daquela raça
perversa em todo lugar, onde eu os ti-
ver dispersado" – oráculo de Javé dos
exércitos.
Endurecimento obstinado. 4Tu lhes
dirás: "Assim fala Javé:

Acaso aquele que cai não se levanta
e quem perde o caminho não volta
atrás?

5Por que então este povo se desvia,
por que Jerusalém é continuamente
rebelde?

---

* **7**,18. 44,17ss | 22. 6,20; Am 5,21 | 25. 9,13 / 25,4; 26,5; 29,19; 2Cr 36,15 | 28. Is 7,9 | 29. 19,1-13 | 30. 32,34 | 31. 19,6 | 32. 16,4; 34,20 | 34. 16,9; 25,10 | **8**,2. Ez 6,4s / Jr 25,33; 16,4

† **7**,18. Trata-se da deusa Istar, dos babilônios, identificada com o planeta Vênus.

Persistem em suas ilusões, recusam converter-se.
6Escutei atentamente;
eles não falam como deveriam.
Ninguém se arrepende de sua maldade,
dizendo: O que fiz eu?
Cada um retoma sua corrida
como um cavalo que se lança na batalha.
7Até a cegonha no céu conhece seus tempos;*
a rola, a andorinha e o grou
observam a data de sua arribação;
meu povo, porém, não conhece a ordem de Javé.
8Como podeis dizer: Nós somos sábios,*
a lei de Javé está conosco?
Sim, a pena mentirosa dos escribas
converteu-a em mentira!†
9Os sábios serão confundidos, desconcertados
e cairão prisioneiros.
Eles rejeitaram a palavra de Javé:
que sabedoria podem ter?
10Por isso darei a outros suas mulheres,*
seus campos a novos donos,
porque, do pequeno ao grande, são todos gananciosos;
do profeta ao sacerdote, todos praticam a mentira.
11Eles tratam com leviandade a ferida de meu povo,
dizendo: Bem, bem!, mas não está bem.
12Deveriam envergonhar-se de seus atos abomináveis,
mas não se envergonham de modo algum,
não sabem nem mesmo enrubescer-se.
Por isso cairão com as outras vítimas,
na hora do ajuste de contas serão prostrados",
diz Javé.
13"Eu os apanho e os aniquilo, diz Javé,*
não há mais uva na vinha nem frutos nas figueiras;
mesmo as folhas ficarão murchas.
Eu os dou aos que pisarão sobre eles".

Ruína sem remédio. 14"Por que ficamos sentados aqui?
Reuni-vos, entremos nas fortalezas e morramos nelas,*
porque Javé nosso Deus nos faz perecer.
Ele nos faz beber águas envenenadas,*
porque pecamos contra Javé.
15Esperávamos a paz, mas não existe bem nenhum;*
a hora da salvação, e eis o terror".*
16De Dã se ouve o bufar de seus cavalos;*
ao rumor do relinchar de seus corcéis treme a terra toda.
Vêm e devoram o país e seus bens,
a cidade e seus habitantes.
17"Sim, eu estou para mandar contra vós serpentes venenosas,*
contra as quais não existe magia: elas vos morderão"
– oráculo de Javé.
18Procurei tranquilizar-me, superando minha dor,
mas dentro de mim meu coração desfalece.
19Ouço os gritos da filha de meu povo
que vêm de uma terra distante:
"Javé não se acha em Sião?
Seu rei não mora mais lá?"
Por que me provocaram à ira com seus ídolos
e com estas nulidades estrangeiras?
20Passou o tempo da colheita,
acabou o verão e não fomos salvos.
21Pela ferida da filha de meu povo estou aflito,
estou consternado, a desolação apoderou-se de mim.
22Então, não há bálsamo em Galaad?
Não há nenhum médico lá?
Por que não melhora a ferida da filha de meu povo?

---

* **8**,7. Is 1,3 | 8. 2,8 | 10. 6,12-15 | 13. Is 5,1 | 14. 4,5 / 9,14 | 15. Is 59,9 / Jr 14,19 | 16. 4,15 | 17. Dt 32,24; Nm 21,6

† **8**,8. O erro dos escribas era deixar de lado as obrigações religiosas e morais da aliança.

[23]Quem fará de minha cabeça uma nascente de água
e de meus olhos uma fonte de lágrimas,
para que eu chore dia e noite
os mortos da filha de meu povo?

9 **Corrupção moral.** [1]Quem me dará no deserto um refúgio para viajantes?
Eu deixaria meu povo e me afastaria dele,
porque são todos adúlteros, um bando de traidores†.
[2]Retesam sua língua como arco;*
é a mentira e não a verdade que domina no país.*
Avançam de crime em crime,
mas a mim não me conhecem
– oráculo de Javé.
[3]Cada um se guarde de seu amigo;
não confieis nem no irmão,
porque todo irmão engana o irmão*
e todo amigo espalha calúnias.*
[4]Cada qual engana seu próximo, ninguém diz a verdade.
Acostumaram a própria língua a falar mentiras
e se cansam de fazer o mal.
[5]Tu habitas em meio à fraude;
por fraude se recusam a conhecer-me
– oráculo de Javé.
[6]Por isso assim fala Javé dos exércitos:*
"Eis que os refinarei no cadinho e os provarei;
de que outro modo eu procederia com a filha de meu povo?
[7]Flecha mortífera é sua língua,
engano são as palavras de sua boca.
Cada qual fala de paz com o próximo,
enquanto no íntimo lhe arma ciladas".

Vingança divina. [8]"Eu não deveria punir-vos por tais coisas?
– oráculo de Javé.
De uma nação como esta não deveria vingar-me?"*
[9]Sobre os montes erguerei gemidos e lamentos,
um canto fúnebre sobre as pastagens da estepe,
porque estão queimadas, ninguém mais passa por lá,
nem mais se ouve o mugido do gado.
Desde as aves do céu até o gado,*
todos fugiram, desapareceram.
[10]"Farei de Jerusalém um monte de ruínas,
um refúgio de chacais;
farei das cidades de Judá uma desolação,
sem habitantes".*
[11]Quem é sábio para compreender isto?
A quem a boca de Javé falou para que o anuncie?
Por que o país está devastado,
queimado como deserto onde ninguém passa?

Apostasia geral. [12]Disse Javé: "É porque abandonaram a lei que eu tinha
posto diante deles* e não escutaram
minha voz e não a seguiram, [13]mas
seguiram a dureza de seu coração e
os ídolos de Baal,* que seus pais lhes
deram a conhecer".[14]Portanto, assim
diz Javé dos exércitos, Deus de Israel:
"Darei a este povo como alimento o
absinto e lhe darei a beber água envenenada.* [15]Eu os dispersarei no meio
de nações que nem eles, nem seus
pais conheceram e mandarei atrás deles a espada até que os tenha exterminado".

Lamentação. [16]Assim diz Javé dos exércitos:
"Atenção! Convocai as carpideiras: que venham!
Fazei vir as melhores: que venham
[17]e sem demora, para entoar sobre nós um lamento".
Brotem lágrimas de nossos olhos,
escorra água de nossas pálpebras.

* **9**,2. Sl 12,1-5 / Sl 116,11 | 3. Gn 27,36 / Os 12,4 | 6. 6,29 | 8. 5,9 | 9. Os 4,3 | 10. 34,22 | 12. Êx 19,5 | 13. 7,24 | 14. 23,15; 8,14; Dt 4,27; 28,36.64

† **9**,1. Como Elias que foge da ira de Jezabel, 1Rs 19,3, Jeremias quer escapar da traição e da calúnia de seu povo.

18Sim, uma voz de lamento se ouve
de Sião:
"Estamos arruinados, cobertos de
vergonha
porque devemos abandonar o país;
demoliram nossas moradas".
19Ouvi, pois, ó mulheres, a palavra de
Javé;
que vossos ouvidos acolham a pala-
vra de sua boca.
Ensinai a vossas filhas um lamento,
uma à outra um canto fúnebre:
20"A morte subiu por nossas janelas,
penetrou em nossos palácios,
abatendo os meninos na rua
e os jovens nas praças.
21Fala: Este é o oráculo de Javé:
Os cadáveres dos homens jazem
como esterco nos campos,
como feixes atrás do ceifeiro, e nin-
guém os recolhe".*

A verdadeira glória. 22Assim fala Javé:
"Não se glorie o sábio de sua sabe-
doria*
e não se glorie o forte de sua força,
não se glorie o rico de sua riqueza!
23Mas quem quer gloriar-se, glorie-
-se disto:
de ter inteligência e de me conhecer,
porque eu sou Javé
que pratico a misericórdia, o direito e
a justiça sobre a terra;
nestas coisas encontro meu agrado"
– oráculo de Javé†.
24"Dias virão – oráculo de Javé – em
que punirei todos os circuncisos que
permanecem incircuncisos: 25o Egito,
Judá, Edom, os amonitas e os moabitas
e todos os que cortam os cabelos das
têmporas e moram no deserto, porque
todas estas nações e toda a casa de Is-
rael são incircuncisos de coração".

10 **Nulidade dos ídolos.** 1Escutai
a palavra que Javé vos dirige,
casa de Israel.
2Assim diz Javé:
"Não imiteis a conduta dos gentios
e não tenhais medo dos sinais do
céu,
porque são os gentios que têm
medo deles.
3Pois os costumes dos povos são vai-
dade;
são madeira cortada na floresta,
trabalhada pelo escultor com o cin-
zel.
4É enfeitada de prata e ouro,
é fixada com pregos e com martelos,
para que não se mova.
5Os ídolos são como espantalho
num campo de abóboras,
não sabem falar;
é preciso carregá-los, porque não
andam.
Não os temais, porque não fazem
mal algum,
nem o bem eles podem fazer".

Grandeza de Deus. 6Ninguém é igual
a vós, Javé;*
vós sois grande, e grande é vosso
nome por vosso poder.*
7Quem não vos temerá, rei das na-
ções?*
Isto vos convém, porque entre todos
os sábios das nações
e em todos os seus reinos
ninguém é semelhante a vós.
8São todos ao mesmo tempo loucos
e insensatos;
vã é sua doutrina, como um pedaço
de madeira.
9Prata batida e laminada, trazida de
Társis,
e ouro de Ofir,
trabalho de escultor ou de ourives;
é revestido de púrpura e de escarlate:
mera obra de artesãos.
10Javé, porém, é o Deus verdadeiro,
ele é o Deus vivo e o rei eterno;
diante de seu furor a terra treme,
as nações não podem resistir a sua
ira.
11Assim direis a eles: "Os deuses que
não fizeram o céu e a terra desapare-
cerão da terra e de debaixo deste céu".
12Ele formou a terra com seu poder,*
fixou o mundo com sua sabedoria,

---

* **9**,21. 8,2 | 22. 1Cor 1,31; 2Cor 10,17; Tg 1,9 | **10**,6. 42,8; 40,18 / Sl 86,8 | 7. Ap 15,4 | 12. 51,15-19; Sl 104; Jó 38; Pr 8,27-31

† **9**,23. A verdadeira religião consiste no amor misericordioso, no direito e na justiça, Os 2,21s; 4,1.6.

e com sua inteligência estendeu os céus.
[13]Quando faz ouvir sua voz,
é um fragor de águas no céu.
Ele faz subir as nuvens da extremidade da terra,*
produz relâmpagos para a chuva
e tira o vento para fora de seus depósitos.
[14]Fica ignorante todo homem, sem compreender;
todo ourives se envergonha de seus ídolos,
porque é mentira o que ele fundiu
e não tem sopro vital.
[15]Eles são nulidades, obras ridículas;
no tempo de seu castigo perecerão.
[16]Não é assim a herança de Jacó,
porque ele formou todas as coisas,
e Israel é a tribo de sua herança,
Javé dos exércitos é seu nome.

Pânico em Judá. [17]Junta do chão tua bagagem,*
tu que estás sitiada!
[18]Porque assim fala Javé:
"Desta vez expulsarei para longe os habitantes do país;
eu os afligirei, para que me reencontrem".
[19]Ai de mim por causa de minha ferida;*
minha chaga é incurável.
No entanto eu tinha pensado:
"Este é meu mal e devo suportá-lo".
[20]Minha tenda está destruída,
todas as minhas cordas se romperam.
Meus filhos se afastaram de mim e não existem mais.*
Não há mais ninguém que monte minha tenda
e estenda minhas lonas.
[21]Os pastores se tornaram insensatos,*
não procuraram mais Javé;
por isso não tiveram êxito
e dispersou-se todo o seu rebanho.
[22]Ouve-se um rumor que avança
e um grande clamor chega do país do norte,
para reduzir as cidades de Judá a um deserto,
refúgio de chacais.

Oração de Jeremias. [23]"Eu sei, Javé,
que o homem não é dono de seu caminho;*
não está no poder de quem caminha
dirigir seus passos.
[24]Corrigi-me, Javé, mas com justa medida;*
não segundo vossa ira,
para não me reduzirdes ao nada"†.
[25]Derramai vossa ira
sobre as nações que não vos conhecem*
e sobre as famílias que não invocam vosso nome;
porque devoraram Jacó,*
elas o devoraram e consumiram, e destruíram sua morada.

11

Fidelidade à aliança. [1]Esta
é a palavra que foi dirigida a
Jeremias da parte de Javé: [2]"Escuta as
palavras desta aliança† e refere-as aos
homens de Judá e aos habitantes de Je-
rusalém. [3]Tu lhes dirás: Assim fala Javé,
Deus de Israel: Maldito o homem que
não escuta as palavras desta aliança,*
[4]que eu prescrevi a vossos pais quan-
do os fiz sair da terra do Egito, da for-
nalha de ferro, dizendo: Escutai minha
voz e fazei tudo o que vos mando; en-
tão sereis meu povo e eu serei vosso
Deus,* [5]de modo que eu possa man-
ter o juramento feito a vossos pais de
dar-lhes uma terra onde correm leite e
mel, como hoje possuís". Eu respondi:
"Assim seja, Javé!" [6]Javé me disse: "Pro-
clama todas estas palavras nas cidades
de Judá e nas ruas de Jerusalém, dizen-
do: Escutai as palavras desta aliança e

---

* **10**,13. Sl 135,7 | 17. Ez 12,3s | 19. 4,31 / 4,20 | 20. Is 54,1s | 21. Ez 34,1 | 23. Pr 20,24 | 24. Sl 6,2; 38,2 | 25. Sl 79,6s / Is 9,11; 30,16 | **11**, 3. Dt 27,26 | 4. Dt 4,20; 7,12s; 6,3; 11,9; 10,15 | 8. Dt 29,18.27

† **10**,24. Há dois tipos de justiça: a que castiga o mal conforme sua gravidade objetiva e a que corrige considerando a fraqueza humana. | **11**,2. No tempo do rei Josias, no ano 622 a.C., foi descoberto no templo o livro da lei, 2Rs 22,8, fato que deu início a uma reforma religiosa, na qual o rei se empenhou pessoalmente, com o apoio de Jeremias.

ponde-as em prática. 7Porque eu exor-
tei insistentemente vossos pais quando
os fiz sair da terra do Egito e até hoje,
sem me cansar adverti, repetindo: Escu-
tai minha voz! 8Mas eles não escutaram
nem deram ouvido; cada qual seguiu a
dureza de seu coração malvado. Por isso
apliquei contra eles todas as palavras*
desta aliança, que eu lhes tinha manda-
do praticar, e não praticaram".
9Javé disse-me: "Formou-se uma
conspiração entre os homens de Judá e
os habitantes de Jerusalém; 10voltaram
às iniquidades de seus primeiros pais*
que tinham recusado escutar minhas
palavras; também eles seguiram outros
deuses para servi-los. A casa de Israel e
a casa de Judá violaram a aliança que
eu tinha concluído com seus pais. 11Por
isso, assim fala Javé: Mandarei sobre
eles uma calamidade da qual não po-
derão fugir. Clamarão a mim, mas não
os ouvirei. 12Então as cidades de Judá*
e os habitantes de Jerusalém erguerão
gritos de socorro aos deuses aos quais
ofereceram incenso, mas eles de modo
algum poderão salvá-los no tempo de
sua calamidade. 13Porque tão numero-
sos como tuas cidades são teus deuses,
ó Judá; numerosos como as ruas de Je-
rusalém, os altares que ergueste ao ído-
lo, altares para queimar incenso a Baal.
14Tu, pois, não intercedas por este
povo,* não faças para ele súplicas e
preces, porque não escutarei quando
me invocarem no tempo de sua cala-
midade".

15Que tem a fazer minha amada em
minha casa*,
com sua perversa conduta?
Promessas e carne de sacrifícios
acaso afastam de ti tua calamidade,
para que possas alegrar-te?
16Oliveira verde, formosa e de frutos
deliciosos,*
era o nome que Javé te havia dado.
Com grande rumor ele pôs fogo em
suas folhas
e seus ramos se queimaram.
17E Javé dos exércitos que te plantou,
decretou contra ti a calamidade por
causa do mal que cometeram para seu
dano a casa de Israel e a casa de Judá,
irritando-me com a queima de incenso
a Baal.

Jeremias perseguido†. 18Javé comuni-
cou-me e eu o soube;
vós me mostrastes então suas intri-
gas.
19Eu era como um cordeiro manso*
levado ao matadouro e não sabia que
eles tramavam contra mim, dizendo:
"Abatamos a árvore em seu vigor e o
eliminemos da terra dos vivos; que seu
nome não seja mais lembrado".*
20Javé dos exércitos, justo juiz,*
que sondais o coração e a mente,*
possa eu ver vossa vingança sobre
eles,*
porque a vós confiei minha causa.
21Por isso assim fala Javé a respeito
dos homens de Anatot que atentam
contra tua vida, dizendo: "Não profe-
tizes no nome de Javé,* senão morre-
rás por nossa mão"; 22por isso, assim
diz Javé dos exércitos: "Eu os punirei:
seus jovens morrerão pela espada, seus
filhos e suas filhas morrerão de fome.
23Não restará deles nenhum sobrevi-
vente, porque mandarei a calamidade
contra os homens de Anatot no ano de
seu castigo".

12 **Felicidade dos maus**†. 1Sois
justo demais, Javé,
para que eu possa discutir convosco;
mas gostaria de falar convosco sobre
vossa justiça.*
Por que o caminho dos ímpios pros-
pera?
Por que todos os traidores estão
tranquilos?

---

* **11**,10. Nm 25,1ss; Os 9,10 | 12. Mq 3,4; Is 59,2; Ez 8,18; 2,28 | 14. 7,16 | 15. 2,2 | 16. Is 5,1 | 19. Is 53,7 / Sl 83,4 | 20. 20,12; 17,10 / Sl 7,10 / Sl 44,22; 139,13 | 21. Is 30,10; Am 2,12 | **12**,1. Jó 21; Sl 49; 73

† **11**,18. Primeira das 5 "confissões" de Jeremias: 11,18–12,6; 15,10-21; 17,12-18; 18,18-23; 20,7-8. Ele é o único profeta que nos revelou a luta interior que a missão profética e as perseguições provocaram nele. | **12**. Contexto da retribuição somente neste mundo, não se esperava que os maus prosperassem e que os justos sofressem, e sim o contrário. Mesmo problema em Jó 21; Hab 1,13.

[2]Vós os plantastes e lançaram raízes,
crescem e produzem fruto;
estais próximo de suas bocas,
mas longe de seus corações.
provais meu coração, que está convosco.*
Arrancai-os fora como ovelhas para o matadouro,
reservai-os para o dia da matança.
[4]Até quando estará de luto a terra*
e secará a vegetação de todos os campos?
Pela maldade de seus habitantes*
perecem as feras e as aves,
porque eles dizem: "Deus não vê nossos passos".
[5]"Se correndo com os pedestres te cansas,*
como poderás competir com os cavalos?†
Numa região pacífica te sentes seguro,
mas que farás no matagal do Jordão?
[6]Pois até teus irmãos e a casa de teu pai,
até eles são desleais contigo;
também eles gritam atrás de ti em voz alta;
não confies neles quando te dizem boas palavras".

Devastação do país. [7]"Eu abandonei minha casa,*
abandonei minha herança;
entreguei o que tenho de mais caro
nas mãos de seus inimigos.
[8]Minha herança tornou-se para mim
como leão na floresta;
rugiu contra mim, por isso passei a odiá-la.
[9]Acaso minha herança é para mim
como pássaro colorido,
que as aves de rapina assaltam de todo lado?
Vinde, reuni-vos todos vós, animais selvagens,
vinde devorar!
[10]Muitos pastores devastaram minha vinha,
pisaram meu campo.
Fizeram de meu campo predileto
um deserto desolado.
[11]Reduziram-no a terra deserta,
a um estado deplorável;
está desolado diante de mim.
Está devastado todo o país,
porque ninguém se importa.
[12]Sobre todas as alturas do deserto
chegam devastadores,
porque Javé tem uma espada que devora,
de um extremo a outro da terra;
não há paz para ninguém.
[13]Eles semearam trigo e colheram espinhos,
sem proveito se cansaram;
sentem vergonha de sua colheita
por causa da ira ardente de Javé".

A sorte das nações vizinhas. [14]Assim
fala Javé contra todos os meus vizi-
nhos malvados, que puseram as mãos
sobre a herança que eu tinha dado a
meu povo Israel: "Vou arrancá-los de
sua terra e também arrancar a casa de
Israel do meio deles. [15]Mas, depois de
os ter arrancado, terei de novo com-
paixão deles e farei voltar cada um a
sua herança, cada um a seu país. [16]Se
aprenderem com diligência a se com-
portar como meu povo,* jurando por
meu nome: 'Pela vida de Javé', como
ensinaram meu povo a jurar por Baal,
então serão estabelecidos no meio de
meu povo. [17]Mas se não escutarem, ar-
rancarei toda esta nação e a extermina-
rei" – oráculo de Javé.

13

Cinto escondido†. [1]Assim fa-
lou-me Javé: "Vai comprar para
ti um cinto de linho e coloca-o na cin-
tura, mas sem mergulhá-lo na água".
[2]Comprei o cinto conforme a ordem de
Javé e o pus na cintura.
[3]Depois, a palavra de Javé me foi di-
rigida uma segunda vez nestes termos:
[4]"Toma o cinto que compraste e que
trazes na cintura, levanta-te, vai ao Eufra-

* **12**,3. 11,29; Sl 5,11 | 4. 5,21-25; 8,18-23; 14 / Os 4,3 | 5. 15,10 | 7. 7,14 | 16. 4,2; Is 45,14

† **12**,5. Deus encoraja o profeta a não deixar-se abater pelas primeiras dificuldades, porque virão outras maiores. | **13**. O profeta representa Javé e o cinto representa o povo, corrompido pela aliança com os pagãos.

tes e esconde-o na fenda de um roche-
do". 5Eu fui e o escondi junto ao Eufrates,
como Javé me havia mandado. 6Depois
de muito tempo, Javé me disse: "Levan-
ta-te, vai ao Eufrates e toma o cinto que
eu te mandei esconder lá". 7Eu fui ao
Eufrates, cavei e retirei o cinto do lugar
onde o tinha escondido: o cinto tinha
apodrecido, não servia mais para nada.

8Então foi-me dirigida esta palavra de
Javé: 9"Assim fala Javé: Deste modo farei
apodrecer o orgulho de Judá e o gran-
de orgulho de Jerusalém. 10Este povo
malvado, que recusa escutar minhas
palavras, que se comporta conforme a
dureza de seu coração e segue outros
deuses para servi-los e adorá-los, será
como este cinto, que não serve mais para
nada. 11Pois, como o cinto adere à cintu-
ra de um homem, assim eu fiz aderir a
mim toda a casa de Israel e toda a casa
de Judá – oráculo de Javé – para que fos-
sem meu povo, minha fama, meu louvor
e minha glória; mas não ouviram".

Os odres de vinho. 12Tu lhes dirás esta
palavra: "Assim fala Javé, Deus de Isra-
el: Todo odre se enche de vinho. Se eles
disserem: Acaso não sabemos que todo
odre se enche de vinho? 13Tu lhes res-
ponderás: Assim fala Javé: Vou encher
de embriaguez* todos os habitantes
deste país, os reis que se sentam no tro-
no de Davi, os sacerdotes, os profetas e
todos os habitantes de Jerusalém. 14Eu
os quebrarei uns contra os outros, pais
e filhos juntamente – oráculo de Javé –;
não terei piedade, nem compaixão, nem
misericórdia para deixar de destruí-los".

Convite à penitência. 15Escutai e pres-
tai ouvido,
não sejais soberbos,
porque é Javé que fala.
16Dai glória a Javé, vosso Deus,*
antes que venha a escuridão
e vossos pés tropecem contra os montes
ao cair da noite.
Vós esperais a luz,
mas ele a reduzirá a trevas*
e a mudará em densa escuridão!†
17Se vós não escutardes,
eu chorarei em segredo por causa de vossa soberba;
meus olhos chorarão amargamente
e derramarão lágrimas,
porque será deportado o rebanho de Javé.
18Dizei ao rei e à rainha-mãe:
"Sentai-vos mais embaixo,
porque caiu de vossa cabeça a coroa de esplendor".
19As cidades do sul estão fechadas,
ninguém as liberta.
Judá inteiro foi deportado, deportado em sua totalidade.

Advertência a Jerusalém. 20Ergue os
olhos e observa os que vêm do norte;
onde está o rebanho que te foi confiado,
tuas ovelhas magníficas?
21O que dirás quando puserem como teus chefes*
aqueles que ensinaste a ser teus amigos?
Não te sobrevirão dores como de parturiente?*
22Se disseres em teu coração:
"Por que me acontece tudo isto?"
É pela enormidade de tuas iniquidades*
que foram arrancadas tuas vestes
e sofreste violência.
23Pode um etíope mudar sua pele
ou um leopardo, suas manchas?
E vós, habituados ao mal,
poderíeis fazer o bem?
24Eu vos dispersarei
como palha levada pelo vento do deserto.
25Esta é tua sorte, a parte que eu te destinei
– oráculo de Javé –,
porque me esqueceste e confiaste na mentira.
26Também eu erguerei tuas vestes até o rosto,
para que se veja tua vergonha†,

* **13**,13. Is 51,17 | 16. Jo 16,35s / Am 5,18 | 21. 4,30 / 4,31 | 22. 5,19; Is 47,2s; Os 2,5

† **13**,16. As trevas representam a invasão e a fuga, Is 8,21ss; a luz indica a salvação ainda possível. | **13**,26. Jerusalém sofrerá a vergonha da destruição e da escravidão diante das nações, porque não se envergonhou de praticar a idolatria, abandonando seu Deus.

[27]teus adultérios e teus relinchos,*
a ignomínia de tua prostituição!
Sobre as colinas e nos campos
eu vi tuas abominações.
Ai de ti, Jerusalém, que não te purificas!
Por quanto tempo ainda?

14

A grande seca. [1]Palavra que
Javé dirigiu a Jeremias* por
ocasião da seca†:
[2]Judá está de luto,*
suas cidades desfalecem,
seu povo se lamenta no chão;
o grito de Jerusalém sobe ao céu.
[3]Os ricos mandam seus servos buscar água,
estes vão aos poços, mas não encontram água*
e voltam com os recipientes vazios.
Desiludidos e confusos se cobrem a cabeça.
[4]Pelo terreno rachado, porque não cai chuva no país,*
os agricultores estão desiludidos
e confusos e se cobrem a cabeça.
[5]Até a cerva dá à luz nos campos
e abandona o filhote, porque não há capim.
[6]Os burros selvagens param nas alturas
e aspiram o ar como chacais;
seus olhos se escurecem,
porque não há vegetação.

Oração de Jeremias. [7]"Se nossas iniquidades testemunham contra nós, Javé,*
agi para a honra de vosso nome!
Sim, são muitas nossas infidelidades,
pecamos contra vós.
[8]Ó esperança de Israel,*
seu Salvador no tempo da aflição,
por que quereis ser como um estrangeiro no país
e como um viandante que se detém só por uma noite?
[9]Por que quereis ser como um homem sem energia,
como um guerreiro incapaz de salvar?
No entanto, estais no meio de nós, Javé,
e nós somos chamados* com vosso nome†:
não nos abandoneis!"
[10]Assim fala Javé sobre este povo:
"Eles gostam de correr em todas as
direções, não controlam seus passos".
Porque Javé não se agrada deles,* agora ele vai recordar sua iniquidade e punir seus pecados.

Não interceder. [11]Javé disse-me: "Não
intercedas* a favor deste povo, por sua
felicidade. [12]Mesmo se jejuarem, não
ouvirei sua súplica; se oferecerem holocaustos e oblações, não os aceitarei;
mas vou exterminá-los com a espada,
a fome e a peste". [13]Eu respondi: "Ai,
Senhor Javé! Os profetas lhes dizem:
Não vereis a espada,* a fome não vos
atingirá; mas eu vos concederei uma
paz verdadeira neste lugar".* [14]Então
Javé me disse: "Os profetas profetizam
mentiras em meu nome; eu não os enviei, não dei ordem nem falei a eles.
Eles vos anunciam visões falsas, oráculos vãos e imposturas de sua mente".
[15]Por isso, assim fala Javé: "Os profetas
que predizem em meu nome, sem que
eu os tenha enviado, e afirmam que
não haverá espada e fome neste país,
estes profetas perecerão pela espada
e pela fome. [16]E os homens aos quais
eles profetizam serão lançados pelas
ruas de Jerusalém, vítimas da fome e
da espada, e ninguém sepultará a eles,
suas mulheres, seus filhos e filhas. Eu
retornarei sobre eles sua maldade"†.

Desolação. [17]Tu lhes dirás esta palavra:
"Que meus olhos derramem lágrimas
noite e dia sem cessar,
porque a filha de meu povo foi atingida
por grande calamidade, uma ferida mortal.

---

* **13**,27. 2,20 | **14**,1. 5,20-25; 8,18-23; Os 4,3 | 2. Lm 1,4 | 3. Lv 26,18ss | 4. Os 4,3; Jr 3,3 | 7. Is 59,12 | 8. 17,13 | 9. 7,30; 15,16; Dt 28,10 | 10. Os 8,13 | 11. 7,16 | 13. 23 / 5,31; 27,10; 29,9

† **14**,1. Considerada como castigo de Deus, a seca era um dos males frequentes na Palestina, 5,24s; Lv 26,19. | 9. Quer dizer, "vós nos protegeis com vossa presença salvífica". | 16. Jeremias intercede pelo povo, alegando como desculpa as falsas promessas dos profetas que enganaram o povo.

18Se saio em campo aberto,
eis as vítimas da espada;
se entro na cidade,
eis os torturados pela fome.
Mesmo o profeta e o sacerdote
percorrem o país e não entendem
mais nada".
Outra oração. 19"Acaso rejeitastes
completamente Judá
ou vos desgostastes de Sião?
Por que nos feristes e não há remé-
dio para nós?
Esperávamos a paz, mas não há ne-
nhum bem,*
a hora da salvação, e eis o terror!
20Reconhecemos, Javé, nossa malda-
de,
a iniquidade de nossos pais:
sim, pecamos contra vós.
21Pela honra de vosso nome não nos
abandoneis,
não desonreis o trono de vossa gló-
ria.
Recordai-vos! Não rompais vossa
aliança conosco.
22Acaso entre os ídolos vãos das na-
ções
há quem faça chover?
Ou seriam os céus que mandam os
aguaceiros?
Não sois vós, Javé, nosso Deus?
Em vós esperamos, porque sois vós
que fizestes todas estas coisas".

15 **Súplica rejeitada.** 1Javé disse-
-me: "Mesmo se Moisés e Sa-
muel se apresentassem diante de mim,
eu não teria piedade deste povo. Afas-
ta-os de mim, que se retirem! 2Se te
perguntarem: "Aonde iremos?", tu lhes
responderás: "Assim diz Javé:
Quem está destinado à morte, à
morte,*
quem à espada, à espada,
quem à fome, à fome,
quem à escravidão, à escravidão.
3Mandarei contra eles quatro espé-
cies de flagelos – oráculo de Javé –: a
espada para matá-los, os cães para di-
lacerá-los, as aves do céu e os animais
selvagens para devorá-los e destruí-
-los. 4Eu os tornarei motivo de espanto
para todos os reinos da terra por causa
de Manassés, filho de Ezequias, rei de
Judá, pelo que ele fez em Jerusalém".
Castigo sem piedade. 5Quem terá pie-
dade de ti, Jerusalém,
quem chorará por ti?
Quem se voltará para perguntar-te
como estás?*
6Tu me rejeitaste – oráculo de Javé,
voltaste-me as costas;
por isso estendi a mão contra ti para
aniquilar-te;
estou cansado de ter piedade.*
7Eu os dispersei ao vento
com a pá nas cidades do país.
Privei de filhos e fiz perecer meu
povo,
porque não abandonaram sua conduta.
8Suas viúvas se tornaram mais nume-
rosas
que a areia do mar.
Mandei sobre a mãe de seus jovens
um devastador em pleno dia;
de repente fiz cair sobre eles angús-
tia e pavor.
9Definha a mãe de sete filhos, respira
ofegante;
o sol dela se põe quando ainda é dia,
está coberta de vergonha e confusa.
Entregarei seus sobreviventes à es-
pada
diante de seus inimigos
– oráculo de Javé.
Lamento do profeta†. 10Infeliz de
mim, minha mãe,
que me fizeste nascer homem de
contenda
e de discórdia para todo o país!
Não tomei emprestado,
não emprestei a ninguém,
no entanto todos me maldizem.
11Acaso, Javé, não vos servi o melhor
possível?
Não vos supliquei por meu inimigo,
no tempo da desventura e no tempo
da angústia?

---

* **14**,19. 8,15; 13,16; Am 5,18 | **15**,2. 43,11; Ap 13,10 | 5. Is 51,19 | 6. Êx 34,6s

† **15**,10. O profeta sente-se esmagado sob o peso de sua missão e se queixa de Deus que parece abandoná-lo.

12Acaso poderá o ferro quebrar o fer-
ro do norte e o bronze?*
13"Teus bens e teus tesouros deixarei
depredar,
não como pagamento
por causa de todos os pecados,
em todo o teu território.
14Eu te tornarei escravo de teus ini-
migos
num país que não conheces,
porque um fogo se acendeu em mi-
nha ira
que arderá sobre vós".
15Vós o sabeis, Javé,
recordai-vos de mim e ajudai-me,
vingai-me de meus perseguidores.
Em vossa clemência não me deixeis
perecer:
sabeis que suporto insultos por vos-
sa causa.*
16Quando vossas palavras vinham a
meu encontro
eu as devorava;
vossa palavra foi o gozo e a alegria
de meu coração,
porque era vosso nome que eu tra-
zia,*
Javé, Deus dos exércitos.
17Não me sentei para divertir-me
nas rodas dos gozadores,
mas levado por vossa mão eu me
sentava solitário,
porque me enchestes de indignação.
18Por que minha dor é sem-fim
e minha praga incurável,
que não quer sarar?
Vós vos tornastes para mim
torrente enganadora de águas in-
constantes.
Resposta de Javé. 19Respondeu então
Javé:
"Se voltares para mim, eu te deixarei
voltar†,
e estarás em minha presença;
se souberes distinguir o que é pre-
cioso do que é vil,
serás igual a minha boca.*
Eles voltarão a ti,
mas tu não deves voltar a eles.
20Eu farei de ti, para este povo,
um muro de bronze inabalável:*
combaterão contra ti, mas não pode-
rão vencer-te,
porque eu estarei contigo para sal-
var-te e libertar-te
– oráculo de Javé.
21Eu te libertarei das mãos dos mal-
vados
e te resgatarei das garras dos violen-
tos".

16 **A vida do profeta é um sinal†.**
1Foi-me dirigida esta palavra
de Javé: 2"Não te cases, não tenhas
filhos nem filhas neste lugar, 3porque
assim diz Javé a respeito dos filhos e
filhas que nascem neste lugar e a res-
peito das mães que os dão à luz e aos
pais que os geram neste país: 4Morre-
rão de doenças dolorosas, não serão
chorados nem sepultados, mas ficarão
como esterco sobre a terra. Perecerão
pela espada e pela fome; seus cadáve-
res* serão pasto das aves do céu e dos
animais da terra". 5Porque assim fala
Javé: "Não entres numa casa onde há
luto, não chores com eles nem tenhas
piedade deles, porque eu retirei deste
povo minha paz – oráculo de Javé –,
minha bondade e minha compaixão.
6Morrerão neste país grandes e pe-
quenos; não serão sepultados nem
pranteados; ninguém se fará incisões
por eles nem cortará seus cabelos.
7Não se partirá o pão para aquele que
está de luto, para consolá-lo da mor-
te, nem se lhe dará a beber o cálice da
consolação por seu pai ou por sua mãe.
8Nem sequer entres numa casa onde se
faz banquete para sentar-te com eles
a comer e beber. 9Pois assim fala Javé
dos exércitos, o Deus de Israel: Diante
de vossos olhos e em vossos dias farei
cessar deste lugar as vozes de alegria
e de júbilo,* os cânticos do noivo e da
noiva".
As culpas do povo. 10"Quando anun-
ciares a este povo todas estas coisas,* e

* **15**,12. 17,3s | 15. Sl 69,8 | 16. 14,9 | 19. 1,9 | 20. 1,18s | **16**,4. 8,2 | 9. 7,34; 25,10 | 10. 5,19

† **15**,19. O verbo "voltar" exprime a conversão do povo. | **16**. O celibato, incomum e menosprezado naquela cultura, aqui significa que o país ficará na solidão, sobrevivendo na tristeza.

te perguntarem: Por que Javé decretou
contra nós um mal tão grande? Quais
iniquidades e quais pecados comete-
mos contra Javé nosso Deus? 11Então
tu lhes responderás: É porque vossos
pais me abandonaram* – oráculo de
Javé –, seguiram outros deuses e os
serviram e adoraram, enquanto que
abandonaram a mim e não observaram
minha lei. 12Vós, porém, fizestes pior
que vossos pais: cada um de vós, com
efeito, segue a dureza de seu coração
malvado, recusando escutar-me. 13Por
isso, eu vos expulsarei deste país para
um país que não conhecestes, nem vós
e nem vossos pais, e lá servireis outros
deuses dia e noite, porque eu não mais
usarei de misericórdia para convosco".

Retorno depois do exílio. 14"Pois bem,
dias virão – oráculo de Javé – em que
não se dirá mais: Pela vida de Javé que
fez os israelitas saírem da terra do Egi-
to;* 15mas antes se dirá: Pela vida de
Javé que fez os israelitas saírem do
país do norte e de todos os países para
onde os havia dispersado. E eu os re-
conduzirei a seu país que eu havia con-
cedido a seus pais".

Anúncio da invasão. 16"Eis que envia-
rei numerosos pescadores – diz Javé
– que os pescarão. Depois enviarei nu-
merosos caçadores que os caçarão em
todo monte, em toda colina e nas fen-
das das rochas†; 17porque meus olhos
observam todos os seus caminhos, que
não podem ficar escondidos diante de
mim; nem se pode ocultar sua iniqui-
dade diante de meus olhos. 18Mas an-
tes pagarei duas vezes sua iniquidade e
seu pecado, porque profanaram* meu
país com os cadáveres de seus ídolos
e encheram minha herança com suas
abominações".

Conversão das nações pagãs. 19Javé,
minha força e minha defesa,
meu refúgio no dia da angústia,
a vós virão as nações das extremida-
des da terra*
e dirão: "Nossos pais herdaram so-
mente mentira,
nulidades que não servem para
nada".
20Pode acaso, pode o homem fabri-
car deuses para si?*
Mas eles não são deuses!
21Por isso, eis que eu lhes mostrarei,
desta vez eu lhes darei a conhecer
minha mão e minha força.
Eles saberão que meu nome é Javé.

17 **Idolatria e castigo.** 1O pecado
de Judá está escrito com pena
de ferro,*
com ponta de diamante está grava-
do*
sobre a tábua de seu coração
e sobre os ângulos de seus altares,
2como para recordar a seus filhos
seus altares e seus troncos idolátri-
cos*
junto às árvores verdejantes,
sobre as colinas elevadas,
3sobre os montes e em campo aber-
to†.
"Abandonarei ao saque teus bens*
e todos os teus tesouros,
por causa do pecado de teus lugares
altos
em todo o teu território.
4Deverás retirar a mão
da herança que eu te havia dado;
eu te farei escravo de teus inimigos
num país que não conheces,
porque acendeste o fogo de minha
ira,
que arderá para sempre".

Máximas sapienciais. 5Assim diz Javé:
"Maldito o homem que confia no ho-
mem,*
que faz da carne seu apoio
e cujo coração se afasta de Javé.
6Ele será como arbusto na estepe;
quando vem o bem, não o vê.
Habitará em lugares áridos no deserto,
numa terra salgada, onde ninguém
mora.

---

* **16**,11. Dt 29,24 | 14. Êx 20,2 | 18. Ap 18,6 | 19. Is 45,14 | 20. Is 40,20; 42,8 | **17**,1. Dn 7,10 / 31,33 | 2. Dt 12,2 | 3. 15,13s | 5. Sl 146,3s

† **16**,16. Caça e pesca simbolizam a invasão estrangeira. | **17**,3. A idolatria do povo se encontra em toda parte, até nos lugares mais sagrados.

[7]Bendito o homem que confia em Javé*
e cuja confiança é Javé.
[8]Ele é como árvore plantada à beira-d'água,*
que estende para o riacho suas raízes;
não teme quando vem o calor,
suas folhas permanecem verdes;
no ano da seca não se inquieta,
nem deixa de dar frutos.
[9]Enganoso mais que tudo é o coração, e sem remédio;*
quem pode conhecê-lo?*
[10]Eu, Javé,
sondo a mente e provo os corações,*
para retribuir a cada um conforme seu proceder,*
segundo o fruto de suas ações.
[11]Como a perdiz que choca ovos, que não pôs,
é quem acumula riquezas injustas.
Na metade de seus dias deverá deixá-las,
e no fim parecerá um insensato".

Oração de Jeremias. [12]Trono de glória, sublime desde o princípio,
é o lugar de nosso santuário!
[13]Ó esperança de Israel, Javé,*
todos os que vos abandonam ficarão confusos,
todos os que se afastam de vós serão escritos no pó,
porque abandonaram a fonte de água viva, Javé.*
[14]Curai-me, Javé, e ficarei curado,*
salvai-me e serei salvo,
porque vós sois minha glória.
[15]Eis que eles me dizem:
"Onde está a palavra de Javé?
Que ela se realize!"
[16]Quanto a mim,
não insisti junto de vós na desventura
nem desejei o dia funesto, vós o sabeis.
O que saiu de minha boca está diante de vós†.
[17]Não sejais para mim causa de terror,
vós, meu único refúgio no dia da aflição.
[18]Sejam cobertos de vergonha*
meus adversários, mas não eu,
que se atemorizem eles, mas não eu.
Mandai contra eles o dia da aflição,
destruí-os com dupla destruição.

Observância do sábado. [19]Javé me
disse: "Vai ficar junto à porta dos filhos
do povo, pela qual entram e saem os
reis de Judá, e junto a todas as portas
de Jerusalém. [20]Tu lhes dirás: Escutai a
palavra de Javé, ó reis de Judá, e vós todos, judeus e habitantes de Jerusalém,
que passais por estas portas. [21]Assim
fala Javé: Por amor a vossa vida, guardai-vos de transportar cargas no dia de
sábado e de introduzi-las pelas portas
de Jerusalém. [22]Não tireis nenhuma
carga para fora de vossas casas em dia
de sábado e não façais trabalho algum,
mas santificai o dia de sábado, como
mandei a vossos pais. [23]Mas eles não
quiseram escutar nem prestar ouvido;*
ao contrário, endureceram sua cerviz
para não me escutar e não acolher
a lição. [24]Agora, se me escutardes de
verdade – diz Javé –, se não introduzirdes nenhuma carga pelas portas desta
cidade em dia de sábado e santificardes o dia de sábado, não fazendo nele
nenhum trabalho, [25]então pelas portas
desta cidade* reis e príncipes, que ocupam o trono de Davi, entrarão sobre
carros e cavalos, eles e seus oficiais,
os homens de Judá e os habitantes de
Jerusalém. E esta cidade será habitada
para sempre. [26]Virão das cidades de
Judá e dos arredores de Jerusalém, da
terra de Benjamim e da planície,* dos
montes e do Negueb para oferecer holocaustos, sacrifícios, oblações, incenso
e sacrifícios de louvor no templo de
Javé. [27]Mas se não escutardes minha
ordem de santificar o dia de sábado,
de não transportar cargas e de não

---

* **17**,7. Sl 40,5 | 8. Sl 1,3 | 9. Mc 7,21 / Pr 17,3 | 10. 11,20 / 32,19; Sl 62,13; Mt 16,27 | 13. 17,13 / 2,13 | 14. Sl 6,3s | 18. Sl 5,11 | 23. Dt 9,13; Jr 7,26; 19,15 | 25. 22,4; Zc 9,9 | 26. Ez 37,25; Jl 4,20

† **17**,16. A mensagem de Jeremias não é dele, mas vem de Javé; as desgraças que deve anunciar ferem profundamente seu amor pela terra, 4,19; 8,21ss.

introduzi-las pelas portas de Jerusalém em dia de sábado, eu acenderei a suas portas um fogo que devorará os palácios de Jerusalém e que jamais se extinguirá".

18 Jeremias visita o oleiro.

18 **Jeremias visita o oleiro.** 1Esta é a palavra que foi dirigida a Jeremias da parte de Javé: 2"Levanta-te e desce à casa do oleiro†; lá te farei ouvir minha palavra". 3Eu desci à casa do oleiro, e eis que ele estava trabalhando no torno. 4Mas o vaso que ele estava fazendo estragou-se, como acontece quando o oleiro tem na mão a argila; ele recomeçou e fez um outro vaso, como a seus olhos parecia justo. 5Então foi-me dirigida a palavra de Javé nestes termos: 6"Acaso não poderia eu agir convosco, casa de Israel, como este oleiro?* – oráculo de Javé. Como a argila está nas mãos do oleiro, assim vós estais em minhas mãos, casa de Israel. 7Às vezes em relação a uma nação* ou a um reino eu decido exterminar, abater e destruir; 8mas se esta nação, contra a qual eu tinha falado, converte-se de sua maldade, eu me arrependo do mal que tinha pensado fazer-lhe. 9Outras vezes em relação a uma nação* ou a um reino eu decido edificar e plantar; 10mas se esta nação faz o que é mau a meus olhos, recusando ouvir minha voz, eu me arrependo do bem que tinha decretado fazer-lhe†. 11Agora anuncia, pois, aos homens de Judá e aos habitantes de Jerusalém: Assim fala Javé: Preparo contra vós uma calamidade e medito contra vós um projeto. Abandone, pois, cada um sua má conduta, e melhorai vossos costumes e vossas ações". 12Mas eles dirão: "É inútil,* nós queremos seguir nossos projetos; cada um de nós agirá segundo a dureza de seu coração malvado".

O pecado de Israel. 13Por isso assim fala Javé:

"Informai-vos entre as nações:*
quem jamais ouviu coisa semelhante?
Enormes, horríveis coisas cometeu a virgem de Israel†.
14Desaparece das altas rochas a neve do Líbano?
Ou se esgotam as águas frescas que correm dos montes?
15No entanto, meu povo me esqueceu;*
eles oferecem incenso a um ídolo vão.
Por isso tropeçaram em suas estradas,
nos caminhos de outrora, para caminhar em trilhas,
por uma vereda não traçada.
16Seu país é uma desolação,
um objeto de zombaria perene.*
Todo aquele que passa por ele
fica espantado e balança a cabeça.*
17Como faz o vento do oriente,
eu os dispersarei diante de seu inimigo.
Mostrarei a eles as costas e não o rosto
no dia de sua ruína".

Atentado contra Jeremias. 18Eles disseram: "Vinde e tramemos insídias contra Jeremias, porque a lei não perecerá por falta de sacerdote, nem o conselho por falta de sábio, nem a palavra por falta de profeta. Vinde, ataquemo-lo com a língua† e não demos nenhuma atenção a suas palavras".

19Prestai-me ouvido, Javé,
e ouvi o que dizem meus adversários.
20Acaso o bem é pago com o mal?*
Porque escavaram uma fossa para minha vida.
Recordai-vos de quando me apresentava a vós,

---

* **18**,6. Is 29,16 | 7. 1,10; Ez 18,21-24 | 9. 1,10 | 12. 2,25 | 13. 2,10ss | 15. 2,32 | 16. 19,8 / Lm 2,15s | 20. Sl 35,7.12 | 21. Sl 5,11

† **18**,2. O oleiro representa Javé, Gn 2,7, que é soberano e livre em seu agir. | **18**,10. Como o oleiro pode transformar um vaso, assim Javé pode mudar seus decretos, se houver conversão. | 13. A virgem de Israel é a personificação do povo, ao qual Deus está unido pela aliança, simbolizada no matrimônio. O pecado cometido pelo povo é a idolatria. | 18. A língua da calúnia, para acusá-lo de blasfêmia e condená-lo à morte, Lv 24,16.

para falar em favor deles,
para afastar deles vossa ira.
21Abandonai, pois, seus filhos à fome,*
entregai-os ao poder da espada!
Que suas mulheres fiquem sem filhos e viúvas!
Que seus homens sejam atingidos pela morte
e seus jovens, mortos pela espada no combate!
22Que se ouçam gritos saindo de suas casas,
quando, de repente, fareis cair sobre eles bandos armados.*
Porque escavaram uma fossa para capturar-me
e armaram laços a meus pés.
23Mas vós, Javé,
conheceis todos os seus projetos de morte contra mim;
não perdoeis sua iniquidade
e não canceleis seu pecado de vossa presença.
Sejam abatidos a vossa presença;
no momento de vosso furor, agi contra eles!†

19 **O símbolo da bilha.** 1Assim
diz Javé a Jeremias: "Vai com-
prar para ti uma bilha de terracota;
toma contigo alguns anciãos dentre o
povo e dentre os sacerdotes 2e sai para
o vale de Ben-Enom,* que está na en-
trada da porta dos Cacos. Lá proclama-
rás as palavras que eu te direi. 3Tu dirás:
Ouvi a palavra de Javé, ó reis de Judá
e habitantes de Jerusalém! Assim fala
Javé dos exércitos, o Deus de Israel: Eis
que mandarei sobre este lugar uma ca-
lamidade tal que fará retinir os ouvidos
de todos os que a ouvirem, 4porque
me abandonaram e profanaram este
lugar sacrificando a outros deuses, que
nem eles, nem seus pais, nem os reis de
Judá conheciam. Encheram este lugar*
de sangue de inocentes†; 5edificaram
os lugares altos a Baal para queimar
seus filhos no fogo como holocausto a
Baal, coisa que eu não mandei, nem me
passou pela mente.
6Por isso, virão dias – oráculo de Javé
– nos quais este lugar não se chama-
rá mais Tofet nem vale de Ben-Enom,
mas antes Vale do Massacre. 7Eu tor-
narei vãos os planos de Judá e de Je-
rusalém neste lugar. Eu os farei cair
pela espada diante de seus inimigos e
por meio daqueles que atentam contra
sua vida e darei seus cadáveres como
pasto às aves do céu e aos animais da
terra. 8Reduzirei esta cidade a um lugar
desolado* e a objeto de zombaria; to-
dos os que passarem perto dela ficarão
estupefatos* e assobiarão à vista de
todas as suas feridas. 9Eu os farei co-
mer a carne de seus filhos e a carne de
suas filhas; eles se devorarão entre si
durante o cerco e na angústia com que
os afligirão os inimigos e todos os que
atentam contra sua vida.
10Tu, pois, quebrarás a bilha à vista
dos homens que tiverem vindo contigo
11e referirás a eles: Assim fala Javé dos
exércitos: Quebrarei este povo e esta
cidade assim como se quebra um vaso
de terracota, que não se pode mais
consertar. Sepultarão até mesmo em
Tofet, porque não haverá mais espaço
para sepultar. 12Assim farei – oráculo
de Javé – a respeito deste lugar e de
seus habitantes, tornando esta cidade
semelhante a Tofet. 13As casas de Je-
rusalém e as casas dos reis de Judá se-
rão impuras como o lugar de Tofet; isto
é, todas as casas, sobre cujos terraços
queimavam incenso a todo o exército
celeste e faziam libações a outros deu-
ses".
14Quando Jeremias voltou de Tofet,
aonde Javé o havia mandado profeti-
zar, pôs-se de pé no átrio do templo
de Javé e disse a todo o povo: 15"Diz
Javé dos exércitos, o Deus de Israel:
Vou mandar sobre esta cidade e sobre
todas as suas aldeias todo o mal que

* **18**,22. 12,9 | **19**,2. 2,23; 7,31 | 4. 7,31ss; Lv 18,21 | 8. 18,16 / Dt 28,53-58; Ez 5,10 | 15. Dt 9,13; Jr 7,26

† **18**,23. Jeremias era um enviado de Deus, e quem se opunha a seu ministério era um adversário de Deus. Vigorando a lei do talião, o perdão aos inimigos era raro no AT, Pr 25,22. | **19**,4. Alusão aos sacrifícios de crianças, praticados entre os fenícios e em Canaã, proibidos pela lei mosaica, Lv 18,21.

lhe anunciei,* porque eles se obstinaram, recusando-se a escutar minhas palavras".

20 Jeremias e o sacerdote Fassur.

[1]Fassur, filho de Emer,
sacerdote e superintendente-chefe do
templo, ouviu Jeremias predizer todas
essas coisas. [2]Fassur mandou açoitar
o profeta Jeremias e pô-lo no tronco*
que se achava junto à porta superior de
Benjamim, no templo de Javé. [3]No dia
seguinte, quando Fassur mandou soltar Jeremias do tronco, este lhe disse:
"Javé não te chama mais Fassur, mas
Terror de todos os lados.

[4]Porque assim fala Javé: Vou fazer
de ti um terror para ti e para todos os
teus amigos; eles cairão pela espada
de seus inimigos e teus olhos o verão. Porei todo Judá nas mãos do rei
de Babilônia, o qual os deportará para
Babilônia e os ferirá com a espada. [5]Entregarei todas as riquezas desta cidade
e todos os seus produtos, todos os objetos preciosos e todos os tesouros dos
reis de Judá às mãos de seus inimigos,
os quais os saquearão e os tomarão e
os levarão para Babilônia. [6]Tu, Fassur,
e todos os habitantes de tua casa ireis
para a escravidão; irás para Babilônia,
lá morrerás e lá serás sepultado, tu e
todos os teus amigos aos quais predisseste mentiras".

Jeremias "seduzido" por Javé†. [7]Seduzistes-me, Javé,
e eu me deixei seduzir;
vós me dominastes e prevalecestes.
Tornei-me objeto de riso todo dia;
todos eles zombam de mim.
[8]Cada vez que falo,
devo gritar e proclamar: "Violência! Ruína!"
Assim, a palavra de Javé tornou-se para mim
motivo de opróbrio e de zombaria todo dia.
[9]Eu me dizia: "Não pensarei mais nele,
não falarei mais em seu nome".
Mas em meu coração havia como um fogo ardente,*
fechado em meus ossos;
eu me esforçava para contê-lo, mas não podia.*
[10]Escutava as calúnias de muitos:*
"Terror de todos os lados!
Denunciai-o, e vamos denunciá-lo".
Todos os meus amigos espreitavam minha queda:
"Talvez se deixará apanhar num engano,
assim prevaleceremos sobre ele,
tomaremos nossa vingança".
[11]Mas Javé está a meu lado
como herói valoroso.
Por isso meus perseguidores cairão
e não poderão prevalecer;
ficarão cobertos de vergonha
porque não terão êxito,
e sua vergonha será eterna e indelével.
[12]Mas vós, Javé dos exércitos,
que provais o justo e sondais o coração e a mente,*
permiti que eu veja vossa vingança sobre eles,
porque a vós confiei minha causa.
[13]Cantai hinos a Javé, louvai Javé,
porque libertou a vida do pobre
das mãos dos malfeitores.

Jeremias maldiz o dia de seu nascimento. [14]Maldito o dia em que nasci!
O dia em que minha mãe me deu à luz
não seja bendito.
[15]Maldito o homem que levou esta notícia a meu pai:*
"Nasceu-te um filho homem",
enchendo-o de alegria.
[16]Aquele homem seja como as cidades
que Javé demoliu sem compaixão.*
Que ele ouça grito de alarme de manhã
e clamor de guerra ao meio-dia,
[17]porque não me fez morrer no seio materno;

---

* **20**,2. 17,19 | 9. 23,29 / Jó 32,19s; Sl 39,4 | 10. Sl 31,14 | 12. 11,20 | 15. Jó 3; 1,5; 15,10 | 16. Gn 19,24s

† **20**,7. O profeta parece revoltado contra sua vocação exigente, terrível, que ele não escolheu, mas que lhe foi imposta à força, e se queixa que Deus não o apoiou o bastante.

minha mãe teria sido minha sepul-
tura
e sem-fim, sua gravidez.
[18]Por que afinal saí do seio materno?
Para ver tormentos e dor
e para terminar meus dias na vergo-
nha?

21

Embaixada de Sedecias. [1]Pa-
lavra que foi dirigida a Jere-
mias por Javé, quando o rei Sedecias
lhe mandou Fassur, filho de Melquias, e
o sacerdote Sofonias, filho de Maasias,
para dizer-lhe: [2]"Consulta Javé por nós,
porque Nabucodonosor, rei de Babilô-
nia, nos faz guerra; quem sabe, Javé re-
alizará a nosso proveito algum de seus
prodígios, de modo que ele se afaste
de nós?"
Resposta do profeta. [3]Jeremias res-
pondeu-lhes: "Direis a Sedecias: [4]Assim
fala Javé, o Deus de Israel: Eis que farei
reentrar as armas de guerra, que estão
em vossas mãos, com as quais comba-
teis o rei de Babilônia e os caldeus que
vos sitiam: do exterior dos muros eu
os reunirei no centro desta cidade. [5]Eu
mesmo combaterei contra vós† com
mão estendida e com braço podero-
so, com ira, furor e grande indignação.
[6]Ferirei os habitantes desta cidade, ho-
mens e animais; eles morrerão de uma
peste violenta. [7]Depois disso – oráculo
de Javé – eu entregarei Sedecias, rei de
Judá, seus ministros, o povo e os que
nesta cidade sobreviverem à peste, à
espada e à fome, ao poder de Nabuco-
donosor, rei de Babilônia, ao poder de
seus inimigos e ao poder daqueles que
atentam contra sua vida. Ele os passará
a fio de espada; não terá piedade de-
les, não os perdoará nem terá miseri-
córdia".
Ao povo. [8]E a este povo dirás: "Assim
fala Javé: Eis que ponho diante de vós o
caminho da vida* e o caminho da morte.
[9]Quem ficar nesta cidade morrerá pela
espada,* pela fome e pela peste; quem
sair e se entregar aos caldeus que vos
sitiam viverá e terá como seu despojo
a própria vida. [10]Porque eu virei o rosto
contra esta cidade para seu dano e não
para seu bem – oráculo de Javé. Ela será
entregue nas mãos do rei de Babilônia,
o qual a queimará com o fogo"†.
À família real. [11]À casa do rei de Judá
dirás:
"Escutai a palavra de Javé!
[12]Casa de Davi, assim fala Javé:
Administrai a justiça toda manhã
e livrai o oprimido da mão do opres-
sor,
senão minha ira arderá como fogo,
ela se acenderá e ninguém poderá
apagá-la,
por causa da maldade de vossas
ações.
[13]Eis-me contra ti,
ó habitante do vale, rocha na planície
– oráculo de Javé.
Vós que dizeis: Quem descerá contra
nós?
Quem entrará em nossas moradas?
[14]Eu vos punirei como merecem vos-
sas obras
– oráculo de Javé –
e acenderei em sua floresta um fogo*
que devorará todos os seus arredo-
res".

22

Advertência ao rei. [1]Assim
falou Javé: "Desce à casa do
rei de Judá e lá proclama esta men-
sagem. [2]Tu dirás: Escuta a palavra de
Javé, ó rei de Judá que te assentas no
trono de Davi, tu, teus ministros e teu
povo, que entrais por estas portas.
[3]Assim fala Javé: Praticai o direito e a
justiça, libertai o oprimido das mãos
do opressor, não maltrateis nem opri-
mais o estrangeiro, o órfão e a viúva,
e não derrameis sangue inocente neste
lugar. [4]Se observardes lealmente esta
ordem,* então pelas portas desta casa
ainda entrarão, em carros e a cavalo,
reis que se sentarão no trono de Davi,

---

* **21**,8. Dt 30,15 | 9. 38,2 | 14. 50,32 | **22**,4. 17,25

† **21**,5. Os caldeus serão o instrumento de Javé, que se volta contra seu povo, negando os vínculos da aliança. | 10. Se Deus abandonou Judá infiel, é inútil opor-se ao invasor: a queda de Jerusalém é inevitável.

eles, seus ministros e todo o seu povo.
[5]Mas se não escutardes estas palavras, eu o juro por mim mesmo – oráculo de Javé – esta casa se tornará uma ruína.
[6]Porque assim diz Javé a respeito da casa dos reis de Judá:*

Tu eras para mim como Galaad,
como os cimos do Líbano;
mas eu te reduzirei a deserto,
a cidade desabitada.
[7]Preparo contra ti destruidores,
cada qual com suas armas.
Eles abaterão os melhores de teus cedros*
e os lançarão ao fogo.

[8]Pessoas de muitas nações passarão perto desta cidade* e dirão umas às outras: Por que Javé tratou assim esta grande cidade? [9]E responderão: Porque eles abandonaram a aliança de Javé,* seu Deus, adoraram outros deuses e os serviram".

[10]Não choreis quem está morto*
e não façais lamentos por ele,
mas chorai amargamente sobre quem parte,
porque não voltará mais,
não verá mais sua terra natal.*

Contra Joacaz. [11]Porque assim fala Javé a respeito de Selum†, filho de Josias, rei de Judá, que reinou no lugar de Josias, seu pai, e teve de deixar este lugar: "Ele não voltará mais. [12]Morrerá no lugar para onde o levaram prisioneiro, e nunca mais verá este país".

Contra Joaquim. [13]Ai de quem constrói sua casa sem justiça†
e o andar de cima sem equidade,*
que faz seu próximo trabalhar por nada,*
sem lhe pagar o salário,
[14]e diz: "Construirei para mim uma casa grande
com espaçoso andar de cima",
e nela abre janelas;
reveste-a de madeiras de cedro
e as pinta de vermelho.
[15]Pensas que és rei porque tens paixão pelo cedro?
Acaso teu pai não comia e bebia?
Mas ele praticava o direito e a justiça
e para ele tudo ia bem.
[16]Ele defendia a causa do pobre e do mísero
e tudo ia bem;
isto não significa de fato conhecer-me?*
– oráculo de Javé.
[17]Mas tu tens olhos e coração
apenas para teu interesse próprio,
para derramar sangue inocente
e cometer violência e opressão.

[18]Por isso assim fala Javé a respeito de Joaquim,
filho de Josias, rei de Judá:
"Não farão lamentação por ele, dizendo:
Ai, meu irmão! Ai, minha irmã!*
Não farão lamentação por ele, dizendo:
Ai, senhor! Ai, majestade!
[19]Será sepultado como se sepulta um jumento:*
será arrastado e lançado longe das portas de Jerusalém".

Contra Jeconias. [20]Sobe ao Líbano e grita;
e sobre Basã ergue a voz;
grita dos Abarim,
porque todos os teus amantes estão destruídos.
[21]Eu te falei no tempo de tua segurança,
mas disseste: "Não quero escutar!"*
Tem sido esta tua conduta desde a juventude:*
jamais ouviste minha voz.*
[22]Todos os teus pastores
serão consumidos pelo vento
e teus amantes partirão para o exílio.
Então ficarás envergonhada e confusa,
por causa de toda a tua maldade.
[23]Tu que moras no Líbano,*
que fizeste teu ninho entre os cedros,
como gemerás quando te chegarem as angústias,
as dores como as de uma parturiente!*

---

* **22**,6. 22,23; Ez 17,3 | 7. 21,13 | 8. 5,19 | 9. 5,19 | 10. 2Rs 23,29s / 2Rs 23,34 | 13. Am 6,8 / Dt 24,15 | 16. 9,23 | 18. 34,5 | 19. 36,30; Is 14,18s | 21. 2,25.31 / 3,25; 7,23s / 11,7s | 23. 21,13; 22,6 / 4,31

† **22**,11. Outro nome para Joacaz, 1Cr 3,15. | 13. Denuncia o luxo que é fruto de injustiças, Am 3,15; 5,11.

24“Por minha vida – oráculo de Javé –, mesmo se Jeconias, filho de Joaquim, rei de Judá, fosse um anel em minha mão direita, eu o arrancaria daí†. 25Eu te entregarei nas mãos* de quem atenta contra tua vida, nas mãos daqueles que tu temes, nas mãos de Nabucodonosor, rei de Babilônia, e nas mãos dos caldeus. 26Eu te lançarei a ti e a tua mãe que te gerou num país onde não nasceste e lá morrereis. 27Mas ao país, ao qual desejarão voltar, não voltarão”.

28Acaso esse Jeconias
é um vaso desprezível, quebrado,
um vaso que não agrada mais a ninguém?
Por que são, pois, expulsos,
ele e sua descendência,
e lançados num país que não conhecem?”
29Terra, terra, terra!
Escuta a palavra de Javé!
30Assim fala Javé:
“Registrai este homem como um sem filhos†,
um homem que não teve sucesso na vida,
porque ninguém em sua estirpe
conseguirá sentar-se no trono de Davi
e reinar ainda sobre Judá”.

23 **Pastores de Israel.** 1“Ai dos pastores* que deixam perecer no abandono o rebanho de meus prados” – oráculo de Javé. 2Por isso, assim fala Javé, o Deus de Israel, contra os pastores que devem apascentar meu povo: “Vós dispersastes minhas ovelhas, as expulsastes e não vos ocupastes delas; eis que eu me ocuparei de vós por causa da maldade de vossas ações” – oráculo de Javé.

O bom pastor futuro. 3“Eu mesmo reunirei o resto* de minhas ovelhas de todas as regiões para onde as dispersei e as farei voltar a seus prados; serão fecundas e se multiplicarão. 4Constituirei sobre elas pastores* que as apascentem, de modo que não terão mais medo nem pavor, e delas não faltará nenhuma” – oráculo de Javé.

5“Eis que virão dias
– oráculo de Javé –
nos quais suscitarei a Davi* um germe justo†,
que reinará como rei; será sábio
e exercerá o direito e a justiça sobre a terra.
6Em seus dias, Judá será salvo*
e Israel terá segurança em sua morada;
este será o nome com que o chamarão:
‘Javé-nossa justiça’†.

7Portanto, eis que virão dias – oráculo de Javé – durante os quais* não se dirá mais: Pela vida de Javé que fez os israelitas sair do país do Egito, 8mas se dirá: Pela vida de Javé que fez sair e que reconduziu a descendência da casa de Israel do país do norte e de todos os países aonde a havia dispersado, para que more em sua própria terra”.

Contra os falsos profetas†. 9Contra os profetas.

Meu coração se parte dentro de mim,*
tremem todos os meus membros,
sou como um embriagado
e como quem está dominado pelo vinho,
por causa de Javé e de suas santas palavras.
10“Pois o país está cheio de adúlteros;
por causa da maldição o país está de luto,
secaram-se os pastos da estepe.
Eles correm para o mal,
usam sua força para a injustiça.

* **22**,25. Ag 2,23 | **23**,1. Ez 34,1 | 3. Is 4,3 | 4. 3,15 | 5. 33,15s; Is 4,2; Zc 3,8; 6,12 | 6. 3,18 | 7. 16,14s | 9. 14,13-16; Dt 13,2-6

† **22**,24. Javé abandona o rei a seu próprio destino. Jeconias é um outro nome de Joaquin. | 30. Joaquin teve filhos, 1Cr 3,17s, seu neto Zorobabel foi governador de Judá depois do exílio, Ag 1,1; mas nenhum deles foi rei. | **23**,5. Esse germe, sinal de esperança, é o Messias, Is 11,1; Zc 3,8; 6,12. | 6. Jeremias anuncia a restauração da dinastia de Davi, não no campo político, mas no campo religioso das obrigações morais da aliança. | **23**,9. Os profetas da corte adulavam o rei com falsos anúncios de paz e prosperidade, que enganavam o povo.

[11]Até o profeta, até o sacerdote são ímpios,*
até em minha casa encontrei sua maldade
– oráculo de Javé.
[12]Por isso seu caminho será para eles
um lugar escorregadio;
serão empurrados nas trevas e cairão nelas,
porque mandarei sobre eles
a calamidade no ano de seu castigo
– oráculo de Javé.
[13]Entre os profetas de Samaria eu vi desatinos.
Profetizavam em nome de Baal*
e extraviavam Israel, meu povo.
[14]Mas entre os profetas de Jerusalém
vi coisas nefandas:
cometem adultérios e agem com hipocrisia,
reforçam a mão dos malfeitores,
de modo que ninguém se converte de sua maldade;
porque todos são para mim como Sodoma
e seus habitantes, como Gomorra".*
[15]Por isso, assim fala Javé dos exércitos
contra os profetas:
"Eis que os farei engolir absinto*
e beber águas envenenadas,
porque dos profetas de Jerusalém
saiu a impiedade para todo o país".
[16]Assim fala Javé dos exércitos:
"Não escuteis as palavras dos profetas
que profetizam para vós;
eles vos farão acreditar em coisas vãs;
eles vos anunciam fantasias de seu coração,
não o que vem da boca de Javé.
[17]Eles dizem àqueles que desprezam a palavra de Javé:
Vós tereis paz!
E aos que seguem a dureza de seu coração dizem:
Nenhum mal vos atingirá.
[18]Mas quem assistiu ao conselho de Javé,* para ver e ouvir sua palavra?
Quem prestou atenção sua palavra e a escutou?
[19]Eis a tempestade de Javé!*
Seu furor irrompe,
uma tempestade se precipita
e se abate sobre a cabeça dos malvados.
[20]Não cessará a ira de Javé,
enquanto não tiver completado e realizado
os projetos de seu coração.
No decurso dos dias compreendereis tudo!
[21]Eu não enviei esses profetas, e eles correm:
não lhes falei, e eles profetizam.
[22]Se tivessem assistido a meu conselho,
teriam anunciado minhas palavras a meu povo
e os teriam desviado de sua conduta perversa
e da maldade de suas ações.*
[23]Acaso eu sou Deus só de perto
– oráculo de Javé –
e não também Deus de longe?
[24]Acaso pode um homem ocultar-se*
nos esconderijos sem que eu o veja?
– oráculo de Javé.
Eu não encho o céu e a terra?
– oráculo de Javé.
[25]Eu ouvi o que dizem os profetas que
profetizam falsamente em meu nome,
dizendo: Eu tive um sonho, eu tive um
sonho!† [26]Até quando haverá entre os
profetas quem profetiza a mentira e
anuncia a impostura de seu coração?
[27]Eles pensam que farão meu povo es-
quecer meu nome com seus sonhos,
que contam um ao outro, como seus
pais esqueceram meu nome por Baal!
[28]O profeta que teve um sonho conte
seu sonho; quem ouviu uma palavra mi-
nha, anuncie fielmente minha palavra.
O que tem a ver a palha com o trigo?
– oráculo de Javé.
[29]Acaso minha palavra não é como o fogo?*

* **23**,11. 6,13 | 13. 2,8; 5,31 | 14. Gn 19 | 15. 9,14 | 18. 1Cor 2,16 | 19. 30,23s | 22. 28,9 | 24. Am 9,2s | 29. 5,14; 20,9

† **23**,25. Ver a nota em Eclo 34,1. | 33. Em hebraico, a mesma palavra significa "oráculo" e "peso". O povo pergunta pelo oráculo, Jeremias responde que as iniquidades do povo são um peso para Javé.

– oráculo de Javé –
e como um martelo que despedaça
a rocha?
[30]Por isso, eu sou contra os profetas –
oráculo de Javé – os quais roubam uns
dos outros minhas palavras. [31]Eu sou
contra os profetas – oráculo de Javé –
que movem a língua para dar oráculos.
[32]Eu sou contra os profetas que têm
sonhos mentirosos – oráculo de Javé –
que os contam e extraviam meu povo
com mentiras e leviandades. Eu não os
enviei nem dei ordem alguma; eles não
terão utilidade alguma para este povo"
– oráculo de Javé.
[33]"E quando, pois, este povo, ou um
profeta, ou um sacerdote te perguntar:
'Qual é o peso de Javé?', tu referirás a
eles: 'Sois vós o peso de Javé!† Eu vos
rejeitarei' – oráculo de Javé. [34]E o pro-
feta, ou o sacerdote, ou o homem do
povo que disser: 'Peso de Javé!', eu o
punirei e também sua família. [35]Assim
direis um ao outro e cada qual a seu
irmão: 'O que respondeu Javé?' ou: 'O
que Javé disse?' [36]Mas vós não fareis
mais menção de peso de Javé, porque
o peso é para cada um sua própria
palavra. E vós perverteis as palavras
do Deus vivo, de Javé dos exércitos,
nosso Deus. [37]Assim dirás ao profeta:
'O que Javé te respondeu?' ou: 'O que
Javé disse?' [38]Mas se disserdes 'Peso de
Javé', então assim fala Javé: 'Já que re-
petis: Peso de Javé, embora eu vos te-
nha mandado não dizer mais: Peso de
Javé, [39]por causa disso, eu vos carrega-
rei e jogarei longe de minha presença
a vós e a cidade que dei a vós e a vos-
sos pais.' [40]Eu vos cobrirei de opróbrio
perene e de uma eterna vergonha que
jamais será esquecida".

24 A visão dos cestos de figos.
[1]Javé mostrou-me dois cestos
de figos postos diante do templo de
Javé,* depois que Nabucodonosor, rei
de Babilônia, tinha deportado de Jeru-
salém Jeconias, filho de Joaquim, rei de
Judá, e os chefes de Judá, os artesãos
e os ferreiros e os tinha conduzido a
Babilônia. [2]Um cesto estava cheio de
figos muito bons, como são os primei-
ros figos; o outro cesto estava cheio de
figos muito ruins, tão ruins que não se
podia comê-los.
[3]Javé me disse: "O que vês, Jere-
mias?" Respondi: "Figos; os figos bons
são excelentes, os ruins são muito ruins,
tão ruins que não se pode comê-los".
[4]Então foi-me dirigida a palavra de
Javé nestes termos: [5]"Assim fala Javé,
Deus de Israel:* Como se tem consi-
deração por estes figos bons, assim eu
quero interessar-me, para o bem deles,
pelos deportados de Judá que eu fiz
sair deste lugar para o país dos caldeus.
[6]Porei o olhar sobre eles para seu bem;
eu os farei voltar para este país,* eu os
reconstruirei e não os demolirei, eu os
plantarei e não os arrancarei.* [7]Dar-
-lhes-ei um coração capaz de conhecer
que eu sou Javé; eles serão meu povo
e eu serei seu Deus, porque voltarão a
mim de todo o coração. [8]Mas como se
tratam os figos ruins, que não podem
ser comidos de tão ruins que são, as-
sim, diz Javé, eu tratarei Sedecias, rei
de Judá, seus chefes e o resto de Je-
rusalém: os sobreviventes neste país e
os que moram no país do Egito. [9]Eu os
tornarei objeto de horror,* uma cala-
midade para todos os reinos da terra;
um opróbrio, fábula, sarcasmo e mal-
dição em todos os lugares para onde
os expulsarei. [10]Mandarei contra eles a
espada, a fome e a peste até que desa-
pareçam do país que eu dei a eles e a
seus pais".

25 Anúncio dos 70 anos de exí-lio.
[1]Palavra que foi dirigida a
Jeremias a respeito de todo o povo de
Judá no quarto ano de Joaquim, filho
de Josias, rei de Judá, isto é, no primei-
ro ano de Nabucodonosor, rei de Babi-
lônia. [2]O profeta Jeremias a anunciou a
todo o povo de Judá e a todos os habi-
tantes de Jerusalém, dizendo: [3]"Desde
o ano décimo terceiro de Josias, filho

* **24**,1. 2Rs 24,12-16 | 5. Ez 11,14-21 | 6. 1,10 / 4,4; 31,31.33s; 32,39 | 9. 15,4; 26,6; 29,18; 42,18; 44,12 |
3. 7,25

de Amon, rei de Judá, até hoje, são vinte e três anos que me foi dirigida a palavra de Javé e eu, sem me cansar, falei a vós continuamente, mas não escutastes.* 4Javé vos tem enviado com urgência e insistência todos os seus servos, os profetas, mas vós não escutastes e não prestastes ouvido para escutar 5quando vos diziam: Cada qual abandone seu mau caminho e suas más ações: então habitareis no solo que Javé deu a vós e a vossos pais desde sempre e para sempre. 6Não sigais outros deuses para servi-los e adorá-los; não me provoqueis com as obras de vossas mãos e não vos farei mal algum. 7Mas não me escutastes – oráculo de Javé –; ao contrário, vós me provocastes com a obra de vossas mãos para vosso próprio mal. 8Por isso, assim fala Javé dos exércitos: Porque não escutastes minhas palavras, 9mandarei buscar todas as tribos do norte – oráculo de Javé – em torno de Nabucodonosor, rei de Babilônia, meu servo, e as mandarei contra este país e seus habitantes e contra todas as nações ao redor;* eu os votarei ao extermínio e farei deles um objeto de horror,* de zombaria e uma ruína perpétua. 10Farei cessar em seu meio os sons de festa e as vozes de alegria, a voz do esposo e da esposa, o barulho da mó e a luz da lâmpada. 11Todo este país será uma ruína e uma desolação, e estas nações estarão sujeitas ao rei de Babilônia por setenta anos.* 12Mas, quando se completarem os setenta anos†, punirei o rei de Babilônia e aquela nação – oráculo de Javé – por seus delitos; punirei o país dos caldeus e o reduzirei a uma desolação eterna. 13Farei cumprir contra este país todas as palavras que pronunciei a seu respeito, tudo o que está escrito neste livro: o que Jeremias profetizou contra todas as nações. 14Pois elas também estarão sujeitas a nações poderosas e a grandes reis, e eu lhes retribuirei conforme seus atos e conforme as obras de suas mãos"†.

Castigo das nações. 15Pois assim me falou Javé, Deus de Israel:* "Toma de minha mão esta taça de vinho de minha ira e faze com que dela bebam todas as nações às quais te envio, 16para que bebam, fiquem embriagadas e se tornem loucas diante da espada que mandarei para o meio delas".

17Tomei, pois, a taça das mãos de Javé e fiz com que bebessem dela todas as nações às quais Javé me havia mandado: 18a Jerusalém e às cidades de Judá, a seus reis e a seus chefes, para reduzi-los à ruína, à desolação, ao opróbrio e à maldição, como acontece hoje; 19também ao faraó, rei do Egito, a seus ministros, a seus nobres e a todo o seu povo; 20a todos os mestiços, a todos os reis do país de Hus, a todos os reis do país dos filisteus, a Ascalon, a Gaza, a Acaron e aos sobreviventes de Azoto, 21a Edom, a Moab e aos amonitas, 22a todos os reis de Tiro e a todos os reis de Sidônia e aos reis da ilha que está além do mar; 23a Dedã, a Temã, a Buz e a todos os que raspam os cabelos das têmporas, 24a todos os reis da Arábia e a todos os reis dos mestiços que moram no deserto, 25a todos os reis de Zambri, a todos os reis do Elam e a todos os reis da Média, 26a todos os reis do norte, próximos ou distantes, a uns e a outros e a todos os reinos que existem na terra; o rei de Sesac† beberá depois deles.

27"Tu lhes dirás: Assim fala Javé dos exércitos, o Deus de Israel: Bebei e inebriai-vos, vomitai e caí sem poder levantar-vos diante da espada que vou mandar para vosso meio. 28E se recusarem receber de tua mão o cálice a beber, tu lhes dirás: Assim fala Javé dos exércitos: Bebereis assim mesmo!* 29Se eu envio o castigo, começando pela ci-

* **25**,9. Js 6,17 / 7,34; 16,9; Ez 26,13 | 11. 29,10; 27,7; Dn 9,2s | 15. Is 51,17; Ap 16 | 28. 1Pd 4,17

† **25**,12. Este oráculo inspirou 2Cr 36,21 e Dn 9,2, mas o número 70 aqui é simbólico, não é uma cifra matemática. | 14. Javé emprega as nações para castigar os pecados de seu povo, mas elas também serão castigadas por seus pecados e pela excessiva violência com que castigaram o povo de Deus. | 26. Sesac é Babilônia em código, para ficar secreto.

dade que leva meu nome, vós seríeis
poupados? Não, poupados não sereis,
porque eu mesmo chamarei a espada
contra todos os habitantes do país. –
oráculo de Javé dos exércitos”.
Julgamento divino. 30“Tu lhes anun-
ciarás todas estas palavras e lhes dirás:
Javé ruge do alto,*
de sua santa morada eleva a voz;
ruge com força contra seu território,
grita como os que pisam as uvas,*
contra todos os habitantes do país.
31O clamor chega até os confins da
terra,
porque Javé faz um processo contra
as nações,
instrui o juízo contra todo homem;
entrega os ímpios à espada
– oráculo de Javé.
32Assim fala Javé dos exércitos:
A calamidade se estende de nação a
nação,
um grande furacão se levanta dos
confins da terra.
33Naquele dia as vítimas de Javé co-
brirão a terra de uma extremidade à
outra; não serão pranteadas, nem re-
colhidas, nem sepultadas, mas serão
como esterco sobre o solo.*
34Uivai, pastores, gritai,
revolvei-nos no pó, chefes do reba-
nho!
Porque vossos dias estão completos
para o massacre e para vossa disper-
são;
caireis como carneiros escolhidos.
35Não haverá refúgio para os pasto-
res,
nem salvação para os chefes do re-
banho.
36Ouvem-se os gritos dos pastores,
os gemidos dos guias do rebanho,
porque Javé destruiu seus prados;
37estão devastados os prados tran-
quilos
por causa da ardente ira de Javé.
38O leão abandona sua cova,
porque o país deles é uma desola-
ção,
por causa da espada devastadora
e por causa do ardor de sua ira”.

II. ORÁCULOS DE SALVAÇÃO PARA ISRAEL E JUDÁ (26–45)

26 **Jeremias maltratado.** 1No
início do reino de Joaquim,
filho de Josias, rei de Judá,* foi dirigi-
da a Jeremias esta palavra da parte de
Javé: 2Assim fala Javé: “Vai para o átrio
do templo de Javé e a todos aqueles
que vêm das cidades de Judá para ado-
rar no templo de Javé tu dirás todas as
palavras que te mandei anunciar-lhes,
sem deixar uma sequer. 3Pode ser que
te escutem e cada um abandone sua
má conduta; em tal caso vou desistir
do mal que penso fazer-lhes por causa
da maldade de suas ações.
4Tu lhes dirás: Assim fala Javé: Se não
me ouvirdes,* se não caminhardes se-
gundo minha lei que vos proponho 5e
se não ouvirdes as palavras dos profe-
tas,* meus servos, que vos enviei sem
cessar, mas que vós não escutastes, 6eu
tratarei este templo como o de Silo e
farei desta cidade um exemplo de mal-
dição para todas as nações da terra”.*
7Os sacerdotes, os profetas e todo o
povo ouviram Jeremias pronunciar es-
sas palavras no templo de Javé. 8Ora,
quando Jeremias terminou de referir
o que Javé lhe havia mandado dizer a
todo o povo, os sacerdotes e os pro-
fetas o prenderam, dizendo: “Tu vais
morrer! 9Por que predisseste em nome
de Javé: ‘Este templo se tornará como
Silo e esta cidade será devastada, de-
sabitada?’”
Todo o povo se reuniu em torno de
Jeremias no templo de Javé. 10Quan-
do os chefes de Judá ficaram sabendo
dessas coisas, subiram do palácio real
ao templo de Javé e sentaram-se à en-
trada da porta Nova do templo de Javé.
11Então os sacerdotes e os profetas
disseram aos chefes e a todo o povo:
“Este homem merece a pena de morte,
porque profetizou contra esta cidade
como ouvistes com vossos ouvidos!”
12Mas Jeremias respondeu a todos
os chefes e a todo o povo: “Foi Javé

* **25**,30. Am 1,2 / Is 63,3-6 | 33. 8,2 | **26**,1. 7,1-15 | 4. Dt 28,15; Jr 44,10.23 | 5. 7,25s; 11,7s | 6. 7,12

que me mandou profetizar contra este templo e contra esta cidade tudo o que ouvistes. [13]Agora, pois, melhorai vossa conduta e vossas ações e escutai o apelo de Javé, vosso Deus, e Javé desistirá do mal que decretou contra vós. [14]Quanto a mim, estou em vossas mãos: fazei de mim como vos parecer bom e justo; [15]mas sabei bem que, se me matardes, atraireis sangue inocente sobre vós, sobre esta cidade e seus habitantes, porque de fato Javé mandou-me a vós, para falar a vossos ouvidos todas essas palavras.

[16]Então os chefes e todo o povo disseram aos sacerdotes e aos profetas: "Este homem não merece a morte, porque nos falou em nome de Javé, nosso Deus". [17]E ergueram-se alguns dos anciãos do país para dizer a todo o povo reunido: [18]"Miqueias de Morasti, que profetizava no tempo de Ezequias, rei de Judá, afirmou a todo o povo de Judá: 'Assim fala Javé dos exércitos:

Sião será lavrada como um campo,*
Jerusalém se tornará um montão de ruínas,
o monte do templo, uma colina coberta de mato'.

[19]Por acaso Ezequias, rei de Judá, e todos os de Judá o mataram? Não temeram, antes, Javé e não aplacaram a face de Javé e assim Javé desistiu do mal que havia pronunciado contra eles? Nós, porém, estamos para cometer um grande mal contra nós mesmos".

[20]Havia também um homem que profetizava no nome de Javé: Urias, filho de Semeías, de Cariat-Iarim; ele profetizou contra esta cidade e contra este país com palavras semelhantes às de Jeremias. [21]O rei Joaquim, com todos os seus guardas e seus magistrados, ouviu suas palavras e procurou matá-lo, mas Urias veio a sabê-lo e, com medo, fugiu, indo para o Egito. [22]Então o rei Joaquim mandou ao Egito alguns homens, a saber, Elnatã, filho de Acobor, e outros com ele. [23]Eles fizeram Urias sair do Egito e o conduziram ao rei Joaquim que o mandou matar pela espada e mandou jogar seu corpo na vala comum.

[24]Mas a mão de Aicam, filho de Safã, foi a favor de Jeremias, para que não o entregassem ao poder do povo para ser morto†.

27

O simbolismo do jugo. [1]Palavra que foi dirigida a Jeremias da parte de Javé, na época em que Nabucodonosor, rei de Babilônia, e todo o seu exército, todos os reinos da terra submetidos a seu domínio e todos os povos estavam em luta contra Jerusalém e contra todas as suas cidades.

[2]Assim me disse Javé: "Faze para ti cordas e um jugo e coloca-os em teu pescoço†. [3]Depois manda uma mensagem ao rei de Edom, ao rei de Moab, ao rei dos amonitas, ao rei de Tiro e ao rei de Sidônia por meio de seus mensageiros vindos a Jerusalém para se encontrar com Sedecias, rei de Judá, [4]e ordena-lhes que digam a seus senhores: Assim fala Javé dos exércitos, o Deus de Israel: Falai assim a vossos senhores: [5]Fui eu que fiz a terra, o homem e os animais que estão sobre a terra, com grande poder e com braço poderoso, e os dou a quem eu quero. [6]Agora entreguei todos estes países ao poder de Nabucodonosor, rei de Babilônia, meu servo; entreguei a ele até os animais selvagens para que lhe sirvam. [7]Todas as nações serão sujeitas a ele,* a seu filho e a seu neto, até que também para seu país chegue o momento. Então nações populosas e grandes reis o sujeitarão. [8]A nação ou o reino que não se sujeitar a ele, Nabucodonosor, rei de Babilônia, ou não submeter o pescoço ao jugo do rei de Babilônia, é com a espada, a fome e a peste que eu punirei

* **26**,18. Mq 3,12 | **27**,7. Jt 11,7; Br 3,16s

† **26**,24. Aicam, personagem importante no tempo do rei Josias, 2Rs 22,12-14, foi pai de Godolias, nomeado governador da Judeia pelos babilônios, Jr 40,1-16. Essa família sempre defendeu Jeremias. **27**,2. Javé, senhor da criação, mas também da história, encarregou Nabucodonosor, seu servo, v. 6, de submeter o povo: é este o significado do jugo de Jeremias.

essa nação – oráculo de Javé – até que a tenha entregado a seu poder. 9Não deis atenção a vossos profetas, adivinhos, sonhadores, magos, feiticeiros, que vos dizem: 'Não servireis ao rei de Babilônia!' 10É a mentira que eles vos profetizam* para afastar-vos de vosso país e para que eu vos disperse e pereçais. 11Ao contrário, a nação que submeter o pescoço ao jugo do rei de Babilônia e lhe for sujeita, eu a deixarei estar tranquila no próprio solo – oráculo de Javé – ela o cultivará e o habitará".

12A Sedecias, rei de Judá, falei exatamente do mesmo modo e lhe disse: "Curvai o pescoço ao jugo do rei de Babilônia e a seu povo e conservareis a vida. 13Por que tu e teu povo quereríeis morrer pela espada, pela fome e pela peste, como ameaçou Javé a nação que não se submeter ao rei de Babilônia? 14Não deis atenção às palavras dos profetas que vos dizem: 'Não estareis sujeitos ao rei de Babilônia'. Porque vos profetizam mentiras. 15Pois eu não os enviei – oráculo de Javé – e eles profetizam mentiras em meu nome; por isso eu serei obrigado a dispersar-vos e assim perecereis vós e os profetas que vos fazem estas profecias".

16Aos sacerdotes e a todo este povo eu disse: "Assim fala Javé: Não escuteis as palavras de vossos profetas que vos predizem que os utensílios do templo de Javé serão logo trazidos de Babilônia; porque é mentira o que vos profetizam. 17Não os escuteis! Servi ao rei de Babilônia e conservareis a vida. Por que esta cidade deveria ser reduzida a ruínas? 18Se eles são profetas e se a palavra de Javé está com eles, intercedam, pois, junto de Javé dos exércitos para que não vá para Babilônia o que resta de utensílios no templo de Javé e na casa do rei de Judá e em Jerusalém.

19Pois assim fala Javé dos exércitos a respeito das colunas, do mar de bronze,* das bases e do resto dos utensílios que ainda estão nesta cidade 20e que Nabucodonosor, rei de Babilônia, não tomou quando deportou Jeconias, filho de Joaquim, rei de Judá,* de Jerusalém para Babilônia com todos os nobres de Judá e de Jerusalém. 21Assim fala, pois, Javé dos exércitos, Deus de Israel, a respeito dos utensílios que ficaram no templo de Javé, na casa do rei de Judá e em Jerusalém: 22'Serão levados para Babilônia e lá ficarão até eu os visitar – oráculo de Javé –; então os farei voltar e os restituirei a este lugar'".

28 Discussão com o falso profeta Hananias.

1Naquele mesmo ano, no início do reinado de Sedecias, rei de Judá, no ano quarto, no quinto mês, Hananias, filho de Azur, o profeta de Gabaon,* referiu-me no templo de Javé, na presença dos sacerdotes e de todo o povo, estas palavras: 2"Assim fala Javé dos exércitos, o Deus de Israel: Eu quebrei o jugo do rei de Babilônia! 3Dentro de dois anos farei voltar para este lugar todos os utensílios do templo de Javé que Nabucodonosor, rei de Babilônia, tirou deste lugar e levou para Babilônia. 4Farei voltar para este lugar – oráculo de Javé – Jeconias, filho de Joaquim, rei de Judá, com todos os deportados de Judá que foram para Babilônia, porque vou quebrar o jugo do rei de Babilônia".

5O profeta Jeremias respondeu ao profeta Hananias, na presença dos sacerdotes e de todo o povo que estavam no templo de Javé. 6O profeta Jeremias disse: "Assim seja! Assim faça Javé! Queira Javé realizar as palavras que profetizaste e faça voltar de Babilônia para este lugar os utensílios do templo e todos os deportados.

7No entanto, escuta agora esta palavra que vou dizer a teus ouvidos e aos ouvidos de todo o povo. 8Os profetas que houve antes de mim e de ti desde os tempos antigos profetizaram a respeito de muitos países e de reinos poderosos a guerra, a fome e a peste. 9Quanto ao profeta que prediz a paz,* é reconhecido como autêntico

---

* **27**,10. 14,14; 28,8s | 19. 1Rs 7,15s.23s.27s | 20. 2Rs 24,8-17 | **28**,1. 14,13-16; 23,9-40 | 9. Dt 18,21s; Ez 2,5; 33,33

enviado de Javé, quando sua palavra se realiza".

10Então o profeta Hananias arrancou o jugo do pescoço do profeta Jeremias e o quebrou. 11E Hananias disse diante de todo o povo: "Assim fala Javé: Deste modo eu quebrarei o jugo de Nabucodonosor, rei de Babilônia, dentro de dois anos, tirando-o do pescoço de todas as nações".

O profeta Jeremias foi embora.

12Ora, depois que o profeta Hananias quebrou o jugo que estava sobre o pescoço do profeta Jeremias, a palavra de Javé foi dirigida a Jeremias: 13"Vai dizer a Hananias: Assim fala Javé: Tu quebraste um jugo de madeira, mas eu, no lugar dele, farei um de ferro. 14Pois assim fala Javé dos exércitos, o Deus de Israel: É um jugo de ferro que imporei a todas estas nações,* para que sirvam Nabucodonosor, rei de Babilônia; elas o servirão; e mesmo os animais selvagens eu os entrego a ele".

15Então o profeta Jeremias disse ao profeta Hananias: "Escuta, Hananias! Javé não te enviou e tu levas este povo a confiar na mentira. 16Por isso, assim fala Javé: Eis que te expulso da face da terra: este ano tu morrerás,* porque pregaste a revolta contra Javé".

17O profeta Hananias morreu naquele mesmo ano, no sétimo mês.

29 **Carta aos exilados†.** 1Estas são as palavras da carta que o profeta Jeremias mandou de Jerusalém aos que restaram dos anciãos no exílio, aos sacerdotes, aos profetas e a todo o povo que Nabucodonosor tinha deportado* de Jerusalém para Babilônia. 2Foi depois que o rei Jeconias, a rainha-mãe, os nobres da corte, os chefes de Judá e de Jerusalém, os artesãos e os ferreiros tinham saído de Jerusalém. 3Foi levada por Elasa, filho de Safã, e Gemarias filho de Helcias, que Sedecias, rei de Judá, tinha enviado a Babilônia, a Nabucodonosor, rei de Babilônia. 4"Assim fala Javé dos exércitos, o Deus de Israel, a todos os exilados que mandei deportar de Jerusalém para Babilônia: 5Construí casas e habitai nelas, plantai pomares e comei seus frutos; 6tomai esposas e gerai filhos e filhas; escolhei esposas para vossos filhos e dai vossas filhas em casamento; que elas tenham filhos e filhas. Multiplicai-vos aí e não vos diminuais. 7Procurai o bem-estar do país ao qual vos deportei. Orai a Javé por ele,* porque de seu bem-estar depende vosso bem-estar.

8Pois assim fala Javé dos exércitos, o Deus de Israel: Não vos deixeis enganar pelos profetas* que estão em vosso meio, nem por vossos adivinhos; não deis atenção aos sonhos que eles sonham. 9Porque é falso o que eles vos profetizam em meu nome; eu não os enviei – oráculo de Javé. 10Pois assim fala Javé: Quando setenta anos se tiverem completado para Babilônia, eu vos visitarei e cumprirei para vós minha boa promessa de reconduzir-vos para este lugar. 11Eu, com efeito, conheço os projetos que fiz a vosso respeito* – oráculo de Javé – projetos de paz e não de aflição, para vos conceder um futuro cheio de esperança. 12Vós me invocareis e vireis rogar-me, e eu vos ouvirei; 13vós me procurareis e me achareis,* porque me procurareis com todo o vosso coração; 14eu me deixarei encontrar por vós – oráculo de Javé –, mudarei para melhor vossa sorte e vos reunirei de todas as nações e de todos os lugares aonde vos dispersei – oráculo de Javé – e vos reconduzirei ao lugar de onde vos deportei.

15Dizeis: Javé suscitou-nos profetas em Babilônia.

16Assim fala Javé a propósito do rei que está sentado no trono de Davi e de todo o povo que habita nesta cidade, vossos irmãos que não foram convosco para o exílio. 17Assim fala Javé dos exércitos: Mandarei contra eles a espada, a fome e a peste e os tornarei semelhantes a figos podres, tão estraga-

* **28**,14. 27,6 | 16. Dt 13,6 | **29**,1. 2Rs 24,12-16 | 7. 25,11 | 8. 14,14 | 11. Is 55,6-9 | 13. Dt 4,29ss; Am 5,4

† **29**. Contra a expectativa dos deportados, Jeremias diz que o exílio não será breve e os aconselha a aceitar a situação, estabelecer-se no país e trabalhar pela prosperidade dele.

dos que não se pode comê-los. 18Vou persegui-los com a espada,* a fome e a peste; farei deles objeto de horror para todos os reinos da terra, objeto de maldição, de assombro, de zombaria e de opróbrio para todas as nações entre as quais os dispersei, 19porque não escutaram minhas palavras* – oráculo de Javé – embora eu lhes tenha enviado constantemente meus servos, os profetas, porém eles não os escutaram – oráculo de Javé. 20Vós, porém, deportados, que mandei de Jerusalém para Babilônia, escutai todos a palavra de Javé!

Contra os falsos profetas. 21Assim fala Javé dos exércitos, o Deus de Israel, a respeito de Acab, filho de Colias, e a Sedecias, filho de Maasias, que vos profetizam mentiras em meu nome: Eu os entregarei às mãos de Nabucodonosor, rei de Babilônia, o qual os matará diante de vossos olhos. 22Deles se tirará esta fórmula de maldição que usarão todos os deportados de Judá em Babilônia: Que Javé te trate como a Sedecias e Acab, que o rei de Babilônia mandou assar no fogo! 23Pois eles perpetraram uma infâmia em Jerusalém, cometeram adultério com as mulheres do próximo, proferiram em meu nome palavras sem que eu lhes tivesse dado nenhuma ordem. Eu o sei e disto sou testemunha – oráculo de Javé".

Contra Semeías. 24"A Semeías, o naalamita, dirás estas palavras: 25Assim fala Javé dos exércitos, o Deus de Israel: Porque mandaste em teu nome cartas a todo o povo de Jerusalém e a Sofonias, filho de Maasias, o sacerdote, e a todos os sacerdotes, dizendo: 26Javé te constituiu sacerdote no lugar do sacerdote Joiada, para que fosse superintendente no templo de Javé, para reprimir qualquer aventureiro que queira passar por profeta, pondo-o na prisão e no tronco. 27Por que, então, não repreendes Jeremias de Anatot, que faz profecias entre vós? 28Com efeito, mandou dizer-nos em Babilônia: O exílio será longo! Construí casas e habitai nelas, plantai pomares e comei seus frutos!"

29O sacerdote Sofonias tinha lido esta carta na presença do profeta Jeremias.

30Então foi dirigida a Jeremias esta palavra de Javé: 31"Envia esta mensagem a todos os deportados: Assim fala Javé a respeito de Semeías, o naalamita: Porque Semeías vos falou como profeta sem que eu o tenha enviado e vos fez confiar na mentira, 32por isso assim fala Javé: Punirei Semeías, o naalamita, e sua descendência. Nenhum dos seus habitará no meio deste povo, nem verá o bem que eu farei a meu povo – oráculo de Javé – porque pregou a revolta contra Javé".

30

Promessa de restauração†. 1Palavra que foi dirigida a Jeremias da parte de Javé: 2"Assim fala Javé, o Deus de Israel: Escreve para ti num livro todas as palavras que eu te disse, 3porque virão dias – oráculo de Javé – nos quais mudarei a sorte de meu povo, de Israel e de Judá – diz Javé –; eu os reconduzirei ao país que concedi a seus pais e tomarão posse dele". 4Estas são as palavras que Javé pronunciou sobre Israel e sobre Judá:

5Assim fala Javé:
"Ouvimos um grito de medo;
é o terror, não a paz.
6Informai-vos e observai:
um homem pode dar à luz?
Por que então vejo todos os homens
com as mãos nos quadris como uma parturiente?*
Por que todos os rostos se tornaram pálidos?
7Ai! Porque grande é aquele dia,
nenhum é semelhante a ele!
Tempo de angústia para Jacó,
mas dele sairá salvo.

8Naquele dia – oráculo de Javé dos exércitos – quebrarei o jugo,* tirando-o de teu pescoço, partirei tuas correntes; não serão mais escravos* de estrangeiros. 9Eles servirão a Javé, seu Deus, e

---

* **29**,18. 15,4 | 19. 7,25 | **30**,6. 4,31 | 8. Is 9,3 / 5,19

† **30**. Daqui em diante, o livro passa a falar da volta de Judá a sua pátria e anuncia uma nova aliança.

a Davi, seu rei, que eu lhes suscitarei†.
10Tu, portanto, não temas, Jacó, meu servo,*
– oráculo de Javé –
não te deixes abater, Israel.
Pois eu te libertarei do país distante,
e tua descendência do país de seu exílio.
Jacó voltará e gozará de paz,
viverá tranquilo e ninguém o inquietará.*
11Porque eu estou contigo para salvar-te
– oráculo de Javé.
Exterminarei todas as nações
no meio das quais eu te dispersei;
mas não te destruirei:
eu te castigarei segundo a justiça,
não te deixando impune".

Ferida e cura. 12Assim diz Javé:
"Tua ferida é incurável,
irremediável tua chaga.
13Ninguém defende tua causa;
para uma úlcera há remédios,*
mas para ti não há cura.
14Todos os teus amantes te esqueceram,*
não te procuram mais;
porque eu te feri como se fere um inimigo,
com um castigo severo,
por tuas grandes iniquidades,
por teus muitos pecados.
15Por que gritas pela ferida?
Incurável é tua chaga.
Por causa de tua grande iniquidade,
de teus muitos pecados, eu te tratei assim.
16Mas todos os que te devoravam serão devorados;
todos os teus adversários, sem exceção,
irão para o cativeiro;
teus saqueadores serão saqueados
e serão despojados os que te despojaram.
17Pois vou trazer-te remédio,
curar tuas chagas
– oráculo de Javé –,
pois te chamavam a repudiada,*
Sião, de quem ninguém se importa".

Restauração. 18Assim fala Javé:
"Restaurarei as tendas de Jacó*
e terei compaixão de suas moradas:
a cidade será reconstruída sobre suas ruínas
e o palácio surgirá de novo em seu lugar.
19Dele sairão hinos de louvor e gritos de alegria.
Eu os multiplicarei e não diminuirão,
eu os honrarei e não serão desprezados;
20seus filhos serão como outrora,
sua assembleia será estável diante de mim;
punirei todos os seus opressores.
21Seu chefe será um deles
e do meio deles sairá seu comandante.
Eu lhe darei audiência e ele se aproximará de mim.*
Pois quem teria a audácia de se aproximar de mim?
– oráculo de Javé.
22Vós sereis meu povo
e eu serei vosso Deus.*
23Eis a tempestade de Javé,*
seu furor se desencadeia,
uma tempestade arrasadora,
sobre a cabeça dos malvados se abate.
24Não cessará a ira ardente de Javé,
até que tenha terminado
e realizado os projetos de seu coração.
No final dos dias o compreendereis!

31 **Israel voltará do exílio.** 1Naquele tempo
– oráculo de Javé –
eu serei o Deus de todas as tribos de Israel,
e elas serão meu povo.*
2Assim fala Javé:
"Encontrou favor no deserto*
o povo que escapou da espada;
Israel caminha para seu repouso".
3De longe lhe apareceu Javé:

---

* **30**,10. 46,27s; Is 41,8 / Mq 4,4 | 13. Is 1,5s | 14. 4,30; Lm 1,2 | 17. Is 62,4 | 18. Is 54,1ss | 21. Êx 19,12; 33,20 | 22. 31,1; Ez 11,20; Dt 26,17s; 27,9; 28,9 | 23. 23,19s | **31**,1. 3,18 | 2. Os 2,16s

† **30**,9. "Davi" é aqui o Messias, seu descendente, no qual se realizam plenamente as promessas feitas a Davi.

"Eu te amei com amor eterno,*
por isso conservo meu amor para contigo.
4De novo te edificarei e serás reedificada,
virgem de Israel.
De novo te ornarás com teus tamborins
e sairás no meio de danças alegres.
5De novo plantarás vinhas
sobre as colinas de Samaria;
os plantadores, depois de terem plantado,
farão a colheita.*
6Virá o dia em que gritarão os vigias
sobre a montanha de Efraim:
Levantai-vos e subamos a Sião,
a Javé, nosso Deus".

Retorno glorioso. 7Porque assim fala Javé:
"Gritai de alegria por Jacó,
aclamai a primeira das nações!
Fazei ouvir vosso louvor e dizei:
Javé salvou seu povo,
o resto* de Israel"†.
8Eu os reconduzo do país do norte
e os reúno da extremidade da terra;
entre eles estão o cego e o aleijado,
a mulher grávida e a parturiente juntos;
é uma grande assembleia que aqui retorna.
9Tinham saído no pranto,*
na consolação os trarei de volta;
eu os conduzirei a rios de água,*
por uma estrada reta em que não tropeçarão;
porque eu sou um pai para Israel
e Efraim é meu primogênito.
10Escutai, nações, a palavra de Javé;
anunciai-a às ilhas mais distantes e dizei:
"Quem dispersou Israel o reúne*
e o guarda como um pastor guarda seu rebanho",
11porque Javé remiu Jacó,*
resgatou-o das mãos de um mais forte que ele.
12Virão e cantarão de alegria nas alturas de Sião,
afluirão para os bens de Javé:
para o trigo, o mosto e o óleo,
para as crias dos rebanhos e das boiadas.
Serão como jardim irrigado,
jamais desfalecerão.
13Então se alegrará a virgem na dança
e os jovens junto com os velhos.
Mudarei seu luto em alegria.*
Eu os consolarei e os alegrarei depois de suas penas.
14Saciarei de delícias a alma dos sacerdotes
e meu povo se fartará de meus bens
– oráculo de Javé.

Restauração do reino do norte. 15Assim fala Javé:
"Uma voz se ouve em Ramá,*
lamento e choro amargo:
Raquel chora seus filhos;*
não quer ser consolada por seus filhos
porque não mais existem"†.
16Assim fala Javé:
"Impede a voz do pranto
e teus olhos de derramar lágrimas,
porque há uma compensação para tuas penas
– oráculo de Javé –
eles voltarão do país inimigo.
17Há esperança para teu futuro:
teus filhos voltarão para seu território.
18Eu ouvi, eu ouvi Efraim lamentar-se:
Tu me castigaste,
e eu sofri o castigo como um novilho não domado.*
Faze-me voltar e voltarei,*
porque tu és Javé, meu Deus.
19Depois que me afastei, eu me arrependi;
depois que compreendi, bati no peito.*
Estava cheio de vergonha e confuso

---

* **31**,3. Os 11,1-9; Is 54,8 | 5. Is 65,21s; Am 9,14 | 7. Is 4,3 | 9. Sl 126,5s; Is 40,3 / Jo 4,1 | 10. Ez 34,1; Jo 10,16 | 11. Is 49,25 | 13. Sl 30,12; 90,15; Jo 16,22 | 15. Mt 2,18 / 1Sm 10,2 | 18. Os 4,16 / Sl 80,4 | 19. Ez 21,17; 36,31

† **31**,7. Ver a nota em Is 1,9. | 15. O profeta imagina Raquel chorando em seu túmulo em Ramá por seus descendentes levados para o exílio. Mateus refere essas palavras aos meninos de Belém, trucidados por Herodes, 2,18.

porque trazia sobre mim
o opróbrio de minha juventude.
20 Acaso não é Efraim um filho meu
querido,
meu menino predileto?
Com efeito, depois de o ter ameaça-
do,
lembro-me dele sempre mais viva-
mente.
Por isso meu coração se comove por
ele,*
sinto por ele profunda compaixão"
– oráculo de Javé.

No caminho do retorno. 21 Levanta si-
nais para ti,*
finca postes que te guiem,
presta atenção ao caminho,
à estrada que percorreste.
Volta, virgem de Israel,*
volta às cidades que são tuas!
22 Até quando irás vagando, filha re-
belde?
Porque Javé cria uma coisa nova so-
bre a terra:
a mulher abraçará* o homem!†

Israel será repovoado. 23 Assim fala
Javé dos exércitos, o Deus de Israel:
"Ainda se dirá esta palavra no país de
Judá e em suas cidades, quando eu ti-
ver reconduzido seus cativos:
Javé te abençoe,
ó morada de justiça,
montanha santa.
24 Aí habitarão juntos Judá e todas
as suas cidades, agricultores e criado-
res de rebanhos. 25 Porque eu saciarei
o que estava esgotado* e fartarei todo
ser que desfalece".
26 Neste ponto despertei e olhei;
meu sono pareceu-me suave.
27 "Dias virão – oráculo de Javé – nos
quais tornarei fecunda a casa de Isra-
el* e a casa de Judá com semente de
homens e semente de animais. 28 Então,
como velei sobre eles para arrancar e
para demolir,* para abater e para des-
truir e para afligir, assim velarei sobre
eles para edificar e para plantar" – orá-
culo de Javé.
29 "Naqueles dias não se dirá mais:
Os pais comeram uvas verdes*
e os dentes dos filhos ficaram travando.
30 Mas cada um morrerá por sua pró-
pria iniquidade; toda pessoa que tiver
comido uvas verdes ficará com os den-
tes travando"†.

A nova aliança†. 31 "Eis que virão dias
– oráculo de Javé – nos quais farei com
a casa de Israel* e com a casa de Judá
uma nova* aliança†. 32 Não como a
aliança que fiz com seus pais, quando
os tomei pela mão para fazê-los sair da
terra do Egito, minha aliança que eles
violaram,* embora eu fosse o Senhor
deles – oráculo de Javé. 33 Mas esta será
a aliança que farei* com a casa de Is-
rael depois daqueles dias – oráculo de
Javé: Porei minha lei dentro deles* e a
escreverei sobre seu coração. Então eu
serei seu Deus* e eles serão meu povo.
34 E não terão mais de instruir cada qual
seu vizinho ou seu irmão, dizendo:
'Conhecei Javé!' porque todos me co-
nhecerão, do mais pequeno ao maior
– oráculo de Javé; porque eu perdoarei
sua iniquidade* e não me recordarei
mais de seu pecado".

Estabilidade de Israel. 35 Assim fala
Javé,
que deu o sol para iluminar o dia,*
e leis à lua e às estrelas para ilumina-
rem a noite,
que agita o mar e faz bramir suas
ondas,*
e cujo nome é Javé dos exércitos:
36 "Se falharem estas leis diante de
mim*
– oráculo de Javé –

---

* **31**,20. Is 49,14ss; Os 11,8s | 21. Is 40,3 / Jr 3,12 | 22. Os 2,18ss | 25. Sl 23,2s | 27. Zc 2,8; Is 49,19s | 28. 1,10 | 29. Ez 18,2 | 31. Hb 8,8-12 / Lc 22,20 | 32. Êx 19,1 | 33. Hb 10,16 / Jr 24,7; 32,39s / 2Cor 3,3 | 34. Hb 10,17 | 35. Gn 1,14; Sl 136,7s / Is 51,15 | 36. Sl 89,34-38

† **31**,22. No simbolismo do matrimônio entre Deus e o povo, significa a reconciliação do povo. A tradução latina favoreceu a interpretação tradicional que vê aqui o anúncio da maternidade de Maria. | 30. Ver a nota em Dt 24,16. | 31. É "um dos trechos mais profundos e mais tocantes de toda a Bíblia" (Bright). Citado por inteiro em Hb 8,8-12, é a citação mais longa do AT no NT. / Única vez que se lê no AT a expressão "nova aliança"; é nova porque não será violada, todos lhe serão fiéis: terão seus corações transformados para realizar os planos de Deus.

então também a descendência de
Israel
deixará de ser uma nação diante de
mim para sempre!"
37Assim diz Javé:
"Se for possível medir os céus lá no
alto
e sondar aqui embaixo os fundamen-
tos da terra,
também eu rejeitarei
toda a descendência de Israel
por tudo aquilo que cometeu"
– oráculo de Javé.
38"Eis que virão dias – oráculo de Javé
– nos quais a cidade* será reconstruída
para Javé, desde a torre de Hananeel
até a porta do Ângulo. 39A corda para
medir se estenderá em linha reta até a
colina de Gareb, virando depois para
Goa. 40E todo o vale, com seus cadá-
veres e sua cinza, e todo o terreno ao
longo da torrente Cedron, até o ângulo
da porta dos Cavalos a oriente, serão
consagrados a Javé; não se destruirá
nem se demolirá nunca mais.*

32 **Jeremias compra um terre-
no†.** 1Palavra que foi dirigida a
Jeremias por Javé, no décimo ano de
Sedecias, rei de Judá, isto é, no déci-
mo oitavo ano de Nabucodonosor.
2O exército do rei de Babilônia sitiava
então Jerusalém e o profeta Jeremias
estava preso† no pátio da guarda, no
palácio do rei de Judá. 3Sedecias, rei
de Judá, o havia preso, dizendo: "Por
que profetizas com esta ameaça: 'As-
sim fala Javé: Entregarei esta cidade ao
poder do rei de Babilônia e ele a toma-
rá; 4Sedecias, rei de Judá, não escapará
das mãos dos caldeus, mas certamente
será entregue às mãos do rei de Babi-
lônia e falará com ele face a face e o
verá com seus próprios olhos; 5ele con-
duzirá Sedecias a Babilônia, onde ficará
até que eu o visite – oráculo de Javé – ;
se combaterdes contra os caldeus, não
tereis sucesso'?"
6Jeremias disse: Foi-me dirigida esta
palavra de Javé: 7Hanameel, filho de
Salum, teu tio, vem a ti para dizer-te:
Compra meu campo que se acha em
Anatot, porque tens o direito de res-
gate para adquiri-lo. 8Veio, pois, a mim
Hanameel, filho de meu tio, segundo a
palavra de Javé, no pátio da guarda e
me disse: "Compra meu campo que se
acha em Anatot, no país de Benjamim,
porque tens o direito de herança e o
direito de resgate. Compra-o!"
Então reconheci que esta era a von-
tade de Javé 9e comprei o campo de
Hanameel, filho de meu tio, que estava
em Anatot, e lhe paguei o preço: de-
zessete siclos de prata. 10Redigi o do-
cumento do contrato, selei-o, chamei
testemunhas e pesei o dinheiro na ba-
lança. 11Depois tomei o documento de
compra, o selado, segundo a lei e os
estatutos, e o aberto, 12e dei o contra-
to de compra a Baruc, filho de Nerias,
filho de Maasias, na presença de Hana-
meel, filho de meu tio, e na presença
das testemunhas que tinham assinado
o contrato de compra e na presença
de todos os judeus que se achavam no
pátio da guarda. 13Depois, na presença
deles, dei a Baruc esta ordem: 14"Assim
fala Javé dos exércitos, o Deus de Israel:
Toma esses contratos de compra, o se-
lado e o aberto, e coloca-os num vaso
de barro, para que se conservem por
muito tempo. 15Porque assim fala Javé
dos exércitos, o Deus de Israel: Ainda
se comprarão casas, campos e vinhas
neste país".
Oração de Jeremias. 16Depois de ter
entregue o contrato de compra a Baruc,
filho de Nerias, rezei a Javé, dizendo:
17Ah! Senhor Javé, vós fizestes o céu e
a terra com grande poder e com bra-
ço forte; nada vos é impossível. 18Vós
usais de misericórdia* para com mil ge-
rações, mas retribuís a iniquidade dos
pais nos filhos que lhes sucedem, Deus
grande e forte, que vos chamais Javé

* **31**,38. Ez 41,13; Zc 2,5 | 40. Zc 14,11; Ap 22,3 | **32**,18. Êx 34,6s

† **32**. Jeremias mostra sua serena confiança no futuro comprando um campo numa região já ocupada pelo exército invasor. | 2. Acusado de colaborar com o inimigo e de blasfemar contra o templo, anunciando sua ruína.

dos exércitos. 19Sois grande nos pensamentos e poderoso nas obras e tendes os olhos abertos* sobre todos os caminhos dos homens, para dar a cada um segundo sua conduta e o fruto de seus atos. 20Realizastes sinais e prodígios no país do Egito e até hoje em Israel e entre os homens, e alcançastes a fama que dura ainda hoje. 21Fizestes sair do Egito* vosso povo de Israel com sinais e prodígios, com mão forte e braço estendido e incutindo grande temor. 22E lhes destes esta terra, que tínheis prometido por juramento a seus pais, terra que mana leite e mel.* 23Eles vieram e dela tomaram posse, mas não escutaram vossa voz e não caminharam segundo vossa lei,* não fizeram nada do que lhes mandastes fazer; por isso enviastes sobre eles todos esses males.

24Eis que os aterros para o assalto atingem a cidade para ocupá-la; pela espada, a fome e a peste, ela é entregue nas mãos dos caldeus que a atacam. O que tínheis dito aconteceu; vós o vedes. 25E vós, Senhor Javé, me dizeis: Compra o campo com dinheiro e chama testemunhas, enquanto a cidade é entregue nas mãos dos caldeus.

Resposta de Deus. 26Então foi dirigida a Jeremias esta palavra de Javé: 27"Eu sou Javé, Deus de todo ser vivo;* porventura alguma coisa é impossível para mim? 28Por isso, assim diz Javé: Entregarei esta cidade nas mãos dos caldeus e nas mãos de Nabucodonosor, rei de Babilônia, que a tomará. 29Entrarão nela os caldeus que combatem contra esta cidade, queimarão esta cidade e entregarão às chamas as casas em cujos terraços se oferecia incenso a Baal e se faziam libações a outros deuses para me irritar. 30Com efeito, os filhos de Israel e os filhos de Judá só fizeram o que é mau a meus olhos desde sua juventude; os israelitas nada fizeram senão irritar-me com a obra de suas mãos – oráculo de Javé. 31Sim, esta cidade tem sido causa de minha ira e de minha indignação desde quando a construíram até hoje; por isso a farei desaparecer de minha presença, 32por causa de todo o mal que os filhos de Israel e os filhos de Judá cometeram para me irritar, eles, seus reis, seus chefes, seus sacerdotes, seus profetas, os homens de Judá e os habitantes de Jerusalém. 33Viraram-me as costas e não o rosto; enquanto eu os instruía com solicitude sem me cansar, eles não escutaram e não aceitaram a correção. 34Colocaram seus ídolos abomináveis no templo* que traz meu nome, para contaminá-lo, 35e construíram os lugares altos de Baal no vale de Ben-Enom* para fazer passar pelo fogo seus filhos e suas filhas em honra de Moloc – coisa que não ordenei, nem tinha pensado que fossem cometer semelhante abominação, fazendo Judá pecar".

36Mas agora assim fala Javé, o Deus de Israel, a respeito desta cidade da qual dizeis que será entregue nas mãos do rei de Babilônia por meio da espada, da fome e da peste: 37"Eu os reunirei de todos os países nos quais os dispersei em minha ira, em meu furor e em minha grande indignação; eu os reconduzirei a este lugar e os farei morar com segurança. 38Eles serão meu povo e eu serei seu Deus. 39Eu lhes darei um só coração e um só modo de agir, de modo que me temam* todos os dias, para seu bem e o bem de seus filhos depois deles. 40Farei com eles uma aliança* eterna: não deixarei de segui-los para fazer-lhes o bem; porei em seus corações meu temor, para que não se separem mais de mim. 41Terei prazer em fazer-lhes o bem* e os fixarei solidamente neste país, com todo o meu coração e com toda a minha alma". 42Pois assim fala Javé: "Assim como mandei sobre este povo todo este grande mal, assim mandarei sobre eles todo o bem que lhes prometi. 43Comprarão campos neste país, do qual dizeis: É uma desolação, sem homens e sem animais; está entregue nas mãos dos caldeus. 44Eles comprarão campos com dinheiro, re-

---

* **32**,19. Sl 33,14s | 21. Dt 4,34; Dn 9,15 | 22. Êx 3,8 | 23. 26,4 | 27. 32,17; Zc 8,6 | 34. 7,30s | 35. Lv 18,21 | 39. 24,7 | 40. 31,31 | 41. Dt 30,9

digirão contratos e os selarão e chamarão testemunhas na terra de Benjamim, nos arredores de Jerusalém, nas cidades de Judá, nas cidades da região montanhosa, nas cidades da planície e nas cidades do Negueb, porque mudarei sua sorte" – oráculo de Javé.

33 Nova promessa de restauração. [1]A palavra de Javé foi dirigida uma segunda vez a Jeremias, enquanto ainda estava preso no pátio da guarda: [2]"Assim fala Javé, que fez a terra e a formou para torná-la estável – seu nome é Javé: [3]Invoca-me, e eu te responderei* e te anunciarei coisas grandes e inacessíveis, que não conheces. [4]Porque assim fala Javé, o Deus de Israel, a respeito das casas desta cidade e das casas dos reis de Judá, que serão destruídas diante dos aterros para o assalto [5]e das armas dos caldeus, vindos para combater e enchê-las com os cadáveres dos homens que abaterei em minha ira e em meu furor, porque escondi o rosto, afastando-o desta cidade por causa de toda a sua maldade: [6]Eu lhes trarei remédio e saúde; eu os curarei e lhes revelarei as riquezas da paz e da segurança. [7]Mudarei a sorte de Judá e a sorte de Israel e os restabelecerei como no princípio. [8]Eu os purificarei de toda iniquidade* com que pecaram contra mim e perdoarei todas as iniquidades com que pecaram e se revoltaram contra mim†. [9]Isto será para mim motivo de alegria, de louvor e de glória diante de todas as nações da terra, quando souberem todo o bem que eu lhes faço; sentirão temor e tremor por todo o bem e por toda a paz que lhes concederei".

[10]Assim fala Javé: "Neste lugar, do qual dizeis: Ele está deserto, sem homens e sem animais; nas cidades de Judá e nas ruas de Jerusalém, que estão desoladas, sem homens,* sem habitantes e sem animais se ouvirão ainda [11]gritos de festa e gritos de alegria, a voz do esposo e da esposa e o canto daqueles que dirão, ao levarem sacrifícios de agradecimento ao templo de Javé: 'Louvai a Javé dos exércitos, porque é bom, porque eterno é seu amor'.* Porque restabelecerei a sorte deste país como era no começo, diz Javé".

[12]Assim fala Javé dos exércitos: "Neste lugar desolado, sem homens e sem animais, e em todas as suas cidades haverá ainda moradas de pastores que farão repousar os rebanhos. [13]Nas cidades da região montanhosa, nas cidades da planície, nas cidades do Negueb, na terra de Benjamim, nos arredores de Jerusalém e nas cidades de Judá passarão ainda as ovelhas sob a mão de quem as conta, diz Javé".

O reino messiânico. [14]Eis que virão dias – oráculo de Javé – nos quais realizarei a promessa de felicidade que fiz à casa de Israel e à casa de Judá. [15]Naqueles dias e naquele tempo farei germinar* para Davi um germe de justiça; ele exercerá o direito e a justiça sobre a terra. [16]Naqueles dias Judá será salvo e Jerusalém viverá com segurança. Assim será chamada a cidade: "Javé-nossa-justiça".

[17]Pois assim fala Javé: "Jamais faltará a Davi um descendente* que se sente no trono da casa de Israel; [18]e aos sacerdotes levitas nunca faltará quem esteja diante de mim para oferecer holocaustos, para queimar incenso* em oferta e realizar sacrifícios todos os dias".

[19]Depois foi dirigida a Jeremias* esta palavra de Javé: [20]"Assim fala Javé: Se podeis quebrar minha aliança com o dia e minha aliança com a noite, de modo que não haja mais dia e noite em seu tempo, [21]assim será quebrada também minha aliança com Davi, meu servo, de modo que não tenha um filho que reine sobre seu trono, e aquela com os levitas sacerdotes que me servem. [22]Assim como não se pode contar

---

* **33**,3. 29,12 | 8. 31,31; Ez 36,25 | 10. 25,10 | 11. 1Cr 16,34; Esd 3,11; Sl 106,1; 107,1; 136 | 15. 23,5s; Is 4,2 | 17. 2Sm 7,1 | 18. Zc 4,14 | 19. 31,35s; Sl 89,34-38; 2Sm 7,1

† **33**,8. O desígnio de Deus não é destruir seu povo, mas fazê-lo expiar sua falta e purificá-lo.

a milícia* do céu†, nem calcular a areia
do mar, assim multiplicarei a descen-
dência de Davi, meu servo, e os levitas
que me servem".
23Foi dirigida a Jeremias esta pala-
vra de Javé: 24"Não observaste o que
este povo está dizendo: 'Javé rejeitou
as duas famílias que tinha escolhido!'
E assim desprezam meu povo como
se não fosse mais uma nação a seus
olhos?" 25Assim fala Javé: "Se não per-
siste mais minha aliança com o dia e
com a noite, se não estabeleci as leis
do céu e da terra, 26neste caso pode-
rei rejeitar a descendência de Jacó e de
Davi, meu servo, de modo a não mais
tomar de seus descendentes os que
governarão sobre a descendência de
Abraão, de Isaac e de Jacó. Pois eu mu-
darei sua sorte e terei piedade deles".

34 **Fim de Sedecias.** 1Palavra que
foi dirigida a Jeremias por Javé,
quando Nabucodonosor, rei de Babilô-
nia, com todo o seu exército e todos
os reinos da terra sob seu domínio e
todos os povos combatiam contra Je-
rusalém e contra todas as suas cida-
des: 2Assim fala Javé, o Deus de Israel:
"Vai falar com Sedecias,* rei de Judá, e
dize-lhe: Assim fala Javé: Eu porei esta
terra nas mãos do rei de Babilônia, que
a entregará às chamas. 3Tu não esca-
parás de sua mão, mas serás preso e
entregue a seu poder. Teus olhos ve-
rão os olhos do rei de Babilônia, o qual
te falará face a face e depois irás para
Babilônia. 4Todavia, escuta a palavra de
Javé, ó Sedecias, rei de Judá! Assim fala
Javé a teu respeito: Não morrerás pela
espada! 5Morrerás em paz. E como se
queimaram aromas para teus pais, os
antigos reis que existiram antes de ti,
assim se queimarão para ti* e por ti
farão o lamento, dizendo: 'Ai, Senhor!'
Sou eu que o declaro" – oráculo de
Javé.
6O profeta Jeremias disse todas es-
tas palavras a Sedecias, rei de Judá, em
Jerusalém. 7Entretanto o exército do rei
de Babilônia combatia contra Jerusa-
lém e contra todas as cidades de Judá
que ainda resistiam, isto é, contra Lá-
quis e Azeca, que eram as únicas cida-
des fortificadas que restaram entre as
cidades de Judá.
Libertação dos escravos. 8Esta palavra
foi dirigida a Jeremias por Javé, depois
que o rei Sedecias fez uma aliança com
todo o povo que estava em Jerusalém,
para proclamar a liberdade dos escra-
vos; 9cada um devia despedir livres seus
escravos hebreus, homens e mulheres,
de modo que ninguém mais retivesse
na escravidão um judeu, seu irmão.
10Todos os chefes e todo o povo que
tinha aderido à aliança consentiram em
despedir livres seus escravos, homens
e mulheres, de modo a não obrigá-los
mais à escravidão: consentiram, pois,
e os despediram; 11mas depois se ar-
rependeram e retomaram os escravos,
homens e mulheres, que tinham liber-
tado e os reduziram de novo à escra-
vidão.
12Então foi dirigida a Jeremias esta
palavra de Javé: 13"Assim fala Javé,
o Deus de Israel: Eu fiz uma aliança
com vossos pais, quando os fiz sair do
país do Egito, de uma condição servil,
dizendo: 14'Ao se completarem sete
anos,* cada um de vós despedirá seu
irmão hebreu que se tiver vendido a ti;
ele te servirá seis anos, depois o des-
pedirás livre de compromisso contigo';
mas vossos pais não me escutaram e
não prestaram ouvido. 15Ora, hoje vos
tínheis arrependido e feito o que é reto
a meus olhos, proclamando cada qual
a liberdade de seu irmão; tínheis feito
uma aliança diante de mim, no tem-
plo que traz meu nome. 16Mas, depois,
mudastes de opinião e, profanando
meu nome, retomastes cada qual os
escravos e as escravas que tínheis des-
pedido livres segundo o desejo deles,
e os obrigastes a ser de novo vossos
escravos e escravas. 17Por isso assim
fala Javé: Vós não atendestes minha
ordem* para que cada um desse a li-

* **33**,22. Gn 15,5 | **34**,2. 21,1-7; 32,1-5 | 5. 22,18 | 14. Dt 15,12s | 17. 29,18

† **33**,22. O inumerável exército das estrelas.

berdade a seu irmão e a seu próximo. Pois bem, vou dar a liberdade contra vós – oráculo de Javé – à espada, à peste e à fome e vos tornarei objeto de horror para todos os reinos da terra. [18]Quanto aos homens que transgrediram minha aliança, que não cumpriram os termos da aliança que fizeram em minha presença, eu os tornarei como o bezerro que eles partiram em dois* para passar entre as duas metades†. [19]Os chefes de Judá, os chefes de Jerusalém, os eunucos, os sacerdotes e todo o povo do país que passaram entre as duas metades do bezerro, [20]eu os entregarei nas mãos de seus inimigos e nas mãos dos que atentam contra sua vida; seus cadáveres serão pasto para as aves do céu e para os animais da terra. [21]Entregarei Sedecias, rei de Judá, e seus chefes nas mãos de seus inimigos, nas mãos dos que atentam contra sua vida, e nas mãos do exército do rei de Babilônia,* que se afastou de vós. [22]Eis que eu darei uma ordem – oráculo de Javé – e os farei voltar a esta cidade; combaterão contra ela, eles a tomarão e a entregarão às chamas. E farei das cidades de Judá uma solidão onde ninguém mora”.

35 **Exemplo de fidelidade dos recabitas†.**

[1]Esta palavra foi dirigida por Javé a Jeremias nos dias de Joaquim, filho de Josias, rei de Judá: [2]“Vai à família dos recabitas e fala-lhes, conduze-os a uma das salas do templo e oferece-lhes vinho a beber”.

[3]Tomei então Jezonias, filho de Jeremias, filho de Habsanias, seus irmãos e todos os seus filhos, isto é, toda a família dos recabitas. [4]Conduzi-os ao templo de Javé, à sala dos filhos de Joanã, filho de Jegdalias, homem de Deus, a qual fica ao lado da sala dos chefes e sobre a sala de Maasias, filho de Selum, guarda da porta. [5]Coloquei diante dos membros da família dos recabitas jarras cheias de vinho e copos e lhes disse: “Bebei o vinho!” [6]Eles responderam: “Nós não bebemos vinho,* porque nosso antepassado Jonadab, filho de Recab, nos deu esta ordem: ‘Nunca bebereis vinho, nem vós nem vossos filhos; [7]não construireis casas, não semeareis sementes, não plantareis vinhas e não possuireis nenhuma, mas morareis em tendas por toda a vida, para que possais viver longamente sobre a terra, na qual viveis peregrinando’. [8]Temos obedecido às ordens do nosso antepassado Jonadab, filho de Recab, em tudo que nos ordenou, de modo que nós, nossas mulheres, nossos filhos e nossas filhas, não bebemos vinho em toda a nossa vida; [9]não construímos casas para morar nem possuímos vinha, nem campo, nem semente. [10]Habitamos em tendas. Obedecemos e fazemos tudo o que nos mandou Jonadab, nosso pai. [11]Mas quando Nabucodonosor, rei de Babilônia, invadiu o país, dissemos: ‘Vinde, entremos em Jerusalém, para escapar do exército dos caldeus e do exército dos arameus’. Assim, viemos morar em Jerusalém”.

[12]Então foi dirigida a Jeremias esta palavra de Javé: [13]“Assim fala Javé dos exércitos, o Deus de Israel: Vai dizer aos homens de Judá e aos habitantes de Jerusalém: Não quereis aceitar a lição, escutando minhas palavras? – oráculo de Javé. [14]Foram postas em prática as palavras de Jonadab, filho de Recab, que tinha mandado a seus filhos não beber vinho. Eles de fato não o beberam até hoje, porque obedeceram à ordem de seu pai. E eu vos falei sem me cansar e com insistência, mas não me escutastes! [15]Eu vos enviei sem me cansar e muitas vezes todos os meus servos* para dizer-vos: Abandone cada qual sua má conduta,* emendai vossas ações e não sigais outros deuses para servi-los, para poderdes habitar no país que concedi a

---

* **34**,18. 7,33 | 21. 9,10. | **35**,6. 2Rs 10,15 | 15. 7,13 / 25,4-7

† **34**,18. Refere-se ao ritual de aliança, no qual os contraentes passavam entre as partes divididas de um animal, invocando sobre si mesmos a mesma sorte dele, no caso de faltarem aos compromissos assumidos, Gn 15,17. | **35**. Ver a nota em 2Rs 10,15.

vós e a vossos pais. Mas não prestas-
tes ouvido e não me destes atenção.
[16]Sim, os filhos de Jonadab, filho de
Recab, executaram a ordem que lhes
dera seu pai; este povo, porém, não
me escutou. [17]Por isso, assim fala Javé,
o Deus dos exércitos, o Deus de Israel:
Mandarei sobre Judá e sobre todos os
habitantes de Jerusalém todo o mal
que decretei contra eles, porque lhes
falei e não me ouviram, eu os chamei
e não responderam".

[18]Jeremias disse à família dos reca-
bitas: "Assim fala Javé dos exércitos, o
Deus de Israel: Porque obedecestes à
ordem de Jonadab, vosso pai, e obser-
vastes todos os seus decretos e fizestes
tudo o que vos ordenou, [19]por isso as-
sim fala Javé dos exércitos, o Deus de
Israel: A Jonadab, filho de Recab, jamais
faltará alguém que esteja sempre em
minha presença".

36 **Redação dos escritos de Je-
remias.** [1]No quarto ano de
Joaquim, filho de Josias, rei de Judá,
foi dirigida a Jeremias da parte de Javé
esta palavra: [2]"Toma um rolo e escreve
nele todas as coisas que eu te disse a
respeito de Jerusalém, de Judá e de to-
das as nações, desde quando comecei
a falar-te, no tempo de Josias até hoje.
[3]Talvez os da casa de Judá, ouvindo
todo o mal que me proponho fazer-
-lhes, abandonarão cada qual sua má
conduta e então perdoarei sua iniqui-
dade e seus pecados".

[4]Jeremias chamou Baruc, filho de
Nerias, e Baruc escreveu num rolo, en-
quanto Jeremias ia ditando, todas as
palavras que Javé lhe havia dirigido.
[5]Depois, Jeremias ordenou* a Baruc: "Eu
estou impedido, não posso ir ao templo
de Javé. [6]Mas tu irás, para ler, do rolo
que escreveste enquanto eu ditava, as
palavras de Javé, fazendo o povo ouvi-
-las no templo de Javé, no dia de jejum;
e as lerás também diante de todos os
judeus que vieram de suas cidades. [7]Tal-
vez apresentem suas súplicas a Javé e se
convertam cada qual de sua má condu-
ta, porque grande é a ira e o furor que
Javé ameaçou contra este povo".

[8]Baruc, filho de Nerias, fez o que lhe
havia mandado o profeta Jeremias,
lendo no rolo as palavras de Javé no
templo.

[9]No quinto ano de Joaquim, filho
de Josias, rei de Judá, no nono mês,
foi proclamado um jejum diante de
Javé para todo o povo de Jerusalém e
para todo o povo que tinha vindo das
cidades de Judá a Jerusalém. [10]Baruc,
portanto, leu no livro, para todo o povo
ouvir, as palavras de Jeremias, no tem-
plo de Javé, na sala de Gamarias, filho
de Safã, o escriba, no pátio superior
perto da entrada da porta Nova* do
templo de Javé. [11]Miqueias, filho de
Gamarias, filho de Safã, ouviu todas
as palavras de Javé lidas no livro. [12]Ele
desceu ao palácio, à sala do escriba; lá
estavam reunidos em sessão todos os
ministros: Elisama, o escriba; Delaías,
filho de Semeías; Elnatã, filho de Aco-
bor; Gamarias, filho de Safã; Sedecias,
filho de Hananias, junto com todos os
outros ministros.

[13]Miqueias referiu-lhes todas as pa-
lavras que tinha ouvido, quando Baruc
lia no livro para o povo ouvir.

[14]Então todos os chefes enviaram
Judi, filho de Natanias, filho de Sele-
mias, filho do etíope, para dizer a Ba-
ruc: "Toma nas mãos o rolo que estavas
lendo em voz alta ao povo e vem".

Baruc, filho de Nerias, tomou o rolo
nas mãos e foi até eles. [15]E eles lhe dis-
seram: "Senta-te e lê para nós". Baruc
leu diante deles.

[16]Quando ouviram todas aquelas pa-
lavras, tiveram medo e disseram uns aos
outros: "Devemos sem falta comunicar
ao rei todas estas palavras". [17]Depois
perguntaram a Baruc: "Dize-nos, como
fizeste para escrever todas estas pala-
vras?". [18]Baruc respondeu: "Jeremias ia
ditando oralmente todas estas palavras
e eu as ia escrevendo no livro com tinta".

[19]Os chefes disseram a Baruc: "Vai
e esconde-te, tu e Jeremias; que nin-
guém saiba onde estais". [20]Depois eles

* **36**,5. 20,1s | 10. 26,24

foram ter com o rei no apartamento
interno, após ter reposto o rolo na sala
de Elisama, o escriba, e referiram ao rei
todas estas coisas.
[21]Então o rei mandou Judi trazer o
rolo. Ele o tomou da sala de Elisama,
o escriba, e o leu diante do rei e de to-
dos os chefes que estavam junto com
o rei. [22]O rei estava sentado no palácio
de inverno – era o nono mês – com um
braseiro aceso a sua frente.
[23]Ora, cada vez que Judi tinha lido
três ou quatro colunas, o rei as cortava
com a faca do escriba e as lançava no
braseiro,† até que foi consumido o rolo
inteiro no fogo do braseiro. [24]O rei e to-
dos os seus servos não tremeram nem
rasgaram as vestes ao ouvir todas aque-
las palavras. [25]No entanto Elnatã, Dela-
ías e Gamarias tinham suplicado ao rei
que não queimasse o rolo, mas ele não
os atendeu. [26]Antes, ordenou a Jaramiel,
filho do rei, a Seraías, filho de Azriel e a
Selemias, filho de Abdeel, que prendes-
sem Baruc, o escriba, e o profeta Jere-
mias, mas Javé os tinha escondido.
[27]Depois que o rei queimou o rolo
com as palavras que Baruc tinha escri-
to, enquanto Jeremias ia ditando, esta
palavra de Javé foi dirigida a Jeremias:
[28]"Toma um outro rolo e escreve nele
todas as palavras de antes, que estavam
no primeiro rolo, queimado por Joa-
quim, rei de Judá. [29]E contra Joaquim,
rei de Judá, tu dirás: Assim fala Javé:
Queimaste este rolo, dizendo: Por que
escreveste estas palavras: Virá sem falta
o rei de Babilônia devastar este país e
fazer desaparecer dele homens e ani-
mais? [30]Por isso, assim fala Javé contra
Joaquim, rei de Judá: Ele não terá um
herdeiro no trono de Davi; seu cadáver
será exposto ao calor do dia e ao frio da
noite. [31]Eu punirei a ele, sua descendên-
cia e seus servos por suas iniquidades e
mandarei sobre eles, sobre os habitan-
tes de Jerusalém e sobre os homens de
Judá, todo o mal com que os ameacei,
sem que me tenham prestado ouvido".
[32]Jeremias tomou um outro rolo e o
entregou a Baruc, filho de Nerias, o es-
criba, o qual escreveu nele, enquanto
Jeremias ditava, todas as palavras do li-
vro que Joaquim, rei de Judá, tinha quei-
mado; além disso foram acrescentadas
muitas palavras semelhantes àquelas.

37 **Sedecias consulta Jeremias.**
[1]O rei Sedecias, filho de Josias,
tornou-se rei* no lugar de Jeconias,
filho de Joaquim; Nabucodonosor, rei
de Babilônia, nomeou-o rei no país de
Judá. [2]Mas nem ele, nem seus minis-
tros, nem o povo do país escutaram as
palavras que Javé tinha pronunciado
por meio do profeta Jeremias.
[3]O rei Sedecias enviou então Jucal,
filho de Selemias, e o sacerdote Sofo-
nias, filho de Maasias, ao profeta Jere-
mias, para dizer-lhe: "Roga por nós a
Javé nosso Deus".
[4]Jeremias ia e vinha no meio do povo:
ainda não tinha sido lançado na prisão.
[5]Entretanto o exército do faraó tinha
saído do Egito, e os caldeus, que si-
tiavam Jerusalém, logo que souberam
disso se retiraram de Jerusalém.
[6]Então foi dirigida ao profeta Jere-
mias esta palavra de Javé: [7]"Assim fala
Javé, o Deus de Israel: Dizei assim ao rei
de Judá que vos mandou até mim para
consultar-me: O exército do faraó, que
saiu em vosso socorro, retornará a seu
país, o Egito; [8]os caldeus voltarão para
atacar esta cidade, tomá-la e entregá-
-la às chamas".
[9]Assim fala Javé: "Não vos iludais
pensando: os caldeus se afastaram de-
finitivamente de nós, porque eles não
foram embora. [10]Mesmo se conseguís-
seis vencer todo o exército dos caldeus
que combate contra vós, e se restas-
sem só alguns feridos, esses surgiriam
cada qual de sua tenda e entregariam
esta cidade às chamas".
Prisão de Jeremias. [11]Quando o exér-
cito dos caldeus se afastou de Jerusa-
lém por causa do exército do faraó,

---

* **37**,1. 22,20-30; 13,18s; 2Rs 24,17-20

† **36**,23. À diferença de seu pai Josias, que rasgou as vestes ao ouvir a leitura da Lei, 2Cr 34,19, Joaquim corta e queima os oráculos de Jeremias, pensando torná-los sem efeito.

[12]Jeremias saiu de Jerusalém* para ir à terra de Benjamim a fim de receber sua parte da herança entre seus parentes.

[13]Mas, quando estava na porta de Benjamim, onde se achava um encarregado do serviço da guarda, chamado Jerias, filho de Selemias, filho de Hananias, este prendeu o profeta Jeremias, dizendo: "Tu passas para os caldeus!" [14]Jeremias respondeu: "É falso! Eu não passo para os caldeus"; mas eles não lhe prestaram ouvido. E assim Jerias prendeu Jeremias e o conduziu aos magistrados. [15]Estes, furiosos contra Jeremias, açoitaram-no e o lançaram na prisão, na casa de Jônatas, o escriba, a qual tinham transformado em cárcere. [16]Jeremias entrou na casa da prisão subterrânea, na cela, e lá permaneceu muitos dias.

Jeremias interrogado por Sedecias. [17]O rei Sedecias mandou trazê-lo em segredo para sua casa e perguntou-lhe: "Há alguma palavra da parte de Javé?" Jeremias respondeu: "Sim". E precisou: "Tu serás entregue nas mãos do rei de Babilônia".

[18]Depois, Jeremias disse ao rei Sedecias: "Que culpa cometi contra ti, contra teus ministros e contra este povo para que me tenhas lançado na prisão? [19]E onde estão vossos profetas que vos prediziam: O rei de Babilônia não virá contra vós nem contra este país? [20]Agora peço-te que escutes, ó rei, meu senhor; que minha súplica seja bem-aceita diante de ti. Não me mandes de volta à casa de Jônatas, o escriba, para que eu não morra lá".

[21]O rei Sedecias mandou guardar Jeremias no pátio da guarda e dar-lhe todo dia um pão proveniente da rua dos Padeiros, até que acabasse todo o pão na cidade.

Assim Jeremias permaneceu no pátio da guarda.

38 **Jeremias na cisterna.** [1]Safatias, filho de Matã, Gedalias, filho de Fassur, Jucal, filho de Selemias e Fassur, filho de Melquias, ouviram estas palavras que Jeremias dirigia a todo o povo: [2]"Assim fala Javé: Quem permanecer nesta cidade* morrerá pela espada, de fome ou de peste, mas quem sair e passar para os caldeus viverá: a vida será para ele como despojo e viverá. [3]Assim fala Javé: Com certeza esta cidade será entregue nas mãos do exército do rei de Babilônia, que a tomará".

[4]Os magistrados disseram então ao rei: "Seja morto este homem, porque ele está desencorajando os guerreiros que ficaram nesta cidade e desencorajando todo o povo dizendo-lhe tais palavras. Porque este homem não busca o bem-estar do povo, mas seu mal". [5]O rei Sedecias respondeu: "Ele está em vossas mãos; com efeito, o rei nada pode contra vós".

[6]Então eles se apoderaram de Jeremias e o lançaram na cisterna de Melquias, filho do rei, a qual se achava no pátio da guarda. Eles desceram Jeremias com cordas. Na cisterna não havia água mas somente barro, e assim Jeremias afundou no barro.

Jeremias socorrido por Ebed-Melec. [7]Ora Ebed-Melec, o etíope, um eunuco que estava no palácio, ouviu dizer que haviam posto Jeremias na cisterna. E enquanto o rei estava na porta de Benjamim, [8]Ebed-Melec saiu do palácio real e disse ao rei: [9]"Rei, meu senhor, agiram mal aqueles homens em tudo o que fizeram ao profeta Jeremias; eles o lançaram na cisterna: ele morrerá de fome lá dentro, porque não há mais pão na cidade". [10]Então o rei deu esta ordem a Ebed-Melec, o etíope: Toma contigo três homens e retira da cisterna o profeta Jeremias, antes que morra". [11]Ebed-Melec tomou consigo os homens, foi ao palácio, e tirou do guarda-roupa do depósito panos velhos ou rasgados e desceu-os a Jeremias, na cisterna por meio de cordas.

[12]Ebed-Melec, o etíope, disse a Jeremias: "Põe os panos velhos e rasgados nas axilas, sob as cordas". Jeremias assim o fez. [13]Então içaram Jeremias com

* **37**,12. 32,1 | **38**,2. 21,9

as cordas, fazendo-o sair da cisterna,
e Jeremias permaneceu no pátio da
guarda.
**Último encontro de Jeremias com
Sedecias.** [14]O rei Sedecias mandou
procurar o profeta Jeremias e, fazen-
do-o vir até ele na terceira entrada no
templo de Javé, o rei lhe disse: "Vou
fazer-te uma pergunta, não me escon-
das nada!" [15]Jeremias respondeu a Se-
decias: "Se eu te disser, não me farás
talvez morrer? E se te dou um conse-
lho, não me darás atenção". [16]Então
o rei Sedecias fez este juramento em
segredo a Jeremias: "Como é verdade
que vive Javé que nos deu esta vida,
não te farei morrer nem te entregarei
nas mãos daqueles homens que aten-
tam contra tua vida!"
[17]Jeremias então disse a Sedecias:
"Assim fala Javé, Deus dos exércitos, o
Deus de Israel: Se saíres para entregar-
-te aos generais do rei de Babilônia, en-
tão terás salva a vida, e esta cidade não
será incendiada; vivereis tu e tua família;
[18]se, porém, não saíres para entregar-te
aos generais do rei de Babilônia, então
esta cidade será entregue nas mãos dos
caldeus, os quais a incendiarão, e tu não
escaparás de suas mãos".
[19]O rei Sedecias respondeu a Jere-
mias: "Tenho medo dos judeus que
passaram para os caldeus; tenho medo
de ser entregue em suas mãos e ser
maltratado por eles". [20]Mas Jeremias
disse: "Não te entregarão a eles. Escuta
a voz de Javé no que te digo; tudo te irá
bem e terás a vida salva; [21]se, porém,
te recusas a sair, isto é o que Javé me
revelou: [22]Todas as mulheres que ainda
estão no palácio do rei de Judá serão
conduzidas aos generais do rei de Ba-
bilônia e dirão:

Eles te seduziram e te enganaram,
os homens de tua confiança.
Agora que teus pés se afundaram na lama,
eles desapareceram.

[23]Todas as tuas mulheres com teus
filhos serão conduzidos aos caldeus e
tu não escaparás de suas mãos, mas
serás mantido prisioneiro nas mãos do
rei de Babilônia, e esta cidade será in-
cendiada".
[24]Sedecias disse a Jeremias: "Que
ninguém saiba dessas palavras, senão
morrerás. [25]Se os magistrados soube-
rem que falei contigo e vierem te dizer:
Conta o que disseste ao rei, não nos
escondas nada, senão te mataremos;
conta-nos o que te disse o rei, [26]tu lhes
responderás: Apresentei o pedido ao
rei para que não me mandasse de novo
para a casa de Jônatas para morrer lá".
[27]Ora, todos os magistrados vieram a
Jeremias e o interrogaram; ele respon-
deu justamente como o rei lhe havia
mandado, de modo que o deixaram em
paz, pois a conversa não fora ouvida.
[28]Jeremias permaneceu no pátio da
guarda* até o dia em que Jerusalém foi
tomada. E quando Jerusalém foi toma-
da ele estava lá.

39 **Tomada de Jerusalém.** [1]No
décimo mês do nono ano de
Sedecias, rei de Judá, Nabucodonosor,
rei de Babilônia, veio atacar Jerusalém
com todo o seu exército e eles a sitia-
ram. [2]No quarto mês do ano décimo
primeiro de Sedecias, no dia nove do
mês, foi aberta uma brecha na cidade;
[3]entraram todos os generais do rei de
Babilônia e se estabeleceram na porta
do Meio: Nergalsareser, Samgar-Nabu,
Sar-Saquim, chefe dos funcionários,
Nergalsareser, grande mago, e todos
os outros oficiais do rei de Babilônia.
[4]Logo que os viram, Sedecias, rei
de Judá, e todos os seus guerreiros
fugiram e saíram da cidade, de noite,
pelo caminho do jardim do rei, atra-
vés da porta entre os dois muros, e
tomaram o caminho da Arabá. [5]Mas
os soldados caldeus os perseguiram e
atingiram Sedecias nas estepes de Je-
ricó. Prenderam-no e conduziram-no a
Rebla no país de Emat, a Nabucodono-
sor, rei de Babilônia, que pronunciou a
sentença contra ele. [6]O rei de Babilônia
mandou degolar em Rebla os filhos de
Sedecias à vista dele; o rei de Babilô-
nia mandou degolar também todos

* **38**,28. 2Rs 25,1-21

os nobres de Judá. 7Depois vazou os
olhos de Sedecias e acorrentou-o a fim
de levá-lo para Babilônia. 8Os caldeus
incendiaram o palácio real e as casas
do povo e demoliram os muros de Je-
rusalém. 9Nabuzardã, chefe da guarda,
deportou para Babilônia o resto da
população que ficou na cidade, os de-
sertores que tinham passado para ele
e o resto do povo. 10Nabuzardã, chefe
da guarda, deixou no país de Judá os
pobres do povo, os que nada tinham,
entregando-lhes vinhas e campos nes-
ta ocasião.

Jeremias em liberdade. 11Quanto a
Jeremias, Nabucodonosor, rei de Ba-
bilônia, tinha dado esta ordem a Na-
buzardã, chefe da guarda: 12"Toma-o e
vigia-o; não lhe faças nenhum mal, mas
faze por ele o que te dirá". 13Então Na-
buzardã, chefe da guarda, Nabusezbã,
chefe dos funcionários, Nergalsareser,
grande mago, e todos os altos oficiais
do rei de Babilônia 14mandaram tirar
Jeremias do pátio da guarda e o entre-
garam a Godolias, filho de Aicam, filho
de Safã, para que o mandasse para
casa. Assim ele ficou no meio do povo.

Recompensa de Deus a Ebed-Melec.
15Foi dirigida a Jeremias esta palavra
de Javé, quando estava ainda preso no
pátio da guarda: 16"Vai dizer a Ebed-
-Melec,* o etíope: Assim diz Javé dos
exércitos, o Deus de Israel: Vou cum-
prir minhas palavras contra esta cida-
de, para sua ruína e não para seu bem;
naquele dia elas se cumprirão a teus
olhos. 17Mas eu te libertarei naque-
le dia – oráculo de Javé – e não serás
entregue às mãos dos homens que te-
mes. 18Sim, certamente te salvarei; não
cairás pela espada, mas te será conser-
vada a vida como despojo, porque pu-
seste em mim tua confiança – oráculo
de Javé".

40

**Jeremias vai ao encontro de
Godolias.** 1Esta palavra foi di-
rigida a Jeremias por Javé, depois que
Nabuzardã, chefe da guarda, mandou
libertá-lo em Ramá, quando ia acorren-
tado no meio de todos os cativos de Je-
rusalém e de Judá, que eram deporta-
dos para Babilônia. 2O chefe da guarda
tomou, pois, Jeremias e disse-lhe: "Javé
teu Deus tinha predito este mal para
este lugar; 3e Javé o mandou, cum-
prindo o que tinha ameaçado, porque
pecastes contra Javé e não escutastes
sua voz; por isso vos sucedeu tal coisa.
4Mas agora, eu te liberto hoje dessas
correntes que tens nas mãos. Se prefe-
res vir comigo para Babilônia, vem; eu
velarei sobre ti. Se, porém, preferes não
vir comigo para Babilônia, fica. Olha, o
país inteiro está diante de ti; vai para
onde quiseres e te for conveniente". 5E
como Jeremias não se decidisse a vol-
tar, acrescentou: "Tu podes voltar para
junto de Godolias, filho de Aicam, filho
de Safã, que o rei de Babilônia estabe-
leceu como chefe das cidades de Judá.
Fica com ele no meio do povo ou vai
para onde te agradar".

Depois o chefe da guarda lhe deu
alimento e um presente e o despediu.
6Então Jeremias foi ter com Godolias,
filho de Aicam, em Masfa, e morou com
ele no meio do povo que tinha ficado
no país.

Godolias, governador. 7Todos os ofi-
ciais do exército,* que se tinham dis-
persado pela região com seus homens,
vieram a saber que o rei de Babilônia
tinha posto como chefe do país Godo-
lias, filho de Aicam, e lhe tinha confia-
do homens, mulheres e crianças e os
pobres do país que não foram depor-
tados para Babilônia. 8Foram então
encontrar-se com Godolias em Masfa:
Ismael, filho de Natanias, Joanã e Jô-
natas, filhos de Carea, Seraías, filho de
Teneumet, os filhos de Ofi, o netofatita,
e Jesonias, filho de um maacatita, com
seus homens. 9Godolias, filho de Ai-
cam, filho de Safã, jurou a eles e a seus
homens: "Não tenhais medo de servir
aos caldeus; ficai no país e servi ao rei
de Babilônia e tudo irá bem. 10Quan-
to a mim, eu me estabeleço em Masfa
como vosso representante diante dos
caldeus que virão a nós; mas fazei a co-

*** 39**,16. 45,1-5 | **40**,7. 2Rs 25,22-26

lheita do vinho, das frutas e do óleo, guardai-os em vossos depósitos e morai nas cidades que ocupais".

11Também todos os judeus que se achavam em Moab, entre os amonitas, em Edom e em todos os outros países, souberam que o rei de Babilônia tinha deixado um resto da população* em Judá e tinha posto como seu governador Godolias, filho de Aicam, filho de Safã. 12Todos esses judeus voltaram então de todos os lugares nos quais se tinham dispersado e vieram para o país de Judá, para junto de Godolias em Masfa. Produziram grande fartura de vinho e de frutas de verão.

13Joanã, filho de Carea, e todos os chefes das tropas que se tinham dispersado pelo campo foram até Godolias em Masfa 14e lhe disseram: "Não sabes que Baalis, rei dos amonitas, encarregou Ismael, filho de Natanias, de tirar-te a vida?" Mas Godolias, filho de Aicam, não acreditou neles.

15Então Joanã, filho de Carea, falou secretamente com Godolias em Masfa: "Vou matar Ismael, filho de Natanias, sem que ninguém o saiba. Por que ele deveria tirar-te a vida, de modo que sejam dispersos todos os judeus que se reuniram a teu redor e pereça o resto de Judá?" 16Mas Godolias, filho de Aicam, respondeu a Joanã, filho de Carea: "Não faças isto, porque é mentira o que dizes de Ismael".

41

Godolias assassinado por Ismael. 1No sétimo mês, Ismael, filho de Natanias, filho de Elisama, que era da família do rei, foi com dez homens até Godolias, filho de Aicam, em Masfa. Enquanto estavam à mesa juntos lá em Masfa, 2Ismael, filho de Natanias, levantou-se com seus dez homens e atacou com a espada Godolias, filho de Aicam, filho de Safã. Assim mataram aquele que o rei de Babilônia tinha nomeado governador do país. 3Ismael matou também todos os judeus que estavam com Godolias em Masfa e os guerreiros caldeus que lá se achavam.

Delitos de Ismael. 4No segundo dia depois da morte de Godolias, quando ninguém sabia do fato, 5vieram homens de Siquém, de Silo e de Samaria em número de oitenta, com a barba raspada, as vestes rasgadas e com incisões pelo corpo. Tinham nas mãos ofertas e incenso para apresentar no templo de Javé. 6Ismael, filho de Natanias, saiu de Masfa a seu encontro, e ele caminhava chorando. Quando os alcançou, disse-lhes: "Vinde a Godolias, filho de Aicam".

7Mas quando chegaram ao centro da cidade, Ismael, filho de Natanias, com seus homens, degolou-os e os lançou numa cisterna.

8Entre eles se achavam dez homens que disseram a Ismael: "Não nos mates, porque temos depósitos de trigo, cevada, óleo e mel escondidos nos campos". Então ele se conteve e não os matou junto com seus irmãos. 9A cisterna na qual Ismael lançou todos os cadáveres dos homens que tinha matado era a cisterna grande, aquela que o rei Asa tinha construído para se defender de Baasa, rei de Israel;* Ismael, filho de Natanias, encheu-a de homens mortos.

10Depois, Ismael fez prisioneiro todo o resto do povo que estava em Masfa, as filhas do rei e todo o povo que ficara em Masfa, que Nabuzardã, chefe da guarda, tinha confiado a Godolias, filho de Aicam. Ismael, filho de Natanias, levou-os cativos e partiu para refugiar-se entre os amonitas.

Reação contra Ismael. 11Entretanto Joanã, filho de Carea, e todos os chefes dos soldados que estavam com ele tiveram notícia de todo o mal feito por Ismael, filho de Natanias. 12Juntaram todos os seus homens e partiram para atacar Ismael, filho de Natanias. Eles o acharam junto do grande açude de Gabaon.

13Todo o povo que estava com Ismael se alegrou quando viu Joanã, filho de Carea, e todos os chefes dos soldados que estavam com ele. 14Todo o povo que Ismael tinha levado cativo de

* **40**,11. Is 4,3 | **41**,9. 1Rs 15,16-22

Masfa virou as costas e, voltando atrás,
uniu-se a Joanã, filho de Carea. 15Mas
Ismael, filho de Natanias, fugiu de Jo-
anã com oito homens e foi para junto
dos amonitas.
16Então Joanã, filho de Carea, e todos
os chefes dos soldados que o acompa-
nhavam reuniram todo o resto do povo
que Ismael, filho de Natanias, tinha le-
vado de Masfa como cativos depois de
ter matado Godolias, filho de Aicam:
valorosos homens de guerra, mulhe-
res, crianças e eunucos, que tinha reti-
rado de Gabaon. 17Partiram e pararam
no acampamento de Camaã, perto de
Belém, para depois prosseguir e entrar
no Egito,* 18longe dos caldeus, que
eles temiam, porque Ismael, filho de
Natanias, tinha matado Godolias, filho
de Aicam, que o rei de Babilônia tinha
nomeado governador do país.

42 **Fuga para o Egito.** 1Todos os
chefes dos soldados e Joanã,
filho de Carea, e Azarias, filho de Osa-
ías, e todo o povo, dos pequenos aos
grandes, apresentaram-se 2ao profeta
Jeremias e lhe disseram: "Que te seja
aceita nossa súplica! Intercede junto a
Javé, teu Deus, por nós e por todo esse
resto da população, porque de muitos
que éramos, só ficamos uns poucos,
como vês com teus próprios olhos.
3Javé teu Deus nos indique que cami-
nho tomar e o que devemos fazer".
4O profeta Jeremias respondeu-lhes:
"Compreendo! Vou interceder junto de
Javé vosso Deus segundo vossas pala-
vras e vos referirei o que Javé respon-
der para vós, sem esconder-vos nada".
5Então disseram a Jeremias: "Seja Javé
testemunha veraz e fiel contra nós, se
não fizermos exatamente o que Javé, teu
Deus, te revelar para nós. 6Quer nos seja
agradável, quer não, escutaremos a voz
de Javé, nosso Deus, ao qual te envia-
mos; assim seremos felizes por termos
obedecido à voz de Javé, nosso Deus".
7Passados dez dias, a palavra de Javé
foi dirigida a Jeremias. 8Este chamou
Joanã, filho de Carea, e todos os chefes
dos soldados que estavam com ele e
todo o povo, dos pequenos aos gran-
des, 9e disse-lhes: "Assim fala Javé, o
Deus de Israel, ao qual me enviastes
para que lhe apresentasse vossa súpli-
ca: 10Se continuais a morar neste país,
eu vos edificarei e não vos destruirei,*
eu vos plantarei e não vos arrancarei,
porque me arrependo do mal que vos
causei. 11Não temais o rei de Babilônia,
do qual tendes medo; não o temais –
oráculo de Javé – porque eu estou con-
vosco para vos salvar e vos livrar de sua
mão. 12Eu lhe inspirarei sentimentos de
piedade para convosco, assim ele terá
compaixão de vós e vos deixará morar
em vosso país. 13Se, porém, desobe-
decendo à voz de Javé, vosso Deus,
disserdes: Não queremos morar neste
país, 14e disserdes: Não! Queremos ir
para o país do Egito, porque lá não ve-
remos guerra e não ouviremos toque
de trombeta nem sofreremos carestia
de pão: é lá que vamos morar; 15neste
caso, escuta a palavra de Javé, ó resto
de Judá: Assim fala Javé dos exércitos,
o Deus de Israel: Se pretendeis de fato
ir para o Egito e ides instalar-vos lá, 16a
espada que temeis vos atingirá lá no
país do Egito, e a fome que receais vos
seguirá de perto lá no Egito e lá mor-
rereis. 17Então todos os homens que
tiverem decidido ir para o Egito, para lá
morar, morrerão pela espada, de fome
e de peste. Nenhum deles restará nem
escapará do mal que mandarei sobre
eles. 18Porque, assim fala Javé dos exér-
citos, o Deus de Israel: Como se preci-
pitou meu furor e minha ira contra os
habitantes de Jerusalém, assim minha
ira se precipitará contra vós quando ti-
verdes entrado no Egito. Sereis objeto
de execração, horror,* maldição e ver-
gonha e não vereis mais este lugar".
19Isto vos diz Javé, ó resto de Judá:
"Não entreis no Egito. Sabei que hoje
vos adverti solenemente. 20Porque
pusestes em risco vossas vidas quan-
do me mandastes a Javé, vosso Deus,
dizendo-me: Intercede por nós junto
a Javé, nosso Deus, e anuncia-nos fiel-

* **41**,17. 2Rs 25,26 | **42**,10. 1,10 | 18. 24,9

mente o que dirá Javé, nosso Deus, e nós o cumpriremos. 21Hoje eu vo-lo declarei, mas vós não escutais a voz de Javé, vosso Deus, em nada do que ele me manda dizer-vos. 22Por isso sabei bem que morrereis pela espada, de fome e de peste no lugar em que desejais ir morar".

43 **Desobediência.** 1Quando Jeremias acabou de comunicar a todo o povo todas as palavras de Javé, seu Deus – todas as palavras com as quais Javé, seu Deus, o tinha enviado a eles –, 2Azarias, filho de Osaías, e Joanã, filho de Carea, e todos aqueles homens insolentes disseram a Jeremias: "É mentira o que estás dizendo! Javé, nosso Deus, não te enviou a dizer-nos: Não entreis no Egito para ali morar; 3mas é Baruc, filho de Nerias, que te instiga contra nós para entregar-nos nas mãos dos caldeus, para que nos matem ou nos deportem para Babilônia".

4Portanto Joanã, filho de Carea, e todos os chefes dos soldados e todo o povo não obedeceram à ordem de Javé de ficar na terra de Judá.

5Assim Joanã, filho de Carea, e todos os chefes dos soldados reuniram todos os sobreviventes de Judá, que tinham voltado de todas as nações no meio das quais se tinham dispersado, para morar na terra de Judá – 6homens, mulheres, crianças, as filhas do rei e todas as pessoas que Nabuzardã, chefe da guarda, tinha deixado com Godolias, filho de Aicam, filho de Safã, como também o profeta Jeremias e Baruc, filho de Nerias – 7e foram para o país do Egito, porque não obedeceram à voz de Javé, e chegaram a Táfnis.

Oráculo de Jeremias no Egito. 8Então foi dirigida a Jeremias, em Táfnis, esta palavra de Javé: 9"Toma grandes pedras e, na presença dos judeus, esconde-as na argamassa do pavimento que se acha à entrada do palácio do faraó, em Táfnis. 10Depois lhes dirás: Assim fala Javé dos exércitos, o Deus de Israel: Mandarei chamar Nabucodonosor, rei de Babilônia,* meu servo†; porei seu trono sobre estas pedras que escondi, e ele estenderá seu baldaquino sobre elas. 11Com efeito, ele virá e ferirá o país do Egito, mandando à morte quem está destinado à morte,* ao cativeiro quem está destinado ao cativeiro e matando com a espada quem está destinado à espada. 12Entregará às chamas os templos dos deuses do Egito, queimará esses deuses ou os levará para o exílio; limpará o país do Egito como um pastor limpa dos piolhos o manto; depois sairá dali tranquilo. 13Quebrará os obeliscos do templo do sol no país do Egito e incendiará os templos dos deuses do Egito".

44 **Último ministério de Jeremias.** 1Foi dirigida a Jeremias esta palavra para todos os judeus que moravam no país do Egito, em Magdol, em Táfnis, em Mênfis e na região de Patros. 2"Assim fala Javé dos exércitos, o Deus de Israel: Vistes todo o mal que mandei sobre Jerusalém e sobre todas as cidades de Judá; hoje elas estão em ruínas e sem habitantes 3por causa da maldade que cometeram para irritar-me, indo incensar e venerar outros deuses, que nem eles conheciam, nem vós, nem vossos pais. 4No entanto eu vos enviei continuamente todos os meus servos, os profetas, para vos dizer: Não façais esta coisa abominável que eu detesto! 5Mas eles não me escutaram nem prestaram ouvido, de modo a se converter de sua maldade e não mais oferecer incenso a outros deuses. 6Por isso minha ira e meu furor se derramaram e, como um fogo, destruíram as cidades de Judá e as ruas de Jerusalém, que se tornaram um deserto e uma desolação, como são ainda hoje".

7Agora, pois, diz Javé, Deus dos exércitos, o Deus de Israel: "Por que fazeis um mal tão grande contra vós mesmos, fazendo-vos exterminar do meio

---

* **43**,10. 25,9; 27,6 | 11. 15,2 | **44**,7. Is 4,3

† **43**,10. No sentido de executor das ordens divinas.

de Judá homens e mulheres, crianças e
lactentes, de modo que não vos subsis-
ta nem um resto?* 8 Por que me irritais
com a obra de vossas mãos, oferecen-
do incenso a outros deuses no país do
Egito onde viestes morar, de modo a
fazer-vos exterminar e a tornar-vos
objeto de maldição e de vergonha*
entre todas as nações da terra? 9 Aca-
so tereis esquecido as iniquidades de
vossos pais, as dos reis de Judá e de
vossos chefes, vossas iniquidades e as
de vossas mulheres, cometidas no país
de Judá e nas ruas de Jerusalém? 10 Até
hoje eles não se arrependeram, não ti-
veram temor nem agiram segundo a lei
e os estatutos que eu pus diante de vós
e de vossos pais".
11 Por isso, assim fala Javé dos exér-
citos, o Deus de Israel: "Eu volto o ros-
to contra vós, para vossa infelicidade
e para destruir Judá inteiro. 12 Tomarei
o resto de Judá que se dirigiu para o
país do Egito para ali morar e serão
todos exterminados: morrerão no país
do Egito; cairão pela espada, morrerão
de fome, do menor ao maior; morrerão
pela espada e de fome; e serão objeto
de execração, de horror, de maldição e
de vergonha. 13 Punirei os que moram
no país do Egito como puni Jerusalém:
com a espada, a fome e a peste. 14 Nin-
guém escapará nem sobreviverá entre
o resto de Judá que veio morar aqui no
país do Egito com a esperança de vol-
tar para a terra de Judá, para onde de-
sejam ardentemente voltar para morar;
eles não voltarão, exceto uns poucos
fugitivos".

Resposta do povo†. 15 Então todos os
homens, que sabiam que suas mulhe-
res tinham queimado incenso a outros
deuses, todas as mulheres presentes,
uma grande multidão, e todo o povo
que morava no país do Egito e em Pa-
tros responderam a Jeremias: 16 "Quan-
to à ordem que nos comunicaste em
nome de Javé, não queremos prestar-
-te ouvido; 17 ao invés, continuaremos
a fazer tudo o que prometemos, isto
é, queimaremos incenso à Rainha do
céu* e lhe ofereceremos libações como
já fizemos nós, nossos pais, nossos reis
e nossos chefes nas cidades de Judá e
nas ruas de Jerusalém. Então tínhamos
pão em abundância,* éramos felizes
e não víamos nenhuma infelicidade;
18 mas desde quando deixamos de
queimar incenso à Rainha do céu e de
oferecer-lhe libações, sofremos cares-
tia de tudo e fomos exterminados pela
espada e pela fome". 19 E as mulheres
acrescentaram: "Quando nós, mulhe-
res, queimamos incenso à Rainha do
céu e lhe oferecemos libações, foi por-
ventura sem o consentimento de nos-
sos maridos que preparamos para ela
tortas com sua imagem e lhe oferece-
mos libações?"

Novas ameaças. 20 Então assim falou
Jeremias a todo o povo, aos homens
e às mulheres e a todos os que lhe
tinham respondido daquele modo:
21 "Acaso Javé não se recorda e não tem
mais na mente o incenso que quei-
máveis nas cidades de Judá e nas ruas
de Jerusalém, vós e vossos pais, vos-
sos reis e vossos chefes e o povo do
país? 22 Javé não pôde mais suportar a
maldade de vossas ações nem as coi-
sas abomináveis que cometestes. Por
isso vosso país tornou-se um deserto,
objeto de horror e de maldição, sem
habitantes, como está hoje. 23 Porque
queimastes incenso e pecastes contra
Javé, não escutando a voz de Javé* e
não caminhando segundo sua lei, seus
decretos e seus estatutos, por isso vos
sucedeu esta calamidade, como hoje se
vê".
24 Jeremias disse ainda a todo o povo
e a todas as mulheres: "Escutai a pa-
lavra de Javé, vós todos de Judá que
estais no país do Egito. 25 Assim fala
Javé dos exércitos, o Deus de Israel:
Vós e vossas mulheres o afirmastes
com a boca e pusestes em ação com
vossas mãos, afirmando: Continuare-

* **44**,8. 42,18 | **44**,17. 7,18 / Os 2,7 | 23. 26,4

† **44**,15. Jeremias e o povo leem os mesmos acontecimentos de um modo contraditório: para o profeta, são castigo pelo culto aos ídolos; para o povo, são consequência do abandono deste culto.

mos a cumprir os votos que fizemos de
oferecer incenso à Rainha do céu e de
oferecer-lhe libações! Mantende então
vossas promessas e continuai a cumprir
vossas promessas.
[26]No entanto, escutai a palavra de
Javé, vós todos de Judá que habitais
no país do Egito. Eu juro por meu gran-
de nome – diz Javé – que nunca mais
meu nome será pronunciado em todo o
país do Egito pela boca de um homem
de Judá, dizendo: 'Pela vida do Senhor
Javé!' [27]Velarei sobre eles para sua des-
graça e não para seu bem. Todos os ho-
mens de Judá que se acham no país do
Egito morrerão pela espada e de fome
até seu extermínio. [28]Todavia os que es-
caparem da espada voltarão do país do
Egito ao país de Judá, poucos em nú-
mero. Todo o resto de Judá, aqueles que
foram morar no país do Egito, saberão
qual palavra se cumprirá, se a minha ou
a deles. [29]Isto será para vós o sinal – orá-
culo de Javé – de que vos punirei neste
lugar, para que saibais que minhas pala-
vras contra vós se cumprem de verdade,
para vossa infelicidade.
[30]Assim fala Javé: Entregarei o faraó
Hofra, rei do Egito, na mão de seus ini-
migos e daqueles que atentam contra
sua vida, como entreguei Sedecias, rei
de Judá, na mão de Nabucodonosor,
rei de Babilônia, seu inimigo, que aten-
tava contra sua vida".

45 **Promessa de proteção a Ba-
ruc.** [1]Esta é a palavra que o
profeta Jeremias comunicou a Baruc, fi-
lho de Nerias, quando ele escrevia num
livro estas palavras ditadas por Jere-
mias, no quarto ano de Joaquim, filho
de Josias, rei de Judá: [2]"Assim fala Javé,
o Deus de Israel, sobre ti, Baruc: [3]Dis-
seste: Ai de mim porque Javé acrescen-
ta tristeza a minha dor. Estou cansado
de gemer e não encontro repouso. [4]Eis
o que lhe dirás: Assim fala Javé: Eu des-
truo o que edifiquei* e arranco o que
plantei; e isto em toda a terra. [5]E tu es-
tás procurando grandes coisas para ti?
Não as procures, porque eu mandarei
a desventura sobre todo ser humano –
oráculo de Javé. Mas a ti farei o dom
de tua vida como despojo, em todos os
lugares aonde fores".

III. ORÁCULOS CONTRA AS NAÇÕES ESTRANGEIRAS (46–51)

46 **Contra o Egito.** [1]Palavra de
Javé que foi dirigida ao profeta
Jeremias sobre as nações.
[2]A respeito do Egito. Sobre o exér-
cito do faraó Necao, rei do Egito, que
estava em Carquemis, junto ao rio Eu-
frates, quando Nabucodonosor, rei de
Babilônia, o venceu no quarto ano de
Joaquim, filho de Josias, rei de Judá.
[3]Preparai escudo grande e pequeno
e avançai para a batalha.
[4]Selai os cavalos, montai, ó cavalei-
ros!
Alinhai-vos, capacete na cabeça,
poli as lanças, vesti-vos de couraças!
[5]Que vejo? Estão com medo, retro-
cedem!
Seus valentes são derrotados,*
fogem em debandada sem se voltar;
é o terror por todo lado
– oráculo de Javé.
[6]O mais ágil não escapa,
o mais valente não se salva.
Ao norte, à beira do Eufrates,
tropeçam e caem.
[7]Quem é este que transborda como
o Nilo,*
como uma torrente de águas turbu-
lentas?
[8]É o Egito que transborda como o
Nilo,
como uma torrente de águas turbu-
lentas.
Ele diz: "Transbordarei, recobrirei a
terra,
destruirei a cidade e seus habitan-
tes".
[9]Assaltai, cavalos, avançai, carros!
Avante, ó valentes!
Homens da Etiópia e de Fut,
vós que empunhais o escudo,
e vós de Lud que manejais o arco.

* **45**,4. 1,10 | **46**,5. Am 2,14ss | 7. Is 8,7s

10Mas aquele dia, para o Senhor Javé dos exércitos,
é um dia de vingança,
para vingar-se de seus inimigos.
Sua espada devora,
Sacia-se e embriaga-se do sangue deles;
porque é um sacrifício para o Senhor Javé dos exércitos,
no país do norte, junto ao rio Eufrates.
11Sobe a Galaad em busca de bálsamo,*
virgem, filha do Egito.
Em vão multiplicas os remédios, não há cura para ti.
12As nações souberam de tua desonra;
de teu lamento está cheia a terra,
porque o valente tropeça no valente,
caem juntos todos os dois.
13Palavra que Javé comunicou ao profeta Jeremias quando Nabucodonosor, rei de Babilônia, chegou para atacar o país do Egito.
14Anunciai-o no Egito, fazei-o saber em Magdol,*
fazei-o ouvir em Mênfis e em Táfnis;
dizei: "Levanta-te e prepara-te,
porque a espada devora a teu redor".
15Por que o boi Ápis fugiu?*
Teu touro sagrado não resiste?
Sim, Javé o derrubou.
16Ele faz muitos vacilar.
Caem um sobre o outro e dizem:
"Vamos, voltemos a nosso povo,
ao país onde nascemos,
longe da espada mortífera!"
17Deram ao faraó, rei do Egito, este nome:
Ruído que perdeu a hora oportuna.
18Por minha vida
– oráculo do rei, cujo nome é Javé dos exércitos –
virá um, semelhante ao Tabor entre as montanhas,
como o Carmelo junto ao mar.
19Prepara a bagagem para o exílio,
população do Egito,
porque Mênfis será reduzida a um deserto,
ficará devastada, sem habitantes.
20Uma novilha belíssima é o Egito,
mas uma mosca vinda do norte pousou sobre ela.
21Também seus mercenários em seu meio
são como bezerros cevados.
Também eles viraram as costas,
fogem juntos, não resistem,
porque o dia de sua ruína caiu sobre eles,
o tempo de seu castigo.
22Sua voz é como a da serpente que assobia,
porque avançam com um exército
e armados de machados vêm contra ela
como lenhadores.
23Abatem sua selva
– oráculo de Javé –
embora seja impenetrável,
porque eles são mais numerosos que gafanhotos,
não podem ser contados.
24Sente vergonha a filha do Egito, é entregue na mão de um povo do norte.
25Javé dos exércitos, o Deus de Israel,
diz: "Punirei Amon de Tebas, o faraó e
o Egito, seus deuses e seu rei, o faraó e
os que nele confiam. 26Eu os entregarei
ao poder daqueles que atentam contra
sua vida, ao poder de Nabucodonosor,
rei de Babilônia, e ao poder de seus ministros. Mas depois ele será habitado
como no passado" – oráculo de Javé.
Libertação de Israel. 27Mas tu, não
temas, Jacó, meu servo* – oráculo de
Javé –, não te deixes abater, Israel. Pois
eu te libertarei do país distante e tua
descendência, do país de seu exílio.
Jacó voltará e gozará de paz, viverá
tranquilo e ninguém o inquietará.
28Não temas, meu servo Jacó – oráculo de Javé –, pois estou contigo. Exterminarei todas as nações no meio
das quais eu te dispersei; mas não te
destruirei: eu te castigarei segundo a
justiça, não te deixando impune".

47 **Contra os filisteus.** 1Palavra
de Javé que foi dirigida ao
profeta Jeremias* sobre os filisteus, antes que o faraó conquistasse Gaza.

---

* **46**,11. 8,22 | 14. 44,1 | 15. Is 46,1s | 27. 30,10s | **47**,1. Js 13,2; Am 1,6ss; Sf 2,4-7; Ez 25,15ss

2Assim fala Javé:
"As águas sobem do norte,
tornam-se uma torrente que transborda.
Submergem a terra e o que ela contém,
a cidade e seus habitantes†.
Os homens gritam,
gemem todos os habitantes do país
3ouvindo o ruído dos cascos de seus cavalos,
o fragor de seus carros,
o barulho das rodas;
os pais não olham mais seus filhos,
suas mãos desfalecem,
4porque chegou o dia
em que serão aniquilados todos os filisteus
e serão abatidos Tiro e Sidônia
com todos os restantes aliados;
com efeito, Javé aniquila os filisteus,
o resto da ilha de Cáftor†.
5Chegou a calvície até Gaza,
Ascalon está reduzida ao silêncio
com o resto de sua planície;
até quando te farás incisões?
6Ah! espada de Javé,
até quando ficarás sem repouso?
Volta para tua bainha, descansa e sossega.
7Como poderá descansar,
se foi Javé que lhe deu ordem
contra Ascalon e a praia do mar?
Para lá ele a destinou".

48 **Contra os moabitas**†. 1A respeito de Moab.*
Assim fala Javé dos exércitos,
o Deus de Israel:
"Ai de Nebo porque está devastada;
Cariataim está cheia de vergonha e capturada;
sente vergonha, está abatida a fortaleza.
2Não existe mais a glória de Moab;
em Hesebon tramam o mal contra ela:
Vinde e destruamo-la, e não seja mais nação.
Tu também, Madmena,
serás reduzida ao silêncio,
a espada te perseguirá.
3Chegam de Horonaim gritos de socorro:*
Devastação e grande ruína!
4Abatido está Moab,
seus pequenos soltam gritos.*
5Porque pela subida de Luit vão chorando;
porque pela descida de Horonaim
ouve-se um grito angustiado de derrota.
6Fugi, salvai vossa vida!
Sede como o asno selvagem no deserto.
7Porque puseste tua confiança
em tuas obras e em teus tesouros,
também tu serás tomada.
Camos irá para o exílio†
junto com seus sacerdotes
e seus chefes todos juntos.
8O devastador virá contra toda cidade;
nenhuma escapará.
O vale será devastado
e a planície será destruída
como disse Javé.
9Dai asas a Moab,
para que possa alçar voo.
Suas cidades serão desoladas
e ninguém vai morar nelas.
10Maldito quem faz com negligência
a obra de Javé!
Maldito quem priva de sangue sua espada!
11Moab estava tranquilo desde a juventude,
repousava como vinho sobre suas fezes;
não foi passado de um jarra para outra,
nunca foi para o exílio;
por isso conservou seu sabor,
seu perfume não se alterou.
12Por isso, virão dias
– oráculo de Javé –

* **48**,1. Is 15-16; Am 2,1ss; Ez 25,8-11 | 3. 22,20 | 4. Is 15,5

† **47**,2. As águas simbolizam a invasão dos exércitos de Nabucodonosor. | 4. A ilha de Creta, donde vieram os filisteus. | **48**. Povo vizinho e inimigo de Israel, aliou-se aos babilônios contra ele, 2Rs 24,2. | 7. Deus nacional dos moabitas. Era costume levar como troféus de vitória os deuses dos povos vencidos, como se fossem prisioneiros do deus do povo vencedor.

nos quais lhe mandarei
transportadores que o transportarão;
esvaziarão suas jarras
e quebrarão suas ânforas.
13Moab se envergonhará de Camos*
como a casa de Israel se envergonhou de Betel,
objeto de sua confiança.
14Como podeis dizer:
'Somos homens valentes,
valorosos na batalha'?
15Sobe o devastador de Moab
e de suas cidades,
a elite de seus jovens desce ao matadouro
– oráculo do rei, cujo nome é Javé dos exércitos.
16Está próxima a ruína de Moab,
sua calamidade avança velozmente.
17Compadecei-vos dele,
vós todos seus vizinhos
e todos vós que sabeis seu nome.
Dizei: 'Como se quebrou a vara robusta,*
aquele cetro magnífico?'
18Desce de tua glória, senta-te no chão árido,
ó povo que moras em Dibon;
porque o devastador de Moab
subiu contra ti, destruiu tuas fortalezas.
19Pára na estrada e observa,
tu que habitas em Aroer.
Interroga o fugitivo e o sobrevivente,
pergunta: 'O que aconteceu?'
20Moab sente vergonha porque foi abatido;
gemei, gritai!
Anunciai no Arnon que Moab foi destruído.
21Chegou o juízo para a região do
planalto, para Helon, Jasa e Mefaat,
22para Dibon, Nebo e Bet-Deblataim,
23para Cariataim, Bet-Gamul e Bet-Ma-
on, 24para Cariot, Bosra e para todas as
cidades do país de Moab, as distantes
e as próximas.
25Foi vencida a força de Moab
e quebrou-se seu braço
– oráculo de Javé.
26Inebriai-o, porque levantou-se con-
tra Javé.* Que Moab se revolva em seu
vômito e se torne também ele objeto
de zombaria.* 27Pois Israel não foi para
ti objeto de zombaria? Foi ele surpre-
endido entre os ladrões, para que mo-
vas a cabeça cada vez que falas dele?
28Abandonai as cidades
e habitai nos rochedos,
habitantes de Moab!
Sede como a pomba que faz o ninho
à beira de um precipício.
29Ficamos sabendo do orgulho de Moab,*
de sua altivez sem medida,
de sua soberba, de seu orgulho,
de sua arrogância e da altivez de seu coração.
30Conheço bem sua presunção – orá-
culo de Javé –, a inconsistência de suas
falas, suas obras vãs. 31Por isso ergo um
lamento sobre Moab,* grito por todo
Moab, gemo pelos homens de Quir-Hares.
32Choro por ti mais do que por Jazer,
ó vinha de Sabama!
Teus sarmentos se estendiam além do mar,
atingiam até Jazer.
Sobre tua colheita e sobre tua vindima
caiu o devastador.
33Desapareceram a alegria e o regozijo*
do campo fértil e do país de Moab.
Fiz desaparecer o vinho dos lagares;
ninguém pisa a uva com gritos de alegria;
seus gritos não são gritos de alegria.
34O clamor de Hesebon chega até
Eleale* e até Jasa; ergueram sua voz
desde Segor até Horonaim e até Eglat-
-Selisia; porque também as águas de
Nemrim se tornaram um lugar deso-
lado.
35Farei desaparecer em Moab – orácu-
lo de Javé – quem faz sacrifícios nos lu-
gares altos e quem incensa seus deuses.
36Por isso meu coração geme por
Moab* como gemem as flautas, meu

* **48**,13. 1Rs 12,29; Os 10,5; Am 5,5 | 17. 22,18 | 26. Is 51,17 / Ez 25,8-11 | 29. Is 16,6 | 31. Is 16,7 | 33. Is 16,10 | 34. Is 15,4 | 36. Is 15,5 / Is 15,2s

coração geme pelos homens de Quir-
-Hares* como gemem as flautas; por-
que se perdeu o tesouro que ajunta-
ram. [37]Porque toda cabeça está raspa-
da, toda barba está cortada; há incisões
em todas as mãos e todos têm os flan-
cos cobertos de saco. [38]Sobre todos os
terraços de Moab e em suas praças é
tudo um lamento, porque eu quebrei
Moab como um vaso sem valor – orá-
culo de Javé. [39]Como está arruinado!
Gritai! Como Moab virou vergonho-
samente as costas! Moab tornou-se
objeto de zombaria e de espanto para
todos os seus vizinhos.

[40]Pois assim fala Javé:
Como águia ele alça vôo*
e abre as asas sobre Moab.
[41]As cidades são tomadas,
as fortalezas são ocupadas.
Naquele dia o coração dos valentes de Moab
será como o coração da mulher
em dores de parto.
[42]Moab está destruído, deixou de ser um povo,
porque se engrandeceu contra Javé.
[43]Terror, fossa e laço cairão sobre ti,*
habitante de Moab
– oráculo de Javé.
[44]Quem escapar do terror cairá na fossa,
e quem sair da fossa será preso no laço,
porque eu mandarei sobre ele, sobre Moab,
o ano de seu castigo
– oráculo de Javé.
[45]Na sombra de Hesebon se detêm*
sem forças os fugitivos.
Mas um fogo sai de Hesebon,
uma chama do palácio de Seon,
que devora as têmporas de Moab*
e o crânio de homens turbulentos.
[46]Ai de ti, Moab,
estás perdido, povo de Camos!
porque teus filhos são levados para o exílio
e tuas filhas, para o cativeiro.
[47]Mas eu mudarei a sorte de Moab*
nos últimos dias
– oráculo de Javé".
Aqui termina o juízo sobre Moab.

49 **Contra os amonitas.** [1]A respeito dos amonitas.*
Assim fala Javé:
"Israel não tem filhos,
não tem ele herdeiro algum?
Por que Melcom herdou a terra de Gad
e seu povo ocupou suas cidades?
[2]Pois bem, virão dias
– oráculo de Javé –
nos quais eu farei ressoar em Rabá dos amonitas
o grito de guerra;
ela se tornará um montão de ruínas,
suas aldeias serão consumidas pelo fogo,
Israel será herdeiro* de seus herdeiros†,
diz Javé.
[3]Geme, Hesebon,*
porque Ai foi devastada;
gritai, aldeias de Rabá, vesti-vos de saco,
erguei lamentos e andai sem rumo pelas sebes,
porque Melcom irá para o exílio
com seus sacerdotes
e com seus chefes todos juntos.
[4]Por que te orgulhas de teus vales,
filha rebelde?
Confias em teus tesouros e exclamas:
'Quem ousará vir contra mim?'
[5]Mandarei sobre ti o terror
– oráculo do Senhor Javé dos exércitos –
de todos os lados.
Sereis expulsos, cada qual numa direção,
e não haverá ninguém que reúna os fugitivos.
[6]Mas depois mudarei a sorte dos amonitas"
– oráculo de Javé.

Contra a Iduméia. [7]A respeito de Edom.*

* **48**,40. 49,22 | 43. Is 24,17s | 45. Nm 21,28s; 24,17 | 47. 46,26 | **49**,1. Am 1,13ss; Ez 25,1-7; Sf 2,8-11 | 2. Is 11,14 | 3. 48,2 | 7. Am 1,11s; Ez 25,12ss; Ab 1-16; Br 3,22

† **49**,2. Isto é, vai recuperar o território que seus inimigos lhe roubaram.

Assim fala Javé dos exércitos:
"Não há mais sabedoria em Temã?
Desapareceu o conselho dos sábios?
Acabou sua sabedoria?
8Fugi, voltai para trás, escondei-vos bem,
habitantes de Dedã,
porque eu mando sobre Esaú sua ruína,
o tempo de seu castigo.
9Se vindimadores vierem a ti,*
não deixarão nada para rebuscar.
Se ladrões noturnos vierem a ti,
saquearão quanto lhes basta.
10Porque eu despojarei Esaú,
descobrirei seus esconderijos
e ele não poderá esconder-se.
Sua estirpe, seus irmãos
e seus vizinhos serão destruídos,
e ele não existirá mais.
11Deixa teus órfãos, eu os farei viver,
tuas viúvas confiem em mim.
12Porque assim fala Javé: Os que não
estavam destinados a beber o cálice,
certamente o beberão e tu pretendes
ficar impune? Não ficarás impune,*
mas o beberás certamente 13porque
eu jurei por mim mesmo – oráculo de
Javé – que Bosra se tornará um horror,
um opróbrio, uma ruína, uma maldição
e todas as suas cidades serão reduzidas
a ruínas perenes.
14Recebi uma mensagem da parte de Javé,*
um mensageiro foi enviado entre as nações:
Reuni-vos e marchai contra ele!
Levantai-vos para a batalha!
15Porque eu te tornarei pequeno entre as nações
e desprezado entre os homens.
16Tua arrogância e a soberba de teu coração
te enganaram;
tu que moras nas fendas das rochas,
que ocupas os altos das colinas.
Mesmo se pusesses no alto teu ninho como a águia,*
de lá de cima eu te faria precipitar
– oráculo de Javé.
17Edom será objeto de horror; todos
os que passarem por perto ficarão atônitos e assobiarão por causa de todas
as suas chagas. 18Como na destruição
de Sodoma e Gomorra* e das cidades
vizinhas – diz Javé – ali não habitará
mais ninguém, nem ali habitará um filho de homem.
19Como um leão sai do bosque do Jordão
para os prados sempre verdes,
assim num instante eu o expulsarei de lá
para lá estabelecer meu eleito.
Pois quem é como eu?
Quem pode citar-me em juízo?
Quem é, pois, o pastor que pode resistir diante de mim?*
20Por isso escutai o projeto
que Javé fez contra Edom
e as decisões que ele tomou
contra os habitantes de Temã.
Certamente, serão arrastados também
os mais pequenos do rebanho,
será devastada sua morada por causa deles.
21Ao fragor de sua queda tremerá a terra;
o som de seu grito será ouvido até o mar Vermelho.
22Como águia, ele sobe e voa,
abre as asas sobre Bosra.
Naquele dia o coração dos valentes de Edom
será como o coração da mulher em dores de parto".

Contra Damasco. 23A respeito de Damasco.*
"Emat e Arfad estão cobertas de vergonha,
porque receberam má notícia;
desfalecem; estão agitadas como o mar
que não pode acalmar-se.
24Damasco se enfraqueceu e se volta para fugir;
o pânico se apoderou dela;
angústia e dores a assaltam como a uma parturiente.

* **49**,9. Ab 5 s | 12. 25,28s; Is 51,17 | 14. Ab 1-4 | 16. 51,53; Ab 2,9 | 18. 50,40; Gn 19,24s | 19. Jó 9,19; Sb 12,12 | 23. Is 17,1ss; Am 1,3ss

25Como está abandonada a cidade gloriosa,
a cidade de minha alegria!
26Por isso cairão seus jovens em suas praças
e todos os seus guerreiros morrerão naquele dia
– oráculo de Javé dos exércitos.
27Porei fogo nos muros de Damasco
e ele devorará os palácios de Ben-Adad".

Contra as tribos árabes. 28A respeito de Cedar e dos reinos de Hasor, que Nabucodonosor, rei de Babilônia, derrotou.
Assim fala Javé:
"Levantai-vos! Marchai contra Cedar,
destruí os filhos do oriente.
29Tomai suas tendas e seus rebanhos,
as lonas de suas tendas
e todos os seus utensílios;
levai seus camelos;
e que se grite contra eles:
Terror por todo lado!
30Fugi, parti depressa, escondei-vos bem,
ó habitantes de Hasor
– oráculo de Javé –
porque Nabucodonosor, rei de Babilônia,
fez um projeto contra vós,
preparou um plano contra vós.
31De pé! Marchai contra uma nação tranquila,
que vive em segurança
– oráculo de Javé.
Ela não tem portas nem ferrolhos
e vive isolada.
32Seus camelos serão levados como presa
e a multidão de seus rebanhos, como despojo.
Dispersarei por todos os ventos
os que cortam os cabelos nas têmporas,
de toda parte farei vir sua ruína
– oráculo de Javé.
33Hasor se tornará refúgio de chacais,
uma desolação para sempre;
ninguém morará lá,
não habitará nela um filho de homem".

Contra Elam. 34Palavra que Javé dirigiu ao profeta Jeremias a respeito de Elam no começo do reinado de Sedecias, rei de Judá.
35Assim fala Javé dos exércitos:
"Eu quebrarei o arco de Elam,
o nervo de seu poder.
36Mandarei contra Elam os quatro ventos
das quatro extremidades do céu
e os espalharei diante desses ventos;
não haverá nação à qual não chegarão
os refugiados de Elam.
37Incutirei terror nos elamitas
diante de seus inimigos
e diante dos que atentam contra sua vida;
mandarei sobre eles a calamidade,
minha ira ardente
– oráculo de Javé.
Mandarei a espada para persegui-los
até que eu os tenha exterminado.
38Porei meu trono sobre Elam
e farei morrer o rei e os chefes
– oráculo de Javé.
39Mas nos últimos dias mudarei a sorte de Elam
– oráculo de Javé".

50 **Queda de Babilônia†.** 1Palavra que Javé pronunciou contra Babilônia, contra o país dos caldeus, por meio do profeta Jeremias.
2"Anunciai-o entre as nações, proclamai-o,
erguei um sinal e publicai-o,
não o escondais, dizei:
Babilônia está tomada,*
Bel está coberto de confusão,
está abatido Merodac†;
são confundidos seus ídolos,
destroçadas suas imundícies.
3Porque do norte sobe contra ela

* **50**,2. Is 46,1

† **50**. Os cc. 50 e 51 retratam uma época em que Babilônia está à beira da ruína e se aproxima a hora da volta dos exilados. | 2. Bel e Merodac, ou Marduc, eram os principais deuses babilônios. Quando seu povo é derrotado, eles também o são.

uma nação
que reduzirá sua terra a um deserto
e ninguém mais ali habitará;
homens e animais fogem, vão embora.
4Naqueles dias e naquele tempo
– oráculo de Javé –
virão os israelitas junto com os filhos de Judá;
caminharão chorando
e buscarão Javé seu Deus.
5Perguntarão pelo caminho de Sião,
para a qual estarão voltados seus rostos:
Vinde, unamo-nos a Javé
por uma aliança eterna,
que nunca mais seja esquecida.
6Meu povo era um rebanho de ovelhas perdidas;*
seus pastores as fizeram errar
e as deixaram se desviar pelos montes;
elas iam de monte a colina,
tinham esquecido seu redil.
7Todos os que as encontravam as devoravam,
e seus inimigos diziam:
Não cometemos nenhum delito,
porque eles pecaram contra Javé,
morada de justiça,
e contra a esperança de seus pais, Javé.
8Fugi de Babilônia, do país dos caldeus;*
saí e sede como bodes à frente do rebanho.
9Porque eu suscito e mando contra Babilônia
uma aliança de grandes nações;
chegando do país do norte,
estas se alinharão contra ela
e daquele lado ela será conquistada.
suas flechas são como as de um hábil arqueiro,
nenhuma retorna sem efeito.
10A Caldéia será saqueada,
todos os seus saqueadores serão saciados – oráculo de Javé.
11Alegrai-vos e exultai,
saqueadores de minha herança!
Saltai como novilha no prado
e relinchai como corcéis!
12Vossa mãe está cheia de confusão,
e coberta de vergonha aquela que vos deu à luz.
É a última das nações, um deserto,
uma terra árida e uma solidão.
13Por causa da ira de Javé
não será mais habitada,
será uma desolação completa.
Todo aquele que passar perto de Babilônia
ficará estupefato e assobiará
diante de todas as suas chagas.
14Alinhai-vos contra Babilônia ao redor dela,
vós todos que manejais o arco;
atirai contra ela, não poupeis as flechas,
porque ela pecou contra Javé.
15Erguei o grito de guerra contra ela
de todo lado.
Ela estende a mão, desabam suas torres,
caem suas muralhas,
porque esta é a vingança de Javé.*
Vingai-vos dela,
fazei a ela o que ela fez!
16Extirpai de Babilônia quem semeia
e quem empunha a foice no tempo da messe.
Diante da espada mortífera
cada um volte a seu povo,
fuja cada um para seu país.
17Israel era uma ovelha desgarrada,
os leões a perseguiram;
quem primeiro a devorou foi o rei da Assíria,*
e quem por último lhe quebrou os ossos
foi Nabucodonosor, rei de Babilônia".
Israel volta para a pátria. 18"Por isso,
assim fala Javé dos exércitos,
o Deus de Israel:
Eu punirei o rei de Babilônia e seu país,
como já puni o rei da Assíria,
19e reconduzirei Israel a seu pasto;
pastará no Carmelo e em Basã,
nas montanhas de Efraim e de Galaad se saciará.

* **50**,6. Mt 9,36; Ez 34,1 | 8. 51,6.45; Is 48,20; 52,11; Ap 18,4 | 15. 51,6; Is 59,18 | 17. 51,34

20Naqueles dias e naquele tempo
– oráculo de Javé –
alguém buscará a iniquidade de Israel,
mas ela não existirá mais;
alguém buscará os pecados de Judá,
mas não os encontrará,
porque eu perdoarei os sobreviventes que eu deixar".*

A queda de Babilônia anunciada em Jerusalém. 21"Avança contra o país de Merataim,
avança contra ele
e contra os habitantes de Facud.
Massacra-os, extermina-os
– oráculo de Javé –
executa tudo o que te ordenei!
22Rumor de guerra no país
e grande desastre!
23Por que foi quebrado e feito em pedaços*
o martelo de toda a terra?*
Por que Babilônia se tornou
objeto de horror entre as nações?*
24Eu te estendi um laço
e ficaste presa, Babilônia,
sem o perceberes.
Foste surpreendida e apanhada,
porque fizeste guerra contra Javé.
25Javé abriu seu arsenal
e tirou dele as armas de seu furor,
porque o Senhor Javé dos exércitos
tem uma obra a realizar no país dos caldeus.
26Vinde contra ela de toda parte,
abri seus celeiros;
fazei dela um montão de ruínas e exterminai-a,*
que dela não sobre nem um resto.
27Matai todos os seus touros,
que eles desçam ao matadouro.
Ai deles, porque chegou seu dia,
o tempo de seu castigo!
28Escutai!
Refugiados e sobreviventes
do país de Babilônia
vêm anunciar em Sião
a vingança de Javé, nosso Deus,
a vingança por seu templo.
29Convocai contra Babilônia os arqueiros,*
todos os que manejam o arco.
Acampai contra ela a seu redor,
de modo que ninguém escape.
Retribuí-lhe segundo suas obras,
fazei a ela tudo o que ela fez aos outros,
porque foi arrogante com Javé,
com o Santo de Israel.
30Por isso cairão seus jovens em suas praças
e todos os seus guerreiros morrerão naquele dia
– oráculo de Javé.
31Eis-me em tua frente, ó arrogante
– oráculo do Senhor Javé dos exércitos –
porque chegou teu dia,
o tempo em que te castigarei.
32Vacilará a arrogante e cairá,
e não haverá quem a levante.
Porei fogo em suas cidades,
ele devorará todos os seus arredores.
33Assim fala Javé dos exércitos:
Estão oprimidos os filhos de Israel
e os filhos de Judá todos juntos;
todos os que os deportaram os retêm
e recusam-se a deixá-los partir.
34Mas seu Redentor* é forte†,
Javé dos exércitos é seu nome.
Ele defenderá eficazmente sua causa,
para dar repouso ao país,
mas fazer tremer os habitantes de Babilônia.
35Espada contra os caldeus
e contra os habitantes de Babilônia,
contra seus chefes e contra seus sábios!
36Espada contra seus adivinhos,
e eles enlouquecem!
Espada contra seus valentes,
e ficam aterrorizados!
37Espada contra seus cavalos*
e contra seus carros,
contra todo o tipo de gente que está no meio dela,
que se tornem como mulheres!

---

* **50**,20. Is 4,3 | 23. Is 14,4ss / Jr 51,8.20 / 51,41 | 26. Js 6,17 | 29. Êx 21,25; Ap 18,6; Sl 28,4; Is 14,13s | 34. Is 41,14; Jr 51,10.36 | 37. 51,30; 51,13

† **50**,34. Ver a nota em Is 41,14.

Espada contra seus tesouros,
que sejam saqueados!
38Espada contra suas águas,*
e que elas sequem!
Porque esta é uma terra de ídolos;
ficam loucos por esses espantalhos.
39Por isso nela habitarão
animais do deserto e chacais,*
nela se estabelecerão avestruzes;
nunca mais será habitada
nem povoada de geração em geração.
40Como quando Deus destruiu Sodoma,*
Gomorra e as cidades vizinhas
– oráculo de Javé –
assim ninguém habitará ali
nem morará nela pessoa alguma".

Invasão iminente. 41"Um povo vem do norte,*
uma grande nação,
e muitos reis surgem dos confins da terra.
42Empunham arco e dardo,
são cruéis, não têm piedade;
seu estrondo é como o bramido do mar.
Montam cavalos,
estão prontos como um só homem
para combater contra ti, filha de Babilônia.
43O rei de Babilônia ouviu falar deles
e suas mãos se enfraqueceram;
a angústia o invadiu,
uma dor como a da mulher no parto.
44Como um leão sai do bosque do Jordão*
para os prados sempre verdes,
assim num instante eu ponho em fuga os habitantes
e estabeleço sobre eles meu eleito.
Porque quem é como eu?
Quem pode citar-me em juízo?
E quem é o pastor que pode resistir diante de mim?
45Por isso escutai o projeto
que Javé fez contra Babilônia
e as decisões que tomou
contra o país dos caldeus.
Certamente arrastarão também
os menores do rebanho;
certamente por causa deles
será destruída sua morada.
46Ao fragor da tomada de Babilônia
trema a terra;
seu clamor ressoará entre as nações".

51 **Javé contra Babilônia.** 1Assim fala Javé:
"Suscitarei contra Babilônia
e contra os habitantes da Caldeia
um vento destruidor;
2enviarei a Babilônia joeireiros que a joeirarão*
e despojarão seu país,
porque cairão sobre ela de todas as partes
no dia da tribulação".
3Retese o arqueiro seu arco
contra quem retesa o arco
e contra quem se exalta em sua couraça.
Não poupeis seus jovens,
exterminai todo o seu exército.*
4Caiam mortos no país dos caldeus
e traspassados em suas praças,
5Pois Israel e Judá não são viúvas de seu Deus†,
Javé dos exércitos,
embora seu país esteja cheio de pecado
contra o Santo de Israel.
6Fugi do meio de Babilônia,*
salve cada um sua vida;
não queirais perecer por sua iniquidade.
Porque este é o tempo da vingança de Javé;*
ele lhe retribui o que ela mereceu.
7Babilônia era uma taça de ouro
na mão de Javé;
ela inebriava toda a terra;*
de seu vinho beberam as nações,
por isso enlouqueceram.
8De improviso Babilônia caiu,*
foi despedaçada;
erguei lamentos por ela;
tomai bálsamo para sua dor,
talvez possa ser curada.

---

* **50**,38. 51,36 | 39. Ap 18,2 | 40. 49,18; Gn 19,24s; Jr 51,26.37 | 41. 6,22s | 44. 49,19ss | **51**,2. 4,11 | 3. Js 6,17 | 6. 50,8; Ap 18,4 / Jr 50,15 | 7. 25,15-29; Is 51,17; Ap 18,3 | 8. Ap 18,2; Jr 50,23

† **51**,5. Babilônia se excedeu no castigo infligido a Israel e Judá. Deus não abandona seu povo pecador.

[9]"Queríamos curar Babilônia,
mas ela não sarou.
Deixai-a e volte cada qual para seu país;*
porque sua punição chega até o céu
e se eleva até as nuvens.
[10]Javé fez triunfar nossa justa causa.*
Vinde, narremos em Sião
a obra de Javé, nosso Deus".
[11]Aguçai as flechas, enchei as aljavas!
Javé suscita o espírito do rei da Média,*
porque seu plano a respeito de Babilônia
é destruí-la;
pois esta é a vingança de Javé,
a vingança por seu templo.
[12]Erguei um estandarte
contra os muros de Babilônia,
reforçai a guarda, colocai sentinelas,
preparai as emboscadas.
Porque Javé se tinha proposto um plano
e agora cumpre o que tinha dito
contra os habitantes de Babilônia.
[13]Tu que habitas ao longo de águas abundantes,*
tu que és rica de tesouros,
chegou teu fim,
o término de tuas rapinas.
[14]Javé dos exércitos jurou-o por si mesmo:
"Eu te enchi de homens numerosos como gafanhotos
que entoarão contra ti o canto de vitória".
[15]Ele fez a terra com seu poder,*
fixou o mundo com sua sabedoria,
com sua inteligência estendeu os céus.
[16]Ao fragor de sua voz
há um tumulto de águas no céu.
Ele faz subir as nuvens dos confins da terra,*
produz relâmpagos para a chuva
e faz sair os ventos de seus depósitos.
[17]Todo homem se torna néscio,
sem compreender;
fica confuso todo ourives por seus ídolos,
porque é mentira o que fundiu,
não tem sopro vital.
[18]Eles são nulidades, obras ridículas;
no tempo de seu castigo perecerão.
[19]Não é assim a herança de Jacó,
porque ele formou todas as coisas.
Israel é a tribo de sua herança,
Javé dos exércitos é seu nome.

Babilônia instrumento de Deus.
[20]"Um martelo tens sido para mim,*
um instrumento de guerra;
contigo eu martelei as nações,
contigo eu aniquilei os reinos,
[21]contigo eu martelei cavalo e cavaleiro,
contigo eu martelei carro e cocheiro,
[22]contigo eu martelei homem e mulher,
contigo eu martelei velho e rapaz,
contigo eu martelei jovem e menina,
[23]contigo eu martelei pastor e rebanho,
contigo eu martelei o lavrador e seu par de bois,
contigo eu martelei governadores e prefeitos†.
[24]Mas agora retribuirei a Babilônia
e a todos os habitantes da Caldeia
todo o mal que fizeram a Sião,
sob vossos olhos
– oráculo de Javé.
[25]Eis-me aqui contra ti, monte da destruição
– oráculo de Javé –,
que destróis toda a terra.
Eu estenderei a mão contra ti,
eu te farei rolar das rochas abaixo
e te reduzirei a uma montanha queimada;
[26]de ti não se tomará mais nem pedra angular,
nem pedra de fundação,
porque te tornarás um lugar desolado para sempre*
– oráculo de Javé".

Queda de Babilônia. [27]Erguei um estandarte no país,
tocai a trombeta entre as nações;
preparai as nações para a guerra

* **51**,9. 50,16 | 10. 50,34 | 11. Is 13,17 | 13. Ap 17,1.15; Jr 50,37s | 15. 10,12-16 | 16. Sl 135,7 | 20. 50,23 | 26. 50,40

† **51**,23. Babilônia foi o martelo da ira de Deus; terminada sua obra, o martelo é destruído.

contra ela,
convocai contra ela os reinos de Ararat,
de Meni e de Asquenez.
Nomeai contra ela um comandante,
fazei avançar os cavalos como gafanhotos eriçados.
28Preparai contra ela as nações:
os reis da Média, seus governadores,
todos os seus prefeitos
e toda a terra sob seu domínio.
29Trema a terra e se aflija,
porque se cumprirão contra Babilônia
os projetos de Javé
de reduzir o país de Babilônia a um lugar desolado,
sem habitantes.
30Cessaram de combater
os valentes de Babilônia,
retiraram-se para as fortalezas;
seu valor acabou,
tornaram-se como mulheres.*
Foram incendiados seus edifícios*
e quebrados seus ferrolhos.
31Um correio corre ao encontro de outro correio,
e um mensageiro ao encontro de outro mensageiro,
para anunciar ao rei de Babilônia
que sua cidade foi tomada de todos os lados;
32as passagens foram ocupadas,
as fortalezas foram queimadas,
os guerreiros estão cheios de pânico.
33Pois assim fala Javé dos exércitos,
o Deus de Israel:
"A filha de Babilônia é como um terreno
no tempo em que é aplanado;
ainda um pouco e virá para ela o tempo da colheita".
A justiça de Javé. 34Nabucodonosor,
rei de Babilônia,
devorou-me, consumiu-me,*
deixou-me como um vaso vazio;
engoliu-me como faz o crocodilo,
encheu seu ventre com minhas riquezas
e me expulsou.
35"Recaiam sobre Babilônia
a violência e as feridas que sofri!",
diz a população de Sião;
"meu sangue sobre os habitantes da Caldeia!"
diz Jerusalém.
36Por isso assim fala Javé:
"Eu defendo tua causa,*
cumpro tua vingança;
enxugarei seu mar, secarei suas fontes.
37Babilônia se tornará um montão de ruínas,*
um refúgio de chacais,
objeto de espanto e de zombaria,
um lugar sem habitantes.*
38Eles uivam juntos como leõezinhos,
rugem como filhotes de leoa.
39Quando sentirem calor, preparo-lhes uma bebida,
eu os inebriarei para que se alegrem
e caiam num sono perene,*
para jamais acordarem
– oráculo de Javé.
40Eu os farei descer ao matadouro como cordeiros,
como carneiros junto com bodes".
Elegia sobre Babilônia. 41Como Sesac† foi tomada e ocupada,
o orgulho de toda a terra?
Babilônia tornou-se um objeto de espanto*
entre as nações!
42O mar avança sobre Babilônia:
foi submergida pelo tumulto de suas ondas.
43Suas cidades se tornaram uma desolação,
uma terra árida, uma estepe
em que ninguém habita
e pela qual não passa homem algum.
Exortação aos exilados. 44"Eu punirei Bel em Babilônia,*
tirarei de sua boca o que engoliu.
Não acorrerão mais a ele as nações".
Até os muros de Babilônia desabaram.

---

* **51**,30. 50,37 / Is 19,16; Na 3,13 | 34. 50,17 | 36. 50,34 | 37. 50,39 / 50,40 | 39. 51,57; Sl 76,5 | 41. 50,23 | 44. 50,2

† **51**.41: Ver a nota em 25,26.

[45]Sai do meio dela, povo meu!*
Salve cada um sua vida
da ardente ira de Javé.
[46]Mas que vosso coração não desanime! E não temais pela notícia difundida no país; um ano chega uma notícia e, um ano depois, uma outra. A violência reina no país, um tirano contra o outro.
[47]Por isso virão dias
nos quais punirei os ídolos de Babilônia.
Então todo o seu país sentirá vergonha
e todos os seus cadáveres cairão no meio dela.
[48]Gritarão contra Babilônia*
céu e terra e o que eles contêm,
porque do norte chegarão contra ela os devastadores
– oráculo de Javé.
[49]Também Babilônia deve cair
pelos mortos de Israel,
como por causa de Babilônia
caíram os mortos de toda a terra.
[50]Vós, que escapastes da espada, parti,
não fiqueis parados;
enquanto estiverdes longe
recordai-vos de Javé
e esteja em vossa memória Jerusalém.*
[51]"Sentimos vergonha ao ouvir o insulto;
a confusão cobriu nossos rostos,
porque entraram estrangeiros
no santuário do templo de Javé".
[52]"Por isso, virão dias
– oráculo de Javé –
nos quais punirei seus ídolos,
e em todo o seu país gemerão os feridos.
[53]Mesmo se Babilônia se erguesse até o céu,*
mesmo se tornasse inacessível*
sua cidadela altaneira,
por uma ordem minha virão seus devastadores"
– oráculo de Javé.

Destruição completa. [54]Vem de Babilônia um grito de socorro,
do país dos caldeus o ruído
de uma grande destruição.
[55]É Javé que devasta Babilônia
e faz calar seu grande rumor.
Rugem suas ondas
como águas caudalosas,
eleva-se o bramido de sua voz.
[56]Porque vem contra ela,
contra Babilônia, um devastador,
são capturados seus valentes,
foram quebrados seus arcos.
Pois Javé é o Deus das retribuições,
ele retribui com precisão.
[57]"Eu embriagarei seus chefes*
e seus sábios, seus governadores,
seus magistrados e seus guerreiros;
eles dormirão um sono eterno e não mais acordarão"
– oráculo do rei, cujo nome é Javé dos exércitos.
[58]Assim fala Javé dos exércitos:
"O largo muro de Babilônia
será totalmente demolido,
suas altas portas serão queimadas.
Portanto, em vão se preocupam os povos,*
as nações se afadigam pelo fogo"†.

O oráculo lançado no Eufrates. [59]Ordem que o profeta Jeremias deu a Seraías, filho de Nerias, filho de Maasias, quando ele partiu com Sedecias, rei de Judá, para Babilônia, no quarto ano de seu reinado. Seraías era o chefe dos alojamentos.
[60]Jeremias tinha escrito num único rolo todas as calamidades que deviam cair sobre Babilônia, todas estas palavras que foram escritas contra Babilônia.
[61]Jeremias disse então a Seraías: "Quando chegares a Babilônia, tem o cuidado de ler em público todas estas palavras
[62]e dirás: 'Javé, vós mesmo declarastes a propósito deste lugar que haveríeis de destruí-lo,* de modo que não houvesse mais quem o habitasse, nem homem e nem animal, mas se tornasse uma desolação

---

* **51**,45. 50,8; 51,6 | 48. Ap 18,20; 19,1s | 50. Sl 137,5 | 53. Is 14,13 / Jr 49,16 | 57. 51,39 | 58. Hab 2,13 | 62. 51,26 | 63. Ap 18,21

† **51**,58. Ciro, rei dos persas, não destruiu Babilônia ao conquistá-la em 539 a.C., porque ela se rendeu sem combater. A destruição da cidade foi obra de Xerxes I, em 482, por ocasião de uma revolta.

perpétua'.[63] E quando tiveres acabado de ler este rolo, atarás nele uma pedra* e o lançarás no meio do Eufrates, [64]dizendo: 'Assim afundará Babilônia e não ressurgirá mais da calamidade que farei cair sobre ela'". Até aqui as palavras de Jeremias.

IV. APÊNDICE HISTÓRICO (52)†

52 **A catástrofe de Jerusalém.** [1]Sedecias tinha vinte e um anos* quando começou a reinar e reinou onze anos em Jerusalém; sua mãe chamava-se Hamital,* filha de Jeremias†, e era de Lebna. [2]Ele fez o que desagrada a Javé, exatamente como tinha feito Joaquim.

[3]Mas, por causa da ira de Javé, em Jerusalém e em Judá as coisas chegaram a tal ponto que Javé os expulsou de sua presença. Sedecias tinha se revoltado contra o rei de Babilônia.

[4]Então, no nono ano de seu reinado, no décimo mês, no dia dez do mês, Nabucodonosor, rei de Babilônia, veio atacar Jerusalém com todo o exército. Acamparam diante dela e construíram a seu redor obras de assédio. [5]A cidade ficou sitiada até o décimo primeiro ano do rei Sedecias.

[6]No quarto mês, no dia nove do mês, enquanto a fome dominava na cidade e não havia mais comida para a população, [7]foi aberta uma brecha nos muros da cidade. Então todos os soldados fugiram, saindo da cidade de noite pela porta entre os dois muros, que estava perto do jardim do rei e, enquanto os caldeus estavam ao redor da cidade, tomaram o caminho da Arabá.

[8]As tropas dos caldeus, porém, perseguiram o rei Sedecias* e o alcançaram na planície de Jericó; então todo o seu exército o abandonou e se dispersou. [9]O rei foi capturado e conduzido a Rebla, no país de Emat, junto ao rei de Babilônia, o qual pronunciou a sentença contra ele. [10]O rei de Babilônia degolou os filhos de Sedecias à vista dele e degolou também em Rebla todos os chefes de Judá; [11]vazou os olhos de Sedecias e mandou acorrentá-lo e conduzi-lo a Babilônia, onde o manteve preso até sua morte.

O templo depredado e incendiado. [12]No quinto mês, no dia dez do mês, sendo o ano décimo nono do reinado de Nabucodonosor, rei de Babilônia, Nabuzardã, chefe da guarda, que estava a serviço do rei de Babilônia, chegou a Jerusalém. [13]Incendiou o templo de Javé e o palácio real e todas as casas de Jerusalém e queimou todas as casas dos nobres. [14]Todo o exército dos caldeus, que estava com o chefe da guarda, demoliu todos os muros em torno de Jerusalém.

[15]E Nabuzardã, chefe da guarda, deportou parte dos pobres do povo e o resto da população deixada na cidade, os desertores que tinham passado para o rei de Babilônia e o que restava dos artesãos. [16]Mas Nabuzardã, chefe da guarda, deixou outra parte dos pobres do país como vinhateiros e lavradores.

[17]Os caldeus despedaçaram as colunas de bronze que estavam no templo de Javé, os pedestais e o mar de bronze que estavam no templo de Javé e levaram todo o bronze para Babilônia. [18]Eles tomaram também as caldeiras, as pás, as facas, as bacias para a aspersão, as taças e todos os utensílios de bronze usados no culto. [19]O chefe da guarda tomou também os copos, os braseiros, as bacias, as caldeiras, os candelabros, as taças e os cálices, o ouro daquilo que era de ouro e a prata daquilo que era de prata. [20]Quanto às duas colunas, ao mar único, aos doze bois de bronze que estavam debaixo dele e nos pedestais, coisas que Salomão tinha feito para o templo de Javé,

---

* **52**,1. 2Rs 24,18-25,30 / Jr 39,1-10 | 8. 39,4

† **IV.** O c. 52 de Jeremias é formado pelo trecho de 2Rs 24,18 a 25,30, aqui incluído para mostrar que as profecias de Jeremias se cumpriram. A libertação de Joaquim é um primeiro sinal da realização de suas esperanças. | **52**,1. Um outro Jeremias, não o profeta.

não se podia calcular o peso do bronze
de todos estes objetos. [21]Uma das co-
lunas tinha dezoito côvados de altura
e era preciso um fio de doze côvados
para medir sua circunferência; sua es-
pessura era de quatro dedos e era oca.
[22]Sobre ela havia um capitel de bronze
e a altura de um capitel era de cinco
côvados; ao redor do capitel havia uma
rede e romãs, tudo de bronze; assim
era também a outra coluna, com as ro-
mãs. [23]Havia noventa e seis romãs de
um lado; todas as romãs em torno da
rede chegavam a cem.

Os deportados. [24]O chefe da guarda
prendeu Seraías, sumo sacerdote, So-
fonias, o segundo sacerdote, e os três
guardas da entrada do templo. [25]Da
cidade ele fez prisioneiro um funcio-
nário, que estava à frente dos solda-
dos, e sete homens do séquito do rei,
que foram achados na cidade, o secre-
tário do chefe do exército que alistava
o povo do país e sessenta homens do
povo do país que foram achados no
meio da cidade. [26]Nabuzardã, chefe
da guarda, tomou-os e os conduziu
ao rei de Babilônia, em Rebla. [27]O rei
de Babilônia os condenou à morte e
mandou executá-los em Rebla, no país
de Emat. Assim Judá foi deportado de
seu país.

[28]Este é o numero de pessoas que Na-
bucodonosor deportou: no ano sétimo,
três mil e vinte e três judeus; [29]no ano
décimo oitavo de Nabucodonosor foram
deportadas de Jerusalém oitocentas e
trinta e duas pessoas; [30]no ano vigésimo
terceiro de Nabucodonosor, Nabuzardã,
chefe da guarda, deportou setecentos e
quarenta e cinco judeus: ao todo, quatro
mil e seiscentas pessoas.

Joaquin tratado como rei. [31]No ano
trigésimo sétimo da deportação de Jo-
aquin, rei de Judá, no décimo segundo
mês, no dia vinte e cinco do mês, Evil-
-Merodac, rei de Babilônia, no ano de
sua subida ao trono, concedeu graça a
Joaquin, rei de Judá, e o tirou da pri-
são. [32]Falou-lhe com benevolência e
pôs a cadeira dele acima das cadeiras
dos reis que se achavam com ele em
Babilônia. [33]Mudou-lhe as vestes de
prisioneiro e Joaquin tomou habitual-
mente suas refeições à mesa do rei to-
dos os dias de sua vida. [34]Seu sustento,
o sustento cotidiano, foi-lhe fornecido
pelo rei de Babilônia todos os dias, até
o dia de sua morte, por todo o tempo
de sua vida.

LAMENTAÇÕES

Este livrinho de cinco capítulos chama-se "Lamentações" porque contém elegias sobre a destruição de Jerusalém e do reino de Judá e sobre o exílio de Babilônia. As antigas traduções atribuíam o livro ao profeta Jeremias pela semelhança do estilo e por causa de 2Cr 35,25, que diz: "Jeremias compôs uma lamentação sobre Josias ... e esses cânticos se acham nas Lamentações"; mas atualmente se admite que o autor é um personagem anônimo e erudito que viveu na Palestina no tempo do exílio de Babilônia.

As Lamentações são uma profunda meditação sobre o sentido e a gravidade do pecado de Judá, sobre o justo castigo divino e sobre a necessidade de verdadeira conversão. Salienta em particular três verdades: a primeira é que o desastre de Jerusalém não significa que Deus seja mau e cruel, mas demonstra que é justo (1,18) e misericordioso: mesmo se corrige com castigos, nunca rejeita quem espera nele (3,25.31); a segunda é que Deus castiga por causa dos pecados (1,5), mas a punição é em vista do retorno a ele; a terceira é que, apesar de tudo, brilha sempre a luz da esperança (3,29). O castigo de Deus é expressão de sua justiça, porém, Deus continua sendo "amor", e espera que o pecador se converta para dar-lhe o perdão. O autor exprime profunda desolação pela desgraça que se abateu sobre o povo de Deus e sentimentos de penitência e de confiança em Deus, que não desmente suas promessas.

Esses textos, que estão entre os mais belos da poesia hebraica, foram talvez usados na liturgia antes da restauração do templo de Jerusalém. A liturgia católica serve-se deles nas celebrações da semana santa.

LAMENTAÇÃO I: JERUSALÉM DESOLADA

1 **Cidade humilhada.** [1]*Alef*. Ah! como jaz solitária
a cidade outrora populosa!
Tornou-se como viúva†
a grande entre as nações;*
princesa entre as províncias,
ela é submetida a tributo.
[2]*Bet*. Ela passa a noite a chorar amargamente,*
as lágrimas lhe correm pelas faces;
ninguém a consola,*
entre todos os seus amantes;
todos os seus amigos a traíram†,
tornaram-se seus inimigos.
[3]*Guimel*. Judá partiu para o exílio,
sob o peso da miséria e da dura escravidão.
Mora no meio das nações,
sem encontrar repouso;
todos os seus perseguidores
o alcançaram em suas angústias.
[4]*Dalet*. As ruas de Sião estão de luto,
ninguém mais vai a suas festas;*
todas as suas portas estão desertas,
seus sacerdotes suspiram,
suas virgens estão aflitas,
e ela está amargurada.
[5]*Hê*. Seus opressores triunfam,*
seus inimigos estão felizes,
porque Javé a afligiu
por seus numerosos crimes†;
seus meninos foram conduzidos
para a escravidão diante do inimigo.
[6]*Waw*. Da filha de Sião†
desapareceu todo esplendor;*
seus chefes se tornaram como cervos
que não encontram pastagem;
caminham sem forças
diante de seus perseguidores.
[7]*Záin*. Jerusalém se recorda
dos dias de sua miséria e de sua vida errante,
de todos os bens preciosos que possuía outrora;
recorda quando seu povo caía pela mão do inimigo
e ninguém lhe oferecia ajuda.

---

* **1**,1. Br 4,12 | 2. 2,18; Jr 9,18 / Sl 69,21; Jr 30,14 | 4. Jr 14,2; Is 3,26 | 5. 2,17; Dt 28,25; Sl 89,43 | **1**,6. Ez

† **1**,1. Jerusalém aparece como rainha viúva, a chorar sozinha suas desgraças. | 2. Amantes e amigos são os aliados militares, com os quais Judá contava para se defender. | 5. O povo sofre porque violou a aliança com seu Deus. | 6. Filha de Sião quer dizer a cidade com sua população.

Seus inimigos a olhavam e riam-se
de sua ruína.
8*Het*. Jerusalém pecou gravemente,
por isso tornou-se coisa imunda.
Todos os que a honravam a desprezam,
porque viram sua nudez;*
ela mesma suspira
e vira as costas.
9*Tet*. Sua imundície está nas orlas de
sua veste.
Ela não pensava em seu fim;
caiu de modo surpreendente,
e ninguém a consola.*
"Olhai, Javé, minha miséria,
porque o inimigo triunfa".
10*Yod*. O adversário estendeu a mão
sobre todos os seus tesouros;*
ela com efeito viu penetrar
em seu santuário os pagãos,
aqueles aos quais tinhas proibido*
entrar em tua assembleia.
11*Kaf*. Todo o seu povo geme
em busca de pão;*
dão os objetos mais preciosos em
troca de comida,
para manter-se com vida.
"Observai, Javé,
e considerai como sou desprezada!"
Lamento da cidade arruinada. 12*La-*
med. "Vós todos que passais pelo caminho,
olhai e vede
se existe dor semelhante a minha
dor†,
à dor que me atormenta,*
e com a qual Javé me afligiu
no dia de sua ira ardente.
13*Mem*. Do alto ele lançou um fogo
e em meus ossos ele o fez penetrar;
estendeu uma rede a meus pés,
fez-me cair para trás,
tornou-me desolada,
doente o tempo todo.
14*Nun*. Ele observou minhas culpas,
em sua mão elas são enlaçadas;
seu jugo está sobre meu pescoço
e fez vacilar minha força;
O Senhor me pôs nas mãos deles,
não posso reerguer-me.
15*Samec*. O Senhor repudiou todos
os meus valentes
que estavam comigo.
Convocou contra mim uma assembleia
para enfraquecer meus jovens;
O Senhor pisou, como uva no lagar,*
a virgem filha de Judá.
16*Áin*. É por isso que eu choro,
meus olhos se desfazem em lágrimas,*
porque longe de mim está quem
consola,
quem poderia restituir-me a vida†;
meus filhos estão desolados,
porque o inimigo triunfou".
17*Pê*. Sião estende as mãos,
ninguém a consola.
Javé enviou contra Jacó
seus inimigos de todos os lados.
Jerusalém se tornou coisa imunda
no meio deles.*
18*Çade*. "Justo é Javé,
porque me rebelei contra sua palavra.
Escutai, povos todos,
e vede minha dor!"
Minhas virgens e meus jovens
foram levados para a escravidão.
19*Qof*. Chamei meus amantes,*
mas eles me traíram.
Meus sacerdotes e meus anciãos
na cidade expiraram,
enquanto buscavam comida*
que lhes restituísse as forças.
20*Resh*. "Olhai, Javé, como estou angustiada;
minhas entranhas se conturbam,*
meu coração está transtornado dentro de mim,
porque foi grande minha rebelião.
Lá fora a espada me priva de filhos,*
em casa é como a morte.

---

* **1**,10,18-22 | 8. Ez 16,37; Is 47,3 | 9. 1,2 | 10. 2Rs 24,13 / Dt 23,4; Ez 44,7ss | 11. Dt 28,51s | 12. Dn 9,12; 12,1; Mt 24,21 / Dt 28,48 | 15. Is 63,3; Jl 4,13 | 16. 1,2 | 17. 1,8 | 19. 1,2 / 1,11 | 20. Jr 4,19 / Dt 32,25; Jr 9,21 | 21. Am 5,18

† **1**,12. É ainda a cidade que fala, mas a tradição aplica este v. a Nossa Senhora das Dores. | 16. Só Deus poderia dar consolo e conforto, mas é justamente Ele que castiga seu povo. | 21. Esse dia é o momento do castigo para as nações pagãs.

[21]*Shin*. Ouvem como suspiro, ninguém me consola.
Todos os meus inimigos souberam
de minha desventura,
e se alegraram porque fizestes isso.
Mandai vir o dia* que decretastes†,
e que eles sejam semelhantes a mim!
[22]*Taw*. Que vos seja presente
toda a malícia deles*
e tratai-os como me tratastes,
por causa de todas as minhas transgressões.
Porque muitos são meus suspiros
e meu coração desfalece".

LAMENTAÇÃO II: JERUSALÉM DESTRUÍDA

2 **Ira de Javé contra Jerusalém.**
[1]*Alef*. Como o Senhor obscureceu
em sua ira a filha de Sião!
Ele lançou do céu à terra
a glória de Israel.
Não se recordou* do estrado de seus pés†
no dia de seu furor.
[2]*Bet*. O Senhor destruiu sem piedade
todas as moradas de Jacó;
abateu com ira as fortalezas da filha de Judá;*
prostrou por terra,
profanou o reino e seus príncipes.
[3]*Guimel*. Com ira ardente ele quebrou
todo o poder de Israel.*
Retirou para trás sua direita
diante do inimigo;
acendeu em Jacó uma chama de fogo,*
que devora tudo ao redor.
[4]*Dalet*. Retesou seu arco como inimigo,
robusteceu sua direita
como adversário,*
matou tudo o que encantava os olhos.
Sobre a tenda da filha de Sião
derramou seu furor como fogo.
[5]*Hê*. O Senhor tornou-se como inimigo,
destruiu Israel;
destruiu todos os seus palácios,
abateu suas fortalezas.
Multiplicou para a filha de Judá
lamento e luto.
[6]*Waw*. Devastou como jardim sua morada,
demoliu seu lugar de reunião.*
Javé fez esquecer em Sião*
a festa e o sábado†
e rejeitou no furor de sua ira
rei e sacerdote.
[7]*Záin*. O Senhor abandonou seu altar,
rejeitou seu santuário;*
entregou ao poder do inimigo
os muros de suas fortalezas.
Elevaram gritos no templo de Javé
como em dia de festa.
[8]*Het*. Javé decidiu demolir
o muro da filha de Sião;*
estendeu o cordel;
não retirou a mão enquanto não tinha destruído tudo;
cobriu de luto o antemuro e o muro;*
ambos estão em ruínas.
[9]*Tet*. Estão afundadas na terra suas portas;*
ele arruinou e quebrou seus ferrolhos.
Seu rei e seus chefes estão entre os pagãos;
não há mais lei,
nem seus profetas
receberam visões de Javé.*
Miséria dos habitantes. [10]*Yod*. Sentam-se no chão, em silêncio,
os anciãos da filha de Sião,
puseram cinza sobre a cabeça,*
vestiram pano de saco;
curvam até o chão a cabeça
as virgens de Jerusalém.
[11]*Kaf*. Consumiram-se pelas lágrimas meus olhos,
conturbadas estão minhas entranhas;
derrama-se pelo chão minha bílis

---

* **1**,22. Jr 51,35 | **2**,1. Ez 43,7 | 2. Dt 28,52 | 3. Sl 75,5 / Lm 4,11 | 4. Jr 21,5s | 6. 2Cr 36,19; Jr 52,13 / Sf 3,18; Is 1,13 | 7. Ez 24,21 | 8. Jr 5,10 / 2Rs 21,13; Is 34,11 | 9. Dt 28,36; 2Rs 25,7; Dt 4,6.8 / Ez 7,26; Sl 74,9 | 10. Jr 6,26

† **2**,1. A glória é Jerusalém, e o estrado dos pés de Deus é o templo. | 6. Destruído o templo, não se celebram mais as festas.

por causa da ruína da filha de meu povo,
enquanto desfalece o menino
e o lactente nas praças da cidade.
12*Lamed*. A suas mães diziam:
"Onde estão o trigo e o vinho?"*
Entretanto desfaleciam como feridos
nas praças da cidade
e exalavam o espírito
no colo das mães.
13*Mem*. A que te assemelharei?
Com que te compararei,
filha de Jerusalém?*
A que igualar-te para te consolar,
virgem filha de Sião?
Pois é grande como o mar tua ruína;*
quem poderá curar-te?
14*Nun*. Teus profetas tiveram para ti
visões de coisas vãs* e ilusórias†;
não revelaram tua iniquidade
para mudar tua sorte,
mas anunciaram-te
profecias falsas e enganosas.
15*Samec*. Contra ti batem palmas†
todos os que passam pelo caminho;*
assobiam, meneiam a cabeça
sobre a filha de Jerusalém:
"É esta a cidade que chamavam beleza perfeita,
alegria de toda a terra?"
16*Pê*. Escancaram a boca contra ti
todos os teus inimigos;
assobiam e rangem os dentes†,
dizendo: "Nós a engolimos!
Este é o dia que esperávamos:*
nós o alcançamos, nós o vemos".
17*Áin*. Javé realizou
o que tinha decidido,
cumpriu sua palavra decretada desde os dias antigos:*
destruiu sem piedade,
fez o inimigo exultar a tuas custas,
exaltou o poder de teus adversários.

Invocação. 18*Çade*. Grita com teu coração ao Senhor,
virgem filha de Sião;
deixa correr como torrente
tuas lágrimas, dia e noite!*
Não te dês repouso, nem descanse
a pupila de teu olho.
19*Qof*. Levanta-te, grita na noite
quando começam os turnos de sentinela†;
derrama como água teu coração
diante de Javé;
ergue para ele as mãos pela vida de teus meninos,
que morrem de fome em todos os cantos das ruas.
20*Resh*. "Olhai, Javé, e considerai:
a quem jamais tratastes assim?
Deviam as mulheres comer seus pequenos,
os meninos que trazem nos braços?*
Deviam ser trucidados no santuário do Senhor
sacerdotes e profetas?
21*Shin*. Jazem no chão pelas ruas
rapazes e velhos;
minhas virgens e meus jovens
caíram pela espada;
matastes no dia de vossa ira,
trucidastes sem piedade.
22*Taw*. Como para um dia de festa,
convocastes os terrores que me rodeiam.*
No dia da ira de Javé não houve
quem escapasse nem quem sobrevivesse.
Os que eu tinha criado e educado,
meu inimigo os exterminou".

LAMENTAÇÃO III: JERUSALÉM ASSOLADA

3 **Sofrimentos do povo.** 1*Alef*. Eu sou o homem que provou a miséria†
sob o flagelo de sua ira.
2*Alef*. Ele me guiou e me fez caminhar
nas trevas e não na luz.*

---

* **2**,12. 1,11 | 13. 1,12 / Jr 30,12 | 14. Jr 5,31; 29,8; Ez 13,10 | 15. Jr 19,8; Mt 27,39 | 16. Am 5,18 | 17. Dt 28,15 | 18. 1,2 | 20. 4,10; Dt 28,53; Jr 19,9 | 22. Jr 20,10 | **3**,2. Jo 8,12

† **2**,14. Os falsos profetas, nos quais a população confiava e que prediziam a derrota do inimigo. | 15. Em sinal de desprezo. | 16. Ranger os dentes, como uma fera prestes a devorar sua presa, imagem de feroz hostilidade. | 19. Os judeus dividiam a noite em 3 "vigílias", 4 no tempo de Jesus, segundo o uso romano, Mc 13,35. | **3**,1. Esse homem é o profeta, que representa o povo.

3*Alef*. Só contra mim ele voltou a mão,
continuamente, o dia todo.
4*Bet*. Ele consumiu minha carne e minha pele,
quebrou meus ossos.*
5*Bet*. Elevou contra mim construções,
rodeou minha cabeça de tormento.
6*Bet*. Fez-me habitar em lugares tenebrosos†,
como os mortos há muito tempo.
7*Guimel*. Ergueu um muro a meu redor,* para eu não poder mais sair;
tornou pesadas minhas correntes.
8*Guimel*. Mesmo quando grito e peço auxílio,
ele sufoca minha oração.
9*Guimel*. Ele obstruiu meus caminhos com blocos de pedra,
fez tortuosas minhas veredas†.
10*Dalet*. Ele foi para mim como urso à espreita,
um leão em emboscada.*
11*Dalet*. Fazendo desviar meus caminhos,
dilacerou-me, deixou-me desolado.
12*Dalet*. Retesou o arco,*
fez de mim o alvo de suas flechas.
13*Hê*. Cravou em minhas entranhas
as flechas de sua aljava.
14*Hê*. Tornei-me objeto de escárnio de todo o meu povo,*
sua canção de todo dia.
15*Hê*. Saciou-me com ervas amargas,
embriagou-me com absinto.*
16*Waw*. Quebrou-me com cascalho os dentes,
alimentou-me com cinza.
17*Waw*. Minha alma não conhece mais a paz,*
não sei o que é bem-estar.
18*Waw*. E digo: "Pereceu meu vigor,*
a esperança que me vinha de Javé".
Esperança no pranto. 19*Záin*. A lembrança de minha miséria e de minha vida errante
é como absinto e veneno.
20*Záin*. Disto se lembra sempre minha alma
e se abate dentro de mim.
21*Záin*. É isto que pretendo trazer de volta a minha memória,
e por isso tenho esperança.
22*Het*. As misericórdias de Javé não terminaram,
nem se exauriu sua compaixão;*
23*Het*. elas são renovadas cada manhã,
grande é sua fidelidade†.
24*Het*. "Minha porção é Javé* – eu exclamo – †
por isso nele espero".
25*Tet*. Bom é Javé para quem nele espera,
para a alma que o procura.*
26*Tet*. É bom esperar em silêncio
a salvação de Javé.
27*Tet*. É bom para o homem
carregar o jugo desde a juventude.*
28*Yod*. Que se assente solitário e silencioso,
quando Javé lho impõe;*
29*Yod*. que ponha a boca na poeira:
talvez haja ainda esperança;
30*Yod*. ofereça sua face a quem o fere,*
que se sacie de humilhações.
31*Kaf*. Porque o Senhor
não rejeita para sempre.
32*Kaf*. Mas se aflige e terá piedade,*
segundo sua grande misericórdia.
33*Kaf*. Porque é contra sua vontade*
que ele humilha e aflige os seres humanos†.
34*Lamed*. Quando pisam sob os pés
todos os prisioneiros de um país,
35*Lamed*. quando pervertem o direito de um homem†
na presença do Altíssimo,

* **3**,4. Jó 30,30 | 7. Jó 3,23; 19,8 | 10. Jó 10,16 | 12. Jó 16,12s | 14. Dt 28,37; Sl 69,12s; Jr 20,7; Jó 30,9 | 15. Jr 23,15; Sl 69,22 | 17. Jr 16,5 | 18. Jó 17,15 | 22. Êx 34,6s | 24. Sl 16,6; 73,26 | 25. Is 30,18; Sl 40,2 | 27. 3,5 | 28. Jr 15,17 | 30. Is 50,6 | 32. Is 54,8s | 33. Ez 33,11

† **3**,6. A morada dos mortos, imagem de uma situação desesperada. | 9. Imagens para dizer que não há nenhuma esperança humana. | 23. A lembrança da misericórdia divina acende uma luz de esperança. | 24. Esta era a condição do levita, Dt 18,2, aqui assumida no sentido espiritual pelo judeu fiel. | 33. O castigo tem como objetivo a correção: é um apelo à conversão. | 35. Significa não reconhecer sua retidão, condenando-o, Êx 23,6.

[36]*Lamed.* quando fazem injustiça a um homem num processo,
o Senhor não o vê?
[37]*Mem.* Quem diz uma coisa que depois se cumpre,*
sem que o Senhor o tenha mandado?
[38]*Mem.* Da boca do Altíssimo
não procedem os males e os bens?*
[39]*Mem.* Por que se lamenta um ser vivo, um homem,
pelos castigos de seus pecados?
Confissão da culpa. [40]*Nun.* Examinemos nossa conduta,
perscrutemo-la e voltemos a Javé.*
[41]*Nun.* Elevemos nossos corações e nossas mãos
para Deus que está nos céus.
[42]*Nun.* Pecamos, fomos rebeldes,
e vós não nos perdoastes.
[43]*Samec.* Vós vos envolvestes de furor e nos perseguistes;
matastes sem piedade.
[44]*Samec.* Vós vos envolvestes de uma nuvem,
de modo que a súplica não atravessasse.*
[45]*Samec.* Vós nos reduzistes a lixo e refugo
no meio dos povos.
[46]*Pê.* Escancararam a boca contra nós
todos os nossos inimigos.
[47]*Pê.* Terror e fossa são nossa sorte,
desolação e ruína".
[48]*Pê.* Torrentes de lágrimas escorrem de meus olhos,
por causa da ruína da filha de meu povo.
[49]*Áin.* Meu olho chora sem cessar
porque não há descanso*
[50]*Áin.* até que do céu
Javé olhe e veja.
[51]*Áin.* Meu olho me atormenta
à vista de todas as filhas de minha cidade†.
Javé atende à súplica. [52]*Çade.* Caçaram-me como um pássaro
aqueles que são meus inimigos sem motivo.*
[53]*Çade.* Encerraram-me vivo na fossa
e lançaram pedras sobre mim.
[54]*Çade.* Subiram as águas até acima de minha cabeça;
eu disse: "Estou perdido".
[55]*Qof.* Invoquei vosso nome,
ó Javé, da fossa profunda.
[56]*Qof.* Ouvistes minha voz:
"Não fecheis o ouvido a meu clamor".*
[57]*Qof.* Vós vos aproximastes quando eu vos invocava;
dissestes: "Não temas!"
[58]*Resh.* Defendestes, Senhor, minha causa,
resgatastes minha vida.
[59]*Resh.* Vistes, Senhor, a injustiça que sofri;
defendei meu direito!
[60]*Resh.* Vistes toda a sua vingança,
todas as suas tramas contra mim.
[61]*Shin.* Ouvistes, Senhor, seus insultos,
todas as suas tramas contra mim,
[62]*Shin.* os discursos de meus opositores
e seus desígnios contra mim todo dia.
[63]*Shin.* Observai quando se sentam e quando se levantam;*
eu sou o objeto da canção deles.
[64]*Taw.* Retribuí-lhes a paga, Javé,
segundo a obra de suas mãos.*
[65]*Taw.* Dai-lhes a dureza de coração,
vossa maldição sobre eles!
[66]*Taw.* Persegui-os com ira
e eliminai-os de debaixo do céu, ó Javé.

LAMENTAÇÃO IV: JERUSALÉM CERCADA

4 **A fome.** [1]*Alef.* Ah! Como pretejou o ouro,
alterou-se o ouro melhor!*
Dispersaram-se as pedras santas
no canto de toda rua.
[2]*Bet.* Os filhos de Sião, preciosos,
comparáveis ao ouro puro,

---

* **3**,37. Gn 1; Sl 33,9 | 38. Is 45,7 | 40. Is 55,7 | 44. 3,8; Dt 28,37 | 49. Is 63,15 | 52. Sl 35,19; 69,5 | 56. Sl 130,2 | 63. 3,14 | 64. Jr 51,56; Sl 62,13; Rm 2,6; Hb 11,6; 1Pd 1,17 | **4**,1. Jr 6,27-30 | 2. Jr 19,11

† **3**,51. O poeta se comove com o sofrimento do povo e intercede por ele.

como são tidos por vasos de argila,*
obra das mãos de um oleiro!
3 *Guimel*. Até os chacais oferecem as mamas
e aleitam seus filhotes,
mas a filha de meu povo tornou-se cruel
como os avestruzes* no deserto†.
4 *Dalet*. A língua do lactente se apegou ao paladar
devido à sede; os meninos pediam pão*
e não havia quem o partisse para eles.
5 *Hê*. Os que se alimentavam de comidas finas
desfalecem pelas ruas;
os que eram criados sobre a púrpura
abraçam o estrume.
6 *Waw*. A iniquidade da filha de meu povo
é maior que o pecado de Sodoma,
que foi destruída num instante,*
sem que a tocasse mão alguma.
7 *Záin*. Seus consagrados eram mais esplendorosos que a neve,
mais brancos que o leite;
tinham o corpo mais róseo que os corais,
era de safira seu semblante.
8 *Het*. Agora seu aspecto tornou-se mais tenebroso que a fuligem,
não o reconhecem mais pelas ruas;
sua pele colou-se aos ossos,
tornou-se seca como madeira.
9 *Tet*. São mais felizes as vítimas da espada
que as vítimas da fome,
que caíram extenuadas
por falta dos produtos do campo.
10 *Yod*. Mulheres compassivas
com suas mãos cozinharam seus próprios filhos,*
que lhes serviram de alimento
no desastre da filha de meu povo.
11 *Kaf*. Javé esgotou sua cólera,
derramou sua ira ardente;
acendeu em Sião um fogo,*
que devorou seus fundamentos.

Culpa e punição dos chefes. 12 *Lamed*. Nem os reis da terra,
nem habitante algum do mundo
acreditava que o adversário e o inimigo
entrariam pelas portas de Jerusalém.
13 *Mem*. Foi por causa dos pecados de seus profetas,
das iniquidades de seus sacerdotes,
que derramaram no meio dela*
o sangue dos justos.
14 *Nun*. Estes vagavam como cegos pelas ruas,*
manchados de sangue,
de modo que não se podia tocar
em suas vestes.
15 *Samec*. "Afastai-vos! Um impuro!", gritava-se para eles†.
"Afastai-vos! Afastai-vos! Não toqueis!"*
Fugiam e andavam errantes entre as nações,
sem ter morada fixa.
16 *Pê*. A face de Javé os dispersou,
ele não olhará mais para eles.
Não tiveram respeito para com os sacerdotes,
nem consideração para com os anciãos.
17 *Áin*. Ainda se consumiam nossos olhos,
na espera de um socorro ilusório†.
De nossas torres espiávamos*
uma nação que não podia salvar-nos.
18 *Çade*. Observavam nossos passos,
impedindo-nos de andar por nossas praças.
"Próximo está nosso fim; cumpriram-se nossos dias!
Certamente, chegou nosso fim".
19 *Qof*. Nossos perseguidores eram mais velozes
que as águias do céu;
sobre os montes nos perseguiram,
no deserto nos armaram ciladas.
20 *Resh*. Nosso respiro, o ungido de Javé†,
foi preso em suas fossas;*
ele, do qual dizíamos:

---

* **4**,3. Jó 39,13-17 | 4. 2,11s | 6. Gn 19,24s | 10. 2,20 | 11. 2,3 | 13. Jr 6,13; Ez 7,23 | 14. Nm 35,32s | 15. Lv 13,45 | 17. Ez 29,6; Jr 37,6 | 20. 2Rs 25,5s

† **4**,3. Achavam que o avestruz não cuidava de seus filhotes. | 15. Os guias espirituais do povo, responsáveis pelas calamidades, eram desprezados a ponto de serem tratados como leprosos. | 17. Chamaram em socorro os egípcios, que vieram, mas foram derrotados antes de chegar. | 20. O rei Sedecias, que reinou de 597 a 586 a.C.

"A sua sombra viveremos entre as
nações".
21*Shin*. Exulta, alegra-te, filha de
Edom,
que habitas na terra de Hus!
Também a ti chegará o cálice,
tu te embriagarás e exporás tua nu-
dez.*
22*Taw*. A punição de tua falta está
completa, filha de Sião!
Ele não te deportará mais;*
vai castigar tua iniquidade, filha de
Edom,
revelará teus pecados†.

LAMENTAÇÃO V: ORAÇÃO DE JEREMIAS

5 **Apesar de tudo, confiança.**
1Recordai-vos, Javé, do que nos
aconteceu;
considerai e olhai como nos insultam.
2Nossa herança passou para estran-
geiros,
nossas casas para estranhos.
3Órfãos nos tornamos, sem pai;
nossas mães são como viúvas.
4Devemos pagar pela água que be-
bemos,
nossa lenha temos de comprar.
5Com jugo ao pescoço fomos perse-
guidos;
estamos exaustos e não há para nós
repouso.
6Ao Egito estendemos a mão,*
à Assíria para saciar-nos de pão.
7Nossos pais pecaram e não existem
mais;
mas nós levamos o castigo de suas
iniquidades.
8Escravos dominam sobre nós;*
não há quem nos liberte de suas
mãos.
9Com perigo de vida conseguimos
nosso pão,
enfrentando a espada no deserto.
10Nossa pele queima como forno
por causa dos ardores da fome.
11Desonraram mulheres em Sião
e virgens, nas cidades de Judá.
12Os chefes foram enforcados por
suas mãos;
as pessoas dos anciãos não foram
respeitadas.
13Os jovens foram obrigados a moer;
os rapazes caíram sob o peso da le-
nha.
14Os anciãos já não se reúnem na
porta†,
os jovens abandonaram a música.
15Cessou a alegria em nosso coração,
mudou-se em luto nossa dança.
16Caiu a coroa de nossa cabeça;
ai de nós, porque pecamos!
17Por isso está doente nosso coração,
por tais coisas se anuviaram nossos
olhos:
18porque o monte Sião está desola-
do;*
por ele andam as raposas.
19Mas vós, Javé, permaneceis para
sempre,*
vosso trono dura de geração em ge-
ração.
20Por que vos esqueceríeis de nós
para sempre?
Por que nos abandonaríeis por tanto
tempo?
21Fazei-nos voltar a vós, Javé,* e nós
voltaremos†;
renovai nossos dias como no passa-
do,
22porque não nos rejeitastes total-
mente†,
nem vos indignastes contra nós sem
limites.

---

* **4**,21. Jr 25,16; Is 51,17; Hab 2,15s | 22. Is 40,2 | **5**,6. Jr 2,18 | 8. Ez 18,2 | 18. Is 34,13-15 | 19. Sl 102,13; 145,13; 146,10 | 21. Jr 31,18

† **4**,22. Também será destruída Edom, que se alegrou com a queda de Jerusalém e dela se aproveitou. | **5**,14. Na praça junto à porta da cidade, palco de toda a vida social: negócios, processos, bate-papos, etc. | 21. Ou seja: ajuda-nos a arrepender-nos. O retorno é a conversão para Deus. A conversão é antes de tudo uma obra da graça de Deus que reconduz nossos corações a Ele (CIC). | 22. Deus não volta atrás em suas promessas.

BARUC

Este nome hebraico significa "abençoado"; é o nome de um contemporâneo de Jeremias, que foi seu secretário, e foi chamado por ele em 605 a.C. para copiar todas as coisas que o Senhor lhe havia dito. Depois da destruição de Jerusalém, os judeus o levaram com Jeremias para o Egito (Jr 43,2-7). Parece que morreu entre os exilados de Babilônia, entre os quais se achava no quinto aniversário da queda de Jerusalém (Br 1,1s).

É um livro deuterocanônico, por isso falta no cânon hebraico. Escrito com toda a probabilidade em hebraico, este livro é da época grega, situado mais ou menos no ano 100 aC, por isso, efetivamente não é obra de Baruc. Tem cinco capítulos, aos quais na versão latina se acrescentou a carta de Jeremias. Compõe-se de uma introdução histórica e de três partes de natureza bem diversa. A introdução (1,1-14) descreve a gênese do livro, que Baruc leu em Babilônia a um grupo de exilados, os quais choraram, jejuaram, rezaram ao Senhor e, tendo recolhido um pouco de dinheiro, mandaram-no a Jerusalém com os vasos sagrados que tinham sido levados do templo e com uma carta contendo um convite a rezar pelos exilados e pelo rei de Babilônia. A primeira parte (1,15–3,8) é uma liturgia comunitária de penitência, que testemunha um vivo sentimento do pecado. A segunda (3,9–4,4) é de caráter sapiencial, ensinando ao povo o segredo da felicidade, que está em reencontrar a sabedoria que Deus tinha dado com a Lei. A terceira (4,5–5,9) é um convite à coragem e à esperança. A carta de Jeremias adverte os exilados em Babilônia a respeito da idolatria que se pratica na cidade e, utilizando uma linguagem popular, mostra que os ídolos não são deuses. A carta traz o nome de Jeremias, mas não é ele seu autor.

I. INTRODUÇÃO HISTÓRICA (1,1-14)

1 **Baruc e os judeus de Babilônia.**
1Estas são as palavras do livro que
Baruc,* filho de Nerias, filho de Maa-
sias, filho de Sedecias, filho de Asadias,
filho de Helcias, escreveu em Babilônia
2no ano quinto†, no dia sete do mês,
na época em que os caldeus tomaram
Jerusalém e a incendiaram.
3Baruc leu as palavras deste livro na
presença de Jeconias†, filho de Joa-
quim,* rei de Judá, e de todo o povo,
que tinha vindo para escutar a leitura:
4estavam presentes os nobres, os fi-
lhos do rei, os anciãos, todo o povo do
menor ao maior, todos enfim que mo-
ravam em Babilônia junto ao rio Sud.
5Eles choravam, jejuavam e rezavam
diante do Senhor, 6depois recolhe-
ram dinheiro, contribuindo cada qual
conforme podia, 7e mandaram-no a
Jerusalém ao sacerdote Joaquim, filho
de Helcias, filho de Salom, aos outros
sacerdotes e a todo o povo que estava
com ele em Jerusalém. 8Era o dia dez
do mês de sivã†, quando Baruc rece-
beu, para levá-los a Judá, os vasos da
casa do Senhor, que tinham sido leva-
dos do templo. Eram aqueles vasos de
prata que Sedecias, filho de Josias, rei
de Judá, tinha mandado refazer, 9de-
pois que Nabucodonosor, rei de Babi-
lônia, tinha deportado de Jerusalém e
conduzido para Babilônia Jeconias, os
príncipes, os prisioneiros, os nobres e o
povo do país.
10Mandaram dizer-lhes: "Eis que vos
mandamos dinheiro; com esta soma
comprai holocaustos, sacrifícios ex-
piatórios e incenso; fazei uma oblação
e oferecei-a sobre o altar do Senhor,
nosso Deus. 11Rezai pela vida de Na-
bucodonosor, rei de Babilônia, e pela
vida de seu filho Baltazar, para que

---

* **1**,1. Jr 32,12; 36,4 | 3. 2Rs 24,8-17; Jr 22,24-30

† **1**,2. Essa data corresponde ao ano 582 a.C. Baruc era secretário de Jeremias, Jr 32,12. | 3. Jeconias ou Joaquin, reinou em Judá apenas 3 meses, 2Rs 24,8, e foi levado cativo para Babilônia na primeira deportação em 597 a.C. | 8. Sivã é maio/junho.

seus dias sobre a terra sejam longos como os dias do céu [12]e para que o Senhor nos dê força e ilumine nossos olhos e possamos viver à sombra de Nabucodonosor, rei de Babilônia, e à sombra de seu filho Baltazar e servir-lhes por muitos anos e encontrar graça diante deles. [13]Rezai ao Senhor, nosso Deus, também por nós, pois pecamos contra o Senhor, nosso Deus, e até hoje o furor do Senhor e sua ira não se afastaram de nós. [14]Lede, portanto, este livro que vos mandamos e fazei vossa confissão na casa do Senhor, em dia de festa e nos dias oportunos†.

II. LITURGIA PENITENCIAL (1,15–3,8)

Confissão dos pecados. [15]Direis assim:

Ao Senhor, nosso Deus, a justiça;* a nós a desonra no rosto, como hoje acontece com os judeus e os habitantes de Jerusalém, [16]para nossos reis e nossos príncipes, para nossos sacerdotes e nossos profetas e para nossos pais, [17]porque pecamos diante do Senhor, [18]nós lhe desobedecemos e não escutamos a voz do Senhor,* nosso Deus, para caminhar segundo os decretos que o Senhor havia posto diante de nós. [19]Desde o dia em que o Senhor fez sair nossos pais do Egito até hoje, temos sido rebeldes* contra o Senhor, nosso Deus, e negligentes no escutar sua voz. [20]Assim, como hoje constatamos, abateram-se sobre nós tantos males junto com a maldição proferida por ordem do Senhor por seu servo Moisés, no dia em que fez sair nossos pais do Egito para nos conceder um país onde corre leite e mel.* [21]Não escutamos a voz do Senhor, nosso Deus, conforme todas as palavras dos profetas que ele nos mandou; [22]mas cada um de nós seguiu as inclinações* de seu coração perverso, serviu a deuses estrangeiros e fez o que desagrada ao Senhor, nosso Deus.

2 **Reconhecimento da justiça divina.** [1]Por isso o Senhor cumpriu* suas palavras pronunciadas contra nós, contra nossos juízes que governaram Israel, contra nossos reis e contra nossos príncipes e contra os habitantes de Israel e de Judá. [2]Jamais havia acontecido sob a imensidão do céu algo semelhante ao que ele realizou em Jerusalém, como está escrito na Lei de Moisés:* [3]que chegássemos a comer, um a carne do próprio filho e outro a carne da própria filha. [4]E o Senhor os entregou ao poder de todos os reinos vizinhos e os tornou objeto de zombaria e de ultraje* para todos os povos ao redor entre os quais os dispersou. [5]Tornaram-se escravos em vez de patrões, porque ofendemos o Senhor, nosso Deus, não escutando sua voz. [6]Ao Senhor, nosso Deus, a justiça,* a nós e a nossos pais a desonra no rosto, como acontece hoje. [7]Todos esses males que o Senhor nos tinha anunciado abateram-se sobre nós. [8]Mas não suplicamos ao Senhor que afastasse cada um dos pensamentos de seu perverso coração. [9]Assim o Senhor, que está pronto para o castigo,* mandou-o sobre nós, porque ele é justo em todas as obras que nos ordenou, [10]mas não escutamos sua voz, caminhando segundo os decretos que havia posto diante de nós.*

Súplica. [11]Agora, Senhor, Deus de Israel, que fizestes sair* vosso povo do país do Egito com mão forte, com sinais e prodígios, com grande poder e braço estendido,* ganhando a fama que dura até hoje, [12]nós pecamos, agimos como ímpios, transgredimos, Senhor, nosso Deus,* todos os vossos

---

* **1**,15. 2,6; Dn 9,7s; Jr 7,19 | 18. Tb 3,3s; Dn 9,5s; 2,10 | 19. Jr 7,25s | 20. Lv 26,14-39; Dt 28,15-68; Dn 9,11 / Êx 3,8 | 22. Jr 7,24 | **2**,1. Dn 9,12s | 2. Dt 28,53-57; Jr 19,9; Lm 2,20; 4,10 | 4. Jr 29,18; Dt 28,37; Dt 28,13-43 | 6. 1,15; Dn 9,7s | 9. Dn 9,14 | 10. 1,18 | 11. Dn 9,15s / Dt 6,21s | 12. Sl 106,6

† **1**,14. Sempre existiu em Israel a confissão pública dos pecados, mas tornou-se mais frequente depois do exílio, quando o senso do pecado tornou-se mais vivo.

mandamentos. [13]Que se afaste de nós
vossa ira, porque não somos mais que
um pequeno resto* no meio das na-
ções entre as quais nos dispersastes.
[14]Ouvi, Senhor,* nossa oração, nossa
súplica, livrai-nos por vosso amor* e
fazei-nos encontrar graça diante da-
queles que nos deportaram, [15]para
que toda a terra saiba que vós sois
o Senhor, nosso Deus, porque vosso
nome* foi invocado sobre Israel† e so-
bre toda a sua estirpe. [16]Olhai, Senhor,
de vossa santa morada* e pensai em
nós; inclinai vosso ouvido, Senhor, e
escutai; [17]abri, Senhor, os olhos e ob-
servai: não são os mortos que estão
nos abismos, cujo espírito foi retirado
de suas vísceras,* que darão glória e
justiça ao Senhor, [18]mas quem está
profundamente aflito, quem caminha
curvado e sem força, quem tem os
olhos lânguidos, quem tem fome,* es-
tes são os que vos darão glória e jus-
tiça, Senhor†.

[19]Não é pelos méritos de nossos pais
e de nossos reis* que vos apresen-
tamos nossa súplica diante de vossa
face, Senhor, nosso Deus, [20]mas por-
que mandastes sobre nós vossa cólera
e vosso furor, como tínheis declarado
por meio de vossos servos, os profe-
tas, dizendo: [21]"Assim fala o Senhor†:
Curvai os ombros,* servi ao rei de Ba-
bilônia e habitareis no país que eu dei
a vossos pais. [22]Mas se não prestardes
ouvido à voz do Senhor que manda
servir* ao rei de Babilônia, [23]farei ces-
sar, nas cidades de Judá e nas ruas de
Jerusalém, o grito de alegria e o grito
de júbilo, o canto do esposo e o can-
to da esposa, e todo o país se tornará
um deserto sem habitantes". [24]Mas
não prestamos ouvido a vossa ordem
de servir ao rei de Babilônia, por isso
cumpristes a ameaça que pronuncias-
tes por meio de vossos servos, os pro-
fetas: que os ossos de nossos reis* e
de nossos pais seriam removidos de
seu túmulo. [25]E ei-los abandonados
ao calor do dia* e ao gelo da noite.
Eles morreram entre cruéis sofrimen-
tos, de fome, pela espada* e de peste;
[26]e o templo que traz vosso nome, vós
o reduzistes ao estado em que hoje se
acha, por causa da maldade da casa
de Israel e da casa de Judá.

[27]Contudo agistes para conosco,
Senhor, nosso Deus, segundo toda a
vossa bondade† e toda a vossa imen-
sa ternura, [28]como tínheis falado por
meio de vosso servo Moisés, quando
lhe ordenastes escrever vossa lei dian-
te dos israelitas, dizendo: [29]"Se não es-
cutardes minha voz, esta imensa e inu-
merável multidão será reduzida a um
pequeno resto* no meio das nações
entre as quais eu a dispersarei; [30]por-
que eu sei que não me escutarão, sen-
do um povo de dura cerviz.* Mas na
terra de seu exílio* entrarão em si [31]e
reconhecerão que eu sou o Senhor,
seu Deus. Dar-lhes-ei um coração* e
ouvidos que escutam; [32]no país de seu
exílio me louvarão e se recordarão de
meu nome [33]e, repensando no desti-
no de seus pais que pecaram contra o
Senhor, renunciarão a sua dureza* e a
suas más ações. [34]Então os reconduzi-
rei à terra que prometi com juramento
a seus pais, Abraão, Isaac e Jacó; eles
terão de novo o domínio dela e eu os
multiplicarei, e não diminuirão mais;
[35]farei com eles uma aliança perene:*
eu serei seu Deus e eles serão meu
povo. Não expulsarei nunca mais meu
povo Israel do país que lhe dei".

3 **Oração para obter o perdão.**
[1]Senhor onipotente, Deus de Isra-
el,* é uma alma angustiada, um espírito
atormentado que grita para vós. [2]Es-
cutai, Senhor, e tende piedade, porque

* **2**,13. Am 3,12; Is 4,3 | 14. Dn 9,19 / Sl 25,11 | 15. Jr 14,9 | 16. Dt 26,15 | 17. Is 38,18 | 18. Dt 28,65ss | 19. Ez 36,22; Dn 9,18 | 21. Jr 27,12 | 22. Jr 7,34 | 24. Jr 8,1ss | 25. Jr 36,30 / Jr 14,12 | 29. Lv 26,39 | 30. Dn 9,13 / Lv 26,44s | 31. Ez 36,26; Jr 4,4 | 33. Dt 30,1.9s | 35. Jr 31,31 | **3**,1. 2,18 | 2. Sl 29,10; 44,23; Lm 5,9

† **2**,15. Significa que Deus é o protetor de Israel. | 18. Se o Senhor não salvar Israel, não haverá quem lhe dê glória. | 21. Os vv. 21-23 resumem a mensagem de Jeremias. | 27. A punição não é por vingança, mas para provocar a conversão do povo, motivo de sua restauração.

pecamos* contra vós. 3Porque vós rei-
nais eternamente, mas nós perecemos
para sempre. 4Senhor onipotente, Deus
de Israel, escutai portanto a súplica dos
mortos de Israel†, dos filhos daque-
les que pecaram contra vós: eles não
escutaram a voz do Senhor seu Deus,
por isso a nós se apegaram os males.
5Não recordeis a iniquidade de nossos
pais, mas recordai-vos agora de vosso
poder e de vosso nome, 6porque vós
sois o Senhor, nosso Deus, e nós vos
louvaremos, Senhor. 7Por isso pusestes
em nossos corações* vosso temor: para
que invoquemos vosso nome. Nós vos
louvaremos no exílio, porque afasta-
mos do coração toda a iniquidade de
nossos pais que pecaram contra vós.
8Hoje estamos exilados* e dispersos,
somos objeto de opróbrio, de maldição
e de condenação por todas as iniquida-
des de nossos pais que se afastaram do
Senhor, nosso Deus.

III. MEDITAÇÃO SOBRE A SABEDORIA (3,9–4,4)

**A sabedoria, caminho de salva-
ção**†. 9Escuta, Israel, os mandamentos
de vida,*
inclina o ouvido para aprender a prudência.
10Por que, Israel, por que te encontras em terra inimiga
e envelheces em terra estrangeira?
11Por que te contaminas com os mortos†
e és contado entre os que descem ao abismo?
12É que abandonaste a fonte da sabedoria!*
13Se tivesses seguido os caminhos de Deus,
terias vivido sempre em paz.*
14Aprende onde está a prudência,
onde está a força, onde está a inteligência,
para compreenderes também
onde estão a longevidade e a vida,
onde estão a luz dos olhos e a paz.
15Mas quem descobriu sua morada,*
quem penetrou em seus tesouros?
16Onde estão os chefes das nações
e os que dominam as feras que há na terra?*
17Onde estão os que se divertem com os pássaros do céu,
os que acumulam prata e ouro,
nos quais confiam os homens,
não pondo limite a suas posses?
18Onde estão os que trabalham a prata com grande cuidado,
mas sem revelar o segredo de suas obras?
19Desapareceram, desceram ao abismo
e surgiram outros em seu lugar.
20Novas gerações viram a luz e habitaram a terra,
mas não conheceram o caminho da sabedoria,
21não aprenderam suas veredas;
nem mesmo seus filhos a alcançaram:
ficaram longe de seu caminho.
22Não se ouviu falar dela em Canaã,*
não foi vista em Temã.
23Mesmo os filhos de Agar
que buscam sabedoria terrena,
os mercadores de Madiã e de Temã,*
os narradores de fábulas,
os pesquisadores da inteligência,
não conheceram o caminho da sabedoria,
não se recordaram de suas veredas.
24Israel, como é grande a morada de Deus,
como é vasto o lugar de seu domínio!
25É grande e não tem fim,
sublime e não tem medida!
26Lá nasceram os gigantes,*

---

* **3**,7. Jr 31,33 | 8. 2,4 | 9. Pr 4,20ss | 12. Jr 2,13; Eclo 1,5 | 13. Is 48,18 | 15. Jó 28,12.20 | 16. Jr 27,6 | 22. Ez 28,4s; Zc 9,2 | 23. Jó 2,11 | 26. Gn 6,4; Dt 2,10

† **3**,4. Os exilados são considerados como mortos, Ez 37,12. | 9. Como Jó 28, esse trecho fala da sabedoria misteriosa e oculta que só Deus conhece. Ela é o bem mais precioso, porque é a origem da prosperidade para quem a possui. | 11. Os mortos são os pagãos, que não conhecem e não observam a Lei, fonte da vida.

famosos desde a origem,
altos de estatura, adestrados na guerra;
27mas Deus não escolheu a estes*
e não lhes deu o caminho do conhecimento:
28pereceram por falta de prudência,
pereceram por sua irreflexão.
29Quem subiu ao céu para tomá-la*
e fazê-la descer das nuvens?
30Quem atravessou o mar para descobri-la
e trazê-la a preço de ouro puro?
31Não há quem conheça seu caminho,*
nem quem compreenda suas veredas.
32Mas aquele que tudo sabe a conhece*
e a descobriu com sua inteligência.
É ele que estabeleceu a terra para sempre
e a encheu de animais quadrúpedes;
33ele envia a luz, e ela vai,
ele a chama de volta, e ela obedece com tremor.
34As estrelas brilham em seus postos de guarda
e se alegram;
35ele as chama, e elas respondem: "Aqui estamos!"*
e brilham com alegria para seu Criador.
36Ele é nosso Deus
e nenhum outro lhe é comparável.
37Ele descobriu todo o caminho da inteligência
e deu-o a Jacó, seu servo,*
a Israel seu predileto.
38Depois disso apareceu sobre a terra*
e viveu entre os homens†.

4 **Sabedoria e lei de Deus.** 1Este é o livro dos decretos de Deus†,
é a lei que existe para sempre;
os que se apegam a ela terão a vida,*
os que a abandonam morrerão.
2Volta, Jacó, e acolhe-a,
caminha para o esplendor sua luz.*
3Não dês a outros tua glória,
nem teus privilégios a uma nação estrangeira.
4Felizes de nós, ó Israel,*
porque o que agrada a Deus nos foi revelado.

IV. EXORTAÇÃO E CONSELHOS DE JEREMIAS (4,5–5,9)

Exortação. 5Coragem, povo meu,
memorial de Israel!
6Fostes vendidos às nações†
não para serdes aniquilados,*
mas porque provocastes o furor de Deus
é que fostes entregues aos inimigos.
7Irritastes vosso Criador,
sacrificando aos demônios e não a Deus.*
8Esquecestes aquele que vos educou,
o Deus eterno,*
afligistes aquela que vos nutriu, Jerusalém.
9Ela viu abater-se sobre vós a ira divina
e exclamou: "Escutai, cidades vizinhas de Sião†,
Deus mandou-me grande dor.
10Pois eu vi a escravidão
que o Eterno infligiu a meus filhos e a minhas filhas.
11Eu os tinha nutrido com alegria
e tive de deixá-los partir com lágrimas e gemidos.
12Ninguém se alegre ao ver-me viúva e desolada†;
estou abandonada por causa dos pecados de meus filhos,*
que se desviaram da lei de Deus,

* **3**,27. 1Sm 16,7 | 29. Eclo 24,7; Sb 9,4 | 31. Jó 28,13s | 32. Jó 28,23 | 35. Is 40,26; Jó 38,35; Sl 147,4 | 37. Sl 147,19; Eclo 24,12s.15 | 38. Pr 8,31; Sb 9,10; Jo 1,14 | **4**,1. Pr 1,32s; 8,35s | 2. Pr 6,23 | 4. Dt 4,8.32-37; Sb 9,18 | 6. Is 50,1; 52,3 | 7. Dt 32,17 | 8. Dt 32,5.10.15; Is 1,2 | 12. Lm 1,1s

† **3**,38. Conforme muitos Santos Padres, este é um anúncio da Encarnação do Verbo, Sabedoria e Palavra divinas. | **4**,1. Deus é a fonte da sabedoria e revelou-a a Israel na lei. | 6. Israel é como um escravo, comprado do Egito no tempo do êxodo, e vendido por Deus a Babilônia. | 9. Jerusalém explica sua ruína falando às nações que quase sempre foram suas inimigas. | 12. Jerusalém é como mulher sem marido e sem filhos, Lm 1,1s, desamparada e sem meios de se manter.

13não quiseram saber dos decretos de Deus,
não seguiram o caminho de seus preceitos,
nem andaram pelas veredas da disciplina,
segundo sua justiça.
14Vinde, ó cidades vizinhas de Sião,
considerai a escravidão
que o Eterno infligiu a meus filhos e a minhas filhas.
15Mandou contra eles um povo distante,*
uma nação cruel e de língua estrangeira,
que não teve respeito pelos velhos,
nem piedade das crianças,*
16que arrancou seus caros filhos à viúva
e deixou-a só e sem filhas".

Esperança. 17"E eu, como posso ajudar-vos?
18Aquele que vos afligiu com tantos males,
é ele que vos libertará do poder de vossos inimigos.
19Ide, meus filhos, ide!
Eu fico sozinha.
20Eu tirei a veste da paz,
vesti o luto de minha súplica;
gritarei ao Eterno durante toda a vida.
21Coragem, meus filhos, gritai a Deus
e ele vos libertará da opressão,
do poder de vossos inimigos.
22Pois eu espero do Eterno vossa salvação.
Do Santo me vem alegria,
pela misericórdia que em breve vos chegará
do Eterno, vosso Salvador.
23Eu vos vi partir entre gemidos e prantos,*
mas Deus vos reconduzirá a mim
com alegria e júbilo, para sempre.
24Como agora as cidades vizinhas de Sião
viram vossa escravidão,
assim verão em breve a salvação
que vos virá de vosso Deus
com grande glória e esplendor do Eterno.*
25Filhos, suportai com paciência
a cólera que de Deus veio sobre vós.
O inimigo vos perseguiu,
mas vereis em breve sua ruína
e calcareis ao pé seu pescoço†.
26Meus filhos delicados*
tiveram de percorrer caminhos pedregosos,
raptados como rebanho dizimado pelo inimigo.
27Coragem, filhos, gritai a Deus,*
porque se recordará de vós Aquele que vos provou.
28Como pensastes em afastar-vos de Deus,
assim, uma vez convertidos,
buscai-o com zelo dez vezes maior†;
29porque aquele que vos afligiu com tantas calamidades
vos dará também, com a salvação, uma alegria perene".

Retorno. 30Coragem, Jerusalém!†
Aquele que te deu um nome te consolará.
31Malditos os que te maltrataram
e se alegraram com tua queda;
32malditas as cidades
das quais foram escravos teus filhos,
maldita aquela que recebeu teus filhos.
33Pois como se alegrou por tua queda
e rejubilou por tua ruína,
assim chorará sua própria desolação.
34Eu a privarei da alegria de sua grande população,
sua arrogância será mudada em luto.
35O Eterno lhe mandará um fogo*
que arderá por muitos dias,
e os demônios nela habitarão* por muito tempo†.
36Olha para o oriente, Jerusalém,*
e contempla a alegria que te vem de Deus.

---

* **4**,15. Jr 5,15; 6,22s / Dt 28,49s | 23. Jr 31,12s | 24. Is 60,1ss | 26. Is 51,23; Lm 2,22; 4,5 | 27. Is 40,1 | 35. Is 34,9s.14 / Lv 16,8; 17,7 | 36. Is 60,4s

† **4**,25. Ver a nota em Sl 66,12. | **4**,28. Depois do exílio, Israel não recairá na idolatria: o castigo surtirá efeito. | 30. O profeta responde a Jerusalém consolando-a com o anúncio da restauração. | 35. Pensavam que as ruínas eram morada de feras e de demônios.

[37]Estão voltando os filhos que viste partir,
voltam juntos, reunidos do oriente ao ocidente
pela palavra do Santo,
exultantes pela glória de Deus.

5 **Alegria reencontrada.** [1]Depõe, ó Jerusalém,
tua veste de luto e de sofrimento;*
reveste-te para sempre
do esplendor da glória que vem de Deus.
[2]Envolve-te com o manto da justiça que vem de Deus,*
põe sobre a cabeça o diadema de glória do Eterno,
[3]porque Deus mostrará teu esplendor
a toda criatura debaixo do céu.
[4]Deus te dará para sempre este nome†:
Paz da justiça e Glória da piedade.
[5]De pé, Jerusalém, coloca-te no alto
e olha para o oriente:
vê teus filhos reunidos do ocidente ao oriente
pela palavra do Santo,
exultantes porque Deus se lembrou deles.
[6]Partiram de ti a pé,
levados pelos inimigos;
mas Deus os reconduz a ti em triunfo*
como sobre um trono real†.
[7]Porque Deus ordenou*
que sejam abaixadas toda alta montanha
e as colinas antigas,
e sejam aterrados os vales para aplanar a terra,
para que Israel caminhe com segurança
sob a glória de Deus.
[8]Também as florestas e toda árvore aromática*
farão sombra para Israel por ordem de Deus.
[9]Porque Deus guiará Israel com alegria
à luz de sua glória,
com a misericórdia e a justiça que vêm dele.

V. APÊNDICE: CARTA DE JEREMIAS (6)†

6 **Aos exilados de Israel.** Cópia da
carta que Jeremias enviou aos que
iam ser levados prisioneiros para Babi-
lônia pelo rei dos babilônios, para lhes
comunicar o que lhe tinha sido ordena-
do por Deus.
[1]Pelos pecados que cometestes*
diante de Deus sereis levados para Ba-
bilônia como prisioneiros por Nabuco-
donosor, rei dos babilônios. [2]Quando,
pois, chegardes a Babilônia, aí ficareis
muitos anos e por longo tempo até
sete gerações; depois vos reconduzirei
de lá em paz. [3]Ora, vereis em Babilônia
ídolos de prata, de ouro e de madei-
ra,* que se levam sobre os ombros e
que inspiram temor aos pagãos. [4]Estai
atentos, pois, para não imitardes os es-
trangeiros; o temor de seus deuses não
se apodere de vós. [5]À vista da multidão
que se prostra diante e atrás deles para
adorá-los, pensai: "É a ti que se deve
adorar,* Senhor". [6]Porque meu anjo
está convosco, ele cuidará de vós.
[7]Os deuses têm uma língua mode-
lada por artesão, são dourados e pra-
teados,* mas são uma falsidade e não
podem falar. [8]Como para uma moça
vaidosa, tomam ouro e fabricam coroas
para a cabeça de seus deuses. [9]Às vezes
até os sacerdotes tiram de seus deuses
ouro e prata para suas despesas pesso-
ais; e os dão também às prostitutas nos
prostíbulos. [10]Adornam também com
vestes, como se faz com seres huma-
nos, esses deuses de prata, de ouro e
de madeira; mas eles não conseguem

---

* **5**,1. Is 52,1 | 2. Is 61,10 | 6. Is 49,22; 60,4 | 7. Is 40,3s | 8. Is 41,19 | **6**,1. Jr 29,1 | 3. Is 40,20; Jr 10,1-16 | 5. Êx 23,20 | 7. Sl 115,4s

† **5**,4. Dar um nome novo é chamar a uma vocação, a uma nova condição. | 6. O retorno é descrito como um novo êxodo, e com imagens do Segundo Isaías. Na realidade, a volta dos exilados foi muito menos gloriosa e triunfante: encontraram a terra totalmente devastada. | **V**. Atribuída a Jeremias, esta carta é de um autor anônimo. Ele mostra que conhece Babilônia, mas Jeremias nunca esteve lá. A carta é uma sátira contra os ídolos, destinada aos judeus que vão para Babilônia.

escapar da ferrugem e das traças.
11Embora vestidos com veste de púr-
pura, é preciso limpar o rosto deles por
causa da poeira do templo que se acu-
mula sobre eles. 12Como o governador
de uma região, o deus tem um cetro,
mas não pode matar quem o ofende.
13Tem o punhal e o machado na mão
direita, mas não se livra da guerra e dos
ladrões. 14Por isso é evidente que não
são deuses; não os temais, portanto!

15Como um vaso uma vez quebrado
se torna inútil, assim são seus deuses,
entronizados nos templos. 16Seus olhos
estão cheios da poeira levantada pelos
pés daqueles que entram. 17Como se
conserva bem trancado o lugar onde
está detido alguém que ofendeu o rei,
porque deve ser conduzido à morte, as-
sim os sacerdotes reforçam os templos
com portões, fechaduras e ferrolhos,
para que não sejam saqueados pelos
ladrões. 18Acendem para eles luzes, até
mais numerosas que para si mesmos,
mas os deuses não veem nenhuma.
19São como uma das traves do templo:
seu interior, como se diz, está carcomido
e também eles, sem perceber, são devo-
rados pelos insetos que saem da terra,
junto com suas vestes. 20O rosto deles
fica preto devido à fumaça do templo.
21Sobre o corpo e a cabeça deles esvo-
açam morcegos, andorinhas e outros
pássaros; também gatos lá se encon-
tram. 22Por aí podeis conhecer que não
são deuses; não os temais, portanto!

23O ouro que os recobre e enfeita
não resplandece se não é feita uma
limpeza; mesmo quando eram fundi-
dos, eles nada percebiam. 24Compram-
-se por qualquer preço esses objetos
que não têm sopro vital. 25Não ten-
do pés,* são carregados aos ombros,
mostrando aos homens sua condição
vergonhosa; envergonham-se também
seus servidores porque, se caem por
terra, não se levantam por si mesmos.
26Se alguém os puser de pé, não po-
dem mover-se por si mesmos; se estão
deitados, não podem reerguer-se; mas
é como diante de mortos que se lhes
apresentam ofertas. 27Seus sacerdotes
vendem as vítimas oferecidas às divin-
dades e disso tiram proveito; também
as mulheres deles salgam parte delas,
sem nada distribuir aos pobres e aos
necessitados; a mulher em seu estado
de impureza* e a que deu à luz ousam
tocar nos animais sacrificados. 28Co-
nhecendo, portanto, por tudo isso que
eles não são deuses, não os temais!

29Como pois se poderiam chamar
deuses? São mulheres que apresentam
ofertas a esses ídolos de prata, de ouro
e de madeira†. 30Em seus templos, os
sacerdotes se sentam com as vestes
rasgadas, os cabelos e a barba raspa-
dos, com a cabeça descoberta. 31Ru-
gem, lançando gritos a seus deuses,
como fazem alguns durante um ban-
quete fúnebre†. 32Os sacerdotes tiram
as vestes de seus deuses e vestem com
elas suas mulheres e filhos. 33Os ídolos
não podem retribuir o mal nem o bem
que recebem de alguém; não podem
nomear nem destronar um rei; 34igual-
mente não podem dar riqueza nem di-
nheiro. Se alguém faz uma promessa e
não a mantém, não lhe pedem conta.
35Não podem libertar um homem da
morte nem livrar o fraco de um for-
te; 36nem restituir a vista a um cego*
nem libertar um homem das angústias;
37nem ter piedade da viúva nem fazer
bem ao órfão. 38São semelhantes às
pedras tiradas da montanha aqueles
ídolos de madeira, dourados e prate-
ados. Seus servidores serão confundi-
dos. 39Como é possível, pois, pensar ou
declarar que eles são deuses?

40Tanto mais que os próprios caldeus
os desonram; com efeito, quando en-
contram um mudo incapaz de falar,
apresentam-no a Bel suplicando-lhe
que o faça falar, como se este pudesse
compreender†. 41Eles são incapazes de

* **6**,25. Is 46,7; Sb 13,16 | 27. Lv 12,4; 15,19s; 20,18 | 36. Sl 68,6; 146,7s

† **6**,29. As mulheres hebreias não podiam exercer funções sacerdotais. | 31. Na casa onde morria alguém, não se cozinhava: as visitas traziam a comida. | 40. Sabem que os ídolos não podem falar, mas enganam a boa-fé do povo.

refletir e de abandonar os ídolos, porque
não têm juízo. 42As mulheres, cingidas de
cordas, sentam-se nas ruas e queimam
farelo. 43Quando alguma delas, convida-
da por algum transeunte, entregou-se a
ele, zomba de sua vizinha porque não foi
estimada como ela e porque sua corda
não foi desatada. 44Tudo o que acontece
em torno dos ídolos é mentira; portanto,
como se pode crer ou declarar que eles
são deuses?

45Os ídolos são fabricados por es-
cultores e ourives; não se tornam nada
mais que aquilo que os artesãos que-
rem que eles sejam. 46Seus fabricantes
não têm vida longa; como poderiam
ser deuses os objetos por eles fabrica-
dos? 47Eles deixam a seus descenden-
tes só mentira e ignomínia. 48De fato,
quando a guerra e as calamidades se
abatem sobre esses ídolos, os sacer-
dotes deliberam entre si sobre como
poderão esconder-se junto com eles.
49Como, então, não entender que não
são deuses aqueles que não podem
salvar-se a si mesmos nem da guerra,
nem das calamidades? 50Depois disso
se reconhecerá que os ídolos de ma-
deira, dourados e prateados, são men-
tira; para todas as nações e para os reis
será evidente que eles não são deuses,
mas obra das mãos de homem e que
neles não há nenhuma obra divina.
51Para quem, pois, não é evidente que
eles não são deuses?

52Com efeito, eles não podem es-
tabelecer um rei sobre o país, nem
conceder a chuva aos homens; 53nem
julgar suas próprias causas, nem liber-
tar o oprimido, porque não têm poder
algum; são como corvos entre o céu e
a terra. 54Com efeito, se o fogo atinge
o templo desses deuses de madeira ou
dourados ou prateados, seus sacer-
dotes fogem e se põem a salvo, eles
porém queimarão como traves lá no
meio. 55A um rei e aos inimigos não po-
dem resistir. 56Como se pode admitir,
pois, ou pensar que eles sejam deuses?

57Nem dos ladrões, nem dos bandi-
dos podem escapar esses ídolos de ma-
deira, prateados e dourados, aos quais
os audazes retiram o ouro, a prata e a
veste que os cobre, fugindo em seguida;
nem a si mesmos são capazes de aju-
dar. 58Por isso vale mais ser um rei que
mostra coragem, ou um vaso útil numa
casa, do qual se serve seu proprietário,
do que ser esses falsos deuses; ou en-
tão, vale mais uma porta de casa que
protege o que está dentro dela do que
esses falsos deuses; ou uma coluna de
madeira num palácio do que esses fal-
sos deuses. 59Pois o sol, a lua e as es-
trelas, que brilham e têm a missão de
servir, são obedientes. 60Assim também
o relâmpago, quando aparece, é bem
visível; também o vento que sopra em
toda a região. 61As nuvens executam
a ordem que Deus lhes dá de percor-
rer toda a terra; e o fogo, enviado do
alto para consumir montes e florestas,
faz o que foi mandado. 62Os ídolos, po-
rém, não se podem comparar com es-
sas coisas nem pelo aspecto, nem pelo
poder. 63Por isso não se pode admitir
nem dizer que são deuses, porque não
podem fazer justiça nem fazer bem aos
homens. 64Sabendo, pois, que não são
deuses, não os temais!

65Não podem maldizer nem bendizer
os reis; 66nem mostrar às nações sinais
no céu; não brilham como o sol, nem
iluminam como a lua. 67Os animais sel-
vagens são superiores a eles, porque
podem refugiar-se num esconderijo
e prover a si mesmos. 68Portanto, ne-
nhum argumento nos prova que eles
sejam deuses; por isso, não os temais!

69Como um espantalho que numa
plantação de abóboras nada protege,
são assim seus ídolos de madeira, dou-
rados e prateados; 70Ou ainda, seus
ídolos de madeira, dourados e pratea-
dos, podem ser comparados a um es-
pinheiro no quintal, onde pousa toda
espécie de pássaros, ou com um cadá-
ver lançado nas trevas. 71Pela púrpura e
pelo linho que se estragam sobre eles,
sabereis que não são deuses; enfim, se-
rão devorados e serão uma vergonha
no país. 72Portanto, é melhor um ho-
mem justo, que não tem ídolos, porque
estará livre da desonra.

EZEQUIEL

Nascido em Jerusalém, de família sacerdotal, foi o guia moral e espiritual dos primeiros hebreus deportados para Babilônia em 597 a.C. Seu livro descreve vários de seus gestos proféticos, que ele explica aos ouvintes, pois simbolizam o que está reservado a eles. Ezequiel é o profeta das visões grandiosas, sendo a primeira delas a do carro de Javé, símbolo da presença divina que não está presa a um lugar, mas acompanha os seus em todo lugar do mundo. Por isso, o nome da cidade futura será "Javé está lá" (48,35).

Posto como sentinela na casa de Israel (33,7) e sempre atento aos acontecimentos da época, exorta os deportados a abandonar a vã esperança de voltar logo para a pátria. Transportado em êxtase a Jerusalém, vê a glória de Deus abandonar o templo, anúncio da destruição definitiva da cidade e do templo como merecida punição divina. Depois da destruição de Jerusalém, torna-se o profeta da esperança, lembrando aos exilados a salvação prometida por Deus.

Punidas as nações que humilharam Israel (cap. 25–32), Deus realizará a ressurreição de seu povo (37, 1-14) para reconduzi-lo de volta à pátria. Derramará sobre ele uma água pura para purificá-lo dos pecados e ao mesmo tempo lhe dará seu espírito e um coração novo (36,35ss), concluindo com ele uma Aliança eterna (16,60ss). Também o templo será reconstruído, e Javé voltará a tomar posse dele, fazendo brotar de seu lado direito um rio que transforma o deserto num paraíso (cap. 40–48). Deus rejeitará os maus pastores de Israel que traíram sua missão e será ele mesmo o pastor de seu povo, mediante seu servo Davi (34,16). O profeta inculca a responsabilidade individual, corrigindo a teoria em voga de que os filhos eram castigados pelos pecados dos pais.

Ezequiel é o pai do judaísmo, isto é, daquela maneira de pensar, de rezar e de viver da comunidade pós-exílica. Devem-se a sua influência os principais elementos da religião vivida nesta comunidade: amor ao templo, culto da Lei, distinção entre sagrado e profano, observação minuciosa da Lei da Santidade (Lv 17–26), destinada a fazer de Israel um povo separado das nações.

A frase preferida do profeta, que ele repete 86 vezes, é "Sabereis que eu sou Javé". É um apelo ao povo para que reconheça seu Deus não apenas no culto, mas também nos acontecimentos históricos que está vivendo. É preciso interpretar de modo correto o que acontece.

I. VOCAÇÃO DO PROFETA (1,1–3,21)

1 **Contexto histórico.** [1]No dia cin-
co do quarto mês do ano trinta†,
enquanto eu estava entre os exilados à
beira do rio Cobar, os céus se abriram e
eu tive visões divinas. [2]No dia cinco do
mês – era o ano quinto da deportação
do rei Joaquin – [3]a palavra de Javé foi
dirigida ao sacerdote Ezequiel, filho de
Buzi, no país dos caldeus, à beira do rio
Cobar. Foi lá que a mão de Javé esteve
sobre ele.

Visão do carro divino†. [4]Eu olhava, e
eis que avançava do norte um furacão,
uma grande nuvem e um turbilhão de
fogo que iluminava tudo ao redor e, no
meio, algo como metal incandescente.
[5]No centro apareceu a figura* de qua-
tro seres vivos†, que tinham forma hu-
mana [6]e tinham cada um quatro faces

* **1**,5. 10,8-22; Êx 25,18; Ap 4,6ss

† **1**,1. Ano 593 a.C. O rio Cobar é um canal desviado do Eufrates. | 4. Esta visão representa a mobilidade de Deus, que não está somente em Jerusalém, mas também entre os exilados, que podem experimentar a mesma presença protetora de Deus no meio deles. | 5. Lembram os "caribus" babilônicos, figuras ornamentais com cabeça de homem, corpo de leão e de boi, e asas de águia. Serão os 4 seres vivos de Ap 4,7. Na tradição cristã, tornaram-se símbolos dos quatro evangelistas: Mateus (homem), Marcos (leão), Lucas (boi), João (águia).

e quatro asas. 7Suas pernas eram retas e as plantas de seus pés eram como as plantas dos pés de um bezerro, brilhantes como bronze polido. 8Sob as asas, dos quatro lados, tinham mãos de homem; todos os quatro tinham a mesma aparência e suas próprias asas, 9e suas asas eram unidas uma à outra. Enquanto se moviam, não se voltavam, mas cada um ia reto para a frente.

10Quanto à forma de suas faces, tinham uma face de homem, e todos os quatro tinham uma face de leão à direita e todos os quatro tinham uma face de touro à esquerda e todos os quatro tinham uma face de águia. 11Suas asas se estendiam para cima; cada um tinha duas asas que se tocavam* e duas que lhe cobriam o corpo. 12Cada um se movia para sua frente; iam para onde o espírito os dirigia e, movendo-se, não se voltavam.

13O aspecto daqueles seres vivos era como o de brasas ardentes que pareciam tochas,* indo e vindo entre os seres vivos; o fogo brilhava, e do fogo saíam relâmpagos. 14Os seres iam e vinham como relâmpago.* 15Eu olhava aqueles seres, e eis sobre o solo uma roda ao lado de cada um dos seres vivos de quatro faces.

16O aspecto dessas rodas e sua estrutura eram como o brilho do topázio, e todas as quatro tinham a mesma forma; seu aspecto e sua estrutura eram como os de uma roda no meio de uma outra. 17Podiam mover-se nas quatro direções, sem precisar voltar-se ao mover-se. 18Sua circunferência era grande e espantosa e os círculos de todas as quatro eram cheios de olhos ao redor.* 19Quando aqueles seres vivos se moviam, também as rodas* se moviam ao lado deles e, quando os seres vivos se erguiam da terra, também as rodas se erguiam. 20Para onde o espírito as impelia, as rodas iam e igualmente se erguiam, porque o espírito dos seres vivos estava nas rodas. 21Quando eles se moviam, também as rodas se moviam; quando eles paravam, elas paravam e, quando eles se erguiam da terra, as rodas igualmente se erguiam, porque o espírito dos seres vivos estava nas rodas.

22Acima das cabeças dos seres vivos havia uma espécie* de firmamento, brilhante como um cristal, estendido sobre suas cabeças, 23e sob o firmamento, suas asas estavam estendidas, uma para a outra; e cada ser tinha duas que lhe cobriam* o corpo. 24Quando eles se moviam, eu ouvi o ruído das asas: era semelhante ao rumor de grandes águas, como o trovão do Onipotente,* como o fragor da tempestade, como o tumulto de um acampamento. Quando paravam, abaixavam as asas. 25Veio uma voz de cima do firmamento que estava sobre suas cabeças. Quando paravam, abaixavam as asas.

26Sobre o firmamento* que estava acima de suas cabeças apareceu algo como pedra de safira em forma de trono e sobre esta espécie de trono, no alto, uma figura de aparência humana. 27Daquilo que parecia ser a cintura para cima, eu vi como a cor de bronze incandescente como fogo que o rodeava totalmente;* e daquilo que parecia ser a cintura para baixo, eu vi algo semelhante ao fogo e que irradiava ao redor um grande esplendor, 28cujo aspecto era como o do arco-íris* nas nuvens num dia de chuva. Tal era o aspecto daquele esplendor ao redor. Este era o aspecto da imagem da glória de Javé.* Quando a vi, caí com o rosto em terra e ouvi a voz de alguém que falava.

2

Missão de Ezequiel. 1Disse-me: "Filho do homem†, levanta-te,* quero falar-te". 2Enquanto me falava, um espírito entrou em mim, fez-me ficar de pé* e eu escutei aquele que me falava.

---

* **1**,11. Is 6,2 | 13. Êx 19,18 | 14. Sl 104,4; Ez 10,9-13 | 18. Zc 4,10; Ap 4,8 | 19. 10,16 | 22. 10,1; Ap 4,6; Êx 24,10 | 23. 10,5 | 24. Gn 17,1 | 26. Ap 4,2s | 27. 8,2 | 28. Gn 9,13ss / Ez 8,4; Êx 24,16; Ap 1,17; Dn 8,17 | **2**,1. Dn 10,11 | 2. 3,24

† **2**,1. Expressão que significa simplesmente "homem"; aparece 87 vezes em Ezequiel, indicando a pequenez do homem diante da grandeza e da onipotência de Deus.

3Disse-me: "Filho do homem, eu te envio aos israelitas,* a um povo de rebeldes, que se rebelaram contra mim. Eles e seus pais se revoltaram contra mim até hoje. 4A esses filhos obstinados e de coração endurecido eu te envio. Tu lhes dirás: Assim fala o Senhor Javé.* 5Quer escutem quer não escutem – porque são uma estirpe de rebeldes – saberão que há um profeta no meio deles.

6Mas tu, filho do homem, não os temas, não tenhas medo de suas palavras; serão para ti como cardos e espinhos e te encontrarás no meio de escorpiões; mas não temas suas palavras, nem te atemorizes à frente deles,* porque são uma estirpe de rebeldes. 7Dirás a eles minhas palavras, quer escutem quer deixem de escutar, porque são uma estirpe de rebeldes.

8E tu, filho do homem, escuta o que te digo e não sejas rebelde como essa estirpe de rebeldes; abre a boca e come o que vou te dar". 9Vi então uma mão estendida para mim, segurando um livro em forma de rolo.* 10Desenrolou-o diante de mim; estava escrito por dentro e por fora, e nele estavam escritos lamentos, gemidos e ais.

3 **Visão do rolo.** 1Disse-me: "Filho do homem, come* o que tens diante de ti, come este rolo, depois vai e fala à casa de Israel". 2Eu abri a boca e ele me fez comer aquele rolo, 3dizendo-me: "Filho do homem, alimenta teu estômago e enche tuas entranhas com este rolo que te dou". Eu o comi e foi em minha boca doce como o mel.

4Depois ele me disse: "Filho do homem, vai, dirige-te aos israelitas* e dize-lhes minhas palavras, 5pois eu não te mando a um povo de linguagem obscura* e de língua difícil, mas aos israelitas; 6não a povos numerosos, de linguagem obscura e de língua difícil, cujas palavras não entenderias: se eu te mandasse a eles, iriam escutar-te. 7Mas os israelitas não querem escutar-te,* porque não querem escutar a mim: todos os israelitas têm a mente obstinada e o coração endurecido. 8Fiz teu rosto duro como o deles e tua fronte dura como a deles. 9Fiz tua fronte como diamante, mais dura que a rocha. Não os temas, não fiques com medo diante deles, pois são uma estirpe de rebeldes".

10Disse-me ainda: "Filho do homem, acolhe no coração e escuta com os ouvidos todas as palavras que te direi: 11depois vai, dirige-te aos exilados, aos filhos de teu povo, e fala-lhes. Tu lhes dirás: Assim fala o Senhor Javé, quer escutem quer deixem de escutar".

12Então um espírito me ergueu* e, atrás de mim, ouvi um grande clamor: "Bendita seja a glória de Javé em sua morada!" 13Era o rumor das asas dos seres vivos que as batiam uma contra a outra e ao mesmo tempo o barulho das rodas ao lado deles e o ruído de um grande estrondo. 14O espírito me ergueu e me transportou; eu fui triste e com o ânimo indignado, enquanto a mão de Javé pesava sobre mim. 15Cheguei junto aos deportados de Tel-Abib, que moravam ao longo do rio Cobar, onde fixaram morada, e fiquei no meio deles sete dias como que atordoado.

Ezequiel sentinela. 16Ao fim desses sete dias foi-me dirigida esta palavra de Javé: 17"Filho do homem, eu te pus como sentinela† da casa de Israel.* Quando ouvires de minha boca uma palavra, deverás avisá-los de minha parte. 18Se digo ao mau: Tu morrerás, e não o avisas e não falas para que o ímpio abandone sua conduta perversa para salvar sua vida, ele, o ímpio, morrerá por sua iniquidade, mas de sua morte eu pedirei contas a ti. 19Mas se tu avisas o ímpio, e ele não se afasta de sua maldade e de sua má conduta, ele morrerá por seu pecado, mas tu salvarás tua vida.

* **2**,3. Dt 9,7.24 | 4. 12,2; 33,33 | 6. Jr 1,8.17 | 9. Ap 5,1; 10,2 | **3**,1. Ap 10,8-11 | 4. Jr 7,27 | 5. Is 28,9-13; 33,19 | 7. Jn 3,3; Mt 12,38-42 | 12. 1Rs 18,12; Lc 2,13s | 17. 33,1-9; Is 21,6.8.11

† **3**,17. O profeta é encarregado de proteger o povo de ataques imprevistos, além de prever o que Deus está para realizar.

[20]Assim, se o justo se afasta de sua justiça* e comete a iniquidade, eu porei um tropeço em sua frente e ele morrerá; porque tu não o avisaste, morrerá por seu pecado* e as obras justas por ele feitas não serão mais recordadas; mas da morte dele pedirei contas a ti. [21]Se, porém, avisares o justo para não pecar, e ele não tiver pecado, ele viverá, porque foi avisado e tu salvarás tua vida".

II. JUÍZOS DE DEUS SOBRE JUDÁ (3,22–24,27)

Ezequiel prisioneiro e mudo. [22]Também lá veio sobre mim a mão de Javé e ele me disse: "Levanta-te e vai ao vale; lá eu quero falar-te". [23]Levantei-me e fui ao vale; e eis que a glória de Javé estava lá, semelhante à glória* que eu tinha visto junto ao rio Cobar, e caí com o rosto em terra. [24]Então o espírito* entrou em mim, fez-me ficar de pé e me disse: "Vai e fecha-te em tua casa. [25]E quanto a ti, filho do homem, porão cordas em ti, serás amarrado e não poderás sair no meio deles. [26]Farei que tua língua se cole ao paladar e ficarás mudo; assim não serás mais para eles alguém que repreende, porque são uma estirpe* de rebeldes. [27]Mas quando eu te falar, vou abrir-te a boca e tu lhes dirás: Assim fala o Senhor Javé: quem quer escutar escute, e quem não quer não escute; porque são uma estirpe de rebeldes".

4 **Assédio de Jerusalém**†. [1]"Tu, filho do homem, toma um tijolo, coloca-o diante de ti, desenha nele uma cidade, Jerusalém, [2] e põe o cerco em torno dela: eleva uma torre, constrói aterros, enfileira os acampamentos e coloca ao redor os aríetes†. [3]Depois toma uma placa de ferro e coloca-a como muro de ferro entre ti e a cidade, fixa nela teu olhar e ela será sitiada, isto é, tu a sitiarás! Isto será um sinal para os israelitas.

[4]Deita-te sobre o lado esquerdo e depõe sobre ele a iniquidade de Israel. Conforme o número de dias que ficarás deitado sobre ele, tu levarás sua iniquidade. [5]Eu te imponho um número de dias equivalente aos anos de seu pecado: por trezentos e noventa dias levarás as iniquidades dos israelitas.

[6]Terminados estes dias, deverás deitar-te sobre o lado direito e levarás a iniquidade de Judá por quarenta dias; eu te fixo um dia para cada ano. [7]Depois voltarás teu rosto e teu braço descoberto* para o cerco de Jerusalém e profetizarás contra ela. [8]Eu te prenderei com cordas, de modo que não poderás virar-te nem para um lado, nem para o outro, enquanto não tiveres completado os dias de teu cerco.

[9]Toma também trigo, cevada, favas, lentilhas, milho e aveia, coloca-os num recipiente e faze com eles pão pra ti: comerás dele durante os dias que passares estendido de lado, isto é, por trezentos e noventa dias. [10]A comida que comerás será do peso de vinte siclos ao dia: tu a comerás em horas marcadas todo dia. [11]Também a água que beberás será racionada: um sexto de hin† em horas marcadas todo dia. [12]Comerás esta comida em forma de bolos de cevada, que cozerás sobre excrementos humanos à vista deles. [13]De tal modo – disse-me Javé – os israelitas comerão seu pão impuro no meio das nações entre as quais os dispersarei".

[14]Mas eu disse: "Ah! Senhor Javé! Jamais me contaminei! Desde a infância até agora nunca comi carne de animal morto* naturalmente ou dilacerado, nem nunca entrou em minha boca carne impura". [15]Ele respondeu-me: "Pois bem, eu te concedo usar esterco de boi em lugar de excrementos para sobre ele cozeres teu pão".

---

* **3**,20. 18,24; 33,12s / 2Pd 2,21 | 23. 1,28 | 24. 2,2 | 26. 24,27; 33,22 | **4**,7. 3,25 | 14. Êx 22,30; Lv 17,15; Dt 14,3-21

† **4**,1. Quatro ações simbólicas vão sugerir os rigores do cerco da cidade e o exílio iminente. | 2. Isto é para que os exilados não se iludam, pensando que o exílio será breve. | 11. Um siclo são 11 gramas e um hin são 7,5 litros.

16Depois acrescentou: "Filho do ho-
mem, vou suprimir em Jerusalém as
provisões de pão; comerão pão racio-
nado e com angústia, beberão água
por medida e com espanto 17e assim,
faltando pão e água,* desfalecerão
todos juntos e se consumirão em sua
iniquidade.

5 **Sorte dos judeus.** 1"E tu, filho do
homem, toma uma espada afiada,
usa-a como navalha de barbeiro e rapa
os cabelos e a barba; depois toma uma
balança e reparte os cabelos cortados†.
2Um terço deles tu os queimarás no
fogo, no meio da cidade, no fim dos
dias do cerco; tomarás um outro ter-
ço e o cortarás com a espada ao redor
da cidade e o outro terço tu o espa-
lharás ao vento, enquanto eu desem-
bainharei a espada atrás deles. 3Destes
tomarás uns poucos e os prenderás
à orla de teu manto; 4tomarás ainda
uma pequena parte deles e os lançarás
ao fogo e os queimarás, e deles sairá
um fogo contra toda a casa de Israel.
Explicação dos símbolos. Dirás a toda
a casa de Israel: 5Assim fala o Senhor
Javé: esta é Jerusalém!* Eu a tinha co-
locado no meio das nações, rodeada
de países estrangeiros. 6Ela rebelou-se
contra minhas normas com mais im-
piedade que as nações, e contra meus
decretos mais que os países que a ro-
deiam; de fato, desprezaram minhas
normas e não se comportaram de acor-
do com meus decretos.
7Por isso diz o Senhor Javé: Porque
sois mais rebeldes* que as nações que
vos rodeiam, não seguistes meus de-
cretos, não observastes minhas normas
nem agistes segundo os costumes das
nações que vos rodeiam, 8pois bem,
assim fala o Senhor Javé: Também eu
me declaro contra ti e executo a sen-
tença no meio de ti aos olhos das na-
ções.* 9Farei contigo o que nunca fiz
nem farei nunca mais, por causa de
tuas culpas abomináveis. 10Por isso, no
meio de ti, os pais devorarão os filhos*
e os filhos devorarão os pais. Cumprirei
em ti meus julgamentos e dispersarei
a todos os ventos o que restar de ti.*
11Portanto, como é verdade que eu
vivo – oráculo do Senhor Javé – por-
que profanaste meu santuário com
todas as tuas infâmias e com todas as
tuas coisas abomináveis, também eu
rejeitarei sem um olhar de compaixão,
eu também não pouparei. 12Um terço
dos teus morrerá de peste e será con-
sumido pela fome no meio de ti; um
terço cairá pela espada ao redor de ti e
o outro terço eu o dispersarei a todos
os ventos, desembainhando a espada
atrás deles. 13Então darei desafogo a
minha ira, saciarei neles meu furor e
tomarei satisfação; então saberão que
eu, Javé, falei em meu ciúme, quando
desafogar sobre eles meu furor. 14Eu te
reduzirei a um deserto, a um opróbrio
no meio das nações que te rodeiam, à
vista de todo transeunte. 15Serás um
opróbrio* e um vitupério, um exemplo
e um horror para as nações que te ro-
deiam, quando eu executar contra ti a
sentença, com indignação, furor e ter-
ríveis castigos. Eu, Javé, falei. 16Quando
eu mandar contra ti as terríveis flechas
da fome, que levam destruição e que
lançarei para destruir-te, agravarei a
fome sobre ti, tirando-te as provisões
de pão. 17Então mandarei contra ti a
fome e os animais ferozes que te priva-
rão de teus filhos; no meio de ti passa-
rão a peste e o sangue, enquanto farei
cair sobre ti a espada. Eu, Javé, falei".

6 **Ameaças à região de Efraim.**
1Depois foi-me dirigida esta pala-
vra de Javé: 2"Filho do homem, vira o
rosto para os montes de Israel e pro-
fetiza contra eles: 3Dirás: Montes de Is-
rael, escutai a palavra do Senhor Javé.
Assim fala o Senhor Javé aos montes
e às colinas, aos barrancos e aos vales:

* **4**,17. Lv 26,39 | **5**,5. 38,12 | 7. Mt 12,38-42 | 8. Jr 1,16 | 10. Lv 16,29; Dt 28,53; Lm 2,20; 4,10; Jr 19,9 / Ez 7,4; 8,18; 9,10; 24,14 | 15. Lv 26,32

† **5**,1. Os cabelos eram sinal de força e dignidade: "cabelos raspados" indicava humilhação, neste caso, o exílio.

Mandarei sobre vós a espada e destruirei vossos lugares altos; 4vossos altares serão demolidos,* quebrados vossos altares para o incenso; farei cair vossos mortos diante de vossos ídolos. 5Porei os cadáveres dos israelitas diante de seus ídolos e espalharei vossos ossos ao redor de vossos altares. 6Onde quer que habiteis, as cidades serão devastadas e os lugares altos demolidos, a fim de que vossos altares sejam devastados e desolados, vossos ídolos sejam despedaçados e desapareçam, sejam quebrados vossos altares para o incenso e vossas obras sejam aniquiladas. 7Traspassados pela espada cairão no meio de vós e sabereis que eu sou Javé.

8Mas deixarei alguns de vós* sobreviventes da espada no meio das nações, quando fordes espalhados nos vários países: 9então vossos sobreviventes* se recordarão de mim entre as nações no meio das quais serão deportados; porque eu quebrarei seu coração infiel* que se afastou de mim e seus olhos que se prostituíram com seus ídolos; terão desgosto de si mesmos pelas iniquidades cometidas e por todas as suas abominações.

10Saberão então que eu sou Javé† e que não foi em vão que ameacei fazer-lhes este mal".

Os pecados do povo. 11Assim fala o Senhor Javé: "Bate as mãos, bate os pés no chão† e dize: Oh! Por todas as suas horríveis abominações o povo de Israel vai cair pela espada, de fome e de peste! 12Quem está longe morrerá de peste, quem está perto cairá pela espada; quem sobreviveu e está sitiado morrerá de fome: e assim desafogarei sobre eles minha indignação.

13Sabereis então que eu sou Javé, quando seus cadáveres jazerem entre seus ídolos, ao redor de seus altares, sobre toda colina elevada,* no alto de toda montanha, debaixo de toda árvore verde e de todo carvalho frondoso, onde queimavam perfumes suaves* a todos os seus ídolos. 14Estenderei a mão contra eles e farei do país uma solidão desolada desde o deserto até Rebla†, onde quer que habitem; então reconhecerão que eu sou Javé".

7

O fim desastroso se aproxima. 1Foi-me dirigida esta palavra de Javé: 2"Agora, filho do homem, dize: Assim fala o Senhor Javé ao país de Israel: O fim! Chega o fim para os quatro cantos do país. 3É agora o fim para ti;* mandarei contra ti minha ira para julgar-te sobre tuas obras e pedir-te conta de tuas abominações.* 4Não terei para ti um olhar de piedade, não te pouparei; ao contrário, eu te considerarei responsável por tua conduta e estarão no meio de ti tuas abominações;* saberás então que eu sou Javé.

5Assim fala o Senhor Javé: Um mal depois do outro está chegando. 6Vem o fim, vem o fim, despertou-se contra ti; ei-lo que vem. 7Chegou tua vez, ó habitante do país: chegou o tempo, está próximo o dia do pânico e não de gritos de alegria* sobre os montes. 8Agora, em breve, lançarei meu furor sobre ti e darei desafogo a minha ira contra ti. Eu te julgarei segundo tuas obras e te pedirei conta de todas as tuas abominações. 9Não terei para ti um olhar de piedade, não te pouparei, mas te tratarei segundo a tua conduta; e estarão no meio de ti tuas abominações; saberás então que sou eu, Javé, aquele que fere.

10Eis o dia, ei-lo que chega! Chegou tua vez. A injustiça floresce, o orgulho se expande 11e a violência se ergue como cetro de iniquidade; não resta nenhum deles, ninguém dessa multidão, nada de suas riquezas, nem haverá luto por eles. 12É chegado o tempo, está próximo o dia: quem comprou não se alegre, quem

---

* **6**,4. Lv 26,30s; Jr 8,1s; Mq 1,7; Is 2,18; Jr 10,14s | 8. Is 4,3 | 9. Lv 26,40s; Dt 30,1s / Ez 16,23 | 13. Dt 12,2 / Êx 29,18 | **7**,3. 7,8s / 5,11 | 4. Ap 8,13; 9,12; 11,14 | 7. 7,3s

† **6**,10. Expressão típica de Ezequiel: Deus se manifesta por meio de suas ações. | 11. O profeta deve exultar diante do castigo reservado aos maus, 21,19; 22,13. | 14. Limites extremos ao sul e ao norte da Palestina.

vendeu não se lamente; porque uma ira
ardente ameaça toda a multidão deles!
13 Quem vendeu não voltará a possuir
o que vendeu†, mesmo se permanecer
em vida; porque a visão refere-se a toda
a sua multidão e não será revogada, e
ninguém poderá preservar sua existên-
cia vivendo na iniquidade.
14 Tocaram a trombeta e aprontaram
tudo; mas ninguém parte para a bata-
lha, porque meu furor é contra toda a
multidão deles. 15 Fora, a espada; den-
tro, a peste e a fome: quem está no
campo morrerá pela espada, quem está
na cidade será consumido pela fome* e
pela peste. 16 Quem deles puder fugir
e salvar-se sobre os montes gemerá
como as pombas dos vales, cada qual
por sua iniquidade.

17 Todas as mãos se enfraquecerão*
e todos os joelhos serão débeis
como água.
18 Pano de saco será sua roupa,
e o espanto os cobrirá.
Em cada rosto haverá a vergonha*
e todas as cabeças serão raspadas.
19 Lançarão sua prata pelas ruas
e seu ouro será uma imundície.
Sua prata e seu ouro não poderão
salvá-los
no dia do furor de Javé;
com eles não poderão saciar sua fome
nem encher o estômago,
porque foram para eles causa de pe-
cado.
20 Da beleza de suas joias
fizeram objeto de orgulho
e fabricaram com elas
as abomináveis estátuas de seus ídolos:
por isso as converterei em coisa re-
pugnante
para eles próprios.
21 Eu as darei como presa aos estran-
geiros
e como despojo aos ímpios do país,
que as profanarão.
22 Desviarei deles meu rosto
e será profanado meu tesouro;
nele entrarão os ladrões e o profa-
narão.
23 Prepara uma corrente,
porque o país está cheio de assassi-
natos
e a cidade está cheia de violência.
24 Eu mandarei os povos mais ferozes,
que se apoderarão de suas casas;
abaterei a soberba dos poderosos,
e seus santuários serão profanados.
25 Chegará a angústia e procurarão a
paz,
mas não haverá paz.
26 Virá um desastre depois do outro,*
más notícias uma depois da outra;
aos profetas pedirão respostas,
mas aos sacerdotes faltará a doutrina
e aos anciãos o conselho.
27 O rei estará de luto,
o príncipe revestido de desolação,
e tremerão as mãos do povo do país.
Eu os tratarei segundo sua conduta
e os julgarei segundo seus juízos:
assim saberão que eu sou Javé".

8 **Nova teofania.** 1 No quinto dia do
sexto mês do ano sexto,* quando
eu estava em casa e diante de mim es-
tavam sentados os anciãos de Judá, a
mão do Senhor Javé* se abateu sobre
mim. 2 Eu olhei: havia um ser que tinha
aparência de homem. Abaixo do que
parecia ser sua cintura* tinha aparência
de fogo e da cintura para cima, como o
resplendor* de metal brilhante. 3 Esten-
deu uma espécie de mão e me agarrou
pelos cabelos: o espírito me ergueu
entre a terra e o céu* e me levou em
visões divinas a Jerusalém, à entrada
do pátio interno, que dá para o norte,
onde está o ídolo do ciúme, que pro-
vocava o ciúme†. 4 Lá estava a glória do
Deus de Israel,* semelhante àquela que
eu tinha visto no vale.

---

* **7**,15. Mt 24,16ss | 17. 21,12 | 18. Am 8,10 | 26. Mq 3,6; Lm 2,9; Is 29,14 | **8**,1. 14,1; 20,1 / 1,3 | 2. 1,26ss / Dn 10,6 | 3. 3,12 | 4. 1,28; 3,22s; Êx 24,16

† **7**,13. Conforme Lv 25,13, no ano do jubileu as propriedades voltavam a seus donos anteriores; mas toda a terra vai pertencer ao inimigo invasor. Cessará toda atividade econômica. | **8**,3. A estátua de Astarte, a Vênus dos fenícios, que Manassés tinha colocado no templo, 2Rs 21,7. Se a aliança é um matrimônio entre Deus e o povo, a idolatria é um adultério que provoca o ciúme de Deus.

Contra a idolatria†. 5Disse-me: "Filho do homem, ergue os olhos para o norte!" Ergui os olhos para o norte: ao norte da porta do altar, justamente na entrada, estava esse ídolo do ciúme. 6Disse-me: "Filho do homem, estás vendo o que eles fazem? Vê as grandes abominações que a casa de Israel comete aqui para afastar-me de meu santuário! Verás outras abominações ainda piores".

7Conduziu-me então à entrada do pátio e vi um buraco na parede. 8Disse-me: "Filho do homem, faz uma abertura na parede". Quando fiz a abertura na parede, apareceu uma porta. 9Disse-me: "Entra e observa as abominações perversas que eles cometem aqui". 10Eu entrei e vi toda espécie de répteis e de animais repugnantes e todos os ídolos do povo de Israel representados nas paredes ao redor. 11Diante deles estavam de pé setenta homens dentre os anciãos da casa de Israel, entre os quais Jezonias, filho de Safã, cada um com seu turíbulo na mão, do qual saía a nuvem perfumada do incenso. 12Disse-me: "Viste, filho do homem, o que fazem os anciãos do povo de Israel nas trevas, cada um em sua sala ornada de pinturas? Porque eles dizem: Javé não nos vê, Javé abandonou* o país". 13Depois me disse: "Verás outras abominações, ainda maiores, que eles cometem".

14Conduziu-me à entrada do pórtico da casa de Javé* que dá para o norte e vi lá mulheres sentadas, que choravam Tamuz†. 15Disse-me: "Viste, filho do homem? Verás ainda outras abominações piores que estas".

16Conduziu-me ao pátio interno do templo; e na entrada da casa de Javé, entre o vestíbulo e o altar, havia cerca de vinte e cinco homens, com as costas voltadas para o templo de Javé e o rosto para o oriente que, prostrados, adoravam o sol no oriente. 17Disse-me: "Viste, filho do homem? Por acaso é pouca coisa para a casa de Judá cometer semelhantes maldades neste lugar? Encheram o país de violência para provocar ainda minha cólera. Estão levando ao nariz* o raminho sagrado†. 18Também eu agirei com furor; não terei um olhar de piedade, não pouparei: ainda que gritem alto a meus ouvidos, não os ouvirei".

9 **Mensageiros da destruição.** 1Então uma voz forte gritou aos meus ouvidos: "Fazei aproximar-se os que devem punir a cidade, cada qual com sua arma* de destruição na mão". 2Chegaram seis homens do lado da porta superior que dá para o norte, cada qual com sua arma de destruição na mão. No meio deles havia um homem vestido de linho, com um estojo de escriba na cintura. Logo que chegaram, pararam junto ao altar de bronze. 3A glória do Deus de Israel* ergueu-se do querubim sobre o qual pousava, para o limiar do templo, e chamou o homem vestido de linho que tinha na cintura o estojo de escriba. 4Javé disse-lhe: "Passa no meio da cidade, no meio de Jerusalém, e marca um taw† na fronte dos homens* que suspiram e gemem por todas as abominações que se cometem no meio dela". 5Eu o ouvi dizer aos outros: "Segui-o através da cidade e feri! Não tenhais um olhar de piedade, não poupeis. 6Matai velhos, jovens, moças, meninos e mulheres* até o extermínio: só não toqueis quem tem o taw na fronte; começai em meu santuário!" Começaram pelos anciãos que estavam diante do templo. 7Disse-lhes: "Podeis profanar o santuário, enchei de cadáveres os pátios. Saí!" Eles saíram e fizeram uma matança na cidade.

8Enquanto eles faziam a matança,* eu fiquei sozinho: lancei-me com o ros-

---

* **8**,12. 9,9 | 14. Is 29,15 |17. Jr 11,11 | **9**,1. Tb 5,4 | 3. 1,28 | 4. Ap 7,2s | 6. Êx 32,27; Nm 25,5.8; Ap 9,4 | 8. 11,13; Am 7,2.5; Is 6,11 / Is 4,3

† **8**,5. Os pecados do povo afastam do santuário a Glória de Deus, penhor de salvação e de santidade. | **8**,14. Deus da vegetação; choravam sua morte no verão. | 17. Gesto de culto idolátrico. Israel se mostra hipócrita, fingindo fidelidade a Javé e praticando o culto aos ídolos. | **9**,4. Sinal que salva os inocentes, o taw era a última letra do alfabeto hebraico, e era parecido com nosso T.

to em terra e gritei: "Ah! Senhor Javé, exterminarás todo o resto* de Israel, lançando teu furor sobre Jerusalém?" [9]Disse-me: "A iniquidade de Israel e de Judá é enorme,* a terra está coberta de sangue, a cidade está cheia de perversidade. Com efeito, estão dizendo:* Javé abandonou o país, Javé não vê. [10]Pois bem, não terei um olhar de compaixão, não pouparei: farei recair sobre as cabeças deles suas obras". [11]E então o homem vestido de linho, que tinha o estojo na cintura, fez este relato: "Fiz como me mandaste".

10 **Descrição da glória de Deus.** [1]Eu olhava: sobre o firmamento* que estava sobre a cabeça dos querubins, apareceu como uma pedra de safira* e sobre eles algo que tinha a forma de um trono.

[2]Ele disse ao homem vestido de linho: "Vai entre as rodas, que estão sob o querubim, e enche as mãos com brasas ardentes,* que estão entre os querubins, e espalha-as sobre a cidade". Ele foi lá, enquanto eu o seguia com o olhar.

[3]Ora, os querubins estavam de pé no lado direito do templo, quando o homem foi lá, e uma nuvem enchia o pátio interno. [4]A glória de Javé se levantou* sobre o querubim para o limiar do templo, e o templo se encheu com a nuvem,* e o pátio ficou cheio do esplendor da glória de Javé. [5]O ruído das asas dos querubins chegava até o pátio interno, como a voz de Deus onipotente* quando fala.

[6]Quando ordenou ao homem vestido de linho, dizendo: "Toma o fogo entre as rodas no meio dos querubins", ele caminhou e parou perto da roda. [7]Um querubim estendeu a mão entre os querubins para o fogo que estava entre os querubins; tomou-o e o pôs na mão do homem vestido de linho, o qual o tomou e saiu. [8]Então apareceu sob as asas dos querubins uma forma de mão humana. [9]Eu olhei: ao lado dos querubins* havia quatro rodas, uma roda ao lado de cada querubim. Aquelas rodas tinham o aspecto do topázio. [10]Parecia que todas as quatro fossem de uma mesma forma, como se uma roda estivesse no meio da outra. [11]Movendo-se, podiam andar nas quatro direções sem voltar-se, porque seguiam a direção para a qual estava virada a cabeça, sem virar-se durante o movimento.

[12]Todo o seu corpo, o dorso, as mãos, as asas e as rodas, as rodas que os quatro tinham, estavam cheios de olhos ao redor. [13]Ouvi que as rodas eram chamadas "turbinas". [14]Cada querubim tinha quatro faces: a primeira era de querubim, a segunda de homem, a terceira de leão e a quarta de águia. [15]Os querubins se elevaram: eram os mesmos seres vivos que eu tinha visto junto ao rio Cobar. [16]Quando os querubins se moviam, também as rodas avançavam a seu lado; quando os querubins levantavam as asas para elevar-se da terra, as rodas não se afastavam de seu lado; [17]quando paravam, também as rodas paravam; quando se elevavam, também as rodas se elevavam com eles, porque o espírito daqueles seres estava nelas.

A glória de Javé abandona o templo. [18]A glória de Javé saiu do limiar do templo* e parou sobre os querubins. [19]Os querubins levantaram as asas e se ergueram da terra a minha vista. Também as rodas se ergueram com eles e pararam na entrada da porta oriental do templo de Javé, enquanto a glória do Deus de Israel estava no alto sobre eles. [20]Eram os mesmos seres que eu tinha visto debaixo do Deus de Israel, junto ao rio Cobar, e reconheci que eram querubins. [21]Cada um tinha quatro faces e cada um quatro asas, com algo semelhante a mãos humanas debaixo das asas. [22]O aspecto de suas faces era o mesmo que eu tinha visto junto ao rio Cobar. Cada um deles se movia para a frente.

---

* **9**,9. 24,9 / 8,12; Sl 10,11 | **10**,1. 1,22 / Ap 4,3 | 2. Gn 19,24; Ap 8,5 | 4. 1,28 / Êx 40,34s; 1Rs 8,10s | 5. Sl 29,3s; Êx 19,19; Ez 1,24 | 9. 1,5-21 | 18. 1,28; Êx 24,16

11 **As culpas dos chefes.** 1O espí-
rito me ergueu e me transpor-
tou* até a porta oriental do templo de
Javé que dá para o oriente. Na entrada
da porta havia vinte e cinco homens; vi
no meio deles Jezonias, filho de Azur, e
Feltias, filho de Banaías, chefes do povo.
2Javé me disse: "Filho do homem, estes
são os homens que tramam o mal e
dão maus conselhos nesta cidade. 3Eles
dizem: Não está próximo o tempo de
construir casas; esta cidade é a panela,
e nós somos a carne. 4Por isso profetiza
contra eles,* profetiza, filho do homem".
5O espírito de Javé desceu sobre mim
e me disse: "Fala! Assim fala Javé: Assim
dissestes, ó israelitas, e eu sei o que vos
passa pela mente. 6Vós multiplicastes
vossos mortos nesta cidade, enchestes
de cadáveres suas ruas. 7Por isso, assim
fala o Senhor Javé: Os cadáveres que dei-
xastes no meio da cidade são a carne, e
a cidade é a panela. Mas eu vos expulsa-
rei dela. 8Tendes medo da espada, e eu
mandarei a espada contra vós, oráculo
do Senhor Javé! 9Eu vos expulsarei da
cidade e vos entregarei nas mãos dos es-
trangeiros e executarei contra vós meus
juízos. 10Caireis pela espada: no próprio
território de Israel eu vos julgarei e sa-
bereis que eu sou Javé. 11A cidade não
será para vós a panela, e vós não sereis
no meio dela sua carne! No próprio ter-
ritório de Israel eu vos julgarei: 12então
sabereis que eu sou Javé, do qual não
cumpristes os decretos nem observastes
as leis, mas agistes segundo os costumes
das nações que vos rodeiam".*
13E aconteceu que, enquanto eu pro-
fetizava, Feltias, filho de Banaías, caiu
morto. Eu me lancei com o rosto em
terra e gritei com voz forte: "Ah! Senhor
Javé,* quereis mesmo destruir o que
resta de Israel?"
Promessa de uma nova aliança. 14En-
tão foi-me dirigida esta palavra de Javé:
15"Filho do homem, a teus irmãos, aos
deportados como tu, a toda a casa de
Israel os habitantes de Jerusalém estão
dizendo: Afastai-vos de Javé: é a nós
que foi dada esta terra em patrimônio†.
16Dize, portanto, a eles:* Assim fala o
Senhor Javé: Se os mandei para longe
entre as nações,* se os dispersei entre
os países, serei para eles um santuário,
por um breve tempo, nos países para
onde foram. 17Por isso dize-lhes: Assim
fala o Senhor Javé: Eu vos recolherei* do
meio das nações e vos reunirei dos paí-
ses nos quais fostes dispersos e vos da-
rei a terra de Israel. 18Eles lá entrarão e
eliminarão todos os seus ídolos e todas
as suas abominações. 19Eu lhes darei um
outro coração* e porei dentro deles um
espírito novo; tirarei de seu peito o co-
ração* de pedra e lhes darei um coração
de carne, 20para que sigam meus de-
cretos e observem minhas leis e as po-
nham em prática; então eles serão meu
povo e eu serei seu Deus. 21Mas, quanto
àqueles, cujo coração segue seus ídolos
e suas abominações, pedirei contas de
sua conduta, oráculo do Senhor Javé".
A glória de Javé sai de Jerusalém†.
22Os querubins então ergueram as asas,
e com eles se moveram as rodas, en-
quanto a glória do Deus de Israel esta-
va no alto sobre eles. 23A glória de Javé
se elevou do meio da cidade* e parou
sobre o monte que está a leste da cida-
de. 24Então o espírito me levantou e me
levou à Caldeia, entre os deportados,*
em visão, no espírito de Deus; e a visão
que eu tinha visto afastou-se de mim.
25E eu contei aos deportados tudo o
que Javé me havia mostrado.

12 **A bagagem do exilado.** 1Foi-
-me dirigida esta palavra de
Javé: 2"Filho do homem, tu habitas no
meio de uma estirpe de rebeldes, que
têm olhos para ver e não vêem,* têm

---

* **11**,1. 3,12 | 4. 24,1-14 | 12. Dt 12,29s | 13. 9,8 | 16. 33,24 / 36,19 | 17. Dt 30,3ss; Ez 36,24s | 19. 18,31; 36,23; Jr 4,4; Dt 30,6ss; Sl 51,12ss; Ez 44,7 / Ez 36,27; Jr 31,31 | 23. 1,28; Êx 24,16 | 24. 3,12 | **12**,2. 2,5ss; Jr 5,21

† **11**,15. Os antigos achavam que os deuses não podiam ser adorados numa terra que não era a deles. Mas Javé não abandonou os deportados: eram eles o verdadeiro Israel, Jr 24,5. | **11**,22. Jerusalém fica sem seu defensor, entregue ao capricho dos inimigos.

ouvidos para ouvir e não ouvem, porque são uma estirpe de rebeldes.

[3]Tu, filho do homem, prepara tua bagagem de exilado e, de dia, à vista deles, parte para o exílio. Partirás do lugar onde estás para um outro lugar, à vista deles: talvez compreenderão que são uma estirpe de rebeldes. [4]Prepara de dia tua bagagem, como a bagagem de um exilado, à vista deles; sairás, porém, ao entardecer,* à vista deles, como partem os exilados. [5]Faze na presença deles uma abertura no muro e através dela tira para fora tua bagagem. [6]Na presença deles põe a bagagem sobre os ombros e sai na escuridão: cobrirás teu rosto para não veres o país, porque fiz de ti um sinal para os israelitas"†.

[7]Fiz como me fora mandado: de dia levei para fora minha bagagem como a bagagem de um exilado e ao entardecer fiz uma abertura no muro com as mãos; quando ficou escuro tirei para fora a bagagem e coloquei-a sobre meus ombros à vista deles.

[8]De manhã foi-me dirigida esta palavra de Javé: [9]"Filho do homem, não te perguntou o povo de Israel, aquela estirpe de rebeldes: O que estás fazendo? [10]Responde-lhes: Assim fala o Senhor Javé: Este oráculo é para o príncipe de Jerusalém† e para todos os israelitas que moram lá.

[11]Dirás: Eu sou um símbolo para vós; com efeito, o que fiz a ti será feito a eles; irão para o exílio, para o cativeiro. [12]O príncipe que está no meio deles carregará sua bagagem nos ombros, na escuridão, e sairá pela brecha que será feita no muro para deixá-lo partir; cobrirá o rosto, para não ver com seus olhos* o país. [13]Mas eu estenderei minha rede contra ele, e ele ficará preso em meus laços: eu o conduzirei a Babilônia, ao país dos caldeus, mas ele não o verá e lá morrerá. [14]Dispersarei a todos os ventos os que estão ao redor dele,* seus guardas e todas as suas tropas, e desembainharei atrás deles a espada. [15]Então saberão que eu sou Javé, quando os tiver dispersado entre as nações e os tiver espalhado* pelo mundo. [16]Mas pouparei alguns deles da espada, da fome e da peste, para que contem todas as suas abominações às nações para onde forem, e também elas saibam que eu sou Javé"†.

[17]Foi-me dirigida esta palavra de Javé: [18]"Filho do homem, come o pão* com tremor e bebe tua água com inquietação e angústia. [19]Ao povo do país dirás: Assim fala o Senhor Javé aos habitantes de Jerusalém, no país de Israel: comerão seu pão na angústia e beberão sua água com espanto, porque sua terra será despojada de tudo o que contém, por causa da violência de todos os seus habitantes. [20]As cidades habitadas serão destruídas, e o país reduzido a um deserto: sabereis que eu sou Javé".

O castigo se aproxima. [21]Foi-me dirigida esta palavra de Javé: [22]"Filho do homem, que provérbio* é este que tendes no país de Israel: Passam os dias e toda visão se desvanece? [23]Pois bem, tu lhes dirás: Assim fala o Senhor Javé: Farei cessar este provérbio, que não será mais pronunciado em Israel; mas, dize-lhes: Aproximam-se os dias em que se cumprirá toda visão.

[24]Com efeito, não haverá mais visão falsa, nem predição enganadora no meio dos israelitas, [25]porque eu, Javé, falarei e cumprirei sem demora a palavra que eu disser. Sim, em vossos dias, ó estirpe de rebeldes, pronunciarei uma palavra e a cumprirei: oráculo do Senhor Javé".

[26]Foi-me dirigida esta palavra de Javé: [27]"Filho do homem, os israelitas estão dizendo: A visão que este homem vê é para um futuro distante; ele prediz para tempos remotos. [28]Pois bem, dize-lhes: Assim fala o Senhor Javé: Nenhuma palavra minha* será adiada: a palavra que eu disser, eu a cumprirei – oráculo do Senhor Javé".

* **12**,4. Is 8,18; Jr 18,1 | 12. 17,20 | 14. Lv 26,33 | 15. Is 4,3 | 18. 4,16 | 22. 2Pd 3,3s | 28. Ap 10,6; Jr 1,11s

† **12**,6. Sinal que ilustra o que Deus anuncia. | 10. Trata-se do rei Sedecias, Jr 39,4, que tentou fugir, mas foi preso. | 16. Saberão que as calamidades de Judá não se devem à impotência de seu Deus, mas às culpas do povo.

13 Contra os falsos profetas.

1Foi-me dirigida esta palavra de Javé: 2"Filho do homem, profetiza* contra os profetas de Israel, profetiza e diz àqueles que profetizam por sua própria inspiração: Escutai a palavra de Javé: 3Assim diz o Senhor Javé:

Ai dos profetas insensatos, que seguem seu próprio espírito, sem terem tido visões. 4Como raposas entre as ruínas, assim são teus profetas, Israel. 5Vós não subistes às brechas e não construístes nenhum muro em defesa dos israelitas, para que pudessem resistir ao combate no dia de Javé.* 6Tiveram visões falsas, vaticínios enganadores, aqueles que dizem: 'Oráculo de Javé', sem que Javé os tenha enviado. Não obstante, confiam que se cumpra sua palavra! 7Acaso não tivestes visões falsas e não anunciastes vaticínios mentirosos, quando dizeis: 'Palavra de Javé', sem que eu vos tenha falado?

8Pois bem, assim fala o Senhor Javé: Porque dissestes o falso e tivestes visões mentirosas, eu me declaro contra vós, oráculo do Senhor Javé. 9Minha mão estará contra os profetas das falsas visões e dos vaticínios mentirosos. Não terão parte no conselho de meu povo, não serão inscritos no livro da casa de Israel e não entrarão no país de Israel: então sabereis que eu sou o Senhor Javé. 10Porque enganam meu povo,* dizendo: 'Paz!' e não há paz; enquanto se levanta um muro, eles o recobrem de cal†. 11Dize àqueles que o recobrem de cal: 'Cairá!' Virá uma chuva torrencial, cairão pedras de granizo, irromperá um furacão, 12e eis que o muro será abatido. Então não vos perguntarão, por acaso: 'Onde está a cal com que o recobristes?' 13Por isso, assim fala o Senhor Javé: Com ira farei irromper um furacão, em minha cólera cairá uma chuva torrencial e em meu furor cairão pedras de granizo para destruir. 14Vou demolir o muro que recobristes de cal, eu o lançarei por terra, e seus fundamentos ficarão descobertos; ele desabará e vós perecereis junto com ele e sabereis que eu sou Javé.

15Quando eu tiver desafogado minha ira contra o muro e contra os que o recobriram de cal, eu vos direi: O muro não existe mais, nem os que o recobriram, 16os profetas de Israel que profetizavam sobre Jerusalém e viam para ela uma visão de paz, quando não havia paz. Oráculo do Senhor Javé".

Contra as falsas profetisas. 17"Agora tu, filho do homem, dirige-te às filhas de teu povo, que profetizam por sua própria inspiração, e profetiza contra elas. 18Tu lhes dirás: Assim fala o Senhor Javé: Ai daqueles que atam fitas a todo pulso e preparam véus para as cabeças de todo tamanho para capturar as pessoas. Pretendeis por acaso capturar as pessoas de meu povo e salvar-vos a vós mesmos? 19Vós me desonrastes diante de meu povo por punhados de cevada e por pedaços de pão, fazendo morrer quem não devia morrer e poupando quem não devia viver, enganando meu povo que crê em mentiras.

20Por isso, assim fala o Senhor Javé: Eu sou contra vossas fitas com as quais capturais as pessoas como pássaros; eu as arrancarei de vossos braços e libertarei as pessoas que capturastes como pássaros. 21Rasgarei vossos véus e libertarei meu povo de vossas mãos, e ele não será mais uma presa em vossas mãos; sabereis assim que eu sou Javé. 22Com efeito, intimidastes com mentiras o coração do justo, enquanto eu não o havia afligido, e encorajastes o malvado para que não desistisse de sua vida malvada e vivesse. 23Por isso não tereis mais visões falsas, nem mais fareis adivinhações: libertarei meu povo de vossas mãos e sabereis que eu sou Javé".

14 Castigo dos idólatras.

1Vieram ter comigo alguns dos anciãos de Israel* e sentaram-se diante de mim. 2Foi-me dirigida então esta palavra de Javé: 3"Filho do homem, estes homens puseram seus ídolos

* **13**,2. Jr 14,13-16; 23,9-40; 27,9s.16ss.28 | 5. Am 5,18 | 10. 22,28; Jr 6,14 | **14**,1. 20,1-4

† **13**,10. Iludem o povo que, em vez de converter-se, dissimula suas faltas, Jó 13,4.

em seu coração e colocaram diante de seus rostos aquilo que os faz cair na iniquidade. Eu me deixarei interrogar por eles? [4]Fala, portanto, e dize-lhes: Assim fala o Senhor Javé: Qualquer israelita que tiver erigido seus ídolos no próprio coração e tiver colocado diante de seu rosto aquilo que o faz cair na iniquidade, e vier ao profeta, eu, Javé, lhe responderei como merece a multidão de seus ídolos, [5]para tocar o coração dos israelitas que se afastaram de mim por causa de todos os seus ídolos".

Exortação a converter-se. [6]"Dize portanto à casa de Israel: Assim fala o Senhor Javé: Convertei-vos, abandonai vossos ídolos e desviai o rosto de todas as vossas abominações, [7]porque a qualquer israelita e a qualquer estrangeiro habitante em Israel, que se afasta de mim e ergue seus ídolos no próprio coração e coloca diante de seu rosto aquilo que o faz cair na iniquidade e depois vem ao profeta para consultar-me, responderei eu, Javé, pessoalmente. [8]Voltarei meu rosto contra tal homem e farei dele um exemplo e um provérbio, e o exterminarei de meu povo: sabereis assim que eu sou Javé.

[9]Se um profeta se deixa seduzir e faz uma profecia, eu, Javé, seduzi aquele profeta†: estenderei a mão contra ele e o cancelarei do meio de meu povo Israel. [10]Ambos levarão a pena de sua iniquidade. A pena de quem consulta será igual à do profeta, [11]para que a casa de Israel não se desvie mais de mim, nem se contamine mais com todas as suas transgressões: eles serão meu povo e eu serei seu Deus – oráculo do Senhor Javé".

A responsabilidade individual. [12]Foi-me dirigida esta palavra* de Javé: [13]"Filho do homem, se um país peca contra mim, cometendo infidelidade, estenderei a mão contra ele, retirarei dele a provisão de pão, mandarei contra ele a fome e exterminarei dele homens e animais; [14]mesmo se no país vivessem estes três homens:* Noé, Daniel e Jó, eles com sua justiça salvariam apenas a si mesmos†, diz o Senhor Javé. [15]Ou se eu infestasse aquele país de animais ferozes, que o privassem de seus filhos e fizessem dele um deserto, que ninguém pudesse atravessar por causa dos animais ferozes, [16]mesmo se no meio daquela terra estivessem esses três homens, juro como é verdade que eu vivo, oráculo do Senhor Javé: não salvariam nem filhos e nem filhas, somente eles se salvariam, mas a terra seria um deserto.

[17]Ou, se eu mandasse a espada contra aquele país e dissesse: 'Espada, percorre o país', e ela exterminasse homens e animais, [18]mesmo se no meio daquele país estivessem aqueles três homens, juro como é verdade que eu vivo, oráculo do Senhor Javé: não salvariam nem filhos e nem filhas, somente eles se salvariam.

[19]Ou, se eu mandasse a peste contra aquele país e derramasse meu furor contra eles na matança, exterminando homens e animais, [20]mesmo se no meio daquele país estivessem Noé, Daniel e Jó, juro como é verdade que eu vivo, diz o Senhor Javé: não salvariam nem filhos e nem filhas, somente eles se salvariam, por sua justiça".

O pequeno resto. [21]Com efeito, diz o Senhor Javé: "Quando eu mandar contra Jerusalém meus quatro tremendos castigos: a espada, a fome, os animais ferozes e a peste, para extirpar dela homens e animais, [22]no meio dela será deixado um resto que será levado para fora, filhos e filhas. Eles irão a vós para que vejais sua conduta e suas obras e vos consoleis do mal que mandei contra Jerusalém, de tudo quanto mandei contra ela. [23]Eles vos consolarão quando virdes sua conduta e suas obras, e sabereis que não foi em vão que eu fiz aquilo que fiz no meio dela" – oráculo do Senhor Javé.

---

* **14**,12. 18; 33,10-20 | 14. Gn 18,22-33

† **14**,9. Deus intervém para castigar a atitude errada do profeta e dos que o consultam. | 14. A culpa de Judá chegou a tal ponto que o castigo é inevitável.

15 **Alegoria da vinha.** 1Foi-me
dirigida esta palavra de Javé:
2"Filho do homem,*
que valor tem a madeira da videira†,
comparada com todas as outras madeiras
ou com qualquer ramo que está entre as árvores da floresta?
3Usa-se essa madeira para fazer alguma obra?
Tira-se dela uma estaca para pendurar alguma coisa?
4Lançada ao fogo para queimar,
o fogo devora suas duas pontas,
e também o centro é queimado.
Poderá ser útil para alguma obra?
5Se quando estava inteira
não servia para nenhuma obra,
agora, depois que o fogo a devorou, a queimou,
pode ainda ser usada para alguma coisa?
6Por isso, assim fala o Senhor Javé:
Como a madeira da videira
entre as árvores da floresta,
que eu pus no fogo para queimar,
assim tratarei os habitantes de Jerusalém.
7Voltarei contra eles o rosto.
De um fogo escaparam,
mas um outro fogo os devorará!†
Então sabereis que eu sou Javé,
quando eu voltar contra eles o rosto
8e fizer do país um deserto,
porque foram infiéis"
– oráculo do Senhor Javé.

16 **Jerusalém, esposa infiel†.**
1Foi-me dirigida esta palavra
de Javé: 2"Filho do homem, faze co-
nhecer a Jerusalém todas as suas abo-
minações.* 3Dirás: Assim fala o Senhor
Javé a Jerusalém: Tu és, por origem e
nascimento, do país dos cananeus: teu
pai era amorreu e tua mãe hitita. 4Em
teu nascimento, quando foste dada à
luz, não te foi cortado o cordão umbi-
lical e não foste lavada com água para
limpar-te; não foste esfregada com sal,
nem foste envolvida em faixas. 5Nin-
guém te dirigiu um olhar piedoso para
fazer-te uma só dessas coisas por com-
paixão para contigo; mas, pelo desgos-
to que tinham de ti, foste lançada em
pleno campo no dia de teu nascimento.

6Passei perto de ti e te vi enquanto
te debatias em teu sangue e te disse,
quando estavas em teu sangue: Vive!
7Eu te fiz crescer como a erva do cam-
po. Cresceste e te desenvolveste* e
muito bela te tornaste: formaram-se
teus seios, cresceu teu cabelo; mas es-
tavas nua e descoberta.

8Passei perto de ti e te vi: estavas
na idade do amor.* Estendi meu man-
to sobre ti e cobri tua nudez; jurei
aliança* contigo – oráculo do Senhor
Javé – e te tornaste minha. 9Eu te la-
vei com água, limpei teu sangue e te
ungi com óleo; 10eu te vesti de roupas
bordadas, eu te dei calçados de luxo,
eu te cingi a cabeça com linho fino e
te cobri de seda; 11eu te adornei com
joias: pus braceletes em teus pulsos
e um colar em teu pescoço; 12pus em
teu nariz um anel, brincos nas orelhas
e uma esplêndida coroa* em tua cabe-
ça. 13Assim foste adornada de ouro e
prata; tuas vestes eram de linho, seda e
tecidos bordados; flor de farinha, mel e
óleo foram tua comida; ficaste sempre
mais bela e chegaste a ser rainha. 14Tua
fama difundiu-se entre as nações por
tua beleza, que era perfeita, pela glória
que eu tinha posto em ti – oráculo do
Senhor Javé.

15Tu, porém, inebriada por tua be-
leza* e aproveitando de tua fama, te
prostituíste, oferecendo-te a todo tran-
seunte. 16Tomaste tuas vestes para te
fazeres lugares altos de várias cores,
nos quais te prostituías: coisa que nun-
ca devia ter sucedido nem jamais suce-
derá. 17Com tuas esplêndidas joias de

* **15**,2. Is 5,1 | **16**,2. 23; Os 1-3; Is 1,21; Jr 2,2; 3,6s | 7. Os 2,5 | 8. Dt 23,1 / Êx 19,1 | 12. Dt 32,13 | 15. Dt 31,16; 32,15; Os 2,10; Êx 32,2

† **15**,2. Israel é a vinha de Javé, Is 5,1-7: aqui o profeta fala dos ramos podados, que para nada servem. | 7. Sobreviveram à queda de Jerusalém, mas morrerão no exílio. | **16**. Cometeu adultério, servindo aos deuses, mas será perdoada por seu Deus, que fará com ela nova aliança.

ouro e de prata, que eu te havia dado,
fizeste imagens humanas, com as quais
te prostituíste; 18depois as enfeitaste
com tuas vestes bordadas e diante da-
quelas imagens apresentaste meu óleo
e meu perfume. 19O pão que eu te ha-
via dado, a flor de farinha, o óleo e o
mel com que eu te nutria puseste dian-
te delas como oferta de suave odor; e
assim foi – oráculo do Senhor Javé.
20Tomaste os filhos e as filhas* que
me havias gerado e os sacrificaste a
eles em alimento. Eram pouca coisa
tuas prostituições? 21Imolaste meus fi-
lhos e os ofereceste a eles, fazendo-os
passar pelo fogo em sua honra. 22Entre
todas as tuas abominações e prostitui-
ções não te recordaste do tempo de
tua juventude, quando estavas nua e
descoberta e te debatias no sangue!
23Agora, depois de toda a tua mal-
dade, ai, ai de ti! – oráculo do Senhor
Javé. 24Em toda praça* fizeste para ti
uma alcova e construíste um lugar alto;
25em toda encruzilhada fizeste para ti
um lugar alto, desonraste tua beleza,
oferecendo teu corpo a todo transeun-
te,* multiplicando tuas prostituições.
26Também te prostituíste com os filhos
do Egito, teus corpulentos vizinhos, e
multiplicaste tuas infidelidades para
irritar-me. 27Estendi a mão contra ti;
reduzi teu alimento e te entreguei ao
poder de tuas inimigas, as filhas dos
filisteus, envergonhadas com tua con-
duta atrevida.

28Não saciada ainda,* tu te prostitu-
íste com os assírios†; sim, tu te pros-
tituíste com eles e mesmo assim não
ficaste satisfeita. 29Multiplicaste tuas
prostituições no país de Canaã, até
a Caldeia; e nem mesmo então te sa-
ciaste. 30Como foi fraco teu coração
– oráculo do Senhor Javé – cometen-
do todas essas ações dignas de uma
prostituta despudorada! 31Quando
construías para ti uma alcova em toda
encruzilhada e fazias para ti um lugar
alto em toda praça, não eras como uma
prostituta, porque desprezavas a paga,
32mas como uma adúltera que, em vez
do marido, acolhe os estrangeiros!
33A toda prostituta se dá um presen-
te,* mas eras tu que davas presentes a
todos os teus amantes e os suborna-
vas para que viessem a ti de toda par-
te para tuas prostituições. 34Fizeste o
contrário das outras mulheres, quando
te prostituías: ninguém correu atrás de
ti para prostituir-se; enquanto tu dis-
tribuíste presentes e não os recebeste,
fizeste o contrário das outras".

Castigo da infidelidade. 35"Por isso,
ó prostituta, escuta a palavra de Javé.
36Assim fala o Senhor Javé: Porque tuas
riquezas foram esbanjadas e tua nudez
descoberta nas prostituições com teus
amantes e com todos os teus ídolos
abomináveis, e por causa do sangue
de teus filhos* que ofereceste a eles,
37eu reunirei todos os teus amantes
com quem tiveste prazer, todos os que
amaste junto com todos os que odias-
te; eu os reunirei de toda parte contra
ti e descobrirei diante deles tua nudez*
para que eles a vejam toda.

38Eu te julgarei como são julgadas as
adúlteras e as que derramam sangue, e
te farei vítima de furor e ciúme.

39Eu te abandonarei nas mãos deles;
eles destruirão tuas alcovas, demolirão
teus lugares altos; vão despojar-te de
tuas vestes e tomar tuas esplêndidas
joias: vão deixar-te descoberta e nua.
40Depois instigarão contra ti a multi-
dão;* eles te apedrejarão e te traspas-
sarão com suas espadas. 41Incendiarão
tuas casas e executarão a sentença
contra ti aos olhos de numerosas mu-
lheres: porei fim a tuas prostituições e
não distribuirás mais presentes. 42As-
sim aplacarei meu furor sobre ti, e meu
ciúme se afastará de ti; eu me acalma-
rei e não mais me irritarei. 43Porque
não te lembraste do tempo de tua ju-
ventude e me provocaste à ira com to-

* **16**,20. Lv 18,21 | 24. Dt 12,2 | 25. Is 30; 31 | 28. 2Rs 21,1-18; 2Cr 33,1-10 | 33. Os 8,9 | 36. Ap 17,5s | 37. Ap 17,16; Os 2,12 | 40. Os 2,5

† **16**,28. Aliar-se às nações é também cometer adultério, porque incluía muitas vezes a adoção de suas práticas religiosas e indicava falta de confiança em seu Esposo e protetor.

das estas coisas, também eu farei recair
sobre tua cabeça tuas ações – oráculo
do Senhor Javé; assim não cometerás
outras perversidades além de todas as
tuas abominações.
[44]Todo aquele que usa provérbios dirá
este provérbio a teu respeito: 'Tal mãe,
tal filha'. [45]És mesmo filha de tua mãe,
que abandonou o marido e seus filhos:
és irmã de tuas irmãs, que abandona-
ram o marido e seus filhos. Vossa mãe
era hitita e vosso pai amorreu. [46]Tua
irmã mais velha* é Samaria, que mora
a tua esquerda com suas filhas; tua irmã
mais nova é Sodoma, que mora a tua
direita† com suas filhas. [47]Tu não ape-
nas seguiste a conduta delas e agiste
conforme seus costumes abomináveis
mas, como se isso fosse pouco demais,
tu te comportaste pior que elas em toda
a tua conduta. [48]Por minha vida – orá-
culo do Senhor Javé – tua irmã Sodoma
e suas filhas não fizeram o que fizestes
tu e tuas filhas!* [49]Esta foi a iniquidade
de tua irmã Sodoma: soberba, fartura
de pão, ócio indolente, ela e suas filhas;
mas não estenderam a mão ao pobre e
ao indigente; [50]tornaram-se arrogantes
e cometeram o que é abominável diante
de mim: eu as vi e as eliminei. [51]Sama-
ria não cometeu nem a metade de teus
pecados. Multiplicaste tuas abomina-
ções mais que elas, tuas irmãs, a ponto
de fazê-las parecer justas, com todas as
abominações que cometeste.
[52]Tu também, que justificaste tuas ir-
mãs, carrega tua própria desonra por
teus pecados que cometeste, mais abo-
mináveis que os delas; elas são mais jus-
tas que tu: também tu, pois, deves sentir
vergonha e carregar tua desonra, porque
justificaste tuas irmãs. [53]Mas eu mudarei
a sorte delas: mudarei a sorte de Sodo-
ma e de suas filhas†, mudarei a sorte de
Samaria e de suas filhas; também muda-
rei tua sorte no meio delas, [54]para que
carregues tua desonra e sintas vergonha
do que fizeste; com isso as consolarás.
[55]Tua irmã Sodoma e suas filhas volta-
rão a seu estado anterior; Samaria e suas
filhas voltarão a seu estado anterior e
também tu e tuas filhas voltareis a vosso
estado anterior. [56]Não mencionavas tua
irmã Sodoma, difamando-a no tempo
de teu orgulho, [57]antes que fosse des-
coberta tua maldade? Assim, agora és
desprezada pelas filhas de Aram e por
todos os que estão ao redor dela e pelas
filhas dos filisteus, que zombam de ti de
todo lado. [58]Carregas o peso de tua mal-
dade e de tuas abominações – oráculo
de Javé. [59]Pois assim fala o Senhor Javé:
Farei contigo como fizeste ao desprezar
o juramento e violar a aliança".

Aliança eterna. [60]"Mas eu me recor-
darei da aliança concluída contigo* no
tempo de tua juventude e estabelece-
rei contigo uma aliança eterna. [61]Então
te recordarás de tua conduta* e senti-
rás vergonha, quando receberes tuas
irmãs mais velhas junto com as mais
novas; eu as darei a ti como filhas, mas
não por força da aliança feita contigo;
[62]eu ratificarei minha aliança contigo e
saberás que eu sou Javé†, [63]para que
te lembres e te envergonhes e, em tua
confusão, não abras mais a boca, quan-
do eu te houver perdoado tudo o que
fizeste – oráculo do Senhor Javé".

17

Alegoria das águias†. [1]Foi-me
dirigida esta palavra de Javé:
[2]"Filho do homem, propõe um enigma
e conta uma parábola aos israelitas.
[3]Dirás: Assim fala o Senhor Javé:

Uma grande águia, de grandes asas,
de comprida plumagem,
cheia de penas de várias cores,
veio do Líbano e tirou a ponta do cedro;
[4]quebrou o mais alto de seus ramos,
levou-o a um país de comerciantes*
e o depôs numa cidade de negociantes.

---

* **16**,46. 16,3 | 48. Gn 19 | 60. Os 2,16-25; Jr 31,3.31-34 | 61. 36,31 | **17**,4. 16,29

† **16**,46. Esquerda e direita são respectivamente norte e sul de quem olha para o oriente. | 53. As filhas são as cidades dependentes dela. | 62. Saberás que eu sou um Deus que não te esquece, mesmo quando tu me esqueces. | **17**. Contra a política pró-egípcia do rei Sedecias. A águia do v. 3 é Nabucodonosor, rei de Babilônia; a do v. 7 é o Egito.

5 Escolheu um germe do país
e o depôs num campo fértil;
colocou-o junto a águas abundantes,
plantou-o como um salgueiro,
6 para que germinasse
e se tornasse uma videira extensa, pouco alta,
que para a águia virasse os ramos
e suas raízes crescessem debaixo dela.
Tornou-se uma videira,
que produziu sarmentos e estendeu os ramos.
7 Mas havia uma outra águia grande,
de grandes asas, cheia de penas.
E aquela videira virou para ela suas raízes
e estendeu para ela seus sarmentos,
para que a irrigasse no canteiro em que estava plantada.
8 Ela estava plantada num campo fértil,
junto a águas abundantes,
para lançar ramos e dar fruto
e tornar-se uma excelente videira.
9 Dize-lhes: Assim fala o Senhor Javé:
Conseguirá prosperar?
A águia não vai arrancar suas raízes
e tirar seus frutos, de modo que ela seque?
Assim todas as suas folhas novas secarão.
Não será preciso grande esforço
nem muita gente para arrancá-la pelas raízes.
10 Ela está plantada: conseguirá prosperar?
Não secará totalmente
quando for atingida pelo vento do oriente?
No mesmo canteiro onde germinou secará!"

Explicação da alegoria. 11 Foi-me diri-
gida esta palavra de Javé: 12 "Fala, pois,
a essa estirpe de rebeldes: Não sabeis
o que significa isso?* Dize ainda: O rei
de Babilônia chegou a Jerusalém, to-
mou o rei e os príncipes e os transpor-
tou consigo para Babilônia. 13 Escolheu
alguém da família real e fez um pacto
com ele, obrigando-o com juramen-
to. Deportou os poderosos do país,
14 para que o reino ficasse fraco e não
pudesse levantar-se, mas, observando
seu pacto, pudesse manter-se estável.
15 Mas este se rebelou e mandou men-
sageiros ao Egito,* para que lhe fossem
dados cavalos e muitos soldados. Po-
derá prosperar, poderá escapar quem
agiu assim? Ele pode violar um pacto
e sair ileso? 16 Por minha vida – orácu-
lo do Senhor Javé – no país do rei que
lhe havia dado o trono, cujo juramento
desprezou e cuja aliança violou, junto
dele, no meio de Babilônia, morrerá.
17 O faraó com seu grande exército e
suas numerosas tropas não o ajudará
na guerra, quando se elevarem aterros
e se construírem baluartes para destruir
tantas vidas humanas. 18 Desprezou um
juramento, violando uma aliança feita
com um aperto de mão, e depois agiu
desse modo. Não escapará.
19 Por isso, assim fala o Senhor Javé:
Por minha vida, meu juramento que ele
desprezou, minha aliança que violou,
farei recair* sobre sua cabeça. 20 Es-
tenderei sobre ele minha rede e ficará
preso em meu laço. Eu o levarei para
Babilônia e lá o julgarei pela infidelida-
de cometida contra mim. 21 Toda a elite
de suas fileiras cairá pela espada e os
sobreviventes serão dispersos a todos
os ventos: assim sabereis que eu, Javé,
falei".

Promessa do rei Messias†. 22 Assim
fala o Senhor Javé:
"Eu tomarei do alto do cedro,
das pontas de seus ramos colherei um broto
e o plantarei sobre um monte elevado e altaneiro.
23 Eu o plantarei sobre a alta montanha de Israel.
Produzirá ramos e dará frutos
e se tornará um cedro magnífico.
Debaixo dele todos os pássaros habitarão,
toda ave à sombra de seus ramos repousará.*

* **17**,12. 2Rs 24,10-17 | 15. 2Rs 24,20 | 19. 12,13 | 23. Mt 13,32

† **17**,22. O cedro é Davi, o broto é o Messias, que acolhe todos os povos em seu reino de salvação.

[24]Saberão todas as árvores do campo†
que eu sou Javé,
que humilho a árvore alta
e elevo a árvore humilde;*
faço secar a árvore verde
e germinar a árvore seca.
Eu, Javé, falei e o farei".

18 **Responsabilidade individual†.** [1]Foi-me dirigida esta palavra de Javé:
[2]"Que quereis dizer quando usais
este provérbio* no país de Israel:
Os pais comeram uva verde*
e os dentes dos filhos ficaram travando?
[3]Por minha vida, diz o Senhor Javé,
não usareis mais este provérbio em Israel. [4]Todas as vidas são minhas: a vida
do pai e a do filho são minhas; aquele
que peca, é ele que morrerá.*
[5]Se alguém é justo e pratica o direito e a justiça, [6]se não come sobre as
montanhas e não eleva os olhos para
os ídolos da casa de Israel,* se não desonra a mulher do próximo e não se
aproxima de uma mulher em estado
de impureza, [7]se não oprime ninguém,
restitui o penhor ao devedor, não comete rapina, reparte o pão com o faminto* e cobre de vestes quem está nu,
[8]se não empresta com usura, não cobra
juros, afasta sua mão da iniquidade e
pronuncia reto juízo entre um homem
e outro, [9]se cumpre minhas leis e observa minhas normas, agindo com fidelidade, ele é justo e ele viverá – oráculo
do Senhor Javé.
[10]Mas se alguém gerou um filho
violento e sanguinário, que comete alguma dessas ações iníquas, [11]enquanto que ele não as comete, e este filho
come sobre as montanhas, desonra a
mulher do próximo, [12]oprime o pobre
e o indigente, comete rapinas, não
restitui o penhor, eleva os olhos para
os ídolos, comete ações abomináveis,
[13]empresta com usura e cobra juros,
ele não viverá; porque cometeu todas
essas ações abomináveis, este morrerá
e deverá a si mesmo a própria morte.
[14]Mas se alguém gerou um filho
que, vendo todos os pecados cometidos pelo pai, embora os veja, não os
comete, [15]não come sobre as montanhas, não eleva os olhos para os ídolos
da casa de Israel, não desonra a mulher
do próximo, [16]não oprime ninguém,
não exige penhor, não comete rapina,
dá o pão ao faminto e cobre de vestes quem está nu, [17]desiste da iniquidade, não empresta com usura nem a
juros, observa meus decretos, caminha
conforme minhas leis, este não morrerá por causa da iniquidade de seu pai,
mas certamente viverá. [18]Mas seu pai,
que oprimiu e espoliou o próximo, que
não agiu bem no meio do povo, morrerá por causa de sua iniquidade.
[19]Vós dizeis: 'Por que o filho não paga
pela iniquidade do pai?' Porque o filho
agiu conforme a justiça e a retidão, observou todos os meus mandamentos e
os pôs em prática, por isso viverá.
[20]Aquele que pecou* é o que morrerá; o filho não paga pela iniquidade do
pai, nem o pai pela iniquidade do filho.
Ao justo será creditada sua justiça e ao
malvado, sua maldade.
[21]Mas se o malvado se afasta de todos os pecados que cometeu e observa todos os meus decretos e age com
justiça e retidão,* ele certamente viverá, não morrerá. [22]Nenhuma de suas
transgressões* cometidas será recordada, mas viverá por causa da justiça
que praticou.
[23]Acaso eu tenho prazer na morte do
malvado* – oráculo do Senhor Javé – e
não, antes, que desista de sua conduta
e viva?
[24]Mas se o justo se afasta* de sua
justiça e comete a iniquidade, imitan-

* **17**,24. Sl 113,7ss; Lc 1,51ss | **18**,2. 14,12; 33,10-20 / Jr 31,29 | 4. 18,20 | 6. Dt 24,16; Sl 15,2-5; 24,3-6 | 7. Mt 25,35s | 20. 18,4; Dt 24,16 | 21. 33,16 | 22. 33,11; Sb 11,26 | 23. Lc 15,7.10.32; Jo 8,11; Rm 11,32 | 24. 2Pd 3,9; Ez 3,20; 33,12s

† **17**,24. As árvores são os reis das nações vizinhas; saberão que Javé humilha os poderosos e do nada suscita uma nova potência. | **18**. Os exilados achavam que estavam sendo punidos pelos pecados de seus pais. O profeta afirma a doutrina da retribuição individual. Nem o pecado, nem as boas obras dos pais passam para os filhos. Mas o justo pode tornar-se pecador e o pecador, justo.

do todas as ações abomináveis que o
malvado comete, poderá ele viver? To-
das as obras justas por ele feitas serão
esquecidas; por causa da infidelidade
na qual caiu e do pecado que cometeu,
ele morrerá.
[25]Vós dizeis: 'Não é reto o caminho
do Senhor'.
Escuta, pois, casa de Israel: É meu ca-
minho que não é reto ou, antes, os vos-
sos que não são retos? [26]Se o justo se
afasta da justiça para cometer a iniqui-
dade e por causa desta morre, morre
pela iniquidade que cometeu. [27]E se o
injusto desiste da maldade que come-
teu e age com justiça e retidão, salvará
sua vida. [28]Refletiu, afastou-se de todas
as transgressões cometidas: ele certa-
mente viverá e não morrerá. [29]No en-
tanto, os israelitas estão dizendo: 'Não
é reto o caminho do Senhor'. Ó casa de
Israel, não são retos meus caminhos ou
antes não são retos os vossos?
[30]Por isso, ó israelitas,* eu julgarei
cada um de vós segundo sua conduta –
oráculo do Senhor Javé. Convertei-vos
e desisti de todas as vossas iniquida-
des, e a iniquidade não será para vós
causa de ruína. [31]Livrai-vos de todas
as transgressões cometidas e formai-
-vos um coração novo* e um espírito
novo. Por que quereis morrer, israeli-
tas? [32]Não tenho prazer na morte* de
quem morre – oráculo do Senhor Javé.
Convertei-vos e vivereis".*

19 **Elegia sobre os últimos reis
de Judá.** [1]Entoa agora um la-
mento sobre os chefes de Israel, [2]di-
zendo:

"O que era tua mãe?
Uma leoa entre os leões.
Deitada no meio dos leões,
alimentava seus filhotes.
[3]Ela criou um dos filhotes,
que se tornou um jovem leão,
aprendeu a dilacerar a presa,
a devorar os homens.
[4]Mas as nações ouviram falar dele,
ele foi apanhado na armadilha delas
e conduzido em correntes ao Egito.*
[5]Quando ela viu que era longa a espera
e em vão sua esperança,
tomou outro filhote
e fez dele um jovem leão.
[6]Ele vivia entre os leões,
tornou-se um leãozinho
e aprendeu a dilacerar a presa,
a devorar os homens.
[7]Demoliu seus palácios,
devastou suas cidades.
O país e seus habitantes se aterrorizavam
ao rumor de seu rugido.
[8]Assaltaram-no as nações
vindas das aldeias ao redor;
armaram seu laço contra ele
e ele ficou preso na armadilha delas.
[9]Fecharam-no numa jaula,
conduziram-no acorrentado ao rei de Babilônia
e o lançaram numa prisão,*
para que não se ouvisse sua voz
nos montes de Israel.
[10]Tua mãe era como videira*
plantada à beira d'água.
Era verdejante e frondosa,
por causa da abundância de água;
[11]teve ramos fortes,*
bons para cetros reais;
sua estatura se elevou no meio dos ramos espessos,
admirável por sua altura
e pela abundância de seus ramos.
[12]Mas ela foi arrancada com furor
e jogada ao chão;
o vento do oriente a secou,
secou seus frutos;
seus ramos fortes foram quebrados e secaram,*
e o fogo os devorou.
[13]Agora é plantada no deserto,
numa terra seca e sedenta;
[14]um fogo saiu de um ramo seu,
devorou seus frutos
e ela não tem mais nenhum ramo forte
nem cetro para dominar".
Isto é um lamento e servirá como lamento.

* **18**,30. 33,20; Mt 16,27 | 31. 11,19; Jr 4,4 | 32. 33,11; 18,23; Sb 1,13 / Mt 3,2 | **19**,4. 2Rs 23,33s | 9. 2Rs 24,8-17 | 10. Is 5,1; 17,6-10 | 11. Ap 22,1s | 12. Jo 15,6

20 História da infidelidade de Israel. 1No dia dez do quinto mês do ano sétimo†, alguns anciãos de Israel* vieram consultar Javé e sentaram-se diante de mim. 2Foi-me dirigida esta palavra de Javé: 3"Filho do homem, fala aos anciãos de Israel e dize-lhes: Assim fala o Senhor Javé: Vindes para consultar-me? Por minha vida, não me deixarei consultar por vós – oráculo do Senhor Javé. 4Queres julgá-los?* Queres julgá-los, filho do homem? Mostra-lhes as abominações de seus pais. 5Dize-lhes: Assim fala o Senhor Javé:* Quando escolhi Israel e ergui a mão em juramento aos descendentes da casa de Jacó, revelei-me a eles no país do Egito e lhes jurei, com a mão erguida, dizendo: Eu sou Javé, vosso Deus. 6Naquele dia ergui a mão e jurei-lhes* que os faria sair do país do Egito e os conduziria a uma terra escolhida para eles, onde corre leite e mel,* que é a mais bela de todas as terras. 7Eu lhes disse: Cada um lance fora as abominações* que atraem vossos olhos; e não vos contamineis com os ídolos do Egito: eu sou Javé, vosso Deus.

8Mas eles se rebelaram contra mim e não quiseram escutar-me. Não lançaram fora as abominações que atraíam seus olhos e não abandonaram os ídolos do Egito. Então decidi derramar sobre eles meu furor e desafogar contra eles minha ira,* no meio do país do Egito. 9Mas agi por amor de meu nome, para que não fosse profanado aos olhos das nações no meio das quais se encontravam, diante das quais eu me revelei, para fazê-los sair do país do Egito. 10Assim os fiz sair do Egito e os conduzi ao deserto; 11dei-lhes meus estatutos* e dei-lhes a conhecer minhas leis, para que quem as observar viva por elas. 12Dei-lhes também meus sábados* como um sinal entre mim e eles, para que soubessem que sou eu,* Javé, que os santifico.

13Mas os israelitas se rebelaram* contra mim no deserto: não caminharam conforme meus estatutos, desprezaram meus decretos, que é preciso observar para viver por eles, e violaram gravemente meus sábados. Então decidi derramar sobre eles minha indignação no deserto para exterminá-los.

14Mas agi por amor de meu nome,* para que não fosse profanado aos olhos das nações diante das quais eu os tinha feito sair. 15Além disso, eu lhes havia jurado no deserto, com a mão erguida, que não mais os faria entrar* na terra que eu lhes tinha reservado, terra onde corre leite e mel, a mais bela entre todas as terras, 16porque desprezaram meus decretos, não seguiram meus preceitos, e profanaram meus sábados, porque seu coração se apegara a seus ídolos. 17Mas tive para com eles um olhar de piedade para não exterminá-los, e não os aniquilei no deserto.

18Eu disse a seus filhos no deserto: Não sigais as normas de vossos pais, não observeis suas leis, não vos contamineis com seus ídolos: 19sou eu, Javé, vosso Deus. Caminhai conforme minhas normas, observai minhas leis e ponde-as em prática. 20Santificai meus sábados; que eles sejam um sinal entre mim e vós, para que se saiba que sou eu Javé, vosso Deus.

21Mas também os filhos se rebelaram contra mim,* não caminharam conforme minhas normas, não observaram e não puseram em prática minhas leis, que dão a vida a quem as observa; profanaram meus sábados. Então decidi derramar minha indignação sobre eles e desafogar contra eles minha ira no deserto.

22Mas retirei a mão e agi por amor de meu nome, para que não fosse profanado aos olhos das nações, diante das quais* eu os fizera sair. 23E no deserto lhes jurei, com a mão erguida, que os dispersaria entre as nações e os espa-

* **20**,1. 14,1-5 | 4. 22,2; 23,36 | 5. Dt 7,6 | 6. Êx 3,14 / Êx 3,8 | 7. Lv 18,3 | 8. 20,14; 36,22 | 11. Lv 18,5 | 12. Êx 20,8 / Êx 31,13 | 13. Êx 14,11 | 14. 20,9 | 15. Êx 32,12; Nm 14,28ss; Dt 1,34s; Sl 95,11 | 21. Lv 18,5 | 22. 20,14

† **20**,1. Julho/agosto de 591 a.C.

lharia em países estrangeiros, 24porque não tinham praticado minhas leis; ao contrário, tinham desprezado minhas normas e profanado meus sábados, e seus olhos estavam voltados para os ídolos de seus pais.

25Então lhes dei até mesmo normas que não eram boas e leis pelas quais não podiam viver. 26Fiz com que se contaminassem por suas ofertas, fazendo-os sacrificar* todo primogênito†, para aterrorizá-los, para que reconhecessem que eu sou Javé. 27Fala, pois, aos israelitas, filho do homem, e dize-lhes: Assim fala o Senhor Javé: Também nisto me ofenderam vossos pais com suas infidelidade para comigo: 28depois que eu os introduzi no país que, com mão erguida,* eu tinha jurado dar-lhes, eles olharam toda colina elevada, toda árvore frondosa e lá fizeram os sacrifícios e apresentaram suas ofertas provocadoras: lá depositaram seus perfumes suaves e derramaram suas libações. 29Eu lhes disse: O que é este lugar alto aonde ides? O nome 'lugar alto' permanece até hoje".

Castigo e promessa de restauração. 30"Pois bem, dize aos israelitas: Assim fala o Senhor Javé: Vós vos contaminais, seguindo o costume de vossos pais, vós vos prostituís com suas abominações 31e vos contaminais com todos os vossos ídolos até hoje, oferecendo vossos dons e fazendo passar pelo fogo vossos filhos, e eu deveria deixar-me consultar por vós, casa de Israel? Por minha vida – oráculo do Senhor Javé – não me deixarei consultar por vós. 32E jamais acontecerá isto que imaginais em vosso coração, isto que andais dizendo: 'Seremos como as nações, como as tribos dos outros países, que prestam culto à madeira e à pedra'. 33Por minha vida – oráculo do Senhor Javé – eu reinarei sobre vós com mão forte, com braço estendido e derramando minha ira. 34Depois vos farei sair do meio dos povos e vos reunirei daqueles países onde fostes dispersos com mão forte, com braço estendido e com minha ira transbordante 35e vos conduzirei ao deserto dos povos e lá, face a face, vos julgarei. 36Como julguei vossos pais no deserto do país do Egito, assim vos julgarei – oráculo do Senhor Javé. 37Eu vos farei passar sob meu bastão e vos levarei a respeitar a aliança. 38Separarei de vós os rebeldes* e os que se revoltaram contra mim; eu os farei sair do país em que peregrinam, mas não entrarão na terra de Israel: assim sabereis que eu sou Javé. 39A vós, casa de Israel,* assim diz o Senhor Javé: que cada um vá servir a seus ídolos* se não quereis escutar-me, mas meu santo nome não profaneis mais com vossas ofertas, com vossos ídolos; 40porque é em minha santa montanha, na alta montanha de Israel – oráculo do Senhor Javé – que me servirá toda a casa de Israel, toda reunida naquele país; é lá que acolherei e aceitarei vossas ofertas, as primícias de vossos dons e todas as vossas coisas santas. 41Eu vos aceitarei como suave perfume, quando vos tiver tirado do meio dos povos e vos tiver reunido dos países nos quais fostes dispersos: entre vós eu me mostrarei santo aos olhos das nações.

42Então sabereis que eu sou Javé, quando vos conduzir à terra de Israel, ao país que, com a mão erguida, jurei dar a vossos pais. 43Lá vos recordareis de vossa conduta, de todos os pecados com os quais vos manchastes, e provareis desgosto de vós mesmos por todo o mal que cometestes. 44Então sabereis que eu sou Javé, quando eu agir convosco por amor de meu nome e não conforme vossa má conduta* e vossas ações corruptas, casa de Israel" – oráculo do Senhor Javé.

21

A espada de Javé. 1Foi-me dirigida esta palavra de Javé: 2"Filho do homem, vira o rosto para o sul,* dirige tua palavra ao sul e profetiza contra a floresta do Negueb. 3Dirás à floresta do Negueb: Escuta a palavra de

---

* **20**,26. Lv 18,21 | 28. Dt 12,2 | 38. Is 4,3 | 39. 16,59-63 / 36,20; 43,8; Lv 17,1 | 44. 20,14 | **21**,2. 16,46 | 3. Is 9,17; 10,17ss; Jr 21,14; Sl 83,15

† **20**,26. Deus fala como se fosse Ele o responsável pela interpretação errada que deram a Sua lei.

Javé: Assim fala o Senhor Javé: Acenderei em ti um fogo que devorará em ti toda árvore verde* e toda árvore seca: a chama ardente não se apagará, e todo rosto será queimado desde o Negueb até o norte. [4]Todo ser vivo verá que eu, Javé, o acendi e não se apagará".

[5]Eu disse: "Ah! Senhor Javé, estão dizendo de mim: Não é este que anda dizendo parábolas?"

[6]Foi-me dirigida esta palavra de Javé: [7]"Filho do homem, vira o rosto para Jerusalém e fala contra seus santuários, profetiza contra o país de Israel. [8]Dirás ao país de Israel: Assim fala Javé: Eu sou contra ti. Desembainharei a espada e eliminarei do meio de ti o justo e o pecador. [9]Porque quero eliminar do meio de ti o justo e o pecador, minha espada sairá da bainha para abater todo ser vivo, desde o Negueb até o norte. [10]Assim todo ser vivo saberá que eu, Javé, desembainhei a espada e ela não entrará mais na bainha. [11]Tu, filho do homem, chora: chora diante deles com o coração quebrantado e cheio de amargura. [12]Quando te perguntarem: Por que choras?, responderás: Por causa da notícia que está para chegar; todo coração desfalecerá, todas as mãos se afrouxarão, todo espírito se angustiará, todos os joelhos vacilarão. Eis que é chegada e se cumpre" – oráculo do Senhor Javé.*

[13]Foi-me dirigida esta palavra de Javé: [14]"Filho do homem, profetiza e dize-lhes: Assim fala o Senhor Javé:

A espada! A espada está afiada e polida,
[15]afiada para o massacre, polida para lampejar!†
[16]Ele a mandou polir para que seja empunhada.
Foi afiada e polida para ser entregue na mão do carrasco.
[17]Grita e lamenta-te, filho do homem,
porque ela será usada contra meu povo,
contra todos os príncipes de Israel
destinados à espada junto com meu povo.
Por isso, bate no peito,*
[18]porque é uma prova:
o que acontecerá se este cetro que despreza tudo
não existir mais?
– oráculo do Senhor Javé.
[19]E tu, filho do homem,
profetiza e bate palmas;
que a espada duplique e triplique seus golpes:
é a espada do massacre,
a espada do grande massacre que os circunda.
[20]Para que os corações desfaleçam
e se multipliquem as vítimas,
eu pus em toda porta a ponta da espada,
feita para lampejar, afiada para o massacre.
[21]Mostra-te afiada, à direita, à esquerda,
para onde quer que se volte tua lâmina.
[22]Também eu baterei palmas
e satisfarei minha ira.
Eu, Javé, falei".

Nabucodonosor contra Jerusalém. [23]Foi-me dirigida esta palavra de Javé: [24]"Filho do homem, traça dois caminhos para a passagem da espada do rei de Babilônia, partindo ambos do mesmo país. Põe um sinal no começo do caminho que conduz à cidade. [25]Traça o caminho para que a espada chegue a Rabá dos amonitas e a Judá, a Jerusalém, cidade fortificada. [26]Com efeito, o rei de Babilônia está parado na encruzilhada, no início dos dois caminhos, para consultar as sortes: lança as flechas, interroga os deuses domésticos, observa o fígado. [27]Em sua mão direita, a sorte caiu sobre Jerusalém, para dispor contra ela os aríetes,* para fazê-la ouvir a ordem do massacre, para lançar gritos de guerra, colocar os aríetes contra suas portas, elevar aterros, construir torres.

[28]Mas para eles isto será como falsa adivinhação. Eles fizeram solenes juramentos; ele, porém, recorda-lhes a ini-

* **21**,12. 7,17 | 17. Jr 31,19 | 27. 4,2s
† **21**,15. Porque Israel recusou a correção da vara, Pr 13,24, a Deus só resta mandar a espada.

quidade pela qual serão feitos prisioneiros". [29]Por isso, assim fala o Senhor Javé: "Porque vós fizestes recordar vossas iniquidades, sendo vossas transgressões reveladas de modo que em todas as vossas ações vossos pecados apareçam, porque atraístes a atenção sobre vós, sereis feitos prisioneiros. [30]A ti, vil criminoso, príncipe de Israel†, cujo dia é chegado com o tempo de tua iniquidade final, [31]assim fala o Senhor Javé: Depõe o turbante e tira a coroa; tudo será mudado:* o que é baixo será elevado e o que é alto será abaixado. [32]Ruínas, ruínas! A ruínas a reduzirei, e não se erguerá mais, até que venha aquele ao qual pertence por direito e ao qual eu a darei".

Castigo dos amonitas. [33]Tu, filho do homem, profetiza. Dirás: "Assim fala o Senhor Javé a respeito dos amonitas e de seus insultos. Dirás: A espada, a espada está desembainhada para o massacre, está afiada para exterminar, para lampejar, [34]enquanto eles têm falsas visões e te predizem sortes mentirosas, a espada será posta na garganta dos ímpios perversos, cujo dia chegou, no cúmulo de sua maldade.

[35]Repõe a espada na bainha. No lugar em que foste criado, na terra em que nasceste, eu te julgarei; [36]derramarei sobre ti minha indignação, contra ti soprarei o fogo de minha ira e te abandonarei nas mãos de homens violentos, portadores de destruição. [37]Serás presa do fogo, teu sangue será derramado no meio da terra, não haverá mais lembrança de ti, porque eu, Javé, falei".

22 **As culpas de Jerusalém.** [1]Foi-me dirigida esta palavra de Javé: [2]"Tu, filho do homem,* julgarás, julgarás a cidade sanguinária? Mostra-lhe todas as suas abominações. [3]Dirás: Assim fala o Senhor Javé: Ó cidade que derrama o sangue no meio de si mesma, para que chegue seu tempo, e fabrica para seu dano ídolos com os quais contaminar-se! [4]Pelo sangue que derramaste te tornaste culpada e te contaminaste com os ídolos que fabricaste: apressaste teu dia, chegaste ao termo de teus anos. Por isso farei de ti o opróbrio das nações* e o escárnio de todos os países. [5]Os que estão perto e os que estão longe zombarão de ti, ó cidade infame e cheia de desordens. [6]Em ti os príncipes de Israel derramam sangue, cada um* conforme seu poder. [7]Em ti desprezam o pai e a mãe,* em ti maltratam o estrangeiro, em ti oprimem o órfão e a viúva. [8]Desprezaste minhas coisas santas,* profanaste meus sábados. [9]Há em ti quem calunia para derramar sangue. Há em ti quem come nas montanhas* e quem comete infâmias. [10]Em ti há quem tem relações com o próprio pai,* em ti abusam da mulher em estado de impureza. [11]Este comete abominações com a mulher do próximo,* aquele contamina com incesto a nora, outro violenta a irmã,* filha de seu pai. [12]Em ti se recebem presentes para derramar sangue; emprestas a juros e com usura, despojas com extorsão teu próximo* e de mim te esqueces – oráculo do Senhor Javé.

[13]Eu bato palmas pelo lucro desonesto* que tiveste e pelo sangue derramado no meio de ti. [14]Teu coração poderá resistir e serão fortes tuas mãos nos dias em que vou agir contra ti? Eu, Javé, o disse e o farei; [15]eu te dispersarei entre as nações* e te espalharei em países estrangeiros; eu te purificarei de tua imundície, [16]depois te retomarei em herança* diante das nações e saberás que eu sou Javé"†.

[17]Foi-me dirigida esta palavra de Javé: [18]"Filho do homem, os israelitas* se transformaram em escória para mim; são todos cobre, estanho, ferro e chumbo dentro de uma fornalha:

---

* **21**,31. Is 40,4 | **22**,2. 20,4; 23,36 | 4. 5,14 | 6. 18,5-9 | 7. Dt 27,16 | 8. Lv 19,3 | 9. Êx 22,21s | 10. Lv 19,30 | 11. Lv 18,7-19 / Lv 18,20;18.9 | 12. Dt 27,25; Lv 25,35ss | 13. 6,11 | 15. Lv 26,33 | 16. 20,9 | 18. Is 1,22.25; Jr 6,28ss

† **21**,30. Trata-se de Sedecias, que reinou em Judá de 597 a 586 a.C., e traiu o rei de Babilônia, 17,16-21. | **22**,16. O exílio não é apenas um castigo, mas também tempo de purificação e de renascimento.

são escória de prata. [19]Por isso, assim fala o Senhor Javé: Porque todos vos tornastes escória, eu vos ajuntarei no meio de Jerusalém. [20]Como se ajuntam prata, cobre, ferro, chumbo, estanho dentro de uma fornalha e se sopra o fogo* para fundi-los, assim vos ajuntarei e vos farei fundir em minha ira e em meu furor; [21]eu vos reunirei, contra vós soprarei o fogo de minha indignação e vos farei fundir no meio da cidade. [22]Como se funde a prata na fornalha, assim sereis fundidos no meio dela: sabereis que eu, Javé, derramei meu furor sobre vós".

As culpas dos chefes. [23]Foi-me dirigida esta palavra de Javé: [24]"Filho do homem, dize a Jerusalém: És uma terra não purificada, não lavada pela chuva no dia da ira. [25]Dentro dela seus príncipes, como leão que ruge e que arrebata a presa, devoram o povo, apoderam-se dos tesouros e das riquezas,* multiplicam as viúvas na cidade. [26]Seus sacerdotes violam minha lei, profanam minhas coisas santas.* Não fazem diferença entre o sagrado e o profano, não ensinam a distinguir entre o puro e o impuro, não observam meus sábados,* e eu sou desonrado no meio deles. [27]No meio dela, seus chefes são como lobos que arrebatam a presa e derramam sangue, fazendo perecer o povo para obter um lucro desonesto. [28]Seus profetas recobriram* de cal todos esses delitos com suas falsas visões e seus oráculos enganadores, dizendo: 'Assim fala o Senhor Javé', sem que Javé tenha falado. [29]O povo do país comete violência e se entrega à rapina, explora o pobre* e o necessitado, maltrata o estrangeiro contra todo o direito. [30]Procurei entre eles um homem que construísse um muro e ficasse de pé na brecha diante de mim, para defender o país, para que eu não o devastasse, mas não o encontrei. [31]Por isso derramarei sobre eles minha indignação; vou consumi-los com o fogo de minha cólera: farei recair sua conduta sobre suas cabeças – oráculo do Senhor Javé".

23

Alegoria sobre Samaria e Jerusalém. [1]Foi-me dirigida esta palavra de Javé: [2]"Filho do homem, havia duas mulheres, filhas* da mesma mãe, [3]as quais se tinham prostituído no Egito desde sua juventude†, onde apalparam seus peitos e lhes contaminaram o seio virginal. [4]Elas se chamam Oola, a mais velha, e Ooliba, sua irmã. Tornaram-se minhas e deram à luz filhos e filhas. Oola é Samaria e Ooliba é Jerusalém. [5]Oola, enquanto era minha, prostituiu-se: ardeu de amor por seus amantes, os assírios, seus vizinhos, [6]vestidos de púrpura, príncipes e governadores, todos jovens atraentes, cavaleiros montados em cavalos. [7]Prostituiu-se com eles, com toda a elite dos assírios, e contaminou-se com todos aqueles pelos quais se havia apaixonado e com todos os seus ídolos. [8]Não renunciou a suas relações amorosas com os egípcios, os quais tinham abusado dela em sua juventude, tinham contaminado seu seio virginal, desafogando sobre ela sua luxúria. [9]Por isso eu a entreguei nas mãos de seus amantes, nas mãos dos assírios, pelos quais se havia apaixonado. [10]Eles descobriram sua nudez, tomaram seus filhos e filhas e a mataram com a espada. Tornou-se assim uma advertência para as mulheres, pela condenação exemplar executada contra ela.

[11]Sua irmã Ooliba viu isto e corrompeu-se mais que ela em seus amores; suas prostituições superaram as de sua irmã. [12]Apaixonou-se pelos assírios, seus vizinhos, príncipes e chefes, luxuosamente vestidos, cavaleiros montados em cavalos, todos jovens atraentes. [13]Eu vi que se havia contaminado e que ambas seguiam o mesmo caminho.

---

* **22**,20. Ml 3,2s | 25. Sf 3,3s | 26. Lv 19,30 / Lv 17-22; 11-16; 23,1 / Êx 20,8-11 | 28. 13,10-16 | 29. Is 59,15s
23,2. 20,7s

† **23**,3. Ezequiel não considera o êxodo como tempo ideal do noivado entre Javé e o povo, Os 2,16s; Jr 2,2s, mas para ele Israel sempre foi infiel a seu Deus.

[14]Mas esta multiplicou suas prostituições: viu homens desenhados numa parede, figuras de caldeus pintadas de vermelho, [15]com cinturões em torno dos rins, amplos turbantes na cabeça, todos com aparência de oficiais, à maneira dos filhos de Babilônia, originários da Caldeia; [16]ela apaixonou-se por eles à primeira vista e enviou-lhes mensageiros à Caldeia. [17]Então vieram procurá-la no leito dos amores os filhos de Babilônia* e a contaminaram com suas fornicações, e ela contaminou-se com eles até que se desgostou deles. [18]Porque revelou suas devassidões e descobriu sua nudez, também eu me desgostei dela como me havia desgostado de sua irmã. [19]Mas ela continuou a multiplicar prostituições, recordando o tempo de sua juventude, quando se prostituía no país do Egito. [20]Apaixonou-se por seus amantes, que têm sexo de jumentos e orgasmo de cavalos. [21]E assim recordaste a infâmia de tua juventude, quando os egípcios apalpavam teus peitos, contaminando teu seio virginal. [22]Por isso, Ooliba, assim fala o Senhor Javé: Suscitarei contra ti teus amantes dos quais te desgostaste e os trarei contra ti de toda parte: [23]os filhos de Babilônia e de todos os caldeus, os de Facud, de Soa e de Coa, e com eles todos os assírios, jovens atraentes, príncipes e chefes, capitães e homens famosos, todos montados a cavalo. [24]Virão contra ti do norte com carros e carruagens e com uma multidão de povos, e se postarão contra ti de todos os lados com escudos grandes e pequenos e capacetes. A eles entregarei o julgamento e te julgarão conforme suas leis. [25]Desafogarei contra ti meu ciúme e te tratarão com furor: eles te cortarão o nariz e as orelhas†, e teus sobreviventes cairão pela espada; deportarão teus filhos e filhas, e o que restar de ti será devorado pelo fogo. [26]Eles te despojarão de tuas vestes e tomarão tuas joias. [27]Farei cessar tua luxúria e tuas prostituições que te vêm do Egito: não erguerás mais os olhos para eles, nem te lembrarás mais do Egito.*

[28]Porque assim fala o Senhor Javé: Eu te entrego nas mãos daqueles que odeias, nas mãos daqueles de quem te desgostaste. [29]Eles te tratarão com ódio e te tomarão todo o fruto de teu trabalho, deixando-te nua e descoberta; será revelada a vergonha de tuas prostituições, tua luxúria e tuas devassidões. [30]Assim serás tratada porque me traíste com as nações, porque te contaminaste com seus ídolos. [31]Seguiste o caminho de tua irmã: por isso porei sua taça em tuas mãos". [32]Assim fala o Senhor Javé:

"Beberás a taça de tua irmã,*
taça profunda e larga;
serás exposta à zombaria e ao escárnio,
pois na taça cabe muito.
[33]Serás cheia de embriaguez e de aflição:
é a taça da desolação e do extermínio,
a taça de tua irmã Samaria.
[34]Tu a beberás, tu a esvaziarás,
morderás seus cacos
e dilacerarás teus peitos,
porque eu falei"
– oráculo do Senhor Javé.

[35]Por isso, assim fala o Senhor Javé: "Porque me esqueceste e me lançaste para trás de ti, pagarás por tua luxúria e por tuas devassidões!"

[36]Javé me disse: "Filho do homem,* não julgarás Oola e Ooliba? Não lhes mostrarás suas abominações?[37]Foram adúlteras e têm as mãos ensanguentadas, cometeram adultério com seus ídolos; até fizeram passar pelo fogo, para serem devorados, os filhos* que me haviam gerado. [38]Também isto me fizeram: nesse mesmo dia contaminaram meu santuário e profanaram*

---

* **23**,17. 2Rs 20,12-19 | 27. Êx 16,3; 17,3 | 32. Jr 25,15-18; Is 51,17; Sl 75,9 | 36. 20,4; 22,2 | 37. Lv 18,21 | 38. Lv 19,30

† **23**,25. Castigo dos adúlteros entre os caldeus e os egípcios; serão punidos pelos povos nos quais confiavam.

meus sábados; [39]depois de haverem
imolado seus filhos a seus ídolos, vie-
ram naquele mesmo dia a meu santu-
ário para profaná-lo: eis o que fizeram
dentro de minha casa!
[40]Mandaram chamar homens de pa-
íses distantes, aos quais enviaram um
mensageiro, e eles vieram. Para eles te
lavaste, pintaste os olhos e te cobriste
de ornamentos; [41]e te estendeste so-
bre um leito suntuoso diante de uma
mesa preparada, sobre a qual puses-
te meus perfumes e meu óleo. [42]Em
torno dela ouvia-se o rumor de uma
multidão despreocupada; junto com
homens de classe baixa mandaram vir
também uns bêbados do deserto, que
puseram braceletes nos pulsos das mu-
lheres e uma coroa esplêndida em suas
cabeças. [43]Então eu disse daquela que
estava habituada aos adultérios: 'Vão
agora cometer prostituição com ela, e
ela com eles?' [44]De fato entraram na
casa dela, como se vai a uma prosti-
tuta: assim entraram na casa de Oola
e Ooliba, mulheres de má vida. [45]Mas
homens retos as julgarão como se jul-
gam as adúlteras* e como se julgam
as que derramam sangue. Porque elas
são adúlteras e suas mãos estão ensan-
guentadas".
[46]Assim fala o Senhor Javé: "Farão vir
contra elas uma multidão, e elas serão
abandonadas ao terror e ao saque. [47]A
assembleia as apedrejará e as fará em
pedaços com suas espadas; matará
seus filhos e filhas e incendiará suas ca-
sas. [48]Eliminarei assim a infâmia do país
e todas as mulheres aprenderão a não
cometer infâmias semelhantes. [49]Farão
recair sobre vós vossa infâmia e paga-
reis vossos pecados de idolatria: sabe-
reis assim que eu sou o Senhor Javé".

24 **A parábola da panela**†. [1]No
dia dez do décimo mês do
ano nove, foi-me dirigida esta palavra
de Javé: [2]"Filho do homem, põe por
escrito a data de hoje, deste dia, por-
que justamente hoje o rei de Babilônia
avança contra Jerusalém. [3]Propõe uma
parábola a esta estirpe de rebeldes,
dizendo-lhes: Assim fala o Senhor Javé:
Põe a panela no fogo,*
põe-na e derrama água dentro.
[4]Põe dentro os pedaços de carne,
todos os pedaços bons,
coxa e espádua, e enche-a de ossos
escolhidos;
[5]toma o melhor do rebanho.
Põe lenha debaixo e deixa que ferva
muito,
de modo que se cozinhem dentro
também os ossos que lá estão.
[6]Pois assim fala o Senhor Javé:
Ai da cidade sanguinária, panela en-
ferrujada,
cuja ferrugem não sai!
Esvazia-a pedaço por pedaço,
sem tirar a sorte sobre ela,
[7]porque seu sangue está no meio
dela;
derramou-o sobre a rocha nua,
não o derramou no chão
para recobri-lo com o pó.
[8]Para provocar minha cólera,
para tirar vingança,
eu pus seu sangue sobre a rocha
nua,*
para que não fosse coberto.
[9]Por isso, assim fala o Senhor Javé:
Ai da cidade sanguinária!
Também eu farei uma grande foguei-
ra.
[10]Ajunta a lenha, acende o fogo,
cozinha a carne, tempera-a bem,
e os ossos serão queimados.
[11]Põe a panela vazia sobre as brasas,
para que se esquente, e o cobre se
esquente,
dissolva-se a sujeira que está dentro
e desapareça sua ferrugem.
[12]Esforço inútil!
Sua ferrugem abundante não desa-
parece,
não sai dela nem com o fogo.
[13]Tua imundície é uma infâmia: tentei
purificar-te, mas não te deixaste purifi-
car. Por isso não será purificada de tua
imundície até que eu tenha desafoga-

* **23**,45. Lv 20,10; Dt 22,21s | **24**,3. 11,3-12 | 8. Jó 16,18

† **24**. Jerusalém está tão cheia de sangue, que só pelo fogo pode ser purificada.

do sobre ti meu furor. 14Eu, Javé, falei!
Isto acontecerá, eu o cumprirei sem o
revogar; não terei piedade nem com-
paixão. Serás julgada segundo tua con-
duta e tuas ações – oráculo do Senhor
Javé".

Morte da esposa do profeta. 15Foi-
-me dirigida esta palavra de Javé: 16"Fi-
lho do homem, vou tirar-te de improvi-
so aquela que é a delícia de teus olhos;
mas não faças o lamento, não chores,
não derrames uma lágrima. 17Suspira
em silêncio e não faças o luto pelos
mortos: envolve a cabeça com o tur-
bante, põe as sandálias nos pés, não te
cubras a barba, não comas o pão do
luto"†.

18De manhã eu tinha falado ao povo
e, à tarde, minha esposa morreu. Na
manhã seguinte fiz como me havia
sido ordenado. 19O povo me pergun-
tava: "Não queres explicar-nos o que
significa o que fazes?" 20Respondi-lhes:
"Foi-me dirigida esta palavra de Javé:
21Dize à casa de Israel: Assim fala o
Senhor Javé: Vou profanar meu santu-
ário,* orgulho de vossa força, delícia de
vossos olhos e amor de vossas almas.
Vossos filhos e filhas, que deixastes,
cairão pela espada. 22Fareis como eu
fiz: não cobrireis a barba, não comereis
o pão do luto. 23Tereis vossos turban-
tes na cabeça e sandálias aos pés; não
fareis o lamento e não chorareis; mas
vos consumireis por vossas iniquidades
e gemereis um com o outro. 24Ezequiel
será para vós um sinal: conforme tudo
o que ele fez, assim fareis; quando isto
acontecer, sabereis que eu sou o Se-
nhor Javé.*

25Tu, filho do homem, no dia em que
eu lhes tirar sua fortaleza, a alegria de
sua glória, a delícia de seus olhos, o an-
seio de suas almas, seus filhos e suas
filhas, 26então virá a ti um fugitivo* para
dar-te a notícia. 27Naquele dia tua boca
se abrirá para falar com o fugitivo; fala-
rás e não serás mais mudo e serás para
eles um sinal: eles saberão que eu sou
Javé".

III. ORÁCULOS CONTRA AS NAÇÕES ESTRANGEIRAS (25–32)†

25 **Contra Amon.** 1Foi-me dirigi-
da esta palavra de Javé: 2"Filho
do homem, dirige-te aos amonitas* e
profetiza contra eles. 3Anunciarás aos
amonitas: Escutai a palavra do Senhor
Javé. Assim fala o Senhor Javé: Porque
exclamaste: 'Bem-feito!' sobre meu
santuário quando foi profanado, sobre
o país de Israel quando foi devastado e
sobre a casa de Judá quando foi con-
duzida ao exílio, 4por isso:

Eu te entrego nas mãos dos filhos do oriente.
Instalarão em ti seus acampamentos,
e no meio de ti armarão suas tendas;
comerão teus frutos e beberão teu leite.
5Farei de Rabá uma estrebaria de camelos
e das cidades de Amon, um curral de ovelhas.
Então sabereis que eu sou Javé".
6Pois assim fala o Senhor Javé:
"Já que aplaudiste com as mãos,
bateste os pés e te alegraste em teu coração
com pleno desprezo pelo país de Israel,
7por isso estenderei a mão contra ti
e te darei como presa às nações;
eu te exterminarei dentre os povos
e te cancelarei do número das nações;
eu te aniquilarei
e então saberás que eu sou Javé".

Contra Moab. 8Assim fala o Senhor
Javé:

"Porque Moab e Seir disseram:*
A casa de Judá é como todas as demais nações,

---

* **24**,21. Jr 7,1-15 | 24. 12,6 | 26. 3,26; 33,22 | **25**,2. 21,33-37; Am 1,13ss; Jr 49,1-6 | 8. Am 2,1ss; Jr 48; Sf 2,8-11

† **24**,17. Ezequiel não chora a esposa morta: assim também o povo não deve chorar a queda de Jerusalém, pois era merecida. | **III.** Os oráculos contra as nações eram dirigidos a Israel, para mostrar-lhe que Javé era o Senhor também das nações, e as considerava responsáveis por seus atos, não deixando, portanto, de puni-las.

9pois bem, vou abrir o flanco de
Moab,
suas cidades da fronteira,
a glória do país, Bet-Jesimot, Baal-
-Meon, Cariataim,
10e vou dá-las como posse aos filhos
do oriente,
como lhes dei os amonitas,
para que os amonitas não sejam
mais recordados entre as nações.
11Assim farei justiça contra Moab,
e saberão que eu sou Javé".

Contra Edom. 12Assim fala o Senhor
Javé:
"Porque Edom vingou-se cruelmente*
da casa de Judá
e tornou-se gravemente culpado,
vingando-se dela,
13por isso, assim fala o Senhor Javé:
Estenderei a mão contra Edom,
exterminarei nele homens e animais
e o reduzirei a um deserto.
De Temã até Dedã cairão pela espada.
14Cumprirei minha vingança sobre
Edom*
por meio de meu povo Israel,
que tratará Edom segundo minha ira
e minha indignação.
Assim conhecerão minha vingança
– oráculo do Senhor Javé".

Contra os filisteus. 15Assim fala o Se-
nhor Javé: "Porque os filisteus* foram
vingativos, e com ânimo cheio de des-
prezo se vingaram e se puseram a des-
truir, levados por antigo rancor, 16por
isso, assim fala o Senhor Javé:
Estenderei a mão contra os filisteus,
exterminarei os cereteus
e aniquilarei o resto dos habitantes
da costa.
17Tirarei deles terríveis vinganças
com castigos furiosos,
e saberão que eu sou Javé,
quando exercer contra eles a vingança".

26 **Contra Tiro**†. 1No primeiro dia
do mês do ano onze†, foi-me
dirigida esta palavra de Javé:
2"Filho do homem, Tiro disse de Je-
rusalém:*
'Ah! Ah! Está quebrada a porta das
nações;
para mim ela se volta; eu serei repleta,
agora que ela está devastada'.
3Pois bem, assim fala o Senhor Javé:
Contra ti me declaro, Tiro.
Mandarei contra ti muitos povos,
como o mar faz subir suas ondas.
4Destruirão os muros de Tiro
e demolirão suas torres;
varrerei dela também a poeira
e a reduzirei a um árido rochedo.
5Ela se tornará, no meio do mar,
um lugar para estender as redes,
porque eu falei
– oráculo do Senhor Javé.
Ela será dada como presa às nações
6e suas filhas†,
que estão no campo, serão mortas
pela espada;
então saberão que eu sou Javé.
7Porque assim fala o Senhor Javé:
Eu mando do norte contra Tiro Na-
bucodonosor,*
rei de Babilônia, o rei dos reis,
com cavalos, carros e cavaleiros
e uma multidão, um povo imenso.
8Matará com a espada tuas filhas
que estão no campo;
construirá contra ti baluartes, elevará
aterros,
disporá contra ti um teto de escudos.
9Com os aríetes martelará teus mu-
ros,
demolirá tuas torres com suas má-
quinas.
10A multidão de seus cavalos será tal
que te cobrirá com sua poeira;
com o rumor dos cavaleiros,
das carruagens e dos carros treme-
rão teus muros,
quando ele entrar por tuas portas
como se entra numa cidade por uma
brecha.
11Com as patas de seus cavalos
pisará todas as tuas ruas,

* **25**,12. 35; Jr 49,7-22; Is 34; Sl 137,7 | 14. Is 21,13s | 15. Sf 2,4-7 | **26**,2. Is 23 | 7. 29,17-21

† **26**. O pecado de Tiro é seu orgulho. Seu castigo será a ruína total. Edificada sobre uma ilha, resistiu por 13 anos ao assédio dos caldeus. | 1. Ano 586 a.C., ano da queda de Jerusalém. | 6. As cidades e vilas vassalas.

passará teu povo a fio de espada
e cairão por terra tuas fortes colunas.
[12]Saquearão tuas riquezas,
roubarão tuas mercadorias.
Abaterão teus muros,
demolirão teus esplêndidos palácios,
jogarão no meio do mar tuas pedras,
tua madeira e tua poeira.
[13]Farei cessar o rumor de tuas canções*
e não se ouvirá mais o som de tuas cítaras.
[14]Farei de ti um rochedo árido;
serás um lugar para estender as redes;
não serás mais reconstruída,
porque eu, Javé, falei
– oráculo do Senhor Javé".
[15]Assim fala a Tiro o Senhor Javé: "Ao
fragor de tua queda, quando gemerem
os feridos, quando ocorrer o massacre
no meio de ti, não tremerão as ilhas?
[16]Todos os príncipes do mar descerão
de seus tronos, deporão seus mantos e
se despojarão de suas vestes bordadas;
vestidos de tremor e sentados no chão,
tremerão a todo instante, consternados por tua causa.
[17]Sobre ti entoarão um lamento e te dirão:*
Como desapareceste dos mares,
cidade famosa, poderosa sobre o mar?
Ela e seus habitantes incutiam terror
em toda a terra firme!
[18]Agora as ilhas tremem
no dia de tua queda,
as ilhas do mar estão espantadas com teu fim".
[19]Porque assim fala o Senhor Javé:
"Quando eu fizer de ti uma cidade deserta, como são as cidades desabitadas, e fizer subir sobre ti o abismo, e as
grandes águas te recobrirem, [20]então
te farei descer com os que descem à cova,* com o povo de outrora, e te farei habitar nas regiões subterrâneas, em lugares desolados desde séculos, com aqueles que desceram à cova, para que não sejas mais habitada: então eu darei esplendor à terra dos viventes.
[21]Farei de ti objeto de horror* e não mais existirás; eles te procurarão, mas nunca mais serás encontrada – oráculo do Senhor Javé".

27 Elegia sobre a destruição de Tiro.

[1]Foi-me dirigida esta palavra de Javé: [2]"Filho do homem, entoa
um lamento sobre Tiro. [3]Dize a Tiro, à cidade situada na entrada do mar, que negocia com os povos, com muitas ilhas:
Assim fala o Senhor Javé:
Tiro, tu dizias: Eu sou perfeita em beleza.
[4]No meio dos mares está teu domínio.
Teus construtores te fizeram belíssima:
[5]com ciprestes de Sanir
construíram todos os teus cascos,
tomaram cedro do Líbano
para fazer teu mastro;
[6]teus remos eles fizeram
com carvalhos de Basã;
a ponte fizeram de marfim,
incrustado em cipreste das ilhas de Cetim.
[7]De linho fino bordado do Egito era tua vela,
que te servia de bandeira;
de jacinto e escarlate das ilhas de Elisa
era teu toldo.
[8]Os habitantes de Sidônia e de Arvad
eram teus remadores;
teus sábios, ó Tiro,
estavam em ti como teus pilotos.
[9]Os anciãos de Biblos e seus peritos
estavam em ti para reparar tuas fendas.
Todos os navios do mar e seus marinheiros
estavam em ti para fazer comércio.
[10]Guerreiros da Pérsia, de Lud e de Fut*
estavam em teu exército;
penduravam em ti o escudo e o capacete,
davam-te esplendor.
[11]Os filhos de Arvad e seu exército
estavam em torno sobre teus muros,
e os gamadeus estavam em tuas torres;
penduravam seus escudos

* **26**,13. Is 24,8; Jr 25,10; Ap 18,22 | 17. Ap 18,9-19 | 20. 32,18-24 | 21. Ap 18,21 | **27**,10. Jr 46,9

em torno de teus muros,
coroando tua beleza.

12Társis comerciava contigo, por causa de tuas riquezas de toda espécie, pagando tuas mercadorias com prata, ferro, estanho e chumbo. 13Também Javã, Tubal e Mosoc* comerciavam contigo; em troca de tuas mercadorias davam escravos e objetos* de bronze. 14Os de Bet-Togorma te forneciam, em troca de tuas mercadorias, cavalos de tração, cavalos de corrida e mulos. 15Os habitantes de Dedã* negociavam contigo; o comércio das muitas ilhas estava em tuas mãos: davam-te em pagamento dentes de marfim e ébano. 16Aram comerciava contigo por causa da multidão de teus produtos e pagava tuas mercadorias com pedras preciosas, púrpura, bordados, linho,* corais e rubis. 17Contigo comerciavam Judá e o país de Israel. Davam-te em troca trigo de Minit, perfume, mel, óleo e bálsamo. 18Damasco negociava contigo por causa de teus numerosos produtos, teus bens de toda espécie, fornecendo-te vinho de Helbon e lã de Saar. 19Vedã e Javã de Uzal* te forneciam ferro trabalhado, cássia e cana aromática, que assim entravam em teu comércio. 20Dedã comerciava* contigo com baixeiros para cavalos. 21A Arábia e todos os príncipes de Cedar eram teus clientes: trocavam contigo cordeiros, carneiros e bodes. 22Os comerciantes de Sabá* e de Raama faziam comércio contigo, trocando tuas mercadorias pelos mais deliciosos aromas,* por todo tipo de pedras preciosas e por ouro.

23Harã, Quene, Éden e os comerciantes de Sabá, Assíria, Quelmad* negociavam contigo. 24Em teu mercado trocavam contigo vestes de luxo, mantos de púrpura e bordados, tapetes de várias cores, cordas retorcidas e fortes. 25Os navios de Társis viajavam, levando tuas mercadorias.

Ruína de Tiro. Assim te tornaste rica e gloriosa
no meio dos mares.

26Ao alto mar te conduziram teus remadores,
mas o vento do oriente te destruiu
no meio dos mares.

27Tuas riquezas,
teus bens e tuas mercadorias,
teus marinheiros e teus pilotos,
os que consertavam tuas fendas,
os negociantes de tuas mercadorias,
todos os guerreiros que estão em ti
e toda a turba que está no meio de ti
cairão no fundo dos mares
no dia de tua ruína.

28Ao ouvir o grito de teus navegadores
tremerão as praias.

29Descerão de seus navios todos os remadores:
os marinheiros e todos os pilotos do mar
ficarão em terra.

30Farão ouvir o lamento sobre ti*
e gritarão amargamente,
lançarão pó na cabeça
e se revolverão na cinza;

31rasparão a cabeça por tua causa
e vestirão pano de saco;
por ti chorarão, em sua amargura,
fazendo amargas lamentações.

32Em sua dor, entoarão sobre ti um lamento,
e em seu luto eles cantam:
'Quem era como Tiro,*
agora destruída no meio do mar?'

33Quando dos mares saíam tuas mercadorias,
saciavas muitos povos;
com a abundância de tuas riquezas*
e de teu comércio enriquecias os reis da terra.

34Agora jazes tragada pelas ondas
nas profundezas das águas:
tua carga e toda a tua tripulação
afundaram contigo.

35Todos os habitantes das ilhas
ficaram espantados por tua causa
e seus reis, tomados de terror,
têm o rosto abatido.

36Os comerciantes dos povos
assoviam contra ti,
porque te tornaste objeto de espanto,
acabada para sempre".

---

* **27**,13. 38,2 / 38,6 | 15. 25,13 | 16. Jz 11,35 | 19. Gn 10,27 | 20. 25,13 | 22. 1Rs 10,1 / Gn 10,7 | 23. Gn 11,31; 12,5 | 30. Ap 18,19 | 32. Ap 18,18 | 33. Ap 18,19

28 **Contra o rei de Tiro.** [1]Foi-me
dirigida esta palavra de Javé:
[2]"Filho do homem, fala ao príncipe de
Tiro: Assim fala o Senhor Javé:
Porque teu coração tornou-se orgulhoso, disseste:*
'Eu sou um deus,
sento-me num trono divino no meio dos mares';*
és um homem
e não um deus,
mas te julgaste igual a Deus.
[3]És mais sábio que Daniel,*
nenhum segredo te é oculto.
[4]Com tua sabedoria e tua perspicácia
adquiriste riquezas
e ajuntaste ouro e prata em teus tesouros;
[5]com tua grande sabedoria e teu comércio,
aumentaste tuas riquezas
e, por causa de tuas riquezas,
teu coração se orgulhou.
[6]Por isso assim fala o Senhor Javé:
Porque igualaste tua mente à de Deus,
[7]mandarei contra ti estrangeiros,
as mais bárbaras das nações;
desembainharão a espada
contra tua bela sabedoria,
profanarão teu esplendor.
[8]Eles te precipitarão na fossa,
e morrerás de morte violenta
no meio dos mares.
[9]Repetirás ainda: 'Eu sou um deus',
diante de teu assassino?
Mas és um homem e não um deus,*
à mercê de teu assassino.
[10]Da morte dos incircuncisos
morrerás pela mão de estrangeiros,
porque eu falei
– oráculo do Senhor Javé".

Elegia sobre o rei de Tiro. [11]Foi-me
dirigida esta palavra de Javé: [12]"Filho
do homem, entoa um lamento sobre o rei de Tiro e dize-lhe: Assim fala o Senhor Javé:
Tu eras um modelo de perfeição,
cheio de sabedoria, perfeito em beleza.
[13]Estavas em Éden, jardim de Deus,
recoberto de toda pedra preciosa:
rubi, topázio, diamante, crisólito,
ônix e jaspe, safira, carbúnculo e esmeralda;
de ouro era o trabalho de teus engastes
e de teus ornamentos;
tudo isto foi preparado no dia de tua criação.
[14]Eras como um querubim*
de asas estendidas em defesa;
eu te pus sobre o monte santo de Deus*
e caminhavas no meio de pedras de fogo.
[15]Eras perfeito em tua conduta,
desde quando foste criado,
até que foi encontrada em ti a iniquidade.
[16]Crescendo teus comércios,
tu te encheste de violência e de pecados;
eu te expulsei como um profano do monte de Deus
e te fiz desaparecer,
querubim protetor,*
do meio das pedras de fogo.
[17]Teu coração se havia orgulhado por tua beleza;
tua sabedoria se havia corrompido
por causa de teu esplendor:
lancei-te à terra
e te ofereci em espetáculo aos reis.
[18]Com a multidão de tuas culpas,
com a desonestidade de teu comércio
profanaste teus santuários;
por isso fiz sair de ti um fogo para te devorar.
Eu te reduzi a cinza sobre a terra
à vista de todos os que te olham.
[19]Todos os que te conhecem entre os povos
ficaram atônitos por tua causa;
tu te tornaste objeto de terror,
acabado para sempre".

Contra Sidônia. [20]Foi-me dirigida esta
palavra de Javé: [21]"Filho do homem,
volta-te para Sidônia e profetiza contra
ela. [22]Anuncia-lhe: Assim fala o Senhor
Javé:
Estou contra ti, Sidônia,
e mostrarei minha glória no meio de ti.

* **28**,2. Gn 3,5 / Is 14,13 | 3. 14,14 | 9. Is 31,3 | 14. Gn 3,24 / Is 14,13; Ez 10,2 | 16. 10,2.7

Saberão que eu sou Javé
quando executar minha sentença contra ti
e manifestar minha santidade.
23Mandarei contra ti a peste,
e o sangue escorrerá por tuas ruas;
mortos cairão no meio de ti,
por causa da espada erguida contra ti
de todos os lados;
e saberão que eu sou Javé.
24Não haverá mais para os israelitas
um acúleo pungente,
nem espinho doloroso
entre todos os seus vizinhos que a desprezam:
e saberão que eu sou Javé".

Restauração de Israel. 25Assim fala o
Senhor Javé: "Quando eu tiver reunido
os israelitas do meio dos povos entre
os quais estão dispersos, manifestarei
neles minha santidade diante das na-
ções: habitarão o país que dei a meu
servo Jacó. 26Nele habitarão tranqui-
los,* construirão casas e plantarão vi-
nhas; ali habitarão tranquilos, quando
eu tiver executado meus julgamentos
contra todos os que ao redor os des-
prezam: e saberão que eu sou Javé seu
Deus".

29 **Contra o Egito.** 1No dia doze
do décimo mês do ano dez†,
foi-me dirigida esta palavra de Javé:
2"Filho do homem, volta-te para o fa-
raó, rei do Egito,* e profetiza contra
ele e contra todo o Egito. 3Fala, pois,
dizendo: Assim fala o Senhor Javé:

Estou contra ti, faraó, rei do Egito,
grande crocodilo,*
estendido no meio de seus rios.
Disseste: 'O rio é meu, é criatura minha'.
4Porei ganchos em tuas maxilas
e farei com que os peixes de teus rios
se prendam a tuas escamas
e te farei sair de tuas águas
junto com todos os peixes de teus rios
presos a tuas escamas;
5eu te lançarei no deserto,
com todos os peixes de teus rios
e irás cair em pleno campo*
e não serás recolhido nem sepultado:
eu te darei como comida aos animais da terra
e às aves do céu.
6E todos os habitantes do Egito
saberão que eu sou Javé,
porque foste um apoio de caniço para os israelitas.*
7Quando eles te tomaram na mão,
rachaste, quebrando-lhes todo o ombro,
e quando se apoiaram em ti,
quebraste, fazendo vacilar todos os seus lombos".

8Por isso, assim fala o Senhor Javé:
"Mandarei contra ti a espada e elimi-
narei de ti homens e animais. 9O Egito
vai tornar-se uma desolação e um de-
serto, e saberão que eu sou Javé. Por-
que ele disse: 'O rio é meu, é criatura
minha', 10eu estou contra ti e contra teu
rio. Farei do Egito, de Magdol a Siene,
até a fronteira com a Etiópia, um de-
serto e uma desolação. 11Pé de homem
não passará por lá, nem pé de animal
passará por lá, e não será habitado por
quarenta anos. 12Farei do Egito uma
desolação no meio de países devasta-
dos; suas cidades serão uma desolação
durante quarenta anos no meio de ci-
dades destruídas. Dispersarei os egíp-
cios entre as nações e os disseminarei
entre os países".
13Porque assim fala o Senhor Javé:
"Ao fim de quarenta anos, reunirei os
egípcios dos povos no meio dos quais
terão sido dispersos; 14mudarei sua
sorte e os reconduzirei ao país de Pa-
tros, a sua terra de origem, e lá forma-
rão um pequeno reino; 15será o mais
modesto dos reinos e não se erguerá
mais sobre as nações; eu o diminuirei
para que não domine mais sobre as
nações. 16Não será mais para a casa de

---

* **28**,26. 37,25 | **29**,2. Is 19; Jr 46 | 3. 32; Jó 40,25-41,26 | 5. Jr 25,33 | 6. Is 36,6; 2Rs 18,21 | 16. 21,18-29

† **29**,1. A data corresponde a 587 a.C., seis meses antes da queda de Jerusalém; os judeus ainda confiavam no socorro do Egito, que foi vencido pelos caldeus, 30,21. Ezequiel, como Jeremias, Jr 27,6-15, recomendava a submissão aos caldeus, que castigavam Judá por ordem de Javé.

Israel uma segurança,* mas lhe recordará a culpa cometida quando se voltava para ele. Saberão então que eu sou o Senhor Javé"†.
[17]Ora, no primeiro dia do primeiro
mês do ano vinte e sete, foi-me dirigida esta palavra de Javé: [18]"Filho do
homem, Nabucodonosor, rei de Babilônia, fez seu exército realizar uma grande empresa contra Tiro: toda cabeça se tornou calva e todo ombro está chagado. Mas o rei e seu exército não receberam de Tiro a paga pela empresa realizada contra ela. [19]Por isso, assim
fala o Senhor Javé: Eu entrego a Nabucodonosor,* rei de Babilônia, o país do Egito; levará suas riquezas, tomará seus despojos* e o saqueará; esta será a recompensa para seu exército. [20]Pela
empresa realizada contra Tiro eu lhe entrego o Egito, porque trabalharam para mim – oráculo do Senhor Javé.
[21]Naquele dia farei surgir o poder
para a casa de Israel e abrirei tua boca no meio deles: e saberão que eu sou Javé".

30 **Ruína do Egito.** [1]Foi-me dirigida esta palavra de Javé:
[2]"Filho do homem, profetiza dizendo:
Assim fala o Senhor Javé:

Gemei! Ah! Aquele dia!*
[3]Porque o dia está próximo,
próximo está o dia de Javé†,
dia nublado,
será o tempo das nações.
[4]A espada virá sobre o Egito
e haverá angústia na Etiópia,
quando cairão os mortos no Egito;
suas riquezas serão levadas
e seus fundamentos destruídos.
[5]Etiópia, Fut e Lud*
e estrangeiros de toda espécie,
Cub e os filhos do país da aliança
cairão com eles pela espada.
[6]Assim fala Javé:
Cairão os defensores do Egito
e será abatido o orgulho de sua força;
de Magdol a Siene cairão pela espada*
– oráculo do Senhor Javé.
[7]Serão devastados no meio de países desolados,
e suas cidades estarão entre cidades arruinadas.
[8]Saberão que eu sou Javé
quando eu puser fogo no Egito
e todos os seus defensores forem esmagados.

[9]Naquele dia os mensageiros que eu
enviarei partirão em navios para espalhar o terror na Etiópia que se julga segura; e virá sobre eles a angústia como no dia do Egito, porque já vem". [10]As-
sim fala o Senhor Javé: "Farei cessar o tumulto do Egito por meio de Nabucodonosor, rei de Babilônia. [11]Ele e seu
povo, a mais violenta das nações, serão enviados para devastar o país; desembainharão a espada contra o Egito e encherão o país de cadáveres. [12]Farei
secar os rios* e entregarei o país nas mãos de gente má; devastarei o país e o que contém, por meio de estrangeiros; eu, Javé, o disse".
[13]Assim fala o Senhor Javé:

"Destruirei os ídolos
e suprimirei de Mênfis os falsos deuses†.
Não haverá mais príncipe no país do Egito,
nele espalharei o terror;
[14]devastarei Patros,*
porei fogo em Tânis,
farei justiça sobre Tebas.

[15]Derramarei minha ira sobre Sin,
a fortaleza do Egito, e exterminarei a multidão de Tebas. [16]Porei fogo no
Egito: Sin se retorcerá de dor, Tebas será destruída, Mênfis terá contínuas angústias. [17]Os jovens de Heliópolis e
de Bubastis cairão pela espada e estas cidades irão para o cativeiro. [18]Em Táf-
nis o dia ficará escuro, quando eu quebrar ali os jugos impostos pelo Egito e cessará nela o orgulho de sua potência; uma nuvem a cobrirá e suas filhas irão

---

* **29**,19. 30,10.24; 32,11 / Jr 43,10; 44,30; 46,26 | **30**,2. Am 5,18 | 5. Jr 46,9 | 6. 29,10 | 12. 29,11s | 14. 29,14

† **29**,16. Repetindo as faltas, Israel impede que Deus esqueça seus pecados. | **30**,3. Dia no qual Javé fará justiça. | 13. "Ídolos", no hebraico "imundícies"; "falsos deuses", no hebraico "nulidades".

para o cativeiro. [19]Farei justiça sobre o Egito e saberão que eu sou Javé”.

Contra o faraó. [20]No dia sete do primeiro mês do ano décimo primeiro, foi-me dirigida esta palavra de Javé: [21]“Filho do homem, quebrei o braço do faraó, rei do Egito; ele não foi tratado com remédios nem enfaixado com tiras para fazê-lo recuperar as forças e empunhar a espada”. [22]Por isso, assim fala o Senhor Javé: “Estou contra o faraó, rei do Egito: eu lhe quebrarei os braços, o são e o fraturado, e farei que lhe caia da mão a espada. [23]Dispersarei os egípcios entre as nações e os espalharei por vários países. [24]Mas reforçarei os braços do rei de Babilônia e porei em sua mão minha espada. Quebrarei os braços do faraó, que gemerá diante dele como geme um ferido de morte. [25]Fortificarei os braços do rei de Babilônia, mas cairão os braços do faraó. E saberão que eu sou Javé, quando eu puser minha espada na mão do rei de Babilônia e ele a estender contra o Egito. [26]Dispersarei os egípcios entre as nações e os espalharei por vários países: e saberão que eu sou Javé”.

31

Cedro abatido. [1]No primeiro dia do terceiro mês do ano décimo primeiro, foi-me dirigida esta palavra de Javé: [2]“Filho do homem, dize ao faraó, rei do Egito, e à multidão de seus súditos:

A quem és semelhante em tua grandeza?
[3]A Assíria era um cedro do Líbano,
de ramos belos e de frondosa ramagem, de tronco elevado;
entre as nuvens estava seu topo.
[4]As águas o fizeram crescer,
as fontes do subsolo o tinham feito elevar-se,
fazendo correr seus rios
em torno do solo no qual estava plantado
e mandando seus riachos
a todas as árvores dos campos.
[5]Por isso tinha superado em altura
todas as árvores dos campos;
seus ramos tinham-se multiplicado,
suas ramagens tinham-se estendido
sob o efeito da abundância das águas, durante seu crescimento.
[6]Entre seus ramos fizeram ninho
todas as aves do céu,
debaixo de sua ramagem procriaram
todos os animais selvagens,
a sua sombra habitavam
todas as grandes nações.
[7]Era belo em sua grandeza
e na extensão de seus ramos,
porque sua raiz estava junto a grandes águas.
[8]Os cedros não o superavam
no jardim de Deus;
os ciprestes não eram comparáveis
a suas ramagens.
Os plátanos não eram nem sequer
como seus ramos:
nenhuma árvore no jardim de Deus
o igualava em beleza.
[9]Belo eu o tinha feito
pela abundância de seus ramos,
por isso o invejavam todas as árvores do Éden,*
que estavam no jardim de Deus”.

[10]Por isso, assim fala o Senhor Javé: “Porque se elevou em altura e pôs seu topo entre as nuvens e seu coração se orgulhou por causa de sua grandeza, [11]eu o entreguei nas mãos do chefe das nações, que o tratará segundo sua maldade; eu o rejeitei. [12]Estrangeiros, as mais terríveis entre as nações, cortaram-no e o abandonaram; sobre os montes e em todos os vales caíram seus ramos; suas ramagens jazem quebradas junto a todos os riachos do país; todos os povos da terra se retiraram de sua sombra e o abandonaram.

[13]Sobre seus restos pousam
todas as aves do céu
e entre seus ramos
estão todos os animais selvagens,

[14]para que nenhuma árvore regada pelas águas se orgulhe de sua altura, nem eleve seu topo entre as nuvens, nem por causa de sua altura confie em si árvore alguma bem irrigada. Porque

---

* **31**,9. Gn 2,8

todos estão destinados à morte,
à região subterrânea,
no meio dos filhos dos homens,
entre aqueles que descem à cova".

15Assim fala o Senhor Javé: "Quando ele desceu aos abismos, mandei fazer luto: por sua causa cobri o abismo, retive seus rios, e as grandes águas pararam; por causa dele mandei vestir de luto o Líbano, e todas as árvores do campo secaram por causa dele.
16Ao rumor de sua queda* fiz tremer as nações, quando o fiz descer aos abismos com aqueles que descem à cova. Consolaram-se na região subterrânea todas as árvores do Éden, a parte mais seleta e mais bela do Líbano, todas elas regadas pelas águas. 17Também estes desceram com ele aos abismos entre os mortos pela espada, aqueles que no meio das nações eram seu braço e habitavam em sua sombra.

18A quem és semelhante em glória e em grandeza entre as árvores do Éden? No entanto, também tu serás precipitado junto com as árvores do Éden na região subterrânea; jazerás entre os incircuncisos, junto com os mortos pela espada. Tal será o faraó e toda a sua multidão – oráculo do Senhor Javé".

32 **Elegia sobre o faraó.** 1No primeiro dia do décimo segundo mês do ano doze†, foi-me dirigida esta palavra de Javé: 2"Filho do homem, entoa um lamento sobre o faraó, rei do Egito, dizendo:

Eras semelhante a um filho de leão entre as nações;
eras como um dragão nos mares;*
irrompias em teus rios
e agitavas as águas com tuas patas,
poluindo seus rios".

3Assim fala o Senhor Javé:*
"Estenderei contra ti minha rede
no meio de uma grande assembleia de povos,
e te puxarão para fora em minha rede.
4Eu te lançarei na terra firme
e te abandonarei no meio dos campos.
Farei pousar sobre ti todas as aves do céu
e farei que se saciem de ti todos os animais da terra.
5Espalharei pelos montes tua carne
e encherei os vales com teus restos.
6Banharei com teu sangue a terra,
com teu fluxo os montes,
e tu encherás o leito dos rios.
7Quando eu te extinguir, cobrirei o céu*
e escurecerei as estrelas,
cobrirei o sol com nuvens
e a lua não dará seu clarão.
8Escurecerei por tua causa todos os astros do céu
e estenderei sobre tua terra as trevas
– oráculo do Senhor Javé.

9Afligirei o coração de muitos povos, quando eu levar a notícia de tua ruína às nações, em países que não conheces. 10Por ti encherei de espanto muitos povos e tremerão seus reis por tua causa, quando eu desembainhar a espada diante deles. Cada um tremerá a todo instante por sua vida, no dia de tua ruína".

11Pois assim fala o Senhor Javé: "A espada do rei de Babilônia virá sobre ti.
12Abaterei a multidão de teus súditos com a espada dos heróis,
que são os povos mais ferozes;
eles destruirão o orgulho do Egito
e toda a sua multidão será exterminada.
13Farei perecer todo o seu gado
nas margens das grandes águas,
que não serão mais turvadas por pé de homem,
nem pata de animal as turvará.
14Vou então acalmar suas águas
e farei correr seus rios como óleo
– oráculo do Senhor Javé.
15Quando eu tiver feito do Egito uma terra desolada,
toda despida do que continha,
quando tiver ferido todos os seus habitantes,

* **31**,16. 32,17-32 | **32**,2. 29,3ss; Jó 40,25-41,26 | 3. 31,12-16 | 7. Am 8,9; Mt 24,29

† **32**,1. Fevereiro/março de 585 a.C., 8 meses após a queda de Jerusalém.

então saberão que eu sou Javé.
16Este é um lamento, e ele será can-
tado; as filhas das nações o cantarão,
elas o cantarão sobre o Egito e sobre
toda a sua multidão – oráculo do Se-
nhor Javé".

O faraó na mansão dos mortos. 17No
dia quinze do primeiro mês do ano
doze, foi-me dirigida esta palavra de
Javé:*
18"Filho do homem, entoa um canto
fúnebre sobre os habitantes do Egito.
Faze-os descer junto com as filhas das
nações poderosas às profundezas da
terra, com aqueles que descem à cova.
19A quem és superior em beleza?
Desce e jaze com os incircuncisos.
20Cairão entre os mortos pela espa-
da; à espada ele já foi entregue. Arras-
tai o Egito com toda a sua gente. 21Do
meio do abismo, os mais poderosos
heróis se dirigirão a ele e a seus auxi-
liares e dirão: Vem, jaze com os incir-
cuncisos, com os mortos pela espada.
22Lá está a Assíria e toda a sua gente
em torno de seu sepulcro: todos mor-
tos, abatidos pela espada; 23porque
seus sepulcros estão postos no fundo
da cova, e sua gente está em torno de
seu sepulcro: caíram todos, vítimas da
espada, eles que semeavam o terror na
terra dos vivos.
24Lá está Elam e toda a sua gente, em
torno de seu sepulcro. Todos mortos,
abatidos pela espada, desceram in-
circuncisos à região subterrânea, eles
que semeavam o terror na terra dos vi-
vos. Agora carregam sua desonra com
aqueles que descem à cova. 25No meio
dos mortos lhe deram um catre,* com
toda a sua gente em torno de seu se-
pulcro; são todos incircuncisos, abati-
dos pela espada; porque tinham espa-
lhado o terror na terra dos vivos; agora
carregam sua vergonha com aqueles
que descem à cova; foram incluídos
entre os mortos.
26Lá está Mosoc, Tubal e toda a sua
gente, em torno de seu sepulcro: todos
incircuncisos, abatidos pela espada,
porque incutiam o terror na terra dos
vivos. 27Não jazerão ao lado dos heróis,
caídos desde séculos, que desceram
aos abismos com as armas de guerra,
com as espadas dispostas sobre suas
cabeças e com os escudos sobre seus
ossos, porque eram o terror dos heróis
na terra dos vivos. 28Assim jazerás entre
os incircuncisos e com os abatidos pela
espada.
29Lá está Edom, seus reis e todos os
seus príncipes que, não obstante seu
valor, são incluídos entre os mortos
pela espada: jazem com os incircunci-
sos e com aqueles que descem à cova.
30Lá estão todos os príncipes do nor-
te, todos os de Sidônia, que desceram
com os mortos, não obstante o terror
espalhado por seu poder; jazem incir-
cuncisos com os abatidos pela espada
e carregam sua vergonha com aqueles
que descem à cova.
31O faraó os verá e se consolará à
vista de toda essa multidão; o faraó
e todo o seu exército serão abatidos
pela espada – oráculo do Senhor Javé.
32Porque tinha espalhado o terror na
terra dos vivos, será deitado no meio
dos incircuncisos, com os abatidos pela
espada, ele, o faraó, e todo o seu exér-
cito – Palavra do Senhor Javé".

IV. RESTAURAÇÃO DO POVO ANIQUILADO (33–37)†

33 **Ezequiel, sentinela do povo.**
1Foi-me dirigida esta palavra
de Javé: 2"Filho do homem, fala aos fi-
lhos de teu povo e dize-lhes: Se man-
do a espada contra um país, e o povo
daquela terra toma um homem de seu
território e o estabelece como sentine-
la,* 3e este homem, vendo sobrevir a
espada ao país, soa a trombeta e avisa
o povo; 4se aquele que escuta o som da
trombeta não se preocupa, e a espada
chega e o surpreende, será responsável

* **32**,17. Is 14,9ss | 25. 27,13; 38,2s; 39,1; Is 66,19 | **33**,2. 3,17-21

† **IV.** Após a queda de Jerusalém, Ezequiel passa a consolar o povo, anunciando sua restauração e o reino messiânico.

por sua ruína. 5Tinha ouvido o som da trombeta,* mas não se preocupou: será responsável por sua ruína; se tivesse prestado atenção, ter-se-ia salvo. 6Se porém a sentinela vê chegar a espada e não soa a trombeta e o povo não é avisado; quando a espada chega e surpreende alguém, este morrerá vítima de sua iniquidade, mas de sua morte pedirei contas à sentinela. 7Ó filho do homem, eu te constituí sentinela para os israelitas; escutarás uma palavra de minha boca e os advertirás de minha parte. 8Se digo ao pecador que ele morrerá, e tu não falas para desviá-lo de sua conduta, ele morrerá por sua iniquidade; mas de sua morte pedirei contas a ti.

9Mas se tiveres advertido o pecador para que se desvie de sua conduta, ele morrerá por sua iniquidade, tu ao contrário salvarás tua vida".

Deus julga segundo as obras. 10"Tu, filho do homem, anuncia* aos israelitas: Vós dizeis: 'Nossos delitos e nossos pecados pesam sobre nós e por causa deles nós nos consumimos! Como poderemos viver?' 11Dize-lhes: Por minha vida – oráculo do Senhor Javé – não sinto prazer* na morte do pecador, mas que ele desista de sua conduta e viva. Convertei-vos de vossa má conduta! Por que quereis morrer, ó israelitas?†

12Filho do homem, dize ainda aos filhos de teu povo: A justiça do justo não o salva se pecar, e o pecador não perece por sua iniquidade se desistir de sua iniquidade, como o justo não poderá viver por sua justiça se pecar. 13Se eu digo ao justo: 'Tu viverás', e ele, confiando em sua justiça, cometer a iniquidade, nenhuma de suas ações boas será recordada e morrerá pelo mal que cometeu. 14Se digo ao ímpio: 'Tu morrerás', e ele desistir de sua iniquidade e praticar o que é reto e justo, 15restituir o penhor, devolver o que roubou, observar as leis que dão a vida, sem cometer o mal, ele viverá e não morrerá; 16nenhum dos pecados* que cometeu será recordado contra ele: ele praticou o que é reto e justo e certamente viverá.

17Contudo, os filhos de teu povo andam dizendo: 'O modo de agir do Senhor* não é reto'. Ao contrário, é o modo de agir deles que não é reto! 18Se o justo se afastar de sua justiça e fizer o mal, morrerá por causa disso. 19E se o pecador se afastar de sua maldade e praticar o que é reto e justo, viverá por causa disso. 20Vós andais dizendo: 'Não é reto o modo* de agir do Senhor'. Julgarei cada um de vós segundo seu modo de agir, ó israelitas".

Jerusalém é tomada. 21No dia cinco do décimo mês do ano doze de nossa deportação, chegou a mim um fugitivo* de Jerusalém para dizer-me: 'A cidade foi tomada'. 22Na noite anterior à chegada do fugitivo, a mão de Javé tinha vindo sobre mim, e de manhã, quando chegou o fugitivo, Javé abriu-me a boca.* Abriu-se, pois, minha boca e eu não fui mais mudo.

Devastação do país. 23Foi-me dirigida esta palavra de Javé: 24"Filho do homem, os habitantes daquelas ruínas, no país de Israel, andam dizendo: 'Abraão era um só* e, no entanto, possuiu este país; nós somos muitos: a nós portanto é dada a posse do país!' 25Por isso lhes dirás: Assim fala o Senhor Javé: Vós comeis a carne com o sangue, levantais os olhos para os vossos ídolos,* derramais o sangue, e queríeis ter a posse* do país? 26Vós vos apoiais em vossas espadas, praticais abominações, cada um de vós desonra a mulher do próximo e queríeis ter a posse do país? 27Tu lhes dirás: Assim fala o Senhor Javé: Por minha vida, os que estão entre as ruínas morrerão pela espada; darei por comida às feras os que estão no campo, e os que estão nas fortalezas e dentro das cavernas morrerão de peste. 28Reduzirei o país a uma solidão e a um deserto, e o orgulho de sua força cessará.

---

* **33**,5. Jl 2,1 | 10. 14,12-20; 18,21-30 | **33**,11. 18,23; Lc 15,7.10.32 | 16. 18,22 | 17. 18,29 | 20. 18,30 | 21. 24,26s | 22. 3,26s | 24. 11,15 | 25. Lv 17,10-14 / Lv 18,20

† **33**,11. "A glória de Deus é o homem vivo, e a vida do homem é a visão de Deus" (S. Irineu).

Os montes de Israel serão devastados,
neles não passará mais ninguém. 29Sa-
berão que eu sou Javé quando eu fizer
de seu país uma solidão e um deser-
to, por causa de todas as abominações
que cometeram".

Atitude do povo diante de Ezequiel.
30"Filho do homem, os filhos do teu
povo falam de ti ao longo dos muros
e nas portas das casas e dizem um ao
outro: 'Vinde ouvir qual é a palavra que
vem de Javé'. 31Em multidão vêm a ti,
sentam-se diante de ti e escutam tuas
palavras, mas depois não as põem em
prática;* porque com a boca demons-
tram muito amor, mas seu coração
corre atrás do lucro. 32Tu és para eles
como canção de amor de alguém que
tem uma bela voz e sabe tocar bem:
eles ouvem tuas palavras, mas não as
põem em prática. 33Mas quando isto
acontecer* – e já está para acontecer
– saberão que houve um profeta no
meio deles".

34

Maus pastores. 1Foi-me di-
rigida esta palavra de Javé:
2"Filho do homem, profetiza contra os
pastores* de Israel, profetiza e dize-
-lhes: Assim fala o Senhor Javé: Ai dos
pastores de Israel† que apascentam a
si mesmos! Não devem os pastores
apascentar o rebanho? 3Vós vos ali-
mentais de leite e vos revestis de lã,
abateis as ovelhas mais gordas, mas
não apascentais* o rebanho. 4Não for-
talecestes as ovelhas fracas, não cui-
dastes das doentes, não enfaixastes as
que estavam feridas, não reconduzis-
tes as dispersas. Não saístes à procu-
ra das perdidas, mas as guiastes com
violência e dureza. 5Por falta de pastor
se dispersaram,* são presa de todos
os animais selvagens e debandaram.
6Meu rebanho anda errando por todos
os montes e colinas elevadas; minhas
ovelhas se dispersaram por toda a face
da terra e ninguém vai à procura delas
e se preocupa com elas. 7Por isso, pas-
tores, escutai a palavra de Javé: 8Por
minha vida – oráculo do Senhor Javé
– porque meu rebanho se tornou uma
presa, e minhas ovelhas serviram de
pasto para todo animal selvagem por
falta de pastor, e porque meus pasto-
res não saíram à procura de meu reba-
nho – apascentaram-se a si mesmos e
não apascentaram meu rebanho – 9es-
cutai, portanto, ó pastores, a palavra
de Javé: 10Assim fala o Senhor Javé:
Estou contra esses pastores; pedirei a
eles conta de meu rebanho e não os
deixarei mais apascentar meu reba-
nho; assim os pastores não apascenta-
rão mais a si mesmos, mas arrancarei
de sua boca minhas ovelhas, que não
mais lhes servirão de alimento".

O pastor fiel. 11"Porque assim fala o
Senhor Javé: Eu mesmo procurarei mi-
nhas ovelhas e delas cuidarei. 12Como
um pastor se ocupa de seu rebanho
quando se acha no meio de suas ove-
lhas que estavam dispersas, assim me
ocuparei de minhas ovelhas e as reuni-
rei de todos os lugares onde estavam
dispersas num dia nublado e escuro.
13Eu as retirarei dos povos e as reunirei
dos diferentes países. Eu as reconduzi-
rei a sua terra e as farei pastar sobre
os montes de Israel, nos vales e em to-
dos os lugares habitados do país. 14Eu
as farei pastar em ótimas pastagens, e
seu redil será sobre os altos montes de
Israel; aí repousarão num bom redil e
terão verdejantes pastagens sobre os
montes de Israel. 15Eu mesmo condu-
zirei minhas ovelhas ao pasto* e as fa-
rei repousar – oráculo do Senhor Javé.
16Sairei à procura da ovelha perdida e
reconduzirei ao redil a desgarrada; en-
faixarei a que estiver ferida e cuidarei
da doente, velarei sobre a gorda e a
forte; eu as apascentarei com justiça.

17Quanto a ti, meu rebanho,* assim
fala o Senhor Javé: Eu julgarei entre
uma e outra ovelha, entre carneiros e

---

* **33**,31. Mt 7,26; Lc 8,21; Lc 7,32 | 33. Dt 18,21; Ez 2,5 | **34**,2. Jr 23,1-6; Zc 11,4-17; Mt 18,12ss; Lc 15,4-7; Jo 10,1-18 | 3. 1Pd 5,2ss | 5. Mt 9,36; Zc 10,2; Is 56,9-12 | 15. Is 40,11; Lc 15,4-7 | 17. Mt 25,32ss

† **34**,2. Dirige-se às autoridades civis e religiosas, que usavam do poder, não em benefício do povo, mas em seu próprio interesse.

bodes. 18Não vos basta pastar em bons
pastos, quereis calcar aos pés o resto
de vossa pastagem? Não vos basta be-
ber água limpa, quereis turvar com os
pés a que sobra?† 19Minhas ovelhas de-
vem comer o que vossos pés pisaram
e beber o que vossos pés turvaram?
20Por isso, assim fala o Senhor Javé a
respeito delas: Eu julgarei entre a ove-
lha gorda e a ovelha magra. 21Porque
empurrastes com vossos flancos e com
os ombros e atacastes com os chifres
as mais fracas até expulsá-las para lon-
ge, 22eu salvarei minhas ovelhas para
que não sirvam mais de presa: farei jus-
tiça entre uma e outra ovelha.
23Suscitarei para elas um pastor que
as apascentará: meu servo Davi. Ele as
conduzirá ao pasto, será seu pastor. 24Eu,
Javé, serei seu Deus e Davi, meu servo,
será príncipe no meio deles: eu, Javé, fa-
lei. 25Farei com eles uma aliança de paz*
e eliminarei do país os animais ferozes,
de modo que possam morar tranquilos
no deserto e repousar nas selvas.
26Farei deles e das regiões em torno
de minha colina uma bênção; mandarei
a chuva no tempo oportuno e será chu-
va de bênção. 27As árvores do campo
darão seus frutos e a terra, seus pro-
dutos; habitarão em plena segurança
em sua terra. Saberão que eu sou Javé,
quando eu quebrar as barras de seu
jugo e os livrar das mãos dos que os
escravizavam. 28Não serão mais presa
das nações, nem os devorarão os ani-
mais selvagens, mas estarão em segu-
rança sem ninguém para os aterrorizar.
29Farei germinar para eles uma es-
plêndida vegetação; não serão mais
consumidos pela fome no país e não
sofrerão mais o desprezo das nações.
30Saberão que eu, o Senhor, seu Deus,
estou com eles, e eles, o povo de Israel,
são meu povo. Palavra do Senhor Javé.
31Vós sois minhas ovelhas, as ovelhas
de meu pasto, e eu sou vosso Deus –
oráculo do Senhor Javé".

35 **Contra Edom.** 1Foi-me dirigi-
da esta palavra* de Javé: 2"Fi-
lho do homem, volta-te para o monte
Seir e profetiza contra ele. 3Tu lhe dirás:
Assim fala o Senhor Javé:
Estou contra ti, monte Seir,
estenderei contra ti minha mão
e farei de ti uma solidão, um lugar
desolado.
4Reduzirei tuas cidades a ruínas
e te tornarás um deserto;
assim saberás que eu sou Javé.
5Mantiveste um ódio secular contra
os israelitas e os entregaste à espada
no dia de sua desventura†, quando eu
pus um termo a sua iniquidade; 6por
isso, por minha vida – oráculo do Se-
nhor Javé – eu te deixarei no sangue,
e o sangue te perseguirá; porque não
odiaste o sangue, o sangue te perse-
guirá. 7Farei do monte Seir* uma soli-
dão desolada e eliminarei ali todos os
que o percorrem. 8Encherei de cadáve-
res teus montes; em tuas colinas, em
teus vales e em todos os teus riachos
cairão os mortos pela espada. 9Eu te
reduzirei a uma solidão perene, e tuas
cidades não serão mais habitadas; e
sabereis que eu sou Javé. 10Porque dis-
seste: Estes dois povos, estes dois pa-
íses serão meus, nós os possuiremos,
embora Javé esteja lá, 11por isso, por
minha vida – oráculo do Senhor Javé –
agirei conforme aquela ira e aquele fu-
ror que demonstraste em teu ódio con-
tra eles, e me revelarei no meio deles
quando eu te julgar; 12saberás então
que eu sou Javé. Ouvi todos os insultos
que proferistes contra os montes de Is-
rael: 'Estão desertos, são dados a nós
para que os devoremos'. 13Contra mim
fizestes discursos insolentes, contra
mim multiplicastes vossas palavras; eu
ouvi tudo. 14Assim fala o Senhor Javé:
Quando todo o país exultar, farei de ti
uma solidão. 15Como exultaste porque
a herança da casa de Israel estava de-
vastada, assim te tratarei: serás reduzi-

---

* **34**,25. Is 11,6-9; Jr 23,5s; Os 2,20 | **35**,1. 25,12ss; Nm 20,23 | 7. Ap 16,6

† **34**,18. Imagem dos poderosos que se apropriam dos bens, deixando para os pobres apenas as migalhas. | **35**,5. A hostilidade entre Edom e Israel vinha desde seus pais Esaú e Jacó, Gn 25,23-34, e prosseguiu por todo o tempo, culminando na hora da derrota de Jerusalém, quando Edom saqueou a cidade.

do a uma solidão, ó monte Seir, e tu,
Edom, todo inteiro; então saberão que
eu sou Javé.

36 **Restauração de Israel.** 1"Ago-
ra, filho do homem, profetiza
aos montes de Israel e dize: Montes de
Israel, escutai a palavra de Javé. 2Assim
fala o Senhor Javé: Porque o inimigo
disse de vós: 'Ah! Ah! As colinas eternas
se tornaram nossa propriedade!', 3pois
bem, profetiza e anuncia: Assim fala o
Senhor Javé: Porque de todos os lados
quiseram destruir-vos e engolir-vos,
para vos tornardes propriedade do res-
to das nações e porque fostes objeto
de maledicência e de insulto do povo,
4pois bem, montes de Israel, escutai a
palavra do Senhor Javé: Assim fala o
Senhor Javé aos montes, às colinas, aos
riachos e aos vales, às ruínas desoladas
e às cidades desertas, vítimas do saque
e da zombaria do resto das nações vi-
zinhas: 5pois bem, assim fala o Senhor
Javé: Sim, com ciúme ardente eu falo
contra os outros povos e contra todo
Edom, que com alegria no coração,
com desprezo na alma, fizeram de meu
país sua propriedade para saqueá-lo.
6Por isso, profetiza sobre o país de Is-
rael e anuncia aos montes, às colinas,
aos riachos e aos vales: Assim fala o Se-
nhor Javé: Falo com ciúme e com furor:
Porque sofrestes o insulto das nações,
7pois bem, assim fala o Senhor Javé: Eu
ergo a mão e juro: Também as nações
que estão a vosso redor sofrerão seu
insulto.

8E vós, montes de Israel, produzi ra-
mos e dai frutos para meu povo Israel,
porque ele está para voltar. 9Pois eu
venho a vós, a vós me dirijo; sereis ain-
da lavrados e sereis semeados. 10Mul-
tiplicarei sobre vós os homens, todo o
povo de Israel, e as cidades serão habi-
tadas e as ruínas reconstruídas.

11Multiplicarei sobre vós os homens
e os animais; serão numerosos e fe-
cundos; farei com que sejais habitados
como antes e vos concederei meus be-
nefícios mais que no passado e sabe-
reis que eu sou Javé.

12Reconduzirei sobre vós homens,
meu povo Israel; eles vos possuirão e
sereis sua herança e não os privareis
mais de seus filhos.

13Assim fala o Senhor Javé: Porque
andam dizendo de ti: 'Tu és uma terra
que devora os homens, privaste de fi-
lhos tua nação', 14pois bem, tu não de-
vorarás mais os homens, não mais pri-
varás de filhos tua nação – oráculo do
Senhor Javé. 15Não mais te farei ouvir
os insultos das nações e não terás mais
de sofrer o insulto dos povos; não mais
privarás de filhos tua nação – oráculo
do Senhor Javé".

16Foi-me dirigida esta palavra de
Javé: 17"Filho do homem, a casa de
Israel, quando habitava em seu país,
tornou-o impuro com sua conduta* e
com suas ações. Como a impureza de
uma mulher menstruada, foi a conduta
deles diante de mim. 18Por isso derra-
mei sobre eles minha ira por causa do
sangue que derramaram no país e pe-
los ídolos com os quais o contamina-
ram. 19Eu os dispersei entre as nações
e foram espalhados pelos países es-
trangeiros; eu os julguei conforme sua
conduta e suas ações. 20Chegando às
nações* para onde foram, desonraram
meu nome santo, porque deles se dizia:
'Estes são o povo de Javé e no entanto
tiveram de sair de seu país'. 21Mas eu
tive respeito por meu nome santo, que
os israelitas tinham desonrado entre
as nações para o meio das quais eles
foram. 22Por isso dize à casa de Israel:
Assim fala o Senhor Javé†: Não é por
consideração para convosco* que faço
isso, casa de Israel, mas por amor de
meu nome santo, que desonrastes en-
tre as nações para o meio das quais
fostes. 23Santificarei meu grande nome,
desonrado entre as nações, profanado
por vós no meio delas. Então as nações
saberão que eu sou Javé – oráculo do

---

* **36**,17. Lv 15,19-27 | 20. Rm 2,24; Ez 20,39 | 22. 16,60-63; Is 48,11; Sl 115,1

† **36**,22. A restauração de Israel inclui: reunião dos dispersos, transformação dos corações, reconstrução das ruínas, fertilidade do solo, crescimento da população.

Senhor Javé – quando eu mostrar mi-
nha santidade em vós diante de seus
olhos.
A água e o espírito. 24Eu vos tomarei
do meio das nações, vou reunir-vos de
todos os países e vos conduzir para
vossa terra. 25Eu vos aspergirei* com
uma água pura† e sereis purificados;
eu vos purificarei de todas as vossas
impurezas e de todos os vossos ídolos.
26Eu vos darei um coração novo, porei
dentro de vós um espírito novo; tirarei
de vosso peito o coração de pedra e
vos darei um coração de carne. 27Den-
tro de vós porei meu espírito* e vos
farei viver conforme meus preceitos e
vos farei observar e pôr em prática mi-
nhas leis. 28Habitareis na terra que dei
a vossos pais; vós sereis meu povo e eu
serei vosso Deus. 29De todas as vossas
impurezas vos libertarei; chamarei o
trigo e o multiplicarei e não mandarei
mais sobre vós a carestia. 30Multiplica-
rei os frutos das árvores e o produto
dos campos, para que não sofrais mais
a vergonha da fome entre as nações.
31De vosso mau comportamento* vos
recordareis e de vossas ações que não
eram boas. Sentireis desgosto de vós
mesmos por vossas iniquidades e abo-
minações. 32Não é por consideração
para convosco que faço isso – oráculo
do Senhor Javé – sabei-o bem. Enver-
gonhai-vos e enrubescei-vos de vossa
conduta, ó israelitas".
Prosperidade do novo reino. 33Assim
fala o Senhor Javé: "Quando eu vos tiver
purificado de todas as vossas iniquida-
des, far-vos-ei habitar de novo nas ci-
dades, e as ruínas serão reconstruídas.
34Aquela terra desolada, que aos olhos
de todo transeunte parecia um deserto,
será cultivada. 35E então se dirá: 'A terra
que estava desolada tornou-se agora
como o jardim de Éden;* as cidades em
ruínas, devastadas e demolidas, agora
estão fortificadas e habitadas'. 36As na-
ções que tiverem ficado a vosso redor
saberão que fui eu, Javé, que reconstruí
o que estava destruído e tornei a culti-
var a terra que era um deserto. Eu, Javé,
o disse e o farei".
37Assim fala o Senhor Javé: "Permiti-
rei ainda que a casa de Israel me supli-
que para agir em seu favor; eu os mul-
tiplicarei como um rebanho humano.
38Como um rebanho de animais con-
sagrados, como o rebanho reunido em
Jerusalém em suas solenidades, assim
as cidades arruinadas serão de novo
cheias de rebanhos de homens, e sa-
berão que eu sou Javé".

37 **Visão dos ossos secos†.** 1A
mão de Javé veio sobre mim*
e Javé levou-me para fora em espírito e
me colocou num vale que estava cheio
de ossos; 2fez-me andar entre eles em
todas as direções. Vi que eram muito
numerosos na superfície do vale e mui-
to ressequidos. 3Disse-me: "Filho do
homem, poderão esses ossos reviver?
Respondi: "Senhor Javé, vós o sabeis".
4Ele me replicou: "Profetiza sobre esses
ossos e dize-lhes: 'Ossos secos, escutai
a palavra de Javé'. 5Assim fala o Senhor
Javé a esses ossos: Farei entrar em vós
o espírito e revivereis. 6Porei em vós os
nervos e farei crescer sobre vós a carne,
sobre vós estenderei a pele e infundirei
em vós o espírito e revivereis: sabereis
que eu sou Javé".
7Eu profetizei como me fora orde-
nado; enquanto eu profetizava, ouvi
um rumor e vi um movimento entre
os ossos que se aproximavam uns dos
outros, cada um a seu correspondente.
8Olhei, e sobre eles havia os nervos, a
carne crescia e a pele os recobria, mas
não havia espírito neles. 9Ele me disse:
"Profetiza ao espírito, profetiza, filho
do homem. Dirás ao espírito: Assim
fala o Senhor Javé: Espírito, vem dos
quatro ventos* e sopra sobre esses

* **36**,25. 11,19; Jr 4,4; Jo 3,5; 4,1 | 27. Jr 31,31; 1Jo | 3,23s; Gl 5,22-25 | 31. 16,61ss | 35. Is 51,3 | **37**,1. 3,12 | 9. Gn 2,7; Sl 104,30; Ap 11,11; 20,4

† **36**,25. Símbolo da graça, que transforma o coração pelo dom do Espírito. | **37**. O espírito restitui a vida ao povo, que parecia morto e sem esperança por causa do exílio e da dispersão. O povo vai recuperar a unidade sob a chefia de um novo Davi e viverá na fidelidade a Deus, junto a Seu santuário.

mortos, para que revivam". [10]Profetizei como me havia mandado, e o espírito entrou neles, voltaram à vida e se ergueram em pé: eram um exército grande, imenso.

Explicação da visão. [11]Disse-me: "Filho do homem, esses ossos são toda a gente de Israel. Eles andam dizendo: 'Nossos ossos estão ressequidos, nossa esperança acabou, estamos perdidos'. [12]Por isso profetiza e anuncia-lhes: Assim fala o Senhor Javé: Vou abrir vossos sepulcros, vou tirar-vos de vossos túmulos, ó meu povo, vou reconduzir-vos à terra de Israel. [13]Sabereis que eu sou Javé, quando eu abrir vossos sepulcros e vos tirar de vossos túmulos, ó meu povo. [14]Porei em vós meu espírito e revivereis; eu vos colocarei em vossa terra; sabereis que eu sou Javé. Eu o disse e o farei – oráculo de Javé".

Judá e Israel reunidos. [15]Foi-me dirigida esta palavra de Javé: [16]"Filho do homem, toma um pedaço de madeira e escreve nele: 'Judá e os israelitas que estão com ele'. Depois toma um pedaço de madeira e escreve nele: 'José, madeira de Efraim, e toda a casa de Israel que está com ele'. [17]Encosta-os um no outro, de modo que formem um só pedaço de madeira e sejam uma coisa só em tua mão. [18]E quando os filhos de teu povo te disserem: 'Não nos explicarás o que queres dizer com isto?', [19]tu lhes dirás: Assim fala o Senhor Javé: Vou tomar o pedaço de madeira de José, que está na mão de Efraim, e as tribos de Israel unidas a ele, e os unirei a este, que é o pedaço de madeira de Judá,* para fazer deles um só pedaço; vão tornar-se uma só coisa em minha mão.

[20]Segura na mão, à vista deles, os pedaços de madeira sobre os quais escreveste e [21]dize-lhes: Assim fala o Senhor Javé: Eu tomarei os israelitas dentre as nações para as quais eles foram e os reunirei de toda parte e os reconduzirei a sua terra: [22]farei deles uma só nação no país, sobre os montes de Israel; um só rei reinará sobre todos eles e não serão mais duas nações, nem serão mais divididos* em dois reinos. [23]Não se contaminarão mais com seus ídolos, com suas abominações e com todas as suas iniquidades; eu os livrarei de todas as infidelidades que cometeram; eu os purificarei, e eles serão meu povo e eu serei* seu Deus. [24]Meu servo Davi reinará sobre eles e haverá um único pastor* para todos; seguirão meus mandamentos, observarão minhas leis e as cumprirão. [25]Habitarão na terra* que dei a meu servo Jacó. Naquela terra em que habitaram seus pais,* habitarão eles, seus filhos, através dos séculos; Davi, meu servo, será seu príncipe para sempre.[26]Farei com eles uma aliança de paz, que será com eles uma aliança eterna. Eu os estabelecerei e os multiplicarei e porei meu santuário* no meio deles para sempre. [27]Minha morada estará no meio deles: eu serei seu Deus e eles serão meu povo. [28]E as nações saberão que eu sou Javé que santifico Israel, quando meu santuário estiver no meio deles para sempre".

V. BATALHAS DO POVO DE DEUS CONTRA SEUS INIMIGOS (38–39)†

38 **Contra Gog, rei de Magog.** [1]Foi-me dirigida esta palavra* de Javé: [2]"Filho do homem, volta-te para Gog no país de Magog, príncipe soberano de Mosoc e de Tubal,* e profetiza contra ele.

Dirás: [3]Assim fala o Senhor Javé: Estou contra ti, Gog, príncipe soberano de Mosoc e de Tubal. [4]Eu te farei voltar atrás, porei ganchos em tuas maxilas* e

* **37**,19. Zc 11,7.14 | 22. Jr 3,18 | 23. 34,23 | 24. Jo 10,16 | 25. 28,26 / Jr 17,25; Jl 4,20 | 26. Jr 31,31 | **38**,1. Gn 10,2 | 2. 27,13 | 4. 29,4

† **V.** Estes dois capítulos falam daquelas misteriosas lutas do mal contra o bem, que como também disse Jesus, Mt 24,21, serão mais renhidas no final dos tempos. "A fé nos dá a certeza de que Deus não permitiria o mal, se do próprio mal não tirasse o bem, por caminhos que só conheceremos plenamente na vida eterna" (CIC).

te farei sair com todo o teu exército, ca-
valos e cavaleiros, todos bem equipa-
dos, tropa imensa com escudos gran-
des e pequenos, e todos armados de
espada. 5 A Pérsia, a Etiópia e Fut* estão
com eles, todos com escudos e capa-
cetes. 6 Gomer e todas as suas tropas, o
povo de Bet-Togorma, as extremas re-
giões do norte e todas as suas tropas,
povos numerosos estão contigo.

Invasão de Gog. 7 Fica pronto, prepa-
ra-te bem junto com toda a multidão
que se reuniu a teu redor, e põe-te a
meu serviço. 8 Depois de muito tempo
te será dada a ordem: no final dos tem-
pos irás contra o país que escapou da
espada e cujos habitantes foram reuni-
dos de muitos povos sobre os montes
de Israel, que ficaram por longo tempo
desertos. Depois que foram separados
dos outros povos, todos habitam tran-
quilos. 9 Tu subirás ali, e ali chegarás
como um furacão; serás como uma nu-
vem que envolve a terra, tu com todas
as tuas tropas e com os povos numero-
sos que estão contigo.

10 Assim fala o Senhor Javé: Naque-
le dia te virão à mente pensamentos e
conceberás projetos malvados. 11 Dirás:
Irei contra uma terra indefesa, assalta-
rei pessoas tranquilas que se sentem
seguras, que moram todas em cidades
sem muros, que não têm trancas nem
portas, 12 para depredar, saquear, pôr a
mão sobre ruínas agora repovoadas e
sobre um povo que se reuniu dentre as
nações, que se ocupa de seus rebanhos
e dos próprios negócios, que mora no
centro da terra.

13 Sabá, Dedã, os comerciantes de
Társis* e todos os seus leõezinhos te
perguntarão: 'Vens para saquear? Reu-
niste tuas tropas para vir depredar e le-
var embora prata e ouro, para roubar o
gado e para tomar grandes despojos?'
14 Por isso profetiza, filho do homem,
e anuncia a Gog: Assim fala o Senhor
Javé: Naquele dia, quando meu povo
de Israel morar totalmente seguro, tu
te levantarás, 15 virás de tua morada, do
extremo norte, tu e os povos numero-
sos que estão contigo, todos montados
em cavalos, uma grande multidão, um
exército poderoso. 16 Virás contra meu
povo Israel como nuvem que envol-
ve a terra. No final dos tempos eu te
mandarei contra meu país para que as
nações me conheçam quando por teu
intermédio, ó Gog, eu manifestar mi-
nha santidade diante de seus olhos".*

Destruição do invasor. 17 Assim fala o
Senhor Javé: "Não és tu aquele de quem
falei nos tempos antigos por meio de
meus servos, os profetas de Israel, os
quais, naqueles tempos e por muitos
anos, profetizaram que eu haveria de
mandar-te contra eles? 18 Mas, quando
Gog chegar ao país de Israel – orácu-
lo do Senhor Javé – subirá meu furor a
minha face. 19 Em meu ciúme e em meu
furor ardente eu vos declaro: Naquele
dia haverá um grande terremoto na
terra de Israel: 20 diante de mim treme-
rão os peixes do mar, as aves do céu, os
animais selvagens, todos os répteis que
rastejam pelo chão e todo ser humano
que está sobre a face da terra; os mon-
tes cairão, os rochedos despenharão e
todas as muralhas desabarão.*

21 Contra ele chamarei a espada so-
bre todos os montes de Israel – oráculo
do Senhor Javé. A espada de cada um
deles se voltará contra o próprio irmão.
22 Exercerei meu julgamento sobre ele
com a peste e com o sangue; farei cho-
ver sobre ele, sobre suas fileiras e sobre
os povos numerosos que estão com
ele, torrentes de chuva e granizo, fogo
e enxofre. 23 Mostrarei minha grandeza
e minha santidade e me revelarei dian-
te de nações numerosas e saberão que
eu sou Javé".

39

Derrota do exército de Gog.
1 "E tu, filho do homem, profe-
tiza* contra Gog e anuncia: Assim fala o
Senhor Javé: Estou contra ti, Gog, prín-
cipe soberano de Mosoc e de Tubal.
2 Eu te farei voltar atrás e te conduzirei
e te farei subir do extremo norte para
mandar-te contra os montes de Israel.
3 Quebrarei o arco em tua mão esquer-

* **38**,5. 27,10 | 13. 1Rs 10,1; Ez 25,13 | 16. Êx 14,2 | **38**,20. Am 8,92 | **39**,1. 38,3

da e farei cair as flechas de tua mão di-
reita. 4Cairás sobre os montes de Israel
com todas as tuas tropas e os povos
que estão contigo. Eu te destinei para
alimento das aves de rapina de toda
espécie e dos animais selvagens. 5Serás
abatido em campo aberto, porque eu o
disse – oráculo do Senhor Javé.

6Mandarei fogo sobre Magog e sobre
os que habitam tranquilos nas ilhas; e
saberão que eu sou Javé. 7Darei a conhe-
cer* meu nome santo no meio de meu
povo Israel, e não mais permitirei que
meu santo nome seja profanado. As na-
ções saberão que eu sou Javé, santo em
Israel. 8Isto está para acontecer e se cum-
prirá – oráculo do Senhor Javé –; é este
o dia de que falei. 9Os habitantes das
cidades de Israel sairão e, para acender
fogo, queimarão armas, escudos gran-
des e pequenos, arcos e flechas, clavas
e lanças; e com estas farão fogo por sete
anos. 10Não deverão apanhar lenha nos
campos nem cortá-la nas florestas, por-
que farão fogo com as armas. Despoja-
rão aqueles que os tinham despojado e
saquearão aqueles que os tinham saque-
ado – oráculo do Senhor Javé.

11Naquele dia darei a Gog como se-
pulcro um lugar famoso em Israel, o vale
de Abarim, a leste do mar; o vale que
fecha a passagem aos caminhantes. Ali
será sepultado Gog e toda a sua multi-
dão e aquele lugar se chamará 'vale da
multidão de Gog'. 12A casa de Israel lhes
dará sepultura para purificar o país du-
rante sete meses. 13Todo o povo da terra
os sepultará; e será para eles glorioso o
dia em que manifestarei minha glória –
oráculo do Senhor Javé. 14Serão escolhi-
dos homens que percorrerão continua-
mente o país para sepultar, com a ajuda
dos transeuntes, os que ficaram na su-
perfície da terra, para torná-la pura; co-
meçarão as buscas ao fim dos sete me-
ses. 15Quando, ao percorrerem o país,
virem ossos humanos, porão neles um
sinal para que os coveiros os sepultem
no 'vale da multidão de Gog': 16O nome
da cidade será Hamona.* Assim purifica-
rão o país. 17A ti, filho do homem, assim
fala o Senhor Javé: Dize às aves de toda
espécie e a todos os animais selvagens:
Reuni-vos, vinde; ajuntai-vos de toda a
parte para o sacrifício que vos ofereço,
um grande sacrifício, sobre os montes
de Israel. Comereis carne e bebereis
sangue; 18comereis carne de heróis, be-
bereis sangue de príncipes da terra; car-
neiros, cordeiros, bodes e touros, todos
cevados em Basã. 19Comereis gordura
até a saciedade e bebereis sangue até
a embriaguez no banquete do sacrifício
que vos ofereço. 20A minha mesa vos
saciareis de cavalos e cavaleiros, de he-
róis e de todos os guerreiros – oráculo
do Senhor Javé. 21Às nações manifesta-
rei minha glória, e todas as nações verão
a justiça que farei e a mão que porei so-
bre elas. 22Desse dia em diante a casa de
Israel saberá que eu, Javé, sou seu Deus.
23As nações saberão que a casa de Israel
foi conduzida em cativeiro por causa de
sua iniquidade, porque se revoltou con-
tra mim, e eu lhes ocultei minha face e
os entreguei nas mãos de seus inimigos,
para que todos morressem pela espada.
24Tratei-os conforme suas imundícies
e seus pecados, ocultando-lhes minha
face".

Futuro de Israel. 25"Por isso, assim fala
o Senhor Javé: Agora restabelecerei a
sorte de Jacó, terei compaixão de toda
a casa de Israel e serei ciumento de
meu santo nome. 26Quando eles habi-
tarem tranquilos em sua terra, sem que
ninguém os aflija, vão envergonhar-se
de todas as rebeliões que cometeram
contra mim.

27Quando eu os tiver reconduzido
das nações e os tiver reunido dos pa-
íses de seus inimigos e tiver mostrado
neles minha santidade diante de nu-
merosas nações, 28então saberão que
eu, Javé, sou seu Deus, porque, depois
de os ter conduzido em cativeiro entre
as nações, eu os reunirei em sua ter-
ra sem deixar lá fora nem um sequer.
29Então não mais lhes esconderei mi-
nha face, porque derramarei meu espí-
rito sobre a casa de Israel – oráculo do
Senhor Javé".*

---

* **39**,7. 38,23 | 16. Dt 21,23; Nm 19,16; Ap 19,17s | 29. 37,14; 11,19

VI. A RESTAURAÇÃO MESSIÂNICA (40–48)†

40 **Visão do novo templo.** [1]No princípio do ano vigésimo quinto de nossa deportação, no dia dez do mês, quatorze anos depois que a cidade foi tomada†, naquele mesmo dia, a mão de Javé veio sobre mim e ele me conduziu até lá. [2]Em visão divina conduziu-me* à terra de Israel e colocou-me sobre um monte altíssimo sobre o qual parecia estar construída uma cidade, no lado sul. [3]Conduziu-me até lá; e um homem, cujo aspecto era como de bronze, estava de pé junto à porta, com um cordão de linho na mão* e uma cana para medir. [4]Ele me disse: "Filho do homem, observa e escuta atentamente e presta atenção no que vou mostrar-te, porque foste conduzido aqui para que eu te mostre isso* e anuncies à casa de Israel o que vais ver".

O muro exterior. [5]O templo era todo cercado de um muro.* A cana para medir que o homem tinha na mão era de seis côvados†, de um côvado e um palmo cada um. Ele mediu a espessura do muro: era uma cana, e a altura: uma cana.

A porta oriental. [6]Depois foi à porta que dá para o oriente, subiu os degraus e mediu o limiar da porta: era da largura de uma cana. [7]Cada cela media uma cana de comprimento e uma cana de largura; de uma cela à outra havia cinco côvados. Também o limiar da porta perto do átrio da porta interna era de uma cana. [8]Mediu o átrio da porta: era de oito côvados; [9]as pilastras, de dois côvados. O átrio da porta dava para o interior. [10]As celas da porta a oriente eram três de um lado e três do outro, todas três do mesmo tamanho; da mesma medida eram as pilastras de uma e de outra parte. [11]Mediu a largura da abertura da porta: era de dez côvados; o tamanho da porta era de treze côvados. [12]Diante das celas havia um parapeito de um côvado, de um e de outro lado; cada cela media seis côvados de cada lado. [13]Mediu depois a porta desde o teto de uma das celas ao teto da outra; a largura de porta a porta era de vinte e cinco côvados. [14]Calculou em sessenta côvados a altura das pilastras; a partir das pilastras começava o pátio que circundava as portas. [15]Da fachada da porta de entrada à fachada do átrio da porta interna havia um espaço de cinquenta côvados.

[16]As celas e as pilastras tinham janelas com grades para o interior, em torno da porta, como também ao redor havia janelas, que davam para o interior do átrio. Nas pilastras havia figuras de palmeiras.

O pátio externo. [17]Depois levou-me ao pátio externo e vi celas e um pavimento em torno do pátio; trinta eram as celas ao longo do pavimento. [18]O pavimento se estendia aos lados das portas por uma extensão igual à largura das mesmas portas: era o pavimento inferior. [19]Mediu o espaço da fachada da porta inferior até a fachada do pátio interno: eram cem côvados no lado oriental e no lado norte.

A porta setentrional. [20]Depois mediu o comprimento e a largura da porta que dá para o norte no pátio externo. [21]Suas celas, três de um lado e três do outro, as pilastras e o átrio tinham as mesmas dimensões da primeira porta: cinquenta côvados de comprimento por vinte e cinco de largura. [22]Suas janelas, o átrio e as palmeiras tinham as mesmas dimensões das da porta que dá para o oriente. Subia-se a ela por sete degraus; o átrio era em frente. [23]Havia uma porta no pátio interior,

---

* **40**,2. 37,1; 1,1ss; Ap 21,10 | 3. Ap 11,1; 21,15 | 4. Êx 25,9.40 | 5. Êx 27,9-19; 38,9-20; 2Cr 3,3; 4,5

† **VI.** Esta seção apresenta um quadro ideal do futuro reino messiânico, no qual tudo é perfeito: o templo, o culto e a terra. | **40**,1. No ano 572 a.C., Ezequiel apresenta um projeto, que não se torna realidade, mas traça as linhas para uma nova religião: em torno da casa de Javé, servida por zelosos sacerdotes, uma comunidade, chefiada por um príncipe fiel, segue a lei como norma de vida. | 5. Esse côvado parece medir 0,58m; portanto, a cana media uns 3,40m.

diante da porta norte, como diante da porta oriental; mediu a distância entre uma porta e a outra: era de cem côvados.

A porta meridional. 24Conduziu-me depois para o sul; havia um porta voltada para o sul; mediu suas pilastras e seu átrio: tinham as mesmas dimensões. 25Em torno da porta, como em torno do átrio, havia janelas iguais às outras janelas; media cinquenta côvados de comprimento por vinte e cinco de largura. 26Havia sete degraus para subir para o interior. Nas pilastras, de um e de outro lado, havia palmeiras. 27O pátio interno tinha um porta para o sul; ele mediu a distância de uma porta à outra em direção ao sul: eram cem côvados.

O pátio interno. 28Então introduziu-me no pátio interno, pela porta sul, e mediu esta porta: tinha as mesmas dimensões. 29As celas, as pilastras e o átrio tinham as mesmas medidas. Em torno da porta, como em torno do átrio, havia janelas. Ela media cinquenta côvados de comprimento por vinte e cinco de largura.

30Em torno havia vestíbulos de vinte e cinco côvados de comprimento por cinco de largura.

31Seu vestíbulo era voltado para o átrio externo; sobre as pilastras havia palmeiras; sua escada tinha oito degraus.

O pórtico oriental. 32Depois conduziu-me ao pátio interno que dá para o oriente e mediu-o: tinha as dimensões costumeiras. 33As celas, as pilastras e o átrio tinham as mesmas dimensões. Em torno do pórtico, como em torno do átrio, havia janelas. Ele media cinquenta côvados de comprimento por vinte e cinco de largura. 34Seu vestíbulo dava para o átrio externo; sobre as pilastras, de um e de outro lado, havia palmeiras; sua escada tinha oito degraus.

O pórtico setentrional. 35Depois conduziu-me ao pórtico norte e mediu-o: tinha as dimensões costumeiras, 36como as celas, as pilastras e o átrio; em torno havia janelas. 37Seu vestíbulo dava para o átrio externo; sobre as pilastras, de um e de outro lado, havia palmeiras; sua escada tinha oito degraus.

Anexo dos pórticos. 38Havia também uma cela com a porta perto das pilastras dos pórticos; lá eram lavados os holocaustos. 39No átrio do pórtico havia duas mesas de um lado e duas do outro, sobre as quais eram degolados os holocaustos, os sacrifícios expiatórios e de reparação. 40Outras duas mesas estavam no lado externo, a norte de quem entra no pórtico, e duas mesas do outro lado, junto ao átrio do pórtico. 41Assim, de cada lado do pórtico havia quatro mesas de um lado e quatro mesas do outro: oito mesas ao todo. Sobre elas se degolavam as vítimas. 42Havia ainda outras quatro mesas de pedras quadradas para os holocaustos, de um côvado e meio de comprimento, de um côvado e meio de largura e um côvado de altura: sobre elas eram depostos os instrumentos com que se imolavam os holocaustos e os outros sacrifícios. 43Ganchos de um palmo de comprimento estavam pendurados dentro e ao redor; sobre as mesas se punham as carnes das ofertas.

44Fora do pórtico interno havia duas salas no pátio interior: a que estava junto ao pórtico norte dava para o sul, a outra junto ao pórtico sul dava para o norte. 45Ele me disse: "A cela que dá para o sul é para os sacerdotes que cuidam do templo 46e a cela que dá para o norte é para os sacerdotes que cuidam do altar: são eles os filhos de Sadoc que, entre os filhos de Levi, aproximam-se de Javé para seu serviço".

O átrio interior. 47Mediu depois o átrio: era um quadrado de cem côvados de largura por cem de comprimento. O altar estava diante do templo.

48Conduziu-me depois ao átrio do templo e mediu suas pilastras: cinco côvados de cada lado; a largura do pórtico era de três côvados de cada lado. 49O comprimento do vestíbulo era de vinte côvados e sua largura, de doze côvados. Subia-se até lá por dez degraus. Ao lado das pilastras havia duas colunas, uma de cada lado.

41

O santo. 1Introduziu-me de-
pois no santuário* e mediu
as pilastras: tinham seis côvados de
largura de um lado e seis côvados de
largura do outro, como era a largura
do tabernáculo. 2A largura da entra-
da era de dez côvados e os lados da
entrada, cinco côvados de um lado e
cinco côvados do outro. Mediu depois
o santuário: tinha quarenta côvados de
comprimento e vinte de largura.

O santo dos santos. 3Foi depois para
dentro e mediu as pilastras* da en-
trada: dois côvados; e a entrada: seis
côvados; a largura da entrada: sete
côvados. 4Mediu também seu compri-
mento: vinte côvados; a largura diante
do santuário: vinte côvados. Depois me
disse: "Este é o santo dos santos".

As celas laterais. 5Mediu depois o muro*
do templo: seis côvados; depois a largu-
ra do edifício lateral: quatro côvados, ao
redor de todo o templo. 6As celas laterais
eram uma sobre a outra, em número de
trinta por três andares. Para as celas ao
redor havia reentrâncias na parede do
templo, de modo que fossem ligadas
entre si, mas não apoiadas na parede do
templo. 7De andar em andar, a largura
das celas aumentava, por isso a cons-
trução era mais larga em cima. Do andar
inferior podia-se subir ao andar do meio
e deste ao mais alto. 8Vi em torno do
templo uma elevação. Os fundamentos
do edifício lateral mediam uma cana in-
teira de seis côvados. 9A largura da pare-
de externa do edifício lateral era de cinco
côvados, como a do espaço restante.
Entre o edifício lateral do templo 10e as
celas havia uma largura de vinte côvados
ao redor de todo o templo. 11As portas
do edifício lateral davam para o espaço
livre; uma porta dava para o norte e uma
para o sul. O espaço livre ao redor era de
cinco côvados.

O edifício ocidental. 12A construção
que ficava defronte ao espaço livre do
lado oeste tinha setenta côvados de
largura; a parede do edifício ao redor
tinha a espessura de cinco côvados; seu
comprimento era de noventa côvados.
13Depois mediu o templo: cem côva-
dos de comprimento; o espaço livre, o
edifício e suas paredes, também tinham
cem côvados. 14A largura da fachada
do templo com o espaço livre: cem cô-
vados. 15Mediu ainda o comprimento
do edifício diante do espaço livre na
parte posterior, com as galerias de um
lado e de outro: era de cem côvados.

A decoração interna. O interior do
santuário,* seu vestíbulo, 16os umbrais,
as janelas com grades e as galerias em
torno dos três andares, a começar do
limiar, eram todos revestidos de ma-
deira, em todo o redor, do pavimento
até as janelas, que eram veladas. 17Na
porta, dentro e fora do templo e sobre
todas as paredes em redor, internas e
externas, estavam pintados 18querubins
e palmeiras. Entre um e outro querubim
havia uma palmeira; cada querubim* ti-
nha duas faces: 19face de homem para a
palmeira de um lado e face de leão para
a palmeira do outro lado, ao redor de
todo o templo. 20Do chão até sobre a
porta havia querubins e palmeiras pin-
tados nas paredes do santuário.
21Os umbrais do santuário eram qua-
drados.

O altar de madeira. Diante do santo
dos santos* havia algo como 22um altar
de madeira de três côvados de altura,
dois côvados de comprimento e dois
de largura. Os ângulos, a base e os la-
dos eram de madeira. Disse-me: "Esta é
a mesa que está diante de Javé".

As portas. 23O santuário e o santo dos
santos tinham duas portas cada um.
24Cada porta tinha dois batentes e cada
batente se dobrava em duas peças:
duas para um batente e duas para o
outro. 25Sobre as portas estavam pinta-
dos querubins e palmeiras, bem como
sobre as paredes; havia um portal de
madeira sobre a fachada do átrio do
lado de fora. 26Havia janelas com gra-
des e palmeiras de ambos os lados, nos
lados do vestíbulo, nas celas anexas ao
templo e nas arquitraves.

---

* **41**,1. 1Rs 6,3; 2Cr 3,5ss | 3. 1Rs 6,20; 2Cr 3,8s | 5. 1Rs 6,5s | 15. 1Rs 6,15-18 | 18. 1Rs 6,29s | 21. 1Rs 6,20ss; Êx 30,1ss | 23. 1Rs 6,31-35

42 As dependências do templo.
1Então fez-me sair para o pátio
externo, do lado norte, e conduziu-me
ao apartamento que está diante do es-
paço livre em frente ao edifício no lado
norte. 2Na fachada tinha cem côvados
de comprimento, para o norte, e cin-
quenta côvados de largura. 3Diante dos
vinte côvados do pátio interno e diante
do pavimento externo, havia uma ga-
leria diante de uma outra galeria de
três andares. 4Diante das celas havia
um corredor de dez côvados de largura
para o interior e cem de comprimen-
to; as portas das celas davam para o
norte. 5As celas superiores eram mais
estreitas, porque as galerias ocupavam
mais espaço delas do que das inferio-
res e das do meio do edifício. 6Eram de
três andares, mas não tinham colunas
como as dos pátios; por isso a partir
do chão as celas superiores iam se es-
treitando, mais do que as de baixo e as
do meio. 7O muro externo paralelo às
celas, do lado do pátio externo, dian-
te das celas, tinha cinquenta côvados
de comprimento. 8Pois o comprimento
das celas do átrio externo era de cin-
quenta côvados, ao passo que diante
do templo era de cem côvados. 9Em-
baixo das celas havia uma entrada do
lado leste quando se entra nelas pelo
átrio externo.
10Na largura do muro do pátio, em
direção ao oriente, diante do espaço
livre e diante do edifício, havia celas
11e, diante delas, uma passagem se-
melhante àquela das celas do lado
norte: tinham o mesmo comprimento
e largura, com todas as suas saídas e
portas conforme os mesmos critérios.
12Assim eram as portas das celas que
davam para o sul; uma porta estava
no começo da passagem, ao longo do
muro correspondente, a leste quan-
do se entra. 13Ele me disse: "As celas
do lado norte e as do lado sul, diante
do espaço livre, são as celas sagradas,
onde os sacerdotes que se aproximam
de Javé comerão as coisas santíssimas:*
ali colocarão as coisas santíssimas, isto
é, as oblações e as vítimas de expiação
e de reparação, porque santo é este lu-
gar. 14Quando os sacerdotes ali tiverem
entrado, não sairão do lugar santo para
o átrio externo, mas deporão ali suas
vestes com as quais prestaram serviço,
porque elas são santas; vestirão outras
roupas e assim poderão aproximar-se*
do lugar destinado ao povo".
15Quando ele acabou de medir o
interior do templo, conduziu-me para
fora pela porta que dá para o oriente,
e mediu o recinto todo ao redor. 16Me-
diu o lado oriental* com a cana para
medir: quinhentas canas, com a cana
de medir, ao redor. 17Mediu o lado
norte: quinhentas canas, com a cana
de medir, ao redor. 18Mediu o lado sul:
quinhentas canas, com a cana de me-
dir. 19Voltou-se para o lado ocidental:
mediu quinhentas canas com a cana de
medir. 20Pelos quatro lados ele mediu
o templo; havia ao redor um muro de
quinhentas canas de comprimento e
quinhentas de largura para separar o
lugar sagrado do profano.

43 Retorno da glória de Javé.
1Conduziu-me então para a
porta, a porta que dá para o oriente:
2a glória do Deus de Israel+ estava che-
gando do lado oriental, e seu rumor era
como o rumor das grandes águas e a
terra resplandecia com sua glória. 3Esta
visão foi semelhante* àquela que tive
quando ele veio para destruir a cidade
e semelhante àquela que tive junto ao
rio Cobar. Caí com a face em terra. 4E
a glória de Javé entrou no templo pela
porta que dá para o oriente.
5O espírito me tomou e me introdu-
ziu* no átrio interno: a glória de Javé
enchia o templo. 6Enquanto aquele ho-
mem estava de pé* a meu lado, ouvi
que alguém de dentro do templo me
falava 7e me dizia: "Filho do homem,
este é o lugar de meu trono e o lugar

* **42**,13. Lv 2,3 | 14. Lv 17,1 | 16. 45,2 | **43**,3. 10,18; 11,22s | 5. 1Rs 8,10s | 6. Ap 21,3 | 7. Êx 19,12; Ez 25,8; 37,26s

+ **43**,2. A manifestação sensível de Deus, que havia abandonado o templo e a cidade, 11,23, retorna para não mais deixá-los.

onde pouso os pés,* onde eu habitarei
no meio dos israelitas para sempre. A
casa de Israel, o povo e seus reis não
profanarão mais meu santo nome com
suas prostituições e com os cadáve-
res de seus reis quando morrem, 8co-
locando seu limiar junto a meu limiar
e seus umbrais junto a meus umbrais,
com uma simples parede entre mim e
eles; profanaram meu santo nome com
todas as abominações que cometeram,
por isso eu os exterminei em minha ira.
9Mas de agora em diante afastarão de
mim suas prostituições e os cadáveres
de seus reis, e eu habitarei no meio de-
les para sempre.

10Tu, filho do homem, descreve este
templo para a casa de Israel, para que
se envergonhem de suas iniquidades;
tirem a medida de sua planta 11e, quan-
do se envergonharem de tudo o que
fizeram, manifesta-lhes a forma deste
templo, sua disposição, suas saídas,
suas entradas, todos os seus aspectos,
todos os seus regulamentos, todas as
suas formas e todas as suas leis. Põe-
-nos por escrito diante de seus olhos,
para que observem todas estas nor-
mas e todos estes regulamentos e os
ponham em prática. 12Esta é a lei do
templo: no alto do monte, toda a área
ao redor é santíssima; esta é a lei do
templo.

O altar dos holocaustos. 13Estas são
as medidas* do altar em côvados, de
um côvado e um palmo cada um. A
base tem um côvado de altura por um
côvado de largura; sua borda em todo
o seu redor mede quatro dedos. Assim
é a base do altar.

14Da base que pousa no chão até a
plataforma inferior: dois côvados de
altura e um côvado de largura; da pla-
taforma pequena à plataforma maior:
quatro côvados de altura e um côvado
de largura.

15A lareira do altar mede quatro cô-
vados de altura, e sobre a lareira há
quatro chifres. 16A lareira tem doze
côvados de comprimento por doze de
largura, ou seja, é quadrada. 17A pla-
taforma superior é um quadrado de
quatorze côvados de comprimento por
quatorze côvados de largura, com uma
borda de meio côvado ao redor; e a
base, ao redor, mede um côvado; seus
degraus são voltados para o oriente.

Consagração do altar. 18Ele me disse:
"Filho do homem,* assim fala o Senhor
Javé: Estas são as prescrições sobre o
altar, quando for construído para sacri-
ficarem sobre ele o holocausto e para
sobre ele aspergirem o sangue. 19Aos
sacerdotes levitas da estirpe de Sa-
doc, que se aproximarão de mim para
servir-me, tu darás – oráculo do Senhor
Javé – um novilho para a expiação.
20Tomarás de seu sangue e o derrama-
rás sobre os quatro chifres do altar, so-
bre os quatro ângulos da plataforma e
em torno da borda. Assim o purificarás
e farás sua expiação. 21Tomarás depois
o novilho do sacrifício expiatório e o
queimarás num lugar do templo, para
isto designado, fora do santuário.

22No segundo dia oferecerás, pelo
pecado, um bode sem defeito e farás
a purificação do altar como foi feito
com o novilho. 23Terminado o rito da
purificação, oferecerás um novilho sem
defeito e um carneiro do rebanho sem
defeito. 24Tu os apresentarás a Javé e
os sacerdotes lançarão sal sobre eles
e os oferecerão em holocausto a Javé.
25Durante sete dias sacrificarás* pelo
pecado um bode cada dia e será ofere-
cido também um novilho e um carnei-
ro do rebanho sem defeito. 26Durante
sete dias se fará a expiação do altar,
e ele será purificado e consagrado.
27Passados esses dias, do oitavo dia em
diante, os sacerdotes imolarão sobre o
altar vossos holocaustos, vossos sacrifí-
cios de comunhão e eu vos serei propí-
cio – oráculo do Senhor Javé".

44 **Novas disposições para o
culto.** 1Conduziu-me depois
à porta externa do santuário, do lado
oriental; ela estava fechada. 2Disse-me:

* **43**,13. Êx 40,5, 27,1-8; 1Rs 8,64; 2Cr 4,1; 7,7 | 18. Êx 29,36s; Lv 8,10-15; 1Mc 4,52-56; Ez 44,15 | 25. Lv 8,33ss

"Esta porta ficará fechada; não será aberta, ninguém passará por ela, porque por ela entrou Javé, Deus de Israel. Por isso ficará fechada. 3Mas o príncipe, porque é príncipe, sentará nela para alimentar-se diante de Javé; entrará pelo vestíbulo da porta e por ali sairá".

4Depois conduziu-me pela porta norte, diante do templo. Olhei e vi que a glória de Javé enchia o templo de Javé. Caí com a face em terra 5e Javé me disse: "Filho do homem, fica atento, observa bem e escuta tudo o que te direi sobre as prescrições referentes ao templo de Javé e sobre todas as suas leis; presta atenção na entrada do templo e em todas as saídas do santuário. 6Dirás àqueles rebeldes, à casa de Israel: Assim fala o Senhor Javé: Demasiadas foram vossas abominações, ó israelitas! 7Introduzistes estrangeiros,* incircuncisos de coração e incircuncisos de carne, para que estivessem em meu santuário e profanassem meu templo, enquanto me oferecíeis minha comida, a gordura e o sangue, quebrando assim minha aliança com todas as vossas abominações. 8Não cuidastes de minhas coisas santas, mas confiastes a eles, em vosso lugar, a guarda de meu santuário. 9Assim diz o Senhor Javé: Nenhum estrangeiro,* incircunciso de coração e incircunciso de carne, entrará em meu santuário; nenhum dos estrangeiros que estão no meio dos israelitas".

Os levitas. 10"Também os levitas, que se afastaram de mim quando Israel se desviou e seguiram seus ídolos, carregarão o peso de sua iniquidade; 11servirão em meu santuário como guardas das portas do templo e como servos do templo; degolarão os animais dos holocaustos e do sacrifício pelo povo e estarão diante dele prontos para seu serviço. 12Porque o serviram diante de seus ídolos e fizeram a casa de Israel cair em pecado, por isso levanto a mão contra eles – oráculo do Senhor Javé – e eles carregarão o peso de sua iniquidade. 13Não se aproximarão mais de mim* para servir-me como sacerdotes e tocar todas as minhas coisas santas e santíssimas, mas carregarão sua vergonha e o peso das abominações que praticaram. 14Contudo, eu os encarrego da guarda do templo, de todo o seu serviço e de tudo o que se faz nele".

Os sacerdotes. 15"Quanto aos sacerdotes levitas* filhos de Sadoc, que observaram as prescrições de meu santuário, quando os israelitas se afastaram de mim, eles se aproximarão de mim para servir-me e estarão diante de mim para oferecer-me a gordura e o sangue – oráculo do Senhor Javé. 16Entrarão em meu santuário e se aproximarão de minha mesa para servir-me e cumprirão minhas prescrições.

17Quando entrarem pelas portas do átrio interno, vestirão roupas de linho; não usarão nenhuma roupa de lã quando exercerem o ministério nas portas do átrio interno e no templo. 18Usarão na cabeça turbantes* de linho e sobre os rins calções de linho; não se cingirão com nada que provoque o suor. 19Quando saírem ao pátio externo em direção ao povo, tirarão as vestes com as quais oficiaram e as deporão nas celas do santuário; usarão outras vestes para não comunicar com elas a consagração ao povo. 20Não raparão a cabeça,* nem deixarão crescer os cabelos, mas os cortarão regularmente. 21Nenhum sacerdote beberá vinho quando tiver de entrar no átrio interno. 22Não tomarão como esposa uma viúva,* nem uma repudiada, mas só uma virgem da estirpe de Israel; mas poderão desposar uma viúva, se for a viúva de um sacerdote. 23Ensinarão meu povo a discernir entre o que é santo e o que é profano e lhe indicarão a distinção entre puro e impuro. 24Nos processos eles serão os juízes* e decidirão segundo minhas leis. Em todas as minhas festas observarão minhas leis e meus estatutos e santificarão meus sábados. 25Nenhum deles se aproximará* de um

* **44**,7. Jr 4,4; Gn 17,10; 22,26 | 9. At 21,28s | 13. Lv 2,3 | 15. Nm 18,1-19 | 18. Lv 6,3s | 20. Lv 21,5 | 22. Lv 21,7.14 | 24. 20,11s.16.19s | 25. Lv 21,1-5

morto, pois se tornaria impuro; mas para o pai, a mãe, um filho, uma filha, um irmão ou por uma irmã não casada pode tornar-se impuro. [26]Depois de sua purificação, devem ser contados sete dias [27]e, quando reentrar no lugar santo, no átrio interno para servir no santuário, oferecerá seu sacrifício expiatório – oráculo do Senhor Javé.

[28]Quanto a sua herança,* eu serei sua herança; não lhes será dada nenhuma possessão em Israel; eu sou sua possessão. [29]Eles se nutrirão das oblações, dos sacrifícios expiatórios, dos sacrifícios de reparação; pertencerá a eles tudo o que for destinado ao extermínio em Israel. [30]A parte melhor* de todas as vossas primícias e toda espécie de oferta pertencerão aos sacerdotes; assim dareis ao sacerdote as primícias de vossas massas, para que a bênção repouse sobre vossa casa. [31]Os sacerdotes não comerão a carne de nenhum animal morto de morte natural ou dilacerado, de aves ou de outros animais".

45

Divisão do território. [1]"Quando dividirdes por sorte o país,* em herança, reservareis como oferta a Javé uma porção sagrada do país, de vinte e cinco mil côvados de comprimento e vinte mil de largura: ela será santa por toda a sua extensão. [2]Dela tomareis* para o santuário um quadrado de quinhentos côvados por quinhentos, com uma área livre ao redor de cinquenta côvados. [3]Nesta superfície medirás um terreno de vinte e cinco mil côvados de comprimento por dez mil de largura, onde ficará o santuário, o santo dos santos. [4]Será a parte sagrada do país; será para os sacerdotes ministros do santuário, que se aproximam para servir a Javé. Este lugar servirá para suas casas e como lugar sagrado para o santuário. [5]Um espaço de vinte e cinco mil côvados de comprimento por dez mil de largura pertencerá aos levitas que servem no templo, com cidades onde possam morar. [6]Como propriedade da cidade demarcareis um terreno de cinco mil côvados de largura por vinte e cinco mil de comprimento, paralelo à parte destinada ao santuário; pertencerá a toda a casa de Israel.

[7]Ao príncipe será destinada uma área de um lado e de outro da parte sagrada e do terreno da cidade, ao lado da parte sagrada e ao lado do território da cidade, a ocidente até a extremidade ocidental e a oriente até o limite oriental, de um comprimento igual a cada uma das partes, do limite ocidental até o oriental. [8]Esta será sua terra, sua propriedade em Israel, e assim meus príncipes não oprimirão mais meu povo, mas deixarão o restante da terra à casa de Israel, segundo suas tribos".

[9]Assim fala o Senhor Javé: "Basta, príncipes de Israel,* basta com as violências e as rapinas! Praticai o direito e a justiça; acabai com as extorsões que fazeis a meu povo – oráculo do Senhor Javé. [10]Tende balanças justas, efá justo, bat justo.* [11]O efá e o bat serão da mesma capacidade, de modo que tanto o bat como o efá contenham um décimo do homer, e sua medida será regulada pelo homer. [12]O siclo será de vinte geras: vinte siclos, mais vinte e cinco siclos e mais quinze siclos valerão uma mina para vós†.

Ofertas e primícias. [13]Esta será a oferta que fareis: a sexta parte de um efá para cada homer de trigo e a sexta parte de um efá para cada homer de cevada. [14]A norma para o óleo – que se mede com o bat – é um décimo de um bat para cada hor. Dez bat correspondem a um homer, porque dez bat formam um homer. [15]Do rebanho se tomará uma em cada duzentas ovelhas dos prados férteis de Israel: servirá para as oblações, para os holocaustos, para os sacrifícios de comunhão, em expiação pelo povo – oráculo do Senhor Javé. [16]Toda a população do país* está sujeita a esta contribuição para o prín-

* **44**,28. Nm 18,20-24; Dt 18,1s | 30. Lv 27,28 | **45**,1. 48,8-20 | 2. 42,15-20 | 9. Jr 22,3ss | 10. Lv 19,35ss | 16. Lv 1,1; 2,1; 3,1

† **45**,12. O efá se usava para medir sólidos e o bat, para líquidos; ambos equivaliam a 45 litros cada um.

cipe de Israel. 17A cargo do príncipe es-
tarão os holocaustos,* as oblações e as
libações nas solenidades, nos novilú-
nios e nos sábados, em todas as festas
da casa de Israel. Ele providenciará o
sacrifício expiatório, a oblação, o holo-
causto e o sacrifício de comunhão para
a expiação pela casa de Israel".

Festas da Páscoa e das Tendas. 18As-
sim fala o Senhor Javé: "No primeiro
dia do primeiro mês,* tomarás um no-
vilho sem defeito e purificarás o santu-
ário. 19O sacerdote tomará o sangue da
vítima pelo pecado e o porá nos portais
do templo e sobre os quatro ângulos
da base do altar e sobre os portais das
portas do átrio interno. 20Fará o mesmo
no dia sete do mês por quem houver
pecado por erro ou por ignorância; as-
sim purificareis o templo. 21No dia qua-
torze do primeiro mês será para vós a
Páscoa, uma festa de sete dias em que
se comerá pão ázimo. 22Nesse dia o
príncipe oferecerá, por si e por todo o
povo do país, um novilho como sacri-
fício pelo pecado. 23Nos sete dias da
festa oferecerá em holocausto a Javé
sete novilhos e sete carneiros sem de-
feito, em cada um dos sete dias, e um
bode cada dia como sacrifício pelo pe-
cado. 24Oferecerá também uma obla-
ção de um efá por novilho e de um efá
por carneiro, com um hin de óleo para
cada efá.

25No dia quinze do sétimo mês, por
ocasião da festa, fará o mesmo durante
sete dias, oferecendo os sacrifícios ex-
piatórios, os holocaustos, as oblações
e o óleo".*

46 **O sábado e a lua nova.** 1As-
sim fala o Senhor Javé: "A
porta do átrio interno* que dá para
o oriente ficará fechada nos seis dias
úteis; será aberta no sábado e na lua
nova. 2O príncipe, vindo de fora, en-
trará pelo vestíbulo da porta externa e
ficará de pé junto aos umbrais da por-
ta, enquanto os sacerdotes oferecerão
seu holocausto e seu sacrifício de co-
munhão. Ele se prostrará no limiar da
porta, depois sairá, e a porta não será
fechada até a tarde. 3O povo do país se
prostrará nos sábados e na lua nova na
entrada da porta, diante de Javé.

4O holocausto que o príncipe ofere-
cerá a Javé no dia de sábado será de
seis cordeiros e um carneiro sem de-
feito; 5como oblação oferecerá um efá
por carneiro; pelos cordeiros a oferta
que puder dar; de um hin de óleo para
cada efá. 6No dia da lua nova ofere-
cerá em holocausto um novilho sem
defeito, seis cordeiros e um carneiro
sem defeito; 7em oblação, um efá pelo
novilho e um efá pelo carneiro, e pelos
cordeiros o que puder dar; de óleo, um
hin para cada efá.

Normas diversas. 8Quando o príncipe
entrar, passará pelo vestíbulo da porta
e sairá pelo mesmo caminho. 9Quan-
do vier o povo do país* para diante de
Javé nas solenidades, os que tiverem
entrado pela porta norte para adorar
sairão pela porta sul; os que tiverem
entrado pela porta sul sairão pela por-
ta norte. Ninguém sairá pela porta pela
qual entrou, mas sairá do lado opos-
to. 10O príncipe estará no meio deles;
entrará quando eles entrarem e sairá
quando eles saírem. 11Nas festas e nas
solenidades, a oblação será de um efá
pelo novilho e de um efá pelo carneiro;
pelos cordeiros o que puder dar; e um
hin de óleo para cada efá.

12Quando o príncipe quiser fazer a
Javé uma oferta voluntária – holocausto
ou sacrifícios de comunhão – ser-lhe-á
aberta a porta que dá para o oriente e
oferecerá o holocausto e o sacrifício de
comunhão como os oferece nos dias
de sábado; depois sairá, e a porta será
fechada depois que tiver saído.

13Todo dia oferecerás em holocaus-
to a Javé um cordeiro de um ano, sem
defeito; tu o oferecerás cada manhã.
14Junto com ele farás cada manhã
uma oblação de um sexto de efá; de
óleo oferecerás um terço de hin para
misturar com a flor de farinha; é uma

* **45**,17. Êx 23,14; Lv 23,24 | 18. Êx 12,1 | 25. Êx 23,14 | **46**,1. Êx 20,8; Nm 28,9-14; Ez 45,17 | 9. Êx 23,14-17

oblação a Javé, a lei do holocausto cotidiano. [15]Oferecerão, pois, o cordeiro, a oblação e o óleo cada manhã: é holocausto cotidiano".

[16]Assim fala o Senhor Javé: "Se o príncipe der como presente a um de seus filhos algo de sua herança, o dom pertencerá a seus filhos; será propriedade deles como herança. [17]Mas se fizer a um de seus servos um dom tirado de sua herança, o dom pertencerá* ao servo até o ano da remissão, depois retornará ao príncipe; mas sua herança ficará somente para seus filhos. [18]O príncipe não tomará nada da herança do povo, extorquindo-lhe a propriedade; é com o que lhe pertence que constituirá o patrimônio de seus filhos, para que ninguém de meu povo seja despojado do que lhe pertence.

As cozinhas. [19]Depois ele me conduziu,* pela entrada que ficava ao lado da porta, às celas do santuário destinadas aos sacerdotes, do lado norte; na extremidade oeste havia um lugar reservado. [20]Disse-me: "Este é o lugar* em que os sacerdotes cozinharão as carnes dos sacrifícios de reparação e de expiação e onde cozinharão as oblações, sem levá-las para fora, para o átrio externo, e correr o risco de comunicar* a consagração ao povo". [21]Conduziu-me ao átrio externo e fez-me passar junto aos quatro ângulos do átrio, e em cada ângulo do átrio havia um pátio; [22]nos quatro ângulos do átrio havia quatro pequenos pátios de quarenta côvados de comprimento e trinta de largura, todos de uma mesma medida. [23]Havia um muro ao redor deles, ao redor dos quatro, e havia fogões construídos ao pé do muro ao redor. [24]Ele me disse: "Estas são as cozinhas em que os ministros do templo cozinharão os sacrifícios do povo".

47

O rio que nasce no templo. [1]Conduziu-me novamente à entrada do templo* e vi que brotava água por debaixo do limiar do templo para o oriente, porque a fachada do templo* dava para o oriente. Essa água vinha de baixo, do lado direito do templo, do lado sul do altar. [2]Fez-me sair pela porta norte e fez-me contornar por fora até a porta externa que dá para o oriente, e vi que a água brotava do lado direito. [3]O homem afastou-se para o oriente, tendo na mão um cordão para medir; mediu mil côvados, e fez-me atravessar aquela água: chegava-me até os tornozelos. [4]Mediu outros mil côvados, e fez-me atravessar a água: chegava-me aos joelhos. Mediu outros mil côvados, depois fez-me atravessar a água: chegava-me à cintura. [5]Mediu outros mil côvados: era um rio que eu não podia atravessar, porque as águas tinham crescido, eram águas que se deviam passar a nado, um rio pelo qual não se podia passar. [6]Então ele me disse: "Viste, filho do homem?"

Depois fez-me voltar à beira do rio. [7]Voltando-me, vi que à beira do rio havia um grande número de árvores* de um lado e de outro. [8]Disse-me: "Essas águas saem para a região oriental, descem à Arabá* e entram no mar; entrando no mar, saneiam suas águas. [9]Todo ser vivo que se move em qualquer parte aonde chega o rio viverá; aí haverá muitíssimo peixe, porque essas águas, aonde chegam, saneiam, e lá aonde chega o rio tudo reviverá. [10]Às suas margens haverá pescadores: de Engadi a En-Eglaim haverá lugar para se estender as redes. Haverá peixes de diversas espécies e em grande quantidade, como no mar Grande. [11]Mas seus charcos e seus pântanos não serão saneados; servem para se extrair o sal. [12]Ao longo do rio, numa e noutra margem, crescerá todo tipo de árvore frutífera; suas folhas não secarão e seus frutos não acabarão; cada mês darão frutos novos, porque suas águas brotam do santuário. Seus frutos servirão

* **46**,17. Jr 34,8; Lv 25,10 | 19. 42,1-9 | 20. Lv 4-5; 2 / Lv 44,19 | **47**,1. Ap 22,1; Jo 4,1 / Jl 4,18 | 7. Ap 22,2 | 8. Zc 14,8 | 12. Ap 22,2

† **47**,12. Ap 22,2.14.19 combina esse texto de Ezequiel com Gn 2,9 e 3,22 ao descrever o paraíso reencontrado.

de alimento e as folhas,* de remédio"†.
As fronteiras do país. 13Assim fala o
Senhor Javé: "Estas serão as fronteiras
do país* que dividireis entre as doze tri-
bos de Israel, dando a José duas partes.
14Cada um de vós herdará uma parte da
terra igual à do irmão, porque eu, com
a mão erguida, jurei dá-la a vossos pais;
esta terra vos pertencerá como herança.
15Estas serão as fronteiras do país.
Ao norte, do mar Grande na direção de
Hetalon até a entrada de Emat, Seda-
da; 16Berota, Sabarim, que está entre
o território de Damasco e o de Emat,
Haser-Ticon, que está na fronteira de
Aurã. 17Depois a fronteira se estenderá
do mar até Haser-Enã, tendo ao norte o
território de Damasco e o de Emat. Este
é o lado norte. 18A leste, entre Aurã e
Damasco, entre Galaad e o país de Is-
rael, servirá de fronteira o Jordão, até
o mar oriental e na direção de Tamar.
Este é o lado oriental.
19Ao sul, de Tamar até as águas de
Meriba-Cades,* até a torrente para o
mar Grande. Este é o lado sul para o
Negueb.
20A ocidente, o mar Grande, da fron-
teira sul até diante da entrada de Emat.
Este é o lado ocidental.
21Dividireis, pois, esta terra entre vós,
segundo as tribos de Israel. 22Dividireis
por sorte o país, em herança, entre vós
e os forasteiros que habitam convosco*
e geraram filhos no meio de vós; estes
serão para vós como nativos entre os
israelitas e convosco tirarão por sorte
sua herança no meio das tribos de Isra-
el. 23Na tribo em que o estrangeiro re-
side, aí lhe dareis sua herança – oráculo
do Senhor Javé".

48 **A divisão do país.** 1Estes são
os nomes das tribos: da fron-
teira norte, ao longo do caminho de
Hetalon que conduz à entrada de Emat,
até Haser-Enã, tendo ao norte a fron-
teira de Damasco do lado de Emat, do
limite oriental até o limite ocidental,
será destinada a Dã uma parte.
2Na fronteira de Dã, do limite orien-
tal ao limite ocidental: Aser, uma parte.
3Da fronteira de Aser, do limite
oriental até o limite ocidental: Neftali,
uma parte.
4Da fronteira de Nefatli, do limite
oriental até o limite ocidental: Manas-
sés, uma parte.
5Da fronteira de Manassés, do limite
oriental até o limite ocidental: Efraim,
uma parte.
6Da fronteira de Efraim, do limite
oriental até o limite ocidental: Rúben,
uma parte.
7Da fronteira de Rúben, do limite
oriental até o limite ocidental: Judá,
uma parte.
8Da fronteira de Judá, do limite
oriental até o limite ocidental, estará a
porção que reservareis, de vinte e cinco
mil côvados de largura e de compri-
mento igual ao de cada uma das partes
do limite oriental ao limite ocidental; lá
no meio surgirá o santuário.
9A parte que reservareis para Javé*
terá vinte e cinco mil côvados de com-
primento por dez mil de largura. 10Aos
sacerdotes pertencerá a parte sagrada
do território: ao norte, vinte e cinco mil
côvados e a oeste uma largura de dez
mil côvados; a leste uma largura de dez
mil côvados e ao sul um comprimento
de vinte e cinco mil côvados. No meio
surgirá o santuário de Javé. 11Esta per-
tencerá aos sacerdotes* consagrados,
aos filhos de Sadoc, que foram fiéis a
meu serviço e não se extraviaram no
extravio dos israelitas, como fizeram
os levitas. 12Assim lhes pertencerá uma
parte tomada da parte santíssima do
país, ao lado do território dos levitas.
13Diante do território dos sacerdo-
tes, os levitas terão uma área de vinte e
cinco mil côvados de comprimento por
dez mil de largura; por toda a parte o
comprimento será de vinte e cinco mil
côvados e a largura de dez mil.
14Eles não poderão vender nem trocar,
nem poderá ser alienada esta parte me-
lhor do país, porque é consagrada a Javé.

* **47**,13. Jz 20,1; Nm 34,1-12; Js 1,4; 13,1-6 | 19. Nm 34,3ss; Js 15,1-4 | 22. Êx 12,48; Lv 19,34 | **48**,9. 45,1-6 | 11. 44,15s

15Os cinco mil côvados de compri-
mento que restam em largura, ao lon-
go dos vinte e cinco mil, serão terreno
profano para a cidade, para habitações
e pastagens; no meio* surgirá a cidade.
16Suas medidas serão as seguintes: o
lado norte terá quatro mil e quinhen-
tos côvados; o lado sul terá quatro mil
e quinhentos côvados; o lado oriental
terá quatro mil e quinhentos côvados
e o lado ocidental terá quatro mil e
quinhentos côvados. 17As pastagens da
cidade serão: duzentos e cinquenta cô-
vados ao norte, duzentos e cinquenta
ao sul, duzentos e cinquenta ao orien-
te e duzentos e cinquenta ao ociden-
te. 18Restará junto à parte sagrada um
terreno de dez mil côvados de compri-
mento a oriente e dez mil a ocidente,
cujos produtos serão a comida para os
operários da cidade; 19os operários da
cidade, que o cultivarão, serão toma-
dos de todas as tribos de Israel. 20Toda
a área será de vinte e cinco mil côvados
por vinte e cinco mil. Reservareis um
quadrado da parte sagrada para cons-
tituir a cidade.

21O restante será para o príncipe: de
ambos os lados da área sagrada re-
servada e da propriedade da cidade,
diante dos vinte e cinco mil côvados da
área sagrada a oriente, até a fronteira
oriental, e a ocidente, diante dos vin-
te e cinco mil côvados para a fronteira
ocidental, paralelamente às partes das
tribos, isto será do príncipe. A área sa-
grada e o santuário do templo ficarão
no meio. 22Assim, desde a propriedade
dos levitas e a propriedade da cidade,
que estão no meio do que pertence ao
príncipe, entre o território de Judá e
o território de Benjamim, isto será do
príncipe.

23Para as outras tribos, do limite
oriental ao ocidental: Benjamim, uma
parte.

24Da fronteira de Benjamim, do limi-
te oriental ao ocidental: Simeão, uma
parte.

25Da fronteira de Simeão, do limite
oriental ao ocidental: Issacar, uma par-
te.

26Da fronteira de Issacar, do limi-
te oriental ao ocidental: Zabulon uma
parte.

27Da fronteira de Zabulon, do limite
oriental ao ocidental: Gad, uma parte.

28Da fronteira de Gad, do lado me-
ridional para o sul, a fronteira irá de
Tamar até as águas de Meriba-Cades e
à torrente que vai para o mar Grande.
29Esta é a terra que dividireis por sorte,
em herança, às tribos de Israel, e estas
serão suas partes – oráculo do Senhor
Javé"†.

As novas portas de Jerusalém. 30Es-
tas serão as saídas da cidade: do lado
norte, que mede quatro mil e quinhen-
tos côvados, 31haverá três portas,* que
terão os nomes das tribos de Israel: a
porta de Rúben, a porta de Judá e a
porta de Levi. 32Do lado oriental, que
mede quatro mil e quinhentos côva-
dos, haverá três portas: a porta de José,
a porta de Benjamim e a porta de Dã.
33Do lado sul, que mede quatro mil e
quinhentos côvados, haverá três por-
tas: a porta de Simeão, a porta de Issa-
car e a porta de Zabulon.

34Do lado ocidental, que mede qua-
tro mil e quinhentos côvados, haverá
três portas: a porta de Gad, a porta de
Aser e a porta de Neftali.

35Perímetro total: dezoito mil côva-
dos. A partir desse dia, a cidade* se
chamará: "Lá está Javé"†.

* **48**,15. Ap 21,15ss | 31. Ap 21,12s | 35. Is 1,26

† **48**,29. Uma nova distribuição da terra, para um povo renovado, como se a história começasse de novo, esquecendo o passado de infidelidades. | 35. Dar um nome novo implica uma mudança de estado, de função e de destino. Javé estará sempre presente em Sua comunidade como Senhor absoluto e fonte perene de bênçãos.

DANIEL

O personagem Daniel é um jovem que, por volta do ano 597 a.C., foi deportado para Babilônia, onde alcançou posição notável na corte do rei, interpretou os sonhos de Nabucodonosor e a escrita misteriosa que apareceu na parede durante o banquete de Baltazar e depois foi lançado na cova dos leões. Não obstante todas as provas sofridas, soube manter-se fiel a Deus, do qual recebeu o privilégio de ter extraordinárias visões apocalípticas.

A ambientação da história naquele tempo e lugar é artifício literário. Com efeito, o livro é obra de um escritor da época dos Macabeus, e sua redação final teria acontecido em torno do ano 165 a.C., durante a perseguição de Antíoco IV, um dos momentos mais dramáticos da história do judaísmo. O autor, fingindo escrever sobre eventos de tempos distantes, na realidade se serve do passado para infundir coragem aos contemporâneos, vítimas da opressão de Antíoco, assegurando-lhes que seu Deus, como salvou seu povo em épocas passadas, igualmente difíceis e tremendas, assim o salvará no presente e no futuro, porque Javé é um Deus fiel.

Este livro, do qual Daniel é o herói mas não o autor, constitui o documento mais importante da apocalíptica do Antigo Testamento e o ponto de referência para entender os textos do Novo Testamento que se referem aos últimos tempos. O livro tem duas partes. A primeira (cap. 1–6) conta a história de Daniel na corte de Nabucodonosor. A segunda (cap. 7–12) contém quatro visões, das quais a mais importante é a das quatro feras, símbolo de quatro reinos que são abatidos pelo ancião, o qual entrega o poder ao Filho do homem. Estas visões pertencem ao gênero apocalíptico, no qual a história passada é apresentada no quadro de uma profecia. Os dois últimos capítulos narram a história de Suzana, na qual Daniel cumpre o que diz seu nome – "Deus fez justiça" – salvando da morte uma inocente, o relato de Daniel lançado de novo na cova dos leões, e o de Bel e o Dragão. São um suplemento do livro e têm por finalidade incutir a fé no poder de Deus e a fidelidade à religião dos pais, mesmo no meio de perseguições.

I. HISTÓRIA DE DANIEL (1–6)

1 **Na corte de Nabucodonosor.**
1No terceiro ano do reinado de
Joaquim, rei de Judá†, Nabucodonosor
marchou contra Jerusalém* e a sitiou.
2O Senhor entregou em suas mãos
Joaquim, rei de Judá, e uma parte dos
utensílios do templo de Deus, que ele
levou para o país de Senaar* e depositou no tesouro dos utensílios do templo de seus deuses.
3O rei ordenou a Asfenez, chefe de
seus funcionários, que lhe trouxesse jovens israelitas de estirpe real, ou de família nobre, 4sem defeitos, de bela aparência, instruídos em toda a sabedoria, dotados de conhecimento e rápido entendimento e competentes* para poderem estar no palácio e aprender a escritura e a língua dos caldeus†.
5O rei determinou-lhes uma ração diária de comida e de vinho de sua mesa; sua educação devia durar três anos, findos os quais entrariam para o serviço do rei.
6Entre eles havia alguns judeus: Daniel, Ananias, Misael e Azarias;
7mas o chefe dos funcionários deu-lhes outros nomes: a Daniel, o de Baltazar; a Ananias, o de Sidrac; a Misael, o de Misac; e a Azarias, o de Abdênago†.
8Mas Daniel decidiu em seu coração
não se contaminar* com as comidas do rei nem com o vinho de sua mesa: por isso pediu ao chefe dos funcionários que não o obrigasse a se contaminar.
9Deus fez com que Daniel ganhasse a
benevolência* e a simpatia do chefe dos funcionários.
10Mas este disse a Daniel:

---

* **1**,1 2Rs 24,1s; 2Cr 36,5ss | 2. Gn 10,10 | 4. 2Rs 25,29s | 8. Jt 12,2 | 9. Gn 39,4.21; Est 2,9

† **1**,1. O 3º ano de Joaquim (609-597) é o ano 606 a.C. | 4. Chamam-se "caldeus" os membros da classe instruída de Babilônia, especialmente os sacerdotes e os iniciados em ciências ocultas. | 7. A mudança de nome significa uma nova condição: agora pertencem ao rei e a seus deuses.

"Eu temo que o rei, meu senhor, que determinou o que deveis comer e beber, encontre vossas faces mais magras do que as dos outros jovens de vossa idade e assim, por vossa causa, eu me torne culpado diante do rei". 11Daniel, porém, disse ao guarda, ao qual o chefe dos funcionários havia confiado Daniel, Ananias, Misael e Azarias:* 12"Põe-nos à prova por dez dias, dando-nos vegetais para comer e água para beber; 13depois se confrontem em tua presença nossas faces com as dos jovens que comem as comidas do rei; então decidirás fazer com teus servos como tiveres constatado". 14Ele consentiu e os pôs à prova por dez dias. 15Terminados estes, constatou-se que o aspecto deles era melhor e mais saudável que o de todos os outros jovens que comiam as comidas do rei†. 16De então em diante, o guarda suspendeu a alimentação e a bebida destinadas a eles e lhes dava vegetais.

17Deus concedeu a esses quatro jovens conhecimento e inteligência em toda a escritura e sabedoria; quanto a Daniel, tinha o discernimento de todas as visões* e sonhos†.

18Terminado o tempo fixado pelo rei para que os jovens se apresentassem, o chefe dos funcionários levou-os à presença de Nabucodonosor. 19O rei conversou com eles, mas entre todos não se achou nenhum igual a Daniel, Ananias, Misael e Azarias, os quais ficaram, pois, a serviço do rei. 20Em todo assunto de sabedoria* e inteligência sobre o qual o rei os interrogou, achou-os dez vezes superiores a todos os magos e astrólogos que havia em todo o seu reino. 21E, assim, Daniel ficou ali até o primeiro ano do rei Ciro†.

2 **O sonho da estátua.** 1No segundo ano de seu reinado, Nabucodonosor teve um sonho, que o perturbou tão profundamente que não conseguia dormir. 2Então o rei ordenou que chamassem os magos, os astrólogos, os feiticeiros e os caldeus para explicar-lhe seus sonhos. Eles vieram e compareceram diante do rei. 3Ele disse-lhes: "Tive um sonho, e meu ânimo se perturbou pelo desejo de encontrar sua interpretação. 4Os caldeus responderam ao rei†: "Ó rei, vive para sempre! Conta o sonho a teus servos e nós te daremos a interpretação". 5Respondeu o rei aos caldeus: "Esta é minha decisão: se vós não me revelardes o sonho e sua interpretação, sereis esquartejados, e vossas casas serão transformadas em monturo. 6Se porém me declarardes o sonho e sua interpretação, recebereis de mim dádivas, presentes e grandes honrarias. Declarai-me, pois, o sonho e sua interpretação". 7Eles replicaram: "Que o rei conte o sonho a seus servos e nós daremos sua interpretação". 8Respondeu o rei: "Vejo bem que quereis ganhar tempo porque sabeis que tomei uma decisão. 9Se não me disserdes qual foi meu sonho, uma só será vossa sorte; pois preparastes respostas falsas e astutas, na espera de que os tempos mudem. Dizei-me, então, o sonho e eu saberei que sois capazes de dar-me também a interpretação". 10Os caldeus responderam ao rei: "Não há ninguém no mundo que possa satisfazer a exigência do rei; com efeito, nenhum rei, por mais poderoso e grande que seja, pediu jamais semelhante coisa a algum mago, adivinho ou caldeu. 11A coisa que o rei pede é difícil,* e não há quem possa revelá-la ao rei, a não ser os deuses, mas eles não moram com os homens".

12Então o rei, irritado e muito furioso, ordenou que fossem mortos todos os sábios de Babilônia. 13O decreto foi publicado, e os sábios estavam para ser mortos; Daniel e seus companheiros foram procurados para ser mortos.

---

* **1**,11. Ap 2,10 | 17. Gn 41,12 | 20. 1Rs 10,3s | **2**,11. Gn 41,16

† **1**,15. O mesmo Deus que assistiu aos jovens que recusavam alimentos proibidos ajudará os que se recusarem a violar a lei mosaica na perseguição, 1Mc 1,62s; 2Mc 6,18. | 17. Pensavam que o jejum predispunha a receber revelações de Deus; mas o autor afirma que a sabedoria extraordinária dos jovens vinha de Deus, e não de sua ascese. | 21. Ano 539 a.C. | **2**,4. Daqui até 7,28 o texto original é em aramaico.

Daniel explica o sonho. 14Mas Daniel
dirigiu-se com palavras sábias e pru-
dentes a Arioc, chefe da guarda do rei,
que tinha saído para matar os sábios
de Babilônia. 15Disse ele a Arioc, oficial
do rei: "Por que esse decreto tão severo
da parte do rei?" Então Arioc explicou
o caso a Daniel. 16Este foi pedir ao rei
que desse um prazo para que pudes-
se dar ao rei a interpretação. 17Depois
Daniel foi para casa e informou seus
companheiros, Ananias, Misael e Aza-
rias, 18exortando-os a implorar a mi-
sericórdia do Deus do céu a respeito
desse mistério, para que Daniel e seus
companheiros não fossem mortos jun-
to com o resto dos sábios de Babilônia.

19Então o mistério foi revelado a Da-
niel numa visão noturna; por isso Da-
niel bendisse o Deus do céu:

20Daniel tomou a palavra e disse:

"Que o nome de Deus seja bendito
por todo o sempre,*
porque a ele pertencem a sabedoria
e o poder.
21É ele que alterna tempos e esta-
ções, depõe os reis e os eleva,
concede a sabedoria aos sábios,
aos inteligentes o saber.
22Revela coisas profundas e ocultas*
e sabe o que está nas trevas,
e a luz mora com ele.
23Eu vos agradeço e vos louvo, Deus
de meus pais,
que me destes sabedoria e força,
me manifestastes o que vos pedimos
e nos revelastes o sonho do rei".

24Então Daniel foi ter com Arioc, a
quem o rei tinha encarregado de matar
os sábios de Babilônia, apresentou-se
e disse: "Não mates os sábios de Ba-
bilônia, mas conduze-me ao rei, e eu
lhe revelarei a interpretação do sonho".
25Arioc conduziu depressa Daniel à
presença do rei e lhe disse: "Encontrei
um homem entre os judeus deporta-
dos, o qual dará a conhecer ao rei a in-
terpretação". 26O rei disse então a Da-
niel, chamado Baltazar: "És realmente
capaz de revelar-me o sonho que tive
e sua interpretação?" 27Daniel, diante
do rei, respondeu: "O mistério que o
rei quer saber não pode ser revelado
nem por sábios, nem por astrólogos,*
nem por magos, nem por adivinhos;
28mas há um Deus no céu que revela os
mistérios e ele revelou ao rei Nabuco-
donosor o que acontecerá no decurso
dos tempos. Teu sonho e as visões de
tua mente quando estavas em teu leito,
são estes:

29Ó rei, os pensamentos que te vie-
ram à mente enquanto estavas em teu
leito referem-se ao futuro; e aquele
que revela os mistérios te manifestou*
o que vai acontecer. 30A mim foi revela-
do este mistério, não porque eu possua
uma sabedoria superior a todos os ou-
tros viventes, mas para que seja dada
ao rei sua interpretação e tu possas co-
nhecer os pensamentos de teu coração.
31Tu estavas olhando, ó rei, e viste uma
grande estátua; uma estátua enorme,
de extraordinário esplendor, estava de
pé diante de ti com um aspecto terrível.
32Tinha a cabeça de ouro puro, o pei-
to e os braços de prata, o ventre e as
coxas de bronze, 33as pernas de ferro
e os pés, em parte de ferro e em parte
de argila. 34Enquanto estavas olhando,
uma pedra se desprendeu da monta-
nha, mas não por mão humana, e foi
bater nos pés da estátua, que eram
de ferro e de argila, e os despedaçou.
35Então se despedaçaram também o
ferro,* a argila, o bronze, a prata e o
ouro e tornaram-se como a palha das
eiras do verão; o vento levou-os embo-
ra sem deixar vestígio; mas a pedra que
tinha batido na estátua tornou-se uma
grande montanha que encheu toda a
terra.

36Este foi o sonho; agora daremos
ao rei sua interpretação.† 37Tu, ó rei, és
o rei dos reis, ao qual o Deus do céu
concedeu o reino, o poder, a força e

---

* **2**,20. Sl 42,14; Ne 9,5; Jó 12,13; Ap 5,12; Rm 13,1; Pr 2,6 | 22. Jó 12,22; Sl 139,11s | 27. 1Cor 2,10s | 29. Ap 1,1.19; 4,1 | 35. Sl 1,4

† **2**,36. Os quatro reinos que se sucederão são o dos babilônios, o dos medos, o dos persas e o dos gregos.

a glória. [38]Ele entregou em tuas mãos
os filhos dos homens, onde quer que
habitem, os animais do campo, as aves
do céu; e te concedeu o domínio* so-
bre todos eles; tu és a cabeça de ouro.*
[39]Depois de ti surgirá um outro reino,
inferior ao teu; depois um terceiro, o de
bronze, que dominará sobre toda a ter-
ra. [40]Haverá depois um quarto reino,*
duro como o ferro. Como o ferro que-
bra e despedaça tudo, assim esse rei-
no quebrará e triturará tudo†. [41]Como
viste, os pés e os dedos eram em parte
de argila de oleiro e em parte de ferro:
isto significa que será um reino dividi-
do, mas terá algo da solidez do ferro,
porque viste o ferro misturado com ar-
gila mole. [42]E como os dedos dos pés
eram em parte de ferro e em parte de
argila, assim uma parte do reino será
forte e a outra frágil. [43]Viste o ferro
misturado com a argila: significa que
as duas partes se unirão por meio de
matrimônios, mas não se tornarão uma
só coisa, pois o ferro não se funde com
a argila. [44]No tempo desses reis, o Deus
do céu* fará surgir um reino que jamais
será destruído e não será transmitido
a outro povo; triturará e aniquilará to-
dos esses reinos, mas ele durará para
sempre, [45]exatamente como viste a pe-
dra† desprender-se do monte,* não por
mão humana, e triturar o ferro, o bron-
ze, a argila, a prata e o ouro. O grande
Deus revelou ao rei o que sucederá da-
qui em diante. O sonho é verdadeiro e
digna de fé sua interpretação".

Daniel chefe dos sábios de Babilônia.
[46]Então o rei Nabucodonosor pros-
trou-se com a face em terra,* rendeu
homenagem a Daniel e ordenou que
se oferecessem a ele sacrifícios e incen-
sos. [47]Depois, voltando-se para Daniel,
disse-lhe: "Na verdade, vosso Deus é o
Deus dos deuses,* o Senhor dos reis e
revelador dos mistérios, porque foste
capaz de revelar este mistério". [48]O rei
exaltou Daniel e deu-lhe muitos dons
preciosos; constituiu-o governador de
toda a província de Babilônia e chefe
de todos os sábios de Babilônia. [49]A
pedido de Daniel, o rei nomeou admi-
nistradores da província de Babilônia
Sidrac, Misac e Abdênago. Daniel per-
maneceu na corte do rei.

3 **A estátua de ouro**†. [1]O rei Na-
bucodonosor fez uma estátua de
ouro, de sessenta côvados de altura e
seis de largura, e erigiu-a na planície de
Dura, na província de Babilônia.
[2]Depois o rei Nabucodonosor con-
vocou os sátrapas, os prefeitos, os go-
vernadores, os conselheiros, os tesou-
reiros, os juízes, os magistrados e todas
as autoridades das províncias, para que
presenciassem a inauguração da es-
tátua que o rei Nabucodonosor tinha
erigido.
[3]Os sátrapas, os prefeitos, os gover-
nadores, os conselheiros, os tesourei-
ros, os juízes, os magistrados e todas as
autoridades das províncias vieram para
a inauguração da estátua que o rei Na-
bucodonosor tinha erigido. Eles se pu-
seram de pé diante da estátua que o rei
Nabucodonosor tinha erigido.
[4]O arauto gritou* em alta voz: "Po-
vos, nações e línguas! A vós é dirigida
esta proclamação: [5]Quando ouvirdes o
som da trombeta, da flauta, da cítara,
da lira, da harpa, da cornamusa* e de
toda espécie de instrumentos musicais,
vós vos prostrareis e adorareis a está-
tua de ouro que o rei Nabucodonosor
erigiu. [6]Todo aquele que não se pros-
trar* e não adorar a estátua será lan-
çado naquele mesmo instante dentro
de uma fornalha de fogo ardente". [7]Por
isso, naquele instante em que todos os
povos ouviram o som da trombeta, da
flauta, da cítara, da harpa e de toda es-

* **2**,38. Jr 27,6 / Jt 11,5 | 40. 7,7; 8,5.21; 11,3 | 44. 3,33 (100); 4,31; 7,14 | 45. Mt 21,42ss | 46. Lv 2,1; 6,8 | 47. 3,90; 11,36; Dt 10,17 | **3**,4. Ap 5,9; 7,9; 13,7; 14,6; 17,15 | 5. Ap 13,14s | 6. Jr 29,21s

† **2**,40. Todos os impérios terrestres desmoronam, dando lugar a um Reino novo e eterno, porque fundado sobre Deus. | 45. A pedra é o povo santo, o Reino eterno que o Deus dos céus estabelecerá, e que destruirá os outros. | **3**. Essa história quer mostrar que o Deus de Israel protege seu povo do mal, enquanto for fiel a Ele.

pécie de instrumentos musicais, todos os povos, nações e línguas prostraram-se e adoraram a estátua de ouro que Nabucodonosor tinha erigido.

Sidrac, Misac e Abdênago recusam a adoração. [8]Porém naquele momento alguns caldeus se adiantaram para denunciar os judeus [9]e foram dizer ao rei Nabucodonosor: "Ó rei, vive para sempre! [10]Decretaste, ó rei, que todo aquele que ouvisse o som da trombeta, da flauta, da cítara, da lira, da harpa, da cornamusa e de toda espécie de instrumentos musicais devia prostrar-se e adorar a estátua de ouro; [11]e que todo aquele que não se prostrasse para adorá-la seria lançado dentro de uma fornalha de fogo ardente.

[12]Ora, há alguns judeus, que encarregaste da administração da província de Babilônia, isto é, Sidrac, Misac e Abdênago, que não te obedecem, ó rei: não servem a teus deuses e não adoram a estátua de ouro que erigiste".

[13]Então Nabucodonosor, irritado e furioso, mandou que lhe trouxessem Sidrac, Misac e Abdênago; e trouxeram esses homens à presença do rei. [14]Nabucodonosor disse-lhes: "É verdade, Sidrac, Misac e Abdênago, que não servis a meus deuses e não adorais a estátua de ouro que erigi? [15]Ora, se estais prontos, quando ouvirdes o som da trombeta, da flauta, da cítara, da lira, da harpa, da cornamusa e de toda espécie de instrumentos musicais a prostrar-vos e adorar a estátua que eu fiz, está bem; se não, naquele mesmo instante sereis lançados dentro de uma fornalha de fogo ardente. E qual é o deus que vos poderá livrar de minha mão?"

[16]Mas Sidrac, Misac e Abdênago responderam ao rei Nabucodonosor: "Ó Nabucodonosor, sobre isto não precisamos dar-te nenhuma resposta; [17]mas nosso Deus, a quem servimos, tem poder para livrar-nos da fornalha de fogo ardente e de tua mão, ó rei. [18]Mas mesmo que não nos livrasse, sabe, ó rei, que nós não serviremos a teus deuses nem adoraremos a estátua de ouro que erigiste".

Os três jovens na fornalha. [19]Então Nabucodonosor, cheio de furor e com aspecto ameaçador contra Sidrac, Misac e Abdênago, ordenou que se aumentasse o fogo da fornalha sete vezes mais que de costume. [20]Depois ordenou a alguns homens mais fortes de seu exército que amarrassem Sidrac, Misac e Abdênago e os lançassem na fornalha de fogo ardente. [21]Foram por isso amarrados, vestidos como estavam, com os mantos, calções, turbantes e todas as suas roupas e lançados dentro da fornalha de fogo ardente.

[22]Porque a ordem do rei era urgente e a fornalha estava acesa ao máximo, a chama do fogo matou os homens que lançaram nela Sidrac, Misac e Abdênago, [23]no momento em que os jovens Sidrac, Misac e Abdênago caíram amarrados na fornalha de fogo ardente. [24]Mas eles passeavam no meio das chamas, louvando a Deus e bendizendo o Senhor.

Cântico de Azarias. [25]Azarias, de pé, fez esta prece no meio do fogo e, abrindo a boca, disse:

[26]"Bendito sejais, Senhor, Deus de nossos pais;*
digno de louvor e glorioso é vosso nome para sempre.
[27]Pois vós sois justo em tudo o que fizestes;*
todas as vossas obras são verdadeiras,*
retos vossos caminhos e justos vossos juízos.*
[28]Reta foi vossa sentença
em tudo o que fizestes recair sobre nós
e sobre a cidade santa de nossos pais, Jerusalém.
Com verdade e justiça nos tratastes
por causa de nossos pecados.
[29]Sim, nós pecamos, cometemos a iniquidade
afastando-nos de vós,
pecamos gravemente.
Não obedecemos a vossos mandamentos,*
[30]não os observamos, não fizemos*

* **3**,26. Tb 3,2-6; 1Cr 29,10.20 | 27. Ne 9,33 / Dn 4,34 / Ap 16,7; 19,2 | 29. Br 1,17 | 30. Is 59,12s; Ne 1,7

o que nos tínheis ordenado para nosso bem.
[31]Agora tudo o que fizestes recair sobre nós,*
tudo o que nos fizestes,
vós o fizestes com reto juízo.
[32]Vós nos entregastes ao poder de nossos inimigos,
injustos, os piores entre os ímpios,
e a um rei iníquo, o mais malvado de toda a terra.
[33]Agora não ousamos abrir a boca;
desonra e desprezo são a parte de vossos servos
e de vossos adoradores.
[34]Não nos abandoneis até o fim,*
por amor de vosso Nome,
não quebreis vossa aliança;
[35]não retireis de nós vossa misericórdia,
por amor de Abraão, vosso amigo,*
de Isaac, vosso servo, de Israel, vosso santo,
[36]aos quais prometestes multiplicar
sua estirpe como as estrelas do céu,*
como a areia na praia do mar.
[37]Agora, porém, Senhor,
nós nos tornamos menores que qualquer outra nação,*
somos humilhados por toda a terra
por causa de nossos pecados.
[38]Agora não temos mais nem príncipe,*
nem chefe, nem profeta, nem holocausto,
nem sacrifício, nem oblação, nem incenso,
nem lugar para vos apresentar as primícias
e encontrar misericórdia.
[39]Possamos ser acolhidos com o coração contrito*
e com o espírito humilhado,
[40]como holocaustos de carneiros e de touros,
como milhares de gordos cordeiros.
Tal seja hoje nosso sacrifício diante de vós
e vos seja agradável que vos sigamos plenamente,
porque não há desilusão para quem confia em vós.*
[41]Agora vos seguimos de todo o coração,
nós vos tememos e buscamos vossa face.
[42]Não nos abandoneis na desonra,
mas tratai-nos conforme vossa benevolência
e conforme a grandeza de vossa misericórdia.
[43]Salvai-nos com vossos prodígios,
dai glória, Senhor, a vosso Nome.
[44]Sejam, porém, confundidos
os que fazem o mal a vossos servos;
sejam cobertos de vergonha,*
privados de todo o seu poder
e seja quebrada sua força!
[45]Que eles saibam que sois o Senhor,*
o Deus único e glorioso sobre toda a terra".

O anjo na fornalha. [46]Os servos do
rei, que os tinham lançado lá dentro,
não cessavam de aumentar o fogo na
fornalha com betume, estopa, piche e
lenha seca. [47]A chama se erguia qua-
renta e nove côvados sobre a forna-
lha [48]e, saindo, queimou os caldeus
que se achavam por perto. [49]Mas o
anjo do Senhor, que tinha descido
com Azarias* e seus companheiros
à fornalha, afastou deles a chama do
fogo [50]e tornou o interior da fornalha
como um lugar onde sopra um vento cheio de orvalho. Assim o fogo nem sequer os tocou, não lhes fez nenhum mal, não lhes causou o menor incômodo.

Cântico dos três jovens. [51]Então os três jovens, a uma só voz, puseram-se a louvar, glorificar e bendizer a Deus na fornalha, dizendo:
[52]"Bendito sejais, Senhor, Deus de nossos pais,*
digno de louvor e de glória eternamente.
Bendito seja vosso Nome glorioso e santo,

* **3**,31. Dt 28,15.63s; Lv 26,14.38 | 34. Ez 32,11 | 35. Is 41,8; 2Cr 20,5; Tg 2,23 | 36. Gn 15,5; 22,17 | 37. Dt 28,62; Jr 42,2 | 38. Os 3,4; Lm 2,9 | 39. Mq 6,7s; Os 6,6; Sl 51,19 | 40. Sl 25,3 | 44. Sl 35,26; 39,15 | 45. Sl 82,19 | 49. Tb 5,4 | 52. 3,26

digno de louvor e de glória eternamente.
[53]Bendito sejais em vosso templo santo glorioso,*
digno de louvor e de glória eternamente.
[54]Bendito sejais no trono de vosso reino,
digno de louvor e de glória eternamente.
[55]Bendito sejais vós, que sondais os abismos*
e vos sentais sobre os querubins,
digno de louvor e de glória eternamente.
[56]Bendito sejais no firmamento do céu,
digno de louvor e de glória eternamente.
[57]Obras todas do Senhor, bendizei o Senhor,*
louvai-o e exaltai-o para sempre.
[58]Anjos do Senhor, bendizei o Senhor,*
louvai-o e exaltai-o para sempre.
[59]Céus, bendizei o Senhor,*
louvai-o e exaltai-o para sempre.
[60]Águas todas que estais sobre os céus, bendizei o Senhor,
louvai-o e exaltai-o para sempre.
[61]Potências todas do Senhor, bendizei o Senhor,*
louvai-o e exaltai-o para sempre.
[62]Sol e lua, bendizei o Senhor,
louvai-o e exaltai-o para sempre.
[63]Estrelas do céu, bendizei o Senhor,*
louvai-o e exaltai-o para sempre.
[64]Chuvas e orvalhos, bendizei o Senhor,
louvai-o e exaltai-o para sempre.
[65]Ventos todos, bendizei o Senhor,*
louvai-o e exaltai-o para sempre.
[66]Fogo e ardor, bendizei o Senhor,
louvai-o e exaltai-o para sempre.
[67]Frio e calor, bendizei o Senhor,
louvai-o e exaltai-o para sempre.
[68]Orvalho e garoa, bendizei o Senhor,
louvai-o e exaltai-o para sempre.
[69]Gelo e frio, bendizei o Senhor,
louvai-o e exaltai-o para sempre.
[70]Geadas e neves, bendizei o Senhor,
louvai-o e exaltai-o para sempre.
[71]Noites e dias, bendizei o Senhor,
louvai-o e exaltai-o para sempre.
[72]Luz e trevas, bendizei o Senhor,
louvai-o e exaltai-o para sempre.
[73]Relâmpagos e nuvens, bendizei o Senhor,
louvai-o e exaltai-o para sempre.
[74]Que a terra bendiga o Senhor,
que o louve e o exalte para sempre.
[75]Montes e colinas, bendizei o Senhor,*
louvai-o e exaltai-o para sempre.
[76]Seres todos que germinais sobre a terra, bendizei o Senhor,
louvai-o e exaltai-o para sempre.
[77]Nascentes de água, bendizei o Senhor,
louvai-o e exaltai-o para sempre.
[78]Mares e rios, bendizei o Senhor,
louvai-o e exaltai-o para sempre.
[79]Grandes peixes e tudo o que se move na água, bendizei o Senhor,
louvai-o e exaltai-o para sempre.
[80]Aves todas do céu, bendizei o Senhor,
louvai-o e exaltai-o para sempre.
[81]Animais todos, selvagens e domésticos, bendizei o Senhor,*
louvai-o e exaltai-o para sempre.
[82]Filhos dos homens, bendizei o Senhor,
louvai-o e exaltai-o para sempre.
[83]Israel, bendize o Senhor,*
louva-o e exalta-o para sempre.
[84]Sacerdotes do Senhor, bendizei o Senhor,
louvai-o e exaltai-o para sempre.
[85]Servos do Senhor, bendizei o Senhor,*
louvai-o e exaltai-o para sempre.
[86]Espíritos e almas dos justos, bendizei o Senhor,
louvai-o e exaltai-o para sempre.
[87]Santos e humildes de coração, bendizei o Senhor,*
louvai-o e exaltai-o para sempre.
[88]Ananias, Azarias e Misael, bendizei o Senhor,

* **3**,53. Is 6,1; Sl 149,1 | 55. Êx 25,18; 2Sm 6,2 | 57. Sl 103,22; 145,10 | 58. Sl 148,2; 103,20 | 59. Sl 148,4 | 61. Sl 103,21 | 63. Sl 148,3 | 65. Sl 148,8 | 75. Sl 148,9 | 81. Sl 148,10 | 83. Sl 135,19 | 85. Sl 134,1 | 87. Sf 2,3 89. Sl 106,1; 136,1s

louvai-o e exaltai-o para sempre,
porque livrou-nos do abismo
e salvou-nos da mão da morte,
libertou-nos da fornalha de fogo ardente
e no meio do fogo nos protegeu.
89 Dai graças ao Senhor porque ele é bom,*
porque seu amor é para sempre.
90 Bendizei o Deus dos deuses, todos vós que o temeis;
louvai-o e dai-lhe graças,
porque seu amor é para sempre".

Nabucodonosor glorifica a Deus.
91 Então o rei Nabucodonosor ficou
estupefato e, levantando-se depressa,
perguntou a seus ministros: "Não lan-
çamos três homens amarrados no meio
do fogo?" "Certamente, ó rei", respon-
deram.
92 Ele acrescentou: "Eu vejo quatro
homens soltos, que caminham no meio
do fogo, sem sofrer dano algum; aliás,
o quarto homem parece um filho de
deuses".
93 Então Nabucodonosor aproximou-
-se da boca da fornalha de fogo arden-
te e disse: "Sidrac, Misac e Abdênago,
servos do Deus Altíssimo, saí, vinde
para fora". Então Sidrac, Misac e Abdê-
nago saíram do fogo.
94 Depois reuniram-se os sátrapas, os
prefeitos, os governadores e os minis-
tros do rei e, olhando aqueles homens,
viram que sobre seus corpos o fogo
não tinha tido poder algum; que nem
sequer um cabelo de sua cabeça tinha
sido queimado e seus mantos não ti-
nham sido tocados e nem cheiro de
fogo havia neles.
95 Nabucodonosor exclamou: "Bendi-
to seja o Deus de Sidrac, Misac e Ab-
dênago, o qual mandou seu anjo para
libertar seus servos que confiaram nele;
transgrediram a ordem do rei e expu-
seram seus corpos para não servir nem
adorar outro deus que não seu Deus.
96 Por isso eu decreto que toda pes-
soa, de qualquer povo, nação ou lín-
gua, que proferir ofensa contra o Deus
de Sidrac, Misac e Abdênago* seja es-
quartejada e sua casa seja reduzida a
um monturo, porque nenhum outro
deus pode libertar dessa maneira".
97 Então o rei confiou poderes a Si-
drac, Misac e Abdênago na província
de Babilônia.

Carta de Nabucodonosor. 98 "O rei
Nabucodonosor a todos os povos, na-
ções e línguas que habitam em toda a
terra: Paz e prosperidade!
99 Pareceu-me oportuno anunciar-
-vos os sinais e prodígios que o Deus
Altíssimo fez por mim.
100 Como são grandes seus sinais
e quão extraordinários seus prodígios!
Seu reino é um reino eterno*
e seu domínio de geração em geração".

4

O sonho da árvore†. 1 Eu, Nabu-
codonosor, estava tranquilo em
casa e feliz no palácio 2 quando tive
um sonho que me espantou. Os pen-
samentos que me vieram à mente en-
quanto estava na cama e as visões de
meu espírito me perturbaram. 3 Fiz um
decreto pelo qual ordenava que todos
os sábios de Babilônia fossem conduzi-
dos a minha presença, para revelar-me
a interpretação do sonho.
4 Então vieram os magos, os astró-
logos, os caldeus e os adivinhos, aos
quais expus o sonho, mas não puderam
revelar-me sua interpretação. 5 Enfim
apresentou-se Daniel, chamado Balta-
zar, conforme o nome de meu deus,*
homem no qual está o espírito dos
deuses santos, e lhe contei o sonho,
dizendo: 6 "Baltazar, chefe dos magos,
eu sei que o espírito dos deuses san-
tos está em ti e que nenhum segredo
te embaraça, dize-me as visões que tive
em sonho e dá-me sua interpretação".
7 As visões que me passaram pela
mente, enquanto estava na cama, fo-
ram estas:
Eu estava olhando
e vi uma árvore de grande altura no meio da terra.*

---

* **3**,96. 6,27 | 100. 2,44; 4,31 | **4**,5. 5,11.14; 13,45 | 7. Ez 31,3-14

† **4**. O relato ensina que Deus humilha os soberbos e que só a Ele pertence a glória, v.34.

[8]A árvore cresceu, tornou-se robusta,
seu topo chegava ao céu
e podia ser vista até a extremidade da terra.
[9]Sua folhagem era bela,
seus frutos abundantes
e nela havia alimento para todos.
Os animais da terra se abrigavam à sua sombra
e as aves do céu faziam ninho em seus ramos;*
dela se nutria todo ser vivo.
[10]Enquanto em minha cama estava observando
as visões que me passavam pela mente,
um vigilante, um santo, desceu do céu†
[11]e gritou em voz alta:
"Derrubai a árvore e cortai seus ramos;
arrancai-lhe as folhas, espalhai seus frutos;
fujam os animais de debaixo dela
e as aves, de seus ramos.
[12]Deixai, porém, na terra o tronco com as raízes,
preso com correntes de ferro e de bronze
entre o capim do campo.
Seja molhado pelo orvalho do céu,
e que o capim da terra seja sua porção com os animais da terra.
[13]Seu coração seja mudado e, em vez de um coração humano,
seja-lhe dado um coração de animal;
e passem sobre ele sete tempos.
[14]Assim está decidido por decreto dos vigilantes
e conforme a palavra dos santos,
para que os seres vivos saibam* que o Altíssimo domina sobre o reino dos homens e que o dá a quem quer e constitui sobre ele até o mais pequeno dos homens".
[15]Este é o sonho que eu, rei Nabucodonosor, tive.* Agora, Baltazar, dá-me sua interpretação, pois nenhum
dos sábios de meu reino foi capaz de
revelar-me sua interpretação; mas tu o
podes, porque tens em ti o espírito dos
deuses santos".

Interpretação do sonho. [16]Então Da-
niel, chamado Baltazar, permaneceu
por algum tempo atônito, e seus pen-
samentos o perturbavam. Mas o rei
lhe disse: "Baltazar, não te perturbe o
sonho nem sua interpretação". Res-
pondeu Baltazar: "Meu senhor, que o
sonho valha para teus inimigos e sua
interpretação para teus adversários.
[17]A árvore que viste, grande e robusta,
cujo topo chegava ao céu e se podia
ver de toda a terra, [18]cuja folhagem era
bela e os frutos abundantes, na qual
havia alimento para todos, debaixo da
qual se abrigavam os animais da terra
e em cujos ramos faziam ninho as aves
do céu, [19]és tu, ó rei, que te tornaste
grande e forte; tua grandeza cresceu,
chegou ao céu e teu domínio se esten-
deu até os confins da terra.

[20]Quanto ao que viu o rei, um vigi-
lante, um santo, que descia do céu e
dizia: 'Derrubai a árvore, cortai-a, mas
deixai na terra o tronco com suas ra-
ízes, preso com correntes de ferro e
de bronze entre a erva do campo; seja
molhado pelo orvalho do céu e que a
erva da terra seja sua porção com os
animais do campo, até que sete tem-
pos tenham passado sobre ele', [21]esta,
ó rei, é a interpretação disto e este é
o decreto do Altíssimo, que deve ser
cumprido sobre o rei, meu senhor: [22]Tu
serás expulso do convívio humano e
tua morada será com os animais da ter-
ra; capim te darão a comer como aos
bois e serás molhado pelo orvalho do
céu; sete tempos passarão sobre ti, até
que reconheças que o Altíssimo domi-
na sobre o reino dos homens e que ele
o dá a quem quer.

[23]A ordem que foi dada de deixar o
tronco com as raízes da árvore significa
que teu reino te será restituído quando

* **4**,9. Mt 13,31s | 14. 2,28 | 15. Jr 27,5; Jó 36,7

† **4**,10. O vigilante, o santo, é um anjo que está na presença de Deus e executa suas ordens. | 23. É a primeira vez na Bíblia que se usa "Céu" em vez de Deus, para não pronunciar o nome com falta de respeito.

tiveres reconhecido que ao Céu† pertence o domínio. [24]Por isso, ó rei, aceita meu conselho:* paga teus pecados, praticando a justiça, e paga tuas iniquidades, exercendo a misericórdia para com os pobres, para que possas gozar de longa prosperidade".

Realização do sonho. [25]Todas essas coisas aconteceram ao rei Nabucodonosor.

[26]Doze meses depois, enquanto passeava sobre o terraço do palácio real de Babilônia, [27]o rei começou a dizer: "Não é esta a grande Babilônia que eu construí como residência real com a força de meu poder e para a glória de minha majestade?"

[28]Estas palavras estavam ainda nos lábios do rei, quando desceu do céu uma voz: "Falo a ti, ó rei Nabucodonosor: o reino te é tirado! [29]Serás expulso do convívio humano e tua morada será com os animais do campo; capim te darão a comer como aos bois e passarão sete tempos sobre ti, até que reconheças que o Altíssimo domina sobre o reino dos homens e que ele o dá a quem quer".

[30]Naquele mesmo instante cumpriu-se a palavra sobre Nabucodonosor. Ele foi expulso do convívio humano, comeu capim como os bois e seu corpo foi molhado pelo orvalho do céu; cresceram seus cabelos como as penas das águias e suas unhas, como as das aves†.

Nabucodonosor se humilha. [31]"Mas, terminado aquele tempo, eu, Nabucodonosor, ergui os olhos ao céu e a razão voltou a mim e eu bendisse o Altíssimo; louvei e glorifiquei Aquele que vive para sempre:*

Seu poder é um poder eterno,
e seu reino é de geração em geração.
[32]Todos os habitantes da terra*
são, diante dele, como um nada;
ele dispõe como lhe apraz da milícia celeste
e dos habitantes da terra.
Ninguém pode deter-lhe a mão
e dizer-lhe: Que estás fazendo?*

[33]Naquele tempo voltou a mim o conhecimento e, para a glória do reino, foram-me restituídos minha majestade e meu esplendor: meus ministros e meus príncipes me procuraram e eu fui restabelecido em meu reino e foi-me dada grandeza superior à que eu tinha antes. [34]Agora eu, Nabucodonosor, louvo, exalto e glorifico o Rei do céu; todas as suas obras são verdade* e seus caminhos, justiça; ele tem poder para humilhar os que caminham na soberba".

5 **O banquete de Baltazar†.** [1]O rei Baltazar ofereceu um grande banquete a mil de seus dignitários e junto com eles se pôs a beber vinho. [2]Enquanto saboreava o vinho, Baltazar ordenou que fossem trazidos os vasos de ouro e prata que Nabucodonosor, seu pai, tinha tomado do templo* que estava em Jerusalém, para que neles bebessem o rei e seus dignitários, suas mulheres e suas concubinas. [3]Foram, pois, trazidos os vasos de ouro, tomados do templo de Jerusalém, e o rei, seus dignitários, suas mulheres e suas concubinas usaram-nos para beber. [4]Enquanto bebiam vinho, louvavam os deuses de ouro, de prata, de bronze, de ferro,* de madeira e de pedra. [5]Naquele momento apareceram dedos de uma mão humana, que escreviam na parede do palácio real, diante do candelabro. Ao ver aquele pedaço de mão que escrevia, [6]o rei mudou de aspecto: seus pensamentos o perturbaram, as junturas de seus rins se relaxaram e seus joelhos batiam um no outro.

[7]Então o rei pôs-se a gritar, ordenando que se convocassem os astrólogos, os caldeus e os adivinhos. O rei disse aos sábios de Babilônia: "Quem ler essa escritura e me der sua interpretação

* **4**,24. Tb 12,9; Eclo 3,30 | 31. 12,7; Eclo 18,1 | 32. Is 40,22ss / Jó 9,12; Is 45,9; Ecl 8,4 | 34. Dt 32,4; Dn 3,27
5,2. 1,2 | 4. Ap 9,20 | 7. Est 8,15; Dn 5,16.29

† **4**,30. Houve em Babilônia um rei chamado Nabônides (556-539 a.C.) que passou 7 anos isolado no oásis de Tema. Este fato pode ter dado origem à narrativa sobre sua loucura. | **5**. Como Baltazar, também Antíoco IV Epífanes (175-164 a.C.) havia roubado os vasos sagrados do templo: o relato podia dar aos judeus perseguidos por ele a esperança de que o perseguidor seria castigado.

será vestido de púrpura,* trará um co-
lar de ouro ao pescoço e será o terceiro
no governo do reino”.
8 Entraram então na sala todos os sá-
bios do rei, mas não puderam ler aque-
la escritura, nem dar ao rei sua inter-
pretação.
9 O rei Baltazar ficou muito perturba-
do e mudou de cor; também seus dig-
nitários ficaram perplexos.
10 Ouvindo as palavras do rei e de
seus dignitários, a rainha entrou na
sala do banquete e, dirigindo-se ao rei,
disse-lhe: “Ó rei, vive para sempre! Que
teus pensamentos não te espantem,
nem se altere a cor de teu rosto. 11 Há
em teu reino um homem no qual está o
espírito* dos deuses santos. No tempo
de teu pai achou-se nele uma clarivi-
dência, perspicácia e sabedoria iguais
à sabedoria dos deuses. O rei Nabuco-
donosor, teu pai, nomeou-o chefe dos
magos, dos astrólogos, dos caldeus e
dos adivinhos, 12 porque foi encontrado
neste Daniel, que o rei tinha chamado
Baltazar, um espírito extraordinário,
ciência e perspicácia para interpretar
sonhos, explicar enigmas, resolver pro-
blemas. Convoque-se, pois, Daniel, e
ele dará a interpretação”.
**Daniel interpreta as palavras mis-
teriosas.** 13 Foi então introduzido Da-
niel na presença do rei, e este lhe dis-
se: “És tu, Daniel, um dos deportados
de Judá que o rei, meu pai, trouxe da
Judeia? 14 Ouvi dizer que possuis o es-
pírito dos deuses e que se acham em
ti clarividência, perspicácia e sabedo-
ria extraordinárias. 15 Faz pouco, foram
conduzidos a minha presença os sábios
e os astrólogos para lerem esta escritu-
ra e dar-me sua interpretação, mas não
foram capazes. 16 Agora me foi dito que
és capaz de dar interpretações e resol-
ver enigmas. Se, pois, puderes ler-me
esta escritura e dar-me sua interpre-
tação, serás vestido de púrpura, trarás
ao pescoço um colar de ouro e serás o
terceiro no governo do reino”.
17 Daniel respondeu ao rei: “Fica com
teus dons para ti e concede a um outro
tuas dádivas; todavia, eu lerei a escritu-
ra ao rei e lhe darei sua interpretação.*
18 Ó rei, o Deus Altíssimo deu a Nabu-
codonosor, teu pai, reino, grandeza, gló-
ria e majestade. 19 Por causa dessa gran-
deza que lhe foi dada, todos os povos,
nações e línguas o temiam e tremiam
diante dele; ele matava quem queria e
deixava com vida quem queria; exaltava
quem queria e humilhava quem queria.
20 Mas, quando seu coração se enso-
berbeceu e seu espírito se obstinou na
arrogância, foi deposto do trono e foi-
-lhe retirada sua glória.
21 Foi expulso do convívio humano e
seu coração tornou-se semelhante ao
dos animais; sua morada foi com os
asnos selvagens e foi alimentado com
capim como os bois; seu corpo foi mo-
lhado pelo orvalho do céu, até que re-
conheceu que o Deus Altíssimo domina
sobre o reino dos homens, e sobre ele
constitui quem lhe apraz. 22 Tu, Baltazar,
seu filho, não humilhaste teu coração,
embora soubesses de tudo isso. 23 Mas
te exaltaste contra o Senhor do céu e
mandaste trazer para diante de ti os va-
sos de seu templo e neles bebeste tu,
teus dignitários,* tuas mulheres e tuas
concubinas; deste louvor aos deuses de
ouro, de prata, de bronze, de ferro, de
madeira, de pedra, os quais não veem,
não ouvem e não compreendem, e não
glorificaste a Deus, em cujas mãos está
tua vida e ao qual pertencem todos os
teus caminhos.* 24 Por ele foi então man-
dada aquela mão que traçou esta escri-
tura. 25 São estas as palavras que foram
escritas: ‘mene, tequel, peres’. 26 E esta é
a interpretação: ‘Mene’: Deus fez a conta
de teu reinado e lhe pôs fim. 27 ‘Tequel’:
foste pesado nas balanças e achado em
falta. 28 ‘Peres’: teu reino foi dividido e
dado aos medos e aos persas”. 29 Então,
por ordem de Baltazar, vestiram Daniel
de púrpura, puseram-lhe um colar de
ouro ao pescoço e, por um decreto pú-
blico, declararam-no terceiro no gover-
no do reino.
30 Naquela mesma noite, Baltasar, rei
dos caldeus, foi morto.

---

* **5**,11. 4,5 | 17. 2,6 | **5**,23. 5,4 / Sl 135,15ss; Is 40,20; Jó 12,10

6 1Dario, o medo, recebeu o reino na idade de sessenta e dois anos.

Inveja contra Daniel†. 2Dario quis constituir em seu reinado* cento e vinte sátrapas e reparti-los por todas as províncias. 3À frente deles colocou três chefes, um dos quais foi Daniel, a quem os sátrapas deviam prestar contas, para que o rei não sofresse nenhum dano. 4Ora, Daniel era superior aos chefes e aos sátrapas, porque possuía um espírito extraordinário, de modo que o rei pensava colocá-lo à frente de todo o seu reino. 5Por isso, tanto os chefes como os sátrapas procuraram encontrar algum pretexto contra Daniel na administração do reino, mas não puderam encontrar nenhum motivo de acusação nem culpa, porque ele era fiel, e nenhum erro ou falta se achava nele. 6Aqueles homens então disseram: "Não podemos encontrar nenhum pretexto para acusar Daniel, a não ser que o encontremos naquilo que se refere à lei de seu Deus".

7Por isso, aqueles chefes e os sátrapas foram juntos procurar o rei e lhe disseram: "Rei Dario, vive para sempre! 8Todos os chefes do reino, os magistrados, os sátrapas, os conselheiros e os governadores concordaram em que o rei promulgue um severo decreto e imponha uma severa proibição, segundo os quais todo aquele que, nos próximos trinta dias, dirigir alguma súplica a qualquer deus ou homem fora de ti, ó rei, seja lançado na cova dos leões. 9Agora, ó rei, promulga o decreto e manda redigi-lo, para que seja irrevogável, conforme a lei dos medos e dos persas†, que não se pode mudar".* 10Então o rei Dario assinou o documento com a proibição.

Daniel acusado. 11Quando Daniel veio a saber que o decreto tinha sido assinado, retirou-se para sua casa. As janelas de seu quarto* se abriam para Jerusalém†, e três vezes ao dia ele se punha de joelhos a rezar e dar graças a seu Deus, como costumava fazer também antes.

12Então aqueles homens se reuniram e encontraram Daniel rezando e suplicando a seu Deus. 13Logo se dirigiram ao rei e lhe disseram com respeito a sua proibição: "Não escreveste um decreto, em base ao qual todo aquele que, nos próximos trinta dias, dirigisse súplicas a qualquer deus ou homem, fora de ti, ó rei, fosse lançado na cova dos leões?" O rei respondeu: "Assim estabeleci, conforme a lei dos medos e dos persas, que não pode ser revogada".

14"Pois bem – replicaram ao rei –, Daniel, aquele deportado da Judeia, não tem nenhum respeito nem a ti, ó rei, nem ao decreto que assinaste: três vezes ao dia faz sua oração".

15O rei, ao ouvir essas palavras, ficou muito contristado e se propôs salvar Daniel; e até o pôr do sol fez de tudo para livrá-lo.

16Mas aqueles homens se reuniram de novo junto do rei e lhe disseram: "Sabe, ó rei, que os medos e os persas têm por lei que todo decreto ou edito promulgado pelo rei é irrevogável".

Daniel na cova dos leões. 17Então o rei ordenou que Daniel fosse preso e lançado na cova dos leões. O rei, dirigindo-se a Daniel, disse-lhe: "Aquele Deus, a quem tu serves com perseverança, é ele que te salvará!" 18Depois foi trazida uma pedra e colocada sobre a boca da cova; o rei a selou com seu anel e com o anel de seus dignitários, para que nada fosse mudado sobre a sorte de Daniel. 19Depois, o rei voltou para o palácio, passou a noite em jejum; não mandou vir nenhuma concubina a sua presença, e também o sono o abandonou. 20Na manhã seguinte, o rei levantou-se bem

---

* **6**,2. 5,7.16.29 | 9. Est 1,19 | 11. 1Rs 8,44-48; Sl 5,8; 28,2; 138,2; 55,18

† **6**,1. A lição desse episódio é que Deus tem poder para libertar milagrosamente os seus, dispostos a sofrer o martírio para não desobedecer aos preceitos de sua fé. | 9. Nem o próprio rei podia revogar um decreto promulgado, Est 8,8. | 11. Como os muçulmanos rezam voltados para Meca, os judeus rezavam voltados para Jerusalém. As antigas igrejas cristãs eram construídas com a frente voltada para o oriente. | 21. "Vivo", em oposição aos ídolos sem vida: um rei pagão falando como um judeu esclarecido.

cedo e, ao raiar o dia, foi depressa à cova dos leões. 21Quando chegou perto, gritou com voz angustiada: "Daniel, servo do Deus vivo†, teu Deus, a quem tu serves com perseverança, pôde salvar-te dos leões?" 22Daniel respondeu ao rei: "Ó rei, vive para sempre! 23Meu Deus mandou seu anjo* que fechou as bocas dos leões e eles não me fizeram nenhum mal, porque fui achado inocente diante dele; mas nem contra ti, ó rei, cometi algum mal"†.

24O rei ficou cheio de alegria e mandou que Daniel fosse tirado da cova. Assim, Daniel foi tirado da cova, e não se encontrou nele lesão alguma, porque ele tinha confiado em seu Deus. 25Depois, por ordem do rei, foram conduzidos aqueles homens que tinham acusado Daniel e lançados na cova dos leões junto com seus filhos e suas mulheres. Antes de chegarem ao fundo da cova, os leões já tinham se apoderado deles e triturado todos os seus ossos.

Dario glorifica a Deus. 26Então o rei Dario escreveu a todos os povos, nações e línguas, que habitam em toda a terra: "Paz e prosperidade. 27Por minha ordem é promulgado este decreto: Em todo o império a mim sujeito,* trema-se de temor diante do Deus de Daniel, porque ele é o Deus vivo

que dura para sempre;
seu reino é tal que não será jamais destruído
e seu domínio não terá fim.*
28Ele salva e liberta,
faz prodígios e milagres
no céu e na terra:
ele libertou Daniel* do poder dos leões"†.

29Daniel prosperou durante o reinado de Dario e durante o reinado de Ciro, o persa.

II. VISÕES PROFÉTICAS (7–12)†

7 **A visão dos quatro animais†.** 1No primeiro ano de Baltazar, rei de Babilônia, Daniel teve um sonho e visões em sua mente, enquanto estava em seu leito. Ele escreveu o sonho e fez seu resumo.

2Daniel disse: Eu estava olhando em minha visão noturna e vi os quatro ventos do céu agitando o mar Grande. 3E quatro grandes animais, diferentes um do outro, subiam do mar. 4O primeiro era semelhante a um leão e tinha asas de águia. Enquanto eu estava olhando, foram-lhe arrancadas as asas, foi erguido do chão e posto em pé como um homem; e foi-lhe dado um coração humano.

5Vi depois um outro animal, o segundo, semelhante a um urso; estava erguido de um lado e tinha três costelas na boca, entre os dentes, e foi-lhe dito: "Levanta-te, devora muita carne!"

6Depois disso eu olhei e vi um outro, semelhante a um leopardo, o qual tinha sobre o dorso quatro asas de ave; esse animal tinha quatro cabeças e foi-lhe dado o domínio.

7Depois disso eu olhava nas visões noturnas e vi um quarto animal, espantoso, terrível, de força excepcional, com grandes dentes de ferro; devorava, triturava e pisoteava as sobras com os pés; era diferente de todos os outros animais precedentes e tinha dez chifres.

8Eu estava observando esses chifres, quando vi despontar no meio deles um outro chifre menor, diante do qual foram arrancados três dos primeiros chifres.† Vi que aquele chifre tinha olhos semelhantes* aos de um homem e uma boca que falava com arrogância.

---

* **6**,23. 3,49; Tb 5,4 | 27. 3,29 / 4,31 | 28. 3,32s | **7**,8. Ap 13,5

† **6**,23. Na arte cristã primitiva, a pintura de Daniel entre os leões expressava a fé na ressurreição dos mortos. | 28. Deus protege da perseguição quem lhe é fiel. | **II**. O cenário não é mais Babilônia, mas a Palestina; já não se trata de Daniel e de seus companheiros, mas do destino de Israel, de Jerusalém e do templo. | **7**. Os 4 animais representam os mesmos 4 impérios simbolizados na estátua do c. 2: babilônios, medos, persas e gregos. | 8. O chifre menor é Antíoco IV Epífanes, que reinou de 175 a 164 a.C. e eliminou seus rivais.

O Ancião e o juízo. 9Eu continuava a olhar,
quando foram colocados tronos*
e um Ancião se sentou.
Sua veste era cândida como a neve*
e os cabelos de sua cabeça eram como a lã pura;
chamas de fogo eram seu trono,
que tinha rodas de fogo ardente.
10Um rio de fogo descia diante dele,*
mil milhares o serviam*
e dez mil miríades o assistiam.
A corte tomou assento, e os livros foram abertos.*
11Continuei a olhar* por causa das palavras arrogantes que aquele chifre pronunciava, e vi que o animal foi morto, seu corpo destruído e lançado para queimar no fogo.
12Aos outros animais foi retirado o poder, e um prolongamento de suas vidas lhes foi dado até uma data e um momento determinados.

O Filho do homem†. 13Olhando ainda nas visões noturnas,
vi alguém semelhante a um Filho de homem,
vindo com as nuvens do céu;*
chegou até o Ancião e foi-lhe apresentado.
14Foram-lhe dados poder, glória e reino
para que todos os povos, nações e línguas o sirvam;
seu poder é um poder eterno,*
que não passará,
e seu reino jamais será destruído†.

Explicação da visão. 15Quanto a mim, Daniel, meu espírito dentro de mim estava ansioso, porque as visões de minha cabeça me alarmaram.
16Aproximei-me de um dos que estavam lá e lhe perguntei o verdadeiro significado de todas essas coisas; ele me falou e me deu esta interpretação:
17"Esses grandes animais, que são quatro, representam quatro reis que surgirão da terra;
18mas os santos do Altíssimo receberão o reino* e o possuirão para sempre, eternamente".
19Eu quis depois saber a verdade sobre o quarto animal, que era diferente de todos os outros e muito terrível, com dentes de ferro e garras de bronze, que devorava, triturava e pisoteava o restante com seus pés;
20sobre os dez chifres que tinha na cabeça, sobre o outro chifre que tinha surgido e diante do qual tinham caído três chifres; e sobre aquele chifre, que tinha olhos e uma boca que falava com soberba, e parecia maior que os outros chifres.
21Eu olhava, e aquele chifre* fazia guerra aos santos e os vencia,
22até que veio o ancião e foi feita justiça* a favor dos santos do Altíssimo, e chegou o tempo em que os santos possuíram o reino.
23Então ele me disse: "O quarto animal significa que haverá sobre a terra um quarto reino, diferente de todos os outros, que devorará toda a terra, que a pisoteará e triturará.
24Os dez chifres significam* que dez reis surgirão daquele reino e, depois deles, seguirá um outro, que será diferente dos primeiros e abaterá três reis.
25Ele proferirá insultos contra o Altíssimo e oprimirá os santos do Altíssimo; tentará mudar os tempos e a lei†; os santos serão entregues em sua mão por um tempo, dois tempos e metade de um tempo.
26Mas será feito, depois,* o julgamento e lhe será retirado o poder; será exterminado e destruído* completamente.
27E o reino, o poder e a grandeza de todos os reinos que existem debaixo do céu serão dados ao povo dos santos do Altíssimo, cujo reino será eterno; todos os impérios o servirão e lhe obedecerão".

* **7**,9. Ap 20,4 / Ap 1,14 | 10. Sl 50,3 / Ap 5,11 / Ap 20,12 | 11. Ap 19,20 | 13. Mt 8,20; 24,30; 26,64; Ap 1,7; 14,14 | 14. Mt 4,17 | 18. At 9,13 | 21. Ap 11,7; 13,7 | 22. Ap 20,4 | 24. Ap 17,12 | 26. 8,14; 12,7 / Ap 12,14

† **7**,13. Os vv. 18.22.27 interpretam o "filho do homem" como uma coletividade, um povo, libertado da opressão do 4º animal. Mas a expressão passou a designar o rei messiânico em pessoa. Diante de Caifás, Mt 26,64, Jesus afirma que é ele o Filho do homem de Dn 7,13. | 14. O Reino de Deus será estabelecido sobre as ruínas dos reinos terrestres e dará cabo do sofrimento dos justos. | 25. Antíoco IV Epífanes tentou eliminar as festas judaicas, o sábado e toda a lei mosaica, 1Mc 1,41-64.

[28]Aqui termina a narração. Quanto a
mim, Daniel, meus pensamentos muito
me perturbaram; a cor de meu rosto
se alterou e guardei tudo isto em meu
coração.

8 A visão do carneiro e do bode.

[1]No terceiro ano do reinado do rei
Baltazar, eu, Daniel, tive outra visão de-
pois daquela que me apareceu antes.
[2]Eu contemplava a visão e, enquanto
a contemplava, eu estava na cidadela
de Susa, que está na província de Elam;
e eu vi na visão que eu estava junto ao
rio Ulai.
[3]Ergui os olhos e olhei; vi um carneiro
de pé diante do rio. Tinha dois chifres
e ambos os chifres eram altos, mas um
era mais alto que o outro, embora ti-
vesse crescido depois. [4]Vi que aquele
carneiro dava chifradas para o ociden-
te, para o norte e para o sul, e nenhum
animal lhe podia resistir, nem era capaz
de se libertar de seu poder; fazia o que
queria e tornou-se grande.
[5]Eu estava observando e vi um bode
vir do ocidente, percorrendo toda a
terra, mas sem tocar o solo; tinha en-
tre os olhos um chifre saliente. [6]Apro-
ximou-se do carneiro de dois chifres,
que eu tinha visto de pé diante do rio,
e avançou contra ele no furor de sua
força. [7]Eu o vi aproximar-se do carnei-
ro e, enfurecido contra ele, atacá-lo e
quebrar-lhe os dois chifres, sem que
o carneiro tivesse força de resistir-lhe;
lançou-o no chão e o pisou, e não hou-
ve ninguém para libertar o carneiro de
seu poder. [8]O bode tornou-se muito
poderoso; mas quando estava em ple-
no vigor, seu chifre grande se quebrou
e no lugar dele surgiram outros quatro
chifres, para os quatro ventos do céu†.
[9]De um deles saiu um pequeno chi-
fre,* que cresceu muito para o sul, para
o oriente e para a terra formosa. [10]Er-
gueu-se até contra a milícia celeste†,
lançou por terra uma parte da milícia e
das estrelas* e as pisou.
[11]Ergueu-se até o chefe da milícia,
retirou-lhe o sacrifício cotidiano e foi
derrubado o lugar de seu santuário.
[12]E uma milícia lhe foi dada contra
o sacrifício diário, por causa da trans-
gressão; e lançou por terra a verdade; e
no que fez teve êxito.
[13]Ouvi um santo falar e um outro san-
to dizer àquele que falava: "Até quando
durará esta visão:* o sacrifício cotidia-
no abolido, a impiedade devastadora†,
o santuário e a milícia entregues para
serem calcados aos pés?" [14]Respon-
deu-lhe: Até duas mil e trezentas tar-
des e manhãs; depois o santuário será
restabelecido em seus direitos".

Interpretação da visão. [15]Enquanto
eu, Daniel, considerava a visão e procu-
rava compreendê-la, vi a minha frente
alguém de pé, com aparência* de ho-
mem. [16]E ouvi a voz de um homem, no
meio do rio Ulai, que gritava e dizia:
"Gabriel, explica-lhe a visão". [17]Ele veio
para perto de onde eu estava* e, quan-
do chegou, eu tive medo e caí com a
face em terra. Ele me disse: "Filho do
homem, compreende bem, esta visão
refere-se ao tempo do fim"†. [18]En-
quanto ele falava comigo, caí num pro-
fundo sono com a face por terra; mas
ele me tocou e me pôs de pé.
[19]Ele disse: "Eu te revelo o que acon-
tecerá* no fim da ira, porque a visão
refere-se ao tempo determinado do
fim. [20]O carneiro com dois chifres,*
que viste, representa o rei da Média e
da Pérsia; [21]o bode é o rei da Grécia; o
grande chifre, que estava no meio de
seus olhos, é o primeiro rei; [22]o chifre
quebrado e os quatro que surgiram em
seu lugar são quatro reinos que surgi-
rão de sua nação, mas não com o mes-
mo poder dele.

---

* **8**,9. 11,16.41; Ez 20,6.15; Zc 7,14; 12,3 | 10. Ap 12,4; 11,31 | 13. 12,6; Ap 6,10 | 15. 9,21ss; Lc 1,19.26 | 17. 10,15-19; Ez 2,1; Ap 1,17 | 19. Am 5,18 | 20. 11,2

8,8. Trata-se do império de Alexandre Magno, dividido em 4 partes quando ele morreu. | 10. Aqui não significa nem os anjos nem as estrelas, mas sim o povo de Deus. | 13. A impiedade devastadora é o ídolo colocado por Antíoco no templo. A profanação durou 3 anos e 40 dias, 1Mc 1,54; 4,52. | 17. O "fim" é o período da perseguição, que precede a chegada do Reino.

23No fim de seu reino, quando a
iniquidade tiver chegado ao máximo,
surgirá um rei de aspecto feroz e co-
nhecedor de enigmas. 24Seu poder
crescerá, mas não por própria força;
causará inauditas ruínas,* terá sucesso
nas empresas, destruirá os poderosos
e o povo dos santos. 25Por sua astúcia,
a fraude prosperará em suas mãos, em
seu coração se orgulhará e com enga-
no destruirá a muitos;* ele se insurgirá
contra o príncipe dos príncipes, mas
será quebrantado, embora não por
mão humana. 26A visão* das manhãs
e das tardes, que foi mostrada, é ver-
dadeira. Mas mantém secreta a visão,
porque se refere a dias distantes".

27Eu, Daniel, fiquei esgotado* e estive
doente por vários dias; depois levantei-
-me e fui tratar dos negócios do rei;
mas espantei-me com a visão porque
não podia compreendê-la.

9† A profecia das setenta semanas.

1No primeiro ano de Dario, filho
de Xerxes, da estirpe dos medos, que
foi constituído rei sobre o reino dos
caldeus, 2no primeiro ano de seu rei-
nado, eu, Daniel, tentava compreender
nos livros* o número dos anos que,
conforme a palavra de Javé ao profe-
ta Jeremias, deviam cumprir-se sobre
as ruínas de Jerusalém, isto é, setenta
anos.

Oração e confissão de Daniel. 3Dirigi-
-me ao Senhor Deus para suplicar-lhe
com jejum, roupa de saco e cinzas, 4e fiz
minha oração e minha confissão† ao
Senhor, meu Deus: "Senhor, Deus gran-
de e terrível,* que sois fiel à aliança e
misericordioso para com aqueles que
vos amam e observam vossos manda-
mentos, 5pecamos e cometemos ini-
quidades,* agimos como ímpios, fomos
rebeldes e nos afastamos de vossos
mandamentos e de vossas leis. 6Não
escutamos vossos servos, os profetas,*
que em vosso nome falaram a nossos
reis, a nossos príncipes, a nossos pais e
a todo o povo do país. 7A vós convém
a justiça,* ó Senhor, mas a nós a vergo-
nha no rosto, como acontece hoje para
os homens de Judá, para os habitantes
de Jerusalém e para todo o Israel, os
de perto e os de longe, em todos os
países por onde os dispersastes pelas
infidelidades* que cometeram contra
vós. 8Javé, a nós a vergonha no ros-
to,* a nossos reis, a nossos príncipes,
a nossos pais, porque pecamos* contra
vós; 9ao Senhor nosso Deus pertencem
a misericórdia e o perdão, porque nos
rebelamos contra ele, 10não escutamos
a voz de Javé, nosso Deus, para se-
guirmos aquelas leis* que ele nos deu
por meio de seus servos, os profetas.
11Todo o Israel transgrediu vossa lei,
afastou-se sem ouvir vossa voz; assim
recaíram sobre nós a maldição e a im-
precação escritas na lei de Moisés,*
servo de Deus, porque pecamos contra
ele.

12Ele realizou aquelas palavras que
tinha pronunciado contra nós e nossos
governantes, mandando sobre nós ca-
lamidade tão grande que jamais acon-
tecera debaixo de todo o céu, como
aconteceu em Jerusalém.

13Como está escrito na Lei de Moisés,
todo este mal veio sobre nós; todavia
nós não suplicamos a Javé, nosso Deus,
convertendo-nos de nossas iniquida-
des e prestando atenção a vossa verda-
de. 14Javé estava guardando este mal*
e o mandou sobre nós, porque Javé,
nosso Deus, é justo em todas as coisas
que faz, ao passo que nós não obe-
decemos a sua voz. 15E agora, Senhor,

* **8**,24. 7,18 | 25. 2,34 | 26. Ap 19,9; 21,5; 22,6 | 27. 12,4.9-13; Ap 10,4 | **9**,2. Jr 25,11s; 29,10 | 4. Dt 7,9.21; Ne 1,5; Êx 34,6 | 5. 1Rs 8,47; Br 1,17 | 6. Jr 7,25s; 44,21; Ne 9,34 | 7. Br 1,15s / Is 57,19 | 8. Dt 28,64 / Ne 9,17 | 10. Dt 28,15; Jr 26,4 | 11. Lv 26,14-39; Dt 28,15-68; Br 2,1s | 14. Jo 8,32; 1Jo 3,19; Ne 9,33 | 15. Br 2,11ss / Dt 6,21; Jr 32,20s

† **9**. Este capítulo é uma reflexão sobre a situação histórico-religiosa da comunidade em torno do ano 165 a.C. Explica por que a plena restauração de Jerusalém, prometida por Jeremias, ainda não se materializou: é porque a comunidade precisa voltar para Deus com fervor e confessar sua culpa. | 4. Tipo frequente de oração nos escritos mais recentes: reconhecimento dos pecados do povo ou de um indivíduo.

nosso Deus,* vós que fizestes vosso
povo sair do país do Egito com mão
forte e vos fizestes um nome, como
é hoje, nós pecamos,* agimos como
ímpios. [16]Senhor, por todos os vossos
atos de justiça, afastai vossa ira e vosso
furor de vossa cidade, Jerusalém, vosso
monte santo, porque, por nossos peca-
dos e pelas iniquidades de nossos pais,
Jerusalém e vosso povo* tornaram-se
objeto de insulto para todos os que es-
tão ao redor de nós.

[17]Agora escutai, Deus nosso, a ora-
ção de vosso servo e suas súplicas e,
por vosso amor, ó Senhor, fazei res-
plandecer* vossa face sobre vosso
santuário, que está desolado. [18]Prestai
ouvido, meu Deus, e escutai: abri os
olhos* e vede nossas desolações e a
cidade sobre a qual é invocado vosso
nome†. Pois não é por causa de nossas
obras justas que apresentamos diante
de vós* nossas súplicas, mas por causa
de vossa grande misericórdia.

[19]Senhor, escutai; Senhor, perdoai;*
Senhor, olhai e agi sem demora, por
amor de vós mesmo, meu Deus, por-
que vosso nome é invocado sobre vos-
sa cidade e sobre vosso povo".

[20]Enquanto eu estava ainda falando,
rezava e confessava meu pecado e o
pecado de meu povo Israel, e apresen-
tava minha súplica a Javé meu Deus em
favor do monte santo de meu Deus;
[21]enquanto, pois, eu falava e rezava,
Gabriel,* que eu tinha visto antes em
visão, voou veloz até mim na hora da
oblação da tarde.

[22]Ele me informou, falando comigo e
dizendo: "Daniel, vim para instruir-te e
fazer-te compreender.

[23]No início de tuas súplicas saiu uma
palavra, e vim para anunciá-la a ti, por-
que és um homem predileto.* Agora fica
atento à palavra e compreende a visão".

O arcanjo Gabriel explica a profecia†.

[24]"Setenta semanas são fixadas
a teu povo e tua santa cidade
para fazer cessar a impiedade
e pôr um fim aos pecados,
para expiar a iniquidade*
e trazer uma justiça eterna,
para selar a visão e a profecia e ungir
o santo dos santos.

[25]Sabe, pois, e entende bem:*
desde quando saiu a palavra,
ordenando restaurar e reconstruir
Jerusalém*
até um príncipe consagrado†,
serão sete semanas.
Durante sessenta e duas semanas
serão restaurados e reedificados pra-
ças e muros,
mas em tempos angustiosos.

[26]Depois de sessenta e duas sema-
nas,
um consagrado será eliminado sem
que nele haja culpa;
o povo de um príncipe que virá
destruirá a cidade e o santuário;
seu fim virá com uma inundação,
e até o fim da guerra devastações
são decretadas.

[27]Ele fará forte aliança com muitos
por uma semana e, no espaço de
meia semana,
fará cessar o sacrifício e a oblação;*
sobre asas de abominações virá um
devastador,
até que a total destruição,* que está
decretada,
seja derramada sobre o devastador".

10 A visão do homem vestido de linho.

[1]No terceiro ano de
Ciro, rei da Pérsia†, foi revelada uma
palavra a Daniel, chamado Baltazar:
palavra verdadeira e grandiosa luta. Ele
compreendeu* a palavra e teve enten-
dimento da visão.

---

* **9**,16. Sl 44,14; Br 2,14 | 17. Sl 4,7 | 18. 2Rs 19,16; Is 37,17; Lm 5,18 / Br 2,19 | 19. Ne 9,19.27.31; Sl 40,18 | 21. 8,15-18; 10,9ss | 23. 10,11-19 | 24. Is 53,11; Rm 3,24ss | 25. 1Cr 23,13; At 10,38; Mt 3,16 / Esd 3,1ss | 27. 1Mc 1,45 / 11,31; 12,11; Mt 24,15; Dn 11,36 | **10**,1. 9,23

† **9**,18. Ou seja, "a cidade que vos pertence", 1Rs 8,43; Jr 25,29. | 24. A profecia de Jr 25,11 e 29,10 sobre os 70 anos teve um cumprimento mais ou menos exato na volta dos exilados. Aqui, porém, são 70 semanas de anos, 490 portanto, que expiram no fim da perseguição de Antíoco IV. | 25. O consagrado é o sumo sacerdote Onias III, trucidado em 171 a.C., 2Mc 4,30-38. | **10**,1. Esta data corresponde ao ano 536 a.C.

2Naqueles dias eu, Daniel, estive de luto durante três semanas. 3Não comi manjares delicados, nem carne, nem vinho entraram em minha boca e não me ungi com unguento até que se completassem* três semanas. 4No dia vinte e quatro do primeiro mês, enquanto eu estava na beira do grande rio,* isto é, o Tigre, 5levantei os olhos e vi um homem vestido de linho,* com um cinto de ouro puro na cintura. 6Seu corpo parecia com o topázio, seu rosto tinha o aspecto do relâmpago, seus olhos eram como tochas acesas,* seus braços e suas pernas brilhavam como bronze reluzente e o som de suas palavras era como o clamor de uma multidão.

7Somente eu, Daniel, vi a visão, pois os homens que estavam comigo não a viram, mas um grande terror apoderou-se deles e fugiram para se esconder. 8Assim fiquei sozinho a contemplar aquela grande visão. Eu me sentia sem forças; meu semblante mudou de cor e se desfigurou e as forças me faltaram. 9Então ouvi o som de suas palavras, mas, logo que ouvi o som de suas palavras, caí sobre meu rosto num profundo sono, com o rosto em terra.

Aparição do anjo. 10A mão de alguém me tocou* e me fez levantar, todo tremendo, sobre os joelhos e as palmas das mãos. 11Depois disse-me: "Daniel, homem predileto, entende as palavras que te dirijo, põe-te em pé, porque agora fui mandado* a ti". Quando me disse isto, pus-me de pé todo tremendo.

12Ele me disse: "Não temas, Daniel, porque desde o primeiro dia em que te esforçaste para entender, humilhando-te diante de Deus, tuas palavras foram ouvidas e eu vim por causa de tuas palavras. 13Mas o príncipe do reino da Pérsia opôs-se a mim durante vinte e um dias; porém Miguel, um dos primeiros príncipes, veio em meu auxílio* e eu fiquei lá com os reis da Pérsia†. 14Agora vim para fazer-te entender o que acontecerá a teu povo no fim dos dias, porque a visão é para os dias que ainda virão". 15Enquanto ele falava comigo desta maneira, inclinei o rosto para o chão sem nada dizer.

16E alguém com o semblante dos filhos de homens tocou-me os lábios; eu abri a boca, falei e disse* àquele que estava de pé diante de mim: "Meu senhor, por causa desta visão minhas dores voltaram sobre mim e perdi todas as forças.17Como poderia este servo de meu senhor falar com meu senhor, já que não restou em mim nenhum vigor e me falta também a respiração?" 18Então aquele ser semelhante a um homem tocou-me de novo, restituiu-me as forças 19e me disse: "Não temas, homem predileto, a paz esteja contigo! Sê forte e corajoso!" Enquanto ele falava comigo, senti que me voltavam as forças e disse: "Fale meu senhor, pois me reconfortaste".

20Então ele me disse: "Sabes por que vim a ti? Agora voltarei para lutar com o príncipe da Pérsia; e quando eu sair, virá o príncipe da Grécia. 21Eu te declararei o que está escrito no livro da verdade. Ninguém luta a meu lado contra estes senão Miguel, vosso príncipe.

11 1E eu, no primeiro ano de Dario, fiquei perto dele para dar-lhe força e apoio. 2Agora eu te manifesto a verdade†.

Luta entre a Pérsia e a Grécia. Haverá ainda três reis na Pérsia; o quarto rei terá mais riquezas que todos os outros. E depois de se tornar poderoso com suas riquezas, suscitará todos contra o reino da Grécia. 3Surgirá depois um rei poderoso, que dominará sobre um grande império e fará o que lhe aprou-

---

* **10**,3. 9,3 | 4. 8,2 | 5. Ap 1,13ss; Ez 1,4.13.16 | 6. Ez 1,24 | 10. 8,16ss; 9,21ss; Ap 1,17 | 11. 9,23; 10,19 | 13. Jd 9; Ap 12,7 | 16. 7,13; Jr 1,9; Is 6,7

† **10**,13. "Príncipe" aqui significa anjo. No judaísmo era comum a ideia de que cada nação tinha seu anjo da guarda, mas este conceito era antigo em Israel, Eclo 17,14. | **11**,2. Vai contar a história da dinastia dos Selêucidas, de modo cada vez mais detalhado, à medida que se aproximam os tempos em que vive o autor. | 3. Este rei é Alexandre Magno (331-323), 1Mc 1,3, que teve uma ascensão rápida e um fim repentino.

vert†. 4Mas logo que se tiver firmado,
seu reino será fragmentado e reparti-
do aos quatro ventos do céu, mas não
entre seus descendentes nem com a
mesma força com que ele reinava; com
efeito, seu reino será desmembrado e
dado a outros que não eles.

Luta entre a Síria e o Egito. 5O rei do
sul se tornará poderoso mas um de
seus príncipes será mais forte que ele e
dominará, e seu domínio será grande.
6Depois de alguns anos farão aliança e
a filha do rei do sul virá ao rei do nor-
te para fazer um acordo. Mas ela não
conservará a força de seu braço, e sua
descendência não subsistirá: ela será
entregue, junto com os que a trouxe-
ram, aquele que a gerou e aquele que
a apoiava. 7Naquele tempo, de um ger-
me de suas raízes surgirá alguém em
seu lugar. Ele virá com um exército e
avançará contra as fortalezas do rei do
norte, combaterá contra ele e sairá vi-
torioso. 8Conduzirá ao Egito seus deu-
ses com suas imagens e seus objetos
preciosos de ouro e de prata, como
presa de guerra; depois, por alguns
anos se absterá de lutar contra o rei
do norte.9Este marchará contra o rei do
sul, mas voltará para seu país.

10Seus filhos se prepararão para a
guerra, recolhendo uma multidão de
grandes exércitos†. Um deles avança-
rá como inundação; atravessará o país
para travar batalha até sua fortaleza.
11O rei do sul, enfurecido, sairá para
combater com o rei do norte, que se
moverá com grande exército, mas este
cairá em poder do rei do sul, 12o qual
se encherá de orgulho depois de ter
derrotado aquele exército, mas, mes-
mo tendo abatido dezenas de milha-
res, nem por isso será mais forte. 13O
rei do norte de novo reunirá um grande
exército, maior que o anterior e, depois
de alguns anos, avançará com grande
exército e provisões abundantes. 14Na-
quele tempo muitos se levantarão con-
tra o rei do sul, e homens violentos de
teu povo se insurgirão para cumprir a
visão, mas cairão. 15O rei do norte virá,
levantará baluartes e ocupará uma ci-
dade bem fortificada. As forças do sul,
nem com tropas de elite poderão resis-
tir; faltará força para opor resistência.
16O invasor fará o que lhe aprouver e
ninguém poderá opor-se a ele; ele se
estabelecerá naquela terra gloriosa,*
e a destruição estará em suas mãos.
17Depois se proporá vir com as forças
de todo o seu reino, fará uma aliança
com ele e lhe dará uma filha em ca-
samento para arruiná-lo, mas isto não
terá êxito e não alcançará seu fim.

18Depois, ele se voltará contra as
ilhas e tomará muitas delas, mas um
comandante fará cessar sua arrogân-
cia, fazendo-a recair sobre ele. 19Ele se
voltará depois para as fortalezas de seu
país, mas tropeçará, cairá e desapare-
cerá. 20Surgirá depois em seu lugar um
que mandará cobradores de tributo
para a glória de seu reino, mas em pou-
cos dias será eliminado, mas não na ira
nem em batalha.

Perseguição de Antíoco IV Epífanes.
21A ele sucederá um homem desprezí-
vel, sem dignidade real; virá sem pré-
-aviso e tomará o reino com a fraude.
22Diante dele exércitos serão aniquila-
dos e será abatido também o príncipe
da aliança. 23E depois de feita com ele
uma aliança, agirá com a fraude, cres-
cerá e se tornará forte com pouca gen-
te. 24Entrará às escondidas nos lugares
mais férteis da província e fará coisas
que nem seus pais nem os pais de seus
pais ousaram fazer. Distribuirá a sua
gente a presa, os despojos e as rique-
zas; e tramará projetos contra as forta-
lezas, mas só por certo tempo.

25Ele suscitará seu poder e sua ousa-
dia contra o rei do sul, com um gran-
de exército. O rei do sul se empenhará
em guerra com um grande e poderoso
exército, mas não poderá resistir, por-
que haverá intrigas contra ele: 26seus
próprios comensais serão a causa de
sua ruína; seu exército será derrotado
e muitos cairão mortos. 27Os dois reis

* **11**,16. 8,9; 11,41

† **11**,10. Os vv. 10-19 falam de Antíoco III, o Grande, 223-187 a.C.

só pensarão em fazer mal um ao outro. Sentados à mesma mesa, falarão com fingimento, mas sem ter êxito, porque o fim deve chegar no tempo marcado. [28]Ele voltará a seu país com grandes riquezas, e seu coração será contra a santa aliança; agirá conforme seus planos e depois voltará a seu país. [29]No tempo determinado voltará e irá para o sul, mas desta última vez não terá êxito como na primeira. [30]Pois virão contra ele os navios romanos e ele, com medo, voltará para trás. Ele se indignará contra a santa aliança e, em sua volta se entenderá com os que abandonam a santa aliança. [31]Forças por ele mandadas se moverão* para profanar o santuário-cidadela†, abolirão o sacrifício cotidiano e lá colocarão a abominação da desolação.

[32]Com lisonjas corromperá os profanadores da aliança, mas os que reconhecem o próprio Deus mostrarão firmeza e agirão. [33]Os sábios entre o povo ensinarão a muitos,* mas cairão vítimas da espada, do fogo, da escravidão e do roubo por certo tempo. [34]Enquanto assim caírem, receberão um pouco de ajuda; muitos, porém, se unirão a eles, mas com hipocrisia. [35]Alguns dos sábios cairão para serem provados, purificados, lavados e embranquecidos* até o tempo do fim, porque ainda está para vir o tempo estabelecido.

[36]O rei portanto fará o que lhe aprouver; ele se elevará e se exaltará acima de todo deus e proferirá coisas inauditas contra o Deus dos deuses* e terá êxito até que seja completa a ira; porque o que foi determinado se cumprirá. [37]Ele não fará caso das divindades de seus pais, nem do deus favorito das mulheres, nem de outro deus, porque ele se exaltará acima de todos. [38]No lugar deles honrará o deus das fortalezas, um deus que seus pais jamais conheceram; ele o honrará com ouro e prata, com pedras preciosas e objetos de valor. [39]Com o auxílio desse deus estrangeiro agirá contra as fortalezas; cumulará de honras aqueles que o reconhecerem; dar-lhes-á o poder sobre muitos e distribuirá a eles terras em recompensa.

Fim do perseguidor. [40]No tempo do fim, o rei do sul o atacará, e o rei do norte lhe cairá em cima como uma tempestade, com carros, cavaleiros e muitos navios; entrará em suas terras para inundá-las e atravessá-las. [41]Entrará também naquela gloriosa terra e muitos sucumbirão; estes porém escaparão de sua mão: Edom, Moab e grande parte dos amonitas. [42]Estenderá assim a mão sobre muitos países; nem o Egito escapará. [43]Ele se apoderará de tesouros de ouro e de prata e de todas as coisas preciosas do Egito; líbios e etíopes estarão em seu séquito. [44]Porém as notícias do oriente e do ocidente o perturbarão: ele partirá com grande ira para destruir e exterminar a muitos. [45]Armará as tendas de seu palácio entre o mar e o glorioso monte santo; depois chegará ao fim, e ninguém virá em seu auxílio.

12

Ressurreição e recompensa. [1]Naquele tempo surgirá Miguel, o grande príncipe* que vela sobre os filhos de teu povo. Haverá um tempo de angústia* como jamais tinha havido desde que surgiram as nações até então; mas naquele tempo será salvo teu povo, todo aquele que se achar escrito no livro. [2]E muitos daqueles que dormem no pó da terra despertarão: uns para a vida eterna e outros para a vergonha e a infâmia eterna†. [3]Os sábios resplandecerão* como o esplendor do firmamento; aqueles que tiverem ensinado* a muitos a justiça brilharão como as estrelas para sempre.

* **11**,31. 8,11; 9,26; 12,11; Mt 24,15 **|** 33. 12,3 **|** 35. 12,10 **|** 36. 2,47; Ap 13,5; Dn 8,19 **|** **12**,1. 10,13 / Mt 24,21; Jr 30,7; Jl 2,2; Jo 5,29; 2Mc 7,9; Ez 37,10 **|** 3. Is 66,24 / 1Cor 15,41s

† **11**,31. Voltando do Egito, Antíoco IV saqueou o templo de Jerusalém e começou a perseguição religiosa. **|** **12**,2. É a primeira afirmação clara da ressurreição dos mortos. Primeira vez que se encontra na Bíblia a expressão "vida eterna".

A profecia selada. 4"Agora tu, Daniel, encerra estas palavras* e sela este livro até o tempo do fim; muitos correrão de um lado para outro, e o conhecimento aumentará".

5Eu, Daniel, estava olhando* e vi outros dois que estavam de pé, um de um lado do rio* e o outro, do outro lado. 6Um disse ao homem vestido de linho, que estava sobre as águas do rio: "Quanto tempo passará até o fim dessas coisas maravilhosas?" 7Ouvi o homem vestido de linho,* que estava sobre as águas do rio, o qual, erguendo a mão direita e a esquerda* para o céu, jurou por Aquele que vive para sempre, que todas essas coisas se cumpririam dentro de um tempo,* dois tempos e metade de um tempo; quando a força do povo santo tiver sido inteiramente destruída, todas essas coisas se cumprirão.

8Eu ouvi bem, mas não compreendi, e disse: "Meu Senhor, qual será o fim dessas coisas?" 9Ele me respondeu: "Segue teu caminho, Daniel, pois essas palavras são mantidas ocultas e seladas até o tempo do fim. 10Muitos serão purificados,* embranquecidos, provados; mas os ímpios agirão impiamente* e nenhum deles entenderá essas coisas, mas os sábios as entenderão. 11Ora, a partir do tempo em que será abolido o sacrifício cotidiano e erguida a abominação da desolação, serão mil e duzentos e noventa dias. 12Bem-aventurado aquele que aguardar* e chegar a mil trezentos e trinta e cinco dias. 13Segue teu caminho até o fim. Descansarás e no fim dos dias te erguerás para receber tua parte da herança".

III. APÊNDICE (13–14)

13

Suzana e os pérfidos anciãos†. 1Vivia em Babilônia um homem chamado Joaquim, 2o qual era casado com Suzana, filha de Helcias, mulher de rara beleza e temente a Deus. 3Seus pais, que eram justos, haviam educado a filha segundo a Lei de Moisés. 4Joaquim era muito rico e possuía uma chácara perto de casa, e muitos judeus iam à casa dele, porque era estimado mais que qualquer outro. 5Naquele ano tinham sido eleitos juízes do povo dois anciãos: eram daqueles dos quais o Senhor disse: "A iniquidade surgiu em Babilônia por obra de anciãos e de juízes, que passavam por guias do povo". 6Eles frequentavam a casa de Joaquim; e todos os que tinham qualquer demanda para resolver iam procurá-los. 7Quando o povo se retirava, por volta do meio-dia, Suzana costumava ir passear na chácara do marido. 8Os dois anciãos que todo dia a viam passear, apaixonaram-se por ela: 9perderam a luz da razão, desviaram os olhos para não verem o Céu e se esqueceram de seus justos julgamentos. 10Ardiam ambos de paixão por ela, mas um escondia ao outro seu tormento, 11porque se envergonhavam de revelar a vontade que tinham de unir-se a ela, 12mas cada dia com maior desejo procuravam vê-la. 13Um dia um disse ao outro: "Vamos para casa, é hora do almoço", e saíram cada qual para seu lado. 14Mas voltaram atrás e se acharam de novo juntos e, forçados a se explicar, confessaram sua paixão. Então combinaram procurar o momento oportuno de poder surpreendê-la sozinha.

15Enquanto esperavam a ocasião favorável, Suzana entrou na chácara como de costume, com apenas duas servas; quis tomar banho, pois fazia calor. 16Não havia ninguém, exceto os dois anciãos que estavam escondidos e a espiavam. 17Suzana disse às servas: "Trazei-me o unguento e os perfumes, depois fechai o portão, para que eu

---

* **12**,4. 8,26; Am 8,12; Ap 10,12 | 5. 8,13 / 10,5 | 7. Ap 10,5s / Dn 4,31; Eclo 18,1 / Dn 7,25; 8,14 | 10. 11,35 / Ap 22,11 | 12. 7,25 | **13**,29. Nm 5,18-22

† **13**. Tomando a narrativa como uma parábola, pode-se pensar que os dois velhos simbolizam os pagãos e os judeus apóstatas, especialmente do tempo de Antíoco IV, o qual queria induzir os judeus, aqui representados por Suzana, ao pecado de idolatria, que os profetas chamavam de adultério.

possa tomar banho". [18]Elas fizeram
como tinha ordenado: fecharam o por-
tão da chácara e entraram em casa pela
porta lateral para levar o que Suzana
pedira, sem perceber os Anciãos que
estavam escondidos. [19]Logo que parti-
ram as servas, os dois anciãos saíram
do esconderijo, correram até ela e lhe
disseram: [20]"Vê, o portão da chácara
está fechado, ninguém nos vê e nós
ardemos de paixão por ti; consente e
entrega-te a nós. [21]Caso contrário, nós
te acusaremos, dizendo que um jovem
estava contigo e por isso mandaste as
servas sair". [22]Suzana suspirou e disse:
"Estou cercada de todos os lados: se
consinto, é a morte para mim; se recu-
so, não posso escapar de vossas mãos.
[23]Melhor, porém, para mim é cair ino-
cente em vossas mãos do que pecar
diante do Senhor!" [24]Suzana gritou em
voz alta. Também os dois anciãos grita-
ram contra ela, [25]e um deles correu ao
portão da chácara e o abriu.

[26]Quando as pessoas da casa ouvi-
ram os gritos na chácara, precipitaram-
-se pela porta lateral para ver o que
estava acontecendo com ela. [27]Quan-
do os anciãos contaram sua história,
os servos sentiram-se muito confusos,
porque jamais se tinha ouvido falar tal
coisa de Suzana.

[28]No dia seguinte, o povo reuniu-se
na casa de Joaquim, seu marido, e fo-
ram lá também os dois anciãos, cheios
de más intenções contra Suzana, para
condená-la à morte. [29]Dirigindo-se ao
povo, disseram: "Convoque-se Suzana,
filha de Helcias,* esposa de Joaquim".
Mandaram chamá-la, [30]e ela veio com
os pais, os filhos e todos os seus paren-
tes. [31]Suzana era muito graciosa e de
bela aparência; [32]estava com o véu, e
aqueles perversos mandaram que lho
fosse tirado, para poderem saciar-se de
sua beleza. [33]Todos os seus familiares
choravam, bem como todos os que a
viam.

[34]Os dois anciãos levantaram-se no
meio do povo e puseram as mãos so-
bre sua cabeça. [35]Ela, chorando, ergueu
os olhos ao céu, com o coração con-
fiante* no Senhor. [36]Os anciãos disse-
ram: "Enquanto estávamos passeando
a sós na chácara, ela veio com duas
servas, fechou o portão da chácara e
depois despediu as servas. [37]Em segui-
da aproximou-se dela um jovem que
estava escondido e se uniu a ela. [38]Nós,
que estávamos num canto da chácara,
vendo tal iniquidade, precipitamo-nos
sobre eles [39]e os surpreendemos jun-
tos; mas não pudemos segurar o jovem
porque, mais forte que nós, abriu a
porta e fugiu. [40]Nós a seguramos e lhe
perguntamos quem era aquele jovem,
[41]mas ela não quis dizer-nos. Disto so-
mos testemunhas". A multidão acre-
ditou neles, porque eram anciãos do
povo e juízes. Suzana foi, pois, conde-
nada à morte. [42]Ela exclamou em alta
voz: "Deus eterno, que conheceis os se-
gredos,* que conheceis todas as coisas
antes que aconteçam, [43]vós sabeis que
deram falso testemunho contra mim!
Morro inocente de tudo o que eles ini-
quamente tramaram contra mim". [44]O
Senhor escutou sua voz.

Daniel liberta Suzana. [45]Enquanto Su-
zana era conduzida à morte,* o Senhor
suscitou o santo espírito de um adoles-
cente, chamado Daniel, [46]o qual se pôs
a gritar: "Eu sou inocente do sangue
desta mulher!"

[47]Todos se voltaram para ele pergun-
tando: "Que é isto que estás dizendo?"
[48]Então Daniel, de pé no meio da as-
sembleia, disse: "Sois assim tão loucos,
ó israelitas, a ponto de condenar à
morte uma filha de Israel, sem indagar
a verdade e sem provas claras? [49]Voltai
ao tribunal, porque estes deram falso
testemunho contra ela".

[50]Todo o povo voltou logo atrás, e os
anciãos disseram a Daniel: "Vem, senta-
-te no meio de nós e dize-nos o que
pensas, porque Deus te deu o prestígio*
dos anciãos". [51]Daniel ordenou: "Sepa-
rai-os bem um do outro e eu os inter-
rogarei". [52]Foram separados e Daniel
mandou vir um deles e disse-lhe: "Tu
envelheceste no mal! E agora teus peca-

---

* **13**,35. Lv 24,14 | 42. Hb 4,13; Sl 33,13ss | 45. 4,5; 5,11.14 | 50. Sb 4,8s

dos de teus anos passados pesam sobre
ti; 53davas sentenças injustas condenan-
do os inocentes e absolvendo os culpa-
dos, embora o Senhor tenha dito: 'Não
matarás o justo e o inocente!' 54Agora,
pois, se tu a viste,* dize: debaixo de qual
árvore tu os viste juntos?" Respondeu:
"Debaixo de uma acácia". 55Disse Da-
niel: "Em verdade tua mentira recairá
sobre tua cabeça. Já o anjo de Deus re-
cebeu dele a sentença e te dividirá ao
meio". 56Despedido este, mandou vir o
outro e lhe disse: "Raça de Canaã e não
de Judá, a beleza te seduziu, a paixão
perverteu teu coração! 57Assim fazíeis
com as mulheres de Israel e elas por
medo se uniam a vós. Mas uma filha de
Judá não pôde tolerar vossa iniquidade.
58Dize-me pois, debaixo de qual árvore
os surpreendeste juntos?" Respondeu:
"Debaixo de um carvalho". 59Disse Da-
niel: "Em verdade também tua menti-
ra recairá sobre tua cabeça. O anjo de
Deus te espera com a espada na mão
para cortar-te ao meio e te eliminar"†.

60Então toda a assembleia soltou
gritos de alegria e bendisse a Deus
que salva os que confiam nele. 61De-
pois, insurgiu-se contra os anciãos, aos
quais Daniel tinha convencido, por sua
própria boca, de ter dado falso teste-
munho. 62E, aplicando a Lei de Moisés,*
fez que sofressem a mesma pena à
qual queriam sujeitar o próximo. Eles
foram mortos, e naquele dia foi salvo o
sangue inocente. 63Helcias e sua espo-
sa deram graças a Deus pela filha Su-
zana junto com Joaquim, seu esposo, e
todos os seus parentes, porque não se
achou nela nada de indigno. 64Daquele
dia em diante, Daniel tornou-se grande
aos olhos do povo.

14 **Daniel desmascara os sacer-
dotes de Bel†.** 1O rei Astíages
reuniu-se a seus pais e sucedeu-lhe
no reino Ciro, o persa. 2Daniel vivia ao
lado do rei, e era o mais honrado de
todos os amigos do rei. 3Ora, os babilô-
nios tinham um ídolo chamado Bel, ao
qual ofereciam cada dia doze sacos de
flor de farinha, quarenta ovelhas e seis
barris de vinho. 4Também o rei vene-
rava esse ídolo e ia todo dia adorá-lo.
Daniel, porém, adorava seu Deus. 5Por
isso o rei lhe disse: "Por que não adoras
Bel?" Daniel respondeu: "Eu não adoro
ídolos feitos por mãos humanas, mas
somente o Deus vivo que fez o céu e a
terra e que tem poder sobre todo ser
vivo". 6"Não crês tu – acrescentou o rei
– que Bel seja um deus vivo? Não vês
tudo o que ele come e bebe todo dia?"
7Respondeu Daniel, sorrindo: "Não te
enganes, ó rei: aquele ídolo por den-
tro é de argila e por fora é de bronze,
nunca comeu nem bebeu". 8O rei se in-
dignou, mandou chamar os sacerdotes
de Bel e lhes disse: "Se não me dizeis
quem é que come toda esta comida,
morrereis; se porém me provardes que
é Bel que a come, morrerá Daniel, por-
que blasfemou contra Bel". 9Daniel dis-
se ao rei: "Seja feito como disseste". Os
sacerdotes de Bel eram sessenta, sem
contar as mulheres e os filhos. 10O rei
dirigiu-se junto com Daniel ao templo
de Bel, 11e os sacerdotes de Bel lhe dis-
seram: "Nós vamos sair daqui e tu, ó
rei, manda servir a comida e oferecer o
vinho misturado; depois fecha a porta e
sela-a com teu anel. Se amanhã de ma-
nhã, quando vieres, tu não constatares
que tudo foi comido por Bel, morrere-
mos nós; do contrário, morrerá Daniel
que nos caluniou". 12Eles porém não
se preocupavam porque haviam feito
uma passagem secreta sob a mesa,
pela qual passavam todos os dias para
carregar as ofertas.

13Depois que eles se foram, o rei
mandou pôr as comidas diante de Bel.
14Daniel mandou aos servos do rei que
trouxessem cinza e a espalhassem por

* **13**,54. Êx 23,7 | 62. Dt 19,16-21

† **13**,59. O texto grego faz um jogo de palavras entre os nomes das árvores e a sentença de Daniel, mostrando que "o castigo vem de onde veio o pecado", Sb 11,16. | **14**. Polêmica contra os ídolos, gênero inaugurado por Oséias, 8,6, frequente nos profetas, Jr 2,27s; Is 44,9-20, e ainda presente na Sabedoria, Sb 13,10-15.

todo o pavimento do templo na presença somente do rei. Depois saíram, fecharam a porta e a selaram com o anel do rei e foram-se embora. [15]Os sacerdotes vieram de noite, como de costume, com as mulheres e os filhos, e comeram e beberam tudo. [16]Bem cedo o rei se levantou, como também Daniel. [17]O rei perguntou: "São intactos os selos, Daniel?" "Intactos, ó rei", respondeu. [18]Logo que foi aberta a porta, o rei olhou a mesa e exclamou: "Tu és grande, Bel, e nenhum engano há em ti!" [19]Daniel sorriu e, impedindo o rei de entrar, disse: "Olha o pavimento e examina de quem são essas pegadas". [20]O rei disse: "Vejo pegadas de homens, de mulheres e de meninos!" [21]Cheio de ira, mandou prender os sacerdotes com as mulheres e os filhos; então lhe mostraram as portas secretas pelas quais entravam para consumir tudo o que se encontrava sobre a mesa. [22]Depois o rei mandou matá-los e entregou Bel ao poder de Daniel, que o destruiu junto com seu templo.

Daniel mata o dragão. [23]Havia um grande dragão que também era venerado pelos babilônios. [24]O rei disse a Daniel: "Vais dizer que ele é feito de bronze? Olha! Ele vê, ele come e bebe. Não poderás dizer que este não é um deus vivo; adora-o, pois". [25]Daniel respondeu: "Eu adoro o Senhor meu Deus, porque ele é o Deus vivo; se tu me permites, ó rei, eu, sem espada e sem bastão, matarei o dragão". [26]O rei disse: "Eu permito". [27]Daniel tomou então piche, gordura e pelos, e mandou cozinhar tudo junto; depois preparou bolos e os lançou na boca do dragão que os engoliu e se arrebentou; depois acrescentou: "Eis o que adoráveis!"

Daniel na cova dos leões. [28]Quando os babilônios souberam disso, ficaram muito indignados e revoltaram-se contra o rei, dizendo: "O rei tornou-se judeu: destruiu Bel, matou o dragão, massacrou os sacerdotes". [29]Foram até ele dizendo: "Entrega-nos Daniel, se não matamos a ti e tua família!"

[30]Diante dessa violência, o rei viu-se obrigado a lhes entregar Daniel. [31]Eles o lançaram na cova dos leões, onde ficou seis dias. [32]Na cova havia sete leões, aos quais eram dados todo dia dois cadáveres e duas ovelhas; mas nessa ocasião não lhes foi dado nada, para que devorassem Daniel.

[33]Encontrava-se então na Judeia o profeta Habacuc, o qual tinha feito uma sopa e tinha partido o pão em pequenos pedaços numa cesta e ia levar a refeição aos ceifadores no campo. [34]O anjo do Senhor disse-lhe: "Leva esta comida a Daniel em Babilônia, na cova dos leões".

[35]Mas Habacuc respondeu: "Senhor, nunca vi Babilônia e não conheço a cova". [36]Então o anjo do Senhor segurou-lhe a cabeça e levou-o pelos cabelos, com a velocidade do vento, até Babilônia e o pôs à beira da cova. [37]Habacuc gritou: "Daniel, Daniel, toma a comida que Deus te mandou". [38]Daniel exclamou: "Deus, vós vos lembrastes de mim e não abandonastes os que vos amam". [39]Erguendo-se, Daniel pôs-se a comer, enquanto o anjo de Deus reconduzia logo Habacuc ao lugar de antes.

O rei reconhece o Deus de Daniel. [40]No sétimo dia o rei foi chorar por Daniel e, chegando à cova, olhou e viu Daniel sentado. [41]Então exclamou em voz alta: "Grande sois vós, Senhor Deus de Daniel, e não há outro Deus fora de vós!" [42]Depois fez sair Daniel da cova e mandou jogar nela os que queriam sua ruína, e eles foram logo devorados diante de seus olhos†.

---

† **14**,42. A Vulgata acrescenta: "Então o rei disse: Todos os habitantes da terra inteira temam o Deus de Daniel, porque é salvador e faz milagres e prodígios sobre a terra. Ele libertou Daniel da cova dos leões".

OSEIAS

Contemporâneo de Isaías, Amós e Miqueias, prega no reino do norte num tempo caracterizado pela opressão sempre mais forte por parte da Assíria e, no interior do país, pelas intrigas da corte, delitos, abusos de poder e desorientação.

Para denunciar com maior eficácia a infidelidade do povo, Oseias apresenta como exemplo sua vida familiar: como ele desposou uma mulher infiel, assim Israel mostrou-se infiel a seu Deus cheio de amor. Por isso o Senhor lhe dissera: "Quero amor e não sacrifício, o conhecimento de Deus mais que os holocaustos" (6,6). Javé é um Deus apaixonado, que quer completamente para si todo o coração de seu povo. Mas os pecados do povo atraem sobre ele um castigo inevitável: "Os israelitas não poderão ficar na terra de Javé ... e na Assíria comerão comidas impuras ... e perecerão pela espada" (9,3;14,1). Mas o castigo ajudará a preparar a salvação deles: no fim se arrependerão e voltarão a Deus (14,2-9).

Para o profeta, porém, o mal mais grave não era o político, também preocupante, mas o moral e religioso. O rei, os sacerdotes e o povo tinham abandonado a Deus e sua aliança e se dedicaram aos deuses pagãos, cujas sacerdotisas, como principal ato de culto, exerciam a prostituição, à qual atribuíam efeitos mágicos com relação à fecundidade dos campos, dos animais e das pessoas.

Deus queria abandoná-los, mas amava-os demais: "Como posso abandonar-te, Israel? Meu coração se comove dentro de mim..., não darei vez ao ardor de minha ira..., porque sou Deus e não homem" (11,8s).

Oseias é o profeta do amor misericordioso; desenvolve uma teologia do coração, comparando a aliança entre Deus e Israel com o vínculo esponsal entre ele e sua mulher infiel: como ele permanece fiel, assim Deus mantém seu amor a Israel.

I. MATRIMÔNIO DO PROFETA (1–3)

1 **A infiel esposa de Oseias†.** [1]Palavra de Javé dirigida a Oseias, filho de Beeri, no tempo de Ozias, de Joatão, de Acaz, de Ezequias, reis de Judá, e no tempo de Jeroboão, filho de Joás, rei de Israel.
[2]Quando Javé começou a falar a Oseias, ele lhe disse:
"Vai, toma como esposa uma prostituta
e gera filhos de prostituição,
porque o país não faz outra coisa senão prostituir-se,
afastando-se de Javé".
[3]Ele foi e tomou Gomer, filha de Deblaim; ela concebeu e deu-lhe um filho.
[4]Javé disse a Oseias:
"Chama-o Jezrael,
porque daqui a pouco
punirei a casa de Jeú pelo sangue de Jezrael*
e porei fim ao reino da casa de Israel.
[5]E naquele dia
quebrarei o arco de Israel no vale de Jezrael".
[6]A mulher concebeu de novo e deu à luz uma filha, e Javé disse a Oseias:
"Chama-a 'Não-amada',
porque não mais terei misericórdia*
da casa de Israel, para perdoá-los
[7]Amarei, porém, a casa de Judá
e os salvarei por Javé seu Deus;*
não os salvarei com o arco, com a espada, com a guerra,
nem com cavalos e cavaleiros".
[8]Depois de ter desmamado "Não amada", Gomer concebeu e deu à luz* um filho. [9]E Javé disse a Oseias:
"Chama-o 'Não-meu-povo',
porque vós não sois meu povo,
e eu não existo para vós".

2 **Reconciliação.** [1]O número dos israelitas será como a areia do mar,*
que não se pode medir nem contar.

---

* **1**,4. 1Rs 18,45; 2Rs 9,1-10; 10,1-17; 17,2-6 | 6. 14,4; Sl 20,8 | 7. Pr 21,31; Mq 5,9; Is 30,16; 31,1 | 8. Zc 4,6
2,1. Rm 9,27 / Rm 9,26 / Jo 1,12

† **1**,1. A vida matrimonial de Oseias simboliza a conduta de Israel para com seu Deus. O povo prostituiu-se com os ídolos, traindo o Deus-esposo, 2,18.

E no mesmo lugar onde lhes diziam:*
"Não sois meu povo",
lhes dirão: "Sois filhos do Deus vivo".*
2Os filhos de Judá e os filhos de Israel
se reunirão juntos,*
nomearão para si mesmos um chefe único
e se expandirão para fora de seu país,
porque grande será o dia de Jezrael!*
3Dizei a vossos irmãos: 'Sois meu povo'
e a vossas irmãs: 'Tu és amada'.*

Javé e sua esposa infiel. 4Acusai vossa mãe, acusai-a,
porque ela não é mais minha mulher
e eu não sou mais seu marido!
Tire do rosto o sinal de suas prostituições
e de entre os seios as marcas de seu adultério†;
5se não, eu a despirei até a nudez
e a porei como no dia em que nasceu;*
eu a reduzirei a um deserto,
vou deixá-la como terra árida
e a farei morrer de sede†.
6Não terei compaixão de seus filhos,
porque são filhos de prostituição.*
7Pois sua mãe se prostituiu,
quem os concebeu comportou-se de modo vergonhoso;*
pois ela disse: "Seguirei meus amantes†.
que me dão meu pão e minha água,
minha lã e meu linho,
meu óleo e minhas bebidas".

Repreensões e ameaças. 8Por isso, fecharei seu caminho com espinhos
e construirei uma barreira,
para que não encontre mais suas veredas.*
9Ela seguirá seus amantes
mas não os alcançará,
ela os procurará sem encontrá-los.
Então dirá: "Voltarei a meu primeiro marido,
porque eu era mais feliz então do que agora"†.
10Não entendeu que era eu que lhe dava*
trigo, vinho novo e óleo
e lhe prodigalizava a prata e o ouro
que usaram para Baal.
11Por isso, tomarei de volta
meu trigo, a seu tempo,
e meu vinho novo em sua estação;
retirarei minha lã e meu linho
que deviam cobrir sua nudez.
12Descobrirei então suas vergonhas*
aos olhos de seus amantes,
e ninguém a tirará de minhas mãos.*
13Farei cessar todas as suas alegrias,
as festas, as luas novas, os sábados,*
todas as suas solenidades.
14Devastarei suas videiras e suas figueiras,
das quais ela dizia:
"Esta é a paga que me deram meus amantes".
Eu a reduzirei a uma floresta,*
a um pasto de animais selvagens.
15Eu a farei pagar pelos dias dos Baals,
quando lhes queimava perfumes,
enfeitava-se de anéis e de colares
e seguia seus amantes,
mas esquecia-se de mim*
– oráculo de Javé†.

Conversão. 16Por isso, eu a atrairei a mim,
vou conduzi-la ao deserto
e falarei a seu coração.†
17Eu lhe devolverei suas vinhas
e transformarei o vale de Acor†
em porta de esperança.*

---

* **2**,2. Jr 3,18 / Os 1,4-8 | 3. 2,24s | 5. Jr 6,8; 9,11 | 6. 1,2 | 7. Jr 2,25; 3,13; 44,17; Am 2,4 | 8. Jr 2,23 | 9. Jr 3,22; 6,1ss; Lc 15,17s | 10. Dt 7,13; 8,11-18 | 12. Ez 16,37 / Jo 10,29 | 13. Am 5,21ss; Is 1,13s; Jr 7,34 | 14. Sl 80,13s; Is 5,5s | 15. Jr 2,32 | 17. Is 65,10; Js 7,24ss

† **2**,4. Gomer deixou o marido e entregou-se à prostituição. O profeta apela aos israelitas para que denunciem sua mãe, a comunidade, que os arrasta ao pecado. | 5. Que desapareçam as riquezas de Canaã, causa do pecado de Israel. | 7. Os amantes são os deuses cananeus da fertilidade, os Baals. Israel julgava que a prosperidade das nações vizinhas era resultado do culto aos ídolos, por isso imitava sua idolatria. | 9. Se a prosperidade afasta de Deus, a adversidade reconduz a Ele. | 15. Israel precisa ser castigado para reconhecer que é Javé que doa todos os bens e não os ídolos. | 16. Para converter Israel, Javé pretende voltar com ele ao tempo do êxodo, quando o povo era fiel, livre das tentações da idolatria: então ouvirá sua voz e se converterá. | 17. Este vale, que tem um nome lúgubre, "vale da desgraça", e pelo qual o povo entrou na terra prometida, Js 7,24s, tornar-se-á uma porta que se abre para a felicidade recuperada.

Lá me responderá
como nos dias de sua juventude,
como quando saiu do país do Egito.
[18]E acontecerá que naquele dia
– oráculo de Javé –
me chamarás: 'Meu marido',
e não me chamarás mais: 'Meu patrão'.
[19]Eu lhe tirarei da boca
os nomes dos Baals,
que não serão mais recordados por seu nome.
[20]Naquele tempo farei para eles uma aliança*
com os animais da terra, as aves do céu
e os répteis do chão;
arco, espada e guerra
eliminarei do país;
eu os farei repousar tranquilos.
[21]Eu te desposarei para sempre;
sim, eu te desposarei
na justiça e no direito,
no amor e na ternura;
[22]eu te desposarei na fidelidade†
e tu conhecerás Javé†.
[23]E acontecerá naquele dia
que eu responderei
– oráculo de Javé –,
eu responderei ao céu
e este responderá à terra;
[24]a terra responderá com o trigo,
o vinho novo e o óleo,
e estes responderão a Jezrael.
[25]Eu a semearei para mim no país,
eu amarei 'Não amada'
e a 'Não-meu-povo' direi: 'Povo meu',
e ele me dirá: 'Meu Deus'.*

3 **Amor à esposa infiel.** [1]E Javé me disse:
"Vai novamente, ama uma mulher que é amada por outro e é adúltera; como Javé ama os israelitas, embora eles se dirijam a outros deuses* e gostem de tortas de passas"†. [2]Eu a adquiri por quinze siclos de prata e uma medida e meia de cevada [3]e lhe disse: Por longos dias estarás comigo; não te prostituirás e não serás de nenhum homem; assim também eu me comportarei contigo".
[4]Porque por longos dias
ficarão os israelitas
sem rei e sem chefe,
sem sacrifício e sem colunas sagradas,
sem efod e sem terafim†.
[5]Depois os israelitas voltarão
e buscarão de novo Javé, seu Deus,*
e Davi, seu rei,
e, tremendo, acorrerão a Javé
e a seus bens, no decurso dos dias"†.

II. ORÁCULOS PROFÉTICOS (4–14)

4 **Corrupção de Israel.** [1]Escutai a palavra de Javé, ó israelitas,
porque Javé tem uma demanda*
com os habitantes do país.
Pois não há sinceridade, nem amor ao próximo,
nem conhecimento de Deus no país.*
[2]Juram, mentem, matam
roubam, cometem adultério,*
usam de violência e derramam sangue sobre sangue.
[3]Por isso está de luto o país,*
e todos os que nele habitam desfalecem
junto com os animais da terra
e com as aves do céu;*
até os peixes do mar morrerão†.
[4]Mas ninguém acuse, ninguém conteste;
é contra ti, sacerdote, que movo processo†.

* **2**,20. Ez 34,25 | 25. Rm 9,25; 1Pd 2,10 | **3**,1. Jr 7,18 | 5. Jr 30,9 | **4**,1. Is 3,13ss; Mq 6,1-5; Jr 5,2-9 / Os 2,21s | 2. Jr 7,9 | 3. Jr 4,29 / Sf 1,3 | 6. Jr 5,4 / Ml 2,1-9

† **2**,22. "Desposar em" significa "doar como preço da esposa, como dom que o esposo oferece". Portanto são as disposições de Javé, não suas exigências. / Esse conhecimento é uma relação afetiva que envolve a pessoa toda: espírito, coração e vontade, tornando-a disposta a ouvir e a obedecer os mandamentos de Javé, 6,6. | **3**,1. Trata-se de ofertas feitas aos ídolos, Jr 7,18. | 4. Refere-se ao tempo do exílio, quando Israel não terá as estruturas religiosas e civis que o sustentavam. Efod e terafim serviam para consultar a Deus. | 5. Anuncia a reunificação dos reinos do norte e do sul sob a dinastia de Davi. **4**,3. Para os profetas, que não têm em vista o além-túmulo, todo pecado recebe um castigo neste mundo, e neste castigo participa toda a criação: neste texto, o castigo é a seca. | 4. Não um sacerdote determinado, mas é toda a classe sacerdotal, que é acusada de ignorância, avidez e negligência.

5 Tu tropeçarás de dia,
e o profeta tropeçará contigo de noite;
e farei perecer tua mãe.
6 Morre meu povo*
por falta de conhecimento.
Porque recusas o conhecimento,
eu te recusarei para que não sejas meu sacerdote;*
esqueceste a lei de teu Deus
e eu esquecerei teus filhos.
7 Quanto mais se multiplicaram,
mais pecaram contra mim;
mudarei sua glória em vergonha.*
8 Eles se nutrem do pecado de meu povo
e são ávidos de sua iniquidade†.
9 O povo e o sacerdote terão a mesma sorte:
eu os punirei por sua conduta
e lhes darei a paga de suas obras.
10 Comerão, mas não se saciarão,*
vão prostituir-se, mas não terão prole,
porque abandonaram Javé
para entregar-se 11 à prostituição,
ao vinho e ao mosto que fazem perder o juízo.
12 Meu povo consulta seu ídolo de madeira,*
e seu bastão lhe dá a resposta;
porque um espírito de prostituição os engana*
e se prostituem, afastando-se de seu Deus.
13 No alto dos montes oferecem sacrifícios*
e sobre as colinas queimam incensos,
sob o carvalhos, os choupos e os terebintos,
porque boa é sua sombra.
Por isso se prostituem vossas filhas
e vossas noras cometem adultério.
14 Não punirei vossas filhas quando se prostituem,
nem vossas noras quando cometem adultério;
porque eles mesmos se afastam com as prostitutas*
e oferecem sacrifícios com as cortesãs dos templos;
e um povo que não compreende caminha para a ruína.
15 Se te prostituis, Israel,
não se torne culpado Judá.
Deixai de ir a Guilgal*
e de subir a Bet-Áven†;
não jureis pela vida de Javé.*
16 Porque Israel se revolta como novilha rebelde;
e agora Javé o apascentaria
como cordeiro em lugares abertos?
17 Efraim aliou-se aos ídolos; deixa-o só.*
18 Quando acabam de beber
entregam-se à prostituição;
seus chefes preferem a desonra.*
19 Um vento os arrebatará com suas asas
e se envergonharão de seus sacrifícios.

5 **Condenação dos culpados.** 1 Escutai isto, ó sacerdotes,
fica atenta, casa de Israel,
ó casa do rei, presta ouvido!
Porque este juízo é contra vós.
Foste, com efeito, um laço em Masfa,
uma rede estendida sobre o Tabor
2 e uma fossa profunda em Sitim;
mas eu castigarei a todos eles.
3 Eu conheço Efraim
e não me é desconhecido Israel.
Tu te prostituíste, Efraim,
e Israel se contaminou.
4 Suas obras não permitem*
que eles voltem para seu Deus,
porque um espírito de prostituição está neles*
e não conhecem Javé.
5 O orgulho de Israel testemunha contra ele,*
Israel e Efraim cairão por causa de suas iniquidades,*
e Judá também cairá com eles.

---

* **4**,7. Jr 2,11 | 10. Mq 6,14 | 12. Jr 2,27 / Os 1,2; 2,6 | 13. Dt 12,2 | 14. Dt 23,19 | 15. Am 4,4 / Os 5,8; Js 7,2; Am 8,14; Jr 31,18 | 17. 14,9; Am 2,8; 6,4ss | 18. 4,7; Jr 4,11ss; Am 1,14 | **5**,4. Jr 13,23 / Os 1,2 | 5. Am 6,8 / Os 14,2 | 6. Am 5,4; 8,11s

† **4**,8. Os sacerdotes desejavam que o povo pecasse, porque assim aumentaria o número de sacrifícios, dos quais recebiam uma parte. | 15. Bet-Áven, "casa do nada", é uma deturpação irônica de Betel, "casa de Deus".

6Com suas ovelhas e seus bois*
irão à procura de Javé,
mas não o encontrarão:
ele afastou-se deles†.
7Foram desleais para com Javé,*
gerando filhos bastardos;
um conquistador os devorará
junto com seus campos.
A guerra fratricida†. 8Tocai a corneta em Gabaá*
e a trombeta em Ramá;
dai o alarme em Bet-Áven;*
alerta, Benjamim!
9Efraim será devastado
no dia do castigo;
entre as tribos de Israel
anuncio o que é seguro.
10Os chefes de Judá se tornaram
como os que deslocam as divisas;*
sobre eles derramarei minha ira como água.
11Efraim está oprimido, arrasado no julgamento,
porque gosta de seguir as imundícies†.
12Mas eu serei como a traça para Efraim*
e como a cárie para a casa de Judá.
Inutilidade das alianças. 13Efraim viu sua doença
e Judá sua chaga†;
Efraim recorreu à Assíria*
e Judá dirigiu-se ao grande rei;
mas ele não poderá curar-vos,
nem sarar vossa chaga.
14Porque eu serei como um leão para Efraim,*
como um filhote de leão para a casa de Judá.
Vou dilacerar e retirar-me,
levando a presa sem que ninguém salve.*
15Voltarei a minha morada*
até que reconheçam sua culpa
e busquem minha face;*
em sua angústia recorrerão a mim.

6 **Conversão efêmera.** 1"Vinde, voltemos a Javé:
ele dilacerou e nos curará;
ele feriu e nos enfaixará.
2Depois de dois dias nos fará reviver,*
e no terceiro nos fará ressurgir,
e viveremos em sua presença.
3Conheçamos e esforcemo-nos por conhecer Javé;
sua vinda é certa como a aurora;
virá a nós como a chuva de outono,*
como a chuva de primavera, que irriga a terra".
4Que farei contigo, Efraim?
Que farei contigo, Judá?
Vosso amor é como a nuvem da manhã,
como o orvalho da madrugada que se dissipa.
5Por isso, eu os feri por meio dos profetas,*
com as palavras de minha boca os matei
e minha justiça se manifestará como a luz.
6Porque eu quero misericórdia† e não sacrifício,*
o conhecimento de Deus mais que os holocaustos.
7Mas estes, como Adão, violaram a aliança,*
foram desleais comigo.
8Galaad é uma cidade de malfeitores,
manchada de sangue.
9Como bandidos à espreita,
um bando de sacerdotes
assalta na estrada de Siquém,
comete infâmias.

---

* **5**,7. Is 55,6; Am 5,4; Os 2,6 | 8. Jl 2,1 / Os 4,15 | 10. Dt 19,14; 27,17 | 12. Is 50,9 | 13. 7,11; 8,9; 12,2; 2Rs 15,19; 16,7ss | 14. Am 3,12; Is 5,29 / Os 2,12 | 15. Dt 4,29ss; Jr 29,13 / Am 5,4 | **6**,2. Ez 37 | 3. Sl 72,6; 143,6; Dt 11,14 | 5. 12,11; Jr 1,10; 5,15 | 6. 2,21s; Mt 9,13; 12,7; Am 5,21 | 7. 8,1

† **5**,6. O reino de Jeroboão II (783-743) foi um tempo de grande prosperidade. Atribuíam seu bem-estar ao esplendor do culto, por isso demonstravam no culto uma falsa mentalidade. | 8. Guerra siro-efraimita, ano 735-734, na qual Damasco e Israel invadiram Judá para obrigar o rei Acaz a entrar numa aliança contra o rei da Assíria, 2Rs 16,5ss. | 11. Nome depreciativo para os ídolos, Jr 50,2. As alianças políticas costumavam incluir a aceitação dos deuses do povo dominador. | 13. Efraim representa o reino do norte, e Judá o reino do sul. | **6**,6. Misericórdia sincera e amorosa à Aliança que Javé concluiu com seu povo: é isto que significa o termo hebraico *hesed*.

10Vi uma coisa horrenda na casa de Israel:
lá se prostitui Efraim,
lá se contamina Israel.
11Também para ti, Judá, preparo uma colheita,
quando eu mudar a sorte de meu povo.

7 Corrupção geral.

1Quando estou para curar Israel,
descobre-se a iniquidade de Efraim
e a maldade de Samaria;
porque praticam a falsidade.
O ladrão entra nas casas,
e fora saqueia o bandido.
2Não pensam
que eu recordo todas as suas maldades.*
Agora suas ações os rodeiam;
elas estão diante de mim.
3Com sua malícia alegram o rei,
e os príncipes com suas mentiras.
4São todos uns adúlteros;
são como forno aceso pelo padeiro,
que para de atiçar o fogo,
depois que preparou a massa,
até que seja fermentada.
5No dia de nosso rei,
os chefes fazem-no adoecer com o calor do vinho,
e ele estende a mão aos zombadores.
6Em suas tramas, seu coração é como um forno,
toda a noite dorme seu furor
e de manhã se acende como chama ardente.
7Todos ardem como forno
e devoram seus juízes.
Caíram todos os seus reis
e nenhum deles recorre a mim†.

Alianças nefastas. 8Efraim se mistura com os povos,
Efraim é como um bolo não virado.
9Os estrangeiros devoram sua força,*
mas ele não o percebe;
cabelos brancos se espalham por sua cabeça,
mas ele não o percebe.
10O orgulho de Israel
testemunha contra ele,
não voltam para Javé seu Deus*
nem o procuram, apesar de tudo isso.
11Efraim é como pomba ingênua,
sem inteligência;
chamam o Egito, correm para a Assíria.
12Aonde quer que forem,
estenderei sobre eles minha rede
e os farei cair como as aves do céu,
hei de puni-los como foi anunciado a sua assembleia.
13Ai deles, porque fogem de mim!
Virá a destruição sobre eles,
porque se revoltaram contra mim!
Eu queria salvá-los,
mas eles falaram mentiras contra mim.*
14Não gritam a mim do fundo do coração,
não se lamentam sobre seus leitos;
fazem penitência pelo trigo e pelo mosto,
e no entanto se rebelam contra mim.
15Eu reforcei o braço deles,
mas eles tramam o mal contra mim.
16Eles se voltam, mas não para Aquele que está no alto.
São como um arco enganador.
Seus chefes cairão pela espada,
pela insolência de sua língua,
e no país do Egito zombarão deles.

8 Pecados.

1Põe a trombeta nos lábios!*
Virá como uma águia sobre a casa de Javé.*
Porque transgrediram minha aliança
e se rebelaram contra minha lei.*
2Eles gritam para mim:
"Meu Deus! Nós, Israel, te conhecemos".*

---

* **7**,2. Sl 90,8; Ml 3,16 | 9. 5,12; Ap 3,17 | 10. Am 4,6-11 | 13. 7,1 | **8**,1. 5,8 / Jr 6,17; Ez 3,17 / Os 6,7 | 2. 6,1ss; Jr 14,8s

† **7**,7. A política do reino do norte era instável, com sucessivas mudanças de reis e golpes de estado sangrentos; adulavam o rei e os príncipes, enquanto às ocultas tramavam contra eles. | **8**,3. Oseias denuncia a hipocrisia do povo: Israel rejeita Javé, o bem, e no entanto se dirige a Ele. Isto significa escolher o castigo, que virá por meio de seus inimigos, os quais assim se tornam instrumentos de Deus.

[3]Mas Israel rejeitou o bem;
o inimigo o perseguirá†.
[4]Estabeleceram reis*
que eu não designei;
escolheram chefes
sem eu saber.
Com sua prata e seu ouro
fizeram ídolos para si,
mas para sua ruína.
[5]Repudio teu bezerro,* ó Samaria!†
Minha ira se inflama contra eles;
até quando serão incapazes de inocência?
[6]Também este bezerro vem de Israel;
é obra de um artesão,*
não é um deus;
será reduzido a pedaços
o bezerro de Samaria.

Os castigos. [7]E porque semearam vento*
colherão tempestade†.
Seu trigo será sem espiga,
não dará farinha,
e se der, vão devorá-la os estrangeiros.
[8]Israel foi engolido:
agora está entre as nações
como vaso desprezível.
[9]Pois eles subiram até Assur,*
asno selvagem que anda sozinho;
Efraim comprou* amantes†.
[10]Ainda que os comprem entre as nações,
agora eu os reunirei
e dentro em breve sofrerão
sob o peso do rei dos príncipes.
[11]Porque Efraim multiplicou os altares para pecar;
eles se tornaram para ele
altares de pecado.
[12]Mesmo se eu escrevesse para ele
minhas leis aos milhares,
elas seriam consideradas coisa estranha.
[13]Quanto aos sacrifícios que me oferecem,
eles sacrificam carne e a comem,*
mas Javé não se agrada deles;*
ele se recordará de sua iniquidade
e punirá seus pecados:
deverão regressar* ao Egito†.
[14]Israel esqueceu seu Criador
e construiu palácios;
Judá multiplicou suas fortalezas.
Mas eu mandarei sobre suas cidades*
um fogo que devorará suas cidadelas.

9 **Israel deportado.** [1]Não te entregues à alegria, Israel,
não faças festa com outros povos,
porque abandonaste teu Deus,
praticando a prostituição,
e amaste o preço dela
sobre todas as eiras de trigo.
[2]A eira e o lagar não os manterão,
e o vinho novo lhes faltará.*
[3]Não poderão ficar na terra de Javé,
mas Efraim voltará para o Egito,*
e na Assíria comerão comidas impuras.
[4]Não farão libações de vinho a Javé,
seus sacrifícios não lhe serão agradáveis.
Serão para eles como pão de luto:*
os que dele comem se tornam impuros.
Porque seu pão será para sustentar sua vida,
mas não entrará na casa de Javé.
[5]Que fareis nos dias das solenidades,
nos dias de festa de Javé?
[6]Escaparam da ruína;
mas o Egito os recolherá,
Mênfis será seu túmulo.
Seus tesouros de prata passarão às urtigas,
em suas tendas crescerão os espinhos.
[7]Vieram os dias do castigo,*
chegaram os dias da retribuição,
– Israel o saiba:
o profeta é um louco,
o homem inspirado delira –
por causa de tuas muitas iniquidades,
e da grandeza de tua hostilidade.

---

* **8**,4. 1Sm 8,1; 11,12 | 5. 1Rs 12,28.32 | 6. Êx 20,4; 34,17 | 7. 10,13; Jó 4,8; Pr 22,8 | 9. 5,13; 7,11 / Ez 16,32ss | 13. 6,6 / Am 5,22 / Os 9,9 / Os 9,3; 11,5; Dt 26,68; Dt 32,15.18 | 14. Am 2,5 | **9**,2. 2,11 | 3. 8,13; 11,5 | 4. Dt 26,14 | 7. Am 3,2

† **8**,5. Os ídolos e o bezerro são referência ao culto cismático iniciado por Jeroboão, 1Rs 12,26-33. | 7. A tempestade é a invasão assíria. | 9. O povo age com os deuses como uma prostituta que paga aos amantes, em vez de receber deles a paga. | 13. Ao Egito, ou seja, à escravidão.

8 Sentinela de Efraim é o profeta com
meu Deus;
mas um laço lhe é estendido em todos os seus caminhos,*
há hostilidade até na casa de seu
Deus.
9 Corromperam-se profundamente,
como nos dias de Gabaá;*
mas ele se recordará de sua iniquidade,
punirá seus pecados.
10 Encontrei Israel como uvas* no deserto†;
considerei vossos pais como os primeiros figos
de uma figueira em seu início;
mas logo que chegaram a Baal-Fegor*
dedicaram-se àquela infâmia
e tornaram-se abomináveis
como aquilo que amavam.

Despovoamento. 11 A glória de Efraim
voará como ave;
não haverá mais nascimento,*
nem gravidez, nem concepção.
12 Mesmo se criam filhos,*
eu os tirarei antes que fiquem grandes.
Sim, ai deles, quando eu me afastar
deles!
13 Efraim, estou vendo, é como palmeira nova,
plantada num lugar aprazível;
mas Efraim conduzirá os filhos ao
matador.
14 Javé, dai-lhes... Que dareis?
Um ventre estéril*
e seios secos!
15 Toda a sua malícia está em Guilgal,
foi lá que comecei a odiá-los.
Por causa da malícia de seus atos
eu os expulsarei de minha casa,*
não terei mais amor por eles;
todos os seus chefes são rebeldes.*
16 Efraim foi ferido,
sua raiz secou;*
não darão mais fruto.
Ainda que gerem filhos, farei morrer*
os caros frutos de seu ventre.
17 Meu Deus os rejeitará,*
porque não o escutaram;
andarão errantes entre as nações.

10 **Eliminação da idolatria.** 1 Israel era uma próspera videira,*
que dava muito fruto;
quanto mais se multiplicavam seus
frutos,*
mais multiplicava os altares;*
quanto mais rico era o país,
mais ricas fazia suas colunas sagradas.
2 Seu coração é falso†;
agora pagarão por isso!
Ele mesmo demolirá seus altares,
destruirá suas colunas sagradas.*
3 Então dirão: "Não temos mais rei,
porque não tememos Javé.
Mas o rei, o que poderia fazer por nós?"
4 Falam palavras vãs, juram falso
ao concluir alianças;
a justiça floresce como erva venenosa*
nos sulcos dos campos.
5 Os habitantes de Samaria tremem
por causa do bezerro de Bet-Áven;*
sim, por ele fará luto seu povo;
e também seus sacerdotes,
que se alegravam por ele e por sua
glória,
porque ela foi deportada para longe
deles.
6 Ele mesmo será levado para a Assíria
como tributo ao grande rei.
Efraim se cobrirá de vexame,
Israel terá vergonha de seu ídolo.
7 Será aniquilado o rei de Samaria
como a espuma sobre a água.
8 Os lugares altos de Áven, o pecado
de Israel,*
serão destruídos;
espinhos e abrolhos crescerão
sobre seus altares;
Então dirão aos montes: "Cobri-nos",*
e às colinas: "Caí sobre nós"†.

* **9**,8. Am 7,10-17; Jr 20,1-6 | 9. 8,13; Jz 19 | 10. 2,16; Dt 32,10 | 10. Nm 25,1-5; Jr 2,5 | 11. Dt 28,18 | 12. Dt 32,25 | 14. Lc 23,29 | 15. 8,1 / 1,8 | 16. Am 2,9; Mt 21,19 / Os 9,12 | 17. Dt 28,64s | **10**,1. Is 5,1 / Dt 32,15 / Os 2,7-14; 4,10s | 2. Êx 23,24 | 4. Am 6,12 | 5. 8,5; 4,15 | 8. 4,13; 2Rs 23,15s / Is 2,10; Lc 23,30; Ap 6,16

† **9**,10. Alude à eleição de Israel, pela qual Javé se alegrou como um viajante que aprecia este dom inesperado. | **10**,2. O povo está dividido entre Javé e os Baals, entre o Egito e a Assíria. | 8. Vão preferir a morte à escravidão. Este texto é citado por Jesus falando às mulheres no caminho do Calvário, Lc 23,30; é citado também em Ap 6,16.

Pecado e castigo. 9Desde os dias de Gabaá*
tu pecaste, Israel.
Lá permaneceram. Mas a batalha
contra os filhos da iniquidade
não os alcançará em Gabaá?
10Eu virei castigá-los;
os povos se reunirão contra eles
porque estão apegados a seu duplo crime.
11Efraim é uma novilha domesticada*
que gosta de trilhar o trigo.
Mas eu porei o jugo
sobre seu belo pescoço;*
prenderei Efraim ao arado;
Judá vai arar
e Jacó vai desfazer os torrões.
12Semeai para vós justiça
e colhereis bondade;*
lavrai um campo novo,
porque é tempo de buscar Javé,
até que ele venha
e faça chover sobre vós a justiça.
13Arastes impiedade
e colhestes injustiça,
comestes o fruto da mentira.
Porque puseste confiança em teus carros*
e na multidão de teus guerreiros,
14um rumor de guerra
se elevará entre teu povo,
e todas as tuas fortalezas serão devastadas.
Como Sálmana destruiu Bet-Arbel
no dia da batalha,
quando a mãe era esmagada sobre os filhos,
15assim será feito de ti, ó Betel,
por causa de tua imensa malícia;
de madrugada o rei de Israel
será inteiramente destruído.

11

Carinho de Deus. 1Quando Israel era menino,*
eu o amei
e do Egito chamei* meu filho†.
2Mas quanto mais os chamava,
mais se afastavam de mim;
imolavam vítimas aos Baals,
aos ídolos queimavam incenso.
3Fui eu que ensinei Efraim a andar,
eu o tomei pelos braços,*
mas eles não compreenderam
que eu cuidava deles.
4Eu o atraía com laços de bondade,
com vínculos de amor;
era para eles
como quem ergue uma criança até o rosto,
eu me inclinava até eles
para dar-lhes de comer.*
5Não voltará ao país do Egito,*
mas Assur será seu rei,
porque não quiseram converter-se.
6A espada se abaterá sobre suas cidades,
exterminará seus filhos
e os devorará por causa de suas intrigas.
7Meu povo está decidido a se afastar de mim;*
embora chamem por Baal,
ele não os reerguerá.

Delicadezas paternas. 8Como poderia eu abandonar-te, Efraim?
Como entregar-te a outros, Israel?
Como poderia eu tratar-te igual a Adama,
ou fazer-te semelhante a Seboim?†
Meu coração se comove dentro de mim,*
toda a minha compaixão se acende em mim.
9Não darei vez ao ardor de minha ira,
não voltarei a destruir Efraim,
porque sou Deus e não homem;*
sou o Santo no meio de ti:
não irei até vós em minha ira.*
10Seguirão Javé,
e ele rugirá como leão:
quando rugir, seus filhos
acorrerão, tremendo, do ocidente;
11do Egito acorrerão, tremendo como aves,

* **9**,9. 9,9 | 11. 4,16 / Jr 2,20; 5,5 | 12. 2,21; Mq 6,8; Jr 4,3 | 13. Is 31,1 | **11**,1. Jr 2,1-9 / Mt 2,15 | 3. Dt 1,31 | 4. 8,13; Dt 8,16 | 5. 9,3 | 7. 1Rs 18,25-29 | 8. Dt 32,36; Jr 31,20; Is 54,8 | 9. Nm 23,19 / Ez 18,23.32; Sb 1,13

† **11**,1. Israel é representado não mais como esposa, mas como filho, o filho primogênito de Deus, Êx 4,22. Para Oseias, a história de Israel começa no êxodo. Mateus vê o cumprimento dessa profecia na volta do Menino Jesus do Egito, Mt 2,15. | 8. Duas cidades pecadoras como Sodoma e Gomorra, e destruídas junto com elas, Dt 29,22.

como pombas, do país da Assíria,
e eu os farei habitar em suas casas
– oráculo de Javé.

12 Perversão de Israel.

[1]Efraim me rodeia de mentiras,
e a casa de Israel de fraudes.
Mas Judá ainda caminha com Deus,
ao Santo ele é fiel.
[2]Efraim se alimenta de vento
e segue o vento leste o dia todo;
multiplica mentiras e violências;
fazem alianças com a Assíria*
e levam óleo para o Egito.
[3]Javé está em demanda com Judá
e tratará Jacó segundo sua conduta,
haverá de retribuir-lhe conforme suas ações.
[4]No seio materno suplantou o irmão,*
e quando adulto lutou com Deus;
[5]lutou com o anjo e o venceu,*
chorou e pediu graça.
Encontrou a Deus em Betel,*
e lá Deus falou conosco.
[6]"Javé, Deus dos exércitos,
Javé" é seu nome.
[7]Tu, pois, volta para teu Deus,
pratica a bondade e a justiça,
e em teu Deus põe tua esperança, sempre.
[8]Canaã tem na mão balanças falsas,
gosta de fraudar.
[9]Efraim disse: "Fiquei rico,
adquiri uma fortuna;*
mas em todos os meus trabalhos
não acharão em mim nenhuma iniquidade,
nada que seja pecado".
[10]Mas eu sou Javé, teu Deus,*
desde o país do Egito.
Eu te farei habitar de novo debaixo das tendas*
como nos dias do encontro†.
[11]Eu falarei aos profetas,
multiplicarei as visões
e por meio dos profetas falarei em parábolas.*
[12]Se há iniquidade em Galaad,
será reduzida a nada.*
Em Guilgal sacrificam-se touros,*
por isso seus altares
serão como montes de pedras
nos sulcos dos campos.
[13]Jacó fugiu para a região de Aram,
Israel prestou serviço por uma mulher*
e por uma mulher tomou conta do rebanho.
[14]Por meio de um profeta Javé
fez Israel sair do Egito*
e por meio de um profeta o guardou.
[15]Efraim o provocou amargamente:
Javé fará recair sobre ele
o sangue derramado
e seu Senhor lhe retribuirá sua desonra.

13 Efraim infiel.

[1]Quando Efraim falava, incutia terror,
era grande em Israel.
Mas tornou-se culpado com Baal
e morreu.
[2]E agora continuam a pecar:
com sua prata fundiram para si estátuas,
ídolos de sua invenção,
todos trabalhos de artesãos.
Deles se diz: "Os homens que oferecem sacrifícios*
beijam os bezerros"†.
[3]Por isso serão como a nuvem da manhã,*
como orvalho da madrugada que logo se dissipa,*
como palha que o vento leva da eira,*
como fumaça que sai pela janela.*
[4]No entanto eu sou Javé, teu Deus,*
desde o país do Egito,
não conheces outro Deus além de mim,
não há Salvador que não eu.*
[5]Eu te conheci no deserto,
naquela terra árida.
[6]Em seus pastos se fartaram,
saciados, seu coração se orgulhou,
e por isso me esqueceram.*

---

* **12**,2. 5,13; 7,11; Is 30,1s; 31,1s | 4. Is 43,27; Gn 25,26 | 5. Gn 32,24-28 / Gn 28,10-22 | 9. Lc 12,16-21; Ap 3,17s | 10. 13,4; Êx 20,2 / Os 2,16 | 11. 6,5 | 12. 6,8 / 4,15; 9,15 | 13. Gn 29 | 14. Êx 3,7-10; Dt 18,15.18 **13**,2. 1Rs 12,27.32 | 3. 1Rs 19,18; Jr 31,27 / Os 6,4 / Sf 2,2 / Is 17,13; 41,16 | 4. 12,10 / Is 43,11 | 6. 5,14; Dt 32,15

† **12**,10. Efraim pensa que é rico e não precisa de Deus; mas Deus o reduzirá à pobreza, fazendo-o morar de novo em tendas, como no deserto. | **13**,2. Os cultos mágicos que Israel praticava para forçar a divindade culminam na degradação de si mesmo diante de meras criaturas.

Anúncio da ruína. 7Por isso serei para eles como leão,
como leopardo os espiarei pelo caminho,
8eu os assaltarei como ursa a quem tiraram os filhotes,*
quebrarei a caixa que contém seu coração;
ali os devorarei como leoa;
os animais selvagens os dilacerarão.
9Estás destruído, Israel,
e quem poderá socorrer-te?
10Onde está agora teu rei,
que possa salvar-te em todas as tuas cidades?
Onde estão teus chefes
dos quais dizias: "Dá-me um rei e príncipes"?*
11Eu te dei um rei em minha ira*
e com furor eu o retomo.*
12A iniquidade de Efraim está trancada em lugar seguro,
seu pecado está bem guardado.*
13Dores de parturiente o surpreenderão,*
mas ele é um filho sem juízo,
porque quando chega a hora*
não se apresenta para nascer†.
14Eu os libertarei do poder dos abismos?
eu os resgatarei da morte?
Onde está, ó morte, tua peste?*
Onde está, ó abismos, vosso malefício?
A compaixão está oculta a meus olhos.
15Ainda que Efraim prospere no meio dos irmãos;
virá o vento leste,*
o sopro de Javé se levantará do deserto,
suas nascentes secarão
e suas fontes se esgotarão;
ele saqueará o tesouro de todas as coisas preciosas.

14 1Samaria vai pagar
porque se rebelou contra seu Deus.*
Perecerão pela espada,
serão esmagados seus meninos
e às mulheres grávidas será rasgado o ventre.*
Convite ao retorno†. 2Volta, pois, Israel, a Javé, teu Deus,
porque tropeçaste por causa de teu pecado.*
3Preparai as palavras que direis
e voltai a Javé;
dizei-lhe: "Cancelai toda iniquidade;*
aceitai o que é bom,
e vos ofereceremos o fruto de nossos lábios.
4A Assíria não nos salvará,*
não montaremos mais sobre cavalos,
nem chamaremos mais deus nosso*
a obra de nossas mãos,
porque é junto de vós que o órfão
encontra misericórdia".
5Eu os curarei de sua infidelidade,
generosamente os amarei,*
porque minha ira se afastou deles.*
6Serei como orvalho para Israel;*
ele florescerá como um lírio
e afundará suas raízes como o cedro do Líbano.
7Seus ramos se estenderão,*
sua beleza será como a da oliveira
e seu perfume, como o do Líbano.
8Os que moram debaixo de sua sombra
cultivarão de novo o trigo
e florescerão como a videira;
sua fama será como a do vinho do Líbano.*
9Ó Efraim, que tenho eu ainda a ver com os ídolos?*
Sou eu que lhe respondo e velo sobre ele.
Eu sou como cipreste sempre verde;
é de mim que vem teu fruto.
Conclusão. 10Quem é sábio para compreender essas coisas*
e inteligente para as conhecer?
Porque retos são os caminhos de Javé,*
e os justos andarão neles,
mas os rebeldes aí tropeçarão.

---

* **13**,8. 2Sm 17,18 | 10. 1Sm 8,5 | 11. 1Sm 8,7.22 / Os 10,15 | 12. Dt 32,34s | 13. Is 26,17s / Is 37,3 | 14. 1Cor 15,55; Is 25,8 | 15. 12,2 | **14**,1. 7,1 / 10,14 | 2. 5,5 | 3. Sl 32,1 | 4. 7,11;12,2; Is 31,1 / Os 2,18s | 5. 1,6; 9,15 / 2,16-25 | 6. Is 26,19 | 7. Is 27,6 | 8. Ez 27,18 | 9. 4,17; 2Cor 6,16 | 10. Pr 4,7 / Dt 32,4

† **13**,13. Israel não aproveita da prova para renascer. | **14**,2. A última palava de Oseias é de esperança, baseada na certeza de que Javé ama seu povo. O povo proclama seu arrependimento e recebe do profeta a certeza do perdão divino.

JOEL

Exerce sua missão de profeta provavelmente muito tempo depois do exílio, quando o país é completamente destruído por uma invasão de gafanhotos, flagelo clássico das terras do Oriente (1,10). Ora, é mediante as ofertas que o povo entra em comunhão com seu Deus no templo, mas a destruição da lavoura impede Israel de fazer ofertas, fonte de alegria e de felicidade (1,16). Isto provoca a dor dos sacerdotes e do povo (1,9). A comunidade grita a Deus, que responde através do profeta, o qual ajuda o povo a entender o desígnio divino. A catástrofe agrícola é interpretada como expressão do juízo divino, antecipado do último dia. É preciso que o povo volte a Deus, que é Deus de ternura e piedade (2,13), que dá a bênção e a chuva (2,23.26). Portanto, o profeta lança um apelo a fim de que retornem para Deus, mudando a própria vida com sincera conversão e atuando um programa que a Igreja nos propõe em cada Quaresma: Voltai a Deus com todo o coração, com jejuns e preces (2,12-17). Deus é bom e misericordioso, paciente e mantém suas promessas. Está mais pronto para perdoar que para punir. Uma liturgia de penitência obtém assim o fim da calamidade. Passada a provação, sobre o povo que tiver voltado ao Senhor de todo o coração, descerá o espírito criador e vivificador, a inaugurar a nova era de graça e salvação (3,1-5). No dia de Pentecostes, Pedro dirá que o dom das línguas, recebido pelos apóstolos, é a realização plena desta profecia de Joel. Os inimigos não mais ameaçarão Jerusalém, e o povo, transformado pela efusão do Espírito (3,1), poderá invocar o nome de Javé, isto é, celebrar o culto, fonte de salvação (3,5), que suscita uma extraordinária prosperidade (4,18). Finalmente, coroando tão grandes eventos, virá o juízo de Deus que, desafiando todas as forças contrárias, reinará soberano para sempre (cap. 4).

I. EXORTAÇÃO À PENITÊNCIA (1,1–2,17)

1 **Título.** 1 Palavra de Javé, dirigida a Joel, filho de Fatuel.

A invasão dos gafanhotos†. 2 Escutai isto, anciãos,
prestai ouvido, vós todos, habitantes do país.
Aconteceu uma coisa assim em vossos dias
ou nos dias de vossos pais?
3 Contai-o a vossos filhos,
e os filhos vossos a seus filhos,
e seus filhos à geração seguinte.
4 O que o gafanhoto deixou, o ticura comeu;*
o que o ticura deixou, o grilo comeu;
o que o grilo deixou, o acrídeo comeu.
5 Despertai, bêbados, e chorai!*
Gemei vós todos que bebeis vinho
por causa do vinho novo que vos é tirado da boca.*
6 Porque veio contra meu país
uma nação poderosa e inumerável†,
que tem dentes de leão, molares de leoa.*
7 Devastou minha vinha,*
despedaçou minha figueira;
tirou-lhe a casca, jogou-a no chão,
seus ramos ficaram brancos.
8 Chora, como virgem que veste roupa de saco
pelo noivo de sua juventude.
9 Desapareceram oferta e libação†
da casa de Javé;
estão de luto os sacerdotes, ministros de Javé.
10 Devastado está o campo,*
a terra chora,
porque o trigo está destruído,

---

* **1**,4. Dt 28,38; Am 4,9; 7,1s; Ml 3,11; Sl 105,34s | 5. Is 5,11 / Dt 28,39 | 6. Jr 46,23; Ap 9,8 | 7. Is 5,1; Na 2,3 | 10. Os 4,3

† **1**,1. Seca e gafanhotos, fatos não raros na Palestina, são reconhecidos pelo profeta como punição divina. | 6. Nação poderosa, povo grande e forte, 2,2, são expressões que indicam os gafanhotos. | 9. Destruída a lavoura, o povo morre de fome e também não há o que oferecer em oblação a Deus; a interrupção do culto é uma grande tragédia para o povo, que perde um fundamental ponto de contato com Deus.

falta o vinho novo,
o óleo acabou.
11Consternai-vos, lavradores,
erguei lamentos, vinhateiros,
por causa do trigo e da cevada,
porque a colheita dos campos está
perdida.
12A videira está seca,
a figueira murchou;
a romãzeira, a palmeira, a macieira,
todas as árvores dos campos estão
secas,*
dissipou-se a alegria entre os filhos
dos homens.
Convite ao jejum†. 13Cingi o cilício e
chorai, ó sacerdotes,*
gemei, ministros do altar,
vinde, passai a noite com roupas de
saco,
ministros de meu Deus,
porque a oferta e a libação
desapareceram da casa de vosso
Deus.
14Promulgai um jejum,*
convocai uma assembleia,
reuni os anciãos
e todos os habitantes do país
na casa de Javé, vosso Deus,
e clamai a Javé:
15Ai, que dia!
Com efeito, está perto* o dia de Javé†;
e vem como extermínio mandado
pelo Onipotente.
16Não desapareceu de nossa frente a
comida,
a alegria e o júbilo
da casa de nosso Deus?
17Apodreceram as sementes
debaixo de seus sulcos,
os celeiros estão vazios,
destruídos os depósitos,
porque o trigo secou.
18Como geme o gado!
Andam vagando as boiadas,
porque não há pastos;
sofrem também os rebanhos de ove-
lhas.*
19A vós, Javé, eu clamo,
porque o fogo devorou
os pastos da estepe,
e as chamas queimaram
todas as árvores do campo.
20Também os animais da terra
elevam a vós o olhar,
porque os rios secaram
e o fogo devorou os pastos da estepe.

2 **O dia de Javé.** 1Tocai a trombeta
em Sião
e dai o alarme em meu santo monte!
Tremam todos os habitantes do país,
porque está vindo o dia de Javé,
porque está próximo;*
2dia de trevas e de densa escuridão,*
dia de nuvens e de caligem.
Como a aurora sobre os montes,
assim se expande um povo grande e
forte,
qual nunca houve antes
nem haverá depois,
pelos anos de todas as gerações.
A praga dos gafanhotos. 3Diante dele
um fogo devora*
e atrás dele queima uma chama.
Como o jardim do Éden é a terra
diante dele,*
e atrás dele é um deserto desolado,
e nada lhe escapa.
4Sua aparência é como a de cavalos,*
como corcéis eles correm.
5Com estrondo de carros
saltam sobre o topo dos montes,
como o crepitar da chama de fogo
que devora a palha,
como um povo forte
enfileirado para a batalha.
6Diante dele tremem os povos,*
todos os rostos empalidecem.
7Correm como valentes,
como guerreiros escalam os muros;
cada um segue sua estrada,
sem desviar-se de seu caminho.
8Não empurram uns aos outros;
cada qual segue seu rumo.

---

* **1**,12. Am 4,7ss; Is 16,10; Jr 25,10 | 13. 1,8 | 14. 2,15 | 15. Ez 30,2s; Is 13,6 | 18. Os 4,3 | **2**,1. 1,15 | 2. Sf 1,15 | 3. 1,19 / Gn 2,8 | 4. Ap 9,7ss | 6. Is 13,8; Na 2,11

† **1**,13. Diante da calamidade, castigo pelos pecados, o profeta convida a uma liturgia de penitência. | 15. Expressão frequente para designar o momento em que Deus intervém com poder e justiça para julgar. Nas descrições proféticas, esse dia é precedido e acompanhado de fenômenos cósmicos, Is 13,10; Am 8,9.

Eles se lançam entre os dardos
mas não rompem as fileiras.
9Caem sobre a cidade,
correm sobre os muros,
sobem em cima das casas,
entram pelas janelas como ladrões.
10Diante deles a terra treme,
o céu se abala,*
o sol e a lua escurecem*
e as estrelas retiram seu brilho.
11Javé faz ouvir sua voz à frente de seu exército,
porque imenso é seu acampamento;
poderoso é o executor de sua palavra;
porque grande é o dia de Javé*
e muito terrível:
quem poderá suportá-lo?

Convite ao arrependimento. 12"Agora, pois – oráculo de Javé –
voltai a mim de todo o coração,*
com jejuns, com prantos e lamentos".
13Rasgai o coração e não as vestes,*
voltai a Javé, vosso Deus,
porque ele é ternura e piedade,*
lento à ira e rico em bondade,
e se arrepende do mal que manda.
14Quem sabe se não muda e se aplaca*
e deixa atrás de si uma bênção†,
uma oferta e libação
para Javé, vosso Deus?

Liturgia penitencial. 15Tocai a trombeta em Sião,*
promulgai um jejum,*
convocai uma reunião solene.
16Reuni o povo,
santificai a assembleia,
chamai os velhos,
reuni os meninos e as crianças que mamam;
saia o esposo de seu quarto*
e a esposa de seu leito.
17Entre o vestíbulo e o altar*
chorem os sacerdotes, ministros de Javé,
e digam:
"Perdoai, Javé, a vosso povo*
e não exponhais vossa herança à desonra
e à zombaria das nações.
Por que se deveria dizer entre os povos:*
Onde está seu Deus?"

II. FRUTOS DA PENITÊNCIA (2,18–3,21)

O perdão de Javé. 18Javé mostrou-se apaixonado* por seu país†
e teve compaixão de seu povo.
19Javé respondeu a seu povo:
"Eu vos mando o trigo, o vinho novo e o óleo*
até a saciedade;
não farei mais de vós o ludíbrio das nações.
20Afastarei de vós aquele que vem do norte
e o impelirei para uma terra árida e desolada;
impelirei sua vanguarda para o mar oriental
e sua retaguarda para o mar ocidental.
Exalará seu mau cheiro, subirá seu fedor,*
porque fez muito mal.

Retorno à prosperidade. 21Não temas, ó terra,
mas alegra-te e exulta,
porque Javé fez grandes coisas†.
22Não temais, animais do campo,
porque os pastos da estepe germinaram,
as árvores produzem frutos,
a videira e a figueira dão seu produto.
23Vós, filhos de Sião, alegrai-vos,
exultai em Javé, vosso Deus,
porque ele vos dá a chuva na medida certa;
sobre vós faz descer
a chuva do outono e da primavera,
como no passado.*

* **2**,10. 3,4; 4,15s / Jl 4,15 | 11. Ml 3,2.23; Na 1,6; Ap 6,17 | 12. Dt 4,29 | 13. Am 5,21; Is 58,5ss / Êx 34,6s | 14. Am 5,14s; Jn 3,9 | 15. 2,1 / 1,14 | 16. Dt 24,5 | 17. 1Mc 7,36ss / Êx 32,11s / Sl 42,4.11; 79,10; Mq 7,10 | 18. Dt 4,24 | 19. Dt 11,14 | 20. Am 4,10; Is 34,3 | 23. Dt 11,14

† **2**,14. A bênção designa os frutos da terra, que permitiriam recomeçar a fazer oblações e libações. | 18. Embora o castigue por suas faltas, Javé ama seu povo e o socorre quando ameaçado pelos inimigos e quando seus próprios castigos o oprimem. | 21. Os verbos estão no "perfeito profético", apresentando o futuro como já realizado, porque é garantido.

24 As eiras se encherão de trigo
e os lagares transbordarão de mosto
e de óleo.
25 "Eu vos compensarei pelas colheitas
devoradas pelo gafanhoto e pelo ti-
cura,*
pelo grilo e pelos acrídeos,
aquele grande exército
que mandei contra vós.
26 Comereis em abundância, até a sa-
ciedade,
e louvareis o nome de Javé, vosso Deus,
que fez por vós maravilhas.
E meu povo nunca mais ficará enver-
gonhado.
27 Reconhecereis que eu estou no
meio de Israel,
e que eu sou Javé, vosso Deus,*
e que não há outro.
E meu povo nunca mais ficará enver-
gonhado."

3 Efusão do espírito de Deus†.

1 Depois disso,
efundirei meu espírito*
sobre todo ser humano.
Vossos filhos e filhas profetizarão,
vossos anciãos terão sonhos†,
vossos jovens terão visões.
2 Também sobre os escravos e escravas
efundirei meu espírito
naqueles dias.
3 Farei prodígios no céu e na terra:
sangue, fogo e colunas de fumaça.
4 O sol se mudará em trevas,
e a lua em sangue,*
antes que venha o dia de Javé,*
grande e terrível.
5 E todo aquele que invocar o nome
de Javé será salvo.*
Porque sobre o monte Sião e em Je-
rusalém*
haverá salvação, como disse Javé,
também para os sobreviventes† que
Javé vai chamar.

4 Juízo contra os pagãos.

1 Porque
naqueles dias e naquele tempo,
quando eu reconduzir do exílio os de
Judá e os de Jerusalém,*
2 reunirei todas as nações*
e as farei descer ao vale de Josafá†;
e lá entrarei em juízo com elas
a favor de meu povo Israel, minha
herança,
que eles dispersaram entre as nações,
repartindo depois meu país.
3 Lançaram sortes sobre meu povo;
deram um menino em troca de uma
prostituta e venderam uma menina em
troca de vinho* para poderem beber.
4 Também vós, Tiro e Sidônia, e todos
os distritos da Filisteia, que preten-
deis de mim? Quereis tirar desforra de
mim? Se quereis vingar-vos de mim,
rapidamente e sem demora farei recair
sobre vossa cabeça o mal que fizestes.
5 Roubastes minha prata e meu ouro
e levastes para vossos templos meus
tesouros preciosos; 6 vendestes aos
gregos os filhos de Judá e os filhos de
Jerusalém para afastá-los de sua pátria.
7 Vou chamá-los dos lugares para onde
os vendestes e farei recair sobre vossas
cabeças o mal que fizestes†. 8 Venderei
vossos filhos e filhas* aos habitantes de
Judá, que os venderão aos sabeus, um
povo distante. É Javé quem falou.

Convocação dos povos. 9 Proclamai
isto entre as nações:
Preparai a batalha†,
convocai os valentes;
venham, subam todos os guerreiros.*
10 Transformai vossos arados em es-
padas*
e vossas foices, em lanças†;

---

* **2**,25. 1,4 | 27. Is 42,8 | **3**,1. At 2,17-21; Nm 11,25-30 | 4. Ap 6,12 / Jl 2,11 | 5. Rm 10,13 / Ab 17; Ap 14,1 **4**,1. Zc 12 | 2. Ap 16,13-16 | 3. Am 1,6-10; Ez 27,13 | 8. Is 22,25; Ab 18 | 9. Zc 14 | 10. Ez 38-39; Is 2,4; Mq 4,3

† **3**. No AT o espírito de Deus era dado a poucos, para o exercício de uma missão. Nos tempos messiânicos esse dom é acessível a todos, como desejava Moisés, Nm 11,29. São Pedro vê realizada em Pentecostes esta profecia, At 2,16-21. | 1. Não obstante os abusos dos falsos profetas, Eclo 34,1-8, os sonhos eram considerados como instrumento autêntico de revelação divina. | 5. Ou seja, o resto santo, núcleo do novo Israel, Is 1,9. | **4**,2. O nome Josafá significa "Deus julga". A tradição identifica este vale com o Cedron, vale de Jerusalém. | 7. Conforme a lei do talião, os filhos de Judá tratarão os fenícios e os filisteus do mesmo modo que estes os trataram. | 9. Lit. "santificai a batalha": a guerra é uma coisa santa que requer certas disposições; antes da batalha era norma oferecer sacrifícios à divindade, Jr 6,4. | 10. Joel propõe o contrário da exortação pacífica de Is 2,4 e Mq 4,3. | 13. A ceifa e a vindima são imagens do julgamento divino.

mesmo o mais fraco diga: eu sou um guerreiro!

11Vinde depressa, nações todas circunstantes, e reuni-vos lá!
Javé, fazei descer vossos heróis!
12Que se levantem e subam as nações
para o vale de Josafá,
porque ali me sentarei para julgar
todas as nações circunstantes.
13Empunhai a foice,*
porque o trigo está maduro;
vinde, pisai,
porque o lagar está cheio
e os tonéis transbordam†.
Tão grande é a malícia deles!
14Multidões e multidões*
no vale da decisão!*
Porque o dia de Javé está próximo,
no vale da decisão†.
15O sol e a lua escurecem,*
e as estrelas retiram seu brilho.
16Javé ruge de Sião*
e de Jerusalém faz ouvir sua voz;
tremem os céus e a terra.
Mas Javé é um refúgio para seu povo,*
uma fortaleza para os filhos de Israel.
17Vós sabereis que eu sou Javé, vosso Deus,*
que moro em Sião, meu monte santo,
Jerusalém será um lugar santo:
por ela não passarão mais os estrangeiros.

Perspectivas messiânicas. 18Naquele dia, as montanhas destilarão vinho novo,*
e leite escorrerá pelas colinas;
correrão águas
em todos os riachos de Judá.
Da casa de Javé brotará uma fonte*
que irrigará o vale das Acácias.
19O Egito se tornará uma terra devastada,
e a Idumeia um deserto desolado,
por causa da violência feita aos filhos de Judá,
em cuja terra derramaram sangue inocente.
20Mas Judá será sempre habitado,*
e Jerusalém de geração em geração.
21Vingarei o sangue deles, não o deixarei impune;
e Javé habitará em Sião†.

* **4**,13. Ap 14,14-20; Is 17,5; 63,1-6 | 14. Is 17,12 / Jl 4,2 | 15. 2,10 | 16. Am 1,2; Jr 25,30 / Sl 46,2s | 17. 2,27; Ez 38,23 | 18. Am 9,13 / Is 30,25; Ez 47,1-12; Zc 14,8; Jo 4,1 | 20. Jr 17,25; Ez 37,25

† **4**,14. O dia de Javé significa a destruição total das nações e a salvação definitiva de Israel. | 21. Se Javé respondeu favoravelmente ao povo que lhe suplicava o fim da praga dos gafanhotos e da seca, isto quer dizer que Ele não abandona seu povo, mas permanece no meio dele como salvador.

AMÓS

É o primeiro profeta "escritor" e exerce seu ministério na primeira metade do séc. VIII a.C., num tempo em que os dois reinos, o do norte e o do sul, gozavam de certa tranquilidade e prosperidade. Mas o bem-estar nas mãos de poucos tinha produzido corrupção e exploração dos pobres. Originário de Técoa, a 16 km ao sul de Jerusalém, é chamado pelo Senhor para profetizar no reino do norte (7,14s). Homem simples e reto, cheio de fé e totalmente dedicado ao serviço de Deus, aceitou a ordem do Senhor, partiu e começou a denunciar sem meias palavras a vida corrupta das cidades, as injustiças sociais, a falsa segurança colocada num culto apenas exterior. Anuncia os castigos divinos (2,6: 6,14), destinados a punir as culpas do povo. Mas, no meio de tão tremenda punição, o Senhor não deixará de fazer brilhar uma luz de esperança (9,8.11).

O livro se divide em duas partes: a primeira consiste em oráculos, e a segunda apresenta cinco visões. Amós denuncia duas infidelidades à aliança: o culto luxuoso que não passa de formalismo e os pecados contra a justiça social, pelos quais o rico explora o pobre. Defende os humildes contra os abusos do poder, do dinheiro, da propriedade.

Amós é o primeiro que ousa proclamar que Deus poderia acabar com Israel (8,2). Afirma que o dia de Javé será um dia de trevas e não de graças e bênçãos como o povo esperava. Será o silêncio de Deus (8,11s). Amós continua a crer que o Deus que pune quer também salvar. Um resto subsistirá (5,15; 9,8b-10) e Javé restabelecerá seu povo Israel (9,11-15) porque permanece de pé seu projeto de salvação.

I. ORÁCULOS CONTRA AS NAÇÕES E CONTRA ISRAEL (1–2)†

1 **Título.** 1Palavras de Amós, um
dos pastores de Técoa, que ele teve em visão a respeito de Israel, no tempo de Ozias, rei da Judeia, e no tempo de Jeroboão,* filho de Joás, rei de Israel, dois anos antes do terremoto.

Exórdio. 2Ele disse:
"Ruge de Sião Javé*
e de Jerusalém faz ouvir sua voz;
estão desoladas as estepes dos pastores,*
secou o topo do Carmelo.

Oráculo contra Damasco. 3Assim fala Javé:
"Por três crimes de Damasco*
e por este quarto não revogarei meu decreto:
porque trilharam Galaad com trilhos de ferro.*
4Porei fogo na casa de Hazael,
que devorará os palácios de Ben-Adad.
5Quebrarei o ferrolho de Damasco,
exterminarei todo morador de Bicat-Áven,
e aquele que detém o cetro de Bet-Éden
e o povo de Aram será deportado para Quir",*
diz Javé.

Contra Gaza e os filisteus. 6Assim fala Javé:
"Por três crimes de Gaza*
e por este quarto não revogarei meu decreto:*
porque deportaram populações inteiras*
para entregá-las a Edom.
7Porei fogo nos muros de Gaza,
que devorará seus palácios;
8exterminarei os habitantes de Azoto*
e quem empunha o cetro em Ascalon;
voltarei minha mão contra Acaron,
e o resto dos filisteus perecerá",
diz o Senhor Javé.

---

* **1**,1. 8,8; 9,5 | 2. Jl 4,16; Jr 25,30 / Is 33,9; Na 1,4 | 3. Is 17,1ss; Jr 49,23-27 / 2Rs 8,12; 10,32s; 13,3.7 | 5. 2Rs 16,9 | 6. Jr 47 / Sf 2,4-7 / 2Cr 21,16s | 8. 2Cr 26,6

† **I**. As nações são denunciadas, porque cometem crimes contra a humanidade; Judá e Israel, porque violam a lei de seu Deus, principalmente pela idolatria e pela exploração dos pobres. As nações romperam acordos internacionais, Judá e Israel violaram a aliança com seu Deus.

Contra Tiro. [9]Assim fala Javé:
"Por três crimes de Tiro*
e por este quarto não revogarei meu decreto:
porque deportaram populações inteiras para Edom,
sem recordar a aliança* entre irmãos†.
[10]Porei fogo nos muros de Tiro,
que devorará seus palácios".
Contra Edom. [11]Assim fala Javé:
"Por três crimes de Edom*
e por este quarto não revogarei meu decreto:
porque perseguiu com a espada seu irmão
e sufocou toda compaixão para com ele,
e porque guarda para sempre sua cólera
e conservou seu furor sem fim†.
[12]Porei fogo em Temã,
que devorará os palácios de Bosra".
Contra Amon. [13]Assim fala Javé:
"Por três crimes dos amonitas*
e por este quarto não revogarei meu decreto:
porque rasgaram o ventre das mulheres grávidas de Galaad
para alargar seus confins.
[14]Porei fogo nos muros de Rabá,
que devorará seus palácios
entre os clamores de um dia de batalha,
entre o turbilhão de um dia de tempestade.*
[15]O rei irá para o exílio,
ele junto com seus príncipes",
diz Javé.

2 **Contra Moab.** [1]Assim fala Javé:
"Por três crimes de Moab*
e por este quarto não revogarei meu decreto:
porque queimou os ossos do rei de Edom
até reduzi-los a cal.
[2]Porei fogo em Moab,
que devorará os palácios de Cariot,
e Moab morrerá no tumulto,
entre gritos de guerra e som de trombeta.
[3]Eliminarei do meio dele o juiz
e todos os seus príncipes matarei junto com ele",
diz Javé.
Contra Judá. [4]Assim fala Javé:
"Por três crimes de Judá
e por este quarto não revogarei meu decreto:
porque desprezaram a lei de Javé*
e não observaram seus decretos;
deixaram extraviar-se por seus ídolos†
que seus pais tinham seguido.
[5]Porei fogo em Judá,*
que devorará os palácios de Jerusalém".
Contra Israel†. [6]Assim fala Javé:
"Por três crimes de Israel
e por este quarto não revogarei meu decreto:
porque vendem o justo por dinheiro
e o pobre por um par de sandálias;
[7]desejam ver o pó da terra*
sobre a cabeça dos empobrecidos
e transtornam o caminho dos humildes.
Pai e filho vão à mesma mulher,*
profanando assim meu santo Nome.
[8]Sobre vestes penhoradas se estendem*
junto de todo altar
e bebem na casa de seu Deus
o vinho confiscado como multa.
[9]Contudo eu exterminei diante dele o amorreu,*
que era alto como o cedro
e forte como o carvalho;
exterminei seus frutos por cima*
e suas raízes por baixo.

* **1**,9. Is 23; Ez 26-28 / 1Rs 5,26; 9,11-14 | 11. Is 34; Jr 49,7-22; Ez 25,12ss; 35 | 13. Jr 49,1-6; Ez 25,1-7; Sf 2,8-11; 2Rs 8,12; 15,16; Os 14 | 14. Is 28,2 | **2**,1. Is 15-16; Jr 48; Ez 25,8-11; Sf 2,8-11 | 4. Is 5,24; Jr 7,28; Lv 26,14s | 5. Os 8,14 | 7. Is 3,15 / Dt 27,20; 23,19 | 8. Dt 24,12s | 9. Dt 7,1; 9,1s / Os 9,16

† **1**,9. Salomão havia feito aliança com Tiro, 1Rs 5,36. | 11. Edom, outro nome para Esaú; apesar de irmão de Israel, sempre foi seu inimigo. | **2**,4. Lit. "suas mentiras". | 6. Oráculo dirigido contra o reino no qual Amós pregava: condena sobretudo os pecados sociais. "A Igreja corre o perigo e a tentação do silêncio, quando deveria falar. Tem missão profética de condenar todas as manifestações do mal, os atos de injustiça, denunciando, mesmo com risco, aqueles que lesam a justiça" (Dom Hélder Câmara).

10Eu vos fiz sair do país do Egito
e vos conduzi por quarenta anos no deserto,*
para dar-vos como herança o país do amorreu.
11Fiz surgir profetas entre vossos filhos*
e nazarenos entre vossos jovens.*
Não é assim mesmo, israelitas?
Oráculo de Javé.
12Mas vós fizestes os nazarenos beber vinho
e aos profetas ordenastes: Não profetizeis!*
13Pois bem, eu vos afundarei na terra*
como afunda um carro
quando está todo cheio de feixes.
14Então o homem veloz não poderá fugir,
nem o forte usar sua força;
nem o valente salvar sua vida.*
15O arqueiro não resistirá;
não escapará o corredor,
nem o cavaleiro se salvará.
16O mais corajoso entre os valentes
fugirá nu naquele dia!*
Oráculo de Javé".

II. ORÁCULO CONTRA ISRAEL (3–6)

3 **Castigo de Israel.** 1Escutai esta palavra
que Javé disse a vosso respeito,
filhos de Israel,
e a respeito de toda a família
que eu fiz subir do país do Egito:*
2"Somente a vós eu escolhi
entre todas as estirpes da terra;
por isso vos punirei
por todas as vossas iniquidades".
A vocação profética. 3Caminham dois homens juntos
sem antes se porem de acordo?
4Ruge o leão na floresta
sem que tenha uma presa?
O leãozinho urra de sua cova
se nada apanhou?
5Cai por terra na rede uma ave
se não lhe foi feita uma armadilha?
Levanta-se do chão o laço
se não pegou alguma coisa?
6Soa a trombeta na cidade*
sem que o povo fique alarmado?
Acontece algum mal na cidade
que Javé não tenha feito?
7Na verdade, o Senhor Javé não faz coisa alguma
sem antes revelar seu segredo*
a seus servos, os profetas.
8Ruge o leão: quem é que não treme?
O Senhor Javé falou:*
Quem não profetizará?†
Contra Samaria. 9Proclamai-o nos palácios da Assíria
e nos palácios do país do Egito e dizei:
"Reuni-vos sobre os montes de Samaria*
e vede quantas desordens há no meio dela
e quantos oprimidos* em seu interior†.
10Não sabem agir com retidão
– oráculo de Javé –,
violência e rapina acumulam em seus palácios.
11Por isso, assim fala o Senhor Javé:
O inimigo cercará o país,
será abatido teu poder
e teus palácios serão saqueados".
12Assim fala Javé:
"Como o pastor arranca da boca do leão
duas pernas ou uma parte de uma orelha,
assim escaparão os israelitas
que em Samaria estão no canto de um leito
ou num divã de Damasco".
Contra Betel. 13Escutai e testemunhai contra a casa de Jacó,

---

* **2**,10. Dt 2,7 | 11. Dt 18,18 / Nm 6,1 | 12. 7,12s | 13. Is 30,10; Jr 11,21; 1Rs 22,8.27; Am 1,3 | 14. 9,1 | 16. 5,18 | **3**,1. Dt 7,6 | 6. Jl 2,1 / Is 45,7 | 7. Gn 18,17; Jr 7,25 | 8. 7,14s; Jr 20,7ss | 9. Sf 3,8 / Am 2,6ss

† **3**,8. Se Javé falou, o profeta tem de profetizar; se o profeta profetiza, é porque Javé falou, por isso a seus olhos o fato de o povo não o escutar era um pecado particularmente grave, pois era recusar o próprio Javé. | 9. Os assírios e os egípcios são chamados para vir julgar Israel, constatando a opressão que ele pratica.

diz o Senhor Javé, Deus dos exércitos:
[14]"No dia em que eu castigar
Israel por seus crimes,*
eu me insurgirei contra os altares de Betel;
serão quebrados os chifres do altar†
e cairão por terra.
[15]Demolirei a casa de inverno
junto com a casa de verão;
serão destruídas as casas de marfim*
e desaparecerão os grandes palácios.
Oráculo de Javé".

4 **Contra as mulheres de Samaria.**
[1]Escutai esta palavra,*
vacas de Basã†,
que estais sobre o monte de Samaria,
que explorais os fracos,
maltratais os pobres
e dizeis a vossos maridos:*
"Traze aqui, bebamos!"
[2]"O Senhor jurou por sua santidade:*
Virão para vós dias
em que sereis levadas com anzóis,
e vossa posteridade com arpões de pesca.
[3]Saireis pelas brechas,
uma depois da outra,
e sereis expulsas para o Hermon,
oráculo de Javé".
Impenitência dos israelitas. [4]"Ide a
Betel e pecai,*
a Guilgal e pecai ainda mais!
Oferecei toda manhã vossos sacrifícios
e de três em três dias vossos dízimos.
[5]Oferecei um sacrifício de ação de graças com fermento*
e proclamai as ofertas espontâneas, publicai-as,
porque assim gostais de fazer, ó israelitas,
oráculo do Senhor Javé.
[6]No entanto eu vos deixei com nada nos dentes
em todas as vossas cidades*
e com falta de pão
em todos os vossos lugares;
mas não retornastes a mim,
oráculo de Javé.
[7]Também vos recusei a chuva*
três meses antes da colheita;
fiz chover sobre uma cidade
e não sobre outra;
um campo ganhou chuva,
mas outro, sobre o qual não choveu, secou;
[8]então duas, três cidades se moviam cambaleando
para outra cidade para beber água,
sem poder matar a sede;
mas não retornastes a mim,
oráculo de Javé.
[9]Eu vos feri com a queimadura e a ferrugem;*
fiz secar vossos jardins e vossas vinhas;
vossas figueiras e vossas oliveiras o gafanhoto as devorou;
mas não retornastes a mim,
oráculo de Javé.
[10]Mandei contra vós a peste,*
como outrora contra o Egito;
matei pela espada vossos jovens,
deixei capturar vossos cavalos;
fiz subir até vossas narinas
o mau cheiro de vossos acampamentos;*
mas não retornastes a mim,
oráculo de Javé.
[11]Eu vos transtornei
como Deus tinha feito com Sodoma e Gomorra;*
fostes como um tição*
retirado de um incêndio;
mas não retornastes a mim,
oráculo de Javé.
[12]Por isso eu te tratarei assim, Israel!
E porque isto te farei,
prepara-te para o encontro com teu Deus, ó Israel!*
[13]Porque é ele que forma os montes
e cria o vento,

---

* **3**,14. 1Rs 12,29s; 13,1-5 | 15. 1Rs 22,39 | **4**,1. Is 3,16-24; 32,9-14 / Is 5,11s | 2. Lv 17,1; Sl 89,36 | 4. 2Rs 2,1 | 5. Lv 7,11 | 6. Lv 26,14-39 | 7. Jr 14,1-6 | 9. 1Rs 8,37; Dt 28,22 | 10. Êx 9,1-7; Dt 7,15 / Is 34,2s | 11. Gn 19,1 / Zc 3,2 | 12. Ml 3,1s | 13. 3,7 / 5,8.27; 9,6; Is 12,6; Jr 32,18

† **3**,14. Ver a nota em Êx 27,2. | **4**,1. Basã era uma terra famosa por suas pastagens. As vacas são as mulheres ricas, que participam dos pecados de seus maridos.

que manifesta ao homem qual é seu pensamento,*
que muda a aurora em trevas
e caminha sobre as alturas da terra,*
Javé, Deus dos exércitos, é seu nome".

5 **Lamentação sobre Israel.** 1Escutai estas palavras,
este lamento que eu pronuncio sobre vós,
ó casa de Israel!
2Caiu, não se levantará mais,
a virgem de Israel†;
está estendida no chão,
e não há quem a levante.
3Pois assim fala o Senhor Javé:
A cidade que saía com mil homens
ficará com cem,
e a cidade de cem
ficará com dez, na casa de Israel.
4Porque assim fala Javé à casa de Israel:
Buscai-me e vivereis!*
5Não procureis Betel,
não entreis em Guilgal,*
não chegueis a Bersabeia,*
porque Guilgal certamente irá para o exílio*
e Betel será reduzida a nada†.
6Buscai Javé e vivereis,
para que ele não irrompa como fogo
na casa de José, e a consuma,
sem que haja em Betel quem o apague!
7Eles transformam o direito em veneno*
e jogam no chão a justiça.
8Aquele que fez as Plêiades e o Órion*
muda as densas trevas em aurora
e escurece o dia em noite;
convoca as águas do mar*
e as derrama sobre a terra:
Javé é seu nome†.
9Ele manda de repente a ruína sobre os poderosos,
e assim a destruição se abate sobre as fortalezas.
10Eles odeiam quem repreende à porta†
e detestam quem fala conforme a verdade.
11Porque vós oprimis o fraco
e exigis dele tributos de trigo,
estas casas de pedra lavrada que construístes,*
não as habitareis;
destas vinhas deliciosas que plantastes
não bebereis o vinho,
12porque eu sei como são numerosos vossos crimes
e enormes vossos pecados:
oprimis o justo, aceitais suborno
e repelis os pobres no tribunal.
13Por isso, quem for prudente se calará nesse tempo,
porque será um tempo mau.*
14Procurai o bem e não o mal*
se quereis viver,
e assim Javé, Deus dos exércitos,
esteja convosco, como dizeis.
15Odiai o mal e amai o bem
e restabelecei no tribunal o direito;
talvez Javé, Deus dos exércitos,
tenha piedade do resto* de José†.
16Por isso, assim fala Javé,
Deus dos exércitos, o Senhor:
"Em todas as praças haverá pranto,
e em todas as ruas dirão: 'Ai! Ai!'
Chamarão o agricultor para o luto,
e para a lamentação os que sabem entoar lamentos.
17Em todas as vinhas haverá choro,
porque eu passarei no meio de ti", diz Javé.*
O dia de Javé. 18Ai daqueles que esperam o dia de Javé!

---

* **5**,4. Os 10,12 | 5. 4,4 / 8,14 / Os 4,15 | 7. 6,12 | 8. Jó 9,9; 38,31 / Am 9,6 | 11. Dt 28,30-33; Zc 5,3s | 13. Mq 2,3 | 14. 5,4; Sl 34,13ss; 36,27 | 15. Is 4,3 | 17. 4,12; Ml 3,1s | 18. Jr 13,16; 14,19

† **5**,2. Pela primeira vez, a nação é comparada a uma jovem, uma criatura vulnerável que tem um fim prematuro. | 5. Buscar a Deus não significa apenas ir a um santuário: é preciso buscar o bem, viver retamente. | 8. Javé dispõe soberanamente dos homens e das coisas, e seu poder não tem limites; todas as forças do universo estão a sua disposição. | 10. A porta da cidade, lugar onde era administrada a justiça. | 15. Primeiro uso da palava "resto" para indicar a comunidade que perpetuará o povo de Deus depois que Deus fizer desaparecer os pecadores. | 18. A expressão "dia de Javé", que aparece aqui pela primeira vez, designa uma intervenção decisiva do poder de Javé; confiante em sua condição de povo eleito, Israel esperava que fosse um dia favorável e não de castigo para ele.

Que será para vós o dia de Javé?*
Será trevas e não luz†.
19Será como se alguém que foge de um leão
dá de frente com um urso;
ou como quem entra em casa, apoia a mão na parede
e é mordido por uma cobra.
20Não será talvez trevas e não luz
o dia de Javé?
e obscuridade sem esplendor algum?
21"Eu detesto, rejeito* vossas festas†
e não gosto de vossas assembleias solenes.
22Ainda que me ofereçais holocaustos e oblações,
não os aceito;*
e não olho com agrado
as ofertas pacíficas de vossos animais cevados.
23Afastai de mim o rumor de vossos cantos;
não quero ouvir o som de vossas harpas!
24Mas que corra como água o direito
e a justiça, como um rio perene.
25Acaso me oferecestes sacrifícios e oblações *
no deserto por quarenta anos, ó israelitas?
26Mas carregastes Sacut, vosso rei,
e Caivã, vosso ídolo,
e a estrela de vossos deuses, que fizestes para vós.
27Por isso vos deportarei
para além de Damasco", diz Javé,*
cujo nome é Deus dos exércitos.

6

Ai dos ricos de Israel. 1Ai dos que vivem tranquilos em Sião*
e daqueles que se sentem seguros
na montanha de Samaria!
Pessoas ilustres da primeira entre as nações,
a quem recorrem os israelitas!
2Passai por Calane e olhai;
dali, ide a Emat, a grande;
depois descei a Gat dos filisteus;
sois melhores que esses reinos?†
ou é maior que o deles vosso território?
3Vós pretendeis retardar o dia fatal,
mas apressais o reino da violência.
4Deitados em leitos de marfim,*
estendidos sobre seus divãs,
comem os cordeiros do rebanho
e os novilhos do curral;
5cantam ao som da harpa
e, como Davi, inventam instrumentos musicais;*
6bebem o vinho em grandes taças
e se ungem com os unguentos mais refinados,
mas não se afligem com a ruína de José.
7Por isso irão para o cativeiro,
à frente dos deportados,
e cessará a orgia dos folgazões.*

Gravidade do castigo. 8Jurou o Senhor Javé, por si mesmo:*
– oráculo de Javé, Deus dos exércitos –
"Detesto o orgulho de Jacó,*
odeio seus palácios,
entregarei a cidade e o que lá existe.
9Se numa casa restarem dez homens,*
também eles morrerão.
10Quando um parente vier
com aquele que queima os corpos
para levar os corpos para fora da casa,
dirá a quem está no fundo da casa:
'Há mais alguém contigo?'
O outro responderá: 'Não.'
E o primeiro dirá: 'Silêncio!';*
porque não se deve mencionar o nome de Javé.
11Porque Javé ordena
e reduz a casa grande a ruínas
e faz em pedaços a pequena.
12Correm os cavalos sobre rochas?
ara-se o mar com bois?
Porque vós mudais o direito em veneno
e o fruto da justiça em absinto.*

---

* **5**,21. 4,4s | 22. Os 8,13; Is 1,11 | 25. At 7,42s | 27. 4,13 | **6**,1. Lc 6,24; Jr 5,12s | 4. 3,15 | 5. 1Cr 23,5; Ne 12,36 | 7. Ap 18,14 | 8. 4,2 / Is 28,1 | 9. 2,14ss | 10. Sf 1,7; Zc 2,17; Hab 2,20 | 12. 5,7

† **5**,21. Os ritos religiosos só agradam a Deus quando expressam sinceramente veneração e amor e são acompanhados de uma vida conforme a Sua vontade. O culto é sacrílego se está ligado à opressão dos pobres. | **6**,2. Se essas cidades pagãs sofreram o castigo de Deus, também Israel não ficará isento.

13Vós vos alegrais por Lo-Dabar e di-
zeis:
'Não é por nossa força que conquis-
tamos Carnaim?'*
14Agora eu suscitarei contra vós, casa
de Israel,
– oráculo de Javé, Deus dos exércitos
–
uma nação que vos oprimirá da en-
trada de Emat
até a torrente da Arabá".

III. VISÕES (7–9)†

7 **A visão dos gafanhotos.** 1O Se-
nhor Javé mostrou-me o seguin-
te: ele estava formando uma nuvem
de gafanhotos,* quando começava a
germinar o feno tardio, aquele que
brota depois do corte reservado ao rei.
2Quando acabaram de devorar o feno
do país, eu disse: "Senhor Javé, perdo-
ai! Como Jacó poderá resistir? É tão pe-
queno!" 3Javé arrependeu-se: "Isto não
sucederá", disse Javé.
A seca. 4O Senhor Javé mostrou-me o
seguinte: o Senhor Javé chamava para
o castigo; o fogo devorou o grande
abismo e devorava o campo. 5Eu disse:
"Senhor Javé, cessai! Como Jacó pode-
rá resistir? É tão pequeno!" 6Javé arre-
pendeu-se. "Tampouco isto sucederá!",
disse o Senhor Javé.
O fio de prumo. 7O Senhor mostrou-
-me o seguinte: ele estava sobre uma
parede levantada a prumo e tinha na
mão um fio de prumo. 8Javé me disse:
"O que vês, Amós?" Respondi: "Um fio
de prumo". O Senhor me disse: "Eu po-
nho um fio de prumo no meio de meu
povo, Israel; não lhe perdoarei mais
nada. 9Serão devastados os lugares al-
tos* de Isaac, e os santuários de Israel
serão arrasados quando eu me levantar
com a espada contra a casa de Jero-
boão".
Disputa com Amasias. 10Então Ama-
sias, sacerdote de Betel, mandou dizer
a Jeroboão, rei de Israel: "Amós conju-
ra contra ti no meio da casa de Israel.
O país não pode tolerar suas palavras.
11Pois é assim que fala Amós: Pela es-
pada morrerá Jeroboão, e Israel cer-
tamente será deportado para longe
de sua terra". 12Amasias disse então a
Amós: "Vai-te embora, vidente, foge
para o país de Judá;* lá comerás teu
pão e lá poderás profetizar; 13mas em
Betel* não profetizes mais, porque este
é o santuário do rei e o templo do rei-
no". 14Amós respondeu a Amasias:
"Eu não era profeta, nem filho de
profeta;
era boiadeiro e cultivava sicômoros†;
15Javé me tirou*
de detrás do gado e Javé me disse:
'Vai, profetiza a Israel, meu povo!'
16Agora escuta a palavra de Javé: Tu
dizes: 'Não profetizes contra Israel,*
nem pregues contra a casa de Isaac'.
17Pois bem, diz Javé: 'Tua esposa se
prostituirá na cidade,* teus filhos e tuas
filhas cairão pela espada, tua terra será
repartida a cordel, tu morrerás em ter-
ra impura, e Israel será deportado para
longe de sua terra'".

8 **A cesta de frutos maduros.** 1O
Senhor Javé me fez ver isto:*
um cesto de fruta madura.
2Ele perguntou: "Que vês, Amós?"
Respondi: "Um cesto de fruta madu-
ra".
Javé me disse:
"Meu povo, Israel, está maduro para
seu fim;*
não lhe perdoarei mais.
3Naquele dia os cânticos do palácio
se tornarão lamentos
– oráculo do Senhor Javé.
Numerosos serão os cadáveres e jo-
gados por todo lado.*
Silêncio!"

* **6**,13. Dt 8,17 | **7**,1. Jl 1,4-7; 2,3-9; Dt 28,38 | 9. Dt 12,2; 2Rs 15,8ss | 12. 7,9; 5,27; 6,7; 9,4 | 13. 2,12; 1Rs 12,29 | 15. 3,3-8; 2Sm 7,8 | 16. 2,12 | 17. 2Rs 17,24; Dt 28,30-33; Os 9,3 | **8**,1. 7,7ss | 2. Ap 14,15.18 | 3. 6,10

† **III**. Numa série de visões, Deus revela os males que virão sobre Israel. | **7**,14. Amós diz que não é profeta por profissão, não pertence a nenhuma associação de profetas, mas profetiza por vocação divina. Tem sua profissão da qual pode viver, não precisa ganhar a vida profetizando.

Contra os aproveitadores. [4]Escutai
isto, vós que pisoteais o pobre
e quereis exterminar os humildes do
país;
[5]vós que dizeis: "Quando passará a
lua nova
para que possamos vender trigo?
e o sábado, para abrirmos nossos ce-
leiros?
Vamos diminuir as medidas e au-
mentar o siclo;*
usaremos balanças falsas;
[6]compraremos com dinheiro os indi-
gentes
e o pobre, por um par de sandálias.*
Venderemos até o refugo do trigo".
[7]Javé jura pelo orgulho de Jacó:
"Certamente, não esquecerei jamais
nenhuma de suas ações".
[8]Por causa disso não tremerá a terra?
e não estarão de luto todos os seus
habitantes?*
Toda ela se levanta como o Nilo,
Agita-se e rebaixa-se como o rio do
Egito.
Castigo misterioso. [9]Naquele dia –
oráculo do Senhor Javé –
farei que o sol se ponha ao meio-dia
e escurecerei a terra em pleno dia!
[10]Mudarei vossas festas em luto*
e todos os vossos cantos em lamen-
tações;
farei todo flanco vestir roupa de saco,
tornarei calva toda cabeça;
farei que isto seja como um luto por
um filho único,*
e seu fim será como um dia de amar-
gura.
Fome e sede da palavra de Javé. [11]Vi-
rão dias – oráculo do Senhor Javé –
em que mandarei a fome ao país,*
não fome de pão, nem sede de água,*
mas de ouvir a palavra de Javé.
[12]Então andarão errantes de um mar
ao outro
e correrão do norte ao oriente
para buscar a palavra de Javé,*
mas não a encontrarão†.
[13]Naquele dia definharão de sede*
as virgens belas e os jovens.
[14]Os que juram pelo pecado de Sa-
maria†
e dizem: "Pela vida de teu deus, Dã!"
ou: "Pela vida de teu amado, Bersa-
beia!",
cairão sem mais levantar-se.

9 **A última visão.** [1]Vi o Senhor de
pé junto do altar e me dizia:
"Bate no capitel
para que estremeçam os umbrais;
quebra-os sobre a cabeça de todos,
e o que restar deles eu matarei com
a espada;
nenhum deles conseguirá fugir,*
nenhum deles escapará†.
[2]Ainda que penetrem nos abismos,*
de lá os arrancará minha mão;
se subirem ao céu,
de lá os farei descer.
[3]Se eles se esconderem no topo do
Carmelo,
irei buscá-los e os tirarei de lá;
se eles se ocultarem de minha vista
no fundo do mar,
ordenarei ali à serpente que os morda;
[4]se forem para o cativeiro diante de
seus inimigos,
ordenarei ali à espada que os mate.
Porei meus olhos sobre eles
para o mal e não para o bem".
[5]O Senhor Javé dos exércitos
bate na terra e ela se derrete,
e todos os seus habitantes ficam de
luto;*
ela se levanta toda como o Nilo
e se abaixa como o rio do Egito.
[6]É ele que constrói no céu sua morada
e apoia sua abóbada sobre a terra;
ele chama as águas do mar*
e as derrama sobre a face da terra;*
Javé é seu nome.

---

* **8**,5. Dt 25,13; Mq 6,10s; Os 12,8 | 6. 2,6 | 8. 9,5 | 10. Tb 2,6; Os 2,13; Is 3,24; 15,2s / Jr 6,26; Zc 12,10 | 11. 4,2 / Mt 5,6; Dt 8,3 | 12. Os 5,6 | 13. Zc 9,17 | **9**,1. 2,13-16; 6,9s | 2. Sl 139,7-12; Jr 23,23s | 5. 8,8 | 6. 5,8 / 4,13 | 7. Js 13,2

† **8**,12. Deus não mandará a Israel sua palavra, tão importante para a nação nos campos religioso e político, porque o povo se recusou a ouvir os profetas que Ele enviou. | 14. O pecado de Samaria era o bezerro do santuário de Betel; Dã era o local do outro santuário cismático, 1Rs 12,29. | **9**,1. A ruína do santuário de Betel é um anúncio da ruína do reino inteiro.

Castigo dos pecadores. [7]Não sois
para mim como os etíopes, ó israeli-
tas?†
Oráculo de Javé.
Não fui eu que fiz Israel sair do país
do Egito,
os filisteus de Cáftor e os arameus
de Quir?*
[8]O olhar do Senhor Javé
está voltado contra o reino pecador:
"Eu o exterminarei da superfície da
terra;
mas não exterminarei completa-
mente a casa de Jacó,
oráculo de Javé.
[9]Com efeito, eu darei ordens
e abalarei, entre todas as nações, a
casa de Israel,
como se sacode com a peneira
sem cair por terra um só grão.
[10]Pela espada perecerão todos os
pecadores de meu povo†,
esses que diziam: 'Não se aproximará,
não chegará até nós a calamidade'".*
Restauração†. [11]"Naquele dia reer-
guerei a tenda arruinada de Davi;*
repararei suas brechas, reerguerei
suas ruínas
e a reconstruirei como nos tempos
antigos,
[12]para que conquistem o resto de
Edom
e todas as nações
sobre as quais foi invocado meu
Nome,
oráculo de Javé, que fará tudo isso†.
[13]Virão dias – oráculo de Javé –*
nos quais quem semeia se encontra-
rá com quem ceifa,
e quem pisa a uva, com quem lança
a semente;*
os montes destilarão mosto,
que escorrerá pelas colinas†.
[14]Farei voltar do cativeiro meu povo
Israel;*
eles reconstruirão as cidades devas-
tadas*
e nelas habitarão;
plantarão vinhas e beberão seu vi-
nho;
cultivarão pomares e comerão seus
frutos.
[15]Eu os plantarei em sua terra,
e nunca mais serão arrancados
da terra que eu lhes dei",
diz Javé teu Deus.

---

* **9**,10. 6,1-6; Is 28,15; Jr 5,12 | 11. At 15,16s | 13. 5,11 / Lv 26,5 | 14. Jl 4,18 / Os 14,8; Jr 31,5; Is 65,21s

† **9**,7. O que agrava a falta de Israel é sua presunção, sua arrogância. É povo eleito somente por graça divina; se for infiel à aliança, será castigado como qualquer outro. | 10. Ver a nota em 5,15. | 11. As promessas de restauração nacional incluem o restabelecimento do reino davídico, a prosperidade material e a ocupação para sempre da terra recuperada. | 12. Em seu discurso no Concílio de Jerusalém (At 15,16s), São Tiago cita os vv. 11-12, conforme a versão grega: "a fim de que o resto dos homens busque o Senhor, assim como todas as nações sobre as quais foi invocado meu nome" e com eles argumenta para não obrigar os pagãos a receberem a circuncisão. | 13. Expressões que indicam abundância e prosperidade material, que reanima a esperança do povo num tempo atribulado.

ABDIAS

Este nome hebraico significa "servo de Javé". O profeta viveu provavelmente no séc. VI a.C. Escreve pouco depois da ruína de Jerusalém. Transmite sua mensagem no livro mais breve do AT. Anuncia o juízo de Deus contra Edom que, embora fosse irmão de sangue de Israel, traiu-o, colaborando com os inimigos para efetuar a catástrofe da destruição de Jerusalém e de todo o reino de Judá. Edom aproveitou-se da queda de Jerusalém para anexar a parte sul da Judeia. Javé punirá severamente sua perfídia e seu orgulho e manifestará assim que é Senhor não só de Israel, mas de todas as nações. Israel poderá voltar à pátria vitorioso, reconhecendo Javé como seu único Deus.

O profeta mostra como o orgulho leva à ruína. Edom, com seu orgulho, provocou a Deus e este o exterminará. Edom é fratricida, negando Israel em sua desventura; Javé lhe aplica a lei do talião, porque a causa de seu povo é a sua. Israel será reabilitado, e Sião voltará a ser o lugar da morada divina, capital do futuro reino de Deus sobre a terra. O Senhor é justo juiz. "Como fizeste, assim te será feito" (v. 15). Todo pecado traz consigo o castigo.

CRIMES DE EDOM E SUA RUÍNA

Sentença contra Edom. 1Visão de Abdias.

Assim fala o Senhor Javé a respeito de Edom:

Ouvimos de Javé uma mensagem*
e um mensageiro foi enviado entre as nações:
"Levantai-vos, marchemos contra este povo para lutar!"†
2Eu te faço pequeno entre as nações,*
tu és muito desprezível.
3O orgulho de teu coração te enganou,*
ó tu, que habitas nas fendas das rochas†,
que puseste no alto tua morada
e dizes em teu coração:
"Quem poderá derrubar-me ao chão?"
4Ainda que te elevasses como a águia
e pusesses teu ninho entre as estrelas,
de lá te derrubarei,
oráculo de Javé.
5Se ladrões entrassem em tua casa,*
ou saqueadores de noite,
– como estarias arruinado! –
não roubariam quanto lhes bastasse?
Se vindimadores viessem a ti,
deixariam outra coisa além de algum cacho?
6Como foi revistado* Esaú!†
Como foram procurados seus tesouros!"
7Todos os teus aliados te expulsaram até a fronteira;
teus amigos te enganaram e te venceram;*
os que comiam teu pão te armaram laços:
não há nele entendimento!
8Naquele dia, oráculo de Javé,*
não farei desaparecer os sábios de Edom,
e a inteligência dos montes de Esaú?†
9Teus valentes, ó Temã, serão tomados de pânico,
e no massacre será exterminado
todo homem do monte de Esaú.

As culpas de Edom. 10Pela violência feita
a teu irmão, Jacó,*
a vergonha te cobrirá,
e serás exterminado para sempre.

---

* 1. Jr 49,14 | 2. Jr 49,15s | 3. Is 43,13s; Hab 2,9 | 5. Jr 49,9 | 6. Jr 49,10 | 7. Jr 38,22; Sl 41,10 | 8. Jr 49,7; Is 19,11-15; 29,14; Jr 8,8s; 49,22 | 10. Am 1,112; Jl 4,19

† 1. Edom será destruído por causa dos pecados que cometeu quando Jerusalém foi conquistada em 586 a.C. Seus crimes estão enumerados nos vv. 9-14. | 3. A capital de Edom era Petra, 2Rs 14,7, construída no meio das rochas. | 6. Os edomitas eram um povo irmão, mas inimigo, descendente de Esaú. A hostilidade vinha desde o início, Gn 27,41. | 8. Edom era famoso na antiguidade por seus sábios, Jr 49,7.

[11]No dia em que, estando tu presente,
os estrangeiros carregavam suas riquezas,
os bárbaros entravam por suas portas
e lançavam sortes sobre Jerusalém,*
também te comportaste como um deles.
[12]Não te alegres pelo dia de teu irmão†,
pelo dia de sua desventura.
Não te alegres pelos filhos de Judá
no dia de sua ruína.
Não fales com arrogância
no dia da angústia.
[13]Não entres pela porta de meu povo
no dia de sua desventura;
não olhes com prazer seu mal
no dia de sua calamidade;
nem lances mão de seus bens
no dia de sua ruína.
[14]Não te ponhas nas esquinas das ruas,
para massacrar seus fugitivos;
não entregues ao inimigo seus sobreviventes,
no dia da angústia.
[15]Porque está para vir o dia de Javé†
sobre todas as nações.
Como fizeste, assim te será feito,
tuas ações recairão sobre tua cabeça.

Revanche de Israel sobre Edom†.

[16]Porque, como bebestes sobre meu santo monte,*
assim beberão continuamente todas as nações.
Beberão e engolirão,
e serão como se nunca tivessem existido.
[17]Mas sobre o monte Sião* haverá sobreviventes†,
e será um lugar santo;
e a casa de Jacó possuirá o que lhe pertence.
[18]A casa de Jacó será um fogo
e a casa de José, uma chama;
mas a casa de Esaú será como palha
que eles queimarão e consumirão;
não escapará nenhum da casa de Esaú,
porque Javé falou†.
[19]Os do Negueb possuirão o monte de Esaú
e os da planície, o país dos filisteus;
possuirão o território de Efraim e de Samaria,
e Benjamim ocupará Galaad.
[20]Os deportados deste exército, os israelitas,
ocuparão Canaã até Sarepta;
e os exilados de Jerusalém, que estão em Safarad,
ocuparão as cidades do Negueb.
[21]Subirão vitoriosos ao monte Sião*
para governar o monte de Esaú,
e o reino será de Javé.*

---

* 11. Sl 137,7 | 16. Lm 4,21 | 17. Jl 3,5 | 21. Mq 4,7 / Sl 22,29

† 12. O profeta fala como se estivesse presente na tomada de Jerusalém e diz a Edom que não cometa as violências que de fato cometeu. | 15. Ver a nota em Am 5,18. | 16. Edom e as outras nações são exterminadas, enquanto os israelitas recuperam seu território e ocupam regiões vizinhas. | 17. Ver a nota em Am 5,15. | 18. A casa de Jacó é Judá e a casa de José é Israel, dos quais Javé se servirá para punir Edom. Voltarão a se unir num só reino na vitória final de Javé, Ez 37,15-28.

JONAS

Entre os profetas menores é o mais conhecido e o mais popular. É assimilado ao personagem de 2Rs 14,25, que viveu no tempo de Jeroboão II. Seu relato diz que foi chamado por Deus e mandado a Nínive para pregar a penitência, mas ele desobedece e foge, embarca em Jope e se dirige a Társis. Durante a viagem, surge uma grande tempestade e, para aplacá-la, é lançado ao mar, onde é engolido por um peixe que o vomita na praia após três dias. O Senhor então lhe repete a ordem, e desta vez ele obedece, vai a Nínive, prega, e a cidade se converte, obtendo o perdão dos pecados. Jonas, até então fechado em seu nacionalismo, compreende agora que Deus tem compaixão também dos pagãos.

O livro é de cerca do ano 400 a.C. Os autores modernos veem nele uma narrativa de caráter religioso, pois a intenção do autor não é apresentar um fato histórico como pensavam os antigos, mas sim uma parábola, com fim didático, para ensinar que a misericórdia de Deus é livre e imerecida.

Essa abertura ao universalismo religioso constitui a mensagem mais bela e significativa do livro; aliás, sintetiza o pensamento judaico do Antigo Testamento e forma quase uma ponte de união entre os dois Testamentos, porque demonstra que Javé é Deus também dos gentios e se interessa tanto por sua salvação que lhes manda um profeta para convertê-los. Israel não deveria considerar-se detentor exclusivo da salvação, mas não havia entendido a missão de testemunha universal que o exílio o levava a assumir (Is 43,8-13). Como Jonas se submeteu, assim deve fazer Israel agora. Tem de aprender um outro sentido de Deus, vindo da liturgia, da aliança e dos ambientes sapienciais abertos ao universal.

O exemplo dos habitantes de Nínive, que creram em Deus (3,5), que se converteram e foram perdoados, é um daqueles que com maior evidência manifestam a bondade e a misericórdia de Deus, que não recusa ninguém, mas acolhe com amor infinito todo aquele que se dirige a ele. "Tu és um Deus clemente e compassivo" (4,2).

I. JONAS ENVIADO A NÍNIVE (1–2)

1 **Desobediência de Jonas.** [1]Esta
palavra de Javé foi dirigida a Jo-
nas, filho de Amitai: [2]"Levanta-te, vai a
Nínive†, a grande cidade, e ali procla-
ma† que sua maldade subiu até mim".
[3]Jonas, porém, pôs-se a caminho para
fugir para Társis, longe da presença de
Javé. Desceu a Jope, onde encontrou
um navio que ia para Társis. Pagou o
preço da viagem e embarcou com eles
para Társis, longe da presença de Javé†.
[4]Mas Javé desencadeou sobre o mar
um forte vento, e sobreveio ao mar
uma tempestade* tão grande que o
navio estava a ponto de se despedaçar.
[5]Os marinheiros, amedrontados, invo-
caram cada qual seu próprio deus e
lançaram ao mar a carga do navio* para
diminuir seu peso. Entretanto, Jonas
descera ao porão do navio e, deitado,
dormia profundamente. [6]Chegou perto
dele o comandante e lhe disse: "Que fa-
zes aqui? dormes?* Levanta-te, invoca
teu Deus! Talvez Deus pensará em nós,
e não morreremos". [7]Depois disseram
entre si: "Vamos tirar a sorte para saber
por culpa de quem nos aconteceu esta
calamidade"†. Tiraram a sorte, e a sorte
caiu sobre Jonas†.

---

* **1**,4. Sl 107,23-30 | 5. At 27,18 | 6. Mt 8,24s

† **1**,2. Capital do império assírio, na margem esquerda do rio Tigre, diante da moderna Mossul. Uma das duas colinas onde estava a cidade antiga chama-se ainda hoje "Nebi Younous", "profeta Jonas". / Mandando um profeta pregar numa cidade inimiga do povo eleito, Javé mostra que é Deus de todas as nações e deseja a salvação de todas elas. | 3. Longe da terra onde Ele era honrado e onde estava seu templo, Jn 4,2 apresenta o motivo desta fuga: Jonas não podia aceitar que a misericórdia de Deus se estendesse àquele povo cruel e sanguinário. | 7. Era uma crença antiga pensar que a presença de um criminoso a bordo era um perigo para todos os viajantes. / Os antigos achavam que Deus interferia quando se tirava a sorte para resolver uma dúvida, 1Sm 14,41; 28,6.

Jonas lançado ao mar. 8Perguntaram-lhe: "Explica-nos por que nos sobreveio esta calamidade. Qual é tua profissão? Donde vens? Qual é teu país? A que povo pertences?" 9Ele respondeu: "Sou hebreu e venero Javé, Deus do céu, que fez o mar e a terra". 10Aqueles homens foram tomados de grande temor e lhe perguntaram: "Que fizeste?" Ficaram sabendo então que ele estava fugindo para longe da presença de Javé, porque lhes havia contado. 11Disseram-lhe: "Que devemos fazer-te para que se acalme o mar para nós?" Pois, o mar se enfurecia sempre mais. 12Ele lhes disse: "Tomai-me e lançai-me ao mar, e se acalmará o mar para vós, porque sei que esta grande tempestade vos sobreveio por minha causa". 13Os homens remavam com força para chegar à praia, mas não conseguiam, porque o mar se tornava sempre mais tempestuoso e ameaçador. 14Então clamaram a Javé* e disseram: "Javé, não deixeis que pereçamos por causa da vida deste homem e não nos torneis culpados de sangue inocente, porque vós, Javé, fizestes conforme vossa vontade". 15Tomaram Jonas e o lançaram ao mar, e o mar aplacou sua fúria. 16Os homens foram tomados de grande temor de Javé, ofereceram um sacrifício a Javé e fizeram votos.

2 **Jonas no ventre de um peixe.** 1Mas Javé dispôs que um grande peixe* engolisse Jonas; e Jonas esteve no ventre do peixe três dias e três noites. 2Do ventre do peixe Jonas rezou a Javé, seu Deus, 3e disse:

"Em minha angústia invoquei Javé*
e ele me respondeu;
do profundo dos abismos, eu gritei*
e ouvistes minha voz.
4Vós me lançastes no abismo, no coração do mar,
e a corrente das águas me cercou;
todas as vossas vagas e as vossas ondas*
passaram sobre mim.
5Eu dizia: Fui expulso*
para longe de vossos olhos;
mas continuarei a olhar
para vosso santo templo.*
6As águas me submergiram até a garganta,*
o abismo me envolveu,
as algas se enrolaram em minha cabeça.
7Desci até a base dos montes,
a terra fechou seus ferrolhos
atrás de mim para sempre.
Mas retirastes da fossa minha vida,*
Javé meu Deus.
8Quando em mim desfalecia minha alma,
lembrei-me de Javé;
minha oração chegou até vós,
em vosso santo templo.
9Os que adoram ídolos
abandonam a fidelidade à aliança.
10Mas eu com voz de louvor vos oferecerei um sacrifício
e cumprirei o que prometi.*
A salvação pertence a Javé".*

11Então Javé ordenou ao peixe, e este lançou Jonas na praia.†

II. JONAS EM NÍNIVE (3–4)

3 **A pregação de Jonas.** 1A palavra de Javé foi dirigida a Jonas uma segunda vez nestes termos: 2"Levanta-te, vai a Nínive, a grande cidade, e anuncia-lhe o que eu te digo". 3Jonas levantou-se e foi a Nínive segundo a palavra de Javé. Nínive era uma cidade de muito grande: eram necessários três dias para atravessá-la†. 4Jonas começou a andar pela cidade durante um dia e pregava: "Daqui a quarenta dias Nínive será destruída". 5Os cidadãos de Nínive creram em Deus* e promulgaram um

* **1**,14. Jr 26,15 | **2**,1. Mt 12,40 | 3. Sl 120,1; 130,1 / Lm 3,55 | 4. Sl 42,8 | 5. Sl 31,23 / Sl 5,8 | 6. Sl 69,3 | 7. Sl 30,4; 16,10 | 10. Sl 22,26 / Sl 3,9 | **3**,5. Lc 11,30.32; Ez 26,16

† **2**,11. A arte cristã primitiva representa Jonas lançado pelo peixe como símbolo da ressurreição de Cristo, Mt 12,40. | **3**,3. Esse número fantástico exprime a grandeza e o poder da cidade. | 5. Jesus cita o exemplo dos ninivitas convertidos por Jonas para repreender a incredulidade dos judeus diante de sua pregação, Mt 12,41.

jejum, vestiram roupas de saco, desde
o maior até o menor deles†. 6A notícia
chegou ao rei de Nínive, e ele se levan-
tou do trono, tirou o manto, cobriu-
-se de saco e sentou-se sobre a cinza.
7Mandou proclamar e publicar* em Ní-
nive: "Por decreto do rei e de seus no-
bres, homens e animais, grandes e pe-
quenos, não provem nada; não tomem
alimento nem bebam água. 8Homens e
animais se cubram de saco e invoquem
a Deus com todas as forças; cada um se
converta de sua má conduta e da vio-
lência que está em suas mãos. 9Quem
sabe? Talvez Deus volte atrás,* arre-
penda-se e deixe de lado seu ardente
furor, de modo que não morramos?"†
10E Deus viu suas ações, isto é, que se
haviam convertido de sua má conduta.
Deus então arrependeu-se do mal que
havia ameaçado fazer-lhes e não o fez.

4 **Deus justifica sua misericór-**
dia. 1Mas isto desagradou muito
a Jonas, e ele ficou irritado†. 2Rezou a
Javé, dizendo: "Javé, não era isto que
eu dizia quando ainda estava em meu
país? Foi por isto que da primeira vez
fugi para Társis: porque sabia que vós
sois um Deus clemente e compassivo,*
lento para a ira, rico em misericórdia, e
que vos arrependeis do mal ameaçado.
3Agora, pois, Javé, tirai-me a vida, por-
que é melhor para mim morrer* que vi-
ver!"† 4Mas Javé respondeu-lhe: "Achas
justo te enfureceres assim?"
5Então Jonas saiu de Nínive e sen-
tou-se a leste da cidade. Fez ali uma
cabana e sentou-se debaixo dela, na
sombra, para ver o que aconteceria
com a cidade. 6E Javé Deus fez cres-
cer uma mamoneira sobre Jonas, para
fazer-lhe sombra na cabeça e livrá-lo
de seu mal. Jonas sentiu uma grande
alegria por aquela mamoneira.
7Mas no dia seguinte, ao raiar da au-
rora, Deus mandou um verme, que ata-
cou a mamoneira, e ela secou. 8Quan-
do o sol se levantou, Deus fez soprar
um vento leste sufocante. O sol bateu
na cabeça de Jonas, que estava a ponto
de desfalecer, e ele pediu a morte, di-
zendo: "É melhor para mim morrer que
viver".
9Então Deus perguntou a Jonas:
"Achas justo irritar-te assim por uma
mamoneira?" Ele respondeu: "Sim, é
justo eu me irritar até desejar a mor-
te!" 10Mas Javé respondeu-lhe: "Tu tens
compaixão da planta que não te custou
trabalho e que não fizeste crescer, que
numa noite nasceu e numa noite mor-
reu, 11e eu não deveria ter compaixão
de Nínive, a grande cidade, na qual há
mais de cento e vinte mil pessoas que
não sabem distinguir entre a mão direi-
ta e a esquerda, e uma grande quanti-
dade de animais?"†

---

* **3**,7. Ez 27,30s | 9. Jl 2,14; Am 5,15 | **4**,2. 1,3; Êx 34,6s | 3. 1Rs 19,4

† **3**,9. A conversão dos pagãos, ao ouvirem um profeta de Israel, é uma condenação da atitude do mesmo Israel, que não ouvia seus profetas. | **4**,1. Jonas teme passar por falso profeta, anunciando um fato que não aconteceu. Também não aceita que a salvação divina beneficie um outro povo, julgando que ela é dom exclusivo para Israel. | 3. Ao contrário de Elias, que pediu a morte porque sua pregação não obtinha êxito, 1Rs 19,4, Jonas pede a morte porque sua pregação foi um sucesso extraordinário. | **4**,11. Contra o exclusivismo de Israel, é ensinada a misericórdia de Deus para com todos os que se arrependem. Era justo que obtivessem a salvação todos os que participaram da penitência, 3,7.

MIQUEIAS

Profeta originário da Judeia, contemporâneo de Oseias e de Isaías e pouco posterior a Amós, exerce seu ministério sob os reis Acaz e Ezequias, ou seja, pelo fim do séc. VIII e princípio do séc. VII. É testemunha da queda do reino do norte (721 a.C.) e do cerco de Jerusalém pelos assírios (701 a.C.). Dotado de nobre consciência e de profunda convicção de sua vocação profética, em nome de Deus faz o processo a seu povo e o condena por suas culpas e infidelidades. Com palavras ardentes denuncia os abusos e as injustiças que mancham a fé no único Deus e a concórdia fraterna do povo eleito. Pregador da justiça social, ataca fortemente os usurários, os comerciantes fraudulentos, as famílias divididas, os sacerdotes avarentos, os falsos profetas, os juízes corruptos e toda espécie de tirania. Imagina que, ao receber tanta ingratidão em troca de seus benefícios, Deus mesmo se lamente dizendo: "Meu povo, que te fiz? Em que coisa te cansei? Responde-me. Eu te fiz sair do Egito" (6,3s). São palavras que repetimos na Sexta-feira Santa, pensando em nossa conduta e escutando-as como se fossem do Cristo crucificado.

O profeta censura os chefes civis e religiosos do povo, acusa-os de injustiça, de corrupção e de valer-se da aliança como se fosse uma garantia incondicional. A cidade e o templo serão destruídos e os profetas não terão palavra para proclamar, porque Deus se calará. O profeta chora sobre a sorte miserável de sua pátria e sobre os castigos por ela merecidos. Mas o fim de Jerusalém não é o fim de Israel: um resto sobreviverá e, graças ao perdão e à misericórdia de Deus, a nação será restaurada, enquanto as nações serão humilhadas. Javé ensinará ao povo seus caminhos (4,2), que se resumem numa célebre frase: "Ó homem, foi-te ensinado o que é bom, o que Javé requer de ti: apenas praticar a justiça, amar a misericórdia e caminhar humildemente com teu Deus" (6,8). Deus falará ao povo através de seu Messias, descendente de Davi, que surgirá não da capital Jerusalém, mas da humilde Belém, para libertar Israel (5,1). Sião será o ponto de reunião de todos os povos; aí receberão a palavra de Deus, que será o início de uma paz universal.

I. JUÍZO DE DEUS SOBRE ISRAEL E JUDÁ (1–3)

1 **Título.** 1Palavra de Javé, dirigida a
Miqueias de Morasti, no tempo de
Joatão,* de Acaz e de Ezequias, reis de
Judá. Visão que ele teve a respeito de
Samaria e de Jerusalém.
Contra Israel e Judá. 2Ouvi, povos todos!*
Presta atenção, ó terra,
e tudo o que há em ti!
O Senhor Javé seja testemunha contra vós,
o Senhor, de seu santo templo.
3Pois Javé sai de sua morada,*
desce e caminha sobre as alturas da terra.*
4Os montes debaixo dele se dissolvem*
e os vales se derretem como cera diante do fogo,*
como águas derramadas numa encosta.
5Tudo isto por causa da infidelidade de Jacó
e dos pecados da casa de Israel.
Qual é a infidelidade de Jacó?
Não é Samaria?
Qual é o pecado de Judá?
Não é Jerusalém?
6Reduzirei Samaria a um monte de ruínas no campo,*
a um lugar para plantar a vinha.
Farei rolar suas pedras para o vale
e porei a descoberto suas fundações.
7Todas as suas estátuas serão quebradas
e todos os seus salários serão queimados;
de todos os seus ídolos farei uma ruína,
porque são ofertas recolhidas como salário de prostituição†
e voltarão a ser salário de prostituição.

---

* **1**,1. Is 1,1 | 2. Is 1,2; Sl 49,2 | 3. Is 26,21 / Am 4,13 | 4. Zc 14,4 / Sl 97,5 | 6. 3,12

† **1**,7. Trata-se do culto idolátrico, que arrasta à infidelidade o povo que tem como esposo seu Deus.

Castigo de Judá. 8Por isso chorarei e gritarei,
andarei descalço e nu;
farei lamentos como os* chacais,
e pranto como de avestruzes.
9Porque sua chaga é incurável
e chegou até Judá,
estende-se até a porta de meu povo,
até Jerusalém†.
10Não o anuncieis em Gat,*
não choreis em Aco,
em Bet-Leafra revolvei-vos no pó.*
11Emigra, população de Safir,
em vergonhosa nudez;
não saiu a população de Saanã.*
O luto de Bet-Esel
vos priva de sua proteção.
12Esperava o bem-estar
a população de Marot,*
mas desceu a calamidade
da parte de Javé
até a porta de Jerusalém.
13Atrela os corcéis ao carro,
ó habitante de Laquis!*
Ela foi o início do pecado
para a filha de Sião,
porque em ti foram achadas
as infidelidades de Israel.
14Por isso deverás dar um dote a Morasti-Gat;*
as casas de Aczib serão uma desilusão
para os reis de Israel.
15De novo farei vir sobre ti o conquistador,
ó habitante de Maresa;*
chegará até Odolam
a glória de Israel.
16Corta os cabelos, rapa a cabeça*
por causa de teus filhos que eram tua alegria!
Torna-te calva como um abutre,*
porque foram deportados
para longe de ti.

2 **A injustiça dos grandes.** 1Ai daqueles que projetam a iniquidade
e tramam o mal em seus leitos!*
Ao clarear do dia o executam,
porque na mão deles está o poder.
2Cobiçam campos e se apoderam deles,*
desejam casas e as tomam.
Assim fazem violência ao homem e a sua casa,
ao proprietário e a sua herança.
3Por isso, assim fala Javé:
"Eu tramo contra essa gente
um mal de que não podereis retirar o pescoço
e não caminhareis mais de cabeça erguida,
porque aquele tempo será de calamidade.*
4Naquele dia
farão sobre vós uma sátira,
cantarão um lamento e dirão: 'Acabou-se!
Estamos totalmente arruinados!*
A outros passa a herança de meu povo;
como arrebatou-me a porção!
Reparte nossos campos entre os que nos saqueiam'.
5Por isso não haverá nenhum
que estenda o cordel para ti,
para o sorteio na assembleia de Javé".
6"Não profetizes!", dizem a seus profetas.*
Assim não profetizarão a respeito dessas coisas,
mas não se evitará a infâmia.
7A casa de Jacó seria maldita?
Javé terá perdido a paciência,
ou este é seu modo de agir?†
Não são acaso benéficas suas palavras
para quem caminha com retidão?
8Mas vós vos levantastes como inimigos
contra meu povo†.
De quem é pacífico, tirais o manto;*
a quem caminha seguro, levais a guerra.

---

* **1**,8. Is 20,2ss; Ez 24,17-23 | 10. 2Sm 1,20 / Jr 25,34 | 11. Js 15,37 | 12. Rt 1,20 | 13. Js 15,39; 2Rs 14,19 | 14. Js 15,44 | 15. Js 15,44 | 16. 1Sm 22,1; 2Sm 23,13; Jr 7,29 / Is 22,12 | **2**,1. Sl 36,5 | 2. Is 5,8 | 3. Am 5,13 | 4. Dt 28,30-33 | 6. Am 2,12; Is 30,10 | 8. Dt 24,12s

† **1**,9. A mesma sorte de Samaria ameaça Judá, se não se converter. | **2**,7. Os falsos profetas não creem nas ameaças de Miquéias, alegando os privilégios do povo eleito. | 8. Os vv. 8-11 são a resposta do profeta: aqueles que despojam os pobres e anunciam o bem-estar serão por sua vez expulsos.

[9]Expulsais as mulheres de meu povo
de seu lar querido;
e tirais de seus filhos
minha glória para sempre.*
[10]De pé, ide embora!,
porque este não é um lugar de repouso.
Por um nada exigis um penhor insuportável.*
[11]Se alguém que corre atrás do vento
e forja mentiras dissesse:
"Eu te profetizo em virtude do vinho e de bebida inebriante",
ele seria um profeta*
para este povo.

Promessa de restauração. [12]Sim, eu te reunirei todo, Jacó;*
eu te recolherei certamente, resto de Israel.*
Eu os porei juntos como ovelhas no curral,*
como rebanho no meio do pasto,
uma rumorosa multidão de homens[†].
[13]Quem abriu a brecha os precederá;
forçarão, atravessarão a porta
e sairão por ela;
marchará seu rei diante deles
e Javé estará a sua frente.

3

Contra os chefes opressores. [1]Eu disse: "Escutai, chefes de Jacó
e governantes da casa de Israel:
Não cabe a vós conhecer a justiça?
[2]Inimigos do bem e amantes do mal,*
vós lhes arrancais a pele
e a carne de cima dos ossos".
[3]Devoram a carne de meu povo
e lhe arrancam a pele,
quebram-lhe os ossos e os cortam em pedaços
como se fossem para a panela,
como carne na caçarola.
[4]Então gritarão a Javé,*
mas ele não responderá;
esconderá deles a face, naquele tempo,*
porque fizeram más ações.

Contra os falsos profetas. [5]Assim fala Javé
contra os profetas que extraviam meu povo,
que anunciam a paz
se têm o que mastigar,
mas a quem não lhes põe nada na boca
declaram a guerra[†].
[6]Portanto, para vós será noite
em vez de visões;
trevas para vós
em vez de oráculos.
O sol se porá sobre estes profetas,
e escuro se fará o dia sobre eles.
[7]Os videntes serão cobertos de vergonha
e os adivinhos, de confusão;
todos cobrirão seus lábios,
porque não há resposta de Deus.
[8]Mas eu, graças ao espírito de Javé,
estou cheio de força,
de justiça e de coragem
para anunciar a Jacó seu delito,
a Israel seu pecado.

Jerusalém será destruída. [9]Escutai, pois, isto,
chefes da casa de Jacó
e governantes da casa de Israel,
que detestais a justiça
e torceis tudo o que é reto,*
[10]que construís Sião com o sangue*
e Jerusalém com a iniquidade.
[11]Seus chefes dão as sentenças por suborno,*
seus sacerdotes ensinam sob pagamento,*
seus profetas dão oráculos por dinheiro.
Ousam apoiar-se em Javé, dizendo:
"Não está Javé no meio de nós?*
Nenhum mal virá sobre nós".
[12]Por isso, por vossa causa,
Sião será lavrada como um campo
e Jerusalém se tornará um monte de ruínas,*
e o monte do templo uma colina* cheia de mato![†]

---

* **2**,9. 2Rs 4,1 | 10. Êx 22,25 | 11. Jr 5,31 | 12. Jr 3,18 / Is 4,3 / Ez 34,1; 37,15-28 | **3**,2. Is 5,20.23 | 4. Jr 11,11 / Dt 31,17 | 9. Am 5,7 | 10. Hab 2,12 | 11. Is 1,23 / 1Sm 9,7 / Jr 5,12 | 12. Jr 26,18 / Mq 1,6

† **2**,12. Promessa do retorno dos exilados. | **3**,5. Eles se deixam subornar, dando mensagens favoráveis aos que lhes oferecem dons. | 12. Miqueias foi o primeiro profeta a anunciar a ruína do templo e de Jerusalém. Jeremias citará suas palavras anunciando, com o risco da própria vida, a mesma catástrofe, Jr 26,18s.

II. ORÁCULOS DE SALVAÇÃO (4–5)

4

Restauração e paz†. [1]Nos últimos tempos,*
o monte do templo de Javé
será estabelecido no alto dos montes
e se elevará sobre as colinas
e afluirão a ele os povos;
[2]virão muitas nações e dirão:
"Vinde, subamos ao monte de Javé
e ao templo do Deus de Jacó;
ele nos ensinará seus caminhos,
e nós andaremos por suas veredas";
pois de Sião sairá a lei
e de Jerusalém a palavra de Javé.
[3]Ele será juiz entre muitos povos
e árbitro entre numerosas nações.
Com suas espadas farão relhas de arado,
e com suas lanças, foices.
Nenhuma nação levantará a espada contra outra
e não aprenderão mais a fazer guerra†.
[4]Cada um se sentará debaixo de sua videira
e debaixo de sua figueira,
e ninguém mais os inquietará,
porque a boca de Javé dos exércitos falou!*
[5]Sim, todos os outros povos
caminham cada qual no nome de seu deus;
mas nós caminharemos no nome de Javé, nosso Deus,*
eternamente, sempre.

Volta dos exilados. [6]"Naquele dia – oráculo de Javé –*
reunirei os aleijados,
recolherei os dispersos
e os que tratei duramente.
[7]Dos aleijados eu farei um resto,*
dos dispersos, uma nação forte.
E Javé reinará sobre eles
sobre o monte Sião,
desde então e para sempre.
[8]E a ti, torre do rebanho,
colina da filha de Sião, a ti virá,
sim, voltará a ti o antigo domínio,
o reino da filha de Jerusalém".

Exílio e libertação. [9]Agora, por que gritas tão forte?
Não há em ti um rei?
Morreram teus conselheiros,
para que te assaltem dores
como as de parturiente?
[10]Sofre e geme, filha de Sião,
como parturiente,
porque agora sairás da cidade
e morarás no campo
e irás até Babilônia.
Ali serás libertada;
ali Javé te resgatará
da mão de teus inimigos.
[11]Agora se reuniram contra ti muitas nações
que dizem: "Seja profanada
e gozem nossos olhos à vista de Sião".
[12]Mas elas não conhecem os pensamentos de Javé*
e não compreendem seu plano,
porque as reuniu como feixes na eira.
[13]Levanta-te e bate o trigo, filha de Sião,
porque farei de ferro teu chifre
e de bronze tuas unhas,
e tu triturarás muitos povos;
consagrarás a Javé seus ganhos,
e suas riquezas ao Senhor de toda a terra.
[14]Agrupa-te agora em tropas, filha de guerreiros;
puseram o cerco em torno de nós;
com a vara batem na face
do juiz de Israel.

5

A glória de Belém†. [1]E tu, Belém de Éfrata,*
tão pequena para estar entre os clãs de Judá,
de ti sairá para mim aquele
que deverá reinar sobre Israel;
suas origens remontam aos tempos antigos,
aos dias mais remotos.

---

* **4**,1. Is 2,2ss | 4. Is 1,20 | 5. Is 2,5 | 6. Ez 34,1; Sf 3,19 | 7. Is 4,3 | 12. Is 55,8s | **5**,1. Mt 2,6; Jo 7,42

† **4**. Os vv. 1-3 encontram-se quase literalmente em Is 2,2-4. A fé do povo eleito será a fé de todos os povos. | **4**,3. "Até quando se falará em 'guerra justa', mesmo depois das maiores atrocidades cometidas sob este pretexto?" (Dom Hélder Câmara). | **5**. Anúncio do Messias que, como novo Davi, também originário de Belém, vem restaurar seu reino. Mt 2,5s e Jo 7,42 mostram que esse texto era considerado messiânico. No v. 2 é mencionada a mãe do Messias.

[2]Por isso Deus os abandonará até o tempo
em que der à luz aquela que deve dar à luz.*
Então o resto de seus irmãos
voltará aos filhos de Israel.
[3]Ele se porá de pé e apascentará seu rebanho
com a força de Javé,
com a majestade do Nome
de Javé, seu Deus.
Habitarão seguros,
porque ele então será grande
até os extremos confins da terra.
[4]E ele mesmo será a paz![†]
Se a Assíria invadir nossa terra
e puser o pé em nossos palácios,
nós lhe oporemos sete pastores e oito chefes de homens,*
[5]que governarão a Assíria com a espada,
o país de Nemrod com o punhal.
Assim nos libertará da Assíria,
se ela invadir nossa terra
e puser o pé em nosso território.

O resto de Jacó. [6]Então o resto de Jacó
será, no meio de muitos povos,
como orvalho mandado por Javé
e como chuva que cai sobre a grama,
que não espera nada do homem
nem depende dos filhos dos homens.
[7]Então o resto de Jacó será,
no meio de povos numerosos,
como leão entre os animais da floresta,
como leãozinho entre rebanhos de ovelhas,
o qual, quando entra, pisoteia e dilacera,
e não há salvação.
[8]Que vossa mão se levante
contra todos os vossos adversários,
e todos os vossos inimigos serão exterminados.

A obra de Javé[†]. [9]Naquele dia – oráculo de Javé –
farei desaparecer do meio de ti teus cavalos*
e destruirei teus carros;
[10]aniquilarei as cidades de teu país
e demolirei todas as tuas fortalezas.
[11]Arrancarei de tua mão as feitiçarias
e não terás mais adivinhos.
[12]Eliminarei de teu meio
tuas estátuas e tuas colunas sagradas;
não mais te prostrarás
diante da obra de tuas mãos.
[13]Extirparei de ti teus postes* sagrados[†]
e destruirei teus ídolos.
[14]Com ira e com furor tirarei vingança das nações
que não quiseram obedecer.

III. ADVERTÊNCIA AO POVO E ESPERANÇA DE SALVAÇÃO (6–7)

6 **Processo de Javé contra seu povo.** [1]Escutai, pois, o que diz Javé:
"De pé! Abre um processo diante das montanhas*
e que as colinas ouçam tua voz!
[2]Escutai, montanhas, o processo de Javé
e prestai ouvido, fundamentos inabaláveis da terra,
porque Javé tem uma demanda com seu povo,
move processo contra Israel.
[3]Meu povo, que te fiz?[†]
Em que coisa te cansei? Responde-me.
[4]Talvez porque te fiz sair do Egito,*
te resgatei da casa da escravidão
e mandei a tua frente Moisés, Aarão e Maria?*
[5]Meu povo, recorda as tramas de Balac, rei de Moab,
e o que lhe respondeu Balaão, filho de Beor.*

---

* **5**,2. Is 7,14 | 4. Am 1,3 | 6. Is 4,3 / Os 14,6 | 9. Os 14,4; Zc 9,10 | 13. Êx 23,24; 34,13 | **6**,1. Is 3,13ss; 5,3s; Os 4,1-5 | 4. Dt 5,6 / 1Sm 12,6 | 5. Nm 22-24

† **5**,4. A paz terrestre é imagem e fruto da paz de Cristo, o Príncipe da paz messiânica. | 9. Abolir a idolatria, o pecado que é diretamente contra a fidelidade ao Deus da aliança, é abolir o motivo da destruição da cidade e da expulsão do povo da terra. | 13. Representações de Aserá, divindade cananeia do amor e da fecundidade. A lei mandava queimá-las, Dt 12,3. | **6**,3. A liturgia usa esse texto na Sexta-feira Santa, na adoração da cruz.

Lembra-te do que aconteceu de Setim a Guilgal,
para reconheceres as justas obras de Javé".
6Com que me apresentarei a Javé,
me prostrarei ao Deus Altíssimo?
Com holocaustos me apresentarei a ele,
com novilhos de um ano?
7Agradarão a Javé os milhares de carneiros
e as miríades de torrentes de óleo?
Será preciso que eu lhe ofereça meu primogênito*
como preço de meu crime,
o fruto de minhas entranhas por meu pecado?†
8Ó homem, foi-te ensinado o que é bom,*
o que Javé requer de ti:
apenas praticar a justiça,*
amar a misericórdia*
e caminhar humildemente com teu Deus.*

Contra as injustiças. 9A voz de Javé grita à cidade!
– e quem é sábio teme seu Nome –:
Escutai, tribos e assembleia da cidade:
10Há ainda na casa do ímpio*
tesouros injustamente adquiridos
e medidas diminuídas, coisa detestável?
11Poderei eu declarar justo
quem usa balanças falsas
e bolsa de pesos alterados?
12Os ricos da cidade estão cheios de violência
e seus habitantes falam mentiras;
sua língua não é mais que engano em sua boca.
13Também eu comecei a ferir-te,
a devastar-te por causa de teus pecados.
14Comerás, mas não te saciarás,
e tua fome ficará dentro de ti;
porás de lado, mas nada conservarás;
e o que conservares,
eu o entregarei à espada.
15Semearás, mas não colherás;*
pisarás a azeitona, mas não te ungirás com o óleo;
produzirás o mosto, mas não beberás o vinho.
16Tu observas os preceitos de Amri,
todas as práticas da casa de Acab
e segues seus princípios;
por isso farei de ti uma desolação,
de teus habitantes alvo de zombaria
e sofrerás a infâmia de meu povo.

7 **Depravação universal.** 1Ai de mim! Tornei-me
como segador no verão,
como vindimador na vindima:
nem um cacho para comer,
nem um figo temporão que tanto aprecio!
2Desapareceu da terra o fiel,*
não há mais um justo entre os homens;
estão todos à espreita para derramar sangue;
cada um procura apanhar com a rede o irmão.
3Suas mãos estão prontas para o mal;*
para fazer o bem, o príncipe impõe condições,
o juiz se deixa corromper,
o grande manifesta cobiça,
e assim distorcem tudo.
4O melhor deles é como espinheiro,
e o mais reto, pior que cerca de espinhos.
Vem o dia predito por tuas sentinelas,
o dia de teu castigo;
então será a ruína deles.
5Não acrediteis no amigo,
não confieis no companheiro.
Guarda as portas de tua boca
diante daquela que repousa a teu lado.
6Pois o filho insulta o pai,
a filha se revolta contra a mãe,*
a nora contra a sogra.
Cada um tem como inimigos
as pessoas da própria casa.

* **6**,7. Lv 18,21 | 8. Am 5,21 / Am 5,24 / Os 2,21 / Is 7,9; 30,15 | 10. Am 8,5 | 15. Dt 28,30-33 | **7**,2. Sl 14,1ss; Jr 5,1 | 3. Jr 4,22 | 6. Mt 10,35s

† **6**,7. Sacrifício de crianças, condenado pelos profetas, Jr 7,31, mas ainda em uso, 2Rs 16,3.

Arrependimento†. [7]Mas eu volto o olhar para Javé,
espero em Deus, meu salvador;
meu Deus me escutará.
[8]Não te alegres com minha desventura,
ó minha inimiga!
Se caí, eu me levantarei;
se moro nas trevas,
Javé será minha luz.*
[9]Devo suportar o furor de Javé
– porque pequei contra ele –
até que defenda minha causa
e restabeleça meu direito.
Ele me fará sair à luz,
e eu contemplarei* suas justas obras†.
[10]Minha inimiga o verá
e será coberta de vergonha,
ela que dizia:
"Onde está Javé, teu Deus?"*
Meus olhos a verão
quando for pisoteada como a lama das ruas.
[11]É o dia em que teus muros
serão reconstruídos;
naquele dia serão alargados teus confins.†
[12]Naquele dia virão a ti
da Assíria até o Egito,
do Egito até o Eufrates,
de um mar a outro, de uma montanha a outra.

Restauração. [13]A terra se tornará um deserto
por causa de seus habitantes,
como fruto de suas ações.
[14]Apascentai vosso povo com vossa vara,*
o rebanho de vossa herança,
que está solitário na floresta
entre férteis campos;
que ele paste em Basã e em Galaad
como nos tempos antigos.
[15]Como quando saístes do Egito,
mostrai-nos coisas prodigiosas.
[16]As nações verão e ficarão envergonhadas,*
malgrado todo o seu poder.
Taparão a boca com a mão,
seus ouvidos ficarão surdos.
[17]Lamberão o pó como a serpente,
como os répteis da terra;
tremendo sairão de seus esconderijos;
terão medo de Javé, nosso Deus,
e de ti terão temor.

Apelo ao perdão. [18]Qual deus é como vós,*
que tirais a iniquidade
e perdoais o pecado
ao resto de vossa herança?
Ele não conserva para sempre sua ira,*
porque gosta de usar misericórdia.
[19]De novo terá piedade de nós,
pisará nossas culpas
e jogará no fundo do mar todos os nossos pecados.
[20]Mostrareis a Jacó vossa fidelidade,
a Abraão vossa misericórdia,*
como jurastes a nossos pais
desde os tempos antigos.

---

* **7**,8. Sl 27,1; Jo 8,12 | 9. 6,5 | 10. Sl 42,4.11; Jl 2,17 | 14. Ez 34,1; Sl 95,7; 23,1s | 16. Is 26,11 | 18. Jr 50,20 / Sl 103,9; Êx 34,6s | 20. Lc 1,73; Gn 22,16ss; 28,13ss

† **7**,7. O povo eleito, provado pelo exílio, arrepende-se e obtém a promessa da restauração. Em breve a ira de Javé se voltará contra os inimigos do povo. | 9. Ou seja, a salvação. | 11. O dia de Javé será um dia de renovação, dia em que serão reconstruídos os muros e serão alargados os limites da cidade, tempo do retorno dos exilados.

NAUM

Da vida do profeta Naum não se sabe quase nada. Exerce seu ministério profético no momento crucial da queda de Nínive, em 612 a.C. Anuncia sua ruína próxima. Em tal evento ele vê um juízo de Deus, que pune o opressor de Israel (1,12s) e dos outros povos (3,1-7). Depois de um século de dominação assíria, o profeta faz explodir sua alegria pela libertação obtida e saúda a nova era (2,1).

O livro começa com um salmo que celebra a intervenção de Deus. Javé é lento para a ira, mas vai abalar o universo levando o castigo aos inimigos e a salvação aos fiéis. Seguem-se os oráculos para vários destinatários e o anúncio da ruína de Nínive. O profeta não se dirige ao povo eleito, mas diretamente à cidade inimiga. Anuncia que Javé é um Deus exigente, que pune os que se opõem a ele (1,2). Louva a Deus que conduz a história. Ele é bom, é um refúgio seguro no dia do infortúnio. Cuida dos que se refugiam nele, quando estão para ser tragados (1,7s). O povo será libertado com a queda de Nínive.

JUÍZO DE JAVÉ CONTRA NÍNIVE E DESTRUIÇÃO DA CIDADE

1 **Título.** [1]Oráculo sobre Nínive†.
Livro da visão de Naum de Elcós.

A cólera de Javé†. [2]Javé é um Deus apaixonado* e vingador†;
vingador é Javé, cheio de furor.
Javé se vinga de seus adversários
e guarda rancor a seus inimigos.
[3]Javé é lento para a ira, mas grande em poder
e nada deixa impune.
Ele caminha no furacão e na tempestade,
e as nuvens são a poeira de seus pés.
[4]Ameaça o mar e o enxuga,
faz secar todos os rios.*
Basã e o Carmelo tornam-se áridos,
e a flor do Líbano murcha.
[5]Diante dele tremem as montanhas,
as colinas se derretem;*
em sua presença levanta-se a terra,
sim, o mundo com todos os seus habitantes.
[6]Diante de seu furor quem pode resistir?
E quem pode enfrentar o furor de sua ira?*
Sua cólera se expande como o fogo,
e as rochas se fendem a sua frente.
[7]Javé é bom;
é um abrigo no dia da angústia:
conhece os que nele confiam
[8]mesmo quando sobrevém a inundação.*
Extermina quem se insurge contra ele
e persegue seus inimigos até nas trevas.
[9]Que tramais vós contra Javé?*
Ele fará uma total destruição:
a calamidade não se abaterá uma segunda vez,
[10]porque como espinhos entrelaçados
e ébrios com sua bebida
serão consumidos como palha seca.
[11]De ti saiu aquele que trama o mal contra Javé,
um conselheiro malvado.*
[12]Assim fala Javé:
"Embora sejam fortes e numerosos,*
serão eliminados e desaparecerão.
Se eu te afligi, não te afligirei mais.
[13]Agora quebrarei seu jugo que te oprime,
romperei tuas correntes".
[14]Mas quanto a ti, Javé deu este decreto:*

---

* **1**,2. Dt 4,24; Êx 20,5s | 4. Is 50,2; Sl 106,9 | 5. Jr 4,24 | 6. Ap 6,17 | 8. Gn 6,7s; 8,1 | 9. 1Sm 2,6 | 11. 3,14; Sl 18,5 | 12. 2 Rs 19,35s | 14. Is 14,19ss; Jr 8,1s

† **1**,1. Anúncio da destruição da capital assíria pelos caldeus em 612 a.C., da qual não mais ressurgirá. | 2. Salmo alfabético, mas incompleto, que descreve a teofania de Javé que extermina seus inimigos. A queda da cidade, que antes serviu como instrumento da ira de Deus contra seu povo, é um ato da justiça divina. / Deus é apaixonado enquanto castiga a infidelidade, e vingador porque assegura a justiça.

"Nenhuma descendência levará teu nome;
tirarei do templo de teus deuses
as estátuas de madeira e de metal;
prepararei tua sepultura, porque és desprezível".

2 **Convite à alegria.** 1Sobre as montanhas vem um mensageiro
que anuncia a paz!*
Celebra tuas festas, Judá,
cumpre teus votos,
porque não mais passará por ti o malvado:*
está totalmente aniquilado†.
Ataque a Nínive. 2Contra ti avança um destruidor:
monta guarda à fortaleza,
vigia o caminho, cinge os rins,
reúne todas as tuas forças.
3Javé restaura a vinha de Jacó
e a vinha de Israel;*
porque os saqueadores as tinham depredado*
e destruído seus sarmentos.
4O escudo de seus valentes é vermelho,
os guerreiros estão vestidos de escarlate;
como fogo cintilam os carros de ferro,
prontos para o ataque; as lanças se agitam.
5Pelas ruas correm os carros furiosamente,
precipitam-se pelas praças;
seu aspecto é como o de tochas,
voam como relâmpagos.
6Fazem a chamada dos mais corajosos,
que acorrendo se atropelam:
eles se lançam para os muros,
e a defesa é preparada.
7As comportas dos rios se abrem,
desaba o palácio.
8A rainha é conduzida ao exílio,
suas criadas gemem como pombas
batendo no peito.
9Nínive é como um tanque de água
do qual escapam as águas.
"Parai, parai!", gritam, mas ninguém se volta.
10Saqueai a prata, saqueai o ouro,
há tesouros infinitos, abundância de todo objeto precioso.
11Espoliação, saque, desolação;
o coração desfalece, os joelhos vacilam,*
em todos os rins há angústia,
todas as faces empalidecem.
12Onde é a cova dos leões,*
a caverna dos leõezinhos?
Lá se refugiavam o leão, a leoa e os leõezinhos,
e ninguém os perturbava.
13O leão dilacerava para seus filhotes,
estrangulava para suas leoas;
enchia suas covas de presas, suas tocas de rapina.
14"Estou contra ti – oráculo de Javé dos exércitos –
reduzirei a fumaça teus carros;
a espada devorará teus leõezinhos.
Farei desaparecer da terra tuas rapinas,
e não se ouvirá mais a voz de teus mensageiros".

3 **Descrição da ruína de Nínive†.** 1Ai da cidade sanguinária,
cheia de mentiras, repleta de rapinas,
que não cessa de depredar!
2Estalo de chicote, estrépito de rodas,
cavalos galopando, carros pulando,
3cavaleiros que assaltam, lampejar de espadas,
cintilar de lanças, numerosos feridos,
multidão de mortos, cadáveres sem fim,*
tropeçam nos corpos.
4Isto por causa das muitas prostituições da sedutora meretriz†,
mestra nas artes mágicas,

---

* **2**,1. Is 52,7-10 / Na 1,11 | 3. Is 5,1 / Is 5,26-30; Jr 5,15ss; 6,22-30 | 11. Jr 30,6; Is 13,7 | 12. Os 5,14; Mq 5,8; Jr 4,7 | **3**,3. Ez 39,11-16

† **2**,1. A ruína de Nínive é motivo de alegria para Judá: Deus se mostra senhor da história, fazendo desaparecer o opressor do povo. | **3**,1. Descrição antecipada do assalto definitivo à cidade, depois de um cerco de 2 anos. | 4. Aplicação a Nínive da imagem inaugurada por Oseias, que simboliza por um matrimônio as relações entre Javé e seu povo: este se prostitui quando é infiel, idólatra, ou faz aliança com estrangeiros, o que é ocasião de pecado de idolatria.

que vendia as nações com suas prostituições,
e os povos com suas artes mágicas.
[5]"Estou contra ti – oráculo de Javé dos exércitos –.*
Levantarei teu vestido até o teu rosto
e mostrarei às nações tua nudez,*
aos reinos tua vergonha.
[6]Jogarei sobre ti imundícies;
eu te humilharei e te exporei ao ludíbrio.
[7]Então todos os que te virem fugirão de ti
dizendo: 'Nínive está destruída!' Quem a chorará?*
Onde procurarei quem a console?"

A sorte de Tebas. [8]Acaso és mais forte que Tebas,
que estava sentada entre os canais do Nilo,
cercada de águas?
Como baluarte tinha o mar
e como muralha as águas.
[9]A Etiópia e o Egito eram sua força*
que não tinha limites.
Fut e os líbios eram seus aliados.
[10]No entanto também ela foi deportada,
partiu para o cativeiro.
Também seus meninos foram esmagados*
nas esquinas de todas as ruas.
Sobre seus nobres foram lançadas sortes*
e todos os seus grandes foram acorrentados.

Nínive está perdida†. [11]Também tu beberás até as fezes e desfalecerás,
também tu procurarás escapar do inimigo.
[12]Todas as tuas fortalezas são como figueiras
carregadas de frutos temporãos:
se são sacudidas, caem os figos
na boca de quem os quer comer.
[13]Olha teu povo: no meio de ti só há mulheres;*
escancaram a porta de tua terra a teus inimigos;
o fogo devorou teus ferrolhos.
[14]Busca água para o tempo do cerco,
reforça tuas defesas,
entra no barro, pisa a argila, toma a forma para os tijolos.
[15]Lá o fogo te devorará
e a espada te exterminará.
Ela te devorará como o gafanhoto,
ainda que te multiplicasses como os gafanhotos,
te tornasses numerosa como os grilos,
[16]e multiplicasses teus negociantes
mais que as estrelas do céu.
O grilo cria asas e voa para longe!
[17]Teus príncipes são como grilos,
teus oficiais como nuvens de gafanhotos
pousados nas cercas num dia frio;
mas quando nasce o sol fogem
e não se sabe para onde foram.

Lamentação. [18]Rei da Assíria, teus pastores dormem,
repousam teus valentes.
Teu povo está disperso pelos montes*
e não há quem os reúna.
[19]Tua ferida não tem remédio,
incurável é tua chaga.
Todos os que ouvirem tuas notícias
festejarão tua calamidade.
Porque sobre quem não se derramou
sem trégua tua crueldade?

---

* **3**,5. 2,14 / Os 2,5 | 7. Jr 15,5; Is 51,19 | 9. Jr 46,9 | 10. Os 10,14 / Jl 4,13 | 13. Is 19,16; Jr 51,30 | 18. 1Rs 22,17

† **3**,11. É inútil preparar a defesa da cidade, diante do irresistível exército inimigo, que executa o juízo de Deus.

HABACUC

Viveu cerca do ano 600 a.C., mas de sua vida não temos notícias certas. Em seu livro, lamenta-se com Deus pela triste situação de seu povo, maltratado pelos exércitos babilônicos e atormentado também pelos povos vizinhos. Diante das desordens sociais e políticas de seu tempo, coloca a pergunta: Podemos conhecer como Deus guia a história? A pergunta justifica-se pela impressão que às vezes se tem de que Ele estaria ausente da história. Deus responde ao profeta que virá um povo feroz e impetuoso para punir os pecados, como instrumento de sua justiça. Angustiado diante de tal resposta, torna a perguntar a Deus por que o ímpio deve ser sempre o instrumento de seus castigos. Deus assegura-lhe que este, a seu tempo, será punido: "O homem infiel a Deus perecerá, mas o justo viverá por sua fé" (2,4).

Vêm depois cinco imprecações das nações contra seu opressor babilônico, e o livro termina com um hino que canta a epifania de Javé que parte em guerra contra a impiedade. O profeta reza uma oração na qual exprime sua dor (3,14.16). Mas, convencido de que Deus salvará seu povo, ainda que através do castigo, diz: "Eu no entanto me alegrarei em Javé" (3,18).

O profeta não censura o povo, mas o convida a uma fidelidade mais constante. Javé conduz realmente a história, garante a vida aos justos que tiverem sabido manter a fidelidade. A intervenção divina será terrível para os inimigos, mas o povo poderá esperar em paz o dia de seu Deus e exultar nele. No meio das tribulações desta vida e diante da aparente demora de Deus, o justo de todos os tempos é convidado à paciência (2,3s).

I. APELOS DO PROFETA E RESPOSTAS DE DEUS (1,1–2,6a)

1 **Título.** 1Oráculo que recebeu em visão o profeta Habacuc:
O triunfo dos ímpios†. 2Até quando, Javé, chamarei por socorro e não escutais,
gritarei a vós: "Violência!"*
e não me salvais?
3Por que me fazeis ver a iniquidade
e tolerais o espetáculo da opressão?*
A minha frente, rapina e violência;
há disputas e cresce a discórdia.
4A lei não tem mais força,
o direito não consegue afirmar-se.
Com efeito, o ímpio domina o justo,*
e a justiça é distorcida†.
Os caldeus, flagelo de Deus†. 5"Olhai entre as nações e observai;*
ficai maravilhados e atônitos:
vou fazer em vossos dias uma coisa
que vós não crereis, quando for contada.
6Suscitarei os caldeus,
povo feroz e impetuoso,
que percorre vastas regiões da terra
para se apoderar de moradas que não são suas.
7Ele é terrível e espantoso,
sua força constitui seu direito e sua grandeza.
8Mais velozes que leopardos são seus cavalos,
mais ágeis que os lobos da noite.*
Galopam seus cavaleiros, vindos de longe,
voam como águia que se abate sobre a presa.
9Todos avançam para a rapina,
com o rosto ardente como o vento oriental;
ajuntam prisioneiros como areia.
10Ele zomba dos reis
e ridiculariza os príncipes;
de toda fortaleza escarnece,
assalta uma cidade e a conquista.
11Depois muda o vento e ele parte.
Criminoso, que faz de sua força seu deus."*

---

* **1**,2. Jr 14,9 | 3. Am 3,9s; Jr 6,7; 9,2s; Sl 55,10ss | 4. Mq 7,2s; Is 59,14 | 5. Is 29,9 | 8. Sf 3,3 | 11. 1,7

† **1**,1. O profeta ousa levantar uma dúvida sobre a justiça divina e o tratamento que Deus dispensa aos maus. A seus olhos Deus parece ausente, inativo, silencioso. | 4. "A fé nos dá a certeza de que Deus não permitiria o mal se do próprio mal não tirasse o bem, por caminhos que só conheceremos plenamente na vida eterna" (CIC). | 5. Os caldeus, instrumento da justiça divina, serão por sua vez punidos.

Pergunta do profeta. 12Não sois vós desde o princípio, Javé,*
meu Deus, meu Santo, que não morre?
Javé, vós o escolhestes para fazer justiça;
como um rochedo o fortificastes, para castigar.
13Vossos olhos são puros demais para ver o mal*
e não podeis olhar a opressão.
Por que, então, vendo os traidores, vós vos calais,*
enquanto o malvado devora o justo?
14Tratais os homens como peixes do mar,*
como os répteis que não têm dono.
15Ele os pega todos no anzol,
captura-os em sua rede,
ajunta-os na tarrafa;
por isso alegra-se e exulta†.
16Então, oferece um sacrifício a sua rede
e queima incenso a sua tarrafa,
porque com elas sua pesca é abundante,
e suculenta a comida.
17Continuará ele a esvaziar sua rede
e a massacrar as nações sem piedade?

2 **Resposta de Deus**†. 1Estarei em meu posto de guarda,*
ficarei de pé na torre
a espiar, para ver o que me dirá
e como responderá a meus lamentos.
2Javé respondeu e me disse:
"Escreve a visão*
e grava-a bem sobre tabuinhas,
para que seja lida facilmente.*
3É uma visão para um tempo já determinado;
ela se apressa para seu termo e não mentirá;
se demorar, aguarda-a,*
porque certamente virá sem tardar.
4Sucumbe quem não tem o ânimo reto,
mas o justo viverá* por sua fidelidade"†.

II. CINCO MALDIÇÕES (2,5-20)†

Introdução. 5A riqueza é realmente traidora.
O homem arrogante não pode estar tranquilo;
alarga como o inferno sua boca,
é insaciável como a morte.*
Atrai a si todas as nações,
reúne perto de si todos os povos.
6E todos estes não zombarão dele*
com provérbios, sarcasmos e enigmas?

Contra a avidez arrogante. Dirão:
Ai daquele que acumula o que não é seu*
– até quando? –
e se sobrecarrega de dívidas!
7Não surgirão de repente teus credores,
não acordarão teus cobradores?
Então te tornarás presa deles.
8Porque despojaste muitas nações,*
todos os povos que restaram te despojarão,
porque derramaste sangue humano*
e fizeste violência ao país,
à cidade e a seus habitantes.

Contra a presunção. 9Ai de quem é ávido de lucro desonesto para sua casa,*
para pôr seu ninho em lugar alto,*
e escapar do poder da desventura.
10Decretaste a desonra de tua casa:
abatendo povos numerosos,
fizeste o mal contra ti mesmo.*
11Pois a pedra gritará da parede,
e do madeiramento responderá a trave.

* **1**,12. Is 10,13; Dt 33,27; Sl 90,1s; Lv 17,1 | 13. 1,3; Sl 5,5s / Sl 34,22s | 14. Jr 16,16; Ez 12,13; 17,20; 29,4s; 32,3 | **2**,1. Nm 23,1-6 | 2. Is 8,1 / Jr 30,2; Ap 1,19 | 3. 2Pd 3,4-10; Nm 23,19 | 4. Rm 1,17; Gl 3,11; Hb 10,38 | 5. Is 5,14 | 6. Is 14,4; Mq 2,4 / Ap 8,13; Is 5,8 | 8. Is 33,1 / 2,17 | 9. Jr 22,13-17 / Jr 49,16; Is 14,13; Ab 4 | 10. 1,17; Is 14,20 | 12. Jr 22,13; Mq 3,10

† **1**,15. O rei caldeu é o pescador de povos que pesca com todos os meios grande quantidade de peixes. | **2**. Não tardará o fim da provação, e o opressor caldeu será punido. | 4. O justo crê em Deus e não na própria capacidade de acumular poder e riqueza. Essa fidelidade e constância o fortalecem mesmo em tempo de perigo e confusão. | **II.** Lamentos de uma população oprimida por Babilônia, condenando os vícios da cidade.

Contra a vanglória e a violência. [12]Ai de quem constrói uma cidade sobre o sangue*
e funda uma cidade sobre a injustiça.
[13]Não é vontade de Javé dos exércitos
que os povos labutem pelo fogo*
e as nações se cansem por um nada?
[14]Porque, como as águas cobrem o fundo do mar,
assim a terra deverá encher-se*
de conhecimento da glória de Javé.

Contra a degradação da dignidade humana. [15]Ai de quem faz seus vizinhos beber,
misturando veneno para embriagá-los
e descobrir sua nudez.*
[16]Tu te saciaste de vergonha, não de glória.
Bebe por tua vez e mostra tua incircuncisão.*
Sobre ti se derramará o cálice da mão direita de Javé,*
e a vergonha cobrirá tua glória.
[17]Porque a violência feita ao Líbano te submergirá
e o extermínio dos animais te encherá de terror,
porque derramaste sangue humano*
e fizeste violência ao país,
à cidade e a todos os seus habitantes.

Contra a idolatria. [18]Para que serve uma escultura,
para que o artista se dê o trabalho de esculpi-la?*
ou uma estátua de metal, um oráculo falso,
para que o artista confie neles,
esculpindo ídolos mudos?
[19]Ai de quem diz à madeira: "Acorda",*
e à pedra muda: "Levanta-te".
Poderá ela ensinar?
É recoberta de ouro e de prata,
mas dentro não há sopro vital.
[20]Javé, porém, mora em seu templo santo.*
Cale-se diante dele toda a terra!

III. SALMO
(3)

3 **Oração a Deus que aparece para o juízo.** [1]Oração do profeta Habacuc, em tom de lamentação.
[2]Javé, escutei vosso anúncio,*
Javé, tive temor de vossa obra.
No decurso dos anos manifestai-a,*
fazei-a conhecida no decurso dos anos.
Em vosso furor, recordai-vos de ter clemência.*
[3]Deus vem de Temã,*
o Santo do monte Farã.
Sua majestade recobre os céus,
de seus louvores está cheia a terra.
[4]Seu esplendor é como a luz,
raios brotam de suas mãos:
ali se oculta seu poder.
[5]Diante dele avança a peste,
a febre ardente segue seus passos.
[6]Ele para e faz tremer a terra;
olha e sacode as nações;*
as montanhas eternas se deslocam
e as colinas seculares se abatem:
suas veredas são eternas.
[7]Eu vi as tendas de Cusã em aflição,
tremem os acampamentos de Madiã.
[8]É contra os rios, Javé,
que se inflama vossa cólera?
Ou é contra o mar vosso furor,
quando montais sobre vossos cavalos,
sobre vossos carros de vitória?
[9]Retirais vosso arco
e saciais de flechas sua corda.
Fendeis a terra com rios.
[10]Os montes vos vêem e tremem,
torrentes de água se derramam,
o abismo faz ouvir sua voz.
A luz brilhante do sol escurece,
[11]e a lua fica em sua morada;
fogem ao cintilar de vossas flechas,
ao esplendor fulgurante de vossa lança.
[12]Furioso atravessais a terra,
irado pisoteais as nações.
[13]Saístes para salvar vosso povo,
para salvar vosso consagrado.
Demolistes o topo da casa do ímpio,*

* **2**,13. Jr 51,58 | 14. Is 11,9 | 15. Gn 9,20-25 | 16. Lm 4,21 / Is 51,17; Sl 75,9 | 17. 2,8 | 18. Os 3,4; Zc 10,2 | 19. Is 40,20 | 20. Sf 1,7; Zc 2,17; Ap 8,1 | **3**,2. Dt 2,25; Sl 8,2.10; 76,2ss / Is 51,9 / Is 54,8 | 3. Dt 33,2; Jz 5,4 | 6. Êx 15,14ss | 13. 2,9ss

pusestes a descoberto suas fundações.

[14]Traspassastes com suas próprias flechas
as cabeças de seus guerreiros
que irrompiam para nos dispersar*
com a alegria de quem devora o pobre às ocultas.

[15]Com vossos cavalos atravessastes o mar*
no turbilhão de grandes águas.

[16]Eu ouvi e estremeceu* meu coração†,
a tal noticia tremeram meus lábios,
a cárie entra em meus ossos
e debaixo de mim vacilam meus passos.
Espero tranquilo o dia da angústia,
que virá contra o povo que nos oprime.

[17]Ainda que a figueira não germine,*
nenhum produto deem as vinhas,
ainda que cesse a colheita da azeitona,
os campos não produzam mais alimento,
os rebanhos desapareçam dos apriscos,
e os currais fiquem sem bois:

[18]eu no entanto me alegrarei em Javé,
exultarei em Deus,* meu Salvador†.

[19]Javé, meu Senhor, é minha força,
ele faz meus pés ágeis como os da corça,*
e sobre as alturas me faz caminhar†.

Para o mestre do coro. Com instrumentos de corda.

---

* **3**,14. Sl 10,7ss; 17,12 | 15. Sl 77,20; Is 43,16s | 16. Jr 4,19 | 17. Jr 5,17; Os 9,2 | 18. Lc 1,47 | 19. Sl 18,34; Dt 32,13; Is 58,14

† **3**,16. O profeta contempla impressionado a grandiosa manifestação da majestade e do poder de Deus, que derruba o poderoso. | **3**,18. O cântico termina com uma expressão de confiança e de fé em Javé, mesmo no meio das incertezas da história. | 19. "Quando temos o Senhor a nosso lado, não tememos os obstáculos, mas prosseguimos a caminhada com passo ligeiro e com alegria, pelas estradas difíceis da vida" (João Paulo II).

SOFONIAS

O nome deste profeta significa "aquele que Deus protege". Nasceu talvez em Jerusalém, onde profetiza pelo ano 630 a.C., nos primeiros anos do rei Josias, quando Judá se achava em plena crise e, no plano religioso, praticava os cultos idolátricos. Pioneiro daquela reforma religiosa que, depois, será feita por Josias, e consciente da suma gravidade dos pecados de Judá e de Jerusalém, prediz-lhes o iminente juízo divino. Pela infidelidade ao Deus da aliança e por sua soberba, todos serão castigados, mas o serão ainda mais os chefes e os príncipes patrocinadores das superstições estrangeiras e da exploração do povo. O dia de Javé virá sobre Judá, sobre as nações que o oprimem e sobre toda a humanidade. Esse dia é um tema frequente nos profetas, indicando um momento preciso no qual Deus intervém para punir seu povo ou um povo pagão. Será um dia de ira em toda a terra. Só serão preservados os que buscam a justiça de Deus, os pobres e humildes da terra, um povo de condição modesta, que tudo espera de Deus: subsistência e salvação. Serão punidas as nações pagãs por sua má conduta. Ficará um resto, ao qual estão reservadas as promessas da salvação, segundo a palavra de Deus (3,12). Os verdadeiros continuadores da história da salvação são aqueles que não cometeram iniquidades (3,13). Fruto desta vida renovada será a paz. Nesta perspectiva, o profeta canta a nova aliança (3,14-18).

I. JUÍZO CONTRA JUDÁ E CONTRA AS NAÇÕES (1–2)

1 **Título.** [1]Palava de Javé dirigida
a Sofonias, filho de Cusi, filho de
Godolias, filho de Amarias, filho de
Ezequias, no tempo de Josias,* filho de
Amon, rei de Israel.
Destruição universal. [2]"Farei desaparecer tudo da face da terra
– oráculo de Javé.
[3]Eliminarei homens e animais;
exterminarei as aves do céu e os peixes do mar,*
abaterei os ímpios;
cancelarei os homens da face da terra
– oráculo de Javé".
Contra Judá e Jerusalém†. [4]"Estenderei a mão contra Judá
e contra todos os habitantes de Jerusalém;
exterminarei deste lugar
o que resta de Baal,*
o nome de seus ministros com os sacerdotes;
[5]aqueles que sobre os terraços se prostram*
diante da milícia celeste
e os que se prostram diante de Javé,
e depois juram por Melcom;*
[6]aqueles que deixam de seguir Javé,
que não o buscam, nem o consultam.
[7]Silêncio, na presença do Senhor Javé,*
porque o dia de Javé está próximo!
Javé preparou um sacrifício
e consagrou seus convidados.
[8]"No dia do sacrifício de Javé,
eu punirei os príncipes, os filhos do rei
e todos os que se vestem à moda estrangeira.
[9]Punirei naquele dia todos os que saltam sobre o limiar†,
os que enchem de rapinas e de fraudes
a casa de seu senhor".
[10]"Naquele dia – oráculo de Javé –
gritos de socorro virão da porta dos Peixes,
gemidos do bairro novo,
e grande fragor das colinas.

---

* **1**,1. Jr 1,2 | 3. Os 4,3 | 4. 2Rs 23,4s.12 | 5. Dt 4,19; 2Rs 21,3ss / 1Rs 11,7-33; 2Rs 23,13 | 7. Hab 2,20; Zc 2,17; Ap 8,1

† **1**,4. A destruição universal comprova que o destino das nações está nas mãos de Javé. Ela atingirá também o povo eleito por causa de seu falso culto. | 9. Gesto de superstição; consideravam o limiar como lugar de divindades nefastas.

[11]Uivai, habitantes de Mactes,
porque todos os mercadores foram aniquilados,
e exterminados todos os que pesam a prata".

O dia de Javé. [12]"Naquele tempo
revistarei Jerusalém com lanternas
e farei justiça contra aqueles homens,
imóveis como a borra do vinho, que pensam:
'Javé não pode fazer nem bem nem mal'.
[13]Seus bens serão saqueados
e suas casas, destruídas.
Construirão casas, mas não as habitarão,
plantarão vinhas, mas não beberão seu vinho".
[14]Está perto o grande dia de Javé,
está perto e avança a largos passos.
O ruído do dia de Javé é amargo;
então o homem valoroso gritará forte.
[15]Dia de ira aquele dia†,
dia de angústia e de aflição,
dia de ruína e de extermínio,
dia de trevas e de caligem,*
dia de nuvens e de escuridão,
[16]dia de toques de trombeta*
e de gritos contra as cidades fortificadas
e contra as altas torres.
[17]Trarei sobre os homens a angústia,
e eles andarão como cegos,
porque pecaram contra Javé;
seu sangue será derramado como pó
e suas vísceras, como excrementos.*
[18]Nem sua prata, nem seu ouro*
poderão salvá-los.
No dia da ira de Javé
e ao fogo de seu ciúme,
toda a terra será consumida;
porque fará uma destruição repentina e completa
de todos os habitantes da terra.

2 **Exortação à penitência.** [1]Reuni-
-vos, congregai-vos,
ó gente sem pudor,
[2]antes que sejais dispersos
como palha que desaparece num dia;*
antes que caia sobre vós
o ardor da ira de Javé,
antes que venha sobre vós
o dia da ira de Javé.
[3]Buscai a Javé†
vós todos, pobres da terra,*
que cumpris suas ordens;
buscai a justiça†,
buscai a humildade,*
talvez encontreis abrigo
no dia da ira de Javé.

Contra os filisteus. [4]Porque Gaza será abandonada*
e Ascalon, reduzida a um deserto.
Azoto em pleno dia será deportada
e Acaron, destruída até os alicerces.
[5]Ai dos habitantes da costa do mar,
nação dos cereteus!
A palavra de Javé é contra ti,*
Canaã, país dos filisteus:
"Eu te destruirei,
privando-te de todo habitante.
[6]A costa do mar será apenas pasto,
com refúgios para os pastores
e currais para os rebanhos".
[7]A costa marítima pertencerá ao resto da casa de Judá;
naqueles lugares apascentarão os rebanhos
e de noite repousarão nas casas de Ascalon,
porque Javé, seu Deus, intervirá em seu favor
e os fará voltar do cativeiro.

Contra Moab e Amon. [8]"Eu ouvi o insulto de Moab*
e os ultrajes dos amonitas
com os quais insultaram meu povo
gloriando-se de seu território.
[9]Por isso, por minha vida,
– oráculo de Javé dos exércitos, Deus de Israel –
Moab se tornará como Sodoma,
e os amonitas como Gomorra:

---

* **1**,15. Jl 2,2 | 16. Jl 2,1 | 17. Jr 9,21 | 18. Ez 7,19 | **2**,2. Os 13,3 | 3. Am 5,4ss / Is 57,15 | 4. Am 1,6ss; Is 14,28-32; Jr 47; Ez 25,15ss | 5. Am 9,7; Dt 2,23; Jr 47,4 | 8. Am 1,13-2,3; Is 15-16; Jr 48,1-49,6; Ez 25,1-11 | 9. Is 14,2; Zc 2,13

† **1**,15. Os vv.15-18 deram origem ao célebre hino "Dies irae" da liturgia de finados. | **2**,3. Dirige-se aos justos oprimidos e apresenta-lhes um resumo de seu programa moral contra o pecado e a arrogância. / Justiça é tudo o que é conforme à vontade de Deus, tal como se exprime na lei, Mt 3,15; 6,33.

um lugar invadido pelos espinhos,
uma mina de sal,
um deserto para sempre.
O resto de meu povo os saqueará,*
e os sobreviventes de meu povo serão seus herdeiros".
10Isto será a paga de sua soberba,
porque insultaram e trataram com arrogância
o povo de Javé dos exércitos.
11Terrível será Javé contra eles,
porque aniquilará todos os deuses da terra.
Mas diante dele se prostrarão, cada uma em seu próprio solo,
todas as ilhas das nações.
Contra a Etiópia e a Assíria. 12"Também vós, etíopes,*
sereis vítimas de minha espada".
13Ele estenderá a mão também contra o norte
e destruirá a Assíria;
fará de Nínive uma desolação,
árida como um deserto.
14Habitarão no meio dela os rebanhos;
todos os animais das nações.
Tanto o pelicano como o ouriço
se abrigarão em seus capitéis;
a coruja piará nas janelas,
e o corvo nas portas,
pois as vigas de cedro ficaram a descoberto.
15É esta a cidade gozadora
que se sentia segura
e que pensava:
"Eu e ninguém mais"?*
Como tornou-se um deserto,
um refúgio de animais?
Todo o que passa por perto
assobia e agita a mão.*

II. JUÍZO CONTRA JERUSALÉM (3,1-8)

3 **Contra Jerusalém.** 1Ai da cidade rebelde e contaminada,
da cidade opressora!
2Não escutou o apelo,
não aceitou a correção.*
Não confiou em Javé,
não se aproximou de seu Deus.
3Seus chefes no meio dela*
são leões que rugem;
e seus juízes são lobos da noite,
que nada deixam para a manhã.
4Seus profetas são arrogantes,
homens fraudulentos.
Seus sacerdotes profanam as coisas sagradas,
violam a lei.
5No meio dela Javé é justo,*
não comete iniquidade;
toda manhã pronuncia seu juízo,
na aurora nunca falta.
Mas o iníquo não conhece a vergonha.*
6Exterminei as nações,
suas torres foram destruídas;
tornei desertas suas ruas,
não há nenhum transeunte;
foram depredadas suas cidades,
lá não há mais ninguém, nenhum habitante.
7Eu pensava: "Certamente me temerás,*
aceitarás a lição†.
Não poderão cancelar-se de teus olhos
todas as punições que te infligi".
Mas, ao contrário, apressaram-se
a perverter todas as suas ações.
8"Pois bem! Esperai-me – oráculo de Javé –
quando eu me levantar para acusar;
porque decretei reunir as nações,*
convocar os reinos,
para derramar sobre eles minha cólera,
toda a minha ira ardente:
porque pelo fogo de meu ciúme
será consumida toda a terra".

III. PROMESSAS DE RESTAURAÇÃO (3,9-20)

Promessas messiânicas. 9Então darei ao povo lábios puros,
para que todos invoquem o nome de Javé*
e o sirvam de comum acordo.

* **2**,12. Is 18-20; Jr 46; Ez 29-32 | 15. Is 47,8.10 / Jr 18,16; 19,8; 49,17 | **3**,2. Am 4,6 | 3. Êx 22,25s | 5. Dt 32,4 / Sl 100,8 | 7. Am 4,6 | 8. Am 3,9s | 9. Ml 1,11 | 12. 2,3

† **3**,7. A lição dos acontecimentos, que são para Jerusalém um convite ao arrependimento e à conversão.

[10]De além dos rios da Etiópia
meus adoradores, meus filhos dispersos,
me trarão ofertas.
[11]Naquele dia não terás de envergonhar-te
de todas as más ações cometidas contra mim,
porque então eliminarei de teu meio
teus soberbos orgulhosos,
e tu deixarás de orgulhar-te
sobre meu santo monte.
[12]No meio de ti deixarei
um povo humilde* e pobre†
que confiará no nome de Javé,
[13]o resto de Israel.
Não cometerão mais iniquidade
e não falarão mentira;*
não se achará mais em sua boca
uma língua enganadora.
Serão apascentados e repousarão
sem que ninguém os perturbe.
[14]Canta jubilosa,* filha de Sião†,
grita de alegria, Israel;
regozija-te e exulta de todo o coração,*
filha de Jerusalém!
[15]Javé revogou tua condenação,*
dispersou teu inimigo.
O rei de Israel, o próprio Javé, está no meio de ti,
não deverás mais temer o mal.

Retorno dos dispersos. [16]Naquele dia
dirão a Jerusalém:
Não temas, filha de Sião,
não se enfraqueçam teus braços!
[17]Javé teu Deus está no meio de ti,
é um salvador poderoso.
Exultará de alegria por ti,*
ele te renovará com seu amor,
ele se alegrará por ti com gritos de júbilo
[18]como nos dias do encontro†.
"Afastei de ti o mal,
para que não tenhas de sofrer a vergonha.
[19]Naquele tempo exterminarei
todos os teus opressores.
Socorrerei os aleijados e reunirei os dispersos;
mudarei em glória e renome o desprezo
de que foram alvo em toda a terra.
[20]Naquele tempo, eu vos guiarei,*
naquele tempo vos reunirei
e vos tornarei famosos e gloriosos
entre todos os povos da terra,
quando, diante de vossos olhos,
eu realizar vossa restauração", diz Javé.

---

* **3**,13. Is 53,9; Ap 14,5 | 14. Is 12,6; 54,1 / Zc 2,14 | 15. Is 40,2 | 17. Jr 32,41; Is 62,5 | 20. Mq 4,6

† **3**,12. A maldade é identificada com a arrogância e a opulência; sobreviverão apenas o pobre e o aflito que puserem sua confiança em Javé. O "resto" purificado viverá em paz. Sofonias é o profeta da humildade. | 14. O Vat. II aplica esse texto a Maria, dizendo: "Excelsa filha de Sião, ela sobressai entre os humildes e pobres do Senhor". É sugestivo comparar os vv. 14s com o anúncio do anjo Gabriel a Maria, Lc 1,28. | 18. É o tempo do êxodo, quando Javé "encontrou" seu povo, Êx 25,22, tempo do noivado e do perfeito amor, Os 2,16; Jr 2,2.

AGEU

Não conhecemos sua vida, apenas sabemos que exerceu o ministério no ano 520 a.C., em Jerusalém. Seu tempo é, portanto, o da volta do exílio, quando os repatriados lutavam para reconstruir o templo destruído por Nabucodonosor em 586 a.C.

Nos primeiros anos, as intrigas dos samaritanos impediram a reconstrução, mas quando outros exilados, conduzidos por Zorobabel e o sumo sacerdote Josué, voltaram para Jerusalém, pelo eficaz estímulo dos profetas Ageu e Zacarias, conseguiram retomar os trabalhos até terminá-los em 515 a.C. Em seu livro, Ageu dá a entender que as más condições de vida em que se acham seus compatriotas dependem da interrupção dos trabalhos; exorta, portanto, a sacudir a indolência e a retomar as obras (1,1-11), prometendo largas bênçãos de Deus aos operários (2,15-19). Acrescenta que o esplendor do novo templo será certamente maior que o do precedente (2,1-9).

O livro compõe-se de cinco discursos que falam a respeito da reconstrução do templo que deve ser retomada, da impureza que ameaça o templo e os sacrifícios, e de Zorobabel, o eleito de Deus.

Num período decisivo para o judaísmo, Ageu contribuiu para fazer nascer uma nova comunidade e para infundir nela um insólito fervor religioso. Ensinou que a fé não pode prescindir do culto e que o ponto de encontro entre Israel e Javé é o templo. Por isso a reconstrução dele era a resposta dos repatriados à iniciativa bondosa de Deus.

I. EXORTAÇÃO À REEDIFICAÇÃO DO TEMPLO (1–2,9)

1 **Exortação a reedificar o tem-
plo†.** [1]No segundo ano do rei Da-
rio, no primeiro dia do sexto mês, esta
palavra de Javé foi dirigida por meio do
profeta Ageu a Zorobabel†, filho de Sa-
latiel,* governador da Judeia, e a Josué,
filho de Josedec, sumo sacerdote:
[2]Assim fala Javé dos exércitos: "Este
povo diz: Ainda não chegou o tempo
de reconstruir a casa de Javé!" [3]Então
foi revelada por meio do profeta Ageu
esta palavra de Javé: [4]"Para vós, é tem-
po de morar em casas bem cobertas,*
enquanto esta casa está em ruínas?†
[5]Ora, assim fala Javé dos exércitos: Re-
fleti bem em vosso comportamento.
[6]Semeastes muito,* mas colhestes pou-
co; comeis, mas não vos saciais; bebeis,
mas não ficais contentes; vesti-vos,
mas não vos esquentais; o operário re-
cebe o salário, mas o põe numa bolsa
furada†. [7]Assim fala Javé dos exércitos:
Refleti bem em vosso comportamento!
[8]Subi ao monte, trazei madeira, recons-
truí minha casa; dela me agradarei e ali
serei glorificado – diz Javé –. [9]Esperá-
veis muito e veio pouco; e quando o
leváveis para casa eu o espalhava com
um sopro. E por quê? – oráculo de Javé
dos exércitos –. Porque minha casa está
em ruínas, enquanto cada um de vós se
preocupa com a própria casa. [10]É por
isso que sobre vós os céus retiveram
a chuva,* e também a terra reteve seu
produto. [11]Chamei a seca sobre a terra
e sobre os montes, sobre o trigo e so-
bre o vinho novo, sobre o óleo e sobre
tudo o que a terra produz, sobre os ho-
mens e sobre os animais, e sobre todo
o trabalho das mãos".

Obediência do povo. [12]Zorobabel, fi-
lho de Salatiel, e Josué, filho de Jose-
dec, sumo sacerdote, e todo o resto do
povo obedeceram à voz de Javé, seu

---

* **1**,1. Zc 3,1-9; 4,6-10 | 4. 2Sm 7,2 | 6. Os 4,3 | 10. Lv 26,19s

† **1**. No ano 520 a.C., o profeta Ageu anima os repatriados a reconstruir o templo de Jerusalém. | 1. Neto do rei Jeconias e um dos antepassados de Jesus, Mt 1,12s. | 4. O povo pensa mais em sua própria morada do que na de Deus. Estão descuidando o que é prioritário: a honra e a glória de Deus. | 6. O motivo das adversidades é a indiferença do povo para com o templo.

Deus, e às palavras do profeta Ageu, segundo a missão que lhe havia dado Javé, seu Deus: e o povo teve temor de Javé. [13]Então Ageu, mensageiro de Javé, falou ao povo, conforme a mensagem de Javé, dizendo: "Eu estou convosco, oráculo de Javé". [14]E Javé despertou o ânimo de Zorobabel, filho de Salatiel, governador da Judeia, de Josué, filho de Josedec, sumo sacerdote, e de todo o resto do povo, e eles foram e empreenderam a obra da casa de Javé dos exércitos†. [15]Era o dia vinte e quatro do sexto mês do segundo ano do rei Dario.

2 **Glória do novo templo.** [1]No segundo ano do rei Dario, no dia vinte e um do sétimo mês, foi dirigida ao profeta Ageu esta palavra de Javé: [2]"Fala a Zorobabel, filho de Salatiel, governador da Judéia, a Josué, filho de Josedec, sumo sacerdote,* e ao resto do povo: [3]Haverá entre vós algum sobrevivente que tenha visto esta casa em seu primitivo esplendor? E como a vedes agora? Em comparação com aquela, não vos parece um nada? [4]Mas agora, coragem, Zorobabel – oráculo de Javé – coragem, Josué, filho de Josedec, sumo sacerdote; coragem, povo todo do país, oráculo de Javé, e mãos à obra, porque eu estou convosco – oráculo de Javé dos exércitos – [5]segundo a aliança que fiz convosco quando saístes do Egito; meu espírito estará convosco, não temais.

[6]Diz com efeito Javé dos exércitos: Ainda um pouco de tempo* e farei tremer o céu e a terra, o mar e a terra firme. [7]Farei tremer todas as nações, e afluirão as riquezas de todas as nações,* e encherei de glória esta casa, diz Javé dos exércitos. [8]Minha é a prata e meu é o ouro, oráculo de Javé dos exércitos. [9]A glória desta segunda casa será maior do que a da primeira, diz Javé dos exércitos; e neste lugar darei a paz – oráculo de Javé dos exércitos"†.

II. BÊNÇÃOS PARA O POVO (2,11-23)

O novo templo será penhor de bênçãos. [10]No dia vinte e quatro do nono mês do segundo ano de Dario, esta palavra de Javé foi revelada por meio do profeta Ageu: [11]"Assim fala Javé dos exércitos: Interroga os sacerdotes a respeito da lei, dizendo: [12]Se alguém leva carne consagrada na orla de sua veste e com a orla toca em pão, guisado, vinho, óleo ou qualquer outro alimento, isto ficará santificado?". "Não", responderam os sacerdotes. [13]Ageu acrescentou: "Se alguém que está impuro pelo contato de um cadáver toca numa daquelas coisas, esta ficará impura?" "Sim",* responderam os sacerdotes, "ficará impura". [14]Então replicou Ageu: "Assim é este povo, assim é esta nação diante de mim – oráculo de Javé – e assim é todo trabalho de suas mãos; também o que aqui oferecem é impuro"†.

[15]"Agora refleti bem em vosso coração, a partir de hoje e para o futuro: antes que se começasse a pôr pedra sobre pedra no templo de Javé, [16]qual era vossa situação? Alguém ia a um monte do qual se esperavam vinte medidas de trigo* e havia só dez; ia alguém a um tonel para tirar cinquenta barris e havia só vinte. [17]Eu vos feri com a ferrugem,* a queimadura e o granizo em todos os trabalhos de vossas mãos, mas vós não voltastes a mim – oráculo de Javé. [18]Refleti bem em vosso coração a partir de hoje e para o futuro, a partir do dia vinte e quatro do nono mês, isto é, desde o dia em que se puseram os alicerces do templo de Javé, refleti bem: [19]Se ainda falta trigo no celeiro, se a vi-

---

* **2**,2. Esd 3,10-13 | 6. Hb 12,26 | 7. Is 60,7-11 | 13. Lv 22,4-7 | 16. Os 4,3 | 17. Am 4,6

† **1**,14. Agora que o povo aceitou converter-se, Deus também muda de atitude e lhe concede a bênção em vez da adversidade. | **2**,9. Anúncio do futuro glorioso deste segundo templo, o qual, depois de restaurado por Herodes, verá o Messias entrar por suas portas. A paz é a plenitude dos bens que garantem a felicidade. | 14. O povo está impuro por sua falta de fervor e de generosidade para com Deus, e por isso suas atividades e suas ofertas ficam contaminadas.

deira, a figueira, a romãzeira, a oliveira
não dão seus frutos, de hoje em diante
eu vos abençoarei!"

Proteção divina assegurada a Zorobabel.
20No dia vinte e quatro do
mês, a palavra de Javé foi dirigida
uma segunda vez a Ageu nestes termos:
21"Fala a Zorobabel, governador
da Judeia, e dize-lhe: Farei tremer o
céu e a terra, 22derrubarei o trono dos
reinos e destruirei o poder dos reinos
das nações, derrubarei os carros e suas
equipagens: cairão cavalos e cavaleiros;
cada um pela espada do próprio
irmão†. 23Naquele dia – oráculo de Javé
dos exércitos – eu te tomarei, Zorobabel,*
filho de Salatiel, meu servo, oráculo
de Javé, e te porei como anel de
selar†, porque te escolhi, oráculo de
Javé dos exércitos".

---

* **2**,23. Zc 6,12s

† **2**,22. O povo estava em grande euforia por causa da renovação espiritual suscitada por Ageu e dos trabalhos de reconstrução do templo; chegaram a pensar na restauração da monarquia davídica. | 23. Símbolo de autoridade, objeto precioso, importante e inseparável, pois servia para autenticar documentos.

ZACARIAS

Sacerdote e profeta, contemporâneo de Ageu, exerce seu ministério em Jerusalém pelo ano 520 a.C., mostrando grande zelo pelo templo e pelo culto divino e promovendo com todas as forças a moralização da vida de Israel.

A primeira parte de seu livro (cap. 1–8) compreende oito visões, nas quais Zacarias comunica sua mensagem de esperança, convidando todos a trabalhar para completar a construção do templo e assegurando que o Senhor recompensará a obra com largas bênçãos. Proclama a transcendência de Deus que governa soberano o mundo, mas que parece sempre mais distante do mundo e se comunica só através de símbolos enigmáticos. Quer suscitar no povo a esperança. Manifesta uma espécie de fé messiânica: a vinda de Deus está próxima, as trevas do passado desaparecerão, dando lugar à alegria e à festa. O advento da salvação esperada está ligado à reconstrução do templo, que será logo terminada. Desta salvação, que trará ao povo purificação e prosperidade messiânicas, Zorobabel será o intermediário, e por isso Zacarias lhe aplica os atributos messiânicos de germe e servo.

Na segunda parte (cap. 9–14), quem escreve é um autor anônimo muito posterior, que pertence à escola de Zacarias, mas vive na época persa ou na helenística. Apresenta três séries de oráculos, sem data, e de orientação escatológica. Anuncia a salvação, que será estendida também aos outros povos. O novo reino será inaugurado pelo Messias, que será um rei humilde e vitorioso (9,9s), de tipo completamente novo, cuja obra e destino se parecem com os do Servo de Javé (Is 53). Sua ação dirige-se ao povo, cuja incredulidade provoca sua morte. Mas este drama segue o desígnio de Javé, que se realiza bem além dos confins de Israel, primeiro beneficiário de sua ação. E assim a salvação chega a todos os povos, reunidos em Jerusalém, centro do mundo, para celebrar a festa das Tendas.

I. VISÕES E ORÁCULOS SOBRE A RESTAURAÇÃO DE JERUSALÉM (1–8)

1 **Apelo à conversão.** [1]No segundo ano do reino de Dario, no oitavo mês†, foi dirigida esta palavra de Javé ao profeta Zacarias,* filho de Baraquias, filho de Ado: [2]"Javé esteve muito irado contra vossos pais. [3]Tu, pois, lhes dirás: Assim fala Javé dos exércitos: Voltai a mim – oráculo de Javé dos exércitos – e eu voltarei a vós, diz Javé dos exércitos. [4]Não sejais como vossos pais, aos quais os profetas de outrora clamavam, dizendo: Assim fala Javé dos exércitos: Convertei-vos de vossos maus caminhos* e de vossas obras más. Mas eles não quiseram ouvir e não me prestaram atenção, diz Javé. [5]Onde estão vossos pais? Os profetas viverão para sempre? [6]Contudo, as palavras e os decretos que comuniquei a meus servos, os profetas,* não se cumpriram sobre vossos pais? Então eles se converteram e disseram: Tudo quanto Javé dos exércitos tinha ameaçado fazer conosco, por causa de nossos desvios e de nossas culpas, ele cumpriu sobre nós".

Primeira visão: os cavaleiros. [7]No segundo ano de Dario, no dia vinte e quatro do décimo primeiro mês – o mês de sabat –, foi dirigida ao profeta Zacarias, filho de Ado, esta palavra de Javé: [8]"Eu tive de noite uma visão. Um homem, montado num cavalo vermelho, estava entre murtas num vale profundo; atrás dele havia outros cavalos vermelhos, malhados e brancos. [9]Perguntei: 'Meu Senhor, o que significam eles?' O anjo que falava comigo respondeu: 'Eu te indicarei o que eles significam'. [10]Então o homem que estava entre as murtas* começou a falar: 'Estes

---

* 1,1. Ml 3,7 | 4. Is 55,7 | 6. 7,7-14 | 10. Ap 5,6

† 1,1. Outubro/novembro de 520 a.C., mesmo ano da profecia de Ageu.

são os que Javé mandou para percorrer
a terra'. 11Dirigindo-se ao anjo de Javé
que estava entre as murtas, disseram-
-lhe: 'Percorremos a terra: está toda em
paz e tranquila'†. 12Em resposta, o anjo
de Javé disse: 'Javé dos exércitos,* até
quando continuareis a não ter pieda-
de de Jerusalém e das cidades de Judá,
contra as quais vós estais irado há se-
tenta anos?'† 13E ao anjo que falava
comigo Javé respondeu com palavras
boas e consoladoras. 14Depois, o anjo
que falava comigo disse-me: 'Anun-
cia isto: Assim fala Javé dos exércitos:
Estou cheio de zelo por Jerusalém* e
por Sião; 15mas eu me inflamo de furor
contra as nações abastadas,* porque
quando eu estava um pouco irritado,
elas cooperaram para o desastre'".

Dois oráculos. 16"Por isso, assim fala
Javé: Eu me volto de novo para Jeru-
salém com piedade:* minha casa aí
será reedificada* – oráculo de Javé dos
exércitos – e o cordel será estendido
sobre Jerusalém. 17Anuncia também
isto: Assim fala Javé dos exércitos: Mi-
nhas cidades terão de novo fartura de
bens, Javé terá ainda piedade de Sião e
escolherá de novo Jerusalém".*

2 **Segunda visão: os chifres e os
ferreiros.** 1Depois ergui os olhos
e vi quatro chifres. 2Perguntei ao anjo
que falava comigo: "Que significam?"
Respondeu-me: "São os chifres† que
dispersaram* Judá, Israel e Jerusa-
lém". 3Depois Javé mostrou-me qua-
tro ferreiros. 4Perguntei: "O que eles
vêm fazer?" Respondeu-me: "Os chi-
fres dispersaram Judá a tal ponto que
ninguém mais ousava erguer a cabe-
ça. Mas estes vieram para atemorizar
e abater* os chifres das nações que se
ergueram contra o país de Judá para
dispersá-lo".

Terceira visão: o agrimensor. 5Le-
vantei os olhos e tive uma visão: um
homem que tinha na mão um cordel*
para medir. 6Perguntei-lhe: "Aonde
vais?" Disse-me ele: "Vou medir Jerusa-
lém para ver qual é sua largura e seu
comprimento"†.

7O anjo que falava comigo saiu, e a
seu encontrou veio outro anjo 8que lhe
disse: "Corre, fala com aquele jovem e
dize-lhe: Jerusalém ficará sem muros,*
por causa da multidão de homens e
de animais que nela haverá. 9Eu serei
para ela – oráculo de Javé – um muro
de fogo a seu redor e serei sua glória
no meio dela".

Dois apelos aos exilados. 10"Eia! Fugi
do país do norte – oráculo de Javé –
porque vos dispersei* aos quatro ven-
tos do céu – oráculo de Javé. 11Eia, Sião,
salva-te, tu que habitas com a filha de
Babilônia!† 12Pois assim fala Javé dos
exércitos,* cuja glória me enviou às na-
ções que vos despojaram: Quem vos
tocar, toca a menina de meus olhos.
13Eu estendo a mão sobre elas, e elas
se tornarão presa de seus escravos, e
sabereis que Javé dos exércitos me en-
viou.

14Canta e exulta, filha de Sião,*
porque eu venho morar no meio de ti
– oráculo de Javé".
15Nações numerosas aderirão a Javé
naquele dia*
e se tornarão seu povo, e ele morará
no meio de ti;
e tu saberás que Javé dos exércitos
enviou-me a ti.
16Javé terá Judá
como sua herança na terra santa,*
e de novo escolherá Jerusalém.
17Cale-se toda criatura diante de
Javé,*
porque ele se levantou de sua santa
morada".

* **1**,12. Ap 6,10 | 14. 8,2 | 15. Is 47,6 | 16. Is 54,6-10 / 2,5-9 | 17. 13,9; 2,15 | **2**,2. Dn 7,8 | 4. Jr 48,25 | 5. Jr 31,38s; Ez 41,13; Ap 11,1; 21,15 | 8. Jr 31,27; Is 49,19; 54,2s; Ap 21,3; 22,3 | 10. Is 48,20; Jr 50,8; 51,6 | 12. Dt 32,10; Is 14,2; Sf 2,9 | 14. Sf 3,14 | 15. Is 45,22 | 16. 1,17 | 17. Sf 1,7; Hab 2,20

† **1**,11. Não há, pois, chance de restaurar a dinastia davídica, o que seria impossível num clima de desordens e de guerra: é preciso resignar-se a continuar vivendo sob o jugo estrangeiro. | 12. 70 anos a partir da destruição de Jerusalém, no ano 586 a.C. | **2**,2. Chifre simboliza força e violência; aqui, as potências que vêm dos quatro pontos cardeais. | 6. O homem é o anjo que prepara a reconstrução da cidade. | 11. Convida os exilados a deixar Babilônia e a voltar para Jerusalém.

3 Quarta visão: as vestes de Josué. [1]Depois mostrou-me o sumo sacerdote Josué, de pé diante do anjo de Javé; Satã estava a sua direita* para acusá-lo. [2]O anjo de Javé disse a Satanás: "Que Javé te reduza ao silêncio, Satanás! Sim, que Javé te reduza ao silêncio, ele que escolheu Jerusalém! Não é este um tição tirado do fogo?" [3]Ora, Josué trajava vestes imundas e estava de pé diante do anjo, [4]o qual começou a falar* aos que estavam a sua frente: "Tirai-lhe estas vestes imundas". Depois disse a Josué: "Tirei de ti teu pecado e te revestirei de roupas de festa". [5]Depois acrescentou: "Ponde-lhe na cabeça um turbante limpo". Puseram-lhe um turbante limpo na cabeça e revestiram-no de cândidas vestes na presença do anjo de Javé. [6]Depois o anjo de Javé declarou a Josué: [7]"Assim fala Javé dos exércitos: Se andares em meus caminhos, observando minhas leis,* terás o governo de minha casa, serás o guarda de meus átrios e te darei livre acesso entre estes que estão aqui.

[8]Escuta, pois, Josué, sumo sacerdote,* tu e teus companheiros que se sentam diante de ti, porque eles servem de presságio: eu mandarei meu servo Germe†. [9]Eis a pedra que ponho diante de Josué: sobre esta única pedra* estão sete olhos†; eu mesmo gravarei sua inscrição – oráculo de Javé dos exércitos – e removerei num só dia a iniquidade deste país. [10]Naquele dia – oráculo de Javé dos exércitos – cada um de vós convidará seu vizinho para debaixo de sua videira e de sua figueira".

4 Quinta visão: o candelabro e as duas oliveiras. [1]O anjo que falava comigo voltou e acordou-me, como se acorda alguém do sono, [2]e me disse: "O que vês?" Respondi: "Vejo um candelabro* todo de ouro† que tem em cima um recipiente no qual há sete lâmpadas com sete bicos para as lâmpadas que estão em cima. [3]Duas oliveiras lhe estão próximas, uma à direita e outra à esquerda". [4]Então perguntei ao anjo que me falava: "Que significam, meu Senhor, estas coisas?" [5]O anjo que falava comigo respondeu-me: "Então não sabes seu significado?" E eu disse: "Não, meu Senhor". [6a]Ele respondeu-me†:

[10b]"As sete lâmpadas representam* os olhos de Javé que percorrem toda a terra". [11]Depois perguntei-lhe: "Que significam essas duas oliveiras à direita e à esquerda do candelabro?" [12]E tornando a falar, perguntei-lhe: "Que significam os dois ramos de oliveira que destilam óleo por dois canais de ouro?". [13]Respondeu-me: "Então não sabes o que significam?" E eu disse: "Não, meu Senhor". [14]"Estes – acrescentou – são os dois consagrados* que assistem ao Senhor de toda a terra"†.

[6b]"Esta é a palavra de Javé a Zorobabel: Não com o poder* nem com a força, mas com meu espírito, diz Javé dos exércitos! [7]Quem és tu, ó grande monte? Diante de Zorobabel te tornarás uma planície! Ele tirará a pedra, aquela de remate, entre aclamações: Bravo!"

[8]Foi-me dirigida esta palavra de Javé: [9]"As mãos de Zorobabel fundaram esta casa, suas mãos a terminarão e sabereis que Javé dos exércitos enviou-me a vós. [10]Quem ousará desprezar o dia de tão modestos inícios? Ele se alegrará vendo o fio de prumo na mão de Zorobabel".

5 Sexta visão: o livro que voa. [1]Depois ergui os olhos e vi um rolo que voava. [2]O anjo que falava comigo perguntou-me: "Que estás ven-

---

* **3**,1. Jó 1,6; Jd 9; Am 4,11 | 3. Ap 19,8 | 7. Ml 2,7 | 8. Is 8,18; Zc 6,12; Jr 23,5 | 9. Ap 5,6 | **4**,2. Êx 25,31-40 10b. 3,9; Ap 5,6 | 14. Ap 11,4 | 6b. Os 1,7 | **5**,2. Ez 2,9s; Ap 10,9ss | 3. Êx 20,7.15

† **3**,8. O templo foi reconstruído e o sacerdócio foi restabelecido: tudo está pronto para o aparecimento do grande descendente de Davi. | **3**,9. Os sete olhos designam a presença e a vigilância universais de Javé, 4,10. | **4**,2. As sete lâmpadas representam os olhos de Deus que velam sobre o mundo inteiro, garantindo seu domínio sobre todos os acontecimentos. Assim, o candelabro de sete braços, uma árvore estilizada, é um emblema divino, que mais tarde tornou-se emblema do judaísmo. | 6ª. Os vv. 6b-10a vêm depois do v. 14. | 14. São o governador Zorobabel, membro da família do Messias, Mt 1,12s, e o sumo sacerdote Josué.

11Agora, porém, para o resto daquele
povo
eu não serei mais como fui antes
– diz Javé dos exércitos.
12É uma semente de paz:
a videira produzirá seu fruto,
a terra dará seus produtos,
os céus darão o orvalho:
darei tudo isso como herança ao res-
to desse povo.
13Assim como fostes uma maldição
entre as nações, ó casa de Judá e de
Israel, assim, quando eu vos salvar, vós
vos tornareis uma bênção. Não temais,
pois: retomem força vossas mãos".
14Pois assim fala Javé dos exércitos:
"Como decidi afligir-vos quando vos-
sos pais me irritaram – diz Javé dos
exércitos – e não voltei atrás, 15assim
de novo me proponho fazer o bem a
Jerusalém e à casa de Judá; não te-
nhais medo. 16Eis o que deveis fazer:
falai com sinceridade* cada qual a seu
próximo; em vossos tribunais julgai se-
gundo a justiça que gera a paz. 17Nin-
guém trame no coração o mal contra o
próprio irmão; não ameis o juramento
falso, porque eu detesto tudo isso" –
oráculo de Javé.

Resposta à pergunta sobre o jejum.
18Foi-me dirigida esta palavra de Javé
dos exércitos:
19"Assim fala Javé dos exércitos: o
jejum do quarto, quinto, sétimo e dé-
cimo mês* se mudará para a casa de
Judá em alegria, júbilo e dias de festa;
amai, pois, a verdade e a paz".†

Promessa de bênção. 20Assim fala
Javé dos exércitos: "Virão ainda povos
e habitantes de numerosas cidades, 21e
os habitantes de uma cidade irão à ou-
tra e dirão: Vamos logo suplicar a Javé
e buscar Javé dos exércitos; eu também
vou. 22Assim muitos povos e nações
poderosas irão a Jerusalém procurar
Javé dos exércitos e suplicar a Javé".
23Assim fala Javé dos exércitos: "Na-
queles dias, dez homens de todas as
línguas das nações agarrarão um judeu
pela orla do manto e lhe dirão: Quere-
mos ir convosco, porque ouvimos dizer
que Javé está convosco".

II. ORÁCULOS SOBRE O FUTURO DE JERUSALÉM E DAS NAÇÕES (9–14)

9 **Nova terra.** 1Proclamação.
A palavra de Javé está no país de
Hadrac
e repousa em Damasco.
Porque a Javé pertence a pérola de
Aram
e todas as tribos de Israel;
2Também Emat, sua vizinha,
e Tiro e Sidônia, cuja sabedoria é
grande.
3Tiro construiu para si uma fortaleza
e nela acumulou prata como pó
e ouro, como lama das ruas.
4O Senhor se apoderará dela,
precipitará no mar sua força
e ela será devorada pelo fogo.
5Ascalon verá e ficará com medo,
Gaza se contorcerá em grandes do-
res,
como também Acaron,
porque sua esperança ficará frustra-
da;
desaparecerá o rei de Gaza
e Ascalon não será mais habitada.
6Um povo bastardo morará em Azoto,
e abaterei o orgulho dos filisteus.
7Tirarei de sua boca o sangue
e de seus dentes suas abominações.
Também ele se tornará um resto para
nosso Deus,*
será como uma família em Judá
e Acaron será semelhante ao jebu-
seu.
8Acamparei junto a minha casa,
montando guarda
contra quem vai e quem vem;
lá não passará mais o opressor,
porque agora eu mesmo vigio com
meus próprios olhos.

---

* **8**,16. Ef 4,25; Mt 5,9 | 19. Jr 31,13; Is 35,10 | **9**,7. Is 4,3

† **8**,19. Passados os acontecimentos dolorosos da queda de Jerusalém, que esses jejuns comemoravam, é tempo de alegria e não de penitência. | **9**. O território do povo eleito será ampliado, porque Javé fará uma guerra de conquista contra as cidades vizinhas.

O Messias, rei manso e pacífico.
9Exulta de alegria, filha de Sião,
rejubila, filha de Jerusalém!
Vem a ti teu rei.
Ele é justo e vitorioso.
Humilde, está montado num jumento,*
num jumentinho, filho de jumenta†.
10Fará desaparecer os carros de Efraim
e os cavalos de Jerusalém;
o arco de guerra será quebrado,*
e ele proclamará a paz às nações.
Seu domínio será de um mar a outro,*
e do rio aos confins da terra.

Israel será restabelecido. 11Quanto a ti, por causa da aliança concluída contigo no sangue,*
libertarei teus prisioneiros da cisterna sem água.
12Voltai à cidadela, prisioneiros da esperança!
Eu vo-lo anuncio desde hoje:
dupla recompensa vos darei.
13Estendi Judá como meu arco,
fiz de Efraim sua flecha;
suscitarei teus filhos, Sião,
contra teus filhos, Javã,
eu te farei como a espada de um herói.
14Então Javé aparecerá sobre eles,*
como relâmpago partirão suas flechas;
O Senhor Javé soará a trombeta
e marchará entre os furacões do sul.
15Javé dos exércitos os protegerá;
eles devorarão e pisarão as pedras da funda;
beberão seu sangue como vinho,
estarão cheios de sangue como as bacias dos sacrifícios,
como os chifres do altar.
16Javé, seu Deus,
naquele dia salvará como um rebanho seu povo;*
como pedras preciosas de uma coroa
brilharão em sua terra.
17Quanta bondade a sua e quanta beleza!
O trigo dará vigor aos jovens,*
e o vinho novo, às moças.

10 **Convite à confiança.** 1Pedi a Javé a chuva tardia da primavera;*
é Javé que forma os nimbos,
derrama chuva abundante
e dá a cada um a erva dos campos.
2Porque os ídolos domésticos† predizem o falso,
os adivinhos veem mentiras,
contam sonhos enganadores,
e dão vãs consolações;
por isso eles vão errando como ovelhas,*
infelizes, por falta de pastor.

Israel, libertado, voltará. 3Contra os pastores se acende meu furor*
e contra os carneiros dirijo o olhar;
porque Javé dos exércitos
visitará seu rebanho, a casa de Judá,
e fará dele seu glorioso cavalo na batalha†.
4Dele sairá a pedra angular,
dele a estaca da tenda,
dele o arco de guerra,
dele todos os comandantes.
5Serão como valentes que pisam
a lama das ruas na batalha.
Combaterão porque Javé está com eles;
mas os que montam em cavalos ficarão confusos.
6Fortalecerei a casa de Judá
e tornarei vitoriosa a casa de José.
Eu os reconduzirei à pátria, porque tenho piedade deles;
serão como se nunca os tivesse repudiado,*
porque eu sou Javé, seu Deus, e os ouvirei.
7Os de Efraim serão como um herói,
e seu coração se alegrará como inebriado pelo vinho.*

---

* **9**,9. Mt 21,5; 11,29 | 10. Os 2,20; Is 11,6 / Sl 72,6 | 11. Êx 24,4-8; Mt 26,28 14. Sl 18,15; Hab 3,4 | 16. Ez 34,1 | 17. Jr 31,12s | **10**,1. Dn 11,14; Sl 135,7 | 2. Ez 34,5; Mt 9,36 | 3. Ez 34,2 | 6. Is 41,17 | 7. Sl 104,15

† **9**,9. Rei de paz, manso e humilde. Jesus realizou esta profecia no Domingo de Ramos, Mt 21,5; Jo 12,15. **10**,2. Os ídolos domésticos, ou "terafim", representavam os deuses protetores do lar, Gn 31,19,34; serviam para a adivinhação, Ez 21,26, que é um pecado contra a fé em Deus. | 3. A idolatria de Israel sofreu seu castigo no exílio. Deus vai punir seus pastores, em parte responsáveis pelo pecado do povo.

Seus filhos verão e se alegrarão,
e seu coração exultará em Javé.
8Darei um sinal para reuni-los
quando os tiver resgatado;
e serão numerosos como antes.
9Eu os dispersei entre os povos,
mas nas regiões remotas se recordarão de mim;*
criarão os filhos e voltarão.
10Eu os farei retornar do Egito,
eu os recolherei da Assíria
para reconduzi-los à terra de Galaad e do Líbano,
e não bastará para eles o espaço.
11Atravessarão o mar do Egito,
e ele ferirá as ondas do mar,
todas as profundezas do Nilo secarão.
Será abatido o orgulho da Assíria
e removido o cetro do Egito.
12Sua força estará em Javé,
e é em seu Nome que caminharão,
oráculo de Javé.

11 **Desolação.** 1Abre, Líbano, tuas portas,
e que o fogo devore teus cedros.
2Geme, cipreste, porque o cedro caiu,
estas esplêndidas árvores foram destruídas.
Gemei, carvalhos de Basã,
Porque a floresta impenetrável está abatida!†
3Ouve-se o lamento dos pastores,
porque sua glória está destruída!
Ouve-se o rugido dos leõezinhos,
porque foi devastado o orgulho do Jordão!

O bom pastor. 4Assim fala Javé, meu
Deus: "Apascenta as ovelhas* destinadas ao matadouro, 5que os compradores abatem impunemente e cujos vendedores dizem: 'Seja bendito Javé, fiquei rico'; e os pastores não se compadecem delas. 6Pois não mais terei piedade dos habitantes do país, oráculo de Javé. Eu abandonarei os homens, um à mercê do outro, e à mercê de seu rei, para que devastem o país, mas não livrarei nenhum de suas mãos".

7Eu portanto me pus a apascentar as ovelhas que os comerciantes destinavam ao matadouro. Tomei dois bastões: a um chamei Benevolência e ao outro União e conduzi ao pasto as ovelhas. 8Num só
mês eliminei três pastores; perdi a paciência com eles, e também eles me detestaram. 9Por isso eu disse: "Não serei mais vosso pastor. Quem está para morrer, que morra; quem está para se perder, que se perca; e que as restantes se devorem entre si!" 10Tomei depois o bastão chamado Benevolência e o quebrei, rompendo assim a aliança que eu tinha feito com todos os povos. 11Eu a rompi
naquele mesmo dia; os comerciantes de ovelhas que me observavam compreenderam que aquela era a palavra de Javé.
12E eu lhes disse: "Se vos parece justo, dai-me meu salário; se não, deixai por isso mesmo". Eles então pesaram como meu salário trinta siclos de prata. 13Mas
Javé me disse: "Lança no tesouro esta bela soma com que fui por eles avaliado!" Tomei os trinta siclos* de prata e os lancei no tesouro da casa de Javé†. 14De-
pois quebrei o segundo bastão chamado União, para romper assim a fraternidade entre Judá e Israel. 15Depois Javé me dis-
se: "Toma ainda os instrumentos de um pastor* insensato, 16porque eu suscitarei
no país um pastor que não terá cuidado das ovelhas que se perdem,* não buscará as dispersas, não tratará das feridas, não alimentará as que estão de pé; mas comerá as carnes das gordas e lhes arrancará até as unhas.

17Ai do pastor inútil que abandona o rebanho!*
Uma espada lhe cairá sobre o braço
e sobre o olho direito.
Que seu braço fique todo seco
e seu olho direito, completamente cego".

---

* **10**,9. Dt 30,1ss; Lc 15,17 | **11**,4. Jr 12,3 | 13. Mt 27,3-10 | 15. Ez 34,2ss | 16. Is 42,3; Mt 12,20 | **11**,17. Jo 10,12s

† **11**,2. Anuncia a queda dos orgulhosos inimigos de Judá, representados por essas árvores. | 13. 30 siclos era o preço de um escravo, Êx 21,32, salário ridículo e injurioso. Essa profecia se cumpriu na traição de Judas, Mt 27,9s.

12 **Jerusalém reabilitada.** 1Pro-
clamação. Palavra de Javé sobre
Israel. Oráculo de Javé, que estendeu os
céus* e fundou a terra, que formou o es-
pírito do homem dentro dele: 2"Eu farei
de Jerusalém como uma taça* inebrian-
te para todos os povos vizinhos; Judá
terá a mesma sorte quando Jerusalém
for sitiada. 3Naquele dia eu farei de Je-
rusalém como pedra pesada para todos
os povos: todos os que quiserem levan-
tá-la ficarão gravemente feridos; contra
ela se reunirão todas as nações da terra.
4Naquele dia – oráculo de Javé – man-
darei o pânico sobre todos os cavalos,
e a loucura sobre seus cavaleiros; mas
sobre a casa de Judá manterei abertos
meus olhos; ferirei de cegueira todos os
cavalos das nações. 5Então os chefes de
Judá pensarão: A força dos habitantes
de Jerusalém está em Javé dos exérci-
tos, seu Deus. 6Naquele dia farei dos
chefes de Judá como braseiro ardente
no meio da lenha e como tocha acesa
entre os feixes; eles devorarão à direita
e à esquerda todos os povos ao redor.
E Jerusalém será ainda habitada em seu
mesmo lugar, em Jerusalém. 7Javé sal-
vará primeiramente* as tendas de Judá,
para que a glória da casa de Davi e a
glória dos habitantes de Jerusalém não
ultrapassem a de Judá. 8Naquele dia
Javé protegerá os habitantes de Jeru-
salém e o mais fraco dentre eles será
como Davi naquele dia, e a casa de Davi
será como Deus, como o anjo de Javé
diante deles.
9Naquele dia procurarei exterminar*
todas as nações que vierem contra Je-
rusalém. 10Derramarei sobre a casa de
Davi e sobre os habitantes de Jerusa-
lém um espírito de graça e de súplica, e
eles olharão para mim. Quanto àquele
a quem traspassaram†, farão luto* por
ele como se faz pelo filho único, e o
chorarão amargamente como se chora
o primogênito. 11Naquele dia, grande
será o lamento em Jerusalém, seme-
lhante ao lamento de Adad-Remon na
planície de Maguedon. 12O país fará o
luto, família por família:
a família da casa de Davi à parte e
suas mulheres à parte;
a família da casa de Natã à parte e
suas mulheres à parte;
13a família da casa de Levi à parte e
suas mulheres à parte;
a família da casa de Semei à parte e
suas mulheres à parte;
14assim todas as outras famílias, cada
família à parte e suas mulheres à parte".

13 **Purificação.** 1Naquele dia ha-
verá uma fonte† jorrando para
a casa de Davi* e para os habitantes
de Jerusalém, para lavar o pecado e a
impureza. 2Naquele dia – oráculo de
Javé dos exércitos – eu extirparei do
país os nomes dos ídolos: nem serão
mais recordados. Também os profetas
e o espírito imundo farei desaparecer
do país. 3Se alguém continuar a profe-
tizar, o pai e a mãe que o geraram lhe
dirão: "Não continuarás a viver, porque
proferes mentiras em nome de Javé", e
o pai e a mãe que o geraram o tras-
passarão porque profetiza. 4Naquele
dia, todo profeta se envergonhará da
visão que tiver anunciado;* ninguém
vestirá mais o manto de pelos para fa-
lar mentiras. 5Mas cada um dirá: "Não
sou profeta, sou lavrador; eu me dedi-
quei à terra desde a juventude". 6E se
lhe disserem: "O que são essas chagas
em tuas mãos?", ele responderá: "Eu as
recebi na casa de meus amigos"†.
A espada. 7Levanta-te, espada, contra
meu pastor,*
contra aquele que é meu compa-
nheiro.

* **12**,1. Is 42,5; Gn 2,7 | 2. Is 51,17 | 7. 14,10 | 9. 14,3 | 10. Jo 19,37; Ap 1,7; Jo 3,14; Am 8,10; Jo 3,16; Cl 1,15-18 | **13**,1. Jo 7,38s; 19,34; Ez 47,1; 36,25 | 4. 2Rs 1,8; Mt 3,4 | 7. Ez 34,1 / Mt 26,31; Ez 34,1

† **12**,10. Promete a conversão do povo a seu Deus. São João aplica esta profecia a Jesus na cruz, lendo o texto de outra maneira, Jo 19,37. | **13**,1. A fonte que purifica Jerusalém e faz dela um paraíso é um tema profético, Ez 47,1-12. | **13**,6. Trata-se dos profetas das confrarias, que se envergonharão de sua condição e das marcas das incisões em seus corpos, 1Rs 18,28, e vão explicá-las com uma desculpa. | 7. O rebanho do pastor ferido passará por uma provação e os que ficarem fiéis reconhecerão a Deus e Deus os reconhecerá. Jesus identificou-se com este pastor ferido em Mt 26,31.

Oráculo de Javé dos exércitos.
Fere o pastor, e as ovelhas* serão
dispersas†;
e voltarei a mão contra os pequenos.
8Em todo o país,
– oráculo de Javé –
dois terços serão exterminados e
morrerão;
um terço será deixado.
9Farei passar este terço pelo fogo;
eu o purificarei como se purifica a
prata,*
eu o provarei como se prova o ouro.
Invocará meu Nome*
e eu o escutarei.
Direi: "Este é meu povo".
E ele dirá: "Javé é meu* Deus"†.

14 Batalha final entre Jerusalém e as nações.

1Está chegando o
dia de Javé, quando teus despojos se-
rão repartidos no meio de ti. 2Reunirei
todas as nações contra Jerusalém* para
a batalha; a cidade será tomada, as ca-
sas saqueadas, as mulheres violenta-
das; metade da população partirá para
o cativeiro, mas o resto do povo não
será retirado da cidade. 3Então Javé sai-
rá e combaterá contra aquelas nações,
como combateu no dia da batalha.
4Naquele dia seus pés pousarão sobre
o monte das Oliveiras que está diante
de Jerusalém ao oriente. E o monte das
Oliveiras se fenderá ao meio, do orien-
te ao ocidente, formando um imenso
vale; metade do monte recuará para o
norte e a outra metade para o sul. 5En-
tão fugireis pelo vale de meus montes,
pois o vale dos montes chegará até
Jasol; fugireis como fugistes do terre-
moto,* no tempo de Ozias, rei de Judá.
Virá então Javé meu Deus e com ele
todos os seus santos.
6Naquele dia não haverá luz, mas frio
e gelo. 7Será um dia único, Javé o co-
nhece; não haverá dia nem noite,* mas
ao anoitecer brilhará a luz. 8Naquele
dia águas vivas brotarão de Jerusalém*
e descerão metade para o mar orien-
tal, metade para o mar ocidental, tan-
to no verão como no inverno. 9Então
Javé será rei de toda a terra.* Naquele
dia Javé será o único, e único será seu
Nome. 10Todo o país se transformará
em planície,* de Gaba até Remon no
Negueb; Jerusalém será elevada e será
habitada no lugar onde está, desde a
porta de Benjamim até o lugar da pri-
meira porta, isto é, até a porta do Ân-
gulo, e desde a torre de Hananeel até
os lagares do rei. 11Aí habitarão; não
haverá mais extermínio, e Jerusalém
será habitada em segurança.*
12Este será o flagelo com que Javé fe-
rirá todos os povos que tiverem com-
batido contra Jerusalém: fará apodre-
cer suas carnes,* estando eles ainda de
pé; seus olhos se consumirão em suas
órbitas; sua língua se consumirá em
sua boca. 13Naquele dia Javé provocará
um grande tumulto entre eles: cada um
agarrará a mão do outro* e lutarão um
contra o outro. 14Também Judá comba-
terá em Jerusalém e lá se ajuntarão as
riquezas de todas as nações vizinhas:
ouro, prata e vestes em quantidade
enorme. 15Um flagelo semelhante atin-
girá os cavalos, os mulos, os camelos,
os jumentos e todos os animais que
estiverem naqueles acampamentos:
um flagelo semelhante àquele. 16Então
entre todas as nações que houverem
combatido contra Jerusalém, os sobre-
viventes subirão todo ano para adorar
o rei, Javé dos exércitos,* e para cele-
brar a festa das Tendas†. 17Se alguma
família da terra não for a Jerusalém
para adorar o rei, Javé dos exércitos,
sobre ela não cairá a chuva. 18Se a fa-
mília do Egito não subir e não quiser
vir, sobre eles não cairá a chuva; virá
sobre eles o mesmo flagelo que Javé

---

* **13**,9. Is 1,25; 48,10 / Sl 91,15; Is 65,24 / Jr 31,31 | **14**,2. Jl 4,2.12 | 5. Jr 31,30; Am 1,1 | 7. Ap 21,23 | 8. Ez 47,1; Jo 4,1 | 9. Ap 11,15 | 10. 12,6 | 11. Jr 31,40; Ap 22,3 | 12. Is 66,24 | 13. Ez 38,21 | 16. Êx 23,14

† **13**,9. Este é o "resto" de Israel, os sobreviventes da catástrofe do exílio, que volta à pátria purificado e decidido a ser fiel à aliança com Deus; serão a semente do novo povo. "Era preciso que o Povo de Deus sofresse a purificação do exílio, o qual já traz a sombra da Cruz no projeto de Deus. O Resto dos Pobres que volta de lá é uma das figuras mais transparentes da Igreja" (CIC). | **14**,16. Também as nações passarão por uma triagem e os sobreviventes virão adorar a Javé em Jerusalém.

infligiu às nações que não subiram para
celebrar a festa das Tendas. [19]Este será
o flagelo para o Egito e para todas as
nações que não subirem para celebrar
a festa das Tendas.

[20]Naquele tempo também sobre os
cincerros dos cavalos se achará escrito:
"Consagrado a Javé", e as panelas no
templo de Javé serão como as bacias
que estão diante do altar. [21]Todas as
panelas, em Jerusalém e em Judá, serão
consagradas a Javé dos exércitos; todos
os que quiserem oferecer sacrifício virão
e as usarão para cozinhar as carnes. Naquele dia não haverá nem um só comerciante na casa de Javé dos exércitos.*

* **14**,21. Jo 2,16

MALAQUIAS

Seu nome em hebraico significa "meu mensageiro", nome que parece ser tirado de 3,1. De sua vida nada se sabe, senão que viveu provavelmente na primeira metade do séc. V a.C. Em seu livro há seis breves diálogos entre o profeta e os ouvintes, cujo conceito central é a necessidade de vencer a tentação do farisaísmo, isto é, de uma religião desligada da vida e das exigências sempre rigorosas da aliança. Por isso, o profeta se esforça por sacudir a indiferença dos compatriotas, chamando-os ao dever de corresponder ao amor de Deus com a oferta de sacrifícios dignos de sua majestade (1,11). Censura os sacerdotes porque oferecem a Deus alimentos contaminados (1,6–2,9), condena os divórcios e os casamentos com mulheres estrangeiras (2,10-16), anuncia o dia do juízo divino (2,17–3,5), com o triunfo final dos justos e a punição pelo não cumprimento do dever do dízimo para o templo (3,6-21). Em lugar dos sacrifícios imperfeitos que eram oferecidos a Deus, proclama que "em todo lugar é oferecido um sacrifício de incenso a meu nome com uma oblação pura" (1,11), vaticínio no qual a tradição viu profetizado o sacrifício eucarístico. O famoso texto "Mandarei meu mensageiro para preparar o caminho a minha frente" (3,1) foi aplicado a João Batista em Mt 11,10 e em Mc 1,2.

Malaquias dá muita importância ao culto e fala das condições que o tornam agradável a Deus, condições rituais e sobretudo morais, isto é, a fidelidade no matrimônio e a justiça social.

A mensagem do profeta pode resumir-se numa frase: "Voltai para mim e eu voltarei para vós, diz Javé dos exércitos" (3,7).

I. REPREENSÃO AOS SACERDOTES E LEVITAS (1-2)

1 **O amor de Javé por Israel.** [1]Pro-
clamação. Palavra de Javé a Israel
por meio de Malaquias. [2]"Eu vos amo",
diz Javé. E vós dizeis: "Como nos amais?"†
"Não era Esaú irmão de Jacó? – oráculo
de Javé – No entanto amei Jacó [3]e odiei*
Esaú†. Fiz de seus montes um deserto e
dei sua herança aos chacais do deserto".
[4]Se Edom diz: "Fomos destruídos, mas
reconstruiremos nossas ruínas", Javé dos
exércitos declara: "Eles reconstruirão,
mas eu destruirei". Serão chamados terra
da impiedade e povo contra o qual Javé
está irado para sempre. [5]Vossos olhos o
verão e direis: "Grande é Javé também
fora dos limites de Israel"†.
Repreensão aos sacerdotes†. [6]"O fi-
lho honra seu pai* e o servo respeita
seu patrão. Se eu sou pai, onde está
a honra que me é devida? Se sou o
patrão, onde está o respeito para co-
migo? Diz Javé dos exércitos a vós, sa-
cerdotes, que desprezais meu Nome".
Vós perguntais: "Em que despreza-
mos vosso Nome?" [7]"É que ofereceis
em meu altar comida contaminada".
Mas dizeis: "Em que te profanamos?"
Quando dizeis: "A mesa de Javé é sem
importância". [8]"E quando ofereceis
um animal cego em sacrifício, não é
um mal? Quando ofereceis um animal
aleijado ou doente,* não é um mal?
Oferece-o a teu governador: pensas
que ficaria contente ou te receberia
bem? Diz Javé dos exércitos".
O sacrifício novo. [9]Agora suplicai a
Deus para que tenha piedade de nós!
"Mas com tais ofertas em vossas mãos,
ele vos aceitará com favor?, diz Javé
dos exércitos. [10]Haverá entre vós al-

---

* **1**,3. Os 11,1; Dt 7,7,s; 4,37; Ez 16; Rm 9,13; Gn 25,23 | 6. Êx 20,12; Dt 1,31; 32,6; Is 29,13 | 8. Lv 22,18-25 | 10. Am 5,21; Jr 6,20; Sf 3,9

† **1**,2. Os repatriados que voltam de Babilônia chegam a duvidar se Deus os ama, porque ficaram desiludidos ao encontrarem em sua terra a hostilidade dos ocupantes, a dominação persa e as incursões dos povos vizinhos. | 3. Pelo contexto, o sentido é que Deus prefere um povo a outro e persevera nesta sua escolha original. Rm 9,13 cita esse texto. | 5. Os antigos pagãos achavam que cada deus nacional só tinha poder dentro do próprio país. | 6. São dois os pecados dos sacerdotes: oferecem vítimas defeituosas e descuidam sua missão de educadores do povo, 2,8 | 10. Deus prefere a ausência de culto a um culto falso.

guém que feche as portas, para que
não acendais em vão o fogo sobre meu
altar! Não me agrado de vós, diz Javé
dos exércitos, nem aceito a oferta* de
vossas mãos!† 11 Porque do nascente
ao poente, grande é meu Nome entre
as nações e em todo lugar é oferecido
um sacrifício de incenso a meu Nome
com uma oblação pura, porque grande
é meu Nome entre as nações, diz Javé
dos exércitos"†. 12 Mas vós o profanais
quando dizeis: "A mesa do Senhor é
impura e o que nela se oferece, isto é,
sua comida, é sem importância". 13 "Vós
dizeis: 'Que canseira!' e me tratais com
desprezo, diz Javé dos exércitos. E ofe-
receis animais roubados, aleijados, do-
entes e os trazeis como oferta! Posso
eu aceitá-la de vossas mãos?*, diz Javé.
14 Maldito o homem fraudulento que
tem no rebanho um macho, faz um
voto e depois me sacrifica um animal
defeituoso. Porque eu sou um grande
rei, diz Javé dos exércitos,* e meu nome
inspira temor entre as nações".

2 **Ameaças aos sacerdotes infiéis.**
1 "Agora, ó sacerdotes, é para vós
esta advertência. 2 Se não me escutar-
des e não tomardes a peito dar glória
a meu nome, diz Javé dos exércitos,
mandarei sobre vós a maldição* e
amaldiçoarei vossas bênçãos. Sim, já as
amaldiçoei, porque nenhum de vós as
toma a peito.

3 Reprovarei vossa descendência
e vos lançarei no rosto excrementos,
os excrementos das vítimas imoladas em vossas festas,
e sereis varridos junto com eles.
4 Assim sabereis que eu
vos dirigi esta advertência,*
para que possa continuar minha aliança com Levi,
diz Javé dos exércitos.
5 Minha aliança com ele
era aliança de vida e de bem-estar,
coisas que lhe concedi para que me temesse;
ele me temeu e diante de meu nome teve respeito.*
6 Um ensinamento fiel estava em sua boca
e não havia falsidade em seus lábios;
na integridade e na retidão caminhou diante de mim
e converteu muitos da iniquidade.
7 De fato, os lábios do sacerdote*
devem guardar o saber
e de sua boca se procura a instrução,
porque ele é mensageiro de Javé dos exércitos.
8 Vós, porém, vos afastastes do caminho*
e a muitos fizestes tropeçar
com vosso ensinamento;
violastes a aliança de Levi,
diz Javé dos exércitos.
9 Por isso também eu vos tornei desprezíveis
e abjetos diante de todo o povo,
porque não observastes minhas disposições
e usastes parcialidade na aplicação da lei".

**Casamento com estrangeira e divór-
cio.** 10 Não temos todos um mesmo
Pai?* Não foi um Deus único que nos
criou? Por que, então, agir com perfídia
um contra o outro, profanando a alian-
ça de nossos pais? 11 Judá agiu traiçoei-
ramente, e a abominação foi cometida
em Israel e em Jerusalém. Porque Judá
profanou o santuário caro a Javé e ca-
sou com a filha de um deus estrangei-
ro†. 12 Que Javé elimine, para o homem
que agiu assim, a testemunha e o de-
fensor, das tendas de Jacó e do grupo
dos que apresentam a oferta a Javé dos
exércitos†.

13 Outra coisa fazeis ainda: cobris de
lágrimas o altar de Javé, com prantos
e gemidos, porque ele não olha mais
para a oferta, nem a acolhe com prazer

* **1**,13. Lv 22,18-25 | 14. Sl 102,16 | **2**,2. Dt 28,15 | 4. Dt 18,1-8; 33,8-11; Nm 25,12s | 5. Dt 33,9s | 7. Dt 21,5 | **2**,8. Mt 23,13ss | 10. Ef 4,6

† **1**,11. O profeta fala no presente, significando o futuro: haverá um culto puro, universal e plenamente agradável a Deus. A tradição cristã vê profetizado aqui o sacrifício eucarístico. | **2**,11. Casar com uma estrangeira, "filha de um outro deus", é ser infiel a Javé e ao próprio povo. Era proibido pela lei, Dt 7,3. | 12. O culpado ficará privado de toda justiça humana e de toda proteção divina.

de vossas mãos. 14E perguntais: "Por
quê?" Porque Javé é testemunha entre
ti e a mulher de tua juventude†, que
tu traíste, apesar de ser ela tua com-
panheira, a mulher ligada a ti por um
pacto.
15Não fez ele um só ser dotado de
carne* e sopro vital? Que coisa busca
esse único ser, senão uma descendên-
cia dada por Deus? Respeitai vossa
vida. Que ninguém seja infiel à mulher
de sua juventude†. 16Porque eu detes-
to o repúdio†, diz Javé, Deus de Israel,
e quem cobre de iniquidade a própria
veste, diz Javé dos exércitos. Respeitai,
pois, vossa vida e não sejais infiéis.
17Cansais Javé com vossas palavras;
no entanto, perguntais: "Como o can-
samos?" Quando afirmais: "Todo aque-
le que faz o mal* é bem-visto aos olhos
de Javé†, que nele se compraz"; ou
quando dizeis: "Onde está o Deus da
justiça?"

II. O ANJO PRECURSOR (3)

3 **Anjo da aliança.** 1"Mandarei meu
mensageiro* para preparar o ca-
minho a minha frente†. De repente en-
trará em seu templo o Senhor, que vós
procurais; o anjo da aliança, que de-
sejais; ele vem, diz Javé dos exércitos.
2Quem suportará o dia de sua vinda?*
Quem resistirá quando ele aparecer?
Pois ele é como o fogo do fundidor e
como a potassa dos lavadeiros. 3Ele se
sentará para fundir e purificar; purifica-
rá os filhos de Levi, ele os refinará como
se faz com o ouro e a prata, para que
possam oferecer a Javé uma oblação
segundo a justiça. 4Então a oferta de
Judá e de Jerusalém será agradável a
Javé como nos dias antigos, como nos
primeiros anos. 5Eu me aproximarei
de vós para o juízo e serei uma teste-
munha pronta contra os feiticeiros, os
adúlteros, os perjuros, contra quem de-
frauda o operário de seu salário, contra
quem oprime a viúva e o órfão,* e faz
injustiça ao estrangeiro. Estes não me
temem, diz Javé dos exércitos".
Os dízimos para o templo. 6"Eu, Javé,
não mudo;*
e vós, filhos de Jacó, não mudais.
7Desde o tempo de vossos pais
vos afastastes de meus preceitos
e não os guardastes.
Voltai para mim e eu voltarei para vós,*
diz Javé dos exércitos".
Mas vós dizeis:
"Como devemos voltar?"
8"Pode um homem fraudar a Deus?
No entanto vós me fraudais
e andais dizendo:
'Como te fraudamos?'
Nos dízimos e nas ofertas†.
9Já fostes atingidos pela maldição*
e continuais a me fraudar,
vós, a nação toda!
10Trazei todo o dízimo ao tesouro do
templo,
para que haja comida em minha casa;
depois ponde-me à prova nisto,
– diz Javé dos exércitos –
para ver se eu não vos abrirei as ca-
taratas do céu*
e não derramarei sobre vós bênçãos
sem medida.
11Impedirei os insetos devoradores
de destruírem os frutos de vossa terra
e de tornar estéril vossa videira no
campo,
diz Javé dos exércitos.
12Todas as nações vos proclamarão
bem-aventurados,*
porque sereis uma terra de delícias,
diz Javé dos exércitos".

---

* **2**,15. Gn 2,24; Mt 5,31s; Ef 5,25-32 | 17. Jó 21,7 | **3**,1. Mt 11,10 | 2. Sf 1,14; Jl 2,11; Jr 6,29 | 5. Lv 19,23; Êx 22,20s | 6. Nm 23,19 | 7. Zc 1,3 | 9. Dt 28,15 | 10. Dt 28,8.12 | 12. Is 61,9

† **2**,14. Javé, o Deus da aliança, está presente a tudo o que acontece com seu povo. | 15. Aludindo a Gn 2,24, apresenta o ideal de um casamento indissolúvel, fecundo e com uma só mulher. | 16. A lei permitia ao marido repudiar a mulher em certos casos, Dt 24,1-4, mas Malaquias combate o repúdio e assim prepara a condenação do divórcio, promulgada por Jesus, Mt 5,32 e 19,6. | 17. A prosperidade dos maus desafia o conceito que o povo eleito tem da justiça de Javé. | **3**,1. Texto aplicado a João Batista em Mt 11,10 e em Mc 1,2. | 8. A comunidade mostra-se negligente em cumprir os deveres do dízimo: se ela voltar a oferecê-los, terá de novo a prosperidade e o bem-estar.

O triunfo dos justos. 13"São duras vos-
sas palavras contra mim – diz Javé dos
exércitos – e vós andais dizendo: 'Que
dissemos contra ti?' 14Afirmastes: 'É
inútil servir a Deus:* que vantagem re-
cebemos por ter observado seus man-
damentos ou por ter andado de luto
diante de Javé dos exércitos? 15Deve-
mos, ao contrário, proclamar felizes os
soberbos que, mesmo fazendo o mal,
prosperam e, mesmo provocando a
Deus, ficam impunes'"†.

16Então falaram entre si os que te-
miam a Javé. Javé prestou ouvido* e os
escutou: um livro de memórias foi escrito
diante dele para aqueles que o temem e
que honram seu Nome. 17"Eles serão mi-
nha propriedade no dia que eu preparo –
diz Javé dos exércitos –. Terei compaixão
deles como o pai tem compaixão* do fi-
lho que o serve. 18Então vereis de novo a
diferença entre o justo e o pecador, entre
quem serve a Deus e quem não o serve".

O dia de Javé. 19"De fato, está para
vir o dia, ardente como forno.* En-
tão todos os soberbos e malfeitores
serão como palha; o dia que vem os
queimará – diz Javé dos exércitos –
de modo a não lhes deixar raiz nem
ramo. 20Para vós, porém, que temeis
meu nome, nascerá o sol da justiça†,
trazendo a salvação em seus raios; e
saireis saltando* como novilhos de um
curral. 21Calcareis aos pés os ímpios,
pois serão como cinza debaixo da sola
de vossos pés no dia que eu preparo,
diz Javé dos exércitos".

O profeta precursor. 22"Lembrai-vos
da lei de meu servo Moisés,
ao qual prescrevi sobre o Horeb
estatutos e normas para todo o Is-
rael.

23Enviarei o profeta Elias antes que
chegue*
o dia de Javé, grande e terrível†.

24Ele converterá o coração dos pais
para os filhos,
e o coração dos filhos para os pais,
para que eu não venha*
castigar o país com o extermínio".

---

* **3**,14. Is 58,3 | 16. Dn 7,10 | 17. Sl 103,13 | 19. Am 5,18 | 20. Lc 1,78; Jo 8,12 | 23. Mt 17,10-13; Eclo 48,10; Lc 1,17 | 24. Js 6,17

† **3**,15. Javé repreende os que duvidam de sua justiça no governo do mundo e anuncia seu dia, v.19, quando exterminará os maus. | 20. Depois da noite da adversidade e da provação, o povo será feliz e alcançará a vitória, aqui expressa pelo termo "justiça". A liturgia aplica este belo texto ao Salvador, luz do mundo, Jo 8,12. | 23. Este texto criou a grande expectativa do retorno de Elias no fim dos tempos. Jesus afirma que "Elias já veio", referindo-se a João Batista, Mt 17,10-13.

NOVO TESTAMENTO

Na plenitude dos tempos, Deus enviou seu Filho (Gl 4,4) para reunir os filhos de Deus dispersos, formando com eles um novo povo, que ele remiu e conquistou com seu sangue, o sangue da nova aliança (Lc 22,20). A proclamação desse mistério de salvação para todos foi feita de viva voz primeiro pelo próprio Jesus, depois pelos apóstolos, cumprindo ordem sua (Mc 16,15). Os convertidos à fé em Jesus recebiam o batismo e o dom do Espírito Santo, que os associavam a uma comunidade. Esta celebrava no culto a memória do Salvador e ouvia dos apóstolos o ensinamento ou catequese, que aprofundava o primeiro anúncio, chamado querigma. Circulavam entre as primeiras comunidades tradições orais ou escritas, contendo notícias sobre a doutrina do Mestre, seus milagres e parábolas, e outros relatos biográficos, sobretudo a história da paixão. Com o passar do tempo, as igrejas se multiplicaram e as testemunhas oculares foram desaparecendo, surgindo assim a necessidade de colocar por escrito de maneira ordenada todo um patrimônio recebido e transmitido.

Nesse tempo, São Paulo começa a percorrer o Império Romano, pregando o Evangelho que recebera de Cristo e fundando comunidades. A estas escreve diversas cartas, entre as quais estão as obras mais antigas daquilo que hoje é o Novo Testamento. Suas cartas foram conservadas e trocadas entre as igrejas, que as agrupavam, dando origem a certas coleções.

Veio o tempo em que apareceram nas comunidades falsos doutores, pregando doutrinas diferentes, chamadas "heresias", que apelavam para tradições orais e textos escritos. Foi preciso determinar quais livros eram sagrados, quais não. O critério foi aceitar só o que era obra dos apóstolos e de seus colaboradores imediatos.

Com essa expressão "Novo Testamento", usada a partir do fim do século II, designava-se o conjunto dos escritos que se impuseram na Igreja como referência importante para a fé e que teve a garantia dos apóstolos. Em vez de "Novo Testamento", seria mais exato dizer "Nova Aliança", aliança de Deus com seu povo, aquela anunciada por Jeremias (31,31) para substituir a primeira, que Israel violou. Não foi abandonado o Antigo Testamento, entendido como anúncio e caminho para o Novo. Para os cristãos, a vinda de Cristo é o cumprimento histórico das esperanças de Israel. O Concílio Vaticano II afirmou assim a unidade dos dois Testamentos: "Deus, inspirador e autor dos livros de ambos os Testamentos, dispôs sabiamente que o Novo estivesse latente no Antigo, e o Antigo se tornasse claro no Novo. Os livros do Antigo Testamento, recebidos íntegros na pregação apostólica, adquirem e manifestam sua completa significação no Novo Testamento, e por sua vez o iluminam e explicam".

Como no Antigo Testamento, também no Novo distinguimos três famílias de livros: os históricos (os quatro Evangelhos e os Atos dos Apóstolos), os didáticos (todas as epístolas) e um livro profético, o Apocalipse de João.

O Novo Testamento inteiro foi escrito em grego, língua falada em toda a bacia do Mediterrâneo no tempo dos apóstolos.

OS EVANGELHOS

A palavra "Evangelho" significa "boa nova", e a grande boa nova é a vinda de Deus para o meio dos homens. Cumprindo sua promessa de mandar um Salvador para a humanidade, na plenitude dos tempos, Deus enviou seu Filho, que anunciou o Reino de Deus em palavras e obras, e, "morrendo, destruiu a morte, e, ressurgindo, deu-nos a vida".

A seus Apóstolos, Jesus não mandou escrever, mas pregar (Mc 16,15). "Depois da ascensão do Senhor, os Apóstolos transmitiram aos ouvintes aquilo que Ele dissera e fizera, com aquela mais plena compreensão de que gozavam, instruídos que foram pelos gloriosos acontecimentos de Cristo e esclarecidos pela luz do Espírito de verdade. Os autores sagrados escreveram os quatro Evangelhos, escolhendo certas coisas das muitas transmitidas oralmente ou já por escrito, fazendo síntese de outras ou explanando-as com vistas à situação das igrejas, conservando enfim a forma de proclamação, sempre de maneira a referir-nos a respeito de Jesus com verdade e sinceridade. Pois os escreveram, seja com fundamento na própria memória e recordações, seja baseados no testemunho daqueles 'que desde o começo foram testemunhas oculares e ministros da palavra': com a intenção de que conheçamos a verdade daquelas palavras com que fomos instruídos (cf. Lc 1,2-4)" (Vat. II).

Santo Irineu dizia que existe um só Evangelho, quadriforme, em quatro modalidades. São os quatro livros, substancialmente idênticos, que referem palavras e ações da vida de Jesus, contados por Mateus, Marcos, Lucas e João. Os três primeiros chamam-se sinóticos, ou seja, "que se podem ler juntos, em colunas paralelas", por causa de suas semelhanças profundas. Estas se explicam pela tradição bem estruturada nas comunidades e pela formação de coleções de documentos. Mateus e Lucas utilizam Marcos na versão atual ou numa versão anterior. Utilizam também outra fonte, que continha palavras de Jesus. As diferenças se explicam pelos documentos próprios de cada evangelista, por sua ótica pessoal, pela tradição que representam, seus objetivos, o contexto em que vivem e seus destinatários especiais. O quarto Evangelho segue um caminho próprio, mostrando além dos simples fatos e palavras, o significado espiritual que apresentam.

Mais que uma simples biografia, os Evangelhos são o testemunho da Igreja primitiva a respeito do Cristo Ressuscitado: retratam o modo como foi proclamado ao mundo Aquele que disse: "Eu sou o caminho, a verdade e a vida" (Jo 14,6). Apresentam uma visão do que Jesus foi e é para a Igreja. O ponto de partida é a fé da Páscoa. Em Jesus e por meio de Jesus, Deus diz a palavra definitiva sobre si e sobre o destino do homem e do mundo.

EVANGELHO SEGUNDO MATEUS

Mateus, também chamado Levi (Mc 2,14; Lc 5,27), que tinha sido cobrador de impostos em Cafarnaum e foi chamado por Jesus para pertencer ao grupo dos doze discípulos (Mt 9,9), escreveu, por volta do ano 70, um Evangelho endereçado a uma comunidade cristã proveniente do judaísmo e procurou mostrar-lhes que Jesus é aquele que os profetas anunciaram. Por isso, recorda em muitos episódios da vida de Jesus o texto profético que se cumpre (1,23; 2,6; 2,15; 2,18; 3,15-16, etc.). Para Mateus, Jesus é o novo Moisés, muito superior ao profeta máximo do antigo Israel. Veio ensinar aos mestres da época e ao povo em geral como cumprir a vontade de Deus, interpretando e aperfeiçoando a legislação em vigor.

Mateus fez questão de não omitir as palavras de Jesus referentes às tradições e aos costumes judaicos. Segundo seu relato, desde o início (p. ex. no episódio de Herodes e os Magos) até a condenação à morte, Jesus é rejeitado por seu povo e acolhido pelos pagãos.

O drama de Jesus se desenrola em cinco atos: primeiro, Jesus é acolhido com entusiasmo pelas multidões por causa de seus milagres, porém depois começa a decepcionar o povo que esperava um Messias diferente. Aí Jesus se volta para a formação dos discípulos, cerne da futura Igreja. A perseguição dos inimigos chega então ao auge, alcançando seu objetivo: matar o rival. Mas ele ressuscita e permanece sempre vivo no meio da Igreja que fundou.

O Evangelho de Mateus apresenta os discursos de Jesus agrupados em cinco composições:

Sermão da montanha (5–7)
Sermão apostólico (10)
Sermão das parábolas (13)
Sermão sobre a Igreja (18)
Sermão escatológico (24–25)

Cada um desses sermões é precedido de uma parte narrativa que introduz o assunto do sermão. Como introdução geral, há um prólogo chamado "Evangelho da infância" (1–2) e, para encerrar, narra-se a paixão, morte e ressurreição (26–28).

I. EVANGELHO DA INFÂNCIA (1–2)

1 **Antepassados de Jesus.** [1]Lista
dos antepassados* de Jesus Cris-
to, filho de Davi*, filho de Abraão†.
[2]Abraão foi pai de Isaac*. Isaac, pai
de Jacó. Jacó, pai de Judá e de seus
irmãos. [3]Da união de Judá e Tamar*
nasceram Farés e Zara. Farés foi pai
de Esrom. Esrom, pai de Aram. [4]Aram
foi pai de Aminadab*. Aminadab, pai
de Naasson. Naasson, pai de Salmon.
[5]Da união de Salmon e Raab nasceu
Booz. Da união de Booz e Rute* nasceu
Obed. Obed foi pai de Jessé. [6]Jessé foi
pai do rei Davi*.
Da união de Davi com aquela que
fora mulher de Urias, nasceu Salomão.
[7]Salomão foi pai de Roboão. Roboão,
pai de Abias. Abias, pai de Asa. [8]Asa foi
pai de Josafá. Josafá, pai de Jorão. Jo-
rão, pai de Ozias. [9]Ozias foi pai de Jo-
atão. Joatão, pai de Acaz. Acaz, pai de
Ezequias. [10]Ezequias foi pai de Manas-
sés. Manassés, pai de Amon. Amon, pai
de Josias. [11]Josias foi pai de Jeconias e
de seus irmãos no tempo do exílio de
Babilônia.
[12]E depois do exílio de Babilônia*,
Jeconias foi pai de Salatiel. Salatiel, pai
de Zorobabel. [13]Zorobabel foi pai de
Abiud. Abiud, pai de Eliacim. Eliacim,
pai de Azor. [14]Azor foi pai de Sadoc.

* **1**,1. Lc 3,23-38 / Gl 3,16 | 2. Gn 21,3; 25,26; 29,35 | 3. Gn 38,29s | 4. 1Cr 2,4s.9s | 5. Rt 4,13-22 | 6. 1Cr 3,10-15 | 12. 1Cr 3,17.19

† **1**,1. Esta genealogia tem por finalidade inserir Jesus na história de seu povo, apresentando-o como o Messias esperado, herdeiro das promessas feitas a Abraão e a Davi.

Sadoc, pai de Aquim. Aquim, pai de
Eliud. 15Eliud foi pai de Eleazar. Ele-
azar, pai de Matã; Matã, pai de Jacó.
16Jacó foi pai de José, esposo de Ma-
ria†, da qual nasceu Jesus, que é cha-
mado Cristo.
17Portanto, de Abraão até Davi, são
quatorze gerações; de Davi até o exílio
de Babilônia, são quatorze gerações; e
do exílio de Babilônia até Cristo, qua-
torze gerações.
Nascimento de Jesus. 18Assim acon-
teceu o nascimento* de Jesus: Maria,
sua mãe, era noiva de José† e, antes de
viverem juntos, ela ficou grávida por
obra do Espírito Santo. 19José, seu noi-
vo, sendo um homem justo, não quis
que ela ficasse com o nome manchado
e resolveu abandoná-la sem ninguém
o saber. 20Enquanto planejava isso,
teve um sonho em que lhe apareceu
um anjo do Senhor para dizer-lhe:
"José, filho de Davi†, não tenhas medo
de receber Maria como esposa, porque
a criança que ela tem em seu seio vem
do Espírito Santo. 21Ela terá um filho,
e tu lhe darás o nome de Jesus*, pois
ele salvará seu povo de seus pecados".
22Tudo isso aconteceu para se cumprir
o que o Senhor tinha dito pelo profeta
com estas palavras: 23"A virgem con-
ceberá* e dará à luz um filho, a quem
chamarão Emanuel, nome que significa
'Deus conosco'". 24Quando acordou,
José fez o que o anjo do Senhor havia
mandado. Levou sua esposa para casa
25e, sem que a ela se unisse*, ela teve
um filho. E José lhe deu o nome de Je-
sus.

2 **Adoração dos Magos.** 1Jesus nas-
ceu em Belém* da Judeia, no tem-
po do rei Herodes†. Então chegaram a
Jerusalém alguns* Magos† do Oriente
2e perguntaram: "Onde está o rei dos
judeus que acaba de nascer? Vimos sua
estrela no Oriente e viemos adorá-lo".
3Quando ouviu isso, o rei Herodes ficou
atordoado e, com ele, toda Jerusalém.
4Reuniu todos os sumos sacerdotes e
os escribas† do povo para perguntar-
-lhes onde é que nasceria o Cristo. 5A
resposta deles foi: "Em Belém da Ju-
deia*, porque assim escreveu o profeta:
6'E tu, Belém, terra de Judá*, não és de
modo algum a menor entre as princi-
pais cidades de Judá, pois de ti sairá
um chefe que vai governar Israel, meu
povo'". 7Herodes chamou então os Ma-
gos em segredo e pediu-lhes que dis-
sessem com exatidão quando foi que
aparecera a estrela. 8Enviou-os depois
a Belém, dizendo: "Ide informar-vos
exatamente sobre o menino; e quando
o tiverdes encontrado, avisai-me, para
que eu também vá adorá-lo". 9Depois
de ouvir essas palavras do rei, os Ma-
gos partiram. E a estrela que viram no
Oriente ia caminhando à frente deles,
até que parou sobre o lugar onde esta-
va o menino. 10Ao verem a estrela, sen-
tiram uma alegria muito grande. 11Eles

* **1**,18. Lc 1,35; 2,5 | 21. Lc 1,31-35; 2,21; At 4,12 | 23. Is 7,14 | 25. Lc 2,7 | **2**,1. Lc 2,1-7 / Nm 24,17 | 5. Jo 7,42 | 6. Mq 5,1 | 11. Sl 72,10-15; Is 49,23; 60,5

† **1**,16. Maria é citada nesta genealogia junto com mais quatro mulheres: Tamar, Raab, Rute e Bersabeia. Todas elas tiveram algo de irregular ou de extraordinário em seu matrimônio, e todas mostraram iniciativa e exerceram um papel importante no plano de Deus. | 18. Entre os judeus o noivado tinha os mesmos efeitos jurídicos do casamento, de modo que a noiva infiel poderia ser apedrejada como adúltera, Dt 22,22. | 20. José não entende a situação singular em que a maternidade divina colocou sua noiva, mas não quer ser injusto para com aquela que merece sua total confiança. O anjo dirige-se a ele na qualidade de "filho de Davi", para que, aceitando a paternidade adotiva de Jesus, torne-o também filho de Davi. | **2**,1. Trata-se de Herodes Magno, que reinou de 37-4 a.C., grande construtor, mas homem violento e sanguinário, que suspeitava de tudo e de todos. / Os Magos representam as nações do mundo, que acolhem o Salvador com fé, enquanto os judeus, representados por Herodes e pelas autoridades religiosas, rejeitam Aquele que os profetas anunciaram. Por influência de Sl 72,10s, a tradição os considerou como reis, e por causa dos três dons, pensa-se que eram três. Um apócrifo dá seus nomes: Baltazar, Melquior e Gaspar, o negro. | 4. Os escribas eram os mestres da lei, intérpretes oficiais da legislação mosaica; quase sempre eram do partido dos fariseus. | 11. Conforme os Santos Padres, o ouro simboliza a realeza, o incenso, a divindade, e a mirra, o sofrimento da Paixão.

do Sarasar, alto oficial do rei, com seus
homens para suplicar o favor de Javé 3e
para perguntar aos sacerdotes agrega-
dos ao templo de Javé dos exércitos e
aos profetas: "Devo continuar a guardar
luto e abstinência no quinto mês, como
tenho feito por tantos anos?"† 4Então foi-
-me dirigida esta palavra de Javé: 5"Fala
a todo o povo do país e a todos os sa-
cerdotes e dize-lhes: Quando fizestes
jejuns e lamentos no quinto e no sétimo
mês* durante estes setenta anos, era por
mim que jejuáveis? 6E quando comestes
e bebestes, não o fazíeis por vós? 7Não
foi esta a palavra que vos proclamava
Javé por meio dos profetas do passado,
quando Jerusalém estava ainda habitada
e em paz e eram habitadas as cidades vi-
zinhas e o Negueb e a planície?" 8E foi
dirigida a Zacarias esta palavra de Javé:
9"Assim fala Javé dos exércitos: Julgai
conforme a verdade e exercitai a pie-
dade e a misericórdia* cada qual para
com o próximo. 10Não oprimais a viúva,
o órfão, o estrangeiro e o pobre, e nin-
guém trame o mal no coração* contra
o próprio irmão". 11Mas eles recusaram
ouvir-me, obstinadamente me voltaram
as costas e taparam os ouvidos para não
ouvir. 12Endureceram o coração* como
um diamante para não ouvir a instrução
e as palavras que Javé dos exércitos lhes
dirigia por seu espírito, por meio dos
profetas do passado. Assim acendeu-se
um grande furor da parte de Javé dos
exércitos. 13E como a seu apelo eles não
quiseram dar ouvido, assim quando eles
clamarem, eu não os ouvirei, diz Javé dos
exércitos. 14"Eu os dispersei* entre todas
aquelas nações que eles não conheciam,
e o país ficou desolado atrás deles, sem
que alguém o percorresse; de uma terra
de delícias fizeram uma desolação".

8 **Promessa de bênção†.** 1Foi-me
dirigida esta palavra de Javé dos
exércitos: 2"Assim fala Javé dos exérci-
tos:

Sinto grande ciúme por Sião,*
e uma grande paixão por ela me in-
flama".
3Assim fala Javé:
"Voltarei a Sião e morarei em Jeru-
salém.*
Jerusalém será chamada cidade fiel,
e o monte de Javé dos exércitos,
monte santo".
4Assim fala Javé dos exércitos:
"Velhos e velhas se sentarão ainda
nas praças de Jerusalém,*
cada qual com seu bastão na mão
por causa de sua idade avançada.
5As praças da cidade estarão cheias
de meninos e meninas
a brincar nas praças".
6Assim fala Javé dos exércitos:
"Se isso parece impossível aos olhos
do resto desse povo
naqueles dias,
será talvez impossível também a
meus olhos?*
– oráculo de Javé dos exércitos.
7Assim diz Javé dos exércitos:
"Eu salvo meu povo
do país do oriente e do país do oci-
dente:
8eu os reconduzirei para morarem
em Jerusalém;
eles serão meu povo e eu serei seu
Deus,*
na fidelidade e na justiça".
Convite à confiança. 9Diz Javé dos
exércitos: "Retomem força vossas mãos,
vós que nestes dias escutais estas pala-
vras dos profetas, que profetizam des-
de o dia em que foram colocados os
alicerces da casa de Javé dos exércitos
para a reconstrução do templo.*
10Pois antes daqueles dias
não havia salário para o homem,
nem salário para o animal;
não havia segurança alguma
para quem ia e vinha
por causa do inimigo:
eu mesmo incitava os homens uns
contra os outros.

---

* **7**,5. Am 5,21 | 9. Is 1,17; Êx 22,20s | 10. Mq 2,1 | 12. Ez 11,9 | 14. Dt 4,27 | **8**,2. 1,14 | 3. Is 1,26 | 4. Is 65,20; Dt 4,40 | **8**,6. Jr 32,27 | 8. Jr 31,31 | 9. Ag 1,15

† **7**,3. A resposta de Deus está em 8,18s. | **8**. Anúncio da salvação messiânica: Javé habita para sempre em Jerusalém, reunião de todos os israelitas na montanha santa, felicidade sem igual.

do?" Respondi: "Vejo um rolo* que voa: tem vinte côvados de comprimento e dez de largura". [3]Ele acrescentou: "Esta é a maldição que se espalha sobre todo o país: conforme o que está num lado do rolo, todo ladrão será expulso daqui; e conforme o que está no outro lado, todo perjuro* será expulso daqui. [4]Eu lançarei a maldição†, – oráculo de Javé dos exércitos – e ela entrará na casa do ladrão e na casa de quem jura falsamente por meu Nome; ficará naquela casa e a consumirá junto com suas traves e suas pedras".

Sétima visão: a mulher no efá†. [5]Depois, o anjo que falava comigo aproximou-se e me disse: "Levanta os olhos e observa o que vem lá". [6]Perguntei: "O que é aquilo?" Respondeu-me: "É um efá que se aproxima". Depois acrescentou: "Esta é a corrupção deles em toda a terra". [7]Depois foi levantada uma tampa de chumbo: dentro do efá estava uma mulher. [8]Ele disse: "Esta é a corrupção!" E mandou-a de novo para dentro do efá e cobriu a abertura com a tampa de chumbo. [9]Levantei de novo os olhos e tive uma visão: apareceram duas mulheres. O vento agitava suas asas; sim, tinham asas como as cegonhas; e levantaram o efá entre a terra e o céu. [10]Perguntei ao anjo que falava comigo: "Para onde levam o efá?" [11]Respondeu-me: "Vão à terra de Senaar para construir-lhe um templo†. Depois de construído, o efá será posto sobre seu pedestal".

6 **Oitava visão: os quatro carros.** [1]Levantei de novo os olhos e tive uma visão: quatro carros saindo do meio de duas montanhas,* e as montanhas eram de bronze. [2]O primeiro carro tinha cavalos vermelhos; o segundo, cavalos pretos; [3]o terceiro, cavalos brancos e o quarto, cavalos malhados vigorosos. [4]Perguntei ao anjo que falava comigo: "Que significam eles,* meu Senhor?" [5]O anjo respondeu-me: "São os quatro ventos do céu que partem depois de se terem apresentado ao Senhor de toda a terra. [6]O carro com os cavalos pretos vai para o país do norte; os cavalos brancos o seguem; os malhados dirigem-se para o país do sul. [7]Os vermelhos avançavam, impacientes por percorrer a terra". Ele disse-lhes: "Ide, percorrei a terra". E eles percorreram a terra. [8]Depois chamou-me e disse: "Aqueles que caminham para o país do norte† fazem acalmar meu espírito no país do norte".

A coroa para Josué. [9]Foi-me dirigida esta palavra de Javé: [10]"Faze uma coleta entre os deportados, entre os de Heldai, de Tobias e de Idaías, e vai no mesmo dia à casa de Josias, filho de Sofonias, que voltou de Babilônia. [11]Toma prata e ouro e faze com eles uma coroa que porás sobre a cabeça de Josué, filho de Josedec, sumo sacerdote. [12]Tu lhes dirás: Assim fala Javé dos exércitos: Eis um homem que se chama Germe: germinará de seu lugar e reconstruirá o templo* de Javé. [13]É ele que reconstruirá o templo de Javé; é ele que será revestido de majestade. Ele sentará como soberano sobre seu trono. Um sacerdote estará a sua direita* e entre os dois reinará uma paz perfeita. [14]A coroa será para Heldai, Tobias, Idaías e Josias, filho de Sofonias, um memorial no templo de Javé. [15]Também de longe virão para reconstruir o templo de Javé. Assim reconhecereis que Javé dos exércitos* enviou-me a vós. Isto acontecerá, se ouvirdes diligentemente a voz de Javé vosso Deus".

7 **O verdadeiro jejum.** [1]No quarto ano de Dario, no quarto dia do nono mês, chamado casleu, a palavra de Javé foi dirigida a Zacarias. [2]Betel tinha envia-

---

* **6**,1. Ap 6,2-8 | 4. 1,8 | 12. 3,8; Jr 23,5 | 13. 4,14 | 15. Dt 28,1

† **5**,4. O próprio Deus envia a maldição, que voará pelos ares em busca dos culpados para puni-los, destruindo seus bens. | 5. O sentido da visão é que a impiedade deve ser expulsa do reino de Deus. Efá era uma medida de capacidade, equivalente a 45 litros. | 11. A culpa é transportada para Senaar, i.é, Babilônia, onde lhe prestarão culto: assim ela pagará pelos males que causou a Judá. | **6**,8. O país do norte é Babilônia, que Deus vai destruir para salvar seu povo, Jr 25,12ss.

filhos a Abraão. [10]O machado já está
encostado no pé das árvores; e, então,
toda árvore que não produzir bom fruto
será cortada e jogada no fogo. [11]Eu vos
batizo com água, para vossa conversão;
mas aquele que vem depois de mim é
mais forte do que eu: não sou digno
nem de tirar-lhe as sandálias. Ele vos
batizará com o fogo* do Espírito San-
to. [12]Ele tem a pá na mão para limpar
seu terreiro: vai guardar o trigo no paiol,
mas a palha* ele a queimará numa fo-
gueira que não se apaga".

Batismo de Jesus. [13]Então Jesus veio
da Galileia ao Jordão*, ao encontro
de João, a fim de ser batizado por ele.
[14]João, porém, tentava impedi-lo, di-
zendo: "Eu é que devo ser batizado
por ti, e tu vens a mim?" [15]Mas Jesus
respondeu-lhe: "Deixa por ora, pois as-
sim convém que façamos tudo o que
é justo"†. E João concordou. [16]Depois
do batismo, Jesus saiu logo da água.
Os céus se abriram, e ele viu o Espíri-
to de Deus descer como uma pomba e
vir sobre ele. [17]E do céu veio uma voz
que disse: "Este é meu Filho amado, de
quem eu me agrado"†.

III. MINISTÉRIO DE JESUS NA GALILEIA (4–18)

4 **As três tentações**†. [1]Depois, Je-
sus foi levado pelo Espírito ao
deserto*, para ser tentado pelo diabo.
[2]Durante quarenta dias e quarenta
noites† esteve jejuando; depois sentiu
fome. [3]Aproximando-se o tentador,
disse-lhe: "Se és o Filho de Deus, man-
da que estas pedras se transformem
em pães". [4]Mas ele respondeu: "Está
escrito: 'Não só de pão vive o ho-
mem*, mas de toda palavra que sai da
boca de Deus'". [5]Em seguida, o diabo
o levou à Cidade Santa e o colocou no
ponto mais alto do templo [6]e disse-
-lhe: "Se és o Filho de Deus, lança-te lá
embaixo, porque está escrito: 'Ele dará
ordens a seus anjos* a teu respeito, e
eles te tomarão nas mãos, para que
não tropeces com o pé em alguma pe-
dra'". [7]Respondeu-lhe Jesus: "Também
está escrito: 'Não tentarás o Senhor*,
teu Deus'"†. [8]De novo, o diabo o levou
para um monte* muito alto. Mostrou-
-lhe todos os reinos do mundo com
seu esplendor [9]e disse-lhe: "Tudo isto
te darei se, prostrado, me adorares".
[10]Então Jesus lhe disse: "Vai-te, Sa-
tanás*, porque está escrito: 'Ao Senhor
teu Deus adorarás e só a ele prestarás
culto'". [11]Então o diabo o deixou. E os
anjos se aproximaram para servi-lo†.

Jesus começa a pregar. [12]Quando
soube que João tinha sido preso*, Je-
sus voltou para a Galileia. [13]Deixou, en-
tão, Nazaré e foi morar em Cafarnaum,
à beira-mar, nos territórios de Zabulon
e de Neftali, [14]para que se cumprisse
o oráculo do profeta Isaías: [15]"Terra de
Zabulon, terra de Neftali*, caminho do

---

* **3**,11. Jo 1,15.24; At 1,5; 13,25 | 12. Is 41,16; Jr 15,7; Mt 13,42.50 | 13. Mc 1,9ss; Lc 3,21s; Jo 1,31-33; 13,6ss | **4**,1. Mc 1,12s; Lc 4,1-13; Gn 3,1-7; Hb 2,18; 4,15 | 4. Dt 8,3; Sb 16,26 | 6. Sl 91,11s | 7. Dt 6,16 | 8. Mt 17,1 | 10. Dt 6,13; Mt 16,23 | 12. Mc 1,14s; Lc 4,14; Jo 2,12 | 15. Is 8,23; 9,1; Lc 1,78s; Jo 1,9

† **3**,15. Lit. "toda a justiça", ou seja, tudo o que se deve fazer para obedecer a Deus e cumprir seu desígnio de salvação. | 17. Assim como no batismo de Jesus os céus se abrem, o Espírito Santo desce e o Pai o proclama seu Filho amado, assim também o cristão batizado recebe o Espírito Santo, torna-se filho do Pai celeste e começa a caminhada para o céu. | **4**. Haveria para Jesus muitas maneiras de agir como Messias; o diabo lhe propõe o caminho do sucesso fácil, mas Jesus escolhe a obediência à vontade de Deus expressa na Bíblia. | 2. Os 40 dias que Jesus passou no deserto em obediência ao Pai lembram os 40 anos durante os quais os israelitas provocaram a ira de Deus no deserto com sua desobediência. | 7. Tentar a Deus é duvidar de seu poder e de sua bondade e pô-los à prova pedindo um milagre. | 11. "Cristo revela-se como Servo de Deus, totalmente obediente à vontade divina. A vitória de Jesus sobre o tentador antecipa a vitória da Paixão, obediência suprema de seu amor filial ao Pai" (CIC). | 15. "Dos gentios" porque era vizinha das nações pagãs, e em parte ocupada por elas. Esse ambiente mais aberto que o da Judeia teve certo influxo sobre a pregação de Jesus e a de seus discípulos. Jesus prefere a periferia ao centro; começa pela desprezada Galileia, Jo 7,52. | 17. Jesus apresenta o Reino dos Céus como uma força de salvação, introduzida por ele no mundo e destinada a crescer até chegar à plena realização no mundo que há de vir.

entraram na casa e viram o menino com Maria*, sua mãe. E caindo de joelhos o adoraram. Abriram seus cofres e lhe deram de presente ouro, incenso e mirra†. [12]Foram avisados num sonho para não voltarem a Herodes; por isso retornaram por outro caminho para sua terra.

Fuga para o Egito. [13]Depois que partiram, um anjo do Senhor apareceu* em sonho a José e lhe disse: "Levanta-te, toma o menino e a mãe dele e foge para o Egito. Fica lá até eu te avisar, porque Herodes vai procurar o menino para matá-lo"†. [14]José levantou-se, tomou de noite o menino e a mãe dele e partiu para o Egito. [15]Ficou lá até a morte de Herodes, para se cumprir o que o Senhor falara pelo profeta, com as palavras: "Do Egito chamei* meu filho"†.

A morte dos inocentes. [16]Então Herodes, vendo-se enganado pelos Magos, ficou com muita raiva e mandou matar, em Belém e nas vizinhanças, todos os meninos de dois anos para baixo, conforme o tempo exato que indagara dos Magos. [17]Então cumpriu-se o que fora dito pelo profeta Jeremias: [18]"Em Ramá ouviu-se uma voz*, choro e grande lamentação; é Raquel chorando seus filhos, e não quer ser consolada, porque já não existem".

A Sagrada Família em Nazaré. [19]Quando Herodes morreu, um anjo do Senhor apareceu em sonho a José no Egito [20]e lhe disse: "Levanta-te, toma o menino e a mãe dele e vai para a terra de Israel, pois já morreram os que estavam procurando matar o menino. [21]Ele levantou-se, tomou o menino e a mãe dele e voltou para a terra de Israel. [22]Mas, quando ficou sabendo que Arquelau reinava na Judeia, em lugar de seu pai Herodes, teve medo de ir para lá. Avisado num sonho, partiu para a região da Galileia [23]e foi morar numa cidade chamada Nazaré, para se cumprir o que fora dito pelos profetas: "Ele será chamado Nazareno".

II. MINISTÉRIO DE JOÃO BATISTA (3)

3 **Pregação de João Batista.** [1]Por aqueles dias apareceu João Batista* a pregar no deserto da Judeia, [2]dizendo: "Convertei-vos, pois está próximo o Reino dos Céus!"† [3]Pois a ele referia-se o profeta Isaías, quando disse: "Uma voz clama no deserto*: Preparai o caminho do Senhor! Retificai suas estradas!"

[4]João usava uma roupa de pelos de camelo* e um cinto de couro na cintura. Alimentava-se de gafanhotos e de mel do campo. [5]O povo de Jerusalém, de toda a Judeia e do vale do Jordão ia até ele, confessava seus pecados, [6]e ele batizava a todos no rio Jordão. [7]Vendo que muitos fariseus* e saduceus† vinham para o batismo, disse-lhes: "Raça de víboras! Quem vos ensinou a fugir da ira que virá? [8]Produzi, então, fruto que demonstre verdadeira conversão [9]e não vos enganeis pensando: 'Abraão é nosso pai'. Porque eu vos digo que destas pedras* Deus é capaz de fazer nascer

---

* **2**,13. Mt 1,20 | 15. Os 11,1 | 18. Jr 31,15; Lc 1,26; 2,39; Is 11,1 | **3**,1. Mc 1,2-8; Lc 3,3-18; At 2,38 | 3. Is 40,3; Jo 1,23 | 4. 2Rs 1,8 | 7. Mt 12,34; 21,25.32; 23,33; Jo 5,25 | 9. Am 5,18; Rm 9,7; Jo 8,33.39; Gl 4,21-31; Mt 7,19

† **2**,13. Toda a vida de Cristo estará sob o signo da perseguição; os seus compartilham com ele esse destino. | 15. Citação de Os 11,1 que se refere a Israel, filho primogênito de Deus, Êx 4,22, chamado do Egito para a terra prometida. Aqui e também no episódio das tentações no deserto, 4,1-11, Mateus compara Jesus a seu povo, porque ele passa por experiências que o povo viveu. | **3**,2. Do Reino dos Céus, João Batista ressaltou o aspecto severo do julgamento, vv.10.12. Exorta ao arrependimento, à conversão ou mudança de mentalidade e administra o rito batismal aos que se abrem a esta transformação. A palavra "Céus" está em lugar de "Deus", nome sagrado que a comunidade judaica, por respeito, nem sequer pronunciava. | 7. Os fariseus eram membros de um partido religioso, nacionalista e rigorista, que praticava a mais estrita observância da lei mosaica e um profundo respeito pela tradição oral, caindo muitas vezes no formalismo. Os saduceus eram um partido que rejeitava toda tradição oral, e da Bíblia só aceitava o Pentateuco; simpatizavam com o helenismo e com as doutrinas materialistas, não acreditando na ressurreição nem nos anjos, At 23,8. A maioria deles era da aristocracia sacerdotal e membros influentes da política.

mar, do outro lado do Jordão, Galileia dos gentios!† 16O povo que morava nas trevas viu uma grande luz! E para os que se achavam na região escura da morte surgiu uma luz". 17Desde então, Jesus começou a pregar, dizendo: "Convertei-vos, porque está próximo* o Reino dos Céus"†.

Vocação dos apóstolos. 18Andando junto ao mar da Galileia*, Jesus viu dois irmãos: Simão, chamado Pedro, e André, seu irmão. Estavam lançando a rede ao mar, pois eram pescadores. 19Jesus disse-lhes: "Segui-me, e vos farei pescadores de homens!" 20Eles deixaram logo suas redes e o seguiram. 21Mais adiante viu outros dois irmãos: Tiago, filho de Zebedeu, e João, seu irmão. Estavam na barca com seu pai Zebedeu, consertando as redes. Jesus os chamou. 22Eles logo deixaram a barca e o pai e o seguiram†.

A multidão segue a Jesus. 23Jesus ia andando pela Galileia inteira*, ensinando nas sinagogas, pregando a Boa Nova do Reino e curando toda doença e toda enfermidade entre o povo. 24Sua fama espalhou-se por toda a Síria. Traziam a ele os que sofriam de doenças e de enfermidades de várias espécies: possessos, epilépticos e paralíticos; e ele os curou†. 25Seguiam-no grandes multidões* vindas da Galileia, da Decápole†, de Jerusalém, da Judeia e da Transjordânia†.

5 **As bem-aventuranças.**† 1Vendo a multidão, Jesus subiu à montanha. Sentou-se, e seus discípulos aproximaram-se dele. 2Começou então a falar e os ensinava* assim:

3"Felizes os pobres* em espírito†, porque é deles o Reino dos Céus.

4Felizes os que choram*, porque Deus os consolará.

5Felizes os não violentos*, porque receberão a terra como herança.

6Felizes os que têm fome e sede de justiça*, porque Deus os saciará.

7Felizes os misericordiosos, porque conseguirão misericórdia.

8Felizes os de coração puro†, porque verão a Deus*.

9Felizes os que promovem a paz, porque Deus os terá como filhos.

10Felizes os que são perseguidos* por agirem retamente, porque deles é o Reino dos Céus.

11Felizes sereis vós*, quando os outros vos insultarem e perseguirem, e disserem contra vós toda espécie de calúnias por causa de mim. 12Alegrai-vos e exultai porque recebereis uma grande recompensa no céu. Pois foi assim que eles perseguiram os profetas que vos precederam!"

Apostolado do cristão. 13"Vós sois o sal da terra*. Mas se o sal perder o sabor, com que se salgará? Não serve mais para nada, senão para ser jogado fora e ser pisado pelas pessoas.

* **4**,17. 3,2; 10,7 | 18. Mc 1,16-20; Lc 5,1-11; Jo 1,35-42 | 23. Mc 1,39; 3,7-10; Lc 4,15.44; At 10,38; Mt 9,35 | 25. Mc 3,7s; Lc 6,17ss | **5**,2. Lc 6,20-26 | 3. Is 57,15; 61,1 | 4. Sl 126,5; Is 61,3; Ap 21,4 | 5. Sl 37,11 | 6. Lc 6,21; Is 51,1 | 8. Sl 24,4; 73,1; 1Jo 3,2s; Ap 22,4 | 10. 1Pd 3,14 | 11. At 5,41; Fl 1,29; Cl 1,24; Hb 10,34; Tg 1,2 | 13. Mc 9,50; Lc 14,34s

† **4**,22. Ver a nota em Mc 1,20. | 24. Jesus acompanha suas palavras com numerosos milagres, prodígios e sinais (At 2,22), que manifestam que o Reino está presente nele e atestam que ele é o Messias anunciado. | 25. A Decápole era uma região com dez cidades a leste do Jordão, administrada pelo governador da Síria. / Reunindo os homens em torno de seu Filho Jesus, Deus Pai edifica a Igreja, que é na terra o germe e o início do Reino de Deus, o Reino já misteriosamente presente. | **5**. Os cc. 5-7 são o Sermão da Montanha, no qual Mateus reúne ensinamentos de Jesus dados em ocasiões diferentes. Moisés deu aos israelitas a lei recebida de Deus no Sinai; Jesus, novo Moisés, ensina o sentido verdadeiro da lei, resumindo tudo na fé em Deus Pai e na vivência da fraternidade. As bem-aventuranças são os caminhos da felicidade que Jesus propõe e que ele mesmo percorreu. Ensinam que a verdadeira felicidade não está nas riquezas ou no bem-estar, nem na glória humana ou no poder, nem em qualquer outra criatura, mas apenas em Deus, fonte de todo bem e de todo amor. | 3. Os pobres que, através das privações sofridas, aprenderam a confiar só em Deus. | 8. Puros de coração são os que entregaram o coração e a inteligência às exigências da santidade de Deus, principalmente em três campos: a caridade (2Tm 2,22), a castidade (1Ts 4,7; Cl 3,5; Ef 4,19) e o amor à verdade (Tt 1,15). | 14. "O que a alma é no corpo, são no mundo os cristãos" (Carta a Diogneto, séc. II). | 16. "O próprio testemunho da vida cristã e das boas obras feitas em espírito sobrenatural possui a força de atrair os homens para a fé e para Deus" (Vat. II).

14Vós sois a luz* do mundo†. Uma ci-
dade construída no alto do monte não
pode ficar escondida. 15E também não
se acende uma luz* para pô-la debai-
xo de um móvel. Pelo contrário, é pos-
ta no candeeiro, de modo que brilhe
para todos os que estão na casa. 16As-
sim deve brilhar vossa luz diante dos
outros*, para que vejam vossas boas
obras e glorifiquem vosso Pai que está
nos céus"†.

A nova e a antiga lei. 17"Não penseis
que vim revogar* a Lei ou os Profetas†;
não vim revogá-los, mas cumpri-los.
18Porque na verdade vos digo: Até que
passem o céu e a terra*, não passará
um só i, uma só vírgula da Lei, sem
que tudo se cumpra. 19Portanto, quem
desobedecer a estes mandamentos*,
ainda que mínimos, e ensinar os outros
a fazer o mesmo, será considerado o
menor no Reino dos Céus. Mas quem
os praticar e ensinar será considera-
do grande no Reino dos Céus. 20Pois
eu vos digo: se vossa justiça* não for
superior à dos escribas e fariseus, não
entrareis no Reino dos Céus.

21Ouvistes que foi dito aos antigos:
'Não matar'*. Quem matar tem de res-
ponder em juízo. 22Mas eu vos digo†:
Quem se irritar contra o irmão tem de
responder em juízo. Quem chamar seu
irmão de tolo deverá comparecer ao
sinédrio. E quem o chamar de louco
será condenado ao fogo do inferno.
23Se, portanto, fores levar tua ofer-
ta ao altar e aí te lembrares de que
teu irmão tem alguma coisa contra
ti, 24deixa tua oferta lá diante do al-
tar e vai primeiro fazer as pazes com
esse irmão e depois volta para fazer a
oferta. 25Entra logo em acordo* com
teu adversário, enquanto caminhas
com ele, para não acontecer que ele
te entregue ao juiz, e este ao guarda,
e assim sejas preso. 26Na verdade te
digo: de lá não sairás, enquanto não
pagares o último centavo.

27Ouvistes que foi dito: 'Não come-
ter adultério'*. 28Mas eu vos digo: Todo
aquele que olhar para uma mulher,
desejando-a, já cometeu adultério com
ela em seu coração. 29Por isso, se teu
olho direito te leva a pecar*, arranca-o
e joga-o para longe de ti. Pois é me-
lhor perderes uma só parte do corpo
do que teu corpo inteiro ser jogado no
inferno. 30E se tua mão direita te leva a
pecar, corta-a e joga-a para longe de
ti. Pois é melhor perderes uma só parte
do corpo do que teu corpo inteiro ser
jogado no inferno.

31Também foi dito: Quem se divor-
ciar deve dar à mulher* uma certidão
de divórcio. 32Mas eu vos digo: Quem
se divorciar de sua mulher, a não ser
no caso de união ilegal†, a faz cair em
adultério; e quem se casar com a divor-
ciada comete adultério.

33Ouvistes também que foi dito aos
antigos: 'Não jurar falso*, mas cumpre
com o Senhor teus juramentos'. 34Mas
eu vos digo: Não jureis de maneira ne-
nhuma; nem pelo céu, porque é o tro-
no de Deus; 35nem pela terra, porque
é o estrado de seus pés; nem por Je-
rusalém, porque é a cidade do Grande
Rei; 36nem por tua cabeça, porque não
podes tornar branco ou preto um só fio
de cabelo. 37Que vossa linguagem seja

* **5**,14. Jo 8,12 | 15. Mc 4,21; Lc 8,16; 11,33 | 16. 1Cor 10,31; Ef 5,8s; Fl 2,15; 1Pd 2,12 | 17. Rm 3,31; 10,4 | 18. Lc 16,17; 21,23 | 19. Tg 2,10 | 20. Rm 10,3; Fl 3,9 | 21. Lc 6,26-36; Êx 20,13; 21,12; Lv 24,17; Dt 5,17; Tg 1,19 | 25. Lc 12,58 | 27. Êx 20,14; Jó 31,1; 2Pd 2,14 | 29. Mc 9,43.47; Mt 18,8 | 31. 19,3-9; Dt 24,1; Mc 10,11; Lc 16,18; 1Cor 7,10s | 33. Lv 19,12; Nm 30,3; Dt 23,22; Eclo 23,9 | 37. 2Cor 1,17ss; Tg 5,12

† **5**,17. A Lei e os Profetas eram as duas primeiras partes da Bíblia, 2Mc 15,9, e por extensão designam todo o AT. A lei evangélica dá pleno cumprimento aos mandamentos da Lei. Não lhe acrescenta novos preceitos exteriores, mas reforma a raiz dos atos, o coração, onde se faz a opção entre o bem e o mal, onde se cultivam as virtudes. | 22. Jesus é mais que Moisés, que foi apenas um intermediário entre Deus e o povo. Jesus ensina com autoridade própria, interpreta, aprofunda, amplia, modifica e até contradiz "o que foi dito aos antigos". | 32. Lit. "fornicação", termo que parece indicar, como em At 15,20.29, um grau de parentesco que impedia o matrimônio. Seria então um caso de nulidade do matrimônio. | 37. Seguindo São Paulo (2Cor 1,23; Gl 1,20), a tradição da Igreja entendeu que as palavras de Jesus não se opõem ao juramento quando este é feito por um causa grave e justa, por exemplo, perante um tribunal. Disse S. Inácio de Loiola: "Não jurar nem pelo Criador, nem pela criatura, se não for com verdade, necessidade e reverência".

sim*, sim e não, não. O que se acres-
centa a isto vem do Maligno†.
38Ouvistes que foi dito: 'Olho por
olho* e dente por dente'. 39Mas eu vos
digo: Não deveis resistir aos maus*. Ao
contrário, se alguém te bater na face
direita, oferece-lhe também a esquer-
da. 40Se alguém quer processar-te para
te tomar a túnica, deixa-lhe também o
manto. 41Se alguém te forçar a cami-
nhar com ele mil passos, caminha dois
mil com ele. 42Dá a quem te pede algu-
ma coisa*, e a quem te pede empresta-
do não vires as costas.
43Vós sabeis que foi dito: 'Amarás teu
próximo e odiarás* teu inimigo'†. 44Mas
eu vos digo: Amai vossos inimigos* e
rezai pelos que vos perseguem, 45para
que sejais filhos de vosso Pai celeste
que faz nascer o sol para os maus e os
bons e faz cair a chuva sobre os justos
e os injustos. 46De fato, se amais os que
vos amam, que merecimento tereis? Os
publicanos não fazem isso também?
47E se saudais só vossos irmãos, que fa-
zeis de extraordinário? Os pagãos não
fazem isso também? 48Sede, portanto,
perfeitos* como vosso Pai celeste é per-
feito".

6 **A esmola.** 1"Cuidado para não
praticardes vossas boas obras*
na frente dos outros, para serdes ad-
mirados por eles. Agindo assim, não
recebereis a recompensa de vosso Pai
que está nos céus. 2Portanto, ao dares
esmola*, não toques a trombeta a tua
frente, como fazem os hipócritas nas
sinagogas e nas ruas, para serem elo-
giados pelos outros. Em verdade vos
digo†: eles já receberam o que deviam
receber. 3Tu, ao contrário, ao dares es-
mola, não deixes tua mão esquerda sa-
ber o que a direita faz*, 4para que tua
esmola se faça em segredo, e teu Pai,
que conhece todo segredo, te dará a
recompensa".
A oração. 5"Quando rezais, não façais
como os hipócritas que gostam de re-
zar em pé nas sinagogas e nos cantos
das praças, para serem vistos pelos ou-
tros. Na verdade vos digo: eles já rece-
beram o que deviam receber. 6Tu, ao
contrário, quando fores rezar, entra em
teu quarto, fecha a porta e reza a teu
Pai em segredo, e teu Pai, que conhece
todo segredo, te dará a recompensa.
7Em vossas orações, não useis muitas
palavras*, como fazem os pagãos, pen-
sando que Deus os atende devido às
orações longas. 8Não os imiteis, por-
que vosso Pai sabe o que precisais, an-
tes mesmo que lho peçais".
O Pai-nosso.† 9"Portanto, rezai assim:
'Pai nosso que estais nos céus*, santifi-
cado seja o vosso nome; 10venha a nós
o vosso reino, seja feita a vossa vonta-
de*, assim na terra como no céu. 11O
pão nosso de cada dia nos dai hoje*;
12perdoai-nos as nossas ofensas, assim
como nós perdoamos* a quem nos tem
ofendido; 13e não nos deixeis cair em
tentação, mas livrai-nos do mal'†. 14Pois
se perdoardes aos outros as ofensas
recebidas, também vosso Pai celeste
vos perdoará. 15Mas se não perdoar-
des aos outros*, vosso Pai também não
perdoará vossas ofensas".
O jejum. 16"Quando jejuardes*, não
fiqueis com ar abatido como os hipó-
critas, que desfiguram seu rosto para
mostrar que estão jejuando. Na ver-

* **5**,38. Êx 21,24; Lv 24,19s; Dt 19,21 | 39. Lv 6,29; Rm 12,19ss; 1Cor 6,7 | 42. Dt 15,8; Lc 6,30 | 43. Lv 19,18 | 44. Êx 23,4s; Lc 6,27; 23,34; Rm 12,14.19s; At 7,60; Ef 5,1 | 48. Lv 19,2; Tg 1,4; 1Pd 1,16 | **6**,1. Mt 23,5; Lc 16,15; Jo 5,44; 12,43 | 2. Mt 23,5.13ss | 3. Sl 139,2-7 | 7. Ecl 5,1; Eclo 7,15 | 9. Lc 11,2ss; Jo 17,6-26 | 10. 26,39.42 | 11. Jo 6,32.35; Pr 30,8; Mc 11,25; Eclo 28,1 | 12. 18,21-35; 26,41; Jo 17,11.15; 2Ts 3,3 | 15. Eclo 28,1-5; Tg 2,13 | 16. Is 58,5s

† **5**,43. "Odiar" tem o sentido de "não precisar amar". | **6**,2. Jesus sublinha assim sua autoridade fundada na verdade de Deus. A palavra "amém", aqui traduzida por "na verdade", vem da mesma raiz da palavra "crer". Exprime solidez, confiabilidade, fidelidade. Por isso o "amém" pode ser dito da fidelidade de Deus para conosco e de nossa confiança nele. | 9. "Esta oração ensinada pelo Salvador encerra em si mesma todas as mais elevadas orações de todos os homens e de todos os tempos" (S. Agostinho). "A oração dominical é realmente o resumo de todo o Evangelho" (Tertuliano). | 13. As Constituições Apostólicas (séc. IV) acrescentam: "Pois vosso é o reino, o poder e a glória para sempre". Este acréscimo entrou nas edições protestantes da Bíblia.

dade vos digo: já receberam o que deviam receber. 17Tu, porém, quando jejuares, perfuma a cabeça e lava o rosto, 18para os outros não notarem que estás jejuando, mas só teu Pai que está lá no secreto. E teu Pai, que vê no secreto, te dará a recompensa".

O verdadeiro tesouro. 19"Não ajunteis tesouros na terra, onde a traça e a ferrugem os destroem* e os ladrões assaltam e roubam. 20Mas ajuntai riquezas no céu, onde nem traça e nem ferrugem as podem destruir, nem os ladrões conseguem assaltar e roubar. 21Pois onde estiver teu tesouro, aí estará também teu coração. 22É o olho que ilumina o corpo*. Se, portanto, teu olho for puro, todo o teu corpo ficará iluminado. 23Mas se teu olho for mau, todo o teu corpo ficará nas trevas. Se, portanto, a luz que está em ti for trevas, como serão grandes as trevas!"

Os dois senhores. 24"Ninguém pode servir a dois senhores*: ou desagrada a um e agrada ao outro, ou dará preferência a este e desprezará aquele. Não podeis servir a Deus e ao dinheiro"†.

A Providência Divina. 25"Portanto vos digo: para vossa vida*, não vos preocupeis com o que comereis ou bebereis†, nem para vosso corpo, o que vestireis. A vida não vale mais que o alimento, e o corpo não vale mais que a roupa? 26Olhai as aves do céu: não semeiam nem colhem, nem ajuntam mantimentos no paiol; no entanto, vosso Pai celeste lhes dá o alimento. Será que não valeis mais que elas? 27Quem de vós é capaz*, com suas preocupações, de acrescentar uma hora sequer à duração de sua vida? 28E por que vos preocupais com a roupa? Olhai os lírios do campo como crescem: não trabalham nem tecem. 29Entretanto vos digo que nem Salomão, no auge de sua glória, vestiu-se como um deles. 30Se Deus dá uma roupa destas à relva do campo, que hoje existe e amanhã será jogada ao fogo, quanto mais não fará por vós, gente pobre de fé? 31Não fiqueis, pois, preocupados, perguntando: Que vamos comer? Que vamos beber? Com que nos vamos vestir? 32Os pagãos é que vivem preocupados com tudo isso. Ora, vosso Pai celeste sabe que precisais de tudo isso. 33Buscai em primeiro lugar* o Reino de Deus e sua justiça†, e todas essas coisas vos serão acrescentadas. 34Portanto, não vos preocupeis* com o dia de amanhã; o dia de amanhã se preocupará consigo mesmo. Basta a cada dia sua pena".

7 **Não julgar.** 1"Não julgueis os outros*, e Deus não vos julgará. 2Pois com o mesmo critério com que julgardes os outros, sereis julgados. E a mesma medida que usardes para medir os outros será aplicada também a vós. 3Por que observar o cisco que está no olho de teu irmão, se não enxergas a trave que está em teu olho? 4Como tens coragem de dizer ao irmão: 'Deixa-me tirar o cisco de teu olho', sendo que tens uma trave no teu? 5Hipócrita! Tira primeiro a trave de teu olho e então enxergarás bem para poder tirar o cisco do olho de teu irmão".

Respeito ao que é santo. 6"Não deis aos cães as coisas santas*, nem atireis vossas pérolas aos porcos, para não acontecer que as pisem e, voltando-se contra vós, eles vos dilacerem"†.

Valor da oração. 7"Pedi e recebereis†; buscai e achareis*; batei e a porta vos será aberta†. 8Pois todo aquele que

---

* **6**,19. Lc 12,16-21; Tg 5,2; Mt 19,21; 1Tm 6,19 | 22. Lc 11,34 | v24. 19,21-26; Lc 16,13 | 25. Lc 12,22-31; Fl 4,6; 1Tm 6,7s; Hb 13,5; 1Pd 5,7 | 27. 10,29ss | 33. Is 51,1ss | 34. Tg 4,13ss | **7**,1. Lc 6,37-42; Mc 4,24; Lc 6,31; Rm 2,1; 1Cor 4,5; Jo 8,7ss | 6. Pr 23,9 | 7. 18,19; 21,22; Mc 11,24; Lc 11,9.23; Jo 14,13; 15,7.16; 1Jo 5,14; Lc 11,11; 18,1-8

† **6**,24. Ver a nota em Lc 16,13. | 25. "Não diz para não pensar no amanhã, mas exorta a pensar de modo que não nos preocupemos a ponto de esquecermos os deveres mais altos" (S. Agostinho). | 33. Ver a nota em Mt 3,15. | **7**,6. Não deixeis participar dos mistérios sagrados aqueles que, abusando deles, prejudicariam a si mesmos e aos outros. | 7. "As graças que receberemos são proporcionais à confiança com que rezamos" (S. Afonso de Ligório). / Referindo-se à Bíblia, assim comenta Guigo, o Cartuxo: "Procurai pela leitura, e encontrareis meditando; batei orando, e vos será aberto pela contemplação".

pede recebe; quem procura acha; e
ao que bate, abre-se a porta. 9Quem
de vós dará uma pedra ao filho que
lhe pedir pão? 10Ou lhe dará uma co-
bra, se lhe pedir peixe? 11Ora, se vós,
que sois maus, sabeis dar coisas boas
a vossos filhos, quanto mais vosso Pai
celeste dará coisas boas aos que lhe
pedirem!"
A regra de ouro. 12"Portanto, fazei aos
outros tudo aquilo* que quereis que
eles vos façam: nisso se resumem a Lei
e os Profetas".
Os dois caminhos. 13"Entrai pela porta
estreita*, porque larga é a porta e es-
paçosa a estrada que leva à perdição.
E são muitos os que entram por ela!
14Estreita, porém, é a porta* e aperta-
do o caminho que conduz à Vida. E são
poucos os que o encontram!"
A árvore e seus frutos. 15"Cuidado com
os falsos profetas! Vêm a vós disfarça-
dos*, parecendo ovelhas, mas por den-
tro são lobos ferozes. 16Por seus frutos
os conhecereis. Acaso se apanham uvas
no meio de espinhos, ou se colhem fi-
gos de abrolhos? 17Assim, toda árvore
boa dá bons frutos, mas a árvore má
dá maus frutos. 18Uma árvore boa não
pode dar frutos ruins, nem uma árvore
ruim dar frutos bons. 19Toda árvore que
não der fruto bom* será cortada e joga-
da no fogo. 20É portanto por seus frutos
que os reconhecereis".
Seguir a vontade de Deus. 21"Nem
todo aquele que me diz: 'Senhor, Se-
nhor!' entrará* no Reino dos Céus; mas
sim aquele que faz a vontade de meu
Pai que está nos céus. 22Muitos vão
dizer-me naquele dia: 'Senhor, Senhor,
não foi em teu nome que pregamos?
Não foi em teu nome que expulsamos
demônios? Não fizemos muitos mila-
gres em teu nome?' 23Então, eu lhes
direi: 'Não vos conheço! Afastai-vos de
mim, vós que praticais a iniquidade!'*
24Assim, quem escuta essas minhas
palavras* e as põe em prática é como
um homem prudente que construiu
sua casa* sobre a rocha. 25Caiu a chu-
va, vieram as enchentes, sopraram os
ventos e se abateram contra aquela
casa, mas ela não caiu, porque estava
construída sobre a rocha. 26Mas todo
aquele que escuta essas minhas pala-
vras e não as põe em prática faz como
um ignorante que construiu sua casa
sobre a areia. 27Caiu a chuva, vieram
as enchentes, os ventos sopraram e se
abateram contra aquela casa, e ela de-
sabou. Sua ruína foi grande."
28Quando Jesus terminou* esses
discursos†, as multidões estavam ad-
miradas com sua doutrina. 29Pois ele
as ensinava como alguém que possui
autoridade e não como os escribas.

8 **A cura do leproso.** 1Depois Jesus
desceu da montanha, e grandes
multidões começaram a segui-lo. 2Aí
um leproso* chegou perto e prostrou-
-se diante dele, dizendo: "Senhor, se
quereis, podeis curar-me". 3E Jesus, es-
tendendo a mão, tocou-o, dizendo: "Eu
quero; fica curado!" Na mesma hora sua
lepra desapareceu. 4Jesus ordenou-lhe:
"Cuidado*, não contes para ninguém,
mas vai apresentar-te ao sacerdote e
fazer a oferta que Moisés determinou,
para lhes servir de testemunho".
O empregado do centurião. 5Quando
Jesus entrou em Cafarnaum*, chegou
perto dele um centurião, suplicando:
6"Senhor, meu empregado está de
cama lá em casa, com paralisia, sofren-
do horrivelmente". 7Respondeu-lhe Je-
sus: "Vou lá curá-lo". 8Mas o centurião
retrucou: "Senhor, não sou digno* de
que entreis em minha casa, mas dizei
uma só palavra e meu empregado será

* **7**,12. 22,39s; Lc 6,31; Rm 13,8ss; Tb 4,15 | 13. Lc 13,24 | 14. 19,24; Jo 10,9 | 15. 24,4s.24; At 20,29; Lc 6,43s; Gl 5,19-23; Tg 3,12; Mt 12,33 | 19. 3,10; Lc 3,9; Jo 15,6 | 21. Is 29,13; Am 5,21; Rm 2,13; Tg 1,22.25; Lc 13,25ss; At 19,13; 2Ts 2,19 | 23. Sl 6,9 | 324. Lc 6,44-49 / Rm 2,13; Tg 1,22; Pr 10,25; Jó 8,15; Ez 13,11-14; 1Jo 2,17 | 28. Mc 1,22; Lc 4,32; Jo 7,46 | **8**,2. Mc 1,40-45; Lc 5,12-16 | 4. 9,30; Mc 7,36; Lv 14,2-32 | 5. Lc 7,1-10; Jo 4,46-54 | 8. Lc 5,8

† **7**,28. Primeiro dos refrões que concluem cada uma das cinco partes de Mt: Os outros são: 11,1; 13,53; 19,1; 26,1.

salvo. 9Pois até eu, que sou apenas su-
balterno, tenho soldados a minha dis-
posição e digo a um: 'Vai', e ele vai; e a
outro: 'Vem', e ele vem; e a meu empre-
gado: 'Faze isso', e ele o faz". 10Ouvindo
tal resposta*, Jesus ficou admirado e
disse aos que o seguiam: "Na verdade
vos digo que em Israel não encontrei
em ninguém uma fé tão grande assim.
11Pois eu vos digo que muita gente virá
do Oriente e do Ocidente* para se sen-
tar à mesa com Abraão, Isaac e Jacó no
Reino dos Céus, 12enquanto os filhos
do Reino† serão tocados para fora, nas
trevas. Lá eles vão chorar, rangendo os
dentes". 13A seguir disse ao centurião:
"Vai e te aconteça conforme tua fé".
E na mesma hora o empregado ficou
curado.

A sogra de Pedro. 14Tendo entrado na
casa de Pedro*, Jesus encontrou a so-
gra dele de cama, com febre. 15Tocou-
-lhe a mão, e a febre acabou*; e ela,
levantando-se, pôs-se a servi-los†.

Diversas curas. 16Ao cair da tarde*, le-
varam-lhe muitos possessos; com sua
palavra, expulsou os espíritos e curou
todos os doentes, 17para se cumprir o
que fora dito pelo profeta Isaías: "Ele
assumiu* nossas enfermidades e carre-
gou nossas doenças"†.

A vocação. 18Vendo-se rodeado de
grandes multidões*, Jesus ordenou
que passassem para a outra margem.
19Aproximou-se então um escriba e lhe
disse: "Mestre, quero seguir-te para
onde fores". 20Jesus respondeu-lhe: "As
raposas têm tocas* e as aves do céu,
ninhos; mas o Filho do homem não tem
onde descansar a cabeça".
21Um outro dos discípulos lhe disse:
"Senhor, permite que eu vá primeiro
enterrar meu pai". 22Mas Jesus repli-
cou-lhe: "Segue-me, e deixa que os
mortos sepultem seus mortos"†.

A tempestade acalmada. 23Depois
ele entrou na barca* acompanhado
dos discípulos. 24Surgiu então no mar
uma tempestade tão violenta que a
barca estava ficando coberta pelas
ondas; Jesus, entretanto, dormia. 25Os
discípulos vieram acordá-lo, gritando:
"Socorro, Senhor! Estamos morrendo!"
26Ele respondeu: "Por que estais com
medo*, homens pobres de fé?" Então,
levantando-se, interpelou os ventos e
o mar e sobreveio uma grande tranqui-
lidade. 27Cheios de admiração, aque-
les homens se perguntavam: "Quem
é este, a quem até os ventos e o mar
obedecem?"

O possesso de Gadara. 28Quando che-
gou à outra margem*, na terra dos ga-
darenos, vieram a seu encontro, saindo
dos túmulos, dois possessos, criaturas
tão selvagens que ninguém se atrevia
a passar por aquele caminho*. 29Puse-
ram-se a gritar: "Que queres de nós,
Filho de Deus? Vieste aqui para nos
atormentar antes da hora?" 30Havia
lá, a certa distância, uma grande vara
de porcos pastando, 31e os demônios
suplicavam a Jesus: "Se nos expulsas,
envia-nos para esta vara de porcos".
32"Ide!", ordenou Jesus. Eles saíram e
entraram nos porcos; e aconteceu que
toda a vara precipitou-se de cima do
rochedo, caindo dentro do mar, onde
morreu debaixo da água†. 33Fugiram
então os que guardavam os porcos e
foram à cidade contar tudo, inclusive
a cura dos possessos. 34Aí toda a po-
pulação da cidade saiu ao encontro de
Jesus. Ao vê-lo, pediram que saísse da
terra deles.

9 **A cura do paralítico.** 1Entrando
na barca, Jesus atravessou o lago*
e chegou a sua cidade. 2Trouxeram-
-lhe então um paralítico, deitado numa

* **8**,10. Mt 15,28 | 11. Is 49,12; Ml 1,11; Rm 11,11 | 14. Mc 1,29ss; Lc 4,38s | 15. At 3,7; 9,41 | 16. Mc 1,32 | 17. Is 53,4; 1Pd 2,24; Jo 1,29 | 18. Lc 9,57-64 | 20. Sl 84,4; 2Cor 8,9 | 23. Mc 4,36.41; Lc 8,22.25 | 26. Sl 65,8; Mt 14,31 | 28. Mc 5,1-20; Lc 8,26ss / Mc 1,24; Lc 4,41 | **9**,1. Mc 2,2-12; Lc 5,17-26; 7,48

† **8**,12. Trata-se dos judeus, para os quais em primeiro lugar estava destinada a mensagem do Reino e que deviam ser os primeiros a acolhê-la. | 15. A sogra de Pedro é símbolo da Igreja, suscitada para servir ao Senhor. | 17. Os milagres significam que Jesus veio libertar a humanidade do mal mais profundo, o pecado, origem de todos os males. | 22. Ver a nota em Lc 9,60. | 32. A salvação de um homem importa mais que uma vara de porcos. Ver a nota em Lc 8,34.

cama. Vendo a fé que eles tinham, disse
Jesus: "Coragem, filho, teus pecados es-
tão perdoados". 3Então alguns escribas
começaram a pensar: "Ele está blasfe-
mando"*. 4Mas Jesus, conhecendo seus
pensamentos*, perguntou: "Por que
esses maus pensamentos em vossos
corações? 5Ora, o que é mais fácil dizer:
'Teus pecados estão perdoados'? ou
dizer: 'Levanta-te e anda'? 6Pois bem,
para que fiqueis sabendo que o Filho
do homem tem, aqui na terra, autori-
dade para perdoar pecados*, (disse ao
paralítico:) Levanta-te, toma tua cama
e vai para casa". 7Ele levantou-se e foi
para casa. 8Diante desse fato, a mul-
tidão ficou com temor e deu glória a
Deus por ter concedido aos homens tal
poder.

A vocação de Mateus. 9Saindo dali,
Jesus viu um homem*, chamado Ma-
teus, sentado à banca de impostos e
disse-lhe: "Segue-me!" Ele se levantou
e o seguiu.

Jesus busca os pecadores. 10Estando
Jesus à mesa em casa, chegaram muitos
publicanos e pecadores e sentaram-se
à mesa com ele* e com seus discípulos.
11Os fariseus, vendo isto, perguntaram
aos discípulos: "Por que vosso mestre
come com os publicanos e pecadores?"
12Jesus ouviu-os e respondeu: "Não são
os que têm saúde que precisam de mé-
dico, mas os doentes. 13Ide aprender o
que significa: 'Prefiro a misericórdia* ao
sacrifício'. Com efeito, não vim chamar
os justos, mas os pecadores".

O jejum. 14Então aproximaram-se dele
os discípulos de João* para perguntar-
-lhe: "Por que, enquanto nós e os fari-
seus jejuamos, teus discípulos não je-
juam?" 15Respondeu Jesus: "Será que
os convidados do noivo podem estar
de luto enquanto o noivo está com
eles? Mas chegará o momento em que
o noivo lhes será tirado; então, sim, je-
juarão. 16Ninguém põe remendo de
pano novo em roupa velha*, porque
o remendo repuxa a roupa, e o ras-
gão fica ainda maior. 17E ninguém põe
vinho novo em odres velhos, pois se
rompem os odres, o vinho se derrama
e os odres se perdem. Ao contrário,
vinho novo se põe em odres novos e
assim ambos se conservam".

Jesus cura e ressuscita. 18Enquanto
Jesus falava isso, chegou perto dele um
chefe*, que se prostrou a sua frente e
disse: "Minha filha acaba de morrer.
Mas vem, impõe-lhe a mão e ela vive-
rá". 19Levantando-se, Jesus o seguia*
com seus discípulos. 20Ora, certa mu-
lher, que sofria perda de sangue havia
doze anos, aproximou-se dele por trás e
tocou a orla de seu manto, 21pois pen-
sava consigo: "Se eu tocar nem que seja
apenas seu manto, ficarei curada". 22Je-
sus, voltando-se, viu-a e lhe disse: "Co-
ragem, filha, tua fé te salvou". Na mes-
ma hora a mulher ficou curada. 23Jesus
chegou à casa do chefe. Quando viu os
músicos e a multidão em tumulto, disse:
24"Saí daqui, todos vós! A menina não
morreu, mas está dormindo!" Então co-
meçaram a zombar dele. 25Mas depois
que o povo foi mandado embora, Jesus
entrou, tomou a menina pela mão, e ela
se levantou. 26Esta notícia espalhou-se
por toda aquela região*.

Os dois cegos. 27Partindo Jesus dali,
dois cegos o seguiram, gritando: "Tem
piedade de nós, Filho de Davi!" 28Quan-
do entrou em casa, os cegos se aproxi-
maram e Jesus perguntou-lhes: "Cre-
des que tenho poder para fazer isto?"
"Sim, Senhor"*, responderam. 29Então
tocou-lhes os olhos, dizendo: "Que vos
aconteça* conforme vossa fé". 30E seus
olhos se abriram. Jesus, então, adver-
tiu-os em tom severo: "Cuidado, para
que ninguém o fique sabendo". 31Mas
eles, saindo dali, espalharam sua fama
por toda aquela região.

O possesso mudo. 32Mal tinham saído,
trouxeram a Jesus um possesso que era
mudo. 33Quando o demônio foi expul-

---

* **9**,3. Jo 10,36 | 4. 12,25; Jo 1,48 | 6. Jo 5,8 | 9. Mc 2,13-17; Lc 5,26-31 | 10. Lc 15,2 | 13. 1Sm 15,22; Os 6,6; Lc 19,10; 1Tm 1,15; Mt 12,7 | 14. Mc 2,18-22; Lc 5,33-39; 18,12; Jo 3,29 | 16. 2Cor 5,17; Gl 1,6; 4,9 | 18. Mc 5,25-43; Lc 8,40-56 | 19. 14,36; At 19,12 | 26. 8,15 | 28. Mc 9,23; At 14,9 | 29. 8,13 | 33. Lc 11,14; Mc 7,37

so, o mudo começou a falar. O povo, cheio de admiração, comentou: "Nunca aconteceu* isso em Israel!" 34Os fariseus, porém, replicavam: "É pelo poder do príncipe dos demônios que ele expulsa os demônios".

Operários para a messe. 35Jesus andava por todas as cidades e aldeias*, ensinando em suas sinagogas, pregando o Evangelho do Reino e curando toda doença e enfermidade. 36Vendo as multidões, teve pena delas, porque estavam cansadas e abatidas* como ovelhas sem pastor. 37Disse então a seus discípulos:

"A messe é grande*, mas os trabalhadores são poucos. 38Por isso, pedi ao Senhor da messe que mande operários para sua messe".

10 **Os doze apóstolos.**† 1Chamando os doze discípulos†, Jesus lhes deu poder* para expulsar os espíritos impuros e para curar qualquer doença ou enfermidade. 2São estes os nomes dos doze apóstolos: em primeiro lugar, Simão, chamado Pedro, e André, seu irmão; Tiago, filho de Zebedeu, e João, seu irmão; 3Felipe e Bartolomeu; Tomé e Mateus, o publicano; Tiago, filho de Alfeu, e Tadeu; 4Simão, o cananeu, e Judas Iscariotes, que o traiu.

Instruções aos apóstolos. 5Esses doze, Jesus os enviou*, depois de lhes dar as seguintes instruções: "Não tomeis o caminho que conduz aos pagãos, nem entreis nas cidades dos samaritanos; 6ide, antes, às ovelhas perdidas* da casa de Israel. 7Andando pelo caminho, anunciai que o Reino dos Céus está perto*. 8Curai os doentes, ressuscitai os mortos, purificai os leprosos, expulsai os demônios. De graça recebestes, de graça deveis dar.

9Não leveis ouro, nem prata, nem dinheiro* na cintura; 10nem mochila, nem duas túnicas, nem sandálias, nem cajado, pois o operário merece seu alimento.

11Entrando em alguma cidade ou aldeia*, procurai saber quem nela é digno, e ficai ali até vossa partida. 12Entrando na casa, dirigi-lhe a saudação. 13Se a casa for digna, desça sobre ela vossa paz; se não for, vossa paz volte para vós. 14Se alguém não vos acolher* nem atender a vossas palavras, saí daquela casa ou daquela cidade, sacudindo a poeira dos pés. 15Na verdade vos digo: no dia do juízo, Deus será menos severo com Sodoma e Gomorra do que com tal cidade".

Coragem nas perseguições. 16"Eu vos envio como ovelhas* no meio de lobos. Sede, pois, prudentes como as serpentes e simples como as pombas. 17Tomai cuidado com as pessoas*, pois vos entregarão aos tribunais e vos flagelarão em suas sinagogas. 18Por minha causa sereis conduzidos à presença de governadores e reis* para dar testemunho de mim diante deles e dos pagãos. 19Porém, quando vos entregarem*, não vos preocupeis com o modo de falar ou com o que dizer. No momento certo vos será inspirado o que deveis falar; 20porque não sois vós que falareis, mas é o Espírito do Pai que falará em vós. 21O irmão entregará à morte o próprio irmão*, e o pai, o filho; os filhos se levantarão contra os pais e os matarão. 22Sereis odiados por todos* por causa de mim. Mas quem perseverar até o fim será salvo.

23Quando vos perseguirem numa cidade, fugi para outra. Na verdade vos

---

* **9**,35. 4,23 | 36. Mc 6,34; Ez 34,5 | 37. Jo 4,35-38 | **10**,1. Mc 3,13-19; Lc 6,12-16; Jo 1,40-49; At 1,13 | 5. Mc 6,8s; Lc 9,2s | 6. Jr 50,6 | 7. 4,17 | 9. Lc 10,4; 1Tm 5,18 | 11. Mc 6,10s; Lc 9,4s | 14. At 13,51; 18,6 | 16. Lc 10,3 | 17. Jo 16,1-4 | 18. At 25,23; 27,24 | 19. Lc 12,11-12; Êx 4,10ss; Jr 1,6-12; Jo 14,26 | 21. Mc 7,6 | 22. 24,9-13; Jo 15,21; 16,1ss

† **10**. Este c. é o Sermão Apostólico, no qual Jesus ensina o serviço desinteressado a Deus, a coragem em tempo de crise, o desapego do conforto material e a identidade entre sua obra e a dos apóstolos. / O novo povo de Deus, a Igreja, tem como base doze colunas, assim como Israel era formado por doze tribos, que tinham os nomes dos filhos de Jacó, Gn 35,22-26. Jesus escolhe os seus entre as camadas simples da sociedade, instrui-os por três anos e os manda pregar, com a luz e a força do Espírito Santo, Mt 28,19s. | 23. Esta vinda do Filho do homem é a destruição do templo e de Jerusalém, final de uma era, apresentada como uma intervenção do juízo de Deus.

digo: não acabareis de percorrer as cidades de Israel, antes que venha o Filho do homem†.

24O discípulo não está acima do mestre,* nem o empregado acima do patrão. 25Ao discípulo basta ser como seu mestre e ao empregado ser como o patrão. Se chamaram de Belzebul† o dono da casa, quanto mais a seus familiares?

26Não os temais, portanto*; porque nada há de oculto que não seja, um dia, revelado; nada há de secreto que não venha a ser conhecido. 27Dizei em plena luz aquilo que vos digo nas trevas. Anunciai de cima dos telhados aquilo que vos digo ao pé do ouvido. 28Não tenhais medo daqueles que matam o corpo*, mas não podem matar a alma. Temei, antes, Aquele que pode fazer a alma e o corpo perecer na geena†. 29Não se vendem dois pardais por um centavo? E, no entanto, nenhum deles cai ao chão sem a permissão de vosso Pai. 30E quanto a vós, até os cabelos de vossas cabeças estão contados. 31Por isso, não tenhais medo! Vós valeis mais do que muitos pardais. 32Portanto, todo aquele que der testemunho de mim diante dos outros, eu também darei testemunho dele diante de meu Pai que está nos céus. 33Aquele, porém, que me renegar* diante dos outros, também eu o renegarei diante de meu Pai que está nos céus".

Jesus, sinal de contradição. 34"Não penseis que vim trazer paz à terra: não vim trazer paz, mas a espada. 35Vim trazer separação* entre filho e pai, entre filha e mãe, entre nora e sogra; 36e os inimigos da gente serão os próprios parentes. 37Aquele que ama o pai ou a mãe mais do que a mim não é digno de mim. Aquele que ama o filho ou a filha mais do que a mim não é digno de mim. 38Aquele que não toma sua cruz* e não me segue não é digno de mim. 39Quem achar sua vida* a perderá; mas quem perder sua vida por causa de mim a encontrará".

Acolhida aos apóstolos. 40"Quem vos recebe, a mim recebe*; e quem me recebe, recebe Aquele que me enviou. 41Quem recebe um profeta, por ser ele um profeta, receberá a recompensa própria de um profeta; e quem recebe um justo, por ser ele um justo, receberá a recompensa própria de um justo. 42E aquele que der, nem que seja um copo de água fria* a um desses pequenos, porque é meu discípulo – na verdade vos digo – não ficará sem sua recompensa".

11 1Quando Jesus acabou de dar essas instruções a seus doze discípulos, partiu dali e foi ensinar e pregar nas cidades deles.

A pergunta de João Batista. 2João Batista, que estava na prisão*, ficou sabendo das obras que Cristo fazia e mandou dois discípulos perguntar-lhe: 3"És tu aquele que deve vir, ou temos de esperar outro?" 4Jesus respondeu-lhes: "Ide e contai a João* o que estais ouvindo e vendo: 5os cegos veem, os paralíticos andam, os leprosos ficam curados, os surdos ouvem, os mortos ressuscitam e a Boa Nova é anunciada aos pobres. 6E feliz aquele para o qual não sou motivo de queda!" * †

O Precursor. 7Quando os dois se retiraram, Jesus começou a falar ao povo* a respeito de João: "O que fostes ver no deserto? Um caniço que o vento balança? 8Que fostes ver então? Um homem vestido com elegância? Ora, os que se vestem com elegância estão na corte dos reis. 9Então, o que fostes

---

* **10**,24. Lc 6,40; Jo 13,16 | 26. Mc 4,22; Lc 8,17 | 28. 1Pd 3,14; Ap 2,10 | 33. Lc 9,26; 12,8; 2Tm 2,12; Ap 3,5 | 35. Mq 7,6 | 38. 16,24s | 39. Lc 17,33; Jo 12,25 | 40. Mc 9,37; Lc 10,16; Jo 12,44; 13,20 | 42. 25,40-45 | **11**,2. 14,3; Lc 7,18-23; Jo 1,21 | 4. Is 26,19; 29,18; 35,3s; 61,1; Lc 4,18; Jo 6,61 | 6. 13,57; 26,31 | 7. 3,1; Lc 7,24-28 | 9. Lc 1,76 | 10. Ml 3,1; Mc 1,2; Jo 3,28

† **10**,25. Esse nome significa "Baal, o príncipe", nome de um antigo deus de Canaã, 2Rs 1,2s, dado aqui ao demônio por desprezo. | 28. Ver a nota em Mt 23,15. | **11**,6. Jesus afirma que nele se cumprem as profecias, sobretudo a de Is 61,1s, portanto ele é "aquele que deve vir", mas muitos não vão reconhecê-lo como tal; ao contrário, ficarão chocados, desconcertados com seu jeito de ser Messias, porque esperam um herói nacionalista, um rei vitorioso, um novo Davi.

ver? Um profeta?* Sim, eu vos digo, e mais que um profeta. 10É dele que está escrito: 'Eu envio meu mensageiro à tua frente*, para preparar diante de ti teu caminho'. 11Na verdade vos digo: entre os nascidos de mulher não apareceu ninguém maior que João Batista; no entanto, o menor do Reino dos Céus é maior que ele. 12Desde o tempo de João Batista até agora o Reino dos Céus sofre violência e são os violentos que o conquistam. 13Pois todos os profetas e a Lei profetizaram até João. 14E, se quereis acreditar em mim*, ele é o Elias que devia voltar. 15Ouça quem for capaz!"

Geração incrédula. 16"Com quem posso comparar esta geração?* É como a criançada sentada na praça, que grita uns aos outros: 17'Tocamos flauta para vós e não dançastes; cantamos lamentos e não chorastes'†. 18Pois veio João, que não come nem bebe*, e dizem: 'Ele é um possesso!' 19Veio o Filho do homem, que come e bebe, e dizem: 'É um comilão e beberrão, amigo dos publicanos e dos pecadores!' Mas a Sabedoria é justificada por suas obras"†.

As cidades impenitentes. 20Então Jesus começou a repreender as cidades nas quais realizara a maior parte de seus milagres, porque elas não se converteram: 21"Ai de ti, Corozaim! Ai de ti, Betsaida!* Pois se em Tiro e Sidônia tivessem sido feitos os milagres que aconteceram aí no meio de vós, há muito tempo teriam feito penitência com cinza e cilício. 22Por isso vos digo: no dia do juízo, Deus será menos severo com Tiro e Sidônia do que convosco. 23E tu, Cafarnaum, pensas que te erguerás até o céu?* Serás precipitada no inferno. Porque se em Sodoma tivessem sido feitos os milagres que aconteceram aí no meio de ti, ela existiria até hoje. 24Por isso vos digo: no dia do juízo*, Deus será menos severo com a terra de Sodoma do que contigo".

O Pai se revela aos simples. 25Por aquele tempo*, Jesus exclamou: "Eu vos bendigo, ó Pai, Senhor do céu e da terra, porque estas coisas que escondestes aos sábios e aos entendidos, vós as revelastes à gente simples. 26Sim, Pai, eu vos bendigo, porque foi de vosso agrado fazer isto. 27O Pai me entregou todas as coisas*, e ninguém conhece o Filho senão o Pai, e ninguém conhece o Pai senão o Filho e aquele a quem o Filho quiser revelá-lo†. 28Vinde a mim, vós todos* que estais cansados e oprimidos, e eu vos darei descanso! 29Tomai sobre vós meu jugo e aprendei comigo, porque sou manso e humilde de coração, e achareis descanso* para vossas almas, 30porque meu jugo é suave e meu peso, leve".

12

Jesus, senhor do sábado. 1Por esse tempo, Jesus estava atravessando plantações de trigo* num dia de sábado, quando seus discípulos, sentindo fome, começaram a apanhar espigas e a comer. 2Vendo isso, os fariseus disseram: "Olha, teus discípulos estão fazendo o que é proibido fazer no sábado!" 3Mas ele respondeu-lhes: "Não lestes o que Davi fez, quando ele e seus companheiros sentiram fome? 4Entraram na casa de Deus e comeram os pães da apresentação*, que nem ele podia comer e nem os que estavam com ele, mas só os sacerdotes. 5Ou não lestes na Lei que no sábado* os sacer-

* **11**,14. Ml 3,23; Mt 17,10ss | 16. Lc 7,31-35 | 18. 3,4; 9,14s; Lc 1,15 | 21. Lc 10,13 | 23. Is 14,13ss | 24. 10,15; Lc 10,14 | 25. Lc 10,21s; Jo 7,48; 1Cor 1,26-29 | 27. 28,19; Jo 3,35 | 28. Eclo 24,26s | 29. Pr 3,17; Jr 6,16; 1Jo 5,3 | **12**,1. Mc 2,23-3,5; Lc 6,1-11; Êx 20,10; Dt 5,14; 23,26 | 4. 1Sm 21,1-6 | 5. Nm 28,9

† **11**,17. Meninos que reclamam dos colegas que não observam as regras da brincadeira. | 19. Não obstante as incompreensões e oposições, os desígnios da sabedoria de Deus se cumprem. | 27. Jesus é o retrato do Pai, Jo 14,9, e um só ser junto com Ele, Jo 10,30. Sua missão é revelar o Pai e só Ele o pode fazer de maneira plena, porque só Ele conhece tudo sobre o Pai. Os humildes e os simples é que têm abertura e disponibilidade suficientes para acolher esta revelação. | 14. Os fariseus, para quem a lei do sábado era das mais importantes, ficavam chocados com a relativização do sábado por parte de Jesus. A seu ver, isto era prova de que Jesus não vinha de Deus, e era, portanto, um perigo para a religião mosaica.

falado. 37Pois conforme tuas palavras é
que serás declarado justo; e conforme
tuas palavras é que serás condenado".

O sinal de Jonas. 38Nisso, alguns es-
cribas e fariseus* tomaram a palavra,
dizendo: "Mestre, queremos ver um si-
nal feito por ti". 39Jesus, porém, respon-
deu-lhes: "Geração má e adúltera! Está
pedindo um sinal, mas não lhe será
dado outro sinal senão o do profeta Jo-
nas. 40Pois como Jonas esteve três dias
e três noites no ventre da baleia, assim
o Filho do homem passará três dias e
três noites no seio da terra. 41No juízo,
os habitantes de Nínive* vão levantar-
-se com esta geração e vão condená-la,
porque eles fizeram penitência ao ou-
virem a pregação de Jonas. E aqui está
alguém maior que Jonas! 42No juízo, a
rainha do sul* vai levantar-se com esta
geração e vai condená-la, porque veio
dos confins da terra para ouvir a sabe-
doria de Salomão. E aqui está alguém
maior que Salomão!"

A ofensiva do mal. 43"Quando um es-
pírito impuro* sai de uma pessoa, vai
andando pelos desertos procurando
onde descansar. Não encontrando,
44diz: 'Voltarei para a casa de onde saí'.
Ao chegar, encontra-a vazia, limpa e
enfeitada*.

45Vai então buscar outros sete espíri-
tos piores do que ele, os quais, entran-
do, moram ali. E a situação final daque-
la pessoa fica pior que antes. É isso que
vai acontecer com esta geração má".

Os parentes de Jesus. 46Jesus ainda
estava falando à multidão*, quando
sua mãe e seus irmãos†, que ficaram de
fora, procuravam falar-lhe. 47Alguém
lhe disse: "Tua mãe e teus irmãos estão
aí fora e querem falar contigo". 48Res-
pondeu Jesus a quem lhe trouxe a no-
tícia: "Quem é minha mãe, e quem são
meus irmãos?"

49E, apontando para os discípulos,
acrescentou: "Aqui estão minha mãe e
meus irmãos. 50Pois todo aquele que
fizer a vontade de meu Pai* que está
nos céus, esse é meu irmão, irmã e
mãe"†.

13

A parábola do semeador.
1No mesmo dia, Jesus saiu
de casa* e sentou-se à beira do lago.
2Uma grande multidão reuniu-se ao
redor dele. Subiu então a uma barca e
sentou-se; e toda a multidão estava em
pé na praia. 3Ensinou-lhes então mui-
tas coisas* em parábolas†, dizendo: "O
semeador saiu a semear. 4E, ao lançar
as sementes, uma parte caiu à beira do
caminho; os pássaros vieram e a come-
ram. 5Outra parte caiu em terreno pe-
dregoso, onde não havia muita terra; e
logo brotou, porque a terra era pouco
profunda. 6Mas, quando o sol nasceu,
queimou-se e secou, porque não tinha
raiz. 7Outras sementes caíram entre os
espinhos; os espinhos cresceram e as
sufocaram. 8Finalmente, outras caíram
em terra boa e produziram fruto: aqui
cem, ali sessenta e lá trinta vezes mais.
9Ouça quem for capaz!"

10Então aproximaram-se dele* os
discípulos e perguntaram: "Por que
lhes falas em parábolas?" 11Jesus res-
pondeu: "A vós, Deus manifestou os
mistérios do Reino dos Céus, mas a
eles não. 12Assim, a quem tem, será
dado e terá fartura*; mas a quem não
tem, será tirado até aquilo que tem†.
13É por isso que lhes falo em parábolas:
porque olham sem ver e escutam sem
ouvir nem compreender. 14E assim se
cumpre neles a profecia de Isaías:*

---

* **12**,38. 16,1-4; Mc 8,11ss; Lc 11,29-32; 1Cor 1,22; Jn 2,1s | 41. Jn 3,5; Ez 3,6-11 | 42. 1Rs 10,1-10; 2Cr 9,1 | 43. Lc 11,24ss | 44. Jo 5,14; 2Pd 2,20 | 46. Mc 3,31-35; Lc 8,19ss | 50. Jo 15,14 | **13**,1. Mc 4,1s; Lc 8,4-15 | 3. Mc 4,3-9; Lc 8,4-8 | 10. 13,34s Mc 4,10ss; Lc 8,9s | 12. Mt 25,29; Mc 4,25; Lc 8,18; 19,26; Jr 5,21; Jo 12,40 | 14. Is 6,9s; At 28,26s; Rm 11,8

† **12**,46. O termo "irmão" pode referir-se a outros graus de parentesco, Gn 13,8. Note-se que o NT jamais chama esses irmãos de Jesus de "filhos de Maria". É doutrina da Igreja a virgindade perpétua de Maria. | 50. Maria é grande como mãe de Deus; maior ainda, porém, pelo fato de ter cumprido a vontade do Pai. | **13**,3. Pelas parábolas, Jesus ensina a ver as realidades espirituais através das coisas simples do mundo e da vida. Em tudo Deus está presente e nos fala do Reino dos Céus: basta ser dócil e saber escutar. | 12. Quem não colabora com a graça e não dá fruto perde até aquilo que possuía antes.

dotes transgridem a lei do sábado no templo, sem cometerem falta? 6Pois eu vos digo: aqui está alguém que é maior* que o templo. 7Mas se soubésseis o que significa: 'Prefiro a misericórdia* ao sacrifício', não condenaríeis inocentes. 8Pois o Filho do homem é senhor do sábado".

9Partindo dali, entrou na sinagoga* deles. 10Estava lá um homem que tinha uma mão atrofiada. "É permitido curar no sábado?", perguntaram a Jesus para poderem acusá-lo. 11Ele respondeu*: "Quem dentre vós, se tiver uma só ovelha e ela cair numa cova em dia de sábado, não irá procurá-la e retirá-la? 12Ora, quanto mais vale uma pessoa do que uma ovelha! Portanto, é permitido fazer o bem no sábado". 13Depois disse ao homem: "Estende a mão". Ele a estendeu, e ela ficou sã como a outra. 14Saindo dali, os fariseus* tramaram contra ele para o matar†.

Jesus, Servo de Javé. 15Sabendo disso, Jesus retirou-se de lá*; muitos o seguiram, e ele curou a todos, 16proibindo-lhes severamente que o tornassem conhecido, 17a fim de se cumprir o que fora predito pelo profeta Isaías: 18"Eis meu Servo, que escolhi, meu Amado*, no qual minha alma se compraz. Porei nele meu Espírito, e ele anunciará a justiça às nações. 19Não discutirá, nem gritará, nem se ouvirá sua voz pelas praças. 20Não quebrará o caniço rachado, nem apagará a mecha que ainda fumega, até que faça triunfar a justiça. 21E em seu nome as nações colocarão sua esperança".

A cura do possesso. 22Foi-lhe então apresentado um possesso cego e mudo*; Jesus o curou, e ele começou a falar e a enxergar. 23Toda a multidão ficou admirada e dizia: "Não será este o Filho de Davi?" 24Os fariseus, porém, ouvindo isso, replicaram*: "É pelo poder de Belzebu, chefe dos demônios, que ele expulsa os demônios". 25Mas Jesus, conhecendo seus pensamentos, disse-lhes: "Todo reino dividido contra si mesmo acaba se destruindo; e toda cidade ou família dividida em grupos inimigos não poderá durar. 26Ora, se Satanás está expulsando Satanás, está dividido contra si mesmo. Como, então, poderá ficar de pé seu reino?

27Se eu expulso os demônios pelo poder de Belzebu, pelo poder de quem vossos discípulos os expulsam? Por isso, eles mesmos serão vossos juízes. 28Mas, se eu estou expulsando os demônios pelo poder do Espírito de Deus, é porque chegou para vós o Reino de Deus.

29Ou, como pode alguém entrar* na casa de um homem valente para roubar o que ele tem, sem antes dominá-lo? Só assim poderá saquear sua casa. 30Quem não está comigo* está contra mim; e quem não recolhe comigo está, de fato, espalhando".

O pecado contra o Espírito Santo. 31"Por isso vos digo: todo pecado e blasfêmia* serão perdoados aos homens, mas a blasfêmia contra o Espírito Santo não terá perdão†.

32Quem falar contra o Filho do homem será perdoado, mas quem falar contra o Espírito Santo não terá perdão, nem neste mundo e nem no outro".

O homem e suas obras. 33"Suponhamos uma árvore boa*: seu fruto será bom; suponhamos uma árvore má: seu fruto será mau. Pois é pelo fruto que se reconhece a árvore.

34Raça de víboras!* Como é que poderíeis dizer coisas boas, sendo maus? Pois a boca fala daquilo de que o coração está cheio. 35Um homem bom, de seu bom tesouro tira o bem; mas o homem mau, de seu mau tesouro tira o mal. 36Ora, eu vos digo que no dia do juízo* todos terão de prestar contas de cada palavra inútil que tiverem

---

* **12**,6. 12,41; Ecl 4,17 | 7. 9,13; 1Sm 15,22; Os 6,6 | 9. Mc 3,1-6; Lc 6,6-11; 14,3 | 11. Lc 14,5 | 14. Jo 5,18; 11,52 | 15. Mc 1,34; 3,7.12 | 18. Is 41,9; 42,1-4; Mt 3,17; 17,5 | 22. Mc 3,22-27; Lc 11,14-23 | 24. 9,34 | 29. Is 49,24; Jo 12,31 | 30. Mc 9,40 | 31. Mc 3,28s; Lc 12,10; Hb 6,4ss; 10,26; 1Jo 5,16 | 33. 7,17; Lc 6,43ss | 34. 3,7; 15,11.18; 23,33 | 36. Tg 3,1-6

† **12**,31. A blasfêmia contra o Espírito Santo consiste em negar a verdade conhecida, atribuindo a satanás, com uma distorção sacrílega, as obras de Deus.

'Ouvireis, mas não entendereis; olha-
reis, mas não vereis.
15Porque o coração deste povo se
tornou insensível: taparam os ouvidos,
fecharam os olhos, para que não vejam
com os olhos, nem ouçam com os ou-
vidos, nem entendam com o coração e
se convertam, e assim eu os cure'.
16Felizes, porém, são vossos olhos,
porque veem*, e vossos ouvidos, por-
que ouvem!
17Na verdade vos digo: muitos pro-
fetas e justos queriam ver o que vós
estais vendo, mas não viram; queriam
ouvir o que estais ouvindo, mas não
ouviram".
Explicação da parábola. 18"Escutai, en-
tão, a parábola do semeador*. 19Quan-
do alguém ouve a palavra do Reino e
não a entende, o Maligno vem e rouba
o que foi semeado em seu coração: este
é o grão semeado à beira do caminho.
20O grão que caiu em terreno pedrego-
so é aquele que, ouvindo a Palavra, logo
a acolhe com alegria. 21Mas não tem raiz
em si e é inconstante: se acontece uma
tribulação ou perseguição por causa da
Palavra, logo tropeça. 22O que foi seme-
ado entre os espinhos* é aquele que
ouve a Palavra, mas as preocupações
mundanas e a ilusão das riquezas sufo-
cam a Palavra, impedindo-a de produzir
fruto. 23O grão semeado em terra boa*
é aquele que ouve a Palavra e a com-
preende; este produz fruto: ora cem, ora
sessenta, ora trinta por um".
O joio e o trigo. 24Propôs-lhes outra
parábola:* "O Reino dos Céus é como
um homem que semeou boa semen-
te em seu terreno. 25Na hora em que
todos dormiam, veio seu inimigo, se-
meou joio no meio do trigo e foi em-
bora. 26Quando o trigo cresceu e deu
espigas, apareceu também o joio. 27En-
tão os empregados procuraram o pa-
trão e disseram: 'Senhor, não semeaste
boa semente em teu terreno? Donde
vem, então, o joio?' 28Respondeu-lhes:
'Foi algum inimigo que fez isto!' E os
empregados perguntaram:* 'Queres
que arranquemos o joio?' 29O patrão
respondeu: 'Não! Para que não suce-
da que, ao colher o joio, arranqueis
também o trigo. 30Deixai que os dois
cresçam juntos até a colheita; e no mo-
mento da colheita direi aos ceifadores:
Arrancai primeiro o joio e ajuntai-o em
feixes para ser jogado ao fogo; e reco-
lhei depois o trigo a meu celeiro'".
A semente de mostarda. 31Jesus con-
tou-lhes mais uma parábola: "O Reino
dos Céus é como a semente de mostar-
da* que alguém toma e semeia em seu
terreno. 32É a menor de todas as se-
mentes, mas, quando cresce, torna-se
a maior de todas as verduras e chega a
ser uma verdadeira árvore, em cujos ra-
mos as aves do céu vêm fazer ninhos".
O fermento na massa. 33Jesus contou-
-lhes ainda esta parábola:* "O Reino
dos Céus é como o fermento que uma
mulher toma e mistura em três medi-
das de farinha, até que tudo fique fer-
mentado".
34Tudo isso Jesus falou às multidões*
por meio de parábolas, e nada lhes di-
zia sem usar parábolas, 35para que se
cumprisse o que fora predito pelo pro-
feta: 'Ao dirigir-me a eles, usarei pará-
bolas e publicarei o que estava oculto*
desde a criação do mundo'".
Explicação da parábola do joio. 36En-
tão Jesus deixou a multidão* e foi para
casa. Os discípulos aproximaram-se,
pedindo-lhe: "Explica-nos a parábola
do joio no terreno". 37Respondendo-
-lhes, disse: "Aquele que semeia a boa
semente é o Filho do homem. 38O ter-
reno é o mundo; a boa semente são
os que acolhem o Reino. O joio são os
que pertencem ao Maligno. 39O Ini-
migo, que semeou o joio, é o próprio
diabo; a colheita é o fim do mundo;
os ceifadores são os anjos. 40Como se
recolhe o joio, para ser queimado no
fogo, assim será no fim do mundo: 41O
Filho do homem vai enviar seus anjos*
para retirarem de seu Reino todos os

---

* **13**,16. Lc 10,23s; Ef 3,5 | 18. Mc 4,13-20; Lc 8,11-15 | 22. 1Tm 6,9 | 23. Jo 15,8.16 | 24. Mc 4,26-29 | 28. 3,12; Jo 15,6 | 31. Dn 4,9.18; Mc 4,30ss; Lc 13,18s; Ez 17,23; 31,6 | 33. Lc 13,20 | 34. Mc 4,33s | 35. Sl 78,2 | 36. Mt 13,24-30; Mc 4,34 | 41. Sf 1,3; Ap 21,8

escândalos e os que praticam o mal; 42vão lançá-los na fornalha ardente, onde haverão de chorar, rangendo os dentes. 43Então os justos brilharão como o sol no Reino de seu Pai. Ouça quem for capaz!"

O tesouro escondido. 44"O Reino dos Céus é como um tesouro escondido* num terreno. A pessoa que o encontra esconde-o de novo. Fica tão alegre que vai, vende tudo o que possui para poder comprar o terreno".

A pérola encontrada. 45"O Reino dos Céus é também como o negociante que anda à procura de pérolas preciosas. 46Ao encontrar uma de grande valor*, vai, vende tudo o que possui e a compra".

A rede. 47"O Reino dos Céus é também como uma rede lançada ao mar, que recolhe todo tipo de coisa. 48Quando fica cheia, os pescadores arrastam-na para a praia, sentam-se, juntam os peixes bons nas cestas e jogam fora os maus. 49Assim será no fim do mundo: virão os anjos* para separar os maus do meio dos justos 50e lançá-los na fornalha ardente, onde vão chorar, rangendo os dentes"*.

51"Compreendestes tudo isso?" "Sim"*, responderam. 52Então ele disse: "Por isso, todo escriba que se torna discípulo do Reino dos Céus é como o proprietário que retira de seu tesouro coisas novas e velhas".

Nazaré incrédula. 53Quando Jesus acabou de contar essas parábolas, saiu de lá. 54Chegado a sua terra*, ensinava o povo na sinagoga, de modo que ficavam admirados, perguntando: "Como conseguiu ele esta sabedoria e esta força para fazer milagres? 55Não é ele o filho do carpinteiro? Sua mãe não é aquela, chamada Maria? Não são seus irmãos: Tiago, José, Simão e Judas? 56E suas irmãs, não moram todas aqui em nosso meio? Como conseguiu tudo isso?" 57E não acreditaram nele*. Jesus, porém, disse: "Um profeta só é desprezado em sua terra e em sua família". 58E lá não fez muitos milagres, porque não tinham fé.

14 **A morte de João Batista.** 1Por essa época, Herodes, governador da Galileia*, ouviu a fama de Jesus 2e disse a seus oficiais: "Ele é João Batista, que ressuscitou dos mortos*; é por isso que essas forças milagrosas operam nele". 3De fato, fora o próprio Herodes quem mandara prender João, acorrentá-lo e lançá-lo na cadeia, por causa de Herodíades, mulher de seu irmão Felipe. 4É que João ficava lhe falando: "Não te é permitido viver com ela"*. 5Herodes queria eliminar João, mas tinha medo do povo, que o considerava um profeta. 6Mas, na festa do aniversário de Herodes, a filha de Herodíades dançou diante de todos, e tanto agradou a Herodes 7que este lhe prometeu, com juramento, dar-lhe o que ela pedisse. 8Instigada pela mãe, ela respondeu: "Dá-me, aqui, num prato, a cabeça de João Batista". 9O rei ficou triste; mas, por causa do juramento feito diante dos convidados, ordenou que lhe fosse dada. 10Mandou cortar a cabeça de João, na cadeia. 11A cabeça foi trazida num prato* e dada à moça, que a levou a sua mãe. 12Depois vieram os discípulos de João, tomaram seu corpo e lhe deram sepultura. E foram informar Jesus.

Primeira multiplicação dos pães. 13Ao receber a notícia, Jesus saiu de lá num barco* para um lugar deserto e afastado. As multidões ficaram sabendo e, saindo das cidades, seguiram-no a pé. 14Ao descer da barca, ele viu a grande multidão, teve pena* e curou seus doentes. 15Ao cair da tarde, os discípulos se aproximaram e lhe disseram: "Este lugar é deserto e já é tarde. Despede as multidões, para que possam ir às aldeias comprar comida". 16Jesus respondeu-lhes: "Não precisam ir. Vós mesmos deveis dar-lhes de comer".

---

* **13**,44. 19,29; Lc 14,33; Pr 8,10s | 46. Sb 7,9 | 49. 25,32 | 50. 8,12 | 51. Mc 4,13 | 54. 2,23; Mc 6,1-6; Lc 4,16-30; Jo 7,15 | 57. Jo 4,44 | **14**,1. Mc 6,14-19; Lc 3,19s | 2. 16,14; Lc 9,7; 23,8 | 4. 21,26 | 11. 17,12 | 13. Mc 6,30-40; Lc 9,10-17; Jo 6,1-13; | 14. 9,36; 15,3

15Tomando a palavra, disse Pedro:
"Explica-nos esta parábola"*. 16Disse
ele: "Também vós ainda não compreen-
deis? 17Não entendeis que tudo o que
entra pela boca vai para o estômago
e depois é lançado na fossa? 18Mas o
que sai da boca vem do coração, e é
isso que torna o homem impuro. 19Pois
é do coração que vêm os maus pensa-
mentos, os homicídios, os adultérios e
outras coisas imorais como furtos, fal-
sos testemunhos e blasfêmias. 20Isso,
sim, é que torna o homem impuro; mas
comer sem lavar as mãos não torna im-
puro o homem".

A cananeia. 21Saindo dali, Jesus reti-
rou-se* para a região de Tiro e Sidô-
nia. 22Uma mulher cananeia, daquela
região, veio gritando: "Senhor, Filho de
Davi, tem piedade de mim! Minha filha
está terrivelmente atormentada pelo
demônio".

23Jesus, porém, não lhe deu resposta
alguma. Os discípulos chegaram perto
dele e lhe pediram: "Manda-a embora,
pois ela vem gritando atrás de nós".
24Respondendo, ele disse: "Fui envia-
do somente* para as ovelhas perdidas
da casa de Israel". 25Mas ela, chegando
perto, ajoelhou-se diante de Jesus e su-
plicou: "Senhor, ajuda-me!" 26Respon-
deu-lhe: "Não fica bem tirar o pão dos
filhos para jogá-lo aos cachorrinhos".
27"Sim, Senhor – replicou a mulher –
mas também os cachorrinhos comem
as sobras que caem da mesa de seus
donos!" 28Então Jesus lhe respondeu:
"Mulher, grande é tua fé!* Que te seja
feito conforme teu desejo". E desde
aquela hora sua filha ficou curada.

Curas no monte. 29Partindo de lá, Je-
sus chegou à beira do mar da Galileia*.
Subiu a um monte e lá sentou-se.
30Aproximaram-se dele imensas mul-
tidões, trazendo coxos, cegos, aleija-
dos*, mudos e muitos outros e os pu-
seram aos pés de Jesus, e ele os curou.
31A multidão ficava admirada* ao ver
que os mudos falavam, os aleijados
ficavam sãos, os coxos caminhavam e
os cegos viam; e davam glória ao Deus
de Israel.

Segunda multiplicação dos pães.
32Jesus chamou os discípulos e lhes
disse: "Tenho pena desta multidão*,
pois faz três dias que está comigo
e não tem o que comer. Não quero
mandá-los para casa em jejum, para
não acontecer que desmaiem pelo ca-
minho"*. 33Os discípulos perguntaram-
-lhe: "Onde poderemos conseguir,
nesse deserto, pão suficiente para ali-
mentar esta multidão?" 34Jesus inda-
gou: "Quantos pães tendes?" Respon-
deram: "Sete, e alguns peixinhos". 35Ele
mandou a multidão sentar-se no chão.
36Depois, tomou os sete pães e os pei-
xes, deu graças a Deus, partiu-os e ia
dando-os aos discípulos, que os distri-
buíam à multidão. 37Todos comeram e
ficaram saciados*, e com os pedaços
que sobraram encheram sete cestos.
38Ora, os que haviam comido eram cer-
ca de quatro mil homens, sem contar
as mulheres e as crianças. 39Tendo des-
pedido a multidão, Jesus entrou numa
barca e foi para o território de Magadã.

16 **Sinais dos tempos.** 1Alguns
fariseus e saduceus apro-
ximaram-se então de Jesus* e, para
prová-lo, pediram que lhes mostras-
se um sinal vindo do céu. 2Mas Jesus
respondeu-lhes: "Ao pôr do sol, dizeis:
'Vai fazer bom tempo, pois o céu está
vermelho'. 3E ao amanhecer: 'Hoje vem
tempestade, pois o céu está vermelho-
-escuro'*. Ora, sabeis interpretar o as-
pecto do céu, mas não sabeis interpre-
tar os sinais dos tempos! 4Esta geração
má e adúltera* está pedindo um sinal,
mas nenhum sinal lhe será dado, se-
não o sinal de Jonas". E deixando-os,
retirou-se.

**O fermento dos fariseus e dos sa-
duceus.** 5Ao atravessarem para a ou-
tra margem do lago*, os discípulos
esqueceram-se de levar pães. 6Disse-

* **15**,15. Mc 7,17; 4,13 | 21. Mc 7,24-30 | 24. 10,6 28. 8,10.13 | 29. Mc 8,1-10 | 30. Is 35,5 | 31. Mc 7,37 | 32. Mc 8,1-10; Mt 14,14 / 2Rs 4,43 | 37. Sl 78,29 | **16**,1. Mc 8,11-13; Lc 11,26-29; Mt 12,38; Jo 6,30 | 3. Lc 12,54s; 19,44 | 4. 12,39s Jn 2,1 | 5. Mc 8,14-21; Lc 12,1

[17]Replicaram eles: "Mas só temos aqui cinco pães* e dois peixes..." [18]Jesus ordenou: "Trazei-os aqui". [19]Mandou que as multidões se sentassem na grama. Depois tomou os cinco pães* e os dois peixes, ergueu os olhos para o céu e deu graças a Deus. Partiu os pães, deu-os aos discípulos, e estes os distribuíram à multidão. [20]Todos comeram até ficarem satisfeitos. E com os pedaços que sobraram recolheram doze cestos cheios. [21]Ora, os que comeram eram uns cinco mil homens, sem contar mulheres e crianças.

Jesus caminha sobre o mar. [22]Logo depois, Jesus mandou os discípulos entrar na barca* e ir na frente dele para a outra margem. Enquanto isso, ele ia despedindo as multidões. [23]Tendo-as despedido, subiu ao monte para rezar na solidão*. Ao anoitecer, estava ali sozinho. [24]Entretanto, a barca, que já estava a vários estádios da terra firme, era agitada por fortes ondas, pois o vento era contrário. [25]Na quarta vigília da noite†, Jesus foi ao encontro deles caminhando sobre as águas. [26]Os discípulos, quando o viram caminhando sobre as águas, assustaram-se e diziam: "É um fantasma!"* E gritavam de medo. [27]Mas logo Jesus lhes disse: "Tende confiança, sou eu. Não tenhais medo!" [28]Então respondeu-lhe Pedro: "Senhor, se és tu, manda que eu vá sobre as águas até junto de ti!" [29]"Vem!" disse Jesus. Pedro saltou da barca e, caminhando sobre as águas, foi ao encontro de Jesus. [30]Mas, sentindo a força do vento*, ficou com medo e, começando a afundar, gritou: "Senhor, salva-me!" [31]Jesus imediatamente estendeu a mão, segurou-o e disse-lhe: "Homem fraco na fé, por que duvidaste?" [32]Assim que subiram na barca, o vento se acalmou. [33]Então os que estavam na barca se prostraram diante de Jesus, dizendo: "Efetivamente, tu és o filho de Deus!"*

Curas em Genesaré. [34]Terminada a travessia*, desembarcaram em Genesaré. [35]As pessoas do lugar o reconheceram e espalharam a notícia por toda a vizinhança. Trouxeram-lhe todos os doentes [36]e lhe pediam que pelo menos os deixassem tocar* na orla de seu manto. E todos que o tocavam ficavam curados.

15

Tradições dos fariseus. [1]Então apresentaram-se a Jesus alguns escribas e fariseus de Jerusalém e lhe disseram: [2]"Por que teus discípulos desobedecem* a tradição dos antigos? Não lavam as mãos antes das refeições". [3]Ele respondeu-lhes: "E vós, por que desobedeceis os mandamentos de Deus em nome de vossa tradição? [4]Pois Deus disse: 'Honra teu pai e tua mãe'*; e ainda: 'Quem amaldiçoar pai ou mãe merece a morte!'* [5]Mas vós ensinais: 'Todo aquele que disser a seu pai ou a sua mãe: Os bens com que vos poderia assistir*, eu os consagro, [6]este está dispensado de honrar pai e mãe!' Assim anulais a palavra de Deus em nome de vossa tradição. [7]Hipócritas! Tinha razão Isaías quando profetizou a vosso respeito, dizendo: [8]Este povo me honra com a boca, mas seu coração está longe de mim*. [9]Vão é o culto que me prestam, pois o que ensinam não passa de preceitos humanos!" [10]Depois chamou a multidão para perto de si* e disse: "Escutai e compreendei: [11]Não é o que entra pela boca que torna o homem impuro, mas é aquilo que sai de sua boca que torna o homem impuro". [12]Aproximaram-se, então, os discípulos e disseram-lhe: "Sabes que os fariseus ficaram escandalizados com tuas palavras?" [13]Jesus respondeu-lhes: "Toda planta que não foi plantada por meu Pai celeste* será arrancada. [14]Deixai-os: são cegos guiando cegos*. Ora, se um cego guia outro cego, caem ambos no buraco".

---

* **14**,17. Jo 6,9 | 19. Jo 11,41; 17,1 | 22. Mc 6,45-52; Jo 6,16-21; | 23. Lc 6,12; 9,18; Mc 1,35 | 26. Lc 24,37 | 30. 8,24s | 33. 16,16 | 34. Mc 6,53-56 | 36. 9,20; Lc 6,19 | **15**,2. Mc 7,1-13; Lc 11,38 | 4. Êx 20,12; 21,17 / Dt 5,16; Ef 6,2 | 5. Mc 7,11 | 8. Mc 7,6; Is 29,13; Sl 78,36 | 10. 12,34; Mc 7,14-23 | 13. Jo 15,2 | 14. 23,24; Lc 6,39; Rm 2,19

† **14**,25. Entre 3 e 6 horas da manhã.

-lhes Jesus: "Atenção! Tomai cuidado
com o fermento dos fariseus e dos
saduceus!" [7]Os discípulos começaram
então a dizer entre si: "Ele disse isso
porque não trouxemos pães". [8]Conhe-
cendo seus pensamentos, disse-lhes
Jesus: "Homens fracos na fé! Por que
ficar falando entre vós que não tendes
pães? [9]Ainda não entendestes? Não
vos lembrais dos cinco pães para os
cinco mil homens e o número de ces-
tos que recolhestes? [10]Nem dos sete
pães para os quatro mil homens* e do
número de cestos que recolhestes?
[11]Como é que não percebeis que eu
não estava falando de pães quando
vos disse: 'Tomai cuidado com o fer-
mento dos fariseus e dos saduceus'?"
[12]Então perceberam que ele não havia
falado que tomassem cuidado com o
fermento do pão, mas com a doutrina
dos fariseus e saduceus.
Pedro, chefe da Igreja. [13]Chegando ao
território de Cesareia de Filipe*, Jesus
perguntou a seus discípulos: "No dizer
do povo, quem é o Filho do homem?"
[14]Responderam: "Uns dizem que é João
Batista*, outros que é Elias, outros que
é Jeremias ou um dos profetas". [15]En-
tão, Jesus perguntou-lhes: "E para vós,
quem sou eu?" [16]Simão Pedro respon-
deu: "Tu és o Messias, o filho do Deus
vivo"*. [17]Em resposta, Jesus lhe disse:
"Feliz és tu, Simão, filho de Jonas, por-
que não foi nenhum ser humano† que
te revelou isso e, sim, meu Pai que está
nos céus. [18]Pois também eu te digo: Tu
és Pedro, e sobre esta pedra edificarei
minha Igreja*, e os poderes do inferno
jamais conseguirão dominá-la. [19]Vou
te dar as chaves do Reino dos Céus, e
tudo o que ligares na terra será ligado
nos céus* e tudo o que desligares na
terra será desligado nos céus"†. [20]De-
pois, Jesus ordenou aos discípulos que
não dissessem a ninguém que ele era
o Messias*.
Primeiro anúncio da Paixão. [21]Desde
então, começou Jesus a explicar a seus
discípulos que teria de ir a Jerusalém
para aí sofrer muito da parte dos anci-
ãos*, dos sumos sacerdotes e dos escri-
bas; e que teria de morrer e, ao terceiro
dia, ressuscitar. [22]Pedro, chamando-o
à parte, começou a repreendê-lo com
estas palavras: "Deus te livre, Senhor!
Isto jamais te acontecerá!" [23]Jesus, po-
rém, voltou-se para Pedro e lhe disse:
"Vai depois de mim, Satanás!† És uma
pedra em meu caminho, porque teu
modo de pensar não é o de Deus, mas
o dos homens!"
Como seguir a Jesus. [24]Depois, Jesus
disse a seus discípulos:* "Aquele que
quiser seguir-me renuncie a si mesmo,
carregue sua cruz e me siga. [25]Pois quem
quiser salvar sua vida vai perdê-la; mas
quem perder a vida por causa de mim
há de encontrá-la†. [26]Pois, que adianta
ganhar o mundo inteiro e arruinar sua
vida? E que se poderia dar em troca da
vida? [27]Porque o Filho do homem virá
na glória de seu Pai, com seus anjos*,
e então retribuirá a cada um de acordo
com suas obras. [28]Na verdade vos digo:
alguns dos que aqui se encontram não
morrerão antes de terem visto o Filho
do homem vir em seu Reino".

17 **A transfiguração.** [1]Seis dias
depois, Jesus tomou consigo
Pedro, Tiago e seu irmão João*, e os

* **16**,10. 15,34-38 | 13. Mc 8,26s; Lc 9,18ss; | 14. 14,2 | 16. 4,3; 14,33; Jo 6,69 | 18. Jo 1,42; 21,1ss; Gl 1,15ss | 19. 18,18; Jo 20,23; Ap 1,18; 3,7; Is 22,22 | 20. 17,9 | 21. Mc 8,30-33; Lc 9,21s; Jo 2,19; 20,17ss; Lc 13,33; At 10,40 | 24. 10,38ss; Mc 8,34-37; Lc 9,23-27; 14,27; 17,33; Jo 12,25 | 27. 25,31ss; Jo 5,29; Rm 2,6; Pr 24,12; 2Cor 5,10; 2Ts 1,7 | **17**,1. Mc 9,2-9; Lc 9,28-36 | 2. 2Pd 1,16s; Ap 1,16; Mt 28,3

† **16**,17. Lit. "carne e sangue". | 19. As chaves representam os poderes; ligar e desligar é proibir e permitir, condenar e absolver. "A Igreja recebeu as chaves do Reino dos Céus para que se operasse nela a remissão dos pecados pelo sangue de Cristo e pela ação do Espírito Santo" (S. Agostinho). | 23. Jesus é o Messias, como Pedro afirmou, mas não do tipo que este imaginava. Traz a libertação pela cruz e não pelas glórias humanas. E todo discípulo desse Mestre deverá realizar isto também em sua vida. | 25. "Fora da Cruz não existe outra escada para subir ao céu" (Santa Rosa de Lima). | **17**,2. Aos discípulos, abatidos por causa do anúncio da Paixão, Jesus manifesta por um instante a glória na qual entrará pela Ressurreição. A seu lado, representando toda a Antiga Aliança, aparecem Moisés e Elias, isto é, a Lei e os Profetas.

levou à parte para um monte alto. 2E transfigurou-se diante deles: seu rosto ficou resplandecente como o sol* e suas vestes ficaram brancas como a luz†. 3E apareceram-lhes Moisés e Elias, que conversavam com ele. 4Então Pedro tomou a palavra e disse a Jesus: "Senhor, é bom estarmos aqui! Se queres, farei aqui três tendas: uma para ti, outra para Moisés e outra para Elias". 5Pedro ainda estava falando, quando uma nuvem luminosa os cobriu e uma voz, que saía da nuvem, disse: "Este é meu Filho amado*, no qual ponho minha afeição; escutai-o!"† 6Os discípulos, quando ouviram a voz, ficaram muito assustados e caíram com o rosto em terra. 7Jesus chegou perto deles e, tocando-os, disse: "Levantai-vos e não tenhais medo!" 8Erguendo os olhos, não viram mais ninguém, a não ser Jesus, sozinho. 9E quando estavam descendo do monte, Jesus lhes deu esta ordem: "Não conteis a ninguém o que vistes, até que o Filho do homem ressuscite dos mortos!"

Elias e João Batista. 10Perguntaram-lhe então os discípulos: "Por que os escribas andam dizendo que Elias* deve vir primeiro?" 11Respondeu-lhes Jesus: "Realmente, Elias virá para repor tudo em ordem. 12Eu vos digo, porém, que Elias já veio, mas não o reconheceram; ao contrário, fizeram com ele o que quiseram. Do mesmo modo, o Filho do homem também vai sofrer nas mãos deles". 13Então os discípulos entenderam que ele estava se referindo a João Batista†.

O menino epilético. 14Quando chegaram junto à multidão, aproximou-se de Jesus um homem* que lhe pediu de joelhos: 15"Senhor, tem compaixão de meu filho, porque é epilético e sofre muito; muitas vezes cai no fogo e muitas vezes na água. 16Já o apresentei a teus discípulos, mas eles não conseguiram curá-lo". 17Jesus respondeu: "Ó geração incrédula* e perversa! Até quando tenho de ficar convosco? Até quando terei de suportar-vos? Trazei aqui o menino". 18Jesus esconjurou o demônio, e ele saiu, ficando o menino imediatamente curado. 19Então os discípulos chegaram perto de Jesus e perguntaram-lhe em particular: "Por que não conseguimos expulsar o demônio?" 20Ele respondeu: "Porque é pequena vossa fé*; pois, na verdade vos digo: 21se tiverdes fé do tamanho de uma semente de mostarda, podereis dizer a este monte: Sai daqui para lá, e ele sairá*; e nada vos será impossível"†.

Segundo anúncio da Paixão. 22Estando os discípulos reunidos na Galileia*, Jesus lhes disse: "O Filho do homem vai ser entregue às mãos dos homens, 23e estes vão matá-lo, mas ao terceiro dia ele ressuscitará". E os discípulos ficaram muito tristes.

O imposto do templo. 24Quando chegaram a Cafarnaum, aproximaram-se de Pedro os fiscais do templo* e perguntaram: "Vosso mestre não paga o imposto do templo?" 25"Paga, sim", respondeu Pedro. Ao entrar em casa, Jesus foi logo lhe dizendo: "Que pensas, Simão? De quem os reis devem cobrar taxas ou impostos: dos filhos ou dos estrangeiros?" 26"Dos estrangeiros", respondeu-lhe Pedro. E Jesus disse: "Então os filhos estão livres. 27Mas para não sermos motivo de queda para eles, vai ao mar e joga o anzol. Pega o primeiro peixe que encontrar, abre-lhe a boca e encontrarás um estáter†; toma-o e dá-o por mim e por ti".

18

Quem é o maior? 1Naquele momento, os discípulos vieram a Jesus com esta pergunta: "Quem é o maior* no Reino dos Céus?" 2Jesus

---

* **17**,5. 3,17; 16,16s; Is 42,1 | 10. 11,14; 14,9s; Mc 9,3-13; Ml 3,23s; Eclo 48,10; Lc 1,17 | 14. Mc 9,14-29; Lc 9,37-43 | 17. Dt 32,5; Jo 14,9 | 20. 21,21; Lc 17,6; Mc 11,28; 1Cor 13,2; | 21. Mc 9,30; Lc 9,44 | 22. 16,21; 17,12; Mc 9,30ss; Lc 9,43ss; At 10,40 | 24. Êx 30,13 | **18**,1. Mc 9,33-50; Lc 9,46ss; Mt 20,26ss

† **17**,5. "A Trindade inteira apareceu na Transfiguração: o Pai, na voz; o Filho, no homem; o Espírito, na nuvem clara" (S.Tomás de Aquino). | 13. João Batista é chamado Elias porque executou a mesma missão, Lc 1,17, a de preparar a vinda do Messias, Ml 3,23. | 21. Alguns manuscritos acrescentam: "Esse tipo de demônio só se consegue expulsar com a oração e o jejum", Mc 9,29. | 27. Um estáter equivale a quatro dracmas. Esse imposto era chamado didracma, ou seja, dois dracmas.

chamou uma criança, colocou-a no meio deles [3]e disse: "Na verdade vos digo: se não vos converterdes e não vos tornardes como crianças, não entrareis no Reino dos Céus. [4]Portanto, aquele que se fizer pequeno como esta criança é o maior no Reino dos Céus. [5]E quem receber em meu nome uma criança como esta é a mim que recebe. [6]Mas, se alguém for motivo de pecado para um desses pequenos que creem em mim, melhor seria para ele que lhe pendurassem uma pedra de moinho ao pescoço e o jogassem no fundo do mar".

O escândalo. [7]"Infeliz do mundo porque existem escândalos! É inevitável que aconteçam escândalos, mas infeliz daquele pelo qual vem o escândalo! [8]Por isso, se tua mão ou teu pé te levam a pecar*, corta-os e joga-os para longe; é melhor para ti entrar na Vida mutilado ou manco do que, com as duas mãos e os dois pés, ser jogado no fogo eterno. [9]E se teu olho te faz cometer pecado, arranca-o e joga-o para longe. Pois é melhor para ti entrar na Vida com um só olho do que, com dois olhos, ser jogado na geena de fogo. [10]Cuidado para não desprezardes nenhum desses pequenos, porque – eu vos afirmo – [11]seus anjos no céu estão continuamente na presença de meu Pai que está nos céus"†.

A ovelha perdida. [12]"Em vossa opinião, se um homem possui cem ovelhas*, e uma delas se extravia, não iria deixar as noventa e nove na montanha, para ir procurar a que se extraviou? [13]E se consegue encontrá-la, na verdade vos digo, sente mais alegria por ela do que pelas noventa e nove que não se extraviaram. [14]Assim também não é da vontade de vosso Pai que está nos céus que um só destes pequenos se perca".

O perdão ao irmão. [15]"Se teu irmão pecar*, vai à procura dele e repreende-o em particular. Se ele te atender, recuperaste teu irmão. [16]Mas se não te atender, toma contigo uma ou duas pessoas, para que toda questão seja resolvida pela palavra de duas ou três testemunhas*. [17]Se ele não quiser atendê-las*, diga à comunidade. E, se não quiser atender nem mesmo à comunidade, considera-o como um pagão e um publicano. [18]Na verdade vos digo: tudo o que ligardes na terra* será ligado no céu; e tudo o que desligardes na terra será desligado no céu".

A oração em grupo. [19]"Também vos digo: se dois dentre vós, na terra, pedirem juntos* qualquer coisa que seja, esta lhes será concedida por meu Pai que está nos céus. [20]Porque, onde dois ou três estão reunidos em meu nome, ali estou eu no meio deles"*.

Perdoar sempre. [21]Então Pedro aproximou-se* e perguntou-lhe: "Senhor, quantas vezes devo perdoar a meu irmão se ele pecar contra mim? Até sete vezes?" [22]Jesus respondeu-lhe: "Não apenas sete vezes, mas até setenta vezes sete".

O empregado cruel. [23]"Por isso o Reino dos Céus pode ser comparado a um rei que resolveu acertar as contas com seus empregados. [24]Ao começar o acerto de contas, trouxeram-lhe um que devia dez mil talentos. [25]Como não tivesse com que pagar, seu senhor mandou que o vendessem com sua mulher, seus filhos e todos os seus bens, para assim liquidar a dívida. [26]O empregado então caiu a seus pés, suplicando: 'Senhor, dá-me um prazo e te pagarei tudo'. [27]O senhor teve pena dele*, deixou-o em liberdade e perdoou-lhe a dívida. [28]Mas, quando saiu dali, esse empregado encontrou um de

* **18**,8. 5,29s; Mc 9,43-47; | 12. Lc 15,4-7; 19,10; Sl 119,176; Ez 34,1-16; 1Pd 2,25 | 15. Lv 19,17; Lc 17,3; Gl 6,1 | 16. Tg 5,19; Dt 19,15; Jo 2,17; 2Cor 13,1 | 17. 2Ts 3,14; Rm 16,17 | 18. 16,19; Jo 20,23 | 19. Mc 11,24; Jo 15,16 | 20. 28,20; Jo 14,23 | 21. Lc 17,4 | 27. Lc 7,42

† **18**,11. Alguns manuscritos acrescentam: "Porque o Filho do homem veio para salvar o que estava perdido", Lc 19,10. | 28. Soma que é 600 mil vezes menor que 10 mil talentos. A parábola mostra a situação irreparável do pecador, se Deus não lhe conceder o perdão por misericórdia, e a necessidade de perdoarmos para sermos perdoados.

seus companheiros, que lhe devia cem
denários†. Agarrou-o pelo pescoço e,
sufocando-o, disse-lhe: 'Paga o que
deves!' 29Seu companheiro caiu a seus
pés, suplicando: 'Dá-me um prazo e te
pagarei!' 30Mas ele não quis: mandou
encerrá-lo na cadeia*, até que sua dí-
vida fosse paga. 31Seus companheiros,
ao saberem do fato, ficaram revoltados
e foram contar ao senhor o aconteci-
do. 32Então, aquele senhor o chamou
e lhe disse: 'Servo mau, eu te perdoei
toda aquela dívida, porque me pedis-
te. 33Não devias tu também ter pena
de teu companheiro*, como eu tive de
ti?' 34E o senhor, indignado, mandou
prendê-lo e castigá-lo*, até que pa-
gasse tudo o que devia. 35Do mesmo
modo, meu Pai do céu agirá convosco*,
se cada um de vós não perdoar de todo
o coração a seu irmão"†.

IV. MINISTÉRIO DE JESUS NA JUDEIA (19–25)

19 **Jesus vai para a Judeia.**
1Quando terminou esses dis-
cursos*, Jesus deixou a Galileia e foi
para a região da Judeia, do outro lado
do Jordão. 2Grande multidão o seguiu,
e ele curou ali os doentes.

O divórcio. 3Alguns fariseus, querendo
pô-lo à prova*, vieram perguntar-lhe:
"É permitido divorciar-se da esposa
por um motivo qualquer?" 4Jesus res-
pondeu: "Não lestes que no princípio*
o Criador os fez homem e mulher 5e
disse: 'Por isso o homem deixará pai
e mãe para unir-se a sua mulher*, e
os dois serão uma só carne'? 6Assim,
já não são dois, mas uma só carne*.
Portanto, o homem não deve separar
o que Deus uniu". 7Disseram-lhe: "Por
que, então, Moisés prescreveu que se
dê uma certidão de divórcio* quando
se repudia?" 8Jesus respondeu-lhes:
"Moisés vos permitiu divorciar por cau-
sa da dureza de vosso coração; mas
no começo não era assim. 9Ora, eu
vos digo*: quem repudiar sua mulher,
a não ser em caso de união ilegal†, e
se casar com outra, comete adultério".
10Disseram-lhe os discípulos: "Se é essa
a situação do homem com referência à
mulher, não vale a pena casar-se". 11Ele
respondeu-lhes: "Nem todos são capa-
zes* de entender esta linguagem, mas
só aqueles a quem Deus o concedeu.
12Porque há pessoas que não se casam
por um defeito de nascença; outras,
porque foram mutiladas por terceiros;
e outras, que renunciam ao casamento
por amor ao Reino dos Céus. Quem pu-
der entender, que entenda!"†

Jesus abençoa as crianças. 13Apre-
sentaram-lhe então crianças*, para que
lhes impusesse as mãos e rezasse por
elas. Os discípulos, porém, procura-
vam afastá-las. 14Mas Jesus lhes disse:
"Deixai vir a mim as crianças e não as
impeçais, porque o Reino dos Céus é
daqueles* que a elas se assemelham".
15E depois de lhes impor as mãos, par-
tiu dali.

O jovem rico. 16Alguém aproximou-
-se de Jesus* e perguntou-lhe: "Mestre,
que preciso fazer de bom para alcançar
a vida eterna?" 17Respondeu ele: "Por
que me perguntas sobre o que é bom?
Bom é só um. Mas, se queres entrar
na vida, observa os mandamentos".
18"Quais mandamentos?", perguntou
ele. Jesus lhe disse: "Não matar, não
cometer adultério, não furtar*, não le-
vantar falso testemunho; 19honrar pai e
mãe e amar o próximo como a si mes-
mo".

* **18**,30. Rm 13,7 | 33. Lc 6,36 | 34. 5,26 | 35. 6,14s; Mc 11,25 | **19**,1. Mc 10,1; Lc 9,51 | 3. Mc 10,2-12; Lc 11,54; 16,18; Mt 5,31s; 16,1; Jo 8,6 | 4. Gn 1,27 | 5. Gn 2,24 | 6. 1Cor 7,10s; Ef 5,31 | 7. Dt 24,1 | 9. 5,32; Lc 16,18 | 11. 1Cor 7,7s | 13. Mc 10,13-16; Lc 9,47s; 18,15ss; | 14. 1Cor 1,25-28; 1Pd 2,1s | 16. Mc 10,17-27; Lc 10,25-28; 18,18-27 | 18. Êx 20,12-16; Lv 19,18; Dt 5,16-20; Lc 10,27

† **18**,35. O mar da misericórdia de Deus não pode penetrar em nosso coração enquanto não tivermos perdoado aos que nos ofenderam. O amor, como o Corpo de Cristo, é indivisível: não podemos amar o Deus que não vemos, se não amamos o irmão que vemos, 1Jo 4,20. | **19**,9. Ver a nota em Mt 5,32. | 12. Jesus faz a proposta da renúncia ao matrimônio aos que se dispõem a consagrar-se ao Reino de Deus com o coração indiviso, 1Cor 7,32ss.

20 Disse o jovem: "Tudo isso tenho
observado. O que ainda me falta?"
21 Respondeu-lhe Jesus: "Se queres ser
perfeito, vai, vende o que possuis, dá
o dinheiro aos pobres* e terás um te-
souro no céu; depois vem e segue-me".
22 Ao ouvir isso, o jovem foi embora
triste, porque era muito rico.
Perigo das riquezas. 23 Então Jesus dis-
se a seus discípulos: "Na verdade vos
digo: é difícil para um rico entrar no
Reino dos Céus! 24 E digo mais: é mais
fácil um camelo passar pelo buraco de
uma agulha do que um rico entrar no
Reino de Deus"†. 25 Ouvindo tais pala-
vras, os discípulos ficaram espantados
e perguntaram: "Então, quem poderá
salvar-se?" 26 Olhando para eles*, Jesus
respondeu: "Para os homens isso é im-
possível, mas para Deus tudo é possí-
vel".
A recompensa dos discípulos. 27 Pe-
dro, então, tomando a palavra*, dis-
se-lhe: "Nós deixamos tudo para te
seguir; que recompensa teremos?"
28 Respondeu-lhe Jesus: "Na verdade
vos digo: no mundo renovado, quan-
do o Filho do homem tomar posse de
seu trono glorioso*, vós também vos
assentareis em doze tronos para julgar
as doze tribos de Israel. 29 E todo aque-
le que deixar casas, irmãos, irmãs, pai,
mãe, filhos ou terras por amor de mim,
receberá cem vezes mais e terá como
herança a vida eterna. 30 Porém, muitos
dos primeiros serão últimos* e muitos
dos últimos serão primeiros".

20 **Os trabalhadores da vinha.**
1 "Porque o Reino dos Céus é
semelhante a um fazendeiro que, logo
de manhã, saiu para contratar* traba-
lhadores para sua vinha. 2 Combinou
com eles que pagaria um denário por
dia e mandou-os para sua vinha. 3 Pe-
las nove horas† saiu e viu mais alguns
na praça sem fazer nada e disse-lhes:
4 'Ide vós também para minha vinha e
vos darei o que for justo'. 5 Eles foram.
Lá pelo meio-dia, como também pelas
três da tarde, o fazendeiro saiu de novo
e fez o mesmo. 6 Pelas cinco da tarde
saiu ainda e, encontrando outros que
lá estavam, disse-lhes: 'Por que estais
aqui o dia todo sem trabalhar?' 7 Eles
responderam: 'Porque ninguém nos
contratou'. Disse-lhes ele: 'Ide também
vós trabalhar em minha vinha'. 8 Ao cair
da tarde, o dono da vinha falou a seu
administrador: 'Chama os trabalhado-
res e paga-lhes o salário, começando
dos últimos até os primeiros'. 9 Chega-
ram os das cinco horas da tarde e cada
um recebeu um denário. 10 Chegada a
vez dos primeiros, eles pensaram que
iriam receber mais. Mas receberam
também um denário. 11 Ao recebê-lo,
reclamavam contra o fazendeiro, di-
zendo: 12 'Esses últimos trabalharam
apenas uma hora, e dás a eles a mesma
quantia que a nós que carregamos o
peso do dia e do calor'. 13 Respondeu
o fazendeiro a um deles: 'Meu amigo,
eu não estou sendo injusto contigo.
Não combinaste comigo um denário?
14 Toma o que é teu e vai. A esse último
quero dar* o mesmo que a ti. 15 Não
tenho o direito de fazer com meu di-
nheiro o que eu quiser? Ou tens inveja
porque eu sou bom?' 16 Assim, os últi-
mos serão os primeiros* e os primeiros
serão os últimos"†.
Terceiro anúncio da Paixão. 17 Deven-
do subir a Jerusalém, Jesus chamou
os doze em particular* e lhes disse
enquanto caminhavam: 18 "Estamos
subindo para Jerusalém, onde o Filho
do homem vai ser entregue aos sumos

---

* **19**,21. 5,3; 6,20; 13,45; Lc 12,33 | 26. Gn 18,14; Jó 42,2; Lc 1,37 | 27. 4,20.22; Mc 10,28ss; Lc 5,11; 18,28-30 | 28. 25,31; Lc 22,30; Ap 3,21; Hb 10,14 | 30. 20,16; Mc 10,31; Lc 13,30 | **20**,1. Lv 19,13; Dt 24.15 | 14. Rm 9,16-20 | 16. 19,30; 22,14 | 17. 16,21; 17,22; Mc 10,32ss; Lc 18,31ss

† **19**,24. Ver a nota em Mc 10,25. | **20**,3. Lit. "hora 3ª"; meio-dia era a hora 6ª e 5 da tarde era a hora 11ª. | 16. Os últimos operários eram os mais fracos, porque selecionados por último; então, a parábola mostra que Deus pede de cada um apenas o que suas forças lhe permitem dar, e que fortes e fracos são recompensados por igual. Alguns manuscritos acrescentam: "Porque muitos são os chamados e poucos são os escolhidos", 22,14.

sacerdotes e aos escribas, que o con-
denarão à morte [19]e o entregarão aos
pagãos para ser injuriado, açoitado e
pregado na cruz; mas ao terceiro dia
ele ressuscitará".

Pedido da mulher de Zebedeu. [20]En-
tão aproximou-se dele a mulher de
Zebedeu*, com os filhos, e se ajoelhou
para fazer-lhe um pedido. [21]"Que que-
res?", perguntou Jesus. Ela respondeu-
-lhe: "Ordena que, em teu reino, esses
meus dois filhos se assentem um a tua
direita e outro a tua esquerda!" [22]"Não
sabeis o que estais pedindo", disse
Jesus. "Sois capazes de beber o cálice
que vou beber?" "Somos", responde-
ram. [23]E Jesus disse: "Meu cálice bebe-
reis, mas sentar-se a minha direita e a
minha esquerda não compete a mim
concedê-lo; esses lugares são daqueles
para os quais meu Pai os preparou".

É maior aquele que serve. [24]Os outros
dez, que tudo ouviram*, indignaram-se
contra os dois irmãos. [25]Jesus, porém,
chamou-os e disse: "Sabeis que os che-
fes das nações as dominam e que os
grandes as tiranizam. [26]Mas entre vós
não deve acontecer isso. Ao contrário,
quem quiser tornar-se grande entre
vós* seja vosso servo; [27]e quem quiser
ser o primeiro seja vosso escravo. [28]É
assim que o Filho do homem veio, não
para ser servido, mas para servir e dar a
vida para resgatar a multidão"†.

Os cegos de Jericó. [29]Enquanto saíam
de Jericó, uma grande multidão* o se-
guiu. [30]Dois cegos estavam sentados
à beira do caminho. Ao saberem que
Jesus estava passando, puseram-se a
gritar: "Senhor! Tem compaixão de nós,
Filho de Davi!" [31]A multidão, porém,
repreendia-os, mandando que se ca-
lassem; mas eles gritavam ainda mais
alto: "Senhor! Tem compaixão de nós,
Filho de Davi!"
[32]Jesus parou e, chamando-os, per-
guntou: "Que quereis que vos faça?"
[33]"Senhor, que nossos olhos se abram",
responderam. [34]Cheio de compaixão,
Jesus tocou em seus olhos, e logo recu-
peraram a vista. E puseram-se a segui-
-lo.

21

**Entrada triunfal em Jeru-
salém.** [1]Quando se aproxi-
maram de Jerusalém* e chegaram a
Betfagé, junto ao monte das Olivei-
ras, Jesus mandou dois discípulos,
[2]dizendo-lhes: "Ide até aquela aldeia
que está a vossa frente, e logo en-
contrareis uma jumenta amarrada, e
com ela um jumentinho. Soltai-os e
trazei-os para mim. [3]E se alguém per-
guntar alguma coisa, respondei que o
Senhor está precisando deles, mas os
devolverá quanto antes". [4]Isso aconte-
ceu para que se cumprisse o que dis-
se o profeta: [5]'Dizei à Filha de Sião:*
Teu rei vem a ti, modesto e montado
numa jumenta, num jumentinho, filho
de um animal de carga'. [6]Os discípu-
los foram e fizeram como Jesus lhes
ordenara. [7]Trouxeram a jumenta e o
jumentinho, puseram sobre eles suas
vestes e Jesus montou. [8]A numerosa
multidão estendia suas vestes pelo
caminho; outros cortavam ramos de
árvores e os espalhavam pela estrada.
[9]As multidões que iam à frente dele e
as que o seguiam gritavam: "Hosana
ao Filho de Davi! Bendito o que vem
em nome do Senhor!* Hosana no mais
alto dos céus!" [10]Quando ele entrou
em Jerusalém, a cidade toda se agitou
e perguntavam: "Quem é este?" [11]E as
multidões respondiam: "Este é o pro-
feta Jesus, de Nazaré da Galileia"†.

**Jesus expulsa do templo os comer-
ciantes.** [12]Jesus entrou no templo* e
expulsou de lá todos os que estavam

---

* **20**,20. 19,28; Mc 10,35-45 | 24. Lc 22,24-27 | 26. 23,11; Mc 9,35; Jo 13,12-16; Fl 2,7; Rm 5,6; 1Tm 2,6 | 29. Mc 10,43-52; Lc 18,35-43 | **21**,1. Mc 11,1-10; Lc 19,29-40; Jo 12,12-16 | 5. Zc 9,9; Is 62,11 | 9. Sl 118,25s | 12. Mc 11,15-19; Lc 19,45-48; Jo 2,14-16

† **20**,28. Lit. "muitos", termo que opõe o conjunto da humanidade à única pessoa do Redentor, que se entregou para salvá-la. Cristo morreu por todos sem exceção, 1Tm 2,6. | **21**,11. Jesus é aclamado como o filho de Davi, aquele que traz a salvação. Hosana quer dizer "salva-nos". Jesus entra humilde, por isso os súditos de seu Reino, nesse dia, são as crianças e os pobres de Deus, que o aclamam, como os anjos o anunciaram aos pastores.

vendendo e comprando; derrubou as mesas dos cambistas e as cadeiras dos que vendiam pombas. [13]E disse: "Está escrito: minha casa será chamada casa de oração*, mas vós a transformastes numa caverna de ladrões!"

O louvor das crianças. [14]Aproximaram-se dele, no templo, cegos e coxos, e ele os curou. [15]Os sumos sacerdotes e os escribas, vendo os milagres que fazia e as crianças que gritavam no templo: "Hosana ao Filho de Davi!", ficaram indignados [16]e perguntaram a Jesus: "Estás ouvindo o que dizem?" "Sim", respondeu Jesus. "Nunca lestes que 'da boca das crianças e dos que ainda mamam* obtiveste louvor'?" [17]Depois deixou-os, saiu da cidade e foi para Betânia, onde passou a noite.

Maldição da figueira. [18]De manhã, ao voltar à cidade*, sentiu fome. [19]Vendo uma figueira à beira do caminho, foi até ela, mas só encontrou folhas. "Nunca mais darás fruto!", disse ele. E a figueira secou na mesma hora†.

O poder da fé. [20]Vendo isso, os discípulos ficaram admirados e exclamaram: "Como a figueira secou num instante?!" [21]Respondendo, disse-lhes Jesus: "Na verdade vos digo: se tiverdes fé e não duvidardes, fareis não só o que eu fiz com a figueira*, mas até mesmo se disserdes a este monte: 'Sai daqui e lança-te ao mar', isso acontecerá. [22]E tudo quanto pedirdes com fé na oração, vós o recebereis".

A autoridade de Jesus. [23]Entrando no templo*, começou a ensinar. Nisso chegaram os sumos sacerdotes e os anciãos do povo, perguntando: "Com que autoridade fazes estas coisas? Quem te deu esta autoridade?" [24]Em resposta, Jesus lhes disse: "Eu também vou fazer-vos uma pergunta e, se me responderdes, eu vos direi com que autoridade faço estas coisas: [25]De onde vinha o batismo de João:* do céu ou dos homens?" Começaram a refletir entre si: "Se dissermos que é do céu, ele nos dirá: 'Então, por que não crestes nele?' [26]Se dissermos que é dos homens, temos medo da multidão, porque todos consideram João um profeta". Por isso responderam a Jesus: "Não sabemos". [27]E Jesus, por sua vez, disse: "Pois eu também não vos direi com que autoridade faço estas coisas".

Os dois filhos. [28]"Que pensais disto? Um homem tinha dois filhos. Dirigindo-se ao primeiro, disse-lhe: 'Filho, vai hoje trabalhar na vinha'. [29]O filho respondeu: 'Não quero'. Mas depois mudou de ideia e foi. [30]Dirigindo-se ao segundo, falou a mesma coisa. Este respondeu: 'Eu irei, sim, senhor'. Mas não foi. [31]Qual dos dois* fez a vontade do pai?" Responderam-lhe: "O primeiro". Então Jesus lhes disse: "Na verdade vos digo: os publicanos e as meretrizes vos precedem no Reino de Deus. [32]Porque João veio a vós no caminho da justiça*, e vós não crestes nele, ao passo que os publicanos e as meretrizes creram nele. E vós, vendo isto, não vos arrependestes depois para crerdes nele"†.

Os lavradores homicidas. [33]"Ouvi mais uma parábola:* Um fazendeiro plantou uma vinha. Rodeou-a com uma cerca, construiu nela um lagar e ergueu uma torre; arrendou-a a uns lavradores e depois partiu em viagem. [34]Quando chegou o tempo da colheita, mandou seus empregados receber dos lavradores os frutos. [35]Estes, porém, agarraram os empregados*, bateram num, mataram outro e apedrejaram um outro. [36]O fazendeiro mandou novamente outros empregados, em número maior que da primeira vez, mas eles os trataram do mesmo modo. [37]Finalmente, enviou seu filho*,

---

* **21**,13. Is 56,7; Jr 7,11 | 16. Sl 8,3 | 18. Mc 11,12ss.20-25; Lc 13,6-19 | 21. 17,20; Lc 17,6; Tg 1,6; 1Jo 3,22; Jo 14,33 | 23. Mc 11,27-33; Lc 20,1-8; Jo 2,18 | 25. 21,32 | 31. 7,21 | 32. Lc 7,37-50; 19,1-10 | 33. Mc 12,1-12; Lc 20,9-19; Is 5,1s; Jr 2,21 | 35. 22,4ss | 37. 1Jo 4,9; Hb 1,2; Jo 11,53; Gl 3,16; Hb 13,12

† **21**,19. Gesto simbólico no estilo dos profetas. A figueira representa Israel, que não deu os frutos esperados e não será mais fonte de vida nem sinal de salvação. | 32. O filho mais velho é o povo judeu e o filho mais novo, os pagãos convertidos.

pensando: 'A meu filho eles vão res-
peitar'. 38Mas os lavradores, quando
viram o filho, disseram uns aos outros:
'É o herdeiro, vamos matá-lo e ficar
com sua herança'. 39Então o agarra-
ram, arrastaram para fora da vinha e o
mataram. 40Quando o dono da vinha
voltar, que fará com esses lavrado-
res?"† 41Responderam eles: "Vai punir
com morte terrível esses criminosos e
arrendará a vinha a outros lavradores,
que lhe entreguem os frutos no tem-
po certo". 42Jesus lhes disse: "Nunca
lestes nas Escrituras: 'A pedra que os
construtores rejeitaram* tornou-se a
pedra principal; isto é obra do Senhor,
e é admirável aos nossos olhos'? 43Por
isso vos digo: o Reino de Deus vos
será tirado e dado a um povo que o
fará produzir seus frutos. 44Aquele que
cair sobre esta pedra ficará em peda-
ços e aquele sobre o qual ela cair será
esmagado".

45Ouvindo suas parábolas, os sumos
sacerdotes e os fariseus entenderam
que Jesus se referia a eles. 46Procura-
vam prendê-lo, mas tinham medo das
multidões, que o consideravam como
profeta.

22 **Convidados ao banquete.**
1Voltando a ensinar em pará-
bolas*, Jesus disse: 2"O Reino dos Céus
é como um rei que fez um banquete
de casamento para seu filho. 3Mandou
seus empregados chamar os convida-
dos para a festa, mas eles não quiseram
vir. 4Mandou novamente outros em-
pregados* com esta ordem: 'Dizei aos
convidados: Já preparei meu banquete,
matei meus bois e os animais cevados,
tudo está pronto, vinde para a festa!'
5Eles, porém, fizeram pouco caso e saí-
ram, um para seu sítio, outro para seus
negócios; 6e os demais, apoderando-
-se dos empregados, insultaram-nos
e os mataram. 7O rei ficou furioso* e
enviou seus soldados, que acabaram
com aqueles assassinos e incendiaram
sua cidade. 8Disse em seguida a seus
empregados: 'O banquete está pronto,
mas os convidados não eram dignos
dele. 9Ide, então, às saídas dos cami-
nhos* e convidai para o banquete to-
dos os que encontrardes'. 10Os empre-
gados saíram pelos caminhos* e reuni-
ram todos os que encontraram, maus e
bons, e a sala do banquete ficou cheia
de convidados†.

A veste nupcial. 11O rei entrou para
ver os que estavam à mesa e viu lá um
homem que não trajava a veste nup-
cial†. 12Perguntou-lhe: 'Amigo, como
foi que entraste aqui sem a veste nup-
cial?' Ele, porém, ficou calado. 13Então
o rei ordenou aos servos: 'Amarrai
seus pés* e suas mãos e jogai-o lá fora
na escuridão. Lá haverá de chorar, ran-
gendo os dentes'. 14Pois muitos são os
chamados*, mas poucos os escolhi-
dos'".

O imposto devido a César. 15Então
se retiraram os fariseus e combina-
ram entre si* como o surpreenderiam
em alguma palavra. 16Enviaram-lhe
seus discípulos com alguns herodia-
nos, que lhe disseram: "Mestre, sa-
bemos que és sincero e ensinas com
franqueza o caminho de Deus, sem
dar preferência a ninguém, pois não
julgas as pessoas pelas aparências.
17Dize-nos, então, o que te parece: é
permitido pagar imposto a César ou
não?"† 18Jesus, porém, percebendo a
malícia deles, respondeu: "Hipócritas!
Por que estais querendo tentar-me?
19Mostrai-me a moeda do imposto".
Apresentaram-lhe um denário. 20Ele

* **21**,42. Sl 118,22s; Is 28,16; At 4,11; Rm 5,23; 1Pd 2,4-8 | **22**,1. Lc 14,15-22; Jo 3,29; Ap 19,9 | 4. 21,36 | 7. 24,2 | 9. 21,43 | 10. 13,47 | 13. 8,12; 25,20 | 14. 20,16 | 15. Mc 3,6; 12,13-17; Lc 20,20-25; Jo 3,2

† **21**,40. Nesta alegoria, o fazendeiro é o Pai, a vinha é Israel, os servos são os profetas, o filho é Jesus, os lavradores homicidas são os judeus e os outros são os pagãos convertidos. | **22**,10. Também nesta parábola estão simbolizados o povo judeu (os primeiros convidados) e os pagãos (os que encheram a sala). | 11. Símbolo de uma vida renovada pela conversão e enriquecida de boas obras. | 17. Os inimigos querem colocar Jesus num dilema: uma resposta afirmativa atrairia sobre ele a ira dos nacionalistas judeus e uma resposta positiva poderia servir para acusá-lo de subversão diante dos romanos. A resposta de Jesus coloca o Reino e suas exigências acima de qualquer partido político.

perguntou: “De quem é esta figura e a inscrição?” 21“De César”, responderam. Então lhes disse: “Devolvei a César o que é de César, mas dai a Deus o que é de Deus”. 22Ouvindo esta resposta, ficaram maravilhados e, deixando-o, foram embora.

Os saduceus e a ressurreição. 23Naquele dia aproximaram-se dele alguns saduceus*, que não acreditam na ressurreição, e o interrogaram, dizendo: 24“Mestre, Moisés disse: ‘Se alguém morrer sem deixar filhos, seu irmão deve casar-se com a cunhada*, para dar filhos ao irmão. 25Ora, havia entre nós sete irmãos. O mais velho casou-se, mas, morrendo sem filhos, deixou a viúva para o irmão. 26O mesmo aconteceu com o segundo, com o terceiro, até o sétimo. 27Por fim, depois de todos, morreu também a mulher. 28Na ressurreição, de qual dos sete ela será esposa? Pois todos se casaram com ela...” 29Jesus respondeu-lhes: “Vós estais enganados! Não compreendeis nem as Escrituras nem o poder de Deus. 30Porque, na ressurreição, homens e mulheres não vão se casar: serão como os anjos no céu. 31E a respeito da ressurreição dos mortos, não lestes o que Deus vos falou: 32‘Eu sou o Deus de Abraão, o Deus de Isaac e o Deus de Jacó’?* Ele não é Deus de mortos, mas de vivos!”† 33Ao ouvir isso, as multidões ficaram admiradas com sua doutrina*.

O maior mandamento. 34Quando os fariseus ficaram sabendo* que Jesus fizera calar os saduceus, reuniram-se, 35e um deles, doutor da Lei, perguntou-lhe, para colocá-lo em dificuldade: 36“Mestre, qual é o maior mandamento da Lei?” 37Jesus respondeu:* “Amarás o Senhor teu Deus de todo o teu coração, de toda a tua alma e com toda a tua mente: 38este é o maior e o primeiro* dos mandamentos. 39E o segundo é semelhante† a este: Amarás teu próximo como a ti mesmo. 40Destes dois mandamentos dependem toda a Lei e os Profetas”.*

O Messias, Filho de Davi. 41Estando reunidos os fariseus*, Jesus perguntou-lhes: 42“Que pensais a respeito do Messias? Ele é filho de quem?” “Filho de Davi”, responderam. 43E Jesus continuou: “Mas como é que Davi, inspirado pelo Espírito Santo, o chama de senhor, dizendo: 44‘O Senhor disse a meu senhor:* senta-te à minha direita, até que eu ponha teus inimigos debaixo de teus pés’?† 45Se Davi o chama de senhor, como pode ser seu filho?” 46E ninguém foi capaz de dar-lhe uma resposta. Daí em diante, ninguém mais teve coragem de lhe fazer perguntas.

23 **Os pecados dos escribas e dos fariseus.** 1Dirigindo-se, então, às multidões e a seus discípulos*, Jesus disse: 2“Os escribas e os fariseus ocupam a cátedra de Moisés; 3portanto, fazei e observai tudo o que disserem; mas não imiteis suas ações, porque eles não praticam o que ensinam. 4Amarram pesados fardos e os colocam às costas dos outros, mas eles mesmos não os querem mover nem com o dedo. 5Em tudo o que fazem, o que buscam é ser vistos pelos outros*. Por isso trazem filactérios† bem largos e usam franjas bem compridas nos mantos. 6Gostam dos primeiros lugares nos banquetes e das primeiras cadeiras nas sinagogas. 7Gostam de ser saudados

* **22**,23. Mc 12,18-27; Lc 20,27-38; At 23,6ss | 24. Gn 38,8; Dt 25,5ss | 32. 8,11; Êx 3,6 | 33. 7,28 | 34. Mc 12,28-34; Lc 10,25-28 | 37. Dt 6,5; Eclo 7,32s | 38. Lc 19,18 | 40. Rm 13,9s Gl 5,14; Tg 2,8 | 41. Mc 12,35ss; Lc 20,41-44 | 44. Sl 110,1; At 2,34s; 1Cor 15,25; Hb 1,13 | **23**,1. Mc 12,38ss; Lc 20,45ss; Dt 17,10; At 15,10; Rm 2,21-24 | 5. Lc 22,43; 20,47

† **22**,32. Os patriarcas estão vivos no além, por isso o Deus deles é Deus dos vivos. | 39. Semelhante, porque quem ama a Deus deve amar as criaturas de Deus, especialmente a mais nobre, o ser humano, 1Jo 4,21. | 44. A resposta certa seria afirmar que o Messias é filho de Deus, portanto, superior a Davi, embora descendente dele segundo a natureza humana. | **23**,5. Filactérios eram pequenas caixas, contendo frases importantes da Lei, que os fariseus amarravam no braço ou na fronte, tomando ao pé da letra certas leis como Dt 6,8; 11,18. Sobre as franjas, ver Nm 15,37-41.

nas praças públicas e de ser chamados de mestres pelos outros. [8]Quanto a vós, não queirais ser chamados de mestres*, pois um só é vosso Mestre e vós todos sois irmãos. [9]E, aqui na terra, a ninguém chameis de pai, pois um só é vosso Pai, aquele que está nos céus. [10]Nem permitais que vos chamem de guias, porque um só é vosso guia, o Cristo. [11]O maior dentre vós será vosso servo*. [12]Quem se exalta será humilhado e quem se humilha será exaltado.

[13]Ai de vós, escribas e fariseus hipócritas*, que fechais para os outros o Reino dos Céus! Pois nem vós mesmos entrais, nem deixais entrar os que o querem†. [15]Ai de vós, escribas e fariseus hipócritas! Vós percorreis o mar e a terra para converter alguém† e, depois que o conseguis, vós o tornais merecedor do inferno† duas vezes mais que vós!

[16]Ai de vós, guias de cegos*, que dizeis: 'Se alguém jura pelo templo, não vale; mas, se jura pelo ouro do templo, fica obrigado'. [17]Tolos e cegos! Que é mais importante: o ouro, ou o templo que santifica o ouro? [18]Vós dizeis também: 'Se alguém jura pelo altar*, não vale; mas, se jura pela oferta que está sobre o altar, fica obrigado'. [19]Cegos! Que é mais importante: a oferta, ou o altar que santifica a oferta? [20]Portanto, quem jura pelo altar, jura por ele e por tudo o que está sobre ele. [21]E quem jura pelo templo jura por ele e por Aquele que o habita. [22]E quem jura pelo céu jura pelo trono de Deus e por Aquele que nele está sentado.

[23]Ai de vós, escribas e fariseus hipócritas! Pagais o dízimo* da hortelã, da erva-doce e do cominho, mas desprezais os mandamentos mais importantes da Lei, como a justiça, a misericórdia e a fidelidade. Isso é que é preciso praticar, sem deixar de lado aquilo. [24]Guias cegos! Coais um mosquito, mas engolis um camelo!

[25]Ai de vós, escribas e fariseus hipócritas! Limpais a parte externa do copo e do prato, mas o interior está cheio de rapina e de intemperança. [26]Fariseu cego, limpa primeiro o lado de dentro do copo e do prato, para que o de fora também fique limpo. [27]Ai de vós, escribas e fariseus hipócritas!* Sois semelhantes a sepulcros caiados, que por fora têm boa aparência, mas por dentro estão cheios de ossos de mortos e de toda a espécie de podridão. [28]Assim também vós: por fora pareceis justos aos outros*, mas por dentro estais cheios de hipocrisia e de iniquidade.

[29]Ai de vós, escribas e fariseus hipócritas, que construís os túmulos dos profetas, enfeitais os monumentos dos justos [30]e dizeis: 'Se tivéssemos vivido na época de nossos pais, não nos teríamos associado a eles para tirar a vida dos profetas'. [31]Com isso estais dando testemunho contra vós mesmos*, de que sois filhos dos que mataram os profetas. [32]Completai, pois, a medida de vossos pais!

[33]Serpentes, raça de víboras!* Como podereis escapar da condenação da geena? [34]Por isso, eu vos envio profetas, sábios e doutores*. A uns, ireis matar e crucificar; a outros, ireis flagelar em vossas sinagogas e os perseguireis de cidade em cidade, [35]para que recaia sobre vós todo o sangue inocente derramado sobre a terra, desde o sangue de Abel*, o justo, até o de Zacarias, filho de Baraquias†, que vós matastes

---

* **23**,8. Tg 3,1 | 11. Jó 22,29; Pr 29,23; Mt 20,26s; 1Pd 5,5 | 13. Lc 11,39-52 | 16. 15,14; Jo 9,41; Rm 2,19 | 18. 5,33-37 | 23. Dt 14,22; Lv 27,30; Mc 12,40 | 27. At 23,3 | 28. Lc 16,15 | 31. At 7,52 | 33. 3,7; 12,34; Lc 11,49ss | 34. 10,23; 1Ts 2,15 | 35. Gn 4,8; 2Cr 24,20s; Hb 11,4; Ap 16,6; 18,24

† **23**,13. Alguns manuscritos acrescentam: [14]"Ai de vós, escribas e fariseus hipócritas, porque devorais os bens das viúvas, fingindo fazer longas orações; por isso vosso castigo será mais rigoroso", Mc 12,40. | 15. Lit. "fazer um prosélito", termo que designava o pagão que aceitava a fé de Israel. / Lit. "filho da Geena"; esse nome de um vale tristemente famoso de Jerusalém tornou-se sinônimo do inferno. | 35. O filho de Baraquias é o profeta Zacarias, penúltimo profeta "escritor", mas não foi ele que morreu entre o santuário e o altar, e sim Zacarias, filho de Joiada, 2Cr 24,20ss. O assassinato de Abel, Gn 4,8 e o deste Zacarias são respectivamente o primeiro e o último que a Bíblia hebraica mencionava.

entre o santuário e o altar. [36]Na verda-
de vos digo: tudo isso vai recair sobre
esta geração!
O castigo de Jerusalém. [37]Jerusalém,
Jerusalém, que matas os profetas* e
jogas pedras nas pessoas que Deus te
manda! Quantas vezes eu quis reunir
teus filhos, como a galinha reúne os
pintinhos debaixo das asas, mas tu não
quiseste... [38]Pois bem, vossa casa fica-
rá abandonada. [39]Eu vos digo: daqui
em diante não me vereis mais, até que
digais: 'Bendito aquele que vem em
nome do Senhor!'"*

24 **O fim do mundo†.** [1]Saindo
do templo, Jesus ia-se afas-
tando*, quando os discípulos se apro-
ximaram dele a fim de fazê-lo obser-
var as construções do templo. [2]Ele,
porém, disse: "Estais vendo tudo isso?
Na verdade vos digo: não ficará aqui
pedra sobre pedra, tudo será destru-
ído". [3]Estando ele sentado no monte
das Oliveiras, os discípulos chegaram
perto dele em particular, com esta
pergunta: "Dize-nos, quando vai acon-
tecer isso e qual é o sinal de tua vinda
e do fim do mundo?" [4]Jesus respon-
deu: "Cuidado para que ninguém* vos
engane. [5]Vão aparecer muitos em meu
nome, afirmando: 'Eu sou o Cristo', e
vão enganar muita gente. [6]Ouvireis
falar de guerras e de rumores de guer-
ras. Não fiqueis alarmados. Pois é pre-
ciso que tudo isso aconteça, mas ainda
não será o fim. [7]Uma nação se levan-
tará contra outra* e um reino contra
outro. Haverá fome e terremotos em
vários lugares. [8]Tudo isso será apenas
o começo dos sofrimentos. [9]Então se-
reis entregues* para serdes torturados
e mortos. E sereis odiados por todas
as nações por minha causa. [10]Muitos
vão cair, haverá traições e ódios recí-
procos. [11]Surgirão numerosos falsos
profetas*, que enganarão muita gen-
te. [12]E ante o progresso constante da
iniquidade, o amor de muitos esfriará.
[13]Mas quem perseverar até o fim* será
salvo. [14]Este Evangelho do Reino será
anunciado em todo o mundo* como
um testemunho para todas as nações.
Então virá o fim.

[15]Quando, portanto, virdes a abo-
minação da desolação*, de que falou
o profeta Daniel, instalada no lugar
santo† – que o leitor procure entender
– [16]então os que estiverem na Judeia*
fujam para os montes; [17]quem estiver
no terraço não desça para pegar algu-
ma coisa em sua casa; [18]e quem esti-
ver no sítio não volte para buscar um
agasalho. [19]Ai daquelas que estiverem
grávidas ou amamentando naqueles
dias! [20]Rezai para que vossa fuga não
aconteça no inverno, nem no sábado†.
[21]Porque a angústia será tão grande*
como nunca houve, desde o princípio
do mundo até agora, nem jamais ha-
verá igual. [22]Se Deus não abreviasse
aqueles dias, ninguém se salvaria. Mas
por causa dos escolhidos, Deus abre-
viará aqueles dias".
A vinda do Filho do homem. [23]"En-
tão, se alguém vos disser: 'Aqui está
o Cristo'*, ou: 'Ele está ali', não acredi-
teis. [24]Pois aparecerão falsos cristos e
falsos profetas, que vão fazer grandes
sinais e prodígios, a ponto de enganar,
se fosse possível, até os escolhidos.
[25]Vede, eu vos preveni. [26]Se, portan-
to, vos disserem: 'Ele está no deserto',
não deveis ir lá. E se disserem: 'Ele está
no interior da casa', não acrediteis.
[27]Pois, como o relâmpago que parte
do Oriente e brilha até o Ocidente, as-
sim será a vinda do Filho do homem.

---

* **23**,37. Lc 13,34s; At 7,59 | 39. Sl 118,26 | **24**,1. Mc 13,1-4; Lc 21,5-38; 19,44 | 4. Mc 13,5-13; Lc 21,8-19; 17,20-37; Jo 5,43; At 5,36s | 7. Is 19,2 | 9. 10,17.21; Jo 16,2 | 11. 1Jo 4,1; 2Pd 2,1; 2Tm 3,1-5 | 13. 10,22 | 14. 28,19 | 15. Mc 13,14-20; Lc 21,20-24; Dn 11,31; 12,11 | 16. Lc 17,31 | 21. Dn 12,1; Jl 2,2 | 23. Mc 13,21ss; Lc 17,23s; 2Ts 2,8

† **24**. Neste "sermão escatológico", Jesus fala do fim dos tempos e também da ruína de Jerusalém, que estava para acontecer daí a 40 anos, e foi o fim de um tempo. O juízo de Deus sobre a cidade serviu como figura do final dos tempos. | 15. Dn 9,27 fala da profanação do templo de Jerusalém pela instalação de um ídolo pagão. | 20. No inverno, a chuva e a neve dificultam as viagens e, no Sábado, era proibido andar mais de 900 m.

28Onde estiver o animal morto, ali se
reunirão os abutres*.
29Logo após a tribulação daqueles
dias*, o sol escurecerá, a lua não bri-
lhará mais, as estrelas vão cair do céu
e os poderes dos céus serão abalados†.
30Então aparecerá no céu o sinal do Fi-
lho do homem*, e todas as famílias da
terra hão de chorar; e verão o Filho do
homem vir sobre as nuvens do céu com
poder e grande glória. 31Ele enviará
seus anjos com uma trombeta retum-
bante*, para reunir seus escolhidos dos
quatro pontos cardeais, de uma até a
outra extremidade do céu.
32Da figueira podeis aprender esta
comparação:* quando seus ramos se
tornam tenros e as folhas começam a
brotar, sabeis que o verão está che-
gando. 33Assim também, quando vir-
des tudo isso, sabei que ele está per-
to, às portas. 34Na verdade vos digo:
não passará esta geração sem que
tudo isso aconteça. 35Passará o céu e
a terra, mas minhas palavras não pas-
sarão".

A vigilância. 36"Mas, quando será
aquele dia e aquela hora*, ninguém
sabe, nem os anjos do céu, nem o Fi-
lho, mas só o Pai. 37A vinda do Filho do
homem acontecerá como nos tempos
de Noé:* 38Nos dias antes do dilúvio,
comiam e bebiam, homens e mulheres
se casavam, até o dia em que Noé en-
trou na arca; 39e não perceberam nada
até que veio o dilúvio e matou todo
o mundo. A mesma coisa acontecerá
na vinda do Filho do homem: 40Dois
homens estarão no campo:* um será
levado e o outro será deixado; 41duas
mulheres estarão moendo: uma será
levada e a outra será deixada. 42Por
isso vigiai*, pois não sabeis em que dia
virá vosso Senhor! 43Considerai isto: se
o dono da casa soubesse a que hora
da noite viria o ladrão, ficaria acordado
e não deixaria o ladrão arrombar sua
casa. 44Portanto, ficai preparados tam-
bém vós, porque, na hora que não pen-
sais, o Filho do homem virá!"

O empregado fiel. 45"Quem é, pois, o
empregado fiel e prudente* que o se-
nhor colocou à frente de seus criados,
para lhes dar refeição na hora certa?
46Feliz desse empregado que o patrão,
ao voltar, encontrar assim ocupado.
47Na verdade vos digo: ele lhe confia-
rá todos os seus bens. 48Mas se aquele
mau empregado disser em seu cora-
ção: 'Meu patrão está demorando' 49e
começar a bater nos companheiros, a
comer e a beber com os bêbados; 50o
patrão desse empregado virá num dia
que ele não espera, e numa hora que
ele não sabe, 51e o castigará duramen-
te, dando-lhe o destino dos hipócritas*.
Lá haverá de chorar, rangendo os den-
tes".

25

As dez moças. 1"O Reino dos
Céus será semelhante a dez
moças* que foram com suas lâmpa-
das ao encontro do noivo. 2Cinco delas
eram descuidadas e cinco, providen-
tes. 3As descuidadas, ao pegarem as
lâmpadas, não levaram azeite consigo.
4As previdentes, porém, junto com as
lâmpadas, levaram vasilhas de azeite.
5Como o noivo demorasse a chegar,
todas elas ficaram com sono e dormi-
ram. 6À meia-noite ouviu-se um grito:
'O noivo está chegando, ide a seu en-
contro!' 7Todas as dez moças se levan-
taram e prepararam suas lâmpadas. 8As
descuidadas disseram às previdentes:
'Dai-nos um pouco de vosso azeite,
pois nossas lâmpadas estão se apa-
gando!' 9As previdentes, porém, res-
ponderam: 'Não, porque não bastaria
para nós e para vós. Ide aos negocian-

* **24**,28. Jó 39,30 | 29. Mc 13,14-27; Lc 21,25-28; Is 13,10; 34,4; Ez 32,7; 2Pd 3,10 | 30. Ap 1,7; 19,11; Dn 7,13; Mt 26,64 | 31. 1Cor 15,52; 1Ts 4,16 | 32. Mc 13,28-32; Lc 21,29-33; 1Ts 5,1s; 2Ts 2,1s | 36. At 1,7 | 37. Lc 17,26s; 2Pd 3,5s | 40. Lc 17,34ss | 42. 25,13; Mc 13,33; Lc 12,39s; 1Ts 5,1-6; Ap 16,15 | 45. Lc 12,42-46 | 51. 8,12; 13,42; 25,30 | **25**,1. Lc 12,35s

† **24**,29. Jesus utiliza as imagens apocalípticas de seu tempo para descrever os últimos dias: guerras, perseguições, terremotos e catástrofes cósmicas fazem parte do cenário em que se realiza o julgamento de Deus sobre o mundo. Não é para inspirar medo e terror, mas, ao contrário, exorta à vigilância, à coragem e à esperança, Lc 21,28; Jo 16,33.

tes e comprai-o para vós'. [10]Enquanto elas foram comprar, o noivo chegou. As que estavam prontas entraram com ele no salão da festa, e fechou-se a porta. [11]Depois chegaram as outras e disseram: 'Senhor, senhor, abre a porta para nós!'* [12]Mas ele respondeu: 'Na verdade vos digo, não vos conheço!'* [13]Vigiai, pois, não sabeis o dia nem a hora"*.

Os talentos. [14]"O Reino dos Céus é como um homem* que, partindo para uma viagem, chamou seus empregados e lhes confiou seus bens. [15]Deu a um deles cinco talentos; a outro dois; a outro, um; deu a cada um de acordo com sua capacidade†; e partiu. [16]Ora, aquele que havia recebido cinco talentos foi logo negociar com eles e ganhou outros cinco. [17]Do mesmo modo, aquele que havia recebido dois, ganhou outros dois. [18]Mas aquele que havia recebido um talento só saiu, fez um buraco no chão e aí escondeu o dinheiro do patrão. [19]Muito tempo depois* voltou o patrão desses empregados e acertou as contas com eles. [20]Aproximou-se aquele que tinha recebido cinco talentos e apresentou outros cinco, dizendo: 'Senhor, entregaste-me cinco talentos, eis aqui outros cinco que ganhei'. [21]Disse-lhe o patrão: 'Muito bem*, empregado bom e fiel. Foste fiel no pouco, eu te confiarei muito. Vem alegrar-te com teu patrão!' [22]Apresentou-se depois aquele que tinha recebido dois talentos e disse: 'Senhor, entregaste-me dois talentos, eis aqui outros dois que ganhei!' [23]Disse-lhe o patrão: 'Muito bem, empregado bom e fiel. Foste fiel no pouco, eu te confiarei muito. Vem alegrar-te com teu patrão!' [24]Veio, por fim, aquele que tinha recebido um talento só e disse: 'Senhor, eu sabia que és um homem severo, que colhes onde não semeaste e ajuntas onde não espalhaste. [25]Fiquei com medo e escondi teu talento no chão; aqui está o que é teu!' [26]Respondeu-lhe seu patrão: 'Empregado mau e preguiçoso, sabias que eu colho onde não semeei e ajunto onde não espalhei. [27]Devias, então, ter colocado meu dinheiro no banco, para que assim, ao voltar, eu recebesse com juros o que é meu. [28]Tirai-lhe, pois, seu talento e dai-o àquele que tem dez. [29]Porque a quem tem, será dado mais, e ele terá em abundância*. Mas, a quem não tem, será tirado até mesmo o que tem†. [30]Quanto a esse empregado inútil, jogai-o lá fora, na escuridão. Aí haverá de chorar, rangendo os dentes'.

O juízo final. [31]Quando o Filho do homem voltar em sua glória*, acompanhado de todos os seus anjos, irá sentar-se em seu trono glorioso. [32]Todas as nações se reunirão diante dele, e ele separará as pessoas umas das outras, como o pastor separa as ovelhas dos cabritos. [33]Porá as ovelhas a sua direita e os cabritos a sua esquerda. [34]Então o rei dirá* aos que estiverem à direita: 'Vinde, benditos de meu Pai, recebei em herança o reino que vos está preparado desde a criação do mundo. [35]Pois eu estive com fome e me destes de comer*, estive com sede e me destes de beber, fui estrangeiro e me acolhestes, [36]estive nu e me vestistes, fiquei doente e me visitastes, estive na prisão e me fostes ver'†. [37]Os justos então lhe perguntarão: 'Mas, Senhor, quando foi que te vimos com fome e te demos de comer, com sede e te demos de beber, [38]estrangeiro e te acolhemos, ou nu e te vestimos, [39]doente ou na prisão e te fomos visitar?' [40]Aí o rei responderá:* 'Na verdade vos digo: toda vez que fizestes isso a um desses mais pequenos

---

* **25**,11. Lc 13,25ss | 12. 7,23 | 13. 24,42-50 | 14. Lc 19,12-27; Mc 13,34 | 19. 18,23 | 21. 24,45ss; Lc 12,44; 16,10 | 29. 13,12; Mc 4,25; Lc 8,18; 19,26 | 31. 16,27; Ap 20,11ss; Ez 34,17 | 34. Rm 8,17 | 35. Is 58,7; Ez 18,7.16; Tg 1,27; 2,15 | 40. 10,42; 18,5; Pr 19,17; Hb 2,11; Lc 13,27; Ap 20,10.15

† **25**,15. As diferenças entre as pessoas pertencem ao plano de Deus: devem estimular a caridade. Deus quer que todos nós tenhamos necessidade uns dos outros. | 29. Ver a nota em Mt 13,12. | 36. Jesus compartilha a vida dos pobres, desde o presépio até a cruz; conhece a fome, a sede e a indigência. Mais ainda: identifica-se com os pobres de todos os tipos e faz do amor ativo para com eles a condição para se entrar em seu Reino (CIC).

dentre meus irmãos foi a mim que o
fizestes!'† 41Depois dirá àqueles que es-
tiverem a sua esquerda: 'Afastai-vos de
mim, malditos! Ide para o fogo eterno,
preparado para o diabo e seus anjos!
42Pois eu estive com fome e não me
destes de comer, estive com sede e não
me destes de beber, 43fui estrangeiro e
não me acolhestes, estive nu e não me
vestistes, estive doente e na prisão e
não me visitastes'. 44Também estes lhe
perguntarão: 'Mas quando foi, Senhor,
que te vimos com fome, ou com sede,
ou estrangeiro, ou nu, ou doente, ou
na prisão e não te ajudamos?' 45E ele
lhes responderá: 'Na verdade vos digo:
cada vez que deixastes de fazê-lo a um
desses mais pequenos foi a mim que o
deixastes de fazer'. 46E estes irão para o
castigo eterno; os justos, porém, para a
vida eterna"*.

V. MORTE E RESSURREIÇÃO (26–28)

26 **Conspiração contra Jesus.**
1Quando Jesus terminou to-
dos esses discursos, disse aos discípu-
los: 2"Como sabeis, daqui a dois dias
será a Páscoa*, e o Filho do homem
vai ser entregue para ser crucificado".
3Então, os sumos sacerdotes e os an-
ciãos do povo reuniram-se no palácio
do sumo sacerdote, que se chamava
Caifás, 4e juntos resolveram prender
Jesus por astúcia e o matar. 5Diziam,
porém: "Não faremos isso durante a
festa, para não haver tumulto no meio
do povo".
O jantar em Betânia. 6Estando Jesus
em Betânia*, na casa de Simão, o le-
proso, 7aproximou-se dele uma mu-
lher, trazendo um jarro de alabastro
que continha um perfume muito caro
e derramou-o sobre a cabeça de Jesus,
enquanto ele estava à mesa. 8Vendo
isso, os discípulos ficaram indignados
e diziam: "Para que esse desperdício?
9Esse perfume poderia ser vendido por
um alto preço, para se dar o dinheiro
aos pobres!" 10Jesus o percebeu e dis-
se: "Por que incomodais esta mulher?
Ela praticou uma boa ação para comi-
go. 11Com efeito, pobres sempre tereis
convosco, mas a mim nem sempre te-
reis. 12Derramando esse perfume sobre
meu corpo, ela o fez em vista de meu
sepultamento. 13Na verdade vos digo:
em toda parte onde for pregado este
Evangelho, no mundo inteiro, também
será contado, em sua memória, o que
ela fez".
Judas prepara a traição. 14Então um
dos doze, chamado Judas Iscariotes*,
foi encontrar-se com os sumos sacer-
dotes 15e lhes disse: "Que me dareis, se
eu vos entregar Jesus?" Eles lhe paga-
ram trinta moedas de prata. 16E, desde
aquela hora, procurava uma boa oca-
sião para entregá-lo.
A última ceia. 17No primeiro dia dos
Ázimos, os discípulos aproximaram-se
de Jesus* e perguntaram-lhe: "Onde
queres que te preparemos a ceia pas-
cal?"† 18Respondeu ele: "Ide à cidade,
à casa de certo homem e dizei-lhe: 'O
Mestre manda dizer-te: Meu tempo
está próximo; é em tua casa que vou
celebrar a Páscoa com meus discípu-
los'". 19Os discípulos fizeram como Je-
sus lhes ordenara e prepararam a Pás-
coa.

20Ao cair da tarde*, ele se pôs à mesa
com os Doze, 21e, enquanto comiam,
disse: "Na verdade vos digo: um de
vós vai me trair". 22Eles, muito tristes*,
começaram a perguntar um após ou-
tro: "Por acaso sou eu, Senhor?" 23Ele
respondeu: "Alguém que pôs a mão no
prato comigo, é esse que vai me trair.

* **25**,46. Dn 12,2; Jo 5,29 | **26**,2. Mc 14,1s; Lc 22,1; Jo 11,47-53 | 6. Mc 14,3-9; Jo 12,1-8 | 14. Mc 14,10s; Lc 22,3-6; Jo 13,2; Zc 11,12 | 17. Êx 12,14-20; Mc 14,12-16; Lc 22,7-14 | 20. Mc 14,17-21; Lc 22,21ss; Jo 13,21-30 | 22. Jo 17,12

† **25**,40. Conforme tivermos amado ou ignorado os irmãos, seremos admitidos à festa do amor ou dela excluídos, pois há um só amor que se dedica a Deus e ao próximo. "No entardecer de nossa vida, é sobre o amor que seremos julgados" (S. João da Cruz). | **26**,17. A Páscoa dos judeus comemorava a liberdade que Deus concedera a seu povo, tirando-o do Egito. A Páscoa de Jesus, sua morte e ressurreição, tomará o lugar da Páscoa judaica: é a definitiva libertação do mundo.

24O Filho do homem vai, como a res-
peito dele está escrito; mas infeliz da-
quele pelo qual o Filho do homem é
traído! Para ele seria melhor nunca ter
nascido". 25Então Judas, que ia entre-
gá-lo, perguntou, por sua vez: "Acaso
sou eu, Mestre?" "Tu o disseste", res-
pondeu Jesus.

26Enquanto comiam*, Jesus tomou
um pão, pronunciou a bênção, partiu-
-o e deu-o aos discípulos, dizendo:
"Tomai e comei*, isto é meu corpo".
27Depois tomou um cálice, deu gra-
ças e passou-o a eles, dizendo: "Bebei
dele todos, 28pois este é meu sangue*,
o sangue da aliança, que é derramado
por muitos para a remissão dos peca-
dos. 29Eu vos digo: não beberei mais
deste fruto da videira, até o dia em
que o beber convosco, de novo, no
Reino de meu Pai".

Anúncio da negação de Pedro. 30De-
pois de cantarem o hino*, saíram para
o monte das Oliveiras. 31Então Jesus
lhes disse: "Esta noite, vós todos ireis
cair* por minha causa, porque está es-
crito: 'Ferirei o pastor, e as ovelhas do
rebanho se dispersarão'. 32Mas, depois
de haver ressuscitado, irei a vossa fren-
te* para a Galileia". 33Pedro, tomando a
palavra*, disse-lhe: "Mesmo que todos
caiam por tua causa, eu jamais cairei!"
34Respondeu-lhe Jesus: "Na verdade te
digo: nesta mesma noite, antes que o
galo cante, tu me negarás três vezes".
35Pedro replicou: "Mesmo que eu tenha
de morrer contigo*, não te negarei". E
todos os discípulos diziam a mesma
coisa.

A agonia no horto. 36Então Jesus che-
gou com eles a um lugar* chamado
Getsêmani e disse aos discípulos: "Sen-
tai-vos aqui, enquanto vou ali rezar".
37Levou consigo Pedro e os dois filhos
de Zebedeu. Começou a sentir tristeza
e angústia. 38Disse-lhes então: "Minha
alma está numa tristeza mortal*. Ficai
aqui em vigília comigo". 39E, indo um
pouco adiante, prostrou-se com o ros-
to em terra* e rezou: "Meu Pai, se for
possível, afastai de mim este cálice!
Mas não aconteça como eu quero, mas
como vós quereis". 40Ao voltar para
perto dos discípulos, encontrou-os
dormindo; e disse a Pedro: "Então, não
fostes capazes de ficar em vigília comi-
go durante uma hora? 41Vigiai e rezai
para não cairdes na tentação, porque o
espírito está disposto, mas a natureza
é fraca". 42Retirando-se de novo, pela
segunda vez, rezou: "Meu Pai, se este
cálice não pode passar sem que eu o
beba, que vossa vontade seja feita!"
43Em seguida voltou e encontrou-os
outra vez dormindo, pois eles tinham
os olhos pesados de sono. 44Deixando-
-os, retirou-se e rezou pela terceira vez,
repetindo as mesmas palavras. 45De-
pois voltou para junto dos discípulos*
e lhes disse: "Agora podeis dormir e
descansar. Está chegando a hora, e o
Filho do homem vai ser entregue às
mãos dos pecadores. 46Levantai-vos!
Vamos!* Está perto aquele que vai en-
tregar-me".

Prisão de Jesus. 47Enquanto ainda es-
tava falando, chegou Judas*, um dos
Doze, acompanhado duma grande
multidão, armada de espadas e paus,
enviada pelos sumos sacerdotes e pelos
anciãos do povo. 48O traidor combina-
ra com eles um sinal, dizendo: "Aque-
le que eu beijar, é ele: prendei-o!" 49E
logo, aproximando-se de Jesus*, disse:
"Salve, Mestre!" e o beijou. 50Mas Jesus
lhe disse: "Amigo, estás aqui para isto!"
Avançando então, agarraram Jesus e
o prenderam. 51Um dos que estavam
com Jesus* puxou da espada e feriu o
empregado do sumo sacerdote, cor-
tando-lhe uma orelha. 52Mas Jesus lhe
disse: "Repõe a espada em seu lugar,
pois todos os que pegam da espada,
pela espada morrerão. 53Pensas que
eu não poderia rogar a meu Pai*, que
me mandaria agora mesmo, mais de

* **26**,26. Mc 14,22-25; Lc 22,19s; 1Cor 11,23ss / Mt 14,19; Jo 6,35.48-58 | 28. Êx 24,8; Jr 31,31; Is 53,12; Hb 9,12.20 | 30. Mc 14,26-31; Lc 22,39-46 | 31. Zc 13,7; Jo 16,32 | 32. 28,7 | 33. Jo 13,36ss | 35. 26,69-75 | 36. Mc 14,32-40; Lc 22,39-46 | 38. Jo 12,27; Hb 4,15 | 39. Hb 5,7; Mt 20,22 | 45. Mc 14,41-46; Lc 22,47s | 46. Jo 14,31 | 47. Jo 18,2-11 | 49. 2Sm 20,9 | 51. Mc 14,47-50; Lc 22,49-53; Jo 18,11ss; Ap 13,10

doze legiões de anjos? [54]Então, como
se cumpririam as Escrituras, segundo as
quais isso deve acontecer?" [55]Naquela
hora, disse Jesus às multidões: "Viestes
prender-me com espadas e paus, como
a um ladrão. Todos os dias eu me as-
sentava no templo, ensinando, e não
me prendestes". [56]Mas tudo isso acon-
teceu para se cumprirem as Escrituras
dos profetas. Então todos os discípulos
o abandonaram e fugiram.

O processo diante de Caifás. [57]Os que
prenderam Jesus* levaram-no à casa
do sumo sacerdote Caifás, onde os es-
cribas e os anciãos estavam reunidos.
[58]Pedro o seguia de longe, até o pátio
do sumo sacerdote e, entrando lá, sen-
tou-se junto com os empregados para
ver como aquilo ia terminar.

[59]Os sumos sacerdotes e todo o Si-
nédrio procuravam um falso testemu-
nho contra Jesus, a fim de condená-lo
à morte, [60]mas não encontravam ne-
nhum, embora se tivessem apresen-
tado muitas testemunhas falsas. Por
fim, apresentaram-se duas [61]que afir-
maram:* "Este homem disse: 'Posso
destruir o templo de Deus e reconstruí-
-lo em três dias'". [62]Levantando-se en-
tão, perguntou-lhe o sumo sacerdote:
"Nada respondes ao que eles depõem
contra ti?" [63]Jesus, porém, continuava
calado. Então o sumo sacerdote lhe
disse: "Eu te conjuro pelo Deus vivo,
que nos digas* se és o Messias, o Filho
de Deus". [64]Jesus respondeu: "Tu o dis-
seste†. E digo mais: De agora em dian-
te*, vereis o Filho do homem sentado
à direita do Poderoso e vindo sobre as
nuvens do céu". [65]O sumo sacerdote
então rasgou as vestes*, exclamando:
"Blasfemou! Para que precisamos* de
mais testemunhas? Acabastes de ouvir
a blasfêmia! [66]Que vos parece?" Eles
responderam: "Merece a morte!"
[67]Começaram a cuspir-lhe no rosto e
a dar-lhe bofetadas*, dizendo: [68]"Mos-
tra que és profeta, ó Messias! Quem te
bateu?"

As negações de Pedro. [69]Entretanto,
Pedro estava sentado lá fora no pátio*.
Chegou perto dele uma empregada e
disse: "Tu também estavas com Jesus,
o Galileu". [70]Ele, porém, negou na pre-
sença de todos, dizendo: "Não sei de
que estás falando". [71]Quando ia para
a porta de entrada, uma outra o viu e
disse aos que lá estavam: "Este aí esta-
va com Jesus de Nazaré". [72]Ele negou
outra vez, jurando: "Eu nem conheço
esse homem". [73]Pouco depois, os que
lá estavam se aproximaram e disse-
ram a Pedro: "De fato, tu também és
um deles, pois teu sotaque não nega".
[74]Pedro então começou a praguejar e a
jurar: "Não conheço esse homem!" E na
mesma hora* um galo cantou. [75]Então
Pedro lembrou-se do que Jesus dissera:
"Antes que o galo cante, tu me negarás
três vezes". E, saindo, chorou amarga-
mente.

27 **O suicídio de Judas.** [1]De ma-
nhã cedo, todos os sumos sa-
cerdotes e os anciãos do povo* reuni-
ram-se em conselho contra Jesus, para
fazê-lo morrer. [2]E tendo-o amarrado,
levaram-no e o entregaram ao gover-
nador Pilatos.† [3]Então Judas, o traidor*,
vendo que Jesus fora condenado, sen-
tiu remorsos e foi devolver aos sumos
sacerdotes e aos anciãos as trinta moe-
das de prata. [4]Disse ele: "Pequei, entre-
gando à morte um inocente". Mas eles
responderam: "Que nos importa? Isto
é contigo!" [5]Jogando então as moedas
no santuário*, ele saiu e foi enforcar-
-se. [6]Os sumos sacerdotes, pegando
as moedas, disseram: "Não podemos
colocá-las no cofre do templo, por-

* **26**,53. Lc 24,25ss | 57. Mc 14,53-65; Lc 22,54.66-71 | 61. 27,40 | 63. Is 53,7; Mt 27,12 | 64. Sl 110,1; Mt 16,27; 24,30; Dn 7,13; At 2,33; 7,56 | 65. Jo 10,33 / Jo 19,7 | 67. Is 50,6; Mt 27,30 | 69. Mc 14,66-72; Lc 22,56-62; Jo 18,17.25ss | 74. 26,34 | **27**,1. Mc 15,1; Lc 23,1; Jo 18,28 | 3. 26,15 | 5. At 1,18s

† **26**,64. Jesus afirma sua natureza divina, anunciando a manifestação de sua majestade que acontecerá no juízo final. | **27**,2. Os judeus não podiam pronunciar sentença de morte, Jo 18,31, por isso devem recorrer ao tribunal de Pilatos, ao qual, porém, não interessam as supostas violações da lei mosaica por parte de Jesus. Por isso, diante dele a acusação é de pretender ser rei dos judeus. O romano não acha culpa em Jesus, mas, fraco diante da multidão, decidiu ceder.

que é preço de sangue". 7Assim, após
chegarem a um acordo, compraram
com elas o campo do Oleiro, para ser
cemitério de estrangeiros. 8Por isso,
aquele terreno até hoje tem o nome de
"Campo do Sangue". 9Desta maneira
cumpriu-se o oráculo* do profeta Jere-
mias: "E tomaram as trinta moedas de
prata, preço do Precioso, que os filhos
de Israel avaliaram, 10e as deram pelo
campo do Oleiro, conforme o Senhor
me ordenara".

O processo diante de Pilatos. 11Con-
duziram Jesus à presença do governa-
dor, o qual lhe perguntou: "És tu o rei
dos judeus?"* Jesus respondeu: "Tu o
disseste". 12Depois, ao ser acusado pe-
los sumos sacerdotes e pelos anciãos,
nada respondeu. 13Disse-lhe então Pi-
latos: "Não estás ouvindo as acusações
que eles fazem contra ti?" 14Mas Jesus
não disse uma palavra de resposta*, de
modo que o governador ficou muito
admirado.

15Em cada festa, era costume* o go-
vernador conceder a liberdade a um
prisioneiro escolhido pelo povo. 16Por
essa ocasião, havia um prisioneiro fa-
moso, de nome Barrabás. 17Pilatos per-
guntou ao povo que se encontrava ali
reunido: "Quem quereis que vos solte:
Barrabás ou Jesus, chamado Cristo?"
18Ele bem sabia que o povo havia en-
tregado Jesus* por inveja. 19Enquanto
estava sentado no tribunal, sua mulher
mandou dizer-lhe: "Não te envolvas
com esse justo, porque muito sofri hoje
num sonho por causa dele". 20Mas os
sumos sacerdotes e os anciãos conven-
ceram a multidão* a pedir Barrabás e a
fazer perecer Jesus.

21Tomando a palavra, o governador*
perguntou-lhes: "Qual dos dois que-
reis que vos solte?" Eles responderam:
"Barrabás!" 22Pilatos disse-lhes: "Que
farei então de Jesus, chamado Cris-
to?" Todos responderam: "Seja cruci-
ficado!" 23Pilatos insistiu: "Que mal fez
ele?" Eles gritaram mais forte ainda:
"Seja crucificado!" 24Vendo que nada
adiantava e que o tumulto aumentava
cada vez mais, Pilatos mandou trazer
água e lavou as mãos na presença da
multidão, dizendo: "Não sou respon-
sável pela morte deste justo; isto é lá
convosco!" 25E todo o povo respon-
deu: "Nós e nossos filhos somos res-
ponsáveis!"†

26Pilatos libertou então Barrabás.
Quanto a Jesus, depois de o mandar
açoitar, entregou-o para ser crucificado.

A coroação de espinhos. 27Então os
soldados do governador conduziram
Jesus ao pretório* e reuniram todo o
batalhão em torno dele. 28Despiram-no
e o cobriram com uma capa vermelha
e, 29tecendo uma coroa de espinhos,
puseram-lha sobre a cabeça e na mão
direita uma cana. Dobrando o joelho
diante dele, zombaram dele, dizendo:
"Salve, Rei dos judeus!" 30E, cuspindo
nele, pegavam a cana* e batiam com
ela em sua cabeça. 31Depois de terem
zombado dele*, tiraram-lhe a capa,
puseram-lhe suas vestes e levaram-no
para ser crucificado.

A Via-Sacra. 32Saindo, encontraram
um homem de Cirene, chamado Si-
mão, e obrigaram-no a carregar sua
cruz. 33Quando chegaram ao lugar cha-
mado Gólgota*, que quer dizer "Lugar
do Crânio", 34deram-lhe a beber vinho*
misturado com fel. Jesus experimen-
tou-o e não o quis beber.

Jesus na cruz. 35Depois de o crucifica-
rem, dividiram suas roupas*, tirando a
sorte, 36e ficaram sentados ali montan-
do guarda. 37Por cima de sua cabeça
colocaram o motivo de sua condena-
ção, escrevendo: "Este é Jesus, o Rei
dos Judeus"*. 38Com ele foram crucifi-
cados dois assaltantes: um à direita e o
outro à esquerda. 39Os que passavam*
por ali injuriavam-no, balançando a ca-

---

* **27**,9. Jr 32,6-10; Zc 11,12s | 11. Mc 15,2-5; Lc 23,3; Jo 18,33-38 | 14. Jo 19,9 | 15. Mc 15,6-15; Lc 23,17-25; Jo 18,39s | 18. Jo 11,47; 12,19 | 20. At 3,14 | 21. 23,35; At 5,28; 1Ts 2,15s | 27. Mc 15,16-19; Jo 19,2s | 30. Is 50,6 | 31. Mc 15,20s; Lc 23,26; Jo 19,16s | 33. Mc 15,22-28; Lc 23,33s.38; Jo 19,17-23 | 34. Sl 69,22 | 35. Sl 22,19 | 37. Is 53,12; Lc 22,37

† **27**,25. Lit.: "Seu sangue caia sobre nós e sobre nossos filhos".

beça 40e dizendo: "Tu, que destróis o
templo e em três dias o reedificas, sal-
va-te a ti mesmo! Se és o Filho de Deus,
desce da cruz!" 41Os sumos sacerdotes,
com os escribas e os anciãos, também
zombavam dele, dizendo: 42"Salvou os
outros e não pode salvar-se a si mes-
mo! Ele é o Rei de Israel: desça da cruz
e acreditaremos nele! 43Confiou em
Deus! Ele que o livre agora*, se é que
se interessa por ele, pois disse: 'Eu sou
o Filho de Deus'". 44Até os assaltantes,
que com ele estavam crucificados, in-
sultavam-no do mesmo modo.
45Do meio-dia às três horas da tarde*,
as trevas envolveram toda a terra. 46E,
pelas três da tarde, Jesus deu um grande
grito: "Eli, Eli, lema sabacthani!". Isto quer
dizer: "Meu Deus, meu Deus, por que me
abandonastes?"† 47Alguns dos que ali se
achavam disseram, ao ouvi-lo: "Está cha-
mando Elias"*. 48E logo um deles correu,
pegou uma esponja, embebeu-a em vi-
nagre, fixou-a na ponta de uma vara e
deu-lhe de beber. 49Mas os outros disse-
ram: "Deixa, vejamos se Elias vem salvá-
-lo". 50E Jesus, tornando a dar um grande
grito, entregou o espírito.
51Então a cortina do templo rasgou-se
de alto a baixo* em duas partes; a terra
tremeu e as rochas se fenderam; 52os tú-
mulos se abriram e muitos corpos de san-
tos falecidos ressuscitaram†; 53saindo dos
túmulos depois da ressurreição de Jesus,
entraram na Cidade Santa e apareceram
a muitos. 54O centurião e os que com ele
guardavam Jesus, vendo o tremor de ter-
ra e tudo o mais que estava sucedendo,
ficaram cheios de medo e disseram: "Na
verdade este era Filho de Deus!"†
O sepultamento. 55Estavam ali, a ob-
servar de longe, muitas mulheres, que
tinham seguido Jesus desde a Galileia
e o ajudavam. 56Entre elas se achavam
Maria Madalena, Maria, mãe de Tiago
e de José, e a mãe dos filhos de Ze-
bedeu. 57Ao cair da tarde, veio um ho-
mem rico de Arimateia*, chamado José,
que também se havia tornado discípu-
lo de Jesus. 58Foi até Pilatos e pediu-lhe
o corpo de Jesus. Pilatos mandou que
lho entregassem. 59José tomou o cor-
po, envolveu-o num lençol* limpo 60e o
depositou em seu sepulcro novo, que
tinha mandado abrir na rocha. Depois
rolou uma grande pedra à entrada do
túmulo e retirou-se. 61Estavam senta-
das ali*, em frente ao sepulcro, Maria
Madalena e a outra Maria.
O sepulcro é guardado. 62No dia se-
guinte, que era o dia depois da Prepa-
ração da Páscoa*, os sumos sacerdotes
e os fariseus reuniram-se na casa de
Pilatos 63e disseram-lhe: "Senhor, lem-
bramo-nos de que aquele impostor,
enquanto vivia, disse: 'Depois de três
dias ressuscitarei'. 64Manda, pois, que
o sepulcro seja guardado até o ter-
ceiro dia*, para que os discípulos não
venham roubá-lo e digam depois ao
povo que ele ressuscitou dos mortos.
E esta última impostura seria maior do
que a primeira".
65Disse-lhes Pilatos: "Aí tendes uma
escolta. Ide e guardai o sepulcro como
bem vos parecer".
66Eles foram, asseguraram o sepulcro
com os guardas e selaram a pedra.

28 **A ressurreição de Jesus.** 1De-
pois do sábado*, quando ama-
nhecia o primeiro dia da semana, Maria
Madalena e a outra Maria foram visitar
o sepulcro. 2E aconteceu um violento
tremor de terra, pois um anjo do Se-
nhor desceu do céu, rolou a pedra do

* **27**,39. Mc 15,29-32; Lc 23,35ss; Sl 22,8; 109,25; Mt 26,61; Jo 2,19; At 6,14 | 43. Sl 22,9; Sb 2,13.18s | 45. Mc 15,33-37; Lc 23,36; Jo 19,29; Sl 28,2 | 47. Sl 69,22 | 51. Mc 15,38-41; Lc 23,45-49; Hb 9,3; 10,20 | 57. Mc 15,42-47; Lc 23,50-56; Jo 19,38-42 | 59. Is 53,9 | 61. 28,1 | 62. 12,40; 16,21; 17,23; 20,19; At 10,40 | 64. 28,13 | **28**,1. Mc 16,1-7; Lc 24,1-6; Jo 20,1-11 | 2. 17,2

† **27**,46. Na cruz, Jesus reza não só estas primeiras palavras do Sl 22, mas todo o salmo, que na segunda parte exalta o valor redentor da paixão do Messias; portanto, é uma oração de confiança, não de desespero. | 52. Os mortos ressuscitados no dia da morte de Jesus são os patriarcas e os judeus mártires. O Judaísmo esperava uma ressurreição especial para estes. | 54. O universo inteiro dá testemunho do Messias que morre para salvar o mundo: as trevas, o terremoto, a Antiga Aliança representada pela cortina do templo, os justos ressuscitados e os pagãos na pessoa do centurião.

sepulcro* e sentou-se sobre ela. 3Sua
aparência era como o relâmpago e sua
roupa, branca como a neve. 4Os guar-
das tremeram de medo dele e ficaram
como mortos. 5O anjo, tomando a pa-
lavra, disse às mulheres: "Não tenhais
medo!* Sei que estais procurando Je-
sus, o crucificado. 6Não está aqui. Res-
suscitou, como havia dito! Vinde ver o
lugar onde ele estava. 7Ide depressa
dizer a seus discípulos: 'Ele ressuscitou
dos mortos† e vai a vossa frente para
a Galileia. Lá o vereis'. É o que eu ti-
nha a dizer-vos". 8Elas saíram depressa
do túmulo*, com temor e com grande
alegria, e foram dar a notícia aos dis-
cípulos.

Jesus aparece às mulheres. 9Jesus
veio ao encontro delas, dizendo: "Ale-
grai-vos!" Elas aproximaram-se e abra-
çaram-lhe os pés, prostrando-se dian-
te dele. 10Então Jesus lhes disse: "Não
tenhais medo!* Ide anunciar a meus
irmãos que devem ir para a Galileia e
lá me verão".

O suborno dos guardas. 11Enquanto
as mulheres iam, alguns guardas foram
à cidade e contaram aos sumos sa-
cerdotes todo o acontecido. 12E estes,
depois de se reunirem com os anciãos
para tomarem uma decisão, deram aos
soldados grande soma de dinheiro,
13ordenando-lhes: "Dizei que seus dis-
cípulos vieram de noite e roubaram o
corpo dele, enquanto estáveis dormin-
do†. 14Se o governador ficar sabendo
disso, nós o convenceremos e vos li-
vraremos da dificuldade".

15Os soldados pegaram o dinheiro e
agiram conforme as instruções recebi-
das. E esta versão dos fatos tem sido
divulgada entre os judeus até o dia de
hoje.

Jesus envia os apóstolos. 16Os onze
discípulos partiram para a Galileia*, para
o monte que Jesus lhes havia indicado.
17Quando viram Jesus, eles o adoraram.
Entretanto, alguns duvidaram. 18Jesus
aproximou-se deles e disse: "De Deus
recebi todo o poder* no céu e na terra.
19Portanto, ide e fazei discípulos todos
os povos, batizando-os em nome do
Pai, e do Filho e do Espírito Santo 20e
ensinando-os a observar tudo o que vos
ordenei. E eu estou convosco todos os
dias, até o fim do mundo!"†

---

* **28**,5. 12,40; 16,21; 17,23; 20,19; At 2,24 | 8. Mc 16,8ss; Jo 20,14-18 | 10. 26,32; Hb 2,11 | 16. Mc 16,15s; Lc 24,47; Jo 20,21ss | 18. 26,32

† **28**,7. "Cristo ressuscitou!" é a mensagem essencial que a Igreja de todos os tempos tem a proclamar; ela se baseia no testemunho daqueles que Deus escolheu para levarem esta certeza aos outros, At 10,41. Cristo ressuscitado será doravante o fundamento de todas as esperanças de um mundo renovado. | 13. "Se estáveis dormindo, como pudestes ver? Se não vistes, como podeis testemunhar?" (S. Agostinho). | 20. "Cristo está sempre em sua Igreja, sobretudo nas ações litúrgicas. Presente está nos sacramentos, pois quando são celebrados, é Cristo que os celebra. Presente está por sua palavra, pois é ele mesmo quem fala quando se leem as Sagradas Escrituras na Igreja" (CIC). Aquele que antes de nascer era anunciado como Emanuel, Deus Conosco, Mt 1,23, quer ser "Emanuel" até o final dos tempos.

EVANGELHO SEGUNDO MARCOS

O autor do segundo Evangelho é Marcos, ou João Marcos, como era conhecido na Igreja primitiva. Pelo livro dos Atos dos Apóstolos, onde seu nome aparece diversas vezes, sabemos que sua mãe se chamava Maria e que os cristãos de Jerusalém tinham o costume de se reunir em sua casa (At 12,12).

Na primeira viagem missionária de Paulo, João Marcos tomou parte como auxiliar, ao lado de seu primo Barnabé (At 13,5; Cl 4,10). Separando-se de Paulo, evangelizou junto com Barnabé a ilha de Chipre (At 15,39). Novamente ele aparece ao lado do Apóstolo, quando este se achava preso em Roma (Cl 4,10). Dele escreveu Paulo, já no fim da vida, dirigindo-se a Timóteo: "Toma contigo Marcos e traze-o, pois me é útil para o ministério" (2Tm 4,11).

Mas foi sobretudo a São Pedro que Marcos acompanhou de perto na ação apostólica, prestando-lhe grande ajuda na pregação, como intérprete. Em sua primeira carta, Pedro o chama "meu filho" (1Pd 5,13), o que indica, sem dúvida, um afeto todo especial. E, a pedido dos cristãos de Roma, São Marcos resumiu, cerca do ano 64, a pregação de Pedro, elaborando assim o Evangelho que possuímos.

Nesta obra, portanto, podemos ver refletida a mensagem de uma testemunha ocular, que seguiu Jesus desde a primeira hora; de alguém que se destacou entre os discípulos e liderou a Igreja primitiva. Como a pregação de Pedro era a pregação de todos, podemos entender que todos os Evangelhos, procurando resumir o conteúdo da mensagem, acabariam sendo muito semelhantes entre si. Mais ainda: o Evangelho de Marcos, e não o de Mateus, foi o primeiro a ser publicado, de modo que a obra de Marcos não é um resumo da de Mateus, como pensou Santo Agostinho. Ao contrário, Mateus utilizou-se do trabalho de Marcos para compor seu Evangelho. São estas as conclusões a que os estudiosos da Bíblia chegaram, ao tentarem explicar as semelhanças e as diferenças que há entre os três Evangelhos sinóticos: Mateus, Marcos e Lucas. Eles dependem de uma tradição oral, que proclamava a mesma Boa Nova, até com fórmulas já fixas; e na redação de suas obras, os trabalhos dos primeiros eram utilizados pelos que escreviam depois.

O objetivo de Marcos é apresentar Jesus como Filho de Deus (Mc 1,1; 3,11; 15,39), para que esta fé, que animava os primeiros cristãos, se estendesse a todos os leitores. A própria história de Jesus, suas palavras e atos, revelam sua condição divina. Seus milagres atestam que o Reino de Deus chegou. A multidão o acompanha cheia de admiração, ansiosa por ouvir sua doutrina (Mc 3,7; 4,1; 6,34). Mas Jesus receia ser mal compreendido, pois entre o povo existem ideias bem diversas das suas sobre a função e o destino do Messias. Prefere que não deem publicidade a seu nome. Depois da profissão de fé do apóstolo Pedro (Mc 8,29), episódio central deste Evangelho, Jesus se dedica à instrução dos Doze, ensinando-lhes qual é o plano do Pai a seu respeito e incentivando-os a assumir sua parte na evangelização do mundo (Mc 9,30).

Tudo isso Marcos descreve num estilo vivo, numa linguagem popular, deixando de lado o que interessava exclusivamente aos judeus, pois escreve para pagãos recém-convertidos à fé.

I. MINISTÉRIO DE JOÃO BATISTA (1,1-12)

1 **João Batista, o Precursor.** [1]Co-
meço do Evangelho de Jesus Cris-
to, Filho de Deus. [2]Como está escrito
no profeta Isaías:
"Vou mandar a tua frente meu men-
sageiro*,
para preparar teu caminho.
[3]Voz de alguém que grita no deserto*:
Preparai o caminho do Senhor,
retificai suas estradas".
[4]Apareceu João Batista no deserto,
pregando um batismo† de conversão
para o perdão dos pecados. [5]Acorriam
a ele todo o país da Judeia e todos os
habitantes de Jerusalém, e se faziam

---

* **1**,2. Mt 3,1-12; Lc 3,1-9. 15ss; Jo 1,19-28; Ml 3,1 | 3. Is 40,3

† **1**,4. No judaísmo existia o batismo dos prosélitos, que lhes conferia a pureza legal e os incorporava ao povo eleito. Também em Qumrân era praticado o batismo como rito de purificação.

batizar por ele no Jordão, confessando
seus pecados.
6A roupa de João era de pelos de
camelo*, com um cinto de couro ao
redor da cintura. Seu alimento eram
gafanhotos e mel silvestre. 7E, em sua
pregação, ele dizia: "Depois de mim
virá aquele que é mais forte do que eu,
a quem não sou digno de, inclinando-
-me, desatar a correia das sandálias.
8Eu vos batizei com água, mas ele vos
batizará com o Espírito Santo".
Batismo de Jesus. 9Naqueles dias, Je-
sus veio de Nazaré da Galileia* e foi
batizado por João no Jordão. 10E, logo
ao sair da água, viu os céus se abrirem
e o Espírito, como uma pomba, descer
sobre ele. 11E veio dos céus uma voz:
"Tu és meu Filho amado* de quem eu
me agrado".
A tentação no deserto. 12Logo depois,
o Espírito o impeliu para o deserto.*
13Lá permaneceu quarenta dias, sendo
tentado por Satanás. Estava na compa-
nhia dos animais selvagens, e os anjos
o serviam†.

II. MINISTÉRIO DE JESUS NA GALILEIA (1,13–9,48)

O anúncio do Reino. 14Depois que
João foi preso*, Jesus foi para a Galileia.
Lá proclamava o Evangelho de Deus,
dizendo: 15"Completou-se o tempo*, e
o Reino de Deus está perto. Convertei-
-vos e crede no Evangelho!"
Vocação dos discípulos. 16Passando na
beira do mar da Galileia*, viu Simão e
André, irmão de Simão, lançando a rede
ao mar, pois eram pescadores. 17Jesus
disse-lhes: "Segui-me e vos farei pes-
cadores de homens". 18Eles deixaram
imediatamente suas redes e o seguiram.
19Pouco mais adiante viu Tiago, filho
de Zebedeu, e seu irmão João, que es-
tavam na barca, consertando as redes,
20e logo os chamou. Eles deixaram seu
pai Zebedeu na barca com os empre-
gados e foram atrás dele†.
A cura de um possesso. 21Entraram
em Cafarnaum* e, logo no sábado, Je-
sus foi à sinagoga e pôs-se a ensinar.
22Eles se admiravam de sua doutrina.
Com efeito, ensinava como quem tem
autoridade e não como os escribas.
23Naquela hora estava na sinagoga
deles* um homem possesso de um
espírito impuro, que começou a gritar:
24"Que tens conosco, Jesus de Naza-
ré? Vieste para nossa perdição? Eu sei
quem tu és: o Santo de Deus!" 25Mas
Jesus o repreendeu, dizendo: "Cala-te
e sai dele!" 26E o espírito impuro, sa-
cudindo o homem violentamente, deu
um grande grito e saiu dele.
27Ficaram todos espantados a pon-
to de se perguntarem uns aos outros:
"Que é isto? Uma doutrina nova, dada
com autoridade! Manda até nos espí-
ritos impuros e estes lhe obedecem?!"
28E sua fama espalhou-se logo por
toda a parte, em toda a região da Ga-
lileia.
Jesus cura a sogra de Pedro. 29Logo
que saíram da sinagoga*, Jesus foi à
casa de Simão e de André, junto com
Tiago e João. 30A sogra de Simão es-
tava de cama, com febre, e logo lhe
falaram dela. 31Ele, aproximando-se,
tomou-a pela mão e a fez levantar-se.
A febre a deixou, e ela se pôs a servi-
-los†.
Outras curas. 32À tarde, depois que o
sol se escondeu, levaram a Jesus todos
os doentes e possessos do demônio.
33A cidade inteira estava reunida diante
da porta. 34Ele curou muitos doentes

---

* **1**,6. 2Rs 1,8; Zc 13,4; At 13,25 | 9. Mt 3,13-17; Lc 3,21s; Jo 1,32ss | 11. Sl 2,7; Is 42,1 | 12. Mt 4,1-11; Lc 4,1-13 | 14. Mt 4,12-17; Lc 4,14s | 15. Gl 4,4; Ef 1,10 | 16. Mt 4,18-22; Lc 5,1-11 | 21. Lc 4,31s | 23. Lc 4,33-37 | 29. Mt 8,14-17; Lc 4,38-41 | 34. At 16,17s

† **1**,13. Vencendo o tentador no deserto, Cristo mostrou-se como aquele que amarra o homem forte para retomar-lhe a presa, 3,27. | 20. Jesus e seu chamado são tão irresistíveis que os discípulos não param para pensar antes de dar-lhe seu consentimento entusiasta. | 31. Ver a nota em Mt 8,15. | 34. A figura do Messias era muitas vezes interpretada num sentido político e nacionalista, por isso Jesus prefere viver em certo anonimato, impondo silêncio em relação a sua pessoa, até que a Ressurreição venha revelar todo o seu mistério pessoal.

que sofriam de várias enfermidades e
expulsou muitos demônios. Mas não
deixava os demônios* falar, porque
eles o conheciam†.
A oração de Jesus. 35De manhã, bem
antes de clarear o dia*, ele se levantou,
saiu, foi para um lugar deserto e lá ficou
rezando. 36Simão e seus companheiros
foram a sua procura. 37Quando o acharam, disseram-lhe: "Todos estão te procurando!"
38Respondeu-lhes: "Vamos
a outros lugares, às aldeias próximas,
para que eu pregue lá também. Pois foi
para isso que vim". 39E saiu por toda a
Galileia, pregando em suas sinagogas e
expulsando os demônios.
Cura de um leproso. 40Veio ter com
Jesus um leproso*, suplicando-lhe de
joelhos: "Se queres, podes curar-me".
41Jesus ficou com pena dele, estendeu a mão, tocou-o e disse: "Quero,
fica curado!" 42Imediatamente a lepra
desapareceu, e ele ficou curado. 43Advertindo-o severamente, logo o despediu*, dizendo: 44"Cuidado para não
dizer nada a ninguém. Mas vai e apresenta-te ao sacerdote e oferece por tua
purificação o que Moisés mandou para
lhes servir de testemunho". 45Mas ele,
saindo, começou a proclamar em alta
voz e a divulgar o acontecido, de sorte
que Jesus já não podia entrar publicamente numa cidade, mas ficava fora,
em lugares desertos, e vinha a ele gente de toda a parte.

2

A cura do paralítico. 1Depois de
alguns dias, Jesus entrou de novo
em Cafarnaum*. Ficaram sabendo que
ele estava em casa e 2então se juntaram tantas pessoas que não havia
mais lugar, nem mesmo diante da porta. Ele anunciava-lhes a Palavra. 3Foram levar-lhe um paralítico, carregado
por quatro homens. 4Mas como não
pudessem chegar até ele por causa
da multidão, abriram o teto em cima
do lugar onde ele estava e, feita uma
abertura†, desceram o leito em que
estava o paralítico. 5Jesus, ao ver a fé
que tinham, disse ao paralítico: "Meu
filho, teus pecados estão perdoados".
6Ora, lá estavam sentados alguns escribas, que diziam consigo mesmos:
7"Como pode ele falar assim? Está
blasfemando! Quem pode perdoar
pecados, senão Deus só?" 8Mas Jesus,
conhecendo logo por seu espírito que
eles pensavam desta forma, disse-lhes: "Por que estais pensando isso
em vossos corações? 9O que é mais
fácil dizer ao paralítico: 'Teus pecados
estão perdoados', ou dizer: 'Levanta-te, pega teu leito e anda'? 10Pois bem,
para que saibais que o Filho do homem† tem na terra o poder de perdoar pecados, 11eu te ordeno – disse ao
paralítico –: levanta-te, pega teu leito
e vai para casa". 12Ele se levantou, pegou logo seu leito e saiu à vista de todos, de sorte que todos se admiravam
e louvavam a Deus, dizendo: "Nunca
vimos coisa como esta!"
A vocação de Levi. 13Jesus saiu de
novo para a beira do mar*; toda a
multidão ia até ele, e ele os ensinava.
14Ao passar, viu Levi†, filho de Alfeu,
sentado junto à banca de impostos, e
lhe disse: "Segue-me". Ele se levantou
e o seguiu.
Jesus busca os pecadores. 15Estando Jesus à mesa na casa dele, muitos
publicanos† e pecadores tomaram lugar com Jesus e seus discípulos, pois

---

* **1**,35. Lc 4,42ss | 40. Mt 8,1-4; Lc 5,12-16 | 43. 3,12; 7,36; Lv 13,49; 14,2-26 | **2**,1. Mt 9,1-8; Lc 5,17-26 | 13. Mt 9,9-13; Lc 5,27-32

† **2**,4. O teto das casas era feito de traves de madeira, cobertas de palha e barro. | 10. Esse título que Jesus dava a si próprio significa simplesmente "homem" e sublinha a humanidade plena que Ele assumiu na encarnação. Mas por ter sido esta a expressão usada por Daniel (7,13) para indicar um personagem misterioso do fim dos tempos, que viria triunfante sobre as nuvens, servia também para Jesus ocultar temporariamente sua identidade e ainda para sugerir sua condição divina. | 14. Levi é o mesmo Mateus, apóstolo e autor do primeiro Evangelho. Muitas vezes os judeus usavam dois nomes, um grego e outro hebraico. Esse "mar" é o lago de Tiberíades, que tem 150 km^2. | 15. Coletores de impostos, temidos, odiados e desprezados, porque eram funcionários dos dominadores romanos e estavam sempre em contato com pagãos.

havia muitos deles que o seguiam.
[16]Quando os escribas dos fariseus o
viram comendo com os pecadores e
os publicanos, perguntaram a seus
discípulos: "Por que ele come e bebe
com os publicanos e os pecadores?"
[17]Jesus, que tinha ouvido tudo, disse-
-lhes: "Não são os que têm saúde que
precisam de médico, mas os doentes.
Não vim chamar os justos, mas os pe-
cadores".
O jejum. [18]Os discípulos de João* e
os fariseus estavam jejuando. Foram
então perguntar a Jesus: "Por que teus
discípulos não jejuam, enquanto je-
juam os discípulos de João e os discí-
pulos dos fariseus?" [19]Respondeu-lhes
Jesus: "Os convidados do noivo podem
jejuar enquanto está com eles o noivo?
Enquanto o noivo está com eles não
podem jejuar. [20]Mas virá o tempo em
que o noivo lhes será tirado, e então
eles vão jejuar.
[21]Ninguém costura um remendo de
pano novo em roupa velha, porque o
remendo novo repuxa o pano velho,
e o rasgão fica maior ainda. [22]Como
também ninguém põe vinho novo em
odres velhos, pois o vinho arrebenta os
odres, e se perdem os odres e o vinho.
Mas para vinho novo, odres novos!†
A lei do sábado. [23]Num sábado*,
quando Jesus caminhava no meio das
plantações, os discípulos começaram a
apanhar espigas enquanto iam andan-
do. [24]Os fariseus disseram-lhe: "Olha!
Por que estão fazendo no sábado o que
não é permitido?"† [25]Respondeu-lhes:
"Nunca lestes o que fez Davi*, quando
se viu em necessidade e teve fome, ele
e os companheiros? [26]Entrou na casa
de Deus, no tempo do sumo sacerdote
Abiatar, e comeu os pães da apresen-
tação, os quais somente aos sacerdo-
tes é lícito comer, e os deu também
aos companheiros". [27]E dizia-lhes: "O
sábado foi feito para o homem, e não
o homem para o sábado. [28]Por isso, o
Filho do homem tem poder até sobre
o sábado".

3 **O homem da mão atrofiada.**
[1]Jesus entrou de novo na sinago-
ga*, e estava lá um homem que tinha
uma das mãos atrofiada. [2]Eles estavam
observando-o, para ver se o curaria no
sábado, a fim de poderem acusá-lo.
[3]Disse ele ao homem da mão atrofiada:
"Levanta-te e vem para o meio". [4]En-
tão perguntou-lhes: "É permitido no
sábado fazer o bem ou o mal, salvar
uma vida ou matar?" Eles, porém, fica-
ram calados. [5]Dirigindo-lhes um olhar
encolerizado e entristecido pela dure-
za de seus corações, disse ao homem:
"Estende a mão!" Ele a estendeu, e sua
mão voltou ao estado normal. [6]Então
os fariseus saíram e logo deliberaram
com os herodianos, procurando um
modo de matá-lo.
Jesus atrai as multidões. [7]Jesus re-
tirou-se com seus discípulos* para o
mar, e uma grande multidão vinda
da Galileia o seguiu; também da Ju-
deia, [8]de Jerusalém, da Idumeia, da
Transjordânia, dos arredores de Tiro
e de Sidônia, uma grande multidão
foi a seu encontro*, ao ouvir falar do
que ele fazia. [9]Ordenou então a seus
discípulos que mantivessem uma bar-
ca a sua disposição, para que a mul-
tidão não o apertasse, [10]pois havia
curado a muitos,* de modo que todos
que tinham alguma enfermidade se
lançavam sobre ele para tocá-lo. [11]E
os espíritos impuros, quando o viam,
prostravam-se diante dele e gritavam:
"Tu és o Filho de Deus!" [12]Mas ele os
repreendia severamente*, para não
manifestarem quem ele era.
Os doze discípulos. [13]Depois ele subiu
ao monte* e chamou para junto de si

---

* **2**,18. Mt 9,14-17; Lc 5,33-39 | 23. Mt 12,1-8; Lc 6,1-5 | 25. 1Sm 21,2-7 | **3**,1. Mt 12,9-14; Lc 6,6-11 | 7. Mt 4,24s; 12,15s; Lc 6,17ss | 8. 4,1 | 10. Mt 14,36; 6,56 | 12. 1,34 | 13. Mt 10,1-4; Lc 6 12-16

† **2**,22. A mensagem de Jesus é algo totalmente novo e só pode ser acolhida num coração renovado e livre de preconceitos. | 24. Na opinião dos fariseus, os discípulos de Jesus pecaram, não por violação da propriedade alheia (Dt 23,25, que permitia apanhar algum fruto na plantação alheia), mas porque faziam isto no sábado, quando todo trabalho era proibido.

os que ele quis, e foram até ele. 14Esco-
lheu doze para ficarem com ele e para
enviá-los a pregar, 15com o poder de
expulsar os demônios. 16Escolheu es-
tes doze*: Simão, a quem deu o nome
de Pedro; 17Tiago, filho de Zebedeu, e
João, irmão de Tiago, aos quais deu o
nome de Boanerges, isto é, filhos do
trovão; 18André; Filipe; Bartolomeu;
Mateus; Tomé; Tiago, filho de Alfeu*;
Tadeu; Simão, o cananeu; 19e Judas Is-
cariotes, aquele que o traiu.

Jesus e seus parentes. 20Em seguida
voltou para casa*. De novo acorreu uma
multidão tal que nem puderam tomar
refeição. 21Seus parentes, quando ou-
viram isso, foram para segurá-lo, pois
corria o boato† de que ele estava louco.

O poder de expulsar demônios. 22Mas
os escribas, que tinham descido de Je-
rusalém, diziam: "Ele está possesso de
Belzebu"; e também: "É pelo príncipe dos
demônios que ele expulsa os demônios".
23Chamando-os então para perto de si,
Jesus falou-lhes em parábolas: "Como
pode Satanás expulsar Satanás? 24Se um
reino está dividido contra si mesmo, esse
reino não consegue subsistir; 25e, se uma
casa está dividida em grupos rivais, tal
casa não poderá ficar de pé. 26Assim, se
Satanás levantou-se contra si mesmo e
está dividido, não poderá subsistir, e seu
fim chegou. 27Mas ninguém pode entrar
na casa de um homem forte* para roubar
seus bens, sem primeiro amarrá-lo. Só
então poderá saquear* a casa dele. 28Na
verdade vos digo: tudo será perdoado
aos homens, os pecados e as blasfêmias,
quantas proferirem. 29Mas quem blasfe-
mar contra o Espírito Santo nunca terá
perdão, mas é réu de um pecado eter-
no"†. 30É que eles estavam dizendo: "Ele
está possesso de um espírito impuro".

Os verdadeiros parentes de Jesus.
31Nisso chegaram sua mãe* e seus
irmãos† e, ficando do lado de fora,
mandaram chamá-lo. 32Uma multidão
estava sentada em volta dele e lhe dis-
seram: "Tua mãe, teus irmãos e tuas ir-
mãs, estão lá fora a tua procura". 33Ele
respondeu-lhes: "Quem é minha mãe e
quem são meus irmãos?" 34E, passando
os olhos pelos que estavam sentados
a sua volta, disse: "Eis aqui minha mãe
e meus irmãos. 35Porque todo aquele
que faz a vontade de Deus, esse é para
mim irmão, irmã e mãe"†.

4 **A parábola do semeador.** 1De
novo começou a ensinar à bei-
ra do mar*. Reuniu-se junto dele uma
grande multidão, de modo que, en-
trando numa barca, sentou-se nela, no
mar, enquanto a multidão ficava em
terra, à beira do mar. 2Ensinava-lhes
muitas coisas em parábolas†, e lhes di-
zia em seu ensinamento: 3"Escutai! Saiu
o semeador a semear. 4Ao lançar a se-
mente, uma parte caiu à beira do cami-
nho; vieram os pássaros e a comeram.
5Outra parte caiu em terreno pedrego-
so, onde não havia muita terra; brotou
logo, porque a terra não era profunda,
6mas quando veio o sol, ficou quei-
mada e, como não tinha raízes, secou.
7Outras sementes caíram entre os espi-
nhos; estes cresceram e as sufocaram, e
elas não deram frutos. 8E outras caíram
em terra boa e deram fruto depois de
crescerem e se desenvolverem. Umas
produziram trinta vezes mais; outras,
sessenta e outras, cem". 9E ele dizia:
"Ouça quem for capaz!"*

O motivo das parábolas†. 10Quando
ficaram sozinhos*, os que estavam a
sua volta com os Doze perguntaram-

---

* **3**,16. Mt 16,17s; Jo 1,42 | 18. Mt 26,25; 27,3; Jo 18,2.5 | 20. Mt 12,23-32; Lc 11,14-23 | 27. Is 49,24s / Lc 12,10s | 31. Mt 12,46-50; Lc 8,19ss | **4**,1. Mt 13,1-9; Lc 8,4-8 | 9. 4,23 | 10. Mt 13,10-15; Lc 8,9s; Mc 7,17

† **3**,21. Ou "diziam", "dizia-se", sujeito indeterminado. Não eram os parentes de Jesus, e sim alguns do povo que tinham sobre ele esta opinião. | 29. É pelo Espírito de Deus que Jesus expulsa os demônios, Mt 12,28; quem vê nisso a ação do demônio está mentindo e pecando contra a luz, contra o Espírito Santo. | 31. Ver a nota em Mt 12,46. | 35. Ver a nota em Mt 12,50. | **4**,2. Jesus fala do Reino em parábolas, mas a melhor parábola do Reino é sua vida. Quem quiser compreender o Reino deve olhar para Jesus que cura, ensina, morre e ressuscita. | 10. Parábolas são historinhas populares, fáceis de serem lembradas, mas que obrigam os ouvintes a refletir, pois não apresentam o ensinamento já pronto, aplicado à situação concreta. Daí a frase de Jesus: "Ouça quem for capaz!"

-lhe sobre as parábolas. [11]Ele lhes dizia:
"A vós, Deus entregou esse mistério,
que é o Reino de Deus. Mas aos de fora,
tudo se lhes propõe em parábolas, [12]a
fim de que olhem, olhem e não vejam;
ouçam, ouçam e não entendam*, para
que jamais se convertam e obtenham
perdão"†.

Explicação da parábola. [13]E acres-
centou: "Não compreendeis esta pa-
rábola?* Como compreendereis então
todas as parábolas? [14]O que o semea-
dor semeia é a Palavra. [15]Os que estão
à beira do caminho são aqueles em
quem se semeia a Palavra, mas de-
pois que a ouvem, logo vem Satanás
e retira a Palavra semeada neles. [16]De
modo semelhante, há os grãos seme-
ados em terreno pedregoso; estes,
quando ouvem a Palavra, logo a rece-
bem com alegria, [17]mas não têm raízes
em si mesmos, são inconstantes: basta
surgir uma tribulação ou uma perse-
guição por causa da Palavra, logo tro-
peçam.

[18]Há também os grãos semeados
entre os espinhos: são os que ouviram
a Palavra, [19]mas as preocupações des-
te mundo, a sedução do dinheiro e as
outras cobiças se introduzem neles, su-
focam a Palavra e a tornam infrutífera.

[20]E há, enfim, os que foram semea-
dos em terra boa: estes ouvem a Pala-
vra, acolhem-na e produzem fruto; uns
trinta, outros sessenta e outros cem".

Apostolado do cristão. [21]Disse-lhes
ainda: "Por acaso a lamparina vem*
para ser posta debaixo da vasilha ou
do leito? Não é para ser posta no can-
deeiro? [22]Pois não há nada oculto que
não deva ser descoberto;* não há nada
escondido que não deva ser revelado.
[23]Ouça, quem for capaz!"

[24]E dizia-lhes mais: "Prestai aten-
ção ao que ouvis. A mesma medida
que usardes para medir os outros*
será aplicada também a vós e vos será
acrescentado ainda mais. [25]Porque a
quem tem, será dado; e a quem não
tem, mesmo o que tem* lhe será tira-
do"†.

A semente que cresce. [26]E dizia mais:
"O Reino de Deus é como um homem
que joga a semente na terra: [27]quer
durma, quer esteja acordado, de noite
ou de dia, a semente germina e cres-
ce, sem que ele saiba como. [28]É por si
mesma que a terra produz primeiro a
planta, depois a espiga e por fim a es-
piga cheia de trigo. [29]E quando o fruto
amadurece, mete logo a foice*, porque
chegou o tempo da colheita"†.

O grão de mostarda. [30]E dizia ainda:
"Com que vamos comparar o Reino de
Deus*, ou com que parábola pode-
mos figurá-lo? [31]É como um grão de
mostarda que, quando é semeado na
terra, é a menor de todas as semen-
tes. [32]Mas, depois de semeado, cresce
e torna-se a maior de todas as verdu-
ras, e estende grandes ramos, de sorte
que as aves do céu podem abrigar-se
à sua sombra"†.

[33]Por meio de muitas parábolas
como estas é que lhes anunciava a Pa-
lavra*, conforme podiam entender. [34]E
não lhes falava sem parábolas, mas em
particular explicava tudo a seus discí-
pulos.

A tempestade acalmada. [35]Naque-
le dia, ao cair da tarde*, ele lhes dis-
se: "Passemos para a outra margem".
[36]Deixando a multidão, eles levaram
Jesus na barca, assim como ele estava.
E havia outras barcas com ele. [37]Sobre-
veio então uma grande tempestade

* **4**,12. Is 6,9s; Jo 12,40; At 28,26s | 13. Mt 13,18-23; Lc 8,11-15 | 21. Mt 5,15; Lc 8,16ss; 11,33 | 22. Mt 10,26; Lc 12,2 | 24. 4,9; Mt 11,15; 13,43 | 25. Mt 7,2; Lc 6,38; Mt 13,12 | 29. Jl 4,13 | 30. Mt 13,31s; Lc 13,18s | 33. Mt 13,34s | 35. Mt 8,23-27; Lc 8,22-25

† **4**,12. A intenção de Jesus ao falar em parábolas não podia ser ocultar a mensagem e provocar a rejeição dos judeus, mas justamente o contrário. São Marcos, porém, constata que foi este o resultado: eles ficaram surdos e cegos diante do Evangelho. As parábolas revelam as disposições de cada ouvinte, se são de acolhida ou rejeição, e conforme essas disposições elas iluminam ou cegam. | 25. Ver a nota em Mt 13,12. | 29. O Reino de Deus tem em si mesmo a força necessária para crescer; progride lentamente, mas de modo irresistível. | 32. O Reino começa humildemente, mas está destinado a expandir-se pelo mundo, acolhendo a todos que o buscam.

de vento, que lançava as ondas dentro
da barca, de modo que ela já estava
enchendo-se de água. [38]Ele, entretan-
to, estava na popa, dormindo sobre
um travesseiro. Eles o acordaram e
lhe disseram: "Mestre, não te impor-
ta que pereçamos?" [39]Acordando, ele
repreendeu o vento* e disse ao mar:
"Silêncio! Acalma-te!" O vento cessou
e fez-se uma grande calma. [40]Depois
ele perguntou-lhes: "Por que estais
com tanto medo? Ainda não tendes
fé?" [41]Eles ficaram com muito medo* e
diziam uns aos outros: "Quem é este,
a quem até o vento e o mar obede-
cem?"†

5 **O possesso geraseno.** [1]Chega-
ram à outra margem do mar*, à
região dos gerasenos. [2]Logo que de-
sembarcou, veio-lhe ao encontro, sain-
do do cemitério, um homem possuído
de um espírito impuro. [3]Morava nos
sepulcros, e ninguém podia segurá-lo*,
nem mesmo com cadeias, [4]pois muitas
vezes tinha sido preso com grilhões e
cadeias, mas ele quebrava as cadeias
e despedaçava os grilhões, e ninguém
conseguia dominá-lo. [5]Dia e noite, sem
cessar, andava entre os sepulcros e pe-
los montes, gritando e ferindo-se com
pedras. [6]Ao ver Jesus de longe, correu
e prostrou-se a seus pés [7]e gritou em
alta voz: "Que tens tu comigo*, Jesus,
Filho do Deus Altíssimo? Conjuro-
-te por Deus, não me atormentes!" [8]É
que Jesus lhe dizia: "Espírito impuro,
sai deste homem!" [9]E perguntou-lhe:
"Qual é teu nome?" Respondeu-lhe:
"Meu nome é Legião, porque somos
muitos". [10]E suplicava-lhe com insis-
tência que não o expulsasse da região.
[11]Ora, havia ali, junto ao monte, uma
grande vara de porcos que estava pas-
tando. [12]E os espíritos impuros supli-
caram-lhe, dizendo: "Manda-nos para
os porcos, a fim de entrarmos neles".
[13]Ele o permitiu, e os espíritos impuros,
tendo saído, entraram nos porcos. E os
porcos, cerca de dois mil, precipitaram-
-se barranco abaixo, e se afogaram no
mar. [14]Os que guardavam os porcos fu-
giram e espalharam a notícia na cidade
e nos campos. E o povo acorreu para
ver o acontecido. [15]Quando chegaram
perto de Jesus e viram sentado, vesti-
do e em perfeito juízo o possesso de
quem a Legião se tinha apoderado, fi-
caram com medo. [16]As testemunhas do
fato narraram-lhes o que acontecera
com o possesso e com os porcos. [17]Co-
meçaram então a rogar-lhe que saísse
de seu território†.

[18]Quando Jesus subia à barca, aquele
que fora possesso pediu-lhe para ficar
com ele. [19]Jesus não lho permitiu, mas
disse-lhe: "Vai para casa, para junto dos
teus, e anuncia-lhes tudo o que o Se-
nhor fez por ti em sua misericórdia".
[20]Ele partiu e começou a proclamar
pela Decápole† tudo quanto Jesus fize-
ra por ele, e todos se admiravam.

Jesus cura e ressuscita. [21]Jesus atra-
vessou de novo na barca* para o outro
lado. Numerosa multidão se reuniu a
sua volta, e ele se deteve na beira do
mar. [22]Aproximou-se um dos chefes
da sinagoga, chamado Jairo, o qual,
ao vê-lo, caiu-lhe aos pés [23]e pediu-
-lhe com insistência, dizendo: "Minha
filhinha está morrendo! Vem e impõe
as mãos sobre ela, para que se salve e
viva". [24]Jesus foi com ele. As pessoas
que o acompanhavam eram tão nu-
merosas que o comprimiam de todos
os lados.

[25]Ora, certa mulher, que já por doze
anos padecia de um fluxo de sangue
[26]e tinha sofrido muito nas mãos de
vários médicos, tinha gasto tudo o que
possuía, sem nenhuma melhora; pelo
contrário, ia de mal a pior; [27]quando
ouviu falar de Jesus, veio por trás, en-
tre a multidão, e tocou em seu manto.
[28]Pois ela pensava:* "Se eu ao menos
tocar em sua veste, ficarei curada".

---

* **4**,39. Sl 89,10; 107,29 | 41. 6,51; 1,27 | * **5**,1. Mt 8,28-34; Lc 8,26-29 | 3. 1,23 | 7. 1,24 | 21. Mt 9,18-26; Lc 8,40-56 | 28. 6,56

† **4**,41. "A barca é figura da Igreja; Jesus, para provar nossa fé, às vezes se mostra adormecido" (S. João Crisóstomo). | **5**,17. Ver a nota em Lc 8,34. | 20. Ver a nota em Mt 4,25.

[29]Na mesma hora secou a fonte de seu
sangue, e ela sentiu no corpo que es-
tava curada da doença. [30]Jesus, perce-
bendo logo que uma força saíra dele*,
virou-se no meio da multidão e per-
guntou: "Quem tocou em minha ves-
te?" [31]Responderam-lhe os discípulos:
"Estás vendo a multidão que te aper-
ta de todo lado e ainda perguntas:
'Quem me tocou?'" [32]Ele olhava em
redor, procurando aquela que fizera
isso. [33]A mulher, então, tremendo de
medo, sabendo o que lhe acontecera,
veio prostrar-se diante dele e contou-
-lhe toda a verdade. [34]Ele disse-lhe:
"Filha, tua fé te salvou. Vai em paz e
fica curada desse teu mal"*.

[35]Enquanto ainda falava, chegaram
alguns da casa de Jairo e disseram:
"Tua filha morreu. Por que ainda in-
comodar o Mestre?" [36]Jesus ouviu o
que diziam e falou a Jairo: "Não tenhas
medo! Basta ter fé!" [37]E não deixou
que ninguém o acompanhasse*, exce-
to Pedro, Tiago e João, irmão de Tiago.
[38]Quando chegaram à casa do chefe
da sinagoga, ele viu o tumulto e gente
que chorava* e gritava forte. [39]Entrou
na casa e disse: "Por que esta agitação
e estes choros? A menina não morreu*,
mas está dormindo". [40]E riam-se dele.
Mas, mandando que todos saíssem,
chamou o pai e a mãe da menina e os
que o acompanhavam e entrou com
eles onde estava a menina. [41]Tomou-
-a pela mão* e disse: "Talita cum!", isto
é: "Menina, eu te ordeno, levanta-te!"
[42]No mesmo instante a menina pôs-se
de pé e começou a andar, pois tinha
doze anos. Todos logo ficaram toma-
dos de grande espanto. [43]Então Jesus
recomendou-lhes com insistência* que
ninguém ficasse sabendo do ocorrido
e mandou que dessem de comer à me-
nina.

6 **Nazaré incrédula.** [1]Partindo dali,
Jesus foi a sua terra*, e seus dis-
cípulos foram com ele. [2]No sábado,
Jesus começou a ensinar na sinagoga,
e eram muitos os que o escutavam. Fi-
caram admirados e exclamavam: "De
onde lhe vem isso? Que sabedoria é
esta que lhe foi dada? E como esses
grandes milagres se realizam por suas
mãos? [3]Não é ele o carpinteiro*, o filho
de Maria, irmão de Tiago, José, Judas e
Simão? E suas irmãs, não moram aqui
entre nós?" E não acreditaram nele.
[4]Mas Jesus lhes dizia:* "Um profeta só
é desprezado em sua terra, entre seus
parentes e em sua própria casa". [5]E não
pôde fazer ali milagre algum†, a não ser
algumas curas de doentes, impondo-
-lhes as mãos. [6]Ficou admirado com a
falta de fé daquela gente.

Missão dos Doze. E andava pelas al-
deias ao redor*, ensinando. [7]Chamou
os Doze e começou a enviá-los dois a
dois. Deu-lhes poder sobre os espíritos
impuros [8]e recomendou-lhes que nada
levassem para a viagem, a não ser um
bastão: nem pão, nem sacola, nem di-
nheiro no cinto; [9]que andassem com
sandálias nos pés, mas não vestissem
duas túnicas. [10]E disse-lhes: "Quando
entrardes numa casa*, ficai nela até
vossa partida para outro lugar. [11]Mas
se alguma aldeia não vos acolher nem
vos escutar*, saí de lá sacudindo a po-
eira dos pés em testemunho contra
eles". [12]Os discípulos partiram e pro-
clamaram a todos* que se convertes-
sem. [13]Expulsavam muitos demônios,
ungiam com óleo muitos doentes e os
curavam†.

Herodes e Jesus. [14]O rei Herodes ou-
viu falar de Jesus*, pois seu nome se
tornara célebre. Diziam: "João Batista
ressuscitou dos mortos e é por isso
que o poder dos milagres* opera nele".

---

* **5**,30. Lc 6,19 | 34. 10,52; Lc 7,50 | 37. 1,29 | 38. Jo 11,4.11 | 39. At 9,40 | 41. Lc 7,14 | 43. 1,44; 7,36 | **6**,1. Mt 13,53-58; Lc 4,16-30; Jo 7,15 | 3. 3,31; Jo 6,42 | 4. Jo 4,44 | 6. Mt 10,5-15; Lc 9,1-6; 10,1-4 | 10. Lc 10,7 | 11. Lc 10,11; At 13,51 | 12. 1,15 | 14. Mt 14,1s; Lc 9,7ss / Mt 16,14; Lc 9,19; 8,28

† **6**,5. O povo não tem as disposições necessárias de fé, livre de preconceitos. | 13. O óleo era conhecido e usado como remédio, Lc 10,34, mas este uso do óleo para alívio corporal e espiritual dos doentes deve provir de uma ordem dada por Jesus e por isso a Igreja vê aí um esboço do sacramento da Unção dos Enfermos, que já era dado nos primeiros anos do cristianismo, conforme Tg 5,14s.

15 Outros diziam: "É Elias". E outros di-
ziam: "É um profeta, igual aos outros
profetas". 16 Herodes, ouvindo isso, di-
zia: "É João, a quem mandei degolar,
que ressuscitou!"
Morte de João Batista. 17 De fato, He-
rodes mandara prender João* e mantê-
-lo na cadeia, por causa de Herodíades,
esposa de seu irmão Filipe, com a qual
tinha casado. 18 Porque João dizia a He-
rodes: "Não te é permitido viver com
a mulher de teu irmão". 19 Herodíades,
por isso, o odiava e procurava tirar-lhe
a vida, mas não o podia, 20 pois Herodes
temia a João, sabendo que era homem
justo e santo, e o protegia. Quando o
ouvia falar, sentia-se muito embaraça-
do, mas gostava de ouvi-lo.
21 Ora, chegou um dia oportuno:
Herodes, por ocasião de seu aniver-
sário, deu um banquete aos grandes
da corte, aos tribunos e aos nobres da
Galileia. 22 Entrou a filha de Herodíades
e pôs-se a dançar, agradando a Hero-
des e aos convivas. O rei disse, então, à
moça: "Pede-me o que quiseres, que te
darei". 23 E jurou-lhe: "Tudo o que pe-
dires eu te darei, até mesmo a metade
de meu reino!" 24 Ela saiu e foi pergun-
tar à mãe: "O que vou pedir?" Esta lhe
respondeu: "A cabeça de João Batista"†.
25 Voltando logo para junto do rei, fez
o pedido: "Quero que me dês, agora
mesmo, num prato, a cabeça de João
Batista". 26 O rei ficou muito triste, mas
por causa do juramento feito perante
os convivas, não quis deixar de atendê-
-la. 27 Enviou logo um guarda com a
ordem de trazer a cabeça de João. O
guarda foi e o decapitou na cadeia.
28 Depois trouxe a cabeça num prato e
a deu à moça, e esta a entregou à mãe.
29 Quando os discípulos de João soube-
ram disso, foram lá, pegaram seu corpo
e o colocaram num sepulcro.
Primeira multiplicação dos pães.
30 Os apóstolos se reuniram em volta
de Jesus* e lhe contaram tudo quanto
tinham feito e ensinado. 31 Jesus disse-
-lhes: "Vinde à parte, para um lugar
deserto, e descansai um pouco". Eram,
de fato, tantas as pessoas que iam e
vinham que os apóstolos não tinham
tempo nem para comer. 32 Partiram
então de barca para um lugar deserto,
para estarem a sós. 33 Mas muitos os
viram partir e os reconheceram, e de
todas as cidades acorreram para lá a
pé, chegando antes deles. 34 Ao desem-
barcar, Jesus viu uma grande multidão*
e ficou com pena deles, porque eram
como ovelhas sem pastor, e começou a
ensinar-lhes muitas coisas.
35 Já era bem de tardinha quando os
discípulos vieram dizer-lhe: "Este lu-
gar é deserto e já é tarde. 36 Despede-
-os, para que possam ir aos campos e
aldeias vizinhas para comprar o que
comer". 37 Ele, porém, respondeu-lhes:
"Dai-lhes vós mesmos de comer". Dis-
seram-lhe: "Devemos então comprar
pães por duzentos denários para dar-
-lhes de comer?" 38 Jesus perguntou-
-lhes: "Quantos pães tendes? Ide ver".
E, tendo-se informado, responderam-
-lhe: "Cinco, e dois peixes". 39 Ordenou-
-lhes então que fizessem todos sentar
em grupos, na relva verde. 40 Eles sen-
taram-se no chão em grupos de cem
e de cinquenta. 41 Tomando, então, os
cinco pães e os dois peixes, ele ergueu
os olhos ao céu, pronunciou a bên-
ção, partiu os pães e ia dando-os aos
discípulos para que os distribuíssem.
Repartiu também os dois peixes para
todos. 42 Todos comeram até ficarem
satisfeitos; 43 e recolheram doze cestos,
cheios de pedaços de pão e de restos
de peixe. 44 Ora, os que comeram dos
pães eram cinco mil homens.
Jesus caminha sobre as águas. 45 Logo
depois obrigou os discípulos a entra-
rem na barca* e a precedê-lo na outra
margem, na direção de Betsaida, en-
quanto ele despedia a multidão. 46 E
tendo-a despedido*, foi ao monte para

---

* **6**,17. Mt 14,3-12; Lc 3,19s | 30. Mt 14,13; Lc 9,10s; 10,17; 3,20 | 34. Mt 14,14-21; Lc 9,11-17; Jo 6,1-15 | 45. Mt 14,22s; Jo 6,15-21 | 46. 1,35; Lc 5,16; 6,12; 9,28

† **6**,24. Herodes Antipas, filho de Herodes Magno, e tetrarca da Galileia de 4 a.C. a 39 d.C., é apresentado como vítima de sua louca promessa; quem premeditou tudo foi Herodíades.

rezar. 47Ao anoitecer, a barca estava
no meio do mar, e ele, sozinho, em
terra. 48Vendo que se cansavam de re-
mar, pois o vento lhes era contrário, na
quarta vigília da noite†, foi na direção
deles, caminhando sobre o mar*, e ia
ultrapassá-los. 49Ao vê-lo caminhan-
do sobre o mar,* pensaram que fosse
um fantasma e gritaram, 50pois todos
o viram e se assustaram. Mas ele logo
lhes falou: "Tende confiança. Sou eu*.
Não tenhais medo!" 51Subiu para junto
deles na barca, e o vento cessou. Eles
ficaram interiormente cheios de grande
espanto, 52pois não tinham compreen-
dido o milagre dos pães, e seus cora-
ções estavam endurecidos*.

Jesus realiza novas curas. 53Termina-
da a travessia, chegaram a Genesaré*
e atracaram. 54Tendo desembarcado,
logo o reconheceram 55e, percorren-
do toda a região, começaram a levar
os doentes nos leitos para os luga-
res onde ouviam dizer que ele estava.
56Onde quer que entrasse – aldeias,
cidades ou campos – punham os en-
fermos nas praças e lhe pediam que os
deixasse tocar ao menos na ponta de
seu manto. E todos que o tocavam fi-
cavam curados.

7 **Pureza externa e interna.** 1Os
fariseus e alguns escribas, vin-
dos de Jerusalém*, reuniram-se em
volta de Jesus 2e perceberam que al-
guns de seus discípulos tomavam a
refeição com mãos impuras*, isto é,
sem lavá-las. 3Ora, os fariseus e to-
dos os judeus, conforme as tradições
dos antepassados, não comem sem
antes lavar cuidadosamente as mãos.
4E, quando voltam da praça, não co-
mem sem se purificarem. Há ainda
muitos outros costumes tradicionais*
que eles guardam, como lavar os co-
pos, os jarros e os pratos de bronze.
5Eis por que os fariseus e os escribas
interrogaram Jesus: "Por que teus dis-
cípulos não observam as tradições dos
antepassados, mas tomam refeição
sem lavar as mãos?" 6Jesus respon-
deu-lhes: "Com muito acerto Isaías
profetizou de vós*, hipócritas, como
está escrito: 'Este povo me honra com
os lábios, mas seu coração está longe
de mim. 7Vão é o culto que me pres-
tam, pois o que ensinam não são mais
que preceitos humanos'. 8Deixais de
lado o mandamento de Deus e vos
apegais às tradições dos homens". 9E
dizia-lhes: "Anulais tranquilamente o
mandamento de Deus para observar
vossa tradição. 10Com efeito, Moisés
disse: 'Honra teu pai e tua mãe!'* e:
'Aquele que amaldiçoar pai ou mãe
seja punido com a morte!' 11Mas vós
dizeis: 'Se alguém disser ao pai ou à
mãe: Eu declaro corban – isto é, oferta
sagrada – os bens com que eu pode-
ria sustentar-te', 12vós já não o deixais
fazer nada pelo pai ou pela mãe; 13e
assim anulais a palavra de Deus pela
tradição que transmitis. E fazeis muitas
outras coisas semelhantes a estas".

14Jesus chamou novamente a multi-
dão para junto de si e disse-lhes: "Ouvi-
-me, vós todos, e compreendei. 15Não
há nada fora do homem que, entran-
do nele, possa manchá-lo; mas o que
mancha o homem é o que sai de den-
tro dele†. 16Ouça quem for capaz!"*

17Quando deixou a multidão e en-
trou em casa*, seus discípulos pergun-
taram-lhe sobre esta parábola. 18Res-
pondeu-lhes: "Também vós sois tão
ignorantes? Não compreendeis que
nada do que de fora entra no homem
pode manchá-lo, 19porque não lhe pe-
netra no coração, mas no ventre, e vai
em seguida para a fossa?" Assim ele
declarava puros todos os alimentos.
20E dizia: "O que sai do homem* é que
mancha o homem. 21Porque é de den-
tro, do coração do homem, que saem

* **6**,49. Lc 24,37 | 50. 4,39 | 52. 8,17 | 53. Mt 14,34ss | **7**,1. Mt 15,1-20 | 2. Lc 11,38 | 4. Mt 23,25; Lc 11,39 | 6. Is 29,13; Cl 2,22 | 10. Êx 20,12; 21,17; Dt 5,16 | 16. 4,9.23 | 17. 4,10; Mt 13,36; Lc 8,9 | 20. Rm 1,29ss; 1Cor 5,11; Gl 5,19ss; Ef 5,34

† **6**,48. Entre 3 e 6 horas da manhã. | **7**,15. Ficam abrogadas todas as leis do AT sobre os alimentos proibidos, Lv 11; Dt 14.

os maus pensamentos, prostituições, furtos, homicídios, [22]adultérios, cobiças, perversidades, fraudes, luxúria, inveja, calúnia, orgulho, insensatez. [23]Todos esses males vêm do interior do homem e o contaminam".

A mulher sirofenícia. [24]Saindo dali, foi para o território de Tiro e Sidônia*. Entrou numa casa e não queria que ninguém o soubesse. Mas não conseguiu ficar ignorado, [25]pois logo certa mulher, cuja filha tinha um espírito impuro, ouviu falar dele e veio prostrar-se a seus pés. [26]Era uma mulher grega, sirofenícia de origem. Pedia-lhe que tirasse de sua filha o demônio. [27]Respondeu-lhe Jesus: "Deixa que primeiro se fartem os filhos, pois não convém tirar o pão dos filhos e lançá-lo aos cachorrinhos". [28]Ela replicou-lhe: "É verdade, Senhor, mas os cachorrinhos, debaixo da mesa, comem as migalhas dos filhos". [29]Disse-lhe então: "Por causa desta tua palavra, vai: o demônio saiu de tua filha". [30]Ela voltou para casa e encontrou a filha deitada na cama: o demônio tinha ido embora.

Cura do surdo-gago. [31]Deixando a região de Tiro*, Jesus foi por Sidônia, em direção ao mar da Galileia, através do território da Decápole. [32]Trouxeram-lhe, então, um surdo que falava com dificuldade e pediram-lhe que impusesse a mão sobre ele. [33]Jesus tirou-o do meio da multidão e levou-o à parte. Em seguida colocou-lhe os dedos nos ouvidos e, com sua saliva, tocou-lhe a língua [34]e, erguendo os olhos ao céu*, deu um suspiro e disse: "Éfata", isto é, "Abre-te". [35]Imediatamente os ouvidos dele se abriram e o nó de sua língua se soltou, e ele começou a falar corretamente. [36]Jesus recomendou-lhes que não contassem isto a ninguém*. Mas, quanto mais insistia, mais eles proclamavam o fato, [37]pois estavam muito impressionados e diziam: "Ele fez bem todas as coisas: faz surdos ouvir e mudos falar".

8 **Segunda multiplicação dos pães.** [1]Naqueles dias reuniu-se de novo numerosa multidão* e não tinham o que comer. Então Jesus chamou os discípulos e disse-lhes: [2]"Tenho compaixão desta gente, pois já faz três dias que estão comigo e não têm o que comer. [3]Se eu os mandar para casa em jejum, desfalecerão no caminho. E alguns deles vieram de longe". [4]Responderam-lhe os discípulos: "De onde se poderia trazer pão para saciá-los aqui no deserto?" [5]Perguntou-lhes: "Quantos pães tendes?" Responderam: "Sete". [6]Mandou então que a multidão se acomodasse no chão e, tomando os sete pães, deu graças, partiu-os e ia dando-os aos discípulos para que os distribuíssem. Eles os distribuíram à multidão. [7]Tinham também alguns peixinhos*. Depois de abençoá-los, mandou que os distribuíssem também. [8]Eles comeram e ficaram satisfeitos. E com os pedaços que sobraram recolheram sete cestos. [9]Eram cerca de quatro mil. Ele os despediu, [10]e logo, entrando na barca* com os discípulos, partiu para a região de Dalmanuta.

O sinal do céu. [11]Saíram os fariseus e começaram a discutir* com ele. E, para pô-lo à prova, pediram-lhe um sinal vindo do céu. [12]Suspirando em seu coração, Jesus disse: "Por que esta geração pede um sinal? Na verdade vos digo: nenhum sinal será dado a esta geração!" [13]E, deixando-os, embarcou de novo e seguiu para a outra margem.

O fermento dos fariseus. [14]Eles se esqueceram de levar pães* e não tinham senão um pão consigo na barca. [15]E Jesus os advertia: "Abri os olhos e tomai cuidado com o fermento dos fariseus e com o fermento de Herodes". [16]Comentavam entre si o fato de não terem pães. [17]Jesus o percebeu e disse-lhes: "Por que estais comentando a falta de pães? Ainda não com-

---

* **7**,24. Mt 15,21-28 **|** 31. Mt 15,29s **|** 34. 6,41; Mt 14,19 **|** 36. 1,44; 5,43; Mt 15,31; Is 35,5s **|** **8**,1. Mt 15,32-39 **|** 7. 6,41 **|** 10. 8,20 **|** 11. Mt 12,38s; 16,1-4; Lc 11,16.29; Jo 6,30 **|** 14. Mt 16,5-12; Lc 12,1 **|** 17. 4,12; Jr 5,21; Ez 12,2

preendeis nem entendeis?* Tendes o
coração endurecido? [18]Tendo olhos
não vedes, tendo ouvidos não ouvis?
Não vos lembrais, [19]quando parti os
cinco pães para os cinco mil, quantos
cestos cheios de pedaços recolhes-
tes?" Responderam-lhe: "Doze". [20]"E
quando parti os sete pães para os
quatro mil*, quantos cestos cheios de
pedaços recolhestes?" Disseram-lhe:
"Sete". [21]Então lhes disse: "Ainda não
compreendeis?"

O cego de Betsaida. [22]Chegando a
Betsaida, trouxeram-lhe um cego*,
suplicando-lhe que o tocasse. [23]To-
mando o cego pela mão, levou-o para
fora da aldeia. Pôs-lhe saliva nos olhos,
impôs as mãos sobre ele e perguntou-
-lhe: "Vês alguma coisa?" [24]Abrindo os
olhos, ele disse: "Estou vendo as pesso-
as, parecem árvores que andam". [25]Em
seguida, pôs de novo as mãos sobre os
olhos do cego, e este começou a ver
perfeitamente; ficou curado, de sorte
que via tudo claramente, mesmo de
longe. [26]Jesus o mandou para casa,
dizendo-lhe: "Nem sequer entres na
aldeia!"

Jesus é o Cristo. [27]Jesus foi com seus
discípulos* às aldeias de Cesareia de
Filipe. E, enquanto caminhavam, per-
guntou a seus discípulos: "No dizer do
povo, quem eu sou?" [28]Responderam-
-lhe: "João Batista*; para outros, Elias;
para outros, um dos profetas". [29]Jesus
perguntou-lhes então: "E para vós,
quem sou eu?" Pedro respondeu: "Tu
és o Cristo!" [30]Então ele ordenou-lhes
severamente* que não falassem dele a
ninguém.

O destino do Filho do homem. [31]En-
tão começou a ensinar-lhes que o Filho
do homem devia sofrer muito*, ser re-
jeitado pelos anciãos, pelos sumos sa-
cerdotes e pelos escribas, ser morto e
ressuscitar após três dias. [32]Falou-lhes
isso abertamente*. Então Pedro o cha-
mou à parte e começou a repreendê-
-lo. [33]Jesus, porém, virou-se e, olhando
para os discípulos, censurou Pedro com
estas palavras: "Vai depois de mim, Sa-
tanás! Teu modo de pensar não é o de
Deus, mas o dos homens"†.

Como seguir a Jesus. [34]Chamou de-
pois a multidão* junto com seus discí-
pulos para perto de si e lhes disse: "Se
alguém quiser me seguir, renuncie a si
mesmo, carregue sua cruz† e me acom-
panhe! [35]Porque aquele que quiser
salvar sua vida vai perdê-la; mas quem
perder a vida por causa de mim e do
Evangelho, este a salvará. [36]Pois, que
adianta a gente ganhar o mundo intei-
ro* e arruinar a própria vida? [37]O que
a gente pode dar em troca da própria
vida? [38]Porque quem se envergonhar
de mim e de minhas palavras* no meio
desta geração adúltera e pecadora,
dele também se envergonhará o Filho
do homem, quando vier na glória de
seu Pai com os santos anjos".

9 [1]E dizia-lhes: "Na verdade vos
digo: Alguns aqui presentes* não
provarão a morte, até que vejam o Rei-
no de Deus chegando com poder"†.

A transfiguração†. [2]Seis dias depois,
Jesus tomou consigo Pedro, Tiago e
João* e levou-os a sós a um alto mon-
te. Transfigurou-se diante deles. [3]Suas
vestes tornaram-se brilhantes, e de tal
modo brancas que nenhum lavadeiro
do mundo seria capaz de as fazer tão
brancas. [4]E apareceu a eles Elias, junto
com Moisés, e eles conversavam com
Jesus. [5]Tomando a palavra, Pedro disse

---

* **8**,20. 8,1-9 | 22. 7,32s; Jo 9,6 | 27. Mt 16,13-20; Lc 9,18-21 | 28. 6,14ss | 30. 9,9 | 31. Mt 16,21ss; Lc 9,22 | 32. 9,12; Mt 17,12; Lc 17,25 | 34. Mt 10,38; 16,24-28; Lc 9,23-27; 14,27 | 36. Mt 10,39; Lc 17,33; Jo 12,25 | 38. Mt 10,33; Lc 12,9 | **9**,1. 13,30 | 2. Mt 17,1-13; Lc 9,28-36; 2Pd 1,16ss

† **8**,33. É por amor para com o Mestre que Pedro não quer vê-lo sofrer e tenta desviá-lo desse destino, mas com isso ele repete a tentação do deserto e faz o papel do tentador. | 34. "As cruzes mais frutuosas são as que não escolhemos" (S. Francisco de Sales). | **9**,1. Este Reino de Deus que vem dentro de pouco tempo não é o fim do mundo, mas sim a morte e ressurreição de Cristo, que inauguram a Igreja, a nova humanidade em que Deus é efetivamente Rei. | 2. "A Transfiguração tem por finalidade fortificar a fé dos apóstolos em vista da Paixão: a subida ao alto monte prepara a subida ao Calvário" (CIC).

a Jesus: "Mestre, é bom a gente estar
aqui. Façamos então três tendas, uma
para ti, uma para Moisés e uma para
Elias". 6É que não sabia o que dizer,
pois estavam espantados. 7Formou-
-se então uma nuvem* que os cobriu
com sua sombra. E da nuvem saiu uma
voz: "Este é meu Filho muito amado.
Escutai-o!" 8E logo, olhando ao redor,
já não viram mais ninguém: só Jesus
estava com eles.
9Ao descerem do monte*, Jesus
ordenou-lhes que não contassem a
ninguém o que tinham visto, a não ser
depois que o Filho do homem ressus-
citasse dos mortos. 10Eles guardaram a
recomendação, mas perguntavam en-
tre si o que significaria ressuscitar dos
mortos.

A volta de Elias. 11Fizeram-lhe esta
pergunta:* "Por que dizem os escribas
que primeiro Elias deve voltar?" 12Ele
respondeu-lhes: "De fato, primeiro
Elias deve voltar e colocar tudo em or-
dem. E como está escrito do Filho do
homem que ele deve sofrer muito* e
ser desprezado? 13Mas eu vos digo que
Elias já veio; e fizeram com ele tudo o
que queriam, como está escrito a seu
respeito".

Cura do menino possesso. 14Voltan-
do para junto dos discípulos*, viram
em volta deles numerosa multidão
e os escribas discutindo com eles.
15Logo que o viu, toda a multidão fi-
cou surpresa e correu para saudá-lo.
16Perguntou-lhes então: "O que estão
discutindo com eles?" 17Alguém no
meio da multidão respondeu: "Mestre,
eu te trouxe meu filho, que está pos-
sesso de um espírito mudo. 18Quando
se apodera dele, lança-o por terra, e
o menino espuma, range os dentes e
fica rígido. Roguei a teus discípulos
que o expulsassem, mas não conse-
guiram". 19Ele respondeu: "Ó geração
incrédula, até quando estarei convos-
co? Até quando deverei suportar-vos?
Trazei-o aqui!" 20E o levaram até ele.
Logo que viu Jesus, o espírito sacudiu
com violência o menino, que caiu por
terra e se revolvia espumando. 21Jesus
perguntou ao pai: "Há quanto tempo
lhe acontece isso?" "Desde a infância",
respondeu ele, 22"e muitas vezes o jo-
gou no fogo e na água para o matar.
Se podes alguma coisa*, vem em nos-
so auxílio, por piedade para conosco!"
23Replicou-lhe Jesus: "Se tu podes!...
Tudo é possível para quem crê!" 24Logo
o pai do menino gritou: "Eu creio! Aju-
da minha incredulidade!" 25Vendo Je-
sus que a multidão afluía, repreendeu
o espírito impuro, dizendo-lhe: "Espí-
rito mudo e surdo, eu te ordeno, sai
dele e não tornes mais a entrar!" 26O
espírito soltou um forte grito, agitou
o menino violentamente e saiu. Este
ficou como morto, de modo que mui-
tos diziam: "Morreu!" 27Jesus, porém,
tomou-o pela mão, levantou-o e ele
se pôs de pé. 28Quando Jesus entrou
em casa, perguntaram-lhe os discípu-
los, a sós: "Por que não conseguimos
expulsá-lo?" 29Respondeu-lhes: "Esta
espécie de demônio não se consegue
expulsar senão pela oração".

**Jesus anuncia sua morte e ressur-
reição.** 30Saindo dali, atravessaram a
Galileia*. Ele não queria que ninguém
soubesse, 31porque estava instruindo
seus discípulos. Dizia-lhes: "O Filho do
homem vai ser entregue nas mãos dos
homens, e eles o matarão; e uma vez
morto, depois de três dias ressuscita-
rá". 32Eles, entretanto, não entenderam
o que dizia† e tinham medo de inter-
rogá-lo.

Quem é o maior. 33Chegaram a Cafar-
naum. Em casa*, Jesus perguntou-lhes:
"O que estáveis discutindo no cami-
nho?" 34Eles, porém, ficaram calados
porque, no caminho, discutiam quem
seria o maior. 35Jesus sentou-se, cha-

---

* **9**,7. 1,11; Mt 3,17; Lc 3,22 | 9. 8,30; Mt 12,16 | 11. Ml 3,23s | 12. Sl 22,1-18; Is 53,3 | 14. Mt 17,14-20; Lc 9,37-43 | 22. 11,22ss; Mt 21,21; Lc 17,6 | 30. Mt 17,22s; Lc 9,43ss; 8,31; 10,32ss | 33. Mt 18,1-5; Lc 9,46ss | 35. 10,43s; Mt 20,26s; Lc 22,26

† **9**,32. Não entendiam como conciliar os anunciados sofrimentos do Messias com a glória do reino que esperavam.

mou os Doze e lhes disse: "Se alguém
quer ser o primeiro, seja o último de
todos* e o servo de todos". 36Em se-
guida tomou uma criança, colocou-a
no meio deles* e, abraçando-a, disse-
-lhes: 37"Quem acolhe em meu nome
uma destas crianças*, a mim acolhe; e
quem me acolhe, não acolhe a mim,
mas Aquele que me enviou".

Quem é a favor de Jesus. 38Disse João
a Jesus: "Mestre, vimos um homem*,
que não anda conosco, expulsando de-
mônios em teu nome e quisemos im-
pedi-lo, já que não nos seguia". 39Mas
Jesus disse: "Não deveis impedi-lo, pois
ninguém pode realizar prodígio algum
em meu nome* e logo depois falar mal
de mim. 40Aquele que não é contra nós
é a nosso favor.

41E quem vos der um copo de água
a beber* porque sois de Cristo – na
verdade vos digo – não perderá sua
recompensa.

O escândalo. 42Mas se alguém for cau-
sa de pecado para um destes pequeni-
nos* que creem, melhor seria para ele
que lhe amarrassem ao pescoço uma
dessas mós que os jumentos movem e
o atirassem no fundo do mar. 43Se tua
mão te leva a pecar, corta-a; é melhor
entrares para a vida aleijado do que ir
com duas mãos para a geena, para o
fogo que não se apaga†. 45E se teu pé te
leva a pecar, corta-o; é melhor entrares
na vida manco do que ser lançado com
os dois pés na geena. 47E se teu olho te
leva a pecar, arranca-o; é melhor entra-
res no Reino de Deus com um só olho
do que ser lançado com dois olhos na
geena, 48onde seu verme não morre* e
onde o fogo não se apaga. 49Porque to-
dos serão salgados com o fogo†. 50O sal
é uma coisa boa*. Mas se o sal se torna
insípido, com que se lhe restituirá o sa-
bor? Tende sal em vós mesmos e vivei
em paz uns com os outros".

III. JESUS A CAMINHO DE JERUSALÉM (10)

10 **O matrimônio é indissolúvel.**
1Saindo dali, foi para o ter-
ritório da Judeia e da Transjordânia*.
As multidões voltaram a reunir-se a
seu redor, e ele, como de costume, de
novo se pôs a ensiná-las. 2Alguns fari-
seus, querendo pô-lo à prova, vieram
perguntar-lhe: "É permitido a um mari-
do divorciar-se de sua mulher?" 3Jesus
respondeu-lhes: "O que vos prescreveu
Moisés?"* 4Eles responderam: "Moisés
permitiu escrever um documento de
divórcio e repudiar". 5Então Jesus fa-
lou: "Foi por causa da dureza de vos-
sos corações que Moisés vos deu essa
prescrição. 6Mas desde o princípio da
criação*, Ele os fez homem e mulher.
7Assim, pois, o homem deixará pai e
mãe para unir-se a sua mulher, 8e os
dois serão uma só carne. Assim, já não
são dois, mas uma só carne. 9Portanto,
o homem não deve separar o que Deus
uniu". 10Quando voltaram para casa, os
discípulos tornaram a perguntar a Je-
sus sobre isso, 11e ele afirmou: "Todo
aquele que se divorciar de sua mulher*
e se casar com outra comete adultério
contra a primeira. 12Também comete
adultério a mulher que se divorciar de
seu marido e se casar com outro".

Jesus abençoa as crianças. 13Queriam
apresentar a Jesus umas crianças* para
que as tocasse, mas os discípulos os
repreendiam. 14Vendo isto, Jesus ficou
indignado e lhes disse: "Deixai vir a
mim as criancinhas e não as impeçais,
porque o Reino de Deus pertence aos
que são semelhantes a elas. 15Na ver-
dade vos digo, quem não acolher o
Reino de Deus* como uma criança nele
não entrará". 16Em seguida abraçou-as
e abençoou-as, impondo-lhes as mãos.

---

* **9**,36. 10,16 | 37. Mt 10,40; Lc 10,16; Jo 13,20 | 38. Lc 9,49s | 39. Mt 12,30; Lc 11,23 | 41. Mt 10,42 | 42. Mt 18,6-9; Lc 17,1s | 48. Is 66,24 | 50. Mt 5,13; Lc 14,34; Rm 12,18 | **10**,1. Mt 19,1-19 | 3. Dt 24,1-4 | 6. Gn 1,27; 2,24; Ef 5,31 | 11. Mt 5,32; Lc 16,18; 1Cor 7,10s | 13. Mt 19,13ss; Lc 18,15ss | 15. Mt 18,3

† **9**,43. Os vv. 44 e 46, omitidos nos melhores manuscritos, são simples repetições do v. 48. | 49. Fogo e sal representam a purificação e a preservação que a Lei nova realiza nos discípulos, fazendo deles ofertas agradáveis a Deus, Lv 2,13.

A recusa do rico. 17Quando ele se pôs
a caminho*, alguém correu a seu en-
contro e, ajoelhando-se diante dele,
perguntou-lhe: "Bom Mestre, que devo
fazer para herdar a vida eterna?" 18Dis-
se-lhe Jesus: "Por que me chamas bom?
Ninguém é bom senão Deus somente.
19Conheces os mandamentos:* Não
matar, não cometer adultério, não fur-
tar, não levantar falso testemunho, não
prejudicar ninguém, honrar pai e mãe".
20Ele respondeu: "Mestre, tudo isso te-
nho observado desde minha juventu-
de". 21Jesus olhou para ele com amor*
e disse-lhe: "Falta-te apenas uma coisa:
Vai, vende tudo o que tens e dá o di-
nheiro aos pobres e terás um tesouro
no céu. Depois vem e segue-me". 22Ao
ouvir estas palavras, ficou abatido e reti-
rou-se triste, porque era muito rico.

Os ricos e a salvação. 23Jesus então
olhou em volta dele* e disse a seus
discípulos: "Como será difícil para os
que têm riquezas entrar no Reino de
Deus!" 24Os discípulos ficaram assus-
tados com suas palavras. Mas Jesus
repetiu-lhes: "Meus filhos, como é di-
fícil entrar no Reino de Deus! 25É mais
fácil um camelo passar pelo fundo de
uma agulha do que um rico entrar no
Reino de Deus!"† 26Os discípulos fica-
ram mais atônitos ainda e diziam en-
tre si: "Quem pode então salvar-se?"†
27Olhando para eles, Jesus disse-lhes*:
"Para os homens isto é impossível,
mas não para Deus, porque para Deus
tudo é possível".

Recompensa dos discípulos. 28Pedro
então começou a dizer-lhe: "Nós dei-
xamos tudo* para te seguir..." 29Ao que
Jesus respondeu: "Na verdade vos digo:
ninguém deixará casa, ou irmãos, ou ir-
mãs, ou mãe, ou pai, ou filhos, ou ter-
ras por causa de mim e do Evangelho,
30sem que receba, já agora, nesta vida, o
cêntuplo em casas, irmãos, irmãs, mães,
filhos e terras, no meio de perseguições
e, no século futuro, a vida eterna. 31Mui-
tos dos primeiros serão os últimos*, e os
últimos serão os primeiros".

Novo anúncio da Paixão. 32Estavam
caminhando, subindo para Jerusalém*.
Jesus ia à frente deles e eles estavam
cheios de espanto, e os que seguiam
tinham medo. Tomando outra vez os
Doze à parte, declarou-lhes o que ia
acontecer-lhe: 33"Estamos subindo
para Jerusalém, e o Filho do homem
será entregue* aos sumos sacerdotes e
aos escribas. Eles o condenarão à mor-
te e o entregarão aos gentios. 34Estes o
escarnecerão, cuspirão nele, vão açoi-
tá-lo e tirar-lhe a vida. Mas, três dias
depois, ele ressuscitará".

O caminho para a glória. 35Foram até
ele Tiago e João*, os filhos de Zebedeu, e
lhe disseram: "Mestre, queremos que nos
concedas o que te vamos pedir". 36Res-
pondeu-lhes: "Que quereis que vos faça?"
37"Concede-nos – disseram – sentar-nos
um a tua direita e outro a tua esquerda
em tua glória". 38Jesus respondeu-lhes:
"Não sabeis o que estais pedindo. Sois
capazes de beber o cálice* que vou be-
ber ou de ser batizados com o batismo
com que vou ser batizado?"† 39Eles lhe
responderam: "Somos!" Jesus lhes disse:
"Bebereis o cálice que vou beber* e se-
reis batizados com o batismo com que
serei batizado. 40Mas sentar-se a minha

---

* **10**,17. Mt 19,16-30; Lc 18,18-30 | 19. Êx 20,12-16; Dt 5,16-20 | 21. Mt 6,20; Lc 12,33 | 23. 4,19 | 27. Gn 18,14; Jó 42,2; 14,36 | 28. 1,16-20; 2,14 | 31. Mt 20,16; Lc 13,30 | 32. Mt 20,17ss; Lc 18,31-34 | 33. 8,31; 9,31; Mt 16,21; 17,22s; Lc 24,7 | 35. Mt 20,20-28; Mc 1,19 | 38. Lc 12,50; Mt 19,28 | 39. Lc 22,30; Jo 18,21

† **10**,25. Alguns tentam diminuir o caráter hiperbólico do provérbio, seja imaginando que "camelo" significasse uma corda grossa, seja vendo em "buraco da agulha" o nome de uma porta baixa em Jerusalém. Mas certas frases de Jesus como "coar um mosquito e engolir um camelo", Mt 23,24, mostram que se devem tomar os termos no sentido comum. | 26. Os discípulos ficam espantados porque na mentalidade judaica a riqueza era sinal de bênção divina e os ricos eram amigos de Deus e, portanto, tinham mais chance de se salvar. Mas Jesus mostra que a riqueza é idolatria e flagrante injustiça quando escraviza a pessoa e absorve tanto suas atenções que não lhe permite pensar em Deus nem nos irmãos que passam fome. | 38. Cálice e batismo são duas imagens para exprimir os sofrimentos de Cristo, dos quais o cristão deve participar, se quer entrar com Ele na glória, 2Tm 2,11.

direita ou a minha esquerda não compete a mim concedê-lo. Esses lugares pertencem àqueles para os quais foram preparados". [41]Os outros dez, que haviam ouvido tudo*, indignaram-se contra Tiago e João. [42]Chamando-os, Jesus lhes disse: "Sabeis que aqueles que são reconhecidos como chefes das nações as dominam e que seus líderes as tiranizam. [43]Mas entre vós não deve acontecer isso. Ao contrário, quem quiser tornar-se grande entre vós* será vosso servo; [44]e aquele que quiser ser o primeiro entre vós seja o escravo de todos. [45]Pois o próprio Filho do homem não veio para ser servido, mas para servir e dar a vida para resgatar a multidão".

Cura do cego Bartimeu. [46]Chegaram a Jericó. Quando ele saía de Jericó* com seus discípulos e enorme multidão, estava sentado à beira da estrada, pedindo esmolas, Bartimeu, o cego, filho de Timeu. [47]Quando soube que era Jesus de Nazaré*, começou a gritar: "Jesus, Filho de Davi, tem piedade de mim!" [48]Muitos o repreendiam, mandando que se calasse. Mas ele gritava cada vez mais alto: "Filho de Davi, tem piedade de mim!" [49]Jesus parou e disse: "Chamai-o". Chamaram o cego dizendo-lhe: "Tem confiança, levanta-te, ele te chama". [50]Ele jogou para o lado o manto, deu um pulo e veio até Jesus. [51]"Que queres que eu te faça?", perguntou-lhe Jesus. Disse-lhe o cego: "Mestre, que eu recupere a vista!" [52]"Vai", disse-lhe Jesus, "tua fé te salvou". No mesmo instante o cego começou a enxergar e foi seguindo a Jesus pelo caminho.

IV. MINISTÉRIO DE JESUS EM JERUSALÉM (11–13)

11 **Entrada triunfal.** [1]Quando chegaram perto de Jerusalém*, na altura de Betfagé e de Betânia, perto do monte das Oliveiras, Jesus enviou dois de seus discípulos, [2]dizendo-lhes: "Ide até a aldeia que está a vossa frente. Logo que nela entrardes, encontrareis, amarrado, um jumentinho que ninguém ainda montou. Desamarrai-o e trazei-o. [3]Se alguém vos disser: 'Que estais fazendo?', respondei: 'O Senhor precisa dele e logo o devolverá aqui'". [4]Eles foram e encontraram o jumentinho amarrado perto de uma porta, fora, na rua, e o desamarraram. [5]Algumas pessoas que estavam lá perguntaram-lhes: "Que estais fazendo, desamarrando o jumentinho?" [6]Eles responderam como Jesus havia dito. E deixaram que o levassem. [7]Conduziram o jumentinho a Jesus, sobre ele puseram seus mantos e Jesus montou. [8]Muitos estendiam no caminho seus mantos; outros espalhavam ramos que cortavam nos campos. [9]Os que iam à frente e os que seguiam atrás gritavam: "Hosana!* Bendito aquele que vem em nome do Senhor!† [10]Bendito o Reino que vem, o Reino de nosso pai Davi! Hosana no mais alto dos céus!"*

[11]Em Jerusalém, entrou no templo, observou tudo o que havia ali em torno e, sendo já tarde, saiu para Betânia com os Doze.

A figueira amaldiçoada. [12]No dia seguinte, ao saírem de Betânia*, teve fome. [13]Vendo ao longe uma figueira coberta de folhas, foi ver se achava nela algum fruto. Mas quando chegou perto só encontrou folhas, pois não era tempo de figo. [14]Dirigindo-se à figueira, disse: "Nunca mais alguém coma de teu fruto!" E os discípulos o ouviram.

O respeito ao templo. [15]Chegaram a Jerusalém*. Entrando no templo, Jesus começou a expulsar os vendedores e compradores que lá se achavam. Derrubou as mesas dos cambistas e as cadeiras dos vendedores de pombas, [16]e

---

* **10**,41. Lc 22,25 | 43. 9,35; Mt 23,11; Lc 22,26; 1Tm 2,6 | 46. Mt 20,29-34; Lc 18,35-43 | 47. Mt 9,27; 15,22 | **11**,1. Mt 21,1-11; Lc 19,28-40; Jo 12,12-19 | 9. Sl 118,25s; Lc 1,32s | 10. At 2,29s | 12. Mt 21,18s; Lc 13,6 | 15. Mt 21,12-17; Lc 19,45-48; Jo 2,13-22

† **11**,9. "Hosana" é uma palavra hebraica que significa "salva-nos", e servia como grito de júbilo e vitória, como nosso "viva!"

não permitia que ninguém carregasse objetos pelo templo. 17Ele os instruía, dizendo:* "Não está escrito: 'Minha casa será chamada casa de oração para todos os povos'? Vós, porém, a transformastes numa caverna de ladrões!" 18Isso chegou ao conhecimento dos sumos sacerdotes* e dos escribas. Eles procuravam então um modo de fazê-lo perecer, porque o temiam, visto que todo o povo estava entusiasmado com sua doutrina. 19Quando caiu a tarde, foi para fora da cidade.

O poder da fé. 20Passando na manhã seguinte*, viram a figueira seca até as raízes. 21Pedro lembrou-se e disse a Jesus: "Olha, Mestre, a figueira que amaldiçoaste secou!" 22Respondeu-lhe Jesus: "Tende fé em Deus. 23Na verdade vos digo: se alguém disser a este monte:* 'Sai daqui, lança-te ao mar', sem duvidar em seu coração, mas crendo que se cumprirá sua palavra, ele o obterá. 24Por isso vos digo: tudo o que pedirdes na oração, crede que já o recebestes, e vos será concedido. 25E quando estiverdes de pé para rezar, se tiverdes alguma coisa contra alguém, perdoai, para que vosso Pai que está nos céus vos perdoe também vossos pecados"†.

A autoridade de Jesus. 27E chegam novamente a Jerusalém*. Quando Jesus andava pelo templo, aproximaram-se dele os sumos sacerdotes, os escribas e os anciãos 28e lhe perguntaram: "Com que autoridade fazes estas coisas? E quem te deu autorização para assim agires?" 29Respondeu-lhes Jesus: "Eu também vos farei uma pergunta. Respondei-me e vos direi com que autoridade faço estas coisas: 30O batismo de João vinha do céu ou dos homens? Respondei-me". 31Eles refletiam entre si: "Se dissermos que é do céu, ele dirá: 'por que então não crestes nele?' 32Diremos então: 'dos homens'?" Tinham medo do povo*, porque todos diziam que João fora realmente um profeta. 33Responderam a Jesus: "Não sabemos". E Jesus, por sua vez, disse: "Pois eu também não vos direi com que autoridade faço estas coisas".

12 **Os lavradores homicidas.** 1Então começou a falar-lhes em parábolas:* "Um homem plantou uma vinha, cercou-a com uma sebe, cavou um lagar, construiu uma torre. Arrendou-a depois a alguns lavradores e partiu para uma viagem. 2Chegado o tempo, enviou aos lavradores um servo para receber deles uma parte dos frutos da vinha. 3Mas eles o agarraram, espancaram e mandaram de volta com as mãos vazias. 4De novo enviou-lhes outro servo, mas também a este feriram na cabeça e injuriaram. 5Mandou-lhes mais um outro. A este mataram. Depois mandou muitos outros, dos quais feriram uns e mataram outros. 6Restava-lhe ainda alguém: seu filho bem-amado. Enviou-lhes este último, pensando: 'A meu filho eles vão respeitar...'. 7Mas os lavradores disseram uns aos outros: 'Este é o herdeiro; vamos matá-lo e ficaremos com a herança'. 8Agarrando-o, mataram-no* e o lançaram fora da vinha. 9O que fará o dono da vinha? Virá, exterminará os lavradores e dará a vinha a outros. 10Não lestes esta escritura: 'A pedra que os construtores rejeitaram* tornou-se a pedra principal; 11isto é obra do Senhor, e é admirável a nossos olhos'?"

12Eles procuravam prendê-lo, mas tiveram medo da multidão, pois tinham compreendido bem que a parábola era dirigida a eles. Deixando-o, foram embora.

O imposto devido a César. 13Enviaram-lhe então alguns dos fariseus* e

---

* **11**,17. Is 56,7; Jr 7,11 | 18. 14,1; Lc 20,19; 22,2 | 20. Mt 21,20ss | 23. Lc 17,6; 1Cor 13,2 | 27. Mt 21,23-27; Lc 20,1-8 | 32. Mt 21,46 | **12**,1. Mt 21,33-46; Lc 20,9-19; Is 5,1-7 | 8. Hb 13,12s | 10. Sl 118,22s | 13. Mt 22,15-22; Lc 20,20-26; Mc 3,6

† **11**,25. Alguns manuscritos acrescentam aqui o v. 26: "Mas se não perdoardes, tampouco vos perdoará as ofensas vosso Pai que está nos céus", Mt 6,15.

dos herodianos, para o surpreenderem em alguma palavra. 14Vieram chegando e dizendo: "Mestre, sabemos que és sincero e não dás preferência a ninguém, pois não julgas as pessoas pelas aparências, mas ensinas a verdadeira doutrina de Deus. É ou não lícito pagar o imposto a César? Devemos pagar, sim ou não?" 15Mas ele, percebendo a hipocrisia deles, disse-lhes: "Por que estais querendo me provar? Trazei-me um denário, para que eu o veja". 16Eles o trouxeram. Perguntou-lhes então: "De quem é esta figura e a inscrição?" Responderam-lhe: "De César". 17Então Jesus lhes disse: "Devolvei a César o que é dele, mas dai a Deus o que é de Deus!"† E ficaram maravilhados com ele.

Os saduceus e a ressurreição. 18Então foram ter com ele alguns saduceus*, aqueles que afirmam que não há ressurreição, e lhe disseram: 19"Mestre, Moisés nos deu a seguinte lei: 'Se alguém tem um irmão e este morre, deixando sua mulher sem filhos, ele se casará com a viúva para dar uma descendência ao irmão'†. 20Ora, havia sete irmãos. O primeiro casou e morreu sem deixar filhos. 21O segundo casou com a viúva e morreu sem deixar filhos. O mesmo se deu com o terceiro; 22e nenhum dos sete deixou filho. Por último morreu também a mulher. 23Na ressurreição, quando ressuscitarem, de qual deles será ela, se todos os sete a tiveram por mulher?" 24Respondeu-lhes Jesus: "Não estais enganados por não conhecerdes as Escrituras nem o poder de Deus? 25Pois quando ressuscitarem dentre os mortos, homens e mulheres não se casarão: serão como os anjos no céu. 26E sobre o fato de que os mortos ressuscitam, não lestes no livro de Moisés, no episódio da sarça, como Deus lhe disse: 'Eu sou o Deus de Abraão, o Deus de Isaac e o Deus de Jacó'?* 27Ele não é um Deus de mortos, mas de vivos!† Estais muito enganados!"

O maior mandamento. 28Um escriba que tinha ouvido a discussão*, vendo que ele respondera bem, aproximou-se de Jesus e perguntou-lhe: "Qual é o primeiro de todos os mandamentos?"† 29Respondeu-lhe Jesus: "O primeiro é este: Escuta, Israel: O Senhor nosso Deus é o único Senhor. 30Amarás o Senhor, teu Deus*, de todo o teu coração, de toda a tua alma, com todo o teu entendimento e com todas as tuas forças†. 31E o segundo é este: Amarás teu próximo como a ti mesmo*. Não há mandamento maior do que estes". 32Disse-lhe o escriba: "Muito bem, Mestre, disseste com razão que Deus é um só e não há outro além dele 33e que amá-lo de todo o coração*, com todo o entendimento e com todas as forças e amar o próximo como a si mesmo vale mais do que todos os holocaustos e todos os sacrifícios". 34Vendo que o escriba falara com sabedoria, Jesus disse-lhe: "Não estás longe do Reino de Deus". E ninguém mais se atrevia a interrogá-lo.

O Messias, filho de Davi. 35Tomando a palavra, dizia Jesus*, ensinando no templo: "Como os escribas podem dizer que o Messias é Filho de Davi? 36Foi o próprio Davi que disse, inspirado pelo Espírito Santo: 'Disse o Senhor a meu senhor: Senta-te a minha direita, até que eu ponha teus inimigos debaixo de teus pés'. 37O próprio Davi o chama de senhor; como pode então ser seu filho?" E a numerosa multidão o escutava com prazer.

* **12**,18. Mt 22,23-33; Lc 20,27-40; Gn 38,8; Dt 25,5s; At 23,8 | 26. Êx 3,6.15s | 28. Mt 22,34-40; Lc 10,25-28 | 30. Dt 6,4s; Jr 22,5 | 31. Lv 19,18; Rm 13,9; Gl 5,14; Tg 2,8 | 33. Dt 4,35; Is 45,21; 1Sm 15,22; Os 6,6 | 35. Mt 22,41-46; Lc 20,41-44; Sl 110,1; At 2,34s

† **12**,17. Se as moedas do imposto são romanas, pagar o imposto significa apenas restituir ao imperador o que lhe pertence. Mas com a mesma fidelidade deve-se também cumprir os deveres para com Deus. | 19. É a "lei do levirato" ou "lei do cunhado", Dt 25,5. | 27. Jesus vê em Êx 3,6.15s uma afirmação de que os patriarcas estão ainda vivos e continuam seu relacionamento com Deus. | 28. Esta era uma questão muito discutida entre os judeus, que tinham em suas leis 613 mandamentos. | 30. "Senhor, o que sou para ti para me mandares que te ame?" (S. Agostinho).

A hipocrisia dos escribas. 38E dizia
em seu ensinamento:* "Cuidado com
os escribas, que gostam de passear
com roupas compridas, de ser cum-
primentados nas praças 39e de ocupar
as primeiras cadeiras nas sinagogas e
os primeiros lugares nos banquetes.
40Devoram os bens das viúvas e simu-
lam longas orações. Receberão uma
condenação mais severa".

A oferta da viúva. 41Sentado dian-
te do cofre de esmolas*, observava a
multidão que punha as moedas. Mui-
tos ricos davam grandes quantias.
42Veio uma pobre viúva, que pôs no
cofre duas moedas pequeninas, no
valor de um quadrante. 43Jesus então
chamou seus discípulos e lhes disse:
"Na verdade vos digo: esta viúva po-
bre deu mais que todos os outros que
puseram moedas no cofre. 44Pois to-
dos deram de seu supérfluo; ela, po-
rém, em sua penúria, deu tudo quanto
possuía, tudo o que tinha para viver".

13

**Anúncio da destruição do
templo.** 1Ao sair do tem-
plo, disse-lhe um de seus discípulos:*
"Olha, Mestre, que pedras, que cons-
truções!" 2Jesus respondeu-lhe: "Es-
tás vendo estas grandes construções?
Não ficará pedra sobre pedra que não
seja destruída!" 3E estando ele senta-
do no monte das Oliveiras*, defronte
ao templo, Pedro, Tiago, João e André
perguntaram-lhe em particular: 4"Di-
ze-nos quando se dará isto, e qual o
sinal de que tudo isto estará chegando
ao fim?"

Sinais do fim dos tempos. 5Jesus en-
tão começou a dizer-lhes: "Cuidado
para que ninguém vos engane. 6Muitos
virão em meu nome e dirão: Sou eu! E
enganarão a muitos. 7Quando ouvirdes
falar de guerras e de boatos de guer-
ras, não fiqueis alarmados:* é neces-
sário que isto aconteça, mas não será
ainda o fim. 8Porque se levantará nação
contra nação* e reino contra reino. Ha-
verá terremotos em diversos lugares,
e fome também. Será o princípio das
dores do parto".

Perseguições contra os discípulos.
9"Ficai de sobreaviso: sereis arrastados
aos tribunais* e açoitados nas sinago-
gas, comparecereis diante de governa-
dores e de reis por minha causa, para
dar testemunho diante deles. 10Mas
primeiro é preciso que o Evangelho
seja pregado a todas as nações.
11Quando vos levarem para entre-
gar-vos, não vos preocupeis com o
que haveis de dizer, mas falai o que
vos for inspirado naquele momento,
pois não sereis vós que falareis, mas o
Espírito Santo. 12O irmão entregará à
morte o próprio irmão e o pai, o filho*;
os filhos se levantarão contra os pais
e os farão morrer. 13E sereis odiados
por todos por causa de meu nome,
mas quem perseverar até o fim, este
será salvo".

A calamidade final. 14"Quando virdes
a abominação da desolação† instala-
da onde não devia estar* (que o leitor
procure entender!), então os que es-
tiverem na Judeia fujam para as mon-
tanhas; 15quem estiver no terraço não
desça, nem entre para buscar alguma
coisa em casa, 16e o que se encontrar
no sítio* não volte atrás para apanhar
um agasalho. 17Infelizes daquelas que
estiverem grávidas ou amamentan-
do* nesses dias! 18Rezai para que isto
não aconteça no inverno. 19Porque
naqueles dias haverá tamanha tribu-
lação, como não houve desde o prin-
cípio do mundo que Deus criou, até
agora, e nem haverá jamais. 20E se o
Senhor não abreviasse aqueles dias,
ninguém se salvaria. Mas, por causa
dos eleitos que escolheu, abreviou

* **12**,38. Mt 23,1-36; Lc 20,45ss | 41. Lc 21,1-4 | **13**,1. Mt 24,1s; Lc 19,44; 21,5s | 3. Mt 24,3-14; Lc 21,7-19 | 7. Dn 2,28 | 8. 2Cr 15,6; Is 19,2; Mq 7,6 | 9. Mt 10,19s; Lc 12,11s | 12. Mq 7,6; Mt 10,22; Jo 15,18-21 | 14. Mt 24,15-28; Lc 21,20-24; Dn 9,27; 11,31; 12,11; 1Mc 1,54.59 | 16. Lc 17,31 | 17. Lc 23,29; Dn 12,1

† **13**,14. Em Dn 9,27 esta expressão indica a profanação do templo de Jerusalém pela instalação de um ídolo pagão. | 25. Ver a nota em Mt 24,29. | 32. Jesus sabia, como Deus-homem, mas não tinha a missão de revelá-lo.

aqueles dias. [21]Então, se alguém vos disser: 'Aqui está o Cristo!'* ou: 'Ele está ali!', não acrediteis. [22]Vão aparecer, com efeito, falsos cristos e falsos profetas, que farão sinais e prodígios para enganar os eleitos, se fosse possível. [23]Ficai, pois, de sobreaviso. Eu vos predisse tudo".

A vinda do Filho do homem. [24]"Mas naqueles dias, depois dessa tribulação*, o sol escurecerá, a lua não brilhará mais, [25]cairão as estrelas do céu e as forças que estão no céu serão abaladas†. [26]Ver-se-á, então, o Filho do homem vir nas nuvens* com grande poder e glória. [27]Mandará os anjos e reunirá seus eleitos dos quatro pontos cardeais, desde a extremidade da terra até a extremidade do céu.

[28]Aprendei esta comparação tirada da figueira*. Quando seus ramos estão tenros e as folhas começam a brotar, sabeis que está próximo o verão. [29]Assim também, quando virdes acontecer estas coisas, ficai sabendo que o Filho do homem está próximo, junto a suas portas. [30]Na verdade vos digo: esta geração não passará antes que tudo isso aconteça. [31]Passará o céu e a terra*, mas minhas palavras não passarão. [32]Mas a respeito do dia e da hora*, ninguém sabe, nem os anjos no céu, nem o Filho†, mas somente o Pai".

A vigilância cristã. [33]"Olhai, vigiai, porque não sabeis quando chegará a hora. [34]Será como um homem que partiu em viagem: deixou sua casa, deu poder a seus servos, distribuiu tarefas entre eles e mandou o porteiro ficar vigiando. [35]Assim também, ficai alerta, porque não sabeis quando voltará o dono da casa: se de tarde, se à meia-noite, se de madrugada, se de manhã. [36]Que não venha ele de improviso e vos encontre dormindo! [37]E o que vos digo, digo a todos: ficai alerta!"

V. MORTE E RESSURREIÇÃO DE JESUS (14–16)

14 **Conspiração contra Jesus.** [1]Faltavam dois dias para a Páscoa* e a festa dos Ázimos†. Os sumos sacerdotes e os escribas procuravam um meio de prender traiçoeiramente Jesus para o matar. [2]Pois diziam: "Não seja durante a festa, para não haver tumulto entre o povo".

O jantar em Betânia. [3]Achando-se Jesus em Betânia*, na casa de Simão, o leproso, enquanto estava à mesa, chegou uma mulher com um frasco de alabastro, cheio de perfume de nardo puro, de alto preço. Quebrando o frasco, derramou o perfume na cabeça dele. [4]Alguns dos presentes diziam entre si indignados: "Por que este desperdício de perfume? [5]Este perfume poderia ser vendido por mais de trezentos denários e o dinheiro seria dado aos pobres". E se irritavam contra ela. [6]Mas Jesus disse: "Deixai-a; por que a incomodais? Foi uma boa obra que ela fez em meu favor. [7]Pobres sempre tereis em vosso meio e podereis fazer bem a eles quando quiserdes*. Mas a mim não tereis sempre. [8]Ela fez o que pôde, ungindo de antemão meu corpo para ser sepultado. [9]Na verdade vos digo: em todo o mundo, onde quer que for anunciado o Evangelho, contarão, em sua memória, o que ela fez".

Judas prepara a traição. [10]Judas Iscariotes, um dos Doze*, foi ter com os sumos sacerdotes para lhes entregar Jesus. [11]Eles ficaram alegres com esta notícia e prometeram dar-lhe dinheiro.

---

* **13**,21. Dt 13,1-4; Ap 13,13 | 24. Mt 24,29ss; Lc 21,25-28; Is 13,10; 34,4; Ez 32,7s; Jl 2,10; 3,4; Ap 6,12ss; 8,12 | 26. Dn 7,13s; Zc 2,6.10; Dt 30,4 | 28. Mt 24,32-35; Lc 21,29-33 | 31. Mt 5,18; Lc 16,17 | 32. Mt 24,36-44 | **14**,1. 11,18; Mt 26,1-5; Lc 22,1s; Jo 11,45-53; Lc 19,47 | 3. Mt 26,6-13; Jo 12,1-8; Lc 7,37s | 7. Jo 19,40 | 10. Mt 26,14ss; Lc 22,3-6

† **14**,1. Páscoa e Ázimos eram duas festas distintas: a primeira de origem nômade e a segunda uma festa agrícola. Ambas eram celebradas no início da primavera, março/abril, como a Páscoa cristã. Na Páscoa dos judeus imolava-se o cordeiro pascal em memória da saída do Egito, Êx 12, e nos Ázimos durante sete dias comiam-se pães ázimos, isto é, sem fermento.

E ele ficou esperando uma boa ocasião para entregá-lo.

A última ceia. [12]No primeiro dia dos Ázimos*, quando se imolava o cordeiro pascal, disseram-lhe seus discípulos: "Onde queres que façamos os preparativos para comeres a Páscoa?" [13]Ele enviou, então, dois de seus discípulos, dizendo: "Ide à cidade e encontrareis um homem levando um cântaro de água. Acompanhai-o. [14]Onde ele entrar, dizei ao dono da casa: 'O Mestre manda perguntar: Onde está minha sala, na qual poderei comer a Páscoa com meus discípulos?' [15]Ele vos mostrará, no andar superior, uma grande sala, já mobiliada e pronta. Fazei lá os preparativos para nós". [16]Os discípulos foram e, entrando na cidade, encontraram tudo como ele tinha dito e prepararam a Páscoa.

[17]Ao cair da tarde, ele chegou com os Doze. [18]Enquanto estavam à mesa, Jesus lhes disse: "Na verdade vos digo: um de vós, um que come comigo*, vai trair-me". [19]Eles ficaram tristes e começaram a lhe perguntar um após outro: "Serei eu?" [20]Ele disse: "É um dos doze, que junto comigo põe a mão no mesmo prato. [21]O Filho do homem vai, como está escrito a respeito dele, mas ai do homem pelo qual é traído o Filho do homem: melhor seria para ele não ter nascido!"

[22]Enquanto comiam*, ele tomou um pão, recitou a bênção, partiu-o e deu-o aos discípulos, dizendo: "Tomai, isto é meu corpo". [23]Depois tomou um cálice, deu graças e passou-o a eles, e todos beberam. [24]Ele disse-lhes: "Este é meu sangue, o sangue da aliança, derramado pela multidão. [25]Na verdade vos digo: Não beberei mais do fruto da videira até o dia em que beberei o vinho novo no Reino de Deus"†.

Anúncio da negação de Pedro. [26]Depois de cantarem os Salmos, saíram para o monte das Oliveiras. [27]Jesus lhes disse: "Todos vós ireis cair*, porque está escrito: 'Ferirei o pastor, e as ovelhas se dispersarão'. [28]Mas depois de minha ressurreição, eu vos precederei na Galileia". [29]Pedro disse-lhe: "Podem cair todos, mas eu não!" [30]Disse-lhe Jesus: "Na verdade te digo: hoje mesmo, nesta noite ainda, antes que o galo cante duas vezes, tu me terás negado três vezes". [31]Mas ele dizia com mais insistência: "Mesmo que eu tenha de morrer contigo*, não te negarei!" E todos diziam o mesmo.

A agonia no horto. [32]Chegaram a um lugar* chamado Getsêmani. Jesus disse a seus discípulos: "Sentai-vos aqui, enquanto vou rezar". [33]Tomou consigo Pedro, Tiago e João* e começou a sentir medo e angústia. [34]E lhes disse: "Minha alma está numa tristeza mortal*. Ficai aqui e vigiai". [35]Indo um pouco mais longe, prostrou-se por terra e rezava para que, se fosse possível, essa hora passasse longe dele. [36]Dizia: "Abbá!† tudo vos é possível*; afastai de mim este cálice. Mas não aconteça como eu quero, mas como vós quereis". [37]Voltando, encontrou-os dormindo. Então disse a Pedro: "Simão, estás dormindo? Não foste capaz de ficar em vigília uma hora apenas? [38]Vigiai e rezai* para não cairdes em tentação. O espírito está disposto, mas a natureza é fraca". [39]Afastou-se de novo e rezou, repetindo as mesmas palavras. [40]Voltou outra vez e os encontrou dormindo, porque seus olhos estavam pesados; e eles não souberam o que lhe responder. [41]Pela terceira vez voltou e lhes disse: "Agora podeis dormir e descansar! Basta!

---

* **14**,12. Mt 26,17-25; Lc 22,7-23; Êx 12,6.14-20 | 18. Sl 41,10; Jo 13,21-30 | 22. Mt 26,26-30; Lc 22,15-20; 1Cor 11,23ss; Êx 24,8; Zc 9,11 | 27. Mt 26,31-35; Lc 22,31-34; Jo 13,36ss; Zc 13,7 | 31. Jo 11,16 | 32. Mt 26,36-46; Lc 22,39-46; Jo 18,1 | 33. 5,37; 9,2 | 34. Sl 42,6.12; 43,5 | 36. Jo 5,30; 6,38; 12,27 | 38. Mt 6,13; Lc 11,4

† **14**,25. "A Eucaristia é o memorial da Páscoa do Senhor e por nossa comunhão ao altar somos repletos de todas as graças e bênçãos do céu; por isso a Eucaristia é também a antecipação da glória celeste. Em toda Eucaristia, a Igreja relembra esta promessa, e seu olhar se volta para Aquele que vem (Ap 1,4). A participação na Missa sustenta nossas forças ao longo da peregrinação desta vida, faz-nos desejar a vida eterna e nos une já à Igreja do céu, a todos os santos" (CIC). | 36. Em todo o judaísmo, Jesus é o único a dirigir-se ao Pai com esta palavra carinhosa, que significa "Papai" e exprime uma filiação de natureza única.

Chegou a hora! O Filho do homem vai ser entregue às mãos dos pecadores. [42]Levantai-vos, vamos! Aquele que vai entregar-me está perto".

Prisão de Jesus. [43]E logo, enquanto ainda estava falando*, chegou Judas, um dos Doze, e com ele um bando armado de espadas e paus, enviado pelos sumos sacerdotes, escribas e anciãos. [44]Ora, o traidor combinara com eles um sinal, dizendo: "Aquele a quem eu beijar, é ele. Prendei-o e levai-o bem escoltado". [45]Logo que chegou, aproximou-se dele e disse: "Rabi!" E o beijou. [46]Os outros puseram-lhe as mãos e o prenderam. [47]Então um dos que lá estavam puxou da espada e feriu o servo do sumo sacerdote, cortando-lhe a orelha.

[48]Dirigindo-se a eles, disse Jesus: "Por acaso sou um bandido, para que venhais prender-me armados de espadas e paus? [49]Todos os dias estava em vosso meio, no templo, ensinando, e não me prendestes. Mas é para que as escrituras se cumpram!" [50]Então todos o abandonaram* e fugiram. [51]Seguia-o um moço, que não tinha por roupa senão um lençol; prenderam-no, [52]mas ele, deixando o lençol, fugiu nu†.

O processo de Jesus. [53]Levaram Jesus ao sumo sacerdote e lá se reuniram* todos os sumos sacerdotes, os anciãos e os escribas. [54]Pedro o seguira de longe, até dentro do palácio do sumo sacerdote. Sentado junto aos servidores, aquecia-se ao fogo.

[55]Os sumos sacerdotes e todo o Sinédrio† procuravam um testemunho contra Jesus, para condená-lo à morte, mas não encontravam. [56]Pois muitos prestavam depoimentos falsos contra ele, mas suas afirmações não concordavam. [57]Levantaram-se então alguns e apresentaram contra ele esta falsa acusação: [58]"Nós o ouvimos dizer: 'Eu destruirei este templo*, feito por mãos de homem, e em três dias construirei outro, que não será feito por mãos de homens'". [59]Mas nem nisto concordavam seus depoimentos.

[60]Levantou-se então o sumo sacerdote no meio da assembleia e interrogou a Jesus: "Não respondes nada? Que é que eles testemunham contra ti?" [61]Mas ele se calava e nada respondia*. De novo o sumo sacerdote o interrogou, dizendo-lhe: "És tu o Cristo, o Filho do Deus Bendito?" [62]Jesus respondeu: "Eu sou. E vereis o Filho do homem sentado à direita do Poderoso* e vindo com as nuvens do céu"†. [63]O sumo sacerdote então, rasgando as vestes, disse: "Para que precisamos ainda de testemunhas? [64]Ouvistes a blasfêmia. Que vos parece?" Todos o consideraram réu de morte.

[65]Começaram então alguns a cuspir nele e, tapando-lhe o rosto, davam-lhe bofetadas, dizendo: "Mostra que és profeta!" E os servos batiam nele.

As negações de Pedro. [66]Quando Pedro estava embaixo*, no pátio, chegou uma das empregadas do sumo sacerdote [67]e, vendo Pedro que se aquecia, encarou-o e disse: "Tu também estavas com o Nazareno, com Jesus!" [68]Mas ele negou, dizendo: "Não sei, não compreendo o que dizes". Saiu em seguida para a entrada; e um galo cantou. [69]A empregada, vendo-o, recomeçou a dizer aos que lá estavam: "Este é um deles!" [70]Mas ele negou outra vez. Pouco depois, os que ali se achavam disseram a Pedro: "Realmente, tu és um deles, pois também és galileu!" [71]Ele, então, começou a jurar e a praguejar: "Não conheço este homem* de quem falais!" [72]E logo, pela segunda vez, um galo cantou. Recordou-se, então, Pedro do que Jesus lhe tinha dito: "Antes que o galo cante duas vezes, tu me terás negado três vezes". E desatou a chorar.

---

* **14**,43. Mt 26,47-56; Lc 22,47-53; Jo 18,2-12 | 50. Zc 13,7 | 53. Mt 26,57-68; Lc 22,54-71; Jo 18,13s | 58. 15,29; Jo 2,19 | 61. Lc 23,9 | 62. 13,26; Sl 110,1; Dt 7,13 | 66. Mt 26,69-75; Lc 22,56-62; Jo 18,15-27 | 71. 14,30

† **14**,52. Este moço parece ser o próprio Marcos, que, aliás, é o único evangelista a contar este detalhe. | 55. O Sinédrio, assembleia composta de 71 membros das famílias sacerdotais e presidida pelo sumo sacerdote, era a máxima autoridade religiosa. | 62. Ver a nota em Mt 26,64.

15 **Processo diante de Pilatos.** 1Logo de manhã, os sumos sacerdotes* reuniram-se em conselho com os anciãos, os escribas e todo o Sinédrio. Depois, amarrando Jesus, levaram-no e o entregaram a Pilatos†.

2Pilatos o interrogou: "Tu és o rei dos judeus?" Jesus respondeu: "Tu o disseste". 3Os sumos sacerdotes multiplicavam as acusações contra ele. 4Pilatos de novo o interrogou: "Nada respondes?* Olha de quantas coisas eles te acusam!" 5Mas Jesus não respondeu mais nada*, de sorte que Pilatos ficou admirado.

6Em cada Festa, ele costumava libertar um preso*, aquele que pedissem. 7Ora, estava na prisão um homem chamado Barrabás, preso junto com agitadores, que num tumulto tinham cometido um homicídio. 8Tendo subido, a multidão começou a pedir o favor que lhes costumava fazer. 9Pilatos respondeu: "Quereis que vos solte o rei dos judeus?" 10Bem sabia, com efeito, que era por inveja* que os sumos sacerdotes o tinham entregado. 11Mas os sumos sacerdotes incitaram a multidão para pedir que ele soltasse antes Barrabás. 12Pilatos, tomando outra vez a palavra, dizia-lhes: "Que devo fazer, então, desse que chamais* de rei dos judeus?" 13Mas eles gritaram de novo: "Crucifica-o!" 14Pilatos lhes disse: "Mas que mal fez ele?" Eles, porém, gritavam mais forte: "Crucifica-o!" 15Pilatos, querendo contentar a multidão, soltou-lhes Barrabás e, depois de fazer açoitar Jesus, entregou-o para ser crucificado†.

A coroação de espinhos. 16Os soldados o levaram para dentro do palácio*, para o Pretório, e reuniram todo o batalhão. 17Revestiram-no de púrpura, fizeram uma coroa de espinhos e puseram-na em sua cabeça. 18Começaram depois a saudá-lo: "Salve, rei dos judeus!" 19Batiam-lhe na cabeça com uma cana, cuspiam nele e, de joelhos, o homenageavam. 20Depois de haverem zombado dele, tiraram-lhe a púrpura e o vestiram com suas roupas.

A via-sacra. Depois o levaram para fora, para o crucificar. 21Para carregar sua cruz, chamaram Simão Cireneu*, pai de Alexandre e Rufo, que estava passando por ali, voltando do sítio. 22Levaram Jesus para o lugar chamado Gólgota, que quer dizer "Lugar do Crânio". 23Eles lhe ofereciam vinho* misturado com mirra, mas ele não tomou†.

Jesus na cruz. 24Depois o crucificaram e dividiram suas vestes, decidindo pela sorte o que caberia a cada um. 25Era a hora terceira† quando o crucificaram. 26A inscrição que indicava o motivo de sua condenação dizia: "O rei dos judeus". 27Junto com ele crucificaram dois ladrões*, um à direita, outro à esquerda†.

29Os que passavam por lá o injuriavam, balançando a cabeça e dizendo: "Ah! tu que destróis o templo* e o reconstróis em três dias, 30salva-te a ti mesmo, descendo da cruz!" 31Da mesma forma os sumos sacerdotes e os escribas zombavam dele entre si, dizendo: "Salvou os outros e não pode salvar a si mesmo! 32Desça agora da cruz o Cristo, rei de Israel, para nós vermos e acreditarmos!" Até mesmo aqueles que tinham sido crucificados junto com ele o injuriavam.

Morte de Jesus. 33À hora sexta*, a escuridão cobriu toda a terra,† até a hora

* **15**,1. Mt 27,1s; Lc 23,1-5; Jo 18,28-38 | 4. Is 53,7 | 5. Lc 23,9 | 6. Mt 27,15-26; Lc 23,13-25; Jo 18,39; 19,1-16 | 10. At 3,14 | 12. At 13,28 | 16. Mt 27,27-31; Jo 19,2s; Lc 23,11 | 21. Mt 27,32-44; Lc 23,26-43; Jo 19,17-27 | 23. Sl 69,71; Sl 22,19 | 27. Is 53,12 | 29. Sl 22,8; Lm 2,15; Jo 2,19 | 33. Mt 27,45-56; Lc 23,44-49; Jo 19,28ss; Sl 22,2

† **15**,1. Pôncio Pilatos, procurador romano que governou a Judeia de 26 a 36 dC, residia em Cesareia marítima, porém, subia a Jerusalém para as festas. | 15. Os primeiros cristãos reduziram ao mínimo a intervenção dos romanos na morte de Jesus, fazendo recair a responsabilidade sobre os chefes judeus. | 23. Bebida que se oferecia aos condenados, para inebriá-los, aliviando seus tormentos. | 25. Cerca de 9 horas da manhã. | 27. Alguns manuscritos acrescentam aqui como v. 28: "E cumpriu-se a Escritura que diz: E ele foi contado entre os malfeitores", Lc 22,37. | 33. Trevas misteriosas, como nas descrições proféticas dos grandes castigos divinos, Is 13,10; Jr 15,9; Am 8,9. Hora sexta é meio-dia; hora nona é 3 da tarde.

nona. 34À hora nona, Jesus gritou com voz forte: "Eloí, Eloí, lema sabachtani?" Isto quer dizer: "Meu Deus, meu Deus, por que me abandonastes?" 35Alguns dos circunstantes, ouvindo-o, disseram: "Ele está chamando Elias!" 36Alguém correu* a embeber de vinagre uma esponja e, colocando-a na ponta de uma vara, oferecia-lhe para beber, dizendo: "Esperai, vamos ver se Elias vem descê-lo!" 37Jesus então, dando um grande grito, expirou.

38A cortina do templo rasgou-se de alto a baixo* em duas partes†. 39O centurião que estava diante dele, vendo como havia expirado, disse: "Na verdade, este homem era filho de Deus!"†

O sepultamento. 40Estavam ali também algumas mulheres*, que olhavam de longe. Entre elas estavam Maria Madalena, Maria, mãe de Tiago, o Menor, e de José, e Salomé, 41que o seguiam e estavam a seu serviço quando ele se achava na Galileia. E muitas outras ainda que tinham subido com ele a Jerusalém.

42Caindo a tarde* e como era a Preparação da Páscoa, quer dizer, a véspera do sábado, 43José de Arimateia, membro importante do Conselho, que também esperava o Reino de Deus, teve a coragem de ir até Pilatos e pediu o corpo de Jesus. 44Pilatos admirou-se de que ele já estivesse morto e, chamando o centurião, perguntou se ele já tinha morrido há muito tempo. 45Informado pelo centurião, mandou entregar o corpo a José. 46Este, comprando um lençol, desceu Jesus da cruz e, envolvendo-o no lençol, colocou-o num sepulcro* escavado na rocha. Depois rolou uma pedra na entrada do sepulcro. 47Maria Madalena e Maria, mãe de José, estavam observando onde ele foi colocado.

16 **Ressurreição de Jesus.** 1Passado o sábado, Maria Madalena*, Maria, mãe de Tiago, e Salomé compraram aromas para irem embalsamar o corpo de Jesus. 2E no primeiro dia da semana†, foram muito cedo ao sepulcro, ao nascer do sol.

3Diziam entre si: "Quem vai remover para nós a pedra da entrada do sepulcro?" 4Mas, erguendo os olhos, viram já removida a pedra, que era muito grande. 5Entrando no sepulcro, viram um jovem* sentado do lado direito, vestido de uma túnica branca, e ficaram cheias de espanto. 6Ele disse-lhes: "Não vos assusteis! Estais procurando Jesus de Nazaré, que foi crucificado. Ele ressuscitou! Não está aqui! Vede o lugar onde o depositaram. 7Mas ide e dizei a seus discípulos e a Pedro que ele vos precede na Galileia. Lá o vereis*, como vos disse". 8E, saindo, elas fugiram do sepulcro, pois estavam trêmulas e espantadas. E a ninguém disseram coisa alguma, porque tinham medo...

As aparições do Ressuscitado†. 9Tendo Jesus ressuscitado na manhã* do primeiro dia da semana, apareceu primeiro a Maria Madalena, da qual havia expulsado sete demônios. 10Ela foi

---

* **15**,36. Sl 69,21 | 38. Hb 10,19s | 40. Lc 8,2s | 42. Mt 27,57-61; Lc 23,50-56; Jo 19,32-42 | 46. At 13,29
16,1. 15,40; Mt 28,1-8; Lc 24,1-12; Jo 20,1-10 | 5. Ap 7,9.13 | 7. 14,28; Mt 26,32 | 9. Mt 28,8ss; Jo 20,11-18

† **15**,38. A cortina que se rasga e a proclamação do centurião são um apelo à missão entre os gentios. | 39. O centurião, embora seja pagão, já parece iluminado pela fé ao dar esse testemunho solene da grandeza de Jesus enquanto ele era rejeitado e sentenciado. Aqui a expressão "filho de Deus" ainda não é uma afirmação da divindade de Jesus. Mas à luz do Mistério Pascal e com a graça do Espírito Santo, os discípulos perceberam que ele se dizia "Filho" num sentido único, sugerindo sua origem celeste. Suscitar esta fé em Jesus, Filho de Deus, é o objetivo de toda a pregação apostólica e do Evangelho de Marcos, 1,1; Jo 20,31. | **16**,2. É o dia seguinte ao sábado, ou seja, nosso domingo, palavra que significa "dia do Senhor". Justamente porque a ressurreição foi num domingo é que os cristãos guardam o domingo em vez do sábado, costume que teve início logo nos primeiros anos do cristianismo, At 20,7; 1Cor 16,2; Ap 1,10. | 9. Esta conclusão do Evangelho, vv. 9-20, não parece ser do próprio Marcos, mas não deixa de ser inspirada e é parte integrante da Bíblia. Aí temos um resumo das aparições do Ressuscitado, que são narradas mais longamente nos outros Evangelhos, e descreve-se a ascensão de Jesus com sua despedida e a ordem de evangelizar o mundo inteiro.

dar a notícia aos que tinham sido seus
companheiros, e que estavam aflitos
e choravam. [11]E estes, ouvindo contar
que ele estava vivo e que ela o tinha
visto, não creram nela.
[12]Depois disso, apareceu sob outra
forma, a dois deles*, enquanto cami-
nhavam para uma aldeia. [13]Eles volta-
ram e o anunciaram aos outros, mas
tampouco a estes deram crédito.

Jesus envia os apóstolos. [14]Finalmen-
te, apareceu aos próprios Onze*, quan-
do estavam à mesa, e repreendeu-os
por sua incredulidade e dureza de co-
ração, porque não tinham acreditado
naqueles que o viram ressuscitado. [15]E
disse-lhes: "Ide pelo mundo inteiro e
proclamai o Evangelho a toda criatura!
[16]Quem crer e for batizado será salvo.
Quem não crer será condenado. [17]Es-
tes são os sinais que acompanharão os
que creem: em meu nome expulsarão
demônios, falarão línguas novas, [18]pe-
garão em serpentes e nada sofrerão se
beberem algum veneno, imporão as
mãos sobre os doentes e estes ficarão
curados".
[19]O Senhor Jesus*, depois de lhes fa-
lar assim, foi elevado ao céu e sentou-
-se à direita de Deus. [20]Os apóstolos
partiram e pregaram por toda a parte*.
O Senhor cooperava com eles e con-
firmava a Palavra com os sinais que a
acompanhavam.

* **16**,12. Lc 24,13-35 | 14. Mt 28,16-20; Lc 24,36-49; Jo 20,19-23; At 1,6ss | 19. Lc 24,50-53; At 1,9ss; 2Rs 2,11; Sl 110,1 | 20. At 14,3; Hb 2,3s

EVANGELHO SEGUNDO LUCAS

O Evangelho de São Lucas, escrito em torno do ano 70, é a primeira parte de uma obra em dois volumes que conta as origens do cristianismo. O primeiro volume, mencionado em At 1,1, é este Evangelho, mensagem sobre Jesus, sua vida e sua obra de salvação. O segundo (que retoma a narração onde terminara o anterior, a saber, na ascensão de Jesus), é o livro dos Atos dos Apóstolos, onde são descritos os primeiros passos da Igreja fundada por Jesus, sobretudo a atividade dos apóstolos Pedro e Paulo.

O autor escreveu com grande preocupação de fidelidade histórica. Para isso pesquisou tudo quanto já tinha sido escrito sobre Jesus – inclusive o Evangelho de Marcos – e procurou obter das pessoas que conheceram o Mestre informações complementares; pelos relatos que aparecem no Evangelho da infância (Lc 1–2) podemos supor que Nossa Senhora foi uma das pessoas consultadas.

Devido a esta riqueza de fontes, Lucas pôde apresentar muitas secções próprias. Se não fosse seu trabalho de pesquisador, talvez ficassem perdidas para sempre algumas joias literárias como a parábola do fariseu e do publicano, a do filho pródigo e certos episódios como o dos discípulos de Emaús, que constam apenas no terceiro Evangelho.

Em suas grandes linhas, o plano de Lucas é o mesmo de Marcos, baseado em critérios de ordem geográfica. Conforme os lugares evangelizados por Jesus, o Evangelho começa na Galileia (4,14–9,50) e termina em Jerusalém (19,28–24,53), para onde Jesus se encaminha numa longa jornada (9,51–19,27), que "é mais uma peregrinação espiritual do que um itinerário geográfico" (C. Stuhlmueller).

São Lucas, autor deste Evangelho, não pertence aos Doze, mas foi discípulo deles e conviveu por muitos anos com São Paulo, a quem acompanhou desde a segunda viagem missionária (At 16,10) até a morte do Apóstolo (2Tm 4,11). Em Cl 4,14 São Lucas é chamado de médico amado. Natural de Antioquia, era possuidor de boa cultura, o que transparece em sua linguagem acurada. Sua obra foi editada após a de Marcos e ao mesmo tempo que a de Mateus. Isto é, por volta do ano 70. Destina-se aos gentios convertidos, daí seu caráter universalista e a maneira simpática de se referir aos não judeus. Outra categoria pela qual o autor manifesta predileção são os pobres, os humildes, as mulheres, que a civilização judaica desprezava. Apresenta Jesus como aquele que corresponde aos anseios de libertação de todas as classes oprimidas. Por isso, a característica principal do Salvador no retrato de Lucas é a misericórdia. Ao mesmo tempo, porém, o Reino de Deus é descrito como algo absoluto e exigente, pelo qual se renuncia a tudo (14,33).

A influência de Paulo é perceptível em outros temas preferidos por Lucas: o Espírito Santo, cuja presença se observa desde o Evangelho da infância, e que terá uma atuação marcante no começo da Igreja, como narra o livro dos Atos; a alegria e o louvor a Deus, referidos nas últimas frases do Evangelho e também presentes desde suas primeiras páginas; a oração, tema de várias parábolas, e atitude na qual Jesus é apresentado em diversas ocasiões, como no batismo (Lc 3,21) e na transfiguração (9,29). Finalmente, o centro de todo o Evangelho parece ser Jerusalém, em sua condição de Cidade Santa e cenário do mistério da Cruz: lá se desenrolam os primeiros como também os últimos episódios desta história e é para lá que Jesus caminha através da longa viagem, que constitui a parte mais volumosa da obra (9,51–19,27).

---

1 **Prólogo.** 1 Muitos já se lançaram à
tarefa de compor a narração dos
fatos que entre nós se cumpriram, 2 de
acordo com o que nos transmitiram
aqueles que, desde o início*, foram testemunhas oculares e ministros da Palavra.
3 Assim, excelentíssimo Teófilo*, depois de me haver informado cuidadosamente de tudo desde o princípio, resolvi
escrever para ti uma exposição ordenada dos fatos,
4 para conheceres melhor a
solidez da doutrina que recebeste.

---

* **1**,2. At 1,8; Jo 15,27 | 3. At 1,1

† **1**. O Evangelho começa contando, em trechos paralelos, duas infâncias: a de João Batista e a de Jesus. Numa linguagem calcada sobre o AT, Lc 1–2 anuncia a chegada do Salvador, que cumpre as promessas de Deus e realiza as esperanças dos humildes. E no livro dos Atos, Lucas vai narrar uma outra infância, a da Igreja, Corpo de Cristo, Cl 1,18.

I. INFÂNCIA DE JOÃO BATISTA E DE JESUS (1,5–2,52)†

Anúncio do nascimento de João Batista. 5No tempo de Herodes, rei da Judeia, havia um sacerdote chamado Zacarias, pertencente à classe de Abias; sua mulher era uma descendente de Aarão e chamava-se Isabel. 6Ambos eram justos diante de Deus e seguiam fielmente todos os mandamentos e preceitos do Senhor. 7Mas não tinham filhos*, porque Isabel era estéril, e os dois eram de idade avançada. 8Ora, quando Zacarias estava exercendo as funções sacerdotais diante de Deus*, ao chegar a vez de sua classe, 9ele foi sorteado segundo o costume dos sacerdotes, para entrar no santuário do Senhor e lá oferecer o incenso. 10Toda a multidão do povo estava em oração, lá fora, no momento de se oferecer o incenso. 11Apareceu-lhe então um anjo do Senhor,* de pé, à direita do altar do incenso. 12Ao vê-lo, Zacarias ficou assustado e cheio de medo. 13Mas o anjo lhe disse: "Não tenhas medo, Zacarias, porque tua oração foi atendida: Isabel, tua esposa, vai te dar um filho, a quem darás o nome de João. 14Ficarás feliz e radiante, e muitos se alegrarão quando ele nascer. 15Porque ele será grande diante do Senhor; não tomará vinho* nem qualquer bebida forte; desde o seio de sua mãe será cheio do Espírito Santo 16e reconduzirá muitos filhos de Israel ao Senhor, seu Deus. 17Caminhará diante dele com o espírito e o poder de Elias, para reconduzir o coração dos pais aos filhos* e os rebeldes à sabedoria dos justos, a fim de preparar para o Senhor um povo bem disposto". 18Zacarias disse ao anjo: "Como terei certeza disto?* Pois sou velho e minha mulher é de idade avançada". 19Respondeu-lhe o anjo:* "Eu sou Gabriel. Estou sempre diante de Deus, e fui enviado para te falar e anunciar* esta boa nova. 20Ficarás mudo e sem poder falar até o dia em que se realizarem estas coisas, já que não acreditaste em minhas palavras, que hão de cumprir-se a seu tempo"*. 21Entretanto, o povo esperava Zacarias, estranhando sua demora no santuário. 22Mas quando saiu, não lhes podia falar, e compreenderam que tivera uma visão no santuário. Quanto a ele, fazia-lhes sinais, continuando mudo.

23Completados os dias de seu ministério, ele voltou para casa. 24Algum tempo depois, sua esposa Isabel concebeu e ficou escondida por cinco meses. 25"Assim – dizia ela – agiu o Senhor em meu favor*, no tempo em que se dignou acabar com a humilhação que eu sofria entre o povo".

Anúncio do nascimento de Jesus. 26No sexto mês*, o anjo Gabriel foi enviado por Deus a uma cidade da Galileia, chamada Nazaré, 27a uma virgem, noiva de um homem, de nome José, da casa de Davi*; a virgem chamava-se Maria†. 28Entrando onde ela estava, disse-lhe o anjo: "Alegra-te, ó cheia de graça, o Senhor é contigo"†. 29Ao ouvir tais palavras, Maria ficou confusa e começou a pensar o que significaria aquela saudação. 30Disse-lhe o anjo: "Não tenhas medo, Maria*, porque Deus se mostra bondoso para contigo. 31Conceberás em teu seio e darás à luz um filho e lhe porás o nome de Jesus. 32Ele será grande e será chamado Filho do Altíssimo. O Senhor Deus lhe dará

---

* **1**,7. Gn 18,11; Jz 13,2ss; 1Sm 1,5s | 8. Êx 30,7 | 11. Mt 1,20 | 15. Nm 6,3; Jz 13,4s; 1Sm 1,11 | 17. Ml 3,1; Mt 17,12s | 18. Gn 15,8 | 19. Dn 8,16; 9,21 / Hb 1,14 | 20. 1,45 | 25. Gn 30,23 | 26. 2,5 | 27. Mt 1,16.18 | 30. Gn 16,11; Jz 13,3; Is 7,14; Mt 1,21ss

† **1**,27. "Maria, virgem Mãe de Deus, é a obra-prima da missão do Filho e do Espírito Santo na plenitude dos tempos. Pela primeira vez no plano da salvação e porque seu Espírito a preparou, o Pai encontra a Morada em que seu Filho e seu Espírito podem habitar entre os homens. É por isso que a Tradição da Igreja muitas vezes leu, com relação a Maria, os mais belos textos sobre a Sabedoria (Pr 8,1-9,6; Eclo 24). Maria é louvada na Liturgia como o 'trono da Sabedoria'" (CIC). | 28. Na Anunciação, Maria representa o povo de Deus que acolhe a salvação; por isso, a saudação do anjo repete as palavras proféticas dirigidas à Filha de Sião, à nova Jerusalém, Sf 3,14s; Zc 9,9.

o trono de Davi, seu pai, [33]e ele reinará para sempre na casa de Jacó*. E seu reino não terá fim". [34]Maria, porém, perguntou ao anjo: "Como será isto, se eu não vivo com um homem?" [35]Respondeu-lhe o anjo: "O Espírito Santo descerá sobre ti e a força do Altíssimo te cobrirá com sua sombra. Por isso, o Santo que vai nascer será chamado Filho de Deus. [36]Isabel, tua parenta, também ela concebeu um filho em sua velhice e está no sexto mês aquela que era chamada estéril, [37]porque nada é impossível* para Deus". [38]Disse então Maria: "Eis aqui a serva do Senhor†, faça-se em mim segundo tua palavra"†. E o anjo retirou-se de sua presença.

Maria visita Isabel. [39]Naqueles dias, Maria partiu em viagem, indo às pressas para a região montanhosa, para uma cidade da Judeia. [40]Entrou na casa de Zacarias e cumprimentou Isabel. [41]Logo que Isabel ouviu a saudação de Maria*, o menino saltou em seu seio, e Isabel ficou cheia do Espírito Santo [42]e exclamou em alta voz: "Tu és bendita entre as mulheres* e bendito é o fruto de teu ventre![43] Como me é dado que venha a mim a mãe de meu Senhor? [44]Pois assim que chegou a meus ouvidos a voz de tua saudação, o menino saltou de alegria em meu seio. [45]Bem-aventurada aquela que acreditou que se cumpriria o que lhe foi dito da parte do Senhor!"*

O Magnificat†. [46]Disse então Maria:

"Minha alma engrandece o Senhor
[47]e meu espírito se alegra em Deus, meu Salvador*,
[48]porque Ele olhou para sua humilde serva*;
pois daqui em diante todas as gerações proclamarão que sou feliz!
[49]Porque o Todo-Poderoso fez por mim grandes coisas*
e santo é seu nome.
[50]De geração em geração se estende sua misericórdia*
sobre aqueles que o temem.
[51]Demonstrou o poder de seu braço*
e dispersou os que pensam com soberba.
[52]Derrubou os poderosos de seus tronos*
e elevou os humildes.
[53]Enriqueceu de bens os famintos*
e despediu os ricos de mãos vazias.
[54]Socorreu seu servo Israel*,
lembrando-se de sua misericórdia,
[55]como havia prometido a nossos pais*,
em favor de Abraão e de seus filhos para sempre".

[56]Maria ficou com Isabel uns três meses e depois voltou para casa.

Nascimento de João Batista. [57]Quanto a Isabel, chegou seu tempo de dar à luz e ela teve um filho. [58]Seus vizinhos e parentes ficaram sabendo que o Senhor lhe concedera esta grande graça e foram participar de sua alegria.

[59]Oito dias depois*, vieram circuncidar o menino* e queriam chamá-lo Zacarias, que era o nome do pai; [60]mas sua mãe respondeu: "Não, ele se chamará João!" [61]Disseram-lhe: "Mas não há ninguém em tua família* com este nome!" [62]E por meio de gestos perguntaram ao pai* como queria que o chamassem. [63]Ele pediu uma tabuinha e escreveu: "João é seu nome". E todos ficaram admirados. [64]Na mesma hora sua boca se abriu, a língua se soltou e ele se pôs a falar, bendizendo a Deus. [65]Todos os seus vizinhos ficaram cheios de temor*, e por toda a montanha da

---

* **1**,33. Is 9,7; 2Sm 7,12-15; Mq 4,7; Dn 7,14 | 37. Gn 18,14 | 41. 1,15 | 42. Jt 15,10; Dt 28,4 | 45. 1,20 | 47. 1Sm 2,1-10 | 48. 1Sm 1,11 | 49. Sl 111,9 | 50. Sl 103,13.17 | 51. Sl 89,22; 2Sm 22,28 | 52. Jó 5,11; 12,19 | 53. Sl 107,9 | 54. Sl 98,3; Is 41,8 | 55. Mq 7,20; Gn 17,7; 22,17 | 59. 2,21 / Gn 17,12 | 61. Lv 12,3 | 62. 1,13 | 65. 7,16

† **1**,38. Na fé de sua humilde serva, o dom de Deus encontra o acolhimento que esperava desde o começo dos tempos. Aquela que o Todo-Poderoso tornou cheia de graça responde pela oferenda de todo o seu ser: "Faça-se". É toda dele porque Ele é todo nosso. / Os Santos Padres disseram que o nó da desobediência de Eva foi desatado pela obediência de Maria; o que a virgem Eva atou pela incredulidade, a virgem Maria desatou pela fé. | 46. Este hino é chamado "Magnificat", palavra com que ele começa na versão latina. Aí está "o espelho da alma de Maria, o prelúdio do Sermão da Montanha". Todo tecido de citações dos Salmos e dos Profetas, esse hino "proclama que a salvação de Deus tem muito a ver com a justiça para com os pobres" (Puebla). "É a revolução divina da esperança" (L. Boff).

Judeia se contavam todos esses fatos.
66Todos os que ouviam isso, guarda-
vam tudo no coração, perguntando:
"Que virá a ser este menino?" De fato, a
mão do Senhor estava com ele.

O Benedictus†. 67Então seu pai Zaca-
rias, cheio do Espírito Santo, começou
a profetizar, dizendo:

68"Bendito seja o Senhor, Deus de
Israel,
porque visitou e libertou seu povo,
69e fez surgir para nós um Salvador
poderoso
na casa de Davi, seu servo,
70conforme tinha anunciado pela
boca de seus santos,
os antigos profetas,
71para nos salvar de nossos inimigos*
e de todos os que nos odeiam.
72Mostra assim misericórdia a nossos
pais*
e lembra-se de sua santa aliança,
73do juramento que fez a Abraão,
nosso pai*,
74de nos conceder que, sem temor
e livres de nossos inimigos,
75o sirvamos em santidade e justiça,
diante dele, por toda a nossa vida.
76E tu, menino, serás chamado profe-
ta do Altíssimo*,
porque irás à frente do Senhor
para preparar seus caminhos,
77para revelar a seu povo a salvação,
pela remissão dos pecados;
78graças à ternura e à misericórdia de
nosso Deus*,
nos visitará um sol que vem do alto,
79para iluminar os que jazem nas tre-
vas e na sombra da morte,
a fim de guiar nossos passos no ca-
minho da paz".

80Entretanto o menino crescia*, e se
fortalecia seu espírito. E morou no de-
serto até o dia em que devia manifes-
tar-se a Israel.

2 **Nascimento de Jesus.** 1Naqueles
dias foi promulgado um decreto
de César Augusto*, determinando o re-
censeamento do mundo inteiro. 2Este
recenseamento, o primeiro que se fez,
foi efetuado quando Quirino governa-
va a Síria. 3E todos iam alistar-se, cada
um em sua cidade. 4Também José su-
biu de Nazaré, na Galileia, para a cida-
de de Davi, chamada Belém, na Judeia*,
porque era da casa e da família de Davi,
5a fim de alistar-se juntamente com
Maria, sua esposa, que estava grávida.
6Enquanto estavam lá, completaram-se
os dias da gestação. 7E Maria deu à luz
seu filho primogênito†; envolveu-o em
faixas e o deitou num presépio, porque
não havia lugar para eles na hospeda-
ria.

8Havia na mesma região pastores
que estavam nos campos e guarda-
vam seu rebanho no decorrer da noite.
9Apresentou-se junto deles um anjo do
Senhor, e a glória do Senhor os envol-
veu de luz; ficaram com muito medo,
10mas o anjo lhes disse: "Não tenhais
medo, pois vos anuncio uma grande
alegria, que será para todo o povo:
11Hoje, na cidade de Davi, nasceu para
vós um Salvador, que é o Cristo Senhor.
12Isto vos servirá de sinal: encontrareis
um menino envolto em faixas e deitado
num presépio". 13No mesmo instante,
juntou-se ao anjo grande multidão do
exército celeste, louvando a Deus e di-
zendo:

14"Glória a Deus nas alturas*
e paz na terra aos homens por ele
amados"†.

15Quando os anjos os deixaram, vol-
tando para o céu, os pastores disseram
entre si: "Vamos até Belém, para ver
o que aconteceu e que o Senhor nos
deu a conhecer". 16Os pastores foram
depressa e encontraram Maria, José e

---

* **1**,71. Sl 106,10.45 | 72. Sl 105,8s | 73. Gn 17,7; 22,16s; Lv 26,42; Tt 2,12 | 76. Is 40,3; Ml 3,1; Mt 3,3 | 78. Is 9,2; 58,8; 60,1; Mt 4,16 | 80. 2,40 | **2**,1. Mt 1,18-25 | 4. Mq 5,1; Mt 2,1ss; Jo 7,42 | 14. 19,38

† **1**,67. O nome desse hino é sua primeira palavra na versão latina. Suas expressões e imagens são tiradas dos Profetas e anunciam a paz, ou seja, a felicidade perfeita, que o Salvador trouxe à humanidade, nascendo como um Sol anunciador de esperança, v. 78. | **2**,7. Jesus é chamado primogênito, não porque Maria tivesse tido outros filhos, mas porque, como primeiro filho, devia ser consagrado ao Senhor, Lc 2,23. | 14. Homens que Deus ama, pelos quais Deus tem carinho e mostra sua "boa vontade". "Homens de boa vontade" tornou-se uma expressão consagrada, mas é tradução inexata.

o menino deitado no presépio. 17Quan-
do o viram, contaram o que lhes fora
dito a respeito daquele menino. 18E to-
dos os que ouviam se admiravam das
coisas* que lhes diziam os pastores.
19Maria, porém, conservava todas estas
recordações, meditando-as em seu co-
ração†. 20Depois, os pastores voltaram
glorificando e louvando a Deus por
tudo o que tinham ouvido e visto, con-
forme o que lhes fora dito.

O nome de Jesus†. 21Passados oito dias,
quando o menino devia ser circuncida-
do*, deram-lhe o nome de Jesus, con-
forme fora indicado pelo anjo, antes de
ser concebido no seio materno.

Apresentação no templo. 22E quando
se completaram os dias para eles se
purificarem, segundo a lei de Moisés,
levaram-no a Jerusalém, para apre-
sentá-lo ao Senhor, 23conforme o que
está escrito na lei do Senhor:* "Todo
primogênito do sexo masculino seja
consagrado ao Senhor"*; 24e para ofe-
recer em sacrifício, como se prescreve
na lei do Senhor, um par de rolas ou
dois pombinhos.

Cântico de Simeão. 25Havia em Jeru-
salém* um homem chamado Simeão.
Era justo e piedoso; esperava a conso-
lação de Israel e o Espírito Santo estava
nele. 26Fora-lhe revelado pelo Espírito
Santo que não morreria antes de ver o
Messias do Senhor. 27Movido pelo Es-
pírito, dirigiu-se ao templo e, quando
os pais levaram o menino Jesus para
cumprirem as prescrições da lei a seu
respeito, 28ele o tomou nos braços e
louvou a Deus, dizendo:

29"Agora, Senhor, podeis deixar ir em
paz vosso servo,
conforme vossa palavra,
30porque meus olhos viram vossa
salvação*,
31que preparastes diante de todos os
povos,
32luz para iluminar as nações e glória
de Israel, vosso povo"*.

Profecia de Simeão. 33Seu pai e sua
mãe estavam maravilhados com as
coisas que dele se diziam. 34Simeão os
abençoou* e disse a Maria, sua mãe:
"Este menino vai causar a queda e a
elevação de muitos em Israel; ele será
um sinal de contradição; 35a ti própria,
uma espada te traspassará a alma†,
para que se revelem os pensamentos
de muitos corações".

A profetisa Ana. 36Havia lá também
uma profetisa chamada Ana, filha de
Fanuel, da tribo de Aser. Era de idade
muito avançada. Após sua virgindade,
vivera sete anos com seu marido, 37fi-
cou viúva e atingiu a idade de oitenta e
quatro anos. Não se apartava do tem-
plo, servindo a Deus noite e dia*, com
jejuns e orações. 38Chegando naquela
mesma hora, ela se pôs a bendizer a
Deus e a falar do menino a todos os
que esperavam* a libertação de Jeru-
salém†.

Volta a Nazaré. 39Depois de haverem
cumprido* todas as prescrições da lei
do Senhor, voltaram para a Galileia, a
sua cidade de Nazaré. 40O menino, en-
tretanto, ia crescendo e se fortificava*,
enchendo-se de sabedoria. E a graça
de Deus estava sobre ele.

O menino Jesus em Jerusalém. 41Os
pais de Jesus iam todos os anos a Jeru-
salém* para a festa da Páscoa. 42Quan-
do ele tinha doze anos, subiram para
lá, como era costume na festa. 43Passa-
dos os dias da festa, quando estavam
voltando, ficou em Jerusalém o meni-
no Jesus, sem que seus pais o notas-
sem. 44Pensando que ele estivesse na
caravana, fizeram o percurso de um

* **2**,18. 2,51 | 21. Gn 17,12; Lv 12,3.6; Mt 1,21; 1,31.59 | 23. Êx 13,2 / Lv 12,8 | 25. Is 40,1; 49,13 | 30. 3,6; Is 40,5; 52,10; Tt 2,11 | 32. Is 42,6; 46,13; 49,6 | 34. Is 8,14; 1Pd 2,8 | 37. 1Tm 5,5 | 38. Is 52,9 | 39. Mt 2,23 | 40. 1,80; 2,52 | 41. Êx 12,24ss; Dt 16,1-8

† **2**,19. "Coração" aqui e no v. 51 significa memória, afeto, consideração. | 21. "Jesus" significa Javé salva. Seu nome é o único que contém a promessa que exprime. Todo aquele que invoca seu nome, acolhe o Filho de Deus que o amou e por ele se entregou, Rm 10,13; At 2,21; 3,15-16; Gl 2,20. | 35. O Salvador será rejeitado pela maioria do povo, será perseguido e morto pelos seus. Tudo isso vai doer no coração de sua Mãe e esta sua dor está aqui simbolizada pela espada. | 38. "Com Simeão e Ana é toda a espera de Israel que vem ao encontro de seu Salvador" (CIC).

dia inteiro. Depois o procuraram entre os parentes e conhecidos, 45e, não o encontrando, voltaram a Jerusalém a sua procura. 46Depois de três dias o encontraram no templo, sentado no meio dos doutores, ouvindo-os e interrogando-os. 47Todos os que o ouviam estavam maravilhados com sua sabedoria e com suas respostas. 48Quando seus pais o viram, ficaram muito emocionados. E sua mãe lhe perguntou: "Filho, por que fizeste isso conosco? Teu pai e eu te procurávamos, cheios de aflição..." 49Jesus respondeu-lhes: "Por que me procuráveis? Não sabíeis que devo estar naquilo que é de meu Pai?"† 50Mas eles não compreenderam o que lhes dizia. 51Desceu com eles e foi para Nazaré, e lhes era submisso†. Sua mãe conservava todas estas recordações* em seu coração. 52Jesus ia crescendo em sabedoria, estatura e graça diante de Deus e dos homens.

II. MINISTÉRIO DE JOÃO BATISTA (3)

3 **A pregação de João Batista.** 1No ano décimo quinto do império* de Tibério César†, sendo Pôncio Pilatos, governador da Judeia; Herodes, tetrarca da Galileia; Filipe, seu irmão, tetrarca da região da Itureia e da Traconítide; e Lisânias, tetrarca de Abilene; 2sendo sumos sacerdotes Anás e Caifás, a palavra de Deus foi dirigida a João, filho de Zacarias, no deserto. 3E ele percorreu toda a região do Jordão*, anunciando um batismo de penitência, para a remissão dos pecados, 4conforme está escrito no livro dos oráculos do profeta Isaías:*

"Voz do que clama no deserto:
Preparai o caminho do Senhor!
Retificai suas estradas!
5Todo vale será aterrado,
todo monte e colina serão rebaixados,
os caminhos tortuosos serão endireitados,
os ásperos, aplainados,
6e toda criatura verá a salvação de Deus".

7E dizia às multidões* que vinham para ser por ele batizadas: "Raça de víboras! Quem vos ensinou a fugir da ira que está chegando? 8Produzi, então, frutos que demonstrem conversão e não comeceis a dizer dentro de vós mesmos: 'Abraão é nosso pai!'* Porque eu vos digo que até mesmo destas pedras Deus é capaz de fazer nascer filhos de Abraão! 9O machado já está encostado* no pé das árvores; e toda árvore que não produzir bom fruto será cortada e jogada no fogo". 10E as multidões o interrogavam, dizendo: "Que devemos, então, fazer?"* 11João respondia: "Aquele que tem duas túnicas reparta com quem não tem; e o que tem alimentos faça o mesmo"†.

12Vieram também publicanos* para serem batizados e lhe perguntaram: "Mestre, que devemos fazer?" 13Respondeu-lhes: "Não exijais nada além do que vos está determinado". 14Também uns soldados o interrogavam, dizendo: "E nós, que precisamos fazer?" Disse-lhes: "Não useis de violência com ninguém, não calunieis e contentai-vos com vosso soldo".

15Achava-se o povo em expectativa* e perguntavam todos em seus corações se João não seria o Cristo. 16Mas

---

* **2**,51. 1,80; 2,40; 1Sm 2,26; Pr 3,4 | **3**,1. Mt 3,1-12; Mc 1,1-8; Jo 1,19-28; Jr 1,2; Os 1,1 | 3. At 13,24; 19,4 | 4. Is 40,3ss; Jo 1,23 | 7. 2,30s; At 28,28; Tt 2,11; Mt 23,33 | 8. Jo 8,33.39 | 9. Mt 7,9; Jo 15,6 | 10. 12,33; At 2,37; Is 58,7 | 12. 7,29; Ef 4,28 | 15. Jo 1,19-23; 3,28; At 13,25

† **2**,49. Aos pais, ainda incapazes de entender seu mistério, Jesus declara que Ele tem um outro Pai, para com o qual tem deveres especiais. | 51. "A vida oculta de Jesus em Nazaré permite a todo homem estar unido a Ele nas coisas mais comuns da vida" (CIC). | **3**,1. Citando os nomes dos governantes da época, Lucas quer mostrar que as promessas de salvação se realizam dentro da história dos homens, num momento preciso, que se situa cerca do ano 28 d.C. Jesus tinha então uns 30 anos, v. 23. Portanto, ele nasceu alguns anos antes da era cristã, cujo início só foi fixado no século VI, e com um pequeno erro de cálculo. | 11. A mensagem de João Batista dirige-se a todas as categorias de pessoas, até às mais humildes e desprezadas. Todos têm necessidade de conversão, que as leva a abraçar o caminho da fraternidade e da justiça.

João respondeu, declarando a todos: "Eu vos batizo com água, mas virá aquele que é mais forte do que eu e a quem não sou digno de desatar a correia das sandálias; ele vos batizará com o fogo do Espírito Santo. [17]Traz em sua mão a pá para limpar seu terreiro. Vai guardar o trigo no paiol, mas a palha ele a queimará numa fogueira que não se apaga".

[18]João evangelizava o povo com muitas outras exortações. [19]O tetrarca Herodes*, a quem João repreendera por causa de Herodíades, mulher de seu irmão, e por todas as más ações que havia cometido, [20]acrescentou a todas as outras mais esta: mandou encerrar João na cadeia.

Batismo de Jesus. [21]Quando todo o povo estava sendo batizado*, e quando Jesus recebeu também o batismo e estava rezando, o céu se abriu [22]e o Espírito Santo desceu sobre ele em forma corporal, como uma pomba. Veio, então, uma voz do céu que dizia: "Tu és meu Filho muito amado*; a ti dedico meu afeto".

Antepassados de Jesus. [23]Jesus, ao começar sua vida pública, tinha uns trinta anos. E era, como pensavam, filho de José*, filho de Eli, [24]filho de Matat, filho de Levi, filho de Melqui, filho de Janai, filho de José, [25]filho de Matatias, filho de Amós, filho de Naum, filho de Esli, filho de Nagai, [26]filho de Maat, filho de Matatias, filho de Semein, filho de Josec, filho de Jodá, [27]filho de Joanã, filho de Resa, filho de Zorobabel, filho de Salatiel, filho de Neri, [28]filho de Melqui, filho de Adi, filho de Cosã, filho de Elmadã, filho de Her, [29]filho de Jesus, filho de Eliezer, filho de Jorim, filho de Matat, filho de Levi, [30]filho de Simeão, filho de Judá, filho de José, filho de Jonã, filho de Eliacim, [31]filho de Meleá, filho de Mena, filho de Matatá, filho de Natã, filho de Davi, [32]filho de Jessé*, filho de Obed, filho de Booz, filho de Sala, filho de Naasson, [33]filho de Aminadab, filho de Admin, filho de Arni, filho de Esrom, filho de Farés, filho de Judá, [34]filho de Jacó, filho de Isaac, filho de Abraão*, filho de Taré, filho de Nacor, [35]filho de Sarug, filho de Ragau, filho de Faleg, filho de Héber, filho de Salé, [36]filho de Cainã, filho de Arfaxad, filho de Sem*, filho de Noé, filho de Lamec, [37]filho de Matusalém, filho de Henoc, filho de Jared, filho de Malaleel, filho de Cainã, [38]filho de Enós, filho de Set, filho de Adão*, filho de Deus†.

III. MINISTÉRIO DE JESUS NA GALILEIA (4,1–9,50)

4 **As três tentações.** [1]Jesus, cheio do Espírito Santo*, voltou do Jordão e foi conduzido pelo Espírito ao deserto, [2]onde foi tentado pelo demônio durante quarenta dias. Naqueles dias nada comeu, mas, quando terminaram, teve fome*. [3]Disse-lhe, então, o demônio: "Se és filho de Deus, dize a esta pedra que se transforme em pão". [4]Respondeu-lhe Jesus: "Está escrito: 'Não só de pão vive o homem'"*. [5]E o demônio o conduziu* a um lugar alto, mostrou-lhe num instante todos os reinos da terra [6]e disse-lhe: "Eu te darei todo este poder e a glória destes reinos*, porque me foram entregues e os dou a quem quero. [7]Se, portanto, me adorares, serão tuas todas estas coisas". [8]Respondeu-lhe Jesus: "Está escrito: 'Adorarás o Senhor teu Deus* e só a Ele servirás'". [9]Levou-o depois a Jerusalém, colocou-o sobre o pináculo do templo e disse-lhe: "Se és filho de Deus, lança-te daqui abaixo, [10]pois, está escrito:

* **3**,19. Mt 14,3-11; Mc 6,17ss | 21. Mt 3,13-17; Mc 1,9ss; Jo 1,32ss; | 22. Gn 22,2; Sl 2,7; Is 42,1; 2Pd 1,17 | 23. Mt 1,1-17; Jo 6,42 | 32. 2Sm 5,14; Rt 4,17-22 | 34. Gn 29,35 | 36. Gn 11,10-26 | 38. Gn 5,1-32
4,1. Mt 4,1-11; Mc 1,12s | 2. Hb 4,15 | 4. Dt 8,3 | 5. Mt 28,18 | 6. Ap 13,2.4 | 8. Dt 6,13s | 10. Sl 91,11s

† **3**,38. Esta genealogia tem muitos nomes diferentes dos que aparecem na de Mt 1,16, porque Mt refere a ascendência natural e Lc, a legal. Por ex., em Mt o pai de José é Jacó, em Lc é Eli. Isto se explica pela lei do levirato, Dt 25,5. Mateus, que escreve para os hebreus, começa com Abraão; Lucas, que escreve para os gentios, sobe até Adão e reúne 72 nomes de ascendentes de Jesus; esse número, por seu simbolismo, Gn 10, indica que Jesus incorpora em si toda a humanidade.

'Dará ordem a seus anjos a teu respeito*,
para que te guardem';
11e:
'Eles te transportarão nas mãos,
para que não firas o pé em alguma pedra'".
12Jesus respondeu-lhe: "Foi dito:
'Não tentarás o Senhor teu Deus'"*.
13Terminada toda a tentação, afastou-
-se dele o demônio* até o momento
oportuno†.
Pregação de Jesus em Nazaré. 14Com
a força do Espírito Santo*, voltou Jesus
para a Galileia, e sua fama espalhou-se
por toda a região. 15Ensinava nas sina-
gogas deles e era glorificado por todos.
16Foi a Nazaré, lugar onde tinha sido
criado. No sábado, segundo seu costu-
me, entrou na sinagoga e levantou-se
para fazer a leitura. 17Foi-lhe dado o
livro do profeta Isaías*. Desenrolando
o livro, encontrou a passagem onde es-
tava escrito:
18"O Espírito do Senhor está sobre mim*,
porque me ungiu para evangelizar os pobres,
mandou-me anunciar aos cativos a libertação,
aos cegos a recuperação da vista,
pôr em liberdade os oprimidos*
19e proclamar um ano de graça do Senhor"†.
20Depois enrolou o livro, entregou-
-o ao servente* e sentou-se. Todos
na sinagoga tinham os olhos voltados
para ele. 21Então começou a dizer-lhes:
"Cumpriu-se hoje esta passagem da
Escritura diante de vós". 22Todos lhe
davam testemunho e admiravam as
palavras encantadoras* que saíam de
sua boca e diziam: "Porventura não é
este o filho de José?" 23Disse-lhes en-
tão Jesus: "Certamente me aplicareis
este provérbio: 'Médico, cura-te a ti
mesmo!' Todas aquelas coisas que, se-
gundo ouvimos, fizeste em Cafarnaum,
faze-as também aqui em tua pátria!"
24E acrescentou: "Na verdade vos digo*
que nenhum profeta é bem recebido
em sua terra. 25Na verdade vos digo:
havia muitas viúvas em Israel no tem-
po de Elias*, quando o céu foi fechado
durante três anos e seis meses e houve
grande fome em todo o país. 26Entre-
tanto, Elias não foi enviado a nenhuma
delas, mas sim a uma viúva que morava
em Sarepta, no território de Sidônia.
27E havia muitos leprosos em Israel no
tempo do profeta Eliseu*, e nenhum
deles foi curado, mas sim Naaman, o
sírio". 28Ouvindo essas palavras*, en-
cheram-se de cólera todos os que es-
tavam na sinagoga. 29Levantaram-se e
expulsaram Jesus da cidade. Levaram-
-no até o alto do monte sobre o qual
estava edificada sua cidade*, para o
precipitarem de lá. 30Mas ele, passando
pelo meio deles, seguiu seu caminho...
Cura de um possesso. 31Desceu então
a Cafarnaum, cidade da Galileia*, e ali os
ensinava aos sábados. 32Todos ficavam
maravilhados com sua doutrina, porque
falava com autoridade. 33Estava na sina-
goga um homem possesso de um de-
mônio impuro, que se pôs a gritar com
voz forte: 34"Ah! que temos a ver conti-
go, Jesus de Nazaré?* Vieste para nossa
perdição? Eu sei quem tu és: o Santo de
Deus!" 35Mas Jesus o repreendeu, di-
zendo: "Cala-te e sai dele"*. Então o de-
mônio, jogando o homem ao chão no
meio de todos, saiu dele sem lhe causar
mal algum. 36Todos ficaram cheios de
espanto e perguntavam uns aos outros:
"Que significa isto? Ordena com auto-
ridade e poder aos espíritos impuros e
eles saem!" 37E sua fama se espalhava
por todos os lugares da região.

* **4**,12. Dt 6,16; 1Cor 10,9 | 13. 22,3.31.53; Hb 4,15; Jo 13,2.27 | 14. 4,44; 2,39.51; Mt 3,16; Mc 1,14s | 17. Mt 13,53-58; Mc 6,1-6 | 18. Is 61,1-4; Sf 2,3 / Is 58,6 | 20. At 6,15 | 22. 2,47; 3,23; 4,15; Jo 6,42 | 24. Jo 4,44 | 25. 1Rs 17,1-16; Tg 5,17 | 27. 2Rs 5,1-14 | 28. At 7,57s | 29. Jo 8,59 | 31. Mt 4,131; Mc 1,21-28; Jo 2,12; Mt 7,28s; Jo 7,46 | 34. 4,41; 8,28; Jo 6,69 | 35. Mt 8,29; Mc 1,23s; 5,7; At 3,14

† **4**,13. "Desde o início está presente a sombra da cruz, a última tentação; e nesta, o novo Adão vai restaurar o que o primeiro Adão perdera" (Pe. Johan Konings). | 19. Jesus apresenta em sua terra natal o programa de sua "opção preferencial pelos pobres" (Puebla), expresso com as imagens de Isaías. Sua palavra é um sinal de Deus que provoca, de um lado, a admiração, e de outro, a oposição.

Cura da sogra de Pedro. [38]Saindo da sinagoga*, entrou na casa de Simão. A sogra deste estava com febre alta, e pediram-lhe por ela. [39]Inclinando-se sobre ela, deu ordem à febre, e esta a deixou; e ela, levantando-se logo, pôs-se a servi-los.

Outras curas. [40]Ao pôr do sol*, todos os que tinham doentes sofrendo de diversas enfermidades traziam-nos até ele e, impondo as mãos sobre cada um, ele os curava. [41]De muitos saíam também demônios*, gritando e dizendo: "Tu és o Filho de Deus!" Ele os repreendia e não lhes permitia falar, porque sabiam que era o Messias. [42]Ao amanhecer, saiu e dirigiu-se para um lugar solitário*. As multidões começaram a procurá-lo e, encontrando-o, queriam retê-lo, para que não as deixasse. [43]Mas ele respondeu-lhes: "É necessário que eu anuncie a Boa Nova do Reino de Deus também às outras cidades, pois para isso é que fui enviado". [44]E andava pregando* pelas sinagogas da Judeia.

5 **Pesca milagrosa.** [1]E aconteceu que a multidão se comprimia* em torno de Jesus e escutava a palavra de Deus, enquanto ele se achava à beira do lago de Genesaré. [2]Viu duas barcas paradas à beira do lago; os pescadores tinham descido e estavam lavando as redes. [3]Subiu a uma das barcas, que pertencia a Simão, e pediu-lhe que se afastasse um pouco da terra. Sentou-se e, de dentro da barca, ensinava as multidões. [4]Quando acabou de falar, disse a Simão: "Avança para águas profundas* e lançai vossas redes para a pesca". [5]Simão respondeu-lhe: "Mestre, nós nos cansamos a noite toda e nada apanhamos, mas, em atenção a tua palavra, lançarei as redes". [6]Feito isso, apanharam tão grande quantidade de peixes que as redes se rompiam. [7]Fizeram sinal a seus companheiros, que estavam na outra barca, para que viessem ajudá-los. Vieram e encheram tanto as duas barcas que estavam afundando. [8]Vendo isto, Simão Pedro atirou-se aos joelhos de Jesus, dizendo: "Senhor, afasta-te de mim, porque sou um homem pecador!" [9]De fato, ele e todos os que com ele estavam encheram-se de espanto por causa da pesca que haviam feito. [10]O mesmo aconteceu a Tiago e João, filhos de Zebedeu*, que eram companheiros de Simão. Mas Jesus disse a Simão: "Não tenhas medo; daqui em diante, serás pescador de homens". [11]Depois de levarem as barcas para a terra, abandonaram tudo e o seguiram.

Cura de um leproso. [12]Aconteceu que, estando ele numa cidade*, achava-se lá um homem coberto de lepra. Ao ver Jesus, prostrou-se com a face por terra e suplicou-lhe, dizendo: "Senhor, se queres, podes curar-me!" [13]Jesus estendeu a mão e tocou-o, dizendo: "Quero, fica curado". No mesmo instante desapareceu dele a lepra. [14]Ele ordenou-lhe que não o contasse a ninguém:* "Mas vai apresentar-te ao sacerdote e fazer por tua purificação a oferenda que Moisés prescreveu, para lhes servir de testemunho". [15]Sua fama, porém, cada vez mais se espalhava*, e acorriam multidões numerosas para ouvi-lo e serem curadas de suas enfermidades. [16]Mas ele se retirava a lugares desertos para rezar*.

Poder sobre a doença e o pecado. [17]Certo dia, ele estava ensinando*, e lá se achavam sentados fariseus e doutores da Lei, vindos de todas as aldeias da Galileia, da Judeia e de Jerusalém, e a força do Senhor o levava a fazer curas. [18]Vieram então uns homens, carregando um paralítico num leito, que procuravam levá-lo para dentro e pô-lo diante dele. [19]Não achando por onde introduzi-lo, por causa da multidão, subiram ao telhado e por entre as telhas o desceram no leito no meio*, diante de Jesus. [20]Vendo a fé que eles tinham, disse Jesus: "Homem, teus pecados es-

---

* **4**,38. Mt 8,14-17; Mc 1,29-34 | 40. 13,13 | 41. Mt 8,29; Mc 3,11s | 42. Mc 1,35-39 | 44. 8,1; Mt 4,23 | **5**,1. Mt 13,1s | 4. Jo 21,3-8 | 10. 5,28; Mt 4,18-22; 19,27; Mc 1,16-20; Jo 21,15.19 | 12. Mt 8,1-4; Mc 1,40-45 | 14. Mc 7,36; Lv 14,2-32 | 15. 4,14 | 16. 6,12; 9,18.28s; 11,1; 22,41 | 17. Mt 9,1-8; Mc 2,1-12 | 19. 7,48; Is 43,25

tão perdoados". [21]Puseram-se então a pensar os escribas e fariseus: "Quem é este que profere blasfêmias? Quem pode perdoar pecados senão Deus só?" [22]Percebendo Jesus seus pensamentos*, disse-lhes em resposta: "Que estais pensando em vossos corações? [23]O que é mais fácil dizer: 'Teus pecados estão perdoados', ou: 'Levanta-te e caminha'?* [24]Pois bem, para saberdes que o Filho do homem tem na terra o poder de perdoar pecados, eu te ordeno, disse ele ao paralítico: Levanta-te, pega teu leito e vai para casa!" [25]No mesmo instante levantou-se diante deles, pegou o leito em que jazia e foi para casa, glorificando a Deus. [26]Todos ficaram maravilhados* e começaram a dar glória a Deus. Cheios de temor, diziam: "Vimos hoje coisas prodigiosas!"

A vocação de Levi. [27]Depois disso, Jesus saiu e notou um publicano*, que se chamava Levi, sentado junto à banca de impostos, e lhe disse: "Segue-me". [28]Deixando tudo, este se levantou e o seguiu.

Jesus busca os pecadores. [29]Levi ofereceu-lhe um grande banquete* em sua casa. Havia uma numerosa multidão de publicanos e de outras pessoas que estavam à mesa com eles. [30]Os fariseus e seus escribas murmuravam e diziam aos discípulos de Jesus: "Por que comeis e bebeis com os publicanos e os pecadores?" [31]Tomando a palavra, disse-lhes Jesus: "Os que têm saúde não precisam de médico, mas sim os doentes. [32]Não vim chamar os justos, mas os pecadores, à conversão".

O jejum. [33]Então lhe disseram: "Os discípulos de João jejuam com frequência e fazem orações, como também os dos fariseus; os teus comem e bebem!" [34]Respondeu-lhes Jesus:* "Acaso podeis obrigar a jejuar os convidados do noivo enquanto o noivo está com eles? [35]Mas virá o tempo em que o noivo lhes será tirado, e então neste tempo eles vão jejuar". [36]Apresentou-lhes ainda esta comparação: "Ninguém corta um retalho de roupa nova para remendar uma roupa velha; pois terá cortado a nova, e o remendo não vai combinar com a roupa velha. [37]Como também ninguém põe vinho novo em odres velhos; pois o vinho novo arrebentará os odres e se derramará, ficando os odres inutilizados. [38]Mas o vinho novo se coloca* em odres novos. [39]E ninguém, depois de ter bebido o vinho velho, deseja o novo; pois ele vai dizer: "O velho é que é bom!"†

6 **A lei do sábado.** [1]Num sábado, Jesus estava passando no meio das plantações de trigo*; seus discípulos apanhavam espigas e as comiam, depois de debulhá-las nas mãos. [2]Alguns dos fariseus disseram: "Por que fazeis o que não é permitido no sábado?" [3]Jesus respondeu-lhes: "Não lestes o que fez Davi*, quando teve fome, ele e os companheiros? [4]Entrou na casa de Deus e, tomando os pães da apresentação, comeu e deu aos companheiros* aqueles pães que só os sacerdotes podem comer". [5]E dizia-lhes: "O Filho do homem é senhor do Sábado".

O homem da mão atrofiada. [6]Num outro sábado*, Jesus entrou na sinagoga e se pôs a ensinar. Estava lá um homem que tinha a mão direita atrofiada. [7]Os escribas e fariseus o observavam, para ver se ele ia curar em dia de sábado, a fim de terem de que acusá-lo. [8]Mas ele conhecia seus pensamentos*. Disse, então, ao homem da mão atrofiada: "Levanta-te e fica em pé aqui no meio". [9]Ele se levantou e ficou em pé. Então Jesus lhes disse: "Eu vos pergunto: É permitido no sábado praticar o bem ou o mal, salvar uma vida ou perdê-la?" [10]Olhando para todos a seu redor, disse ao homem: "Estende a mão!" Ele o fez, e sua mão voltou ao

---

* **5**,22. 6,8; 9,47; Mt 16,8 | 23. Jo 5,8 | 26. 2,20; 4,22 | 27. Mt 9,9-13; Mc 2,13-17 | 29. 15,1s | 34. Jo 3,29 | 38. Jo 2,10 | **6**,1. Mt 12,1-8; Mc 2,23-28; Dt 23,26; Jo 5,10 | 3. 1Sm 21,1-16 | 4. Lv 24,5-9 | 6. 13,10-17; 14,1-6; Mt 12,9-14; Mc 3,1-6 | 8. 5,22; 9,47; Jo 1,48

† **5**,39. Alusão aos doutores judeus que recusam o Evangelho porque se contentam com suas interpretações da Lei e não percebem o valor e a novidade do Evangelho.

normal. [11]Eles ficaram cheios de raiva e combinavam entre si o que poderiam fazer contra Jesus*.

Os doze apóstolos. [12]Naqueles dias, Jesus foi à montanha para rezar*, e passou toda a noite em oração a Deus. [13]Quando amanheceu, chamou seus discípulos e dentre eles escolheu doze, aos quais chamou de apóstolos: [14]Simão*, a quem deu o nome de Pedro†; André, seu irmão; Tiago; João; Filipe; Bartolomeu; [15]Mateus; Tomé; Tiago, filho de Alfeu; Simão, chamado o zelota; [16]Judas, filho de Tiago, e Judas Iscariotes, que se tornou traidor.

Bem-aventuranças e ais†. [17]Descendo com eles*, parou numa planície. Havia lá um número imenso de seus discípulos e grande multidão de gente vinda de toda a Judeia e de Jerusalém, do litoral de Tiro e de Sidônia*, [18]para ouvi-lo e ser curados de suas doenças. Os que eram atormentados por espíritos impuros ficavam curados, [19]e toda a multidão procurava tocá-lo, porque dele saía uma força que curava a todos.

[20]Levantando os olhos para seus discípulos, dizia†:

"Felizes vós, os pobres, porque é vosso o Reino de Deus*.

[21]Felizes vós que agora passais fome, porque sereis saciados*.

Felizes vós que agora chorais, porque havereis de rir.

[22]Felizes vós quando os homens vos odiarem*, repelirem, cobrirem de injúrias e rejeitarem vosso nome como infame por causa do Filho do homem. [23]Alegrai-vos naquele dia e exultai, porque grande será vossa recompensa no céu. Pois era assim que os pais deles tratavam os profetas.

[24]Mas ai de vós, ricos! Porque já tendes vossa consolação*.

[25]Ai de vós que agora estais saciados! Porque tereis fome.

Ai de vós que agora rides! Porque haveis de chorar e vos lamentar.

[26]Ai de vós, quando todos os homens vos louvarem*, porque era assim que os pais deles tratavam os falsos profetas".

O amor ao próximo. [27]"A vós que me escutais eu digo:* Amai vossos inimigos! Fazei o bem aos que vos odeiam! [28]Bendizei os que vos maldizem e rezai pelos que vos caluniam! [29]A quem te bater numa face*, apresenta-lhe também a outra. A quem te tirar o manto, não o impeças de levar também a túnica. [30]Dá a todo aquele que te pedir e não reclames de quem te tira o que é teu. [31]O que quereis que os outros vos façam*, fazei-o a eles igualmente. [32]Se amais os que vos amam, que merecimento tereis? Também os pecadores amam os que os amam. [33]E se fizerdes o bem aos que vos fazem o bem, que merecimento tereis? Também os pecadores agem assim. [34]E se emprestais àqueles de quem esperais receber, que merecimento tereis? Também os pecadores emprestam aos pecadores, para receberem o equivalente. [35]Ao contrário, amai vossos inimigos*, fazei o bem e emprestai sem nada esperar em retribuição. Então será grande vossa recompensa e sereis filhos do Altíssimo, porque ele é bom para com os ingratos e para com os maus. [36]Sede misericordiosos como vosso Pai* é misericordioso!"†

---

* **6**,11. 11,53 | 12. 3,21; Mt 10,1-4; Mc 3,13-19; Jo 6,70 | 14. At 1,13 | 17. Mt 4,23ss; Mc 3,7-12 / 5,17; 8,46 | 20. Mt 5,1-12; Jó 31,25 | 21. Sl 126,5s; Ap 7,17 | 22. Jo 15,19; 16,2s; 1Pd 4,14; 2Cr 36,16; Mt 23,30 | 24. Tg 5,1; Is 5,8-25; Hab 2,6 | 26. Tg 4,4 | 27. Mt 5,38-48; Pr 25,21; Rm 12,14.20 | 29. 12,33; At 23,3; Jo 18,22s | 31. Mt 7,12; Tb 4,15 | 35. Lv 25,35s; 1Jo 3,1s; Eclo 4,11 | 36. Êx 34,6

† **6**,14. Mudando o nome de Simão, Jesus quer significar que lhe dava uma nova missão. Pedro é pecador, 5,8, e fraco diante do perigo, 22,34, mas recebe do Mestre a graça de confirmar seus irmãos, 22,32. Sobre seu arrependimento, 22,62 e seu ato de fé, 9,20, Jesus edifica sua Igreja. | 17. O sermão que Mateus situou numa montanha, Mt 5–7, tem semelhanças com esse que se chama "sermão da planície", por causa do v. 17. Lucas omite tudo quanto em Mateus se refere ao judaísmo, porque seus leitores são ex-pagãos. Mas em ambos os sermões se trata das condições para entrar no Reino: abertura para Deus e vida fraterna. | 20. Em vez das 8 bem-aventuranças de Mt 5,1-12, Lucas traz 4 bem-aventuranças, que resumem as de Mateus, e 4 "ais". | 36. Assim como Deus socorre o mundo necessitado com o dom gratuito da salvação, assim os discípulos devem socorrer os pobres da sociedade com coração generoso.

Não julgar. 37"Não julgueis os outros, e Deus não vos julgará*; não condeneis, e Deus não vos condenará; perdoai, e Deus vos perdoará. 38Dai, e Deus vos dará: derramará em vosso regaço uma medida boa, comprimida, sacudida e transbordante*. A mesma medida que usardes para medir os outros vos será aplicada também".

39Propôs-lhes ainda uma comparação:* "Um cego pode guiar outro cego? Não cairão ambos no buraco? 40O discípulo não está acima do mestre; mas todo discípulo, quando chegar à perfeição, será como seu mestre. 41Por que observar o cisco que está no olho de teu irmão, se não enxergas a trave que está em teu olho? 42Como podes dizer a teu irmão: 'Irmão, deixa-me tirar o cisco de teu olho', se não estás vendo a trave que está no teu? Hipócrita! Tira primeiro a trave de teu olho, e então enxergarás bem para tirar o cisco do olho de teu irmão".

A árvore e seus frutos. 43"Não há árvore boa que dê mau fruto*, nem árvore má que dê bom fruto. 44Pois, cada árvore se conhece por seu fruto: no meio de espinhos não se apanham figos, nem se colhem uvas dos abrolhos. 45O homem bom, do bom tesouro que é seu coração, tira o bem; mas o homem mau, de seu mau tesouro, tira o mal; pois a boca fala daquilo de que o coração está cheio".

Seguir a vontade de Deus. 46"Por que me chamais:* 'Senhor, Senhor', e não fazeis o que vos mando? 47Todo aquele que vem a mim, ouve minhas palavras e as põe em prática, vou mostrar-vos a quem se assemelha: 48é semelhante a um homem que, construindo uma casa, cavou, furou bem fundo e colocou os alicerces sobre a rocha; veio a enchente, o rio precipitou-se contra a casa, mas não a pôde abalar, porque estava bem construída. 49Ao contrário, quem ouve e não pratica é semelhante ao homem que construiu a casa sobre o chão sem alicerce; o rio precipitou-se contra a casa e logo ela caiu; e foi grande a ruína daquela casa!"

7 **O servo do centurião.** 1Quando acabou de falar ao povo* todas essas palavras, Jesus entrou em Cafarnaum. 2Havia lá um centurião, que tinha um servo que lhe era muito caro e se achava doente, quase morrendo. 3Tendo ouvido falar de Jesus, o centurião enviou-lhe alguns anciãos dos judeus para lhe pedir que viesse salvar seu servo. 4Aproximando-se de Jesus, eles lhe suplicavam com insistência, dizendo: "Ele merece mesmo que lhe concedas isto, 5pois gosta de nosso povo e foi ele que construiu nossa sinagoga". 6Jesus foi andando com eles. Não estava muito longe da casa, quando o centurião mandou uns amigos lhe dizer: "Senhor, não precisas incomodar-te, porque eu não sou digno de que entres em minha casa; 7por isso também não me julguei digno de vir ter contigo; mas dize uma só palavra e meu servo será curado. 8Pois eu, que sou apenas subalterno, tenho soldados a minha disposição e digo a um: 'Vai', e ele vai*; e a outro: 'Vem', e ele vem; e a meu escravo: 'Faze isso', e ele faz". 9Ouvindo isto, Jesus ficou admirado com ele e, voltando-se, disse à multidão que o seguia: "Eu vos digo que nem mesmo em Israel achei uma fé tão grande". 10De volta à casa, os enviados encontraram o servo completamente são.

Ressurreição do jovem de Naim. 11Depois, Jesus foi para uma cidade chamada Naim, e foram com ele seus discípulos e uma enorme multidão. 12Ao chegar à porta da cidade*, estavam levando para a sepultura um morto que era o filho único de uma viúva; com ela havia uma multidão bem grande da cidade. 13Vendo-a, o Senhor teve pena dela e lhe disse: "Não chores". 14E, aproximando-se, tocou no esquife; os que o carregavam pararam. Então disse: "Moço, eu te ordeno: levanta-te!" 15O que estivera morto sentou-se e começou a falar. E Jesus o entregou a sua mãe. 16O medo apoderou-se de todos* e louvavam a Deus, dizendo:

---

* **6**,37. Mt 7,1-5; 6,14 | 38. Mc 4,24 | 39. Mt 10,24; 23,16ss; Jo 13,16; 15,20 | 43. Mt 7,16-20; 12,33ss | 46. Mt 7,21-27; Jr 4,7ss; Ml 1,6ss | **7**,1. Mt 8,5-13; Jo 4,43-54 | 8. Mt 8,10 | 12. 8,49-56; 1Rs 17,17ss

"Um grande profeta surgiu entre nós e Deus visitou seu povo". 17Esta notícia* espalhou-se pela Judeia inteira e por toda a região ao redor.

A pergunta de João Batista. 18Os discípulos de João* informaram-no de tudo isso. Chamando dois deles, 19João mandou-os perguntar ao Senhor: "És tu aquele que deve vir, ou temos de esperar outro?" 20Chegando perto de Jesus, aqueles homens lhe disseram: "João Batista enviou-nos a ti para perguntar: 'És tu aquele que deve vir ou temos de esperar outro?'" 21Naquela hora, Jesus curou muita gente de doenças, enfermidades e espíritos malignos e deu a vista a muitos cegos. 22Em resposta, disse-lhes: "Ide e contai a João* o que vistes e ouvistes: os cegos veem, os paralíticos andam, os leprosos ficam curados, os surdos ouvem, ressurgem os mortos, a Boa Nova é anunciada aos pobres†. 23E feliz aquele que não cair* por minha causa!"†

O precursor. 24Quando partiram os mensageiros de João, Jesus começou a falar às multidões a respeito de João: "O que fostes ver no deserto? Um caniço que o vento balança? 25Então, o que fostes ver? Um homem vestido de roupas finas? Mas os que se vestem de roupas preciosas e vivem no luxo estão nos palácios dos reis. 26Então, o que fostes ver? Um profeta?* Sim, eu vos digo, e mais que um profeta. 27É dele que está escrito: 'Eu envio meu mensageiro a tua frente, para preparar teu caminho diante de ti'. 28Eu vos afirmo que entre os mortais* ninguém há maior que João; no entanto, o menor no Reino de Deus é maior do que ele. 29Todo o povo que ouviu*, mesmo os publicanos, deram razão a Deus, aceitando o batismo de João; 30mas os fariseus e doutores da Lei*, não se deixando batizar por ele, frustraram os desígnios de Deus a seu respeito".

Geração incrédula. 31"Com quem, pois, hei de comparar* os homens da geração atual? A quem se assemelham eles? 32São como a criançada sentada na praça, gritando uns aos outros: 'Tocamos flauta para vós e não dançastes; cantamos lamentos e não chorastes'. 33Pois veio João Batista, que não come pão nem bebe vinho, e dizeis: 'Ele é um possesso'. 34Veio o Filho do homem*, que come e bebe, e dizeis: 'É um comilão e beberrão, amigo dos publicanos e pecadores'. 35Mas a sabedoria de Deus mostra sua verdade por meio de todos os seus filhos".†

A pecadora na casa do fariseu. 36Um fariseu convidou Jesus* para almoçar com ele. Jesus entrou na casa do fariseu e se pôs à mesa. 37Uma mulher da cidade*, que era pecadora, ao saber que Jesus estava à mesa na casa do fariseu, levou um vaso de alabastro cheio de perfume e 38colocou-se atrás de Jesus, junto a seus pés. Chorando, com suas lágrimas banhava os pés de Jesus; enxugava-os com os cabelos, beijava-os e ungia-os* com o perfume. 39O fariseu que convidou a Jesus, vendo isso, dizia consigo mesmo: "Se este homem fosse profeta, saberia quem é a mulher que o toca e a condição dela: uma pecadora". 40Tomando a palavra, Jesus lhe disse: "Simão, tenho uma coisa a dizer-te". Simão respondeu: "Fala, Mestre". 41"Um credor tinha dois devedores. Um devia-lhe quinhentos denários e o outro, cinquenta. 42Como eles não tinham com que pagar, perdoou-lhes a dívida. Qual dos dois o amará mais?" 43Simão respondeu: "Suponho que seja aquele a quem foi perdoado mais". "Julgaste bem"*, disse-lhe

---

* **7**,16. 2Rs 4,36 | 17. 4,14.44 | 18. Mt 11,2-19; Ap 1,4.8 | 22. Is 35,5s; 42,7; 61,1 | 23. 2,34 | 26. 1,76; Ml 3,1; Êx 23,30 | 28. 1,15 | 29. 3,7.12s; Mt 21,31s | 30. 18,9 | 31. Mt 11,16-19 | 34. 15,2 | 36. 11,37; 14,1 | 37. Mt 26,7; Mc 14,3; Jo 12,3 | 38. Jo 4,18ss | 43. Gn 18,4

† **7**,22. "A evangelização dos pobres foi para Jesus um dos sinais messiânicos, e será também para nós sinal de autenticidade evangélica" (Puebla). | 23. "Cair" lit. "escandalizar-se". A resposta de Jesus é um desafio para os que têm ideias próprias sobre como Deus deveria agir e em favor de quem. Jesus prega um Deus de misericórdia, e não de vingança. | 35. Aos que se julgam sábios e por isso desprezam a salvação trazida por Jesus, Ele responde que os verdadeiros sábios são os que acolhem o desígnio que Deus em sua Sabedoria manifestou nele.

Jesus. [44]E, virando-se para a mulher, disse a Simão: "Estás vendo esta mulher? Entrei em tua casa e não derramaste água em meus pés; ela, ao contrário, banhou-me os pés com lágrimas e os enxugou com os cabelos. [45]Não me saudaste com o beijo*; ela, porém, desde que entrei aqui, não parou de beijar-me os pés. [46]Não me ungiste a cabeça com óleo; mas ela ungiu-me* os pés com perfume. [47]Por essa razão, eu te digo que seus numerosos pecados lhe são perdoados, e por isso ela tem muito amor. Mas aquele a quem pouco se perdoa* pouco ama". [48]Disse então à mulher: "Teus pecados estão perdoados". [49]Os convidados começaram a pensar: "Quem é este que até perdoa* pecados?" [50]Mas Jesus disse à mulher: "Tua fé te salvou. Vai em paz"†.

8 **Mulheres colaboram no ministério de Jesus.** [1]Aconteceu, a seguir, que Jesus andava por cidades e aldeias*, pregando e anunciando a Boa Nova do Reino de Deus. Iam com ele os Doze [2]e também algumas mulheres que haviam sido curadas de espíritos maus e enfermidades: Maria, chamada Madalena*, da qual tinham saído sete demônios; [3]Joana, esposa de Cuza, administrador de Herodes; Suzana e muitas outras, que lhe prestavam assistência* com seus bens†.

A parábola do semeador. [4]Tendo-se reunido uma grande multidão* que acorria a ele de todas as cidades, Jesus falou, usando uma parábola: [5]"Saiu o semeador a semear sua semente. Enquanto semeava, uma parte caiu à beira do caminho; foi pisada, e as aves do céu a comeram. [6]Outra parte caiu na pedra e, depois de brotar, secou* por falta de umidade. [7]Outra parte caiu entre espinhos, que cresceram com ela e a sufocaram. [8]Outra parte caiu em terra boa*, cresceu e produziu cem por um". Dizendo isto, exclamou em alta voz: "Ouça quem for capaz!"

Explicação da parábola. [9]Seus discípulos perguntaram-lhe* qual o sentido desta parábola. [10]Ele respondeu: "A vós Deus manifestou os mistérios de seu Reino; mas aos outros, apenas em parábolas, para que vendo não vejam e ouvindo não compreendam.

[11]É este o sentido da parábola*: a semente é a palavra de Deus. [12]As sementes que estão à beira do caminho são os que ouviram; mas depois vem o diabo e retira a Palavra de seu coração, para que não creiam nem se salvem. [13]As que estão sobre a pedra são os que, ao ouvirem, acolhem a Palavra com alegria, mas não têm raízes; creem por algum tempo, mas na hora da tentação voltam atrás. [14]A semente que caiu entre espinhos* são os que ouviram, mas, com o passar do tempo, deixam absorver-se pelas preocupações, riquezas e prazeres da vida e não chegam à maturidade. [15]Enfim, a que cai em terra boa são os que, tendo ouvido a Palavra com coração nobre e generoso, guardam a Palavra e produzem fruto por sua constância".

Apostolado do cristão. [16]"Ao acender uma lâmpada*, ninguém a cobre com um vaso ou a coloca debaixo da cama; ao contrário, a lâmpada é colocada no candeeiro, para que os que entram vejam a luz. [17]Pois nada há de oculto que não se torne manifesto; nada há de secreto que não deva ser conhecido e divulgado†. [18]Portanto, prestai atenção* ao modo como ouvis. Pois a quem tem será dado; mas de quem não tem será tirado até aquilo que julga ter".

* **7**,45. Rm 16,16 | 46. Sl 23,5 | 47. 5,20s | 49. 8,48; 17,19; 18,42 | **8**,1. 4,43; Mt 4,23; Mc 1,39 | 2. 24,10; Mt 27,55s; Mc 15,40; Jo 19,25 | 3. At 2,44s | 4. Mt 13,1-9; Mc 4,1-9 | 6. Jr 4,3s | 8. Mt 11,15; 13,43; Mc 4,23 | 9. Mt 13,10-13; Mc 4,10ss; Is 6,9s | 11. Mt 13,18-23; Mc 4,13-20 | 14. 21,34 | 16. 11,33; 12,2; Mt 5,15; Mc 4,21-25; Mt 10,26; Jo 8,12 | 18. 19,26; Mt 13,12; 25,29

† **7**,50. Todos somos pecadores, mas muitos se esquecem disso e tratam com desprezo os que eles julgam inferiores. Aqui também, "os últimos serão os primeiros", 13,30. | **8**,3. Os outros doutores judeus evitavam a companhia das mulheres. A atitude inovadora de Jesus era um fato insólito, que muita gente devia estranhar. | 17. Jesus completa o que disse no v. 10. Os mistérios do Reino por enquanto são conhecidos apenas por poucos, mas esses têm por missão anunciá-los aos demais.

Os parentes de Jesus. [19]Vieram ter
com ele sua mãe e seus irmãos*, mas
não conseguiam chegar perto dele por
causa da multidão. [20]Alguém lhe co-
municou: "Tua mãe e teus irmãos estão
lá fora e querem te ver". [21]Em resposta
lhes disse: "Minha mãe e meus irmãos
são estes que ouvem a palavra de Deus
e a põem em prática".

A tempestade acalmada. [22]Certo dia,
Jesus subiu a uma barca* com seus
discípulos e lhes disse: "Passemos à
outra margem do lago". E fizeram-se
ao largo. Enquanto navegavam, ele
adormeceu. [23]Uma tempestade de
vento se abateu sobre o lago, a barca
ia enchendo-se de água, e eles corriam
perigo. [24]Aproximaram-se dele e o
despertaram, dizendo: "Mestre! Mes-
tre! Estamos perdidos!" Acordando, ele
deu ordem ao vento e à fúria da água,
que se acalmaram, voltando a tran-
quilidade. [25]Então perguntou-lhes:*
"Onde está vossa fé?" Eles ficaram com
medo e, admirados, diziam entre si:
"Quem é este que ordena até aos ven-
tos e à água, e eles obedecem?"

O endemoninhado geraseno. [26]Na-
vegaram para a região dos gerasenos*,
que fica defronte à Galileia. [27]Quando
Jesus desembarcou, veio-lhe ao en-
contro um homem da cidade, posses-
so de demônios. Desde há muito não
usava roupa, nem morava em casa,
mas no cemitério. [28]Vendo Jesus, deu
um grito*, caiu a seus pés e disse com
voz forte: "Que tens tu comigo, Jesus,
Filho do Deus Altíssimo? Eu te rogo,
não me atormentes!" [29]Com efeito,
Jesus ordenara ao espírito impuro que
saísse do homem. Pois muitas vezes se
tinha apoderado dele; então o pren-
diam com correntes e grilhões, mas ele
arrebentava as cadeias e era impelido
pelo demônio para os desertos. [30]Per-
guntou-lhe Jesus: "Qual é teu nome?".
Respondeu: "Legião", pois muitos de-
mônios haviam entrado nele. [31]E ro-
gavam a Jesus que não os mandasse
para o abismo. [32]Ora, havia lá nume-
rosa vara de porcos pastando no mon-
te. Os demônios pediram a Jesus que
lhes permitisse entrar neles. E Jesus
permitiu. [33]Saindo então do homem,
os demônios entraram nos porcos, e
a vara se precipitou no lago, pelo bar-
ranco abaixo, e lá se afogou†. [34]Vendo
o que tinha sucedido, os que guarda-
vam os porcos fugiram e levaram a
notícia à cidade e aos campos. [35]Eles
então saíram para ver o que acontece-
ra. Chegaram perto de Jesus e acharam
junto aos pés dele, sentado, vestido e
em perfeito juízo, o homem do qual
haviam saído os demônios; e ficaram
com medo. [36]As testemunhas lhes re-
lataram como fora curado o possesso.
[37]Então todo o povo do território dos
gerasenos rogou a Jesus que se reti-
rasse dali, porque estavam tomados
de grande medo. Subindo à barca, ele
voltou. [38]O homem do qual saíram os
demônios pedia a Jesus para ficar em
sua companhia. [39]Mas Jesus despediu-
-o, dizendo: "Volta para casa e conta
tudo o que Deus fez por ti". Ele partiu,
anunciando por toda a cidade o que
Jesus lhe fizera.

Jesus cura e ressuscita. [40]Quando
Jesus chegou de volta*, a multidão o
recebeu, porque todos o esperavam.
[41]Veio um homem chamado Jairo, que
era chefe da sinagoga; caindo aos pés
de Jesus, suplicava-lhe que fosse* a
sua casa, [42]pois tinha uma única filha,
de uns doze anos, que estava morren-
do. Enquanto Jesus ia andando, a mul-
tidão o comprimia.

[43]Ora, uma mulher, que já por doze
anos padecia de um fluxo de sangue,
e que ninguém conseguia curar, [44]che-
gou por detrás de Jesus e tocou-lhe a
orla do manto; e no mesmo instante
cessou o fluxo de sangue. [45]Mas Jesus
perguntou: "Quem foi que me tocou?"
Como todos negassem, Pedro disse:

---

* **8**,19. Mt 12,46-50; Mc 3,31-35 | 22. Mt 8,23-27; Mc 4,39ss | 25. 1,12; 17,5; 18,8; Mc 1,27 | 26. Mt 8,28-34; Mc 5,1-20 | 28. 4,34; Mc 1,23s; 5,7 | 40. Mt 9,18-26; Mc 5,21-43 | 41. 7,12

† **8**,33. O porco era o animal mais utilizado nos cultos gregos e romanos; era também símbolo da potência romana. Isto fazia do exorcismo de Jesus um sinal da futura libertação.

"Mestre, são as multidões que te aper-
tam e te comprimem!" 46Mas Jesus in-
sistiu: "Alguém tocou em mim*, pois
senti que saía de mim uma força!" 47A
mulher, vendo que não podia ficar no
anonimato, veio tremendo prostrar-se
diante dele e declarou diante de todos
a razão por que o havia tocado, e como
logo tinha ficado sã. 48Jesus disse-lhe:
"Filha, tua fé te salvou*; vai em paz".

49Estava ainda falando, quando che-
gou alguém da casa do chefe da sina-
goga e disse: "Tua filha morreu; não in-
comodes mais o Mestre". 50Jesus ouviu
isto e respondeu-lhe: "Não tenhas medo;
basta ter fé e ela será salva". 51Chegan-
do à casa, não deixou ninguém entrar
com ele, exceto Pedro, João e Tiago, bem
como o pai e a mãe da menina. 52Todos
choravam e se lamentavam por causa
dela. Jesus disse então: "Não choreis; ela
não morreu: está dormindo". 53Riam-se
dele*, sabendo bem que ela havia mor-
rido. 54Mas ele, tomando-a pela mão,
disse em voz alta: "Menina, levanta-te!"
55Voltou-lhe a vida e ela se levantou logo.
Jesus mandou que lhe dessem de comer.
56Seus pais ficaram cheios de espanto. E
Jesus lhes ordenou que não contassem a
ninguém o que tinha acontecido*.

9 **Instruções aos apóstolos.** 1Convo-
cando os Doze*, Jesus lhes deu força
e poder sobre todos os demônios, bem
como o dom de curar doenças. 2Enviou-
-os a pregar o Reino de Deus e a curar
os doentes. 3Disse-lhes: "Não leveis nada
para a viagem: nem bastão, nem sacola*,
nem pão, nem dinheiro, nem tenhais duas
túnicas. 4Em qualquer casa em que entrar-
des, nela permanecei até sairdes de lá. 5Se
não vos acolherem, saí da cidade sacu-
dindo a poeira dos pés em testemunho
contra eles". 6Eles partiram e percorreram
as aldeias, anunciando a Boa Nova e ope-
rando curas por toda a parte.

Herodes e Jesus. 7Herodes, o tetrar-
ca, ouviu falar de tudo* o que estava
acontecendo e ficou perplexo, porque
uns diziam: "É João que ressuscitou dos
mortos". E outros: 8"É Elias que apare-
ceu". E outros ainda: "É um dos antigos
profetas ressuscitado". 9Mas Herodes
disse: "João, eu o decapitei*. Então,
quem é este do qual ouço dizer tais
coisas?" E procurava vê-lo.

Voltam os apóstolos. 10Ao voltarem,
os apóstolos contaram a Jesus* tudo
quanto haviam feito. Tomou-os então
consigo e retirou-se a um lugar iso-
lado, perto de uma cidade chamada
Betsaida. 11Mas as multidões ficaram
sabendo e foram atrás dele.

Primeira multiplicação dos pães. Je-
sus as acolheu, falou-lhes do Reino de
Deus e curou os que estavam precisan-
do. 12Caía a tarde, e os Doze chegaram
perto dele e disseram: "Manda esse povo
embora, para que se dirijam às aldeias e
povoados vizinhos e procurem hospeda-
gem e comida, pois onde estamos é um
lugar deserto". 13Jesus respondeu-lhes:
"Dai-lhes vós mesmos de comer!" Dis-
seram os discípulos: "Não temos senão
cinco pães e dois peixes... Só se formos
comprar comida para todo esse povo..."
14Pois eram cerca de cinco mil homens.
Falou então Jesus a seus discípulos: "Fa-
zei-os sentar-se em grupos de cinquen-
ta". 15Assim fizeram e mandaram que to-
dos se sentassem. 16Jesus tomou então
os cinco pães e os dois peixes, ergueu os
olhos para o céu, abençoou-os e, depois
de partir os pães, ia dando-os aos dis-
cípulos para que eles os distribuíssem à
multidão. 17Todos comeram até ficarem
satisfeitos, e recolheram doze cestos de
pedaços que sobraram.

Jesus é o Cristo. 18Certa vez, quando
Jesus estava orando* a sós, não tendo
ninguém consigo senão os discípulos,
fez-lhes esta pergunta: "Quem sou eu, na
opinião do povo?" 19Responderam-lhe:
"João Batista; para outros, és Elias; para
outros ainda, és um dos antigos profe-
tas que ressuscitou". 20Disse-lhes então
Jesus: "E vós, quem dizeis que eu sou?"*
Pedro respondeu: "O Cristo de Deus".

---

* **8**,46. 5,17; 6,10 | 48. 7,50; 17,19; 18,42 | 53. 7,13s | 56. 5,14; 7,36; Mc 1,34 | **9**,1. 10,1-16; Mt 8,29; 10,5-15; Mc 6,7-13 | 3. 10,10 | 7. Mt 14,1-12; 16,14; Mc 6,14-29; 8,28 | 9. 9,19; 23,8 | 10. Mt 14,13-21; Mc 6,30-44; Jo 6,1-14 | 18. 9,7; Mc 16,13-19; Mc 8,27ss | 20. 2,26; 23,35; Jo 6,68

Primeiro anúncio da Paixão. 21Jesus,
porém, proibiu-lhes severamente que o
dissessem a alguém 22e acrescentou: "O
Filho do homem deve sofrer muito* e
ser rejeitado pelos anciãos, pelos príncipes dos sacerdotes e pelos escribas, ser
morto e ressuscitar ao terceiro dia".
Como seguir a Jesus. 23E dizia a todos:
"Se alguém quiser me seguir*, renuncie
a si mesmo, carregue sua cruz diária e
me acompanhe†. 24Porque quem quiser
salvar sua vida vai perdê-la; mas quem
perder a vida por causa de mim, este a
salvará. 25Pois que adianta ao homem
ganhar o mundo inteiro*, se perder
ou arruinar a si mesmo? 26Pois quem
se envergonhar de mim e de minhas
palavras, dele se envergonhará o Filho
do homem quando vier em sua glória e
na do Pai e dos santos anjos. 27Na verdade vos digo: há alguns* dos que estão aqui presentes que não provarão a
morte até que vejam o Reino de Deus".
A transfiguração. 28Uns oito dias depois desses fatos*, Jesus tomou consigo Pedro, João e Tiago e subiu ao
monte para rezar. 29Enquanto rezava,
o aspecto de seu rosto se transformou
e suas vestes se tornaram de resplandecente brancura. 30E dois homens*
conversavam com ele: eram Moisés e
Elias; 31apareceram envoltos em glória
e lhe falavam a respeito de sua partida,
que devia cumprir-se em Jerusalém.
32Pedro e seus companheiros* estavam
dominados pelo sono. Despertando,
viram sua glória e os dois homens que
estavam com ele. 33Quando estes iam
retirando-se de perto de Jesus, Pedro
lhe disse: "Mestre, é bom a gente estar
aqui. Façamos então três tendas: uma
para ti, uma para Moisés e uma para
Elias". Não sabia o que estava dizendo.
34Enquanto falava, veio uma nuvem
que os cobriu. Ficaram atemorizados
quando entraram na nuvem. 35E da
nuvem saiu uma voz, dizendo: "Este é
meu Filho*, o Eleito, escutai-o!" 36Ao
soar aquela voz, Jesus se encontrou só.
Os discípulos guardaram segredo e a
ninguém disseram, naqueles dias, coisa
alguma do que tinham visto†.
O menino epilético. 37No dia seguinte,
quando desciam do monte*, numerosa
multidão foi ter com Jesus. 38Do meio
da multidão, um homem gritou: "Mestre, eu te peço, olha para meu filho;
pois é meu filho único! 39Um espírito se
apodera dele, e de repente ele começa
a soltar gritos, e o sacode com violência
e o faz espumar; e só o larga depois de
deixá-lo todo alquebrado. 40Pedi a teus
discípulos que o expulsassem, mas não
o conseguiram". 41"Geração incrédula e
perversa – respondeu Jesus – até quando tenho de ficar convosco e tenho
de vos suportar? Traze aqui teu filho".
42Quando o menino vinha chegando*,
o demônio o atirou por terra e o sacudiu violentamente. Mas Jesus ameaçou
o espírito impuro, curou o menino e o
restituiu ao pai. 43Todos ficaram maravilhados com a grandeza de Deus.
Segundo anúncio da Paixão. Como
todos admirassem* tudo quanto ele
fazia, Jesus disse a seus discípulos:
44"Prestai bem atenção a estas palavras: o Filho do homem vai ser entregue às mãos dos homens". 45Mas não
entendiam esta afirmação: ela permanecia velada para eles, para que não a
entendessem; e tinham medo de interrogá-lo a este respeito.
Quem é o maior. 46Veio-lhes à mente
uma questão:* qual dentre eles seria o
maior? 47Mas Jesus, conhecendo seus
pensamentos secretos, tomou um menino, colocou-o perto de si e lhes disse:

---

* **9**,22. Mt 16,21; 20,17ss; Mc 8,31; 9,31; 10,33 | 23. 14,27; Mt 10,38; 16,24-27; Mc 8,34-38 | 25. 17,33; Mt 10,39; Jo 12,25; Mt 10,33; Lc 12,9; 2Tm 2,12 | 27. Mt 16,28; Mc 9,1 | 28. 8,51; Mt 17,1-8; Mc 9,2-8 | 30. 3,21; 24,16 | 32. 24,4; Jo 1,14; At 1,10; 2Pd 1,16s | 35. 1,35; 3,22; Sl 2,7; Is 42,1; Mt 3,17; Mc 1,11 | 37. Mt 17,14-18; Mc 9,14-27 | 42. 7,15 | 43. 9,22; 18,34; 24,25; Mt 17,22s; Mc 9,30ss | 46. 10,16; 22,24.26; Mt 18,1-5; Mc 9,33-37

† **9**,23. "Deve-se libertar a dor pela dor, isto é, assumindo a cruz e convertendo-a em fonte de vida pascal" (Puebla). | 36. A Transfiguração é um antegozo da vinda gloriosa de Cristo, "que transfigurará nosso corpo humilhado, conformando-o a seu corpo glorioso", Fl 3,21. Mas ela nos lembra também que "é preciso passar por muitas tribulações para entrar no Reino de Deus", At 14,22.

48“Quem acolhe este menino em meu
nome, é a mim que acolhe; e quem me
acolhe, acolhe aquele que me enviou;
pois o menor entre vós todos, esse é
o maior”*.
A concórdia entre os homens. 49To-
mando a palavra, disse João: “Mestre,
vimos um homem* expulsando demô-
nios em teu nome e procuramos im-
pedi-lo, porque não segue conosco”.
50Mas Jesus respondeu: “Não o proi-
bais, pois quem não está contra vós
está do vosso lado”*.

IV. JESUS A CAMINHO DE JERUSALÉM (9,51–19,28)

Oposição dos samaritanos. 51Quando
se estava completando o prazo* para
ser levado deste mundo, Jesus tomou
a firme resolução de ir para Jerusalém.
52Enviou mensageiros a sua frente; es-
tes partiram e entraram numa aldeia de
samaritanos para fazer os preparativos.
53Mas não o receberam*, porque estava
a caminho de Jerusalém. 54Diante dis-
so, os discípulos Tiago e João disseram:
“Senhor, queres que mandemos descer
fogo do céu* para destruí-los?” 55Jesus
voltou-se para eles e os repreendeu†.
56Foram então para outro povoado.
A vocação. 57Indo eles pela estrada*,
um homem disse a Jesus: “Eu te segui-
rei para onde fores”. 58Respondeu-lhe
Jesus: “As raposas têm tocas e as aves
do céu, ninhos; mas o Filho do homem
não tem onde descansar a cabeça”. 59A
um outro disse: “Segue-me”*. Mas ele
respondeu: “Senhor, permite que eu vá
primeiro enterrar meu pai”. 60Jesus dis-
se-lhe: “Deixa que os mortos enterrem
seus mortos†. Tu, porém, vai anunciar
o Reino de Deus”. 61Outro lhe disse:
“Senhor, eu te seguirei,* mas permite
que eu vá primeiro despedir-me dos
parentes”. 62Retrucou Jesus: “Ninguém
que olha para trás, depois de ter posto
a mão no arado*, é apto para o Reino
de Deus”.

10 **Missão dos discípulos.** 1De-
pois disso, o Senhor desig-
nou* outros setenta e dois discípulos
e mandou-os, dois a dois, a sua fren-
te, a todas as cidades e lugares aonde
ele pensava ir. 2Dizia-lhes: “A messe é
grande*, mas os operários são poucos;
por isso, rogai ao Senhor da messe que
mande mais operários para sua mes-
se. 3Ide! Eu vos envio como cordeiros*
no meio de lobos. 4Não leveis bolsa,
nem sacola, nem sandálias; e não sau-
deis ninguém pelo caminho. 5Em toda
casa em que entrardes, dizei primeiro:
‘Paz a esta casa!’ 6E se lá houver quem
ame a paz, vossa paz ficará com ele; do
contrário, ela voltará a vós. 7Ficai nes-
ta mesma casa*, comendo e bebendo
do que lá houver, pois o operário me-
rece seu salário. Não fiqueis andando
de uma casa para outra. 8Em toda ci-
dade em que entrardes e fordes bem
recebidos, comei o que vos for servi-
do, 9curai os doentes que lá houver e
dizei-lhes: ‘Chegou para vós o Reino de
Deus’. 10Mas em qualquer cidade em
que entrardes e não vos acolherem*,
saí pelas praças e dizei: 11‘Até a poeira
de vossa cidade que nos ficou nos pés
sacudimos contra vós. Mas ficai saben-
do que o Reino de Deus chegou’. 12Eu
vos afirmo que, naquele dia, haverá
menos rigor para Sodoma do que para
tal cidade”.
As cidades impenitentes. 13“Ai de ti,
Corozaim!* Ai de ti, Betsaida! Porque se
os milagres realizados em vosso meio

---

* **9**,48. Jo 13,20 | 49. Mc 9,38ss | 50. 11,23 | 51. 13,22; 17,11; Mc 10,32 | 53. Jo 4,9 | 54. 2Rs 1,10ss | 57. Mt 8,19-22 | 59. 14,26.33 | 61. 1Rs 19,20 | 62. Fl 3,13 | **10**,1. 9,1ss; Mc 6,7 | 2. Mt 9,37s; Jo 4,35 | 3. 9,3s; Mt 10,7-14 | 7. 1Cor 9,6-14; 10,27; 1Tm 5,18 | 10. 9,5; 18,6; At 13,51; Mt 10,15; 11,24 | 13. Mt 11,20-24 / Am 1,9s; Zc 9,2ss

† **9**,55. “A clemência muitas vezes é mais eficaz que o castigo para corrigir quem fez o mal” (S. Ambrósio). Alguns manuscritos acrescentam: “Não sabeis de que espírito sois. O Filho do homem não veio para arruinar as pessoas, mas para salvá-las”. | 60. O cuidado de sepultar os mortos fica entregue aos que são mortos espiritualmente, expressão radical com que Jesus designa os que não são chamados para anunciar a vida nova.

tivessem sido feitos em Tiro e Sidônia*, há muito tempo se teriam convertido, vestidas de luto e sentadas sobre cinza! 14Assim, no juízo, haverá menos rigor para Tiro e Sidônia do que para vós! 15E tu, Cafarnaum, pensas que serás elevada até o céu?* Serás rebaixada até o inferno! 16Quem vos ouve a mim ouve*, quem vos rejeita a mim rejeita, e quem me rejeita rejeita Aquele que me enviou".

Grandeza dos discípulos. 17Os setenta e dois voltaram contentes, dizendo: "Senhor, até os demônios se submetem a nós em teu nome!" 18Respondeu-lhes Jesus: "Eu via Satanás caindo do céu* como um raio. 19Eu vos dei o poder de pisar em serpentes, escorpiões e em toda a força do Inimigo, e nada vos fará mal. 20Mas ficai alegres, não tanto porque os espíritos se vos submetem, e sim porque vossos nomes estão escritos no céu".

O Pai se revela aos simples. 21Naquele momento, exultou Jesus de alegria* no Espírito Santo e disse: "Eu vos bendigo, ó Pai, Senhor do céu e da terra, porque estas coisas que escondestes aos sábios e entendidos, vós as revelastes à gente simples. Sim, Pai, porque assim foi de vosso agrado. 22O Pai me entregou todas as coisas*, e ninguém conhece quem é o Filho senão o Pai, nem quem é o Pai, senão o Filho e aquele a quem o Filho o quiser revelar".

Os tempos messiânicos. 23Voltando-se para os discípulos*, disse-lhes em particular: "Felizes os olhos que veem o que vós vedes! 24Pois eu vos digo que muitos profetas e reis quiseram ver o que vós vedes e não o viram; quiseram ouvir o que vós ouvis e não o ouviram!"

O maior mandamento. 25Levantou-se um doutor da lei* e perguntou a Jesus, para pô-lo à prova: "Mestre, que devo fazer para herdar a vida eterna?" 26Jesus disse-lhe: "Que está escrito na Lei? Como é que lês?" 27O outro respondeu: 'Amarás o Senhor, teu Deus*, de todo o teu coração, de toda a tua alma, com todas as tuas forças e com toda a tua mente; e teu próximo* como a ti mesmo'. 28Jesus lhe disse: "Respondeste bem*. Faze isto e terás a vida!" 29Mas este, querendo justificar-se, perguntou a Jesus: "E quem é meu próximo?"*

O bom samaritano. 30Retomando a palavra, disse Jesus: "Um homem descia de Jerusalém a Jericó e caiu nas mãos de assaltantes, que roubaram tudo o que tinha, agrediram-no a pauladas e fugiram, deixando-o quase morto. 31Por acaso descia um sacerdote por aquele caminho: viu-o e seguiu adiante. 32De igual modo um levita, chegando àquele lugar, ao vê-lo, seguiu em frente. 33Um samaritano, porém, que ia de viagem, chegou perto dele e, ao vê-lo*, teve compaixão. 34Aproximou-se dele e fez curativos em suas feridas, derramando óleo e vinho; depois montou-o em seu próprio animal, levou-o a uma pensão e cuidou dele. 35No dia seguinte, tirou duas moedas e, entregando-as ao hospedeiro, disse-lhe: 'Cuida dele, e o que gastares a mais, na volta eu o pagarei'. 36Qual dos três, em tua opinião, comportou-se como próximo do homem que caiu nas mãos dos assaltantes?" 37Ele respondeu: "Aquele que o tratou com bondade". Então Jesus lhe disse: "Vai e faze o mesmo!"†

Marta e Maria. 38Aconteceu que, durante a viagem*, Jesus entrou num povoado. Uma mulher, de nome Marta, hospedou-o em sua casa. 39Ela tinha uma irmã chamada Maria que, sentada aos pés do Senhor, escutava* sua

---

* **10**,15. Is 14,13ss | 16. Mt 10,40; Jo 5,24; 13,20 | 18. Is 114,12; Jo 12,31; Ap 12,8s; Sl 91,13; Mt 7,22; Mc 16,18; Fl 4,3; Ap 3,5 | 21. Mt 11,25ss; 13,16s; 1Cor 1,26-29 | 22. Jo 3,5; 10,15 | 23. Mt 13,16s | 25. Mc 10,17 | 27. Mt 22,37-40; Mc 12,29-31; Dt 6,5; Lv 19,18 / Lv 18,5 | 28. Rm 10,5 | 29. Gl 3,12 | 33. 2Cr 28,15 | 38. Jo 11,1; 12,2s | 39. 11,28

† **10**,37. "Próximo" não é apenas quem é de meu grupo, mas todo aquele que está em necessidade: o amor não tem fronteiras. A parábola mostra a omissão dos chefes religiosos e o amor autêntico de um samaritano, membro de um povo discriminado pelos judeus. O odiado samaritano torna-se próximo pela compaixão. Para alguns Santos Padres, o bom samaritano representa Jesus que socorre a humanidade ferida.

palavra. 40Marta, absorvida pelo muito
serviço, aproximou-se e disse: "Senhor,
não te importas que minha irmã me
deixe sozinha no serviço? Dize-lhe que
me ajude". 41Em resposta, o Senhor lhe
disse: "Marta, Marta, andas ansiosa e
preocupada com muitas coisas; 42to-
davia, uma só coisa é necessária*. Pois
Maria escolheu a melhor parte, e esta
não lhe será tirada".

11 **O pai-nosso†.** 1Jesus estava re-
zando em certo lugar*. Quan-
do terminou, disse-lhe um de seus dis-
cípulos: "Senhor, ensina-nos a rezar*,
como João ensinou a seus discípulos".
E ele lhes falou: 2"Quando rezardes, di-
zei: 'Pai, santificado seja vosso nome;
venha vosso Reino. 3Dai-nos cada dia
nosso pão cotidiano†. 4E perdoai-nos
nossos pecados, porque também nós
perdoamos a todo nosso devedor. E
não nos deixeis cair em tentação'".
Confiança na oração. 5E disse-lhes:
"Se alguém de vós tiver um amigo*
e for procurá-lo à meia-noite para
dizer-lhe: 'Amigo, empresta-me três
pães, 6porque um amigo meu chegou
de viagem e não tenho nada para lhe
oferecer'; 7e se lá de dentro o amigo
responder: 'Não me incomodes, a por-
ta já está trancada, eu e meus filhos já
estamos deitados, não posso levantar-
-me para te dar os pães'; 8eu vos digo,
mesmo que não se levante para dar-
-lhe os pães por ser seu amigo, ele aca-
bará levantando-se por causa de sua
importunação para dar-lhe tudo o que
precisa. 9Pois bem, eu vos digo:* Pedi e
vos será dado†; buscai e achareis; batei
e vos será aberto. 10Pois todo aquele
que pede recebe; quem procura en-
contra; e ao que bate se abre. 11Qual é
o pai entre vós que, se o filho pedir um
peixe, lhe dará uma cobra em lugar do
peixe? 12Ou, se pedir um ovo, lhe dará
um escorpião? 13Se, pois, vós, que sois
maus, sabeis dar coisas boas a vossos
filhos, quanto mais o Pai do céu dará
o Espírito Santo aos que lho pedirem!"
A cura do possesso mudo. 14Jesus
estava expulsando um demônio* que
era mudo. Quando o demônio saiu, o
mudo começou a falar, e as multidões
ficaram maravilhadas*. 15Mas alguns
deles disseram: "É pelo poder de Bel-
zebu*, chefe dos demônios, que ele
expulsa os demônios". 16Outros, para
submetê-lo à prova, pediam-lhe um
sinal do céu. 17Mas Jesus, conhecendo
seus pensamentos, disse-lhes: "Todo
reino dividido contra si mesmo está
arruinado, e uma casa dividida contra
si mesma cairá. 18Se, pois, também Sa-
tanás está dividido contra si mesmo,
como poderá ficar de pé o seu reino?
Pois estais dizendo que é pelo poder de
Belzebu que eu expulso os demônios...
19Ora, se eu expulso os demônios pelo
poder de Belzebu, pelo poder de quem
vossos filhos os expulsam? Por isso,
eles é que serão vossos juízes. 20Mas se
é pelo dedo de Deus* que eu expulso
os demônios, então chegou para vós o
Reino de Deus.
21Quando um homem forte e bem
armado guarda seu palácio, seus bens
estão em segurança. 22Mas se surgir
outro mais forte* e o subjugar, toma-
-lhe as armas em que confiava e re-
parte seus despojos. 23Quem não está
comigo está contra mim*; e quem não
ajunta comigo espalha. 24Quando o
espírito imundo* sai de uma pessoa,
vagueia por lugares áridos, procurando
descanso. Não o encontrando, diz: 'Vol-
tarei para minha casa donde saí'. 25E, ao
voltar*, encontra-a varrida e enfeitada.
26Vai então buscar outros sete espíri-
tos, piores do que ele; e eles voltam e
nela se instalam. E a última condição
daquela pessoa fica pior que antes".

* **10**,42. Jo 6,27; Mt 6,33 | **11**,1. Mt 6,9-15 / Lc 5,33 | 5. 18,1-8 | 9. Mt 7,7-11; Jo 14,13s | 14. Mt 12,22-30; Mc 3,20-27 / Mt 9,34 | 15. 11,29; Mt 12,38; Mc 8,11; 1Cor 1,22 | 20. 17,21; Mt 12,28 | 22. Is 49,25; 53,12 | 23. 9,50; Mt 12,30; Mc 9,40 | 24. Mt 12,43ss | 25. Jo 5,15

11. Esse Pai-nosso é mais curto que o de Mt 6,9-13, mas essencialmente é o mesmo. Lucas apenas omitiu ou modificou algumas expressões tipicamente hebraicas. | 3. O termo grego significa propriamente "necessário para sustentar a vida", o alimento dado gratuitamente por Deus. | 9. "Se Deus não vos concede tudo o que desejais, é para vos dar algo melhor" (Bem-aventurado João de Ávila).

Felicidade do discípulo. [27]Quando assim falava, uma mulher levantou a voz do meio da multidão e lhe disse: "Feliz o ventre que te trouxe e os seios que te amamentaram!" [28]Mas ele respondeu: "Felizes, antes*, os que ouvem a palavra de Deus e a observam!"†

O sinal de Jonas. [29]Crescendo a multidão*, Jesus começou a dizer: "Esta geração é uma geração perversa; está pedindo um sinal, mas não lhe será dado sinal, a não ser o de Jonas. [30]Pois, assim como Jonas foi um sinal para os ninivitas, assim o Filho do homem o será para esta geração. [31]No dia do juízo, a rainha do Sul* vai levantar-se com os homens desta geração e os condenará; porque ela veio das extremidades da terra para ouvir a sabedoria de Salomão; e aqui está alguém maior que Salomão! [32]No dia do juízo, os habitantes de Nínive vão levantar-se com esta geração e a condenarão*, porque se converteram ouvindo a pregação de Jonas; e aqui está alguém maior que Jonas!"

Valor do testemunho. [33]"Ao acender uma lâmpada*, ninguém a coloca num lugar escondido ou sob uma vasilha; ao contrário, a lâmpada é posta no candeeiro, para verem a luz os que entram. [34]A lâmpada do corpo é teu olho. Se teu olho for sadio, todo o teu corpo fica iluminado; mas se ele estiver doente, teu corpo também fica nas trevas. [35]Cuidado, pois, para que a luz que há em ti não seja trevas! [36]Se, pois, todo o teu corpo for luminoso, sem nenhuma parte de trevas, todo ele será luminoso, como quando a lâmpada te ilumina com seu esplendor".

Pureza externa e interna. [37]Enquanto falava, um fariseu o convidou* para jantar em sua casa. Jesus entrou e pôs-se à mesa. [38]O fariseu ficou admirado ao ver que ele não fizera as abluções antes da refeição. [39]Mas o Senhor lhe disse: "Vós, fariseus, limpais a parte externa do copo e do prato*, mas por dentro estais cheios de roubo e de maldade! [40]Insensatos! Aquele que fez o exterior* não fez também o interior? [41]Dai, antes, em esmola o que tendes, e todas as coisas vos serão puras!

Hipocrisia dos fariseus. [42]Mas ai de vós, fariseus, que pagais o dízimo da hortelã*, da arruda e de todas as hortaliças, mas deixais de lado a justiça e o amor a Deus! Era preciso fazer estas coisas, sem omitir aquelas. [43]Ai de vós, fariseus, que gostais de ocupar os primeiros lugares nas sinagogas e as saudações nas praças públicas! [44]Ai de vós, porque sois como sepulcros que não se notam e sobre os quais a gente pisa sem saber!" [45]Um dos doutores da lei tomou então a palavra e lhe disse: "Mestre, falando assim, tu nos ofendes a nós também". [46]Respondeu Jesus: "Ai de vós também, doutores da lei*, porque estais impondo às pessoas fardos impossíveis de carregar, ao passo que vós mesmos nem com um dos dedos os tocais! [47]Ai de vós, porque construís túmulos para os profetas*, que foram mortos por vossos pais! [48]Assim sois testemunhas e aprovais as obras de vossos pais: eles os mataram e vós lhes edificais os sepulcros! [49]Por isso, disse também a Sabedoria de Deus: 'Eu lhes enviarei profetas e apóstolos: a uns matarão, a outros perseguirão', [50]para que a esta geração se peça conta do sangue de todos os profetas, que foi derramado desde a criação do mundo, [51]desde o sangue de Abel* até o de Zacarias, que foi assassinado entre o altar e o santuário! Sim, eu vos digo, serão pedidas contas a esta geração! [52]Ai de vós, doutores da lei, porque tirastes a chave* da ciência: vós mesmos não entrastes e impedistes os que queriam entrar!"

[53]Quando Jesus saiu, os escribas e fariseus começaram a persegui-lo duramente e a importuná-lo com inúmeras perguntas, [54]armando-lhe ciladas* para surpreendê-lo em alguma palavra sua.

---

* **11**,28. 10,39; Dt 30,14; Jo 14,23; Tg 1,25 | 29. Mt 12,38-42; 16,4; Mc 8,12; At 2,40; 1Cor 1,22; Jo 6,30ss | 31. 1Rs 10,1-10; 2Cr 9,1-12 | 32. Jn 3,8ss | 33. 8,16; Mt 5,15; 6,22s; Mc 4,21 | 37. 7,36; 14,1; Mt 23,1-36; Mc 12,38ss | 39. Mt 15,2; Mc 7,2-5 | 40. 12,33 | 42. Lv 27,30 | 46. Mt 23,4 | 47. Mt 23,29ss | 51. Gn 4,8; 2Cr 24,20s | 52. Mt 23,13 | 54. 20,20

† **11**,28. Jesus não reprova sua Mãe; mas diz que a grandeza dela não lhe adiantaria nada, se ela não fosse do número dos que obedecem a Deus.

12 **Coragem para testemunhar†.** [1]Entretanto, as multi-
dões iam ajuntando-se* aos milhares,
a ponto de pisarem uns nos outros; e
Jesus começou a dizer, antes de tudo,
a seus discípulos: "Tomai cuidado
com o fermento dos fariseus*, que é
a hipocrisia. [2]Não há nada oculto que
não seja descoberto; nada de secreto
que não venha a ser conhecido. [3]Por
isso, tudo o que tiverdes falado no
escuro será ouvido em plena luz; e o
que tiverdes falado ao pé do ouvido,
no interior da casa, vai ser proclama-
do sobre os telhados. [4]Eu vos digo,
meus amigos: não tenhais medo* da-
queles que matam o corpo e depois
disso nada mais podem fazer. [5]Vou
mostrar-vos a quem deveis temer: te-
mei Aquele que, depois de matar, tem
o poder de lançar na geena†. Sim, eu
vos digo, a esse deveis temer. [6]Não se
vendem cinco pardais por dois asses?
No entanto, de nenhum deles Deus
se esquece. [7]Mais que isso: até os ca-
belos de vossas cabeças* estão todos
contados. Portanto, não tenhais medo:
vós valeis mais do que muitos pardais.

[8]Eu vos digo: todo aquele que se
declarar a meu favor diante dos ho-
mens, também o Filho do homem vai
declarar-se a seu favor diante dos anjos
de Deus; [9]mas o que me renegar dian-
te dos homens* será renegado diante
dos anjos de Deus. [10]Quem falar contra
o Filho do homem* alcançará perdão;
mas quem blasfemar contra o Espírito
Santo não terá perdão†. [11]Quando vos
levarem às sinagogas, à presença dos
magistrados e das autoridades, não
fiqueis aflitos*, imaginando como vos
defendereis ou o que direis; [12]porque
o Espírito Santo vos ensinará naquela
hora o que será preciso dizer".

Perigo da avareza. [13]Alguém do meio
da multidão* disse a Jesus: "Mestre,
dize a meu irmão que reparta comigo
a herança". [14]"Homem – respondeu-lhe
Jesus – quem me constituiu para ser
vosso juiz ou mediador sobre vossos
bens?" [15]Em seguida, disse-lhes: "Cui-
dado!* Fugi de toda avareza, porque,
mesmo possuindo uma grande fortu-
na, a vida da pessoa não depende de
suas riquezas".

[16]Contou-lhes, então, esta parábo-
la: "Havia um homem rico, cujas terras
produziram grande colheita. [17]Ele ficou
pensando: 'Que vou fazer? Não tenho
onde guardar minha colheita'. [18]Então
disse: 'Farei assim: vou demolir meus
celeiros e construir outros maiores. Ne-
les guardarei todo o meu trigo e meus
bens, [19]e direi a mim mesmo: Tu tens
uma grande quantidade de bens em
depósito para muitos anos. Descansa,
come, bebe, comemora!' [20]Mas Deus
lhe disse: 'Louco, nesta mesma noi-
te* tua vida vai ser requisitada! E para
quem vai ficar o que ajuntaste?' [21]As-
sim é aquele que ajunta tesouros para
si e não é rico diante de Deus".

A Providência divina. [22]Disse depois a
seus discípulos:* "Por isso vos digo: não
vos preocupeis por vossa vida, com o
que comereis, nem por vosso corpo,
com o que vestireis. [23]Pois a vida vale
mais que o alimento, e o corpo mais
que as roupas. [24]Observai os corvos:*
não semeiam nem colhem, não têm
celeiro nem despensa; e, no entanto,
Deus os alimenta. Quanto mais va-
leis do que as aves! [25]Quem de vós*
consegue, com suas preocupações,
acrescentar um côvado ao curso de
sua vida? [26]Se, portanto, não podeis
fazer nem as mínimas coisas, por que
estais preocupados com as outras?

---

* **12**,1. Mt 16,6.12; Mc 8,15 / 8,17; Mt 10,26; Mc 4,22 | 4. 12,32; Mt 10,28-33; Jo 15,15; Tg 4,12 | 7. 12,24; 21,18; Mt 10,32s; Mc 8,38 | 9. 9,26 | 10. Mt 12,32; Mc 3,28s; 13,11 | 11. 21,12-15; Jo 14,26 | 13. Êx 2,14; At 7,37 | 15. 1Tm 6,9s | 20. Pr 27,1; Eclo 11,19; Tg 4,13ss; 1Cor 15,32; Ecl 2,17-23; Ap 3,17s | 22. Mt 6,19-34 | 24. Sl 147,9 | 25. 12,7 | 27. 1Rs 10,4-7

† **12**. Este trecho mostra que o 3º Evangelho foi escrito em e para um tempo de perseguição. | 5. Nome de um depósito de lixo, situado fora de Jerusalém, que fumegava constatemente e por isso servia de imagem para o fogo inextinguível do inferno. | 10. O pecado contra o Espírito Santo é a recusa de reconhecer as obras do Espírito, apesar da evidência. Não podem alegar a ignorância, como na morte de Jesus, Lc 23,34. Ver At 7,51.

27Observai os lírios: como crescem! Não trabalham nem fiam. Ora, eu vos digo, nem Salomão*, no auge de sua glória, vestiu-se como um deles. 28Se, pois, Deus veste assim a erva, que hoje está no campo e amanhã é lançada ao fogo, quanto mais fará por vós, gente pobre de fé? 29Vós também, não fiqueis procurando o que haveis de comer ou beber, nem fiqueis ansiosos. 30Porque os pagãos do mundo é que vivem preocupados com tudo isso; mas vosso Pai sabe que precisais disso. 31Buscai primeiro seu reino, e estas coisas vos serão dadas por acréscimo. 32Não tenhais medo, pequeno rebanho, porque foi do agrado de vosso Pai dar-vos o Reino. 33Vendei vossos bens* e dai o dinheiro em esmola. Fazei para vós bolsas que não se gastam, um tesouro que não se esgota nos céus, aonde o ladrão não chega nem a traça corrói. 34Porque onde estiver vosso tesouro, aí estará também vosso coração".

A vigilância. 35"Estejam cingidos vossos rins e acesas vossas lâmpadas. 36Sede como homens que esperam o patrão* que está para voltar das núpcias, para lhe abrir logo que ele chegar* e bater. 37Felizes os servos que o patrão, ao chegar, encontrar vigilantes! Na verdade vos digo: o patrão colocará o avental, fará com que tomem lugar à mesa e aproximando-se os servirá. 38Se ele chegar na segunda ou na terceira vigília†, e os encontrar assim*, felizes deles! 39Compreendei bem isto: se o dono da casa soubesse em que hora viria o ladrão, não o deixaria arrombar sua casa. 40Vós também, ficai preparados, porque na hora que não pensais, o Filho do homem virá!"†

O empregado fiel. 41Disse então Pedro: "Senhor, é para nós que contas esta parábola, ou para todos?" 42Respondeu-lhe o Senhor:* "Quem é, pois, o administrador fiel e prudente, que o patrão porá à frente de seus criados, para lhes dar o alimento no tempo devido? 43Feliz daquele servo que, ao chegar, o patrão encontrar agindo assim! 44Na verdade vos digo:* vai dar-lhe poder sobre todos os seus bens. 45Mas se aquele servo ficar pensando: 'Meu patrão está demorando a chegar', e começar a espancar criados e criadas, a comer, beber e embriagar-se, 46virá o patrão desse servo no dia que não espera e na hora que não sabe; vai dar-lhe um tremendo castigo e lhe dará o destino dos infiéis. 47O empregado que, conhecendo a vontade do patrão*, nada preparou e não lhe obedeceu, receberá grande número de açoites. 48Aquele que, sem conhecer a vontade do patrão, fizer o que mereça castigo, receberá um pequeno número. Àquele a quem muito se deu, muito será pedido, e daquele a quem muito se entregou, mais se exigirá.

Jesus, sinal de contradição. 49Eu vim lançar um fogo sobre a terra*, e como gostaria que já estivesse aceso!† 50Devo receber um batismo, e qual não é minha angústia até que seja consumado! 51Pensais, acaso, que vim trazer paz à terra?* Não, eu vos digo, mas a divisão. 52Porque de agora em diante, numa casa de cinco pessoas haverá divisão: três contra duas e duas contra três. 53Dividir-se-ão: pai contra filho* e filho contra pai; mãe contra filha e filha contra mãe; sogra contra nora e nora contra sogra".

Saber entender o tempo. 54E dizia às multidões: "Quando vedes uma nuvem* levantar-se no poente, logo dizeis: 'Vem chuva', e assim acontece. 55E quando vedes soprar o vento sul, dizeis: 'Vai fazer calor', e tal acontece. 56Hipócritas! sabeis decifrar o aspecto da terra e do céu, e como então não sabeis discernir o tempo presente?"†

---

* **12**,33. 22,29; Jo 10,1ss; Ap 1,6; Mt 6,20; 19,21; Lc 18,22; At 4,34; Mc 10,21 | 36. Êx 12,11; Ef 6,14; 1Pd 1,13; Mt 24,45ss; 25,1.7; Mc 13,35ss / Jo 13,4s | 38. Mt 24,43; 1Ts 5,2 | 42. Mt 24,45-51; 1Cor 4,1ss | 44. Mt 25,21.23 | 47. Tg 4,17 | 49. Mt 10,34ss; Mc 10,38s | 51. 2,14.34 | 53. Mq 7,6 | 54. Mt 16,2s

† **12**,38. A 2ª vigília ia das 21 às 24 horas; a 3ª, da meia-noite às 3 da madrugada. | 40. A vigilância cristã consiste em cumprir fielmente no dia a dia as obrigações de estado que recebemos de Deus. | 49. Esse fogo é o Espírito Santo que descerá em Pentecostes sob a forma de línguas de fogo; Paulo usa o mesmo simbolismo ao dizer: "Não apagueis o Espírito", 1Ts 5,19. | 56. Como em 19,44, Jesus mostra aqui a importância decisiva de sabermos reconhecer a hora da graça, para correspondermos ao apelo de Deus.

Reconciliação. [57]"Mas por que, por vós mesmos, não julgais o que é justo? [58]Assim, quando vais com teu adversário à presença do magistrado*, esforça-te para entrar em acordo com ele pelo caminho, para que não te arraste ao juiz, e o juiz te entregue ao carcereiro, e o carcereiro te ponha na prisão. [59]Eu te digo: de lá não sairás até pagares o último centavo".

13 **A conversão é necessária.** [1]Naquela hora chegaram algumas pessoas que comunicaram a Jesus o que havia acontecido com os galileus, cujo sangue Pilatos misturara com o das vítimas que ofereciam. [2]Em resposta, disse-lhes Jesus: "Pensais que estes galileus, por terem sofrido isto, eram mais pecadores do que todos os outros galileus? [3]Eu vos digo que não*; mas se não vos converterdes, perecereis todos igualmente. [4]Ou aqueles dezoito homens, sobre os quais caiu a torre de Siloé e os matou, pensais que eram mais culpados que todos os outros habitantes de Jerusalém? [5]Eu vos digo que não*; mas se não vos converterdes, perecereis todos do mesmo modo". [6]E disse esta parábola: "Um homem tinha uma figueira* plantada em sua vinha. Veio procurar frutos nela e não encontrou. [7]Disse então ao vinhateiro: 'Faz três anos que venho procurar frutos nesta figueira e não encontro. Corta-a, portanto. Por que ocupa a terra inutilmente?' [8]Respondeu o outro: 'Senhor, deixa-a mais este ano*; cavarei em redor dela e colocarei adubo. [9]Talvez dê fruto no futuro. Se não, manda cortá-la'".

Cura de uma mulher no sábado. [10]Num sábado, Jesus estava ensinando* numa das sinagogas. [11]Achava-se lá uma mulher que havia dezoito anos que tinha um espírito que a tornava enferma: andava curvada e não podia de modo algum endireitar-se. [12]Vendo-a, Jesus chamou-a e disse-lhe: "Mulher, estás livre de tua enfermidade". [13]Impôs-lhe as mãos, e no mesmo instante ela se endireitou e começou a dar glória a Deus. [14]Mas o chefe da sinagoga*, indignado porque Jesus tinha curado no sábado, tomou a palavra e disse à multidão: "Há seis dias para se trabalhar; vinde, pois, nesses dias para serdes curados, e não no sábado". [15]"Hipócritas, – respondeu o Senhor – cada um de vós não solta da estrebaria seu boi* ou seu jumento para levá-los a beber no sábado? [16]E esta filha de Abraão, que Satanás mantinha prisioneira por dezoito anos, não deveria ser libertada desta prisão no dia de sábado?" [17]Enquanto dizia isto, todos os seus adversários ficaram envergonhados, ao passo que a multidão inteira* se alegrava com as maravilhas por ele realizadas.

A semente de mostarda. [18]Dizia Jesus:* "A que se assemelha o Reino de Deus? Com que poderei compará-lo? [19]É semelhante a uma semente de mostarda que um homem pegou e lançou em sua horta. Ela cresceu e se tornou uma árvore, em cujos ramos as aves do céu vieram fazer ninhos"†.

O fermento na massa. [20]Disse ainda: "Com que hei de comparar o Reino de Deus? [21]É semelhante ao fermento que uma mulher pega e mistura em três medidas de farinha, até que tudo fique fermentado".

A porta é estreita. [22]Ia Jesus por cidades e aldeias*, ensinando e caminhando em direção a Jerusalém. [23]Perguntou-lhe alguém: "Senhor, são poucos os que se salvam?" [24]Ele respondeu: "Esforçai-vos por entrar pela porta estreita*, porque eu vos digo que muitos procurarão entrar e não vão conseguir. [25]Depois que o dono da casa se tiver levantado para fechar a porta, e que vós, lá fora, começardes a bater,

---

* **12**,58. Mt 5,25s | **13**,3. Sl 7,12 | 5. Jo 8,24 | 6. 20,9; Is 5,1; Hab 3,17; Mt 21,19s; Mc 11,13 | 8. 2Pd 3,9.15 | 10. 6,6-11; 14,1-6 | 14. 4,40; 6,7; 7,28; 9,14.16; Mt 12,10; Mc 3,2; Jo 5,16 | 15. 14,5 | 17. 4,15; 5,26 | 18. Mt 13,31ss; Mc 4,30ss; Dn 4,12.21; Ez 17,23; 31,6 | 22. 9,51; 17,11; Mt 7,13-23 | 24. Mt 7,13s; Mc 10,25; Mt 7,22s; 25,10ss

† **13**,19. Ver a nota em Mc 4,32.

suplicando: 'Senhor, abre-nos a por-
ta', ele responderá: 'Não sei de onde
sois'. [26]Então começareis a dizer: 'Nós
comemos e bebemos junto contigo e
ensinaste em nossas praças'. [27]Mas ele
vos responderá:* 'Não sei de onde sois;
afastai-vos de mim vós todos que pra-
ticais a iniquidade!' [28]Então chorareis,
rangendo os dentes*, quando virdes
Abraão, Isaac, Jacó e todos os profetas
no Reino de Deus, e vós, tocados para
fora. [29]Virão pessoas do oriente e do
ocidente, do norte e do sul, para tomar
parte no banquete do Reino de Deus.
[30]Há últimos que serão os primeiros*, e
primeiros que serão os últimos".
Herodes ameaça Jesus. [31]Naque-
la hora chegaram alguns fariseus*
dizendo-lhe: "Sai e vai embora daqui,
porque Herodes quer matar-te". [32]Res-
pondeu-lhes: "Ide dizer àquela raposa:
Eu expulso demônios e realizo curas
hoje e amanhã; e no terceiro dia sou
consumado. [33]Devo, porém, continuar
meu caminho* hoje, amanhã e no dia
seguinte, porque não convém que um
profeta morra fora de Jerusalém".
Castigo de Jerusalém. [34]"Jerusalém, Je-
rusalém*, que matas os profetas e ape-
drejas aqueles que Deus te envia! Quan-
tas vezes eu quis reunir teus filhos, como
a galinha recolhe a ninhada* debaixo das
asas, mas não o quiseste! [35]Vossa casa
ficará abandonada. Eu vos digo: não me
vereis mais até que digais: Bendito o que
vem em nome do Senhor!"

14 **Cura do hidrópico.** [1]Num sá-
bado, Jesus entrou* na casa de
um dos chefes dos fariseus para tomar
a refeição, e puseram-se a observá-
-lo. [2]À frente dele estava um homem
hidrópico. [3]Tomando a palavra, Jesus
disse aos doutores da lei e aos fariseus:
"É permitido ou não curar no sábado?"
[4]Mas eles ficaram calados. Então Jesus
tomou o homem pela mão, curou-o e
despediu-o. [5]Depois lhes disse: "Qual
de vós, se seu carneiro ou seu boi ca-
ísse num poço, não o retiraria logo*,
mesmo sendo sábado?" [6]E a isso nada
puderam responder.
Humildade à mesa. [7]Percebendo
como os convidados* estavam esco-
lhendo os primeiros lugares à mesa,
contou-lhes esta parábola: [8]"Quando
fores convidado por alguém para uma
festa de casamento, não procures sen-
tar-te no primeiro lugar da mesa, por-
que pode ser que tenha sido convidado
por ele alguém mais importante que tu;
[9]e, chegando aquele que te convidou a
ti e a ele, venha dizer-te: 'Cede-lhe o lu-
gar'. E tu, cheio de vergonha, terias de
ir sentar-te no último lugar. [10]Ao con-
trário, quando fores convidado, senta-
-te no último lugar e, assim, aquele que
te convidou te dirá ao chegar: 'Meu
amigo, senta-te mais para cima!' E isso
será honroso para ti diante de todos os
convidados, [11]porque todo aquele que
se eleva será rebaixado*, e o que se re-
baixa será elevado".
Não buscar recompensa. [12]Depois,
Jesus disse ao homem que o convidara:
"Quando deres um almoço ou um jan-
tar, não convides os amigos, os irmãos,
os parentes, nem os vizinhos ricos,
para não acontecer que por sua vez
eles te convidem e sejas recompensa-
do. [13]Mas, quando deres um banque-
te, convida os pobres, os aleijados, os
coxos, os cegos; [14]e serás feliz, porque
eles não têm com que te retribuir*, e
receberás a recompensa na ressurrei-
ção dos justos".
Parábola do banquete. [15]Ao ouvir isto,
disse-lhe um dos convivas:* Feliz daque-
le que participar do banquete do Reino
de Deus!' [16]Jesus disse-lhe: "Um homem
preparou um grande banquete para o
qual convidou muita gente. [17]Na hora
marcada, enviou seu servo para dizer aos
convidados: 'Vinde, já está pronto!' [18]Mas
todos, um após outro, começaram a se
desculpar. O primeiro disse: 'Comprei

---

* **13**,27. Sl 6,8s | 28. Mt 8,11s; Sl 107,3 | 30. Mt 19,30; 20,16; Mc 10,31 | 31. Mt 23,37ss | 33. 6,23; 18,31 | 34. 19,41-44; Mt 23,37ss / Lc 21,6; Jr 12,7; Sl 118,26 | **14**,1. 7,36; 11,37 | 5. 13,15; Mt 12,11; 22,46 | 7. Pr 25,6s; Mt 23,6 | 11. 18,14; Mt 23,12 | 14. 6,35; Jo 5,29 | 15. 13,29; Mt 22,1-10; Is 25,6; 55,1s; Ap 3,20; 19,9

um terreno e preciso ir vê-lo; peço que me desculpes'. [19]Outro disse: 'Comprei cinco juntas de bois e vou experimentá--las; peço que me desculpes'. [20]Um outro disse: 'Eu me casei* e por isso não posso ir'. [21]Voltando, o servo relatou isto ao patrão. Indignado, o dono da casa disse então a seu servo: 'Sai depressa às praças e ruas da cidade e traze aqui os pobres*, os aleijados, os cegos e os coxos'†. [22]'Senhor – disse-lhe o servo – tua ordem foi executada e ainda há lugar'. [23]Então disse o patrão ao servo: 'Sai pelos caminhos e atalhos e força-os a entrar, a fim de que se encha minha casa. [24]Porque, eu vos declaro, nenhum dos que foram convidados provará de meu banquete'".

Condições para seguir Jesus. [25]Caminhavam com Jesus numerosas multidões. Voltando-se para elas, disse: [26]"Aquele que vem a mim e não tem maior amor a mim do que a seu pai*, sua mãe, sua mulher, seus filhos, seus irmãos, suas irmãs e até a sua própria vida† não pode ser meu discípulo. [27]Aquele que não carrega sua cruz e não me segue não pode ser meu discípulo. [28]Quem de vós, com efeito, querendo construir uma torre,* não se senta primeiro para calcular os gastos e ver se tem o suficiente para concluir a obra? [29]Para não suceder que, colocados os alicerces e não podendo terminá-la, todos os que o virem comecem a zombar dele, dizendo: [30]'Vede o homem que começou a construir e não conseguiu terminar!' [31]E qual é o rei que, partindo para a guerra contra outro rei, não se senta para examinar se com dez mil homens pode enfrentar aquele que vem contra ele com vinte mil? [32]Se não, envia mensageiros para negociar a paz,* enquanto o outro ainda está longe. [33]Assim pois, aquele dentre vós que não renunciar a todos os seus bens não pode ser meu discípulo. [34]O sal é uma boa coisa. Mas, se perder seu sabor,* com que se há de restituir-lhe o sabor? Ele não prestará nem para a terra, nem para adubo: [35]será jogado fora! Ouça quem for capaz!"

15

A ovelha perdida†. [1]Aproximavam-se de Jesus todos os publicanos* e pecadores para ouvi-lo. [2]Os fariseus e os escribas o criticavam dizendo: "Este homem acolhe os pecadores e come com eles". [3]Jesus contou--lhes, então, esta parábola: [4]"Quem de vós, se tiver cem ovelhas* e perder uma delas, não deixa as noventa e nove no deserto, para ir procurar a ovelha perdida até encontrá-la? [5]E, achando-a, coloca-a sobre os ombros, cheio de alegria, [6]e, voltando para casa, convida os amigos e os vizinhos, dizendo-lhes: 'Alegrai-vos comigo, porque encontrei minha ovelha que estava perdida'. [7]Eu vos digo: assim também haverá maior alegria no céu por um só pecador* que se converte do que por noventa e nove justos que não precisam de conversão.

A moeda perdida. [8]Ou então, qual é a mulher que, tendo dez dracmas†, se perder uma, não acende a lâmpada e varre a casa, procurando com cuidado até encontrá-la? [9]E, encontrando-a, chama as amigas e as vizinhas e lhes diz: 'Alegrai-vos comigo*, porque achei a dracma que eu tinha perdido'. [10]Deste modo, eu vos digo, haverá alegria entre os anjos de Deus por um único pecador que se converte".

O pai misericordioso†. [11]Disse ainda: "Um homem tinha dois filhos. [12]O mais novo disse ao pai: 'Pai, dá-me a parte

* **14**,20. 1Cor 7,33 | 21. Sl 22,27 | 26. 9,23; 18,29; Mt 10,37s; Dt 33,9; Mc 8,34; Mt 16,24; Jo 12,24s | 28. 9,23 | 32. 11,41; 12,33s; 16,9; 18,22 | 34. 8,8; Mc 9,50; Mt 5,13; 11,15; 13,9.43; Mc 4,9.23 | **15**,1. 6,36 | 4. 19,10; Mt 18,12ss; Jo 10,11-16; Ez 34,11-16 | 7. 1,14; 13,17 | 9. 15,7.32; 19,6.37; 24,41.52

† **14**,21. "Ao banquete da Igreja, depois das desculpas dos judeus, são chamados os gentios" (S. Cirilo de Alexandria). | 26. Lit. "não odeia seu pai..."; "odiar" em hebraico pode significar "amar menos". **15**. Este capítulo é considerado como "a joia" do 3º Evangelho, "um Evangelho dentro do Evangelho". | 8. A dracma grega equivalia ao denário, salário de um dia. | 11. Essa parábola, chamada também "do filho pródigo", mostra a miséria do pecado e encoraja à conversão, na certeza de encontrar um Pai cheio de compreensão e bondade. O irmão mais velho, v. 28, representa os fariseus, que serviam a Deus como a um patrão, e se escandalizavam com a misericórdia de Jesus para com os pecadores, v. 2. "Só o coração de Cristo, que conhece as profundezas do amor do Pai, pôde revelar-nos o abismo de sua misericórdia de uma maneira tão simples e bela" (CIC).

da herança que me pertence'. E o pai dividiu seus bens entre ambos. 13Poucos dias depois*, o filho mais novo reuniu tudo o que lhe pertencia e partiu para uma terra distante. Lá dissipou todos os seus bens, levando uma vida dissoluta. 14Depois de haver esbanjado tudo, houve grande fome naquele país, e ele começou a passar necessidade. 15Então foi pedir emprego a um dos moradores do lugar, o qual o mandou para seu sítio, para tomar conta de porcos. 16Desejava matar a fome com a lavagem dos porcos, mas nem isso lhe davam. 17Caindo em si, refletiu: 'Quantos empregados de meu pai têm pão com fartura, e eu aqui estou morrendo de fome! 18Vou partir ao encontro de meu pai* e vou dizer-lhe: Pai, pequei contra o céu e contra ti. 19Não mereço mais ser chamado teu filho; trata-me como a um de teus empregados'. 20E partiu ao encontro de seu pai*. Quando estava ainda longe, seu pai o avistou e, movido de compaixão, correu a seu encontro, atirou-se-lhe ao pescoço e cobriu-o de beijos. 21Então lhe disse o filho: 'Pai, pequei contra o céu e contra ti; não mereço mais ser chamado teu filho...' 22Mas o pai disse aos empregados:* 'Trazei depressa a roupa mais bela e vesti-o; ponde-lhe um anel no dedo e sandálias nos pés. 23Trazei o vitelo gordo e matai-o. Comamos e festejemos, 24porque este meu filho estava morto e reviveu; estava perdido e foi encontrado'. E começaram a festejar. 25Ora, seu filho mais velho encontrava-se no sítio. De volta, ao aproximar-se de casa, ouviu a música e as danças. 26Chamou um dos criados e perguntou-lhe o que era aquilo. 27Este lhe respondeu: 'É teu irmão que voltou; e teu pai mandou matar o vitelo gordo, porque o recuperou são e salvo'. 28Ele ficou indignado e não queria entrar. Seu pai saiu e tentava persuadi-lo. 29Mas ele respondeu ao pai: 'Há tantos anos que te sirvo, sem jamais desobedecer uma ordem tua, e nunca me deste um cabrito, para eu festejar com meus amigos. 30No entanto, depois que volta este teu filho, que esbanjou tua fortuna com as meretrizes, mandas matar para ele o vitelo gordo'. 31Mas o pai lhe disse: 'Meu filho*, tu estás sempre comigo e tudo o que é meu é teu também. 32Mas era preciso a gente festejar e se alegrar*, porque este teu irmão estava morto e reviveu, estava perdido e foi encontrado'".

16

O administrador desonesto. 1Dizia também aos discípulos: "Havia um homem rico que tinha um administrador. Este foi acusado perante ele de dissipar seus bens. 2Chamou-o então e disse-lhe: 'Que é isso que estou ouvindo a teu respeito? Presta contas de tua administração, porque não podes mais administrar meus bens'. 3O administrador pensou: 'O que vou fazer, já que meu patrão retira de mim a administração? Para ser lavrador, não tenho saúde... Ficar mendigando, sinto vergonha... 4Ah! já sei o que vou fazer, para que, despedido da administração, me acolham em suas casas'. 5Chamou um por um os devedores do patrão e disse ao primeiro: 'Quanto deves a meu patrão?' 6Respondeu: 'Cem barris de azeite'. Disse-lhe o administrador: 'Toma tua fatura, senta-te depressa e escreve: cinquenta'. 7Depois disse ao outro: 'E tu, quanto estás devendo?' 'Cem sacos de trigo', respondeu. E disse o administrador: 'Toma tua fatura e escreve: oitenta'. 8O patrão louvou* o administrador desonesto† por ter agido com habilidade. Pois os que pertencem a este mundo são mais hábeis no trato com seus semelhantes do que os que pertencem à luz. 9Pois eu vos digo: fazei amigos* com o dinheiro injusto, a fim de que, quando ele faltar, vos recebam nas moradas eternas".

---

* **15**,13. Pr 29,3 | 18. Sl 51,4 | 20. Is 55,7; Jr 3,12s; Tb 11,19; Is 49,14ss | 22. Zc 3,4; Ef 2,1.5; 5,14 | 31. Jo 17,10 | 32. 1,14 | **16**,8. Ef 5,8; 1Ts ,5 | 9. 6,24; 12,33

† **16**,8. "O patrão não elogia a desonestidade do administrador sagaz, mas a sagacidade do administrador desonesto" (S. Agostinho).

A fidelidade a Deus. 10"Quem é fiel*
nas coisas pequenas é fiel também nas
grandes. Quem é desonesto nas coi-
sas pequenas, é desonesto também
nas grandes. 11Portanto, se não fos-
tes fiéis ao lidar com a riqueza injusta,
quem vos confiará a verdadeira? 12E se
não fostes fiéis ao lidar com a riqueza
alheia, quem vos dará o que vos per-
tence?"

Os dois patrões. 13"Nenhum servo
pode servir* a dois senhores: ou odiará
um e amará o outro, ou ficará com este
e abandonará aquele. Não podeis ser-
vir a Deus e à riqueza"†.

Advertência aos fariseus. 14Os fari-
seus, que eram avarentos, ouviam isto
tudo e zombavam dele. 15Jesus disse-
-lhes: "Vós sois daqueles que procuram
parecer justos aos olhos dos homens,
mas Deus conhece vossos corações*;
pois o que é elevado para os homens é
abominável diante de Deus".

O Reino de Deus. 16"A Lei e os Profe-
tas duraram até João*; desde então o
Reino de Deus está sendo anunciado,
e todos se esforçam para entrar nele".

A Lei permanece. 17"É mais fácil passar
o céu e a terra* do que cair uma vírgula
sequer da Lei".

O divórcio. 18"Todo aquele que se di-
vorciar de sua mulher* e se casar com
outra é adúltero; como também é adúl-
tero quem se casa com uma divorcia-
da".

Lázaro e o rico. 19"Havia um homem
rico, que se vestia de púrpura e de li-
nho fino e que diariamente fazia fes-
ta com grandes banquetes. 20Jazia a
sua porta um pobre, chamado Lázaro,
coberto de feridas. 21Bem que dese-
java matar a fome com os restos que
caíam da mesa do rico*. E até os cães
vinham lamber-lhe as feridas. 22Acon-
teceu que o pobre morreu e foi leva-
do pelos anjos para o seio de Abraão†.
Também o rico morreu e foi enterrado.
23Lá na região dos mortos, entre tor-
mentos, o rico ergueu os olhos e viu
ao longe Abraão e Lázaro em seu seio.
24Ele gritou: 'Pai Abraão, tem pena de
mim! Manda Lázaro molhar na água a
ponta do dedo para me refrescar a lín-
gua, pois estou penando muito nestas
chamas!' 25Abraão respondeu:* 'Meu
filho, lembra-te que durante a vida re-
cebeste teus bens e Lázaro igualmente
seus males. Agora, ele é consolado e tu
és torturado. 26Além disso, entre nós e
vós está posto um grande abismo, para
que os que quiserem passar daqui para
vós não possam; e que daí tampouco
possam chegar até nós'. 27Então, o rico
disse: 'Pai, por favor, manda Lázaro à
casa de meu pai, pois tenho cinco ir-
mãos. 28Que lhes dê testemunho, a fim
de que não venham também eles para
este lugar de tormentos'. 29Disse-lhe
Abraão:* 'Eles têm Moisés e os profe-
tas: que os ouçam!' 30O rico respondeu:
'Não, pai Abraão, mas se alguém den-
tre os mortos for a sua procura, eles se
converterão'. 31Mas Abraão disse:* 'Se
não dão ouvidos a Moisés e aos Profe-
tas, mesmo que alguém ressuscite dos
mortos, não se deixarão persuadir'"†.

17

Escândalo. 1Depois, disse Je-
sus a seus discípulos:* "É inevi-
tável que venham os escândalos; mas ai
daquele que os provoca! 2Seria melhor
para ele que lhe amarrassem ao pesco-
ço uma pedra de moinho e o atirassem
ao mar do que escandalizar um só des-
tes pequeninos! 3Tomai cuidado!* Se
teu irmão pecar, repreende-o; e se ele
se arrepender, perdoa-lhe. 4E se pecar
sete vezes no dia contra ti e sete vezes
vier a ti, dizendo: 'Estou arrependido',
perdoa-lhe".

---

* **16**,10. 19,17-26; Mt 25,20-30 | 13. Mt 6,24 | 15. Mt 23,28; 1Cor 1,25; Pr 24,12 | 16. Mt 11,12s | 17. Mt 5,18 | 18. Mc 10,11s; Mt 5,32; 19,9; 1Cor 7,10s | 21. 15,16; Mt 15,27; Mc 7,28 | 25. 6,24s | 29. 24,44 | 31. Jo 5,46; 11,44-48 | **17**,1. Mt 18,6-22; Mc 9,42 | 3. Mt 18,15.21s

† **16**,13. "O que é a riqueza quando não se pensa em Deus? Um ídolo de ouro, um bezerro de ouro, diante do qual se oferecem sacrifícios e se cometem iniquidades" (Dom Oscar Romero). | 22. Viver ao lado, "no seio", de Abraão, pai do povo eleito, simboliza a felicidade do paraíso. | **16**,31. A palavra de Deus é uma advertência bastante séria e suficiente para a conversão, e não pode ser suprida por mensageiros do além.

A força da fé. [5]Os apóstolos disseram ao Senhor: "Aumenta nossa fé!" Ele respondeu: [6]"Se tivésseis uma fé do tamanho de uma semente de mostarda*, poderíeis dizer àquela amoreira: 'Arranca-te e vai plantar-te no mar', e ela vos obedeceria.

Servos inúteis. [7]Quem de vós, tendo um empregado trabalhando na lavoura ou com os animais, lhe diz quando ele volta do sítio: 'Vem logo tomar lugar à mesa'? [8]Não lhe dirá, ao contrário: 'Prepara-me o jantar; cinge-te e serve-me até que eu acabe de comer e beber; tu comerás e beberás depois'? [9]E terá de agradecer ao servo, porque este fez o que lhe foi mandado? [10]Assim também vós, depois de terdes feito tudo o que vos foi mandado*, dizei: 'Somos servos inúteis†: só fizemos nossa obrigação'".

Os dez leprosos. [11]Caminhando Jesus para Jerusalém*, passou pelas fronteiras da Samaria e da Galileia. [12]Ao entrar numa aldeia, dez leprosos vieram a seu encontro. Pararam um tanto longe [13]e gritaram: "Jesus, Mestre, tem piedade de nós!" [14]Vendo-os, ele disse:* "Ide apresentar-vos aos sacerdotes". Enquanto iam, ficaram curados*. [15]Um deles, quando se viu curado, voltou atrás, glorificando a Deus em alta voz. [16]Prostrou-se com o rosto em terra diante de Jesus, agradecendo-lhe. Era um samaritano†. [17]Disse então Jesus: "Não foram curados os dez?* Onde estão os outros nove? [18]Ninguém voltou para dar glória a Deus a não ser este estrangeiro?" [19]E disse-lhe: "Levanta-te e vai*; tua fé te salvou!"†

A vinda gloriosa de Jesus†. [20]Os fariseus lhe perguntaram quando viria o Reino de Deus. Respondeu-lhes Jesus: "O Reino de Deus não vem de maneira visível*. [21]Nem se poderá dizer: 'Está aqui' ou 'Está ali', porque de fato o Reino de Deus está no meio de vós". [22]Aos discípulos disse: "Tempo virá em que desejareis ver ao menos um dos dias do Filho do homem, mas não o vereis. [23]Vão dizer-vos: 'Está aqui'* ou 'Está ali'. Não deveis ir nem os seguir. [24]Pois como o relâmpago resplandece e brilha de um extremo ao outro do céu, assim será o Filho do homem em seu dia. [25]Mas antes é preciso que ele sofra muito e seja rejeitado por esta geração*.

[26]Como sucedeu nos dias de Noé,* assim será nos dias do Filho do homem: [27]comiam, bebiam, homens e mulheres se casavam até o dia em que Noé entrou na arca; veio o dilúvio e os fez perecer a todos. [28]Será como no tempo de Ló:* comiam, bebiam, compravam, vendiam, plantavam, construíam; [29]mas no dia em que Ló saiu de Sodoma, Deus fez chover do céu fogo e enxofre e os fez perecer a todos. [30]Assim será no dia em que o Filho do homem se revelar. [31]Naquele dia, quem estiver no terraço* e tiver bens dentro da casa não desça para buscá-los; também aquele que estiver no sítio não volte atrás. [32]Lembrem-se da mulher de Ló*. [33]Quem procurar se poupar vai acabar se perdendo*; e quem se perder vai se preservar.

[34]Eu vos digo: naquela noite estarão dois num mesmo leito: um será levado e o outro deixado. [35]Estarão duas mulheres moendo juntas: uma será levada e a outra deixada"†. [37]Tomando a palavra, perguntaram-lhe: "Onde, Senhor?" Respondeu-lhes Jesus: "Onde estiver o corpo*, aí também se juntarão os abutres".

---

* **17**,6. 18,8; Mc 9,24; Mt 17,20; 21,21; Mc 11,23 | 10. Jó 22,3; 35,7 | 11. 9,51; 13,22; Jo 4,4 | 14. 18,38 / 5,14; Mt 9,27; Lv 14,2s | 17. 9,53; 10,33 | 19. 7,50; 18,42 | 20. Mt 4,17; 24,23-28; Mc 13,21; Jo 3,3; 18,36 | 23. 21,8; Mc 13,21 | 25. 9,22; 18,32s; Mc 8,31; 9,31; 10,33s | 26. Mt 24,37-41; Gn 6,5-12 | 28. Gn 18,20s | 31. Mt 24,17s; Mc 13,15s | 32. Gn 19,26 | 33. 9,24; Mt 10,39; 16,25; Mc 8,35; Jo 12,25 | 37. Jó 39,30; Is 34,15; Mt 24,28

† **17**,10. O termo grego significa "aqueles aos quais nada se deve". Não podemos arrogar-nos direitos diante de Deus por termos cumprido nosso dever. "Somos inúteis, porque Deus não precisa de nós" (S. Beda) e, sendo criaturas, tudo devemos a Ele. | 16. Os judeus tratavam os samaritanos com desprezo e ódio, porque os consideravam como hereges e cismáticos, Eclo 50,26. | 19. Esse fato é mais um exemplo da fé dos humildes e da ingratidão de Israel, que pensava ter direito aos dons divinos. | 20. Ao contrário de Mateus, Mt 24, Lucas separa em dois discursos de Jesus o que se refere à ruína de Jerusalém, Lc 21, 6-24, e o que se refere ao retorno glorioso de Jesus no fim dos tempos, Lc 17,22-37. | 35. Alguns manuscritos acrescentam: "[36]Dois estarão na lavoura: um será levado, o outro deixado".

18

A viúva e o juiz. 1 Jesus contou aos discípulos esta parábola* sobre o dever de rezar sempre,† sem desanimar: 2 "Havia numa cidade um juiz que não temia a Deus nem respeitava ninguém. 3 Havia também naquela cidade uma viúva que ia procurá-lo, dizendo: 'Defende meu direito contra meu adversário!' 4 Durante certo tempo ele não quis atender. Mas depois pensou consigo: 'Não temo a Deus nem respeito ninguém. 5 Mas, já que esta viúva me importuna, vou defender sua causa, para que não venha a me exasperar sem fim'". 6 Disse então o Senhor: "Escutai o que disse este juiz injusto. 7 Será que Deus não fará justiça a seus escolhidos, que dia e noite gritam por ele? Vai demorar* a socorrê-los? 8 Eu vos digo que lhes fará justiça bem depressa. Mas, quando o Filho do homem vier, encontrará fé aqui na terra?"*

O fariseu e o publicano. 9 Disse também a seguinte parábola* a alguns que estavam convencidos de serem justos e desprezavam os outros: 10 "Subiram dois homens ao templo para rezar: um era fariseu e o outro, publicano. 11 O fariseu, de pé, assim rezava em seu coração: 'Meu Deus, eu vos dou graças por não ser como os outros homens, que são ladrões, desonestos, adúlteros; e nem como este publicano. 12 Jejuo duas vezes por semana* e pago o dízimo de tudo que adquiro'†. 13 O publicano, mantendo-se ao longe, nem tinha coragem de levantar os olhos para o céu, mas batia no peito*, dizendo: 'Meu Deus, tem piedade de mim*, que sou pecador!' 14 Eu vos digo que este desceu para casa justificado, ao contrário do outro. Porque todo aquele que se eleva será humilhado, mas o que se humilha será elevado"†.

Jesus abençoa as crianças. 15 Queriam apresentar-lhe também as criancinhas*, para que as tocasse. Vendo isto, os discípulos os repreendiam. 16 Mas Jesus chamou-as para perto de si, dizendo: "Deixai vir a mim os pequeninos e não os impeçais; porque o Reino de Deus pertence aos que são semelhantes a eles. 17 Na verdade vos digo:* quem não acolher o Reino de Deus como uma criança, nele não entrará".

A recusa do rico. 18 Um homem importante perguntou a Jesus: "Bom Mestre*, que devo fazer para herdar a vida eterna?" 19 Respondeu-lhe Jesus: "Por que me chamas bom? Ninguém é bom senão Deus somente. 20 Conheces os mandamentos: Não cometer adultério, não matar, não furtar, não levantar falso testemunho, honrar pai e mãe". 21 Replicou ele: "Tudo isto tenho observado desde a juventude"*. 22 Ouvindo isto, Jesus lhe disse: "Ainda te falta uma coisa: vende tudo o que tens, dá o dinheiro aos pobres e terás um tesouro nos céus*; depois vem e segue-me". 23 Mas ele, ouvindo isto, ficou triste, porque era muito rico.

Perigo das riquezas. 24 Vendo-o assim, Jesus disse: "Como é difícil para os que possuem riquezas entrar no Reino de Deus! 25 É mais fácil um camelo passar pelo buraco de uma agulha* do que um rico entrar no Reino de Deus". 26 Disseram então os ouvintes: "Mas, então, quem pode salvar-se?" 27 Respondeu Jesus: "O que é impossível para os homens é possível para Deus".

A recompensa dos discípulos. 28 Disse então Pedro: "Nós deixamos nossos bens e te seguimos". 29 Respondeu-lhes Jesus: "Na verdade vos digo: não há ninguém que tenha deixado casa ou esposa, irmãos, pais, ou filhos por amor do Reino de Deus, 30 sem que receba muito mais neste mundo e, no mundo futuro, a vida eterna".

Terceiro anúncio da Paixão. 31 Tomando à parte os Doze*, disse-lhes Jesus: "Estamos subindo para Jerusalém e vai

---

* **18**,1. 11,1-13; Rm 12,12; Cl 4,2; 1Ts 5,17 | 7. Eclo 35,18; Ap 6,9ss | 8. Mt 24,12 | 9. 16,15; Mt 6,1; 23,28 | 12. Mt 23,23 | 13. 23,48 / 14,11; Sl 51,1; Mt 23,12 | 15. 9,47s; Mt 19,13ss; Mc 10,13-16 | 17. Mt 18,3 | 18. 10,25ss; Mt 19,16-30; Mc 10,17-31; Êx 20,12-16; Dt 5,16-20 | 21. Eclo 29,14; Mt 6,20 | 22. 5,11; 12,33 | 25. 5,11 | 31. 9,51; 13,22; 24,25ss.44; Mt 20,17ss; Mc 10,32ss

† **18**,1. "Quem reza se salva, quem não reza se condena" (S. Afonso Maria de Ligório). | **18**,12. A autossuficência do fariseu é odiosa e ridícula e acaba tornando-se um pecado; o publicano é modelo de sinceridade, humildade e arrependimento. | 14. O v. 9 explica por que o fariseu não foi justificado.

cumprir-se tudo o que foi escrito pelos profetas sobre o Filho do homem. 32Ele será entregue aos gentios*, será escarnecido, insultado e cuspido; 33e, depois de o açoitarem, eles o matarão; mas, no terceiro dia, ele ressuscitará". 34Eles, porém, não entenderam nada disso; tais palavras eram para eles um enigma e não compreendiam o que Jesus lhes dizia.

O cego de Jericó. 35Quando Jesus se aproximava de Jericó, um cego* estava sentado à beira do caminho, pedindo esmola. 36Ouvindo o barulho da multidão que passava, perguntou o que era. 37Anunciaram-lhe que Jesus, o Nazareno, estava passando. 38Então ele gritou: "Jesus, Filho de Davi, tem pena de mim!"* 39Os que iam à frente repreendiam-no, para que se calasse, mas ele gritava ainda mais alto: "Filho de Davi, tem pena de mim!" 40Jesus então parou e ordenou que o trouxessem até junto dele. Quando chegou perto, Jesus perguntou-lhe: 41"Que queres que eu te faça?"* Ele respondeu: "Senhor, que eu recupere a vista!" 42Jesus disse-lhe: "Recupera a vista; tua fé te salvou"*. 43No mesmo instante recobrou a vista e seguia Jesus, glorificando a Deus. E todo o povo, ao presenciar isto, pôs-se a louvar a Deus*.

19 **A conversão de Zaqueu.** 1Jesus entrou em Jericó e estava atravessando* a cidade. 2Um homem chamado Zaqueu, chefe dos publicanos e rico, 3procurava ver quem era Jesus, mas, por causa da multidão, não conseguia, pois era pequeno de estatura. 4Correndo adiante, subiu a um sicômoro para vê-lo, porque ele iria passar por ali. 5Quando Jesus chegou a esse lugar, levantou os olhos e disse-lhe: "Zaqueu, desce depressa, porque hoje devo hospedar-me em tua casa". 6Ele desceu a toda pressa* e recebeu-o com alegria. 7Vendo isso, todos murmuravam, dizendo: "Foi hospedar-se na casa* de um pecador". 8Mas Zaqueu levantou-se e disse ao Senhor: "Senhor, vou dar a metade de meus bens aos pobres e, se prejudiquei alguém em alguma coisa, vou devolver quatro vezes mais". 9Disse-lhe Jesus: "Hoje a salvação chegou a esta casa, porque também este é filho de Abraão; 10pois o Filho do homem veio procurar e salvar* o que estava perdido".

As dez minas. 11Tendo eles ouvido isto*, Jesus acrescentou uma parábola, porque estava perto de Jerusalém e pensavam que o Reino de Deus ia manifestar-se imediatamente. 12Disse então: "Um homem* da nobreza partiu para um país distante a fim de receber a coroa real e depois voltar. 13Chamou dez de seus servos e entregou-lhes dez minas,† dizendo-lhes: 'Fazei-as render até que eu volte'. 14Mas seus concidadãos o odiavam e mandaram uma comissão atrás dele com este recado: 'Não o queremos como rei'. 15Ao regressar, após ter recebido a coroa real, mandou chamar os servos aos quais entregara o dinheiro, a fim de saber quanto cada qual havia lucrado. 16Apresentou-se o primeiro e disse: 'Senhor, tua mina rendeu dez minas'. 17'Muito bem, servo bom* – respondeu-lhe –, porque foste fiel no pouco, recebe o governo de dez cidades'. 18Veio o segundo e disse: 'Senhor, tua mina rendeu cinco minas'. 19A este igualmente respondeu: 'Tu também estarás à frente de cinco cidades'. 20Chegou o outro, dizendo: 'Senhor, aqui está tua mina; conservei-a guardada num lenço, 21porque tinha medo de ti, que és um homem severo, que tomas o que não depositaste e colhes onde não semeaste'. 22'Por tuas próprias palavras eu te condeno, servo mau', respondeu-lhe ele; 'sabias que sou um homem severo, que tomo o que não depositei e colho o que não semeei. 23Por que, então, não deposi-

---

* **18**,32. 9,22.44; Mc 4,13; 9,32 | 35. Mt 20,29-34; Mc 10,46-52; Jo 9,1-7; Mt 9,27; 15,22 | 38. 17,13 | 41. Mc 10,36 | 42. 7,50; 17,19 | 43. 2,20; 7,16 | **19**,1. Mt 9,10 | 6. 5,30; 15,2 | 7. 12,33 | **19**,10. 15,4.6.9; Ez 34,16 | 11. Mt 25,14-30 | 12. Mc 13,34 | 17. 16,10

† **19**,13. A mina era uma moeda grega que valia 100 dracmas ou 100 denários.

taste meu dinheiro no banco? Voltando,
eu o receberia com juros'. 24Disse então
aos que se achavam presentes: 'Tirai
dele a mina e dai-a ao que tem dez mi-
nas'. 25'Senhor, este já tem* dez minas',
responderam-lhe. 26'Eu vos digo que a
todo aquele que tem será dado; mas a
quem não tem, até o que ele tem, lhe
será tirado. 27Quanto a esses inimigos,
que não me quiseram como rei*, trazei-
-os aqui e matai-os em minha presen-
ça'"†. 28Dito isto, Jesus seguiu em frente,
dirigindo-se para Jerusalém.

V. MINISTÉRIO DE JESUS EM JERUSALÉM (19,29–21,38)

Entrada triunfal em Jerusalém.
29Quando se aproximava de Betfagé e
de Betânia*, junto ao monte chamado
das Oliveiras, ele enviou dois de seus dis-
cípulos e disse-lhes: 30"Ide à aldeia que
está defronte e, entrando, encontrareis
amarrado um jumentinho sobre o qual
ainda não montou ninguém. Soltai-o e
trazei-o aqui. 31E se alguém vos pergun-
tar: 'Por que o estais soltando?', dareis
esta resposta: 'Porque o Senhor está pre-
cisando dele'". 32Os enviados partiram*
e encontraram tudo conforme lhes dis-
sera. 33Quando soltavam o jumentinho,
seus donos lhes perguntaram: "Por que
estais soltando o jumentinho?". 34Eles
responderam: "Porque o Senhor está
precisando dele". 35Eles o conduziram
a Jesus. Colocaram suas vestes sobre o
jumentinho e fizeram Jesus sentar-se
em cima. 36Por onde ele passava, o povo
estendia seus mantos sobre o caminho.
37Quando já se aproximava da descida
do monte das Oliveiras, toda a multidão
de discípulos, cheia de alegria*, começou
a louvar a Deus em altas vozes por todas
as maravilhas que tinham visto. 38Diziam:
"Bendito o Rei* que vem em nome do
Senhor! Paz no céu e glória* nas alturas!"
39Alguns dos fariseus disseram-lhe do
meio da multidão: "Mestre, repreende
teus discípulos!" 40Mas ele respondeu:
"Eu vos digo* que, se eles calarem, as pe-
dras gritarão".

Jesus chora sobre Jerusalém. 41Che-
gando mais perto*, Jesus viu a cidade
e chorou sobre ela, dizendo: 42"Ah! se
ao menos neste dia tu também com-
preendesses como encontrar a paz!
Mas isto agora está oculto a teus olhos.
43Porque dias virão sobre ti* em que
teus inimigos te cercarão de trinchei-
ras, investirão contra ti e te apertarão
de todos os lados. 44Eles te destruirão*
junto com teus moradores que estive-
rem em teu meio e não deixarão em ti
pedra sobre pedra, porque não reco-
nheceste o tempo da visita de Deus!"

**Jesus expulsa do templo os vende-
dores.** 45Entrando no templo, começou
a expulsar* os vendedores, dizendo-
-lhes: 46"Está escrito: 'Minha casa deve
ser lugar de oração! Mas vós a trans-
formastes em caverna de ladrões!'" 47E
ele ensinava todos os dias no templo.
Os chefes dos sacerdotes*, os escribas
e os líderes do povo procuravam tirar-
-lhe a vida. 48Mas não achavam um
meio de fazê-lo, pois todo o povo o
ouvia extasiado.

20 **A autoridade de Jesus.** 1Num
dia em que ensinava o povo no
templo* e anunciava a Boa Nova, vieram
os sumos sacerdotes, com os escribas e
anciãos, 2e lhe falaram assim: "Dize-nos
com que autoridade fazes estas coisas,
ou quem te deu esta autoridade". 3Res-
pondeu-lhes: "Eu também* vou fazer-
-vos uma pergunta. Respondei-me: 4O
batismo de João vinha do céu ou dos
homens?" Eles refletiam entre si: 5"Se

---

* **19**,25. 8,18; Mt 13,12; Mc 4,25 | 27. 20,16 | 29. Mt 21,1-11; Mc 11,1-11; Jo 12,12-19 | 32. 22,13 | 37. 2,20; 5,25s; 7,16; 13,13 | 38. Sl 118,26 / 2,14 | 40. Mt 21,16; Hab 2,11 | 41. 13,34s | 43. 8,10; Dt 32,29; Is 6,9s | 44. 21,6; Mc 13,2 | 45. Mt 21,12-17; Mc 11,15-19; Jo 2,13.22; Is 56,7; Jr 7,1 | 47. 20,19; 21,37; 22,2.53; Mt 21,46; Mc 12,12; 14,1; Jo 5,18 | **20**,1. Mt 21,23-27; Mc 11,27-33 | 3. 3,3.16; Mt 3,6; Jo 1,25s; At 1,22; 10,37;

† **19**,27. Esse homem da nobreza representa Cristo, que enfrenta a hostilidade do judaísmo e é condenado a partir deste mundo; mas ele voltará como rei e juiz. Aguardando seu retorno, o cristão precisa lançar-se ao trabalho, lutando por um Reino de justiça e de paz.

respondermos: 'Do céu', ele dirá: 'Então,
por que não crestes nele?'; 6se, ao con-
trário, dissermos: 'Dos homens', todo
o povo nos apedrejará, porque está
convencido de que João era profeta".
7Responderam, então, que não sabiam
de onde ele vinha. 8E Jesus lhes disse:
"Pois eu também não vos direi com que
autoridade faço estas coisas".

Os lavradores homicidas. 9Começou
então Jesus* a contar ao povo esta
parábola: "Um homem plantou uma
vinha, arrendou-a depois a uns lavra-
dores e partiu em viagem por muito
tempo. 10No devido tempo, enviou aos
lavradores um servo, para que lhe des-
sem sua parte da colheita, mas os la-
vradores o espancaram e o despediram
de mãos vazias. 11Tornou a enviar outro
servo; mas também a este espancaram,
insultaram e o despediram de mãos va-
zias. 12Mandou ainda um terceiro; feri-
ram igualmente a este e o expulsaram.
13Disse então o dono da vinha: 'Que
farei? Mandarei meu filho querido; tal-
vez o respeitem'. 14Mas os lavradores,
ao vê-lo, disseram entre si: 'É o herdei-
ro; vamos matá-lo, para que a herança
seja nossa!' 15Arrastaram-no para fora
da vinha e o mataram. Que fará com
eles o dono da vinha? 16Voltará, exter-
minará esses lavradores e dará a vinha
a outros". Ouvindo isso, disseram: "Isto
não pode acontecer!" 17Mas Jesus, fi-
tando neles o olhar, respondeu: "Então,
o que significa isto que está escrito: 'A
pedra que os construtores rejeitaram*
tornou-se a pedra principal'? 18Aque-
le que cair sobre esta pedra ficará em
pedaços, e aquele sobre quem ela cair
será esmagado". 19Nessa mesma hora
os escribas* e os sumos sacerdotes
quiseram prendê-lo, mas tiveram medo
do povo. É que haviam compreendido
que era para eles que Jesus tinha dito
aquela parábola.

O imposto devido a César. 20Come-
çaram a vigiá-lo* e mandaram espiões
que se fingiam de justos para o surpre-
enderem em alguma palavra e poderem
entregá-lo às autoridades e ao poder do
governador. 21Fizeram-lhe esta pergun-
ta: "Mestre, sabemos que falas e ensinas
com retidão e que não tratas as pesso-
as segundo as aparências, mas ensinas
na verdade o caminho de Deus. 22É-nos
permitido ou não pagar* o tributo a
César?" 23Mas Jesus percebeu a astúcia
deles e respondeu-lhes: 24"Mostrai-me
um denário. De quem são a imagem e
a inscrição que ele traz?" "De César", res-
ponderam. Replicou-lhes então: 25"Pois
bem; devolvei a César o que é de César,
mas dai a Deus o que é de Deus"†. 26Não
conseguiram surpreendê-lo em nenhu-
ma palavra diante do povo. E, admirados
com sua resposta, ficaram calados.

Os saduceus e a ressurreição. 27Apro-
ximando-se então alguns dos sadu-
ceus*, os quais dizem que ressurreição
não existe, fizeram-lhe esta pergunta:
28"Mestre, Moisés nos prescreveu que,
se um homem casado morrer sem fi-
lhos, o irmão dele deve casar-se com
a viúva, para dar uma descendência ao
irmão. 29Ora, havia sete irmãos. O pri-
meiro casou-se e morreu sem filhos. 30O
segundo 31e, depois, o terceiro toma-
ram a viúva como esposa. Todos os sete
morreram do mesmo modo, sem deixar
filhos. 32Finalmente, morreu também a
mulher. 33Pois bem: na ressurreição, de
qual deles será ela esposa? Pois os sete
a tiveram como esposa".
34Respondeu-lhes Jesus: "Os filhos
deste mundo têm mulher ou mari-
do; 35mas os que forem considerados
dignos de ter parte no outro mundo*
e na ressurreição dos mortos não têm
mulher nem marido; 36pois não podem
mais morrer, porque são iguais aos an-
jos e são filhos de Deus, sendo filhos

---

* **20**,9. Mt 21,33-46; Mc 12,1-12; Is 5,1-4 | 17. Sl 118,22 | 19. 19,47s; 22,2; Mt 21,46; Mc 12,12 | 20. 11,54; Mt 22,15-22; Mc 12,13-17; Jo 3,2 | 22. Rm 13,6s | 27. Mt 22,23-33; Mc 12,18-27; Dt 25,5; At 23,8 | 35. Gl 4,5

† **20**,25. O judeu fiel obedece às leis de César, mas coloca acima delas a lei de Deus. | 36. Não se pode tomar a vida presente como ponto de comparação com a vida futura, pois a ressurreição transforma radicalmente a condição humana.

da ressurreição†. 37E que os mortos
ressuscitam, o próprio Moisés o de-
clarou no episódio da sarça ardente,
quando fala do Senhor como o Deus
de Abraão, o Deus de Isaac e o Deus
de Jacó*. 38Ora, Deus não é um Deus
de mortos, e sim de vivos; pois para ele
todos vivem"†. 39Alguns escribas dis-
seram: "Mestre, respondeste bem!" 40E
não mais ousavam fazer-lhe pergunta
nenhuma.

O Messias, filho de Davi. 41Pergun-
tou-lhes: "Como podem dizer* que o
Messias é filho de Davi? 42Pois o pró-
prio Davi diz no livro dos Salmos: 'O
Senhor disse a meu senhor: Senta-te a
minha direita 43até que eu ponha teus
inimigos debaixo de teus pés'. 44Se
Davi o chama de senhor, como pode
ser seu filho?"†

Os pecados dos escribas. 45Como
todo o povo o escutava*, disse Jesus a
seus discípulos: 46"Desconfiai dos escri-
bas, que gostam de andar com longas
túnicas e de ser cumprimentados nas
praças, que procuram nas sinagogas as
primeiras cadeiras e os primeiros luga-
res nos banquetes, 47que devoram os
bens das viúvas, fingindo fazer longas
orações. Eles receberão um castigo
mais severo!"

21

A oferta da viúva. 1Levantan-
do os olhos*, Jesus viu gente
rica depositando no cofre do templo
suas ofertas. 2Viu também uma po-
bre viúva colocando ali duas moedas
pequeninas 3e disse: "Na verdade vos
digo: esta pobre viúva* deu mais do
que todos. 4Pois todos esses tiraram
para dar a Deus do que tinham de
sobra, mas esta, em sua penúria, deu
tudo o que tinha para viver".

A ruína de Jerusalém†. 5Alguns esta-
vam falando sobre o templo*, que era
ornado de lindas pedras e de ofertas
votivas. Jesus lhes disse: 6"Chegará o dia
em que, dessas coisas que contemplais,
não ficará pedra sobre pedra: tudo será
destruído". 7Perguntaram-lhe então:
"Mestre, quando acontecerá isso? Qual
será o sinal de que isso está para acon-
tecer?" 8Jesus respondeu: "Tomai cuida-
do* para não serdes enganados, porque
muitos virão em meu nome, dizendo:
'Sou eu' e 'O tempo já chegou'. Não
os sigais! 9Quando ouvirdes falar de
guerras e de tumultos, não fiqueis com
medo; pois é preciso que antes aconte-
çam essas coisas*, mas não virá logo o
fim". 10Então lhes disse: "Uma nação se
levantará contra a outra, um reino con-
tra o outro. 11Haverá grandes terremo-
tos e em várias regiões da terra haverá
fome, pestes, coisas terríveis e grandes
sinais vindos do céu. 12Mas, antes de
tudo isso*, lançarão as mãos sobre vós
e vos perseguirão. Sereis entregues às
sinagogas* e às prisões, arrastados pe-
rante reis e governadores por causa de
meu nome. 13Isso vos servirá de ocasião
para dardes testemunho. 14Tende bem
presente no espírito* que não deveis
preparar de antemão vossa defesa,
15porque eu vos darei uma eloquência
e uma sabedoria a que não poderá re-
sistir nem contestar nenhum de vossos
adversários. 16Sereis entregues até pe-
los pais*, irmãos, parentes e amigos, e
vários dentre vós serão mortos. 17Sereis
odiados por todos por causa de meu
nome. 18Mas não se perderá um só ca-
belo de vossas cabeças. 19Com vossa
constância salvareis vossas vidas"*.

20"Quando virdes Jerusalém cercada
de exércitos*, sabei que sua ruína está
perto. 21Então, os que se acharem na
Judeia fujam para os montes; quem
estiver dentro da cidade retire-se; e os
que se acharem nos campos não en-

---

* **20**,37. Êx 3,2.6; Rm 14,8s; Gl 2,19 | 41. Mt 22,41-46; Mc 12,35s; Sl 110,1 | 45. 11,37-54; Mt 23,1-36; Mc 12,38ss | **21**,1. Mc 12,41-44 | 3. 2Cor 8,12 | 5. 19,44; Mt 24,1s; Mc 13,1s | 8. Mt 24,3-14; Mc 13,1-13; Fl 4,5 | 9. Is 19,2 | 12. Mt 10,18s; Jo 15,20; 16,1s / Lc 12,11s | 14. At 6,10 | 16. Mt 10,21s | 19. 12,7; 1Sm 14,45; Hb 10,36.39 | 20. Mt 24,15-21; Mc 13,14-19

† **20**,38. A união com Deus assegura a vida para sempre. O amor de Javé não permite que seus filhos permaneçam na morte. | 44. Para os judeus, o pai é sempre superior ao filho. | **21**,5. Em 17,22-37 Lucas referiu as palavras de Jesus sobre o retorno glorioso de Jesus. O tema agora é a ruína de Jerusalém, descrita com os termos com os quais os profetas falavam das grandes intervenções de Deus na história.

trem na cidade. [22]Porque estes serão
dias de castigo*, para se cumprir tudo
quanto foi escrito. [23]Ai das mulheres
que naqueles dias estiverem grávidas
ou amamentando! Haverá, com efeito,
grande calamidade na terra e flagelos
contra este povo. [24]Cairão ao fio da es-
pada e serão levados cativos* para to-
das as nações, e Jerusalém será calcada
aos pés pelos pagãos, até se completa-
rem os tempos das nações".

[25]"Haverá sinais no sol, na lua e nas
estrelas*. Na terra, as nações serão
tomadas de angústia, inquietas com
o bramido do mar e das ondas. [26]As
pessoas vão desmaiar de medo, na an-
siedade pelo que irá acontecer a todo
o universo, pois as forças do céu serão
abaladas. [27]E naquela hora hão de ver o
Filho do homem* vir sobre uma nuvem
com poder e grande glória. [28]Quando
começarem a acontecer tais coisas,
levantai-vos e erguei a cabeça, porque
está próxima vossa libertação".

A parábola da figueira. [29]Disse-lhes
uma parábola:* "Vede a figueira e as
outras árvores: [30]ao vê-las começando
a brotar, vós mesmos percebeis que
o verão está perto. [31]Assim também,
quando virdes suceder tais coisas, sa-
bei que está perto o Reino de Deus.
[32]Na verdade vos digo: esta geração
não passará até que tudo aconteça.
[33]Céu e terra passarão, mas minhas pa-
lavras não passarão"*.

Necessidade da vigilância. [34]"Cuida-
do, para que vossos corações* não se
embruteçam na devassidão e na em-
briaguez e pelas preocupações desta
vida, e para que aquele dia não caia
de improviso* sobre vós; [35]pois ele virá
como uma armadilha sobre todos os
habitantes da terra inteira. [36]Portanto,
vigiai e orai sem cessar para terdes a
força de escapar de todas essas coisas
que devem acontecer e de comparecer
diante do Filho do homem."

Os últimos dias de Jesus. [37]Durante
o dia, Jesus ensinava no templo*, mas
passava as noites ao relento, no monte
chamado das Oliveiras. [38]Desde a auro-
ra, todo o povo ia ter com ele no tem-
plo para ouvi-lo.

VI. MORTE E RESSURREIÇÃO DE JESUS (22–24)

22 **Traição de Judas.** [1]Estava che-
gando a festa dos Ázimos*,
chamada Páscoa. [2]E os sumos sacerdo-
tes e os escribas procuravam um modo
de matar Jesus, pois temiam o povo.
[3]Satanás entrou em Judas*, chamado
Iscariotes, que era um dos Doze. [4]Ele
foi combinar com os sumos sacerdo-
tes e com os chefes da guarda o modo
de entregá-lo. [5]Estes ficaram alegres e
prometeram-lhe dinheiro. [6]Ele aceitou
e buscava uma ocasião oportuna para
entregá-lo a eles sem a multidão o sa-
ber.

A última ceia. [7]Chegou o dia dos Ázi-
mos*, no qual se devia imolar o Cor-
deiro Pascal. [8]Jesus enviou Pedro e
João, dizendo: "Ide e preparai-nos a
Páscoa para a comermos". [9]Pergun-
taram-lhe eles: "Onde queres que a
preparemos?" [10]Respondeu-lhes: "Ao
entrardes na cidade, encontrareis um
homem carregando um cântaro de
água. Segui-o até a casa onde entrar
[11]e dizei ao dono da casa: 'O Mestre
lhe manda perguntar: Onde está a
sala em que poderei comer a Páscoa
com meus discípulos?' [12]Ele vos mos-
trará* uma grande sala mobiliada, no
andar de cima. Fazei lá os preparati-
vos". [13]Eles foram, encontraram tudo
como Jesus lhes dissera e prepararam
a Páscoa. [14]Chegada a hora, ele se pôs
à mesa e, com ele, os apóstolos. [15]Ele
lhes disse:* "Desejei ardentemente
comer esta Páscoa convosco antes de

* **21**,22. Dt 32,35; Jr 46,10; Os 9,7 | 24. Jr 21,7; Sl 79,1; Is 63,18; Ap 11,2 | 25. Mt 24,29ss; Mc 13,24-27; Is 13,10; Jl 3,1-5; Ap 6,12s | 27. Dn 7,13s; Mt 26,64; Ap 1,7; Rm 13,11; Hb 10,37 | 29. Mt 24,32-35; Mc 13,28-31 | 33. 9,27; 16,17; Mc 9,1 | 34. 17,27; Mt 24,48s / Ecl 9,12; Is 24,17; 1Ts 5,3; Mc 13,33; Ap 6,17 | 37. 19,47; 22,39; Mc 11,11.19 | **22**,1. 19,47; 20,19; Mt 26,1-5; Mc 14,1s; Jo 11,47-53 | 3. Mc 12,12; Mt 21,46; Jo 13,2.27 | 7. Mt 27,17-25; Mc 14,12-21; Jo 13,21-30 | 12. 19,32 | 15. 12,50

sofrer; [16]porque eu vos digo que nunca mais a comerei, até que ela se cumpra no Reino de Deus". [17]Tomando um cálice, deu graças a Deus e disse: "Tomai-o e reparti entre vós; [18]pois eu vos digo: doravante não beberei mais* do fruto da videira, até que venha o Reino de Deus".

A instituição da Eucaristia. [19]Depois, tomando um pão* e dando graças a Deus, partiu-o e deu-o a eles, dizendo: "Isto é meu corpo, dado por vós: fazei isto em memória de mim"†. [20]Do mesmo modo, no fim da ceia, tomou o cálice, dizendo: "Este cálice é a nova aliança* em meu sangue, derramado por vós"†.

Anúncio da traição. [21]"No entanto, eis que a mão* de quem me trai está à mesa comigo. [22]Pois o Filho do homem, de fato, vai, conforme está determinado; mas ai daquele por quem ele for entregue!" [23]Puseram-se eles então a indagar entre si qual deles iria fazer tal coisa.

Autoridade é serviço. [24]Surgiu também entre eles uma discussão* sobre qual deles devia ser considerado o maior. [25]Jesus lhes disse: "Os reis das nações as dominam, e os que exercem autoridade sobre elas fazem-se chamar benfeitores. [26]Mas entre vós não deve ser assim; ao contrário, o maior entre vós se torne como o menor, e aquele que comanda, como aquele que serve. [27]Pois, quem é maior: o que está à mesa ou o que está servindo? Não é o que está à mesa?* Eu, porém, estou no meio de vós como aquele que serve. [28]Vós sois os que perseveraram comigo* em minhas provações. [29]Por isso, eu vos entrego o Reino, assim como meu Pai o entregou a mim, [30]para que comais e bebais a minha mesa em meu Reino e vos senteis sobre tronos para julgar as doze tribos de Israel".

Anúncio da negação de Pedro. [31]"Simão, Simão!* Satanás vos requereu para vos peneirar como o trigo; [32]mas eu roguei por ti, para tua fé não desfalecer; e tu, quando te converteres, confirma teus irmãos!" [33]Simão lhe disse:* "Estou pronto para ir contigo até a prisão e a morte!" [34]Mas Jesus respondeu: "Eu te digo, Pedro: o galo não cantará hoje, antes que três vezes tenhas negado conhecer-me"†.

[35]E falou-lhes: "Quando vos mandei sem bolsa*, nem sacola, nem sandálias, faltou-vos alguma coisa?" "Nada", responderam eles. [36]"Mas agora – continuou Jesus – quem tiver bolsa tome-a, como também a sacola; e quem não tiver espada venda o manto e compre uma. [37]Porque eu vos digo: é preciso que se cumpra em mim aquilo que está escrito: 'Ele foi contado entre os criminosos'*. De fato, o que me diz respeito vai se cumprir". [38]Disseram-lhe eles: "Senhor, aqui estão duas espadas". Ele lhes respondeu: "É o bastante!"

[39]Ele saiu e, como de costume*, foi para o monte das Oliveiras, e os discípulos o acompanharam. [40]Chegando lá, Jesus lhes disse: "Rezai para não entrardes em tentação". [41]Afastou-se deles à distância de um lance de pedra e, de joelhos, rezava: [42]"Pai, se quereis, afastai de mim este cálice! Mas não aconteça como eu quero, mas como vós quereis!" [43]Apareceu-lhe então um anjo do céu*, que o confortava. [44]Entrando em agonia, rezava com maior insistência, e seu suor tornou-se se-

---

* **22**,18. Mt 26,29; Mc 14,25 | 19. Mt 26,26ss; Mc 14,22ss; 1Cor 11,23ss | 20. Jr 31,31 | 21. Mc 14,17-21; Jo 13,21-30; Mt 26,20-25 | 24. 9,46ss; Mt 18,1; 20,25ss; 23,11; Mc 9,34; 10,42-45 | 27. Jo 13,4-16 | 28. 12,32; Mt 19,28; Ap 2,26ss; 3,20; Jo 15,27 | 31. Mt 26,31-35; Mc 14,27-31; Jo 13,36ss; Jó 1,6; 2Cor 2,11 | 33. 22,54-62; At 12,1ss; 21,13 | 35. 10,4 | 37. Is 53,12; Lc 23,32 | 39. 21,36s; Mt 26,36-46; Mc 14,32-42; Jo 18,1s | 43. Jo 12,27ss

† **22**,19. "A Eucaristia, instituída nesse momento, será o memorial de seu sacrifício, 1Cor 11,25. Jesus manda que os apóstolos o perpetuem e com isso os institui sacerdotes da nova Aliança" (CIC). | 20. Jesus proclama e funda a Nova Aliança de Deus com a humanidade, anunciada por Jr 31,31. Seu sacrifício, livremente aceito e consumado no Calvário, será o selo desta Aliança. A Eucaristia evoca e torna presente na Igreja este gesto de infinito amor pela humanidade. | 34. Nenhum discípulo, nem mesmo aquele pelo qual Jesus rezou, estará livre da provação de sua lealdade e fidelidade.

melhante a espessas gotas de sangue
que caíam por terra. 45Levantando-se
da oração, foi ter com os discípulos e
encontrou-os dormindo por causa da
tristeza. 46Perguntou-lhes: "Por que
estais dormindo? Levantai-vos e rezai
para não entrardes em tentação".

A prisão de Jesus. 47Enquanto ainda
estava falando*, surgiu uma multidão
chefiada por aquele que se chamava
Judas, um dos Doze. Aproximou-se
de Jesus para beijá-lo. 48Mas Jesus lhe
disse: "Judas, com um beijo entregas
o Filho do homem?" 49Vendo o que ia
suceder, os que estavam em volta de
Jesus lhe perguntaram: "Senhor, de-
vemos feri-los com a espada?" 50E um
deles feriu* o servo do sumo sacerdote,
cortando-lhe a orelha direita. 51Jesus,
porém, respondeu: "Deixai! Basta!" E,
tocando-lhe a orelha, o curou. 52Disse
então Jesus aos sumos sacerdotes, aos
chefes da guarda do templo e aos an-
ciãos, que tinham vindo contra ele: "Sa-
ístes com espadas e paus* como contra
um ladrão. 53Eu estava convosco todos
os dias no templo e não me prendes-
tes. Mas esta é a vossa hora, e o poder
das trevas!"

As negações de Pedro. 54Prenderam
então Jesus*, levaram-no e o introdu-
ziram na casa do sumo sacerdote. Pe-
dro seguia de longe. 55Acenderam uma
fogueira no pátio e estavam sentados
em volta, e Pedro sentou-se entre eles.
56Uma criada, vendo-o sentado junto
ao fogo*, encarou-o bem e disse: "Este
também estava com ele!" 57Mas ele
negou, dizendo: "Mulher, eu não o co-
nheço". 58Pouco depois, um outro o viu
e disse: "Tu também és um deles!" Mas
Pedro respondeu: "Homem, não sou!"
59Cerca de uma hora depois, outro ain-
da insistia: "Realmente, este também
estava com ele, pois é galileu!" 60"Ho-
mem – disse Pedro – não sei o que di-
zes!" Nisso, enquanto ele ainda estava
falando, um galo cantou. 61Voltando-
-se, o Senhor olhou para Pedro. Lem-
brou-se então Pedro da palavra que o
Senhor lhe dissera: "Antes que o galo
cante hoje, tu me negarás três vezes".
62E, saindo para fora, chorou amarga-
mente.

Insultos a Jesus. 63Os homens que
guardavam Jesus* zombavam dele e o
espancavam; 64cobriram-lhe o rosto e
perguntavam: "Profetiza! Quem te ba-
teu?" 65E diziam muitos outros insultos
contra ele.

Processo diante do Sinédrio. 66Quan-
do amanheceu*, reuniu-se o Conselho
dos anciãos do povo, os sumos sacer-
dotes e os escribas. 67Conduziram-no
diante de seu Sinédrio e lhe disseram:
"Se tu és o Messias, dize-nos!"* Ele res-
pondeu: "Se eu vos disser, não acredi-
tareis; 68e se eu vos interrogar, não me
respondereis. 69Mas o Filho do homem
estará, doravante, sentado à direita*
do Poder de Deus". 70Todos disseram:
"Então, tu és o Filho de Deus?" Res-
pondeu-lhes: "Vós o dizeis: eu o sou".
71Então disseram:* "Que necessidade
ainda temos de testemunho? Pois nós
mesmos o ouvimos de sua boca!"

23 **Processo perante Pilatos e
Herodes.** 1Levantando-se toda
a assembleia*, conduziram Jesus a Pi-
latos. 2Começaram a acusá-lo, dizendo:
"Encontramos este homem subvertendo
nossa nação, proibindo pagar o tributo
a César e declarando ser ele o Cristo
Rei". 3Pilatos interrogou a Jesus: "Tu és o
Rei dos Judeus?" Jesus respondeu: "Tu o
dizes". 4Disse, então, Pilatos aos sumos
sacerdotes e às multidões: "Nenhum
crime encontro neste homem". 5Eles,
porém, insistiam, dizendo: "Ele agita
o povo, ensinando por toda a Judeia,
desde a Galileia*, onde começou, até
aqui". 6Ouvindo isto, Pilatos perguntou
se aquele homem era galileu. 7Quando
soube que era da jurisdição de Herodes,
mandou-o para Herodes, que também

---

* **22**,47. Mt 26,47-56; Mc 14,43-50; Jo 18,3-11; At 1,16 | 50. Jo 18,26 | 52. 19,47; Jo 7,28; Cl 1,13 | 54. Mt 26,69-75; Mc 14,66-72; Jo 18,25ss | 56. 22,33s | 63. Mt 26,59-68; Mc 14,65 | 66. Jo 18,19-24 | 67. Jo 10,24s; 8,45 | 69. Sl 110,1; At 7,56 | 71. 4,3.9; Mt 4,3.6; Jo 10,30-33 | **23**,1. 20,25; Mt 27,1-14; Mc 15,1-5; Jo 18,28-38; 1Tm 6,13 | 5. 4,44; At 10,37

se encontrava em Jerusalém naqueles
dias. [8]Herodes ficou todo alegre ao ver
Jesus*; porque desde muito tempo de-
sejava vê-lo, pois tinha ouvido falar dele
e esperava vê-lo realizar algum milagre.
[9]Começou a dirigir-lhe numerosas per-
guntas. Jesus, porém, nada lhe respon-
deu. [10]Entretanto, os sumos sacerdotes
e os escribas mantinham-se lá, acusan-
do-o com veemência. [11]Herodes, com
seus guardas, desprezou-o e escarne-
ceu dele, mandando revesti-lo de uma
túnica brilhante; devolveu-o depois a
Pilatos. [12]Herodes e Pilatos, que antes
eram inimigos*, tornaram-se amigos
naquele dia.
[13]Tendo convocado os sumos sacer-
dotes*, os magistrados e o povo, [14]disse-
-lhes Pilatos: "Vós me apresentastes este
homem como um agitador do povo.
Interrogando-o, no entanto, em vossa
presença, não encontrei nele nenhum
dos crimes de que o acusais. [15]Nem
tampouco Herodes, pois no-lo man-
dou de volta. Ele nada fez que mereça a
morte. [16]Dar-lhe-ei, portanto, a liberda-
de*, depois de o castigar"†. [18]Mas eles
puseram-se a gritar juntos: "Morte para
ele e solta-nos Barrabás!" [19]Esse Barra-
bás tinha sido preso por causa de uma
revolta na cidade e de um homicídio.
[20]Pilatos tornou a falar-lhes, querendo
soltar Jesus. [21]Mas eles gritavam, dizen-
do: "Crucifica-o! Crucifica-o!" [22]Pilatos
lhes disse pela terceira vez: "Mas que mal
ele fez? Nada encontrei nele que mereça
a morte. Vou castigá-lo e depois o solta-
rei". [23]Eles, porém, insistiam com grandes
clamores, pedindo que fosse crucificado.
Seus brados tornavam-se cada vez mais
fortes. [24]Então Pilatos decidiu atender ao
pedido deles. [25]Libertou-lhes o que fora
encarcerado por causa de revolta e ho-
micídio, e que eles pediam, e entregou
Jesus ao arbítrio deles.

A via-sacra. [26]Quando o levavam*,
detiveram certo Simão Cireneu, que
voltava do sítio, e puseram a cruz so-
bre ele, obrigando-o a levá-la atrás de
Jesus. [27]Seguia-o grande multidão de
povo e de mulheres, as quais batiam
no peito e o lamentavam. [28]Voltando-
-se para elas, disse Jesus: "Filhas de
Jerusalém, não choreis por mim, mas
chorai por vós mesmas e por vossos
filhos, [29]porque virão dias em que se
há de dizer: 'Felizes as estéreis* e feli-
zes as entranhas que não geraram e os
seios que não amamentaram!' [30]Então
começarão a dizer às montanhas: 'Caí
sobre nós!'* e às colinas: 'Cobri-nos!'
[31]Porque, se fazem isto com o lenho
verde*, que se fará com o seco?"† [32]Le-
varam para ser executados junto com
ele outros dois, que eram malfeitores.

Jesus na cruz†. [33]Quando chegaram ao
lugar chamado o Crânio, ali o crucifi-
caram, como também aos malfeitores,
um à direita e o outro à esquerda. [34]Je-
sus dizia: "Pai, perdoai-lhes*, porque
não sabem o que fazem". Eles dividiram
suas vestes, tirando a sorte. [35]O povo
permanecia lá, observando. Também os
chefes zombavam, dizendo: "Salvou os
outros*, salve-se agora a si mesmo, se
é o Cristo, o Eleito de Deus!" [36]Os sol-
dados igualmente o insultavam; apro-
ximando-se, ofereciam-lhe vinagre*
[37]e diziam: "Se tu és o rei dos judeus,
salva-te a ti mesmo!" [38]Via-se também
sobre ele uma inscrição que dizia: "Este
é o rei dos judeus".
[39]Um dos malfeitores crucificados
blasfemava contra ele, dizendo: "Tu
não és o Cristo? Salva-te a ti mesmo
e a nós". [40]O outro, porém, o repreen-
dia, dizendo: "Nem tu, condenado ao
mesmo suplício, temes a Deus? [41]Para
nós é justo, pois recebemos o castigo
merecido por nossas obras, mas este

* **23**,8. 9,9; 13,31s | 12. At 4,27 | 13. Mt 27,15-26; Mc 15,6-15; Jo 18,38-19,16 | 16. At 21,35 | 26. 14,27; Mt 27,32-44; Mc 15,21-32; Jo 19,17-27 | 29. 11,27; 21,23 | 30. Os 10,8; Ap 6,16 | 31. 22,37; Ez 21,3; Is 53,12 | 34. Mt 5,44; 18,21ss; At 7,60; Sl 22,7s.19 | 35. 2,26; 9,35 | 36. Sl 69,21 | 42. Mt 16,28

† **23**,16. Alguns manuscritos acrescentam: "[17]Ora, Pilatos era obrigado a libertar-lhes no dia da festa um dos presos", ver Mt 27,15. | 31. Se tratam assim Jesus, que dá a vida, o que não acontecerá com a Jerusalém morta e impenitente? | 33. Os inimigos zombavam de Jesus como se ele fosse um rei de teatro. Mas Ele mostra sua realeza autêntica, perdoando os inimigos e recebendo em seu Reino o ladrão arrependido.

nenhum mal praticou". 42E dizia: "Jesus, lembra-te de mim* quando vieres com teu Reino". 43Jesus respondeu-lhe: "Na verdade te digo: hoje estarás comigo no paraíso"†.

Morte de Jesus†. 44Era cerca da hora sexta* quando o sol se escureceu e a terra inteira cobriu-se de trevas até a hora nona†. 45A cortina do templo rasgou-se pelo meio†. 46Gritando com voz forte, Jesus disse: "Pai, em vossas mãos entrego meu espírito". Dizendo isto, expirou.

47Vendo o que tinha acontecido, o centurião glorificou a Deus, dizendo: "Na verdade, este homem era justo". 48Toda a multidão que se reunira para aquele espetáculo, vendo o que tinha acontecido*, voltava batendo no peito. 49À distância, observando essas coisas, encontravam-se todos os conhecidos de Jesus e as mulheres que o tinham acompanhado desde a Galileia.

O sepultamento. 50Ora, um membro do Conselho*, homem bom e justo, chamado José, 51não havia concordado com a decisão nem com os atos dos outros. Era originário de Arimateia, cidade da Judeia, e esperava o Reino de Deus*. 52Foi ter com Pilatos e pediu o corpo de Jesus. 53Descendo-o da cruz, envolveu-o num lençol e o depositou num sepulcro cavado na rocha, onde ninguém tinha sido ainda colocado. 54Era o dia da Preparação da Páscoa e já estava para começar o sábado. 55No entanto, as mulheres que tinham vindo da Galileia com Jesus* acompanharam José e observaram o sepulcro e como o corpo de Jesus fora nele depositado. 56Voltaram e prepararam aromas e perfumes. E, no sábado, observaram o repouso conforme o preceito*.

24 **Jesus ressuscitado aparece às mulheres.** 1No primeiro dia da semana*, bem cedo, as mulheres foram ao sepulcro, levando os aromas que tinham preparado. 2Acharam removida a pedra que fechava o sepulcro. 3Entrando, não encontraram o corpo do Senhor Jesus. 4Enquanto estavam perplexas diante disto, apareceram diante delas dois homens com vestes resplandecentes*. 5Cheias de medo, curvaram o rosto para o chão. Eles, porém, lhes disseram: "Por que procurais entre os mortos aquele que está vivo? 6Ele não está aqui, mas ressuscitou. Lembrai-vos de como vos falou, quando ainda estava na Galileia*. 7Ele dissera: 'É necessário que o Filho do homem seja entregue às mãos dos pecadores, seja crucificado e que ressuscite ao terceiro dia'". 8Elas se recordaram de suas palavras.

9De volta do sepulcro*, relataram tudo isso aos Onze e a todos os outros*. 10As que contaram essas coisas aos apóstolos foram Maria Madalena, Joana, Maria, mãe de Tiago, e as outras que estavam com elas. 11Mas suas palavras lhes pareceram um delírio: não lhes deram crédito. 12Pedro, no entanto, levantou-se e correu ao sepulcro. Abaixou-se e não viu senão os lençóis. Voltou para casa admirado do que acontecera.

Os discípulos de Emaús. 13Neste mesmo dia*, dois discípulos caminhavam para uma aldeia chamada Emaús, distante de Jerusalém sessenta estádios†. 14Iam conversando entre si a respeito de tudo o que havia acontecido. 15Enquanto conversavam e discutiam juntos, Jesus em pessoa aproximou-se e foi caminhando com eles. 16Mas seus

* **23**,44. Mt 27,45-56; Mc 15,33-41; Am 8,9; Êx 26,31ss; Sl 31,6; At 7,59 | 48. 8,2s; 23,55; At 3,14; Sl 38,12 | 50. Mt 27,57-61; Mc 15,42-47; Jo 19,38-42 | 51. 2,25-38 | 55. 8,2; 23,49 | 56. Êx 12,16; 20,10 | **24**,1. Mt 28,1-10; Mc 16,1-8; Jo 20,1-10.19; At 20,7; 1Cor 16,2 | 4. 2Mc 3,26; At 1,10 | 6. 9,22; 17,25; 18,32s; At 17,3 | 9. 24,23 / 8,2s | 13. Mc 16,12s

† **23**,43. "Nunca é tarde demais para se converter: um ladrão passou do patíbulo ao paraíso" (S. Jerônimo). | 44. Lucas situa os últimos momentos de Jesus numa atmosfera de paz e oração; a última palavra do Crucificado é uma prece de confiança total, um pagão faz seu ato de fé e o povo se mostra arrependido. / A hora sexta é meio-dia, a hora nona é três da tarde. | 45. Rasgou-se o véu do templo, que separava Deus de todos, exceto dos sacerdotes: Em Jesus, agora, todos têm acesso ao Pai. | **24**,13. Pouco mais de 11 km; um estádio é 185 m.

olhos estavam impedidos de reconhecê-lo. 17Ele perguntou-lhes então: "De que assunto falais pelo caminho?" Eles pararam, com tristeza no rosto. 18Um deles, chamado Cléofas, respondeu-lhe: "És o único peregrino em Jerusalém que ignora o que ali se passou nestes dias!" 19"Que foi?", perguntou ele. Disseram-lhe: "O que aconteceu a Jesus*, o Nazareno, que era um profeta poderoso em obras e em palavras diante de Deus e de todo o povo. 20Nossos sumos sacerdotes e nossos chefes o entregaram para ser condenado à morte e o crucificaram. 21Nós esperávamos que fosse ele o que haveria de libertar Israel*; mas, além de tudo isso, já faz três dias que estas coisas aconteceram. 22Verdade é que algumas mulheres* de nosso grupo nos deixaram espantados: foram ao sepulcro, de madrugada, 23e não acharam seu corpo. Voltaram dizendo que lhes apareceram anjos, os quais afirmaram que ele está vivo. 24Alguns dos nossos* foram ao sepulcro e acharam as coisas conforme as mulheres disseram*; mas a ele não o viram..." 25Então ele lhes disse: "Homens sem inteligência, como vosso coração é lento para crer tudo o que os profetas anunciaram! 26Não era necessário que o Cristo sofresse estas coisas* para entrar em sua glória?" 27E, começando por Moisés e percorrendo todos os profetas, explicou-lhes em todas as Escrituras* o que lhe dizia respeito†.

28Ao chegarem perto da aldeia para onde iam, ele deu a entender que ia para mais longe. 29Mas insistiram com ele, dizendo: "Fica conosco, porque já é tarde e o dia já se acaba". Ele entrou para ficar com eles. 30Estando à mesa com eles*, tomou o pão, pronunciou a bênção e, depois de o partir, deu-o a eles. 31Neste momento, os olhos deles se abriram e o reconheceram*; mas ele desapareceu de sua vista. 32Disseram então um ao outro: "Não é verdade que nosso coração ardia em nós quando ele nos falava pelo caminho e nos explicava as Escrituras?" 33Partiram imediatamente de volta a Jerusalém, onde encontraram reunidos os Onze e seus companheiros, 34que diziam: "É verdade, o Senhor ressuscitou* e apareceu a Simão!" 35Então eles contaram o que lhes sucedera no caminho e como o haviam reconhecido ao partir o pão†.

Jesus aparece aos apóstolos. 36Enquanto assim falavam*, Jesus apresentou-se no meio deles e lhes disse: "A paz esteja convosco!" 37Espantados e cheios de medo, imaginavam ver um espírito. 38Mas ele lhes disse: "Por que vos assustais* e se levantam dúvidas em vossos corações? 39Olhai minhas mãos e meus pés: sou eu mesmo! Tocai-me e vede, pois um espírito não tem carne nem ossos como vedes que eu tenho". 40E, dizendo isto, mostrou-lhes as mãos e os pés. 41Mas como, em sua alegria, continuavam incrédulos e estavam espantados, perguntou-lhes: "Tendes aqui alguma coisa para se comer?" 42Ofereceram-lhe um pedaço de peixe assado. 43Ele o tomou e comeu à vista deles*.

44Depois disse-lhes: "Era bem isso que eu vos dizia* quando ainda estava convosco: que era preciso que se cumprisse tudo o que está escrito a meu respeito na Lei de Moisés, nos Profetas e nos Salmos". 45Abriu-lhes então a inteligência, para compreenderem as Escrituras; 46e lhes disse: "Assim está escrito, que o Cristo devia sofrer e ao terceiro dia ressuscitar dos mortos

---

* **24**,19. 2,39; 4,34; Mt 21,11; At 7,22 | 21. 1,68; 2,38 | 22. Mt 28,1-8; Mc 16,1-8 | 24. Jo 20,3-8 / 24,12 | 26. 9,22; 18,31; 24,44; At 17,3 | 27. Jo 7,39; 12,16.23; 13,31s; 17,1.5; At 3,13-24 | 30. 22,19 | 31. 24,16 | 34. 1Cor 15,5 | 36. At 1,6ss; Mt 28,16-20; Mc 16,14-18; Jo 20,19-23 | 38. Mt 14,26 | 43. Jo 21,5.9s | 44. 9,22; 18,31; Is 53,1-12; Os 6,2; At 2,23s

† **24**,27. Jesus explica o desígnio de Deus e o sentido da cruz. A história do povo de Deus ensina que o sofrimento é fonte de vida, e que a morte é passagem para uma ressurreição. Moisés e Elias haviam visto a glória de Jesus sobre a montanha; a Lei e os Profetas tinham anunciado os sofrimentos do Messias. | 35. Cada vez que se reparte o pão em verdadeira fraternidade, Jesus se manifesta presente em nosso meio; isto vale sobretudo da Eucaristia, chamada "fração do pão" na Igreja primitiva, At 2,42; 20,7.

[47]e que em seu nome se pregariam a
conversão e o perdão dos pecados* a
todas as nações, começando por Jeru-
salém. [48]Vós sois testemunhas* destas
coisas. [49]Vou enviar-vos o que meu
Pai prometeu. Ficai, porém, na cidade,
até que sejais revestidos* da força do
alto"†.

A ascensão. [50]Depois levou-os até
perto de Betânia* e, erguendo as mãos,
abençoou-os. [51]Enquanto os abençoa-
va, separou-se deles e foi elevado ao
céu†. [52]Eles se prostraram diante dele e
depois voltaram para Jerusalém cheios
de alegria. [53]E estavam sempre no tem-
plo, bendizendo a Deus.

---

* **24**,47. Mt 28,19s | 48. 1Tm 3,16; At 1,8; Jo 14,16; 15,26; 16,7 | 49. At 1,4; 2,33 | 50. Mc 16,19s; At 1,9-12; 1Tm 3,16

† **24**,49. Os apóstolos recebem a missão de testemunhar o cumprimento das promessas de Deus em Cristo e de anunciar o perdão e a conversão. Para tanto, vão receber o dom do Espírito Santo no dia de Pentecostes. | 51. "Lucas deseja mostrar que a viagem que Jesus fez não termina no nada, mas no Coração daquele que Ele chamava de Pai" (G. Lohfink).

EVANGELHO SEGUNDO JOÃO

Escrevendo mais ou menos no ano 180 d.C., Santo Irineu informa: "Depois, João, o discípulo do Senhor, o mesmo que repousou sobre seu peito (Jo 13,25), publicou também o Evangelho durante sua estada em Éfeso". Santo Irineu recebeu esta notícia de seu mestre Policarpo, que fora discípulo imediato de S. João Evangelista. Conforme a tradição, João passou muitos anos em Éfeso, cidade da Ásia Menor, em companhia de Nossa Senhora (cuja casa é venerada nos arredores), pois fora encarregado por Jesus de cuidar de sua Mãe (Jo 19,27). O quarto Evangelho, publicado nos últimos anos do século I, foi composto durante várias décadas nos ambientes evangelizados por João e conserva certamente sua pregação, mas não deve ter sido ele o último redator.

Pelos Sinóticos é-nos bem conhecida a figura de João, o pescador filho de Zebedeu, chamado ao apostolado junto com seu irmão Tiago Maior (Mt 4,21). Esses dois, que com Pedro formavam o grupo dos três mais íntimos discípulos do Mestre (Mt 17,1; Mc 5,37;Mt 26,37), ganharam do próprio Jesus o apelido de Boanerges (Mc 3,17), isto é, "filhos do trovão", o que parece indicar um temperamento enérgico e até violento. Haja vista a atitude dos dois quando os samaritanos se recusavam a receber Jesus (Lc 9,54). Mateus e Marcos também nos contam o ousado pedido que os irmãos Boanerges fizeram a Jesus de "sentar-se um a sua direita e o outro a sua esquerda em seu Reino" (Mt 20,21; Mc 10,37).

O quarto Evangelho, sem mencionar sequer uma vez o nome de João, fornece-nos contudo algumas notícias veladas sobre sua pessoa. Deve ter sido João o discípulo que, junto com André, seguia o Batista, e passou a acompanhar Jesus, quando este foi designado pelo Precursor como "Cordeiro de Deus" (Jo 1,35-37). Do capítulo 13 em diante, encontramos diversas vezes (13,23; 19,26; 20,2; 21,7) a expressão "discípulo que Jesus amava", a qual, certamente, designa o autor do Evangelho. Por essas alusões, sabemos que João foi o único discípulo que presenciou a morte de Jesus no Calvário e, junto com Pedro, foi o primeiro a saber da ressurreição do Mestre. Nos Atos dos Apóstolos encontramos novamente esses dois, Pedro e João, assumindo a liderança da comunidade apostólica: At 3,1; 4,13; 4,19; 8,14.

Conforme diz na primeira conclusão de seu Evangelho (Jo 20,31), João escreveu para alimentar a fé dos primeiros cristãos, essa fé que conduz à vida eterna em seu nome (Jo 20,31). Para isso seguiu um caminho bem diferente daquele dos Sinóticos: elaborou um "Evangelho espiritual", conforme diz Clemente de Alexandria, a saber, um Evangelho que procurou não tanto relatar fatos, mas sim extrair de cada um deles a mensagem, o significado que se percebe por detrás dos símbolos ou gestos.

Por isso, em vez de falar em "milagres e prodígios", João prefere designar tais acontecimentos como "sinais" (Jo 2,11; 4,54; 6,14 etc.), isto é, ações que revelam a "glória" de Jesus, sua personalidade divina. Para João, muitas realidades da vida diária têm esse poder de se tornar símbolos da vida espiritual, pois "a graça supõe a natureza". Assim, as noções de água, pão, vinho, luz, caminho, porta, vida, verdade, tudo isso tem profunda relação com o que Jesus veio trazer e comunicar ao mundo, e podem ser pontos de partida para o anúncio de sua mensagem. Por exemplo, falando à samaritana sobre a água do poço de Jacó (Jo 4,7), Jesus passa imediatamente a falar da graça, "água viva que jorra para a vida eterna" (Jo 4,14). Compreende-se então que neste Evangelho recebam destaque especial os sacramentos da Igreja – sobretudo o Batismo e a Eucaristia –, sinais de salvação para aquele que crê. João mostra o Batismo como novo nascimento, na conversa de Jesus com Nicodemos (Jo 3,3), e como iluminação, no milagre da cura do cego (Jo 9). A Eucaristia é amplamente anunciada no discurso sobre o pão da vida do c. 6, mas sua instituição na Última Ceia não é narrada, porque João certamente a supõe conhecida, pela leitura dos Sinóticos. Esse interesse do evangelista pela liturgia revela-se também no fato de ele mencionar diversas festas judaicas (três festas da Páscoa, festa das Tendas, da Dedicação, e uma festa não identificada, que aparece em 5,1). Essas datas são ocasiões em que Jesus, como piedoso judeu, sobe a Jerusalém para o culto. João corrige desta forma a impressão, deixada pelos Sinóticos, de que Jesus só esteve em Jerusalém no último período de sua vida pública.

Na figura de Jesus, o aspecto que João salienta mais é sua transcendência, sua preexistência como Verbo de Deus, presente já na criação do mundo (Jo 1,3), que existia antes que Abraão fosse (Jo 8,58). Esse Verbo se encarnou e veio morar no meio de nós (Jo 1,14) para manifestar sua glória. Disso dão testemunho o Pai (Jo 8,18), o próprio Jesus (Jo 8,14), o Espírito (Jo 15,26), João Batista (Jo 1,19-34; 3,27-30), o evangelista (Jo 1,14; 19,35), e as obras que Jesus realiza (Jo 10,25). Também os discípulos, que acolhem a mensagem do Mestre e nela creem são convidados a testemunhar (Jo 15,27).

I. PRÓLOGO (1,1-18)†

1 **A encarnação do Verbo.** 1No
princípio existia o Verbo*, e o Ver-
bo estava junto de Deus, e o Verbo era
Deus. 2No princípio ele estava junto de
Deus. 3Tudo foi feito por meio dele*,
e sem ele nada do que existe foi feito.
4Nele estava a vida, e a vida era a luz*
dos homens. 5A luz brilha nas trevas,
mas as trevas não a acolheram*.
6Apareceu um homem enviado por
Deus:* seu nome era João. 7Ele veio
como testemunha, para dar testemu-
nho da luz, para que, por meio dele,
todos viessem a crer. 8Ele não era a
luz, mas devia dar testemunho da luz.
9O Verbo, a luz verdadeira*, que ilu-
mina todo homem, estava para vir ao
mundo. 10Ele estava no mundo*, e o
mundo foi feito por ele, mas o mundo
não o reconheceu. 11Veio para junto
dos seus, mas os seus não o acolhe-
ram. 12A todos, porém, que o acolhe-
ram, ele deu o poder de se tornarem*
filhos de Deus†, isto é, àqueles que
creem no seu nome. 13Estes não nas-
ceram do sangue, nem da vontade da
carne e nem da vontade do homem,
mas nasceram de Deus*.
14E o Verbo se fez carne e veio mo-
rar no meio de nós†. E contemplamos
sua glória†, a glória que recebe do Pai*
como Filho único, cheio de graça e de
verdade. 15João dá testemunho dele e
proclama: "É dele que eu disse: Aquele
que há de vir depois de mim passou a
minha frente, porque já existia antes de
mim". 16Nós todos recebemos de sua
plenitude*, e graça sobre graça. 17Por-
que a Lei foi dada por Moisés, mas a
graça e a verdade* vieram por Jesus
Cristo. 18Ninguém jamais viu a Deus:
o Filho Unigênito que está no seio do
Pai* é que abriu o caminho para ele.

II. OS SETE SINAIS DE JESUS (1,19–12,50)

O testemunho de João Batista†.
19Foi este o testemunho de João*,
quando os judeus lhe enviaram de Je-
rusalém sacerdotes e levitas, para lhe
perguntar: 20"Quem és tu?" Ele respon-
deu sem hesitação. Sua resposta foi:
"Eu não sou o Cristo". 21"Então, quem
és tu?"*, perguntaram-lhe. "Tu és Elias?"

---

* **1**,1. 17,5; 1Jo 1,1s; Ap 19,13 | 3. Gn 1,1; 1Cor 8,6; Cl 1,16s; Hb 1,13; Ap 3,14; Pr 8,22 | 4. 5,26; 8,12; Sb 9,1 | 5. 3,19; 9,5 | 6. Mt 3,1; Mc 1,4; Lc 1,13-17.57-80; 3,2 | 9. 1,31; 5,33ss | 10. 1,20; 3,28; 3,19; 8,12; 12,46; Mt 4,16; 1Jo 2,8 | 12. 1Jo 5,13; Gl 3,26 | 13. 1Jo 5,1-18; Tg 1,18; 1Pd 1,23 | 14. 2,11; 3,16s; Rm 1,3; Fl 2,7; 1Tm 3,16; Hb 2,14; Ap 21,3; Is 60,1s; Mt 3,1; Mc 1,7 | 16. 3,34; Cl 2,9s | 17. 7,19; Rm 6,14; 10,4; Êx 31,18; 34,6 | 18. 5,37; 6,46; 14,9; 1Jo 4,12; Mt 11,27; Lc 10,22; 1Tm 1,7; 6,16 | 19. 5,33; Mt 3,1-12; Mc 1,2-8; Lc 3,15s; At 13,25 | 21. Mt 11,14; 17,10s; Mc 9,13; Ml 3,23s; Jo 6,14; 7,40; At 3,22; 7,37; Dt 18,15; Is 40,3

† **I.** O 4º Evangelho começa com as mesmas palavras do 1º livro da Bíblia, o Gênesis, que conta as origens do mundo e as do povo eleito: "No princípio..." João vê em Jesus o início de uma nova humanidade. No prólogo estão anunciados todos os grandes temas do 4º Evangelho: a pessoa sublime de Jesus, seu plano de salvação, a recusa de uma parte do povo e a filiação divina que os fiéis recebem ao contemplarem a glória do Filho Único de Deus e ao acolherem sua Palavra. | **1**,12. "O Filho de Deus se faz Filho do homem para fazer dos filhos dos homens filhos de Deus" (S. João Crisóstomo). | 14. Aqui João exprime o mistério da Encarnação: sem deixar de ser Deus, o Verbo assume a condição humana. "Carne" significa a natureza humana, mortal e frágil. / A glória de Cristo é a manifestação de sua divindade. | 19. Assim como a criação do mundo é narrada no esquema de uma semana, Gn 1,1–2,3, assim também João agrupou numa semana inaugural os primeiros gestos do ministério público de Jesus, 1,19–2,11.

"Não sou", respondeu. 22"Tu és o Profe-
ta?"† Ele disse: "Não". Perguntaram-lhe:
"Quem és tu? Para darmos uma res-
posta àqueles que nos enviaram. Que é
que dizes de ti mesmo?" 23Ele declarou:
"Eu sou a voz daquele que grita no de-
serto: 'Endireitai o caminho do Senhor',
conforme disse o profeta Isaías".

24Os enviados eram fariseus. 25Per-
guntaram-lhe ainda: "Então, por que
estás batizando, se não és o Cris-
to, nem Elias, nem o Profeta?" 26João
respondeu-lhes: "Eu batizo com água*.
Mas no meio de vós está alguém que
não conheceis, 27aquele que vem de-
pois de mim, do qual não sou digno
de desatar a correia de sua sandália".
28Isto aconteceu em Betânia, do outro
lado do Jordão, onde João estava ba-
tizando*.

29No dia seguinte, ao ver Jesus que vi-
nha em sua direção, ele disse: "Aí está o
Cordeiro* de Deus† que tira o pecado do
mundo!† 30É dele que eu disse: 'Depois
de mim vem um homem que passou
a minha frente, pois já existia antes de
mim'. 31Eu não o conhecia. Mas foi para
que ele fosse manifestado a Israel que eu
vim batizar com água". 32João deu este
testemunho:* "Eu vi o Espírito descer do
céu como uma pomba e pairar sobre ele.
33Eu não o conhecia. Mas aquele que me
enviou a batizar com água tinha me dito:
'Aquele sobre quem vires descer e pairar
o Espírito, esse é o que batiza no Espírito
Santo'†. 34Eu vi e dou testemunho de que
ele é o Filho de Deus!"

Os primeiros discípulos. 35No dia
seguinte, João estava lá de novo com
dois de seus discípulos. 36Fixando o
olhar em Jesus que passava, disse: "Aí
está o Cordeiro de Deus". 37Os dois dis-
cípulos o ouviram dizer isto e seguiram
a Jesus. 38Voltou-se Jesus e viu que o
seguiam. E disse-lhes: "Que buscais?"
Responderam-lhe: "Rabi (esta pala-
vra quer dizer Mestre), onde moras?"
39"Vinde e vede", disse ele. Eles foram,
viram onde morava e nesse dia ficaram
com ele. Era pelas quatro horas da tar-
de.

40André, irmão de Simão Pedro*,
era um dos dois que tinham ouvido
as palavras de João e tinham seguido
a Jesus. 41O primeiro a quem encon-
trou foi seu irmão Simão, ao qual dis-
se: "Encontramos o Messias" (que quer
dizer Cristo). 42E o levou a Jesus. Jesus
olhou-o e disse: "Tu és Simão, filho de
João. Tu te chamarás Cefas" (que signi-
fica Pedra)†.

43No dia seguinte, Jesus resolveu
partir* para a Galileia. 44Encontrou Fi-
lipe e disse-lhe: "Segue-me!" Filipe era
de Betsaida, cidade de André e de Pe-
dro.

45Filipe encontrou Natanael† e disse-
-lhe: "Encontramos aquele de quem es-
creveram Moisés, na Lei, e os Profetas.
É Jesus de Nazaré, filho de José". 46Res-
pondeu Natanael: "De Nazaré pode sair
alguma coisa boa?" 47Disse-lhe Filipe:
"Vem e vê". Jesus viu Natanael que lhe
vinha ao encontro e disse, referindo-se
a ele: "Eis um verdadeiro israelita no
qual não há falsidade". 48Perguntou-
-lhe Natanael: "De onde me conhe-
ces?" Respondeu-lhe Jesus: "Antes que

---

* **1**,26. Mt 21,25; At 13,25 | 28. 3,26; 10,40 | 29. 1,15; 1Jo 3,5; At 8,32; 1Pd 1,18s | 32. Mt 3,16; Mc 1,10; Lc 3,22; Is 11,2; 61,1 | 34. 3,18; 5,25; 10,36; 11,4.27; 18,7; 20,31 | 40. 4,25; 21,15s; Mt 4,18; Mc 3,16 | 43. 5,39-46; At 26,22; Dt 18,15; Is 7,14; 9,6; 53,2; Jr 23,5; Ez 34,23; Jo 7,41.52; Sl 32,3; 73,1; Mt 14,33; 16,16; Mc 1,11; 3,11; At 13,33; Dn 7,13; At 7,56

† **1**,22. O povo esperava a vinda de "um profeta igual a Moisés", 6,14; 7,40, conforme a promessa de Dt 18,15. | 29. Jesus é ao mesmo tempo o cordeiro pascal, símbolo da redenção de Israel na primeira Páscoa, Êx 12,3-14; Jo 19,36; 1Cor 5,7, e o Servo sofredor, levado como cordeiro ao matadouro, Is 53,7; Jr 11,19, que carrega e expia as culpas dos pecadores, Is 53,12. / "O pecado do mundo é a condição pecadora que o mundo apresenta devido às consequências do pecado original e de todos os pecados pessoais dos homens, como também devido à influência negativa que exercem sobre as pessoas as situações comunitárias e as estruturas sociais que são o fruto dos pecados dos homens" (CIC). | 33. O batismo de João era sinal de arrependimento, o batismo na água e no Espírito Santo será um novo nascimento, Jo 3,5. | 42. Mudando o nome de Simão, Jesus muda na vida dele tudo o que o nome exprime: a identidade da pessoa e o sentido de sua vida. | 45. Provavelmente o apóstolo Bartolomeu, que era de Caná, 21,2, cidade rival de Nazaré.

Filipe te chamasse, eu te vi debaixo da
figueira”. 49“Rabi – exclamou Natanael
– Tu és o Filho de Deus, tu és o rei de
Israel!” 50Jesus respondeu-lhe: “Tu crês
porque eu te disse que te vi debaixo
da figueira? Verás coisas maiores do
que estas”. 51E acrescentou: “Na verda-
de, na verdade vos digo: vereis o céu
aberto e os anjos de Deus subindo e
descendo sobre o Filho do homem”†.

2

As bodas de Caná. 1No terceiro
dia, houve uma festa de casamen-
to em Caná* da Galileia e lá se encon-
trava a mãe de Jesus. 2Também Jesus
foi convidado para a festa junto com
seus discípulos†. 3Faltando o vinho, a
mãe de Jesus* lhe disse: “Eles não têm
mais vinho”.† 4Respondeu-lhe Jesus:
“Mulher, que importa isso a mim e a ti?
Minha hora ainda não chegou”†. 5Sua
mãe disse aos serventes: “Fazei tudo* o
que ele vos disser”†.

6Havia lá seis talhas de pedra, desti-
nadas às purificações dos judeus*. Cada
uma delas podia conter cerca de dois
ou três barris†. 7Disse Jesus aos serven-
tes: “Enchei de água as talhas”. Eles as
encheram até a boca. 8Disse-lhes então:
“Tirai agora e levai ao mestre-sala”. Eles
levaram. 9O mestre-sala provou a água
transformada em vinho†, e não sabia
donde viera aquele vinho, embora o
soubessem os serventes que haviam ti-
rado a água; chamou então o noivo 10e
disse-lhe: “Todo mundo serve primeiro
o bom vinho e, quando os convidados
já tiverem bebido muito, serve o vinho
inferior. Tu, porém, guardaste até ago-
ra o vinho bom...” 11Deste modo iniciou
Jesus*, em Caná da Galileia, os seus si-
nais†. Manifestou sua glória, e seus dis-
cípulos começaram a crer nele.

12Depois disso desceu a Cafarnaum
com sua mãe, seus irmãos e seus dis-
cípulos. Lá permaneceram poucos dias.

A purificação do templo. 13Estava
próxima a Páscoa dos judeus*, e Je-
sus subiu a Jerusalém. 14No templo
encontrou gente a vender bois, ove-
lhas e pombas, e também cambistas
em suas bancas. 15Com umas cordas
fez um chicote e expulsou a todos do
templo, com as ovelhas e os bois. Es-
palhou o dinheiro dos cambistas e der-
rubou suas mesas. 16Aos que vendiam
pombas disse: “Tirai daqui estas coisas!
Parai de fazer da casa de meu Pai um
mercado!” 17Seus discípulos então se
lembraram de que está escrito: “O zelo
por tua casa me devorará”*.

18Perguntaram-lhe os judeus: “Que
sinal nos mostras para agir assim?”
19Jesus respondeu-lhes: “Podeis des-
truir este templo, que em três dias eu
o levantarei de novo”†. 20Disseram-lhe
os judeus: “Quarenta e seis anos durou
a construção deste templo, e em três
dias tu o levantarás?” 21Mas ele se re-
feria àquele templo que é seu corpo.
22Por isso, quando ele ressuscitou dos
mortos*, seus discípulos se lembraram
de que havia dito isto e creram na Es-
critura e na palavra que ele havia dito.

A primeira Páscoa. 23Enquanto ficou
em Jerusalém para a festa da Páscoa*,
muitos creram em seu nome ao verem
os sinais que fazia. 24Mas Jesus não

---

* **2**,1. 4,46 | 3. 7,30; 8,20; 19,25s; Mc 1,24; 1Rs 17,18; 2Rs 3,13 | 5. Gn 41,55; Mc 7,3s | 6. Lv 11,33 | 11. 1,14; 4,54; 20,30s; 11,40; 12,41; Mt 4,13 | 13. 6,4; 11,55; 12,1; Mt 21,12-17; Mc 11,15ss; Lc 19,45s | 17. Zc 14,21; Sl 69,10; Mc 8,11; Lc 11,16; At 6,14; Jr 7,21 | 22. 12,16; 14,26 | 23. 4,45; 7,31; 11,47 | 25. 6,70; 16,30

† **1**,51. Aludindo ao sonho de Jacó, no qual ele viu uma escada entre o céu e a terra, Gn 28,12, Jesus se apresenta como o mediador entre o mundo e o Pai, 1Tm 2,5. | **2**,2. “A presença de Jesus no casamento em Caná confirma que o casamento é uma realidade boa e que, daí em diante, será um sinal eficaz da presença de Cristo” (CIC). | 3. “Maria representa o AT, que reconhece que acabou o vinho, i. é, esgotaram-se seus frutos, e encaminha todos para Jesus” (Frei Carlos Mesters). | 4. A hora da paixão e da glorificação de Jesus, 7,30; 13,1; 17,1. | 5. Convidando a acolher a palavra de Jesus, Maria começa a exercer a função de Mãe dos homens, que Jesus lhe dará no momento solene do Calvário, Jo 19,26. Ela é venerada como “Hodoghitria”, Aquela que aponta o caminho, 14,6. | 6. O barril, lit. “medida”, continha 40 litros. | 9. A água das abluções rituais é transformada em vinho: isto representa a passagem da antiga aliança para a nova, selada no sangue de Cristo. | 11. “Sinais”, 3,2, são milagres que indicam o poder divino de Cristo e sua obra de salvação. | 19. O verdadeiro templo, morada de Deus no meio dos homens, será a humanidade de Jesus ressuscitado, centro de todo culto.

confiava neles, porque conhecia a to-
dos 25e não precisava ser informado*
sobre ninguém, pois ele bem sabia o
que estava dentro de cada pessoa.

3

Jesus e Nicodemos. 1Havia entre
os fariseus um homem chamado
Nicodemos*, que pertencia à elite do
povo judeu. 2Certa noite, ele foi ter
com Jesus e lhe disse: "Rabi, sabemos
que vens da parte de Deus como Mes-
tre; pois ninguém é capaz de fazer os
sinais que fazes, se Deus não estiver
com ele".
3Respondeu-lhe Jesus: "Na verda-
de*, na verdade, te digo: se não nas-
cer do alto, ninguém pode ver o Reino
de Deus". 4Nicodemos perguntou-lhe:
"Como pode o homem nascer, sendo
já velho? Pode entrar outra vez no seio
de sua mãe e nascer?" 5Respondeu-
-lhe Jesus: "Na verdade, na verdade, te
digo: se não nascer da água e do Espí-
rito*, ninguém pode entrar no Reino de
Deus. 6O que nasce da carne é carne*;
o que nasce do Espírito é espírito. 7Não
te admires do que eu te disse: deveis
nascer do alto. 8O vento sopra onde
quer*, e a gente ouve sua voz, mas não
sabe de onde vem nem para onde vai.
Assim é todo aquele que nasceu do Es-
pírito".
9Perguntou-lhe Nicodemos: "Como
pode acontecer isso?" 10Replicou-lhe
Jesus: "Tu és Mestre em Israel* e não
o sabes? 11Na verdade, na verdade, te
digo: falamos do que sabemos* e tes-
temunhamos o que vimos, mas vós
não acolheis nosso testemunho. 12Se,
quando vos falo das coisas terrestres,
vós não credes, quando vos falar das
celestes*, como crereis? 13Ninguém
subiu ao céu*, senão o que desceu do
céu: o Filho do homem. 14Assim como
Moisés levantou a serpente no deser-
to, assim é necessário que o Filho do
homem seja levantado†, 15a fim de que
todo aquele que crê tenha por meio
dele a vida eterna".

A fé e o julgamento. 16"Com efei-
to, Deus tanto amou o mundo* que
lhe deu seu Filho unigênito, para que
não morra quem nele crê, mas tenha
a vida eterna. 17Pois Deus não mandou
seu Filho ao mundo para condenar* o
mundo, mas para que por meio dele
o mundo seja salvo. 18Quem nele crê
não é condenado*. Mas, quem não crê,
já está condenado, porque não creu
no nome do Filho unigênito de Deus†.
19E o julgamento é assim: a luz veio ao
mundo*, mas os homens preferiram as
trevas à luz, porque suas obras eram
más. 20De fato, todo aquele que faz o
mal odeia a luz* e dela não se apro-
xima, para que suas obras não sejam
desmascaradas. 21Mas quem pratica a
verdade* aproxima-se da luz, para que
transpareça que suas obras são feitas
em Deus".

Novo testemunho de João Batista.
22Depois disso, veio Jesus com seus
discípulos* à região da Judeia. Perma-
neceu ali com eles e batizava. 23João
também estava batizando em Enon,
perto de Salim, porque lá havia muita
água, e o povo vinha para ser batizado.
24Porque João ainda não tinha sido lan-
çado* no cárcere. 25Surgiu então uma
disputa entre os discípulos de João e
um judeu sobre purificação; 26eles fo-
ram ter com João e lhe disseram: "Mes-
tre, aquele que estava contigo do outro
lado do Jordão, e do qual destes tes-
temunho, está batizando, e todos vão
a ele". 27João respondeu: "Ninguém
pode atribuir-se coisa alguma, se não
lhe for dada do céu. 28Vós mesmos sois

---

* **3**,1. 7,50; 12,42s; 19,39; Mt 22,16; At 10,38 | 3. 1Jo 5,1 | 5. Rm 6,4; Ef 5,26; Tt 3,5; 1Pd 1,3; 2Pd 1,11 | 6. 6,63; Sl 78,39 | 8. 14,18; 1Cor 15,44-50 | 10. Rm 2,20s | 11. 3,32; 7,16; 8,26; 12,49; 1Cor 2,14 | 12. 6,60ss; Sb 9,16 | 13. Rm 10,6s; Fl 2,6-11; Ef 4,9; Dt 30,12; Pr 30,4; Nm 21,8s; Sb 16,5 | 16. 1Jo 4,9; Rm 5,8; Mt 21,37 | 17. 12,47 | 18. 3,36; 5,24; At 17,31; Mc 16,16 | 19. 1,5.9s; 8,12; Jó 24,13-17 | 20. Ef 5,13 21. 1Jo 1,6; Mt 5,14ss | 22. 4,1s | 24. Mt 3,6; 14,3; Mc 6,7 | 28. 19,11; 1Cor 4,7; Hb 5,4; Tg 1,17

† **3**,14. Jesus levantado, elevado na cruz, é comparado com a serpente de bronze, Nm 21,9, que Moisés ergueu para curar os hebreus feridos. "Quem olha para Jesus Crucificado é curado da culpa" (S. Agostinho). | 18. Encontrar-se com Jesus, luz que vem ao mundo, é passar por um julgamento decisivo: é preciso optar entre aceitar ou recusar a obra de Jesus.

testemunhas de que eu disse: 'Não
sou eu o Messias*, mas sou enviado à
frente dele'. [29]Quem tem a esposa é o
esposo*; mas o amigo do esposo, que
está presente e o ouve, muito se alegra
com a voz do esposo. Tal é minha ale-
gria e ela é completa. [30]É preciso que
ele cresça e que eu diminua".

O testemunho do Filho. [31]"Aquele
que vem do alto está acima de todos*;
aquele que vem da terra é terrestre e
fala sobre coisas da terra. Aquele que
vem do céu é superior a todos; [32]dá
testemunho do que viu e ouviu; toda-
via, ninguém acolhe seu testemunho.
[33]Quem acolhe seu testemunho* atesta
que Deus é veraz. [34]Porque aquele que
Deus enviou fala as palavras de Deus,
pois ele dá o Espírito sem medida. [35]O
Pai ama o Filho e entregou tudo em
suas mãos. [36]Quem crê no Filho* tem a
vida eterna; aquele, porém, que recusa
crer no Filho não verá a vida; mas sobre
ele pesa a cólera de Deus"†.

4 **Jesus e a samaritana.** [1]Quando
Jesus soube que os fariseus ti-
nham ouvido dizer que ele fazia mais
discípulos e batizava mais do que João
[2](se bem que Jesus mesmo não batizas-
se, mas sim seus discípulos), [3]retirou-se
da Judeia e voltou para a Galileia.

[4]Devia passar pela Samaria. [5]Jesus
chegou a uma cidade da Samaria*,
chamada Sicar, perto do terreno que
Jacó tinha dado a seu filho José. [6]Ali se
achava o poço de Jacó. Cansado de an-
dar, Jesus sentou-se junto ao poço. Era
por volta do meio-dia. [7]Uma mulher
samaritana chega para buscar água.
Jesus lhe diz: "Dá-me de beber". [8]Seus
discípulos tinham ido à cidade comprar
alimentos.

[9]Responde a samaritana: "Tu és ju-
deu*, eu sou samaritana: como é que
me pedes de beber?" (Pois os judeus
não combinam com os samaritanos).
[10]Jesus respondeu-lhe: "Se conheces-
ses o dom de Deus e quem é que te diz:
'dá-me de beber', tu é que lhe pedirias,
e ele te daria água viva!" [11]Ela disse:
"Senhor, não tens nada para tirar água
e o poço é fundo; de onde, pois, tiras
esta água viva? [12]Serás, talvez, maior
que nosso pai Jacó*, que nos deu este
poço, do qual ele mesmo bebeu, com
seus filhos e seus animais?" [13]Respon-
deu-lhe Jesus: "Todo aquele que bebe
desta água terá sede outra vez; [14]mas
quem beber da água* que eu lhe darei
nunca mais terá sede; pois a água que
eu lhe darei vai tornar-se dentro dele
uma fonte de água corrente para a vida
eterna"†.

[15]"Senhor – disse-lhe a mulher –, dá-
-me dessa água, para que eu não te-
nha mais sede e não venha mais aqui
buscá-la". [16]Jesus lhe disse: "Vai, chama
teu marido e volta aqui". [17]"Não te-
nho marido", respondeu-lhe a mulher.
"Tens razão de dizer que não tens mari-
do – disse Jesus; [18]porque tiveste cinco,
e o que tens agora não é teu marido.
Nesse ponto disseste a verdade".

[19]Disse-lhe a mulher: "Estou vendo
que és profeta... [20]Nossos pais presta-
ram culto* a Deus neste monte†, e vós
dizeis que é em Jerusalém que se deve
adorar..." [21]Disse-lhe Jesus: "Mulher,
crê em mim:* está chegando a hora
em que nem neste monte e nem em
Jerusalém adorareis o Pai. [22]Vós adorais
o que não conheceis; nós adoramos
o que conhecemos, pois a salvação
vem dos judeus. [23]Mas está chegando
a hora, e é agora*, em que os verda-
deiros adoradores adorarão o Pai em
espírito e em verdade†; são esses os
adoradores que o Pai procura. [24]Deus
é espírito*, e os que o adoram devem

---

* **3**,29. Mt 9,15 | 31. 8,23; 1Jo 4,5 | 33. 3,11; 7,28; 1Jo 5,10 | 36. 1,32; 3,16s; Mt 28,18; 1Jo 5,12; Rm 2,8; Ef 2,3 | **4**,5. Lc 9,52-55; 17,11; Gn 48,22 | 9. Esd 4,1-5; Ne 6,1-9; Eclo 50,28; Ap 21,6 | 12. 6,53; 8,53 | 14. 6,35; 7,37s; Is 58,11 | 20. 7,40; 9,17; Mt 16,14; Sl 122,1-5; Dt 11,29; Js 8,33; At 6,14 | 21. Rm 9,4s; 11,18; Is 2,3 | 23. 5,25; Ef 2,18 | 24. Rm 12,1; 2Co 3,17; Fl 3,3

† **3**,36. É Jesus e não João que diz as palavras dos vv.31-36. | **4**,14. "O Salvador chama 'água' a graça do Espírito Santo; quem dela participa tem em si mesmo a fonte dos ensinamentos divinos, para poder exortar os outros que têm sede da Palavra de Deus" (S. Cirilo de Alexandria). | 20. O monte Garizim, onde os samaritanos tinham feito um templo, 2Mc 6,2.

adorá-lo em espírito e em verdade". 25Disse-lhe a mulher: "Eu sei que deve vir o Messias*, que é chamado Cristo. Quando ele vier, vai nos ensinar tudo". 26"Sou eu, que estou conversando contigo", declarou-lhe Jesus.

27Nisto chegaram seus discípulos e ficaram admirados ao vê-lo falar com uma mulher. Mas ninguém indagou dele: "Que desejas?" ou: "Por que falas com ela?" 28Então a mulher deixou lá seu cântaro e foi à cidade dizer ao povo: 29"Vinde ver um homem que me contou tudo o que fiz*; não será ele o Cristo?" 30Eles saíram da cidade e foram ao encontro dele.

31Entretanto, seus discípulos rogavam-lhe: "Mestre, come!" 32Mas ele respondeu-lhes: "Eu tenho para comer um alimento que não conheceis". 33Os discípulos perguntavam-se mutuamente: "Será que alguém lhe trouxe comida?" 34Disse-lhes Jesus: "Meu alimento* é fazer a vontade daquele que me enviou e levar a bom termo sua obra. 35Não dizeis que daqui a quatro meses* virá a colheita? Pois eu vos digo: levantai os olhos e contemplai os campos, que já estão maduros para a colheita†. 36Aquele que colhe já está recebendo o salário e recolhe o fruto para a vida eterna, a fim de que se alegrem juntamente o que semeia e o que colhe. 37Nisto se verifica o ditado:* um é o que semeia e outro é o que colhe. 38Eu vos mandei colher lá onde não trabalhastes; foram outros que trabalharam, e vós entrastes no trabalho deles".

39Muitos samaritanos daquela cidade* creram nele por causa do testemunho da mulher: "Ele me contou tudo o que eu fiz". 40Chegando-se a ele, os samaritanos pediram-lhe que ficasse com eles. Ele ficou ali dois dias. 41E foram muito mais os que creram por causa da palavra dele próprio. 42Diziam à mulher: "Já não é por causa de tuas palavras que nós cremos; nós mesmos o ouvimos e sabemos que de fato é ele o salvador do mundo".

Jesus vai para a Galileia. 43Passados os dois dias*, partiu de lá para a Galileia. 44Jesus mesmo declarara que um profeta não é honrado em sua pátria. 45Quando, pois, chegou à Galileia, os galileus o receberam bem, porque tinham visto tudo o que fizera em Jerusalém durante a festa; pois eles também tinham ido à festa.

Cura do filho do oficial. 46Voltou então a Caná da Galileia*, onde mudara a água em vinho. Achava-se lá um oficial do rei, cujo filho estava doente em Cafarnaum. 47Ficou sabendo que Jesus voltara da Judeia para a Galileia; foi procurá-lo e suplicava-lhe que descesse e curasse seu filho* que estava para morrer. 48Disse-lhe Jesus: "Se não virdes sinais e prodígios, não acreditareis"†. 49O oficial do rei lhe disse: "Senhor, desce antes que meu filhinho morra!" 50Disse-lhe Jesus: "Vai, teu filho vive"*. O homem acreditou na palavra que Jesus lhe falou e foi andando.

51Já estava descendo, quando seus servos lhe vieram ao encontro, dizendo: "Teu filho está vivo!" 52Perguntou-lhe então a que hora ele se sentira melhor, e informaram-lhe: "Ontem, a uma da tarde, a febre o deixou". 53O pai constatou que fora esta a hora em que Jesus lhe dissera: "Teu filho vive". Então ele, com toda a sua família, começou a crer†. 54Este novo sinal, o segundo, Jesus o fez ao voltar da Judeia para a Galileia.

* **4**,25. 1,41; 14,26; 9,37; Mc 14,61s | 29. 7,26; Mt 12,23 | 34. 5,30; 6,38; 17,4; 19,30 | 35. Mt 9,37s; Lc 10,2; At 8,25; Ap 14,15 | 37. 1Cor 3,6; Mq 6,15 | 39. At 8,14-17; Mt 8,34; At 10,48; 18,20 | 43. Mt 13,57; Mc 6,4; Lc 4,24 | 46. 2,1-11; Mt 8,5-13; Lc 7,1-10 | 47. Mt 12,38; 1Cor 1,22 | 50. Mc 7,29; 1Rs 17,23

† **4**,23. O verdadeiro culto a Deus não se restringe a um lugar, pois é universal. É preciso adorar o Pai com uma devoção sincera, inspirada pelo Espírito Santo. | 35. A seara madura é o anúncio do Evangelho aos samaritanos, que já começa a produzir os primeiros frutos. | 48. "A fé bíblica nos convida a descobrir a presença de Deus não em milagres fora da história, mas nos fatos da vida" (Marcelo Barros). | 53. Enquanto os galileus se mostram incrédulos, v. 44, este pagão faz um ato de fé, acolhendo a salvação que Deus oferece em Jesus.

5

Cura do paralítico na piscina.
1Depois disso, houve uma festa
dos judeus, e Jesus subiu a Jerusalém.
2Existe em Jerusalém, perto da por-
ta das Ovelhas, uma piscina chamada
em hebraico Bezata, que tem cinco
pórticos. 3Nestes, jazia pelo chão uma
multidão de doentes, cegos, coxos,
mutilados, esperando o borbulhar da
água. 4Porque, de vez em quando, um
anjo descia à piscina e agitava a água;
então, o primeiro que nela entrasse,
após o borbulhar da água, ficava cura-
do, qualquer que fosse sua doença.
5Achava-se ali um homem que estava
doente havia trinta e oito anos. 6Quan-
do Jesus o viu estendido, e sabendo
que havia muito tempo que ele esta-
va assim, perguntou-lhe: "Queres ficar
curado?" 7"Senhor – respondeu-lhe o
enfermo – não tenho ninguém para me
jogar na piscina ao borbulhar da água;
quando chego, já desceu um outro an-
tes de mim". 8Disse-lhe Jesus: "Levanta-
-te*, pega teu leito e anda". 9Na mesma
hora o homem ficou curado. Pegou seu
leito e foi andando.

10Aquele dia era um sábado. Disse-
ram, por isso, os judeus ao que tinha
sido curado: "É sábado; não podes* car-
regar teu leito". 11Ele respondeu-lhes:
"Aquele que me curou ordenou-me:
'Pega teu leito e anda'". 12Perguntа-
ram-lhe: "Quem foi que te disse: 'Pega
teu leito e anda'?" 13Mas o homem
que tinha sido curado não sabia quem
era, pois Jesus tinha desaparecido por
entre a multidão que lá estava. 14Mais
tarde, Jesus o encontrou* no templo e
lhe disse: "Ficaste curado; não peques
mais, para que não te aconteça coisa
pior". 15O homem saiu e foi dizer aos
judeus que era Jesus que o tinha cura-
do. 16Por isso, os judeus perseguiam
Jesus:* porque ele fazia tais coisas no
dia de sábado. 17Jesus, no entanto,
respondeu-lhes: "Meu Pai continua a
trabalhar até agora; e eu também tra-
balho". 18Assim, os judeus, com maior
empenho, procuravam matá-lo*; pois
não só violava o sábado, mas dizia que
Deus era seu próprio Pai, fazendo-se
igual a Deus.

O Filho, juiz do mundo. 19Retomando
a palavra,* Jesus lhes disse: "Na verda-
de, na verdade, vos digo: o Filho, por
si mesmo, nada pode fazer, a não ser
aquilo que ele vê o Pai fazer. Tudo o
que este faz, o Filho o faz igualmente.
20Pois o Pai ama o Filho* e mostra-lhe
tudo o que ele próprio faz. E vai mos-
trar-lhe obras maiores que estas, para
que fiqueis maravilhados. 21Com efeito,
assim como o Pai ressuscita os mortos
e lhes dá a vida*, assim também o Filho
dá a vida a quem ele quer. 22Porque o
Pai não julga ninguém, mas confiou ao
Filho* todo julgamento, 23a fim de que
todos honrem o Filho como honram o
Pai. Quem não honra o Filho não honra
o Pai que o enviou".

24Na verdade, na verdade vos digo*:
quem ouve minha palavra e crê naquele
que me enviou tem a vida eterna e não
será julgado, mas passou da morte*
para a vida. 25Na verdade, na verdade,
vos digo: vem a hora – e é agora – em
que os mortos ouvirão a voz do Filho
de Deus e os que a ouvirem viverão*.
26Com efeito, assim como o Pai tem a
vida em si mesmo*, assim concedeu ao
Filho ter a vida em si mesmo 27e deu-
-lhe o poder de julgar*, porque é Filho
do homem. 28Não fiqueis admirados:
vem a hora em que todos os que jazem
nos sepulcros* ouvirão sua voz 29e sai-
rão: os que tiverem feito o bem, para
uma ressurreição de vida; os que tive-
rem feito o mal*, para uma ressurreição
de condenação. 30Eu, por mim mesmo,
nada posso fazer. Julgo segundo o que
ouço; e meu julgamento é justo, por-
que não procuro minha vontade, mas a
vontade daquele que me enviou.

O testemunho do Pai. 31Se eu dou
testemunho de mim mesmo*, meu

* **5**,8. Mt 9,6 | 10. 9,14; Lc 13,14; Êx 20,8; Mt 12,1-8; Jr 17,21 | 14. 9,3 | 16. Mt 12,14 | 18. 7,1.19.25; 10,33; 11,53; Mt 26,4; Mc 14,1 | 19. Jo 5,30; 8,28 | 20. 3,35; 10,17; 14,12; 15,9; 17,23s | 21. 11,25; Rm 4,17; Dt 32,39; Ef 2,5; 1Sm 2,6; 2Rs 5,7 | 22. 5,27; 9,39; At 10,42; 1Jo 2,33; Lc 10,16; Fl 2,10s | 24. 3,15s; 8,51; 10,27; 12,44 / 1Jo 3,14 | 25. 5,28; 11,25s.63; Mc 5,41; Lc 7,14 | 26. 1,4; 3,35; 6,53.57 | 27. Dn 7,10-14 | 28. 11,43s; 1Ts 4,16; Ap 20,13; Lc 14,14 | 29. 4,34; 5,19; 6,38; Lc 22,42 | 31. 1,15; 3,26; 5,36; 8,14.18; 1Jo 5,6-9

testemunho não é verdadeiro*. 32É um
outro que dá testemunho de mim, e
eu sei que é verdadeiro* o testemunho
que dá de mim. 33Vós mandastes per-
guntar a João*, e ele deu testemunho
da verdade. 34Quanto a mim, não é de
um homem que recebo testemunho;
mas vos digo isto para vossa salvação.
35João era o facho que arde e ilumi-
na, e a sua luz vós quisestes vos ale-
grar por um momento. 36Mas eu tenho
um testemunho maior que o de João:
as obras que o Pai me deu para levar
a bom termo, estas obras que eu faço
dão testemunho a meu respeito de que
o Pai me enviou. 37E também o Pai, que
me enviou, dá testemunho de mim.
Vós nunca ouvistes sua voz*, jamais
contemplastes sua face, 38nem conser-
vais em vós a palavra dele, porque não
acreditais naquele que ele enviou".
O testemunho da Escritura. 39"Vós
pesquisais nas Escrituras*, pensando
encontrar nelas a vida eterna; pois são
elas que dão testemunho de mim; 40e
vós não quereis vir a mim para terdes
a vida...
41Não recebo glória que venha dos
homens. 42Mas eu vos conheço:* sei
que não tendes dentro de vós o amor
de Deus. 43Eu vim em nome de meu
Pai, mas vós não me acolheis; se um
outro vier em seu próprio nome, vós
o acolhereis. 44Como podeis crer, vós
que recebeis glória* uns dos outros e
não procurais a glória que vem só de
Deus? 45Não penseis que os acusarei
perante o Pai. Há quem vos acuse: é
Moisés, em quem confiais. 46Porque, se
acreditásseis em Moisés*, acreditaríeis
também em mim, pois foi sobre mim
que ele escreveu. 47Mas se não acredi-
tais nos escritos dele, como acredita-
reis em minhas palavras?"

6 **Segunda Páscoa.** 1Depois, Jesus
atravessou o mar da Galileia*, que
é o de Tiberíades. 2Grande multidão o
acompanhava, porque via os sinais que
ele fazia para os doentes. 3Jesus subiu
ao monte e lá sentou-se com seus dis-
cípulos. 4Estava chegando a Páscoa, a
festa dos judeus*.
A multiplicação dos pães. 5Jesus le-
vantou os olhos e viu que uma grande
multidão vinha até ele. Então disse a
Filipe: "Onde poderemos comprar pão
para esse povo comer?" 6Dizia isto só
para experimentá-lo, porque sabia o
que ia fazer. 7Filipe respondeu: "Du-
zentos denários de pão não bastariam
para que cada um recebesse um pe-
queno pedaço..."
8André, um dos discípulos*, irmão de
Simão Pedro, disse-lhe: 9"Aqui está um
menino que tem cinco pães de ceva-
da e dois peixes; mas o que é isto para
tanta gente?" 10Jesus ordenou: "Fazei-
-os sentar-se". Naquele lugar havia
muita grama. Sentaram-se, pois, em
número de aproximadamente cinco mil
homens. 11Então Jesus tomou os pães,
deu graças a Deus e os distribuiu aos
convivas. Fez a mesma coisa com os
peixes, tanto quanto queriam. 12Quan-
do estavam satisfeitos, disse a seus
discípulos: "Recolhei os pedaços que
sobraram para que não se desperdice
nada". 13Eles os recolheram e enche-
ram doze cestos com os pedaços que
sobraram dos cinco pães de cevada,
depois que eles comeram*.
14Aquela gente, ao ver o sinal que
Jesus fizera, começou a dizer: "Este
é, de fato, o Profeta que deve vir ao
mundo". 15Quando percebeu que eles
viriam pegá-lo à força para fazê-lo rei,
Jesus fugiu e voltou sozinho para o
monte.
Jesus caminha sobre o mar. 16Ao
cair da tarde, seus discípulos desce-
ram ao mar 17e, subindo num barco,
dirigiram-se para o outro lado do mar,
rumo a Cafarnaum. Já estava escuro
e Jesus ainda não viera encontrá-los.
18O mar se agitava, porque soprava

* **5**,32. 15,26 | 33. 1,8; 3,2; 9,16; 10,25-38; 1Jo 5,9; Mt 9,6 | 37. 1,18; 6,44s; 8,18; Mt 3,17; Dt 4,12-15; 8,37; 1Jo 2,14 | 39. Lc 24,27.44; 1Pd 1,10s; At 13,27 | 42. 12,43 | 44. 12,43; Rm 2,29; 1Cor 4,5; Dt 31,26s | 46. 7,37; At 3,22; Dt 18,15; Lc 16,27-31; 24,27 | **6**,1. Mt 14,13-27; Mc 6,30-52; Lc 9,10-17; Mc 5,24 | 4. 2,13; 11,55; Lc 22,1 | 8. 1,40; 12,21s; Mt 4,18; Nm 11,1-13.22 | 13. 1,21; At 3,22; Dt 18,15-18; Mc 1,35

um vento forte. 19Depois de remarem
uns vinte e cinco ou trinta estádios†,
viram Jesus caminhando sobre o mar
e aproximando-se do barco, e tiveram
medo. 20Mas ele lhes disse: "Sou eu*,
não tenhais medo". 21Quiseram, então,
recolhê-lo no barco, mas este aportou
imediatamente no lugar para onde
iam.

O alimento do Filho do homem. 22No
dia seguinte, a multidão que ficara do
outro lado do mar percebeu que lá
havia só um barco e que Jesus não ti-
nha entrado nele com seus discípulos,
mas estes haviam partido sozinhos.
23Outros barcos vieram de Tiberíades,
perto do lugar onde tinham comido o
pão, depois de o Senhor ter dado gra-
ças. 24Quando a multidão percebeu
que nem Jesus e nem seus discípulos
estavam mais ali, entraram nas barcas
e foram para Cafarnaum à procura de
Jesus.

25Encontraram-no do outro lado do
mar* e lhe disseram: "Mestre, quando
vieste para cá?" 26Respondeu-lhes Je-
sus: "Na verdade, na verdade, vos digo:
vós me procurais não porque vistes
sinais, mas porque comestes pão e fi-
castes saciados. 27Trabalhai não pelo
alimento que se perde*, mas pelo ali-
mento que dura até a vida eterna, o ali-
mento que o Filho do homem vos dará,
porque foi a ele que Deus Pai marcou
com seu selo". 28Disseram-lhe, então:
"Que faremos para trabalhar nas obras
de Deus?" 29Jesus respondeu-lhes: "A
obra de Deus* é que acrediteis naquele
que ele enviou".

O pão da vida. 30Eles replicaram:
"Que sinal tu fazes, para que vejamos
e acreditemos em ti? Que obra reali-
zas? 31Nossos pais comeram o maná
no deserto, como está escrito: 'Deu-
-lhes a comer pão do céu'"*. 32Jesus
respondeu-lhes: "Na verdade, na ver-
dade, vos digo: Não foi Moisés que vos
deu o pão do céu; meu Pai é que vos
dá o verdadeiro pão do céu; 33pois o
pão de Deus é o que desce do céu e dá
a vida ao mundo". 34Disseram-lhe eles:
"Senhor, dá-nos sempre deste pão!"*

35Jesus disse-lhes: "Eu sou o pão
da vida: quem vem a mim não sentirá
mais fome e quem crê em mim nunca
mais sentirá sede. 36Mas já vos disse:
vós me vistes* e não credes. 37Tudo o
que o Pai me dá virá a mim*, e não
lançarei fora o que vem a mim, 38por-
que desci do céu* não para fazer mi-
nha vontade, mas a vontade daquele
que me enviou. 39E a vontade daquele
que me enviou é esta: que eu não per-
ca nenhum dos que ele me deu*, mas
que os ressuscite no último dia. 40Por-
que esta é a vontade de meu Pai: que
todo o que vê o Filho e nele crê tenha
a vida eterna; e eu o ressuscitarei no
último dia". 41Os judeus começaram
a murmurar contra ele porque havia
dito: "Eu sou o pão descido do céu".
42Diziam: "Este não é Jesus, o filho de
José*, cujo pai e mãe conhecemos?
Como, então, está dizendo: 'Eu desci
do céu'?"

43Jesus respondeu-lhes: "Não fiqueis
a murmurar entre vós. 44Ninguém pode
vir a mim se o Pai, que me enviou, não
o atrair†; e eu o ressuscitarei* no último
dia. 45Está escrito nos profetas: 'E to-
dos serão ensinados* por Deus'. Todo
aquele que ouve o Pai e dele aprende,
este vem a mim. 46Não que alguém
tenha visto o Pai*, porque só viu o Pai
aquele que vem de junto de Deus. 47Na
verdade, na verdade, vos digo: aquele
que crê tem a vida eterna.

48Eu sou o pão da vida. 49Vossos pais
comeram o maná no deserto*, mas
morreram. 50Este pão é o que desce
do céu, para que não morra quem dele
comer.

---

* **6**,20. Jó 9,8; Sl 77,20; Mt 14,27 | 25. Mc 1,37 | 27. 4,14; 6,51-58 | 29. 1Jo 3,23; Mt 8,10 | 31. 2,18; Êx 16,4.13s; Nm 11,7s; Sl 78,24; 105,40; Ne 9,15 | 34. 6,48.51.58; Mt 6,11; L 11,3; Is 55,1ss; Eclo 24,26-29 | 36. 6,26; 10,29 | 37. At 16,14 | 38. 4,34; 5,30; Mt 26,39; Hb 10,9 | 39. 3,35; 5,24; 10,28s; 11,24; 17,12; 18,9 | 42. 1,45; Mt 13,55; Mc 6,3; Lc 4,22 | 44. 11,24; 12,32; Mt 16,17 | 45. Jr 31,34; Is 54,13; 1Jo 4,12; 1Ts 4,9 | 46. 1,18; 7,29; Êx 33,20 | 49. 3,15; 6,31.35.58; 16,36

† **6**,19. Uns 4 ou 5 km. | 44. A fé é um dom de Deus e não uma conquista do homem; Deus concede esse dom aos que abrem seu coração à palavra daquele que Ele enviou.

Anúncio da Eucaristia. 51Eu sou o pão
vivo* descido do céu†. Quem comer
deste pão, viverá eternamente†. E o
pão que eu darei é minha carne, para a
vida do mundo".
52Os judeus começaram a discu-
tir entre si e perguntavam: "Como ele
pode dar-nos sua carne para comer?"
53Jesus, então, respondeu-lhes: "Na
verdade, na verdade, vos digo: se não
comerdes a carne do Filho do homem e
não beberdes seu sangue, não tereis a
vida em vós. 54Quem come minha car-
ne e bebe meu sangue tem a vida eter-
na*, e eu o ressuscitarei no último dia.
55Pois minha carne é verdadeira comi-
da e meu sangue é verdadeira bebida.
56Quem come minha carne* e bebe
meu sangue permanece em mim e eu
nele. 57Assim como o Pai, que vive, me
enviou e eu vivo pelo Pai, assim tam-
bém quem de mim se alimenta* viverá
por mim. 58Este é o pão que desceu do
céu. Não é como aquele que vossos
pais comeram, mas morreram; quem
come deste pão viverá para sempre".
59Assim falou ele, ensinando numa si-
nagoga em Cafarnaum.
Incredulidade dos discípulos. 60Ten-
do-o ouvido, muitos de seus discípulos
disseram: "Esse modo de falar é duro
demais! Quem tem disposição para ou-
vir isso?" 61Percebendo que seus discí-
pulos murmuravam* por causa disso,
Jesus lhes disse: "Isto vos escandaliza?
62E quando virdes o Filho do homem*
subindo para o lugar onde estava antes?
63O espírito é que dá a vida; a carne para
nada serve.† As palavras que eu vos dis-
se* são espírito e vida. 64Alguns de vós,
porém, não acreditam". Jesus sabia mui-
to bem, desde o começo, quais eram os
que não acreditavam* e quem iria en-
tregá-lo. 65E acrescentou: "Por isso vos
disse que ninguém pode vir a mim, se
não lhe for dado por meu Pai". 66Des-
de então, muitos de seus discípulos se
afastaram e não o seguiam mais*.
Pedro professa sua fé. 67Então Jesus
perguntou aos Doze: "Vós também
quereis ir embora?" 68Simão Pedro*
respondeu-lhe: "Senhor, a quem ire-
mos? Tu tens palavras de vida eterna;
69e nós acreditamos e sabemos* que
és o Santo de Deus". 70Respondeu-lhes
Jesus: "Não fui eu que vos escolhi a vós,
os Doze? No entanto, um de vós* é um
diabo". 71Referia-se a Judas, filho de
Simão Iscariotes. Este o havia de entre-
gar, sendo um dos Doze.

7 **Jesus e seus irmãos.** 1Depois dis-
so, Jesus percorria a Galileia; não
queria transitar pela Judeia*, pois os
judeus procuravam matá-lo. 2Aproxi-
mava-se a festa judaica das Tendas.
3Disseram-lhe então seus irmãos: "Sai
daqui e vai para a Judeia, para que
também teus discípulos vejam as obras
que fazes; 4pois ninguém age em se-
gredo se deseja publicidade. Já que fa-
zes tais coisas, mostra-te ao mundo!"
5Com efeito, nem mesmo seus irmãos
acreditavam nele†. 6Respondeu-lhes
Jesus: "Meu tempo ainda não chegou;
mas vosso tempo está sempre prepa-
rado. 7O mundo não pode odiar-vos*.
A mim, porém, me odeia, porque dou
testemunho de que suas obras são
más. 8Subi, vós, para esta festa; eu, po-
rém, não vou subir a esta festa, porque
meu tempo ainda não está completo".

* **6**,51. Mt 26,26; Hb 10,5.10; Mc 14,22; Lc 22,19 | 54. 11,24 | 56. 15,4s; 1Jo 3,24 | 57. 5,26 | 61. 2,24 | 62. 3,13; 12,32; At 1,9ss | 63. 1,33; 3,6; 1Cor 15,45; 2Cor 3,6; Gl 6,8; 1Pd 3,18 | 64. 2,24 | 66. Lc 9,62; 22,28 | 68. Mt 16,16 | 69. 1Jo 4,16 | 70. 17,19; Lc 4,34; 8,44; 13,2; 1Jo 3,8.10; Ap 12,9; Mt 26,14 | **7**,1. 5,18; 7,19; 8,37.40; Mc 9,30; Êx 23,16 | 7. 3,19ss; 15,18

† **6**,51. "Cristo, pão semeado na Virgem, levedado na carne, amassado na Paixão, cozido no forno do sepulcro, colocado em reserva na Igreja, levado aos altares, proporciona cada dia aos fiéis um alimento celeste" (S. Pedro Crisólogo). / Comer o pão de Deus, receber a vida por meio deste pão que é Jesus, é não só crer no Filho encarnado que o Pai enviou, mas também crer que Ele salva o mundo pelo sacrifício de sua vida na cruz e pelo dom de sua carne e de seu sangue. | 63. "Carne" significa nesta frase o homem que conta apenas com seus desejos e pensamentos. Só o Espírito pode dar ao homem condições de crer que o Pai fala em Jesus, como o fez Pedro, v. 68. | **7**,5. Esses irmãos, i. é, parentes de Jesus, sonhavam com alguma homenagem pública que o consagrasse como herói nacional; demonstravam assim falta de fé e de compreensão na missão messiânica de Jesus.

[9]Dizendo isto, ficou na Galileia. [10]No
entanto, depois que seus irmãos su-
biram para a festa, ele também subiu;
não, porém, às claras, mas escondido.
[11]Os judeus procuravam-no durante a
festa e diziam: "Onde está ele?" [12]Ha-
via muitos comentários entre o povo a
seu respeito. Diziam uns: "Ele é bom".
Outros diziam: "Não; ele seduz o povo".
[13]Mas ninguém falava publicamente
dele, por medo dos judeus*.

[14]No meio da festa, subiu Jesus ao
templo e pôs-se a ensinar. [15]Maravilha-
dos, os judeus perguntavam:* "Como
ele é tão instruído sem ter estudado?"
[16]Respondeu-lhes Jesus: "Minha doutri-
na não vem de mim, mas daquele que
me enviou. [17]Se alguém estiver disposto
a cumprir a vontade dele, saberá se mi-
nha doutrina é de Deus, ou se falo por
mim mesmo. [18]Quem fala por si mes-
mo* procura sua própria glória; quem,
ao contrário, procura a glória daquele
que o enviou, este é veraz e não há nele
falsidade. [19]Moisés não vos deu a Lei?
No entanto, nenhum de vós* observa a
Lei. [20]Por que estais procurando matar-
-me?" Respondeu a multidão:* "Estás
possesso do demônio. Quem quer
matar-te?" [21]"Fiz apenas uma obra –
respondeu-lhes Jesus – e ficastes todos
admirados. [22]Moisés deu-vos a circunci-
são; não que ela venha de Moisés, mas
dos Patriarcas; e vós a executais* mes-
mo no sábado. [23]Se uma pessoa recebe
a circuncisão no sábado para que não
se transgrida a Lei de Moisés, por que
vos indignais contra mim, porque curei
um homem completamente no sábado?
[24]Não julgueis pelas aparências*, julgai
segundo a justiça".

A origem do Messias. [25]Diziam alguns
de Jerusalém: "Não é a este que procu-
ram matar? [26]Está falando publicamen-
te, e ninguém lhe diz nada!* Será que
de fato os chefes reconheceram que
ele é o Messias? [27]Mas este, sabemos
de onde vem; ao passo que o Messias,
quando vier, ninguém saberá de onde
vem"*. [28]Então Jesus ensinava no tem-
plo, dizendo em alta voz: "Vós me co-
nheceis e sabeis de onde eu sou. No
entanto, não vim de mim mesmo, mas
é verdadeiro aquele que me enviou; a
este, vós não conheceis. [29]Eu o conhe-
ço, porque dele venho* e foi ele que me
enviou". [30]Procuravam, pois, prendê-lo;
mas ninguém lhe pôs a mão*, porque
ainda não tinha chegado sua hora.

Jesus anuncia sua partida. [31]Muitos,
porém, dentre as multidões, acredita-
ram nele e diziam: "Quando vier o Mes-
sias, fará porventura mais milagres do
que este?" [32]Os fariseus souberam que
a multidão dizia tais coisas a respeito
dele e por isso os sumos sacerdotes
e os fariseus mandaram guardas para
prendê-lo. [33]Então Jesus disse: "Por
pouco tempo ainda estou convosco:*
vou para aquele que me enviou. [34]Vós
me procurareis e não me achareis;* e
onde estou, não podeis vir". [35]Comen-
tavam os judeus entre si: "Para onde
irá, que não poderemos encontrá-lo?
Irá talvez procurar os dispersos entre
os gentios e irá ensinar os gentios?
[36]Que quis ele dizer com estas palavras:
'Vós me procurareis e não me achareis;
e onde estou, não podeis vir?'"

Jesus promete o Espírito. [37]No último
dia, o mais solene da festa, Jesus, em
pé, disse em voz alta: "Se alguém tem
sede, venha a mim e beba! [38]Aquele
que crê em mim*, como diz a Escritura,
'de seu seio sairão rios de água viva'".
[39]Disse isto, referindo-se ao Espírito†
que haviam de receber os que acredi-
tassem nele; de fato, ainda não havia
Espírito, porque Jesus ainda não tinha
sido glorificado†.

Discussão sobre a pessoa de Cristo.
[40]Alguns da multidão, tendo ouvido es-
sas palavras, diziam: "Realmente, este é
o Profeta!"* [41]Outros diziam: "Este é o

---

* **7**,13. 9,22; 19,38; 20,19 | 15. Mt 7,28; 13,54; Lc 2,47; At 4,13; Jo 12,49; 14,10 | 18. 5,41; 8,50 | 19. 1,17; At 7,53; Rm 2,17-23 | 20. 8,48; 10,20; Mt 12,24; Jo 5,1-9.16 | 22. At 7,8; Rm 4,11; Gn 17,10-13; Lv 12,3; 5,8s; Mt 12,1-11; Lc 13,15s | 24. 8,15; Is 11,3; Zc 7,9 | 26. 5,18; 9,29 | 27. 8,19; 19,9 | 29. 6,46; 8,55 | 30. 2,4; 7,6.44; Lc 4,29s; Jo 13,31ss; 2,11; 8,30; 11,42; 12,11; Mt 12,23 | 33. 14,19; 16,5.16-20 | 34. 8,21; 14,19; Pr 1,28s; Dt 4,29 | 38. 4,10.14; 19,31-34; Ap 21,6; Is 12,3; 55,1; Ez 47,1-12; Jl 3,1; Jo 16,7; 20,22 | 40. At 3,22; 7,37; Dt 18,15-18; Jo 4,29; 7,26; At 9,22

Messias!" Mas outros replicavam: "É da
Galileia que o Messias vem? 42Não diz
a Escritura que o Messias virá da pos-
teridade de Davi* e de Belém, a aldeia
de onde era Davi?" 43Surgiu assim uma
discussão entre a multidão por cau-
sa dele. 44Alguns dentre eles queriam
prendê-lo; mas ninguém lhe pôs a mão.

45Voltaram, pois, os guardas* para
junto dos sumos sacerdotes e dos fari-
seus. Estes perguntaram-lhes: "Por que
não o trouxestes?" 46Responderam os
guardas: "Jamais pessoa alguma falou
como este homem!" 47Os fariseus re-
plicaram: "Vós também vos deixastes
enganar? 48Acaso acreditou nele algum
dos chefes* ou algum fariseu? 49Mas
esta multidão, que não conhece a Lei,
é maldita!" 50Disse-lhes Nicodemos,
aquele que antes viera ter com Jesus e
era um deles: 51"Porventura nossa Lei
condena alguém sem primeiro tê-lo
ouvido e ter tomado conhecimento*
de seus atos?" 52Responderam-lhe: "Tu
também és galileu? Estuda e verás que
da Galileia* não sai profeta"†. 53E voltou
cada um para sua casa.

8 **A mulher adúltera.** 1Dirigiu-se
Jesus para o monte das Oliveiras.
2De manhã cedo* voltou ao templo, e
todo o povo acorreu a ele. Sentou-se
e pôs-se a ensiná-los. 3Os escribas e os
fariseus trouxeram uma mulher apa-
nhada em adultério*. Colocaram-na no
meio 4e disseram a Jesus: "Mestre, esta
mulher foi surpreendida em flagrante
delito de adultério. 5Na Lei, Moisés nos
ordenou apedrejar* as adúlteras. Que
dizes?" 6Perguntaram isto para o tenta-
rem, a fim de poderem acusá-lo. Jesus,
porém, inclinando-se, pôs-se a escre-
ver no chão com o dedo. 7Mas como
insistissem em perguntar-lhe, Jesus
ergueu-se e disse-lhes: "Aquele, dentre
vós, que é sem pecado, seja o primei-
ro a atirar-lhe uma pedra". 8Abaixou-se
novamente e continuou a escrever no
chão. 9Ouvindo aquilo, foram se reti-
rando* um após outro, a começar pe-
los mais velhos até os últimos. Ficou
só Jesus com a mulher que estava no
meio. 10Ergueu-se Jesus e disse-lhe:
"Mulher, onde estão eles?* Ninguém
te condenou?" 11"Ninguém, Senhor" –
respondeu a mulher*. Disse-lhe Jesus:
"Eu também não te condeno. Vai e não
peques mais"†.

O testemunho de Jesus. 12Falando ou-
tra vez com eles, disse Jesus: "Eu sou
a luz do mundo*; quem me segue não
caminhará nas trevas, mas terá a luz
da vida"†. 13Disseram-lhe os fariseus:
"Tu dás testemunho de ti mesmo*; teu
testemunho não é verdadeiro". 14Jesus
respondeu: "Embora eu dê testemunho
de mim mesmo*, meu testemunho é
verdadeiro, porque sei de onde vim e
para onde vou; mas vós não sabeis de
onde venho nem para onde vou. 15Vós
julgais segundo critérios humanos*,
mas eu não julgo ninguém; 16se eu
julgo, meu julgamento é verdadeiro*,
porque não estou só, mas está comigo
o Pai que me enviou. 17E na vossa lei
está escrito* que o testemunho de duas
pessoas é verdadeiro. 18Eu dou teste-
munho de mim mesmo* e também dá
testemunho de mim aquele que me
enviou, o Pai". 19Perguntaram-lhe, pois:
"Onde está teu Pai?"* Respondeu Jesus:
"Vós não conheceis a mim nem a meu
Pai; se me conhecêsseis, conheceríeis
também meu Pai". 20Ele disse essas coi-

* **7**,42. Mt 2,5s; 2Sm 7,12; Mq 5,2; Sl 89,3; Jo 3,11; 9,16; 10,19 | 45. 7,30 | 48. 12,42; Mt 21,32; Jo 3,1; 19,39 | 51. Dt 1,16; 17,4 | 52. 1,46; 5,39; 7,41 | **8**,2. Mt 26,55; Lc 21,37s | 3. Nm 5,12-31 | 5. Lv 20,10; Dt 22,22; | 9. Mt 22,22 | 10. Mt 7,1-5 | 11. 5,14; Sl 103,8; Ez 18,23.32 | 12. 1,4-9; 9,5; 12,46; 1Jo 2,8-11; Mt 5,14; Is 42,6; 60,3; Sl 27,1; 56,14 | 13. 5,31s | 14. 13,3; 16,28 | 15. 7,24; 12,47 | 16. 5,30; 8,19 | 17. Nm 35,30; Dt 17,6 | 18. 5,32.37; 1Jo 5,9 | 19. 12,45; 14,7; 16,3 | 20. 7,30; Mc 12,41

† **7**,39. Já nos Profetas, Is 55,1; Ez 36,25ss, o dom do Espírito era representado pela água que faz brotar a vida. / Quando Jesus for glorificado, poderá, junto do Pai, enviar aos seus o Espírito. | 52. Os doutores de Jerusalém faziam pouco caso dos galileus, de raça menos pura, de espírito menos ortodoxo e de modo de vida menos rígido. | **8**,11. "Condena a culpa, não a pessoa" (S. Agostinho). A lei condena o pecado, não para que os homens se julguem uns aos outros, mas para que sintam a necessidade de serem salvos por Deus. | 12. Jesus com sua verdade ilumina o caminho que conduz à terra prometida, o céu; nisto se assemelha à coluna de fogo que de noite guiava os israelitas no deserto, Êx 13,21; Sb 18,3.

sas no tesouro, ensinando no templo.
E ninguém o prendeu*, porque ainda
não chegara sua hora.
Jesus, enviado do Pai. 21Disse-lhes
ainda:* "Eu me vou, e vós me procu-
rareis e morrereis em vosso pecado.
Para onde eu vou, vós não podeis ir".
22Comentavam os judeus: "Será que
vai suicidar-se? Pois está dizendo: 'Para
onde vou, vós não podeis ir'". 23E Jesus
dizia-lhes: "Vós sois daqui de baixo*, eu
sou lá do alto. Vós sois deste mundo,
eu não sou deste mundo. 24Já vos dis-
se que morrereis em vossos pecados;*
pois, se não crerdes que eu sou, morre-
reis em vossos pecados". 25Diziam-lhe
então: "Quem és tu?"* Respondeu-lhes
Jesus: "O que vos tenho dito desde o
início. 26Sobre vós tenho muito a dizer
e a julgar, mas aquele que me enviou é
veraz e eu digo ao mundo o que dele
ouvi". 27Não entenderam que era do
Pai* que lhes falava. 28Disse, então, Je-
sus: "Quando tiverdes levantado† o Fi-
lho do homem, então sabereis que eu
sou† e que nada faço por mim mesmo,
mas falo como o Pai me ensinou. 29E
aquele que me enviou está comigo* e
não me deixou só, porque sempre faço
o que lhe agrada".
Jesus libertador. 30Após ter falado
isto*, muitos creram nele. 31Disse en-
tão Jesus aos judeus que creram nele:
"Se permanecerdes em minha palavra,
sereis verdadeiramente* meus discípu-
los, 32conhecereis a verdade, e a ver-
dade vos libertará". 33Replicaram-lhe:
"Somos os descendentes de Abraão*
e jamais fomos escravos de ninguém.
Como dizes que ficaremos livres?"
34Respondeu-lhes Jesus: "Na verdade,
na verdade, vos digo: todo aquele que
comete pecado é escravo do pecado.
35Ora, o escravo não permanece sem-
pre na casa;* o filho é que permanece
sempre. 36Se, pois, o Filho vos dá a li-
berdade, sereis realmente livres".
Os verdadeiros filhos de Abraão.
37"Sei que sois os descendentes de
Abraão, no entanto quereis matar-me,
porque minha palavra não penetra em
vós. 38Eu falo o que vi junto de meu
Pai*, e vós fazeis o que ouvistes de
vosso pai". 39Responderam-lhe: "Nos-
so pai é Abraão"*. Replicou-lhes Jesus:
"Se fôsseis filhos de Abraão, faríeis as
obras de Abraão. 40No entanto, agora
mesmo estais procurando matar-me, a
mim, que vos disse a verdade, que ouvi
de Deus. Isto Abraão não fez. 41Vós fa-
zeis as obras de vosso pai"*. Disseram-
-lhe: "Não somos filhos da prostituição.
Temos um só pai, que é Deus". 42Disse-
-lhes Jesus: "Se Deus fosse vosso pai*,
vós me amaríeis, porque é de Deus que
eu saí e é dele que venho. Eu não vim
de mim mesmo: foi ele que me enviou.
43Por que razão não entendeis minha
linguagem? É porque não sois capazes
de escutar minha palavra. 44Vós tendes
por pai o diabo*, e são os desejos de
vosso pai que quereis realizar. Ele foi
homicida desde o princípio e não per-
maneceu na verdade, porque não há
nele verdade; quando ele mente, fala
do que lhe é próprio: ele é mentiroso
e pai da mentira. 45Mas, porque digo a
verdade*, não credes em mim.
46Quem de vós pode convencer-me
de pecado? Se digo a verdade, por que
não me credes?* 47Aquele que é de
Deus escuta as palavras de Deus; por
isso vós não escutais: porque não sois
de Deus"*. 48Responderam os judeus:*

* **8**,21. 7,33; 13,36 | 23. 1,10; 3,31; 17,14 | 24. 13,19; Êx 3,14; Is 43,10 | 25. 7,28; 12,48 | 27. 3,14; 12,31s | 29. 8,16; 10,30; 16,32; 1Jo 3,22 | 30. 2,23; 7,31; 10,42; 11,45; 12,11.42 | 31. 15,7; 1Jo 2,3s | 33. Mt 3,9; Ne 9,36; Rm 6,17; 2Pd 2,19; 1Jo 3,8 | 35. Gl 4,30; Hb 3,5s; Rm 6,18; Êx 21,2; 2Cor 3,17; Jo 5,18.38; 7,19-25; Mt 21,33-46 | 38. 1,18; 3,11; 6,45; 8,33 | 39. Mt 3,9 | 41. Dt 32,6; Is 63,16; Ml 2,10 | 42. 13,3; 16,28; 1Jo 5,1 | 44. 1Jo 3,8-15; Gn 3,4; Sb 2,24; 1Pd 5,8 | 45. Gl 4,16 | 46. 1Jo 3,5; 2Cor 5,21; Hb 4,15; Is 53,9 | 47. 10,26; 18,37; 1Jo 4,6 | 48. 7,20; Ml 1,6; Rm 2,23

† **8**,28. O termo "levantar" tem o mesmo sentido que em 3,14: refere-se à cruz como caminho para sua glória; por isso Jesus é elevado também no sentido de "exaltado". / "Eu sou", em hebraico Javé, foi o nome com que Deus revelou-se a Moisés, Êx 3,14 e tornou-se o nome próprio de Deus no AT. Tão grande é a união de Jesus com o Pai que pode aplicar a si mesmo o nome de "Senhor", tradução de Javé. Ver também v. 58.

"Não temos razão quando dizemos
que és um samaritano e tens um de-
mônio?" 49Jesus respondeu: "Eu não
tenho demônio, mas honro meu Pai, e
vós me desonrais. 50Não procuro minha
glória*; existe Alguém que a procura e
que faz o julgamento. 51Na verdade, na
verdade, vos digo: se alguém guardar
minha palavra*, não morrerá jamais".
Jesus é maior que Abraão. 52Disseram
os judeus: "Agora estamos certos* de
que tens um demônio. Abraão morreu
e os profetas também, e tu dizes: 'Se
alguém guardar minha palavra, não
morrerá jamais!' 53Acaso és maior que
Abraão, nosso pai*, o qual morreu? Os
profetas também morreram. Quem
pretendes ser?" 54Jesus respondeu: "Se
me glorifico* a mim mesmo, é vã minha
glória; quem me glorifica é meu Pai,
aquele do qual dizeis: 'É nosso Deus'.
55E vós não o conheceis*, mas eu o co-
nheço. E se eu dissesse que não o co-
nheço, seria mentiroso como vós. Mas
eu, de fato, o conheço e guardo sua
palavra. 56Abraão, vosso pai, exultou*
por ver meu dia; viu-o e se alegrou".
57Disseram-lhe, então, os judeus: "Ain-
da não tens cinquenta anos* e viste
Abraão?" 58Respondeu-lhes Jesus: "Na
verdade, na verdade, vos digo: antes
que Abraão existisse, eu sou"*. 59Apa-
nharam, então, pedras para atirar nele,
mas Jesus se escondeu e saiu do tem-
plo*.

9 **Cura do cego de nascença.** 1Ao
passar, Jesus viu um homem que
era cego* de nascença. 2Seus discípu-
los lhe perguntaram: "Mestre, quem
pecou, ele ou seus pais, para ele nascer
cego?"† 3Respondeu Jesus: "Nem ele,
nem seus pais pecaram, mas isto su-
cedeu para que se manifestem nele as
obras de Deus. 4Temos de trabalhar nas
obras daquele que me enviou enquan-
to é dia; vem a noite*, quando ninguém
pode trabalhar. 5Enquanto estou no
mundo, sou a luz do mundo"*.
6Depois de falar assim, cuspiu no
chão, fez lama com a saliva; em seguida
aplicou a lama sobre os olhos do cego e
disse-lhe: 7"Vai e lava-te* na piscina de
Siloé" (que significa Enviado)†. Ele foi,
lavou-se e, quando voltou, estava en-
xergando. 8Seus vizinhos e aqueles que
o tinham visto antes, pois era mendigo,
diziam: "Não é este que ficava sentado
pedindo esmolas?" 9Alguns diziam: "É
ele". Diziam outros: "Não, mas é pareci-
do com ele". Ele afirmava: "Sou eu mes-
mo!" 10Perguntaram-lhe então: "Como
foi que teus olhos se abriram?" 11Ele
respondeu: "Aquele homem chamado
Jesus fez um pouco de lama, aplicou-
-a sobre meus olhos e me disse: "Vai a
Siloé e lava-te". Fui, lavei-me e comecei
a ver". 12Interrogaram-no: "Onde está
ele?" Respondeu: "Não sei".
13Levaram à presença dos fariseus o
que antes fora cego. 14Ora, era sába-
do, o dia em que Jesus fizera lama e
lhe abrira os olhos. 15Os fariseus, por
sua vez, perguntaram-lhe como tinha
recuperado a vista. Respondeu-lhes:
"Ele aplicou-me lama nos olhos, lavei-
-me e estou vendo". 16Diziam então
alguns dos fariseus: "Este homem não
vem de Deus* porque não guarda o sá-
bado". Outros diziam: "Como pode um
pecador fazer tais sinais?" E havia dis-
cordância entre eles. 17Disseram, pois,
ao cego: "Que achas do homem* que
te abriu os olhos?" Respondeu: "É um
profeta".
18Mas os judeus não acreditaram
que ele fora cego e tinha adquirido a
vista, até que chamaram os pais dele

---

* **8**,50. 5,41; 7,18; 1Pd 2,23 | 51. 5,24; 11,25; Lc 2,26; Hb 11,5 | 52. 7,20; 10,20; Mc 9,1 | 53. 4,12; At 2,29 | 54. 17,5 | 55. Mt 11,27; Lc 10,20; Jo 7,28s | 56. Mt 13,17; Lc 10,23s | 57. Lc 3,23; Is 43,13 | 58. 1,1; 8,24-28 | 59. 10,31; 11,8; Lc 4,29s | **9**,1. Mt 9,27; Lc 13,2-5; Ez 18,20; Jo 5,14; 11,4 | 4. 4,34; 11,9s; 12,35; 14,12 | 5. 1,4-9; 2,19; 8,12; 12,46 | 7. 2Rs 5,10; Mc 8,23; At 3,10 | 16. 3,2; 5,16; 7,43 | 17. 4,19; 7,40; Mt 21,46

† **9**,2. Os hebreus achavam que toda doença era castigo de algum pecado. | 7. O nome da piscina sugere que Jesus é o Enviado do Pai para trazer a luz ao mundo. Todo este relato tem um sentido batismal: os antigos batistérios eram piscinas às quais a pessoa descia para ser mergulhada na água, saindo depois do outro lado.

19e lhes perguntaram: "É este vosso fi-
lho, de quem dizeis que nasceu cego?
Como é que agora está enxergando?"
20Os pais responderam: "Sabemos que
ele é nosso filho e que nasceu cego.
21Como agora está enxergando, não o
sabemos; e quem lhe abriu os olhos,
tampouco o sabemos. Perguntai a ele:
tem idade, falará por si mesmo".

22Falavam assim os pais* por medo
dos judeus, que tinham já combinado
que, se alguém reconhecesse Jesus
como Messias, seria expulso da sina-
goga. 23Por isso é que seus pais disse-
ram: "Tem idade, interrogai-o". 24Cha-
maram, pois, pela segunda vez, o ho-
mem que fora cego e lhe disseram: "Dá
glória a Deus! Nós sabemos que aque-
le homem é um pecador". 25Ele então
respondeu: "Se é pecador, não sei. Só
sei uma coisa: que eu era cego e ago-
ra estou enxergando". 26Indagaram-
-lhe de novo: "Que te fez ele? Como te
abriu os olhos?" 27Respondeu-lhes: "Já
vos contei e não quisestes escutar. Por
que desejais ouvir de novo? Será que
vós também quereis tornar-vos discí-
pulos dele?" 28Eles o injuriaram e lhe
disseram: "Tu, sim, és discípulo dele!
Nós somos discípulos de Moisés. 29Sa-
bemos que Deus falou a Moisés; quan-
to a este*, não sabemos de onde vem".
30Respondeu-lhes o homem: "Isto é de
se admirar: não sabeis de onde ele é e,
no entanto, abriu-me os olhos. 31Todo
mundo sabe que Deus não atende*
os pecadores†; mas se alguém serve
a Deus com piedade e cumpre sua
vontade, Deus o atende. 32Jamais se
ouviu dizer que alguém tenha aberto
os olhos a um cego de nascença. 33Se
este homem não viesse de Deus, nada
poderia fazer". 34Replicaram-lhe: "Tu
nasceste todo em pecados* e estás
querendo nos ensinar?" E o expulsa-
ram.

35Jesus ouviu dizer que o haviam ex-
pulsado. Encontrando-o, perguntou-lhe:
"Crês no Filho do homem?" 36Respon-
deu ele: "E quem é, Senhor, para que eu
creia nele?" 37Jesus lhe disse: "Tu o estás
vendo*, é aquele que te fala". 38Ele dis-
se: "Creio, Senhor!" E prostrou-se dian-
te dele. 39Jesus disse então: "É para um
julgamento* que eu vim a este mundo:
para que os que não veem vejam, e os
que veem se tornem cegos"†. 40Ouviram
isto alguns dos fariseus* que estavam
com ele e perguntaram-lhe: "Por acaso
também nós somos cegos?" 41Respon-
deu-lhes Jesus: "Se fôsseis cegos*, não
teríeis pecado; mas porque dizeis: 'nós
vemos', vosso pecado permanece".

10 **Jesus, porta das ovelhas.** 1"Na
verdade, na verdade, vos digo:
Quem não entra pela porta no curral das
ovelhas, mas sobe por outro lugar, este
é ladrão e assaltante. 2Aquele que entra
pela porta é o pastor das ovelhas. 3A este
o porteiro abre, e as ovelhas atendem a
sua voz*; ele chama pelo nome cada uma
das ovelhas que lhe pertencem e as leva
para fora. 4Depois de fazer sair* todas as
suas ovelhas, caminha a sua frente, e as
ovelhas o seguem porque conhecem sua
voz. 5Mas a um estranho não seguirão*;
ao contrário, fugirão dele, porque não co-
nhecem a voz dos estranhos".

6Jesus contou-lhes esta parábola,
mas eles não entenderam do que es-
tava falando. 7Por isso, Jesus disse de
novo: "Na verdade, na verdade, vos
digo: Eu sou a porta das ovelhas. 8To-
dos os que vieram antes de mim eram
ladrões e assaltantes*, mas as ovelhas
não os escutaram. 9Eu sou a porta:* se
alguém entra por mim, será salvo; po-
derá entrar e sair e achará pastagens.
10O ladrão vem só para roubar, matar
e destruir. Eu vim para que tenham a
vida e a tenham em abundância.

---

* **9**,22. 7,13; 12,42; 16,2; 19,38; 20,19 | 29. 7,28; 8,14 | 31. Is 1,15; Sl 66,18 | 34. Sl 51,5ss | 37. 4,26 | 39. 3,17; 4,26; 5,22.27.30; 8,12.15.47; Mt 13,13 | 40. Mt 15,14; 23,16.23-26; Lc 6,39 | 41. 12,48; 15,22 | **10**,3. Sl 95,7; Is 43,1 | 4. 10,27 | 5. 16,25 | 8. Jr 23,1; Ez 34,2 | 9. 3,17; Is 49,9s

† **9**,31. "Ele falou assim quando ainda não estava iluminado pela graça" (S. Tomás de Aquino). | 39. A vinda de Jesus ao mundo inverte as situações: os que parecem fora do alcance da graça recebem o dom de Deus; os que se fecham em suas seguranças perdem a sensibilidade para a verdadeira luz.

Jesus, bom pastor. 11Eu sou o bom pastor*. O bom pastor dá a vida pelas ovelhas†. 12O empregado, que não é pastor*, pois as ovelhas não lhe pertencem, ao ver chegar o lobo, abandona as ovelhas e foge; e o lobo as arrebata e as dispersa. 13O empregado age assim* porque não se importa com as ovelhas. 14Eu sou o bom pastor*; conheço minhas ovelhas e minhas ovelhas me conhecem, 15como o Pai me conhece* e eu conheço o Pai. Eu dou minha vida por minhas ovelhas. 16Tenho ainda outras ovelhas que não são deste aprisco; é preciso que eu as conduza também*. Ouvirão minha voz, e haverá um só rebanho e um só pastor. 17É por isso que o Pai me ama:* porque dou minha vida para retomá-la de novo. 18Ninguém pode tirá-la de mim*; eu a dou livremente. Tenho poder de entregá-la e poder de retomá-la. Este é o preceito que recebi de meu Pai".

19Surgiu, de novo, desacordo entre os judeus* a propósito dessas palavras. 20Muitos deles diziam: "Ele tem um demônio, perdeu o juízo!* Por que o escutais?" 21E outros diziam: "Estas palavras não são de um possesso. Porventura pode o demônio abrir os olhos aos cegos?"*

O testemunho das obras. 22Celebrava-se, então, em Jerusalém, a festa* da Dedicação†. Era inverno. 23Jesus passeava no templo, sob o pórtico de Salomão. 24Os judeus o rodearam e lhe perguntaram: "Até quando nos deixarás em dúvida? Se és o Messias, dize-nos claramente!" 25Respondeu Jesus: "Já vos disse e não crestes. As obras que faço em nome de meu Pai dão testemunho de mim. 26Mas vós não credes* porque não sois de minhas ovelhas. 27Minhas ovelhas atendem a minha voz*. Eu as conheço, e elas me seguem. 28Eu lhes dou a vida eterna*; elas jamais perecerão, e ninguém as arrebatará de minha mão. 29Meu Pai, que me deu as ovelhas, é maior que todos, e ninguém pode arrebatá-las da mão de meu Pai. 30Eu e o Pai somos* um"†. 31Novamente os judeus trouxeram pedras a fim de o apedrejarem*.

32Jesus respondeu-lhes: "Eu vos mostrei muitas boas obras*, vindas de meu Pai; por qual delas quereis agora apedrejar-me?" 33Os judeus lhe responderam: "Não é por uma boa obra que te queremos apedrejar, mas por causa da blasfêmia, e porque, sendo homem, te fazes Deus". 34Replicou-lhes Jesus: "Não está escrito em vossa Lei: 'Eu disse: vós sois deuses'?* 35Ora, se ela chama deuses àqueles a quem a palavra de Deus foi dirigida – e a Escritura não pode ser anulada* – 36por que dizeis "Tu blasfemas" àquele a quem o Pai consagrou e enviou ao mundo, porque eu disse: 'Sou filho de Deus'? 37Se não faço as obras de meu Pai, não creiais em mim; 38mas se as faço, mesmo que não creiais em mim* crede nas obras, para que saibais e compreendais que o Pai está em mim e eu no Pai". 39Procuravam de novo prendê-lo, mas ele livrou-se* das mãos deles. 40Retirou-se de novo ao outro lado do Jordão, onde antes João batizava, e ali permaneceu. 41Muitos vieram ter com ele e diziam: "Na verdade, João não fez milagre algum, mas tudo o que disse deste homem era verdade". 42E muitos ali creram nele.

---

* **10**,11. 15,13; 1Jo 3,16; Ap 7,17; Is 40,11; 53,10 | 12. At 20,29; 1Pd 5,2s | 13. Zc 11,17; Ez 34,15 | 14. Gn 4,9; 2Tm 2,19 | 15. 1Jo 3,16; Mt 11,25ss; Jr 15,13 | 16. 11,52; 18,37; Is 56,8; Ez 34,23; 37,24 | 17. Fl 2,8s | 18. 8,29; 14,39; 15,10 | 19. 7,43; 9,16 | 20. 7,20; 8,48; Mt 11,18; 3,2; 9,30-33 | 21. Mc 3,21s; At 26,24; Lc 7,33 | 22. 1Mc 4,36; At 3,11; Jo 8,25; Mt 11,3; Lc 22,67; Jo 5,36; 10,38 | 26. 6,64; 8,45; 10,3s.14 | 27. 8,47 | 28. 3,16; 17,2.12; 1Pd 1,5; Rm 8,33-39; 3,35; 17,24 | 30. 17,11.21 | 31. 8,59 | 32. 5,18; Mt 26,65; Lv 24,16 | 34. Sl 82,6 | 35. Mt 5,18; Lc 16,17; Jo 5,17-20; 17,19 | 38. 2,11; 14,10s; 17,21 | 39. 1,28; 7,30; 8,20

† **10**,11. "Como pastor, devo dar a vida pelos que amo, também pelos que vão assassinar-me. Se Deus aceitar o sacrifício de minha vida, que meu sangue seja semente de liberdade e o sinal de que a esperança será em breve uma realidade" (Dom Oscar Romero). | 22. Festa celebrada no início do inverno, que foi instituída em 164 a.C., 1Mc 4,59, para comemorar o restabelecimento do culto no templo de Jerusalém, após a profanação de Antíoco IV Epífanes. | 30. Esta unidade singular de Jesus com o Pai é o segredo de sua vida e de sua obra.

11

Ressurreição de Lázaro. [1]Es-
tava doente certo Lázaro*, de
Betânia, aldeia de Maria e de Marta,
sua irmã. [2]Maria era aquela que ungiu
o Senhor com bálsamo e lhe enxugou
os pés com os cabelos; seu irmão Láza-
ro é que estava enfermo. [3]Suas irmãs
mandaram este recado a Jesus: "Se-
nhor, aquele que amas está doente".
[4]Ao ouvir o recado, Jesus disse: "Esta
doença não leva à morte*, mas é para
a glória de Deus†, para que por ela
seja glorificado o Filho de Deus. [5]Jesus
amava Marta, sua irmã Maria e Lázaro.
[6]Depois de saber que Lázaro estava
doente, ficou ainda dois dias no lugar
onde estava. [7]Depois disse aos discípu-
los:* "Vamos novamente à Judeia!" [8]Os
discípulos lhe disseram: "Mestre, ainda
há pouco os judeus queriam apedrejar-
-te e voltas para lá?" [9]Replicou Jesus:
"Não são doze* as horas do dia? Se al-
guém anda de dia, não tropeça, porque
vê a luz deste mundo; [10]mas se anda
de noite, tropeça, porque nele não há
luz". [11]Disse isto e depois* acrescentou:
"Nosso amigo Lázaro está dormindo,
mas vou despertá-lo". [12]Disseram en-
tão os discípulos: "Senhor, se ele está
dormindo, vai sarar!" [13]Jesus estava
falando de sua morte, mas eles pensa-
ram que falasse do repouso do sono.
[14]Então Jesus lhes disse abertamente:
"Lázaro morreu. [15]E, por vossa causa,
alegro-me por não ter estado lá, para
que vós creiais. Mas vamos até ele!"
[16]Disse então Tomé, chamado Dídimo†,
aos condiscípulos: "Vamos também nós
para morrer com ele!"

[17]Quando Jesus chegou, já fazia qua-
tro dias que Lázaro tinha sido sepulta-
do. [18]Betânia ficava perto de Jerusa-
lém*, a uns quinze estádios de distân-
cia†, [19]e muitos judeus tinham vindo à
casa de Marta e Maria para consolá-las
pela morte de seu irmão. [20]Logo que
Marta soube da chegada de Jesus, foi a
seu encontro, ao passo que Maria ficou
em casa. [21]Marta disse a Jesus: "Senhor,
se tivesses estado aqui, meu irmão não
teria morrido. [22]Mas mesmo agora sei
que Deus te dará tudo quanto lhe pedi-
res". [23]Disse-lhe Jesus: "Teu irmão res-
suscitará!" [24]"Eu sei – disse Marta – que
ele ressuscitará* na ressurreição, no úl-
timo dia"†. [25]Jesus afirmou-lhe: "Eu sou
a ressurreição e a vida. Aquele que crê
em mim, ainda que morra, viverá. [26]E
todo aquele que vive e crê em mim não
morrerá jamais*. Crês nisso?" [27]Marta
respondeu: "Sim, Senhor! Eu creio* que
tu és o Cristo, o Filho de Deus, aquele
que vem ao mundo".

[28]Dito isto, saiu e foi chamar Maria,
sua irmã, dizendo-lhe baixinho: [29]"O
Mestre está aí e te chama". Ela, ouvin-
do isto, ergueu-se rapidamente e saiu
ao encontro dele. [30]Jesus ainda não ti-
nha entrado na aldeia, mas estava no
mesmo lugar onde Marta lhe viera ao
encontro. [31]Os judeus que estavam na
casa com Maria e a consolavam, ven-
do a pressa com que se erguera e sa-
íra, acompanharam-na, pensando que
se dirigia ao sepulcro para ali chorar.
[32]Chegando Maria onde Jesus esta-
va, ao vê-lo, caiu-lhe aos pés e disse:
"Senhor, se tivesses estado aqui, meu
irmão não teria morrido!"

[33]Vendo-a chorar e chorar também
os judeus que vinham com ela*, Jesus
ficou profundamente comovido e con-
turbado. [34]E disse: "Onde o colocastes?"
Responderam-lhe: "Senhor, vem e vê!"
[35]Jesus chorou. [36]Então os judeus co-
mentaram: "Vede como ele o amava!"
[37]Mas alguns deles disseram: "Ele, que
abriu os olhos ao cego, não poderia ter

---

* **11**,1. 12,1-8; Lc 10,38s | 4. 2,11; 5,23; 9,3; 10,32 | 7. 8,59; 10,31 | 9. 8,12; 9,4; 12,35; Mt 6,22s; 1Jo 2,11 | 11. Mt 9,24; At 7,60; 1 Cor 11,30 | 18. 11,45; 12,9 | 24. 5,28s; 6,39s; At 24,15; Dn 12,2 | 26. 5,24; 8,51 | 27. Mt 16,16; Jo 6,14; 10,34; 20,31 | 33. 12,27; 13,21 | 38. Lc 19,41 | 40. 6,29; 12,30; 1Jo 5,14; Mt 14,19; 1Rs 36s

† **11**,4. "A fé nos dá a certeza de que Deus não permitiria o mal se do próprio mal não tirasse o bem, por caminhos que só conheceremos plenamente na vida eterna" (CIC). | 16. Dídimo é a tradução grega do nome aramaico Tomé, que significa "gêmeo". | 18. Uns 3 km. | 24. Embora rejeitada pelos saduceus, Mt 22,23, a ideia da ressurreição final tinha-se firmado no judaísmo a partir dos últimos séculos antes de Cristo, Dn 12,1ss; 2Mc 7,9.14.

impedido que ele morresse?" 38Jesus fi-
cou de novo profundamente* emocio-
nado e foi até o sepulcro. Era uma gru-
ta, fechada por uma pedra. 39Ordenou
Jesus: "Retirai a pedra!" Marta, irmã do
morto, lhe diz: "Senhor, já está cheiran-
do mal, pois já faz quatro dias..." 40Je-
sus respondeu-lhe: "Não te falei que, se
acreditares*, verás a glória de Deus?"
41Retiraram, então, a pedra. Jesus er-
gueu os olhos para o alto e disse: "Pai,
eu vos agradeço porque me ouvistes.
42Eu sabia que sempre me ouvis; mas
falo assim por causa da multidão que
me rodeia, para que creiam que vós me
enviastes". 43Depois destas palavras,
exclamou com voz forte:* "Lázaro, vem
para fora!" 44O morto saiu. Suas mãos
e pés estavam atados com faixas e seu
rosto, coberto por um sudário. Jesus
lhes disse: "Desamarrai-o e deixai-o an-
dar". 45Muitos dos judeus* que tinham
ido à casa de Maria e presenciado o
que Jesus fizera acreditaram nele.

Conspiração contra Jesus. 46Alguns,
porém, foram ter com os fariseus*
e contaram-lhes o que Jesus fizera.
47Convocaram, então, os sumos sa-
cerdotes e os fariseus do Sinédrio e
disseram: "Que faremos? Pois este
homem está fazendo muitos sinais...
48Se o deixarmos continuar assim, to-
dos crerão nele, virão os romanos e
destruirão nosso lugar santo e nossa
nação". 49Um deles, Caifás, que era
sumo sacerdote naquele ano, disse:
"Vós não entendeis nada! 50Não com-
preendeis que vos convém que um só
homem morra pelo povo, em vez de
perecer toda a nação?" 51Ora, ele não
disse isto por si mesmo*, mas, sendo
o sumo sacerdote naquele ano, pro-
fetizou que Jesus haveria de morrer
pela nação. 52E não só pela nação, mas
também para reunir na unidade os fi-
lhos de Deus que andavam dispersos.
53Portanto, a partir desse dia, resolve-
ram matá-lo.
54De sorte que Jesus já não andava
em público entre os judeus, mas reti-
rou-se para a região vizinha do deser-
to, numa cidade chamada Efraim, e aí
permaneceu com seus discípulos.

Expectativa em Jerusalém. 55Ora, es-
tava próxima a Páscoa dos judeus*, e
muitos daquela região subiram a Je-
rusalém para se purificarem. 56Procu-
ravam, pois, a Jesus e diziam uns aos
outros, estando no templo: "Que vos
parece? Será que ele não vem à fes-
ta?"* 57Os sumos sacerdotes e os fari-
seus tinham dado ordens para que se
alguém soubesse onde ele estava, o
denunciasse, a fim de o prenderem.

12

Unção em Betânia. 1Seis dias
antes da Páscoa*, veio Jesus a
Betânia, onde morava Lázaro, a quem
ressuscitara dos mortos. 2Prepararam
lá uma ceia para ele; Marta servia à
mesa, e Lázaro era um dos convivas.
3Então Maria tomou uma libra* de ge-
nuíno perfume de nardo, muito caro,
ungiu os pés de Jesus e os enxugou
com seus cabelos; e o cheiro do perfu-
me encheu a casa. 4Judas, o Iscariotes*,
um de seus discípulos, aquele que o
havia de entregar, disse: 5"Por que não
se vendeu este perfume por trezen-
tos denários para dá-los aos pobres?"
6Dizia isto não porque se preocupasse
com os pobres*, mas porque era ladrão
e, sendo o encarregado da bolsa, rou-
bava o que nela se colocava. 7Mas Je-
sus disse: "Deixa-a; é para o dia de meu
sepultamento* que ela devia guardá-
-lo. 8Pobres, sempre tereis convosco*;
mas a mim, nem sempre tereis".
9Grande multidão de judeus soube
que Jesus estava lá*, e vieram, não só
para vê-lo, mas também para ver Láza-
ro, que ele ressuscitara dentre os mor-
tos. 10Decidiram os sumos sacerdotes
matar também Lázaro, 11pois, por sua
causa, muitos judeus* se afastavam e
acreditavam em Jesus.

---

* **11**,43. 5,27ss; 19,10; 20,6s | 45. Mt 26,1-5; Jo 2,23; 7,31; 8,30; 10,42; 12,11.42 | 46. 15,24; Mt 26,3-6; 27,18; At 4,16 | 51. Gn 50,20; Jo 18,14; 2Cor 5,14; Is 11,12; Mq 2,12; 1Jo 2,2; Jo 3,22; 7,1; 8,37-40 | 55. 2,13; 6,4; At 21,24ss | 56. 7,11 | **12**,1. 11,43s; Mt 26,6-13; Mc 14,3-9; Lc 10,40 | 3. Lc 7,36ss | 4. 6,71; Mt 19,21 | 6. 13,29; Lc 8,3 | 7. 19,40 | 8. Dt 15,11 | 9. 11,45 | 11. 7,31; 11,19.45

Entrada triunfal em Jerusalém. [12]No dia seguinte, a grande multidão que veio para a festa*, sabendo que Jesus vinha a Jerusalém, [13]apanhou ramos de palmeiras e saiu a seu encontro, gritando: "Hosana! Bendito o que vem em nome do Senhor e o rei de Israel!" [14]Encontrando um jumentinho, Jesus montou sobre ele, como está escrito: [15]"Não tenhas medo, filha de Sião!* Eis que vem teu rei montado num jumentinho!"

[16]Seus discípulos, a princípio*, não compreenderam isto; mas, quando Jesus foi glorificado, lembraram-se de que estas coisas estavam escritas a seu respeito e que era isso que lhe tinham feito.

[17]A multidão que com ele estava, quando chamara Lázaro para fora do sepulcro* e o ressuscitara dos mortos, dava testemunho. [18]Por isso, a multidão saiu a seu encontro: ouviram dizer que ele havia feito este sinal. [19]Os fariseus então disseram* uns aos outros: "Vede: vós nada conseguis; todo o mundo corre atrás dele!"

O grão de trigo. [20]Entre os que tinham subido para adorar durante a festa* achavam-se alguns gregos. [21]Eles foram ter com Filipe, que era de Betsaida da Galileia, e lhe fizeram este pedido: "Senhor, queremos ver Jesus". [22]Filipe foi falar com André*. André e Filipe foram falar com Jesus. [23]Jesus respondeu-lhes: "Chegou a hora de ser glorificado* o Filho do homem. [24]Na verdade, na verdade, vos digo: se o grão de trigo, caindo na terra, não morrer*, ficará só. Mas, se morrer, dará muito fruto†. [25]Quem se apega a sua vida vai perdê-la; mas quem não se importa com sua vida neste mundo vai conservá-la* para a vida eterna. [26]Se alguém me serve*, siga-me! E onde estou eu, lá estará meu servidor. Se alguém me serve, meu Pai o honrará.

Glorificação de Jesus. [27]Minha alma está agora perturbada*. Que direi? "Pai, livrai-me desta hora"? Mas foi para isto que cheguei a esta hora. [28]Pai, glorificai vosso nome!" Neste momento desceu uma voz do céu: "Eu o glorifiquei e de novo o glorificarei". [29]A multidão, que estava presente* e havia escutado, dizia que era um trovão. Outros diziam: "Um anjo falou com ele".

[30]Disse Jesus: "Não foi por minha causa que esta voz se fez ouvir, mas por vossa causa. [31]É agora o julgamento deste mundo*. Agora o príncipe deste mundo será lançado fora. [32]E eu, quando for levantado da terra, atrairei todos a mim"†. [33]Ele dizia isto para dar a entender* de que morte haveria de morrer.

Os filhos da luz. [34]Respondeu-lhe a multidão: "Aprendemos da Lei que o Messias permanece para sempre. Como podes dizer: 'É preciso que o Filho do homem seja levantado? Quem é esse Filho do homem?" [35]Respondeu-lhes Jesus: "Por pouco tempo* ainda a luz está entre vós. Caminhai enquanto tendes a luz, para que não vos surpreendam as trevas; aquele que caminha nas trevas não sabe aonde vai. [36]Enquanto tendes a luz, crede na luz*, para vos tornardes filhos da luz". Após ter dito isto, Jesus se retirou e ocultou-se deles.

Incredulidade dos judeus. [37]Apesar de ter feito tantos sinais* à vista deles, não acreditavam nele, [38]para cumprir-se a palavra do profeta Isaías: "Senhor,

---

* **12**,12. Mt 21,1-11; Mc 11,1-11; Lc 19,28-40; Sl 118,25s | 15. Zc 9,9 | 16. 2,22; 7,39; 14,35; 15,26; 16,13s | 17. 11,43s; Lc 24,45 | 19. 11,47s; At 5,28 | 20. 11,55 | 22. Lc 19,3; 23,8 | 23. 2,4; 7,30.39; 13,31; 17,1 | 24. 1Cor 15,36 | 25. Mt 16,25; Rm 14,8 | 26. 14,3; 17,24; Mt 16,24 | 27. Mt 26,38; Hb 5,7s | 29. Mc 1,11; 9,7; At 23,9 | 31. 3,19; 9,39; 14,30; 16,11; Lc 10,18; 22,53; Ap 12,9; Jo 3,14; 8,28 | 33. 18,32; 21,19; Dn 7,14 | 35. 7,33; 8,12; 9,4; 12,46; 1Jo 2,11 | 36. Jr 13,16; Ef 5,8 | 37. 2,11; Dt 29,1-4; Mt 11,20 | 38. Is 53,1; Rm 10,16; Hb 4,2

† **12**,24. Jesus responde ao entusiasmo da multidão com a imagem do grão de trigo que deve morrer. Consciente da necessidade de sua morte, conhece também a fecundidade de seu sacrifício para o mundo inteiro. | **12**,32. Para Jesus a hora da morte é a hora em que ele vence o demônio, é glorificado pelo Pai, e a luz manifesta todo o seu poder de atração. A elevação da cruz significa e anuncia a elevação da ascensão ao céu, e é o começo dela.

quem acreditou em nossa pregação?* E
a quem se revelou o braço do Senhor?"
39Por isso não podiam crer, porque
disse* também Isaías: 40"Cegou-lhes
os olhos† e endureceu-lhes o coração,
para não acontecer que seus olhos
vejam, seu coração compreenda e se
convertam, e eu os cure". 41Disse isto
Isaías porque viu sua glória* e falou a
seu respeito. 42Não obstante, muitos,
até dentre os chefes, acreditaram nele;
mas não o confessavam por causa dos
fariseus, para não serem expulsos* da
sinagoga; 43porque preferiram a glória
dos homens à glória de Deus.
Jesus e o Pai. 44Jesus, levantando a
voz, disse: "Aquele que crê em mim
não crê em mim, mas naquele que
me enviou; 45e quem me vê*, vê aque-
le que me enviou. 46Eu, a luz*, vim ao
mundo, para que todo aquele que crer
em mim não permaneça nas trevas. 47E
se alguém ouvir minhas palavras* e não
as guardar, eu não o julgo, porque não
vim para julgar o mundo, mas para sal-
vá-lo. 48Quem me rejeita* e não acolhe
minhas palavras já tem quem o julgue:
a palavra que anunciei, ela o julgará no
último dia. 49Porque não falei por mim
mesmo*, mas o Pai, que me enviou, ele
me prescreveu o que dizer e de que fa-
lar. 50Eu sei que seu preceito é a vida
eterna*. Assim pois, as coisas que eu
digo, eu as digo como o Pai me disse".

III. A HORA DE JESUS (13–20)

13 **O lava-pés.** 1Antes da festa da
Páscoa*, sabendo Jesus que
chegara sua hora de passar deste mun-
do ao Pai, tendo amado os seus que
estavam no mundo, amou-os até o fim.
2Enquanto ceavam*, quando o diabo já
havia inspirado a Judas Iscariotes, filho
de Simão, o plano de entregá-lo, 3sa-
bendo que o Pai tudo lhe havia dado
nas mãos*, e que ele viera de Deus e
para Deus voltava, 4levantou-se da
mesa*, tirou o manto e, tomando uma
toalha, colocou-a à cintura. 5Em segui-
da, pôs água numa bacia e começou a
lavar os pés dos discípulos e a enxugá-
-los com a toalha com que estava cin-
gido.
6Chegou perto de Simão Pedro e este
lhe disse: "Senhor, tu me lavas os pés?"
7Respondeu-lhe Jesus: "O que eu faço*,
não o compreendes agora, mas depois
o compreenderás". 8Disse-lhe Pedro:
"Nunca me lavarás os pés!" Jesus lhe
respondeu: "Se não te lavar, não tens
parte comigo". 9Disse-lhe Simão Pedro:
"Senhor, não só os pés, mas também
as mãos e a cabeça!" 10Jesus lhe dis-
se: "Quem tomou banho* não precisa
lavar-se; está todo limpo. Vós também
estais limpos, mas nem todos". 11De
fato, ele sabia quem o estava traindo*
e por isso disse: "Nem todos estais lim-
pos".
12Depois de lhes ter lavado os pés
e retomado as vestes, pôs-se de novo
à mesa e lhes disse: "Sabeis o que vos
fiz? 13Vós me chamais de Mestre e
Senhor*, e dizeis bem, pois eu o sou.
14Se, portanto eu, que sou o Senhor e o
Mestre*, vos lavei os pés, vós também
deveis lavar-vos os pés uns aos outros.
15Pois eu vos dei o exemplo, para que
façais como eu fiz"*.
O empregado e o patrão. 16"Na ver-
dade, na verdade, vos digo: o empre-
gado* não é maior que seu patrão,
nem o enviado maior que aquele que
o envia. 17Sabendo disso, sois felizes se
o praticais. 18Não o digo de vós todos*;
eu conheço os que escolhi; mas é pre-

---

* **12**,39. 5,44; Is 6,9s; Mt 13,14s; At 28,26s | 41. 2,23; 7,31; 8,30; 11,45 | 42. 5,24; 13,20; 14,7s; Mt 10,40 | 45. 14,7ss | 46. 3,19; 8,12; 9,5 | 47. 3,11s; 8,15; Mt 7,26; Lc 8,21 | 48. 8,37.47; Lc 20,16; Dt 31,26-29 | 49. 7,17; 14,10; Dt 18,18s | 50. 3,34; 6,40; 17,2 | **13**,1. 10,18; 12,23; 15,13; 16,28; 17,9; 1Jo 3,16; Gl 2,20 | 2. 13,27; Mt 26,14 | 3. 3,35; 16,28 | 4. Mt 11,27; Lc 10,22 | 7. 13,12; 14,26; Mt 16,22 | 10. 15,3 | 11. 6,64.70s | 13. Mt 23,8.10 | 14. Lc 22,27; 1Tm 5,10; 1Pd 5,5 | 15. 1Jo 2,6; Lc 22,24-27; Fl 2,5-8 | 16. Ef 5,2; Cl 3,13; 1Pd 2,21; Jo 15,20; Mt 10,24 | 18. 6,70; Sl 41,10; Mc 14,18; 2Ts 2,13

† **12**,40. O profeta fala como se fosse Deus o causador da cegueira, mas os judeus ficaram cegos porque recusaram a luz da graça, não quiseram ver os sinais que Jesus apresentava. | **13**,34. O mandamento é "novo" porque é ampliado e purificado: trata-se de "amar como Jesus amou".

ciso que se cumpra o que diz a Escritu-
ra: 'Aquele que come meu pão levan-
tou contra mim seu calcanhar'. 19Desde
já eu vo-lo digo*, antes que aconteça,
para que, quando acontecer, acrediteis
que eu sou. 20Na verdade, na verdade,
vos digo:* quem acolhe aquele que eu
enviar a mim acolhe; e quem me aco-
lhe, acolhe aquele que me enviou".
Anúncio da traição. 21Ao dizer isto,
Jesus ficou angustiado* e disse aber-
tamente: "Na verdade, na verdade, vos
digo: um de vós vai me entregar". 22Os
discípulos olhavam uns para os outros,
sem saber a quem ele se referia. 23Es-
tava reclinado bem perto de Jesus* um
de seus discípulos, aquele a quem Je-
sus amava; 24Simão Pedro fez-lhe sinal
e lhe disse: "Pergunta a quem ele se re-
fere". 25E ele, reclinando-se sobre o pei-
to de Jesus, perguntou-lhe: "Quem é,
Senhor?" 26Respondeu Jesus: "É aquele
a quem vou dar o pedaço de pão mo-
lhado". E, molhando o pão, tomou-o e
deu-o a Judas, filho de Simão Iscario-
tes. 27Após receber o pedaço de pão,
entrou nele Satanás*. Disse-lhe Jesus:
"O que tens a fazer, faze-o depressa".
28Nenhum dos que estavam à mesa
compreendeu por que lhe dissera isto.
29Como Judas tomava conta da bol-
sa, alguns pensavam que Jesus queria
dizer-lhe: "Compra o necessário para a
festa", ou que desse alguma coisa aos
pobres. 30Tomando, pois, o pedaço de
pão, saiu logo*. Era noite. 31Quando
ele saiu, disse Jesus: "Agora o Filho do
homem foi glorificado* e Deus foi glo-
rificado nele. 32Se Deus foi glorificado
nele*, também Deus o glorificará em si
mesmo e em breve o glorificará. 33Fi-
lhinhos, é por pouco tempo* que ainda
estarei convosco. Vós me procurareis. E
agora vos digo a mesma coisa que dis-
se aos judeus: Para onde vou, vós não
podeis ir".
O mandamento novo. 34"Eu vos dou*
um novo mandamento†: que vos ameis
uns aos outros. Assim como eu vos
amei, amai-vos uns aos outros. 35Nisto
todos reconhecerão que sois meus dis-
cípulos: se vos amais uns aos outros"*.
Jesus prediz a negação de Pedro.
36Perguntou-lhe Simão Pedro:* "Se-
nhor, para onde vais?" Respondeu-
-lhe Jesus: "Aonde vou, tu não podes
seguir-me agora; vais seguir-me mais
tarde". 37Perguntou-lhe Pedro: "Senhor,
por que não posso seguir-te agora?
Darei minha vida por ti!" 38Respondeu-
-lhe Jesus: "Darás a vida por mim? Na
verdade, na verdade, te digo:* o galo
não cantará sem que me tenhas nega-
do três vezes".

14 **Jesus, caminho, verdade e**
vida. 1"Não se perturbe vosso
coração! Vós credes em Deus*, crede
em mim também! 2Na casa de meu Pai
há muitas moradas. Senão, eu vos teria
dito: 'Vou preparar-vos um lugar?' 3De-
pois de ter ido e vos ter preparado um
lugar,* voltarei e vos tomarei comigo;
para que, onde eu estiver, vós estejais
também. 4E vós conheceis o caminho
do lugar para onde vou".
5"Senhor – disse-lhe Tomé – não sa-
bemos* para onde vais; como podemos
saber o caminho?" 6Jesus respondeu-
-lhe: "Eu sou o Caminho, a Verdade e
a Vida†. Ninguém chega ao Pai* senão
por mim. 7Se me conheceis, conhece-
reis também* a meu Pai; desde agora
o conheceis, porque o vistes". 8"Senhor
– disse-lhe Filipe – mostra-nos o Pai*, e
isto nos basta". 9Disse-lhe Jesus: "Filipe,
faz tanto tempo que estou convosco e
tu não me conheces? Quem me viu, viu
o Pai! Como é que podes dizer: 'Mos-
tra-nos o Pai'? 10Não crês que eu estou
no Pai* e que o Pai está em mim? As
palavras que vos digo, não as digo de

---

* **13**,19. 14,29; 16,4; Mt 24,25 | 20. Lc 10,16; Gl 4,14 | 21. Mt 26,20-25 | 23. 19,26; 20,2; 21,7.20 | 27. 13,2 | 30. 8,12; Lc 22,53 | 31. 12,23; 17,1-5 | 32. 7,39 | 33. 7,33s; 8,21 | 34. 15,12.17; 1Jo 2,7s.10; 3,11.23; 4,10.19; 5,1.3; 2Jo 5 | 35. 17,21; Lc 10,26s; Gl 6,2; At 4,32 | 36. 21,18s; Mt 26,31-35 | 38. 18,27 | **14**,1. 14,27; 16,33; Mc 11,22; 2Cr 20,17.20 | 3. 12,26; 17,24; 1Ts 4,17; Hb 6,19s; 11,16; Fl 1,23 | 5. 13,36; Hb 10,20 | 6. Mt 11,27 | 7. 8,19; 12,45; 2Cor 4,4 | 8. 1,18; 12,45; Êx 33,18; Cl 1,15; Hb 1,3 | 10. 10,38; 12,49; 14,20; 17,21

† **14**,6. Jesus é o caminho que leva ao Pai, ele revela a verdade e concede a vida da graça.

mim mesmo; mas o Pai que mora em
mim realiza suas obras. 11Crede-me: eu
estou no Pai e o Pai está em mim; cre-
de ao menos por causa* das próprias
obras. 12Na verdade, na verdade, vos
digo: Quem crê em mim também fará
as obras que eu faço. E fará até maio-
res, porque vou para o Pai. 13E tudo o
que pedirdes em meu nome, eu o farei,
para que o Pai seja glorificado no Fi-
lho. 14Se me pedirdes alguma coisa em
meu nome, eu a farei*.

Jesus promete o Paráclito. 15Se me
amais, guardareis* meus mandamen-
tos. 16Eu rogarei ao Pai, e ele vos dará*
um outro Paráclito† para ficar sempre
convosco. 17É o Espírito da Verdade*,
que o mundo não pode receber, por-
que não o vê nem o conhece. Mas vós
o conheceis, porque ele mora convos-
co e estará em vós. 18Não vos deixarei
órfãos: voltarei para vós. 19Ainda um
pouco* e o mundo não me verá mais;
vós, porém, me vereis, porque eu vivo
e também vós vivereis. 20Naquele dia*
conhecereis que eu estou no Pai, e vós
em mim, e eu em vós. 21Quem tem
meus mandamentos* e os guarda, esse
é que me ama. E aquele que me ama
será amado por meu Pai. Eu também o
amarei e hei de manifestar-me a ele".

22Disse Judas, não o Iscariotes: "Se-
nhor*, que aconteceu para te manifes-
tares a nós e não ao mundo?" Respon-
deu-lhe Jesus: 23"Se alguém me ama*,
guardará minha palavra, e meu Pai o
amará, viremos a ele e faremos nele
nossa morada. 24Quem não me ama
não guarda minhas palavras. A palavra
que estais ouvindo não é minha, mas
do Pai que me enviou. 25Eu vos disse
estas coisas estando convosco. 26Mas o
Paráclito, o Espírito Santo, que o Pai vai
enviar em meu nome*, ele vos ensinará
todas as coisas e vos recordará tudo o
que eu vos disse".

A paz de Jesus. 27"Eu vos deixo a paz*;
eu vos dou minha paz. Não vo-la dou
como a dá o mundo. Que vosso cora-
ção não se perturbe nem tenha medo.
28Ouvistes o que eu vos disse:* vou e
volto para vós. Se me amásseis, have-
ríeis de alegrar-vos, porque vou para o
Pai, pois o Pai é maior do que eu. 29Isto
eu vos disse agora, antes que aconteça,
para que, quando acontecer*, vós acre-
diteis. 30Já não falarei muito convosco,
porque está vindo o príncipe deste
mundo. Ele não tem nenhum poder so-
bre mim; 31mas é para que o mundo
saiba que eu amo o Pai* e faço como
o Pai me ordenou. Levantai-vos! Vamos
sair daqui!"

15 **A videira e os ramos.** 1"Eu sou
a videira verdadeira*, e meu Pai
é o agricultor. 2Todo ramo que em mim
não produz fruto*, ele o corta; e todo
ramo que produz fruto, ele o poda para
que produza mais fruto. 3Vós já estais
limpos* por causa da palavra que vos
falei. 4Permanecei em mim, como eu
em vós. Como o ramo não pode dar
fruto* por si mesmo se não permane-
cer na videira, assim também vós, se
não permanecerdes em mim. 5Eu sou a
videira* e vós os ramos. Quem perma-
nece em mim e eu nele, esse dá muitos
frutos, porque sem mim nada podeis
fazer†. 6Se alguém não permanece* em
mim, será lançado fora como o ramo, e
ele seca. Os ramos secos são recolhidos
e lançados ao fogo para se queimarem.
7Se permanecerdes em mim*, e minhas

---

* **14**,11. 7,33; 13,1; 14,28 | 14. 13,312; Mt 7,7-11; Lc 11,9-13; At 3,16 | 15. 15,10; 1Jo 5,3; 2Jo 6 | 16. 15,26; 16,7 | 17. Mt 10,20; Rm 8,26 | 19. 7,33; 16,16 | 20. 10,30.38; 17,11.21ss | 21. 16,27; 17,26; Eclo 4,15 | 22. At 10,40s | 23. Ap 3,20; 2Cor 6,16; Ef 3,17 | 26. 14,16; 15,26; 16,13ss | 27. 14,1; 16,33; Rm 5,1; Ef 2,14-18; Fl 4,7 | 28. 14,3; 16,6 | 29. 13,19; 16,4 | 31. 6,38; 10,18; 15,10; 16,11; Mt 26,46; Mc 14,42 | **15**,1. Is 5,1-7 | 2. Jr 2,21; Ez 17; Sl 80,9-20; Eclo 24,23; Rm 11,17s | 3. At 15,9 | 4. 6,56s; 2Cor 3,5; Fl 2,13; Rm 11,17s | 5. 15,16; 2Cor 3,5 | 6. Ez 15,1-8; Mt 3,10 | 7. 14,13; 16,23; 1Jo 5,14; Mc 11,24

† **14**,16. "Paráclito" significa "aquele que é chamado para perto de"; termos sinônimos são advogado, defensor, protetor, intercessor, animador, consolador, alguém que conforta e encoraja, Jo 14,16.26; 15,26; 16,7. Jesus é o primeiro Paráclito, 1Jo 2,1. O Espírito Santo, que dá vida, unidade e movimento a todo o Corpo de Cristo, é a "alma" da Igreja, diz o Vaticano II. | **15**,5. "Não fazemos nenhum bem, senão aquele que Deus com sua graça nos faz realizar" (S. Leão Magno).

palavras permanecerem em vós, pedi o
que quiserdes, e vos será feito. 8Nisto
é glorificado meu Pai:* que deis muito
fruto e vos torneis meus discípulos".

Não servos, mas amigos. 9"Como
o Pai me amou*, assim também vos
amei. Permanecei em meu amor. 10Se
guardais meus mandamentos*, permanecereis em meu amor, assim como eu
guardei os mandamentos de meu Pai e
permaneço em seu amor. 11Eu vos disse estas coisas para que minha alegria*
esteja em vós, e vossa alegria seja plena. 12Este é o meu mandamento:* que
vos ameis uns aos outros como eu vos
amei. 13Ninguém tem maior amor do
que este:* dar a vida por seus amigos.
14Vós sois meus amigos, se fazeis o que
vos mando. 15Não vos chamo mais de
servos, porque o servo não sabe o que
faz seu patrão. Mas vos chamo de amigos, porque vos manifestei tudo o que
ouvi de meu Pai. 16Não fostes vós que
me escolhestes*, mas fui eu que vos
escolhi e vos designei para irdes e produzirdes fruto, e para que vosso fruto
permaneça, a fim de que tudo o que
pedirdes a meu Pai em meu nome, ele
vos conceda. 17Isto vos mando: que vos
ameis uns aos outros!"*

O ódio do mundo. 18"Se o mundo vos
odeia*, sabei que me odiou antes que
a vós. 19Se fôsseis do mundo, o mundo amaria o que seria dele; mas porque
não sois do mundo, ao contrário, eu vos
separei do mundo, por isso o mundo
vos odeia. 20Lembrai-vos da palavra*
que eu vos disse: o servo não é mais do
que seu senhor. Se a mim perseguiram,
também vos perseguirão; se guardaram
minhas palavras, guardarão também as
vossas. 21Mas tudo farão contra vós*,
por causa de meu nome, porque não
conhecem aquele que me enviou. 22Se
eu não tivesse vindo* e não lhes houvesse falado, não teriam pecado; agora,
porém, não têm desculpa por seu pecado. 23Quem me odeia* odeia também a
meu Pai. 24Se eu não tivesse feito entre
eles obras que nenhum outro fez, não
teriam pecado; mas agora eles as viram
e, não obstante, me odeiam a mim e a
meu Pai. 25Mas é para que se cumpra a
palavra escrita na Lei deles: 'Odiaram-me sem motivo'.*

26Quando vier o Paráclito*, que eu
vos enviarei da parte do Pai, o Espírito
da Verdade, que vem do Pai, ele dará
testemunho de mim. 27E vós também
dareis testemunho, porque desde o
princípio estais comigo"*.

16

1"Eu vos disse isto* para eu
não ser motivo de queda para
vós†. 2Vão expulsar-vos das sinagogas.
Mais ainda: virá a hora em que todo
aquele que vos matar vai pensar que
está prestando um serviço a Deus. 3Vão
fazer isso* porque não conheceram o
Pai nem a mim. 4Mas eu vos disse isto,
para que*, quando chegar a hora deles,
vos lembreis das coisas que eu vos tinha dito. Não vo-lo disse desde o início
porque eu estava convosco.

A missão do Paráclito. 5Agora vou
para aquele que me enviou*, e nenhum
de vós me pergunta: "Para onde vais?"
6Mas, porque vos disse isto*, vossos
corações se encheram de tristeza. 7Mas
eu vos digo a verdade: é conveniente
para vós que eu vá; porque se eu não
for, não virá a vós o Paráclito; mas, se
eu for, eu vo-lo enviarei. 8E quando ele
vier, vai convencer o mundo* quanto
ao pecado, quanto à justiça e quanto
ao julgamento. 9Quanto ao pecado*,
porque não creem em mim†; 10quanto
à justiça*, porque vou para o Pai* e não

---

* **15**,8. Rm 7,14; Fl 1,11; Mt 5,16 | 9. 10,14s; 13,1; 17,23; Jd 21 | 10. 6,38; 8,29; 14,15; 1Jo 2,5 | 11. 14,28: 17,13; 1Jo 1,4 | 12. 13,34; 1Jo 3,11; 2Jo 5 | 13. 10,11; 1Jo 3,16; Rm 5,8; Lc 12,4 | 16. 6,70; 14,13s; 15,5; 16,23; 1Jo 4,10; Rm 6,20-23 | 17. 13,34; 1Jo 3,23 | 18. 17,14; 1Jo 3,13; 4,5; Mt 10,22; Mc 13,13; Lc 6,22 | 20. 13,16; Mt 10,24; Lc 6,40 | 21. 16,3; Mt 5,11; At 5,40s | 22. 8,21-24; 9,41; 16,9 | 23. 5,23; 6,36; 10,30; 14,11; 1Jo 2,23; Lc 10,16 | 25. Sl 35,19 | 26. 14,26; 15,26; Mt 10,19s | 27. Lc 1,2; At 1,8.21s; Jo 5,32; 1Jo 4,14 | **16**,1. 9,22; 12,42; Mt 10,17; At 26,9ss; Mt 24,9; At 8,1 | 3. 8,19; 15,21 | 4. 13,19; 14,29; 16,25; 17,12; Mc 13,23 | 5. 13,36; 14,5; 16,22 | 6. 14,16; 15,26; Mt 17,23 | 8. At 24,25 | 9. 8,21s; 10,26; 12,37; 15,22 | 10. 5,38; 6,36 / 13,1; 14,28; 16,28; 20,17

† **16**,1. Lit. "para que não vos escandalizeis". | 9. O pecado é não ter acreditado naquele que o Pai enviou.

me vereis mais; [11]quanto ao julgamento*, porque o príncipe deste mundo está julgado. [12]Tenho ainda muitas coisas para vos dizer, mas não as podeis suportar agora. [13]Quando ele vier*, o Espírito da Verdade, ele vos conduzirá à verdade completa. Pois não falará de si mesmo, mas falará tudo o que ele ouvir e vos anunciará as coisas futuras†. [14]Ele me glorificará, porque receberá do que é meu e vo-lo anunciará. [15]Tudo o que o Pai possui é meu*. Por isso eu disse: ele recebe do que é meu e vos anunciará".

Dor e alegria dos discípulos. [16]"Ainda um pouco*, e não me vereis mais; e outra vez um pouco, e me vereis de novo†. [17]Perguntavam alguns de seus discípulos entre si: "Que é isto que está nos dizendo: 'Ainda um pouco, e não me vereis mais; e outra vez um pouco, e me vereis de novo'; e: 'porque vou para o Pai'?" [18]Diziam pois: "Que é este 'um pouco'? Não sabemos o que ele está falando".

[19]Compreendeu Jesus que desejavam interrogá-lo e lhes disse: "Estais perguntando entre vós, por que eu disse: 'Ainda um pouco, e não me vereis mais; e outra vez um pouco, e me vereis de novo'. [20]Na verdade, na verdade, vos digo: vós chorareis* e vos lamentareis, enquanto o mundo se alegrará. Vós estareis na tristeza, mas vossa tristeza se converterá em alegria. [21]A mulher, quando está para dar à luz*, se entristece porque é chegada sua hora; mas depois de ter dado à luz a criança, não se lembra mais das dores, pela alegria de ter nascido um ser humano no mundo. [22]Assim, também vós agora estais tristes*; mas eu vos verei de novo, e vosso coração se alegrará, e ninguém vos poderá tirar vossa alegria. [23]Naquele dia, não me perguntareis nada*. Na verdade, na verdade, vos digo: tudo o que pedirdes ao Pai, ele vos dará em meu nome. [24]Até agora nada pedistes em meu nome*. Pedi e recebereis, para que vossa alegria seja completa.

[25]Essas coisas eu vos disse* em parábolas. Vem a hora em que não vos falarei mais em parábolas, mas vos falarei do Pai abertamente. [26]Naquele dia*, vós pedireis em meu nome, e não vos digo que rogarei por vós ao Pai, [27]porque o próprio Pai vos ama*, pois vós me amastes e crestes que saí de Deus. [28]Saí do Pai* e vim ao mundo; agora deixo o mundo e vou para o Pai". [29]Disseram-lhe os discípulos: "Agora, sim, falas claro e sem figuras! [30]Agora vemos que sabes tudo* e não precisas que ninguém te interrogue. Por isso acreditamos que saíste de Deus". [31]Respondeu-lhes Jesus:* "Credes agora? [32]Vem a hora – e já veio – em que sereis dispersos, cada um para seu lado, e me deixareis sozinho. Mas não estou sozinho, porque o Pai está comigo. [33]Eu vos disse essas coisas*, para que tenhais paz em mim. No mundo tereis de sofrer; mas tende confiança: eu venci o mundo!"

17

A oração sacerdotal†. [1]Depois de assim falar*, Jesus levantou os olhos ao céu e disse: "Pai, chegou a hora:* glorificai vosso Filho, para que

---

* **16**,11. 12,31; 14,30; 1Cor 2,6; 3,1 | 13. 1Jo 2,27 | 15. 10,30; 17,10 | 16. 7,33; 12,35; 13,33; 14,19 | 20. Mc 16,10; Lc 5,35; Ap 11,10 | 21. 1Ts 5,3; Rm 8,22; Ap 12,2-5; Is 13,8 | 22. 14,19; 15,11; 20,20; 2Cor 4,17; At 2,46; Is 66,14 | 23. 14,13s.20; 15,16; 1Jo 5,14s | 24. 16,24; 1Jo 1,4 | 25. Mt 14,34s; Mc 4,33s | 26. 14,20; 16,23 | 27. 3,2; 8,42; 13,3; 14,21; 21,15ss | 28. 1,1; 13,3 | 30. 1,48; 2,24; 16,19 | 31. Mt 26,31; Zc 13,7 | 33. 14,27; 16,2; 17,14; 1Jo 5,5; Rm 8,37; 1Cor 15,57; 2Tm 3,12; Ap 5,5 | **17**,1. 11,41 / 2,4; 12,33; 13,1; Mt 26,45 | 2. 3,35; Mt 28,18 | 3. 14,7ss; 1Jo 5,20; Jr 24,7

† **16**,13. Só depois de Pentecostes os apóstolos poderão entender plenamente o que ouviram e viram de Cristo. | 16. Alguns manuscritos acrescentam "porque vou para o Pai". | **17**. Esta oração chama-se "sacerdotal" porque manifesta o sentido do sacrifício de Cristo, no qual ele próprio é o sacerdote, o altar e o cordeiro. "Ela revela a oração sempre atual de nosso Sumo Sacerdote, Hb 7,25, e contém o que ele nos ensina a dizer ao Pai. Quando chega sua Hora, Jesus reza ao Pai esta oração, a mais longa transmitida pelo Evangelho, que abarca toda a economia da criação e da salvação. Nessa oração pascal, sacrifical, tudo é "recapitulado" nele: Deus e o mundo, o Verbo e a carne, a vida eterna e o tempo, o amor que se entrega e o pecado que o trai, os discípulos presentes e aqueles que crerão nele por meio de sua palavra, a humilhação e a glória" (CIC). É a oração da unidade e é também uma oração missionária, porque consagra a missão que os discípulos deverão levar adiante.

vosso Filho vos glorifique, 2pois lhe
destes poder* sobre toda a humanidade, para que ele dê a vida eterna a
todos os que lhe destes. 3Esta é a vida
eterna:* que vos conheçam a vós, único Deus verdadeiro, e aquele que enviastes, Jesus Cristo. 4Eu vos glorifiquei
na terra*, levando a bom termo a obra
que me destes para fazer. 5Agora, ó Pai,
glorificai-me* junto de vós com a glória que eu tinha junto de vós antes de existir o mundo.

6Manifestei vosso nome aos homens, que tirastes do mundo para dá-los a mim. Eram vossos e os destes a mim,
e eles guardaram vossa palavra. 7Agora reconheceram que tudo quanto me
destes vem de vós, 8porque lhes dei as palavras que me destes*, e eles as receberam e na verdade reconheceram que eu saí de vós e creram que vós me
enviastes. 9É por eles que eu rogo; não rogo pelo mundo†, mas por aqueles
que me destes, porque são vossos, 10e
tudo o que é meu é vosso* e tudo o que é vosso é meu, e neles eu sou glorificado. 11Eu não estou mais no mundo*, mas eles estão no mundo e eu vou para vós. Pai santo, guardai-os em vosso nome, o nome que me destes, para
que sejam um como nós. 12Quando
eu estava com eles*, eu os conservava em vosso nome que me destes. Eu os guardei, e nenhum deles se perdeu, a não ser o filho da perdição†, para que
a Escritura se cumprisse. 13Agora, porém, vou para vós, e digo essas coisas no mundo, para que eles tenham em si
minha alegria total. 14Eu lhes dei* vossa
palavra, e o mundo os odiou*, porque não são do mundo, como eu não sou
do mundo. 15Não vos peço que os tireis
do mundo, mas que os livreis do Maligno*. 16Eles não são do mundo,† como
eu não sou do mundo. 17Santificai-os
na verdade: vossa palavra é a verdade.
18Como me enviastes ao mundo, assim
eu os enviei* ao mundo. 19E por eles
me santifico a mim mesmo, a fim de que também eles sejam santificados na verdade.

20Não rogo somente por eles*, mas também por aqueles que, por meio de sua palavra, vão crer em mim; 21para
que todos sejam um, assim como vós*, ó Pai, estais em mim e eu em vós; para que também eles sejam um em nós, a fim de que o mundo creia* que vós me enviastes. 22Eu lhes dei a glória que
me destes,† para que sejam um, assim
como nós somos um; 23eu neles e vós
em mim, para que sejam perfeitos na unidade, e o mundo reconheça que vós me enviastes* e que vós os amastes, como me amastes a mim. 24Pai,
quero que lá onde eu estiver, estejam também comigo aqueles que me destes, para que contemplem minha glória que me destes, porque me amastes antes da criação do mundo. 25Pai justo*, o
mundo não vos conheceu, mas eu vos conheci, e estes reconheceram que vós
me enviastes. 26Eu lhes dei a conhecer
vosso nome* e lhes darei a conhecê-lo, para que neles esteja o amor com que me amastes, e também eu esteja neles".

18 **A prisão de Jesus.** 1Depois
de assim falar*, Jesus foi com seus discípulos para o outro lado da torrente do Cedron, onde havia um jardim, no qual entrou com seus discípulos. 2Judas, o traidor, conhecia também aquele lugar*, porque frequentemente Jesus se reunia lá com seus

* **17**,4. 13,31s; Sb 15,3 | 5. 1,1s; 8,58; 17,24.26; Fl 2,6-11; Hb 2,12; 5,5 | 8. 3,2.11; 16,30 | 10. 16,15; 2Ts 1,10; Lc 15,31 | 11. 13,3; 16,28; Gl 3,28; 1Pd 1,5 | 12. 6,39; 10,28; 13,18s; 18,9; At 1,16 | 14. 15,11; 1Jo 1,4 / Jo 8,23; 15,18s | 15. 1Jo 5,18; Lc 22,32; 1Ts 3,3 | 18. 10,36; 20,21; 1Cor 1,30; Hb 2,11 | 20. 17,9; 1Jo 1,3; Rm 10,17 | 21. 10,30.38; 17,1; At 4,32; Gl 3,28 / Jo 1,14; 17,5 | 23. 15,9; 1Cor 6,17 Gl 2,20; Ef 1,4s / Jo 1,14; 10,29; 14,3; 17,5 | 25. 1,10; 8,55; Mt 11,27; Lc 10,22 | 26. 17,6; Rm 8,39 | **18**,1. Mt 26,47-56; Mc 14,43-52; Lc 22,47-53 | 2. Lc 21,37

† **17**,9. Nesse contexto, a palavra "mundo" designa tudo o que se opõe a Deus, tudo o que são trevas, erro e mentira. | 12. Destinado à perdição, Judas. | 16. Pela força da ressurreição de Jesus, os discípulos serão cidadãos do céu e peregrinos na terra. | 22. Comunica-lhes sua glória, isto é, o Espírito Santo que o glorifica, Jo 16,14.

discípulos. [3]Judas, tendo recebido uma tropa de soldados e os guardas mandados pelos sumos sacerdotes e pelos fariseus, chegou lá com lanternas, tochas e armas. [4]Então Jesus, sabendo tudo o que havia de lhe acontecer†, adiantou-se e perguntou-lhes: "A quem estais buscando?" [5]Responderam: "A Jesus de Nazaré".* Disse-lhes Jesus: "Sou eu". Também Judas, o traidor, estava com eles. [6]Quando Jesus lhes disse: "Sou eu", recuaram e caíram por terra.

[7]Perguntou-lhes outra vez: "A quem estais buscando?" Disseram: "A Jesus de Nazaré". [8]Replicou Jesus: "Já vos disse que sou eu. Se é, pois, a mim que buscais*, deixai que estes se retirem". [9]Para se cumprir a palavra que tinha dito: "Dos que me destes, não perdi nenhum". [10]Então Simão Pedro, que tinha uma espada*, puxou dela e feriu o servo do sumo sacerdote, cortando-lhe a orelha direita. O servo chamava-se Malco. [11]Jesus disse a Pedro: "Põe tua espada na bainha! Não hei de beber o cálice† que o Pai me deu?"

Jesus diante de Anás. [12]Então a tropa*, o comandante e os guardas dos judeus prenderam Jesus e o amarraram. [13]Conduziram-no primeiro a Anás, sogro de Caifás, que era o sumo sacerdote daquele ano. [14]Caifás era aquele que tinha dado aos judeus* este conselho: "Convém que um só homem morra pelo povo".

Primeira negação de Pedro. [15]Simão Pedro seguia Jesus com mais outro discípulo. Esse discípulo era conhecido do sumo sacerdote e entrou com Jesus no pátio do sumo sacerdote, [16]mas Pedro ficou de fora, perto da porta. O outro discípulo, que era conhecido do sumo sacerdote, saiu e conversou com a porteira e levou Pedro para dentro. [17]Esta empregada, a porteira, perguntou a Pedro: "Por acaso não és também dos discípulos deste homem?" Ele respondeu: "Não sou". [18]Os servos e os guardas acenderam uma fogueira, porque fazia frio, e estavam lá se aquecendo. Com eles estava também Pedro, aquecendo-se.

O interrogatório de Jesus. [19]O sumo sacerdote interrogou Jesus sobre seus discípulos e sua doutrina. [20]Jesus respondeu-lhe: "Eu falei publicamente ao mundo. Sempre ensinei na sinagoga e no templo*, onde se reúnem todos os judeus, e nada falei às ocultas. [21]Por que me perguntas? Pergunta àqueles que ouviram o que lhes ensinei. Estes sabem o que disse". [22]A estas palavras, um dos guardas presentes deu uma bofetada em Jesus*, dizendo: "É assim que respondes ao sumo sacerdote?" [23]Replicou-lhe Jesus: "Se falei mal, prova-o, mas, se falei bem, por que me bates?" [24]Anás enviou-o, amarrado, ao sumo sacerdote Caifás.

Pedro nega Jesus mais duas vezes. [25]Simão Pedro estava lá se aquecendo. Perguntaram-lhe: "Porventura não és tu também um de seus discípulos?" Ele o negou, dizendo: "Não sou!" [26]Disse-lhe um dos servos* do sumo sacerdote, parente daquele a quem Pedro cortara a orelha: "Por acaso não te vi com ele no horto?" [27]Pedro negou outra vez, e imediatamente um galo cantou.

Jesus no pretório de Pilatos. [28]Da casa de Caifás*, conduziram Jesus ao pretório. Era de manhã cedo. Os judeus não entraram no pretório, para não se contaminar e poderem comer a Páscoa. [29]Saiu, pois, Pilatos até eles, e perguntou: "Que acusação trazeis contra este homem?" [30]Responderam-lhe: "Se este não fosse malfeitor, não o entregaríamos a ti". [31]Disse-lhes Pilatos: "Tomai-o e julgai-o vós mesmos* conforme vossa lei". Responderam-lhe os judeus: "Não

---

* **18**,5. 8,24.28.58; 13,19 | 8. 6,39; 17,12 | 10. Lc 22,36ss; Mt 20,22; 26,39 | 12. Mt 26,57-75; Mc 14,54.66-72; Lc 22,54-62 | 14. 11,49ss | 20. 6,59; 7,26; Mt 4,23; 26,55; Is 45,19; 48,16 | 22. At 23,2-5; Êx 22,27 | 26. 18,10; Mt 26,34; 26,51 | 28. 11,55; Mt 27,1s; Mc 15,1-5; Lc 23,1-5 | 31. 19,6; At 18,15 | 32. 3,14; 8,28; 12,33; At 20,19

† **18**,4. Jesus é senhor absoluto da situação e não é surpreendido pelos acontecimentos, mas dá sua vida livremente, 10,18. | 11. O cálice simboliza a vocação e sobretudo o destino trágico de alguém; neste caso, a Paixão que começa.

nos é permitido condenar ninguém à morte". [32]A fim de se cumprir a palavra que Jesus havia dito*, indicando de que morte havia de morrer.

[33]Pilatos entrou de novo no pretório, chamou Jesus e perguntou-lhe: "Tu és o rei dos judeus?" [34]Jesus respondeu: "Dizes isso por ti mesmo*, ou foram outros que te disseram isso de mim?" [35]Disse Pilatos: "Por acaso eu sou judeu? Tua nação e os sumos sacerdotes entregaram-te a mim*; que fizeste?" [36]Respondeu Jesus: "Meu reino não é deste mundo. Se meu reino fosse deste mundo, meus súditos teriam lutado para que eu não fosse entregue aos judeus. Mas meu reino não é daqui". [37]Perguntou-lhe então Pilatos: "Portanto, tu és rei?" Respondeu Jesus: "Tu o dizes*, eu sou rei. Para isto nasci e para isto vim ao mundo: para dar testemunho da verdade*. Todo aquele que é da verdade ouve minha voz". [38]Disse-lhe Pilatos: "Que é a verdade?"

Jesus e Barrabás. Depois de falar isso, saiu de novo, foi ter com os judeus e disse-lhes: "Não acho nele nenhum motivo de condenação. [39]Mas é costume entre vós que eu vos solte alguém pela Páscoa. Quereis, pois, que vos solte* o rei dos judeus?" [40]Então todos gritaram novamente e disseram: "A este não, mas a Barrabás!" Barrabás era um assaltante.

19

Flagelação e coroação de espinhos. [1]Pilatos então tomou Jesus* e mandou flagelá-lo. [2]Os soldados teceram uma coroa de espinhos e puseram-na sobre sua cabeça e cobriram-no com um manto de púrpura. [3]Aproximavam-se dele e diziam:* "Salve, rei dos judeus!" E davam-lhe bofetadas. [4]Pilatos saiu outra vez e disse-lhes: "Estou trazendo-o* aqui fora para vós, a fim de saberdes que não acho nele nenhum motivo de condenação". [5]Então Jesus saiu, com a coroa de espinhos e o manto de púrpura. Pilatos lhes disse: "Eis o homem!" [6]Quando o viram, os sumos sacerdotes* e os guardas gritaram: "Crucifica-o! Crucifica-o!" Disse-lhes Pilatos: "Tomai-o, vós, e crucificai-o, pois não encontro nele culpa alguma". [7]Responderam-lhe os judeus: "Nós temos uma Lei*, e segundo esta Lei ele deve morrer, porque se declarou Filho de Deus".

[8]A estas palavras, Pilatos ficou com mais medo ainda. [9]Entrou novamente no pretório e perguntou a Jesus: "De onde és tu?"* Mas Jesus nada lhe respondeu. [10]Pilatos então lhe disse: "Tu não me falas? Não sabes que tenho poder para te soltar e poder para te crucificar?" [11]Respondeu Jesus: "Não terias nenhum poder sobre mim se não te fora dado do alto; por isso, quem me entregou a ti tem um pecado maior".

A condenação à morte. [12]Desde então Pilatos* procurava soltá-lo. Mas os judeus gritavam: "Se o soltares, não és amigo de César, porque todo aquele que se faz rei se opõe a César"†. [13]Ouvindo estas palavras, Pilatos levou Jesus para fora e sentou-se no tribunal, no lugar chamado Lajeado, em hebraico Gábata. [14]Era o dia da Preparação para a Páscoa, por volta do meio-dia†. Pilatos disse aos judeus: "Eis vosso rei!" [15]Mas eles gritaram: "Fora com ele! Fora com ele! Crucifica-o!" Pilatos perguntou-lhes: "Hei de crucificar vosso rei?"* Os sumos sacerdotes responderam: "Não temos outro rei senão César!"† [16]Entregou-o então a eles para que fosse crucificado.

---

* **18**,34. 19,14s. 19-22 | 35. 3,35; 18,10s; Lc 17,20; Jo 19,11 | 37. 3,32; 8,47; 10,3.26; 1Tm 6,13 / Jo 3,19 | 39. At 3,14 | **19**,1. Mt 20,19 | 3. 18,22 | 4. Is 50,8; Lc 23,4 | 6. 18,31 | 7. 5,18; 10,23-26; Lv 24,16 | 9. 3,27; Mt 26,62s; Mc 14,61; Lc 23,3-9; Rm 13,1; 1Tm 6,13 | 12. 18,37; Lc 23,2; At 17,7 | 15. 18,33-37.

† **19**,12. Para obter de Pilatos que Jesus fosse condenado à morte, os judeus tinham de apresentá-lo como um perigo para a nação, mas Pilatos não fica convencido da culpabilidade dele no campo político. Então os judeus pressionam, dando a entender que, absolvendo Jesus, ele perderá as boas graças de César, o que poderia determinar o fim de sua carreira: foi o argumento decisivo. | 14. Nesta hora começavam a imolar-se os cordeiros pascais para a festa da Páscoa. A nova Páscoa, libertação que Deus oferece a todos, está se preparando: o novo Cordeiro Pascal vai consumar seu sacrifício.

A crucifixão. Levaram, pois, Jesus.
17Carregando sua cruz*, saiu para o
lugar chamado o Crânio, em hebraico
Gólgota. 18Ali o crucificaram, e com ele
outros dois, um de cada lado, e Jesus
no meio. 19Pilatos redigiu também uma
inscrição e mandou fixá-la no alto da
cruz. Nela estava escrito: "Jesus na-
zareno, rei dos judeus". 20Muitos dos
judeus leram esta inscrição, porque o
lugar onde Jesus foi crucificado ficava
perto da cidade*, e a inscrição foi redi-
gida em hebraico, latim e grego.
21Os sumos sacerdotes dos judeus
disseram a Pilatos: "Não escrevas: 'Rei
dos judeus', mas sim: 'Este homem dis-
se: Eu sou o rei dos judeus'". 22Respon-
deu Pilatos: "O que escrevi, escrevi".
23Depois de crucificarem Jesus, os sol-
dados tomaram suas roupas e fizeram
quatro partes, uma para cada soldado,
e também a túnica. Ora, a túnica, toda
tecida de alto a baixo, não tinha cos-
tura†. 24Disseram, pois, uns aos outros:
"Não a rasguemos, mas vamos sorteá-
-la, para ver de quem será". A fim de se
cumprir a palavra da Escritura: "Repar-
tiram entre si minhas roupas* e sortea-
ram minha veste". Foi o que fizeram os
soldados.
Jesus e sua Mãe. 25Junto à cruz de
Jesus estavam de pé sua mãe*, a irmã
de sua mãe, Maria, mulher de Cléofas,
e Maria Madalena. 26Jesus, vendo sua
mãe e, perto dela o discípulo que ama-
va, disse a sua mãe: "Mulher*, eis aí teu
filho"†. 27Depois disse ao discípulo: "Eis
aí tua mãe". E, desta hora em diante, o
discípulo acolheu-a consigo.

A morte de Jesus. 28Em seguida, sa-
bendo Jesus* que tudo estava consu-
mado, para se cumprir plenamente a
Escritura, disse: "Tenho sede". 29Havia
ali um vaso cheio de vinagre. Embebe-
ram de vinagre uma esponja e, fixan-
do-a numa vara de hissopo, chegaram-
-lha à boca. 30Havendo Jesus tomado o
vinagre, disse: "Tudo está consumado".
Inclinou a cabeça e entregou o espírito.
O golpe com a lança. 31Para que os
corpos não ficassem na cruz* durante
o sábado, porque era o dia da Prepara-
ção da Páscoa, e esse sábado era um dia
solene, os judeus pediram a Pilatos que
se lhes quebrassem as pernas e fossem
retirados. 32Vieram, pois, os soldados e
quebraram as pernas do primeiro e do
outro, que tinham sido crucificados com
Jesus. 33Chegando, porém, a ele, vendo
que já estava morto, não lhe quebra-
ram as pernas, 34mas um dos solda-
dos abriu-lhe o peito* com uma lança,
e imediatamente saiu sangue e água†.
35Quem viu isto é que está dando tes-
temunho, e seu testemunho é digno de
fé, e ele sabe que diz a verdade, a fim de
que acrediteis. 36Porque isto aconteceu
para que se cumprisse a Escritura: "Ne-
nhum de seus ossos será quebrado"*.
37E diz em outra parte a Escritura: "Olha-
rão para aquele que transpassaram"†.
O sepultamento. 38Depois disso, José
de Arimateia*, que era discípulo de
Jesus, mas ocultamente, por medo
dos judeus, pediu a Pilatos autoriza-
ção para tirar o corpo de Jesus. Pilatos
permitiu. Foi, pois, e tirou o corpo de
Jesus. 39Acompanhou-o Nicodemos*,

* **19**,17. Mt 27,32-44; Mc 15,20.22.25ss; Lc 23,33.38; Gn 22,6; Is 53,12 | 20. Hb 13,12s | 24. Sl 22,19 | 25. Mt 27,55s; Mc 15,40s; Lc 23,49 | 26. 2,4; 13,23; 20,2; 21,7.20 | 28. 4,34; 5,39; 18,4; 2Tm 4,7; Ap 15,1; Sl 22,16; 69,22 | 31. 19,14; Mt 27,57-61; Dt 21,22s; Gl 3,13 | 34. 7,37ss; 21,24; 1Jo 5,6-8; | 36. Êx 12,46; Sl 34,21; Nm 9,12; Zc 12,10; Ap 1,7 | 38. 7,13; 9,22; 20,19 | 39. 3,1; 7,50 | 40. 11,44

† **19**,15. Pilatos obtém dos judeus a submissão a César e o julgamento que se infligem a si mesmos de renunciar à esperança messiânica. | 23. Desde S. Cipriano, os Santos Padres consideraram essa túnica como símbolo da unidade indestrutível da Igreja. | 26. Como nas bodas de Caná, 2,4, Jesus dá a Maria o nome de "Mulher", referindo-se à primeira mulher, Eva, "mãe de todos os viventes", Gn 3,20. Nesta hora da nova aliança, Jesus faz de sua Mãe a Mãe de todos os discípulos, representados ali pelo discípulo amado, a Mãe do Cristo Total. | 34. O sangue e a água que escorreram do lado transpassado de Jesus crucificado são tipos do Batismo e da Eucaristia, sacramentos que representam a Igreja. "Da mesma forma que Eva foi formada do lado de Adão adormecido, assim a Igreja, esposa de Cristo, nasceu do coração transpassado de Cristo morto na cruz" (S. Ambrósio). | 37. Os que creem verão Jesus como Ele é realmente: o Filho do homem em sua glória, o Senhor ressuscitado. | 39. A libra romana pesava 327, 5 g, portanto, são 32,75 kg.

aquele que antes tinha ido de noite
encontrar-se com Jesus, levando umas
cem libras† de uma mistura de mirra e
aloés. [40]Tomaram o corpo de Jesus* e o
envolveram em panos com os aromas,
como os judeus costumam sepultar.
[41]No lugar em que ele foi crucificado
havia um jardim e, no jardim, um sepul-
cro novo, no qual ninguém ainda tinha
sido depositado. [42]Foi ali que coloca-
ram Jesus, por causa da Preparação dos
judeus, pois o sepulcro ficava perto.

20

O sepulcro vazio. [1]No primeiro
dia da semana†, de madrugada*,
quando ainda estava escuro, Maria Ma-
dalena foi até o túmulo e viu que a pedra
tinha sido retirada do túmulo. [2]Ela correu
e foi procurar Simão Pedro e o outro dis-
cípulo,* aquele que Jesus amava. E disse-
-lhes: "Tiraram o Senhor do túmulo e não
sabemos onde o puseram!"

[3]Então Pedro e o outro discípulo saí-
ram* e foram até o túmulo. [4]Ambos cor-
riam juntos. Mas o outro discípulo correu
mais depressa que Pedro e chegou pri-
meiro ao túmulo. [5]Abaixando-se, ele viu
as faixas no chão, mas não entrou. [6]Então
chegou também Pedro, que o seguia, e
entrou no túmulo. Viu as faixas no chão
[7]e também o sudário* que tinham colo-
cado sobre a cabeça de Jesus: não estava
com as faixas, mas enrolado num lugar
à parte. [8]Foi então que entrou também
o outro discípulo, que tinha chegado
primeiro ao túmulo. Ele viu e acreditou.
[9]Pois ainda não tinham compreendido
a Escritura, segundo a qual Jesus devia
ressuscitar* dos mortos. [10]Os discípulos
voltaram então para casa.

Jesus aparece a Madalena. [11]Maria
estava chorando perto do túmulo, do
lado de fora. Enquanto chorava, incli-
nou-se para o túmulo [12]e viu dois an-
jos vestidos de branco, sentados, um à
cabeceira, outro aos pés do lugar onde
tinha estado o corpo de Jesus. [13]Eles lhe
perguntaram: "Mulher*, por que estás
chorando?" [14]Respondeu-lhes: "Porque
levaram meu Senhor, e não sei onde o
puseram..." Dizendo isto, voltou-se para
trás e viu Jesus de pé, mas não sabia*
que era ele. [15]Disse-lhe Jesus: "Mulher,
por que estás chorando? A quem pro-
curas?" Pensando que fosse o jardineiro,
ela lhe disse: "Senhor, se foste tu que o
levaste, dize-me onde o puseste, para
que eu vá buscá-lo". [16]Disse-lhe Jesus:
"Maria!" Ela, voltando-se, disse-lhe em
hebraico:* "Rabbuni!", que significa
"Mestre". [17]Disse-lhe Jesus: "Não me se-
gures†, pois ainda não subi para o Pai.
Mas vai procurar meus irmãos e dize-
-lhes: 'Subo para meu Pai e vosso Pai,
meu Deus e vosso Deus'". [18]Maria Ma-
dalena foi anunciar aos discípulos: "Vi o
Senhor", e contou o que ele disse.

Aparição aos discípulos. [19]Na tarde
desse mesmo dia*, que era o primeiro
da semana, estando fechadas, por medo
dos judeus, as portas do lugar onde os
discípulos estavam reunidos, entrou Je-
sus, colocou-se no meio e disse-lhes: "A
paz esteja convosco!" [20]Dizendo isto,
mostrou-lhes as mãos e o peito. Os
discípulos ficaram cheios de alegria ao
verem o Senhor. [21]De novo lhes disse:
"A paz esteja convosco!* Como o Pai me
enviou, também eu vos envio". [22]Depois
dessas palavras*, soprou sobre eles e
disse-lhes: "Recebei o Espírito Santo.
[23]Àqueles a quem perdoardes os peca-
dos, serão perdoados; àqueles a quem
os retiverdes, serão retidos"†.

---

* **20**,1. Mt 28,1-10; Mc 16,1-8; Lc 24,1-11 | 2. 13,23; 18,15; 19,26; 21,7 | 3. Lc 24,24 | 7. 11,44; 19,40 | 9. 5,39; Lc 24,26ss; At 2,27.31; 1Cor 15,4; Mc 16,9ss | 13. Lc 24,16; | 14. 21,4; 2Cor 5,16 | 16. Mt 12,49; 28,9s; Rm 8,29; Hb 2,11s; Sl 22,23 | 19. 14,27; 16,16; Mt 28,16-20; Lc 24,36.49; 1Cor 15,5 | 21. 17,18; Mt 28,19 | 22. 7,39; Gn 2,7; At 1,8; 1Cor 15,45; Ez 37,9; Sb 15,11; Mt 16,19; 18,18

† **20**,1. O 1º dia depois do sábado é o nosso domingo. A Igreja celebra o dia da Ressurreição de Cristo toda semana, no dia que é corretamente chamado "domingo", ou seja, "dia do Senhor". | 17. Durante os quarenta dias que Jesus ressuscitado passa com os apóstolos, sua glória permanece ainda velada sob os traços de uma humanidade comum. Isso transparece em sua palavra misteriosa a Maria Madalena. | 23. Jesus institui o sacramento da Penitência; "os que o recebem obtêm da misericórdia divina o perdão da ofensa feita a Deus e ao mesmo tempo são reconciliados com a Igreja que feriram pecando, e a qual colabora para sua conversão com caridade, exemplo e orações" (CIC).

Jesus e Tomé. 24Tomé, um dos Doze*, chamado Dídimo, não estava com eles quando veio Jesus. 25Os outros discípulos lhe disseram: "Vimos o Senhor!" Mas ele respondeu-lhes: "Se eu não vir o sinal dos pregos* em suas mãos, se não puser meu dedo na marca dos pregos e se não colocar minha mão em seu peito, não acreditarei". 26Oito dias depois, os discípulos estavam* de novo dentro, e Tomé estava com eles. Jesus veio a portas fechadas, colocou-se no meio e disse: "A paz esteja convosco!" 27Em seguida disse a Tomé: "Põe aqui teu dedo, vê minhas mãos, estende a mão, coloca-a em meu peito, e não sejas mais incrédulo, mas crê!" 28Tomé respondeu-lhe: "Meu Senhor* e meu Deus!" 29Disse-lhe Jesus: "Tomé, tu creste porque me viste; felizes aqueles que não viram* e creram!"†

Primeira conclusão do Evangelho. 30Jesus fez ainda, na presença dos discípulos*, muitos outros sinais que não se acham escritos neste livro. 31Estes foram escritos, para que acrediteis que Jesus é o Cristo, o Filho de Deus, e para que, acreditando, tenhais a vida em seu nome.

IV. EPÍLOGO
(21)

21 **Aparição no mar de Tiberíades.** 1Depois disso, Jesus manifestou-se novamente* aos discípulos junto ao mar de Tiberíades. Manifestou-se assim: 2Estavam juntos Simão Pedro, Tomé, chamado Dídimo, Natanael, que era de Caná da Galileia, os filhos de Zebedeu e dois outros de seus discípulos. 3Disse-lhes Simão Pedro: "Vou pescar". Disseram-lhe os outros: "Vamos também contigo". Saíram e subiram à barca. Naquela noite nada apanharam. 4Pela manhã, Jesus estava na praia*. Mas os discípulos não sabiam que era Jesus.

5Perguntou-lhes Jesus: "Filhos, tendes algum peixe?" "Não", responderam eles. 6Disse-lhes: "Lançai a rede à direita da barca e encontrareis". Lançaram-na, pois, e já não podiam puxá-la, por causa da grande quantidade* de peixes. 7Nisso, o discípulo a quem Jesus amava disse a Pedro: "É o Senhor!" Ao ouvir que era o Senhor, Simão Pedro vestiu a túnica, pois estava despido, e lançou-se ao mar. 8Os outros discípulos vieram com a barca, pois não estavam longe da terra, mas a uma distância de duzentos côvados†, arrastando a rede com os peixes.

9Quando saltaram em terra, viram brasas e um peixe em cima delas, e pão. 10Disse-lhes Jesus: "Trazei alguns dos peixes que apanhastes". 11Simão Pedro subiu à barca e arrastou para a praia a rede cheia de peixes grandes: cento e cinquenta e três. E, apesar de serem tantos, a rede não se rompeu†. 12Disse-lhes Jesus: "Vinde e comei!" Nenhum dos discípulos tinha coragem* de perguntar-lhe: "Quem és tu?", sabendo que era o Senhor. 13Jesus veio, tomou o pão e lhes deu; e fez a mesma coisa com o peixe. 14Foi esta a terceira vez que Jesus manifestou-se a seus discípulos depois que ressuscitou dos mortos.

Pedro, chefe dos apóstolos. 15Depois de terem comido*, perguntou Jesus a Simão Pedro: "Simão, filho de João, tu me amas mais do que estes?" Ele respondeu: "Sim, Senhor, tu sabes que te amo!" Ele lhe disse: "Apascenta meus cordeiros"†. 16Perguntou-lhe de novo, uma segunda vez: "Simão, filho de João,

---

* **20**,24. 11,16; 14,5; 16,34; 21,2 | 25. 1Jo 1,1; Mt 28,17; Lc 24,21-25.37-41 | 26. 14,27; 19,34, 20,19; Mc 16,14 | 28. Sl 35,23; Ap 4,11 | 29. 4,48; 1Pd 1,8 | 30. 1,12; 3,15; 12,37; 21,25; 1Jo 5,13; At 3,16 | **21**,1. Mt 26,32; Mc 16,14s; Lc 5,1-11; Mt 4,18-21 | 4. 20,14; Lc 24,16.41 | 6. 13,23; 19,20; 20,2; Mt 14,29 | 12. 6,11; Mt 14,19; 15,36 | 15. 1,42; 13,37s; 18,17. 25ss; Mt 16,17; Lc 7,42s; At 20,28; 1Pd 5,2; Lc 22,31s

† **20**,29. Os discípulos são felizes, não tanto por terem visto o Senhor, mas por terem entendido o significado da Paixão, como revelação do amor supremo. | **21**,8. Uns 100 m. | 11. A rede que não se rompe representa a união dos fiéis em torno de Jesus, em contraste com as divisões que houve entre o povo a propósito dele, 7,43; 9,16; 10,19. | 15. Nesse texto, a tradição católica reconhece uma afirmação importante do ministério especial do Papa dentro da Igreja, pois ele é o sucessor de Pedro.

tu me amas?" Ele respondeu: "Sim, Se-
nhor, tu sabes que te amo!" Disse-lhe
Jesus: "Apascenta minhas ovelhas".
17Pela terceira vez perguntou-lhe Jesus:
"Simão, filho de João, tu me amas?" En-
tristeceu-se Pedro por ter ele pergun-
tado pela terceira vez: 'Tu me amas?'
e lhe disse: "Senhor, tu sabes tudo; tu
sabes que te amo!" Disse-lhe Jesus:
"Apascenta minhas ovelhas†. 18Na ver-
dade, na verdade, te digo: quando eras
jovem, cingias-te a ti mesmo e ias para
onde querias*; quando, porém, fores
velho, estenderás as mãos, e um ou-
tro te cingirá e te levará para onde não
queres". 19Disse isto para indicar com
que tipo de morte Pedro havia de glo-
rificar a Deus. Quando acabou de falar,
disse-lhe: "Segue-me"*.

O futuro do discípulo amado. 20Vol-
tando-se, Pedro viu que os seguia o
discípulo a quem Jesus amava, aquele
que na ceia se reclinara sobre seu pei-
to e perguntara: "Senhor, quem é que
vai te entregar?" 21Vendo-o, pois, per-
guntou Pedro a Jesus: "Senhor, e este?"
22Respondeu-lhe Jesus: "Se eu quero
que ele permaneça até que eu venha,
que te importa? Tu, segue-me!" 23Por
isso, divulgou-se entre os irmãos* o
boato de que esse discípulo não mor-
reria. Entretanto, Jesus não disse que
não morreria, mas: "Se eu quero que
ele permaneça até que eu venha, que
te importa?"

Segunda conclusão do Evangelho.
24Este é o discípulo que dá testemunho
dessas coisas* e as escreveu, e sabe-
mos que seu testemunho é verdadeiro.
25Há, porém, muitas outras coisas que
Jesus fez e que, se fossem escritas uma
por uma, penso que nem o mundo in-
teiro poderia conter os livros que se-
riam escritos.

---

* **21**,18. At 21,11.14 | 19. 13,23.25; 19,26; 20,2; 21,7 | 23. Mt 16,28 | 24. 15,27; 19,35; 3Jo 12; 20,30

† **21**,17. "O Senhor disse claramente que cuidar de seu rebanho é uma prova de amor a ele" (S. João Crisóstomo).

ATOS DOS APÓSTOLOS

Neste livro, São Lucas continua e termina a narração que começou em seu Evangelho. A partir da ascensão de Jesus, ponto final do terceiro Evangelho, descreve como os primeiros fiéis esperaram e receberam o Espírito Santo, que deu origem à Igreja Apostólica, encarregada de continuar a obra evangelizadora de Jesus.

A palavra de Jesus aos discípulos: "Sereis minhas testemunhas em Jerusalém, em toda a Judeia e Samaria e até os confins da terra" (At 1,8), parece inspirar o plano de sua obra. Os primeiros cinco capítulos apresentam a Igreja-mãe de Jerusalém. Do cap. 6 ao cap. 12 assistimos ao crescimento da Igreja, através da Palestina e regiões vizinhas; do cap. 13 em diante, vemos o Evangelho propagar-se até o coração do Império Romano.

Não são narradas as atividades de todos os apóstolos, mas a atenção do narrador volta-se especialmente para Pedro, que é a figura central das duas primeiras partes, e Paulo, que é o personagem dominante na última parte do livro.

O objetivo da narração não é simplesmente conservar recordações históricas, mas sim anunciar "as maravilhas de Deus" (At 2,11), que atestam a vinda da salvação, testemunhar as experiências das primeiras comunidades e expor os sinais de conversão do mundo.

Por isso, o livro nunca deixa de mostrar, por detrás da ação apostólica da Igreja, a força e a inspiração do Espírito Santo. Ele veio sobre os apóstolos no dia de Pentecostes, mas veio também em outras oportunidades sobre grupos diferentes; e, como resultado, os agentes da evangelização são pessoas "cheias do Espírito", que agem com a força dos sinais e prodígios, que falam com a sabedoria do Espírito, embora sejam reconhecidamente ignorantes (At 4,13). Por causa dessa presença constante do Espírito Santo em todas as páginas dos Atos, este livro foi denominado "o Evangelho do Espírito Santo".

São Lucas escreveu-o com seu talento de historiador consciencioso, que procura documentar-se e transmite inúmeras informações, tanto orais como escritas. Esteve em contato com testemunhas oculares de muitos fatos que narrou, pois se encontrou com Barnabé em Antioquia, esteve em Cesareia com Filipe; em Jerusalém visitou Tiago, foi companheiro de Marcos em Roma, viajou com Silas e com o próprio Paulo. De suas viagens com Paulo temos quatro relatórios, nas quais ele usa o pronome "nós", demonstrando que presenciou os acontecimentos: 16,10-17; 20,5-15; 21,1-18; 27,1-28,16.

Os Atos dos Apóstolos são o único documento escrito desta fase capital da história da Igreja. Seu interesse está em nos mostrar a vida da Igreja em suas primeiras manifestações: como aquela comunidade tomou consciência de si, organizou-se e posicionou-se diante dos judeus, dos helenistas e dos pagãos; que tipo de evangelização ofereceu a judeus e gregos; e como o Senhor Jesus cumpriu as promessas feitas aos discípulos, sobretudo aquela de enviar o Espírito, para ensinar-lhes tudo (Jo 16,14).

Como o fazem todas as Bíblias, apresentamos o texto alexandrino dos Atos, mas incluímos em nota algumas variantes mais sugestivas do texto ocidental, representado por uma família de manuscritos antigos e usados pelos Ss. Padres do Ocidente.

O cristão que hoje lê este livro sente-se impelido a amar sua Igreja, pela qual tanto fizeram aqueles homens de Deus; é exortado a assumir sua vocação missionária dentro dessa Igreja missionária. E, confiante na ação do Espírito e na força do Evangelho, ele se torna também uma testemunha da ressurreição.

1 **Prólogo.** 1Em meu primeiro livro,* ó Teófilo†, falei de tudo o que Jesus fez e ensinou desde o começo 2até o dia em que foi elevado ao céu, depois de ter dado suas instruções aos apóstolos que havia escolhido sob a ação do Espírito Santo.

3A eles também, após sua paixão, Jesus apresentou-se vivo* com muitas provas, aparecendo-lhes durante quarenta dias e falando-lhes do Reino de Deus.

4Um dia, estando à mesa com eles,* mandou que não saíssem de Jerusalém, mas que esperassem que se cumprisse a promessa do Pai†, "aquela – disse ele – que ouvistes de minha boca: 5porque João batizou com água,* mas vós, é no Espírito Santo que sereis batizados, dentro de poucos dias".

I. A IGREJA EM JERUSALÉM (1,6–5,42)

A Ascensão de Jesus. 6Estando, pois, reunidos, perguntavam-lhe: "Senhor, é agora* que vais restabelecer a realeza em Israel?"† 7Respondeu-lhes Jesus: "Não compete a vós saber os tempos e os momentos que o Pai marcou com sua própria autoridade. 8Mas recebereis a força* do Espírito Santo†, que descerá sobre vós e sereis minhas testemunhas em Jerusalém, em toda a Judeia, na Samaria e até os confins da terra"†.

9Depois dessas palavras,* foi elevando-se à vista deles, e uma nuvem† escondeu-o a seus olhos. 10E enquanto ele partia,* ficaram olhando para o céu. Nisso apareceram junto deles dois homens vestidos de branco 11e lhes disseram: "Homens da Galileia, por que ficais olhando para o céu? Este mesmo Jesus,* que foi tirado de vosso meio para o céu, voltará assim como o vistes ir para o céu".

O grupo dos apóstolos. 12Então voltaram para Jerusalém, partindo do assim chamado monte das Oliveiras, que fica perto de Jerusalém, à distância de uma caminhada de sábado†. 13Depois de entrarem na cidade,* subiram para a sala de cima, onde ficavam Pedro, João, Tiago, André, Filipe e Tomé, Bartolomeu e Mateus, Tiago, filho de Alfeu, e Simão, o zelota, e Judas, filho de Tiago. 14Todos perseveravam unânimes na oração, junto com algumas mulheres, entre as quais Maria, mãe de Jesus,* e com seus irmãos†.

A eleição de Matias. 15Naqueles dias, levantou-se Pedro† no meio dos irmãos – estavam lá reunidas umas cento e vinte pessoas – e disse: 16"Irmãos, era preciso* que se cumprisse o que o Espírito Santo havia predito na Escritura, pela boca de Davi, a respeito de Judas, que se tornou o guia dos que prenderam Jesus. 17Era um dos nossos* e recebeu sua parte em nosso ministério. 18Este homem comprou um terreno com o salário de seu crime; depois caiu de cabeça para baixo, rebentou ao meio, e todas as suas entranhas se derramaram. 19Disso ficaram sabendo todos os habitantes de Jerusalém, e por isso o tal terreno ganhou na língua deles o nome de Hacéldama, que significa "Campo de

---

* **1**,1. Lc 1,3; 24,49ss | 3. Lc 24,36-42 | 4. Lc 24,49 | 5. 11,16; Lc 3,16 | 6. Mc 13,32 | 8. 10,39 | 9. Mc 16,19; Lc 24,51 | 10. Lc 24,4; 2Tm 3,16 | 11. Ap 1,7 | 13. Lc 6,14ss | 14. Lc 8,2 | 16. Lc 22,47 | 17. Lc 6,16; Mt 27,3-8

† **1**,1. O 1º livro é o 3º Evangelho, que também é obra de São Lucas. Teófilo parece ser a pessoa que assumiu as despesas da composição e da divulgação do livro. | 4. A promessa é a efusão do Espírito Santo, que acontecerá no dia de Pentecostes. | 6. Os apóstolos esperam uma restauração do reinado da dinastia de Davi, e Jesus os orienta para a pregação universal do Evangelho. | 8. Assim como Jesus foi concebido pelo Espírito Santo, foi movido e consagrado por ele, assim os discípulos e toda a Igreja receberão a mesma consagração. O Espírito é o compêndio de todos os bens messiânicos. Do princípio ao fim dos Atos, é o Espírito Santo quem impulsiona e comanda os acontecimentos, de tal modo que o livro é chamado de "Evangelho do Espírito Santo". / Este v. indica as etapas da pregação apostólica, que não tem limites, e dá também o plano do livro. O testemunho será um tema fundamental nos Atos: v. 22; 2,32; 3,15; 4,33; 5,32. | 9. A nuvem é sinal da presença de Deus, de sua glória. | 12. No sábado só se podia caminhar 2 mil côvados, isto é, 1 km. | 14. Irmãos aqui são os parentes, Mc 3,31; no v. 10 o mesmo termo designa a comunidade toda. | 15. Pedro começa a assumir sua posição de chefe dos apóstolos. Em toda a 1ª parte dos Atos, capítulos. 1-12, ele é o personagem central.

Sangue". [20]Ora, está escrito no livro dos
Salmos: 'Fique deserta sua casa, e não
haja quem nela habite'. E também: 'Que
um outro assuma seu cargo'.*
[21]É preciso pois que, dentre esses
homens que nos vêm acompanhando
por todo o tempo que o Senhor Jesus
viveu entre nós, [22]a começar pelo ba-
tismo de João até o dia em que nos foi
tirado, um deles se torne junto conos-
co testemunha de sua ressurreição".
[23]Apresentaram dois: José, chamado
Barsabás, que tinha o apelido de Justo,
e Matias. [24]Então fizeram esta oração:
"Ó Senhor, que conheceis o coração
de todos, mostrai-nos qual destes dois
escolhestes, [25]para que assuma, neste
serviço de apostolado, o lugar que Ju-
das abandonou para ir ao lugar que é
seu". [26]Tiraram a sorte†, e a sorte caiu
sobre Matias, que foi associado aos
onze apóstolos.

2 **A vinda do Espírito Santo.** [1]Ao
chegar o dia de Pentecostes†, to-
dos estavam reunidos* no mesmo lu-
gar. [2]De repente, veio do céu um ruído
semelhante ao de uma forte ventania*
e encheu toda a casa onde estavam. [3]E
apareceram-lhes línguas como de fogo,
que se repartiam, pousando sobre cada
um deles. [4]Todos ficaram cheios do Es-
pírito Santo e começaram a falar em
outras línguas†, conforme o Espírito
concedia a eles se expressarem.
[5]Achavam-se então em Jerusalém ju-
deus devotos de todas as nações que
há debaixo do céu†. [6]Quando se ouviu
o ruído, a multidão se reuniu e ficou
espantada, porque cada um os ouvia
falar em sua própria língua. [7]Atônitos
e maravilhados,* diziam: "Não são gali-
leus todos esses que estão falando? [8]E
como é que cada um de nós os ouve
falar em sua própria língua? [9]Somos
partos, medos, elamitas, habitantes da
Mesopotâmia, da Judeia, da Capadó-
cia, do Ponto e da Ásia, [10]da Frígia e da
Panfília, do Egito e da região da Líbia
junto a Cirene†, estrangeiros de Roma,
[11]judeus e prosélitos†, cretenses e ára-
bes; e nós os ouvimos anunciando em
nossa língua as maravilhas de Deus".
[12]Todos estavam pasmados e perple-
xos, perguntando uns aos outros: "Que
pode ser isto?" [13]Outros diziam zom-
bando: "Estão cheios de vinho doce!"
Primeiro discurso de Pedro. [14]Então
Pedro, de pé, junto com os Onze, er-
gueu a voz e dirigiu ao povo estas pa-
lavras: "Homens da Judeia e vós todos
que vos achais em Jerusalém! Ficai sa-
bendo disto e prestai atenção a minhas
palavras. [15]Estes homens não estão
bêbados, como pensais, sendo apenas
nove horas da manhã. [16]Mas isto é o
que foi dito pelo profeta Joel:*
[17]'Acontecerá, nos últimos dias,† diz
Deus,
que derramarei meu Espírito sobre
todo ser humano.
Vossos filhos e vossas filhas profeti-
zarão,
vossos jovens terão visões e vossos
idosos terão sonhos.
[18]Também sobre meus servos e mi-
nhas servas
derramarei naqueles dias meu Espíri-
to, e profetizarão.
[19]Farei prodígios lá em cima no céu*
e sinais aqui embaixo na terra,
sangue, fogo e vapor de fumaça.
[20]O sol se mudará em trevas e a lua
em sangue,

---

* **1**,20. Sl 69,26; 109,8 | **2**,1. Lv 23,15-21; Dt 16,9ss | 2. 4,31; 10,44; 19,6; Lc 3,16; 1Cor 13,1; Mc 16,17 | 7. 1,11 | 16. Jl 3,1-5 | 19. 5,12; 15,12; Ap 6,12 | 21. Rm 10,13

† **1**,26. O sorteio, pelo qual Deus manifesta sua vontade, era prática usada em Israel, Lv 16,8; Nm 26,52-55; Js 7,14. | **2**,1. Pentecostes quer dizer 50; era celebrado 50 dias depois da Páscoa, para comemorar a aliança do Sinai, Êx 24. | 4. O dom das línguas restaura a unidade do gênero humano que se perdera em Babel, Gn 11. O dom do Espírito funda a Igreja como realidade viva. Pentecostes é a festa da manifestação da Igreja ao mundo. | 5. Conforme uma tradição rabínica, quando Javé deu a Lei, sua voz foi ouvida por todas as nações "que há debaixo do céu". | 10. Os povos são enumerados conforme uma ordem geográfica que vai do oriente ao ocidente. | 11. Prosélitos eram pagãos que simpatizavam com o judaísmo e aceitavam a circuncisão. | 17. Os "últimos dias" são os dias do Messias, pois com ele a história entrou em sua última fase.

antes que chegue o dia do Senhor,
grande e glorioso dia.
21E todo aquele que invocar o nome
do Senhor será salvo'.*
22Homens de Israel, ouvi estas pa-
lavras: Jesus de Nazaré foi por Deus
credenciado junto de vós, por meio
de milagres, prodígios e sinais, que
Deus realizou entre vós por meio dele,
como bem sabeis. 23Este homem, que
tinha sido entregue* segundo o desíg-
nio preestabelecido e a presciência de
Deus, vós o prendestes e o matastes,
pregando-o na cruz* por mãos de gen-
te má. 24Mas Deus o ressuscitou, liber-
tando-o das angústias da morte, pois
não era possível que ele ficasse detido
sob seu poder.
25Com efeito, diz Davi a respeito
dele:*
'Eu contemplava sempre o Senhor
diante de mim;
porque ele está a minha direita, para
eu não vacilar.
26Por isso, meu coração se alegrou e
exultou minha língua.
E também minha carne repousará na
esperança
27de que não me abandonareis na
mansão dos mortos,
nem permitireis que vosso Santo ex-
perimente a corrupção.
28Os caminhos da vida me fizestes
conhecer,
encher-me-eis de alegria com vossa
presença'.
29Irmãos, permiti que eu vos fale
com toda a franqueza: o patriarca Davi
morreu e foi sepultado, e seu túmulo
se acha entre nós até hoje. 30Mas como
ele era profeta e sabia que Deus lhe
havia prometido com juramento* fa-
zer sentar-se sobre seu trono um des-
cendente seu, 31ele viu de antemão e
anunciou a ressurreição de Cristo, di-
zendo que ele não seria abandonado
na mansão dos mortos e que sua carne
não sofreria a corrupção. 32A este Je-
sus, Deus o ressuscitou,* disso todos
somos testemunhas. 33E agora, exal-
tado pela direita de Deus, ele recebeu
do Pai o Espírito Santo prometido* e
o derramou; é isso que estais vendo e
ouvindo. 34Pois não foi Davi que subiu
ao céu e no entanto ele diz:
'O Senhor disse a meu senhor:*
senta-te a minha direita
35até que eu ponha teus inimigos de-
baixo de teus pés'.
36Portanto, que toda a casa de Israel
fique sabendo, com certeza, que Deus
estabeleceu como Senhor e Messias
esse Jesus que vós crucificastes!"
As primeiras conversões. 37Ao ouvi-
rem essas palavras,* sentiram o cora-
ção agoniado e perguntaram a Pedro
e aos demais apóstolos: "Que devemos
fazer, irmãos?" 38Pedro respondeu-
-lhes: "Arrependei-vos e cada um pro-
cure receber o batismo em nome de
Jesus Cristo, para a remissão de vossos
pecados; e assim recebereis o dom do
Espírito Santo. 39Porque é para vós a
promessa,* como também para vossos
filhos e para todos os que estão longe†,
para quantos forem chamados pelo Se-
nhor nosso Deus".
40E com muitas outras palavras dava
testemunho e exortava-os, dizendo:
"Salvai-vos desta geração perversa!"
41Os que aceitaram sua palavra recebe-
ram o batismo.* E, naquele dia, uniram-
-se a eles umas três mil pessoas†.
A vida da comunidade†. 42Eles perse-
veravam na doutrina dos apóstolos,* na
vida em comunidade, na fração do pão†

---

* **2**,23. 4,28 / 3,15 | 25. 2Sm 22,6; Sl 16,8-11 | 30. 13,36; 1Rs 2,10; Sl 89,4; 16,10; 132,11; 2Sm 7,12s | 32. Lc 24,48; Jo 14,16; 15,26 | 33. 1,4.8; 7,55s | 34. Sl 110,1; Mt 22,44; Hb 1,13 | 37. 3,19; Lc 3,10.12.14 | 39. 22,21; Is 57,19; Jl 2,32; Ef 2,13.17 | 41. 2,47; 4,4; 5,14; 11,24 | 42. 2,46; 20,7

† **2**,39. Nesta expressão, tirada de Is 57,19, os que estavam longe (da salvação) eram os gentios, agora chamados juntamente com os que estavam perto, os judeus. | 41. Lucas gosta de mostrar o crescimento da Igreja: 2,47; 4,4; 5,14; 6,7; 9,31; 11,21.24; 16,5. | 42. Aqui e em 4,32-36 e 5,12-17 temos retratos da comunidade: viviam em união, praticavam a comunhão de bens, ofereciam a Deus o culto litúrgico e ouviam a Palavra. / A expressão "fração do pão" designa a Eucaristia, At 20,7; 1Cor 10,16, na qual se fazia memória da vida de Cristo, a pregação da Palavra, preces, uma refeição e a partilha dos bens. Deste ritual nasceu nossa Missa.

e nas orações. [43]O temor se apoderava de todos,* e eram numerosos os prodígios e sinais feitos pelos apóstolos. [44]Todos os que creram estavam juntos* e tinham tudo em comum. [45]Vendiam suas propriedades e seus bens e distribuíam o dinheiro entre todos, conforme cada um precisava. [46]Unidos de coração, frequentavam todos os dias o templo e partiam o pão em suas casas, tomando as refeições com alegria e simplicidade de coração. [47]Louvavam a Deus e gozavam da estima de todo o povo. E cada dia o Senhor ia ajuntando à comunidade os que seriam salvos.*

3 **Cura de um aleijado.** [1]Pedro e João estavam subindo ao templo para a oração das três horas da tarde†. [2]Estava sendo levado um aleijado de nascença,* que todo dia era colocado à porta do templo, chamada Formosa, para pedir esmola aos que entravam no templo. [3]Vendo Pedro e João que iam entrar no templo, pediu-lhes esmola. [4]Então Pedro, como também João, fixou nele o olhar e disse: "Olha para nós". [5]Ele mantinha o olhar fixo neles, esperando receber deles alguma coisa. [6]Pedro, porém, disse: "Prata e ouro não tenho,* mas o que tenho te dou: em nome de Jesus Cristo, o Nazareno, caminha!" [7]Segurando-o pela mão direita, levantou-o. Na mesma hora os pés e os tornozelos dele se firmaram; [8]de um salto ele se pôs de pé e começou a andar. Entrou com eles no templo, andando, saltando e louvando a Deus. [9]Todo o povo o viu caminhar e louvar a Deus; [10]reconheciam nele o homem que ficava pedindo esmola,* sentado junto à porta Formosa do templo. Ficaram cheios de espanto e de admiração pelo que lhe acontecera.

Segundo discurso de Pedro. [11]Como ele não largasse mais Pedro e João,* todos, maravilhados, acorreram para eles no pórtico chamado de Salomão. [12]Ao ver isso, Pedro disse ao povo: "Homens de Israel, por que vos admirais disso? Por que ficar nos olhando assim, como se fosse por nosso próprio poder ou por nossa piedade pessoal que fizemos este homem caminhar? [13]O Deus de Abraão, de Isaac e de Jacó,* o Deus de nossos pais glorificou seu Servo† Jesus, que vós entregastes e renegastes perante Pilatos, quando ele estava resolvido a libertá-lo. [14]Vós, porém, renegastes o Santo e o Justo e pedistes a liberdade para um assassino, [15]enquanto matáveis o autor da vida.* Mas Deus o ressuscitou dentre os mortos†, e disso nós somos testemunhas. [16]E pela fé em seu nome†, este mesmo nome acaba de fortalecer este homem que vós vedes e conheceis; e a fé nele deu a este homem a saúde perfeita, na presença de todos vós.

[17]No entanto, irmãos, eu sei que vós* e vossos chefes agistes assim por ignorância. [18]Foi assim que Deus cumpriu aquilo que havia predito pela boca de todos os profetas, isto é, que seu Cristo haveria de sofrer. [19]Arrependei-vos,* pois, e convertei-vos, para que vossos pecados sejam apagados [20]e que assim o Senhor faça chegar o tempo do repouso. Ele enviará então o Cristo que vos foi destinado, Jesus, [21]aquele que o céu deve guardar até os tempos da restauração universal, da qual Deus falou pela boca de seus santos profetas de outrora. [22]Primeiro disse Moisés: 'O Senhor Deus suscitará para vós,* dentre vossos irmãos, um profeta semelhante a mim; vós o escutareis em tudo o que

---

* **2**,43. 5,11s; 6,8; 15,12 | 44. 2,42; 4,32-36; Lc 24,53 | 47. 2,41; 4,4; 5,14; 11,24 | **3**,2. 14,8 | 6. 3,16; 4,10; 14,10; 16,18 | 10. 9,8s | 11. 5,12; Jo 10,23 | 13. 7,32; Êx 3,6.15; Mt 22,32; Jo 13,32; 18,32-40 | 15. 1,8; 2,32; 4,10; 5,30; Lc 24,48 | 17. Lc 23,34; 24,27.44.47 | 19. 2,38; 1Tm 1,13 | 22. 7,37; Dt 18,15-19

† **3**,1. Hora em que se oferecia o sacrifício vespertino, prescrito em Êx 29,41. | 13. Jesus é o Servo anunciado na segunda parte do livro de Isaías, Is 42, 1. A glorificação do Servo é a ressurreição de Jesus. O termo "Servo" retorna em At 4,27.30. | 15. "Jesus conheceu a morte como todos os seres humanos e com sua alma esteve com os santos do AT na morada dos mortos. Mas foi para lá como Salvador, proclamando a boa notícia aos espíritos que ali estavam aprisionados. É isto o que quer dizer a expressão 'Ressuscitou dentre os mortos', Rm 8,11; 1Cor 15,20" (CIC). | 16. O nome equivale à pessoa: é Jesus quem faz o milagre. Ver também 4,12.30; 5,41.

isto, todos juntos elevaram a voz para
Deus, dizendo: "Senhor, vós criastes o
céu, a terra, o mar e tudo o que neles
se encontra; [25]vós dissestes pelo Espíri-
to Santo e pela boca de nosso pai Davi,
vosso servo:* 'Por que este tumulto entre
as nações? Por que os povos fazem vãos
projetos? [26]Os reis da terra se insurgem
e os poderosos fazem aliança contra o
Senhor e contra seu Ungido'. [27]De fato,
reuniram-se nesta cidade* contra vosso
santo servo Jesus, vosso Ungido†, Hero-
des e Pôncio Pilatos† com as nações pa-
gãs e os povos de Israel, [28]para cumprir
tudo o que, em vosso poder e em vosso
projeto, havíeis predeterminado. [29]Ago-
ra, pois, Senhor,* considerai as ameaças
deles e concedei a vossos servos anun-
ciar vossa palavra com toda a firmeza.
[30]Estendei vossa mão para operar curas,
sinais e prodígios pelo nome de vosso
santo servo Jesus". [31]Enquanto rezavam,
tremeu o lugar onde estavam reunidos;*
então todos ficaram cheios do Espírito
Santo e se puseram a anunciar a palavra
de Deus com firmeza†.

A comunidade reparte seus bens. [32]A
multidão dos que abraçaram a fé* tinha
um só coração e uma só alma; ninguém
considerava como suas as coisas que
possuía, mas tinham tudo* em comum.
[33]Os apóstolos testemunhavam, com
grande vigor, a ressurreição do Senhor
Jesus, e todos gozavam de grande esti-
ma. [34]Com efeito, entre eles não havia
indigentes,* pois quem era proprietário
de terras ou casas, vendia-as e levava
o preço dos bens negociados [35]para
depositá-lo aos pés dos apóstolos. E
repartia-se a cada um de acordo com
suas necessidades. [36]Assim, José,* que
os apóstolos apelidaram de Barnabé,
nome que significa filho da consolação,
levita nascido em Chipre, [37]possuía um
terreno; vendeu-o, trouxe o dinheiro e
depositou-o aos pés dos apóstolos.

5 **Ananias e Safira.** [1]Um homem,
chamado Ananias, vendeu um ter-
reno de comum acordo com sua mulher
Safira; [2]e, em conivência com ela, reteve
uma parte do preço* e trouxe o restante
para depositá-lo aos pés dos apóstolos.
[3]Mas Pedro disse: "Ananias, por que
Satanás tomou conta de teu coração, a
ponto de mentires ao Espírito Santo* e
reteres uma parte do preço do terreno?
[4]Se o terreno não fosse vendido, não
continuaria teu? E depois que foi ven-
dido, o dinheiro obtido não estava a tua
disposição? Como foi que colocaste em
teu coração um tal propósito? Não foi
aos homens que mentiste, mas a Deus".
[5]Ouvindo essas palavras, Ananias caiu*
e morreu. Um grande temor apoderou-
-se então de todos os que ouviram isto.
[6]Vieram os jovens, envolveram o corpo
e o levaram à sepultura.

[7]Após um intervalo de três horas
mais ou menos, entrou sua mulher, que
de nada sabia. [8]Pedro interpelou-a: "Di-
ze-me, foi por tal preço que vendestes
o terreno?" Ela respondeu: "Sim, foi".
[9]Pedro lhe disse: "Como combinastes*
para tentar o Espírito do Senhor? Es-
tão aí na porta os que sepultaram teu
marido, e eles vão te levar". [10]Na mes-
ma hora ela caiu aos pés do apóstolo
e morreu. Quando os jovens entraram,
encontraram-na morta e levaram-na
para enterrá-la junto ao marido. [11]Um
grande temor* apoderou-se então da
Igreja† inteira e de todos os que fica-
ram sabendo deste fato†.

---

* **4**,25. Sl 2,1 | 27. 2,23; 3,12; Is 61,1; Lc 23,12 | 29. Ef 6,19 | 31. 2,2s; 16,26 | 32. 2,44 / 2,47; 4,2 | 34. 2,45 | 36. 11,22.24; 13,4; 15,39 | **5**,2. 4,34.37 | 3. Jo 13,2 | 5. 2,43; 5,11; 19,17 | 9. 1Cor 10,9 | 11. 2,43; 5,5; 19,17 | 12. 2,43; 3,11; 6,8; 14,3; 15,12; 19,11; Jo 10,23 | 14. 2,41; 6,7; 11,21.24; 21,20

† **4**,27. Ungido é a tradução da palavra grega "Cristo" e da palavra hebraica "Messias". / "Deus permitiu os atos nascidos da cegueira de Pilatos e de Herodes a fim de realizar seu projeto de salvação" (CIC). | 31. Renova-se de certa forma o fenômeno de Pentecostes, mostrando que o Espírito está sempre presente na Igreja. | **5**,11. Primeiro uso do termo "Igreja" para indicar o conjunto dos cristãos. O termo designa também as comunidades locais, At 8,1; 13,1; 14,23; 15,41. / Único exemplo no NT de milagre em castigo de um pecado. Mentir aos apóstolos era mentir ao Espírito Santo, que por eles falava e agia; era negar a presença do Espírito Santo na Igreja. A mentira de Ananias e Safira é "o pecado original na Igreja", a qual é uma comunidade cujos membros são falíveis, mas cujo projeto de comunhão de amor é salvo pelo julgamento de Deus.

vos disser. [23]E todo aquele que não escutar esse profeta será eliminado do meio do povo'. [24]Depois, todos os profetas, que falaram desde Samuel e seus sucessores, anunciaram também esses dias. [25]Vós sois os filhos dos profetas* e da aliança que Deus fez com nossos pais quando disse a Abraão: 'E em tua descendência serão abençoadas todas as famílias da terra'. [26]Foi para vós em primeiro lugar que Deus ressuscitou seu Servo* e o enviou para vos abençoar, convertendo cada um de vós de suas maldades".

4 **Pedro e João diante do Sinédrio.** [1]Ainda estavam falando ao povo,* quando chegaram os sacerdotes, o chefe do templo e os saduceus, [2]indignados porque estavam ensinando o povo e anunciando em Jesus a ressurreição dos mortos. [3]Prenderam-nos* e conservaram-nos na prisão até o dia seguinte, pois já caíra a tarde. [4]No entanto, muitos daqueles que tinham ouvido a Palavra, abraçaram a fé, e seu número elevou-se a cinco mil homens mais ou menos.

[5]No dia seguinte reuniram-se em Jerusalém os chefes dos judeus, os anciãos e os escribas [6]com o sumo sacerdote Anás, Caifás, João, Alexandre e todos os membros das famílias pontifícais. [7]Fizeram comparecer diante deles os apóstolos* e começaram a interrogá-los: "Com que poder ou em nome de quem fizestes isto?"

[8]Então Pedro, cheio do Espírito Santo,* respondeu-lhes: "Chefes do povo e anciãos! [9]Hoje estamos sendo interrogados sobre o benefício que fizemos a um enfermo e sobre o meio pelo qual ele foi curado. [10]Ficai sabendo, vós todos e todo o povo de Israel: é no nome de Jesus Cristo, o Nazareno,* aquele que vós crucificastes e que Deus ressuscitou dos mortos,* é por ele que este homem se apresenta diante de vós em perfeita saúde.

[11]Este Jesus é a pedra que vós, os construtores, rejeitastes e que se tornou a pedra angular. [12]Em nenhum outro há salvação, pois não existe sob o céu outro nome dado aos homens pelo qual devamos ser salvos".

[13]Vendo a segurança de Pedro e de João e considerando que eram pessoas sem instrução nem cultura, os membros do Sinédrio estavam pasmados. Reconheciam neles os que estavam com Jesus. [14]Viam ao mesmo tempo,* de pé junto deles, o homem que fora curado. E não tinham resposta para dar. [15]Então mandaram que saíssem do Sinédrio e puseram-se a deliberar entre si. [16]Diziam: "Que vamos fazer com eles?* Pois é claro para todos os habitantes de Jerusalém que um sinal evidente foi por eles realizado, e não podemos negá-lo. [17]Mas para que isso não se espalhe mais entre o povo, vamos proibi-los com ameaças de falar neste nome daqui em diante a quem quer que seja". [18]Chamaram-nos, pois, e proibiram-nos formalmente de falar ou de ensinar em nome de Jesus†. [19]Mas Pedro e João lhes responderam:* "Julgai vós mesmos se é justo aos olhos de Deus obedecer mais a vós que a Deus. [20]Porque quanto a nós, não podemos calar o que vimos e ouvimos". [21]Depois de lhes fazerem novas ameaças, eles os soltaram, não encontrando modo de os castigar, por causa do povo, pois todos glorificavam a Deus pelo que acontecera. [22]Com efeito, o homem milagrosamente curado tinha mais de quarenta anos.

A comunidade em oração. [23]Depois de libertados, foram para junto dos seus e contaram tudo que os sumos sacerdotes e os anciãos* haviam dito. [24]Ouvindo

---

* **3**,25. Gl 3,8; Gn 12,3; 18,18; 22,18; 26,4 | 26. 13,46; Rm 1,16 | **4**,1. 17,18; 23,8; 26,23; Mt 22,23 | 3. 2,41; 5,18 | 7. Mt 21,23 | 8. 6,3; 7,55; 9,17; 11,24; 13,9; Mt 10,19 | 10. 3,6.13; 5,30; 10,39s; 13,30 / 2,24.32; 17,31; Mt 21,42; 1Pd 2,4.7; Sl 117,22; Mt 1,21 | 14. 3,8 | 16. 5,34s; Jo 11,47 | 19. 5,29; 1Pd 5,1; 1Jo 1,1ss 23. Êx 20,11; Is 37,16; Jr 32,17

† **4**,18. Esta atitude do Sinédrio assemelha-se ao "pecado contra o Espírito Santo". Ver a nota em Lc 12,10.

Milagres dos apóstolos. 12 Eram mui-
tos os sinais e prodígios* feitos pelas
mãos dos apóstolos no meio do povo.
Costumavam estar todos juntos no
pórtico de Salomão; 13 e nenhuma das
outras pessoas ousava juntar-se a eles,
mas o povo os elogiava. 14 Ia crescendo
sempre mais o número dos homens e
mulheres que abraçavam a fé* no Se-
nhor. 15 Chegavam a carregar os doen-
tes, em camas e macas, para pô-los nas
ruas a fim de que, quando Pedro pas-
sasse,* pelo menos a sombra dele co-
brisse algum deles. 16 Acorria também
muita gente das cidades vizinhas de
Jerusalém, trazendo doentes e pessoas
atormentadas por espíritos imundos, e
todos eram curados.

Prisão e libertação dos apóstolos. 17 In-
terveio então o sumo sacerdote,* com
todos os de sua comitiva, o partido dos
saduceus. Cheios de inveja, 18 mandaram
prender os apóstolos e lançá-los na ca-
deia pública. 19 Mas durante a noite um
anjo do Senhor* abriu as portas da pri-
são e, depois de os ter conduzido para
fora, disse-lhes: 20 "Ide, apresentai-vos no
templo e anunciai ao povo todas estas
palavras de vida". 21 Obedecendo a esta
ordem, entraram no templo de madru-
gada e puseram-se a ensinar.

Os apóstolos comparecem perante o Sinédrio. Entretanto chegou o sumo
sacerdote com sua comitiva. Convo-
caram o Sinédrio e todos os anciãos
dos israelitas e mandaram buscar os
apóstolos na prisão. 22 Mas os servos,
chegando lá, não os encontraram na
cadeia. Voltaram, pois, para dizer:
23 "Encontramos a prisão cuidadosa-
mente fechada e os guardas a postos
junto à saída. Mas quando a abrimos,
não achamos ninguém lá dentro". 24 Ao
ouvirem isso,* o chefe do templo e os
sumos sacerdotes ficaram perplexos
em relação aos apóstolos, pensando o
que viria a ser aquilo.

25 Veio então alguém que lhes anun-
ciou: "Os homens que lançastes na
prisão estão lá no templo ensinando o
povo". 26 Então o chefe do templo par-
tiu com seus homens e trouxe de volta
os apóstolos, mas sem violência, pois
tinham medo de serem apedrejados
pelo povo. 27 Tendo-os trazido, fizeram-
-nos comparecer diante do Sinédrio. O
sumo sacerdote interrogou-os: 28 "Não
vos proibimos expressamente de en-
sinar neste nome? Mas vós enchestes
Jerusalém com vossa doutrina e que-
reis jogar sobre nós a responsabilidade
pela morte deste homem".

29 Pedro e os apóstolos responderam:
"Deve-se obedecer antes a Deus* que
aos homens. 30 O Deus de nossos pais
ressuscitou Jesus,* que vós matastes,
suspendendo-o num madeiro. 31 Deus
exaltou-o por sua direita, fazendo-o
Chefe e Salvador, para conceder a Isra-
el o arrependimento e a remissão* dos
pecados. 32 E disso nós somos testemu-
nhas, como também o Espírito Santo,
que Deus tem dado àqueles que lhe
obedecem".*

Intervenção de Gamaliel. 33 Ouvindo
isto, ficaram furiosos* e planejavam
matá-los. 34 Mas um fariseu, chama-
do Gamaliel†, doutor da lei respeitado
por todo o povo, levantou-se no meio
do Sinédrio e ordenou que fizessem
aqueles homens sair por um momento.
35 Depois lhes disse: "Israelitas, consi-
derai bem* o que ides fazer com estes
homens. 36 Pois não faz muito tempo,
surgiu Teudas, que pretendia ser al-
guém, ao qual aderiu um bando de uns
quatrocentos homens; mas foi morto,
e todos os seus seguidores debanda-
ram, e não restou ninguém. 37 Depois,
na época do recenseamento,* surgiu
Judas, o galileu, que arrastou muita
gente atrás dele; também ele morreu,
e todos os seus seguidores foram dis-
persos. 38 Então, eu vos digo, não vos
ocupeis com estes homens; deixai-os!
Pois se esta empresa ou esta obra vem
dos homens, ela se destruirá; 39 mas se
de fato ela vem de Deus,* não pode-

---

* **5**,15. Mc 6,56 | 17. 4,1-6 | 19. 12,7 | 24. 4,1 | 29. 4,19; Dn 3,18 | 30. 2,23s.32.36; 10,39s; 17,31 | 31. 2,33.38; Lc 24,47; Hb 2,10; 12,2 | 32. 1,8; 3,15; Jo 15,26 | 33. 4,15; 22,3 | 35. 21,38 | 37. Lc 13,1s | 39. 9,5

† **5**,34. Gamaliel era um rabino moderado e muito estimado; foi mestre de São Paulo, 22,3.

reis destruí-la. Não corrais o risco de lutar contra Deus”. 40Eles concordaram com ele.* Chamaram, então, os apóstolos, mandaram açoitá-los e, depois de proibi-los de falar no nome de Jesus,* puseram-nos em liberdade. 41Saíram, pois, do Sinédrio, alegres por terem sido considerados dignos de sofrer injúrias por causa do nome de Jesus†. 42E cada dia, no templo e nas casas,* não cessavam de ensinar e de anunciar a Boa Nova do Cristo Jesus.

II. A IGREJA SE PROPAGA NA PALESTINA (6–12)

6 **Instituição dos Sete.** 1Naqueles dias, o número dos discípulos estava aumentando.* E os helenistas† começaram a queixar-se contra os hebreus, alegando que suas viúvas eram esquecidas na distribuição diária de alimentos. 2Então os Doze convocaram a assembleia dos discípulos e disseram: “Não convém deixarmos de pregar a palavra de Deus para servir às mesas†. 3Por isso, irmãos, escolhei entre vós* sete homens de boa reputação, cheios do Espírito e de sabedoria, e nós lhes confiaremos esta tarefa. 4Quanto a nós, vamos dedicar-nos plenamente à oração e ao serviço da Palavra”. 5Esta proposta agradou a toda a assembleia* e escolheram: Estêvão, homem cheio de fé e do Espírito Santo; Filipe, Prócoro, Nicanor, Tímon, Pármenas e Nicolau, prosélito de Antioquia. 6Estes foram apresentados aos apóstolos que, depois de rezar,* impuseram-lhes as mãos†.

7A palavra de Deus se propagava;* em Jerusalém aumentava muito o número dos discípulos, e também uma grande multidão de sacerdotes aderia à fé.

Atividade e prisão de Estêvão. 8Estêvão, cheio de graça e de poder,* operava grandes prodígios e sinais no meio do povo. 9Intervieram então alguns da sinagoga, chamada dos Libertos, dos cireneus, dos alexandrinos e dos da Cilícia e da Ásia e puseram-se a discutir com Estêvão. 10Mas não podiam resistir à sabedoria e ao Espírito com que falava. 11Subornaram então alguns indivíduos,* para que dissessem: “Nós o ouvimos pronunciar palavras blasfemas contra Moisés e contra Deus”. 12Amotinaram assim o povo, os anciãos e os escribas; depois, investindo contra ele, prenderam-no e conduziram-no perante o Sinédrio. 13Lá apresentaram falsas testemunhas* que declararam: “Este homem não cessa de dizer palavras contra este Santo Lugar e contra a Lei. 14Nós o ouvimos dizer* que Jesus, o Nazareno, vai destruir este Lugar e vai mudar as tradições que Moisés nos legou”. 15E todos os que estavam sentados no Sinédrio olhavam atentamente para ele e viram seu rosto como o de um anjo.

7 **Discurso de Estêvão.** 1O sumo sacerdote perguntou-lhe:* “Isto é verdade?” 2Ele respondeu: “Irmãos e pais, escutai! O Deus da glória apareceu a nosso pai Abraão,* quando ele estava ainda na Mesopotâmia, antes de se estabelecer em Harã 3e lhe disse: ‘Sai de tua terra e de tua família e vai para a terra que te mostrarei’†. 4Abraão

---

* **5**,40. 4,18; 22,19 / Mt 5,10s; 1Pd 4,13 | 42. 2,46; 17,3; 18,5.28 | **6**,1. 2,45; 4,35 | 3. 1Tm 3,7s; 3Jo 12 | 5. 6,10; 8,5; 11,24 | 6. 1,24; 13,3; 14,23 | 7. 2,41; 4,4; 5,14; 11,21; 12,24; 16,5; 19,20; 21,20 | 8. 2,43; 14,3 | 11. Mt 26,59ss; Mc 14,55-58 | 13. Jr 26,11 | 14. 21,21 | **7**,1. Sl 29,3 | 2. Gn 11,31; 12,7; 13,15; 15,7

† **5**,41. O “nome” geralmente quer dizer Deus; mas os cristãos o empregam para Cristo, que recebeu “o nome que está acima de todo nome”, Fl 2,9. | **6**,1. Helenistas eram os judeus de língua grega, que nasceram ou viveram fora da Palestina. Hebreus eram os judeus nascidos na Palestina e de língua aramaica. A convivência entre esses grupos foi o primeiro problema prático que a Igreja enfrentou. | 2. Servir às mesas é cuidar dos ágapes cristãos, refeições associadas à Eucaristia; talvez incluísse ainda a administração dos bens da Igreja. | 6. Aqui o gesto de impor as mãos significa a admissão a um ministério; em 8,17 e 19,6 é um rito para comunicar o Espírito Santo; em 13,3 serve para enviar em missão e em 28,8 para curar. | **7**,3. Estêvão recorda a história dos Pais, citando expressões tiradas do Gênesis e do Êxodo.

ci para libertá-los. Vem, pois, porque vou mandar-te ao Egito'. 35Este Moisés que eles rejeitaram, dizendo: 'Quem te estabeleceu como chefe e juiz?', foi ele que Deus enviou como chefe e libertador, por intermédio do anjo que lhe aparecera na sarça. 36Foi ele que os fez sair,* fazendo prodígios e sinais no país do Egito, no mar Vermelho e no deserto durante quarenta anos.*

37Foi ele, Moisés, que disse aos filhos de Israel: 'Deus fará surgir para vós,* dentre vossos irmãos, um profeta como eu'. 38Foi ele que, na assembleia, no deserto, estando com o anjo que lhe falava no monte Sinai e com nossos pais, recebeu as palavras de vida para no-las dar. 39Mas nossos pais não quiseram obedecer-lhe. Mais ainda, eles o repeliram e, voltando em seus corações para o Egito, 40disseram a Aarão: 'Faze para nós deuses* que caminhem a nossa frente, pois a este Moisés, que nos fez sair da terra do Egito, não sabemos o que lhe aconteceu'. 41Fabricaram naqueles dias um bezerro e ofereceram um sacrifício ao ídolo, e celebravam alegremente a obra de suas mãos. 42Então Deus afastou-se deles* e os abandonou ao culto do exército do céu, assim como está escrito no livro dos Profetas:

'Acaso me oferecestes vítimas e sacrifícios
durante quarenta anos no deserto, ó casa de Israel?
43Antes, carregastes a tenda de Moloc
e a estrela do deus Refã,
as figuras que fizestes para adorá-las;
por isso vou exilar-vos para além da Babilônia'.

44Nossos pais no deserto* tinham a tenda do testemunho, assim como ordenara aquele que disse a Moisés que a fizesse segundo o modelo que tinha visto. 45Depois de tê-la recebido,* nossos pais a introduziram, sob a chefia de Josué, no país conquistado às nações que Deus expulsou da frente deles; assim aconteceu até os dias de Davi. 46Este foi do agrado de Deus* e pediu para providenciar uma morada para o Deus de Jacó. 47Foi Salomão, no entanto, que lhe construiu uma casa. 48Mas o Altíssimo não habita em casas feitas por mãos humanas†, conforme diz o profeta:

49'O céu é meu trono e a terra o estrado de meus pés;*
que casa podereis construir-me, diz o Senhor,
e qual será o lugar de meu repouso?
50Não foi minha mão que fez tudo isto?'

51Gente de cabeça dura, incircuncisos de coração e de ouvidos,* vós sempre resistis ao Espírito Santo! Como foram vossos pais, assim sois vós! 52Qual dos profetas vossos pais não perseguiram?* Eles mataram os que prediziam a vinda do Justo, do qual vós agora vos tornastes traidores e assassinos, 53vós, que recebestes a lei pelo ministério dos anjos e não a observastes".

Martírio de Estêvão. 54A essas palavras, seus corações ardiam de furor* e eles rangiam os dentes contra Estêvão. 55Ele, porém, cheio do Espírito Santo, fixou os olhos no céu e viu a glória de Deus e Jesus de pé a sua direita; 56e disse: "Estou vendo os céus abertos e o Filho do homem de pé à direita de Deus". 57Então, soltando grandes gritos, taparam os ouvidos e, todos juntos, lançaram-se sobre ele; 58expulsaram-no para fora da cidade e puseram-se a apedrejá-lo.* As testemunhas colocaram suas vestes aos pés de um jovem chamado Saulo†. 59E, en-

* **7**,36. Êx 7,3.10; 11,10; 14,16.21.27; Nm 14,33 / At 3,22 | 37. Dt 18,15; Êx 19,3; Dt 9,10; Nm 14,3 | 40. Êx 31,1.4.23 | 42. Jr 7,18; Am 5,27ss | 44. Êx 25,9.40 | 45. Gn 17,8; Js 23,9; 24,18 | 46. 1Sm 7,2; Sl 132,5; 1Rs 6,1 | 49. Is 66,1s | 51. Êx 32,9; 33,3; Lv 26,41; Jr 9,26; 6,10; 2Cr 36,16; Mt 23,31 | 52. Hb 2,2; Gl 3,19 | 54. 6,5; Lc 22,69; Mt 3,16; Lc 3,21 | 58. 22,20; Lc 23,34.46

† **7**,48. O ponto central da discussão entre Estêvão e seus adversários é a função do templo como casa de Deus. O Espírito Santo mostra que a habitação de Deus é Jesus, no centro da glória do Pai, vv. 55s. Ver também Jo 2,19ss. | 58. Aparece pela primeira vez na história o futuro apóstolo Paulo.

deixou então o país dos caldeus para
se estabelecer em Harã. De lá, após a
morte de seu pai, Deus o fez migrar
para esta terra onde agora habitais.
5Mas não lhe deu propriedade alguma
nesta terra, nem mesmo um lugar onde
pôr os pés, mas prometeu dar-lhe a
terra como propriedade a ele e a sua
posteridade depois dele, embora não
tivesse filho. 6E Deus lhe disse que sua
posteridade habitaria em terra estran-
geira,* que a reduziriam à escravidão
e a oprimiriam durante quatrocentos
anos. 7'Mas a nação da qual forem es-
cravos, eu a julgarei – disse Deus – e
depois disso, eles sairão de lá e me
prestarão culto neste mesmo lugar'.
8Deu-lhe a seguir a aliança da circun-
cisão.* E assim, depois de ter gerado
Isaac, Abraão circuncidou-o no oitavo
dia. E o mesmo fez Isaac com Jacó, e
Jacó com os doze patriarcas".

9"Os patriarcas, com inveja de José,*
venderam-no para ser levado para o
Egito. Mas Deus estava com ele: 10li-
vrou-o de todas as suas tribulações e
deu-lhe graça e sabedoria diante do
Faraó, rei do Egito, que o nomeou ad-
ministrador do Egito e de toda a sua
casa. 11Veio, então, uma carestia so-
bre todo o Egito* e Canaã; a penúria
era grande e nossos pais não encon-
travam alimentos. 12Ouvindo dizer que
havia trigo no Egito, Jacó enviou para
lá nossos pais uma primeira vez; 13na
segunda vez, José deu-se a conhecer a
seus irmãos,* e sua origem foi revelada
ao faraó. 14José mandou buscar seu pai
Jacó e toda a sua família, composta de
setenta e cinco pessoas. 15Jacó desceu
então ao Egito* e lá morreu, bem como
nossos pais. 16Foram transportados
para Siquém e depositados no sepul-
cro que Abraão havia comprado por di-
nheiro aos filhos de Emor em Siquém".

17"Como se aproximasse o tempo em
que se devia cumprir a promessa que
Deus havia jurado a Abraão,* o povo au-
mentou e multiplicou-se no Egito, 18até
que surgiu um novo rei que não conhe-
cia José. 19Usando de astúcia contra nos-
sa raça, este rei oprimiu nossos pais, che-
gando a mandar que expusessem seus
recém-nascidos para que não sobrevi-
vessem. 20Nesse tempo nasceu Moisés,
que era divinamente belo.* Foi nutrido
durante três meses na casa paterna;
21depois, quando foi exposto, a filha do
Faraó o recolheu e o educou como seu
próprio filho. 22Assim, Moisés foi instru-
ído em toda a sabedoria dos egípcios, e
era poderoso em palavras e obras".

23"Quando completou quarenta
anos,* veio-lhe a ideia de ir visitar seus
irmãos, os israelitas. 24Vendo que um
deles estava sendo maltratado, tomou
sua defesa e vingou o oprimido, ma-
tando o egípcio. 25Pensava que seus
irmãos entenderiam que era Deus que,
por sua mão, estava trazendo-lhes a
salvação; mas não o compreenderam.
26No dia seguinte, apresentou-se no
meio deles,* enquanto brigavam, para
tentar reconciliá-los: 'Amigos – disse-
-lhes – vós sois irmãos; por que vos
ofendeis um ao outro?' 27Mas aquele
que estava maltratando o companhei-
ro o repeliu, dizendo: 'Quem te esta-
beleceu como chefe* e juiz sobre nós?
28Acaso queres matar-me como matas-
te ontem o egípcio?' 29A essas palavras,
Moisés fugiu e foi refugiar-se no país
de Madiã, onde teve dois filhos.

30Passados quarenta anos, um anjo
lhe apareceu no deserto do monte Si-
nai,* na chama de uma sarça ardente.
31Moisés ficou admirado diante daque-
la visão. Como se aproximasse para ver
melhor, ouviu a voz do Senhor: 32'Eu
sou o Deus de teus pais, o Deus de
Abraão, de Isaac e de Jacó'. Todo trê-
mulo, Moisés não ousava olhar. 33Então
o Senhor lhe disse: 'Tira as sandálias
dos pés, pois o lugar onde estás é ter-
ra santa. 34Eu vi, eu vi a aflição de meu
povo no Egito,* ouvi seu gemido e des-

---

* **7**,6. Gn 15,3s; Êx 2,22; 3,12; 12,40 | 8. Gn 17,10s; 21,4 | 9. Gn 37,11.28; 39,2,21; 45,4; Sb 10,14; Sl 104,21; Gn 41,54; 42,5 | 11. Gn 42,1s | 13. Gn 45,1-5.9ss | 15. Dt 10,22; Gn 46,6; 49,33; Êx 1,6 | 17. Gn 23,10-16; Êx 1,7s | 20. Êx 2,2.5; Hb 11,23 | 23. Êx 2,11 | 26. Êx 2,13s | 27. Lc 12,14; Êx 2,15 | 30. Êx 3,2s; Dt 33,16 | 34. Êx 2,24; 3,7.10

quanto o apedrejavam, Estêvão rezava,
dizendo: "Senhor Jesus, recebe meu
espírito!" [60]Depois dobrou os joelhos
e gritou forte: "Senhor, não leves em
conta este pecado deles".* E, dizendo
isto, adormeceu†.

8

[1]Quanto a Saulo, ele aprovava
este assassinato.

Perseguição contra a Igreja. Naque-
le dia, irrompeu violenta perseguição*
contra a Igreja de Jerusalém, e todos,
com exceção dos apóstolos, disper-
saram-se pelas regiões da Judeia e da
Samaria. [2]Entretanto, alguns homens
devotos sepultaram Estêvão e fizeram
grande luto por ele. [3]Saulo, porém,
devastava a Igreja:* entrava nas casas,
arrancando homens e mulheres para
lançá-los na prisão. [4]Mas os que foram
dispersos iam por toda a parte, anun-
ciando a palavra da Boa Nova.

Filipe na Samaria. [5]Foi assim que Fi-
lipe† desceu a uma cidade da Samaria
e ali se pôs a anunciar o Cristo. [6]As
multidões atendiam unânimes à pre-
gação de Filipe, ouvindo e vendo os
sinais* que fazia. [7]De muitos posses-
sos saíam espíritos impuros, gritando
em alta voz, e numerosos paralíticos e
aleijados foram curados. [8]E foi grande
a alegria naquela cidade.

Simão, o mago. [9]Fazia tempo que
morava na cidade um homem chama-
do Simão, que praticava a magia pro-
vocando a admiração dos samaritanos
e fazendo-se passar por uma pessoa
importante. [10]E todos, do maior ao
menor, davam-lhe atenção, exclaman-
do: "Este é o poder de Deus, chamado
Grande". [11]Davam-lhe atenção, porque
havia muito tempo que os fascinava
com suas magias. [12]Mas quando cre-
ram em Filipe,* que lhes anunciava a
Boa Nova do Reino de Deus e do nome
de Jesus Cristo, fizeram-se batizar, ho-
mens e mulheres. [13]O próprio Simão,
por sua vez, abraçou a fé, foi batizado
e não se separava mais de Filipe. Ficava
fora de si à vista dos sinais e dos gran-
des prodígios que aconteciam.

[14]Quando os apóstolos, que estavam
em Jerusalém, souberam que a Samaria
recebera a palavra de Deus, enviaram
Pedro e João para lá. [15]Desceram, pois,
e rezaram por eles a fim de receberem
o Espírito Santo, [16]que, de fato, ainda
não havia descido sobre nenhum de-
les; apenas tinham sido batizados em
nome do Senhor Jesus. [17]Impunham
as mãos sobre eles,* e recebiam o Es-
pírito Santo†. [18]E Simão, vendo que o
Espírito Santo era dado pela imposição
das mãos dos apóstolos, ofereceu-lhes
dinheiro†, [19]dizendo: "Dai-me também
a mim esse poder, para que receba o
Espírito Santo aquele a quem eu im-
puser as mãos". [20]Mas Pedro replicou-
-lhe: "Pereça teu dinheiro, e tu com ele,
porque pensaste que podias comprar
com dinheiro o dom de Deus! [21]Nisto
aqui não tens parte nem herança, pois
teu coração não é reto* diante de Deus.
[22]Arrepende-te, pois, desta maldade
tua e reza ao Senhor para que, se pos-
sível, este pensamento de teu coração
te seja perdoado; [23]pois vejo que estás
na amargura do fel* e nos laços da ini-
quidade". [24]Simão respondeu: "Inter-
cedei vós mesmos por mim junto ao
Senhor, a fim de que não me aconteça
nada do que acabais de dizer".

[25]Quanto a eles, após terem dado
testemunho e anunciado a palavra do
Senhor, voltaram a Jerusalém evange-
lizando numerosas aldeias samaritanas.

Filipe e o etíope. [26]Um anjo do Senhor
dirigiu-se a Filipe e disse-lhe: "Levanta-

---

* **7**,60. Mt 27,46.50; Mc 15,34 | **8**,1. 11,19 | 3. 9,1; 22,4 | 6. Mt 10,1; Mc 6,7; 16,17; Jo 4,39s | 12. Mt 28,19 | 17. 19,6; 1Tm 4,14 | 21. Sl 78,37 | 23. Dt 29,18; Hb 12,15; Is 58,6; Êx 8,4; 9,28

† **7**,60. Em vários pontos são semelhantes a Paixão de Jesus e a morte de seu primeiro mártir: a acusação de blasfêmia contra o templo, as falsas testemunhas, a oração de perdão aos inimigos e de entrega confiante a Deus. | **8**,5. Este Filipe não é o apóstolo, mas aquele mencionado em 6,5 e que reaparece em 21,8. | 17. "Esta imposição das mãos é reconhecida pela tradição católica como a primeira notícia do sacramento da Confirmação que perpetua, na Igreja, a graça de Pentecostes" (CIC). | 18. Deste episódio originou-se o termo "simonia", que designa o pecado daqueles que, como Simão, vendem as coisas sagradas por dinheiro.

-te e vai para o sul, pela estrada que desce de Jerusalém a Gaza; ela está deserta". [27]Ele levantou-se e partiu.* Aconteceu que um etíope, eunuco, alto funcionário de Candace, rainha da Etiópia, e superintendente de todos os seus tesouros, que viera em peregrinação a Jerusalém, [28]estava de volta, sentado em seu carro, lendo o profeta Isaías. [29]O Espírito disse a Filipe: "Avança e aproxima-te daquele carro". [30]Filipe correu e ouviu que o eunuco estava lendo o profeta Isaías. Perguntou-lhe: "Consegues entender o que estás lendo?" [31]"E como o poderia* – disse ele – se ninguém me orienta?" Convidou Filipe a subir e sentar-se ao lado dele. [32]A passagem da Escritura que estava lendo era a seguinte:* "Como uma ovelha, foi conduzido ao matadouro; como um cordeiro mudo diante de quem o tosquia, assim ele não abre a boca. [33]Em sua humilhação, a justiça lhe foi negada. Sua posteridade, quem a narrará? Pois sua vida foi arrancada da terra".

[34]Dirigindo-se a Filipe, o eunuco perguntou: "Por favor, de quem o profeta diz isto? Dele mesmo ou de algum outro?" [35]Filipe então tomou a palavra e, partindo desse texto da Escritura, anunciou-lhe a Boa Nova de Jesus. [36]Seguindo pela estrada,* chegaram a um lugar onde havia água, e o eunuco disse: "Aqui temos água. Que impede que eu seja batizado?"†

[38]O eunuco mandou parar o carro. Desceram ambos à água,* Filipe e o eunuco, e ele o batizou. [39]Quando saíram da água, o Espírito do Senhor arrebatou Filipe, e o eunuco não o viu mais. E continuou a viagem todo alegre. [40]Quanto a Filipe, achou-se em Azoto; e, prosseguindo, anunciava a Boa Nova em todas as cidades, até chegar a Cesareia.

9 **Conversão de Saulo**†. [1]Entretanto Saulo, ainda respirando ameaças e mortes* contra os discípulos do Senhor, apresentou-se ao sumo sacerdote [2]e pediu-lhe cartas para as sinagogas de Damasco, a fim de que, se encontrasse adeptos do Caminho†, homens ou mulheres, ele os levasse presos para Jerusalém. [3]Durante a viagem, ao se aproximar de Damasco, de repente uma luz vinda do céu o envolveu com sua claridade. [4]Caindo por terra, ouviu uma voz* que lhe dizia: "Saul, Saul†, por que me persegues?"† [5]"Quem és tu, Senhor?" – perguntou. Ele disse: "Eu sou Jesus, a quem tu persegues†. [6]Mas levanta-te, entra na cidade, e aí vão te falar o que deves fazer". [7]Os que iam com ele ficaram parados,* mudos; ouviam, sim, a voz, mas não viam ninguém. [8]Saulo levantou-se do chão, mas, embora tivesse os olhos abertos, não via nada. Guiando-o pela mão, conduziram-no a Damasco, [9]onde passou três dias sem enxergar, sem comer e sem beber.

[10]Havia em Damasco um discípulo chamado Ananias. O Senhor chamou-o numa visão: "Ananias!" – "Eis-me aqui, Senhor!" – respondeu. [11]"Levanta-te – ordenou-lhe o Senhor – vai à rua Direita e procura, na casa de Judas, um homem chamado Saulo, de Tarso. Ele está rezando [12]e viu numa visão um homem chamado Ananias entrar e impor-lhe as mãos para lhe restituir a vista". [13]Ananias respondeu: "Senhor, tenho ouvido muita gente falar deste homem e contar todo o mal que tem feito a vossos santos† em Jerusalém.

---

* **8**,27. Is 56,3-7 | 31. Jo 16,13 | 32. Is 53,7s | 36. 10,47 | 38. 1Rs 18,12 | **9**,1. 22,3-21; 26,9-20; 1Cor 15,8 | 4. 5,89 | 7. Sb 18,1 | 14. 1Cor 1,2 | 15. 23,29; 2Cor 11,23-28

† **8**,36. Alguns manuscritos acrescentam: "[37]Filipe respondeu: 'Se crês de todo o coração, é possível'. 'Eu creio, disse ele, que Jesus Cristo é o Filho de Deus'". | **9**. Primeira das três narrações deste fato, o mais rico de consequências na história da Igreja primitiva. As outras duas são At 22,1-21 e 26,10-18. | 2. Caminho é um tipo de comportamento, uma concepção da vida; aqui designa o caminho do Senhor e da salvação, o cristianismo, 18,26; 19,9. | 4. Saulo na língua hebraica, na qual Jesus lhe falou. / Perseguir os cristãos é perseguir a Cristo, porque a Igreja é o Corpo de Cristo, 1Cor 12,27. | 5. Alguns manuscritos acrescentam: "É duro para ti recalcitrar contra o aguilhão". Trêmulo e espantado, disse: "Senhor, que queres que eu faça? E o Senhor a ele:", At 22,10; 26,14. | 13. Primeira vez que aparece o termo "santos" para indicar os membros da comunidade, os fiéis de Cristo, santificados pelo Batismo, que pertencem ao Messias Jesus, o Santo, 3,14; por isso também eles são santos, Ef 1,1; Fl 1,1; Cl 1,2.

14Ele aqui tem autorização* dos sumos
sacerdotes para prender todos os que
invocam vosso nome". 15Mas o Senhor
lhe disse: "Vai, pois este homem é para
mim um instrumento escolhido, para
levar meu nome diante dos gentios,*
dos reis e dos israelitas. 16Porque lhe
mostrarei quanto é necessário sofrer
por meu nome".

17Então Ananias foi, entrou na casa,
impôs as mãos a Saulo e lhe disse:
"Saul, meu irmão, o Senhor Jesus, que
te apareceu no caminho por onde vi-
nhas, enviou-me para que recuperes
a vista e fiques cheio do Espírito San-
to". 18No mesmo instante caiu-lhe dos
olhos algo parecido com escamas, e ele
recuperou a vista; e, levantando-se, foi
batizado; 19depois tomou alimento, e
as forças lhe voltaram.

Saulo prega em Damasco. Saulo pas-
sou alguns dias com os discípulos em
Damasco 20e, a seguir, pôs-se a anun-
ciar Jesus nas sinagogas, proclamando
que ele é o Filho de Deus. 21Todos os
que o ouviam ficavam pasmados* e di-
ziam: "Não é este que, em Jerusalém,
perseguia os que invocam este nome, e
não veio aqui justamente para os con-
duzir presos aos sumos sacerdotes?"
22Mas Saulo se fortalecia* sempre mais
e confundia os judeus de Damasco, de-
monstrando que Jesus é o Cristo.

23Passado certo tempo, os judeus
combinaram matá-lo. 24Mas Saulo fi-
cou sabendo de sua trama. Eles guar-
davam as portas da cidade dia e noite,
a fim de o matarem. 25Então os discípu-
los o tomaram de noite e o desceram
dos muros num cesto.

Saulo em Jerusalém. 26Chegando a
Jerusalém,* procurava juntar-se aos
discípulos, mas todos tinham medo
dele, não acreditando que fosse discí-
pulo.

27Mas Barnabé o acolheu e foi apre-
sentá-lo aos apóstolos, aos quais con-
tou como, no caminho, Saulo tinha vis-
to o Senhor, que lhe falara, e com que
firmeza ele tinha pregado em Damasco
em nome de Jesus. 28Desde então Sau-
lo andava livremente com os apóstolos
em Jerusalém e pregava com firmeza
em nome do Senhor. 29Falava e discu-
tia com os helenistas, mas eles procu-
ravam* matá-lo. 30Sabendo disso, os
irmãos o acompanharam até Cesareia
e o enviaram para Tarso. 31Entretanto,
em toda a Judeia, Galileia e Samaria, a
Igreja vivia em paz. Ela se consolidava e
caminhava no temor do Senhor e cres-
cia em número com a assistência do
Espírito Santo.

Cura de Eneias em Lida. 32Pedro, que
passava por todo lugar, desceu certa
vez para visitar os santos que moravam
em Lida. 33Encontrou um homem, cha-
mado Eneias, que jazia num leito havia
oito anos, pois era paralítico. 34Pedro
lhe disse: "Eneias, Jesus Cristo te dá a
cura. Levanta-te e arranja tu mesmo a
cama". Ele se levantou imediatamente.
35Todos os habitantes de Lida e da pla-
nície de Saron o viram e se converte-
ram ao Senhor.

Ressurreição de Tabita em Jope.
36Havia em Jope uma discípula chama-
da Tabita, em grego Dorcas. Era notá-
vel pelas boas obras e pelas esmolas
que dava. 37Ora, aconteceu que na-
queles dias ela caiu doente e morreu.
Depois de a terem lavado, puseram-na
numa sala do andar de cima. 38Como
Lida ficava perto de Jope, os discípu-
los, ouvindo dizer que Pedro lá estava,
enviaram-lhe dois homens para fazer-
-lhe este pedido: "Vem até nós sem de-
mora". 39Pedro partiu imediatamente
com eles. Logo que chegou, fizeram-
-no subir à sala de cima, onde todas as
viúvas em pranto se juntaram em tor-
no dele, mostrando-lhe as túnicas e as
vestes que Dorcas fazia quando estava
com elas. 40Pedro mandou que todos
saíssem;* depois, de joelhos, rezou.
Voltando-se depois para o corpo, disse:
"Tabita, levanta-te!" Ela abriu os olhos
e, vendo Pedro, sentou-se. 41Tomando-
-lhe a mão, Pedro a fez levantar-se.
Chamando então os santos e as viúvas,

* **9**,21. 9,1.14; 26,10 | 22. 18,28; 23,12-29; 2Cor 11,32s | 26. Gl 1,17ss; 1Cor 9,1 | 29. 11,25; Gl 1,21 | 40. Mc 5,40s

apresentou-a viva. [42]Isto foi conhecido em toda Jope,* e muitos creram no Senhor. [43]Pedro ficou bastante tempo em Jope na casa de um tal Simão, curtidor.

10 **Visão de Cornélio em Cesareia**†. [1]Havia em Cesareia um homem chamado Cornélio,* centurião da corte Itálica, [2]homem piedoso e temente a Deus† com toda a sua família; fazia generosas esmolas ao povo e rezava a Deus sem cessar. [3]Ele teve uma visão, pelas três horas da tarde, na qual viu claramente um anjo de Deus vindo a seu encontro e chamando-o: "Cornélio!" [4]Olhou para o anjo e, dominado pelo temor, perguntou: "O que é, Senhor?" Respondeu-lhe o anjo: "Tuas preces e tuas esmolas subiram diante de Deus em tua memória. [5]Agora, pois, envia homens a Jope e manda vir aqui Simão,* chamado Pedro. [6]Está hospedado na casa de certo Simão, um curtidor, cuja casa se acha à beira-mar".

[7]Quando partiu o anjo que lhe falava, Cornélio chamou dois de seus empregados, bem como um soldado piedoso, daqueles que estavam a seu serviço [8]e, depois de lhes haver explicado tudo, enviou-os a Jope.

Visão de Pedro em Jope. [9]No dia seguinte, enquanto caminhavam e se aproximavam da cidade, Pedro subiu ao terraço, mais ou menos ao meio-dia, para rezar. [10]Sentiu fome e quis comer alguma coisa. Ora, enquanto lhe preparavam a refeição, caiu em êxtase. [11]Viu o céu aberto e um objeto semelhante a uma grande toalha,* segura pelas quatro pontas, descendo sobre a terra. [12]Nela havia todo o tipo de quadrúpedes e répteis da terra e aves do céu. [13]Uma voz lhe disse então: "Levanta-te, Pedro, mata e come!" [14]Mas Pedro respondeu:* "De maneira nenhuma, Senhor, pois nunca comi nada de profano ou de impuro". [15]De novo, uma segunda vez,* a voz lhe fala: "O que Deus purificou, não o chames de impuro". [16]Isso se repetiu por três vezes, e logo o objeto foi recolhido ao céu.

[17]Enquanto Pedro se perguntava, perplexo, o que podia significar a visão que acabava de ter, os homens enviados por Cornélio, tendo perguntado onde ficava a casa de Simão, apresentaram-se à porta. [18]Chamaram para se informar se era lá mesmo que se hospedava Simão, chamado Pedro. [19]Este ainda estava refletindo sobre sua visão,* quando o Espírito lhe disse: "Aí estão três homens a tua procura. [20]Levanta-te, desce e vai com eles sem hesitar, pois fui eu que os mandei". [21]Pedro desceu para se encontrar com os homens e lhes disse: "Estou aqui. Sou aquele que procurais. Qual é o motivo que vos traz aqui?" [22]Responderam: "O centurião Cornélio, homem justo e temente a Deus, estimado por todo o povo dos judeus, recebeu de um santo anjo a ordem de chamar-te a sua casa e de ouvir as palavras que tens para dizer". [23]Pedro então os mandou entrar e lhes deu hospedagem. No dia seguinte, pôs-se a caminho e partiu com eles; alguns dos irmãos de Jope o acompanharam. [24]Entrou em Cesareia um dia depois. Cornélio os esperava, tendo reunido os parentes e os amigos mais íntimos. [25]Quando Pedro estava entrando, Cornelio veio a seu encontro e prostrou-se a seus pés para adorá-lo. [26]Mas Pedro levantou-o*, dizendo: "Levanta-te, eu também sou um simples homem". [27]E, conversando com ele, entrou. Encontrou reunidas muitas pessoas, [28]e disse-lhes: "Vós sabeis que é proibido a um judeu unir-se ou

---

* **9**,42. 10,6.32 | **10**,1. 27,1; Mt 8,5; Lc 7,2.5 | 5. 9,43; 10,32 | 11. 11,5-17 | 14. Lv 11; Ez 4,14 | 15. Mt 15,11; Mc 7,15.19 | 19. 11,12; 13,2; 15,28 | 26. 14,15; Ap 19,10

† **10**. A conversão de Cornélio é o fato mais marcante do apostolado de Pedro e também o mais longamente narrado nos Atos. Deus faz Pedro compreender a igualdade de direitos dentro da Igreja entre pagãos e judeus convertidos. Os fatos se antecipam às normas, levando a uma posição mais liberal, que será decretada no Concílio de Jerusalém, At 15,23-29. | 2. Temente a Deus, adorador de Deus, são expressões que designam os pagãos que simpatizavam com o judaísmo, sem no entanto aceitar a circuncisão.

encontrar-se com um estrangeiro. Mas
Deus me mostrou que não se deve
chamar homem algum de profano ou
de impuro. [29]Por isso vim sem hesi-
tação alguma, logo que fui chamado.
Pergunto-vos, pois, por que razão me
mandastes vir?"
[30]Cornélio respondeu:* "Há quatro
dias, eu estava em oração em minha
casa, às três horas da tarde, quando
surgiu um homem a minha frente, com
vestes resplandecentes, [31]e disse-me:
'Cornélio, tua oração foi ouvida e tuas
esmolas foram recordadas diante de
Deus. [32]Manda, pois, buscar em Jope
Simão, chamado Pedro. Está hospeda-
do na casa do curtidor Simão, à beira-
-mar'. [33]Logo, pois, mandei procurar-te
e foi bom que vieste. E agora, pois, to-
dos nós, diante de Deus, estamos aqui
reunidos para ouvir tudo o que o Se-
nhor te mandou dizer-nos".

Discurso de Pedro na casa de Corné-
lio. [34]Então Pedro tomou a palavra e
disse:* "Agora vejo com toda a clare-
za que Deus não faz discriminação de
pessoas, [35]mas que, em qualquer na-
ção que seja, quem o teme e pratica a
justiça é aceito por ele. [36]Ele enviou sua
palavra aos israelitas, anunciando-lhes
a Boa Nova da paz por meio de Jesus
Cristo, que é o Senhor de todos. [37]Vós
sabeis o que se passou em toda a Ju-
deia, começando pela Galileia, depois
do batismo pregado por João: [38]como
Deus ungiu com o Espírito Santo e com
poder a Jesus de Nazaré, o qual pas-
sou fazendo o bem e curando a todos
os que tinham caído sob o poder do
diabo, porque Deus estava com ele.
[39]E nós somos testemunhas de tudo
quanto ele fez na região dos judeus e
em Jerusalém. Eles o mataram, suspen-
dendo-o num madeiro, [40]mas Deus o
ressuscitou ao terceiro dia* e quis que
se manifestasse [41]não a todo o povo,
mas às testemunhas de antemão esco-
lhidas por Deus, a nós que comemos
e bebemos com Ele depois de sua
ressurreição dentre os mortos. [42]E ele
mandou que pregássemos ao povo* e
déssemos testemunho de que ele é o
juiz dos vivos e dos mortos,* estabele-
cido por Deus. [43]Dele dão testemunho
todos os profetas, dizendo: 'Todo o
que nele crer receberá, por seu nome,
o perdão dos pecados'".

A vinda do Espírito Santo sobre os
pagãos. [44]Pedro ainda estava falan-
do, quando o Espírito Santo desceu
sobre todos os que ouviam a Palavra.
[45]Os fiéis circuncisos, que tinham vindo
com Pedro, ficaram pasmados por ve-
rem que o dom do Espírito Santo fora
derramado também sobre os pagãos.
[46]Com efeito, eles os ouviam falar* em
línguas e louvar a Deus. [47]Então Pedro
declarou: "Pode-se recusar a água do
batismo* a esses que receberam o Espí-
rito Santo do mesmo modo que nós?"
[48]E mandou que fossem batizados em
nome de Jesus Cristo. Pediram-lhe en-
tão que ficasse com eles alguns dias.

11 **Pedro justifica sua atitude.**
[1]Os apóstolos e os irmãos da
Judeia ficaram sabendo que também
os pagãos tinham acolhido a palavra
de Deus. [2]Quando, pois, Pedro subiu
a Jerusalém, os circuncisos o repreen-
diam, dizendo: [3]"Entraste na casa de in-
circuncisos* e comeste com eles!"† [4]Pe-
dro então se pôs a explicar toda a his-
tória, ponto por ponto, dizendo: [5]"Eu
estava em oração na cidade de Jope,*
quando, em êxtase, tive uma visão: do
céu descia um objeto, semelhante a
uma grande toalha que baixava, segu-
ra pelas quatro pontas, e veio até mim.
[6]Olhei-a atentamente e vi dentro dela
quadrúpedes da terra, animais selva-
gens, répteis e aves do céu. [7]Ouvi en-
tão uma voz que me dizia: "Levanta-te,
Pedro, mata e come". [8]Respondi: "De
maneira nenhuma, Senhor, pois nada
de profano ou de impuro jamais entrou

* **10**,30. 3,1 | 34. Dt 10,17; 1Sm 16,7; Sl 107,20; 147,18; Is 52,7; 61,1; Mt 3,6; 4,12-17; Lc 4,18 | 40. 1Cor 15,4-7; Jo 14,19s; 15,27 | 42. 17,31; Rm 14,9; 2Tm 4,1; 1Pd 4,5 / Is 33,24; 53,5; Jr 31,34; Ez 34,16 | 46. 2,4; 19,6; Mc 16,17 | 47. 8,36; Jo 4,40 | **11**,3. 10,28; Gl 2,12; Ef 2,11 | 5. 10,9-48

† **11**,3. A narrativa mostra como foi difícil para o cristianismo livrar-se das amarras do judaísmo.

em minha boca". 9Uma segunda vez, a voz voltou a falar do céu: "O que Deus purificou, não o chames de impuro". 10Isto repetiu-se por três vezes; depois tudo foi de novo recolhido ao céu.

11Justamente nesta hora, três homens chegaram à casa onde estávamos; eram enviados de Cesareia, a minha procura. 12O Espírito me disse que os acompanhasse sem hesitar. Os seis irmãos que aqui estão foram comigo também e entramos na casa do tal homem. 13Ele nos contou que tinha visto um anjo apresentar-se em sua casa e dizer-lhe: "Manda chamar em Jope Simão,* chamado Pedro. 14Ele te dirá palavras por meio das quais serás salvo tu e toda a tua família". 15Ora, mal eu começara a falar, quando o Espírito Santo desceu sobre eles, assim como sobre nós no início. 16Lembrei-me então desta palavra do Senhor,* que dizia: 'João batizou com água, mas vós sereis batizados no Espírito Santo'. 17Se, pois, Deus lhes concedeu o mesmo dom que a nós, por terem acreditado no Senhor Jesus Cristo, quem era eu para impedir a ação de Deus?" 18Essas palavras os acalmaram,* e eles glorificaram a Deus, dizendo: "Assim, pois, também aos pagãos Deus concedeu o arrependimento que conduz à vida!"

Fundação da comunidade de Antioquia†. 19Entretanto, os que se haviam dispersado,* por ocasião da perseguição que houve no tempo de Estêvão, chegaram até a Fenícia, Chipre e Antioquia, mas sem pregar a Palavra a ninguém que não fosse judeu. 20Contudo, havia entre eles alguns cipriotas e cireneus* que, vindos a Antioquia, dirigiam-se também aos gregos, anunciando-lhes a Boa Nova do Senhor Jesus. 21A mão do Senhor os ajudava, e grande foi o número dos que abraçaram a fé e se converteram ao Senhor. 22Esta notícia chegou aos ouvidos da Igreja de Jerusalém, e delegaram Barnabé para Antioquia. 23Quando ele chegou e viu a graça* concedida por Deus, alegrou-se e encorajou todos a se manterem de coração resoluto, fiéis* ao Senhor, 24pois era um homem virtuoso, cheio do Espírito Santo e de fé. Assim uma multidão considerável aderiu ao Senhor. 25Barnabé foi então buscar Saulo em Tarso* e, tendo-o encontrado, conduziu-o a Antioquia. 26Passaram um ano inteiro trabalhando juntos na Igreja e lá instruíram uma multidão considerável. Foi em Antioquia que, pela primeira vez, os discípulos receberam o nome de cristãos.*

Coleta para a Igreja de Jerusalém. 27Naqueles dias, alguns profetas desceram de Jerusalém a Antioquia. 28Um deles, chamado Ágabo†, levantou-se e, sob a ação do Espírito,* pôs-se a anunciar que haveria uma grande fome em toda a terra. O que de fato aconteceu no reinado de Cláudio. 29Os discípulos decidiram então enviar, cada qual segundo suas posses, auxílios aos irmãos que moravam na Judeia; 30assim o fizeram,* enviando-os aos anciãos por intermédio de Barnabé e de Saulo.

12

Martírio de Tiago e prisão de Pedro. 1Por aquele tempo, o rei Herodes† deteve alguns membros da Igreja* para os maltratar. 2Mandou matar à espada Tiago†, irmão de João. 3Vendo que isto agradava aos judeus, mandou prender Pedro também. Eram os dias dos Ázimos. 4Mandou que fosse preso e lançado na prisão, colocando-o sob a guarda de quatro piquetes de quatro soldados cada um; era sua

---

* **11**,13. 16,31 | 16. 1,5; 2,4 | 18. 13,48; 14,27 | 19. 8,1-4 | 20. 2,41.47; 4,4; 5,14; 6,7; 11,24; 21,20 | 23. 13,43; 14,2 / 6,5 | 25. 9,30; Gl 2,11 | 26. 26,28; 1Pd 4,16 | 28. 13,1; 21,10 | 30. 12,25 | **12**,1. 4,3

† **11**,19. A fundação da comunidade de Antioquia é um passo importante na expansão da Igreja, pois doravante será esta cidade o centro da difusão do Evangelho, o ponto de partida e de chegada das viagens dos missionários. Era a 3ª cidade do Império Romano, depois de Roma e Alexandria. | 28. O texto oc. começa assim o v. 28: "Houve uma grande alegria. E quando nos achávamos reunidos, um deles, chamado..." | **12**,1. Este é Herodes Agripa I, que reinou de 41 a 44; era neto de Herodes Magno e sobrinho de Herodes Antipas. | 2. Tiago Maior, irmão de João, venerado em Compostela, na Espanha, o primeiro dos 12 a dar a vida pelo Mestre.

intenção fazê-lo comparecer diante do povo depois da Páscoa. [5]Enquanto Pedro era assim mantido na prisão, a oração da Igreja se elevava a Deus por ele sem cessar.

Pedro é libertado por um anjo. [6]Ora, na noite anterior ao dia em que Herodes devia apresentá-lo publicamente, Pedro estava dormindo entre dois soldados;* duas correntes o prendiam e, diante da porta, sentinelas guardavam a prisão. [7]De repente, um anjo do Senhor apareceu, e a prisão ficou inundada de luz. O anjo tocou no lado de Pedro, despertou-o e disse: "Levanta-te depressa!" As correntes caíram-lhe das mãos. [8]O anjo disse-lhe: "Põe o cinto e calça as sandálias". Ele obedeceu. Disse-lhe ainda: "Cobre-te com o manto e segue-me". [9]Pedro saiu e o seguia, mas não se dava conta de que era verdade o que estava acontecendo pela ação do anjo: pensava que estava tendo uma visão.

[10]Passaram assim pelo primeiro posto de guarda, depois pelo segundo, e chegaram ao portão de ferro que dá para a cidade; ele se abriu sozinho diante deles. Saíram, foram até o fim de uma rua e depois, de repente, o anjo o deixou. [11]Então Pedro, voltando a si, disse: "Agora sei verdadeiramente que o Senhor mandou seu anjo e libertou-me das mãos de Herodes e de tudo quanto esperava o povo judeu". [12]Já plenamente lúcido,* foi para a casa de Maria, mãe de João, chamado Marcos†, onde uma assembleia bastante numerosa estava reunida em oração. [13]Quando bateu à porta da entrada, uma serva, chamada Rosa, veio atender. [14]Ela reconheceu a voz de Pedro e, de tanta alegria, em vez de abrir a porta, correu para dentro, para anunciar que Pedro estava lá na porta. [15]Disseram-lhe: "Tu estás doida!"* Mas ela afirmava que era isso mesmo. "É o anjo dele!", disseram então. [16]Pedro, no entanto, continuava a bater. Quando abriram, viram que era ele mesmo e ficaram espantados. [17]Mas ele lhes fez sinal com a mão para que se calassem* e lhes contou como o Senhor o tirara da prisão. E acrescentou: "Anunciai isto a Tiago† e aos irmãos". Depois saiu e foi para um outro lugar. [18]Ao raiar do dia,* houve grande tumulto entre os soldados: o que acontecera com Pedro? [19]Herodes mandou procurá-lo e, como não o encontrassem, mandou processar os guardas e ordenou que fossem executados. Depois desceu da Judeia para Cesareia, onde ficou.

Morte de Herodes. [20]Herodes estava irritado* contra o povo de Tiro e de Sidônia. De comum acordo, estes se apresentaram diante dele e, depois de terem conquistado as boas graças de Blasto, camareiro do rei, solicitavam a paz. Com efeito, sua região recebia os víveres das terras do rei. [21]No dia marcado, Herodes,* com seus trajes reais, tomou lugar na tribuna e, enquanto discursava, [22]o povo se pôs a gritar: "É um deus que fala e não um homem!" [23]Mas na mesma hora, um anjo do Senhor o feriu, por não ter dado glória a Deus; corroído de vermes, expirou.

[24]Entretanto a palavra de Deus crescia* e se difundia. [25]Quanto a Barnabé e Saulo, após terem concluído seu ministério, voltaram para Jerusalém, levando consigo João, chamado Marcos.

III. A IGREJA À CONQUISTA DO MUNDO (13–28)

13 **Começa a primeira viagem missionária: Barnabé e Saulo.** [1]Havia na Igreja de Antioquia profetas* e doutores: Barnabé, Simeão, chamado Níger, Lúcio de Cirene, Manaém,

* **12**,6. 5,19-23 | 12. 13,5.13; 15,37 | 15. 26,24 | 17. 13,16 | 18. 5,21-24 | 20. 1Rs 5,25; Ez 27,17 | 21. Eclo 11,4; Ez 28,2; Dn 5,20 | 24. 6,7; 19,20; Is 55,11 | **13**,1. 10,19; 11,27; 15,32; Gl 1,15s

† **12**,12. João Marcos é o autor do 2º Evangelho. Discípulo de Pedro, 1Pd 5,13, e primo de Barnabé, Cl 4,10, estará ao lado de Paulo em seu cativeiro em Roma, Cl 4,10 e Fm 24. | 17. Esse Tiago, irmão (primo) de Jesus, é o chefe da Igreja de Jerusalém, após a partida de Pedro.

amigo de infância do tetrarca Herodes,
e Saulo. 2Ora, certo dia, enquanto cele-
bravam o culto do Senhor e jejuavam,
disse o Espírito Santo: "Reservai para
mim Barnabé e Saulo para a obra à
qual os chamei". 3Então, depois de te-
rem jejuado e rezado,* impuseram-lhes
as mãos e os despediram.

**Em Chipre: Sérgio Paulo e o mago
Elimas.** 4Eles, pois, enviados pelo Espí-
rito Santo, desceram a Selêucia, donde
navegaram para Chipre. 5Chegados
à Salamina, puseram-se a anunciar
a palavra de Deus nas sinagogas dos
judeus†. Tinham consigo João como
auxiliar. 6Tendo atravessado toda a ilha
até Pafos, encontraram lá um mago,
falso profeta, chamado Bar-Jesus, 7que
era do grupo do procônsul Sérgio Pau-
lo, homem prudente. Este mandou
chamar Barnabé e Saulo, desejoso de
ouvir a palavra de Deus. 8Mas Elimas,
o mago* – assim se traduz seu nome
– fazia-lhes oposição, procurando des-
viar o procônsul da fé. 9Então Saulo –
também chamado Paulo† – cheio do
Espírito Santo,* fixou nele o olhar 10e
lhe disse: "Homem cheio de todas as
astúcias e de todos os crimes, filho do
diabo, inimigo de toda justiça, quan-
do cessarás de perverter os caminhos
retos do Senhor? 11Eis que agora pesa
sobre ti a mão do Senhor. Ficarás cego*
e por certo tempo não verás o sol". Na
mesma hora a obscuridade e as trevas
se abateram sobre ele, e ele girava de
todo lado, procurando quem o guias-
se. 12Então, vendo o que se passava, o
procônsul abraçou a fé, vivamente im-
pressionado pela doutrina do Senhor.

Em Antioquia da Pisídia. 13De Pafos,
onde embarcaram, Paulo e seus com-
panheiros* chegaram a Perge, na Panfí-
lia. Mas João separou-se deles e voltou
para Jerusalém. 14Quanto a eles, avan-
çando para além de Perge, chegaram a
Antioquia da Pisídia. No sábado, entra-
ram na sinagoga e se sentaram. 15Após
a leitura da Lei e dos Profetas,* os che-
fes da sinagoga mandaram dizer-lhes:
"Irmãos, se tendes alguma palavra de
exortação a dizer ao povo, podeis fa-
lar".

Discurso de Paulo. 16Paulo então le-
vantou-se, fez sinal com a mão e disse:
"Homens de Israel e vós todos que te-
meis a Deus,* escutai. 17O Deus deste
povo de Israel escolheu nossos pais, fez
crescer o povo durante o exílio na terra
do Egito e com braço poderoso fê-los
sair de lá. 18Durante quarenta anos,
mais ou menos, cercou-os de cuida-
dos no deserto. 19Depois de exterminar
sete nações na terra de Canaã, deu-
-lhes a posse de seu país: 20tudo isto
durou uns quatrocentos e cinquenta
anos. Depois disso, deu-lhes juízes, até
o profeta Samuel. 21Então pediram um
rei, e Deus lhes deu Saul, filho de Cis, da
tribo de Benjamim, por quarenta anos.
22Após havê-lo rejeitado, suscitou para
eles Davi como rei; foi dele que deu
este testemunho: 'Achei Davi, filho de
Jessé,* um homem segundo meu cora-
ção, que cumprirá todas as minhas von-
tades'. 23Foi de sua descendência* que,
segundo sua promessa, Deus fez sair
para Israel um salvador, Jesus. 24João
havia preparado sua vinda, pregando a
todo o povo de Israel um batismo de
penitência. 25No momento de terminar
sua missão, dizia João: 'Não sou aquele
que vós pensais que eu seja; mas vem
após mim aquele, cuja sandália não sou
digno de desatar'. 26Irmãos, filhos da
estirpe de Abraão,* e vós aqui presen-
tes que temeis a Deus: é a nós que esta
mensagem de salvação foi enviada.

27Com efeito, os habitantes de Jeru-
salém* e seus chefes não reconhece-

* **13**,3. 6,6s; 14,23; 1Tm 4,14; 5,22 | 8. 2Tm 3,8 | 9. Os 14,10; Pr 10,9 | 11. 9,8; 22,11 | 13. 12,12 | 15. 15,21 | 16. 12,17; 19,33; Êx 6,1.6; 12,37.41; 16,35; Nm 14,34; Dt 1,31; Js 14,2; Jz 2,16; 1Sm 3,20; 8,5; 10,21s | 22. Sl 89,21; 1Sm 13,14; 16,12s; Is 11,1 | 23. 2Sm 7,12; Lc 3,3.16; Jo 1,20.27; Mc 1,7 | 26. 13,16.46 | 27. 3,17; Jo 16,3

† **13**,5. Em cada cidade, Paulo começa sempre pregando aos judeus, primeiros destinatários do anúncio da salvação, v. 46. | 9. Esta mudança de nome, do hebraico Saulo para Paulo, nome romano, acontece justamente na hora em que Paulo passa a ter mais contato com os gentios, tornando-se o apóstolo das nações.

ram Jesus e, condenando-o, cumpriram
as palavras dos profetas que se leem
todo sábado. [28]Sem achar nele motivo
algum de condenação à morte, pedi-
ram a Pilatos que fosse morto. [29]Depois
de terem cumprido tudo o que estava
escrito* a respeito dele, desceram-no
da cruz e o puseram no túmulo. [30]Mas
Deus o ressuscitou* dos mortos, [31]e
durante muitos dias ele apareceu aos
que tinham subido com ele da Galileia
a Jerusalém, e estes agora são suas tes-
temunhas perante o povo. [32]Nós vos
anunciamos a Boa Nova: a promessa
feita a nossos pais, [33]Deus a cumpriu
em favor de nós, seus filhos, ressusci-
tando Jesus, como também está escrito
no salmo segundo: 'Tu és meu filho,*
eu hoje te gerei'. [34]E que Deus o tenha
ressuscitado dos mortos, sem retorno
possível à corrupção, é o que havia de-
clarado: 'Eu vos darei as coisas santas*
prometidas a Davi, que são dignas da fé'.
[35]É por isso que ele diz ainda em outro
lugar: 'Não permitireis que vosso santo
experimente a corrupção'.

[36]Ora, Davi, depois de haver a seu
tempo servido aos desígnios de Deus,
morreu, foi reunido a seus pais e ex-
perimentou a corrupção. [37]Mas aquele
que Deus ressuscitou,* este não expe-
rimentou a corrupção. [38]Portanto, ficai
sabendo, irmãos, que por ele a remis-
são dos pecados* vos é anunciada [39]e
que por ele todo aquele que crê recebe
justificação de tudo aquilo de que não
vos foi possível ser justificado median-
te a lei de Moisés. [40]Tomai cuidado,
pois, para que não vos aconteça o que
foi dito* nos Profetas: [41]'Olhai, despre-
zadores, pasmai e desaparecei! Porque
em vossos dias vou executar uma obra
em que não acreditaríeis se vos fosse
contada'".

[42]Ao saírem, foram convidados para
falar do mesmo assunto no sábado se-
guinte. [43]Depois que a assembleia se
dispersou,* muitos judeus e prosélitos
que adoravam a Deus seguiram Paulo
e Barnabé, e estes, conversando com
eles, exortavam-nos a ficarem fiéis à
graça de Deus.

**Paulo e Barnabé se voltam para os
gentios.** [44]No sábado seguinte, quase
toda a cidade se reuniu para escutar a
palavra de Deus. [45]Os judeus, porém, ao
verem aquela multidão, ficaram cheios
de inveja e replicavam com blasfêmias*
às palavras de Paulo. [46]Então Barnabé e
Paulo declararam resolutamente: "Era
necessário que fosse anunciada primei-
ramente a vós a palavra de Deus. Mas
porque a rejeitais e vos julgais indignos
da vida eterna, nós nos voltamos para
os gentios. [47]Pois assim o Senhor nos
ordenou: 'Eu te estabeleci como luz das
nações, para que leves a salvação* até
os confins da terra'". [48]Quando ouviram
isso, os pagãos ficaram alegres* e puse-
ram-se a glorificar a palavra do Senhor;
e todos que estavam destinados à vida
eterna abraçaram a fé. [49]A palavra do
Senhor se divulgava por toda a região.

[50]Mas os judeus instigaram as se-
nhoras devotas da elite, como também
a aristocracia da cidade, e promoveram
uma perseguição contra Paulo e Barna-
bé, e os expulsaram de seu território.
[51]Estes, sacudindo contra eles o pó dos
pés,* foram para Icônio. [52]Os discípu-
los, entretanto, estavam cheios de ale-
gria e do Espírito Santo.

14 **Em Icônio.** [1]Também em Icônio
entraram na sinagoga dos ju-
deus e falaram de tal modo que grande
multidão de judeus e de gregos abraça-
ram a fé. [2]Mas os judeus, que continua-
vam incrédulos,* excitaram os pagãos e
os indispuseram contra os irmãos. [3]Não
obstante, Paulo e Barnabé prolongaram
sua estadia lá por bastante tempo e fa-
lavam cheios de confiança no Senhor,
que dava testemunho à pregação de
sua graça e concedia que pelas mãos
deles se operassem sinais e prodígios.

---

* **13**,29. Mt 26,60; 27,22s.59 | 30. 1,3.8; 2,32; 3,15; 4,10; 5,32; 10,40 | 33. Sl 2,7 | 34. Is 55,3; Sl 16,10; 1Rs 2,10 | 37. 10,43; Hb 9,9; 10,1s | 38. Rm 4,25 | 40. 10,4; Hab 1,5 | 43. 11,23; 14,22 | 45. 3,26; 18,6; Rm 1,16; Mt 10,6 | 47. Is 49,6; Lc 2,32 | 48. 11,18; Rm 8,29s | 51. 18,6; Mt 10,14; Lc 9,5 | **14**,2. 13,45; 19,11; Hb 2,4; Mc 16,20

4A população da cidade dividiu-se: uns
estavam a favor dos judeus, outros
a favor dos apóstolos. 5Mas, quando
houve uma tentativa dos pagãos e dos
judeus,* com seus chefes, para maltratá-
-los e apedrejá-los, 6eles o perceberam*
e procuraram refúgio nas cidades da Li-
caônia, Listra, Derbe e arredores, 7onde
se puseram a anunciar a Boa Nova.

Cura de um aleijado em Listra. 8Havia,
em Listra,* um homem paralítico das
pernas, aleijado de nascença, que jamais
tinha andado. 9Estava ouvindo Paulo fa-
lar. Este, fixando nele o olhar e vendo
que tinha fé para ser curado, 10disse
com voz forte:* "Levanta-te e fica direi-
to em pé!" Ele deu um salto e começou
a andar. 11À vista do que Paulo acaba-
va de fazer,* a multidão exclamou em
dialeto licaônico: "Os deuses desceram
entre nós em forma humana!"† 12Cha-
mavam Barnabé de Júpiter e Paulo de
Mercúrio, pois era este que falava.

13O sacerdote de Júpiter, cujo templo
era na entrada da cidade, trouxe à por-
ta touros ornados de guirlandas e que-
ria, de comum acordo com a multidão,
oferecer um sacrifício.

14Informados disso, os apóstolos
Barnabé e Paulo rasgaram as vestes e
se precipitaram em direção à multidão,
gritando: 15"Homens, que estais fazen-
do?* Nós também somos seres hu-
manos, mortais como vós, e vos exor-
tamos a converter-vos desses ídolos
vãos para o Deus vivo que fez o céu, a
terra, o mar e tudo o que neles se en-
contra. 16Nas gerações passadas, ele
deixou que todas as nações seguissem
seus próprios caminhos; 17mas não
cessou de dar testemunho de si por
seus benefícios,* mandando-vos do
céu chuvas e estações ricas de frutos,
fornecendo-vos alimento e enchendo
vossos corações de alegria"†.

18Com dificuldade conseguiram, por
meio dessas palavras, fazer a multidão
desistir de lhes oferecer um sacrifício.
19Mas chegaram de Antioquia e de
Icônio* alguns judeus, que atraíram as
multidões para seu lado. Apedrejaram
Paulo e arrastaram-no para fora da
cidade, julgando-o morto. 20Então os
discípulos o rodearam, e ele se levan-
tou e entrou na cidade. No dia seguin-
te, com Barnabé, partiu para Derbe.

Retorno da missão. 21Depois de anun-
ciar a Boa Nova em Derbe e de fazer
numerosos discípulos, voltaram a Listra,
Icônio e Antioquia, 22confortando os co-
rações* dos discípulos e estimulando-os
a perseverarem na fé, porque – diziam
– é necessário passar por muitas tribu-
lações para entrar no Reino de Deus.
23Em cada uma das Igrejas designaram
responsáveis* por elas e, depois de re-
zarem e jejuarem, eles os recomenda-
ram ao Senhor em quem tinham posto
sua fé. 24Atravessando então a Pisídia,
chegaram à Panfília. 25Pregaram a Pa-
lavra em Perge e desceram até Atália;
26de lá navegaram para Antioquia, onde
tinham sido recomendados à graça de
Deus para a missão que acabavam de
realizar. 27Ao chegar, reuniram a Igreja*
e contaram tudo o que Deus tinha reali-
zado com eles e como tinha aberto aos
pagãos a porta da fé. 28Ficaram ali muito
tempo com os discípulos.

15 **Discussão em Antioquia.** 1En-
tretanto, alguns que desceram
da Judeia* ensinavam aos irmãos, di-
zendo: "Se não vos fazeis circuncidar,

---

* **14**,5. 14,19; 2Tm 3,11 | 6. Mt 10,23 | 8. 3,2; 9,33 | 10. 3,8 | 11. 28,6 | 15. 10,26; Is 37,16; Jr 32,17; Sl 146,6; Sb 7,3 | 17. 17,30; Jr 5,24 | 19. 2Cor 11,25; 2Tm 3,11 | 22. 11,23; 1Ts 3,3; Mt 7,14 | 23. 13,3; 20,17; Tt 1,5 | 27. 11,18 | **15**,1. Gl 5,2 | 2. Gl 2,1

† **14**,11. Certas lendas pagãs falavam de visitas de deuses à terra em forma humana. Uma delas diz que o casal Filêmon e Báucis, habitantes da Licaônia, receberam Júpiter e Mercúrio. | 17. A pregação aos pagãos não se apoia na revelação bíblica, como acontece quando se prega aos judeus, mas ensina como Deus se manifesta a todos através da natureza, e faz um apelo para que abandonem os ídolos, convertendo-se ao Deus único. | **15**,1. É isto que estava em discussão: Pode-se admitir alguém no novo povo de Deus sem a circuncisão, sinal da aliança, e sem se submeter à Lei mosaica, cerne da revelação? O Concílio de Jerusalém responde que sim, mas da Lei conserva algumas normas particularmente caras aos judeus. A Igreja tem de ser universal, mas dentro dela as diversas culturas devem ser respeitadas.

conforme a tradição de Moisés, não podereis ser salvos"†. 2 Isto provocou conflito e séria discussão de Paulo e Barnabé com eles. Ficou decidido então que Paulo, Barnabé* e mais alguns deles subiriam a Jerusalém, para consultar os apóstolos e os anciãos sobre essa questão. 3 Eles, portanto, depois de terem sido escoltados pela Igreja, atravessaram a Fenícia e a Samaria, contando a conversão dos pagãos e causando grande alegria* a todos os irmãos.

4 Chegados a Jerusalém, foram acolhidos pela Igreja, pelos apóstolos e pelos anciãos, e narraram tudo quanto Deus havia realizado com eles.

Concílio de Jerusalém. 5 Mas alguns do partido dos fariseus, que tinham abraçado a fé, intervieram para declarar que era preciso circuncidar os pagãos e obrigá-los a observar a lei de Moisés. 6 Então os apóstolos e os anciãos se reuniram para examinar essa questão. 7 Depois de longa discussão, Pedro levantou-se* e disse: "Irmãos, vós sabeis que, desde os primeiros dias, Deus fez uma escolha entre vós, para que os pagãos ouvissem de minha boca a palavra da Boa Nova e abraçassem a fé. 8 E Deus, que conhece os corações, testemunhou em favor deles, dando-lhes o Espírito Santo como a nós. 9 Não fez nenhuma distinção* entre eles e nós, pois purificou os corações deles pela fé. 10 Por que, então, continuais a tentar a Deus†, impondo aos discípulos um jugo que nem nossos pais, nem nós mesmos tivemos a força de suportar? 11 Nós cremos que é pela graça do Senhor Jesus que somos salvos,* exatamente como eles"†. 12 Então toda a assembleia fez silêncio para ouvir Barnabé e Paulo que referiam quantos sinais e prodígios Deus realizara entre os pagãos por meio deles.*

13 Quando acabaram de falar, Tiago tomou a palavra e disse: "Irmãos, ouvi-me. 14 Simeão† expôs como, desde o início, Deus cuidou de tirar dentre os pagãos um povo reservado a seu nome. 15 Com isto concordam as palavras dos Profetas, como está escrito:*

16 'Depois disso voltarei
e reerguerei a tenda de Davi que tinha caído;
reconstruirei suas ruínas e a porei de novo em pé,
17 a fim de que o resto dos homens busque o Senhor†,
assim como todas as nações
sobre as quais foi invocado meu nome,
disse o Senhor, 18 que deu a conhecer essas coisas há séculos'.*

19 É por isso que, em minha opinião, não se deve inquietar aqueles que se convertem a Deus dentre os pagãos. 20 Mas que se lhes ordene somente* que se abstenham das imundícies dos ídolos, das uniões ilegítimas†, das carnes sufocadas e do sangue. 21 Pois, desde os tempos antigos, Moisés tem em cada cidade seus pregadores, que o leem nas sinagogas todos os sábados"†.

As decisões e a carta do Concílio. 22 Então os apóstolos e os anciãos, de acordo com toda a Igreja, decidiram escolher alguns deles e enviá-los a Antioquia com Paulo e Barnabé. Escolheram Judas, chamado Barsabás, e Silas, homens de grande prestígio entre os irmãos, 23 e lhes entregaram a seguinte carta:

---

* **15**,3. 14,27; 15,12 | 7. 2,4; 10,44; 11,15 | 9. 10,34; Gl 3,10; 5,1; Mt 11,30 | 11. Gl 2,16; Ef 2,4-10 | 12. 14,27; 15,4 | 13. 21,18; Gl 2,9 | 15. Am 9,11s; Jo 12,15 | 18. Is 45,21 | 20. Lv 3,17; 5,2; 17,10-16; Gn 9,4

† **15**,10. Tentar a Deus é desafiar a vontade manifesta de Deus. | 11. O caminho da salvação é o mesmo para judeus e pagãos. | 14. Esta forma aramaica do nome de Simão Pedro é a preferida por Tiago, muito ligado à cultura judaica. | 17. A tenda de Davi deve ser reedificada de modo que todas as nações possam buscar o Senhor. | 20. "Imundícies dos ídolos" são as carnes das vítimas imoladas em sacrifícios pagãos, 1Cor 8,1; 10,19; "uniões ilegítimas", lit. "fornicação", matrimônios proibidos por causa de parentesco, Lv 18,6-18; a mesma coisa no v. 29 e em 21,25; "carnes sufocadas e sangue", carnes das quais não foi extraído todo o sangue, Lv 17,10ss. O texto oc. omite "carnes sufocadas" e acrescenta no fim: "e não fazer aos outros o que não se quer que seja feito consigo". | 21. Tiago quer dizer: a longa experiência judaica mostra que os gentios não aceitarão a lei mosaica; seria, pois, fútil os cristãos tentarem impor a lei a eles.

"Os irmãos apóstolos e anciãos, aos
irmãos de Antioquia, da Síria e da Ci-
lícia, procedentes do paganismo, sau-
dações! 24 Ficamos sabendo que alguns
daqui, sem autorização nossa, foram
perturbar-vos com suas palavras e in-
quietar vossos ânimos. 25 Por unanimi-
dade decidimos então escolher alguns
mensageiros e enviá-los a vós, com
nossos caríssimos Barnabé e Paulo,
26 homens que têm dedicado sua vida
ao nome de nosso Senhor Jesus Cris-
to. 27 Portanto, enviamos a vós Judas
e Silas que, de viva voz, também lhes
comunicarão a mesma coisa. 28 Porque
decidimos, o Espírito Santo e nós,* não
vos impor nenhum outro ônus além
disto que é indispensável: 29 que vos
abstenhais de carnes sacrificadas aos
ídolos, do sangue, dos animais sufo-
cados e das uniões ilegítimas. Estareis
procedendo bem guardando-vos des-
sas coisas. Felicidades!"

30 Despedindo-se, pois, os delegados
desceram a Antioquia, onde reuniram a
multidão e entregaram a carta. 31 Ao lê-
-la, alegraram-se com o encorajamen-
to que ela trazia. 32 Judas e Silas,* que
também eram profetas, exortaram os
irmãos e os confortaram por meio de
um longo discurso. 33 No fim de algum
tempo, os irmãos os despediram com
votos de paz, a fim de regressarem
para junto daqueles que os haviam en-
viado†. 35 Paulo e Barnabé, entretanto,
ficaram em Antioquia, onde, com mui-
tos outros, ensinavam e evangelizavam
a palavra do Senhor.

**Começa a segunda viagem missioná-
ria: Paulo e Silas.** 36 Algum tempo de-
pois, Paulo disse a Barnabé: "Voltemos
a visitar os irmãos em todas as cidades
onde anunciamos a palavra do Senhor
para ver como estão". 37 Barnabé queria
levar* também João, chamado Marcos;
38 mas Paulo era de opinião que não
deviam levar aquele que os havia aban-
donado na Panfília e não fora com eles
para a missão. 39 Discordaram a tal pon-
to que acabaram se separando um do
outro: Barnabé navegou com Marcos*
para Chipre 40 e Paulo escolheu Silas e
partiu, depois de ter sido recomendado
pelos irmãos à graça de Deus.

Timóteo é associado a Paulo e Silas.
41 Atravessou a Síria e a Cilícia, confor-
tando as Igrejas.

16 1 Chegou a Derbe e, em segui-
da, a Listra.* Havia ali um dis-
cípulo chamado Timóteo†, filho de uma
judia, mas de pai grego. 2 Os irmãos de
Listra e de Icônio davam bom testemu-
nho dele. 3 Paulo quis que partisse com
ele. Tomou-o, pois, e circuncidou-o,* por
causa dos judeus daqueles lugares; pois
todos sabiam que seu pai era grego.
4 Nas cidades por onde passavam, trans-
mitiam as decisões promulgadas pelos
apóstolos e pelos anciãos de Jerusalém,
recomendando que fossem observadas.
5 Assim as Igrejas se fortaleciam* na fé e
cresciam em número dia a dia.

Paulo é chamado à Macedônia. 6 Per-
correram a Frígia* e a região da Galácia:
o Espírito Santo os impedira de anunciar
a Palavra na Ásia. 7 Chegados aos con-
fins da Mísia, tentaram entrar na Bitínia,
mas o Espírito de Jesus não o permitiu.
8 Atravessaram então a Mísia e desceram
a Trôade. 9 Ora, durante a noite, Paulo
teve uma visão: um macedônio, de pé,
dirigia-lhe esta súplica: "Vem para a Ma-
cedônia e ajuda-nos!" 10 Depois desta
visão procuramos† partir para a Mace-
dônia, persuadidos de que Deus nos
chamava a evangelizar aquela gente.

Em Filipos. Conversão de Lídia. 11 Em-
barcando em Trôade, navegamos dire-
to para Samotrácia e, no dia seguinte,
para Neápolis, 12 de onde partimos para
Filipos, cidade principal do distrito da

---

* **15**,28. Mt 23,4 | 32. 14,22; 18,23 | 37. 12,12.25 | 39. 13,13; Cl 4,10 | **16**,1. 17,14; 19,22; 2Tm 1,5; Fl 2,19-22 | 3. 15,23-29; Gl 2,3ss | 5. 2,47; 5,14 | 6. 18,23

† **15**,34. Alguns manuscritos acrescentam: "34 Silas decidiu ficar por lá e Judas partiu sozinho". | **16**,1. Timóteo será até o fim da vida de Paulo seu mais fiel e mais estimado colaborador. A ele Paulo vai dirigir duas de suas Cartas Pastorais. | 10. At 16,10-17 é o primeiro trecho em que Lucas usa a 1ª pessoa do plural; os outros são: 20,5-15; 21,1-18; 27,1-28,16. Nesses episódios ele é testemunha ocular.

Macedônia e colônia romana. Passamos
alguns dias nesta cidade. 13No sábado,
saímos fora da porta, para a beira do rio,
onde pensávamos que havia um lugar
de oração. Sentamo-nos e dirigimos a
palavra às mulheres que se haviam reu-
nido. 14Uma delas, chamada Lídia, es-
cutava-nos; era negociante de púrpura,
da cidade de Tiatira, e adorava a Deus.
O Senhor abriu-lhe o coração,* de sor-
te que ela aceitou as palavras de Paulo.
15Após ter sido batizada junto com sua
família†, fez-nos este pedido: "Se me jul-
gais fiel ao Senhor, vinde hospedar-vos
em minha casa". E nos obrigou a aceitar.
A escrava adivinha. 16Certa vez, en-
quanto íamos à oração, veio a nosso
encontro uma escrava que tinha um
espírito adivinhador; fazia seus patrões
ganhar muito dinheiro* dando oráculos.
17Começou a nos seguir, a Paulo e a nós,
gritando: "Esses homens são servos do
Deus Altíssimo e vos anunciam o cami-
nho da salvação". 18Fez isso durante vá-
rios dias.* Afinal Paulo, irritado, voltou-
-se e disse ao espírito: "Eu te ordeno em
nome de Jesus Cristo: sai desta mulher!"
E o espírito saiu na mesma hora†.
Prisão e libertação de Paulo e Silas.
19Mas seus patrões, vendo desaparecer
suas esperanças de lucro, agarraram
Paulo e Silas, arrastaram-nos ao fórum*
diante das autoridades 20e disseram,
apresentando-os aos magistrados: "Es-
ses homens estão tumultuando nossa
cidade.* São judeus 21e pregam costu-
mes que nós, romanos, não podemos
aceitar nem seguir". 22Então a multidão
se amotinou* contra eles, e os magis-
trados, depois de mandar que lhes ar-
rancassem as roupas, ordenaram que
fossem açoitados. 23Depois de os te-
rem moído de pancadas, lançaram-nos
na prisão, recomendando ao carcereiro
que os guardasse com cuidado. 24Ten-
do recebido tal ordem, este os lançou
na masmorra interna e prendeu seus
pés no cepo.
25Pela meia-noite, Paulo e Silas,* em
oração, cantavam os louvores de Deus,
e os prisioneiros os escutavam. 26De
repente, aconteceu um terremoto tão
violento que os alicerces da prisão se
abalaram. Naquela hora, todas as por-
tas se abriram, e as correntes de todos
os prisioneiros se quebraram. 27Des-
pertando do sono* e vendo abertas as
portas da prisão, o carcereiro puxou da
espada para se matar, pensando que
os prisioneiros tivessem fugido†. 28Mas
Paulo gritou com voz forte: "Não te fa-
ças mal nenhum, pois estamos todos
aqui". 29O carcereiro pediu luz, veio
correndo e, todo trêmulo, lançou-se
aos pés de Paulo e de Silas. 30Depois fê-
-los sair e disse: "Senhores, que preciso
fazer* para ser salvo?" 31Responderam:
"Crê no Senhor Jesus e sereis salvo tu e
tua família". 32Eles lhe anunciaram a pa-
lavra do Senhor, bem como a todos os
que estavam em sua casa. 33O carcerei-
ro tomou-os consigo na mesma hora,
em plena noite, lavou-lhes as chagas e
logo recebeu o batismo com todos os
seus. 34Fê-los então subir para a casa,
pôs a mesa e se alegrou com todos os
seus por ter acreditado em Deus.
35Quando raiou o dia, os magistrados
mandaram os litores dizer ao carcerei-
ro: "Solta aqueles homens". 36Este rela-
tou estas palavras a Paulo: "Os magis-
trados nos mandaram soltar-vos. Saí,
pois, e retirai-vos". 37Mas Paulo disse
aos litores:* "Mandaram bater-nos em
público e sem julgamento a nós, que
somos cidadãos romanos, e nos lança-
ram na prisão. E, agora, é às escondidas
que nos mandam sair! Assim não! Que
venham eles mesmos nos soltar". 38Os
litores comunicaram aos magistrados

* **16**,14. Jo 6,44 | 16. 19,13.24; Lc 4,34.41 | 18. 16,17 | 19. Mc 16,17 | 20. 1Rs 18,17 | 22. 2Cor 11,25; Fl 1,30; 1Ts 2,2 | 25. 4,31 | 27. 12,18s | 30. 2,37; 11,14; Jo 6,29 | 37. 22,25

† **16**,15. "É possível que quando 'casas' inteiras receberam o batismo, At 16,15,33, também se tenham batizado as crianças. A prática de batizar as crianças é uma tradição atestada desde o século II na Igreja" (CIC). | 18. Como Jesus, Mc 1,25, Paulo não quer que o demônio, pai da mentira, Jo 8,44, proclame sua identidade de mensageiro da salvação. | 27. Na época, se os prisioneiros fugissem, os carcereiros estavam sujeitos à mesma pena deles, ver At 12,19.

essas palavras. Temerosos, ao saberem que eram cidadãos romanos, 39vieram desculpar-se com eles; depois fizeram-nos sair e pediram-lhes que deixassem a cidade. 40Ao saírem da prisão, Paulo e Silas foram à casa de Lídia, onde visitaram os irmãos e os exortaram, partindo em seguida.

17 **Paulo em Tessalônica e em Bereia.** 1Passando por Anfípolis e Apolônia,* chegaram a Tessalônica, onde havia uma sinagoga dos judeus. 2Segundo seu costume, Paulo foi lá encontrá-los e, em três sábados, discutiu com eles a partir das Escrituras, 3explicando-as e demonstrando que o Cristo devia sofrer* e ressuscitar dos mortos; "e o Cristo – dizia ele – é este Jesus que vos anuncio". 4Alguns deles deixaram-se convencer e aderiram a Paulo e a Silas, assim como numerosos gregos, adoradores de Deus, e também bom número de senhoras da nobreza.*

5Mas os judeus, cheios de inveja, ajuntaram na praça alguns homens maus e, tendo formado um bando, subverteram a cidade. Apresentaram-se então na casa de Jasão, procurando Paulo e Silas para fazê-los comparecer perante o povo. 6Não os encontrando, arrastaram Jasão e alguns irmãos perante os magistrados, gritando: "Esses homens,* que revolucionaram o mundo inteiro, vieram até aqui, 7e Jasão os recebeu em sua casa. Todos esses desobedecem aos editos de César, afirmando que há um outro rei, Jesus". 8Excitavam a população e os magistrados que ouviam tais coisas; 9e só os soltaram depois de receberem uma caução da parte de Jasão e dos outros.

10Os irmãos fizeram Paulo e Silas* partir rapidamente, à noite, para Bereia. Chegando lá, foram à sinagoga dos judeus. 11Ora, estes tinham sentimentos mais nobres que os de Tessalônica. Acolheram a Palavra com a melhor disposição. Todo dia examinavam as Escrituras,* para ver se as coisas eram assim mesmo. 12Muitos dentre eles abraçaram a fé, e também algumas mulheres gregas da nobreza e bom número de homens. 13Mas quando os judeus* de Tessalônica souberam que Paulo anunciava igualmente em Bereia a palavra de Deus, foram lá também semear no meio da multidão a agitação e a desordem. 14Então os irmãos fizeram Paulo partir* imediatamente em direção ao mar, ao passo que Silas e Timóteo ficaram lá. 15Os que acompanharam Paulo o conduziram até Atenas e voltaram depois com a ordem para Silas e Timóteo irem a seu encontro o mais rápido possível.

Paulo em Atenas. 16Enquanto Paulo os esperava em Atenas, seu espírito se inflamava nele ao contemplar aquela cidade* cheia de ídolos. 17Discutia, pois, na sinagoga, com judeus e com os que adoravam a Deus, e na praça, todos os dias, com os transeuntes. 18Até mesmo filósofos epicureus e estoicos o abordavam. Uns diziam: "Que é que esse tagarela está querendo falar?" Outros diziam: "Parece um pregador de divindades estrangeiras", porque ele anunciava Jesus e a ressurreição†. 19Tomaram-no então consigo e o conduziram ao Areópago, dizendo: "Podemos saber qual é esta nova doutrina que ensinas? 20Pois são assuntos estranhos que nos fazes ouvir. Queremos, pois, saber o que isto quer dizer". 21É que os atenienses e os estrangeiros que residiam entre eles não tinham outro passatempo senão dizer ou escutar as últimas novidades.

Discurso de Paulo no Areópago†. 22De pé, no meio do Areópago, Paulo falou: "Atenienses, vejo que vós sois, sob

---

* **17**,1. 1Ts 2,1s; Lc 4,16 | 3. 3,18; 13,29; 18,5; 26,23; Lc 24,26s.45s | 4. 13,50 | 6. 16,20; Lc 23,2; Jo 19,12 | 10. 9,27; 23,31 | 11. Jo 5,39 | 13. 14,19 | 14. 16,1 | 16. 18,19

† **17**,18. Pensaram que "Ressurreição" fosse o nome de uma deusa, companheira de Jesus. | 22. Discurso de alto nível literário, no qual Paulo apresenta em termos filosóficos a mensagem cristã. Em 1Cor 2,13 Paulo diz que abandonou o modo de falar próprio da "sabedoria humana". | 23. Para evitar o descontentamento de algum deus que não cultuassem, os pagãos dedicavam altares a deuses anônimos.

todos os aspectos, muito religiosos.
23Percorrendo, com efeito, vossa cida-
de e considerando vossos monumen-
tos sagrados, encontrei até mesmo um
altar com a inscrição: 'Ao Deus Desco-
nhecido'†. Aquele que vós adorais sem
conhecer, eu venho anunciar-vos. 24O
Deus que fez o mundo e tudo o que
nele existe, ele que é o Senhor do céu e
da terra* não habita em templos feitos
pelas mãos do homem. 25Tampouco é
servido por mãos humanas, como se
tivesse necessidade de alguma coisa,
ele que a todos dá vida, respiração e
tudo. 26De um só, fez nascer todo o gê-
nero humano, para que habite em toda
a face da terra; fixou tempos determi-
nados e os limites* da morada dos ho-
mens, 27a fim de que busquem a Deus
para atingi-lo, se possível, andando
como que às apalpadelas, embora não
esteja longe de cada um de nós. 28Com
efeito, nele temos a vida, o movimento
e o ser. Assim, aliás, disseram alguns de
vossos poetas: "Pois somos também de
sua raça".

29Ora, se somos da raça de Deus, não
devemos pensar que a divindade seja
semelhante ao ouro, à prata ou à pedra,
esculpida pela arte* e pela imaginação
do homem. 30Agora, fechando os olhos
sobre os tempos da ignorância, Deus
faz saber aos homens* que todos, em
toda a parte, devem arrepender-se,
31porque ele fixou um dia para julgar
o mundo com justiça, por um homem
que ele designou, oferecendo a todos
uma garantia ao ressuscitá-lo dos mor-
tos".

32Ouvindo falar de ressurreição dos
mortos, alguns zombavam, outros di-
ziam: "Nós te ouviremos falar sobre
isto outra vez". 33Foi assim que Paulo
retirou-se do meio deles. 34Alguns, no
entanto, aderiram a ele e abraçaram a
fé: entre eles Dionísio, o areopagita,
uma mulher chamada Dâmaris, e outros
com eles.

18 **Fundação da Igreja de Corin-
to.** 1Depois disso, Paulo saiu de
Atenas* e foi para Corinto. 2Encontrou
lá um judeu chamado Áquila, originá-
rio do Ponto, que acabava de chegar da
Itália com Priscila, sua esposa, em con-
sequência de um edito de Cláudio, que
expulsava de Roma todos os judeus.
Paulo juntou-se a eles 3e, como tinham
a mesma profissão,* ficou na casa deles
e lá trabalhava†. Por profissão eram fa-
bricantes de tendas. 4Todo sábado ele
falava na sinagoga e tentava persuadir
judeus e gregos.

5Quando Silas e Timóteo chegaram da
Macedônia,* Paulo consagrou-se total-
mente à Palavra, atestando aos judeus
que Jesus* é o Cristo. 6Mas, diante da
oposição deles e de suas palavras blasfe-
mas, sacudiu as vestes e lhes disse: "Que
vosso sangue recaia sobre vossa cabeça!
Quanto a mim, sou inocente e doravante
é aos pagãos que vou me dirigir". 7Então,
retirando-se de lá, Paulo foi para a casa
de certo Tito Justo, homem que adorava
a Deus, que residia perto da sinagoga.

8Crispo, chefe da sinagoga,* acredi-
tou no Senhor com toda a sua casa;
e muitos coríntios que ouviam Paulo
abraçavam também a fé e se faziam
batizar. 9Uma noite, numa visão, o Se-
nhor disse a Paulo: "Não tenhas medo,
continua a falar, não te cales. 10Porque
estou contigo, e ninguém porá a mão
sobre ti para fazer-te mal, pois tenho
um povo numeroso* nesta cidade".
11Ficou lá um ano e seis meses ensi-
nando entre eles a palavra de Deus.

Paulo comparece perante Galião.
12Quando Galião era procônsul da
Acaia, os judeus se revoltaram em mas-
sa contra Paulo e levaram-no ao tribu-
nal, 13dizendo: "Este homem persuade
os outros a adorarem a Deus de um
modo contrário à Lei". 14Paulo ia abrir a
boca, quando Galião disse aos judeus:
"Se o assunto fosse algum delito ou
crime, aceitaria, ó judeus, vossa queixa,

* **17**,24. 7,48; 1Rs 8,27; Is 42,5; Sl 146,6; Dt 32,8 | 26. Sl 145,18; Is 55,6; Jr 23,23 | 29. 19,26; Is 40,18; Gn 1,27 | 30. 10,42; 14,16; Lc 24,47; Sl 96,13; 98,9 | **18**,1. Rm 16,3 | 3. 20,34; 1Cor 4,12 | 5. 17,3.14; 18,28 / 13,45ss.51; 20,26 | 8. 1Cor 1,14 | 10. Js 1,5-9; Is 41,10

† **18**,3. 1Cor 16,19 confirma que o casal estava com Paulo em Corinto.

como é minha obrigação. 15Mas já que se trata de disputas* sobre palavras e nomes e sobre vossa Lei, vede vós mesmos! Dessas coisas não quero ser juiz". 16E mandou-os sair do tribunal. 17Todos então agarraram Sóstenes, chefe da sinagoga, e, diante do tribunal, puseram-se a espancá-lo. E Galião não se importava com isso absolutamente.

Volta a Antioquia. 18Paulo ficou ainda certo tempo* em Corinto, depois despediu-se dos irmãos e embarcou para a Síria. Priscila e Áquila o acompanhavam. Tinha raspado a cabeça em Cencreia, por causa de uma promessa que fizera. 19Chegaram a Éfeso,* onde ele se separou do casal. Foi à sinagoga, e lá se pôs a discutir com os judeus. 20Estes lhe pediram que prolongasse sua estadia. Ele não consentiu, 21mas, despedindo-se, disse-lhes: "Voltarei até vós outra vez, se Deus quiser". E partiu de Éfeso.

22Desembarcando em Cesareia, subiu para saudar a Igreja† e depois desceu a Antioquia.

Começa a terceira viagem missionária. 23Tendo passado lá algum tempo, partiu de novo e percorreu sucessivamente o território gálata e a Frígia, confortando todos os discípulos†.

O judeu Apolo. 24Um judeu, chamado Apolo,* natural de Alexandria, tinha chegado a Éfeso. Era um homem eloquente, versado nas Escrituras. 25Tinha sido instruído no Caminho do Senhor e, no fervor de seu espírito, pregava e ensinava com exatidão o que se refere a Jesus, embora só conhecesse o batismo de João. 26Pôs-se então a falar com segurança* na sinagoga. Priscila e Áquila, que o tinham ouvido, tomaram-no consigo e lhe expuseram mais exatamente o Caminho. 27Como quisesse partir para a Acaia,* os irmãos o encorajaram e escreveram aos discípulos que o acolhessem bem. Chegando lá, ele foi, pelo efeito da graça, de grande auxílio aos que haviam abraçado a fé: 28pois ele refutava vigorosamente* os judeus em público, demonstrando pelas Escrituras que Jesus é o Cristo.

19 **Paulo em Éfeso. Os joanitas.** 1Enquanto Apolo estava em Corinto, Paulo, após ter atravessado a região serrana, chegou a Éfeso. Encontrou lá alguns discípulos 2e lhes perguntou: "Recebestes o Espírito Santo quando abraçastes* a fé?" Responderam-lhe: "Mas nem sequer ouvimos dizer que existe um Espírito Santo..." 3E ele disse: "Então, que batismo recebestes?" "O batismo de João"†, responderam. 4Paulo então disse: "João batizou* com um batismo de penitência, dizendo ao povo que acreditasse naquele que viria após ele, isto é, em Jesus". 5A estas palavras, fizeram-se batizar no nome do Senhor Jesus; 6e quando Paulo lhes impôs as mãos,* o Espírito Santo veio sobre eles, e puseram-se a falar em línguas e a profetizar. 7Esses homens eram ao todo uns doze.

Fundação da Igreja de Éfeso. 8Paulo foi à sinagoga* e lá, durante três meses, falou com ousadia, discutindo e procurando persuadir seus ouvintes acerca do Reino de Deus. 9Alguns, no entanto, empedernidos* e incrédulos, difamavam o Caminho† diante da assistência. Rompeu então com eles e tomou à parte os discípulos que ensinava todos os dias na escola de um tal Tiranos. 10Foi assim durante dois anos, de sorte que todos os habitantes da Ásia, judeus e gregos, puderam ouvir a palavra do Senhor.

Os exorcistas judeus. 11Deus realizava,* pelas mãos de Paulo, milagres ex-

---

* **18**,15. 23,29; 25,18; Jo 18,31; 1Cor 1,1 | 18. 21,24 | 19. Nm 6,5.18 | 24. 10,3; 1Cor 3,6 | 26. 19,8 | 27. 2Cor 3,1 | 28. 9,22; 17,3 | **19**,2. 2,38 | 4. Mt 3,11; Mc 1,4.7s | 6. 8,17; 10,44.46 | 8. 18,26 | 9. Tt 3,10s; 2Cor 6,17; 2Jo 10 | 11. 5,15; 14,3; Mc 9,38; Lc 9,49

† **18**,22. Esta Igreja é a de Jerusalém. | 23. Nesta terceira viagem, Paulo vai dedicar-se sobretudo à Igreja de Éfeso. | **19**,3. Houve nos tempos primitivos um grupo de discípulos de João Batista, que acreditavam ser ele o Messias; opondo-se a tal crença, o 4º Evangelho afirma que "João não era a luz", 1,8. | 9. Ver a nota em At 9,2. | 12. Textos como esse mostram que tem fundamento bíblico a devoção dos católicos às relíquias.

traordinários, [12]a tal ponto que bastava aplicar sobre os doentes lenços ou aventais que haviam tocado seu corpo e as doenças os deixavam e os espíritos maus se retiravam†. [13]Ora, alguns exorcistas* judeus itinerantes tentaram pronunciar, eles também, o nome do Senhor Jesus sobre os que tinham espíritos maus. Diziam: "Eu vos conjuro por esse Jesus que Paulo prega!" [14]Quem fazia isto eram os sete filhos de certo Ceva, sumo sacerdote judeu. [15]Mas o espírito mau lhes replicou: "Jesus, eu o conheço, e Paulo, sei quem é. Mas vós, quem sois?" [16]E o homem que tinha o espírito mau lançou-se sobre eles, dominou a uns e outros e maltratou-os tanto que eles saíram da casa nus e cobertos de feridas.

[17]Todos os habitantes de Éfeso, judeus e gregos, souberam do fato. O medo então apoderou-se de todos, e o nome do Senhor Jesus foi glorificado. [18]Muitos dos que tinham abraçado a fé vieram confessar e desvendar suas práticas. [19]Bom número dos que se tinham entregue à magia traziam seus livros e os queimavam na presença de todos. O valor total deles foi estimado em cinquenta mil moedas de prata.

[20]Assim, a palavra do Senhor crescia e se firmava poderosamente.*

O motim dos ourives de Éfeso. [21]Após esses fatos,* Paulo fez o projeto de atravessar a Macedônia e a Acaia para ir a Jerusalém. "Depois de ter estado lá – dizia – preciso igualmente ver Roma". [22]Enviou, então, à Macedônia,* dois de seus auxiliares, Timóteo e Erasto; quanto a ele, ficou ainda algum tempo na Ásia. [23]Por essa época, houve um tumulto* bastante grave a propósito do Caminho. [24]Certo Demétrio, que era ourives e fabricava em prata miniaturas do templo de Diana, conseguia assim muita renda para os artesãos. [25]Ele os reuniu, bem como os que exerciam profissões semelhantes, e lhes disse: "Homens, é a esta indústria, como bem sabeis,* que devemos nosso bem-estar. [26]Ora, este Paulo, como vedes e ouvis, não só em Éfeso mas em quase toda a Ásia, convenceu e desviou uma multidão de gente, afirmando que não são deuses os que são feitos por mãos humanas. [27]Isto ameaça não apenas lançar o descrédito sobre nossa categoria, mas ainda destruir toda a fama do santuário da grande deusa Diana, para acabar despojando de seu prestígio aquela que toda a Ásia e o mundo inteiro veneram".

[28]A essas palavras, cheios de cólera, puseram-se a gritar: "Grande é a Diana dos efésios!" [29]A desordem tomou conta da cidade inteira. Precipitaram-se em massa para o teatro, arrastando para lá os macedônios Gaio e Aristarco, companheiros de viagem de Paulo. [30]Quanto a Paulo, queria apresentar-se diante do povo, mas os discípulos o impediram. [31]Mesmo alguns asiarcas†, amigos dele, mandaram pedir-lhe insistentemente para não se expor, indo ao teatro. [32]Entretanto, uns gritavam isto,* outros aquilo. A assembleia estava em plena confusão; a maioria nem sequer sabia para que estava reunida. [33]Alguns da multidão fizeram intervir Alexandre, que os judeus empurravam para a frente, e ele, tendo feito sinal com a mão, queria dar uma explicação ao povo. [34]Mas quando reconheceram que era judeu, todos se puseram a gritar a uma só voz, por quase duas horas: "Grande é a Diana dos efésios!"

[35]Enfim, o secretário acalmou a multidão e disse: "Efésios, quem é que não sabe que a cidade de Éfeso é a guardiã do templo da grande Diana e de sua estátua caída do céu? [36]Sendo isso inegável, deveis ficar tranquilos e nada fazer de temerário. [37]Trouxestes aqui esses homens, que não são culpados nem de sacrilégio, nem de blasfêmia contra nossa deusa. [38]Ora, se Demétrio e os artesãos que estão com ele têm queixas contra alguém, há audiências, há

---

* **19**,13. Mc 1,34; Lc 4,41 | 20. 6,7; 12,24 | 21. 23,11; Rm 1,13 | 22. 17,14; Rm 16,23 | 23. 16,16; 2Cor 1,8s | 25. 17,29 | 32. 21,34

† **19**,31. Asiarcas são os chefes da Ásia, os que presidiam ao culto do imperador na Ásia.

procônsules: que apresentem a queixa. 39E se tendes algum outro assunto a debater, será resolvido na assembleia regular. 40Pois corremos o risco de sermos acusados de sedição por causa do que aconteceu hoje, já que não existe nenhum motivo que nos permita justificar essa aglomeração". E com essas palavras, dissolveu a assembleia.

20 **Paulo na Grécia e na Macedônia.** 1Cessado o tumulto, Paulo convocou os discípulos, dirigiu-lhes uma exortação e, depois de se ter despedido, partiu para a Macedônia.

2Atravessou a região, exortou longamente os fiéis e chegou à Grécia, 3onde ficou três meses.* Os judeus tramaram contra ele uma conjuração no momento em que ia embarcar para a Síria. Então decidiu voltar pela Macedônia. 4Tinha como companheiros Sópatros, filho de Pirro, de Bereia; Aristarco e Segundo, de Tessalônica; Gaio, de Derbe e Timóteo, bem como Tíquico e Trófimo,* que eram da Ásia. 5Estes tomaram a dianteira e nos esperavam em Trôade. 6Quanto a nós, partimos de Filipos por mar, após os dias dos Ázimos e, cinco dias depois, os alcançamos em Trôade, onde passamos sete dias.

Ressurreição de Êutico em Trôade. 7No primeiro dia da semana†, estávamos reunidos* para partir o pão†; Paulo, que devia viajar no dia seguinte, entretinha-se com eles. Prolongou seu discurso até a meia-noite. 8Havia bom número de lâmpadas na sala de cima onde estávamos reunidos. 9Ora, um adolescente chamado Êutico, que estava sentado na beira da janela, mergulhou em profundo sono, enquanto Paulo continuava falando. Vencido pelo sono, caiu do terceiro andar abaixo. Quando o levantaram, estava morto. 10Paulo desceu,* estendeu-se sobre ele, tomou-o nos braços e disse: "Não vos assusteis: sua alma está nele". 11Depois subiu, partiu o pão e comeu; e depois de ter falado ainda por longo tempo, até raiar o dia, ele partiu. 12Quanto ao jovem, trouxeram-no vivo e sentiram-se muito consolados.

13E nós, indo à frente por mar, rumamos para Assos, onde devíamos apanhar Paulo: assim ele tinha mandado, pretendendo fazer a viagem por terra. 14Quando nos alcançou em Assos, nós o tomamos a bordo e chegamos a Mitilene. 15De lá tornamos a partir um dia depois e chegamos diante de Quio. No dia seguinte aportamos em Samos e chegamos no outro dia a Mileto. 16Com efeito,* Paulo tinha decidido passar ao largo de Éfeso, para não se demorar na Ásia. Ele se apressava, a fim de estar, se possível, em Jerusalém, no dia de Pentecostes.

Em Mileto. Discurso aos anciãos de Éfeso. 17De Mileto, ele mandou emissários* a Éfeso para chamar os anciãos desta Igreja. 18Quando chegaram junto dele, disse-lhes: "Vós sabeis de que modo, desde o primeiro dia em que cheguei à Ásia, não cessei de me comportar em relação a vós, 19servindo o Senhor com toda a humildade, entre lágrimas e provações que as ciladas dos judeus me causaram. 20Sabeis que nada negligenciei* daquilo que vos podia ser proveitoso, em minhas exortações e instruções, em público e em vossas casas, 21conjurando judeus e gregos a se converterem a Deus e a crerem em Jesus, nosso Senhor. 22E agora, eis que, acorrentado* pelo Espírito,† dirijo-me a Jerusalém, sem saber o que vai me acontecer lá, 23senão que, de cidade em cidade, o Espírito Santo me atesta que me esperam cadeias e tribulações. 24Mas não faço caso nenhum de minha vida, contanto que leve a bom termo minha carreira e o ministério que recebi do Senhor Jesus:

---

* **20**,3. 9,24; 17,10; 19,29; 23,13ss | 4. Rm 16,21; 1Cor 16,8 | 7. 2,42.46; 1Cor 16,2 | 10. 1Rs 17,21 | 16. 18,21 | 17. 19,10 | 20. 20,3 | 22. 9,16; 19,21; 21,4.11.13; 2Tm 4,7

† **20**,7. O "primeiro dia da semana" é o domingo, dia da ressurreição de Cristo, Lc 24,1, que já havia substituído o sábado como dia santo semanal. / Ver a nota em 2,42. | 22. Movido por um impulso do Espírito Santo. Como um prisioneiro, Paulo deve ir aonde o Espírito o conduz.

dar testemunho do Evangelho da graça de Deus.

[25]E agora sei que não mais vereis meu rosto, vós todos entre os quais passei proclamando o Reino. [26]É por isso que atesto hoje* diante de vós: sou inocente do sangue de todos. [27]Pois não me esquivei ao dever de anunciar-vos* toda a vontade de Deus. [28]Cuidai de vós mesmos e de todo o rebanho, do qual o Espírito Santo vos estabeleceu como bispos para apascentar a Igreja de Deus, que ele adquiriu para si com o sangue de seu Filho. [29]Bem sei que, depois de minha partida,* vão infiltrar-se entre vós lobos ferozes, que não pouparão o rebanho, [30]e que até do meio de vós surgirão alguns a ensinar doutrinas perversas, para arrastar os discípulos atrás de si. [31]Por isso, vigiai, lembrando-vos de que, durante três anos, noite e dia,* não cessei de exortar com lágrimas cada um de vós. [32]E agora recomendo-vos a Deus e à palavra de sua graça, que tem o poder de edificar e de conceder a herança com todos os santificados. [33]Prata, ouro, vestes, não ambicionei* de ninguém: [34]vós mesmos sabeis que foram estas minhas mãos que cuidaram de minhas precisões e das de meus companheiros. [35]De todos os modos vos mostrei que é trabalhando assim que se deve socorrer os fracos, recordando as palavras do Senhor Jesus, que disse: "Há mais felicidade em dar que em receber"†.

[36]A essas palavras, colocando-se de joelhos, rezou* com todos eles. [37]Todos então começaram a chorar copiosamente e, lançando-se ao pescoço de Paulo, abraçavam-no, [38]entristecidos, sobretudo por causa da palavra que tinha dito, que não mais veriam* seu rosto. E o acompanharam até o navio.

21 **Paulo vai para Jerusalém.** [1]Depois de nos separarmos deles, embarcamos e navegamos diretamente para Cós; no dia seguinte atingimos Rodes e, de lá, Pátara. [2]Tendo encontrado um navio que ia para a Fenícia, subimos a ele e partimos. [3]Chegando à vista de Chipre, deixamo-la à esquerda e navegamos para a Síria, desembarcando em Tiro, pois era lá que o navio devia descarregar. [4]Tendo encontrado discípulos, ficamos lá sete dias.* Inspirados pelo Espírito, diziam a Paulo que não subisse a Jerusalém. [5]Mas, passados aqueles dias, partimos. Íamos acompanhados de todos, inclusive de mulheres e crianças, até fora da cidade. Pusemo-nos de joelhos na praia para rezar. [6]Depois das despedidas, embarcamos no navio, e eles voltaram para casa.

[7]E nós, terminada a travessia, fomos de Tiro a Ptolemaida. Depois de ter saudado os irmãos e ficado um dia com eles, [8]partimos de novo no dia seguinte e chegamos a Cesareia. Entramos na casa de Filipe†, o evangelista, que era um dos Sete, e ficamos na casa dele. [9]Ele tinha quatro filhas moças que profetizavam.*

[10]Fazia alguns dias que lá estávamos, quando um profeta de nome Ágabo* chegou da Judeia. [11]Veio a nosso encontro e, tomando o cinto de Paulo, amarrou com ele os pés e as mãos, dizendo: "Isto diz o Espírito Santo: Assim os judeus em Jerusalém amarrarão o homem* a quem pertence este cinto e o entregarão às mãos dos pagãos". [12]A essas palavras, nós e as pessoas do lugar, começamos a suplicar a Paulo que não subisse* a Jerusalém. [13]Então ele respondeu: "Para que ficar chorando e me partindo* o coração? Estou pronto não só para me deixar prender, mas também para morrer em Jerusalém pelo nome do Senhor Jesus!" [14]Como não havia meio de convencê-lo, paramos de insistir, dizendo: "Seja feita a vontade do Senhor!" [15]Depois desses

---

* **20**,26. 18,6 | 27. 1Pd 5,2; 1Tm 4,16 | 29. Mt 7,15; 10,16; Jo 10,12 | 31. 1Jo 2,19; Gl 1,7; 4,17; 1Ts 2,11 | 33. 1Sm 12,3; 1Cor 9,11-14; 1Ts 2,9; 2Ts 3,7s; Mt 10,8 | 36. Rm 16,6; 1Cor 16,20; 1Pd 5,14 | 38. 20,25; 21,6 | **21**,4. 20,23.36; 21,11s | 9. 2,17 | 10. 11,28; Jo 21,18 | 11. 21,33 | 12. Mt 16,22 | 13. 20,24; Mt 26,39

† **20**,35. Esta frase não está nos Evangelhos, mas concorda com o ensinamento de Jesus. | **21**,8. Ver a nota em 8,5.

dias, tendo terminado nossos prepa-
rativos, subimos a Jerusalém. 16Alguns
discípulos de Cesareia nos acompanha-
ram e nos levaram para hospedar-nos
na casa de certo Menáson, de Chipre,
discípulo dos primeiros dias.*

**Encontro de Paulo e Tiago em Jeru-
salém.** 17Ao chegarmos a Jerusalém,
os irmãos nos receberam com alegria.
18No dia seguinte, Paulo foi conosco à
casa de Tiago, onde se reuniram todos
os anciãos. 19Depois de os ter saudado,
ele se pôs a narrar com pormenores o
que Deus tinha feito entre os pagãos
por seu ministério. 20Eles glorificavam
a Deus pelo que ouviam.* Disseram-lhe
então: "Estás vendo, irmão, quantos
milhares de judeus têm abraçado a fé,
e são todos zelosos, cumpridores da
Lei. 21Ora, a respeito de ti eles ouviram
dizer que ensinas aos judeus* disper-
sos entre os pagãos que abandonem
Moisés, dizendo-lhes que não mais cir-
cuncidem seus filhos e que não sigam
mais as tradições. 22Que fazer então?
Certamente ficarão sabendo de tua
chegada. 23Faze, pois, o que vamos te
dizer. Temos aqui quatro homens que
devem cumprir uma promessa. 24Toma-
-os contigo, faze a purificação* junto
com eles e encarrega-te das despesas,
para que possam rapar a cabeça. As-
sim todo o mundo ficará sabendo que
não há nada de verdade no que ouvi-
ram a teu respeito, mas que tu também
te comportas como observante da Lei.
25Quanto aos pagãos que abraçaram a
fé,* já lhes escrevemos, ordenando que
se abstenham das carnes imoladas aos
ídolos, do sangue, das carnes sufoca-
das e das uniões ilegítimas"†.

26No dia seguinte, Paulo conduziu os
tais homens e, depois de se ter purifi-
cado com eles, entrou no templo, onde
anunciou o término dos dias da puri-
ficação,* quando deveria ser apresen-
tada a oblação em favor de cada um
deles.

Prisão de Paulo no templo. 27Os sete
dias chegavam ao fim, quando os ju-
deus da Ásia, tendo-o visto no templo,
instigaram a multidão e o agarraram,
28gritando: "Homens de Israel,* so-
corro! Este é o indivíduo que prega a
todos e por toda a parte contra nosso
povo, contra a lei e contra este santo
lugar!"

29Com efeito, haviam visto antes
o efésio Trófimo com ele na cidade e
pensavam que Paulo o tivesse intro-
duzido no templo†. 30A cidade inteira*
ficou em alvoroço, e o povo acorreu
de todas as partes. Apoderaram-se
de Paulo, arrastaram-no para fora do
templo, cujas portas foram logo fe-
chadas. 31Procuravam matá-lo, quando
esta notícia chegou ao tribuno da co-
orte: "Jerusalém inteira está agitada!"
32Imediatamente, tomando consigo
soldados e centuriões, ele precipitou-
-se sobre os revoltosos. Estes, à vista
do tribuno e dos soldados, pararam de
agredir Paulo. 33Então o tribuno* apro-
ximou-se, deteve-o e ordenou que o
prendessem com duas correntes; pro-
curou saber quem era ele e o que havia
feito. 34Mas na multidão uns gritavam
isto, outros aquilo. Não podendo, nes-
sa confusão, obter nenhuma informa-
ção precisa, deu ordem para conduzir
Paulo à fortaleza.

35Quando ele chegou aos degraus,
teve de ser carregado pelos soldados,
tal a violência da multidão. 36Pois o
povo seguia em massa, gritando: "À
morte!"*

Paulo se defende diante dos judeus.
37Na hora de ser introduzido na forta-
leza, Paulo disse ao tribuno: "Posso di-
zer-te uma palavra?" "Sabes o grego?",
perguntou este. 38Então não és aquele
egípcio,* que nesses últimos tempos
atiçou quatro mil bandidos e os levou
para o deserto?" 39Respondeu Paulo:
"Eu sou judeu, de Tarso, na Cilícia, ci-
dadão duma cidade de certa importân-

* **21**,16. 15,7.12; Gl 1,19 | 20. 15,1 | 21. 16,3; 21,28; Gl 2,3 | 24. 18,18 | 25. 15,20.29 | 26. Nm 6,1-20; 1Cor 9,20; 1Mc 3,49s | 28. 6,13; Ez 44,7 | 30. 19,29 | 33. 20,23; 21,11 | 36. 22,22; Lc 23,18 | 38. 5,36s

† **21**,25. São estas as decisões do Concílio de Jerusalém, 15,23-29. | 29. No templo, os pagãos não podiam ir além do pátio dos gentios, sob pena de morte.

cia. Peço-te que me permitas falar ao povo". [40]Dada a permissão, Paulo, de pé nos degraus, fez com a mão sinal ao povo. Fez-se grande silêncio. Então ele dirigiu-lhes a palavra em língua hebraica, dizendo:

22 [1]"Irmãos e pais, ouvi o que tenho agora* para vos dizer em minha defesa". [2]Quando ouviram que lhes falava em língua hebraica, seu silêncio se fez mais profundo. [3]E prosseguiu: "Eu sou judeu,* nascido em Tarso, na Cilícia, mas fui educado nesta cidade, e foi aos pés de Gamaliel que fui formado na exata observância da lei de nossos pais; e eu estava cheio de zelo por Deus, como vós todos estais hoje. [4]Persegui até a morte* este Caminho, acorrentando e lançando na prisão homens e mulheres, [5]como podem testemunhar o sumo sacerdote e todo o Colégio dos anciãos. Deles recebi também cartas para os irmãos de Damasco, e eu ia para lá, a fim de conduzir também os de lá, presos, para Jerusalém, para serem castigados.

Paulo narra sua conversão. [6]Enquanto estava a caminho e me aproximava de Damasco, de repente, por volta do meio-dia, uma grande luz vinda do céu me envolveu com seu brilho. [7]Caí no chão e ouvi uma voz que me dizia: 'Saul, Saul, por que me persegues?' [8]Respondi: 'Quem és tu, Senhor?' Disse-me: 'Eu sou Jesus, o Nazareno, a quem tu persegues'. [9]Os que estavam comigo* viram, sim, a luz, mas não ouviram a voz daquele que me falava. [10]Eu disse: 'Que devo fazer, Senhor?' E o Senhor* respondeu-me: 'Levanta-te, vai a Damasco; lá te dirão tudo quanto está determinado que faças'.

[11]Mas como eu não enxergava por causa do brilho daquela luz, conduzido pela mão de meus companheiros, cheguei a Damasco. [12]Havia lá certo Ananias, homem devoto segundo a Lei, que gozava de boa reputação entre todos os judeus da cidade; [13]ele veio me procurar e, chegando perto de mim, disse-me: 'Saul, meu irmão, recupera a vista'. E eu, na mesma hora, pude vê-lo. [14]Então ele disse: 'O Deus de nossos pais te predestinou para conheceres sua vontade, para veres o Justo e para ouvires a voz saída de sua boca; [15]pois tu serás, diante de todos os homens, sua testemunha do que viste e ouviste. [16]E agora, o que estás esperando? Levanta-te,* recebe o batismo e lava-te de teus pecados, invocando seu nome'.

[17]Depois que voltei a Jerusalém,* certo dia em que eu rezava no templo, aconteceu que caí em êxtase [18]e vi o Senhor, que me disse: 'Anda depressa e sai logo de Jerusalém, pois não acolherão teu testemunho* a meu respeito'. [19]Respondi: 'Senhor, eles bem sabem que eu mandava pôr na cadeia e açoitar nas sinagogas* os que acreditavam em ti; [20]e quando derramavam o sangue de Estêvão, tua testemunha, eu também estava presente, concordando com os que o matavam, e tomando conta de suas roupas'. [21]Ele me disse: 'Vai; é para longe,* para os pagãos que te enviarei'".

Paulo, cidadão romano. [22]Até aí o escutavam.* Mas a essas palavras, puseram-se a gritar: "Tirai da terra este indivíduo! Não deve mais viver!" [23]Gritavam, lançavam suas vestes e jogavam poeira para cima. [24]O tribuno mandou então introduzi-lo na fortaleza e ordenou que o interrogassem, usando açoites, a fim de descobrir por qual motivo gritavam* assim contra ele. [25]Mas quando o prenderam com correias, Paulo perguntou ao centurião que estava a seu lado: "Podeis flagelar um cidadão romano que nem sequer foi julgado?" [26]A essas palavras, o centurião foi procurar o tribuno para preveni-lo: "Que vais fazer? Este homem é cidadão romano!" [27]O tribuno veio então perguntar a Paulo: "Dize-me, tu és cidadão romano?" "Sim", respondeu. [28]O tribuno replicou: "Eu adquiri

---

* **22**,1. 7,2; 13,26; 21,40 | 3. 9,1-29; 26,9-20; Rm 10,2 | 4. 8,3 | 9. Sb 18,1 | 10. 16,30 | 16. Rm 10,13; 2Tm 2,22; | 17. 9,26; 11,13; Gl 1,18s | 18. 8,3; 22,4; 26,10 | 19. 7,58; 8,1 | 21. 9,15; 13,2; 26,16s; Gl 2,7ss | 22. 21,36 | 24. 16,37; 23,27

essa cidadania por um alto preço". "E eu
– disse Paulo – a tenho por nascimen-
to". 29Imediatamente afastaram-se dele
os que iam interrogá-lo, e o próprio tri-
buno ficou com medo ao ficar sabendo
que era cidadão romano aquele que ti-
nha mandado acorrentar.

Paulo comparece perante o Sinédrio.
30No dia seguinte, querendo saber com
exatidão de que os judeus o acusavam,
mandou soltá-lo e ordenou que se reu-
nissem os sumos sacerdotes e todo o
Sinédrio; depois trouxe Paulo e o fez
comparecer perante eles.

23 1Com os olhos fixos* no Si-
nédrio, Paulo disse: "Irmãos,
é com toda a boa consciência que me
comportei diante de Deus até hoje".
2Mas o sumo sacerdote Ananias ordenou
a seus assistentes que lhe batessem* na
boca. 3Então Paulo disse: "É Deus que vai
te bater, parede caiada!* Então, tu te sen-
tas para me julgar segundo a lei e, contra
a lei, mandas me bater?" 4Os assistentes
lhe disseram: "Ousas insultar o sumo sa-
cerdote de Deus?" 5Paulo respondeu: "Eu
não sabia, irmãos, que é o sumo sacer-
dote. Pois está escrito: 'Não amaldiçoarás
o chefe de teu povo'".*

6Paulo sabia que havia lá, de um
lado,* os saduceus, de outro, os fa-
riseus. Exclamou, pois, diante do Si-
nédrio: "Irmãos, eu sou fariseu, filho
de fariseus. É por causa da esperança
na ressurreição dos mortos que estou
sendo julgado"†.

7Mal disse isto, irrompeu um conflito
entre fariseus e saduceus, e a assem-
bleia dividiu-se. 8Com efeito, os sadu-
ceus dizem* que não há nem ressurrei-
ção, nem anjo, nem espírito, ao passo
que os fariseus professam uma e outra
coisa. 9Houve, pois, um grande clamor.*
Alguns escribas do partido dos fariseus
levantaram-se e protestaram, dizendo:
"Não achamos nada de mal neste ho-
mem. E se um espírito ou um anjo lhe
tivesse falado?" 10A discussão tornava-
-se cada vez mais veemente. O tribuno,
receando que Paulo fosse linchado por
eles, mandou a tropa descer para tirá-lo
do meio deles e reconduzi-lo à fortale-
za. 11Na noite seguinte, o Senhor veio*
para seu lado e lhe disse: "Coragem!
Assim como deste testemunho de mim
em Jerusalém, assim é preciso que dês
testemunho também em Roma".

Conjuração dos judeus contra Paulo.
12Quando raiou o dia, os judeus fizeram
uma reunião, na qual se compromete-
ram sob juramento a não comer nem
beber até matarem Paulo. 13Eram mais
de quarenta* os que fizeram essa con-
juração. 14Apresentaram-se aos sumos
sacerdotes e aos anciãos e disseram-
-lhes: "Nós nos comprometemos sob
juramento a não tomar nada enquanto
não matarmos Paulo. 15Portanto ago-
ra, em conformidade com o Sinédrio,
mandai dizer ao tribuno que o conduza
a vossa presença, sob pretexto de exa-
minar mais a fundo seu caso. De nosso
lado, estamos de prontidão para matá-
-lo antes que chegue".

16Mas o filho da irmã de Paulo ficou
sabendo da conspiração. Foi à fortale-
za, entrou e avisou Paulo. 17Chamando
um dos centuriões, Paulo lhe disse:
"Conduze este jovem ao tribuno; ele
tem algo a lhe comunicar". 18O centu-
rião levou-o consigo e o conduziu ao
tribuno. "O prisioneiro Paulo – disse ele
– chamou-me e pediu que lhe trouxes-
se este jovem, que tem algo a dizer-te".
19O tribuno tomou o jovem pela mão,
levou-o à parte e lhe perguntou: "Que
é que tens para comunicar-me?" 20"Os
judeus – respondeu ele – combinaram
para te pedir que conduzas Paulo ama-
nhã ao Sinédrio, sob pretexto de in-
vestigar mais a fundo seu caso. 21Mas
não acredites neles, porque mais de
quarenta de seus homens o espreitam
e se comprometeram sob juramento a
não comer nem beber até o terem eli-
minado. E agora estão de prontidão,
esperando teu consentimento".

---

* **23**,1. 22,1; 24,16 | 2. Jo 18,22 | 3. Mt 23,27; Ez 13,10-15; Lv 19,15 | 5. Êx 22,28 | 6. 4,2; 22,3; 24,21; 26,5; Fl 3,5 | 8. Mt 22,23 | 9. 5,39; 25,25; Lc 23,4 | 11. 18,9; 28,23.31 | 13. Jo 16,2s

† **23**,6. O cerne das discussões é a ressurreição de Cristo, 25,19.

22 O tribuno despediu o jovem com
esta recomendação: "Não contes a nin-
guém que me revelaste essas coisas".
Paulo é transferido para Cesareia.
23 Depois chamou dois dos centuriões e
disse-lhes: "Preparai, a fim de partirem
para Cesareia, desde a terceira hora da
noite, duzentos soldados, setenta cava-
leiros e duzentos lanceiros†. 24 Preparai
também cavalos para Paulo montar e
ser conduzido são e salvo ao governa-
dor Félix".
25 E escreveu uma carta nestes termos:
26 "Cláudio Lísias ao excelentíssimo go-
vernador Félix, saudações! 27 Este ho-
mem foi preso* pelos judeus e estava
para ser morto por eles, quando che-
guei com a tropa e o libertei, ao saber
que era cidadão romano. 28 Eu quis ve-
rificar o motivo por que o acusavam e
o conduzi perante o Sinédrio* deles.
29 Constatei que a acusação referia-se a
questões da lei deles, mas que ele não
tinha nenhuma culpa que merecesse a
morte ou a prisão. 30 Fui avisado de que
tramavam uma conspiração contra este
homem e tratei de enviá-lo a ti imedia-
tamente, e informei seus acusadores
que teriam de levar a teu tribunal as
acusações contra ele"†.
31 De acordo com as ordens rece-
bidas, os soldados levaram Paulo e o
conduziram de noite a Antipátrida.
32 No dia seguinte, deixaram os cava-
leiros prosseguir com ele e retornaram
à fortaleza. 33 Chegando a Cesareia, os
cavaleiros entregaram a carta ao go-
vernador e apresentaram-lhe Paulo.
34 Depois de ter lido a carta,* perguntou
de que província era. Ao saber que era
da Cilícia, disse: 35 "Eu te ouvirei quando
teus acusadores também tiverem che-
gado". E mandou conservá-lo preso no
pretório de Herodes.

24 **Paulo processado perante Fé-
lix.** 1 Cinco dias depois, o sumo
sacerdote Ananias desceu com alguns
anciãos e um advogado, certo Tértulo,
e se apresentaram ao governador para
acusar Paulo. 2 Este foi chamado,* e Tértu-
lo formulou a acusação nestes termos: "A
grande paz de que gozamos graças a ti,
e as reformas* de que esta nação é deve-
dora a tua providência, 3 em todo tempo
e lugar, nós as acolhemos, excelentíssi-
mo Félix, com profunda gratidão. 4 Mas,
para não importunar-te por mais tempo,
peço-te que nos ouças um instante* com
tua benevolência. 5 Este homem, nós o
constatamos, é uma peste: provoca de-
sordens entre todos os judeus do mundo
inteiro e é um líder da seita dos nazare-
nos. 6 Tentou até profanar o templo, e foi
então que o prendemos†. 8 Interrogando-
-o, poderás,* por ti mesmo, assegurar-te
da exatidão de todas as nossas acusa-
ções contra ele". 9 Os judeus o apoiaram,
confirmando que isso era verdade.
Paulo se defende. 10 Então o gover-
nador lhe fez sinal para falar, e Paulo
respondeu: "Sei que já são vários anos que
és juiz desta nação; por isso, é com plena
confiança que farei minha defesa. 11 Podes
verificar* que não faz mais de doze dias
que subi a Jerusalém para adorar, 12 e nin-
guém me viu, nem no templo, nem nas
sinagogas, nem pela cidade, em discussão
com alguém, ou amotinando a multidão.
13 Nem tampouco podem provar aquilo
de que estão me acusando agora.
14 Isto, porém, te confesso:* é segundo
o Caminho, que eles chamam de seita,
que sirvo o Deus de nossos pais, crendo
em tudo quanto há na Lei e no que está
escrito nos Profetas†, 15 tendo em Deus
a esperança,* como eles próprios tam-
bém a têm, de que haverá uma ressur-
reição dos justos e dos pecadores. 16 É

---

* **23**,27. 21,33; 22,25; 25,18s | 28. 18,14s; 22,30; 24,8 | 34. 22,3 | **24**,2. 25,2 / 23,26 | 4. 17,6; 24,14; 21,28 | 8. 23,30 | 11. 21,17 | 14. 24,5 | 15. 23,1; Dn 12,2; Jo 5,28s

† **23**,23. O texto oc. acrescenta: "Pois o tribuno temia que os judeus o sequestrassem para matá-lo, e depois ele fosse acusado de ter sido subornado". | 30. Em todo esse processo, Lucas salienta a inocência de Paulo, o fanatismo dos judeus e a imparcialidade dos romanos. | **24**,6. O texto oc. acrescenta: "Nós queríamos julgá-lo conforme nossa lei. 7 Mas o tribuno Lísias interveio e arrancou-o de nossas mãos com muita violência 8 e ordenou a seus acusadores que se apresentassem diante de ti". | 14. O cristianismo é a continuação do próprio judaísmo, o cumprimento das promessas feitas aos Pais. Por isso, crer nos profetas é começar a ser cristão, At 26,22.27.

por isso que eu também me esforço por
ter sempre uma consciência irrepreensí-
vel diante de Deus e dos homens. 17Ora,
depois de muitos anos,* vim trazer es-
molas para minha nação e oferecer
sacrifícios: 18foi então que me encon-
traram no templo, depois que eu tinha
terminado as purificações, sem aglome-
ração nem tumulto. 19Mas foram alguns
judeus da Ásia que me viram ali: eles é
que deveriam apresentar-se diante de ti
e me acusar, se têm alguma coisa contra
mim. 20Ou digam os que estão aqui, de
que delito me acharam culpado quando
compareci perante o Sinédrio. 21A não
ser que se trate desta única frase* que
gritei, de pé no meio deles: 'É por cau-
sa da ressurreição dos mortos que hoje
sou julgado diante de vós'."

22Félix, que estava muito bem infor-
mado* sobre o que se refere ao Cami-
nho, adiou a solução, dizendo: "Quando
o tribuno Lísias descer, examinarei vossa
questão". 23Ordenou ao centurião* que
conservasse Paulo preso, mas num regi-
me liberal, e não impedisse que algum
dos seus lhe prestasse serviço.

Paulo prega o Evangelho a Félix. 24Al-
guns dias mais tarde, Félix veio com sua
mulher Drusila, que era judia. Mandou
chamar Paulo e o ouviu falar da fé no
Cristo Jesus. 25Mas como ele se pusesse
a discorrer sobre a justiça, a continência
e o juízo futuro, Félix ficou com medo
e respondeu: "Por ora podes ir; tornarei
a chamar-te na primeira oportunidade".
26Esperava também que Paulo lhe des-
se dinheiro; por isso mandava chamá-lo
com muita frequência para conversar
com ele. 27Passados dois anos,* Félix
teve por sucessor Pórcio Festo†. Que-
rendo agradar aos judeus, Félix tinha
deixado Paulo na prisão.

25 **Paulo apela para César.**
1Três dias após sua chegada
à província, Festo subiu de Cesareia
a Jerusalém. 2Os sumos sacerdotes
e os nobres judeus se apresentaram
diante dele* para acusar Paulo e ten-
tavam persuadi-lo, 3solicitando-lhe,
como um favor, por ódio a Paulo, que
ele fosse transferido para Jerusalém;
é que preparavam uma cilada para
matá-lo no caminho. 4Mas Festo res-
pondeu que Paulo devia continuar na
prisão em Cesareia; que ele próprio,
aliás, ia partir imediatamente. 5"Que,
portanto, os que entre vós* são quali-
ficados – disse ele – desçam comigo e,
se há alguma culpa nesse homem, que
o acusem".

6Depois de ter passado entre eles
não mais de oito a dez dias, desceu a
Cesareia e, no dia seguinte, sentando-
-se no tribunal, mandou chamar Pau-
lo. 7Quando este chegou, os judeus
descidos de Jerusalém* o rodearam,
pronunciando contra ele acusações
múltiplas e graves, que não eram capa-
zes de provar. 8Paulo se defendia: "Não
cometi – dizia ele – falta alguma contra
a lei dos judeus, nem contra o templo,
nem contra César". 9Mas Festo, que-
rendo agradar os judeus,* respondeu a
Paulo: "Queres subir a Jerusalém para
lá seres julgado sobre isso em minha
presença?" 10Mas Paulo replicou: "Es-
tou diante do tribunal de César; é aqui
que devo ser julgado. Não fiz nenhuma
injúria aos judeus, como tu também sa-
bes perfeitamente. 11Mas, se sou real-
mente culpado, se cometi algum crime
que mereça a morte, não recuso mor-
rer. Se, porém, as acusações que me fa-
zem se reduzem a nada, ninguém tem
o direito de entregar-me a eles. Apelo
para César!"† 12Então, Festo, depois de
conferenciar com seu Conselho, res-
pondeu: "Apelaste para César, pois vais
comparecer diante de César".

**Paulo perante o rei Agripa e Bere-
nice.** 13Alguns dias mais tarde, o rei
Agripa e Berenice† chegaram a Ce-

* **24**,17. 11,29; 21,27; Rm 15,25s; At 2,10 | 21. 23,6 | 22. 23,26 | 23. 27,3; 28,16s | 27. 25,9.14 | **25**,2. 23,15.30; 24,1; 25,15 | 5. 25,17 | 7. 24,5s.13 | 9. 24,27

† **24**,27. Esta mudança de Procuradores ocorreu em 60 d.C. | **25**,11. Os cidadãos romanos tinham o direito de ser julgados diretamente pelo imperador. Assim, Paulo pôde evitar o comparecimento perante o Sinédrio, que queria condená-lo.

sareia e vieram cumprimentar Festo.
14Como sua estadia se prolongasse,
Festo expôs ao rei a história de Paulo:
"Há aqui um homem – disse ele – que
Félix deixou em cativeiro. 15Enquanto
eu estava em Jerusalém,* os sumos sa-
cerdotes e os anciãos dos judeus apre-
sentaram queixa contra ele, pedindo
sua condenação. 16Respondi-lhes que
os romanos não costumam entregar
uma pessoa sem antes a haverem con-
frontado com seus acusadores e lhe
terem permitido defender-se da incri-
minação. 17Eles vieram, pois,* até aqui
e, sem nenhuma demora, sentei-me
no tribunal no dia seguinte e mandei
buscar o homem. 18Em sua presença,
os acusadores não o acusaram de ne-
nhum dos crimes* que eu imaginava.
19Tinham somente certos litígios so-
bre sua religião e sobre certo Jesus, já
morto, e que Paulo afirma estar vivo.
20Embaraçado diante de tal debate,*
perguntei-lhe se queria ir a Jerusalém
para lá ser julgado sobre isso. 21Mas
Paulo interpôs apelação, para que seu
caso fosse reservado ao julgamento do
augusto imperador. Por isso ordenei
que o conservassem preso até que o
envie a César".

22Agripa disse a Festo: "Eu também
gostaria de ouvir este homem". "Ama-
nhã – disse ele – tu o ouvirás". 23No dia
seguinte, portanto, Agripa e Berenice
vieram com grande pompa e entra-
ram na sala da audiência,* rodeados
dos tribunos e dos nobres da cidade.
Por ordem de Festo, trouxeram Pau-
lo. 24Festo disse* então: "Rei Agripa
e vós todos aqui presentes conosco,
estais vendo este homem, a respeito
do qual toda a multidão dos judeus
interveio junto de mim, tanto em Je-
rusalém, como aqui, protestando em
grandes gritos que não se devia deixá-
-lo viver mais. 25Eu, porém, reconheci
que ele nada fez que mereça a morte;
no entanto, como ele apelou para o
augusto imperador, decidi enviar-lho.
26Mas nada tenho de bem preciso para
escrever ao soberano a seu respeito; é
por isso que o fiz comparecer diante de
vós, e sobretudo diante de ti, rei Agri-
pa, a fim de que, após este interroga-
tório, eu tenha algo a referir. 27Pois me
parece absurdo enviar um prisioneiro
sem indicar, ao mesmo tempo, as acu-
sações que pesam sobre ele".

26 **Discurso de Paulo perante
o rei Agripa.** 1Agripa disse a
Paulo: "Estás autorizado a defender tua
causa". Então, estendendo a mão, Pau-
lo apresentou sua defesa: 2"Sinto-me
feliz, ó rei Agripa, por ter de me justi-
ficar em tua presença de todas as acu-
sações que os judeus me fazem; 3tanto
mais que conheces todos os costumes
e controvérsias dos judeus. Por isso te
peço que me ouças com paciência.

4O que foi minha vida desde minha
juventude e como desde o começo vivi
no meio de minha nação, em Jerusa-
lém, todos os judeus o sabem. 5Co-
nhecem-me de longa data* e podem
testemunhar, se o quiserem, que vivi
segundo o partido mais rigoroso de
nossa religião, como fariseu. 6E agora,
se sou submetido a julgamento, é por
causa da esperança na promessa feita
por Deus a nossos pais, 7e cuja realiza-
ção nossas doze tribos* esperam alcan-
çar, servindo a Deus com perseverança,
noite e dia. É por esta esperança, ó rei,
que estou sendo acusado pelos judeus.
8Por que entre vós se julga incrível que
Deus ressuscite os mortos? 9Também
eu pensei* que devia combater por to-
dos os meios o nome de Jesus, o Na-
zareno. 10E foi o que fiz em Jerusalém:
munido de uma autorização dos sumos
sacerdotes, eu mesmo lancei na prisão
grande número de santos e, quando
eram condenados à morte, eu dava

---

* **25**,15. 25,1s | 17. 25,6 | 18. 18,15; 23,29 | 20. 25,9.11s | 23. Lc 21,12 | 24. 21,36; 22,22; 25,2s.7 | **26**,5. 23,6; Fl 3,5s | 7. 24,15; 28,20 | 9. 8,3; 9,1-19; 22,3-21

† **25**,13. Trata-se de dois filhos de Herodes Agripa I, cuja morte foi narrada em At 12,23: Herodes Agripa II e Berenice, que, apesar de serem irmãos, viviam maritalmente. | **26**,14. Assim como o boi não pode, sem se machucar, opor-se ao ferrão, é inútil resistir ao apelo da graça.

minha aprovação. 11Muitas vezes tam-
bém, percorrendo todas as sinagogas,
eu os forçava a blasfemar, por minhas
crueldades, e no excesso de meu furor
contra eles, eu os perseguia até nas ci-
dades estrangeiras.
12Foi assim que me dirigi a Damasco
com autorização e plenos poderes da
parte dos sumos sacerdotes. 13No ca-
minho, pelo meio-dia, eu vi, ó rei, vinda
do céu e mais brilhante que o sol, uma
luz que resplandeceu ao redor de mim
e de meus companheiros. 14Todos nós
caímos por terra, e eu ouvi uma voz
que me dizia em língua hebraica: "Saul,
Saul, por que me persegues? É duro
para ti recalcitrar contra o aguilhão"†.
15Respondi: "Quem és tu, Senhor?"
O Senhor disse: "Eu sou Jesus, aque-
le que tu persegues. 16Mas levanta-te
e fica de pé.* Pois eu te apareci para
te estabelecer ministro e testemunha
das coisas que viste e daquelas para
as quais ainda te aparecerei. 17É para
isso que te libertarei* do povo e dos
pagãos aos quais te envio: 18para lhes
abrir os olhos, a fim de que se conver-
tam das trevas à luz e do domínio de
Satanás a Deus, obtenham a remissão
dos pecados e participem da herança
com os que foram santificados pela fé
em mim".*
19Por isso, ó rei Agripa, não deso-
bedeci à visão celeste. 20Ao contrário,
primeiro aos habitantes de Damasco,
depois aos de Jerusalém e de todo o
território da Judeia e, em seguida aos
pagãos, preguei que era preciso arre-
pender-se* e converter-se a Deus, vi-
vendo de um modo que correspondes-
se a esta conversão. 21Foi por isso que
os judeus me agarraram no templo* e
tentaram matar-me. 22Sustentado, po-
rém, pela proteção de Deus, continuei
até hoje a dar meu testemunho diante
de pequenos e grandes, sem jamais di-
zer coisa alguma fora do que os profe-
tas e Moisés tinham declarado que de-
via acontecer: 23que o Cristo haveria de
padecer* e que, sendo o primeiro a res-
suscitar dos mortos, haveria de anun-
ciar a luz ao povo e às nações pagãs".
24A esta altura de sua defesa, Fes-
to disse em alta voz: "Tu estás doido,
Paulo; tua grande ciência te faz delirar".
25Ao que Paulo retrucou: "Não estou
doido, excelentíssimo Festo, mas falo
uma linguagem de verdade e bom sen-
so. 26Pois destas coisas está ciente o rei,
ao qual me dirijo com toda a franque-
za, persuadido de que nada disso lhe
é estranho. Pois não foi às ocultas que
isto aconteceu!... 27Acreditas nos pro-
fetas, rei Agripa? Eu sei que acreditas".
28O rei Agripa respondeu a Paulo: "Falta
pouco para me convenceres a tornar-
-me cristão!" 29Replicou Paulo: "Que
falte pouco ou muito, peço a Deus que
não apenas tu, mas todos os que me
escutam hoje, vos torneis tais como eu
mesmo sou, com exceção destas cor-
rentes".
30Nisso o rei se levantou,* como
também o governador, Berenice e os
que estavam sentados com eles. 31Re-
tirando-se, comentavam entre si: "Este
homem nada fez que mereça a morte
ou a prisão". 32Agripa disse a Festo: "Ele
poderia ser posto em liberdade se não
tivesse apelado para César".

27 **Paulo viaja para Roma.**
1Quando ficou decidido nos-
so embarque para a Itália,* confiaram
Paulo e alguns outros prisioneiros a um
centurião da coorte Augusta, chamado
Júlio. 2Subimos a bordo de um navio de
Adramítio,* que ia partir para as costas
da Ásia, e fizemo-nos ao largo. Esta-
va conosco Aristarco, um macedônio
de Tessalônica. 3No dia seguinte atra-
camos em Sidônia.* Júlio mostrou-se
muito humano com Paulo, permitindo-
-lhe que fosse ao encontro de seus
amigos e recebesse seus bons serviços.
4Partindo de lá, costeamos Chipre, por-
que os ventos eram contrários. 5Atra-
vessando a seguir o mar da Cilícia e da

* **26**,16. Ez 2,1ss | 17. Jr 1,7; Is 35,5s; 61,1; Ef 2,2; Cl 1,12s | 18. 20,32; Dt 33,3; Sb 5,5 | 20. 9,19s; Gl 1,16 | 21. 21,30; 23,12 | 23. Lc 24,44-47; Is 42,6; 49,6; 1Cor 15,20 | 30. 23,29; 25,11; 1Pd 4,16 | **27**,1. 25,12 | 2. 19,29; 20,4 | 3. 24,23; 28,2.16

Panfília, chegamos a Mira, na Lícia.

[6]Lá o centurião encontrou um navio alexandrino que partia para a Itália e nele nos fez embarcar. [7]Durante vários dias navegamos lentamente e a muito custo chegamos à altura de Cnido. Como o vento não nos permitia atracar, costeamos Creta em direção ao cabo Salmone [8]e, depois de tê-lo dobrado com dificuldade, chegamos a um lugar chamado Bons Portos, perto do qual estava a cidade de Lasaia.

[9]Havia transcorrido bastante tempo,* e a navegação era doravante perigosa, pois até o Jejum já havia passado†. Paulo os advertia, dizendo-lhes: [10]"Homens, vejo que a navegação* não se fará sem perigo e sem grave dano não só para a carga e o navio, mas também para nossas pessoas". [11]Mas o centurião confiava no piloto e no armador mais que nas palavras de Paulo. [12]E porque aquele porto era impróprio para nele se passar o inverno, a maioria foi de opinião que deviam partir e alcançar, se possível, Fênix, porto de Creta voltado para o sudoeste e o noroeste, para aí passar o inverno. [13]Tendo soprado uma brisa do sul, pensando ser possível executar seu projeto, levantaram âncora e puseram-se a costear de perto Creta. [14]Mas pouco depois veio contra a ilha um vento de furacão chamado euraquilão. [15]O navio foi arrastado e, não conseguindo resistir ao vento, deixamo-nos à mercê dos ventos e íamos à deriva. [16]Passando depois perto de uma pequena ilha, chamada Cauda, conseguimos com muito esforço dominar o escaler. [17]Depois de tê-lo içado, empregaram os cabos para cingir com eles o navio; depois, por medo de encalhar em Sirte, arriaram a âncora flutuante. Íamos assim à deriva. [18]No dia seguinte, como éramos furiosamente sacudidos pela tempestade, começaram a jogar ao mar a carga [19]e, no terceiro dia, com suas próprias mãos, os marinheiros lançaram ao mar os apetrechos do navio. [20]Já por vários dias nem o sol e nem as estrelas brilhavam, e a tempestade continuava com a mesma violência; assim tínhamos perdido toda esperança de salvação.

[21]Havia muito tempo que não comíamos; então Paulo, de pé, no meio deles, disse: "Homens, melhor teria sido seguir meu conselho e não sair de Creta; teríamos evitado este perigo e este prejuízo. [22]Seja como for, recomendo-vos agora que tenhais coragem, pois nenhum de vós perderá aqui a vida, só o navio se perderá. [23]Com efeito, esta noite me apareceu um anjo do Deus ao qual pertenço e a quem sirvo, [24]e ele me disse: 'Não tenhas medo,* Paulo; é preciso que compareças diante de César; e Deus te concede a vida de todos os que navegam contigo'. [25]Coragem, pois, ó homens! Confio em Deus que acontecerá assim como me foi dito. [26]Chegaremos sem falta a alguma ilha".*

Salvos do naufrágio. [27]Já estávamos na décima quarta noite e éramos arrastados pelo Adriático afora, quando, pela meia-noite, os marinheiros pressentiram a aproximação de terra firme. [28]Lançaram a sonda e encontraram uma profundidade de vinte braças; um pouco mais longe, lançaram-na de novo e encontraram quinze braças†. [29]Com receio de batermos em rochedos, lançaram da popa quatro âncoras, suspirando que raiasse o dia. [30]Mas porque os marinheiros tentavam fugir do navio e já estavam baixando o escaler ao mar, sob pretexto de lançar as âncoras longe da proa, [31]Paulo disse ao centurião e aos soldados: "Se estes não ficarem a bordo, não podeis vos salvar". [32]Então os soldados cortaram as cordas do escaler e deixaram-no cair.

[33]Enquanto se esperava que raiasse o dia, Paulo insistia com todos para que tomassem alimento. "Já faz catorze dias – dizia ele – que, na expectativa, vós ficais em jejum, sem comer nada. [34]Insisto que tomeis alimento, pois

* **27**,9. Lv 16,29 | 10. 27,22 | 24. 23,11 | 26. 28,1

† **27**,9. Era o começo do outono, final de setembro, época já imprópria para a navegação, que no inverno era totalmente impossível. | **27**,28. Uma braça equivale a 1,85m.

é a própria salvação vossa que aqui está em jogo. Nenhum de vós perderá sequer um fio de cabelo da cabeça". 35Dito isto, tomou pão, deu graças a Deus diante de todos, partiu-o e se pôs a comer. 36Então, recuperando a coragem, todos eles também tomaram alimento. 37Nós éramos ao todo no navio duzentas e setenta e seis pessoas. 38Uma vez saciados, puseram-se a aliviar o navio, lançando o trigo ao mar.

39Quando raiou o dia, os marinheiros não reconheceram a terra; distinguiam somente uma enseada com uma praia e planejavam, se possível, conduzir para lá o navio. 40Desprenderam as âncoras, que abandonaram ao mar; soltaram ao mesmo tempo as amarras dos lemes. Depois, içando ao vento a vela do artemão, deixaram-se conduzir para a praia. 41Mas, tendo dado num banco de areia entre duas correntes, fizeram encalhar o navio. A proa, fortemente presa, ficava imóvel, ao passo que a popa, violentamente sacudida, se desmantelava. 42Os soldados resolveram então matar os prisioneiros, de medo que algum escapasse a nado†. 43Mas o centurião, que queria salvar Paulo, opôs-se à vontade deles. Deu ordem aos que sabiam nadar para que saltassem na água em primeiro lugar e atingissem a terra; 44quanto aos outros, eles chegariam lá, uns sobre pranchas, outros sobre os destroços do navio. E assim todos chegaram sãos e salvos à terra.

28

Paulo em Malta. 1Uma vez salvos, ficamos sabendo que a ilha se chamava Malta. 2Os nativos nos trataram com extraordinária benevolência. Acolheram-nos a todos junto duma grande fogueira que tinham acendido por causa da chuva que caía e do frio. 3Paulo juntou um feixe de gravetos* e o lançou ao fogo; então uma víbora, que o calor do fogo fez sair de lá, agarrou-se a sua mão. 4Quando os nativos viram o animal pendurado em sua mão, disseram entre si: "Com certeza este homem é um assassino: mal escapa do mar, e a vingança divina não lhe permite viver". 5Mas ele sacudiu o animal no fogo e não sofreu dano algum. 6Eles esperavam vê-lo inchar ou cair morto de repente. Depois de esperarem muito tempo, vendo que nada lhe acontecia de anormal, mudaram de opinião* e puseram-se a dizer que era um deus.

7Havia perto deste lugar um sítio pertencente ao príncipe da ilha, chamado Públio. Este nos recebeu e nos hospedou com prazer durante três dias. 8Ora, o pai de Públio estava acamado, sofrendo febre e disenteria. Paulo foi vê-lo, rezou, impôs-lhe as mãos e o curou. 9Diante disso, os outros doentes da ilha vieram também a seu encontro e foram curados. 10Por isso nos cumularam de toda a espécie de atenções e, quando partimos, nos proveram do necessário.

A viagem de Malta a Roma. 11Ao término de três meses, embarcamos num navio que tinha passado o inverno na ilha: era um navio alexandrino, que trazia o emblema dos Dióscuros†. 12Aportamos em Siracusa e lá ficamos três dias. 13De lá, seguindo a costa, fomos para Régio. No dia seguinte, soprou o vento do sul e chegamos, no segundo dia, a Putéoli. 14Encontrando lá os irmãos, tivemos o consolo de ficar sete dias com eles. E foi assim que chegamos a Roma. 15Os irmãos desta cidade, informados de nossa chegada, vieram a nosso encontro até o Foro de Ápio e as Três Tabernas. Vendo-os, Paulo deu graças a Deus e recobrou coragem.

Paulo em Roma. 16Quando chegamos a Roma,* permitiram a Paulo ficar em casa particular com o soldado que o guardava†. 17Três dias depois,* ele convocou os líderes judeus. Uma vez reunidos, disse-lhes: "Irmãos, sem

---

* **28**,3. 27,3; 2Cor 11,27 | 6. 14,11; Mc 16,18 | 16. 24,23; 27,3; 28,30

† **27**,42. Reação dos soldados em pânico, porque recairia sobre eles a responsabilidade da fuga dos prisioneiros, ver At 12,19. | **28**,11. Todo navio trazia o emblema de seus deuses protetores. Os Dióscuros são Castor e Pólux, filhos gêmeos de Júpiter, e patronos dos navegadores. | 16. O texto oc. acrescenta: "Quando entramos em Roma, o centurião entregou os prisioneiros ao prefeito do Pretório. Paulo recebeu a permissão de se alojar fora do campo".

ter feito nada contra nosso povo, nem contra os costumes dos pais, fui preso em Jerusalém e entregue às mãos dos romanos. [18]Feita a investigação, estes queriam soltar-me, porque nada havia em mim que merecesse a morte. [19]Mas como os judeus se opunham a isso, fui obrigado a apelar para César, sem no entanto querer acusar de coisa alguma minha nação†. [20]Eis por que pedi para ver-vos* e falar-vos; pois é por causa da esperança de Israel que estou preso com estas correntes".

[21]Eles responderam-lhe: "De nossa parte, não recebemos nenhuma carta da Judeia a teu respeito, e nenhum dos irmãos aqui chegados comunicou coisa alguma, nem falou nada de reprovável a teu respeito. [22]Mas gostaríamos de ouvir* de tua boca o que pensas; pois, quanto a esta seita, sabemos que ela encontra oposição por toda a parte". [23]Marcaram, pois, o dia com ele, e vieram em maior número encontrá-lo em seu alojamento. Na exposição que lhes fez, dava testemunho do Reino de Deus e procurava persuadi-los a respeito de Jesus, partindo da Lei de Moisés e dos Profetas. Isto durou da manhã à tarde. [24]Uns se deixavam persuadir por suas palavras, outros continuavam incrédulos. [25]Eles se separaram sem entrar em acordo entre si, enquanto Paulo disse esta simples palavra: "São bem verdadeiras as palavras que o Espírito Santo disse a vossos pais pela boca do profeta Isaías:*

[26]'Vai ter com este povo e dize-lhes:
Será inútil ouvirdes – não entendereis;
será inútil olhardes – não enxergareis.
[27]Porque o coração deste povo tornou-se insensível:
taparam os ouvidos, fecharam os olhos,
para que seus olhos não vejam, seus ouvidos não ouçam,
e seu coração não compreenda e não se convertam.
Eu os teria curado!'

[28]Ficai, pois, sabendo:* é aos pagãos que foi enviada esta salvação de Deus. Eles, pelo menos, ouvirão"†.

[30]Paulo ficou dois anos inteiros* na moradia que tinha alugado. Recebia todos os que vinham procurá-lo, [31]proclamando o Reino de Deus e ensinando o que se refere ao Senhor Jesus Cristo, com firmeza e sem impedimento†.

---

* **28**,17. 24,12; 25,8 | 20. 24,15; 26,6 | 22. 24,14 | 25. Is 6,9s; Mt 13,14; Mc 4,12; Jo 12,40 | 28. 13,46; 18,6; Lc 3,6; Sl 67,3; 98,3; Is 40,5 | 30. 1,3; 28,16

† **28**,19. O texto oc. acrescenta: "mas somente com o desejo de escapar da morte". | 28. Alguns manuscritos acrescentam: "[29]Tendo ele dito isso, os judeus foram embora, discutindo vivamente entre si". | 31. O texto oc. acrescenta: "dizendo que Jesus é o Filho de Deus, pelo qual o mundo inteiro deve ser julgado". Depois, Paulo foi absolvido, 2Tm 4,17, fez novas viagens e escreveu mais cartas. Preso de novo, foi decapitado em Roma em 67, durante a perseguição de Nero. Mas o cristianismo, partindo da Igreja-mãe de Jerusalém, tinha chegado à capital do mundo.

CARTAS DE SÃO PAULO

Poucos anos após a morte e ressurreição de Cristo, no ano 36 d.C. mais ou menos, converte-se ao cristianismo o fariseu Saul, perseguidor dos cristãos. Nascido em Tarso, na Cilícia, fora educado em Jerusalém, na escola de Gamaliel (At 22,3), segundo os princípios do mais autêntico judaísmo. Parece que não conheceu Jesus pessoalmente, mas a visão do Cristo Ressuscitado no caminho de Damasco (At 9,3ss) foi para ele uma experiência semelhante à dos apóstolos (1Cor 15,5-8), que se tornaram testemunhas da ressureição de Cristo e pregadores de seu Evangelho. Da mesma forma, Paulo, nesse momento, não só se converte à fé em Cristo, mas também se sente chamado por Deus para o ministério apostólico. Suas primeiras experiências como membro da Igreja nascente ele as descreve em Gl 1,15–2,10.

Apóstolo das nações, pregou o Evangelho sobretudo aos pagãos, percorrendo em três viagens missionárias quase todo o Império Romano. Por toda parte lançava a boa semente, e de sua pregação surgiam comunidades, com as quais mantinha contatos através de seus mensageiros e também por correspondência.

Todas as suas cartas são escritos de ocasião, abordando situações concretas das comunidades e completando o ensinamento transmitido; supõem, portanto, o querigma e a catequese anteriores. Daí a necessidade de se conhecer a vida das comunidades cristãs primitivas para melhor compreensão da mensagem paulina. Mas, em suas respostas, Paulo sempre se baseava em princípios que são válidos em qualquer época; além disso, muitos problemas antigos continuam atuais. Por isso, mereciam ser incluídas na Bíblia as cartas paulinas: elas possuem um valor perene.

Quatorze cartas, divididas em cinco grupos, são associadas ao nome de Paulo:

1. as duas cartas aos Tessalonicenses, escritas durante sua segunda viagem missionária, no ano 51, que são os textos mais antigos do Novo Testamento;

2. as "grandes" cartas: aos Romanos, as duas aos Coríntios e a carta aos Gálatas;

3. as "cartas do cativeiro", escritas na prisão: aos Efésios, Filipenses, Colossenses e Filêmon;

4. as cartas "pastorais", dirigidas a chefes de comunidades: duas a Timóteo e uma a Tito;

5. a carta aos Hebreus que, sem ser obra de Paulo, pode ser atribuída a sua escola.

Nas longas e arriscadas viagens que fez "para levar a salvação até os confins da terra" (At 13,47), Paulo enfrentou perigos mortais e também a perseguição constante de seus irmãos judeus. Depois de muitas prisões e processos diante das autoridades, ele deu a vida por Cristo em Roma, na perseguição de Nero, no ano 67.

CARTA AOS ROMANOS

Não sabemos quando, nem por obra de quem o cristianismo chegou à cidade que se tornaria o centro do mundo cristão. Talvez tenham sido aqueles peregrinos romanos, presentes em Jerusalém no dia de Pentecostes (At 2,10), que transplantaram a fé cristã para sua pátria. Mas São Pedro e São Paulo, embora não tenham sido os primeiros anunciadores do Evangelho aos romanos, foram no entanto os que mais trabalharam para a consolidação da Igreja na capital do Império.

Ao escrever a carta aos Romanos, que é do ano 54, Paulo ainda não conhecia a famosa metrópole de um milhão de habitantes. Está em Corinto, em sua terceira viagem missionária e tem projetos de ir primeiro a Jerusalém levar uma coleta para os cristãos de lá (Rm 15,25) e depois evangelizar a Espanha (Rm 15,24-28). De passagem, ele quer conhecer os cristãos romanos e conviver com eles. Preparando esta visita, manda-lhes uma carta, que sintetiza sua doutrina e reapresenta um ensinamento já exposto na carta aos Gálatas, a saber, a oposição entre a justificação gratuita pela fé em Cristo e a justificação que os judeus pretendiam obter, cumprindo as normas da lei mosaica.

A comunidade cristã romana era composta de convertidos do paganismo (que eram a maioria) e de convertidos do judaísmo; esta dupla origem naturalmente causava problemas de relacionamento, pela diversidade das ideias.

Entre todas as cartas paulinas, esta é a mais extensa e a de maior importância doutrinal. Aborda questões fundamentais como o pecado original (5,12-19), o batismo (6,1-11), o papel da lei (7,1-13) e a vida nova do cristão no Espírito (8,1-27).

I. PRÓLOGO (1,1-15)

1 **Saudação.** 1Paulo, servo do Cristo Jesus,* chamado para ser apóstolo, escolhido para anunciar a Boa Nova de Deus, 2que ele tinha prometido nas Sagradas Escrituras por meio de seus profetas, 3a respeito de seu Filho, nascido da estirpe de Davi segundo a carne 4e constituído Filho de Deus* com poder segundo o Espírito santificador, por sua ressurreição dentre os mortos, Jesus Cristo, nosso Senhor. 5Por meio dele recebemos o dom do apostolado,* para obter a obediência da fé† da parte de todos os povos para a glória de seu nome; 6e entre estes estais também vós, chamados por Jesus Cristo.

7Para vós todos que morais em Roma, bem-amados de Deus e santos por vocação†, a graça e a paz de Deus, nosso Pai, e do Senhor Jesus Cristo.

Ação de graças. Paulo deseja visitar os cristãos de Roma. 8Começo dando graças a meu Deus por meio de Jesus Cristo, por vós todos, porque a fama de vossa fé se expande no mundo inteiro. 9Deus, a quem presto um culto espiritual anunciando o Evangelho de seu Filho, pode testemunhar que me lembro de vós sem cessar, 10pedindo continuamente em minhas orações para ter enfim ocasião favorável de ir até vós, se Deus quiser. 11Pois tenho grande desejo de ver-vos, a fim de vos comunicar algum dom espiritual para vos fortalecer, 12ou antes, para sentir entre vós o conforto da fé que nos é comum, a vós e a mim. 13Não quero que ignoreis, irmãos, que muitas vezes fiz projetos de ir até vós, mas fui impedido até hoje, a fim de colher algum fruto também entre vós, como o fiz entre as outras nações. 14Tenho dívidas para com gregos e bárbaros†, sábios e ignorantes; 15por isso estou pronto, o quanto depende de mim, para pregar o Evangelho também a vós, habitantes de Roma.

II. A JUSTIFICAÇÃO PELA FÉ (1,16–8,39)

Síntese do tema. 16Não me envergonho do Evangelho,* porque ele é força de Deus† para a salvação de todo aquele que crê, do judeu primeiro, e depois do grego. 17É nele que se revela a justiça† de Deus, que nasce da fé e à fé conduz, como está escrito: "O justo viverá pela fé".

Os pecados dos gentios. 18Com efeito, a ira de Deus† se manifesta do alto do céu* contra toda impiedade e toda injustiça dos homens que prendem a verdade na injustiça†; 19pois o que se pode saber de Deus é conhecido entre eles: com efeito, Deus o revelou a eles.

---

* **1**,1. 16,25s; At 9,15; 13,2; Gl 1,15 | 4. At 13,33 | 5. 15,18; At 9,15; 26,16ss; Gl 2,7 | 16. 2,24; 14,23; 1Cor 1,18.24; Sl 119,46; 2Cor 12,9; Hab 2,4 | 18. Ef 5,6; Cl 3,6; 2Ts 2,12; At 14,15ss; 17,26ss; Sb 13,1-15; Jó 2,7ss; Sl 19,1

† **1**,5. Essa obediência é nosso primeiro dever em relação a Deus: crer nele e dar testemunho dele. | 7. "Os cristãos são santos porque pertencem a Cristo e participam de sua vida" (Lagrange). Ver Lv 11,45. | 14. "Bárbaro" era todo aquele que não falava grego, que não tinha a cultura grega, dominante na época. | 16. "Força de Deus", isto é, expressão de uma força com a qual Deus age na história humana. | 17. A justiça de Deus é o ato pelo qual Ele salva todos os que acolhem sua palavra com fé. | 18. A "ira" é a reação de Deus diante do pecado. Sendo justo, não pode tolerar a maldade, Is 30,27s. / Prender a verdade é impedir a ação de Deus transformadora do mundo. Nem o paganismo, nem o judaísmo podem salvar o homem, mas nesse mundo sem futuro surge o amor de Deus com seu projeto de libertar o homem pela fé em Jesus Cristo.

[20]De fato, o que nele há de invisível,
seu poder eterno e sua divindade, ma-
nifesta-se à inteligência desde a cria-
ção do mundo através de suas obras†,
de modo que eles não têm desculpa;
[21]pois, embora conhecessem a Deus,
não lhe renderam a glória nem a ação
de graças que competem a Deus, mas
perderam a razão em seus raciocínios,
e seu coração insensato foi dominado
pelas trevas: [22]julgando-se sábios, tor-
naram-se loucos [23]e trocaram a glória
do Deus incorruptível* por imagens
que representam o homem corruptível,
aves, quadrúpedes e répteis.
Punição divina. [24]Por isso, Deus os
entregou, segundo os desejos de
seus corações, à impureza com que
eles mesmos desonram seus corpos†;
[25]eles trocaram a verdade de Deus
pela mentira, adoraram e serviram
a criatura em vez do Criador, que é
bendito* eternamente. Amém! [26]Então
Deus os entregou a paixões degradan-
tes: suas mulheres trocaram as rela-
ções naturais por relações contra a na-
tureza; [27]também os homens, deixan-
do a relação natural com a mulher,*
arderam em desejos uns pelos outros,
praticando a infâmia homem com ho-
mem e recebendo em si mesmos o
justo salário de seus desvios. [28]E como
não se esforçaram por conhecer a
Deus, Deus os abandonou à mercê de
uma inteligência depravada, de modo
a fazerem o que não convém: [29]estão
cheios de toda injustiça, de perversi-
dade, de avareza, de malícia; repletos
de inveja, de homicídio, de discórdias,
de fraudes, de depravação; são difa-
madores, [30]caluniadores, inimigos de
Deus, insolentes, orgulhosos, fanfar-
rões, engenhosos no mal, rebeldes
contra os pais, [31]insensatos, desleais,
sem coração, sem compaixão. [32]Ape-
sar de conhecerem bem a sentença de
Deus, que declara dignos de morte os
autores de semelhantes ações, não só
eles as praticam, mas até aprovam os
que as cometem.

2 **Só a Deus compete julgar.** [1]Por
isso, tu†, que julgas, não tens des-
culpa,* sejas quem fores. Porque jul-
gando o outro te condenas a ti mesmo:
pois tu, que julgas, ages da mesma for-
ma. [2]Ora, sabemos que o juízo de Deus
se exerce segundo a verdade contra os
autores de tais atos. [3]Tu, que julgas os
que cometem tais ações e no entanto
as praticas, pensas que vais escapar do
juízo de Deus? [4]Ou desprezas suas ri-
quezas de bondade,* de paciência, de
longanimidade, sem reconhecer que
essa benignidade de Deus te convida
à conversão? [5]Por tua obstinação e por
teu coração impenitente, estás acumu-
lando contra ti uma quantidade de ira
para o dia da ira, em que se revelará
o justo juízo de Deus, [6]que retribuirá a
cada um* segundo suas obras: [7]a vida
eterna para aqueles que pela constân-
cia nas boas obras buscam a glória, a
honra e a incorruptibilidade; [8]mas a ira
e a indignação para aqueles que por
rebeldia* não obedecem à verdade,
mas obedecem à injustiça. [9]Tribulação
e angústia estão reservadas* a todo
ser humano que pratica o mal, ao ju-
deu primeiro, depois ao grego; [10]mas
glória, honra e paz se destinam a todo
aquele que faz o bem, ao judeu primei-
ro, depois ao grego; [11]pois Deus não
faz discriminação de pessoas.*
A lei e o juízo. [12]De fato, quem pecou
sem a Lei perecerá também sem a Lei;
e quem pecou sob o regime da Lei pela
Lei será julgado; [13]pois não são os que
ouvem a Lei que são justos diante de
Deus, mas os que observam a Lei é que

* **1**,23. Sl 106,20; Jr 2,11; Dt 4,15-19 | 25. Jr 13,25; 16,19 | 27. Lv 18,22; 20,13; 1Cor 6,9 | **2**,1. Mt 7,2; Jo 8,7; Tg 4,11 | 4. 2Pd 3,9.15 | 6. Sl 62,12; Pr 24,12 | 8. 2Cor 5,10; 2Ts 1,8 | 9. 1,16 | 11. At 10,34s; Dt 10,17; 2Cor 19,7; Gl 2,6; Ef 6,9; Mt 7,21; Tg 1,22.25; 1Jo 3,7 | 14. At 10,35

† **1**,20. O universo material apresenta-se à inteligência do homem para que este leia nele os vestígios de seu Criador, Sb 13,1; At 14,17. Através das coisas criadas, a luz natural da razão humana permite conhecer a Deus. | 24. Os vícios dos pagãos são a prova da punição de Deus. A morte acontece a partir do homem, que fica entregue a si mesmo. | **2**,1. Agora Paulo se dirige aos judeus, como se discutisse com um deles.

serão justificados. 14De fato, quando os pagãos, que não têm Lei, cumprem naturalmente* os preceitos da Lei, então eles próprios, sem possuir Lei, são para si mesmos a Lei†; 15mostram assim que os preceitos dela estão gravados em seus corações, e têm como prova o testemunho de sua consciência e os juízos com que ora se acusam, ora se defendem uns aos outros. 16Isto vai acontecer no dia em que,* segundo meu Evangelho, Deus julgará por Jesus Cristo as ações secretas dos homens.

A lei agrava as culpas dos judeus. 17Mas se tu, que trazes o nome de judeu, que confias na Lei, que te glorias em Deus, 18que conheces a vontade dele,* que sabes discernir o que é melhor, instruído pela Lei, 19e assim te orgulhas de ser o guia dos cegos, a luz de quem caminha nas trevas, 20o educador dos ignorantes, o mestre dos simples,* porque tens na Lei a expressão da ciência e da verdade†... 21Então, tu, que ensinas os outros, não ensinas a ti próprio? Pregas que não se deve roubar e roubas? 22Proíbes o adultério e o cometes? Detestas os ídolos e saqueias seus templos? 23Tu que te orgulhas da Lei, transgredindo esta Lei, é a Deus que desonras, 24pois "o nome de Deus, por vossa causa, é blasfemado entre os pagãos", como está escrito.*

25Sem dúvida, a circuncisão é útil se praticas a Lei; mas, se transgrides a Lei, com tua circuncisão te tornaste um incircunciso. 26Se, pois, um incircunciso observar os preceitos da Lei, sua incircuncisão não será tida como circuncisão? 27E aquele que, fisicamente incircunciso, cumpre a Lei vai julgar-te a ti que, não obstante a letra da Lei e a circuncisão, és um transgressor da Lei. 28Porque judeu não é aquele que o é externamente,* e a circuncisão não é aquela visível na carne; 29mas o verdadeiro judeu o é por dentro e a verdadeira circuncisão é a do coração, segundo o espírito e não segundo a letra†: esse recebe seu louvor não dos homens, mas de Deus.

3 **Vantagem do judeu.** 1Qual é, então, a vantagem do judeu?* Qual a utilidade da circuncisão? 2É grande, sob todos os aspectos. Primeiro, porque foi a eles que foram confiadas as revelações de Deus. 3Que importa se alguns foram infiéis?* A infidelidade deles vai anular a fidelidade de Deus? 4De jeito nenhum! Mas é preciso reconhecer que Deus é verdadeiro e "todo homem, mentiroso", como está escrito:

"A fim de que sejas reconhecido como justo em tuas palavras, e triunfes quando te julgarem".

5Mas se nossa injustiça manifesta a justiça de Deus, que diremos então? Falando como homem: Deus seria injusto, castigando-nos com sua ira? 6De modo algum! Se fosse assim, como Deus poderia julgar o mundo? 7Mas se minha mentira realçou a verdade de Deus para sua glória, por que eu também seria julgado pecador? 8Ou então – como alguns caluniadores nos acusam de dizer – deveríamos fazer o mal, para que dele venha o bem? Esses merecem ser condenados.

Todos são pecadores. 9Que dizer, então? Somos melhores? De jeito nenhum! Pois já provamos anteriormente que judeus e gregos, todos estão sob o domínio do pecado, 10como está escrito:*

"Não há homem justo, nem mesmo um só,
11não existe ninguém sensato, ninguém que busque a Deus.
12Todos se desviaram, todos se perverteram;
não há quem faça o bem, ninguém mesmo.

* **2**,16. 2Tm 2,8 | 18. Mt 15,14; Lc 18,9 | 20. Mt 23,3s | 24. Is 52,5; Ez 36,20 | 28. Jo 8,39; Dt 30,6 | **3**,1. 9,4.6; 11,29; Dt 4,7s; Sl 103,7; 143,19s | 3. 2Tm 2,13; Sl 116,11; 51,6 | 10. Sl 14,1ss; 53,1ss | 13. Sl 5,10; 140,4

† **2**,14. Deus fala a todos, mesmo aos pagãos, pela lei da consciência. "A lei natural está escrita e gravada na alma de todos e cada um dos homens, porque ela é a razão humana ordenando fazer o bem e proibindo o mal" (CIC). | 20. Os judeus achavam que sua vida moral comprovava a verdade de sua religião. | 29. É por seu coração e por seus costumes que se conhece o verdadeiro judeu. De nada vale praticar ritos religiosos se o coração está longe de Deus, Mt 15,8s.

[13]Sua garganta é um sepulcro aber-
to,*
com sua língua tramam a fraude.
Há veneno de víboras sob seus lá-
bios,
[14]sua boca está cheia de maldição e
de amargura.*
[15]Velozes são seus pés para derramar
sangue;
[16]ruína e miséria estão em seus ca-
minhos,
[17]o caminho da paz eles não conhe-
ceram.
[18]Não há diante de seus olhos temor
de Deus".*
[19]Ora, sabemos que tudo quanto diz
a Lei, ela o diz para aqueles que estão
sujeitos à Lei, a fim de que toda boca
se cale, e o mundo inteiro se reconhe-
ça culpado diante de Deus, [20]pois nin-
guém será justificado diante dele* pela
prática da Lei: a Lei dá a conhecer o
pecado.

A justificação pela fé, sem as obras.
[21]Mas agora, sem a Lei, manifestou-se
a justiça de Deus, testemunhada pela
Lei e pelos Profetas†; [22]é a justiça de
Deus pela fé em Jesus Cristo, destina-
da a todos os que creem – pois já não
há diferença: [23]todos pecaram e estão
sem a glória de Deus – [24]e são justifica-
dos gratuitamente† por sua graça,* em
virtude da redenção realizada no Cristo
Jesus: [25]Deus o destinou a ser vítima de
propiciação† por seu próprio sangue
mediante a fé; queria assim manifestar
sua justiça, pelo fato de ter usado de
tolerância para com os pecados passa-
dos, [26]no tempo da paciência de Deus.
Queria mostrar sua justiça no tempo
presente, provando que ele é justo e
que justifica aquele que vive da fé em
Jesus.
[27]Onde, então, está o direito de se
gloriar? Foi eliminado. Em virtude de
que lei? A das obras? Não, mas pela
lei da fé. [28]Pois entendemos que o ho-
mem é justificado pela fé, sem as obras
da Lei. [29]Ou acaso Deus é o Deus dos
judeus apenas, e não dos pagãos? Sim,
é dos pagãos também; [30]pois não há
senão um só Deus, que justificará os
circuncisos em virtude da fé e os incir-
cuncisos por meio da fé. [31]Então, pela
fé tiramos o valor da Lei?* De jeito ne-
nhum! Ao contrário, nós a confirma-
mos!

4 **Abraão justificado pela fé.**
[1]Que diremos, então, que obteve
Abraão, nosso pai segundo a carne?
[2]De fato, se foi das obras que ele rece-
beu sua justiça, tem de que se gloriar,
mas não diante de Deus. [3]Com efeito,
que diz a Escritura?* "Abraão creu em
Deus e isso lhe foi computado como
justiça". [4]Ora, à pessoa que trabalha,
o salário não é computado como gra-
tificação, mas como dívida. [5]Porém, à
pessoa que não trabalha, mas crê na-
quele que justifica o ímpio, a fé lhe é
computada como justiça. [6]É assim que
Davi proclama feliz o homem a quem
Deus atribui a justiça sem as obras:
[7]"Feliz aquele cujas iniquidades fo-
ram perdoadas,*
e cujos pecados foram cobertos.
[8]Feliz o homem a quem o Senhor
não atribui pecado algum".
[9]Essa bem-aventurança vale para os
circuncisos ou vale também para os
incircuncisos? Dizemos, com efeito,
que "para Abraão a fé foi computada
como justiça". [10]E como foi computa-
da? Quando ele já estava circuncidado
ou antes de ser circuncidado?* Não de-
pois, mas antes. [11]Ele recebeu o sinal
da circuncisão como selo da justiça da
fé que possuía antes de ser circunci-
dado; assim ele se tornou ao mesmo
tempo o pai de todos os que haveriam
de crer sem ter a circuncisão, para que

* **3**,14. Sl 10,7; Is 59,7s; Pr 1,16 | 18. Sl 36,2 | 20. Sl 143,2; Gl 2,16 | 24. Lv 16,12-15; Hb 9,5.15; 1Jo 2,2 | 31. 4,3; 8,4; Gl 2,16; Mt 5,17 | **4**,3. Gn 15,6 | 7. Sl 32,1s | 10. Gn 17,10s

† **3**,21. O NT é continuação e acabamento do AT, que o anunciou e preparou. "O Novo Testamento está escondido no Antigo, e o Antigo no Novo se revela" (S. Agostinho). | 24. Ninguém pode por si mesmo merecer a justificação, mas ela é concedida pelos méritos de Cristo. | 25. Jesus crucificado é o lugar da misericórdia nos novos tempos, é o meio para cancelar os pecados que afastaram de Deus os seres humanos.

a justiça lhes fosse igualmente computada; [12]e o pai dos circuncisos, que não se contentam com ser circuncisos, mas caminham nos passos da fé que nosso pai Abraão teve antes da circuncisão.

As promessas feitas a Abraão. [13]De fato, não foi por meio de uma Lei* que foi feita a Abraão e a sua descendência a promessa de receber o mundo em herança, mas por meio da justiça da fé†. [14]Pois se a herança pertence aos que dependem da Lei, a fé é inútil e a promessa fica sem valor: [15]porque a Lei provoca a ira,* ao passo que, não havendo lei, também não existe transgressão.

[16]Então a herança provém da fé, para ser gratuita, e para que assim a promessa seja assegurada a toda a descendência, não só àquela que vive sob a Lei, mas também àquela que participa da fé de Abraão, nosso pai comum, [17]como está escrito:* "Eu te estabeleci pai duma multidão de povos"; ele é nosso pai diante daquele no qual acreditou, o Deus que dá a vida aos mortos e chama à existência as coisas que não existem.

[18]Contra toda esperança, ele acreditou na esperança e por isso tornou-se pai de muitos povos,* como está na Escritura: "Assim será tua descendência". [19]Tinha quase cem anos, e sentia que seu corpo já perdera o vigor, e sabia que o seio de Sara já não tinha vida; mesmo assim não vacilou na fé; [20]apoiado na promessa de Deus, sem hesitação nem incredulidade, mas fortalecido pela fé, glorificou a Deus, [21]convencido de que Deus é poderoso* para tornar realidade o que prometeu. [22]Eis por que isso lhe foi computado como justiça. [23]Mas não é só para ele que está escrito que foi computado como justiça. [24]Foi também para nós, pois também nossa fé nos deve ser computada como justiça, porque cremos naquele que dos mortos ressuscitou Jesus,* nosso Senhor, [25]o qual foi entregue por nossos pecados e ressuscitado para nossa justificação.

5 **Frutos da justificação.** [1]Agora que Deus nos tornou justos por meio da fé,* estamos em paz com Deus por obra de nosso Senhor Jesus Cristo, [2]por meio do qual obtivemos pela fé o acesso a esta graça, na qual estamos firmes, e nos orgulhamos da esperança de alcançarmos a glória de Deus. [3]Mais ainda: nós nos orgulhamos até dos sofrimentos, sabendo que o sofrimento produz firmeza; [4]a firmeza traz a aprovação de Deus; e esta aprovação* faz nascer a esperança; [5]e a esperança não decepciona, porque o amor de Deus foi derramado em nossos corações pelo Espírito Santo que ele nos deu. [6]Foi, com efeito, quando ainda éramos fracos,* que Cristo, no tempo marcado, morreu pelos pecadores. [7]Dificilmente alguém dá a vida por um justo. Por um homem de bem, talvez haja alguém que se disponha a morrer. [8]Mas Deus demonstra seu amor* para conosco pelo fato de Cristo ter morrido por nós, quando éramos ainda pecadores. [9]E se agora estamos justificados por seu sangue, com muito mais razão ele nos salvará da ira divina. [10]De fato, se nós, quando éramos inimigos, fomos reconciliados* com Deus por meio da morte de seu Filho, com muito mais razão, estando já reconciliados com ele, seremos salvos por sua vida. [11]E não apenas reconciliados: estamos também em condições de nos orgulhar em Deus, graças a nosso Senhor Jesus Cristo, pelo qual já alcançamos a reconciliação.

Adão e Cristo. [12]Portanto, assim como por meio de um só homem* o pecado entrou no mundo e, pelo pe-

* **4**,13. Gn 18,18; 22,17s; Gl 3,9 | 15. 3,20; 5,13; 7,8 | 17. Gn 17,5; Is 48,13 | 18. Gn 15,5; 17,17 | 21. Gn 15,6; 1Pd 1,21 | 24. Is 53,4s; 1Cor 15,17 | **5**,1. 3,24.28; 4,24; Is 53,3; 1Jo 3,21 | 4. Sl 22,6; 25,20 | 6. Hb 6,18s | 8. 8,7s; Jo 3,6; 1Jo 4,10 | 10. 2Cor 5,18; Cl 1,21 | 12. Gn 2,17; 3,19; Sb 2,24; Rm 6,23

† **4**,13. Não foi a lei mosaica que fez de Abraão um homem justo, pois ela só foi dada a Israel muitos séculos depois. | **5**,12. Este é o texto bíblico fundamental sobre o pecado original. Partindo de Gn 3, Paulo afirma que o pecado de Adão, pelo qual entrou no mundo a morte, assemelha-se a uma potência maléfica que invadiu o mundo e está na origem do pecado de todos os homens. Mas de Cristo, novo Adão, vem para todos a justiça, a graça e, com ela, a vida eterna.

cado, entrou a morte; assim, a morte
passou para todos os homens, porque
todos pecaram†. [13]Já antes da lei ha-
via pecado no mundo; o pecado, po-
rém, não é levado em conta* quando
não existe lei. [14]No entanto, a mor-
te dominou desde Adão até Moisés,
mesmo sobre aqueles que não peca-
ram como pecou Adão, que era figura
daquele que devia vir. [15]Entretanto,
não acontece com o dom o mesmo
que aconteceu com a falta. Se, pela
falta de um só, todos morreram, com
quanto maior abundância se derra-
mou sobre todos a graça de Deus e o
dom gratuito de um só homem, Jesus
Cristo! [16]Também não acontece com
o dom como aconteceu com o peca-
do daquele único homem que pecou:
porque o julgamento de um resultou
em condenação, ao passo que a gra-
ça, a partir de numerosas faltas, resul-
tou em justificação.

[17]Se, com efeito, pela falta de um
só, a morte dominou através desse
único homem, muito mais os que re-
cebem a abundância da graça e do
dom da justiça reinarão na vida por
meio de um só, Jesus Cristo. [18]Portan-
to, se da falta de um único homem,
resultou a condenação de todos os
homens, do mesmo modo, da obra
de justiça de um só, resultou para
todos os homens a justificação* que
traz a vida. [19]Assim como, pela deso-
bediência de um só, todos se torna-
ram pecadores†, pela obediência de
um só, todos se tornarão justos. [20]A
lei interveio para que se multiplicasse
a falta; mas onde o pecado se mul-
tiplicou, a graça superabundou; [21]as-
sim, do mesmo modo que o pecado
reinou pela morte, também a graça
reine pela justiça para a vida eterna,
por Jesus Cristo, nosso Senhor.

6 **O Batismo libertou-nos do peca-
do.** [1]Que dizer então? Ficaremos
no pecado* para que a graça se mul-
tiplique? De modo algum! [2]Se já mor-
remos para o pecado, como continuar
vivendo nele? [3]Ou não sabeis que todos
nós, que fomos batizados em Jesus Cris-
to, é em sua morte que fomos batiza-
dos?† [4]Pelo batismo fomos sepultados
com ele na morte, para que, assim como
Cristo foi ressuscitado dentre os mortos
mediante a glória do Pai, assim tam-
bém nós* caminhemos numa vida nova.
[5]Pois se fomos incorporados a ele por
uma morte semelhante à sua, também
estaremos incorporados a ele por uma
ressurreição* semelhante à sua. [6]Ficai
sabendo que nossa vida passada† foi
pregada na cruz junto com ele, para que
fosse destruída a natureza pecadora,*
e assim não mais sejamos escravos do
pecado; [7]porque quem morre fica livre
do pecado. [8]Se morremos com Cristo,
cremos que também viveremos com
ele, [9]sabendo que Cristo, ressuscitado
dentre os mortos, não morre mais e que
a morte não tem mais* domínio sobre
ele. [10]Porque, morrendo, ele morreu
para o pecado uma vez para sempre;*
mas, vivendo, ele vive para Deus. [11]As-
sim também vós, considerai-vos mortos
para o pecado, mas vivos para Deus, em
Cristo Jesus.

[12]Portanto, que o pecado não reine
mais em vosso corpo mortal, de modo
que vos sujeiteis a suas paixões. [13]Não
façais de vossos membros* armas de
injustiça a serviço do pecado; mas
oferecei-vos a Deus como vivos que
voltaram da morte e fazei de vossos
membros armas de justiça* a serviço
de Deus. [14]Pois o pecado já não deve
dominar sobre vós: não estais mais sob
a Lei, mas sob a graça†. [15]E então? Va-
mos pecar porque não estamos sob a

---

* **5**,13. 1Cor 15,21s | 18. Is 53,11 | **6**,1. 1Pd 4,1 | 4. Fl 3,10s | 5. Gl 5,24 | 6. 1Pd 4,1 | 9. Hb 9,26ss; 1Pd 3,18 | 10. 2Cor 5,15; 1Pd 2,24 | 13. 12,1; Ef 2,5; 3,14 / Jo 3,6

† **5**,19. "Ignorar que o ser humano tem uma natureza lesada, inclinada ao mal, dá lugar a graves erros no campo da educação, da política, da ação social e dos costumes" (CIC). | **6**,3. Batizar quer dizer imergir. A imersão figurava o sepultamento do "homem velho" junto com Cristo e a emersão, o nascimento da nova criatura no Espírito, a qual ressuscita com Cristo glorioso, Cl 3,1. | 6. Lit. "nosso homem velho", isto é, o homem sob o domínio do pecado e exposto à ira divina. | 14. A graça dá a força de não pecar, livrando assim do domínio do pecado.

Lei, mas sob a graça? De modo algum! 16Não sabeis que, quando vos colocais a serviço de alguém* como escravos para lhe obedecer, sois realmente escravos daquele a quem obedeceis, seja do pecado que conduz à morte, seja da obediência que conduz à justiça? 17Mas demos graças a Deus! Outrora escravos do pecado, vós vos submetestes de coração ao ensinamento ao qual fostes confiados; 18e, libertos do pecado, passastes a servir à justiça.

19Faço uma comparação humana em vista de vossa natureza fraca. Assim como outrora oferecestes vossos membros como escravos à impureza e à desordem para fazer o mal, assim oferecei-os agora à justiça para vossa santificação. 20Quando éreis escravos do pecado, éreis livres em relação à justiça. 21Mas que frutos colhestes* então das coisas de que agora vos envergonhais? Pois o destino delas é a morte. 22Mas agora, libertos do pecado e servindo a Deus, produzis frutos para a santificação, e o destino é a vida eterna. 23Pois o salário do pecado é a morte; mas o dom de Deus é a vida eterna em Cristo Jesus, nosso Senhor.

7 **Estamos livres da escravidão da lei.** 1Ou será que não sabeis, irmãos – falo a pessoas que entendem de leis – que a lei† só se impõe ao homem enquanto ele vive? 2Assim é que a mulher casada está ligada pela lei ao marido enquanto este vive; mas, se ele morrer, ela fica desligada da lei que a ligava ao marido. 3Por isso, se durante a vida do marido, ela pertencer a outro, será chamada adúltera. Mas se o marido morrer, ela está desligada da lei e não será adúltera* se casar-se com outro. 4Assim também, meus irmãos, vós também fostes mortos para a Lei pelo corpo de Cristo para pertencerdes a um outro, Àquele que foi ressuscitado dentre os mortos, a fim de darmos frutos para Deus. 5Pois quando vivíamos conforme nossos caprichos, as paixões do pecado que se servem da Lei agiam em nossos membros, a fim de que déssemos frutos para a morte. 6Mas agora fomos libertados da Lei e morremos para aquilo que nos mantinha presos; assim, podemos servir na novidade do Espírito e não mais na velhice da letra.

A lei e o pecado. 7Que dizer, então? Que a Lei é pecado?* De modo algum! Mas eu não cheguei a conhecer o pecado senão pela Lei. Com efeito, eu nada saberia da cobiça, se a Lei não dissesse:* "Não cobiçarás"†. 8Mas, aproveitando a ocasião, o pecado produziu em mim, por meio do preceito, toda espécie de cobiça: porque sem a Lei o pecado estaria morto. 9Antigamente eu vivia sem a Lei; mas, quando veio o preceito,* o pecado reviveu 10e eu morri†. E aconteceu que o preceito destinado à vida me conduziu à morte. 11Pois o pecado aproveitou a ocasião e, utilizando o preceito, seduziu-me e por meio dele me matou. 12Assim, a Lei é santa, e o preceito é santo, justo e bom.

13Então, uma coisa boa* se tornou morte para mim? Certamente, não! Mas foi o pecado que, para se mostrar como pecado, serviu-se de uma coisa boa para me dar a morte, a fim de que o pecado colocasse em ação toda a sua maldade por meio do preceito.

Nossa luta interior†. 14Com efeito, sabemos que a Lei é espiritual;* mas eu sou carnal, vendido ao poder do pecado. 15Realmente, não entendo o que

---

* **6**,16. Jo 8,34; 1Jo 3,6; 2Pd 2,19 | 21. Ez 16,61ss; 1Pd 1,9 | **7**,3. Cl 2,14; Gl 2,19 | 7. Êx 20,17; Dt 5,18 / Lv 18,5 | 9. Tg 1,15; Gn 3,13; Hb 3,13; 2Cor 11,13; 1Tm 1,8 | 13. 5,20 | 14. Sl 51,7; Jo 3,6

† **7**,1. A salvação de Cristo é para o homem uma libertação do pecado, da morte e da lei. Quando Paulo fala de lei, refere-se principalmente à lei de Moisés, que, levada a extremos, escravizou o povo judeu. | 7. A lei contribui para que o pecado se manifeste, mas não dá à pessoa força interior para vencê-lo; e por causa da concupiscência, vem a ser instrumento do pecado. | 10. "Eu morri" indica a morte espiritual, a condição determinada pelo pecado como violação da lei. | 14. "O homem está dividido em si mesmo. Por esta razão, toda a vida humana, individual e coletiva, apresenta-se como luta dramática entre o bem e o mal, entre a luz e as trevas" (Vat. II).

faço: pois não faço o que quero, mas
faço o que detesto. 16Ora, se faço o que
não quero, estou de acordo com a lei e
reconheço que ela é boa; 17neste caso,
já não sou eu que estou agindo, e sim
o pecado que habita em mim. 18Pois sei
que o bem não habita em mim,* isto é,
em minha carne; de fato, querer o bem
está a meu alcance, mas fazê-lo, não.
19Não faço o bem que quero e cometo
o mal que não quero. 20Ora, se faço o
que não quero, então não sou eu quem
age, mas sim o pecado que habita em
mim. 21Encontro, pois, em mim, esta lei:
quando quero fazer o bem, é o mal que
se apresenta a mim. 22Pois em meu in-
terior eu gosto da Lei de Deus; 23mas
sinto em meus membros outra lei,*
que luta contra a lei de minha mente
e me prende à lei do pecado que está
em meus membros. 24Infeliz de mim!
Quem me livrará desse corpo destina-
do à morte? 25Graças sejam dadas a
Deus* por Jesus Cristo, nosso Senhor!
Portanto, sou realmente eu que pela
mente estou a serviço da Lei de Deus,
mas pela carne sirvo à lei do pecado.

8 **Nossa vida no Espírito**†. 1Portan-
to, agora já não há condenação*
alguma para os que estão em Cristo
Jesus. 2Pois a lei do Espírito que dá a
vida* em Cristo Jesus te libertou da lei
do pecado e da morte.
3De fato, o que era impossível para
a Lei, enfraquecida por causa da carne,
Deus o realizou, enviando seu próprio
Filho numa carne semelhante à do pe-
cado e, em vista do pecado, condenou o
pecado na carne, 4a fim de que a justiça
exigida pela Lei fosse cumprida em nós,
que em nossa vida não obedecemos aos
caprichos da carne, mas ao Espírito. 5De
fato, os que seguem os desejos da carne
gostam do que é carnal; os que seguem
as inspirações do Espírito apreciam o
que é espiritual†. 6Os desejos da carne
levam à morte, ao passo que os desejos
do Espírito levam à vida e à paz; 7pois
os desejos da carne* são revolta contra
Deus: ela não se submete à Lei de Deus,
nem o poderia. 8Os que vivem domina-
dos pela carne não podem agradar a
Deus. 9Vós não viveis dominados pela
carne, mas guiados pelo Espírito, se de
fato o Espírito de Deus habita em vós.
Quem não possui o Espírito de Cristo
não lhe pertence. 10Mas se em vós está
o Cristo,* vosso corpo está morto por
causa do pecado, mas o espírito é vida
por causa da justiça†. 11E se o Espírito
daquele que ressuscitou Jesus dentre os
mortos habita em vós, Ele, que ressusci-
tou o Cristo dos mortos, também dará
vida a vossos corpos mortais por seu
Espírito que habita em vós. 12Portan-
to, irmãos, temos uma dívida, mas não
para com a carne, de forma que vivamos
segundo a carne. 13Pois, se viverdes se-
gundo a carne, morrereis. Mas se vós,
pelo Espírito, fizerdes morrer as obras
da carne, vivereis.
Somos filhos de Deus. 14Com efeito, são
filhos de Deus todos os que se deixam
conduzir pelo Espírito de Deus. 15Pois
não recebestes* um espírito de escravos
para recairdes no medo; mas recebestes
um Espírito de filhos adotivos, que nos
permite exclamar: "Abbá, Papai!"† 16O
próprio Espírito atesta a nosso espírito
que somos filhos de Deus. 17E, se somos
filhos, somos também seus herdeiros:
herdeiros de Deus, herdeiros com o Cris-
to, se verdadeiramente tomamos parte
em seus sofrimentos para participarmos
também de sua glória.

---

* **7**,18. Gn 6,5; 8,21 | 23. Gl 5,17; Tg 4,1; 1Pd 2,11 | 25. 1Cor 15,27 | **8**,1. 8,31-39; Jo 5,24; 2Cor 5,17 | 2. Jr 31,33; Jo 1,14; Ez 36,36; At 13,38; 15,10; Fl 2,7; Hb 2,17; 4,15; Gl 5,16.25; Mt 5,17 | 7. Mt 12,34; Tg 4,4; Jo 8,43; 12,39; 1Cor 3,16; 1 Jo 3,24 | 10. 8,2; Fl 1,21; 2Cor 4,14: 5,17; Gl 2,20; 6,8; 1Cor 6,14; Ef 4,22ss | 15. 2Tm 1,7; 1Jo 4,18; Gl 4ss; Mc 14,36 Ap 21,7

† **8**. A figura de Adão domina o c. 7 e a de Cristo domina o c. 8. Só com a humanidade nova podemos entender a antiga. | 5. "Os cristãos estão na carne, mas não vivem segundo a carne. Passam sua vida na terra, mas são cidadãos do céu" (Carta a Diogneto, séc. II). | 10. O corpo continua destinado à morte por causa do pecado de Adão, que introduziu a morte no mundo, 5,12, mas o espírito vive da graça dada por Deus. | 15. Os primeiros cristãos usavam na oração esse termo aramaico para lembrar a prece de Jesus no horto, Mc 14,36.

Nossa esperança. [18]Eu penso que os
sofrimentos do tempo presente* não
têm comparação com a glória futu-
ra que se manifestará em nós. [19]Com
efeito, o próprio universo espera an-
siosamente a revelação dos filhos de
Deus; [20]pois o universo foi submetido*
ao poder do nada, não por sua von-
tade, mas por vontade daquele que o
submeteu, e alimenta a esperança [21]de
que também ele será libertado do cati-
veiro da corrupção, para alcançar a li-
berdade e a glória dos filhos de Deus†.
[22]Pois sabemos que todo o universo
até agora continua gemendo e sentin-
do dores de parto†. [23]Não só ele,* mas
também nós, que temos as primícias
do Espírito, gememos em nosso ínti-
mo, suspirando pela adoção filial, que
é a redenção de nosso corpo†. [24]Pois já
fomos salvos, mas na esperança. Ora,
ver o que se espera não é esperar; aca-
so alguém espera o que já está vendo?
[25]Mas, se esperamos o que não vemos,
é na perseverança que o aguardamos.
[26]Assim também o Espírito socorre*
nossa fraqueza: pois não sabemos o
que é conveniente pedir, mas o próprio
Espírito intercede por nós com gemi-
dos inefáveis. [27]E aquele que sonda os
corações sabe qual é o desejo do Espí-
rito, porque sua intercessão* pelo povo
santo corresponde à vontade de Deus.
[28]Sabemos que tudo concorre para o
bem dos que amam a Deus, daqueles
que ele chamou, de acordo com seu
desígnio. [29]Pois aos que ele desde sem-
pre conheceu, também os predestinou
para serem conformes à imagem de seu
Filho, a fim de que ele seja o primogê-
nito entre muitos irmãos. [30]E, aos que
predestinou, também os chamou; e, aos
que chamou,* também os justificou; e,
aos que justificou, também os glorificou.
A confiança em Deus. [31]Diante disso,
que vamos dizer? Se Deus é por nós,
quem será contra nós? [32]Ele, que não
poupou seu próprio Filho,* mas o entre-
gou por nós todos, como não nos daria
tudo juntamente com ele? [33]Quem vai
acusar os que Deus escolheu? Deus, que
os justifica? [34]Quem vai condenar? O
Cristo Jesus, que morreu; mais ainda, que
foi ressuscitado e está à direita de Deus*
e intercede por nós? [35]Quem vai nos se-
parar do amor de Cristo?† A tribulação, a
angústia, a perseguição, a fome, a nudez,
o perigo, a espada? [36]Como está escrito:
"Por tua causa nos matam o dia todo;*
somos tratados como ovelhas de corte".
[37]Mas em tudo isso somos mais que
vencedores* por meio daquele que nos
amou. [38]Tenho certeza, de fato, de que
nem a morte, nem a vida, nem os anjos,
nem os principados, nem o presente,
nem o futuro, nem os poderes, [39]nem
a altura, nem a profundeza, nem outra
criatura qualquer poderá nos separar
do amor de Deus que está em Cristo
Jesus, nosso Senhor.

III. O MISTÉRIO DE ISRAEL (9–11)†

9 **Dons que Israel recebeu.** [1]Digo a
verdade em Cristo, não estou men-
tindo, e disto me dá testemunho minha
consciência no Espírito Santo: [2]sinto
grande tristeza e dor sem fim em meu
coração. [3]Pois eu mesmo desejaria*

* **8**,18. 5,2; 2Cor 4,17; Lc 22,28ss | 20. Sb 1,14; 1Pd 1,18; 2Pd 3,13 | 23. 1Jo 3,2; Ap 21,1.5 | 26. Jo 3,8 | 27. Sl 139,1; 1Cor 4,5; Ef 1,11; 3,11; Tg 1,12 | 30. Cl 1,18; Hb 1,6 | 32. Sl 118,6; Gn 22,16; Jo 3,16 | 34. Sl 110,1; 1Jo 2,1 | 36. Sl 44,23 | 37. Jo 16,23 1Jo 5,4 | **9**,3. Êx 32,32 | 4. Êx 4,22; Dt 7,6; 14,1s; Mt 1,16; Lc 3,23-38

† **8**,21. "O Evangelho proclama a liberdade dos filhos de Deus e rejeita toda escravidão, que em última análise, procede do pecado" (Vat. II). | 22. O universo inteiro, ligado ao destino do homem pecador, Gn 3,17, espera participar dos benefícios da redenção. Será o cumprimento das esperanças messiânicas de total renovação, Is 65,17; Ap 21,1. | 23. Essa redenção é sua ressurreição gloriosa, último ato da salvação. | 35. Nada na vida pode fazer o cristão esquecer o amor que Cristo lhe manifestou em sua morte e ressurreição, Gl 2,20. | **III**. Nos cc. 9–11 Paulo responde a uma dificuldade séria: Como pode ser verdadeira a salvação realizada por Cristo, se fica de fora dela o povo escolhido? É que Deus respeita a liberdade humana. Israel afastou-se de Deus por própria culpa, mas vai chegar o dia de sua conversão. **9**,3. Inspirando-se em Êx 32,32, onde Moisés pede para ser riscado do Livro de Deus em benefício do povo de Israel, Paulo se diz pronto a aceitar ser separado de Cristo para que os judeus não o fossem; de boa vontade se sacrificaria pelo bem deles.

ser anátema, separado de Cristo† em
favor de meus irmãos, de meus paren-
tes segundo a carne, 4que são os israe-
litas.* A eles pertencem a adoção filial,
a glória, as alianças, a legislação, o cul-
to, as promessas; 5a eles pertencem os
patriarcas e deles descende segundo a
carne o Cristo que é, acima de todas
as coisas, Deus bendito para sempre!
Amém.
6Não é que a palavra de Deus tenha
falhado. Pois nem todos os descen-
dentes de Israel* são israelitas. 7Como
também nem todos os descendentes
de Abraão são filhos dele; mas "em
Isaac te será dada uma descendência".
8Isto significa que não são os filhos da
carne que são filhos de Deus, mas só
os filhos da promessa são considera-
dos como descendência. 9Com efeito,
eis os termos da promessa: "Por esta
época voltarei, e Sara terá um filho".*
10Não foi só ela, mas também Rebeca
concebera de um só homem, Isaac,
nosso pai; 11ora, antes do nascimento
dos filhos, quando eles ainda não ti-
nham feito o bem nem o mal, para que
se afirmasse a liberdade da escolha
divina, 12que depende, não das obras,
mas daquele que chama, Deus disse a
Rebeca: "O mais velho servirá ao mais
novo", 13conforme está escrito: "Amei
Jacó* e odiei Esaú"†.

A liberdade da escolha divina. 14Que
dizer, então? Deus seria injusto? Certa-
mente, não! 15Pois ele diz a Moisés: "Te-
rei misericórdia de quem eu quiser ter
misericórdia e terei piedade de quem
eu quiser* ter piedade". 16Portanto, isto
não depende da vontade, nem dos es-
forços do homem, mas da misericórdia
de Deus. 17Pois a Escritura diz ao faraó:
"Eu te suscitei de propósito para mos-
trar em ti meu poder e para que meu
nome seja proclamado* por toda a ter-
ra". 18Assim, Deus tem misericórdia de
quem ele quer e endurece a quem ele
quer†.
19"Mas, então – vais dizer-me –, de
que ele ainda se queixa? Quem, com
efeito, pode resistir a sua vontade?"
20Ora, quem és tu, ó homem, para dis-
cutir com Deus?* Acaso a peça fabrica-
da vai dizer a quem a fez: "Por que me
fizeste assim?" 21O oleiro não é dono
da argila para fabricar* com a mesma
massa um vaso de luxo e um vaso co-
mum? 22Se, portanto, Deus, querendo
manifestar* sua ira e dar a conhecer
seu poder, suportou com muita pa-
ciência vasos de ira já prontos para a
perdição, 23a fim de manifestar a rique-
za de sua glória para com vasos de mi-
sericórdia, por ele predispostos para a
glória, 24isto é, para conosco, que ele
chamou não só dentre os judeus mas
também dentre os pagãos...?†

**A Escritura anuncia o pecado de Is-
rael.** 25É justamente o que ele diz em
Oseias:*
"Chamarei meu povo aquele que não
era meu povo,
e bem-amada aquela que não era a
bem-amada.
26E no mesmo lugar onde lhes foi
dito
'Vós não sois meu povo',*
lá serão chamados filhos do Deus
vivo".
27E Isaías exclama a respeito de Israel:*
"Ainda que o número dos filhos de
Israel
fosse como a areia do mar,
só um resto será salvo:
28pois o Senhor vai cumprir plena-
mente e sem demora
sua palavra sobre a terra".
29E como havia predito Isaías:*
"Se o Senhor dos exércitos
não nos tivesse deixado um germe,
ficaríamos como Sodoma,
seríamos semelhantes a Gomorra".

---

* **9**,6. 2,28; Nm 23,19; Gn 21,12 | 9. Gn 18,10.14; Gn 25,21 | 13. Gn 25,23; Ml 1,2s | 15. Dt 32,4; Êx 33,19; 1Cor 3,7; Ef 2,8 | 17. Êx 4,21; 7,3; 9,16; 14,7.17 | 20. Is 29,16; 45,9; Jr 18,6 | 21. Is 64,7 | 22. Jr 50,25; Is 13,5 | 25. Os 2,25 | 26. Os 2,1 | 27. Is 10,22s; Os 1,10 | 29. Is 1,9

† **9**,13. "Odiar" tem o sentido de "amar menos", "não preferir". A escolha de Deus é soberana, livre e gratuita. | 18. "Endurece" é um modo de exprimir a reação de Deus diante da persistente obstinação do homem contra ele. | 24. "... que poderíamos objetar?" Assim pode-se completar o pensamento de Paulo.

30 Que conclusão vamos tirar? Que os
pagãos, que não procuravam a justiça,
alcançaram uma justiça, isto é, a justiça
que vem da fé, 31 ao passo que Israel,
que procurava uma lei que lhe desse
a justiça, não alcançou a lei†. 32 E por
quê?* Porque não buscaram a justiça
em virtude da fé, mas como se derivas-
se das obras†. Tropeçaram na pedra de
escândalo, 33 como está escrito:

"Eis que ponho em Sião uma pedra
de escândalo*
e uma rocha que faz cair;
mas quem nele crer não será confun-
dido".

10 Responsabilidade dos judeus.

1 Irmãos, o desejo de meu coração e a
prece que faço a Deus por eles são para
que sejam salvos. 2 Pois disso sou teste-
munha: eles têm zelo por Deus,* mas é
um zelo pouco esclarecido. 3 Desconhe-
cendo a justiça que vem de Deus e pro-
curando estabelecer sua própria justiça,
não se submeteram à justiça de Deus.
4 Pois o objetivo da lei* é o Cristo†, para
ser dada a justiça a todo aquele que crê.
5 Com efeito, Moisés escreveu sobre a
justiça que vem da Lei: "Quem a cum-
pre viverá por ela". 6 Mas a justiça que
vem da fé fala assim: "Não digas em teu
coração: Quem subirá ao céu?", isto é,
para de lá fazer descer o Cristo; 7 ou en-
tão: "Quem descerá ao abismo?"†, isto
é, para fazer o Cristo voltar dos mortos.
8 Mas o que diz a Escritura? "A palavra
está perto de ti, em tua boca e em teu
coração". Esta palavra é a palavra da
fé que proclamamos. 9 Porque, se con-
fessares com a boca que Jesus é o Se-
nhor* e se em teu coração creres que
Deus o ressuscitou dos mortos, serás
salvo. 10 Pois é crendo de coração que
se obtém a justiça e é confessando com
a boca que se alcança a salvação. 11 De
fato, assim diz a Escritura:* "Todo aque-
le que nele crer não será confundido".
12 Assim, não há diferença entre judeu e
pagão, porque ele é o mesmo Senhor
de todos, e é rico para com todos os
que o invocam. 13 Pois, "todo aquele que
invocar o nome* do Senhor será salvo".

**A ignorância dos judeus não tem
desculpa.** 14 Mas como poderão invocar
aquele em quem não creram? E como
haverão de crer naquele de quem nun-
ca ouviram falar? E como ouvirão falar
dele, se ninguém o anuncia? 15 E como
anunciarão, se não forem enviados?
Como está escrito:* "Como é belo ver
correndo os que anunciam boas no-
vas". 16 Mas nem todos obedeceram à
Boa Nova. Pois disse Isaías:* "Senhor,
quem acreditou em nossa pregação?"
17 Assim, a fé nasce da pregação e a
pregação se realiza mediante a palavra
de Cristo. 18 Ora, eu pergunto: Será que
eles não ouviram? Sem dúvida!

"Por toda a terra ressoou sua voz
e suas palavras chegaram aos confins
do mundo".*

19 Mas eu pergunto: Israel não teria
compreendido? Já disse Moisés: "Eu
vos farei invejar* um povo que não é
povo; contra uma nação sem inteligên-
cia provocarei vossa ira".

20 E Isaías chega a dizer:*

"Fui encontrado pelos que não me
buscavam,
manifestei-me aos que não me inter-
rogavam";

21 ao passo que ele diz, dirigindo-se
a Israel:

"O dia todo estendi as mãos para um
povo desobediente e rebelde".

---

* **9**,32. Is 8,14 | 33. Is 28,16 | **10**,2. At 22,3 | 4. Mt 5,17; Jo 3,18; Lv 18,5; Dt 9,4; 30,12ss | 9. 1Cor 12,3; Fl 2,11 | 11. Is 28,16; At 10,34; 15,9 | 13. Jl 3,5 | 15. Is 52,7 | 16. Is 53,1 | 18. Sl 19,5 | 19. Dt 32,21 | 20. Is 65,1 | 21. Is 65,2

† **9**,31. Em seu esforço de pôr em prática a lei que prometia a justiça, Israel de fato não chegou àquela justiça que a lei prometia. | 32. "Se Israel recusa o Evangelho, buscando a justiça na lei, é porque não entendeu a justiça de Deus" (J.-N. Aletti). | **10**,4. Cristo é a meta para a qual apontava a lei desde o início. "A lei antiga é uma preparação para o Evangelho" (S. Irineu). | 7. Paulo comenta Dt 30,11-14, onde se diz que a Palavra de Deus não está longe de nós; mostra aos judeus que eles não devem ficar esperando um Salvador que desce dos céus, ou que vem da morada dos mortos, porque já temos esse Salvador em Jesus, que veio morar conosco, Jo 1,14.

11

Deus não rejeitou seu povo. [1]Então, eu pergunto: será que Deus rejeitou seu povo?* De modo algum! Pois também eu sou israelita, da descendência de Abraão, da tribo de Benjamim. [2]Deus não rejeitou seu povo,* que de antemão escolheu. Ou não sabeis o que diz a Escritura, no lugar em que Elias apresenta a Deus sua queixa contra Israel: [3]"Senhor, mataram vossos profetas, destruíram vossos altares;* só fiquei eu, e querem tirar-me a vida!" [4]Mas o que lhe responde o oráculo divino? "Reservei para mim sete mil homens que não dobraram o joelho diante de Baal". [5]Assim também hoje sobrevive* um resto escolhido por graça†. [6]Mas se é por graça, já não é mais em virtude das obras; do contrário, a graça já não seria graça.

[7]Então, que dizer? O que Israel busca, não conseguiu; mas os escolhidos o conseguiram. Os outros foram obcecados, [8]conforme está escrito:* "Deus lhes deu um espírito insensível: olhos para não verem, ouvidos para não ouvirem, até o dia de hoje".

[9]Davi diz também:* "Que sua mesa seja para eles uma armadilha†, uma cilada, uma ocasião de queda e um justo castigo! [10]Que seus olhos se obscureçam para que não vejam; faze-os sempre curvar o dorso!"

A incredulidade de Israel contribui para a salvação dos pagãos. [11]E eu pergunto:* seria para uma queda definitiva que eles fracassaram? De modo algum! Mas por causa do fracasso deles chegou a salvação aos pagãos, para provocar a inveja deles. [12]Ora, se o fracasso deles é uma riqueza para o mundo e se a decadência deles é uma riqueza para os pagãos, o que não será sua plena restauração?

[13]A vós, gentios, eu digo: como apóstolo dos gentios, honro meu ministério, [14]na esperança de provocar* a inveja dos que são de minha raça e de salvar alguns deles. [15]Pois, se a rejeição deles resultou na reconciliação do mundo, o que será sua reintegração senão a passagem da morte para a vida?† [16]Ora, se as primícias são santas,* toda a massa o é também; e se a raiz é santa, os ramos também o são.

[17]Mas se alguns ramos foram cortados, ao passo que tu, oliveira selvagem, foste enxertada entre os restantes para te beneficiares com eles da raiz e da seiva da oliveira, [18]não te vanglories à custa dos ramos. Ou, se quiseres gloriar-te, fica sabendo que não és tu que sustentas a raiz, mas é a raiz que te sustenta. [19]Dirás talvez: "Foram cortados ramos para que eu fosse enxertado". [20]Muito bem! Foram cortados por causa da incredulidade deles, ao passo que tu permaneces ali pela fé. Não te orgulhes, mas teme. [21]Pois se Deus não poupou os ramos naturais, tampouco te poupará.

[22]Considera, pois, a bondade* e a severidade de Deus: a severidade para com os que caíram, mas para contigo a bondade, contanto que permaneças nessa bondade; do contrário, tu também serás cortado. [23]Quanto a eles,* se não ficarem em sua incredulidade, serão enxertados: Deus tem poder para de novo enxertá-los. [24]Com efeito, se tu foste cortado da oliveira selvagem à qual pertencias por natureza, e enxertado, contra a natureza, numa oliveira boa, quanto mais eles, os ramos naturais, poderão ser enxertados em sua própria oliveira!

A conversão de Israel. [25]Não quero, irmãos, que ignoreis* esse mistério, para que não vos considereis como sábios: o endurecimento de uma parte de Israel só vai durar até que tenha entrado a totalidade dos gentios; [26]e assim todo o Israel será salvo, como está escrito:*

---

* **11**,1. Sl 94,14; Fl 3,5 | 2. 1Sm 12,22 | 3. 1Rs 19,10; 12-18 | 5. Gl 3,18 | 7. Is 29,10; Dt 29,3 | 9. Sl 69,23 | 11. At 13,46; Dt 32,21 | 14. 1Cor 9,22; 1Tm 4,16 | 16. Nm 15,17-21; Ef 2,11-14 | 22. Jo 15,2-5; Hb 3,14 | 23. 2Cor 3,16 | 25. 12,16; Lc 21,24; Jo 10,16 | 26. Is 59,20s; Jr 31,34

† **11**,5. Do povo de Israel sobra um resto, penhor da salvação futura do povo eleito. | 9. "Mesa" significa aqui a posição privilegiada dos judeus, que foi para eles ocasião de ruína. | 15. A conversão dos judeus será a grande ressurreição do povo, anunciada em Ez 37.

"De Sião virá o Libertador;
ele afastará de Jacó as impiedades.
27E será esta a minha aliança com
eles,*
quando eu apagar seus pecados".
28Quanto ao Evangelho, eles são
inimigos por vossa causa; mas quanto
à eleição, são amados, por causa dos
pais deles. 29Pois os dons e o chama-
do de Deus são irrevogáveis. 30Assim
como outrora desobedecestes a Deus e
agora obtivestes misericórdia, graças à
desobediência deles, 31assim também
eles agora desobedeceram, a fim de
que, graças à misericórdia usada para
convosco, eles também obtenham mi-
sericórdia. 32Pois Deus encerrou todos*
na desobediência†, a fim de usar mise-
ricórdia para com todos.
Hino à misericórdia divina. 33Ó abis-
mo da riqueza, da sabedoria* e da ci-
ência de Deus! Como são insondáveis
suas decisões e incompreensíveis seus
caminhos! 34Com efeito, "quem jamais
conheceu o pensamento do Senhor?
Ou quem foi seu conselheiro?" 35Ou
"quem primeiro lhe deu alguma coisa,
para ter direito à retribuição?" 36Pois
tudo é dele, por ele e para ele. A ele
seja dada a glória para sempre! Amém.

IV. NORMAS DE VIDA CRISTÃ (12–15)

12 **Fazer em tudo a vontade de
Deus.** 1Irmãos, pela misericór-
dia de Deus,* eu vos exorto a oferecer
vossos corpos como sacrifício vivo,
santo e agradável a Deus, pois este é
vosso culto espiritual. 2Não tomeis por
modelo este mundo†, mas transformai-
-vos, renovando vossa mente, para que
possais discernir qual é a vontade de
Deus: o que é bom, o que lhe agrada
e é perfeito.
O fiel cumprimento da missão. 3Em
virtude da graça que me foi dada,* eu
digo a todos e a cada um: não tenhais
de vós mesmos um conceito mais ele-
vado do que convém, mas um conceito
modesto, cada um segundo o grau de
fé que Deus lhe concedeu. 4Pois, as-
sim como num só corpo temos muitos
membros e esses membros não têm
todos a mesma função, 5assim também
nós,* embora sejamos muitos, somos
um só corpo em Cristo e todos somos
membros uns dos outros, cada um
por sua parte. 6Mas possuímos dons
diferentes segundo a graça que nos
foi dada: quem tem o dom da profe-
cia, exerça-o em harmonia com a fé;
7quem tem o dom do serviço,* exerça-
-o servindo; quem tem o dom do en-
sino, ensinando; 8quem tem o dom da
exortação, exortando. Quem reparte os
bens, faça-o com simplicidade; quem
preside, com diligência; quem exerce a
misericórdia, com alegria.
O amor para com todos. 9Que vosso
amor seja sem fingimento, detestando
o mal* e aderindo ao bem. 10Amai-vos
uns aos outros com amor fraterno e,
quanto ao respeito, cada qual consi-
dere os outros como mais merecedo-
res. 11Sede esforçados, sem preguiça,
fervorosos de espírito, a serviço do
Senhor. 12Sede alegres na esperança,
pacientes na tribulação e perseveran-
tes na oração; 13solidários diante das
necessidades dos irmãos,* acolhedores
na hospitalidade. 14Abençoai os que
vos perseguem; abençoai e não amal-
diçoeis. 15Alegrai-vos com os que se
alegram,* chorai com os que choram.
16Tende os mesmos sentimentos para
com todos, sem procurar grandezas,
mas assumindo as tarefas humildes;
não vos considereis como sábios. 17Não
pagueis a ninguém o mal com o mal;

* **11**,27. Is 27,9 | 32. Gl 3,22; 1Tm 2,4 | 33. Is 45,15; 55,8s; 40,13; Jr 23,18; Jó 15,8; 1Cor 2,16; 8,6 | **12**,1. 6,11-14; Ef 4,23; 5,10.17; 1Pd 2,5; Jo 4,24 | 3. 1Cor 12,11; Ef 4,7 | 5. 1Cor 12,27; Ef 1,23; 4,4.25 | 7. 1Pd 4,10s | 9. 2Pd 1,7; Fl 2,3 | 13. Hb 13,2; Mt 5,44; 1Cor 4,12 | 15. 15,15; Sl 35,13; Pr 3,7; Is 5,21

† **11**,32. Como em Gl 3,22, Paulo quer dizer que Deus fez a humanidade experimentar sua incapacidade de livrar-se do pecado, para manifestar a todos sua bondade e sua misericórdia. | **12**,2. "Não se pense em ajudar o mundo assumindo seu pensamento, seus costumes e gostos, mas estudando-o, amando--o e servindo-o" (Paulo VI).

procurai fazer o bem diante de todos;
[18]vivei em paz com todos, se possível,
enquanto depende de vós. [19]Não façais
justiça com as próprias mãos,* caríssi-
mos, mas deixai agir a ira de Deus, pois
está escrito: "Sou eu que farei justiça,
eu é que retribuirei", diz o Senhor. [20]Ao
contrário, "se teu inimigo tem fome,
dá-lhe de comer; se tem sede, dá-lhe
de beber; fazendo isso, ajuntarás bra-
sas sobre sua cabeça"†. [21]Não te deixes
vencer pelo mal, mas vence o mal com
o bem.

13 **Respeito às autoridades.**
[1]Que cada um se submeta* às
autoridades constituídas. Pois não há
autoridade que não venha de Deus, e as
que existem são instituídas por Deus†.
[2]Assim, quem resiste à autoridade re-
volta-se contra a ordem estabelecida
por Deus. E os rebeldes atrairão sobre
si a condenação. [3]Com efeito, não se
deve temer* os governantes quando
se faz o bem, mas sim quando se faz
o mal. Queres viver sem medo da au-
toridade? Faze o bem e dela receberás
elogios; [4]pois ela é um instrumento de
Deus para te conduzir ao bem. Mas se
fazes o mal, então deves ter medo; pois
não é à toa que ela tem a espada: ela
está a serviço de Deus, para exercer sua
ira contra quem faz o mal. [5]Por isso, é
preciso submeter-se, não só por medo
do castigo, mas também por motivo
de consciência. [6]Para isso mesmo vós
pagais os impostos: pois os que os re-
cebem são funcionários de Deus. [7]Dai a
cada um o que lhe é devido:* o tributo
a quem se deve tributo; a taxa a quem
se deve taxa; o temor a quem se deve
temor; a honra a quem se deve honra.
**O amor é o pleno cumprimento da
lei.** [8]Não tenhais dívidas para com
ninguém, a não ser a do amor mútuo.
Pois quem ama o próximo cumpriu a
Lei. [9]De fato, os mandamentos: não
cometer adultério,* não matar, não
furtar, não cobiçar e qualquer outro
resumem-se nesta palavra: "Amarás o
próximo como a ti mesmo". [10]O amor
não pratica o mal contra o próximo.
Portanto, o amor é o pleno cumpri-
mento da Lei†.
Somos filhos da luz. [11]Isto deveis fazer,
sabendo* em que tempo estamos, por-
que já é hora de despertardes do sono,
porque agora a salvação está mais per-
to de nós do que quando abraçamos
a fé. [12]A noite já vai adiantada e o dia
vem chegando:* por isso, abandone-
mos as obras das trevas e tomemos as
armas da luz. [13]Vivamos honestamente
como em pleno dia: nada de orgias,*
nem de bebedeiras, nada de impureza,
nem de imoralidade, nada de brigas,
nem de inveja. [14]Ao contrário, revesti-
-vos do Senhor Jesus Cristo e não vos
deixeis levar pelas preocupações da
carne para satisfazer seus caprichos.

14 **Tolerar as mentalidades dife-
rentes**†. [1]Acolhei quem é fra-
co na fé, sem criticar seus escrúpulos.
[2]Um acha que pode comer de tudo,
ao passo que outro, sendo fraco, só
come verduras. [3]Quem come de tudo
não despreze quem não come, e quem
não come não julgue aquele que come;
pois Deus o acolhe igualmente. [4]Quem
és tu* para julgares um servo que não
é teu? Se ele fica de pé ou cai, isto in-
teressa a seu patrão; aliás, ele ficará
de pé, pois o Senhor tem poder para

* **12**,19. Mc 9,50; Hb 12,14; Lv 19,18; Mt 5,39; Dt 32,35; Pr 25,21s; Mt 5,44 | **13**,1. 1Pd 2,13-17; Tt 3,1 | 3. 1Pd 3,13 | 7. Mt 22,21; Mc 12,17; Lc 20,25 | 9. Êx 20,13-17; Dt 5,17-21; Lv 19,18; Mt 22,40 | 11. Ef 5,14; 1Ts 5,6s | 12. 1Jo 2,8; Ef 5,11 | 13. Lv 21,34; Ef 5,18 | **14**,4. Mt 7,10; Tg 4,1ss

† **12**,20. O amor e o perdão dos cristãos devem provocar em seus inimigos um remorso que os desperte para o arrependimento. Ver a nota em Pr 25,22. | **13**,1. A autoridade legitimamente constituída vem de Deus para servir ao bem comum. Obedecer à autoridade é obedecer a Deus, porque as relações do homem com Deus não se limitam à esfera religiosa. | 10. Santa Teresinha mostra que entendeu bem esta palavra quando escreve: "No coração da Igreja, minha mãe, eu serei o amor". | **14**. As práticas judaicas não são obrigatórias para os convertidos à fé cristã, mas, por outro lado, é preciso respeitar e compreender as atitudes dos "fracos", isto é, daqueles que talvez por escrúpulo ou por questão de formação ainda continuam observando certas determinações da lei, que outros consideram ultrapassadas.

sustentá-lo. [5]Há quem prefere um dia a um outro; e há quem os considera todos iguais: cada qual procure fundamentar sua ideia. [6]Quem distingue os dias é para o Senhor que os distingue; e aquele que come é para o Senhor que come, e dá graças a Deus. E quem não come é para o Senhor que se abstém, e dá graças a Deus.

[7]De fato, nenhum de nós vive para si mesmo e nenhum de nós morre para si mesmo†. [8]Pois, se vivemos, é para o Senhor que vivemos;* se morremos, é para o Senhor que morremos. Quer vivamos, quer morramos, pertencemos ao Senhor. [9]Foi por isso que Cristo morreu e retornou à vida: para ser o Senhor dos mortos e dos vivos. [10]Então, por que julgas teu irmão? E tu, por que desprezas teu irmão? Pois todos nós vamos comparecer diante do tribunal de Deus. [11]Porque está escrito: "Por minha vida, diz o Senhor, diante de mim se dobrará todo joelho e toda língua dará glória a Deus".

[12]Assim, cada um de nós prestará contas a Deus de si próprio.

A primazia do amor sobre a liberdade. [13]Então, acabemos com os julgamentos de uns sobre outros; cuidai, antes, de não serdes para algum irmão causa de queda ou de escândalo. [14]Eu sei – e disso estou certo* no Senhor Jesus – que nada é impuro em si mesmo, mas só é impuro para aquele que o considera impuro. [15]Com efeito, se por causa de teu alimento teu irmão fica chocado, já não te comportas conforme a caridade. Não causes com teu alimento a ruína daquele por quem Cristo morreu! [16]Portanto, não seja ocasião de maledicência o bem de que gozais. [17]Pois o reino de Deus* não é questão de comida ou de bebida: é justiça, paz e alegria no Espírito Santo. [18]Quem serve a Cristo desta forma agrada a Deus e goza da estima das pessoas. [19]Procuremos, pois, o que favorece a paz e a edificação mútua.

[20]Não destruas a obra de Deus por uma questão de comida. Tudo é puro, certamente, mas torna-se um mal para quem come dando escândalo. [21]É bom abster-se de carne* e de vinho e de tudo que faz teu irmão tropeçar, cair ou vacilar. [22]Guarda para ti, diante de Deus, essa tua fé esclarecida. Feliz quem não se condena por aquilo que aprova. [23]Mas aquele que come,* estando em dúvida, é condenado, porque não age pela fé; ora, tudo que não procede da fé é pecado.

15 **Seguir o exemplo de Cristo.** [1]Nós, que somos fortes,* devemos suportar as fraquezas dos fracos e não procurar agradar a nós mesmos. [2]Que cada um de nós procure agradar ao próximo para o bem, para edificá-lo. [3]Pois Cristo não buscou o que lhe agradava; mas como está escrito: "Sobre mim caíram os insultos daqueles que te insultavam". [4]Ora, tudo o que outrora foi escrito é para nossa instrução que foi escrito, a fim de que tenhamos esperança por meio da constância e da coragem que as Escrituras nos dão. [5]Que Deus, fonte de toda constância e consolação, vos conceda ter uns para com os outros os mesmos sentimentos a exemplo de Cristo Jesus, [6]para que, unidos de coração e a uma só voz, glorifiqueis a Deus, Pai de nosso Senhor Jesus Cristo.

[7]Portanto, acolhei-vos uns aos outros como Cristo vos acolheu para a glória de Deus. [8]Pois eu vos digo: Cristo se fez servo dos circuncisos para demonstrar a fidelidade de Deus, cumprindo as promessas feitas aos patriarcas; [9]e os pagãos glorificam a Deus* por sua misericórdia, como está escrito: "Por isso vos louvarei, Senhor, no meio das nações e cantarei hinos a vosso nome".

* **14**,8. Lc 20,38; Gl 2,20; 1Ts 5,10; Mt 25,31s; At 17,31; 2Cor 5,10; 8,20; Is 49,18; 45,23 | 14. At 10,15; Tt 1,15; 2Cor 8,11ss | 17. Tt 2,5 | 21. 1Cor 8,13 | 23. 1,17; Tb 1,15 | **15**,1. 14,1; 1Cor 9,9.19; 10,24.33; Sl 69,10 | 9. Sl 18,50

† **14**,7. "O menor de nossos atos praticados no amor irradia em benefício de todos, nesta solidariedade com todos os homens, vivos ou mortos, que se funda na comunhão dos santos. Todo pecado prejudica esta comunhão" (CIC).

10 E a Escritura diz também:* "Nações,
exultai com seu povo!"
11 E diz ainda: "Nações todas, louvai
o Senhor, e que todos os povos o exal-
tem!"*
12 E Isaías diz por sua vez: "Vai surgir o
rebento de Jessé,* aquele que se levan-
tará para comandar as nações; nele as
nações colocarão sua esperança".
13 Que o Deus da esperança vos en-
cha de toda alegria e paz na fé, a fim
de que sejais ricos de esperança pela
virtude do Espírito Santo.
Projetos do apóstolo. 14 Estou con-
vencido, meus irmãos, de que tam-
bém vós estais cheios de bondade e
possuís em plenitude o dom da ci-
ência, sendo capazes de corrigir-vos
uns aos outros. 15 No entanto, eu vos
escrevi com bastante audácia em cer-
tos pontos, como para recordar-vos
o que já sabeis, em virtude da graça
que Deus me concedeu 16 de ser um
ministro do Cristo Jesus* entre os pa-
gãos, exercendo o ofício sagrado do
Evangelho de Deus, a fim de que os
pagãos se tornem uma oferta agra-
dável, santificada no Espírito Santo.
17 Portanto, posso gloriar-me no Cristo
Jesus* pelas coisas de Deus. 18 Pois eu
não ousaria falar daquilo que o Cristo
não tivesse feito por meu intermédio
para obter a obediência dos pagãos,
em palavras e obras, 19 pelo poder dos
sinais e dos prodígios, pela virtude do
Espírito de Deus: assim, desde Jerusa-
lém e suas vizinhanças até a Ilíria, le-
vei a termo a pregação do Evangelho
de Cristo. 20 Mas fiz questão de limitar
esta pregação* às regiões onde ain-
da não se invocava o nome de Cris-
to, para não construir sobre alicerces
colocados por outrem; 21 mas segui o
que está escrito: "Hão de vê-lo aque-
les a quem ele não tinha sido anuncia-
do, e aqueles que não tinham ouvido
falar dele compreenderão".*

Desejo de passar por Roma. 22 Foi
isso que muitas vezes me impedia de
chegar até vós. 23 Mas agora, como não
tenho mais com que me ocupar por
aqui, e já que desde muitos anos de-
sejo ardentemente visitar-vos, 24 irei até
vós quando for à Espanha†. Pois espero
ver-vos durante a viagem e ser por vós
encaminhado em direção a esse país,
depois de ter saboreado um pouco a
alegria de vossa presença.
25 Mas agora vou a Jerusalém* a ser-
viço daquela comunidade†, 26 pois a
Macedônia e a Acaia resolveram aten-
der às necessidades dos pobres que há
na comunidade de Jerusalém. 27 Assim
o resolveram e aliás o devem a eles:
pois se os pagãos participaram dos
bens espirituais dos judeus, devem por
sua vez assisti-los com seus bens ma-
teriais. 28 Quando então eu tiver termi-
nado essa tarefa e lhes tiver entregue
oficialmente essa coleta, partirei para a
Espanha passando por aí. 29 E sei que,
indo visitar-vos, eu vos levarei todas as
bênçãos do Cristo.
30 Peço-vos, irmãos, por nosso Se-
nhor Jesus Cristo* e pela caridade do
Espírito, que me ajudeis em minha luta
por meio das orações que fazeis a Deus
por mim, 31 para que eu escape dos
infiéis da Judeia e para que o auxílio
que estou levando para Jerusalém seja
aceito por aquela comunidade; 32 as-
sim, poderei ir ver-vos com alegria e, se
Deus quiser, encontrar no meio de vós
algum repouso. 33 Que o Deus da paz
esteja com todos vós! Amém.

V. EPÍLOGO (16)

16 **Recomendações e sauda-
ções.** 1 Recomendo-vos nos-
sa irmã Febe, diaconisa da Igreja de
Cencreia: 2 oferecei-lhe no Senhor uma
acolhida digna de um membro da co-

---

* **15**,10. Dt 32,43 | 11. Sl 117,1 | 12. Is 11,1.10; Ap 5,5; 22,16 | 16. 11,13; 2Cor 3,3; Fl 2,17 | 17. 2Cor 3,5; 13,3 | 20. 1Cor 3,10; 2Cor 10,15s | 21. Is 52,15 | 25. At 19,21; 20,22; 1Cor 16,1; 2Cor 8,1ss; 9,2.12 | **15**,30. 2Cor 1,11; Fl 1,27; Cl 4,3; 2Ts 3,1

† **15**,24. Levando o Evangelho até a Espanha, Paulo chegaria às extremidades do mundo conhecido. Não é certo, mas é possível que tenha realizado esse sonho. | 25. Lit. "dos santos", ver a nota em At 9,13.

PRIMEIRA CARTA AOS CORÍNTIOS

Os inícios da Igreja cristã em Corinto estão narrados em At 18,1-18. Em sua segunda viagem missionária, Paulo fundou a comunidade, ficando lá um ano e meio, entre os anos 50 e 51, hospedado na casa de Áquila e Priscila, que eram judeus expulsos de Roma pelo imperador Cláudio. O Apóstolo acabava de sofrer uma amarga decepção em Atenas, onde, com seu discurso pronunciado no Areópago, não conseguira convencer senão uns poucos da verdade da fé cristã. Conforme seu costume de pregar sempre nas grandes cidades, fazendo delas o centro de irradiação da mensagem, ele chega a Corinto, capital da Grécia central e meridional, metrópole de 500 mil habitantes, dos quais 2/3 eram escravos.

Numa situação geográfica extraordinária, servida por dois portos, um no mar Egeu, outro no mar Jônio, Corinto era um grande centro comercial e cultural, mas também uma cidade onde a corrupção e a imoralidade não tinham limites.

Na Páscoa do ano 54, estando em Éfeso, em sua terceira viagem missionária, Paulo escreve a primeira carta aos Coríntios, que, propriamente, não foi a primeira, como se pode deduzir de 1Cor 5, 9, que fala de uma carta anterior, provavelmente perdida.

O assunto da carta é duplo: a) Nos cap. 1–6, Paulo comenta as notícias da comunidade, que lhe chegaram por pessoas da família de Cloé (1Cor 1,11); dá sua apreciação sobre fatos ocorridos recentemente, como a divisão da comunidade em partidos (1,10–4,21), o caso do incestuoso (5,1-13), o recurso aos tribunais pagãos para resolver disputas entre cristãos (6,1-11) e a tolerância em relação à imoralidade (6,12-20). b) Nos cap. 7–15, Paulo responde às perguntas que lhe foram feitas pela comunidade sobre o matrimônio (7,1-40), o uso de carnes imoladas aos ídolos (8,1–11,1), a ordem nas assembleias litúrgicas (11,2-34), a hierarquia dos carismas (12,1–14,39) e a ressurreição dos mortos (15,1-58).

É interessante para nós a leitura desta carta, não só porque nos mostra como a fé cristã se posicionou diante da cultura helenística, num ambiente pagão, onde a filosofia e o prazer eram valores supremos, mas também porque as soluções que Paulo oferece para os problemas da época têm valor perene, por serem inspiradas na pessoa de Jesus Cristo Ressuscitado, em sua doutrina e em sua obra redentora.

I. PRÓLOGO
(1,1-9)

1 **Saudação e ação de graças.** 1Paulo, chamado pela vontade de Deus*
para ser apóstolo do Cristo Jesus, e o irmão Sóstenes, 2à Igreja de Deus que está
em Corinto, aos que foram santificados
no Cristo Jesus, chamados para serem
santos junto com todos os que em todo
lugar invocam o nome de nosso Senhor
Jesus Cristo, Senhor nosso e deles. 3Graça a vós e paz da parte de Deus nosso
Pai e do Senhor Jesus Cristo. 4Agradeço
continuamente a meu Deus por vossa
causa, pela graça divina que vos foi dada
em Cristo Jesus, 5porque nele fostes
enriquecidos* de todos os dons, os da
palavra e os da ciência. 6De fato, o testemunho de Cristo foi confirmado em
vós 7a tal ponto que nenhum dom vos
falta, enquanto esperais a manifestação*
de nosso Senhor Jesus Cristo. 8É ele que
vos confirmará até o fim, de modo que
estejais livres de culpa no dia de nosso
Senhor Jesus Cristo†. 9Fiel é Deus, por
quem fostes chamados à comunhão de
seu Filho, Jesus Cristo, Senhor nosso.

II. DIVISÕES E ESCÂNDALOS NA COMUNIDADE
(1,10–6,20)

As divisões na Comunidade. 10Em
nome de nosso Senhor Jesus Cristo,*
eu vos exorto a serdes todos unâni-

---

* **1**,1. 6,11; Rm 1,7 | 5. 2Cor 8,7.9 | 7. At 18,5; 2Ts 1,7; Tt 2,13; 1Ts 3,13; 5,23s; 1Jo 1,3 | 10. Fl 2,2; 3,16

† **1**,8. O dia do retorno glorioso de Cristo, para julgar o mundo.

munidade e assisti-a em tudo de que
precisar; pois ela tem ajudado a muita
gente, inclusive a mim mesmo.
[3]Saudações a Prisca e a Áquila†,
meus colaboradores em Cristo Jesus;
[4]para me salvar a vida,* arriscaram a
sua; não somente eu lhes devo grati-
dão, mas todas as igrejas dos gentios.
[5]Saudações também à comunidade
que se reúne na casa deles.* Sauda-
ções a meu caro Epêneto, as primícias
que a Ásia ofereceu a Cristo.
[6]Saudações a Maria, que muito traba-
lhou por vós. [7]Saudações a Andrônico e
a Júnia, meus parentes e companheiros
de prisão: são muito estimados entre os
apóstolos e se converteram ao Cristo
antes de mim. [8]Saudações a Amplíato,
a quem muito amo no Senhor.
[9]Saudações a Urbano, nosso cola-
borador em Cristo, e a meu caro Es-
táquis. [10]Saudações a Apeles, prova-
do em Cristo. Saudações às pessoas
da casa de Aristóbulo. [11]Saudações a
Herodião, meu parente; saudações às
pessoas da casa de Narciso, que estão
no Senhor.
[12]Saudações a Trifena e a Trifosa,
que se afadigam no Senhor; saudações
a minha querida Pérside, que muito
trabalhou* no Senhor. [13]Saudações a
Rufo, o eleito do Senhor, e a sua mãe
que é também minha. [14]Saudações a
Asíncrito, a Flegonte, a Hermes, a Pá-
trobas, a Hermas e aos irmãos que mo-
ram com eles. [15]Saudações a Filólogo e
a Júlia, a Nereu e a sua irmã, a Olimpas
e a todos os membros da comunidade
que moram com eles. [16]Saudai-vos uns
aos outros com o beijo santo*. Todas as
igrejas de Cristo vos enviam saudações.
[17]Eu vos peço, irmãos, tomai cuidado
com os que provocam divisões e es-
cândalos contra o ensinamento que re-
cebestes; afastai-vos deles. [18]Pois esses
tais não servem a Cristo, nosso Senhor,
mas a seu ventre; com palavras suaves
e com adulações seduzem os corações
dos incautos.
[19]Com efeito, a fama de vossa obedi-
ência* espalhou-se por toda a parte e
vós constituís minha alegria; mas quero
que sejais prudentes para o bem e sim-
ples quanto ao mal. [20]O Deus da paz
sem demora esmagará Satanás debai-
xo de vossos pés. Que a graça de nosso
Senhor Jesus Cristo esteja convosco!
[21]Timóteo, meu colaborador, vos
saúda,* como também Lúcio, Jasão e
Sosípatro, meus parentes. [22]Eu, Tércio,
que escrevi esta carta, vos saúdo no Se-
nhor. [23]Saúda-vos Gaio, que hospeda a
mim e toda a Igreja. Erasto, o tesourei-
ro da cidade, vos saúda, e também o
irmão Quarto†.
Hino de louvor a Deus. [25]Glória seja
Àquele que é poderoso* para vos con-
firmar, segundo o Evangelho que eu
anuncio, pregando Jesus Cristo, con-
forme a revelação do mistério por tan-
tos séculos mantido em silêncio, [26]mas
agora manifestado e por meio dos es-
critos dos profetas, por ordem do Deus
eterno anunciado a todas as nações,
para levá-las à obediência da fé. [27]A
Deus, o único sábio, seja dada glória
por meio de Jesus Cristo, pelos séculos
dos séculos! Amém.*

---

* **16**,4. At 15,26 | 5. 1Cor 16,15.19 | 12. Mc 15,21 | 16. 1Cor 16,20; 1Pd 5,14; Mt 7,15; Tt 3,10; Fl 3,19; Cl 2,4; 2Pd 2,3 | 19. 1,8; 15,23; 1Cor 14,20; Mt 10,16; Gn 3,15 | 21. At 16,1; 19,22.29; 20,4; Fl 2,19; 1Cor 1,14; 2Tm 4,20 | 25. 1,5; Ef 1,9; 3,5; Cl 1,26 | 27. 1Tm 1,17; Jd 25

† **16**,3. É o mesmo casal que hospedou Paulo em Corinto, At 18,2s. A lista de pessoas às quais Paulo envia saudações contém nomes judeus, gregos e romanos. A Igreja de Roma inclui pessoas de todas as procedências e de diversos níveis sociais. Percebe-se o papel importante dos leigos na vida da Igreja. Também as mulheres, que eram discriminadas na vida social da época, assumiam sua parte na pastoral da comunidade. | 23. Alguns manuscritos acrescentam: [24]"A graça de nosso Senhor Jesus Cristo esteja com todos vós! Amém".

mes no falar, para que não haja divi-
sões entre vós, mas que vivais unidos
no mesmo espírito e no mesmo pen-
samento. 11Pois fui informado a vosso
respeito, meus irmãos, por pessoas da
família de Cloé, que está havendo dis-
córdias entre vós. 12Refiro-me ao fato*
de que cada um de vós diz: "Eu sou de
Paulo!" – "Eu sou de Apolo!" – "Eu sou
de Cefas!"† – "Eu sou de Cristo!" 13En-
tão, Cristo está dividido? É Paulo que
foi crucificado por vós? Ou fostes bati-
zados* em nome de Paulo? 14Graças a
Deus, não batizei nenhum de vós, a não
ser Crispo e Gaio, 15e assim ninguém
pode dizer que fostes batizados em
meu nome.* 16Batizei também, é ver-
dade, a família de Estéfanas, mas dos
outros não sei se batizei mais alguém.
17Pois o Cristo não me enviou para ba-
tizar, mas para evangelizar,* porém,
sem usar de palavras eruditas, para que
não se torne inútil a cruz de Cristo.

**A sabedoria humana e a loucura da
cruz.** 18Com efeito, a linguagem da
cruz* é loucura para os que se perdem,
mas para os que se salvam, isto é, para
nós, é poder de Deus. 19Pois está escri-
to: "Destruirei a sabedoria dos sábios,
aniquilarei a inteligência dos inteligen-
tes. 20Onde está o sábio?* Onde está o
homem culto?" Onde está o pesquisa-
dor deste mundo? Porventura Deus não
transformou em loucura a sabedoria
deste mundo? 21Com efeito, já que nos
sábios desígnios de Deus o mundo não
conheceu a Deus por meio da sabe-
doria, é pela loucura da pregação que
aprouve a Deus salvar os que creem.

22Enquanto os judeus pedem mila-
gres* e os gregos buscam sabedoria,
23nós anunciamos Cristo crucificado,†
que é escândalo para os judeus e lou-
cura para os pagãos; 24mas àqueles que
são chamados, tanto judeus como gre-
gos, pregamos Cristo, poder de Deus e
sabedoria de Deus. 25Pois aquilo que é
loucura de Deus* é mais sábio que os
homens, e o que é fraqueza de Deus é
mais forte que os homens.

26Irmãos, vede quem foi chamado*
entre vós. Não há entre vós muitos sá-
bios, do ponto de vista do mundo, nem
muitos poderosos, nem muita gente
ilustre†. 27Mas Deus escolheu o que no
mundo é loucura para confundir os sá-
bios; Deus escolheu o que no mundo é
fraco para confundir os fortes; 28Deus
escolheu gente sem importância* e
desprezada pelo mundo, e o que não é
nada, para reduzir a nada aquilo que é:
29para que ninguém possa vangloriar-
-se* diante de Deus. 30É por obra dele
que vós estais no Cristo Jesus, o qual
por ação de Deus veio a ser para nós
sabedoria, justiça, santificação e re-
denção, 31para que, como está escrito,
"quem se gloria, glorie-se no Senhor".

2 **Pregação de Paulo em Corinto.**
1Também eu, irmãos, quando fui
até vós para anunciar-vos o mistério
de Deus, não usei palavras elevadas e
sábias. 2Pois entre vós, não tive a pre-
tensão de conhecer coisa alguma, a
não ser Jesus Cristo e Jesus Cristo cru-
cificado. 3Apresentei-me entre vós fra-
co* e com muito temor e inquietação.
4Minha palavra e minha pregação nada
tinham dos discursos convincentes da
sabedoria; eram uma demonstração do
Espírito e de sua força, 5para que vossa
fé* não se baseasse na sabedoria hu-
mana, mas no poder de Deus†.

* **1**,12. 3,4; At 18,24; Jo 1,42 | 13. At 18,8; Rm 16,23 | 15. 16,15.17 | 17. 2,4; Mt 28,19 | 18. 2Cor 4,3; Rm 1,16; Is 19,12; 29,14 | 20. Jó 12,17; Is 33,18; Mt 11,25s | 22. Mt 12,38; Jo 4,48; At 17,18.32; Rm 9,32 | 25. 2,14; 2Cor 13,4 | 26. Mt 11,25; Tg 2,1-5 | 28. Rm 3,27; Ef 2,9 | 29. Jr 9,23; 23,5s; 2Cor 5,21; Jo 17,19 **2**,3. At 18,9; 2Cor 10,1 | 5. Ef 1,17s; 1Ts 1,5; Fl 3,13

† **1**,12. Apolo é uma das grandes figuras do cristianismo primitivo, At 18,24–19,1, e Paulo destaca várias vezes a lealdade dele, 1Cor 3,4s.22; 16,12. Há quem pense ter sido ele o autor da Carta aos Hebreus. Cefas, ou Pedro, "rocha", é o nome hebraico que Jesus deu a Simão, Jo 1,42; 1Cor 9,5; Gl 2,9.14. | 23. "O crucifixo: eis o livro!" (S. Francisco de Assis). | 26. A comunidade cristã era formada sobretudo de gente simples. Assim Deus mostrava que seu dom é gratuito e que não há lugar para a soberba. **2**,5. A fé dos coríntios não se baseia no prestígio do pregador, mas na força do Espírito, que age nos corações e na comunidade.

A sabedoria de Deus. 6Contudo, é
realmente de sabedoria que falamos
entre os perfeitos†, mas não da sa-
bedoria deste mundo, nem dos do-
minadores deste mundo, destinados
à perdição. 7Falamos, ao contrário,*
duma sabedoria de Deus, misteriosa,
que permanece oculta†, que desde
antes dos séculos Deus predestinou
para nossa glória 8e que nenhum dos
príncipes deste mundo conheceu – se
a tivessem conhecido, nunca teriam
crucificado o Senhor da glória. 9Mas,
como está escrito:*

"O que o olho não viu,
nem o ouvido ouviu,
nem jamais subiu ao coração do ho-
mem,
é o que Deus preparou para aqueles
que o amam".

10Mas foi a nós que Deus o revelou*
pelo Espírito; com efeito, o Espírito
penetra tudo, até as profundezas divi-
nas. 11Quem, pois, dentre os homens
sabe os segredos do homem, senão
o espírito do homem que está nele?
Assim também, ninguém conhece os
segredos de Deus, a não ser o Espíri-
to de Deus. 12Ora, nós não recebemos*
o espírito do mundo, mas o Espírito
que vem de Deus, a fim de conhecer
os dons que Deus nos fez. 13E disso
falamos, não numa linguagem ensina-
da pela sabedoria humana, mas numa
linguagem que o Espírito ensinou, ex-
primindo em termos espirituais reali-
dades espirituais. 14O homem natural*
não compreende as coisas do Espírito
de Deus: são loucura para ele e ele
não as pode entender, pois é só pelo
Espírito que podem ser julgadas. 15O
homem espiritual†, ao contrário, julga
tudo e não está sujeito ao julgamento
de ninguém. 16"Pois, quem conheceu
o pensamento do Senhor* para o en-
sinar?" Ora, nós temos o pensamento
de Cristo.

3

**A função dos pregadores do
Evangelho.** 1Irmãos, eu não pude
falar-vos* como a homens espiritu-
ais, mas como a seres carnais, como a
crianças em Cristo. 2Foi leite que vos
dei a beber,* não um alimento sólido,
porque não éreis capazes. Mas agora
tampouco o sois, 3porque ainda sois
carnais. Pelo fato de existirem entre
vós invejas e discórdias, não sois talvez
carnais* e vossa conduta não é total-
mente humana? 4Quando um diz: "Eu
sou de Paulo" e um outro:* "Eu sou de
Apolo", não vos mostrais como simples
homens? 5Pois, que é Paulo? E que é
Apolo? São ministros através dos quais
abraçastes a fé,* e cada um conforme o
Senhor lhe concedeu. 6Eu plantei, Apo-
lo regou; mas foi Deus que fez crescer.
7Ora, aquele que planta não é nada,
nem quem rega, mas sim Aquele que
faz crescer, que é Deus. 8Quem planta e
quem rega são uma só coisa, mas cada
um receberá seu salário na medida de
seu próprio trabalho. 9Pois somos os
cooperadores* de Deus, e vós sois o
campo de Deus, o edifício de Deus.
Cristo, único fundamento. 10Segun-
do a graça que me foi dada, como um
sábio arquiteto, eu pus o fundamento.
Um outro depois constrói por cima.
Mas cada um veja bem como é que está
construindo. 11Com efeito, ninguém
pode pôr outro fundamento,* senão
aquele que lá está, a saber, Jesus Cristo.
12Se sobre este fundamento se cons-
trói com ouro, prata, pedras preciosas,
madeira, ferro, palha, 13a obra de cada
um* se tornará manifesta; o Dia† a dará
a conhecer, pois ele deve revelar-se no

---

* **2**,7. Rm 16,25; Cl 1,27; Lc 23,34 | 9. Is 64,3; Jr 3,16 | 10. Pr 20,27 | 12. Jo 16,13s | 14. 2,6; 14,17; Jo 8,45; 1Jo 2,20 | 16. Sb 9,13; Rm 11,34; Is 40,13 | **3**,1. Jo 16,12 | 2. 1Pd 2,2; Hb 5,12s | 3. 1,10s; 11,18 | 4. At 18,24.27 | 5. 15,10; Mt 13,3-9 | 9. Ef 2,20 | 11. 1Pd 2,4ss | 13. 4,5; 2Ts 1,8

† **2**,6. "Perfeitos" são os que vivem a fé de uma maneira adulta. "Dominadores" designa segundo alguns os demônios, segundo outros os governantes humanos. | 7. Trata-se do plano divino de salvação, Ef 1,9. | 15. Homem natural é a pessoa conduzida unicamente pelas luzes da razão humana. Homem espiritual é o cristão que se deixa conduzir pelo Espírito e progride na fé, compreendendo cada vez melhor o sentido da vida e do mundo. Possui uma maturidade espiritual que o faz superior a todo julgamento das pessoas comuns. | **3**,13. Ver a nota em 1,8.

fogo, e é este fogo que provará a qualidade da obra de cada um. [14]Se a obra construída sobre o fundamento resistir, seu autor receberá uma recompensa; [15]se sua obra se queimar, ele sofrerá o dano, mas ele próprio será salvo, como que através do fogo†.

Só Deus é juiz. [16]Não sabeis que sois templo* de Deus e que o Espírito de Deus habita em vós? [17]Se alguém destruir o templo de Deus, Deus o destruirá. Pois o templo de Deus é sagrado, e este templo sois vós. [18]Ninguém se iluda! Se algum de vós se julga sábio conforme este mundo, torne-se louco para ser sábio; [19]pois a sabedoria deste mundo* é loucura diante de Deus. Com efeito, está escrito: "Aquele que apanha os sábios na astúcia deles"; [20]e ainda: "O Senhor conhece os pensamentos dos sábios; sabe que são vãos".

[21]Por conseguinte, ninguém procure nos homens sua glória; pois tudo vos pertence: [22]Paulo, Apolo, Cefas, o mundo, a vida, a morte,* o presente, o futuro: tudo é vosso; [23]mas vós sois de Cristo, e Cristo é de Deus!

4 **Não julgar antes da hora.** [1]Que cada qual nos considere,* pois, como ministros de Cristo e administradores dos mistérios de Deus. [2]Ora, o que se exige dos administradores é que sejam fiéis. [3]Quanto a mim,* porém, pouco me importa ser julgado por vós ou por um tribunal humano. Aliás, eu nem sequer julgo a mim mesmo. [4]Verdade é que minha consciência não me acusa de nada, mas nem por isso me considero justificado; quem me julga é o Senhor. [5]Portanto, vós também, não julgueis nada* antes da hora, até que venha o Senhor; é Ele que revelará os segredos das trevas e manifestará as intenções dos corações. E então cada um receberá de Deus o louvor que merecer.

Loucos por causa de Cristo. [6]Essas coisas, irmãos, eu as apliquei* como exemplo a mim e a Apolo por vossa causa, para que, em nossas pessoas, aprendais o ditado: "Nada além do que está escrito"†, para que não vos orgulheis tomando o partido de um contra o outro. [7]Com efeito, o que é que te distingue? Que tens que não tenhas recebido? E, se o recebeste, por que te glorias como se não o tivesses recebido? [8]Já estais saciados! Já vos tornastes ricos! Sem nós vos tornastes reis! Oxalá sejais reis de verdade, para partilharmos também de vossa realeza! [9]Pois penso que Deus* nos apresentou a nós, apóstolos, na classe mais baixa, como condenados à morte; porque fomos dados em espetáculo ao mundo, aos anjos e aos homens. [10]Nós somos loucos por causa de Cristo,* e vós sois prudentes em Cristo; nós somos fracos, e vós sois fortes; vós sois honrados e nós, desprezados. [11]Até agora sofremos fome, sede, nudez; somos maltratados e andamos errantes; [12]estamos cansados de trabalhar* com nossas mãos. Somos insultados, e abençoamos; somos perseguidos, e enfrentamos; [13]somos caluniados, e confortamos. Tornamo-nos como o lixo do mundo, o desdém de todos até agora.

A autoridade de um pai. [14]Não é para vos envergonhar* que escrevo isso, mas para vos corrigir como a meus filhos muito amados. [15]Com efeito, ainda que tivésseis milhares de educadores† no Cristo, não tendes muitos pais; pois fui eu quem, pelo Evangelho, vos gerou no Cristo Jesus. [16]Eu vos exorto, pois: tornai-vos meus imitadores.* [17]Foi para isso mesmo que vos enviei Timóteo,* meu filho amado e fiel no Senhor; ele vos recordará minhas normas de conduta no Cristo, tais como as ensino por toda a parte em cada Igreja. [18]Pen-

---

* **3**,16. 6,19; 2Cor 6,1 | 19. Jó 5,13; Sl 93,11 | 22. 11,3 | **4**,1. Tt 1,7; Lc 12,42 | 3. Sl 143,2 | 5. 3,8; Mt 7,1 | 6. Rm 12,3; Hb 10,33 | 9. Rm 8,36 | 10. 3,18; 2Cor 11,23-27 | 12. 1Ts 2,9; 2Ts 3,8 | 14. Rm 12,14; Gl 4,19 | 16. 11,1; Fl 2,20s | 17. At 19,22

† **3**,15. Orígenes foi o primeiro a ver neste texto uma alusão ao purgatório; vários autores depois dele têm citado este texto para confirmar esse ensinamento da Igreja. | **4**,6. Ditado que aconselha reconhecer os próprios limites e/ou cumprir o que foi decidido. | 15. Lit. "pedagogo", que era o escravo encarregado de levar a criança à escola e de repreendê-la quando errava.

sando que eu não iria até vós, alguns se encheram de orgulho. [19]Mas em breve irei ter convosco, se Deus quiser, e tomarei conhecimento, não das palavras desses orgulhosos, mas de seu poder; [20]pois o Reino de Deus* não consiste em palavras, mas em poder. [21]O que preferis? Que eu vá até vós com varas ou com amor e espírito de mansidão?

5 **O caso do incestuoso.** [1]Por toda a parte ouve-se falar que existe impureza entre vós,* e uma impureza tal que não se encontra nem entre os pagãos, a ponto de alguém viver com a mulher de seu pai!† [2]E vós estais cheios de orgulho, em vez de ficardes de luto, para que seja retirado de vosso meio quem fez tal coisa! [3]Pois bem, eu, embora ausente de corpo, mas presente quanto ao espírito, já julguei, como se estivesse presente, o autor desse crime. [4]Em nome do Senhor Jesus,* estando reunidos vós e meu espírito, com o poder de nosso Senhor Jesus, [5]esse indivíduo seja entregue a Satanás para a ruína de sua carne, a fim de que seu espírito seja salvo no Dia do Senhor†.

Evitar as más companhias. [6]Não é uma bela coisa vossa vaidade.* Não sabeis que um pouco de fermento faz fermentar a massa toda? [7]Eliminai o velho fermento† para serdes uma nova massa, já que sois ázimos. Pois o Cristo, nossa páscoa, foi imolado. [8]Celebremos, portanto, a festa, não com fermento velho, nem com fermento de malícia e de perversidade,* mas com ázimos de pureza e de verdade.

[9]Quando vos escrevi, em minha carta†, que não tivésseis contato com pessoas* imorais, [10]não foi absolutamente intenção minha falar dos imorais deste mundo, ou dos gananciosos, violentos ou idólatras; pois, do contrário, teríeis de sair deste mundo. [11]Eu vos escrevi que não tivésseis contato com aquele que,* embora tendo o nome de irmão, é impuro, ganancioso, idólatra, difamador, bêbado ou ladrão: com pessoas assim, não se deve nem tomar refeição. [12]Com efeito, compete a mim julgar os de fora? Não são os de dentro que vós julgais? [13]Os de fora, é Deus que os julgará. "Retirai o perverso do meio de vós".

6 **Recurso aos tribunais civis.** [1]Quando um de vós tem uma demanda contra um outro, ousa fazer processo perante os injustos† e não diante dos santos? [2]Ou não sabeis que os santos* julgarão o mundo? E se é por vós que o mundo será julgado, sois indignos de vos pronunciardes sobre coisas sem importância? [3]Não sabeis que julgaremos os anjos?† Com mais razão os negócios desta vida! [4]Se, pois, tendes demandas sobre coisas deste mundo, tomais como juízes pessoas sem autoridade na Igreja? [5]Digo isso para vossa vergonha! Então, não existe entre vós nenhuma pessoa sábia, que possa servir de juiz entre seus irmãos? [6]Em vez disso, um irmão abre processo contra o outro, e isso diante de infiéis! [7]De qualquer forma, já é para vós uma desonra ter processos entre vós. Por que não sofrer* antes a injustiça? Por que não se deixar, antes, espoliar? [8]Sois vós, ao contrário, que praticais a injustiça e espoliais; e o fazeis contra irmãos! [9]Não sabeis que os injustos não têm herança no Reino de Deus? Não vos enganeis! Nem impuros, nem idólatras, nem adúlteros, nem efeminados, nem sodomitas, [10]nem ladrões, nem avaren-

---

* **4**,20. Lc 17,20 | **5**,1. Lv 18,7s | 4. Mt 16,19; 18,18; 1Tm 1,20; 1Pd 4,6 | 6. Gl 5,9; Êx 12,15; Is 53,7; 1Pd 1,19 | 8. Êx 12,2-20 | 9. Mt 18,17; 2Ts 3,14 | 11. 6,9; 2Ts 3,6; Tt 3,2; 2Jo 10; Mc 4,11; Dt 13,6 | **6**,2. Sb 3,8; Dn 7,22 | 7. Mt 5,29; 1Ts 5,15; 1Pd 3,9; Eclo 10,6; Ef 5,5; Gl 5,19s

† **5**,1. Paulo admira que a comunidade não tenha tomado atitude contra esse cristão que vive maritalmente com sua madrasta, o que era proibido pela lei judaica e pelo direito romano. | 5. Expulsão da comunidade para que ele sofra um castigo que o leve a corrigir-se. | 7. Aqui e em Gl 5,9, o fermento representa a corrupção. Cristo é a "Páscoa", ou seja, o cordeiro pascal. | 9. Esta carta, chamada "pré-canônica", não chegou até nós. | **6**,1. "Injustos", isto é, não justificados pela fé, ou seja, os pagãos. Os santos são os cristãos, santificados pelo Batismo. | 3. Com Cristo, os cristãos julgarão o mundo e até os anjos decaídos, Jd 6.

tos, nem bêbados, nem difamadores, nem assaltantes herdarão o Reino de Deus. [11]E isso eram alguns de vós. Mas fostes lavados, santificados, justificados* pelo nome do Senhor Jesus Cristo e pelo Espírito de nosso Deus.

A desonestidade. [12]"Tudo me é permitido"; mas nem tudo é proveitoso.* "Tudo me é permitido"; mas não me deixarei dominar por coisa alguma. [13]"Os alimentos são para o ventre, e o ventre para os alimentos". E Deus destruirá tanto esses como aquele. Mas o corpo não é para a impureza; é para o Senhor. E o Senhor é para o corpo. [14]E Deus, que ressuscitou o Senhor, há de ressuscitar também a nós por seu poder.*

[15]Não sabeis que vossos corpos são membros de Cristo? Eu iria tomar os membros de Cristo para deles fazer membros de uma prostituta? De modo algum! [16]Ou não sabeis que quem se une à prostituta* torna-se com ela um só corpo? Diz a Escritura: "Os dois serão uma só carne". [17]Mas aquele que se une ao Senhor forma com ele um só espírito. [18]Fugi da prostituição! Qualquer pecado que o homem comete é exterior a seu corpo; mas quem pratica a impureza peca contra seu próprio corpo. [19]Ou não sabeis que vosso corpo é templo do Espírito Santo* que está em vós, e que recebestes de Deus, e que, portanto, não pertenceis a vós mesmos? [20]Fostes, na verdade, comprados por um preço. Glorificai, portanto, a Deus em vosso corpo.

III. SOLUÇÃO DOS PROBLEMAS DA COMUNIDADE (7–15)

7 **O matrimônio cristão.** [1]Quanto às coisas sobre as quais me escrevestes: É bom para o homem abster-se de mulher. [2]Todavia, por causa do perigo de impureza, cada homem tenha sua mulher e cada mulher, seu marido. [3]Que o marido cumpra seu dever para com a mulher e igualmente a mulher, para com o marido. [4]A mulher não dispõe de seu corpo, mas sim o marido. Igualmente, o marido não dispõe de seu corpo, mas sim a mulher. [5]Não vos recuseis um ao outro, a não ser de comum acordo, por certo tempo, para vos dedicardes à oração; depois, voltai a ficar juntos, para que Satanás não vos tente por causa de vossa incontinência. [6]O que estou dizendo é uma concessão, não uma ordem.

[7]Gostaria que todos fossem como eu;* mas cada um recebe de Deus seu dom particular: um este, outro aquele†. [8]Digo todavia aos solteiros e às viúvas que é bom para eles ficarem como eu sou. [9]Mas, se não podem conter-se, que se casem: é melhor casar-se que abrasar-se.*

Indissolubilidade do matrimônio. [10]Às pessoas casadas ordeno, não eu, mas o Senhor: que a mulher não se separe do marido; [11]em caso de separação, que ela não torne a casar-se, ou então reconcilie-se com o marido;* e que o marido não repudie a mulher.

[12]Aos outros, sou eu que digo, não o Senhor: se um irmão tem uma esposa que não tem fé, mas consente em coabitar com ele,* que ele não a mande embora. [13]E se uma mulher tem um marido que não crê, mas consente em morar com ela, que ela não mande embora o marido. [14]Pois o marido que não crê é santificado por sua mulher que crê; e a mulher que não crê é santificada pelo marido que crê. Se não fosse assim, vossos filhos seriam impuros,* mas eles são santos. [15]Mas se aquele que não crê deseja separar-se, separe-

* **6**,11. Tt 3,3-7; 1Jo 2,12 | 12. 10,23; 1Ts 4,3-7 | 14. 12,27; 15,15.20; Rm 8,11; 2Cor 4,14 | 16. Gn 2,24; Jo 17,21s; Ef 5,3s | 19. 3,16; 7,23; Rm 12,1; Fl 1,20; 1Pd 1,18s | **7**,7. Mt 19,12 | 9. 1Tm 5,14 | 11. Mt 5,32 | 12. Rm 11,16 | 14. Rm 14,19

† **7**,7. "Existem três formas da virtude da castidade: a primeira a dos esposos, a segunda a da viuvez, a terceira a da virgindade. Nós não louvamos uma delas excluindo as outras" (S. Ambrósio). | 15. Esse é o chamado "privilégio paulino", que consta na lei da Igreja nos Cânones 1143-1147: autoriza a dissolução do matrimônio entre duas pessoas não batizadas, quando uma se converte e a outra não quer coabitar pacificamente.

-se; neste caso, o irmão ou a irmã não
estão sujeitos à servidão: Deus nos
chamou para a paz†. 16Como podes
saber, mulher,* se salvarás o marido? E
como podes saber, homem, se salvarás
a esposa?

Continuar em sua condição. 17Fora
disso, que cada um continue a viver na
condição que o Senhor lhe destinou,
tal como o encontrou o chamado de
Deus. É isso que prescrevo em todas
as Igrejas. 18Alguém era circuncidado
quando foi chamado?* Não dissimule
a circuncisão. Era incircunciso quando
foi chamado? Não se faça circuncidar.
19A circuncisão não é nada, como tam-
pouco a incircuncisão; o que importa
é observar os mandamentos de Deus.
20Que cada um permaneça na condição
em que estava quando foi chamado.
21Eras escravo quando foste chamado?
Não te preocupes. Mesmo se puderes
ficar livre, tira proveito de tua condi-
ção† 22Pois quem era escravo,* quando
foi chamado no Senhor, é um liberto
do Senhor; assim também, quem era li-
vre, quando foi chamado, é um escravo
de Cristo. 23Vós fostes comprados por
um preço.* Não vos torneis escravos
dos homens! 24Irmãos, que cada um
permaneça diante de Deus na condição
em que estava quando foi chamado.

A virgindade consagrada. 25Quanto
às pessoas virgens,* não tenho pre-
ceito do Senhor, mas dou um conse-
lho como alguém que, pela misericór-
dia do Senhor, é digno de confiança.†
26Penso, pois, que em razão da angús-
tia presente, isto é bom; sim, é bom
para a pessoa estar assim. 27Estás liga-
do a uma mulher?* Não procures sepa-
ração. Não estás ligado a uma mulher?
Não procures casamento. 28Mas, se te
casares, não pecas; e se a moça se ca-
sar, não peca. Mas esses vão sentir as
provações da carne, e eu gostaria de
poupar-vos.

29Irmãos, isto eu vos digo: o tempo
se tornou curto.* Então, daqui em dian-
te, os que têm esposa vivam como se
não a tivessem; 30os que choram, como
se não chorassem; os que se alegram,
como se não se alegrassem; os que
compram, como se não possuíssem;
31os que usam deste mundo,* como
se não o usufruíssem. Porque passa a
figura deste mundo†.

32Desejo que sejais livres de preocu-
pações. Quem não é casado preocupa-
-se com as coisas do Senhor, como
possa agradar ao Senhor. 33Mas quem
é casado preocupa-se* com as coisas
do mundo, como possa agradar à mu-
lher, e fica dividido. 34A mulher que não
é casada, como também a virgem, cui-
da das coisas do Senhor, para ser santa
de corpo e de espírito. Mas a mulher
que é casada cuida das coisas do mun-
do, como possa agradar ao marido.
35Digo isto para vosso bem, não para
vos armar uma cilada, mas sim para es-
timular-vos ao que é digno e que leva à
união com o Senhor sem divisões.

A liberdade de se casar. 36Se, no en-
tanto, alguém julga faltar à conveniên-
cia para com sua virgem, deixando-a
passar da idade, e que as coisas devem
seguir seu curso normal, pode fazer o
que quiser; não está pecando: podem
casar. 37Se, porém, está firmemente de-
cidido em seu coração e, sem constran-
gimento de qualquer espécie, mas sen-
do senhor de suas decisões, resolveu
em seu coração guardar sua virgem,
fará bem. 38Assim, pois, quem casa sua
virgem faz bem; e quem não a casa faz
melhor ainda†.

O segundo casamento. 39A mulher
está ligada* durante todo o tempo em
que o marido viver; mas, se morre o

---

* **7**,16. 7,20.24; 14,33; 1Pd 3,1 | 18. Gl 5,6; 6,16; Rm 2,25 | 22. Ef 6,5 | 23. 6,20; 1Pd 1,18s | 25. 7,40; 10,11; 1Tm 1,12s; Gl 1,4 | 27. Lc 21,23 | 29. Rm 13,12; Lc 14,26 | 31. 1Jo 2,15s | 33. Lc 14,20; Ef 5,29 | 39. Rm 7,2

† **7**,21. Paulo não lança uma campanha de abolição da escravatura, mas sabe que a fraternidade em Cristo acaba com toda desigualdade, Gl 3,28. | 25. Paulo propõe o ideal da virgindade cristã para se poder oferecer a Deus e ao próximo um amor indiviso, Mt 19,12. | **7**,31. Assim comenta este texto o Vat. II: "Passa a figura deste mundo, deformada pelo pecado, mas Deus nos ensina que nos prepara uma nova morada e uma nova terra onde habita a justiça". | 38. Parece tratar-se de duas pessoas ligadas por um matrimônio espiritual.

marido, ela está livre para casar com
quem quiser, mas no Senhor somente.
[40]Contudo, ela será mais feliz, a meu
ver, se permanecer como está.* Penso
que também eu tenho o Espírito de
Deus.

8 Carnes imoladas aos ídolos.

[1]Quanto às carnes* imoladas aos
ídolos†, sabemos que nós todos temos
a ciência. Mas a ciência envaidece, a
caridade, porém, edifica. [2]Se alguém
julga saber alguma coisa, ainda não
aprendeu como é preciso saber. [3]Mas
quem ama a Deus é por ele conhecido.
[4]Portanto, quanto ao comer carnes
imoladas aos ídolos, sabemos que não
há ídolo algum no mundo e que não
existe senão um Deus só. [5]Pois embora
haja, quer na terra,* quer no céu, pre-
tensos deuses – e de fato há grande
número de deuses e grande número de
senhores – [6]para nós, porém, só existe
um Deus, o Pai, do qual tudo provém
e para o qual nós somos feitos, e um
só Senhor, Jesus Cristo,* por meio do
qual tudo existe e por meio do qual nós
existimos.
[7]Mas nem todos têm esta ciência.*
Alguns, em consequência da ideia que
ainda têm do ídolo, comem as carnes
como se fossem realmente imoladas
aos ídolos, e sua consciência, que é fra-
ca†, fica manchada. [8]Com certeza, não
será um alimento que nos aproximará
de Deus:* se não o comemos, nada nos
falta; e se o comemos, nada temos a
mais. [9]Mas tomai cuidado para que
esta liberdade vossa não se torne para
os fracos ocasião de queda. [10]Se, com
efeito, alguém te vê a ti, que tens a ci-
ência, à mesa num templo de ídolos, a
consciência dele, que é fraca, não vai se
julgar autorizada a comer carnes imo-
ladas aos ídolos? [11]E então tua ciência*
vai fazer perecer o fraco, esse irmão
pelo qual Cristo morreu! [12]Pecando as-
sim contra os irmãos, ferindo a consci-
ência deles, que é fraca, é contra Cristo
que pecais. [13]Por isso, se um alimento é
causa de queda para meu irmão, nunca
mais comerei carne, a fim de não cau-
sar a queda de meu irmão.*

9 Direito de viver do ministério.

[1]Não sou livre? Não sou apósto-
lo?* Não vi Jesus, nosso Senhor? Não
sois vós minha obra no Senhor? [2]Se
para outros não sou apóstolo, para vós
pelo menos o sou; pois sois o selo de
meu apostolado no Senhor.
[3]Esta é minha resposta* aos que me
acusam. [4]Não temos o direito de co-
mer e beber? [5]Não temos o direito de
levar conosco uma mulher cristã, como
os outros apóstolos e os irmãos do Se-
nhor* e Cefas?† [6]Ou será que só nós
dois, Barnabé e eu, é que não temos o
direito de não trabalhar? [7]Quem jamais
vai à guerra cobrindo ele mesmo os
gastos? Quem planta uma vinha sem
comer de seu fruto? Quem leva a pas-
tar um rebanho sem alimentar-se do
leite do rebanho?
[8]Digo isso do ponto de vista* huma-
no? A Lei não diz isso também? [9]Pois
na Lei de Moisés está escrito: "Não po-
rás mordaça ao boi enquanto debulha
o trigo". Deus teria preocupação pelos
bois? [10]Não é para nós que ele fala evi-
dentemente? Sim, é para nós que isto
está escrito: pois quem trabalha deve
trabalhar na esperança, e quem pisa o
trigo, na esperança de obter sua parte.
[11]Se nós semeamos em vós* os bens
espirituais, é coisa extraordinária que
colhamos vossos bens materiais? [12]Se
outros têm esse direito sobre vós, não

---

* **7**,40. 7,25s | **8**,1. 10,19; At 15,29; Gl 4,9; Dt 6,4 | 5. Jo 10,34 / Cl 1,16 | 6. 12,5 | 7. 10,17-20 | 8. Rm 14,17; Hb 13,9; Gl 5,13 | 11. Rm 14,15 | 13. Rm 14,21 | **9**,1. 15,8; At 26,16; 2Cor 3,2 | 3. Lc 10,8 | 5. 14,4; Jo 1,42 8. Rm 3,5; Gl 3,15; Dt 25,4; 1Tm 5,18; 2Tm 2,6 | 11. 13,7; Rm 15,27; At 20,34; 2Cor 11,9

† **8**,1. Trata-se das carnes dos animais oferecidos em sacrifícios pagãos, depois vendidas nos açougues da cidade. No Concílio de Jerusalém foram proibidas, At 15,20.29. | 7. "Fraco" é o irmão que ainda não tem uma fé firme e esclarecida, e vive com mentalidade pagã e supersticiosa. | **9**,5. Os "irmãos do Senhor" são pessoas da família de Jesus que, devido ao prestígio que tinham em razão desse parentesco, exerciam as funções de missionários ou líderes da comunidade, como Tiago em Jerusalém, At 15,13. É possível que Cefas (Pedro) viajasse acompanhado da esposa. Ver Lc 8,2s.

o teríamos nós mais ainda? Entretanto, não temos usado desse direito. Ao contrário, tudo suportamos para não criar nenhum obstáculo ao Evangelho de Cristo. [13]Não sabeis que os ministros do culto* vivem do culto e que os que servem ao altar participam do altar? [14]Assim também, o Senhor prescreveu aos que anunciam o Evangelho que vivam do Evangelho.

[15]Quanto a mim, não usei* de nenhum desses direitos† e não escrevo isso para que assim se faça comigo; morrer seria melhor para mim do que alguém me arrebatar esse título de glória. [16]Pois pregar o Evangelho não é para mim motivo de me vangloriar,* é um dever que pesa sobre mim: ai de mim se eu não evangelizar! [17]Se faço isso de minha própria iniciativa, tenho direito a uma recompensa; mas se não o faço de minha iniciativa, é um encargo que me foi confiado. [18]Qual é então minha recompensa?* A de pregar gratuitamente o Evangelho, renunciando aos direitos que me dá o Evangelho.

[19]De fato, livre em relação a todos,* eu me fiz escravo de todos, para ganhar o maior número possível. [20]Tornei-me judeu com os judeus, para conquistar os judeus; sujeito à lei com os que estão sujeitos à lei, a fim de conquistar os que estão sujeitos à lei. [21]Tornei-me um sem-lei com os que são sem lei, embora eu não seja sem a lei de Deus, estando na lei de Cristo, a fim de conquistar os sem-lei. [22]Tornei-me fraco com os fracos,* para ganhar os fracos. Tornei-me tudo para todos, a fim de salvar alguns a todo custo. [23]Tudo faço pelo Evangelho, para dele me tornar participante junto com eles.

A disciplina dos atletas. [24]Não sabeis que, nas corridas do estádio,* todos correm, mas só um ganha o prêmio? Correi de tal modo que o conquisteis. [25]Mas todo atleta priva-se de tudo; eles o fazem para obterem uma coroa perecível; nós, porém, uma imperecível. [26]Portanto, eu corro, mas não sem destino; pratico o pugilato, mas não batendo no ar. [27]Ao contrário, trato duramente* meu corpo† e o reduzo à escravidão, para não acontecer que, tendo pregado aos outros, eu mesmo seja excluído.

10

Lição tirada da história de Israel. [1]Não quero que ignoreis, irmãos,* que nossos pais estiveram todos sob a nuvem, todos atravessaram o mar [2]e, na nuvem e no mar, todos receberam um batismo que os ligava a Moisés. [3]Todos também comeram o mesmo alimento espiritual [4]e todos beberam a mesma bebida espiritual, porque bebiam de uma rocha espiritual* que os acompanhava, e essa rocha era o Cristo†. [5]Mas da maioria deles não se agradou Deus†, e a prova é que caíram mortos no deserto.

[6]Ora, tudo isto aconteceu para nos servir de exemplo, a fim de que não cobicemos coisas más, como eles cobiçaram. [7]Não vos torneis idólatras como alguns deles, conforme está escrito: "O povo sentou-se para comer e beber,* depois levantou-se para se divertir". [8]E não pratiquemos a fornicação, como o fizeram alguns dentre eles, e pereceram vinte e três mil num só dia. [9]Nem tentemos o Senhor,* como alguns deles tentaram, e pereceram vítimas das serpentes. [10]Não reclameis contra Deus, como alguns deles reclamaram, e pereceram pelas mãos* do Exterminador.

---

* **9**,13. Nm 18,8.31; Dt 18,1s; Lc 10,7; Gl 6,6 | 15. At 18,3 | 16. Jr 20,9 | 18. 8,9 | 19. Mt 20,26s; At 16,3; 21,20-26 | 22. Rm 11,14; 2Cor 11,29 | 24. 2Tm 2,4s; 4,7; Fl 3,14; 1Pd 5,4; Tg 1,12 | 27. Rm 8,13; 13,14 | **10**,1. Êx 13,21; 14,22; 16,4.35 | 4. Êx 17,6; Dt 8,3; Nm 14,6; Sb 11,4 | 7. Nm 11,3.24; Sb 9,11s; Êx 32,6 | 9. Nm 14,2-4.36s; 25,1-9; Hb 3,11.17 | 10. 1Pd 4,7

† **9**,15. Para não ser pesado para as comunidades, Paulo renuncia a seu direito de ser sustentado por elas. | 27. Significa treinar seu corpo para que ele esteja disposto a servir ao próximo sem ceder ao egoísmo. | **10**,4. Os dons necessários à vida, que o povo hebreu recebera no deserto, são como que símbolos do Batismo e da Eucaristia. Uma tradição rabínica afirmava que a rocha, da qual Moisés tirou água, Nm 20,8, acompanhava os hebreus no deserto. Paulo serve-se desta lenda para afirmar que desde aquele tempo era Cristo quem conduzia o povo. É a perspectiva cristã do AT. | 5. Portanto, para agradar a Deus não basta pertencer à Igreja ou receber os Sacramentos; o cristão deve viver na obediência à vontade de Deus.

11Estas coisas lhes aconteceram para
servir de exemplo e foram escritas como
advertência para nós, para os quais che-
gou o fim dos tempos. 12Portanto, aque-
le que julga estar de pé tome cuidado
para não cair. 13Nenhuma tentação vos
sobreveio que passasse da medida hu-
mana. Deus é fiel; não vai permitir que
sejais tentados acima de vossas forças,
mas com a tentação vos dará o meio de
sair dela e a força de suportá-la.

A idolatria e as refeições sagradas.
14Por isso, caríssimos, fugi* da idolatria.
15Falo a vós como a pessoas sensatas;
verificai vós mesmos o que digo. 16O
cálice da bênção que abençoamos não
é comunhão com o sangue de Cristo?
E o pão que partimos não é comunhão
com o corpo de Cristo? 17Porque existe
um único pão,* nós, embora sejamos
muitos, formamos um só corpo, visto
que todos nós participamos de um úni-
co pão†.

18Considerai o Israel segundo a car-
ne†. Os que comem as vítimas dos sa-
crifícios não estão em comunhão com
o altar? 19Que pretendo dizer?* Que a
carne sacrificada aos ídolos seja algu-
ma coisa? Ou que o ídolo seja alguma
coisa? 20Mas o que os pagãos sacri-
ficam, é a demônios que sacrificam e
não a Deus. Ora, não quero que en-
treis em comunhão com os demônios.
21Não podeis beber o cálice do Senhor
e o cálice dos demônios; não podeis
tomar parte na mesa do Senhor e na
mesa dos demônios. 22Ou queremos
provocar o ciúme do Senhor? Seríamos
nós mais fortes que Ele?

A caridade evita escandalizar. 23"Tudo
é permitido";* mas nem tudo é provei-
toso. "Tudo é permitido"; mas nem tudo
é edificante. 24Que ninguém busque seu
próprio interesse, mas sim o dos outros.
25Comei de tudo que se vende no mer-
cado, sem fazer pergunta por motivo de
consciência; 26pois "do Senhor é a terra
e tudo o que ela contém".* 27Se um pa-
gão vos convida à casa dele e aceitais
ir, comei de tudo o que vos for servi-
do, sem fazer pergunta por motivo de
consciência. 28Mas se alguém vos disser:
"Isso foi imolado aos ídolos", não co-
mais, por causa daquele que vos avisou
e por razão de consciência; 29quer dizer,
não de vossa consciência, mas da do
outro. Pois por qual motivo minha liber-
dade dependeria do juízo duma cons-
ciência alheia? 30Se tomo alguma coisa
com ação de graças,* por que eu seria
censurado por aquilo pelo que dou gra-
ças? 31Quer comais, quer bebais,* quer
façais outra coisa qualquer, fazei tudo
para a glória de Deus. 32Não sejais oca-
sião de escândalo nem para os judeus,
nem para os gregos, nem para a Igreja
de Deus, 33como eu também procuro
agradar* a todos em tudo, não buscan-
do meu interesse, mas o da multidão,
para que sejam salvos.

11 **O véu das mulheres.** 1Sede
meus imitadores, como eu o
sou de Cristo.

2Eu vos louvo, porque em todas as
coisas vos lembrais de mim e guardais
as tradições, tais como eu vo-las trans-
miti†. 3Quero, no entanto, que saibais
que o chefe* de todo homem é o Cristo,
o chefe da mulher é o homem, o che-
fe de Cristo é Deus. 4Todo homem que
reza ou profetiza† com a cabeça coberta
desonra seu chefe. 5Mas toda mulher
que reza ou profetiza com a cabeça des-
coberta desonra seu chefe; pois é como
se ela estivesse de cabeça raspada. 6Se,

* **10**,14. 1Jo 5,21; Mt 26,27 | 17. 12,27; Rm 12,5 | 19. 8,4; Lv 17,7; Dt 32,17; Sl 105,37; Ap 9,20; 2Cor 6,15s; Dt 31,21 | 23. 6,12; Rm 14,2 | 26. Sl 24,1 | 30. Rm 14,6; 1Tm 4,3s | 31. Cl 3,17; Rm 14,13 | 33. 9,20.22; 10,124 | **11**,3. 12,10; 14,1; Ef 4,15; 5,23; Gn 3,16

† **10**,17. "Ouvis esta palavra: 'O Corpo de Cristo' e respondeis: 'Amém'. Sede, pois, um membro de Cristo, para que vosso 'Amém' seja verdadeiro (S. Agostinho). "Como este pão partido, antes espalhado pelas colinas, foi recolhido para se tornar um só todo, assim vossa Igreja seja reunida das extremidades da terra em vosso reino." (Didaqué, ou Doutrina dos Doze Apóstolos, séc. II). |18. São os judeus não convertidos ao cristianismo. | **11**,2. As cartas paulinas, como também os Evangelhos, pressupõem a pregação oral, ou tradição oral, que os antecedeu, 2Ts 2,15. | 4. Profetizar é falar sob a inspiração do Espírito Santo para exortar e edificar.

pois, uma mulher não quer usar o véu, então que ela corte os cabelos! Mas se é vergonha para a mulher ter os cabelos cortados ou raspados, que use o véu. 7Quanto ao homem, não deve cobrir a cabeça,* porque ele é a imagem e a glória de Deus; quanto à mulher, ela é a glória do homem. 8Com efeito, não é o homem que foi tirado da mulher, mas é ela que foi tirada do homem; 9e não foi o homem que foi criado para a mulher, mas a mulher para o homem. 10Por isso a mulher deve trazer na cabeça um sinal de sujeição, por causa dos anjos†. 11Aliás, no Senhor, nem a mulher é algo sem o homem, nem o homem sem a mulher; 12pois, se a mulher foi tirada do homem, o homem, por sua vez, nasce da mulher, e tudo vem de Deus. 13Julgai vós mesmos: é decente para a mulher rezar a Deus com a cabeça descoberta? 14A própria natureza não vos ensina que é uma vergonha para o homem deixar crescer os cabelos, 15ao passo que é uma glória para a mulher deixá-los crescer? Pois a cabeleira lhe foi dada como uma espécie de véu. 16De resto, se alguém quer discutir, não é este nosso costume, nem o das Igrejas de Deus†.

A ceia do Senhor. 17Enquanto vos faço estas exortações, não posso louvar-vos por vossas reuniões, as quais vos fazem mal e não bem. 18Fiquei sabendo primeiramente* que, quando vos reunis, há entre vós divisões; e, em parte, o creio. 19É preciso que haja entre vós divisões, para que se manifestem os que são de virtude comprovada entre vós. 20Quando, pois, vos reunis em comum, o que fazeis não é comer a ceia do Senhor. 21Pois, quando estais à mesa, cada qual se apressa a tomar sua própria refeição, e um está com fome, enquanto o outro está bêbado†. 22Não tendes casas para comer e beber? Ou estais desprezando a Igreja de Deus* e querendo insultar os que nada têm? Que devo dizer-vos? Louvar-vos? Neste ponto não vos louvo.

23Com efeito, eu recebi do Senhor* aquilo que, por minha vez, vos transmiti: o Senhor Jesus, na noite em que era traído, tomou pão e, 24depois de dar graças, partiu-o e disse: "Isto é meu corpo, que é por vós. Fazei isto em memória de mim". 25Do mesmo modo, ao fim da ceia, ele tomou o cálice, dizendo: "Este cálice é a nova aliança* em meu sangue. Todas as vezes que dele beberdes, fazei-o em memória de mim". 26De fato, toda vez que comerdes deste pão e beberdes deste cálice, anunciareis a morte do Senhor até que ele venha. 27Por isso, quem comer do pão e beber do cálice do Senhor indignamente torna-se culpado em relação* ao corpo e ao sangue do Senhor. 28Cada um, pois, examine-se a si mesmo, e assim coma do pão e beba do cálice; 29pois quem come e bebe, sem reconhecer o corpo do Senhor†, come e bebe sua própria condenação.

30É por isso que há entre vós muitos doentes e fracos, e muitos morreram. 31Se nos examinarmos atentamente,* não seremos julgados. 32Mas por seus julgamentos o Senhor nos corrige, para não sermos condenados junto com o mundo. 33Assim, pois, meus irmãos, quando vos reunirdes para a ceia, esperai uns pelos outros. 34Se alguém estiver com fome, coma em casa, a fim de que vossas reuniões não sirvam para vossa condenação. As outras coisas, vou resolvê-las quando aí chegar.

12

Carismas ou dons do Espírito. 1Quanto aos dons espirituais, irmãos, não quero que fiqueis na ignorância. 2Como sabeis, quando éreis pagãos, éreis arrastados* de modo irresistível para os ídolos mudos. 3É por

* **11**,7. Gn 1,27; 2,18.22s; 1Tm 2,13 | 18. 1,10-15; 3,3; 1Jo 2,19; Dt 13,3 | 22. Tg 2,5ss | 23. 15,3; Mt 26,26-29; Mc 14,22-25; Lc 22,14-20 | 25. Êx 24,8; Hb 6,6 | 27. 10,29 | 31. 2Cor 13,5; Ef 5,14; Hb 12,5s; 1Ts 5,6 | **12**,2. Hab 2,18s; Mt 7,21; 1Jo 4,2s

† **11**,10. Diante da presença invisível dos anjos e de Deus na assembleia, Dt 23,15, é preciso dar mostras de respeito. | 16. Esses argumentos de Paulo trazem a marca da situação cultural da época; mas ele próprio afirma em Gl 3,28 a igualdade entre homem e mulher em Cristo. | 21. A Eucaristia estava ligada a uma refeição comunitária, ocasião em que se cometiam abusos em Corinto. | 29. Sem estar em relações autênticas com os outros membros do corpo.

isso que eu vos declaro: ninguém, falando por meio do Espírito de Deus, diz: "Jesus é maldito!" E ninguém pode dizer: "Jesus é Senhor!" a não ser movido pelo Espírito Santo.

4Sem dúvida, os dons são diferentes,* mas o Espírito é o mesmo. 5Os serviços são diversos, mas o Senhor é o mesmo. 6As atividades são distintas, mas é o mesmo Deus que realiza tudo em todos†. 7A cada um é dada a manifestação do Espírito para a utilidade de todos: 8a um é dada por meio do Espírito uma palavra de sabedoria; a outro, uma palavra de conhecimento, segundo o mesmo Espírito; 9a outro, o mesmo Espírito dá o dom da fé; a outro ainda, o dom de curar, neste único Espírito; 10a outro, o poder de fazer milagres;* a outro, a profecia; a outro, o discernimento dos espíritos†; a outro o dom de falar diversas línguas; a outro ainda é dado o dom de interpretar as línguas. 11Mas o que realiza tudo isso é o mesmo e único Espírito, que distribui seus dons a cada um como ele quer†.

A comparação do corpo. 12Assim como o corpo é uma unidade e tem muitos membros, mas todos os membros do corpo, apesar de serem muitos, formam um só corpo, assim também acontece* com Cristo. 13Nós todos, judeus e gregos, escravos e livres, fomos batizados num só Espírito, para formarmos um só corpo; e todos bebemos de um só Espírito. 14De fato, o corpo não se compõe de um só membro,* mas de muitos†. 15Se o pé dissesse: "Não sou mão; portanto, não pertenço ao corpo"; nem por isso deixaria de ser membro do corpo. 16E se o ouvido dissesse: "Não sou olho, não pertenço ao corpo"; nem por isso deixa de pertencer ao corpo†. 17Se o corpo inteiro fosse olho, onde estaria o ouvido? Se todo ele fosse ouvido, onde estaria o olfato? 18Mas Deus colocou os membros, e cada um deles no corpo, conforme quis. 19Se tudo fosse um membro só, onde estaria o corpo? 20Mas há muitos membros, porém, um corpo só†. 21O olho não pode dizer* à mão: "não preciso de ti"; nem a cabeça, por sua vez, pode dizer aos pés: "não preciso de vós".

22Mais ainda: os membros do corpo que parecem mais frágeis são os mais necessários; 23e as partes do corpo que consideramos as menos dignas de honra são exatamente as que tratamos com mais respeito, e as que em nós são menos decentes são tratadas com maior decência, 24ao passo que as decentes não precisam disso. Mas Deus dispôs o corpo de tal modo que se dê mais honra aos que dela precisam†, 25para que não haja divisão no corpo, mas, ao contrário, os membros do corpo testemunhem uma mútua solicitude. 26Se um membro está sofrendo, todos os membros sofrem com ele; se um membro é honrado, todos os membros se alegram com ele.

O corpo de Cristo. 27Ora, vós sois o corpo de Cristo* e membros dele, cada qual por sua parte. 28Há aqueles que Deus estabeleceu na Igreja, primeiro como apóstolos, depois como profetas, em terceiro lugar como doutores; a seguir, há os que realizam milagres, depois os que têm o dom de curar, de assistir, de governar, de falar em línguas. 29Todos são apóstolos? São todos profetas? Todos ensinam? Todos fazem milagres? 30Todos têm o dom

---

* **12**,4. 12,28; Rm 12,6; Ef 4,4.11 | 10. 7,7; 13,2; 14,5; At 2,4; Rm 12,3; Ef 4,7 | 12. Gl 3,28 | 14. 12,20 | 21. 12,14 | 27. Rm 12,5; Ef 4,11; 5,30

† **12**,6. As palavras "Espírito", "Senhor" e "Deus" exprimem as três Pessoas da Ssma. Trindade, que intervêm para dotar a Igreja com todos os carismas necessários. | 10. Esse discernimento é o dom de determinar a origem dos fenômenos carismáticos. | 11. "Eu não dou todas as virtudes na mesma medida a cada um. Eu quis que todos tivessem necessidade uns dos outros e fossem meus ministros na distribuição das graças e liberalidades que de mim receberam" (Jesus a Sta. Catarina de Sena). | 14. A Igreja não deve temer a diversidade; longe de ser um defeito, um impedimento, ela exprime a riqueza própria da Trindade. | 16. Ninguém pode excluir-se do corpo, nem excluir os outros. | 20. "A Igreja é o lugar onde Deus e o Espírito se manifestam; daí sua responsabilidade fundamental de manifestar a riqueza generosa de Deus e sua unidade. Ela manifesta quem é Deus; por isso sua unidade é fundamental" (J.-N. Aletti). É Cristo que faz a unidade da Igreja. | 24. A unidade se faz a partir dos mais fracos, dos que poderiam ser vítimas de desprezo por sua inferioridade; o certo é caminhar juntos.

de curar? Todos falam em línguas? Todos
as interpretam? [31]Desejai os dons su-
periores. E vou indicar-vos um caminho
mais excelente.

13 **Hino ao amor**†. [1]Se eu falo as
línguas dos homens e dos an-
jos, mas não tenho amor, sou como o
bronze que soa ou o címbalo que re-
tine. [2]Se eu tenho o dom da profecia
e conheço todos os mistérios e toda a
ciência, se eu tenho toda a fé, a ponto
de transportar montanhas, mas não te-
nho amor, nada sou. [3]Se eu distribuo
todos os meus bens* e se entrego meu
corpo para ser queimado, mas não te-
nho amor, de nada me serve.
[4]O amor é paciente;* o amor presta
serviço; o amor é sem inveja; não se
vangloria, nem se incha de orgulho†.
[5]Não age com baixeza, não é interes-
seiro; não se irrita,* não leva em conta
o mal recebido. [6]Não se alegra com a
injustiça, mas se compraz com a verda-
de. [7]Tudo suporta, tudo crê, tudo espe-
ra, tudo vence.
[8]O amor jamais se enfraquece;* mas
as profecias serão destruídas, o dom
das línguas cessará e a ciência será des-
truída. [9]Pois nosso conhecimento é limi-
tado e limitada é nossa profecia. [10]Mas
quando vier o que é perfeito, será des-
truído o que é limitado. [11]Quando eu era
criança, falava como criança, pensava
como criança, raciocinava como crian-
ça. Quando me tornei homem, destruí o
que era próprio de criança. [12]Com efei-
to, agora vemos* como por meio de um
espelho e de maneira confusa; mas en-
tão veremos face a face. Agora conheço
de maneira limitada; mas então conhe-
cerei como fui conhecido.
[13]Agora, portanto, permanecem fé,
esperança, amor, essas três coisas; mas
a maior delas* é o amor†.

14 **Dons a serviço da comunida-
de.** [1]Procurai o amor, mas aspirai
também aos dons espirituais, mais ainda
à profecia. [2]Pois, quem fala em línguas*
não fala aos homens, mas a Deus; com
efeito, ninguém o compreende; ele diz
em espírito coisas misteriosas†. [3]Quem
profetiza, porém, fala aos homens:* edi-
fica, exorta, conforta. [4]Quem fala em lín-
guas edifica-se a si mesmo; mas quem
profetiza edifica a Igreja. [5]Quero que vós
todos faleis em línguas; porém, mais ain-
da, que profetizeis†. Pois aquele que pro-
fetiza supera aquele que fala em línguas;
a não ser que este interprete, para que a
Igreja receba edificação†.
O dom das línguas. [6]E agora, irmãos,
suponhamos que eu venha a vós fa-
lando em línguas;* em que vos seria
útil, se não vos falo em revelação, ou
em ciência, ou em profecia, ou em
doutrina? [7]O mesmo acontece com os
instrumentos de música – flauta, cítara:
se não tocam distintamente os timbres,
como será reconhecido o que se toca
com a flauta ou com a cítara? [8]De fato,
se a trombeta só dá um som confuso,
quem vai preparar-se para o comba-
te? [9]Assim acontece convosco: se pela
língua não proferis uma palavra clara,
como se pode entender o que estais
dizendo? Estaríeis de fato falando ao

---

* **13**,3. Mt 7,22; 17,20 | 4. Mt 6,2 | 5. Zc 8,17; Fl 2,4.21 | 8. Rm 12,9; 15,1; Pr 10,12; 1Pd 4,8 | 12. Tg 1,23; 2Cor 5,7 | 13. 1Ts 1,3; 1Jo 4,16 | **14**,2. 12,10.31 | 3. Nm 12,10; 11,20 | 6. 12,8

† **13**. Este cap. 13 é uma página imortal de São Paulo. A palavra "amor" resume tudo o que Jesus veio trazer ao mundo. Onde ele existe, algo de divino e eterno passa a fazer parte da vida dos homens. Comparado com ele, todo outro valor é relativo e transitório. | 4. O modelo de paciência e bondade é Deus, porque Deus é amor; quem ama age como Deus. | 13. "Compreendi que a Igreja tem um coração, e que este coração arde de amor, e que só o amor faz os membros da Igreja agir; compreendi que o amor encerra todas as vocações, e que o amor é tudo, que ele é eterno. No coração da Igreja, minha mãe, eu serei o amor" (Santa Teresinha). | **14**,2. A profecia é Deus falando aos homens; falar em línguas é o homem falando a Deus; é orar de modo extático, é louvar a Deus dizendo diante da assembleia palavras incompreensíveis, numa espécie de êxtase religioso incontrolável. | 5. Os coríntios preferiam os dons espetaculares; Paulo põe acima de tudo os dons que edificam a comunidade, vv. 5.12. Os dons, funções e iniciativas devem concorrer para a unidade da Igreja, Corpo de Cristo, 12,27. / Paulo diz que a missão da Igreja é manifestar por sua mensagem a presença de Deus nela. Quanto mais se profetiza, mais os de fora podem ver que Deus está presente na Igreja.

vento. [10]Há pelo mundo afora não sei quantas espécies de sons, e nenhum é sem sentido. [11]Se, pois, não vejo o valor do som, serei um bárbaro para aquele que fala, e aquele que fala é um bárbaro para mim. [12]Assim vós também, já que sois ávidos de espíritos,* orientai vosso desejo para a edificação da Igreja, para que estejais na abundância.

[13]Por isso, quem fala em línguas* reze para poder interpretar†. [14]Pois, se rezo em línguas, meu espírito está, sim, em oração, mas minha inteligência é estéril. [15]Que fazer então? Rezarei com o espírito,* mas rezarei também com a inteligência. Direi um hino com o espírito, mas também o direi com a inteligência. [16]Porque se abençoas com o espírito, como é que o não iniciado responderia "Amém!" a tua ação de graças?† Ele não sabe o que dizes. [17]Sem dúvida, tua ação de graças é excelente, mas o outro não é por ela edificado†. [18]Graças a Deus, falo em línguas mais que vós todos; [19]mas numa assembleia, prefiro dizer cinco palavras com minha inteligência, para instruir também outros, do que dez mil em línguas†.

[20]Irmãos, não sejais crianças nos juízos;* crianças para a malícia, sim, mas para o juízo mostrai-vos homens feitos. [21]Está escrito na Lei: "Com línguas estrangeiras e por lábios de outros falarei a este povo, mas nem assim me ouvirão", diz o Senhor.

[22]Assim, pois, as línguas servem de sinal, não para os que creem, mas para os que não creem; a profecia, porém, não é para os que não creem, mas para os que creem. [23]Se, portanto, a Igreja inteira se reúne num mesmo lugar e todos falam em línguas e, se entrarem pessoas não iniciadas ou que não creem, não dirão que vós estais loucos? [24]Mas se todos profetizam,* e entrar um que não crê ou um não iniciado, ele será convencido por todos e julgado por todos; [25]os segredos de seu coração são revelados.* Então, caindo com o rosto em terra, ele adorará a Deus, proclamando que Deus está realmente no meio de vós.

Normas práticas. [26]Que conclusão tiramos, irmãos?* Quando vos reunis, cada um pode ter um cântico, um ensinamento, uma revelação, um discurso em línguas, uma interpretação. Que tudo se faça de maneira a edificar. [27]Se alguém fala em línguas, que sejam dois ou no máximo três a falar, e cada um de uma vez; e que haja um intérprete. [28]Se não há intérprete, que se cale na assembleia; que se fale a si mesmo e a Deus. [29]Quanto aos profetas, que falem dois ou três* e que os outros julguem. [30]Se algum outro participante tem uma revelação, que o primeiro se cale. [31]Pois vós todos podeis profetizar, cada um de uma vez, a fim de que todos sejam instruídos e encorajados. [32]Os espíritos dos profetas estão submetidos* aos profetas; [33]pois Deus não é um Deus de desordem, mas de paz†.

Como em todas as Igrejas* dos santos, [34]as mulheres se calem nas igrejas, pois não lhes é permitido tomar a palavra; que estejam submissas†, como diz também a Lei. [35]Se elas querem instruir-se sobre algum ponto, interroguem os maridos em casa, pois é inconveniente para uma mulher falar na igreja. [36]Ou foi de vós que saiu a palavra de Deus? Ou foi só a vós que ela chegou?†

---

* **14**,12. 14,1-4 | 13. 12,10 | 15. Ef 5,19 | 20. Ef 4,14; Fl 3,12.15; Dt 28,49; Is 28,11s | 24. At 2,13; 4,10; Jo 4,19; 16,8 | 25. Is 45,14; Dn 2,47; Zc 8,23 | 26. 12,8s; Ef 4,12 | 29. 1Ts 5,21 | 32. 1Ts 2,12 | 33. Ef 5,22; Tt 2,5 | 37. 1Jo 4,6

† **14**,13. Quem fala em línguas não pode deixar de pensar nos outros, na edificação da comunidade. | 16. Paulo destaca a ação de graças, porque é agradecendo que damos testemunho dos dons de Deus em nós. As línguas só são entendidas por especialistas, e Paulo é contra todo o tipo de elitismo. Todos devem poder entender e participar; todos devem ter acesso às riquezas dos mistérios. | 17. Oração é comunicação; todos devem entender por que se dão graças. Uma reunião de oração é uma "igreja". Essas reuniões formam a identidade do grupo. | 19. Esse carisma não é feito para as assembleias. Não deveria efetuar-se em público. Paulo considera opressão impor a glossolalia à comunidade. | 33. Paulo não rejeita nada que haja de bom na sociedade. Assim deve ser o cristão: escolher o que é bom, 1Ts 5,21. | 34. Este silêncio refere-se a pedir explicações sobre o que era profetizado. | **14**,36. Os coríntios demonstram pouco desejo de comunhão com as outras Igrejas; e não veem que o Espírito se manifesta também nelas.

37 Se alguém se julga profeta ou ins-
pirado pelo Espírito,* reconheça nisso
que vos escrevo um mandamento do
Senhor. 38 Se ele não reconhece, é por-
que não é reconhecido.
39 Assim, pois, meus irmãos, aspirai ao
dom da profecia e não impeçais que al-
guém fale em línguas. 40 Mas que tudo
se faça com decência e em boa ordem.

15 **A ressurreição de Cristo.** 1 Eu
vos informo, irmãos, o Evange-
lho que vos anunciei,* que vós recebes-
tes e no qual permaneceis firmes. 2 Por
ele vós sois salvos, se o guardardes tal
como vo-lo anunciei; do contrário, foi
em vão que abraçastes a fé.
3 O que vos transmiti foi, em primeiro
lugar, o que eu recebi: que Cristo morreu
por nossos pecados,* cumprindo as Es-
crituras, 4 que foi sepultado e que ressus-
citou ao terceiro dia, cumprindo as Escri-
turas; 5 que apareceu a Cefas e mais tarde
aos Doze. 6 Depois apareceu a mais de
quinhentos irmãos de uma vez, a maioria
dos quais ainda vive, enquanto alguns já
morreram. 7 A seguir, apareceu a Tiago*
e depois a todos os apóstolos. 8 Por úl-
timo de todos, apareceu a mim, como a
alguém nascido fora do tempo†.
9 Realmente, sou o menor dos após-
tolos; nem mereço o nome de apóstolo,
porque persegui a Igreja de Deus. 10 Mas
pela graça de Deus sou o que sou,* e
sua graça em mim não foi estéril. Ao
contrário, trabalhei mais que eles todos;
não eu, mas a graça de Deus comigo.
11 Por conseguinte, tanto eu como
eles, isto é o que pregamos, e isto é
também o que crestes.
A ressurreição dos mortos. 12 Ora, se
pregamos que Cristo ressuscitou dos
mortos, como podem dizer alguns de
vós que não há ressurreição dos mor-
tos?† 13 Se não há ressurreição dos
mortos, nem Cristo ressuscitou. 14 Mas
se Cristo não ressuscitou, então nossa
pregação é vazia, vazia também é vossa
fé†. 15 Somos afinal falsas testemunhas
de Deus, pois atestamos contra Deus
que Ele ressuscitou a Cristo, quando
na verdade Ele não o ressuscitou, se é
que os mortos não ressuscitam. 16 Pois,
se os mortos não ressuscitam,* nem
Cristo ressuscitou. 17 E se Cristo não res-
suscitou, é ilusória vossa fé, continuais
em vossos pecados. 18 Portanto, os que
morreram em Cristo estão perdidos.
19 Se é somente para esta vida que espe-
ramos em Cristo, somos os mais miserá-
veis de todos†.
**A ressurreição de Cristo é penhor
da nossa.** 20 Mas não! Cristo ressusci-
tou dos mortos,* como o pioneiro dos
que dormiam o sono da morte. 21 Pois,
se a morte veio através de um homem,
é também por um homem que vem a
ressurreição dos mortos. 22 Com efeito,
assim como todos morrem em Adão,
assim também todos reviverão em
Cristo†. 23 Mas cada um por sua vez: o
pioneiro é Cristo; depois os que são
de Cristo, em sua vinda. 24 Depois será
o fim,* quando ele vai entregar o rei-
no a Deus Pai, após ter destruído toda
soberania, autoridade e poder. 25 Pois
é preciso que ele reine, até que tenha
colocado todos os inimigos debaixo
de seus pés. 26 O último inimigo a ser
destruído será a morte; 27 pois ele co-
locou tudo* debaixo de seus pés. Mas
quando ele disser: "Tudo está subjuga-
do", é evidentemente com exceção da-
quele que lhe sujeitou todas as coisas.

---

* **15**,1. 15,14 | 3. Is 53,8s; Os 6,2; Sl 16,10; Lc 24,34-43; Mc 16,14 | 7. 9,1; Lc 24,50; At 9,5 | 10. 2Cor 11,5.23; Ef 3,8; 1Tm 1,15 | 16. At 1,22; 5,32 | 20. Cl 1,20; Rm 5,12; 8,11; Gn 3,17ss | 24. 1Ts 4,16; Dn 2,44; Ap 20,5; Sl 110,1; Mt 22,44 | 27. Ap 20,14; 21,4

† **15**,8. Refere-se à vocação repentina de Paulo, fora do tempo dos outros apóstolos. | 12. Os gregos não aceitavam a ressurreição corporal, porque para eles o corpo é a prisão da alma, só ela está destinada à imortalidade, e a morte é a libertação da alma. Se o corpo também ressuscita, a alma não voltaria à prisão? Paulo responde que Cristo salvou o homem todo, e portanto o homem todo deve participar da glorificação; mas o corpo ressuscitado é um corpo espiritual, v. 44; a ressurreição não é um retorno às mesmas condições terrestres. | 14. "A ressurreição constitui a confirmação de tudo o que o próprio Cristo fez e ensinou" (CIC). | 19. A ressurreição de Cristo prepara a nossa e não se pode afirmar uma sem a outra. Cristo ressuscitou para nossa ressurreição. A esperança da ressurreição futura confere dignidade a nosso corpo. | 22. A morte um dia nos vencerá, mas o amor que tivermos doado nos salvará.

28E quando todas as coisas lhe tiverem
sido submetidas,* então o próprio Filho
se sujeitará Àquele que tudo lhe sujei-
tou, para que Deus seja tudo em todos.
29Se não fosse assim, o que estariam
fazendo aqueles que se fazem batizar
pelos mortos?† Se os mortos não res-
suscitam, por que se fazem batizar por
eles? 30E nós, por que a toda hora nos
expomos ao perigo? 31Cada dia enfren-
to a morte,* como é verdade que vós
sois meu orgulho, irmãos, em Cristo
Jesus, nosso Senhor.
32Se foi com propósitos humanos
que combati contra as feras em Éfeso†,
de que me vale isso? Se os mortos não
ressuscitam, comamos e bebamos,*
pois amanhã morreremos. 33Não vos
deixeis enganar: "As más companhias
corrompem os bons costumes".
34Voltai a ser sóbrios e retos e não
pequeis; pois há entre vós alguns que
desconhecem a Deus. Digo isso para
vossa vergonha.
O corpo dos ressuscitados. 35Mas al-
guém perguntará: Como é que os mortos
ressuscitam? Com que corpo voltarão?
36Insensato! O que semeias* não recebe a
vida sem antes morrer. 37E o que semeias
não é o corpo da planta que vai nascer,
mas um simples grão, de trigo ou de qual-
quer outro vegetal; 38é Deus que lhe dá
um corpo, conforme estabeleceu: a cada
semente o corpo que lhe é próprio.
39As carnes todas não são as mesmas,
mas uma é a carne dos homens, outra
a dos animais, outra a carne das aves,
outra a dos peixes. 40Existem também
corpos celestes e corpos terrestres, mas
um é o brilho dos celestes, outro o dos
terrestres. 41Um é o brilho do sol, outro
o da lua, outro o das estrelas. Até uma
estrela difere* de outra quanto ao bri-
lho. 42Pois assim acontece com a ressur-
reição dos mortos: 43semeado corruptí-
vel, o corpo ressuscita incorruptível; se-
meado desprezível, ressuscita glorioso;
semeado na fraqueza, ressuscita com
vigor; 44semeia-se um corpo animal,
ressuscita um corpo espiritual.
Se existe corpo animal,* há também
corpo espiritual. 45Pois está escrito: "O
primeiro homem, Adão, tornou-se um
ser vivente"; o último Adão é um espí-
rito que é fonte de vida. 46Não foi feito
primeiro o espiritual, mas sim o animal;
o espiritual vem depois. 47O primeiro
homem, tirado da terra,* é terrestre;
mas o segundo homem vem do céu.
48Tal como é o homem terrestre, assim
são os homens terrestres; tal como é o
homem celeste, assim também serão os
celestes†. 49E assim como trouxemos em
nós a imagem do homem terrestre, tra-
remos em nós também a imagem* do
homem celeste†.
O hino da vitória final. 50Isto vos digo,
irmãos: a carne e o sangue não podem
herdar o Reino de Deus, nem o que é
corruptível pode herdar a incorruptibili-
dade. 51Sim, vou dizer-vos um mistério:*
nem todos nós morreremos, mas todos
seremos transformados, 52num instante,
num piscar de olhos, ao som da trombe-
ta final; pois a trombeta soará, e os mor-
tos ressuscitarão incorruptíveis, e nós
seremos transformados. 53Com efeito,
é preciso que este corpo corruptível se
revista de incorruptibilidade e que este
corpo mortal se revista de imortalidade.
54Quando, pois, este corpo corruptí-
vel* se tiver revestido de incorruptibili-
dade e este corpo mortal se tiver reves-
tido de imortalidade, então se cumprirá
a palavra da Escritura: "A morte foi tra-
gada pela vitória. 55Onde está, ó mor-
te, tua vitória? Onde está, ó morte, teu
aguilhão?"

* **15**,28. Sl 8,3; Ef 1,22; Hb 2,6s | 31. Rm 8,36; 2Cor 4,10 | 32. Is 22,13; Sb 2,6; Rm 13,11; Ef 5,14 | 36. Jo 12,24 | 41. Fl 3,21 | 44. Gn 2,7; 2Cor 3,6.17; Jo 6,63 | 47. Gn 2,7 | 49. 6,13; Gn 5,3 | 51. Mt 24,31; 2Cor 5,4; 1Ts 4,15ss | 54. 6,14; Is 25,8; Os 13,14; Rm 7,13

† **15**,29. Paulo refere-se, nos vv. 29-31, aos esforços dos missionários e aos seus também, que seriam inúteis, se não existisse ressurreição dos mortos. | 32. As "feras" são os adversários que Paulo enfrentou. | 48. O cristão é um homem terrestre como filho de Adão, mas é também um homem celeste por sua união batismal com Cristo ressuscitado. | 49. Paulo fala de uma tal transformação do corpo que excede nossa capacidade imaginativa: é uma total transfiguração que torna o homem semelhante ao Cristo ressuscitado. É esse o destino de todos os fiéis.

56 O aguilhão da morte é o pecado, e a força do pecado é a Lei. 57 Mas, graças a Deus, que nos dá a vitória por meio de nosso Senhor Jesus Cristo!†

58 Assim, pois, meus amados irmãos,* mostrai-vos firmes e inabaláveis, progredindo sempre na obra do Senhor, sabendo que vossa fadiga não é vã no Senhor.

IV. EPÍLOGO (16)

16 **Coleta para a Igreja de Jerusalém.** 1 Quanto à coleta em favor dos irmãos,* observai também vós as normas que dei às Igrejas da Galácia†. 2 Que em cada primeiro dia da semana†, cada um de vós coloque à parte* o que conseguiu economizar, sem aguardar minha chegada para recolher os donativos. 3 Quando aí chegar, enviarei, com cartas de apresentação, aqueles que julgardes dignos, para que levem vossas doações a Jerusalém; 4 e, se valer a pena que eu vá também,* eles farão a viagem comigo.

Projetos de viagem. 5 Irei até vós, após ter atravessado a Macedônia; pois vou passar* pela Macedônia. 6 Talvez eu fique convosco ou até mesmo passe o inverno aí, para que me acompanheis aonde quer que eu vá. 7 Pois não quero ver-vos somente de passagem: espero ficar algum tempo convosco,* se Deus quiser. 8 Todavia, ficarei em Éfeso até Pentecostes; 9 pois lá me está aberta uma porta grande* e favorável, embora os adversários sejam muitos.

10 Se Timóteo chegar aí, cuidai que ele fique sem temor em vosso meio; pois ele trabalha como eu na obra do Senhor. 11 Portanto, ninguém lhe falte ao respeito. Acompanhai-o em paz, para que venha encontrar-se comigo: eu o espero com os irmãos. 12 Quanto a nosso irmão Apolo,* insisti muito com ele para ir até vós com os irmãos, mas ele não quis ir agora de modo nenhum; mas ele irá quando tiver oportunidade†.

Recomendações. 13 Sede vigilantes, ficai firmes na fé,* comportai-vos como homens, sede fortes. 14 Que tudo entre vós se faça no amor.

15 Mais uma recomendação, irmãos: conheceis a família de Estéfanas, que são as primícias da Acaia; eles se dedicaram ao serviço dos irmãos. 16 Colocai-vos também à disposição destas pessoas* e de todos os que trabalham e cooperam com elas. 17 Fico feliz com a visita de Estéfanas, de Fortunato e de Acaico, que supriram vossa ausência; 18 com efeito, tranquilizaram meu espírito* e o vosso. Sabei, pois, dar valor a tais pessoas.

Saudações finais. 19 As igrejas da Ásia vos saúdam. Áquila e Prisca* vos mandam muitas saudações no Senhor, bem como sua igreja doméstica†. 20 Todos os irmãos vos saúdam. Saudai-vos uns aos outros com um beijo santo.

21 A saudação é de minha própria mão, Paulo.

22 Se alguém não ama o Senhor, seja anátema! "Maranatá"†.

23 A graça do Senhor Jesus esteja convosco!

24 Eu amo a todos vós em Cristo Jesus.

---

* **15**,58. 2Cor 13,7; Ap 14,13 | **16**,1. At 11,29; 2Cor 8-9; Gl 2,10 | 2. At 20,7 | 4. At 19,21; Rm 15,24; Tt 3,12 | 5. At 18,21; 20,2 | 7. Tg 4,15 | 9. Cl 4,3; At 14,27; Fl 2,20; 1Tm 4,12 | 12. 1,21; 3,6 | 13. Sl 3,25; Ef 6,10; Rm 16,5 | 16. Fl 2,29 | 18. 1Ts 5,12 | 19. At 18,2.26; Rm 16,3.5.16; 2Cor 13,12; 1Pd 5,14; 2Ts 3,17; Ap 22,20

† **15**,57. "Fixo meu olhar no mistério da morte e do além, na luz de Cristo, único a iluminá-lo, e por isso com humilde e serena confiança. E bendigo o Vencedor da morte porque expulsou dela as trevas e revelou sua luz" (Paulo VI). | **16**,1. Diversas vezes Paulo fala de uma coleta em favor dos cristãos de Jerusalém, Rm 15,25s; 2Cor 8–9; Gl 2,10, sinal de comunhão entre as Igrejas existentes no mundo pagão e a Igreja-mãe que vive no centro do judaísmo. | 2. "Reunimo-nos sempre no dia do sol, porque é o primeiro dia, o dia em que Deus, extraindo a matéria das trevas, criou o mundo e, nesse mesmo dia, Jesus Cristo, nosso Salvador, ressuscitou dentre os mortos" (S. Justino, séc. II). | **18**,12. Esse texto mostra a lealdade de Apolo, que evita comparecer em Corinto, para que não renascesse o partido que trazia seu nome, 1,12; 3,4ss. | 19. Lit. "a igreja que se reúne na casa deles". As casas dos cristãos foram as primeiras igrejas, quando ainda não havia templos cristãos. | 22. Expressão aramaica que entrou para a liturgia. Significa "o Senhor vem", no indicativo, ou "Vem, Senhor!", no imperativo, Ap 22,20. Exprime a esperança, o desejo da parusia, profundamente gravados no coração de cada cristão.

SEGUNDA CARTA AOS CORÍNTIOS

Esta carta que Paulo escreveu da Macedônia, no ano 55, poucos meses após ter escrito a primeira aos Coríntios, mostra que a situação da comunidade se agravou, tendo surgido uma crise, em que a autoridade apostólica de Paulo foi contestada por um grupo de judeus, que queriam demolir o trabalho do Apóstolo. Este resolve então ir a Corinto, mas sua visita teve de ser rápida e por isso ele prometeu regressar em breve para ficar mais tempo (2Cor 2,1; 13,1). Sua presença lá não surtiu o efeito desejado; antes, piorou o relacionamento entre a comunidade e Paulo, pois este foi ofendido gravemente por alguém do lugar (2Cor 2,5), talvez por aquele mesmo incestuoso, que Paulo mandara excluir da comunidade (1Cor 5,1-13).

Em vez da visita prometida, Paulo mandou uma carta que, conforme disse, ele escreveu "entre muitas lágrimas" (2Cor 2,3s.9); nela exigia a obediência dos fiéis a sua autoridade (2Cor 2,9) e o castigo para quem o ofendeu (2Cor 7,12). Esse escrito de Paulo certamente se perdeu, mas há autores que consideram os cap. 10–13 da Segunda aos Coríntios como fragmento do texto perdido.

A carta severa, levada por Tito aos coríntios, produziu um efeito salutar, pois fez os culpados "se entristecerem segundo Deus" (2Cor 7,9), isto é, levou-os ao arrependimento verdadeiro. Encontrando-se com Tito na Macedônia, Paulo recebe dele notícias consoladoras sobre a comunidade (2Cor 7,6s). Foi então que escreveu a Segunda aos Coríntios, entregando-a nas mãos do próprio Tito para levá-la a Corinto.

Para alguns autores, este escrito é um conjunto de bilhetes que Paulo mandou em várias ocasiões. Nele podemos distinguir três partes: a) cap. 1–7, nos quais Paulo defende seu ministério apostólico, sua sinceridade, procura restabelecer a confiança dos coríntios e mostra como é superior o ministério da Nova Aliança em comparação com o da Antiga. Este ministério é cheio de provações, mas também de esperança, e é exercido em nome de Cristo, para promover a reconciliação do mundo com Deus; b) os cap. 8–9 falam da coleta em favor da Igreja-mãe de Jerusalém, pela qual os coríntios também devem interessar-se, como prova da fraternidade que une as comunidades numa só família; c) finalmente, os cap. 10–13, escritos num tom severo e violento, são uma defesa da autenticidade do ministério de Paulo.

A Segunda aos Coríntios é onde se manifesta melhor o estilo vibrante e toda a pessoa de Paulo; é muito importante pelos dados biográficos que contém, sobretudo na última parte, e porque apresenta múltiplos aspectos da rica personalidade do Apóstolo: um homem, ao mesmo tempo violento e cheio de ternura, forte e fraco, místico e homem de ação.

I. PRÓLOGO (1,1-11)

1 **Saudação e ação de graças.**
1Paulo, apóstolo do Cristo Jesus
pela vontade de Deus,* e o irmão Timóteo, à Igreja de Deus que está em
Corinto, bem como a todos os santos
que estão na Acaia inteira; 2graça a vós,
e paz da parte de Deus, nosso Pai, e do
Senhor Jesus Cristo!

Sofrimentos e consolações do apóstolo. 3Bendito seja o Deus e Pai de nosso Senhor Jesus Cristo,* o Pai misericordioso e Deus de toda a consolação,
4que nos consola em toda a nossa aflição, a fim de podermos também nós consolar os que se acham em qualquer aflição com a consolação com que somos consolados por Deus! 5Com efeito,
assim como os sofrimentos de Cristo* são muitos em nós, assim também, por meio de Cristo, é grande nossa consolação. 6Quando somos afligidos, é para
vossa consolação e salvação; quando somos consolados, é para vossa consolação, que vos concede suportar com constância os mesmos sofrimentos que nós enfrentamos. 7E nossa esperança a
vosso respeito é firme: sabemos que, participando dos sofrimentos, participareis também da consolação.

---

* **1**,1. 1Cor 1,1; Rm 1,7 | 3. Rm 15,5; Ef 1,3; 1Pd 1,3 | 5. 4,15.17; Sl 94,18

[8]Pois não queremos que ignoreis,* irmãos, como a tribulação que nos sobreveio na Ásia† nos maltratou extremamente, além de nossas forças, a ponto de sentirmos tédio da vida. [9]Recebemos em nós mesmos a sentença de morte, a fim de aprendermos a não pôr nossa confiança em nós mesmos, mas em Deus* que ressuscita os mortos. [10]É ele que nos libertou daquela morte e nos libertará, pela esperança que nele colocamos, de que nos tirará ainda dela, [11]graças a vossa colaboração rezando por nós, a fim de que este benefício, que muitas pessoas nos alcançaram, seja para muitos um motivo de ação de graças por nós.

II. PAULO DEFENDE SEU APOSTOLADO (1,12–7,16)

Por que Paulo adiou sua visita. [12]Nossa glória é o testemunho* de nossa consciência de que nos comportamos no mundo, e mais particularmente para convosco, com a santidade e a sinceridade que vêm de Deus, não com uma sabedoria humana, mas com a graça de Deus. [13]Com efeito, nada há em nossas cartas, a não ser o que vós ledes e compreendeis. E espero que compreendereis até o fim, [14]como já nos compreendestes em parte,* que nós somos vosso orgulho, como vós sereis o nosso, no dia de nosso Senhor Jesus.

Paulo mostra sua lealdade. [15]Nessa convicção eu tinha decidido ir até vós, para receberdes uma segunda graça; [16]e passar de vós para a Macedônia e da Macedônia voltar a vós,* e vós me encaminharíeis para a Judeia. [17]Fazendo esse projeto, eu teria dado prova* de leviandade? Ou será que meus projetos nascem de intenções humanas,† de sorte que haja em mim o "sim, sim" e o "não, não"? [18]Deus é testemunha de que nossa palavra para vós não é "sim" e "não"†. [19]Pois o Filho de Deus, Jesus Cristo, que eu, Silvano e Timóteo anunciamos entre vós, não foi "sim" e "não", mas nele se encontrou sempre o "sim". [20]De fato, todas as promessas de Deus têm nele seu "sim"†. Por isso é também por meio dele que nós dizemos nosso "Amém" a Deus* para sua glória. [21]E é Deus mesmo que nos confirma, junto convosco, em Cristo, e foi ele que nos deu a unção, [22]nos marcou com seu selo e depositou em nossos corações o penhor do Espírito.

[23]Tomo a Deus por testemunha* sobre minha vida: foi para poupar-vos que não voltei mais a Corinto. [24]Não queremos ser senhores de vossa fé; queremos é contribuir para vossa alegria, porque na fé já estais firmes.

2 **Por que Paulo não foi a Corinto.** [1]Tomei a decisão comigo mesmo* de não voltar até vós com tristeza. [2]Pois, se sou eu que vos faço sofrer, quem pode alegrar-me senão aquele a quem fiz sofrer? [3]E escrevi aquelas coisas para não me entristecer quando eu vier, por causa daqueles que deveriam dar-me alegria, bem ciente a respeito de vós todos de que minha alegria é a de todos vós. [4]Sim, foi no meio de uma grande aflição* e angústia de coração que vos escrevi, entre muitas lágrimas†, não para vos entristecer, mas para que conheçais a extrema afeição que vos tenho.

Paulo perdoa a quem o ofendeu. [5]Se alguém causou sofrimento, não foi a mim; foi em certa medida, sem exagero, a todos vós. [6]Mas foi suficiente para aquele homem o castigo aplicado pela maioria, [7]de tal modo que vale mais a pena, ao contrário, perdoar-lhe e en-

---

* **1**,8. At 19,23; 1Cor 15,32 | 9. 2Tm 4,18 | 12. 2,17; Hb 13,18; 1Cor 1,17 | 14. 5,12; Fl 2,16 | 16. 1Cor 16,5s | 17. 5,16 | 20. Ap 3,14; Rm 8,16; Ef 1,13s | 23. 11,31; Rm 1,9; 1Pd 5,3 | **2**,1. 12,21; 1Cor 4,21 | 4. 7,8; At 20,31

† **1**,8. A Ásia Menor, cuja capital era Éfeso, onde Paulo acabara de passar mais de dois anos, em 53-56 d.C. Ver At 19,23-34. | 17. Lit. "segundo a carne", movido por considerações humanas. | 18. Sendo apóstolo de Cristo, a Verdade encarnada, Paulo só pode ser semelhante a Ele. | 20. A fidelidade de Deus, manifestada em Jesus, é um apelo à fidelidade dos cristãos. | **2**,4. Não chegou até nós esta carta "escrita entre muitas lágrimas". Um dos cristãos ofendera a autoridade de Paulo na pessoa de um enviado seu.

corajá-lo, para não acontecer que ele venha a se perder por um sofrimento excessivo. 8Eu vos peço, pois, que façais prevalecer para com ele a caridade. 9Ao escrever-vos, minha intenção* era também vos pôr à prova e ver se vossa obediência é total. 10Mas a quem vós perdoais, também eu perdoo; pois, se eu perdoei – enquanto tenho alguma coisa a perdoar –, foi por vossa causa, na presença de Cristo. 11Tomemos cuidado para não sermos iludidos por Satanás, cujas tramas não ignoramos.

Inquietação e alívio do Apóstolo. 12Quando cheguei a Trôade* para pregar o Evangelho de Cristo, embora uma porta me estivesse aberta no Senhor, 13meu espírito não teve sossego, porque lá não encontrei Tito, meu irmão. Por isso, despedi-me deles e parti para a Macedônia.

14Graças sejam dadas a Deus,* que sempre nos faz triunfar em Cristo† e que, por nós, espalha por todo lado o perfume de seu conhecimento. 15Pois na verdade somos, para Deus, o bom odor de Cristo,* entre os que se salvam e entre os que se perdem: 16para uns, um odor que da morte conduz à morte; para outros, um odor que da vida conduz à vida. E quem está à altura de tal tarefa? 17Com efeito, não somos como aqueles muitos que falsificam a palavra de Deus;* é como homens sinceros, como enviados de Deus, que diante de Deus falamos em Cristo.

3 **A nova aliança é superior à antiga.** 1Recomeçamos a nos promover?* Ou precisamos, talvez, como certas pessoas, de cartas de recomendação para vós ou de vossa parte? 2Nossa carta sois vós mesmos, carta escrita em nossos corações, conhecida e lida por todos. 3Sim, vós sois evidentemente uma carta de Cristo, redigida por nós, escrita não com tinta, mas com o Espírito do Deus vivo, não em tábuas de pedra,* mas em tábuas de carne, que são vossos corações.

4Esta é a confiança que temos diante de Deus por meio de Cristo. 5Não que sejamos capazes de pensar alguma coisa como proveniente de nós mesmos; não, nossa capacidade vem de Deus. 6Ele nos fez ministros de uma nova aliança,* que não é da letra, mas do Espírito; porque a letra mata, mas o Espírito dá vida.

O ministério cristão. 7Ora, se o ministério da morte, gravado em letras sobre pedras, foi rodeado de tal glória, que os israelitas não podiam fitar o rosto de Moisés por causa da glória, embora passageira, de seu rosto, 8quanto mais glorioso será* o ministério do Espírito? 9Se, com efeito, o ministério da condenação† foi glorioso, quanto mais o ministério da justificação não o supera em glória? 10Sob esse ponto de vista, comparado com essa glória supereminente,* o esplendor desse primeiro ministério não foi glória. 11Pois, se o que era transitório foi manifestado na glória, quanto mais glorioso não há de ser o que permanece?

12De posse de semelhante esperança,* comportamo-nos com muita segurança, 13e não como Moisés, que cobria o rosto com um véu, para impedir que os israelitas vissem o fim daquilo que era passageiro†. 14Mas a inteligência deles se obscureceu.* Com efeito, até o dia de hoje, quando se lê o Antigo Tes-

* **2**,9. 7,15; Mt 18,18; Lc 22,31 | 12. At 14,27; 20,1; 1Cor 16,9 | 14. Eclo 24,30 | 15. 1,12; 1Cor 1,18; Lc 2,34; | 17. 1Pd 4,11 | **3**,1. 5,12; 1Cor 9,2; At 18,27 | 3. Êx 24,12; Jr 31,33; Ez 11,19; 36,26 | 6. 2,16; Rm 7,6; 1Cor 11,25; Êx 34,30 | 8. Gl 3,2.5 | 10. Dt 27,26; Ef 3,8s | 12. Êx 34,33s | 14. Rm 11,7.25

† **2**,14. Deus faz os apóstolos participarem de seu cortejo triunfal, como um general que volta vitorioso da batalha. | **3**,9. A Lei antiga era uma aliança de morte, pois ela denunciava o pecado sem dar a força de vencê-lo; quem não a observava era condenado. | 13. Parece que Moisés colocou o véu sobre o rosto para não amedrontar, com seu esplendor, os israelitas. Mas Paulo interpreta Êx 34,33ss dizendo que foi para eles não perceberem o fim daquele esplendor transitório, figura da aliança provisória do AT. | 14. Os judeus não compreendem nem Moisés nem o AT, pois não creem em Jesus Cristo, para o qual converge todo o AT. Só entenderão as profecias quando se tornarem cristãos. Primeiro uso da expressão "Antigo Testamento", a qual sugere que a lei mosaica está superada.

tamento, esse mesmo véu permanece;
ele não é levantado, pois é Cristo que
o faz desaparecer†. 15Sim, até o dia de
hoje, toda vez que se lê Moisés,* existe
um véu sobre o coração deles. 16Mas
quando acontece a conversão ao Se-
nhor, o véu cai. 17Pois o Senhor é o Es-
pírito, e onde está o Espírito do Senhor,
aí há liberdade†. 18E nós todos que,
de rosto descoberto, refletimos como
num espelho a glória do Senhor, somos
transformados nesta mesma imagem,*
indo de glória em glória, conforme a
ação do Espírito do Senhor†.

4 **O Evangelho da glória de Cristo.**
1É por isso que, investidos desse
ministério pela misericórdia usada para
conosco,* não desanimamos, 2mas, re-
cusando as dissimulações vergonho-
sas, não nos comportamos com astú-
cia, nem falsificamos a palavra de Deus.
Bem ao contrário, anunciando aberta-
mente a verdade, recomendamo-nos a
toda a consciência humana diante de
Deus. 3Pois, se nosso Evangelho per-
manece velado, é para os que se per-
dem* que ele está velado, 4para aque-
les cuja mente incrédula o deus desse
mundo† obcecou, a fim de que não ve-
jam resplandecer o Evangelho da gló-
ria de Cristo, que é a imagem de Deus.
5Pois não é a nós que pregamos, mas a
Cristo Jesus, o Senhor; nós não somos
mais que servos vossos, por amor de
Jesus. 6Com efeito, o Deus que disse:
"Das trevas brilhe a luz!"* foi quem bri-
lhou em nossos corações, para fazer
resplandecer o conhecimento da glória
de Deus, que está na face de Cristo.
Um tesouro em vasos de barro. 7Mas
esse tesouro, nós o trazemos em vasos
de barro,* para que se manifeste que
esse extraordinário poder pertence a
Deus e não vem de nós. 8Somos oprimi-
dos de todos os lados, mas não esma-
gados; angustiados, mas não desespe-
rados; 9perseguidos, mas não abando-
nados;* abatidos, mas não aniquilados.
10Trazemos sempre e por toda a parte
em nosso corpo os sofrimentos mortais
de Jesus,* a fim de que também a vida
de Jesus se manifeste em nosso corpo.
11De fato, embora estejamos vivos,* so-
mos constantemente entregues à morte
por causa de Jesus, a fim de que tam-
bém a vida de Jesus se manifeste em
nossa carne mortal. 12Assim, a morte faz
sua obra em nós, e a vida em vós†.
13Mas, possuindo esse mesmo es-
pírito de fé,* do qual diz a Escritura:
"Acreditei, por isso falei", nós também
acreditamos e é por isso que falamos,
14sabendo bem que Aquele que res-
suscitou o Senhor Jesus nos ressuscita-
rá também a nós com Jesus e nos colo-
cará perto dele, junto convosco. 15Pois
tudo isso é para vós,* a fim de que uma
graça mais abundante por meio de
mais pessoas faça aumentar a ação de
graças para a glória de Deus.
Uma morada eterna nos céus. 16Por
isso não desanimamos.* Pelo contrário,
embora nosso homem exterior cami-
nhe para a ruína, o homem interior se
renova dia a dia. 17Sim, a leve tribula-
ção passageira nos obtém, além de
toda medida, um peso eterno de glória.
18Pois não olhamos para as coisas visí-
veis,* mas para as invisíveis; com efeito,
as coisas visíveis duram pouco, e as in-
visíveis são eternas.

5 **Esperança da glória futura.** 1Sabe-
mos, com efeito, que, se esta ten-
da* de nossa morada terrestre vier a ser

* **3**,15. Êx 34,34; Rm 11,23-27; Jo 7,39; 8,36; Rm 8,2 | 18. Êx 24,16s | **4**,1. 2,17; 3,6; 1Cor 7,25; 1Ts 2,5 | 3. 1Cor 1,18; Ef 2,2s; 2Ts 2,11; Cl 1,15; Hb 1,3 | 6. Gn 1,3; Is 9,1 | 7. At 9,15 | 9. 1,8; 7,5 | 10. 1Cor 15,31 | 11. Rm 8,36 | 13. Sl 116,10; 1Cor 6,14; 1Ts 4,14 | 15. 1,3-6 | 16. 4,10; Ef 3,16; Rm 8,17 | 18. Hb 11,1.3 | **5**,1. Sb 9,15; 2Pd 1,13s | 2. Rm 8,23; 1Cor 15,53

† **3**,17. Deus é identificado com o Espírito, de modo que Ele não age mais através da letra da Lei. "O Evangelho proclama a liberdade dos filhos de Deus e rejeita toda escravidão que, em última análise, procede do pecado" (Vat. II). | 18. A luz do Cristo ressuscitado reflete-se na vida dos fiéis, transformando-a cada vez mais profundamente. | **4**,4. O deus deste mundo é Satanás, Jo 12,31, que personifica os atrativos perversos capazes de arruinar uma existência humana. | 12. Os trabalhos esgotam fisicamente os apóstolos, mas por meio deles Deus concede a vida aos que creem.

destruída, temos uma casa que é obra
de Deus, uma morada eterna, que não
é feita por mão humana e que está nos
céus†. 2Por isso nós gememos nesta con-
dição, ardentemente desejando vestir,
por cima desta,* nossa habitação celeste,
3contanto que, embora despojados, não
sejamos achados nus. 4Sim, nós que es-
tamos nesta tenda, gememos angustia-
dos; de fato, não queremos ser despidos,
mas sim vestir por cima, a fim de que o
que é mortal seja absorvido pela vida†. 5E
quem nos fez para esse destino* é Deus,
que nos deu o penhor do Espírito.

6Assim, pois, sempre confiamos ple-
namente, mesmo sabendo que, en-
quanto moramos neste corpo, vivemos
exilados, longe do Senhor, 7pois ca-
minhamos na fé e não na clara visão.
8Confiamos, pois plenamente* e prefe-
rimos deixar este corpo para ir morar
junto do Senhor. 9Por isso também,
seja que moremos neste corpo, seja
que o deixemos, esforçamo-nos por
lhe agradar. 10Pois é preciso que todos
nós sejamos revelados diante do tribu-
nal de Cristo, para que cada um receba
a retribuição pelo que fez quando es-
tava no corpo, seja o bem, seja o mal.
O ministério da reconciliação. 11Co-
nhecendo, pois, o temor do Senhor,
procuramos convencer* as pessoas.
Quanto a Deus, estamos descobertos
diante dele, e espero que também em
vossas consciências estejamos desco-
bertos. 12Não recomeçamos a nos orgu-
lhar diante de vós, mas vos damos oca-
sião de vos orgulhardes de nós, a fim de
terdes o que responder aos que tiram
sua glória daquilo que é aparência e
não daquilo que está no coração. 13Com
efeito, se ficamos fora dos sentidos, era
para Deus; se somos sensatos, é para
vós. 14Pois o amor de Cristo nos impele,
quando pensamos que um só morreu
por todos, então todos morreram.

15E ele morreu por todos, a fim de
que os que vivem* não vivam mais para
si mesmos, mas para Aquele que por
eles morreu e ressuscitou.

16Portanto, de agora em diante não
mais conhecemos pessoa alguma* de
modo humano; mesmo se conhecemos
o Cristo à maneira humana, agora não
mais o conhecemos assim†. 17Por conse-
guinte, se alguém está em Cristo, é uma
nova criatura; as coisas antigas pas-
saram e surgiram novas. 18E tudo isto
vem de Deus, que nos reconciliou con-
sigo por meio de Cristo e nos confiou
o ministério da reconciliação†. 19Pois era
Deus que, em Cristo, estava reconcilian-
do o mundo consigo, não levando mais
em conta as culpas dos homens e colo-
cando em nossos lábios a mensagem*
da reconciliação. 20Somos, portanto,
embaixadores de Cristo, e é como se
Deus exortasse por meio de nós. Em
nome de Cristo vos suplicamos: deixai-
-vos reconciliar com Deus! 21Aquele que
não tinha experiência de pecado,* Deus
o fez pecado por nós†, para que nele
nos tornássemos justiça de Deus.

6 **Ministros de Deus.** 1E já que
somos seus cooperadores, exor-
tamo-vos a não receberdes em vão a
graça de Deus. 2Pois ele diz:* "No tem-
po favorável eu te atendi e no dia da
salvação te socorri". É agora o tempo
favorável, é agora o dia da salvação.*

3A ninguém damos motivo algum de
escândalo, para que nosso ministério
não seja insultado. 4Ao contrário, afir-
mamo-nos em tudo como ministros
de Deus:* por uma grande constância

---

* **5**,5. Rm 8,16.23; Ef 1,13s | 8. Hb 11,13; 1Cor 13,12; Fl 1,23; At 17,31; Rm 2,16; 14,10 | 11. 1,13; 4,2 | 15. 1Tm 2,6; Rm 14,7s | 16. Rm 8,1.10; Gl 6,15; Ef 2,10.15; Cl 3,9s; Ap 21,5; Is 65,17 | 19. Rm 3,24; 5,10; Cl 1,19s; Is 52,7 | 21. Jo 8,46; Rm 8,3; 1Cor 1,30; Gl 3,13; 1Pd 2,22.24 | **6**,2. Is 49,8 / 2Cor 4,2; Lc 4,18s; | 4. 1Cor 4,8-12; 11,23-27

† **5**,1. Esta morada é o corpo ressuscitado, 1Cor 15,44s. | 4. Paulo preferiria passar da condição corpórea e material à nova e definitiva condição, sem passar pela morte. Gostaria de estar vivo na segunda vinda de Cristo, para que sua existência presente fosse transfigurada, sem antes ser despojada pela morte. | 16. Paulo não quer dizer que conheceu Jesus pessoalmente; diz que quando era fariseu fazia dele uma ideia errada. | 18. Ser apóstolo é testemunhar a reconciliação de Deus e anunciá-la a todos. | 21. Deus tornou-o membro da humanidade pecadora, Gl 3,13; ou fez dele "um sacrifício pelo pecado", Lv 4,3.

nas tribulações, nas necessidades, nas
angústias, [5]nos açoites, nas prisões,
nos tumultos, nas fadigas, nas vigílias,
nos jejuns; [6]pela pureza, pela ciência,*
pela paciência, pela benignidade, no
Espírito Santo, por uma caridade não
fingida, [7]pela palavra da verdade, pelo
poder de Deus; pelas armas ofensivas
e defensivas† da justiça; [8]na honra e
na humilhação, na má e na boa repu-
tação; tidos por impostores* e no en-
tanto sendo verazes; [9]tidos por gente
obscura, embora sejamos conhecidos;
por pessoas que vão morrer, e eis-nos
vivos; por gente que é castigada, mas
sem ser levada à morte; [10]por pessoas
tristes, mas sempre alegres; por po-
bres, mas enriquecendo a muitos, por
gente que nada tem, mas possuindo
tudo.

[11]Falamo-vos com toda a liberdade,
coríntios; nosso coração abriu-se de
par em par. [12]Vós não estais na estrei-
teza entre nós;* é em vosso coração
que estais na estreiteza. [13]Então pagai-
-nos com igual retribuição; eu vos falo
como a filhos: abri vosso coração de
par em par.

É preciso optar. [14]Não formeis com
os infiéis* uma ligação heterogênea.
Com efeito, que afinidade pode haver
entre a justiça e a impiedade? Que
união entre a luz e as trevas? [15]Que
entendimento entre Cristo e Belial?†
Que associação entre o fiel e o in-
fiel? [16]Que acordo entre o templo de
Deus* e os ídolos? Ora, nós somos
o templo do Deus vivo, assim como
Deus disse: "Habitarei no meio deles
e aí caminharei; serei seu Deus, e eles
serão meu povo". [17]Portanto, "saí do
meio de tal gente e mantende-vos à
parte – diz o Senhor. Nada toqueis
de impuro, e eu vos acolherei; [18]se-
rei para vós um pai,* e vós sereis para
mim filhos e filhas, diz o Senhor todo-
-poderoso".

7 **Paulo manifesta aos coríntios
seu afeto.** [1]De posse de tais pro-
messas, caríssimos, purificai-vos detoda
mancha da carne e do espírito, comple-
tando nossa santificação no temor de
Deus.

[2]Dai-nos lugar em vossos corações.*
A ninguém lesamos, a ninguém preju-
dicamos, a ninguém exploramos. [3]Não
digo isso para vos condenar. Já vos dis-
se que estais em nossos corações para
a vida e para a morte. [4]Tenho grande
confiança em vós* e de vós tenho mui-
to orgulho. Estou cheio de consolação;
transbordo de alegria em toda a nossa
tribulação.

[5]De fato, quando chegamos à Mace-
dônia, não tivemos sossego. De todos
os lados, tribulações: fora, lutas; dentro,
temores. [6]Mas o Deus que consola os
humildes nos consolou pela chegada
de Tito, [7]e não só por sua chegada, mas
também pela consolação que recebeu
de vós.* Ele nos comunicou vosso ar-
dente desejo, vossa dor, vossa solicitu-
de por mim, de tal modo que em mim
a alegria aumentou.

[8]Na verdade, se vos contristei por
minha carta, não o lamento. E se o la-
mentei – vejo bem que esta carta vos
entristeceu, mesmo que tenha sido só
por um momento –, [9]alegro-me com
isso agora. Não por vossa tristeza, mas
porque esta tristeza vos levou ao arre-
pendimento. Pois vos entristecestes se-
gundo Deus, de tal modo que de nossa
parte não sofrestes nenhum prejuízo.
[10]Com efeito, a tristeza segundo Deus*
produz um arrependimento irrevogá-
vel que leva à salvação, ao passo que
a tristeza do mundo produz a morte.
[11]Olhai antes o que esta tristeza segun-
do Deus produziu em vós: que solicitu-
de, que desculpas, que indignação, que
temor, que desejo ardente, que zelo,
que punição! Mostrastes de todos os
modos que éreis inocentes neste parti-

---

* **6**,6. 1Tm 4,12; 1Cor 2,4 | 8. 4,10s | 12. 1Cor 4,14 | 14. Ef 5,11 | 16. 1Cor 3,16; Lv 26,12; Ez 37,27; Ap 18,4 | 18. 2Sm 7,14; Is 43,6; Jr 31,9; 32,38; Os 1,10 | **7**,2. 12,17; At 20,33ss | 4. 1,3-7; 2,12ss; At 20,1s | 7. Is 66,2 | 10. Mt 27,3ss; Hb 12,17

† **6**,7. Lit. "da (mão) direita e da esquerda". | 15. Termo hebraico que significa "o nada" e designava os ídolos e Satanás.

cular. 12Por isso também, se vos escre-
vi, não foi por causa* do ofensor nem
por causa do ofendido, mas para que
se manifestasse vossa solicitude por
nós diante de Deus. 13Foi isto que nos
consolou.

A esta nossa consolação juntou-se
uma alegria bem maior ainda, a de ver a
alegria de Tito, cujo espírito foi tranqui-
lizado* por todos vós. 14Pois, se diante
dele eu me orgulhei de vós por alguma
coisa, não tive de que me envergonhar.
Ao contrário, assim como em tudo vos
dissemos a verdade, assim também
aquilo de que nos orgulhamos diante
de Tito se mostrou verídico. 15E o afeto
dele para convosco se redobra,* quan-
do se lembra da obediência de todos
vós e de como o recebestes com temor
e reverência. 16Alegro-me porque pos-
so contar convosco em tudo.

III. A COLETA PARA OS POBRES DE JERUSALÉM (8–9)

8 **Elogio das igrejas da Macedô-
nia.** 1Queremos dar-vos a co-
nhecer,* irmãos, a graça que Deus
concedeu às Igrejas da Macedônia.
2Entre as múltiplas tribulações que as
provaram, a alegria delas transborda,
e sua profunda pobreza expandiu-se
entre elas em tesouros de generosi-
dade. 3Pois segundo seus recursos,
eu o atesto, e além de seus recursos,
espontaneamente, 4pediram-nos com
muita insistência* o favor de participar
deste serviço† em favor dos irmãos.
5Ultrapassando mesmo nossa expec-
tativa, eles se ofereceram a si mesmos,
primeiro ao Senhor, depois a nós, pela
vontade de Deus. 6Por isso pedimos a
Tito que levasse a bom termo entre vós
esta obra generosa, já que ele a havia
começado.*

**Convite aos coríntios a imitar a ge-
nerosidade deles.** 7E como sois ricos
em tudo: na fé, na palavra, no conheci-
mento, em toda espécie de solicitude e
no amor que vos ensinamos, sede ricos
também neste gesto de generosidade.
8Não é uma ordem que estou dan-
do; quero apenas, pela solicitude dos
outros, provar a sinceridade de vosso
amor. 9Com efeito, conheceis a gene-
rosidade* de nosso Senhor Jesus Cristo:
era rico e se fez pobre por vossa causa,
para enriquecer-vos por meio de sua
pobreza. 10É, pois, um simples conselho
que dou sobre isso; e é o que vos con-
vém a vós, que, desde o ano passado,
fostes os primeiros não só a empreen-
der esta obra, mas também a decidi-la.
11Agora, pois, realizai-a, para que, as-
sim como vossa vontade foi pronta, as-
sim também ela se realize,* de acordo
com vossos recursos. 12Quando existe
boa vontade, a pessoa é aceita confor-
me o que tem e não conforme o que
não tem†. 13Não é que, para socorrer os
outros, tenhais de sofrer privações, mas
quero que haja igualdade. 14Vossa far-
tura agora* deve ser colocada a serviço
da penúria deles, a fim de que a fartura
deles sirva algum dia a vossa penúria, e
assim haja igualdade, 15como está es-
crito: "Quem muito recolhera nada teve
de sobra, e quem pouco recolhera não
sentiu falta de nada"†.

**Os encarregados da obra de carida-
de.** 16Dou graças a Deus, que põe no
coração de Tito a mesma solicitude por
vós. 17Pois ele respondeu a meu apelo
e, mais solícito que nunca, de própria
iniciativa ele vai até vós. 18Com ele en-
viamos o irmão que é elogiado em to-
das as igrejas pela pregação do Evan-
gelho. 19Mais ainda: ele foi também
designado pelas igrejas* como nosso
companheiro nessa obra de caridade,
à qual nos consagramos para a glória

---

* **7**,12. 2,4 | 13. 1Cor 16,18 | 15. 2,9 | **8**,1. Rm 15,26 | 4. 9,1; At 11,29 | 6. 1Cor 1,5; 16,1s | 9. Mt 8,20 | 11. Pr 3,27s | 14. Tb 4,9; Mc 12,43s; Êx 16,18 | 19. 1Cor 13,3

† **8**,4. O "serviço" é a coleta em favor dos cristãos de Jerusalém, que sofriam privações, Rm 15,26. A coleta comprova que o amor de Cristo derrubou o muro que separava judeus e gentios, Ef 2,13-17. | 12. É a lição da história do óbolo da viúva, Mc 12,43s: Deus não olha a quantia dada, mas a disposição com que é dada. | 15. O texto citado, Êx 16,18, mostra como se realizou no deserto uma distribuição justa do maná, impedindo toda acumulação.

do Senhor e para demonstrar o impul-
so de nosso coração. [20]Com isso que-
remos evitar toda censura a respeito
dessas grandes quantias de que somos
encarregados, [21]pois "nos preocupa-
mos com o que é bom, não somente
diante de Deus,* mas também diante
dos homens". [22]Com eles enviamos
também aquele nosso irmão, cuja so-
licitude experimentamos tantas vezes e
em muitas circunstâncias, e que agora
se mostra muito mais solícito, em razão
da grande confiança que tem em vós.
[23]Quanto a Tito, é meu companheiro*
e meu colaborador junto de vós; quan-
to a nossos irmãos, são os delegados
das igrejas, são a glória de Cristo. [24]Dai,
pois, a eles, diante das igrejas, a prova
de vosso amor e do bom fundamento
de nosso orgulho* a vosso respeito.

9 **Doar com generosidade e ale-
gria.** [1]Quanto a esse serviço em
favor dos irmãos,* é supérfluo para mim
escrever-vos. [2]Pois conheço vossa dis-
ponibilidade e por ela vos elogio junto
dos macedônios, dizendo: "A Acaia está
pronta desde o ano passado"; e vosso
zelo foi um estímulo para grande núme-
ro de pessoas. [3]Todavia, eu vos envio os
irmãos,* para que o orgulho que senti-
mos por vós não seja aniquilado neste
ponto, e vós estejais prontos, como eu
disse. [4]De outra forma, se alguns mace-
dônios vierem comigo e não vos acha-
rem prontos, nossa confiança redunda-
rá em confusão para nós, para não dizer,
para vós também. [5]Portanto, julguei de
meu dever convidar os irmãos a nos
precederem no meio de vós e a orga-
nizarem de antemão vossa campanha já
anunciada, a fim de que ela esteja pron-
ta como uma generosidade e não como
uma avareza.

[6]Pensai nisto: quem semeia pouco,*
pouco recolherá; quem semeia com
largueza recolherá com largueza.
[7]Que cada um dê conforme deci-
diu em seu coração, não com tristeza
ou por obrigação; pois "Deus ama a
quem doa com alegria". [8]Aliás, Deus
tem o poder de vos enriquecer de toda
espécie de graça, de sorte que, tendo
sempre o necessário em tudo, possais
fazer generosamente toda boa obra,
[9]como está escrito: "Distribuiu, deu aos
pobres;* sua justiça permanece para
sempre".

Frutos da esmola. [10]Aquele que forne-
ce ao trabalhador a semente* e o pão
que o sustenta vos dará também a se-
mente em abundância e fará crescer os
frutos de vossa justiça. [11]Enriquecidos
de todo modo, podereis praticar toda
generosidade, a qual, por nosso inter-
médio, fará subir para Deus a ação de
graças. [12]Pois o serviço desta oferenda
sagrada* não somente atende às ne-
cessidades dos irmãos, mas é também
causa de numerosas ações de graças a
Deus. [13]Pela bonita prova deste servi-
ço, eles agradecem a Deus vossa obe-
diência, vossa profissão do Evangelho
de Cristo e a generosidade de vossa
comunhão com eles e com todos. [14]E,
rezando por vós, manifestam seu afeto
para convosco, em razão da graça ex-
traordinária que Deus derramou sobre
vós. [15]Graças sejam dadas a Deus por
esse seu dom inefável!

IV. APOLOGIA PESSOAL DE PAULO (10,1–13,10)†

10 **Paulo defende seu apostola-
do.** [1]Sou eu, Paulo, em pessoa,
que vos peço,* pela doçura e pela bon-
dade de Cristo; eu, tão humilde diante
de vós, mas tão ousado convosco quan-
do estou longe. [2]Eu vos peço que façais
de tal modo que, quando eu chegar aí,
não tenha de usar* com ousadia aquela
severidade, que penso dever usar con-
tra alguns que imaginam que nós cami-

* **8**,21. Pr 3,4; Rm 12,17 | 23. 7,13; 12,18; Rm 16,7 | 24. 7,14 | **9**,1. 8,4.10.20 | 3. 8,24 | 6. Pr 11,24; 19,17; Rm 12,8; 1Cr 29,17 | 9. Sl 112,9 | 10. Is 55,10; Os 10,12 | 12. 8,14 | **10**,1. 1Cor 2,3; Gl 5,2 | 2. 10,11; 1Cor 4,21

† **IV**. O final da carta, cap. 10–13, é escrito num tom severo e por vezes violento, completamente diverso da seção anterior. Esses capítulos são uma carta independente, escrita no mesmo ano 55, mas alguns meses depois dos cap. 1–9. Paulo ataca duramente seus adversários, cristãos ainda ligados ao judaísmo.

nhamos segundo a carne. 3Vivemos na carne, é verdade, mas não combatemos segundo a carne. 4Não, as armas de nosso combate não são carnais,* mas têm em Deus o poder de derrubar fortalezas. Destruímos os sofismas 5e toda potência altaneira que se levanta contra o conhecimento de Deus, e subjugamos todo pensamento para levá-lo a obedecer a Cristo. 6E estamos prontos a castigar toda desobediência, desde que vossa obediência seja perfeita.

7Rendei-vos à evidência. Se alguém se orgulha de pertencer a Cristo, considere que, se ele é de Cristo, nós também o somos. 8E, mesmo se eu me orgulhar* um pouco demais de nosso poder, que o Senhor nos deu para vossa edificação e não para vossa ruína, disso não me envergonharei. 9Pois não quero dar a impressão de atemorizar-vos com minhas cartas. 10Porque dizem: "As cartas são enérgicas e severas;* mas sua presença física é fraca, e sua palavra é desprezível". 11Quem assim fala considere bem: o que, quando ausentes e em palavras, nós somos em nossas cartas, nós o seremos também em nossos atos, quando estivermos presentes.

A verdadeira glória. 12Sem dúvida, não temos a audácia* de nos igualar nem de nos comparar a certas pessoas que se elogiam a si próprias. Medindo-se elas próprias com a medida delas e comparando-se consigo mesmas, não têm bom senso. 13Quanto a nós, não vamos gloriar-nos em excesso, mas tomaremos como medida a própria regra que Deus nos indicou como medida, fazendo-nos chegar até vós. 14Pois não nos estendemos de maneira indevida, como seria o caso se não tivéssemos chegado até vós; de fato, chegamos até vós com o Evangelho* de Cristo. 15Não nos gloriamos além da medida, à custa do trabalho de outros, mas temos a esperança, com os progressos de vossa fé, de crescer ainda* em vossa consideração, segundo nossa medida, 16para evangelizar regiões mais distantes que a vossa, em lugar de pisar terreno de outros e de nos gloriarmos de trabalhos feitos por eles. 17"Quem se gloria, glorie-se no Senhor".* 18Não é aquele que se recomenda que é homem de valor, mas aquele que o Senhor recomenda.

11

Paulo e os falsos apóstolos. 1Oh! Se pudésseis suportar de minha parte um pouco de loucura! Mas, sem dúvida, me suportais. 2Com efeito, sinto por vós* uma paixão divina; pois eu vos desposei como esposo único, como virgem pura a se apresentar a Cristo†. 3Mas tenho medo de que, como a serpente seduziu Eva por sua astúcia, assim vossos pensamentos se corrompam e se afastem da simplicidade e da pureza para com Cristo. 4Se, com efeito, o primeiro que vier* vos anuncia um outro Jesus, diferente do que vos pregamos, e se trata de receber um espírito diferente daquele que recebestes, ou um Evangelho diferente do que acolhestes, estais bem dispostos a aceitá-lo. 5Acho, porém, que em nada sou inferior* a esses superapóstolos. 6Se sou apenas um amador em termos de eloquência, não o sou, porém, quanto à ciência, como em tudo e diante de todos o temos demonstrado.

Desinteresse do apóstolo. 7Minha falta seria então de anunciar-vos gratuitamente o Evangelho, rebaixando-me para vos exaltar? 8Despojei outras igrejas, recebendo delas meu sustento para servir a vós. 9E quando, uma vez entre vós, me vi em necessidade,* a ninguém fui pesado, pois foram os irmãos vindos da Macedônia que atenderam a minhas necessidades. De todo modo evitei ser-vos pesado e o evitarei. 10Tão certo que a verdade de Cristo* está em mim,

---

* **10**,4. Ef 6,13-17 | 8. 12,6; 1Cor 5,4s | 10. 10,1; 13,2.10 | 12. 3,1; 5,12 | 14. Rm 15,20 | 15. At 19,21 | 17. Jr 9,23s; 1Cor 1,31; 4,5 | **11**,2. Ef 5,2-7.26s; Gn 3,4.13 | 4. 12,11; Gl 1,8s | 5. 1Cor 2,1.13; 15,10; Gl 2,6.9; Ef 3,4 | 9. 12,13; 1Cor 9,12.18; Fl 4,10-15 | 10. 1Cor 9,15

† **11**,2. Assim como Javé é o esposo apaixonado de Israel, Êx 20,5, assim Cristo o é da Igreja, Ef 5,22s; Ap 21,2.

jamais este motivo de orgulho me será
tirado na região da Acaia. 11Por quê?
Porque não vos amo? Deus o sabe. 12E o
que faço, continuarei a fazê-lo, a fim de
retirar todo pretexto aos que gostariam
de ter um, para parecerem iguais a nós
naquilo de que se orgulham. 13Pois tais
pessoas são falsos apóstolos,* operários
enganadores, disfarçados em apóstolos
de Cristo. 14E não é de admirar: o pró-
prio Satanás se disfarça em anjo de luz.
15Não surpreende, pois, que seus mi-
nistros* também se disfarcem em mi-
nistros de justiça. Mas seu fim será de
acordo com suas obras.

Sofrimentos de Paulo. 16Eu o repito e
que não me tomem por louco; ou senão,
podem tomar-me por louco, para que
eu possa também me gloriar um pouco.
17O que direi, não o direi segundo o Se-
nhor, mas como um louco, na seguran-
ça que tenho de poder gloriar-me. 18Já
que tantos se orgulham segundo a car-
ne, vou também me orgulhar. 19De boa
vontade suportais os loucos, vós que
sois sensatos! 20Sim, suportais que vos
escravizem, devorem, explorem, tratem
com arrogância e vos batam no rosto.
21Digo-o para vossa vergonha, como se
tivéssemos sido fracos.

Mas disso de que ousam orgulhar-se
– é como louco que falo – ouso orgulhar-
-me também eu. 22Eles são hebreus? Eu
também.* São israelitas? Eu também. São
descendentes de Abraão? Eu também.
23São ministros de Cristo? Vou dizer uma
loucura: eu o sou mais que eles. Muito
mais pelos trabalhos, muito mais pelas
prisões, infinitamente mais pelas chi-
cotadas, muitas vezes à beira da morte.
24Cinco vezes recebi dos judeus as trinta
e nove chicotadas†; 25três vezes fui fla-
gelado;* uma vez apedrejado; três vezes
naufraguei; passei uma noite e um dia à
deriva. 26Fiz viagens sem conta, passei
por perigos dos rios, perigos dos assal-
tantes, perigos de meus compatriotas,
perigos dos pagãos, perigos da cidade,
perigos do deserto,* perigos do mar,
perigos entre falsos irmãos! 27Trabalho e
fadiga, vigílias sem número, fome e sede,
frequentes jejuns, frio e nudez. 28E além
de todas essas coisas exteriores, minha
preocupação de cada dia, o cuidado de
todas as igrejas! 29Quem é fraco, que eu
não seja fraco? Quem vem a cair, que
um fogo não me queime? 30Se é preciso
gloriar-se,* é de minha fraqueza que me
gloriarei. 31O Deus e Pai do Senhor Jesus
– que é bendito para sempre! – sabe que
não minto. 32Em Damasco, o governador
do rei Aretas mandou vigiar a cidade
dos damascenos para me prender, 33e
foi por uma janela, num cesto, que me
desceram ao longo da muralha, e assim
escapei de suas mãos.*

12 **Visões e revelações.** 1É pre-
ciso gloriar-se? Mas isso não
convém. Contudo, vou falar das visões
e revelações do Senhor. 2Conheço um
homem em Cristo que, quatorze anos
atrás – se no corpo ou fora do corpo,
não sei, Deus o sabe – foi arrebatado
ao terceiro céu†. 3E sei que este homem
– se no corpo ou sem o corpo, não sei;
Deus o sabe – 4foi arrebatado ao pa-
raíso* e ouviu palavras inefáveis, que
o homem não pode repetir. 5Por este
homem me orgulharei;* mas por mim
não me orgulharei, senão de minhas
fraquezas. 6Se quisesse orgulhar-me,
não seria louco,* porque diria a verda-
de. Mas disso me abstenho, para não
fazerem de mim uma ideia superior ao
que veem em mim ou ouvem de mim.

7E porque essas revelações eram ex-
traordinárias, para que não me orgu-
lhasse, foi-me dado um espinho* na
carne†, um anjo de Satanás encarrega-

* **11**,13. Fl 3,2 | 15. 12,6; Ef 6,8 | 22. Fl 3,5; 1Cor 15,10 | 25. At 16,22 | 26. 1Cor 4,12 | 30. 1,23; 12,5 | 33. At 9,24s | **12**,4. Lc 23,43; Ap 2,7 | 5. 11,30 | 6. 11,6 | 7. Jó 2,6; Rm 9,2

† **11**,24. Pela lei, Dt 25,3, o máximo de chicotadas aplicadas a um criminoso era 40; para não ultrapassar este número, os judeus paravam na 39ª. Não sabemos quando Paulo sofreu essas punições. | **12**,2. Este homem é o próprio Paulo, que revela uma experiência mística sua. O terceiro céu era o de Deus, depois da atmosfera terrestre e do céu dos astros. Conforme outros, havia sete céus. | 7. Este espinho pode simbolizar uma doença, Gl 4,13ss, que, na tradição hebraica, era obra do demônio; talvez a resistência de seus irmãos judeus à pregação evangélica ou as perseguições sofridas.

do de me bater – para que eu não me
orgulhasse. 8Por isso, três vezes pedi
ao Senhor para o afastar de mim. 9E ele
me disse: "Basta-te minha graça:* pois o
poder se manifesta plenamente na fra-
queza". É, pois, de boa vontade que me
orgulharei sobretudo de minhas fraque-
zas, para que habite em mim o poder
de Cristo. 10Por isso me comprazo em
minhas fraquezas,* nas injúrias, nos so-
frimentos, nas perseguições, nas angús-
tias suportadas por Cristo; pois quando
sou fraco, é então que sou forte.
Traços distintivos do apóstolo. 11Tor-
nei-me louco. Fostes vós que me obri-
gastes a isso.* Era a vós que competia
recomendar-me. Pois de modo algum
fui inferior a estes superapóstolos, em-
bora eu nada seja. 12Os traços distinti-
vos do apóstolo,* vós os vistes realizar-
-se no meio de vós: perfeita constância,
sinais, prodígios e milagres. 13O que ti-
vestes de menos* que outras igrejas, a
não ser que pessoalmente não vos fui
pesado? Perdoai-me esta injustiça...

14Estou pronto a ir ter convosco pela
terceira vez* e não vos serei incômo-
do; pois o que estou buscando não são
vossos bens, mas vós mesmos. Com
efeito, não compete aos filhos juntar
tesouros para os pais, mas sim os pais
para os filhos. 15Quanto a mim, com
toda a boa vontade,* farei gastos e me
gastarei todo inteiro por vossas almas.
Se vos amo mais intensamente, terei de
ser menos amado?

16Que seja, dirão: pessoalmente não
vos afligi; mas, esperto como sou, eu
vos conquistei pela astúcia. 17Eu vos teria
explorado por algum daqueles que vos
mandei? 18Insisti com Tito* e com ele
mandei aquele irmão. Tito os teria explo-
rado? Não caminhamos no mesmo espí-
rito? Não seguimos os mesmos traços?

19Já faz tempo que imaginais* que
estamos fazendo nossa defesa diante
de vós. É diante de Deus, no Cristo, que
falamos. E tudo isso, caríssimos, é para
vossa edificação. 20Receio, com efeito,
que a minha chegada eu não vos en-
contre tais como gostaria e que vós
me encontreis tal como não quereríeis.
Que não haja discórdias, invejas, ranco-
res, rivalidades, maledicências, intrigas,
arrogâncias,* desordens. 21Receio que
em minha próxima visita meu Deus me
humilhe diante de vós e que eu tenha
de chorar sobre muitos dos que pe-
caram antes e não fizeram penitência
por seus atos de impureza, fornicação
e luxúria.

13 **O apóstolo será juiz severo.**
1É a terceira vez que vou até
vós.* "Toda questão se resolverá pela
palavra de duas ou três testemunhas"†.
2Eu já disse aos que pecaram antes e
a todos os outros, e torno a dizê-lo
de antemão hoje que estou ausente,
como em minha segunda visita: se eu
voltar aí, desta vez não terei compai-
xão. 3Quereis uma prova de que Cristo
fala em mim, ele que não é fraco em re-
lação a vós, mas que é poderoso entre
vós. 4Sem dúvida, ele foi crucificado em
razão de sua fraqueza,* mas está vivo
pelo poder de Deus. E nós também so-
mos fracos nele, mas estaremos vivos
com ele, pelo poder de Deus, em nosso
comportamento a vosso respeito.

5Examinai-vos a vós mesmos,* vede
se estais na fé. Experimentai-vos a vós
mesmos. Não reconheceis que Jesus
Cristo está em vós? A não ser talvez que
a prova se volte contra vós. 6Espero que
reconheçais que não somos reprovados.
7Pedimos a Deus que não façais nenhum
mal, não para aparecermos como apro-
vados, mas para que façais o bem, ainda
que sejamos reprovados. 8Pois nenhum
poder temos contra a verdade,* mas só
a favor da verdade. 9Sim, nós nos ale-
gramos quando somos fracos e vós sois
fortes. E rezamos para que vos torneis
perfeitos. 10Eis por que vos escrevo isto,
estando ausente: para não ter de usar,*

* **12**,9. 4,7-16 | 10. Fl 4,13 | 11. 11,5 | 12. Rm 15,19 | 13. 11,9 | 14. 13,1 | 15. Fl 2,17 | 18. 8,6.16s | 19. 2,17; 3,1 | 20. 2,1; 3,2 | **13**,1. 12,14 Dt 19,15; Mt 18,36; 1Tm 5,19 | 4. Fl 2,7s | 5. 1Cor 11,28 | 8. 1Cor 13,6 | 10. 2,3; 10,8.11

† **13**,1. Esta é a norma estabelecida em Dt 19,15, repetida em Mt 18,16.

uma vez presente, de severidade em
virtude do poder que o Senhor me deu
para edificar e não para destruir.

IV. EPÍLOGO (13,11-13)

Recomendações e saudações finais.
11De resto, irmãos, sede alegres,* ten-
dei à perfeição, encorajai-vos uns aos
outros. Tende os mesmos sentimentos,
vivei em paz, e o Deus do amor e da
paz estará convosco.
12Saudai-vos mutuamente com um
beijo santo. Todos os irmãos vos saú-
dam.
13Que a graça do Senhor Jesus Cris-
to, o amor de Deus e a comunhão do
Espírito Santo† estejam com todos
vós!

* **13**,11. Fl 3,1; 4,4; Rm 15,33; 1Cor 16,20

† **13**,13. O amor do Pai se manifesta na graça de Cristo, a qual gera a comunhão do Espírito Santo, ou seja, a fraternidade que é obra dele e cria a comunhão com Ele. Esta fórmula trinitária, a mais perfeita e completa de todas as que encontramos no NT, foi incluída na liturgia da Missa como saudação inicial. Ver outras fórmulas em Rm 15,16.30; 1Cor 12,4ss; Gl 4,6.

CARTA AOS GÁLATAS

Os gálatas são provavelmente os descendentes de três tribos gaulesas que, no século III a.C., se estabeleceram na Ásia Menor, entre a Capadócia e o Ponto. Os Atos dos Apóstolos referem, sem maiores detalhes, que Paulo evangelizou a Galácia – região situada em torno da atual capital turca, Ancara – na segunda e na terceira viagens missionárias (At 16,6 e 18,25).

Sabemos que as Igrejas gálatas eram formadas sobretudo de convertidos do paganismo (Gl 4,8; 5,2; 6,12s). O que faz Paulo escrever aos gálatas é uma crise local, provocada por judaizantes, que pregavam a necessidade da observância da lei mosaica. Diziam que, para ser cristão, o pagão convertido precisava primeiro fazer-se judeu. Esse tipo de problema já nos é conhecido no livro dos Atos dos Apóstolos; foi, aliás, uma questão central na assembleia ou concílio de Jerusalém, em que a opinião de Paulo, em favor da liberdade cristã, fora vitoriosa.

Depois de ter convencido os gálatas com sua pregação, Paulo agora, indignado, os vê cedendo a essa doutrina, que de novo os reduz à escravidão e torna inútil a libertação obtida por Cristo (Gl 5,1-2).

Esta carta, ele a deve ter escrito de Éfeso, no ano 54, antes de escrever a carta aos Romanos, que retoma, com mais tranquilidade e reflexão, os temas abordados com veemência na carta aos Gálatas.

Paulo descreve como recebeu de Cristo Ressuscitado a vocação de pregar o Evangelho aos pagãos; explica a gratuidade da salvação e mostra que seu Evangelho se resume na salvação pela fé no Cristo Crucificado. Em seguida mostra com provas tiradas da Bíblia, que a salvação vem pela fé e não pelas obras da lei; e também exorta seus leitores a não voltarem à escravidão. Finalmente ensina como se deve viver na liberdade cristã, seguindo os desejos do Espírito e não os da carne.

Esta carta tem valor permanente como afirmação clara e firme da liberdade do cristão e da universalidade da Igreja.

I. A DOUTRINA DE PAULO É A MESMA DOS APÓSTOLOS (1,1–2,14)

1 **Saudação.** [1]Paulo, apóstolo, não
da parte dos homens,* nem por
meio de um homem, mas por meio
de Jesus Cristo e de Deus Pai† que o
ressuscitou dos mortos, [2]e todos os ir-
mãos que estão comigo, às Igrejas da
Galácia. [3]Graça a vós e paz, da parte
de Deus nosso Pai e do Senhor Jesus
Cristo, [4]que se entregou por nossos
pecados,* a fim de nos livrar do pre-
sente mundo mau†, segundo a vontade
de Deus, nosso Pai, [5]a quem seja dada
glória nos séculos dos séculos! Amém.
Só existe um Evangelho. [6]Estou ad-
mirado por terdes abandonado tão
depressa Aquele que vos chamou
pela graça de Cristo e terdes passa-
do a outro Evangelho. [7]Não que haja
outro Evangelho, mas há pessoas que
vos perturbam e querem subverter o
Evangelho de Cristo. [8]Mas se alguém
– nós mesmos ou um anjo* do céu –
vos anunciar um evangelho diferente
daquele que vos anunciamos, seja aná-
tema!† [9]Como já dissemos, agora volto
a repetir: se alguém vos anunciar um
evangelho diferente daquele que rece-
bestes, seja anátema! [10]Pois é talvez o
favor dos homens que busco ou, antes,
o de Deus? Por acaso procuro agradar
aos homens? Se ainda agradasse aos
homens, eu não seria servo de Cristo†.

---

* **1**,1. 1,11s | 4. 1Tm 2,6; 1Jo 5,19 | 8. 2Cor 11,4

† **1**,1. Paulo afirma sua condição de apóstolo: apesar de não ser do número dos Doze; foi escolhido diretamente por Jesus Ressuscitado, que lhe apareceu no caminho de Damasco, At 9,4s. Seus adversários negavam esta sua condição. | 4. O mal ainda reina no mundo, por isso Paulo o considera mau. | 8. Seja excluído da comunidade, Dt 7,26; 1Cor 5,5. | 10. Os adversários de Paulo o acusavam de mitigar o Evangelho, eliminando as práticas da lei, para conquistar a simpatia dos ouvintes.

A vocação de Paulo. [11]Meus irmãos,
eu vos declaro* que o Evangelho que
anunciei não segue o modelo huma-
no†, [12]pois eu o recebi e aprendi não
de algum homem, mas por revelação*
de Jesus Cristo. [13]Certamente ouvistes
falar de minha antiga conduta no juda-
ísmo, como eu perseguia ao máximo a
Igreja de Deus e a devastava, [14]supe-
rando no judaísmo a maior parte dos
compatriotas de minha idade, e me
distinguia no zelo pelas tradições de
meus pais.

[15]Quando, porém, aquele que me se-
parou* desde o seio materno e me cha-
mou† por sua graça [16]dignou-se revelar
em mim seu Filho, para que eu o pro-
clamasse entre os pagãos, não consul-
tei a ninguém†, [17]nem subi a Jerusalém
para me encontrar com os que eram
apóstolos antes de mim, mas fui ime-
diatamente para a Arábia e voltei de
novo a Damasco. [18]Em seguida, após
três anos, subi a Jerusalém* para visi-
tar Cefas† e fiquei com ele quinze dias.
[19]Não vi nenhum outro apóstolo,* mas
somente Tiago,† o irmão do Senhor; [20]e
quando vos escrevo isto, dou testemu-
nho diante de Deus de que não estou
mentindo. [21]A seguir, fui às regiões da
Síria e da Cilícia. [22]Mas pessoalmente
eu não era conhecido* das igrejas da
Judeia que estão em Cristo; [23]lá só se
ouvia dizer que o perseguidor de ou-
trora estava agora anunciando a fé que
antes queria destruir: [24]e davam glória
a Deus por minha causa.

2 **Aprovação dos apóstolos.** [1]De-
pois, passados quatorze anos,*
subi de novo a Jerusalém com Barna-
bé e Tito que tomei comigo†. [2]Subi em
consequência de uma revelação e lhes
expus o Evangelho que prego entre os
pagãos, mas em particular às pessoas
importantes, para não correr ou ter
corrido em vão. [3]Pois bem; do próprio
Tito,* meu companheiro, que era gre-
go, não se exigiu a circuncisão. [4]Tudo
isso por causa dos intrusos, desses
falsos irmãos que se infiltraram para
espionar a liberdade que temos em
Cristo Jesus, a fim de nos escravizar,
[5]pessoas às quais recusamos ceder, se-
quer por um momento, por deferência,
a fim de salvaguardar para vós a verda-
de do Evangelho. [6]E da parte daqueles
considerados importantes* – pouco
me importa o que então podiam ser:
Deus não faz acepção de pessoas –,
a mim, em todo caso, os importantes
não acrescentaram* nada; [7]ao contrá-
rio, vendo que a evangelização dos in-
circuncisos me estava confiada, como a
Pedro a dos circuncisos – [8]pois Aquele
que tinha agido em Pedro* para fazer
dele um apóstolo dos circuncisos tinha
agido igualmente em mim em favor
dos pagãos – [9]e reconhecendo a graça
que me fora concedida, Tiago, Cefas e
João, considerados como as colunas,
estenderam a mão direita a mim e a
Barnabé em sinal de comunhão, para
que fôssemos aos pagãos, e eles aos
circuncisos; [10]só nos recomendaram
que nos lembrássemos dos pobres,*
justamente o que tenho procurado fa-
zer com solicitude.

A discussão com Pedro. [11]Mas quan-
do Cefas veio a Antioquia, eu lhe resisti
frontalmente a ele, porque ele se tor-
nara digno de censura. [12]Com efeito,*
antes da chegada de certas pessoas
do círculo de Tiago, ele tomava refei-

---

* **1**,11. 1,1 | 12. At 8,3; 22,4s; 26,9ss | 15. Jr 1,5; Is 49,1 | 18. At 9,26; 11,30; Mt 13,55 | 19. Mt 6,3 | 22. At 9,30
2,1. At 15,2 | 3. At 15,1.24 | 6. Rm 2,11; Dt 10,17 / At 9,15; 22,21 | 8. Jo 1,42 | 10. At 11,29s | 12. At 11,3

† **1**,11. O Evangelho que Paulo anuncia não é de origem humana, pois o recebeu do próprio Jesus; e foi confirmado pelos apóstolos, inclusive pelo chefe deles, Pedro. | 15. Paulo descreve sua vocação em termos semelhantes aos do Segundo Isaías, Is 40,1 e aos de Jeremias, Jr 1,5. | 16. Lit. "carne e sangue". | 18. Cefas é Simão Pedro, nome dado a ele por Jesus, Jo 1,42. Paulo acha importante consultar Pedro, chefe da Igreja. | 19. Esse Tiago, chefe da Igreja de Jerusalém, At 12,17; 15,13; 21,18, provavelmente não é um dos doze apóstolos. | **2**,1. O fato narrado aqui encontra-se também em At 15,5-29: é o Concílio de Jerusalém, que aceitou a opinião de Paulo de não obrigar os convertidos do paganismo a praticar a lei de Moisés. | 13. Pedro era inconsequente, pois já havia abandonado as práticas da lei mosaica, At 11,3, mas voltou a observá-las para não escandalizar os judeus; seu exemplo era perigoso, por causa da autoridade que tinha.

ção com os pagãos; mas, depois da
chegada dessas pessoas, ele começou
a evitá-los e a se manter afastado, por
medo dos circuncisos. 13E os outros ju-
deus o imitaram em sua dissimulação,
a ponto de arrastar o próprio Barnabé
a dissimular com eles†. 14Ora, quando
vi que eles não estavam proceden-
do retamente segundo a verdade do
Evangelho, eu disse a Cefas na frente
de todos: "Se tu, que és judeu, vives
como os pagãos, e não à maneira ju-
daica, como podes obrigar os pagãos
a se judaizar?"

II. A JUSTIFICAÇÃO SE OBTÉM PELA FÉ (2,15–4,31)

Pela lei não se alcança a justiça.
15Quanto a nós, somos judeus de nas-
cimento e não pecadores pagãos†; 16e
no entanto sabemos que o homem não
é justificado* pelas obras da lei, mas só
pela fé em Jesus Cristo. Por isso abra-
çamos a fé em Jesus Cristo para sermos
justificados pela fé em Cristo e não pe-
las obras da lei†. Pois pelas obras da
lei ninguém será justificado. 17Ora, se
buscando nossa justificação em Cristo,
acabamos sendo pecadores como os
outros, será que Cristo está a serviço
do pecado?† Claro que não! 18Pois re-
erguendo o que eu tinha derrubado,
convenço a mim mesmo de transgres-
são†. 19De fato, pela lei morri para a
lei,* a fim de viver para Deus. Estou cru-
cificado com Cristo, 20e já não sou eu
que vivo: é Cristo que vive* em mim†.
Esta minha vida humana, eu a vivo na
fé do Filho de Deus, que me amou e se
entregou por mim. 21Não torno inútil a
graça de Deus; pois, se é pela lei que se
alcança a justiça, Cristo morreu em vão.

3 1Ó gálatas sem inteligência!*
Quem vos seduziu a vós, diante
de cujos olhos foi representado ao vivo
Jesus Cristo na cruz! 2Só isto quero sa-
ber de vós: foi pelas obras da lei que re-
cebestes o Espírito, ou por terdes acre-
ditado na pregação? 3Sois a tal ponto
sem inteligência que, depois de terdes
começado pelo Espírito, agora chegais
ao fim pela carne?† 4Foi em vão que
enfrentastes tantos sofrimentos? Seria
realmente em vão. 5Aquele, pois, que
vos dá o Espírito sem medida e opera
entre vós milagres, ele o faz graças às
obras da lei ou porque acreditastes na
pregação?

O testemunho da Escritura: a fé e a lei†. 6Foi assim que "Abraão creu em
Deus, e isso lhe foi computado como
justiça". 7Compreendei isto: os que
vivem da fé* são esses os filhos de
Abraão. 8E a Escritura, prevendo que
Deus justificaria os pagãos pela fé, pre-
anunciou a Abraão esta boa nova: "Em
ti serão abençoadas* todas as nações".
9Assim, os que vivem da fé são abenço-
ados com Abraão, o homem da fé.
10Com efeito, todos os que vivem das
obras da lei incorrem numa maldição,
pois está escrito: "Maldito seja quem
não é fiel a todos os preceitos escritos
no livro da lei para os praticar"†. 11É
evidente que a lei não pode justificar
ninguém diante de Deus,* pois "o justo
viverá pela fé". 12Ora, a lei não procede

* **2**,16. At 15,10s; Rm 3,20.28; 4,5; 11,6; Sl 143,2; Ef 2,8 | 19. Rm 6,10; 7,6 | 20. Jo 13,1; 17,23; 1Jo 3,16; Ap 1,5 | **3**,1. Gn 15,6; Rm 4,3 | 7. Gn 15,6; 18,18; At 3,25 | 8. Gn 12,3; Rm 4,16; Dt 27,26 | 11. Tg 2,10; Hab 2,4; Rm 1,17 | 12. Lv 18,5

† **2**,15. Para os judeus, todo pagão é pecador, é impuro. Mas Paulo ensina que todos, judeus ou pagãos, são pecadores, Rm 3,9, e precisam da fé para chegar à salvação, Rm 11,32. | 16. É pela redenção realizada por Cristo que passamos ao estado de justiça e santidade, por meio de uma transformação interior que elimina o pecado. | 17. Se a lei mosaica tivesse valor, abandoná-la para aderir a Cristo seria cair em pecado. | 18. Se Paulo restaurasse a lei, tornar-se-ia "transgressor" do novo mandamento que ordena viver para Deus. | 20. Cristo ressuscitado vive no coração de seus fiéis. A vida deles é atraída por Cristo ao seio da vida divina, Cl 3,1-3, a fim de que não vivam mais para si mesmos, mas para Cristo, 2Cor 5,15. | **3**,3. Paulo refere-se à circuncisão, que os pregadores judeus consideravam necessária para a salvação. | 6. Paulo vai mostrar que só os que têm fé em Cristo são verdadeiros descendentes de Abraão e beneficiários das promessas que Deus lhe fez. | 10. Paulo afirma claramente que os judeus não eram fiéis a todas as prescrições da lei mosaica, At 15,10.

da fé; ao contrário* diz que "quem pra-
ticar esses preceitos viverá por eles".
13 O Cristo nos resgatou da maldição
da lei, fazendo-se ele próprio maldição
por nós, porque está escrito: "Maldito
seja aquele que pende* do madeiro",
14 a fim de que em Cristo Jesus a bên-
ção de Abraão passasse aos pagãos e
nós recebêssemos pela fé a promessa
do Espírito.

A lei e as promessas. 15 Irmãos, vamos
partir do plano humano: um testamen-
to, devidamente ratificado, que, no
entanto, não é mais que um documen-
to humano, não se anula nem recebe
modificações. 16 Ora, foi a Abraão que
as promessas* foram dirigidas e a sua
descendência. A Escritura não diz: "e
aos descendentes" como se fossem
muitos; indica apenas um: "e a tua des-
cendência", isto é, Cristo. 17 Ora, eis o
que penso: um testamento já estabe-
lecido por Deus na devida forma não
pode ser invalidado pela lei, que veio
quatrocentos e trinta anos depois,*
anulando assim a promessa. 18 Pois se a
herança se obtém em virtude da lei,* já
não é em virtude da promessa: ora, foi
por uma promessa que Deus concedeu
a Abraão seu favor.

Função provisória da lei. 19 Então para
que a lei?* Foi acrescentada em vis-
ta das transgressões†, até a vinda da
descendência, à qual estava destinada
a promessa, promulgada por meio de
anjos através de um mediador. 20 Ora,
não existe mediador, quando a pessoa
é uma só e Deus é um só†. 21 Portanto,
a lei é contra as promessas de Deus?*
De modo nenhum! Com efeito, se nos
tivesse sido dada uma lei capaz de co-
municar a vida, então de fato a justiça
procederia da lei. 22 Mas a Escritura en-
cerrou tudo* debaixo do pecado†, a fim
de que a promessa, pela fé em Jesus
Cristo, fosse concedida aos que creem.

Filhos de Deus pela fé em Cristo.
23 Todavia, antes que viesse a fé, estáva-
mos presos debaixo da guarda da lei,
à espera da fé que devia* revelar-se.
24 Assim, a lei nos serviu de educadora†
até Cristo, para obtermos da fé nossa
justificação. 25 Mas, com a vinda da fé,
não estamos mais sob a guarda dessa
educadora. 26 Pois vós todos* sois filhos
de Deus pela fé em Cristo Jesus. 27 To-
dos os que fostes batizados em Cristo
vos revestistes de Cristo†. 28 Não exis-
te mais judeu nem grego;* não existe
mais escravo nem livre; não existe mais
homem nem mulher: porque todos vós
sois um só em Cristo Jesus. 29 E se vós
sois de Cristo, sois, então, descendên-
cia de Abraão, herdeiros segundo a
promessa.

4 **A adoção divina.** 1 Eis o que pen-
so: por todo o tempo da menori-
dade,* o herdeiro, embora proprietário
de todos os bens, em nada difere de
um escravo, 2 mas está sob a guar-
da dos tutores e curadores até a data
marcada pelo pai. 3 Também nós, quan-
do menores, estávamos sob o domínio
dos elementos do mundo†. 4 Mas quan-
do chegou a plenitude* dos tempos†,
Deus enviou seu Filho, nascido de uma
mulher, nascido sujeito à lei, 5 para res-

---

* **3**,13. Dt 21,23; 2Cor 5,21; Rm 8,3 | 16. Gn 12,7; 13,15; 17,7 | 17. Êx 12,40 | 18. Rm 4,14; 11,6 | 19. At 7,38.53; Hb 2,2 | 21. Rm 7,7; 8,2ss | 22. 4,3; Rm 3,9-19; 11,32 | 23. Rm 10,4 | 26. Jo 1,12; Rm 6,3; 8,17; 13,14 | 28. Rm 9,7; 10,12; 1Cor 12,13; Cl 3,11 | **4**,1. 3,23; Cl 2,20 | 4. 3,13.26; Jo 1,14; Rm 1,3; 8,15

† **3**,19. A lei revela o pecado, provocando as transgressões e tornando o pecador mais responsável; manifesta-lhe seu estado de escravidão e o faz suspirar pela libertação. Paulo diz que a lei foi promulgada pelos anjos, conforme uma crença rabínica, At 7,38.53; Hb 2,2. Daí ele conclui que a lei tornava o hebreu escravo dos anjos, escravo dos "elementos do mundo", Gl 4,3. Ao libertar a humanidade da lei, Cristo também a liberta desta dependência, Cl 2,15. | 20. A lei é inferior às promessas da aliança, porque estas Deus as fez diretamente, e a lei Ele a deu por meio de um mediador. | 22. Toda a humanidade está dominada pelo pecado, Rm 3,19s; 11,32. | 24. Ver a nota em 1Cor 4,15. | 27. "Revestir-se" de alguém é adotar as disposições e a mentalidade dele, 2Cr 6,41; Jó 29,14; Rm 13,14. | **4**,3. Esses "elementos" são as forças cósmicas dirigidas pelas potências angélicas e os astros, que regiam a vida religiosa dos judeus, Gl 4,9; Cl 2,8. Pagãos e judeus estavam, pois, sujeitos a esses poderes, mas o cristão só depende de seu Criador, de quem se tornou filho graças a Cristo. | 4. O tempo estabelecido por Deus para conduzir a humanidade a sua plena maturidade dando início à era messiânica.

gatar os que estavam sujeitos à lei, a
fim de recebermos a adoção filial. 6E
porque sois filhos, Deus enviou para
nossos corações o Espírito de seu Fi-
lho, que clama: "Abbá!" Papai!† 7Assim,
já não és escravo, mas filho;* e se és
filho, és também herdeiro pela vontade
de Deus.

Não voltar à escravidão. 8Outrora,
porém, ignorando a Deus, servistes a
deuses que na verdade não são deu-
ses; 9mas agora que conhecestes a
Deus, ou antes, que fostes conhecidos
por ele†, como é que podeis voltar para
aqueles elementos fracos e miseráveis,
querendo de novo ser escravos deles
como antes? 10Ficais guardando dias,*
meses, estações, anos! 11Receio que te-
nha sido inútil meu cansaço por vós...

Recordações pessoais. 12Tornai-vos
semelhantes a mim, pois me fiz se-
melhante a vós, irmãos, é o que vos
peço. Em nada me ofendestes. 13Sabeis
que foi por causa de uma doença que
vos anunciei o Evangelho a primeira
vez 14e, apesar da provação que era
para vós esse corpo enfermo, vós não
mostrastes desprezo nem desgosto,
mas me acolhestes como a um anjo
de Deus, como a Cristo Jesus. 15Onde
estão, pois, as felicitações que me di-
rigíeis? Pois eu vos dou este teste-
munho: se fosse possível, vós tiraríeis
vossos olhos para dá-los a mim. 16Será
que me tornei vosso inimigo dizendo-
-vos a verdade? 17Não é com reta in-
tenção que eles se interessam por vós:
querem separar-vos de mim, para que
vos ocupeis deles. 18É bom, porém, ser
objeto de atenções bem-intencionadas
em qualquer tempo, e não só quando
estou perto de vós, 19meus filhinhos,*
que de novo estou dando à luz na dor,
até que Cristo seja formado em vós.

20Quem me dera estar perto de vós
neste instante para adaptar meu tom
de voz, pois não sei como tratar disso
convosco.

As duas alianças. 21Dizei-me, vós que
quereis submeter-vos à lei: não ouvis
o que diz a lei? 22Pois está escrito que
Abraão teve dois filhos,* um da escra-
va e o outro da mulher livre; 23mas o
da escrava nasceu de modo natural;
o da mulher livre, em virtude da pro-
messa. 24Existe aí um simbolismo: essas
mulheres representam duas alianças;
a primeira a do monte Sinai, que gera
para a escravidão, é Agar, 25pois o Si-
nai está na Arábia, e ela corresponde à
Jerusalém atual, que de fato é escrava
com seus filhos. 26Mas a Jerusalém do
alto é livre,* e é esta a nossa mãe. 27Pois
está escrito:

"Alegra-te, estéril, que não dás à luz,
solta gritos de alegria,
tu que não conheces as dores do
parto;
pois mais numerosos são os filhos da
abandonada
do que os filhos da mulher casada"†.

28Ora, vós, meus irmãos, sois filhos
da promessa* à maneira de Isaac.
29Mas como naquele tempo o filho
nascido de modo natural perseguia o
filho nascido de modo sobrenatural,
ainda hoje é assim. 30Mas o que diz a
Escritura?* "Expulsa a escrava e seu fi-
lho, pois o filho da escrava não deve
herdar com o filho da mulher livre".
31Por isso, irmãos, não somos filhos de
uma escrava, mas de uma mulher livre.

III. NORMAS DE VIDA CRISTÃ (5–6)

5 **A liberdade do cristão.** 1Foi para
ficarmos livres* que Cristo nos li-
bertou. Continuai, portanto, firmes, e
não vos deixeis prender de novo ao
jugo da escravidão†. 2Sou eu, Paulo,
que vos digo: se vos fazeis circuncidar,

* **4**,7. 3,29; Rm 8,16s | 10. Rm 14,5; Cl 2,16 | 19. 1Cor 4,15; Hb 12,22 | 22. Gn 16,5; 21,2; Rm 9,7 | 26. Ap 21,2; Is 54,1 | 28. Gn 21,9 | 30. Gn 21,10s | **5**,1. 2,4; 5,13; Jo 8,32.36; 1Cor 16,13

† **4**,6. A oração exclusiva do Filho, Mc 14,36, torna-se oração do cristão, que é filho no Filho, Rm 8,15 | 9. "Conhecidos" tem o sentido de amados. | 27. A Igreja, que agora parece uma esposa abandonada e perseguida, será mãe de muitos filhos, porque Deus está com ela. | **5**,1. Voltar a praticar a lei mosaica seria recusar a liberdade obtida pela fé, Rm 6,15

Cristo de nada vos servirá. 3De novo declaro a todo aquele que se faz circuncidar: ele está obrigado à observância integral da lei. 4Vós rompestes com o Cristo, se estais procurando a justiça na lei; decaístes da graça. 5Pois quanto a nós, é pelo Espírito, em virtude da fé, que aguardamos a justiça esperada. 6De fato, em Cristo Jesus* nem circuncisão, nem incircuncisão valem, mas só a fé que age pelo amor. 7Vossa corrida ia bem; quem vos impediu de obedecer à verdade? 8Com certeza essa sugestão não vem daquele que vos chama. 9Um pouco de fermento* faz a massa inteira fermentar. 10Tenho no Senhor confiança a vosso respeito, de que não tereis outro sentimento; mas quem vos perturba* sofrerá sua condenação, seja quem for. 11Quanto a mim, se ainda prego a circuncisão, por que sou ainda perseguido? Então acabou o escândalo da cruz! 12Que cheguem até a mutilação os que vos perturbam!

O Espírito e a carne. 13Irmãos, fostes chamados à liberdade,* mas não a uma liberdade que sirva de pretexto para viver no erro. Ao contrário, pelo amor colocai-vos a serviço uns dos outros, 14porque toda a lei está contida numa só palavra: "amar ao próximo* como a si mesmo". 15Mas se vos mordeis e vos devorais uns aos outros, cuidado para não vos destruirdes mutuamente!

16Ora, eu vos digo: caminhai segundo o Espírito* e não satisfareis os desejos da carne. 17Pois a carne tem desejos contrários ao Espírito, e o Espírito tem desejos contrários à carne: os dois estão em conflito, de modo que não fazeis o que gostaríeis de fazer. 18Mas se vos deixardes guiar pelo Espírito, não estareis mais sujeitos à lei. 19De resto, são bem conhecidas as obras da carne:* imoralidade, impureza, libertinagem, 20idolatria, feitiçaria, ódios, brigas, ciúmes, cobiça, discórdia, divisões, 21inveja, bebedeiras, orgias e coisas semelhantes; a respeito dessas coisas vos previno, como já o fiz, que quem as comete não herdará o Reino de Deus. 22Mas o fruto do Espírito* é amor, alegria, paz, paciência, delicadeza, bondade, fidelidade, 23mansidão, domínio de si: contra tais coisas não existe lei. 24Ora, os que são de Cristo Jesus crucificaram sua carne com suas paixões e seus desejos†. 25Se vivemos pelo Espírito,* caminhemos também pelo Espírito. 26Não busquemos a vanglória, provocando-nos uns aos outros, invejando-nos mutuamente.

6 **Caridade e humildade.** 1Irmãos, mesmo que alguém* seja apanhado em falta, vós que sois espirituais†, corrigi-o com espírito de mansidão, vigiando sobre ti mesmo, para não caíres tu também na tentação. 2Carregai os fardos uns dos outros, e assim cumprireis a lei de Cristo†. 3Pois, se alguém julga ser alguma coisa, quando não é nada, ele se ilude. 4Que cada um examine sua própria conduta* e então encontrará em si só e não nos outros ocasião de se gloriar; 5pois cada um levará seu próprio fardo.

6Que o discípulo faça participar* de toda sorte de bens aquele que lhe ensina a Palavra.

7Não vos enganeis; de Deus não se zomba. Cada um colherá o que tiver semeado: 8quem semeia em sua carne* colherá da carne a corrupção; quem semeia no espírito colherá do espírito a vida eterna. 9Não nos cansemos de fazer o bem;* pois a seu tempo colheremos, se não perdermos o ânimo.

---

* **5**,6. 6,15; 1Cor 7,19 | 9. 1Cor 5,6 | 10. 1Cor 1,23 | 13. 1Pd 2,16; 1Cor 8,9 | 14. Lv 19,18 | 16. Rm 7,15.23; 8,4; 1Pd 2,11 | 19. Rm 6,14; 8,14; 1Cor 6,9s; Ef 5,5; Ap 22,5 | 22. Ef 5,9; 2Cor 6,6; Rm 6,6; Cl 3,5 | 25. 5,16; Rm 8,14; Fl 2,3 | **6**,1. Mt 18,15; Tg 5,19; Rm 15,1 | 4. 2Cor 13,5 | 6. Rm 14,12; 1Cor 9,14 | 8. Rm 8,6; Cl 2,22 | 9. 2Ts 3,13

† **5**,24. O cristão, crucificado com Cristo mediante a fé e o Batismo, 2,19, morreu não só para a lei, mas também para sua carne, para seu "eu" com todas as suas tendências terrenas e degradantes, 6,14. **6**,1. São espirituais os que se deixam guiar pelo Espírito Santo. | 2. A lei de Cristo, ou lei da fé, Rm 3,27, ou lei do Espírito que dá a vida, Rm 8,2, é um dinamismo vital, um impulso espiritual, é o domínio do amor de Deus sobre o cristão, fazendo-o viver na solidariedade e no serviço aos outros.

o plano benigno que ele, com ante-
cedência, concebera em Cristo,
[10]para realizá-lo na plenitude dos
tempos:*
reunir todas as coisas,
– as que estão no céu e as que estão
na terra –
sob uma só cabeça, o Cristo†.
[11]Foi nele que também fomos feitos
herdeiros,
tendo sido predestinados
conforme o plano daquele que tudo
realiza segundo sua vontade,
[12]para servirmos a seu louvor e gló-
ria,
nós, que já antes esperávamos em
Cristo.
[13]Nele também vós,
depois que ouvistes a Palavra da ver-
dade,
o Evangelho da salvação,
e nele crestes,
fostes marcados* com o sinal do Es-
pírito Santo prometido†,
[14]que é a garantia de nossa herança,
visando à completa redenção daque-
les que Deus adquiriu para si
em louvor de sua glória.
Cristo, cabeça da Igreja. [15]É por isso
que eu próprio,* tendo ouvido falar de
vossa fé no Senhor Jesus e de vosso
amor por todos os irmãos, [16]não cesso
de dar graças por vós e de recordar-
-vos em minhas orações, [17]para que o
Deus de nosso Senhor Jesus Cristo, o
Pai glorioso,* vos dê um saber e uma
revelação interior com profundo co-
nhecimento dele. [18]Possa ele iluminar
os olhos* de vossas mentes, para que
compreendais a qual esperança sois
chamados, qual tesouro é a gloriosa
herança† destinada a seus santos† [19]e
quão extraordinário é seu poder em fa-
vor de nós que cremos, conforme a efi-
cácia de sua poderosa força [20]que ele
manifestou em Cristo, quando o res-
suscitou dos mortos* e o fez sentar-se
a sua direita no céu, [21]acima de toda
soberania e autoridade, de todo poder
e dominação e de todo outro nome
que possa existir, não só neste tempo,
mas também no futuro. [22]Sim, subme-
teu tudo aos pés de Cristo* e o consti-
tuiu, acima de tudo, cabeça da Igreja,
[23]que é seu Corpo e a realização total
de Cristo†, o qual vai se completando
totalmente em todos.

2 **A gratuidade da salvação.**
[1]Também vós estáveis mortos*
em virtude de vossas faltas e pecados
[2]nos quais outrora vivestes à manei-
ra deste mundo, seguindo o príncipe*
do império do ar†, este espírito que
prossegue sua obra naqueles que são
incrédulos. [3]Entre eles estávamos tam-
bém nós todos, vivendo segundo os
desejos de nossa carne, seguindo os
caprichos da carne e os maus desejos,
de tal forma que por natureza estáva-
mos destinados à ira como os outros.
[4]Mas Deus, que é rico em misericórdia,
movido pelo grande amor* com que
nos amou, [5]quando estávamos mor-
tos por causa de nossos pecados, nos
fez reviver com Cristo. É por graça que
fostes salvos! [6]Com ele nos ressusci-
tou e com ele nos fez sentar nos céus,
em Cristo Jesus†. [7]Quis assim mostrar,
nos séculos futuros, a extraordinária

* **1**,10. 3,9ss; Gl 4,4; Cl 1,5.16; Rm 8,28; 1Tm 2,4 | 13. 2Cor 1,22; 5,5 | 15. Cl 1,4.9; Fm 4s; 1Ts 1,2; Rm 1,9 | 17. Cl 1,9-12 | 18. Ef 4,4 | 20. Cl 1,16; 2,10.12; 2Cor 13,4; Sl 110,1; Mt 22,44 | 22. 4,10.15; Sl 8,6; Cl 1,18s; 1Cor 12,27; 15,24-28 | **2**,1. 2,5; 5,6; 6,12; Cl 2,13; 3,7; Tt 3,3; Jo 12,31 | 2. Cl 3,6; Jo 3,36 | 4. 1,7; 2,1; Cl 2,13; Rm 6,13; 8,10.30; At 15,11; Fl 3,20s

† **1**,10. Cristo regenera e reagrupa o mundo inteiro debaixo de sua autoridade para reconduzir todos a Deus. "A Igreja crê que a chave, o centro e o fim de toda a história humana se encontram em seu Senhor e Mestre" (Vat. II). | 13. O dom do Espírito é o coroamento da obra de salvação, 2Cor 1,22. | 18. Esta herança é o conjunto dos bens que Deus promete e concede aos homens na salvação. / "Santos" é um termo comum para designar os cristãos, mas aqui poderia significar os anjos, a comunidade do céu, como também em Cl 1,12. | 23. Lit. "a plenitude de Cristo", porque "abrange de certa forma todo o mundo novo, que participa da regeneração universal. A Igreja é Corpo de Cristo porque contém em si toda a humanidade salva, que adere a Cristo como sua Cabeça" (P. Benoît). | **2**,2. Conforme uma tradição judaica, os ares são a morada dos espíritos malignos, liderados por Satanás, 6,12. | 6. Nos céus, onde já está a Cabeça, é natural que estejam também os membros.

riqueza de sua graça, manifestada em sua bondade para conosco, em Cristo Jesus. [8]Foi por essa graça que fostes salvos,* por meio da fé. E isso não vem de vós, é dom de Deus; [9]nem vem das obras, para que ninguém possa gloriar-se. [10]Com efeito, nós somos obra sua, pois fomos criados em Cristo Jesus em vista das boas obras que Deus preparou,* já antes, para serem por nós praticadas.

Gentios e judeus unidos em Cristo. [11]Lembrai-vos, pois, de que outrora vós, os pagãos de nascimento, chamados incircuncisos por aqueles que se chamam circuncisos, por causa de uma operação feita na carne, [12]lembrai-vos de que naquele tempo* estáveis sem Cristo, sem direito de cidadania em Israel, estranhos às alianças da promessa, sem esperança e sem Deus neste mundo. [13]Mas agora, em Cristo Jesus, vós, que outrora estáveis longe, fostes trazidos para perto, graças ao sangue de Cristo. [14]Pois ele é nossa paz†: dos dois povos* ele fez um só povo† derrubando por meio de sua carne o muro de ódio que havia entre eles, [15]abolindo a lei com seus preceitos e decretos, para criar em si mesmo, dos dois, um só homem novo†, fazendo as pazes, [16]e para reconciliá-los* com Deus num só corpo por meio da cruz, destruindo em si mesmo a inimizade. [17]Ele veio anunciar a boa nova da paz a vós que estáveis longe e paz àqueles que estavam próximos†. [18]Por meio dele nós podemos, uns e outros, aproximar-nos do Pai, num só Espírito.

[19]Assim, pois, vós já não sois estrangeiros* nem hóspedes, mas sois concidadãos dos santos e membros da família de Deus, [20]edificados sobre o fundamento dos apóstolos e dos profetas, e tendo como pedra angular o próprio Cristo Jesus. [21]Nele, toda construção* cresce bem ordenada para ser templo santo no Senhor; [22]nele, vós também sois integrados na construção, para vos tornardes morada de Deus no Espírito.

3 **Paulo, anunciador do mistério de Cristo.** [1]É por isso que eu, Paulo, prisioneiro de Cristo Jesus,* por vós, os pagãos... [2]Com certeza ouvistes falar do ministério* da graça de Deus, a mim confiado em benefício vosso: [3]como por revelação me foi dado conhecer o mistério† do qual já vos falei brevemente acima. [4]Lendo o que escrevi, podeis perceber a compreensão que tenho do mistério de Cristo. [5]Este mistério não foi manifestado aos homens dos tempos passados, como foi agora revelado a seus santos apóstolos e profetas, no Espírito. [6]Este mistério é que os pagãos são chamados, em Cristo Jesus, a participar da mesma herança,* a formar o mesmo corpo e a participar da mesma promessa por meio do Evangelho†, [7]do qual fui feito ministro* pelo dom da graça que Deus me confiou, mostrando em mim seu poder.

[8]A mim, o menor de todos os santos†, foi confiada a graça de anunciar aos pagãos as insondáveis riquezas de Cristo, [9]de esclarecer a todos como se realiza o mistério escondido* desde séculos em

---

* **2**,8. Gl 2,16 | 10. Jo 4,10; Rm 3,28; 1Cor 1,29; Tt 2,14 | 12. 5,8; Rm 9,4; 1Ts 4,13; Is 57,19; Cl 1,20 | 14. Cl 2,14s; Is 9,6 | 16. Cl 1,20ss; Is 57,19; Zc 9,10 | 19. 3,6.12; Is 28,16; Mt 16,18 | 21. 1Cor 3,11; Cl 2,19; 1Pd 2,5s | **3**,1. 4,1 | 2. 1,9; Fl 1,7.13; Cl 1,24s; 1Cor 4,1 | 6. 2,13.18; Cl 1,26 | 7. Cl 1,25ss.29; 1Cor 15,9s; Gl 1,16; Rm 16,25 | 9. 1Pd 1,12; Rm 11,33

† **2**,14. Para S. Agostinho a paz é a tranquilidade da ordem, é fruto da justiça (Is 32,17), efeito da caridade. A paz terrestre é imagem e fruto da paz de Cristo, o Príncipe da paz messiânica (Is 9,5). Pelo sangue de sua cruz ele matou a inimizade na própria carne (Ef 2,16), reconciliou os homens com Deus e fez de sua Igreja o sacramento da unidade do gênero humano e de sua união com Deus. Ele é nossa paz (Ef 2,14). / Os dois povos, antes separados e agora reunidos, são os judeus e os pagãos. O muro que os separava era a lei mosaica. | 15. O homem novo é o modelo da nova humanidade que Deus recriou na pessoa de Cristo Ressuscitado. | 17. Por meio de Cristo, tanto os gentios (os de longe) como os judeus (os próximos) são reconciliados com Deus. | **3**,3. O "mistério" é o plano divino de reunir numa só Igreja judeus e pagãos, v. 6. | 6. Derrubado o muro de separação com que o povo eleito era protegido para se manter afastado da idolatria, agora todos os povos são chamados a receber os benefícios da Redenção de Cristo. | 8. Provavelmente, os apóstolos.

Deus, o criador do universo. [10]E assim,
agora, manifesta-se, através da Igreja,
às soberanias e autoridades celestes
a multiforme sabedoria de Deus, [11]de
acordo com o desígnio eterno realizado
em Cristo Jesus, nosso Senhor, [12]o qual
nos dá a coragem* de aproximar-nos de
Deus com plena confiança, pela fé nele.
[13]Assim, pois, eu vos peço que não vos
deixeis abater pelas provações que su-
porto por vós, pois elas são vossa glória!
Oração de Paulo. [14]Por isso, dobro os
joelhos diante do Pai, [15]do qual toma o
nome toda paternidade nos céus e na
terra, [16]para que vos conceda, segundo
a riqueza de sua glória,* que sejais ro-
bustecidos poderosamente por seu Es-
pírito, no homem interior†. [17]Que Cris-
to habite pela fé em vossos corações
e, assim, enraizados e consolidados
no amor, [18]possais compreender com
todos os santos qual a largura, o com-
primento, a altura e a profundidade†,
[19]e conhecer o amor de Cristo, que su-
pera todo conhecimento,* para serdes
repletos de toda a plenitude de Deus.
[20]Àquele, que em tudo tem poder* de
fazer muito mais do que possamos pe-
dir ou pensar, segundo o poder já ativo
em nós, [21]a ele a glória na Igreja e em
Cristo Jesus, por todas as gerações nos
séculos dos séculos! Amém.

II. EXORTAÇÕES PARA VIVER A FÉ CRISTÃ (4–6)

4 **Viver na unidade**†. [1]Eu, que es-
tou preso por causa do Senhor,*
exorto-vos a viver de maneira digna da
vocação à qual fostes chamados; [2]em
toda humildade, mansidão e paciência,
suportando-vos uns aos outros com
amor, [3]esforçando-vos para conservar
a unidade do Espírito por meio da paz
que vos une. [4]Há um só Corpo* e um
só Espírito, como também há uma só
esperança à qual fostes chamados, a de
vossa vocação. [5]Há um só Senhor, uma
só fé, um só batismo; [6]há um só Deus e
Pai de todos,* que está acima de todos,
que age por meio de todos e em todos
está presente. [7]No entanto, cada um de
nós recebeu a graça* segundo a medi-
da do dom de Cristo. [8]Por isso está es-
crito: "Subindo às alturas ele conduziu
cativos, concedeu dons aos homens"†.
[9]Que quer dizer "ele subiu", senão
que ele também desceu às regiões in-
feriores da terra?† [10]Aquele que desceu
é o mesmo que também subiu acima
de todos os céus a fim de completar
todas as coisas. [11]Foi ele também que
concedeu a uns ser apóstolos,* a outros
ser profetas, ou ainda evangelistas, ou
pastores, ou mestres, [12]para capacitar
os irmãos para a obra do ministério, em
vista da construção do Corpo de Cristo,
[13]até chegarmos todos à unidade da fé†
e do conhecimento do Filho de Deus, ao
estado de homem perfeito†, até atingir-
mos a medida da plenitude de Cristo.*
[14]Assim, não seremos mais crianças†
que se deixam arrastar pelas ondas e
carregar por todo vento de doutrina, à
mercê da impostura dos homens e de
sua astúcia para induzir a erro. [15]Ao con-
trário, vivendo segundo a verdade na
caridade, cresceremos de toda manei-
ra em direção Àquele que é a Cabeça,*
o Cristo, [16]do qual todo o Corpo recebe
coordenação e coesão, por meio de toda

* **3**,12. Rm 5,2; Hb 4,16; Cl 1,24; 2Ts 2,10 | 16. Cl 1,11; 2,7; 1Pd 3,4; Jo 14,23 | 19. Cl 1,29; 2,2s | 20. 1,19; Rm 16,25ss | **4**,1. 3,1; Cl 1,10; 3,12-15 | 4. 2,16.18; Rm 12,5 | 6. Jo 10,16; 1Cor 12,6 | 7. Rm 12,3.6; 1Cor 12,11; Sl 68,19; Jo 3,13 | 11. 1Cor 12,28; Cl 1,28; 1Pd 2,5 | 13. 1Cor 14,20; Hb 13,9 | 15. 1,10.22; Cl 1,18; 2,10.19

† **3**,16. É o homem livre do domínio das paixões, que vive dos apelos do Evangelho de Cristo. | 18. Modo popular de indicar a totalidade, a imensidão do mistério e do amor de Cristo. | **4**. Visto que a comunhão entre os homens está enraizada na união com Deus, a Igreja é também o sacramento da unidade do gênero humano. Nela esta unidade já começou, pois ela congrega gente de toda nação, raça, povo e língua, Ap 7,9. | 8. Refere-se à ascensão de Cristo e ao dom do Espírito Santo que ele enviou aos seus. | 9. Cristo, que tinha descido à terra pela Encarnação, desceu até ao lugar dos mortos, imaginado como subterrâneo, 1Pd 3,19. | 13. Os carismas são diversos, manifestando as riquezas do Espírito Santo, mas devem servir à unidade da Igreja. / Homem perfeito é o cristão em sua plena maturidade. Jesus vai formando-se em nós gradualmente, Gl 4,19, e também vai completando-se em sua Igreja, 1,23. | 14. Imaturos espiritual e intelectualmente.

espécie de articulações que o alimentam
e acionam, segundo a energia de cada
parte, realizando assim seu crescimento
para a edificação de si mesmo no amor†.
A santidade cristã. 17Eu vos suplico e
vos exorto no Senhor* a não vos com-
portardes mais como os pagãos, que ca-
minham na vaidade de seus pensamen-
tos 18e têm seu entendimento imerso
em trevas: tornaram-se estranhos à vida
de Deus por causa da ignorância que
acarretou neles o endurecimento do
coração 19e, embotado seu senso moral,
caíram na devassidão a ponto de se en-
tregarem a uma impureza desenfreada.
20Mas vós, não foi assim que aprendes-
tes a conhecer a Cristo, 21se é que lhe
destes ouvidos e nele fostes instruídos,
segundo a verdade que está em Jesus,
22para abandonardes vosso modo an-
terior de viver* e despojar-vos daquilo
que é caduco† e vai corrompendo-se
pelos desejos enganadores, 23para vos
renovardes por uma transformação es-
piritual de seu entendimento 24e vos
revestirdes do novo ser, que foi criado
à imagem de Deus, na justiça e na santi-
dade verdadeiras.
Viver como filhos da luz. 25Por isso,
eliminando a mentira,* cada um diga a
verdade a seu próximo, porque somos
membros uns dos outros. 26Na ira não
pequeis: que o sol não se ponha sobre
vossa ira 27e não deis chance ao diabo.
28Aquele que roubava* não roube mais;
antes, trabalhe, fazendo o bem com suas
mãos, para ter como socorrer os neces-
sitados. 29De vossa boca não deve sair
nenhuma palavra má; ao contrário, dizei
alguma boa palavra, capaz de edificar
quando necessário e de fazer bem aos
que a ouvem. 30Não entristeçais o Espíri-
to Santo* de Deus†, com o qual fostes as-
sinalados para o dia da redenção†. 31Ex-
pulsai de vossas vidas toda amargura,
ira e indignação, clamor e maledicência,
bem como toda malícia. 32Ao contrário,
sede bondosos* e compassivos uns com
os outros, sabendo perdoar uns aos ou-
tros como Deus vos perdoou em Cristo.

5 **A vida nova em Cristo.** 1Sede imi-
tadores de Deus* como filhos que-
ridos 2e vivei no amor, como também
Cristo vos amou e se entregou por nós,
oferecendo-se a Deus em sacrifício de
suave perfume. 3Quanto à imoralidade
e toda espécie de impureza,* ou tam-
bém a ambição, que nem se fale disso
entre vós, como convém a um povo
santo. 4Assim também as grosserias,
ditos picantes ou maliciosos: tudo isso
não convém; fazei ouvir, antes, ações de
graças. 5Pois ficai sabendo que nenhum
impuro ou impudico, ou ambicioso –
que é um idólatra – terá parte no Reino
de Cristo e de Deus. 6Que ninguém vos
engane* com vãos raciocínios: são justa-
mente estas coisas que atraem a cólera
de Deus sobre os que lhe resistem. 7Por-
tanto, não tenhais nada de comum com
eles. 8Pois outrora éreis trevas, mas ago-
ra sois luz no Senhor: caminhai como fi-
lhos da luz†; 9pois o fruto da luz consiste
em toda a espécie de bondade, justiça e
verdade. 10Procurai o que é agradável*
ao Senhor 11e não participeis das obras
estéreis das trevas; pelo contrário, de-
nunciai-as, 12porque é vergonhoso até
falar das coisas que estas pessoas fazem
secretamente. 13Mas quando tudo isso
é denunciado, é na luz que se vê apare-
cer; 14pois é luz tudo o que é manifesto.*
É por isso que se diz: "Acorda, tu que
dormes, e levanta-te do meio dos mor-
tos, que Cristo te iluminará"†.

* **4**,17. 2,12; Rm 1,21; Cl 1,21; 3,5 | 22. Cl 3,8ss; Gl 6,8; 1Pd 2,11; Rm 6,4; 12,2 | 25. Zc 8,16; Tg 1,19; Sl 4,5 | 28. 5,4; 1Ts 4,11; Cl 3,8; 4,6 | 30. 1,13s; Is 63,10; Cl 3,8.12s | 32. Mt 6,14; 18,22-35 | **5**,1. 5,23; Mt 5,48; Gl 2,20; Rm 14,15; Hb 10,10 | 3. 4,29; Cl 3,5.8; 1Cor 6,9s | 6. Cl 1,13; 2,4; Rm 1,18; 1Pd 2,9 | 10. Rm 12,2; 16,17; 2Ts 3,6; Jo 3,20s | 14. Is 26,19ss; 51,17; 52,10; 60,1; Rm 13,11

† **4**,16. É a caridade que faz a Igreja crescer harmoniosamente, 1Cor 12,13s. | 22. Lit. "depor o homem velho", isto é, adotar um comportamento adequado à nova humanidade. | 30. Toda ofensa ao próximo é ofensa ao Espírito Santo, porque Ele mora em cada cristão. / O dia do retorno glorioso de Cristo. **5**,8. A expressão que consta também nos Evangelhos, Lc 16,8, designa os que acolhem a luz de Deus. | 14. Citação de um hino da Igreja primitiva, usado talvez na celebração do Batismo, considerado como uma iluminação da pessoa por Cristo, Hb 6,4; 1Pd 2,9.

[15]Vede, pois, cuidadosamente como
procedeis,* não como tolos, mas como
sábios, [16]aproveitando bem o tempo
presente, pois os dias são maus. [17]Por
isso, não sejais imprudentes, mas com-
preendei qual é a vontade do Senhor.
[18]E não vos embriagueis* com vinho, o
que leva à devassidão, mas sede cheios
do Espírito. [19]Recitai entre vós salmos,
hinos e cânticos espirituais, cantando e
louvando o Senhor de todo o coração.
[20]Sempre e por tudo rendei graças a
Deus Pai, em nome de nosso Senhor
Jesus Cristo.
Virtudes dos esposos. [21]Sede sub-
missos uns aos outros* no temor de
Cristo. [22]As mulheres sejam submis-
sas a seus maridos, como ao Senhor,
[23]porque o marido é o chefe da mu-
lher, como também Cristo é o chefe da
Igreja e o salvador de seu Corpo. [24]E
como a Igreja está sujeita a Cristo, as-
sim as mulheres estejam em tudo su-
jeitas a seus maridos. [25]Maridos, amai
vossas mulheres, como Cristo amou a
Igreja e se entregou por ela†, [26]a fim
de santificá-la, purificando-a median-
te o batismo de água, que a palavra
acompanha, [27]para apresentar a si
mesmo a Igreja, gloriosa, sem mancha
nem ruga, nem algo semelhante, mas
santa e imaculada. [28]Assim também
os maridos devem amar suas esposas
como a seus próprios corpos. Quem
ama a esposa ama a si mesmo. [29]E nin-
guém jamais odiou sua própria carne†,
mas, ao contrário, alimenta-a e dela
cuida, como Cristo faz com a Igreja,
[30]pois somos membros de seu Corpo.*
[31]"Por isso o homem deixará pai e mãe
e se unirá a sua mulher, e serão os dois
uma só carne". [32]Este mistério é gran-
de; eu o digo em relação a Cristo e à
Igreja†. [33]Assim, pois, cada um de vós
ame sua mulher como a si mesmo, e
a mulher seja respeitosa para com o
marido.

6 **Virtudes dos filhos e dos servos.**
[1]Filhos, obedecei a vossos pais,* no
Senhor, pois isto é justo. [2]"Honra teu pai
e tua mãe"; é este o primeiro manda-
mento ao qual está ligada uma promes-
sa: [3]"para que sejas feliz e gozes de uma
vida longa sobre a terra". [4]E vós, pais,
não irriteis vossos filhos, mas educai-os
na disciplina e na correção do Senhor.
[5]Servos, obedecei aos senhores des-
te mundo com temor e respeito, em
simplicidade de espírito, como a Cristo,
[6]não apenas com uma obediência exte-
rior* que procura agradar aos homens,
mas como servos de Cristo, cumprindo
de coração a vontade de Deus, [7]servin-
do de boa vontade, como se o serviço
fosse para o Senhor e não para os ho-
mens, [8]na certeza de que cada um re-
ceberá* do Senhor segundo o que tiver
feito de bom, seja ele servo ou livre. [9]E
vós, senhores, comportai-vos do mes-
mo modo em relação a eles,* deixando
de lado as ameaças, sabendo que o Se-
nhor deles e vosso está nos céus, e que
ele não faz acepção de pessoas.
Armas para a luta espiritual. [10]Enfim,
sede fortes no Senhor* e no poder de
sua força. [11]Revesti-vos da armadura
de Deus, para que possais resistir às
insídias do diabo. [12]Pois não é contra
sangue e carne que temos de lutar,
mas contra as soberanias e autori-
dades, contra os dominadores deste
mundo de trevas, contra os espíritos do
mal que habitam os espaços celestes†.
[13]Por isso tomai a armadura de Deus a
fim de que possais resistir no dia mau
e permanecer de pé, depois de supera-
das todas as provas.

---

* **5**,15. Cl 4,5; Rm 12,2 | 18. Pr 23,31; Cl 3,16s | 21. 1,22; Gn 3,16; 1Pd 3,1.7; 5,5; Cl 1,18.22; 3,18s; 1Cor 11,3; Hb 10,10.14; 13,12; Tt 3,5 | 30. 1,22s; Rm 12,5; 1Cor 12,27; Gn 2,24; Ap 19,7 | **6**,1. Cl 3,20s; Êx 20,12; Dt 5,16; Pr 19,1-8; 22,6 | 6. Cl 3,22s; Tt 2,9s | 8. 2Cor 5,10; Cl 3,24s; 4,1 | 9. At 10,34; Dt 10,17 | 10. 2,2; Rm 13,12; 2Cor 10,4; 1Pd 5,8s; Jo 14,30

† **5**,25. O amor mútuo entre Cristo e a Igreja torna-se fundamento e modelo para a vida conjugal. | 29. Alusão à criação de Eva, tirada da própria carne de Adão, Gn 2,18-24. | 32. "O sacramento do matrimônio introduz o homem e a mulher na fidelidade de Cristo à sua Igreja. Pela castidade conjugal eles testemunham este mistério perante o mundo" (CIC). "Mistério" aqui é o valor simbólico do matrimônio, que representa a união de Cristo e da Igreja. | **6**,12. Ver a nota em 2,2.

[14]Ficai firmes, portanto, tendo a verdade* como cinturão, a justiça como couraça [15]e, como calçado aos pés, o zelo em propagar o Evangelho da paz; [16]tendo sempre na mão o escudo da fé, graças ao qual podereis extinguir todos os dardos incendiários do Maligno; [17]tomai, finalmente, o capacete da salvação e a espada do Espírito, que é a palavra de Deus.

[18]Rezai sem cessar com todo o tipo de orações e de súplicas no Espírito, mantendo uma vigilância incansável e intercedendo por todo o povo santo. [19]Rezai também por mim,* para que, ao abrir a boca, me seja dada a palavra para anunciar com franqueza o mistério do Evangelho, [20]do qual sou embaixador em minhas prisões, e eu possa proclamá-lo com ousadia como devo.

Saudações finais. [21]Desejo que também vós saibais como estou* e o que faço; de tudo sereis informados por Tíquico, esse irmão caríssimo e fiel ministro no Senhor. [22]Eu o envio a vós expressamente para vos dar notícias nossas e para confortar vossos corações.

[23]Paz aos irmãos, amor e fé da parte de Deus Pai e do Senhor Jesus Cristo. [24]Que a graça esteja com todos* os que amam nosso Senhor Jesus Cristo com amor inabalável!

* **6**,14: Is 11,5; 59,17; Lc 12,35; 1Pd 1,13; 1Ts 5,8.17; Hb 4,12 | 19. At 4,29; Cl 4,3s; 2Cor 5,20; 2Ts 3,1; Hb 4,12; Lc 18,1; Fm 9 | 21. Cl 4,7s; Fl 1,12; At 20,4; Tt 3,12; 2Tm 4,12 | 24. 1Pd 1,8

com a ternura do Cristo Jesus. [9]E por
isso rezo, para que vosso amor cresça
cada vez mais em conhecimento e em
compreensão, [10]para que possais dis-
cernir o que é melhor* e ser íntegros
e irrepreensíveis para o dia do Cristo,
[11]repletos daqueles frutos de justiça
que nos vêm por Jesus Cristo para a
glória e o louvor de Deus.

**O cativeiro de Paulo e o progresso
do Evangelho.** [12]Desejo que saibais, ir-
mãos,* que minha situação† acabou sen-
do proveitosa para o Evangelho: [13]com
efeito, em todo o pretório† e por toda
a parte se sabe que estou preso por
Cristo, [14]e a maior parte dos irmãos, es-
timulados no Senhor por minha prisão,
redobram de audácia em proclamar sem
medo a Palavra. [15]Alguns, é certo, pre-
gam Cristo por inveja, em espírito de
rivalidade, mas outros, com bons senti-
mentos. [16]Estes últimos agem por amor,
sabendo bem que estou destinado a de-
fender assim o Evangelho; [17]quanto aos
primeiros, porém, é por espírito de intri-
ga que anunciam o Cristo; suas intenções
não são puras: imaginam agravar assim
o peso de minhas prisões. [18]Mas que im-
porta? Contanto que, de um ou de outro
modo, com hipocrisia ou sinceridade, o
Cristo seja anunciado, eu me alegro e
continuarei a me alegrar. [19]Pois sei que
isto servirá para minha salvação†, graças
a vossas orações* e ao socorro do Espí-
rito de Jesus Cristo, [20]segundo minha ar-
dente espera e minha esperança de que
em nada ficarei confundido; guardarei,
ao contrário, toda a minha segurança
de que, desta vez como sempre, o Cristo
será glorificado em meu corpo, quer eu
viva, quer eu morra.

Sentimentos e esperanças de Paulo.
[21]Porque, para mim, viver é Cristo† e
morrer é lucro. [22]No entanto, se viver
neste corpo significa trabalhar com fru-
to, já não sei o que escolher. [23]Sinto-
-me apertado* dos dois lados: de um, o
desejo de morrer para estar com Cristo,
o que é muito melhor†; [24]mas, de outro
lado, continuar vivendo é mais neces-
sário para vosso bem.

[25]Disto estou convencido: sei que
vou ficar e permanecer perto de vós
todos para vosso progresso e para ale-
gria de vossa fé, [26]a fim de que vosso
orgulho a meu respeito cresça sempre
mais em Cristo Jesus, com minha nova
vinda até vós.

Constância na luta. [27]Só vos peço que
leveis uma vida digna* do Evangelho
de Cristo, para eu constatar, se eu for
aí, ou para ouvir, se continuar ausente,
que vós continuais firmes num mesmo
espírito, lutando de comum acordo
pela fé do Evangelho, [28]sem medo al-
gum de vossos adversários. Isto é um
sinal seguro, para eles, da ruína, e para
vós, da salvação, e isto vem de Deus:
[29]pois a graça vos foi dada não só de
crer em Cristo, mas também de so-
frer por Ele, [30]empenhados no mesmo
combate* que me vistes travar e que,
como sabeis, continuo travando.

II. EXORTAÇÕES E CONSELHOS (2–4)

2 **Unidade e humildade.** [1]Então eu
vos conjuro, por tudo que pode
haver de consolação em Cristo,* de
conforto no amor, de comunhão no
espírito, de ternura e compaixão: [2]com-
pletai minha alegria, tendo todos um
mesmo modo de pensar, um só amor,
uma só alma, um só sentimento. [3]Não
façais nada por competição e vaidade.
Antes, com humildade, cada um con-
sidere os outros como superiores a si,
[4]sem procurar seu próprio interesse,
mas o dos outros.

---

* **1**,10. Rm 2,18; 12,12 Hb 5,14; Ef 5,9 | 12. 4,22; 2Tm 2,9; Ef 3,1; 4,1; Fm 1.9 | 19. 2Cor 1,11; Jó 13,16; 1Pd 4,16; Rm 1,16; Gl 2,20 | 23. 2Cor 5,6-9; Gn 2,20 | 27. Cl 1,10; Ef 4,3; 1Ts 2,12 | 30. 1,13; At 5,41; 16,22; Hb 5,10 | **2**,1. Rm 12,10; 1Cor 10,24.33

† **1**,12. Paulo refere-se a seu estado de prisioneiro, que contribuiu para a difusão do Evangelho. | 13. Pretório é a residência do Governador romano e de sua guarda nas capitais do império. | 19. Salvação pode significar aqui a libertação da prisão e/ou a redenção final. | 21. Pelo Batismo, Paulo morreu para sua vida anterior e vive agora uma existência inteiramente entregue a Cristo, Gl 2,19s. | 23. "Quero ver a Deus, e para vê-lo é preciso morrer" (Santa Teresa). "Eu não morro: entro na Vida" (Santa Teresinha).

CARTA AOS FILIPENSES

Filipos, importante colônia militar romana situada na Macedônia, deve seu nome a Filipe II, pai de Alexandre Magno, que a reconstruiu. Foi a primeira cidade da Europa a ouvir a pregação de Paulo, que lá esteve em sua segunda viagem missionária, no ano 50 (At 16,12-40), acompanhado de Silas, Timóteo e Lucas. Como os judeus de lá não tinham sinagoga, Paulo pregou na beira do rio; entre os convertidos houve uma mulher chamada Lídia, que o hospedou em sua casa. Apesar da boa acolhida que recebeu, Paulo experimentou também a perseguição, inclusive a prisão, sendo depois obrigado a sair da cidade.

A carta aos Filipenses é uma das cartas do Cativeiro. Paulo está preso (Fl 1,7.12.17), provavelmente em Éfeso, cerca do ano 53. A correspondência do Apóstolo nos deixa entrever que a conversão dos filipenses ao Evangelho foi das mais sinceras e se caracterizou por uma grande generosidade em relação aos fiéis, sobretudo a seu querido Apóstolo. Ainda que pobre, a comunidade de Filipos lhe enviou muitos socorros. Embora defendesse o direito de o operário evangélico ser mantido pela comunidade (1Cor 9,1-18), Paulo tomou como norma anunciar o Evangelho gratuitamente (2Cor 11,7), mas fez uma exceção para a igreja de Filipos, provando sua grande confiança na sinceridade da afeição deles.

Na carta, o prisioneiro Paulo não procura ensinar verdades dogmáticas nem resolver problemas da comunidade; estabelece, antes, um diálogo íntimo, onde põe seus filhos queridos a par do que lhe está acontecendo; comunica-lhes seus sentimentos pessoais e lhes agradece a solicitude para com ele. De fato, acabam de enviar um dos seus, Epafrodito, para levar-lhe algum dinheiro e oferecer-lhe seus serviços. Paulo reconhece que esta caridade é bem-vinda (4,10-20); entretanto, Epafrodito adoece gravemente, causando preocupação à comunidade (2,26). Na carta, Paulo tranquiliza seus amigos filipenses, comunicando-lhes que o doente já estava melhor. No meio de todos esses assuntos de ordem pessoal, aparecem também temas importantes da mensagem de Paulo: a comunhão fraterna em Cristo (1,27–2,4), fundamento da alegria cristã (4,4-7), preocupação pela unidade das relações internas da comunidade (2,1-5); a vida cristã é apresentada como caminhada, como corrida em direção à meta (3,12-16). Tratando da unidade, Paulo aponta para o exemplo de Cristo, numa célebre passagem (2,6-11), que parece ser a transcrição de um hino litúrgico em louvor do Cristo terrestre e celeste.

I. NOTÍCIAS PESSOAIS
(1)

1 **Saudação.** [1]Paulo e Timóteo,
servos do Cristo Jesus,* a todo o
povo santo em Cristo Jesus que está
em Filipos, com os bispos e diáconos.
[2]A vós, graça e paz da parte de Deus
nosso Pai e do Senhor Jesus Cristo!
Ação de graças e oração. [3]Dou graças
a meu Deus* cada vez que me lembro
de vós, [4]rezando sempre com alegria
por vós em todas as minhas orações†,
[5]por causa de vossa cooperação na
difusão do Evangelho, desde o primeiro dia até agora. [6]E estou plenamente
convencido* de que Aquele que começou em vós esta boa obra há de levá-la
à perfeição até o dia do Cristo Jesus†. [7]É
justo que eu tenha esses sentimentos*
em relação a vós todos, pois vos trago
em meu coração, a vós que, tanto em
minhas prisões como na defesa e consolidação do Evangelho, vos associais
a minha graça†. [8]Com efeito, Deus me
é testemunha de que amo a todos vós

---

* **1**,1. Rm 1,7; Gl 1,3; 1Cor 1,3; 2Cor 1,2; 1Ts 3,2.6; 2Ts 1,2; At 16,12; 17,14s; 19,22 | 3. Rm 1,8; 1Cor 1,4 | 6. Fl 2,13ss | 7. Rm 1,9; 2Cor 1,23; 1Ts 2,5.10

† **1**,4. Embora Paulo esteja na prisão quando escreve esta carta, podendo ser condenado à morte, o tom dominante da carta é a alegria, que tem como fonte o Cristo. | 6. O dia de sua "parusia", de sua vinda na glória, cuja espera alegra a vida dos cristãos. | 7. Paulo tinha grande estima pelos filipenses, que o assistiam generosamente em seu apostolado.

Cristo, humilhado e exaltado†. 5Tende em vós os mesmos sentimentos de Cristo Jesus:

6apesar de sua condição divina,*
ele não reivindicou seu direito de ser tratado como igual a Deus†.
7Ao contrário, aniquilou-se a si mesmo*
e assumiu a condição de servo,
tornando-se semelhante aos homens.
8Por seu aspecto, reconhecido como homem,*
humilhou-se, fazendo-se obediente até a morte,
e morte de cruz.
9Por isso Deus o elevou acima de tudo
e lhe deu o Nome† que está acima de todo nome,
10de modo que ao nome de Jesus
todo joelho se dobre nos céus, na terra e debaixo da terra,*
11e toda língua proclame
que Jesus Cristo é o Senhor†,
para a glória de Deus Pai.*

O cristão, chamado à santidade. 12Assim, pois, meus caríssimos,* obedecendo como sempre, não só como quando eu estava presente, mas muito mais agora que estou ausente, trabalhai com temor e tremor para conseguirdes vossa salvação†. 13Pois é Deus que suscita em vós* o querer e o fazer, segundo seus benévolos desígnios. 14Fazei tudo sem reclamação nem contestação 15a fim de vos tornardes irrepreensíveis e puros, filhos de Deus sem mancha no meio duma geração perversa e transviada, na qual deveis brilhar como astros no mundo, 16como portadores da Palavra de vida.* Assim me dais motivo de glória para o dia de Cristo, pois minha corrida e meu esforço não terão sido em vão. 17De fato, se até meu sangue deve ser derramado como vítima sobre o sacrifício e a oblação de vossa fé†, alegro-me com isso e me rejubilo com todos vós. 18Do mesmo modo, vós também deveis estar felizes com isso e vos alegrar comigo.

Missões de Timóteo e de Epafrodito. 19Espero no Senhor Jesus* poder enviar-vos em breve Timóteo, a fim de eu também ser confortado, recebendo vossas notícias. 20Realmente, não tenho ninguém tão de acordo comigo, que saiba como ele interessar-se de coração sincero por vossa situação, 21porque todos buscam seus próprios interesses,* não os de Jesus Cristo. 22Mas conheceis a boa prova que ele tem dado: é como um filho junto de seu pai que ele tem servido comigo à causa do Evangelho. 23Espero, pois, enviá-lo a vós, logo que minha situação ficar decidida.

24Aliás, tenho firme esperança no Senhor de que em breve eu mesmo possa ir. 25Mas julguei necessário* enviar-vos Epafrodito, esse irmão que é meu companheiro de trabalho e de luta, e que vós delegastes para socorrer minha necessidade. 26Pois ele sentia saudades de todos vós e estava triste porque ficastes sabendo de sua doença. 27É verdade que ele esteve doente e à beira da morte; mas Deus teve piedade dele, e não só dele, mas também de mim, não deixando que eu tivesse tristeza sobre tristeza. 28Então apressei-me a enviá-lo de volta a vós, a fim de que,

* **2**,6. Jo 1,1; 17,5; Hb 1,3; Cl 1,15-20 | 7. Is 53,3.11; 2Cor 8,9; Gl 4,4; Hb 2,14-17 | 8. Mt 20,28; Jo 10,17; Rm 5,19; Hb 1,3s; 5,8; 12,2; At 2,33; 5,41; Is 53,11; Ef 1,21 | 10. Is 45,23; 52,13; Jo 5,23; Ef 4,10; Ap 5,13 | 11. At 2,36; Rm 1,4; 10,9; 1Cor 12,3 | 12. 2Cor 7,15; 1Cor 2,3 | **2**,13. Ef 2,10; 3,20; At 17,28; Hb 13,21; Dt 32,5; Mt 5,14ss | 16. 2,2; 4,1; 2Tm 4,7; 1Cor 1,8; Gl 5,17 | 19. At 16,9; 1Cor 16,10 | 21. 2Tm 4,10.16 | 25. 4,18

† **2**,5. Este hino, que talvez fazia parte da liturgia da época, descreve todo o mistério do Filho de Deus encarnado: sua preexistência, sua humilhação, sua exaltação. | 6. Cristo poderia manifestar-se na terra com sua glória divina, mas preferiu parecer um homem comum. Ao contrário, Adão, simples homem, quis tornar-se igual a Deus, Gn 3,5.22. Cristo foi obediente, Adão desobediente. Mesma comparação entre Adão e Cristo em Rm 5,12-19 e 1Cor 15,45ss. | 9. O Nome dado a Jesus é "Senhor", v. 11; At 2,21.36, reservado unicamente a Deus no AT, porque é a tradução do nome de Deus em hebraico, Javé. | 11. É a profissão de fé fundamental do cristianismo, At 2,36; Rm 10,9. | 12. "Quem teme cair desconfia de suas forças e põe sua confiança em Deus, que o socorrerá" (S. Afonso Maria de Ligório). | 17. Toda a vida do cristão é um sacrifício feito a Deus, Rm 12,1.

vendo-o, retorneis à alegria, e eu próprio não tenha sofrimento. [29]Acolhei-o, pois, no Senhor,* com toda alegria e tende em grande estima pessoas como ele, [30]porque foi pela obra de Cristo que ele quase morreu, tendo arriscado a vida para vos suprir no serviço que não me podíeis prestar.

3 **O culto segundo o Espírito.** [1]Enfim, meus irmãos, alegrai-vos no Senhor...*

Dirigir-vos as mesmas recomendações não me é pesado, e para vós é uma segurança: [2]Cuidado com os cães!† Cuidado com os maus operários! Cuidado com os falsos circuncisos! [3]Pois nós é que somos os circuncisos, nós que oferecemos o culto movidos pelo Espírito de Deus e que baseamos nossa glória em Cristo Jesus, em vez de colocar nossa confiança em nós mesmos†.

Por Cristo, Paulo sacrifica tudo. [4]No entanto, eu teria motivo* de ter confiança também em mim mesmo. Se algum outro julga ter razão de confiar em si próprio, muito mais tenho eu: [5]circuncidado no oitavo dia,* da estirpe de Israel, da tribo de Benjamim, hebreu, filho de hebreus; quanto à lei, fariseu; [6]quanto ao zelo, perseguidor da Igreja; quanto à justiça que a lei pode dar, um homem irrepreensível. [7]Mas todas essas vantagens que eu tinha, considerei-as como prejuízo por causa de Cristo. [8]Doravante considero tudo como desvantagem,* diante da grandeza de conhecer o Cristo Jesus, meu Senhor. Por ele eu aceitei perder tudo e tudo considero como lixo, para que eu ganhe a Cristo [9]e seja achado nele, não com uma justiça minha, vinda da Lei,* mas sim com aquela que vem pela fé em Cristo: a retidão que Deus concede e é baseada na fé†. [10]Quero assim conhecê-lo, experimentar o poder de sua ressurreição* e da comunhão com seus sofrimentos, tornando-me conforme a sua morte, [11]para ver se alcanço a ressurreição dentre os mortos†. [12]Não quero dizer que eu já tenha conseguido o prêmio* ou que eu já seja perfeito. Mas continuo correndo para ver se o conquisto, pois o Cristo Jesus já me conquistou. [13]Irmãos, não penso que eu já tenha alcançado o prêmio e só uma coisa me interessa: esquecendo-me do que fica para trás, vou em frente, lançando-me com todo o empenho, [14]e corro para a meta* para conseguir o prêmio que Deus nos convida a receber lá em cima em Cristo Jesus. [15]Todos nós, que somos perfeitos†, é assim que devemos pensar; e se, em algum ponto, pensais de outro modo, Deus vos dará inteligência a respeito. [16]Enquanto isso, seja qual for o ponto já atingido, caminhemos sempre na mesma linha.

Cidadãos do céu. [17]Sede meus imitadores, irmãos,* e observai aqueles que se comportam de acordo com o exemplo que tendes em nós. [18]Porque muitos – quantas vezes eu vo-lo disse, e agora o repito com lágrimas nos olhos – comportam-se como inimigos da cruz de Cristo. [19]O fim deles será a perdição; seu deus é o ventre, sua glória

---

* **2**,29. 1Cor 16,16; 1Tm 5,17 | **3**,1. 2,18; 4,4; Ap 22,15; Rm 2,29 | 4. 2Cor 11,18s | 5. Rm 11,1; At 8,3; 22,4; 23,6; 26,5.9ss; 2Cor 11,22 | 8. Mt 13,44.46; Lc 14,33 | 9. Rm 3,21ss; 3,3ss | 10. Rm 8,17; Gl 6,17; At 4,2; Ap 20,5s | 12. 1Tm 6,12.19; At 9,5s | 14. 1Cor 2,6; 9,24; 2Tm 4,7; Mt 5,48; Gl 6,16 | 17. 1Cor 4,16; 11,1; 1Ts 1,6; 1Pd 5,3; Gl 6,12; Rm 2,5s; 8,5s; 16,18

† **3**,2. "Cães" era o termo com que os judeus tratavam os pagãos, Mt 7,6. Paulo aqui lhes devolve o apelido. "Falsos circuncisos" são os judaizantes, que continuavam a dar importância decisiva à circuncisão, que Deus já havia abolido. | 3. "Em nós mesmos", lit. "na carne", isto é, no regime antigo da lei mosaica com todas as suas prescrições. | 9. Santa Teresinha parece comentar esse texto quando escreve: "Após o exílio terreno, espero ir gozar-vos na Pátria, mas não quero acumular méritos para o céu, quero trabalhar somente por vosso amor. Ao entardecer desta vida, comparecerei diante de vós com as mãos vazias, pois não vos peço, Senhor, que contabilizeis minhas obras. Quero revestir-me de vossa própria justiça e receber de vosso amor a posse eterna de vós mesmo". | 11. Paulo pretende manter sua confissão até a morte e morrer como mártir. Espera participar da ressurreição especial reservada aos mártires e dos benefícios ligados a ela. Ap 20,4s fala desta primeira ressurreição. | 15. É perfeito quem tem uma fé amadurecida, adulta.

está no que é vergonhoso, porque só apreciam as coisas da terra. [20]Nós, pelo contrário, somos cidadãos do céu,* de onde ardentemente esperamos como Salvador o Senhor Jesus Cristo†. [21]Ele vai transfigurar nosso pobre corpo para conformá-lo a seu corpo glorioso, em virtude do poder que tem de sujeitar a si todo o universo.

4 [1]Assim, meus irmãos queridos e saudosos, minha alegria, minha coroa, permanecei assim fiéis ao Senhor, caríssimos!

Concórdia, alegria e paz. [2]Exorto a Evódia como também a Síntique que vivam em boa compreensão no Senhor. [3]E a ti, verdadeiro companheiro†, eu te peço que lhes venhas em auxílio, pois elas combateram pelo Evangelho junto comigo, com Clemente e outros colaboradores meus, cujos nomes estão escritos no livro da vida.

[4]Alegrai-vos sempre no Senhor!* Mais uma vez eu digo: alegrai-vos! [5]Vossa bondade seja conhecida de todos. O Senhor está próximo! [6]Não vos inquieteis com nada, mas em toda necessidade apresentai a Deus vossos pedidos com orações, súplicas e ações de graças. [7]E a paz de Deus, que ultrapassa toda compreensão, guardará vossos corações e vossos pensamentos, em Cristo Jesus.

[8]Enfim, irmãos,* ocupai-vos com tudo o que há de verdadeiro, nobre, justo, puro, amável, louvável, virtuoso e recomendável. [9]Ponde em prática* o que aprendestes, recebestes, ouvistes e observastes em mim. Então o Deus da paz estará convosco.

Gratidão pelos dons recebidos. [10]Tive grande alegria no Senhor, porque fizestes renascer vossos sentimentos por mim; eles estavam, sim, sempre vivos, mas faltava-vos uma ocasião. [11]Não é a penúria que me leva a dizer isto;* com efeito, aprendi a me bastar em qualquer situação. [12]Sei passar necessidade e sei viver na fartura. Estou preparado para tudo: para estar na abundância ou para passar fome;* para ter fartura ou para sentir necessidade. [13]Tudo posso naquele que me dá força. [14]Entretanto, fizestes bem tomando parte em minhas provações.

[15]Bem o sabeis, filipenses: no começo da evangelização, quando deixei a Macedônia, nenhuma Igreja tinha comigo uma conta de dar e receber,* a não ser vós, [16]que, durante minha estadia em Tessalônica, me enviastes duas vezes o que eu precisava. [17]Não é que eu procure donativos;* o que procuro é o fruto que redunda em vosso benefício. [18]Por ora, tenho tudo do que preciso, e até o supérfluo; estou repleto de vossos dons, recebidos de Epafrodito, que são um perfume de suave odor, sacrifício que Deus acolhe de bom grado. [19]Por sua vez, meu Deus proverá todas as vossas necessidades, segundo sua riqueza, com magnificência, em Cristo Jesus. [20]Ao Deus e Pai nosso, glória pelos séculos dos séculos! Amém.

Saudações finais. [21]Saudai cada um dos santos em Cristo Jesus. Os irmãos que estão comigo vos saúdam. [22]Todos os santos vos mandam saudações, sobretudo os da casa de César†. [23]A graça do Senhor Jesus Cristo* esteja convosco!

---

* **3**,20. Ef 2,6-18; Gl 3,1s; Hb 12,12; 1Cor 15,43-49 | **4**,4. 3,1; Hb 10,37; Mt 6,25-34; Cl 3,15; 4,2; Jo 14,27 | 8. 1Ts 5,23 | 9. Rm 12,17; 16,20; 1Cor 14,33 | 11.1Tm 6,6; 2Cor 6,10 | 12. 2Cor 12,10; 2Tm 4,17 | 15. 2Cor 11,9 | 17. 1Cor 9,11; Gn 8,21; Êx 29,18; Ez 20,41 | 23. Gl 6,18

† **3**,20. "Os cristãos estão na carne, mas não vivem segundo a carne; passam a vida na terra, mas são cidadãos do céu" (Carta a Diogneto, séc. II). Na terra estão como num exílio e se regem pelas leis de sua verdadeira pátria. | **4**,3. "Companheiro", em grego "sízigo", que alguns autores consideram como nome próprio. | 22. Os que estão a serviço do imperador: nobres, soldados, livres ou escravos; portanto, já existem cristãos entre eles.

CARTA AOS COLOSSENSES

Fundada no século V a.C., Colossos era uma cidade da Frígia, situada no vale do Lico. Na época de Cristo já estava em decadência, apesar de ter sido florescente no período anterior.

A igreja de Colossos não foi fundada nem visitada por Paulo. O fundador da comunidade foi Epafras (1,7; 4,12s), que abraçou a fé em Éfeso, ouvindo a pregação de Paulo.

A carta aos Colossenses foi escrita por Paulo quando estava na prisão (Cl 4,3.10.18), provavelmente durante o primeiro cativeiro romano, de 61 a 63. O objetivo da carta foi advertir os fiéis contra uma heresia de caráter sincretista, que misturava elementos do paganismo, do judaísmo e do cristianismo (2,4.8.20). Os defensores desta doutrina tributavam culto a seres espirituais, colocados como intermediários entre Deus e o homem (2,18), veneravam as forças cósmicas (2, 8), ensinavam determinadas práticas ascéticas e alimentares (2,16.21.23) e exigiam observâncias legalistas como complemento da fé em Cristo.

Paulo combate essas posições, mostrando que Cristo é o Senhor de toda a criação (Cl 1,15-20) e, portanto, Cabeça de toda soberania e de toda autoridade (2,10). É desnecessário, pois, prestar, ao lado dele, um culto especial aos "elementos do mundo" (2,8) e é errado supor forças misteriosas e divinas ocultas nos seres criados, das quais somente o Cristo glorificado dispõe, porque nele habita toda a plenitude da divindade (2,9). Para o cristão, o mundo está isento de deuses e de feitiços: ele é apenas a criação que existe para a glorificação do Criador e a utilidade do homem.

Após uma introdução (1,1-14), vem o tema principal, que é a supremacia de Cristo sobre o mundo dos espíritos (1,15-20: hino a Cristo, Senhor do universo) e a aplicação do hino aos cristãos (1,21–2,3), em que Paulo mostra também seu lugar na obra de Cristo. Cl 2,4-23 é uma advertência contra os perigos da falsa doutrina. De 3,1 a 4,6 temos uma exortação de ordem moral, em que são formuladas as consequências da união mística dos fiéis com Cristo. A carta termina (4,7-18) com comunicações pessoais, saudação e bênção.

I. A PESSOA E A DIGNIDADE DE CRISTO (1–2)

1 **Saudação.** [1]Paulo, Apóstolo do
Cristo Jesus pela vontade de Deus,
e o irmão Timóteo, [2]ao povo santo de
Colossos, irmãos fiéis em Cristo. A vós,
graça e paz da parte de Deus nosso Pai!
Ação de graças. [3]Não cessamos de dar
graças a Deus, Pai de nosso Senhor Je-
sus Cristo, em nossas orações por vós,
[4]pelas notícias recebidas* acerca de
vossa fé em Cristo Jesus e da carida-
de que tendes para com todo o povo
santo, [5]em razão da esperança que vos
está reservada nos céus. Desta espe-
rança, vós outrora ouvistes o anúncio
pela palavra da verdade, o Evangelho,
[6]que chegou até vós, bem como ao
mundo todo, onde ele frutifica e se
desenvolve; assim também entre vós,
desde o dia em que ouvistes e conhe-
cestes a graça de Deus na verdade. [7]Foi
Epafras†, nosso querido companheiro
no ministério, que vos instruiu: ele nos
substitui como fiel ministro de Cristo [8]e
foi ele mesmo que nos deu a conhecer
vosso amor no Espírito.*
Oração pela Igreja. [9]É por isso que
também nós,* desde o dia em que re-
cebemos essas notícias, não cessamos
de rezar por vós e de pedir a Deus que
vos faça chegar ao pleno conhecimen-
to de sua vontade, em toda sabedoria e
inteligência espiritual, [10]para que assim
possais levar uma vida digna do Senhor,
agradando-lhe em tudo, produzindo

---

* **1**,4. Ef 1,13.15s; 1Cor 13,13; 1Ts 1,2s; 1Pd 1,4; Hb 6,18s; 1Tm 3,16; Rm 1,3 | 8. 4,12 | 9. Fl 1,9.27; Ef 1,9.15s.19; 2,10; 3,16; 4,1; 5,17

† **1**,7. Epafras foi o fundador da Igreja de Colossos, 4,12.

frutos de toda boa obra e crescendo
no conhecimento de Deus; [11]animados
duma possante energia segundo seu
glorioso poder, para serdes fortes e pa-
cientes em tudo; [12]agradecendo a Deus
Pai,* que vos tornou dignos de partici-
par da herança dos santos na luz.

Hino ao Cristo, Senhor do universo.
[13]Ele nos libertou do poder das trevas
e nos transferiu para o reino de seu
Filho amado,
[14]no qual temos a redenção, o per-
dão dos pecados.
[15]Ele é a imagem do Deus invisível,*
primogênito de toda criatura†,
[16]pois nele foram criadas todas as
coisas*
nos céus e na terra, as visíveis e as
invisíveis:
majestades, domínios, soberanias e
autoridades†:
tudo foi criado por meio dele e para ele.
[17]Ele existe antes de todas as coisas;*
o universo é mantido por ele.
[18]Ele é também a Cabeça do Corpo,
que é a Igreja.
Ele é o princípio, o primogênito den-
tre os mortos,
para ter em tudo a primazia,
[19]pois Deus quis fazer habitar nele
toda a plenitude*
[20]e por meio dele reconciliar consigo
todas as criaturas,
pacificando com o sangue de sua
cruz
as coisas da terra e as do céu†.
[21]Também vós outrora* éreis estran-
geiros e inimigos por vossos pensa-
mentos e vossas obras más, [22]porém
agora ele vos reconciliou em seu cor-
po de carne, entregando-o à morte,
para vos fazer comparecer perante ele
santos, sem mancha e irrepreensíveis,
[23]contanto que permaneçais conso-
lidados e firmes na fé, sem vos deixar
desviar da esperança prometida pelo
Evangelho que ouvistes e que foi pre-
gado a toda criatura sob o céu, e do
qual eu, Paulo, me tornei ministro.

O combate do Apóstolo. [24]Agora me
alegro com os sofrimentos* que supor-
to por vós e vou completando em mi-
nha carne o que falta aos sofrimentos
de Cristo†, em favor de seu Corpo,* que
é a Igreja, [25]da qual fui constituído mi-
nistro em virtude da missão que Deus
me confiou junto de vós, de completar
o anúncio da palavra de Deus. [26]Esta
palavra é o mistério* escondido desde
os séculos e as gerações, mas que ago-
ra Deus acaba de revelar a seu povo
santo. [27]A estes, Deus quis manifestar
a gloriosa riqueza deste mistério en-
tre os pagãos, isto é, Cristo em vós,* a
esperança da glória†. [28]Este Cristo, nós
o anunciamos, exortando a todos e
instruindo-os em toda sabedoria, a fim
de torná-los todos perfeitos em Cristo.
[29]E é justamente por essa causa que me
canso lutando,* com sua energia que
age em mim com poder.

2 **Solicitude apostólica.** [1]Sim, de-
sejo que saibais que dura batalha
tenho de travar por vós, pelos de Lao-
diceia, e por tantos outros que jamais
me viram* pessoalmente, [2]a fim de que
seus corações sejam com isso estimu-
lados e, assim, estreitamente unidos no
amor, adquiram em toda a sua riqueza
a plena inteligência que os fará pene-
trar o mistério de Deus, isto é, Cristo,

* **1**,12. 2,15; Ef 1,18; 2,2; 6,12; Lc 22,53; | 15. Jo 1,18; 2Cor 4,4; 1Tm 6,16; Hb 1,3; Ap 3,14 | 16. Jo 1,3.10; Ef 1,10.21 | 17. Jo 1,1; 8,38; Ef 1,22s; 4,15; 5,23; At 4,2; 26,23; Ap 1,5 | 19. 2,9; Jo 1,16; Ef 1,7.23; 2,13.16; 1Jo 2,2; Rm 5,1 | 21. Rm 5,10; Ef 2,2.12; 3,17; 4,18; Hb 3,14; 1Tm 3,16; Mc 16,15 | 24. Ef 3,13 / Ef 3,2.7s | 26. Rm 16,25s; Ef 1,18; 3,3s.9s | 27. Ef 3,7.20; 4,18; 1Tm 1,1 | 29. Fl 4,13; 1Ts 5,12; 1Cor 16,16 | **2**,1. Ef 3,4.18s; Cl 1,26; 4,3; 2Cor 1,4.6; 2,7.13; Is 45,3; 1Cor 1,24.30; Rm 16,18

† **1**,15. Cristo tem o primado absoluto na criação e na redenção, que é nova criação. | 16. Criaturas celestes subordinadas a Cristo. Pode ser que, na falsa doutrina de alguns colossenses, eram imaginadas como rivais de Cristo, 2,15. | 20. A redenção reconduz o universo à ordem primitiva estabelecida por Deus. | 24. Cristo expiou todos os pecados com sua morte e ressurreição, mas cada um de nós precisa unir-se a Ele para participar da Redenção. Quando o cristão sofre unido a Cristo, é Ele que sofre em seus membros, completando sua Paixão. | 27. Esse mistério é o chamado de Deus, dirigido também aos pagãos, à salvação e à glória celeste pela incorporação a Cristo.

3 no qual se acham escondidos todos os tesouros da sabedoria e do entendimento.

4 Digo isto para que ninguém vos engane com palavras sutis. 5 Sem dúvida, estou ausente corporalmente, mas em espírito estou junto de vós, feliz ao ver a boa ordem que reina entre vós e a solidez de vossa fé em Cristo.

A plenitude da vida em Cristo. 6 Caminhai, pois, no Senhor Jesus Cristo tal como o recebestes, 7 enraizados e edificados nele, apoiados sobre a fé* tal como vos foi ensinada, e transbordando de ação de graças.

8 Tomai cuidado para que não haja quem vos queira escravizar com sua filosofia e com vãos sofismas, inspirados numa tradição puramente humana, segundo os elementos do mundo† e não segundo Cristo.

9 Pois em Cristo habita corporalmente* toda a plenitude da divindade, 10 e vós tendes nele parte na plenitude dele, o qual é o chefe de toda soberania e de toda autoridade.

11 Nele fostes também circuncidados, com uma circuncisão que não é feita por mão humana, mas pelo despojamento de vosso corpo carnal; assim é a circuncisão de Cristo†. 12 Pelo Batismo fostes sepultados com ele,* nele fostes também ressuscitados por meio da fé no poder de Deus, que o ressuscitou dentre os mortos. 13 Estáveis mortos por causa de vossos pecados e pela incircuncisão de vossa carne, mas Deus vos fez reviver com ele, perdoando-vos todos os pecados. 14 Anulou o documento escrito* de nossa dívida†, cujas condições nos eram desfavoráveis e suprimiu-o, cravando-o na cruz. 15 Despojou as soberanias* e as autoridades† e as deu em espetáculo diante do mundo, arrastando-as em seu cortejo triunfal.

Falso ascetismo. 16 Então, que ninguém pense* em condenar-vos quanto a questões de alimento ou de bebida, ou em matéria de festas anuais, de luas novas ou de sábados. 17 Tudo isso não é mais que a sombra das coisas que deviam vir, mas a realidade é o corpo de Cristo. 18 Que ninguém vos impeça de conseguir o prêmio, com afetação de humildade, de culto dos anjos, seguindo suas pretensas visões, cheio de vão orgulho em sua mente carnal, 19 sem estar ligado à Cabeça,* da qual todo o Corpo recebe sustento e coesão, pelas junturas e ligamentos, para realizar seu crescimento em Deus.

A liberdade do cristão. 20 Já que morrestes com Cristo* para os elementos do mundo†, por que vos submeter, como se vivêsseis ainda neste mundo, a preceitos como 21 "não pegues, não comas, não toques"? 22 São coisas destinadas a desaparecer com o uso: com efeito, são prescrições e doutrinas dos homens! 23 Elas podem aparentar sabedoria* por sua afetação de religiosidade e de humildade que não poupa o corpo; mas de fato não servem senão para satisfazer a carne.

II. DEVERES DOS CRISTÃOS (3–4)

3 **A vida nova do ressuscitado.** 1 Se, portanto, ressuscitastes* com Cristo†, buscai as coisas do alto, onde Cristo está sentado à direita de Deus. 2 Pensai nas coisas lá de cima, não nas

---

* **2**,7. Ef 2,20s; 3,17; 5,6; Rm 16,18; Cl 2,4 | 9. Jo 1,14.16; Ef 1,23; 3,19; 4,13; Rm 2,29 | 12. Rm 6,4ss; Cl 3,1; Ef 1,19s; 2,1.5 | 14. Ef 2,14s; 1Pd 2,24 | 15. Gl 1,13; Lc 11,23 | 16. Rm 14,17; Hb 8,5; 10,1 | 19. Ef 1,21; 2,21; 4,15s | 20. Gl 4,3s | 23. Mt 15,9; 1Tm 4,3; Rm 13,14 | **3**,1. 2,12; Sl 110,1; Mt 22,44; Rm 6,2.7; Gl 2,20; Fl 1,21

† **2**,8. Ver a nota em Gl 4,3. | 11. Já o AT espiritualizava a circuncisão, pregando a "circuncisão do coração", Jr 4,4, isto é, uma vida de fidelidade a Deus, condizente com o rito da circuncisão, Rm 2,25-29. A "circuncisão de Cristo" é o Batismo, no qual morre o "homem velho" e nasce a nova criatura. | 14. Esse "documento" é a dívida que tinham com a justiça divina por causa dos preceitos da lei mosaica não cumpridos. | 15. Soberanias e autoridades são os seres celestes, que Deus despojou do poder que usurparam sobre os seres humanos e exibiu derrotados em seu cortejo triunfal. Ver a nota em 1,16. | 20. Pelo Batismo morremos com Cristo para a lei e para todas as suas práticas superadas. | **3**,1. Pelo Batismo a pessoa passa a viver, de modo ainda misterioso, unida ao Cristo: entrou no mundo da Ressurreição.

da terra. 3Porque vós estais mortos, e
doravante vossa vida está escondida
com Cristo em Deus. 4Quando Cristo,
que é vossa vida, se manifestar, vós
também sereis manifestados com ele
na glória.

5Por isso, fazei morrer* tudo o que
há de terreno dentro de vós: a imoralidade, a impureza, a paixão, os maus
desejos e a cobiça, que é uma idolatria, 6coisas que atraem a ira de Deus
sobre os que lhe desobedecem. 7Vós
mesmos antigamente vos comportáveis assim, vivendo nessas desordens.
8Agora, porém, abandonai tudo isto:
cólera, exaltação, malícia,* blasfêmia,
palavras indecentes de vossos lábios;
9não faleis mentiras uns aos outros,
pois fostes despojados da criatura que
éreis antes†, e de suas obras, 10e vos
revestistes* de uma nova criatura†, que
por um pleno conhecimento se renova segundo a imagem de seu Criador.
11Aí não existe mais nem grego nem
judeu,* nem circunciso nem incircunciso, nem bárbaro nem cita, nem escravo nem livre, mas Cristo é tudo em todos.

O modo de viver do cristão. 12Portanto, como escolhidos de Deus,* santos e amados, revesti-vos de sentimentos de misericórdia, de bondade, de humildade, de mansidão e de paciência, 13su-
portando-vos uns aos outros e perdoando-vos mutuamente, se alguém tem de lamentar-se com relação aos outros. Como o Senhor vos perdoou, perdoai
também vós. 14Acima de tudo, buscai o
amor,* que faz a perfeita união.† 15Que
a paz de Cristo reine em vossos corações, pois a ela fostes chamados para
formar um só corpo. Vivei dando graças a Deus!

16Que a palavra de Cristo habite em
vós com toda a sua riqueza. Ensinai-vos e exortai-vos uns aos outros com toda sabedoria, cantando a Deus de coração agradecido com salmos, hinos e cânticos espirituais. 17E tudo o que fizer-
des em palavras e obras seja feito em nome do Senhor Jesus, agradecendo por meio dele a Deus Pai.*

Virtudes domésticas†. 18Esposas, sede
dóceis a vossos maridos,* como convém no Senhor. 19Maridos, amai vossas
mulheres e não as trateis com dureza.†
20Filhos, obedecei em tudo aos pais,*
porque isto agrada ao Senhor. 21Pais,
não irriteis vossos filhos, para que não desanimem.

22Servos, obedecei em tudo* a vossos
senhores da terra, não servindo somente quando vos veem, como se faz para agradar aos homens, mas na simplicidade do coração, no temor do Senhor.
23Seja qual for vosso trabalho, fazei-o
de coração, como para o Senhor e não
para os homens, 24sabendo que o Se-
nhor vos recompensará, tornando-vos seus herdeiros. É ao Senhor Cristo que
estais servindo. 25Pois quem comete in-
justiça* será certamente punido por sua injustiça, sem acepção de pessoas.

4 1Senhores, concedei a vossos escravos* o que é de justiça e equidade, sabendo que vós também tendes um Senhor no céu.

Oração e espírito apostólico. 2Sede
assíduos e vigilantes na oração,* dando
graças. 3Rezai também por nós, para

* **3**,5. Rm 6,6.11; 8,13 | 8. Ef 4,19.22.25-31; 5,3-6 | 10. Ef 2,24; Gn 1,26s | 11. 1Cor 12,13; Gl 3,28 | 12. 1Pd 2,9; Ef 4,2.32; 5,2; Mt 6,14 | 14. Rm 13,8.10; 1Cor 12,12.27; Ef 4,3s; 5,19 | 17. 1Cor 10,31; Ef 5,20 | 18. Ef 5,22; 6,1; 1Pd 3,1.7 | 20. Ef 6,4-8 | 22. Rm 12,2; 12,11 | 25. Rm 2,11 | **4**,1. Ef 6,9; Lv 25,43.53 | 2. Ef 6,18s; Fl 4,9; 2Ts 3,1; Rm 15,30ss

† **3**,9. Lit. "despojados do homem velho", o qual simboliza todo o comportamento pecaminoso da pessoa que não tem a graça de Cristo. | 10. Lit. "homem novo", expressão que indica a pessoa transformada radicalmente pelo Batismo. Cristo, novo Adão, 1Cor 15,45, e imagem de Deus, 1,15, recria a pessoa à imagem de Deus, "na justiça e na santidade verdadeiras", Ef 4,24. | 14. O amor é o laço perfeito que une intimamente todos os fiéis. | 18. O lar é a primeira escola de vida cristã, onde se aprende a fadiga e a alegria do trabalho, o amor fraterno, o perdão generoso e sobretudo o culto divino pela oração e pela oferenda da própria vida, v. 17. | 19. Paulo não exprime o relacionamento familiar no sentido de dominação e sujeição, como era comum na época. Mostra que os deveres são recíprocos, e que a convivência deve ser inspirada por princípios cristãos, "no Senhor". | **4**,3. O ministério pastoral da Igreja precisa da oração de seus fiéis para ser eficaz.

que Deus nos abra a porta da pregação e possamos anunciar o mistério de Cristo†, pelo qual estou na prisão; 4que eu possa de fato proclamá-lo pela palavra, como é minha obrigação.

5Comportai-vos com sabedoria com os de fora; sabei tirar partido do tempo presente. 6Que vossa linguagem seja sempre amável,* oportuna, sabendo responder a cada um como convém.

Notícias pessoais. 7Sobre minha pessoa, recebereis todas as notícias* por meio de Tíquico†, esse irmão amado, que é meu fiel assistente e companheiro no serviço do Senhor. 8Eu o envio a vós para vos comunicar nossas notícias e confortar vossos corações. 9Com ele irá Onésimo†, o irmão fiel e amado, que é de vossa terra. Eles vos informarão a respeito de tudo o que está acontecendo aqui.

Saudações finais. 10Aristarco, meu companheiro de prisão,* vos saúda, como também Marcos†, primo de Barnabé, sobre o qual recebestes instruções: se ele chegar até aí, dai-lhe boa acolhida. 11Saúda-vos também Jesus, chamado Justo. Dentre os que vieram do judaísmo são estes os únicos que trabalharam comigo pelo Reino de Deus e têm sido para mim um consolo. 12Saúda-vos Epafras,* vosso compatriota, servo de Cristo Jesus, que não cessa de lutar por vós em suas orações, a fim de que permaneçais firmes, perfeitos e cumprindo em tudo a vontade de Deus. 13Sim, dou-vos esse testemunho de que ele trabalha muito por vós, como também pelos de Laodiceia e de Hierápolis.* 14Recebei as saudações de Lucas†, o caro médico, e de Demas.

15Saudai os irmãos, que estão em Laodiceia, e Ninfa com a igreja que se reúne na casa dela. 16Depois que esta carta for lida para vós, fazei com que seja lida também na Igreja de Laodiceia, e lede também a que virá de Laodiceia†. 17Dizei a Árquipo: "Cuida bem* do ministério que recebeste no Senhor e trata de cumpri-lo bem".

18A saudação é de meu próprio punho,* Paulo. Lembrai-vos de minhas prisões! A graça esteja convosco!

---

* **4**,6. Ef 4,29; Mc 9,50; 1Pd 3,15 | 7. At 20,4; Ef 6,21; Fm 10 | 10. At 19,29; 20,4; 27,2 | 12. 1,7; Fm 23 | 13. 2Tm 4,10s; Fm 24 | 17. Fm 2 | 18. 1Cor 16,21; 2Ts 3,17

† **4**,7. Tíquico é o portador desta carta aos colossenses. | 9. Este é o escravo fugitivo que Paulo batizou na prisão e devolveu a seu patrão Filêmon com uma carta de recomendação, que faz parte da Bíblia. | 10. Também chamado João Marcos, é o autor do 2º Evangelho, At 12,12.25; 2Tm 4,11. Foi também companheiro de Pedro, 1Pd 5,13. | 14. Lucas foi companheiro de Paulo em suas viagens e até em seu último cativeiro, 2Tm 4,11; é o autor do 3º Evangelho e dos Atos dos Apóstolos. | 16. Esta carta a Laodiceia se perdeu, mas pode ser a Carta aos Efésios, que talvez fosse uma circular para todas as comunidades da região. Dessa troca de cartas entre as comunidades nasceu a coleção das Cartas Paulinas, tal como a possuímos.

PRIMEIRA CARTA AOS TESSALONICENSES

Foi no ano 50, no decurso de sua segunda viagem missionária que Paulo evangelizou Tessalônica, capital da Macedônia e porto florescente junto ao mar Egeu. Os inícios da fundação dessa comunidade, a segunda que Paulo formou na Europa (a primeira foi Filipos), estão descritos em At 17,1-10. Acompanhado de Silas e de Timóteo, Paulo, conforme seu costume, pregou primeiro aos judeus na sinagoga deles aos sábados, durante três semanas, mostrando-lhes que Jesus é o Messias. Conseguiu poucos adeptos entre os judeus, mas muitos entre os pagãos. Os judeus, invejosos, acusaram Paulo de afirmar que há um outro rei – Jesus –, e tanto o perseguiram, que ele se viu forçado a abandonar a cidade, partindo então para Bereia. Mas também nessa outra cidade os judeus de Tessalônica vieram importuná-lo e ele seguiu para Atenas, donde mandou Timóteo a Tessalônica, para confirmar na fé os cristãos perseguidos. Depois, Paulo vai para Corinto, onde Timóteo vem ter com ele, trazendo boas notícias de Tessalônica. Então, no início do ano 51, Paulo escreve a primeira carta aos Tessalonicenses, o escrito mais antigo do Novo Testamento.

A comunidade tinha permanecido fiel e perseverante na fé, apesar das perseguições, e isto é para Paulo motivo de ação de graças (cap. 1). Mas é preciso ainda corrigir algumas imperfeições e advertir contra os perigos da impureza pagã (2–3). O objetivo principal da carta, porém, é esclarecer os leitores quanto à sorte dos fiéis que já morreram (cap. 4) e apontar as atitudes que o dia do Senhor exige do cristão (cap. 5).

I. PAULO FALA DE SUA MISSÃO (1–3)

1 **Saudação e ação de graças.**
[1]Paulo, Silvano e Timóteo† à Igre-
ja dos tessalonicenses,* que está em
Deus Pai e no Senhor Jesus Cristo. A
vós, graça e paz!
[2]Sempre rendemos graças a Deus*
por todos vós, lembrando-nos de vós
em nossas orações, continuamente [3]re-
cordando, diante de Deus, nosso Pai,
vossa fé atuante, vossa caridade ope-
rosa e vossa constante esperança em
nosso Senhor Jesus Cristo†.
A fé dos tessalonicenses. [4]Bem sa-
bemos, irmãos amados de Deus, que
sois do número dos escolhidos. [5]Por-
que nosso Evangelho foi pregado a
vós* não somente com palavras, mas
com grande eficácia no Espírito Santo
e com plena convicção, e sabeis como
procedemos no meio de vós, para vos-
so bem. [6]E vos fizestes imitadores nos-
sos e do Senhor,* acolhendo a Palavra
na alegria do Espírito Santo, embora
entre grandes tribulações, [7]de modo
a vos tornardes um exemplo para to-
dos os fiéis da Macedônia e da Acaia.
[8]Com efeito, partindo de vós, a palavra
do Senhor divulgou-se, não somente
na Macedônia e na Acaia, mas a fama
de vossa fé em Deus propagou-se por
toda a parte, de maneira que já não
temos necessidade de falar disso. [9]De
fato, são eles que falam da acolhida*
que tivemos entre vós e de como vos
convertestes a Deus, abandonando os
ídolos para servir ao Deus vivo e verda-
deiro [10]e esperar do céu seu Filho, que
Ele ressuscitou dos mortos, Jesus, que
nos livrará da ira que há de vir†.

2 **O apostolado de Paulo.** [1]Vós
mesmos sabeis, irmãos,* que nos-
sa vinda entre vós não foi em vão.

---

* **1**,1. 2Ts 1,1; At 14,17 | 2. 2Ts 1,11; 1Cor 13,13; At 17,5-9 | 5. 2Ts 2,13; Rm 1,7 | 6. 1Cor 4,16; Fl 3,17; At 13,32; Rm 1,8 | 9. At 14,15; 17,31; 1Cor 12,2; Fl 3,20; Tt 2,13 | **2**,1. 1,9; At 16,20-24; Ef 6,20

† **1**,1. Esses três são os membros do grupo missionário que está evangelizando Corinto e de lá envia a Carta aos Tessalonicenses. Silvano é a forma romana do nome hebraico Silas; é o mesmo personagem de At 15,22.27. | 3. Paulo elogia os convertidos tessalonicenses e, sob a forma de ação de graças, dá a definição do cristão: é aquele que vive das virtudes teologais, fé, esperança e caridade. | 10. Os vv. 9s descrevem a conversão como abandono dos ídolos, busca de Deus, a quem é preciso servir como único e verdadeiro Deus, vivendo na vigilância, aguardando a segunda vinda de Jesus.

[2]Tínhamos suportado, em Filipos, sofrimentos e insultos†, como sabeis, mas nosso Deus nos concedeu pregar com toda a ousadia diante de vós o Evangelho de Deus, no meio de uma luta sofrida. [3]E ao vos exortar, não nos inspiramos nem no erro, nem na impureza, nem tentamos usar de fraude alguma. [4]Mas, tendo Deus confiado a nós* o Evangelho, depois de nos ter provado, assim o pregamos, procurando agradar não aos homens, mas a Deus, que prova nossos corações†. [5]Jamais temos falado uma palavra de adulação, vós o sabeis, nem tivemos intenção de lucro – disso Deus é testemunha; [6]nem temos procurado a glória humana, nem de vós e nem de outros. [7]Ainda que nós, na qualidade de apóstolos de Cristo, pudéssemos fazer valer nossa autoridade, apresentamo-nos, contudo, no meio de vós, cheios de bondade, qual mãe que nutre e acaricia seus filhos. [8]Tal era nossa ternura por vós, que desejávamos dar-vos não somente o Evangelho de Deus, mas até a própria vida, porque muito vos amamos. [9]De fato, irmãos, ainda vos lembrais* de nossos trabalhos e fadigas: trabalhamos dia e noite para não sermos pesados a nenhum de vós,* enquanto vos pregávamos o Evangelho de Deus†. [10]Vós sois testemunhas, e Deus também, de como nossa atitude para convosco, que crestes, foi santa, justa e irrepreensível. [11]E sabeis que, assim como faz um pai com seus filhos, nós exortamos cada um de vós†, [12]encorajamos e suplicamos* que levásseis uma vida digna de Deus que vos chama a seu Reino e a sua glória.

Elogio aos tessalonicenses. [13]Por isso também não cessamos de agradecer a Deus,* porque, tendo recebido de nós a palavra de Deus, vós a acolhestes, não como palavra humana, mas como de fato é, como palavra de Deus†, que produz efeito em vós, os fiéis. [14]Pois vós, irmãos, passastes a imitar as Igrejas de Deus* que estão na Judeia, em Cristo Jesus, porque também vós sofrestes da parte de vossos compatriotas, como eles da parte dos judeus, [15]os quais mataram o Senhor Jesus* e os profetas, e nos perseguiram; não agradam a Deus, são inimigos de todos os homens, [16]impedindo-nos de pregar aos pagãos* para a salvação deles†, levando assim ao cúmulo seu pecado em todo o tempo. Mas caiu sobre eles a cólera divina até o fim.

Desejo de rever a comunidade. [17]Quanto a nós, irmãos, separados de vós* por pouco tempo, longe dos olhos mas não do coração, redobramos os esforços para ir rever-vos, tão grande era nossa saudade. [18]Quisemos, pois, ir até vós – eu mesmo, Paulo, uma, duas vezes –, mas Satanás* no-lo impediu†. [19]Com efeito, qual é nossa esperança, nossa alegria, a coroa da qual seremos orgulhosos, a não ser vós, na presença de nosso Senhor Jesus por ocasião de sua vinda? [20]Sim, sois vós nossa glória e nossa alegria.

---

* **2**,4. Gl 1,10; Jr 11,20; Sl 17,3; At 20,33; 1Cor 9,1-15; 2Cor 12,14 | 9. At 18,3; 20,34 / 2Ts 3,7 | 12. At 20,31; 1Pd 5,10 | 13. 1,2; Gl 1,11s | 14. 1Cor 11,1; At 17,13 | 15. At 2,23; 7,52; 17,5 | 16. Rm 1,18; Gn 15,16 | 17. 3,10 | 18. Fl 2,16; 4,1 | **3**,1. At 17,14s; 2Cor 6,1; 1Cor 3,9 | 3. Ef 3,13; 2Ts 1,4; 2Tm 3,12; At 14,22; Fl 2,16; 1Cor 15,58 | 6. At 18,5 / Rm 1,11

† **2**,2. Paulo refere-se aos fatos narrados em At 16. Somente pela graça de Deus e pela fortaleza do Espírito, Paulo teria como continuar a luta pela pregação do Evangelho após o que sofreu em Filipos. | 4. Em 1Cor 3,13 Paulo repete que só a Deus deve prestar contas de seu apostolado; a Ele pertence todo juízo e só a Ele o apóstolo procura agradar e servir. | 9. Embora tivesse o direito de ser sustentado pelas comunidades às quais evangelizava, Lc 10,7, Paulo quer dar o exemplo do trabalho, para poder repreender os indolentes, 2Ts 3,7-10, e para cortar pela raiz toda acusação de ganância, At 20,33s. O trabalho manual (Paulo fazia tendas, At 18,3), prolongado até altas horas da noite, depois de um dia de atividade intensa, devia ser extremamente cansativo. | 11. Em poucas cartas se encontram expressões de tanta ternura e carinho: Paulo se compara a uma ama que acalenta e à mãe que dá a vida, v.7s, e a um pai que educa os filhos, v.11; 1Cor 4,15. | 13. Como os profetas do AT, Paulo tem consciência de falar em nome de Deus, proclamando não uma mensagem própria, mas a do mesmo Evangelho de Cristo, 1Cor 1,23. | 16. Conforme a predição de Jesus, Jo 15,20, os discípulos sofrem a mesma sorte do Mestre; perseguidos na Judeia, são perseguidos também fora de lá, na Diáspora. Os judeus são como os fariseus, a quem Jesus censura por não entrarem no Reino, nem deixarem os outros entrar, Mt 23,13. | 18. Nas barreiras internas da comunidade, Paulo vê a ação de Satanás.

3 **A missão de Timóteo.** 1Assim,
não podendo mais esperar, re-
solvemos ficar* sós em Atenas 2e vos
enviar Timóteo, nosso irmão e colabo-
rador de Deus no Evangelho de Cristo,
para vos fortalecer e reconfortar em
vossa fé, 3a fim de que ninguém se dei-
xe abalar* por essas tribulações. Pois
vós mesmos sabeis que a isto estamos
destinados; 4já quando estávamos en-
tre vós, vos predizíamos que teríamos
de sofrer tribulações, e foi isto que
aconteceu, como vós sabeis. 5Foi por
isso que, não podendo mais esperar,
eu o enviei para se informar sobre vos-
sa fé, por temor de que o Tentador vos
tivesse tentado, e nosso trabalho tives-
se sido perdido†.
6Agora, Timóteo acaba de voltar
da visita* que vos fez e nos deu boas
notícias de vossa fé, de vosso amor e
da lembrança sempre viva que de nós
guardais, desejando rever-nos tanto*
quanto nós queremos rever-vos. 7En-
contramos nisso, irmãos, um reconfor-
to a vosso respeito no meio de todas
as nossas angústias e tribulações por
vossa fé. 8Agora recobramos o ânimo,
porque vós vos mantendes firmes no
Senhor. 9Como poderíamos agradecer
bastante a Deus a respeito de vós toda
a alegria que sentimos por vossa cau-
sa diante de nosso Deus? 10Dia e noite
lhe pedimos, com viva insistência, que
possamos rever vosso rosto e comple-
tar o que ainda falta em vossa fé†.
11Que o próprio Deus, nosso Pai, e
nosso Senhor Jesus dirijam nosso ca-
minho para vós. 12Que o Senhor vos
conceda* crescer e prosperar no amor
de uns para com os outros e para com
todos, como o amor que sentimos por
vós. 13Que Ele assim confirme vossos
corações numa santidade irrepreensí-
vel diante de Deus, nosso Pai, no dia
da vinda de nosso Senhor Jesus Cristo
com todos os seus santos.

II. EXORTAÇÕES E CONSELHOS (4–5)

4 **A santidade que Deus quer.** 1No
mais, irmãos, nós vos pedimos e su-
plicamos* no Senhor Jesus: já aprendes-
tes de nós a maneira como deveis viver
para agradar a Deus, e isto já estais prati-
cando. Fazei nisto mais progresso ainda.
2Conheceis, de fato, as prescrições que
vos demos em nome do Senhor Jesus.
3Porque esta é a vontade de Deus:*
vossa santificação†; que vos abstenhais
da impureza, 4que cada um saiba usar
o corpo com santidade e respeito, 5não
como objeto de paixões desregradas*
como fazem os pagãos que não conhe-
cem a Deus; 6que ninguém desta forma
oprima ou engane seu irmão, porque o
Senhor vinga tudo isso, como já vos fa-
lamos e provamos. 7Pois Deus não nos
chamou à impureza, mas à santidade.
8Por isso, quem despreza estas normas
não é a um homem que despreza, mas
a Deus, que vos concede o dom de seu
Espírito Santo.
Caridade fraterna. 9Sobre o amor fra-
terno,* não precisais que vos escreva,
pois vós mesmos aprendestes de Deus
a vos amar mutuamente, 10e vós bem o
praticais para com todos os irmãos de
toda a Macedônia. Mas vos exortamos,
irmãos, a progredir ainda nesse amor,
11esforçando-vos por viver calmos,*
ocupando-se cada um de seus negó-
cios e trabalhando com as próprias
mãos, como vos ordenamos, 12a fim de
levardes uma vida honrada* em relação
aos de fora e não terdes necessidade
de ninguém.

---

* **3**,12. 2Ts 2,16; Gl 6,10; Zc 14,5; 1Cor 1,8; Fl 1,10 | **4**,1. Rm 12,1s; 14,18; Fl 4,18 | 3. 1Ts 5,23; Hb 10,10; 1Cor 6,13.15 | 5. Jr 10,25; 1Cor 15,34; Sl 94,1; Dt 32,35; Ez 37,14; Rm 5,5 | 9. Rm 12,10; At 20,34 | 11. Ef 4,28; 2Ts 3,12 | 12. 1Cor 10,32; Cl 4,5

† **3**,5. Paulo receia que o joio tenha sido semeado no meio do trigo pelo diabo, Mt 13,25, o adversário da salvação. | 10. A pregação de Paulo em Tessalônica foi interrompida pelas perseguições, que provocaram sua partida prematura, At 17,10. Faltava uma instrução sólida, que fundamentasse uma fé mais firme. | **4**,3. No AT Deus exigia a santidade do povo que lhe pertencia, porque Ele também é santo, Lv 11,45. Jesus apresentou como ideal a perfeição do Pai celeste, Mt 5,48. A santidade não consiste em algo externo ao homem, mas na retidão do homem, que rejeita o vício e pratica a virtude.

A espera do Dia do Senhor.† [13]Não queremos que ignoreis,* irmãos, o que se passa com os mortos, para que não fiqueis tristes como os outros, os que não têm esperança. [14]Pois, se cremos que Jesus morreu e ressuscitou,* cremos também que Deus levará consigo, por meio de Jesus, os que nele morreram. [15]Com efeito, eis o que temos a dizer-vos, conforme um ensinamento do Senhor†: nós, os vivos, os que tivermos ficado para a vinda do Senhor,* não precederemos os que morreram. [16]Pois o próprio Senhor, a um sinal dado pela voz do arcanjo e pela trombeta de Deus, descerá do céu, e os mortos que estão em Cristo ressuscitarão primeiro; [17]depois nós, os vivos, os que tivermos ficado, seremos arrebatados junto com eles nas nuvens, ao encontro do Senhor nos ares. E assim estaremos sempre com o Senhor†. [18]Consolai-vos, pois, uns aos outros com essas palavras.*

5

A vigilância cristã. [1]Quanto aos tempos e aos momentos,* não precisais que eu vos escreva; [2]sabeis muito bem que o dia do Senhor† vem como um ladrão de noite. [3]Quando se disser: "Há paz e segurança", então, de repente, cairá sobre eles a destruição, como as dores do parto de uma mulher grávida, e não poderão escapar. [4]Mas vós, irmãos, não estais nas trevas, expostos a serdes surpreendidos por aquele dia, como por um ladrão, [5]porque todos vós sois filhos da luz e filhos do dia†. Nós não somos da noite* nem das trevas; [6]por isso, não durmamos como os outros, mas vigiemos e sejamos sóbrios. [7]Os que dormem, dormem de noite; os que se embriagam fazem-no de noite. [8]Nós, porém, que somos do dia,* devemos ser sóbrios. Revistamo-nos da couraça da fé e do amor, tendo como capacete a esperança da salvação†. [9]Porque Deus não nos destinou para sua cólera, mas para entrarmos na posse da salvação por nosso Senhor Jesus Cristo, [10]que morreu por nós a fim de que, acordados* ou adormecidos†, vivamos unidos a ele. [11]Por isso confortai-vos mutuamente, edificando-vos uns aos outros, como já o fazeis.

Exortações finais e saudações. [12]Nós vos pedimos,* irmãos, que tenhais respeito por aqueles que se esforçam no meio de vós, que vos governam no Senhor† e vos aconselham. [13]Estimai-os com amor especial, em razão do trabalho deles. Vivei em paz entre vós.

[14]Nós vos exortamos, irmãos, repreendei os desordeiros, encorajai os tímidos,* sustentai os fracos, tende paciência com todos. [15]Cuidai que ninguém pague o mal com o mal, mas procurai sempre o bem, quer entre vós, quer para com todos.

[16]Vivei sempre alegres. [17]Rezai continuamente†. [18]Em todas as ocasiões dai graças a Deus. Esta é a vontade de Deus a respeito de vós em Cristo Jesus.

---

* **4**,13. Ef 2,12 | 14. 1Cor 15,4s.23.51s; Rm 14,9 | 15. Mt 24,31; 2Ts 1,7; 1Cor 15,52 | 18. At 8,37 | **5**,1. At 1,7; Mt 24,36.43; Lc 12,39; Jr 6,14 | 5. Rm 13,2; Ef 5,9 | 8. Is 59,17; Ef 6,13-17; Sb 5,18 | 10. Rm 14,8s | 12. 1Cor 16,18 | 14. 2Ts 3,6.11.15; Pr 20,22

† **4**,13. Paulo responde a uma dúvida da comunidade, tranquilizando os fiéis: os que já morreram em nada serão inferiores aos que estiverem vivos quando o Senhor vier. Ele se imagina presente a esta vinda, v.15, mas sabe que ninguém conhece o dia nem a hora, 5,2. | 15. Alguma palavra de Jesus que não está nos evangelhos e foi transmitida pela tradição ou alguma revelação pessoal que Paulo recebeu, Ef 3,3. | 17. "Eu não morro, entro na Vida" (S. Teresinha). | **5**,2. O dia do Senhor designa aqui a 2ª vinda de Jesus, que porá fim à história humana. Já que ninguém conhece o dia nem a hora, Mc 13,32, a atitude dos cristãos deve ser de vigilância, o que não seria possível se fossem filhos das trevas e vivessem na ignorância, v. 5. | 5. "Filhos da luz" significa feitos para a luz: a luz é seu ambiente. | 8. Não basta estar vigilante, atento e sóbrio para esperar o dia do Senhor; a vida cristã é uma luta e é preciso estar armado para enfrentá-la. O cristão encontra sua força na fé, na esperança e na caridade. | 10. Isto é, vivos ou mortos. O sono é a imagem da morte. A palavra "cemitério" significa "dormitório". A ressurreição é um despertar, Ef 5,14. | 12. Em cada comunidade, Paulo deixava como representante de sua autoridade um chefe, para o qual exigia o mesmo respeito que a ele, como guardião da união e da paz. | 17. "Teu desejo é oração, e se o desejo é contínuo, contínua é também a oração" (S. Agostinho).

[19]Não apagueis o Espírito†. [20]Não
desprezeis as profecias. [21]Examinai
tudo e ficai com o que é bom. [22]Apar-
tai-vos de toda espécie de mal.

[23]Que o Deus da paz* vos leve à san-
tidade perfeita, e todo o vosso ser – es-
pírito, alma e corpo –† se conserve sem
mancha até a vinda de nosso Senhor
Jesus Cristo. [24]Aquele que vos chama
é fiel* e saberá cumprir tudo isso. [25]Ir-
mãos, rezai também por nós. [26]Saudai
todos os irmãos com um beijo santo.
[27]Eu vos conjuro pelo Senhor que esta
carta seja lida* a todos os irmãos.

[28]Que a graça de nosso Senhor Jesus
Cristo esteja convosco.

---

* **5**,22. 1Cor 14,1; 1Jo 4,1 | 23. Rm 15,33 | 24. 1Cor 1,8s | 27. 1Cor 1,8; Rm 16,16; 1Cor 16,20

† **5**,19. Não fazer nada que possa contrariar as manifestações dos carismas do Espírito. | 23. Espírito, alma e corpo designam a pessoa humana toda sob um ou outro aspecto: o espírito, enquanto criatura; a alma, enquanto ser vivo; o corpo, enquanto ser corpóreo e social.

SEGUNDA CARTA AOS TESSALONICENSES

Já sabemos, pela leitura da primeira carta aos Tessalonicenses, que Tessalônica era uma comunidade na qual era intensa a espera do dia do Senhor. A primeira carta conseguira seu objetivo de consolar e animar a comunidade, que vivia na angústia e na incerteza quanto à sorte de seus falecidos.

Mas eis que, logo depois, no mesmo ano 51, Paulo recebe novas notícias de Tessalônica: o problema escatológico reaparecera, agora sob um outro aspecto: divulga-se entre os fiéis a doutrina da iminência do fim do mundo (2Ts 2,2). Fundados em pretensas revelações do Espírito, em interpretações deturpadas de palavras do Apóstolo, chegando até a falsificar escritos seus, esses exaltados lançavam a agitação e a desordem na comunidade, com sua pregação de que o dia do Senhor estava às portas. A comunidade desorientou-se, vivia alienada, e alguns abandonaram por completo o trabalho (2Ts 3,6-12) e os compromissos da vida quotidiana, na expectativa do último dia. O resultado daquela vida ociosa era o escândalo de uma comunidade inteira penando na miséria e na fome por causa de seu iluminismo. Paulo viu todos esses perigos e procura corrigir os abusos e esclarecer os pontos contestados da doutrina escatológica.

Depois de uma ação de graças (cap. 1), dá novas instruções sobre a parusia, mostrando que ela será precedida de determinados sinais, que ainda não aconteceram (cap. 2), e depois exorta à oração, ao trabalho e à obediência (cap. 3).

I. A VINDA DO SENHOR (1–2)

1 **Saudação.** 1Paulo, Silvano e Timóteo* à Igreja dos tessalonicenses, que está em Deus nosso Pai e no Senhor Jesus Cristo: 2graça a vós e paz da parte de Deus Pai e do Senhor Jesus Cristo.

A fé no meio das perseguições. 3Devemos dar graças a Deus* a todo momento por vossa causa, irmãos, e isso é justo, porque vossa fé está em grande progresso e cresce vosso amor mútuo, 4a tal ponto que somos orgulhosos* de vós entre as Igrejas de Deus por causa de vossa constância e de vossa fé no meio de todas as perseguições e tribulações que enfrentais. 5Assim se manifesta o justo juízo de Deus,* que vos proclamará dignos do Reino de Deus pelo qual agora sofreis.

6É justo, com efeito, que Deus dê em paga aflição àqueles que vos afligem 7e o repouso conosco a vós que sofreis,* quando o Senhor Jesus se revelar do alto do céu, com os anjos de seu poder, 8no meio duma chama ardente†, para tirar vingança dos que não reconhecem a Deus e não obedecem ao Evangelho de nosso Senhor Jesus. 9Estes serão castigados com a ruína eterna, afastados da face do Senhor e da glória de seu poder, 10quando ele vier, naquele dia, para ser glorificado em seus santos e admirado em todos os que tiverem acreditado; e vós acreditastes em nosso testemunho.

11Também por isso rezamos sempre por vós, para que nosso Deus vos faça dignos de seu chamado, vos faça realizar por seu poder todo o vosso desejo de praticar o bem e torne atuante vossa fé. 12Assim, o nome de nosso Senhor Jesus Cristo será glorificado em vós,* e vós nele†, segundo a graça de nosso Deus e do Senhor Jesus Cristo.

2 **Os sinais da vinda do Senhor†.** 1Quanto à vinda de nosso Senhor Jesus Cristo* e nossa reunião com Ele, nós vos rogamos, irmãos, 2que não fi-

---

* **1**,1. 1Ts 1,1 | 3. 1Ts 1,2 | 4. 2Cor 7,4 | 5. 1Ts 2,12 | 7. 1Cor 1,7; 1Ts 3,13; 4,16; Sl 79,6; 89,8; Is 2,10; 49,3; 66,15; Jr 10,25 | 12. Is 66,5 | **2**,1. 1Ts 4,13.17

† **1**,8. O fogo é o símbolo bíblico mais frequente para indicar a manifestação de Deus, que é espírito, Êx 3,2. Aqui (ver também Is 66,15) o fogo representa a justiça e a majestade de Jesus, que vem julgar o mundo, dando a cada um a recompensa ou o castigo merecido. | 12. No dia do triunfo definitivo de Jesus, 1Cor 15,25, junto com Ele serão glorificados também todos os seus eleitos. | **2**. A vinda do Senhor será precedida de dois sinais: a apostasia e o aparecimento do filho da perdição.

queis facilmente desnorteados ou apavorados por causa de revelação profética, palavra ou carta atribuída a nós, como se o dia do Senhor estivesse perto. [3]Que ninguém vos engane* de nenhum modo. Pois antes deve vir a apostasia† e deve revelar-se o Ímpio, o Condenado, [4]o Adversário†, aquele que se levanta acima de tudo o que traz o nome de Deus ou recebe um culto, chegando até a sentar-se em pessoa no santuário de Deus, apresentando-se como Deus. [5]Não vos lembrais de que, quando eu ainda estava convosco, vos dizia essas coisas?

[6]E agora sabeis o que impede sua manifestação, que acontecerá em sua hora. [7]Pois o mistério da iniquidade* já está agindo, mas é necessário que seja afastado aquele que até agora o retém†. [8]Então o Ímpio se revelará,* mas o Senhor Jesus o fará desaparecer com o sopro de sua boca e o aniquilará pelo resplendor de sua vinda.

[9]A vinda do Ímpio será acompanhada, por obra de Satanás, de toda a espécie de portentos, de sinais e de prodígios enganadores, [10]e de toda a espécie de sedução do mal, para os que são destinados à perdição, por não terem acolhido o amor da verdade para serem salvos. [11]Eis por que Deus lhes envia* uma potência enganadora†, que os leva a crer na mentira, [12]de tal sorte que sejam condenados todos os que não creram na verdade, mas se deleitaram com a injustiça.

A firmeza na fé. [13]Nós, porém, devemos dar graças a Deus* por vós a todo momento, irmãos amados do Senhor, porque Deus vos escolheu como primícias, para serdes salvos pelo Espírito santificador e pela fé na verdade. [14]Foi a isso que Ele vos chamou* por nosso Evangelho, para que tomeis posse da glória de nosso Senhor Jesus Cristo. [15]Portanto, irmãos, ficai firmes, guardai fielmente as tradições* que aprendestes de nós, de viva voz ou por carta†. [16]Que o mesmo nosso Senhor Jesus Cristo e também Deus, nosso Pai, que nos amou e nos deu pela graça a consolação eterna e uma esperança feliz, [17]anime vossos corações e vos fortaleça em toda obra e palavra boa.

II. EXORTAÇÕES PRÁTICAS
(3)

3 **Oração e trabalho**†. [1]Enfim, irmãos, rezai por nós,* para que a palavra do Senhor seja difundida e honrada como o é entre vós; [2]e para que sejamos livres dos homens perversos e malvados, pois nem todos têm a fé. [3]Porém, o Senhor é fiel:* ele vos confirmará e vos guardará do Maligno. [4]E quanto a vós, temos esta confiança no Senhor de que estais seguindo nossas orientações e continuareis a fazê-lo. [5]Que o Senhor dirija vossos corações para o amor de Deus e a constância de Cristo†.

[6]Nós vos ordenamos, irmãos,* em nome de nosso Senhor Jesus Cristo, que

---

* **2**,3. Dn 11,31; 1Tm 4,1; Is 57,4; Ez 28,2 | 7. At 20,29 | 8. Is 11,4 | 11. Rm 1,28 | 13. 1Ts 1,4 | 14. Rm 8,30 | 15. 3,6; 1Cor 11,2.23 | **3**,1. Sl 147,15 | 3. 1Cor 1,9 | 6. 2,15; 1Ts 4,1 | 7. At 18,3; 1Cor 9,1-19; Fl 4,10-20 | 11. 1Ts 4,11 | 12. 1Cor 5,9.11

† **2**,3. Conforme as ideias da época, Mt 24,5.11, logo antes do fim do mundo, muitos abandonarão a fé. | 4. Três nomes para designar o mesmo personagem chamado por João de "Anticristo", 1Jo 2,18, que é descrito aqui com termos tirados de Dn 7,27 e 11,36. | 7. Em sua catequese oral, Paulo deve ter falado mais claro sobre este assunto. Não temos como identificar esse "obstáculo" que retém a chegada do Anticristo. Pode ser o poder de Deus, a autoridade civil, a pregação evangélica, entre outros. Mas o ensinamento essencial é que nada escapa à Providência divina, nem mesmo o inimigo de Deus. O poder do bem é tão superior ao do mal, que basta um sopro do Senhor Jesus para aniquilar o Ímpio, v. 8. | 11. Por uma disposição divina, a verdade cega aqueles que não querem deixar-se iluminar, Mc 4,25. | 15. O apóstolo dá o mesmo valor ao que ele ensina escrevendo e ao que ele ensinou de viva voz. A Igreja segue essa atitude, respeitando igualmente a Palavra escrita e a Tradição oral. | **3**. "Reza e trabalha" foi a norma que S. Bento deu a sua Ordem. "Rezai como se tudo dependesse de Deus e trabalhai como se tudo dependesse de vós" (S. Inácio de Loiola). | 5. É a constância que devem praticar os que vivem em Cristo e nos quais o Cristo vive. | 6. Esperando para qualquer momento o fim de tudo, certos cristãos de Tessalônica abandonaram o trabalho e viviam na preguiça e eram sustentados pela comunidade. Paulo ordena que cada um viva do trabalho de suas mãos e mostra como ele próprio não quis fugir à lei geral do trabalho.

fiqueis distantes de todo irmão que leva
uma vida desordenada† e não se con-
forma à tradição que recebestes de nós.
7Pois vós bem sabeis como deveis imitar-
-nos, porque não temos vivido* entre vós
na ociosidade, 8nem comemos gratuita-
mente o pão de quem quer que seja. Pelo
contrário, trabalhamos dia e noite com fa-
diga e esforço para não sermos pesados a
nenhum de vós. 9Não é que não tivésse-
mos direito a isso, mas porque queríamos
dar-vos um exemplo a imitar.
10Com efeito, quando estávamos
convosco, nós vos demos esta norma:
Quem não quiser trabalhar, também
não coma. 11Pois ouvimos dizer que en-
tre vós há alguns que levam uma vida
desordenada,* muito ocupados em não
fazer nada†. 12A esses tais ordenamos e
exortamos no Senhor Jesus Cristo, que
trabalhem em paz e assim comam o
pão* ganho com seu trabalho†.
13Quanto a vós, irmãos, não vos can-
seis de fazer o bem. 14Se alguém não
obedece ao que dissemos nesta carta,
observai-o e, para sua confusão, parai
de andar com ele†; 15contudo, não o
trateis como inimigo, mas repreendei-
-o como a um irmão.
Bênção e saudação. 16Que o Senhor
da paz vos conceda a paz em todo o
tempo e de todos os modos. Que o Se-
nhor esteja com todos vós. 17Esta sau-
dação é de minha mão, Paulo. Este é
o sinal que distingue* todas as minhas
cartas: é assim que escrevo†. 18Que a
graça de nosso Senhor Jesus Cristo es-
teja com todos vós.

---

* **3**,17. 1Cor 16,21; Gl 6,11; Rm 16,20

† **3**,11. No mundo greco-romano, o trabalho era uma atividade para escravos; os hebreus, ao contrário, valorizavam o trabalho e a ele se dedicavam. | 12. "O trabalho humano é próprio das pessoas criadas à imagem do Deus Criador e chamadas a prolongar a obra da criação dominando a terra. Quem trabalha honra os dons do Criador e os talentos recebidos. O trabalho também pode ser redentor, quando sua pena é suportada em união com Jesus, o artesão de Nazaré" (CIC). | 14. Paulo inaugura aqui um tipo de pena "medicinal" que será frequente na Igreja: a excomunhão, a exclusão da pessoa do seio da comunidade. Proíbe os contatos com os culpados, mas unicamente para levá-los ao arrependimento. O cristão pecador ainda é um irmão, não um inimigo. | 17. Paulo ditava suas cartas a um secretário encarregado de copiá-las, Rm 16,22. Mas para prevenir toda a espécie de falsificação, coloca às vezes uma frase de próprio punho, ver 1Cor 16,21; Gl 6,11; Cl 4,18.

PRIMEIRA CARTA A TIMÓTEO

Desde o século XVIII, as duas cartas a Timóteo e a carta a Tito são chamadas "Pastorais", porque expõem a esses dois discípulos, chefes de comunidades, os deveres pastorais que lhes incumbem como primeiros responsáveis pelo rebanho de Cristo.

Discípulo predileto e companheiro inseparável de Paulo, Timóteo nos é bem conhecido pelos Atos dos Apóstolos e por diversas cartas paulinas. Filho de pai grego e mãe judia, chamada Eunice (2Tm 1,5), nasceu em Listra, na Licaônia. Como Paulo o chama de "filho" (1Cor 4,17), é provável que ele próprio o tenha instruído no cristianismo e lhe tenha conferido o Batismo. Na segunda viagem apostólica, passando por Listra, Paulo toma consigo Timóteo para ser seu colaborador no apostolado (At 16,2). Timóteo tornou-se daí por diante seu companheiro fiel e prestimoso, colaborando na fundação de diversas igrejas: Filipos, Tessalônica, Bereia, Corinto, Éfeso. Paulo o encarrega de várias missões: envia-o de Atenas a Tessalônica (1Ts 3,2-6), de Éfeso a Corinto (1Cor 4,17). Esteve com Paulo em Roma no primeiro cativeiro (Cl 1,1) e nas viagens que Paulo fez depois que se viu livre da prisão. Paulo deixou-o em Éfeso, com amplos poderes para governar as igrejas da Ásia (1Tm 1,3).

No ano 65, estando na Macedônia, Paulo lhe envia a primeira carta, confiando-lhe três missões: a) lutar contra as falsas doutrinas, preservando o "bom depósito" da fé pura e autêntica; b) organizar a hierarquia, escolhendo pessoas aptas para os diversos encargos na comunidade; c) zelar pelo progresso da Igreja, incentivando a caridade e a oração, cuidando da boa ordem nas assembleias.

A carta começa com um prólogo (1,1s), ao qual se seguem uma exortação a combater as falsas doutrinas (1,3-20) e diretrizes sobre a oração pública e o culto (2,1-15). Depois trata dos dotes necessários aos ministros da Igreja (3,1-16) e do comportamento diante dos hereges (4,1-16) e diante das várias classes de pessoas (5,1–6,2). Volta a falar dos falsos mestres (6,3-10) e termina com recomendações particulares (6,11-21).

I. AS FALSAS DOUTRINAS (1,1-11)

1 **Saudação.** 1Paulo, Apóstolo do
Cristo Jesus* segundo a ordem de
Deus nosso Salvador† e do Cristo Jesus,
nossa esperança, 2a Timóteo, meu ver-
dadeiro filho† na fé: graça, misericórdia
e paz da parte de Deus Pai e do Cristo
Jesus, nosso Senhor.
Os falsos mestres. 3Ao partir para a
Macedônia, eu te recomendei que fi-
casses em Éfeso,* para ordenares a
alguns que parassem de ensinar dou-
trinas estranhas† 4e de se apegar a
fábulas e a genealogias sem fim, mais
próprias para suscitar discussões do
que para servir ao desígnio de Deus
que se realiza na fé. 5Esta exortação
não visa senão promover o amor* que
procede de um coração puro, de uma
boa consciência† e de uma fé sincera.
6Por se terem desviado dessa linha, al-
guns se extraviaram numa inútil discus-
são, 7pretendendo ser doutores da lei,
mas não sabem o que estão dizendo
nem o que estão defendendo.
8Sem dúvida, nós sabemos que a lei
é boa,* se dela fizermos uso legítimo,
9sabendo que ela não foi feita para o
justo, mas para os iníquos e os rebel-
des, os ímpios e os pecadores, os sa-
crílegos e os profanadores, os que ma-
tam pai e mãe, os homicidas, 10os im-

---

* **1**,1. 2,3; 4,10; Rm 1,1; 2Tm 1,2; Tt 1,4; Cl 1,27 | 3. 4,7; 6,4.20; At 16,1; 20,1; 2Tm 2,14.16.23; 4,4; Tt 1,14; 3,9 | 5. Rm 13,10; Gl 5,6; 2Tm 2,18 | 8. Rm 7,12.16; Gl 5,23 | 10. 2Tm 1,13; Tt 1,3.9; 2,1s; 2Cor 4,4; 1Ts 2,4

† **1**,1. As Cartas Pastorais dão também ao Pai o título de Salvador, talvez para contrastar o uso pagão deste título para os deuses e o imperador. | 2. Foi Paulo que converteu e batizou Timóteo em sua primeira viagem missionária, At 16,1ss. | 3. Timóteo, que era o mais constante discípulo de Paulo e gozava de maior autoridade, é encarregado de combater as falsas doutrinas de certos doutores. | 5. "A consciência moral é um julgamento da razão, pelo qual a pessoa humana reconhece a qualidade moral de um ato concreto. A consciência boa e pura é esclarecida pela fé verdadeira. Pois a caridade procede ao mesmo tempo de um coração puro, de uma boa consciência e de uma fé sem hipocrisia" (CIC).

puros, os sodomitas, os traficantes de
homens, os mentirosos, os perjuros e
para todas as outras coisas* opostas à
sã doutrina, 11que é conforme ao Evan-
gelho da glória do Deus bendito, que
me foi confiado.

II. AÇÃO DE GRAÇAS (1,12-20)

A vocação de Paulo. 12Dou graças
Àquele que me deu forças,* a nosso
Senhor Jesus Cristo, porque me jul-
gou digno de confiança, a ponto de
chamar-me para seu serviço. 13Confiou
em mim, que antes tinha sido blasfe-
mo, perseguidor e violento. Mas usou
de misericórdia para comigo, porque
eu fazia isso por ignorância e ainda não
tinha fé. 14Assim, a graça de nosso Se-
nhor transbordou em mim com a fé e o
amor que está em Cristo Jesus.*
15Esta é uma palavra digna de fé* e
de inteira aceitação: Cristo Jesus veio
ao mundo para salvar os pecadores,
dos quais eu sou o primeiro†. 16Mas
se encontrei misericórdia, foi para que
em mim Jesus Cristo manifestasse, por
primeiro, toda a sua bondade, como
exemplo para os que deviam crer nele
para alcançarem a vida eterna. 17Ao Rei
dos séculos,* incorruptível, invisível e
único Deus, honra e glória pelos sécu-
los dos séculos! Amém.
Conservar a fé verdadeira. 18Tal é a
advertência que te dirijo,* Timóteo,
meu filho, de acordo com as profecias
outrora pronunciadas sobre ti, a fim de
que, baseado nelas, te empenhes no
bom combate, 19com fé e boa cons-
ciência;* porque a rejeitaram, alguns
naufragaram na fé, 20entre estes, Hi-
meneu e Alexandre, que entreguei a
Satanás* para ensinar-lhes a não mais
blasfemar†.

III. A ORAÇÃO DO CRISTÃO (2)

2 **Para quem se deve rezar.** 1Antes
de mais nada,* eu te recomendo
que se façam pedidos, súplicas, orações
e ações de graças por todos: 2pelos reis e
pelos que estão no poder, para que pos-
samos levar uma vida calma e tranquila,
com toda piedade e honestidade. 3Isto é
uma boa coisa e agrada a Deus,* nosso
Salvador; 4ele quer que todos os homens
sejam salvos e cheguem ao conheci-
mento da verdade. 5Pois há um só Deus
e também há um só mediador* entre
Deus e os homens: o homem Cristo Je-
sus†, 6que se entregou como resgate por
todos. Este é o testemunho que ele deu
nos tempos estabelecidos. 7Digo a ver-
dade e não minto: fui designado para ser
pregador e apóstolo desse testemunho,
mestre dos pagãos na fé e na verdade.
8Quero, pois, que os homens rezem em
todo lugar, erguendo para o céu mãos
puras, sem ira e sem contenda.
Recomendações às mulheres. 9Do
mesmo modo, quero que as mulheres*
se vistam com decência, adornando-se
de pudor e modéstia, não de cabelos
trançados, ouro, joias ou vestes luxuo-
sas, 10mas antes de boas obras, como
convém a mulheres que fazem profis-
são de piedade. 11A mulher aprenda*
em silêncio, com toda a submissão.
12Não permito a mulher alguma ensi-
nar nem ditar lei ao homem; mas que
se conserve em silêncio†. 13Com efeito,
foi Adão que foi formado primeiro, e
depois Eva. 14E não foi Adão que se
deixou seduzir, mas a mulher que, se-

---

* **1**,12. At 8,3; 9,15; Gl 1,13-16 | 14. Rm 5,20 | 15. 4,9; 2Tm 2,11; Tt 3,8; Lc 15,2; 19,10; Mt 9,13; 1Cor 15,9 | 17. 6,16; Rm 16,27; Jd 25 | 18. 4,14; 6,12; 2Tm 4,7 | 19. 3,9; 6,10 | 20. 2Tm 2,17; 4,14; 1Cor 5,5 | **2**,1. Fl 4,6; Rm 12,21; 13,1-7; Tt 3,1 | 3. Ez 18,23; Rm 11,32; 2Pd 3,9 | 5. Hb 8,6; 9,15; 12,24; Mt 20,28; Gl 1,4; 2,20; Tt 2,14; Ef 5,2; Gl 2,7; 2Tm 1,11; At 9,15 | 9. 1Pd 3,3-6 | 11. 5,14; 1Cor 11,8;14,34s; Gn 2,7.22; Gn 3,6.13; 2Cor 11,3

† **1**,15. Porque em sua história pessoal, Paulo sentiu de modo exemplar a misericórdia de Deus para com ele. | 20. Trata-se da excomunhão ou exclusão da Igreja, que visa provocar o arrependimento do culpado. | **2**,5. Jesus é mediador porque, como Deus-homem, morreu pela salvação da humanidade, mostrando-lhe por sua morte o amor do Pai. | 12. Essa prescrição deve ser entendida no contexto cultural da época; a mulher era totalmente dependente do homem.

duzida, caiu em pecado. [15]Todavia, ela será salva tornando-se mãe†, contanto que persevere com modéstia na fé, no amor e na santidade.

IV. QUALIDADES DOS OPERÁRIOS DO EVANGELHO (3)†

3 **Os bispos.** [1]Esta palavra é digna de fé: quem aspira ao episcopado* deseja uma nobre função. [2]É preciso, pois, que o bispo seja irrepreensível, que tenha se casado só uma vez, que seja sóbrio, ponderado, cortês, hospitaleiro, capaz de ensinar; [3]que não seja dado ao vinho, nem violento, mas indulgente, pacífico, desapegado do dinheiro; [4]que saiba governar bem sua casa e manter seus filhos na submissão de um modo perfeitamente digno. [5]Pois quem não sabe governar sua própria casa, como poderá cuidar da Igreja de Deus? [6]Que não seja um recém-convertido, para que não se encha de vaidade e venha a incorrer na mesma condenação que o diabo. [7]É preciso também que ele goze* de boa reputação junto aos de fora, para não cair em descrédito e nas armadilhas do diabo.

Os diáconos. [8]Também os diáconos sejam dignos†, não ambíguos no falar, não inclinados ao excesso na bebida nem ambiciosos de lucros desonestos. [9]Que guardem* o mistério da fé† numa consciência pura. [10]Também eles primeiro serão submetidos à prova e depois, se de nada forem culpados, serão admitidos a suas funções. [11]Que igualmente as mulheres† sejam dignas,* não maldizentes, mas sóbrias e fiéis em tudo. [12]Os diáconos não sejam casados senão uma só vez* e devem saber dirigir bem seus filhos e sua casa. [13]Os que cumprem bem suas funções adquirem uma posição honrosa e uma grande segurança na fé em Cristo Jesus†.

O mistério da piedade†. [14]Eu te escrevo isto, esperando ir em breve* me encontrar contigo. [15]No entanto, se eu demorar, é preciso que saibas como comportar-te na casa de Deus, que é a Igreja do Deus vivo, coluna e baluarte da verdade. [16]Devemos confessar que é grande o mistério da piedade:

Ele foi manifestado na carne,*
justificado no Espírito†,
apareceu aos anjos,
foi proclamado aos pagãos,
acreditado no mundo,
exaltado na glória.

V. AS NOVAS HERESIAS (4)

4 **A falsa e a verdadeira ascese.** [1]O Espírito declara abertamente que, nos últimos tempos,* alguns se afastarão da fé para seguir espíritos enganadores e doutrinas diabólicas, [2]seduzidos por mentirosos hipócritas, marcados com ferro em brasa em sua consciência. [3]Essas pessoas proíbem o matrimônio e o uso de alimentos* que Deus criou para serem tomados com ação de graças pelos que creem e pelos que têm o conhecimento da verdade. [4]Pois tudo o que Deus criou é bom e nenhum alimento deve ser proibido, se for toma-

* **3**,1. 1,15; At 20,29; 2Tm 2,24; Tt 1,6s | 7. 5,10; 2Cor 8,21 | 9. 1,5.19; 3,16; 2Tm 1,3 | 11. Tt 2,3 | 12. 3,2.4 | 14. Hb 3,6; 2Tm 2,20; Ef 2,19-22; 3,10; Rm 1,3s | 16. Jo 1,14; 1Pd 1,12; Mc 16,19; At 1,2.11 | **4**,1. 2Tm 3,1; 4,3; 2Pd 2,1; 3,3; Jd 18; 1Jo 2,18; 4,1; At 20,29s; Mt 24,23s | 3. Gn 9,3; Cl 2,16; At 10,15; Rm 14,14.20; 1Cor 10,30s; Gn 4,31; Mt 15,11 | 6. 2Tm 2,15; Tt 1,4; 3,9 | 8. 1,4; 6,20; 2Tm 2,14.23; 4,4

† **2**,15. Contra os que rejeitavam o matrimônio, o autor afirma que é justamente a maternidade a salvação para a mulher, porque é sua primitiva vocação. | **IV.** "É preciso começar a purificar-se antes de purificar os outros; ser instruído para poder instruir; é preciso tornar-se luz para iluminar, aproximar-se de Deus para aproximar dele os outros, ser santificado para santificar" (S. Gregório de Nazianzo). | **3**,8. Os diáconos eram os encarregados dos bens da comunidade; cuidavam também dos doentes e dos pobres. | 9. "Mistério" é a Boa Nova da salvação, plenamente revelada e realizada em Jesus Cristo. | 11. Paulo parece referir-se às diaconisas, Rm 16,1, e não às esposas dos diáconos. | 13. Os ministérios na Igreja são participação no serviço daquele que veio para servir, Mc 10,45. | 14. A palavra "mistério" significa aqui o Cristo anunciado e vindo ao mundo, que continua na obra da Igreja, e o Cristo em seu retorno triunfal. | 16. Porque foi proclamado verdadeiro Deus sobretudo em sua ressurreição.

do com ação de graças, 5pois a palavra
de Deus e a oração o santificam. 6Se tu
explicas isso aos irmãos, serás um bom
ministro do Cristo Jesus, nutrido dos
ensinamentos da fé e da boa doutrina*
que tens seguido. 7Rejeita, porém, as
fábulas profanas, conversas de gente
velha. Exercita-te na piedade, 8porque
o exercício físico* não serve para mui-
ta coisa, mas a piedade é útil para tudo,
pois ela tem a promessa da vida presen-
te e da futura. 9Esta palavra é segura* e
digna de todo crédito. 10Se, com efeito,
penamos e combatemos, é porque co-
locamos nossa esperança no Deus vivo,
o Salvador de todos, sobretudo dos que
creem. 11É isto que deves proclamar e
ensinar.

Modelo para os fiéis. 12Que ninguém
te despreze por seres jovem.* Ao con-
trário, mostra-te um modelo para os
fiéis pela palavra, pela conduta, pelo
amor, pela fé, pela pureza. 13Aguardan-
do minha vinda, consagra-te à leitura,
à exortação, ao ensinamento. 14Não
descuides o dom espiritual que está em
ti, que te foi conferido por uma inter-
venção profética, com a imposição das
mãos† do colégio presbiteral. 15Cuida
dessas coisas, dedica-te totalmente a
elas, a fim de que todos vejam teus pro-
gressos. 16Vigia sobre tua pessoa e so-
bre teu ensinamento; persevera nessas
disposições. Agindo assim, tu te salvarás
a ti mesmo e aos que te ouvem.

VI. MODO DE TRATAR OS FIÉIS (5–6)

5 **Modo de repreender.** 1Não re-
preendas duramente um velho;*
ao contrário, exorta-o como a um pai;
aos jovens, como a irmãos; 2às mu-
lheres idosas, como a mães; às jovens,
como a irmãs em toda pureza.

As viúvas. 3Honra as viúvas, quero
dizer, as verdadeiras viúvas. 4Se uma
viúva tem filhos ou netos, que eles
aprendam primeiro a praticar a pieda-
de para com os da própria família e a
retribuir a seus pais: é isto que agrada
a Deus. 5Mas a verdadeira viúva†, a que
ficou totalmente sozinha, confia em
Deus e consagra os dias e as noites* à
prece e à oração. 6Quanto àquela que
só pensa no prazer, embora viva, está
morta. 7Recomenda isto também, para
que sejam irrepreensíveis. 8Se alguém
não cuida dos seus, sobretudo dos
que vivem com ele,* este renegou a fé
e é pior que um infiel.

9Só pode ser inscrita no grupo das
viúvas a que tem mais de sessenta
anos e só se casou uma vez. 10Ela de-
verá ter em seu favor* o testemunho
de suas boas obras: se educou filhos,
exerceu a hospitalidade, lavou os pés
dos irmãos†, socorreu os aflitos e pra-
ticou todo tipo de beneficência. 11Não
admitas as viúvas mais jovens, por-
que, quando são assaltadas por dese-
jos contrários a Cristo, querem casar-
-se de novo, 12merecendo assim ser
condenadas por terem faltado a seu
primeiro compromisso. 13Além disso,
nada tendo a fazer,* elas aprendem a
andar pelas casas e não são apenas
ociosas, mas também tagarelas e in-
discretas, falando o que não convém.
14Quero, pois, que as viúvas jovens se
casem outra vez, que tenham filhos,*
que governem sua casa e não deem
ao Adversário nenhuma ocasião de
insulto. 15Pois algumas já se desvia-
ram para seguir Satanás. 16Se uma
mulher cristã tem viúvas em sua famí-
lia, dê-lhes assistência, a fim de que
a Igreja não fique sobrecarregada e
possa assim socorrer as verdadeiras
viúvas.

---

* **4**,9. 1,15 | 12. 1,18; 5,22; 1Cor 16,11; Fl 3,17; Tt 2,7s; 2Tm 1,6; At 6,6; 8,17 | **5**,1. Lv 19,32; Tt 2,2s | 5. Lc 2,37; 18,7; Jr 49,11; Ap 3,1 | 8. Mt 15,5s | 10. 2,10; 3,7; Hb 13,2; Jo 13,14; Rm 12,23; Lc 7,44 | 13. 2Ts 3,11 | 14. 2,15 | 17. 1Cor 9,9; 16,16; Fl 2,29; Dt 25,4; Lc 10,7

† **4**,14. A imposição das mãos era um gesto usado para abençoar, curar e transmitir um carisma. Foi também desde o início o gesto sacramental da Crisma, que comunica o Espírito Santo, At 8,17, e da Ordem, à qual o texto se refere. | **5**,5. Só as viúvas desamparadas é que podiam pertencer à associação das viúvas, que eram mantidas pela comunidade e lhe prestavam determinados serviços. | 10. Gesto de hospitalidade, Lc 7,38.44.

Os presbíteros. [17]Os presbíteros que
exercem bem* a presidência merecem
uma dupla remuneração, sobretudo
os que trabalham no ministério da Pa-
lavra e do ensino. [18]Com efeito, diz a
Escritura: "Não porás mordaça ao boi
enquanto debulha o trigo"; e ainda: "O
operário merece seu salário"†. [19]Não
aceites acusação* contra um presbíte-
ro, a não ser por depoimento de duas
ou três testemunhas†. [20]Repreende os
culpados diante de todos, a fim de que
os outros tenham medo. [21]Eu te conju-
ro diante de Deus, do Cristo Jesus e dos
anjos eleitos, observa essas normas com
imparcialidade, sem nada fazer por fa-
voritismo. [22]Não tenhas pressa de impor
as mãos* a quem quer que seja†, para
não te tornares cúmplice dos pecados
de outros. Conserva-te puro. [23]Não
continues bebendo somente água, mas
toma um pouco de vinho por causa de
teu estômago e de tuas frequentes in-
disposições. [24]As faltas de certas pesso-
as aparecem antes mesmo de qualquer
julgamento; as de outras, ao contrário,
só depois. [25]Assim também as boas
ações aparecem, e as que não são boas
não podem ficar ocultas.

6 **Os escravos.** [1]Todos os que estão
sob o jugo da escravidão* devem
considerar seus senhores como dignos
de todo respeito, a fim de que o nome
de Deus e a doutrina não sejam blas-
femados. [2]Aqueles, cujos senhores têm
fé, não os desprezem porque são ir-
mãos; ao contrário, sirvam-nos melhor
ainda, por serem fiéis e amados os que
recebem seus serviços.
A verdadeira piedade. Eis o que de-
ves ensinar e recomendar. [3]Se alguém
ensina outra coisa* e não segue as sa-
lutares palavras de nosso Senhor Jesus
Cristo e a doutrina que é conforme a
piedade, [4]ele é um ser obcecado pelo
orgulho, um ignorante, um doente* à
procura de controvérsias e de dispu-
tas sobre palavras; daí nascem as in-
vejas, as discórdias, as maledicências,
as suspeitas malévolas, [5]os conflitos
entre pessoas de espírito corrupto* e
desprovidas da verdade, que conside-
ram a piedade como fonte de lucro. [6]A
piedade é, de fato, grande fonte de lu-
cro para quem se contenta* com o que
tem. [7]Pois nada trouxemos a este mun-
do e assim também nada dele pode-
mos levar. [8]Tendo, pois, comida e rou-
pa, fiquemos contentes com isso. [9]Pois
os que querem ajuntar riquezas* caem
na tentação, na armadilha e numa mul-
tidão de desejos insensatos e funestos,
que mergulham os homens na ruína e
na perdição. [10]Pois a raiz de todos os
males é o amor ao dinheiro†; por seu
desejo desenfreado, alguns se desvia-
ram da fé e se envolveram em muitas
aflições.
O bom combate da fé. [11]Mas tu, ho-
mem de Deus,* foge de tudo isso; pro-
cura a justiça, a piedade, a fé, o amor,
a constância, a mansidão. [12]Empenha-
-te no bom combate da fé, conquista
a vida eterna para a qual foste chama-
do e em vista da qual fizeste tua bela
profissão de fé diante de tantas teste-
munhas. [13]Perante Deus, que dá a vida
a todas as coisas,* e de Jesus Cristo
que, diante de Pôncio Pilatos, deu seu
belo testemunho, [14]eu te ordeno que
guardes o mandamento sem mancha
nem repreensão, até a manifestação
de nosso Senhor Jesus Cristo, [15]que

---

* **5**,19. Dt 19,5; Mt 18,16; 2Cor 13,1; Gl 2,14 | 22. 2Jo 11; Ap 18,4 | **6**,1. Ef 6,5-8; Tt 2,9s; Cl 3,22-25; 1Cor 7,21s; Fm 16 | 3. 2Tm 1,13; Gl 1,6-9 | 4. 2Tm 2,14; Rm 1,29 | 5. Tt 1,14; 3,11; Rm 1,29; 2Tm 3,8; 4,4 | 6. 4,8; Fl 4,11s; Jó 1,21; Mt 6,25 | 9. Pr 23,4; 28,22; 30,8s; Mt 13,22; Lc 12,15; Ef 5,5 | 11. 2Tm 2,22; 3,17; 4,7; Gl 5,22; 1Cor 9,24-27 | 13. Mt 27,11; Jo 18,36s; 2Tm 4,1; Tt 2,13 | 15. Ap 17,14; 19,16; Cl 4,1; Dt 10,17 | 16. Êx 33,20; Jo 1,18; Cl 1,15 | 17. Sl 62,11; Lc 12,20; Rm 12,16; Tg 1,10

† **5**,18. Frase pronunciada por Jesus, Lc 10,7, mas pode ser um provérbio popular antigo. | 19. Este princípio está na lei mosaica, Dt 17,6 e foi citado também por Jesus, Mt 18,16. | 22. É possível que se trate da reconciliação do pecador arrependido, porém, é mais provável que o gesto indique, também aqui, a consagração de alguém para um ministério na comunidade. | **6**,10. "O que é a riqueza quando não se pensa em Deus? Um ídolo de ouro, um bezerro de ouro, diante do qual se oferecem sacrifícios e se cometem iniquidades" (Dom Oscar Romero).

no tempo estabelecido nos será revelada pelo Soberano único e bendito, Rei dos reis* e Senhor dos senhores,
[16]o único que possui a imortalidade, que habita numa luz inacessível e que nenhum homem jamais viu* nem pode ver. A Ele, honra e poder eterno! Amém.

Conselhos aos ricos. [17]Aos ricos deste mundo recomenda* que não sejam orgulhosos, que não coloquem sua esperança em riquezas precárias, mas sim em Deus que nos concede tudo em abundância para nosso gozo. [18]Que eles façam o bem, enriquecendo-se de boas obras, deem de bom coração, sabendo partilhar; [19]desse modo ajuntam para o futuro* um sólido capital, com o qual poderão adquirir a vida verdadeira.

Saudação final. [20]Ó Timóteo, guarda o depósito,* evitando o palavreado profano e as objeções de uma pretensa ciência; [21]por tê-la professado, alguns se afastaram da fé.

A graça esteja convosco!

* **6**,19. Mt 6,20; Fl 4,17 | 20. 2Tm 1,13s; 2,2; 3,14

SEGUNDA CARTA A TIMÓTEO

Quando escreve pela segunda vez a Timóteo, Paulo está de novo na prisão, em Roma, num cativeiro bem mais cruel que da primeira vez, sentindo-se terrivelmente sozinho e preparando-se para o sacrifício supremo, pois não espera ser libertado. Estamos no ano 67, ano em que de fato ele morreu decapitado. A segunda carta a Timóteo é o último escrito paulino, é seu testamento espiritual.

No meio dos sofrimentos, Paulo ouve falar das ideias perigosas que ameaçam os fiéis e lança um apelo ao chefe da comunidade de Éfeso para que lute corajosamente pelo Evangelho, como ele próprio, Paulo, também lutou até o fim. De seu coração atribulado sobe um hino de ação de graças (1,3) e uma profissão de fé no Cristo Ressuscitado (2,8), no qual depositou toda a sua esperança (1,12), a qual não foi em vão, pois ele agora aguarda a coroa da justiça (4,8).

A carta começa com uma introdução, vindo depois uma exortação à fidelidade no serviço do Evangelho. A seguir, Paulo mostra qual deve ser a atitude de Timóteo para com os hereges; exorta-o a uma exemplar vida cristã, à fidelidade e à perseverança, num infatigável serviço à verdade. Para terminar, Paulo dá notícias sobre si e seus cooperadores e mais outras incumbências e advertências (4,9-22).

I. ZELO NO APOSTOLADO (1,1-2,13)

1 **Saudação e ação de graças.**
1Paulo, Apóstolo do Cristo Jesus
pela vontade de Deus, para anunciar
a promessa da vida em Cristo Jesus, 2a
Timóteo,* meu filho caríssimo: graça,
misericórdia e paz da parte de Deus Pai
e do Cristo Jesus, nosso Senhor. 3Dou
graças a Deus, a quem sirvo* como
meus antepassados, com consciência
pura, lembrando-me sempre de ti em
minhas orações, noite e dia. 4Recor-
dando tuas lágrimas,* tenho ardente
desejo de rever-te para ficar cheio de
alegria. 5Evoco a lembrança da fé since-
ra que está em ti; esta fé, que primeiro
habitou em tua avó Loide e em tua mãe
Eunice e que, estou certo, mora igual-
mente em ti.

Exortação a lutar pelo Evangelho.
6Por isso eu te exorto a reavivar* o dom
de Deus que está em ti pela imposição
de minhas mãos. 7Pois não foi um es-
pírito de timidez que Deus nos deu: foi
um espírito de coragem, de amor e de
autodomínio. 8Por isso, não te envergo-
nhes do testemunho* que deves dar de
nosso Senhor, nem de mim, que estou
preso por causa dele; pelo contrário,
sofre comigo pelo Evangelho, ajudado
pela força de Deus, 9que nos salvou e
nos chamou* com uma vocação santa,
não em virtude de nossas obras, mas
em virtude de sua própria vontade e
graça. Esta graça, que nos foi dada em
Cristo Jesus antes de todos os séculos,
10foi manifestada agora pela aparição†
de nosso Salvador,* o Cristo Jesus. Ele
não só destruiu a morte, mas também
fez brilhar a vida e a imortalidade por
meio do Evangelho, 11do qual fui esta-
belecido arauto, apóstolo e mestre.
12É por causa disso que estou pas-
sando por estes sofrimentos,* mas
disso não me envergonho, pois sei em
quem depositei minha fé e tenho a
certeza de que ele é capaz de guardar
meu depósito até aquele dia†.
13Toma por norma as boas palavras*
que de mim ouviste, na fé e no amor
que estão no Cristo Jesus. 14Com o au-
xílio do Espírito Santo, que habita em
nós, guarda o precioso depósito.

Notícias pessoais. 15Como sabes, to-
dos os da Ásia,* entre os quais Figelo
e Hermógenes, afastaram-se de mim.

---

* **1**,2. 1Tm 1,2; 2Jo 3 | 3. Rm 1,9; Fl 3,5 | 4. 3,14s; 4,9.21; At 16,1; 23.1; 1Tm 1,5 | 6. 1Tm 4,14; 6,6; At 6,6; Rm 8,15 | 8. Rm 1,16; Lc 9,26 | 9. Tt 3,5 | 10. Ef 1,4; Rm 16,26; Tt 2,11; 3,4; 1Tm 2,7 | 12. 1Cor 1,8; 2Cor 4,2 | 13. 1Tm 1,10; 6,3.20; Tt 2,1; Rm 5,5 | 15. 4,16.19

† **1**,10. "Aparição" designa aqui toda a vida terrestre de Jesus. | 12. O dia do retorno triunfal de Cristo.

[16]Que o Senhor Jesus faça misericór-
dia à família de Onesíforo, pois mui-
tas vezes ele me reconfortou e não se
envergonhou* de minhas prisões; [17]ao
contrário, ao chegar a Roma, procurou-
-me com afinco até descobrir meu pa-
radeiro. [18]Que o Senhor lhe conceda
alcançar misericórdia* junto ao Senhor
naquele dia. Quanto aos serviços que
me prestou em Éfeso, tu os conheces
melhor que ninguém.

2 **Assumir os sofrimentos do
apostolado.** [1]Portanto, meu filho,
fortifica-te na graça* que está no Cristo
Jesus. [2]Aquilo que aprendeste de mim
na presença de numerosas testemu-
nhas, confia-o a pessoas fiéis, capazes
por sua vez de instruir os outros†.

[3]Assume comigo tua parte de sofri-
mentos como bom soldado* do Cristo
Jesus. [4]No serviço militar, ninguém se
envolve nos negócios da vida civil, se
quiser agradar a quem o alistou. [5]Assim
também o atleta não recebe o prêmio*
a não ser que tenha lutado segundo as
regras. [6]O agricultor que trabalha dura-
mente é o primeiro a colher os frutos.
[7]Compreende o que estou te dizendo;
aliás, o Senhor te fará compreender tudo.

[8]Lembra-te de Jesus Cristo, da estir-
pe de Davi,* ressuscitado dos mortos†,
segundo meu Evangelho, [9]pelo qual
sofro, a ponto de estar acorrentado
como um malfeitor, mas a palavra de
Deus não está acorrentada. [10]Por isso,
eu tudo suporto pelos escolhidos, para
que eles também consigam a salvação
que está em Cristo Jesus e a glória eter-
na. [11]Esta é uma palavra que merece fé:
Se morremos com ele, com ele também
viveremos†; [12]se perseveramos com
ele,* com ele também reinaremos; se o
renegamos, ele também nos renegará;
[13]se somos infiéis, ele permanece fiel,*
pois não pode negar-se a si mesmo.

II. CONDUTA DIANTE DOS FALSOS MESTRES (2,14–4,8)

**Normas para a pregação do Evan-
gelho.** [14]Lembra-te de tudo isto,* ates-
tando diante de Deus que é preciso
evitar as discussões de palavras, que
de nada servem, a não ser para per-
der os que as ouvem. [15]Esforça-te por
apresentar-te a Deus como homem
comprovado, um operário que não tem
de que se envergonhar, um fiel des-
penseiro da palavra da verdade. [16]Evita
o palavreado vão e profano; os que o
praticam progredirão sempre mais* na
impiedade, [17]e sua palavra se propaga-
rá como a gangrena. Himeneu e Fileto
são deste número: [18]desviaram-se da
verdade, afirmando que a ressurreição
já aconteceu†, pervertendo assim a fé
de alguns.

[19]Entretanto, as sólidas fundações*
postas por Deus mantêm-se de pé,
marcadas pelo selo destas palavras: "O
Senhor conhece os seus"; e: "Afaste-se
da iniquidade todo aquele que pro-
nuncia o nome do Senhor".

[20]Numa casa grande não há só vasos
de ouro e de prata;* há também os de
madeira e de argila. Uns estão reser-
vados para usos nobres; outros, para
usos vulgares. [21]Se alguém se preserva
de tais coisas, será um vaso nobre, san-
tificado, útil a seu dono,* pronto para
toda boa obra.

[22]Foge das paixões da juventude;
busca a justiça, a fé, o amor, a paz em
união com aqueles* que de coração

* **1**,16. 1,8 | 18. Jd 21 | **2**,1. 3,14; Ef 6,10 | 3. 1,8; 4,5; 1Cor 9,7.25 | 5. 4,8 | 8. 1Cor 15,4.20; Rm 1,3; 2,16; Ef 3,1.13; Fl 1,7.13-18; 2,17; Cl 12. 24; 1Tm 1,15 | 12. Rm 6,5; 8,17; 1Pd 4,13; Mt 10,33 | 13. 1Cor 10,13; Tt 1,2; Nm 23,19 | 14. 1Tm 1,4; 4,6s; 6,4; Tt 2,7s; 3,9; Lc 12,42 | 16. 1Tm 1,20 | 19. Nm 16,5.26; Is 26,13; 28,16s; Jo 10,14; Ap 21,27 | 20. 1Cor 3,12; Rm 9,21; Is 29,16 | 21. 3,17 | 22. 1Tm 6,11; Gl 5,22

† **2**,2. Destaca a importância que tem na Igreja a tradição oral. | 8. "Lembra-te de Jesus Cristo", ou melhor, "sê tu o memorial de Jesus Cristo", quer dizer, sê alguém que, por todo o seu ser e seu agir, faz lembrar a Ressurreição de Cristo, tornando-a atual para quem te encontra. | 11. Unido à morte do Cristo pelo Batismo, o cristão participa também de sua vida de Ressuscitado, Rm 6,5.8. | 18. Só admitiam, talvez, a ressurreição espiritual realizada no Batismo, negando a ressurreição dos corpos, difícil de aceitar para a mentalidade grega, ver a nota em 1Cor 15,12.

puro invocam o Senhor. 23Mas evita as
questões tolas e inúteis: tu sabes que
elas geram disputas. 24Ora, um servo
do Senhor não deve entrar em brigas,*
mas deve ser afável com todos, capaz
de instruir e paciente; 25é com mansi-
dão que deve repreender os adversá-
rios,* na esperança de que Deus lhes
dê a graça de se converterem, para que
conheçam a verdade 26e voltem à sã
razão, libertando-se das armadilhas do
diabo, que os retém cativos, escravos
de sua vontade.

3 **Hereges dos últimos dias.** 1Fica
sabendo que nos últimos dias*
haverá momentos difíceis. 2Com efeito,
as pessoas serão egoístas, ambiciosas,
vaidosas, orgulhosas, difamadoras, re-
beldes a seus pais, ingratas, sem reli-
gião, 3sem coração, desleais, calunia-
doras, intemperantes, cruéis, inimigas
do bem, 4traidoras, atrevidas, cegas
pelo orgulho,* mais amigas dos praze-
res que de Deus, 5tendo aparências de
piedade, mas renegando o que é sua
força. Evita essas pessoas. 6São desse
número os que se introduzem nas ca-
sas e de lá retiram mulheres carrega-
das de pecados, arrastadas por toda
espécie de paixões, 7que estão sempre
aprendendo sem jamais conseguir che-
gar ao conhecimento da verdade. 8A
exemplo de Janes e de Jambres† que
se revoltaram contra Moisés,* também
estes se levantam contra a verdade,
homens de espírito corrupto, repro-
vados em matéria de fé. 9Mas não irão
mais longe, pois sua loucura será des-
mascarada aos olhos de todos, como o
foi a daqueles dois.
Elogio de Timóteo. 10Tu, porém, me
seguiste na doutrina, no comporta-
mento, nos projetos, na fé, na paci-
ência, no amor, na constância, 11nas
perseguições e sofrimentos como os
que me sobrevieram em Antioquia,
Icônio e Listra.* Que perseguições tive
de sofrer! E de todas o Senhor me li-
vrou. 12Sim, todos os que querem viver
piedosamente no Cristo Jesus serão
perseguidos. 13Mas os malvados e os
impostores vão avançar sempre de mal
a pior, enganando e sendo enganados.
A Tradição e as Escrituras. 14Tu, po-
rém, continua firme* no que apren-
deste e aceitaste como certo, sabendo
de quem o aprendeste 15e que desde
criança conheces as Sagradas Escritu-
ras; elas podem dar-te a sabedoria que
leva à salvação pela fé em Cristo Jesus.
16Toda a Escritura é inspirada por Deus†
e é útil para ensinar, convencer, corri-
gir e educar para a justiça, 17para que o
homem de Deus seja perfeito, equipa-
do para toda boa obra.

4 **A pregação da Palavra.** 1Diante
de Deus e do Cristo Jesus, que
há de julgar os vivos e os mortos,* em
nome de sua manifestação e de seu
Reino, eu te conjuro: 2anuncia a Pala-
vra, insiste a tempo e fora de tempo,
combate o erro, repreende, exorta com
paciência incansável e com preocupa-
ção de instruir. 3Pois virá um tempo em
que as pessoas não suportarão mais a
sã doutrina, mas, ao contrário, ao sa-
bor de suas paixões e pelo prurido de
ouvir, procurarão para si mestres em
quantidade; 4afastarão os ouvidos da
verdade* e se voltarão para as fábulas.
5Tu, porém, sê vigilante em tudo, su-
porta a adversidade, cumpre tua mis-
são de pregador do Evangelho, exerce
teu ministério.
Paulo à espera do martírio. 6Quanto
a mim, meu sangue está para ser der-
ramado* em libação, e o momento de
minha partida chegou. 7Combati o bom

---

* **2**,24. 1Tm 1,4; 4,7; Tt 1,7 | 25. Is 42,3; Mt 12,20 | **3**,1. 1Tm 1,10; 4,1; Rm 1,28-32 | 4. Fl 3,19; Tt 1,16; Rm 2,20; Mt 7,15-20 | 8. Êx 7,11s; At 13,8; 1Tm 6,5 | 11. At 13,50; 14,5.22.19; Sl 34,20; Mt 16,24; 1Ts 3,4s; 1Tm 4,1.15 | 14. 1,5; 2,2.21; At 16,8; Jo 5,39; 2Pd 1,19ss; Rm 15,4; 1Cor 10,6; Lc 16,29 | **4**,1. At 10,42; 20,20-32; Rm 14,9s; 1Pd 4,5; Mt 18,15; Tt 1,13; 1Tm 4,1 | 4. 2,3; 1Tm 4,7; 6,5 | 6. Fl 2,17; 2Pd 1,14; 1Tm 1,18; 6,12; 1Cor 9,24s; Fl 3,14; At 20,24; 1Pd 5,4; Tg 1,12; Ap 2,10

† **3**,8. De acordo com certas lendas judaicas, esses dois eram os chefes dos magos que se opuseram a Moisés na corte do faraó, Êx 7,11s; 8,7. |16. Na Bíblia é Deus que fala por meio da linguagem humana de seus autores; ela é o Livro de Deus, que contém a verdade.

combate, terminei minha corrida, guar-
dei a fé. [8]Agora só me resta a coroa da
justiça que o Senhor, justo juiz, me dará
naquele dia; e não somente a mim, mas
também a todos os que aguardam com
amor sua manifestação.

III. EPÍLOGO (4,9-20)

Últimas recomendações. [9]Procu-
ra vir até mim o mais depressa possí-
vel, [10]porque Demas abandonou-me*
por amor ao mundo presente e partiu
para Tessalônica; Crescente foi para a
Galácia, Tito para a Dalmácia. [11]Só Lu-
cas é que está comigo. Toma contigo
Marcos† e traze-o, pois me é útil para
o ministério. [12]Mandei Tíquico a Éfeso.
[13]Quando vieres, traze o manto que
deixei em Trôade na casa de Carpo,*
bem como os livros, sobretudo os per-
gaminhos. [14]Alexandre, o fundidor, me
fez muito mal; "o Senhor lhe retribuirá
segundo suas obras". [15]Tu também o
evita, pois fez uma oposição violenta a
nossa pregação.

[16]Em minha primeira defesa, nin-
guém me deu apoio: todos me aban-
donaram. Que isto não lhes seja impu-
tado. [17]O Senhor, porém, me assistiu e
me encheu de força, a fim de que por
mim a mensagem fosse proclamada e
chegasse aos ouvidos de todos os pa-
gãos; e fui libertado* da boca do leão.
[18]O Senhor me libertará de todo mal e
me salvará, levando-me para seu reino
celeste. A ele a glória nos séculos dos
séculos! Amém.

Saudação final. [19]Saudações a Prisca*
e Áquila†, bem como à família de One-
síforo. [20]Erasto ficou em Corinto. Deixei
Trófimo doente em Mileto.

[21]Apressa-te a vir antes do inverno.
Êubulo, Pudente, Lino, Cláudia e todos
os irmãos te saúdam.

[22]O Senhor esteja contigo! A graça
esteja convosco!

---

* **4**,10. 1,4; 4,21; Cl 4,10.14; Fl 2,21; At 12,12; 20,4 | 13. Tt 3,12; Ef 6,21; Cl 4,7; 1Tm 1,20; At 19,33; Sl 62,13; Pr 24,12; Lc 23,34; Sl 22,22 | 17. Dn 6,21.28; 2Cor 1,10; 2Pd 2,9; Rm 16,27 | 19. 1,16; 4,9; At 18,2; Rm 16,3; Gl 6,18

† **4**,11. Lucas e Marcos são dois dos evangelistas. | 19. Casal que hospedou Paulo em Corinto, At 18,2.18.26, e também colaborou no apostolado, Rm 16,3s.

11É preciso reduzi-los ao silêncio,* pois
estão inquietando famílias inteiras, en-
sinando com objetivo de lucro ilícito o
que não convém. 12Um deles, porta-voz
de seu meio ambiente, disse: "Os cre-
tenses são sempre mentirosos, animais
perversos,* comilões e preguiçosos"†.
13Este testemunho é verdadeiro; por isso,
repreende-os severamente, para que
conservem uma fé sadia, 14sem prestar
atenção a fábulas judaicas e às prescri-
ções de pessoas que recusam a verda-
de. 15Tudo é puro para os puros.* Mas
para os impuros e os que não têm fé,
nada é puro†. A mente e a consciência
deles estão manchadas. 16Afirmam que
conhecem a Deus, mas, por sua conduta,
o renegam; são abomináveis, rebeldes e
incapazes de qualquer boa obra.

II. DEVERES DOS FIÉIS (2–3)

2 **Deveres dos velhos.** 1Tu, porém,
ensina o que está de acordo* com
a sã doutrina†: 2que os idosos sejam
sóbrios, dignos, ponderados, robustos
na fé, no amor e na constância. 3Que
igualmente as mulheres idosas tenham
o comportamento que convém a pes-
soas santas: não falem mal nem sejam
viciadas na bebida, mas sejam capazes
de dar bom conselho; 4assim ensinarão
às jovens a amarem o marido* e os fi-
lhos, 5a serem reservadas, castas, boas
donas de casa, amáveis e submissas
ao marido, de modo que a palavra de
Deus não seja difamada.
Deveres dos jovens. 6Exorta igual-
mente os jovens* a serem moderados†,
7oferecendo-te a ti mesmo em tudo
como exemplo de boa conduta, com
pureza de doutrina, dignidade, 8lin-
guagem santa e irrepreensível, a fim
de que o adversário, não podendo fa-
lar nenhum mal de nós, fique cheio de
confusão.
Deveres dos escravos. 9Exorta os es-
cravos a serem em tudo submissos* a
seus senhores, procurando agradar-
-lhes, evitando contradizê-los, 10não
cometendo nenhuma fraude, mostran-
do, ao contrário, fidelidade perfeita:
assim honrarão em tudo a doutrina de
Deus, nosso Salvador.
A vida nova em Cristo†. 11Pois a gra-
ça de Deus se manifestou,* trazendo
salvação a todos. 12Ela nos ensina a
renunciar à vida ímpia e aos desejos
mundanos, para vivermos neste mun-
do com equilíbrio, retidão e piedade,
13na espera de que se realize a feliz
esperança e a manifestação da glória
de Jesus Cristo†, nosso grande Deus e
Salvador†, 14que se entregou por nós*
para resgatar-nos de toda maldade e
para purificar um povo que lhe perten-
ce, zeloso na prática do bem.
15É assim que deves falar, exortar e
repreender com plena autoridade. Que
ninguém te despreze.

3 **Deveres gerais dos fiéis.** 1Lembra
a todos que é preciso* submeter-
-se aos governantes e às autoridades,
praticar a obediência, estar prontos
para toda boa obra, 2não difamar nin-
guém, nem andar brigando, mas que
sejam modestos e delicados para com
todos. 3Pois nós também éramos ou-
trora insensatos,* rebeldes, transvia-
dos, escravos de todo tipo de paixões

---

* **1**,11. 2Tm 3,6; 1Pd 5,2 | 12. 2Tm 4,2; 1Tm 1,10 | 15. 1Tm 4,7; 6,5; Mt 15,9.11.18ss; 23,25s; Rm 14,14.20; 2Tm 3,5; 1Jo 2,3ss | **2**,1. 1Tm 1,10; 3,11; 5,1; 6,3; 2Tm 1,13 | 4. 1Cor 14,34; Ef 5,22; Cl 3,18; 1Tm 2,12 | 6. 1Tm 4,12; 2Tm 2,15; 1Pd 5,3; 2Ts 3,7 | 9. 1Tm 5,14; 6,1; Ef 6,5-8; 1Pd 2,18 | 11. 3,4; 2Tm 1,10; Lc 1,79; 1Jo 2,16; 1Cor 1,7; Rm 5,2; Fl 3,20 | 14. Gl 1,4; Ef 2,10; 5,25ss; Êx 19,5; 1Pd 3,13 | **3**,1. 1Tm 2,2; Rm 13,1-7; 1Pd 2,13s; Fl 4,5 | 3. Rm 1,28; 1Pd 4,3; 1Cor 6,11; Ef 2,2; 5,8; Tt 2,11 | 4. Ef 2,4.8s; 5,26; 2Tm 1,9; Jo 3,5; 1Cor 6,11; Hb 10,22; Rm 3,24; 8,17.24; 12,2

† **1**,12. Citação do poeta e filósofo cretense Epimênides de Cnossos, do séc. VI a.C., admirado por Platão e pelos habitantes de Creta. | 15. Não existe mais a distinção entre alimentos puros e impuros, Mc 7,14-23; Rm 14,14ss; 1Tm 4,3s; a impureza provém da mentalidade de quem ainda considera válidas as normas antigas. | **2**,1. A sã doutrina é uma das preocupações constantes das Cartas Pastorais, 1,9.13; 2,8; 1Tm 1,10; 6,3; 2Tm 1,13. | 6. A moderação inclui a prudência e o autodomínio. | 11. Os vv. 11-14 sintetizam a obra da salvação realizada por Cristo, mostram seus efeitos e suas exigências. | 13. A vinda gloriosa de Jesus no final dos tempos. / Afirmação clara da divindade de Cristo.

CARTA A TITO

Foi Tito, ao lado de Timóteo, um dos mais devotados companheiros de São Paulo. Admira que seu nome não apareça nem uma só vez nos Atos dos Apóstolos, e é por isso que pouco sabemos de sua vida. Além da carta que lhe é dirigida, outras o mencionam diversas vezes: a segunda aos Coríntios (2,13; 7,6.13s, etc.), a carta aos Gálatas (2,1.3) e a segunda a Timóteo (4,10). Filho de pais pagãos, era membro da comunidade cristã de Antioquia, e provavelmente foi conquistado à fé cristã por Paulo, a julgar pela expressão "meu verdadeiro filho na fé" (Tt 1,4) com que Paulo o designa. Encontramo-lo pela primeira vez como companheiro de Paulo e Barnabé na viagem para o Concílio de Jerusalém, no ano 48 (Gl 2,1). Parece que Tito esteve também com o Apóstolo em Éfeso, por ocasião da terceira viagem missionária; de lá foi mandado a Corinto, depois de Timóteo, para acalmar os espíritos e organizar a coleta em benefício dos irmãos de Jerusalém. Tito conseguiu restabelecer a tranquilidade e conquistou a simpatia de todos (2Cor 7,13). Encontrando-se com ele na Macedônia, Paulo recebe dele boas notícias sobre a comunidade de Corinto. É por meio dele que Paulo envia sua segunda carta àqueles fiéis.

Depois do primeiro cativeiro romano, Paulo evangelizou diversas cidades na ilha de Creta, deixando a Tito o encargo de continuar sua obra e de organizar as novas igrejas (Tt 1,5). Escreve-lhe então, pouco depois (ano 65), a carta que possuímos.

Esta começa com um prólogo, no qual Paulo tece um elogio a seu apostolado e saúda a Tito (1,1-4). Depois o instrui sobre o modo de organizar a hierarquia em Creta, falando sobre as qualidades que os presbíteros e o bispo devem possuir (1,5-9) e mostrando que eles precisam combater os mestres do erro (1,10-16). Vêm em seguida instruções sobre a catequese dos fiéis em particular e da comunidade como um todo (2,1-10). O fundamento de toda a catequese é a manifestação da graça de Deus em Cristo (2,11-15). São recomendadas ainda algumas virtudes cristãs e humanas (3,1-11). Finalmente, Paulo faz recomendações especiais e envia saudações (3,12-15).

I. QUALIDADES DOS OPERÁRIOS DO EVANGELHO
(1)

1 **Saudação.** [1]Paulo, servo de Deus,
apóstolo de Jesus Cristo* para
conduzir os escolhidos de Deus à fé e
ao conhecimento da verdade, que con-
duz à piedade, [2]na esperança da vida
eterna prometida antes de todos os sé-
culos pelo Deus que não mente [3]e que,
no tempo marcado, manifestou sua
palavra por uma proclamação,* cujo
encargo me foi confiado por ordem
de Deus nosso Salvador†, [4]a Tito, meu
verdadeiro filho* em nossa fé comum:
graça e paz da parte de Deus Pai e do
Cristo Jesus, nosso Salvador.

Qualidades dos ministros da Igreja.
[5]Se te deixei em Creta,* foi para que
termines aí a organização e para que
estabeleças em cada cidade presbíte-
ros, de acordo com as instruções que te
dei†. [6]O candidato deve ser irrepreensí-
vel,* ser casado uma vez só, ter filhos
fiéis e que não possam ser acusados de
má conduta, nem sejam insubmissos.
[7]Com efeito, o bispo, em sua qualidade
de administrador de Deus,* deve ser ir-
repreensível: não arrogante, nem colé-
rico, nem dado ao vinho, nem violento,
nem ávido de lucro desonesto; [8]mas,
ao contrário, seja hospitaleiro, amigo
do bem, ponderado, justo, piedoso,
senhor de si, [9]apegado à palavra digna
de fé,* conforme a doutrina, para que
seja capaz de exortar na sã doutrina e
também de refutar os que a contradi-
zem.

Vícios dos cretenses. [10]São muitos, de
fato, os rebeldes, os tagarelas, os sedu-
tores, sobretudo entre os circuncisos.

---

* **1**,1. Rm 1,1s; 2Tm 2,10; 3,7; Ef 1,9s | 3. At 1,7 | 4. Gl 2,1s[illegible]Cor 7,6s; 8,6 | 5. At 14,23 | 6. 1Tm 3,2-7 | 7. 1Cor 4,1; 2Tm 2,24; 1Pd 5,2 | 9. 1Tm 1,10; 2Tm 4,3

† **1**,3. Ver a nota em 1Tm 1,1. | 5. Paulo institui em [illegible] comunidade um colégio de presbíteros. Deixou a Tito a tarefa de prosseguir sua obra de organ[illegible] a Igreja.

e prazeres, vivendo na malícia e na
inveja, dignos de ódio e nos odiando
uns aos outros. 4Mas quando se mani-
festou a bondade de Deus, nosso Sal-
vador,* e seu amor pelos homens, 5ele
nos salvou, não em virtude dos atos de
justiça que praticamos†, mas por sua
misericórdia por meio de um banho de
regeneração e de renovação no Espí-
rito Santo†, 6por ele derramado profu-
samente sobre nós por meio de nosso
Salvador Jesus Cristo, 7para que, justifi-
cados por sua graça, nos tornássemos,
na esperança, herdeiros da vida eterna.
8Esta palavra é digna de fé* e por
isso quero que insistas nestas coisas,
para que os que creem em Deus se es-
forcem por distinguir-se na prática do
bem: isto é belo e útil às pessoas.
9Evita, porém, as vãs controvérsias,
as genealogias,* as discussões, as po-
lêmicas sobre a lei, porque são inúteis
e vazias. 10Quanto ao herege†, após
uma primeira e segunda advertên-
cia, separa-te dele, 11bem sabendo
que se trata de gente transviada que
continua a pecar, condenando-se a si
mesma.

Recomendações e saudações. 12Logo
que eu te enviar Ártemas ou Tíquico,
apressa-te para te encontrares comigo
em Nicópolis, porque é lá que preten-
do passar o inverno. 13Toma todas as
providências para a viagem do jurista
Zenas e de Apolo, para que nada lhes
falte. 14Aprendam assim também os
nossos* a distinguir-se na prática do
bem, para atender às necessidades ur-
gentes e não viverem uma vida inútil.
15Saúdam-te todos os que estão co-
migo. Saudações aos que nos amam na
fé. A graça esteja com todos vós!

---

* **3**,8. 2,14; 1Tm 1,15 | 9. 1Tm 1,4; 4,7 | 14. Ef 4,28s; 2Pd 1,8

† **3**,5. Não pela observância da lei mosaica, Ef 2,4s; 2Tm 1,9. / Esse banho é o Batismo, pelo qual morre o "homem velho" e a pessoa nasce de novo, é justificada pela graça de Cristo, recebe a comunicação do Espírito Santo e o direito à herança da vida eterna. | 10. "Herege" significa partidário, sectário, quem provoca divisão. É aquele que se desvia da fé comum.

CARTA A FILÊMON

No tempo em que esteve preso em Roma pela primeira vez, entre 61 e 63, Paulo escreveu a carta aos Colossenses e entregou-a a Tíquico para que este a levasse aos fiéis (Cl 4,7s). Junto com este viaja também Onésimo (Cl 4,9), que é um escravo preguiçoso e ladrão, que fugiu da casa de um rico cristão de Colossos, chamado Filêmon. O escravo esteve com Paulo na prisão e foi convertido e batizado por ele. Paulo o manda de volta a seu patrão com uma carta de recomendação, para ele não sofrer as penas costumeiras da época, que podiam chegar até a sentença de morte.

Esta carta, motivada por um episódio secundário da vida de Paulo, tem, no entanto, inestimável valor, porque vem a ser o testemunho da atitude cristã diante da escravidão, verdadeira chaga da sociedade daquele tempo. Paulo tem aqui ocasião de ilustrar o que concretamente significa a igualdade de todos em Cristo, que ele anunciou em Gl 3,28. Ele não procura subverter a ordem social de seu tempo, abolindo a escravidão, o que só seria possível mediante uma revolução sangrenta. Mas afirma que em Cristo já não há lugar para discriminação entre livres e escravos. É verdade que a execução desse princípio de igualdade só pode ser fruto de uma lenta transformação da ordem social vigente; por isso, coloca a questão em bases sobrenaturais, preocupando-se em cristianizar as relações entre patrões e escravos (Cl 3,22–4,1; Ef 6,5-9). O caso de Onésimo é uma feliz oportunidade para Paulo pôr em prática as normas que ele próprio apresentou.

Apesar de seu caráter ocasional, a carta a Filêmon exerceu uma influência de grande alcance na renovação social. Foi como um fermento cristão, atuando numa sociedade do Império Romano, onde havia mais escravos que homens livres. Paulo propõe uma nova atitude para com o escravo: ele não é mais considerado como coisa, mas como pessoa e, mais ainda, como um irmão caríssimo no Senhor.

Este bilhete a Filêmon nos faz perceber o coração de Paulo, que palpita ardente e generoso pelo filho que gerou para Cristo. Em seu estilo, tão diferente das polêmicas e doutrinações, deixa extravasar toda a ternura, a delicadeza, o interesse pela justiça, pela causa do escravo, contrapondo-se às exigências de uma personalidade viril e forte, como se deixou retratar nos outros escritos seus.

Saudação. 1Paulo, prisioneiro do Cristo
Jesus,* e o irmão Timóteo, a Filêmon, nos-
so querido colaborador, 2e a Ápia, nossa
irmã, a Árquipo, nosso companheiro de
luta†, e à igreja que se reúne em sua casa†.
3A vós, graça e paz da parte de Deus, nos-
so Pai, e do Senhor Jesus Cristo!
Ação de graças e oração. 4Dou graças
sem cessar a meu Deus,* lembrando-
-me de ti em minhas orações, 5pois
ouço falar de teu amor e de tua fé, tan-
to em relação ao Senhor Jesus, como
em favor de todo o povo santo.
6Que tua participação na fé se torne
eficaz pelo conhecimento de todo o
bem que se faz entre vós por Cristo. 7De
fato, senti grande alegria e consolação,*
ouvindo falar de tua caridade, pois tu,
irmão, aliviaste o coração dos fiéis.
Pedido em favor do escravo Onésimo. 8Por isso, embora eu tenha em
Cristo toda a liberdade necessária
para te prescrever o que deves fazer,
9prefiro pedir em nome do amor. Eu,
Paulo, que já estou velho e agora também preso por causa do Cristo Jesus,
10te faço um pedido em favor de meu
filho* Onésimo, a quem na prisão gerei para a graça†. 11Antes ele te foi inútil, mas agora ele é útil† a ti e a mim.

---

* 1. Ef 3,1; 4,1; Fl 1,7.13; Cl 4,17; Rm 1,7; Gl 1,3 | 4. Rm 1,8s; Cl 1,3s.9; Fl 1,9 | 7. 2Cor 7,4 | 10. Cl 4,9; 1Cor 4,15; Gl 4,19

† 2. Filêmon é um cristão rico de Colossos, amigo de Paulo e patrão de Onésimo, o escravo que fugiu da casa dele, depois de ter cometido um roubo. Ápia e Árquipo, Cl 4,17, são respectivamente a esposa e o filho de Filêmon. / As primeiras igrejas foram as casas dos cristãos, antes de se construírem os templos. | 10. Convertendo-o e batizando-o. | 11. Paulo faz um trocadilho com o nome do escravo fugitivo: Onésimo significa "útil".

[12]Mando-o de volta a ti, como se fosse
meu próprio coração†. [13]Bem que eu
queria conservá-lo comigo para que
me servisse em teu lugar, enquanto
estou na prisão por causa do Evange-
lho. [14]Mas não quero fazer nada sem
teu consentimento, para que esse teu
favor não seja forçado, e sim livre e es-
pontâneo.

[15]Talvez seja por isso que ele se se-
parou de ti por algum tempo: para
que agora o recuperes para sempre,
[16]porém não mais como escravo, mas
muito melhor que escravo,* como um
irmão muito caríssimo†, em primei-
ro lugar para mim, mas tanto mais
para ti, humanamente falando e no
Senhor. [17]Portanto, se me consideras
como amigo, recebe-o como a mim
mesmo. [18]E se ele te causou algum
prejuízo ou te deve alguma coisa, põe
isso em minha conta. [19]Eu, Paulo, me
comprometo com minha assinatura:*
sou eu que vou pagar†. Para não di-
zer que também tu és meu devedor e
justamente de ti mesmo! [20]Sim, irmão!
Que eu possa obter de ti este favor no
Senhor; dá este alívio a meu coração
em Cristo.

[21]Escrevo-te com plena confiança em
tua obediência; bem sei que farás mais
ainda do que estou pedindo.

Recomendações e saudação final.
[22]Ao mesmo tempo, prepara-me uma
pousada, porque espero, graças a vos-
sas orações, que eu vos seja restituído.

[23]Saúda-te Epafras†, meu compa-
nheiro* de prisão em Cristo Jesus,
[24]bem como Marcos, Aristarco, Demas
e Lucas†, meus colaboradores. [25]Que
a graça do Senhor Jesus Cristo esteja
convosco!

---

* 16. 1Tm 6,2; 1Cor 7,22 | 19. Gl 6,11; 1Ts 3,17; 1Cor 16,21; Fl 1,25; 2,24 | 23. Cl 1,7; 4,10-14; At 12,12.25; 13,13; 15, 37ss; 2Tm 4,11.22; Gl 6,18

† 12. Expressão de grande afeto, numa época em que o escravo era considerado como "coisa". | 16. Paulo destrói pela base a escravidão, baseando-se na palavra de Jesus: "Vós sois todos irmãos", Mt 23,8, e abolindo toda discriminação, Gl 3,28. Paulo sugere a Filêmon que conceda a liberdade a Onésimo. | 19. Paulo se compromete a pagar os prejuízos que o escravo causou. Mas Filêmon tem para com Paulo uma dívida maior, por ter sido convertido por ele. | 23. Epafras, Cl 1,7; 4,12, foi o fundador da comunidade de Colossos, à qual pertence Filêmon. | 24. Sobre esses colaboradores de Paulo, ver Cl 4,10.14.

CARTA AOS HEBREUS

Este escrito, chamado "Carta aos Hebreus", do ano 67, apresenta-se como uma exortação (13,22) e realmente mais parece um sermão que uma carta, pois, além de faltar a saudação inicial que dá início às cartas, todo o conjunto tem um estilo oratório, exceto o final, onde se encontram comunicados pessoais.

Não pode ter sido Paulo seu autor, já que o estilo e a linguagem são tão diferentes dos que se acham nas cartas paulinas; diferentes também são o modo de raciocinar e o modo de citar o Antigo Testamento; enfim, sua doutrina é profundamente original, embora existam pontos de contato com a de São Paulo, por exemplo, a paixão de Cristo apresentada sob o aspecto de obediência voluntária (Hb 5,8; 10,9) e a ineficácia da lei antiga e sua ab-rogação (7,11-19; 10,1-10). Não temos elementos para afirmar qual foi o autor desse escrito; pode ter sido Apolo, pregador cristão de origem judaica, natural de Alexandria e versado nas Escrituras (At 18,24-28).

A comunidade à qual é dirigida esta obra passa por uma crise de fé e corre o perigo de cair no desânimo e até mesmo na apostasia (10,19-39). Os fiéis sofrem perseguições e provações (12,1-13) e há também doutrinas estranhas infiltrando-se no meio deles (13,9)

O autor procura encorajá-los, mostrando-lhes a vida cristã como caminhada para um repouso prometido por Deus (3,1–4,11), uma marcha presidida por Cristo, guia superior a Moisés, para uma pátria melhor, porque eterna. Afirma a superioridade da nova aliança sobre a antiga (7,22); do sacerdócio de Cristo sobre o de Aarão (7,26-28); de seu sacrifício sobre os da antiga Lei (9,1-14; 10,11-14).

A obra traz no começo uma síntese da história da Palavra de Deus no Antigo Testamento; exalta em seguida o Filho, que nos trouxe a última e definitiva mensagem de salvação. Entronizado no céu, Ele foi elevado a uma dignidade muito superior à dos anjos. Quem menosprezar a salvação anunciada por Ele merece castigo pior que aquele que não observa a lei transmitida pelos anjos. Mostra em seguida o autor que a Redenção do mundo não foi feita pelos anjos, mas pelo Filho de Deus, que se encarnou e se tornou Sumo Sacerdote. Quem perseverar entrará com Cristo no repouso prometido. Os incrédulos, porém, serão tratados como os israelitas rebeldes no deserto. Vem a seguir um hino de louvor à palavra de Deus, árbitro entre a vida e a morte (4,12s). O centro da carta trata dos seguintes temas: a) Jesus, nosso Sumo Sacerdote, Filho de Deus: 4,14–5,10; b) sacerdócio de Jesus, à maneira de Melquisedec (7,1-28); c) Jesus, sacerdote, mediador de um Novo Testamento (8,1–10,18). O trecho de 5,11 a 6,20 é um parêntese sobre a situação da comunidade; e esta parte se encerra com uma palavra de estímulo e de advertência: 10,19-31. A carta passa a fazer uma série de exortações (10,32–13,17): a) apelo ao combate pela fé: 10,32–12,1; b) exortações a uma vida cristã até o fim: 12,1–13,17. O escrito termina com um pedido de orações, uma invocação de bênçãos, admoestações, notícias e saudações (13,18-25).

I. GRANDEZA DE CRISTO (1–2)

1 **Deus nos falou por seu Filho.**
1 Deus, que nos tempos antigos
já havia falado tantas vezes e de tan-
tos modos a nossos pais por meio dos
profetas, 2 nestes dias, que são os últi-
mos,* falou-nos por meio de seu Filho,
a quem constituiu herdeiro de todas as
coisas e por meio do qual Ele também
criou o mundo. 3 Este Filho, que é o
resplendor de sua glória, a imagem de
seu ser†, sustenta todas as coisas com
o poder de sua Palavra; e depois de nos
haver purificado de nossos pecados,
sentou-se à direita da Majestade no
alto dos céus 4 e tornou-se tão superior
aos anjos quanto o Nome† que herdou
é mais excelente que o deles.*

---

* **1**,2. Jo 1,1-18; Cl 1,16; 1Cor 8,6; 2Cor 4,4; Rm 8,34; Cl 1,15 | 4. Fl 2,9

† **1**,3. Significa a igualdade do Pai e do Filho quanto à natureza divina. | 4. O nome define a dignidade da pessoa.

O Filho de Deus é superior aos anjos†. 5Pois a qual dos anjos Deus jamais disse:* "Tu és meu Filho, eu hoje te gerei"? Ou ainda: "Eu serei para ele um Pai, e ele será para mim um Filho"?* 6Ou ainda, quando introduz seu Primogênito no mundo, ele diz: "Que todos os anjos de Deus o adorem".* 7Enquanto, dirigindo-se aos anjos, assim se exprime:* "Ele faz de seus anjos ventos, de seus servos uma chama ardente", 8ele diz a seu Filho:* "Vosso trono, ó Deus, permanece nos séculos dos séculos"; e:

"Cetro de retidão é o cetro de vossa realeza.
9Amastes a justiça e odiastes a iniquidade.
Por isso Deus, o vosso Deus, vos ungiu
com um óleo de alegria,
de preferência a vossos companheiros".

10E ainda:*

"Ó Senhor, no princípio criastes a terra,
e os céus são obra de vossas mãos.
11Eles vão desaparecer, mas vós permaneceis
e todos vão envelhecer como roupa.
12Como um manto os enrolareis,
como roupa serão mudados.
Mas vós sois o mesmo, e vossos anos não acabarão".

13E a qual dos anjos ele jamais disse: "Senta-te a minha direita,* até que eu ponha teus inimigos como estrado de teus pés"? 14Não são todos eles espíritos encarregados de um ministério, enviados a serviço dos que devem herdar a salvação?

2 Exortação à fidelidade. 1É por isso que devemos aderir com mais atenção aos ensinamentos que ouvimos, para não nos desviarmos deles. 2Pois se a Palavra promulgada* por anjos† foi de tal modo firme e se toda transgressão e desobediência receberam justa retribuição, 3como poderemos escapar,* se desprezarmos tão grande salvação? Esta, inaugurada pela pregação do Senhor, foi confirmada para nós por aqueles que a ouviram, 4enquanto Deus convalidava seu testemunho* por sinais, prodígios, milagres de toda espécie e pela comunicação dos dons do Espírito Santo que Ele distribui como quer.

Cristo é o Salvador. 5Com efeito, não foi a anjos que Deus sujeitou o mundo futuro de que estamos falando. 6Alguém testemunhou em certa passagem:*

"Que é o homem, para que vos lembreis dele,
ou o filho do homem, para que o tomeis em consideração?
7Vós o colocastes um pouco abaixo dos anjos;
de glória e de honra o coroastes.
8Tudo submetestes a seus pés".

Pelo fato de lhe haver submetido tudo, nada deixou que ficasse fora de seu domínio. Atualmente, é verdade, ainda não vemos que tudo lhe esteja sujeito. 9Mas Aquele que foi colocado um pouco abaixo dos anjos, Jesus, nós o vemos coroado de glória* e de honra, porque ele sofreu a morte: era preciso que, pela graça de Deus, em benefício de todos, ele experimentasse a morte.

Razão dos sofrimentos de Cristo. 10Pois convinha que desejando conduzir* à glória um grande número de filhos, Aquele para quem e por quem existem todas as coisas tornasse perfeito, por meio de sofrimentos, o Chefe que os devia guiar para a salvação. 11De fato, o santificador e os santificados têm todos a mesma origem; por isso, ele não se envergonha* de chamá-los de irmãos, 12dizendo: "Anunciarei vosso nome a meus irmãos.* Eu vos louvarei no meio da assembleia".

---

* **1**,5. Sl 2,7; At 13,33 / 2Sm 7,14 | 6. Sl 97,2; Dt 32,43 | 7. Sl 104,4 | 8. Sl 45,7s | 10. Sl 102,26ss | 13. Sl 110,1 **2**,2. At 7,38.53; Gl 3,19 | 3. Rm 2,3 | 4. Jo 2,11; 1Cor 12,4-11 | 6. Sl 8,5ss | 9. Fl 2,6-11; Rm 5,8 | 10. Rm 11,36 | 11. Mt 25,40; Mc 3,35; Jo 20,17 | 12. Sl 22,23

† **1**,5. Falando aos hebreus, que exaltavam os anjos como mediadores da aliança, At 7,30; Gl 3,19, era importante afirmar a superioridade de Cristo sobre os anjos. | **2**,2. Alusão à promulgação da lei mosaica, feita pelos anjos, segundo uma tradição rabínica, Gl 3,19.

[13]E ainda: "Quanto a mim, terei confiança
nele".* E mais: "Eis-nos aqui, eu e os fi-
lhos que Deus me deu".
[14]Então, já que os filhos têm em co-
mum o sangue e a carne, ele também
participou da mesma condição,* para
destruir, por sua morte, aquele que
tem o poder da morte, isto é, o diabo,
[15]e para libertar aqueles que, durante
toda a sua vida, eram mantidos em es-
cravidão pelo medo da morte. [16]Pois
certamente não é dos anjos que ele
se ocupa, mas sim da descendência
de Abraão. [17]Por conseguinte, ele teve
de se fazer em tudo semelhante aos
irmãos, a fim de se tornar, nas coisas
que se referem a Deus, um Sumo Sa-
cerdote misericordioso e digno de fé,
para expiar os pecados do povo. [18]Pois
pelo fato de ele mesmo ter sofrido pela
provação, é capaz de vir em auxílio dos
que são provados.

II. CRISTO SUMO SACERDOTE (3–4)

3 **Jesus é superior a Moisés†.** [1]Por
conseguinte, irmãos santos, vós
que participais de uma vocação ce-
leste, considerai o Apóstolo e Sumo
Sacerdote* de nossa profissão de fé,
que é Jesus. [2]Ele foi fiel Àquele que o
constituiu, como também o foi Moisés
em toda a sua casa. [3]Pois ele foi con-
siderado digno de uma glória tão su-
perior à de Moisés, quanto maior é a
honra do construtor de uma casa em
comparação com a da própria casa.
[4]Com efeito, cada casa é construída
por alguém, mas quem tudo construiu
foi Deus. [5]Realmente, Moisés foi fiel em
toda a sua casa, na qualidade de servo,
para testemunhar aquilo que devia ser
anunciado mais tarde; [6]ao passo que
Cristo o foi na qualidade de Filho,* co-
locado à frente de sua casa. E sua casa
somos nós, contanto que guardemos
a confiança e a ufania de nossa espe-
rança.

Pela fé se entra no repouso de Deus.
[7]É por isso que, como diz o Espírito
Santo:*
"Hoje, se ouvirdes sua voz,
[8]não endureçais vossos corações
como aconteceu na provocação,
no dia da tentação no deserto,
[9]onde vossos pais me tentaram,
pondo-me à prova,
embora tivessem visto minhas obras
[10]durante quarenta anos.
Por isso, irritei-me contra aquela ge-
ração
e disse: O coração deles sempre se
desvia,
não conheceram meus caminhos;
[11]por isso jurei em minha ira:
Não entrarão em meu repouso".
[12]Tomai cuidado, irmãos,* para que
não haja talvez em algum de vós um
coração mau e sem fé, que se afaste
do Deus vivo. [13]Mas exortai-vos mutu-
amente cada dia, enquanto dura esse
hoje, a fim de que nenhum de vós se
endureça pela sedução do pecado.
[14]Pois nos tornamos participantes de
Cristo, contanto que mantenhamos fir-
me até o fim nossa confiança inicial†,
[15]porquanto se diz: "Hoje, se ouvirdes
sua voz, não endureçais vossos cora-
ções como aconteceu na provocação".
[16]E quais são os que, após terem ouvi-
do, provocaram?* Não foram todos os
que tinham saído do Egito por meio de
Moisés? [17]E contra quem ele se irritou
durante quarenta anos? Não foi contra
os que haviam pecado e depois caíram
mortos no deserto? [18]E a quem jurou
que não entrariam em seu repouso,
senão aos que não haviam acreditado?
[19]Vemos, pois, que não puderam entrar
por causa de sua incredulidade†.

* **2**,13. Is 8,17s | 14. Jo 12,31 | **3**,1. Ef 1,18; Fl 3,14; Nm 12,7 | 6. Jo 8,35; 1Cor 3,9; 1Tm 3,15; Cl 1,23; Ef 2,19s | 7. Sl 95,7-11 | 12. 1Ts 5,11; 2Ts 2,10 | 16. Nm 14,22-35; 1Cor 10,10

† **3**. Cristo exerceu sua missão de mediador como Filho de Deus; por isso é superior ao próprio Moisés. | 14. Como o Israel do Êxodo, a Igreja está em marcha aqui na terra, confiante na promessa de Deus, mas exposta à tentação; para salvar-se, é preciso perseverar até o fim, Mt 10,22; 24,13. | 19. Convite a ser fiel a Cristo para entrar no repouso do céu e a não imitar os hebreus rebeldes, que não entraram no repouso da terra prometida.

4 1Temamos, pois, que, enquanto
ainda permanece em vigor a pro-
messa de entrar em seu repouso, algum
de vós seja excluído. 2Pois também nós
recebemos uma boa nova exatamente
como eles. Mas a palavra que eles ou-
viram para nada lhes serviu, pois não
permaneceram unidos pela fé com os
que a tinham ouvido. 3Nós, porém, que
abraçamos a fé, entramos num repouso,
conforme ele disse: "Por isso jurei em mi-
nha ira: Não entrarão em meu repouso".*
Sem dúvida, as obras de Deus es-
tavam terminadas desde a criação
do mundo, 4pois em certa passagem,
quando se fala do sétimo dia, se diz: "E
no sétimo dia, Deus descansou* de to-
das as suas obras"†. 5E de novo, neste
lugar: "Não entrarão em meu repouso".
6Assim, pois, já que é certo que alguns
ainda devem entrar lá, e que os que
tinham recebido primeiro a boa nova
não entraram por causa de sua deso-
bediência, 7de novo Deus marca um
dia, um hoje, dizendo em Davi depois
de tanto tempo, como foi dito acima:
"Hoje, se ouvirdes sua voz, não endu-
reçais vossos corações". 8De fato, se
Josué tivesse introduzido* os israelitas
neste repouso, Deus não teria falado
depois em um outro dia. 9Portanto,
existe um repouso, o do sétimo dia, re-
servado ao povo de Deus. 10Pois aquele
que entrou em seu repouso descansa-
rá também de suas obras, como Deus
descansou das suas. 11Apressemo-nos,
pois, em entrar neste repouso, para
que ninguém sucumba, imitando este
exemplo de desobediência†.

A Palavra de Deus. 12Com efeito, a
Palavra de Deus é viva,* eficaz e mais
penetrante do que uma espada de dois
gumes; ela penetra até dividir alma e
espírito, juntas e medulas. Ela sonda
as intenções e os pensamentos do co-
ração. 13Nenhuma criatura é capaz de
esconder-se de seus olhos, mas todas
as coisas são como que nuas e desco-
bertas aos olhos daquele a quem deve-
mos prestar contas.

Aderir a Jesus, Sumo Sacerdote.
14Tendo, pois, em Jesus,* o Filho de
Deus, um Sumo Sacerdote eminente
que penetrou os céus, conservemos fir-
me a fé que professamos. 15Porque não
temos um Sumo Sacerdote incapaz de
compadecer-se de nossas fraquezas;
pois de modo semelhante ele passou
pelas mesmas provações que nós, ex-
ceto a do pecado. 16Aproximemo-nos,
portanto, com confiança, do trono da
graça, a fim de obtermos misericórdia
e alcançarmos a graça, para sermos so-
corridos no tempo oportuno.

III. CRISTO, SACERDOTE E VÍTIMA (5,1–10,18)

5 **Jesus, Sumo Sacerdote miseri-
cordioso.** 1Com efeito, todo sumo
sacerdote, tirado do meio dos homens,
é constituído em favor dos homens em
suas relações com Deus, para oferecer
dons e sacrifícios pelos pecados. 2Ele
sabe ter compreensão com aqueles
que ignoram e erram, porque ele mes-
mo está cercado de fraqueza; 3por isso
ele deve oferecer por si mesmo* sacri-
fícios pelo pecado, como ele o faz pelo
povo. 4Ninguém atribua a si mesmo
esta honra, mas a ela a pessoa é cha-
mada por Deus, como Aarão.
5Deste modo, também Cristo não se
atribuiu a si mesmo a glória de tornar-
-se Sumo Sacerdote, mas recebeu-a de
Deus, que lhe disse: "Tu és o meu Filho,
eu hoje te gerei";* 6como também diz
em outra passagem: "Tu és sacerdote
para sempre, à maneira de Melquise-
dec".* 7Foi ele que, nos dias de sua vida
mortal,* dirigiu orações e súplicas, com

---

* **4**,3. Sl 95,11 | 4. Gn 2,2 | 8. Js 22,4; Dt 31,7 | 12. Is 49,2; Ef 6,17 | 14. 2,17; 20,23 | **5**,3. Lv 9,7; 16,6 | 5. Sl 2,7 | 6. Sl 110,4 | 7. Mt 26,36; Mc 14,32-42; Lc 22,40-46; Jo 18,1

† **4**,4. "Se vós, ao cabo de vossas obras excelentes, repousastes no sétimo dia, foi para nos dizer de antemão, que, ao cabo de nossas obras, também nós, no sábado da vida eterna, em Vós repousaremos" (S. Agostinho). | 11. A terra prometida não é o verdadeiro repouso prometido por Deus; este repouso, semelhante ao de Deus após a criação, é a fé em Jesus que o dá.

veemente clamor e lágrimas, Àquele que podia salvá-lo da morte, e foi atendido por causa de sua submissão†. 8E, embora fosse Filho, pelos sofrimentos suportados, aprendeu a obediência; 9e, levado à perfeição, tornou-se princípio de salvação eterna para todos os que lhe obedecem, 10pois Deus o proclamou Sumo Sacerdote à maneira de Melquisedec.

Aprofundar a vida cristã. 11Sobre isto temos muitas coisas a dizer, coisas difíceis de expor, porque vos tornastes lentos para compreender. 12Com efeito, embora devêsseis* com o tempo ter-vos tornado mestres, precisais de novo que alguém vos ensine os primeiros rudimentos dos oráculos de Deus, e voltais a ter necessidade de leite e não de alimento sólido. 13Realmente, quem ainda se alimenta de leite* não pode apreciar a doutrina da justiça, pois é ainda criança; 14mas os perfeitos tomam alimento sólido e, por hábito, exercem o senso moral no discernimento do bem e do mal.

6 **Danos da apostasia.** 1Por isso, deixando o ensinamento elementar sobre o Cristo, elevemo-nos ao ensinamento perfeito, sem retornar aos princípios fundamentais da renúncia às obras mortas e da fé em Deus, 2da instrução sobre os batismos†, da imposição das mãos, da ressurreição dos mortos e do juízo eterno. 3E assim é que vamos fazer, se Deus o permitir.

4De fato, aqueles* que uma vez foram iluminados†, apreciaram o dom celeste, tornaram-se participantes do Espírito Santo, 5apreciaram a excelente palavra de Deus e as forças do mundo futuro 6e que, apesar disso caíram, é impossível renová-los* uma segunda vez†, conduzindo-os à penitência, quando crucificam de novo por sua conta o Filho de Deus† e o insultam publicamente. 7Com efeito, a terra que bebe a chuva caída com frequência sobre ela e produz plantas úteis para o agricultor recebe de Deus uma bênção. 8Mas a terra que produz* espinhos e abrolhos é rejeitada e está bem perto da maldição; vai acabar sendo queimada.

9Mas quanto a vós, caríssimos, embora assim falemos, estamos certos de que estais numa situação melhor e favorável à salvação. 10Pois Deus não é injusto, para esquecer o que fizestes e o amor que mostrastes* pelo nome dele, vós que servistes e ainda servis ao povo santo. 11Desejamos apenas que cada um de vós mostre o mesmo zelo pelo pleno desenvolvimento de sua esperança até o fim, 12de tal sorte que não vos torneis indolentes, mas imiteis aqueles que, pela fé e pela perseverança, recebem a herança das promessas.

Promessa de Deus e esperança. 13Com efeito, quando fez a promessa a Abraão, Deus, não podendo jurar por alguém maior, jurou por si mesmo, 14dizendo: "Eu te cumularei* de bênçãos e te multiplicarei enormemente". 15Assim é que Abraão, tendo perseverado, viu a promessa cumprir-se. 16Com efeito, as pessoas juram por alguém maior do que elas e, entre elas, o juramento é uma garantia que põe termo a toda controvérsia. 17Assim Deus, querendo mostrar com mais evidência aos herdeiros da promessa a imutabilidade de seu desígnio, comprometeu-se por um juramento, 18a fim de que, por duas realidades imutáveis†, nas quais não pode haver mentira* da parte de Deus, sejamos poderosamente encorajados – nós que nele encontramos um refúgio – a segurar firmes a esperança que nos

---

* **5**,12. 1Cor 3,1s | 13. 1Pd 2,2 | **6**,4. Ef 5,14; 2Cor 4,4ss; 1Jo 5,6 | 6. 10,26s; Mt 12,31 | 8. Gn 3,17s | 10. 3,2; 10,32ss | 14. Gl 3,14.29; Gn 22,16s | 18. Tt 1,2; 2Tm 2,13

† **5**,7. Foi atendido, porque ressuscitou, ficando livre da morte para sempre. | **6**,2. "Batismos", no plural, porque a instrução cristã comparava o batismo de Jesus com o de João e os do judaísmo. | 4. Esta expressão indica os que foram batizados, 10,32; Ef 5,14. | 6. O autor fala do pecado de apostasia. A conversão do apóstata é impossível humanamente falando, mas a graça de Deus tudo pode. / "Não foram os demônios que o crucificaram: és tu que com eles o crucificaste e continuas a crucificá-lo, deleitando-te nos vícios e nos pecados" (S. Francisco de Assis). | 18. A promessa e o juramento de Deus.

é oferecida. 19Nela temos como que
uma âncora† para nossa alma, tão se-
gura quanto sólida, que penetra para
além do véu, 20lá onde Jesus entrou por
nós, como precursor, constituído Sumo
Sacerdote para sempre à maneira de
Melquisedec.

**7 O sacerdócio de Melquisedec e
o de Cristo.** 1De fato, este Mel-
quisedec, rei de Salém,* sacerdote do
Deus Altíssimo, que foi ao encontro de
Abraão, quando este voltava após a
derrota dos reis, e que o abençoou, 2a
quem Abraão também ofereceu o dízi-
mo de tudo, e cujo nome se interpreta
como "rei de justiça", e que também é
rei de Salém, quer dizer, "rei de paz",
3que é sem pai, sem mãe, sem genealo-
gia,* cujos dias não têm começo e cuja
vida não tem fim, que se assemelha ao
Filho de Deus, este Melquisedec per-
manece sacerdote para sempre.

4Considerai, pois, como é grande*
aquele a quem Abraão, o patriarca, deu
também o dízimo dos melhores des-
pojos. 5Ora, aqueles dentre os filhos de
Levi que recebem o sacerdócio têm a
ordem, segundo a lei, de receber o dízi-
mo do povo, isto é, de seus irmãos que,
no entanto, também são descendentes
de Abraão. 6Mas aquele que não era
de sua descendência recebeu o dízimo
de Abraão e abençoou o portador das
promessas. 7Ora, sem dúvida alguma, é
o inferior que recebe a bênção do su-
perior. 8Além disso, aqui são homens
mortais que recebem o dízimo, mas lá
é aquele do qual atestam que ele vive.
9Enfim, é, por assim dizer, o próprio Levi
que recebe o dízimo, quem pagou na
pessoa de Abraão, 10pois ele estava ain-
da nos rins de seu antepassado, quando
Melquisedec foi a seu encontro.*

Ab-rogação do sacerdócio levítico†.
11Se, portanto, a perfeição fosse reali-
zada pelo sacerdócio levítico – pois foi
sob ele que foi dada a lei ao povo – que
necessidade haveria ainda de surgir um
outro sacerdote à maneira de Melqui-
sedec, em vez de chamá-lo "à maneira
de Aarão"?† 12Com efeito, mudando
o sacerdócio, necessariamente muda
também a Lei. 13Pois Aquele do qual
essas coisas são ditas pertencia a uma
outra tribo, da qual nenhum membro
jamais se ocupou com o serviço do al-
tar. 14É sabido, de fato,* que nosso Se-
nhor nasceu da tribo de Judá, tribo da
qual Moisés nada disse quando se trata
dos sacerdotes.

15Isto se torna ainda mais evidente
quando, à semelhança de Melquisedec,
surge um outro sacerdote, 16que não
se tornou sacerdote segundo a regra
de uma prescrição carnal†, mas, sim,
segundo o poder de uma vida impe-
recível. 17De fato, este testemunho lhe
é dado: "Tu és sacerdote para sempre,*
à maneira de Melquisedec". 18Assim se
acha ab-rogada a prescrição anterior,
em razão de sua fraqueza e de sua inu-
tilidade – 19pois a lei nada levou* à per-
feição –, e introduz-se uma esperança
melhor, pela qual nos aproximamos de
Deus.

Cristo, sacerdote para sempre. 20Tan-
to mais que isto não se fez sem jura-
mento. Os outros, de fato, foram feitos
sacerdotes sem juramento; 21mas Este
o foi com juramento, por Aquele que
disse: "O Senhor jurou e não se arre-
penderá:* Tu és sacerdote para sem-
pre". 22E por isso, é duma aliança me-
lhor que Jesus se tornou fiador. 23Além
disso, os primeiros sacerdotes foram
feitos em grande número, porque
a morte os impedia de permanecer.
24Mas Jesus, visto que permanece para
sempre, possui um sacerdócio imutá-
vel. 25Por isso é capaz de salvar* defini-
tivamente aqueles que, por meio dele,
se aproximam de Deus, já que Ele está
sempre vivo para interceder por eles.

---

* **7**,1. Gn 14,17-20; Sl 110,4 | 3. Jo 7,27 | 4. Nm 18,21-32; Dt 14,22 | 10. Gn 14,17 | 14. Gn 49,10; Mt 1,1; Rm 1,3; Ap 5,5 | 17. Sl 110,4 | 19. Gl 3,19-22 | 21. Sl 110,4 | 25. Rm 8,34; Ap 1,18; 1Jo 2,1

† **7**,19. Símbolo da esperança. | 11. O autor mostra que o sacerdócio de Melquisedec é superior ao de Aarão. / O sacerdócio de Cristo põe termo ao sacerdócio levítico e à lei judaica. | 16. Os sacerdotes levíticos eram sacerdotes por causa de sua descendência de Aarão.

[26]Era, de fato, de um Sumo Sacerdo-
te assim que nós precisávamos: santo,
inocente, imaculado, separado dos pe-
cadores, elevado mais alto que os céus,
[27]que não precisa, como os outros su-
mos sacerdotes, oferecer vítimas a cada
dia, primeiro por seus pecados, e de-
pois pelos do povo, pois ele já o fez de
uma vez por todas†, oferecendo-se a si
mesmo. [28]A lei elevou, de fato, ao sumo
sacerdócio pessoas sujeitas à fraqueza,
mas a palavra do juramento, que é pos-
terior à lei, estabeleceu Sumo Sacerdote
o Filho eternamente perfeito.

8 **O novo santuário.** [1]O ponto
central de nossa exposição é que
temos um Sumo Sacerdote tal que se
sentou à direita* do trono da Majesta-
de nos céus, [2]ministro do santuário e
da verdadeira tenda, erguida pelo Se-
nhor e não por um ser humano.
[3]Todo sumo sacerdote, com efei-
to, é constituído para oferecer dons e
sacrifícios; daí a necessidade de que
também ele tenha alguma coisa para
oferecer.
[4]Com efeito, se Jesus estivesse aqui
na terra, ele nem seria sacerdote, pois
já existem os que oferecem os dons
conforme à Lei. [5]Estes prestam um
culto, que é só cópia e sombra das
realidades celestes, conforme foi dito
a Moisés, quando teve de construir a
tenda†: "Cuida – foi-lhe dito – de fazer
tudo conforme o modelo* que te foi
mostrado no monte"†.
A nova aliança. [6]Mas agora ele ob-
teve um ministério tanto mais eleva-
do quanto melhor é a aliança da qual
é mediador,* estando fundada sobre
melhores promessas. [7]Pois, se a primei-
ra aliança tivesse sido sem falhas, não
haveria necessidade de substituí-la por
uma segunda. [8]Com efeito, é censuran-
do-os que Deus declara:

"Eis que virão dias, diz o Senhor,*
em que concluirei com a casa de Is-
rael
e com a casa de Judá uma aliança
nova;
[9]não como a aliança que fiz com seus
pais,
no dia em que os tomei pela mão
para tirá-los da terra do Egito.
Já que eles próprios não permanece-
ram em minha aliança,
eu também os rejeitei, diz o Senhor.
[10]Eis a aliança que contratarei com a
casa de Israel,
após esses dias, diz o Senhor:
Porei minhas leis em sua mente
e as gravarei em seu coração;
eu serei seu Deus, e eles serão meu
povo.
[11]Ninguém mais precisará instruir
seu concidadão,
nem seu irmão, dizendo-lhe: "Co-
nhece o Senhor";
porque todos me conhecerão, do
pequeno ao grande.
[12]Pois eu perdoarei suas faltas,
e de seus pecados não mais me lem-
brarei.
[13]Dizendo: aliança nova, torna antiga
a primeira.* Ora, o que é velho e anti-
quado está prestes a desaparecer.

9 **O culto antigo.** [1]Também a pri-
meira aliança tinha normas para o
culto e um santuário, o deste mundo.
[2]Com efeito, tinha sido erguida uma
tenda,* a tenda anterior, onde estavam
o candelabro, a mesa e a apresentação
dos pães; é esta que é chamada o San-
to. [3]Depois, por detrás do segundo véu,
havia uma tenda chamada Santo dos
Santos, [4]contendo o altar dos perfu-
mes, feito de ouro, e a arca da aliança,
totalmente revestida de ouro, e nesta,
uma urna de ouro contendo o maná, a

---

* **8**,1. Sl 110,1 | 5. Êx 25,40 | 6. 1Tm 2,5 | 8. Jr 31,31-34 | 13. 2Cor 5,17; Ap 21,4s | **9**,2. Êx 25-26

† **7**,27. O sacrifício de Cristo, válido para todos, não será repetido. O sacrifício da Missa o renova pela aplicação de seus frutos aos que dele participam. | **8**,5. O santuário do deserto e o de Jerusalém são uma imagem do verdadeiro culto, que é a comunhão com Deus; ora, é neste nível da realidade, e não no da imagem, que Cristo é sacerdote. / Todo santuário é uma cópia do santuário celeste, é um pedacinho do céu, Êx 25,40.

vara de Aarão, que havia florescido, e
as tábuas da aliança; [5]depois, em cima,
os querubins da glória cobrindo com
sua sombra o propiciatório. Não é o
momento de falar de tudo isso deta-
lhadamente.
[6]Estando tudo assim disposto, os sa-
cerdotes entram em qualquer tempo
na primeira tenda para realizar o ser-
viço cultual. [7]Na segunda,* porém, só
o sumo sacerdote penetra, e só uma
vez por ano, não sem levar consigo
sangue que oferece pelas faltas pes-
soais dele e pelas do povo†. [8]Assim, o
Espírito Santo mostra que o caminho
do santuário não está franqueado, en-
quanto dura a primeira tenda. [9]Isto é
uma lição para o tempo presente; sob
seu regime oferecem-se dons e sacri-
fícios, que não têm o poder de tornar
perfeita a consciência de quem presta
o culto; [10]são ritos humanos, referen-
tes aos alimentos, às bebidas, às diver-
sas abluções, e impostos somente até
o tempo da reforma.
O sacrifício de Cristo. [11]Cristo, porém,
vindo como Sumo Sacerdote dos bens
futuros, atravessou uma tenda maior e
mais perfeita, que não foi construída
por seres humanos, isto é, não perten-
ce a este mundo. [12]Ele entrou de uma
vez por todas no santuário,* não com
sangue de bodes ou de novilhos, mas
com seu próprio sangue: assim ele con-
quistou para nós uma redenção eterna.
[13]Pois se o sangue de bodes e de tou-
ros e as cinzas de uma novilha com que
se aspergem os que estão manchados
os santificam, alcançando-lhes a pure-
za da carne, [14]quanto mais o sangue de
Cristo que, impelido pelo Espírito eter-
no, ofereceu-se a Deus como vítima
sem mancha, purificará nossa consci-
ência das obras mortas, para que pos-
samos servir ao Deus vivo?
O fundamento da nova aliança.
[15]Por isso ele é o mediador de uma
nova aliança†, para que, intervindo sua
morte para a redenção das culpas co-
metidas na antiga aliança, aqueles que
foram chamados possam receber a
herança eterna que lhes foi prometida.
[16]Pois, onde há testamento, é necessá-
rio que a morte do testador seja cons-
tatada. [17]Com efeito, um testamento
só é válido depois da morte, pois fica
sem efeito enquanto vive o testador.
[18]Por isso, nem mesmo a primeira
aliança foi inaugurada sem efusão
de sangue. [19]De fato, quando Moisés
acabou de promulgar* a todo o povo
cada prescrição segundo o teor da lei,
tomou o sangue de novilhos e de bo-
des, com a água, a lã escarlate e o his-
sopo, e aspergiu o próprio livro e todo
o povo, [20]dizendo: "Este é o sangue da
aliança que Deus prescreveu para vós".
[21]Do mesmo modo, ele aspergiu com
sangue a tenda e todos os objetos do
culto. [22]Aliás, segundo a Lei,* quase
tudo é purificado pelo sangue, e sem
efusão de sangue não há remissão.
[23]Era necessário, pois, por um lado,
que as cópias das realidades celestes
fossem purificadas desta maneira; e
por outro lado, que as próprias reali-
dades celestes o fossem também, mas
por sacrifícios mais excelentes que os
deste mundo.
Eficácia do sacrifício de Cristo. [24]Com
efeito, Cristo não entrou num santuá-
rio feito por mão humana, réplica do
verdadeiro, mas no próprio céu, a fim
de comparecer, agora, na presença de
Deus em nosso favor. [25]E também não
foi para oferecer-se a si mesmo mui-
tas vezes, como faz o sumo sacerdote,
que entra no santuário todo ano com
sangue alheio. [26]Pois, se assim fosse,
deveria ter sofrido muitas vezes, des-
de a criação do mundo. Mas foi ago-
ra, uma vez por todas, na consumação
dos séculos, que ele se manifestou para
destruir o pecado por seu sacrifício.
[27]E como está decretado que os ho-
mens morram uma só vez – depois do

---

* **9**,7. Êx 30,10; Lv 16,2-9 | 12. Mt 26,28; Lv 16,14s; Nm 19 | 19. Êx 24,3.6ss | 22. Lv 17,11

† **9**,7. A liturgia aqui descrita é a do dia das Expiações, Lv 16,2-19; Êx 30,10, data máxima do calendário judaico em termos de remissão dos pecados. | 15. A mesma palavra grega significa "aliança" e "testamento"; o autor passa de um sentido ao outro.

que vem o julgamento –, 28do mesmo
modo, também Cristo, depois de se ter
oferecido uma vez por todas para tirar
os pecados da multidão,* aparecerá
uma segunda vez, sem relação alguma
com o pecado,† àqueles que o esperam
para lhes dar a salvação.

10 **Impotência dos sacrifícios antigos.** 1Não tendo, com
efeito, senão a sombra dos bens futu-
ros* e não a própria realidade das coi-
sas, a lei é absolutamente impotente
com seus sacrifícios, sempre os mes-
mos, que se oferecem perpetuamente
de ano em ano, para tornar perfeitos
os que se aproximam de Deus. 2Se não
fosse assim, não se teria cessado de
oferecê-los? Pois os oficiantes deste
culto, purificados uma vez por todas,*
não teriam mais consciência de ne-
nhum pecado. 3Bem ao contrário, por
estes mesmos sacrifícios, recorda-se
cada ano a lembrança dos pecados.
4Com efeito, o sangue de touros e de
bodes não pode apagar pecados.
Valor do sacrifício de Cristo. 5Por isso,
ao entrar no mundo, Cristo diz:*

"Vós não quisestes sacrifício nem
oblação,
mas me formastes um corpo.
6Holocaustos e sacrifícios pelos pe-
cados não vos agradaram.
7Então eu disse: Eis-me aqui, eu ve-
nho, ó Deus,
para fazer vossa vontade.
Pois é a meu respeito que está escri-
to no livro".

8Ele diz em primeiro lugar: "Não qui-
sestes e não foram de vosso agrado
sacrifícios e oblações, holocaustos e
sacrifícios pelos pecados": no entanto,
eles são oferecidos conforme a lei. 9De-
pois acrescenta: "Eis-me aqui, eu venho
para fazer vossa vontade". Portanto,
ele suprime o primeiro regime para
estabelecer o segundo. 10E é graças a
esta vontade* que somos santificados
por meio da oblação do corpo de Jesus
Cristo, realizada uma vez por todas.

11E todo sacerdote se apresenta,
diariamente, para desempenhar suas
funções e oferecer com frequência os
mesmos sacrifícios, que nunca podem
apagar os pecados. 12Cristo, ao contrá-
rio, depois de ter oferecido um sacrifí-
cio único pelos pecados, está sentado
para sempre à direita* de Deus, 13es-
perando apenas que seus inimigos se-
jam postos como estrado de seus pés.
14De fato, com uma única oblação, ele
tornou perfeitos para sempre os que
são santificados. 15Ora, o Espírito Santo
também o atesta; com efeito, após ter
declarado:* 16"Esta é a aliança que con-
tratarei com eles depois desses dias", o
Senhor diz: "Porei minhas leis em seus
corações e as gravarei em sua mente;
17nem de seus pecados, nem de suas
ofensas me recordarei mais". 18Ora, lá
onde essas coisas são perdoadas, não
existe mais oblação pelo pecado.

IV. NECESSIDADE DA FÉ E DAS OBRAS (10,19–13,25)

Apelo a uma vida cristã generosa.
19Tendo, portanto, irmãos, a segurança
exigida para o acesso ao santuário por
meio do sangue de Jesus, 20por este
caminho novo* e vivo que ele inaugu-
rou para nós através do véu – isto é,
de sua carne – 21e tendo um Sacerdo-
te soberano à frente da casa de Deus,
22aproximemo-nos de coração since-
ro,* na plenitude da fé, com os cora-
ções purificados de toda mancha de
uma consciência má e com o corpo la-
vado com água pura. 23Guardemos ina-
balável a confissão da esperança, pois
Aquele que prometeu é fiel, 24e pres-

---

* **9**,28. Jo 1,29; Is 53,23; 1Tm 6,14; Fl 3,20s; At 3,20s | **10**,1. Cl 2,17 | 2. Lv 16,15.21 | 5. Sl 40,7s | 10. Ef 5,2 | 12. Sl 110,1 | 15. 8,10.12; Jr 31,33s | 20. 6,19s; Jo 14,6 | 22. Ez 36,25; Zc 6,11s; Ef 5,26; 1Pd 3,21; 2Cor 7,1

† **9**,28. Na primeira vinda, Jesus veio para expiar o pecado; na segunda, não terá nada a ver com o pecado. | **10**,25. "Não podes rezar em casa como na igreja, onde se encontra o povo reunido, onde o grito é lançado a Deus de um só coração. Há ali algo mais, a união dos espíritos, a harmonia das almas, o vínculo da caridade, as orações dos presbíteros" (S. João Crisóstomo).

temos atenção uns aos outros para nos
estimular à caridade e às boas obras,
25não abandonando nossas reuniões†,
como alguns têm o costume de o fazer,
mas encorajando-nos mutuamente,
tanto mais que vós vedes aproximar-se
o Dia.
Danos da apostasia. 26Pois, se peca-
mos voluntariamente, após ter recebi-
do o conhecimento da verdade, não
há mais sacrifício* pelos pecados. 27Há,
somente, uma perspectiva terrível, a
do juízo e do ardor do fogo que deve
devorar os rebeldes. 28Quem rejeita a
lei de Moisés é impiedosamente con-
denado à morte sob depoimento* de
duas ou três testemunhas. 29De quanto
mais grave castigo será digno, pensai
bem, aquele que tiver calcado aos pés
o Filho de Deus, tiver considerado pro-
fano o sangue da aliança, no qual ele
foi santificado, e ultrajado o Espírito
da graça? 30Com efeito, conhecemos
Aquele que disse: "A mim pertence a
vingança.* Sou eu que retribuirei". E
ainda: "O Senhor julgará seu povo".*
31Oh! que coisa terrível é cair nas mãos
do Deus vivo!
Motivos para perseverar. 32Lembrai-
-vos, porém, daqueles primeiros dias,*
quando, depois de terdes sido ilumina-
dos, lutastes com grandes sofrimentos,
33ora expostos publicamente aos insul-
tos e às tribulações, ora tornando-vos
solidários com os que eram assim trata-
dos. 34E, com efeito, tomastes parte nos
sofrimentos dos prisioneiros e aceitas-
tes com alegria a expoliação de vossos
bens,* sabendo que possuíeis uma ri-
queza melhor e duradoura. 35Não per-
cais, pois, vossa confiança, à qual está
reservada uma grande recompensa.
36Vós precisais de constância, para que,
depois de terdes cumprido a vontade
de Deus, alcanceis a promessa. 37Pois,
"ainda um pouco, bem pouco apenas, e
virá Aquele que deve vir e não tardará.*
38Meu justo viverá pela fé; mas se de-
sanimar, não agradará a minha alma".
39Quanto a nós, não somos daque-
les que desanimam para sua perdição,*
mas homens de fé para a salvaguarda
de nossa alma.

11 **O povo de Deus, modelo de
fé**†. 1A fé é a realidade dos
bens esperados, a prova das coisas que
não se veem†. 2Foi graças a ela que os
antigos obtiveram um belo testemu-
nho.
3Pela fé compreendemos que os
mundos foram formados por uma pa-
lavra de Deus,* de modo que o que se
vê provém do que não é visível.
4Pela fé, Abel ofereceu a Deus* um
sacrifício melhor que o de Caim; graças
a ela, foi proclamado justo, pois Deus
deu testemunho de seus dons; e por
ela também, embora morto, ainda fala.
5Pela fé, Henoc* foi arrebatado, de
sorte que não viu a morte, "e ele não
mais foi achado, porque Deus o havia
levado". Antes de ser arrebatado, com
efeito, recebeu o testemunho de que
tinha agradado a Deus. 6Ora, sem a fé é
impossível agradar a Deus; pois quem
se aproxima de Deus deve crer que ele
existe* e que ele recompensa os que o
procuram.
7Pela fé, Noé,* divinamente adverti-
do do que ainda não era visível, levado
por um temor religioso, construiu uma
arca para salvar sua família; e por esta
fé, ele condenou o mundo e tornou-se
herdeiro da justiça que se obtém me-
diante a fé.
8Graças à fé, Abraão* obedeceu a
Deus que o chamava a partir para uma
terra que iria receber por herança; par-
tiu sem saber para onde ia. 9Pela fé, veio
habitar na terra prometida, como se es-
tivesse num país estrangeiro, morando

---

* **10**,26. Is 26,11 | 28. Dt 17,6 | 30. Dt 32,35s / Mt 10,28; 12,31s | 32. Ef 5,14; 1Cor 4,9 | 34. Mt 5,40; 6,20 | 37. Is 26,20; Hab 2,3s; Rm 1,17 | 39. 1Pd 1,9 | **11**,3. Gn 1; Sl 33,6; Rm 1,20 | 4. Gn 4,4.10; Mt 23,35; Jó 16,18 | 5. Gn 5,24 | 6. Jr 29,12ss | 7. Gn 6-9; 1Pd 3,20; 2Pd 2,5 | 8. Gn 12,1-9; 23,4

† **11**. Percorrendo a história sagrada, o autor escolhe alguns personagens e episódios que mostram a presença e a eficácia da fé. | 1. A fé fixa a pessoa desde agora no invisível, orientando-a para o futuro, para a plena realização.

em tendas, como também fizeram Isa-
ac e Jacó, herdeiros com ele da mesma
promessa. 10Pois esperavam aquela Ci-
dade,* solidamente construída, da qual
Deus é o arquiteto e construtor. 11Gra-
ças à fé, a própria Sara,* apesar de sua
idade avançada, recebeu a possibilidade
de conceber, porque acreditou na fide-
lidade daquele que fazia a promessa.
12Por isso, de um só homem, já marca-
do pela morte,* nasceram filhos tão nu-
merosos como as estrelas do céu e os
grãos de areia na praia do mar.

13Na fé, todos eles morreram,* antes
de haverem recebido o objeto das pro-
messas. Mas de longe viram-nas reali-
zadas e as saudaram, declarando que
eram estrangeiros e peregrinos sobre a
terra. 14Pois, os que assim falam mos-
tram claramente que estão buscando
uma pátria; 15e, se tivessem em mente
aquela que deixaram, teriam tido tem-
po de voltar para lá. 16Aspiram, porém,
a uma pátria melhor, isto é, à pátria ce-
leste. Por isso Deus não se envergonha
de ser chamado o Deus deles; pois lhes
preparou uma Cidade.

17Pela fé, Abraão, posto à prova, ofe-
receu Isaac;* oferecia seu filho único,
o depositário da promessa, 18ao qual
havia sido dito: "É por Isaac que uma
descendência te será assegurada". 19Ele
pensava que Deus tem poder até para
ressuscitar mortos; assim, numa espé-
cie de parábola, reencontrou o filho.†

20Pela fé, Isaac abençoou Jacó e
Esaú,* também a respeito de coisas
futuras. 21Pela fé, Jacó agonizante
abençoou cada um dos filhos de José
e se prostrou apoiado na ponta de seu
bastão. 22Pela fé, José, perto de morrer,
evocou o êxodo dos filhos de Israel e
deu ordens a respeito de seus ossos.

23Pela fé, Moisés, logo que nasceu,
foi escondido por seus pais durante
três meses, porque viram que o meni-
no era bonito* e não recearam o decre-
to do rei. 24Pela fé, Moisés, chegando
à idade adulta, recusou ser chamado
filho da filha do faraó, 25preferindo ser
maltratado com o povo de Deus a co-
nhecer a alegria transitória do pecado,
26considerando a humilhação de Cris-
to† como uma riqueza superior aos te-
souros do Egito. Com efeito, tinha os
olhos fixos na recompensa.

27Pela fé, ele deixou o Egito sem te-
mer o furor do rei: pois, como se visse
o invisível, manteve-se firme. 28Pela fé,
ele celebrou a páscoa* e fez a asper-
são do sangue, a fim de que o Exter-
minador não ferisse os primogênitos
de Israel. 29Pela fé, eles atravessaram o
mar Vermelho como uma terra seca,*
enquanto os egípcios, tentando a pas-
sagem, foram tragados pelo mar.

30Pela fé, caíram os muros de Jericó,*
depois que eles os rodearam durante
sete dias. 31Pela fé, Raab, a prostituta,
não pereceu com os incrédulos, por-
que ela havia acolhido pacificamente
os espiões.

32E que mais direi? Pois me falta-
ria o tempo se fosse contar o que se
refere a Gedeão, Barac, Sansão, Jefté,
Davi, Samuel e os profetas. 33Pela fé,
eles conquistaram reinos, exerceram a
justiça, obtiveram o cumprimento das
promessas, fecharam a boca* dos le-
ões, 34extinguiram a violência do fogo,
escaparam do fio da espada, estando
doentes recuperaram as forças, mos-
traram valentia na guerra, repeliram
invasões estrangeiras. 35Houve mulhe-
res* que recuperaram seus mortos pela
ressurreição†. Uns se deixaram torturar,
recusando a libertação, a fim de ob-
terem melhor ressurreição. 36Outros
sofreram a prova dos insultos e dos
flagelos, e mesmo a das cadeias e da

* **11**,10. Ap 21,10-20 | 11. Gn 17,15-19 | 12. Gn 21,2; Rm 4,19ss; Êx 32,13 | 13. Jo 8,56; Gn 23,4; Sl 39,13; 119,19; Fl 3,20; Ap 21,2; Êx 3,6 | 17. Gn 22; Gn 21,12 | 20. Gn 27,27ss; 47,31; 48,15s; 50,24 | 23. Êx 2,2.10,2 | 28. Êx 12 | 29. Êx 14 | 30. Js 6 | 33. Dn 6 | 35. 1Rs 17,23; 2Rs 4,36; 2Mc 6,18-7,42

† **11**,19. Desta forma, o pai dos que creem configurou-se ao Pai que não há de poupar seu próprio Filho, mas o entregará por todos nós, Rm 8,32. Isaac foi um símbolo da imolação e da ressurreição de Jesus, devolvido a seu Pai como Isaac o foi a Abraão. | 26. Aqui o termo "Cristo", ungido, aplica-se ao povo de Israel, de cuja sorte Moisés preferiu participar, permanecer na corte onde foi educado, Êx 2,11. | 35. No tempo dos profetas Elias, 1Rs 17,23, e Eliseu, 2Rs 4,36.

prisão. [37]Foram apedrejados, serrados,† pereceram pela espada, andaram errantes, vestidos com peles de carneiros ou pelos de cabras; foram despojados, oprimidos, maltratados; [38]eram pessoas das quais o mundo não era digno; vagavam pelos desertos, pelas montanhas, pelas cavernas, pelas grutas da terra. [39]E todos esses, embora tenham recebido um belo testemunho por causa de sua fé, não obtiveram a realização da promessa; [40]é que Deus predispunha para nós uma sorte melhor, para que eles não chegassem à perfeição sem nós.†

12

Exemplo de Cristo. [1]Por isso, também nós, cercados como estamos de uma tão grande nuvem de testemunhas,* livrando-nos de todo fardo e do pecado que nos envolve, corramos com perseverança à luta que nos é proposta,† [2]fixando nossos olhos em Jesus, que começa e completa em nós a obra da fé; em vez da felicidade que lhe era proposta, assumiu a cruz, não se importando com a infâmia e está agora sentado à direita do trono de Deus. [3]Considerai aquele que suportou da parte dos pecadores tamanha hostilidade, a fim de que não vos deixeis abater pelo desânimo.

Deus é um pai que corrige. [4]Ainda não resististes até o sangue, em vossa luta contra o pecado, [5]e esquecestes a exortação que vos foi dirigida como a filhos: "Meu filho,* não desprezes a correção do Senhor e não desanimes quando ele te repreende; [6]pois o Senhor corrige a quem ele ama e castiga todo filho que ele acolhe". [7]É para vossa correção que estais sofrendo, e é como filhos que Deus vos trata. Pois qual é o filho que o pai não corrige? [8]Se estais isentos desta correção, na qual todos têm parte, é porque sois bastardos e não filhos. [9]Aliás, tivemos para nos corrigir nossos pais* aqui da terra, e nós os respeitamos. Não seremos bem mais obedientes ao Pai dos espíritos para termos a vida? [10]Aqueles, com efeito, nos corrigiam durante pouco tempo e como bem lhes parecia; mas ele, é para nosso bem, a fim de nos tornar participantes de sua santidade. [11]Na verdade, toda correção, no momento,* não é motivo de alegria, e sim de tristeza. Mas depois ela produz um fruto de paz e de justiça para aqueles que foram por meio dela exercitados. [12]Portanto, "fortificai vossas mãos cansadas* e vossos joelhos enfraquecidos"; [13]"endireitai os caminhos tortuosos para vossos pés", para que não se destronque o que é manco, mas antes seja curado.

Fidelidade à vocação cristã. [14]Procurai a paz com todos* e a santificação, sem a qual ninguém verá o Senhor, [15]cuidando que ninguém seja excluído da graça de Deus, para que não brote nenhuma raiz amarga causando perturbação† que contaminaria muitos. [16]Cuidai também que não haja nenhum impudico ou profanador, como Esaú* que, por um prato de comida, vendeu seu direito de primogenitura. [17]E bem sabeis que depois, quando quis obter a bênção, foi rejeitado;* pois não pôde obter uma mudança de sentimento, embora a solicitasse com lágrimas.

As duas alianças. [18]Com efeito, não vos aproximastes de uma realidade palpável:* fogo ardente, obscuridade, trevas, tempestade, [19]sons estridentes de trombetas e a voz retumbante que levou os ouvintes a suplicar que não lhes falasse mais.† [20]Com efeito, não podiam suportar aquela prescrição:*

---

* **12**,1. 10,36; 1Cor 9,24-27; 1Tm 6,12 | 5. Pr 3,11s | 9. Nm 16,22; 27,16; 2Mc 3,24; 2Pd 1,4 | 11. 2Cor 7,8-11; Jo 16,20; 1Pd 1,6s; Tg 1,2ss | 12. Is 35,12; Pr 3,26 | 14. Rm 12,18; Dt 29,18 | 16. Gn 25,19-34 | 17. Gn 27,34-40 | 18. Gl 4,24ss; Êx 19,16.18; 20,19; Dt 4,11 | 20. Êx 19,12s; Dt 9,19; Gl 4,26

† **11**,37. Conforme certos livros apócrifos, o profeta Isaías teria sido serrado ao meio por ordem do ímpio rei Manassés (687-642 a.C.). | 40. Foi só por Cristo que os santos do AT chegaram à perfeita união com Deus. | **12**,1. A imagem é a de uma competição esportiva, presenciada por um grande torcida. | 15. "Raiz amarga" pode designar o apóstata ou a pessoa que fomenta discórdias, Dt 29,17. | 19. Todos esses fenômenos do Sinai foram de natureza terrestre e de caráter aterrador, mas na iniciação cristã tudo é celeste e espiritual, v. 22ss.

"Todo aquele que tocar a montanha, mesmo se for um animal, será apedrejado". 21Tão terrível era o espetáculo que Moisés disse: "Sinto-me aterrado e todo trêmulo".

22Mas vós vos aproximastes da montanha de Sião e da Cidade do Deus vivo, da Jerusalém celeste e de milhões de anjos, da reunião festiva, 23e da assembleia dos primogênitos* que têm seus nomes inscritos nos céus; e de Deus que é Juiz universal, e dos espíritos dos justos conduzidos à perfeição; 24e de Jesus, o Mediador da nova aliança e do sangue da aspersão, mais eloquente que o de Abel.*

25Prestai atenção para não recusardes ouvir Aquele que fala. Pois, se os que recusaram ouvir aquele que promulgava oráculos sobre a terra, não escaparam do castigo, muito menos escaparemos nós, se nos afastarmos daquele que fala* dos céus. 26Aquele, cuja voz outrora abalou a terra, nos fez agora esta promessa: "Mais uma vez vou abalar não só a terra, mas também o céu".*

27A expressão "mais uma vez" indica que as coisas abaladas passarão, pois são realidades criadas, para que permaneçam as que são inabaláveis. 28Assim, já que recebemos a posse de um reino inabalável,* conservemos firmemente esta graça, e por meio dela prestemos a Deus um culto que lhe seja agradável, com submissão e reverência; 29porque nosso Deus* é um fogo devorador.†

13 A vida na comunidade cristã.

1Perseverai no amor fraterno. 2Não esqueçais a hospitalidade,* pois foi graças a ela que alguns, sem saber, hospedaram anjos.† 3Lembrai-vos dos prisioneiros, como se estivésseis presos com eles, e dos que são maltratados, pensando que vós também tendes um corpo.

4Que o matrimônio seja honrado* por todos e o leito nupcial, sem mancha. Pois Deus vai julgar os impuros e os adúlteros. 5Que vossa conduta seja livre de avareza, contentando-vos com o que tendes no momento; pois o próprio Deus disse: "Nunca te deixarei,* nem te abandonarei", 6de modo que podemos dizer com plena confiança: "O Senhor é meu auxílio, não terei medo; que pode fazer-me um ser humano?"

Fidelidade. 7Lembrai-vos de vossos chefes,* daqueles que vos comunicaram a palavra de Deus e, considerando como terminou a carreira deles, imitai sua fé. 8Jesus Cristo é o mesmo, ontem e hoje,* e o será para sempre! 9Não vos deixeis enganar* por qualquer espécie de doutrinas estranhas: pois é bom que o coração seja fortificado pela graça, não por alimentos que nunca tiveram utilidade alguma para os que fazem disso uma questão de observância. 10Temos um altar, do qual não têm direito de se alimentar os que estão ao serviço da tenda.† 11Com efeito, os corpos daqueles animais,* cujo sangue o sumo sacerdote leva ao santuário para expiar o pecado, são queimados fora do acampamento.† 12É por isso que Jesus também, para santificar o povo por seu próprio sangue, sofreu do lado de fora* da porta. 13Saiamos, pois, até ele, fora do acampamento, levando sua humilhação,† 14pois não temos aqui uma cidade permanente, mas buscamos* a futura. 15Por meio dele, portanto, ofereçamos a Deus em todo o tempo um sacrifício de louvor, isto é, o fruto dos lábios que confessam seu nome. 16Não vos esqueçais de fazer o bem* e de partilhar com os

* **12**,23. Ap 21,2; 1Pd 1,2 | 24. Gn 4,10 | 25. Êx 19,18; Jz 5,4s; Sl 68,9 | 26. Ag 2,6 | 28. 9,14; Dn 7,18 | 29. Dt 4,24; Is 33,14 | **13**,2. Rm 12,10s; Gn 18,3; Tb 5,4s; Jz 6,11-24; 13,3-23 | 4. Sb 3,13; Ef 5,5s; Fl 4,12; 1Tm 6,6 | 5. Dt 31,6; Sl 118,6; 27,1ss | 7. Tt 1,5; 2,3 | 8. Ef 4,14 | 9. Ef 4,14; 1Cor 8,8; 12,28 | 11. Lv 16,27 | 12. Jo 19,17.20 | 14. 11,10; 1Cor 7,29ss; Fl 3,20 | 16. Sl 50,14.23; Os 14,3; Fl 4,18; At 2,21

† **12**,29. A imagem do fogo representa a santidade, as exigências e o julgamento de Deus. Temos de corresponder às provas do amor de Deus, porque o amor desprezado pode tornar-se um fogo devorador. | **13**,2. Alusão à história de Abraão e Ló, Gn 18,3; 19,1s. | 10. Este altar é a cruz de Cristo e também a mesa eucarística. | 11. Como fez no cap. 9, o autor recorda o grande Dia das Expiações, Lv 16,27. | 13. Se Cristo sofreu fora de Jerusalém e não no templo, o cristão deve substituir o culto mosaico pelo culto definitivo que supera a cidade humana.

outros vossas posses, pois tais sacrifícios
agradam a Deus.
17Obedecei a vossos chefes* e sede-
-lhes dóceis, pois eles velam sobre vós
como quem há de prestar contas dis-
so, a fim de que o façam com alegria
e não gemendo, o que não vos seria
vantajoso. 18Rezai por nós,* porque jul-
gamos ter boa consciência, resolvidos
como estamos a nos comportar bem
em tudo. 19Eu vos exorto a fazê-lo com
mais insistência, para que eu vos seja
restituído mais rapidamente.

Recomendações e saudações finais.
20Que o Deus da paz,* que dos mortos
reconduziu o grande Pastor das ovelhas
em virtude do sangue de uma aliança
eterna, nosso Senhor Jesus, 21vos torne
aptos para cumprir a vontade dele em
toda a espécie de bem, produzindo em
nós o que lhe é agradável por meio de
Jesus Cristo, a quem seja dada a glória
pelos séculos dos séculos! Amém.
22Eu vos recomendo, irmãos, acolhei
bem essas palavras de exortação; aliás,
eu vos escrevi brevemente. 23Comuni-
co-vos que nosso irmão Timóteo* foi
libertado. Se ele vier logo, é com ele
que irei ver-vos. 24Saudações a todos
os vossos chefes e a todo o povo santo.
Os da Itália vos saúdam.†
25A graça esteja com todos vós!

* **13**,17. 1Cor 16,16; Ez 3,18 | 18. Rm 15,30; Ef 6,19; Cl 4,3; 2Ts 3,1 | 20. Is 63,11; 55,3; Zc 9,11; Ez 37,26; Jo 10,11-15 | 23. At 16,1; 1Ts 3,2; 2Cor 1,1; Fm 1

† **13**,24. Não é que o autor esteja na Itália quando escreve, mas há pessoas de lá em sua companhia.

CARTA DE TIAGO

A carta de Tiago é a primeira das sete chamadas "Católicas", porque são dirigidas aos fiéis em geral e não a determinada Igreja local. "Católico" quer dizer universal, geral. Embora também ataquem os erros doutrinais da época, elas têm um caráter mais moral, insistindo na prática das boas obras e na luta contra o mal sob todas as formas.

Esta carta, que mais parece uma homilia, é atribuída a Tiago, "irmão do Senhor" (Mt 13,55; Mc 6,3), mas vários indícios fazem supor que não é dele, e sim de um autor anônimo, que usou o nome desse personagem importante, chefe da Igreja de Jerusalém até sua morte no ano 62. Paulo o cita entre as testemunhas da ressurreição de Cristo em 1Cor 15,7. Depois de convertido, Paulo encontra-se com ele em Jerusalém (Gl 1,18s). Tiago teve uma atuação de destaque no Concílio de Jerusalém. Embora mais inclinado às ideias judaicas, deu mostras de compreensão para com os convertidos do paganismo, não exigindo deles senão um mínimo de respeito às prescrições do judaísmo (At 15,13-29).

Esta carta destina-se às "doze tribos da dispersão" (1,1), à Igreja dispersa pelo mundo inteiro, que constitui agora o novo e verdadeiro "Israel de Deus" (Gl 6,16). É uma mensagem de cunho didático-exortativo, muito semelhante aos escritos sapienciais do Antigo Testamento, recomendando sobretudo a paciência nas provações (1,12; 5,7-11), o domínio da língua (1,26; 3,1-12), a fuga de toda acepção de pessoas, mediante um tratamento igual para ricos e pobres (2,1-9), a colocação em prática da Palavra que se ouve (1,16-25) e a execução de boas obras como comprovante da fé autêntica (2,14-26). O autor faz veemente apelo aos ricos, para que respeitem a justiça social (5,4-6) e não confiem em suas riquezas efêmeras (1,10; 5,1-3); ao mesmo tempo exalta os pobres (1,9), favoritos de Deus, de acordo com uma tradição bíblica, manifestada também nas bem-aventuranças evangélicas (Mt 5,3; Lc 6,20).

I. A PROVAÇÃO E A ESPERANÇA (1,1–2,27)

1 **Saudação.** [1]Tiago, servo de Deus e do Senhor Jesus Cristo,* às doze tribos da dispersão†: Saudações!
Paciência nas provações. [2]Considerai como perfeita alegria,* meus irmãos, quando enfrentais toda sorte de provações, [3]sabendo que a prova de vossa fé produz a constância; [4]mas é preciso que a constância complete sua obra, a fim de que sejais perfeitos, irrepreensíveis, nada deixando a desejar.
Rezar com fé. [5]Se a algum de vós* falta sabedoria†, peça-a a Deus – que a dá a todos generosamente e sem recriminar – e ela lhe será dada. [6]Mas peça com fé, sem vacilação,* pois quem vacila se parece com a onda do mar que o vento move e agita. [7]Tal pessoa não deve pensar que vai receber alguma coisa do Senhor: [8]tem a alma dividida, inconstante em tudo o que faz.
O pobre e o rico. [9]Que o irmão de condição humilde* se glorie de sua exaltação [10]e o rico de sua humilhação†, porque ele passará como a flor da erva. [11]Pois o sol abrasador se levanta, seca a erva e sua flor cai, sua bela aparência acaba. Assim vai definhar o rico no meio de seus negócios.
A provação. [12]Feliz o homem que enfrenta a provação* porque, uma vez reconhecido seu valor, receberá a coroa da vida que o Senhor prometeu aos que o amam.
[13]Que ninguém diga ao ser tentado: "É Deus que me tenta"†. Com efeito, Deus não pode ser tentado a fazer o

---

* **1**,1. At 15,23; 1Pd 1,1 | 2. Rm 5,3s; 1Pd 1,6; Sb 3,5 | 5. Pr 2,3-6 | 6. 4,8; Mt 7,7; 21,21; Mc 11,24; Is 57,20 | 9. Is 40,6s; 1Pd 1,24 | 12. 1Cor 9,25; 2Tm 4,8; 1Pd 5,4; Ap 2,10; Rm 7,7s

† **1**,1. Dispersão ou "Diáspora" designa aqui os judeus convertidos que estão espalhados pelo mundo pagão. | 5. Sabedoria é a capacidade de entender a lei de Deus e de conformar a ela a própria conduta. | 10. A humilhação do rico é o fato de sua riqueza ser passageira. | 13. É o velho erro de atribuir a Deus e não a si mesmo a responsabilidade pelas próprias falhas.

mal. Ele não tenta ninguém. 14Mas cada
um é tentado por sua própria concu-
piscência, que o atrai e seduz. 15Depois,
a concupiscência, tendo concebido, dá
à luz o pecado, e o pecado, uma vez
consumado, gera a morte.
16Não vos enganeis, meus irmãos
bem-amados: 17toda dádiva precio-
sa* e todo dom perfeito vêm do alto e
descem do Pai das luzes†, no qual não
existe nenhuma variação nem sombra
de mudança. 18Por sua própria vontade
ele nos gerou pela Palavra da verdade†,
para que fôssemos de algum modo as
primícias dentre suas criaturas†.
Ouvir e praticar a Palavra. 19Vós o sa-
beis, meus irmãos bem-amados: seja
cada um pronto para ouvir, lento para
falar, lento para se irar; 20pois a ira do
homem não realiza* o que é justo dian-
te de Deus. 21Rejeitai, pois, toda imun-
dície e todo resto de malícia e acolhei
com docilidade a Palavra implantada
em vós e que pode salvar vossas vidas.
22Ponde em prática a Palavra* e não
vos contenteis com ouvi-la apenas,
enganando-vos a vós mesmos. 23Pois
quem ouve a Palavra, sem pô-la em prá-
tica, se parece com alguém que observa
seu rosto num espelho†: 24mal se olhou,
vai embora e logo esquece como era.
25Aquele, porém, que medita* sobre a lei
perfeita da liberdade† e nela persevera,
não como ouvinte esquecido, mas como
alguém que a põe em prática, este en-
contra sua felicidade praticando-a.

II. A SINAGOGA (1,26-2,26)

26Se alguém se julga religioso,* sem
pôr um freio a sua língua, e engana as-
sim seu coração, é vã sua religião. 27Re-
ligião pura e sem mancha aos olhos
de Deus Pai é esta: socorrer os órfãos
e as viúvas em suas provações† e não
se deixar contaminar por este mundo.

2 **Tratar a todos com igualdade.**
1Meus irmãos, vossa fé* em nos-
so Senhor Jesus Cristo glorificado não
deve admitir favoritismos. 2Se entrar,
por exemplo, em vossa reunião, um
homem com anel de ouro e roupas de
luxo e entrar, também, um pobre com
roupas sujas, 3e derdes atenção ao
que está ricamente vestido, dizendo-
-lhe: "Senta-te aqui comodamente", e
ao pobre disserdes: "Fica aí de pé" ou:
"Senta-te debaixo do estrado de meus
pés", 4não estaríeis fazendo distinção
dentro de vós mesmos, tornando-vos
juízes de pensamentos maus?
5Escutai, meus irmãos caríssimos:*
porventura Deus não escolheu os po-
bres aos olhos do mundo para fazê-
-los ricos na fé e herdeiros do Reino
que prometeu aos que o amam? 6Vós,
porém, desprezastes o pobre! Não são
os ricos que vos oprimem e vos arras-
tam aos tribunais? 7Não são eles que
blasfemam o nome sublime* que foi
invocado sobre vós?† 8Se, pois, cumpris
a lei régia†, segundo a Escritura: "Amar
ao próximo como a si mesmo", estais
agindo bem: 9mas, se fazeis acepção de
pessoas, cometeis um pecado, e a lei
vos condena como transgressores.
10Mesmo que alguém observe a lei
inteira,* se comete uma falta quanto a
um só ponto, torna-se culpado de tudo.
11Pois Aquele que disse: "Não cometer
adultério", disse também: "Não matar".
Se, pois, evitas o adultério, mas tiras a

---

* **1**,17. Mt 7,11; Jo 1,3.13; 1Pd 1,23; Ecl 7,9; Eclo 5,13 | 20. Cl 3,8; 1Pd 2,1 | 22. Mt 7,26; Rm 2,13 | 25. Rm 8,2; Gl 6,2; Tg 2,12; 1Pd 2,16 | 26. Sl 34,14 | **2**,1. 1Cor 2,8; Eclo 42,1; Hb 10,25 | 5. 1Cor 1,26ss | 7. Lv 19,18; Mt 22,39; Dt 1,17 | 10. Mt 5,19; Êx 20,13s; Dt 5,17s

† **1**,17. "Pai das luzes" porque criou os astros e também porque é fonte de toda luz espiritual, sendo Ele próprio Luz, 1Jo 1,5. | 18. Trata-se do Evangelho que, acolhido com fé, conduz à salvação. / Os cristãos são as primícias da humanidade, isto é, seus primeiros frutos maduros e escolhidos. | 23. A Palavra apresenta o ideal, diante do qual ficam manifestas as falhas de quem a escuta; mas, se a pessoa esquece o que viu no espelho, não poderá corrigir suas falhas. | 25. A lei é perfeita porque revela plenamente a vontade de Deus; é uma lei de liberdade porque libertada escravidão do pecado e da lei mosaica. | 27. Já os profetas diziam que o culto autêntico é inseparável do amor para com os pequenos, Is 1,11-17; Jr 5,28; Zc 7,10. | **2**,7. É o nome de Jesus, invocado sobre os cristãos no Batismo. Esta expressão significa "consagrar a Jesus". | 8. A lei régia é aquela em que o mandamento do amor tem a primazia.

vida de alguém, te tornaste transgressor
da lei. [12]Falai e agi como pessoas* que
devem ser julgadas segundo uma lei de
liberdade. [13]Pois o julgamento é sem mi-
sericórdia para quem não fez misericór-
dia; mas a misericórdia triunfa do juízo.
A fé sem obras é morta†.[14]Meus ir-
mãos, de que adianta alguém dizer
que tem fé se não tiver as obras? Acaso
esta fé poderá salvá-lo? [15]Se um irmão
ou uma irmã estiverem sem roupa e
sem o alimento diário, [16]e alguém de
vós lhes disser: "Ide em paz,* aquecei-
-vos e comei bastante" – sem lhes dar
o necessário ao corpo –, de que adian-
ta? [17]Assim também a fé, se não tiver
obras, está totalmente morta.

[18]Mas alguém poderá dizer: "Tu tens
a fé e eu tenho as obras". Mostra-me
tua fé sem as obras, mas eu, é pelas
obras que te mostrarei minha fé. [19]Tu
crês que há um só Deus?* Muito bem!
Os demônios também creem e tre-
mem. [20]Mas queres saber, ó homem in-
sensato, como a fé sem obras é estéril?
[21]Abraão, nosso pai, não foi justificado*
pelas obras quando ofereceu seu filho
Isaac sobre o altar? [22]Estás vendo que
a fé cooperava com suas obras,* e que
pelas obras sua fé se tornou perfeita.
[23]Assim cumpriu-se esta palavra da Es-
critura: "Abraão creu em Deus, e isto
lhe foi computado como justiça", e foi
chamado amigo de Deus.

[24]Estais vendo que é pelas obras que
a pessoa é justificada e não só pela fé.
[25]Igualmente Raab, a prostituta,* não
foi pelas obras que ela foi justificada
quando recebeu os mensageiros e os
fez partir por outro caminho? [26]Com
efeito, como o corpo sem a alma está
morto, assim também a fé sem as obras
é morta†.

III. A VIDA COTIDIANA (3,1–4,10)

3 **Dominar a língua.** [1]Meus irmãos,
que não sejam muitos* aqueles
dentre vós que se tornam mestres, sa-
bendo que receberemos um julgamen-
to mais severo, [2]pois todos nós erra-
mos em muitas coisas.

Se alguém não peca por palavras, é
um homem perfeito, capaz de refrear
todo o seu corpo. [3]Quando pomos um
freio na boca dos cavalos para que eles
nos obedeçam, governamos todo o cor-
po deles. [4]Vede também os navios: por
maiores que sejam, mesmo levados por
ventos violentos, são dirigidos por um
pequeno leme, segundo a vontade do
piloto. [5]Assim também a língua é um
pequeno membro, mas pode gloriar-se
de grandes coisas. Vede que basta uma
pequena chama para incendiar uma flo-
resta imensa. [6]Também a língua é um
fogo,* é o mundo do mal, esta língua,
colocada entre nossos membros: conta-
mina o corpo todo e incendeia o ciclo
da criação, inflamada como está pela
geena†. [7]De fato, todo tipo de animais
e de aves, de répteis e de seres mari-
nhos são domados e foram domados
pelo homem. [8]Mas a língua,* ninguém a
pode domar: é uma praga sem descan-
so, cheia de veneno mortal. [9]Com ela
bendizemos o Senhor e Pai e com ela
maldizemos os homens, feitos à seme-
lhança de Deus. [10]Da mesma boca saem
a bênção* e a maldição. Ora, isto não
deve ser assim, meus irmãos. [11]Acaso
a fonte jorra pelo mesmo orifício água
doce e salobra? [12]A figueira, meus ir-
mãos, pode dar azeitonas,* ou a videi-
ra, figos? Tampouco uma fonte salgada
pode produzir água doce.

---

* **2**,12. 1,25; Mt 5,7; 18,32-35 | 16. 1Cor 13,3; Gl 5,6; Mt 25,41-45; 1Jo 3,17 | 19. Mt 8,29 | 21. Gn 22,9.12; Hb 11,17 | 22. Gn 15,6; Rm 4,3.9.22 | 25. Js 2,4.15; 6,17; Hb 11,31; Tg 2,17.20 | **3**,1. Eclo 14,1; 25,11; Pr 10,19; 18,21 | 6. Sl 83,15; Pr 16,17; 26,18-21; Mt 15,11.18s | 8. Sl 140,4; Gn 1,26s | 10. 1Cor 11,7 | 12. 1,5.17; Mt 7,16

† **2**,14. Tiago critica a fé que se contenta com palavras, sem comprometer a vida, sem se exprimir em caridade e ação; denuncia talvez alguma falsa interpretação do pensamento de Paulo, o qual em Rm 3,28 falou das obras da lei mosaica, incapazes de salvar. Também Paulo ensina que a fé sem o amor nada vale, 1Cor 13,2. Os profetas também denunciaram o abuso do culto sem alma: a piedade sem a justiça é vã e ineficaz. | 26. Tiago fala das obras de caridade, mas Paulo falava das obras da lei, Gl 2,16. **3**,6. Geena é um lugar tristemente famoso perto de Jerusalém, que foi tido como símbolo do inferno.

A verdadeira e a falsa sabedoria. 13Quem dentre vós é sábio* e inteligente? Que ele mostre por uma boa conduta suas obras feitas com mansidão e sabedoria. 14Mas, se tendes no coração um ciúme amargo e rivalidades, não vos orgulheis e não faleis mentiras contra a verdade. 15Não é esta a sabedoria que vem do alto: é terrestre, animal, diabólica; 16pois onde há ciúmes e rivalidades, aí reinam a desordem e todo o tipo de más ações. 17Mas a sabedoria que vem do alto é,* antes de tudo, pura, depois pacífica, indulgente, conciliadora, cheia de misericórdia e de bons frutos, sem parcialidade e sem hipocrisia. 18É na paz que o fruto da justiça* é semeado para aqueles que promovem a paz.

4 **Contra as discórdias.** 1Donde vêm as guerras?* Donde vêm as rixas entre vós? Não é de vossas paixões que lutam em vossos membros? 2Cobiçais e, não conseguindo o que quereis, então matais! Invejais e, não conseguindo êxito, combateis e fazeis guerras!† Não tendes porque não pedis. 3Pedis e não recebeis porque pedis mal, pois pedis para gastar em vossos prazeres.

4Adúlteros, não sabeis* que a amizade com o mundo é inimizade com Deus? Portanto, quem quer ser amigo do mundo† torna-se inimigo de Deus. 5Ou pensais que é sem motivo que a Escritura diz: "O espírito que ele fez habitar em nós sente desejos, sente até inveja"?† 6Porém, ele dá uma graça maior, segundo a palavra da Escritura: "Deus resiste aos soberbos, mas dá sua graça aos humildes". 7Submetei-vos, pois, a Deus; resisti ao diabo e ele fugirá de vós. 8Aproximai-vos de Deus e ele se aproximará de vós. Purificai vossas mãos, pecadores; santificai vossos corações, ó indecisos! 9Vede vossa miséria, cobri-vos de luto, chorai. Que vosso riso se mude em luto e vossa alegria, em tristeza. 10Humilhai-vos diante do Senhor, e ele vos exaltará.*

IV. JULGAMENTO E SALVAÇÃO (4,11–5,20)

11Irmãos, não faleis mal uns dos outros. Quem fala mal de um irmão ou julga seu irmão fala contra a lei e julga a lei. E se tu julgas a lei,* não és observante da lei, mas seu juiz. 12Ora, existe apenas um legislador e juiz, Aquele que pode salvar ou perder. E quem és tu que julgas o próximo?

Aviso aos homens de negócios. 13E agora vós, que dizeis: "Hoje ou amanhã* iremos a tal cidade, vamos passar lá um ano, vamos fazer comércio e ganhar dinheiro!" 14Vós, que não sabeis o que será de vós amanhã, sois como a fumaça que aparece um instante e depois desaparece. 15Ao contrário,* deveis dizer: "Se o Senhor quiser e se estivermos vivos, faremos isto ou aquilo". 16Mas vós vos gloriais de vossa soberba! Toda presunção deste tipo é má. 17Aquele, pois, que sabe fazer o bem* e não o faz comete pecado.

5 **Advertência aos ricos**†. 1E agora vós, que sois ricos,* chorai e gemei ante as desgraças que estão por cair sobre vós! 2Vossa riqueza apodreceu e vossas vestes foram devoradas pela traça.

---

* **3**,13. Eclo 19,18-27; Ef 4,1s | 17. Sb 7,22 | 18. Is 32,17; Mt 5,9; Hb 12,11 | **4**,1. Rm 7,23; 1Pd 2,11 | 4. Lc 6,26; Rm 8,7; 1Jo 2,15; Êx 20,5; Jó 22,29; Pr 3,34; 1Pd 5,8s; Is 1,16 | 10. Jó 5,11; 1Pd 5,6 | 11. Mt 7,1; Rm 2,1; 14,4 | 13. Pr 27,1; Lc 12,18s | 15. At 18,21 | 17. Lc 12,47; Rm 14,23 | **5**,1. Eclo 5,1; Lc 6,24; 16,19.25; 19,13; Mt 6,19; Pr 16,27; Sl 21,9; Jt 16,17; Dt 24,14s; Ml 3,5; Jr 12,5

† **4**,2. "Santo Agostinho viu na inveja o pecado diabólico por excelência: da inveja nascem o ódio, a maledicência, a calúnia, a alegria pela desgraça do próximo e o desprazer em razão de sua prosperidade" (S. Gregório Magno). | 4. O mundo hostil a Deus, 1,27. | 5. O sentido é este: O espírito humano é inclinado à inveja; é por isso que se faz a guerra ao próximo ou se reza com más disposições. Mas, a quem é humilde, Deus dá socorro mais forte. | **5**. Os Profetas denunciavam a injustiça e a insensibilidade dos ricos, Is 5,8ss; Jr 5,26-30; Am 8,4-8; Jesus advertiu os ricos sobre o perigo das riquezas, Lc 6,24; 18,24-27. Toda a Bíblia afirma que a acumulação de bens não se faz sem alguma injustiça e mostra como dificilmente o rico vive em relações de fraternidade e de justiça. Aqui Tiago censura os ricos que oprimem os pobres, enriquecendo-se com o salário que lhes roubam.

[3]Vosso ouro e vossa prata enferrujaram,
e sua ferrugem dará testemunho con-
tra vós, devorando vossas carnes. Acu-
mulastes tesouros para os últimos dias.
[4]Vede: o salário, do qual defraudastes os
trabalhadores que ceifaram vossos cam-
pos, clama; e os gritos dos ceifadores
chegaram aos ouvidos do Senhor dos
exércitos. [5]Na terra vivestes no prazer e
no luxo, cevando vossos apetites para o
dia da matança. [6]Condenastes e matas-
tes o justo, sem que ele vos resistisse†.
A vinda do Senhor. [7]Tende paciência,
irmãos,* até a vinda do Senhor†. Vede
como o lavrador aguarda o precioso
fruto da terra, esperando com paciên-
cia que caia a chuva do outono e a da
primavera†. [8]Sede pacientes também
vós, reanimai-vos, porque a vinda do
Senhor está próxima†. [9]Irmãos, não vos
queixeis uns dos outros para não serdes
julgados; vede, o juiz está às portas!†
[10]Tanto no suportar as injúrias como na
paciência, irmãos, tomai por modelo os
profetas, que falaram em nome do Se-
nhor. [11]Vede: proclamamos bem-aven-
turados* os que suportaram provações.
Ouvistes falar da constância de Jó e vis-
tes a sorte final que lhe reservou o Se-
nhor; pois "o Senhor é misericordioso e
compassivo".
Não jurar. [12]Mas, sobretudo, irmãos,
não jureis, nem pelo céu, nem pela ter-
ra, nem useis de juramento algum; mas
vosso "sim" seja sim e vosso "não" seja
não, para não incorrerdes no juízo†.
A unção dos enfermos. [13]Alguém
de vós está sofrendo? Reze.* Alguém
está alegre? Cante. Alguém de vós
está doente? [14]Chame os presbíteros
da Igreja, a fim de que rezem sobre
ele, ungindo-o com óleo em nome
do Senhor. [15]A oração da fé salvará
o doente,* e o Senhor o levantará; e,
se ele cometeu pecados, estes serão
perdoados†.
O poder da oração. [16]Confessai, pois,
vossos pecados uns aos outros e rezai
uns pelos outros a fim de serdes cura-
dos; a oração fervorosa do justo tem
grande valor. [17]Elias era pessoa* como
nós; rezou com insistência para que
não caísse chuva, e não choveu sobre
a terra durante três anos e seis meses.
[18]Depois rezou de novo, e o céu deu
a chuva,* e a terra produziu seu fruto.
[19]Meus irmãos, se algum de vós se
afastar da verdade e um outro o re-
conduzir, [20]fique sabendo: aquele que
converter um pecador de seu erro* sal-
vará sua alma da morte e cobrirá uma
multidão de pecados†.

---

* **5**,7. Dt 11,14; Gl 2,13; Zc 10,1; Jr 5,24; 1Ts 2,16; 3,13; Hb 10,25.37; Mt 24,33 | 11. Dn 12,12; Sl 103,8; 111,4; Ex 34,6; Mt 5,34-37; 2Cor 1,17 | 13. Mc 6,13 | 15. Mc 16,18 | 17. 1Rs 17,1; 18,1; Lc 4,25 | 18. 1Rs 18,42-45 | 20. Pr 10,12; 1Pd 4,8

† **5**,6. "O que é a riqueza quando não se pensa em Deus? Um ídolo de ouro, um bezerro de ouro, diante do qual se oferecem sacrifícios e se cometem iniquidades" (Dom Oscar Romero). | 7. "A paciência é a guardiã de todas as virtudes; se ela falta, perdeis num instante o trabalho de vários dias" (Bem-aventurado João de Ávila). / As chuvas costumam vir nestas estações do ano. | 8. Esperava-se com ansiedade a vinda do Senhor, 2Ts 2,2. Mas com a demora desse dia, começou a surgir o ceticismo e até o sarcasmo. 2Pd 3,8 explica que para o Senhor, um dia é como mil anos, e mil anos como um dia. | 9. "Vive como se o Juiz chegasse hoje e não terás medo quando Ele vier" (S. Agostinho). | 12. Ver a nota em Mt 5,37. | 15. A Tradição reconheceu neste rito um dos sete sacramentos da Igreja: instituído por Cristo, insinuado por Marcos, Mc 6,13, mas recomendado aos fiéis e promulgado por Tiago, para o alívio do doente e a remissão de seus pecados. | 20. "Cobrir" no sentido de perdoar, 1Pd 4,8. A expressão vem de Pr 10,12.

PRIMEIRA CARTA DE PEDRO

Segundo a tradição, Pedro morreu mártir em Roma, durante a perseguição do Imperador Nero, no ano 67. Nos últimos anos de sua vida, foi bispo daquela cidade, e é de lá que ele escreve esta carta a cinco Igrejas da Ásia Menor. Designa Roma pelo cognome de "Babilônia" (5,13), porque é ela que em seu tempo oprime o Povo de Deus e persegue seus eleitos. O Apocalipse também usará o mesmo nome simbólico para a capital dos Césares (18,2.10.21).

Ao escrever esta carta, Pedro está acompanhado do evangelista Marcos (5,13) e de Silvano, ou Silas (At 15,40), o secretário que redigiu a carta (5,12). Há quem considere toda a primeira carta de Pedro uma catequese batismal ou uma homilia pascal. Certo é que temos aí o essencial da doutrina sobre o Batismo e sobre a vida que todo batizado deve levar. A carta é também um dos melhores textos para compreendermos o mistério da Igreja, comunidade que realiza o desígnio de Deus no meio do mundo.

Pedro procura animar os fiéis, ameaçados pela perseguição (5,12-19), para que se mantenham firmes e perseverantes, sem ceder à tentação da apostasia (5,8-9), contemplando o exemplo de Cristo, que também sofreu para resgatar o mundo do pecado (1,18s; 2,21-24; 3,18; 4,1). Recorda-lhes o compromisso assumido no Batismo (3,21), que é apresentado como uma regeneração (1,3.23); portanto, o cristão possui uma vida nova e deve viver segundo esta vida nova, praticando a caridade (3,8s; 4,8), a paciência no sofrimento (3,13-17) e a humildade (5,6).

I. A VIDA NO AMOR (1,1–2,12)

1 **Saudação e ação de graças.** 1Pe-
dro, Apóstolo de Jesus Cristo,* aos
estrangeiros da dispersão: do Ponto,
da Galácia, da Capadócia, da Ásia e da
Bitínia, escolhidos 2segundo a presci-
ência de Deus Pai, mediante a santifi-
cação do Espírito, para obedecerem a
Jesus Cristo† e serem aspergidos com
seu sangue†. A vós, graça e paz em
abundância!
A esperança do cristão. 3Bendito seja
o Deus e Pai de nosso Senhor* Jesus
Cristo! Em sua grande misericórdia, ele
nos regenerou por meio da ressurreição
de Jesus dentre os mortos,* para uma
viva esperança, 4para uma herança que
não perde valor, imaculada e imperecí-
vel, reservada nos céus para vós. 5Pelo
poder de Deus sois guardados por meio
da fé,* para vossa salvação, que está
para se revelar no último momento.
6Por isso estais cheios de alegria,*
embora seja preciso, por algum tempo
ainda, enfrentar várias provações, 7a
fim de que o valor de vossa fé – mui-
to mais preciosa que o ouro perecível,
que se comprova pelo fogo – redun-
de em vosso louvor, glória e honra,
quando Jesus Cristo se revelar. 8Vós o
amais, sem o terdes visto;* apesar de
não o terdes visto ainda, credes nele e
exultais com alegria inefável e gloriosa,
9enquanto alcançais a meta de vossa
fé, vossa salvação pessoal.
A salvação em Cristo. 10Sobre esta sal-
vação investigaram e pesquisaram os
profetas,* que profetizaram sobre a gra-
ça a vós destinada, 11procurando des-
cobrir que tempo e que circunstâncias
tinha em vista o Espírito de Cristo, que
estava neles†, quando predizia os sofri-
mentos reservados a Cristo e as posterio-
res glórias. 12A eles foi revelado que não
era para si,* mas para vós, que eles eram
ministros da mensagem, que agora vos

---

* **1**,1. 2Pd 1,1; Tg 1,1; Rm 8,29; 2Ts 2,13; Hb 12,24; Êx 24,8 | 3. 2Cor 1,3 / Cl 1,12 | 5. Jo 10,28; 1Cor 2,5; Rm 5,2 | 6. 2Cor 4,17; Hb 12,11; Ml 3,3; Sb 3,6 | 8. Jo 20,29; 2Cor 5,7; Rm 6,22 | 10. Mt 11,13; 13,17; Lc 10,24; Sl 22; Is 53; Lc 24,26 | 12. Lc 12,35

† **1**,2. Também Paulo apresenta a fé como uma obediência, Rm 1,5; 15,18, uma obediência a Cristo, ao Evangelho. / Ao Pai é atribuída a eleição, ao Filho a redenção, ao Espírito Santo a santificação. | 11. O que o AT atribuía ao Espírito de Javé, Pedro atribui ao Espírito de Cristo.

foi anunciada pelos que vos pregam o Evangelho, no Espírito Santo enviado do céu, e que os anjos desejam contemplar.

Obediência filial e temor. [13]Portanto, depois de ter preparado vossa mente para agir, sede vigilantes e esperai plenamente na graça que vos será dada pela revelação de Jesus Cristo. [14]Como filhos obedientes, não sigais os maus desejos de outrora,* quando estáveis na ignorância, [15]mas, assim como é santo aquele que vos chamou, tornai-vos santos vós também em toda a vossa conduta, [16]porque está escrito: "Sede santos, porque eu sou santo".

[17]E, se rezando, chamais de Pai* aquele que julga com imparcialidade a cada um conforme suas obras, procurai viver com temor enquanto estais aqui de passagem†, [18]sabendo que fostes resgatados da vida fútil que herdastes de vossos antepassados, não a preço de coisas perecíveis como a prata ou o ouro, [19]mas pelo sangue precioso de Cristo, o Cordeiro sem defeito e sem mancha†, [20]predestinado antes da criação do mundo e manifestado nos últimos tempos para vós. [21]Por meio dele, vós credes em Deus que o ressuscitou dos mortos e o glorificou. Assim, vossa fé e vossa esperança estão fixas em Deus.

Viver como filhos de Deus. [22]Depois de vos haver santificado* pela obediência à verdade, para vos amardes sinceramente como irmãos, amai-vos mutuamente com ardor; [23]regenerados como sois, não de semente corruptível,* mas duma incorruptível: a palavra do Deus vivo que é eterna. [24]Pois "toda criatura é como a erva e toda a sua glória, como a flor da erva; seca a erva e sua flor cai; [25]mas a Palavra do Senhor permanece para sempre".

É esta a Palavra que vos foi anunciada como Boa Nova.

2

[1]Rejeitai, pois, toda malícia* e toda fraude e hipocrisia, invejas e toda espécie de maledicência. [2]Como crianças recém-nascidas, desejai o puro leite espiritual†, a fim de crescer por meio dele para a salvação, [3]se é que experimentastes como é bom o Senhor.*

O novo Povo de Deus†. [4]Aproximai-vos de Jesus, pedra viva* que foi rejeitada pelos homens, mas escolhida e preciosa aos olhos de Deus. [5]Vós também sois utilizados como pedras vivas† para a construção de um edifício espiritual, para um sacerdócio santo, a fim de oferecer sacrifícios espirituais agradáveis a Deus por meio de Jesus Cristo. [6]Por isso está na Escritura: "Eu ponho em Sião uma pedra angular, escolhida, preciosa;* quem nela crer não será confundido". [7]Portanto, a honra cabe a vós que credes. Mas para os incrédulos, "essa pedra que os construtores rejeitaram tornou-se a pedra angular, [8]pedra que faz tropeçar, rochedo que faz cair".* Por não crerem na Palavra, tropeçam; realmente, esse é o destino deles†.

[9]Mas vós sois raça escolhida, sacerdócio régio, nação santa, povo conquistado por Deus para proclamar as maravilhas daquele que vos chamou das trevas para

---

* **1**,14. Rm 12,2; Ef 2,3; Lv 19,2 | 17. Sl 89,27; Jr 3,19; Mt 6,9; At 10,34; Rm 2,11; 1Cor 6,20; 7,23; Is 53,7; Hb 9,14; Ap 5,9s; Ef 1,20; Rm 4,24 | 22. Jo 13,34; Ef 1,4 | 23. Jo 1,13; 3,3; Dn 6,26; Is 40,6ss | **2**,1. Ef 4,25; Tg 1,21; 1Cor 3,2; Hb 5,12s | 3. Sl 34,9 | 4. Sl 118,22; Mt 21,42; At 4,11; Ef 2,21s; Êx 19,6; Is 61,6; Rm 12,1 | 6. Is 28,16; Sl 118,22; Mt 21,42 | 8. Is 8,14; 38,6s; 43,20s; Êx 19,5s; Ap 1,6; 5,10; 20,6; Os 2,23

† **1**,17. Lit. "no tempo de vossa peregrinação". Nós, cristãos, somos peregrinos, romeiros a caminho do céu. A pátria e a herança dos filhos de Deus estão no céu. | 19. Assim deviam ser os cordeiros oferecidos nos sacrifícios do AT, Lv 1,3.10. | **2**,2. "Conserva-te na simplicidade, na inocência, e serás como as criancinhas que ignoram o mal destruidor da vida dos homens" (Pastor de Hermas, séc. II). O leite espiritual é a palavra de Deus. | 4. Todo este trecho está cheio de alusões ao episódio do Sinai, Êx 19: a pedra lembra a montanha, e os sacrifícios aludem aos ritos de conclusão da aliança sinaítica. | 5. "Pedras vivas" são as que formam um edifício; elas estão mortas enquanto não são empregadas numa obra e revivem na construção, Ne 3,34. Assim, o cristão que não participa de sua comunidade é um cristão sem vida. Na comunhão e participação ele encontra a vida. | 8. Tropeçar é a consequência das disposições hostis dos incrédulos diante da mensagem. | 9. "O povo de Deus realiza sua dignidade régia imitando o Cristo, Rei e Senhor, que se fez servidor de todos e veio para servir (Mt 20,28). Para o cristão, reinar é servir, sobretudo aos pobres e sofredores, nos quais a Igreja reconhece a imagem de seu Fundador, pobre e sofredor" (Vat. II).

sua luz admirável†. 10Antes não éreis um
povo, mas agora sois o povo de Deus;
estáveis excluídos da misericórdia, mas
agora obtivestes misericórdia.
O cristão no meio dos pagãos. 11Caríssi-
mos, eu vos exorto, como a estrangeiros
e peregrinos,* a vos absterdes dos dese-
jos carnais que combatem contra a alma.
12Tende no meio das nações um bom
comportamento, para que, justamente
naquilo em que vos caluniam como a
malfeitores, vendo vossas boas obras glo-
rifiquem a Deus no dia de sua visita.

II. DEVERES DOS CRISTÃOS (2,13–5,14)

Respeito às autoridades. 13Sede
submissos, por causa do Senhor,* a toda
instituição humana: ao rei, como a um
soberano; 14aos governantes, como a
enviados dele para punir os que fazem
o mal e para o louvor dos bons. 15Pois a
vontade de Deus é que, fazendo o bem,
façais calar os insensatos ignorantes.
16Vivei como pessoas livres,* não como
gente que faz da liberdade um véu para
encobrir sua malícia, mas como servos
de Deus. 17Honrai a todos, amai vossos
irmãos, temei a Deus, honrai o rei.*
A obediência aos patrões. 18Criados,
sede submissos* a vossos patrões, com
profundo respeito, não só aos bons e
indulgentes, mas também aos severos.
19Pois é um dom suportar, por amor a
Deus, as penas, sofrendo injustamente.
20De fato, que merecimento teríeis, su-
portando o castigo depois de ter pe-
cado? Mas, se fazeis o bem e sabeis
sofrer com paciência, isto é agradável
aos olhos de Deus.
O exemplo de Cristo. 21Com efeito, é
para isto que fostes chamados, pois*
também Cristo padeceu por vós,
deixando-vos o exemplo,
para que sigais seus passos.
22Ele jamais cometeu pecado*
e em sua boca não se achou engano.
23Insultado, não devolvia o insulto.
Quando era atormentado, não fazia ameaças,
mas confiava sua causa àquele que julga com justiça.
24Sobre a cruz, ele carregou nossos pecados em seu corpo,*
a fim de morrermos para o pecado
e vivermos para a justiça.
Suas feridas nos curaram.
25Andáveis desgarrados como ovelhas†,
mas agora retornastes ao Pastor e guarda de vossas almas.

3 **A santidade no casamento.** 1Da
mesma forma, vós, mulheres,*
sede submissas a vossos maridos, a
fim de que, mesmo se alguns recusam
crer na Palavra, sejam, mesmo sem a
Palavra, conquistados pelo comporta-
mento da esposa, 2considerando vossa
conduta casta e respeitosa. 3Que vos-
so ornamento* não seja aquele exte-
rior – cabelos trançados, joias de ouro
ou roupas elegantes –, 4mas adornai
o interior de vosso coração com uma
alma incorruptível, cheia de mansi-
dão e de paz: eis o que é precioso aos
olhos de Deus. 5Assim é que antiga-
mente* se ornavam as santas mulheres
que esperavam em Deus; submissas a
seus maridos 6como Sara que obede-
cia a Abraão, chamando-o de senhor.
Dela vos tornais filhas se fazeis o bem,
sem vos deixar perturbar por nenhum
medo.
7Igualmente, vós, maridos,* sede
compreensivos em vossa vida conjugal
ao lado de um ser mais frágil, que é a
mulher; dai-lhe a honra que lhe cabe
como coerdeira da graça da Vida. As-
sim, vossas orações não ficarão sem
resposta.

---

* **2**,11. Sl 39,13; Gl 5,17.24; Ef 2,19; Mt 5,16 | 13. Rm 13,1-7; Tt 3,1 | 16. Gl 5,13 | 17. Pr 24,21; Rm 12,10 | 18. Ef 6,5; Tt 2,9 | 21. Jo 13,15; Mt 16,24 | 22. Is 53,9; 2Cor 5,21 | 24. Is 53,4ss.12; Jo 1,29; Ez 34,5; Mt 9,36
3,1. Ef 5,22; Cl 3,18; Tt 2,5 | 3. Is 3,18-24; 1Tm 2,9-12 | 5. Gn 18,12 | 7. Ef 5,22; Cl 3,19

† **2**,25. Pedro medita sobre o exemplo de Cristo sofredor, inspirando-se nos Cânticos do Servo de Javé, sobretudo Is 53,5-12; não prega uma simples resignação passiva, mas sim uma atitude de amor que rejeita a vingança.

Viver no amor fraterno. [8]Enfim, sede
todos concordes,* solidários no sofri-
mento, animados de afeto fraterno, mi-
sericordiosos, humildes. [9]Não pagueis
mal com mal, nem injúria com injúria;
ao contrário, abençoai, pois a isto fos-
tes chamados, a fim de receberdes a
bênção como herança. [10]Com efeito,
"quem quer amar a vida e viver dias
felizes
deve guardar sua língua do mal
e seus lábios de palavras mentirosas,
[11]afastar-se do mal e fazer o bem,
buscar a paz e segui-la.
[12]Pois o Senhor olha para os justos
e seus ouvidos estão atentos a sua
súplica,
mas o Senhor volta seu rosto contra
os que fazem o mal".
Confiança diante da perseguição. [13]E
quem poderá fazer-vos mal,* se fordes
zelosos para o bem? [14]Mas se sofreis
pela justiça, bem-aventurados sois!
Não tenhais medo deles, portanto, nem
vos perturbeis. [15]Mas adorai o Cristo
Senhor em vossos corações, prontos
sempre para responder a quem vos
perguntar a razão da esperança que
vos anima. [16]Fazei-o, porém, com man-
sidão e respeito, em boa consciência.
Assim, os que caluniam vosso bom
procedimento em Cristo acabarão sen-
do confundidos pelo próprio mal que
falam†. [17]Pois é melhor sofrer fazendo
o bem – se for vontade de Deus – do
que sofrer por praticar o mal.
A Redenção por Cristo e o Batismo.
[18]Porque também Cristo morreu* uma
vez por nossos pecados, o Justo pelos
injustos, para nos reconduzir a Deus.
Morto na carne, foi vivificado no Espíri-
to. [19]E no Espírito ele foi anunciar a sal-
vação também aos espíritos que aguar-
davam na prisão†, [20]àqueles que outrora
foram incrédulos, enquanto a paciência
de Deus* ia aguardando, no tempo de
Noé, quando ele construía a arca, na qual
poucas pessoas – oito ao todo – se salva-
ram através da água. [21]Isto era figura do
Batismo†, que agora vos salva. Este não é
uma purificação do que está sujo no cor-
po, mas é o compromisso que uma boa
consciência assume com Deus pela res-
surreição de Jesus Cristo, [22]o qual, ten-
do subido ao céu, está à direita de Deus,
onde reina acima dos anjos, autoridades
e poderes.*

4 **Romper com o pecado.** [1]Portanto,
já que Cristo sofreu na carne,* vós
também deveis munir-vos deste mesmo
pensamento, a saber: quem sofreu na car-
ne rompeu com o pecado†, [2]para que no
resto de seus dias não viva mais na carne,
segundo as paixões humanas, mas se-
gundo a vontade de Deus. [3]Com efeito,
já é bastante* ter cumprido no passado
a vontade dos pagãos, levando uma vida
desregrada, vida de paixões, de embria-
guez, de excessos na comida e na bebi-
da, de infame idolatria. [4]Quanto a isso,
eles estranham que não vos junteis a eles
nessa torrente de perdição e desabafam
em insultos. [5]Disso terão de dar contas
àquele* que está prestes a julgar vivos e
mortos. [6]Ora, foi por isso que mesmo aos
mortos foi anunciada a Boa Nova, a fim
de que, julgados segundo os homens na
carne, vivam segundo Deus no Espírito.
O cristão sabe servir. [7]O fim de todas
as coisas está perto†. Sede, pois, pru-
dentes e sóbrios em vista da oração.
[8]Antes de tudo, conservai entre vós*
um grande amor, pois o amor cobre

* **3**,8. Rm 12,14-18; Mt 5,44; Lc 6,28; Sl 33,13-17 | 13. Mt 5,10; 10,26-31; Is 8,12s; Pr 27,11 | 18. Rm 6,10; Ef 2,18; Hb 9,28; 10,10 | 20. Gn 7,7.17; 2Pd 3,9 | 22. Ef 1,20s; At 1,10 | **4**,1. Rm 6,2.7 | 3. Ef 2,2s; Tt 3,3 | 5. At 10,42; Rm 14,9s; 2Tm 4,1; Cl 1,23 | 8. 1Cor 10,11.31; 13,7; 1Jo 2,18; Pr 10,12; Tg 5,20; Rm 12,6s

† **3**,16. São Justino, no séc. II, afirmava que muitos pagãos se convertiam, vendo o heroísmo dos cristãos no martírio e a honestidade deles nos negócios. | 19. O triunfo de Cristo manifesta-se aos espíritos e anjos decaídos, que instigaram os homens ao pecado no tempo do dilúvio e continuam a tentar a humanidade. A manifestação da glória de Cristo exprime sua vitória sobre todo mal. | 21. O dilúvio, Gn 6,5–7,24, é interpretado como salvação dos justos e submersão do pecado, e é considerado como figura do Batismo; este era feito antigamente na forma de imersão. | **4**,1. Trata-se do cristão que, aceitando corajosamente o sofrimento, mostra que pertence a Cristo e que rompeu com o pecado. | 7. Com a ressurreição de Cristo, a história humana entrou em sua última fase.

uma multidão de pecados†. [9]Praticai a hospitalidade uns para com os outros sem reclamar. [10]Cada um, conforme a graça que recebeu, ponha-se a serviço dos outros, como bom administrador da multiforme graça de Deus. [11]Se alguém fala, fale como se fossem palavras de Deus; se alguém presta um serviço, seja como por um mandato recebido de Deus, a fim de que em tudo Deus seja glorificado por Jesus Cristo, a quem pertencem a glória e o poder pelos séculos dos séculos. Amém.

Sofrer como cristão. [12]Caríssimos, não estranheis* o incêndio que lavra no meio de vós para vos provar, como se fosse algo incomum. [13]Mas alegrai-vos à medida que participais dos sofrimentos de Cristo, a fim de que também na revelação de sua glória possais ter uma alegria transbordante. [14]Felizes de vós, se sofreis injúrias pelo nome de Cristo. Porque o Espírito de glória, o Espírito de Deus, repousa sobre vós. [15]Mas que ninguém dentre vós tenha de sofrer como assassino, ou ladrão, malfeitor ou delator. [16]Mas, se sofrer como cristão, não se envergonhe; antes, glorifique a Deus por esse nome. [17]Pois chegou a hora* de começar o juízo pela casa de Deus†. Ora, se ele começa por nós, qual será o fim daqueles que não querem crer na Boa Nova de Deus? [18]"Se a custo se salva o justo,* que será do ímpio, do pecador?"

[19]Por isso, também aqueles que sofrem segundo a vontade divina confiem suas vidas ao Criador fiel, fazendo o bem.

5 **Deveres dos presbíteros**†. [1]Aos anciãos, que há entre vós, exorto eu, ancião como eles,* testemunha dos sofrimentos de Cristo e participante da glória que vai ser revelada. [2]Apascentai o rebanho de Deus que vos é confiado, cuidando dele, não contra a vontade, mas de bom grado, como Deus quer; não por vergonhoso amor ao dinheiro, mas com dedicação; [3]não como dominadores* daqueles que vos couberam por sorte, mas tornando-vos modelos para o rebanho. [4]E quando aparecer o Pastor supremo, recebereis a coroa imperecível da glória.

Humildade e firmeza na fé. [5]Igualmente, vós, jovens, sede submissos* aos anciãos. Revesti-vos todos de humildade em vossas relações mútuas, pois Deus resiste aos soberbos, mas dá sua graça aos humildes.

[6]Humilhai-vos, pois, sob a poderosa mão de Deus, para que ele vos exalte no momento certo; [7]lançai sobre ele toda a vossa inquietação, pois ele cuida de vós. [8]Sede sóbrios, ficai vigilantes. Vosso adversário, o diabo, fica rodeando como um leão a rugir, procurando a quem devorar. [9]Resisti-lhe, fortes na fé, sabendo que a comunidade dos irmãos, espalhada pelo mundo, está enfrentando esse mesmo tipo de sofrimento. [10]Depois de terdes sofrido um pouco, o Deus de toda graça, que vos chamou a sua glória eterna, em Cristo, ele próprio vos tornará perfeitos, firmes, fortes e inabaláveis. [11]A Ele o poder pelos séculos dos séculos! Amém.

Saudação final. [12]Eu vos escrevi essas poucas palavras por meio de Silvano, que considero como irmão fiel, para vos exortar e atestar que esta é a verdadeira graça de Deus, na qual deveis ficar firmes.

[13]Saúda-vos a Igreja que está em Babilônia†, eleita como vós, e também Marcos, meu filho.

[14]Saudai-vos mutuamente com um beijo de amor. Paz a todos vós que estais em Cristo!

---

* **4**,12. 1Pd 1,6s; At 5,41; Rm 8,17; 2Tm 2,12; Is 11,2 | 17. Jr 25,29; Ez 9,6 | 18. Pr 11,31; Sl 31,6 | **5**,1. 2Jo 1; Rm 8,17; Jo 21,15ss; At 20,28 | 3. 2Cor 1,24; Fl 3,17; Hb 13,20; 1Cor 9,25; 2Tm 4,8 | 5. Pr 3,34; Jó 22,29; Tg 4,7s.10; Sl 55,23; Mt 6,25; 1Ts 5,6; Ef 6,11ss; Hb 6,11s; 1Ts 2,12

† **4**,8. "Cobre", i. é, alcança o perdão. Em Pr 10,12, donde vem esse texto, os pecados "cobertos" são os da pessoa amada; aqui, os da pessoa que ama. | 17. Pedro refere-se às provações que assaltam a Igreja, para purificá-la em vista da vinda de Jesus. | **5**. Presbíteros ou anciãos são os chefes da comunidade cristã, que geralmente eram de fato pessoas mais idosas, 1Tm 5,17s; Tt 1,5.7s; Tg 5,14. | 3. Babilônia, que para os profetas era símbolo de uma cidade pagã, é Roma, Ap 14,8.

SEGUNDA CARTA DE PEDRO

Embora se apresente como sendo obra do apóstolo Pedro (1,1.16-18), esta carta certamente não foi escrita por ele, pelas seguintes razões: 1) sua linguagem é bem diferente da linguagem da primeira; 2) todo o trecho de 2,1–3,3 apresenta inegáveis semelhanças com a carta de Judas; 3) o autor da carta parece colocar-se fora do Colégio Apostólico (2Pd 3,2); 4) a coleção das cartas de Paulo já está formada (2Pd 3,15a). Tudo isso supõe uma época bem posterior à morte de Pedro; certos autores chegam a propor como data de composição desta carta o ano de 100, afirmando que ela é o último escrito do Novo Testamento.

O autor é, pois, um anônimo, que recorreu a um gênero literário muito conhecido entre os judeus, chamado "Testamento dos Antigos", que consiste em exprimir suas advertências e exortações como se fossem as últimas palavras de um importante personagem, prestes a partir desta vida. Em nosso caso, o verdadeiro autor imaginou São Pedro sentindo-se próximo do fim (1,14), fazendo seus derradeiros apelos às comunidades cristãs.

O objetivo da carta é alertar contra a doutrina dos gnósticos, os quais, pretendendo possuir um conhecimento superior e uma liberdade total, levavam vida desregrada, desprezando as leis morais (2,1–3,3), tomando como pretexto a demora da vinda do Senhor (3,8-10).

Na primeira parte (cap. 1), o autor define a vida cristã como participação na natureza divina (1,3-11) e mostra que o cristão é chamado à santidade, que se baseia na fidelidade à palavra dos apóstolos e dos profetas (1,12-21). A segunda parte (cap. 2) é um ataque violento aos falsos mestres que ensinam erros doutrinários (2,10-11) e vivem no pecado (2,12-19). Para eles está reservado um castigo severo (2,3-6). Finalmente, o autor fala, na terceira parte (cap. 3), sobre a vinda do Senhor, cuja demora (3,4) é motivada pela paciência de Deus, que espera a conversão do pecador (3,9). Mas o dia virá e deve encontrar-nos preparados (3,10-12); enquanto aguardamos os novos céus e a nova terra (3,13), vivamos na vigilância (3,14-18).

I. PRATICAR AS VIRTUDES CRISTÃS (1)

1 **Saudação.** 1Simão Pedro, servo e
apóstolo* de Jesus Cristo, aos que
receberam por sorte uma fé tão preciosa† quanto a nossa, pela justiça de nosso
Deus e Salvador Jesus Cristo: 2a vós, graça e paz em abundância, pelo conhecimento de Deus e de Jesus, nosso Senhor!
Apelo à santidade. 3Seu poder divino
deu-nos tudo o que se refere à vida e à piedade, fazendo-nos conhecer aquele* que nos chamou por sua própria
glória e poder. 4Por eles, as promessas preciosas e mais importantes nos foram dadas, a fim de que assim vos torneis participantes da natureza divina†, já estando livres da corrupção que a concupiscência promove no mundo.
5Por isso mesmo, esforçai-vos* por
juntar a vossa fé a virtude, à virtude
o conhecimento, 6ao conhecimento a
temperança, à temperança a constância, à constância a piedade, 7à piedade
o amor fraterno, ao amor fraterno a
caridade. 8Porque possuís essas coisas em abundância, elas não vos deixarão sem atividade, ou sem fruto pelo conhecimento de nosso Senhor Jesus
Cristo. 9Mas quem não as possui é
cego e míope e se esquece de que foi purificado de seus antigos pecados†.
10Portanto, irmãos, procurai consolidar
sempre mais vossa vocação e vossa eleição; agindo assim, jamais correis
o perigo de cair. 11Pois assim vos será
generosamente concedida a entrada no reino eterno de nosso Senhor e Salvador Jesus Cristo.

---

* **1**,1. 1Pd 1,1; Jd 2 | 3. 1Pd 2,9; 2Cor 7,1 | 5. Gl 5,6.22s

† **1**,1. A fé é preciosa porque é dom de Deus; para conservá-la, é preciso fugir das falsas doutrinas. | 4. A vida nova do cristão em Cristo é uma comunicação que Deus faz de sua própria vida. | 9. Alguns pretendiam ter um conhecimento de Deus sem praticar boas obras e desrespeitando a lei divina.

Fidelidade ao testemunho apostólico. 12Por isso é que vos recordarei* sempre essas coisas, embora já estejais instruídos e confirmados na presente verdade. 13Acho justo, enquanto estou nesta tenda†, manter-vos alerta* com meus apelos, 14sabendo que em breve deverei deixar minha tenda, como nosso Senhor Jesus Cristo me revelou. 15Mas eu me esforçarei para que, mesmo após minha partida, possais reavivar a memória destas coisas.

16Com efeito, não foi influenciados por fábulas sofisticadas que vos anunciamos o poder e a vinda de nosso Senhor Jesus Cristo, mas porque fomos testemunhas oculares de sua majestade. 17Pois ele recebeu de Deus Pai* honra e glória, quando da glória magnífica lhe veio esta palavra: "Este é meu Filho amado, ao qual dedico meu afeto". 18Esta voz, nós a ouvimos descer do céu, quando estávamos com ele na montanha sagrada†.

A palavra profética. 19E assim temos por mais firme a palavra profética, à qual fazeis bem em dar atenção como a uma lâmpada que brilha em lugar escuro, até que surja o dia e brilhe a estrela d'alva em vossos corações. 20Antes de tudo, ficai sabendo que nenhuma profecia da Escritura† admite interpretação pessoal; 21pois uma profecia não é pronunciada* por vontade humana, mas foi pelo impulso do Espírito Santo que alguns falaram da parte de Deus†.

II. CONSERVAR A SÃ DOUTRINA (2)

2 **Contra os falsos mestres.** 1Houve também falsos profetas no meio do povo, como também haverá entre vós falsos mestres, que vão introduzir seitas perniciosas, chegando até a renegar o Mestre que os resgatou, e atrairão sobre si mesmos imediata perdição. 2Muitos seguirão suas desordens†, e o caminho da verdade será blasfemado por causa deles. 3Por ganância vos explorarão* com palavras enganadoras; porém, o julgamento deles já há muito tempo está em ação, e sua ruína não dorme.

As lições da história. 4Pois se Deus não poupou os anjos* que tinham pecado, mas os lançou no inferno e os entregou aos abismos das trevas, onde estão reservados para o julgamento; 5se ele não poupou o mundo antigo,* preservando embora oito pessoas, entre as quais Noé, arauto da justiça, enquanto mandava o dilúvio sobre um mundo de ímpios; 6se, a título de exemplo para os ímpios do futuro, ele reduziu a cinzas e condenou à destruição as cidades de Sodoma e Gomorra; 7enquanto libertou Ló,* o justo, que ficava amargurado com o comportamento desregrado daqueles criminosos – 8pois este justo que morava no meio deles sentia todo dia atormentada sua alma de justo por causa das obras iníquas que via e ouvia –, 9é que o Senhor sabe livrar* da provação os piedosos e reservar os ímpios para castigá-los no dia do juízo, 10sobretudo aqueles que, levados por paixões impuras, seguem a carne e desprezam o Senhor.

Os costumes perversos dos hereges. Audaciosos, arrogantes, não têm medo de blasfemar os seres gloriosos, 11enquanto os anjos,* embora superiores em força e em poder, não pronunciam contra eles diante do Senhor uma sentença injuriosa. 12Mas eles são como animais irracionais, destinados pela natureza a serem presos e destruídos;

---

* **1**,12. Jd 5 | 13. 2Cor 5,1; Jo 21,18s | 17. Mt 17,1-5; Mc 9,2-8; Lc 9,28-36 | 21. Dn 13,2-6; Mt 24,11; Jd 4
2,3. Is 52,3; Rm 16,18; 1Ts 2,6 | 4. Jd 6 | 5. 3,6; Gn 8,18 | 7. Gn 19,1-6.25; Jd 7 | 9. 1Cor 10,13; Jd 6ss; Ap 3,10 | 11. Jd 9-12

† **1**,13. A tenda é o corpo. | 18. O autor lembra a transfiguração, Mt 17,1-13p, porque este momento da vida de Jesus, sobretudo, atesta sua glória e, portanto, também garante seu retorno glorioso, que os hereges negavam. | 20. "Profecia", porque a Escritura comunica a palavra de Deus e anuncia o Cristo. | 21. Afirmação clara da inspiração divina da Bíblia. Ela é um livro da Igreja e só pode ser retamente interpretada dentro da Igreja e de acordo com ela. | **2**,2. Afastar-se da sã doutrina é abrir a porta para as desordens da carne.

blasfemando o que não conhecem, com
a mesma destruição eles próprios serão
destruídos, [13]sofrendo o castigo como
salário da injustiça. Consideram felicida-
de o prazer de um dia; homens impuros
e pervertidos, têm prazer em enganar-
-vos, quando se banqueteiam convosco.
[14]Têm os olhos cheios de adultério e de
incessante pecado, seduzem as pesso-
as vacilantes; seu coração está treinado
para a ganância, esses malditos! [15]De-
pois de terem abandonado o caminho
certo,* desviaram-se, seguindo o ca-
minho de Balaão, filho de Bosor†, que
se deixou tentar por um salário de ini-
quidade, [16]mas foi repreendido por sua
maldade. Um animal mudo, com voz
humana, conteve a loucura do profeta.

[17]Eles são como fontes sem água e
nuvens carregadas por um vendaval;
a obscuridade das trevas lhes está re-
servada. [18]Com palavras arrogantes,*
mas vazias, seduzem, pelos desejos
obscenos da carne, os que pouco antes
haviam fugido dos que vivem no erro.
[19]Prometem-lhes a liberdade,* mas
eles próprios são escravos da corrup-
ção, pois o homem é escravo daquilo
que o domina.

[20]Com efeito, se depois de terem fu-
gido* das imundícies do mundo pelo
conhecimento do Senhor e Salvador
Jesus Cristo, eles se entregam de novo
e são dominados por elas, sua situação
posterior se torna pior que a primeira.
[21]Pois teria sido melhor para eles* não
ter conhecido o caminho da justiça, do
que, depois de conhecê-lo, abandonar o
santo mandamento que lhes fora trans-
mitido. [22]Com eles aconteceu o que diz
o provérbio verdadeiro: *O cão voltou a
seu vômito*; e: "Depois de lavada, a porca
tornou a revolver-se na lama"†.

III. A SEGUNDA VINDA DE CRISTO (3)

3 **O dia do Senhor.** [1]Caríssimos,
esta já é a segunda carta* que
vos escrevo; em ambas faço um apelo
a vossa memória, para despertar vossa
inteligência sadia, [2]para que vos lem-
breis das coisas preditas pelos santos
profetas e do mandamento do Senhor
e Salvador, que vos foi transmitido pe-
los apóstolos. [3]Antes de tudo,* deveis
saber que nos últimos dias virão zom-
badores com seus escárnios, vivendo
segundo suas paixões, [4]e dirão: "Onde
está a promessa* de sua vinda? Desde
que nossos pais morreram, tudo per-
manece como no início da criação!"
[5]Pois eles fingem não saber que os
céus existiam* já há muito tempo e
que a terra, saída da água e no meio da
água, recebeu sua forma graças à pala-
vra de Deus, [6]e que, por essas mesmas
causas, o mundo de então pereceu,*
inundado pela água. [7]Mas os céus e a
terra de agora estão reservados pela
mesma palavra e postos de lado para
o fogo†, em vista do julgamento e da
ruína dos ímpios.

[8]Mas há uma coisa, caríssimos,* que
vós não deveis esquecer: é que, para o
Senhor, um dia é como mil anos, e mil
anos como um só dia. [9]O Senhor não
tarda a cumprir sua promessa, como
pensam alguns, mas usa de paciência
convosco, pois ele não quer que nin-
guém pereça, mas que todos venham
a converter-se†. [10]O dia do Senhor che-
gará como um ladrão.* Naquele dia,
os céus irão desaparecer com grande
fragor, os elementos se dissolverão de-
vorados pelas chamas, e a terra, com
tudo o que nela existe, será destruída.

* **2**,15. Nm 22,7.28; Jd 11; Ap 2,14 | 18. Jd 13.16 | 19. Jo 8,34 | 20. Mt 12,45 | 21. Lc 12,47s; Jd 3; Pr 26,11 **3**,1. Jd 17 | 3. 1Tm 4,1; Jd 18 | 4. Is 5,19; Ez 12,22 | 5. Gn 1,6-9; Sl 24,2 | 6. 2,5; Gn 7,21 | 8. Sl 90,4; Hab 2,3; 1Tm 2,4; 2Tm 5,2.4 | 10. Mt 24,29.35; Ap 3,3; 16,15; 20,21; 1Ts 5,2.4

† **2**,15. O mesmo que Beor, Nm 22,5. As tradições judaicas consideravam Balaão como o tipo do falso doutor, venal e corrupto, Ap 2,14, mas, conforme o livro dos Números, ele não recebeu o "salário da iniquidade": recusou qualquer remuneração, Nm 22,18. | 22. Provérbios que designam o retorno à imundície que tinha sido deixada. | **3**,7. A ideia do fim do mundo por meio do fogo era corrente entre os gregos, os romanos e os judeus, donde passou aos cristãos. | 9. O autor explica por que o fim ainda não chegou: Deus tem um modo diferente do nosso de contar o tempo, e sua misericórdia está dando tempo ao pecador para a conversão.

PRIMEIRA CARTA DE JOÃO

São atribuídas a João, além do quarto evangelho, três cartas, que não trazem seu nome, mas são tão parecidas entre si pelo assunto tratado e pela linguagem, que só podem ser do mesmo autor. São maiores as semelhanças entre o Evangelho de João e a primeira carta.

Esta é dirigida a comunidades que passavam por uma grave crise, provocada por pessoas que estavam colocando em perigo a fé dos irmãos com sua mística de fundo gnóstico, pretendendo conhecer a Deus, ver a Deus, viver em comunhão com Ele (1Jo 2,4; 3,6), viver na luz, embora agissem em flagrante contradição com a doutrina cristã. Também era errado o que pregavam sobre Jesus; não acreditavam que Ele fosse o Messias (2,22), o Filho de Deus (4,15) e não admitiam a Encarnação (4,2). Quanto à vida moral, diziam que não tinham pecado (1,8.10) e não se preocupavam com os mandamentos (2,4), desprezando sobretudo o do amor fraterno (2,9). Essa doutrina, combatida na carta, é provavelmente o docetismo, que negava a realidade do corpo humano de Cristo, rejeitando assim o dogma da Encarnação.

O ensinamento da carta é cristalino. Podemos conhecer a Deus, não como resultado de nossas pesquisas, mas porque Ele nos foi revelado em Jesus Cristo, no qual temos a manifestação palpável de Deus (1Jo 1,1-4). Jesus é o Filho de Deus, mas tem um corpo verdadeiro, realmente sofreu, morreu e ressuscitou. Recusar a Encarnação (4,2) é destruir todo o cristianismo, pois não haveria mais Redenção nem conhecimento de Deus. Deus é Luz e é Amor. É assim que Jesus no-lo revela. O pecado é uma realidade que é preciso reconhecer e confessar (1,8-10), para que Cristo dele nos salve (2,1s). Deus é comunhão. Ele nos amou primeiro (4,19), e Jesus testemunhou esse amor com gestos concretos. Crer nele é entrar nesta corrente de amor. O amor fraterno é essencial à fé. Não há comunhão com Deus sem amor ao próximo (4,20s).

I. CAMINHAR NA LUZ (1–2)

1 **Introdução: o Verbo Encarnado.** 1O que era desde o começo,
o que nós ouvimos,* o que vimos com
nossos olhos, o que contemplamos e
o que nossas mãos tocaram† do Verbo
da vida – 2pois a Vida se manifestou,
nós a vimos, dela damos testemunho
e vos anunciamos esta Vida eterna,
que estava diante do Pai e nos apareceu – 3o que vimos e ouvimos, nós vo-
-lo anunciamos, a fim de que também
vós estejais em comunhão conosco†.
E nossa comunhão é com o Pai e com
seu Filho Jesus Cristo. 4Tudo isto vos
escrevi* para que nossa alegria seja
completa.

Deus é luz. 5Esta é a mensagem que
dele ouvimos* e que vos anunciamos:
Deus é luz† e nele não há trevas. 6Se
dissermos que estamos em comunhão
com ele e caminhamos nas trevas,
mentimos e não praticamos a verdade.
7Mas se caminhamos na luz, como ele
próprio está na luz, estamos em comunhão uns com os outros, e o sangue de
Jesus, seu Filho, nos purifica de todo
pecado. 8Se dissermos que não temos
pecado, enganamo-nos a nós mesmos,
e a verdade não está em nós. 9Se reconhecermos nossos pecados, ele, que é
fiel e justo, perdoará nossos pecados e
nos purificará de toda iniquidade. 10Se
dissermos que não temos pecado, fazemos dele um mentiroso†, e sua palavra não está em nós.

---

* **1**,1. 2,13; Jo 1,1-5.14 | 4. Jo 15,11; 16,24; 2Jo 12 | 5. 2,4; Jo 1,5; 3,21; 1Tm 6,16; Hb 9,14; Ap 1,5; 7,14

† **1**,1. O autor afirma a perfeita humanidade de Cristo, que os hereges de seu tempo não admitiam. | 3. O autor quer estabelecer a comunhão com sua comunidade, de modo que ela alcance a salvação, que é comunhão com o Pai e o Filho. | 5. "Luz" simboliza a verdade, o bem, a justiça, amor. Quem está unido com o Deus-Luz deve caminhar na verdade, no bem, na justiça e no amor. | 10. Porque Deus declara na Bíblia que todos são pecadores, Rm 3,9-20.

[11]Ora, desde que todas estas coisas
vão desintegrar-se, como não deve ser
vossa perfeição na santidade* de vida
e na piedade, [12]enquanto esperais e
apressais a chegada do dia de Deus†,
no qual os céus em fogo se dissolverão
e os elementos abrasados se fundirão!
[13]Mas, de acordo com sua promessa,*
nós esperamos novos céus e nova ter-
ra, onde habita a justiça.

Exortação à vigilância. [14]Por isso, ca-
ríssimos, na espera destes aconteci-
mentos,* procurai ser sem mancha e ir-
repreensíveis, para que ele os encontre
em paz. [15]Considerai como salvação a
longanimidade de nosso Senhor, como
também nosso caríssimo irmão Pau-
lo vos escreveu,* segundo a sabedoria
que lhe foi dada. [16]Isto ele o faz, aliás,
em todas as cartas em que fala deste
assunto. Nelas há pontos obscuros, que
as pessoas sem instrução e sem firmeza
deturpam, como o fazem com as outras
Escrituras, para sua própria perdição†.

[17]Vós, portanto, caríssimos, estando
avisados,* ficai atentos para não ser-
des arrastados pelo erro desses ímpios,
chegando a decair de vossa posição de
firmeza. [18]Mas crescei na graça e no
conhecimento de nosso Senhor Jesus
Cristo. A ele a glória desde agora e até
o dia da eternidade! Amém.

---

* **3**,11. Is 34,4; Jd 5 | 13. Is 65,17; 66,22; Ap 21,1 | 14. Jd 24; Rm 2,4 | 15. 1Tm 1,15s | 17. Mc 15,3.9.33

† **3**,12. O judaísmo acreditava que a devoção e os méritos dos fiéis podiam apressar o fim dos tempos, At 3,20. | 16. As cartas de Paulo já eram recolhidas e veneradas como parte das Escrituras Sagradas, inspiradas por Deus.

2 **Cristo nos mereceu o perdão.** [1]Filhinhos, isto vos escrevo para que eviteis o pecado.* Mas se alguém pecar, temos como advogado perante o Pai, Jesus Cristo, o Justo. [2]Ele é vítima de expiação por nossos pecados, e não só pelos nossos, mas também pelos pecados do mundo inteiro.

Observar o mandamento do amor. [3]Assim sabemos que o conhecemos: se estamos cumprindo seus mandamentos. [4]Aquele que afirma que o conhece, mas não cumpre seus mandamentos, é um mentiroso, e a verdade não está nele. [5]Mas aquele que guarda a palavra de Deus,* nele realmente o amor de Deus é perfeito. Nisto reconhecemos que estamos nele. [6]Quem diz que permanece nele deve comportar-se como ele† se comportou.

[7]Caríssimos, não é um mandamento novo* que vos escrevo; é um mandamento antigo, que recebestes desde o começo; este mandamento antigo é a palavra que ouvistes. [8]No entanto, é um mandamento novo que vos escrevo† – isto é verdade para vós como para ele – pois as trevas estão acabando e a verdadeira luz já está brilhando. [9]Quem diz que está na luz* e odeia seu irmão† ainda está nas trevas. [10]Quem ama seu irmão permanece na luz e nele não há nenhum motivo de queda. [11]Mas quem odeia seu irmão está nas trevas, caminha nas trevas e não sabe aonde vai, porque as trevas cegaram seus olhos.

Preservar-se do mundo. [12]Eu vos escrevo, filhinhos, porque vossos pecados vos foram perdoados em virtude de seu nome. [13]Eu vos escrevo, pais, porque conhecestes aquele que existe desde o começo. Eu vos escrevo, jovens, porque vencestes o Maligno. [14]Eu vos escrevi, filhinhos,* porque conhecestes o Pai. Eu vos escrevi, pais, porque conhecestes aquele que existe desde o princípio. Eu vos escrevi, jovens, porque sois fortes, a palavra de Deus permanece em vós e vencestes o Maligno.

[15]Não ameis o mundo nem as coisas que estão no mundo†. Se alguém ama o mundo,* o amor do Pai não está nele. [16]Pois tudo o que existe no mundo – a concupiscência da carne, a concupiscência dos olhos e a soberba da vida† – não vem do Pai, mas do mundo. [17]Ora, o mundo passa com sua concupiscência;* mas quem faz a vontade de Deus permanece para sempre.

Quem é o Anticristo. [18]Filhinhos, esta é a última hora.* Ouvistes dizer que o Anticristo† deve vir: pois agora surgiram muitos anticristos. Por aí reconhecemos que esta é a última hora. [19]Eles saíram de nosso meio, mas não eram dos nossos. Se fossem dos nossos, teriam ficado conosco. Mas era preciso que fosse demonstrado que nem todos eram dos nossos. [20]Vós, porém, recebestes a unção* que vem do Santo e vós todos possuís a ciência. [21]Eu vos escrevi, não porque ignorais a verdade, mas porque a conheceis e nenhuma mentira provém da verdade.

[22]Quem é o mentiroso, senão aquele* que nega que Jesus é o Cristo? Este é o Anticristo: aquele que nega o Pai e o Filho. [23]Quem nega o Filho também não possui o Pai. Quem professa sua fé no Filho possui também o Pai. [24]Permaneça em vós aquilo que ouvistes desde

* **2**,1. 4,10; Rm 3,25; 8,34; Hb 7,25; 9,24 | 5. 1,6; 5,3; Jo 13,15; 14,21.23; 1Pd 2,21 | 7. 2,24; 3,1; 2Jo 5s; Jo 13,34; Rm 13,12 | 9. 2,11; 3,10-15; 4,20; Jo 12,35 | 14. 1,1; Jo 1,1 | 15. Tg 4,4; Rm 8,7 | 17. 1Cor 7,31 | 18. 2Jo 7; Mt 24,5.24 | 20. 2,27 | 22. 4,3.15; 5,1; 2Jo 7.9; Jo 5,23; 15,23

† **2**,6. Jesus Cristo, aqui e em 3,3.16. | 8. O mandamento do amor ao próximo é antigo, pois constava no AT, Lv 19,18, mas é novo com referência aos motivos, à extensão e à perfeição que Jesus lhe deu, Jo 15,12. | 9. "Odiar" no sentido de "não amar", conforme a língua hebraica. | 15. O "mundo" dominado por Satanás, símbolo de tudo o que afasta de Deus e se opõe a Ele. Amar o mundo e seus vícios é seguir o apelo do que é passageiro; o amor a Deus coloca o cristão numa relação com o que permanece para sempre. | 16. "Concupiscência" significa aqui o desejo desordenado dos prazeres e das honrarias. A soberba da vida é a ostentação dos bens terrenos. | 18. Antes da vinda gloriosa do Senhor deve vir o Anticristo, 2Ts 2,3s, instrumento de Satanás para seduzir a humanidade, Mt 24,23s. João chama de "anticristos" os falsos mestres, os hereges.

o começo. Se permanece em vós aquilo
que ouvistes desde o começo, vós tam-
bém permanecereis no Filho e no Pai.
25E esta é a promessa* que ele pró-
prio nos fez: a vida eterna. 26É isso que
fiz questão de vos escrever* a respeito
daqueles que procuram enganar-vos.
27Quanto a vós, a unção que dele rece-
bestes permanece em vós e não precisais
que alguém vos ensine. Mas já que a un-
ção dele vos instrui a respeito de tudo, e
ela é verdadeira e não mentirosa, assim
como ela vos instruiu, permanecei nele.
28Sim, agora, filhinhos,* permanecei
nele, para que, quando aparecer, pos-
samos ter confiança e não sejamos por
ele envergonhados em sua vinda.
Praticar a justiça. 29Se sabeis que ele é
justo,* sabei que todo aquele que pra-
tica a justiça nasceu dele.

II. VIVER COMO FILHOS DE DEUS (3,1–4,6)

3 **Somos filhos de Deus.** 1Vede
com que amor o Pai nos amou:*
somos chamados filhos de Deus, e o
somos de fato! Por isso o mundo não
nos conhece, porque não conheceu a
Deus. 2Caríssimos, desde agora somos
filhos de Deus, mas ainda não foi re-
velado aquilo que havemos de ser.
Sabemos, porém, que, quando ele se
manifestar, seremos semelhantes a ele,
porque o veremos tal como ele é†.
Evitar o pecado. 3Todo aquele que
tem esta esperança nele purifica-se a si
mesmo, como ele é puro. 4Todo aquele
que comete o pecado comete também
a iniquidade, pois o pecado é iniquida-
de. 5Ora, sabeis que ele se manifestou*
para tirar os pecados, e que nele não
existe pecado. 6Todo aquele que per-
manece nele não peca. Todo aquele
que peca não o viu nem o conheceu.
7Filhinhos, que ninguém vos engane.
Quem pratica a justiça é justo, como
ele é justo.
8Quem comete pecado* vem do dia-
bo, pois o diabo é pecador desde a ori-
gem. Foi para destruir as obras do dia-
bo que o Filho de Deus se manifestou†.
9Todo aquele que nasceu de Deus* não
comete pecado, porque a semente de
Deus permanece nele; não pode pecar,
porque nasceu de Deus.
Amar os irmãos. 10Nisto é possível
distinguir os filhos de Deus e os filhos
do diabo: todo aquele que não prati-
ca a justiça não vem de Deus, e nem
aquele que não ama seu irmão.
11Porque esta é a mensagem* que
ouvistes desde o início: que nos ame-
mos uns aos outros. 12Longe de imi-
tarmos Caim que, sendo do Maligno,
matou seu irmão. E por que o matou?
Porque suas obras eram más, enquanto
as de seu irmão eram justas.
13Não vos admireis, irmãos, se o
mundo vos odeia. 14Nós sabemos que
passamos da morte para a vida, porque
amamos os irmãos.* Quem não ama
permanece na morte. 15Todo aquele
que odeia seu irmão é um homicida;
ora, sabeis que nenhum homicida pos-
sui em si mesmo a vida eterna.
16Nisto conhecemos o amor:* ele
deu sua vida por nós. E nós também
devemos dar nossa vida pelos irmãos.
17Se alguém, possuindo os bens deste
mundo, vê seu irmão na necessidade e
lhe fecha seu coração, como o amor de
Deus permanece nele?
18Filhinhos, não amemos só com
palavras, mas por atos e de verdade.
19Nisto saberemos que somos da ver-
dade e tranquilizaremos nosso coração
diante de Deus, 20porque se nosso co-
ração nos acusa, Deus é maior que nos-
so coração†, e conhece tudo.

* **2**,25. Jo 3,15; 6,40 | 26. 2,20; Jo 14,26; 16,33; Jr 31,34 | 28. Jo 4,17 | 29. 3,10 | **3**,1. 3,10; Jo 1,12s; 16,3; 2Cor 3,18; Fl 3,21; 1Cor 13,12 | 5. 2,2; 4,10; Jo 1,29; 8,46 | 8. 2,29; 3,9; Jo 8,44 | 9. 3,6; 5,18 | 11. Jo 5,24;13,34; 15,12.17s; 2Jo 5 | 14. 2,11 | 16. Jo 13,1; 15,13; Tg 2,15s; Dt 15,7s

† **3**,2. "A promessa de ver a Deus ultrapassa todas as bem-aventuranças. Nas Escrituras ver é possuir. Aquele que vê a Deus obteve todos os bens que podemos imaginar" (S. Gregório de Nissa). | 8. "A mais grave dessas obras, devido a suas consequências, foi a sedução mentirosa que induziu o homem a desobedecer a Deus" (CIC). | 20. Por sua misericórdia que perdoa, 1Pd 4,8. Deus sabe julgar melhor que nosso coração, a nossa consciência. Conhece nosso interior e sabe se O amamos.

21Caríssimos, se nosso coração* não
nos acusa, temos confiança diante de
Deus 22e dele receberemos tudo quan-
to pedirmos, porque somos fiéis a seus
mandamentos e fazemos o que é de seu
agrado. 23E seu mandamento é este: que
tenhamos fé no nome de seu Filho Jesus
Cristo e nos amemos uns aos outros,
como Ele nos ordenou. 24E aquele que
é fiel* na obediência a seus mandamen-
tos permanece em Deus, e Deus nele; e
nisto sabemos que ele permanece em
nós: pelo Espírito que ele nos deu.

4 **Distinguir os espíritos.** 1Caríssi-
mos, não acrediteis* em qualquer
inspiração, mas examinai as inspirações
para ver se vêm de Deus; pois muitos
falsos profetas andam pelo mundo.
2Nisto podeis reconhecer o espírito
de Deus: é de Deus todo espírito que
acredita que Jesus Cristo veio como
homem; 3e todo espírito que não pro-
fessa a fé em Jesus não é de Deus†; é
o espírito do Anticristo que, como ou-
vistes dizer, está para vir, aliás, agora já
está no mundo.

4Filhinhos, vós sois de Deus e vós os
vencestes†. Pois Aquele que está em
vós é maior do que aquele que está
no mundo. 5Eles são do mundo,* por
isso falam de acordo com o mundo, e o
mundo os escuta. 6Nós somos de Deus.
Quem conhece a Deus* nos escuta;
quem não é de Deus não nos escuta.
É nisso que distinguimos o espírito da
verdade e o espírito do erro.

III. VIVER NA FÉ E NO AMOR (4,6–5,21)

O amor vem de Deus. 7Caríssimos,
amemo-nos uns aos outros, porque o
amor vem de Deus. Todo aquele que
ama nasceu de Deus e conhece a Deus.
8Mas quem não ama* não conheceu a
Deus, porque Deus é amor†. 9Foi as-
sim que se mostrou o amor de Deus*
para conosco: ele enviou ao mundo
seu Filho único, para que tivéssemos a
vida por meio dele. 10Nisto consiste o
amor:* não fomos nós que amamos a
Deus, mas foi ele que nos amou e nos
enviou seu Filho como vítima de expia-
ção por nossos pecados.

Deus é amor. 11Caríssimos, se Deus
nos amou assim,* devemos nós tam-
bém nos amar uns aos outros. 12Nin-
guém jamais viu a Deus. Se nos amar-
mos uns aos outros, Deus permanece
em nós, e em nós seu amor é perfeito.
13Nisto conhecemos que permanece-
mos nele e ele em nós: ele nos deu seu
Espírito. 14E nós vimos e atestamos*
que o Pai enviou seu Filho como Sal-
vador do mundo. 15Aquele que acre-
dita que Jesus é o Filho de Deus, Deus
permanece nele e ele em Deus. 16E nós
reconhecemos o amor que Deus tem
por nós e cremos neste amor.* Deus é
amor; quem permanece no amor per-
manece em Deus, e Deus nele. 17Nisto
consiste a perfeição do amor em nós:*
que tenhamos plena confiança no dia
do julgamento, pois como Ele mesmo
é, assim também somos nós neste
mundo.

18No amor não existe medo;* ao
contrário, o perfeito amor expulsa o
medo, pois o medo implica um castigo,
e aquele que tem medo não chegou à
perfeição do amor.

19Nós amamos, porque ele nos
amou* primeiro. 20Se alguém disser
que ama a Deus, mas odeia† seu irmão,
é um mentiroso. Pois quem não ama
seu irmão, a quem vê, não pode amar a
Deus, a quem não vê.

---

* **3**,21. 4,4; Mt 21,22; Mc 11,24; Jo 6,29; 13,34; 14,13; 15,7.17; 16,22s | 24. 4,13 | **4**,1. 2,18-22; 1Ts 5,21; Mt 24,24; 2Jo 7; 1Cor 12,3 | 5. Jo 15,19 | 6. Jo 10,26 | 8. 4,1 | 9. Jo 3,16 | 10. 2,2 | 11. 2,5; 3,24; 4,17; Mt 18,33; Jo 1,18 | 14. Jo 3,17 | 16. 4,8 | 17. 2,5; 4,12 | 18. Rm 8,15 | 19. 4,9s

† **4**,3. Certos manuscritos trazem: "Todo espírito que divide Jesus", isto é, separam o Cristo celeste e glorioso do homem Jesus que viveu e morreu entre nós: isto é negar a Encarnação. | 4. Refere-se aos falsos profetas, nos quais vive o espírito do Anticristo. | 8. "Deus é amor, e o amor é o primeiro dom, que contém todos os demais. Este amor, Deus o derramou em nossos corações pelo Espírito que nos foi dado Rm 5,5. É o princípio da vida nova em Cristo, 1Cor 13" (CIC). Se Deus é amor, em tudo ele age por amor. | 20. Ver a nota em 2,9.

21Este é o mandamento que dele
recebemos:* quem ama a Deus, ame
também seu irmão.

5 **Fé no Filho de Deus.** 1Todo aque-
le que acredita que Jesus é o Cris-
to,* este nasceu de Deus; e todo aque-
le que ama a Deus, que o gerou, ama
também quem dele foi gerado. 2Nisto
reconhecemos que amamos os filhos
de Deus: se amamos a Deus† e cum-
primos seus mandamentos, 3porque
o amor de Deus consiste* em cumprir
seus mandamentos; e seus manda-
mentos não são pesados.

4Assim, tudo o que nasceu de Deus
vence o mundo; e esta é a vitória que
venceu o mundo: nossa fé. 5Quem é
que vence o mundo,* senão aquele que
acredita que Jesus é o Filho de Deus?
6Este é aquele que veio com água e
sangue, Jesus Cristo. Não só com água,
mas com água e sangue†. E é o Espírito
que dá testemunho, porque o Espírito
é a verdade. 7Assim, são três os que
testemunham†: 8o Espírito, a água e o
sangue; e esses três são concordes.

9Se aceitamos o testemunho dos ho-
mens,* o testemunho de Deus é maior.
Ora, o testemunho de Deus é o que ele
deu de seu Filho. 10Quem crê no Filho
de Deus tem em si este testemunho.
Quem não crê em Deus faz dele um
mentiroso, pois não crê no testemunho
que Deus deu de seu Filho. 11E o tes-
temunho é este: Deus nos deu a vida
eterna, e esta vida está em seu Filho.
12Quem tem o Filho* tem a vida; quem
não tem o Filho não tem a vida.

A oração pelos pecadores. 13Eu es-
crevi estas coisas* a vós que credes
no nome do Filho de Deus, para que
fiqueis sabendo que tendes a vida eter-
na. 14Temos nele esta confiança: se pe-
dimos alguma coisa segundo sua von-
tade, ele nos atende. 15E se sabemos
que ele nos atende em tudo que lhe
pedimos, sabemos que já possuímos o
que lhe pedimos.

16Se alguém vê seu irmão cometendo
um pecado que não conduz à morte,
reze, e Deus dará a vida a este irmão.
Não se trata dos que cometem o peca-
do que conduz à morte†; pois existe um
pecado que conduz à morte: por este
pecado eu não digo que se deva rezar.
17Toda injustiça é pecado; mas há um
pecado que não conduz à morte.

As grandes certezas. 18Sabemos que
todo aquele que nasceu de Deus não
peca; pois aquele que foi gerado por
Deus† o guarda, e o Maligno não o
pode atingir. 19Sabemos que somos de
Deus e que o mundo inteiro está sob
o poder do Maligno. 20Sabemos que o
Filho de Deus veio* e que nos deu a
inteligência, a fim de conhecermos o
Verdadeiro. Nós estamos naquele que
é o Verdadeiro, em seu Filho Jesus Cris-
to. Este é o Deus verdadeiro e a Vida
eterna. 21Filhinhos, cuidado com os
ídolos...†

---

* **4**,21. Jo 15,17 | **5**,1. 4,15; 1Pd 1,22s | 3. Jo 14,15; 2Jo 6 | 5. 4,4; Rm 8,37; Jo 19,34 | 9. Jo 5,32-37; 8,18 | 12. Jo 3,36 | 13. 3,21s; Jo 14,13; 20,31; Mt 7,7 | 20. 3,9; Jo 17,3.15

† **5**,2. O amor aos irmãos deriva do amor a Deus e o exprime. | 6. A água é o Batismo, o sangue é o sacrifício de Cristo. Os dissidentes associavam a salvação com a vinda do Espírito no Batismo (água), diminuindo o valor da cruz (sangue). João afirma que o Batismo e o Espírito nada são se se deixa de lado a Redenção, o mistério da Páscoa, a Eucaristia. | 7. Foi introduzido aqui o seguinte comentário, posterior ao séc. IV: "no céu: o Pai, o Verbo e o Espírito Santo; e esses três são um; e são três os que testemunham na terra". | 16. É o pecado de apostasia, que conduz à impenitência final. | 18. É o Filho de Deus, Jesus Cristo. | 21. "A idolatria não diz respeito somente aos falsos cultos do paganismo. Ela é uma tentação constante da fé. Existe idolatria quando se presta honra e veneração a uma criatura em lugar de Deus, quer se trate de deuses ou demônios, ou do poder, prazer, dinheiro..." (CIC).

CARTA DE JUDAS

Esta é mais uma carta que traz o nome de um personagem como simples pseudônimo, mas seu verdadeiro autor é ignorado. Coloca-se sob o nome de Judas, irmão de Tiago (v. 1), também chamado "irmão do Senhor" (Mc 6,3; Mt 13,55), que não é o apóstolo Judas Tadeu, pois se situa fora do Colégio Apostólico (v. 17). Certamente é um cristão de origem judaica, porque conhece e cita o livro de Henoc (v. 6.14-15) e a Assunção de Moisés (v. 9), que são livros apócrifos do Antigo Testamento. É difícil determinar quais são os destinatários da carta, devido aos termos por demais genéricos com que são mencionados (v. 1).

Certamente se trata de uma comunidade perturbada por falsos doutores, que corrompem a fé autêntica em Jesus Cristo e pervertem os costumes cristãos (v. 4). O autor denuncia suas blasfêmias (v. 8.10) e sua perversidade (v. 11-16). Ameaça-os com um julgamento severo (v. 5-7) e exorta os fiéis a lhes resistirem e a permanecerem na oração e no amor a Deus (v. 17-23).

Saudação. 1Judas, servo de Jesus Cristo, irmão de Tiago, aos que foram chamados, amados por Deus e preservados para Jesus Cristo. 2A vós, misericórdia, paz* e caridade em abundância.

A luta contra os falsos mestres. 3Caríssimos, eu tinha um grande desejo* de vos escrever a respeito de nossa salvação comum, e fui obrigado a fazê-lo, a fim de exortar-vos a combater pela fé transmitida ao povo santo uma vez por todas. 4Pois infiltraram-se no meio de vós certas pessoas que desde muito tempo foram marcadas de antemão por esta sentença: esses ímpios transformaram em luxúria a graça de nosso Deus e negam nosso único Mestre e Senhor Jesus Cristo.

5A vós que conheceis tudo isso,* quero recordar-vos que o Senhor, após ter salvo todo o povo da terra do Egito, fez morrer depois os que não acreditaram. 6Quanto aos anjos que não conservaram sua dignidade, mas abandonaram sua morada†, ele os conservou presos em cadeias eternas, nas trevas, para o juízo do grande dia. 7Assim Sodoma, Gomorra* e as cidades vizinhas que se prostituíram do mesmo modo e se entregaram a vícios contrários à natureza† são propostas como exemplo, sofrendo a pena de um fogo eterno.

Pecados dos falsos mestres. 8Ora, esses igualmente, em seu delírio, mancham a carne, desprezam a Majestade* e insultam os seres gloriosos. 9Quando o arcanjo Miguel* disputava com o diabo e discutia a respeito do corpo de Moisés, não se atreveu a pronunciar contra ele uma sentença injuriosa, mas disse: "Que o Senhor te condene!"†

10Eles, porém, blasfemam* o que ignoram; e o que conhecem por natureza, como os animais irracionais, só serve para perdê-los. 11Infelizes deles! Porque é o caminho de Caim que seguiram, é no erro de Balaão que se lançaram pela sede de lucro†, é pela revolta de Coré que pereceram.

12São eles que mancham vossos ágapes†, pondo-se juntos à mesa sem respeito, apascentam-se a si mesmos: nuvens sem água, carregadas pelo vento, árvores de fim de estação, sem

---

* 2. 2Pd 1,2 | 3. 1Tm 1,18; 2Pd 1,5; 2,1.21; Gl 2,4; | 5. Êx 12,52; 2Pd 1,12; 2,4s; Nm 14,35; 1Cor 10,5 | 7. Gn 19,4-25; 2Pd 2,6 | 8. 2Pd 2,10 | 9. Zc 3,2; 2Pd 2,11 | 10. 2Pd 2,12.15; Gn 4,8; Nm 31,36

† 6. O autor interpreta Gn 6,1s, que fala do casamento entre "filhos de Deus" e "filhas dos homens", como se fosse casamento de anjos com seres humanos. | 7. Lit. "cobiçaram uma carne diferente". Conforme Gn 19,1-25, os depravados habitantes de Sodoma quiseram abusar dos anjos, pensando que fossem seres humanos. | 9. O livro apócrifo Assunção de Moisés narra que Miguel, depois da morte de Moisés, teve uma altercação com o Diabo, porque este reclamava o corpo do profeta. O autor argumenta: Se nem o anjo protetor do antigo Israel acusou o diabo, mas deixou a Deus o direito de julgar, muito menos deveriam os homens blasfemar contra os anjos que desconhecem. | 11. Ver a nota em 2Pd 2,15. | 12. Ver a nota em 1Cor 11,21.

fruto, duas vezes mortas, arrancadas
pela raiz, [13]ondas bravias do mar,* es-
pumando sua própria vergonha, astros
errantes aos quais estão reservadas as
trevas espessas para sempre.
[14]É também para eles que profetizou
nestes termos Henoc,* o sétimo pa-
triarca depois de Adão: "O Senhor veio
com seus milhares de santos, [15]a fim
de exercer o juízo contra todos e pedir
contas a todos os ímpios de todas as
obras de impiedade que cometeram e
de todas as palavras duras que os pe-
cadores ímpios proferiram contra ele"†.
[16]São eles que reclamam, que se quei-
xam, procedem segundo suas paixões;*
sua boca profere palavras arrogantes,
adulam os outros por interesse.
Exortação aos fiéis. [17]Quanto a vós,
caríssimos, recordai-vos* do que foi
predito pelos apóstolos de nosso Se-
nhor Jesus Cristo. [18]Eles vos diziam:
"No fim do mundo haverá imposto-
res que se comportarão segundo suas
paixões malvadas"†. [19]Tais são os que
criam divisões, vivem como animais,
não tendo o Espírito.*
[20]Mas vós, caríssimos, construí vos-
so edifício espiritual* sobre vossa fé
santíssima, orando no Espírito Santo;
[21]conservai-vos no amor de Deus, pon-
do vossa esperança na misericórdia de
nosso Senhor Jesus Cristo, para a vida
eterna. [22]Procurai convencer os que
vacilam, [23]salvai os outros, arrancando-
-os do fogo,* e tende compaixão dos
demais com temor, detestando até a
túnica contaminada pela carne deles.
Louvor a Deus. [24]Àquele que pode
conservar-vos sem pecado* e apresen-
tar-vos diante de sua glória imaculados
e cheios de alegria, [25]ao único Deus,
nosso Salvador, por meio de Jesus Cris-
to, nosso Senhor, glória, majestade, for-
ça e poder antes de todos os séculos,
agora e por todos os séculos! Amém.

---

* 13. Is 57,20 | 14. Gn 5,21; Dt 33,2; Zc 14,5; Mt 25,31 | 16. 2Pd 2,10.18 | 17. 2Pd 3,2s; 1Tm 4,1 | 19. 1Cor 2,14 | 20. Cl 2,7; 1Ts 5,11 | 23. Am 4,11; Zc 3,2 | 24. Rm 16,25s; 1Ts 5,23; Fl 1,10; 2Pd 3,14.18; 1Tm 1,17

† 15. Citação do Livro de Henoc 1,9, apócrifo. | 18. Esta frase, como tal, não consta no NT, mas tem semelhantes, como 1Tm 4,1.

APOCALIPSE

Apocalipse quer dizer "revelação", mas uma revelação de tipo confidencial, porque dirigida a iniciados, pretendendo revelar-lhes o sentido oculto dos acontecimentos, segredo que só o céu conhece.

O gênero apocalíptico é uma espécie de profecia muito comum na Bíblia, desde Ezequiel, Zacarias e Daniel. Também no Novo Testamento existem trechos de caráter apocalíptico, como o discurso escatológico de Mt 24 e a descrição do retorno de Cristo em 1Ts 4,13-18.

Nos apocalipses, a revelação de Deus é transmitida a um mensageiro seu, na forma de visões fantásticas, para ele as comunicar ao povo. Nessas visões tudo ou quase tudo tem valor simbólico: animais, partes do corpo, números, cores, objetos. Geralmente o autor vive num tempo de perseguição, de crise de fé, de apostasia, e a situação histórica contemporânea é descrita de maneira velada, de modo que às vezes só os leitores imediatos a entendem. O objetivo dos apocalipses é sustentar a esperança dos perseguidos, reanimar a coragem dos que se sentem desanimados, anunciando o triunfo final de Deus, não obstante as vitórias aparentes dos maus, pois Deus é o Senhor da história – esta é a grande certeza de todo apocalipse – e não permitirá que os seus sejam derrotados. Pois o "Dia de Javé" chegará; antes daquele dia, as forças do mal vão desencadear violenta batalha contra o Povo de Deus (Mt 24,9-12), mas este virá libertar os seus, destruindo os inimigos.

Além dos trechos bíblicos de cunho apocalíptico, são conhecidos vários apocalipses apócrifos, isto é, não inspirados, e portanto não aceitos na Bíblia. Assim, o Apocalipse de João não é um documento isolado. Para compreendê-lo melhor, será útil conhecer outros livros e secções de livros que têm o mesmo caráter, pois ele se serviu de muito material preexistente. Com efeito, mesmo sem o citar expressamente, o autor lança mão de muitas imagens e expressões, sobretudo do Êxodo, protótipo das grandes libertações do Povo de Deus, mas também de Daniel, Ezequiel e Zacarias.

Nosso livro tem como autor João (1,1.4.9), identificado tradicionalmente com o apóstolo e evangelista João. Mas ainda hoje persistem dúvidas sobre esta atribuição, por causa das diferenças de linguagem e de teologia entre esta obra e o quarto Evangelho. Note-se também que em nenhum lugar o autor diz que teve contato pessoal com o Jesus histórico, ou que pertence ao grupo de seus apóstolos. Por isso, alguns exegetas afirmam que o Apocalipse não seria diretamente obra do apóstolo João, mas de pessoas de sua escola; outros acham que a obra, tal como a possuímos, foi composta em várias etapas, entre os anos de 64 e 96.

Naqueles anos, uma série de calamidades abalou a frágil paz do Império Romano: o incêndio de Roma no tempo de Nero, a revolta dos judeus e a destruição de Jerusalém por Tito, a erupção do vulcão Vesúvio, que destruiu Pompeia e outras cidades, tudo isto no espaço de poucos anos! Quanto à Igreja, o Império Romano voltava-se com toda a sua força contra os indefesos cristãos, decretando sangrenta perseguição contra aqueles "rebeldes" que se recusavam a adorar o Imperador (13,12-18; 14,9-13), considerado Senhor e Deus. Teria o cristianismo chances de sobreviver? É verdade que existia a promessa de Cristo: "Tende confiança: eu venci o mundo!" (Jo 16,33), mas, segundo todas as aparências, ela não estava se cumprindo. Diante desse pessimismo, o autor mostra que a situação da Igreja, às voltas com o Império perseguidor, é a continuação da Paixão de Cristo, prelúdio necessário da Ressurreição gloriosa. Ela conduz seguramente ao triunfo escatológico, situado para além do tempo.

Seria esforço inútil querer encontrar no Apocalipse um calendário do futuro, com predições sobre as várias fases da história. O livro só fala de uma determinada época, a do autor, mas esta é tomada como modelo de todas as outras. Assim se patenteia qual é a caminhada da Igreja, entre provações e lutas, mas aguardando a glória da nova Jerusalém (21,1-4), o cumprimento da Aliança, a vinda de Cristo. Esta é a certeza de quem crê: a história humana tem um sentido. O Apocalipse é o livro por excelência da esperança cristã.

Tem sido proposta para este livro uma divisão em três partes:

1. A Igreja encarnada (1–3): as cartas às sete Igrejas são um exame de consciência desta Igreja.

2. A Igreja engajada (4–20): sua relação com Israel (4–11) e sua luta contra os poderes totalitários (12–20)

3. A Igreja transfigurada (21–22): a Igreja, noiva de Deus, ornada com suas maravilhas. É o final feliz desta história de amor.

Uma outra divisão possível é a divisão em sete grupos setenários:

Prólogo (1,1-8)

1. Sete cartas (1,9–3,22)

2. Sete selos (4,1–7,17)

3. Sete trombetas (8,1–11,14)

4. Sete sinais (11,15–14,20)

5. Sete taças de cólera (15,1–16,16)

6. Sete vozes do céu (16,17–19,5)

7. Sete visões (19,6–22,5)

Epílogo (22,6-21)

O livro se apresenta como se fosse uma carta: traz no início o endereço (1,4) e no fim uma saudação (22,21). É dirigido "às sete igrejas da Ásia" (1,4). Sendo sete o número universal que evoca plenitude, pode-se pensar que o autor queria dirigir-se a todas as igrejas cristãs do mundo.

Ele começa dizendo de quem recebeu as revelações e o que elas manifestam (1,1s). Vem depois uma primeira seção, de caráter profético, que consiste em sete cartas, enviadas às Igrejas da Ásia Menor (1,9–3,22). Em cada uma das cartas é dada uma apreciação sobre a situação espiritual da comunidade, faz-se um apelo à conversão, às vezes acompanhado da ameaça de um castigo e por fim é feita uma confortadora promessa. A segunda seção (4,1–22,5), propriamente apocalíptica, abre-se com a visão da liturgia celeste (cap. 4), durante a qual Deus entrega ao Cordeiro o livro que contém o plano divino a ser executado (cap. 5); é anunciada uma invasão de bárbaros trazendo os males da guerra, da fome e da peste (cap. 6). O cap. 7 é uma espécie de interlúdio, mostrando como os eleitos de Deus são preservados dos castigos. Em vez de destruir imediatamente os rebeldes, Deus lhes envia uma série de pragas como advertência, como aconteceu no tempo do êxodo (8–9). Não surtindo efeito esses avisos, Deus procede à eliminação dos ímpios (cap. 17), o que provoca lamentações sobre a ruína dos maus (cap. 18) e cânticos de triunfo no céu (19,1-10). Finalmente, têm lugar a ressurreição dos mortos, o julgamento (20,11-15) e o estabelecimento do Reino definitivo de Deus (21,1-8).

PRÓLOGO
(1,1-8)

1 **Introdução.** 1Revelação de Jesus
Cristo,* que Deus lhe deu para
comunicar a seus servos o que deve
acontecer em breve†, e que manifestou
enviando seu anjo a seu servo João, 2o
qual atestou como palavra de Deus e
testemunho de Jesus Cristo tudo o que
viu. 3Feliz quem lê e felizes os que ou-
vem estas palavras proféticas†, se pu-
serem em prática as coisas aí escritas,*
pois o tempo está próximo!

Saudação. 4João, às sete Igrejas da
Ásia†: graça e paz* vos sejam dadas por
"Aquele que é, que era e que vem"†,
pelos sete espíritos presentes diante
de seu trono†, 5e por Jesus Cristo, a
testemunha fiel, o primogênito dentre
os mortos e soberano dos reis da terra.
Àquele que nos ama, que nos libertou

---

* **1**,1. 22,6; Dn 2,28s | 3. 22,7 | 4. Êx 3,14; Cl 1,18; Is 55,4; Sl 89,28.38

† **1**,1. "Em breve", 22,6, não no sentido de proximidade temporal, mas por causa da certeza da fé e porque se trata de fatos inevitáveis. | 3. O Apocalipse tem 7 bem-aventuranças; esta é a 1ª, e as outras são 14,13; 16,15; 19,9; 20,6; 22,7.14. | 4. As 7 Igrejas, v. 11, ficavam numa mesma região da Ásia Menor, cuja capital era Éfeso. / O nome de Deus revelado a Moisés é "Ele é", Êx 3,14; aqui o nome divino inclui explicitamente o passado e o futuro. / O autor inspira-se em Is 11,2s e imagina 7 espíritos diante do trono de Deus; com o número 7 descreve a plenitude dos dons do Espírito.

de nossos pecados por seu sangue 6e
fez de nós um reino de sacerdotes*
para seu Deus e Pai, a ele glória e poder
pelos séculos dos séculos! Amém. 7Eis
que ele vem com as nuvens, e todos
os olhos o verão, até mesmo os que
o transpassaram, e por causa dele hão
de lamentar-se todas as tribos da terra.
Sim! Amém!

8Eu sou o A e o Z†, diz o Senhor Deus,
"Aquele que é, que era e que vem", o
Todo-poderoso.

I. AS SETE CARTAS (1,9–3,22)

Visão do Filho do Homem. 9Eu João,
vosso irmão e companheiro na prova-
ção, no reino e na constância, em Jesus,
achava-me na ilha de Patmos, por cau-
sa da palavra de Deus e do testemunho
de Jesus. 10No dia do Senhor† fui arre-
batado em êxtase* e ouvi atrás de mim
uma voz vibrante como de trombeta,
que dizia: 11"O que vês, escreve-o num
livro e manda-o às sete Igrejas: Éfeso,
Esmirna, Pérgamo, Tiatira, Sardes, Fila-
délfia e Laodiceia".

12Virei-me para ver aquele* que fa-
lava comigo; e, ao virar-me, vi sete
candelabros de ouro, e 13no meio dos
candelabros estava alguém como um
Filho de homem, vestido com uma lon-
ga túnica, cingida à altura do peito com
um cinto de ouro. 14Os cabelos de sua
cabeça eram brancos* como lã branca,
como neve; seus olhos, como chama
ardente; 15seus pés, semelhantes ao
bronze purificado na fornalha;* sua
voz, como o ruído de grandes águas†.
16Na mão direita tinha sete estrelas, e
de sua boca saía uma espada afiada,
de dois gumes; sua face era como o sol
brilhando em todo o seu esplendor.

17Ao vê-lo, caí a seus pés como mor-
to; mas ele pôs sobre mim a mão direi-
ta, dizendo: "Não tenhas medo; eu sou
o Primeiro* e o Último, 18e o que vive;
estive morto, mas agora vivo pelos sé-
culos dos séculos e tenho as chaves da
morte e da mansão dos mortos. 19Es-
creve, pois, as coisas que viste,* as que
estão acontecendo e as que vão acon-
tecer depois". 20Quanto ao mistério das
sete estrelas, que viste em minha mão
direita, e dos sete candelabros de ouro:
as sete estrelas são os anjos† das sete
Igrejas, e os sete candelabros são as
sete Igrejas.

2 **Carta à Igreja de Éfeso.** 1Ao anjo
da Igreja que está em Éfeso, escre-
ve: Assim fala aquele que tem as sete
estrelas em sua mão direita e que ca-
minha no meio dos sete candelabros
de ouro: 2Conheço teu comportamento,
teus trabalhos e tua constância; sei que
não podes suportar os maus: puseste à
prova* os que se diziam apóstolos e não
o são, e descobriste que são mentiro-
sos. 3És perseverante e sofreste por meu
nome sem te cansares. 4Mas tenho con-
tra ti que perdeste teu amor de antiga-
mente. 5Lembra-te, pois, de onde caíste,
arrepende-te e retoma tua conduta de
antigamente. Do contrário, irei a ti para
tirar teu candelabro do lugar, se não te
arrependeres. 6No entanto, tens uma
boa qualidade: detestas o procedimen-
to dos nicolaítas†, como eu também o
detesto. 7Quem tem ouvidos, ouça o
que o Espírito diz às Igrejas.* Ao ven-
cedor darei a comer da árvore da vida,
colocada no paraíso de Deus.
Carta à Igreja de Esmirna. 8Ao anjo da
Igreja que está em Esmirna,* escreve:

---

* **1**,6. 5,10; Êx 19.6; Is 41,4; 61,6; 1Pd 2,5.9; Jo 19,37; Dn 7,13; Zc 12,10s | 10. Ez 3,12 | 12. Dn 7,13; 10,5s | 14. Dn 7,9; 10,6 | 15. Ez 1,24; 43,2; Is 49,2 | 17. Is 44,6; Dn 10,10ss | 19. Dn 2,28 | **2**,2. 1Jo 4,1 | 7. Gn 2,9; Ez 31,8s | 8. 1,17; 22,13; Is 44,6

† **1**,8. Sendo o princípio e fim de tudo, Is 44,6, Deus é representado pela primeira e a última letra do alfabeto. | 10. "O dia do Senhor, o dia da ressurreição, o dia dos cristãos, é o nosso dia. É por isso que ele se chama domingo: pois foi nesse dia que o Senhor subiu vitorioso para junto do Pai" (S. Jerônimo). Este é o único lugar do NT que usa a expressão "dia do Senhor". | **1**,15. A túnica longa é uma veste sacerdotal, o cinto de ouro é próprio dos reis, os cabelos brancos simbolizam a eternidade; os olhos de chama ardente indicam a onisciência e os pés de bronze, a imutabilidade. | 20. O "anjo da Igreja" é uma personificação da própria Igreja. | **2**,6. O nome desta seita só aparece aqui e em 2,15. Parece um movimento que praticava a idolatria.

Assim fala o Primeiro e o Último, aquele que morreu e voltou à vida: 9Conheço tuas provações e tua pobreza – no entanto, és rico – e as calúnias daqueles que se dizem judeus e não o são: são, antes, uma sinagoga de Satanás. 10Não receies os sofrimentos que te esperam:* o diabo vai lançar alguns de vós na prisão para tentar-vos, e tereis dez dias de provação†. Sê fiel até a morte,* e eu te darei a coroa da vida. 11Quem tem ouvidos, ouça o que o Espírito diz às Igrejas. O vencedor nada tem a temer da parte da segunda morte.

Carta à Igreja de Pérgamo. 12Ao anjo da Igreja que está em Pérgamo,* escreve: Assim fala aquele que possui a espada afiada, de dois gumes: 13Sei onde moras: é onde está o trono de Satanás†. Mas tu seguras firme meu nome e não negaste minha fé, mesmo nos dias de Antipas†, minha testemunha fiel, que foi morto entre vós, aí onde mora Satanás. 14Mas tenho contra ti* alguma censura: tens aí pessoas que seguem a doutrina de Balaão, que incitava Balac a armar um laço para os filhos de Israel, para que comessem das carnes imoladas aos ídolos e se prostituíssem†. 15Tens também, entre os teus, gente que segue a doutrina dos nicolaítas. 16Arrepende-te, pois, senão virei a ti em breve, para combater tais pessoas com a espada de minha boca. 17Quem tem ouvidos, ouça o que o Espírito diz às Igrejas. Ao vencedor darei o maná escondido* e uma pedrinha branca†, na qual está gravado um nome novo, que ninguém conhece, exceto quem a recebe.

Carta à Igreja de Tiatira. 18Ao Anjo da Igreja que está em Tiatira,* escreve: Assim fala o Filho de Deus, aquele que tem os olhos como chama ardente e pés semelhantes ao bronze precioso. 19Conheço tua conduta: teu amor, tua fé, tua dedicação, tua perseverança; tuas últimas obras são mais numerosas que as primeiras. 20Mas tenho contra ti,* que estás tolerando Jezabel†, essa mulher que se diz profetisa e ensina e seduz meus servos, levando-os a se prostituir e a comer das carnes imoladas aos ídolos. 21Dei-lhe tempo para se converter, mas ela recusa arrepender-se de suas prostituições. 22Por isso vou lançá-la num leito de dores, e seus companheiros de prostituição, numa grande tribulação, se não se arrependerem de seus atos. 23Farei morrer seus filhos,* e assim todas as Igrejas saberão que sou aquele que sondo os pensamentos e os afetos†; e retribuirei a cada um de vós segundo suas obras. 24Quanto a vós, os outros de Tiatira que não seguis essa doutrina, vós que não conhecestes "as profundezas de Satanás" – como eles dizem – não vos imporei outro fardo; 25mas guardai o que já tendes até que eu volte.

26Ao vencedor, que perseverar* até o fim em minhas obras, darei autoridade sobre as nações: 27com um cetro de ferro ele as governará, e como vasos de argila serão quebradas, 28assim como também eu recebi de meu Pai este poder. E lhe darei a estrela da manhã. 29Quem tem ouvidos, ouça o que o Espírito diz às Igrejas.

3 **Carta à Igreja de Sardes.** 1Ao anjo da Igreja que está em Sardes, escreve: Assim fala aquele que possui os sete espíritos de Deus e as sete estrelas. Conheço teu comportamento; tu passas por vivo, mas estás morto. 2Desperta, reanima o que te resta de vida e que está para morrer, porque não achei perfeitas tuas obras diante de meu Deus. 3Lembra-te de como acolheste

---

* **1**,10. Mt 10,28 / Dn 1,12.14 | 12. 1,16; Is 49,2; Hb 4,12 | 14. Nm 25,1s; 31,16 | 17. Sl 78.24; Is 62,2; 65,15 | 18. Dn 10,6 | 20. 1Rs 16,31; Nm 25,1s | 23. Sl 7,10; Jr 11,20; 17,10 | 26. Sl 2,8s | **3**,3. Mt 24,43s; 1Ts 5,2

† **2**,10. Isto é, uma provação passageira. | 13. Pérgamo era o centro principal do culto ao imperador divinizado. / O contexto leva a crer que Antipas foi um mártir, preso e julgado pelo governador romano. | 14. Dentro do simbolismo da aliança como matrimônio entre Deus e o povo, o termo "prostituição" no Apocalipse significa sempre "idolatria", exceto em 9,21. | 17. A pedrinha branca é como se fosse o ingresso para o Reino. | 20. Nome simbólico, 1Rs 16,31ss, para alguma autoridade que difundia a idolatria. | 23. Lit. os rins e os corações.

a Palavra;* guarda-a e arrepende-te. Pois se não ficares vigilante, virei como um ladrão, sem que saibas a que hora vou surpreender-te. 4Em Sardes, contudo, alguns dos teus não mancharam suas vestes; eles me acompanharão, vestidos de branco, pois são dignos. 5O vencedor será revestido* de vestes brancas†; não vou apagar seu nome do livro da vida†, mas darei testemunho dele diante de meu Pai e diante de seus anjos. 6Quem tem ouvidos, ouça o que o Espírito diz às Igrejas.

Carta à Igreja de Filadélfia. 7Ao anjo da Igreja que está em Filadélfia,* escreve: Assim fala o Santo, o Verdadeiro, aquele que possui a chave de Davi: se ele abrir, ninguém fechará e, se ele fechar, ninguém abrirá†.

8Conheço teu comportamento: eu abri diante de ti uma porta que ninguém pode fechar. Embora dispondo de pouca força, guardaste minha palavra e não renegaste* meu nome. 9Vou obrigar aqueles da sinagoga de Satanás – eles se dizem judeus, mas não o são, são mentirosos – vou obrigá-los a vir prostrar-se diante de teus pés* e reconhecer que eu te amei. 10Já que guardaste minha palavra de paciência, eu também te guardarei da hora da provação que cairá sobre todo o mundo, para provar os habitantes da terra†. 11Hei de vir em breve: segura firme o que tens, para que ninguém tome tua coroa. 12Do vencedor eu farei uma coluna* no templo de meu Deus; jamais ele sairá de lá, e gravarei sobre ele o nome de meu Deus e o nome da cidade de meu Deus, a nova Jerusalém que desce do céu, de junto de meu Deus, junto com meu nome novo.

13Quem tem ouvidos, ouça o que o Espírito diz às Igrejas.

Carta à Igreja de Laodiceia. 14Ao anjo da Igreja que está em Laodiceia,* escreve: Assim fala o Amém, a testemunha fiel e verdadeira, o princípio da criação de Deus. 15Conheço teu comportamento: tu não és frio nem quente; quem dera que fosses frio ou quente! 16Assim, porque és morno, nem frio e nem quente, estou para vomitar-te de minha boca. 17Tu pensas que és rico,* que te enriqueceste e não precisas de nada; então não vês que és infeliz, miserável, pobre, cego e nu? 18Eu te aconselho a comprar de mim ouro purificado no fogo para te enriqueceres, roupas brancas para vestires e esconderes a vergonha de tua nudez e também um colírio para ungires os olhos e recuperares a vista. 19Eu repreendo e corrijo* os que amo. Recobra, pois, o ardor e arrepende-te! 20Eis que estou à porta e bato†; se alguém ouve minha voz e abre a porta,* entrarei em sua casa e cearei com ele, e ele comigo. 21Ao vencedor, eu o farei sentar-se comigo em meu trono, como eu mesmo venci e sentei-me com meu Pai em seu trono. 22Quem tem ouvidos, ouça o que o Espírito diz às Igrejas.

II. OS SETE SELOS (4,1–7,17)

4 **Visão do trono de Deus e do culto celeste.** 1Depois disso tive uma visão: havia no céu* uma porta aberta, e a voz que antes eu tinha ouvido falar-me como trombeta disse-me: "Sobe aqui, que vou mostrar-te as coisas que devem acontecer depois". 2Na mesma hora fui arrebatado em êxtase: havia um trono colocado no céu e alguém sentado no trono. 3Aquele que estava sentado* era semelhante no aspecto ao

---

* **3**,5. Mt 10,32 | 7. Is 22,22 | 8. Is 60,14; 45,14 | 9. Is 43,4 | 12. 21,2; Is 62,2; Ez 48,35 | 14. Is 65,16; Pr 8,22; Sb 9,1s | 17. Os 12,9; 1Cor 4,8 | 19. Pr 3,12; Hb 12,6 | 20. Ct 5,2; Lc 22,29s; Jo 14,23; Mt 19,28; Pr 16,33 **4**,1. Dn 2,29.45; 7,6; Êx 19,20; Ez 1,26; 10,1; Is 6,1 | 3. Ez 1,26ss

† **3**,5. A veste branca, que o cristão recebe no Batismo, simboliza pureza, vitória, alegria, glória para os eleitos. / O livro da vida contém os nomes dos que participam dos bens messiânicos, 20,12. | 7. Símbolo dos plenos poderes que Cristo recebeu; sua sentença é irrevogável. | 10. Os habitantes da terra são as nações idólatras hostis ao Reino de Deus, 6,10; 8,13; 11,10, etc. | 20. Sua vinda é iminente; ele convida a uma amizade íntima, da qual a Eucaristia é a inauguração. "Não tenhais medo! Abri as portas ao Redentor!" (João Paulo II).

jaspe e à cornalina; havia um arco-íris ao
redor do trono semelhante à esmeralda.
4Ao redor do trono havia vinte e quatro
tronos,* sobre os quais estavam senta-
dos vinte e quatro anciãos†, vestidos de
branco, com coroas de ouro na cabeça.
5Do trono saíam relâmpagos, vozes e
trovões,* e diante dele brilhavam sete
lâmpadas, que são os sete espíritos de
Deus. 6Diante do trono havia uma es-
pécie de mar límpido, tão transparente
como o cristal. No meio do trono e a
seu redor estavam quatro seres vivos†,
cheios de olhos na frente e atrás. 7O
primeiro ser vivo* era como um leão; o
segundo ser vivo era como um touro; o
terceiro ser vivo tinha um rosto como o
de homem; o quarto ser vivo era como
uma águia em pleno voo. 8Os quatro se-
res vivos, cada qual com seis asas, eram
cheios de olhos ao redor e por dentro.
E não cessavam de repetir dia e noite:*

"Santo, Santo, Santo, Senhor,
Deus, soberano do universo,
aquele que era, que é e que vem".

9E cada vez que aqueles seres vivos*
rendiam glória, honra e ação de graças
àquele que estava sentado no trono e
que vive pelos séculos dos séculos, 10os
vinte e quatro anciãos se prostravam
diante daquele que estava sentado
no trono, para adorar aquele que vive
pelos séculos dos séculos e lançavam
suas coroas diante do trono, dizendo:

11"Vós sois digno, ó Senhor e nosso Deus,
de receber a glória, a honra e o poder,
porque criastes todas as coisas,
e por vossa vontade foram criadas e subsistem".

5 O livro selado e o Cordeiro.

1Na
mão direita daquele que estava
sentado* no trono eu vi um livro, es-
crito de ambos os lados e selado com
sete selos†. 2E vi um anjo forte, procla-
mando em alta voz: "Quem é digno de
abrir o livro e de romper seus selos?"
3Mas ninguém era capaz, nem no céu,
nem na terra, nem debaixo da terra, de
abrir o livro ou de olhar para ele. 4Eu
chorava muito, porque ninguém fora
achado digno de abrir o livro ou de
olhar para ele. 5Então um dos anciãos*
me disse: "Não chores; o leão da tribo
de Judá, a raiz de Davi, alcançou a vitó-
ria, para abrir o livro e seus sete selos".

6Então eu vi, de pé, entre o trono e os
quatro seres vivos* e no meio dos an-
ciãos, um Cordeiro como que imolado.
Tinha sete chifres e sete olhos†, que são
os sete espíritos de Deus enviados por
toda a terra. 7Ele veio então receber o
livro da mão direita daquele que estava
sentado no trono. 8E, quando o rece-
beu, os quatro seres vivos e os vinte e
quatro anciãos prostraram-se diante
do Cordeiro, tendo cada um uma harpa
e taças de ouro cheias de perfume, que
são as orações dos santos. 9Eles canta-
vam um cântico novo, dizendo:

"Vós sois digno de receber o livro
e de abrir seus selos,
pois fostes imolado
e resgatastes para Deus, com vosso sangue,
homens de toda raça, língua, povo e nação;
10e fizestes deles, para nosso Deus,*
um reino de sacerdotes que reinem sobre a terra".

11E em minha visão ouvi também a
voz* de uma multidão de anjos que ro-
deavam o trono, os seres vivos e os an-
ciãos. Eram miríades de miríades e mi-
lhares de milhares. 12Eles clamavam em
alta voz: "O Cordeiro que foi imolado é
digno de receber o poder,* a riqueza,
a sabedoria, a força, a honra, a glória e
o louvor!"†

---

* **4**,4. Is 24,23 | 5. Êx 19,16 | 7. Ez 1,5.13.18 | 8. Is 6,2s | 9. Dn 4,31 | **5**,1. Is 29,11; Ez 2,9s; Dn 8,26 | 5. Gn 49,9s; Is 11,1.10 | 6. Is 53,7; Zc 4,10 | 10. 1,6; Êx 19,6; Is 61,6 | 11. Dn 7,10 | 12. Fl 2,7ss

† **4**,4. São os 12 patriarcas do AT e os 12 apóstolos do NT. Doze é o número do povo eleito. | 6. Os quatro seres vivos representam as perfeições da criação. | **5**,1. O livro que contém os decretos divinos sobre a história humana está selado, isto é, ninguém conhece seu segredo, a não ser o Cordeiro, o Mediador da revelação. | 6. Este Cordeiro representa o Cristo ressuscitado; traz os sinais de seu sacrifício, mas está de pé, vivo. Chifres, olhos, espíritos representam a onipotência, a onisciência e a plenitude do Espírito que ele possui. | 12. Cristo, vitorioso dos poderes humanos hostis a ele, estabelece seu Reino eterno.

13Ouvi então que todas as criaturas
no céu, na terra e debaixo da terra e no
mar, e tudo quanto neles existe pro-
clamavam: "Àquele que está sentado
no trono e ao Cordeiro, louvor, honra,
glória e poder pelos séculos dos sécu-
los!"
14E os quatro seres vivos diziam:
"Amém!" E os anciãos se prostraram
em adoração.

**6 O cordeiro abre os quatro pri-
meiros selos: os quatro cavalei-
ros.** 1Eu vi quando o Cordeiro abriu* o
primeiro dos sete selos; ouvi o primeiro
dos quatro seres vivos gritar com voz
semelhante a um trovão: "Vem!"
2E vi um cavalo branco. Quem o
montava tinha um arco; foi-lhe dada
uma coroa e ele partiu como vencedor,
e para vencer ainda.
3Quando ele abriu o segundo selo,
ouvi o segundo ser vivo dizer: "Vem!"
4Saiu então um outro cavalo, vermelho.
A quem o montava foi dado o poder
de banir da terra a paz, para que os ho-
mens se matassem entre si,* e foi-lhe
dada uma grande espada.
5Quando ele abriu o terceiro selo,
ouvi o terceiro ser vivo gritar: "Vem!" E
vi um cavalo preto. E quem o montava
tinha na mão uma balança. 6Ouvi então
uma voz, vinda do meio dos quatro se-
res vivos, que dizia: "Um litro de trigo
por um denário e três litros de ceva-
da por um denário!† Não causes dano
nem ao vinho, nem ao azeite!"
7Quando ele abriu o quarto selo, ouvi
o grito do quarto ser vivo, que dizia:
"Vem!" 8E vi um cavalo esverdeado†. E
quem o montava chamava-se a Morte;
e a morada dos mortos a acompanha-
va. E foi-lhe dado poder sobre a quar-
ta parte da terra, para exterminar pela
espada, pela fome, pela peste e pelas
feras da terra.*

**O quinto selo. A oração dos márti-
res.** 9Quando abriu o quinto selo, vi
debaixo do altar as almas daqueles que
foram imolados por causa da palavra
de Deus e do testemunho que tinham
dado. 10Eles clamaram em alta voz: "Até
quando, Senhor santo e verdadeiro,*
tardareis a fazer justiça e a vingar nosso
sangue contra os habitantes da terra?"
11Então foi dada a cada um deles
uma veste branca† e foi-lhes dito tam-
bém que tivessem ainda um pouco
de paciência, até que se completasse
o número de seus companheiros no
serviço e de seus irmãos que iriam ser
mortos como eles.
O sexto selo. 12Vi quando abriu o sex-
to selo:* houve um violento terremo-
to, e o sol se tornou preto como um
saco de crina e a lua se tornou toda
ela como sangue; 13as estrelas do céu*
caíram sobre a terra como os figos
ainda verdes que a figueira deixa cair
quando agitada pela tempestade; 14o
céu se retirou como um volume que
é enrolado, e todos os montes e ilhas
se deslocaram de seus lugares. 15En-
tão os reis da terra,* os nobres, os
comandantes, os ricos, os poderosos,
todos enfim, escravos ou livres, foram
esconder-se nas cavernas e entre os
rochedos das montanhas, 16dizendo às
montanhas e aos rochedos: "Caí sobre
nós* e escondei-nos da face daquele
que está sentado no trono e da cólera
do Cordeiro. 17Porque chegou o gran-
de dia de sua cólera, e quem poderá
ficar de pé?"

7 A multidão dos eleitos. 1Depois
disso vi quatro anjos,* de pé nos
quatro cantos da terra, segurando os
quatro ventos da terra, para que não
soprasse nenhum vento sobre a terra,
nem sobre o mar, nem sobre árvore al-
guma. 2Depois, vi outro anjo que subia

* **6**,1. Zc 1,8; 6,1ss; Jr 15,2ss; Ez 5,17; 14,13-21 | 4. Êx 21,14ss | 8. Jr 15,3 | 10. Zc 1,12 | 12. Is 13,10; Ez 32,7; Lc 21,25 | 13. Is 34,4; Mt 24,29 | 15. Is 2,10.19 | 16. Os 10,8; Lc 23,30; Is 2,10 | **7**,1. Dn 7,2; Zc 6,5; Ez 7,2; Jr 49,36; Jl 2,11; Na 1,6

† **6**,6. Esses preços exorbitantes dos gêneros de primeira necessidade indicam uma situação de fome e de miséria. | 8. As cores dos cavalos têm cada qual seu sentido: o branco indica vitória, o vermelho a guerra, o preto a fome, e o esverdeado a morte. | 11. Símbolo de alegria e de triunfo.

do Oriente, trazendo o selo do Deus
vivo; com voz bem forte, gritou para
os quatro anjos que tinham recebido o
poder de causar danos à terra e ao mar:
3"Não causeis danos à terra, nem ao
mar, nem às árvores, até que marque-
mos com o selo a fronte* dos servos
de nosso Deus!" 4E eu ouvi o número
dos que foram marcados: eram cento
e quarenta e quatro mil†, de todas as
tribos dos israelitas. 5Da tribo de Judá,
doze mil; da tribo de Rúben, doze mil;
da tribo de Gad, doze mil; 6da tribo de
Aser, doze mil; da tribo de Neftali, doze
mil; da tribo de Manassés, doze mil; 7da
tribo de Simeão, doze mil; da tribo de
Levi, doze mil; da tribo de Issacar, doze
mil; 8da tribo de Zabulon, doze mil; da
tribo de José, doze mil; da tribo de Ben-
jamim, doze mil.
O triunfo dos eleitos no céu. 9Depois
disso vi uma grande multidão* que
ninguém podia contar, de toda nação,
tribo, povo e língua. Estavam de pé
diante do trono e diante do Cordeiro,
vestidos de branco e com palmas na
mão, 10e gritavam bem alto: "A salva-
ção pertence* a nosso Deus, que está
sentado no trono, e ao Cordeiro!"
11E todos os anjos reunidos ao redor
do trono e dos anciãos e dos quatro
seres vivos prostraram-se com a face
em terra diante do trono e adoraram a
Deus, 12dizendo: "Amém! A nosso Deus
pertencem o louvor, a glória, a sabedo-
ria, a ação de graças, a honra, o poder
e a força pelos séculos dos séculos!
Amém!"
13Um dos anciãos dirigiu-se a mim
perguntando-me: "Quem são e de
onde vieram estes que estão vestidos
de branco?" 14Eu lhe respondi: "Meu
Senhor,* tu o sabes!" Ele, então, me ex-
plicou: "Estes são os que vêm da gran-
de tribulação e lavaram suas vestes e as
tornaram brancas no sangue do Cor-
deiro. 15Por isso estão diante do trono
de Deus, servindo-o noite e dia em seu
templo; e aquele que está sentado no
trono estenderá sua tenda sobre eles.
16Não terão mais fome,* nem sede;
nem o sol os afligirá, nem ardor algum,
17pois o Cordeiro que está no meio do
trono será seu Pastor e os conduzirá às
fontes de água viva. E Deus enxugará
toda lágrima de seus olhos".

III. AS SETE TROMBETAS (8,1–11,14)

8 **O sétimo selo.** 1Quando abriu o
sétimo selo, houve no céu um si-
lêncio de mais ou menos meia hora.
2E eu vi os sete anjos que estão
diante de Deus; foram-lhes dadas sete
trombetas. 3Um outro anjo veio colo-
car-se perto do altar,* com um turíbulo
de ouro. Deram-lhe muitos perfumes
para que os oferecesse, com as ora-
ções de todos os santos, sobre o altar
de ouro situado diante do trono. 4E da
mão do anjo a fumaça dos perfumes se
elevou diante de Deus* com as orações
dos santos. 5Depois o anjo tomou o tu-
ríbulo, encheu-o com o fogo do altar
e o atirou sobre a terra; houve então
trovões, clamores, relâmpagos e terre-
motos.
As seis primeiras trombetas. 6Os sete
anjos que tinham as sete trombetas
prepararam-se para tocá-las. 7O pri-
meiro tocou. Caiu então sobre a terra*
granizo e fogo misturados com san-
gue; uma terça parte da terra se quei-
mou, um terço das árvores se quei-
mou e toda erva verde se queimou.
8O segundo anjo tocou. E algo como
uma grande montanha* incandescente
foi lançada ao mar, e a terça parte do
mar se transformou em sangue; 9mor-
reu assim a terça parte das criaturas
animadas que vivem no mar, e a ter-
ça parte dos navios foi destruída. 10O
terceiro anjo tocou. Caiu então do céu*
uma grande estrela, ardente como uma
tocha, e se abateu sobre a terça parte

---

* **7**,3. Ez 9,4.6; Êx 12,7-14; Nm 1,20-43 | 9. 15,2-5; Gn 15,5 | 10. Sl 3,9 | 14. Dn 12,1; Mt 24,21 | 16. Is 49,10; 25,8; Ez 34,23; Sl 23,2 | **8**,3. Tb 12,15 | 4. Sl 141,2; Ez 8,1; 10,2; Lv 16,12 | 7. Êx 9,24; Jl 3,3 | 8. Êx 7,20s; Is 14,12 | 10. Dn 8,10

† **7**,4. O número dos marcados é simbólico: designa plenitude e perfeição.

dos rios e sobre as fontes; [11]o nome da estrela é "Absinto"†; a terça parte das águas* se converteu em absinto, e muitas pessoas morreram por causa dessas águas que se tornaram amargas. [12]O quarto anjo tocou. Então foram atingidos um terço do sol,* um terço da lua e um terço das estrelas; a terça parte deles se obscureceu, e tanto o dia como a noite perderam a terça parte de sua claridade.

[13]Eu vi e ouvi uma águia que voava no meio do céu e gritava em voz alta: "Ai, ai, ai dos habitantes da terra, por causa dos toques das últimas trombetas que os três anjos vão tocar!"

9 **A quinta trombeta.** [1]O quinto anjo tocou.* Então eu vi uma estrela que havia caído do céu sobre a terra. Foi-lhe dada a chave do poço do abismo. [2]Ela abriu o poço do abismo e de lá subiu uma fumaça, como a de uma imensa fornalha, de tal modo que escureceu o sol e a atmosfera. [3]E da fumaça saíram gafanhotos† que se espalharam* sobre a terra, e foi-lhes dado um poder semelhante ao dos escorpiões da terra. [4]Receberam ordem de não causar dano à vegetação, nem às plantas, nem às árvores, mas somente aos homens que não tivessem na fronte o selo de Deus. [5]Foi-lhes concedida a permissão não de matá-los, mas de atormentá-los durante cinco meses. A dor que provocam se parece com a da picada de escorpião numa pessoa. [6]Naqueles dias, os homens procurarão* a morte, mas não a encontrarão; desejarão morrer, mas a morte fugirá deles.

[7]O aspecto daqueles gafanhotos* era semelhante ao de cavalos preparados para a guerra; sobre a cabeça deles parecia haver coroas de ouro, e seus rostos eram como rostos humanos; [8]tinham cabelos* como os cabelos de mulheres; seus dentes eram como dentes de leões; [9]tinham couraças como que de ferro, e o ruído de suas asas era como o ruído de carros com muitos cavalos* a correrem para o combate. [10]Tinham caudas parecidas com a dos escorpiões, com ferrões; e em suas caudas se acha seu poder de torturar os homens durante cinco meses. [11]A sua frente, como rei, tinham o anjo do abismo, cujo nome em hebraico é Abaddon e em grego Apollyon†.

[12]O primeiro "ai" passou; depois dele vêm ainda dois "ais".

A sexta trombeta. [13]O sexto anjo tocou.* Ouvi então uma voz que vinha das quatro pontas do altar de ouro colocado diante de Deus; [14]ela dizia ao sexto anjo que trazia a trombeta: "Solta os quatro anjos que estão presos junto ao grande rio Eufrates". [15]Foram então soltos os quatro anjos que estavam prontos para a hora, o dia, o mês e o ano, para matarem a terça parte dos homens. [16]O exército deles era de duzentos milhões de cavaleiros: ouvi bem seu número. [17]Assim me apareceram na visão os cavalos e seus cavaleiros: estes vestiam couraças de fogo, de jacinto e de enxofre; a cabeça dos cavalos era como as dos leões, e da boca deles saía fogo, fumaça e enxofre. [18]Então a terça parte dos homens foi morta por estes três flagelos: o fogo, a fumaça e o enxofre que saíam da boca dos cavalos. [19]Pois o poder dos cavalos está em sua boca e também em suas caudas; com efeito, estes possuem, como as serpentes, cabeças de que se servem para causar dano.

[20]E os outros homens* que escaparam desses flagelos não se arrependeram das obras de suas mãos: não deixaram de adorar os demônios, esses ídolos de ouro, de prata, de bronze, de pedra e de madeira, que não podem ver, nem ouvir, nem andar. [21]Tampouco se converteram de seus homicídios, magias, impurezas e roubos.

* **8**,11. Jr 9,14 | 12. Êx 10,21; Is 13,10; Mt 24,29 | **9**,1. Lc 10,18; Gn 19,28 | 3. Êx 10,12ss; Sb 16,9 | 6. Jó 3,21; Lc 23,30 | 7. Sb 16,9 | 8. Jl 1,6 | 9. Jl 2,5 | 13. Êx 30,1ss | 20. Is 2,8; Dn 5,4; Br 6; Sl 115,4s

† **8**,11. "Absinto", a planta mais amarga de todas as conhecidas e tida como venenosa, evoca a extrema amargura do castigo divino. | **9**,3. Monstros que figuram os poderes infernais a serviço de seu rei, o anjo do abismo, v. 11. | 11. Esses termos significam destruição, ruína, destruidor.

10 **O anjo e o livrinho.** [1]Eu vi de-
pois um anjo forte descendo
do céu, envolto numa nuvem; sobre sua
cabeça estava um arco-íris; seu rosto
era como o sol e suas pernas pareciam
colunas de fogo. [2]Tinha na mão um li-
vrinho aberto. Pôs o pé direito sobre o
mar, o esquerdo sobre a terra [3]e deu
um grito forte como o rugido do leão.*
Quando gritou, os sete trovões fizeram
ressoar suas vozes. [4]E quando os sete
trovões ressoaram, eu ia escrever, mas
ouvi do céu uma voz me dizer: "Guarda
em segredo as palavras dos sete trovões
e não as escrevas". [5]Então o anjo, que eu
tinha visto de pé sobre o mar e sobre a
terra,* ergueu a mão direita para o céu
[6]e jurou por aquele que vive pelos sécu-
los dos séculos, que criou o céu e o que
ele contém, a terra e o que nela existe, o
mar e o que ele contém:* "Não há mais
tempo! [7]Mas nos dias em que se ouvir o
sétimo anjo, quando começar a tocar a
trombeta, então será consumado o mis-
tério de Deus, segundo a boa nova que
ele deu a seus servos, os profetas".

[8]Depois a voz do céu, que eu tinha
ouvido, falou-me de novo e disse: "Vai,
toma o livrinho aberto da mão do anjo
que está de pé sobre o mar e sobre a
terra". [9]Fui, então, pedir ao anjo que
me desse o livrinho; ele me disse:* "To-
ma-o e devora-o; ele vai te amargar o
estômago, mas em tua boca será doce
como o mel". [10]Recebi o livrinho da
mão do anjo e o devorei;* em minha
boca era doce como o mel, mas quan-
do acabei de devorá-lo, amargou meu
estômago†. [11]Então me foi dito: "É ne-
cessário* que profetizes de novo con-
tra uma multidão de povos, de nações,
de línguas e de reis".

11 **As duas testemunhas.** [1]Depois
foi-me dada uma cana,* seme-
lhante a uma vara, e foi-me dito: "Levan-
ta-te para medir† o templo de Deus, o
altar e os adoradores que lá se encon-
tram; [2]quanto ao pátio externo do tem-
plo, deixa-o fora, não o meças, pois foi
dado aos pagãos: eles calcarão aos pés
a Cidade Santa durante quarenta e dois
meses†. [3]Mas darei ordem* a minhas
duas testemunhas† para que profetizem
vestidas de saco durante mil e duzentos
e sessenta dias". [4]Elas são as duas oli-
veiras* e os dois candelabros que estão
diante do Senhor da terra. [5]Se alguém
quiser prejudicá-las, sairá de sua boca
um fogo para devorar seus inimigos; e
se alguém quiser fazer-lhes mal, é deste
modo que deve morrer.

[6]Elas têm o poder de fechar o céu
para que não caia chuva alguma du-
rante o tempo de sua missão proféti-
ca; têm também poder sobre as águas,
para transformá-las em sangue, e po-
der de castigar a terra com todo o tipo
de flagelos, quantas vezes o quiserem.
[7]Mas, quando acabarem de dar teste-
munho,* a fera que sobe do abismo
fará guerra contra elas, vai vencê-las
e matá-las. [8]E seus cadáveres ficarão
estirados na praça da grande cidade,
chamada simbolicamente Sodoma e
Egito, onde também o Senhor deles foi
crucificado. [9]E gente de todos os po-
vos, tribos, línguas e nações verão seus
corpos durante três dias e meio, sem
permitir que sejam sepultados†. [10]Os
habitantes da terra se rejubilam com
isso, ficam alegres e trocam presentes,
pois esses dois profetas atormentavam
os habitantes da terra. [11]Mas, passa-
dos os três dias e meio,* um sopro de

---

* **10**,3. Am 3,8; Os 11,10; Dn 12,4.9 | 5. Dt 32,40; Dn 12,7; Ne 9,6 | 6. Am 3,7 | 9. Ez 2,8 | 10. Ez 3,3 | 11. Jr 1,10; Dn 7,14 | **11**,1. Ez 40,3 | 3. Is 63,18; Dn 8,10 | 4. Zc 4,3.11; 2Sm 22,9; Jr 5,14; 2Rs 1,10 | 7. Dn 7,3.21; Lc 13,34; Is 1,9s | 11. Ez 37,5.10 | 12. 2Rs 2,11

† **10**,10. Esta cena, inspirada em Ez 2,8–3,3, significa uma revelação ao mesmo tempo consoladora e amarga que o profeta recebe e transmite: consoladora, porque prediz o triunfo final de Cristo; amarga, porque anuncia as provações que precedem o juízo de Deus. | **11**,1. O gesto de medir indica reconstrução e proteção, Ez 40,3; Zc 2,5s. É a Igreja que é protegida dos ataques dos pagãos. | 2. Os 42 meses, 13,5, ou outras expressões equivalentes, 11,3.9.11; 12,6; 12,14, designam, como em Dn 7,25, o tempo típico da perseguição. | 3. As duas testemunhas são descritas com traços que lembram Moisés e Elias, mas podem designar também Pedro e Paulo, mártires da Igreja nascente. | 9. Porque o testemunho da Igreja mártir não pode ficar esquecido.

vida mandado por Deus entrou neles,
e puseram-se de pé†; e um grande
pavor apoderou-se dos que olhavam
para eles. [12]Ouviram então uma voz
forte gritar-lhes do céu: "Subi aqui!" E
subiram* para o céu numa nuvem, aos
olhos de seus inimigos. [13]Nesta hora,
houve um violento terremoto* e a dé-
cima parte da cidade desabou, e no
terremoto morreram sete mil pessoas.
Os sobreviventes, tomados de medo,
deram glória ao Deus do céu.
[14]Passou o segundo "ai";* o terceiro
virá em breve.

IV. OS SETE SINAIS (11,15–14,20)

A sétima trombeta. [15]O sétimo anjo
tocou. Então, no céu, vozes fortes cla-
maram: "A realeza do mundo passou
agora para nosso Senhor e para seu
Cristo; ele reinará pelos séculos dos
séculos".
[16]E os vinte e quatro anciãos,* que
estão sentados em seus tronos diante
de Deus, prostraram-se para adorar a
Deus, dizendo:
[17]"Nós vos damos graças,*
Senhor, Deus soberano do universo,
aquele que é e que era,
porque assumistes vosso imenso poder
para estabelecer vosso reino.
[18]As nações tinham-se enfurecido;*
mas chegou vossa ira,
e o tempo de serem julgados os mortos
e de recompensar vossos servos,
os profetas, os santos e os que temem vosso nome,
pequenos e grandes;
chegou o tempo de exterminar os
que exterminam a terra".

A Mulher e o Dragão. [19]Então abriu-
-se o templo de Deus, que está no céu,
e apareceu nele a arca de sua aliança†.
Houve relâmpagos, vozerio, trovões,
terremotos e um forte granizo.

12 [1]Um grande sinal apareceu
no céu: uma Mulher vestida
com o sol,* tendo a lua sob os pés e
uma coroa de doze estrelas na cabeça†.
[2]Estava grávida e gritava de dor, an-
gustiada para dar à luz. [3]Apareceu ain-
da um outro sinal* no céu: um enorme
Dragão, cor de fogo, com sete cabeças
e dez chifres, e sobre as cabeças sete
diademas; [4]sua cauda arrastou um ter-
ço das estrelas do céu, atirando-as so-
bre a terra. O Dragão parou diante da
Mulher que estava para dar à luz, para
engolir seu filho, logo que nascesse.
[5]Ela deu à luz um filho, um menino,
aquele que vai governar todas as na-
ções* com cetro de ferro. Mas seu filho
foi arrebatado para junto de Deus e de
seu trono†. [6]E a Mulher fugiu para o de-
serto, onde Deus lhe havia preparado
um refúgio, para que lá fosse alimen-
tada durante mil e duzentos e sessenta
dias.
[7]Houve então uma batalha* no céu:
Miguel e seus anjos guerrearam contra
o Dragão. E o Dragão lutou, junto com
seus anjos, [8]mas foram derrotados e
expulsos do céu. [9]E o enorme Dragão,
a antiga serpente,* o diabo ou Satanás,
como é chamado, o sedutor do mundo
inteiro, foi lançado sobre a terra, e seus
anjos foram lançados junto com ele.
[10]Ouvi, então, uma voz forte no céu,
proclamando:

* **11**,13. Ez 38,19s | 14. 8,13 | 16. Dn 7,14; Zc 14,9 | 17. Am 4,13; Is 41,4 | 18. Sl 2,1-5; Am 3,7 | **12**,1. Is 7,14; Is 66,7; Gn 37,9 | 3. Dn 7,7; 8,10 | 5. Sl 2,9; Is 66,7 | 7. Dn 10,13 | 9. Jo 12,31; Zc 3,1s; Gn 3,13s; Jó 1,9s

† **11**,11. Os mártires estão destinados à ressurreição e à glorificação, como na visão de Ez 37,5.10, lembrada aqui. | 19. Uma tradição judaica afirmava que a arca da aliança, desaparecida no incêndio do templo em 586 a.C., haveria de reaparecer nos últimos tempos. Ver 2Mc 2,4-8. A arca simboliza a presença definitiva de Deus no meio de seu povo glorificado. | **12**,1. Conforme a profecia de Gn 3,15, o povo eleito está em luta com as forças do mal; a Mulher representa esse povo, do qual nasce o Messias, v. 5. Esse povo de Deus, a Igreja, é apresentado com uma imagem que faz pensar em Maria, Mãe do Messias, Mãe da Igreja, "sinal de segura esperança e de conforto para o povo de Deus peregrino" (Vat. II). | 5. Esta cena designa a Paixão e a Ressurreição de Jesus, sua vitória contra o mal; o deserto onde vive a Mulher representa a caminhada da Igreja.

"Agora chegou a salvação,
o poder e a realeza de nosso Deus
e a autoridade de seu Ungido,
porque foi expulso o Acusador de
nossos irmãos,
aquele que os acusava dia e noite
diante de nosso Deus.
11Mas eles o venceram pelo sangue
do Cordeiro
e pela palavra que testemunharam,
pois desprezaram sua própria vida
até à morte.
12Por isso, alegrai-vos, ó céus e seus
habitantes!*
Ai de vós, terra e mar,
pois o diabo desceu para junto de
vós,
cheio de grande ira,
sabendo que lhe resta pouco tem-
po".

13Vendo-se precipitado na terra, o
Dragão lançou-se em perseguição da
Mulher, que dera à luz o menino. 14Ela,
porém, recebeu as duas asas da gran-
de águia para voar para o deserto, até
seu refúgio, onde, longe da Serpente,
ela deve ser alimentada por um tem-
po, por tempos e por metade de um
tempo. 15A Serpente vomitou então
de sua garganta como que um rio de
água atrás da Mulher† para arrastá-
-la em suas águas. 16Mas a terra veio
em auxílio da Mulher: abrindo a boca,
engoliu o rio vomitado pela boca do
Dragão. 17Então, furioso contra a Mu-
lher,* o Dragão foi guerrear contra o
resto dos filhos dela, os que guardam
os mandamentos de Deus e possuem o
testemunho de Jesus.

18E eu fiquei na praia do mar.

13

As duas Feras. 1Vi então sur-
gir do mar uma Fera† que tinha
sete cabeças e dez chifres,* e sobre os
chifres dez diademas, e sobre as cabe-
ças nomes blasfemos. 2A Fera que eu
vi parecia uma pantera, com patas se-
melhantes às do urso e a boca como a
do leão. E o Dragão lhe transmitiu seu
poder, seu trono e uma grande auto-
ridade. 3Uma de suas cabeças parecia
mortalmente ferida, mas foi curada sua
ferida mortal. Então, maravilhada, a ter-
ra inteira seguiu a Fera. 4Prostraram-se
diante do Dragão, porque ele havia en-
tregue a autoridade à Fera; prostraram-
-se diante da Fera, dizendo: "Quem é
igual à Fera e quem pode lutar contra
ela?" 5Foi-lhe dada uma boca* para
proferir palavras de orgulho e de blas-
fêmia; foi-lhe dado poder para agir
durante quarenta e dois meses. 6Então
ela se pôs a proferir blasfêmias contra
Deus, a blasfemar seu nome, sua mo-
rada e os que habitam no céu. 7Foi-lhe
permitido guerrear* contra os santos e
vencê-los; foi-lhe dada autoridade so-
bre toda tribo, povo, língua ou nação.
8E hão de adorá-la todos os habitan-
tes da terra, cujos nomes não se acham
escritos, desde a origem do mundo,
no livro de vida do Cordeiro imolado.
9Quem tem ouvidos ouça: 10"Corren-
tes para quem deve ser acorrentado;*
morte pela espada para quem deve
morrer pela espada!"

Nisto se baseiam a perseverança e a
confiança dos santos.

11Vi depois surgir da terra outra Fera;
tinha dois chifres como um cordeiro,
mas falava como um Dragão. 12Está
a serviço da primeira Fera: estabelece
por toda a parte a autoridade desta, fa-
zendo a terra e seus habitantes adorar
a primeira Fera†, cuja ferida mortal fora
curada. 13Ela realiza prodígios admirá-
veis:* chega a fazer descer fogo do céu
sobre a terra à vista de todos. 14E pelos
prodígios que lhe foi dado realizar a
serviço da Fera, ela seduz os habitantes
da terra, excitando-os a fazer uma ima-
gem em honra desta Fera que, ferida
pela espada, retornou à vida. 15Foi-lhe
dado até mesmo infundir espírito* na

---

* **12**,12. Is 49,13; Jo 12,25 | 17. Gn 3,15 | **13**,1. Dn 7,1.4-8 | 5. Dn 7,8.11-25 | 7. Dn 7,21; 12,1; Sl 69,29 | 10. Jr 15,2; Mt 26,52 | 13. Mt 24,24; 2Ts 2,9s; Dt 13,2ss | 15. Dn 3,5s

† **12**,15. O rio é o império romano, que tenta arrastar a Igreja, mas será ele próprio tragado. | **13**,1. Este monstro personifica o império romano e seu imperador, que se faz adorar como deus. | 12. A segunda fera será chamada de "falso profeta", 16,13; 19,20. É descrita com termos semelhantes aos de Mt 7,15; 24,24.

imagem da Fera, para fazê-la falar e fa-
zer com que fossem mortos todos os
que não adorassem a imagem da Fera.
16E faz também com que todos, peque-
nos e grandes, ricos e pobres, livres e
escravos, recebam uma marca* na mão
direita ou na testa, 17de modo que nin-
guém possa comprar ou vender coisa
alguma, se não estiver marcado com o
nome da Fera ou com o número de seu
nome.

18Aqui é preciso ter sabedoria!*
Quem tem inteligência, calcule o nú-
mero da Fera, pois é um número de
homem: seu número é seiscentos e
sessenta e seis†.

14 **O cordeiro e seus eleitos.** 1Vi
depois o Cordeiro de pé* so-
bre o monte Sião, e com ele os cento
e quarenta e quatro mil que traziam
na testa o nome dele e o nome de seu
Pai. 2E ouvi uma voz vinda do céu,* se-
melhante ao barulho de muitas águas
e ao ruído de um forte trovão; a voz
que eu ouvi era como o som de citaris-
tas tocando suas cítaras. 3Cantam um
cântico novo* diante do trono e diante
dos quatro seres vivos e dos anciãos.
Ninguém podia aprender o cântico, se-
não os cento e quarenta e quatro mil
que foram resgatados da terra. 4Estes
são os que não se contaminaram com
mulheres, pois são virgens†. Seguem o
Cordeiro aonde quer que ele vá. Estes
foram resgatados dentre os homens
como primícias para Deus e para o Cor-
deiro. 5Em sua boca nunca se achou a
mentira: são imaculados.*

Os anjos anunciam o julgamento.
6Depois vi um outro anjo que voava no
meio do céu e que tinha um evangelho
eterno para anunciar aos que habitam
sobre a terra, a toda nação, tribo, lín-
gua e povo. 7Ele dizia em alta voz:

"Temei a Deus e glorificai-o,*
pois chegou a hora de seu julgamen-
to;
adorai, pois, aquele que fez o céu, a
terra, o mar
e as fontes das águas".

8E um outro, um segundo anjo, o se-
guiu, dizendo:

"Caiu, caiu Babilônia, a grande†,
a que deu a beber a todas as nações
o vinho do furor de sua prostitui-
ção!"*

9E um outro, um terceiro anjo, se-
guiu-os, dizendo em alta voz: "Todo
aquele que adora a Fera e sua imagem,
que recebe sua marca na fronte ou na
mão, 10vai beber também o vinho* do
furor de Deus, que está preparado,
puro, na taça de sua cólera. Vai sofrer o
tormento do fogo e do enxofre* diante
dos santos anjos e diante do Cordeiro".
11A fumaça de seu tormento se eleva
pelos séculos dos séculos; não têm
descanso, nem de dia e nem de noite,
os que adoram a Fera e sua imagem e
os que recebem a marca de seu nome.
12Nisto se baseia a perseverança dos
santos, os que guardam os manda-
mentos de Deus e a fé em Jesus.

13Depois ouvi uma voz do céu* que
dizia: "Escreve: Felizes os mortos que
morrem no Senhor; doravante, diz o
Espírito, descansem de suas fadigas,
porque suas obras os acompanham".*
A ceifa e a vindima da terra. 14E eu vi
uma nuvem branca,* e sobre a nuvem
estava sentado alguém parecido com
um Filho de Homem, com uma coroa
de ouro na cabeça e uma foice afiada
na mão. 15Depois um outro anjo saiu
do templo* e gritou com voz forte para

---

* **13**,16. 7,3; 14,9.11; 16,2; 19,20; 20,4 | 18. 17,9; 1Rs 10,14 | **14**,1. Ez 9,4 | 2. Ez 1,24; 43,2 | 3. Sl 33,3; Is 42,10 | 5. Is 53,9; Sf 3,12 | 7. Sl 146,6; Êx 20,11 | 8. Dn 4,27; Is 21,9; Jr 51,7s | 10. Is 51,17 / Gn 19,24 | 13. Hb 4,10 / Is 57,2 | 14. Dn 7,13 | 15. Jl 4,13 / Mt 13,39.41

† **13**,18. Este número 666 deve representar o nome de alguém que viveu na época do autor. Provavelmente designa "César Nero", primeiro perseguidor dos cristãos. As letras dos alfabetos grego e hebraico tinham todas um valor numérico, servindo de algarismos. | **14**,4. São "virgens" os que não se contaminaram com a idolatria, em cujos rituais entravam relações com mulheres. | 8. O nome de Babilônia, a grande opressora do povo de Deus no AT, foi aplicado a todo império que se opunha aos eleitos de Deus. Aqui, como em 1Pd 5,13, designa Roma, também chamada "grande Prostituta", 17,1. | 15. Como na parábola do joio e do trigo, Mt 13,39, a ceifa é imagem do juízo final.

aquele que estava sentado na nuvem:
"Lança tua foice,* pois é hora de ceifar†;
a seara da terra está madura". [16]Então
aquele que estava sentado sobre a nu-
vem lançou sua foice sobre a terra, e a
terra foi ceifada.
[17]Nisto saiu do templo que está no
céu um outro anjo, que também tinha
uma foice afiada. [18]E um outro anjo,
que tem poder sobre o fogo, saiu do
altar e gritou com voz forte para aquele
que tinha a foice afiada: "Lança tua foi-
ce afiada, vindima os cachos da vinha
da terra,* pois suas uvas estão madu-
ras". [19]O anjo então lançou sua foice
afiada sobre a terra, vindimou a vinha
da terra e lançou a vindima no grande
lagar da ira de Deus. [20]O lagar foi pisa-
do fora da cidade e o sangue que dele
saiu chegou até os freios dos cavalos,
numa extensão de mil e seiscentos es-
tádios†.

V. AS SETE TAÇAS DA CÓLERA (15,1–16,16)

15 **Cântico de vitória.** [1]Vi ainda
no céu um outro sinal,* gran-
de e maravilhoso: sete anjos com sete
pragas, as últimas, pois elas devem
consumar a cólera de Deus. [2]E eu vi
como que um mar de cristal misturado
com fogo, e os que venceram a Fera,
sua imagem e o número de seu nome,
de pé sobre este mar de cristal e, ao
som das cítaras de Deus, [3]cantavam o
cântico de Moisés†, servo de Deus,* e o
cântico do Cordeiro, dizendo:

"Grandes e maravilhosas são vossas obras,
Senhor, Deus todo-poderoso;
justos e verdadeiros são vossos caminhos,
ó Rei das nações!
[4]Quem não temerá, Senhor, e não glorificará vosso nome?*
Pois só vós sois santo;
e todas as nações virão prostrar-se diante de vós,
porque vossas justas decisões se manifestaram".

As sete taças†. [5]Depois disso vi abrir-se
no céu o templo,* a tenda do testemu-
nho, [6]donde saíram os sete anjos com
as sete pragas. Estavam vestidos de li-
nho puro, resplandecentes e cingidos
à altura do peito com cintos de ouro.
[7]Um dos quatro seres vivos* entre-
gou aos sete anjos sete taças de ouro,
cheias da cólera do Deus que vive pe-
los séculos dos séculos. [8]E o templo se
encheu de fumaça, produzida pela gló-
ria de Deus* e por seu poder, de modo
que ninguém podia entrar no templo,
até que estivessem consumadas as sete
pragas dos sete anjos.

16 [1]E ouvi uma voz que, do tem-
plo,* gritava aos sete anjos:
"Ide e derramai sobre a terra as sete
taças da cólera de Deus!" [2]O primeiro
saiu e derramou sua taça sobre a terra;
e uma úlcera maligna e dolorosa atin-
giu as pessoas que tinham a marca da
Fera e as que adoravam sua imagem.
[3]O segundo derramou sua taça no
mar,* o qual se tornou sangue, como
o de um morto, e morreu todo ser vivo
que estava no mar. [4]O terceiro derra-
mou sua taça* nos rios e nas fontes de
águas que se tornaram sangue. [5]Ouvi
o anjo das águas dizer: "Sois justo, vós
que sois e que éreis, o Santo, casti-
gando assim; [6]porque derramaram o
sangue dos santos e dos profetas, e
portanto é sangue que os fazeis beber;
eles o merecem!"
[7]E ouvi que o altar dizia:*
"Sim, Senhor Deus, soberano do universo, vossos juízos são verdadeiros e justos".
[8]O quarto derramou sua taça sobre
o sol; então foi-lhe dado queimar os
homens com o fogo. [9]E os homens fo-

* **14**,18. Is 63,3 | **15**,1. Lv 26,21 | 3. Êx 15,1; 34,10; Dt 32,4; Sl 111,2 | 4. Jr 10,6; Sl 86,9; Ml 1,11 | 5. Lv 26,11 | 7. Sl 19,9s | 8. Êx 40,29; Is 6,4; Ez 44,4 | **16**,1. Is 66,6; Jr 10,25; Sf 3,8; Êx 9,10; Dt 28,35 | 3. Êx 7,17-21 | 4. Êx 7,20 | 7. 6,9; 8,3s; Sl 19,10

† **14**,20. Ou seja, 296 km. | **15**,3. O cântico de vitória após a passagem do mar Vermelho, Êx 15,2-19. | 5. Todo este trecho inspira-se no relato das pragas do Egito, Êx 7–12.

ram queimados por um calor terrível; mas, longe de se arrependerem, dando glória a Deus, blasfemaram o nome de Deus que tinha em seu poder essas pragas.

[10]O quinto derramou sua taça* sobre o trono da Fera. Então seu reino se transformou em trevas, e os homens mordiam a língua de dor. [11]Mas, longe de se arrependerem de seus atos, eles blasfemaram contra o Deus do céu por causa de suas dores e úlceras. [12]O sexto derramou sua taça* sobre o grande rio Eufrates; então suas águas secaram, dando passagem aos reis do Oriente. [13]Depois eu vi sair da boca do Dragão,* da boca da Fera e da boca do falso profeta três espíritos impuros, como sapos. [14]De fato, são espíritos demoníacos: fazem prodígios e vão reunir os reis do mundo inteiro para a guerra do grande dia do Deus soberano do universo. [15]Eu venho como um ladrão:* feliz aquele que está vigilante e conserva suas vestes para não ir nu e deixar que vejam sua vergonha†. [16]Eles os reuniram no lugar* chamado em hebraico Harmagedon†.

VI. AS SETE VOZES DO CÉU (16,17–19,5)

A sétima taça. [17]E o sétimo derramou sua taça pelo ar; nisto saiu uma forte voz do templo, dizendo: "Está feito!" [18]Houve então relâmpagos, vozerio, trovões* e um forte terremoto, tão violento como nunca se viu desde que os homens existem sobre a terra! [19]A grande cidade dividiu-se em três partes, e as cidades das nações desabaram; Deus se lembrou então de Babilônia,* a grande, para fazê-la beber o cálice do vinho do furor de sua ira. [20]Então as ilhas todas fugiram e as montanhas* desapareceram. [21]Caiu do céu sobre os homens uma chuva de pedras do peso de um talento†. E os homens blasfemaram contra Deus por causa da praga do granizo, porque foi terrível seu flagelo.

17 **O julgamento da grande Prostituta.** [1]Então veio um dos sete anjos que tinham as sete taças* e me disse: "Vem! Vou mostrar-te o julgamento da grande Prostituta†, que está sentada à beira de muitas águas. [2]Com ela se prostituíram os reis da terra, e os habitantes da terra se embriagaram com o vinho de sua prostituição". [3]Ele me transportou ao deserto,* em espírito. Vi então uma mulher sentada sobre uma Fera escarlate, coberta de nomes blasfemos, com sete cabeças e dez chifres. [4]A mulher estava vestida* de púrpura e escarlate, enfeitada de ouro, pedras preciosas e pérolas; tinha na mão um cálice de ouro, cheio de abominações e das imundícies de sua prostituição. [5]Em sua fronte estava escrito* um nome misterioso: "Babilônia, a grande, a mãe das prostitutas e das abominações da terra". [6]Vi que a mulher estava embriagada com o sangue dos santos e com o sangue das testemunhas de Jesus. Vendo-a, fiquei muito espantado, [7]mas o anjo me disse: "Por que estás espantado? Vou explicar-te o mistério da mulher* e da Fera de sete cabeças e dez chifres que a carrega.

A Fera e a prostituta. [8]A Fera que viste existia, mas não existe mais; ela vai subir do abismo, mas caminha para a perdição. E os habitantes da terra, cujos nomes não foram escritos no livro da

---

* **16**,10. Êx 10,21 | 12. Jr 50,38; Is 44,27 | 13. Êx 8,3; 1Rs 22,21s | 15. Mc 13,33s; 1Ts 5,2 | 16. Zc 12,11; 2Rs 23,29s | 18. Êx 19,16-19; Dn 12,1 | 19. Jr 25,12 | 20. Êx 9,24 | **17**,1. Jr 51,7.13; Is 23,17 | 3. Dn 7,7 | 4. Jr 51,7; Ez 28,13 | 5. Dn 4,27 | 7. Dn 7,3; 12,1

† **16**,15. Este v., que interrompe o texto, deve ter sido inserido aqui por inadvertência; ele ficaria melhor no contexto das sete cartas, por exemplo em 3,3. | 16. Harmagedon é a "montanha de Meguido", local de muitas batalhas, entre as quais aquela em que perdeu a vida o virtuoso rei Josias, 2Rs 23,29. Desde então esse lugar, de triste memória, tornou-se símbolo de derrota e aniquilamento. Aqui a derrota anunciada é a dos inimigos de Deus. | 21. Nesta época, o talento equivalia a 35 quilos. | **17**,1. A grande Prostituta é Roma, erguida sobre sete colinas, v. 9, que se embriaga com o sangue dos mártires imolados nas perseguições de Nero e de Domiciano, v. 6.

vida desde a criação do mundo, ficarão
admirados quando virem a Fera, porque
ela existia, não existe mais, porém rea-
parecerá. [9]Aqui se requer uma mente
que tenha sabedoria: as sete cabeças
são sete colinas, sobre as quais a mu-
lher está sentada. São também sete reis,
[10]dos quais cinco já passaram, um está
vivo e o outro ainda não veio; quando
vier, deve durar pouco. [11]Quanto à Fera
que existia e não existe mais, é ela pró-
pria o oitavo e também um dos sete; ela
caminha para a perdição. [12]Os dez chi-
fres que viste* são dez reis; ainda não
receberam a realeza, mas receberão um
poder real, por uma hora apenas, junto
com a Fera. [13]Todos têm uma só inten-
ção: entregar à Fera seu poder* e sua
autoridade. [14]Vão fazer guerra contra o
Cordeiro, e o Cordeiro os vencerá, por-
que ele é Senhor dos senhores e Rei dos
reis, e os que estão com ele são os cha-
mados, os escolhidos e os fiéis".
[15]O anjo me disse ainda: "As águas
que viste, onde está sentada a Prosti-
tuta, são povos e multidões, nações e
línguas. [16]Mas os dez chifres* que viste
e a Fera vão odiar a Prostituta e des-
pojá-la de suas vestes, deixando-a nua;
comerão suas carnes e vão consumi-la
pelo fogo. [17]Pois Deus lhes inspirou a
decisão de realizar seu próprio desíg-
nio: entrar em acordo para entregar
sua autoridade real à Fera, até que se
cumpram as palavras de Deus. [18]E a
mulher que viste é a grande cidade que
está reinando sobre os reis da terra".

18 **Queda de Babilônia.** [1]Depois
disso vi descer do céu um ou-
tro anjo,* que tinha grande poder, e a
terra ficou iluminada com seu esplen-
dor. [2]Ele gritou com voz forte:
"Ela caiu, caiu Babilônia, a grande†,
e tornou-se morada de demônios,*
abrigo de toda a espécie de espíritos
impuros,
abrigo de toda a espécie de animais
impuros e repelentes.
[3]Pois todas as nações beberam o vi-
nho de suas prostituições,*
os reis da terra se prostituíram com
ela
e os comerciantes da terra se enri-
queceram com seu luxo desenfreado".
Fuga do povo. [4]Ouvi então outra voz
do céu, que dizia:*
"Saí dela, ó meu povo,
para que não sejais cúmplices de
suas faltas,
nem tenhais de sofrer com suas pra-
gas!
[5]Pois seus pecados se amontoaram
até o céu,*
e Deus se lembrou de suas iniquida-
des.
[6]Pagai-lhe com a mesma moeda!*
Dai-lhe o dobro de seus atos!
No cálice de suas bebidas,
preparai para ela uma dose dupla!
[7]Conforme a medida de sua riqueza
e de seu luxo,*
devolvei-lhe o mesmo tanto em tor-
mentos e desgraças!
Porque ela pensa consigo mesma:
'Estou sentada como rainha,
não sou viúva e jamais verei o luto'.
[8]Por isso, num só dia, suas pragas
cairão sobre ela:
morte, luto e fome;
será devorada pelo fogo.
Pois é poderoso o Senhor Deus que
a condenou".*
Lamentações sobre Babilônia. [9]Então
os reis da terra, seus companheiros na
prostituição e no luxo,* chorarão e se
lamentarão por causa dela, ao verem
a fumaça de seu incêndio. [10]Ficando à
distância, por medo de seu tormento,
dirão: "Ai, ai, ó cidade imensa, ó Babilô-
nia, cidade poderosa, bastou uma hora
para seres julgada!"
[11]Os comerciantes da terra também
choram* e se lamentam sobre ela, por-

17,12. Dn 7,20-24 | 13. Dt 10,17; Dn 2,47 | 16. Ez 23,39 | **18**,1. Ez 43,2 | 2. 14,8; Is 13,21s; 21,9; Jr 51,8 | 3. Jr 25,15; Na 3,4; Is 23,17 | 4. Is 48,20; Jr 51,45 | 5. Gn 18,20s; Jr 51,9 | 6. Jr 50,15; Sl 137,8 | 7. Is 47,7ss | 8. Jr 50,34 | 9. Ez 26,16s; 27,30; Is 21,9; 23,17; Jr 51,8 | 11. Ez 27,36

† **18**,2. No estilo dos profetas, descreve-se a queda de Roma como se já tivesse acontecido, para afirmar que seu fim é inevitável.

que ninguém mais compra suas mercadorias: 12carregamentos de ouro e prata,* pedras preciosas e pérolas, linho e púrpura, seda e escarlate, todo o tipo de madeira perfumosa, de objetos de marfim, de madeira preciosa, de cobre, de ferro ou de mármore; 13canela e cinamomo,* perfumes, unguento e incenso; vinho e óleo, flor de farinha e trigo; bois e ovelhas, cavalos e carros, escravos e vidas humanas. 14Os frutos que tua alma cobiçava afastaram-se para longe de ti; tudo o que é luxo e esplendor se acabou para ti, não voltará mais!

15Os comerciantes que se enriqueceram* por meio dela ficarão à distância, por medo de seus tormentos, chorando e gemendo: 16"Ai, ai, aquela grande cidade... que se vestia de linho,* púrpura e escarlate e se enfeitava com ouro, pedras preciosas e pérolas; 17pois bastou uma hora para acabar com toda essa riqueza!"*

Todos os pilotos e navegantes, marinheiros e todos os que trabalham no mar* se conservaram à distância 18e, vendo a fumaça de seu incêndio, gritavam: "Quem era semelhante a esta grande cidade?" 19E puseram poeira na cabeça* e gritavam, chorando e gemendo: "Ai, ai, aquela grande cidade... Com sua vida luxuosa se enriqueceram todos os donos dos navios do mar; pois bastou uma hora para consumar sua ruína! 20Exulta por causa dela,* ó céu, e vós, santos, apóstolos e profetas, pois Deus vos fez justiça ao condená-la".

21Então um anjo forte levantou uma pedra,* semelhante a uma grande mó de moinho, e atirou-a ao mar, dizendo:

"Com tal ímpeto será lançada Babilônia,
aquela grande cidade, e jamais será encontrada.
22O canto dos citaristas e dos músicos,*
dos flautistas e dos trombeteiros
não se ouvirá mais em ti;
nem se verá mais em ti artífice de qualquer profissão;
o ruído do moinho não mais se ouvirá em ti;
23a luz da lâmpada nunca mais brilhará em ti;*
a voz do esposo e da esposa em ti não mais se ouvirá.
Pois teus comerciantes eram os príncipes da terra,
e as magias que praticaste seduziram todos os povos;
24e nela foi encontrado sangue dos profetas e dos santos,*
e de todos os que foram imolados sobre a terra".

19 Canto de triunfo e núpcias do Cordeiro.

1Depois disso ouvi como que um forte vozerio* de imensa multidão, no céu, que bradava:

"Aleluia!
A salvação, a glória e o poder pertencem a nosso Deus,
2pois são verdadeiros e justos seus julgamentos:*
ele julgou a grande Prostituta,
que corrompia a terra com sua prostituição,
e vingou nela o sangue de seus servos!"

3E acrescentaram: "Aleluia! Dela sobe a fumaça pelos séculos dos séculos!"*

4Então os vinte e quatro anciãos e os quatro seres vivos se prostraram para adorar a Deus, sentado no trono, e disseram: "Amém, Aleluia!"

5Nisto saiu do trono uma voz* que dizia: "Louvai a nosso Deus, vós todos, seus servos, e vós que o temeis, pequenos e grandes!"

VII. AS SETE VISÕES (19,6–22,5)

O banquete das núpcias do Cordeiro. 6Então ouvi como que o rumor* de uma grande multidão, semelhante ao

* **18**,12. Ez 27,12s | 13. Ez 27,13 | 15. Ez 27,36 | 16. Ez 28,13 | 17. Is 23,14; Ez 27,27-30 / Is 34,10 | 19. Ez 27,30ss | 20. Is 44,23; Jr 51,48 | 21. Jr 51,63s; Ez 26,21; Dn 4,27 | 22. Is 24,8; Ez 26,13 | 23. Jr 7,34; 25,10; Is 23,8 | 24. Mt 23,35s; Jr 51,49 | **19**,1. Sl 104,35 | 2. Dt 32,43; 2Rs 9,7; Sl 19,10 | 3. Is 34,10 | 5. Sl 115,13 | 6. Dn 10,6; Ez 1,24; Sl 97,1

ruído de muitas águas e ao barulho de
fortes trovões, aclamando:
"Aleluia!
Porque o Senhor, o Deus todo-po-
deroso,
tomou posse de seu reino.
7Alegremo-nos e exultemos,*
a ele demos glória,
pois chegou o momento das núpcias
do Cordeiro,
e sua esposa está preparada†:
8foi-lhe dado vestir linho puro, res-
plandecente".*
Pois o linho são as boas ações dos
santos.
9Depois me disse: "Escreve: felizes os
convidados* para o banquete das núp-
cias do Cordeiro!" E acrescentou: "Estas
palavras de Deus são verdadeiras".
10Caí então a seus pés para adorá-lo,
mas ele me disse: "Não faças isso: sou
um servo como tu e como teus irmãos
que possuem o testemunho de Jesus; é
a Deus que deves adorar". O testemu-
nho de Jesus é o espírito da profecia.
A vitória do Messias. 11Então vi o céu
aberto,* e apareceu um cavalo branco;
quem o montava chamava-se "Fiel" e
"Verdadeiro"; ele julga e combate com
justiça. 12Seus olhos são chama de
fogo; sobre sua cabeça há muitos dia-
demas; sobre ele está escrito um nome,
que ninguém conhece, a não ser ele
mesmo. 13O manto que o envolve está
embebido de sangue e o nome com
que é chamado é "Verbo de Deus"†.
14Os exércitos do céu* o acompanham
em cavalos brancos, vestidos de linho
de brancura resplandecente. 15De sua
boca sai uma espada afiada, para com
ela ferir as nações. Ele as governará
com cetro de ferro;* ele pisa no lagar o
vinho da cólera de Deus, soberano do
universo. 16Um nome está escrito sobre
seu manto e sobre sua coxa: "Rei dos
reis e Senhor dos senhores".
17Depois vi um anjo, de pé sobre o
sol, gritar em alta voz a todas as aves
que voavam no meio do céu: "Vinde,
reuni-vos para o grande banquete de
Deus, 18para comerdes carnes de reis,
carnes de capitães,* carnes de pode-
rosos, carnes de cavalos com seus ca-
valeiros e carnes de todos os homens,
livres e escravos, pequenos e grandes!"
19Vi então a Fera, junto com os reis
da terra e seus exércitos reunidos para
combater contra aquele que estava
sentado sobre o cavalo e seu exérci-
to. 20Mas a Fera foi aprisionada,* junto
com o falso profeta, aquele que reali-
zou, na presença dela, prodígios pelos
quais ele seduzia os que tinham a mar-
ca da Fera e os adoradores de sua ima-
gem; os dois foram lançados vivos no
lago de fogo de enxofre ardente. 21Os
outros foram mortos* pela espada que
saía da boca daquele que estava sen-
tado sobre o cavalo, e todas as aves se
fartaram de suas carnes.

20 **O reino dos mil anos**†. 1De-
pois vi um anjo que descia do
céu,* tendo na mão a chave do abismo
e uma grande corrente. 2Ele dominou
o Dragão, a antiga serpente, que é o
diabo, Satanás, e o acorrentou por mil
anos†. 3Atirou-o no abismo, fechando-
-o e lacrando-o com um selo, para que
não mais seduzisse as nações, até se
completarem os mil anos. Depois disso
ele deve ser solto por algum tempo.

---

* **19**,7. Sl 118,24 | 8. Is 61,10 | 9. Lc 14,15; Mt 22,2s | 11. Ez 1,1; Sl 96,13; Is 11,4; Dn 10,6 | 14. Jo 1,1; Is 63,1s | 15. Sl 2,9; Is 63,3; Jl 4,13; Dn 2,47; 1Tm 6,15; Dt 10,17 | 18. Ez 39,4.17 | 20. Dn 7,11.26; Sl 2,2 | 21. Is 30,33; Ez 39,17.20 | **20**,1. Zc 3,1; 2Pd 2,4; 2Ts 2,9s

† **19**,7. "A Sagrada Escritura abre-se com a criação do homem e da mulher, unidos em matrimônio, e se fecha com as núpcias do Cordeiro, Ap 19,7.9. De um extremo a outro fala do casamento e de seu mistério, de sua instituição e do sentido que lhe foi dado por Deus e da nova aliança de Cristo com a Igreja, sua esposa" (CIC). | 13. O autor descreve a vitória de Cristo com as imagens clássicas do Messias guerreiro que instaura a justiça, Is 11,4, extermina as potências hostis, Is 63,3, submete os povos, Sl 2,9 e atravessa o mundo com a palavra poderosa de Deus, Sl 18,14-18. | **20**. A partir de Orígenes e S. Agostinho, esse "reino dos 1.000 anos" é entendido no sentido espiritual: é o período entre a ressurreição de Cristo e o fim do mundo. A Igreja condenou os "milenaristas", que entendiam esse texto no sentido de um reino terrestre. | 2. Desde que Cristo veio ao mundo, Satanás está acorrentado, e os cristãos já podem gozar do paraíso, Ap 2,7.

4Vi então tronos, e aos que neles se
sentaram* foi dado o poder de julgar.
Vi também as almas daqueles que fo-
ram decapitados por causa do teste-
munho de Jesus e da palavra de Deus,
e os que se recusaram a adorar a Fera e
sua imagem* e não se deixaram marcar
na fronte ou na mão: eles recuperaram
a vida e reinaram com Cristo mil anos.
5Os outros mortos não puderam voltar
à vida antes que se completassem os
mil anos. Esta é a primeira ressurreição.
6Feliz e santo aquele que participa da
primeira ressurreição! Sobre eles não
tem poder* a segunda morte†, mas eles
serão sacerdotes de Deus e de Cristo,
com o qual reinarão mil anos.

Vitória final e julgamento. 7E quando
se completarem os mil anos,* Satanás
será solto de sua prisão e 8sairá para
seduzir as nações dos quatro cantos
da terra, Gog e Magog†, e os reunirá
para o combate; serão tão numerosos
como a areia do mar. 9Subiram por
toda a extensão da terra e cercaram
o acampamento dos santos, a cidade
amada†; mas um fogo desceu do céu
e os devorou. 10Então o Diabo, que os
seduzia,* foi lançado no lago de fogo
e de enxofre, onde já estavam a Fera e
o falso profeta. Seu tormento vai durar
dia e noite, pelos séculos dos séculos.

11Depois vi um grande trono branco,*
e aquele que nele se assenta. O céu e a
terra fugiram de sua presença, sem dei-
xar vestígios. 12E eu vi os mortos, gran-
des e pequenos, de pé diante do trono;
abriram-se livros e depois um outro li-
vro, o da vida†. Então os mortos foram
julgados conforme o conteúdo dos li-
vros, cada qual segundo suas obras.

13O mar devolveu os mortos que
nele estavam, a morte e a morada dos
mortos devolveram os mortos que ne-
las estavam, e cada qual foi julgado se-
gundo suas obras. 14Então a morte e a
morada dos mortos foram lançadas no
lago de fogo; esta é a segunda morte:
o lago de fogo. 15E quem não se acha-
va inscrito no livro da vida* foi lançado
também no lago de fogo.

21

Novo céu e nova terra†. 1Vi
então um novo céu e uma nova
terra;* porque o primeiro céu e a primei-
ra terra tinham desaparecido e o mar já
não existe†. 2E vi descer do céu, de junto
de Deus, a Cidade Santa, a nova Jerusa-
lém, pronta como noiva adornada para o
esposo†. 3Nisto ouvi uma voz forte, vin-
da do trono, que dizia: "Esta é a morada
de Deus* com os homens. Ele habitará
com eles; eles serão seu povo, e ele será
o Deus-com-eles. 4Ele enxugará toda lá-
grima* de seus olhos, e não haverá mais
morte, nem luto, nem choro, nem dor,
pois o mundo antigo já passou"†.

5Aquele que estava sentado no tro-
no* disse: "Eu faço novas todas as coi-
sas!" E acrescentou: "Escreve, porque
estas palavras são certas e verdadei-
ras". 6Disse-me ainda: "Está feito! Eu
sou o A e o Z, o Princípio e o Fim. A
quem tem sede,* vou dar gratuitamen-

---

* **20**,4. Dn 7,9.22; Lc 22,30; 1Cor 6,2 / 1Cor 15,23; 1Ts 4,16 | 6. Is 61,6; Êx 19,6; 1Pd 2,5.9 | 7. Ez 38,2.9; 2Rs 1,10 | 10. Ez 38,22; Gn 19,24 | 11. Mt 25,31; 2Pd 3,10; Dn 2,35; 7,9; Jr 17,10; Sl 28,4; Is 59,18; Rm 2,6 | 15. 1Cor 15,26; Dn 12,1; Mt 25,41; Fl 4,3 | **21**,1. Mt 19,28; 2Pd 3,13; Is 61,10; 65,17; Gn 4,26 | 3. Ez 37,27; 48,35 | 4. Is 35,10; 65,19; Jr 31,16 | 5. Is 43,19; 66,22 | 6. Jo 7,37; Is 55,1; Zc 14,8

† **20**,6. A primeiro ressurreição é a vida nova do batizado que ressuscita com Cristo, Cl 3,1; a segundo morte é a condenação eterna. | 8. Gog e Magog designam as nações inimigas que se reúnem para o combate final contra o povo de Deus, Ez 38–39. | 9. Essas expressões designam a Igreja. | **20**,12. A imagem dos livros mostra que todas as ações dos homens estão patentes aos olhos do Senhor. **21**. "A expectativa de uma terra nova, longe de atenuar, deve antes impulsionar nossa solicitude pelo aprimoramento desta terra. Depois de propagarmos na terra os valores da dignidade humana, da comunidade fraterna e da liberdade, todos esses bons frutos de nosso trabalho, nós os encontraremos novamente, limpos de toda impureza e transfigurados, quando Cristo entregar ao Pai o Reino eterno e universal. Deus será então tudo em todos, 1Cor 15,28" (Vat. II). | 1. No fim da obra da salvação, Deus faz uma criação nova, que supera a primeira, abolindo todo limite e imperfeição. | 2. A aliança definitiva com o Senhor é imaginada como uma festa de núpcias entre Deus e os homens, entre Cristo e a Igreja. | 4. "Deus preparou uma nova terra, cuja bem-aventurança vai satisfazer e superar todos os desejos de paz que se elevam dos corações humanos" (Vat. II).

te a beber da fonte da água viva. 7O
vencedor receberá esta herança;* e eu
serei seu Deus, e ele será meu filho.
8Mas os covardes, os incrédulos,* os
depravados, os homicidas, os impuros,
os feiticeiros, os idólatras e todos os
mentirosos, a parte deles está no lago
ardente de fogo e de enxofre, que é a
segunda morte.
A nova Jerusalém. 9Então um dos sete
anjos que tinham as sete taças cheias
com as sete últimas pragas veio até
mim e disse-me: "Vem, que vou mos-
trar-te a Noiva, a Esposa do Cordeiro".
10Transportou-me então* em espírito a
uma montanha muito elevada, e mos-
trou-me a Cidade Santa, Jerusalém,
que descia do céu, de junto de Deus,
11tendo nela a glória de Deus. Ela brilha
como uma pedra preciosíssima, pare-
cida com jaspe cristalino. 12Está cer-
cada por uma grande e alta muralha,
com doze portas,* sobre as quais estão
doze anjos e nomes inscritos, que são
os nomes das doze tribos dos israelitas.
13Três portas dão para o oriente, três
para o norte, três para o sul e três para
o ocidente. 14A muralha da cidade tem
doze alicerces, cada um dos quais tem
o nome de um dos doze apóstolos do
Cordeiro.
15Aquele que falava comigo segurava
uma medida, um caniço de ouro, para
medir a cidade, suas portas e sua mu-
ralha. 16A cidade é quadrangular:* seu
comprimento é igual à largura. Então
ele a mediu com o caniço: deu doze mil
estádios†. O comprimento, a largura e
a altura são iguais. 17Depois ele mediu
a muralha: cento e quarenta e quatro
côvados. O anjo media com medida
usada entre os homens. 18O material
desta muralha é jaspe, e a cidade é de
ouro puro, como um cristal bem puro.
19Os alicerces da muralha da cidade
são ornados com todo o tipo de pedras
preciosas:* o primeiro alicerce é de jas-
pe, o segundo de safira, o terceiro de
calcedônia, o quarto de esmeralda, 20o
quinto de sardônica, o sexto de corna-
lina, o sétimo de crisólito, o oitavo de
berilo, o nono de topázio, o décimo de
crisópraso, o décimo primeiro de jacin-
to, o décimo segundo de ametista. 21As
doze portas são doze pérolas; cada
uma das portas é feita de uma só pé-
rola. A praça da cidade é de ouro puro,
transparente como cristal. 22Lá não vi
nenhum templo; pois seu templo é o
Senhor, o Deus soberano do universo,
e o Cordeiro. 23A cidade não precisa do
sol nem da lua* para a iluminar; pois a
glória de Deus a ilumina, e sua lâmpada
é o Cordeiro.

24As nações caminharão a sua luz†
e os reis da terra virão trazer-lhe seus
tesouros;*
25suas portas nunca se fecharão de
dia,*
pois lá não haverá noite;
26e virão trazer-lhe os tesouros e a
riqueza das nações.*
27Nada de manchado poderá entrar
nela,
nem os que praticam a abominação
e a mentira;*
mas só entrarão os que estão inscri-
tos no livro da vida do Cordeiro†.

22 **A árvore da vida**†. 1Depois o
anjo mostrou-me um rio de
água viva,* límpido como cristal, que
brotava do trono de Deus e do Cordeiro.
2No meio da praça da cidade e de am-
bos os lados do rio encontra-se a árvo-
re da vida que dá fruto doze vezes, um
fruto cada mês; e suas folhas servem
para curar as nações. 3Já não haverá
mais maldição.* O trono de Deus e do
Cordeiro estará na cidade, e os servos

* **21**,7. 2Sm 7,14; Sl 89,27s; Zc 8,8 | 8. Is 30,33; Ez 38,22 | 10. Ez 40,2; Is 52,1; 58,8; 60,1s | 12. Ez 48,31-35 | 16. Ez 40,3.5; 48,16s | 19. Is 54,11s | 23. Is 60,1.19; 2Cor 3,18 | 24. Is 60,3 | 25. Is 60,11; Zc 14,7 | 26. Is 60,5 | 27. Is 52,1; Dn 12,1; Sl 69,29 | **22**,1. Ez 47,1.12; Zc 14,8; Gn 2,9 | 3. Zc 14,11

† **21**,16. Doze mil estádios equivalem a cerca de 2.200 km. 144 côvados são 72 metros. As dimensões da cidade e os materiais de que é feita indicam que ela é celeste e não deste mundo. | 24. O autor se inspira em Is 60,1-20, que prediz a entrada das nações no povo de Deus. As portas ficam abertas, pois se imagina um eterno dia de festa. | 27. O livro dos eleitos. | **22**. A Cidade Santa é descrita como o paraíso terrestre. A Bíblia, história do amor de Deus à humanidade, termina no paraíso, onde havia começado.

de Deus o adorarão; 4eles verão sua
face, e seu nome* estará em suas fron-
tes. 5Não haverá mais noite; não pre-
cisarão da luz da lâmpada, nem da luz
do sol,* porque o Senhor Deus brilhará
sobre eles, e eles reinarão pelos sécu-
los dos séculos.

EPÍLOGO
(22,6-21)

Veracidade das visões. 6Depois me
disse: "Estas palavras são certas e ver-
dadeiras; o Senhor Deus, que inspira os
profetas, enviou seu anjo para mostrar
a seus servos as coisas* que devem
acontecer em breve. 7E eu virei sem de-
mora! Feliz aquele que guarda as pala-
vras proféticas deste livro!"
8Fui eu, João, que vi e escutei tudo
isto. Quando terminei de escutar e de
ver, caí aos pés do anjo que me mos-
trava essas coisas, para o adorar. 9Mas
ele me disse: "Não faças isso! Eu sou
um servo como tu e teus irmãos, os
profetas, e os que guardam as palavras
deste livro; é a Deus que deves adorar!"
10E acrescentou: "Não conserves em
segredo as palavras proféticas des-
te livro,* pois o tempo está próximo.
11Que o malfeitor continue a fazer o
mal e que o impuro continue na im-
pureza; que o justo pratique ainda a
justiça e que o santo santifique-se ain-
da. 12Eis que venho em breve* e trago
comigo minha retribuição, para dar a
cada um segundo suas obras. 13Eu sou
o A e o Z, o Primeiro e o Último, o Co-
meço e o Fim. 14Felizes os que lavam
suas vestes: eles terão parte na árvore
da vida e poderão entrar na Cidade
pelas portas!
15Fiquem de fora os cães, os feiticei-
ros, os impuros, os homicidas, os idó-
latras e todos os que amam e praticam
a mentira".
Vinde, Senhor Jesus! 16Eu, Jesus, en-
viei meu anjo* para dar-vos este tes-
temunho sobre as Igrejas. Eu sou a raiz
da descendência de Davi, a brilhante
estrela da manhã.
17O Espírito e a Esposa* dizem: "Vem!"
Aquele que ouve também diga: "Vem!"
Quem tem sede venha, e quem quiser
receba gratuitamente a água viva.
18A todo aquele que ouve* as pala-
vras proféticas deste livro, eu declaro:
Se alguém lhes fizer algum acréscimo,
Deus lhe acrescentará as pragas des-
critas neste livro. 19E se alguém tirar*
alguma coisa das palavras deste livro
profético, Deus lhe tirará também sua
parte da árvore da vida e da Cidade
Santa, que estão descritas neste livro!"
20Aquele que dá testemunho* des-
tas coisas, diz: "Sim, venho em breve".
Amém! Vem, Senhor Jesus!
21A graça do Senhor Jesus* esteja
com todos vós! Amém!

* **22**,4. Sl 17,15; 42,2 | 5. 21,23; Is 60,19; Dn 7,18.27 | 6. 19,9; 21,5; Dn 2,28 | 10. Dn 8,26; 12,4.10 | 12. Pr 24,12; Is 40,10; 44,6; Jr 17,10; Sl 62,12 | 16. Is 11,1.10 | 17. Jo 7,37; Is 55,1; Zc 14,8 | 18. Dt 4,2 | 19. Dt 29,19 | 20. 1Cor 16,22 | 21. 1Ts 3,18; Rm 16,20

FATOS E DATAS MAIS IMPORTANTES

1850-1030: DE ABRAÃO ATÉ OS JUÍZES

± 1850 Abraão sai da Mesopotâmia para Canaã
Isaac, Jacó, José do Egito
± 1750 Hamurabi, rei de Babilônia. Código de Hamurabi
± 1700 Os hebreus no Egito. Opressão do faraó
1290-1224 Ramsés II
± 1250 Moisés. Êxodo do Egito, aliança do Sinai
± 1220 Josué. Conquista da terra prometida
1200-1030 Época dos juízes

1030-539: ÉPOCA DOS REIS E DOS GRANDES PROFETAS

± 1030 Samuel e Saul. Instituição da monarquia
1010-970 Davi. Conquista de Jerusalém
970-931 Salomão. Construção do templo
931 Divisão do reino em duas partes: Israel e Judá
885-874 Amri, rei de Israel, funda a capital Samaria
874-853 Acab, rei de Israel. Os profetas Elias e Eliseu
± 750 **Amós** e **Oseias**
740 Vocação de Isaías.
Isaías 1-39. **Miqueias**
721 Tomada de Samaria por Sargon II da Assíria. Fim do reino de Israel
716-687 Ezequias, rei de Judá
± 630 **Sofonias** e **Jeremias**
640-609 Josias, rei de Judá. Descoberta do livro da lei, reforma religiosa
A escola deuteronomista: **Deuteronômio, Josué**, **Juízes**, **Samuel** e **Reis**
612 Ruína de Nínive, capital da Assíria. **Naum**
± 600 **Habacuc**
586 Tomada de Jerusalém pelos babilônios. Fim do reino de Judá
586-538 Exílio de Babilônia
Ezequiel e o **Segundo Isaías (40—55)**

539-333 PERÍODO PERSA

539 Ciro, rei dos medos e dos persas, conquista Babilônia
538 Edito de Ciro: liberdade para os exilados, que voltam à Palestina
515 Dedicação do segundo templo.
Ageu e **Zacarias 1—8**.
Terceiro Isaías (56—66)
± 500 **Abdias.** Papiros da colônia judaica de Elefantina
± 450 **Jó**, **Provérbios**, **Cântico dos Cânticos**, **Rute**, numerosos **Salmos**
445-433 Neemias reconstrói os muros de Jerusalém. Oposição dos samaritanos. **Malaquias**
± 400 Esdras. A legislação do Pentateuco é unificada. **Jonas**
± 350 **Joel.** A obra do Cronista: **Crônicas**, **Esdras** e **Neemias**

333-65 PERÍODO GREGO OU HELENÍSTICO

333 Alexandre Magno. **Zacarias 9—14**
323-200 A Judeia submetida aos Lágidas do Egito. **Tobias**
300 Início da tradução grega da Bíblia, chamada "Setenta"
± 250 Começa a helenização da Palestina. **Eclesiastes** e **Ester**
200 Vitória da Síria sobre o Egito em Panion
200-142 A Judeia submetida aos Selêucidas da Síria
± 180 Ben Sira escreve em hebraico o livro do **Eclesiástico**
167-164 Perseguição de Antíoco IV Epífanes. **Judite** e **Daniel**
166 Revolta dos Macabeus
Os fariseus, saduceus e essênios (?)
132 Tradução grega do livro do Eclesiástico
± 125 **Segundo livro dos Macabeus**
± 100 **Primeiro livro dos Macabeus**. **Baruc**
± 100-50d.C. Manuscritos de Qumrân (?)
63 Pompeu anexa a Palestina ao império romano

63 a.C.-135 d.C.: PERÍODO ROMANO

± 50 **Sabedoria**
37-4 Herodes Magno
20 Começa a reconstrução do templo
± 6 a.C. Nascimento de Jesus
4 Morte de Herodes Magno
4 39 d.C. Herodes Antipas, tetrarca da Galileia
0
± 6 Nascimento de Paulo em Tarso
14-37 Tibério, imperador romano
26-36 Pôncio Pilatos, procurador romano
27 Pregação de João Batista
Começo do ministério de Jesus
30 Morte de Jesus, numa sexta-feira feira de abril. Pentecostes (?)
± 36 Martírio de Estêvão. Conversão de Paulo
41-54 Cláudio, imperador romano
44 Martírio de Tiago maior, irmão de João
45-49 Primeira viagem missionária de Paulo
49 Concílio de Jerusalém (At 15)
± 50 Primeiros escritos evangélicos em aramaico
50-52 Segunda viagem missionária de Paulo
51 **Cartas aos Tessalonicenses**
53-58 Terceira viagem missionária de Paulo
53 **Carta aos Filipenses**
54 **Cartas aos Gálatas, primeira aos Coríntios, aos Romanos**
54-68 Nero, imperador romano
55 **Segunda carta aos Coríntios**
58 **Carta de Tiago**
± 62 **Cartas aos Colossenses, aos Efésios, a Filêmon**
62 Tiago menor morre apedrejado em Jerusalém
± 64 **Primeira carta de Pedro** e **Evangelho de Marcos**
± 65 **Primeira carta a Timóteo** e **carta a Tito**
66-70 Primeira revolta judaica
67 Martírio de Pedro em Roma
Carta aos Hebreus, segunda carta a Timóteo
Martírio de Paulo em Roma
70 Destruição de Jerusalém por Tito
± 70 **Evangelhos de Mateus e de Lucas, Atos dos Apóstolos**
± 75 **Carta de Judas** e **segunda carta de Pedro**
± 95 **Apocalipse de João**
Evangelho e cartas de João
± 100 Morte de João em Éfeso

A Palestina
no Tempo de Jesus
Sidônia
Tiro
Cesareia
de Filipe
Ptolemaida
Carfanaum
Betsaida
Genesaré
Lago da Galileia
Caná
Nazaré
M. Tabor
Tiberíades
Naim
Gadara
Cesareia
Sicar
Samaria
Jafa
Jâmnia
Jericó
Rio Jordão
Azoto
Emaús
Qumrã
JERUSALÉM
Betânia
Betfagé
Ascalon
Belém
Gaza
Mar
Morto
Massada
Bersabeia
Idumeia

Os lugares da Paixão

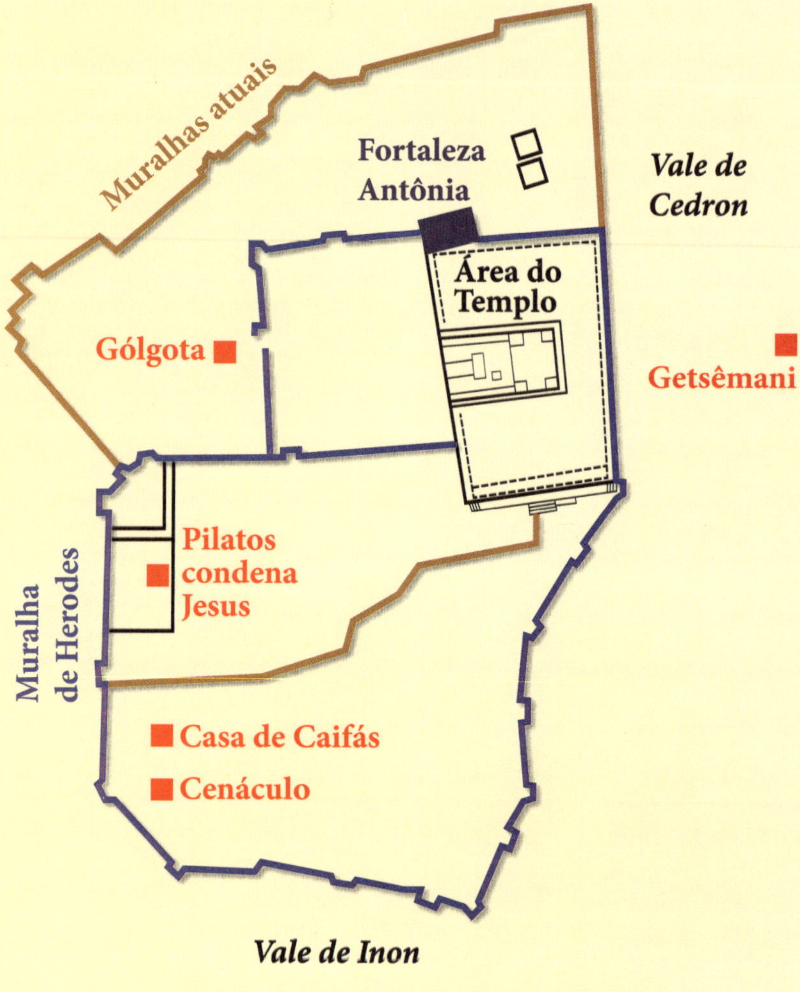

A 1ª viagem missionária de Paulo (At 13,1-14,28)

A 2ª viagem missionária de Paulo (At 15,36-18,22)

A 3ª viagem missionária de Paulo (At 18,23-21,14)

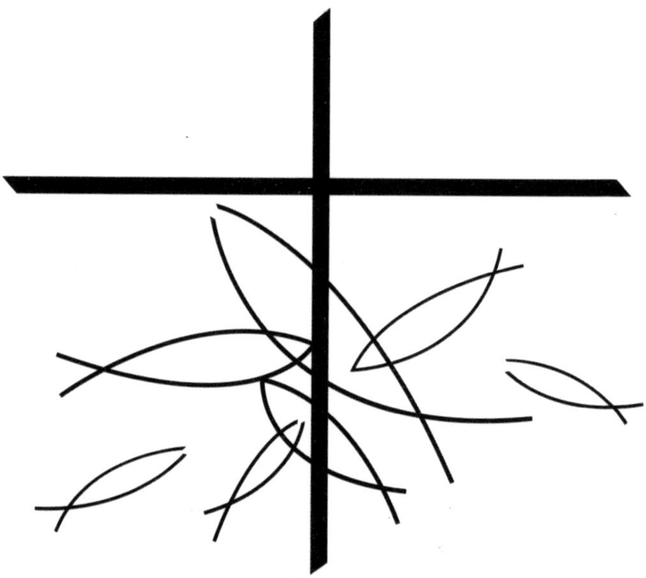